Svensk Bok-katalog...

Svenska bokförläggareföreningen, Kungliga Biblioteket (Sweden). Bibliografiska institutet

Nabu Public Domain Reprints:

You are holding a reproduction of an original work published before 1923 that is in the public domain in the United States of America, and possibly other countries. You may freely copy and distribute this work as no entity (individual or corporate) has a copyright on the body of the work. This book may contain prior copyright references, and library stamps (as most of these works were scanned from library copies). These have been scanned and retained as part of the historical artifact.

This book may have occasional imperfections such as missing or blurred pages, poor pictures, errant marks, etc. that were either part of the original artifact, or were introduced by the scanning process. We believe this work is culturally important, and despite the imperfections, have elected to bring it back into print as part of our continuing commitment to the preservation of printed works worldwide. We appreciate your understanding of the imperfections in the preservation process, and hope you enjoy this valuable book.

SVENSK BOK-KATALOG.

SVENSK BOK-KATALOG

JEMTE

MUSIKFÖRTECKNING

FÖR ÅREN

1886—1895

STOCKHOLM
ADOLF BONNIER
I KOMMISSION

FÖRLAGD AF SVENSKA BOKFÖRLÄGGARE-FÖRENINGEN.

STOCKHOLM, TRYCKT HOS ISAAC MARCUS' BOKTRYCKERI-AKTIEBOLAG, 1900.

Denna Bok-katalog är upprättad hufvudsakligen efter samma plan som den föregående för åren 1876—85. Alla skrifter med utsatt författarenamn eller under pseudonym (författarenamn utmärkas genom **VERSALER**, pseudonymer med spärrad stil) äro att uppsöka under dessa. Till pseudonymer hänföras likväl ej sådana författarebeteckningar som »af en landtman», »af en ur de djupa leden», o. d.

Anonymt eller under signatur utgifna skrifter uppsökas under boktitelns första substantiv, som ej står i genitiv form. T. ex. »Geologiska föreningens förhandlingar» sökes under »Förhandlingar, Geolog. fören:ns», »500 märkvärdiga mäns sista ord» under »Ord, 500 märkv. mäns sista». Undantag härifrån ha blifvit gjorda, då titeln är en sats, i hvilket fall skriften sökes under titelns första ord. T. ex. »När kan reglering af egoskifte tillåtas eller påbjudas?» sökes under »När kan» etc. Pseudonymt och anonymt utgifna skrifter hafva därjämte blifvit ordnade under det verkliga författarenamnet, när detta varit kändt af utgifvaren. I sådant fall står författarenamnet omslutet af klammer [ ].

Skrifter, hvars pris understiga 10 öre, äro ej upptagna. Detta har däremot skett med skrifter af mera remarkabelt värde, hvilka blifvit utgifna blott för utdelning i inskränkta upplagor och således ej finnas tillgängliga i bokhandeln.

Bok-katalogen åtföljes äfven af en förteckning öfver i Sverige utgifna musikalier under samma period bok-katalogen omfattar.

NOMINELA AFDELNINGEN.

A.

Aarne. Se: *[Gripenberg, Alexandra.]*
Abbe. Se: *[Nordin, Alb.]*
Abc kring hela verlden. Aflång 4:o, 14 pl. med kolor. fig. Malmö, Envall & Kull. 94. 1: 25.
Abc-bok. 12:o, 24 s. Sthm, P. A. Norstedt & S:r 91. Inb. 15 öre. pr 100 ex. 3 kr. Föreg. uppl. 1876. 1882. 1889.
Abc-bok, Liten, för hemmet. 8:o, 48 s. Vestervik, Ekblad & K. 93 Kart. 25 ö.
Abc-bok, med 28 bilder i färgtryck för snälla barn. 8:o, 48 s. o 7 pl. Sthm, F. C. Askerberg. 86. Kart. 75 ö.
ABÉLARD, Lutherska kyrkans kamp i Östersjö-provinserna mot den rysk-grekiska statskyrkan. Se: Samhällslifvet, Ur det moderna. 17.
ABELIN, Hj., Om vården af barn. Se: Forskning, Ur vår tids. 11.
ABLEITNER, C., Den tillförlitlige djurläkaren. 8:o, 99 s. Sthm, C. A. V. Lundholm. 86. 1 kr.
ABRAHAMSSON, C. Se: *[Skarstedt C. W.]*
ABRAHAMSON, J. Mart., Praktiken eller lätta vinkar i daglig handel. 2:a uppl. Liten 8:o, 64 s. Göteb., Förf:n. 92. Kart. 50 ö., klb. 75 ö. 1:a uppl. 90. 30 ö.
—, Räkenskaps-annotationsbok. Oumbärlig räkenskaps- o. uppslagsbok för enhvar. 8:o, 200 s. Göteb., Utg:n. 94. klb. 90 ö., med prima skrifp. 1: 25.
—, Sveriges Kommissionär- & agentur-kalender (Augusti 1893). 8:o, 57 s. Göteb., Förf:n. 93. Kart. 1 kr.
—, Se: Ordspråk.
ABRAHAMSSON, P. John, Reduktionstabeller från tryck i skålpund till tryck i kilogram m. m. 16.o, 9 s. Göteb., N. P. Pehrsson. 89. Kart. 25 ö.
ACLAND, Arth. H. Dyke, o. **JONES, Benjamin,** Arbetarnes cooperations-föreningar i Storbrittanien — hvad de uträttat o. hvad de åsyfta. Öfv. af P. D. 8:o, 104 s. Sthm, Nordin & Josephson i distr. 93. Klb. 1: 25.
Acta Horti Bergiani. Meddelanden från K. V. akad:s trädgård Bergielund. Utg. af Bergianska stiftelsen, redig. af *Veit Brecher Wittrock.* 4:o. Sthm, Samson & Wallin. Band I. 91. 18 kr.
1. *Wittrock, Veit Brecher,* Några bidrag till Bergianska stiftelsens historia. 31 s, 1 tafla o. 2 kartor.
2. —, De horto botanico Bergiano. Om planen för Bergielunds botaniska trädgård samt om trädgårdens tillstånd 1891. 22 s 5 taflor o. 1 karta. 91. 2: 50.
3. —, o. *Juel, Hans Oscar,* Catalogus plantarum perennium bienniumque in Horto botanico Bergiano 1890 o. 1891. x, 95 s. o. 1 tafla samt appendix. xvij s. 91. 2 kr.
4. —, Linaria Reverchonii nov. spec., dess morfologi o. lefnadshistoria. 14 s. o. 1 tafla.
5. *Juel, Hans Oscar,* De floribus veronicarum. Studier öfver veronicablomman. 20 s. o. 2 taflor.
6. *Lindman, C. A. M,* De speciebus nonnullis generis Silenes L. Om några arter af slägtet Silene L. 16 s. o. 1 tafla.
7. *Dahlstedt, Hugo,* De Hieraciis scandinavicis in horto Bergiano cultis. Om några i Bergianska trädgården odlade Hieracier. 44 s.
8. *Wittrock, Veit Brecher,* De felicibus observationes biologicæ. Biologiska ormbunkstudier. 58 s. o. 5 taflor. 4 kr.
Band. II.
1. (Ej utkommit.)
2. *Juel, Hans Oscar,* Om byggnaden o. utvecklingen af stammens kärlsträngsväfnad hos Veronica longifolia L. 30 s. o. 94. 1: 75.
3. *Murbeck, Sv.,* Studien über Gentianen aus der Gruppe Endotricha Froel. 28 s. o. 1 karta. 94. 1:75.
4. *Dahlstedt, Hugo,* Anteckningar till kännedomen om Skandinaviens Hieracium-flora. I. 146 s. 94. 4 kr.
5. *Murbeck, Sv.,* Neue oder wenig bekannte Hybriden in den botanischen Garten Bergielund. (Hortus Bergianus) beobachtet. 21 s. o. 1 karta. 94. 1: 75
6. *Wittrock, Veit Brecher,* Om den högre epifytvegetationen i Sverige. [Ueber die höhere epiphytische Vegetation in Schweden.] 29 s. 93. 1: 50.
Acta matematica. Zeitschrift herausgeg. von (Journal rédigé par) *G. Mittag-Leffler.* Band. VIII—XIX. 4:o. Sthm, F. & G. Beijers Bokf.-aktb. 86—95. För band (4 hfn) VIII—X à 18 kr. XI—XIX 12: 50 kr.
(Banden I—X säljes ej hvar för sig.)
Acta, Nova, regiæ societatis scientiarum Upsaliensis. Ser. tertiæ. 4:o. Ups. Akad. bokh. XIII: 2. 87. 19 kr.
1. *Cleve, P. T.,* New Researches on the compounds of Didymium. 29 s.
2. *Forssell, K. B. J.,* Beiträge zur Kenntniss der Anatomie und Systematik der Gloeolichenen. 118 s.
3. *Berger, A.,* Sur une application de la théorie des équations bénômes à la sommation de quelques séries. 36 s.
4. *Ångström, K.,* Sur une nouvelle méthode de faire des mesures absolues de la chaleur rayonante, ainsi qu'un instrument pour enregistrer la radiation solaire. 173 s. o. 1 pl.

5. *Bovallius, C.*, Amphipoda Synopidea. 33 s. o. 3 pl.
6. *Lundström, A. N.*, Pflanzenbiologische Studien. II. Die Anpassungen der Pflanzen an Thiere. 88 s. o. 4 pl.
7. *Aurivillius, C. W. S.*, Beobachtungen über Acariden auf die Blättern verschiedenen Bäume. 16 s.

XIV: 1. 90.   19 kr.
1. *Lindman, C. F.*, Supplement au traité d'une fonction transcendente, publié en 1874. 15 s.
2. *Berger, A.*, Recherches sur les valeurs moyennes dans la théorie des nombres. 130 s.
3. *Mohn, H.*, et *Hildebrandsson, H. H.*, Les orages dans la Péninsule Scandinave. 55 s. o. 12 pl.
4. *Bovallius, C.*, The Oxycephalids. 141 s. o. 7 pl.

XIV: 2. 91.   16 kr.
1. *Söderblom, A.*, De la convergence du développement analytique de la fonction elliptique p (u) et du calcul de la valeur de l'argument u, la valeur de la fonction p (u) étant donnée. 67 s.
2. *Pfannenstiel, E.*, Eine Methode zur Berechnung des Integrals
$$\int_{-8}^{z} \sqrt{\frac{dz}{4 z_{3} - g_{2} z - g_{3}}} \quad 24 \text{ s.}$$
3. *Solander, E.*, Die magnetische Inklination in Upsala und Stockholm. 15 s.
4. —, Ueber den Einfluss der Fadentorsion bei magnetischen Ablenkungsversuchen. 10 s.
5. *Juhlin, J.*, Sur la température nocturne de l'air à différentes hauteurs. 24 s.
6. *Solander, E.*, Modificierte Lloydsche Wage. 15 s.
7. —, Konstantenbestimmung mit einem Lamontschen Theodolit. 32 s.
8. *Berger, A.*, Déduction des propriétés principales de la fonction elliptique général de second ordre. 50 s.
9. *Dunér, N. C.*, Recherches sur la rotation du soleil. 78 s. o. 1 tab.

XV: 1. 92.   16 kr.
1. *Olsson, O.*, Beiträge zur Lehre von der Bewegung eines festen Körpers in einer Flüssigkeit. I. 39 s.
2. *Söderberg, J. T.*, Einige Untersuchungen in der Substitutionstheorie und der Algebra. 38 s.
3. *Pfannenstiel, E.*, Ueber die Differentialgleichung der elliptischen Function dritter Ordnung. 18 s.
4. *Berger, A.*, Sur les fonctions entières rationelles, qui satisfont à une équation différentielle linéaire du second ordre. 28 s.
5. *Dillner, G.*, Sur le développement d'une fonction analytique pour un contour de convergence qui renferme des points critiques d'ordres réels et s'étend sur tout le plan. 64 s.
6. *Théel, H.*, On the development of Echinocyamus Pusillus (O. F. Müller). 57 o. ix s. o. 9 pl.

XV: 2. 92.
1. *Schultz, Herman*, Meridian. Beobachtungen auf der Sternwarte in Upsala. 44 s.
2. *Ångström, Knut*, Bolometrische Untersuchungen über die Stärke der Strahlung verdünnter Gase unter dem Einflusse der Elektrischen Entladung. 45 s. o. 2 tab.
3. *Solander, E*, Vergleichung der Bestimmungen der Horizontalintensität an verschiedenen magnetischen Observatorien. 53 s.
4. *Berger, A.*, Sur une généralisation algebriques des nombres de Lamé. 33 s.
5. *Henschen, S.*, On arsenical Paralysis. 19 s. o. 1 tab.
6. *Petrini, H.*, Sur la condition à la surface dans l'Hydrodynamique. 8 s.
7. *Berger, A.*, Sur le développement de quelques fonctions discontinues en series de Fourier. 33 s.
8. *Petrini, H.*, Theorie der Vektorfunktionen als Grundlage einer analyt. Darstellung der Hauptsätze des stationären Elektromagnetismus. 60 s.

XVI. 93.   32 kr.
1. *Falk, M.*, Ueber elliptische Functionen zweiten Grades. 30 s.
2. *Dillner, G.*, Sur la solution analytique du Probleme des N corps. 28 s.
3. *Bladin, J. A*, Ueber Triazol- und Tetrazol-Verbindungen. 143 s.
4. *Berger, A.*, Sur l'évaluation approchée des intégrales définies simples. 52 s.
5. *Hammar, J. A.*, Einige Plattenmodelle zur Beleuchtung d. früheren embryonalen Leberentwickelung. 34 s.
6. *Ångström, K.*, Eine elektrische Kompensationsmethode zur quant. Bestimmung strahlender Wärme. 8 s.
7. *Hammarsten, O.*, Zur Kenntniss der Lebergalle des Menschen. 44 s.
8. *Charlier, C. V. L.*, Ueber den Gang des Lichtes durch ein System von sphærischen Linsen. 20 s.
9. *Aurivillius, C. W. S.*, Die Beziehungen d. Sinnesorgane amphibischer Dekapoden zur Lebensweise und Athmung. 48 s.
10. *Lennander, K. G.*, Ueber abdominale Myomoperationen mit besonderer Berücksichtigung der Totalexstirpation des Uterus bei Myomen. 37 s.
11. *Widman, O.*, Ueber asymmetrische secundäre Phenylhydrazine. 37 s.
12. *Tullberg, T.*, Ueber einige Muriden aus Kamerun. 66 s.

Acta Societatis pro fauna et flora fennica. 8:o. Hfors. G. W. Edlund i distr.

III. 86—88.   10 fmk.
1. *Hult, R.*, Mossfloran i trakterna mellan Aavasaksa o. Palluastunturit. En studie öfver mossornas vandringssätt. 110 s. 86.
2. *Nordqvist, O.*, Bidrag till kännedomen om crustacéfaunan i några af mellersta Finlands sjöar. 26 s. 86.
3. *Poppius, A.*, Finlands Dendrometridae, med pl. 151 s. 87.
4. *Norrlin, J. P*, Bidrag till Hieraciumfloran i Skandinaviska halföns mellersta delar. 117 s. 88.

IV. 87.   10 fmk.
Inneh.: *Wainio, Edv.* Monographia Cladoniarum universalis. Pars I. 509 s.

V. 91.
I:[a]. *Hjelt, Hjalmar*, Kännedomen om växternas utbredning i Finland med särskildt afseende å fanerogamer o. ormbunkar. 152 s 3 tab. 1: 50 fmk.
1. —, Conspectus floræ Fennicæ. Pars I. Pteridophyta et Gymnospermæ. 107 s. 2 kartor 1: 50 fmk.
2. —, D:o D:o Pars II. Monocotyledonea Liliaceæ Cariceae homostachyæ. s. 108—258. 3 tab. 92.   1: 50 fmk.
3. —, D:o d:o Pars III. Monocotyledoneæ cariceæ distigma ticæ. — Najadaceæ. s. 259—562. 95.   2 fmk.

VI. 89—90.   15 fmk.
1. *Sahlberg, J.*, Enumeratio Coleopterorum Brachelytrorum Fenniæ. Systemat. förteckn. öfver

de inom Finlands naturhist. område hittills funna Coleoptera Brachelytra jemte uppgift om arternas utbredning. 152 s.
2. *Karsten, P. A.*, Sphæropsideæ hucusque in Fennia observatæ. 86 s.
3. *Kihlman, A. O.*, Pflanzenbiolog. Studien aus Russisch Lappland. Ein Beitrag zur Kenntniss der regionalen Gliederung an der Polaren Waldgrenze. viij, 263 o. xxiv s. 14 Taf. in Lichtdr.
4. *Brotherus, V. F. o. Th. Sælan*, Musci Lapponiæ Kolaënsis. 100 s.

VII. 90. 10 fmk.
Inneh.: *Wainio, Edv.*, Etude sur la classification naturelle et la morphologie des lichens du Brésil. Part. I. II. xxix, 247 o. 256 s.

VIII. 90—93. 10 fmk.
Sanio, C., Die Harpidien des nördlichen Finnlands sammt Kola. 89 s. 90.
—, Über die Scorpidien des nördlichen Finnlands sammt Kola. 3 s. 91.
2. *Cleve, P. T.*, The Diatoms of Finland. With three plates. 68, II s. 3 pl. o. 1 karta. 91.
3. *Poppius, Alfred*, Finlands Phytometridae (såsom fortsättning till Finlands Dendrometridae, Acta III. N:o 3). 161 s. 2 pl. o. 1 karta. 91.
4. *Wainio, Edouard, A.*, Notes sur la flore de la Laponie finlandaise. 90 s. 91.

IX. 93. 94. 10 fmk.
1. *Karsten, P. A*, Symbolæ ad Mycologiam fennicam. xxxii o. 11 s.
2. *Westerlund, A.*, Hymenopteroloogisia havainnoita Laatokan pohjois-rannikolta. v o. 30 s.
3. *Sahlberg, John*, Catalogus Trichopterorum Fenniæ præcursorius. 19 s.
4. *Reuter, O. M.*, Corrodentia fennica. I. Psocidæ. Förteckning o. beskrifning öfver Finlands Psocider. 49 s. o. 1 pl.
5. *Brenner, Magnus*, Spridda bidrag till kännedom af Finlands Hieracium-former. II. Nordösterbottniska Hieracia. 43 s.
6. *Reuter, Enzio*, Förteckning öfver Macrolepidoptera, funna i Finland efter år 1869. 85 s.
7. *Levander, K. M.*, Beiträge zur Kenntniss einiger Ciliaten. 3 Taf. o. 87 s.
8. *Reuter, O. M.*, Neuroptera fennica. — Förteckning o. beskrifning öfver Finlands neuropterer. 36 s.
9. *Levander, K. M.*, Einige biologische Beobachtungen über *Sminthurus apicalis Reuter*. 10 s.
10. —, *Peridinium catenatum* n. sp. Eine kettenbildende Peridinee im finnischen Meerbusen. 19 s. o. 1 Taf.
11. *Stenroos, K. E*, Nurmijärven pitäjän siemenja saniais-kasvisto. 85 s.

X. 94. 10 fmk.
Wainio, Edv, Monographia Cladoniarum universalis. II. 499 s.

XI. (Ej utkommet).

XII. 94—95. 8 fmk.
1. *Brenner, M.*, Spridda bidrag till kännedom af Finlands *Hieraciumformer III*. Nyländska *Philoselloidea*. 57 s.
2. *Levander, K. M.*, Materialien zur Kenntniss der Wasserfauna in der Umgebung von Helsingfors, mit besonderer Berücksichtigung der Meeresfauna I. Protozoa. Mit 3 Taf. 115 s.
3. —, D.o II. Rotatoria. Mit 3 Taf. 72 s.
4. *Norrlin, J. P.*, Pilosellae borealis praecipue florae fennicæ novae. 83 s.

Acta societatis scientiarum fennicæ. 4:o. Hfors. G. W. Edlund i distr.

XV. 812 s. med 16 pl. 88. 12 fmk.
1 *Mellin, Hj.*, Om en ny klass af transcendenta funktioner, hvilka äro nära beslägtade med Gamma funktionen. II.
2. *Goursat, E.*, Recherches sur l'équation de Kummer.
3. *Nordqvist, O.*, Beitrag zur Kenntniss der inneren männlichen Geschlechtsorgane der Cypriden.
4. *Sundell, A. F.*, Über eine Modifikation der Quecksilberluftpumpe. II.
5. *Karsten, P. A.*, Icones selectæ Hymenomycetum Fenniæ nondum delineatorum. I.
6. *Sundell, A. F.*, Spectralversuche.
7. *Lindelöf, L*, Statistisk undersökning af ställningen i Finska Ecklesiastikstatens enke- o. pupillkassa den 1 maj 1884.
8. *Reuter, O. M.*, Revisio synonymica Heteropterorum palaearcticorum quæ descripserunt auctores vetustiores (Linnæus 1758—Latreille 1806.) I. II.
9. *Schwarz, H. A.*, Über ein die Flächen kleinsten Flächeninhalts betreffendes Problem der Variationsrechnung. Festschrift zum Jubelgeburtstage des Herrn Karl Weierstrass.
10. *Neovius, E. R.*, Anwendung der Theorie der Elliptischen Funktionen auf eine die Krümmungslinien eines Ellipsoids betreffende Aufgabe.
11. *Sundell, A. F.*, Transportables Barometer.
12. *Söderhjelm, W.*, Petrarca in der deutschen Dichtung.

XVI. xv o. 601 s. med 17 pl. 88. 12 fmk.
1. *Heikel, I. A.*, Senecas Character und Politische Thätigkeit aus seinen Schriften beleuchtet.
2. ——, Über die sogenannte Βούλευσις in Mordprocessen.
3. *Hjelt, Edv.*, Die intramoleculare Wasserabspaltung bei organischen Verbindungen, monographisch dargestellt.
4. *Homén, Th.*, Über die Electricitätsleitung der Gase. I.
5. *Aspelin, E.*, Lamottes afhandl:r om tragedin, granskade och jemförda med Lessing.
6. *Stenberg, E. A.*, Den Hermite'ska differentialeqvationen af andra ordningen.
7. *Duhem, P.*, Applications de la Thermodynamique aux actions qui s'exercent entre les courants électriques.
8. *Stenberg, E. A*, Darstellung sämmtl. Differentialgleichungen von der Form

$$y'' - \left[a + a \frac{\sigma^1}{1 \sigma}(x-a_1) - a \frac{\sigma^1}{\sigma}(x-a_2) + n(n+1)\left(p(x-a_1) + p(x-a_2)\right) \right] y = 0,$$

welche nur eindeutige Integrale besitzen.
9. *Aschan, O.*, Bidrag till kännedom om ftalimid och ftalaminsyra.
10. —, Studier inom anhydrobasernas klass.
11. *Lindelöf, L.*, Trajectoire d'un corps assujetté à se mouvoir sur la surface de la terre sous l'influence de la rotation terrestre.
12. *Sundell, A. F.*, Barometervergleichungen ausgeführt in den Jahren 1886—1887 an verschiedenen meteorologischen Centralstellen. Mit 1 Tafel.
13. *Stenberg, E. A.*, Zur Theorie der linearen u.

homogenen Differentialgleichungen mit doppelt periodischen Coefficienten I. II.
14. *Karsten, P. A.*, Icones selectæ Hymenomycetum Fenniæ nondum delineatorum, editæ sub auspiciis Soc:is scient. Fenniæ. II.
15. *Neovius, E. R.*, Untersuchung einiger Singularitäten, welche im Innern und auf der Begrenzung von Minimalflächenstücken auftreten können, deren Begrenzung von geradlinigen Strecken gebildet wird.
16. —, Über Minimalflächenstücke, deren Begrenzung von drei geradlinigen Theilen gebildet wird. I.

XVII. 91.   10 fmk.
1. *Neovius, E. R.*, Ueber einige durch rationale Functionen vermittelte conforme Abbildungen. s. 1—14.
2. *Homén, Th.*, Ueber die Electricitätsleitung der Gase II. s. 15—28. Taf. I—III.
3. —, D:o III. s. 29—68. Taf. IV—X.
4. *Lemström, Selim, J. J.*, Nervanders Galvanometer. s. 69—91 o. 1 pl.
5. *Donner, Anders*, Beobachtungen von Cometen, angestellt auf der Sternwarte zu Hfors 1885—86. s. 92—176. 3 Taf.
6. *Synnerberg, Carolus*, Observationes criticæ in M Minucii Felicis Octavium. s. 177—204.
7. *Tikkanen, J. J.*, Die Genesismosaiken von S. Marco in Venedig u. ihr Verhältniss zu den Miniaturen der Cottonbibel nebst einer Untersuchung über den Ursprung d. Mittelalterlichen Genesisdarstellung besonders in der Byzantinischen u. Italienischen Kunst. s. 205—358. 16 Taf.
8. *Aschan, Ossian*, Bidrag till kännedom af a-Dibromhydrin. s. 359—376.
9. —, Om Klorid af oxanilsyra. s. 377—388.
10. *Heikel, A.*, Ignatii diaconi vita Tarasii archiepiscopi constantinopolitani. Graece primum edid. I. s. 389—440.
11. *Donner, Anders*, Formel und Tafeln zur Berechnung von Zeitbestimmungen durch Höhen in der Nähe der ersten Vertikals. s. 441—464.
12. *Tallqvist, Hj.*, Bestimmung der Richtungscosinus einer Geraden, welche mit zwei gegebenen Geraden Winkel von gegebener Grösse einschliessen soll. s. 465—472.
13. —, Bestimmung der Minimalflächen, welche eine gegebene ebene oder sphärische Curve als Krümmungscurve enthalten. s. 473—90.
14. —, Bestimmung der Trägheitsmomente für die mit Masse gleichförmig beladene Fläche eines ungleichaxigen Ellipsoids. s. 491—502.
15. *Norrlin, J. P.*, Minnesord öfver Sextus Otto Lindberg. Upplästa på Finska Vet. Soc:ns högtidsdag d. 29 apr. 1890. s 503—538.
16. *Donner, O.*, Aug. Engelbr. Ahlqvist † 20 marrask. 1889. Puhe hänen muistoksi, jonka piti Suomen Tiedeseuran vuosipäivänä 29 huhtikuuta 1890. s. 539—50.

XVIII. 91.   12 fmk.
1. *Duhem, P.*, Applications de la Thermodynamique aux actions qui s'exercent entre les courants électriques et les aimants. s. 1—100.
2. *Karsten, P. A.*, Icones selectæ Hymenomycetum Fenniæ nondum delineatorum. s. 101—110.
3. *Söderhjelm, W., o. A. Wallensköld*, Le mystère de Saint Laurent. s. 111—288.
4. *Cygnæus, Walter*, Studier öfver Typhusbacillen. s. 289—328.
5. *Tallqvist, Hj.*, Ueber specielle Integrationen, bei denen die Oberfläche eines ungleichaxigen Ellipsoids das Integrationsgebiet bildet. s. 329—348.
6. *Bonsdorff, Carl von*, Nyen och Nyenskans. s 349—504.
7. *Aschan, Ossian*, Zur Geschichte der Umlagerungen in der Allylreihe. s. 505—20.
8. *Hjelt, Edv.*, Undersökn:r om reaktionshastigheten vid laktonbildningsprocessen. I. 521—32.
9. —, Minnestal öfver Johan Jakob Chydenius. Hållet på Finska Vet.-Soc:ns högtidsdag d. 29 apr. 1891. s. 533—50.
10. *Hjelt, Otto E. A.*, Minnestal öfver Frans Josef von Becker. Hållet på Finska Vet.-Soc:ns högtidsdag d. 29 apr. 1891. s. 551—74.

XIX. 93.   12 fmk.
1. *Lindelöf, Ernst*, Sur l'intégration de l'équation différentielle de Kummer. 31 s.
2. *Tikkanen, J. J.*, Eine illustrirte Klimax-Handschrift der vatikanischen Bibliothek. 16 s.
3. *Reuter, O. M.*, Monographia generis Holotrichius Burm. 40 s. o. 2 tab.
4. *Neovius, E. R*, Über Minimalflächenstücke, deren Begrenzung von drei geradlinigen Theilen gebildet wird. II. 37 s.
5. *Brotherus, V. F.*, Contributions à la flore bryologique du Brésil. 30 s.
6. *Reuter, O. M.*, Monographia Ceratocombidarum orbis terrestris. 28 s. o. 1 tab.
7. *Melander, G.*, Etudes sur la dilatation de l'hydrogène à des pressions inférieures à la pression atmosphérique. 40 s.
8. *Aschan, Ossian*, Studier inom Naftengruppen. II. 24 s.
9. *Levänen, S.*, En symmetrisk lösning af likheter af 2:a, 3:e, o. 4:e graden. 14 s.
10. *Homén, E. A.*, En säregen hos tre syskon under form af progressiv dementia uppträdande sjukdom i samband med utbredda blodkärlsförändringar (antagligen lues hereditaria tarda). 35 s. Planscher.
11. *Stenberg, E. A.*, Zur Theorie der linearen homogenen Differentialgleichungen mit doppeltperiodischen Coefficienten. III. 7 s.
12. *Brotherus, V. F.*, Enumeratio muscorum Caucasi. VII. 170 s.
13. *Hjelt, Edv.*, Undersökningar öfver reaktionshastigheten vid laktonbildningsprocessen. II. 13 s.
14. *Wiik, Fred. Joh.*, Utkast till ett kristallokemiskt mineralsystem Silikaterna. 22 s. Plansch.
15. *Reuter, O. M.*, Monographia generis Reduvius Fabr., Lam. 36 s.
16. *Neovius, Arvid*, Tafeln zum Gebrauch bei stereometrischen Wägungen. 28 s.
17. *Homén, E. A.*, Minnestal öfver verklige statsrådet friherre Knut Felix von Willebrand. Hållet på Finska Vet.-Soc. högtidsdag den 29 april 1893. 16 s.
18. *Neovius, E. R.*, Minnestal öfver Axel Wilhelm Gadolin. Hållet på Finska Vet.-Soc. högtidsdag den 29 april 1893. 24 s.

XX. 95.   12 fmk.
1. *Lindelöf, Ernst*, Sur les systèmes complets et le calcul des invariants différentiels des groupes continus finis. 2, 62 s.
2. *Hällström, C. P.*, Triangelmätning ifrån Åbo öfver Åland till Stacksten, förrättad af *Jacob Gadolin*. Uträknad. 31 s.
3. *Lemström, Selim*, On Night-frosts and the means

of preventing their ravages. With 4 plates and a map. 78 s.
4. *Schultén, af, Aug*, Om framställning af ett arsenikfosfat. 3 s.
5. — —, En säkerhetsapparat för gaslampor. 3 s.
6. *Tallquist, Knut S*, Die assyrische Beschwörungsserie Maqlû nach den Originalen im British Museum herausgegeben. I. Einleitung, Umschrift, Übersetzung. Erläuterungen und Wörterverzeichniss. 180 s. II. Keilschrifttexte. 99 s.
7. *Mellin, Hj*, Om definita integraler, hvilka för obegränsadt växande värden af vissa heltaliga parametrar hufva till gränser hypergeometriska funktioner af särskilda ordningar. 39 s.
8. *Donner, Anders*, Détermination des constantes nécessaires pour la réduction des clichés pris à Helsingfors pour la construction du catalogue photographique des étoiles jusqu'à la onzième grandeur. 8 o. 68 s.
9. *Melander, G.*, Etudes sur la dilatation de l'oxygène à des pressions inférieures à la pression atmosphérique. 17 s.
10. *Lindelöf, Ernst*, Sur le mouvement d'un corps de révolution roulant sur un plan horizontal. 18 s.
11. *Pipping, Hugo*, Über die Theorie de Vocale. 68 s. Taf. I—VI.
12. *Hjelt, Edv.*, Minnestal öfver Adolf Edvard Arppe. Hållet på Finska Vet.-Soc:ns högtidsdag den 29 april 1895. 24 s. Porträtt.

Acta universitatis Lundensis. Lunds universitets årsskrift. 4:o. Lund, C. W. K. Gleerup i distr.

XXII. 1885—86.
1:a afd. Filos., Språkvet. o. Historia. 5 kr.
1. *Geijer, Reinh*, Herman Lotzes tankar om tid o. timlighet i kritisk belysn. Ett försök till det filosofiska tidsproblemets utredning. 273 o. vj s.
2. *Leander, P. J. H.*, Boströms lära om Guds idéer. Studier. 132 s.
3. *Liljequist, Gust.*, Infinitiven i det fornspanska lagspråket. 110 s.
4. *Thyrén, Joh.*, Den första väpnade neutraliteten. Svensk-danska förbunden af 1690, 1691 o. 1693; jemte en inledande öfversigt af Europas polit. ställning vid det stora krigets utbrott 1688—89. (Forts. från föreg. årg.) S. 103—162.
5. Föreläsningar o. öfningar vid Kongl. universitetet i Lund, höstterminen 1885. 12 s.
6. D:o d:o vårterminen 1886. 12 s.
2:a afd. Mathematik o. naturvetenskap. 8 kr.
1. *Blomstrand, C. W*, Ueber die Sauerstoffsäuren des Jodes. 27 s.
2. *Enebuske, Claës*, Om platinas metylsulfinbaser. 39 s.
3. *Hedin, S. G.*, Om pyridinens platinabaser. 58 s.
4. *Rudelius, Carl*, Platinapropylsulfinföreningar. 48 s.
5. *Areschoug, F. W. C.*, Some observations on the genus Rubus. (Contin. from Vol. XXI.) S. 127—182 o. iij s.
6. *Bergendal, David*, Jemförande studier o. undersökn:r öfver benvälnadens struktur etc. med hänsyn till förekomsten af Haverska kanaler. 152 o. xj s. samt 6 pl.
7. *Haij, B.*, Jemförande studier öfver foglarnes bäcken. 83 s. o 4 pl.
8. Lunds universitets årsberättelse 1885—86. Af universitetets rektor *(Th. Wisén)*. 33 s.
9. Uppgift på föredrag, som blifvit hållna vid Fysiogr. sällsk. sammanträden under läsåret 1885—86. 2 s.

XXIII. 1886—87.
1:a afd. Rätts- o. Statsvetenskap. 1: 25.
1. *Ask, Johan*, Om formaliteter vid kontrakt enl. romersk o. svensk förmögenhetsrätt. 133 s.
2. Föreläsn:r o. öfningar vid Kgl. Universitetet i Lund, höstterminen 1886. 12 s.
3. D:o D:o vårterminen 1887. 12 s.
2:a afd. Filosofi, Språkvet. o. Historia. 3: 50.
1. *Puulson, Joh*, Studia Hesiodea. I. 163 s.
2. *Wulff, F. A.*, Poèmes inédites de Juan de la Cueva. 62 o. c s
3. *Tyrén, Johan*, Verldsfreden under Napoleon. 100 s.
3:e afd. Mathematik o. Naturvetenskap. 2: 50.
1. *Rosén, A.*, Solution d'un problème d'électrostatique. 13 s.
2. *Agardh, J. G.*, Till Algernas systematik (Femte afd.) 174 s. o. 5 tafl.
3. Lunds universitets årsberättelse, 1886—87, af universitetets rektor. 42 s.
4. Uppgift på föredrag, som blifvit hållna vid Fysiografiska Sällskapets sammanträden under läsåret 1886—87. 2 s.

XXIV. 1887—88.
1:a afd. Theologi. 75 ö.
1. *Johansson, F. A.*, Under hvilken grund-förutsättning kan en gammaltestamentlig skrift anses ega kanoniskt värde? 44 s.
2. Föreläsningar o. öfningar vid Kgl. Universitetet i Lund, höstterminen 1887. 12 s.
3. D:o D:o vårterminen 1888. 12 s.
2:a afd. Mathematik o. naturvetenskap. 4: 30.
1. *Möller, Julius*, Ueber osculirende Enveloppen. 4 s.
2. *Jönsson, P.*, Om ångtensionen i allmänhet o. särskildt af vätskeblandningar. 16 s.
3. *Blomstrand, C W.*, Till frågan om gadolinitjordens atomvigt o. gadolinitens sammansättning. 26 s.
4. *Löndahl, Hj.* Platinasulfinföreningar o. normalbutyl, isobutyl o. benzyl. 52 s.
5. *Lundgren, Bernh*, Öfversigt af Sveriges mesozoiska bildningar. 37 s.
6. *Haij, Bernh.*, Bidrag till kännedomen om den morphologiska byggnaden af Ilium hos Carinaterna. 18 s. o. 2 pl.
7. *Karlsson, G. A*, Transfusionsväfnaden hos Conifererna. 58 s. o. 1 pl.
8. Lunds univer:ts årsberättelse 1887—88 af universitetets rektor *[Th. Wisén]*. 41 s.
9. Uppgift på föredrag som blifvit hållna vid Fysiografiska sällskapets sammanträden under läsåret 1887—88.

XXV. 1888—89.
1:a afd. Theologi. 1: 80.
1. *Holmström, Olof*, Den lutherska ordinationen. 184 s.
2. Föreläsningar o. öfningar vid kongl. univ:t i Lund, vårterminen 1889. 12 s.
2:a afd. Medicin. 1: 30.
1. *Åkerman, Jules*, Om sectio mediana för mankönets urinblåsestenar. 100 s.
2. Föreläsningar o. öfningar vid kongl. univ:t i Lund höstterminen 1888. 12 s.
3:e afd. Filosofi, Språkvet. o. Historia. 3: 75.
1. Öfversigt af Filologiska sällskapets i Lund förhandlingar 1881—88. 103 s.

2. *Paulson, Joh.*, De codici Lincopensi homiliarum Chrysostomi in epist. ad Cor. I habitarum. 88 s. o. 1 facsimile.
3. *Sjöstrand, Nils*, De oratorum Atticorum in oratione obliqua temporum et modorum usu. 111 s.
4:e afd. *Mathematik o. naturvetenskap.* 4: 50.
1. *Engström, Folke*, Bestämning af Lunds observatorii polhöjd 47 s.
2. *Jönsson, P.*, Om vätskeblandningars ångtension. II. 18 s. o. 1 pl.
3. *Blomstrand, C. W*, Om jodsyran o. dubbelsyror deraf med andra syror. 31 s.
4. *Nordstedt, Otto*, De Algis et Characeis 3—6. 41 s. o. 1 pl.
5. *Vinge, Axel*, Bidrag till kännedomen om ormbunkarnes bladbyggnad 82 s o. 3 pl.
6. *Blomstrand, C. W.*, Om Monaziten från Ural Inbjudning till den filos doktorspromotion d. 1 juni 1889. 26 s.
7. Lunds universitets årsberättelse 1888—89 af universitetets rektor *[Th. Wisén].* 45 s.
8. Uppgift på föredrag, som blifvit hållna vid Fysiografiska sällskapets sammanträden under läsåret 1888—89. 2 s.

XXVI. 1889—90.
I. *Filosofi, Språkvet. o. Historia.* 5 kr.
1. *Zander, C. M.*, De lege versificationis latinæ, summa et antiquissima. 28 s.
2. *Paulson, Joh.*, De codici Holmensi homiliarum Chrysostomi. 96 o. v. s.
3. *Wrangel, E.*, Eduard von Hartmanns estetiska system i kritisk belysning. 127 s.
4. Föreläsningar o. öfningar vid kgl. univ:t i Lund höstterminen 1889 o. vårterminen 1890. 12 o. 12 s
II. Acta regiæ socie:is physiographicæ Lundensis. Kongl. fysiografiska sällskapets i Lund handlingar. Med 5 taflor. Ny följd.
Band I. 1889—90. 7: 50.
1. *Borelius, Jacques*, Antiseptikens utveckling o. nutida tillämpning. 96 s.
2. *Åkerman, Jules*, Om operationer på gallblåsan o. gallväggarne särskildt vid cholelithiasis. 62 s.
3. *Agardh, J.*, Till algernas systematik. Nya bidrag. 6:e afd. 125 s. o 3 pl.
4. *Törnquist, Sven Leonh.*, Undersök:röfver Siljansområdets graptoliter. I. 33 s. o. 2 pl.
5. Kongl. fysiografiska sällskapets sammanträden. 1889—90. 2 s.
6. Lunds universitets årsberättelse 1889—90. Af universitetets rektor *[Th. Wisén].* 40 s.

XXVII. 1890—91.
I. *Filosofi, Språkv. o. Historia.* 3 kr.
1. *Linde, Sv.*, De Jano summo Romanorum deo. 54 s.
2. *Andersson, Hild.*, Quæ de numine. divino cultuque ejus senserit Julianus, ex scriptis imperatoris demonstrat. 67 s.
3. Föreläsningar o. öfningar vid Kgl. univ:t i Lund höstterminen 1890. 12 s.
4. D:o d:o vårterminen 1891. 13 s
II. Acta regiæ soc.is physiographicæ Lundensis Kgl. fysiografiska sällskapets i Lund handlingar med 7 taflor. Ny följd.
Band 2. 1890—91. 10 kr.
1. *Hildebrand. C. H*, Kliniska studier öfver bukorganens lägeförändringar. 86 s.
2. *Hedin, S G.*, Om bestämning af drufsocker genom förjäsning o. uppmätning af kolsyrans volym. 40 s.

3. *Löndahl, Hj.*, Bidrag till kännedom om platinasulfinbasernas konstitution. 47 s.
4. *Jönsson, B.*, Beiträge zur Kenntniss des Dickenzuwachses der Rhodophycéen. 41 s. o. 2 pl.
5. *Murbeck, Sv.*, Beiträge zur Kenntniss der Flora von Südbosnien und der Herzegovina. 182 s.
6. —, Tvenne Asplenier, deras affiniteter och genesis. 45 s. o. 2 pl.
7. *Tedin, Hans*, Bidrag till kännedom om primära barken hos vedartade dikotyler, dess anatomi o. dess funktioner. 97, vj s. o. 3 pl.
8. Kgl fysiografiska sällskapets sammanträden 1890—91. 2 s.
9. Borgerlig tid och verldstid. Inbjudningsskrift. af universitetets rektor. 18 s.

XXVIII. 1891—92
I. *Filosofi, Språkvet. o. Historia.* 6 kr.
1. *Linde, Sven*, Hermesmythen hos greker o. romare från språkvetenskaplig synpunkt framstäld. 80 s
2. *Sjöstrand, Nils*, De perfecti et plusquamperfecti usu conjugationis periphrasticæ latinorum. 38 s.
3. *Stille, Arthur*, Schering Rosenhane som diplomat o. ämbetsman. 144 s.
4. Meddelanden från det literaturhistoriska seminariet i Lund, utg af *Henrik Schück.* 53 s.
  I. Vita metrica S. Birgittæ af *J. Kruse.*
  II. *Schück, H.*, Rosa rorans. Ett Birgittaofficium af Nicolaus Hermanni.
5. Föreläsningar o. öfningar vid Kgl. universitetet i Lund höst-terminen 1891. 13 s.
6. D:o d:o vårterminen 1892. 15 s.
7. Lunds universitets årsberättelse 1891—92 af universitetets rektor *[Axel Möller].* 44 s.
II. Acta regiæ societatis physiographicæ Lundensis. Kgl. fysiografiska sällskapets i Lund handlingar. Ny följd.
Band 3. 1891—92. 15 kr.
1. *Granqvist, G.*, Un nouveau galvanomètre. 16 s. 1 pl.
2. *Rosén, A.*, Sur la théorie des oscillations électriques. 42 s.
3. *Wallin, Gotthard*, Om toluolsulfonglycin. 24 s
4. *Bergendal, D.*, Beiträge zur Fauna Grönlands. Ergebnisse einer im Jahre 1890 in Grönland vorgenommenen Forschungsreise. 1 Zur Rotatorienfauna Grönlands. 180 s. o 6 pl.
5. —, Ehrenbergs Euchlanis Lynceus wiedergefunden? 2 s.
6. *Agardh, J. G*, Analecta algologica. Observationes de speciebus algarum minus cognitis earumque dispositione 182 s. o. 3 pl.
7. *Andersson, Gunnar*, Studier öfver örtartade slingrande stammars jämförande anatomi. I. Humulus. 61 s. o. 1 pl.
8. *Eriksson, Joh.*, Bidrag till kännedomen om lycopodinébladens anatomi. 56 s o. 2 pl.
9. *Lidfors, Bengt*, Ueber die Wirkungsphäre der Glycose-und Gerbstoff-Reagentien. 14 s.
10. *Törnquist, Sv. Leonh.* Undersökningar öfver Siljansområdets graptoliter. 47 s. o. 3 pl.
11. *Henning, Anders H.*, Studier öfver bryozoerna i Sveriges kritsystem. I. Cheilostomata. 51 s. o 1 pl.
12. Kongl. fysiografiska sällskapets sammanträden 1891—1892. 2 s.

XXIX. 1892—93.
I. *Teologi, Juridik o. humanistiska ämnen.* 5 kr.
1. *Ahnfelt, Otto*, Laurentii Petri handskrifna kyrkoordning af år 1561. 40 s.

2. *Ask, Joh.*, Om författarerätt företrädesvis enl. svensk lagstiftning. 97 s.
3. *Weibull, Martin*, Drottning Kristina o. Klas Tott. Några historiska beriktiganden. Inbjudningsskrift. 42 s.
4. Meddelanden från det literaturhistoriska seminariet i Lund, utgifna af *Henrik Schück*:
    Linder, Ludvig, Bidrag till kännedom om Messenii tidigare lif 1579 (c)—1608 66. s.
5. Föreläsn:r o. öfningar vid Kgl. univ:t i Lund höstterminen 1892. 15 s.
6. —, d.o vårterminen 1893. 16 s.
7. Lunds univ:ts årsberättelse 1892—93. Af univ:ts rektor *[Axel Möller]*. 49 s.

II. Acta regiæ societatis physiographicæ Lundensis. Kgl. fysiografiska sällskapets i Lund handl.r. Ny följd.
Band 4. 1892—93. 9 kr.
1. *Wiman, A.*, Öfver ett specielt slag af hvirfvelrörelse i vätskor. 12 s.
2. *Blomstrand, C. W.*, Zur Frage über die Constitution der aromatischen Diazoverbindungen 26 s.
3. *Löndahl, Hjalmar*, Inverkan af alkoholistiskt natriumetylat på ättikester o. benzoldehyd. 8 s.
4. *Hedin, S. G.*, Om trypsindigestionen 45 s.
5. —, Bidrag till kännedom om hornsubstansens klyfningsprodukter. 19 s.
6. *Bergendal, D.*, Polypostia similis n. g. n. sp. en acotyl polyklad med många hemliga parningsapparater. Mit kurzem deutschen Resumé. 29 s
7. —, Einige Bemerkungen über Cryptocelides Lovénii mihi. 7 s.
8. *Ohlin, Axel*, Some remarks on the Bottlenose-Whale (Hyperoodon). 13 s. o. 1 pl.
9. *Agardh, J. G.*, Analecta algologica. Observationes de speciebus algarum minus cognitis earumque dispositione. Continuatio I 144 s. o. 2 pl.
10. *Jönson, B.*, Iakttagelser öfver ljusets betydelse för fröns groning. 47 s.
11. *Lidfors, Bengt*, Studier öfver elaiosferer i örtbladens mesofyll o. epidermis. 35 s.
12. *Törnquist, Sv. Leonh.*, Observations on the structure of some Diprionidæ. 14 s. o. 1 pl.
13. *Bäcklund, A. V.*, William Rowan Hamiltons lösning af dynamiska problem. Inbjudningsskrift. 25 s.
14. *Ribbing, Seved*, Om läkare o. läkarekonst i Shakspere's England. Inbjudningsskrift. 29 s.
15. Kongl. Fysiografiska sällskapets sammanträden 1892—93. 2 s.

XXX. 1893—94.
I. *Teologi, Juridik och Språkvetenskap.* 7 kr.
1. *Ahnfelt, Otto*, Bidrag till svenska kyrkans historia i 16:de årh. 90 s.
2 *Björling, Carl O. E.*, Penningdeposition enligt justiniansk rätt. 40 s.
3. *Antell, Herman*, Om dråpsbrotten enligt attisk o. romersk rätt. 74 s.
4 *Lind, Josephus*, De dialecto Pindarica.
   I. Prolegomena et de vocalismo Pindarico ex proximis sonis non apto. 48 s.
5 Föreläsningar o. öfningar vid kgl. universitetet i Lund höstterminen 1893. 16 s.
6. D:o D:o vårterminen 1894. 16 s.
7. Lunds universitets årsberättelse 1893—94, af universitetets rektor *(D. M. A. Möller)*. 49 s.

II. Acta regiæ societatis physiographicæ Lundensis. Kongl. fysiografiska sällskapets i Lund handlingar. Ny följd.
Band 5. 1894—95. 9 kr.
1. *Nerander, Herman*, Studier öfver förändringarna i ammonshornen och närliggande delar vid epilepsi. 55 s. o. 1 pl.
2. *Brodén, T.*, Zur Theorie der Transformation elliptischer Functionen. 1:te Mitteilung. 24 s.
3. *Granqvist, G.*, Undersökningar öfver den elektriska ljusbågen. 44 s.
4. *Grane, Nils*, Versuche über den temporären Magnetismus des Eisens u. des Nickels bei hohen Temperaturen. 6 s.
5. *Rosengren, L.*, Bidrag till kännedomen om sulfonglycinerna. 24 s.
6 *Wallengren, Hans*, Studier öfver ciliata infusorier. I. Slägtet Lichnophora Claparède. 48 s. o. 1 pl.
7. *Agardh, J. G.*, Analecta algologica. Observationes de speciebus algarum minus cognitis earumque dispositione. Contin. II. 99 s. o. 1 pl.
8. *Hennig, Anders*, Studier öfver bryozoerna i Sveriges kritsystem, II. Cyclostomata. 46 s. o. 2 pl.
9. *Areschoug, F. W. C.*, Det fanerogama embryots nutrition. Inbjudningsskrift. 36 s.
10. Kongl. Fysiografiska sällskapets sammanträden 1893—94. 2 s.

ADAMS, W., Den gamles hem. Öfv. fr. eng 4:e öfvers. uppl. 8:o, 48 s. Sthm, Bokf.-aktb. Ausgarius. 86. 50 öre.

ADAMSON, Nelly, Läkarnes kokbok. I. Läkarnes kokbok för friska till helsans bevarande. — II. Läkarnes kokbok för sjuka till helsans återvinnande. Under medverkan af åtta svenska läkare utarbetad. 8:o, 240 s. Sthm, Klemmings antikv. 86. 2 kr.

ADELBORG, Ottilia, Blomstersiffror med rim. 4 o, 21 pl. Sthm, Alb. Bonnier. 94. Kart. 2: 50.
—, Prinsarnes blomsteralfabet. 4:o, 31 pl. med text. Sthm, Alb. Bonnier. 93. Kart. 3 kr.
—, Se: Sagan om Askungen — Ängsblommor.

ADELSKÖLD, Cl., Anförande i försvarsfrågan uti riksd. första kammare d. 17 mars 1891. Jemte tillägg. 8:o, 21 s. Sthm, Loostöm & K. i distr. 91. 50 ö.
—, En resa till Nordkap. Verklighet o. dikt, skildrad i bref från bror »Pirre» till syster »Annika». 8.o, 154 s. o. 4 pl. Sthm, Lars Hökerberg. 89. 2 kr.
—, John Ericson. Biografiska teckningar. 8:o, 288 s. o. 5 pl. Ej i bokh.
—, Se: Äfventyr under en resa till Bornholm.

ADENIS, Eugène, Kurtis. Monolog Se: Humor, Fransk.
1886: Revy i literära o. sociala frågor, utg. af *Gust. af Geijerstam*. 8:o, 156 s. Sthm, F. & G. Beijers Bokf.-aktb. 86. 2: 50.

ADLER, Victor, Se: *Meyer, Frans Sales*, Handbok i ornamentik.

ADLERBETH, Gudmund Göran, Historiska anteckningar. Se: Dagar, Från tredje Gustafs. 2.

ADLERCREUTZ, Henrik Tomas, Historiskt-politiska anteckn:r. Se: Skrifter utg. af Sv. literatursällsk. i Finland 8.

ADLERSPARRE, Axel, Tre episoder i konung Karl XV:s lif. Ur kommendör Axel Adlersparres efterlämnade papper. 12:o, 83 s. Sthm, Alb. Bonnier. 93. 1 kr.

[ADLERSPARRE, Sophie], Meddelanden. I. Det moderna sedlighetskrafvet i kamp emot reaktion o. radikalism. (Finska qvinnors och mäns protester mot en svensk föreläsares uttalanden i sedlighetsfrågan.)

Af *Esselde.* 8:o, 15 s. Sthm, Samsom & Wallin. 87. 25 ö.
[ADLERSPARRE, Sophie], Se: Korsdragerska, En, af *Esselde.*
—, o. LEIJONHUFVUD, Sigrid, Fredrika Bremer. Biografisk studie. 1:a o 2:a hft. 8:o. 160 s. Sthm, P. A. Norstedt & Söner. 95. För häfte 1 kr.
ADLERZ, Gottfr., Bidrag till Pantopodernas morfologi o. utvecklingshistoria. Se: Bihang till Vet.-akad:s handl:r. XIII, IV, 11.
—, Myrmecologiska studier. Se: dersammast. XI: 18.
—, Om digestionssekretionen hos insekter o. myripoder. Se: dersammast. XVI, IV, 2.
—, Om människans ursprung Se: Studentfören. Verdandis småskrifter. 1.
Adress-bok. Anvisning vid inköp för resande till Stockholm 1886—87. 8:o, 120 s. Sthm, J. Schmalz. 86. 35 öre.
Adressbok för Helsingborgs stad o. Luggude härad. Utg. af *Nils Krok.* 8:o, 66 o. 103 s. 2 kartor samt annonsafd. Helsingborg, Killbergs bokh. 92. Kart. 2: 50.
Adressbok, Skandinavisk, för frimärksamlare, utg. af Herman Lindberg. 8:o, 76 s. Norrk. Utg:n 91. 1: 15.
Adress-bok, Stockholms, för år 1887. 8:o, 400 s. Sthm, Redaktionen. 86. Klb. 2: 50.
Adressbok, Stockholms-Tidningens, 1890—91, upptagande myndigheters m. fl. adresser. Liten 8:o, 116 s. Sthm, Stockholms-tidn. red. 90. Klb. 40 ö.
Adressbok, Sveriges stortempels o. templarorden, arbetsåret 1893—94. 8:o, 16 s. Lindesberg, J. Högborg. 93. 50 ö.
Adressbok och yrkeskalender för Helsingfors. 8:o. H:fors, Tidnings- o. tryckeriaktieb. För årg. 3: 50. Kart. 4 fmk.
1:a årg. 1889—1890. vi o 283 s. Suppl. 26 s. 89.
2:a årg. 1890—1891. v o. 362 s. Suppl. 24 s. 90.
3:e årg. 1891—1892. Suppl.
4:e årg. 1892—1893. Suppl.
5:e årg. 1893—1894. Suppl.
6:e årg. 1894—1895. Suppl. 16 s.
7:e årg. 1895—1896. 320 o, 84 o. 30 s. samt 1 karta. Suppl. 12 s
Adress-kalender, Elfsborgs län, 1892. Utg af *N. G Strömbom.* 8:o, 446 o. 56 s. Mariestad, P. W. Karström. 93. 2: 50, kart. 3 kr clb. 3: 50.
Adresskalender för Gefleborgs län 1889. 8:o, xcviij, 369 s. o. 1 karta. Gefle, Geflepostens tryckeri 88. Inb. 3: 50
Adresskalender för Helsingborgs stad [2:a årg] utg. 1894 af *Nils Krok.* 8:o, 188 s. Helsingborg, Killbergs bokh. 94. Kart. 2 kr.
1:a årg. utk. 91.
Adresskalender för Helsingfors stad. H:fors, G. W. Edlund. För årg. 3 fmk.
27:e årg. 1886—87. xxvij, 169 s 86.
28:e årg. 1887—88. xxvj, 154 o. 76 s. 87.
29:e årg. 1888. xxxvj, 156 o. 72 s. 88.
30:e årg. 1888—89. xxxvij, 170 o. 74 s. 88.
31:a årg. 1889—90. xxviij, 187 o. 68 s. 89.
32:a årg. 1890—91. xxxvij, 166 o. 31 s. 90.
Adress-kalender för Jönköpings stad o. omnejd år 1886. Utg. af *H. Wikander* 12:o, 131 s. Jönköp., G. Westling. 86. 1 kr. kart. 1: 25.
1889. 12 o, x, 190 s. o. annonser. Nordströmska bokh. Kart. 1: 50.

Adress-kalender för Jönköpings stad o. omnejd år 1892. 8:o, x o. 201 s. Emil Bergmans bokh. 90. Kart. 1: 50.
Adress-kalender för Lund 1886. 8:o, 101 s. Lund. Aug. Collin. 86. Kart. 1: 75.
1889. Utg. af *Aug. Collin.* 8:o, vij, 74, 16 o. 96 s. 89. Kart. 2 kr.
Adress-kalender, Malmö stads. 8 o. Malmö, J. G. Hedberg.
1886. 144, 32, 156 o. 96 s. samt 1 karta 86. Kart. 3: 25.
1887.
1888. viij, 144, 40, 175 o. 108 s. 1 teaterpl. samt 1 karta. Kart. 3: 50.
1889.
1890. viij, 159, 16, 192, 36 o. 144 s. samt 1 karta. Kart. 3: 75
1891. 207 s. Kart. 2 kr.
1892. vij, 163, 216 o. 123 s. samt 1 karta. 3: 75.
1893. 228 s. Kart. 2 kr.
1894. viij, 174, 232 o. 123 s. samt 1 karta. 3: 75.
1895. 248 o. 52 s. samt annonsbil 95. Kart. 2: 50.
Adress-kalender öfver Norrland, utarb. af *Carl O. Johnsson.* 8:o, 138 s. Hernösand. Utg:n 90. Klb. o. interfol. 5 kr.
Adress-kalender, Skaraborgs läns Se: Embets-, affärso. adress-kalender.
Adresskalender för Stockholms stad, jemte uppgifter om länet, utg. af *P. A. Huldberg.* 8 o. Sthm, P. A. Huldbergs bokf.-aktb
31:a årg. för 1886. 48 o. 768 s, 4 teaterpl. Klb. 7 kr.
32:a årg. för 1887. 48 o. 789 s, 7 teaterpl. Klb. 7 kr.
Mindre uppl. Klb. 3: 50.
Adresskalender för Stockholms stad utg. af *Seelig & K.* 8:o. Stockholm, Seelig & K.
33:e årg. för 1888. 64 o. 834 s, 7 teaterpl. Klb. 7 kr.
34:e årg. för 1889. 66 o. 930 s, 9 teaterpl. o. 4 kartbl. Klb. 8: 50.
35:e årg. för 1890. 68 o. 960 s., 10 teaterpl. o. 4 kartbl. Klb. 8: 50.
36:e årg. för 1891. 68 o. 10 teaterpl. o. 4 kartbl. Klb. 8: 50.
37:e årg. för 1892. 60 o. 1058 s. 5 teaterpl. o. 4 kartbl. Klb. 8: 50.
38:e årg. för 1893. 52 o. 1058 s. 6 teaterpl. o. 4 kartbl Klb. 8: 50.
Adresskalender för Stockholms stad, utg. af *A. L. Normans boktr.-aktb.* 8:o. Sthm, A. L. Normans boktr.-aktieb.
39:e årg. för 1894. 48 o. 1008 s., 6 teaterpl. o. 4 kartbl. Klb. 8: 50.
40:e årg. för 1895. 716 o. 408 opaginerade sidor. Klb. 8: 50.
Till hvarje årg 2 gratissuppl. — Dessutom mindre uppl. af hvarje årg. 31:a—33:e årg. à 3: 50. 34:e—40 à 4: 50 o. 2: 50.
Adresskalender för Sundsvall. 8 o, Sundsv., J. Sunessons bokh.
1886. 30, 51 s. o. 1 karta. 86. Kart. 1: 50.
Suppl. 1887. 17 s. 87. 50 ö.
1889. 66 o. 44 s samt 2 kartor. 89. Kart. 2 kr.
1891. 120 s. o. annonser. 91. 2 kr.
1894. 72 s. o. 2 kartor. 94. 2 kr.

1895. Utg. af *Emil Rydbeck.* 8:o. 85 s. o. 2 kartor. 95. Kart. 2 kr.
Adresskalender för Upsala 1887. Utg. af *Alfr. Petersson.* 8:o, viij, 125 o. 34 s. Ups. Utg:n 87. Kart. 1: 25.
Adress-kalender för Upsala stad, jemte öfver 1,000 adresser från landsbygden, år 1890. Utg. at *Helge Leop Thorssell.* 8:o. 84, 100 o. 13 s. Sthm, Looström & K. i komm. 89. Klb. 1: 50.
Adress- o. affärskalender, Upsala, 1894. Utg. af *C. H. Fahlstedt.* 8:o, xviij, 82, 46 o. 40 s. Sthm Utg:n 94. Kart. 1: 50.
Adresskalender, Värmlands läns, 1894. Utg. af *Frans R. M. Svensson.* 8:o, xxiij, 137, 219 o. 135 s. samt 1 karta. Karlstad, Utg:n 94. Klb. 2: 50.
Adress-kalender för Östersunds stad år 1891. 8:o, 84 s. Östersund, Vilh. Sköld. 91. Kart 1: 50.
Adress- o. annonskalender, Kalmar stads, samt vägvisare för år 1886. 1:a årg. Utg. af *C. Olof Olsson.* 8:o, 65 s. Kalmar, Bokf.-aktb. 86. Kart. 2 kr.
Adress- o. industrikalender, Göteborgs. Utg. af *Fred. Lindberg.* 8:o. Årgg. 9—18. (1886—95). Göteb. Utg:n 86—95. För årg. inb. i klotb. 3: 50.
Afbildningar af föremål i Nordiska museets arkiv, utg. af *Arthur Hazelius.* 4:o. Sthm. Nordiska museet.
1. Småland. 12 pl. o. 4 s. text. 88. 1: 50.
2 o. 3. Island. 20 pl. o. 8 s. text. 90. 3 kr.
Afbildningar af konstverk i Göteborgs museum reprod. i ljustryck. 1:a—3:e hft. Folio, 5 pl. i hvarje hft. Sthm, Wahlström & Widstrand i distr. 94—95. För häfte 5 kr.
Afbildningar af nordiska drägter, sådana de burits eller bäras uti olika landskap, utg. af *H. Thulstrup.* Med text af *J. H. Kramer.* 1—5 hft. Tvär 4:o, hvarje häfte 4 s. o. 2 pl. Sthm, P. B. Eklund. 86—88. För häfte 1: 75.
Affärs- o. adresskalender för Borås år 1894. Utg. af *David Hellmér.* 8:o, 158 s. Borås, Utg:n 94. Kart. 1 kr.
Afhandlingar o. prisskrifter utg. genom *Föreningen för skogsvård i Norrland.* 8:o. Sthm, Z. Hæggströms förlagsexped.
1. *Fredenberg, Karl,* Om uppskattning af timmerskog. 30 s. 92. 20 ö.
2. Om stämpling, huggning, utforsling o. mätning af sågtimmer. 44 s. 92. 50 ö.
3. *Lagerlöf, Leon,* Om uppskattning af timmerskog. 16 s. 93. 25 ö.
Afhandlingar, Populärvetenskapliga. 12:o, Sthm, Alb. Bonnier.
1. *Richet, Charles,* Kärleken. En psykologisk studie. Öfv. från franskan af *T. K.* 64 s. 91. 50 ö.
2. *de Laveleye, Emile.* Lyxen. Öfv. från franskan af *Erik Thyselius.* 82 s 92. 60 ö.
3. *Hansson, Ola,* Materialismen i skönliteraturen. 50 s 92. 50 ö.
4. *Ebstein, Wilh,* Konsten att förlänga lifvet. Öfv. af *T. K.* 82 s. 92. 60 ö.
5. *Richet, Charles,* Om hundra år. Sannolikhetsberäkn:r om nationernas framtida utveckling. Öfv. af *Inez Wigert.* 148 s. med 6 graf. tabeller. 93. 1: 25.
6. *af Geijerstam, Karl,* Leo Tolstoy. En psykologisk studie. 130 s. 93. 1: 25.
7. *du Prel, Carl,* Den mänskliga tillvarons gåta. Inledning till studiet af själslifvets hemligheter. Öfv. at *A. F. Åkerberg.* 139 s. 94. 1: 25.
Aflöningar, Finska statens embets- o. tjenstemanna. Ny uppl. 8:o, 112 s. Hfors, G. W. Edlund. 95. 2 fmk.

Aforismer öfver allmän teknik. Se: Arbetaren, Mekaniske.
Afräkningsbok med stathjon. 8:o, 15 s. Sthm, H. W. Tullberg. 89. Kart. 20 ö.
Afslutning, Den stora veckans. Af *L. J. B—m.* 8:o, 16 s. Sthm, Oscar Bergström. 95. 20 ö.
Aftonfrid. Ord för stilla stunder af *L. S. /Carolina Berg/* Med illustr. 6 blad velin. Sthm, C. A. V. Lundholm. 90. Kart. med guldsn. 50 ö.
Aftonstämning. Poetiska försök af *A. P. J.* 8:o, 80 s. Göteb., J. F. Richters bokh. i distr. 95. 1 kr.
AFZELIUS, Fredrik Georg, Studier till rätts- o. statsphilosofiens hist. I. Ciceros rätts- o. statsphilosophi, jemte ett tillägg om den rom. rätten o. rättavetenskapen. 8:o, 52 s. Ups. Akad. bokh. 87. 75 ö.
AFZELIUS, Ivar, Grunddragen af rättegångsförfarandet i tvistemål. Jemförande framställning af utländsk o. svensk lagstiftning. Ny uppl. 8:o, iv o. 201 s. Sthm. P. A. Norstedt & S:r. 86. 3 kr.
—, Se: Sjölagen.
AFZELIUS, J. Arv., Engelsk elementarbok, inneh. ljudlära, läsebok för nybörjare o. öfningar. 3:e omarb uppl. 8:o, 244 s. Sthm, P. A. Norstedt & S:r. 95. Tygb. 2: 25.
1:a uppl. 104 s. Göteb., O. L. Löfgren. 87. Inb. 2 kr.
2:a uppl. omarb. 240 s. Sthm, P. A. Norstedt & S:r. 92. Inb. 2: 25.
—, Engelsk grammatik för skolor. 8:o, 136 s. Sthm, P. A. Norstedt & S:r. 92. Tygb. 1: 50.
—, Engelsk handelskorrespondens för handelsskolor o. sjelfstudium. 2:a omarb. uppl. 8:o, 209 s. Göteb., N. P. Pehrsson. 95. 2: 50.
1:a uppl. ix o. 233 s. 89 2: 50.
—, Engelsk läsning för skolor o. till sjelfstudium. 8:o. Sthm, P. A. Norstedt & S:r.
I. 56 s. 86. 60 ö.
II. 72 s. 86. 75 ö.
—, Grunddragen af engelska talspråkets uttals- o. formlära (Efter Sweet o. Western.) 8:o, 18 s. Sthm, P. A. Norstedt & S:r. 86. 25 ö.
—, Nyckel till öfningar i engelsk syntax. 8:o, 47 s. Sthm, H. Geber. 92. 2 kr.
—, Praktisk lärobok i engelska språket i två årskurser. 8:o. Sthm, P. A. Norstedt & S:r.
1:a kursen. i o. 136 s. 93. Tygb. 1 kr.
2:a kursen. 282 s. 94. Tygb. 2 kr.
—, Tysk handelskorrespondens för handelsskolor o. till sjelfstudium. 8:o, 216 s. Sthm, H. Geber. 92. 2: 25, Kart. 2: 60.
—, Öfningar i engelsk syntax. 2:a omarb. uppl. 8:o, 148 s. Sthm, H. Geber. 95. Klb. 2 kr.
1:a uppl. 158 s. 91. 1: 75.
—. Se: Författare, Moderna engelska. 1. — Lektyr, Modern tysk.
AFZELIUS, Rud., Om conditionnel i franskan. 8 o, 4 s. Jönköp., Olbers & Hånell. 86. 75 ö.
AGARDH, Fredrik, Om borgen företrädesvis enl. allm. civilrätt. 2:a uppl. 8:o, 86 s. Lund, C. W. K. Gleerup. 89. 1: 50.
AGARDH, J. G., Analecta algologica. Observationes de speciebus algarum minus cognitis earumque dispositione. 4.o, 182 s. o. 3 pl. Lund, Gleerupska univ:s bokh. 92. 2: 75.
Jfr. Acta univ:is Lundensia XXVIII, II, 6.
—, Analecta algologica. Observationes de speciebus algarum minus cognitis earumque dispositione. Continuatio. Gleerupska univ:s bokh.
I. 4:o, 144 s. o. 2 pl. 94. 2: 25.
II. 4:o, 98 s. o. 1 pl. 94. 1: 60.

Jfr. Acta univ:is Lundensis, XXIX II, 9. XXX I, 7.

AGARDH, J. G., Om algernas systematik. Se: Acta univ:is Lundensis XXI: III, 7

—, Species Sargassorum Australiæ. Se: Handlingar, Vet.-akad:s. XXIII, 3.

—, Till algernas systematik. Se: Acta univ:is Lundensis. XXIII: III, 2.

AGRELL, Alfhild, f. **Martin,** Ensam. Skådespel i tre akter. — En lektion. Konversation i en akt 8:o, 111 o. 30 s. Sthm, H. Geber. 86. 1: 50.

[—], I Stockholm. Också en reseberättelse. Af Lovisa Petterkvist. 4.e uppl. 8:o, 288 s. Sthm, Fr. Skoglund. 95. 3: 50.

1:a—3 uppl. 92. Sthm, H. Geber.

—, På landsbygden Skildringar. 8:o, 221 s. Sthm, H. Geber. 87. 2: 50.

—, Under tallar o. pinier. Berättelser o. minnen. 8:o, 203 s. Sthm, H. Geber. 90. 2: 50.

—, Vår! Skådespel i två afdeln. 8:o, 215 s. Sthm, H. Geber. 89. 2: 25.

AGRELL, Karl. Se: Förteckning öfver post- o. telegrafanstalter etc.

AGUILAR, Grace, Lifvet i hemmet. Se: Läsning för ungd. af utm. eng. förf. 31.

Ah! Ett litet fint franskt stycke i 1 akt af *S.* Öfv. af *M. E.* 4:o, 38 s Tr. i Ups. hos Almqvist & Wiksells boktr.-aktieb. 90. Uppl. 25 numrerade expl.

AHLBERG, Aug. Se: Predikningar, Trenne.

AHLBERG, Per August, Biblisk skattkammare. 4:e uppl. 8:o, 750 s. Sthm, Fost.-stift.s F.-exp. 92. Vb. 2: 75, bättre band 3: 25, Klb. 4 kr.

—, Det enda nödvändiga, eller kristl. anvisn:r för alla som vilja blifva verkligt lyckliga för detta o. det tillkommande lifvet. 3:e uppl. 8.o, 153 s. Sthm, Fost.-stift:s F.-exp. 93. 75 ö, inb 1 kr. 2:a uppl. 88.

—, hans lif o. verksamhet. [Förf. af honom sjelf o *H. B. Hammar.*] 8:o, 167 s. Sthm, Fost.-stift:s F.-exp. 89. 1 kr., kart. 1: 25.

—, Högmessopredikningar öfver den första nya årg. alla sön- och högtidsdagar. Förra dln. 8:o, 196 s. Sthm, Fost -stifts. F.-exp. 95. 1: 50.

AHLENIUS, Karl, Kolumbus o. upptäckandet af Amerika. Se: Studentfören. Verdandis småskrifter. 43.

—, Olaus Magnus o. hans framställning af Nordens geografi. Akad. afh. 8:o, x o. 434 s. samt 2 pl. Ups. Lundequistska bokh. i komm. 95. 5 kr.

AHLFELD, Fr. Berättelser för folket. Se: Berättelser för folket.

—, Den kristnes ålderdom. En bok för dem, som vilja vara unga i ålderdomen. Öfv. af *Rich. Ehrenborg.* 8:o, 160 s. Sthm, Fost.-stift:s F.-exp. 87. 1 kr., kart. 1: 25, klb. 2 kr.

AHLGREN, Ernst. Se: *[Benedictsson, V. M]*

AHLGREN, J. E., Predikningar. 8:o, 645 s. o. 1 portr. Hfors, G. W. Edlund. 94. Inb 3: 75.

AHLIN, J. O., Nykterhetslärans grundsatser. 16 uppsatser. 8:o, 68 s. Lindesberg, J. Högborg. 89.

—, Olycksfall i följd af rusdrycker. 2 s. Lindesberg, J. Högborg 89. För 100 exp. 60 ö.

AHLMAN, Gustaf, Om den inre Missionen och särskildt den kristliga kärleksverksamheten i församlingen. Afhandling till Synodalmötet i Åbo 1892. 8:o, 4, o. 136 s. 92.

AHLQVIST, Aug., Über die Kulturwörter der Obischugrischen Sprachen. Se: Journal de la Soc. finnoougr. 8.

AHLQVIST, Aug., Einige Proben mordwinischer Volksdichtung. Se: dersammast. 8.

AHLQVIST, Joh. Axel, Riksdagen i Gefle 1792. Akad. afh. 8:o, 208 s. Ups. Lundequistska bokh. 95 3 kr.

AHLQVIST, Otto, Johan Albr. Bengel. En lifsbild ur det 18:e årh. kyrkohist. 1:a o. 2:a hft 8:o, 133 s Göteb., H. L. Bolinder. 95. 1: 85.

AHLSTRÖM, C. A., Biblisk historia för folkskolan. 8:o, 128 s. Sthm, A. V. Carlsons Bokf.-aktb. 88. Kart. 30 ö.

AHLSTRÖM, Gustaf, Bidrag till kännedom om Glaucoma simplex. Akad. afh. 8:o, 93 s. Lund, Aug. Collin 90 2 kr.

—, Om ögat o. dess vård. Se: Flygskrifter, Hälsovännens. 20.

AHLSTRÖM, O. C. Se: Kalender, Jemtlands län.

AHNFELT, Arvid, Europas konstnärer. Alfabet. ordnade biografier 8:o. 7:e—11:e hft s 381--673. Sthm, F. & G. Beijer Bokf.-aktb. 86—88.
Hft. 7—9 1 kr. 10:e o. 11:e 1: 75.
Supplementhäfte. 109 s. 89. 1: 75.
Kpl. inb. 15 kr.

—, Herskarmakt o. själssjukdom. Romant. drag ur dynastiernas historia efter d:r Ireland o. d:r Wiedemeister samt egna studier o. reseminnen. 8:o, xxxiij o. 272 s. Sthm, Looström & K. 88. 3: 50.

—, Två krönta rivaler. Bernadottes-minnen af *J. P. v. Suchtelen,* grefve *Romanzow,* furst *Czernicheff* m. fl. Efter de hittils otryckta orginalbrefven i k. utr dep. i S:t Petersburg utg. o. tillökade med andra tryckta o. otryckta källor. 8:o, 2 dlr. 820 s. Sthm, Alb. Bonnier. 87. 8: 75. Inb. 10 50.

—, Se: Firmor o. män, Sveriges. — Krönika, Ur dagens. — *Pulmar, H. B*, Eldbränder o. gnistor.

AHNFELT, Oscar, Andeliga sånger. Ny godtköpsuppl. 16:o, 381 s. Sthm, Fost.-stift:s F.-exp. 88. Inb. 90 ö.

AHNFELT, Otto, Bidrag till svenska kyrkans historia i 16.e årh. Se: Acta univ:is Lundensis. XXX. I: 1.

—, Den kristliga trosläran, till skolundervisningens tjänst framställd. 8:o, 170 s. Lund, C. W. K. Gleerup. 89. 1: 50, inb. 2 kr.

—, Den teologiska etikens grunddrag. Förra dln. 8.o, 172 s. Lund, Aug. Collin. 90. 1: 75.

—, Laurentii Petri handskrifna kyrkoordning af 1561. Se: Acta univ:is Lundensis XXIX, I, 1.

—, Om den ursprungliga lutherdomens ställning till articuli fidei. 8:o, 63 s. Lund, Aug. Collin 92. 80 ö.

—, Om Torgauer artiklarne. 8:o, 157 s. Lund, Aug. Collin. 91. 1: 50.

—, Utvecklingen at svenska kyrkans ordning under Gustaf den förstes regering. 8:o, 375 s. Lund, Gleerupska univ:s bokh. 93. 4 kr.

—, Se: Tidskrift för teologi.

—, o BERGQVIST, B. J:son, Den kristna tros- o. sedeläran till skolundervisn s tjänst framstäld. 8:o, Lund, C. W. K. Gleerup.
I. 75 s. 94. 1 kr.
II. s. 76—167. 95.
Kpl. inb 2: 50.

[**AHNGER, Minna**], Den lifegna. Berättelse för ungdom af *Moster Ulla.* 8:o, 114 s. H:fors, Söderström & K. 89. 1: 50 fmk.

—, Moster Ullas berättelser för barnen. 8:o, 141 s. H:fors, Söderström & K. 88. 1: 75 fmk.

AHNLUND, Olof, Läran om nyfödelsen. Se: Årsskrift, Upsala univ.ts 1889. Teologi I.

AHO, Juhani. Se: [Brofeldt, J.]

AHRENBERG, Jac., Anor o. Ungdom. Två berättelser. 8:o, 251 s. H:fors, Söderström & K. 91. 3 kr.

—, Bilder, minnen och intryck. 8:o, 172 s. Söderström & K. 95. 2: 50.

—, Familjen på Haapakoski. 3:e uppl. 8:o, 232 s. Sthm, Alb Bonnier. 94. 3 kr. 1:a uppl. 93, 2:a uppl. 94. (Tr. i Borgå.)

—, Från Karelen. Vald samling berättelser o. kulturbilder. 8:o, 191 s. Sthm, Alb. Bonnier. 94. 2: 50.

—, Hemma. Skildringar från östra Finland. Med 3 teckn:r af G. Berndtson. 8:o, 238 s. Hfors, G. W. Edlund. 87. 3: 50 fmk. (2: 50.)

—, Hihuliter. Skildr. från östra Finland. 8:o, 226 s. H:fors, Söderström & K. 89. 2: 25.

—, Ladoga sjö. Föredrag vid Geografiska Föreningens sammanträde den 28 okt. Utarbetadt till sina väsentligaste delar med ledning af A. Andrejeffs arbete om Ladoga, St Petersburg 1875.

—, Stockjunkarn. En berättelse från Karelen. 8.o, 247 s. Hfors, Söderström & K. 92. 2: 75.

—, Utan hem. 8:o, 36 s. Hfors 93. Öfvertryck ur Hufvudstadsbladet.

—, Österut. Berättelser. Med teck:r af Edelfelt, Berndtson m. fl. 8:o, 176 s. o. 4 pl. H:fors, Söderström & K. 90. 2 kr.

—. Se: Julrevy, Finsk. — April-album.

A—i—a. Se: [Ehrnrooth, A.]

AIMARD, Gustave, Friskyttarne. Se: Bibliotek, Ungdomens, 3.

—, Indianhöfdingen. Se: dersammast. 27.
—, Savannernas drottning. Se: dersammast. 28.
—, Skogsströfvarne. Se: dersammast. 2.
—, Stenhjerta. Se: dersammast. 19.
—, Svarta korpen. Se: dersammast. 30.
—, Tigerkatten. Se: dersammast. 20.
—, Trohjerta eller ödemarkens son. Se: dersammast. 14.
—, Vildmarkens lejon. Se: dersammast. 5.
—, Äfventyr eller Trappers i Arkansas. Se: dersammast. 1.

Aina. Se: [Forsman, E.]

AISCHYLOS, Agamemnon, Sorgespel. Öfv. på den grekiska textens versmått jemte anmärkn:r af Bernh. Risberg. 8:o, xvj o. 64 s. Ups. Akad. bokh. 90. 1 kr.

Ajax, En, teol. d.r Janson tillegnad vederläggning af hans broschyr »Om de absoluta nykterhetssträfvandena. 12:o, 28 s. Linköp., D. E. Harling. 94. 25 ö.

Ajola, Huru skola vi varda saliga? 8:o, 64 s. Sthm, Fost.-stift:s F.-exp. 91. 40 ö.

Aktiebolag, Svenska år 1888. En handbok, af Vilh. Köersner. 8:o, xlij o. 448 s. Sthm, Nordin & Josephson i distr. 90. 5 kr.

Aktstycken, Nya, i »Verdandimålet», utg. af medlemmar af Verdandi. 8·o, 24 s. Ups., Hj. Öhrvall. 87. 35 ö.

Aladin eller den förtrollade lampan. Se: Bilderböcker. 11.

Aladins äfventyr. Se: Folkskrifter. 11.

ALANUS, Växtföda såsom läkemedel. 8:o, 56 s. Hfors, G. W. Edlund. 89. 1 fmk.

Album, Biografiskt. Med 13 portr. i ljustryck. Utg. af Finsk qvinnoförening. 8:o, 195 s. o. 4 pl Hfors., G. W. Edlund. 90. 4: 50 fmk. (3 kr.)

Album, De små konstnärernas. 4:o, 79 s. med ritetyder. Malmö, Envall & Kull. 90. 2: 50

Album för literatur o. konst, red. af Gustaf Meyer, inneh. bidrag af A. U. Bååth, K. A. Melin, V. Rydberg, Carl Snoilsky m. fl. samt artistiska bidrag af svenska konstnärer. 4:o, 99 s. o. 20 pl. Sthm, F. & G. Beijers Bokf-aktb. 90. Eleg. inb. 8 kr.

Album, Sveriges allm. konstförenings I—IV. 1892—1895. Folio, 10 pl. i ljustryck. Sthm, Konstföreningen. 92—95. à 7: 50.

Album, utgifvet af Nyländingar. X. 8:o, 334 o. (musik) 8 s. samt 2 pl. Hfors, Waseniuska bokh. i distr. 91. 5 fmk.

ALCOTT, Louisa M., De forna skolgossarne i Plumfield. Se: Läsning för ungdom af utm. eng. förf. 23.
—, Då jag var liten. Se: dersammast. 27.
—, En ädel kvinna. Se: dersammast. 10.
—, Innan småttingarne somna. Sagor. Öfv. från eng. Med 6 teckn:r. Liten 8:o, 264 s. o. 6 pl. Sthm, Alb. Bonnier. 86. Kart. 2 kr.
—, Rosa eller de åtta kusinerna. Se: Läsning för ungdom af utm. eng. förf. 11.
—, Under syrenerna. Öfv. af Hedvig Indebetou. 8:o, 315 s. o. 11 pl. Sthm, F. & G. Beijers Bokf.-aktb. 87. Kart. 3: 50.
—, Unga qvinnor. Se: Läsning för ungdom af utm. eng. förf. 6.
—, Vid skymningsbrasan. Se: dersammast. 26.
—, Våra vänner från i fjor. Se: dersammast. 7.

ALDÉN, Gust. A., Medborgarens bok. 8:o, Sthm, L. Hökerberg.
1. Handledning för menige man i Sveriges statskunskap. 5:e uppl. 152 s. 92. Kart. 1 kr.
2. D:o d:o i svensk kommunalkunskap. 5:e uppl. 156 s. 92. Kart. 1 kr.
3. D.o d.o i Sveriges allm. lag. 4:e uppl. 156 s. 92. Kart. 1 kr.
4. D:o d:o i folkhushållnings-, bank- o. försäkringslära. 3:e uppl. 150 s. 92. Kart. 1 kr.
5. Medborgarens formulärbok. 4:e uppl. 160 s. 92. Kart. 1 kr.
6. Handledning för menige man i allmän statskunskap. 2:a uppl. 156 s. 92. Kart. 1 kr.
7. D:o d:o i svenska samhällsskickets historia. 2 uppl. 159 s. Kart. 1 kr.
Hft. 1—7 i ett band 7 kr.

Föregående upplagor:
1. 3:e uppl. 86. 4:e 88. 2. 3:e uppl. 86. 4:e 88. 3. 2:a uppl. 86. 3:e 88. 4. 2:a uppl. 91. 5. 1:a uppl. 86. 2:a 88. 3.e 91. 6. 1:a uppl. 87. 7. 1:a uppl. 88.

—, Valmannens bok. 8:o, 80 s. Sthm, L. Hökerberg. 86. 35 ö.
—, Tillägg till Valmannens bok 1887. 8:o, 64 s. Sthm, L. Hökerberg. 87. 30 ö.

ALEXANDER (Mrs), Blindt öde. Roman. Öfv. från eng. af J. S—n. 12:o, 360 s. Sthm, F. C. Askerberg. 92. 2: 50.
—, Ett kvinnohjärta. Roman. Öfv. från eng. af J. S—n. 8:o, 666 s. Sthm, F. C. Askerberg. 93. 4 kr.
—, Ett svårt val. Öfv. från eng. af En. W. 8:o, 324 s. Sthm, F. C. Askerberg. 95. 2: 50.
—, För hans skull. Roman. Öfv. från eng. af A. v. Z. 8:o, 414 s. Sthm, F. C. Askerberg. 94. 2: 75.
—, Hvad ej kan fås för guld. Roman. Öfv. från eng. af J. S—n. 8:o, 191 s. Sthm, F. C. Askerberg. 94. 1: 50.

ALEXANDER (Mrs), Jack Leytons myndling. Öfv. af *E. Silfverstolpe*. 2 dlr. 8:o, 375 s. Sthm, F. C. Askerberg. 95. 2: 75.
—, Krokvägar. Roman. Öfv. från eng. af *Anna Geete*. 2 dlr. 12:o, 263 o. 268 s. Sthm, F. C. Askerberg. 93. 3 kr.
—, Langdales arfgods. Öfv. från eng. af *E. Silfverstolpe*. 12:o, 435 s. Sthm, F. C. Askerberg. 91. 3 kr.
—, Mammon. Roman. Öfv. från eng. af *J. S—n.* 12.o, 368 s Sthm, F. C. Askerberg. 92. 2: 50.
Alexanders-universitetet, Kejserliga, i Finland. Katalog för vårterminen under åren 1886—1895. 4:o. Hfors, Universitetet. 86—95. För hvarje 75 penni.
ALF. Se: [*Palmkvist, Nanny*].
ALFARO. Se: [*Roos, Anna*].
ALFTHAN, G. E. v., Afrikanska reseminnen. Äfventyr och Intryck från en utflykt till de Svartes Världsdel. Med 12 illustrationer. 8:o. 4, 211 s. Hfors. P. H. Beijer. 92. 3 fmk.
—, En utflykt till antipoder. Strödda reseminnen af *Don Anonimo*. 8:o, 171 s. Hfors, G. W. Edlund. 87. 2 fmk.
—, Skuggan. Koncentrerade berättelser. 8:o, 318 s. Hfors, G. W. Edlund. 87. 3 fmk.
ALFVEGREN, G. Edv., Hvilostunder på vägen. Kortare betraktelser öfver de nya högmessotexternas 1:a årg. 8:o, 944 s. Sthm, C. A. V. Lundholm. 89—91. 5: 40. klotb. 6: 40.
Ali Baba o. de fyrtio röfvarena. 14 kolor. pl. med text. Sthm, Looström & K. 92. 1: 50.
Alibi. Se: [*Björk, A. L.*]
ALIN, Oscar, Carl XIV Johan o. rikets ständer 1840—41. Historisk teckning. 8:o, 271 o. cxlvj s. Sthm, P. A. Norstedt & S:r. 93. 5: 50. Jfr *Schinkel, B.*, Minnen ur Sveriges nyare historia. 12:e dln.
—, Den svensk-norska unionen. Uppsatser o. aktstycken. 8:o. Sthm, P. A. Norstedt & S:r.
 1. Unionsfördragens tillkomst. 136 o. 364 s. 89. 6 kr.
 2. Frågan om norska grundlagens »normalexemplar». 47 s. 91. 75 ö.
—, Kongl. Maj:ts rätt i fråga om dispositionen af besparingarna af riksstatens hufvudtitlar. Se: Handl:r Vitt. hist. o. antiq:s akad. 3.
—, Om Kgl. Maj:ts rätt i fråga om nedsättning af tullbevillnings-afgifter. 8:o, 36 s. Sthm, P. A. Norstedt & S:r. 90. 50 ö.
—, Tal till minne af Gustaf II Adolfs födelse, hållet i Upsala d. 9 dec. 1894. 8:o, 16 s. Ups, Akad. bokh. 94. 35 ö.
—, Se: Grundlagar, Sveriges. — Minnen ur Sveriges nyare historia. — Riksdagstraktater, Svenska.
ALIN, S., Bekännelsefrågan. Se: Frågor, Kyrkliga. I.
ALLARDT, And., Byberättelser. Bilder ur svenskt allmogelif i Nyland. 8:o.
 1:a Saml. 2:a uppl. 173 s. Björneb., Ad. Allardt. 86. 3: 25 fmk.
 2:a „ 185 s. Björneb., Ad. Allardt. 86. 3: 25 fmk.
 3:e „ 180 s. H:fors, Söderström & K. 90. 2 kr.
—, En framtidsman. Teckning ur språkstridernas tidehvarf. 8:o, 81 s. Kotka, A. Bärlund. 88. 1: 50 fmk.
—, Lärobok i geografi för folkskolan. 8:o, 98 s. H:fors, Söderström & K. 91. Kart. 75 ö.

ALLBUTT, Henry Arthur, Hustruns handbok: huru en qvinna bör förhålla sig under hafvandeskapet m. m. Öfv. 8:o, 59 s. Sthm, Kungsholms bokh. i komm. 89. 75 ö.
ALLEN, Grant, Hon vågade det. Öfv. från eng. af *Emilie Kullman*. 8:o, 243 s. Sthm, Wahlström & Widstrand. 95. 3 kr.
—, Sällsamma historier. Öfv. från eng. 8:o, 268 s. Sthm, Ad. Bonnier. 89. 2: 50. Jfr. Romanbibl. Ad. Bonniers. 66.
Allena med dig. Illustr. med verser af *L. S. [Carolina Berg]*. 10 blad velin. Sthm, C. A. V. Lundholm. 92. 75 ö.
ALLIN, Thomas, Frälsning för alla bekräftad ss. evangelii hopp genom förnuftet, kyrkofäderna o. den hel. skrift. Öfv. af *B. Strömberg*. 8:o. Göteb., B. Strömberg.
 1:a o. 2:a hft. viij o. 158 s. 94. 1: 10
 3:e [slut-]hft s. 159—258. 95 70 ö.
Allmogelif i Vestergötland. Folklifsskildr., sagor o. sägner, visor, skrock o. ordspråk. Saml. af Vest. göta landsmåls fören. i Upsala. Utg. genom *K. O. Tellander*. 8:o, vij o. 127 s. Sthm, Alb. Bonnier. 91. 1: 25.
Allt i allom. 8:o, 215 s. Sthm, C. A. V. Lundholm. 86. 1: 75.
Allt om frälsningsarmén. En kortfattad redog. för frälsningsarméns uppkomst m. m. Liten 8:o, 40 s. Sthm, Frälsningsarméns hufvudqvarter. 91. 10 ö.
ALLVARSSON, Anders, Öfver skaklor o. råmärken. »Hopp». 8:o, 48 s. Sthm, A. Holmgren. 91. 50 ö.
ALLYN, Jack. Se: *O'Rell, M.*, o. *Allyn, Jack*, Jonathan o. hans fastland.
Almanack för åren 1887—96. Till Stockholms horisont. Utg. af K. Vet.-akad:n. 16:o, 48 s. Sthm, P. A. Norstedt & S. 1886—95. För årg. 14 ö. Utgifna äfven för Lunds, Göteborgs o. Haparandas (på lappska o. finska) horisonter.
Almanack 1891, med annonsillustr. för skämt o. humor. 8:o, 24 s. o. annonsbil. Sthm, Gustaf Hossy. 91. Klb. 50 ö.
 1892. 8:o, 24 s. o. annonsbil. 92. Klb med guldsn. 1 kr.
Almanack anno 1889, 1890, ritad af *Ottilia Adelborg*. 16:o, 16 s. Sthm, P. A. Norstedt & S:r. 88. 89. För årg. kart. 90 ö.
Almanack, Fosterländsk, för åren 1892—1896. (Ritad af *O. Adelborg*.) Aflång 8:o, 26 s Sthm, P. A. Norstedt & S:r. 91—95. För årg. 1: 50.
Almanack med reduktionstabeller efter metersystemet 1887—96. 16:o, 62 s. Sthm, P. A. Norstedt & S:r. 1887—96. För årg. 50 ö.
Almanack på thet åhr effter Jesu Christi bördh 1893. Aflång 12:o, 14 s. Sthm, P. A. Norstedt & S:r. 92. 1 kr.
Almanacka för åren 1894—96. Illustrerad af *Bruno Liljefors*. 8:o, 12 s. Sthm, P. A. Norstedt & S:r. 93—95. För årg. 75 ö.
Almanacka, Husmoderns, 1896. Ett plån med datoblock (inneh. matsedlar för hvarje dag, utarb. at *Lotten Lagerstedt*). Sthm, P. A. Norstedt & S:r. 95. 3: 50.
Almanacka, med motiv från Gripsholm af *O. Adelborg* för åren 1894—96. 8:o. Sthm, P. A. Norstedt & S:r. 93—96. 1 kr.
Almanackan, Den oumbärliga, för åren 1887—96. 12:o, 24 s. o. anteckningsbok. Sthm, P. A. Norstedt & S:r. 87—96. För årg. klb. 1: 50.

Almanackan, Den svenska 1887—96. 8:o, 67 s. o. 1 portr. Sthm, P. A. Norstedt & S:r. 86—95. 30 ö, Kart. o interf. 50 ö.
—, Se: Annotatious-almanack. — Calender, Frimurareordens. — Fick-kalender. — Fick-almanacka. — Kalender. — Kontors-almanacka. — Kvartalsalmanacka. — Pulpet-almanacka. — Skrifbordsalmanacka. — Statskalender. — Vägg-almanack. — Pastoral-almanack.

ALM, Runar, Vid synranden. Smärre dikter. 8:o, 61 s. Göteb, H. L. Bolinder i distr. 95 1 kr.

[ALMBERG, E.,] Justinus martyr, en lifsbild från martyrernas tidehvarf. Se: Folkupplysn. sällsk. skrifter. 72.

ALMÉN, Aug., Våra vanligaste proviantartiklars beskaffenhet, jemte anvisn.r för deras bedömande. 8:o, 104 s. Sthm, P. A. Norstedt & S:r. 91. 1: 25, inb. 1: 50.

ALMÉN, Ina. Se: *Steele, J. Dorman*, Populär fysiologi.

ALMÉN, Joh:s, Ätten Bernadotte. Biogr. anteckn:r. Med 190 illustr. Stor 8:o, xij o. 338 s. Sthm, C. E. Fritzes k. hofbokh. i distr. 93. 8 kr., inb. 11 kr.
—, Se: Läsebok i vetenskapl. ämnen.

ALMKVIST, Herman, Koranen. Se: Studentfören. Verdandis småskrifter. 3.
—, Mechilta Bo. Pesachtraktaten med paralellställen o. förklarande noter öfversatt. 8:o, 147 s. Ups. Akad. bokh. 92 13: 50.
Jfr. Skr. utg. af Humanistiska Vetenskapssamfundet. II, 3.

ALMQVIST, C. J. L., Grimstahamns nybygge. Se: Öreskrifter för folket. 86.
—, Skällnora kvarn. Se: dersammast. 67.

ALMQVIST, Ernst, Allmän hälsovårdslära med särskildt afseende på svenska förhållanden. 8:o. 1:a—6:e hft. 400 s. Sthm, P. A. Norstedt & S:r. 94—95. Hft. 1. 3—6. à 1: 25. 2 1: 50.
—, Die Lichenen-Vegetation d. Küsten d. Beringsundes. Se: Iakttagelser, Vegaexpeditionens vetenskapliga. IV. 16.
—, Något om njutningsmedel. Se: Skrifter, utg. af Sv. Nykterhetssällsk. 2.
—, Om koleran enl. svensk erfarenhet. Pop. föredr. Med 1 karta. 8:o, 28 s. Göteb., Wettergren & Kerber. 86. 1 kr.
Jfr. Spörsmål, Svenska. 6.
—, Thatsächliches u. Kritisches z. Ausbreitungsweise d. Cholera. 8:o, 60 s. Göteb., Wettergren & Kerber i komm. 86. 2 kr.

ALMQUIST, Joh. Ax. Almquistiana eller törteckning på de tryckta arbeten som författats eller utgifvits af slägten *Almquist.* 8:o, xij o 295 s. Ups. Lundequistska bokh. i komm. 92. Uppl. 100 numrerade exemplar 10 kr.

ALMQVIST, K. W., Korta predikn:r öfver kyrkoårets evangelier. 8:o, 856 s. Sthm, Post.-stift:s. F -exp. 86—87. 3: 50.

ALMQVIST, P. W., Lärobok i grafostatik med tillämpning på byggnadsstatik o. brobyggnadslära. 2:a omarb. uppl. 8:o, 651 s. samt atlas. 4:o, 35 pl. Sthm, Alb Bonnier. 94. 15 kr.

ALMQUIST, Sigfrid, Fäderneslandets geografi (Aftr. ur »Geografi för folkskolan.) 2:a uppl. 8:o, 52 s. Sthm, P. A. Norstedt & S:r. 92. Kart. 25 ö. 1:a uppl. 90.
—, Geografi för folkskolan, utarb. på grundvalen af *N. C. Roms* »Geogr. for Borger- o. Almueskoler». (N:o 1) 5:e uppl. [3:e aftrycket] 8:o, 160 s. Sthm,

P. A Norstedt & S:r. 94. Kart. 50 ö. inb. 60 ö. 1:a uppl. 86, 2:a 88, 3:e 89, 4:e 90, 5:e 1:a aftr. 90, 2:a aftr. 92.

ALMQUIST, Sigfrid, Geografi för folkskolan (N.o 2). Förkortad uppl. 8:o, 120 s. Sthm, P. A. Norstedt & S:r. 92. Kart. 40 ö. Föreg. uppl. 90.
—, Läran om den oorganiska naturen. Se: Lärobok i naturkunnighet. 2:a delen.
—, Öfversikt af djurriket. [Särtryck ur 5:e uppl. af Läran om djuren.] 8:o, s. 175—256. Sthm, P. A. Norstedt & S:r. 94. 75 ö.
—, Se: *Krok, Th. O. B. N.,* o. *Almquist, S.,* Svensk flora. — *Torin, K.,* Grundlinier till Zoologiens studium.

ALMQUIST, S., o. **LAGERSTEDT, N. G. W.** Lärobok i naturkunnighet. 1:a dln: Läran om växterna o. djuren. 5:e uppl. 8:o, 256 s. o. 17 pl. Sthm, P. A. Norstedt & S:r. 94. Tygband. 3: 50. 4:e uppl. 89.
Tillägg. 8:o, 10 s 93. 20 ö.

ALMQUIST, S. o. **NORDENSTAM, R.,** Kurs af kemiska försök för elementarundervisn. 1:a hft. 3:e uppl. 8:o, 32 s. Sthm, P. A. Norstedt & S.r. 94. 50 ö. 1:a uppl. 86 2:a 89.

ALMQUIST, Sofie, f. **Hultén,** Abc-bok. Föröfningar ur Läseb för småskolan. 8:o, 34 s. Sthm, P. A. Norstedt & S:r. 90. Inb. 20 ö.
—, Barnens första läsebok. 3:e uppl. 8:o, 126 s. Sthm, P. A. Norstedt & S:r. 92. Iub. 90 ö. 2:a uppl. 88.
—, Barnens andra läsebok. 5:e uppl. 8:o, 241 s. Sthm, P. A. Norstedt & S:r. 92. Inb. 1: 15. 4:e uppl. 88.
—, Läsebok för småskolan. 1:a årets kurs 3:e uppl. 8:o, 140 s. Sthm, P. A. Norstedt & S:r. 91. Kart. 45 ö. 1:a uppl. 88, 2:a 90.
—, Läsebok för småskolan. Andra årets kurs. 3.e uppl. 8:o, s. 141—376. Sthm, P. A. Norstedt & S:r. 94. Kart. 70 ö. 1:a uppl. 89, 2:a 91.
Båda kurserna tills. Inb. 1 kr.
—, Rättskrifningsöfningar, bearb. efter C. J. L. Almqvists rätlstafningslära. 2:a uppl, 8:o, 48 s. Sthm, F. C. Askerberg. 90. Kart. 25 ö.
—, Se: *Topelius, Z,* Läsning för barn. Urval. — *Kastman C. W.* o. *Almquist, S.,* Läsetabeller.

[ALMQUIST, Viktor Emanuel], Målerier (Poesi) af *Hans Wik.* Liten 4:o, 186 s. Sthm, Samson & Wallin i distr. 89. Ej i bokh.
[—], Rimlek och Färgspel af *Hans Vik.* 8:o, 180 s. Sthm, Samson & Wallin i distr. 94. 2: 50,

A. L. O. E., Se: *[Tucker, Charlotta.]*

ALOPÆUS, C. H, Den heliga läran, för begynnare framstäld. 3:e uppl. 12:o, 186 s. Hfors. Weilin & Göös. 86. 1: 50 fmk.
—, Carl Henrik Alopæus, biskop i Bor;å i Finland. 8:o, 32 s Ups. Lundequistska bokh. i komm. 93. 60 ö.
—, Guds rikes historia 8:o, H:fors, Söderström & K. 1:a dln: Gamla testam. tid. vj o. 330 s. 87. 3 kr. 2:a dln: Nya testam. morgontid. 296 s. 90. 3 kr.
—, Om apostelu Pauli lif o. verksamhet. 8:o, 22 s. H:fors, Söderström & K. 87. 40 ö.

ALSTRÖMER, Jonas, Jordbrukslära, hufvudsakligen afsedd för mindre jordbrukare. Med illustr. 8:o, 313 s. Sthm, F. & G. Beijers Bokf.-aktb. 92. 3 kr.
—, Se: *Arrhenius, J.,* Handbok i svenska jordbruket.

ALSTRÖMER, j:or, Jonas, Dikter. 8:o, 112 s. Sthm, A. V. Carlsons Bokf.-aktb. 89. 1 kr, inb. 2 kr.

AMBROSIUS, J. M., De första läsöfningarna. 8:o, 34 s. Lund, C. W. K. Gleerup. 91. Kart. 20 ö.
—, Läsebok för småskolan. II. 8:o, 207 s. Lund, C. W. K. Gleerup. 86. Kart. 80 ö. I o. II i ett band. 1 kr.
—, Om viljans uppfostran. Föredrag vid folkskollärareniötet i Göteb. 8:o, 18 s Göteb, Wettergren & Kerber. 94. 30 ö.
AMEEN, Elin, En moder. Se: Teatern, Svenska. 253.
—, Lifsmål. Berättelser o. skizzer. 8:o, 172 s. Sthm, P. A. Huldbergs Bokf.-aktb. 91. 1: 50.
AMÉEN, L., Turistsport. Se: Bibliotek, Illustr. för idrott 2.
de AMICIS, Edmondo, En lärares roman. Öfv. från ital. af G. v. D—n. 8:o, 536 s. Sthm, Fr. Skoglund. 91. 3: 50.
—, Från hemmets o skolans verld. Berättelser. Öfv. af Ellen Nyblom. 8:o, 260 s. Sthm, J. Seligmann. 92. 2: 50.
—, Gymnastik o. kärlek. Berättelse. Öfv. från ital. af E. Weer. 8:o, 133 s. Sthm, C. A. V. Lundholm. 92. 1: 50.
—, Hjärtat. En skolgosses dagbok. Svensk bearb. 8:o, 248 s. H:fors, Söderström & K. 94. Kart. 2: 50.
—, Holland. Reseskildring. Öfv. af Karl Visén. 8:o, 414 s. Sthm, C. A. V. Lundholm. 90. 3: 50.
—, Kamrater. En skolhistoria. Öfv. af E. N. 8:o, 268 s. Sthm, J. Seligmann. 88. 2: 50, kart. 2: 75.
—, Konstantinopel. Auktoriserad öfvers. från ital. af A Schulman. Ny uppl. 8:o, 390 s. Sthm, F. & G. Beijers Bokf.-aktb. 95. 2: 50.
—, London Reseskildring. Jemte Ett besök i Londons fattigqvarter af L. Simonin. Öfv. af Karl Visén. 8:o, 105 s. Sthm, C. A. V. Lundholm. 90. 1 kr.
—, Marocko. Auktor. öfvers. från ital. af A. Schulman. 8:o, 339 s. Sthm, F. & G. Beijers Bokf.-aktb. 95. 2: 50.
—, Noveller. Ungdomsvänskap. — Camilla. — Furio. — En stor dag. — Alberto. — Styrka. — Fäderneslandet. Öfv. från ital. 8:o, 297 s. Sthm, C. A. V. Lundholm. 91. 2: 50.
—, Paris. Reseskildring. Öfv. af Karl Visén. 8 o, 201 s. Sthm, C. A. V. Lundholm. 90. 1: 50.
—, På oceanen. Öfv. 8:o, 287 s. Sthm, Fr. Skoglund. 90. 2: 75.
—, Skizzer ur militärlifvet. Öfv. af Karl Visén. 8:o, 467 s. Sthm, C. A. V. Lundholm. 91. 3: 50.
—, Spanien. Reseskildring. Öfv. af Karl Visén. 8:o, 433 s. Sthm, C. A. V. Lundholm. 90. 3: 50.
—, Strödda blad. Öfv. af Karl Visén. 8:o, 195 s Sthm, C. A. V. Lundholm 91. 1: 50.
—, Vid Italiens portar Öfv. 8.o, 343 s. Sthm, C. A. V. Lundholm. 91. 3 kr.
—, Se: Universal-bibliotek. 3.
Amicus, Granskning af Psalmbokskomiténs förslag till reviderad Psalmbok för svenska kyrkan. 8:o, 125 s. Lund, Aug Collin i distr. 90. 1: 25.
Amicus Veritatis. Skilda färger: Se: [Åberg, L. H.]
—, Vilddjuret Se: [Sundblad, Carl].
AMINOFF, A., Förteckning öfver familjeporträtt å Stensböle fideikommiss i Bromarfs socken. Se: Skrifter, utg. af Sv. literatursällsk. 9.
AMINOFF, G. Se: Ryska skalder.
AMINOFF, J. F., Förteckning öfver familjeportr. å Rilax fideikommiss i Bromarfs socken. Se: Skrifter utg. af Sv. literatursällsk. 9.
AMYNTOR, Gerhard, v., Ciss-moll-sonaten. Öfv. af Hanna Kamke. 8:o, 113 s. Sthm, Looström & K. 92. 1 kr.
ANKARSVÄRD, Mikaël, Minnen från åren 1788—90. Se: Skrifter utg. af Sv. Hist. förenin:n 1.
ANDERS, Ludvig, I vilda vestern. Äfventyr, upplefvade i indianernas land. Illustr. 8:o, 169 s. o. 8 pl. Sthm, Fröléen & K. 95. Kart. 2 kr.
ANDERSEN, A N, Handledning i mejeriskötsel. På Svenska af R. C. Toll Med 39 af bildn. 8.o, vij o. 134 s. Lund, C. W. K. Gleerup. 88. 1: 75.
ANDERSEN, M. P., Frukthuset med dertill hörande kulturer. 8.o v o. 96 s. samt 1 pl. Jönköp. Förf:n. 92. Klb. 2 kr.
ANDERSIN, Hanna, La france moderne. Contes, nouvelles etc. 12:o, v o. 270 s. Sthm, C. E Fritzes k. hofbokh. i distr. 91. 3: 50.
ANDERSSON, Aksel, David Svenssons Breviarium juridicum. Se: Års-krift, Upsala univers. 1895. Rätta. o. statsvet 1.
—, Se. Testamentet, Thet nyia. Undervisningb, Een skön nyttngh. Undervisningh, Een nyttwgh. — Warmholtz, C. G., Bibliotheca Sueo-Gothica. — Vocabula Variarum rerum.
ANDERSON, Anders, Dikter. 8:o, 111 s. Sthm, H. Geber 89. 1: 50, inb 3 kr.
—, Dikter, tal o. minnesteckn:r m m. saml. o. utg. af Gustaf Ljunggren. 8:o, 304 s. o. 1 portr. Sthm, P. A. Norstedt & S:r 93 3: 50, klb. 4: 50.
ANDERSSON, A. F., Kursmultiplikationer af de vanligast förekommande vexelkurserna etc. 8:o, 8 s. Karlskrona. Förf:n 88. 75 ö.
ANDERSSON, A. G., Svensk bref- o. formulärbok, jämte fullständig rättskrifningslära. 9.e uppl. 8:o, 144 s. Sthm, J. W. Löfving. 93. 1 kr
ANDERSSON, A. P., På Bohyttan, Minnen o. hågkomster. 8.o, 60 s. Linköp. P. M. Sahlströms Bokh. 93. 75 ö.
ANDERSON, C., Ett inlägg i den sociala frågan Huru förhålla sig kriget o. den väpnade freden till denna fråga 8:o, 77 s. Sala, Gust. Ewerlöf i distr. 88. 75. ö.
ANDERSSON, C. J., Se: Liljeholm, A. F., o. Andersson, C. J., Biblisk historia. — Bibliska berättelser.
ANDERSON, E., Minnen från fransk-tyska kriget 1870. Ur dagbok förd vid Metz. 8:o, 48 s. o. 6 pl. Sthm, P. B Eklund 91. 1: 25.
ANDERSON, Fredrik, Exempel o. problem till öfning i algebra o. eqvationslära. 2:a uppl. 8:o, 112 s Lund, C. W. K. Gleerup. 88. Kart 1: 25.
ANDERSSON, Gunnar, Studier öfver torfmossar i södra Skåne. Se: Bihang till Vet.-akad:s handl:r XV: III, 3.
—, Studier öfver örtartade slingrande stammars jämförande anatomi. Se: Acta univ:s Lundensis XVIII: II, 7.
—, Syndafloden. Se: Studentfören. Verdandis småskrifter. 19.
—, Växtpaleontologiska undersökn:r at sv. torfmossar. Se: Bihang till Vet. akad:s handl:r. XVIII: III, 2 o 8.
ANDERSSON, Hedda, Berättelser ur den hel. skrift för barn. 8:o, 156 o. 104 s. Sthm, P. A. Norstedt & S:r. 91. 92. Tygband 1: 50.
—, Berättelser ur gamla testamentet för barn. 8:o, 156 s Sthm, P. A. Norstedt & S:r. 91. Inb. 1 kr.
—, Berättelser ur Nya Testamentet för barn. 8.o, 104 s. Sthm, P. A. Norstedt & S:r. 92. Kart. 65 ö.
—, Grekiska sagor. Se: Ungdomsböcker, P. A Norstedt & S:rs. 24.
—, Nordiska sagor. Se: dersammast. 14.

ANDERSSON, Hedda, Norska konungasagor. Se: dersammast. 19.
—, Rolfs nya kusiner. Se: dersammast. 7.
—, Ur moster Lottas brefsamling. Se: dersammast. 27.
—, Rolfs sommarferier. Se: dersammast. 6.
—, Svenska språköfningar för skolans lägre klasser efter en amerikansk metod utarb Stor 8:o. 44 s. Sthm, P. A. Norstedt & S:r. 95. Inb. 1 kr.

ANDERSSON, Herman, Some remarks on the use of relative pronouns in modern english prose. Lektorspecimen. 8:o, 29 s. Lund, Gleerupska univ:s-bokh. 92. 1 kr.

ANDERSSON, Hilding, Aristophanes. Ett stycke grekisk kulturhistoria. 8:o, 67 s. Vexiö, A. Qviding (1885). 80 ö.
—, Que de numine divino cultuque ejus senserit Julianus. Se: Acta univ:is Lundensis. XXVII: I, 2.
—, Se: Ratnavali.

ANDERSSON, J., Bibelns lära om sakramenten. 3:e uppl. 12:o. 63 s. Hernösand, W. Lundqvist. 89. Kart. 35 ö.
—, Granskning af psalmboks-komiténs förslag till reviderad psalmbok för svenska kyrkan. 8:o, 192 s. Lund, C. W. K. Gleerup. 92. 2 kr.

ANDERSSON, J. E., Se: Skogvaktaren

ANDERSSON, N. J, Väggtaflor för undervisningen i botanik. 2:a uppl. utg. af *Th. O. B. N. Krok.* Stor folio, 20 pl. samt »Förklaring öfver planscherna». 8:o, 11 blad. Sthm, P. A. Norstedt & S:r 91. 20 kr.

ANDERSSON, O. Fr., Bidrag till kännedom om Sveriges chlorophyllophyceer. Se: Bihang till Vet.-akad:s handl:r. XVI: III, 5.

ANDERSSON, Richard (Fru), Vegetarisk kokbok. 8:o, 152 s. Sthm, Gust. Chelius. 95. 1: 50, klb. 2 kr.

ANDERSSON, Sigrid, Om de primära kärlsträngarnes utveckl. hos Monokotyledonerna. Se: Bihang till Vet.-akad:s handl:r. XIII: III, 12.

ANDERSSON, Thor, Svenska underhandlingar med Ryssland 1537 8:o, 54 s. Sthm, Samson & Wallin, 93. Uppl:n 100 numr. expl. 2: 25.

ANDERSSON-MEIJERHIELM, K. A., Se: Dagar, Flydda.
—, Se: Resor, minnen o reflektioner.

ANDERZON, Emil, Sveriges allmänna handelsföreningars täflingsskrift om konsumtionskrediten. 8:o, 22 s. Tr. i Sthm, hos I. Hæggström. 92. Ej i bokh.

ANDERZON, N. Oscar, Lilla lathund. Hjelpreda för metersystemets användande i allm. handel. Liten 8:o, 48 s. Östersund, Förf:n 89. klb. 50 ö.
—, Se: Rullor öfver svenska arméns o. flottans underofficerare.

ANDÉS, L. E., Nyaste handbok för målare o. lackerare. Se: Handbibliotek, Allmännyttigt 131.

ANDRÉ, J. A., Mjölkboskapens utfodring. Föredrag. 8:o, 23 s. Finspong, Förf:n. 90. 50 ö.

ANDREÆ, Laurentius, Om tron o. goda gerningar. Se: Skrifter utg. af samf. Pro fide et christianismo. 37 a.

ANDREÆ, Philipp, Tänderna o deras vård. Populär framställning. 8.o, 29 s. Sthm, C. A. V. Lundholm. 90. 25 ö.

ANDREASSON, O., Helsningsord till forna nattvardsbarn. 8:o, 32 s. Sthm, Fost.-stift:s F-exp. 88. 25 ö.

ANDRÉE, S A., Anvisningar o. råd för uppfinnare o. patentegare, samt förordningar ang. patent. 8:o, 61 s. Sthm, Samson & Wallin. 92. 1 kr.
—, Konsten att studera utställningar af Ingeniör *A.* 8.o, 16 s. Sthm, Samson & Wallin i distr. 91. 25 ö.

ANDRÉE S. A., Iakttagelser under en ballongfärd. Se: Bih. till Vet.-akad s handl:r XIX: II, 3.
—, Iakttagelser vid kondensation af vattenångan i en fuktig, elektr. atmosfer. Se: Bih. till Vet -akad:s handl:r. XIV: I, 8.
—, Industrien o. kvinnofrågan. Se: Studentfören. Verdandis småskrifter. 40.
—, Undersökningar ang. värmets ledning i porösa fuktiga kroppar. Se: Bihang till Vet.-akad:s handl.r, XVI: I, 7.
—, Uppfinningarne i Sverige åren 1870—84. 8:o, 90 s Sthm, Samson & Wallin. 90. 1 kr.

ANDRÉEN, F. W. Se: *Lichtenstein, H. o. Andréen, F. W.,* Illustr. frimärksalbum.

ANDRÉN, Victor, o. NORDENSVAN, Georg, Från Stockholms teatrar. Några bilder. 8:o, 175 s. Sthm, H. Geber. 89. 3: 25.

ANDRESEN, A., James Watt och ångmaskinen. Se: Folkupplysn. sällsk. skrifter. 50.

ANDRIEUX, L., En polisprefekts memoirer. Öfv., 2 dlr. 12:o, 463 s. Sthm, Ad, Johnson. 89. 2: 75.

ANDRIVEAU, P. o. de BOSGUÉRARD, Marie, Valda berättelser. Se: Boksamling, Småttingarnes. 1.

ANDSTÉN, O. W., Finlands skeppskalender 1892. Utarbetad under inseende af Handels- o. Industriexpeditionen i Kejserliga Senaten för Finland. 4:o, 9, 204 s. Hfors. 92.

Anekdoter, Svenska. 8.o. Sthm, P. A. Huldbergs bokf.-aktb
1:a saml. Presthistorier. 152 s. 95. 50 ö.
3:e saml. Skol-, Gymnasii- o. Akademie- m. fl. historier. 142 s. 95. 50 ö.

Anekdoter, Valda. Öfv. o. samlade af *G. F.* 8:o, 72 s. Sthm. F. & G. Beijers Bokf.-aktb. 86. 50 ö.

ANGELDORFF, Vilh. Se: Typer från karnevalen i Lund

Angelägenheterna, De diplomatiska, eller frågan om ensidig förändring till Norges förmån af föreningsfördraget, af en svensk. 8:o, 262 s. Sthm, P. Palmquists aktb. 91. 2: 10.

ANGERSTEIN, E. o. ECKLER, G., Hemgymnastik för friska o. sjuka personer. Med 54 illustr. Öfv. 8.o, 105 s. Sthm, C. A. V. Lundholm. 88.
1: 25, kart. 1: 50.

ANHOLM, M., »De kristnas dödsängel.» Se: Ungdomsböcker, P. A. Norstedt & Söners. 20.
—, Från Medelhafvets skönaste ö Sicilianska reseskildr. o. studier. Med 8 ljustr. pl. 8.o, 189 s. o. 8 pl. Sthm, A. V. Carlson Bokf.-aktb. 90. 3: 25, eleg. inb. 4: 50.
—, I Gogs och Magogs land. Skildr. o. studier från en resa i Kaukasien. Med illustr. 8:o, 467 s. Sthm, P. A. Norstedt & S:r. 95. 5: 25, inb. 6: 50.
—, Vikingar o deras ättlingar. Se: Ungdomsböcker, P. A. Norstedt & Söners. 10.

ANJOU, Chr. L. Se: Tidskrift för folkundervisningen.

ANJOU, N. E. Se: Koral-psalmbok. — Sångbok, Skolbarnens.

ANKARCRONA, Carl, Handledning i värjföring. Liten 8:o, 49 s. Ups, Lundequistska Bokh. i komm. 90. Kart. 75 ö.
—, o. **DRAKENBERG, Sten,** Handledning i värjföring till skolungdomens tjenst. Ny uppl. Liten 8:o, 63 s. Sthm, Z. Hæggströms F.-exp. 94. Klb. 1 kr.

Anmärkningar, Några, i rättstafningsfrågan af *L. Fr. Leffler, J. A. Lundell* o. *Eugène Schwartz* jemte ett utlåt från rättstafn. sällsk:s Stockholmskrets. 8:o, 45 s. Sthm, P. A. Norstedt & S:r. 86. 60 ö.

Anmärkningar, Strödda, vid I. A. Lyttkens o. F. A. Wulffs Svenska språkets ljudlära af —s—n. 8:o, 22 s. Lund, Gleerupska univ:s bokh. 86. 30 ö.
Anna A. Se: [*Wästberg, A.]*
Anna de Wahl. Folio, 4 s. Sthm. II. Grip. 86. 1 kr.
Annaler, Jernkontorets Ny serie. Tidskrift för svenska bergshandteringen. 41:a - 50.e årg. (1886—95.) 8:o, Sthm, Samson & Wallin. 86—95.
För årg. (4 hfn) 5 kr.
——, Register öfver årgg. 1881—85 af *Axel Ekelund.* 8:o, 106 s. Sthm, Samson & Wallin. 86. 1: 40.
Annaler, Vermländska bergsmannaföreningens. 8:o, Filipst., Bronellska bokh.
1885. 66 s. o. 3 pl. 86. 1 kr.
1886. 51 s. o. 2 pl. 86. 80 ö.
1887. 56 s. 88. 80 ö.
1888. I. Register för 1877—87. 42 s. 50 ö. II. 94 s. o. 2 pl. 2 kr.
1889. I. 7 s. 90. 25 ö. II. 65 s o. 3 pl. 90. 1: 50.
1890. 71 s. o. 1 tab. 91. 1 kr.
1891. 52 s. o. 2 pl. 92. 1 kr.
1892. 53 s. 2 tab. o. 2 pl. 92. 1: 25.
1893. 46 s. o. 1 tab. 94. 1 kr.
Annas sommar. 8 akvareller för barnkammaren. Med text af *Zach. Topelius.* 8 pl. o. 1 blad text. H:fors, Söderström & K. 95. 6: 50 fmk.
[**ANNERSTEDT, Claes**], Om otillräckligheten af Upsala Univ.ts-bibliotekn nuvarande anslag till bokinköp. 8:o, 26 s Ups., Akad. bokh. 94. 40 ö.
——, Tal vid Upsala univ:s minnestest i aulan d. 6 sept. 1893. 8:o, 16 s. Ups., Akad. bokh. 93. 15 ö.
——, Tvänne föredrag i försvarsfrågan. 8:o, 28 s. Ups, Akad. bokh. i distr. 91. 25 ö.
——, Upsala universitets-biblioteks historia. Se: Handl:r Vitt.-, hist.- o. antiq:s akad.s. XII: 2.
——. Se: Konstitutioner, Upsala universitets, af år 1655. — *Rudbeck d. ä. Olof,* Bref rör. Upsala universitet.
Annotations-almanacka, för åren 1887—96 kalendarium o. anteckningsbok. 12:o. Sthm, P. A. Norstedt & S:r. 86—95. För årg. klb. 1 kr., skinnb. 1: 40.
Annotationsblock af datolappar med plats för anteckn:r. Årg. 1894—96. Sthm, P. A. Norstedt & S:r. 93—95.
N:o 1. Med almanacka jemte ställning af metall. 2: 25.
N:o 2. D:o d:o af trä. 2: 25.
Lösa block. 75 ö.
d'ANNUNZIO, Gabriele, Giovanni Episcopo. Öfv. fr. ital. af *E. af D.* 8:o, 123 s. Sthm, Wahlström & Widstrand. 95. 1: 50.
ANREP, Axel, Nerkingarne. Se: Teatern, Svenska. 224.
ANREP, Gabriel, Rikskansleren Axel Oxenstiernas år 1890 lefvande ättlingar bland svenska introducerade adeln. [Sep. aftr. i 500 ex. ur tidn. Nya Dagl. Alleh. för d. 8 mars 1890.] 8:o, 16 s Sthm, Tr. hos Nya Dagl. Alleh.s tidningsaktieb. 90. Pris?
——. Se: Kalender, Sveriges ridd. o. adels.
ANSELMI, Alberto, Fyratio månader på en ö i Stilla oceanen. Efter ital. orig. af *Ebba Hellgren.* 8:o, 208 s. Sthm, Palm & Stadling i komm. 90.
1: 50, kart. 1: 75.
ANSGARIUS' födelsedagsbok med uppbyggelseord ur den hel. skrift o. psalmboken. Liten 8:o, 295 s. Sthm, Bokf.-aktb. Ansgarius. 92. Klb. 2 kr.

Ansgarius, Kalender, utg. af *P. Waldenström.* 8:o, Sthm, Pietistens exp.
6:e årg. För 1887. 111 s. o. 4 pl. 86. 1: 50, inb. 3 kr.
7:e årg. För 1888. 112 s. o. 5 pl. 87. 1: 50, inb. 3 kr.
8:e årg. För 1889. 112 s. o 4 pl. 88. 1: 50, inb. 3 kr.
9:e årg. För 1891. 112 s. o. 11 pl. 90. 1: 50, inb. 3 kr.
Ansgarius, Sveriges apostel, skildrad för svenska folket tusen år efter hans död. 3:e öfvers. uppl. (Af *H. W. Ulff.)* 8:o, 63 s. Sthm, Fost.-stift:s F.-exp. 86. 30 ö.
Anslutning, Om Sveriges, till Bernerkonventionen ang. litterär o. artistisk eganderätt. Underd inlaga afg. till Kongl. Maj:t af Sveriges författareförening. 4:o, 26 s. Sthm, Samson & Wallin. 94. 50 ö.
ANSTEY, F., En fallen afgud. Öfv. af *Anna Geete.* 8:o, 271 s. Sthm, H. Geber. 87. 2: 25.
Anteckningar af o. om svenska Kongofarare. Föredrag o. uppsatser af *G. Pagels, A. Wester, E. Gleerup, E. W. Dahlgren, E. Ekhoff.* 8:o, 148 s o. 1 karta. Sthm, P. A. Norstedt & S:r. 87. 2 kr.
Anteckningar efter prof. *E. V. Nordlings* föreläsn:r om boskillnad o behandling af död mans bo. Utg. af Juridiska föreningen i Ups. 3:e uppl. 8:o, 205 s. Ups., Lundequistska bokh. i komm. 92. 3: 75.
Anteckningar efter prof. *E. V. Nordlings* föreläsn:r i svensk civilrätt. Allm. delen. [2:a uppl.] 8:o, 303 s. Ups Lundequistska bokh. i komm. 91. 5 kr.
Anteckningar enl. prof. *Jaakko Forsmans* föreläsn:r öfver de särskilda brotten enl. strafflagen af den 19 dec. 1889. Utg. af *L. Aspegren* och *E. Sarén.* 8:o, Hfors, Lindstedts antikv. bokh.
II Brotten mot individens egendom. I. Tjufnad. s. 169—268. 95. 2: 50 fmk.
III. D:o d:o. II. s. 269—398. 95. 3: 25 fmk.
Anteckningar enl. prof. *R. F. Hermanssons* föreläsn:r öfver Finlands finansförvaltn. rätt. Utg. af *Gösta Palmgren.* I 8:o, 253 o. v s. Hfors, Lindstedts antikv. bokh. 95. 6: 75 fmk.
Anteckningar enligt prof. *R. A. Wredes* föreläsn:r öfver konkursrätt, utg af *E. Sarén.* Med Skema till föreläsn:r i konkursrätt af *R. A. Wrede.* 8:o, 226 s. Hfors. Lindstedts antikv. bokh. 94. 6: 75 fmk.
För Sverige: Samson & Wallin. 5 kr.
Anteckningar i Civilrätt enligt prof. *R. A. Wredes* föreläsningar. Ärfda balken. 4:o, 2, 259 s. Hfors. 94. Pris?
Anteckningar, Några, med anledning af landtmätaremötet i Stockholm d. 7—10 nov. 1893, af —R—. 8:o, 74 s. Sthm, G. Chelius. 94. 2 kr.
Anteckningar om framlidne hofmarskalken friherre Gerhard de Geer af Finspong o. hans maka Henr. Charl. Lagerstråle samt deras afkomlingar o. med dessa genom giftermål förenade personer, afslutade d 30 apr 1892. 8:o, 50 s. Sthm, Samson & Wallin i komm. 92. 1 kr.
Anteckningar om Nya Testamentet till allmänhetens tjenst. 8:o. Nyköping, S. O. Indebetou.
1:a dln: Mattei evangelium. 382 s. 88. 3 kr.
2:a dln: Marci evangelium. 230 s. 89. 2 kr.
3:e dln: Lukas evangelium. 372 s 89. 3 kr.
4:e dln: Johannes evangelium. 435 s. 93. 4 kr.
5:e dln: Apostlagern:e. 244 s. 94. 3 kr.
Anteckningar som beröra Lindesbergs stad med dess

tillhörigheter, af *A—N.* 8:o, 96 s. Lindesberg. Förf:n. 94. 1: 25.
Anteckningar om Stora teatern i Göteborg 1859—93, utg. af *Johannes Svanberg.* Med en inledning af *Karl Warburg.* 8:o, xx o. 220 s. Sthm, Utg:n. 94. 2: 50.
Anteckningar. Skizzerade legala, ang. fideikommisser i Sverige. 8:o, 15 s. Sthm. 91. 25 ö.
Anteckningar, Ur en detektivs. 8:o, Sthm, Ad. Bonnier.
1. Sju dagar o. sju nätter. 213 s. 88. 2: 25.
2. Diamantstölden. 261 s. 89. 2: 75.
Anteckningar, Ur en samlares. (Utg. af *G. E. Klemming.*) 4:o, 215 s. Tr. i Sthm, Kongl. boktr. o. Ups. hos Edv. Berling. 83—87. (Uppl. 50 ex.) Ej i bokh.
Anteckningsbok för mejerielever, utg. af *John Sebelien* o. *Gust. Liljhagen.* 4:o. Sthm, H. W. Tullberg. 89. Inb. 3: 50.
Förklaring till d:o d:o 4.o, 12 s. 88. 10 ö.
Anteckningsbok för mejerier, utg. af *John Sebelien* o. *Gust. Liljhagen.* 4:o. Sthm, H. W. Tullberg.
I. Den oskummade mjölkens mängd o. användning i mejeriet. Inb. 2: 50.
II. Gräddens syrning o. kerning i mejeriet. Inb. 3 kr.
III. Skummjölkens mängd o. användning samt beredningen af ost i mejeriet. Inb. 2: 50.
Anteckningsbok, Husmoderns, för inkomster o. utgifter i hemmet. År 18 . 4:o, 28 s. Sthm, Alb. Bonnier. 88. 1 kr.
ANTELL, Herman, Om tillgreppsbrotten. 8:o, 358 s. Lund, Gleerupska univ. bokh. 89. 4: 50
II. Mord- och dråpsbrottet. I. 146 o. viij s. 95. 3 kr.
III. Fosterfördrifningsbrottet. 90 o. iv s. 95. 2 kr.
IV. Barnamordsbrottet och därtill sig anslutande förbrytelser. 139 o. xvij s. 95. 3 kr.
——, Om dråpsbrotten enligt attisk o. romersk rätt. Se: Acta univ:s Lundensis XXX: I, 3.
——. Se: Strafflagar, Sveriges rikes.
ANTHERO de Quental, Dikter, öfv. af *Göran Björkman.* 4:o, 60 s. Ups., Lundequistska bokh. 92. 2: 50.
Anthologia Homerica. Valda stycken ur Homerus jemte ordbok o. lyriskt bihang. Utg. af *Kaarlo Forsman.* 8:o, xvij o. 421 s. Borgå, W. Söderström. 88. Inb. 5: 50 fmk.
ANTILITHANDER, E. N., (pseud) Stockholm om hundra år härefter. Framtidsdröm. 4:o, 15 s. samt 10 pl. o. 1 karta. Sthm, G. Walfr. Wilhelmsson i distr. 90. 1 kr.
Anvisningar, Allmänna, rör. kyrkobyggnader. 8.o, 104 s. Sthm, Öfverintendentsemb. 87. Ej i bokh.
APELBOM, Axelina f. Lindmark, Dansskolan. Handledn. i nutida sällskapsdanser m. m. 12:o, 106 s. Sthm, S. Flodin. 88. 75 ö.
APELBOM, H. F., Pappa har ju gifvit lof! Se: Bibliotek för teatervänner. 154.
APPELLÖF, A., Die Schalen von Sepia, Spirula und Nautilus. Se: Öfversigt af Vet.-akad:s förh:r. 1887: 7.
——, Japanska Cephalopoder. Se: Handl:r, Vet.-akad:s XXI, 13.
APPELQVIST, Hj., De præcipuis rerum Gai Claudii Neronis scriptoribus. Akad. afh. 8:o, 85 s. Hfors, Förf:n. 89. 2 fmk.
April-album. Ett dussin berättelser o. en af *Juhani Aho, Jac. Ahrenberg* m. fl. 8:o, 167 s. Hfors, Söderström & K. 93. 1: 75.

Aprilnarrit. Se: Teatern, Svenska. 49.
Arbetare, Till svenske. Några ord i en fråga för dagen 8.o, 24 s. Sthm, C. Suneson i komm. 86. 25 ö.
Arbetareförsäkringsfrågan, Till, i Sverige. Se: Skrifter, Svenska nationalföreningens. 6.
Arbetaren, Mekaniske. Red. *Aug. Nilson.* 8:o, Gefle Redaktionen.
1887. Half årg (6 n:r = 6 ark). 1: 50.
1888. 12 n:r. (1.a din. 1 afd. af Aforismer öfver allmän teknik). 4 kr.
1889. (1:a din. 2 afd. af Aforismer öfver allmän teknik.) 3: 50.
Arbete, Utan, utan bröd. Se: Bibliotek för de unga. 53.
Arbeten från Stockholms helsovårdsnämnds laboratorium. 1. Mjölkundersökningar med laktokrit. — 2. Luftundersökningar. Af *Klas Sondén.* 4:o, 58 s. o. 3 pl. Sthm, Samson & Wallin. 86. 1: 50.
Arbeten, Nordiska konstnärers, i ljustr. af *V. Wolfenstein.* 8:o, 5 hfn med 5 pl. i hvarje. Sthm, Utg:n 90, 91. För häfte 1: 50.
Arbetet, Om, och den sociala frågan. Öfvers. i sammandr., af *H. O. Indebetou.* 2:a uppl. 8:o, 144 s. Nyköp, S. O. Indebetou. 86. 1: 50.
Arbetsstugor för barn. Redogörelse för deras organisation o. första verksamhet. 8:o, 39 s. Sthm, Samson & Wallin. 88. 50 ö.
——. Redogörelse af Central komm. för Stockholms arbetsstugor, år 1890. 8:o, 12 s. Sthm, Samson & Wallin. 90. 25 ö.
——. Adolf Fredriks arbetsstugas årsberätt. för 1890 —91. 8 s. 92.
D:o för 1891—1892. 39 s. 1892—93. 45 s. Sthm, Samson & Wallin 93. 25 ö.
ARBIN, Axel, v. Se: Förlag, Militärlitteratur-föreningens 56.
ARCADIUS, C. O., Anteckningar ur Vexiö allm. läroverks häfder till 1724. Festskrift. 4.o, 83 s. Sthm, Seelig & K. 89. 2 kr.
——, Gumlösa kyrka i Västra Göinge härad. Ett 700-års minne. 8:o, 28 s. o. 1 pl. Lund, Gleerupska univ:s bokh. i distr. 91. 75 ö.
Archiv, Skandinavisches. Zeitschrift für Arbeiten skandinavischer Gelehrten auf dem Gebiete d. Philologie, Philosophie u. Geschichte. Herausgeg. von *Edward Theodor Walter.* 1:r band. 8:o. Lund, Gleerupska univ:s bokh. 91. För band (4 hfn) 10 kr.
ARENANDER, E. O., Förvandlingstabeller, jemte uträkn:r ang. smörets färgning o. saltning m. m. 8:o, iv o. 48 s. Linköp, P. M. Sahlströms Bokh. i komm. 89. 1 kr.
ARENDS, Leopold, Rationella stenografi eller kortskrift, utg. af *E. Bergsten.* 4:e uppl. 8:o, 96 s. Sthm, C. A. V. Lundholm. 90. 1: 75. 3:e uppl. 87.
ARESCHOUG, Fred. Wilh. Chr., Det fanerogama embryots nutrition. Se: Acta univ:is Lundensis. XXX: II, 9.
——, Some observation on the genus Rubus. Se: dersammast. XXII, II, 5.
Arf, Margaretas. Se: Läsning för unga flickor. 12.
ARFWIDSSON, Alvar, Episoder. Studier. 8:o, 139 s. Sthm, Förf:n. 86. 1: 50.
ARFVIDSSON, H. D., Empiri och spekulation i teologien. Akad. afh. 8:o, 108 s. Lund, Gleerupska univ:sbokh. i distr. 95. 1 kr.
——, Ortodoxi och ritschlianism. En epilog till diskussionen inom Göteborgs stifts prästsällskap 1895. 8:o, 58 s. Göteb. N. P. Pehrsson. 95. 75 ö.

10-års katalog, 1886—1895. 3

ARFVIDSSON, H. D, Religion o. vetenskap i deras ömsesidiga förhållande med särskild hänsyn till Herbert Spencers uppfattning af frågan. Akad. afh. 8:o, 139 s. Lund, Gleerupska univ.bokh. i distr. 94. 1: 25.
ARFVIDSSON, N. C., Se: Ämbetsmanna-matrikel.
ARGILLANDER, Abraham, Sjelfbiografi. Se: Skrifter utg. af Sv. literatursällsk. 2.
[**ARGLES** Mrs], Se: [Hungerford Mrs]
Aristides. Se: [Strömer, N. Hj.]
ARISTOPHANES, Fåglarne, lustspel. Öfv. af [John Fred. Hähl]. 8:o, 137 s. Link., P. M. Sahlströms Bokh. 92. 2 kr.
Arkiv för nordisk filologi. Utg. genom Axel Kock. 5:e—12 bandet. Ny följd. Band I—VIII. 8:o. Lund, C. W. K. Gleerup. 88—95. För band (4 hfn) 6 kr.
Arkiv, Noraskogs. Se: [Johansson, Joh.].
Arkiv, Nordiskt medicinskt. Årgg. 1886—90 XVIII — XXII. Redigeradt af A. Key. 8:o. Sthm, P. A. Norstedt & S:r. 86—90. För år. (4 hfn) 16 kr, för häfte 4 kr.
—. 1891—1895 XXIII—XXVII. (Ny följd. Band I—V). 8:o. Sthm, P. A. Norstedt & S:r. För årg. (6 hfn) 16 kr., för häfte 3 kr.
Arkiv, Nytt juridiskt. Utg. af G. B. A Holm. 8:o. Sthm, Svensk författningssamlings exped. 86—95. 1:a afd. Tidskrift för lagskipning. 13:e—22:a årg. 1886—95. För årg. (12 hfn) 10 kr.
Register till årgg. 1880—89 jemte Högsta domstolens minnesbok för åren 1876—90. 8:o, ij 200 o. xxiv s. 91. 4 kr.
2:a afd. Tidskrift för lagstiftning 11:e—20:e årg. 1886—95. För årg. (4 hfn) 5 kr.
Arla. Illustrerad barnkalender. Inneh dels orig. berätt. dels öfvers. o. bearb. efter Leo Tolstoy m. fl. af J. C. von Hofsten. 1:a årg. 8:o, 232 s. Sthm. F. & G. Beijers Bokf.-aktb. 88. Kart. 2: 75.
ARLBERG, Fritz, Försök till en naturlig o. förnuftig grundläggning af tonbildningsläran. 8:o, vij o. 209 s. Sthm, H. Geber. 91. 2: 50.
ARLBERG, Hjalmar. Se: Turistkalender.
d'ARMAILLÉ, född de Segur, Grefvinnan Egmont, dotter af marskalk Richelieu, efter hennes korrespondens med Gustaf III. Öfv. 8:o, 235 s. Sthm, P. A. Norstedt & S:r 93. 2: 75, klb. 3: 50.
ARMAND, Semona eller svart blod. Roman ur det amerikanska slaflifvet Öfv. 8.o, 339 s. Sthm. Skandias Bokförlag. 88. 2: 50.
Arméförslaget, Det nya, sådant det utarbetats inom generalstaben. 8:o, 16 s. Sthm, G. Björlin. 92. 25 ö.
ARMFELT, Gustaf Mauritz. Se: Dagar, Från tredje Gustafs. — Tegnér, Elof, G. M. Armfelt.
Arminius, Sjövind. Tankar i försvarsfrågan. 8:o, 55 s. Sthm, Ad. Bonnier. 86. 75 ö.
ARNDT, Joh, Fyra böcker om den sanna kristendomen. Se: Skrifter, utg. af Samf. pro fide et christianismo. 4.
——, Postilla. Se: dersammast. 5.
——, Tröst o. råd. Etthundra anderika betraktelser ur Utläggn. öfver konung Davids psaltare, samlade af K. A. Johansson. 8:o, 178 s. Sthm, Fost.- stift:s F.-exp. 93. 1 kr., inb. 1: 50.
ARNELL, H. W., Se: Lindberg, S. O. o. Arnell, H. W., Musci Asiæ borealis.
ARNLIOT GELLINA, Gymnaster på krigsstråt. Några ord med anledning af gymnastikfesten. 8:o, 66 s. Sthm, Stadsposten. 91. 1 kr.
ARNOLD, Noveller ur sagoverlden. Diktade för ungdom. Inhemskt original. 8:o, 150 s. H:fors, G. W. Edlund. 95. 1: 50 fmk.
ARNOLD, Edvin, Asiens ljus eller den stora försakelsen. Gautamas, buddhismens stiftares lif o. lära. Dikt. Öfv. från 39:e uppl. af Vict Pfeiff. Med inledn. af V. Rydberg. Liten 8:o, xxxiv o. 255 s. Sthm, Alb. Bonnier. 88 3 kr., inb. 4 kr.
ARNOLD, Edvin, Döden — och efter döden. Med ett tillägg. Öfv. af Vict. Pfeiff. 8:o, 56 s. Sthm, Looström & K. 88. 75 ö.
ARNOLD, Hans, Fritz auf dem Lande. Se: Litteratur, Aus dem neueren deutschen. 4.
——, Zwei Novellen. Mit Anmerkungen von Emil Rodhe. Se: Verfasser, Moderne deutsche. 1.
ARNOLD-FORSTER, H. O. I manövertornet. Populär framställning af en nutida sjöstrid. Med illustr. Öfv. från eng. 8:o, 77 s. Sthm, Looström & K. 92. Kart 1: 50.
ARNOLDSON, K. P., Gudsidén enligt Max Müllers forskning. Jivanji Modis gudstro. 8:o, 31 s. Sthm. Red. af »Arbetarens vän». 89. 50 ö.
——, Per Adam Siljeström, svenska folkets lärare. 8:o, 53 s. Sthm, Förlagsaffären Fria ordet. 92. 75 ö.
——, Religionen i forskningens ljus. 8:o, 692 s. Sundsvall. »Fria Ordet». 91. 92. 5: 25.
——, Små väckare. 1. Kain, hjälten för dagen. 8:o, 44 s. Falun, Fria Ordet. 91. 25 ö.
——, Är världsfred möjlig? En historisk framställning af sträfvandena för lag o rätt mellan folken. 8:o, 167 s. Sthm. Fröléen & K. 90. 2: 25.
ARNOULD, Arthur, Se: Mattey, A.
Aron Isak, Ett hundraårsminne, några anteckn:r tillegnade Stockholms mosaiska församl. sjukhjelps- o. begrafningssällskap 1888. 8:o, 48 s. Tr. i Sthm hos I. Marcus boktr.-aktieb. (150 ex.) Ej i bokh.
AROSENIUS, E., Om sättet för grundlagsändring under tiden 1809—66. Akad. afh. 8.o, 127 s. Sthm, Samson & Wallin. 95. 1: 50.
AROSENIUS, P. A., Liljor i dalen. 3:e uppl. 8:o, 44 s. Ups. Missionsbokh. 89. 25 ö.
1:a uppl. 86. 2:a 87.
ARPI, Ernst, Från ett kälkborgarnäste. Fem berättelser. 12:o, 216 s. Sthm, Alb. Bonnier. 88. 2: 25.
ARPI, Rolf. Upplands fornminnes fören.s tidskrift. Se: Tidskrift, Upplands fornm. fören.s.
——, Se: Rättstavningslära o. ordlista.
ARPPE, A. E., Finska Vetenskaps-societeten 1838—1888, dess organisation o. verksamhet. 8:o, 159 s. H:fors, Finska Vet. Soc:n. 88. 1: 50 fmk.
ARRHENIUS, Axel, Om Polygonum Rayi Bab. f. borealis A. Arrh. n. f. Se: Medd. af Soc. pro fauna et flora fenn. h. 16.
——, Om Stellaria hebecalyx Fenzl och St. ponojensis A Arrh. u. sp. Se: dersammast. h. 16.
ARRHENIUS, J, Handbok i svenska jordbruket. 6:e uppl:n utg. af Jonas Alströmer. Med bilder. 2 dlr. 8:o, 874 s. Sthm, F. & G. Beijers. Bokf.-aktb. 93—94. 9 kr, inb. 10 kr.
5:e uppl. 88.
——, Jordbrukslärans hufvudgrunder. 4:e omarb uppl. Med 42 träsnitt (Landtbrukspraktika. 1.) 8:o, xvj o. 352 s Sthm, F. & G. Beijers Bokf.-aktb. 90. 3 kr.
——, Vårt jordbruk och dess framtid. 8:o, 148 s. Sthm, F. & G. Beijers Bokf.-aktb. 86. 1: 50.
——, Se: Buus, N. P. J., Mjölkboskapens vård. — Landtbrukskalender. — Skrifter, Smärre samlade, i landthushållning.
——, o. **LINDQVIST, C. A.**, Landtbrukspraktika. 8:o, Sthm, F. & G. Beijers Bokf.-aktb 1:a dln: Jordbrukslärans hufvudgrunder. 7:e uppl. med 91 träsn. Omarb. af J. F. Hallenborg. xxiv o. 479 s. 94. 3: 75.

6:e uppl. 92.
2:a dln: *Lindqvist, C. A*, Husdjursskötselns hufvudgrunder. 4:e omarb. uppl. viij o. 144 s. 89. 1: 50.
ARRHENIUS, Svante, Einfluss der Neutralsalze auf die Reactionsgeschwiudigkeit d. Verseifung von Aethylacetat. Se: Bihang till Vet.-akad:s handl:r. XIII: II, 2.
—, Ueber das Leitungsvermögen der phosphorescirenden Luft. Se: dersammast. XIII: I, 7.
—, Ueber den Gefrierpunkt verdünnter wässeriger Lösungen. Se: dersammast. XIV, I, 9.
—, Ueber die Diffusion von in Wasser gelösten Stoffen. Se: dersammast. XVIII: I, 8.
—, Ueber die innere Reibung verdünnter wässeriger Lösungen. Se: dersammast. XIII: I, 5.
—, Ueber die Leitung von Elektricität durch heisse Salzdämpfe. Se: dersammast XVI: I, 9.
—, Ueber die Änderung des elektr. Leitungsvermögens einer Lösung durch Zusatz von kleinen Mengen eines Nicht-leiters. Se: dersammast. XVIII: I, 5.
—, Undersökningar ang. blandningars elektriska ledningsförmåga. Se: dersammast. XII, I, 5.
—, Se: *Ekholm, N.* o. *Arrhenius, S.*, Über den Einfluss des Mondes.
ARTARIA, R., Första året i det nya hemmet. En historia i brefform. Öfvers. 8:o, 216 s. Sthm, Adolf Bonnier. 95. 2 kr.
Artiklar o. korrespondenser införda i Aftonbladet. 8.o. Sthm, Alb. Bonnier.
1. Tidslyten. Artiklar införda i Aftonbladet under hösten 1891. 41 s. 35 ö.
2. Rip. *[Karl Staaff]*, Den norska juryn. Studiebref. 66 s. 91. 50 ö.
3. *Retzius, Gustaf*, Bilder från Sicilien. 96 s. 92. 1 kr.
4. De ministeriella målen o. unionen. 57 s. 92. 50 ö.
5. *Nestor*, Finska förhållanden. Andra serien. 71 s. 92. 75 ö.
Artilleri-tidskrift. Årgg. 1886—95. 8·o. Sthm, C. E. Fritzes k. hofbokh. i distr. 86—95. För årg. (ö hfn = 28 ark) 6 kr.
Artister o. gäster, Kongl. operans, från 1893. 2 hfn med 4 portr. i hvarje hft. 8:o. Sthm, Fr. Skoglund i distr. 93—94. För häfte 1 kr.
ARUNDALE, F., Ett försvar för reinkarnationen. Öfv. från eng. af *O. F.* 8:o, 23 s. Sthm, C. E. Fritzes k. hofbokh. i distr. 87. 50 ö.
ASCHAN, Allan, Lärobok i oorganisk kemi, afsedd för den farmaceutiska undervisn. Med 31 illustr. 8:o, 200 s. Söderström & K. 87. Kart. 3 kr.
ASCHAN, O., Bidrag till känned. af ftalamid. o. ftalamidsyra. Se: Acta Soc. scient. fenn. XVI.
—, Studier inom anhydrobasernas klass. Se: dersammast. XVI.
—, Bidrag till kännedom af a-dibromhydrin. Se: dersammast. XVII.
—, Om klorid af oxanilsyra. Se: dersammast. XVII.
—, Några iakttag. om lika sammansatta org. syre- o. svafvelfören:s kokpunkter. Se: Öfversigt af F. Vet. soc:s förhandl:r 28.
—, Om (o)-nitroftalanil och (o)-nitroftalanilsyra. Se: Öfversigt af F. Vet. soc:s förhandl:r. 29.
—, Om sura estrar af ftalsyra. Se: dersammast. 30.
—, Studier inom naftengruppen. I. Se: Comment. variæ in mun. act. 1.
—, Studier inom naftengruppen. II. Se: Acta Soc. scient. fenn. XIX.
—, Zur Gesch. der Umlagerungen in d. Allylreihe. Se: dersammast. XVIII.

ASCHAN, O., Se: *Hjelt, Edv.*, o. *Aschan, O.*, Lärobok i organ. kemi.
—, o. **HJELT, Edv.**, Undersökning af finskt terpentin. Se: Bidrag till känned. af Finl. nat. o. folk. Häft. 54.
—, o. **A. ZILLIACUS**, Om difenylsulfhydantoin. Se: Öfversigt af F. Vet. soc:s förhandl:r. 29.
ASCOLI, Giulio, Integration der Differentialgleichung

$$\Delta\,^2u=o$$ in einer beliebigen Riemann'schen Fläche.

Se: Bihang till Vet. akad.s handl:r. XIII: I, 2.
ASK, John, Föreläsningar i svensk sakrätt. Utg. af Jurid. fören. i Lund. 8:o, 218 s. Lund, Gleerupska univ:s bokh. i distr. 89. 3: 50.
—, Om ansvarighet för tryckfrihetsbrott. 8.o, 244 s. Lund, Gleerupska univ:s bokh. i distr. 90. 3: 75.
—, Om formaliteter vid kontrakt enl. romersk o. svensk förmögenhetsrätt. 4:o, 134 s. Lund, C. W. K. Gleerup. 87. 3: 50.
Jfr: Acta univ:is Lundensis. XXIII: I, 1.
—, Om författarerätt enl. svensk lagstiftning. Se: Acta univ:is Lundensis. XXIX: I, 2.
—, Om häfvande af fraktaftal. 8:o, 49 s Lund, Gleerupska univ:s bokh. i distr. 91. 75 ö.
ASKEROTH, O. W., o. **SVENSSON, H.**, Samling af aritmetiska räkneexempel. 8:o, 56 s. Götet., N. P. Pehrsson. 87. 35 ö.
ASKLUND, J. G, Några uppgifter om de europeiska staternas nyare fästningsbyggnader. 8:o, 79 s. Sthm, P. A. Norstedt & S:r. 91. 1: 50.
Askungen. 4:o. 7 kolor. pl. med text. Malmö, Envall & Kull. 91. 2 kr.
ASP, Carl, Studier öfver »reumatismen» vid rödsot. Akad. afh. 8:o, 219 s. Lund, Gleerupska univ:s bokh. i distr. 89. 3 kr.
ASP, Georg. Cerebralnerverna hos menniskan. Anatomisk beskrifning. 4:o, 2, 129 s. H:fors 92.
—, Studier öfver Plexus sacralis. 14 s. Se: Comment. variæ in. mem. act 2.
ASP, Paul. Wemmenhögs härad. 8:o, 237 s. o. 1 karta. Skurup, Förf:n. 92. 2: 50.
ASPEGREN, L., o. **E. SAXÉN**. Anteckningar. Se: Anteckn:r enl. prof. Jaakko Forsmans föreläsn:r.
ASPELIN, Eliel, Werner Holmberg, hans lefnad o. verk. 4:o, xij o. 216 o 1 portr. o. 19 pl. (Tr. i Hfors.) Sthm, C. E Fritzes k. hofbokh. i distr. 90. Klb. 10 kr.
—, Lamottes afhandl:r om tragedien Se: Acta Soc. scient. fenn. 16.
ASPELIN, H. Em., Wasa stads historia. 8:o. Nikolaistad, Förf:n. 1:a hft. vj o. 318 s. samt 7 taflor. 92. 5 fmk. (3: 75.)
Senare dln, förra o. senare häfte. 8:o, s. 319—722 o. 1 pl. 94. Förra hft. 3: 75, Senare 3 kr.
ASPELIN, J. R., Olofsborg. 22 illustr. efter teckn:r af *C. E. Ohrling* o. *O. Kleineh*. 8:o, 67 s. o. 16 pl. H:fors, Söderström & K. 86. Kart. 2: 50.
ASPERÉN, K., Ueber Elektricitätsüberführung zwischen Flammen u. Spitzen. Se: Bihang till Vet.-akad:s handl:r. XIII: I, 11.
ASPERHEIM, O., Darvinismen el. evolution o. evolutionsteorier. Öfv. af *Emil Holmgren.* 8:o, 120 s. Sthm, A. V. Carlsons Bokf.-aktb. 87. 1 kr., clb. 1: 75.
ASPLING, H., Alkohol o. fri vilja. 12:o, 13 s. Lindesberg. J. Högborg. 89. 10 ö.
—, Alkoholen o. samhället. 8:o, 24 s. Lindesberg, Joh. Högborg. 91. 15 ö.
—, Hvilken är din nästa? En hjärtefråga till nykter-

hetsverksamhetens motståndare. 8:o, 23 s. Lindesberg, Joh. Högborg. 91. 15 ö.

ASPLUND, Martin, Helsa och sjukdom. Läkarebok för hemmet. Bearb. efter *C. E. Bocks* arbete: »Das Buch vom gesunden u. kranken Menschen». Med illustr. 8:o, viij o. 967 s. Sthm, Wilh. Silén. 94—95. Inb. 8 kr.

Assessor KRANICHS († d. 26 nov. 1884) bref från andra verlden. Meddelade af brefemottagaren *Mac Clown*. Öfv. af *Mefisto*. 8:o, 96 s. Sthm, F. & G. Beijers Bokf.-aktb. 86. 90 ö.

d' ASSIER, Ad., Mänskligheten efter döden. En studie ang. vålnader o. gengångare. Med noter af *Henry S. Olcott*. Öfv. 8:o, iv o. 218 s. Sthm, G. Chelius i distr. 90. 2: 25.

ASTOR, John Jacob, En resa i trämmande verldar. Framtidsskildring. Autor. öfvers. af *Axel Josephson*. Med 11 illustr. 12:o, 316 s. o. 11 pl. Sthm, Fr. Skoglund. 95. 3 kr.

Atkins, Frederick A, Sedlig kraft o. huru vi skola bruka den. Broderligt samtal med unga män. Öfv. af *Math:a Langlet*. 8:o, 64 s. Sthm, Samson & Wallin i distr. 90. 75 ö.

AUERBACH, Berthold, Joseph i snön. Se: Universalbibliotek. 2.

Auge Spelman, Maj-visa. Se: Minnen från Skansens vårfest. 3.

Augusta W., Vid brasan. Ur historien o. sagoverlden. Berättelser. Sveriges barn o. ungdom tillegnade. Med orig. illustr. af *Jenny Nyström*. 8:o, 151 s. Sthm, F. & G. Beijers Bokf.-aktb. 90. Kart. 2 kr.

AUGUSTINUS, Aurelius, Enchiridion. Öfv. från latinet af *O. V. Lemke*. 8:o, 155 s. Sthm, A V. Carlsons Bokf.-aktb. 87. 1 kr., kart. 1: 25, klb. 1: 75.

—, Om undervisning af nybörjare i kristendomen. Se: Skrifter af uppfostringskonstens stormän. 4.

AURELIUS, Hedvig, Vinter- och Sommarlif. Se: Ungdomsböcker. P. A. Norstedt & Söners. 25.

AURELL, Ludvig, Kursnoteringar åren 1870—91 å värdepapper noterade å Stockholms börs. 8:o, v o. 217 s. Sthm, Samson & Wallin. 92. Klb. 4: 50.

—, Uträkning af utlottningsbara obligationers ränteafkastning. 8:o, 105 s. Sthm, Samson & Wallin. 89. Klb. 5 kr.

AURELL, Wilh, Ringen med svarta stenen. Roman. Svenskt orig. 2:a uppl. 8:o, 310 s. Ulriceh., S. M. Kjöllerström. 90. 2 kr.

AURÉN, J. A., Supinum, aktivum och neutrum av participium passivum. 8:o, 38 s. Sthm, P. A. Norstedt & S:r. 86. 60 ö.

—, Svensk bokstafveringslära. 7:e uppl. Utarb. i öfverensstämmelse med sv. akad. ordlista. 8:o, 39 s. Sthm, P. A. Norstedt & S:r. 90. 40 ö.

—, Svenska rättskrifningsöfningar. 4:e uppl. 8:o, 100 s. Sthm, P. A. Norstedt & S:r. 91. 90 ö. 2:a uppl. 87. 3:e 90.

AURÉN, P. W., Uleåborgs län. Resedagboksanteckn:r i länet samt under 12 års tjänstgöring i Lappmarken. 8:o, 206 s. U:borg, Förf:n. 94. 3 fmk.

AURIVILLIUS, C. W. S., Beobachtungen über Acariden etc. Se: Acta, Nova, reg. soc:s scient. Ups XIII, 2.

—, Der Wal Svedenborg's. Se: Handlingar, Vet.-akad:s. XXIII: 1.

—, Die Beziehungen der Sinnesorgane amphibischer Dekapoden zur Lebensweise und Athmung. Se: Acta, Nova, reg. soc:is scient. Upsaliensis. XVI: 9.

—, Die Maskirung der oxyrrhynchen Dekapoden. Se: Handlingar, Vet.-akad:s. XXIII: 4.

AURIVILLIUS, C. W. S., Hafsvertebrater från nordligaste Tromsö amt. Se: Bihang till Vet.-akad:s handl:r. XI, 4.

—, Krustaceer hos arktiska Tunikater. Se: Iakttagelser, Vegaexped. vetenskapl. IV, 9.

—, Osteologie u. äussere Erscheinung des Wals Sowerby's. Se: Bihang till Vet.-akad:s handl:r. XI, 10.

—, Ueber einige ober-silurische Cirripeden aus Gotland. Se: Bihang till Vet.-akad.s handl:r. XVIII: IV, 3.

—, Ueber Symbiose als Grund accessorischer Bildungen bei marinen Gastropodengehäusen. Se: Handlingar, Vetenskapsakad:s. XXIV: I, 9.

—, Öfversigt öfver de af Vega-exped. insaml. arktiska hafsmollusker. Se: Iakttagelser, Vega-exped. vetenskapl. IV, 12.

AURIVILLIUS, P. O. Chr., Grönlands insektsfauna. Se: Bihang till Vet.-akad:s handl:r. XV, IV, 1.

—, Insekter, insamlade på Kamarunberget. Se: Bihang till Vet.-akad:s handl:r. XII, IV, 1.

—, Lepidoptera insamlade i nordl. Asien. Se: Iakttagelser, Vega-exp. vetenskapl. IV, 4.

—, Nordens fjärilar. Med 900 färglagda afbildn:r å 50 taflor, 35 fig. i texten. 4:o, lii 278 s. samt 50 pl. Sthm, Hiertas Bokf.-aktb. 89—91. 20 kr., inb. 25 kr. (Utkom i 12 hfn. 1:a—11:e 1: 50. 12:e 3: 50.)

—, Revisio monographica Microceridarum et Protomantinarum. Se: Handl:r Vet.-akad.s XXI, 15.

—, Svenska fåglarna. En fickbok för unga zoologer o. jägare. Med 64 fig. 8 o, 218 s. Sthm, P. A. Norstedt & S:r. 94. Tygband 2: 25.

—, Våra solitära getingars lefnadssätt. Se: Bihang till Vet- akad:s handl:r XII: IV, 5.

, Se: *Brehm, A. E,* De ryggradslösa djurens lif. *Torin, K.,* Grundlinier till zoologiens studium.

Auswahl aus der neueren deutschen Litteratur mit Anmerkungen herausgeg. von *E. G. Calwagen* und *K. A. Melin*. 8.o. Sthm, H. Geber.
1. *Jensen, W.*, Aus Lübecks alten Tagen. Novelle. 81 s. 90. 1 kr.
2. *Riehl, W., H*, Burg Neideck. — *Storm, Theodor*, Im Saal. 2:te Aufl. 67 s. 95. 90 ö. 1:te Aufl. 90. 80 ö.
3. *Freytag, Gustav,* Die Journalisten. Lustspiel in 4 Akten. 118 s. 1: 30.
4. *Hoffmann, H*, Das Antikenkabinett. Novelle. 47 s. 92. 60 ö.
5. *Seidel, H.,* Leberecht Hühnchen. 79 s. 92. 1 kr.

Autografier och porträtt af framstående personer. [Utg. af *Per Lindell*]. Ser. I—III. 8:o. Sthm, C. E. Fritzes k. hofbbokh. i distr.
Ser. I (hft. 1—4) 20 portr. o. 53 facsimile. 89. 90. 12 kr, inb. 13: 50.
Ser. II (hft. 5—8) 21 portr. o. 35 facsimile. 91. 12 kr., inb. 13: 50.
Ser. III (hft. 9—12) 20 portr. o. 34 facsimile. 92. 93. 12 kr., inb. 13: 50.

AUVARD, A., Den nyfödda. Fysiologi, hälsovård, näring, sjukliga förändringar. Öfv. af *A. Törngren*. 17 fig. i texten. 8:o, 78 s. Hfors, Söderström & K. 92. 1: 50.

Ave. Se: *[Wigström, Eva.]*

Ax, plockade på Guds sädesfält. 16:o, 120 s. Sthm, Fost.-stift:s F.-exp. 95. Klb. 40 ö.

Ax, Små, från Guds åkerfält. Bilder framstälda i tjugo berättelser af en sjuttioårig smålänning *(Per*

Palmqvist). 8:o, 192 s. Tr. i Sthm hos D. Lund. 86. Ej i bokh.

Axel, Fiskargossen från Bohuslän. Tidsbild. 1:a o. 2:a uppl. 8:o, 40 s. Sthm, Alb. Fagerberg i komm. 88. 30 ö.

AXELSSON, Arvid J. L.], Hafsfrun på landet. Familjärt fars-drama i 5 akter. Liten 8:o, 18 s. Tr. i Sthm, Nya Dagl. Alleh:s boktr. Uppl. 25 ex.

AXELSON, Gustaf Edv., Bidrag till kännedomen om Sveriges tillstånd på Karl XII:s tid. 8:o, xij o. 380 s. samt 2 tab. Sthm, C. E. Fritzes k. hofbokh. i komm. 88. 3 kr.

AXELSON, Maximilian, Gustaf den stores runa. [Vers]. 8.o, 4 s. Lund, Aug. Collin. 89. 15 ö.

—, Sekter Lundbergs bröllop. Se: Öreskrifter för folket. 54.

B.

BAAS, J. Herm., Kvinnosjukdomarna. Se: Vägvisare, Medicinska, 9.

BACH, C., Maskinelement, deras beräkning o. konstruktion. Bemynd. öfv. o. bearb. af *W. Hoffstedt.* Med illustr. 8:o, xvj, 512 s. o. 45 pl. Sthm, Alb. Bonnier. 93, 94. 20 kr, inb. 25 kr. (Utkom i 6 hfn. 1:a—5:e hft à 3: 50, 6:e hft 2: 50.)

BACHOFNER-BUXTORF, Anna, Två slags lif. En berättelse ur verkligheten för ung o. gammal. Öfv. från tyskan. 8:o, 123 s. Sthm, Fost.-stift:s f.-exp 94. 75 ö., kart. 1 kr.

BACKMAN, H., Anteckn:r om foglarne i Salmis härad. Se: Medd. af Soc. pro fauna et flora fenn. 15.

Badkappa, l. Hygieniska vinkar för badgäster etc. Jemte en tabell, utvisande den tid som erfordras för att smälta de allm. näringsmedlen. 8:o, 48 s. Sthm, Kungsholms bokh. 90. Klb. 75 ö.

BÆCKSTRÖM, Anton, Lärobok i sjökrigskonst för använd. vid Kongl. Sjökrigsskolan. 8:o. Sthm, Förf:n. 87.
I. Taktik. iv o 320 s. samt 1 pl.
II. Sjökrigshändelser 1854—84 ordnade o framstälda från taktisk synpunkt. iv o. 320 s.
Kompl. 7 kr.

BÆRENDTZ, F. J., Kalmar slott. Beskrifning o. historia i sammandr. 8.o, 52 s. o. 1 pl. Kalmar, J. Sahlberg. 89. 75 ö.

—, Teckningar ur Kalmar museum. Liten 4:o, 3 s. o. 12 pl. Kalmar, J. Sahlberg. 90. 1: 50

BÆRØE, Ludv., En dödsbädd. Öfv. från norskan. 8:o, 34 s. Sthm, Fost.-stift:s f.-exp. 93. 25 ö.

BÆTZMANN, F., Schweizersk arbejde og arbejdskole. Se: Tidskrift, Nordisk. X: 3.

BAGGE, A. H. Se: Författningshandbok för läkare.
— Sparbankslagen.

BAGGE, Julius. Se: Förteckn. öfver L Normans tonverk.

BAGGE, Peter. Se: *Böttiger, C. V.*, Minnesteckningar. *Böttiger, C. V.*, Själfbiogr. anteckningar. *Cicero*, De imperio Cn. Pompeii. *Livius, T.*, Ab urbe condita. Läsebok i svensk poesi. Läsebok i svensk prosa. Uppsatser, Literaturhistoriska.

BAGGER, A., Den svenske fartygsbefälhafvaren, hans åligganden o. rättigheter i hamn o till sjös. 2.a uppl. 8:o, xiv o. 320 s. Göteb., Wettergren & Kerber. 95. Inb. 2: 25.
1:a uppl. xij o. 307 s. 91.

—, Sjömansäfventyr. Se: Äfventyrsböcker, Gossarnas. 2.

—, Styrningsregler till sjös. Efter eng. författ. utarbetad. 8:o, 82 s. Göteb, N. P. Pehrsson. 86. 60 ö. Klb. 1: 75.

BAHR, Hermann, Individualism o. socialism. Öfv. af *G. F. S.* 8:o, 31 s. Sthm, C. Suneson i distr. 86.

BAIERLEIN, Joseph, Jan Kattegat. Se: Ungdomsbibliotek. 1.

BAKER, Daniel, Föredrag för unge män. 8:o, 140 s. Sthm, Fost -stift.s f.-exp. 93. 75 ö, kart 1 kr.

BAKER, Woods (Mrs), Fiskarens barnbarn. 8:o, 64 s. Sthm, Fost.-stift:s f-exp. 92. 40 ö., kart. 60 ö.

—, Salt. »I ären jordens salt.» 8:o, 80 s. Sthm, F. & G. Beijers Bokf.-aktb. 91. 75 ö.

BALAGUER, Victor, Romeo o. Julia. (Las esposallas de la morta) Öfv. [af *Edv. Lidforss*] från katalanska orig. 8:o, 29 s. Sthm, Ad. Bonnier. 91. 5 kr.
(Uppl:n 50 ex.)

—, o. **VALERA, Juan**, Columbus. Två dikter, öfv. af *Göran Björkman*. 8:o, 16 s. Ups Akad. bokh. 92. 1 kr.

BALASSA, Const., Hästskoning utan tvångsmedel. Se: Handböcker, Ad. Bonniers allmännyttiga. 2.

BALCK, Viktor Gust., Bollspel. Se: Bibliotek för idrott. 2.

—, Idrottstäflingar o lekar. Se: dersammast. 12.

—, Illustrerad idrottsbok. Handledn. i olika grenar af idrott o lekar. Med omkr 1,000 illustr. 8:o. Sthm, C. E. Fritzes hofbokh. 86, 87.
1:a dln. viij o. 494 s. inb. 11: 50.
2:a dln. ix o. 648 s. inb. 13: 50.
3 e dln. xviij o, 574 s. Inb. 12: 50.
Supplement inneh.: Vetenskapliga o. ovetenskapl. förströelser, samlade af *Carl Smith*. 292 s. Kart. 2:50, inb. 4 kr.

—, m. fl., Rodd. Se: Bibliotek för idrott. 10.

—, Värjfäktning. Se: dersammast. 5.

—, Se: Tidning för idrott.

—, o. **SCHERSTÉN, O.**, Gymnastik. Se: Bibliotek för idrott. 4.

—, m. fl, Vinteridrott. Se: Bibliotek för idrott. 9.

BALDAMUS, A. C. G., Fågelsagor. Strödda bilder ur fåglarnas verld. Svensk bearb. 8:o, 148 s. Sthm, L Hökerberg. 86. 1: 50.

BALLANTYNE, M. R., Buffeljägarne. Se: Stunder, På lediga. 6.

—, Kapten Cooks äfventyr på söderhafsfärder. Öfv. af *B. Strömberg*. 16:o, 109 s. Örebro, Bokförlagsaktieb 89. 50 ö., kart. 65 ö.

BALSLEV, Lauritz N. V., Kristlig vägledning. Ett

förmaningens och tröstens ord till unga o. gamla. Öfv. af *Carl Axel Möller*. 8:o, 220 s. Lund, C. W. K. Gleerup. 86. 2: 25, inb. 3: 50.

BALTZER, L, Geometriska konstruktioner på modeller från Nääs slöjdlärareseminarium. Folio, 7 blad. Nääs, Aug. Abrahamson. 91. 1: 25.

—, Handbok i människokroppens anatomi o. yttre proportioner. Med 27 autogr. planscher. 4:o, 66 s. Sthm, G. Chelius. 89. 4 kr.

—, Hällristningar från Bohuslän. (Sverige.) — Glyphes des rochers de Bohuslän (Suède). 11.e—15:e hft. Folio, 20 pl. o. 15 s. text samt 1 karta Göteb., Utg:n. 87—90. För häfte 2: 75, kompl. 45 kr.

—, Ny handbok för teckning i böcker med utsatta krysspunkter jemte en öfvergångskurs till teckning på fritt papper. 2:a förbättr. uppl. Tvär 12:o, 24 s. Göteb., N. P. Pehrsson. 90. 25 ö. 1:a uppl. 85.

—, Ritningar å modeller från Nääs slöjdlärareseminarium. 1. Grundserie. 2. Serie för folkskolor i städer. 3. Läroverksserie. Folio, 29 pl. Nääs, Aug. Abrahamson. 91. 6 kr.

de BALZAC. H., Eugenie Grandet. — De tretton. Se: Vitterlek. 67.

BAMBERGER, L., De sedelutgifvande bankerna inför riksdagen. En-bank- eller fler-bank-system? Öfv. Med förord af *Cl. Westman*. 8:o, 75 s. Sthm, Fahlcrantz & K. 86. 1 kr.

Bandet, Blå. Illustr. kalender, utg. af *Vilh. Sköld.* 8:o. Sthm, Sveriges storloge af J. O. G. T.
1:a årg. 1888. 76 s. 87. 75 ö.
2:a årg. 1889. 92 s. 88. 75 ö.

BANÉR, Barbro, Visbok. Se: Bidrag, Nyare, till sv. landsmålens hist. 1894.

BANÉR, Joh., Bref 1624—41. Se: Rikskansleren Axel Oxenstiernas skrifter.

Banér, Kvinnans Se: [*P. /Staaff/.*]

BANG, A. Chr., Kyrkohistoriska afhandl:r öfv. af *E. G. Eckerbom*. 8:o. Lund, C. W. K. Gleerup. 91.
1. Tillståndet i den apostol. tidens kristna församlingar. 45 s. 75 ö.
2 o. 3. Om »profeterna» i kyrkans äldsta tid. — Irenæus o. kyrkan i det 2:a århundradet. 39 s. 50 ö.

BANG, B., Om mjölk o. mejeriprodukter af tuberkulösa kor. Se: Böcker i landthushållning. 4.

BANG, J. L., Folkeoplysningens standpunkte. Se: Tidskrift, Nordisk. X: 3.

—, Folkeskoler for den konfirmerede ungdom. Se: dersammats X: 7.

Bank-almanacka. Årgg. 1890—96. 2 s. tvärfol. tryckt på kartong Sthm, P. A. Norstedt & S:r 89—95. För årg. 60 ö.

Bankmatrikel, Sveriges, utarb. af *Per Lidell*. Stor 8:o, xv o. 483 s. Sthm, Z. Hæggströms F.-exp 86. Klb. 10 kr.

—, d:o 1891. 8.o. xviij o. 549 s. samt 3 grafiska tab. Sthm, Samson & Wallin i distr. 91. Klb. 10 kr. Grafiska tabl:erna enbart. 2: 50 i kartong 3: 50. uppfodr. på papp. 5 kr.

de BANVILLE, Th, Gringoire. Comédie. Avec notes et vocabulaire par *E. F. Lönnrot*. Se: Bibliothèque, Petite, française

BARACK, M, Wilhelm Tell. Berättelse för den mognare ungd. Med 4 pl. Öfv. Ny [titel] uppl 8:o, 144 s. o. 4 kolor. pl. Sthm, P. A. Huldbergs Bokf.-aktb. 90. Kart. 1: 50.

BARBIER, J. o CARRÉ, M., Paul och Virginie. Se: Operatexter 16.

BARFUS, E. v., Diamantskatten. Berättelse för ungdom. Öfv. af *F. L—hl.* 8:o, 132 s. o. 4 pl. Malmö, Envall & Kull. 89. Kart. 3 kr.

BARFUS, E. v., Till sjös. Berättelse för ungdom. Öfv. från tyskan. 8.o, 157 s. o. 4 pl. Sthm, F. & G. Beijers Bokf.-aktb. 90. Kart. 2 kr.

—, Äfventyr i Sydafrika. Berättelse för ungdom. Öfv. af *S. Skogsberg.* 8:o, 138 s. o. 4 pl. Sthm, F. & G. Beijers Bokf.-aktb. 89. Kart. 2 kr.

BARINE, Arvède, Sonja Kovalewski. En lefnadsteckning. Öfv. Särtryck ur »Ute o. hemma». 8.o, 64 s. Sthm, Ad. Bonnier. 94. 80 ö.

BARING-GOULD, S., Grette den fredlöse. Berättelse från Island för ungdom. Öfv. från eng. af *J. Granlund*. Med 10 helside illustr. 8:o, 253 s. Sthm, F. & G. Beijers Bokf.-aktb. 90. Kart. 2: 75.

Barnamat. Lite roligt åt de små på vers o. prosa af en barnavän. (*Clara Romdahl*) Med teckn:r af *Ottilia Adelborg*. 1:a — 7:e portionen hvardera 40 s. Stor 8.o. Sthm, Lars Hökerberg 87—91. Hvardera, kart. 90 ö.

Barnanöjen. 4:o, 8 blad med kol. fig. och text. Sthm, G Chelius. 95. 1 kr.

Barnaverlden, Ur, af *L. L.* 8:o, 16 s. med illustr. Sthm. Fost.-stift:s F.-exp. 95. 30 ö.

Barnavännen. Illustr. veckotidning för de små, utg. af *J. B. Gauffin*. 3:e—12:e årg. 1886—95. 4:o, 416 s. Ups, Redaktionen. 86—95. För årg. Kart. 2 kr.

Barnbiblioteket, Lilla, af *L. T. L.*, 5:e—19:e hft. 16 o, hvarje häfte 32 s. Sthm, Fost.-stift:s f.-exp. 88—91. För häfte 10 ö.

Barnbiblioteket, Nya svenska. Originalberättelser för barn, af *J. C. v. Hofsten, Muth:a Langlet o. Laura Fitinghoff*. Med illustr. af *Jenny Nyström* o. *Ottilia Adelborg*. 12:o. Sthm, F. & G. Beijers Bokf.-aktb.
1:a saml. 130 s. 88. Kart 1: 25.
2:a saml. 107 s. 89. Kart 1 kr.
3:e saml. 111 s. 90. Kart 1 kr.

Barnboken, Svenska. Texten samlad af *Joh. Nordlander*. Teckn. af *Jenny Nyström-Stoopendaal.* 1:a o. 2:a saml. 4:o, 58 o. 56 s. Sthm, Fahlcrantz & K. 86, 87. Kart 2: 75.

Barndom, Jesu. Illustrationer. Med verser af *L. S.* (*Carolina Berg*). Tvär 8:o, 6 blad velin. Sthm, Fost.-stift:s f.-exp. 91. 1 kr.

Barndomslif på 40-talet. Sannsagor till julläsning för små o. stora barn af *C. N*. 8:o, 159 s. Lund, C. W. K. Gleerup. 91. 1: 50.

Barnen och djuren. Se Bilderböcker, 40 öres. 1.

Barnet, hur det gråter och skrattar. 4:o, 8 pl. m. text. Sthm, F. & G Beijers Bokf.-aktb. 86. 1 kr.

Barngarderoben. Illustr. månadsblad för barnkläders förfärdigande o. barnens sysselsättande. 1:a årg. 1895. 4:o. Sthm, Exped. 95. För årg. (12 n:r). 3 kr.

Barn-psalmbok för söndagsskola o. barngudstjenst. [Utg. af *J. P. Kaiser*.] 8:o, 76 s. Sthm, G. Chelius 89. Kart. 70 ö., klb. 1 kr.

Barntidning, Folkskolans. Redig. af *Stina Quint.* 4:o. Nyköp. Redaktionen 18. 92—95. För årg. (52 n:r.) 1: 50.

—, d:o Julnummer 1892. 4:o, 24 s. 92. 20 ö.
—, d:o o. 1893—95. 4:o, 16 s 93—95, å 25 ö.

BARNUM (Den verldsbekante), Sjelfbiografi af humbugens konung. 8.o. 736 s. Sthm, C. A. V. Lundholm, 91. 2: 50.

BARNUMS stora förevisning. 4:o, 14 kol. pl. Sthm, F. & G. Beijers Bokf.-aktb. 90. 1: 75.

Barnvisor och barnrim, Svenska, saml. o. ordnade

af *Joh. Nordlander.* Se: Bidrag, Nyare, till känned. om de svenska landsmålen. 1886.

Baron von MÜNCHHAUSENS sällsamma resor o. äfventyr till lands och vatten. 8:o, 56 s. o. 4 pl. Sthm, F. C. Askerberg. 87. Kart. 1 kr.

BARRETT, Frank, Ur dödens käftar. Öfv. från eng. 12:o, 372 s. Sthm, Alb. Bonnier. 94. 2: 25.

BARRILI, Anton Giulio, På omvägar. Berättelse. Öfv. från ital. af *Ellen Nyblom*. 8:o, 146 s Sthm, Klemmings antikv. 91. Kart. 1: 75.

—, Som en dröm. Berättelse. Öfv. från ital. af *Göran Björkman*. 8.o, 200 s. Sthm, Fr. Skoglund. 91. 2 kr.

BARROWS, John Henry, Världens första allm. religionsmöte. Allmänfattlig o. illustrerad framställning af den stora religionskongressen i Chicago 1893. Öfv. af *L. Bergström* 2 dlr. 8.o, 632 o. viij samt 631 o. viij s. Sthm, K. J. Bohlin. 94. 12 kr. inb. 16 kr.

BÅRSONIJ, Stefan, Tusenskön. Ungerska noveller. Öfv. af —*nd*. 8:o, 108 s. Sthm, Ad. Johnson. 86. 1: 25.
Jfr. Bibliotek, De gladas. 11.

BARTER, Laura, Älskad o buren. Liten 8:o. 16 s. Jönköp. H. Halls boktr.-aktb. 93. 10 ö.

BARTHELSON, Karl, »En svensk läkares vittnesbörd» i verkligheten om fru Elna Tenows föredrag eller granskning af »Vetenskapl experiment på menniskor» samt af Lawson Taits skrift: »Vivisektionens oduglighet». Föredrag. 8:o, 36 s. Sthm, Förf:n. 94. 40 ö.

BASTIAT, Frédéric, Hvad man ser o. hvad man icke ser. Se: Småskrifter, Nationalekonomiska. 1.

BATCHELOR, Mary, Tatarfamiljen eller Tom Kittelflickare. Öfv. från eng. 8:o, 80 s. Sthm, P. Palmquists Aktieb 87. 50 ö., kart. 75 ö.

BATHER, F. A., The Crinoidea of Gotland. Se: Handl:r, Vet. Akad:s. XXV: 2.

BAUCK, Wilh., Musikens historia. Ny genoms. uppl. [2:a] 8.o, viij o. 265 s. Sthm, Abr. Hirsch. 88. 2: 75.

—, Musiklärans första grunder, bearb. med hänsyn till inträdesexamen i K. Musikkonservatorium etc. 6:e uppl. 8:o, 39 s. Sthm, Abr. Hirsch. 95. 40 ö.
3:e uppl. 80, 4:e 86, 5:e 90.

BAUDITZ, Sophus, Valda noveller, novelletter. Öfv. af *Pontus Sjöbeck*. 8:o, 307 s. Sthm, F. & G. Beijers Bokf.-aktb. 92. 2: 75.

BAUER, Julius. Se: *Wittmann, H., o. Bauer, Julius*. Den stackars Jonathan.

BAUMBACH, Rudolf, Berättelser o. sagor. Öfv. af *E. T.* 8:o, 96 s. Sthm, Fahlcrantz & K. 90. 50 ö.

—, Guldmakare.. Se: Universal-bibliotek. 1.

—, Sommarsagor. Öfv. från tyskan af *Ed V.* 8:o, 179 s. Sthm, J. Seligmann. 88. 1: 75.

BAUMGARTEN, Alfr., Kneipp o. hans läkemetod. Med ett bihang: Tyska läkares uttalanden om den Kneippska läkemetoden. Öfv. af *G. H.* 8:o, 118 s. Sthm, Ad. Johnson. 95. 1: 50.

de BAWR (M:me), La pièce de cent sous et Le petit faiseur de Tours. Se: Lectures français. 1.

BAXTER, M, Seger eller nederlag. Praktiska lärdomar ur Davids och Salomos historia. Öfv. från eng. 8:o, 174 s. Sthm, C. A. V. Lundholm. 86. 1: 10, kart. 1: 35, klb. 2 kr.

BAYARD, J. F. A. Se: *Saint-Georges o. Bayard*, Regementets dotter.

BAYARD, J. F. A, o. **LEMOINE**, Frieri o. förställning. Se: Teatern, Svenska. 96.

de BEAULIEU (M.me), Den lille Felix. En skeppsbruten gosses äfventyr. 8:o, 155 o. iv s. samt 10 pl. Sthm, P. B. Eklund 91. Inb. 2 kr.

de BEAUVOIR. Roger, Kejsarinnans gunstlingar. Hist. tidsbild. Öfv. af *J. Granlund*. 12:o, 134 s. Sthm, Ad. Johnson, 87. 1 kr.

BEBEL, Aug., Hvad vi vilja Öfv. från tyska orig., af *J. Lunell.* 8:o, 88 s. Sthm, C. Suneson i distr. 86. 75 ö.

BECK, J. T, Se: Nådavalet, Om.

BECK-FRIIS, J. G. Se: *Riddarstolpe, A., o. Beck-Friis, J. G*, Förteckning öfver hingstar.

BECKER, A. E. Finska skriföfningar för studentexamen utgifna och kommenterade. 2:a uppl. 8:o. 45 s, Fredrikshamn. Hagelstam. 94. 1: 25 fmk. 1:a uppl. 92.

BECKERS Världshistoria, omarb. o fortsatt af *Wilh. Müller*. Ny svensk illustr. uppl Öfv. o. bearb. af *O. W. Ålund*. 8:o. Sthm, Alb. Bonnier. 94, 95. 1:a — 22:a hft. (I) 272 s. (III) 422 s. (IV) 352 s. samt pl. o. kartor.
För häfte 50 ö., för del 5 kr., inb. 7 kr.

BECKMAN, Adolf, Dagboksurklipp o. reseminnen jemte några slutord. 8.o, 55 s. Tr. i Central-tr. 88. (Ej i bokh.)

BECKMAN, Ernst, Arbetarerörelsen i Förenta staterna. Se: Tidskrift, Nordisk. X: 5.

— , Den stora presenten. Korta betrakt:r öfver sädestull. 8:o, 58 s. Sthm, P. A. Norstedt & S:r. 87.

—, På egen hand. En berättelse för barn o. ungdom. 8:o, 143 s. o. 1 pl. Sthm, J. Seligmann. 93. Kart. 1: 75.

—, Skilda toner. Dikter. 8.o, viij o. 199 s. Sthm, J. Seligmann. 91. 2: 50, eleg. inb. 3: 50.

BECKMAN, Magnus, Allmogens meterhandbok o. prisförvandlingsbok. 1:a o. 2:a uppl. 8.o, 56 s Sköfde, J. P. Brink. 89. 37 ö.

BECKMAN, N., Sekundära nasalvokaler. Se: Bidrag, Nyare, till sv. landsmålens hist. 1893.

BEECHER-STOWE, Harriet, Onkel Toms stuga. Skildr. från negerslafvarnes lif i Amerikas Förenta Stater. Öfv. Med 12 teckn:r af *Jenny Nyström-Stoopendaal*. 8:o, 524 s. Sthm, Fost.-stift:s F.-exp. i komm. 92. 2: 50, klb. 3: 50.

BEER, Octavio, Blida stämningsbilder. Med illustr. 6 blad velin. Sthm, G. Chelius. 90.
Kart. med guldsn. 80 ö.

—, Kisse. Små humoresker. Med illustr. 5 blad velin. Sthm. G. Chelius. 91. 75 ö.

—, Neckrosor. Med illustr. 5 blad velin. Sthm, G. Chelius. 91. 75 ö.

—, Till franska eskadern. 8:o, 2 blad. Sthm, Einar Cohn. 91 25 ö.

— -, Violknippan. Dikt. Med illustr. 4 blad velin. Sthm, G. Chelius. 90. 50 ö.

Befordringarne inom svenska armén. 8.o, 33 s. Sthm, Samson & Wallin i distr. 90. 50 ö.

Befordringsfråga, En, vid Karolinska institutet. Se: [*Kleen, E. A. G.*]

BEHM, Oskar. Folklif. Berättelser från Nyland. 12:o, 95 s. H:fors, G. W. Edlund. 86. 50 p.

—, I skumrasket. Skizzer o. berättelser. 8:o, 121 s. H:fors, Söderström & K. 95. 1: 50.

— -, Under, rasten. Skildringar ur Nyländska allmogelifvet. 8 o, 150 s. H:fors, Söderström & K. 87. 1: 50.

BEHM, Viktor, Anteckn:r om Lockne socken år 1892. 8:o, 70 s. Östersund, Jämtlands Alleh. tryckeri. 92. 1 kr.

—, Anteckn:r om Näs o. Hackås socknar år 1886. 8:o, 59 s. Östersund, Jämtlands Alleh. tryckeri. 86. 60 ö.

—, Jämtland under medeltiden. Anteckn:r. 8:o, 56 s. Östersund, Jämtlands Alleh. tryckeri 88. 1: 25.

—, Stamtafla öfver slägten Behm. 4:o, 27 s. Östersund, Förf:n 88. (Ej i bokh.)

BEHREND, Willy, Den praktiska gödslingsfrågan. Öfv. från tyskan af *S. G. W.* 8 o, 68 s. Norrk. M. W. Wallberg. 92. 1 kr.

Behåll det du hafver! Med verser af *L. L.* 8.o, 11 blad velin med kolor. fig o. text. Sthm, Fost.-stift:s F-exp. 92. 1: 25

BEJBOM, Otto, Grafvarna i Strengnäs domkyrka. Se: *Fehr, Isak,* Strengnäs kyrkomuseum.

— , Se: Kyrkomuseum, Strengnäs.

Bekännelse o. tukt. Föredrag vid fören. »Kyrkans vänners» årsfest i Norrköping (Af *E. D Heuman, F. Landahl,* o. *P. Rydholm.*) 8:o, 43 s Norrk , M W. Wallberg i distr. 92 70 ö.

Bekännelsefrågan, I. Några ord särskildt med afseende på Luthers lilla katekes af *C. F.* 8 o, 21 s. Lund, Håkan Ohlsson. 92. 15 ö.

Bekännelseskrifter, Lutherska Kyrkans (Concordia pia), ånyo utg. samt försedda med inledn. o. noter af *Gottfr. Billing.* 8:o, xij o. 572 s. Lund, C. W. K. Gleerup. 95. 1: 75, inb. 2: 50.

BELL, Currer (Charlotte Bronté), Jane Eyre. Från eng. af *C. J. Backman.* 3 dlr i ett band. 3:e uppl. 8:o, 463 s. Sthm, F. & G. Beijers Bokf-aktb. 94. 3: 75.

Bell & Alm. I betryck. Några sanna sagor o erinringar med särskild hänsyn till frågan för dagen. 12:o, 56 s. Sthm, Ad. Johnson. 87. 50 ö.

BELLAMY, Edw., Doktor Heidenhoffs upptäckt. En psykologisk novell. Öfv. af *Gustaf F. Steffen.* 188 s. Sthm, Looström & K. 90. 1: 75

—, En återblick. Sociala iakttagelser efter ett uppvaknande år 2000. Öfv. af *Gustaf F. Steffen.* 8:o, 405 s. Sthm, Looström & K. 89. 3 kr.

BELLANDER, Gustaf Se: Elfdrottningen.

de BELLEVAL (Markis), Röda handen. Hist. roman från Drottning Elisabeths tid. Öfv. af *H. A. Ring.* 16:o, 271 s. Sthm, Svanbäck & K. 91. 1: 50.

BELLINDER, Aug. Se: Berättelser om det 10:e allm. sv. läraremötet.

BELLMAN, CARL, MICH., Fredmans epistlar. Arrang. för pianosolo med underlagd text. 4:o, 85 s. Sthm, Ad Bonnier. 89. 2 kr.

—, Fredmans sånger. Arrang. för piano solo med underlagd text. 4:o, 69 s Sthm, Ad. Bonnier. 89.

—, Outgifna dikter. Med en inledn. af *Rich. Steffen.* 8:o, 67 s. Ups, Lundequistska Bokh. i komm. 95. 75 ö.

—, Samlade Skrifter Ny illustr. godtköpsuppl. 4 dlr. 8:o, xxiv, 348, 316, 345 o. 455 s. o. 1 portr. Sthm, Ad. Bonnier. 89. 5 kr., inb. i 2 band 8 kr.

— , Se: Musik till C. M. Bellmans samlade skrifter.

Bellman, Carl Mich, Ett hundraårsminne. Folio, 18 s. o. 2 pl. Sthm, Fröléen & K. 95. 1: 50.

BELOT, Adolphe, En uppoffrande qvinna. Öfv. från franskan. 8:o, 140 s Sthm, F. & G. Beijers Bokf.-aktb. 86. 1 kr.

BELOT, Adolphe, Huggormen. Se: Romanbibliotek, Ad. Bonniers. 39.

, Lilla gubben. Se: dersammast. 57.

Belysning, Om elektrisk. Se: [*Malmborg, C. G. von*].

BENDIXSON, Ivar, Quelques applications du théorème de Sturm etc. Se: Bihang till Vet.-akad:s handl:r. XVIII: I, 2.

—, Sur les équations différentielles linéaires homogènes. Se: dersammast. XVIII: I. 7.

BENDIXSON, Nanna, f. Sohlman, Skogstomten Saga på vers ritad o. berättad 4:o, 15 pl. med text. Sthm, Wahlström & Widstrand. 86. Kart. 3 kr.

BENDZ, Olof P:son, Berättelse om Alnarps hofbeslagsskolas 25-åriga verksamhet etc. 8:o, 42 s. Sthm, P. A. Norstedt & S:r 89. 60 ö.

—, Hofbeslagslära. Med 65 träsn. 7:e uppl·n, 8 o, 110 s. Sthm, P. A. Norstedt & S:r 93. 1: 50, lärftsb. 2 kr.

6:e uppl. 86.

, Lärobok i husdjurens anatomi o fysiologi för landtbruksskrov:n. Med 72 illustr. 8:o, vj o. 169 s. Sthm, P. A. Norstedt & S:r. 86 3: 25, inb. 4: 50.

[BENEDICTSSON, Victoria Maria, f. **Bruzelius],** Berättelser o utkast Af *Ernst Ahlgren.* 8:o, 243 s. Sthm, F. & G. Beijers Bokf-aktb. 88. 3 kr.

—], Efterskörd af *Ernst Ahlgren.* 8:o, 217 s. Sthm, F. G. Beijers Bokf-aktb. 90. 2: 75.

[—], En sjelfbiografi ur bref o. anteckn:r samlade o. utg af *Axel Lundegård.* 8:o, 364 s. o. 1 portr. Sthm, F. G. Beijers Bokf-aktb. 90. 4 kr.

[ ], Folklif o. småberättelser af *Ernst Ahlgren.* 8:o. 208 s. Sthm, F. &G Beijers Bokf.-aktb. 87. 2: 75.

[—], Fru Marianne Af *Ernst Ahlgren.* Roman. 2.a uppl. 8:o, 416 s. Sthm, F. & G. Beijers Bokf-aktb. 90. 4 kr.

1:a uppl. 87.

[ ], Modern. En berättelse af *Ernst Ahlgren* o. *Axel Lundegård.* 8:o, 292 s. Sthm, F. & G. Beijers Bokf.-aktb. 88. 3: 50.

[——], Pengar. Novell af *Ernst Ahlgren.* 2:a uppl. 8:o, 264 s. Sthm, F. & G. Beijers Bokf-aktb. 89. 3 kr.

[ ], o. **Lundegård, Axel,** Den bergtagna. En kärlekens tragedi, 8:o, 219 s. Sthm, F. & G. Beijers Bokf.-aktb 90. 2: 50.

BENEDICTUS. Se: [*Klingstedt, E.*]

BENELIUS, J. P. E., Se: Testam., Nya, från Vulgata öfvers.

BENGEL, Joh. Alb., Tankar ur uppenbarelseboken. (Utdr. ur Bengels »60tal öfver uppenb.-boken».) Öfv. af *S. Cavallin.* 8:o, 287 s. Sthm, F. & G. Beijers Bokf.-aktb. 1: 50.

BENGTSON, Jacob, Intet tullskydd emot de fattigares dagliga bröd, utan heldre ökadt tullskydd emot de rikares både dagliga o. nattliga öfverflöd. 8:o, 55 s Sthm, Förf:n. 91. 50 ö.

BENGTSSON, Th., Gastronomen. Alfabet. ordnad förteckn. öfver de flesta sorters mat o. drycker jemte servis samt dess benämning å svenska, tyska, eng. o. franska språken. Liten 8:o, 43 s. Sthm, P. A. Huldbergs Bokh. i distr. 86. Klb. 1: 50.

BENGZON, Ferd., Nyaste gitarrskolan för sjelfstudium. Tvär 8.o, 26 s. Sthm, Ad. Johnson. 91. 50 ö.

—, Om pianoundervisningen i våra dagar. Bearbetn. Stor 8:o, 56 s. Sthm, Palm & Stadling. 89. 1 kr.

BENNETT, D. D. Se: *Borg, Harald,* Kommentar till Engelsk läsebok.

BENSELER, G. Se: *Pederzani-Weber, J*, o. *Benseler, G.*, Bland rödskinn o. hvita.
BENSOW, C. Se: Tidskrift, Skandinavisk för tandläkare.
BENSOW, Oscar, Anthropos Dramatisk dikt. 8:o, 168 s. Sthm, G. Chelius. 91. 3 kr.
—, Birgitta. Dramatisk dikt. 8:o, 48 s. Sthm, G. Chelius. 89. 1 kr.
—, Dikter. [På omsl. 2:a tillökade uppl:n] 8:o, v o. 67 s. Sthm, G. Chelius. 89. 1: 75. 1:a uppl. 88.
—, Försvar. Dikt. 8:o, 14 s. Sthm, G. Chelius. 92. 50 ö.
—, Intermezzo. Norden. 8:o, s. 57—64. Sthm, G. Chelius. 91. 25 ö.
—, Ludvig van Beethoven bedömd af *Richard Wagner*. Uttalanden ur Wagners skrifter samlade o. öfvers. 8:o, 51 s. Sthm, G Chelius. 92. 75 ö.
—, Nero. Drama. 8:o, 135 s. Sthm, G. Chelius i komm. 88. 2: 75.
—, Några ord om christendomens verldshistoriska inflytande på den mänskliga kulturen. 8:o, 15 s. Sthm, G. Chelius. 92. 50 ö.
—, Richard Wagner såsom skapare af musikdramat. 8:o. Sthm, G. Chelius. 91.
 1. Flygande holländaren. Tannhäuser. Lohengrin. 90 s. 1: 25.
 2. Niebelungens ring. 66 s. 1 kr.
 3. »Tristan o. Isolde» o. »Mästersångarne». 44 s. 92. 60 ö.
 4. Parsifal. Biografisk skizz. 38 s. 92. 75 ö.
—, Svipdag. Dramatisk dikt byggd på *Viktor Rydbergs* undersökn:r i germanisk mytologi. 8:o, 149 s. Sthm, G. Chelius. 94. 2: 75.
—, Se: Pauli bref till romarna.
BENZON, Karl (Bob), Kring Lundagård. 8:o, 72 s. Sthm, Alb. Bonnier. 88. 60 ö.
BENZON, Otto, Provisoriskt. Se: Teatern, Svenska. 232.
—, Surrogat. Se: dersammast. 231.
—, Tillfälligheter. Se: dersammast. 230.
BENZON, Th, Constance. Roman. Öfv. från franskan. 8:o, 223 s. Sthm, P. A. Norstedt & Söner. 92. 2: 50.
Beovulf, en fornengelsk hjeltedikt. Öfv. af *Rud. Wickberg*. 4:o, 48 s. Vestervik, Öfvers:n. 89. 2 kr.
BERARD, L., Prado, den i Paris 1888 guillotinerade mördarens lefnadsöden. Öfv. från eng. 8:o, 184 s. Sthm, J. Bremberg. 89. 1: 50.
BÉRARD, S, Alice Favre eller mycket mörker men mera ljus. Öfv. af *T. V. H—d*. 12:o, 235 s o. 1 pl. Sthm, Fost.-stift:s f.-exp. 86.
1: 50, kart. 1: 75.
BERCH, C. R., Anteckn:r under en resa genom Finland. 1735. Se: Skr. utg. af Sv. Litt. Sällsk. 9.
Beredelse till den nya staten. Se: *[Nymansson, P.]*
BERENCREUTZ, F. Adolf G., Precis du droit constitutionnel du royaume de Suède précédé d'un aperçu général du pays et de sa population etc. 8:o, 90 s. Sthm, Samson & Wallin i komm. 86.
3: 50, bättre papper 4: 50.
BERG, Alfr., Folkskolans räknelära. 8:o. Sthm, C. E. Fritzes hofbokh.
1:a hft. Läran om hela tal. 51 o. facitb. 17 s. 8:e uppl. 1895. Inb. 35 ö.
(1:a—7:e uppl. 89—94.)
2:a hft. Läran om bråk. 50 o. facitb. 18 s. 91. 5:e uppl. 1893. Inb. 35 ö.
(1:a—4:e uppl. 89—91).

3:e hft. Tillämpning af de fyra räknesätten med hela tal o. bråk. 39 o. (facitb.) 8 s.
Inb. 35 ö., kompl. i ett band 1 kr.
1:a uppl. 89. 2:a uppl. 90. 3:e uppl. 95.
BERG, Alfr., Folkskolans mindre räknelära. Fyra kurser. 6:e uppl. 8:o, 104 o. (facitb.) 12, 9, 9 o. 10 s. Sthm, C. E. Fritzes hofbokh. 95.
Inb. 60 ö., utan facitb. 50 ö.
1:a uppl. 90. 2:a 3:e o. 4:e uppl. 91. 5:e uppl. 94,
—, Räknelära för de allm. läroverken o. flickskolor. 7:e uppl. 8:o, 250 o. (facitb.) 65 s. Sthm, C. E. Fritzes hofbokh. 95.
1:a uppl. 88. 2:a 89. 3:e o. 4:e 91. 5:e 93. 6:e 94. Inb. 2 kr.
—, Räknelära för de allm. läroverken. (Paralelluppl.) 3:e uppl. 8:o, 250 o. (facitb.) 65 s. Sthm, C. E. Fritzes hofbokh. 90. Inb. 2 kr.
[**BERG, Carolina, f. Sandell**], Sånger, samlade af *L. S.* III. 8:o, 352 s. Sthm, Fost.-stift:s f.-exp. 92.
Kart. 2: 25. klb. 2: 75.
Se: Barndom, Jesu. — Bibliotek för kristl. lefnadsteckn:r.
BERG, C. O., Fredrik Ring. Nykterhetsskrift. 2:a uppl. 12:o, 24 s. Sthm, Fost.-stift:s f.-exp. 88. 10 ö.
—, Hyfveln. Berättelse. Nykterhetsskrift. 2:a uppl. 12:o, 23 s. Sthm, Fost.-stift:s f.-exp. 88. 10 ö.
—, Kalle Hjelms barndomsminnen. 8:o, 151 s. Sthm, W. Billes Bokf.-aktb. 89. Kart. 1: 50.
—, »Och hafvet gaf igen sina döda.» Föredrag. 8:o, 16 s. Sthm, Fost.-stift:s F.-exp. 88. 10 ö.
—, Se: Fristunden. — Vän, Arbetarens.
BERG, Fridtjuf, Folkbildningspolitikern Ad. Diesterweg. Se: Studentfören. Verdandis småskr. 26.
—, Huru folkskolestadgan tillkom. En riksdagshistorisk öfversikt. Liten 8:o, 247 s. Sthm, Emil Hammarlund. 92. 1: 25.
—, Joh. Amos Comenius. Se: Småskr., Sveriges allm. folkskollärareförenings. 2.
—, Lärobok i Sveriges historia för barndomsskolor. 2:a uppl. 8:o, 132 s. Sthm, C. E. Fritzes hofbokh. 92. Inb. 50 ö.
1:a uppl. 90.
—, Se: Bibliotek för undervisningen. — Folkskollärdremötet. — Församlingsfriheten, För.
—, o. **BERG, Hjalmar,** Lärobok i Geometri (N:o 1) för folkskolan. 2:a uppl. 8:o, 83 o. (facitb) 2 s. Sthm, P. A. Norstedt & S:r. 93. Inb. 50 ö.
1:a uppl. 90.
—, —, Lärobok i Geometri (N:o 2) för folkskolan. 8:o, 60 o. (facitb.) 2 s. Sthm, P. A. Norstedt & S·r. 90. Inb. 40 ö.
BERG, Gust., Bidrag till den inre statsförvaltningens histoia under Gustaf den förste Akad. afh. 8:o, 308 s. Ups. Lundequistska bokh. i komm. 93. 2: 50.
BERG, Gustaf, Inom lås o. bom! Alkoholens inverkan på menniskokroppen. 8:o, 12 s. Jönköp., H. Halls boktr.-aktb. 90. 15 ö.
BERG, Henrik, Alkoholisten. Föredrag vid Sveriges blåbandsförenings 10:de årskonf. i Sthm 2 aug. 1895. 8:o, 36 s. Sthm, Förf:n. 95. 25 ö.
—, En nykterhets-demonstration. Föredrag. 8:o, 32 s. Sthm, C. A. V. Lundholm. 90. 25 ö.
—, Lärobok i hälsolära för folkskolan. 2:a uppl. 8:o, 64 s. Sthm, A. V. Carlsons Bokf.-aktb. 93.
35 ö., kart. 45 ö.
1:a uppl. 91.

10-årskatalog, 1886—1895.

BERG, Henrik, Söndagshvilan o. dess välsignelse. 8:o, 61 s. Sthm, C. A. V. Lundholm. 90. 35 ö.
— , Vattenläkaren. Med illustr. 8:o, xv o. 327 s. samt 1 pl. Sthm, H. Geber. 95. 3: 75.
— , Se: Predikningar, Trenne.
BERG, Hjalmar, Handledning för läraren vid användandet af Väggtaflor tör linearritning. 8:o, 19 s. o. 15 pl. Sthm, Svanström & K. 93. 3 kr.
— , Lärokurs i linearritning för folkskolor. 8:o, 44 s. Sthm, P. A. Norstedt & S:r. 90. Kart. 60 ö.
—, o. **LINDÉN, Anders,** Lärobok i naturkunnighet. 5:e uppl. 8:o, 248 s. Sthm, P. A. Norstedt & S:r. 94. Tygb. 85 ö.
1:a uppl. 89, 2:a 90, 3:e 91, 4:e 92.
—, — , Lärobok i naturkunnighet. (N:o 2.) 5:e förkortade uppl. 8:o, 144 s. Sthm, P. A. Norstedt & S:r. 95. Inb. 55 ö.
1:a uppl. 89, 2:a och 3:e 90, 4:e 91.
— —, Lärobok i naturkunnighet. (N:o 3) 8:o, 80 s. Sthm, P. A. Norstedt & S:r. 95. Inb. 35 ö.
— , Lærebog i naturkundskab. Oversat og bearb. for den norske folkeskole af *Henrik Nöstdahl.* 2:den Udgave. 8:o, 168 s. Sthm, P. A. Norstedt & S:r. 93. Kart. 75 ö.
Föreg. uppl. 90
BERG, Joh. Aug., Hvad kan o bör med nu gällande lagstiftn. göras för upprätth:e af kyrkotukt med afseende på Herrens 6:e bud? Föredrag. 8:o, 13 s. Göteb., N. P. Pehrsson. 91. 25 ö.
BERG, Wilh., Afhandlingar i historia o. arkeologi. Se: Medd. från Göteborgs o. Bohusläns fornminnesfören.
— , Dragsmarks kloster. 8:o, 85 s. o. 1 karta. Göteb., Wettergren & Kerber. 95. 2 kr.
—, Expeditionen till Arkangelsk 1701. 8:o, s. 345—402 o. 2 kartor. Göteb., Wettergren & Kerber. 93. 1 kr.
—, Samlingar till Göteborgs historia. 8:o. Göteb., Wettergren & Kerber.
II. Göteborg under Carl XII. 2:a uppl. 350 s. 87. 5 kr.
III. Christine kyrkas böcker. 1,100 s. 90.—93. 17: 50.
IV. Göteborgs stift under 1700-talet. 564 s. 91. 10: 50.
— , Wilhelm Kruse. En tidsbild. 8:o, 46 s., 1 pl. o. 2 kartor. Göteb , Wettergren & Kerber. 94 1: 50.
BERGE, Friedrich, Illustrerad naturhistoria för ungdom. Efter 2:a af *K. G. Lutz* tillökade uppl:n öfv. o. bearb. af *Edw. Lindahl.* Med 300 kol. teckn:r o. 50 träsn. 8:o, 188 s. o. 16 pl. Malmö, Envall & Kull. 89. Kart. 5: 50.
BERGEN, Carl v., Prinsessan Eugenia. Ett lefnadslopp i Kristi efterföljelse. Minnestal. 8:o, 36 s. Sthm, C. A. V. Lundholm. 89. 50 ö
— , Utilismen på de anklagades bänk. Se: *Thomson, J. R.,* Nyttighetsmoralen.
— , Vårt reaktionära ›unga Sverige›. Nutidsbetraktelser. 8:o, 169 s Sthm, Ad. Johnson. 90. 2 kr.
—, Se: Forskning, Fri.
BERGENDAL, D., Beiträge zur Fauna Grönlands. Se: Acta univ:s Lundensis XXVIII: II, 4.
—, Ehrenbergs Euchlanis Lynceus wiedergefunden? Se: dersammast. XXVIII: II, 5.
—, Einige Bemerkungen über Cryptocelides Lovenii mihi. Se: dersammast. XXIX: II, 7.
—, Gastroschiza triacantha Se: Bihang till Vet.-akad:s handl:r. XVIII: IV, 4.
—, Jemtörande studier o. undersökn r öfver benväfnadens struktur, utveckl. o. tillväxt med särsk. hänsyn till förekomsten af Haverska kanaler. I. Hist. inledn. II. Benväfnaden hos amfibierna. 4:o, 152 o. xj s. samt 6 pl. Lund, Gleerupska univ:s bokh. 86. 5 kr.
Jfr Acta univ:is Lundensis XXII, II, 6.
BERGENDAL, D., Kurzer Bericht über eine zoolog. Reise nach Nord-Grönland. Se: Bihang till Vet.-akad:s handl:r. XVII: IV, 1.
—, Neue Beobachtungen über die Formvariation der ersten abdominalen Anhänge bei Krebsweibchen. Se: dersammast. XV: IV, 5.
— , Polypostia similis, en acotyl polyklad. Se: Acta univ:is Lundensis. XXIX: II, 6.
— , Studien über Turbellarien. Se: Handl:r Sv. Vet.-akad:s. XXV: 4
— , Ueber abnorme Formen der ersten abdominalen Anhänge bei einigen Krebsweibchen. Se: Bihang till Vet. akad:s handl:r. XIV: IV, 3.
—, Ueber eine dritte vordere Extremität eines braunen Frosches. Se: dersammast. XIV: IV, 8.
BERGER, A., Déduction des propriétés principales de la fonction elliptique générale du second ordre. Se: Acta Nova, reg. soc scient. Ups. XIV: II, 12.
— , Recherches sur les valeurs moyennes dans la théorie des nombres Se: dersammast. XIV: II, 2.
— , Sur l'évaluation approchée des intégrales définies simples. Se: dersammast. XVI: I, 7.
— , Sur les fonctions entières rationelles etc. Se: dersammast. XV: I, 4.
— —, Sur une application de la théorie des équations bénômes à la sommation de quelques séries Se: dersammast. XIII: 2.
— , Sur une généralisation des nombres et des fonctions de Bernoulli. Se: Bihang till Vet.-akad:s handl:r. XIII: I, 9.
BERGER, F. N. Se: Sagoskatt, Ungdomens.
BERGER, L., Plog och kräckla. Hist. skådespel i 5 akter. 8:o, 152 s. Sthm, Looström & K. i distr. 87. 2 kr.
BERGER, P., Det är ohelsosamt. Efter förebild af ›Das ist ungesund›. Utarb. af *N. Martin.* 8:o, 51 s Sthm, Looström & K. 86. 50 ö.
— , Det är ohelsosamt Sundhetsreglor för alla. Öfv. af en läkare. 8:o, 56 s. Sthm, F. C. Askerberg. 86. 50 ö.
—, Nervsvaghet. Se: Vägvisare, Medicinska. 5.
— , Om blodbrist. Se: dersammast. 13.
— , Om sjukdomars betydelse för äktenskapet. Se: dersammast 12.
BERGFALK, P. N., Om utomordentliga penningehjälper till kronan under 16:e årh. o. början af det 17:e. Se: Årsskrift, Upsala universitets. 1894. Rätts- o. statsvet. 1.
BERGGREN, A. T. Se: Psalmdiktning, Tysk luthersk.
BERGGREN, Fredrik, Från Vestergötlands bygder. Hågkomster o. kulturteckn:r. 8:o, 176 s. Ulriceh., S. M. Kjöllerström. 94. 1 kr.
BERGGREN, Joh. Erik, Om Antoine Arnaulds o. Blaise Pascals moralteolog. strid med jesuiterna. 1:a hft. 8:o, 74 s. Ups., Lundequistska Bokh. i komm. 90. 1 kr.
—, Om den kristl. fullkomligheten. Se: Årsskrift, Upsala universitets. 1887. Teol. 1.
BERGGREN, J. O., Predikningar. Utgifna efter hans död. [Ny titeluppl]. 8:o, 1072 s. o. 1 portr. Göteb., N. P. Pehrsson 86 5: 25.
BERGGREN, P. Andr., Bekännelsen o. den sociala frågan. Högtidstal vid Kyrkans vänners årsfest d.

5 aug. 1890. 12:o, 23 s. Sthm, F. & G. Beijers Bokf.-aktb. 90. 25 ö.

BERGGREN, P. Andr., Fastheten i tron. Predikan vid Lunds stifts prestsällskaps sammanträde 1892. 8:o, 16 s Lund, Gleerupska univ:s-bokh. 92. 25 ö.

——, Förslag till ändringar i svenska kyrkans högmessoritual. 8:o, 37 s. o. 1 musikbilaga. Norrk., M. W. Wallberg. 88. 75 ö.

BERGGREN, Th., Förberedande öfningar till fransk temaskrifning I. Formläran o. det vigtigaste af syntaxen. 8:o, 32 s. Vesterrik, C. O. Ekblad & K. 88. 50 ö

BERGH, Anton, Färgsinnet jämte medfödd o. förvärfvad färgblindhet. 8:o, 50 s. Sthm, Samson & Wallin. 89. 1: 25.

——, Handledning vid undersökning af ögonens funktioner. 2:a omarb. uppl. 8:o, 127 s 1 tab. o 7 stilskalor. Sthm, Samson & Wallin. 91. 5: 50.

——, Svenska stilskalor till bestämmande af refraktion o. synskärpa. 1 blad. 4:o. Sthm, Samson & Wallin. 88 50 ö., i permar o. fernissad 1: 50, In folio 25 ö., uppfodr. o. fernissad 1 kr.

BERGH, A. U, Anders Fryxell. Ett hundraårsminne. Föredrag i Vermlands läns folkhögskola d. 25 apr. 1895. 8:o, 25 s. Ullerud, Förf.n. 95. 25 ö.

BERGH, Edv., Finland under det första årtiondet af Alexander III.s regering. 8:o. iv o. 515 s. Hfors, G. W. Edlund. 94. 12 fmk.

——, Finlands statsrättsliga utveckling efter 1808. 8:o, 101 s. Hfors, G. W. Edlund. 89. 2 fmk.

——, Juridiskt biträde för hvar man. 3:e uppl. 8:o, 675 s. Hfors, G. W. Edlund. 90. 15 fmk.

——, Vattenrättskollisionerna i Kymmene elf. 8:o, 255 s. o. 2 kartor. Hfors, G. W. Edlund i distr. 95. 3 fmk.

——, Vår styrelse o. våra landtdagar. Återblick på Finlands konstitutionella utveckling under de senaste tjugu åren. 2:a bandet 1867—1882. 8:o, 901 s. Hfors, G. W. Edlund. 88. 26 fmk.
För hela arbetet 50 fmk.

BERGH, Severin Se: Handlingar rör. Sveriges historia. 3:e serien. — Protokoll, Svenska riksrådets. Riksdagsprotokoll, Sveriges ridd. o. adels.

BERGHÄLL, H., Beobachtungen über den Bau und die Configuration der Randmoränen in ostlichen Finnland. Se: Fennia VIII: 5.

——, Finlands geologiska undersökning. Beskrifning till kartbladen n:o 23 och 24. Jurmo och Mörskär. 8:o, 43 s. Hfors. 92.

——, Geologiska iakttagelser, hufvudsakligast af qvartärbildningarna, längs Karelska jernvägens första distrikt och Imatrabanan. Se: Fennia. IV: 5.

——, Geologiska iakttagelser längs Karelska järnvägen. II. Se: dersammast. V: 2.

——, Huru bör Tammerfors—Kangasala åsen uppfattas? Se: dersammast. V: 3.

BERGLIND, And. Georg, Kefir (kaukasisk kumyss beredd af komjölk). 2:a uppl. 8:o, 36 s. Sthm, C. E. Fritzes hofbokh 86. 60 ö.

——, Om ryggradsnedheter o. möjligheten att förebygga deras uppkomst o. utveckl. jemte en kort redog. öfver förf:s verksamhet i Ryssland. 8:o, 43 s. Sthm, C. E. Fritzes hof bokh. 86. 60 ö.

BERGLUND, E. Wilh., Solen i mörker o. månen i blod, eller hvad säger skriften om jordens sista tid? Liten 8:o, 29 s. Sthm, Förf:n. 94. 30 ö, kart. 40 ö.

BERGLUND, G, Konstgjorda gödselämnen. Se: Studentfören. Verdandis småskrifter. 39.

BERGMAN, C. G, Några ord om arbetet i folkskolan. 8:o, 76 s. Sthm, P. A. Norstedt & S:r. 95. 50 ö.

——, Robinsons äfventyr. För skolbruk. 2:a uppl. 8:o, 160 s. Sthm, P. A. Norstedt & S:r. 93.
Klb. 70 ö.
1:a uppl. 91.

——, Se: Berättelser af franska författare. — Luther, M., Lilla katekes.

BERGMAN, Carl Joh., Danmarks sista affär på Gotland 1676—79. Se: Handlingar K. vitt.-, hist. o. antiq:s akad:s. XXXI: 7.

——, Gotland. Korta geografiska minnesblad. 8:o, 24 s. Visby, Förf.n. 90. 30 ö.

——, Visby. Korta anteckn:r om stadens topografi, historia m. m. 2:a uppl. Sthm, Fr. Skoglund. 92. 60 ö.

——, Se: Visby.

BERGMAN, F. A. Gustaf, I begrafnings- o likbränningsfrågan ur medicinsk synpunkt. 8:o, 39 s. Ups., Upsala läkarfören. 88. 60 ö.

——, I hvilken riktning bör vårt medicinalväsende omorganiseras för att den allm. helsovården måtte komma till sin rätt? 8:o, 36 s. Ups., Förf:n. 90. 60 ö.

BERGMAN, G., Alundamålets formlära. Se: Bidrag, Nyare, till sv. landsmålens hist. 1893.

BERGMAN, I. A, Verldsbyggnaden. Se: Folkupplysn. sällsk. skrifter. 51.

BERGMAN, Joh., Den svenska nykterhetsrörelsens historia från forna tider till våra dagar. Med 47 portr. o. illustr. 8:o, 284 s. Sthm, Sveriges Storloge af J. O. G. T. 93. 2: 50, klb. 3: 50.

——, Den svenska nykterhetsrörelsen. Se: Studentfören. Verdandis småskrifter. 47.

——, Är ett rusdrycksförbud i vårt land önskvärdt o. utförbart? 1:a - 3:e häftet. 8:o, 96 s Sthm, Sveriges Storloge af J O. G. T. 95. För häfte 25 ö.

——, Carmina latina. 8:o, 48 s. Sthm, Förf:n. 90. 2 kr.

——, De Tibulli codice Upsaliensi cum reliquis comparato. Commentatio acad. 8:o, 58 s. Ups. Josephsons antikv. 89. 1: 25.

——, Giordano Bruno. Se: Studentfören. Verdandis småskrifter. 18.

——, Se: Horatius Flaccus, Carmina selecta. — Taciti, Cornelii Germania. — Prudentius, Fornkristna hymner.

BERGMAN, Johan, Dikter. 8:o, 100 s. Göteb., Wettergren & Kerber. 94. 1: 50.

BERGMAN, Julius, Farmaceutisk-kemisk analys, kort handledning vid utförandet af å apotek förekommande kemiskt-analytiska arbeten. 8:o, 431 s. o. 1 tab. Göteb. W. Hartelius. 87. 5 kr.

BERGQVIST, Bengt Jacobsson, Biblisk historia för folkskolor o. småskolor. [3:e uppl.] 8:o, 144 s. o. 1 karta. Lund, Aug. Collin. 97.
Inb. 40 o. 45 ö.
1:a uppl. 88. 2:a 89.

——, Om tro o vetande. Några ord till vägledning. 8:o, 40 s. Lund, Aug. Collin. 94. 30 ö.

——, Om uppkomsten af den gammaltestamentliga sabbaten. 8.o, 146 s. Lund, Aug. Collin. 91. 2 kr.

——, Välläsningslära i sammandrag för skolor. 8:o, 36 s. Lund, Aug Collin. 89. 40 ö, inb. 60 ö.

——, Se: Ahnfelt, O, o. Bergqvist, B., Den kristna tros- o sedeläran. — Matrikel, Lunds stifts.

BERGROTH, A., Se: Profetians besegling

BERGROTH, Elis, Den nordiska sjömansmissionens historia. 8:o, 80 s. Sthm. Fost-stift:s-F.-exp. 89
50 ö.
—, Finska kyrkans historia i dess grunddrag. Illustr. 8:o, 307 o. vj s. samt 7 pl. Hfors, Söderström & K. 92. 3: 75, inb. 4: 50.
—, Nykterhetsarbetet, framstäldt i föredrag. 12:o, vj o. 70 s. H:fois. Söderström & K. 87. 35 ö.
BERGROTH, Evald, Om Finlands Ptychopteridæ o. Dixidæ. Se: Medd. af Soc. pro fauna et flora fenn. 15.
—, Synopsis of the genus Neuroctenus Fieb. Se: Öfversigt af F. Vet Soc.s förhandl. 29.
BERGROTH, H., Katalog öfver den svenska litteraturen i Finland samt därstädes utkomna arbeten på främmande språk 1886–1890. Se: Skrifter utg. af Sv. Lit:skpt i Finland. XXI.
BERGROTH, J. E., Elementarkurs i Algebran. 5:e uppl., genomsedd af *E. J. Mellberg.* 8:o, 295 s. H:fors, G. W. Edlund. 95. Inb. 3: 75 fmk.
BERGSTEDT, Hugo, Hufvuddragen af grekernas o. romarnes mytologi. 8:o, 71 s. Sthm, P. A. Norstedt & S:r. 94. 2 kr., klb. 2: 50.
BERGSTEDT, Jak, Om regelytor af sjette graden. I. Unikursala ytor. Akad. afh. 4:o, 67 s. Lund, Gleerupska Univ:s bokh. 86. 1 kr.
BERGSTEDT, Karl, Medicinalväsendet i Finland. Ordnad sammanställn. af författn:r ang. Finlands helso- o. sjukvård. 8:o, xiij o. 1134 s. Tavasteh. Förf:n. 95. 25 fmk.
BERGSTEN, E., Handledning i svensk referentstenografi, på grundvalen af Arends system. 8:o, 24 o. 10 s. Sthm, C. A. V. Lundholm. 93. 1 kr.
—, Lärobok i geografi. Utarb. för folkskolan 8:o, 160 s. Sthm, A. V. Carlsons Bokf.-aktb. 91.
kart. 40 ö.
—, Lärobok i stenografi el. kortskrift enl. L. Arends' system. 8:o, 32 s. Sthm, C. A. V. Lundholm. 88.
50 ö.
—, Läs-öfningar för småskolan. I. 8:o, iij o 88 s. Lund, C. W. K. Gleerup. 95. kart. 40 ö.
—, Några anvisn:r rör. bibeltextens behandl. i söndagsskolan. Liten 8:o, 48 s. Sthm, A. V. Carlsons Bokf.-aktb. 86. 20 ö., kart. 30 ö.
—, Stenografiska skriföfningar efter L. Arends system. 1:a hft. 4:o, 21 s. Sthm, C. A. V. Lundholm. 88. 50 ö.
—, Tänka o. skrifva, eller modersmålets skriftliga behandling. 8:o, 30 s. Sthm, A. V. Carlsons Bokf.-aktb. 91. 25 ö.
—, Se: *Arends, Leop.* Rationella stenografi.
BERGSTRAND, A, Tuberkulosen hos nötkreatur o. densammas bekämpande. 8:o, 117 s. Sthm, F. & G. Beijers Bokf.-aktb. 94. 1 kr.
—, Se: *Hegar, A.,* Den sexuella frågan.
BERGSTRAND, C. E., Framställning af smör ur mjölk eller grädde o. de genom extraktorn dervid vunna framstegen inom mejerihushållningen. 8:o, 16 s. Sthm, Aktieb. Extraktor. 89. Ej i bokh.
—, Handbok för jordbrukare Med öfver 200 illustr. samt 19 ritningar till landtmannabyggnader. 8:o, Sthm, Lars Hökerberg.
1. Om den odlade jorden, dess uppkomst, egenskaper o. skötsel. 320 s. 93. kart. 2: 25.
2. Om landtbruksväxternas odling samt skötsel af ängar, betesmarker och skog. 352 s. 93
kart. 2: 50.
3. Om husdjursskötsel o. fiskodling. Af *Bergstrand,*

C. E. o. *W. Nauckhoff.* 320 s. 94. kart. 2: 75.
kpl. inb. i ett band 7: 50.
BERGSTRAND, C. E, Hjelpreda för landtmannen vid de konstgjorda gödningsämnenas användande. 8.o, 80 s. Sthm, Lars Hökerberg. 91. 60 ö.
—, Norrlands betydelse för svenska jordbruksnäringens utveckling. 8:o, 31 s. Sthm, L. Hökerberg. 95 40 ö.
—, Om undersökningen af landtbruksprodukter m. m. 8:o. 56 s. Sthm, G. Chelius. 89. 1: 25.
—, Småskrifter i landtbrukskemi. 8:o, Sthm, P. A. Norstedt & S:r.
2. Landtbrukskemi för landtmannaskolor. 128 s. 87. 1: 50.
—, Tal vid minnesfesten öfver Carl Wilh. Scheele på hundrade årsd. af hans död hållet i Köpings kyrka d. 21 maj 1886. 8:o, 26 s. Köping, M. Barkéns bokh. 86. 50 ö.
BERGSTRAND P E., Logaritmer. 3:e uppl. Liten 8:o, 28 s. Sthm, F. & G. Beijers Bokf.-aktb. 87.
Klb. 75 ö.
2:a uppl. 87.
—, Stockholms Djurgård. Gammalt och nytt. 12:o, 89 s. 86. Ej i bokh.
—, Svensk-norska kriget 1814, af *P. E. B—d.* 12:o, 52 s. 86. (Uppl. 50 ex).
BERGSTRAND Wilh , Supplem. till Handb. för den svenska kommunal-förvaltningen. 2:a uppl. 8:o, 54 s. Sthm, C. E. Fritzes hofbokh. 89. 50 ö.
[—], Ur A. O. Wallenbergs lif o. lefnad Hågkomster o. anteckn:r af *Marcellus.* 8:o, 42 s. Tr. i Sthm, O. L. Svanbäcks tryckeri. 89. Ej i bokh.
[ ], Ur nyare tidens politiska skiften. Smärre uppsatser af *Marcellus.* 12.o, 216 s. Sthm, F. & G. Beijers Bokf.-aktb. 89. 2 kr.
—, Wilhelm Erik Svedelius. Minneteckning. 8:o, 90 s, Sthm, C. E. Fritzes hofbokh. 89. 1: 25.
BERGSTRÖM, Axel, Fransk elementarbok. 8:o, viij o. 89 s. samt ordförteckning 41 s. Sthm, C. E. Fritzes hofbokh. 92. Inb. 1: 50.
BERGSTRÖM, C. F., Se: Kalender öfver Oskarshamn.
BERGSTRÖM, David, Befolkningsstatistiska studier öfver Sveriges härad o. städer, år 1811—80. I. Stockholms o. Östergötlands län. 8:o, 99 s. o. 2 kartor. Sthm, Förf:n. 92. 3 kr.
—, Den politiska rösträtten. Se: Studentfören. Verdandis småskrifter. 20.
—, Från rösträttsstridens länder. Nio bref till Sveriges rösträttslösa o. rösträttsvänner. 8:o, 60 s. Sthm, Gust. Lindström boktr. 94. 35 ö.
—, Kommunism o. socialism. En framställning af hufvuddragen af de kommunistiska o socialistiska lärobyggnaderna 8:o, 157 s. Sthm, J. Seligmann. 90. 1: 75.
BERGSTRÖM, E. W., De nutida gevärens och det röksvaga krutets inflytande på taktiken. Se: Förlag, Militärlitteratur-fören. 70.
BERGSTRÖM, ELLEN. Se: Huru skall kvinnan bäst kunna bidraga till höjande af familjens ekonomi?
BERGSTRÖM, Gustaf, Aroga krönika. 8:o. Sthm, Samson & Wallin i distr.
I. Medeltidsminnen. 207 s. 92. 3 kr.
II. Nyare tiden, 246 s. o. 1 karta. 95. 3: 25.
kompl. 5 kr.
—, Forntida vise, deras tro o. deras lära. Tidsbilder från Hellas o. Rom etc. 8:o, vj o. 344 s. Sthm, L. Hökerberg. 88. 3: 25.
—, Lärobok i kyrkohistoria. 8:o, 140 s. Sthm, L. Hökerberg. 88. Klb. 1: 50.

BERGSTRÖM, Gustaf, Svenskt församlingslif efter reformationen. 8:o, 40 s. Sthm, Fost.-stift:s F.-exp. 93. 25 ö.
BERGSTRÖM, J., Några af de fordringar som Gud o. samhället ställa uppå oss ss. barnauppfostrare. [Omslagstitel: Några ord till barnauppfostrare.] 2:a uppl. 8:o, 36 s. Sthm, Fost.-stift.s-F.-exp. 88. 15 ö.
1:a uppl. 86.
[BERGSTRÖM, J. N], Biförtjenster för folkskolelärare. Några ord o. anvisn:r att höja sin årsinkomst, af *Nils Hejde.* 12:o, 68 s. Sthm, Alb. Bonnier. 91. 50 ö.
—, Illustrerad beskrifning öfver Östergötland. Med 2 kartor o. 20 illustr. Liten 8:o, 32 s. Sthm, Alb. Bonnier. 90. 25 ö.
BERGSTRÖM, K. A., Massage för hufvudets, öronens, näsans o. halsens sjukdomar m. m. 8:o, 50 s. Sthm, Palm & Stadling i komm. 95. 75 ö.
BERGSTRÖM, L, Kristendom o. socialism. Se: Spörsmål, Svenska. 9.
—, Moseböckernas värde i historiskt, naturvetenskapligt o. religiöst afseende. Se: dersammast. 8.
—, N. G., Kjellberg, en kämpe för sund mänsklighet. Se: dersammast. 20.
—, Om judafolkets profeter. Se: dersammast. 24.
—, Om Moseböckernas uppkomst. Se: dersammast. 5.
BERGSTRÖM, Ola, Det religiösa lifvet o. den religiösa undervisningen. 8:o, 50 s. Lund, Aug. Collin. 89. 50 ö.
—, Uppfostrans historia. 2 dlr. 8:o, 148 o. 160 s. Göteb., Wettergren & Kerber. 92, 93.
Förra dln. 2 kr. senare 2: 25.
—, Vetenskaplig Uppfostringslära. 8:o, 156 s. Lund, Gleerupska Univ:s bokh. 91. 1: 75.
[BERGSTRÖM, O.]. Adliga ätten Ehrenstjerna. Anteckn:r ur arkivet på Ek, af *O. B.* 4:o, 8 s. Sthm, 87. (Uppl. 25 ex.)
—, Kongl. invalidinrättningen på Ulriksdal. Anteckn:r. 8:o, 160 s. Sthm, P. A. Norstedt & S:r. 91. 2 kr.
—, Se: Register till Svenska adelns ättartaflor. *Wrangel, F. U.* o. *Bergström, O.,* Svenska adelns ättartaflor.
BERGSTRÖM, Rich., Dikter. Ett urval. Liten 8:o, 54 s. o. 1 portr. Sthm, Axel Bergström. 94. 3 kr.
—, Litteratur o. natur. Sju skizzer. 8:o, 326 s. Sthm, L Hökerberg. 89. 4: 75.
—, Sven Grundtvig. — J. L. Höijer. Se: Bidrag, Nyare, till känned. om de svenska landsmålen. 1889.
—, Se: Bok, En om Sverige. — Gerd. — *Liljefors, Bruno,* Från skog o. mark. — Lyror, Främmande. — Rosengårdar, Ur folksagans. — Tidskrift för jägare o. naturforskare. — *Törneros, A.,* Bref o. dagboksanteckn:r.
BERGSTRÖM, Thérèse, Mönster för träskulptur i olika stilar. Folio, 5 pl. Sthm, Förf:n. 88 5 kr.
—, Mönstersamling för träskärning i olika stilar. Folio, 20 blad Sthm, G. Chelius 92. 6 kr.
BERKOW, Karl, I kampen för lyckan. Roman. Öfv. från tyska af *Ernst Kock.* 12:o, 442 s. Sthm, F. C. Askerberg. 89. 2 kr.
BERLIN, Aug, Om snöblindhet. 8:o, 34 s. o. 1 karta. Sthm, Förf:n. 88. 1 kr.
BERLIN, Mac., Euklides' femte o. sjette böcker. till läroverkens tjenst omarb. 8:o, 91 s. Sthm, P. A Norstedt & S:r. 87. 1: 25, kart. 1: 50.
—, Samling af räkneexempel till Siljeströms lärobok i aritmetik. 8:o, 97 s. o. (facitb) 22 s. Sthm, P. A. Norstedt & S:r. 89. Inb. 1: 10.
BERLIN, Mac., Se: Euklides. — *Siljeström, P. A,* Lärobok i geometrien.
BERLIN, N. J. Lärobok i naturläran. 12:e uppl. (350:e till 399:e tusendet.) omarb. af *Sv. Leonh. Törnqvist.* 8:o, iv o. 220 s. Lund, C. W. K. Gleerup. 90. Inb. 75 ö.
11:e uppl. 84.
BERLING, C. E., Norges häroduing o. de hittills vidtagna åtgärderna för densammas genomförande. 8:o, 122 s. Sthm, C. E. Fritzes hofbokh. i komm. 92. 1: 50.
BERNDTSON, A. Se: Hangö stad o badanstalt.
BERNER, A, Ett Kalevala-ord. Se: Bidrag till känned. af Finlands natur o. folk. 44.
BERNHARD (Dr). Se: Rådgifvare för husmödrar.
BERNHARD, M., Eva Leoni. Öfv. från tyskan. 12:o, 383 s Sthm, Alb. Bonnier. 92. 2: 50.
BERNICK, Olaf, Kristiania-bohêmen på äfventyr En promenad på Karljohansgatan o. dess följder. Första aftonen. Novell. 8:o, 40 s. Tr. i Sthm, Boktr.-aktieb. Ackurat. 88. 50 ö.
BERONIUS, V. Hjalmar, Manuel de grammaire française. I. Les flexions verbales françaises, à l'usage de mes élèves. 8:o, 104 s. Sthm, A. L. Normans F.-exp. i distr. 86. 1: 50.
BERSIER, Eugène, Jesus Kristus såsom konung. Föreläsning. Öfv. af *A. Wall.* 8:o, 70. Sthm, Ad. Johnson. 88. 65 ö.
BERTHET, Elie, Le chasseur de marmottes. Se: Feriebibliotek. 1.
BERTRAND, Ernest, Ritschls åskådning af kristendomen. Une nouvelle conception de la rédemption, livre 1:re. Öfv. o. bearb. af *Nathan Söderblom.* 8:o, viij o. 64 s. Sthm, P. A. Norstedt & S:r 93. 75 ö.
BERWALD, Hj., Lärobok i oorganisk kemi för läroverken. 2:a uppl. 8:o, 160 s. Sthm, P. A. Norstedt & S:r. 90. Kart. 1: 85.
1:a uppl. 86
—, Lärobok i plan geometri innefattande Euklides' fyra första böcker. 8:o, 110 s. Sthm, P. A. Norstedt & S:r. 92. Inb. 1: 75
—, Lärobok i rymdgeometri (stereometri) för läroverken. 8:o, 104 s. Sthm, P. A. Norstedt & S:r. 88. 1: 75, inb. 2 kr.
Berättelse ang. brandväsendet i en del af norra Tysklands mindre städer af *[Herman Gustafson].* 8:o, 15 s. Sthm, Förf:n. 95. 25 ö.
Berättelse ang. Helsingfors stads kommunalförvaltning, jemte statist. uppgifter. 4:o. Hfors, G. W. Edlund.
1:a årg. 1888. ix, 113 o. 103 s. 90. 4 fmk.
2:a årg. 1889. ii, 127 o. 109 s. 91.
3:e årg 1890. ii, 142 o 114 s. 93.
4:e årg. 1891. viij, 123 o. 124 s. 94.
5:e årg. 1892. viij 170 o. 134 s. 94.
6:e o. 7:e årg. 1893 o. 94. 2 häften. 8:o, 328 o. 376 s 95.
Berättelse ang. Stockholms kommunalförvaltning, utg. af stadsfullmäktiges beredningsutskott. 4:o. Sthm, Samson & Wallin.
17:e årg. för 1884. xiv, 169 o. 411 s. 86 Kart. 4 kr.
18:e årg. för 1885. xiv, 160 o 425 s. 87. „ 4 kr.
19:e årg för 1886. xiv, 120 o. 427 s. 88. „ 4 kr.
20:e årg. för 1887. xv, 146 o. 444 s. 89. „ 4 kr.
21:a årg. för 1888. xvij, 138 o 451 s. 90. „ 4 kr.
22:a årg. för 1889. xv, 160 o 448 s. 91. „ 4 kr.
23:e årg. för 1890. xv, 197 o. 448 s. 92. „ 4 kr.

24:e årg. för 1891. xv, 166 o. 451 s. 93. Kart. 4 kr.
25:e årg. för 1892. xv, 169 o. 448 s. 94. „ 4 kr.
26:e årg. för 1893. 118 o. 483 s. 95. „ 4 kr.
Berättelse, Farmors. Se: Bibliotek för de unga. 49.
Berättelse om allm. helsotillståndet i Stockholm. Red. af *Klas Linroth.* 4:o. Sthm, Samson & Wallin.
8:e årg. för 1885. 79 o. 58 s samt 1 karta o. 2 pl. 86. 2 kr.
(Bihang): *Sondén, Klas*, Arbeten från Stockholms helsovårdsnämnds laboratorium. 1. Mjölkundersökn:r med laktokrit. — 2. Luftundersökn:r.
9:e årg. för 1886. viij, 81, 79 o. 23 s, 2 tab. o. 7 pl. 87. 2: 50.
10:e årg. för 1887. viij, 73, 51 s. o tab. 88.
(Bihang): *Kjerulf, G.*, Om offentliga slagthus, köttkontroll, m. m. i några af Kontinentens större städer.
11:e årg. för 1888 viij, 58 o. 79 s. samt 2 tab. o. 10 pl. 89. 1: 75.
(Bihang): *Sondén, Klas*, Stockholms afloppsvatten o. dess inflytande på vattendragen kring staden.
Pris för hela arbetet med bihang 5: 50.
12:e årg. för 1889. viij, 63, 28 s. o. 20 pl. samt tab. 90.
(Bihang): *Ödmanson, E*, Om sjukhuset S:t Göran, jemte anteckn.r om äldre vårdanstalter i Stockholm för veneriskt sjuke.
13:e årg för 1890. viij, 74 o. (tabeller) 79 s. 2 bilagor o. 2 taflor. 92. 2 kr.
14:e årg. för 1891. viij, 62 o. 69 s. 93. 2 kr.
15:e årg. för 1892. viij. 69 s. o. 2 tab. 2 kr.
16:e årg. för 1893. viij, 80 o. 69 s. samt 2 bilagor. 2 kr.
(Bihang n:o 1): *Herlitz, R*, Statistisk öfversikt af Stockholms befolkning under åren 1883—93 med hänsyn till bostad, ålder o. kön. 4:o, 33 s. 1 kr.
(Bihang n:o 2): *Wetterdal, Henrik*, Bidrag till känned. om bakteriehalten i vattendragen invid Stockholm. 4:o, 80 s. o. 1 tab. 1: 50.
17:e årg. för 1894. 86 o. 67 s. samt 2 bil. 95. 3: 50.

Berättelse om det tredje allm. flickskolemötet i Stockholm den 9—11 juni 1886. 8:o, 133 s. Sthm. 89. 1 kr.
—— om det fjärde d:o d:o den 12—14 juni 1891. Sthm, D:r E Schwartz. 91. 1 kr.
Berättelse om det 10:e allm svenska läraremötet i Örebro den 15—17 juni 1881 utg. af *August Bellinder*. 8:o, xxxij o. 124 s. Örebro, Lindhska bokh. (1882.) 2: 75.
Berättelse om det tolfte allmänna svenska läraremötet i Göteborg d. 14—16 juni 1887. Utg af *Gust. Hörberg*. 8:o, xj o. 227 s. Göteb., D. F. Bonniers förlagsexp. 88. 2 kr.
Berättelse öfver förhandlingarne vid 14:de allm. svenska läraremötet i Linköping d. 15—17 juni 1893. Utg. af *O. Klockhoff*. 8:o, 204 s. Linköp. 94.
Berättelse öfver fjärde nordiska söndagsskolemötet d. 9—11 aug 1895. Enl. uppdrag redig. af *Axel Blomqvist*. 8:o, 140 s. Sthm, P. Palmquists aktb. 95.
Berättelse om fälttjenstöfningarna i Vestergötland 1886. (Generalstaben) 8 o, 292 o. lxxxvij s. samt 5 kartor o. 2 pl. Sthm, Looström & K. 87. 3: 75.
—— om d:o i Upland 1888. (Generalstaben.) 8:o, 273 s. o 9 pl. Sthm, Looström & K. i distr. 89. 3: 75.

Berättelse, om fälttjensteöfningarna i Skåne 1889. (Generalstaben.) 8:o, 363 s. o. kartor. Sthm, Looström & K. 90. 4 kr.
——, om 5:e Armefördelningens Fälttjenstöfuingar i Upland 1894. 8:o, 135 s o. kartor. Sthm, 94.
Berättelse om Föreningen till det godas befrämjande. 8:o, 77 s. Sthm, Looström & K. i distr 88. 50 ö.
Berättelse om verksamheten vid kemiska stationen i Örebro för år 1889. 8:o, 85 s. Örebro, Statens kem. station. 90.
Berättelse, Underdånig, ang kongl. patentbyråns verksamhet åren 1885—88 afg. af *Hugo E. G. Hamilton*. 8:o, 41 s Sthm, Samson & Wallin. 89. 50 ö.
——, D.o d:o för åren 1885—94 afg. af *Hugo E G Hamilton*. 8:o, 42 s Sthm, Samson & Wallin. 95. 50 ö.
Berättelse, Underd, jemte betänkanden afgifna af den för undersökning af apatittillgången i Norrbotten tillsatta kommission 8:o, 104 s. o. 3 pl. Sthm, Samson & Wallin. 90. 1 kr.
, Underd, öfver apatitundersökn:r i Norrbotten. 4:o, 115 s. Sthm, Samson & Wallin. 92. 1 kr.
Berättelse öfver internationela gymnastikfesten (V allm. svenska) i Stockholm d. 15—19 maj 1891. 8:o, 52 s. Sthm, C. E. Fritzes hofbokh. i distr. 92. 75 ö.
Berättelsen öfver Göteborgs o. Bohus läns hafsfisken under 1883—89. Af *A. V. L[jungman]*. 8:o. 7 s. o. 11 tab. Varekil, Förf:n. 90. 50 ö.
Berättelser af franska författare med anm:r o. ordlista utg. af *C. G. Bergman*. 8:o. Sthm, W. Billes Bokf -aktb.
  I. För nybörjare. 141 o. 29 s. 87. Klb. 2 kr.
  II. 2:a uppl. viij, 215 o. 52 s. 88. Klb. 2: 75.
  1:a uppl. 86.
Berättelser af I. Se: [*Levetzow, Cornelia*].
Berättelser Bibliska, ur gamla o. nya testam. för barn. Med 53 illustr. Bearb. från danskan af *F. R. H.* 2:a uppl. 8:o, 176 s Sthm, A. V. Carlsons Bokf-aktb. 91. Inb. 1: 75.
1:a uppl. 89.
Berättelser, Fosterländska. 8:o. Sthm, Alb. Bonnier.
1. *Lindholm, P. A.*, Prinsen af Lappland. En äfventyrares lefnadsöden. Hist. romant. berätt. 136 s. 91. 1 kr.
2. *Åberg, J. O*, Kungsord skall gälla. 123 s. 91. 75 ö.
3. ——, Partigängarne. 192 s. 92. 1: 25.
4. ——, Rosen på Österklint. 143 s. 92. 1 kr.
5. ——. Svenskarne på Söfdeborg. 163 s 92. 1: 25.
6. *Lindholm, P. A*, Petter Ros. 93 s. 92. 75 ö.
7. *Åberg, J. O.*, Flyktingen. 62 s. 92. 50 ö.
Berättelser, Fyrs, för barn, af *E. S. K.* 8:o, 79 s. Sthm, P. Palmquists Aktb. 95. 50 ö., kart. 75 ö.
Berättelser för barnkammaren af *L. L.* (N:o 3) 4.o, 16 s. med illustr. Sthm, Fost -stift:s F.-exp. 95. 40 ö.
Berättelser för folket. Öfv. från tyskan. 8:o. Sthm, Fost.-stift:s F.-exp
  1:a serien. Hft. 1—3. Af *Fr. Ahlfeld*. 124 s 89.
  2:a „ Hft. 4—6. Af d:o d.o. 144 s. 90.
  Hvarje serie 75 ö., lösa hfn 25 ö.
  3:e serien. Hft. 7. Af *Ernst Ewers*. 124 s. 91. 50 ö., kart. 75 ö.
  4:e „ Hft. 8. Af d:o d:o. 108 s. 91. 50 ö., kart. 75 ö.
  5:e „ Hft. 9. Af d:o d:o. 126 s 92. 75 ö., kart. 1 kr.

6:e serien Hft. 10. Af *Ernst Ewers.* 123 s. 94. 75 ö., kart. 1 kr.

Berättelser, Lustiga, om de klyftiga borgarena i Schildburg. Se: Folkskrifter. 12.

Berättelser om folkskolorna i riket för åren 1882—86, afg. af tillförordn. folkskoleinspektörer. 2 dlr. 8:o, 118, 56, 65, 52, 96 o. 82 samt 144, 81, 39, 61, 140 o. 12 s. Sthm, Samson & Wallin. 88. 5 kr.

——, D:o d:o för åren 1887—92. 2 dlr. 8:o, 186, 181, 94, 42, 96 o. 60 s. samt 95, 104, 37, 59, 163 o 64. s. Sthm, Samson & Wallin. 94. 5 kr.

Berättelser om handel o. sjöfart från de lören. rikenas konsuler m. m. Årgg. 1886—95 8:o. Sthm, Samson & Wallin. 86—95 För årg. 4 kr.

Berättelser, Små, af *I.* Se: *[Levetzow, Cornelia].*

Berättelser, Smärre, af *A. L—n.* 8:o, 183 s. Köping. M. Barkéns törlagsbokh. 93. 1 kr

Berättelser, Svenska beskickningars, om främn. makter år 1793. 1. Preussen. 2. Polen. Utg. af *C. E. B. Taube.* 8:o, iv o. 201 s. Sthm, P. A. Norstedt & S:r 93. 2: 50.

Berättelser, Valda, i svensk öfversättn. af *H. O. Indebetou.* 8:o. Nyköp, S. O. Indebetou.

16:e hft. 104 s. 86. 1 kr. — 17:e hft. 104 s. 86. 1 kr. — 18:e hft. 104 s. 86. 1 kr. — 19:e hft. 104 s. 87. 1 kr. — 20:e hft. 104 s. 87. 1 kr. — 21:a hft. 104 s. 87. 1 kr. — 22:a hft. 104 s. 88. 1 kr. — 23.e hft. 104 s. 88. 1 kr. — 24:e hft. 104 s. 89. 1 kr. — 25.e hft. 104 s. 89. 1 kr. — 26:e hft. 104 s. 90. 1 kr. — 27:e hft. 208 s. 92. 2 kr. — 28:e hft. 104 s. 92. 1 kr. — 29:e hft. 103 s. 92. 1 kr. — 30:e hft. 110 s. 94 1 kr. — 31:a hft 104 s. 94. 1 kr. — 32:a hft. 104 s. 94. 1 kr. — 33:e hft. 104 s. 94. 1 kr. — 34:e hft. 117 s. 94. 1: 50.

BESANT, Annie, Alkoholsfrågan ur nya synpunkter. En föreläsning. 8:o, 16 s. Sthm, Sveriges Storloge af J. O. G. T. 92. 15 ö.

——, Döden — o. sedan? Öfv. af *Vict. Pfeiff.* 87 s. Sthm, Teosof. Bokförl. 93. 2: 50.

——, Människans sju principer. 8:o, 63 s. Sthm, Teosof. Bokförl. 92. 75 ö.

——, Några biografiska data. Saml. ur spridda källor af *C. S.* 8:o, 20 s. Sthm, Teosof. Bokförl. 94. 25 ö.

——, Reinkarnationen eller återfödelsen. Öfv. af *H.* 8 o, 96 s. Sthm, Teosof. Bokförl. 95. 1 kr.

——, Själslifvet o. dess höljen. Fyra föreläsn. af *E Z.* 8:o, 80 s. Sthm, Teosof. Bokförl. i distr. 95. 1 kr.

——, Teosofi o. sociala reformer. Se: Skrifter utg. af Teosof samf. svenska afd. 9.

——, Teosofien o. dess läror. Se: Samfundet, Skandinaviska teosofiska.

——, Till försvar för teosofien. Se: Strökrifter, Teosofiska. 2.

——. Utkast till en självbiografi. Öfv. från eng. af *Victor Pfeiff.* 8:o, 240 s. o 1 port. samt: 1875—1891. Ett fragment af en självbiografi. 23 s. o. 1 portr. Sthm, Teosof. Bokförl. 94. 2: 50.

BESANT, Walter, Armorel. En nutidsroman. Öfv. från eng. 8:o, 500 s. Sthm, P. A. Huldbergs Bokf.-aktb. 91. 3 kr.

——, De fattigaste i London. Roman. Öfv. från »The children of Gibeon». 2 dlr. 12:o, 288 o. 254 s. Sthm, Alb. Bonnier. 88. 3: 75.

——, Dämonen. Öfv. från eng. 8:o, 144 s Sthm, Sveriges Storloge af J. O. G T. 92. 1: 25.

——, Kampen för lyckan. En historia om trenne friare o. en flicka. Öfv. från eng. 12:o, 394 s. Sthm, Alb. Bonnier. 90. 3 kr.

BESCHE, Lucien, Dröm o. verklighet. Liten 4:o, 36 s. med kolor. illustr. Sthm, G. Chelius. 88. 1: 50.

BESKOW, Axel Bernh. Se: Jernbanebladet. — Matrikel öfver personalen vid Sveriges jernvägar.

[**BESKOW, O. A.**], Humoresker. Af *Ryno.* N:o 1. 8:o, 43 s. Sthm, Förf:n. 88. 75 ö.

[——], D.o. N:o 2, samt begynnelsen af letnadsminnen at *Ryno.* 8:o, 76 s. Sthm, L. Hökerberg. 90. 90 ö.

BESKOW, Gust. Em., Betraktelser för hvar dag i året. 8:o, 516 s. Sthm, Fost.-stift:s F.-exp. 90. 2: 75, vb. 3: 25, klb. 4: 25.

——, Den svenska missionen i Ost-Afrika. 2:a dln. 8:o, 188 s. Sthm, Fost.-stift:s F.-exp. 87. 1: 25, vb. 1: 60, klb. 2: 25.

——, Hvad Gud vill. 8:o, 15 s. Sthm, Fost.-stift:s F.-exp. 91. 15 ö.

——, Kristi återkomst. Betrakt:r öfver de yttersta tingen. 2.a uppl. 8:o, 109 s Sthm, F. Björklund & K. i komm. 89. 1 kr., kart. 1: 25, klb. 1: 50. 1:a uppl 88.

——, Ny födelse — nytt lif. 8:o, 27 s. Sthm, Fost.-stift s F.-exp. 86. 20 ö.

——, Några minnesord till mina nattvardsbarn. 8:o, 220 s Sthm, Fost.-stift.s F.-exp. 92. 1: 50, kart, 1: 80, klb. 2: 50.

——, Reseminnen från Egypten, Sinai o. Palestina 1859—60. 10:e illustr. uppl 8:o, 298 s., 2 kartor o. 3 pl. Sthm, A. L. Normans F.-exp. 91. 2: 50, inb. 4: 50

——, Små traktater. 8:o, 1:a—3:e serien, hvarje serie 20 traktater, hvarje traktat 8 s. Sthm, Fost -stift:s F -exp. 88. För serie 50 ö.

——, Tro! 12:o, 24 s. Sthm, Fost.-stift:s F.-exp. 86. 20 ö.

——, Se: Fältandaktsbok.

BESKOW, Natanael, Om söndagens betydelse. Prisbelönad täflingsskrift. 8:o, 44 s. Sthm, Fost.-stift:s F.-exp. 90. 30 ö.

——, Se: Hvilodagen. — Läsning för hemmet.

BESKOW, Vilh., Kyrkobokföringen o. därmed sammanhängande stadganden. 1894. 8:o, 244 s. Sthm, P. A. Norstedt & S:r. 94. Klb. 3: 50.

——, Se: Institutet, Karolinska. Stadg. ang Organister.

Beskrifning å afståndsmätare — och å tryckmätare för skarpa patroner till 1867—89 års gevär. 8:o, 20 s. Sthm, P. A. Norstedt & S.r 92. 45 ö.

Beskrifning öfver glasmålning. Kortfattad och tydlig anvisn. för en hvar att på några timmar lära att praktiskt utöfva denna konst, af *P. C. Bgn.* 14 s Jönköp., H Halls boktr.-aktb. 86. 25 ö.

Beslut, Uppsala mötes, den 20 mars 1593. Afbildning i orig storlek utförd i ljustryck. Med upplysande text af *Emil Hildebrand.* Sthm, Generalstab. litogr. anst. 93. 2 bl med text (12 s.).

4 kr, uppf på väf med rullar 6: 50.

Bethlehem. Kristlig kalender. Utg. af *E. W. Hellström* 8:o. Sthm, Utg:n. 86—91.

2:a årg. 1887. 158 s. o. 5 pl. 86. 1 kr, kart. 1: 25, klb. 1: 50.

3:e årg. 1888. 160 s. o. 2 pl. 87. 1 kr., kart. 1: 15, klb 1: 50.

4:e årg. 1889. 159 s. o. 6 pl. 88. 1 kr., kart. 1: 15, klb. 1: 50.

5:e årg 1890. 160 s. o. 6 pl. 89. 1 kr., kart. 1: 15, klb. 1: 50.

6:e årg 1891. 160 s. o. 13 pl. 90.
1 kr., kart, 1: 25, klb. 1: 50.
7:e årg. 1892. 160 s. o. 12 pl. 91.
1 kr, kart. 1: 25, klb 1: 50, praktb. 1: 75.
1893 (utgafs ej).
8:e årg. 1894 utg af J. Byström o. J. Grytzell.
160 s. o. 14 pl. 93. 1: 10, kart. 1: 35, klb. 1: 75
9:e årg. 1895 utg. af d.o d:o. 160 s o. 15 pl. 94.
1: 10, kart. 1: 35, klb 1: 75.
Betlehemsstjärnan. Jultidning för de små. 1:a årg.
4:o, 32 s. Sthm, Fost -stift:s F.-exp. 91. 50 ö.
Betraktelsebok, Kort, ett bihang till hvarje bibel.
16:o, 78 s. Tr. i Falköp. hos Aug. Johansson. 88.
50 ö.
Betraktelser för skolungdom. af K. J. Lind, L. Lindroth o. E. Planck. 8:o, 345 s. Sthm, P. A. Norstedt & S:r. 88. 2: 50, kart. 3 kr.
Betraktelser med anledning af prof. F. Fahlbecks bok om stånd o. klasser af C. G. 4:o, 15 s. Sthm, Looström & K. i komm. 93. 25 ö.
Betraktelser, Några, öfver uppsatsen »En ny tid är nära» af H. S. 8:o, 24 s. Sthm, Teosof. Bokförl. 93. 25 ö.
Betraktelser, Söndagsvännens, för hvarje dag i veckan. Se: Skrifter utg af Samf. Pro fide et christianismo. 34.
BETTANY, G. F., Världens religioner. 8:o, 498 s. Sthm, G. Fredengren. 94. 5 kr., klb. 7 kr.
Betänkande. I. Den 19 nov. 1886 af komitén för afgifvande af förslag till åtgärder i syfte att upphjelpa den ekonomiska ställningen i landet ang. möjligheten att bereda allmän fraktlindring vid Sveriges jernvägar. 4:o, vi o. 46 s. samt 8 tab. Sthm, Samson & Wallin. 86. 75 ö.
——, II. Den 12 dec. 1887 af d:o d:o. 4:o, 123 o. 61 s. samt 6 pl. Sthm, Samson & Wallin. 88.
1: 50.
Betänkande af den af Kongl. Maj:t d. 21 nov. 1890 tillsatta komitén för utarb. af förslag till ändr. i kyrkolagen m. m. 4:o, 111 s. Sthm, Samson & Wallin. 91. 1 kr.
II. 107 s. 92. 1 kr.
III. 168 o. vj s. 92. 1: 50.
Betänkande afgifvet d 1 okt. 1888 af komitén för revision af statens jernvägstaxa. 4:o, 46 s. Sthm, Samson & Wallin. 89. 75 ö
Betänkande afgifvet d. 30 jan. 1890 af den under d. 5 okt. 1889 i nåder tillsatta bankkomitén 8.o, 102 s Sthm, Samson & Wallin. 90. 1 kr.
Betänkande afg. d. 1 maj 1891 af den utaf Kongl. Maj:t tillsatta komité för afgifv. af förslag till ändr. i gällande bevilln. förordn. 4.o, 101 s. Sthm, Samson & Wallin 91. 1: 10.
Betänkande afg. d. 2 mars 1892 af Komitén för utredning af frågan om Post- o. Telegrafverkens förenande under en gemensam styrelse. 8.o, vij, iii o. 613 s. Sthm, Samson & Wallin. 92. 3: 50.
Betänkande afg. d. 11 mars 1892 af komitén för revision af förordn. ang minderåriges användande i arbete vid fabrik m. m. 4:o, 305 s. Sthm. Samson & Wallin. 92. 2 kr.
Betänkande afg. till finska Läkaresällskapet af ett för prostitutionsfrågans behandling inom sällskapet tillsatt utskott. 8:o, 52 s. o. 1 pl. Hfors, Läkaresällsk. 88. 75 p.
Betänkande ang. anordnande af pensionsväsendet för statens civile tjensteinnehafvare samt för deras enkor o. barn. 4:o, xiv o. 683 s. Sthm, Samson & Wallin. 94. 4 kr.

Betänkande, ang. hemmansklyfning, egostyckniug o. jordafsöndring 4:o, 28 s. Sthm, Samson & Wallin. 92. 50 ö.
Betänkande ang. kontroll å ångpannor jemte förslag till författn. i ämnet. 4:o, 322 s. o. 1 karta. Sthm, Samson & Wallin. 90.
Betänkande ang. likformig uppställning af grammatikaliska för skolornas behof afsedda läroböcker etc., 4:o, 148 s II.fors, Ölverstyrelsen för skolväsendet 88. 50 p.
Betänkande. Arbetareförsäkringskomiténs. 4:o. Samson & Wallin
I. Utlåtande o. förslag
1. Skyddsåtgärder, Arbetares olycksfallförsäkring, Sjöfolksolycksfallförsäkring, Riksförsäkringsanstalt. 150 s. 88. 75 ö.
2. Sjömanshusen. Handelsflottans pensionsanstalt. 80 s. 89. 45 ö.
3. Ålderdomsförsäkring. 107 s. 89. 75 ö.
4. Sjukkassor. 62 s. 89. 75 ö.
II. Öfversigt af lagstiftningen rör. arbetareförsäkring i åtskilliga främm. länder. 309 s. 88. 1 kr.
III. Statistiska undersökningar. 1. Olycksfall i arbetet. 2 Arbetstid, hygieniska förhållanden o. skyddsåtgärder i fabriker m. m. 85, 118 o. 19 s. 88. 1 kr.
3. Pensionsinrättn:r för statens civile betjente, underbefäl o. manskap vid armén. o. flottan samt kommunernas betjente. 184 s. 89. 75 ö.
4. Sjömanshusen o. handelsflottans pensionsanstalt. 79 s. 88. 75 ö.
5 Fullt försörjda fattighjon, fördelade efter civilstånd, ålder, yrke m. m. 73 s. 89. 75 ö.
6. Sjuk- o. begrafningskassor. 111 s. 89. 75 ö
7. Ålders- o. civilstånds-fördelningen samt dödlighetsförhållandena inom olika yrken. 111 s. 89. 1 kr.
Betänkande, Förstärkta lagberedningens, ang. hufvudgrunderna för en ny rättegångsordning. 8:o, v o. 199 s Sthm, Samson & Wallin. 87. 1: 50.
Betänkande, i fråga om byggnadssätt m. m. för stambanorna genom öfra Norrland mellan Sollefteå o. Luleå, afgifvet d. 14 dec. 1885. 4:o, 72, o. 92 s. samt 1 tab. o. 1 karta. Sthm, Samson & Wallin. 86.
Betänkande i fråga om lämpligheten af differentialtullars införande jemte förslag till tulltaxa, afg. d. 15 dec. 1886. 4:o, vj 102 o. 173 s. Sthm, Samson & Wallin. 86. 1: 25.
Betänkande med förslag till förordning ang. inkomstbevillning, afg. den 2 nov. 1894. 4:o, 188 s. Sthm, Samson & Wallin. 94. 1: 75.
Betänkande med förslag till förordning om frilager o. frihamn jemte förslag till ändr. i tullstadgan. Med bilagor: 1. Öfversigt af lagstift:n rör. tullupplag o. frihamnar i vissa främm. länder. 2. Statistiska tabeller. Afg. af den af Kgl. Maj:t den 5 okt 1894 förordn komité. 4:o, 246 o. 189 s. Sthm, Samson & Wallin 95. 3 kr.
Betänkande, Nya arbetareförsäkringskomiténs. 4:o, Sthm, Samson & Wallin.
I Utlåtande o. förslag, viij o. 148 s. 93. 75 ö.
II. Statistiska undersökn:r o kostnadsberäkn:r verkställda af And. Lindstedt. 129 s. 93. 75 ö.
III. Öfversigt af lagstiftningen rör. arbetareförsäkring i främm. länder. 167 s. 93. 75 ö.
IV. Statistiska undersökn:r angående pensionskassor. 107 s. 93. 75 ö.

Betänkande o. förslag ang. beskattning af hvitbetssockertillverkningen i riket, afg. d. 7 apr. 1892. 4:o, 94 s. o. 2 tab. Sthm, Samson & Wallin 92.
75 ö.
Betänkande o. förslag ang. beskattning af maltdrycker. afg. d. 11 dec. 1891. 4:o, 95 s Sthm, Samson & Wallin. 91.
1 kr.
—, d:o d.o med iakttagande att svagdricka fritages från beskattningen, afg. d. 26 nov. 1892. 4:o. 55 s. Sthm, Samson & Wallin. 92.
50 ö.
Betänkande och förslag ang. jernvägsadministration, afg. d. 24 okt. 1895 af 1893 års jernvägskomité. 8.o. Sthm, Samson & Wallin.
II:a, vj o. 390 s. 95. 2 kr.
II:b Bilagor iij o. 220 s. 95. 1 kr.
Betänkande o. förslag ang. ordnande af statens upphandlings- o entreprenadsväsende, afg. d. 6 okt. 1888. 4:o, vj o. 218 s, Sthm, Samson & Wallin. 88.
1 kr.
Betänkande o. förslag ang. utvidgning af arfsbeskattningen o. utsträckt tillämpning af stämpelskatten. Afg. d. 27 okt. 1893. 4:o, 123 s. o. 1 tab. Sthm, Samson & Wallin. 93.
1 kr.
Betänkande o. förslag till stadga ang. eftersökande och bearbetning af stenkolsfyndigheter, afg. d. 13 juni 1885. 8:o, 77 s. Sthm, Samson & Wallin. (85.)
1 kr.
Betänkande o. förslag, Underd., till utvidgning o. omorganisering af tekniska högskolan, afg d 15 dec. 1891. 8.o, 267 s. o. 2 pl. Sthm, Samson & Wallin. 91.
1: 50.
Betänkande o. lagförslag afg d. 22 febr. 1887 af den komité som uppdragits att granska Sjölagen. 8:o, ix 296, 231, o. 58 s. Sthm, Samson & Wallin. 87.
3: 50.
Betänkande, Sjöfartsnäringskomiténs, afg. d. 12 sept. 1890. 4:o, 196 s. Sthm, Samson & Wallin. 90.
1 kr.
Betänkande, Sprängämneskomiténs. 4:o, 126 s Sthm, Samson & Wallin. 94.
1 kr.
Betänkande, Tullkomiténs. 4:o. Sthm, Samson & Wallin. 91.
3: 50.
I. Underd. betänkande med förslag till tulltaxa, afg. d. 24 febr. 1891. xxxiij o. 193 s.
1. Tabellarisk öfversigt af tillverkningen, samt in- o. utförseln af flertalet vigtigare varor åren 1861–88. 292 s.
2. Jemförande öfversigt af de, år 1864 o. år 1890 gällande tullsatser samt de föreslagne. — 3. Jemförande öfversigt af de vid ingången af hvarje årtionde under perioden 1830—90 gällande tullsatser. — 4. Jemförande öfversigt af främm. länders tullsatser samt de i Sverige gällande o. de föreslagna. 150 s.
Betänkande, Underd., af komm. för granskning af inskriptionerna å arméns fanor o. standar afg d 2 apr. 1892. 8:o, 150 s. o. 4 bil. Sthm, P. A. Norstedt & S:r. 93.
3 kr.
Betänkande, Underd., afg d. 5 apr. 1887 af komité för granskning af förslag till instruktion för provinsial-läkare etc. 8.o, 290 o 84 s. samt 2 kartor. Sthm, Samson & Wallin. 87.
3 kr.
Betänkande, Underd, afg. d. 2 dec. 1890 af den af Kongl. Maj:t tillsatta komité för afgifvande af förslag till ordnande af kyrkoskrifning i riket. 4 o, 188 s. o. bilagor. Sthm, Samson & Wallin. 91.
1 kr.
Betänkande, Underd., huruvida genom förändr. lagstiftn. lättad utväg må kunna beredas idkare af jordbruksnäringen att anskaffa det för näringens bedrifvande erforderliga förlagskapital, med förslag till lagstiftn. i sådant syfte, afg. d. 13 sept. 1886. 4.o, 194 s. Sthm, Samson & Wallin. 86. 1: 50.
Betänkande, Underd., med förnl. till förändrade anordn:r i afseende å statens stuteriinrättn:r afg. d. 13 okt. 1886. 8:o, 52 s. Sthm, Samson & Wallin. 86.
75 ö.
Betänkande, Underd, o. förslag om ålderdomsunderstöd åt lärare o. lärarinnor vid skolor, samt förslag till reglementariska bestämmelser. 8:o v. o. 75 s. Sthm, Samson & Wallin. 91.
50 ö.
Bevis att Haqvin Bager förtjenar ett större anseende som skriftställare än hvad han till denna dag fått. Af O—l. 8:o, 16 s. Ups. Lundequistska Bokh. i distr. 95.
25 ö.
BEYER, Hugo, Iakttagelser rör. sångundervisningen i Paris o. London år 1886. 8:o, 62 s. Sthm, Z. Hæggströms F.-exp. i komm. 87.
75 ö.
Bhikshu, Subhádra. Se: Katekes, Buddhistisk.
Bibel, Barnens. Gamla Testam. efter H. M. Melins öfvers. Nya Testam. efter den antagna öfvers. Red. af *B. Wadström*, 4:o, 200 s. Sthm, F. & G. Beijers Bokf.-aktb. 87. 88.
Inb 3 kr.
Bibelforskaren. Tidskrift för skrifttolkning o. praktisk kristendom, utg. af *O. F. Myrberg*. Årgg. 3— 12 (1886—95) Sthm, Z. Hæggström F.-exp. 86— 95. För årg (4 hfn. = omkr. 30 ark).
4 kr.
(5:e årg. 1888. 3: 50.)
Bibelhandbok, Kort, afsedd för folk- o. nattvardsskolor. Öfv. o. bearb. af *N. J. Thunblad*. 12:o, 46 s. Sthm, Ad. Johnson. 92.
35 ö.
Bibeln eller den hel. skrift, inneh. Gamla o. Nya Test.s kanoniska böcker. Öfv. af bibelkommissionen. Godtköpsuppl. för söndagsskolan. 8.o, 744 o. 256 s Sthm, A. L. Normans förlagsexp. 89.
Chagrinb. 3: 50.
Bibeln eller den hel. skrift, inneh. Gamla o. Nya Test:ts kanoniska böcker. Öfvers. af bibelkommissionen. 8:o, 744 o. 256 s. Sthm, Fost.-stift:s F.-exp. 89.
Klb. 1: 10, med skinnrygg 1: 35, chagrinb. 3: 50.
Bibeln eller den hel. skrift, inneh. Gamla o. Nya Testamentets kanon-böcker. I. Gamla Test:t enl. bibelkomm. öfvers. 1878. II. Nya Test.t o. psaltaren i öfverensstämm. med normaluppl. 8:o, 983 o. 335 s. Sthm, A. L. Normans F.-exp. 93.
Skinnb. 6 kr., chagrinb. m. gsn. 9 kr., med pl. 10 kr.
Bibeln eller den hel. skrift, inneh Gamla o. Nya Test:ts kanon-böcker. I. Gamla Test:t enl. bibelkomm. öfvers. 1878. II. Nya Test:t o psaltaren i öfverensstämm. med normaluppl. 8:o, 983 o. 335 s. Sthm, Fost.-s:ift:s F.-exp. förlag. 93.
Skinnb. 6 kr., Chagrinb. 9 kr.
Bibeln eller den hel. skrift. I. Gamla testamentet efter bibelkomm. öfvers. II. Nya testamentet enl normaluppl. Med paralellspråk, tabeller o. kartor Liten 8:o, 820 o. 268 s. samt 3 kartor. Örebro Söndagsskole-föreningen. 90.
Inb. 1: 35, 1: 50, 3 kr., o 4 kr.
Föreg. uppl. 87.
Bibeln, illustr. för skolan o. hemmet Nya Testamentet. Se: Testamentet, Nya, i fullständig öfverensstämmelse.
Bibeln med förkl:r af *P. Fjellstedt*. Se: Skrifter, utg. af samf. Pro fide et christianismo. 25 o. 35.
Bibeln. — Nya Testamentet. Med teckn. af *G. Doré*.

4:o, 338 s 78 pl. o. 3 kartor. Sthm, C. & E. Gernandts Förl.-Aktb. 94. 12: 80, inb. 17 kr.

Bibelord till väckelse, tröst o. förmaning, jämte bön o. tacksägelse. 8:o, 32 s. Sthm, Fost.-stift:s F.-exp. 91. 12 ö.

Bibeltexter, Gemensamma, för söndagsskolan under år 1887. Utg. af Söndagsskoleforen. Liten 8:o, 53 s. Örebro, Söndagsskoletören. 86.
12 ö., inb. 15 ö.

Biblia, det är all den hel. skrift, med förkl. af *P. Fjellstedt*. Nya testam. 9.e uppl. I öfverensstämmelse med normaluppl. af år 1883. 8.o, 729 s. Sthm, F. & G. Beijers Bokf.-aktb. 86. 3: 50. Jfr: Skrifter af Samf. Pro fide et christianismo. 25.

Bibliografi, H. M. Konung Oscar II:s, 1849—87. Se: *[Carlander, C. M.]*

Bibliotek, De gladas. 8:o, Sthm, Ad. Johnson.
8. Kärlekens snaror, beskrifna af en gammal Adonis. Illustr. af *V. Andrén* m. fl. 80 s. 86.
50 ö.
9. Vårt tjenstefolk från humoristisk synpunkt belyst af »Tjenis» Illustr. af *V. Andrén* m. fl. 80 s. 86 50 ö.
10. *Hök, Otto*, Herrn och frun. Äktenskapshistorier. 80 s. 86. 50 ö.
11. *Bársony, Stefan*, Tusenskön. Ungerska noveller. Öfv. af —*nd*. 108 s. 91. 75 ö.
12 o. 13. *Johnson, John* (Kapten Punsch) Glam. Humoresker, skämthistorier, skizzer o. bagateller. Med illustr. af *V. Andrén*. 1:a o. 2:a saml. 2:a uppl. 128 s. 90. För saml. 50 ö.
14. *Witzleben & C:o*. I muntra lag Skämthistorier, anekdoter o. bagateller. 48 s. 93. 50 ö.
15 Ur skämtportföljen. Valda anekdoter o. andra roligheter af *Farbror Spets*. 48 s. 94. 25 ö.
16. Humoristiska godbitar af *Skulk & C:o*. 48 s. 94. 25 ö.

Bibliotek för allmänbildning. 8:o, Sthm, C. E. Fritzes hofbokh.
1. *Dalström, J. J.*, Svensk språklära, rättskrifningslära, främ. ord i svenska språket. 66 s. 94. 50 ö
2. —, Aritmetik o. geometri. Med 65 fig. 60 s 94. 50 ö.
3. *Söderén, O. V.*, Naturhistoria, Djurriket med 62 illustr. Växtriket med 84 illustr. Växternas o. djurens utbredning, med 16 illustr. Tillägg: *Leche, W*, Descendensteorien o. Darvinismen. 156 s. 94. 1: 25.
4. *Svedmark, L. E.*, Geologi. Med 38 illustr. 48 s. 94. 50 ö.
5. *Björkman, P. A*, Fysik o. kemi. Med 73 illustr. 88 s. 94. 75 ö.
6. *Jäderin, E*, Astronomi. Med 21 illustr. 46 s. 94. 50 ö.
7. *Wallis, Curt*, Hälsovårdslära. Med 8 illustr. 54 s. 94. 50 ö
8. *Svensén, Emil*, Allmän geografi. Med 44 illustr. 153 s. 94. 1: 25.
9. —, Allmän historia. Med 41 illustr. 172 s. 94. 1: 25.
10. *Ring, H. A.*, Litteratur o. konsthistoria. — *Lindgren, A.*, Tonkonstens väsen o. historia. Med 135 illustr. 240 s 94. 2 kr.

Bibliotek för de unga. 12:o, Sthm, Fost - stift:s F.-exp.
23. *[Tucker, Ch.]* Öfver allt pris af *A. L. O. E.* 86. 15 s. 10 ö.
24. —, På fullt allvar. Af densamma. 16 s. 86. 10 ö.
25. *[Tucker, Ch.]*. För syns skull. Af densamma. 14 s. 86. 10 ö.
26. —, Alltför dyrköpt. Af densamma. 16 s. 86. 10 ö.
27. —, Håll fast! Af densamma 16 s. 86. 10 ö.
28. *Schubert, G.*, Hafsströmmen. 36 s. 86. 15 ö.
29. Trogen in i döden. 40 s. 20 ö.
30. Julen i kojan. 24 s. 10 ö.
31. Det värnlösa barnets bref till sin frälsare. 16 s. 10 ö.
32. Plånboken eller Gud är underlig. 16 s. 10 ö.
33. Fyrväpplingen. Öfv. från tyskan af *J J—n*. 20 s. 88. 10 ö.
34. *More, Hannah*, Herden på Salisbury-heden. 39 s 88. 20 ö.
35. *Lydia*, Granrisgummans julfest. 21 s. 83. 10 ö.
36. *Paulus, Filip*, Herrens vägar o bönens makt. 48 s. 88. 20 ö.
37. *Ihle, Amalia*, Julsorg o. julglädje. Öfv. från norskan. 36 s. 89. 20 ö.
38 —, En julafton i nödens boning. Öfv. från norskan. 48 s. 89 20 ö.
39. Den lilla ärlige fiskförsäljaren. 50 s 89. 20 ö.
40. Mormors älskling. 44 s. 89. 10 ö.
41. *Vollmar A.*, Tvätterskan o. hennes son. Öfv. 22 s. 89. 15 ö.
42. —, Utan händer. Öfv. 42 s 89. 40 ö.
43. *Linde, J. P.*, Regnbågen. Tal till barnen vid en söndagsskolfest. 22 s. 90. 10 ö.
44. Sam, den lille sångaren. Öfv af *G. S. Löwenhjelm*. 63 s. 90. 25 ö.
45. Det lyckliga skeppsbrottet. Öfv. från tyskan af *J. J—n*. 16 s. 90. 10 ö.
46. *Ihle, Annette*, Den blinde fiolspelaren. Öfv. från norskan af *Leo*. 58 s. 90. 25 ö.
47. *Mason, Charlotte*, Den konungsliga lagen. 61 s. 90. 25 ö.
48. Den tacksamme Joseph. Öfv. från eng. 32 s. 90. 15 ö.
49. Farmors berättelse. Öfv. af *G. S. Löwenhjelm*. 46 s. 90. 20 ö.
50. *Vollmar, A*. Det klappar. Öfv. från tyskan. 16 s. 90. 10 ö.
51. *Vollmar, A.*, Julaftonen. Berättelse för ung o. gammal. Öfv. 35 s. 91. 15 ö.
52. De två bröderna. Öfv. från eng. 24 s. 91.
53. Utan arbete, utan bröd. Af förf. till Jessicas första bön. Sann berättelse. Öfv. från eng. 30 s. 91. 15 ö.
54. *Stretton, Hesba*, En natt o. en dag. Berättelse. Öfv. af *H. F*. 52 s. 91. 25 ö.
55. Stefan Flemingstafla. Öfv. från eng. af *J. K—g*. 14 s. 92. 10 ö.
56. Min egen, egen lille Johan. Öfv. från eng. af *E. F. L—m*. 58 s. 92. 25 ö.
57. Sommarlofvet. Öfv. från eng. af *E. F. L—m*. 27 s. 92. 15 ö.
58. *Vollmar, A.*, Två barn, som söka o. finna himmelen. 43 s. 92. 20 ö.
59. —, Julbarnet. Öfv. 32 s. 93. 15 ö.
60. —, Sparfvarne se det. 43 s. 93. 20 ö.
61. —, Barnatro. En berättelse för ung o. gammal. 45 s. 93. 20 ö.
62. *Henriks* markatta o. huru hon samlade för missionen. 31 s. 93. 15 ö.
63. *Roos, Mathilda*, Kärlekens hemlighet. 23 s. 93. 15 ö.

64. *Roos, Mathilda*, Det roligaste af allt. 24 s. 93. 15 ö.
65. —, En liten tviflare. 24 s. 93. 15 ö.
66. —, Det allra käraste. 16 s. 94. 10 ö.
67. —, Jul. 28 s. 94. 15 ö.
68. *Wildermuth, Ottilie*, Bruna Lena eller den mörka flickan. 67 s 94. 30 ö.
69. *Hammar, H. B.*, Hvad vill julgranen lära oss? Julbetraktelse för barn. 16 s. 94. 10 ö.

Bibliotek för den mognare ungdomen. 8:o. Sthm, Alb. Bonnier.
11. *Tolstoy, Leo*, Från mina barndoms- o. ynglingsår.
12. [*Encroth, C G*] I skansen, af *Chicot*. 2:a uppl.
Se de särskilda titlarna.

Bibliotek för figurteatern. 8:o. Gefle. C. Högberg
1. Hans o. Greta eller det lilla pepparkakshuset. Sagospel i 4 akter. 15 s. 93. 25 ö.
2. Mästerkatten i stöflar. Sagospel i 3 akter. 15 s. 93. 25 ö.

Bibliotek för helsovård. Red. af *Elias Heyman*. 8:o. Sthm, F. & G. Beijers Bokf.-Aktieb. 88.
7. *Selling, A. M.*, Vår föda, en orsak till helsa eller sjukdom. 151 s. o. pl. 88. 2: 25.

Bibliotek för jägare samt jagt- o. skjutkonstens vänner. 8:o. Sthm, Fr. Skoglund.
1. *Lancaster, Charles*, Konsten att skjuta. Med 49 illustr. 148 s. 93. 3 kr.
2. Stöfvaren af *O. B. R.* 47 s. 93. 1: 50.
3. Vårt villebråd, beskrifvet af jägare och fackmän under redakt. af *Gust. Kolthoff*. Med illustr. 1:a hft. 136 s. 95. 1: 75.

Bibliotek för kristliga lefnadsteckn:r. Utg. af *L S.* [*Carolina Berg.*] 8:o, 577 s. Sthm, Fost-stift:s F.-exp. i komm. 93. 4 kr., klb. 5 kr.

Bibliotek för resebeskrifningar. 8:o. Sthm, Alb. Bonnier.
1. *Stanley, H. M*, Huru jag fann Livingstone.
13. *Hedin, Sven*, Genom Persien, Mesopotamien o. Kaukasus.
14. Natt och Dag, *S.*, o. *Melander, R.*, Jorden rundt under svensk örlogsflagg.
15. *Centervall, Julius*, Från Hellas o. Levanten.
16. *Melander, R.*, Öfver verldshafven under tretungad flagg
17. General *Prschevalskijs* forskningsresor i Centralasien.
18. *Nansen, Frithjof*, På skidor genom Grönland.
19. *Fristedt, Conrad*, På forkningsfärd
20. *Peters, Carl*, Nytt ljus öfver det mörkaste Afrika.
21. *Sundström, P. W.*, Sjömansliv.
22. *Mobeck, E. E.*, Från aflägsna världsdelar.
23. *Ohlin, Axel*, På forskningsfärd efter Björling och Kallstenius.
Se de särskilda titlarna.

Bibliotek för sjöfarande, skeppsredare m. fl. för sjöfarten intresserade. 8:o. Sthm, Fr. Skoglund
4. *Lundgren, W. F.*, Handbok om fraktberäkningar. 47 s. 9!. 1: 50.

Bibliotek för sjömän. 12:o. Norrk., M. W. Wallberg.
1. *Müller, Carl W.*, Vid afgrundens brant. Skildr. från tysk-franska kriget. Öfv. af *N. J. Thunblad*. 108 s. 90. 60 ö.

Bibliotek för teatervänner. 12:o. Sthm, S. Flodin.
92. *Moinaux, Jules*, De båda döfve. Komedi i en akt. 4:e uppl. 31 s. 91. 50 ö.
148. *Wurm, Junior*, Tosingar. Tokerier i en akt. Sv. orig. 2:a uppl. 56 s. 89. 50 ö.
152. *Hodell, Frans*, Herr Larssons resa till senaste landtbruksmötet. Tillfällighetsskämt med sång i tre akter. 64 s. 86. 50 ö.
153. *Cederberg, Björn*, Min första soiré. Monolog. 75 s. 86. 25 ö.
154. *Apelbom, H. F.*, Pappa har ju gifvit lof! Skämt med kupl. i en akt. 38 s. 87. 50 ö.
155. Smaklig måltid. Skämt i en akt. Efter tyskan. 15 s. 87. 25 ö.
156. *Cederberg, Björn*, Min gamla frack. — Från Babels torn. — Så går det till. Monolog o. föredr. 12 s. 87. 25 ö.
157. [*Mallander, Gust. R.*], Patron Trögelins debut. Monolog med sång af *Malle*. 8 s. 88. 25 ö.
158. —, Den nye stadsposten. Monolog med sång af *Malle*. 8 s. 88. 25 ö.
182. *Dreyfus, Abraham*, Lugn i stormen. (Un crâne sous une tempête.) Komedi i en akt. Öfv. från franskan af *Emil Grandinson*. 16 s. 92. 25 ö.
183. *Dahl, Hjalmar*, Förlofvade för fort. Komedi i en akt. Bearb. efter *Ernst Wichert*. 3.e uppl. 23 s. 94. 40 ö.

Bibliotek för undervisningen. En saml. åskådliga skildr. till skolbruk o. självstudium under red. af *Fridtjuf Berg*. 8:o. Sthm, C. E. Fritzes hofbokh.
1:a följden: Naturkunnighet.
1. *Lindén, And.*, Ur djurens lif. Handbok för den första undervisn. i naturkunnighet. 94 s. 90. 1 kr.
2:a följden: Räkning.
1. *Nordlund, K. P.*, Lärogång vid den grundläggande undervisningen i räkning jemte metod. anvisn:r. xvj o. 108 s. 90. 1: 25.
3:e följden: Slöjd.
1. *Lundin, Hulda*, Handledning i metodisk undervisning i kvinlig slöjd. Med 80 teckn:r. 115 s. 92. 1: 50.

Bibliotek, Humoristiskt. 8:o. Sthm, J. Seligmann.
1. *v. Schönthan, F. o. P.*, Humoresker. Öfv. från tyskan. 155 s. 89. 1: 50.
2. *Habberton, John*, Ändtligen. En berättelse. Öfv. från eng. 151 s. 89. 1: 50.
3. *Billings, Josh.*, Skämt o. infall. Öfv. från eng. 96 s. 89. 1 kr.
4. *Harte, Bret*, Cressy. En berättelse. Öfv. från eng. 234 s. 89. 2 kr.
5. *Wranér, Henrik*, Brokiga bilder från skånska slätten förr o. nu. 167 s. 89. 1: 50.
6. *Gogol, Nicolai*, Berättelser. Öfv. 171 s. 89. 1: 50.
7. *Mark Twain*, En yankee. Öfv. från eng. af *Karl Benzon*. 335 s. 90. 2: 75.
8 *Halévy, Ludovic*, Herrskapet Cardinal. Satirisk skildring. Öfv. af *O. R—n*. 191 s. 91. 1: 75.
9. *af Geijerstam, Gustaf*, Aldrig i lifvet. Lustspel i tre akter jemte ett antal berättelser. 188 s. 91. 2 kr.
10. *Mark Twain*, Arfvingen från Amerika. Öfv. från eng. af *Erik Thyselius*. 264 s. 92. 2: 50.

Bibliotek, Illustreradt, för idrott. Red. af *Viktor Balck*. 8:o. Sthm, C. E. Fritzes hofbokh.
1. *Smith, Carl*, Båtsegling, kanotsegling, simning. Med 111 teckn:r. 72, 66 o. 16 s. 89. 2: 75.
2. *Balck, V.*, Bollspel. Med 89 teckn:r. 136 s. 89. 2: 50.

3. *Nyblæus, G. A.,* Hästsport. Med 73 teckn:r. 136 o. 10 s. 89. 2. 50.
4. *Balck, V.* o. *Schersten, O.,* Gymnastik. Med 295 teckn:r af *B. Liljefors* o. *T. Ödberg.* 240 s. 89. 4 kr.
5. *Balck, V.,* Värjfäktning. Med 96 illustr. viij o. 208 s. 88. 3: 75.
6. *Rydholm, O. B.,* Jagt. Med 32 teckn:r. 108 s. 89. 2 kr.
7. *Lemchen, C,* Om skjutvapen o. skjutkonsten. Med 127 teckn:r. 128 s. 89. 2: 25.
8. *Lundberg, Rudolf,* Fiske med metspö. Med 256 teckn:r. 114 s. 89. 2 kr.
9. Vinteridrott af *E. Collinder, J. E. Cederblom, E. Schulander, Carl Smith* o. *V. Balck.* Med 127 teckn:r. 34, 42, 12, 26 o. 6 s. 89. 2: 25.
10. Rodd af *V. Balck, T. Blanche, Alex. Lindman, Hans T. Næss* o. *Gotth. Wirström.* Med 58 teckn:r. 108 s. 89. 2 kr.
11. *Östberg, Adolf,* Hjulsport. Med 126 teckn:r. — *Ameén, L.,* Turistsport. Med 20 teckn:r. 82 o. 32 s. 89. 2 kr.
12. *Balck, V.,* Idrottstäflingar o. lekar. Med 102 teckn:r. 84 s. 88. 2: 50.

Bibliotek, Kemisk-tekniskt. 12:o. Sthm, C E. Fritzes hofbokh. i distr.
4. *Ålander, C. A.,* Receptbok för alla, inneh. öfver 400 föreskrifter att på egen hand bereda nödvändighetsartiklar o. allmännyttiga medel af alla slag. 104 s. 86. 1: 25.

Bibliotek, Nytt, för barn o. ungdom. 8:o. Sthm, C. E. Fritzes hofbokh.
1. *Meade, L. T.,* Pappas gosse Öfv. af *J. Romander.* 236 s. 89. Kart. 1: 50.
2. *Langlet, Math:a,* De tre små musketörerna. Efter *E. Desbaux.* 150 s. 89. Kart. 1: 50.
3. *Meade, L. T.,* Lilys feslott. Berätt. för unga flickor. Öfv af *J. Romander.* 307 s. 90 Kart. 1: 50.
4. *Walford, L. B.,* En bra flicka. Berätt. för unga flickor. Öfv. från eng af *E. Silfverstolpe.* 151 s. 90. Kart. 1: 50.
5. *Henty, G. A,* En dugtig pojke, eller hur Georg Andrews slog sig fram i verlden. Öfv. af *E. Silfverstolpe.* 174 s. o. 1 pl. 91. Kart. 1: 50.
6. *Coolidge, Susan,* Katy i hemmet. En berättelse för flickor. Öfv. från eng. 170 s. o. 1 pl. 91. Kart. 1: 50.
7. *Meade, L. T.,* Bråkigt herrskap. Berättelse för unga flickor. Öfv. från eng. 202 s. o. 1 pl. 91. Kart. 1: 50.
8. *Hamcau, Louise,* Raska gossar. Äfventyr till lands o. sjös. Öfv. af *C. F. Bagge.* 134 s. 92. Kart. 1: 50.
9. *Coolidge, Susan,* Katy i skolan. En berättelse för flickor Öfv. från eng. 184 s. 92 Kart. 1: 50.
10. *Meade, L. T.,* Annie Forest eller lifvet på Rosenhill. Öfv. af *E. Silfverstolpe.* 244 s. 92. Kart. 1: 75.
11. *Coolidge, Susan,* Hvad Katy gjorde sedan. En berätt. för flickor. Öfv. från eng. 175 s. o. 1 pl 93. Kart. 1: 50.
12. *Meade, L. T.,* Kamratlif. Berättelse för unga flickor. Öfv. af *E. Silfverstolpe.* 263 s. o. 1 pl. 93. Kart. 1: 75.
13. *Coolidge, Susan,* Clover. En berättelse för flickor. Öfv. från eng. 171 s. o. 1 pl. 94. Kart. 1: 50.
14. *Meade, L. T,* Stora syster. En nutidsberättelse. Öfv. af *E. Silfverstolpe.* 264 s. o. 1 pl. 94. Kart. 2 kr.
15. *Coolidge, Susan,* Högadal. En berättelse för unga flickor. Öfv. från eng. 165 s. o. 1 pl 95. Kart. 1: 50.
16. *Meade, L. T,* Ros och tistel. Berättelse för unga flickor. Öfv. af *E. Silfverstolpe.* 320 s. o. 1 pl. 95. Kart. 2: 25.

Bibliotek, Nytt, för berättelser, kultur- o. reseskildr. Utg. af *B Wadström.* 8:o. Sthm, F. & G. Beijers Bokf.-aktb.
1. Från natur o. folklif Berättelser o. kulturskildr. af *O. Funcke, E. L—d, N. Fries* m. fl. 139 s. 90. 1 kr.
2. Från Sverige o. Finland. Berättelser af *K. A. Hagström, C. Linrot* m. fl. 108 s. 91. 1 kr.
3. Ungdomsdrömmar. Bilder från slott o. koja, tecknade af *Sigfrid W—n, N. Fries, E. W.* o. *A. Wüstfelt.* 146 s Sthm, A L. Normans F.-exp. 92. 1: 50.

Bibliotek, Populärt vetenskapligt. 8:o. Sthm, Ad. Bonnier.
4. *Lemström, Selim.,* Om polarljuset eller norrskenet. Med 5 pl. i cromolitogr. o. 23 fig. 172 s. o. 5 pl 86. 4 kr.
5. *Falb, Rudolf,* Stormar o. jordbäfningar. Öfv. från tyskan af *O. H. Dumrath.* Med 107 illustr. 239 s. 87. 3: 75.

Bibliotek, Stenografiskt. Utg af Studenternas Gabelsbergerförbund i Upsala. 8.o. Ups., Lundequistska Bokh. i distr.
1. *Fänrik Ståls* sägner i urval. 32 s. 93. 40 ö.

Bibliotek, Sveriges offentliga. Stockholm, Upsala, Lund. Utg. af Kgl. Biblioteket gm *E. W. Dahlgren.* 8:o. Sthm, Samson & Wallin.
1886. Accessionskatalog N:o 1. viij o. 214 s. 87. 1 kr.
1887. d o N:o 2. vj o. 284 s. 88. 1 kr.
1888. d.o N:o 3. vj o. 277 s. 89. 1 kr.
1889. d:o N:o 4. viij o. 384 s. 90. 1 kr.
1890. d.o N o 5. viij o. 316 s. 91. 1: 25.
1891. d.o N:o 6. vj o. 368 s. 92. 1 kr.
1892. d:o N:o 7. viij o. 386 s. 93. 1 kr.
1893. d.o N:o 8. 372 s. 94. 1 kr.
1894. d:o N:o 9. iv o. 405 s. 95. 1 kr.

Bibliotek till fritänkeriets bekämpande af *Hastings* m. fl. Öfv. från eng. af *G. F.* 1:a hft. 8:o, 35, 33, 31 o. 26 s. Sthm, G. Fredengren. 89. 1 kr.

Bibliotek, Ungdomens. 8:o. Sthm, Ad. Johnson.
1. *Aimard, Gustave,* Äfventyr i vildmarken eller Trappers i Arkansas. 208 s. 86. Kart. 2 kr.
2. —, Skogsströfvarne. Öfv. af *J. Granlund.* 297 s. 87. Kart. 2: 50.
3. —, Friskyttarne. Öfv. af *J. Granlund.* 384 s. 87. Kart. 2: 75.
5. —, Vildmarkens lejon. Öfv. af *G—g.* 141 s. 88. Kart. 1: 25.
6. *de Saint-Pierre, Bernardin,* Paul o. Virginie. Öfv. från franskan af *A. Wall.* 114 s. 88. Kart. 1: 25.
7. *Reid, Mayne,* En frivilligs äfventyr o. ströftåg i Mexikos urskogar. 110 s. 88. Kart. 1: 25

8. »Sveriges Ungdom». Tidskrift för skola o. hem. Årg. II. 1884. 1: 25.
9. D:o d:o Årg. III. 1885. 1: 25.
10. D:o d:o Årg. IV. 1886. 1: 25.
11. D:o d:o Årg. V. 1887. 1: 25.
12. Räknekonstens under. Bearb. från tyskan af S—g. viij o. 146 s. Kart. 1: 50.
13. Coopers berättelser om Skinnstrumpa o. hans äfventyr bland indianerna, bearb. för ungdom af Adam Stein. Öfv. från tyskan. 392 s. 88. Kart. 2: 75.
14. Aimard, Gustave, Trohjerta eller ödemarkens son. Öfv. af J. Granlund. 365 s. 89. Kart. 2: 50.
15. Amiral Hobart Paschas lif o. bedrifter. Öfv. af J. Granlund. 267 s. 89. Kart. 2: 25.
16. de Pressensé, E., Ur barnens lif. Öfv. af J. Granlund. 165 s. 89. Kart. 1: 50.
17. ——, Rosa. Öfv. af J. Granlund. 154 s. 89. Kart. 2 kr.
18. Verne, Jules, Jorden rundt på 80 dagar. Bearb. för ungdom af Hoffman. Öfv. från tyskan af J. Granlund. 228 s. o. 4 kolor. pl. 90. Kart. 2: 50.
19. Aimard, Gustave, Stenhjerta. Öfv. af J. Granlund. 284 s. 91. Inb. 2: 25.
20. ——, Tigerkatten. Öfv. af J. Granlund. 248 s. 92. Kart. 2 kr.
21. Cooper, J. F., Briggen Molly eller äfventyr vid Golföarna. Bearb. för ungdom af Frans Hoffman. Öfv. från tyskan. 467 s. 92. Kart. 2: 75.
22. Wetherell, Elizabet, Mr Rutherfords barn. Öfv. från eng. af Hedvig Indebetou. 187 s. 92. Kart. 1: 50.
23. ——, Chryssas o. Sybillas vinternöjen. Öfv. från eng. af Hedvig Indebetou. 141 s. 92. Kart. 1: 50.
24. [Sundblad, Jch.], Junker Magnus. Tidsbild från 1300-talet af Hakon Törne. 233 s. 92. Kart. 2 kr.
25. Cooper, Fenimore, Vägvisaren. Bearb. för ungdom af Paul Moritz. Med 4 pl. i färgtr. Öfv. af Hj. Barkén. 233 s. o. 4 pl. 93. Kart. 2: 50.
26. Ker, David, Mazeppa, Karl XII o Peter den store. Öfv. af J. Granlund. Med illustr. 260 s. 93. Kart. 2: 25.
27. Aimard, Gustave, Indianhöfdingen. Öfv. af J. Granlund. Med illustr. 268 s. 93. Kart. 2: 25.
28. ——, Savannernas drottning. Öfv. af J. Granlund. Med illustr. 295 s. 93. Kart. 2: 25.
29. Grundmann, J., Pelsjägaren o. Höfdingen utan stam. Med kolor. pl. Öfv. 107 s. o. 4 pl. 94.
30. Aimard, Gustave, Svarta korpen eller Nybyggarne vid indiangränsen. Öfv. af J. Granlund. Med illustr. 216 s. 94. Kart. 2: 50.
31. Boycsen, Hj. Hjort, Vikingaättlingar. Berättelser för gossar. Öfv. af Ellen Bergström. Med illustr. 219 s. 95. Kart. 2: 25.
32. Reid, Mayne, Skalpjägarne eller krigståget mot Novajoerna. Öfv. o. bearb. Med 5 illustr. 175 s. 95. Kart. 1: 75.
33. Yonge (Miss), Den lille hertigen eller Richard den orädde. Öfv. från eng. Med illustr. 192 s. 95. Kart. 1: 75.

Bibliotek, Vegetariskt. 8.o. Sthm, G. Chelius.
1. Kingsford, Anna, Den rätta dieten. En afhandl. om människans naturliga föda. Öfv. af V. Pfeiff. 136 s. 91. 1 kr.

Biblioteket, Blå, Stycken på vers o. prosa till nykterhetens främjande. 1:a hft. 8:o, 48 s. Lindesberg, J. Högborg. 93. 30 ö.

Biblioteket, Gula. 8:o. Sthm, Fahlcrantz & K.
5. Tiele, C. P., Allmän religionshistoria. Öfv. af P. E. M. Fischier. iv o. 248 s. 87. 2: 50, inb. 3: 75.

Biblioteket, Svenska. Häftena 45—104. 8:o. Sthm, Fahlcrantz & K. 86—89. För häfte 25 ö.
1:a afd. Sjögren, Otto, Allmän verldshistoria. 11:e —20.e hft. (II.) s. 253—308. (III.) 592 o. v. s. 86—88. Kompl. 8: 75.
2:a afd. Svensén, Emil, Jorden o. menniskan. 5:e —9:e hft. s. 257—594. 88. Kompl. 2 kr.
3:e afd. Naturvetenskaplig boksamling, utg. under öfverinseende af Th. M. Fries.
2. Tullberg, Tycho, Djurriket. 6:e—10:e hft. Med 211 illustr. 328 s. 85. Kompl. 2: 50.
3. Melander, Klas, De fysiska naturlagarne o. deras användning. Med 141 illustr. 160 s. 86. 1: 50.
4. Rosenberg, J. O., Kemiska kraften. Med 116 bilder. 232 s. 87. 1: 50.
5. Svenonius, Fr., Stenriket o. jordens byggnad. 242 s. o. 1 karta. 88. 1: 50.
6. Jäderin, Edv. o. Charlier, C. V. L., Stjernverlden. Med 32 illustr. 105 s. 88. 75 ö.
4:e afd. Illustr. helsovårdslära, utarb. under redaktion af Rob. Tigerstedt. 4:e—11:e hft. Med 354 bilder. 193—744 o. viij s. 89. Kompl. 3: 75.
5:e afd. 2. Körner, Axel, Juridisk rådgifvare o. formulärbok. 560 o. vij s. 88. 2: 50.
6:e afd. Praktisk handbok för alla, utarb. under redaktion af Wilh. Köersner. 10.e—15:e hft. (I) sp. 1,153—1,268. (II) 616 sp. o. Reg. 49 s. 88. Kompl. 3 kr.
7:e afd. Vårt land, skildradt af svenske konstnärer. 7:e—13:e hft. 4.o. s. 97—206. 88. Kompl. 9 kr.

Bibliotheca mathematica. Zeitschrift f. Geschichte d. Mathematik, herausgeg. von — (Journal d'histoire des mathematiques publié par) — Gustaf Eneström. 1886. 8:o. Sthm, F. & G. Beijers Bokf.-aktb. 86. 2: 50.
——, Neue Folge. Serie 1—9 (1887—95). 8:o. Sthm, Utg:n. 87—95. För årg. (4 hfn) 3: 50.

Bibliothek moderner deutscher Schriftsteller für den Schulgebrauch. 8:o. Lund, Gleerupska univ:s bokh.
1. Stinde, Julius, Zwei Novellen mit Anmerk. herausgeg. von Emil Rodhe. 2:e Aufl. 138 s. 93. 1: 25.
(1:a uppl. 91.)

Bibliothèque, Petite, française. 16:o. Sthm, H. Geber.
1. de Banville, Th., Gringoire. Comédie en un acte. Avec notes et vocabulaire par E. F. Lönnrot. 2:me éd. 66 s. 87. Kart. 50 ö.
2. Scribe, E., Le verre d'eau. Comédie en 5 actes et en prose. Notes et vocabulaire par C. G. B[ergman]. 2:me éd. 126 s. 87. Kart. 75 ö.

Bidrag, Ett, till skolfrågan. Af H. D. (Särtryck ur Sv. tidskr. 1894: 9.) 8:o, 22 s. Sthm, Samson & Wallin i distr. 95. 25 ö.

Bidrag, Finska, till svensk språk- och folklifsforskning, utg. af Svenska landsmåls-fören. i Helsingfors. 8:o, 318 s. o. 1 tab Hfors, Svenska landsmålsfören. 94. 3: 75.

Bidrag, Nyare, till kännedom om de svenska landsmålen o. svenskt folklif. Tidskrift, utg genom J. A. Lundell. 8.o. Sthm, Samson & Wallin. För årg. 4: 50.

Årg. 1886.
Svenska barnvisor och barnrim, saml. o. ordnade af *Joh. Nordlander.* 285 s.
Burens, A. J, Sumlen. s. 161—243.
Nordlander, J., Barnvisor o. barnrim. Text. 285 s.
Vendell, Herman, Runömålet. Ljud- o. formlära samt ordbok. 2:a hft. s. 65—154.

Årg. 1887.
Modin, Erik, Huskurer o signerier samt folkliga namn på läkemedel från Ångermanland. 23 s.
Sjöstrand, Nils, Getapulianare hemma o i Lund. I två handl:r. Uppförd d. 25 maj 1883. 28 s.
Kock, Axel, Kritiska anmärkn:r om svensk aksentuering. 47 s
Olséni, Nils, Södra Luggudemålets ljudlära. 85 s.
Sondén, P. A., Gåtor från norra Vadsbo. 47 s.
Brohms Gyllenmärs Visbok s 99—332

Årg. 1888.
Wigström, Eva, Vandringar i Skåne och Bleking. 82 s.
Nordlinder, E. O, Förteckning öfver Lule-socknarnes person- o. ortnamn. 28 s. — *Noreen, Adolf*, Folketymologier. 39 s.
Åström, Per, Språkhistoriska studier öfver Degerforsmålets ljudlära. Akad. afh v o. 159 s. — Smärre meddelanden. s. cj—ccxx.
Lefnadsteckningar: *Jäger, Henrik*, Asbjörnsen og Moe. — *Bergström*, Sven Grundtvig. — Joh. Leon. Höijer. 40 s. — *Pettersson, O. P.*, Lapparnas sommarlif. 35 s.

Årg. 1889.
Norrmann, Karin o. *Sven*, Förteckning öfver svenska dopnamn tillika med sydsvensk namnlista af *A. L. Senell*. 40, 5 o. vij s.
Nordlander, Johan, Småplock. Historier och mässningar, grötrim o. hvarjehanda. 36 s.
Folkminnen af *H. o. E.* 196 s.
Schagerström, Ang, Ordlista öfver Vätömålet. 92 s.
Kock, Axel. Bidrag till svensk ordforskning. 11 s.
—, Växlingen i o é i forngutniskan. 9 s.
Clausen, H. V., Sprogkårt over Sønderjylland, 1 kartblad.

Årg. 1890.
Billing, G, Åsbomålets ljudlära. 261 s. o. 1 karta.
Renvall, L. T, Ålandsk folktro. 40 s.
Oberg, S, Härjedalens fäbodar. 19 s.

Årg. 1891
Cederschöld, Gust, Medeltidsberättelser. Sagor, legender och anekdoter. 2:a saml. s 97—155.
Bore, E., Bergsmanslif i början af 1800-talet. 49 s.
Wigström, Eva, Allmogeseder i Rönnebärgs härad. 92 s.
Lindgren, J. V., Burträskmålets grammatik. 1:a hft. 166 s.
Hagfors, K. J, Gamla Karlsbymålet. 124 s o. 1 karta.
Kock, Axel, U-omljudet i fornsvenskan. 28 s.

Årg. 1892
Lefnadsteckningar. 17 s.
Cartheim-Gyllenskiöld, V, Visor och melodier. 20 s
Engelke, V., Halsingesägner. 2:a saml. 20 s.
Lundgren, M. F, Personnamn från medeltiden. 86 s.
Karsten, A., Kökarmålets ljud- o. formlära. 154 s.

Årg. 1893.
Folkminnen af *H o. E.* s. 197—308.
Lindgren, Adolf, Om poskemelodiernas härkomst. 27 s.
Bergman, G., Alundamålets formlära. 22 s.

Åström, P., Degerforsmålets formlära.
Beckman, N., Sekundära nasalvokaler.
Wadstein, E., Om behandling av a framför rt.
—, Till läran om u-omljudet.
Fries, E, Sveriges sista häxprocess.

Årg. 1894.
Waltman, K. H., Lidmål. 127 s.
Busck, Frans, Bohusländska folkmålsdikter. 58 s.
Kock, Axel, Några svenska ord.
Löffler, L. Fr., De östskandinaviska folknamnen hos Jordanes. 15 s.
Wigström, Eva, Kardegille. 84 s.
Kock, Axel, Aksentueringens inverkan på svenskans vokalisation. 33 s.
Barbro Baners visbok.
Pehr Brahes visbok.

Bidrag rör. curator ad litem v. häradsh. o. ridd *Carl Dahlgrens* sterbhus-utredningar. 8:o, 48 s. Sthm, A. F. Andersson. 88. 50 ö.

Bidrag till belysning af språkbruket i franskan. Se [*Lönnerberg, R. W.*]

Bidrag till historien om kriget i Norge 1814 jemte granskning af herr *J. Mankells* skrift i samma ämne. Se: [*Ljungberg, C. E.*]

Bidrag till Karlskoga krönika. Ur ‹Noraskogs arkiv›. 8:o, iv, 400 s. o 2 portr. 1 facs. samt 1 karta. Noraskog, Joh. Johansson. 95. 6 kr.

Bidrag till kännedom af Finlands natur o. folk. 8:o. Hfors, G. W. Edlund.

XLIII. 311 o. lxxxvij s. 86. 3 fmk.
Innehåll:
Lagus, Wilh., Numismatiska anteckn:r. 1. Historik öfver finska univ.s mynt- o. medaljkabinett. 1.
Fagerlund, L. W., Finlands leprosorier. I: 1. St. Görans hospital. 2 Hospitalet på Sjählö. 3. Hospitalet på Gloskär.

XLIV. 305 s. Planscher o. kartor. 87. 4 fmk.
Innehåll:
Bonsdorff, E J., Jordlösningen o. dess cirkulation i den odlade jorden.
Ramsay, W., Om de arkaiska bildningarna i nordöstra delen af Jaala socken.
Journal du général *J. Keith* pendant la guerre en Finlande 1741—1743. Utg af Aug. J. Hjelt.
Hougberg, E. o. *K. Hällstén*, Materiaux pour servir à la connaissance des crânes des peuples finnois.
Berner, A., Ett Kalevala-ord.
Hausen, Reinhold, Anteckn:r gjorda under en antikvarisk forskningsresa sommaren 1876 i östra Nyland.
Tigerstedt, A. F., Studier rör. södra Finlands lerlager.

XLV. 340 s. samt kartor. 87. 4 fmk.
Innehåll:
Hjelt, Aug., Sveriges ställning till utlandet närmast efter 1772 års statshvälfning.
Hult, R., Lojobäckenets bildning.

XLVI. 179 s. o. 14 pl. 88. 2 fmk.
Innehåll:
Wiik, F. J, Den finska mineralsamlingen i univ:s i Helsingfors mineralkabinett.
—, Om brottstycken af gneis i gneisgranit från Helsinge socken.
Gylling, Hj., Bidrag till kännedom om vestra Finlands glaciala o. postglaciala bildn:r. II.
Nordqvist, Osc., Iakttagelser öfver hafsvattnets salthalt o. temperatur inom Finlands sydvestra skärgård o. Bottniska viken sommaren 1887.
Sundell, A. F., Askvädren i Finland 1887.

Hjelt, Edv., Kemisk undersökning af hafsvattnet i Finlands sydvestra skärgård o. Bottniska viken.
XLVII. 275 s. 88. 3 fmk.
Innehåll:
Lagus, W., Numismatiska anteckn:r. N:o I. Historik öfver finska univ:s mynt- o. medaljkabinett. 2.
Hjelt, Otto E. A., Svenska statens inköp af hemliga läkemedel och särskildt kirurg Guys medel mot kräfta.
Nordqvist, Osc., Die Calaniden Finlands.
XLVIII. 482 s. 89. 4 fmk.
Innehåll:
Karsten, P. A., Kritisk öfversigt af Finlands Basidsvampar.
Leche, I., Förteckn. på tiden då trä o. buskar kring Åbo utslagit blad o. blommor åhren 1750, 51 o. 52.
XLIX. 365 o. lxiij s. 90. 4 fmk.
Innehåll:
Lindelöf, L., Mortaliteten i Finland 1878 -1886.
Vendell, Herman, Ordlista öfver det svenska allmogemålet i Finnby kapell af Bjärnå socken i Åbo län.
L. 295 o. xlvj s. 91. 4 fmk.
Innehåll:
Genetz, Arvid, Wörterbuch der Kola-Lappischen Dialekte nebst Sprachproben.
LI. 537 s. 92. 8 fmk.
Innehåll:
Sundell, A. F., Åskvädren i Finland 1888.
Lindelöf, L., Statistisk undersökning af tillståndet i Folkskollärarenas i Finland enke- och pupillkassa den 1 januari 1890.
Sundell, A. F., Åskvädren i Finland 1889.
—, Åskvädren i Finland 1890.
Karsten, P. A., Kritisk öfversigt af Finlands Basidsvampar. Tillägg I.
Heinrichs, Axel, Snö- och isförhållandena i Finland år 1890.
Sundell, A. F., Åskvädren i Finland 1891.
Matériaux pour servir à la connaissance des crânes des peuples germaniques trouvés en Finlande.
Karsten, P. A., Finlands mögelsvampar (Hyphomycetes Fennici).
LII. 431 s. 93. 4 fmk.
Innehåll:
Cederberg, J. A., Jaakko Suomalaisen Virsikirja Kopio Upsalan yliopistossa säily tetystä anioasta jälellä olevasta koppaleesta.
Vendell, Herman, Pedersöre-Purmo-målet. Ljud- och formlära samt språkprof.
Matériaux pour servir à la connaissance des crânes des peuples finnois.
LIII. 408 s. 93. 6 fmk.
Innehåll:
Leinberg, K. G., Skolstaten i nuvarande Åbo stift o. dettas förra andel af Kuopio stift intill den 1 juli 1870.
LIV. 491 s. 94. 6 fmk.
Innehåll:
Lindelöf, L. L., Nytt bidrag till belysande af ställningen i Folkskollärarnas i Finland enke- och pupillkassa.
Sundell, A. F., Åskvädren i Finland 1892.
Heinrichs, Axel, Snö- och isförhållandena i Finland år 1891.
Karsten, P. A., Kritisk öfversigt af Finlands Basidsvampar. Tillägg II.
Homén, Theodor, Bodenphysikalische und meteorologische Beobachtungen mit besonderer Berücksichtigung des Nachtfrostphänomens.
Sundell, A. F., Åskvädren i Finland 1893.
Hällstén, K, Crânes provenant des environs de Tobol, gouvernement de Tobolsk en Siberie.
Aschan, Ossian o. *Hjelt, Edv.*, Undersökning af finskt terpentin.
LV. xj o. 168 s. 94. 2: 50 fmk.
Innehåll:
Moberg, Adolf, Fenologiska iakttagelser i Finland åren 1750—1845.
LVI. vij o. 524 s. 95. 6 fmk.
Innehåll:
Vendell, Herman, Ordbok öfver Pedersöre-Purmomålet i Österbotten.
Bidrag till kännedom af vårt land, utg. af *K. G. Leinberg*. 8:o. Jyväskylä, J. Länkelä.
I. vij o 90 s. (1885) 2 fmk.
II. v o. 144 s. 86. 3 fmk.
Innehåll:
Dagbok uppå en resa om sommarn 1769 ifrån Vesterås till Petersburg, af *Abrah. Abrs. Hülphers.*
III. viij o. 109 s. 87. 2. 50 fmk.
IV. 130 s. 88. 2: 80 fmk.
V. viij o. 230 s. 90. 4: 50 fmk.
Innehåll:
Lenngvist, Eric, Historisk afhandling om Åbo slott.
Bidrag till kännedom om Göteborgs o. Bohusläns fornminnen o historia, utg. på föranst af länets fornminnesfören. Hft 11—22. (III) 564 s. o. 1 karta. (IV.) 523 s. 5 kartor o. 2 pl. (V.) 474 s. 2 kartor o. 32 pl. (VI: 1.) 98 s. o. 1 karta. Göteb., Wettergren & Kerber. 87—95.
För häfte 5 kr.
Bidrag till Nordens äldsta kartografi. Vid 400-års festen till minne af nya verldens upptäckt utg. af Svenska sällsk. för antropologi o. geografi 1892. Folio, 3 blad text o. 9 kartblad. Sthm, Samson & Wallin. 92. (Uppl.n 100 numrerade exemplar.)
I kartong 30 kr.
Bidrag till Sveriges officiella statistik. 4:o. Sthm, Samson & Wallin.
A.) *Befolkningsstatistik*. Ny följd.
XXVI. Statist. centralbyråns berättelse för 1884. xviij o. 42 s. 86. 1 kr.
XXVII. D:o för 1885. xviij o. 42 s. 87. 1 kr.
XXVIII. D:o för 1886. xviij o. 62 s. 88. 1: 10.
XXIX. D:o för 1887. xviij o. 62 s 89. 1: 20.
XXX. D:o för 1888. xviij o. 62 s. 90. 1: 20.
XXXI. D:o för 1889. xix o. 60 s. 92. 1: 20.
XXXII. D:o för 1890.
1. Folkmängd, vigde, födde o. döde etc. 1890 jemte öfversigter för 1816—90. xix, 60, xlvj o 57 s 92. 2: 40.
2. Areal o folkmängd för särskilda, Administrativa, Judiciela o. Ecklesiastika områden, uppgifter om främmande trosbekännare. xvj o 142 s. 91. 1: 10.
3. Folkmängden församlingsvis åren 1860—90. Folkmängden 1890 efter kön, ålder, civilstånd, hushåll, födelseort, stamskillnad o. yrken, antalet sinnessjuka, döfstumma o. blinda frånvarande personer o. qvarstående obefintlige. Dödlighets- o. lifslängdstabeller för åren 1881—90. lxij o. 180 s. 95. 3: 20.
XXXIII. D:o för 1891. xvij o. 56 s. 94. 1: 10.
XXXIV. D:o för 1892. xvij o. 56 s. 95. 1: 10.
XXXV. D:o för 1893. xvij o 56 s. 95. 1: 10.

Bidrag till Sveriges officiella statistik.
B.) *Rättsväsendet.* Ny följd.
XXVIII: 1 o. 2. Chefen för Kongl. justitie-departementets embetsberättelse för 1885. xx, 50, xij o 44 s. 86. 1: 50.
XXIX: 1 o. 2. D:o för 1886. xx, 50, xij o. 44 s. 87. 1: 50.
XXX: 1 o. 2. D.o för 1887. xiij, 50, vj o. 44 s. 89. 1: 50.
XXXI: 1 o. 2. D.o för 1888. xiv, 50, vj o. 44 s. 89. 50 ö.
XXXII: 1 o. 2. D.o för 1889. xiij, 50, vj o. 44 s. 90. 1 kr.
XXXIII: 1 o. 2. D:o för 1890. xiij, 50, vij o. 44 s. 92. 1 kr.
XXXIV: 1 o. 2. D.o för 1891. xxij, 50, vj o. 44 s. 93. 1 kr.
XXXV: 1 o. 2. D.o för 1892. xvij, 50, vj o. 44 s. 94. 1 kr.
XXXVI: 1 o. 2. D.o för 1893. xxvij, 50, xiij o. 44 s. 95. 1 kr.

C.) *Bergshandteringen.*
Commerce-collegii berättelse för 1884—85. 37 s. 50 ö.
D:o d:o för 1885. 36 s. 86. 50 ö.
D.o d.o för 1886. 41 s. 87. 50 ö.
D:o d:o för 1887. 36 s. 88. 50 ö.
D.o d:o för 1888. 32 s. 89. 50 ö.
D.o d:o för 1889. 34 s. 90. 50 ö.
D.o d.o för 1890. 34 s. 91. 50 ö.
D.o d.o för 1891. 31 s. 92. 50 ö.
D:o d:o för 1892. xvj o. 18 s. 93. 50 ö.
D:o d:o för 1893. xvij o. 18 s. 94. 50 ö.
D:o d.o för 1894. xvij o. 19 s. 95. 60 ö.

D.) *Fabriker och manufakturer.*
Commerce-collegii berättelse för 1884. xx o. 79 s. 86. 75 ö.
D.o d:o för 1885. xxv o. 69 s. 87. 75 ö.
D.o d:o för 1886. xxvj o. 69 s. 88. 75 ö.
D.o d:o för 1887. xix o. 69 s. 89. 75 ö.
D.o d:o för 1888. xx o. 71 s. 90. 75 ö.
D.o d:o för 1889. xx o. 71 s. 91. 75 ö.
D.o d.o för 1890. xx o. 73 s. 92. 1: 30.
D:o d:o för 1891. xviij o. 75 s. 93. 1: 50.
D:o d:o för 1892. xxij o. 39 s. 94. 90 ö.
D.o d.o för 1893. xxiv o. 39 s. 95. 1 kr.

E.) *Inrikes sjöfart och handel.*
Commerce-collegii berättelse för 1884. x o. 38 s. 86. 50 ö.
D.o d o för 1885. x o. 38 s. 87. 50 ö.
D:o d o för 1886. x o. 36 s. 88. 75 ö.
D:o d:o för 1887. ix o. 38 s. 89. 75 ö.
D:o d:o för 1888. ix o. 38 s. 90. 75 ö.
D:o d:o för 1889. ix o. 39 s. 91. 75 ö.
D:o d:o för 1890. vij o. 40 s. 92. 70 ö.
D:o d:o för 1891. x o. 38 s. 93. 70 ö.
D:o d:o för 1892. xj o. 36 s. 94. 70 ö.
D:o d:o för 1893. xj o. 36 s. 95. 60 ö.

F.) *Utrikes handel och sjöfart.*
Commerce-collegii berättelse för 1885. iv o. 341 s. 87. 2 kr.
D:o d:o för 1886. iv o. 340 s. 88. 2 kr.
D:o d:o för 1887. iv o. 335 s. 89. 2 kr.
D.o d:o för 1888. iv o. 349 s. 90. 2 kr.
D:o d:o för 1889. iv o. 345 s. 91. 2 kr.
D:o d.o för 1890. iv o. 347 s. 92. 3: 50.
D.o d:o för 1891. 1. Utrikes handel. x o. 161 s. 92. 2: 25.

Bidrag till Sveriges officiella statistik.
D:o d:o för 1891. 2. Utrikes sjöfart. iv o. 149 s. 93. 2 kr.
D:o d:o för 1892. 1. Utrikeshandeln. xj o. 177 s. 93. 2: 50.
D:o d:o för 1892. 2. Utrikes sjöfarten. viij o. 111 s. 94. 2 kr.
D:o d:o för 1893. 1. Utrikes handeln. xiij o. 178 s. 94. 2: 50.
D:o d:o för 1893. 2. Utrikes sjöfart. viij o. 109 s. 95. 1: 60.
D:o d.o för 1894. 1. Utrikes handeln. xvj o. 228 s. 95. 3 kr.

G.) *Fångvården.* Ny följd.
XXVII. Fångvårdsstyrelsens berättelse för 1885. xxxij o. 43 s. 86. 1 kr.
XXVIII. D:o d:o för 1886. xxxvj o. 39 s. 87. 1 kr.
XXIX. D:o d:o för 1887. xxiv o. 39 s. 88. 1 kr.
XXX. D:o d o för 1888. xxvij o. 39 s. 90. 1 kr.
XXXI. D:o d:o för 1889. xxvij o. 41 s. 90. 1 kr.
XXXII. D:o d:o för 1890. xxviij o. 39 s. 92. 1 kr.
XXXIII. D:o d:o för 1891. xxix o. 39 s. 93. 1 kr.
XXXIV. D:o d:o för 1892. xxix o. 39 s. 94. 1 kr.
XXXV. D:o d:o för 1893. xxx o. 40 s. 95. 1 kr.

H.) Kongl. maj:ts befallningshafvandes femårsberättelser. Ny följd.
VI. Åren 1881—85. 87. 12 kr.
  Blekinge län. 34 s. 50 ö.
  Elfsborgs län. 20 s. 30 ö.
  Gefleborgs län. 44 s. 50 ö.
  Gotlands län. 28 s. 40 ö.
  Göteborgs och Bohus län. 94 s. 1: 30.
  Hallands län. 34 s. 50 ö.
  Jemtlands län. 30 s. 50 ö.
  Jönköpings län. 45 s. 60 ö.
  Kalmar län. 60 s. 80 ö.
  Kopparbergs län. 74 s. 1 kr.
  Kristianstads län. 36 s. 50 ö.
  Kronobergs län. 27 s. 40 ö.
  Malmöhus län. 64 s. 80 ö.
  Norrbottens län. 56 s. 75 ö.
  Skaraborgs län. 50 s. 70 ö.
  Stockholms stad. 148 s. 1: 90.
  Stockholms län. 30 s. 40 ö.
  Södermanlands län. 54 s. 80 ö.
  Upsala län. 48 s. 60 ö.
  Vermlands län. 97 s. 1: 20.
  Vesterbottens län. 36 s. 60 ö.
  Vester-Norrlands län. 82 s. 80 ö.
  Vestmanlands län. 44 s. 60 ö.
  Örebro län. 70 s. 90 ö.
  Östergötlands län. 67 s. 90 ö.
  Sammandraget viij o. 125 s. 1: 75.
VII. Åren 1886—90. 95. 14 kr.
  Blekinge län. 39 s. 40 ö.
  Elfsborgs län. 88 s. 1: 10.
  Gefleborgs län. 47 s. 60 ö.
  Gotlands län. 29 s. 50 ö.
  Göteborgs o. Bohus län. 94 s. 1: 30.
  Hallands län. 43 s. 60 ö.
  Jemtlands län. 32 s. 40 ö.
  Jönköpings län. 40 s. 50 ö.

BIDRAG.

Bidrag till Sveriges officiela statistik.

Kalmar län.	55 s.	70 ö.
Kopparbergs län.	97 s.	1: 30.
Kristianstads län.	65 s.	90 ö.
Malmöhus län.	71 s.	90 ö.
Norrbottens län.	67 s.	90 ö.
Skaraborgs län.	57 s.	50 ö.
Stockholms län.	49 s.	70 ö.
Stockholms stad.	134 s.	1: 75.
Södermanlands län.	65 s	90 ö.
Upsala län.	57 s.	60 ö.
Vermlands län.	55 s.	70 ö.
Vesterbottens län.	44 s.	60 ö.
Vester-Norrlands län.	60 s.	80 ö.
Vestmanlands län.	61 s.	90 ö.
Örebro län.	83 s.	1; 10.
Östergötlands län.	67 s.	90 ö.
Sammandrag vj, 147 s.	95.	2 kr.

I.) Telegrafväsendet. Ny följd.

XXIV. Telegrafstyrelsens berättelse för 1884. 28 o. xxxvj s. 85.

XXV. D:o d:o för 1885. 32 o. xxxvj s. 86. 1 kr.

XXVI. D:o d:o för 1886. 34 o. xxxvj s. 87. 1 kr.

XXVII. D:o d:o för 1887. 14 o. 36 s. 88. 75 ö.

XXVIII. D:o d:o för 1888. xv, 2 opag. o. 38 s. samt 1 tabell. 90. 1 kr.

XXIX. D:o d:o för 1889. xiv o. 40 s. 1 tab. o. 2 kartor. 90. 1 kr.

XXX. D:o d:o för 1890. 13 o. 42 s. samt 3 tab. 91. 1 kr.

XXXI. D:o d:o för 1891. xxij o. 44 s, 9 tab. o. 2 kartor. 92. 1: 50.

XXXII. D:o d:o för 1892 xxj o. 48 s. 6 tab. o. 2 kartor. 94. 1: 50.

K.) Helso- och sjukvården. 1:a serien. Ny följd.

XXIV. Medicinalstyrelsens berättelse för 1884. 82 o. liij s. 86. 1: 50.

XXV. D:o d:o för 1885. iv, 85 o. lliij s. 87. 1 kr.

XXVI. D:o d:o för 1886. iv, 81 o. liij s. 88. 1 kr.

XXVII. D:o d:o för 1887. iv, 62 o. lxiij s 89. 1 kr.

XXVIII. D:o d:o för 1888. iv, 63 o. lxiij s. 90. 1 kr.

XXIX. D:o d:o för 1889. 69 o. lxiij s. 91. 1 kr.

XXX. D:o d:o för 1890. iv, 70 o. lxv s. 92. 1 kr.

XXXI. D:o d:o för 1891. iv, 70 o. lxxvij s. 93. 1 kr.

XXXII. D:o d:o för 1892. iv, 80 o. lxxxj s. 94. 1 kr.

XXXIII. D:o d:o för 1893. iv, 82 o. lxxxj s. 95. 1: 50.

K 2.) Helso- och sjukvården. 2:a serien.

Öfverstyrelsens öfver hospitalen berättelse för 1885. xv o. 38 s. 86. 1 kr.

D:o d:o för 1886. xvj o. 40 s. 88. 1 kr.

D:o d:o för 1887. xj o 28 s. 89. 75 ö.

D:o d:o för 1888. xj o. 24 s. 90. 1 kr.

D:o d:o för 1889. x o. 29 s. 91. 75 ö.

D:o d:o för 1890. 35 s o. 8 pl. 92. 1 kr.

D:o d:o för 1891. 26 s. 93. 1 kr.

D:o d:o för 1892. 25 s. 94. 1 kr.

D:o d:o för 1893. 42 s. o. 7 pl. 95. 1 kr.

Bidrag till Sveriges officiela statistik.

L.) Statens jernvägstrafik. a)

XXIV. Trafikstyrelsens berättelse för 1885. 37 s. o. bihang 120 s. o. 1 tab. 86. 3 kr.

XXV. D:o d:o för 1886. 32 s. o. bihang. 120 o. 1 tab. 87. 3 kr.

XXVI. D:o d:o för 1887. 33 s. o. bihang. 115 s. o. 1 tab. 88. 3 kr.

XXVII. D:o d:o för 1888. 35 s. o. bihang. 116 s. o. 1 tab. 89. 3 kr.

XXVIII. D:o d:o för 1889. 34 s. o. bihang. 98 s. o. 1 tab. 90. 3 kr.

XXIX. D:o d:o för 1890. 35 o. 102 s. samt 1 pl. 92. 3 kr.

XXX. D:o d:o för 1891. 30 o. 105 s. samt 1 tab. 93. 3 kr.

XXXI. D:o d:o för 1892. 37 o. 109 s. samt 1 tab. 94. 3 kr.

XXXII. D:o d:o för 1893. 37 o. 110 s. samt 1 tab. 94. 3 kr.

XXXIII. D:o d:o för 1894. 34 o. 136 s. samt 1 tab. 95. 3 kr.

Statens jernvägstrafik b.)

Allmän svensk jernvägsstatistik för år 1886 utg. af Trafikstyrelsen. 34 o. 24 s samt 1 karta. 88. 1: 50.

D:o d:o för 1887. 36 o. 25 s. samt 1 karta. 89. 1: 75.

D:o d:o för 1888. 38 o. 22 s. samt 1 karta. 90. 1 kr.

D:o d:o för 1889. 36 o. 26 s. samt 1 karta. 91. 1: 50.

D:o d:o för 1890. 36 o. 26 s. samt 1 karta. 92. 1: 50.

D:o d:o för 1891. 36 o. 26 s. samt 1 karta. 92. 1: 50.

D:o d:o för 1892. 32 o. 33 s. samt 1 karta. 94. 1: 50.

D:o d:o för 1893. 34 o. 33 s. 95. 1: 50.

M.) Postverket.

XXII, 1. Generalpoststyrelsens berättelse om postverkets förvaltning. 1885. 21 o. 58 s. 86.

2 D:o d:o för 1885. 10 s. 86.

XXIII. D:o d:o för 1886. 20 o. 60 s. 87.

XXIV. D:o d:o för 1887. 87 s. 88.

XXV. D:o d:o för 1888. xxij o. 62 s. 90. 1: 20.

XXVI. D:o d:o för 1889. xxiij o. 62 s. 91. 1: 20.

XXVII. D:o d:o för 1890. xxv o. 62 s. 92. 1: 30.

XXVIII. D:o d:o för 1891. xxvj o. 68 s. 93. 1: 40.

XXIX. D:o d:o för 1892. xxviij o. 68 s. 94. 1: 40.

XXX. D:o d:o för 1893. xxiv o. 58 s. 95. 1: 75.

XXXI. D:o d:o för 1894. xxvj o. 60 s. 95. 1: 30.

N.) Jordbruk och boskapsskötsel.

XX. Hushållnings-sällskapets berättelser för 1884. Jemte sammandrag, utarb. i statist. centralbyrån. 27 hfn. 86. 2: 75.

XXI. D:o d:o för 1885. Jemte d:o 27 hfn. 87. 2: 75.

XXII. D:o d:o för 1886. Jemte d:o. 27 hfn. 88. 3 kr.

XXIII. D:o d:o för 1887. Jemte d:o. 27 hfn. 89. 3 kr.

Bidrag till Sveriges officiela statistik.

XXIV. D:o d:o för 1888. Jemte d;o. 27 hfn. 90. 3 kr.
XXV. D:o d;o för 1889. Jemte d;o. 27 hfn. 01. 3 kr.
XXVI. D:o d:o för 1890. Jemte d;o. 27 hfn. 92. 3 kr.
XXVII. D:o d.o för 1891. Jemte d;o. 27 hfn. 93. 3 kr.
XXVIII. D:o d:o för 1892. Jemte d.o. 27 hfn. 94. 3 kr.
Sammandragen för hvart år: 25 å 50 ö.

N.) Jordbruk o. boskapsskötsel.

XIII. Sammandr. af kungl. majts befallningshafv. årsväxtsberätt. för 1886, utarb. i Statist. centralb. 16 s. 86. 30 ö.
XIV. D:o för 18°7. 15 s. 87. 30 ö.
XV. D:o för 1888. 17 s. 88. 40 ö.
XVI. D:o för 1889. 16 s. 89. 30 ö.
XVII. D:o för 1890. 17 s. 90. 30 ö.
XVIII. D:o för 1891. 18 s. 91. 30 ö.
XIX. D:o för 1892. 16 s. 92. 30 ö.
XX. D:o för 1893. 15 s. 9 ł. 30 ö.
XXI. D:o för 1894. 17 s. 94. 40 ö.
XXII. D:o för 1895. 15 s. 95. 30 ö.

O.) Landtmäteriet.

XIX. General-direktörens för landtmäteriet berättelse för 1886. 17 s. 87. 50 ö.
XX. D:o för 1887. 18 s. 88. 50 ö.
XXI. D:o för 1888. 18 s 90. 50 ö.
XXII. D:o för 1889. 18 s. 91. 50 ö.
XXIII. D:o för 1890. 18 s. 91. 50 ö.
XXIV. D:o för 1891. 18 s. 92. 50 ö.
XXV. D:o för 1892. 18 s 94. 50 ö.
XXVI. D:o för 1893. 18 s. 95. 50 ö.

P.) Undervisningsväsendet.

IV. Berättelse om statens allmänna läroverk för gossar 1878—79. Utarb. i Ecklesiastik-departementet. 38 o 39 s. 86. 1: 50.
V. D:o för 1879—80. iv, 40 o. 64 s. 86. 1: 50.
VI. Berättelse om folkskolorna för 1882, (jemte öfversigt af folkskoleväsendets utveckl. till 1842 samt af dess tillstånd under 1876—81.) 41 o. 31 s. 87. 1: 50.
VII. Berättelse om statens allm. läroverk för gossar 1880—81. iv, 43 o. 40 s. 87. 1: 50.
VIII. D.o för 1881—82. iv, 32 o. 36 s. 87. 1: 50.
IX. Berättelse om folkskolorna för 1883. 20 o. 27 s. 88. 1 kr.
X. Berättelse om statens allm. läroverk för gossar läsåret 1882—83. 29 o. 35 s. 88. 1 kr.
XI. D:o för 1883-84. 30 o. 35 s. 88. 1 kr.
XII. D:o för 1884—85. iv, 48 o. 52 s. 88. 1: 50.
XIII. Berättelse om folkskolorna för 1884. 22 o. 27 s. 89. 1 kr.
XIV. Berättelse om statens allm. läroverk för 1885—86. iv, 48 o. 39 s. 91. 1: 30.
XV. D:o för 1886—87. v, 35 o. 35 s. 91. 1: 10.
XVI. D.o för 1887—88. iv, 38 o. 35 s. 91. 1: 10.
XVII. Berättelse om folkskolorna för 1885. v, 24 o. 27 s. 92. 80 ö.

Bidrag till Sveriges officiela statistik.

XVIII. Berättelse om statens allm. lärov. för 1888—89. 38 o. 35 s. 92. 1: 10.
XIX. D:o för 1889—90. v, 71 o. 154 s 93. 3 kr.
XX. D:o för 1890—91. iv, 48 o. 40 s. 94. 1: 50.
XXI. D.o för 1891—92. iv, 47 o. 36 s. 94. 1: 20.
XXII. Berättelse om folkskolorna för 1886. 24 o. 27 s. 95. 1 kr.
XXIII. Berättelse om statens allm. lärov. för 1892–93. iv, 39 o. 35 s. 95. 1: 50.
XXIV. D:o för 1893—94. iv, 40 o. 31 s. 95. 1: 50.
XXV—XXX (som komma att innehålla Berättelse om folkskolorna 1887—92 äro ännu ej utgifna.)
XXXI. Berättelse om folkskolorna för 1893. 21 o. 27 s. 95. 80 ö.

Q.) Skogsväsendet.

XVII. Domän-styrelsens berättelse rör. skogsväsendet för 1885. 18 o. 153 s. samt Bihang: *Holmerz, C. G., o. Örtenblad, Th*, Om Norrbottens skogar. 120 s. o. 6 pl. 86. 2 kr.
XVIII. D.o för 1886. 18 o. 59 s. samt 1 karta. 88. 75 ö.
XIX. D:o för 1887. xiij, 57 o. 58 s. samt 1 karta. 88. 2 kr.
XX. D:o för 1888. xiij o. 57 s. 89. 75 ö.
XXI. D:o för 1889. xij o. 57 s 91. 1 kr.
XXII. D:o för 1890. xviij o. 181 s. 92. 2: 50.
XXIII. D:o för 1891. xix o. 59 s. 93. 1: 25.
XXIV. D:o för 1892. xviij o. 70 s. 94. 2 kr.
XXV. D:o för 1893. xxj, 56 o. 216 s. samt 11 pl. 94. 5 kr.
Domänstyrelsens berättelse rör. jordbruksdomänerna för åren 1883—87. 112, xx, 4, 10, o. xix. s. 90. 2 kr.

R.) Valstatistik.

VII. 1. Statist. centralbyråns berättelse ang. valrätt till riksdagens andra kammare 1885. 1:sta afd. Antal röstberättigade. xxiij o. 241 s. 87. 3 kr.
2. Yrkesfördelning för röstberättigade. xix o. 48 s. 88. 1 kr.
3. Statist. centralbyråns berättelse ang. valrätt till riksdagens andra kammare år 1895. xv o. 92 s. 95. 1: 50.
VIII. D:o ang. riksdagsmannavalen 1885—87. 52 s. 88. 80 ö.
IX. D:o för 1888—90. iv o. 34 s. 91. 60 ö.
X. D:o för 1891—93. iv o. 36 s. 94. 60 ö.
XI. Statist. centralbyråns berättelse rör. kommunala rösträtten år 1892. xxj. o. 149 s. 95. 2: 25.

S.) Allmänna arbeten.

XIV. Väg- o. vattenbyggnadsstyrelsens berättelse för 1885. 96 s. 86. 1 kr.
XV. D.o för 1886. 102 s. 87. 1: 30.
XVI. D:o för 1887. 82 s. 89. 1 kr.
XVII. D:o för 1888. 72 s. 90. 1 kr.
XVIII. D:o för 1889. 74 s. o. 2 tab. 90. 1 kr.
XIX. D:o för 1890. 72 s. 92. 1 kr.

Bidrag till Sveriges officiela statistik.
XX. D:o för 1891. 76 s. 93. 1 kr.
XXI. D:o för 1892. 82 s. 94. 1 kr.
XXII. D:o för 1893. 82 s. 95. 1 kr.
T.) *Lots- och fyrinrättningen samt lifräddningsanstalterna å rikets kuster.*
XIII. Lotsstyrelsens berättelse för 1885. 20, xlvj o. 3 s. samt 1 karta. 86.
XIV. D:o för 1886. 18 o. xliv s. samt 2 kartor. 87.
XV. D:o för 1887. xij o. 33 s. samt 2 kartor. 88.
XVI. D:o för 1888. xiv o. 35 s, 1 karta o. 1 plansch. 90. 1 kr.
XVII. D.o för 1889. xiv o. 35 s., 1 karta o. 1 pl. 90. 1 kr.
XVIII. D:o för 1890. xv o. 39 s. samt 1 karta. 91.
XIX. D:o för 1891. xlij o. 33 s. samt 1 karta. 92.
XX. D:o för 1892. xv o. 34 s. samt 2 kartor, o. 2 pl. 93.
XXI. D:o för 1893. xv o. 34 s. samt 1 karta. 94.
XXII. D:o för 1894. xv o. 46 s, 2 kartor, 1 pl. o. 2 tab. 95.
U.) *Kommunernas fattigvård o. finanser.*
XI. Statist. centralbyråns berättelse för 1884. xviij o. 104 s. 86. 1: 60.
XII. D:o för 1885. xix o. 104 s. 87. 1: 70.
XIII. D:o för 1886. xxj o. 104 s. 88. 1: 80.
XIV. D:o för 1887. xx o. 104 s. 89. 1: 80.
XV. D:o för 1888. xxij o. 110 s. 90. 1: 80.
XVI. D:o för 1889. xxiij o. 110 s. 91. 1: 80.
XVII. D:o för 1890. xxiv o. 110 s. 92. 1: 80.
XVIII. D:o för 1891. xxiij o. 110 s. 93. 1: 80.
XIX. D:o för 1892. xxiv o. 110 s. 94. 1: 80.
XX. D:o för 1893. xxiv o. 110 s. 95. 1: 90.
V.) *Bränvins tillverkning och försäljning.*
VIII. Berättelse af finansdepartem. kontroll- o. justeringsbyrå för tillverkningsåren 1884—85 o. 1885—86. xix o. 18 s. 87. 1 kr.
IX. D:o för 1886—87 o. 1887—88. xx o. 22 s. 89. 1 kr.
X. D:o för 1888—89 o. 1889—90. xvj o. 22 s. 92. 1 kr.
XI. D:o för 1890—91 o 1891—92. xxj o. 22 s. 93. 1 kr.
XII. D:o för 1892—93 o. 1893-94. xxx o. 22 s. 95. 1 kr.
X.) *Aflönings o. pensions-statistik.*
I, 3. Statist. centralbyråns berättelse afgifven 1886. xxvj o. 114 s. 86. 1: 80.
4. D:o för 1887. xxiij o. 123 s. 87. 2 kr.
5. D:o för 1887. xiij o. 86 s. 87. 1: 50.
6. D:o för 1989. xxx o. 158 s. 89. 2: 50.
7. D:o för 1891. xxxiv o 324. s 91. 4 kr.
Y) *Sparbanksstatistik.*
I. Sparbanker o. folkbanker. Statist. centralbyråns berättelse för år 1893. xxiij o. 46 s. 95. 1: 10.
Bidrag till Finlands officiela statistik. 4:o, Hfors. Senaten.
I. *Handel och sjöfart.*
7. Öfversigt af Finlands utrikessjöfart och handel 1883—84. Jämte tab. 30 o. 159 s. 88. 4 fmk.

Bidrag till Finlands officiela statistik.
8. D:o d:o 1885—86. Jämte tab., 105 o. 124 s. 90. 3: 50. fmk.
9. D:o d:o 1887—88. x, 112 o. 97 s. 90. 3: 50. fmk.
10. D:o d:o 1889—90. vj, 20, 111 o. 111 s. 91. 3 fmk.
11. D:o d:o 1891. 24, 140, 21 o. 51 s. 92. 3 fmk.
12. D:o d:o 1892. vj, 13, 131, 96 o. 80 s. samt 3 bil. 93. 3 fmk.
13. D:o d:o 1893. 6, 14, 2, 119, 112, 35 o. 5 s. 94. 3 fmk.
14. D:o d:o 1894. 6, 20, 120, 100 o. 36 s. samt 2 tab. 95. 3 fmk.
II. *Öfversigt af Finlands ekonom. tillstånd.*
5. Femårsperioden 1881—85. Jämte tab., 170 o. 244 s. 90.
6. D:o 1886—90. vj, 191 o. 250 s. 94.
VI. *Befolkningsstatistik.*
13. Öfversigt af folkmängdsförändringarna i Finland år 1884. 16 o. 84 s. 86. 2 fmk.
14. D:o d:o år 1885. 18 o. 84 s. 87. 2 „
15. D:o d:o år 1886. 17 o. 84 s. 88. 2 „
16. D:o d:o år 1887. 18 o. 84 s. 89. 2 „
17. D:o d:o år 1888. 16 o. 84 s. 90. 2 „
18. D:o d:o år 1889. 17 o. 84 s. 91. 2 „
19. D:o d.o år 1890 med en återblick på deceniet 1881—90. 51 o. 84 s. 93.
20. D:o d:o. Folkräkningen i Helsingfors, Åbo, Tammerfors, Wiborg, Uleåborg o. Björneborg 1:a hft, 48 o. 237 s. 92—93. 2: 50 fmk.
21. Öfversigt af folkmängdsförändr. i Finland 1891. iv, 34 o. 84 s. 93. 1: 50 fmk.
22. Finlands folkmängd d. 31 dec. 1890. 58 o. 186 s. 94.
23. Öfversigt af folkmängdsförökningarne i Finland 1892. iv, 48 o. 86 s. 94.
24. Ej utgifven.
25. Öfversigt af folkmängdsförändringarna i Finland år 1893. 4, 41 o. 86 s. 95.
VII. a). *Sparbanksstatistik.*
2. Öfversigt af Finlands sparbanker åren 1883—85. 54 o. 111 s. 87—88. 2: 50 fmk.
3. D:o d:o 1889. 3 o. 28 s. 93. 1 fmk.
VII. b). *Postsparbanken.*
1. Postsparbanks-styrelsens berättelse för år 1887. 14 s. 88.
2. D:o d:o 1888. 16 s. 89.
3. D:o d:o 1889. 17 s. 90.
4. D:o d:o 1890. 18 s 91.
5. D:o d:o 1891. 17 s. 92.
6. D:o d:o 1892. 19 s. 93.
7. D:o d:o 1893. 20 s. 94.
8. D:o d:o 1894. 20 s. 95.
IX. *Elementarläroverken.*
Statistisk öfversigt af elem. lärov:s i Finland tillstånd o. verksamhet läsåret 1884—85. 33 s. 86.
D:o d:o 1885—86. 33 s. 87.
D:o d:o 1886—87. x o. 47 s. 88.
D:o d:o 1887—88. 47 s. 89.
D:o d:o 1888—89. 47 s. 90.
D:o d:o 1889—90. 2 o. 47 s. 91.
D:o d:o 1890—91. 2 o. 47 s. 92.
D:o d:o 1891—92. 2 o. 47 s. 93.
D:o d:o 1892—93. 2 o. 47 s. 94.
D:o d:o 1893—94. 40 s. 95. 75 p.
Underdånig berättelse öfver elem. lärov. till-

44 BIDRAG.

Bidrag till Finlands officiela statistik.
stånd o verksamhet under läseåren 1884—87.
58 s 88. 75 p.
D:o d;o 1887—90. 2 o. 55 s 91. 75 p.
D:o d:o 1890—93. 2 o. 57 s. 94. 75 p.

X. *Folkundervisningen.*
10. Statistisk öfversigt af folkskoleväsendet läsåret 1884—85. 29 s. 86.
11. D:o d:o 1885-86. 30 s. 87.
12. D:o d:o af barnaundervisningen i evang.-luth. församl. 1886. 47 s 88.
13. D:o d:o af folkskoleväsendet läsåret 1886 —87. 30 s. 89.
14. D.o d:o 1887—88. 31 s. 89.
15. D:o d:o 1888—89. xvj o 60 s. 93.
16. D:o d:o 1889—90. xvj o. 46 s. 94.
17. D.o d:o af barnaundervisningen 1891. 54 s. 93.
18. D:o d:o af folkskoleväsendet läsåret 1890 —91. xiv o. 37 s. 94.
19. D:o d:o 1891—92. xv o. 39 s. 94.
20. D.o d:o 1892—93. xix o. 121 s. 94.
1 fmk.
21. D:o d:o 1893—94. xvj o. 44 s. 95.

XI. *Medicinalverket.* Ny följd.
1. Medicinalstyrelsens berättelse för år 1884. 209 s. 86.
2. D:o d:o för år 1885. 211 o. xxxij s. 87.
3. D:o d:o „ 1886. 124 o. xxix s. 88.
4. D:o d:o „ 1887. 100 o. xxxj s. 89.
5. D:o d:o „ 1888. 101 o. xxix s 90.
6. D:o d:o „ 1889. 121 o. xxxiij s. 91.
7. D:o d:o „ 1890. 121 o. lxiv s. 92.
8. D:o d:o „ 1891. 121 o. lxiv s 93.
9. D:o d:o „ 1892. 148 o. lxv s. 94.
10. D:o d:o „ 1893. 142 o. lxvj s. 95.

XII. *Fångvården.*
3. Fångvårdsstyrelsens berättelse för 1884. 64 s o. tab. 86.
4. D:o d:o för år 1885. 94 s. 87.
5. D:o d:o „ 1886. 47 s. 88.
6. D:o d:o „ 1887. 57 s. 89.
7. D:o d:o „ 1888. 56 s. 90.
8. D:o d:o „ 1889. 64 s. o. 10 pl. 91.
9. D:o d:o „ 1890. 64 s. o. tab. 92.
10. D:o d:o „ 1891. 70 s. o. tab. 93.
11. D:o d:o „ 1892. 69 s. o. tab. 94.
12. D:o d:o „ 1893. 76 s. o. tab. 95.

XIII. *Poststatistik.* Ny följd.
1. Poststyrelsens berättelse öfver postverkets verksamhet under år 1885. 21 s. 87.
2. D.o d:o år 1886. 25 s. 88.
3. D:o d:o „ 1887. 10 o. xxxiij s. 89.
4. D:o d:o „ 1888. 16 o. lj s. 90.
5. D:o d:o „ 1889. 26 o. lviij s. 91.
6. D:o d:o „ 1890. 3 o. 24 s. 92.
7. D:o d:o „ 1891. 2, xxxj o. 95 s. 93.
8. D:o d:o „ 1892. 4, xxxiij o. 88 s. 94.
9. D:o d:o „ 1893. xxxij o. 106 s. 94.
10. D:o d:o „ 1894. xxv o. 114 s. 95.

XIV. a). *Landtmäteriet.*
1. Öfverstyrelsens för landtmäteriet berättelse för år 1885. 5 s. 87.
2. D:o d:o 1886. 10 s. 89.
3. D:o d:o 1887. 149 s. 89.
4. D:o d:o 1888. 16 s. 90.
5. D:o d:o 1889. 19 s. 91.
6. D.o d:o 1890. 156 s. 92.

Bidrag till Finlands officiela stastistik.
7. D:o d:o 1891. 20 s. 93.
8. D:o d:o 1892. 18 s. 93.
9. D.o d:o 1893. 18 s. 94.
10. D:o d:o 1894. 17 s. 95.

XIV. b). *Justeringsverket.*
1. Justeringskommissionens berättelse för år 1891. 22 s. 93.
2. D:o d:o 1892. 19 s. 93.
3. D:o d:o 1893. 18 s. 94.
4. D:o d:o 1894. 13 s. 95.

XV. *Lots- och fyrinrättningen.* Ny följd.
1. Öfverstyrelsens för lots- o. fyrinrättn. berättelse för år 1885. 64 s. 87.
2. D:o d:o för år 1886. 67 s. 88.
3. D:o d:o „ 1887. 69 s. 88.
4. D:o d:o „ 1888. 84 s. 89.
5. D:o d:o „ 1889. 78 s o. tab. 91.
6. D:o d:o „ 1890. 87 s. o. tab. 92.
7. D:o d:o „ 1891. 82 s. o. tab. 93.
8. D.o d:o „ 1892. 83 s. o. tab. 95.

XVI. *Byggnadsstatistik.*
1. Öfverstyrelsens för allmänna byggnaderna berättelse för åren 1888—1892. 2, 78 s. o. tab. 94.

XVII. *Kronoskogarne.* Ny följd.
1. Forststyrelsens berättelse ang. förvaltn. af kronoskogarne i Finland år 1885. 57 s. o. tab. 87.
2. D:o d:o år 1888. 71 s. o. 15 bil. 91.
3. D:o d:o år 1891. 70 s. o. 12 bil. 93.

XVIII. *Industristatistik.*
1. År 1884. Förra dln. Bergshandtering. Maskinindustri, mynt- o. kontrollväsendet. 58 s. 86.
Senare dln. Fabriker o. handtverkerier. xiij o. 225 s. 87.
2. År 1885. Förra dln. 41 s. Senare dln. vij o. 277 s. 87.
3. År 1886. Förra dln. iv o. 64 s. Senare dln. xvj o. 84 s. 88.
4. År 1887. Förra dln. 65 s. Senare dln. xiv o. 86 s. 89.
5. År 1888. Förra dln. 75 s. Senare dln. xiv o. 203 s. 91.
6. År 1889. Förra dln. vij o. 56 s. Senare dln. xiv o. 99 s. 91.
7. År 1890. Förra dln. x o. 55 s. Senare dln. xxij o. 107 s. 92.
8. År 1891. Förra dln. ix o. 49 s. Senare dln. xviij o. 227 s. 93.
9. År 1892. Förra dln. 53 s. Senare dln. xvi o. 115 s. 94.
10. År 1893. Förra dln. viij o. 56 s. Senare dln. xviij o. 104 s. 95.

XIX. *Väg- och vattenbyggnaderna.*
Öfverstyrelsens berättelse öfver verkställda arbeten.
1. År 1885. 45 s. 86.
2. „ 1886. 91 s. 87.
3. „ 1887. 87 s. 88.
4. „ 1888. 88 s. 90.
5. „ 1889. 113 s. 90.
6. „ 1890. 186 s. 92.
7. „ 1891. 106 s. 93.
8. „ 1892. 133 s. 94.
9. „ 1893. 136 s. 95.

XX. *Jernvägsstatistik.*
15. Jernvägsstyrelsens i Finland berättelse

Bidrag till Finlands officiela stastistik.
för år 1885. xxij, 322 s. o. 1 karta. 86.
16. för år 1886. viij, 258 o. cxvj s. samt karta. 87.
17. för år 1887. viij o. 272 s. samt karta. 88.
18. för år 1888. viij o. 266 s. 89.
19. för år 1889. xj o. 264 s. Bihang: 142 o. xvj s. samt karta. 90.
20. för år 1890. x o. 288 s. samt karta o. tab. 91.
21. för år 1891. x o. 290 s. samt karta. o. tab. 92.
22. för år 1892. xj o. 300 s. Bihang: 140 o. xvj s. samt karta o. tab. 93.
23. för år 1893. xiv, 295 o. xvj samt karta o. tab. 93.
24. för år 1894. xlvj, 317 o. xvj s. samt karta o. tab. 95.

XXI. *Fattigvårdsstatistik.*
1. Fattigvården i Finland åren 1881, 1883, 1885 o. 1887. 189 s. 91.
2. Fattigvårdsinspektörens berättelse för år 1894, 77 s. 95.

XXII. *Försäkringsväsendet.*
1. Försäkringsinspektörens berättelse för år 1892. 71 o. xx s. samt tab. 93.
2. D:o d:o för år 1893. 48 o. xiij s. samt tab. 94. 2 fmk.
3. D:o d:o för år 1894. 58 o. xiv s. samt tab. 95.

XXIII. *Rättsväsendet.*
1. Prokuratorns berättelse för år 1891. 67 o. 155 s. 94.
2. Justitie-expeditionens berättelse för år 1892. 43 o. 185 s. 95.

Bidrag till Lojo sockenbeskrifning. I. *Heinricius, Johan.* Beskrifning öfver Stor Lojo socken i Nyland. 8:o, 41 s. H:fors. 91.
Jfr. Tidskrift, Geogr. Fören:s. 1895.

Bidrag till Södermanlands äldre kulturhistoria. Utg. af *Joh. Wahlfisk.* VI. 8:o, 120 s. o. 2 pl. Sthm, Samson & Wallin. 86. 2 kr.

Bidrag till vår odlings häfder. Utg. af *Artur Hazelius.* 8:o. Sthm, F. & G. Beijers bokf.-aktb.
5. Byskomakaren Jonas Stolts minnen från 1820-talet. Anteckn:r öfver Högsby socken i Småland. Med 25 illustr. o. 1 karta öfver trakten kring Högsby. iv 94 s. o. 1 karta. 92. 2 kr.

Bidrag till Åbo stads historia. 8:o, Hfors, G. W. Edlund.
Första serien:
III. Åbo stads dombok 1623—24, utg. af *C. v. Bonsdorff.* 48 s. 86. 2 fmk.
IV. Utdrag ur Åbo stads dombok 1626—32, utg. af *C. v. Bonsdorff.* 182 s. o. 1 karta. 87. 6 fmk.
V. Kyrkorådets i Åbo protokoll. 1675—89, utg. af *C. v. Bonsdorff.* 77 s. 89. 5 fmk.
VI. Utdrag ur Åbo stads dombok 1632—34, utg. af *George Granfelt.* 292 s. 90. 6 fmk.
VII. Utdrag ur Åbo stads dombok 1635, utg. af *Torsten Hartman.* Hertig Johans af Finland Diarium öfver utgångna bref, utg. af *K. G. Leinberg.* 130 o. 64 s. 91.
Andra serien:
I. *v. Bonsdorff, C.,* Åbo stads historia under 17:e seklet.

1:a hft. lv o. 140 s. 89. 2 fmk.
2:a hft. s. 145—412. 92. 6 fmk.
3:e hft. s. 413—537. 94. 6 fmk.
4:e hft. 2, xvj o. s. 539—693 91. 7 fmk.

Bidrag till Ärfdabalkens historia 1686—1736. S:e Årsskrift, Upsala univ:s 1892. Rätts- o. statsvet. 1. 2:a hft. 87. 8: 50.

Biela-stjernfallen 1885. Observationer i Helsingfors, bearb. af *A. Donner, G. Dreijer* o. *P. A. Heinricius.* Se: Öfversigt af Finska Vet.-soc:s förhandl:r. 29.

Biese, Ernst, Absoluta magnetiska bestämningar. Se: dersammast. 29—31.

—, Berättelse öfver Finska Vetenskaps-societetens meteorologiska centralanstalts verksamhet 1890, 1891, 1892, 1893, 1894. Se: dersammast. 33—37.

—, Das Verticalvariometer mit verticalen Magneten, ein neues Instrument zur Messung der Variationen der verticalen erdmagnetischen Kraft. Akad. afh. 4:o, 55 s. H:fors. 90. 1: 50 fmk.
Se: *Lemström S.,* o *E. Biese.*

Biet. Tidskrift för Finlands landthushållning, utg. af *Johannes Jernström.* 8:o, 6:e—16:e årg. (1885—5.) Hfors. G. W. Edlund. (För Sverige: Samson & Wallin.)
För årgg. 6—8 (6 n:r.) 8 fmk.
„ „ 9—16 (12 „) 6 fmk.

Bihang till Kongl. Svenska Vetenskaps-akad:s handl:r. 8:o, Sthm, P. A. Norstedt & S:r.
XI. 1:a hft. 86. 15 kr. 2:a hft. 87. 8: 50.
1. *Haupt, Fritz,* Vergleichende Untersuchungen über die Anatomie der Stämme und der unterirdischen Ausläufer. 57 s. o 4 pl. 3 kr.
2. *Tigerstedt, Rob.* o. *Santesson C. G.,* Einige Betrachtungen und Versuche über die Filtration in ihren Bedeutung für die Transsudationsprocesse im Thierkörper. 67 s. o. 2 pl. 2: 75.
3. *Brögger, W. C,* Ueber die Ausbildung des Hypostomes bei einigen skandinavischen Asaphiden. 78 s. o. 3 pl. 3: 25.
4. *Aurivillius, Carl W. S.,* Hafsevertebrater från nordligaste Tromsö amt o. Vestfinmarken. 56 s. o 2 pl. 2: 50.
5. *Lundgren, Bernh.,* On an Inoceramus from Queensland. 7 s. o 1 pl. 50 ö.
6. *Nilson, L. F.,* o. *Pettersson, Otto,* Nouvelle méthode pour déterminer la densité de vapeur des corps volatilisés en même temps que la température de l'expérience. 16 s. o. 2 pl. 90 ö.
7. *Holm, Gerh.,* Om Vettern o. Visingsö-formationen. 49 s. 90 ö.
8. (Återtagen af författaren.)
9. *Bovallius, Carl,* Remarks on the genus Cysteosoma or Thaumatops. 16 s. o. 1 pl. 85 ö.
10. *Aurivillius, Carl W. S.,* Osteologie und äussere Erscheinung des Wals Sowerby's. (Micropteron bidens (Sow.) 40 s. o. 2 pl. 2 kr.
11. *Carlsson, Albertina,* Untersuchungen über Gliedmassen-Reste bei Schlangen. 38 s. o. 3 pl. 2: 50.
12. *Wirén, A.,* Hœmatocleptes terebellidis. 10 s. o. 2 pl. 90 ö.
13. *Rydberg, J. R.,* Die Gesetze der Atomgewichtszahlen. 18 s. o. 1 pl. 75 ö.
14. *Eichstädt, Fr.,* Pyroxen o. amfibolförande bergarter från mell ersta o. östra Småland. I. Systematisk-petrografisk undersökning. 123 s. 2: 50.

Bihang till Kongl. Svenska Vetenskaps-akad:s handl:r.
15. *Bovallius, Carl,* Notes on the family Asellide. 54 s. 1: 25.
16. —, Systematical list of the Amphipoda Hyperiidea. 50 s. 1: 10.
17. —, New or imperfectly known Isopoda. Part. II. 19 s. o. 2 pl. 75 ö.
18. *Adlerz, Gottfrid,* Myrmecologiska studier. II. Svenska myror o. deras lefnadsförhållanden. 329 s. o. 7 pl. 6 kr.
19. *Cantor, Georg,* Ueber die verschiedenen Ansichten in Bezug auf die actualunendlichen Zahlen. 10 s. 25 ö.

XII. 86, 87. 16: 75.
Afd. I. Matematik, Astronomi, Mekanik, Fysik, Meteorologi o. beslägtade ämnen. 4 kr.
1. *Edlund, E.,* Ueber Herr Worthingtons Bemerkung gegen den Beweis, dass der leere Raum Elektricitets leiter ist. 10 s. 50 ö.
2. *Schultz, Herman,* Mikrometrische Bestimmung einiger teleskopischen Sternhaufen. 43 s. o. 3 kartor. 75 ö.
3. *Gyldén, Hugo,* Integration af en icke liniär differentialeqvation af andra ordningen. 15 s. 50 ö.
4. *Moll, Tom,* Bidrag till kännedom om urladdningen af Ruhmkorfls Induktorium. 42 s. o. 2 pl. 1: 75.
5. *Arrhenius, Svante,* Undersökningar ang. blandningars elektriska ledningsförmåga. I. Ledningsförmågan hos blandn:r af syrors vattenlösn:r. 32 s. 50 ö.
6. *Edlund, E.,* Bemerkungen zu dem Aufsatze des Herrn Hoppe: »Zur Theorie der unipolaren Induction». 11 s. 50 ö.
7. *Björling C. F. E,* Ueber die Coïncidenskurve der gewöhnlichen algebraischen Differentialgleichungen erster Ordnung. 16 s. 50 ö.
8. *Larssén, Rob,* Ueber die Bahn des Kometen 1877. VI. 24 s. 75 ö.
9. *Charlier, C V. L,* Om utvecklingen af dubbelperiodiska funktioner i Fourierska serier. 24 s. 75 ö.
10. *Ekholm, N,* o. *Hagström, K. L.,* Molnens höjd i Upsala under sommaren. 23 s. 75 ö.

Afd. II. Kemi, Mineralogi, Geognosi, Fysisk geografi o. beslägtade ämnen. 4 kr.
1. *Ramsay, Wilh.,* Om turmalinens hänförande till den romboëdrisk-tetartoëdriska formgruppen af det hexagonala systemet. 11 s. o. 1 pl. 75 ö.
2. *Flink, G.,* Mineralogiska notiser. I. (1—16.) 71 s. o. 2 pl. 2: 25.
3. *Hamberg N. P.,* Arsenikyrlighetens förändring i beröring med ruttnade animaliska ämnen. 17 s. o. 1 pl. 75 ö.
4. *Ramsay Wilh,* Metode zur Bestimmung der Brechungsexponenten in Prismen mit grossen brechenden Winkeln. 18 s. o. 1 pl. 75 ö.
5. *Widman, Oskar,* Om glykoluryl o. acetylenurinämne. 9 s. 50 ö.
6. —, Om ortonitrokumenylakrylsyrans oxidationsprodukter o. därur erhållna föreningar. 9 s. 50 ö.
7. —, Nya undersökningar öfver omlagringar inom propylgruppen. 26 s 75 ö.
8. *Klason, Peter,* Öfver bestämmandet af svafvel o. haloider i organiska föreningar. 7 s. 50 ö.

Bihang till Kongl. Svenska Vetenskaps-akad:s handl:r.
9. *Blomstrand, C. W.,* Om de zirconiumhaltiga silikatens kemiska byggnad. 15 s. 50 ö.
10. —, Om den s. k. cyrtolithen från Ytterby. 10 s. 50 ö.

Afd. III. Botanik, omfattande både lefvande o. fossila former. 7 kr.
1. *Wittrock, Veit Brecher,* Om Binuclearia, ett nytt Confervacé-slägte. 11 s. o. 1 pl. 75 ö.
2. *Warming, Eug.,* Om nogle arctiske væxters biologi. 40 s. 1: 25.
3. *Lewin, Maria,* Bidrag till hjertbladets anatomi hos monokotyledonerna. 28 s. o. 3 pl. 1: 50.
4. *Hellbom, P. J.,* Lafvegetationen på öarne vid Sveriges vestkust 78 s. 2 kr.
5. *Juel H. O.,* Beiträge zur Anatomie der Marcgraviaceen. 28 s. o. 3 pl. 1: 50.
6. *Lindman, C. A. M,* Bidrag till kännedomen om skandinaviska fjällväxternas blomning o. befruktning. 112 s. o. 4 pl. 3: 75.
7. *Callmé, Alfr.,* Om de nybildade Hjelmaröarnes vegetation. 44 s. o. 1 karta. 1: 50.

Afd. IV. Zoologi, omfattande både lefvande o. fossila former. 1: 75.
1. *Aurivillius, Chr,* Insekter, insamlade på Kamerunberget af *G. Valdau* o. *K. Knutsson.* I. Coleoptera: Cetoniidæ et Lucanidæ. 18 s. 50 ö.
2. *Moberg, Joh. Chr.,* Iakttagelser från en 1885 företagen geologisk resa till Island, norra Frankrike, Holland o. Westphalen. 14 s. 50 ö.
3. *Santesson C. G.,* Ueber die Kraft und die Festigkeit der hohlen Muskeln des Frosches. 16 s. 50 ö.
4. *Bovallius, Carl,* New or imperfectly known Isopoda Part III. 23 s. o. 4 pl. 1: 50.
5. *Aurivillius, Chr,* Bidrag till kännedomen om våra solitära getingars lefnadssätt. 13 s. 50 ö.

XIII. 87—88. 43,75.
Afd. I. Matematik, Astronomi, Mekanik, Fysik, Meteorologi o. beslägtade ämnen. 6: 75.
1. *Bohlin, Karl,* Om betydelsen af lefvande kraftens princip för frågan om dynamiska systems stabilitet. 16 s. 50 ö.
2. *Ascoli, Giulio,* Integration d. Differentialgleichung $\Delta^2 u = 0$ in einer beliebigen Riemann'schen Fläche. 83 s. 2 kr.
3. *Cavallin, C. B. S,* Om konvergenter till bestämda integraler. 12 s. o. 1 pl. 50 ö.
4. *Ångström, Knut,* Sur la diffusion de la chaleur rayonnante par surfaces sphériques. 12 s. o. 1 pl. 75 ö.
5. *Arrhenius, Svante,* Ueber die innere Reibung verdünnter wässeriger Lösungen. 19 s. o. 1 pl. 75 ö.
6. *Rydberg, Carl F.,* Bidrag till kännedom om stålets förändringar i fysikaliskt afseende vid urhärdning. 25 s. o. 2 pl 1: 25.
7. *Arrhenius, Svante,* Ueber das Leitungsvermögen der phosphorescirenden Luft. 29 s. o. 1 pl. 1 kr.
8. *Björling, C. F. E,* Zur Theorie der mehrdeutigen Ebenen-Transformation. 19 s. 50 ö.
9. *Berger, A.,* Sur une généralisation des nombres et des fonctions de Bernoulli. 43 s. 1: 25.

Bihang till Kongl. Svenska Vetenskapsakad:s handl:r.
10. *Lagerborg, Nanny,* Études sur la variation des indices de refraction et de la densité du sel gemme sous l'influence de la température. 12 s. o. 1 pl. 1: 25.
11. *Asperén, K.,* Ueber Elektricitätsüberführung zwischen Flammen und Spitzen. 22 s. o. 1 pl. 1 kr.

Afd. II. Kemi, Mineralogi, Geognosi, Fysisk geografi o. beslägtade ämnen. 8 kr.
1. *Ramsay, Vilh.,* Undersökning af pleokroismen o. ljusabsorptionen i epidot från Sulzbachthal. 45 s. o. 3 pl. 1: 75.
2. *Arrhenius, Svante,* Einfluss der Neutralsalze auf die Reactionsgeschwindigkeit der Verseifung von Aethylacetat. 30 s. 75 ö.
3. *Vesterberg, Aug.,* Om hartssyrorna i galipot. 23 s. 75 ö.
4. *Hamberg, Axel,* Natürliche Corrosionserscheinungen und neue Krystallflächen am Adular vom Schwarzenstein. 30 s. o. 2 pl. 1: 50.
5. *Bäckström, Helge,* Kristallografisk undersökning af två nya kolväten. 10 s. o. 1 pl. 50 ö.
6. *Ramsay, Wilh.,* Om tetartoëdri hos turmalin. 10 s. o 1 pl. 50 ö.
7. *Flink, Gust,* Mineralogiska notiser. II. (17—37.) 94 s. o. 4 pl. 2: 75.
8. ——, Ueber die Krystallform und Zwillingsbildung der Skolecit von Island. 29 s. o. 1 pl. 1 kr.
9. *Selander, N. E.,* Luftundersökningar vid Vaxholms fästning okt. 1885 - juli 1886. 38 s. o. 3 pl. 2 kr.

Afd. III. Botanik, omfattande både lefvande o. fossila former. 13 kr.
1. *Henning, Ernst,* Växtfysiognomiska antecknr från vestra Herjeådalen. 26 s. 75 ö.
2. *Olbers, Alida,* Om fruktväggens byggnad hos Borragineerna. 33 s. o. 2 pl. 1 kr.
3. *Lovén, Hedvig,* Om utvecklingen af de sekundära kärlknippena hos Dracæna o. Yucca 12 s. o. 1 pl. 50 ö.
4. *Johanson, C. J,* Studier öfver svampslägtet Taphrina. 29 s. o. 1 pl. 1 kr.
5. *Boldt, Rob.,* Desmidieer från Grönland. 48 s. o. 2 pl. 1 kr.
6. ——, Grunddragen af Desmidieernas utbredning i Norden. 110 s. 2: 75.
7. *Jungner, J. R.,* Bidrag till künned. om anatomien hos familjen Dioscoreæ. 84 s. o. 5 pl. 3 kr.
8. *af Klercker, John E. F.,* Studien über die Gerbstoffvakuolen. 63 s. o. 1 pl. 2: 50.
9. *Lagerheim, G.,* Ueber Desmidiaceen aus Bengalen nebst Bermerkungen über die Geogr. Verbreitung der Desmidiaceen in Asien. 12 s. o 1 pl. 50 ö.
10. *Nathorst, A. G.,* Om de fruktformer af Trapa natans L., som fordom funnits i Sverige. 40 s. o. 3 pl. 2 kr.
11. *Örtenblad, Th,* Om den högnordiska tallformen Pinus silvestris L. β. Lapponica (Fr.) Hn. 45 s. o. 2 pl. 1: 75.
12. *Andersson, Sigrid,* Om de primära kärlsträngarnes utveckl. hos Monokotyledonerna. 23 s. o. 2 pl. 1 kr.

Bihang till Kongl. Svenska Vetenskapsakad:s handl:r.
Afd. IV. Zoologi, omfattande både lefvande o. fossila former. 16 kr.
1. *Lundgren, Bernh.,* Anmärkningar om permfossil från Spetsbergen. 26 s. o 1 pl. 1 kr.
2. *Munthe, Henr.,* Pteropoder i Upsala univ:s zoologiska museum, samlade af kapten *G. v. Schéele.* 33 s. o. 1 pl. 1 kr.
3. Mittheilungen des ornithologischen Komitees der Königl. schwed. Akad. der Wissenschaften. I: 1. *Sundström, C. R*, Einleitende Bemerkungen. — 2. *Sundström, C. R*, Verzeichniss der Vögel Schwedens. — 3. *Wacklin, C.,* Ornithologische Beobachtungen. — 4. *Nilsson, H*, Ornitholog. Beobachtungen aus der Gegend von Eksjö. — 5. Ornitholog. Mittheilungen aus der Gegend von Gothenburg von *H. Nilsson, C. O. Bothén, E. Lignell* u *O. Körner.* — 6. *Ekbohrn, O.,* Ornitholog. Beobachtungen aus Sandhamn u. Umgegend. — 7. *Wiström, J. A.,* Ornitholog. Beobachtungen aus der Gegend um Hudiksvall. — 8. *Carlson, A,* Verzeichniss der auf Visingsö vorkommenden Vogelarten. 181 s. 4: 75.
4. *Nyström, Edw.,* Redogörelse för den Japanska fisksamlingen i Upsala univ:s zoologiska museum 54 s. 1: 75.
5. *Lovén, Sven,* On the species of Echinoidea described by Linnæus in his work Museum Ludovicæ Ulricæ. 185 s. o. 9 pl. 7: 50.
6. *Kolthoff, Gust.,* Lagopus Bonasioides, bastard mellan dalripa och hjerpe. 7 s. o. 1 pl. 75 ö.
7. *Carlsson, Albertina,* Zur Anatomie des Hyperoodon diodon. 25 s o 3 pl. 1: 75.
8. *Tigerstedt, Rob.,* o. *Strömberg, Carl A.,* Der Venensinus des Froschherzens physiologisch untersucht. 67 s o. 3 pl. 2: 25.
9 *Haij, Bernh.,* Bidrag till kännedomen om Acridiodeernas yttre morfologi. 14 s. o. 1 pl. 75 ö.
10. *Lovén, Sven,* On a recent form of the Echinoconidæ. 16 s. o. 2 pl. 1 kr.
11. *Adlerz, Gottfr.,* Bidrag till Pantopodernas morfologi o. utvecklingshistoria. 25 s. o. 2 pl. 1: 25.

XIV. 88—89.
Afd. I. Matematik, Astronomi, Mekanik, Fysik, Meteorologi o. beslägtade ämnen. 5: 25.
1. *Falk, M.,* Beweise einiger Sätze aus der Theorie der elliptischen Functionen. 30 s. 75 ö.
2. *Charlier, C. V. L,* Astrophotometrische Studien. 56 s. 1: 50.
3. *Mebius, C. A.,* Ueber Disjunktionsströme. 14 s. 50 ö
4 *Wigert, Thure,* Orage accompagné de trombes près Upsala. 9 s. o. 4 pl. 75 ö.
5. *Bohlin, Karl,* Ueber eine neue Annäherungsmethode in der Störungstheorie. 26 s. 75 ö.
6. *Gyldén, Hugo,* Fortsatta undersöknr rör. en icke lineär differentialeqvation af andra ordningen. 23 s. 75 ö.
7. ——, Bevis för en sats, som berör frågan om planetsystemets stabilitet. 27 s. 75 ö.
8. *Andrée, S. A,* Iakttagelser vid kondensation af vattenångan i en fuktig elektrisk atmosfer. 11 s. 50 ö.
9. *Arrhenius, Svante,* Ueber den Gefrierpunkt verdünnter wässeriger Lösungen. 23 s. o. 1 pl. 1 kr.

Bihang till Kongl. Svenska Vetenskapsakad:s handl:r.

10. *Mebius, C. A.*, Galvanometriska mätningar öfver det inflytande en elektrisk gnista utöfvar på en annan. 25 s. 75 ö.
11. *Ångström, Knut*, Eine Wage zur bestimmung der Stärke magnetischer Felder. 7 s. o. 1 pl. 50 ö.

Afd. II. Kemi, Mineralogi, Geognosi, Fysisk geogr. o. beslägtade ämnen. 3: 75.

1. *Johnsson, K. R.*, Om metafosforsyrans inverkan på di- o. trioxider. 13 s. 50 ö.
2. *Forsling, S.*, Om tvenne β-amidonaftalinsulfonsyror. 12 s. 50 ö.
3. *Bäckström, Helge*, Ueber den Rhombenporphyr aus dem Brumunthale in Norwegen. 16 s. 50 ö.
4. —, Krystallform und optische Konstanten des Hydrokarbostyrils 6 s. 50 ö.
5. *Thoroddsen, Th.*, Vulkaner i det nordöstlige Island. 71 s. o. 3 pl. 3 kr.
6. *Nilson, L. F.*, o. *Pettersson, Otto*, Sur deux nouveaux chlorures d'indium et sur la densité de vapeur de chlorures d'indium, de gallium, de fer et de chrome. 24 s. 75 ö.
7. *Klason, Peter*, Om persulfocyansyra o. dithiocyansyra. 21 s. 75 ö.

Afd. III. Botanik, omfattande både lefvande o. fossila former. 2: 75.

1. *Lewin, Maria*, Ueber spanische Süsswasseralgen. 24 s. o. 3 pl. 1: 25.
2. *Schenk, A.*, Fossile Hölzer aus Ostasien und Ægypten. 24 s. 75 ö.
3. *Söderström, Edla*, Ueber den anatomischen Bau von Desmarestia Aculeata (L.) Lam. 16 s. o. 1 pl. 75 ö.
4. *Wille, N*, Om Fucaceernas Blærer. 21 s. o. 2 pl. 1: 25.
5. *Starbäck, Karl*, Anteckningar öfver några skandinaviska Pyrenomyceter. 18 s. o. 1 pl. 75 ö.

Afd. IV. Zoologi, omfattande både lefvande o. fossila former. 8: 25.

1. Mitteilungen des ornitologischen Komitees der Königl. schwedischen Akademie der Wissenschaften. II. (Bearb. von. *C. R. Sundström*. 160 s. 4: 50.
2. *Haij, Bernh.*, Öfversigt af Skandinaviens Orthopterer jemte beskrifningar. 41 s. o. 1 pl. 1: 50.
3. *Bergendal, D.*, Ueber abnorme Formen der ersten abdominalen Anhänge bei einigen Krebsweibchen. 35 s. o. 1 pl. 75 ö.
4. *Segerstedt, M.*, Bidrag till kännedom om Hydroid-faunan vid Sveriges vestkust. 27 s. o. 1 pl. 1 kr.
5. *Wirén, A*, Om en hos eremitkräftor lefvande annelid. 15 s. o. 3 pl. 1: 25.
6. *Qvennerstedt, Aug.*, Om den tidigare förekomsten af Felis Catus i Skåne. 5 s. o. 1 pl. 50 ö.
7. (Återtagen af författaren.)
8. *Bergendal, D.*, Ueber eine dritte vordere Extremität eines braunen Frosches. 35 s. o. 2 pl. 1: 75.
9. *Lönnberg, Einar*, Bidrag till kännedomen om i Sverige förekommande Cestoder 69 s. o. 2 pl. 2: 25.
10. *Nyström, D.*, Om en monströs form af Cottus Scorpius Lin. 10 s. o. 1 pl. 75 ö.

Bihang till Kongl. Svenska Vetenskapsakad:s handl:r.

11. (Återtagen af författaren)
12. *Smitt, F. A.*, Om sillrasernas betydelse. 18 s. 50 ö.

XV. 89—90.

Afd I. Matematik, Astronomi, Mekanik, Fysik, Meteorologi o. beslägtade ämnen. 90 s. 8: 75.

1. *Jonquière, Alfr.*, Ueber einige Transcendente, welche bei der wiederholten Integration rationaler Funktionen auftreten. 50 s. 1: 25.
2. *Möller, Julius*, Ueber die singulären Punkte der gewöhnlichen algebraischen Differentialgleichungen. 31 s. 75 ö.
3. *Cavallin, C. B. S.*, Om maximi- o. minimikonvergenter till en viss klass bestämda integraler. 17 s. 50 ö.
4. *Mebius, C. A.*, Versuche mit einem elektrischen Funken und einer kleinen Flamme. 30 s. o. 1 pl. 1 kr.
5. *Brodén, Torsten*, Ueber die durch Abel'sche Integrale Erster Gattung rectificirbaren ebenen Curven. 26 s. 75 ö.
6. *Ekholm, Nils*, Sur la chaleur latente de vaporisation de l'eau et le chaleur spécifique de l'eau liquide. 35 s. 1 kr.
7. *Rosén, P. G.*, Om lodafvikelser i Sverige. 10 s. o. 1 pl. 50 ö.
8. *Björling, C. F. E.*, Die singulären Generatricen der Binormalen-und Hauptnormalen-Flächen. 18 s. 50 ö.
9. *Ångström, Knut*, Beiträge zur Kenntniss der Absorption der Wärmestrahlen durch die verschiedenen Bestandtheile der Atmosphäre. 29 s o. 2 pl. 1: 25.
10. —, Beobachtungen über die Strahlung der Sonne. 19 s. o. 2 pl. 75 ö.
11. *Wijkander, Aug.*, Observations de marées, faites à Polhem au Spitzberg. 11 s. 50 ö.
12. *Eneström, Gustaf*, Emanuel Swedenborg ss. matematiker. 29 s. 75 ö.
13. *Phragmén, E.*, Om några med det Poincaré'ska fallet af trekroppsproblemet beslägtade dynamiska uppgifter. 33 s. 1 kr.
14. *Ekholm, Nils*, Ueber die Einwirkung der ablenkenden Kraft der Erdrotation auf die Luftbewegung. 51 s. 1: 25.

Afd. II. Kemi, Mineralogi, Geognosi, Fysisk geografi o. beslägtade ämnen. 3: 25.

1. *Petersson, Walfr.*, Om naturliga etsfigurer o. andra lösningsfenomen på beryll från Mursinsk. 38 s. o 2 pl. 1: 75.
2. *Nilson, L. F.*, o. *Pettersson, Otto*, Sur le poids moléculaire du chlorure d'aluminium. 22 s. o. 2 pl. 1: 25.
3. *Bäckström, Helge*, Kemisk undersökning af några mineral från trakten af Langesund. 25 s 75 ö.

Afd. III. Botanik, omfattande både lefvande o. fossila former. 2: 75.

1. *Kjellman, F. R.*, Undersökning af några till slägtet Adenocystis Hook. fil. et Harv. hänförda alger. 20 s. o. 1 pl. 1 kr.
2. *Starbäck, Karl*, Ascomyceter från Öland o. Östergötland. 28 s. o. 1 pl. 1 kr.
3. *Andersson, Gunnar*, Studier öfver torfmossar i södra Skåne. 43 s. 1: 25.
4. *Bohlin, Knut*, Myxochæte, ett nytt slägte bland sötvattensalgerna. 7 s. o. 1 pl. 50 ö.

Bihang till Kongl. Svenska Vetenskapsakad:s handl:r.
Afd. IV. Zoologi, omfattande både lefvande och fossila former. 8: 75.
1. *Aurivillius, Chr*, Grönlands insektfauna. I. Lepidoptera, Hymenoptera. 34 s. o. 3 pl. 1: 75.
2. *Goës, A.*, Om den s. k. verkliga dimorfismen hos Rhizopoda reticulata. 14 s o. 1 pl. 75 ö.
3. *Westling, Charlotte*, Anatomische Untersuchungen über Echidna. 71 s. o 6 pl. 5 kr.
4. *Trybom, Filip*, Trollsländor (Odonater), insamlade under svenska expeditionen till Jenisei 1876. 21 s. o. 1 pl. 75 ö.
5. *Bergendal, D.*, Neue Beobachtungen über die Formvariation der ersten abdominalen Anhänge bei Krebsweibchen. 15 s. 50 ö.
6. *Juel, H. O.*, Beiträge zur Anatomie der Trematodengattung Apoblema (Dujard) 46 s. o. 1 pl. 1: 50
7. *Lönnberg, Einar*, Ueber eine eigenthümliche Tetrarhynchidenlarve. 48 s. o 3 pl. 1: 75.
8. *Ekbohrn, Ossian*, Ornitologiska iakttagelser år 1887 vid Sandhamn o. i dess omnejd. 78 s. 2 kr.
9. *Lindström, G.*, Ueber die Gattung Prisciturben Kunth. 10 s. o. 2 pl. 1: 25.
10. *Klinckowström, Axel*, Quelques recherches morphologiques sur les artères du cerveau des vertébrés. 26 s. o. 2 pl. 1 kr.

XVI. 90—91.
Afd. I. Matematik, Astronomi, Mekanik, Fysik, Meteorologi o. beslägtade ämnen. 5: 75
1. *Bäcklund, A. V.*, Om Ribaucour's cykliska system. 32 s. 75 ö
2. *Cassel, Gustav*, Öfver en afhandl af H. Weber, »Ein Beitrag zu Poincaré's Theorie der Fuchs'schen Functionen». 16 s. 50 ö
3. —, Om den konforma afbilden af ett plan på ett prisma, jämte några närbeslägtade problem. 11 s. 50 ö
4. (Återtagen af författaren.)
5. *Ekholm, Nils*, Etude des conditions météorologiques à l'aide de cartes synoptiques représentant la densité de l'air. 36 s. o. 18 pl. 4: 50.
6. *Jonquière, Alfred*, Ueber eine Verallgemeinerung der Bernoulli'schen Funktionen u. ihren Zusammenhang mit der verallgemeinerten Riemann'schen Reihe. 28 s. 75 ö
7. *Andrée, S. A.*, Undersökningar ang. värmets ledning i porösa fuktiga kroppar. 7 s. o. 1 pl. 50 ö.
8. *Bäcklund, A. V.*, Om Ribaucour's cykliska system. (Forts.) 41 s. 1 kr.
9. *Arrhenius, Svante*, Ueber die Leitung von Elektricität durch heisse Salzdämpfe. 58 s o 1 pl. 1: 75.
10 *Wigert, Thure*, Trombe de Wimmerby le 14 juillet 1890. 7 s. o 2 pl. 75 ö.
11. *Timberg, Gustaf*, Om temperaturens inflytande på några vätskors papillaritetskonstanter. 39 s. o. 1 pl. 1: 25.
12. *Bohlin, K*, Till frågan om sekulära störingar. 19 s. 50 ö.

Afd. II. Kemi, Mineralogi, Geognosi, Fysisk geografi o. beslägtade ämnen. 4: 25.
1. *Bäckström, Helge*, Ueber fremde Gesteineinschlüsse in einigen skandinav. Diabasen. 39 s. o. 2 pl. 1: 50.

Bihang till Kongl. Svenska Vetenskapsakad:s handl:r.
2. *Weibull, Mats*, Studier öfver arsenikkisens kristallform o. sammansättn. 32 s. o. 1 pl. 1 kr.
3. *Hellström, Paul*, Studier öfver naftalinderivat. 77 s. o. 1 pl. 2 kr.
4. *Flink, Gustaf*, Mineralogische Notizen. III. 23 s. o. 1 pl. 75 ö.
5. *Bäckström, Helge*, Über angeschwemmte Bimsteine und Schlacken der nordeuropäischen Küsten. 43 s. 1: 25.

Afd. III. Botanik, omfattande både lefvande o. fossila former. 9: 75.
1. *Hellbom, P. J.*, Bornholms lafflora. 119 s. 3 kr.
2. *Grevillius, A. Y.*, Anatomiska studier öfver de florala axlarna hos diklina fanerogamer. 100 s. o. 6 pl. 4 kr.
3. *Starbäck, Karl*, Bidrag till kännedom om Sveriges ascomycetflora. 15 s. o 1 pl. 50 ö.
4. *Olbers, Alida*, Om fruktväggens byggnad hos labiaterna. 20 s. o. 2 pl. 75 ö
5. *Andersson, O. Fr.*, Bidrag till kännedom om Sveriges chlorophyllophyceer. I. Chlorophyllophyceer från Roslagen. 20 s. o. 1 pl. 75 ö.
6. *Nathorst, A. G.*, Kritiska anmärkn:r om den grönländska vegetationens historia. 50 s. o. 1 karta. 1: 50.
7. *Elfstrand, M.*, Botaniska utflykter i sydvestra Jemtland o. angränsande del af södra Trondhjems amt sommaren 1889 jemte beskrifn. på därunder påträffade hieracia o. carices. 91 s. o. 1 pl. 2: 50.
8. *Hellström, Paul*, Några iakttagelser ang. anatomien hos gräsens underjordiska utlöpare. 18 s. o. 1 pl. 1 kr.
9. *Tolf, Rob*, Öfversigt af Smålands mossflora 98 s. 2: 50.

Afd. IV. Zoologi, omfattande både lefvande o fossila former. 8: 75.
1. *Dames, W.*, Ueber Vogelreste aus dem Saltholmskalk von Limhamn bei Malmö. 12 s. o. 1 pl. 75 ö.
2. *Adlerz, Gottfrid*, Om digestionssekretionen jemte några dermed sammanhängande fenomen hos insekter o. myriopoder. 51 o. vj s. samt 5 pl. 2: 25.
3. Mitteilungen des ornitologischen Komitées der Königl. schwedischen Akademie der Wissenschaften. III. (Bearb. von *C. R. Sundström*.) 127 s. o. 6 tabeller. 4 kr.
4. *Johansson, J. E.*, Studier öfver inflytandet på blodtrycket af retning af ryggmärgen o. nerv. splanchnicus med induktionsslag af olika freqvens o. intensitet. 80 s. o. 4 pl. 3: 50.
5. *Lönnberg, Einar*, Helminthologische Beobachtungen von der Westküste Norwegens. I. Cestoden. 47 s. 1: 25.
6. *Hedlund, T.*, Einige Muriceiden der Gattungen Achanthogorgia, Paramuricea und Echinomuricea im Zoologischen Museum der Universitet Upsala. 19 s. o. 3 pl. 1: 25.
7. *Holm, Gerhard*, Gotlands graptoliter. 34 s. o. 2 pl. 1: 75.
8. *Carlsson, Albertina*, Untersuchungen über die weichen Teile der s. g. überzähligen Strahlen an Hand und Fuss. 40 s. o. 4 pl. 2: 50.

XVII. 91—92.
Afd. I. Matematik, Astronomi, Mekanik, Fysik, Meteorologi o. beslägtade ämnen. 6: 25.

Bihang till Kongl. Svenska Vetenskapsakad:s handl:r.

1. *Juhlin, Julius*, Bestämning af vattenångans maximispänstighet vid låga temperaturer. 72 s. o. 3 pl. 2: 25.
2. *Bäcklund, A. V.*, Om Ribaucour's cykliska system. 41 s. 1 kr.
3. *Hamberg, H. E.*, La radiation des nuages supérieurs autour des minima barométriques. 21 s. o. 1 pl. 1 kr.
4. *Olsson, K. G.*, Untersuchung über eine Gruppe von langperiodisch elementären Gliedern in der Zeitreduktion. 25 s. 75 ö.
5. *Sondén, Klas*, Ein neues Hygrometer. 14 s. o. 1 pl. 75 ö
6. *Olsson, Olof*, Lösning af ett mekaniskt problem, som leder till Rosenhainska funktioner. 14 s. 50 ö.
7. *Lindhagen, D. G.*, Geodätische Azimuthbestimmung auf der Sternwarte in Lund, und trigonometrische Verbindung der Sternwarte mit dem Hauptdreiecksnetz d. k. Generalstabes. 36 s. 1 kr.
8. *Neovius, Otto*, Om skiljandet af kväfvets o. syrets linier i luftens emissions-spektrum. 69 s. 1: 75.

Afd. II. Kemi, Mineralogi, Geognosi, Fysisk geografi o. beslägtade ämnen. 10 kr.

1. *Nordenskiöld, A. E.*, Ytterligare om gadolinit-jordens molekylarvigt. 33 s. 75 ö.
2. *Thoroddsen, Th.*, Geologiske Iakttagelser paa Snæfellsnes og i Omegnen af Taxebugten i Island. 97 s. o. 1 karta. 3 kr.
3. *Nordenskiöld, G.*, Redogörelse för den svenska expeditionen till Spetsbergen 1890. 93 s., 6 pl. o. 1 karta. 5: 50.
4. *Johansson, K.*, Studier öfver Enstatit o dess omvandlingsprodukter. 26 s. o. 1 pl. 1 kr.
5. *Palmqvist, A.*, Hydrografiska undersökningar i Gullmarfjorden sommaren 1890. 19 s o 3 pl. 1: 25.
6. *Blomstrand, C. W.*, Till frågan om grundämnenas föreningsvärde. 13 s. 50 ö.
7. — —, Den 7-atomiga jodens dubbelsyror. 48 s. 1: 75.
8. *Pettersson, O., o. Ekman, R.*, En ny metod att bestämma alkoholhalten i jästa drycker. 11 s. o. 1 pl. 50 ö.

Afd. III. Botanik, omfattande både lefvande o. fossila former. 3: 50.

1. *Floderus, B. G. O.*, Bidrag till kännedomen om Salixfloran i sydvestra Jämtlands fjälltrakter. 52 s. 1: 25.
2. *Borge, O.*, Ett litet bidrag till Sibriens Chlorophyllophycéflora. 16 s. o. 1 pl. 50 ö.
3. *Lovén, Hedvig*, Några rön om algernas andning. 17 s. o. 1 pl. 75 ö.
4. *Borge, O.*, Chlorophyllophyceer från norska Finmarken. 16 s. o. 1 pl. 75 ö.
5. *Nathorst, A. G.*, Ueber den gegenwärtigen Standpunkt unserer Kenntniss von dem Vorkommen fossiler Glacialpflanzen. 32 s. o. 1 karta. 1 kr.

Afd. IV. Zoologi, omfattande både lefvande o. fossila former. 12 kr.

1. *Bergendal, D.*, Kurzer Bericht über eine im Sommer d. J. 1890 unternommene zoologische Reise nach Nord-Grönland. 20 s. 50 ö.

Bihang till Kongl. Svenska Vetenskapsakad:s handl:r.

2. *Kolthoff, Gustaf*, Tetrao bonasiotetrix Bogdanow, bastard mellan orre o. hjerpe, funnen i Sverige. 9 s. o. 1 pl. 75 ö.
3. *Malme, Gust. O. A:n*, Studien über das Gehirn der Knochenfische. 60 s. o. 5 pl. 2: 50.
4. Mitteilungen des ornithologischen Komitées der Königl. schwed. Academie der Wissenschaften. IV. 97 s. (Bearb. von *C. R. Sundström.*) 2: 50.
5. *Holmgren, Emil*, Bidrag till kännedomen om de skandinaviska foglarnes osteologi. 135 s. o. 9 pl. 4: 75.
6. *Lönnberg, Einar*, Öfversigt öfver Sveriges Cephalopoder. 42 s. o. 1 pl. 1: 50.
7. — —, Ichtyologische Notizen. 11 s. o. 1 pl. 75 ö.
8. *Schött, Harald*, Beiträge zur Kenntniss kalifornischer Collembola. 25 s. o. 4 pl. 1: 50.
9. *Thorell, T.*, On an apparently new Arachnid belonging to the family Cryptostemmoidæ, Westw. 9 s. 50 ö.
10. *Borgström, Ernst*, Ueber Echinorhynchus turbinella, brevicollis und porrigens. 60 s. o. 5 pl. 2: 25.

XVIII. 92—93.

Afd. I. Matematik, Astronomi, Mekanik, Fysik, Meteorologi o. beslägtade ämnen. 7: 50.

1. *Hamberg, H. E.*, Sur une prétendue périodicité de presque 26 jours dans les orages. 12 s. 50 ö.
2. *Bendixson, Ivar*, Quelques applications du théorème de Sturm étendu à un système d'équations. 18 s. 50 ö.
3. *Charlier, C. V. L.*, Om fotografins användning för undersökning af föränderliga stjernor. 9 s. o. 1 pl. 50 ö.
4. *Forsling, S.*, Om absorptionsspektra hos didym o. samarium. 32 s. o. 1 pl. 1 kr.
5. *Arrhenius, Svante*, Über die Änderung des elektr. Leitungsvermögens einer Lösung durch Zusatz von kleinen Mengen eines Nichtleiters. 31 s. 75 ö.
6. *Charlier, C. V. L.*, Studier öfver trekropparsproblemet. I. 22 s. 75 ö.
7. *Bendixson, Ivar*, Sur les équations différentielles linéaires homogénes. 29 s. 75 ö.
8. *Arrhenius, Svante*, Ueber die Diffusion von in Wasser gelösten Stoffen. 52 s. 1: 25.
9. *Rydberg, J. R.*, Sur une certaine asymétrie dans les réseaux concaves de M. Rowland. 12 s. o. 1 pl. 50 ö.
10. *Forsling, S.*, Om absorptionsspektra hos didym o. samarium i det ultravioletta spektret. 23 s. o. 1 pl. 1 kr.
11. *Jäderin, Edv.*, Märklig längdförändring hos geodetiska basmätningssträngar. 28 s. o. 1 pl. 1 kr.

Afd. II. Kemi, Mineralogi, Geognosi, Fysik o. beslägtade ämnen. 4: 25.

1. *Munthe, Henr.*, Studier öfver baltiska hafvets qvartära historia. I. 120 s. 3: 25.
2. *Palmqvist, A.*, Undersökn:r om atmosferens kolsyrehalt. 39 s. o. 1 pl. 1: 25.

Afd. III. Botanik, omfattande både lefvande o. fossila former. 15 kr.

1. *af Klercker, John*, Pflanzenphysiolog. Mitteilungen. II. Ueber die Bewegungserscheinungen bei ährenständigen Veronica-Blüten. 29 s. 1 kr.

Bihang till Kongl. Svenska Vetenskapsakad:s handl:r.
2. *Andersson, Gunnar*, Växtpaleontologiska undersökningar af svenska torfmossar. I. 30 s. 75 ö.
3. *Hedlund, T.*, Kritische Bemerkungen über einige Arten der Flechtengattungen Lecanora (Asch.), Lecidea (Asch.) und Micarea (Fr.). 104 s. o. 1 pl. 2: 75.
4. *Grevillius, A. Y.*, Om fruktbladsförökning hos Aesculus Hippocastanum. 7 s. o. 1 pl. 50 ö.
5. *Kjellman, F. R*, Studier öfver Chlorophycéslägtet Acrosiphonia J. Ag. o. dess skandinaviska arter. 114 s. o. 8 pl. 5 kr.
6. *Grevillius, A. Y.*, Om vegetationens utveckl. på de nybildade Hjelmaröarne. 110 s o. 1 pl. 3: 25.
7. *Kjellman, F. R.*, Om en ny organisationstyp inom slägtet Laminaria. 17 s. o 1 pl. 1 kr.
8. *Andersson, Gunnar*, Växtpaleontologiska undersökn:r af torfmossar. II. 60 s. 1: 50.
9. *Kjellman, F. R*, Om Fucoidéslägtet Myclophycus Kjellm. 12 s. o. 1 pl. 75 ö.
Afd. IV. Zoologi, omfattande både lefvande o. fossila former. 13 kr.
1. *Lovén, Sven*, Echinologica. 74 s. o. 12 pl. 6 kr.
2. *Lönnberg, Einar*, Ichtyologische Notizen. II. 13 s. 50 ö.
3. *Aurivillius, Carl W. S*, Ueber einige obersilurische Cirripeden aus Gotland. 24 s. o. 1 pl. 1 kr.
4. *Bergendal, D.*, Gastroschiza triacantha N. G. N. Sp., eine neue Gattung u. Familie der Räderthiere. 22 s o. 2 pl. 1: 50.
5. *Gullstrand, Allvar*, Objective Differentialdiagnostik und photogr. Abbildung von Augenmuskellähmungen. 39 s. o. 15 pl. 4:75.
6. *Lönnberg, Einar*, Bemerkungen über einige Cestoden 17 s. o. 1 pl. 75 ö.
7. *v. Porat, C. O.*, Myriopoder från Vest- o. Syd-Afrika. 52 s. 1: 25.
8. *Holmgren, Emil*, Några ord om körtelinnervationer o. körtelkapillarer hos lepidopterlarver, samt om ett egendoml. muskelslag hos dessa senares sfinkterbildningar. 10 s. o. 1 pl. 75 ö.
XIX. 93—94.
Afd I. Matematik, Astronomi, Mekanik, Fysik, Meteorologi o. beslägtade ämnen. 7: 50.
1. *Petrini, H.*, Om några grundbegrepp i den mekaniska värmeteorien. 40 s. o. 1 pl. 1: 25.
2. *Charlier, C. V. L.*, Studier öfver tre-kropparproblemet. II. 29 s. 75 ö.
3. *Bjerknes, V.*, Das Eindringen electr. Wellen in die Metalle und die electromagnetische Lichtteorie. 16 s. o. 1 pl. 75 ö.
4. *Petrini, H.*, Om de till ekvationen $\Delta \Phi + k^2 f (x\ y\ z) \Phi = 0$ hörande ortogonala koordinatsystemen. 36 s. 1 kr.
5. ——, Om slutna konvexa konturer. 58 s 1: 50.
6. *Schultz, H.*, Measures of nebulæ 30 s. 1 kr.
7. *Bjerknes, V.*, Die Bestimmung der Dämpfungsconstanten des Herz'schen Oscillators und Resonators aus der Resonanzerscheinung. 22 s. 75 ö.
8. *Ekholm, Nils, o. Arrhenius, Svante*, Ueber den Einfluss des Mondes auf den elektrischen Zustand der Erde. 50 s. o. 4 pl. 2 kr.
Afd. II. Kemi, Mineralogi, Geognosi, Fysik o. beslägtade ämnen. 2: 50.

Bihang till Kongl. Svenska Vetenskapsakad:s handl:r.
1. *Shields, Joh.*, On Hydrolysis and the extend to which it takes place in aqueous solutions of salts of strong bases with weak acids. 31 s. 1 kr.
2. *Moberg, Joh. Chr.*, Bidrag till kännedomen om Sveriges mesozoiska bildningar. 18 s. 50 ö.
3. *Andrée, S. A.*, Iakttagelser under en ballongfärd d. 15 juli 1893. 20 s o. 3 pl. 1: 25.
4. *Ekman, G., Pettersson, O., Wijkander, A*, Redogörelse för de svenska hydrografiska undersökningarna åren 1893—94. I. Östersjön, sammanfattadt af *O. Pettersson*. 14 s. 50 ö.
Afd. III. Botanik, omfattande både lefvande o. fossila former. 14 kr.
1. *Tolf, Rob.*, Granlemningar i svenska torfmossar. 35 s. 1 kr.
2. *Starbäck, Karl*, Studier i Elias Fries' svampherbarium. I. Sphæriaceæ imperfecte cognitæ. 114 s o. 4 pl. 4: 75.
3. *Eliasson, A. G.*, Om sekundära anatomiska förändringar inom fanerogamernas florala region. 167 s. o. 5 pl. 6: 50.
4. *Segerstedt, Per*, Studier öfver buskartade stammars skyddsväfnader. 87 s. o. 3 pl. 3: 75.
5. *Borge, O.*, Süsswasser-Chlorophyceen gesammelt von D:r A. Osw. Kihlman im nördlichsten Russland, Gouvernement Archangel. 41 s. o. 3 pl. 1: 75.
Afd. IV. Zoologi, omfattande både lefvande o. fossila former. 2: 50.
1. *Hennig, A*, Ueber Neuroptera conuligera, eine neue Bryozoen-Art aus der schwedischen Kreide. 11 s o. 1 pl. 75 ö.
2. *Schött, Harald*, Beiträge zur Kenntniss der Insektenfauna von Kamerun. 1. Collembola. 28 s. o. 7 pl. 2: 25.

Bilder-abc-bok. 12:o, 24 s. Visby, Gottlands Alleh. tryckeri. 91. Kart. 15 ö.

Bilder, Fosterländska. Svensk läsebok för hem och skola, utg. af *J. A. Heikel*. 8:o, vij o. 426 s. H:fors, K. E. Holm. 90. 5 fmk.

Bilder från gamla Stockholm, valda o. beskrifna af *C. Eichhorn.* 10 hfn Tvär folio, 40 pl. o. 41 blad text. Sthm, G. Chelius i distr. 87—89.
För häfte 2 kr., inb. 25 kr.

Bilder från Skåne. 8:o, 10 pl. i ljustryck samt text: Turistbeskrifning till Bilder från Skåne af *Emil Winqvist.* 4 s. Kristianstad, Hj. Möllers bokh. 93.
I kartong 4 kr.

Bilder från Sverige. Med text af *Claes Lundin*. Folio, Sthm, Wahlström & Widstrand.
Ser. I. Göteborg. 8 akvarelltryck efter orig. af *John Ericsson, Anna Gardell-Ericsson, Ida Törnström o. Elis Lindgren.* 8 pl. o. 8 s. text. 91. I kartong 10 kr.

Bilder från vårt nästa krig, fördt på centralförsvarsprincipens grunder, tecknadt af skärgårdsmarskalken *Krutstam*, insjö-amiralerne *Julius* o. *Simpson* samt central-fältherren von *Hasenskräck*. 8:o, 52 s. Sthm. H. Sandberg i distr. 94. 50 ö.

Bilder, Geografiska, för skolan o. hemmet ordnade af *J. Bäckman.* Tvär 4:o. Sthm, Alb. Bonnier.
1. Sverige. 64 s. 87. 1 kr., kart. 1: 35, klb. 2 kr.
2. Europa. 54 s. 89. 1 kr., kart. 1: 35, klb. 2 kr.
3. De främmande verldsdelarne. 64 s. 90. 1 kr., kart. 1: 35, klb. 2 kr.

Bilder o. skildringar från Djursholms Villastad. 8:o, 21 s. Sthm, Looström & K. 91. 25 ö.

Bilder så man kan skratta sig till döds. Folio. 9 pl. med text. Sthm, Ad. Johnson. 89. Kart. 1 kr.

Bilder ur Alexander III:s lif o. regering. Efter ryska källor af —n—. 8:o, 87 s. Sthm, Wahlström & Widstrand i distr. 94. 1 kr.

Bilder ur barnaverlden, med text af *L. S. (Carolina Berg)*. Sthm, Fost.-stift:s F-exp.
I. 4:o, 26 s. o. 24 illustr. 87. Kart. 2 kr.
II. 8:o, 20 s. o. 20 illustr. 87. Kart. 1 kr.
III. 8:o, 18 s. o. 18 illustr. 88. Kart. 1 kr.
IV. 4:o, 28 s. o. 24 illustr. 88. Kart. 2 kr.
V. 8:o, 18 s. o. 18 illustr. 89. Kart. 1 kr.
VI. 8:o, 16 s. 17 illustr. 89. 60 ö.
VII. 8:o, 20 s. o. 20 illustr. Kart. 1 kr.
VIII. 4:o, 26 s. o. illustr. Kart. 1 kr.
IX. 4:o, 20 s med kolor. pl. o. text. 91. Kart. 1 kr.
X. 4:o, 20 s. o. illustr. 92 Kart. 2 kr.

Bilder ur djurens lif. Med text af *Math:a Langlet*, 4:o, 24 s. Sthm, Ad. Johnson. 91. Kart. 1: 25.

Bilder ur lifvet. Smärre berättelser o. skizzer i öfvers. af —*lgr*—, 8:o, 103 s. Sthm, C. A. V. Lundholm. 89. 75 ö.

Bilder ur vår frälsares lif. Med illustr. 8 blad velin. Sthm, G. Chelius. 91. 1: 50.

Bilderbok, Barnens, med berättelser för de små, saml. af *L. S. [Carolina Berg]*. 4:o., Sthm, Fost.-stifts. F-exp.
1:a hft. 48 s. o. 1 pl. 94. 75 ö.
2:a hft. 48 s. o. 1 pl. 94. 75 ö.
3:e hft. 48 s. o. 1 pl. 95. 75 ö.
4:e hft. 48 s. o. 1 pl. 95. 75 ö.

Bilderbok, Lilla Ainas. 44 taflor med text af *L. S. [Carolina Berg]*. 4:o, 76 s. Sthm, Fröléen & K. 90. Kart. 1: 50.

Bilderbok, Zoologisk. 4.o, 14 pl. Sthm, F. & G. Beijers Bokf.-aktb. 89. 1: 75.

Bilderböcker. 4:o. Sthm, F. & G. Beijers Bokf.-aktb.
1. Barnen o. djuren 5 pl. med text. 87. 40 ö.
2. Tio små negrers underbara äfventyr. 5 pl med text. 87. 40 ö.
3. Robinson Crusoe. 5 pl. med text. 87. 40 ö.
4. De tre små kattungarne 5 pl. med text. 87. 40 ö.
5. Barnens nöjen. 5 pl. med text. 87. 40 ö.
6. Tumme Liten. 6 s. 87. 15 ö.
7. Katten i stöflar. 6 s. 87. 15 ö.
8. Blåskägg. 6 s. 87. 15 ö.
9. Den nye Gulliver. 6 s. 87. 15 ö.
10. Wittingtons katt. 6 s. 88. 15 ö.
11. Aladin el'er den förtrollade lampan. 6 s. 88. 15 ö.
12. Historien om Ali Baba o. om de fyratio tjufvars utrotande genom en slafvinna. 6 s. 88. 15 ö.
13. Robinson Kruse. 6 s. 88. 15 ö.

BILDT, K. G., Konseqvenser. Några ord om vår nya härordning. 2:e uppl. 8:o, 31 s. Sthm, P. A. Norstedt & S:r. 94. 40 ö.
(1:a uppl. 93.)

BILHAUD, Paul, Ett flöjtsolo. Se: Humor, Fransk. Teatern, Svenska 238.

Biljardspelet. Se: Handböcker. Ad. Bonniers allmännyttiga 9.

BILLENGREN, Ehrenfried, Minnestal vid Vasamonumentets aftäckning i Rättvik d. 1 okt 1893. 8:o, 16 s. o. 1 pl. Falun, Carl Nordins bokh. 94. 25 ö.

BILLER, Emma, »Tant Konfys». — Helens dagbok. Se: Läsning för unga flickor. 19.
—, Ulli. Se: Dersammast. 18.

BILLING, Gottfrid, Biskopen m. m. Ebbe Gust. Bring. Några minnesblad. 8:o, 153 s. Lund, C. W K. Gleerup. 86. 2: 25.
—, Den sköna Herrens gudstjänst. 1. Högmässan. 2. Kyrkoåret. 7.e uppl. 8:o, 15 s. Lund. C. W. K. Gleerup. 94. 10 ö.
För 50 ex. 3 kr.
(5.e uppl 86. 6:e 90.)
—, En årgång högmässopredikningar. 2 dlr. 8:o, 410 o. 371 s. Lund, C. W. K. Gleerup. 87 6: 50.
—, Guds ords hemlighet bland menniskor. Predikan. 8:o, 14 s. Sthm, F. & G. Beijers Bokf-aktb. 92. 25 ö.
—, Lidandets frestande vidrighet o. Arbetet i uppståndelsens hopp. Predik:nr. 8:o, 31 s. Sthm, F. & G. Beijers Bokf-aktb. 90. 50 ö.
—. Om Separatismen. Föredrag. 12:o, 35 s. Köping, M. Barkéns bokh. 86. 25 ö.
—, Om skillnad i äktenskap o. frånskilda makars vigsel. 8:o, 80 s. Lund, C. W. K. Gleerup. 88. 1 kr.
—, Tal vid kyrkoh. L. Lindbergs installation i Sala Stadsförsamling. 8:o, 8 s. Sala, Gust. Ewerlöf. 94. 20 ö.
—, Will du o. ditt hus tjena Herren? Predikan i slottskyrkan. 1891. 8:o, 18 s. Sthm, F. Björklund & K. i distr. 93. 25 ö.
—, Se: Bekännelseskrifter, Lutherska kyrkans. — *Luther, M*, Lilla katekes.

BILLING, Gust., Äsbomålets ljudlära. Akad. afh. 8:o, 228 s. o. 1 karta. Lund, Gleerupska Univ.-bokh. 89. 3 kr.
—, Ordlista till d:o. 8:o. 35 s. 90. 1 kr.
Jfr Bidrag, Nyare, till Sv. landsmålens hist 39.

BILLINGS, Josh, Skämt o. infall. Se: Bibliotek, Humoristiskt 3.

BILLMANSSON, Adolf, Handledning vid praktiska arbeten i fysik jämte tabeller öfver egentliga vikter m m. 8.o, Sthm, Förf:n.
[Förra afd. viij, 175 o. 10 s. samt 14 pl. 94. Klb. 4 kr.
Senare afd. xiij o. 198 s samt 38 pl. 95. Klb. 4 kr.

BILLSTRÖM, Axel, Handledning i matvaru-besigtning för helsopolisen i Stockholm. 8:o, 24 s. Sthm, Helsovårdsnämnden. 91. 25 ö.

Biograf öfver Pastor C. H. Spurgeon. Öfv. från eng. af *C. L.* 8:o, 257 s. Sthm, F. & G Beijers Bokf-aktb 87. 2 kr., klb. 2: 60.

Bions idyller. Öfv. af *Nils Sjöstrand*. 4:o, 16 s. Lund, Gleerupska univ:s-bokh. i komm. 92. 75 ö.

Birgitta-boken, Lilla. Ett 500-års minne af hel. Birgittas inskrifning i helgonens bok 1391 d. 7 okt. Liten 4.o, 19 blad i ljustryck o. litogr. färgtr. Sthm, H. Wieselgren. 92.
Inb i läderb. Netto 10 kr.

Bismarck i nattrock Förtroliga meddelanden ur en stor mans hvardagslif. Öfv. af *J. Granlund*. 12:o, 143 s. Sthm, F. & G. Beijers Bokf-aktb. 89. 1 kr.

Bismarcksbref 1844—70. Originalbref från Bismarck. Öfv. 8:o, 174 s. Sthm, C. A. V. Lundholm. 90. 1: 25.

Bitidning. Organ för centralfören. för Sveriges biskötare. Utg *Hj. Stålhammar*. Årgg. 1—10. (1880—89.) 8:o, Göteb, Redaktionen. 80—89.
För årg. (12 n:r) 1: 50.

BJARKE, Fred. Const., Barnet. Berättelse. 12:o, 294 s. Sthm, Alb. Bonnier. 95. 3: 50

—, Det röda håret. Berättelse. 12:o, 129 s. Sthm, Alb. Bonnier. 93. 1: 75.

—, o. **REUTER, Jonatan**, Dikter i färg o. ord. Folio, 11 blad text o. 10 pl. Hfors, Söderström & K. i komm. 91. 14 kr.

BJERKNES, V., Das Eindringen electr. Wellen in die Metalle. Se: Bihang till Vet.-akad:s handl:r. XIX: I: 3.

—, Die Bestimmung der Dämpfkonstanten des Hertz'schen Oscillators. Se: dersammast. XIX: I: 7.

BJURHOLM, Anders, Om uppfartsvägar till Södermalm. I. 8:o, 32 s. o. 2 kartor. Sthm, Förf:n. 87. Pris ?

BJURSTEN, Herman, Valda romaner. 12:o. Sthm, Alb. Bonnier.
1. Gyltas grotta. Romant. skildr. från medeltiden. 4:e uppl. 384 s. 91. 2: 50, klb. 3: 50.
2. Ödets lek. 5:e uppl. 2 dlr. 360 o. 200 s. 91. 3: 75, klb. 4: 75.

—, Se: Öfversigt af svenska litteraturen.

BJÖRCK, Albert, Det mänskliga lifvets lagar. Föredrag öfver tio Guds buds andliga innebörd o. prakt. tillämpning. 8:o, 198 s. Sthm, P. Palmquists aktb. 94. 1: 75.

—, Emanuel Svedenborgs betydelse för framtiden. Föredrag vid minnesfesten d. 29 jan. 1893 jemte ett meningsutbyte rör. de yttersta tingen, mellan d:r Carl von Bergen o. pastor Björck. 8:o, 42 s. Sthm, Nykyrkliga bokförlaget. 93. 40 ö.

—, Himmelska äktenskap o. sedlighetsfrågan. Ett föredrag. 8:o, 21 s. Sthm, Nykyrkliga bokförlaget 93. 30 ö.

—, Äktenskapets ursprung o. helgd. Några tankar i sedlighetsfrågan. 8:o, 30 s. Sthm, P. Palmquists aktb. 94. 50 ö.

BJÖRCK, Anton, Den tyska tullreformens inflytande på Tysklands handel o. industri. Liten 8:o, 38 s. Lund, Gleerupska univ:s bokh. i distr. 88. 25 ö.

[— —], Om grundläggandet af en alln. lifräntefond för Sveriges ungdom, jemte bihang rör. 1, fattigvården, 2, riksbanken, 3, den lärda socialismen. 4, grundskattefrågan af *Alibi*. 8:o, 71 s. Sthm, Ad. Johnson i komm. 89. 50 ö.

BJÖRCK, A. L., Kyrkans o. prestens sociala pligter. Några ord i en vigtig tidsfråga. 8:o, 39 s. Göteb, N. P. Pehrsson. 91. 25 ö.

BJÖRCK, Ernst, Valda dikter. Med en inledn. af *C D. af Wirsén*, 4:e uppl. 8:o, 292 s. o. 1 portr. Sthm, Alb. Bonnier. 93. 4 kr., inb. 4 kr.

BJÖRCK, Gust. Dan., Högmässopredikningar. Se: Skrifter utg. af Samf. pro fide et christianismo. 38.

—, Konfirmationstal. 8:o, 103 s. Göteb, N. P. Pehrsson. 91. 75 ö.

—, Skrifter i vald samling. 8:o. Göteb, N. P. Pehrsson.
1:a dln. (8 hfn.) 522 s. 89—90. 4 kr.
2:a dln. 368 o. 103 s. 91. 3: 50.

—, Skriftetal i vald samling. 8:o, 368 s. Göteb, N. P. Pehrsson. 91. 3 kr.

[**BJÖRKENHEIM, Edv.**], Berättelse öfver en till Nordamerikas Förenta stater för stud. af jordbruksförhållandena derstädes företagen resa. Se: Meddelanden, Landtbruksstyrelsens. 5.

BJÖRKLUND, Gustaf, Ecklesiastik bostäldsmatrikel för Upsala erkestift. 1887. 8:o, viij o. 199 s. Falun, Nya boktr.-aktb. 87. 2: 50.

BJÖRKLUND, Gustaf, Freds- o. afväpningsfrågan. 8:o, 71 s. Sthm, Samson & Wallin. 95. 1 kr.

—, Om den bevåpnade freden. 8:o, 20 s. Sthm, ›Fria Ordet›. 92. 25 ö.

—, Om förhållandet mellan själ o. kropp från celllärans synpunkt. 1:a afd:n. 8:o, 55 s. Sthm, Samson & Wallin. 94. 1 kr.

—, Om nationernas sammanväxning. I. Materiel sammanväxning. 8:o, 190 s. Sthm, Samson & Wallin. 87. 2: 50.

—, Om segmenteringens betydelse inom den organiska verlden. 8:o, 79 s. Sthm, Samson & Wallin. 90. 2 kr.

—, Om utvecklingsanarki. 8:o, 69 s. Sthm, Samson & Wallin. 92. 1 kr.

BJÖRKLUND, Gustafva, Lilla kokbok. Ny uppl. 12.o, 120 s. Sthm, F. C. Askerberg. 91. 75 ö.

BJÖRKLUND, Hedvig. Se: Författare, Moderna engelska. 2.

BJÖRKLUND, Jakob, Valda minnesteckningar. Se: Handlingar, Göteborgs k. Vet - o. vitt. samhälles. XXVI.

BJÖRKMAN, Axel, Bellmansforskning. 8:o, 220 s. o. 2 stamtaflor. Sthm, Samson & Wallin i distr. 92. 4 kr.

BJÖRKMAN, Carl Ad. Theod. Se: Jagtstadga. — Jagtstadgan.

BJÖRKMAN, C. G., Svensk-engelsk ordbok. Stereotyp. uppl. 8.o, 1,360 2-sp. s. Sthm, P. A. Norstedt & S:r 80. 16 kr., inb. 18 kr.

— —, Svärd o. bälte. Romantiserad sedeskildring från riddaretidens senare årh. 8:o, 373 s. Sthm, Ad. Bonnier. 86. 2: 50.

BJÖRKMAN, Göran, Anthero de Quental. Ett skaldeporträtt. Akad. afh. 4.o, 83 s. Upsala, Lundequistska Bokh. 7. 2 kr.

—, Dikter (af Ramón de Campoamor, Gaspar Núñez de Arce o. Emilia Pardo Bazán) öfversatta. 4:o, 64 s. Ups., Lundequistska Bokh. 92. (Uppl. 60 ex.) 3 kr.

—, Flickor. Idyller. Liten 8.o, 240 s. Sthm, F. & G. Beijers Bokf.-aktb. 87. 2 kr.

—, Ur Portugals samtida diktning. Poetiska öfversättn:r. [1:a saml.] 4:o, 95 s Ups., Lundequistska Bokh. 94. 2: 50.
2:a saml. 8.o, 87 s. 95. 1 kr·

—, Ur Spaniens samtida diktning. Poetiska öfversättn:r. [Omslagstitel: Genljud från Hesperien. 2:a saml.] 8:o, 101 s. Ups., Lundequistska Bokh. 95. 2 kr.

—, Se: *Anthero de Quental*, Dikter. — *Balaguer, V. o. Valera, J., Columbus.* — *Duarte d'Almeida*, Henrik navigator. — *Feijo, Antonio*, Fallna blad. Genljud från Hesperien. — *Giacosa, G.*, Ett parti schack — *Prudhomme, S.*, Dikter.

BJÖRKMAN, J., Sanning i nykterhetsläran. 16:o, 56 s, Borås, Edm. Jungbeck. 95. 10 ö.

BJÖRKMAN, L. E., Handledning i kanariefågelns vård o. afvel. Se: Handbibliotek, Allmännyttigt. 140.

BJÖRKMAN, Nils Otto, Om det absoluta förnuftet ss. alltings yttersta grund eller ett försök till en förnuftsenlig verldsförklaring i öfverensstämmelse med vetenskapen. 8:o, 147 s. Sthm, G. Chelius i komm. 88. 2 kr.

BJÖRKMAN, P. A., Fysik o kemi. Se: Bibliotek för allmänbildning. 5.

Björkö i Mälaren. En vägledning för resande. Se: *Stolpe, Hj.*

BJÖRLIN, Gust., Carl X Gustaf. Läsning för ung o.

gammal. Med 30 illustr. 8:o, 321 s. Sthm, Looström & K. 89. 4: 25, inb. 5: 75.
BJÖRLIN, Gust, Carl den tolfte. Läsning för ung o. gammal. 8:o, 407 s. o. 1 portr. Sthm, Looström & K. 88. 4: 75. inb. 6: 25.
—, Fordomdags. Kulturhistoriska utkast o. berättelser. 8:o, 196 s. Sthm, H. Geber. 95. 2: 50.
—, Gustaf II Adolf. Läsning för ung o. gammal. Med 42 illustr. 8.o, 401 s. Sthm, Looström & K. 90. 5: 25, inb. 6: 75.
[ ], Koncentrering mot målet. 2:a uppl. 8.o, 30 s. Sthm, P. A. Norstedt & S:r. 90. 30 ö. (1:a uppl. 89.)
—, Kriget i Norge 1814 efter samtidas vittnesbörd framställdt. Med 3 kartor. 8:o, 348 s o. 3 kartor. Sthm, P. A. Norstedt & S:r. 93. 4: 75, inb. 6 kr.
— -, Några ord om vår försvarsfråga. 2:a uppl. 8:o, s. 59—78. Sthm, P. A. Norstedt & S:r. 90. 30 ö.
[--], Vår mest hotade provins. En maning till Gotlands invånare af En försvarsvän 8:o, 16 s Sthm, P. A. Norstedt & S:r. 90. 25 ö.
—, Vårt försvar mot norr. 2.a uppl. 8:o, 48 s. o. 1 karta. Sthm, P. A. Norstedt & S:r. 90. 50 ö.
BJÖRLIN, Otto, Träsniderimönster. Fornnordisk o. allmogestil. 24 hfn. Folio, 72 pl. Sthm, J Hellsten. 87—92. För häfte 50 ö.
25:e—28:e hft. 12 pl. Sthm, G. Chelius. 95. För häfte 50 ö.
BJÖRLING, Carl Fab. Em., Die singulären Generatricen d. Binormalen- u. Hauptnormalen Flächen. Se: Bihang till Vet.-akad:s handl:r. XV: I, 8.
—, Lärobok i Differentialkalkyl o. algebraisk analys. 2:a uppl. med fig. i texten 8:o, xij o. 366 s. samt 1 pl. Lund, C. W. K. Gleerup. 93. 10 kr.
—, Ueber die Coincidenzkurve etc. Se: Bihang till Vet.-akad:s handl:r. XII: I, 7.
—, Zur Theorie der mehrdeutigen Ebenen-Transformation. Se: dersammast XIII: I, 8.
BJÖRLING, Carl G. E., Om bötesstraffet i den svenska medeltidsrätten. Akad. afh. 8:o, 156 s. Lund, Gleerupska univ. bokh. i distr. 93. 2: 25.
— -, Penningedeposition enl. justiniansk rätt. Se: Acta univ:is Lundensis. XXX: I, 2.
BJÖRLING, Henning Emanuel, Studier öfver dröppeln hos mankönet. Akad. afh. 8:o, v o. 122 s. samt 1 pl. Lund, Gleerupska univ. bokh. i distr. 93. 1 kr.
BJÖRN. Se: /Björnberg, Emil/.
Björnarne, De tre. [Med text af Gudrun]. 4:o, 5 kolor. pl. o. 4 s. text. Sthm, C. E. Fritzes hofbokh. 91. 1: 25.
[BJÖRNBERG, Emil], Hvad gäller mjölken? Tabell. 8:o, 7 s. Linköp, H. Carlsons bokh. 92. 25 ö.
[—], Rimmade tankar af Björn. Med förord af Sigurd. 8:o, 106 s. o. 1 portr. Gefle, Förf.n. 91. 2 kr.
BJÖRNSON, Björnstjerne, Berättelser. Ny genoms. uppl. 2 dlr. 12:o, 332 o. 323 s. Sthm, Alb. Bonnier. 88. 4 kr., inb. 5 kr.
—, Dam. Öfv. af Cecilia Holmberg f. Bååth. 8.o, 63 s. Sthm, Seelig & K. i distr. 89. 80 ö.
— -, De nygifta. Se: Teatern, Svenska. 160.
—, Engifte o. månggifte. Öfv. 8:o, 48 s. Hfors, G. W. Edlund. 89. 50 ö.
—, En handske. Skådespel i 3 akter. Omarb. uppl. öfv. af Cecilia Holmberg f. Bååth. 8:o, 114 s. Sthm, F. & G. Beijers Bokf.-aktb. 87. 1: 50.
—, Se: Unionsfrågan. I.
BJÖRNSTJERNA, G. M., Kavalleriets strategiska tjenst i fransk-tyska kriget. Se: Förlag, Militärlitteraturföreningens. 67.
BJÖRNSTRÖM, Fredrik, Hypnotismen, dess utveckl. o. nuvarande ståndpunkt. 1:a o. 2:a uppl. 8:o, 217 s Sthm, H. Geber. 87. 2: 50.
—, Se: Wistrand, A. T., Husläkare.
BJÖRNSTRÖM, J. H. Se: Hagenbach, K. R., Den kristna kyrkans historia.
BLACHET, G. W., Dikter. 8:o, 164 s. Sthm, C. E. Fritzes hofbokh i distr. 91. 2 kr.
Blad, Brokiga. Humoristiska berättelser, samlade o. öfv. af Hlgn. 8:o, 105 s. Sthm, C. A. V. Lundholm. 89. 75 ö.
Blad för bergshandteringens vänner inom Örebro län. 8:o. Nora, C. O. Ekblad. 86—95.

1886.	5:e band.	1:a o. 2:a hft.
1887.	5:e „	3:e—6:e hft.
1888.	5:e „	7:e—10:e hft.
1889.	6:e „	1:a o. 2:a hft.
1890.	6:e „	3:e o. 4:e hft.
1891.	7:e „	2 hfn.
1892.	8:e „	1 hft.
1893.	9:e „	1:a—4:e hft.
1894.	9:e „	5.e—8:e hft.
1895.	9.e „	9:e hft.

Pris för hft. 50 ö. à 1 kr.
Blad, Några, ur drottning Natalies af Serbien äktenskapshistoria. Med portr. Öfv. af J. R. Spilhammar. 8:o, 183 s. Sthm, G. Fredengren. 92. 2 kr.
Blad, Sällsynta, ur vårt lands historia. 8:o, 239 s. Sthm, F. & G. Beijers Bokf.-aktieb. 86. 1: 50.
Bladen, De sista, i en officers dagbok. Öfv. af G. S. Löwenhielm. 8:o, 29 s. Sthm, Fost -stift:s F.-exp. 93. 25 ö.
BLADH, P. J, Anteckn:r under en ekonomisk resa till Tyskland. Se: Skrifter utg. af Sv. Litterat. sällsk. i Finland. 10.
BLADIN, J. A., Studier öfver aromatiska ortodiaminers o. fenylhydrazins cyanaddilionsprodukter. Se: Årsskrift. Upsala univ:s. 1889. Matem. o. naturvet 1.
—, Ueber Triazol- und Tetrazol-Verbindungen. Se: Acta, Nova, reg. soc:is scient. Upsaliensis. XVI: 3.
BLANCHE, August, 1846 o. 1946. Se: Teatern, Svenska. 8.
—, Den gamla aktrisen. Se: dersammast. 141.
—, Den gamle skådespelaren. Se: dersammast. 140.
— -, Döden fadder. Se: dersammast. 27.
— -, Grannarne. Se: dersammast. 130.
——, Herr Dardanell o hans upptåg på landet. Se: dersammast. 7.
—, Järnbäraren. Se: dersammast. 9.
—, Magister Bläckstadius. Se: dersammast. 1.
——, Samlade arbeten. Ny uppl. illustr. af svenska konstnärer. 8.o. Sthm, Alb. Bonnier. 90—92. Banditen. 420 s. 2 kr., inb. 3 kr.
Berättelser:
Bilder ur verkligheten. 5 dlr. 284, 288, 288, 304, o. 256 s 91. Taflor o. berättelser. 3 dlr. 288, 288 o. 288 s. 90. à 1: 75, inb. i 4 band 18 kr.
Flickan i Stadsgården. 407 s. 92. 2 kr., inb. 3 kr.
Första älskarinnan. 396 s. 91. 2 kr., inb. 3: 50.
Minnesbilder o. smärre skrifter. 206 o. 184 s. 92. 2: 50, inb. 3: 50.
Sonen af Söder och Nord. 2 dlr. 415 o. 464 s. 91. 5 kr., inb. i 2 band 7 kr.
Teaterstycken. 2 dlr. 477 o. 519 s. 92. 5: 50, inb. 7: 50.
Vålnaden. 591 s. 91. 3 kr., inb. 4 kr.

(Supplementband) *Erdmann, Nils,* Aug. Blanche och hans samtida. 440 s. 92. 4 kr, inb. 5 kr.

BLANCHE, August, Stockholm, Vesterås o. Upsala. Se: Teatern, Svenska. 6

—, Stockholmshistorier. Se: Öreskrifter för folket. 64 o. 65.

BLANCHE, Thore, Figurer o. bilder ur Stockholmslifvet. Noveller o. skizzer. 12:o, 220 s Sthm, Alb. Bonnier. 95. 2: 50.

—, Porträtter, interviewer o. skizzer 12:o, 164 s, Sthm, Alb. Bonnier. 89. 1: 50

—, Se: Bibliotek för idrott 10.

BLAVATSKY, H P., Den hemliga läran. Sammanfattning af vetenskap, religion o. filosofi: Öfv. från engelskan. 2 dlr. 8:o, 778, xvj o. 384 s. Sthm, Teosofiska bokförl. 93—95. 18 kr.

—, Nyckel till teosofien. En klar framställning af den sedelära m. m. för hvars studium det teosofiska samfundet blifvit stiftadt. Öfv. från eng. af *V. Pfeiff* o. *A. F. Åkerberg.* 8:o, 283 s. Sthm, Teosofiska bokförl. 90. 3 kr., inb 4 kr.

—, Valda smärre uppsatser, utg. af *Vilh. Härnqvist.* 1:a dln. 8:o, 393 s Sthm, Teosofiska bokförl. 93. 3: 50.

Blick, En, på Stockholms kommuns finanser. Se: *[Rubenson, Moritz.]*

Blick på 1888 års kyrkomöte af *P. N.* Se: *[Nymanson, Per.]*

Blickar inåt o. uppåt. Bibelspråk med verser af *L. S. [Carolina Berg.]* Med illustr. Liten 8:o, 16 s. Sthm, Fost.-stift.s exp. 90. 75 ö.

BLINK, Carl, Från Vasatiden. Svenska histor. romaner. 8:o, Sthm, Alb. Bonnier.
1. Gustaf Wasa o. hans samtida. 2 dlr. 418 o. 487 s 91. 5 kr., inb. 6: 50.
2. Erik XIV o Johan III. Hist. romant. berättelse. 2 dlr. 376 o. 309 s. 92. 4 kr, inb. 5: 50.

—, Svenska medeltidsromaner, fortsättande Carl Georg Starbäcks historiska romaner. 8:o, Sthm, Alb. Bonnier.
1. Sten Sture d. äldre o. hans samtida. Hist. rom. skildr. 2 dlr. 413 o. 458 s. 88. 5 kr, inb. 6: 50.
2. Svante Nilsson Sture o. hans samtida. Hist.-romant. skildr. 2 dlr. 408 o. 460 s. 89. 5 kr, inb. 6: 50.
3. Sten Sture d. yngre o. Kristina Gyllenstjerna. Hist.-romant. skildr. 2 dlr. 419 o. 400 s. 90. 5 kr., inb 6: 50.

Block-almanacka för åren 1894—96. Sthm, P. A. Norstedt & S:r. 93—95.
Den större. 1 kr. Lösa block 65 ö.
Den mindre. 80 ö. Lösa block 35 ö.

BLOCK, Maurice, En strejk o. dess följder. Öfv. af *M. Boheman.* 8:o, 130 s. Sthm, H. Geber. 92. 1: 50.

[BLOM, Lydia], Qväll o. morgon. Berätt. af *Viktor Wildmark.* 8:o, 102 s. H:fors, G. W. Edlund. 91. 1: 25 fmk.

BLOMBERG, Ad., Se: Förhandlingar, Geolog. fören:s. Generalregister.

BLOMBERG, Anton, Marskalk Bernadotte. Skildr. ur hans lif o. hans tid. (1763—1810.) 8:o, 452 s. Sthm, Alb. Bonnier. 88. 5: 50, klb. 7 kr.

BLOMBERG, Hugo, Om svenskt statsborgarskap. Stor 8:o, 145 s. Ups. Lundeqvistska Bokh. i komm. 91. 3: 25.

BLOMKVIST, J., Förslag till ordnande af undervisn. för döfstumma. 8:o, 27 s. Sthm, Looström & K. i komm. 88. 50 ö.

BLOMQVIST, J., Om inspektionen i läroanstalterna för döfstumma. Svar till hr direktör O. Kyhlberg. 8:o, 74 s. Sthm, Looström & K. i komm. 88. 1 kr.

Blommor, Oförgängliga. Bibelspråk med verser af *L. S. [Carolina Berg.]* Med illustr. 6 blad velin. Sthm, G Chelius. 90. Kart. med guldsn. 60 ö.

BLOMQVIST, Anna, Elementära sångöfningar för skolor. 2:a uppl. 8:o, 84 s. H:fors, G. W. Edlund. 90. 1: 50 fmk.

—, Förbered. kurs i tyska språket. 2:a uppl. 8:o, xiij, 151 o. 60 s. H:fors, G. W, Edlund. 90. 2: 75 fmk.

—, Se: Lesebuch Deutsches.

BLOMQVIST, Axel, Handledning i djurskyddslära för hemmet o. skolan. 8:o, viij o. 131 s. Sthm, C. E. Fritzes hof bokh. 95. 75 ö.

—, Undervisningslära för söndagsskolan. Metodiska anvisn:r till själfstudium för lärare. 8:o. Sthm, C. A. V. Lundholm.
Förra dln. 68 s. 90. 50 ö.
Senare dln. s. 69—139. 92. 50 ö.

—, Vinkar i uppfostran särskildt för föräldrar o. till befrämjande af samverkan emellan hemmet och skolan. 8:o, 30 s. Sthm, A. V. Carlsons Bokf.-aktb. 88. 15 ö.

—, Se: Berättelse öfver 4:e nord. söndagsskolemötet.

BLOMQVIST, A. G., Om skogseld. Se: Skrifter, Finska forstfören 4.

—, Skogshushållningens nationalekonomi o. synpunkter i forstpoliti. 8:o, 230 s. H:fors, G. W. Edlund. 93. 5: 75 fmk. (4 kr.)

BLOMQVIST, A. W., De genetivi apud Plautum usu. Dissertatio academica. 8:o, 2, viij o. 166 s. H:fors 92.

BLOMQVIST, Joel, Stycken ur Davids psalmer. Melod. för en eller flera röster med accomp. af piano eller orgelharmonium. 1:a hft 4:o, 16 s. Sthm, Fost.-stift:s F.-exp 95. 75 ö.

—, Valda sånger ur hemlandstoner m. fl. arr. för guitarr. 1:a o. 2:a häft. 8:o, 64 s. Sthm, C. A. V. Lundholm. 87. För häfte 75 ö.

—, Se: Nykterhets-sånger.

BLOMSTEDT, J. A. M, Undervisn. i skjutning med 1867 års gevär. 8:o, 71 s. Sthm, P. A. Norstedt & S:r. 86. Kart. 60 ö. klb. 75 ö.

Blomsterhelsning. Verser af *S. H—r.* Med illustr. 6 blad velin. Sthm, G. Chelius. 90. Kart. med guldsn. 80 ö.

Blomsterspråket, efter *Vilhelmina* o. *Aimé Martin.* Se: Folkskrifter. 2.

BLOMSTRAND, C. W., Den 7-atomiga jodens dubbelsyror. Se: Bihang till Vet. Akad.s handl:r. XVII: II, 7.

—, Kort lärobok i oorganisk kemi. 3:e uppl. 8:o, 183 s. Lund, C. W. K. Gleerup. 86. Klb. 2: 25.

—, Minnesteckn. öfver Carl Wilh. Scheele på 100:de årsdagen af hans död d. 21 maj 1886. 8:o, 40 s. Sthm, P. A. Norstedt & S:r. 86. 50 ö.

—, Om den s. k. cyrtolithen från Ytterby. Se: Bihang till Vet.-akad:s handl:r. XII: II, 10.

—, Om jodsyran o. dubbelsyror deraf. Se: Acta univ:s Lundensis. XXV: IV, 3.

—, Om Monaziten från Ural. Se: dersammast. XXV: IV, 6.

—, Om zirkoniumhaltiga silikatens kemiska byggnad. Se: Bihang till Vet.-akad:s handl:r. XII: II, 9.

BLOMSTRAND, C. W., Till frågan om gadolinitjordens atomvigt etc. Se: Acta univ:s Lundensis. XXIV: II, 3.
—, Till frågan om grundämnenas föreningsvärde. Se: Bihang till Vet.-akad:s handl.r. XVII: II, 6.
—, Ueber die Sauerstoffsäuren d. Jodes. Se: Acta univ:s Lundensis. XXII, II, 1.
—, Zur Frage über die Constitution der aromatischen Diazoverbindungen. Se: dersammast. XXIX: II, 2.
BLOOMFIELD, Benjamin, Förre eng. ministern i Stockholm lord Bloomfields memoarer från svenska hofvet. 8:o, 224 s. Sthm, F. G. Beijers Bokf.-aktb. 86. 2: 75.
BLUMENBERG, H. G., Handbok i gällande fattigvårdslag o. stiftning. Se: Samling af kgl. förordn. o. stadganden m. m. 11.
—, Handbok i nu gällande äktenskapslagar. 8.o, 112 s. Sthm, F. C. Askerberg, 86. 75 ö.
—, Kommunalkalender för landet. 5:e uppl. 8:o, 136 s. Sthm, P. A. Norstedt & S:r. 89. Kart. 1: 50.
—, D.o d:o. Suppl. till 4:e uppl:n upptagande författn. från d 1 sept. 1884 till d. 1 aug. 1886. 8:o, 23 s. Sthm, P. A. Norstedt & S:r. 86 25 ö.
—, Metertabeller utan decimaler. 12:o. H. W. Tullberg. 89.
1. Meter — o. fottabell. 4 s. 10 ö.
2. Liter — o. kanntabell. 4 s. 10 ö.
3. Kilogram — o. skålpundtabell. 4 s. 10 ö.
N:o 1—3 tillsammans. 12 s. 25 ö.
—, Vägg-metertabell. 1 blad. 89. 25 ö.
—, Se: Pastoral-almanacka.
BLUMENBERG, Rob., Ögonblickssilhuetter. 8.o, 146 s. Sthm, F. C. Askerberg. 86. 1: 25.
BLÅFJELD, F., Se: Tidskrift, Finsk militär.
Blåskägg, Se: Bilderböcker. 8.
Blåöga, Lilla, och andra sagor, berättade af mamma själf. Sv. orig. 8:o, 100 s. o. 6 pl. Sthm, G. Chelius. 95. Kart. 1: 60.
BOARDMAN, G. D., Qvinnans skapelse. Öfv. Ett bidrag till qvinnofrågan. 12:o, 32 s. Sthm, Palm & Stadling i komm. 86. 20 ö.
BOAS, J., Magsjukdomarna o. deras dietetiska behandling. Öfv. af *Arv. Afzelius*. 8:o, 80 s. Sthm, F. & G. Beijers Bokf.-aktb. 89. 1 kr.
BOAS, J. E. V., Lärobok i djurrikets naturalhist. för de allm. lärov:n. Sv. uppl af *Bernh. Haij*. 8:o, 248 s. Sthm, P. A. Norstedt o. S:r. 95. Lärftsb. 3 kr.
BOBECK, J., Geografiska skildringar. Läsebok för skolan o. hemmet. 8:o. Lund, Aug. Collin.
1:a hft Afrika o. Australien. 60 s 92. 40 ö.
2:a hft. Amerika. 66 s. 93. 40 ö.
3:e hft. Asien. 61 s. 94. 40 ö.
Kpl. inb. 1: 25.
—, Kartritningskurs. 3 blad 1. Södra Sverige. — 2. Mellersta Sverige. — 3. Norra Sverige. Lund, Aug. Collin. 95 För blad 5 ö.
—, Malmö folkskolors 5:e skrifkurs. 20 litogr. blad i konvolut. Malmö, Skånska litogr. aktb. 93. 1: 50.
BOBERG, Carl, David Isais son En förebild för unge män. 2.a uppl, 8:o, 22 s. Sthm, Red. af Sanningsvittnet. 90. 20 ö.
—, Hvad skall man bli? Ungdomens vigtigaste fråga. 2:a uppl. 8:o, 120 s. Sthm, Red. af Sanningsvittnet. 92.
50 ö., inb. 75 ö., med guldsn 1 kr.
—, Hvarför tviflar du? Ett litet inlägg i lifvets vigtigaste fråga. 8:o, 40 s. Sthm, Red. af Sanningsvittnet. 90. 20 ö.
BOBERG, Carl, I moll o. dur. Blandade dikter o. sånger. 8:o, 215 s. Sthm, Sanningsvittnets exp. 92. Klb. 2: 50, eleg. band 3: 75.
BOBERG, Ferd. Se: Villor, Moderna.
BOCCACCIO. Decameron. Öfv. från ital. af *C Eichhorn*. 4:e genoms. uppl. 2 dlr. 8:o, x, 512 o. 426 s. Sthm, Ad. Bonnier. 91. 8 kr., inb. 12 kr.
BOCK, C. E. Se: Helsa o. sjukdom.
BOCK, G, Det finnes icke mer än en enda hemlighet — lifvet. Naturvetenskapl. tankar i kristlig dräkt. Öfv. 8:o, 112 s. Lund, C. W. K. Gleerup. 93. 1: 75.
BODSTEDT, A. W., Svenskt-tyskt parlörlexikon. Se: Parlörlexika, Fritzes. 2.
—, Se: Eko af det tyska talspråket 2.
BODSTRÖM, O. W., Minnen från vårt folks o. vår kyrkas jubelfäster. Fem föredrag. 8:o, 77 s. Göteb. H. L. Bolinder. 95. 85 ö.
BOECK, Chr, En middagsbjudning. Se: Teatern, Svenska. 234.
BOËTHIUS, P. G., Latinsk elementarbok. 3.e uppl. 8:o, viij o. 148 s. Sthm, P. A. Norstedt & S:r. 87. 1: 50, inb. 1: 75.
—, Anvisningar för begagnandet af latinsk elementarbok. 2:a uppl. 8:o, 20 s.
(Erhålles af lärare kostnadsfritt.)
—, Ordförteckning till Cornelius Nepos. 8:o, Sthm, P. A. Norstedt & S:r.
1:a hft. Omfattande Themistocles, Aristides, Lysander, Thrasybulus o. Datames. 31 s. 91. 50 ö.
(Föreg. uppl. 88.)
2:a hft. Omfattande Hamilcar, Hannibal, Miltiades o. Cimon. 31 s. 89. 40 ö.
3:e hft. Omfattande Konon, Timotheus, Epaminondas Pelopidas o. Agesilaus. 32 s 90. 40 ö.
4:e hft. Omfattande Ifikrates, Kabrias, Eumenes Focion o. Timoleon. 34 s. 90. 40 ö.
—, Se: Cornelius Nepos.
BOËTHIUS, S. J., Den franska revolutionen, (1789—99). 8:o, 543 o. viij s. Sthm, Fahlcrantz & K. 87. 7 kr., inb. 8: 75.
—, Historisk läsning för skolan o. hemmet. Allmänna historien. I. Forntiden. 8:o, iv o. 353 s. Sthm, P. A. Norstedt & S:r. 95. 2: 50, inb 3: 25.
—, D.o d:o. Illustr. uppl. Stor 8:o, vj o. 334 s. 95. 3: 75, inb. 4: 75.
—, Lärobok i gamla tidens historia för allm. lärov:ns högre klasser. På grundvalen af *G. V. Schottes* lärobok utarb. 8:o, iv o. 142 s. Sthm, P. A. Norstedt & S:r. 94. Inb. 2: 25.
—, Om Engelbrekt Engelbrektsson. Se: Föreningen Heimdals folkskrifter. 2.
BOGATZKY, Carl Heinrich, v., En trogen själs umgänge med Gud o. vår frälsare Jesum Kristum framstäldt i trettionio betrakt:r med böner o. verser. 3:e uppl. Öfv. 8:o, 416 s Sthm, Bokf.-aktb. Ansgarius. 89. 2: 50, inb. 3: 50.
BOHEMAN, Mauritz, Kortfattad lärobok i spanska språket. 2:a tillökta uppl. 8:o, 165 s. Sthm, G. Chelius. 90. Inb. 2 kr.
(1:a uppl. 89.)
—, Se: *Franke, F.* Phrases de tous les jours. — Värld, Fantasiens.
BOHLIN, Karl, Jorden o. solsystemet. Se: Studentfören. Verdandis småskrifter. 16.

BOHLIN, Karl, Myxochæte, ett nytt slägte bland sötvattensalgerna. Se: Bihang till Vet.-akad:s handl:r. XV: III. 4.

—, Om betydelsen af lefvande kraftens princip för frågan om dynamiska systems stabilitet. Se: dersammast. XIII: I. 1.

—, Till frågan om sekulära störingar. Se: dersammast XVI: I, 12.

—, Ueber eine neue Annäherungsmetode in der Störungstheorie. Se: dersammast. XIV: I, 5.

—, o. **SCHULTZ-STEINHEIL, C. A.,** Om iakttagelserna vid Upsala observatorium för equinoktiets bestämning. Se. Handlingar, K. sv. Vet -akad:s XXIII: 13.

BOHLIN, K. J., Genom den stora Västern. Minnen från världsutställningen i Chicago, Klippbärgen, Mormonernas Zion m. m. 8:o, 216 s. Sthm, K. J. Bohlin. 93. 1: 75, praktb 3 kr.

BOHNHOF, Anna. Se: *Torsten, E. o. Bohnhof, A.* English reader.

du BOISGOBEY, Fortuné, En dubbelmenniska. Roman. Öfv. af *S P.* 8:o, 211 s. Sthm, C. & E. Gernandts Bokf.-aktb. 87. 1 kr.

—, Ett giftermål af böjelse. Se: Romanbibliotek, Ad. Bonniers. 36.

—. Mordet på operamaskeraden. Roman. Öfv. från franskan. [1]. 12:o, 381 s. Sthm, Alb. Bonnier. 93. 2: 25.

II. Den hängdes päls 394 s. 93. 2: 50.

—, Strump-Marie. Öfv. af *J. Granlund* 12:o, 434 s. Sthm, F. & G. Beijers Bokf.-aktb. 90. 3 kr.

BOISMAN, Alexander W., Ett inlägg i den sociala frågan med särskildt afseende fästadt å finska förhållanden af *Sextius.* 8:o, 58 s. H:fors. Waseniuska bokh. i distr. 94. 1 fmk.

[— —], Historik öfver den Finska postförvaltn. A. Under perioden 1855—1881. 8:o, 192 s. H:fors. Förf:n. 95. 1: 50 fmk.

[— —], Samhällsbilder i dramatisk form framställda. I. Vår ungdom eller sport o. kärlek. Lustspel i 5 akter. 8:o, 135 s. H:fors. Förf:n. 94. 2 fmk.

BOITO, A., Otello. Se: Opera-repertoire. 89.

Bok, Arbetets. Se: Böcker, Ungdomens. 6.

Bok, Barnens. Undervisningskurser för de små i bilder o. berättelser. Utg. af *P. E. M. Fischier.* Med flera hundra illustr. Ny följd. 8:o, 168 s. Sthm, C. E. Fritzes hofbokh. 89.
6 kr., kart. 6: 50

Bok, Barnkammarens. N:o 2. Illustr. af *Jenny Nyström.* 4:o, 17 pl. med text. Sthm, Fahlcrantz & K. 90. Kart 2: 75.

Bok, Drömmarnes, eller konsten att riktigt tyda en hvar dröm, bearb. o. kompletterad af *Nostradamus.* 16:o, 100 s. Malmö, Envall & Kull. 92. 60 ö.

Bok, En, om Strindberg af *Holger Drachmann, Knut Hamsun, Björnstjerne Björnson, Jonas Lie* m. fl. 8:o, 211 s. Sthm, Nordin & Josephson i distr. 94. 2: 75.

Bok, En, om Sverige. Utg. af *Rich. Bergström* o. *O .1. Stridsberg.* Med illustr. 8:o. I: 328 s. II: 238 s. Sthm, Fahlcrantz & K· 93.
3 kr., kart. 3: 30, inb. 4: 50.

Bok, Kvinnans. En praktisk rådgifvare för helsans o. sjukdomens dagar efter med. d:r fru *H D. Adams* m. fl. Bearb. af *O. H. D.* Med afbildn:r. 1:a— 8:e hft. 8:o, 384 s. Sthm, Ad. Bonnier. 94, 95. För häfte 50 ö.

Bok, Nya förbundets. (Nya Testam.) Ny öfvers. 8:o, viij o. 933 s. Lindesberg, O. Ericson. 89. 2: 50.

Boken, Den fastkedjade. Skildr. från reformationstiden. Öfv. från eng. 8:o, 63 s. Sthm, Palm & Stadling. 87. 35 ö., kart. 50 ö., klb. 1 kr.

Boken om Åland. En fingervisning för badgäster o. turister. 8:o, 51 s. o. 1 karta. Marieh. C. A. Fürstenberg. 95. 1 kr.

Bokhandels-matrikel, Svensk. Utg. af *Vilh. Sköld.* 8:o, 86 s. Östersund, 88. 1: 50 netto.

Bokhandels-tidning. Svensk. Utg. *Isidor Adolf Bonnier.* För 1886—95. 4:o. Sthm, Expeditionen. 86 – 95. För årg. (52 nr) 4 kr.

Bokhandels-tidningen, Nya. Utg *J. B. Tegnér.* För 1888—95. 4:o. Sthm, Seelig & K 88—95.
För årg. (52 nr) 4 kr.

Bokkatalog, Finsk tidskrifts, för 1884—85. (7:e o. 8:e årg) Uppgjord af *Wilh. Chydenius* o. *H. Bergroth.* 8:o, 114 s H:fors, 86.

Bokkatalog, Svensk, för åren 1876—85. Redig. af *C. J. Broberg.* 4:o. 437 s. Sthm, Ad. Bonnier i distr. 88—90. 15 kr.

Boksamling, Naturvetenskaplig. 8:o. Sthm, Fahlcrantz & K.

2. *Tullberg, Tycho,* Djurriket. Med 211 illustr. 328 s. (1885.) 2: 50.

3. *Melander, Klas,* De fysiska naturlagarne o. deras användning. Med 141 illustr. 160 s. 86. 1: 50.

4. *Rosenberg, J. O.,* Kemiska kraften framställd i dess förnämsta verkningar. Med 116 bilder. 232 s. 87. 1: 50.

5. *Svenonius, Fredr.,* Stenriket o. jordens byggnad. (Mineralogi o. geologi.) 242 s. o. 1 karta. 88. 1: 50.

6. *Jäderin, Edv.* o. *Charlier, C. V. L.,* Stjernverlden (Astronomi.) Med 32 illustr. 105 s. 88. 75 ö.

Jfr Svenska biblioteket 3:e afd.

Boksamling, Småttingarnes. 12:o. Sthm, F. & G. Beijers Bokf.-aktb.

1. *Andriveau, P.* o *Bosquérard, Marie,* Valda berättelser till nytta o. nöje för de små. Med illustr. 119 s. 86. Kart. 1 kr.

2. *Claudius,* Smärre berättelser. Öfv. af *B—m.* Med 2 pl. i färgtr. 117 s. o. 2 pl. 86. Kart. 1 kr.

3. *Pape-Carpentier,* Smärre berättelser för de små. Med illustr. Öfv. 144 s. 87. Kart. 1 kr.

4. *Hellberg, Marie,* Lilla Lisa. Berättelse för de små. Öfv. af *T. H. C.* 48 s. o. 1 pl. 89. Kart. 60 ö.

Bokskatt, Hemmets. 8:o. Sthm, Ad. Johnson.

1. *Sargent, Georges,* En fickbibels öden. Öfv. från eng. af *Math:a Langlet.* Med 10 illustr. 291 s. 92. 1: 50, klb. 2 kr.

2. *Thomas a Kempis,* Betraktelser öfver Kristi lif. Öfv. o. utg. af *Edv. Ewers.* 2:a uppl. vj o. 253 s 93. 1: 50, klb. 2: 25, med gsn. 2: 75.

Bokskatt, Ungdomens. 8:o. Sthm, J. Seligmann.

1. *Swift, Jonathan,* Gullivers resor till dvergarnes o. jättarnes land. 76 s. 89. 50 ö.

2. De vackraste sagorna ur Tusen. en natt. I. 92 s 89. 50 ö.

3. *Marryat,* (Kapten), Jafet som söker sin fader. 86 s. 50 ö.

4. v. *Schmid, Chr.,* Valda berättelser. Öfv. I Henrik v. Eichenfels. — l'åskäggen. — Dufvan. 96 s. 89. 50 ö.

5. *Robinson Crusoe,* En skeppsbrutens underbara äfventyr. 84 s. 89. 50 ö.

Tioårs-katalog 1886—1895.

6. *Campe, J. H.*, Amerikas upptäckt. I. Kristofer Kolumbus. 77 s. 89. 50 ö.
7. *Reid, Mayne,* Tigerjägaren. Skildr. ur Mejicos befrielsekrig. 97 s 89. 50 ö.
8. *Cooper, J. F.,* Berättelser om Skinnstrumpa. I. Hjortdödaren. 89 s. 89. 50 ö
9. *Verne, Jules,* Jorden rundt på 80 dagar. 93 s. 89. 50 ö.
10. *Oehlenschläger, Adam.* Orvar Odds saga. Ett fornnordiskt äfventyr. 88 s. 89 s. 50 ö.
11. *Cooper, J. F.,* Berättelser om Skinnstrumpa. II. Den siste Mohikanen. 97 s. 92. 50 ö
12. *Nathusius, Marie,* Två berättelser. I. Far, son o. sonson. II. Skyfallet. 91 s. 92. 50 ö.
13. *Reid, Mayne,* Skalpjägarne eller krigståget mot Nuvajos. Bearb. 89 s. 92. 50 ö.
14. *Marryat,* (Kapten), Nybyggarne i Kanada. Bearb. för ungdom. 96 s. 92. 50 ö.
15. *Grimm* (Bröderna), Valda sagor 92 s. 92. 50 ö. Kart. i 3 band å 2: 50.

Boktryckeri-kalender af *Wald. Zachrisson.* 8:o. Göteb , Wettergren & Kerber i distr.
1:a årg. 126 s. o. anteckn.-bok. 92.
2:a årg. 124 s. o. 8 pl. 93.
3:e årg. 120 s. o. 21 pl. 95.
För årg. inb. i klb. 1: 50.

Bolagslagarna, Nya, af 28 juni 1895 jämte lagen ang. handelsreg firma o. prokura af 13 juli 1887 med däri d. 28 juni 1895 gjorda förändr. Liten 8:o, 141 s. Sthm. Ad. Bonnier. 95. Klb. 75 ö.

BOLANDER, Martin, Klockor på Skansen. Se: Minnen från Skansens vårfest. 4.
—, Vid Naumburg. 4.o, 4 s. Sthm, Nordiska museet 94. 25 ö.

BOLDT, Rob., Desmidieer från Grönland. Se: Bihang till Vet -akad:s handl:r. XIII: III, 5.
—, Grunddragen af Desmidieernas utbredn. i Norden. Se: dersammast. XIII: III. 6.
—, Iakttagelser öfver könstördelningen hos Lönnen. Se Medd.: at Soc. pro fauna et flora fenn. 16.
—, Till frågan om ögonfärgernas ärftlighet i Finland. Se: Meddelanden, Vetenskapl., af Geogr. Fören. i Finland. I.

BOLIN, Ernst, Om tyfoidfebern i Sverige. Akad. afh. 4 o Sthm, Förf:n.
I. Historia, geografi o. statistik. 108 s. o. 2 kartor. 94. 4 kr
II. Etiologi. 128 s. o. 2 kartor. 94. 4 kr.
Båda delarne tillsammans 6 kr.

BOLIN, Pehr, Hjelpreda för bestämning af gräsfrukterna. Se: Skrifter, utg. af Sveriges utsädesförening.

BOLIN, Wilh., Studier o. föredr. 8:o. Hfors. G. W. Edlund.
I. (Hft. 1—4.) 335 s. 88, 89.
II. (Hft. 5—8.) 352 s. 90, 91 o. 95.
Hvarje hft. å 1: 25 fmk. I—II inb. 12 fmk.
Se: *Shakspeares* dram. arbeten.

BOLINDER, J., Se: Eldsvådorna, Om, o. djurskyddet.
BOLIVAR, Om skogsfrågan i Borås. 8:o. 31 s. Sthm, Samson & Wallin. 93. 25 ö
Bolle, Märta, Se: *[Holmgren, Ann'Margret].*
BOLLE, P. M., Sårläkekonsten. Öfv. 8:o, 106 s. Sthm, Z. Hæggströms F.-exp. 90 1: 50.
[**BONDE, Carl Trolle**], Hesselby. Arkivalier rör. egendomen o. dess egare samt Bondegrafven i Spånga. 8:o, 404 s. Sthm, Samson & Wallin. 94. 7 kr.
—, Kjesäter. Anteckn:r ur familjelifvet o. gårdshandlingar m. m. 8:o, 220 s. 4 pl. 7 tab. o. 1 karta. Sthm, Samson & Wallin. 92. 6 kr.
[**BONDE, Carl Trolle**], D:o d:o på bättre papper. 93. 10 kr.
(Uppl. 30 numrerade ex.)
—, Riksrådet o. riksmarskalken Grefve Carl Boude, samt hans närmaste anhöriga. (På omslaget: Anteckningar om Bondesläkten) 2 dlr. 8:o, viij o. 597 s. samt 38 pl. o. 2 blad facsimile. Lund, Gleerupska Univ.s bokh. 95. 12 kr.
—, Trolleholm. Försök till en godsbeskrifning. 8:o, 312 s. o. en slägttafla. Sthm, Samson & Wallin. 92. 5 kr.

BONDE, Krister, Solhem o. några mindre skizzer. 8:o, 104 s Sthm, Looström & k. i distr. 86. 1 kr.

Bonde-Practica. En förnyad o tillökt, eller Väderbok, hvilken innehåller många skjöna reglor, huruledes man skal lära at känna hela Åhrsens lopp m. m. 8:o, 99 s. Ulriceh, S. M. Kjöllerström. 92. 60 ö.

Bonde, Thord, Se: *Svahn, Oscar.*

BONDESEN, Ingvor, Rättegång o. skriftegång. Öfv. 8:o, 246 s. Sthm, F. & G. Beijers Bokf.-aktb. 86. 2: 50.

BONDESON, Aug., Historiegubbar på Dal, deras sagor o. sägner m. m. Med teckn:r efter förf:ns utkast af *Sev. Nilsson.* 8:o, 372 s. o. 1 pl Sthm, Alb. Bonnier. 86. 5 kr., inb. 6: 50.
—, I Glimminge o. Kröplinge. Historier om höns o. käringar m. m. 12:o, 188 s. Sthm, Alb. Bonnier. 92 2: 50.
—, Jan i Slätthult. Se: Öreskrifter för folket. 110.
—, Nya allmogeberättelser. Med 17 teckn:r. 12:o, 200 s. Sthm, Alb. Bonnier. 88. 2: 50.
—, Smålandsknekten. Se: Teatern, Svenska. 218.
—, Store Lars. Dramatiserad folklifsbild. 8:o, 31 s. Göteb., N. P. Pehrsson. 94. 65 ö.

Bondgård, En svensk, för 1500 år sedan. Se: *[Nordin, Fredrik].*

BONG, J. M., Förbättraren af landtmannaredskap. Se: Handbibliotek, Allmännyttigt. 130.
—, Hjelpreda vid lagning af enklare byggnader. Se: dersammast. 129.

Bonifacius. Se: *[Wilén, Fritz].*

BONNET, Felix, Fransk-tyska kriget 1870—71. Se: Förlag, Militärlitteraturfören. 10.

BONNIER, Isidor Adolf, Förteckning öfver ledamöter i Svenska Bokförläggareföreningen 1843—93. Se: Festskrift. 3.
—, Förteckning öfver Sv. Bokförläggareföreningens kommissionärer 1843—93. Se: Festskrift. 4.
—, Se: Bokhandels-tidning, Svensk.

BONSDORFF, A., Bestimmung der Erddimensionen. Se: Fennia. I: 15.
—, Die säculare Hebung der Küste bei Kronstadt in den Jahren 1841—1886. Se: dersammast. IV: 3.
—, Formeln für die Berechnung von Lotstörungen. Se: dersammast. IX: 7.
—, Mesures des bases de Moloskowitzi et de Poulkovo executées en 1888 avec l'appareil de Jäderin. Se: dersammast. VII: 1.
—, Untersuchungen über die Hebung der Küste Finnlands. Se: dersammast I: 3.
—, Über die telegraphische Längenbestimmung von Wiborg. Se: dersammast. III: 3.

BONSDORFF, A. v, Ornitologiska iakttagelser inom Salmis socken. Se: Medd. af Soc:is pro fauna et flora fenn. 15.

BONSDORFF, Carl von, Folkmängdsförändringarna i

Finland under 1880—89. Se: Meddelanden, Vetenskspl. af Geogr Fören. i Finland. I.
BONSDORFF, Carl von, Nyen och Nyenskans. Se: Acta Soc. Scient. Fenn. XVIII.
— —, Om donationerna o. förläningarna i Finland under drottning Kristinas regering. Akad afh. 8:o, 155 s. Hfors. 86. 2 fmk.
— —, Tvenne krigsmän från ofredens tid. Se: Skrifter utg. af Sv. Litt. sällsk. 9.
— —, Åbo Stads historia. Se: Bidrag till Åbo Stads historia.
BONSDORFF, E., Förteckn. öfver fysikaliska apparater samt anvisn. till deras begagnande. 8:o, 16 s Hfors, Akadem. Bokh. 95. 25 p.
— —, Elementarkurs i algebra. 2:a förändr. uppl. 8 o, 6 o. 188 s. Jyväskylä, K. J. Gummerus. 91.
3: 50 fmk.
— —, Folkskolans geometri. 8:o, 40 s. Jyväskylä, K. J. Gummerus. 91. 50 p.
— —, Geometriska och trigonometr. räkneuppgifter. Öfv. fr. finskan. 8:o, 137 s. Hfors, Weilin & Göös. 87. 2: 50 fmk.
— —, Kurs i aritmetik för elem. lärov:n. Öfv. fr. finskan. Hfors, Weilin & Göös. 89. 1: 70 fmk.
— —, Lärobok i elementargeometri. Öfv. fr. finskan 8:o, 192 s Hfors, Weilin & Göös. 86. 4 fmk.
BONSDORFF. E. J., Jordlösning o. dess cirkulation i den odlade jorden. Se: Bidrag till känned. af Finlands natur o. folk. 44.
— —, Om vigten af de organ. beståndsdelarne i den odlade jorden. 8:o, 22 s. H:fors Jfr dersammast. 44.
BONSDORFF, Hj. v., Studier öfver den tuberkulosa höftledsinflammationen. Akad. afh. 8:o, 98 s. H:fors. Förf:n. 88. 2 fmk.
BOOTH, Catherine, Angripande kristendom. En samling föredrag. 8:o, 105 s. Sthm, Frälsningsarmén. 90. 50 ö., klb. 1 kr.
BOOTH, William, Ett heligt lif, eller hvad frälsningsarmén lärer om helgelsen. 16:o, 32 s. Sthm, Frälsningsarmén. 91. 10 ö.
— —, Föredrag om ›Det mörkaste England o. min sociala räddningsplan›, hållet i Betlehemskyrkan i Göteborg d. 5 febr. 1891. Uppt. medelst snabbskrift. 8:o, 23 s. Göteb, D. F. Bonnier. 91. 35 ö.
— —, I mörkaste England o. vägen ut. 8:o, 334 s. 1 portr. o. 1 pl. Sthm, Frälsningsarmén. 90.
3 kr., klb. 3: 50.
BORE, Erik, Bergslagshistorier. Berättelser på bygdemål samt sägner från bergslagen. 8:o, 111 s. Lindesberg, Knut Severin. 89. 1 kr.
— —, Bärgsmanslif i början af 1800-talet. Se: Bidrag, Nyare, till sv. landsmålens hist. 1891.
— —, Hos bergsmän o. grufkarlar. Berättelser. 8:o, 104 s Lindesberg, Knut Severin. 89. 1 kr.
BORELIUS, Jacques, Antiseptikens utveckling o. tillämpning. Akad. afh. 4:o, 96 s. Lund, Gleerupska univ. bokh. 90. 2 kr.
Jfr: Acta univ;is Lundensis XXVI: II: 1.
BORG, A. G. W. Se: Lindencrona, R., Kostnadsförslag för byggmästare.
BORG, F. T., De tre äro ett: kommunismen, socialismen, socialdemokratien. 8:o, viij o. 115 s. Sthm, Alb. Bonnier i distr. 87. 1 kr.
BORG, Harald, Kommentar till Engelsk läsebok. Under medverkan af D. D. Bennet o. C. G. Morén. 8:o. Sthm, C. E. Fritzes hofbokh.
Förra kursen för allm. lärov. o. flickskolor. 78 s. 93. 75 ö.
Senare kursen. 140 s. 94. 1: 25.

BORGE, O., Chlorophyllophyceer från norska Finnmarken. Se: Bihang till Vet.-akad:s handl:r. XVII: III, 4.
BORGE, O., Ett litet bidrag till Sibiriens Chlorophyllophycéflora. Se: dersammast. XVII: III, 2.
— —, Süsswasser-Chlorophyceen im nördlichsten Russland Se: dersammast. XIX: III, 5.
BORGH, Pehr. Se: Matrikel, Utförlig o. fullst. öfver Sveriges folkskollärare m. m.
BORGIUS (D:r), Det menskliga temperamentet i dess betydelse för verlden. Föredrag. 8:o, 51 s. Sthm, Ad. Johnson. 91. 50 ö.
BORGSTEDT, Martin Se: Tidskrift, Teknisk.
BORGSTRÖM, Ernst, Ueber Echinorhynchus turbinella. Se: Bihang till Vet.-akad:s handl:r. XVII: IV, 10.
BORGSTRÖM, J. A., Hafva vi religionsfrihet i Sverige? Den svenska religionslagstiftningen betraktad med hänsyn till religionsfrågan. 8:o, 111 s. Sthm, Palm & Stadling i komm. 88. 75 ö.
BORGSTRÖM, Otto. Se: Törner, C. E., Major Görans björnjagt.
— —, Se: Törner, C. E., Major Göran Flinks o. kusin Pirres jagtäfventyr.
BORN, Adolf, Elefantjägaren Hans Stark. Öfv. 2:a uppl. 8:o, 229 s. o. 5 pl. Sthm, F. C. Askerberg. 92. Kart. 2 kr.
[BORN, V. M. v.], Beskrifning o. historia om Sarvlaks egendom i Perno socken. 8:o, 135 s. Lovisa. Förf:n. 88.
[— —], Förteckn. öfver familjportr. på Sarvlaks sätesgård. Se: Skrifter utg. af Sv. litt. sällsk. 9.
— —, Förteckning öfver arkivet på Sarvlaks sätesgård. Se: dersammast. 9.
BORNEMANN, W., Religiösa tvifvel. Se: Frågor, I religiösa och kyrkliga. 25.
BOSGUÉRARD, Marie de. Se: Boksamling, Småttingarnes. 1.
BOSSON, T., Albrecht Ritschls teologi i dess sammanhang framställd o. granskad. 8:o, vij o. 195 s. Lund, Gleerupska univ. bokh. i distr. 95. 2: 50.
— —, Den religiösa individualismen, sådan den framträder hos A. Vinet. 8:o, 83 s. Karlsh. 86. 1 kr.
BOUCHERON, Maxime, Miss Helyett. Se: Operarepertoire. 91.
BOURDILLON, F., På sjukbädden. Trösteord till sjuka o. bedröfvade. Öfv. af T. L. 8:o, 176 s. Sthm, A. V. Carlsons Bokf.aktb. 87.
1: 25. kart. 1: 60, klb. 2 kr.
BOURGET, Paul, André Cornélis. Öfv. af Elna Tenow. 12:o, 216 s. Sthm, F. & G. Beijers Bokf.-aktb. 87. 1: 50.
— —, Cosmopolis. Roman. Öfv. från franskan af D. K. 8:o, 341 s. Sthm, Looström & K. 93. 3: 50.
— —, Det förlofvade landet. Se: Romanbibliotek, Ad. Bonniers. 52.
— —, En grym gåta. Öfv. af Elna Tenow. 12:o, 128 s. Sthm, F. & G. Beijers Bokf.-aktb. 87. 1 kr.
— —, Offrad. — Hennes andra kärlek. Öfv. af Elna Ros. 12:o, 152 s. Sthm, F. & G. Beijers Bokf.-aktb. 86. 1: 25.
BOVALLIUS, Carl, Amphipoda Synopidea. With 3 pl. 4:o, 36 s. o. 3 pl. Sthm, Looström & K. 86. 3: 50. Jfr. Acta, Nova, reg. soc:is scient. Ups. XIII: 2.
— —, Arctic and Antartic Hyperids. Se: Iakttagelser, Vegaexped. vetenskapl. IV, 17.
— —, Contributions to a monograph of the Amphipoda Hyperiidea. Se: Handl:r, Vet.-akad:s XXI, 5 o. XXII, 7.

BOVALLIUS, Carl, Mimonectes, a remarkable genus of Amphipoda Hyperiidea. With 3 pl. 4:o, 16 s. o. 3 pl. Sthm, Looström & K. 85. 2: 75.
—, New or imperfectly known Isopoda. Se: Bihang till Vet.-akad:s handl:r. XI, 17 o. XII, IV, 4.
—, Nicaraguan antiquities. 4:o, 52 s., 40 pl. o 2 kartor. Sthm, Looström & K. 86 Kart. 30 kr.
—, Notes on the family Assellidæ. Se: Bihang till Vet.-akad:s handl:r. XI, 15.
—, Om Norrlands skogar. 8:o, 31 s. Sthm, P. A. Norstedt & S:r. 92. 25 ö. Jfr Tidskrift, Nordisk. 1892.
—, Remarks on the genus Cysteosoma or Thaumatops. Se: Bihang till Vet.-akad:s handl:r. XI, 9.
—, Resa i Central-Amerika 1881—83. Med omkr. 120 illustr. o. 5 kartor 8:o, 483 o xij s. samt 12 pl. o. 5 kartor. Sthm, C. E. Fritzes hofbokh. i distr. 86. 7: 50. inb. 10 kr.
(Utkom i 10 hfn à 75 ö.)
—, Systematical list of the Amphipoda Hyperiidea. Se: Bihang till Vet -akad:s handl:r. XI, 16.
—, The Oxycephalids. Se: Acta, Nova, reg. soc.is. scient. Ups XIV, 4
BOXSTRÖM, A., Folktillväxten i Finland 1751—1885. Se: Fennia. III; 2.
—, Handbok för den finska reservmannen 3:e uppl. 16:o, 136 s. H:fors, G. W. Edlund. 95. 1 fmk. (2:a uppl. 86.)
—, Jemförande befolkningsstatistik. Med afseende å förhållandena i Finland. Stor 8:o, iv o. 298 s 26 pl. o. 1 kartdiagram. H:fors, G. W. Edlund. 91. 6 kr.
—, Kartupptagning med kompass o. diopterlinial. 8:o, 29 s. H:fors. Geogr. fören. 90. 1: 25 fmk.
BOYE, E. Se Gjallarhornet.
[**BOYE, Fredrik**], Numa Pompilius. Opera uti 3 akter 1797. (Med teckn:r.) 4:o, 46 s. Ups. 90. (Uppl. 15 ex.)
BOYESEN, Adolph, Th., Om Herrens andra ankomst o. tidehvarfvets slut eller »världens ände». 8:o 100 s. Sthm, C. Deleen & K. i distr. 1 kr.
—, Se: Väktaren i det Nya Jerusalem. 1.
BOYESEN, Hj. Hjorth, Vikingaättlingar. Se: Bibliotek, Ungdomens. 31.
BRADDON, M. E., Jagt efter lyckan. Berättelse. 8:o, 502 s. Sthm, C. A. V. Lundholm. 90. 3 kr.
[**BRAG, J.**], Den stridande kyrkan. Ögonblicksbilder från 1893 års kyrkomöte af *Fabius Commentator*. 12:o, 84 s. Sthm, Alb. Bonnier. 93. 1 kr.
[·], En visit hos senatorerna under 1893 års lagtima riksmöte, af *Fabius Commentator*. 12:o, 128 s. Sthm, Alb. Bonnier. 93. 1: 25.
[——], Se: Sverige.
Brage. Utdrag ur föreningen B[rage] V[ännerna]s tidning. 4:o, 48 s. Nyköp. Dahlgren o. Malmqvists tryckeri. 89. 1 kr.
BRAHE, Per, Bref 1033—51. Se: Rikskansleren Axel Oxenstiernas skrifter. Senare afd., 3.
—, Visbok. Se: Bidrag, Nyare, till Sv. landsmålens hist. 1894.
—, Se: Brefvexling, Ur Per Brahes.
[**BRAMSEN, Alfred**], Sättet att fullständigt förekomma sjösjukan, framstäldt af en läkare. 8:o, 32 s. Sthm, Alb. Bonnier. 87. 65 ö.
—, Våra barns tänder under uppväxtåren. Öfv. från danskan. Med 29 illustr. 8:o, 63 s. Sthm, Alb. Bonnier. 88. 85 ö.
BRANCO, Camillo Castello, En kärlekens martyr. Familjehistoria. Efter portugis. uppl. öfv. af Joh.

Viking. 8:o, iv o. 169 s. Sthm, P. A. Norstedt & S:r. 89. 1: 75.
Brandbok för huset nr — i - Adress — nr —. 4:o, 17 s. o. anteckningsbok. Göteb., D. F. Bonniers F.-exp. 89. Klb. 1: 50.
BRANDEL, R. A., Om o. ur den arabiska geografen »Idrisi». Akad. afh 8:o, v o. 114 s. Ups., Lundequistska Bokh i komm. 94. 5 kr.
BRANDER, C., Parkans sockens foglar. Se: Medd. af Soc. pro fauna et flora fenn. 15.
BRANDER, K. A., Beitrag zur Untersuchung elektrischer Erdströme. Akad. abh. 4 o, 120 o. xliij s. H:fors 88. 3 fmk.
BRANDES, Georg, Intryck från Polen. Öfv. af *Karl Vinén.* 8:o, 335 s. Sthm, C. A. V. Lundholm. 90. 2: 75, inb. 3: 50.
Brandordning för staden Göteborg. Faststäld d. 22 febr. 1889. 8:o, 22 s. Göteb., D. F. Bonniers F.-exp. 89. 40 ö.
BRANDT, Adle, Supplement till Fornnordiska väfnader Upphemtad dukagång. 8:o, 10 s. Borrby. Förf:n. 93. 50 ö.
BRANTING, Hjalmar, Militärriksdag—folkriksdag. Se: Spörsmål, Svenska. 2.
—, Socialismen. Se: Studentfören. Verdandis småskrifter. 45.
BRASSEY, Annie, A voyage in the "Sunbeam". Med anmärk:r af *H. Wendell.* Se: Författare, Moderna engelska. 2.
BRATE, Erik, Dalalagens böjningslära. 4:o, 44 s. Sthm. Förf:n 90. 1: 50.
—, Rimverser. Se: Tidskrift, Antiqvarisk. X.
—, Äldre Vestmannalagens ljudlära. Se: Årsskrift, Ups. univ:ts 1887. Filos. språkvet. o. hist. 3.
—, Se: Skolbibl P. A. Norstedts & S:r. I. Tyska författare.
BRATT, Claës, Gustaf II Adolf som fältherre. Se: Förlag, Militärlitteraturföreningens. 62.
—, Waterloo. En krigshistorisk studie etc. 8:o, 120 s. o. 1 karta. Karlstad, Förf:n. 86. 3: 50.
BRATT, J., Brefvet till Ebreerna, samt Petri, Johannis, Jakobs o. Judas bref med kort förklaring. 8:o, 147 s. Göteb., J. F. Richters bokh. 93. 1 kr.
—, Pauli båda bref till Korinterna med kort förklaring. 8:o, 130 s. Göteb., N. P. Pehrsson. 92. 1 kr.
[ ], Se: Huru beskaffad är motståndskraften mot påfvedömet etc. — Pauli bref till Timot. o. Titus.
[**BRAUN, Jenny**], Lilla Sessan. Se: *Ödmann, J. f. Braun.*
BRAUN, Th., Omvändelsens betydelse för prästen, o. hans ämbetsverksamhet. Öfv. 8.o, 38 s. Sthm, Fost -stift:s F.-exp. 92. 30 ö.
BRAUN, Wilh. v., Samlade skrifter. 4:de uppl. 6 dlr. 12:o. I: 288 s. II: 407 s. III: 432 s. IV: 408 s. V: 556 s. VI: liij o. 539 s. Sthm, Ad. Bonnier. 90. 15 kr, inb. 22 kr.
(Utkom i 30 hfn à 50 ö., 88—90.)
[**BRAUNE, Fredr.**], Anteckningar om abbreviationssignaturer i svensk literatur. (Aftr. ur Nya Bokh.-tidn. 1888—93.) 8:o, iv o. 219 s. Tr. i Sthm, I. Hæggströms boktr. 93. (Uppl. liten, tryckt för utdelning.)
BREDBERG, C. G., Se: Eldsvådorna, Om, o. djurskyddet. Ladugårdsjournal. Profmjölkningsbok. — Stamrulla öfver hästarne.
Bref af en kristendomssyster. 8:o, 59 s. Sthm, Fost.-stift:s F.-exp. 86. 40 ö.
Bref rörande nya skolans historia. Med anmärkn:r

af *Gudmund Frunck.* Se: Skrifter, utg. af Svenska literatursällskapet.

Bref rör. teatern under Gustaf III, utg. af *Eugène Lewenhaupt* Se: dersammast

Bref, Små, till under- o. öfverklassfolk från bror o. syster. (*Isidor K[jellberg]*, o. *Lea [Josefina Wettergrund]*). 8:o, 68 s. Linköp., P. M. Sahlströms bokh i distr 90. 75 ö.

Bref. Öppna, i skyddsfrågan Till våra halfskyddsvänner från en helskyddsvän 8:o, 72 s Sthm, Tidningsaktieb. Vårt Land. 87 75 ö.

Brefväxling, En unionell. 16:o, 84 s. Sthm, Aftonbladets aktieb. 93. 15 ö.

Brefväxling, Ur Per Brahes. Bref från o. till Per Brahe, utg. af *K. K. Tigerstedt.* II. 12:o, 225 s. Åbo. Utg:n. 88. 2: 50 fmk.

För Sverige: Sthm, Samson & Wallin. 1: 80

BREHM, A. E., De kallblodiga ryggradsdjurens lif Med omkr. 175 afbild:r efter naturen af G. Mützel m. fl. Öfv. o. bearb af *F. A. Smitt.* 2:a uppl. Stor 8:o, 468 o. vij s. Sthm, P. A Norstedt & S:r. 87.
7: 50, inb. 10 kr
(Utkom i 15 hfn à 50 ö., 86, 87.)

—, De ryggradslösa djurens lif. 2:a uppl Med 350 afbildn. efter naturen af *E. Schmidt* m fl Öfv. o. bearb. af *Chr. Aurivillius* o *Carl Aurivillius.* 8:o, 468 o. x s. Sthm, P. A. Norstedt & S:r. 88.
7: 50, inb. 10 kr

—, Djurens lif. Förkortad uppl. af *Carl Cederström* 1:a—4:e hft 8:o, 312 s. Sthm, P. A. Norstedt & S:r. 95. För häfte 1 kr.

—, Från nordpolen till eqvatorn Populära föredrag. Med illustr. af *R. Friese, G. Mützel, Fr. Specht* m. fl. Öfv. af *Gust Elmquist.* 8:o, 469 s. Sthm, C. E. Fritzes hofbokh. 90. 8 kr., inb. 10: 50.

BREINHOLM, Albert, Se: Framåt.

BREINHOLM-ÅKERMARK, Alma. Se: Framåt.

BREKKE, K., Lärobok i engelska språket för nybörjare. Öfv. af *Emil Rohde.* 8:o, viij o. 204 s Lund, C. W. K. Gleerup 90. Inb. 2 kr.

BREMER, Fredrika, Grannarne. 8:o, 406 s. Sthm, F. & G. Beijers Bokf.-aktb. 92. 3 kr.

—, Hemmet eller familjesorger o. fröjder. 8:o, 406 s. Sthm, F. & G. Beijers Bokf.-aktb. 93. 3 kr.

—, Nina. Teckningar ur hvardagslifvet. 8:o, 428 s. Sthm, F. & G. Beijers Bokf.-aktb. 94. 3 kr.

—, Presidentens döttrar. 8:o, 235 s. Sthm, F. & G. Beijers Bokf.-aktb. 94. 2 kr.

BREMER, K. V., Svensk språklära för den första undervisningen i modersmålet. I. Den enkla satsen. 6:e omarb. uppl. 8:o, 4 o. 111 s H:fors, G. W. Edlund. 93. 1: 50 fmk.
(5:e uppl 85.)

BRENNER, M., Bidrag till känned. af Finska vikens övegetation. Se: Medd. Soc. pro fauna et flora fenn. 13

—, Carduus crisponutans Koch. Se: dersammast. 13.

—, Floristisk handbok för lärov:n i Finland. 8:o, 260 s. H:fors G. W. Edlund. 86. 6 fmk.

—, Nyländska Piloselloidea. Se: Acta soc:is pro fauna et flora fenn. 12.

—, Om de i Finland förekommande formerna af Linnés ursprungliga Juncus articulatus Fl. suec., Sp. plant. edit. I. Se: Medd. af Soc pro fauna et flora fenn. 16,

—, Om förekomsten af Festuca duriuscula L i Finland. Se: dersammast. 14.

—, Om några Taraxacum-former. Se: dersammast. 16.

BRENNER, M, Om variationsförmågan hos Primula officinalis (L.) Jacq. i Finland. Se: dersammast. 14.

—, Spridda bidrag till kännedom af Finlands Hieraciumformer. I. Se: dersammast 18

—, D:o d:o. II. Se: Acta soc:is pro fauna et flora fenn. IX: 5.

—, D:o d.o. III. Se: dersammast. XII: I.

BRENTANO, Lujo, Arbetslöneus och arbetstidens förhållande till arbetsprestationen. Öfv. af *S. A. Andrée.* 8:o, 85 s. Sthm, Looström & K. 93. 1: 25

BRESGEN, Max, Om heshet. Se: Vägvisare, Medicinska. 2.

BRÉSIL. Se: *Dennery o. Brésil*, Konung för en dag.

BRETE, Jean de la, Lifligt blod. Roman. Öfv. af franska arbetet "Mon oncle et mon curé". 8:o, 250 s. Sthm, F. & G Beijers Bokf -aktb. 90. 2: 25.

BREWER, E., Se: Hvarför? o. Huru?

BRIGKA, Georg S:t, Illustrerad handbok i fjäderfäskötsel. Öfv. af *Gustaf v. Sydow* 4:o, 216 s. o. 28 pl. Sthm, Fr. Skoglund i distr. 89. 22: 50.
(Utkom i 15 hfn à 1: 50.)

BRIEGER, Theodor, Den tilltagande likgiltigheten för kyrkan i historiens ljus. Se: Frågor, I religiösa o. kyrkliga. 29.

BRIGHTWEN, Eliza, Kärlek till djuren. Vägledande exempel till tämjandet o. vården af våra skogs- o. trädgårdsfåglar samt andra i frihet lefvande djur. Öfv. af *Anton Stuxberg.* Med 56 illustr. 8:o, viij o. 158 s. Sthm, G. Chelius. 94. Kart. 2: 75.

—, Kärlek till djuren. Några skildr. ur djurens värld. Öfv. af *Anton Stuxberg.* Med 24 bilder i texten. 8:o, 64 s. Sthm, G Chelius. 95. 30 ö.

BRILIOTH, Herman, Wreta. Klosterminnen. 8:o, 67 s. o. 7 pl. Vestra Ed Förf:n. 93. 1: 25.

BRING, Gustaf, Materialismen och vår tids vetenskap. 8:o, 31 s. Lund, C. W. K. Gleerup. 86. 50 ö.

—, Teologi o. naturvetenskap. Med anledning af O. Asperheims bok om Darvinismen. 8:o, 15 s. Sthm, C E. Fritzes hofbokh. 87. 15 ö.

BRING, Joh. Chr., För våra sjuka. Betraktelser jemte böner. 8:o. Sthm, A. L. Normans F.-exp.
I. 64 o. 24 s 89. 80 ö.
II. 88 s 91. 70 ö.

—, Jesu bergspredikan utlagd i 42 betraktelser. 8:o, 100 s. Sthm, A. L. Normans F.-exp.
75 ö, klb. 1: 50.

—, Några minnesord för confirmander. 5:e uppl. 12:o, 119 s. Sthm, A. L. Normans F.-exp. 88.
Klb. 1: 25.
(3:e uppl. 80. 4:e 83.)

—, Om ett rätt umgående med Guds ord. 7.e uppl. 8:o, 28 s Sthm, A. L. Normans F.-exp 94. 25 ö.
(5:e uppl. 81. 6:e 88.)

—, Skriftetal. 8:o, 143 s. Sthm, A. L. Normans F.-exp. 94. 1 kr.

—, Se: Febe.

BRING, Sven Libert, Ett hus som tjenar Herren. Några ord till husfäder och husmödrar. 4:e uppl. 8:o, 48 s. Sthm, F. & G. Beijers Bokf -aktb. 91.
25 ö.

—, Passionshistoriens homiletiska behandling. 8.o, 218 s. Lund, Aug. Collin. 93 2: 25.

—, Trenne uppsatser i praktisk teologi. 1. Den praktiska teologiens betydelse för kyrkans lif. — 2. Predikans popularitet — 3. Det kauselas betydelse för själavården. 8.o, 70 s. Lund, C. W. K. Gleerup. 88. 1 kr.

BRISSMAN, Axel, Sveriges inre styrelse under Gustaf

IV Adolfs förmyndareregering. Akad. afh. 8:o, 178 s. Lund, Aug. Collin. 88. 1: 75.

BRITHELLI, Sigrid. Se: *Leijonhufvud, S.* o *Brithelli, S.*, Kvinnan inom svenska litteraturen.

BROBERG, C. J., Se: Bokkatalog, Svensk — Edita. — Årskatalog för svenska bokhandeln.

BROBERG, K. F., Iakttagelser under en pedagogisk studieresa i Nordamerika. 8:o, 76 s. Hfors, Förf:n. 88. 2 fmk.

BROBERG, K. G., Ånger o tro. Bönedagspredikningar. 8 o, iv o. 152 s Sthm, A. V. Carlsons Bokf -aktb. 93 1 kr, klb. 1: 60.

BROCK, Kr., Handledning för nybörjare i engelsk handelskorrespondens. 8:o, 115 s Sthm, C. A. V. Lundholm. 90. Inb 1 kr.

—, Handledning för nybörjare i fransk handelskorrespondens. 8:o, 107 s. Sthm, C. A. V. Lundholm. 90. Inb. 1 kr.

—, Handledning för nybörjare i tysk handelskorrespondens. 8:o, 111 s. Sthm, C A. V. Lundholm. 90. Inb. 1 kr

BRODÉN, Torsten, Ueber die durch Abel'sche Integrale erster Gattung rectificirbaren ebenen Curven. Se: Bihang till Vet.-akad:s handl:r. XV: I, 5.

—, Zur Theorie des Transformation ellipt. Functionen. Se: Acta univ:s Lundensis. XXX: II: 2.

—, o. **HELLSTEN, J.**, Lärobok i proportionslära o. dess tillämpning på den plana geometrien. 8:o, 57 s. Sthm, P. A. Norstedt & S:r. 87. 1: 25.

Broder Abel. Se: *[Ongelin, Hanna.]*

[BROFELDT, J.], Ensam. Af *Juhani Aho*. Öfv. från finskan. 8:o, 156 s. H:fors. W. Hagelstam. 91. 3 fmk (2: 25).

—, Folklif. Se: Finland, Det unga. 2.

—, Fredlös. Af *Juhani Aho*. Öfv. af *V. Jelm*. Vignetterna af *Eero Järnefelt*. 8:o, 74 s. Sthm, Alb. Bonnier. 94. 1: 25.

—, Nya spånor. Berättelser o. bilder. Af *Juhani Aho*. Öfv. från finskan. 8:o, 202 s. Hfors, Söderström & K. 92. 2: 75.

—, Patron Hellman. — För exemplets skull. Tvenne noveller af *Juhani Aho*. Ötv. fr. finskan af *Rafaël Hertzberg*. 8:o, 130 s. Hfors, Söderström & K. 86. 1: 75.

—, Prästens dotter. Af *Juhani Aho* Öfv. 8:o, 147 s. Hfors, Söderström & K. 93. 2 kr.

—, Prästens hustru. Af *Juhani Aho*. Öfv. från finskan at *V. Jelm*. 8:o, 304 s. H:fors W. Hagelstam. 93. 3: 25.

—, Spånor, Berättelser o. bilder. Af *Juhani Aho*. Öfv. från finskan 1:a o. 2:a uppl. 8:o, 270 s. Hfors, Söderström & K. 91. 2: 75.

—, Till Helsingfors. Af *Juhani Aho*. Öfv. från finskan. 8:o, 113 s. H:fors, W. Hagelstam 93. 2 kr.

—, Väckta. Skildringar från pietismens tider. Af *Juhani Aho*. 1:a saml. Öfv. at *V. Jelm*. 8:o, 127 s. Hfors, Söderström & K. 94. 2 kr.

—, Se: *Soldan-Brofeldt, V.*, o. *Aho, J*, Finsk bilderbok. — April-album.

BROMAN, Carl Se: Handbok för telegraftjänsten vid jernvägarna.

BROMAN, K E, Plan geometri. 8:o. Sthm, P. A Norstedt & S:r.
I. Euklides' fyra första böcker med ändringar o. tillägg. 2:a uppl. 116 s. 90 Inb. 1: 75. (1:a uppl 86.)
II. Proportionslära o. dess tillämpning på den plana geometrien. 84 s. 92. 1: 50, Inb. 2 kr.

BROMAN, K. E., Öfningssatser till Euklides' böcker I—VI, metodiskt ordnade o försedda med anvis:nr. 8:o, 91 s Sthm, P. A. Norstedt & S:r. 94.
Inb. 1: 75.

BROOKE, Stopford, ›Bereden väg›. En nykterhetspredikan. Öfv. Liten 8:o, 16 s. Sthm, Ad. Johnson. 94. 10 ö.

—, Tjugutvå predikningar. Öfvers. Ny serie. 8:o, 375 s. o. 1 portr. Sthm, Z. Hæggströms F.-exp. 95. 3 kr.

BROOKS, Philipps, Religiösa föredrag. Från eng. af *H F*. 8:o, 102 s. Göteb., N. P. Pehrsson. 92.
1 kr.

—, Valda religiösa föredrag. Jämte ett minnestal öfver författ. af *George A. Gordon*. Öfv från eng. af *H. F.* Sthm, Fahlcrantz & K.
I. 8:o, 130 s. 94. 1: 25.
II. 120 s. 95. 1: 25.

BROOMÉ, Gust, Allmänna civilprocessen enl. svensk gällande rätt framställd. 2:a uppl. med tillägg o. ändr. 8:o, 348 s. Lund, C. W. K. Gleerup. 90. 6: 50.

—, Studier i konkursrätt särskildt med afseende på svensk rätt. Akad. afh. 8.o, 108 s. Lund, Gleerupska univ:s-bokh. i distr. 88. 2 kr.

BROOMÉ, Simon, På rundresebiljett. Minnen från en kontinentaltripp verldsutställningsåret 1889. 8:o, 240 s. Helsingb., Axel Lundberg. 90. 2 kr.

BROSBÖLL, J. K. Chr., Serafino från Ots. Af *Carit Etlar*. Öfv. 8:o, 78 s. Lund, C. W. K. Gleerup. 93. 1 kr.

— —, Vendetta. Banditlif på Corsica. En berättelse af *Carit Etlar*. 8:o, 241 s. Lund, C. W. K. Gleerup. 92. 2: 50.

BROTHERUS, V. F, Contributions à la flore bryologique du Brésil. Se: Acta Soc. scient. fenn. XIX. 5.

—, Enumeratio muscorum Caucasi. Se: dersammast. XIX. 12.

—, Some new Species of Australian Mosses. 1. 2. 3. Se: Öfversigt af F. Vet.-Soc:s förhandl. 33. 35. 37.

—, o. **Th. SÆLAN**, Musci Lapponiæ Kolaensis. Se: Acta Soc:is pro fauna et flora fenn. 6.

Brottmålshistoria, En. Skildring ur Australiens högre sällskapslif. [På omslaget: Icke skyldig. En brottmålshistoria af *Fergus W. Hume*.] 8:o, 175 s. Sthm, C. A. Ålander. 89. 1: 25.

BROVALL, Rutger. Se: Journaux parisiens.

Bruden på Kinnekulle eller Carl XV:s skyddsling. Se *[Lidholm, Alfr.]*

Bruden, Till, från en silfverbrud. Öfv. från danskan. 8:o, 88 s. Sthm, Fost.-stift:s F.-exp. 91.
75 ö., kart. 1 kr., klb. 1: 75.

BRUHN, A. Th. Se: Folkskolestadgan, Nya. — Författningar rör. folkskollärareseminarier.

BRUMMER, O. M. E., Vinkelns delning i tre lika stora delar förmedelst cirkel o. lineal. 8:o, 7 s. o. 4 pl. Tavastehus. Förf:n. 88. 1 fmk.

BRUNELL, J E., Öfverskådlig hjelpreda i metersystemet. 12:o, 6 s. Sthm, Förf.n. 88. 20 ö.

BRUNIUS, Thor Se: *Gehlin, J. G.* o. *Brunius, T.*, Lärobok i geografi

Brunn o. bad, Söderköpings. 8.o, 15 s o. 1 karta. Sthm, Nordin & Josephson i distr. 89. 50 ö.

BRUNNBERG, Tyko, Hypnotismen bedömd af fackmän jämte en uppsats i ämnet. 8:o, ij o. 79 s. Ups. Akad -bokh. 93. 1 kr.

BRUUN, Fr., Är Frälsningsarmén i öfverenstämmelse

med Guds ord? Föredrag. 1:a o. 2:a uppl. 8:o, 30 s. Lund, Aug. Collin 91. 20 ö.
BRUUN, Johan, Norges stavkyrkor. Ett bidrag till den romanska arkitekturens historia. 8:o, vj o. 117 s. Ups. Förf:n. 91. 3 kr.
BRUZELIUS, A. J., Svensk läkarematrikel 6 hfn. 8:o, 1054 o. xij s. Sthm, P. A. Norstedt & S:r. 86 —95. För häfte 3 kr.
BRUZELIUS, Nils G., Om Anser indicus anträffad i Skåne. Se: Handlingar, Göteborgs, vet. o. vitterh. samhälles. 21:a hft. 2.
BRUZELIUS, R. M. Se: Årsrapport från Kgl. Serafimerlasarettet.
BRÜCKE, Ernst, Menniskokroppens skönhet o. fel. Öfv. af Rob. Tigerstedt.. Med 29 träsnitt. 8:o, 181 s. Sthm, Fahlcrantz & K. 91. 2: 25.
—, Våra barns lif o. hälsa. Öfv. af O. H. D. 8:o, 224 s. Sthm, Ad. Bonnier. 92. 2: 50, inb. 4 kr.
BRYDE, S. M. Se: Industri-katalog, Skandinavisk. Telegram-adressbok.
BRÅKENHIELM, Malvina, Fjällrosor. Berättelse. 8:o, 375 s. Sthm, P. A. Huldbergs bokf.-aktb. 91. 3 kr.
BRÅKENHIELM, P. J., Om skatteköpta rekognitionshemman. 8:o, 126 s. Sthm, Jernkontoret. 94 2 kr.
Bråna-smedens dikter [Förf:n Johannes Olsson från Bråna i Jerns socken på Dal]. 8:o. Gunnarsnäs & Mellerud, Gust. Bergman. 92, 93.
1:a hft. 96 s. 1 kr.
2:a hft. 95 s. 75 ö.
3:e hft. 96 s. 75 ö.
4:e hft. 96 s. 75 ö.
Bränvinsförfattningarne. Se: Författningssaml. Lilla. 22.
Bröd. Barnens, samladt för hvarje dag i året ur den hel. skrift af L. S. [Carolina Berg]. 32:o, 124 s Sthm, C. A V. Lundholm 87. Klb. 20 ö.
Bröderna, De spanska. En berättelse från det 16:e årh. Öfv. från eng. 8:o, 396 s Sthm, Fost.-stifts F.-exp. 87. 2: 50. kart. 3 kr., klb. 3: 50.
Bröderna, De tre. Se: Bibliotek för de unga. 52.
BRÖGGER, W. C., Ueber die Ausbildung d Hypostomes bei einigen skandinav. Asaphiden. Se: Bihang till Vet.-akad:s handl:r. XI, 3.
Bröllopsdag, Bankdirektörens. Pariserhumoresk. Bearb. af Lili. 8:o, 39 s. Sthm, C. A. V. Lundholm 88. 40 ö.
BRÖMS GYLLENMÄRS visbok. Se: Bidrag, Nyare, till Sv landsmålens hist. 1887.
BÜCHSEL, C., Minnen ur mitt embetslif i Berlin. Se: Skrifter, utg. af Samf. pro fide et christianismo. 22.
BUCHT, G. W. o. SVENSK, J. A., Anteckn:r i räknemetodik för folkskolan o småskolan. 8:o, 64 s. Sthm, P. A. Norstedt & S:r. 94. 90 ö.
BUCK, J., En studie öfver människan o. vägen till hälsa. Öfv. af V. Pfeiff. 8:o, 259 s. Sthm, Looström & K. 92. 3: 50.
—, Teosofiens väsen o. mål. Se: Skrifter utg. af Teosof. samf. svenska afd. 1.
BUCKLEY, Arabella, Vetenskapens sagoland. Öfv. från eng. af Hellen Lindgren o. Karl af Geijerstam. Liten 8:o, 252 s. Sthm, L. Hökerberg. 86. 2 kr., kart. 2: 40, inb. 3 kr.
Budbäraren, Nya, Tidskrift för kristlig uppbyggelse o. nykterhet. Utg. af B. A. Carlsson. Årg. 1—5. (1886—90). 4:o. H:fors. Utg:n. 86—90. För årg. (12 n:r) 2 fmk.

BUDDE, L., Dödens gudson. Öfv. af Hedda Anderson. 8:o, 80 s. Sthm, P. A. Norstedt & S·r. 91. 80 ö.
—, En resa till folkhögskolan. Se: Öreskrifter för folket. 144.
Budskap, Ett gladt, till de sjuka. Öfv. från tyskan med tillägg af en del svenska bref. 8:o, 80 s. Jönköp., »Den trogna tjenarinnans exped.» 86. 75 ö.
Budskap, Jesu glada, om Guds eller förnuftets rike. 8:o, 71 s. Sthm, Looström & K. 86. 1 kr.
BUGGE, Sophus, Om runeindskrifterne paa Rök-stenen og Fonnaas-spænden. Se: Handlingar, K. vitt. hist. o. antiq:s akad:s XXXI: 3.
BUKOWSKI, H., Se: Samling af svenskt o. utländskt sedelmynt.
—, o. LOOSTRÖM, Ludv., E A. Bomans efterlemnade saml. af Rörstrands o. Mariebergs keramiska tillverkningar Kritisk förteckn. 8:o, 6 opag. o 159 s. samt 12 pl. Sthm, H. Bukowski. 88. (Uppl. 41 ex.)
Bulletin of the Geological institution of the university of Upsala. Vol. I, n:o 1. 8:o, 75 s. o. 5 pl. Ups. Akad. bokh. i komm. 93 5 kr.
BULLOCK, Charles, Det underligaste af allt: »Evangelium utan evangelium». Öfv. 8:o, 60 s. Sthm, P. Palmquists aktieb. 91. 60 ö.
BUNGE, RUD., Trumpetaren från Säckingen. Se: Operatexter. 17.
BUNYAN, John, Det heliga kriget. Med 12 pl. 4:e uppl. 8:o, 324 s. Sthm, P. Palmquists aktieb. 90. 1: 25, inb. 1: 50.
—, Det heliga kriget. Öfv. af William Paterson. Med illustr af eng. konstnärer. 4:o, vij o 296 s. Göteb., T. Hedlund. 90. 4: 75.
—, En kristens resa genom verlden till den saliga evigheten äfvensom hans hustru Kristinnas o. deras barns uppbrott från staden Förderf m m. Ny förbättrad öfvers jemte ny lefnadsteckning öfver förf:n. 2 dlr. 8:o, 172 o. 156 s. Sthm, F. & G. Beijers Bokf.-aktb. 92. 1 kr. inb. 1: 50.
—, Kristens resa från denna verlden till den kommande. Öfv. från eng. Med 102 illustr. 4:o, 311 o. vij s. Göteb., T. Hedlund. 89. 5 kr.
—, Kristens resa genom verlden till den saliga evigheten framstäld ss. sedd i en dröm. Öfv. af G. S. Löwenhjelm. 10.e uppl. med illustr. 8:o, 224 s Sthm, Fost.-stift:s F.-exp. 91. 1 kr., inb. 1: 25, klb. ? kr.
—, Kristinnas resa d:o, d:o. 5:e uppl. med illustr. 8:o, 196 s. Sthm, Fost.-stift:s F.-exp. 91. 75 ö, inb. 1 kr., klb 1: 50.
Båda i ett band Inb. 2 kr, klb. 3 kr.
—, Uppenbarelser. En framställning af det kommande lifvet, himmelens herrlighet o helvetets fasor Öfv. fr. eng. 8.o, 120 s. Sthm, Ad. Johnson. 90. 75 ö.
(Föreg. uppl. 89.)
BURCHARDT, P., Generaltabell för relativa värdet å alla bredder af sågade trävaror. 4:o, 29 s. Sthm, Sv. Trävarutidning. 91. 10 kr.
BURE, Nils, Nyckelord, regler o. öfningsexempel för den första undervisning i rättskrifning. 8:o, 24 s. Lund, Aug. Collin. 94. 25 ö.
—, Om undervisningen i rättskrifning på skolan s lägre stadium 8:o, 52 s. Lund, Aug. Collin. 94. 50 ö.
BUREUS, A. J., Sumlen. Se: Bidrag, Nyare till sv. landsmålens hist. 1886.

BURMAN, E. O., Die Transcendentalphilosophie Fichtes und Schellings. Se: Skrifter, utg. af Humanist. vetenskapssamfundet. 4.

— —, Om teismen. 8:o, 133 s. Ups. Förf:n. 86. 1: 50.

BURMAN, Fale A, Konceptböcker, förda under res >r i Jämtland 1793—1803. Se: Samlingar, Norrländska.

[BURMAN, Joh. Fredr. Const.], Karrikatyrer af *Conny* För åren 1886—94. 4:o. 18 pl. med text. Sthm, Fr. Skoglund i distr. 86—94 För årg 1: 50.

— —, Vägledning i kartritning till skolans tjenst. 1:a kursen. 4:o, 6 kartblad. Sthm, P A. Norstedt & S:r i distr. 95. 60 ö.

BURNABY, O. A., Tre vänner. Öfv. 8:o, 160 s. Sthm, P. Palmquists aktieb. 91. 1 kr., kart. 1: 25.

BURNETT, Frances Hodgson, Lille lorden. Se: Läsning för ungdom af utm eng förf. 24.

— —, Little lord Fauntleroy Med anmärkn:r af *E. Lindgren*. Se: Författ.. Moderna eng 1.

— —, Pensionsflickan. Se: Läsning för ungdom af utm. eng. förf. 28.

— —, Vackra flickan från Amerika. Se: dersammast. 25.

BURNS, J. D, Inom himmelens portar el. glimtar från det himmelska Jerusalem. Öfv. från eng. af *G. F*. 8 o, 104 s. Sthm, F. & G. Beijers Bokf.-aktb 88. 60 ö.

BUSCH, J. A. W., Mnemoniska taflor ss åskådningsmateriel för inlärandet af de fyra räknesätten i hela tal. 8:o, 16 s o. 2 lösa taflor. Ups., Förf:n. 94. 75 ö.

BUSCH, O. A., Entreprenadboken. En ledning vid uppgörande af entreprenadkontrakt, beskrifn:r o. kostnadsförslag till husbyggnader. 8.o, viij o. 247 s Sthm, A. V. Carlsons Bokf.-aktb. 91. 3: 25, inb 3: 75

— —, Om fästningar o. fästningskrig jemte kort öfversigt af fästningsbyggnadskonstens utveckling, 2:a uppl. 8 o, 154 s. o. 9 pl. Sthm, P. A. Norstedt & S:r 88. 6 kr. (1:a uppl. 80.)

— —, Ströftåg i världsrymden. Se: Ungdomsböcker, P. A. Norstedt & Söners. 13.

BUSCK, Frans af, Bohusländska folkmålsdikter. Se: Bidrag, Nyare, till Sv landsmålens hist. 1894.

BUSLAJEFF, Th., Lärobok i ryska språkets grammatik, jämförd med den kyrkoslaviska, jämte mönster för grammatikalisk analys. Öfv. efter orig. 7:e uppl. (Moskva, 1888.) Försedd med noter af *C G. Brotherus* 8:o, 536 s. H:fors. Weilin & Göös. 92. 4: 50 fmk.

BUTENSCHÖN, Andrea, Taj Mahal. Dikt. Illustr. af *Julius Wengel* 4.o, 24 s. Sthm, P. A Norstedt & S:r. 94. 5 kr.

BUTTLER, Annie R, Lilla Kathleen eller soliga minnen af ett barns arbete. Öfv. af *John Cederoth.* 16:o, 32 s Örebro, Bokförlagsaktieb. 91. 15 ö., kart. 25 ö.

BUUS, N. P. J., Mjölkboskapens vård o. utfodring sommar o. vinter. Öfv. at *Fr. Cederborgh.* Med förord o. tillägg af *J. Arrhenius* 8:o, 204 s. Sthm, F. & G. Beijers Bokf.-aktb 87 2 kr.

Bygdén, L., Förteckning å tryckta o otryckta källor till landskapet Uplands o. Stockholms stads hist. typogr beskrifning. Stor 8:o, v. o. 114 s. Ups. Akad. bokh. 92. 3 kr.

— —, Kungshatt. Se: Tidskrift, Nordisk. 1893.

Bygder, Från Östergötlands. Berättelser och skizzer af förf n till »Högadals prostgård». 12:o, 416 s. Sthm, F & G. Beijers Bokf.-aktb. 90. 3 kr.

Byggnadsordning för Helsingfors stad, utfärdad d. 3 maj 1895. 8:o, 37 o. iij s. H:fors, G. W. Edlund. 95. 1 fmk

Byggnadsstadgan för rikets städer utg. af *Moritz Rubenson.* 4:e uppl. 8:o, 142 s. o. 1 karta. Sthm, P. A. Norstedt & S r 95. Klb. 2: 25 3:e uppl. 135 s. o. 1 karta 90. Kart. 2 kr.

Byggnadsstadgan med expropriationslagen, ordningsstadgan, brandstadgan m. m. utg. af *Chr. L. Tenow.* 8:o, 222 s. Sthm, Alb. Bonnier. 90. Kart. 1: 75.

BYRON (lord), Ung Haralds pilgrimsfärd. Öfv. af *A. M. Malmstedt.* 8:o, 203 s. Sthm, Fahlcrantz & K. 89. 3 kr.

BYSTRÖM, H., Handbok för befälhafvare inom handelsflottan. 8:o, 309 s, 4 tab. o. 3 pl. Sthm, Aug. Rietz i distr. 91. 2: 50, kart. 3 kr.

BYSTRÖM, J, Bibeltexter belysta genom utkast o. lärorika berättelser till tjenst för predikanter m. fl. 8:o, Sthm, Veckopostens förlag.
2 a serien 1890. 135 s. 89. 60 ö.
3:e serien 1891. 128 s. 91. 60 ö.

— —, Rusdryckens förbannelse. Nykterhetspredikan. 3:e uppl. 12:o, 29 s. Sthm, Veckopostens förlag. 90. 10 ö.

BYSTRÖM, O., Den svenska psalmsångens mest begagnade melodier. Med orgel. Tvär 8:o, 48 o. 7 s. Sthm. P. Palmquists aktb. 94. 2 kr.

— —, Svenska mässan lämpad till texten i nya kyrkohandboken. Förslag Tvär 8:o, 28 s Sthm, A. L Normans F.-exp. 94. 1 kr.
D:o d:o. 8:o, 16 s. 95. 25 ö.

BÜTTNER, J. S., Efeserbrefvet utlagdt för församlingen i 52 betraktelser på kyrkoårets söndagar. Öfv. från tyskan. 8:o, 169 s. Sthm, Fost.-stifts F.-exp. 92. 1 kr., inb. 1: 50.

BÅTH, K., Hafsfruns skatt. Berättelse från 1700-talet. 12.o, 312 s Sthm, Fr. Skoglund 91. 2: 50.

BÅÅTH, Alb. Ulr., Från vikingatiden. Ny följd fornnord. sagor. Med illustr. af *Jenny Nyström-Stoopendaal.* 8:o, 193 s. Sthm, F. & G. Beijers Bokf.-aktb 88 3: 50, inb. 5 kr.

— —, Gustaf Vasas krona i Upsala domkyrka. Se: Minnen från Skansens vårfest. 5.

— —, Kärlekssagan på Björkeberga sommaren 1629. Diktcykel. Illustr. af *V. Andrén.* 4:o, 158 s. Sthm, Klemmings antikv. 92. Praktb. 10 kr.

— —, Marit vallkulla. Dikt från Dalarne på 1600-talet. 8:o, 124 s Sthm, P. A. Norstedt & S:r. 87. 2 kr., inb. 3: 50, med guldsn. 4 kr.

— —, Nordiskt forntidslif. 8:o, iv o. 241 s. Sthm, Fahlcrantz & K. 90. 3: 25.

— —, Nordmannaskämt Efter medeltida källor. 8.o, 183 s. Sthm, J. Seligmann. 95. 2: 25.

— —, Några forntidsbilder från de norska kolonierna. Se: Tidskrift, Nordisk. 1895.

— —, På gröna stigar. Dikter. 8:o, 176 s. Sthm, H. Geber. 89. 2: 25, inb. 3: 75.

— —, Svenska toner. Dikter. 8:o, 187 s. Sthm, J. Seligmann. 93. 2: 25, klb. 3: 25.

— —, Se: Gnistan. — Sagor, Fornnordiska. — Kärlek i hednadagar.

BÅÅTH, J. L, Svenska rättegångsväsendets ombildning. Anmärkn:r o. förslag. 2:a dln: Rättegången vid allmän underrätt. 8:o, 231 s. Sthm, P. A. Norstedt & S:r. 94. 3: 25.

BÅÅTH-HOLMBERG, Cecilia, Charles G. Gordon. En lifsbild. 8:o, 344 s., 9 pl. o. 3 kartor. Sthm, Fahlcrantz & K. 94. 3: 75, inb. 5 kr.
—, Giuseppe Garibaldi. 8:o, 418 s. o. 15 pl. Sthm, Fahlcrantz & K. 92. 4: 50
—, Spillror o. andra berättelser. 8:o, 278 s. Sthm, Fahlcrantz & K. 94. 2: 75.

BÄCK, Adolf, Från lifvets strider. Skildringar. I. 1 ungdomens vår. 8:o, 192 s. H:fors, Aftonposten. 95. 1: 75 fmk.

BÄCK, Aug., Huru hafva våra förfäder sjungit sina psalmer? Hist. framställning om den svenska kyrkosången. 8:o, 28 s. Sthm, Alb Hermansson. 91. 1: 50.

BÄCK, Johannes, Den hälsosamma läran 3 e dln: Evangelii-predikn:r öfver 3:e årg. högmessotexter. 8:o, vij. o. 730 s. H:fors, Luth.-evang. fören. 92. 5 fmk.
—, Den kristna läran framställd i Doktor Martin Luthers Lilla Kat:kes och i öfverensstämmelse därmed närmare utvecklad. 12 o, iv o. 168 s. H:fors, Luth. Evang. fören. 91.
—, ›Främlingarnes› hemlif. En liten bönbok för de ›utkorade främlingarne›, hvilka redan under främlingsskapet hafva sitt hem och sin umgängelse i himmelen; äfvensom En kort afhandling om bönen. 4:e uppl. 12:o, 322 s. H:fors, Luth. Evang. fören. 93. 1: 50, inb. 1: 75 fmk.
(1:a uppl. 86, 2:a uppl. 87, 3:e uppl. 89.)
—, Kristi tjenare o. skaffare till Guds hemlighet. 12:o, 24 s. H.fors, Luth. evang.-fören. 88. 15 p.
—, Vår jordiska o. himmelska hydda. 5:e uppl. 12:o, 24 s. H:fors, Luth. evang.-fören. 88. 10 p.

BÄCKLUND, A. V, Om Ribaucour's cykliska system. Se: Bihang till Vet.-akad:s handl:r XVI:I, 1 o. 8, XVII: I, 2.
—, William Rowan Hamiltons lösning af dynamiska problem. Se: Acta univ:is Lundensis. XXIX: II. 13.

BÄCKMAN, J., Biblisk historia (N:o 1). 6:e uppl. 8:o, 192 s. o. 2 kartor. Sthm, P. A. Norstedt & S:r. 91. Kart. 50 ö.
(3:e uppl. 83. 4:e 87. 5:e 90.)
—. D:o d:o (N:o 2). 8:e uppl. 8:o, 158 s. o. 2 kartor. Sthm, P. A. Norstedt & S:r. 91. Kart 40 ö.
(1:a uppl. 82, 2:a 83, 3:e 84, 4:e 85, 5:e 86, 6:e 88, 7:e 90.)
—. D:o d:o (N:o 3) för folkskolan med ledning af läroboksskomm. utlåtande o. gällande normalplan. 8:o, 144 s o. 2 kartor. Sthm, P. A. Norstedt & S:r. 91. Kart 35 ö.
—. D:o d:o (N:o 4) för folkskolor med inskränkt kurs 6:e uppl. 116 s. o. 2 kartor. Sthm, P. A. Norstedt & S:r. 91. Kart. 30 ö.
—, D:o d:o (N:o 5). 38:e uppl. 16:o, 128 s. o. 1 karta. Sthm, P. A. Norstedt & S:r. 94. Kart. 25 ö.
(1:a—35 uppl. 65—85), 36:e 86, 37:e 91.)
—, Biblisk historia för småskolan. 7:e uppl. 8:o, 74 s. Sthm, P. A. Norstedt & S:r. 92. 20 ö.
(4:e uppl. 86, 5:e 88, 6:e 90.)
—, Folkskolans geometri. 4:e uppl. Med 91 afbildn:r. 8:o, 88 o. 8 s. Sthm, F. & G. Beijers Bokf.- aktb. 91. 40 ö.
—, Folkskolans räknebok. 8:o. Sthm, F. & G. Beijers Bokf.-aktb.
1:a årskursen. 9:e uppl. 40 o. (facitb.) 8 s. 90. Kart. 25 ö.
2:a årskursen. 9:e uppl. 70 o. (facitb.) 12 s. 90. Kart. 35 ö.
Båda kurserna tillsammans, 72 s. o. (facitb) 12 s. (8:e uppl. 88.) Kart. 60 ö.
3:e årskursen. 8:e uppl. 52 s. o. (facitb.) 12 s. 89. Kart. 30 ö.
4·e årskursen. 8:e uppl. 79 s o. (facitb.) 16 s. 89. Kart. 40 ö.
Båda kurserna tillsammans. 79 s. o. (facitb.) 16 s. Kart. 70 ö.
Kompl. i ett band 1: 20.
BÄCKMAN, J, Sammandrag af folkskolans räknebok för folkskolor. 8:o. Sthm, F. & G. Beijers Bokf.-aktb.
1:a o 2:a kurserna. Hela tal o. sorter. 80 o. (facitb.) 15 s. 92. Kart. 40 ö.
3:e o. 4:e kurserna. Decimalbråk o. allm. bråk. 80 o. (facitb.) 20 s. 92. Kart. 40 ö.
Kompl. i ett band 80 ö.
—, Tillämpad geometri för folkskollärare- o. lärarinneseminarier etc 6:e uppl. Med 197 afbildn:r. 8:o, viij, 184 s. o. svar 15 s. Sthm, F. & G. Beijers Bokf.-aktb. 92. Kart. 1: 75.
—, Öfningskurs i modersmålets rättskrifning. 3:e uppl. 8:o, iv o. 66 s. Sthm, P. A. Norstedt & S:r. 91. Kart. 40 ö.
(1:a uppl. 81. 2:a 89.)
—. Se: Bilder, Geografiska. — Norge.

o. SVENSK, J. A., Att läsa utan tårar! Abc-bok. 5:e uppl. 8:o, 48 s. Sthm, C. E. Fritzes hof-bokh. 95. Inb. 25 ö.
(1:a uppl. 90. 2:a 91. 3:e 92. 4:e 93.)
—, Att läsa utan tårar. Läsebok för hemmet o. skolan. 8.o. Sthm, C. E. Fritzes hofbokh.
Förra kursen. Med 66 illustr. 3:e uppl. 96 s. 95. Inb. 35 ö.
(1:a uppl 91. 2.a 92.)
Senare kursen. Med 62 illustr. 160 s. 91. Inb. 40 ö.
Kompl. i ett band. 75 ö.

BÄCKMAN, Wilh., Sjöjungfruns sagor. Ny uppl. 8:o, 192 s. Sthm, Alb. Bonnier. 92. Kart. 2: 50.

BÄCKSTRÖM, Edvard, Samlade skrifter. 8:o. Sthm, F. & G. Beijers Bokf.-aktb.
I. Lyriska dikter. xx o. 330 s. samt 1 portr 89. 4 kr.
D.o d:o. Liten 8:o, vij o. 298 s. 95.
Klb. med guldsn. 2: 50.
II. Dramatiska dikter. 441 s. 90. 4 kr.
III. Berättelser o. dramatiska öfvers. 527 s. 90. 4 kr.

BÄCKSTRÖM, Helge, Kemisk undersökning af några mineral från Langesund. Se Bihang till Vet.-akad:s handl:r. XV: II, 3.
—, Kristallografisk undersökning af två nya kolväten. Se: dersammast. XIII: II, 5.
—, Krystallform und optische Konstanten des Hydrokarbostyrils Se: dersammast. XIV: II, 4.
—, Über angeschwemmte Bimssteine und Schlacken der nordeurop. Küsten. Se: dersammast. XVI: II, 5.
—, Über den Rhombenporphyr Se: dersammast. XIV: II. 3.
—, Über fremde Gesteinseinschlüsse in einigen skandinavischen Diabasen. Se: dersammast. XVI: II, 1.

BÄCKSTRÖM, P. O., Öfversigt af de europ. stat. polit. historia under åren 1881—87. 8:o, 319 s. Sthm, P. A. Norstedt & S:r. 89. 3 kr.
—, Se: Starbäck, C. G., Berättelser ur svenska historien.

Tioårs-katalog 1886—1895.

Böcker för folket. 8:o, Sthm, Ad. Bonnier.
11. *Schwartz, Marie Sophie*, Hvilken är konungen?
— Han bits icke. — Två berättelser. 44 s 94.
60 ö.

Böcker i landthushållning. 8:o, Sthm, Ad. Bonnier.
4. *Rang, B*, Om mjölk o. mejeriprodukter af tuberkulösa kor, jemte kemiska undersökn:r af mjölken utförda af *V. Storch*. Öfv. af *Paul Heurgren*. 68 s. 88. 80 ö.

Böcker lämpliga för sockenbibliotek. Utg. af Sällsk. för nyttiga kunskapers spridande 3:e uppl. 48 s Sthm, P. A. Norstedt & S:r. 92. 25 ö.

Böcker, Ungdomens. 8:o. Sthm, Aktieb. Hiertas bokförlag.
6. Arbetets bok. Bearb. från tyskan. Med 344 afbildningar. 334 s. 87. 2: 50, kart. 3 kr., klb 4 kr.
7. Ella, den kunnige lekkamraten. Med 406 afbildn:r, 268 s 91. 2: 50, inb 3 kr., praktb. 4 kr.

Bönbok, En ny, inneh. morgon- o. aftonböner, utvalda tänkespråk etc 24:e uppl. 16．o, 240 s. Vestervik, C. O. Ekblad & K. 89.
Kart. 40 ö., med klothrygg 50 ö., hfrb. 70 ö.

Bön-bok, inneh. morgon- o. aftonbetraktelser, tänkespråk etc, hemtade ur arbeten af *Wallin, Franzén* m. fl. Stereotyp uppl. Liten 8:o, 232 s. Sthm, P. A. Huldbergs bokf.-aktb. 89.
Kart 50 ö., inb. 65 ö. o 90 ö.

Böner för andakt i hemmet. Gåfva till unga christna. 4:e uppl. 16:o, 164 s. Sthm, J. Beckman. 86.
Klb. 75 ö.

BÖRJESSON, GUST. O., Folkskolans hemläxor. Modersmålet. Räkning. Stor 12:o, 24 s. Göteb., N. P. Pehrsson. 90. 12 ö.
—, J. L Runebergs Älgskyttar såsom episk dikt. 8:o, 16 s. Göteb, N. P. Pehrsson 90. 20 ö.
—, Lärobok i bokföring. 8:o, 40 s Göteb, N. P. Pehrsson. 84. 1: 25.
—, Metodiskt ordnade rättskrifningsöfn:r jämte rättskrifningslära. 3:e omarb. uppl. Senare kursen. 8:o, 32 s. Sthm, A. V. Carlsons Bokf.-aktb 95. 15 ö.

BÖRJESSON, GUST O., Rättskrifningslära enl. svenska akad. ordlista. 8:o, 60 s. Göteb., N. P. Pehrsson i distr. 90. 50 ö., kart. 60 ö.
—, Rättskrifningsöfningar enl. svenska akad. ordlista. 1:a o 2:a uppl. I. II 8:o, 72 s. Göteb.. N P. Pehrsson. 90. 50 ö., kart 60 ö.
—, Öfningar i svensk rättskrifning enl. Ordlistan. 1:a kursen. 8:o, 26 s. Göteb., N. P. Pehrsson i distr. 89. 15 ö.
—, Öfningar i svensk språklära. 8:o, 92 s. Göteb., N. P. Pehrsson. 90. 50 ö.
—, Öfningsbok i modersmålet Rättskrifn.-öfningars formlära, satslära m. m. 1:a kursen: Svenska ord, stafning m. m. 8:o, 48 s. Sthm, A. V. Carlsons Bokf.-aktb. 95. 25 ö

BÖRJESSON, N. M, Riksdagen i Stockholm 1655 Akad. afh. 8:o, 80 s. Lund, Gleerupska univ:s bokh. 91. 1: 50

BÖRTZELL, Algernon. Se: Skriftprof, Svenska. — Wästgötha Laghen.

BÖTTIGER, C. W., Minnesteckn:r öfver E. Tegnér, S Ödmann o. J. H. Kellgren, utg. af *Petter Bagge*. 8:o, 114 s. Sthm, F. & G. Beijers Bokf.-aktb. 95. 90 ö.
—, Själfbiogr anteckn:r o. minnesteckning öfver E. J. Stagnelius utg. af *Petter Bagge*. 8:o, 115 s. Sthm, F. & G. Beijers Bokf.-aktb. 95. 90 ö.
—, Valda dikter. Liten 8:o, viij o. 414 s Sthm, F. & G. Beijers Bokf.-aktb. 95
Klb med guldsn 3: 50.

BÖTTIGER, John, Hedvig Eleonoras Drottningholm. Anteckn:r till slottets äldre byggnadshistoria. Stor 8:o, 138 s. o 2 pl. Sthm, C E. Fritzes hofbokh. i distr. 89. 3 kr.
—, Två tyska renässansarbeten i Sverige. Se: Meddelanden från Nationalmuseum.

BÖÖK, Emil, Joannes Ludovicus Vives, en reformator inom den pedagog. vetenskapen. Akad. afh. 8:o, 214 s. H.fors., Förf:n. 87. 3 fmk.

C.

CADOL, Édouard, Angèle. Se: Romanbibliotek, Ad. Bonniers. 33.
—, Chicots kärleksäfventyr. 8:o, 564 o. 8 s. Sthm, Bokförlags-aktieb. Norden. 92. 2. 50

CÆSAR, C. Julii Cæsaris de bello Gallico. Libri I–VII Utg. af *F. V Hæggström*. 5:e uppl. öfversedd af *P. G. Boëthius*. 8:o, 164 o. 125 s. Sthm, P. A. Norstedt & S:r 91.
2: 50, inb. 3: 10.
—, Kommentarier öfver galliska kriget. Öfv. Liten 8 o. Sthm, Ad. Johnson.
1:a boken. 33 s. 93. 35 ö.
d:o 58 s. 95. 50 ö.
2:a boken. 31 s. 94. 35 ö.
3:e boken. 26 s. 94. 35 ö.

CÆSAR, N., Monogram i 2 färger jämte lösa alfabet, kronor, emblem m. m. 3 hfn. 4:o, 96 pl. Sthm, G. Chelius. 93, 94. För häfte 1: 50.

CAHOURS, Konsten att pryda kautschuksleksaker enligt Eugène Turpins förfaringssätt. 8:o, 17 s. Sthm, C. A. V. Lundholm. 88. 25 ö.

CAINE, Hall, Ett lifs historia. Öfv. af eng orig. :The deemster: af *M. Boheman*. 8:o, 406 s. Sthm, Looström & K. 94. 3: 50.
—, Syndabocken. Roman. Öfv. från eng. af *Emilie Kullman*. 12:o, 314 s. Sthm, Fr. Skoglund. 92.
2: 75.

CAJANDER, Zakarias, Lärobok i det moderna jordbruket. Med 20 fig. [Ny titeluppl.] 8:o, xvj o. 503 s. Sthm, P. Palmquists aktb. i distr. 92.
2 kr.
(1:a uppl. 86.)

di CAJANELLO. Se: *Leffler, Anna Charlotta*

CALAMUS, Annonser, historietter m. m. illustr. 4:o, 18 pl. Sthm, F. & G. Beijers Bokf.-aktb. 86
2 kr.

CALLMÉ, Alfr., De nybildade Hjelmaröarnes vegetation. Se: Bihang till Vet.-akad:s handl:r XII: III, 7.

CALMUS, Minnen från Göteborg sommaren 1891. Utg. af *L. Baltzer.* 4:o, 12 pl. Göteb. Lithogr. anst. Runan. 91. 1 kr.

CALSABIGI, Raniero, v. Orfevs. Opera. Se: Operatext-bibliotek, Looströms 8

CALWAGEN, Ernst Gottfr., Engelsk elementar- o. läsebok. Med ordlistor. 2:a uppl. 8:o, x o. 107 s. Sthm, H. Geber. 89. Klb. 2 kr.
(1:a uppl. 87.)

—, Engelsk språklära för skolor. 5:e uppl. 8:o, 188 s. Sthm, H. Geber. 95 Klb. 2 kr.
(2:a uppl. 84, 3 e 87, 4:e 90.)

—, Kortfattad engelsk språklära med uttalsbeteckning. 2:a uppl. Bihang: Öfningar för muntlig öfversättn. 8:o, 80 s. Sthm, H. Geber. 93. 1: 25.
(1:a uppl. 88.)

—. Kortfattad tysk språklära. 8:o, 134 s. Sthm, H. Geber. 94. Klb 1: 60.

—, Tysk elementarbok. 7:e uppl. 8:o, vij o. 159 s. Sthm, H. Geber. 91 Klb. 1: 75.
(6:e uppl. 85.)

—, Tysk elementar- o. läsebok. 4:e uppl. 8:o, xiv o. 111 s. samt (Ordlista m. m.) 53 s. Sthm, H. Geber. 95. Klb. 1: 85.
(1:a uppl. 88, 2:a 89, 3:e 92.)

—, Tysk läsebok för skolans mellersta o. högre klasser med ordförkl:r o. anm:r. 6:e uppl. 8:o, 218 s. Sthm, H. Geber. 92. Klb. 2 kr.
(4:e uppl. 85. 5:e 89.)

—, Tysk språklära för elementarundervisningen. 10:e uppl. 8:o, 192 s. Sthm, H. Geber. 95. Klb 2 kr.
(6:e uppl. 83, 7:e 86, 8:e 88, 9:e 91.)

—. Öfningar i tyskt talspråk efter Wolfram, »Deutsches Echo» m. fl 3:e uppl. 8.o, 106 s. Sthm, H. Geber. 91. Klb. 1: 35.
2:a uppl. 139 s. 86. Klb. 1: 75

—, Öfversättningsöfningar till engelska Såsom bihang: Öfversättningsprof för mogenhetsexamen utg. af Kgl. Ecklesiastikdepart. 5:e uppl. 8:o, 142 s. Sthm, H. Geber. 94. Inb. 1: 50.
(2:a uppl 84, 3:e 87, 4:e 90.)

—, Öfversättningsöfningar till tyska. 8:e uppl. 8:o, 108 s. Sthm, H. Geber. 92. Inb. 1: 25.
(5:e uppl. 83, 6:e 85, 7:e 86, 8:e 89.)

—, Se: Auswahl aus der neueren deutschen Litteratur.

CAMPE, Joachim Heinr., Amerikas upptäckt. Se: Bokskatt, Ungdomens. 6.

—, Robinson den yngre. 4:e uppl. 8:o, 203 s Sthm, Ad. Bonnier. 89. Kart. 1 kr.

—, Robinson den yngre. Läsebok för ungdom. Öfv. 12:o, 226 s. o. 6 pl. Sthm, P. A. Huldbergs Bokf.-aktb. 95 Kart. 1: 40.

CANNELIN, Knut, Finsk-svensk ordbok. 2:a tillökade uppl. 8.o, 5 o. 168 s. H:fors, Söderström & K. 94.

CANTH, Minna, Arbetarens hustru. Se: Finland, Det unga 3.

—, Blindskär. Öfv. från finskan. 8:o, 136 s. H:fors, G. W. Edlund. 88. 2 fmk

—, Lifsbilder från finska hem. Öfv. från finskan af *Rafaël Hertzberg.* 8:o. H:fors, G. W. Edlund.
I. Bland fattigt folk. 62 s. 86. 1: 25 fmk.
II. Hanna 187 s. 86. 3 fmk.

—, Noveller. Med författarinnans själfbiogr. o. portr. Öfv. af *H. Lbg.,* 8:o, 192 s. H:fors, W. Hagelstam. 94. 2: 20.

CANTOR, Georg, Ueber d. verschiedenen Ansichten in Bezug auf d. actualunendl. Zahlen. Se: Bihang till Vet:-akad:s handl:r. XI, 19.

CAPADOSE, I, Huru Simon, Jonas son, varder Petrus En biblisk studie. Öfv. från eng. 8:o, 28 s. Sthm, A. V. Carlsons Bokf.-aktb. i distr. 90. 50 ö.

CARAVELLO, H. C. T. o **P. E.**, Terminologie maritime suédoise-française. Recueillie, classée et rédigée avec l'aide d'hommes du métier 8:o, 56 s. Göteb., Wettergren & Kerber. 93. 2 kr.

CARDUCCI, Giosuè, Valda dikter. Öfv. från ital. jämte en lefnadsteckn af författ:n af *Aline Pipping.* 8:o, 155 s. Sthm, Alb. Bonnier. 94. 2 kr.

CARETTE (M:me), En hofdams minnen. Bilder o. interiörer från Napoléon III:s hof. Öfv. från franska orig. uppl. af *J. Granlund.* 12.o, 236 s. Sthm, F. & G. Beijers Bokf-aktb. 89. 1: 75.

Carit Etlar. Se: *Brosböll, J. K. Chr.*

CARL [prins]. Se: Tillämpningsöfningar, Kavalleristiska.

Carl XV o. korporal Kraft eller konungens besegrare Se: *[Lidholm, Alfr.]*

[CARLANDER, C. M.], H. M. konung Oscar II:s bibliografi 1849—87. Utg. af *C. M. C.* Tryckt som manuskript. 8:o, 19 s. Borås, Förf:n 88. 5 kr.

—, Svenska bibliotek o. ex-libris. Anteckn:r. Med 84 illustr. 8:o, ix o, 748 s. Sthm, Ad. Johnson. 89. 50 kr.
(Uppl. 150 ex.)

—, D:o d:o. II 8:o, viij o. 172 s. samt 22 illustr. Tr. i Sthm, hos Gernandts boktr.-aktieb. 91. 10 kr.
(Uppl. 150 ex.)

—, D:o d:o. III. Med 110 illustr. 8:o, 692 s., 52 pl. o. 1 stamtafla. Sthm, Werner Landgren. 94 25 kr.

CARLBERG, Ernst, Bidrag till kännedom om telefonväsendet i Sverige o. utlandet. 8:o, 156 s. Sthm, Looström & K. i distr. 86. 1 kr.

CARLEMAN, C G, Vägledning i fotografi med särskild hänsyn till de nyaste metoderna för amatörer o. nybörjare. 8:o, 45 s. Sthm, G. Chelius. 88. 1 kr.

CARLÉN, Emelie. Se: *Flygare-Carlén, E.*

CARLÉN, Joh. Gabriel, Carl M. Bellman En lefnadsteckning. Med 7 illustr. 12:o, 48 s. Sthm, Ad Bonnier. 90. 40 ö.

—, Christoffer Polhem och hans verk. Se: Öreskrifter för folket. 7.

CARLÉN, N., Minnesord öfver kyrkans o. skolans män, aflidne aug 1883—juli 1889. 8.o, 29 s. Mariestad, P. W. Karström. 89. 30 ö.

CARLER, Josef, Välkommen till Herren. Ord till nattvardsbarn. 8:o, 8 s. Wexiö, Förf:n. 95. 12 ö.

CARLGREN, G. H., Handledning vid flottningar o. strömbyggnader. 8:o, 77 s. o. 13 pl. Sthm, Svensk Trävaru-tidnings forlag. 86. 5 kr.

CARLGREN, O., Studien über nordische Actinien. Se: Handl:r, Vet.-akad:s. XXV: II, 10

CARLGREN, W. M., Minnestal öfver framlidne biskop Lars Landgren, hållet vid prestmötet i Hernösand 1890. 4:o, 21 s. Hernösand, J. A. Johanssons bokh. i distr. 91. 40 ö.

—, Öfversigt af nya historien. 8:o. Sthm, P. A. Norstedt & S:r.
1:a dln. 294 s 89. 2: 25, inb. 2: 90, Klb 3 kr.
2:a dln. 416 s. 94 3: 25, inb. 4 kr, klb. 4: 25.

CARLHEIM-GYLLENSKÖLD, V., Détermination des

éléments magnétique dans la Suède méridionale. Se: Handlingar, Vet -akad:s XXIII: 6.

CARLMIN. Erna, Kärlek. En athandling i dramatisk form om äktenskapet o. det sedliga lifvet. 12 o, 100 s. Sthm, Alb. Bonnier. 93. 1 kr.

CARLSON, A., Om samfundsbildning o. kristlig enhet 8:o, 94 s. Sthm, C. A. V. Lundholm. 87. 60 ö.

CARLSSON, Albertina, Untersuchungen über die weichen Theile der s. g überzähligen Strahlen an Hand und Fuss. Se: Bihang till Vet.-akad:s handl:r XVI: IV. 8.

— —, Untersuchungen über Gliedmassen-Reste bei Schlangen. Se: dersammast. XI. 11.

— —, Zur Anatomie d. Hyperoodon diodon. Se: dersammast. XIII: IV, 7.

CARLSON, Aug., Sveriges fåglar. Korta beskrifn:r jämte redogörelse för deras lefnedssätt m. m Med 228 fågelbilder 8:o, 386 o. xiij s. Lund, C. W K. Gleerup. 94. Inb. 5 kr.

CARLSON, B. A. Se Budbäraren, Nya.

CARLSSON, C. F, Minnen från Vadstena hospital. 8:o, 37 s. Linköp, I. Kjellberg. 86. 25 ö.

CARLSSON, Daniel, Svenska möbelritningar. 30 planscher med beskrifvande text. 5 hfn. Folio 30 pl. o. 2 s. text. Sthm, G. Chelius. 94.
För häfte 3 kr. Kompl. i kartong 15 kr.

CARLSON, Ernst, Karl XII:s ryska fälttågsplan. 1707—09. Se: Tidskrift, Nordisk. 1889.

— —, Skolgeografi i två kurser. 4 o. Sthm, P. A. Norstedt & S:r.
1:a kursen. 4:e genomsedda uppl. 214 o. xlviij s. 94. Inb. 3 kr.
(1:a uppl 87, 2:a 89, 3:e 91.)
2:a kursen. 2:a omarb. uppl. 155 o. xiv s. samt 1 karta. 92 Inb. 2: 25.
(1:a uppl. 16 o. ix s. 87. Inb. 1: 50.

— . Se: Karl XII:s egenhändiga bref.

—, o. **STEFFEN, Rich.,** Kort lärobok i psykologi på empirisk grundval. 8:o, iv o. 59 s. Sthm, P. A. Norstedt & S:r. 95. 75 ö.

CARLSSON, Fr., Dikter. 8:o, 31 s. Malmö, Envall & Kull i komm. 91. (Uppl. 100 ex.) 1 kr.

CARLSSON, John F., Kortfattad handbok, utg. till ledning vid skötandet af mindre s. k. högtrycksmaskiner. 16:o, 105 s. Linköp., H. Carlsons bokh. i komm. 92. 75 ö.

CARLSON, P. J. Th., Ord. talade vid Emelie Flygare-Carléns jordfästning, d. 14 febr. 1892. 8:o, 11 s. Sthm, A. V. Carlsons Bokf.-aktb. i komm. 92. 25 ö.

CARLSSON, Sture, Några anteckn:r om skarlakansfebern på Katarina sjukhus på grund af 4,000 fall, vårdade under åren 1880—91. (Bihang till Stockholms stads helsovårdsnämnds årsberätt. 1894) 4:o, 63 s. o. 8 tab. Sthm, Samson & Wallin. 95. 2 kr.

CARLSON, Victor, Maritime telegraph systems, buoys, beacons, tidal signals etc. 4:o, 44 pl. o. 8 s Sthm, C. E. Fritzes hofbokh. i distr. 90 Kart. 10 kr.

CARLSTEDT, J. P., Utkast till katekisationer öfver Luthers lilla katekes med den antagna utvecklingen. 8:o, 98 s. Köping, M. Barkéns förlagsbokh. 86. 90 ö.

Carmen Sylva, [pseud. för Elisabeth, drottn. af Rumänien], Det knackar. Öfv. 8:o, 139 s. Sthm, Ad. Bonnier. 91. 1: 75.

— —, Lidandets pilgrimsfärd. En sagokrans. Med 25 illustr. 4:o, 104 s. Sthm, Ad. Bonnier. 92. Klb. 5 kr.

Carmina Norroena ex reliquiis vetustioris Norroenæ poësis selecta, recognita, commentariis et glossario instructa, edidit *Theodorus Wisén.* 8:o. Lund, Gleerupska univ:s bokh
I Contextum carminum commentarios conspectum metrorum continens. xiv o. 211 s. 86. 4 kr.
II Glossarium continens 352 s. 89. 6 kr.

CARNOT, H, Franska revolutionen 1789--1804. Svensk bearbetn. af *O. W. Ålund.* 8:o, 434 s. o. 24 pl. Sthm, Alb. Bonnier. 89. 4 kr., inb. 5: 50.

Caroliana. Se: Hågkomster ur Karl XV:s lefnad

CARPELAN, Tor, Åbo i genealogiskt hänseende. Se: Finland, Västra. 3.

CARPENTER, W. Boyd, Sanningar o. bilder. Öfv. I. o. II 8:o, 64 s. Sthm, P. Palmquists aktb. 86. För del 25 ö., kart 35 ö.

CARRÉ. Alb., Skrifvarkungen. Se: Operatext-bibliotek, Looströms. 6.

CARRÉ, M. Se: *Barbier, J.,* o. *Carré, M.,* Paul o. Virginie.

CARSTÉNS, C, Finlands badorter. Historik, beskrifningar o. programmer. 8:o, 48 s H:fors, Söderström & K. 90. 75 ö.

—, 1891 års tillägg till våra badorter. 8:o, 10 s. H:fors, Söderström & K. 91. 25 ö.

CASPARI, Karl Heinrich, Skolmästaren o. hans son. Berättelse från 30-åriga kriget. Öfv. från tyskan. [2:a uppl.] 8:o, 170 s. Sthm, Fost.-stift:s F.-exp. 94. 1 kr., kart. 1: 50.

Cassandra, Om införande af förändringar uti den svenska bankorganisationen. 8:o, 96 s. Ups., Akad. bokh. 93. 1: 25.

CASSAU, Carl, På spår bland indianer. Utdrag ur efterlemnade anteckn:r. 8:o, 136 s. o. 7 pl. Sthm, Ad. Johnson. 95. Kart. 1: 75.

CASSEL, Gustaf, Om den konforma afbildningen af ett plan på ett prisma. Se: Bihang till Vet.-akad:s handl r. XVI: I, 3.

—, Om progressiv beskattning Se: Tidskrift, Nordisk 1895.

—, Öfver H. Webers, »Ein Beitrag zu Poincaré's Theorie der Fuch'schen Functionen». Se: dersammast. XVI: I, 2.

CASSEL, Hj, Bland svenskar och yankees. En svensk tidningsmans minnen från Amerika. 12:o, 196 s. Sthm, Alb. Bonnier. 94 1: 75.

CASSELLI, Hilda. Se: Reading, English.

Catalogue d'une collection de tableaux peints à l'huile, qui ont appartenu à feu C. J. Fahlcrantz, né en 1774, † 1861, paysagiste, prof. à l'Acad. royale des beaux-arts à Stockholm. Avec 46 reprod. en autotypie. 8:o, 48 s. Sthm, Fahlcrantz & K. 93. 3 fr. (2: 25)

Catalogue méthodique des Acta et nova acta regiæ societatis scientiarum Upsaliensis 1744—1889, redigé par Aksel G. S. Josephson. 4:o, 35 s. Ups., Josephsons antiqvariat 89. 1 kr.

Catalogue, Swedish. I. Exhibits. Worlds Columbian exposition 1893 Chicago. 8.o, xvij o. 62 s. Sthm, Samson & Wallin. 93. 75 ö.

CATULLI Veronensis carmina selecta. Se: Skalder, Latinska, i urval. III.

CATULLUS, Sånger, öfv. af *E. Janzon.* Se: Årsskrift, Upsala univ:s Filosofi, språkvet. o. hist. vet. 1889, 1. 1891, 2.

—, Sånger i modern dräkt af *Ludvig Laurén.* 8:o, 76 s Åbo, Utg:n. 92. 1: 50 fmk.

CAVALLIN, Christian, Den homeriska dialekten. Etter förf:ns död utg. af *Johannes Paulson.* I. Ljudlära.

8:o, xv o. 104 s. Lund, C. W. K. Gleerup. 92.
2 kr.
CAVALLIN, Christian. Grekisk syntax i sammandrag. 8:o, 105 s. Lund, C. W. K. Gleerup. 87. 1: 75.
—, Svensk-latinsk ordbok. I. II. -Stereotyperad uppl. revid. 8.o, 946 o. 974 s Sthm, F. & G. Beijers Bokf.-aktb 87. Inb. 10 kr.
—, o. LYSANDER, A. Th., Smärre skrifter i urval. Med inledn. o. lefnadsteckn:r af *Martin Weibull*. 8:o, x, x, 99, xv o. 514 s. samt 2 portr. Sthm, P. A. Norstedt & S:r. 91.
6: 50, klb. 7: 50, hfrb 9 kr.
CAVALLIN, C. B. S., Om konvergenter till bestämda integraler. Se: Bihang till Vet.-akad:s handl:r. XIII: I, 3.
——, Om maximi- o. minimikonvergenter etc. Se: dersammast. XV: I, 3.
CAVALLIN, Paul, Identiska o. syntetiska satser. En kritisk-antikritisk undersökning. Akad. afh. 8:o, 82 s. Lund, Gleerupska univ:s bokh. i distr. 94.
1: 25
CAVALLIN, S. J., Ordbok till C. Julii Cæsaris de bello gallicos libri I—VII. 12:o, 188 s.¨ Linköp. P. M. Sahlströms bokh. 86. 2 kr.
CEDERBERG, Björn, Bland vindskupor. Se: Öreskrifter för folket 140.
——, Dimfigurer ur Stockholmslifvet. 8:o, 192 s. Sthm, F. C. Askerberg. 87. 1: 25.
——, »I nöd och lust». Samlade dikter på vers o. prosa. 1:a hft. 8:o, 48 s. Sthm, Red. af Lycko-Per 86. 25 ö.
——, Min första soiré. Se: Bibliotek för teatervänner. 153.
——, Min gamla frack m. m. Se: dersammast. 156.
——, Spindelnät Noveller. 8:o, 95 s. Sthm, C. A. V. Lundholm. 86. 1 kr.
——, Sånger o. visor för folket. Liten 8:o, xvj o. 50 s.. Sthm, F. C. Askerberg. 91. Kart. 1 kr.
——, Ur gyllene kalfvens historia. Inblick i hufvudstadens mindre kända »affärslif». 12:o, 117 s. Sthm, S. Flodin. 87. 1 kr.
CEDERBERG, J. A., Några blad ur finska pietismens historia. Hft 1 o. 2. 8:o, 160 s. H:fors. G. W. Edlund. 91. För häfte 1: 25 fmk.
——, Se: Samlingar, Historiska.
CEDERBERG, Knut, Kalfningsfeber. 8:o, 33 s. Göteb. N. P. Pehrsson. 94. 75 ö.
CEDERBERG, V. A. Se: Torgtrafiken.
CEDERBLAD, Albert, Sedt o. kändt. Noveller. 12:o, 185 s. Sthm, Alb. Bonnier. 91. 1: 75.
CEDERBLOM, J. E., Tabeller öfver mättad vattenångas tryck, värme, expansion m. m. 8:o, 40 s. Sthm, C. E. Fritzes hofbokh. 89. Klb. 1 kr.
——, Ångmaskinlära med mekanisk värmelära ss. grundläggning. Föreläsningar. 8:o. Sthm, C. E. Fritzes hofbokh.
1:a hft Mekanisk värmelära. 98 s. 89. 1 kr.
2:a hft. Ångmaskinens effekt, Ångförbrukning, Cylinderdimensioner o. kondenser. s. 99—236. 91.
1: 50.
3:e hft. Ångfördelningar inom en ångmaskin o. medlen för dess åstadkommande. s. 237—328. 92. 1 kr.
4:e hft. Beräkning af svänghjul. s. 329—428. 93
1: 25.
5:e hft. Ångmaskiners regulatorer. s. 429—522. 93
1: 25.
——, Se: Bibliotek för idrott. 9.
CEDERBORG, L., Underrättelser för korrespondenter.

12:e uppl. 8:o, 32 s. Eksjö. Förf:n. 94. 75 ö. (9:e uppl 84. 10:e 89. 11:e 91.)
CEDERGREN, Axel, Nya i metermått utförda uppskattningstabeller för skiftesförrättn:r. 4.o, vij o. 105 s. Wexiö, Förf:n. (82.) 3: 50.
CEDEROTH, John, Biblisk geografi Med förord at *K. O. Broady*. I. Omfattande länder utom det egentl. löfteslandet Kanaan 8:o, 64 s. Örebro, Söndagsskoleförbn. 93. 30 ö, kart. 40 ö
——, Illustrationer o. berätt. till tjenst för predikanter o söndagsskollärare. 2 hfn. Stor 16:o, 128 s. Örebro, Bokförlagsaktieb. 91. För häfte 30 ö.
CEDERQVIST, Aug., Harp-olåt, visor o. sånger i allvar o. lek. 8:o, 128 s. Göteb., N. P. Pehrsson i komm. 87. 1 kr.
CEDERSCHIÖLD, Amélie, Från teosofiska samfundet i London. Se: Skrifter utg. af Teosof. samf. svenska afd. 8.
CEDERSCHIÖLD, Gustaf, Döda ord. Några anteckn:r o reflexioner. 2:a uppl. 8:o, 34 s. Lund, C. W. K. Gleerup. 93. 50 ö.
Jfr Tidskrift, Nordisk. 1891.
——, Isländska literaturen. Se: Tidskrift, Nordisk. 1886.
——, Kalfdråpet o. Vänpröfningen. Ett bidrag till kritiken af de isländska sagornas trovärdighet 8:o, 41 s. Lund, C. W. K. Gleerup. 90. 75 ö.
——, Några meddelanden om Svenska akad:s ordbok öfver svenska språket. Föredrag. 8:o, 14 s. Lund, C. W. K. Gleerup. 93. 10 ö.
——. Om de senast framstälda fordringarna på en historisk ordbok. [Bifogad Inbjudning till den högtidlighet, med hvilken Göteborgs högskola kommer att fira 300:de årsdagen af Gustaf II Adolfs födelse.] 8:o, 41 s. Göteb., Wettergren & Kerber. 94. 50 ö.
——, Om s. k. subjektlösa satser i svenskan. Se: Tidskrift, Nordisk. 1895.
—, Se: Läsebok, Svensk.
CEDERSCHIÖLD, H. S., Franska skriföfningar. 2.a omarb. uppl. 8:o, 99 s. Sthm, H. Geber. 89.
Klb. 1: 25.
CEDERSTRÖM, C. Se: Kalender, Kgl. hofrättens öfver Skåne o. Blekinge.
CEDERSTRÖM, Carl, Praktisk öfversikt af nyare tidens yttre politiska historia. En repetitionskurs till stud. ungdomens tjenst. 8:o, 112 s. Sthm, Alb. Bonnier. 94. Kart. 1: 50.
CEDERSTRÖM, C. G., Handledning i fiskevård. 8:o, 75 s. Sthm, P. A Norstedt & S:r. 93.
75 ö, klb. 1 kr.
CELANDER, A. Se: *Ohlsson, H*, o. *Celander, A.*, Exempelsamling.
CELANDER, G M., Biblisk historia för folkskolor, omarb. enl. Normalplanen. 8:o, 117 s. o. 2 kartor. Sthm, Aktieb. Hiertas bokförlag. 90. Kart. 30 ö.
——, Bibliska berättelser för småskolor i öfverensstämmelse med normalplanen 8:o, 32 s. Sthm, Aktieb. Hiertas bokförlag. 90. Kart. 18 ö.
——, Hemskolan. Barnens första bok 3:e uppl 8:o, 128 s. Sthm, Aktieb. Hiertas bokförlag. 92.
Kart. 50 ö.
(2:a uppl. 88.)
——, Kortfattad lärobok i naturlära för folkskolor. 8:o, 140 s. Sthm, Aktieb. Hiertas bokförlag. 91.
Inb. 55 ö.
——, Lärobok i geografi för folkskolor. Efter *O. W. Ålunds* "Geografi för skolans lägre klasser" 8:o, 116 s. Sthm, Aktieb. Hiertas bokförlag. 87.
Kart. 50 ö.

CELANDER, G. M., Naturlära för folkskolor. 10:e uppl 8:o, 219 s. Sthm, Aktieb. Hiertas bokförlag. 92 Kart. 75 ö. (6:e uppl. 86. 7.e 87. 8:e 88. 9:e 91.)

CENTERWALL, Julius, De nyaste undersökningarna om det gamla Etrurien. Se: Tidskrift, Nordisk. 1886.

— , Från Hellas o Levanten. Ströftåg till lands o. vatten i Grekland o. Mindre Asien. Med 63 illustr. samt 8 kartor. 8:o, 421 s., 22 pl. samt 3 kartor, Sthm, Alb. Bonnier. 88 7 kr., inb 9 kr.

— , Romas ruiner Vandringar inom den eviga stadens murar Med 5 tonpl., 3 kartor o. planer samt 23 teckn.r i texten. 8:o, 252 s. Sthm, Alb. Bonnier. 89. 5 kr., inb. 6: 50.

— , Romersk fornkunskap Se: Handbok, Illustrerad, i grekisk o. romersk fornkunskap. — *Schuchhardt, C*, Schliemanns upptäckter.

CERVANTES SAAVEDRA Miguel, de, Den sinnrike junkern Don Quijote af la Mancha. Öfv. af *Edv. Lidforss*. Liten 8:o. Sthm, Fahlcrantz & K.
Förra dln. xvj o. 721 s. 91. 2: 75.
Senare dln. 820 s. 92 2: 75.

Cervus, Se: *Hjort, E. G:son*.

CHAMISSO, Adelbert v., Peter Schlemihls underliga historia. Öfv. af *Alfr. Victorin*. 8:o, 78 s. Sthm, Fahlcrantz & K. 89. 25 ö.

CHANNING, W. E., Den universella kyrkan Öfv. 8:o, 39 s. Sthm, C E. Fritzes hofbokh. i distr. 88. 50 ö.

CHAPPEL, Jenny, Den lille familjefadern. Ötv. Liten 8:o, 59 s. Sthm, P. Palmquists aktb. 89. 25 ö., kart 35 ö.

[CHARLES, Elizabeth], Familjen Schönberg-Cotta. Historisk berättelse från 1500-talet. 3:e uppl. 8:o, 517 s Sthm, C. A. V. Lundholm. 94. 2: 50, klb. 3: 50.

[—], Familjen Schönberg Cottas krönika från Luthers tid. Öfv. fr. eng. 2:a uppl. 8:o, 493 s. Sthm, F. & G. Beijers Bokf-aktb. 95 3 kr.

CHARLIER, O. V. L., Almanackan o. tideräkningen. Se: Studentfören. Verdandis småskrifter. 53.

— , Astrophotometrische Studien. Se: Bihang till Vet Akad.s handl:r. XIV: I, 2.

— , Kan religion finnas utan gudomlig uppenbarelse? Föredrag i fören. Studenter o arbetare. 8:o, 21 s. Ups. Förf:n. 95. 50 ö.

— , Om fotografins användning för undersökning af föränderliga stjernor. Se: Bihang till Vet.-akad:s handl:r. XVIII: I, 3.

— , Om utveckl. af dubbelperiodiska funktioner i Fourierska serier. Se: dersammast. XII: I, 9.

— , Studier öfver tre-kroppar-problemet. Se: dersammast XVIII: I, 6 o. XIX: I, 2.

— , Ueber den Gang des Lichtes durch ein System von sphærischen Linsen. Se: Acta, Nova, reg soc:is Ups. XVI: 8.

— , Untersuchung über die allgem. Jupiter-Störungen des Planeten Thetis Se: Handlingar, Vet.-akad.s. XXII: 2.

— , Se: Handtabeller, Fyr- o. treställiga logaritmisktrigonometriska. — *Jäderin, E.* o. *Charlier, C V. L.* Stjernverlden.

Charlotte L., Strid o. frid. Se: *[Lindholm, Ch]*

CHATTERJEE, Bankim Chandra. Det giftiga trädet. En hinduisk roman. Öfv. 8.o, 171 s. Sthm, L Hökerberg. 94. 1: 25.

CHAUDORDY, D., Frankrike år 1889. Öfv. från franskan af *Hanna v. Koch*. Stor 16:o. 267 s. Sthm, F. & G. Beijers Bokf-aktb. 89. 2: 50.

CHÉLARD, Raoul, Det samtida Ungern. Öfv. i sammandrag af *Karl Visén* 8:o, 285 s. Sthm, C. A. V. Lundholm 91 2: 25

CHERBULIEZ, Victor. Se under *Valbert. M G*.

Chic! Rådgifvare för damer i alla toalettfrågor med särskild hänsyn till färgerna. Öfv. 8.o, 144 s. Sthm, Klemmings antikv 92. Kart. 1: 75.

Chicot, Se: *[Eneroth, Carl Ad.]*

CHIEWITZ, Elis. Se: Scener ur Fredmans epistlar o. sånger.

CHILD, Th, Öfver Anderna till Chile, Peru, Argentinska republiken m m. Skildringar. Från eng. af *E. Draghi* 8:o, 396 s. Sthm, H. Geber. 93. 5 kr., klb. 6: 50.

CHINIQUY, Charles, Femtio år i romerska kyrkan. En återblick på mitt lif Med förtjus portr. 2:a uppl. 8:o, xvj o 634 s Sthm, P. A. Huldbergs Bokf.-aktb. 94. 3: 50. (1.a uppl. 92.)

— , Presten, kvinnan o. bikten Öfv. från eng. 8:o, 247 s. Sthm, P. A Huldbergs Bokf -aktieb. 90. 2: 50.

Choix de lectures françaises recommendées par René Millet, Rud. Ostermann, Ferd Schulthess. Liten 8:o, 38 s. Sthm, Samson & Wallin 93 50 ö.

CHRIST. Se: *Holmsten, O. F*, Praktisk trädgårdsbok.

CHRIST, Paul, Gack in, mitt folk, i dina kamrar! eller hvad har Gud att säga oss genom influensan? Föredrag. Öfv. af *N. J. Thunblad*. 8:o, 21 s. Sthm, C. A. V. Lundholm, 90. 25 ö.

CHRISTENSEN, Fernanda, Mönsterbok för handarbeten i fornnordisk stil. 1:a hft. Folio, 8 pl. Sthm, Förf:n. 88. 8 kr.

CHRISTENSEN, R., Krukväxtodling i boningsrum. Se: Trädgårdsbibliotek för menige man. 1.

— , Se: Tidskrift, Skånska trädgårdsföreningens

CHRISTENSON, Carl, Morgonbönen i skolan. 8:o, 26 s Göteb., N. P. Pehrsson. 95. 25 ö.

CHRISTERSON, J C E., Handbok i sjöartilleri till ledning vid undervisningen i k. flottans skolor. 8:o, iij o. 190 s Sthm, K. Flottans kommandoexped. 81. 3 kr netto.

CHRISTIERNSSON, Henrik, Granadas dotter. Se: Operatext-bibliotek, Looströms. 7.

— , Per Svinaherde. Sagospel Se: dersammast. 1.

Christina, En sjuklings lif. Öfv. från 6:e tyska uppl. 8:o, 144 s Sthm, A. V. Carlsons Bokfaktb. i distr. 86 1 kr.

CHRONWALL, Sigrid, Monogrambok, inneh. 492 monogram, tvänne alfabet, större o. mindre kronor m. m. 8:o, 48 s. Sthm, Wahlström & Widstrand. 94 1: 50

— , Mönster- o. monogram för glasetsning med teckn:r i litogr. Tvär 8:o, 4 s. text o. 15 pl. Sthm, Ad. Johnson. 92. 1: 25.

CHYDENIUS, A. H, Se: Nationalitet o. bildning.

CHYDENIUS, Wilhelm, Bidrag till läran om leveransaftalet enligt finsk rätt. Akad. afh. 8:o, 4, 200 s. o. bil. H:fors. 91. 2 fmk.

— , Do d:o Bilaga: Handl:r ang. förarbetena till handelsbalken i 1734 års lag 8:o, 110 s. Samson & Wallin. 91. 1 kr.

— , Om köp o. försträckning enligt finsk rätt. (Öfvertryck ur Jurid. fören tidskrift 1892—93.) 8:o, s. 337—422 o. 51 s. H:fors, Lindstedts antiqv. bokh. 94. 2: 50 fmk.

— , Se: Bokkatalog, Finsk tidskrifts.

CICERO, Marcus Tullius, Cato den äldre om Ålderdomen. Öfv. 2:a uppl. 8:o, 41 s. Sthm, F. & G. Beijers Bokf.-aktb. 92. 25 ö.
— —, De imperio Cn Pompeii, quæ vulgo inscribitur. Pro lege Manilia oratio Med förkl:r af *Peter Bagge* 8:o, 68 s. Ups, Lundequistska bokh i komm. 90. 90 ö.
— , De oratore. Första boken. Öfv. o. förkl:r af *Axel Jacobsson*. 8:o, 107 s. Sthm, P. A. Norstedt & S:r. 90. 5 kr.
— , Lælius eller om vänskapen. Till den studerande ungdomens tjänst öfvers. af *O. L. J. A.* 8:o, 41 s. Lund, Aug. Collin. 92. 65 ö.
— —, M. Tulli Ciceronis in M. Antonium orationes philippicæ prima et secunda. Med anmärkn:r af *Axel Dahlman*. 8:o, 126 s. Sthm, P A Norstedt & S:r. 89. 1: 50, kart. 1: 75.
— , Valda bref Öfv. af *R—n*. 8:o, 59 s. Lund, Aug. Collin. 92. 1 kr.
Circe, En modern. Se: *Hungerford, Mrs.*
Circus, Stor. Panorama. Kartonerad rundtafla. Sthm, C. E. Fritzes hofbokh. 88. 2 kr.
CLARETIE, Jules, Alldeles för vacker! Puyjoli. — En tidsskildring från revolutionen. Öfv. af *Amy Åkerhjelm*. 8:o, 352 s Sthm, C. E. Fritzes hofbokh. 92. 2: 75.
CLARK, Alex., Hvardagslifvets kristendom eller evangelium bland arbetare. Öfv. och bearb. af *B. Strömberg*. 8:o, 180 o. vj s. Sthm, J. M. Erikson. 86. Klb. 2 kr.
CLARK, Alfred, Hugh Harrods sällsamma äfventyr. Berättelse. Öfv. af *Valborg Hedberg*. 8:o, 193 s. Sthm, Nordin & Josephson. 92. Kart. 1: 75
CLASON, I. G., Se: Förslag till byggnad för Nordiska Museet.
CLASON, Sam., Läs- o. skriföfningar i Arends stenografi. 5:e uppl. (Med systemförändringarne 1891.) 8:o, 30 s. Sthm, Bröderna Påhlman i distr. 94. 50 ö.
(2:a uppl. 89, 3:e 90, 4:e 91.)
— , Till reduktionens förhistoria. Gods- o ränteafsöndringarna o. de förbudna orterna. Akad afh. 8:o, viij, 279 o. 74 s. Ups., Akad. bokh. i distr. 95. 2: 75.
CLAUDIUS, Smärre berättelser. Se: Boksamling, Småttingarnes. 2.
CLAUSEN, J., En dansk rejsendes skildring af Finland i det 18:de aarhundrede. Se: Skrifter utg. af Sv. Litt. sällsk. i Finland. XX.
— —, Nogle breve fra Atterbom. Se: Tidskrift, Nordisk 1895.
CLEMENTI, Moderna vikingar. Lustspel i en akt. 16:o, 20 s. Malmö, W:m Öhrström. 86. 50 ö.
CLERC, M., Apostlarnas lif. Öfv. fr. eng. af *G. F.* 8:o, 193 s. Sthm, J. G Fredengren. 95. 2 kr.
CLEVE, P. T., Carl Wilhelm Scheele. Ett minnesblad på hundrade årsdagen af hans död 8:o, 54 s., 1 portr. o. 1 facsimile. Köping, M. Barkéns bokh. 86. 1: 75.
— , Lärobok i kemiens grunder. 3:e helt o. hållet omarb. uppl:n af förf.s Lärobok i oorganisk kemi för beg. 8:o, xj o. 231 s. Sthm, H. Geber. 86 2: 75.
— —, Lärobok i organisk kemi. 2:a förkort. o. omarb. uppl:n af förf:s lärob. i organisk kemi. 8:o, 276 s. Sthm, H. Geber. 88. 4 kr.
— , New Researches on the compounds of didymium. Se: Acta, Nova reg. soc:is scient. Ups. XIII: II, 1.
— —, Om kraft. Minne af filos. doktorsprom. i Ups.
d. 31 maj 1890. 8:o, 31 s. Akad. bokh. i komm. 90. 50 ö.
CLEVE, P. T., Qvalitativ kemisk analys. Se: Handledning vid Kemiska laborationsöfningar. 2.
, The Diatoms of Finland. Se: Acta soc:is pro fauna et flora fenn. VIII: 2.
CLOPATT, Arthur, Action des solutions équimoléculaires etc. Se: Öfversigt af F. Vet. soc:s förhandl:r. 37.
— , Etude sur l'action des purgatifs. Se: Comment. variæ in mem. act. CCL ann. II: 6.
, Etudes sur l'hystérie infantile. Akad. afh. 4:o, 174 o. xliv s H:fors. 88. 3: 50 fmk.
— —, Experimentala undersökningar rör. laxantiersverkning. Se: Öfversigt af F. Vet -soc:s förhandl:r. 37.
, o. **K HÄLLSTEN**, Missbildungen von menschlichen Föten. Se: Comment. variæ in mem. act. CCL ann. II: 4.
CLOUGH, W. O., Se: *Pontius Pilati* offentliga handlingar.
Clowner, Bland. 4:o, 6 blad med verser o. kolor. fig. Malmö, Envall & Kull. 93. 1: 75.
CNATTINGIUS, Axel, Svenskt skogslexikon. 8:o, 192 s. Sthm, Z. Hæggströms F -exp. 94 2: 50
— , Se: Skogsvännen. — Tidskrift i skogshushållning.
COBB, J. F., Fyrbåken på Lands End. Berättelse från Wesleys tid. Öfv. från eng. [2:a uppl.] 8:o, 317 s. o. 1 pl. Sthm, P. Palmquists aktb. 94.
2 kr., kart. 2: 50, klb. 3 kr.
Code list containing the names etc. of swedish ships to which signal letters of the commercial code of signals have been allotted. 8:o, Sthm, P. A. Norstedt & S:r.

1886.	106 s.	86.	Kart.	1 kr.
1887.	108 s.	87.	„	1 kr.
1888.	110 s.	88.	„	1 kr.
1889.	112 s.	89.	„	1 kr.
1890.	114 s.	90.	„	1 kr.
1891.	118 s.	92.	„	1 kr.
1892.	121 s.	93.	„	1 kr.
1893.	127 s.	94	„	1 kr.
1894.	144 s.	95.	„	1 kr.

Code maritime du 12 juin 1891. (Suède.) 8:o, 142 s. Sthm, Looström & K. i komm. 92. 3 kr.
COKER, A. M, Jonas Ströms gamla skjul o. huru ljuset trängde in i detsamma. Öfv. från eng. af *G. S. Löwenhjelm*. 8:o, 82 s. Sthm, Fost.-stift:s F. exp. 92. 50 ö., kart. 75 ö.
COLLAN, Alexander, Se: Medicinalfattn:r, Finlands.
COLLAN, K., Poetisk läsebok för Finlands ungdom. 3:e uppl. omarb. o tillökt af *Valfrid Wasenius*. 8:o, 4 o. 400 s. H:fors, G. W. Edlund. 91. 3 fmk.
, Kalevala Se Kalevala.
COLLAN, Uno, Bildas det svafvelsyra eller svafvelsyrlighet vid förbränning af svafvelhaltig lysgas. Se: Öfversigt af F. Vet.-Soc.s förhandl. XXXIV.
, Ein Beitrag zur Kenntniss der Autokatalyse. Se: dersammast. XXXIV.
, Med anledning af en uppsats: Ftalidbildningen ur ooxymetylbensoesyra vid olika temperaturer, af *Edv. Hjelt*. Se: dersammast. XXXIV.
, Se: Naturen.
COLLAN, Valter, Bidrag till kännedom af förändringarne i lefvern vid syfilis. Akad. afh. 8:o, 118 s o 3 pl. H:fors. Förf:n. 95 1: 50 fmk.
COLLENBUSCH, Samuel, — Utdrag ur doktor Collenbusch's dagbok. Öfv. fr. tyskan. 2:a uppl 8:o, 67 s. Ups., W. Schultz. 95. 50 ö

COLLIN, Andreas, Ladugårdar o. bostäder för mindre jordbrukare o. hemmansegare. 3 häften. 4.o, 14 pl Sthm, G. Chelius. 94. 6 kr.
COLLIN, Aug., Se: Adresskalender för Lunds stad.
COLLIN, Chr, Skolernes væddekamp. Se: Tidskrift, Nordisk. 1889.
COLLIN, K. R, Lärobok i plan analytisk geometri för de allm. läroverken. 8:o, 136 s. Sthm, A. V. Carlsons Bokf.-aktb 94. 2: 50, klb. 3: 25.
COLLIN, Maria, Flamsk-, finnväfnad o norsk rödlakan. Med beskrifn. samt mönster i färgtryck 8:o, 32 s. o. 3 pl. Lund, Aug. Collin. 92. 1: 75.
—, Konstväfnad i allmogestil. 2:a uppl. 8:o, 39 s. o. 5 pl. Lund, Aug. Collin. 94. 2 kr. (1:a uppl. 90)
—, Våra hemväfnader i lärft, kypert o. atlas, omfattande bindningar för klädnings-kostymtyger, mattor, m. m. 8:o, 53 s. o. 18 pl. Lund, Aug. Collin. 95. 2: 50.
COLLINDER, E., Se: Bibliotek för idrott. 9.
COLLINS, Wilkie, Flodens hemlighet o En andehistoria Två berättelser. Öfv. 12.o, 192 s. Sthm, Fr. Skoglund i distr. 88. 1: 50.
—, Månstenen. Roman. Öfv. af C. J. Backman. 2:a uppl. 8:o, Sthm, F. & G. Beijers bokf.-aktb. 1:a dln. 479 s 93. 3: 50.
COLOMA. Luis, Bagateller. Öfv. från spanskan af K. Weer. 8:o, vij o. 360 s. Sthm, L. Hökerberg. 94. 3 kr.
COLOMB, J, Le bel habit. Se: Lectures françaises.
COLOMBI (Marchesa), 1. Utan kärlek. 2. På risfälten. Se: Romaner o. noveller. 6.
COMBE, T., Klöfverbladet. Se: Ungdomsböcker. 3.
—, Stackars Marcel. Prisbelönt novell. 8:o, 196 s. Sthm, C. A. V. Lundholm. 89. 1: 50.
COMENIUS, Joh. Amos, Stora undervisningsläran. Se: Skrifter af uppfostringskonstens stormän. 6.
Commentationes variæ in memoriam actorum CCL annorum edidit Universitas Helsingforsiensis 4:o. H:fors. 90.
I. Afhandlingar utgifna af Fysisk-matematiska sektionen. 10 fmk.
1. *Hjelt, Edv*, Den kemiska institutionen vid det finska universitetet 1761—1890. 69 s. o. 2 pl.
2. *Wiik, F. J.*, Universitetets i Helsingfors mineralkabinett. 15 s. o. plan.
3. *Lemström, Selim*, Expériences sur l'influence de l'électricité sur les végétaux. 71 s o tab.
4. *Elfving, Fredr.*, Ueber physiologische Fernwirkung einiger Körper 18 s o. 2 pl
5. *Schultén, Aug. af*, Om framställning af konstgjord malakit. 6 s.
6. *Aschan, Ossian*, Studier inom naftengruppen. I. 58 s
II. Afhandlingar utg. af Medicinska fakulteten 10 fmk.
1. *Hjelt, O. E. A*, Medicinska förhållanden i Åbo på 1760-talet. 30 s.
2. *Saltzman, F.*, Det nya kirurgiska sjukhuset i Helsingfors. 18 s. o. 9 pl.
3. *Asp, Georg*, Studier öfver Plexus sacralis. 14 s.
4. *Clopatt, A* o. *Hällstén, K.*, Missbildungen von menschlichen u. thierischen Föten in den Samml. der Universität zu Helsingfors 11 s o. 9 pl.
5. *Hällstén. K.*, Till kännedom om reflexapparaternas i ryggmärgen permeabilitet. 7 s.
6. *Clopatt, A*, Etude sur l'action des purgatifs. 4 s.
7. *Holsti, Hugo*, Om ålderns, könets o. sociala förhållandens inverkan på dödligheten i tuberkulösa sjukdomar, särskildt i lungsot. 16 s. o. tab.
8. *Pipping, W.*, Tracheotomier vid croup hos barn, utförda i Helsingfors. 36 s.
9. *Schultén, M. W. af*, Om kräfta i blindtarmen o. exstirpation af densamma. 29 s.
10. *Pippingsköld, J.*, De l'asepsie des accouchements en général et telle quelle c'est développée dans la pratique journalière en Finlande depuis une vingtaine d'années. 7 s.
11. *Engström, O.*, Bidrag till uterusmyomets etiologi. 17 s.
12. *Törngren, Adolf*, En ny metod för utförande af vaginal hysteropexi vid bakåtböjd lifmoder. 14 s.
V. Festskrift från Pathologisk-anatomiska institutet. 8:o, 224 o. lj s. 8 fmk.
1. *Hjelt, O. E. A*, De medicinskt vetenskapliga institutens uppkomst o. förhållande till läkekonstens utveckling.
2. *Homén, E. A.*, Bidrag till kännedomen om Hemiatrophia facialis samt Nervi trigemini ursprung.
3. *Fagerlund, L. W.*, Om fosforförgiftningar i Finland 1860—90.
4. *Holsti, Hugo*, Ett fall af akromegali.
5. *Lundström, C*, Om urinämnets sönderdelning genom mikrober samt om dessas förhållande till Cystitis.
6. *Sucksdorff, Wilh*, Iakttagelser om bakteriehalten hos vattnet från Vanda å samt Helsingfors vattenledningsvatten.
7. *Kolster, Rud.*, Experimentella studier öfver förändringar inom hjertmuskulaturen vid lokal ischämi.
8. *Homén, E. A.*, En säregen familjesjukdom under form af progressiv dementia, i samband med utbredda kärlförändringar.
Comoediæ svecanæ ineditæ. [Utg med inledn. af H. Schück.] Stor 8:o, 87 s. Sthm, Klemmings antikv. i komm 93. 10 kr.
Conny, Se: *[Burman, Joh. Fr. Const.]*
Contes et recits de différents auteurs. Se: Skolbibliotek, II. 2
CONWAY, Hugh, (pseud. för F. J. Fargus). Det sjette sinnet. Återupprättad. Förkänsla. Den döde mannens ansikte. Öfv. fr eng. af I. A—r. 8:o, 281 s. Sthm, P. A. Huldbergs Bokf.-aktb. 95. 1: 50.
—, Julian Lorraine. Öfv. från eng. 8:o, 126 s. Sthm, F. & G. Beijers Bokf.-aktb. 86. 1 kr.
—, Oskyldig eller brottslig? Roman. Öfv. af E—z. 8:o, 296 s. Mariestad, P. W. Karstroms bokh. i komm. 87. 1: 50.
CONWENTZ, H., Untersuchungen über fossile Hölzer Schwedens Se: Handlingar, Vet.-akad:s. XXIV: 13.
COOLIDGE, Susan, Clower. Se: Bibliotek, Nytt, för barn o. ungdom. 13.
—, Hvad Katy gjorde sedan. Se: dersammast. 11.
—, Högadal. Se: dersammast. 5.
—, Katy i hemmet. Se: dersammast. 6.
—, Katy i skolan. Se: dersammast. 9.
COOPER, James Fenimore, Banditen. Venetiansk berättelse. 8:o, 349 s. Sthm, F. & G Beijers Bokf.-aktb. 94. 2: 50.
—, Berättelser om Skinnstrumpa o. hans äfventyr bland indianerna, bearb. af *Adam Stein*. Se: Biblio-

tek, Ungdomens. 13. — Bokskatt, Ungdomens. 8. 11.
COOPER, James Fenimore, Briggen Molly. Se: Bibliotek,' Ungdomens. 21.
—, Den siste mohikanen. Berättelse från 1757. 8:o, 347 s. Sthm, F. & G. Beijers Bokf.-aktb. 95. Jfr Vitterlek. 60. 2: 50.
—, Gräsöknen. Se: Vitterlek. 53.
—, Hjortdödaren. Berättelse. 8:o. 530 s. Sthm, F. & G. Beijers Bokf-aktb. 94. 3: 50.
—. Romaner. 8:o. Sthm, Aktieb. Hiertas bokförlag.
1. Hjortdödaren. Öfv. af *C. L. Törnberg.* 570 s. 93. 2: 75, inb. 3: 75.
2. Den siste Mohikanen. 400 s. 92. 1: 50, inb. 2: 50.
3. Stigfinnaren. Öfv. af *C. L. Törnberg.* 492 s. 93. 2: 75, inb. 3: 75.
4. Nybyggarne eller Susquehannas källor. Öfv. af *A.* 416 s. 95. 2: 75, inb. 3: 75.
5. Gräsöknen. 430 s. 91. 1: 50, inb. 2: 50.
—, Sjötrollet eller Ströfvaren på hafven. Berättelse. 8:o, 395 s. Sthm, F. & G. Beijers Bokf.-aktb. 94. 2: 75.
—, Skinnstrumpa. Se: Äfventyrsböcker, Gossarnes. 3.
—, Snabbfot. Bearb. för ungdom af *Paul Moritz.* Öfv. af *J. H. C—m.* 8:o, 180 s. o. 4 kol. pl. Sthm, F. & G. Beijers Bokf.-aktb. 89. Kart. 2: 50.
—, Unkas, den siste mohikanen. Bearb. af *Paul Moritz.* Öfv. af *T. H. C.* Med pl. 8:o, 186 s. o. 4 pl. Sthm, F. & G. Beijers Bokf.-aktb. 90. Kart. 2 kr.
—, Vägvisaren. Se: Bibliotek, Ungdomens. 25.
COOPER (Mrs), Ruth Oliphant. Öfv. från eng. af *E. W—n.* 8:o, 71 s. Sthm, C. A. V. Lundholm. 86. 40 ö., kart. 50 ö.
COPPÉE, François, Henriette. Öfv. från franskan af —*st.* 8.o, 128 s. Malmö, Envall & Kull. 89. 1: 50.
—, Novell o. novelett. Berättelser. Öfv. af *Augusta Maartman.* 8:o, 224 s. Sthm, Ad. Johnson. 94. 2: 25.
—, Pater noster. Se: Teatern, Svenska 226.
—, Ungdomsdagar. En parisisk hvardagshistoria. Öfv. af *Ernst Lundquist.* 12:o, 213 s. Sthm, Alb. Bonnier. 90. 1: 75.
COQUELIN, Huru en monolog bör sägas. Se: Humor, Fransk.
COQUELLE, P., Diamantslukaren.* Öfv. af *J. Granlund.* 8:o, 210 s. Sthm, Ad. Johnson. 89. 1: 75.
Cordelia, Kärlekens hypnotism. Roman. Öfv. från ital. 8.o, 160 s. Sthm, Fr. Skoglund i distr. 92. 1: 50.
CORELLI, Marie, Ardath. Roman. Öfv. af *Emilie Kullman.* 8:o, 490 s. Sthm, Fr. Skoglund. 90. 3: 50.
—, Barabbas. En dröm om världstragedien. Öfv. af *Emilie Kullman.* 8:o, 389 s. Sthm, Fr. Skoglund. 94. 3 kr.
—, Berättelser o. utkast. Öfv. af *Emilie Kullman.* 12:o, 242 s. Sthm, Fr. Skoglund. 91. 2: 50.
—, Lilith. Mytisk roman. Öfv. af *Emilie Kullman.* 8.o, 352 s. Sthm, Fr. Skoglund. 92. 3 kr.
—, Malört. Ett drama från Paris. Öfv. af *Emilie Kullman.* 8:o, 335 s. Sthm, Fr. Skoglund. 91. 3 kr.
—, Thelma. Roman. Öfv. af *Emilie Kullman.* 2:a uppl. 8:o, 382 s. Sthm, Fr. Skoglund. 95. 3 kr. (1:a uppl. 89.)

CORELLI, Marie, Två verldar. Roman. Öfv. af *Emilie Kullman.* 8:o, 390 s. Sthm, Fr. Skoglund. 89. 3 kr.
—, Vendetta. Öfv. af *Fanny Lindahl.* 12:o, 248 s. Malmö, Envall & Kull. 89. 3: 50.
CORNELIUS, Carl Alfr., Handbok i kyrkohistorien. 3:e uppl. 8:o, vij o. 381 s. Ups, W. Schultz. 90. 4 kr.
—, Handbok i svenska kyrkans historia. 3.e uppl. 8:o, viij o. 418 s. Ups., W. Schultz. 92. 4 kr.
—, Kristna kyrkans historia. 8:o. Sthm, P. A. Norstedt & S:r.
1:a dln. Kyrkans historia under de tre första seklerna. 305 s. 89. 3: 25.
2:a dln. Kyrkans historia från Konstantin den stores tid till slutet af sjette seklet. 300 s. 89. 3: 25.
3:e dln. Kyrkans historia under förra hälften af medeltiden. 213 s. 90. 2: 25.
4:e dln. Kyrkans historia under senare hälften af medeltiden. 344 s. 90. 3: 50.
5:e dln. Reformations-tidehvarfvet. 255 s. 90. 2: 75.
6:e dln. Det 17:e årh. kyrkohistoria. 226 s. 91. 2: 25.
7:e dln. Det 18:e årh. kyrkohistoria. 175 o. xxiij s. 91. 2: 75.
Inb. i 3 band 25 kr.
8:e dln. Det 19:e årh. kyrkohistoria. [2:a uppl.] iv o. 204 s. Ups, W. Schultz. 91. 2: 75.
—, Lärobok i kyrkohistorien för elem. läroverken. 12:e uppl. 8:o Ups., Lundequistska bokh. 88. Klb. 1: 50.
—, Svenska kyrkans historia efter reformationen. 8:o. Sthm, F. & G. Beijers Bokf-Aktb.
I. 308 o. iv s. 86. 3: 75.
II. 334 o. viij s. 87. 4: 25.
CORNELIUS NEPOS. Med ordförteckn., förklaringar o. lexikon af *P. G. Boëthius.* 8:o. Sthm, P. A. Norstedt & S:r.
I. Miltiades, Themistokles, Aristides, Pausanias, Cimon, Alcibiades, Lysander, Thrasybulus. 152 s. 92. 1: 75.
II. Conon, Iphicrates, Chabrias, Thimotheus, Datames, Epaminondas, Pelopidas, Agesilaus. 130 s. 91. 1: 50.
III. Dion, Timoleon, Eumenes, Hamilcar, Hannibal. 160 s. 94. 1: 75.
—, Med anmärk:r o. ordbok utg. af *Th. O. Joh. Rönström.* 8:o. Lund, C. W. K. Gleerup.
I. Lysander, Conon, Iphicrates, Chabrias, Timotheus, Datames, Epaminondas, Pelopidas, Agesilaus. Jemte 21 färgl. illustr. o. 1 karta. iv 98 o. 72 s. 90. Inb. 2: 25.
II. Miltiades, Themistocles, Aristides, Pausanias, Cimon, Dion, Hamilcar, Hannibal. Jämte färglagda illustr. o. 2 kartor. 92 o. 114 s. 92. Kart. 2: 25.
CORNELII Nepotis vitae. Med ordbok, förkl:r o. anmärkn:r utg. af Dr *Emil Peterson.* 8:o, 146, 70 o. 97 s. Lund, C. W. K. Gleerup. 91. Inb. 2: 25.
CORNILL, D. C H., Profetian i Israel. Se: Frågor, I relig. o. kyrkl. 31.
COUPERUS, Louis, Majestät. Roman. Öfv. af *M. Bohcman.* 8:o 285 s. Sthm, H. Geber. 95. 2: 75.
COZZOLINO, Vincenzo, Om örats vård i friskt o. sjukt tillstånd. Öfv. o. bearb. af *A. Key-Åberg.* 8:o. 80 s. Sthm, H. Geber. 92. 1: 25.
CRAMÆR, Mauritz, Femhundra riksdaler banko. Se: Teatern, Svenska. 15.

CRAMÉR, J. N, Mitt sista ord i läroverksfrågan. 8.o. 29 s. Sthm, Bokförlagsfören. Sven. 87. 40 ö.

CRAMER, V., Kort anvisning till svinafvel o. svinskötsel. Öfv. från danskan af *S. M. Schjöler* Med 6 afbildn:r. 8:o. 92 s. o. 6 pl. Sthm, Alb. Bonnier. 87. 1: 50.

CRAWFORD, F. Marion, Grefven. Roman. Öfv. från eng. af *P. Hedberg*. 12:o. 252 s. Sthm, H. Geber 91. 2: 25.

—, Saracinesca. Romant. skildr. från Rom. Öfv. af *J—y R*. 12:o. 412 s. Sthm, F. & G. Beijers Bokf.-Aktb. 88. 2: 50.

CREMER, Herman, Bidrag till striden om den apostoliska trosbekännelsen. En stridsskrift mot d.r Harnack. Öfv. af *Hj. Danell*. 8:o. 48 s. Ups, W. Schultz. 93. 50 ö.

CROHNS, Hjalmar, Sveriges politik i förhållande till de federativa rörelserna i Tyskland 1650—54. Akad. afh. 8:o. 2 o. 203 s. H:fors. 94. 1: 50 fmk.

CROKER, B. M., J tjänst hos tvänne herrar. Se: Romaner o. noveller. 3 o. 4.

CRONA, H. B., Kan det med fog sägas, att Kristendomsundervisningen i våra folkskolor är för mycket dogmatisk? Se: Inledningsföredrag etc. 3.

CRONEBORG, W., Handbok i ridsport 8:o. 55 s. o. 11 pl. Göteb, Hugo Brusevitz. 95. 2: 50.

CRONHAMN, Frith. Se: Dur o. moll. — Prinsessan Eugenie.

CRONQUIST, A. Werner, Anledningen till Skånska stenkolens skörhet. (Geolog. fören. förh. 1880.)

—, Anteckningar om moderna sprängämnen. Sthm, Förf:n. 91.

—, Berättelse af Stockholms läns kemist. (Sthms läns hush. sällsk. handl;r. 1877—79.)

—, Bidrag till kännedom om de svenska bräntorfmossarne. 4:o, 37 s. Sthm, Förf:n. 78.

—, Bidrag till kännedom om hemlockläfret. (Tekn. tidskrift. 1879.)

—, Bolquets torfberedningsmaskin. 2 pl. (Jernk. annaler. 1875.)

—, Cementchiffern från Styggforsen i Boda socken. (Geolog. fören. förh. 1884.)

—, Fossilt kol (kolm) från råämnen (Geolog. fören. förh. 1883.)

—, Förslag till tekniska bestämmelser å förbrukningsartiklar vid flottan. 12:o. 77 s. Sthm, Förf:n. 88.

—, Jemförande undersökning af eldfasta leror från Stabbarp. 15 s. (Geolog. fören. förh 1874.)

—, Jernhaltigt vatten från Rindön. (Geolog. fören. förh. 1881.)

—, Kan man säga att det finnes någon egentlig kemisk industri här i landet, och om ej så är hvad kan orsaken dertill vara? 17 s. (Tekn. Tidskr. 1881)

—, Lärobok om de häftiga sprängämnena. 12:o. 176 s. Sthm, W. Billes Bokf.-aktb. 86. Klb. 3 kr.

—, Murbruks torkning. (Tekn. Tidskr. 1890.)

—, Murning i kyla. (Tekn. Tidskr. 1890.)

—, Om analys af nitroglycerinhaltiga sprängämnen. (Kem. Tidskr. 1895.)

—, Ockerlager i Strasjö i Jerfsö och Farila socknar. (Geolog. fören. förh. 1886.)

—, Om eldning med torf å lokomotiv. 15 s. o. 2 pl. (Tekn. Tidskr. 1873.)

—, Om fotogen-upplag i Malmö 4:o. 12 s. o. 2 pl. Sthm, Förf:n. 88.

—, Om konstgjorda brännmaterialier. 56 s. o. 13 pl. (Ing. fören. förh. 1872.)

CRONQUIST, A. Werner, Om nitroglycerinhaltiga sprängämnens förhållande i kyla. (Tekn. Tidskr. 1894.)

—, Om några förvittringsprodukter i Gramotsgrufvan af Klacksbergsfältet i Norbergs bergslag. (Geolog. fören. förh. 1884.)

—, Om orsaken till Qvartsteglets svällning. (Geolog. fören. förh. 1884.)

—, Om röksvaga krut. (Kem. Tidskr. 1894).

—, Om sjömalmsfyndigheten i Kolsnaren, Wiren o. Högsjön i Södermanlands län. 16 s. (Geolog. fören. förh. 1881)

—, Om sugfärger. Belönad med svenska Slöjdfören pris. Sthm, Förf:n. 74.

—, Om torfkulturen i Holland. 34 s o. 4 pl (Landtbr. Akad. Tidskr. 1874)

—, Sulfats användning vid glastillverkning. (Tekn. Tidskr. 1875.)

—, Undersökning af eldfast lera från Färöarne. (Geolog. fören. förh. 1880.)

—, Undersökning af eldfasta leror i Ryssland. (Geolog. fören. förh. 1883.)

—, Utlåtande om mötesförnödenheter. 8:o 52 s. Sthm, Förf.n. 86. 75 ö.

—, Utställningen i Bruxelles 1876.

—, Utställningen i Köbenhavn 1888.

—, Utställningen i Wien 1873. (Tekn. Tidskr. 1874.)

—, Se: Månadsblad, Svenska bryggareföreningens.

— o. **SEBERG, Albert**, Bränvinstillverkningen i Sverige. 96 s. o. 2 pl. Sthm, Förf:n. 78.

CROWTHER, James, Ett ekollons sjelfbiografi o. andra berättelser. Öfv. från eng. af *B. S.* 8:o. 183 s. Orebro, Söndagskolfören. 90. 1 kr., kart. 1: 25.

CRÜGER, Carl, Engelsk elementarbok. Bearb o. utg. af *P. Fr. Sievers*. 6:e genoms. uppl. 8:o. 134 s. Sthm, Ad. Johnson. 91. Inb. 1: 25.

CUEVA, Juan de la, Poëmes inédites. Se: Acta univ:is Lundensis XXIII: II, 2.

CURMAN, Carl, Kortfattad badlära o. dietetik. Se: *Levertin, A.*, Svenska brunnar o bad.

—, Om bad o. badning. Se: Flygskrifter, Helsovännens. 6.

CUTTING, Geo., Frihet. 16:o. 37 s. Göteb, A. B. Peterson. 91. 10 ö.

—, Upphemtade af brudgummen. Återkommande med konungen. 12:o. 22 s. Göteb, A. B. Peterson. 86. 10 ö.

—, Är du en medlem — o. af hvad? 16.o. 32 s. Göteb., A. B. Peterson. 91. 10 ö.

CUYLER, Th. L, Föd mina får. Öfv. 8:o. 96 s. Sthm, P. Palmquists aktb 91.
60 ö., kart 85 ö, klb. 1: 25.

—, Herrens stridsmän. Tjugufyra samtal med nyomvända kristna. Öfv. från eng. af *Andr. Fernholm*. 8.o. 132 s. Sthm, C. A. V. Lundholm. 89. 40 ö., kart. 50 ö., klb. 75 ö. 1: 15.

—, Lefvande stenar. 8:o. 125 s. Sthm, P. Palmquists aktb. 94. 75 ö., kart. 1 kr., klb. 1: 50.

—, Närmare Gud. Öfv. af *V. Emanuelsson*. 8:o. 128 s. Sthm, P. Palmquists aktb. 93.
75 ö, kart. 1 kr, klb. 1: 40.

—, Sanningsord. Korta betraktelser. Öfv. 8:o. 247 s. Sthm, P. Palmquists aktb 87.
1: 40, kart. 1: 75, klb. 2: 25.

—, Växen i nåden. Några ord till de nyomvända. Öfv. 8:o 112 s. Sthm, P. Palmquists aktb. 89. 40 ö., kart. 50., klb. 1: 15.

CYGNAEUS, Fredr., Samlade arbeten. 8:o. H:fors. G. W. Edlund.

I. Historiska arbeten. 5 o. 323 s. 92.
V. Litteraturhistoriska o. blandade arbeten. Band III Hft. 2—4. s. 81—320. 86. 3: 75 fmk.
VI. D:o d o. Band IV. 651 s. 89. 8 fmk.
CYGNAEUS, Fredr., Supplementband; Minne af Fredr Cygnaeus. Anteckningar af *E. Nervander*. 8:o. 7. viij o 361 s. samt porträtt. 92. 5 fmk.
CYGNAEUS, Gustaf, Hypothenuserorden i Finland.

Se: Skrifter utg. af Sv. Litt. sällsk. i Finland. XXX.
CYGNAEUS, Walter, Studier öfver Typhusbacillen. Akad. afh. 4:o. 36 s. o 3 pl. H:fors. 89 2: 50 fmk. Jfr Acta soc:s scient. fenn. XVIII: 4.
Cyrus. Konstnärs-album. Med text o. teckn:r. 8.o 32 s. Sthm, F. C. Askerberg. 91. 50 ö.
CZERNICHEFF. Se: *Ahnfelt, Arvid,* Krönta rivaler.

D.

Dagar, Barndomens gyllene. 4:o, 24 s med kolor. fig. o text. Sthm, Ad. Johnson. 92. Kart. 1: 25.
Dagar, Flydda. Anteckn:r om en bergsmanssläg o. dess samtida samt om händelser m. m. i Lindes bergslag från 1500-talet till 1870. [Af *K. A. Andersson-Meijerhelm*]. Med illustr. Stor 8:o. 163 s. Sthm, Förf:n. 88. 4 kr.
Dagar, Från tredje Gustafs. Anteckn:r o. minnen af *E. Schröderheim, G. G. Adlerbeth* o. *G. M. Armfelt*. Utg. af *Elof Tegnér*. Sthm, F. & G. Beijers Bokf -aktb.
 1. *Schröderheim, Elis,* Skrifter till kon. Gustaf III:s historia, jämte urval ur Schröderheims brefväxling. Med rättelser o. tillägg. 325 s. 92.
 2: 50, inb 4: 25.
 2. *Adlerbeth, Gudmund Göran,* Historiska anteckningar.
   I. 284 o xxxij s samt 1 portr. 92. 2: 50.
   II. 409 s. 93. 3: 50.
 3. *Tegnér, Elof,* Gustaf Mauritz Armfelt. Studier ur Armfelts efterlemnade papper. Ny uppl.
   I. Armfelt o. Gustaf III. 410 o xj s samt 1 portr. 93. 3 kr., inb. 4: 25
   II. Armfelt i landsflykt. 408 s. 94
 3 kr., inb. 4: 25.
   III. Under omstörtningarne 1803—14. 472 s. 94. 3 kr., inb. 4: 25.
Dagbok, En liten ostyrings. Öfv. fr. eng. af *Th. F—r*. 2:a uppl. 8:o, 180 s. Sthm, H. Geber. 95. 1: 75.
Dagbok, En snäll gosses. Af förf:n till »En liten ostyrings dagbok». Öfv. fr. eng af *Ernst Lundquist.* 8:o, 135 s. Sthm, H. Geber. 95. 1: 50.
Daggdroppar, af *L. S. [Carolina Berg]* 12.o. 8 blad velin med illustr. Sthm, Fost -stift:s F.-exp. 93. 60 ö.
Daggdroppar. Svenskt original af *E. S. K*, förf. till »Vid vägkanten». 8 o 160 s. Sthm, P. Palmquists aktb. 94 1: 25, kart. 1:50, klb. 2 kr.
Daggryningen, I af *I*. Se [*Lovetzow, Cornelia*].
Dagny. En familjehistoria af *J—y Brn*. Se: *[Ödmann, Jenny.]*
Dagny. Månadsblad för sociala o. litterära intressen utg. af *Fred. Bremer-förbundet*. Årg. 1886—95. 8.o, Sthm, Fredrika Bremer-förbundet 86 - 95.
För årg. 4 kr.
Dagrar o. skuggor. Några skildr. från skandinav. Sjömanshemmet i London. 8:o, 27 s. Sthm, »Arbetarens väns exped. 89. 20 ö.
Dagsverksjournal vid — — — — Utg af *B Nordström*. Folio. Sthm, H. W. Tullberg. 89.
Inb. 2: 75.

DAHL, Hjalmar, Förlofvade tör fort. Se: Bibl. för tentervänner. 183.
DAHL, Jonas, En bergsmans familj. Berättelse. Öfv. från norskan. 8.o, 115 s. Sthm, C. A. V. Lundholm. 90. 75 ö.
DAHL, N. A., Tre tal till uppbyggelse. Öfv. från norskan af *J. V. Beselin*. 8:o, 136 s. Sthm, A. V. Carlsons Bokf.-aktb i komm. 92.
75 ö., kart. 1 kr.
DAHL, Sven Gudm., Upsala studentbeväringskompani år 1854 Med biografiska tillägg. 8.o, 17 s. Sthm, Förf:n 89. 25 ö.
, Se: *Horatius*, Satirer o. bref. — Läroverks-matrikel. — *Qvintilianus, M. F.*, 10:e boken.
DAHL, Wendela Henrika, f. **LING.** Se: Minnesbok i gymnastik.
DAHLANDER, G. R, Elektriciteten o. dess förnämsta tekniska tillämpn:r. 2:a omarb uppl. 8.o, 807 o. xij s. Sthm, Alb. Bonnier. 93. 15 kr.. inb. 17 kr. (Utkom i 10 hfn à 1:50. 90 - 93.)
, Elektricitetens nyaste framsteg på teknikens område. Med 158 figurer. 8:o, 272 s. Sthm, Alb. Bonnier. 88. 5 kr, inb 6: 50.
DAHLANDER, Pontus. Se: *Morén, C. G,* o. *Dahlander, Pontus,* Anekdoturval för eng. talöfningar.
DAHLBERG, B. H , Bidrag till svenska fattiglagstiftningens historia. Akad. afh. 8:o, 103 o. 36 s. Ups., Lundequistska bokh. 93. 2 kr.
DAHLBOM, J. A., Hvad gör du då du konfirmeras? En fråga till nattvardsungdomen. 8:o, 15 s. Sthm, K. Flodman. 87. 50 ö.
, Innehållet af bibelns böcker i kort öfversigt för skolan o. hemmet. 8:o, 72 s. Sthm, P. A Norstedt & S:r. 91. 90 ö., kart. 1: 10.
DAHLERUS, Siri, Langue française. Cours élémentaire pour les enfant d'après la méthode naturelle. Illustré par *Ottilia Adelborg*. 8:o, iv o. 98 s. Sthm, P. A. Norstedt & S:r. 92. 1: 50, tygb. 2 kr.
DAHLGREN, Alfa, Små stugor. Studier från Sydösterbotten. 12:o, 173 s H:fors, G. W. Edlund. 94. 1: 75 fmk (1: 20).
DAHLGREN, E. W., Den nyare forskningen ang. Columbus Se: Tidskrift. Nordisk. 1892.
, Stanley och eftertruppen. Se: Tidskrift, Nordisk. 1891.
, Se: Anteckn:r af o. om svenska kongofarare. — Bibliotek, Sveriges offentliga.
[**DAHLGREN, Fred. Aug.**], Vermländingarne. Se: Teatern, Svenska. 137.
— -, Viser på varmlanske tongmåle deckta åttå *Fredrek på Rannsätt*. Gamle å Speller nye å Sprett

sprang nye. 12:o, 142 s. Sthm, P. A. Norstedt & Sr. 86. 1: 50.
DAHLGREN, K. P., Om den kirurgiska behandlingen af otitis media o. dess komplikationer. Akad. afh. 8:o, 96 o. 128 s. samt 2 pl. Ups, Almqvists & Wicksells boktr-aktb. 94. 4 kr.
DAHLGREN, Wilh., Om varmluftsystemet för ventilation o. uppvärmning m. m. 8:o, 62 s. Sthm, Samson & Wallin. 87. 75 ö.
DAHLIN, S. B., Formulärbok för skolor o. själfstudium. 8:o, Lund, Gleerupska univ.s bokh.
N:o 1. 2:a omarb. uppl. 68 s. 90. 45 ö.
N:o 2. 2:a uppl. 32 s. 90. 25 ö.
N:o 3. 2:a uppl. 67 s 90. 25 ö.
—, Handledning vid uppsättandet af de vanligast förekommande skriftliga handlingar etc. 8 o, 63 s. Månsarp, Förf:n 87. 40 ö.
DAHLMAN, Axel. Se: Ciceronis orationes philippicæ.
DAHLQUIST, H., Öfningssatser till plana geometrien. I. 8:o, viij o. 128 s. Sthm, Looström & K: 90. 1: 25.
DAHLSTEDT, Hugo, Anteckn r till kännedom om Skandinaviens Hieracium-flora. Se: Acta Horti Bergiani. II: 4.
—, Bidrag till sydöstra Sveriges Hieracium-flora Se: Handlingar, Vet.-akad:s XXIII: 15. o. XXV: 3.
—, Die Hieraciis scandinavicis in Horto Bergiano cultio. Se: Acta Horti Bergiani. I: 7.
DAHLSTRÖM, Adolf, Historik Se: Handbok i fotografi. 1.
DAHM, Hjalmar, Vafverskans hjälpreda. Tabeller utvisande garnåtgången vid ränning af bomullsgarn till väf. 8.o, 8 s. Lund, Gleerupska univ:s bokh. i distr. 94. 40 ö.
DAHM, O. E. L., Geografi för allm. o. ensk. läroverk, seminarier m. m. 14:e granskade uppl Med illustr. 8:o, 236 s. Sthm, F. & G. Beijers Bokf-aktb. 94. Inb. 2: 75.
(12:e uppl. 87, 13:e 91)
DAHN, Felix, Bissula Hist. roman från folkvandringarnes tidehvarf. (378 efter Kr. f.) Öfv. af *M. A. Goldschmidt.* 8:o, 234 s. Sthm, W. Billes Bokf.-aktb. 89. 2 kr., inb. 2: 75.
—, Julianus affällingen. Historisk roman. Öfv. från tyskan. 2 dlr. 12 o, 410 o. 321 s samt 1 karta. Sthm, Alb. Bonnier. 94.
4: 50, inb. i ett band 5: 75.
—, Korsfararne. Se: Vitterlek. 70.
—, Nunnekriget i Poitiers. Hist. roman från folkvandringarnas tid. Öfv. af *A. F.* 8 o, 133 s. Sthm, W. Billes Bokf.-aktb. 86. 1: 50.
—, Trogen till döden. Berättelse från Karl den stores tid. Öfv. af *E. K. K.* 8:o, 230 s. Köping, M. Barkéns förlagsbokh. 88. 2 kr.
DALE, John T., Framgång o. huru man vinner den. Vägvisare på lifvets stora stråkväg. Öfv. från eng. i sammandrag o. bearb. af *Mathen Langlet.* 8.o, 308 s. Sthm, C. E Fritzes hofbokh. 90. 2: 50.
DALIN, Alfr., Afgångsexamina vid Sveriges seminarier. Se: Småskrifter, Sveriges allm. folkskollärareförenings. 1.
DALIN, A. F., Dansk-norsk och sverisk ordbok. 2.a uppl. granskad o. redig. af *J. R. Spilhammar.* 8:o, 685 s. Sthm, J. Beckman. 95. 3: 50, inb. 4 kr.
—, Fransk-svensk ordbok. 3:e uppl. 8:o, 1027 s. Sthm, Aktieb. Hiertas bokförlag. 88.
8 kr., inb. 10 kr.
—, Svenska språkets synonymer. 2:a uppl. granskad o. redig. af *J. R. Spilhammar.* 8:o, 395 s. Sthm, J. Beckman. 95. 3 kr.
DALMAN, A. Se: Årsbok, Svensk nautisk.
DALMAN, G. Se: Föredrag vid tredje nord. studentmötet
DALSJÖ, Magnus, Lärarebildningen vid tyska universiteten. Reseberättelse. 8:o, 124 s. Sthm, Samson & Wallin. 88. 1 kr.
. Se: *Platon,* Valda skrifter.
DALSTRÖM, J. J., Aritmetik o. geometri. Se: Bibliotek för allmänbildning. 2.
—, Svensk språklära för folkskolan. 3:e uppl. 8:o, iv o. 104 s. Sthm, C. E. Fritzes hofbokh. 94. Inb. 50 ö.
(1:a uppl. 91. 2:a 92.)
Jfr: Bibl. för allmänbildning. 1.
—, Svensk språklära jämte ordlista för folkskolor. 5:e uppl. 8:o, 88 s. Sthm, C. E. Fritzes hofbokh. 95. Kart. 25 ö.
(1:a o. 2:a uppl. 92. 3:e 93. 4:e 94.)
DALSTRÖM, Kata, Grekiska guda- o. hjältesagor, berättade för ungdomen. Med 52 illustr. 8:o, 384 s. Sthm, Alb. Bonnier. 93 Kart 3: 50.
—, Illustrerad naturhistorisk läsebok för skolor o. själfstudium. I. Däggdjur. 12:o. 131 s. Sthm, Fr. Skoglund i distr. 90. Kart. 75 ö.
—, Nordiska guda-sagor berättade för barn o. ungdom. Med 11 orig. teckn:r af *V. Andrén.* 8:o, 140 s. o. 11 pl. Sthm, F. & G. Beijers Bokf-aktb. 87.
Kart. 3: 25.
—, Nordiska hjältesagor för ungdom. 8:o, 224 s Sthm, F. & G. Beijers Bokf.-aktb. 89. Kart. 2: 50.
—, Vår fornnordiska gudasaga i sammandrag. Med 10 illustr. af *V. Andrén.* 8:o, 144 s. o 3 pl. Sthm, W. Billes Bokf.-aktb. 94. Kart. 2: 50.
DAMBERG, Joh., Versuch einer Geschichte der russischen Ilja-sage Akadem. abh. 8:o, 118 s. H:fors, Förf:n. 87. 3 fmk.
DAMES, W., Ueber Vogelreste aus dem Saltholmskalk. Se: Bihang till Vet.-akad:s handl:r. XVI: IV, 1.
DAMM, Ivar, Dikter. Liten 8:o, 124 s. Sthm, Alb. Bonnier. 91. 1: 50, inb. 2: 50.
—, Slumpen. Något om sannolikhetsberäkning. Se: Studentfören. Verdandis småskrifter. 32.
DAMM, Janne|, Från Stockholmska tidningsvärlden på 1850—60-talen af en gammal publicist. Efter förf:s bortgång utg. af *Birger Schöldström.* Med 27 portr. 12.o, 127 s. Sthm, Alb. Bonnier. 94. 1: 25.
[ ], Studentminnen, upptecknade af en gammal Lundensare. 12:o, 153 s. Sthm, Alb. Bonnier. 93.
1: 50.
DANIELSSON, Adolf, Förvandlingstabell för metersystemet. 1 blad in patenti. Sthm, Fr. Skoglund i distr. 88. 50 ö.
—, Förvandlingstabeller o. prisjämförelser från o. till metersystemet. 2:a uppl. Liten 8:o, 64 s. Sthm, Fr. Skoglund i distr. 89. Kart. 40 ö.
(1:a uppl. 88.)
DANIELSSON, Axel, Genom gallret. Skizzer på vers o prosa. 8:o, 84 s. Sthm, G. Walfr. Wilhelmsson. 89. 75 ö.
—, Socialdemokratin, dess uppkomst o. utveckling. Se: Studentfören. Verdandis småskrifter.
—, Socialismens hörnsten. Historisk o. teoretisk framställning af läran om värdet. 8:o, 52 s. Sthm, Socialdemokratens exp. 89. 25 ö.
—, Ur kapitalets verld. Socialismen i skizzer. 8:o, 47 s. Malmö, »Arbetets» tryckeri. 88. 35 ö.

DANIELSSON, A. G. Se: Lärjungar, Fakirens.
DANIELSSON, Joh. Rich., Die nordische Frage in den Jahren 1746—51. Mit einer Darstellung russisch-schwedisch-finnischer Beziehungen 1740—43. 8:o, 455 o. 215 s. H:fors, G. W. Edlund. 88.
  12 fmk.
—, Finlands fören. med ryska riket. 3:e uppl. 8:o, 203 s. H:fors, Söderström & K. 91. 2: 75.
  (1:a o. 2:a uppl. 90)
—, Finlands inre själfständighet. Till försvar mot fortsatta angrepp. Öfv. 8:o, 124 s. H:fors, Söderström & K. 92. 2 kr, inb. 2: 50.
—, Finlands union with the russian empire, with reference to M. K. Ordin's Work »Finlands subjugation». Transl. from the third swedish ed. 8:o, 2 o. 184 s. H:fors, Söderström & K. 91. 3: 50.
—, Finlands Vereinigung mit dem russischen Reiche. Anlässlich der Arbeit von K. Ordin »Finlands Unterwerfung». Übersetzung der zweiten Auflage des schwedischen Originals. 8:o, 3 o. 199 s. H:fors, Weilin & Göös. 91. 4 fmk.
—, Viborgs läns återförening med det öfriga Finland. Öfv. från finskan af V. Jelm. 8.o, 166 s. H:fors, Weilin & Göös. 94. 2: 20
Jfr Skrifter, Folkupplysn. sällsk. 89.
DANIELSSON, O. A., Epigraphica. Se: Årsskrift. Upsala univ:s. 1890. Filos. språkvet. o. hist. vet. 1.
—, Grammatische und etymolog. Studien. Se: dersammast 1888. 4.
DANNHOLM, Oskar, Finlands mått och vikt med lättfattliga uträkningar. 3:e uppl. 8.o, 64 s. H:fors Utg.n. 92. 35 p.
  (1:a o. 2:a uppl. 91.)
—, Finlands samhällsskick i sammandrag, för skolor och folket Under medverkan af framstående fackmän sammanstäldt. 8.o, 68 s. H:fors, K. E. Holm. 94. 1 fmk.
—, Geografi för folkskolan o. andra läroinrättningar. 2:a förbättr. uppl. Med 35 illustr. 8:o, 156 s. H:fors, K. E. Holm 95. 1: 50 fmk.
  (1:a uppl. 89)
—, Grunddragen af Finlands samhällsskick, efter lagar och författningar samt andra källor för medborgare af alla samhällsklasser sammanställda. 8:o, 4, vj o. 258 s. H:fors, K. E. Holm. 93. 4 fmk.
—, Vårt land, dess inbyggare, styrelseverk, näringar, o. framåtskridande jämte några jämförande framställn.r af hithörande förhållanden i andra länder. I. 8:o, ij o. 104 s. H:fors, Förf:n. 90. 1: 25 fmk.
—, Öfningskurs i finska språket. I. För begynnare. 2:a omarb. uppl. Illustrerad. 8:o, 72 o. 29 s. H:fors. Förf:n. 95. Kart. 1: 50 fmk.
Dar, Barnaverldens glada. 4:o, 12 blad med kolor. fig. o text. Sthm, Ad. Johnson. 92. Kart. 1: 50.
DARBY, J. N., Huru man får frid. 2.a uppl. Liten 8:o, 47 s. Göteb., A. B. Peterson. 89. 10 ö
DARCEY, M., En amerikansk polisbragd eller mordet vid femte avenyen. Öfv. af Ernst Lindberg. 12:o, 334 s. Sthm, F. & G. Beijers Bokf.-aktb. 89.
  2: 25.
DARIN, Rob., Iakttagelser rör. utbildningen af lärare i främm. språk i Frankrike. 4:o, 8 s. 86. (Ej i bokh.)
DAUDET, Alphonse, Berättelser ur folklifvet. Se: Fören. Heimdals folkskr. 23.
—, Contes choisis. Skoluppl. med anmärkn:r utg. af Thor Nordström. 2:a uppl. 8:o, 169 s. Sthm, F. & G. Beijers Bokf.-aktb. 90. Klb. 1: 75.
—, Det lilla annexet. Roman. Öfv. af Ernst Lundquist. 8:o, 281 s. Sthm, H. Geber. 95. 2: 75.

DAUDET, Alphonse, En odödlig. Roman. Öfv. af Ernst Lundquist. 8:o, 207 s. Sthm, H. Geber. 88.
  2: 50.
—, Historien om en båt o. dess besättning, berättad för ungdom. Öfv. från franskan. Med 55 bilder. 8:o, 91 s Sthm, J. Seligmann. 90. Kart 1: 25.
—, Nya Tarascon. Den store Tartarins sista äfventyr. Öfv. af Ernst Lundquist. 8:o, 195 s. Sthm, H. Geber. 91. 2: 50.
—, Rose o. Ninette. Sedeskildring för vår tid. Öfv. från franskan af Ernst Lundquist. 8:o, 231 s. Sthm, H. Geber. 92. 2: 50.
—, Vackra nivernesiskan. Historien om en gammal båt o. dess besättning. Öfv. af Ernst Lundquist. 8:o, 80 s. Sthm, H. Geber. 90. 1 kr.
—, Vackra nivernesiskan. Historien om en gammal skuta och dess besättning. För ungdom. Öfv. 8:o, 80 s. H:fors, Söderström & K. 90. 1 kr.
DAUG, H. T., Differential- o. integral-kalkylens användning vid undersökning af linier i rymden o. bugtiga ytor. Senare dln. 8:o, 178 s. Ups., W. Schultz. 94. 5 kr.
DAVID, Ludvig, Rådgifvare för nybörjare i fotografi. Med 2 pl. o. afbildn:r i texten. Öfv. af Alb. Roosval. 8:o, 133 s. o. 2 pl. Sthm, G. Chelius 94.
  Klb. 1: 50.
DAVIDSON, David, Europas centralbanker. Hufvuddragen af deras organisation o. verksamhet. 8:o, 122 s. Sthm, F. & G. Beijers Bokf.-aktb. 86.
  1: 25.
—, Henry George o. den sociala frågan. Se: Tidskrift, Nordisk. 1886.
—, Kommentar till bevillningstörordningen. 8:o, 307 s. Ups. Lundequistska bokh. i komm. 89. 5 kr.
—, Om beskattningsnormen vid inkomstskatten. 8:o, iv o. 151 s. Ups, Lundequistska bokh. i komm. 89. 2: 25.
—, Öfversigt af den i utlandet gällande lagstiftningen ang. inkomstskatt. Stor 8:o, 210 s Sthm, Samson & Wallin. 93. 1 kr.
DAVIDSON, David, Hvad vilja Paramentikens vänner? Kort framställning af paramentikens grundlåror. 8:o, 24 s Göteb, Wettergren & Kerber. 90. 50 ö.
DAVIS, Andrew Jackson, Snaren och hans »Naturens principer». Öfv. [Företal af C(arl) S(ederholm).] 8 o. 4 o. 183 s. H:fors, Hagelstams bokh. 92.
DEBAY, A., Äktenskapets hygien o. fysiologi jämte moderns o. barnets särskilda hygien. Bearb. efter orig. 166.e uppl. af O. H. D. 8:o, vij o. 342 s. Sthm, A. I. Seelig. 95. 3 kr.
DEFOE, Daniel, Den verklige Robinson Crusoes lefverne o. äfventyr samt tjuguåttaåriga vistande på en obebodd ö. Med 40 illustr. 8 o. 316 s Sthm, F. C. Askerberg. 88. Kart. 2: 75.
—, Robinson Crusoe. Med lefnadsteckning af förf:n af Karl Warburg jämte 120 orig. illustr. Öfv. från eng. af J. F. Rossander. 4:o, xvj o. 352 s. Göteb., T. Hedlund. 92. 5: 25.
—, Robinson Crusoe's lefverne o. äfventyr. Med 4 pl. i färgtr. 8:o, 90 s. o. 4 pl. Sthm, F. C. Askerberg. 87. 1: 50.
De GEER, Louis, Minnen. 8:o Sthm, P. A. Norstedt & S:r.
Förra dln. 281 s. 92. 4 kr, klb. 5 kr., hfrb.
  6: 50.
Senare dln. 301 s. 92. 4 kr., klb. 5 kr., hfrb.
  6: 50.

—, Uttalanden [i unionsfrågan]. Se: Unionsfrågan. I. 3.

De GEER, Valda skrifter. 8:o, Sthm, P. A. Norstedt & S:r. 1:a dln. 245 s. 92.
3 kr., klb. 4 kr., hfrb. med guldsn. 5: 50.
2:a dln. 355 s 92
4 kr., klb. 5 kr., hfrb. 6: 50.
[**DEHN, Ida**], "Resan från Finland till Afrika". Dagboksanteckn:r af *Ida*. 8:o, 16 s. H:fors. 25 p.
De kära som vi skiljts ifrån. Öfv. från eng at *"Guri"*. 8:o, 8 blad velin med verser o. kolor. fig. Malmö, Envall & Kull. 90. 1: 50.
DELAND, Margaret, Pastor John Ward. Öfv. från eng. af *Aosta*. 12:o, 344 s Sthm, F. & G. Beijers Bokf.-aktb. 90. 2: 50.
DELIN, Carl, Ueber zwei ebene Punktsysteme die algebraisch auf einander bezogen sind. Dissertation. 8:o, 86 s. o. 1 tab. Lund, Gleerupska univ:s bokh. 93. 1: 25.
DELISLE, C., Se. *de Moleles, E*, o. *Delisle, C*, Baronessan.
DELITZSCH, Franz, Se: Psaltaren.
DELPIT, Albert, "Försvunnen". Berättelse. Öfv. från franskan. 8:o, 276 s. Sthm, Alb. Bonnier. 89.
2: 50.
—, Varietésångerskan. Öfv. 8.o, 261 s. Sthm, Klemmings antikv. 88. 2: 50.
DELPIT, H., Ett modershjärta. Öfv. 2 dlr. 8:o, 340 s. Sthm, F. & G. Beijers Bokf.-aktb. 86.
2 kr.
De mina. Gammalt krafs af *C. L*. Se: [*Larsson, Carl*]
DENNERY o. BRÉSIL, Konung för en dag. Se: Operatexter. 12.
DENNET, Edw., Det saliga hoppet Betraktelser öfver Herrens tillkommelse och uppenbarelse. 8:o, 111 s. Göteb., A. B. Peterson. (1885.)
50 ö., kart. 65 ö., klb. 90 ö.
Det passar sig att män såväl som qvinnor i alla lifvets förhållanden visa takt och lefnadsvett etc. 8 o, 31 s. Sthm, G. Chelius. 86. 50 ö.
Det passar sig inte att ej känna umgängeslifvets grundreglor etc. 8:o, vj o, 85 s. Sthm, G. Chelius. 86.
1 kr.
"Det var en gång". Gamla sagor med nya taflor. Ofv. af *Math:a Langlet*. 4.o, 24 s. med kolor. fig. Sthm, Ad. Johnson. 90. Kart. 1: 25.
DETTHOW, A, Illustrerad Abc-bok. 8:o, 20 s. Sthm, P. Palmquists aktb. 88. Kart. 25 ö
—, Se: *Kastman, C. o. K*, Läsebok för folkskolan. (N:o 5.)
Diarium för tre år med dubbelt register. Årgg. 1893 —96 Aflång 12.o. kalendarium o. anteckningsbok. Sthm, P. A. Norstedt & S:r. 92—95.
Chagrinb. 2 kr.
DICKENS, Charles, David Copperfield den yngres lefnadshist. o. erfarenhet af lifvet. Roman i 2 dlr. Från eng af *C. J. Backman*. 8:o, 488 o. 505 s. Sthm, F. & G. Beijers Bokf-aktb. 95.
6 kr., inb. 8 kr.
—, En berättelse om två städer. Roman Öfv. 8 o, 424 s. Sthm, F. & G Beijers Bokf.-aktb. 90.
3: 50, inb. 4: 75.
—, Lilla Dorrit. Roman i 2 böcker. Öfv. 1. Fattigdom. — 2. Rikedom. 8:o, 527 o. 482 s. Sthm, F. & G. Beijers Bokf.-aktb. 92. 8 kr., inb. 10 kr.
—, The cricket on the hearth. Med anmärkn:r af *Vilh. Sturzen-Becker*. Se: Skolbibliotek, III, 1.
DICKSON, J. A. R., Arbeta för Jesus, hvad gör du för att vinna själar för himmelen? Liten 8:o, 64 s. Sthm, Fost.-stift:s f.-exp. 87. 25 ö.

DIEFFENBACH, G. Chr., Bibelstunder i hemmet. Korta betrakt:r öfver urverldens o. det noakitiska förbundets historia. Öfv. af *Gustaf Svensom*. 8:o, vj o 242 s. Sthm, Fost.-stif:s f.-exp. 88.
1: 50, inb. 2 kr. klb. 2: 50.
DIETERICH, Ida, Elektro-homöopatien, upptäckt af grefve *Cäsar Mutthei*, eller några frågor rör. den nya vetenskapen. 8:o, 60 s. Sthm, C. Deleen & K. i komm. 86. 75 ö.
DIETRICHSON, L., En norsk bondemaler. Se: Tidskrift, Nordisk 1892.
—, Erindringens kunst. — Fantasien i kunsten. Se: dersammast. 1890.
—, Hvem har malet Peder Claussön's portrait i Undals kirke. Se: dersammast. 1889.
—, Moderna o drägtreformen. Tre föredrag. Med 23 teckn:r. 8:o. 112 s. Sthm, H. Geber. 87.
1: 75.
—, D:o d:o (Godtköpsupplaga) 90. 1 kr.
—, Stavekirkenes construction. Se: Tidskrift, Nordisk. 1887: 1. o. 2.
DIKMAN, Aug, Se: Slöjdvännen
Dikter, Berättande. från Finland. Se: Skrifter, Folkupplysn. sällsk. 70.
Diktning, Ur nyare tidens. Poetisk läsebok för folkskolor, m. m. utg. af *Amanda Leffler*. 8.o, 146 s. Sthm, H. Geber. 80. Kart. 65 ö.
DILLING, L, Ett godt hufvud. Berättelse. Öfv. från norskan 8:o, 191 s. Sthm, Fahlcrantz & K. 87.
2 kr.
—, Genom lorgnetten. Nya skizzer ur hvardagslifvet. 1:a dln. 2:a uppl. 8.o, 168 s Sthm, Fahlcrantz & K. 87. 1: 75.
—, D:o d.o Ny uppl. 2 dlr. 192 o. 212 s. [Särtryck ur Samlade skrifter.] 89. 3: 25.
—, Hvardags-menniskor. Skizzer. 2:a dln. 2:a uppl. 8:o, 248 s. Sthm, Fahlcrantz & K 87. 2: 25.
—, D:o d:o 3:e uppl 429 s [Särtryck ur Samlade skrifter.] 89. 3: 25.
—, I kupén. Nya skizzer ur hvardagslifvet. [1:a dln] Öfv. Ny uppl. 8.o, 193 s. [Särtryck ur Samlade skrifter.] 89. 1: 75.
(Föreg uppl 86) 1: 75.
—, D:o d.o 2:a dln. 110 s. 88. 1: 25.
—, Samlade skrifter o berättelser ur hvardagslifvet. Öfv. af *Ernst Lundquist* 8:o, 429, 192, 212, 193 o. xj s. samt 1 portr Sthm, Fahlcrantz & K. 89.
5: 50.
DILLNER, Göran, Sur la solution analytique du probleme des N-corps. Se: Acta, Nova, reg. soc:is. Ups XVI: 2.
—, Sur le développement d'une fonction analytique. Se: dersammast. XV: I. 5.
DILLNER, H., Sveriges härordning samt grunddragen af Norges härordning. 8:o, 111 s Sthm, Förf:n. 85. 1: 75
DILLNER, Johan, Betraktelser till bruk vid daglig andakt. Utdrag ur Joh. Dillners skrifter af *B. E. P*. Med förord af *W. Rudin* jemte portr. af Dillner. 8:o, xij o. 290 s. samt 1 portr. Sthm, A. V. Carlsons Bokf.-aktb. 95.
2 kr, hfrb. 2: 85, klb 2: 85.
—, Psalmer o. sånger, bearb omskrifna eller författade. 8.o, 185 s. Sthm, A. V. Carlsons Bokf.-aktb. i distr. 94. Kart. 1 kr., inb. 1: 35.
DIMBLEBY, J. B., En ny tid är nära! Profetiorna om de yttersta tiderna etc. Öfv. från eng. 1:a— 3:e uppl. 8:o, 52 s. Sthm, P. A. Huldbergs Bokf.-aktb. 93. 65 ö.

Diplomatarium, Svenskt, fr. o. m. år 1401, utg. af Riks-archivet genom *C. Silfverstolpe*. 4:o. Sthm, P. A. Norstedt & S:r.
II åren 1408—14. 6:e hft. (register.) s. 869— 1002. 87. 3 kr.
III. åren 1415—20. 2:a o. 3:e hft s. 97—292. 88. 5 kr.
4:e hft. s. 293—396. 90. 2: 50.
5:e hft. s. 397—528. 90. 3 kr.
6:e hft. s. 529—625. 92. 2: 50.

Diskussion i Svenska läkaresällskapet d 19 febr. 1889 om prostitutionsfrågan. 8:o. 60 s. Sthm, Läkaresällskapet. 89. (Ej i bokh.)

Diskussion, Svenska läkaresällskapets, om den af skolkomitén föreslagna ferieläsningen ur hygienisk synpunkt. 8:o. 112 s. Sthm, Samson & Wallin. 94. 1 kr.

Diskussion öfver förslag till ny sprängämnesförordning Örebro-mötets protokoll d. 7 dec. 1894. 8:o. 22 s. Tr. i Falun. 94. (Ej i bokh.)

Dixi, Duellen i Lockerudsskogen vid Venersborg. — Se: *[Landqvist, Rudolf]*.

Djurbilder. Kolorer-album. 3 hfn. Tvär 8:o, hvarje häfte 12 pl. Sthm, F. & G. Beijers Bokf.-aktb. 88. För häfte 75 ö.

Djurbilder, Små. 10 kolor. taflor. Malmö, Envall & Kull. 94. Kart. 1: 25.

Djurbilderalbum. Tvär 8:o. 18 kol. pl. Malmö, Envall & Kull. 88. 2: 75.

Djurbilderbok. I, II. 8:o, hvardera hft. 4 s. o. 6 pl. Sthm, F. & G. Beijers Bokf.-aktb. 86. För hft. 50 ö.

DJURKLOU, G., Arfstvisten mellan Nils Nilssons till Traneberg o. fru Ingegerds till Öja afkomlingar. Se: Tidskrift, Historisk. 1890.
—, Jöns Gerekesson. Se: dersammast. 1894.
—, Svenska släkter med sporren öfver ett blad till sköldemärke. Se: dersammast. 1891.
—, Öfverste Nils Djurklows lefnadsteckning. Se: dersammast. 1894.

Djurskyddet. Organ för Nordens djurvänner. 1891. Redaktör: *F. A. Wingborg*. 4:o. Sthm, Redaktionen. 91. För årg. (12 n:r) 1: 70.

Djurskyddsbibliotek, Illustreradt, för ungdom. Utg. af *J. Chr. Lembcke*. 1:a o. 2:a saml. 8:o. 96 s. Sthm, Redakt. af Vårt land. 88. 1:a 60 ö. 2:a 65 ö.

Djurvännen. Svenska allm. djurskyddsföreningens tidskrift. Redaktör: *G. W. Sjöstedt*. Årgg. 9. o. 10. (1886—87.) 4:o. Sthm, Z. Hæggströms f:exp. 86—87. För årg. (12 n:r = 12 ark) 2 kr.
D.o d o. Red. *John Wennerholm*. Årgg. 11—18. (1888—95.) Sthm, Expeditionen. 88—95. För årg. (12 n:r) 2 kr.

DOCK, F. W., En sund själ i en sund kropp. Öfv. 8:o 45 s. H:fors, K. E. Holm. 87. 1 fmk.

DOCK, Joh. Sev., Predikningar öfver Luthers lilla katekes. 8:o. 150 s. Göteb., N. P. Pehrsson. 86. Inb. 2: 75.

Doktoratet, Det theologiska, i Sverige resp. 1593— 1893. Se: *[Skarstedt, C. W.]*

DOLK, J. A., Metersystemet 3:e uppl. 12:o. 24 s. Sundsv, H. V. Vesterlunds boktr. 88. 25 ö. (1:a uppl. 82. 2:a 87.)

Dolly, Lilla, o. hennes Tim. Berättelse för de unga. Öfv. Med talrika illustr. 4:o. 120 s. Sthm, P. Palmquists Aktb. 90. Kart. 1: 25.

DOLMETSCH, H., Ornamentets bok. En samling ornament från alla konstperioder. Förklarande text bearb. o. öfvers. af *G. Upmark*. 20 hfn. Folio 81 pl. o. 46 textblad. Sthm, G. Chelius. 89. För häfte 1: 25, kompl. inb. 30 kr.

Dominikus. Dikter. Se: *[Johanson, Olle]*

Don Anonimo. Se: *[Alfthan, G. E. von.]*
—, Verldens undergång. En roman från 20:e årh. 12:o. 316 s. Sthm, Alb. Bonnier. 91. 2: 25.

Don Juan, Kärlekens vägledare, o. lifvets lyckostjerna. eller anvisn. att göra lycka hos fruntimren. Öfv. 4:e uppl. 8.o. 72 s. Sthm, P. A. Huldbergs Bokf.-aktb. 91. 75 ö. (2:a uppl. 74. 3:e 81.)

DONNELLY, Ignatius, Den gyldene flaskan eller berättelsen om Ephr. Benezet från Kansas. Öfv. från eng. af *V. Pfeiff*. 8:o. 240 s. Sthm, Looström & K. 93. 3 kr.

DONNER, Anders, Beobachtungen von Cometen zu H:fors 1885—86. Se: Acta soc:is scient. fenn. XVII: 5.
—, Bestämningar af polhöjden för observatorium i Helsingfors. Se: Fennia. IV: 4.
—, De astrofotografiska arbetena å observatoriet i Helsingfors. Se: Öfversigt af F. Vet.·Soc:s förhandl. XXXIV o. XXXVII.
—, Der Planet (183) Istrin. Se: dersammast. XXX.
—, Détermination des constantes nécessaires. Se: Acta Soc:s scient. fenn. XX.
—, En metod för beräkning af tidsbestämningar. Se: Fennia. I. 5.
—, Formel u. Tafeln zur Berechnung von Zeitbestimmungen. Se: Acta Soc.s scient. fenn. XVII.
—, Om himlahvalfvets skenbara afplattning. Se: Öfversigt af F. Vet. soc:s förhandl. XXVIII.
—, Redogörelse för fortsättningen af de astrofotografiska arbetena å observatoriet i Helsingfors under tiden Maj 1892—Maj 1893. Se: dersammast. XXXV.
—, Om möjligheten att återfinna triangelpunkterna. Se: Fennia. III: 14.
—, Vattenståndsobservationer i Saima sjö. Se: dersammast. I: 16.
—, Se: Biela-stjernfallen.
— o. **PETRELIUS, A.**, Latitudsbestämningar. Se: Fennia. I: 11.
—, Uppsökandet af den rysk-skandinaviska gradmätningens triangelpunkter. Se: dersammast. I: 4.

DONNER, J. O. E., Der Einfluss Wilhelm Meisters auf den Roman der Romantiker. Akadem. Abh. 8:o. 2, iv o. 211 s. H:fors Förf:n. 93. 3 fmk.

DONNER, O., Die Felseninschrift bei Suljek. Se: Öfversigt af F. Vet. soc:s förhandl. XXXI.
—, Jahresbericht über die Fortschritte der finnisch-ugrischen Studien. Se: Journal de la Soc. finno-ougr.
—, Om Indernas dramatiska poesi. Se: Öfversigt af F. Vet. Soc:s förhandl. XXVIII
—, Vergleichendes Wörterbuch der finnisch-ugrischen Sprachen. III. 8:o. iij o. 202 s. H:fors, G. W. Edlund. 88. 3: 50 fmk.
—, Wörterverzeichniss zu den Inscriptions de l'Iénissei. Se: Mém. de la Soc. Finno-ougr. III.

DONOVAN, Dick, Ur en Londondetektivs lif. Berättelser. Öfv. fr. eng. 8:o. 240 s. Sthm, Nordin & Josephson. 95. 2: 25.

DORFF, Joh. Rob, Tio-öres meternyckel. 1 tab. in 12:o. Sthm, Förf:n. 89. 10 ö.
—— o. **JANSSON, G. W.**, 1867—89 års gevär. 1 blad i fotolitografi. Sthm, J. R. Dorff. 91. 1: 50.

DORNBLÜTH, Otto, Själsarbetets hygien. Se: Vägvisare, Medicinska. 11.

Dorotea Trudel, eller trons bön. Öfv. från eng. 2:a

uppl. 8:o. 183 s. Sthm, P. Palmquists Aktb. 91. 1 kr.
DOSTOJEWSKIJ, F. M., Det unga Ryssland. Tidsskildring Öfv. 2 dlr. 8:o. 341 o. 294 s Sthm, Klemmings Antikv. 87. 4: 50.
—, Krotkaja. Fantastisk berättelse. Öfv. af *Walborg Hedberg*. 12:o. 66 s. Sthm, Alb. Bonnier. 86. 50 ö.
—, Vid rouletten. Berättelse. Öfv. af *Fr. J. Huss*. 12:o. 179 s. Sthm, F. & G. Beijers Bokf.-aktb. 90. 1: 50
—, Se: Ryssland, Från.
DOUGLAS, Hester, Solstrålar från himmelen för mörka sjukrum. Öfv. från eng. af *G. S. Löwenhielm*. 8.o. 244 s. Sthm, Fost. stift:s f:exp. 93.
1: 50, kart. 1: 75, klb. 2: 50.
DOWE, W. Carlton, Guldsjön eller äfventyr under en upptäcktsresa i Australien. Med 6 illustr. Öfv. från eng. af *Math:a Langlet*. 8:o. 306 s. o. 6 pl. Sthm, A. Granlund. 92. Kart. 2: 75.
DOVERTIE, C. A, De smittosamma sjukdomarna o. deras bekämpande. Se: Flygskrifter, Hälsovännens. 19.
DOVERTIE, Lars Georg, Om Sköfde vattenkuranstalt. 2 a uppl. 8:o, 58 s. Sköfde, Förf.n. 86. 1 kr.
DOYLE, A. Conan, Agra-skatten. Öfv. från eng. 8.o. 196 s. Sthm, Carl Cohn. 91. 2 kr.
—, De fyras tecken. Öfv. från eng. af *Walborg Hedberg*. 8:o. 194 s. Sthm, Nordin & Josephson. 91. 2 kr.
—, De landsflyktige. En berättelse från två världsdelar. Öfv. från eng. af *B. F.* 8:o 334 s. Sthm, Nordin & Josephson. 93. 2: 75.
—, Den röda lyktan. Fantasier o. verklighetsbilder ur läkarlifvet. Öfv. fr. eng. af *O. S.* 8 o 212 s. Sthm, H. Geber. 95. 2 kr.
—, Guldets makt. Roman. Öfv. från eng. 8:o. 184 s. Sthm, Carl Cohn. 91. 2 kr.
—, Min vän privatdetektivens äfventyr. Öfv. af *O. S.* 8.o. 300 s. Sthm, H. Geber. 93. 2: 75.
—, D:o d.o. Ny serie. Öfv. af *O S.* 8.o. 259 s. Sthm, H. Geber. 93. 2: 50.
—, På vacklande grund. Se: Vitterlek. 78 o 79.
Draba Verna. Se: *[Ljungberg, Eva]*
DRAGOMIROW, M, Kompaniets utbildning. Se: Försök till handbok i truppens utbildning för strid.
DRAKE, A, Se: *Palmquist, P.*, En korsets härold.
DRAKENBERG, Bernt E., Om testamente. Se: Studentfören. Verdandis småskrifter. 38.
DRAKENBERG, Sten. Se: *Ankarcrona, C., o. Drakenberg, S.*, Handledning i värjföring.
DREIJER, G., Se: Biela-stjernfallen.
DREWS, Paul, Mer hjärta för folket. Se: Frågor, I religiösa o. kyrkliga. 9.
DREYFUS, Abr., En herre i svart frack. Se: Teatern, Svenska. 237.
—, Lugn i stormen. Se: Bibliotek för teatervänner. 182.
DROSINIS, Georgios, Amaryllis. Novell. Från nygrekiska öfv. af *Julius Centervall*. 8.o. 125 s. Sthm, C. E. Fritzes hofbokh. 87. 2 kr.
(Uppl:n 100 ex.)
Drufvor, Himmelska, från Guds örtagård af *O. B—g*. 8:o. 182 s. Sthm, Sanningsvittnets exp. 88. 85 ö.
DRUMMOND, Henry, Central-Afrika. Öfv. 8.o. 193 s., 3 pl. o. 1 karta. Sthm, C. A. V. Lundholm. 90. 1: 75, klb. 2: 75.
—, Den stora förvandlingen. Föredrag. Öfv. 8:o. 62 s. Sthm, C. A. V. Lundholm. 91. 40 ö., klb. 1 kr.

DRUMMOND, Henry, Det största af allt. Ett föredrag. Öfv. af *Karl Palmberg*. 8:o. 24 s. Jönköp., H. Halls boktr.-aktb. 90. 25 ö.
—, Det största af allt. Föredrag. Öfv. från eng. af *A. Fernholm*. 8:o. 64 s. Sthm, C. A. V. Lundholm. 90. 50 ö., klb 1 kr.
—, Det största i verlden. Öfv. af *Math:a Langlet*. 1:a o. 2:a uppl. 8 o. 48 s. Sthm, Fr. Skoglund. 90. 40 ö., klb. 1 kr.
—, Det största i verlden. Öfv. från eng. af *E. N.* 8:o. 36 s. H:fors, Söderström & K. 91. 30 ö.
—, Ett förändradt lif. Föredrag. Öfv. af *Math:a Langlet*. 8:o. 62 s. Sthm, Fr. Skoglund. 91. 50 ö., i s. k. läderb. med guldsn. 1 kr.
—, Ett förändradt lif. Öfv. från eng. af *E. N.* 8:o. 36 s. H:fors, Söderström & K 91. 30 ö.
—, Ett helgadt lif. Hvad vi bäst behöfva. Öfv. af *Ellen Schmiterlöw*. 2:a uppl. 8:o. 28 s. Sthm, Palm & Stadling. 91. Klb. 50 ö.
(1:a uppl. 90.)
—, Frid vare med eder! Föredrag. Öfv. från eng. af *A. Fernholm*. 8:o. 64 s Sthm, C. A. V. Lundholm. 90. 40 ö., klb. 1 kr.
—, Frid vare med eder. Föredrag. Öfv. af *Math:a Langlet*. 8:o. 56 s. Sthm, Fr. Skoglund. 91. 40 ö. Tryckt på eleg. papper o. i s. k. läderb. med guldsn. 1 kr.
—, Frid vare eder. Föredrag. Öfv. från eng. af *E. N.* 8 o. 32 s. H:fors, Söderström & K. 91. 25 ö., inb. 50 ö.
—, I dagens religiösa frågor. Fyra föredrag. Öfv. 2:a uppl. 8.o. 54 s. Sthm, K. J. Bohlin & K. 94. 40 ö.
(1:a uppl. 93.)
—, Kristendomens program. Föredrag. 8:o. 60 s. Sthm, C. A. V. Lundholm. 91. 50 ö., klb. 1 kr.
—, Kristendomens program. Föredrag. Öfv. af *Math:a Langlet*. 8:o. 59 s. Sthm, Fr. Skoglund. 91. 50 ö., klb. 1 kr.
—, Människans utveckling. Öfv. från eng. af *O. H. Dumrath*. 12:o, vij o. 363 s. Sthm, Fr. Skoglund. 94. 3 kr.
—, Naturens lagar o. andens värld Öfv. af *Henrik Berg*. Populär godtköpssuppl. med ordförklaringar. 8:o. 362 s. Sthm, C. A. V. Lundholm. 91. 2 kr, eleg. inb. 3: 25.
—, Naturens lagar o. andens verld. 4 e uppl. (Godtköpsuppl.) 8:o. xxiv o. 300 s. Sthm, Fr. Skoglund. 91. 1: 75, inb. 3 kr.
(1.a uppl 88. 2:a 89. 3.e 90, hvardera a 2: 75.)
—, Naturvetenskapens bidrag till kristendomen o verldsaltets lagbundenhet. Öfv. af *Gustaf Montan*. 8:o. 121 s. Sthm, Samson & Wallin i distr. 92. 1: 50.
—, Staden utan tempel. Ett föredrag i praktisk kristendom. Öfv. af *Math:a Langlet*. 8:o. 40 s. Sthm, Fr. Skoglund. 93. 50 ö, i s k. läderb. med guldsn. 1 kr.
DRUMONT, Edouard, En döende verld. Social-psykologisk studie. Öfv. 8:o. 316 s. Sthm, Ad. Johnson i distr. 89. 3 kr.
Drömboken, Den ofelbara. Se: Folkskrifter. 1.
Drömtydaren, Ny o. tillförlitlig drömbok med öfver 2000 uttydningar af *John Blund*. 8:o. 80 s. Sthm, F. C Askerberg. 88. 50 ö.
DUARTE, d'Almeida Manoel, Henrik navigator. Stanzer öfvers. af *Göran Björkman*. 4:o. 16 s. Ups., Lundequistska bokh. 92. 1 kr.

DÜBEN, Cesar v., Minnen från Ostindien 8.o Sthm, C. E. Fritzes hofbokh.
II Minnen från Java. s 120—90. 86. 2: 50.
15 hithörande planscher. 10 kr.
—, Minnen från södra o. norra Amerika 8:o Sthm, C E. Fritzes hofbokh.
I — — — — — — — 92 s. 86. 2: 50
II. Minnen från Mejico, California o. Kina. s. 93 —309. 86. 3: 50.
— —, Lärobok i elektrisk belysning, till flottans tjenst utgifven. 8:o, 220 s. o. 2 pl Sthm, K. Marinförvaltningen. 92. Klb 3: 25.
Dubois, Paul, Finska vikens hemlighet. Se: *[Tavaststjerna, Karl A.]*
DUFFEY, E. B., Hvad hvarje qvinna bör veta. En bok för qvinnor af en qvinna. Innehållande prakt. lärdomar för qvinnor o. mödrar. Öfv. af *Fanny Lindahl*. 8:o Kjöbenh., R Stjernholm 94 1:a—10:e hft. 162 s. För häfte 25 ö.
DUFVENBERG, Oscar, Modersmålet som centralt läroämne. Med bihang: En rationell metod för läsning af svensk litteratur på det allm. läroverkets mellanstadium. 8:o, vij o. 118 s. Sthm, Z. Hæggströms F.-exp 94. 1: 50.
DUHEM, P., Applications de la thermodynamique. Se: Acta Soc:s scient. fenn XVI o. XVIII.
DÜHRING, Eugén, Vägen till kvinnans högre fackbildning samt lärosättet vid universiteten. Öfv. af *G. Henriksson-Holmberg*. 8:o, xiv o. 73 s Sthm, 89. 1: 25.
DUMAS, Alex., Brudklädningen. Roman Ny öfvers 8:o, 203 s. Sthm, Ad. Bonnier. 88. 2 kr.
—, De fyratiofem. Se. Vitterlek. 58, 59
—, De tre musketörerna. Med förord af *Alex. Dumas d. y.* samt med 250 illustr. af *M. Leloir*. 2 dlr. 4:o, 318 o. 315 s. Sthm, Alb. Bonnier. 95. 10 kr., inb. 13 kr.
— —, Drottning Margot. Se: Vitterlek. 54 o. 55.
— —, En läkares anteckningar. Se: dersammast. 25 o. 26.
—, Grefvinnan af Monsoreau. Se: dersammast. 56.
—, Sagan om Wilhelm Tell o. det schweiziska edsförbundets uppkomst. Med 8 illustr. 8:o, Sthm, F. C. Askerberg. 88. Kart. 1 kr.
DUMAS, Alexandre, d. y., Thérèse. Från franskan af *Efraim Wästberg*. 8.o, 213 s. Sthm, C. A. V. Lundholm. 90 1: 50.
DUMRATH, O. H., Furst Otto von Bismarck, tyska rikets grundläggare, i hans anföranden, bref o. samtal 8:o, 244 s. o. 4 portr. Sthm, W. Billes Bokf.-aktb. 95. 2: 75.
— —, Födoämnena o. näringsförloppet. Se: Handböcker, Ad. Bonniers allmännyttiga. 16.
—, Louis Pasteur. Till minne af den store forskarens 70 års födelsedag. 8:o, 144 s. o. 1 portr. Sthm, Samson & Wallin. 92. 2: 50.
—, Se: Ute o. hemma.
DUNÉR, G., Handbok för sjukvårdare. 8·o, viij o. 215 s. Sthm, P. A. Norstedt & S:r. 89. 2: 50.
—, Lärobok i helso- o. sjukvård. 8.o, viij o. 216 s. Sthm, P. A. Norstedt & S:r. 87. 2 kr.
DUNÉR, N. C., Om Solen. Se: Föreningen Heimdals folkskrifter. 8 o. 9.
—, Recherches sur la rotation du soleil. Se: Acta, Nova reg. soc:is. Upsal. XIV: II, 9.
—, Sur les étoiles à spectres de la 3:me classe. Se: Handl:r, K. sv. Vet.-akad:s. XXI: I, 2.
DUNIKOWSKI, Emil v., Ueber Permo-Carbon-Schwämn.e von Spitzbergen. Se: dersammast. XXI, 1.

DUNKER, Wilh., Lärobok i fiskberedning. Öfv. af *G. Schröder*. Med 21 fig i texten samt bihang: Fiskkokbok, inneh. 150 fiskrätter. 12:o, 232 s. Sthm, Alb. Bonnier. 90. 2: 50.
DUPIN de SAINT-ANDRÉ, A., Mexiko. 8:o, 206 s. Sthm, C. A. V. Lundholm. 91. 2 kr.
Dur o. moll. Illustrerad musikkalender. Redig. af *Frith. Cronhamn*. Liten 8:o, 160 s. Sthm, Looström & K. 88. Klb. 2: 25.
DÜRER, Emil, Edison hemma hos sig. Elektriska skizzer. Öfv. af *Herman A. Ring*. Med illustr. 8:o, 96 s. o. 4 pl. Sthm, Svanbäck & K. 90. 1: 75.
DÜRING, Karolina, Mönsterbok för flera slag af vanliga o. konstväfnader. 2:a uppl. 8:o, 28 s. o. interfol. Karlstad, Vermlands hush.-sällskap. 91. 1: 50.
DURLING, Maria, Kambyses' seger. Dikt. Belönad med hedersomnämnande af Svenska Akademien. 8:o, 97 s. Sthm, Alb. Bonnier. 95. 1: 25.
DURUY, George, Biographies d'hommes célèbres. Avec notes par *A. T. Malmberg*. Se: Skolbibliotek, P. A. Norstedt & Söners. Ser. II, 5.
DUSÉN, Karl Fr., Om Sphagnaceernas utbredning i Skandinavien. En växtgeografisk studie. Akad. afh. 4:o, vj o. 155 s. samt 1 karta. Ups., R. Almqvist & J Wiksell. 87. 5: 40.
DUSÉN, P., Ombärgstraktens flora o geologi, till ledning för den Ombärgsbesökande allmänheten framstälda Med en karta öfver Ombärg. 8:o, 95 s. o. 1 karta. Sthm, Ad. Johnson. 88. 1: 25.
DUVALL-ROSENMÜLLER, S. G., Ett vädjande till Sveriges regering o. riksdag (Angående fideikommissen). 8.o, 48 s. Vestervik, C. O. Ekblad & K. 94. 50 ö.
Dverg Spelemann, Två favoriter. *Robbert Whist, Gasqua Vira* o. deras samtida. Biografiskt »utkast». Liten 8.o, 32 s Sthm, John Wennerström. 94. 50 ö.
DYRSSEN, G., De svenska eskaderöfningarne sommaren 1894. Se: Tidskrift, Nordisk. 1895.
—, Se: *Linder, D. U. W. o. Dyrssen, G.*, Genmäle etc.
Dödsstraffet från teosofisk synpunkt. En uppsats tillegnad Sveriges högsta domstol. Från eng. af *T. A.* 8:o, 19 s. Sthm, H. Sandberg i distr. 90. 25 ö.
DÖRPFELD, F. W., Bidrag till pedagogisk psykologi i monografisk form. 8:o. Sthm, P. A. Norstedt & S:r.
I. Tänkande och minne. Öfv. från tyskan af *Joh. Lindholm*. Med förord af *Rich. Norén*. xxxij o. 266 s. 93. 2: 75.
— —, Ett ord om söndagsskolor. Öfv. från tyskan af *H. Berg*. 16:o, 32 s. Sthm, Fost-stift·s F.-exp. 87. 15 ö.
EBENHÖCH, P, Menniskan eller huru det ser ut i vår kropp o. huru dess organ arbeta Med färglagda kroppsafbildn:r. Öfv. från tyskan af *N. J. Nilson*. 3:e uppl. 8:o, 16 s. o. 1 bild. Sthm, G. Chelius. 93. 1: 60.
(1:a o. 2:a uppl. 92.)
EBERS, Georg, Gred. Roman från det gamla Nürnberg Öfv. 2 dlr. 8:o, 251 o. 258 s. Sthm, F. & G Beijers Bokf.-aktb. 89. 4 kr.
—, Josua. En berättelse från den bibliska tiden. Öfv. 8:o, 372 s. Sthm, F. & G. Beijers Bokf.-aktb. 90. 3: 50.
— —, Kleopatra. Hist. roman. Öfv. 2 dlr. 8:o, 276 o. 250 s. Sthm, Alb Bonnier. 95. 3: 50.
—, Nilbruden. Roman. Öfv. 3 dlr. 8:o, 266, 246

10-års-katalog 1886–1895. 11

o. 242 s. Sthm, F. & G. Beijers Bokf.-aktb. 87. 1:a o 2:a dln å 2: 50, 3.e 2 kr.

EBERS, Georg, Per aspera. Roman. Öfv. 2 dlr. 8:o, 378 o 359 s. Sthm, F. & G. Beijers Bokf.-aktb. 92. 7 kr.

—, Tre sagor för gammal o ung Öfv. 8:o, 172 s. Sthm, F. & G. Beijers Bokf.-aktb 91. 1: 75.

—, Uarda. Roman från det gamla Egypten. Öfv. af *Ernst Lundquist*. 2:a uppl. 2 dlr. 8:o, 368 o. 271 s. Sthm, Alb. Bonnier. 95 3: 50.

—, Österländska romaner. 8:o. Sthm, F. & G. Beijers Bokf.-aktb.
I Kleopatra. Hist. roman. 478 s 95. 2. 75.

EBNER, Janet, Esters hem. Öfv. från eng af *G. S. Löwenhjelm*. 8:o, 171 s. Sthm, Fost.-stift. F.-exp 87. 1 kr., kart. 1: 25, klb 2 kr.

EBNER, Theodor, Se: *Pichler, L*, o. *Ebner, Th.*, Genom stepper o. snöfält

EBSTEIN, Wilh., Konsten att förlänga lifvet. Se: Afhandlingar, Populär-vetenskapliga. 4.

—, Sockersjukans diätiska o. hygieniska behandling. Öfv. af *C. D. Josephson*. 8:o, 112 s. Sthm, Nordin & Josephson. 92. 2: 25.

Echo der deutschen Umgangssprache. 8:o. (Tr. i Leipzig). Sthm, C E. Fritzes hofbokh.
1. *Nawrocki, Rudolf*, Aus der Kinderwelt. 51 s. 90. Inb. 70 ö.
2. Se: *Eko*.

ECKLER, G., Se: *Angerstein, E*, o. *Eckler, G.*, Hemgymnastik

Ecklesiastik- o. läroverksstat, Linköpings stifts, d 1 juni 1893. Utg. af *J. A. Setterdahl*. 4.o, 23 s. Eksjö, Reinh. Larsson. 93. 50 ö.

Ecklesiastikmatrikel, Sveriges. Utarb. af *C. Rosenberg*. Ny förk. uppl 8:o, 544 s. Sthm, A. V. Carlsons Bokf.-aktb. 91. 5 kr, inb. 6 kr.
Föreg. uppl. viij o. 794 s. 86. 6 kr., inb. 7 kr.

Ecklesiastik-matrikel öfver Sverige. 11.e uppl. utg. 1888 af *F. A. Westerling*. 8:o, 292 s. Sthm, Samson & Wallin. 88. 3: 50.

ECKSTEIN, Ernst, Humoresker. Från tyskan. 8:o, 205 s. Sthm, C A. V. Lundholm. 90. 1: 25.

—, Jorinda Öfv af *A. W*. 8:o, 227 s. Sthm, F. & G. Beijers Bokf.-aktb 88. 1: 50.

—, Kyparissos. Roman från det gamla Grekland. Autoriserad öfv. 8.o, 351 s. Sthm, Ad. Bonnier. 95. 3: 25.

—, Nero. Hist. roman. Öfv. af *Walborg Hedberg*. 2 dlr. 12:o, 242 o. 188 s. Sthm, Alb. Bonnier. 88. 3: 50.

—, Pia. Roman från det 13.e årh. Öfv. af *Teodor Rabenius*. 12:o, 215 s. Sthm, Alb. Bonnier. 89. 1: 50.

Edda, Sämund den vises. Skaldeverk af fornnordiska myt- och hjältesånger om de götiska eller germaniska folkens gamla gudatro, sagominnen o. vandringar. Öfv. från isländskan af *Fredrik Sander*. Med bilder af nordiska konstnärer. Stor 8:o, 472 s. Sthm, P. A. Norstedt & S:r. 93. Klb 14 kr.
Praktupplaga in 4:o, 472 s. Klb. 26 kr.

EDELSVÄRD, A. W., Se: Eldsvådorna, Om, o. djurskyddet.

Edelweiss, [Huldine Beamish] Spiritismen i dess rätta belysning. 8:o, 143 s. Sthm, Looström & K. 89. 1: 75.

—, Tre bilder ur Leo Tolstoys lif. Tvär 8:o, 26 s. Sthm, Kristl. fören:n af unga kvinnor. 91.
25 ö., på bättre papper 50 ö

EDEN, Fannie, Dudley Carltons hustru. Se: Läsning, Lätt, för alla. 1.

—, Ingens älskling. Se: dersammast. 2.

—, Lemnad ensam i verlden. Öfv. från eng. af *N. T*. Liten 8.o, 67 s. Örebro, Bokf.-aktb. 95. 25 ö., kart. 35 ö.

—, Pappa kom hem. Öfv. från eng. Liten 8 o, 72 s. Örebro, Söndagsskoleforen. 92.
25 ö., kart 35 ö.

EDÉN, Gustaf, Bref i andeliga ämnen. 8.o, 32 s. Skellefteå, Börje Lagergrens bokh. 91. 40 ö.

—, Bönebok för Guds barn. 16.o, 128 s Sthm, Fost.-stift:s F.-exp. 92. Inb. 50 ö.

—, En fröjdefull julhälsning. 8:o, 16 s. Sthm, Fost.-stift.s F-exp 91. 15 ö.

EDÉN, Nils, Die schwedisch-norwegische Union und der Kieler Friede. Mit einer Vorbemerkung von *Fritz Arnheim*. 8.o, xij o. 155 s. (Tr. i Ups) Leipzig. Duncker & Humblot. 94. 3 60.

—, Kielerfreden o. unionen. 8.o, 114 s. Ups., Akad. bokh. i distr 94. 1: 25.

EDESTRAND, H., Predikan vid enkefru kaptenskan *Viveka Ch. Chr Dahls*, f *Trolle*, jordfästning i Fulltofta kyrka d. 19 juli 1893. 8.o, 27 s. Lund, Aug. Collin 93. 25 ö.

EDFELDT, Hans, Om de etiska grundbegreppen. Se: Årsskrift, Upsala univ ts 1894. Filos. språkvet. o. hist. 1

—, Om föremålen för den praktiska filosofiens propedevtik. Se: dersammast 1895. Filos. språkvet o. hist. 1.

—, Om Gud betraktad ss. förstånd o. vilja. Se: dersammast. 1888. Filos. språkvet. o. hist. 3.

—, Om menniskan såsom sinne betraktad. Se: dersammast. 1886. Filos. språkv. o. hist. 1.

EDGEWORTH, Mary, Berättelser för barn o ungdom. Se: Läsning för ungdom af utm. eng. författ. 2.

EDGREN, Hjalmar, Blåklint Ny diktsamling. 8.o, 133 s. Sthm, P. A. Norstedt & S:r. 94.
2 kr., hfrb. 3: 75.

—, Det gamle Indiens bildspråk. Se: Tidskrift, Nordisk. 1887.

—, Göteborgs högskola. En blick på hennes uppkomst o. ordnande. 8:o, 39 s. Göteb, Wettergren & Kerber. 91. 75 ö.

—, Högskolor, deras uppkomst o. utbildning. Se: Tidskrift, Nordisk. 1891.

—, Indo-europ. folkens ursprungliga hem o. kultur. Se: dersammast 1886.

—, Jämförande grammatik, omfattande sanskrit, grekiska, latin o engelska. I. Ljudlära o. nominal stambildningslära. 8.o, vij o. 123 s. Göteb., Wettergren & Kerber. 93. 4 kr.

—, Om samskolor i Amerika. Se: Tidskrift, Nordisk. 1892.

—, Språkhistoriska ordböcker. Se: dersammast. 1892.

—, Se: *Longfellow, H. W.*, Valda dikter.

EDGREN, J. G., o. **JOLIN, S.,** Läkemedlens användning och dosering. Kortfattad sammanfsättn. för praktiserande läkare. 2.a uppl. Liten 8.o, 231 s. o. anteckn. bok. Sthm, W. Billes Bokf.aktb. 95. Chagrinb. 3: 75.

(1:a uppl. 93.)

EDGREN-LEFFLER, A. Ch., Se: *Leffler, A. Ch D:ssa di Cajanello*.

EDHOLM, Edv., Helso- o. förbandslära för arméns underbefälsskolor 3:e uppl. 8:o, 142 s. Sthm, P. A. Norstedt & S:r. 89. 1: 25.

—, o. **EKEROTH, Carl,** Handbok för sjukvårdssoldater. 8:o, x, 240 o. 56 s. samt 1 pl. Sthm, P. A. Norstedt & S.r. 94. Lärftsb. 3: 25.

Edita. (**C. J. Broberg.**) 8:o, 40 s. Tr. i Sthm, Andréens boktr. 94 Uppl. 20 ex. (Ej i bokh.).

EDLUND, Erik, Bemerkungen zu dem Aufsatze des Herrn Hoppe: »Zur Theorie d unipolaren Induction.» Se: Bihang till Vet.-akad:s handl:r. XII, I, 6.

—, Considerations sur certaines théories relatives à l'électricité atmosphériques. Se: Handlingar. K. sv. Vet.-akad:s. XXII: 11.

—, Recherches sur la force électromotrice de l'étincelle électrique. Se: dersammast. XXI, 10.

—, Théorie de l'induction unipolaire. Se: dersammast. XXII: 5.

—, Ueber Herr Worthingtons Bemerkung gegen den Beweis, dass d. leere Raum Elektricitetsleiter ist. Se: Bihang till Vet.-akad:s handl:r. XII, I: 10.

EDMAN, Aug., Hednisk tro o. kult, samt kristlig mission i svenska lappmarkerna. 8:o, 107 s Sthm, C. O Berg. 88 75 ö., kart. 1 kr, inb. 1: 25.

—, Se: *Löegren, N.,* Kyrkohistoria.

EDSTRÖM, E., Fransk elementarbok. Bearb. för svenska skolor efter *Knudsen* o. *Wallern.* 8:o, 52 s. Sthm, W. Billes Bokf.-aktb. 92. Klb. 1 kr.

—, Se: Författare, Moderna franska. 1. — *Gullberg, G.,* o. *Edström, E ,* Fransk skolgrammatik. — *Haléry, L.,* L'abbé Constantin. — *Labiche, E.,* Le voyage de Mr Perrichon. — *Olde, E. M.,* Fransk språklära.

EDWARD (**Mrs**), Archie Lovell. Roman. Öfv. från eng. af *Aurore P—z.* 8:o, 593 s. Sthm, Bokförlagsfören. Sven. 92. 3: 50.

EDWARDES (**Mrs**), Äfventyrerskan. Se: Romaner o. noveller. 8.

EDWARDS, Amalia B., En förlofning. Öfv. från eng. 8.o, 275 s. Mariestad, P. W. Karström 89. 2: 25.

Efraim, Nykterhetsberättelser. 2:a uppl. 8:o, 24 s. Lindesberg, Joh. Högborg. 90. 15 ö. (1:a uppl. 89.)

Efteråt? Tidskrift för spiritism o. dermed beslägtade ämnen. 1:a årg. 1891. 4 o, Sthm, Redaktionen. 91. För årg. (12 hfn). 3 kr.

Eganderätt, Om den gifta qvinnans Ny följd. 8.o. Sthm, Samson & Wallin.
3.e 31 s 87. 25 ö. — 4.e 57 s. 92. 50 ö.

Eganderätten till Helgeandsholmen o. Norrström. Officiela uttalanden åren 1872—89, samlade o. belysta af en Stockholmsbo. 8:o, 34 s. Sthm, H. Sandberg i komm. 90. 50 ö.

Eger statsföreningen på den skandinaviska halfön någon framtid? 8:o, 47 s. Sthm, Nordin & Josephson i distr. 89. 60 ö.

EGERTON, George, Grundtoner. Bemyndigad öfv. från eng 8:o, 193 s. Sthm, Ad. Bonnier. 95. 2 kr.

EGGELING, F., Sångbok för folkhögskolor. 4:e tillök. o. förbättr. uppl. 8:o, xx o. 426 s. (Tr. i Köpenh) Lund, C. W. K. Gleerup. 90 Kart. 1: 60.

EGGERTZ, C. G., Om konstgjorda gödslingsämnen o. deras användning. Se: Småskrifter i landtbruk. 5.

—, Studier o. undersökningar öfver mullämnen i åker- o. mossjord. Akad. afh. 8:o, 66 s. Lund, Gleerupska univ:s-bokh. 88. 1: 50.

—, Studier öfver mullämnen i mossjord. Se: Medd. fr. Landtbr. Akad:s experim. fält. 3.

—, o. **NILSON, L. F.,** Kemisk undersökn. af moss- o. myrjord. Se: dersammast. 7.

EGGERTZ, Vict., Om bergskemiska prof (ej omfattande jern, jernmalmer o. brännmaterialier). 12:o, 102 s. Sthm, Fr. Skoglund. 89. 1 kr.

EGGERTZ, Vict., Om kemisk profning af jern, jernmalmer m. m. 2:a uppl. utg. af *C. G. Särnström.* 8:o, 212 s. o. 4 pl. Sthm, J. Beckman. 92. 2: 50.

—, Ännu en gång om kolbestämning i jern 8:o, 22 s. Sthm, Förf:n. 86 25 ö.

EHNBERG, K J., Lepidopterologiska iakttagelser, år 1889 på Karelska näset. Se: Medd. af Soc. pro fauna et flora fenn. 17.

EHRENHEIM, Erik, v., Anteckningar om Grönsö o. Utö. 8:o, 90 s. Tr. i Sthm, Centraltryckeriet. 94. Uppl. 60 ex. (blott för utdelning).

— —, Etsningar från Grönsö o. Utö. 8:o, 20 pl. med 20 textblad. Tr. i Sthm, Centraltryckeriet. 94. Uppl. 17 ex. (Ej i bokh.).

—, o. **UPMARK, G.,** Anteckn:r från Nationalmusei gravyrsamling. Se: Meddelanden från Nationalmuseum. N.o 8.

EHRENSVÄRD, Albert, Om verkan af utländsk straffdom i straffrättsligt hänseende. Akad afh. 8:o, 160 o. xvij s. Lund, Gleerupska univ. bokh. i distr. 95. 3 kr.

[**EHRNROOTH, Adelaida**], Bland fattiga o. rika. Novelletter af *A—i a.* 8:o, 169 s. Hfors, G. W. Edlund. 87. 2: 50 fmk.

[ ], Höstskörd Reseminnen o. novelletter af *A—i—a.* 8:o, 179 s. Hfors, Förf:n. 95. 2 fmk.

[ ], Två finskors lustvandringar i Europa o. Afrika åren 1876—77 o. 1884 af *A—i—a.* 8:o, 232 s. o. 9 illustr. Hfors, G. W. Edlund. 86. 3 fmk.

[ ], D.o d:o II. Resor i Orienten at *A—i—a.* 8:o, 173 s. Hfors, G. W. Edlund. 90. 2: 75 fmk.

EHRSTRÖM, E., Helsingfors stads historia Se: Skrifter utg. af Sv. litt. sällsk. i Finland XV.

—, Öfversikt af det finska skråväsendets historia. 8:o, 110 s. Hfors 93.

EICHHORN, Chr. Se: Bilder från gamla Stockholm.

— Konungar, Svenska och deras tidehvarf.

EICHSTÄDT, Fr., Pyroxen o amfibolförande bergarter från Småland Se: Bihang till Vet.-akad:s handl:r. XI, 14.

—, Underdåniga besvär öfver förslag till den i Upsala lediga professuren i mineralogi o. geologi. Stor 8:o, 35 s. Lund, Förf.n. 89 1: 25.

—, Underdåniga slutpåminnelser i fråga om återbesättandet af professuren i mineralogi o. geologi vid Upsala universitet. 8:o, 75 s. Sthm, Förf:n. 89. 1 kr.

Eira. Tidskrift för helso- o. sjukvård. Utgifvare: *E. W Wretlind.* Årg. 10—19. (1886—95) 8.o. Sthm, Redaktionen. 86—95. För årg. (24 hfn). 10 kr.

EISBEIN, C. J, Köttfodermjölet, dess användning o. betydelse för landtbruket. Öfv. från tyskan. 8:o, 38 s o. 1 tab. Göteb, N. J. Gumperts bokh. i distr. 91. 90 ö.

Ek, E. A., Omstörtning eller utveckling? Se: *[Fryxell, Eva].*

Ek, Janne, Labyrintens hemlighet. Se: *[Ekblom, Joh.]*

EK, L. R., Rättskrifningsöfningar till svenska rättskrifningsläran. 8:o, 31 s. Mariestad, P. W. Karström. 90. 20 ö.

—, Svensk rättskrifningslära utarb. på grundvalen af Svenska akad. ordlista. 8:o, 24 s. Mariestad, P. W. Karström. 89. Kart. 30 ö.

EKBERG, F. R., Handbok vid uppgörande af kostnadsförslag till husbyggnader, jemte uppgifter för missberäkningar, upprättande af arbetsbeskrifn:r o. entreprenadskontrakt. 8:o, vij o. 70 s. Sthm, J. Seligmann. 90. 2 kr.

[EKBLOM, Joh.,] Labyrintens hemlighet. Tafla ur lifvet. Jemte små poetiska försök af Janne Ek 8:o, 56 s. Ribbingsberg. Wårgårda. Förf:n. 90. 40 ö.

EKBOHRN, Ossian, Ornitologiska iakttagelser vid Sandhamn. Se: Bihang till Vet.-akad:s handl:r. XV: IV, 8.

EKDAHL, Ax. Joh, Om rättsmedicinska undersökn:r rör. sinnesbeskaffenheten hos för brott tilltalade personer. 8.o, 88 s. Lund, Aug. Collin. 93. 1 kr.

EKDAHL, Fridolf Nath., Askesens berättigande ss. moment i den kristna sedligheten. Proffföreläsning i moraltheologi. 8:o, 24 s. Lund, Aug. Collin. 95. 50 ö.

—, Den kristliga sedelärans grunddrag framstälda ur de tio budens lag sådan denna i vår katekes utlägges. 8:o, 207 s. Lund, Aug Collin. 95. 2: 25.

—, Herrens fridstankar om bedröfvelsens barn. Predikan. 8:o, 19 s Lund, Aug. Collin. 90. 25 ö.

—, Om den svenska kyrkans begrafningsformulär. 8:o, 32 s. Lund, C. W K. Gleerup. 86. 50 ö

—, Om konfirmationen. I. 8:o, iij o. 208 s. Lund, C. W. K. Gleerup. 89. 2: 50.

—, Om konfirmationslöftena. Föredrag hållet vid »Kyrkans vänners» årshögtid i Kalmar d 3 aug. 1894. 8:o, 40 s. Lund, Aug. Collin. 94 50 ö.

—, Om sammanhanget i Luthers lilla katekes. Proffföreläsning i praktisk theologi. 8.o, 27 s. Lund, Aug. Collin. 95 50 ö.

—, Predikan hållen i Lunds domkyrka vid stiftets prestsällskaps årssammanträde d. 28 aug. 1888. 8:o, 23 s. Lund, Aug. Collin 88. 30 ö.

—, Studier i Psalmboksfrågan med särskild hänsigt till 1889 års förslag. 8:o, 268 s. Lund, Aug Collin. 93 2: 75.

EKDAHL, Ossian, Om beräkningsmetoderna vid uppgörande af förslag till sjöars sänkning o. reglering. 8:o, 128 s. o. 2 pl. in 4.o. Lund, Aug. Collin. 88. 4 kr.

EKEDAHL, Esaias, Inter Paulum apos'olum et corinthios quæ intercesserint rationes. Commentatio academica. 8:o, 110 s. Lund, Förf:n 87 1 kr.

EKEHORN, Gustaf, Studier öfver rektalkareinomets statistik o. behandling. 8.o. 176 s. Sthm, Samson & Wallin i komm. 90. 3: 50.

EKELUND, Axel, Register öfver Jernkontorets annaler, årg. 1886-90. 8:o, 84 s. Sthm, Samson & Wallin. 91. 1: 10.

—. Se: Annaler, Jernkontorets. 1886. Register.

EKELUND, H., Kan bränntorfven i någon form ersätta stenkol o kåks? 8.o, 36 s. Jönköp, Nordströmska bokh. 90. 1 kr.

—, Komprimeradt kol af bränntorf. 8:o, 59 s. Jönköp., Nordströmska bokh. 91. 1: 50.

EKELUND, Theodor, Vittra skuggbilder. Litteraturhistoriska anteckn:r. 8:o, 208 s. Sthm, Ad Johnson 86. 2 kr.

EKELÖF, A., A guide to swedish ports and pilot stations revised up to 1895, compiled from official sources in the interests of the trade and navigation in swedish waters. 8.o, 126 s o. 1 karta. Sthm, Seelig & K 95. 2: 25.

—, Se: Årsbok, Svensk nautisk.

EKENBERG, Martin, o. LANDIN, Joh., Illustr. varulexikon. 8:o, 968 o. viij s. Sthm, G. Chelius. 88—94 24 kr, inb. 26: 50. (Utkom i 20 hfn. à 1 kr.)

EKERMANN, A., Från Nordens forntid. Fornnordiska sagor bearb på svenska. Med orig. teckn:r af Jenny Nyström-Stoopendaal. 8:o, 348 s. Sthm, P. A. Norstedt & S:r. 95. 4 kr., inb. 5: 50.

—, Svensk ordlista jämte några regler för rättskrifning 8:o, 104 s. Sthm, A. L Normans f.-exp. 91. Inb 50 ö.

—, Se: Läsebok till svenska litteraturhistorien.

EKEROTH, Carl, P. M. i fältsjukvårdstjenst. 8.o, 25 s. Sthm, P. A. Norstedt & S:r. 95. 50 ö.

—, Se: Edholm, Edv., o. Ekeroth, C, Handbok för sjukvårdssoldater.

EKEROT, Gunnar, Artistlif. Minnen o. anteckn:r. 12.o, 186 s. Sthm, Ad. Johnson. 93. 2 kr.

—, Se: Verk o. anläggn:r, Svenska industriella.

EKEROT, Hjalmar (Alma Rek). Jul. Nutidsbilder o. forntidssägner. 8:o, 224 s. Sthm, Karl Gustafsson. 90. 2 kr.

—, Tio Bellmans imitationer. 8.o, 48 s. Sthm, Ad. Bonnier. 88 1 kr.

EKEVALL, A F., Gator o. ordspråk, samlade. 8 o, 19 s. Skellefteå, Förf:n 93. 1 kr.

—, Verser m. m. 8:o, 61 s o. 1 portr. Skellefteå, Förf:n. 93. 1 kr.

EKHOFF, E. Se: Anteckn:r af o om svenska Kongofarare.

EKHOLM, G., Meter- o. prisförvandlingstabell. 1 tab. (bihang 4 s in 8:o. Sthm, Looström & K. 86. Kart 1 kr.

EKHOLM, Karl, Studier öfver Kolonbakterien. Akad. afh. 8.o. 4, 154 s. o. 1 pl Hfors 93. 2: 50 fmk.

EKHOLM, Nils, Etude des conditions météorologiques. Se: Bihang till Vet.-akad.s handl:r XVI: I, 5.

—. Sur la chaleur latente de la vaporisation de l'eau etc Se: dersammast. XV: I, 6.

—, Ueber die Einwirkung der ablenkenden Kraft der Erdrotation auf die Luftbewegung. Se: dersammast. XV: I, 14.

—, Undersökningar i hygrometri. Akad. afh. 4.o, 104 s. Ups., Akad. bokh. 88. 1: 50.

—, Se: Handtabeller, Fyr- o treställiga logaritmisktrigonometriska

—, o. ARRHENIUS. Svante, Ueber den Einfluss des Mondes auf d. elektrischen Zustand d. Erde. Se: Bihang till Vet.-akad. handl:r XIX: I, 8.

—, o. HAGSTRÖM, K. L, Molnens höjd i Upsala under sommaren Se: dersammast. XII: I, 10.

EKHOLM, Pehr, För alla nyttig hjelpreda. Den fullständigaste o. enklaste meterboken. Liten 8 o, 64 s Karlsh. O. Lindgren. 88. Kart. 50 ö.

Ekkis. Se: [Nelson, Joh. Fred.].

EKLUND, Axel, Lärobok i dubbel bokföring med exempel för apotek. 8:o, 142 s. Lund, Gleerupska univ.s bokh. i distr. 88. 2 kr, inb. 2· 25.

EKLUND, I. Se: Skogvaktaren.

EKLUND, J. A., Maria, herrens moder, Maria från Betanien, Maria Magdalena. Predikn:r. 8:o, 45 s Borås, Edm. Jungbecks bokh. i distr. 93. 50 ö.

—, Några grundtankar i Viktor Rydbergs diktning. 8:o, 103 s. Göteb., N. J. Gumperts bokh. i distr. 92. 1: 50.

EKLUND, Pehr, Lutherska endrägtsboken i allmänkyrklig belysning. 8:o, 108 s. Lund, C. W. K. Gleerup. 93. 1: 25.

—, Tron o. trons artiklar, ur föreläsn:r öfver Luthers

större katekes. 8:o, 48 s. Lund, C. W. K Gleerup. 93. 35 ö.
EKLUND, P. B. Se: Uniformer, Svenska arméens o. flottans.
EKLUND, P. N., Hvad är att iakttaga vid liflörsäkring? Kort handledn. för försäkringstagare. 8:o, 39 s. Lund, Aug. Collin. 94. 30 ö.
EKLÖF, Erik, Pilgrimen Sånger. 2:a tillök. uppl. 16 o, 128 s Nora, Utg.n. 86. Inb. 35 ö
EKLÖF-HILL, Louis, The travellers illustrated guide of Sweden. Stockholm and the principal pleasure-routes in Sweden by rail and water. 8:o, 137 o. xx s. samt 4 kartor. Sthm, Nordin & Josephson i distr. 90. Klb 5 kr.
EKMAN, E. J., Bibelskolan. Kort öfversigt af Konfirmationens historia m. m Med 5 illustr. 16:o, 64 s. Sthm, E. J. Ekmans f.-exp. 87. Kart 50 ö.
— —, De yttersta tingen. Biblisk framställning. 8:o, Sthm, E. J. Ekmans f.-exp.
1:a hft. 159 s 86. 1: 25.
2.a hft. Uppenbarelseboken. 186 s. 86. 1: 50
3:e hft. Dödsriket o. Gehenna. 84 s. 86. 75 ö.
— , Den smygande fienden. Ett ord till föräldrar. 8:o, 47 s Sthm, E. J. Ekmans f.-exp 87. 40 ö.
— , Illustrerad missionshistoria öfver hela verlden. 2:a uppl. 2 dlr. 8:o, 562 o 630 s. samt 172 portr. o. 160 illustr. Sthm, E. J. Ekmans f.-exp. 93. 6 kr., klb. 8 kr., bb. 10 kr.
1:a uppl. 89 - 91. (15 hfn). 11 kr, inb. 15 kr.
— , Reseminnen från Tyrolen, Italien, Schweiz o. Nord-Afrika. Med 195 illustr 4:o, 274 s. Sthm, E. J. Ekmans f.-exp. 92. Inb. 8 kr.
— , Ur Guds brödkorg. Betraktelse. 8:o,55 s. Sthm, E. J. Ekmans f.-exp. 86. 50 ö.
— , Se: Grenljuset.
EKMAN, F. L., Om brännvinsfinkelolja o. dess qvantitativa bestämning. 8.o, iij o. 126 s. Sthm, Sthms utskänkn. aktieb. 87. 1 kr.
— o. **PETTERSSON, O.**, Den svenska hydrografiska expeditionen 1877. Se: Handlingar, Vet.-Akad s. XXV: I, 1.
EKMAN, Gust. Se: *Pettersson, O*, o. *Ekman, Gust*, Skageracks o. Kattegats hydrografi.
EKMAN, Joh. Aug, Den kristna religionsläran enligt den hel. skrift. 8:o, 400 s. Sthm, Z. Hæggströms f.-exp. 88. 4 kr.
— , Den naturalistiska hedendomen eller det lägsta stadiet af humanitetsidéns utveckling. 8.o. Ups, W. Schultz.
Förra hft. 100 s. 86. 1: 75.
Senare hft. s. 161—294. 88. 1: 50.
— , Tal vid W. E. Svedelius' jordfästning i Upsala d. 3 mars 1889. 8.o, 13 s. Köping, M. Barkéns törlagsbokh. 89. 35 ö.
— , Se: Årsberättelse, Svenska bibelsällskapets
EKMAN, Oskar, Prisförvandlingar från metersystemet till gamla rymd-, mått- o. vigtsystemet 12:o, 26 s. Sthm, Förf:n. 87. 35 ö.
EKMAN, R. Se: *Pettersson, O*., o. *Ekman, R.*, Ny metod att bestämma alkoholhalten i jästa drycker.
EKMARK, J. O., Lärobok i allm. historien för allm. lärov. mellanklasser. 2:a uppl. 8.o, 171 s. Sthm, C. E. Fritzes hofbokh. 92. Inb. 2 kr.
— , Läsebok till allmänna historien. Med illustr. 8:o. Sthm, C. E. Fritzes hofbokh.
1:a dln. Gamla tiden. viij o 288 s. 91.
2 kr., inb. 2: 50.
2:a dln. Medeltiden. 429 s. 91. 3 kr., inb. 3: 50.
— , Läsebok till C. T. Odhners Svenska historia för skolans lägsta klasser. 8:o. Sthm, C. E. Fritzes hofbokh.
1:a dln. 3:e uppl. 332 s. 95. 2: 25, inb. 2: 75. (2:a uppl. 86.)
2:a dln. 2:a uppl. 299 s. 90. 2 kr., inb. 2: 50.
3:e dln. 2:a uppl. 312 s. 93. 2 kr., inb. 2: 50.
EKMARK, J O, Öfningar att säkert böja det tyska adjektivet o. passivum af det tyska verbet. 8 o, 14 s Sthm, C. E. Fritzes hofbokh. 94. 25 ö.
— , Se: Läsebok, Svensk.
Eko. Ett julblad utg. af Lundastudenter. Folio, 8 s. Lund, Aug. Collin. 89. 35 ö
Eko af engelska talspråket. 8:o. (Tr. i Leipzig.) Sthm, C. E. Fritzes hofbokh.
1. Från barnens verld (Childrens talk) af *R. Shindler*. Med fullständig svensk öfvers. af *Math:a Langlet*. 100 s. 90. lnb. 1: 20.
2. *Shindler, Rob*., Glimpses of London Med ordbok af *Math:a Langlet* 187 s. 91. Inb. 1: 60.
Eko af franska talspråket. 8:o. (Tr i Leipzig.) Sthm, C. E Fritzes hofbokh.
1. Från barnens verld (Conversations enfantines) af *R. Foulché-Delbosc*. Med fullständig svensk öfvers. af *Alfr. Svensson*. 95 s. 90. Inb 1: 20.
2. Causeries parisiennes par *R. Foulché-Delbosc*. Med ordregister. 80 s. 90. Inb. 2 kr.
Eko af det tyska talspråket. 8:o. (Tr. i Leipzig) Sthm, C. E. Fritzes hofbokh. i distr.
1. Se: *Echo*.
2. *Kuttner, Max*, Huru talas det i Berlin? (Wie spricht mau in Berlin?) Med ordförteckn. af *A. W. Bodstedt*. 190 s. 91. Inb. 1: 60.
Ekonomi, Huslig, som skolämne Se: Spörsmål, Svenska. 21.
EKSTRAND, A. G., Konstsmör (margarinsmör), dess beredning. Se: Handbibliotek, Allmännyttigt 128.
EKSTRAND, Sven, Allmänhetens praktiska räknebok. Hjelpreda vid inlärandet af metersystemet. 12.o, 11 s. Kalmar, Förf:n 89. 15 ö.
EKSTRAND, V., Se: Saml. af kgl. bref o. författn:r ang. storskiftes- o. afvittringsverken.
EKSTRÖM, Axel. Se: Rullor öfver svenska arméens o. flottans underoff. o. musikkårer.
EKSTRÖM, C U. Se: Fiskar, Skandinaviens.
EKSTRÖM, John, Elementär ritkonst. Lärokurs i linearritning för allm. läroverk. 1:a afd. 8:o, 28 s. Sthm, Förf.n. 93. Kart 1: 25.
— , Färgläggning o. ritöfningar. 8.o, 8 s. Förf:n. 92. 40 ö.
— , Linearritningar. Folio, 3 pl. Sthm, Förf.n. 91. 1: 75.
— , Lärokurs i linearritning för allm. läroverk, borgarskolor o. högre folkskolor. 1:a afd 8:o, x o. 17 s. samt 12 pl. Sthm, Ad. Bonnier. 86. 1: 50.
— , Lärokurs i linearritning för folkundervisningsanstalter. 8:o, 24 blad. Sthm, Förf:n. 90.
Kart. 60 ö.
— , Meddelande om lärokurs i linearritning. 8:o, N:o 1. 8 s. — N:o 2. 16 s. — Sthm, Förf:n. 91. hvardera 10 ö.
— , Mindre lärokurs i linearritning för folkskolor. 16 pl. o. 22 s. text. Sthm, Förf:n. 92.
Kart. 45 ö.
— , Om teckningsundervisningen i Frankrike. Reseberättelse. 4:o, 42 s. Sthm, Förf:n. 93. 2: 50.
— , Se: *Schulze, H*, Fickbok för ornamentstecknare.
EKSTRÖM, N., Kalle Pihlströms äfventyr i Ryssland. 8 o, 73 s. H:fors, G. E. Liljeström. 95. 2 fmk.
ELCHO, Rudolf, Ljusets barn. Roman. Öfv. af *E*.

B—n. 12:o, 405 s. Sthm, F. & G. Beijers Bokf.aktb. 89. 2: 75.

Eldbrasan, Vid. Se: Läsning för unga flickor. 15.

Eldsläckningsväsendet i mindre städer i Norge. Se: [Rubenson, M.]

Eldsvådorna, Om, o djurskyddet jemte några anvisn:r till byggande o. underhåll at husdjursstallar. Utg. gm [A. W. Edelsvärd, J. Bolinder, o C G. Bredberg.] Stor 8:o, 64 s. o 6 pl. Sthm, F. & G. Beijers Bokf.-aktb. 88. 1: 50.

Elfdrottningen. 1890. För skollofskolonierna utg o redig. af Gust. Bellander. Folio, 20 s. Göteb., N. J. Gumperts bokh. 90. 1 kr.

ELFSTRAND, Daniel, Engelsk läsebok jämte ordlista o. förklaringar. 8:o, viij o. 291 s Sthm, H. Geber. 92 2: 50, inb. 3 kr.

ELFSTRAND, M., Botaniska utflygter i sydv. Jemtland. Se: Bihang till Vet.-akad:s handl:r. XVI: III, 7.
, Hieracia alpina aus den Hochgebirgsgegenden des mittleren Skandinaviens. 8 o, 71 s. o. 3 tab. Ups. Lundequistska bokh. i komm. 93 2 kr.
, Studier öfver alkaloidernas lokation. Se: Årsskrift, Upsala Univ:ts. 1895. Medicin 1.

ELFSTRÖM, J., En kristen i sitt hem o. sin kallelse etc. 8:o, 64 s. Sthm, Red. af Sanningsvittnet 40 ö.

11 kronor o. 58 öre eller Det nya systemet eller Ett äfventyr i Telje 200 år före Kristi födelse. Tragikomedi i en akt (Svenskt original.) 8:o, 23 s Tr i Göteb. i Alb. Olsons boktr 88 25 ö.

ELFVERSON, J. P., Elementerna i sferisk trigonometri. 8:o, 96 s. Karlsh. O. Lindgren i distr. 88. 2 kr.

ELFVING, Fredr., Bemerkungen zu Wortmanns Hypothese d. pflanzlichen Krümmungen. Se: Öfversigt af F. Vet. soc s förhandl:r XXXI.
, De vigtigaste kulturväxterna. Med 74 afbildn.r i texten. 8:o. 224 s. H:fors, Söderström & K. 95. 4 kr.
, Naturen och våra diktare Se: Skrifter utg af Sv. litt. sällsk. i Finland XX.
, Några anmärkn:r till Desmidieernas systematik. 8:o, 8 s H:fors. 89.
Jfr Medd. af Soc:s pro fauna et flora fenn. 16.
, Studien über die Einwirkung des Lichtes auf die Pilze. Akad abhandl 8:o, 141 s. o 5 pl. H.fors. Förf:n. 90. 4 fmk.
, Über die Einwirkung von Äther u. Chloroform auf die Pflanzen. Se: Öfversigt af F. Vet Soc:s förhandl:r XXVIII.
, Über physiologische Fernwirkung einiger Körper Se Comment. var. in mem. act CCL: 1.
, Über Saccharomyces glutinis. Se: Öfversigt af F. Vet. Soc s förhandl. XXVIII.
, Zur Kenntniss der Krümmungserscheinungen d. Pflanzen. Se: dersammast. XXX.
, Zur Kenntniss der pflanzl. Irratabilität. Se: dersammast. XXXVI.

ELGSTRÖM, Albin, Hermann Lotzes uppfattning af människans valfrihet. I. Akad. afh. 8 o, 84 s. Lund, Gleerupska univ.s bokh. i distr. 92. 1 kr.

ELIASSON, A G., Om sekundära anatom. förändringar. Se: Bihang till Vet.-akad:s handl:r XXIX: III, 3.

ELIOT, George, [pseud. för Mary Lewes f Evans], Romaner. 8:o. Sthm, P. A. Norstedt & S:r.
 I. Romola. Öfv. af J. R. Spilhammar. 2 dlr. 624 s. 87. 6 kr., inb. 8 kr.
 II. Silas Marner, väfvaren i Raveloe. Öfv. från eng. 182 s. 88. 1: 75, inb. 2: 75.
 III. Bilder ur engelska presters lif. Öfv. från eng. af C F. Bagge. 414 s. 88. 3: 75, inb. 4. 75.
 IV. Ur landsortslifvet (Middlemarch). Öfv fran eng. af A. G. Engberg. 2 dlr. 488 o. 465 s. 89. 7: 50, inb. 9: 50.
 V. Qvarnen vid Floss. Öfv. af A. von Feilitzen. 2 dlr. 306 o. 291 s. 90.
  För del 3 kr., kompl inb. 8 kr.
  Del. I—V inb. samt i fodral 33 kr.

ELIOT, George, The sad fortunes of the rev. Amos Barton. Se: Författare, Moderna engelska. 1.

Elis, Min hustrus dagbok. Se: [Sörensen, Lizinka.]

Elisabeth af Rumänien (drottning) Se: Carmen Sylva.

ELKAN, Sofi, Dur o Moll. Skizzer o. berättelser af Rust, Roest. 12:o, 316 s. Sthm, Fr. Skoglund i distr. 89 2: 75.
, Med sordin. Skizzer o. noveletter af Rust. Roest. 8:o, 218 s. Sthm, Fr. Skoglund i distr. 91. 2 kr.
, Rika flickor. Berättelse af Rust, Roest. 8 o, 316 s. Sthm, Fr. Skoglund i distr. 93. 2: 75.
, Säfve, Kurt & C:o. Nutidsberättelse af Rust, Roest. 8 o, 232 s. Sthm, Fr. Skoglund i distr. 94. 2. 75.

Ella. Den kunnige lekkamraten. Se: Böcker. Ungdomens. 7.

ELLIS, Edward S., De unga jägarne från Kentucky. Med illustr. Öfv. 8:o, 120 s. Sthm, F. & G. Beijers Bokf.-aktb. 90. Kart. 2 kr.

ELLIS, John, Religiöst tvifvel o. guddomlig uppenbarelse. Öfv. från eng. af A. T. Boyesen. 3:e uppl. 8:o, 21, viij o. 274 s. Sthm, C. Deléen & K. 86. 2 kr.

Ello (Professor), Hexeri. Se: [Rubenson, Olof.]

ELMBLAD, Magnus, Samlade dikter. 8:o, 252 s. Sthm, E. Jönsson. 87. 2: 50.

ELMGREN, S. G., Bevis för skrifternas i nya testamentets äkthet. 8:o, 214 s. H fors, G. W. Edlund i distr. 95. 3: 20 fmk.
, Evangeliska historiens kronologi. 8:o, 204 s. H:fors, Akad. bokh. 88 3: 60 fmk.
, Hafsvattnets sommarvärme åren 1871—1890, observerad å Munkholmen i Edsbo skär. Se: Öfversigt af F. Vet.-Soc:s förhandl. XXXIII.
, Israelitiska historiens kronologi enl. gamla testamentets böcker. 8:o, 135 s. H:fors, Akad. Bokh. 90. 2 fmk.
, Om dagen för Kristi födelse. Se: Öfversigt af F. Vet.-Soc:s förhandl:r XXVIII.
, Se: 1610—1890.

ELMQVIST, C., Trävaruhandbok, inneh. anvisn:r vid kalkylering, frakt, köp o. försäljning af trävaror Pristabeller m. m. 8:o, 40 s. Sthm, H. Sandberg i komm. 90 1: 75.

ELMQVIST, Gust., Fransk språklära för de allm. läroverken. Från 29:e uppl. af K. Ploetz. Schulgramm. des franz. Sprache. 2:a rättade uppl. 8:o, 178, 183 o. 40 s. Sthm, C. E Fritzes hofbokh. 88. Inb. 3: 25.
, Fransk språklära för nybörjare. 2:a rättade uppl:n. Från 13:e uppl:n af K. Ploetz, Elem.-gramm. d franz. Sprache bearb. 8:o, 279 s. Sthm, C. E. Fritzes hofbokh. 87. Inb. 2: 25.

ELOWSON, Guilbrand, Lärobok i aritmetik. 2:a omarb. uppl. 8:o, 236 s o. (facitb.) 22 s. Ups, W. Schultz. 90. Inb. 1: 50.

Elsa, Se: [Schenfeldt, Inga].

Emanuel. [O. A. Busch.] Genom dolda verldar. Svenskt orig. 8.o, 112 s. Sthm, F. & G. Beijers Bokf.-aktb. 88. 1: 25.

Emanuel. Hvad vill spiritismen? En kort redogörelse för dess fenomen o. etik. 8:o, vij o. 203 s. Sthm, F. & G. Beijers Bokf.-aktb. 89. 2 kr.

EMANUELSON, Per Jak., Minne från konfirmationsdagen. Liten 8 o, 105 s. Sthm, Fost-stift:s F.-exp. 87. 50 ö, kart 75 ö., klb 1: 25.

—, Samling af predikn:r öfver svenska kyrkans epistlar. Kompletterad af F. Hammarsten. 8:o, 700 s. Sthm, Fost.-stift:s F.-exp. 93. 3: 50, hfrb. 5 kr.

EMANUELSSON, V., Morbror John jemte andra berättelser för barn Samlade o. bearb. 8.o, 64 s. Sthm, P. Palmquists aktb. 94. 50 ö., kart. 75 ö.

—, Tant Hannas hjälte jemte andra berättelser för barn. Samlade o. bearb. 8:o, 64 s Sthm, P. Palmquists aktieb. 94. 50 ö., kart. 75 ö.

Embets-, Affärs- o. Adress-kalender, Elfsborgs läns, 1892. Utg. af N. G. Strömbom. 8.o, xl o. 446 s. Göteb., Wettergren & Kerber i distr. 92. Inb. 3: 50.

Embets-, affärs- o. adresskalender, Skaraborgs läns, 1890, utgifven af N. G. Strömbom. 8:o, lv o. 391 s. Mariestad, Emil Karström. 90. Klb. 3: 50.

Embets- o tjenstemannsaflöningar, Finska statens. Ett bihang till Statskalendern. 8:o, 97 s. H:fors, G. W. Edlund. 89. 1: 75 fmk.

Embetsberättelse, Justitie-ombudsmannens. Afgifna vid riksmötena 1886—95, samt Tryckfrihetskomiténs berättelse. 4:o. Sthm, C. Deléen & K. För årg. 50 ö.

Emigrantskeppet Atlantis undergång. Se: Folkskrifter. 18.

Emma A., Mon grambok, inneh. 600 monogram till tjänst vid sömnad. träsnideri, läderarbeten. etsning, målning m. m. jemte 5 olika alfabet m. m. 4.o, 80 pl. Sthm, L. Hökerberg. 94. Klb. 4: 50.

(Utkom i 5 hfn à 75 ö.)

ENANDER, Joh. A., Våra fäders sinnelag. Fornnordiska karaktärsdrag tecknade efter den isländska sagolitteraturen. 8:o, 130 s. Sthm, P. A. Norstedt & S:r. 94. 1: 50.

En gemensam vän. (Pseud) Se: [Alfthan, G. E. von.]

ENBLOM, C, Recueil de lectures françaises avec notes hist. biogr. géogr. etc. Sthm, Alb. Bonnier. 1:ére partie. Ncuvelle édition revue et augmentée. 8:o, 263 o. xiv s. 86. Inb. 2 kr.

ENBLOM, R. S., Beskrifning till R. S. Enbloms perspektiva rutplanscher. 8:o, 7 s. o. 3 pl. Göteb, Wettergren & Kerber. 86. 2: 50.

ENCKELL, Karl, Berättelse öfver en resa i Tyskland, Holland o. Sverige 1891.
Se: Meddelanden, Landtbruksstyrelsens. 1.

ENEBUSKE, Claës, Om platinas metylsulfinbaser. Akad. afh. 4:o, 39 s. Lund, Hj. Möller. 86. 1: 50.
Jfr. Acta univ.:is Lundensia XXII, II, 2

ENEHJELM, A. af, Alfabetisk ordlista till »Deutsches Lesebuch». 8:o, iv o. 39 s. H:fors, G. W. Edlund. 93. : fmk.

ENEMAN, Michael, Resa i Orienten 1711—12. Utg. af K. U. Nylander. 2 dlr i ett band. 8:o, xxij, 246 o. 295 s. Ups., W. Schultz. 89. 9 kr., inb. 11: 50.

[ENEROTH, Carl Ad.,] Alabama, verldens ryktbaraste kapare. Af Chicot 8:o, 288 s o. 1 karta. Norrk., M. W. Wallberg. 87. 3 kr.

[—], Humoresker till lands o sjös af Chicot. 2:a uppl. 12:o, 216 s. Sthm, Ad. J hnson. 93. 2: 25.

[—, Hyskor o. hakar. Humoresker o ledsamheter af Chicot. 8:o, 268 s. Norrköp., M W. Wallberg. 86. 3 kr.

[—], I Skansen. Sjömanslif af Chicot. 2:a genomsedda uppl. 243 s. för d. mognare ungd. Sthm, Alb. Bonnier. 93. Kart. 2: 50.
Se: Bibliotek. 12.

[ENEROTH, Carl Ad.,] Kalle Pilgrens frestelser o. annat af Chicot. 8:o, 279 s. Sthm, Fr. Skoglund. 95. 2: 75.

[—], Kapten Trygger o. historien om mina hundar, af Chicot. 8.o, 72 s. Sthm, Ad. Johnson. 94. 75 ö.

[—], Konstiga kroppar. Humoresker o. satirer af Chicot 8:o, 249 s. Sthm, Ad. Johnson. 90. 2: 50.

[—], På pricken. Konstiga kroppar, andra truppen. 8:o, 281 s. Sthm, Ad. Johnson. 95. 2: 75.

[—, »Schappud», af Chicot. 8:o, 362 s. Sthm, Ad. Johnson. 92. 3 kr.

ENEROTH, Haquin, Brinnande böne-offer eller gudeliga böner m. m. Ny uppl. 8:o, 144 s. Sthm, Bokf.-aktb. Ansgarius. 89. 80 ö.

—, Brinnande böne-offer, eller gudeliga böner; tillika med några andeliga visor o. rimstycken. Ny uppl. Liten 8:o, 208 s. Sthm, F. & G Beijers Bokf.-aktb. 89. Inb. 75 ö.

ENESTRÖM, Gustaf, Em. Svedenborg såsom matematiker. Se Bihang till Vet-akad:s handl:r. XV: I. 12.

—, Förberedande yttrande o. förslag ang. grunderna för barnmorskekårens pensionering, jemte ålderdomsunderstödsanstalt. 8.o, 16 s. Sthm, Samson & Wallin. 92. 25 ö.

—, Förteckning öfver arbeten begagnade vid de svenska allm. läroverken o. pedagogierna 1889—90. Jämte uppgift om de lärov. der hvarje arbete användts. 4:o, 104 s. Sthm, Samson & Wallin. 91. 1: 40.

—, Förteckning öfver skrifter af G. Eneström. 8:o, 8 s. Sthm. Utg:n. 94. (Ej i bokh).

—, La leggenda sulla dimora del re svedese Gustavo Adolfo II:o in Padova 8:o, 9 s (Tr. i Padova.) Sthm. Förf:n. (Ej i bokh.)

—, Om ålderdomsunderstöd åt lärare o. lärarinnor vid skolor. Stor 8:o, viij o. 173 s. Sthm, Samson & Wallin. 90. 1 kr.

—, Statistiska undersökn:r rör. studie- o. examensförhålland. vid de sv. univers:n. 8:o. x o. 229 s. samt 20 tab. Sthm, Samson & Wallin. 88. 2 kr.

—, Underd. betänkande om barnmorskekårens pensionering jämte förslag till reglem för barnmorskornas ålderdomsunderstödsanstalt. 8:o, xij o. 227 s. Sthm, Samson & Wallin. 93. 1: 50.
—, Se: Bibliotheca mathematica. — Matrikel öfver Sveriges barnmorskor. — Schöldström, W., o. Eneström, G., Lifförsäkringbolagen i Sverige.

ENGBERG, Knut, Inledningskurs i geografi för folkskolorna i Vestmanland. 8:o, 27 s. Köping, M. Barkéns förlngsbokh. 89. 25 ö.

ENGEL, Edward, Zontariffen, den stora järnvägsreformen. Öfv. i sammandr. af O. W. Ålund. 8:o, 73 s. Sthm, Aktieb. Hiertas bokförlag. 92. 1 kr.

ENGELHARDT, Gust., Svenska arméns o. flottans officers- o. civilmilitära uniformer jemte gradbeteckn:r etc. 8:o, 30 s., 1 pl. o. 2 tab. Sthm, Looström & K. 86. 1: 50.
Jfr. Uniformer, Svenska arméns o. flottans.

ENGESTRÖM, Fredrik von, Handbok för lifförsäkringsagenter i Finland. 8:o, vj, 52 o. 99 s. samt tab. H.fors 94. 5 fmk.

—, Hvad kunna o. vilja lifförsäkringsbolagen. Kort redogörelse för lifförsäkringens teoretiska grunder o. praktiska möjligheter. 8:o, 64 s o. tab. H:fors, W. Hagelstam i distr. 93. 3 kr.
(För Sverige: Göteb., Wettergren & Kerber.)

ENGESTRÖM, Joh. Osk. Th. v., Vårt jordbruk förr o. nu. Betraktelser. 8:o, 71 s. Sthm, Looström & K. 87. 1 kr.

ENGHOFF, Karl, Tillståndet i Skåne under Magnus Stenbocks guvernörstid år 1707—11. Akad. afh. 8:o, 116 s Lund, Gleerupska univ:s bokh. 89. 2 kr.

ENGLESSON, Per, Hjelpreda vid bestämmandet af husdjurens utfodring med hänsyn till ladugårdsskötseln. 8:o, 43 s. Sthm, Looström & K. i distr. 88. 50 ö.

ENGLUND, J. A., Framstående kyrkans män från Vester- o Norrbotten. 8:o, viij o. 116 s. Luleå, Hallman & Helin. 89. 1: 50.

ENGLUND, Kay G., Djurgården i ord o. bild. Illustr minnes- o. handbok omfattande den egentliga Djurgården, med karta. 8:o, 180 s., 1 pl. o. 1 karta. Sthm, Ad. Johnson. 90. 1: 50.

ENGLUND, Nils, Om nervfeber o. tarmtyfus. Se: Flygskrifter, Helsovännens 14.

—, Om sjuksköterskors anställande på landsbygden. 8:o, 30 s. o. 4 tab Sthm, Nordin & Josephson i distr. 94. 75 ö.

—, Om sjukvården på landet vid smittosamma sjukdomar. 8:o, 26 s Ulriceh. Förf:n. 93 25 ö.

—, Om smittosamma sjukdomar o. åtgärder till förekommande af deras spridning. Lärobok o handledn. för sjuksköterskor m. fl. 8:o, 94 s. Sthm, P. A Norstedt & S:r. 95. 90 ö.

ENGSTRÖM, Folke, Bestämning af Lunds observatorii polhöjd. Akad. af h. 4:o, 47 s. Lund, Gleerupska univ:s-bokh. 89. 50 ö.
Jfr: Acta univ:is Lundensis. XXV: IV, 1.

ENGSTRÖM, Gustaf. Se: Papperskalender.

ENGSTRÖM, Ivar, Hvilka förberedande åtgärder böra vidtagas på det att handelsflottans fartyg må kunna användas till förstärkande af örlogsflottan? 8:o, 16 s. o. 3 pl Sthm, P. A. Norstedt & S:r i distr. 95. 50 ö.

—, Lärobok i skeppsbyggeri. Med 243 fig. i texten. 8:o, vij o. 167 s. Sthm, P. A. Norstedt & S:r i distr. 89. 6 kr.

ENGSTRÖM, N, Se: Tidskrift för landtmän.

ENGSTRÖM, Otto, Bidrag till uterusmyom. etiologi. etc.

—, Förlossningens inverkan på fostrets respiration. Kliniska o. experimentella studier. Akad. afh. 8:o, vij o. 287 s. II fors. Förf:n 89. 10 fmk.

—, Bidrag till uterusmyomets etiologi Se: Comment. variæ in mem. act. CCL. ann. II: 11.

ENHÖRNING, Emil, International shipping guide. — Handbok för skeppsredare o sjöfarande. 8:o, xv o. 159 s. London, Spottiswoode & C:o. 92. 4 kr.

ENVALD, R., Ornitologiska anteckningar. Se: Medd. af Soc pro fauna et flora fenn. 15.

ERCKMANN-CHATRIAN, Vännen Fritz. Öfv. af *Rich. Bergström.* 8:o, vij o. 229 s. Sthm, Fahlcrantz & K. 91. 2: 25.

ERDMANN, Axel, Die Grundbedeutung und Etymologie der Wörter Kleid u. Filz. Se: Skrifter, utg. af Humanistiska vetensk. samf. 3.

—, Om folknamnen Götar o. Goter. Se: Tidskrift, Antiqvarisk. XI: 4.

—, Ueber die Heimat und den Namen der Angeln. Se: Skrifter utg af Humanistiska vetensk. samf 1.

ERDMANN, Nils, August Blanche o. hans samtid. Med 90 portr. o. illustr. 8:o, 440 s. Sthm, Alb. Bonnier. 92. 4 kr, inb. 5 kr.

—, Carl Mikael Bellman, hans omgifning o. samtid. Med 72 portr., vyer o. teckn:r. 8:o, 222 s o. 8 pl. Sthm, Alb. Bonnier. 95 2: 50, inb. 3: 75.

ERDMANN Nils, Francois Coppé. Se: Tidskrift, Nordisk. 1894.

—, Claes Livijn. Se: dersammast. 1894.

—, Feodor Dostojevski Se: dersammast 1893.

—, J. P Jacobsen i sine Digte. Se: dersammast. 1887.

Eremiten i Beatushålan, Se: Folkskrifter. 19.

Erik, I den unionella revisionsfrågan. Se: Skrifter. Svenska nationalfören:s. 7.

Erik, Lille, o. hans lekkamrater. Berättelse af *E. A.* Med kolor. illustr. 8.o, 34 s. Sthm, G. Chelius. 94. Kart. 1: 60.

ERICSON, Alfred, Konfirmationsminne. (På vers.) 4:o, 8 s. Sthm, Förf:n. 92. 25 ö.

—, Se: Matrikel öfver landtmäteristaten. — Morgonstjernan

ERICSON, Bror. Se: Urmakeritidning, Svensk.

ERIKSSON, Erik. Se: Förgät mig ej.

ERIKSSON, F., Allmän historia i kort sammandrag. 3:e uppl. 8.o, 48 s. Sthm, A. V. Carlsons Bokf.aktb. 91. 25 ö., kart. 35 ö.

—, Biblisk historia för folkskolor. 5:e uppl. enl. nya normalplan. Med 2 kartor o 23 illustr. 8:o, 128 s Sthm, C. E. Fritzes hofbokh. 93 Inb 25 ö
(2:a uppl. 86. 3:e 88, 4:e 90.)

—, Biblisk historia för småskolor i öfverensstämmelse med normalplan:. 2:a genoms. uppl. 8:o, 40 s. Sthm, C. E. Fritzes hofbokh. 87. 16 ö

—, Lärobok i geometri för folkskolor. 8:o, 56 s. (facith) 2 s Sthm, C. A. V. Lundholm. 90. Inb. 40 ö.

—, Svensk historia för folkskolor .2:a uppl. 8.o, 110 s. Sthm, A. V. Carlsons Bokf.-aktb. 91. Kart. 40 ö., inb. 50 ö.
(1:a uppl. 88.)

—, Svensk rättskrifningslära enligt Svenska akademiens ordlista. 8:o, 27 s. Sthm, C. A. V. Lundholm. 89. Kart. 30 ö.

—, Öfnings- o. lärobok i svenska språkets form- o. satslära för folkskolor. 8:o, 34 s Sthm, C. A. V. Lundholm. 89. Kart. 30 ö

—, Öfnings- o. lärobok i svenska språket: form-, sats- o. rättskrifningslära för folkskolor 89, 59 s. Sthm, C. A. V. Lundholm. 89. Kart. 40 ö.

ERICSSON, Gustaf, Definitive Bahnelemente des Cometen 1863. Se: Årsskrift, Upsala univ s. 1888. Matemat. o. naturvet. 1

ERIKSSON, Jakob, Bidrag till känned. om våra odlade växters sjukdomar. Se: Medd. fr. Landtbr. Akad:s Experimentalfält. 1.

—, En ny plymhafrevarietet Se: dersammast 6.

—, Om bestämmandet af fröns vigt. Se: dersammast 4.

—, Om växtsjukdomarnes ekonomiska betydelse samt om de åtgärder som kunna o. böra mot dem vidtagas 8:o, 38 s. Sthm, Nordin & Josephson. 91. 65 ö.

—, Studier öfver våra sädesarter. Se: Medd. från Landtbr Akad:s experim -fält 5.

—, Se: *Palm, A.,* Våra vigtigaste foderväxter. — Tidskrift, Svenska trädgårdsföreningens.

ERIKSON, Joh., Lycopodinébladens anatomi. Se: Acta univ:s Lundensis. XXVIII · II, 8.

ERIKSON, J. M, Metodismen i Sverige. En hist. biogr. framställning af metodistkyrkans verksamhet i vårt land. Med portr. af samtliga predikanter o vyer af de flesta kyrkor. 8:o, 428 o viij s. samt 1 portr. Sthm, K. J. Bohlin & K. 95.
4: 50, inb. 6 kr.

ERIKSON, Pehr, Åtta-timmars-dagen. Försök till utredning af normal-arbetsdags-frågan. 8:o, vj o. 60 s. Sthm, Socialdemokr. arbetarepart. norra distr.-styrelse. 91. 50 ö.

ERIKSSON, Vict. Se: *Hallongren, E. G*, Vägledning vid begagn. af skepps- o. husapotek.

ERIKSON-LINDEGÅRD, Alfr, Beskrifning öfver Östergötland. Se: Landskapsbeskrifningar, Svenska. 5.

ERMAN, Marie, På lifvets tröskel. Se: Läsning för unga flickor. 14.

ERSLEV, Edv., Lärobok i geografi (N:o 4) för Sveriges folkskolor. 14:e uppl. 8:o. 152 s. Sthm, P. A. Norstedt & S:r. 91. Kart. 50 ö., i bättre band 60 ö. (9:e uppl. 81. 10:e 83. 11:e 84. 12 o. 13:e 86.)

ERVAST, Karl, Den kristliga religionsläran, till skolundervisningens tjenst. 8:o, viij o. 118 s. H:fors, Otava. 95. Inb. 2: 75 fmk.

ESAIAS. Se: Profeten Esaias.

ESCHEGARAY, José, Mariana, Drama i 3 akter o. epilog. Öfv. från spanska af *Carl Bovallius*. 8:o, 110 s. Sthm, Looström & K. 94. 1: 50.

ESCHSTRUTH, Nataly v., Diana m. fl. berättelser. Öfv. af *M. Boheman*. 8:o, 248 s. Sthm, Looström & K. 92. 2: 25.

— —, Förbjudna frukter. Humorist. berätt. Öfv. af *M. Boheman*. 8:o, 221 s. Sthm, Looström & K. 92. 2 kr.

— —, Gudagnistan. Roman. Från tyskan af *Hanna Kamke*. 8:o, 403 s. Sthm, Looström & K. 95. 3: 25.

— —, Gåslisa. En hofhistoria. Öfv. af *M. Boheman*. 8:o, 468 s. Sthm, Looström & K. 91. 3: 75.

— —, Hasard. Se: Romanbibliotek, Ad. Bonniers. 47.

— —, Hofluft. Roman. Öfv. af *M. Boheman*. 8:o, 349 s. Sthm, Looström & K. 91. 2: 75.

— —, I narrkåpa. Roman. Öfv. af *Tom Wilson*. 8:o, 512 s. Sthm, Looström & K. 91. 3: 75.

— —, I onåd. Se: Romanbibliotek, Ad. Bonniers. 44.

— —, Irrblosset på Casgamala. Öfv. af *E. B—n*. 12:o, 244 s. Sthm, F. & G. Beijers Bokf. aktb. 90. 1: 75.

— —, Komedi! Roman. Från tyskan af *Hanna Kamke*. 8:o, 408 s. Sthm, Looström & K. 93. 3: 25.

— —, Mjölnarprinsen. Roman. Öfv. af *M. Boheman*. 8:o, 214 s. Sthm, Looström & K. 92. 2 kr.

— —, Polskt blod. Roman. Öfv. af *A. S.* 8:o, 429 s. Sthm, F. & G. Beijers Bokf. aktb. 88. 2: 75.

— —, Prinsessan Rafaela. Roman. Öfv. från tyska. 8:o, 285 s. Sthm, Looström & K. 94. 2: 75.

— —, Sigenerskan Ola. Från tyskan af *Tom Wilson*. 8:o, 234 s. Sthm, Looström & K. 95. 2: 25.

— —, Skärfvor. Berättelse. Öfv. af *Hanna Kamke*. 8:o, 233 s. Sthm, Looström & K. 92. 2: 25.

— —, Spökhistorier. (Särtryck af »Under falskt namn».) 8:o, 77 s. Sthm, Ad. Bonnier. 95. 1 kr.

— —, Under falskt namn, o andra berättelser. Se: Romanbibliotek, Ad. Bonniers. 67.

— —, Älfvadrottningen. Från tyskan af *Tom Wilson*. 8:o, 196 s. Sthm, Looström & K. 91. 1: 75.

ESKELIN, Karolina, Studier öfver tarminvagination. Akad. afh. 4:o, 130 o. 40 s. samt 4 pl. H:fors, Förf:n. 95. 2: 50 fmk.

ESMARCH, Friedrich, Katekes vid första hjelpens lemnande i olycksfall. Öfv. med 19 träsn. 3:e uppl. 12:o, 24 s. Sthm, Samaritföreningen. 86. Kart. 50 ö.

ESOPS fabler. Fritt berättade efter La Fontaine, Rundell, Binder m. fl. samt med illustr. af *Ernest Griset*. 2:a genoms. uppl. Stor 8:o, viij o. 122 s. Sthm, C. & E. Gernandts Förlags Aktb. 95. Kart. 1:50.

ESPERANTO (Dr), Internationelt språk. Företal o. fullständig lärobok. Por Svedoj. Öfv. af *G. Henriclundquist*. 8:o, 39 s. o. 1 tab. samt bihang 8 s. (Tr. i Warschau). Lund, C. W. K. Gleerup i komm. 89. 60 ö.

ESSCHER, Karl, Abraham det israelitiska folkets religiöse o. nationele stamfader. 8:o, 200 s. Lund, Aug. Collin. 92. 1: 75.

ESSELDE, Se: *[Adlersparre, Sophie.]*

ESSEN, Hans Henrik von, Några tilldragelser ur baron Hans Henr. von Essens lefnad. Meddelade af honom sjelf. 8:o, vilj, 96, 96 o. 184 s. Sthm, Fost.-stift:s f.-exp. 95. 4 kr., klb. 5 kr.

ESSEN, J. von, Deutsche Grammatik für den Elementarunterricht. I. Formenlehre. 8:o, 112 s. Sthm, P. A. Norstedt & S:r. 95. 1: 20, inb. 1: 50.

ESSEN, Reinh. von, Praktisk vägledning i hästafveln. Se: Småskrifter i landtbruk. 6.

ESSÉN, Thure, Se: Kalender, Södermanlands läns.

ESTLANDER, B., Allmänna historien i berättelser för skolans lägre klasser. 8:o, H:fors, Söderström & K. Gamla tiden. vij o. 213 s. 93. 2: 50. Medeltiden. vij o. 222 s. 94. 2: 75.

ESTLANDER, C. G., Adolf Iwar Arwidsson som vitter författare. Akad. inbjudningsskrift. 4:o, 55 s. H:fors, G. W. Edlund. 94. 1: 50 fmk.

— —, Hippolyte Flandrin, hans lefnad o. verk. 8:o, 146 s. H fors, G. W. Edlund. 90. 2: 50 fmk.

— —, J. L. Runebergs estetiska åsigter sammanställda. 8:o, 103 s. H:fors, G. W. Edlund. 88. 1: 75 fmk.

— —, Naturalismen enligt Zola. Akad. inbjudningsskrift. 4:o, 71 s. H:fors, G. W. Edlund. 91. 1 kr.

— —, Se: Nationalitet o. bildning. — Tidskrift, Finsk.

Eto, Samlade rön ur det praktiska landtbruket. 8:o, 34 s. Linköp., P. M. Sahlströms bokh. 89. 50 ö.

EUKLIDES' fyra första böcker till läroverkens tjenst omarb. af *Mac Berlin*. 8:o, 208 s. o. 182 fig. Sthm, P. A. Norstedt & S:r. 86. Inb. 2: 25.

EUKLIDES' fyra första böcker, med smärre förändringar o. tillägg, utg. af *Chr. Fr. Lindman*. 8:e uppl. 8:o, vj o. 114 s. Sthm, F. & G. Beijers Bokf.-aktb. 94. Kart. 1: 75. (5:e uppl. 6:e 7:e 91.)

— —, Se: *Berlin, Mac. — Berwald, Hj. — Broman, K. E. — Hellgren, A. E.*

EUGENIA, (Prinsessan), Svenska prinsessor. Korta biogr. teckn:r. Ny uppl. Med förf:s lefnadsteckning o. portr. samt illustr. 8:o, 52 s. Sthm, Alb. Bonnier. 89. 35 ö.

Jfr. Öreskrifter för folket. 44.

EURENIUS, A. G. J., Handledning i algebra för lägre allm. läroverk o. tekn. yrkesskolor. 8:o, 56 s. Norrk., M. W. Wallberg. 90. 75 ö.

— —, Lärobok i plan trigonometri. 8:o, iv o. 160 s.. Sthm, P. A. Norstedt & S:r. 92. Inb. 2: 75,

Europa, Genom. En mellanfolklig barnbok. 4:o, 16 s. o. 12 kol. pl. Sthm, Fahlcrantz & K. 86. Kart. 2: 50.

Eva, Sädeskorn i sagor, berättelser, uppsatser o. poem. Se: *[Wejdling, Eva.]*

EWALD, Otto, Drömlifvet, spiritismen o. den öfversinnliga verlden. 8:o, 136 s. Askersund, O. I. Stenborg i distr. 93. 1: 50.

Evangelierna, De fyra, i Nya testamentet. Öfv. med kort utläggn. af *Ol. Setréus*. 8:o, 411 s. Ups., Akad. bokh. i distr. 92. 2: 75.

EVERARD, George, Dag för dag eller råd till de troende. Öfv. från eng. 4:e uppl. 8:o, 236 s. Sthm, Fost.-stift:s f-exp. 90. 1 kr., inb. 1: 40, klb. 2 kr. (2:a uppl. 78. 3:e 84.)

Tioårs-katalog 1886—1895. 12

EVERARD, George, De obotfärdigas undflykter, eller vanliga misstag i salighetssaken. 2:a uppl. 8:o, 79 s. Sthm, Fost.-stift:s. f.-exp. 93. 35 ö, inb. 60 ö.

—, Jesus allena eller Kristus är allt, från först till sist. Öfv. från eng. Liten 8:o, 90 s. Sthm, Fost-stift:s f.exp. 92. Kart. 75 ö, klb. 1 kr.

—, Närmare Gud! eller ett innerligare umgänge med Herren. Öfv. från eng. 8:o, 21 s. Sthm, Fost.-stift:s f.-exp. 91. 15 ö

—, På vägen till Sion. Öfv. af *G. S. Löwenhjelm.* 8:o, 159 s. Sthm, Fost.-stift:s f.-exp 92. 1 kr, kart. 1: 25, klb. 2 kr.

EVERS, Edvard, Davids psalmer för kyrkan, skolan o. hemmet. Jemte bearb. af *Luther, Svedberg, Spegel, Wallin, Franzén, Runeberg, Topelius* m. fl. 12:o, xij o. 264 s. Sthm, Fr. Skoglund. 94. Inb. 2: 75.

—, Den stora veckan. Några minnesord för nattvardsungdom. Liten 8:o, 119 s. Sthm, W. Billes Bokf.-aktb. 87. Klb. 1 kr.

—, Det eviga lifvet. Afskedspredikan. 8:o, 31 s. Sthm, C. E. Fritzes hofbokh. i komm. 93. 50 ö.

—, För evighetsvandrare. Tankar o. betrakt:r öfver heliga ämnen för hvar dag i året. 8:o, 799 s. Sthm, C. E. Fritzes hofbokh. 89. 8 kr, inb. 10: 50. (Utkom. i 8 hfn à 1 kr., 88—89.)

—, Jesu ord i historisk ordningsföljd till ungdomens tjenst utgifna. 8:o, 99 s. Sthm, W. Billes Bokf-aktb. 87. Kart. 1: 25.

—, Lifsfrågor i kristlig belysning. Liten 8:o, 171 s. Sthm, C. E. Fritzes hofbokh. 86. Eleg. inb. 2: 25.

—, Stjernor i djupet. Tankar i dikt Stor 8:o, 63 s. Sthm, Fr. Skoglund. 88. 1: 50.

—, Tal vid Svenska bibelsällskapets sammankomst. Se: Årsberättelse, Svenska bibelsällskapets.

—, Se: Häfder, Ur de heliga.

EVERS, Ernst, Bland granar o. palmer. Berättelser. Öfv. från tyskan. 8:o, 175 s. Sthm, Fost.-stift;s f.-exp. 94. 1: 25, kart. 1: 50, klb. 2 kr.

—, Se: Berättelser för folket. 7—10.

EWING, J. H., Jackanapes. Utg. af *H. Cusselli.* Se: Reading, English. 1.

Excelsior. Kalender. Red. af Finsk qvinnoförening. 8:o, H:fors, G. W. Edlund.
1887. 124 o. 68 s. 86. 2: 75, inb. 3: 75 fmk.
1888. vij o. 132 s. 87. 2: 50, inb. 3: 50 fmk.
1889. xxvj o. 102 s. 88. 1: 50 fmk.

Exercisreglemente för fältartilleriet. I. Åkande batterier. Liten 12:o, x o. 199 s. Sthm, P. A. Norstedt & S:r. 93. Klb. 1: 65.

Exercisreglemente för infanteriet. Liten 8:o, 215 s. Sthm, P. A. Norstedt & S:r. 95. Tygb. 1: 10.

Exercisreglemente för infanteriet. 8:o. Sthm, P. A. Norstedt & S:r.
1:a dln. Inledning o. rekrytskolan. 6:e uppl. 62 s. 92. 50 ö.
(2:a uppl. 76.— 3:e 82.— 4:e 88.— 5 e 89.)
2:a dln. Kompaniet. 6:e uppl. 62 s 93. 50 ö.
(2:a uppl. 76.— 3:e 80.— 4:e 83.— 5:e 89.)
3:e dln. Bataljonen o. brigaden. 4:e uppl. 70 s. 92. 50 ö
(2:a uppl. 82.— 3:e 89.)

Exercisreglemente för kavalleriet. Liten 8:o, H:fors. 90.
1:a dln. Enskild led- o. plutonexercis. 269 s. 3 fmk.
2:a dln. Sqvadronsexercis. 178 s. 1: 75 fmk.

Exercisreglemente för kavalleriet till fots. 1884. Öfv. Liten 8:o, 129 s. H:fors. 90.

Exploration internationale des régions polaires 1882—83 et 1883—84. Expedition polaires finlandaise. Stor 4:o. H:fors.
I. Météorologie. Observations faites aux stations de Sodankylä et de Kultala par *Selim Lemström* et *Ernest Biese.* xiij o. 172 s. 86. 8 fmk.
II. Magnétisme terrestre. Observations faites aux stations de Sodankylä et de Kultala par *Selim Lemström* et *Ernest Biese.* 40 o. 193 s. 87. 8 fmk.

Export, Svensk. Tidskrift för utrikes handel o. sjöfart utg. af Sveriges allm. exportfören. Red, *Wilh. Tesch.* 4:o, Sthm. Utg:n. 95 För årg (26 n:r) 10 kr.

Exposé des travaux géographiques exécutés en Finlande jusqu'en 1895. Communication faite au Sixiéme congrès international de géographie, à Londres, 1895, par la Société de géographie de Finlande. 8:o, 154 s. H:fors, Sällsk. för Finlands geografi. 95. 3 fmk.

Extempore-taxa (taxering af medikamenter, som skola ex-tempore beredas.) Utarb. 1891 af *Bl. Lindman* o. *C. K. Strömberg.* 4:o, 11 s. Sthm, Bl. Lindman. 91. Netto 1: 50.

FABER (hof- o dompredikanten), Predikan hållen i Lützen d. 9 dec. 1804. Öfv. 8.o, 14 s. Sthm, Nordin & Josephson i distr. 95. 50 ö.

Fabius Commentator. Se: [Brag, J.]

FABRITIUS, Aug., Lärobok i svensk stenografi. (Gabelsbergers system.) 2.a uppl 8:o, iij o. 88 s. H:fors, Stenogr Fören. 95. 2: 50, inb. 3 fmk.
. Se: Tidning för Stenografi.

[**FABRITIUS, E.**], Hästen. Dess ytterlära, behandling o. vård. Bearb. af *E. F.* med figurer. 8.o, 165 s. H:fors, G. W. Edlund. 88. 1: 50 fmk.

FABRITIUS, L., Om bostäder för husdjuren. Se: Folkskrifter utg af Finska Hush. sällsk. 6.
, Se: Kalender för finsk trafsport.

Fader vår Psalmen 262 af *J. O. Wallin.* Teckn:r af *Carl Thomsen.* 4:o, 18 bl. Lund, Aug. Collin. 95. 2 kr, inb. 4 kr.

FAGERBERG, M. Se: Kalender, Kgl. Göta hofrätts.

FAGERLUND, L. W., Finlands leprosorier I. 1. S:t Görans hospital. — 2. Hospitalet på Själhö — 3. Hospitalet på Gloskär. Akad. afh. 8.o, 205 o. 87 s. Förf:n. 86. 5 fmk.
Jfr. Bidrag till känned. af Finlands natur o. folk. 43.

—, Om drunkningsvätskas inträngande i tarmarne. Akad. afh. 8.o, 126 s. H:fors. Förf:n. 88. 3 fmk.

—, Om fosforförgiftningar i Finland. Se: Comment. variæ in mem. act CCL ann. V.3.
, Se: Handlingar, Finska läkaresällsk.

, o. **TIGERSTEDT, Rob,** Medicinens studium vid Åbo universitet. 8:o, 216 s. H:fors. 90. 3: 50 fmk. Jfr. Skrifter utg. af Sv. litt. sällsk. i Finland. XVI.

FAHLBECK, Pontus E., Betänkande rör. grunderna för den ekonomiska mellanrikslagstiftningen mellan Sverige o. Norge. 4.o, 42 s. Lund, Gleerupska univ:s bokh. 88. 1: 50.

—, Bidrag till Sveriges statskunskap. 8.o. Sthm, P. A. Norstedt & S:r.
I. Sveriges nationalförmögenhet, dess storlek o. tillväxt. 133 s. 90. 2: 50.
II. Det svenska jordbrukets afkastning. Avec un résumé en français. vj o. 100 s. Lund, Gleerupska univ.s-bokh. i distr. 93. 1: 25.

—, Den ekonomiska vetenskapen o. näringsskyddet. 8:o, 32 s. Lund, Aug. Collin. 87. 25 ö.

—, De fria högskolorna. Se: Tidskrift, Nordisk. 1893.

FAHLBECK, Pontus E., Stånd o. klasser. En socialpolitisk öfverblick. 8:o, 204 s. Lund, Aug. Collin. 92. 2 kr.
— —, Sveriges o. Norges handelspolitik under senare tid. 8:o, 77 s. Lund, Gleerupska univ;s-bokh. i komm. 92. 1 kr.
FAHLCRANTZ, Gust. E, En vördsam gensaga till Nya lagberedningen i fråga om jury o. nämd. 8:o, 40 s. Sthm, C. Deléen & K. 87. 75 ö.
—, Genmäle till Stockholms Dagblad. 8.o, 14 s. Sthm, Looström & K. 86. 25 ö.
—, Om behofvet af handelsdomstolar. 8:o, 95 s. Sthm, Looström & K. 86. 1: 50
—, Om hemstad. En fråga för dagen. 8:o, 15 s. Sthm, Fört;n. 90. 50 ö.
Fahlcrantziana. Ordlekar o. infall af biskop Kristian Erik Fahlcrantz, utg af *E—d*. Liten 8:o, 47 s. Sthm, Ad. Johnson. 87. 25 ö.
FAHLROT, S. Se: Matrikel öfver tjenstemän vid Sveriges jernverk o. jerngrufvor.
FAHLSTEDT, Amalia, Ax och halm. Berättelser. 12:o, 216 s. Sthm, Alb. Bonnier. 87. 1: 75.
—, Ismaël. Berättelse. 12:o, 187 s Sthm, C. & E Gernandts Förlagsaktb. 95. 1: 75.
FAHLSTEDT, C. H. Se: Adress- o. affärskalender, Upsala.
FAIRFIELD, E. B, Det kristna dopet. Bref i dopfrågan. 8:o, 128 s Jönköp., H. Halls boktr.-aktb. 95. 75 ö.
FALB, Rud., Stjernor o. menniskor. Se: Handböcker, Naturvetenskapl. 1.
— , Stormar o jordbäfningar. Se: Bibliotek, Populärt vetenskapligt. 5.
FALBS kritiska dagar år 1891. 1:a o. 2.a uppl. Liten 8.o, 48 s. Sthm, Aktieb. Hiertas bokförlag. 90. 30 ö.
FALBE HANSEN, V, Formueforholdene i Sverige, Norge o. Danmark. Se: Tidskrift, Nordisk. 1890.
FALK, C. A., Kortfattad handbok i metersystemet. 8:o, 63 s. Kalmar, Hj. Appeltoft i distr. 89. Klb. 50 ö.
FALK, F., Tyska talöfningar Se: Paralellserie af talöfningar. 3
FALK, Gurli, Den lilla husmodern. Småflickornas egen kokbok. 8:o, 32 s. Sthm, J. Beckman. 93. Kart. 50 ö.
FALK, Hugo, Krigarlif i sommartid. Ögonblicksfotografier från mötesplats o. manöver. 12:o, 123 s. Sthm, Alb. Bonnier. 92. 1: 25.
FALK, H. N., Sats-bok för bagare, sockerbagare, husmödrar m. fl. 8:o, 80 s. Vestervik, C. O. Ekblad & C:o. 89.
FALK, M., Beweise einiger Sätze aus der Theorie d. ellipt. Functionen. Se: Bihang till Vet.-akad:s handl:r. XIV: I, 1
— . Lärobok i plan analytisk geometri för elementarlärov:n. 8:o, 284 s. Sthm, F. & G. Beijers Bokf aktb. 86. 3: 75.
—, Ueber elliptische Functionen 2:n Grades. Se: Acta, Nova, reg. soc:is Ups XVI: 1.
Fall och uppståndelse. Dunkla gåtor, tecknade o. förklarade genom samtal af *W*. Se: *[Westerdahl, J. A.]*
Fallgropar, Spegelbild från ett svenskt samhälle. 8:o, 60 s. Lindesberg, Högborgska bokförlaget. 93. 50 ö.
FALLSTRÖM, C. Th., Mer eller mindre fördelaktiga lifförsäkringar. Revision af herr A. Wernells »Granskning af några anmärkn:r rör. utländska i Sverige opererande lifförsäkr.-bolag», jemte svar till herr Ad. af Jochnick på hans adress till allmänheten med anledn. af min brochyr »Några ord om värdet af svenska lifförsäkringar». 8:o, 35 s. Sthm, Nordin & Josephson i distr. 94. 25 ö.
FALLSTRÖM, Daniel, Chrysanthemum. Dikter och sånger. 2:a saml. 8:o, 140 s. Sthm, F. & G. Beijers Bokf.-aktb. 90. 2: 25.
—, Gustaf II Adolf. Nio dikter. 8:o, 32 s. Sthm, G. Chelius. 94. 50 ö.
—, I Firenze. Se: Operatext-bibliotek, Loostroms. 5.
— , I vinterqväll. Dikter. 8:o, 128 s. Sthm, F. & G. Beijers Bokf.-aktb 87. 2 kr., inb. 2: 75.
—, Ljufva minnen. (Vers) Med illustr. 5 blad velin. Sthm, G. Chelius. 90. Kart. 80 ö.
—, Vildrosor. Dikter. 3:e saml. 12:o, 200 s. o. 1 portr. Sthm, Klemmings antikv. 92.
Praktb. m. guldsn. 4: 50.
Falstaff, fakir. Se: *[Wallengren, Axel]*.
FALTIN, Rich. Se: Koralbok för kyrkan. — Samling af preludier.
Familjebibel, Illustrerad, inneh. Gamla o. Nya testamentets böcker, enl. bibelkomm. öfvers. 4:o, xxiv, 1,106, 158 o. 348 s. Sthm, Fröleén & K. 91.
24: 15, inb. 25 kr.
Familjebibel. Valda stycken ur den Heliga skrift för hemmet och skolan. Med förkl. utg. af *Fredr. Fehr*. 8:o. Sthm, C. E. Fritzes hofbokh.
Gamla testamentet. viij o. 660 s. 90. Klb. 3: 75.
Nya testamentet. viij o. 480 s. samt 2 kartor. 87.
Klb. 2: 50.
Familjeblad, Illustreradt. Redaktör *Joh:s A. Nyvall*. 1:a årg. 1890. Folio. Kristineh, Redaktionen. 90.
För årg. 5 kr.
Familjebok, Nordisk. Konversationslexikon o. realencyklopedi. 8:o. Sthm, Expeditionen.
10:e bandet. 1,584 sp. 86. 9: 38 hfrb. 11: 88
11:e bandet. 1,584 sp. 87. 9: 38 „ 11: 88
12:e bandet. 1,584 sp. 88. 9: 38 „ 11: 88
13:e bandet. 1,584 sp. 89. 9: 38 „ 11: 88
14:e bandet. 1,584 sp. 90. 9: 38 „ 11: 88
15:e bandet. 1,584 sp. 91. 9: 38 „ 11: 88
16:e bandet. 1,040 sp. 92. 9: 38 „ 11: 88
17:e bandet. 1,600 sp. 93. 9: 38 „ 11: 88
18:e bandet. 872 sp. o 12 s. 94. 5: 25. 7: 75
Kompl. 150 kr., inb. 194: 67.
19:e bandet. Supplement. 1:a—6:e hft. 768 sp. 95. För häfte 1 kr.
Familjen Nasse. 4 små böcker med verser o. kolor. fig. Sthm, G. Chelius. 93. I konvolut 1 kr.
Familjen Putte. 4 små böcker med verser o. kolor. fig. Sthm, Alb. Bonnier. 92. 1: 25.
Familjen Schönberg-Cotta. Se: *[Charles, Elizabeth]*.
Familjen Snatter. 4 små böcker med verser o. kolor. fig. Sthm, G Chelius. 93. I konvolut 1 kr.
Familj-journalen, Svenska. Årg. 1886. (Band XXV.) 4:o. Sthm, Exped. 86. För årg. (12 hfn) 9 kr.
Fortsattes 1887 under titel: "Svensk illustrerad Familj-journal" hvaraf utkom endast 42 n:r å 10 ö.
Fanny eller den fader- o. moderlösa flickan. Från eng. Liten 8:o, 56 s. Sthm, A. V. Carlsons Bokfaktb. 86. 20 ö., kart. 30 ö.
FANT, Carl, L'image du monde, poëme du XIII:e siècle. Se: Årsskrift, Upsala univ:s 1886. Filos., språkv. o. hist. 4.
Farbror John, Den näbbige Kicki. En lustig berättelse för mina små vänner. Med 6 bilder. 4:o, 16 s. o. 6 pl. Sthm, G. Chelius. 95. Kart. 1: 50.
FARINA, Salvatore, Med förbundna ögon. Öfv. af *E af D*. 8:o, 156 s. Sthm, Klemmings antikv. 86. 1: 50.

FARINA, Salvatore, Mitt barn. Se: Romanbibliotek, Ad. Bonniers. 43.

FARJEON, B. L., Det hemlighetsfulla huset. Roman Öfv. från eng. 8:o, 496 s. Sthm, F. & G. Beijers Bokf.-aktb. 86. 2: 50.

—, Guldgräfvarens dotter eller historien om den heliga guldklimpen. Berätt. från Australien. Öfv. från eng. 8:o, 525 s. Sthm, Fr. Skoglund i distr. 95. 2: 50.

—, Hjerter nia. Roman. Öfv. af *Olof R—n.* 12.o, 204 s. Sthm, F. & G. Beijers Bokf.-aktb. 88. 1: 25.

FARRAR, Frederic W., Erik Williams. Se: Läsning för gossar. 5.

—, Evighetens hopp. Öfv. 3.e uppl 8.o, 144 s. Sthm, Fahlcrantz & K. 89 1: 25, inb. 2 kr.

—, Jesu lif. Öfv. o. bearb. af *Fred. Fehr.* Med förord af *H. M. Melin*, 2:a illustr. uppl. 4:o, 1,132 sp. o. xij s. Sthm, Fahlcrantz & K. 92. 9 kr, inb. 11: 75.
(Utkom i 18 hfn à 50 ö. 91—92.)

—, Paulus, hans lif o. verk. Öfv. från eng. Med 250 illustr. 4:o, 544 s. xvj s. Göteb., T. Hedlund. (Utkom i 35 hfn. à 25 ö. 92, 93.)

—, Vårt lifs uppgift. Från eng. af *C. V. Modin* 8:o, 85 s. Sthm, Fahlcrantz & K. 91. 1 kr.

Fattigdomseländet, Om, o. dess botande. Några nyare synpunkter o. förslag af en provinsialläkare. 8:o, 54 s. Sthm, Lars Hökerberg. 91. 1 kr.

Faust, Dramatisk legend i fyra afdeln:r. Musiken af *Hector Berlioz.* Öfv. af *Fritz Arlberg.* 8:o, 43 s Sthm, Musikföreningen. 86. 50 ö.

FAUST, J., Coleopteren-Fauna Südwest-Sibiriens. Se: Öfversigt af F. Vet -soc:s förhandl:r XXXII.

FAWCETT, Henry (Mrs), Eminent women of our times. Se: Författare, Moderna, engelska. 3.

Favorit-djur. 4:o, 12 kolor. pl. Malmö, Envall & Kull. 94. 1: 75.

FAVRE, L., Den lilla urmakerskan. Fri bearb. 8:o, 116 s. Sthm, C. A. V. Lundholm. 89. 80 ö.

Febe. En julhelsning från diakonissanstalten af *J. C. Bring.* 1:a—9:e årg. (1886—95). 8:o. Sthm, A. L. Normans förl.-exp. 86—95. För årg 1 kr.

FECHNER, Wilh., Kronisk förstoppning. Se: Vägvisare. Medicinska. 3.

[FEDERLEY, C. B], Finlands samhällsförfattning och dess historia, af *C. B. F.* 8:o, 80 s. H:fors, G. W. Edlund 86. 1 fmk.

FEHR, Emil, Studia in Oracula Sibyllina. Comment. acad. 8 o, 119 s. Ups, Akad. bokh. 93. 1: 50.

FEHR, Fredr., Jesus Kristus är oss gifven. Se: Frågor, I religiösa o. kyrkliga. 17 o. 18.

—, Mot den katolska propagandan. Predikan d. 6 nov. 1889. 8:o, 18 s. Sthm, J. Beckman. 89. 40 ö.

—, Några tankar om kristendomsundervisningen i våra skolor. Se: Frågor, I religiösa o. kyrkliga. 5

—, Om den ställning våra heliga skrifter intaga till bruket af alkoholiska drycker. Föredrag d. 17 mars 1895. 1:a o. 2:a uppl. 8 o, 32 s. Sthm, K. J. Bohlin & K. 95. 25 ö.

—, Predikan på reformationsdagen d. 28 april 1895. (Fehrs sista predikan) 8:o, 13 s. Sthm, Z. Hæggströms F.-exp. 95. 25 ö.

—, Undervisning i kristendomen i anslutning till Luthers lilla katekes. 8:o, viij o. 307 s Sthm, Z. Hæggströms F.-exp. 94. Klb. 2: 50.

—, Se: Familjebibel. — Frågor, I religiösa o. kyrkliga.

FEHR, Isak, Geografiska skildringar för skolan o. hemmet. 8 o. Sthm, C. E. Fritzes hofbokh.
I. Europa — med undantag af Sverige. Med illustr. 196 s. 95. 1: 25, inb. 1: 75.
II. Asien o. Australien. Med illustr. 188 s. 95. 1: 25, inb. 1: 75.

—, Strengnäs kyrkomuseum samt notiser om staden o dess.domkyrka. — *Bejbom, Otto,* Grafvarna i domkyrkan. Kort handledning för besökande 2:a uppl. tillökad o. förbättrad. 8:o, 74 s. Strengnäs, Carl Moselius i distr. 95. 40 ö.

FEIJO, Antonio, Fallna blad. Madrigaler, öfv. af *Göran Björkman.* 8:o, 48 s. Ups., Lundequistska bokh. 93. 1 kr.

FEILITZEN, Carl v., Svenska mosskulturföreningens kulturförsök. Se: *Holdefleiss, Fr.,* Ladugårdsbehandling etc.

—, Se: *Maercker, Max,* Kaligödslingen.

FEILITZEN, Hugo von, Öfningar i franskt talspråk. 2.a uppl. 8:o, 139 s. Sthm, H. Geber. 91. Klb. 1: 75.

FEILITZEN, Otto von, Spridda drag ur svenska folklifvet. Teckningar af *Jenny Nyström.* 8.o. Sthm, A. L. Normans förlagsexp.
1. Grannarne i skärgården. 4:e uppl. 31 s. 90. 25 ö.
2 Sågsbo-barnens vandringsår, eller fattigskolan i Grimtomta. 3:e uppl. 49 s 50 ö.
3. Hultet förr o. nu, eller midsommaraftonen. 3:e uppl. 27 s. 90. 25 ö.
4. Hult-Eriks o. Hult-Elins historia. 3.e uppl. 46 s. 90. 50 ö.
5. Tomtebo-lycka. Saga ur lifvet. 2:a uppl. 69 s. 90. 50 ö.
6. Stinas historia. Berättelse ur lifvet. 2:a uppl. 47 s. 90. 50 ö.

—, Se: Kyrkoordningar före 1686.

FEILITZEN, Urban von, Tjenare, statare o. torpare. Se: Skrifter, utg af Lorénska stiftelsen. 1. 6. 7.

FELLENIUS, Wilh., Om hagmarkernas ändamålsenliga skötsel, med afseende å bete o. skogsfång. 8:o, 24 s. o. 1 karta. Vesterås, C. M. Sjöbergs bokh. 87. 80 ö.

FENDALL, Percy. Se: *Philips, F. G.,* o. *Fendall, P.,* Efterdyningar.

Fennia. Bulletins de la Société de géographie Finlandaise. 8:o. H:fors.
I. 1889.
1. Sällskapets förhandlingar. 36 s.
2. Bihang till förhandlingarna 10 s.
 a. *Palmén, J. A.,* Om förberedelserna för åstadkommandet af ett sällskap för Finlands geografi
 b. *Hjelt, Aug.,* Om Erkebiskop Tengströms Försök till en geografi öfver Finland.
3. *Bonsdorff, A.,* Untersuchungen über die Hebung d. Küste Finlands in den Jahren. 1858—87. 19 s
4. *Donner, A.,* o. *Petrelius, A.,* Uppsökandet af den rysk-skandinaviska gradmätningens inom Finland belägna triangelpunkter. 38 s. o 1 karta.
5. *Donner, A.,* En metod för beräkning af tidsbestämningar ur höjder i närheten af första vertikalen. 12 s.
6. *Witkovsky, B ,* Sur l'attraction locale à Wiborg. 24 s. o. 1 karta.
7. *Sederholm, J. J.,* Om istidens bildningar i det inre Finland. 52 s.

8. *Levänen, S.*, Medelepokerna jämte deras sekulära förändringar för islossningen o. isläggningen i Kumo elf. 10 s.
9. , Bearbetning för tiderna för islossningar o. isläggningar i Vanda å o. i södra hamnen i Helsingfors. 7 s.
10. (Uppsats på finska språket.)
11. *Donner, A.*, o. *Petrelius, A.*, Latitudsbestämningar å triangelpunkterna Sarvikangas o. Ulkogrunni. 14 s.
12. Points astronomiques en Finlande, par l'étatmajor Russe. 11 s. o. 1 karta.
13. (Uppsats på finska språket.)
14. *Hjelt, Aug*, Die Struktur d. Bevölkerung Finlands im Jahre 1880. 11 s. o. 2 diagr.
15. *Bonsdorff, A.*, Bestimmung der Erddimensionen auf Grund der russisch-skandinavischen Gradmessung. 8 s.
16. *Donner, A*, Vattenståndsobservationer i Saima sjö vid Lauritsala sluss åren 1847—87. 12 s o. 1 pl.

II. 1890.

Savander, Otto, Karttalaitokset Saksassa.

III. 1890.
1. Sällskapets förhandlingar. 1889—90. 44 s.
2. *Boxström, A.*, Folktillväxten i Finland 1751—1885. 20 s. o. 1 diagr.
3. *Bonsdorff, A.*, Über die telegraphische Längenbestimmung von Wiborg. 10 s.
4. *Krohn, K.*, Die geographische Verbreitung einer nordischen Thiermärchenkette in Finnland. 14 s. o. 1 karta.
5. *Kihlman, A. O.* u. *Palmén, J. A.*, Die Expedition nach der Halbinsel Kola im Jahre 1887, vorläufig geschildert. 28 s. o. 1 karta
6. *Kihlman, A. O.*, Bericht einer naturwissenschaftl. Reise durch Russisch Lappland im Jahre 1889. 40 s.
7. *Ramsay, W*, Geologische Beobachtungen auf der Halbinsel Kola. 52 s. o. 2 pl.
8. *Frosterus, B*, Några inktagelser ang. skiktade moräner samt rullstensåsar. 10 s. o. 1 pl.
9. *Wahlroos, A.*, Kumo elfs utloppsvik nu o. fordom. 12 s. o 1 karta.
10 *Levänen, S.*, Bearbetning af tiderna för islossningar i Aura å. 8 s.
11. *Savander, O.*, Tabeller för uträknande af gradafdelnings- eller polyederprojektion emellan Finlands latitudsgrader. 8 s
12. *Petrelius, A.*, Uppsökandet af den rysk-skandinaviska gradmätningens inom Finland belägna triangelpunkter. III. Expeditionen år 1889. 16 s.
13. *Vasenius, V.*, Om namnen på Finlands kommuner i svensk o. finsk skrift 10 s.
14. *Donner, A*, Om möjligheten att återfinna de till den baltiska triangulationen hörande triangelpunkterna. 10 s.
15 *Petrelius, A.*, Jämförelse mellan noggranheten hos några kartor öfver Finland. 18 s.
16. , Tabeller för beräkning af barometriska höjdmätningar. 24 s.

IV. 91. 8 fmk.
1. Sällskapets förhandlingar. 67 s.
2. *Ramsay, Wilhelm*, Ueber den Salpausselkä in östlichen Finland. 8 s. o. 1 karta.
3. *Bonsdorff, A.*, Die säculare Hebung der Küste bei Kronstadt in den Jahren 1841—1886. 18 s.
4. *Donner, A.*, Bestämningar af polhöjden för observatorium i Helsingfors. ss. 1—72. Referat. Bestimmung der Polhöhe der Sternwarte in Helsingfors. ss. 72—84.
5. *Berghell, H*, Geologiska iakttagelser hufvudsakligast af qvartärbildningarna, längs Karelska jernvägens första distrikt och Imatrabanan. Med 2 pl. o. karta. ss. 1—30. Deutscher Auszug. ss. 30—33.
6. *Savander, O.*, Die Baltische Triangulation zwischen Wiborg und Åbo. Mit einer Dreieckskarte. 97 s.
7. *Petrelius, A.*, Uppsökning af den Baltiska Triangulationens punkter i Finland. ss. 1—17. Deutsches referat. ss. 17—18.
8. *Moberg, K. Ad.*, Jordskalfven i Finland år 1892. Med 1 karta. ss. 1—34. Tremblements de terre de la Finlande de 1882. ss. 34—36.
9. *Juselius, A.*, Hydrologiska undersökningar i Kallavesigrenen af Saima vattensystem. Med 1 karta och 2 planscher. ss. 1—7. Hydrologische Untersuchungen. ss. 7—8.
10 *Wahlbeck, H. J.*, De forma et magnitudine telluris, ex dimensis arcubus meridiani, definiendis. Aboae 1819. 12 s. Mit einleitenden Worten von Prof. *A. Donner*.
11. La bibliothèque de la Société. 18 s.

V. 92. 8 fmk.
1. Sällskapets förhandlingar. 56 s.
2. *Berghell, H*, Geologiska iakttagelser längs Karelska järnvägen. II. Med 1 pl. o. 1 karta. ss. 1—16. Deutsches Referat. ss 17—18.
3. , Huru bör Tammerfors-Kangasala åsen uppfattas? Med 1 karta ss. 1—9. Deutscher Auszug. ss. 9—10.
4. *Witkovsky, B.*, Determination à l'aide du télégraphe des longitudes des principaux points du littoral du Golfe de Bothnie. 8 s.
5. *Tigerstedt, A. F.*, Eine eigenthümliche Abweichung der Magnetnadel, beobachtet im Rapakivi Gebiete bei Wiborg. Mit 2 Karten. 6 s.
6. *Backlund, O.*, Anteckningar från tvenne resor i norra Ryssland, verkstälda åren 1889 och 1890 för astronomiska ortsbestämningar. Med 2 kartor. ss. 1—34. Deutsches Referat s. 34.
7. *Ramsay, Wilhelm*, Kurzer Bericht über eine Expedition nach der Tundra Umptek auf der Halbinsel Kola. Mit 1 Tafel. 32 s.
8. *Petrelius, A*, Ueber die kartographischen Arbeiten der Expedition vom J. 1891. nach der Halbinsel Kola. Mit 1 Karte. 14 s.
9. *Grotenfelt, K.*, Kaksi Pohjois Suomen ja Kuolanniemen karttaa 1500-luvun lopulta.
10. *Tigerstedt, A. F*, Om traktens mellan Höytiäinen o. Pielisjärvi geologiska o. topografiska byggnad samt några derstädes förekommande malmförande kvartsgångar. Med 2 pl. ss. 1—20. Zur Geologie und Topographie der Gegend zwischen Karelen. (Referat) ss. 20—22.
11. *Juselius, Axel*, Hydrologiska undersökn:r å det Österbottniska slättlandet. Med 1 karta ss. 1—6. Hydrologische Untersuchungen im südl. Österbotten. s. 6.
12. *Reuter, O. M*, Zur Kenntniss der geographischen Verbreitung der Grascule (Charneas graminis L) in Finland. Mit 1 Karte. 10 s.
13. *Krohn, K.*, Die geographische Verbreitung estnischer Lieder, durch eine Karte erläutert. 30 s.
14. La Bibliothèque de la Société. 13 s.

VI. 92. 4 fmk.
Komiténs för revision af Finlands kartverk underdåniga betänkande. 185 s. Kart. I—III.
VII. 92. 8 fmk.
1. *Bonsdorff, A*, Mésures de bases de Moloskovitzi et de Poulkovo exécutées en 1888 avec l'appareil de Jäderin. Avec 2 pl. 196 s.
2. *Rosberg, J. E.*, Utbildningar i ryska o. finska Karelen med särskild hänsyn till de karelska randmoränerna. Med 1 karta o 3 pl. ss. 1—116 Oberflächenbildungen in russischen und finnischen Karelen, mit besonderer Berucksichtigung der karelischen Randmoränen. Mit 1 Karte und 3 Tafeln ss 117—128
3. *Sundell, A. F.*, Snötäckets höjd i Finland Jan. —Maj 1891. Med 1 karta. ss. 1—57. Epaisseur de la couche de neige tombée en Finlande de Janvier à Mai 1891. Avec 1 Carte. ss 58—60.
4. La Bibliothèque de la Société. 12 s.
VIII. 93. 8 fmk.
1. Sällskapets förhandlingar. 55 s.
2. *Wallin, V.*, Suomen maantiet v. 1808 saakka.
3. *Sederholm, J. J.*, Om bärggrunden i södra Finland. Med 1 karta och 4 pl. ss. 1—137. Über den Berggrund des südlichen Finlands. Mit 1 Karte und 4 Tafeln. ss. 138—165.
4. *Kihlman, A. O.*, Nattfrosterna i Finland 1892. Med 3 kartblad. ss. 1—41.
Die Nachtfröste im Finnland 1892. Mit 3 Kartenbeilagen ss. 41—42.
5. *Berghell, H*, Beobachtungen über den Bau und die Configuration der Randmoränen in östlichen Finnland Mit 1 Tafel. 4 s.
6. *Witkowsky, B.*, Des travaux géodésiques en Angleterre et aux Etats-Unis de l'Amérique. 30 s
IX. 94.
1. *Sundell, A. F.*, Snötäckets höjd i Finland vintern 1891—1892. Med 2 kartor. ss. 1—93. Épaisseur de la couche de neige tombée en Finlande pendant l'hiver de 1891—1892 ss. 94—96.
2. *Levänen, S.*, Lufttemperaturens frekvens i Helsingfors åren 1882—91. Med 2 pl. ss. 1—9. Häufigkeit der Temperaturgruppen in Helsingfors ss 9—10.
3. ——, Daggpunkten om sommaraftnarne i Helsingfors jämförd med den lagsta temperatur, som inträffat under det närmast följande dygnet åren 1882—91. ss. 1—9. Der Thaupunkt während der Sommerabende in Helsingfors, verglichen mit der zunächstfolgenden Tag eingetroffenen tiefsten Temperatur. s. 10.
4. ——, Solfläckarnes inflytande på islossningstiderna i Finlands floder o. på vattenståndet i Finska viken. Med 1 pl.
I. *Idman, A.*, Kumo älf. ss. 1—11.
II *Meinander, E*, Borgå å. ss. 12—22.
III. *Öhberg, Maria*, Vattenståndet vid Kronstadt. ss. 22—26. Einfluss der Sonnenflecken auf die Aufgangszeiten der Flüsse Finnlands und den Wasserstand im Finnischen Meerbusen s. 27.
5. *Moberg, K. A.*, Uppgifter om jordskalfven i Finland före år 1882. ss. 1—24. Les tremblements de terre en Finlande avant 1882. ss. 25—26.
6. *Lindén, John*, Beiträge zur Kenntniss des westlichen Theiles des russischen Lapplands Mit Karte u. Tafel. 24 s.
7. *Bonsdorff, A.*, Ableitung von Formeln für die Berechnung von Lotstörungen in den Eckpunkten eines sphäroidischen Dreiecks. 30 s.
8. La Bibliothèque de la Société. 17 s.
X. (ännu ej utkommet).
XI. 94.
1. Sällskapets förhandlingar. 59 s.
2. *Ramsay, W. u. Hackman, V.*, Das Nephelinsyenitgebiet auf der Halbinsel Kola. I. Mit 20 Tafeln u Karten. I—III. 225 s.

Fenomenen, Om de spiritistiska, af en granskare. 8:o, 103 s. Sthm, Ad. Johnson. 90. 1 kr
Fergus Se: [*Scheele, Aug.*]
Feriebibliotek, Lättare fransk läsning. 8:o, Sthm. C. E. Fritzes hofbokh.
1. *Berthet, Élie*, Le chasseur de marmottes. Med förklarande anm:r af *Alfr. Johanson*. 76 s. 94.
75 ö.
FERNSTRÖM, J. P., De Siloaiska dammarne eller tårarnas helande balsam. Innehåller de anmärkningsvärdaste tilldragelser, hvilka äro hemtade ur en ungkarls dagbok. 8:o, 72 s. Ljungby i Österhanninge. Förf n. 88. 75 ö.
——, Kräftsår eller huru snus o. tobaksnjutningen betraktas ss. samhällenas ekonom. onda. Allvar o skämt. 8:o, 20 s. Ljungby i Österhanninge. Förf:n. 88. 25 ö.
Festskrift med anledning af Svenska Bokförläggareföreningens femtioårsjubileum d. 4 dec. 1893. 8:o, 291 s. Sthm, Sv. Bokförläggareförenr. 93 Kart. 6 kr. Innehåll:
1 *Schück, Henrik*, Anteckn:r om den äldsta bokhandeln i Sverige. s 1—80.
2. *Seligmann, Jos*, Några drag ur Svenska Bokförläggareförenr. verksamhet 1843—93. s 81—131.
3 *Bonnier, Isidor Adolf*, Alfabetisk förteckning öfver ledamoter i Svenska Bokförläggareföreningen. 1843—93. s. 133—249.
4. ——, Förteckning öfver Svenska Bokförläggareföreningens kommissionärer. 1843—93. s. 251—291.
Festskrift. tillegnad direktören o. öfverläkaren vid Sabbatsbergs sjukhus, med doktorn F. Warfvinge vid fyllda 60 år, utg. af forne o. nuvarande läkare vid Sabbatsbergs sjukhus 4:o, 1v o. 230 s. 1 portr. o. 4 pl. Sthm, Samson & Wallin. 94.
10 kr.
FEUILLET, Octave, Den döda. Öfv. af *E. Weer*. 8:o, 190 s. Sthm, A. I Seelig 92. 1: 75.
——, En konstnärs hedersord. Öfv. från franskan af *Th. Hasselqvist*. 8:o, 269 s. Malmö, Envall & Kull. 91. 2: 25
FEUK, Carl Gustaf Theodor, Lyran på sångarens graf. Tillfällighets-qväden. 8:o, 70 s Malmö, Envall & Kull i distr. 90. 1 kr.
[**FEUK, L**], Ett akademiskt album från studentiden med 136 ögonblicksbilder. 1:a o. 2:a gruppen. Akadem. lärare i Lund på 1830-talet. 36 bilder af *Larifari*. 8:o 70 o. 122 s. Malmö, Envall & Kull i distr. 89. 1:a gruppen 1 kr., 2.a 1: 50.
——, Miniatur-bilder af bemärkta prestmän i Lunds stift på 1800-talet Med 68 portr. 8:o, 156 s. o. 16 pl. Malmö, Envall & Kull i distr. 93. 3 kr.
Fick-almanacka för 1887—96. Sthm, P. A. Norstedt & S:r. 86—95.
2 sidor å kartong. à 15 ö.
4 „ å skrifppr. à 15 ö.
Fickbok för rytteriet. 12:o, 122 s. Sthm, P. A. Norstedt & S:r. 88. Klb. 1: 50.
Fick-handbok eller de vigtigaste utdrag ur Kyrko-

handboken. 12:o, 56 s. Åbo, G. W. Wilén. 94. 1 kr.

Fick-handbok öfver Nordamerikas förenta stater med geograf. beskrifn:r samt uppgifter om jordbruk m. m. af *R—r.* 8.o, 80 s. Sthm, Carl Larsson. 90. 50 ö.

Fick-kalender för 1887—96. 32:o, 32 s. Sthm, P. A. Norstedt & S:r. 86—95. à 15 ö.

Fickordböcker, P. A. Norstedt & Söners. Liten 8:o. Sthm, P. A. Norstedt & S:r.
1. *Wenström, Edm.,* Engelsk-Svensk ordbok (English-Swedish dictionary) iij o. 464 s. 94. Klb. 3,50, på extra fint papper o. chagrinb. 4: 75.
2. *Schulthess, F.,* Fransk-Svensk ordbok. (Dictionnaire Français-Suédois) xxiij o. 338 s. 94. Klb 3 kr., på extra fint papper o. chagrinb 4: 25.
3. *Rosenberger, G.,* Tysk-Svensk ordbok. (Deutsch-Schwedisches Wörterbuch) xv o. 283 s. 94. Klb. 3 kr., på extra fint papper o. chagrinb 4: 25

Fick-tidtabell för bantågen å Sveriges jernvägar vintern 1886—87, jemte 3 kurtor. Liten 8.o, 40 s. o. 3 kartblad. Sthm, Redakt. af Sveriges kommunikationer. 86. 25 ö

Fick-vägvisare, Stockholms. 8:o, 184 s o. 1 karta. Sthm, Bröderna Påhlman. 94 Klb. 50 ö.

FIDLER, Matthews, Beredning af syradt smör för engelska marknaden. 8.o, 50 s. Göteb, D. F. Bonniers boktr. 86. Kart. 1 kr.

—, De döda lefva. Fakta rör. det personliga lifvets fortvaro efter döden. 8:o, 48 s. Göteb., N. P. Pehrsson. 95. 50 ö.

FIEANDT, G J von, o. **NEOVIUS, A. W G.,** Grunderna för bevattningsläran framstälda. Bilaga till en af förf:ne gifven berättelse om deras studieresor i Tyskland o. Holland åren 1889 o. 1890. H:fors, 94. 4:o. 4 o. 109 s. samt planscher I - II.

FIGGIS, J. B., Ett moln till skydd. Ett ord till den tviflande, den sörjande o. den sjuke. 8.o, 16 s. Norrk., Esping & Lundell. 95.

Filatelisten. Finska. Organ för Helsingfors frimärkssamlareförening. 1:a årg. (1895.) 8:o, H:fors, L. Wasenius. 95. För årg. (10 n:r) 2: 50 fmk.

Filikromen, Hittills otryckta skämtsamma sånger, saml o. utg. af *Axel I. Ståhl [= L. Th. Öberg].* 6:e saml. 2:a uppl. Liten 8:o, 31 o. 24 s. Sthm, P. A. Huldbergs Bokf.-aktb. 90. 1 kr.

Filipsson, Carl, Kornblixt. Se: *[Hallenborg, M.]*

FINEMAN, C. G. Se: *Malmberg, F. S,* o. *Fineman, C. G.,* Deviationslära.

Fingal, Isaak o. hans ätt. En studie. 8:o, 26 s. Sthm, C. A. V. Lundholm. 89. 1: 50.

Finland, Det unga. 8:o. H:fors, Söderström & K.
2. *[Brofeldt, J],* Folklif. Af *Juhani Aho.* Öfv. af *Karl A. Tavaststjerna.* 239 s. 86 2: 25.
3. *Canth, Minna,* Arbetarens hustru. Skådesp. i 5 akter. Öfv. af *Hedvig Winterhjelm.* 127 s. 86. 1: 50.

Finland i bilder. Fotografier o. text af *J. K. Inha.* (Svensk, finsk, rysk, tysk, fransk o. engelsk text.) 1:a hft. 4:o, 8 dubbelpl. o. 7 textblad. Sthm, W. Hagelstam. 95. 2: 25 fmk. (1: 70.)

Finland i dess skalders sång. En samling fosterländska sånger ordnade i tidsföljd af *O. M. Reuter.* 12:o, xxiv o. 317 s. H:fors, G. W. Edlund. 94. 3 fmk, inb. 4: 50 fmk.

Finland i 19:e seklet, framstäldt i ord o. bild af finska skriftställare o. konstnärer. Stor 4.o, 363 o. 9 s. samt 38 pl. o. 3 kartor. Sthm, H. Geber. 93. 24 kr., inb. 30 kr.

Finland, D:o d.o med engelsk text. 4:o, viij o. 367 s. H:fors, G. W. Edlund. 94. 40 fmk.
, D o d:o med fransk text. 4:o viij o. 372 s. H:fors, G. W. Edlund. 94. 40 fmk.
, D:o d.o med tysk text. 4:o. viij o. 406 s. H:fors, G. W. Edlund. 94 40 fmk.

Finland, or The Land of a Thousand Lakes. Published by the finnish tourist association. 8:o, 4 o. 44 s. H:fors, Waseniuska Bokh. 94. 1: 50, inb. 2 fmk.

Finland, Västra. Bidrag till kännedom af Västra Finland, utg. af Västfinska afdeln. 8:o, H:fors. 90.
I. *Granfelt, George,* Västfinska afdeln. historia. 1. De västfinska nationerna 1640 - 1722 95 s. 1 fmk.
II. (Uppsats på finska språket.)
III. *Carpelan, Tor,* Åbo i genealogiskt hänseende på 1600- o. början af 1700-talen. iij o. 183 s. 2 fmk.
IV. (Uppsats på finska språket.)
V. *Reuter, Enzio,* Bidrag till kännedomen om macro-lepidopterfaunan i Ålands o. Abo skärgårdar. 111 s. 1: 25 fmk.

Firma- o. prokuralagen 12:o, 43 s. Sthm, F. & G, Beijers Bokf.-aktb. 87. 50 ö.

Firmalagen, Nya. Se: Samling af k. förordningar. stadganden m. m 22.

Firmalagen samt förordningen ang utvidgad näringsfrihet jämte dithörande författn:r. 3:e uppl. 8.o, 80 s. Sthm, P. A. Norstedt & S:r. 94. Klb 90 ö. (1:a uppl 87, 2:a 88.)

Firmor och män, Sveriges, inom handel, industri o. konst jemte en del finska firmor. Med illustr. Redig. af *Arvid Ahnfelt.* Stor 8:o, 312 o. x s Sthm, Klemmings antikv. 86. Kart. 4 kr.

FISCHER, Theodor, I loge o. förening samt vid bröders bårar o. grafvar. (Poesi) 8:o, 120 s. Göteb., Förf.n. 90. (Ej i bokh.)

FISCHIER, P. E. M., Barnens bok. Undervisningskurser för de små i bilder o. berättelser. 8 o. Sthm, C. E. Fritzes hofbokh. 86.
3:e hft. s. 97—144 o. 4 pl. 1 kr.
4:e (slut)hft. s. 145—219 o 5 pl. 1: 50.
Kompl. inb. 5 kr, klb. 6: 50.

, En hvar sin egen lärare. Undervisningskurser för självstudium. 2 dlr. 8:o, 587 o. 596 s. Sthm, C. E. Fritzes hofbokh. 92. 6: 25, inb. 9 kr. (Utkom i 25 hfn. à 25 ö. 92—93)

—, Se: Bok, Barnens.

Fiskar, Skandinaviens, målade af *W. von Wright,* beskrifna af *B. Fries, C. U. Ekström* o. *C. Sundevall.* 2.a uppl. bearb. o. fortsättn. af *F. A. Smitt.* Del I = (1:a—10:e hft) 4:o, 566 o. x s. samt 27 pl. Sthm, P A. Norstedt & S:r. 92.
För häfte 10 kr., inb. i 2 hfrb. 112: 50.

Fiskeritidskrift för Finland Red. *Osc. Nordqvist.* Årgg. 1—4. (1892—95) 8:o, H:fors, Redaktionen. 92—95. För årg. (12 n:r) 3 fmk.

Fiskeri-tidskrift, Svensk, utg. af *Rudolf Lundberg.* Årgg. 1—4. (1892—95.) 8:o. Sthm, W. Billes Bokf-aktb. 92—95. För årg. (4 hfn = 12 ark) 2: 50.

Fiskförsäljaren, Den lilla ärlige. Se: Bibliotek för de unga. 39.

Fisk-kokbok, Anvisn. för beredande af närmare 150 fiskrätter. Utg. af Tyska fiskhandels-föreningen. Öfv. 12:o, 64 s. Sthm, Alb. Bonnier. 90 50 ö.

FITGER, Artur, Hexan. Sorgespel i 5 akter. Öfv. af *Carl Snoilsky.* 8:o, 120 s. Sthm, H. Geber. 87. 1: 50.

FITINGHOFF, Laura, f. **Runsten,** Bibliotek för barn o. ungdom. 8:o, Sthm, F. & G. Beijers Bokf.-aktb.
1. Taflor ur lifvet o. naturen. Med teckn:r af *Jenny Nyström*. 114 s. 86. Kart. 1: 75.
—, Gamla Näset. Roman. 8:o, 376 s. Sthm, H. Geber. 95. 4: 50.
—, I löfsprickningen. Berättelse för de unga Med teckn:r af *Jenny Nyström-Stoopendaal*. 2:a uppl. 8:o, 160 s. o. 4 pl. Sthm, P. A. Huldbergs Bokf.-aktb. 92. Inb. 2 kr. (1:a uppl. 91.)
—, I rosengård. Barnberättelse. Med teckn r af *Jenny Nyström-Stoopendaal*. 2:a uppl. 8:o, 137 s. o. 5 pl. Sthm, P. A. Huldbergs Bokf.-aktb. 92. Inb. 1: 75. (1:a uppl. 90.)
—, Vårluft. En berättelse för ungt folk. 8.o, 260 s. Sthm, Klemmings antikv. 92. 2: 25.
—, Se: Barnbiblioteket, Nya svenska.
FJELLSTEDT, P. Se: Biblia.
FJETTERSTRÖM, Rud., Bilder ur kristna kyrkans historia. 2:a genoms. uppl. 8:o, 255 s. Norrk., M. W. Wallberg. 90. 1: 75.
FLACH, Wilh., Huru skall jag förbättra min kreatursstam. Se: Ströskrifter, Premieringsnämndens. 1.
—, Husdjursafvelns befrämjande i Danmark. Se: Meddelanden från Kgl. Landtbruksstyrelsen. 2.
—, Några råd o. anvisn:r rör. slagterisvinets uppfödning o. skötsel. Se: Ströskrifter, Premieringsnämndens. 2.
—, Om mjölkens betalande efter fetthalt. 8:o, 97 s. o. 2 tab Norrk., M. W. Wallberg i komm. 88. 1: 25.
—, Se: Journal vid . . . mejeri. — Kontrabok.
Flaggor, Alla jordens. Jemte alla Europas staters signalflaggor o. landsfärger. 1 pl. Sthm, Looström & K. 90. 2 kr.
FLAMMARION, Camille, Atmosferens under. Se: Handböcker, Naturvetenskapliga. 2.
— —, Ballongfärder. Öfv. med 31 illustr. Stor 8:o, 128 s. Sthm, F. C. Askerberg. 90. 1: 50.
—, Bebodda verldar eller vilkoren för himmelskropparnes beboelighet. 6:e uppl Med 6 pl. 8.o, 296 s. Sthm, Aktieb. Hiertas bokförlag. 91.
3 kr, klb. 4: 25.
—, I himmel och på jord. Öfv. af *J. Granlund*. 8:o, 198 s. Sthm, F. & G. Beijers Bokf.-aktb. 86. 2 kr.
— —, Lumen En ljusstråles historia. Öfv. af *J. Granlund*. 12:o, 190 s. Sthm, F. & G. Beijers Bokf.-aktb. 90. 1: 50.
—, Populär astronomi. Svensk bearb. af *N. V. E. Nordenmark*. 1:a o. 2:a hft. 4:o, 48 s o. 1 pl. Sthm, Alb. Bonnier. 95. För häfte 50 ö.
—, Resor i luftballong. Från franskan af *Tom Wilson*. 8:o, viij o. 245 s. Sthm, Looström & K. 90. 2: 50.
— —, Stjerndrömmar. Öfv. från franskan af *Tom Wilson*. 8:o, 238 s. Sthm, Looström & K. 90. 2: 50.
—, Urania. Öfv. från franskan. 1:a o. 2:a uppl. 8.o, 222 s. Sthm, Ad. Bonnier. 90. 1: 25.
— —, D:o. 3:e uppl. Med 90 illustr. 8:o, 300 s. 90. 3: 75, inb. 6 kr.
—, Urania. En själs resa i oändligheten. Öfv. af *J. Granlund*. 1:a o. 2:a uppl. 12:o, 190 s. Sthm, F. & G. Beijers Bokf.-aktb. 90.
—, Vår himmel. Bearb. öfv. af *O. H. D.* Med 78 fig. o. 1 stjärnkarta. 5:o, 231 s. Sthm, Ad. Bonnier. 93. 3 kr.
—, Världens undergång. Öfv. af *E. S.* Med 40 illustr. 8:o, 256 s. Sthm, H. Geber. 93. 3: 25.

FLEISCHER, M., Tillverkningen o. användandet af torfströ. Öfv. af *T. Olbers*. 8:o, 107 s. Sthm, F. & G. Beijers Bokf.-aktb. 91. 1: 50.
FLEISCHMANN, Wilh., Hjelptabeller för mejeribokföring. 8:o, vj o. 48 s. Sthm, Ad. Bonnier. 88. 1: 50.
FLENSBURG, Nils, Studier öfver den fornindiska tempusläran. Akad. afh. Stor 8:o, 178 s. Lund, Aug. Collin. 88. 2 kr.
— —, Über Ursprung und Bildung des pronomens αυτός, 8:o, 69 s Lund, Gleerupska univ:s bokh. 93. 1 kr.
—, Zur Stammabstufung der mit Nasalsuffix gebildeten Präsentia im Arischen u. Griechischen. 8:o, 72 s. Lund, Gleerupska univ s bokh 94. 1: 25.
FLENSBURG, Wilh., Tal vid invigningen af Allhelgonakyrkan i Lund. Se: *Wrangel, Evert*, Allhelgonakyrkan.
FLEURIOT, Zenaide, Perlan. Berättelse för ungdom. Öfv. af *J. Granlund*. Med 45 illustr. 8:o, 166 s. Sthm, Axel Granlund. 89. Kart. 2: 50.
FLIESBERG, Carl, Handledning i svensk handelsvetenskap. 2:a uppl. 8:o, viij o. 328 s. Sthm, Fahlcrantz & K. 91. 2: 75, inb. 3: 75.
FLINCK, Johan August, Om den anatomiska byggnaden hos de vegetativa organen för upplagsnäring. Akad. afh. 8:o, iij o. 140 s. samt 3 taflor. H:fors. 91.
FLINK, Gust., Mineralogische Notizen. Se: Bihang till Vet.-akad:s handl:r. XVI, II, 4.
—, Mineralogiska notiser. Se: dersammast. XII, II, 2. XIII, II, 7.
—, Ueber die Kristallform u. Zwillingsgebildung der Skolecit. Se: dersammast. XIII, II, 8.
FLINTA, Gustaf, Möbelritningar för snickare, möbelfabrikanter m. fl. 25 planscher om tills. 94 ritningar jemte text. 4:o, 8 s. o. 25 pl Sthm, G. Chelius. 87. I kartong 7: 50.
— —, Mönster för träsvarfning. 8:o. Sthm, G. Chelius.
1:a dln 11 s. o. 7 pl. in folio. 88. 2 kr.
2:a dln 8 s. o. 8 pl. „ 92. 3 kr.
3:e dln 75 s. o. 15 pl. „ 90. 5 kr.
FLODÉN, G., Kvinnan och hemmet. Aforismer hemtade ur Reg:ts pastor G. Flodéns högmessopred. på Maria-bebådelsedag. 8:o, 24 s. Uddevalla. Förf:n. 93. 25 ö.
FLODERUS, B. G. O, Bidrag till kännedom om salixfloran i s. v. Jämtlands fjälltrakter. Se: Bihang till Vet.-akad:s handl:r. XVII, III, 1.
FLODERUS, Manfred Mustafa, Fysikens första grunder. 8:o, Sthm, Ad. Bonnier.
I. Mekanik Med 108 afbildn. 4:e omarb. uppl. 160 s. 86. 2 kr.
II, 1. Läran om ljudet och ljuset. Med 105 träsn. o. 1 färgl. pl. 4:e öfvers. uppl. 144 s o. 1 pl. 89. 1: 50.
II, 2. Läran om Magnetismen, Elektriciteten o. Värmet. Med 112 afbildn. 5:e omarb. uppl. 206 s. 88. 2 kr.
—, Öfningsexempel till Fysikens första grunder, bearb. efter *Fliedners* o. *Kahls* exempelsaml:r. 4:e öfvers. uppl. 8:o, 64 s. Sthm, Ad. Bonnier. 89. 75 ö.
FLODKVIST, August, Formulärbok för folkskolan, inneh. öfver 60 formulär jemte förklaringar rör. såväl formulären som kommunala m. fl. angelägenheter. 8:o, 46 s. Sthm, Alb. Bonnier. 90. 25 ö.
FLODMAN, A., Blad ur min praktik. Berättelser af *Anders R—n*. 1:a—5:e hft. 8:o, 480 s. Sthm, F. & G. Beijers Bokf.-aktb. 95. För häfte 50 ö.

FLODMARK, Joh., Kongl. svenska skådeplatsen i Stockholm 1737—53. Ett hundra-femtioårs minne 8:o, 30 s. Sthm, tr. i Centraltryckeriet. 87. (Uppl:n 50 ex.) (Ej i bokh.)

—, Stenborgska skådebanorna. Bidrag till Stockholms teaterhistoria. Med portr. o. andra illustr. samt musikbil. 8:o, xvj, 554 s, 1 pl. o. musikbil. 13 s. Sthm, P. A. Norstedt & S:r. 93. 10 kr. (Uppl. 350 expl)

FLODSTRÖM, Isidor, Förslag till lärobok i svensk rättskrifning. 8:o, 70 s. Eskilstuna. 86. 1 kr.

—, Om giftermålsfrekvensen. Se: Tidskrift, Nordisk. 1895.

—, Om spirituosa försäljnings-afgifternas förhållande till försäljningsbeloppet. Se: Skrifter utg. af Sv. Nykterhetssällsk. 3.

—, Stockholmstariffer. 8:o, 54 s. o. 1 tab. Sthm, Nordin & Josephson i distr. 94. 60 ö.

FLORMAN, A. H., Underrättelse om husdjurens vård o. skötsel under hälso- o. sjukdomstillståndet. 7:e omarb. uppl. 8:o, 296 s Lund, C. W. K. Gleerup. 90. Kart. 2: 25.

FLYGARE, E, Minnestal hållet i Gumlösa kyrka d. 26 okt. 1891, 700-årsdagen af kyrkans invigning. 8:o, 22 s. Lund, Gleerupska univ:s bokh. 91. 25 ö.

—, »Några denna tidens tecken.» Predikan. 8:o, 27 s. Lund, Gleerupska univ:s bokh. 86. 25 ö.

—, Några predikningar. 8:o, 114 s Lund, Gleerupska univ:s bokh. 90. 1: 25.

FLYGARE, G., Tal vid svenska bibelsällsk. sammankomst. Se: Årsberättelse, Sv. Bibelsällskapets.

FLYGARE-CARLÉN, Emilie, Efterskörd från en 80-årings författarebana. Sista arbeten. Berättelser o. noveller 3 dlr. 8:o, I. lxxxij 492 s. o. 1 pl., II. 472 s., III 536 s. Sthm, Alb. Bonnier. 88. Hvarje del à 2: 50, inb. à 3: 50. (Utkom i 20 hfn à 50 ö, 87—88.)

—, Romaner. 8:o. Sthm, Ad, Bonnier.
En natt vid Bullar-sjön. 4:e uppl. 3 dlr. 336, 306 o. 338 s. 94. 7: 50.
En nyckfull qvinna. 4 e uppl. 3 dlr. 248, 248 o. 264 s. 94. 6 kr.
Enslingen på Johannisskäret. 4:e uppl. 3 dlr. 277, 264 o. 269 s. 92. 6 kr.
Ett köpmanshus i skärgården. 4:e uppl. 5 dlr. 247, 211, 236, 271 o. 256 s. 93. 10 kr.
Ett rykte. 3:e uppl. 3 dlr. 288, 289 o. 270 s. 90. 6 kr.
Ett år. Berättelse. 4:e uppl. 335 s. 95. 2: 50.
Fideikommisset. 4:e uppl. 2 dlr. 311 o 290 s. 94. 4 kr. (3:e uppl. 87.)
Fosterbröderna. 4:e uppl. 2 dlr. 215 o. 207 s. 95. 4 kr.
Förmyndaren. 4:e uppl. 3 dlr. 259, 209 o. 264 s. 95. 6 kr. (3:e uppl. 89)
Gustaf Lindorm. 3:e uppl. 2 dlr. 230 o. 215 s. 87. 4 kr.
Inom sex veckor. 2:a uppl. 146 s. o. 2 portr. 90. 1: 25.
Jungfrutornet. 4:e uppl. 3 dlr. 288, 346 o. 327 s 94. 7: 50.
Kamrer Lassman. 4:e uppl. 2 dlr. 218 o. 220 s. 95. 4 kr. (3:e uppl. 86)
Kyrkoinvigningen i Hammarby. 4:e uppl. 234 o. 212 s. 94, 95. 4 kr.

Pål Värning. En skärgårdsynglings äfventyr. 3:e uppl. 272 s. 88. 2 kr.
Romanhjeltinnan. Berättelse. 331 s. 88. 2 kr.
Rosen på Tistelön. 4:e uppl. 2 dlr. 263 o. 263 s. 92. 4 kr.
Waldemar Klein. — Representanten. 3:e uppl. 2 dlr. xij. 262 o. 299 s. 88. 4 kr.
D:o d:o Jubileums-upplaga på bättre papper o. med 1 portr. 88. 5: 50.

—, Stockholms-scener bakom kulisserna. Berättelser. 2:a öfvers. uppl. 8:o, 343 s. Sthm, Ad. Johnson. 86. 2: 50.

FLYGARSON, Ferdinand, Kort handbok i hönsskötsel. 8:o, 45 s. Sthm, Fören. för fjäderfäskötseln. 90 65 ö.

FLÜGEL, C. A., Den uppriktige engelsmannen, eller konsten att på kort tid lära eng. språket. 8:e uppl. 8.o, 112 s Sthm, Ad. Johnson. 91. 80 ö., inb. 1 kr. (7:e uppl. 87. 8:e 89.)

Flygskrifter, Helsovårdsföreningens. 8.o, H:fors.
3. *Westerlund, F. W*, Om barndödligheten i Finland o. dess allmänna orsaker. 29 s. G. W. Edlund. 91. 25 p.
4. —, Huru skola vi vårda och uppföda våra barn. 31 s. G. W. Edlund. 91. 25 p.
5. *Hagelstam, Jarl*, Huru skola vi bekämpa Koleran? 16 s. Folkupplysn.-sällsk. 92. 25 p.
6 *Törngren, Adolf*, Om hafvandeskapets helsovård. 22 s. Folkupplysn -sällsk. 93. 25 p.
7. *Wilskman, Ivar*, Om gymnastikens inflytande på vår helsa och utveckling. 18 s. Folkupplysn.-sällsk. 93. 25 p.

Flygskrifter, Helsovännens, för helso- o sjukvård. Utg. E W. Wretlind. 1:a årg. 1892. 8:o. Sthm, Helsovännens exp. 92. För årg. (12 hfn) 1: 10.
1. *Wretlind, E. W.*, Tobaksbrukets faror. 28 s. 92. 25 ö.
2. *Sundbärg, Gust.*, Rusdryckerna o. deras missbruk. 32 s. 92. 25 ö.
3. *Wretlind, E. W.*, Huru få god o. billig mat? 30 s. 92. 25 ö.
4. —, Om bleksot. 22 s. 92. 25 ö.
5. —, Influensan. 22 s. 92. 25 ö.
6. *Curman, C.*, Om bad o. badning. 21 s. 92. 25 ö.
7. *Wretlind, E. W.*, Hvad skola vi dricka? 15 s. 92. 25 ö.
8. —, Koleran, hennes historia, natur, symptomer och behandling. 2 uppl:r. 22 s. 92. 25 ö.
9. —, Huru förhindras farsoters spridning? Enligt vetenskapens nyaste rön. 23 s. 92. 25 ö.
10. —, Huru skola vi kläda oss? 22 s. 92. 25 ö.
11. *Torstenson, O*, Huru skydda vi oss mot lungsot? 14 s. 92. 15 ö.
12. *Wretlind, E. W.*, Ungdomens farligaste fiende. 22 s. 92. 25 ö.
13. —, Rusdrycksbruket från fysiologisk o. biblisk synpunkt. 28 s. 94. 25 ö.
14. *Englund, Nils*, Om nervfeber o. tarmtyfus o. åtgärder till att förebygga sjukdomens spridning. 23 s. 94. 25 ö.
15 o. 16. *Weinmann, Ph.*, Hvaraf kommer nervsvaghet? o. huru botas den? Öfv. från tyskan af W—d med tillägg af öfvers. 64 s. 94. 75 ö.
17 o. 18. *Wretlind, E. W.*, Hvaraf kommer dålig mage o. huru botas den? Med 6 illustr. 62 s. 94. 75 ö.
19. *Dovertie, C. H.*, De smittosamma sjukdomarna o. deras bekämpande. 38 s. 95. 40 ö.

20. *Ahlström, Gustaf,* Om ögat o. dess vård i friskt o. sjukt tillstånd. 64 s. 95. 75 ö.
21. *Niemeyer, Paul,* Om hämorrojder o. förstoppning. Med 9 teckn:r. Öfv. af *W—d.* 53 s. 95. 60 ö.

FOGAZZARO, Ant, Daniel Cortis. Roman. Öfv. af *E. af D.* 8:o, 385 s. Sthm, Klemmings antikv. 86. 3: 50.

—, Malombra. En ung qvinnas lefnadssaga. Roman. Öfv. från ital. af *E. af D(onner).* 2 dlr. 8:o, 526 s. Sthm, Looström & K. 88. 4: 50.

—, Skaldens hemlighet. Roman. Öfv. från ital. af *E. af D(onner).* 8:o, 254 s Sthm, Looström & K. 88. 2: 50.

[FOGELHOLM, Axel], Sura o. glada miner. Skizzer af —el—el—. 8:o, 110 s. Åbo, Emil Öhman. 90. 1: 50 fmk.

FOGELHOLM, N. Se: Lesebuch, Deutsches

FOGOWITZ, A. H, Indianfursten Tecumshe. Se: Äfventyrsböcker. 14.

[FOLCKER, E. G], Gripsholms slott. En vägledning för besökande. 2:a uppl. med planer. 8:o, 20 s. Sthm, Wahlström & Widstrand. 95. 25 ö.
(1:a uppl. 94)
, Se: Museum.

Folk, Vårt. Verklighetsbilder ur svenskt folklif. Tecknade med penna o. pensel af framstående författ. o. konstnärer. 4:o, 282 s. Sthm, C. E. Fritzes hofbokh. 94. 10: 50, inb. 20 kr.
(Utkom i 12 hfn. 1—10 à 1: 40, 11 o 12 2: 50. 93, 94)

Folkhögskolan, Den nordiska. Berättelse om Nordiska folkhögskolemötet å Hvilan 1890. Utg. af *Herman Odhner.* 8:o, 143 s. Linköp, P. M. Sahlströms bokh. i komm. 91. 1: 50.

Folkhögskolebiblioteket, Lilla. Utg. af *P. Nordmann.* 8:o. H:fors, Söderström & K.
1. *Klockars, Johannes,* Hvad är folkhögskolan? Spridda uttalanden. 55 s. 91. 45 ö.
2 *Rostedt, Robert,* Om folkhögskolans fosterländska betydelse samt minnen o. intryck från folkhögskolan i Askov. 36 s 91. 35 ö.
3. Fosterländska sånger för folkhögskolan sammanstälda af *P. Nordmann.* 68 s. 92. 45 ö.
4. *Rindell, Arthur,* Åkerbrukskemi för den högre landtbruksundervisningen. 87 s 92. 60 ö.
5. *Rostedt, Robert,* Redogörelse för mellersta Nylands folkhögskolas verksamhet under första lärokursen 18¹/₁₁91—18¹¹/₅92. 56 s. 92. 40 ö.

Folkkalender, Svensk. En nyttig o. nöjsam årsbok för alla. 1:a o. 2:a årg. (1895—96.) 8.o. Sthm, W. Silén. 94, 95. För årg. 1 kr.

Folklifvet, Ur svenska. Berättelser af *H. K.* 1:a—3:e hft. 8:o, 277 s. Sthm, Fost. stift:s F -exp. 93—95. För häfte 50 ö.

Folklynne, Skånskt. Berättelser, pasasjor, slagdängor o. qväden m. m af *Tröl Sjinssen.* (Vemmenhögs härads bygdemål.) Med silhouetter af *Ernst Ljungh.* 2:a uppl. 8:o, 144 s. Malmö, J. G. Hedberg. 93. 1 kr.

FOLKMAN, Gustaf, Se: Nykterhetsparnassen.

Folkskolans 50-års fest i Lund d 3 juni 1892. I. Föredrag om folkskolans utveckling till 1892 af *Nils Lundahl.* II Högtidstal af *Lars Tynell.* 8.o, 52 s. Lund, Aug. Collin. 92. 50 ö.

Folkskolestadgan. 5:e uppl Redig. af *Simon Nordström.* Se: Samling af k. förordn:r, stadg. m. m. 12.

Folkskolestadgan. Supplementhäfte till 5:e uppl. af Folkskolestadgan, upptagande de stadg. som utkommit från mars 1891 intill början af 1893. 8:o, 40 s. Sthm, P. A. Norstedt & S:r. 93. 25 ö.

Folkskolestadgan med flera författn:r rör. folkundervisn. till ledning för skolråden. 6:e uppl. Redig. af *Simon Nordström.* 8:o, viij o. 202 s Sthm, P. A Norstedt & S:r. 95. Kart. 90 ö., klb. 1 kr.

Folkskolläraremöte, Hernösands stifts allmänna, i Hernösand d. 18—20 juni 1892. Berättelse utg. af *Josef Hellström.* 8:o, 132 s. Hernösand, J. A. Johansons bokh. 92. 1 kr.

Folkskolläraremötet, Tionde allm. svenska, i Stockholm d. 8—10 aug. 1888 Berättelse utg. af *Fridtjuf Berg.* 8:o, x o. 310 s. Sthm, A. V. Carlsons Bokf.-aktb 89. 2 kr.

Folkskolläraremötet, Elfte allm. svenska, i Göteborg d. 9—11 aug. 1893. Berättelse utg. af *John Ohlander.* 8:o, viij o. 414 s Göteb., Wettergren & Kerber. 94. 2 kr.

Folkskrifter, 16:o. Sthm, Ad. Johnson.
1. Den ofelbara drömboken eller uttydning af närmare 600 drömmar. 74 s. 88. 25 ö.
2. Blomsterspråket eller blommornas betydelse. Efter *Wilhelmina* o. *Aimé Martin,* m. fl. 16 s. 88. 20 ö.
3. Kortspråket eller kortens betydelse. 21 s. 88. 25 ö.
4. Kortprofeten eller konsten att spå i kort. 26 s. o. 1 tab. 88. 25 ö.
5. Punkterkonsten eller sättet att förutsäga egna o. andras öden. 30 s. 88. 25 ö.
7. *Lee, W:m,* Bränvin o. salt, ett osvikligt medel mot alla slags yttre o. inre åkommor. Öfv. 72 s. 88 25 ö.
10. Kalifen Storks äfventyr. 22 s. 95. 25 ö.
11. Aladins äfventyr eller den underbara lampan. 21 s. 95. 25 ö.
12. Lustiga berättelser om de klyftiga borgarena i Schildburg. 23 s. 95. 25 ö.
13. Den hemlighetsfulla grafven. 21 s. 95. 25 ö.
14. Hedvig eller banditens brud. 23 s. 95. 25 ö.
15. Hvita frun. Några berättelser ur andeverldens fördolda lif. 22 s. 95. 25 ö.
16. Preciosa. En zigenarflickas underbara öden. 22 s. 95 25 ö.
17. Robinsons äfventyr. 20 s 95. 25 ö.
18 Emigrantskeppets Atlantis undergång 21 s. 95. 25 ö.
19. Eremiten i Beatushålan. 24 s. 95. 25 ö.
20. Den oskyldigt dödsdömda grefvinnan Genovevas underbara öden 23 s 95. 25 ö.

Folkskrifter, utgifna af K. Finska hushållningssällskapet. 8:o. Åbo.
5. *Grotenfelt, Gösta* o. *Granström, Arthur,* Om andelsmejerier. Prisbelönad täflingsskrift. 8:o, 58 s. Åbo. 93
6. *Fabritius, L.,* Om bostäder för husdjuren. Prisbelönad täflingsskrift. 66 s. Åbo 93.

FONTELL, A. G, Se: *Ignatius, K. E. F.*, Statistisk handbok.

FORCHHAMMER, J., Fra en rejse i Grækenland. Se: Tidskrift, Nordisk 1894.

FOREL, Aug., Alkohol såsom njutningsmedel. Se: Skrifter i socialhygieniska frågor. 1.
, Hypnotismen, dess betydelse o. utöfvande. Öfv. från tyskan af *O. H. Dumrath.* 8:o, 131 s. Sthm, H. Geber. 90. 1: 50.

FORNELL, C. Edv., Anton Nyström. En politisk studie. 8:o, 217 s. o 1 portr. Sthm, Looström & K. i distr. 91. 2: 50.

Fornminnen, Svenska. 179 helpl. o. 428 halfpl. i fotogr. Sthm, G. Chelius. 88. De förra à 1: 25, de senare à 1 kr.

FORRESTER (Mrs), På fåfängans marknad (Omnia vanitas). En bild ur den förnäma verlden. Öfv. af *M. v. P—z.* 8:o, 148 s. Sthm, C. A. V. Lundholm. 88. 1: 50.

FORSBERG, Charles, Praktisk juridisk handbok för menige man. 8:o, xij o. 247 s. Sthm, Ad. Johnson. 91. 1: 75, kart. 2 kr.

FORSBERG, S., Om odling af sockerbetor o. foderbetor. 3:e uppl. 8:o, 64 s. Lund, Gleerupska univ:s bokh. i distr. 94. 60 ö.
(1:a uppl. 88. 2:a 90.)

FORSELIUS, Vict, Se: Handelskalender, Finlands.

Forskning, Fri. Tidskrift utg. af *C. v. Bergen.* Sthm, Z. Hæggströms f.-exp. 1:a årg. 1886. 1:a hft. 2 kr.
Årg. (5 hfn = 30 ark.)

Forskning, Ur vår tids. Populära skildringar, utg. af *Axel Key* o. *Gustaf Retzius.* 8:o. Sthm, F. & G. Beijers Bokf-aktb.
11. *Abelin, Hj.*, Om vården af barn under de första lefnadsåren. 3:e uppl. 80 s. 87. 1: 50.
34 *Reuter, O. M.*, De lägre djurens själslif. 1:a afd. Artvanor o. instinkter.
I. 92 s. 86. 1: 50.
II. 140 s. 86. 2: 25.
36. —, 2:a afd. Individen. Samhället. 131 o. viij s. 88. 2: 25.
37. *Tigerstedt, Rob.*, Hjärnan såsom organ för tanken. 174 s. 89. 2: 50

FORSLING, S., Om absorptionsspektra hos didym o. samarium. Se: Bihang till Vet.-akad:s handl:r. XVIII, I, 4 o. 10.

—, Om tvänne ßamidonaftalinsulfonsyror. Se: dersammast XIV: II, 2.

FORSLUND, Joh. A., Difteri o. dess botemedel. 8:o, 39 s. Sthm, W. Billes bokf.-aktb. 94. 50 ö.

[**FORSMAN, E.**], En julklapp till barnen. Småsaker på vers o. prosa af *Aina*. Med illustr. af *Ida Forsman*. 8:o, 93 s. H:fors, W. Hagelstam. 86.
Kart. 1: 50.
[·], En liten bönebok för små barn af *Aina*. Liten 8.o, 35 s. H:fors, Söderström & K. 90. 40 ö.
[—], Vid aftonlampan. Noveller o skizzer af *Aina*. [1:a saml.] 8 o, 326 s. H:fors, G. W. Edluud. 91. 2: 80.
[· ·], Vid aftonlampan. Nya skizzer o. berättelser af *Aina*. [2:a saml.] 8:o, 216 s H.fors, Söderström & K. 93. 2: 50.
[-], D.o d:o. 3:e saml. 2:a uppl. vi o. 187 s. 94. 2: 25.
[—], D:o d:o. 4:e saml. 191 s. 95. 2: 50.

FORSMAN, Jaakko, Bidrag till läran om skadestånd i brottmål enligt finsk rätt. 8:o, viij o. 295 s. H:fors, Otava. 93. 6 fmk.
(För Sverige: C. E. Fritzes bofbokh.) 4: 50.
—. Föreläsningar. Se: Anteckningar.

FORSMAN, Kaarlo. Se: Anthologia Homerica.

FORSSELL, Abr, Fodret o. utfodringen. Se: Småskrifter i landthushållning. 4.
—, Utsädet, dess beskaffenhet o. behandling. Se: dersammast. 1.
—, Se: Småskrifter i landthushållning. — Tidskrift, Svenska Kennelklubbens

FORSSELL, Hans, Guld o. silfver. Se: Tidskrift, Nordisk. 1892.
—, Guldbristen o. de låga varupriserna. Se: dersammast. 1886.
—, Gustaf II Adolf. En minnesteckning, 8:o, 108 s. Sthm, P. A. Norstedt & S:r. 94. 75 ö.

FORSSELL, Hans, Studier o. kritiker. II. 8:o, 440 s. Sthm, P. A. Norstedt & S:r. 88. 5 kr.
—, Se: Mantals- o. Kyrkoskrifningsförordn. — Väglagen.

FORSSELL, K. B. J., Anatomie der Glosslichenen. Se: Acta, Nova, reg. soc:is scient. Ups. XIII: 2.
—, Inledning till botaniken jemte ett bihang inneh. förklaring öfver botan. termer. Med 19 tafl. o. talrika träsn. 8:o, vij o. 156 s. Sthm, F. & G. Beijers Bokf-aktb. 88. 1: 50, kart. 2 kr.
—, Kortfattad lärobok i botanik. Med träsnitt. 8:o. Sthm, F. & G. Beijers Bokf.-aktb. 91.
1:a hft. v o. 34 s. 50 ö.
2:a hft. s. 35—158. 1: 25.
Kompl. kart. 2: 25.
—, Lärobok i botanik tör de allm. lärov:s högre klasser. Med 189 fig. 8:o, vij o. 240 s. Sthm, F. & G. Beijers Bokf-aktb. 90. 3 kr., kart. 3: 50.
—, Se: *Segerstedt, Albr.*, Naturlära.

FORSELLES, Arthur af, Die durch eitrige Mittelohreutzündung verursachte Lateralsinus Thrombose und deren operative Behandlung. Akad. abh. 4:o. x, 127, 2, 125 s. o. tabell. Kuopio. 93. 3 fmk.

FORSELLES, O. af o. **WAHLFORSS, H. A.**, Bidrag till Enantylsyrans historia. IV. Se: Öfversigt af F. Vet.-Soc:s förhandl. XXXIV.

FORSSENIUS, C., Om hafskuren eller thalassotherapien. 3:e omarb. uppl. 8:o, 176 s. Göteb., N. P. Pehrsson. 91. Klb. 2: 50.
— -, Om renlighets nödvändighet o. om sättet att bada o. tvätta sig för renlighets skull. 8:o, 44 s. o. 1 pl. Göteb., N. P. Pehrsson. 88. 50 ö.

FORSSMAN, Aug., Afskedsord till Sala Stadsförsamling i Sala stads kyrka d. 6 aug. 1894. 1:a o. 2:a uppl. 8:o, 7 s. Sala, Gust. Ewerlöf. 94.
—, Predikan på 1:a böndagen 1895, hållen i Brännkyrka. 8:o, 15 s. Sthm, Gust. Carlsons bokh. 95. 20 ö.

FORSSTRAND, Carl, Bland oleandrar o. liljor. Minnen från en sommar på Bermuda eller Somers öar. Med ett bibliogr. bihang. 8:o, 122 s., 1 karta o. 15 pl. Sthm, Henr. Sandbergs bokh. i distr. 95.
4 kr., på bättre papper 7: 50.
(165 numrerade exempl.)

FORSSTRÖM, O. A., Bilder ur de geogr. upptäckternas historia. Se: Skrifter, Folkupplysn. sällsk. 80.
—, Bilder ur lifvet i den karelska gränsmarken. Se: dersammast. 91.
—, Grunddragen af menniskokroppens byggnad och helsolära. 8:o, 63 s. H:fors, Söderström & K. 92. 75 ö.
—, Stenåldern. Se: Skrifter, Folkupplysningssällsk. 62.

FORSTEN, Elin o. **BOHNHOF, Anna**, English reader. A collection of tales and poems by english and american authors for schools and private study compiled. 8:o, 209 s. H:fors, W. Hagelstam. 95.
3 fmk. (2: 25.)

Fotspår, Himmelska. Till daglig ledning under en månad. Med illustr. 6 blad velin. Sthm, G. Chelius. 90. 40 ö.

FOULCHÉ-DELBOSC, R., Causeries parisiennes. Se: Eko af franska talspråket. 2.
—, Från barnens verld (Conversations enfantines). Se: dersammast. 1.

FOXE, John, Martyrernas historia. En skildring af förföljelserna mot kristna trosvittnen under olika tider. Öfv. o bearb. af *G. Bergström.* 1:a—3:e hft. 4:o, 72 s. o. 6 pl. Sthm, Fröléen & K. 95.
För häfte 30 ö.

Framställning, Grafisk, af den nya tullbeskattningen o. förhöjningen o bränvinstillverkningsafgiften beräknade å 1886 års förhållanden. Folio, 17 s. Sthm, Fören. emot lifsmedeltullar. 88. 1 kr.

Framställning, Populär, af Nordamerikas förenta staters tullpolitiska system. Af G**. 8:o, 15 s. Sthm, C. E. Fritzes hofbokh. i distr. 90 25 ö.

Framtid. Fria häften för frågor rör. qvinnans deltagande i kulturarbetet. 1:a—3:e hft. 12:o, 213 s. H:fors, G. W. Edlund. 86. 2: 05 fmk.

"**Framtid**, Sveriges" 1894. (Innehåll bl. a.: Föredrag om umgängeslifvet inom våra bildade klasser af Major *R. Schenström)* 8:o, 58 s. Sthm, Samson & Wallin i distr. 94. 25 ö.

Framåt. Tidskrift, utg. af Göteborgs kvinliga diskussionsförening. Stor 8:o. Göteb., Wettergren & Kerber i distr. 86—88.
1:a o. 2:a årg. 1886—87.
3:e årg. 1888 utg. af *Alma Breinholm-Åkermark.* (Af 4:e årg. utkom endast 5 hfn.)
För årg. (24 n:r) 3: 50.

—, Nordisk veckoskrift. Organ för fri yttranderätt. 4:e årg. 1889, utg. af *Alb. Breinholm o. Alma Breinholm-Åkermark.* Stor 8:o. Göteb., Redaktionen. 89.
För årg (52 n:r) 3: 50.

FRANCE, Anatole, Sylvestre Bonnards brott. Roman. Öfv. af *Ernst Lundquist.* 12:o, 272 s. Sthm, Alb. Bonnier. 92. 2: 50.

—, Thais. En omvändelsehistoria från det gamla Alexandria. Öfv. af *H. A. Ring.* 8:o, 225 s. Sthm, Ad. Johnson. 91. 2 kr.

FRANK, C. J., Uppsatser. 8:o. P. A. Norstedt & S:r.
2. Våra barns faror. En bok för mödrar o. unge män. 38 s. 1:a o. 2:a uppl. 87. 50 ö.

FRANK, Fr. F., Waldenströms försoningslära utvecklad eller prof. A. Ritschl's teologi granskad o. bedömd, i bearb. utg. af *A. W. Ekman.* 8,o, 16 s. Göteb., Utg:n. 92. 20 ö.

—, Om A. Ritschls teologi. Öfv. o. inledd med en uppsats om orsakerna till den Ritschlska teologiens utbredande af *Oskar Nilsson Levan.* 8:o, 223 s. Lund, Aug. Collin. 92. 1: 75.

Frank's (doktor) nyaste husapotek. Se: Skrifter för folket. 15.

FRANCKE, Aug. Herman, Konung Davids bot-psalmer uppbyggligt förklarade i bibl. andaktsstunder. Öfv. af *J. Gust. Lundberg.* 2:a uppl. 12.o, 196 s. Sthm, Alb. Bonnier. 88. 1 kr.

—, Nikodemus. En traktat om menniskofruktan till inplantande af Guds sanna fruktan. 8:o, 92 s. Sthm, Z. Hæggströms f.-exp. 93. 60 ö.

FRANKE, Felix, Phrases de tous les jours jemte öfversättn:r, noter o. ljudlära. Bearb. af *Mauritz Boheman.* 12:o. F. & G. Beijers Bokf.-aktb.
I. Phrases de tous les jours. 70 s. 87. 60 ö.
II. Öfversättningar, noter o. ljudlära. 71 s 87. 60 ö.

FRANS, S:t, af Sales, Filotea. Vägledning till ett gudaktigt lif. Liten 8:o, 625 o. xj s. Sthm, C. E. Fritzes hofbokh. i distr. 88. Klb. 2: 50.

FRANZÉN, Frans Michael, Valda dikter. Ny uppl. Liten 8:o, x o. 496 s. Sthm, F. & G. Beijers Bokf.-aktb. 95. Klb. med guldsn. 4 kr.
(Föreg. uppl. 80.)

FRANZÉN, J., Geometri för folkskolan i öfverensstämmelse med läroboksk omm. grundsatser. 8:o, 56 o. (facitb.) 5 s. Lund, Aug. Collin. 90.
30 ö., inb. 40 ö.

—, Geometri för folkskolan. Stereotyp. uppl. 8:o, 26 o. (svar) 4 s. Lund, Aug. Collin. 91. 20 ö.

FRANZÉN, J., Liten lathund i metersystemet för menige man. 8:o, 16 s. Lund, Aug. Collin. 89. 25 ö.

—, Om slöjden såsom uppfostringsmedel. Se: Småskrifter, Pedagogiska. 2.

—, Psykologisk-pedagogiska fragment. 8:o, 160 s. Lund, Aug. Collin. 95. 1: 75.

—, o. **MALMLUNDH, L**, Bidrag till snickerislöjdens metodik. Med 46 fig. 8:o, 64 s o. 12 pl. Lund, Aug. Collin. 92. 1: 25.

FRANZOS, Karl Emil, Judinnan. Öfv. af *Hanna Kamke.* 8:o, 265 s. Sthm, Ad. Johnson. 91. 2: 25.

—, Sanningssökaren. Öfv. 8:o, 403 s. Sthm, P. A. Norstedt & S:r. 94. 3: 75.

—, Skuggor. Se: Vitterlek. 75.

FRASER, Georg, Början, fortsättning o. slut på min afbrutna s. k. kritik. 8:o, 46 s. Viborg, J. C. Lagerspetz i distr. 88. 75 p.

—, De förnämsta regerings- o. riksorganerna uti kejsardömet Ryssland. 8:o, 26 s. H:fors, Aktb. Akad. bokh. 88. 75 p.

—, Konsten att genom sjelfstudium fort och lätt lära sig Ryska språket. Teoret'sk-praktisk språklära. 8:o, 3 o. 180 s. H:fors, G. W. Edlund. 91. 3 fmk.

—, Kortfattad öfversigt af rättsväsendet i kejsardömet Ryssland. 8:o, 46 s. H:fors, G. W. Edlund. 87. 1 fmk.

—, Ministeriernas uti kejsardömet Ryssland uppgift o. organisation. 8:o, 33 s. H:fors, Aktb. Akad. bokh. 88. 1: 25 fmk.

—, Vitterheten under 19:e seklets reformtid i Ryssland. 8:o, vj o. 117 s. H:fors, G. W. Edlund. 88. 3 fmk.

Fred med Norge, unionen må bära eller brista. På ren svenska af en f. d. riksdagsman *[K. P. Arnoldson.]* 8:o, 40 s. Sthm, W. Wilhelmsson i distr. 95. 25 ö.

FREDENBERG, Karl, Om stämpling, huggning etc. af skogstimmer. Se: Afhandl:r o. prisskrifter utg. genom Föreningen för skogsvård i Norrland. 2.

—, Om uppskattning af timmerskog. Se: dersammast. 1.

FREDENGREN, G., Upphör den nuvarande världsordningen 1898? En granskning af Prof. Dimblebys skrift: En ny tid är nära. 8:o, 41 s. Sthm, C. G. Fredengren. 93. 50 ö.

FREDHOLM, J. H. G., Arbetarelagstiftningen o. fabriksinspektionen. Se: Skrifter utg. af Lorénska stiftelsen. 3.

FREDIN, Edvard, Biltog. Drama i fem handlingar. 8:o, 150 s. Sthm, Alb. Bonnier. 90. 2 kr.

—, Efterlemnade dikter. Med portr. 8:o, 190 s. Sthm, Alb. Bonnier. 90. 2: 75, inb. 4 kr.

—, om Jerfsö kyrka o. hennes reparation. Historik o. upplysn:r. 1:a hft. 8.o, 65 s. Tr. i Falun. 89. 50 ö.

—, Vår Daniel o. andra dikter. Med förf:s portr. o. lefnadsteckning af *J. A. Runström.* 1:a o. 2:a uppl. 8:o, xv o. 167 s. samt 1 portr. Sthm, W. Billes Bokf.-aktb. 89. 3 kr., inb. 5 kr.

FREDLUND, Erik, Den dagliga ordningen i skolan, schematiskt framstäld. 8:o, 18 s. Sthm, C. Deléen & K. i komm. 89. 20 ö.

Fredrek på Rånsätt. Se: *[Dahlgren, F. A]*

Fredrik, Höjd o. djup. Skizzer o. humoresker. 1:a hft. 8:o, 16 s. Eslöf, J. O. Almer. 93. 25 ö.

FREDRIK III (Kejsar). Se: Kejsar Fredriks dagbok 1870—71.

FREDRIKSON, Nils, Några ord om svinstallar. Praktiska råd. 8:o, 17 s. o. 8 pl. Malmö, Envall & Kull i distr. 94. 50 ö.

FREEMAN, Edv. A., Finland. Öfv. 8:o, 34 s. o. 1 portr. H:fors, G. W. Edlund. 92. 75 p. (50 ö.)

Freja. Illustrerad skandinavisk modetidning. 14:e—23:e årg. (1886—95.) Folio. Malmö, J. G. Hedberg. 86—95. För årg. (24 n:r o. 36 modepl.) 14 kr. med 12 modepl. 8 kr.

Freja von Gruus. Ett familjedrama i två akter af *Hj—el.* 8:o, 91 s. Sthm, Ad. Bonnier. 93. 1: 50.

FREUDENTHAL, A. O., Eddastudier. Se: Öfversigt af F. Vet. soc:s förhandl. XXXI.

—, En blick på svenska språkets utvecklingshistoria. Se: Skrifter utg. af Sv. litt. sällsk. IX.

—, Runinskriften å Tuukkalaspännet. Se: Öfversigt af Vet. Soc:s förhandl. XXXV.

—, Svensk rättskrifningslära, på grundvalen af nord. rättstafning-mötets öfvergångsförslag. 5:e uppl. 8:o, 46 s. H:fors, G. W. Edlund. 91. 50 p. (3:e uppl. 86, 4:e 88.)

—, Svenska rättskrifningsöfningar till skolornas tjänst. 4:e uppl. 12:o, 36 s. H:fors, G. W. Edlund. 94. 25 p. (2:a uppl. 87. 3:e 90.)

—, Upplysningar om Nya Sverige. Se: Skrifter utg. af Sv. litt. sällsk. IX.

—, Vörömålet, Ljud- o. formlära. Se: dersammast. XII.

—, Östgötalagen. Se: dersammast. XXIX.

—, o. **VENDELL, H. A.,** Ordbok öfver estländsk-svenska dialekterna. Se: dersammast. VII.

FREUDENTHAL, Edla, Tyska skriföfningar för studentexamen. 2:a uppl. 8:o, iv o. 55 s. H:fors, Hfm. 92. 1 fmk.

FREY, B. A., Negerns hämd. Se: Äfventyrsböcker. 7.

FREYTAG, Gustav, Debet o. kredit. Roman i 6 böcker. Öfv. af *J. Granlund.* 2 dlr. 8:o, 536 o. 373 s. Sthm, Ad. Johnson. 88. 4 kr. Jfr. Vitterlek 35 o. 36.

—, Die Journalisten. Se: Auswahl aus der neueren deutschen Litteratur. 3.

Frid på jorden. 8:o, 12 s. (Vers med illustr. på velin.) Sthm, Fost.-stift:s F.-exp. 90. Kart. 1 kr.

Frid vare dig! 4 blad velin, med verser. Sthm, G. Chelius. 92. 40 ö.

Frid vare med eder. Ett ord till förklaring öfver Drummonds »Pax vobiscum» af förf:n till »Vi och det största i världen». Öfv. af *And. Neander.* 8:o, 59 s. Norrk., M. W. Wallberg. 92. 50 ö.

Frideborg. Folkkalender, utg. af *B. Wadström.* 12:o. Sthm, Fost.-stift:s f.-exp.
21:a årg. för 1887. 166 s. o. 1 pl. 86. Kart. 1 kr., klb. 1: 75.
22:a årg. för 1888. 168 s., 3 portr. o. 18 teckn. 87. Kart. 1 kr., klb. 1: 75.
23:e årg. för 1889. 168 s, 5 portr. o. 18 teckn. 88. Kart. 1 kr., klb. 1: 75.
24:e årg. för 1890. 168 s. 7 portr. o. 24 teckn. 89. Kart. 1 kr., klb. 1: 75.
25:e årg. för 1891. 168 s., 6 portr. o. 14 teckn. 90. Kart. 1 kr., klb. 1: 75.
26:e årg. för 1892. 168 s., 7 portr. o. 18 teckn. 91. Kart. 1 kr., klb. 1: 75.
27:e årg. för 1893. 159 s., 7 portr. o. 24 teckn. 92. Kart. 1 kr., klb. 1: 75.
28:e årg. för 1894. 160 s., 6 portr. o. 24 teckn. 93. Kart. 1 kr., klb. 1: 75.
29:e årg. för 1895. 160 s, 12 portr. o. 24 teckn. 94. 1 kr., klb. 1: 75.
30:e årg. för 1896. 160 s., 7 portr. o. 32 teckn. 95. 1 kr., klb. 1: 75.

FRIDERICIA, J. A., Griffenfeld. Se: Tidskrift, Nordisk. 1894.

—, Moderne ånd i middelalderen. Se: dersammast. 1887.

Fridshelsning. Bibelspråk med verser af *L. S. [Carolina Berg.]* 6 blad velin med kolor. fig. Sthm, G. Chelius. 92. 1 kr.

FRIEDLANDER, A. E., Helbrägdagörelsen genom Jesus Kristus. Profpredikan. 8:o, 16 s. Jönköp. E. Bergman. 93. 25 ö.

—, Troslärans hufvudsanningar på grundvalen af den evang.-luth. kyrkans bekännelseskrifter. 8:o, 56 s. Sthm, P. A. Norstedt & S:r. 92. 60 ö., inb. 85 ö.

—, Se: Konstvännen. — Predikningar, Trenne.

FRIEDMANN, Alfr., Borgiasringen. Novell. 8.o, 71 s. Sthm, Ad. Bonnier. 94. 1 kr.

FRIES, Bengt, Se: Fiskar, Skandinaviens.

FRIES, Ellen, Erik Oxenstierna. Biografisk studie. 8:o, 375 s. o. 1 portr. Sthm, P. A. Norstedt & S:r. 89. 5 kr.

—, Märkvärdiga kvinnor. Svenska kvinnor. 8:o, 392 s. Sthm, Aktieb. Hiertas bokförlag. 91.
4: 80, Klb. 6: 50.

—, Skolan och fosterlandskärleken. Se: Tidskrift, Nordisk. 1894.

—, Teckningar ur svenska adelns familjelif i gamla tider. 8:o, 248 s. Sthm, P. A. Norstedt & S:r 95. 3 kr.

FRIES, Karl, Sekreterarens ställning o. uppgift i en Kristlig förening af unge män samt sättet att för denna post utbilda dugande mön. 12:o, 19 s. Sthm. Kristliga fören. af unge män. 91. 10 ö.

FRIES, N., Guds barns tålamod. Öfv. 8:o, 72 s. Sthm, Fost. stift:s f:exp. 87.
50 ö., kart. 75 ö., klb. 1: 50.

—, Se: Bibliotek, Nytt, för berättelser, kultur- o. reseskildr. 1.

FRIES, Rob., Synopsis Hymenomycetum regionis Gothoburgensis. Se: Handlingar, Göteborgs vet. o. vitt. samhälles. 23.

FRIES, S. A., Betydelsen af religionskongressen i Chicago. 8:o, 66 s. Sthm, Bohlin & K. 95.
50 ö.

—, Den israelitiska kultens centralisation. Bidrag till gamla testamentets religionshistoria. 8:o, xij o. 131 s. Ups. W. Schultz. 95. 1: 75.

—, Den närvarande politiska situationen o. protestantismens framtid i Europa. 8:o, 8 s. Sthm, Förf:n. 95. 25 ö.

—, Israels historia. Till studerandes tjenst framställd. Med 10 kartor. 8:o, xvj o. 239 s. samt 6 kartblad. Ups., W. Schultz. 94. 4 kr.

—, Om kristendomens uppkomst. Vidräkning med D:r Anton Nyströms Kulturhistoria. Band III. s. s. 128—171. 8:o, 96 s. Sthm, C. A. V. Lundholm. 92. 85 ö.

—, Vanvården icke Herrens vingård. Se: Frågor, religiösa o. kyrkliga. 30.

FRIES, Th. M., Bidrag till en lefnadsteckning öfver Carl v. Linné. Se: Årsskrift, Upsala universitets, 1893. Program. 7. 1894. Program. 1. 1895. Program. 1.

—, Lärobok i systematisk botanik. 8:o. Sthm, F. & G. Beijers Bokf.-aktb.
I. De fanerogama växterna. Med 235 fig. i texten. vj o 228 s. 91. 6 kr.

—, Människans inflytande på vårt lands vegetation. Se: Föreningen Heimdals folkskrifter. 25.

—, Naturalhistorien i Sverige intill medlet af 1600-

talet. Se: Årsskrift, Upsala univ:ts, 1894. Program. 2.

FRIESEN, Carl, v. Se: Öfversikt af svenska litteraturen.

Friesiska stamboksfören:s skildring af den holländska nötboskapen. Se: Skrifter, Smärre att utdelas vid husdjurs-premiering. 6.

FRIGELL, And., Adnotationes ad Horatii carmina. Se: Årsskrift, Upsala univ:ts 1888. Filos språkvet. o. hist. 2.

—, Tal vid filos. doktorspromotionen i Upsala. Förf:n. 86. 25 ö.

—, Se: Horatii carmina et epodon liber. — *Livii, T.*, liber XXIII.

Frihandel eller handelsskydd. Se: *[Key, E.].*

Frihet. 1. »Frihet i rum» af H. H. 8:o, 10 s. Sthm, Hugo Hammarén. 91. 1 kr.

Friluftsbilder. Teckningar från skogar, sjöar o. hagar. Se: *[Bergström, Axel]*

Frimurare-Porträtt, Nordiska. 4:o. Sthm, Plansch- o. litteraturförlaget.
1:a Serien. 10 hfn med 43 portr. o. text 88. 22 kr.
2:a Serien. 9 hfn med 36 portr. o. text 92—94. 18 kr.

Frimurare-vapen. I. Svenska stora landslogen. 1:a—12:e hft. 4:o, 48 pl. Sthm, Plansch- o. litteraturförlaget. 94. För häfte 2 kr.

FRISTEDT, Conrad, Om de vid Sveriges vestra kust lefvande Spongiæ. Se: Handl:r, Vet.-akad:s XXI, 6.

—, På forskningsfärd. Minnen från en 2-årig vistelse bland Ceylons tamiler o. singhaleser, Australiens kannibaler o. Nya Zelands maorer. Med 47 illustr. o. 2 kartor. 8:o, 256 s., 16 pl. o. 2 kartor. Sthm, Alb. Bonnier. 91. 5: 50, inb. 6: 75.
Jfr. Bibliotek för resebeskrifningar XIX.

[—,] Herbariekatalog för skolungdom, upprättad af C. F. 12:o, 92 s. Sthm, Alb. Bonnier. 94 50 ö., inb. 75 ö.

—, Sponges from the Atlantic and Arctic Oceans. Se: Iakttagelser, Vega-expedit. vetenskapl. IV, 14.

—, Två svenska gossars äfventyr bland människoätare. Se: Äfventyrsböcker, Gossarnas. 1.

Fristunden, Kalender för 1888—90. Utg. af *C. O. Berg.* Med illustr. 8:o, Sthm, F. & G. Beijers Bokf.-aktb. 87—89. Kart. 1: 50.

Frithiof Östgöte. Se: *[Holmgren, Frithiof.]*

FROMMEL, Emil, Från vår o. höst. En själasöijares minnen. Från tyskan af *J. A—r.* 8:o, 270 s. Sthm, P. A. Huldbergs Bokf.-aktb. 95 2: 25.

—, Grefvinnan. En bild ur lifvet. Öfv. från tyskan af *J. W.* 8:o, 64 s. Sthm, A. V. Carlsons Bokf.-aktb. i Komm. 93. 50 ö.

—, Ungdomsdrömmar eller hvad Heinerle ville bli. Öfv. 8:o, 136 s. Sthm, C. A. V. Lundholm 90. 1 kr.

—, Vid lampskenet. Berättelser m. m. Öfv. af *Erik G. Ljungqvist.* 8:o, 144 s. Sthm, A. L. Normans F.-exp. 94. 1: 25.

—, Våra högtider Tankar o. bilder. Öfv. fr. tyskan af *V. Emanuelsson.* 8:o, 235 s. Sthm, Fost.-stift.s. F.-exp 95. 1: 50.

FROMMEL, Max, Inåt, uppåt, framåt! Pilgrimstankar o. lefnadserfarenheter. Öfv. 8:o, vij o. 184 s. Sthm, Fost.-stift:s F.-exp. 89.
1: 50, kart. 1: 75, klb. 2: 50.

—, Stefanus o. Paulus. Två bibliska karaktärsbilder. Öfv. af *C. A. Hägglund.* 12:o, 48 s. Sthm, Fost.-stift:s F.-exp. 87. 25 ö.

FROSTERUS, G., Annotationer gjorda under 1808 af *B. H. Aminoff.* Se: Skrifter utg. af Sv. litt. sällsk. VI.

—, En finsk hofmans bref från 1800. Se: dersammast. XIII.

—, Tidningar utgifna af ett sällskap i Åbo, Finlands äldsta periodiska skrift. Se: dersammast. XVIII.

FROTHINGHAM, Octavius Brooks, Kristi vagga. En studie öfver den ursprungliga kristendomen. Öfv. af *Victor Pfeiff.* 8.o, 155 s. Sthm, Ad. Johnson. (83.) 1 kr.

Fru Vereker, Nådig. Se: *[Hungerford Mrs].*

Frukt, Förbjuden. Lustiga hist. för herrar o. emanciperade qvinnor samlade af en vacker flicka. 8:o. 72 s. Malmö, O. Hektor. 86. 1 kr.

Frun, Hvita. Se: Folkskrifter. 15.

FRUNCK, Gudmund, Bidrag till känned. om nya skolans förberedelser o. utveckl. (till år 1811) Akad. af h. 8:o, iv o. 240 s. Sthm, C. E. Fritzes hofbokh. 89. 4 kr.

—, Onkel Adams fader. Se: Tidskrift, Nordisk. 1890.

—, Se: Bref rör. nya skolans historia.

FRY, E. N. Leigh, Schreds and patches. Se: Reading, English. 2.

[FRYKHOLM, Joh. Ludv], Sjöförsvarets förfall, o. några af anledningarna dertill. Af *J. F.* 1:a o. 2:a uppl. 8.o, 61 s. Sthm, Ad Bonnier. 90. 50 ö.

—, Ångmaskinlära. Med 170 fig. 2:a omarb. uppl. 8.o, viij o. 336 s. samt 1 pl. Sthm, Ad. Bonnier. 90. 6: 50, inb. 8 kr.

FRYXELL, And., Berättelser ur svenska historien. 8:o. Sthm, Aktieb. Hiertas bokförlag.
1 a delen. 16:e uppl. 134 s. 92. 87 ö.
(14:e uppl 86. 15:e. 89.)

—, D:o illustrerad uppl. 8.o. Sthm, P. A. Norstedt & S.r.
1:a delen 156 s. 95. 1: 25.
[6:e delen] Gustaf II Adolf 444 s. 94. 4 kr.

FRÖBERG, John, Meter- o. annotationsbok. 2:a uppl. 12:o, 200 s Finspong. Utg. 88. 1 kr.

FRÖDING, Gustaf, Folkskalden Robert Burns. Se: Studentfören. Verdandis småskr. 44.

—, Guitarr o. dragharmonika. Mixtum pictum på vers. 2.a uppl. genomsedd o. tillökad. 8:o, 192 s. Sthm, Alb. Bonnier. 93. 2: 25, inb. 3: 25. (1:a uppl. 91.)

—, Nya dikter. 8.o, 180 s. Sthm, Alb. Bonnier. 94. 3 kr.

—, Räggler o. paschaser på vårat mål tå en bonne. 8:o, 81 s. Sthm, Alb. Bonnier. 95. 1 kr.

—, Tre gammaldags visor. Se: Minnen från Skansens vårfest. 7.

FRÖDING, O. H., Proportionslära för de allm. läroverken. 8:o, 32 s. Sthm, C. E. Fritzes hofbokh. 94 45 ö.

Fröjda dig och var glad. Illustr. textbok med verser af *L. S. (Carolina Berg).* 12:o, 8 blad velin. Sthm, Fost-stift:s F.-exp. 93. 60 ö.

Fröken Kammarduks resa till Lorensberg på en piquenique. Divertiss i 2:ne öppningar. Ny uppl 8:o, 16 s. Sthm, R. Sahlberg. 90. (Uppl. 30 ex)
5 kr.

FRÖLÉN, Hugo, Upsala domkyrka efter restaureringen. Vägledning för besökande. 8:o, 59 s. Ups. Lundequistska bokh. i komm. 93. 75 ö.

FRÖLICH, Ernest, Mina frimurareminnen från Stockholm o. London, med Carl XV o. Albert Edvard. 2:a uppl. 8:o, 207 s. Sthm, Förf.n. 92.
(1:a uppl. 90.) 5 kr., inb. 6: 50 o. 10 kr.

FRÖMAN, O., Förslag till föreskrifter rör. afloppsledn:r i tomt o. hus. Se: *Linroth, K*, Om animal vaccination.

FUCHS, Georg Fredrik, Graf eller urna. En belysning af tidsfrågan: huru böra vi helst jordfästa våra döda? Från tyskan, öfvers. af *Aug. Alson*. 8:o, 45 s. Linköp, P. M. Sahlströms bokh. 88. 50 ö.

FUNCKE, Otto, Bröd o. svärd. En bok för hungrande, tviflande o. kämpande hjertan. Öfv. af *Marc. Wester*. 8:o, 328 s. Sthm, A. L Normans F.-exp. 89. 3: 50.

—, Dagliga andaktsstunder. Godtköpsuppl. Öfv. af *Gust. Lundström*. 4:e uppl. 8:o, 676 s. Sthm, A. L. Normans F.-exp. 92. (3.e uppl. 86.)

—, Förvandlingar, eller huru en seende varder blind o en blind varder seende. [2:a] Godtköpsuppl. Öfv. af *A. Strandell*. 8:o, 3.11 s. Sthm, A. L. Normans F.-exp. 87. Klb. 2: 50.

—, Glädje, lidande, arbete i evighetsljus. [2.a] Godtköpsuppl. Öfv. af *A. Strandell*. 8:o, 408 s. Sthm, A. L Normans F.-exp. 87 Klb. 3 kr.

—, Guds skola, eller kristliga lifsbilder i ljuset af Jonas bok. [2:a] Godtköpsuppl. Öfv. af *A. Strandell*. 8.o, 272 s. Sthm, A. L. Normans F.-exp. 86. Klb. 2: 25.

—, Huru man blir lycklig o. gör andra lyckliga. Öfv. af *Gustaf Lundström*. 8.o, 420 s. Sthm, A. L. Normans F.-exp. 95. 3 kr., klb. 4: 50.

—, Hvar och en på sin post! Föredrag. Öfv. af *A. Fernholm*. 8:o, 48 s. Sthm, C. A. V. Lundholm. 90. 40 ö

—, Inför Gud eller vandeln i patriarken Josefs fotspår. Öfv. 8.o, 338 s Sthm, A. L Normans F.-exp. 90. 3 kr.

—, Kamp o. frid Predikningar. [2:a] Godtköpsuppl. Öfv. af *A. Strandell* 8.o, 367 s Sthm, A. L. Normans F.-exp. 86. Klb 2: 75.

—, Kristi bild i Kristi efterföljare, eller vägen till sann lefnadsglädje. Öfv. 8:o, xv o. 386 s. Sthm, A. L Normans F.-exp. 91. 3 kr., inb. 4: 50.

—, Kristus o. menniskan, eller tillämpad kristendom. Öfv. 8:o, xv o. 365 s. Sthm, A. L. Normans F.-exp. 93. 3 kr.

—, Nya resebilder o. hemlandstoner. Öfv. 8 o, xvij o. 260 s. Sthm, A L. Normans F.-exp. 92. 2: 50

—, Resebilder från England. [2:a uppl.] Blommor från öknen [3 e uppl.] Godtköpsuppl. Öfv. af *A. Strandell*. 8:o, 324 o. 64 s Sthm, A. L. Normans F.-exp. 87. Klb. 3 kr.

—, Resebilder och hemlandstoner. [2:a] Godtköpsuppl. Öfv. från tyskan af *A. Strandell*. 8:o, Sthm, A. L. Normans F.-exp.
1:a dln 255 s 86. Klb. 2: 25.
2:a dln 277 s. 87. Klb. 2: 25.
3:e dln 247 s. 87. Klb. 2: 25.

—, Samlade skrifter. Godtköpsuppl. 8:o, Sthm, A. L Normans F.-exp. För häfte 25 ö.
1:a afd. 25 hfn.
2:a afd. 30 hfn.
3:e afd. 30 hfn.
4:e afd 15 hfn.

—, Smärre skrifter. Öfv. af *Marc. Wester*. 8:o, Sthm, A. L. Normans F.-exp
[I.] 1. Evangelium o. sång. Johannes Krysostomus. 79 s. 86. 60 ö.
2. Paulus i Athen. Jeremia, smärtornas o. hoppets man. 73 s. 86. 60 ö.
3. Helig kärlek o. heligt hat. Glömma o gömma. 67 s. 86. 60 ö.
Kompl. 1: 75.
II. 196 s. 88. 2 kr.,

FUNCK, Otto, Smärre skrifter. Godköpsuppl. 8:o, 79, 73, 67, 90 o. 122 s. Sthm, A. L. Normans F -exp. 87. Klb. 3: 25.

—, S:t Paulus till sjös o. lands. Godtköpsuppl. Öfv. af *A. Strandell*. 8.o, 248 s. Sthm, A. L. Normans F.-exp. 87. Klb. 3: 25.

—, Såsom hjorten ropar. Öfv. af *A. Strandell*. 8:o, xvj o. 352 s. Sthm, A. L. Normans F.-exp. 87. 3: 25, inb. 4: 50.

—, Trons verld o. hvardagslifvet. [2:a uppl.] Godtköpsuppl. Öfv. af *A. Strandell*. 8:o, 392 s. Sthm, A. L. Normans F.-exp. 87. Klb. 3 kr.

—, Vill du blifva helbregda? Bidrag till den kristl. själavården. Godtköpsuppl Öfv. af *A. Strandell*. 8:o, 344 s. Sthm, A. L. Normans F.-exp. 87. Klb. 2: 75.

—, Se: Bibliotek, Nytt, för berätt. kultur- o. reseskildr. 1.

Furor o. granar, Bland. Se: *[Lunell, Lars.]*

Furstar, Europas regerande. Svenska konungahuset, jemte departementschefer m. fl. 41 portr. 8:o, 51 s Sthm, F. & G Beijers Bokf.-aktb. 86. 1: 50.

FURUHJELM, Edv., Förteckning öfver familjeporträtt hos geheimerådet Knut Furuhjelm. Se: Skrifter, utg. af Sv. litt.-sällsk. XVIII.

[FURUHJELM, Maria], Hvardagslag. Skizzer från nu o. förr af *Maria*. 12:o, 224 s. H:fors, G. W. Edlund. 90. 3 fmk.

Fylgia. Tidskrift för hygienisk sjelfhjelp i hemmen. Utg. af *Elna Tenow*, född *Ros*. 8:o, Sthm, Redaktionen. 95. För årg. (Sept. - Apr. 8 n:r) 2 kr.

Fyrahundraårsfest, Boktryckerikonstens i Sverige, i Stockholm 1—10 juli 1883. 8:o, 56 s. Sthm, P. A. Norstedt & S:r. (85.) 1 kr.

Fyrbåken, Verser af *L. S. [Carolina Berg.]* 8 blad velin med kolor. fig Sthm, G. Chelius. 93. 1 kr.

Fyrväpplingen. Se: Bibliotek för de unga. 33.

Fågel blå. Se: *[Sazén, I.]*.

FÅGELHOLM, N., Se: Lesebuch, Deutsches.

Fågeln, Den talande, det spelande trädet o. den rinnande vattukällan Se: Skrifter för folket. 8.

Fågelvännen, Praktisk afhandl. om kanariefåglars, steglitsors o. grönsiskors vård o. häckning. 6:e uppl. 16:o, 90 s. Sthm, J. Beckman. 92. 35 ö. (4.e uppl. 75, 5.e 83)

FÅHRÆUS, G. R, Om förändringen af Sveriges alliansssystem åren 1680—82 i sammanhang med de europ. förveklingarna. Akad. afh. 8:o, x o. 163 s Ups., Förf:n. 91. 2 kr.

FÅHRÆUS, Klas, Dikter. Liten 8:o, 144 s. Sthm, Nordin & Josephson i distr. 91.
2: 50, klb. 3: 75.

—, Thomas Thorild. En lefnadsteckning. 8:o, 176 s. Sthm, Alb. Bonnier. 88. 2: 50.

Får, Kyrkoherdens 85 sällsynta. Berättelse från Vermland. 8.o, 79 s. Sthm, G. Fredengren. 86 50 ö.

Fältandaktsbok, Tillegnad Sveriges krigsmän. 16:o, 112 s. Sthm, Fost.-stifts F.-exp. 94. Kart. 15 ö.

Fältförvaltningsreglementen. 8:o, Sthm, P. A. Norstedt & S:r.
1. Förslag till Etppreglemente afg. d. 12 okt 1898. 37 s. o. bil 91. 65 ö.
2. Förslag till reglemente för jernvägars begagnande under krigstid för milit. ändamål (Fältjernvägsreglemente). 47 s. 92. 45 ö.

3. Förslag till reglemente för vattenfarleders begagnande under krigstid (Sjötransportreglemente). 19 s. 92. 25 ö.
4. Förslag till reglemente för telefonväsendet i tält. (Fälttelegrafreglemente). 23 s. 92. 35 ö.
5. Förslag till fältpostreglemente. 24 s. 92. 25 ö.
6. Förslag till fältförplägnadsreglemente. vij o 131 s. 92. 1: 25.
7. Förslag till reglemente för utrustningsmaterielens underhåll, ersättning o. redovisning i fält. (Fältmaterielreglemente.) iv o. 68 s. 92. 65 ö.
8. Förslag till fältsjukvårdsreglemente. v o. 147 s. 93. 1: 25.
9. Förslag till fältveterinärreglemente 36 s. 92. 40 ö.
10. Förslag till reglemente för kassa- o. räkenskapsväsendet i fält. (Fälträkenskapsreglemente). iv o. 71 s. 92. 75 ö.
11. Förslag till fältaflöningsreglemente. 24 s. 92. 25 ö.

Fängelse, I, för bekännelsen. En berättelse från unionsförföljelserna i Preussen. Öfv. af *Th. H—s—d.* 8:o, 56 s. Sthm, Fost.-st:ft:s F.-exp. 89. 40 ö.

FÄRLING, F. J., Om eldsvådor o. brandväsendet. Se: Skrifter, Folkupplysn. sällsk. 85.

FÄRLING, F. S, Ett årsbarn med universitetet. Se: 1640—1890.

Födelsedagsalbum, Fosterländskt, med poetisk text. 8:o, 280 s. H:fors, Söderström & K. 89. 1: 50.

Födelsedags-album, Fosterländskt. Med poetisk text. af olika svenska förf. Illustr. af *Carl Larsson.* 3.e uppl. Liten 8.o, 412 s. Sthm, C. E. Fritzes hofbokh. 90. Inb. 2: 50 o. 3: 50.

Födelsedags-album jemte minnesord under vägen af *E. J. Ekman.* Liten 8:o, 253 s. Sthm, E. J. Ekmans F.-exp. 90. Klb. 1: 75, med guldsn. 2 kr.

Födelsedags-bok. Aforismer o. ordspråk för hvarje dag af året saml. o. ordnade af *K. Åberg.* 3:e uppl. 16:o, 286 s. Sthm, C. E. Fritzes hofbokh. 95. Kart. 1: 25, klb. 1: 75 (2:a uppl. 89.)

Födelsedagsbok. Med kolor. fig Liten 8.o, 56 s. Sthm, G. Chelius. 94. Kart. 1 kr.

Födelsedagsbok. Se: Ansgarius.

Följetongen, Nya. Tidskrift för svensk o. utländsk skönliteratur. Årg. 1886—95 12:o. Sthm, Alb. Bonnier. 86—95.
För årg. (50 hfn) 10 kr ; för häfte 25 ö.
»Förakten ej de små!» o. »Såsom Noahs dagar». Se : [*Öhman, Karl.*]

Förbudet för »Unge grefven». En cause célèbre ur dagens teaterkrönika. (Extrahäfte till Nordisk revy.) 8:o, 13 s. Sthm, Wahlström & Widstrand. 95. 50 ö.

Förbund med döden. Fantastisk berättelse. Öfv. af *Hilda Wrede.* 12:o, 120 s. Sthm, Alb. Bonnier. 92. 75 ö.

Fördoldt. En läkares anteckningar. Sv. orig. af *H. K.* 8:o, 138 s. Sthm, Fost.-stift:s F.-exp. 91. 75 ö., kart. 1 kr., klb. 1: 75.

Fördomar, Vesterns antiryska. (Undertecknadt: *W. R. B.*) 8:o, 20 s. Tr. i Norrk. hos M. W. Wallberg & K. 94. Pris ?

Föredrag, hållna på den första evangelisk-sociala kongressen i Berlin 1890. 8:o, 79 s. Sthm, F. & G. Beijers Bokf.-aktb. 91. 1 kr.

Föredrag, Trenne, i försvarsfrågan, af *A. T.* 8:o, 46 s. Sthm, P. A. Norstedt & S:r i distr. 91. 30 ö.

Föredrag vid Samfundets Pro fide et christianismo sammankomst i Stockholm d. 21 o 22 sept. 1886. 8:o, 92 s. Sthm, F. & G. Beijers Bokf.-aktb. 87. 1 kr.

Föredrag vid tredje nordiska studentmötet med kristligt program i Vadstena 1895 af *W. Rudin, A. Hjelt, G. Dalman o. John R. Mott.* 8:o, 72 s. Sthm, Fost.-stift:s F.-exp. 95. 75 ö.

Föredrag vid tredje nordiska studentmötet med kristligt program i Vadstena 1895 af *H. Ussing, S. Michelet, R Westergaard, G. Dalman, A. Hjelt, John R. Mott, W. Rudin.* 8:o, 20, 24, 12, o. 72 s. Sthm, Kristl. fören. för unge män. 95. 1: 50.

Föreläsningar om späda barns vård, anordnade af föreningen för barnavårdens befrämjande. 8:o, 70 s. H:fors. 94.

Föreläsningar, l'populärt vetenskapliga vid Göteborgs högskola. 8:o, Göteb., Wettergren & Kerber.
1. *Paulson, Johannes,* Oidipus-sagan i den grekiska tragedien. 135 s. 95. 1: 25.
2. *Stavenow, Ludv,* Den stora engelska revolutionen i det 17:de århundradet midt. 188 s. 95. 1: 75.

Föreningen Heimdals folkskrifter. 8.o. Sthm, F. & G. Beijers Bokf.-aktb.
1. *Kjellén, Rudolf,* Unionen sådan den skapades o. sådan den blifvit. I. Den ursprungliga unionen. 51 s. 93. 20 ö.
2. *Boëthius, S J.,* Om Engelbrecht Engelbrechtson o. betydelsen af hans verk. 28 s. 93. 20 ö.
3. *Henschen, S. E,* Om lungsot o. tuberkulos. 33 s. 93. 20 ö.
4. *Hildebrand, Karl,* Upsala möte 1593. Ett 300-årsminne. 47 s 93. 25 ö.
5 o. 6 *Hammarskjöld, C. G. W.,* Värnpliktssoldaten. Läsning för våra värnpligtige före inskrifningen. 61 s. 93. 30 ö.
7. *Widén, Joh.,* Om köp, försträckning o. borgen. 43 s. 93. 25 ö.
8 o. 9. *Dunér, N. C.,* Om solen. Trenne föreläsn:r vid sommarkurserna i Upsala 1893. 64 s 93. 30 ö.
10. *Kjellén. Rudolf,* Underjordiska inflytelser på jordytan. Om nivåförändr., jordhäfningar o. vulkaniska företeelser. 45 s. 93. 25 ö.
11. *Hult, Karl,* Olaus Petri, hans reformatoriska verksamhet o. karakter. 36 s 94. 20 ö.
12. *Hildebrandsson, H. Hildebrand,* Om väderleksmärken, deras betydelse o. ursprung. 28 s 94. 20 ö.
13. *Rosegger, P. K.,* Ur folklifvet. Berättelser. Öfv. af *E. N. Söderberg.* 48 s. 94. 25 ö.
14 o. 15. *Kjellén, Rudolf,* Unionen sådan den skapades o. sådan den blifvit. II. Unionens historia. (1814—1891.) 88 s. 94. 40 ö.
16 o. 17. *Stavenow, Ludvig,* Gustaf II Adolf, hans personlighet o. hans betydelse. 53 s 94. 30 ö.
18 o. 19. *Kjellén, Rudolf,* Unionen sådan den skapades o. sådan den blifvit. III. Den nuvarande unionen. 68 s. 94. 40 ö.
20. *Ribbing, Seved,* Om lämpliga reformer i den svenska landtbefolkningens kosthåll. 37 s. 94. 20 ö.
21. *Lönborg, Sven,* Kina o. dess förbindelser västerut. 48 s. 94. 20 ö.
22. *Kjerrulf Gust.,* Vår köttföda, de faror som hota oss deri, samt några af skyddsmedlen mot desamma. 34 s. 95. 20 ö.
23. Ur folklifvet. II. Daudet, Alphonse. Berättelser. Öfv. at *Herman Södersten.* 40 s. 95. 20 ö.

24. Lundström, Axel N., Om våra skogar o. skogsfrågorna. 40 s. o. 1 tab. 95. 25 ö.
25. Fries, Th. M, Människans inflytande på vårt lands vegetation. Föredrag vid öppnandet af sommarkurserna i Upsala 1895. 21 s. 95. 20 ö.
26. Petersson. O. V., Om engelska sjukan hos barn. Rachitis.) 40 s. 95. 25 ö.
27. Nordin, Richard, Alexander den store. 36 s. o. 1 karta. 95. 25 ö.
28. Wetterling, Aug., Indianerna i norra o. mellersta Nord-Amerika. 44 s. 95. 20 ö.
29 o. 30. Schneidler, J., Den svenska flottan o. dess uppgift vid fosterlandets försvar. 93 s. 95. 50 ö.
31. Kjellman, F. R., Om nordens vårväxter. 17 s. 95. 10 ö.

Föreningen emot lifsmedeltullar. 8:o, Sthm, P. A. Norstedt & S:r.
I. (Nov. 1886.) 126 s. 86. 75 ö.
II. (Dec. 1886.) } 224 s 87. 1: 25.
III. (Jan. 1887.) }
IV. (Febr. 1887.) 136 s. 87. 75 ö.
V. (Febr. 1887.) 155 s. 87. 1 kr.
VI. (Juli 1887.) 118 s. 87. 75 ö.

Föreningen för grafisk konst. Sthm, Nordin & Josephson i distr.
1887. 5 blad etsningar. 15 kr.
1888. 6 „ „ 10 kr.
1889. 6 „ „ 10 kr.
1890. 5 „ „ 10 kr.
1891. 5 „ „ 10 kr.
1892. 5 „ „ 10 kr.
1893. 5 „ „ 10 kr.
1894. 4:o. 5 „ 10 kr.
1895. Fol. 5 pl. 10 kr.

Företeelsen, Den nyaste, på lifförsäkringsområdet i Sverige. ›Associationen för ömsesidig lifförsäkring‹ 8:o, 19 s. Sthm, C. E. Fritzes hofbokh. i komm. 88. 20 ö.

Förfall, Sjöförsvarets. Se: [Frykholm, Joh. Lude.]

Författare, Grekiska o. romerska i svensk öfversättn. 8:o. Sthm, Aktieb. Hiertas bokförlag
Livius, Titus. Romerska historien. Öfv. af O. Kolmodin. II. innef. 4:e—7.e böckerna. 5:e uppl 256 s. 93. 2 kr.

Författare, Moderna engelska för flickskolor. under medverkan af C. G. Morén, utg af lärare o. lärarinnor. 8:o. Norrk., M. W. Wallberg
1. Oliphant, (Mrs), Neighbours on the green. Af J. A. Afzelius. 111 s. 90. 1: 25.
2. Howell, (Mrs), Pictures of girl life. Af Hedvig Björklund. 102 s. 90. 1: 25.

Författare, Moderna engelska, för högre allm. läroverk under medverkan af C. G. Morén, utg. af lärare i engelska. 8:o. Norrk., M. W. Wallberg.
1. Eliot, George, The sad fortunes of the rev. Amos Barton. Af Henning Wendell. 105 s. 91. 1 kr.
2. Massey, (Mrs) Village tales. Af Herman Siljeström. 78 s. 91. 1 kr.
3. Fawcett, Henry, (Mrs) Eminent women of our times. Af Elizabeth May. 100 s. 91. 1: 25.

Författare, Moderna engelska, för goss- o flickskolornas högsta klasser. 8:o. Sthm, W. Billes Bokf.-aktb.
1. Burnett, Frances Hodgson, Little lord Fauntleroy. Förkortad uppl. med anmärkn:r af Erik Lindgren. 249 s. 95. 1: 60, inb. 2 kr.
2. Brassey, Lady, A voyage in the "Sunbeam" af Henning Wendell. 106 s. 91. 1: 25.

Författare, Moderna franska, för skolornas högsta klasser. 8:o. Sthm, W. Billes Bokf.-aktb.
1 Verne, Jules, Le tour du monde en quatre-vingts-jours. Med anmärkn:r af E. Edström. 248 s. 91. Klb. 2 kr.
Ordlista till d:o 67 s. 91. 65 ö.
2. Labiche, Eugène, Le voyage de Monsieur Perrichon, Comédie en 4 actes. Skoluppl. med anmärkn:r af E. Edström. 147 s. 92. Klb. 1: 50.
Ordlista till d.o 28 s 92. 45 ö.
3. Halévy, Ludovic, L'abbé Constantin. Skoluppl. med anmärkn:r af E. Edström. 189 s. 94. Klb. 2 kr.

Författningar ang. bränvin m. m. Se: Författningssaml. Lilla. 36.

Författningar ang. denaturering af bränvin 1890. 8:o, 40 s. Sthm, Sv. förf -samlings exp. 91. 50 ö.

Författningar ang. dissenters i Finland. Se: Författningssaml. Lilla. 34.

Författningar ang. fattigvården. Se: dersammast. 14.

Författningar ang. flyttning. Se: dersammast. 14.

Författningar ang. lösdrifvare. Se: dersammast. 14.

Författningar ang. medicinalväsendet i Sverige. Saml. o. utg. af D. M. Pontin. 4:o. Sthm, P. A. Norstedt & S:r.
1885. 96 s. 86. 2: 50.
1886. 94 s. 87. 2: 50.
1887. 89 s. 88. 2: 25.
1888. 62 s. 89. 1: 60.
1889. 79 s. 90. 2 kr.
1890. 104 s. 91. 2: 75.
1891. 75 s. 92. 2 kr.
1892. 152 s. 93. 3: 75.
1893. 106 s. 94. 2: 75.

Författningar ang. militärväsendet i Finland. Se: Författningssaml. Lilla. 24.

Författningar ang. mått o. vigt. Se: dersammast. 23.

Författningar ang. tillverkning af bränvin. Se: Samling af k. förordningar, stadg. m. m. 10.

Författningar ang ångpannor o. ångfartyg. Se: Författningssaml. Lilla 29.

Författningar jemte råd o. anvisn:r rör. åtgärder till förekommande o hämmande af smittosamma sjukdomar bland husdjuren, utg. af medicinalstyrelsen. 12:o. 91 s. Sthm, Samson & Wallin. 88. 75 ö.

Författningar, Kgl., om jagt o. fiskerier utg. till den 25 juli 1893. Oumbärlig för jägare o. fiskare! 8:o. 44 s Sthm, Kungsholms bokh 93. 50 ö.

Författningar o. beslut rör. Kejserliga Alexanders universitetet i Finland från o. med den 1 okt. 1852 till utgången af år 1887. Saml. o. utg. af Valfrid Vasenius. 4:o, v, 38, 544 o. 64 s. H:fors. 89. 10 fmk.

Författningar om mantalsskrifning. Se: Författningssaml. Lilla 14

Författningar om skydd för arbetare. Se: dersammast. 32.

Författningar rör. folkskolläraresemiuarier o. folkskolor m. m. Suppl. utg af Th. Bruhn. 8:o, 82 s. Sthm, P. A. Norstedt & S:r. 86 70 ö.

Författningar rör. folkskolläraresemiuarier o folkskolor, utg. af C. D. R. v. Schulzenheim. Se: Samling af k. förordn.. stadg m. m. 4.

Författningar rör. militärväsendet i Finland. Se: Författningssaml. Lilla. 35

Författningar rör. värnpligten, inskrifningsväsendet m. m. utg af Nils Selander. 8:o, xiij, 224 o. 166 s. Sthm, P. A. Norstedt & S:r. 89. 4: 25, klb. 5: 25.

Författningshandbok för läkare, utg. af *A. H Bagge.* 8:o, ix, 114 o. 204 s. Sthm, P. A. Norstedt & S:r. 92. 5 kr, inb. 6 kr.

Författningslexikon, rör. den civila helso- o. sjukvården. 8:o. Göteb., Wettergren & Kerber.
1. Lexikon öfver nu gällande författn:r m. m. rör. kolera. Ordnadt af *Aug. Heffner.* 104 s. 94. 1: 50.

Författningssamling, Kommunal, för Stockholm. 8:o. Sthm, Samson & Wallin.
1862—76. 10 o. 597 s. 87. Kart. 2 kr.
1877—88. 800 s. 89. Kart. 2: 50.
Supplement o. register 1862—88. 117 s. 90.
Inb. 1 kr.

Författningssamling, Storfurstendömet Finlands, för 1887. H:fors, Kejserl. senaten. 88. 5 fmk.

Författningssamling, Svensk. Årg. 1886—95. 4:o. Sthm, Expeditionen.
För årg. jemte bihang 8 kr., utan bihang 5 kr., bihanget enbart 4 kr.
Lösa n:r för ark 10 ö.

Författningssamling för tandläkare utg. af *John Wessler.* Bihang om undervisn. samt stipendie- o. premiefonder. 8:o, 36 s. Sthm, Nordin & Josephson i distr. 95. 1 kr.

Författningssamlingen, Lilla. 12:o. H:fors, G W. Edlund.
1. Landtdagsordningar. Riddarhusordningen. Lag för åhörare vid ståndens sammanträden. 87 s. 88. 1 fmk.
2. Kyrkolag för den evang lutherska kyrkan i storfurstendömet Finland. Med ändr. o. reg. iv o. 175 s. 95. Kart. 2 fmk.
7. Sjölag för storfurstendömet Finland af d. 9 juni 1873 med senare vidtagna ändr. jemte register. ij o. 244 s. 94. 2: 25, inb. 2: 75 fmk.
11. Värnepligtslag för storfurstendömet Finland af d. 17 Dec. 1878 med ändr. t. o. m. 1894. 52 s. 94. 35 p.
13. Näringslagen af d. 31 mars 1879 med deruti företagna förändringar. 31 s. 89. 35 p.
14. Författningar: 1. ang. fattigvården; 2. ang. flyttning från en församling till en annan; 3. Legostadgan; 4. ang. lösdrifvare o. deras behandling; 5. ang. mantalsskrifning med formulär. 3:e uppl. med senaste tillägg o. förändringar. 94 s. 89. 75 p.
22. De nya bränvinsförfattningarne jemte författn:r ang. maltdrycker. Ny uppl. 129 s. 89. 1: 25 fmk.
23. Författningar ang. mått o. vigt, samt justeringsväsendet. 46 s. 86. 50 p.
24. Författningar ang militärväsendet i Finland, utkomna åren 1879—86. 636 s. 86. 4 fmk.
25. Strafflag o. ordningsstadga för finska militären af d. 16 juli 1886. 121 s. 87. 1 fmk.
26. Tull-taxa för storfurstendömet Finland. 115 s. 94. Kart. 1: 50 fmk.
27. Förordning ang. kommunal-förvaltning i stad. Jemte bihang o. register. 56 s. 87. 50 p.
28. Skogslagen jemte förordningarne om egofrid samt ang. egostyckning o. jordafsöndring. 55 s. 87. 50 p.
29. Författningar ang. ångpannor o. passagerareångfartyg. 47 s. 89. 50 p.
30. Förordningarne ang. kommunalförvaltningen på landet; vägars o. broars byggande o. underhåll; samt skjutshållningen o. gästgifverierna. 102 s. 89. 80 p.
31. Tullstadgan af d. 30 dec. 1887 med register, jemte förordningarne om straff o. böter i tullmål. 148 s. 89. 1: 20 fmk.
32. Författningar om skydd för arbetare i de industriela yrkena; om varumärken; om helsovården. 70 s. 90. 60 p.
33. Strafflag för storfurstendömet Finland. Gifven d. 19 dec. 1889 jemte de i densamma genom förordningarne af d. 21 apr. 1894 vidtagna ändringar med register. 213 o. 21 s. 94. 1 fmk.
34. Författningar ang. dissenters i Finland. Lag om makars egendoms- o. gäldförhållanden. 32 s. 90. 1 fmk.
35. Forfattningar rör. militärväsendet i Finland från åren 1887—90. 184 s. 90. 2 fmk.
36. Samtliga i Finland gällande författn:r ang. tillverkning, försäljning o. denaturering af bränvin, samt försäljning af maltdrycker, viner o. svagare rusdrycker. 179 s. 95. 1: 25 fmk.
38. Lag om aktiebolag jemte författn:r ang. handelsregister samt firma o. prokura. 42 s. 95. 55 p.
39. Utsökningslag för Finland af d. 3 dec 1895 jemte öfriga dermed i sammanhang utfärdade författn:r. 139 s. 95. 1 fmk.

Förgät mig ej. [Af *L. L.*] 12.o, 8 blad velin med illustr. Sthm, Fost.-stift:s f.-exp. 93. 75 ö.

Förgät mig ej. Autografalbum. Med illustr. 24 blad. Sthm, G. Chelius. 91. 80 ö.

Förgät mig ej. Födelsedagskalender med citat ur världslitteraturen för hvar dag i året o. 187 portr. af framstående personer. Liten 8:o, 397 s. o. anteckningsbok. Sthm, C E.' Fritzes hofbokh. 93. Inb. 2: 25 o. 2: 75.

Förgät mig ej. Sånger till Jesu ära. Utg af *Erik Eriksson.* 3:e uppl. 16:o, 160 o. 41 s. Ups., Utg:n. 90. Vb. 50 ö., klb. 75 ö. med guldsn. 1: 25.

Förhandlingar, Biologiska föreningens. (Verhandlungen des Biologischen Vereins in Stockholm.) 8:o, Sthm, Samson & Wallin.
I. 1888. (8 hfn.) 88. 8 kr.
II—III. 1889—91. (8 hfn) 90. 6 kr.
IV. 1891—92. (8 hfn) 91. 6 kr.
Band I—III utg. af *Rob. Tigerstedt.* Band IV af *Vilh. Leche.*

Förhandlingar vid Finska Läkaresällsk. allm. möte i Helsingfors 1887. 8.o, 120 s. H:fors, K. E. Holm. 88.

Förhandlingar vid Finska läkaresällskapets 10:e allmänna möte d. 28—30 sept. 1885. 8.o, 126 s. H:fors. 88.
. D:o, d:o 11:e allm. möte d. 19—21 sept. 1887. 120 s. 88.
- , D:o, d:o 12:e allm. möte i Helsingfors d. 19—21 sept. 1889. 197 s. 90.
—, D:o, d:o, 13.e allm. möte i Helsingfors d. 17—19 sept. 1891. iv o. 184 s. 92.
—, D:o, d:o 14:e allm. möte i Åbo d. 24—26 aug. 1893. iij o. 131 s. 94.

Förhandlingar, Geologiska föreningens i Stockholm. VIII—XVII. (1886—95.) 8:o, Sthm, Samson & Wallin. 86—95. För band (7 n:r) 10 kr.
—, D:o, d:o. Generalregister till banden VI—X årg. 1882—88. Personregister upprättadt af *Ad. Blomberg.* Snk- o. ortregister upprättadt af *Henrik Santesson.* 82 s. 90. 2 kr.

Förhandlingar, Göteborgs läkaresällskaps. Redig. af *H. Köster* under medverkan af *R. Fries, A. Lindh*

o. F. von Sydow. 8:o. Göteb , N. P. Pehrssons bokh. i distr.
1892. 1:a hft. 84 o. 17 s. samt 1 tab. 92. 1 kr.
2:a hft. s. 85—184 o. 19—51 samt 1 tab. 1: 50.
1893. 1:a hft. 90 o. 20 s. samt 1 tab. 93. 1: 25.
2:a hft. s. 91—213 o. 21—51 samt 1 tab. 1: 50.
1894. 1:a hft. 92 o. 16 s. 94. 1: 50.

Förhandlingar vid Helsovårdsföreningens i Stockholm sammankomster. Utg. af *Elias Heyman* o. *R Wawrinsky*. 8:o. Sthm, Samson & Wallin.
1885. 112 s. 86. 1 kr.
1887. 55 s. o. 1 pl. 88. 90 ö.
1886. 54 s. 6 tab. o. 1 karta 89. 1: 50.
1889. 92 s. 92. 1: 50.
1890. 49 s. 92. 1: 50.
1891. 58 s. 92. 1 kr.
1892. 109 s. 93. 1: 50.
1893. (Innehåll: *Medin, O*, Om ratta sättet att använda komjölk vid späda barns artificiella uppfödning.) 40 s. 94. 50 ö.
1894. 49 s. 95. 1 kr.
Årg. 1885—88 utg. af *E. Heyman* 1889—94. af *R. Wawrinsky*.

Förhandlingar, Ingeniörsföreningens. 21:a—25:e årg. 1886—90. Redaktör *C. A. Ångström* 4:o. Sthm, Samson & Wallin. 86 - 90. För årg. 10 kr.
. Register till årg. XI t. o. m. XX. 4:o, 25 s. 87. 1 kr.

Förhandlingar vid Lunds stifts 20:e allm. folkskollärarmöte d. 10—12 aug. 1886. 8:o, 147 s Lund, Aug. Collin. 86. 1 kr.

Förhandlingar vid allm. svenska läkaremötet i Norrköping d. 29—31 aug. 1887. 8:o, 154 s. Sthm, Samson & Wallin. 88. 3 kr.

Förhandlingar vid läkaremötet i Helsingborg 1888. Redig. al *Alfred Levertin*. 8:o, 194 s. Sthm, Samson & Wallin. 89. 3 kr.

Förhandlingar vid fjerde allm. svenska läkaremötet i Upsala d. 2:a—4:e sept. 1889. Redig. af *E. W. Wretlind* 8:o, 132 s. o. bilagor. 27, 15, 16, 46 o. 8 s. Sthm, Samson & Wallin. 89 1 kr.

Förhandlingar vid femte allm. svenska läkaremötet i Stockholm d. 31 aug. samt 1:a o. 2:a sept. 1891, Redig. af *R. A. Wawrinsky*. 8:o, 248 s. o. 1 tab. Sthm, Samson & Wallin i komm. 91. 4 kr.

Förhandlingar vid sjette allm. svenska läkaremötet i Gefle 1893. Redig. af *E. Sederholm*. 8:o, 185 o. 16 s. Sthm, Samson & Wallin. 93. 3 kr.

Förhandlingar vid första allm. lärarmötet å Nääs d. 18 dec. 1888. 8:o, 76 s. Göteb., Wettergren & Kerber. 89. 1 kr.

Förhandlingar. National-ekonomiska föreningens. Årg. 1885—95. 8:o. Sthm.
1885. 191 s. 86. 2: 50.
1886. 155 s. 86. 2: 50.
1887. 147 s. 88. 2: 50.
1888. 141 s. o. 1 pl. 89. 2: 50.
1889. 112 s. o. 2 pl. 90. 2: 50.
1890. 153 s. o. 5 tab. 91. 3 kr.
1891. 149 s. o 5 tab. 92. 3 kr.
1892. 108 s. o. 3 tab. 93. 3 kr.
1893. 107 s. 94. 3 kr.
1894. 117 s. 95. 3 kr.
1895. I. 69 s. 3 tab. o. 1 karta. 96. 2 kr.
Årg. 1885—89. Sthm, Z. Hæggströms f.-exp.
Årg. 1890—95. Sthm, Samson & Wallin.

Förhandlingar, Språkvetenskapliga sällskapets i Upsala. Se: Årsskrift, Upsala univ:ts.
1886. Filos. språkvet. o. hist. vet. 5.
1887. „ „ „ „ 5.
1891. „ „ „ „ 3.
1894. „ „ „ „ 2.

Förhandlingar vid den allm. svensk-lutherska prestkonferensen i Stockholm 1887. 8:o, 305 s. Sthm, Exped. af Vårt land . 87. 2 kr.

Förhandlingar vid den 4:e allm. svensk-luth. prestkonferensen i Sthm d. 26—28 aug. 1890. 8:o, 331 s. Sthm, E. F. Westman i komm. 90. 1: 75.

Förhandlingar vid den femte allm. svensk-lutherska prestkonferensen i Stockholm d. 29—31 aug. 1893. 8:o, 320 s. Sthm, Karl Öhman. 93. 2: 50.

Förhandlingar vid Svenska stenograf-förbundets andra förbundsdag i Sthm d. 1 o. 2 aug. 1890. I. De offentliga föredragen. 8:o, 30 s. Ups., Lundequistska bokh. i komm. 90. 75 ö.

Förhandlingar, Tekniska föreningens i Finland. Redig. af *K. E. Palmén*. Årg. 6—15 (1886—95). 4:o. H:fors, Tekniska fören. 86—95.
För årg. (4 hfn) 10 fmk.

Förhandlingar vid Tekniska samfundets i Göteborg allm. möte 10—12 aug. 1891. Utg. af *R. Ekstrand*. 4.o, 160 s. o. 14 pl. Göteb., N. P. Pehrssons bokh. 92. 2: 50.

Förhandlingar vid andra teknologmötet i Stockholm 1886. Redigerade af *W, Hoffstedt*. 4:o, 152 s. o. 6 pl. Sthm, Teknologföreningen. 87. 2 kr.

Förhandlingar, Upsala läkareförenings. Band XXII—XXX. (1886—95.) Ups., Akad.-bokh.
För årg. (10 hfn = 30 ark) 10 kr.
, D.o, d;o, Ny följd. 1:a bandet 1895—96. 8:o, För band (= 30 ark) 10 kr.

Förhandlingarne vid 3:e allm. Finska skollärarmötet i Helsingfors d. 4—7 juni 1890. 8:o. 227 s. H:fors. 91.
, D:o, 4:e d. 19—22 juni 1893. 8:o, ij o. 302 s. H.fors. 93.

Förhållandet mellan religion o. vetenskap. Föreläsningar af lord-biskopen af Exeter. Öfv. 8:o, 117 s Sthm, F. & G. Beijers Bokf.-aktb. 86. 1: 25.

Förkortningsöfningar, Stenografiska. I. 4:o, 28 s. H:fors. Aug. Fabritius. 88 1: 50 fmk.

Förlag, Militärlitteratur-föreningens. 8:o. Sthm, P. A. Norstedt & S:r.
29. *Galitzin, N. S.*, Allmän krigshistoria.
2:a afd. Medeltiden.
I. Från 1350 till trettioåriga kriget 1618. Afd. 1. 2. Öfv. af *E. W. Bergström.* vij, 229 s. o. 1 karta ij 160 s o. 1 karta. 87. 5 kr.
45. *Rüstow, W.*, Det nittonde århundradets fältherrekonst. Öfv. af *L. H. Tingsten*.
III. 1852—78, jemte en skildring af det borgerliga kriget i Amerika. 493 s. 86. 6 kr.
50. *Bonnet, Felix*, Fransk-tyska kriget 1870—71. Öfv. af *G. Stjernstedt*.
II. 254 s. o. 4 kartor. 88. 4: 25.
III. 281 s. o. 6 kartor. 89. 4: 50.
54. *Kraft af Hohenlohe-Ingelfingen*. Bref i militära ämnen.
I. Kavalleriet. Öfv. af *G. M. Björnstjerna*. 186 s. 86. 2: 50
II. Infanteriet. Öfv. af *T. J. Petrelli*. 188 s. 87. 2: 50.
III. Artilleriet. Öfv. af *A. F. v. Matern*. 269 s. 87. 3: 25.

55. *Nordensvan, C. O.*, En vandring öfver slagfälten i Sachsen. 144 s. o. 10 kartor 86. 2: 50.
56. *Lehnert*, Handbok för truppföraren. Öfv. o. bearb. af *Axel v. Arbin*. 8:o, ix o. 140 s. 88. Klb. 1: 25.
57. Tankar om befästningar. Öfv. från tyskan af *G. Enblom.* 67 s. 89. 75 ö.
58. *Verdy du Vernois, J. v*, Studier öfver fälttjenst (Del. III af Studier öfver truppföring). Öfv. från tyskan af *Gustaf Wrangel.* vij o. 184 s. samt 4 kartor. 89. 3 kr.
59. *Wartenburg, Yorck v*, Napoleon såsom härförare. Öfv. från tyskan af *Gustaf Moberg*.
I. 345 s o. 1 karta. 89. 4: 50.
II: 1. 214 s. o 2 kartor. 91. 3: 25.
II: 2. s. 215—433. 92. 3 kr.
60. *Peterson K. E.*, Öfversigt af Rysslands härordning. viij o. 377 s. 90. 3: 50.
61. *Mankell, J.*, Öfversigt af svenska krigens o. krigsinrättningarnes historia.
I. Hednatiden o. medeltiden. xiv o. 578 s. 90. 6 kr.
II Nyare tiden 1526—1611.
1:a hft. Kriget under Gustaf I:s o. Erik XIV:s regeringar viij o. 357 s. samt 4 kartor. 93. 4: 50.
2:a hft. vj o. 190 s. samt 3 kartor. 95. 3 kr.
62. *Bratt, Clars*, Gustaf II Adolf som fältherre. 120 s. o. 1 karta. 91. 1: 75.
63. *Nordensvan, C. O.*, Vapenslagens stridssätt enligt nutidens fordringar. 207 s. 91. 2: 50.
64. *Hult, H.*, Statistisk öfversigt af de europeiska staternas härordningar. 203 s. 92. 3 kr.
65. *Lindström, Ad*, Öfveramiralen friherre Pukes expedition till Vesterbotten år 1809. 139 s. 5 kartor o. 6 bil. 93. 3 kr.
66. *Verdy du Vernois, J. von*, Studier i krigföring på grundvalen af det tysk-franska kriget 1870—71.
I. Händelserna vid gränsen 15 juli - 2 aug. 1870.
1:a hft. iv o. s 1—111, I—VIII samt 1 bil. o. 2 kartor. 93. 2 kr.
2:a hft. s. 113—244, IX—XII samt 1 bil. o. 2 kartor. 93. 2: 50.
3:e hft vj o. s. 245—397. 93. 2 kr.
67. *Björnstjerna, G. M.*, Kavalleriets strategiska tjenst i tysk-franska kriget fr. d. 19 aug.—1 sept. 1870. 124 s. o 1 karta. 91. 2 kr.
68. *Stendahl, Axel,* Psykologisk taktik efter Fritz Hoenings Untersuchungen uber die Taktik der Zukunft (med 5 skizzer). 73 s. o. 1 kartblad. 91. 1: 50.
69. *Nordensvan, C. O.*, Studier öfver Mainfälttåget 1866. Med 3 skizzer i texten. 234 s. o. 7 kartor. 91. 4 kr.
70. *Bergström, E. W.*, Betraktelser öfver de nutida gevärens o. det röksvaga krutets inflytande på taktiken. 86 s. 95. 1: 25.
71. *Wiehr. Ernst*, Napoleon o. Bernadotte under höstfälttåget 1813 Med 12 skizzer i texten. Öfv. af *E. Werner*. vij o. 322 s. 95. 4: 50.
För mästarens skull. Bibelspråk för en månad med verser af *L S. [Carolina Berg.]* 8 o, 16 blad velin med kolor. fig. Sthm, G Chelius. 93 Kart. 1: 50.
Förordning ang. försäljning af vin, maltdrycker m. m. af d. 24 okt 1885. 12:o, 20 s. Hessleholm, O. Andersson. 86. Kart. 35 ö.
Förordning ang. försäljning af vin, maltdrycker m. m. gifven d. 24 okt. 1885. 8.o, 15 s. Sthm. Ad. Johnson. 86. 15 ö.

Förordning ang. kommunalförvaltning i stad. Se: Författningssaml., Lilla. 27.
Förordning ang. kommunalförvaltningen på landet. Se: dersammast. 30.
Förordning ang. konsulatväsendet o. allm. instruktion för konsulernas embetsutöfning. 8:o, 50 o. 208 s. o. 1 pl. Sthm, Utrikesdepartementet. 87. Inb. 2: 50.
Förordningar ang. drogerihandel o. handel med gift samt giftiga ämnen o. varor. H:fors, G. W. Edlund. 88. 25 p.
Förordningar ang. presterskapets aflöning i Finland. 12.o, 21 s. H:fors, G. W. Edlund. 88. 50 p.
Förordningen af d. 18 apr. 1884 ang. tillsyn å förmyndares förvaltning af omyndigs egendom jemte bihang, innehållande formulär till förmyndareräkenskaper m. m. 12:o, 20 s. Hessleholm, O. Andersson 86. 30 ö.
Förordningen ang. bevillning af fast egendom samt af inkomst. Se: Samling af k. förordn , stadg. m. m. 23.
Förordningen, Kgl., ang. stämpelafgiften d 9 aug. 1894 i de delar som angå affärsmän o. enskilde. Utg af *Herman Palmgren*. 8:o, 40 s. Sthm, P. Palmquists aktieb. 94. Klb 60 ö.
Förordningen, Kgl., om stämpelafgiften d. 9 aug. 1894 i utdrag med anm:r o. förkl:r samt tabell öfver arfsskatten. 8.o, 63 s. Sthm, P. A. Norstedt & S r. 94. Klb. 75 ö.
Förr och nu. Illustrerad kalender, utg. af *B. Wadström*. 4:o, 60 s. o. 1 pl. Sthm, Fost.-stift:s F.-exp. 90. 2: 50, klb. 3: 50.
Förr och nu. Illustrerad läsning för hemmet. Utg. af *B. Wadström*. Ny följd. 4:o. Sthm, F. & G. Beijers Bokf.-aktb.
1886 o. 1887. (Band I. II.) För årg. 5 kr., inb. 6 kr. 1888. o. 1889. (Band III. IV.)
För årg. 3 kr., inb. 4: 50,
, D:o. 1890. Sthm, Fost -stift:s f.-exp. 3 kr.
, D:o. 1891. Sthm, Redaktionen. 9 kr.
Förr och nu. Vidräkning af en af de 294. 8:o, 14 s. Sthm, Samson & Wallin i komm. 90. 25 ö.
Församlingsfriheten, För. Några anföranden vid protestmötet i Sveasalen d. 9 mars 1890. Utg. af sekreteraren *(Fridtjuf Berg)*. 8.o, 40 s. Sthm, Utg:n. 90. 15 ö.
Försigtighetsmått i äktenskapet. En framställning af de s. k. preventiva medlen af en läkare med förord af *Knut Wicksell*. 5:e uppl. 8:o, 36 s. Sthm, Kungsholms bokh. i distr. 90. 40. ö. (1:a—3.e uppl. 86. 4:e 87.)
Förskrifter med tysk stil. 6 blad. Sthm, F. C. Askerberg. 89. 25 ö.
Förslag, Lagberedningens, till förordning, innef. föreskrifter om verkställighet af dom som lyder å frihetsstraff, o. förordn. om brottsmåls förteckn. till presterskapet samt förordn inneh. vissa föreskrifter i afseende å betyg som af presterskapet meddelas jemte motiv. 8:o, 2 ij o. 60 s. H:fors 93.
, Lagberedningens, till lag ang. förmynderskap jemte motiv. 2 ij o. 79 s. H:fors. 93.
, Lagberedningens, till lag ang. ny lydelse af särskilda rum i ärfda-, jorda- o. rättegångsbalken. iij o. 167 s. H.fors. 92.
Förslag, Nya arbetareförsäkringskomiténs, till pensionslag för de arbetande klasserna 8:o, 14 s. Sthm, Samson & Wallin 93. 50 ö.
Förslag, Nya lagberedningens, till lag ang. bevisning inför rätta. 4:o, 193 s. Sthm, Samson & Wallin. 92. 1 kr.

Förslag, Nya lagberedningens, till lag ang. domsagas kansli. 4:o, 44 s. Sthm, Samson & Wallin. 90. 50 ö.

Förslag, Nya lagberedningens, till lagar ang. fullföljd af talan emot allmän domstols utslag. 4:o, 208 s. Sthm, Samson & Wallin. 92. 2 kr.

Förslag, Nya lagberedningens, till lag ang. hvad till fast egendom är att hänföra. 4:o, 41 s. Sthm, Samson & Wallin. 92. 50 ö.

Förslag, Nya lagberedningens, till lag om köp o. byte äfvensom till andra dermed sammanhängande författn:r. 4:o, 106 s. Sthm, Samson & Wallin. 95. 1 kr.

Förslag, Nya lagberedningens, till förändr. lagbestämmelser i fråga om makars ansvarighet i gäld o. om boskillnad. 4:o, 43 s. Sthm, Samson & Wallin. 93. 50 ö.

Förslag, Nya lagberedningens, till förändr. lagbestämmelser i fråga om äkta makars inbördes egendomsförhållanden. 4:o, 123 s. Sthm, Samson & Wallin. 86. 1 kr.

Förslag, Nya lagberedningens, till ändring af strafflagen. 4:o, 102 s. Sthm, Samson & Wallin. 88. 1 kr.

Förslag, Nya lagberedningens, till lag ang. vissa invändningar i rättegång vid allmän underrätt. 4:o, 26 s. Sthm, Samson & Wallin. 94. 50 ö.

Förslag, Nytt, till försvarets ordnande på indelningsverkets grund. 2 (af C. G.) 4:o, x o. 66 s. Linköp, P. M. Sahlströms bokh. 87. 1 kr.

Förslag rör. undervisningen i frihandsteckning m. m. samt anvisn:r till inredning af lokaler för teckningsundervisning, etc. 8:o, 27 s. o. 12 bilagor. Sthm, Teckningsläraresällsk. 88. 1 kr.

Förslag, Svenska bankmannaföreningens komiterades, till skärpta bestämmelser för vinnande af ökad kontroll öfver bankerna. Stor 8:o, 128 s. Sthm, Samson & Wallin i distr. 91. 1: 50.

Förslag till byggnad för Nordiska Museet. 15 ljustryck efter prof. I. G. Clasons ritningar. Folio, 15 pl. o. 2 blad text Sthm, Generalstab. litogr. anst. f.-exp. 91. 10 kr.

Förslag till Etappreglemente. Se: Fältförvaltningsreglementen. 1.

Förslag till exercisreglemente för infanteriet 8:o, 64, 70, 76 o. 28 s. Sthm, P. A. Norstedt & S:r. 94. 1: 60.

Förslag till exercisreglemente för kavalleriet. 8:o, viij o. 140 s. Sthm, P. A. Norstedt & S:r. 94. 1: 60.

Förslag till fältaflöningsreglemente. Se: Fältförvaltningsreglementen. 11.

Förslag till fältförplägningsreglemente. Se: dersammast. 6.

Förslag till fältpostreglemente. Se: dersammast. 5.

Förslag till fältsjukvårdsreglemente. Se: dersammast. 8.

Förslag till fältveterinärreglemente. Se: dersammast. 9.

Förslag till förordning ang försäljning o. tillverkning af Margarin. 8:o, 13 s. Sthm, Samson & Wallin. 89. 25 ö.

Förslag till förordning om kyrkoskrifning i Stockholm 4:o, 27 s. o. bilagor. Sthm, Samson & Wallin. 91. 25 ö.

Förslag, till lag om rätt till fiske samt andra dermed sammanhängande författn:r. 4 o, 71 s. Sthm, Samson & Wallin. 94. 1 kr.

Förslag till lagar om enkla bolag o. handelsbolag, om aktiebolag samt föreningar etc. Bilaga: *Hammarskjöld. Hj. L.* Redogörelse för den utländska o.

svenska bolagsrättens utveckling m. m. 4:o, v, 157 o. 177 s. Sthm, Samson & Wallin. 90. 2 kr.

Förslag till minnespenningar o. inskrifter 1884—89. Se: Handlingar, K vitt. hist. o. antiqv: s. akad:s. 5.

Förslag till ordning vid den allm. gudstjensten. Af *W. R.* Se: [Rudin, W,]

Förslag till reglem. för jernvägars begagn. under krigstid. Se: Fältförvaltningsreglementen. 2.

Förslag till reglem. för räkenskapsväsendet. Se: dersammast. 10.

Förslag till reglemente för sjukvården i fält 8:o, 327 s. o. 8 pl. Sthm, P. A. Norstedt & S:r. 89. 3 kr.

Förslag till reglem. för telefonväsendet. Se: Fältförvaltningsreglementen 4.

Förslag till reglem. för utrustningsmaterielens underhåll. Se: dersammast. 7.

Förslag till reglemente för vattenfarleders begagnande. Se: dersammast. 3.

Förslag till reviderad handbok för svenska kyrkan af Handbokskomitén. Fullbordadt 1891. Godtköpsuppl. 8:o, xxiij o. 156 s. Ups., Akad. bokh. 92. 1: 75.

Förslag till reviderad psalmbok af Psalmboks-komitén, fullbordadt 1889. 8:o, xv o. 753 s. Sthm, Centraltryckeriets F.-exp 89. 3: 80, inb. 5 kr. Godtköpsupplaga xv o. 416 s. 90 Inb. 2 kr.

Förslag, Nytt, till revid. handbok för svenska kyrkan, af Handbokskomitén. Fullbordadt 1893. 8:o, xvij o. 128 s. Sthm, Samson & Wallin i distr. 93 75 ö.

Förslag till skjutinstruktion för infanteriet. 8:o 87 s. o. 1 pl. Sthm, P. A. Norstedt & S:r. 92. Klb. 1: 25.

Förslag till stadga för rikets allm. läroverk afg. d. 13 jan. 1891. Stor 8:o, 182 s. Sthm, Samson & Wallin i distr. 91. 1 kr.

Förslag till ändr. bestämmelser rör. undervisningsprof för lärarebefattn.r vid allm. läroverk. Afg. d. 24 nov. 1893 af komiterade. 8:o, 45 s. Sthm, Samson & Wallin. 93. 50 ö.

Förslag till ändringar i gällande undervisningsplan o. afgångsstadgar för de allm. läroverken ufg. d. 9 mars 1894 af utsedde komitterade. 8:o, 94 s. Sthm, Samson & Wallin. 94. 1 kr.

Förslag, Underdåniga, o. betänkanden afg d. 2 juli 1889 af den för utredn. ang. undervisnings-, examens- o. studieväsendet inom de filos. fakulteterna vid universiteten förordnade komité. 8:o, 247 s. Sthm, Samson & Wallin. 89. 1: 50.

Förslag, Underdånigt, till instruktion i sabelfäktning för kavalleriet. 8:o, iv o. 76 s. Sthm, P. A. Norstedt & S:r. 90. Klb. 1 kr.

Förslaget till lag ang. stadsplan o. tomtindelning, jemte högsta domst. yttrande, samt belysning af lagförslagets hufvudgrunder af *Moritz Rubenson.* 8:o, 53 s. Sthm, P. A. Norstedt & S:r i distr. 91. 75 ö

Förslags-eskisser till riksdags- o riksbankshus i Stockholm. Folio, 6 pl. o. 1 blad text. Sthm, Henr. Sandbergs bokh. i distr. 91. 5 kr.

Först du, sedan jag. Se: Läsning för ungdom. 11.

Försvar, Fosterlandets. Tidskrift för alla. Utg. af fören. Värnpligtens vänner. Årg. 2—6 (1886—90). 8:o. Sthm, P. A. Norstedt & S:r. 86—90. För årg. (4 hfn) 2 kr.

Försvar, Vårt naturliga? Tryckt som manuskript. 8:o, 8 s Sthm, C. E. Fritzes hofbokh. i distr. 92. 20 ö.

Försvar, Öfre Norrlands fasta, af S. 8:o, 22 s. Sthm, P. A. Norstedt & S.r i distr. 95. 20 ö.
Försvarsfrågan, I. Ett förslag till förslag uf.* 8:o, 37 s. Sthm, Nordin & Josephson. 90. 50 ö.
Försäkrings-bibliotek, Illustreradt. Portr. o. biogr. öfver försäkringsmän. Utg.: O. A. Pettersson, l. 8:o, 65 s. Sthm, Försäkr.-tidningen Svenske Argus. 91. 1: 50.
Försäkringskalender för år 1887. 2:a årg. 8.o, 63 s. Sthm, Otto Samson. 86. Klb. 1: 50. (Ej i bokh.)
Försäkringskalender, Svensk, utg. af O A. Pettersson. 8 o. Sthm, Försäkr.-tidningen Svenske Argus.
1 a årg. 1889. 160 s. 89. 1: 50, klb. 2 kr.
2:a årg. 1890. 80 s. 90. 1: 50.
3:e årg 1891. 104 s. 91. 1: 75.
Försäkringsväsendet i riket. (K. Civildept.) 8.o, Sthm, Samson & Wallin.
1888. 73 s. 90. 75 ö
1889. 77 s. 91. 75 ö.
1890. 96 s. 92. 75 ö.
1891. 132 s. 93. 1 kr.
1892. 60 s. 94. 1 kr.
1893. 134 s. 94 1 kr.
Försäkringsväsendet i riket. De större bolagens verksamhet år 1892. 8:o. 60 s. Sthm, Samson & Wallin. 94. 1 kr.
Försök, Praktiska, med prof. R. Koch's botemedel mot lungsot. (Efter Deutsche medicin. Wochenschrift.) 8:o, 16 s. Sthm, C. E. Fritzes hofbokh. 90. 25 ö.
Försök till handbok i truppers utbildning för strid. 8:o. H:fors. Finsk Militartidskrift redaktion. 86.
1. *Dragomirow, M.*, Kompaniets utbildning. Öfv. af *Max Alfthan*. 39 s. 1 fmk. (75 ö.)
Försök till hänvis r från 1889 års psalmboks-förslag. [Se: *Törnwall, J. Fr.*,]
Förteckning, Alfabetiskt ordnad, öfver lösöreköp i Stockholm för 1880—90. 8:o, 81 s. Sthm. 91. 2 kr
Förteckning, Kritisk, öfver de i Riksmuseum befintliga Salmonider. Se: Handl:r, K. Vet.-akad:s. XXI, 8.
Förteckning på böcker för folkskolan 1889. Uppr. af Svensk Läraretidnings redaktion. 1.o, 28 s. Sthm, Svensk Läraretidnings exp. 89 50 ö.
, D.o, d:o. med suppl. uppr. i jan. 1890. 42 s. 90. 60 ö.
Förteckning på svenska läkare, jemte uppgift på läkaretjenster, apotek, apoteksinnehafvare, veterinärer och tandläkare. Årg. 1886—95. 12:o. Sthm, Samson & Wallin. 86—95. För årg. 75 ö.
Förteckning på villor o. sommarnöjen i Stockholms omgifn:r, deras egare o. hyresgäster för 1888. 8:o, 96 s. Sthm, V. Rubenson. 88. 1 kr.
Förteckning å grafvar, tillhöriga enskilda personer eller samfund inom Stockholms norra begrafningsplats etc samt plankarta öfver begrafningsplatsen. Utg. af *Gust. Holmberg*. 8:o, 104 s o. 1 karta. Sthm, Utg:n. 86. 1 kr.
Förteckning öfver de till finska statsverket, Finlands hypoteksförenings o. Helsingfors' stads lån hörande obligationer, hvilka blifvit utlottade, men icke till inlösen företedda. 1888. 8:o, 33 s. H:fors, G. W. Edlund i distr. 88. 30 p.
Förteckning öfver i utlandet etablerade svenska o. norska handelshus, utg. af Kongl. Utrikesdepartementet. 1887. 8.o, 59 s. Sthm, P. A. Norstedt & S.r. 87. 1 kr.
Förteckning öfver Juridiska fören:s i Upsala boksamling. 1893. 8 o, 138 s. Ups. Lundequistska bokh. i komm. 93. 1: 50.
Förteckning öfver Ludvig Normans tonverk, upprättad af *Julius Bagge*. 8:o, 39 s. Sthm. Utg.n. 86. 50 ö.
Förteckning öfver post- o. telegrafanstalter, jernvägsstationer samt utdr. ur gällande post- o. telegraftaxa m. m. jämte postkarta af *Karl Agrell*. 6.e årg. 8:o, 74 s. 1 tab. o. 1 karta. Sthm, Utg:n. 93. 1: 25.
Förteckning öfver Riksdagens bibliotek. 1890. 8:o, xxij o. 594 s. Sthm, C. Delèen & K i distr. 90, Kart. 2: 50.
, Tillägg N:o 1. iv o. 178 s. 94. Kart.
, Tillägg N:o 2. iv o. 140 s. 97. Kart.
Förteckning öfver sjunde allmänna nord. skolmötets specialutställning af litteratur rör. uppfostran o. undervisning i Stockholm d. 6—8 aug. 1895. 8:o. 56 s. Sthm, P. A Norstedt & S:r. 95. 50 ö.
Förteckning öfver skrifter författade af kongl. personer från Gustaf I, till närvarande tid. 8:o, lvj s. (utan tryckort o. tryckår). (Ej i bokh.)
Förteckning öfver Kgl. svenska segelsällskapets ledamöter o. fartyg, januari 1888. Liten 8:o, 54 s Tr. i Sthm hos K. L. Beckman. 88. (Ej i bokh.)
Förteckning öfver svenska sjukgymnaster. 1891. 8.o, 22 s. Sthm, Nordin & Josephson i komm. 91. 50 ö.

G.

GABORIAU, Emile, Hvem var den skyldige? Se: Romanbibliotek, Ad. Bonniers 35
GADD, Magnus. Se: *Hjelt, Edw.* o. *Gadd, Magnus*, Über pseudocumenyl alkohol.
GADOLIN, A., Se: Tidskrift, Finsk militär. Register.
GAGARIN, Paul, G., De tretton dagarne eller Finland. Se: Minnen, åttioåriga.
GAISBERG, S. v, Handbok för montörer vid elektr. belysningsanläggn:r. Öfv. af *Walfrid Larsson*. 8:o, xvj o. 198 s. Sthm, G. Chelius. 93. Klb. 2: 50.

Galaterbrefvet o. brefven till Timotheus o Titus i motiverad öfversättn. Af *[O. F. Myrberg]* med särskildt afseende på 1883 års Nya Testam. 8:o, 125 s. Sthm, Z. Haeggströms f.-exp. 92. 1 kr.
GALDÓS, B. Perés, Dona Perfecta. Från spanskan af *Karl Aug. Hagberg*. 8:o. 238 s. Sthm, Fr. Skoglund. 93. 2: 50.
, Marianela. Öfv. från spanskan af *Augusta Hagberg*. 12:o; 220 s. Sthm, Fr. Skoglund. 94. 1: 75.
GALITZIN, Dimitri, Du skall icke dräpa! Svar på

grefve Leo Tolstoys Kreutzersonat. Öfv. 8:o, 63 s. Sthm, Ad. Johnson. 91. 1 kr.
GALITZIN, N. S., Allmän krigshistoria. Se: Förlag, Militärlitteraturföreningens. 29.
GALL, James, Salighetens dag eller ögonblicklig frälsning. 3:e uppl. 8:o, 55 s. Sthm, Fost.-stift:s F.-exp. 88. 25 ö., vb. 50 ö.
—, Ögonblicklig frälsning för den störste syndare. Öfv. 8:o, 36 s. Sthm, P. Palmquists aktb. 89. 12 ö.
GALLET, Louis, Djamileh. Se: Operatextbibliotek. 4.
GANE, Nicolas o. **SLAVICI, Ivan,** Från Rumänien. Noveller. Öfv. från rumäniskan af *M. Boheman.* Liten 8:o, vij o. 285 s. Sthm, Samson & Wallin i distr. 95. 2: 75.
GANOT. Se: Lärobok i fysik.
GARBORG, Arne, Bondestudenter. Berättelse. Öfv. från norskt bygdemål af *Georg Nordensvan.* 12:o, 364 s. Sthm, Alb. Bonnier. 86. 3 kr.
GARDIE, Jakob de la, Bref 1611—50. Se: Rikskansleren Axel Oxenstjernas skrifter.
GARDINER, S. R., Historical biographies Med anmärkn:r af *V. Sturzen-Becker.* Se: Skolbibliotek, P. A. Norstedt & S:rs. III, 2.
GARNERAY, Louis, Resor, äfventyr o. strider. Minnen från mitt sjömanslif. På svenska af *L. Hubendick.* 12:o, 559 s. Sthm, F. C. Askerberg. 92. 4 kr.
GARSCHIN, W., Fyra berättelser. Öfv. från ryskan af *K. E. Peterson.* 8:o, 156 s. Sthm, Abr. Hirsch. 87. 1: 50.
—, Se: Ryssland, Från.
Gasparone. Se: *[Thyselius, E.]*
GASTYNE, Jules de, Den grå åsninnan. Öfv. 8:o, 112 s. Sthm, Ad. Bonnier. 89. Klb. 1 kr.
Gaturegister, Stockholms. 8:o, 47 s. Sthm, C. H. Fahlstedt. 86. 25 ö.
GAUFFIN, J. B., Om undervisningen i söndagsskolan. Vinkar för söndagsskollärare. 8:o, 20 s. Ups., Barnavännens förl. 95. 25 ö.
—, Se: Barnavännen.
GAULOT, Paul, Drottningens vän. (Axel Fersen o. Marie-Antoinette.) Hist. skildring. Öfv. af *Elina Bay.* 8:o, 320 s. Sthm, L. Hökerberg. 93. 3 kr.
GAYER, O, Fru assessorskan. Roman. Öfv. från tyskan. 8:o, 216 s. Sthm, Ad. Bonnier. 89. 2 kr.
GEBHART, Emile, På Petri stol 1075—85. Historisk roman. Öfv. från franskan. 8:o, 198 s. Sthm. Wahlström & Widstrand. 94. 2 kr.
GEELMUYDEN, H., Fru astronomiens historie. Se: Tidskrift, Nordisk. 1887.
GEETE, Robert, Ordklyfverier. En etymologisk hjelpreda. 8:o, xij o. 224 s. Sthm, P. A. Norstedt & S:r. 88. 2: 50.
GEHLIN, J. G. o: **BRUNIUS, Thor,** Lärobok i geografi. 13:e genoms. uppl. 8:o, 64 s. Sthm, A. L Normans F.-exp. 87. Kart 25 ö.
GEIJER, B. J, Sammandrag af gällande postförfattningar o. postsparbanksförordningar alfabet. ordnadt. 3:e uppl. 8:o, iv o. 483 s. Ystad, Richard Ericsson i komm. 90. 6 kr.
GEIJER, K. Reinh., Humanistiska sectionen contra den sakkunnige nämnden i frågan om återbesättande af den i Upsala lediga professuren i teoretisk filosofi. 8 o, 104 o. iv s. Lund, Gleerupska univ:s bokh. i komm. 87. 1: 50.
—, Kompetensbetänkande i en norsk akadem. befordringsfråga. 8:o, 22 s. Ups., Lundequistska bokh. i komm. 90. 50 ö.

GEIJER, K. Reinh., Lotzes tankar om tid o. timlighet. Se: Acta univ:is Lundensis. XXII, I, 1.
—. Underdåniga besvär öfver akad. konsist.s förslag till den i Upsala lediga professuren i teoret filosofi. jämte utdrag af konsist:s prot. med kritiska noter at *R. G.* 8:o, 54 s. Lund, Gleerupska univ:s-bokh. i komm. 88. 1 kr.
—, Se: Tidskrift, Ny svensk.
GEIJER, P. Ad, Studier i fransk linguistik. Se: Årsskrift, Upsala univ:ts 1887. Filos, språkvet. o. hist. vet. 4
GEIJERSTAM, Gustaf af, Aldrig i lifvet, lustspel, jemte ett antal berättelser. Se: Bibliotek, Humoristiskt. 9.
—, Anteckn:r om arbetsförhållanden i Stockholm. Se: Skrifter. utg. af Lorénska stiftelsen. 9.
—, Anteckn:r rör. fabriksarbetarnes ställning i Marks härad. Se: dersammast. 10.
—, Fattigt folk. Berättelser. 2:a saml. 8.o, 256 s. Sthm, W. Billes Bokf.-aktb. 89. 2: 75.
—, Förbrytare. Se: Teatern, Svenska. 249.
—, Hur tankarna komma o. gå. Se: Minnen från Skansen. 15.
—, Hvad vill lektor Personne? Ett genmäle. 8:o, 37 s. Sthm, Kungsholms bokh. i komm. 87. 75 ö.
—, Kronofogdens berättelser. 8.o, 275 s. Sthm, J. Seligmann. 90 2: 75.
—, Kulturkampen i Herjedalen. Från striden mellan lappar o. bofaste. 8.o, 60 s. Sthm, J. Seligmann. 91. 75 ö.
—, Lars Anders o. Jan Anders o. deras barn. Se: Teatern, Svenska 250.
—, Medusas hufvud. En spöksyn ur lifvet. 12:o, 306 s. Sthm, Alb. Bonnier. 95. 3: 50.
—. Nya brytningar. Fem literära föredrag 8:o, v o. 175 s. H:fors, W. Hagelstam. 94 2: 25 fmk.
—, Pastor Hallin. Roman. 12:o, 314 s. Sthm, Alb. Bonnier. 87. 3: 50.
—, Per Olsson o. hans käring. Se: Teatern, Svenska. 251.
— -, Satirer o. drömmar. Dikter. 8:o, 140 s. Sthm, J. Seligmann. 92. 2 kr
—, Seklernas nyårsnatt. Se: Teatern, Svenska. 223.
—, Stockholmsnoveller. 8.o, 200 s. Sthm, J. Seligmann. 92. 2 kr.
—, Stridsfrågor för dagen. Fem föredrag. 8:o, 146 s. H.fors, W. Hagelstam 88. 2 fmk.
—, Svenska bondepjeser: Per Olson o. hans käring. Lars Anders o. Jan Anders (med 9 portr. bilder af de däri uppträdande personerna) Förbrytare. 12:o, vij, 124, 116 o. 53 s. samt 9 pl Sthm, Alb. Bonnier. 94. 3 kr.
—, Svärfar. Se: Teatern, Svenska. 221.
—, Tills vidare. Berättelser. 12:o, 237 s. Sthm, Alb. Bonnier. 87. 2: 25
— . Se: Nutid. — Revy. 1886.
GEIJERSTAM, Karl af, Hypnotism o. religion En jämförelse mellan suggestionsfenomenen o. de mänskliga föreställningarnas makt, med särskild tillämpning på religionen. 12:o, 192 s. Sthm, Alb. Bonnier. 90. 1: 75.
—. Leo Tolstoy. Se: Afhandlingar, Populär-vetenskapliga. 6.
—, Modern vidskepelse. Ett inlägg mot teosofi o. spiritism jämte ett svar till herr Carl von Bergen. 12:o, 200 s. o. 2 pl. Sthm, Alb. Bonnier. 92. 2 kr.
—, Nutidens arbetssätt. Se: Studentfören. Verdandis småskrifter. 4.
— , Se: *Lilja, N.,* Menniskan.

GEIKIE, Cunningham, Det heliga landet o. bibeln. Öfv. från eng. Med illustr. 4:o, 722 o. xij s Göteb., T. Hedlund. 92. 10: 50.

GELLERSTEDT, Alb Th., Eftersommar. En skizzbok på vers. 8:o, 153 s. Sthm, P. A. Norstedt & S:r. 91. 2: 25, kart 3 kr., hfrb. 4 kr.

Gelo, Den praktiska kokboken. Hushållslära jemte kokbok med 900 matrecept 8:o, 366 s. Sthm, P. Palmquists aktb. i distr. 91. 1: 25, inb. 1: 60.

GENÉE. R. o. ZAPPERT, B., Jagten efter lyckan. Se: Operatexter. 18.

GENELL, Nils, Svensk sats- o formlära, jämte läran om skiljetecknens bruk. 8:o, 56 s. Lund, Aug. Collin. 91. Inb. 50 ö.

GENETZ. Arvid Th., Finlands allmännaste matsvampar Se: Skrifter, Folkupplysn. sällsk. 83.

—, Om förvaring o. användning af bär i hushållet Se: dersammast. 90.

—, Ost-Tscheremissische sprachstudien. I. Se: Journal de la Soc. finno-ougr. VII.

—, Wörterbuch der Kola-Lappischen Dialekte. Se: Bidrag till kännéd. af Finlands natur o. folk. 50.

GENETZ. Atle, Till teorin för de Fuchs'ska funktionerna. Akad. afh. 4.o, 45 s. H:fors, Förf:n. 89. 2 fmk.

Genljud från Hesperien. Dikter af samtida spanska skalder. Öfv. af *Göran Björkman.* 12:o, 95 s Ups., Lundequistska bokh. 92. 2 kr.

Genmäle med anledning af broschyren Sjöförsvarets förfall. Se: *[Linder, D. U. W. o. G. Dyrssen].*

»**Genom** mycken bedröfvelse.» Skildring ur verkligheten af *H. K.* 8.o, 48 s Sthm, A. V. Carlsons Bokf.-aktb. 91 40 ö

Genoveva. Med 4 illustr. 8.o, 71 s Sthm, F. C. Askerberg. 89. 50 ö.

GENTELIUS, Walter, Qvinnans ursprung eller sista akten i skapelsen. Populär naturvet. studie. 8:o, vj o. 146 s. Sthm, Nordin & Josephson. 95. 1: 75.

Geografi, Folkskolans. 12:e öfvers. uppl. Med illustr. o. hänvisn:r till 8:e uppl af .Läsebok för folkskolan . Liten 8:o, 158 s, Sthm, C. E Fritzes hofbokh. 88. Inb 50 ö.

(10:e uppl. 85. 11.c 87.)

GEORGE, Henry, Protektionism eller frihandel? Öfv. af *C. Löfving.* 8:o, 355 s. Helsingb. Öfv:n. 88. 1: 75.

GEORGII, Karl, Fransk elementarbok. 8·o, 185 s. Linköp., P. M. Sahlströms bokh. 86. Klb. 1: 75.

GEORGII, L , Sundhet o. renlighet. Se: Oreskrifter för folket. 147.

GERALD G**,** Tre noveller. 8:o, 142 s. Sthm, F. C. Askerberg. 87. 1 kr.

GERARD, Dorothea, Skiftande öden. Roman. Öfv. af *Lm. W.* 8:o, 350 s. Malmö, Envall & Kull. 94. 2: 75.

GERBER, F., Hvad min linneduk berättade mig. Öfv. från tyskan. 8:o, 80 s. Sthm, Fröléen & K. 90. 50 ö.

—, Ledstjernor på vägen. Öfv. från tyskan af *M K.* 8 o, 135 s. Sthm, A. V. Carlsons Bokf.-aktb. 89. 75 ö, kart. 1 kr.

Gerd, Svenskt poetiskt album utg. af *R. Bergström.* Ny uppl. 8:o, xv o. 512 s. Sthm, Klemmings antikv. 92. Klb. 4: 50.

GERDIN, J., Aurelius Augustinus såsom kristlig uppfostrare. En studie. 8:o, 75 s. Ups., W. Schultz. 86.

GERMEI, Markus, Abessiniska kyrkan förr o. nu. 8:o, 32 s. Sthm, Fost.-stift:s f -exp. 92. 25 ö.

GERNANDT, Jane, Fata morgana o. andra berättelser. 12:o, 212 s. Sthm, Alb. Bonnier. 93. 2: 50.

GEROK, Karl, Evangelii-predikningar. Öfv. af *Johan Wallén.* 8:o, 672 s. Sthm, G. Chelius. 92 4: 25.

—, »Mina fötters lykta». 12 betraktelser öfver Davids Ps. 119. Öfv. af *B. Bohlin.* 8:o, 92 s. Sthm, Fost -stift:s f.-exp. 94. 75 ö., inb. 1 kr.

—, Palmblad. samlade i det hel. landet. Öfv. af *Frith. Rydén.* 2:a uppl. 8:o, 389 s. Ad. Johnson. 86. 3: 25, inb. 4: 75.

—, Poesi o. religion. Öfv. af *C. A. K.* 8:o, 29 s. Sthm, Bohlin & K. 95. 30 ö.

GERSTÄCKER, Friedrich, Världen i smått. Skildringar af länder o. folk. Bearb. af *A. W. Grube.* Öfv. från tyskan af *Tom Wilson.* 8:o. Sthm, Ad. Bonnier.
III. Nordamerika 120 s. o 1 karta. 94. 1: 25.
IV. Sydamerika 111 s. o. 1 karta 94. 1: 25.

GESS, W. Fr , Jesu afskedstal. Betraktelser öfver Joh. evang. 13—17 kap. Öfv. af *Karl Hult.* 8.o, 286 s. Sthm, Fost.-stift:s f -exp. 88.
1: 50, vb. 2 kr., klb. 2: 50.

GESTRIN, Emil Teodor, Ännu några ord ang den luth. läran om rättfärdiggörelsen. 8:o, 88 s. Tammerfors. B. F. Martin. 88. 75 p.

—, Se: Uttalanden ang. Wittnesbörd etc.

GEYLER, H. Th., Ueber fossile Pflanzen von Labuan. Se: Iakttagelser, Vega-expedit. vetenskapliga. IV, 15.

GIACOSA, Giuseppe, Ett parti schack. Dramatisk legend på vers i en akt. Öfv. af *Göran Björkman.* 4:o, 26 s. Sthm, W. Billes Bokf.-aktb. 91. 1 kr.

—, Kärlekens triumf. Dramatisk legend i 2 akter på vers Öfv. från ital. af *Helmer Key.* 8:o, 60 s. Sthm, Alb. Bonnier. 91. 1 kr.

—, Se: Universalbibliotek. 3.

GIBBONS, James, Våra fäders tro Framställning af den af vår Herre Jesus Kristus grundade kyrkan. Öfv. af *Claës Lagergren.* Liten 8:o, 453 s. Sthm, C E. Fritzes hofbokh. i komm. 87. Klb. 2: 50.

GIBERNE, Agnes, Fröken Con o. hennes unga skyddslingar. Öfv. från eng. 8:o, 295 s. Sthm, P. Palmquists aktb. 88. 1: 75, kart. 2: 25, klb. 2: 75.

—, I andras hem eller besöket i Oldham. Öfv. från eng. 8:o, 157 s Sthm, P. Palmquists aktb. 87. 1 kr., kart. 1: 35, klb. 1: 90.

—, Inåt eller utåt? En tidsbild. Öfv. från eng. af *E. C. H. R.* 8:o, 216 s. Malmö, Envall & Kull. 91. 1: 75, kart. 2: 25, klb. 3 kr.

—, Smickrarens nät. Öfv. från eng af *G. S. Löwenhielm.* 8.o, 228 s. Sthm, Fost.-stift:s f.-exp. 91. 1: 50, kart. 1: 75, klb. 2 50.

GIBIER, Paul, Verldsaltets analys. Studie öfver framtidens vetenskap m. m. Öfv. från franskan af *M. v. B* 8:o, xij o 191 s. Sthm, H. Geber. 91. 2: 25.

GIEROW, Carl N:son, Tal vid stationskarlsförmannen P. Wallins jordfästning d 2 aug. 1889. 8.o. Lund, Gleerupska univ:s-bokh. i komm. 89. 15 ö.

Gif akt! 90 dagar eller icke? Några tankar i dagens mest brännande fråga af *Z.* 12:o, 24 s. Linköp., Litogr. aktieb. 92. 20 ö.

GIGAS, E., Nordiska anekdoter. Se: Tidskrift, Nordisk. 1887.

GILBERT, W. S., Mikado. Operett i 2 akter. Fri bearb. af *Harald Molander.* 8:o, 102 s. H:fors. 90.

Gil Blas, Andra kammarens nya män o. 1890 års valrörelse. Historiska återblickar o. polit. konturteckn:r. 12:o, 144 s. Sthm, Alb. Bonnier. 91. 1 kr.

GILES, Cuhancey, Andens natur o. människan ss ett

andligt väsen. 8:o, 173 s. Sthm, Nykyrkliga bokförlaget. 93. 1 kr., Klb. 1: 50.
GILES, Chauncey, Den underbara fickan jemte andra berättelser Öfv. af C. G. W. Stor 10:o, 157 s. Sthm, Nykyrkliga bokförlaget. 87. 75 ö.
—, En predikan. Kroppens död ett framsteg i menniskans lif. 8.o, 12 s. Sthm, Nykyrkliga bokförlaget 87. 10 ö.
, Hvarför jag tillhör nya kyrkan. 8:o, iij o. 97 s. Sthm, Nykyrkliga bokförlaget 91.
90 ö., inb. 1: 25.
, Människans uppståndelse. Öfv. från eng. 8:o, 12 s. Sthm, Nykyrkl. bokförlaget. 95. 20 ö
, Predikningar. Öfv. från eng. 8:o. Nykyrkl. bokförlaget.
I. 20 predikn:r. 356 s. 89. 1. 50, Klb. 2 kr.
II. 20 „ 328 s. 90. 1: 50, „ 2 kr.
III. 22 „ 342 s. 91. 1: 50, „ 2 kr.
GILLE, Ph. Se: *Gondinet, E.* o. *Gille, Ph.*, Lakmé.
GILLQVIST. Joh., Några ord om osundheten inom vårt affärslif jemte ett förslag till botemedel. 8:o, 23 s. Sthm. Förf:n. 92. 50 ö.
GISELSSON, N., Hjelpreda vid odling af sockerbetor o foderbetor. 8:o, 31 s. Gustafsberg o. Sölvesborg. Förf.n 94. 40 ö.
GISSLOW, Gottfrid, Inne o. ute. Samling af svenska folkmelodier o. sånglekar. 8:o, 55 s. Sthm, Gehrman & K. 91. 75 ö.
Gjallarhornet. Nordisk försäkringstidning. Red. E. *Liljestrand* o *F. Boye*. 1:a—3:e årg. (1891—93). 4 o. Göteb , Wettergren & Kerber.
För årg. (24 nr) 3: 50.
GLEERUP, E. Se: År. Tre i Kongo.
Glimtar ur sagoverlden. 4:o, 6 kolor pl. med text. (Tr. i London.) Sthm, H. Geber 91. 1: 25.
Glädjeblomster. 6 blad velin med illustr. Sthm, Fost -stift:s f.-exp. 95. 75 ö.
Gnistan. Af sällskapet Gnistan Utg. af A. U. Bååth. 8:o, 194 s. 4 pl. o. musikbilaga. Göteb., Wettergren & Kerber. 91. 2: 50.
Gnosspelius, Wilh. Theodor, Minnesblad d. 11 nov. 1887. Se: [Wulff F.]
Godbitar, Humoristiska. Se: Bibliotek, De gladas. 16.
God dag! 5 kolor. blad med verser. Sthm, G. Chelius. 92. 50 ö
GODENHJELM, B. F. Se: Lesebuch, Deutsches.
GODENHJELM. Uno, Minnen från vargåren i Åbo lån 1880—1882. 8.o, 38 s. o. 2 portr. H:fors, G. W. Edlund. 91. 1 fmk.
—, Postala erinringar till den korresponderande allmänhetens tjenst 8:o, 2 o. 27 s Marieh , C. A. Furstenborg i distr. 92. 75 p.
GODET, F., Inledning till Pauli bref. Öfv. af *Pehr Montan*. 8:o, 644 s. Ups., W. Schultz. 94.
8 kr., inb. 10 kr.
—, Jesu lif intill tiden för hans offentl. uppträdande. Se: Uppsatser i teolog. o. kyrkl. ämnen. 8.
, Kommentar till första Korinterbrefvet. Öfv. af A. *Neander* o. P. *Montan*. 8.o, 764 o. iij s. Ups., W Schultz 90. 8: 50.
(Utkom. i 4 hfn. 1:a—3:e à 1: 75, 4:e 3 kr 86—90.)
—, Kommentar till Romarebrefvet. Öfv. fr. franskan af A. *Neander*. 2 uppl. 2 dlr. 462, x o 555 s. Ups, W. Schultz. 95. 12 kr
God gerning, god lön. Folio, 9 kol. pl. med text. (Tr. i Berlin). Sthm, Ad. Johnson. 89. 1 kr.
GOEBEL, Karl, Försvar för Gamla Testamentet mot fördomar o missförstånd af de bildade i vår tid.

Öfv. från tyskan af *G. Rob. Winberg*. 8:o, 110 s. Göteb., H. L. Bolinder. 90. 1 kr.
GOËS, A., A synopsis of the arctic and scandinavian recent marine Foraminifera. Se: Handl:r, K. sv. Vet.-akad:s. XXV: 9
—, Om den s. k. »verkliga» dimorfismen hos Rhizopoda reticulata. Se: Bihang till K. sv. Vet-akad:s handl:r. XV, IV. 2.
GOETHE, W. Egmont, Sorgespel i 5 akter. Öfv. af *Bernh. Risberg*. 8:o, 112 s. Sthm, Fahlcrantz & K. 89. 25 ö.
, Torquato Tasso. Se: *Oscar Fredrik*, Samlade skrifter. II: 1.
GOGOL, Nikolaj Vasiljevitsch, Berättelser. Från ryskan öfv. af K. E. *Peterson*. Liten 8:o, 110 s. Sthm, Fahlcrantz & K. 89. 50 ö.
—, Berättelser. Se: Bibliotek, Humoristiskt. 6.
—, Döda själar. Öfv. fr. ryskan af O. A. 8:o, xj o. 260 s. H:fors, G. W. Edlund. 95. 3 fmk.
, En vansinnigs dagbok. 8:o, 32 s. Sthm, Ad. Johnson. 86. 50 ö.
GOLDKUHL, A. E., Allmän helso- o. sjukvårdslära. 5:e omarb. uppl. 8.o, iv o 244 s. Sthm, P. A. Norstedt & S:r. 86. Kart. 1: 50.
, Om det sanitära tillståndet inom Sveriges folkskollärarekår, jämte några nödiga helsoregler. Liten 8:o, 88 s. Sthm, Emil Hammarlund. 93. 40 ö.
GOLDSCHMIDT, Harald, Regler för arbetshästens behandling. Öfv. från danskan. 8:o, 68 s. Sthm, Alb. Bonnier 87. 75 ö.
GOLDSCHMIDT, Otto, Jenny Linds kadenser i urval utgifna. 8:o, 23 s. Sthm, P. A. Norstedt & S:r. 91. 1: 50.
GOLDSCHMIDT, Thora, Franska bildglosor. Se: *Goldschmidt, T.*, Språklig åskådningsundervisning. 2.
—, , Språklig åskådningsundervisning. 4.o. (Tr. i Kjöbenh.) Sthm, Samson & Wallin.
1. Tyska bild-glosor med textöfningar att användas vid den praktiska undervisningen. Af *Lina Struve*, 71 s. 94. Kart. 2: 50.
2. Franska bildglosor etc. Af *Thora Goldschmidt*. 70 s. 94. Kart. 2. 50.
3. Engelska bildglosor etc. Af *Kristine Thaning*. 74 s 94. Kart. 2. 50.
GOLDSMITH, Oliver, Landtpresten i Wakefield. Öfv från eng. 8:o, 176 s. Sthm, F. & G. Beijers Bokf.-aktb. 95. 1: 25.
GOLOVIN, Wladimir, Blad ur Finlands nutid o forntid. Storfurstendömet Finlands nuvarande politiska ställning, historiskt-polemiskt utkast. 8:o, 2 o. 177 s H:fors, Söderström & K. 91. 2: 75.
GOLTZ, Theodor, Eukelt o. dubbelt landtbruksbokhålleri med formulär till räkenskapsböckerna. Öfv. från tyska. 8.o, 140 s. Sthm, V. Härnkvist. 89. 1: 75.
GONDINET, Edmond, En tvärvigg Se: Teatern, Svenska. 222.
, o. **GILLE, Ph.**, Lakmé. Se: Operatexter. 19.
GONTSCHAROW, J. A, Oblomow. Sedeskildring från Ryssland. Öfv. af *Ernst Lundquist*. 12:o, 443 s. Sthm, Alb. Bonnier. 87. 3 kr.
—, Oblomow. Tidsmålning. Öfv. af *Ernst Kock*. 8:o. Sthm, F. & G. Beijers Bokf-aktb. 1:a dln 341 s. 87. 2 kr.
2:a dln 222 s. 87. 2 kr.
GOOD, Arthur, Se Lek o. vetenskap.
Goodtemplar-matrikel, Svensk. 1892. 8:o, 38 s. Östersund. 92. 1 kr.

GORDON, A. J., Det tvåfaldiga lifvet eller Kristi verk för oss o. Kristi verk uti oss Öfv. af *J. Studling.* 8:o, 197 s. Sthm, Ev. traktatsällsk. 90.
1: 50, inb. 2 kr.
—, Huru Kristus kom till församl:n samt En lefnadshistoria o. Drömmen ss. tolkning af mannen af *A T. Pierson.* Öfv. af *V. Emanuelsson.* 8.o, 142 s. o. 1 portr. Sthm, P. Palmquists aktb. 95. 1: 25
GORDON, Jullen, En diplomats dagbok. Öfv. från eng af *Pontus Dahlander.* 8:o, 189 s Sthm, W. Billes Bokf.-aktb. 91. 1: 50.
—, 1. En man med framgång. — 2. Fröken Reseda. Se: Romaner o. noveller. 2.
GORDON, Ph, Betlehem. Se: Skrifter, utg. af Fören. för Israelsmission. 1
—, Judarne i helg o. söcken. Minnen o. erfarenheter från Ryssland. 8 o, 96 s. Sthm, C. A V. Lundholm. 90. 75 ö.
GORRIO, Tobia, Gioconda. Se: Operatexter. 21.
GOSCHEN, George J., Läran om utländska vexelkurser. Utg med ett tillägg samt en grafisk öfversikt öfver svenska vexelkurser 1885—91 af *I. Heckscher.* 8:o, 183 s. o. 7 grafiska taflor. Sthm, P. A. Norstedt & S:r. 92. Klb 4: 50.
GOSLAN, Léon, Guldqvasten. Bearb. 8 o, 103 s. Sthm, C. A. V. Lundholm. 89. 1 kr.
GOTTSCHICK, Johannes, Den historisk-kritiska skriftforskningens betydelse för den evang. kyrkan. Se: Frågor, I religiösa o. kyrkliga. 28.
GOUGH, John B, Eko från talarestolen eller lefvande sanningar för förstånd o. hjärta. Med 200 illustr. Öfv. af *K. J. Bohlin* 2.a uppl. 576 s. o. 2 portr. Sthm, Bohlin & K. 93. 4: 75, praktb. 6: 75. (1:a uppl. 92.)
GOULD, N., Caloola. En roman från Australien. Öfv. från eng. af *M. D.* 8 o, 362 s. Sthm, Nordin & Josephson 92. 2: 75.
—, Jockey Jack Roman. Öfv. från eng. 8:o, 284 s. Sthm, A. Granlund. 94. 2. 50.
GOURSAT, E, Recherches sur l'équation de Kummer. Se: Acta Soc:is scient. fenn. XV.
GRAFSTRÖM, Carl J, Konditorn Handbok i konsten att tillverka sockerbageri- och konditorivaror; Med 115 illustr. jemte en yrkesordbok. 8.o, xv. o. 338 s. Sthm. S. Flodin. 92. 4 kr.
Grafven, Den hemlighetsfulla Se: Folkskrifter. 13
GRAHAM, Douglas, Massage Öfv. af *Nils Posse* 8:o, 119 s. Lund, C. W. K. Gleerup. 89 1: 50
GRAHAM, P., Landets söner. Några ord vid Kristliga fören af unge män årshögtid i Stockholm o Upsala 1891. 8:o, 16 s. Sthm, Kristliga fören. af unge män. 91. 15 ö.
GRAN, G., Under socialistloven. Se: Tidskrift, Nordisk 1894.
GRANBERG, Olof, Catalogue raisonné de tableaux anciens inconnus jusqu'ici dans collections privées de la Suède. 1. Contenant 500 tableaux principalement des écoles hollandaises et flamandes du XVII Siècle. 4:o, xix o 301 s. Sthm, Samson & Wallin. 86.
30 kr
—, Konsthistoriska studier o. anteckn:r. 4:o, 100 s. o. 5 pl. Sthm, Förf:n. 95. (Uppl. 125 ex.) 10 kr.
—, Se: Tidning, Ny illustrerad.
GRAND, Sarah, De himlasända tvillingarna Roman. Öfv. fr. eng. 2 dlr. 8:o, 312 o. 289 s. Sthm, Looström & K. 94. 95. 4; 75.
GRANDINEAU, F., Le petit précepteur, de första stegen till franskt uttal. Bearb. från 47:e eng. uppl. af *A. S—n.* 8:o, 116 s. Sthm, F. & G. Beijers Bokf-aktb. 86. Klb. 1: 25.
GRANE, Nils, Ueber Kurven mit gleichartigen successiven Developpoiden. Dissertation 8 o, 71 s. Lund, Gleerupska univ:s bokh. 94 1 kr.
—, Versuche über den temporären Magnetismus des Eisens u. des Nickels bei hohen Temperaturen Se: Acta univ:is Lundensis. XXX: II, 4.
Granen o. brasan. Kring. Barnavännens julnummer för 1890—95. 8:o, 28 s. Ups., Barnavännens exp. 90—95. För n:r 25 ö.
GRANFELT, Axel Fredr, Slutord i försoningsfrågan. 8:o, 78 s. (Tr. i H:fors) Ups., W. Schultz. 86.
1 kr.
GRANFELT, George, Dikter. 8:o, vj o. 163 s. H.fors, Söderström & K. 92 2: 25.
—, Se: Bidrag till Åbo stads historia. 1.a ser. VI. Vapenbok, Finlands Ridd. o. adels.
GRANHOLM, J, Nyaste svenska brefställare. Innehållande anvisn:r o. formulär för affattande af alla slag skrifvelser o. uppsatser. 12 o, 240 s Sthm, F. & G. Beijers Bokf.-aktb. 90. Inb. 1: 50.
GRANIT, J. M., De infinitivis et participiis in inscriptionibus dialectorum graecarum quaestiones syntacticae. Akad. afh. 8:o, 2, vj o. 134 s. H:fors. Förf:n. 92. 2 fmk.
GRANLUND, Victor, Se: Handlingar rör. Sveriges historia. 1:a serien
GRANQVIST, G, Undersökn:r öfver den elektriska ljusbågen Akad. afh. 4:o, 44 s. Lund, Gleerupska univ:s bokh. 94. 1 kr
Jfr. Acta univ:is Lundensis. XXX: II, 3.
—, Un nouveau galvanomètre. Se: Acta univ:is Lundensis. XXVII: II, 1.
GRANQVIST, J., Tre predikningar. 8:o, 37 s. Lidköp. Axel Ericssons bokh. 89. 50 ö.
Granskning af läroböcker för folkskolan jemte grundsatser för deras uppställning. Utlåtande afg d. 24 mars 1887 af utsedde komiterade. 8:o. Sthm, P. A. Norstedt & S:r. 87.
1:a hft. Inledning. Biblisk historia. 148 s. 75 ö.
2:a hft. Modersmålet Åskådningsöfningar. 76 s.
40 ö.
3.e hft. Räkning. Geometri. 128 s 75 ö.
4:e hft Svensk historia, Geografi, Kartor, Naturvetenskap. 180 s. 1 kr.
Granskning af läroböcker i naturkunnighet för folkskolan, verkstäld af komiterade utsedde af Stockholms folkskollärareförening. 8:o, 58 s. Sthm, P A. Norstedt & S r. 86. 60 ö.
Granskning, En, af lifförsäkringsbolagens matematiska grunder. 8:o, 48 s. Sthm, Associationsboktr. 88.
1 kr.
GRANSTRÖM, Arthur, Se: *Grotenfelt, Gösta* o. *Granström, Arthur.* Om Andelsmejerier.
GRANT, James, Trogen i döden. Öfv 8.o, 164 s. Sthm, C. A. V. Lundholm. 89. 1: 25.
GRANÖ, Johannes, Sex år i Sibirien. Med 20 illustrationer o. 1 karta öfver Sibirien. 8.o, 282 s. H:fors, Weilin & Göös. 93. 3: 75 fmk.
GRATSCHOFF, Louis, Studier öfver hjärtverksamheten o. blodcirkulationen hos dufembryot Akad. afh. 8:o, 72 s. H:fors, Förf.n 88 1 fmk.
GRAUL, K., De olika christliga bekännelsernas skiljeläror Öfv. af *K. O. Holmstedt.* 3.e uppl. 8 o, viij o. 135 s. Lund, C W. K Gleerup 89. 1: 25.
GRAVALLIUS, Elisab., Tvänne systrar. Berättelse. 12:o, 240 s. Östersund, Vilh. Sköld. 93. 1: 25.
GRAVENHORST, A. H., Tiden. En åttioårig läkares

lefnadsbetraktelser. 8:o. 189 s. Sthm, Centraltryckeriets förlagsexp. i distr. 93. 2: 50.
GREEN, Anna Katherine, Ett fasansfullt gömställe. Roman. Öfv. från eng af *R. E. M.* 8:o, 144 s. Malmö, Envall & Kull i distr. 91. 90 ö
—, Ett hemlighetsfullt mord. Brottmålshistoria från Amerika Öfv. 12:o, 384 s Sthm, Alb. Bonnier. 94. 2: 50.
—, Hand o ring. Roman Öfv. från eng. af *Math:a Langlet* 3 böcker. 8.o, 98, 87 o. 163 s. Sthm, Gernandts boktr.-aktieb. 87. 2 kr.
—, Ändtligen funnen. Öfv. 8:o, 242 s. Sthm, A. Granlund 94 2: 25.
GREEN, Evelyn Everett, Syskonkärlek. Se: Läsning för ungdom af utm. eng författ. 29
GREEN, John Richard, Engelska folkets historia. Öfv. af *Victor Pfeiff*. 8:e–11:e (slut-)hft. 8:o, (II) s. 97–502. Sthm, F. & G. Beijers Bokf.-aktb. 87. För häfte 90 ö., kompl. 10 kr.
Grefvinnan Genovevas underbara öden. Se: Folkskrifter. 20.
Grefvinnan, Unga. Se: *[Hungerford, Mrs.]*
GREGOROVIUS, Emil, Ett himmelrike på jorden. 1901 —12. Öfv. från tyskan. 12:o, 167 s. Sthm, Alb. Bonnier 92. 1 kr.
GRENET-DANCOURT, E., Mannen som gäspar. Monolog Se: Humor, Fransk
Grenljuset. Julkalender för ungdom, utg. af *E. J. Ekman* 8.o Sthm, E J. Ekmans förlagsexp
1:a årg för 1888 5 illustr. 80 s. 88. 1 kr.
2.a årg. för 1889. 12 „ 80 s. 89.
1 kr., kart. 1: 50.
3:e årg. för 1890. 22 „ 84 s. 90.
1 kr., kart. 1: 50.
4:e årg. för 1891. 19 „ 80 s. 91.
1 kr., kart. 1: 50.
5:e årg. för 1892 10 „ 78 s. 92.
1 kr., kart 1: 50.
6:e årg för 1893 21 „ 88 s. 93.
1 kr, kart. 1: 50.
7:e årg. för 1894 16 „ 94 s. 94.
1 kr., kart. 1: 50.
8:e årg för 1896. 23 „ 95 s. 95
1 kr., kart. 1: 50.
9.e årg. för 1897. 23 „ 96 s. 95.
1 kr., kart. 1: 50.
GRENMAN, H, Zur Frage der ost-sibirischen Inschriften. Se: Öfversigt af F. Vet soc.s förhandl, XXXI.
GRENZDORF, N P, Räntebok för sparbanker. 4:o, 25 s. Malmö, Envall & Kull. 89. Kart. 3; 50.
GRÉVILLE, Henry, [pseud. för *Alice Durand f. Henry]*, Den lösta gåtan. (Un mystère) Öfv. från franskan af *Th. Hasselqvist*. 8.o, 359 s. Malmö, Envall & Kull 90. 2: 75.
—, Snaror. Roman. Öfv. fr. franskan. 8:o, 235 s. Sthm, W. Billes Bokf.-aktb 95. 2: 25.
GREVILLIUS, A. Y., Anatomiska studier öfver de florala axlarna hos diklina fanerogamer. Se: Bihang till Vet.-akad.s handl:r. XVI: III, 2.
—, Om fruktbladsförökning hos Aesculus hippocastanum. Se: dersammast XVIII III, 4.
—, Om vegetationens utveckling på de nybildade Hjelmaröarne. Se: dersammast. XVIII. III, 6.
GREY, H., Se: *Öman, V. E.,* Den klassiska literaturen
GRIESINGER, Theodor, Jesuiternas historia. Öfv. af *N. J. Thunblad.* 825 s. Sthm, F. & G. Beijers Bokf.-aktb 88. 8: 50 inb. 9: 50.
—, Vatikanens mysterier, eller påfvedömets hemliga o. öppna synder. Hist. skildr. Öfv. af *N. J. Thun-*blad. 8:o, 575 s. Sthm, C. A. V. Lundholm. 91. 4: 50.
GRIESMANN, Ad, Robinson den yngre. Efter *D. Defoe* o. *J. H. Cumpe*. Öfv. af *C. F. Bagge*. 12:o, 178 s Sthm, Ad Johnson. 86. Kart. 1 kr.
GRILL, Claes, Entomologisk latinsk-svensk ordbok. 8:o, 96 s. Sthm, Entomolog föreningen. 88. 2 kr.
GRILL, Th , Landtbrukets ekonomi (compendium). 8.o, 66 s. Sthm, F. Skoglund. 94. 1 kr.
GRIMMS, (bröderna), Sagor. Med illustr. 4:o, 424 o. viij s. Göteb., Torsten Hedlund. 95. 6: 75.
—, Valda sagor. Se: Bokskatt, Ungdomens. 15.
GRIPENBERG, Alexander, Det röda folket. Se: Skrifter, Folkupplysn. sällsk. 86.
[**GRIPENBERG, Alexandra],** Ett halfår i Nya verlden. Strödda resebilder från Förenta staterna. 12:o. 290 s. H:fors, G W Edlund. 89. 3: 50 fmk.
[—], Från läktaren. Profiler från landtdagen 1885. Biogr. utkast af *X. G.* Med 24 portr 8:o, 150 s H:fors, G. W. Edlund. 87. 3 fmk.
[—]. I tätnande led. Af *Aarne.* 8:o, 228 s. H:fors. G. W. Edlund. 86. 2: 75 fmk. (2 kr.)
[—], Qvinnofrågan. I. 8.o, 33 s Borgå, W. Söderström. 90. 60 p.
—, Reformarbetet till förbättrande af kvinnans ställning. I. 8:o, 254 s. H:fors, Aktieb Otava. 94. 3: 50.
(För Sverige: C. E. Fritzes hofbokh. i distr.)
GRIPENBERG, G A., Anteckningar rörande den år 1812 uppsatta finska militärens historia. 8:o, 4 o. 307 s. H:fors Förf:n. 94. 5 fmk.
—, Se: Handledning i stridslära.
[**GRIPENBERG, L.],** Arbetare, arbetsgifvare o. arbetslöner. I en fråga för dagen. 8:o, 80 s. H:fors, Söderström & K. 90. 1 kr.
[—], Partierna o 1885 års landtdag. Strödda reflexioner at *Nemo.* II. Polemiskt: 8.o, 64 s. H:fors, G. W. Edlund. 86. 1 fmk.
[—], Tankar i politiska frågor af *Nemo.* 8:o, 81 s. H:fors G W. Edlund. 86. 1: 25 fmk.
GRIPENBERG, R., Iakttagelser öfver de skilda boskapsrasernas på Mustiala mjölkafkasining, jemte upplysn:r om stamboksföringen o. kaltuppfödningen. I Holländsk, Ayrshire o. Angler. 8.o, 38 s. H:fors, Förf n. 90. 1: 25 fmk.
—, D.o, d:o. Bihang II. Blandraser 8:o, 8 s. H:fors. 91.
—, Meddelanden från Mustiala Försöksstations Mejeriafdelning 31. 8:o, 24 s. H:fors. Förf:n. 92. 1: 25 fmk.
—, Om hvitbetsodlingen o. sockerfabrikationen. Se: Meddelanden. Landtbruksstyrelsens. 9.
I. Gräddhalten i holländska, ayrshire-, angler- och landt-raskors mjölk under 1889—91.
II. Fetthalten i holländska kors mjölk under 1889 —91.
»Parnassen» eller Zettrims irrfärder till lands o. sjös Episk dikt i fjorton sånger o en half af *L. H. L[angh].* Såsom »Parentation öfver Zettrim» föredragen i Upsala 1850, o. nu 1892 till tryck befordrad af *K. Fr. K[arlson].* 8:o, 32 s. Nyköp., Utg:n. 92. Uppl. 50 ex. Ej i bokh.
GROSS, Constance, Matrosen eller Guds nåd i en syndares hjerta. Öfv. från eng. af *G. L. Löwenhjelm.* 8:o, 160 s. Sthm, Post.-stift:s f.-exp. 89. 1 kr., kart. 1: 25, klb. 2 kr.
GROSSMITH, George o. Weedon, En hvardagsmenniskas dagbok. Öfv. af *Alb. Montgomery.* 8:o, 166 s. Sthm, Fahlcrantz & K. 92. 1: 50.

GROTENFELT, Arvid, Das Webersche Gesetz und die psychische Relativität. Akad. Abh. 8:o, vij o. 183 s. H fors, G. W Edlunds bokh. i distr. 88. 2 fmk

GROTENFELT, Gösta, Berättelse öfver Mustiala landtbruks- och mejeriinstituts verksamhet och tillstånd år 1892—93 Se: Meddelanden, Landtbruksstyrelsens. II o VI.

—, Hållbarheten hos helmjölk, grädde, skummjölk och smör. Studier och undersökningar. 8 o, 6 o. 260 s. H:fors. Söderström & K 92. 3 kr.

—, Saprofyta mikroorganismer i komjölk. Bakteriolog. studier. I. Akad. afh. 8.o, 85 s. o 1 pl. H:fors, Förf:n. 89. 2 fmk.

— —, Se. Finska landtbruksfrågor. I. 1.

—, o **GRANSTRÖM, Arthur,** Om andelningsmejerier. Se: Folkskrifter utg af Finska Hush -sällsk. 5.

GROTENFELT. J., Om målsegarebrottets begrepp enligt finsk straffrätt. Akad. afh 8:o, 143 s. Wiborg. Förf:n. 87. 2: 50 fmk.

GROTENFELT, K., Kaksi Pohjois Suomen karttaa. Se: Fennia V: 9.

GROTENFELT, Nils, Handledning i mejerihushållningen. Med 54 träsnitt, 5 tab. o. 3 formulär för mejeriräkenskaper. 2:a uppl. 8:o, 256 s o. 3 tab. Sthm, F. & G. Beijers Bokf.-aktb. 86. 2: 50.

GROTENFELT, Ossian, M. Tullii Ciceronis orationes selectæ VI. 8 o, 102 s H:fors, Söderström & K. 94. 1: 25.

—, Ord- och sakförklaringar till M. Tullius Ciceros tal De imperio Cn. Pompeji, 8:o, 77 s. H:fors, Söderström & K. 94. 1 kr.

—, Ord- och sakförklaringar till M. Tullius Ciceros 1:a o. 4:e tal emot L. Sergius Catilina. 8:o, 83 s. H:fors, Söderström & K. 95. 1 kr.

GROTH, C. M, o. **LINDBLOM, Frans,** Lärobok för barnmorskor. 2:a uppl. 8.o, 388 s. o. 1 pl. Sthm, P. A Norstedt & S r. 94. Lärftsb. 6 kr. (1:a uppl. 93.)

GROTH, J C, Handledning i skat Bearb. från tyskan. 8.o, 61 s Sthm, Looström & K. 89. 90 ö.

GROTIUS, Hugo, Bref. Se: Handlingar, Historiska. XIII, 2.

—, Bref 1633—45. Se: Rikskansleren Axel Oxenstiernas skrifter. II: II, 4.

GROVE, Gerhard, Træk af Peter den stores liv. Se: Tidskrift, Nordisk. 1891.

GRUBE. A. W, Se: *Gerstäcker, Friedr*. Världen i smått.

Grufstadga, gifven d. 16 maj 1884 3:e uppl. 8:o, 31 s Falun, Falu nya boktr.-aktieb. 91. 25 ö.

GRUNDELL, Carl G., Om bättre vård af våra kyrkors äldre inventarier. Föredrag. 8 o, 15 s. Goteb., N. P. Pehrsson. 95. 25 ö.

—, Predikan hållen i Göteborgs stifts prestsällskap d. 15 sept. 1891. 8:o, 14 s. Göteb., N. P. Pehrsson. 91. 25 ö.

Grunder, Allmänna, för ordnandet af svenska härens förvaltning i fält. 8 o, 38 s Sthm, P. A. Norstedt & S:r. 92. 40 ö.

Grunderna, De första, till volapük Öfv. efter *Aug. Kerkhoffs* i Paris bearb af *J M. Schleyers* system. 3:e genoms. uppl. 8:o, 16 s Sthm, Alb Bonnier. 87. 25 ö. (1:a o. 2:a uppl. 86.)

Grundlagar, Storfurstendömet Finlands, jemte Ståndsprivilegierna o. gällande författn:r ang. styrelseverket. 8:o, 2, xx o. 311 s. H:fors, G. W. Edlund. 91. 5: — inb. 6 fmk.

Grundlagar, Sveriges, o. konstitutionela stadgar jemte kommunallagarne samt Norges Grundlov, utg. af *W. Uppström*. 3:e uppl. 8:o, vj o. 250 s. Sthm. F. & G Beijers Bokf.-aktb. 95. 3 kr, inb. 4 kr, (1.a uppl. 91. 2:a 92.)

Grundlagar. Sveriges, m. m. Utg. af *A. Nilsson*. 8:o, 94 s Sthm, C. A. V. Lundholm. 86. 1 kr.

Grundlagar. Sveriges, och s. k. konstitutionella stadgar samt Kommunalförordningar m. m. jemte Norges Grundlov. Utg. af *G. R. Lilienberg*. 4:e uppl. 8.o, 312 s. Sthm, P. A. Norstedt & S:r 86. 2 kr., inb. 3 kr.

D.o. d:o, 6:e uppl utg. af *Oscar Alin*. 8.o, iv o. 336 s. Sthm, P. A. Norstedt & S:r. 94. 2: 50, inb. 3 kr. (5:e uppl. 91.)

GRUNDMANN, J., Negerhöfdingen eller Zambos hämd. Se: Äfventyrsböcker. 10.

—, Pelsjägaren o Höfdingen utan stam. Se: Bibliotek, Ungdomens 29.

—, Spejaren Berättelse från nordamerikanska frihetskriget. För ungdom bearb. Öfv. 8.o, 128 s. o. 5 pl. Malmö. Envall & Kull 95. Kart. 2: 50.

GRUNDTVIG, Elisabet, Nutidens sedliga jemlikhetskraf. 8:o, 22 s. H.fors, G. W. Edlund. 88. 25 p.

GRUNDTVIG, Svend, Folksagor o. äfventyr, upptecknade från folkmunnen. Auktor. svensk öfv. af *R. B*. 8:o, 215 s. Sthm, F. & G. Beijers Bokf.-aktb. 95. Kart 1 kr.

GRÄBNER, G. A, Robinson Crusoe. 2:a uppl Öfv. o. förbättrad af *Julius Humble*. Med 16 bilder o 14 träsn. 8:o, 415 s. o. 16 pl. Sthm, H. Geber. 90. Inb. 3: 50.

Gränsen, På. Ett ord med afseende på den mest brännande af dagens frågor. Af *A. H—t*. Sv. orig. 8.o, 66 s Sthm, Fost.-stift:s f-exp. 89. 40 ö, kart. 60 ö.

GRÖNMARK, G. E, Aflöningstabeller för arbete fr. o. m $\frac{1}{7}$ dag eller timme o. fmk 0,01 till o. m. 30 dagar eller timmar o. från fmk 5,00 8:o, 52 s. H:fors, G W. Edlund. 88. Inb. 4 fmk.

GRÖNSTEDT, Johan, Handbok öfver Stockholm för resande 1886. 8:o, 116 s. Sthm, Förf:n 86. 50 ö.

—, Josephine Lööf Stockholmsbilder vid seklets slut. 12:o. 176 s. Sthm, Alb. Bonnier. 91. 1: 75.

—, Nutidens industri. I. Champagnevinet. 8:o, 18 s Sthm, Looström & K. 86. 50 ö.

GRÖNSTRAND, Hugo, Försök til svensk retstavningslera. 8:o, 16 s. H:fors. 93. 50 p

GRÖNSTRAND, K. Th, Studier ang. trons o. vetandets inbördes förhållande. En religions-filosofisk afhandling. 8:o, v o. 59 s. Åbo, M. Mustelin i distr. 93. 2 fmk

GRÖNVALL, A. L. Anteckningar rör. några europeiska Orthotricha. S. 8:o, s 169—180. [Öfversigt af K. V. A:s förhandl:r 1889 n:o 3] Malmö, Cronholmska bokh. i distr. 89 25 ö.

—, Bidrag till kännedom om de nordiska arterna af de båda Löfmoss-slägterna Orthotrichum o. Ulota, 4:o, 24 s. o. 1 pl. Lund. Gleerupska univ:s bokh. 85. 1 kr.

—, Nya bidrag till kännedom om de nordiska arterna af slägtet Orthotrichum 4:o, 12 s. Malmö, Cronholmska bokh. 87. 75 ö.

Gud skydde dig! Med verser af *L. S. [Carolina Berg]*. 8 blad velin med illustr. Sthm, Fost.-stift:s f.-exp. 95. 1 kr.

GUDE, L, Söndagens helighållande, dess grund o. välsignelse. Öfv. af *Fr. Roslund*. 8:o, 32 s. Lund, C. W. K. Gleerup 91. 50 ö.

Gudrun, Bobs goda råd. Rim för de små. 6 blad

velin. (Tr. i London.) Sthm, C. E Fritzes hofbokh. 91. 60 ö
Gudrun, En liten visa om röda rosor. 6 blad velin. (Tr. i London.) Sthm, C. E. Fritzes hofbokh 91. 60 ö.
—, Små rim för smått folk. 6 blad velin. (Tr. i London.) Sthm, C. E. Fritzes hofbokh. 91. 60 ö.
Guds lof Andeliga sånger. Se: /Norrlander, A./
GUINESS, H. Grattan, Ljus för den sista tiden! Profetiorna om ändens tid, hedningarnes o. judarnes tider, återställelsen af Juda rike, Kristi tillkommelse o det tusenåriga riket. Hist. o profetiska studier. Öfv. fr. eng. 8:o, 345 s. Sthm, P A. Huldbergs Bokf-aktb. 95. 2: 50.
—, Profetiorna om Babylon o vilddjuret i Uppenbarelseboken, syndens människa, Antikrist, det mystiska talet 666 m. m. Öfv. från eng. 8 o, 155 s. Sthm, P. A. Huldbergs Bokf.-aktb. 94. 1 kr.
GUINESS-TAYLOR, M., Geraldine, Kvinnans arbete för kvinnan i Kina. Öfv. 8:o, 128 s. Sthm, P. Palmquists aktieb. 94. 75 ö.
—, Från fjerran östern. Intryck från missionsfältet i Kina. Bref utg. af törf:ns syster Med 30 illustr. 8:o, 136 s. Sthm, E. J. Ekmans f.-exp. 92. 1: 50.
GUIZOT, Francois, Den europeiska civilisationens historia från romerska kejsardömets fall till franska revolutionen. Öfv. från 19:e uppl. af J. R. Spilhammar. Med några som tillägg bifogade anmärkn:r af H. Hjärne. 8·o, viij o 254 s. Sthm, P. A. Norstedt & S:r. 86. 3 kr.
GULDBERG, C. M., Se: Tidskrift, Nordisk.
GULDBERG, Gust. A., Darvinismen. Se: dersammast. 1889.
—, Om Skandinaviens hvalfångst. Se: dersammast. 1890.
GULLBERG, Gotthard, Anmärkn:r o. förklaringar till Essai de lectures francaises 8:o, 42 s. Sthm, P. A. Norstedt & S:r. 88 60 ö.
—, Essai de lectures francaises etc. 8:o. 384 s. Sthm, P. A. Norstedt & S.r. 86. Klb. 3: 25
—, Se: Olde, E. M, Fransk språklära.
—, o. **EDSTRÖM, E**, Fransk skolgrammatik. (Utarb. på grundvalen af förf.nes omarb. af E M. Olde. franska språklära) 8:o, 254 s. Sthm, Alb. Bonnier. 95. Inb. 2: 75.
GULLBERG, Gustaf, Boken om Chicago. Snabbmålningar från en resa till verldsutställningen 1893 8.o, 195 s. Sthm, Klemmings antikv. 93. 1: 75.
—, Paris just nu! Ögonblicksbilder från verldsutställningen I Paris 1889. 8:o, 221 s Sthm, Ad. Johnson. 89. 2 kr.
GULLBERG. Hj, Se: Justitiematrikel, Svensk.
[**GULLICHSEN, Alex.**], Tabeller för kubikering af stock, hvars diameter är upptagen i centimeter o. längden i meter. 8:o, 22 s. Kotka, Corrander. 92. 1: 50 fmk.
Gulliver, Den nye. Se: Bilderböcker. 9.
Gullivers resor 4:o, 24 s. med kolor, taflor. (Tr. i Haarlem.) Sthm, C. E. Fritzes hofbokh. 91. 1: 25.
GULLSTRAND, Allvar, Objective Differentialdiagnostik Se: Bihang till K. sv. Vet.-akad:s handl:r. XVIII, IV, 5.
GUNNARSON, P., Arbetet i den svenska folkhögskolan. Ett lystringsord till vår jordbrukande befolkning. 8:o, 48 s. Katrineberg och Wessige. Förf:n 94. 50 ö.
GUNTER, Arch. Cl, Baron Montez från Panama o. Paris. Berättelse. Öfv. af Walborg Hedberg. 12:o, 326 s Sthm, Alb. Bonnier. 93. 2: 25.

GUNTER, Arch. Cl., Kungens bankir. Berättelse. Öfv. af Walborg Hedberg. 1:a o. 2 a uppl. 12.o, 340 s. Sthm, Alb. Bonnier. 95. 2 25.
—, Millionflickan. Berättelse. Öfv. från eng. af Walborg Hedberg. 12.o, 251 s. Sthm, Alb. Bonnier. 93. 2 kr.
—, Miss Ingen Alls från Ingen Stans. Roman. Öfv. från eng. 12:o, 356 s. Sthm, Alb. Bonnier. 91. 2: 50.
—, Mr Barnes från Newyork. Berättelse Öfv. från eng. 3:e uppl. 12:o, 316 s. Sthm, Alb Bonnier. 90. 2: 25.
(1:a uppl. 89. 2:a 90.)
—, Mr Lawrence Talbot, född Lilly Travers, från Florida. Berättelse. Öfv. från eng 12:o, 259 s. Sthm, Alb Bonnier. 92. 2 kr.
—, Mr Potter från Texas. Roman. Öfv. från eng. 2.a uppl. 12:o, 336 s. Sthm, Alb. Bonnier. 90. 2: 50.
(1·a uppl. 89.)
—, Mr de Verney från Paris. Berättelse. Öfv. från eng. 1:a o. 2:a uppl. 12:o, 364 s. Sthm, Alb. Bonnier. 90. 2: 50.
—, Prinsessan af Paris. Berättelse. Öfv. af Walborg Hedbe·g. 12:o, 334 s. Sthm, Alb. Bonnier. 94. 2: 25.
Gustaf II Adolfs bref o. instruktioner. Se: Rikskansleren Axel Oxenstiernas skrifter. II: 1
Gustaf II Adolf. Minnesblad på 300-årsdagen af hjeltekonungens födelse. Folio, 24 s Sthm, G. Chelius. 94. 1 kr.
Gustaf III:s första regerings år. Se: Tidskrift, Nordisk. 1886.
Gustaf af Wetterstedt. Af H. W. Se: Tidskrift, Historisk. 1890.
GUSTAFSSON, Carl, Lärobok i praktisk fotografi. Se: Handbibliotek, Allmännyttigt. 137.
GUSTAFSSON, Clas Hj., Bidrag till historien om drottning Kristinas afsägelse o. riksdagen 1654. Akad. afh. 8.o, 97 s. o. 1 tab. Sthm, Förf:n. 87. 1: 50.
GUSTAFSSON, F., Saga o. historia. Fosterländsk läsebok (II) för skolans lägre klasser. Under medverkan af skolmän utgifven. Illustrerad. 8:o, vij o 301 s. H.fors, K E Holm. 91. 3 fmk.
—, Svensk läsebok för barn. III. 8:o, 4 o. 206 s. H:fors, K. E. Holm. 93. 2 fmk.
—, Om Runebergs verskonst. Se: Skrifter utg. af Sv. litt. sällsk. i Finland. XX.
—, Runebergs öfversättningar från antiken. Se: dersammast. XX.
—, Till frågan om Runebergs öfversättning från Tibullus. Se: dersammast. XX.
—, Se: Läsebok, Fosterländsk. — Tidskrift, Finsk.
GUSTAFSSON, Frithiof, Om massage, dess utförande o användning Med 20 teckn.r. 8.o, 199 s. Sthm, H. Geber. 88 2: 50.
GUSTAFSSON, Gabr., Grafundersökningar på Gotland. Se: Tidskrift, Antiqvarisk. VIII: 4.
GUSTAFSSON, Herm, Se: Berätt. ang. brandväsendet i Tysklands mindre städer.
GUSTAFSSON, J. G, Om betingsarbete vid jordbruk. 2:a uppl. 8:o, 40 s. Linköp., P. M Sahlströms bokh. 91. 25 ö.
(1 a uppl 86.)
—, Om rotfruktsodling för mindre jordbrukare. 8:o, 40 s. Linköp., P. M. Sahlströms bokh 92. 25 ö.
GUSTAFSSON, Richard, Svensk sagosamling o. folklifsbilder. Illustr. af Carl Larsson. 8:o, 45, 47, 48 o. 48 s. Sthm, Ad. Johnson. 94. Kart. 1 kr.

Gutenberg, Tidskrift utg. af Typografernas Förening i Helsingfors. 1:a o. 2 a årg (1893, 94.)
För årg. (10 n:r) 3 fmk.

GUTTENBERG, A. R. v., Skogsuppskattningslära Be arb. med ändr. o. tillägg af *J. E. Kinman*. 8.o, 92 s. Sthm, P. A. Norstedt & S.r. 90. 1: 50.

GUTTZEIT, Leopold, Hin onde i Berlin. Öfv. 8:o, 230 s. Sthm, Ad. Johnson. 90. 2 kr.

GYLDEN, Hugo, Bevis för en sats, som berör frågan om planetsystemets stabilitet. Se: Bihang till K. sv. Vet.-akad:s handl.r. XIV. I. 7.

—, Fortsatta undersökn:r rör. en icke-liniär differential eqvation af 2:a ordn Se: dersammast. XIV. I, 6.

—, Integration af en icke-liniär differentialeqvation af 2:a ordn. Se: dersammast. XII, I, 3.

—, Traité analytique des orbites absolues des huit planètes principales Tome I. Théorie générale des orbites absolues. Stor 4:o, viij o. 573 s. Sthm, F. & G. Beijers Bokf.-aktb. 94. 25 kr.

GYLDEN, Olof, Kortfattad tidvattenslära jemte tidvattenskartor öfver Engelska kanalen, Nordsjön o. Irländska sjön. 8:o, 63 s. samt 26 kartor in folio, Sthm, F. & G. Beijers Bokf.-aktb. 94. Kart 7: 50

GYLLANDER, Hugo, Dikter 8:o, 139 s. Sthm, Wahlström & Widstrand. 95. 2 kr.

GYLLENRAM, Henric. Se: Sångbok, Soldatens.

—, o. **WESTER, Arvid**, De svenska militärerna vid Chicagos femtioårsjubileum. Dagboksanteckn:r. 8:o, 72 s. Sthm, P. A. Norstedt & S.r. 88. 1 kr.

GYLLENSKÖLD, Th., Hallands kongl. hushållningssällskaps historik. I. 1812–46. 8.o, 107 s. Sthm, Samson & Wallin i distr. 94. 1: 25.

GYLLENSPETZ, J. O, Se: Tidning för svensk snabbskrift.

GYLLING, F. Se: Lesebuch, Deutsches.

GYLLING, Hj., Bidrag till kännedom af vestra Finlands glaciala o. postglaciala bildn:r. II. 8:o, 19 s o. 3 pl H:fors. 87

Jfr. Bidrag till känned om Finlands natur o. folk. 16.

—, Zur Geologie der cambrischen Arkosen-Ablagerung d. westlichen Finland. 8 o, 24 s. o. 1 pl. H:fors, Förf:n. 88. 1 fmk.

GYLLING, J, De argumenti dispositione in satiris. I–VIII Juvenalis. Akad. af handl. 8:o, 111 s. Lund, Hj. Möller. 86. 1 kr.

—, D o, d:o. IX–XVI Juvenalis commentatis academica. 8:o, 150 s. Lund, Gleerupska univ:sbokh. i distr. 89. 1: 50.

Gymnasiiminne, Ett tjugofemårs, från Göteborg 1821–45. Tillegnadt doktor G. S Edvard Ström. Stor 8:o, 42 s. Lund, Gleerupska univ:s bokh. 93. 1 kr.

Gymnastiköfningarna i de allm. lärovorken. (Aftr. ur Tidskr. i gymnastik 1890.) 8:o, 61 s. Sthm, Nordin & Josephson i komm. 90 50 ö.

Gyp, Ett litet kärleksdrama. Se: Romaner o. noveller. 5.

Gåfvor, Qvinnans fem. En bok för flickor o. qvinnor. Öfv. från eng 8:o, iv o. 288 s Sthm, J. Seligmann. 89 2. 50.

Gånge Rolf. Se: [*Wichmann, K. E.*]

Gåtor o. charader för barn, utg af *J. C. v. Hofsten*, 12:o, 72 s F. & G Beijers Bokf-aktb. 88. 60 ö.

GÖDECKE, P. Aug., Dikt o. samhällstukt. Se: Tidskrift, Nordisk. 1889.

—, Från Nordland o. Finmarken Se: dersammast. 1888.

GÖDEL, Wilh, Katalog öfver Upsala biblioteks fornisländska o. fornnordiska handskrifter. Se: Skrifter, utg. af Humanistiska Vetenskapssamf. II, 1.

GÖHRE, Paul, Tre månader såsom fabriksarbetare o. handtverkslärling. Öfv. från tyskan af *O. A. Stridsberg*. 8:o, 231 s. Sthm, Aktieb. Hiertas bokförlag. 91. 2: 75.

Gök-klockans bok. För de små. 4:o, 9 kolor. pl. med text (Tr. i London) Malmö, Envall & Kull. 91. 1: 75.

GÖRANSON, Oskar, Tabeller för trävarors beräkning i kubikmeter. 8:o, 12 s Sthm, Ad. Bonnier 92. 75 ö

GÖRANSSON, Jacob, Beskrifning öfver en del af de olycksfall, som innan läkarehjelp hunnit anskaffas, blifvit af svenska samariter behandlade. 8:o, 15 s, Sthm, Samson & Wallin. 89. 75 ö.

—, Genom hvilka hemarbeten kan qvinnan i händelse af krig göra sig nyttig i röda korsets tjenst? Föredrag med 12 bilder i texten. 8:o, 14 s Sthm. Samson & Wallin. 88 75 ö.

—, Hälsovårdslära för folket. Med 31 bilder. 8:o 68 s Sthm, Fahlcrantz & K. 92. Kart. 50 ö,

—, Hälsovårds- o. sjukvårdslära för skolan o. hemmet. Med 79 bilder. 8:o, 169 s. Sthm, Fahlerantz & K. 91. 1: 75, inb. 2: 25.

—, Militär helsovårdslära 8.o, 78 s. Sthm, Förf:n. 89. 1: 50

—, Om solstygn eller värmeslag från militärhygienisk synpunkt. 8:o, 88 s. Sthm, Samson & Wallin. 88. 1: 50.

—, Samaritkurs enligt generalläkarens Esmarch o. andra förf:s åsigter om första hjelpen vid plötsliga olycksfall. På Svenska Samaritförens uppdrag utarbetad. Med förord af D.r *E. Edholm*. Med 2 färgtr pl. samt 104 bilder i texten 3:e uppl. 8 o, 136 s o 2 pl. Sthm, Fahlcrantz & K. 86. 1: 50. (1:a o. 2.a uppl. 86.)

GÖRANSSON, N. J., En modern religiös personlighet. (Chr. Schrempf.) Se: Frågor, I religiösa o kyrkliga. 19.

—, Om buddhaismens värde såsom religion. 8.o, 35 s. Ups., Lundequistska bokh. i komm. 91. 40 ö

—, Om den kristliga åskådningen af samvetet. 8:o, 77 s. Ups., Lundequistska bokh. i komm 91. 65 ö.

Göta. Bildersamling för hemmet. 1:a hft. 4:o, 4 pl. Göteb., T. Hedlund. 89. 1 kr.

Göteborg o vestkusten. Se: Resehandböcker, Alb. Bonniers illustrerade. 2.

GÖTHE, Georg, Björnstjerne Björnsons Roman (På Guds veje.) Se: Tidskrift, Nordisk. 1890.

—, En dansk konstforskare. Se: dersammast 1892.

—, Ett porträtt. Se: dersammast 1890.

—, Henrik Ibsens drama (Hedda Gabler) Se: dersammast 1891.

—, Jonas Lie. Se: dersammast. 1894.

—, Nationalmusei tafvelsamling Beskrifvande förteckning 1:a afd. Utländske (icke nordiske) mästare. 8:o xxiij o. 311 s. samt (särskildt häfte) 11 s. Sthm, Samson & Wallin 87. Kart. 3 kr.

—, Nationalmusei tafvelsamling. En konsthistorisk öfversigt 2 a uppl. illustr. 8:o, 137 s. Sthm, Samson & Wallin. 93. 1: 50.

—, Notice descriptive des tableaux du musée national de Stockholm. 1:re partie. Maitres étrangers (non scandinaves). 8:o, xxj o 380 s. samt 18 pl. i ljustr. 93. Samson & Wallin. Inb. 3: 50.

GÖTHE, Georg, Populära taflor. Se: Tidskrift, Nordisk. 1891.
—, Sergels porträttbyster. Se: Konstsamlingar, Statens.
—, Svensk bildkonst. Se: Tidskrift, Nordisk. 1887.
—, Tafvelsamlingar i London. Se: dersammast. 1886.

GÖTHE, Georg, Se: Konstskatter, Nationalmusei.
GÖÖS, Frith Wold., Dikter. 8:o, 170 s. St. Petersb. Ant. Lindeberg. 90. 4: 50 fmk,
—, Dikter. 2:a saml. 8.o, iv o. 210 s. H:fors. Weilin & Göös. 94. 4 fmk.

H.

HABBERTON, John, Helens Småttingar, skildrade af deras senaste offer. Öfv. af *Mina Bäckström.* 3.e uppl. 8.o, 137 s. Sthm, Looström & K. 87. 1: 25.
—, Ändtligen! Se: Bibliotek, Humoristiskt. 2.
HABERTSOHN, S. O., Några bibelns kvinnor till tröst, råd o uppmuntran för våra mödrar. Öfv. från eng. 8:o, 108 s. Sthm, A. V. Carlsons Bokf.-aktb i komm. 91. 75 ö, kart. 1 kr.
HACKLÄNDER, F. W., Europeiskt slaflif. Skildringar ur verkliga lifvet. Med illustr 3 dlr. 8:o, 1,164 s. Sthm, Skandias boktörlag. 88. 6 kr.
—, Nyare humoristiska berättelser. 8:o. Sthm, F. & G. Beijers Bokf.-aktb.
  1. En hemlighet. Öfv. af *E. B—n.* Med illustr. 101 s. 87. 1 kr.
  2. Grefvinnan Patatzky. Öfv. af *E. B—n.* Med illustr. 136 s. 87. 1: 25.
  3 Bakom blå glasögon. Öfv. af *E. B—n.* Med illustr. 104 s. 87. 1 kr.
  4. Montecchi o. Capuletti. Öfv. af *E. B—n.* Med illustr. 71 s 87. 75 ö.
  5. Spökhuset. Öfv. af *E. B—n.* Med illustr 84 s 88. 75 ö.
—, Ur ett furstehus memoarer. Hum. roman. Med illustr Öfv. af *E—e B n.* 8:o, 343 s. Sthm, F. & G. Beijers Bokf.-aktb. 89. 3: 25.
—, Ur militärlifvet. Humoristiska berättelser med illustrationer. Öfv. af *E. Boheman* 8:o. Sthm, F. & G. Beijers Bokf.-aktb. 86.
  I. Militärlifvet under fredstid. 320 s. 3: 75, inb. 5 kr.
  II. Militärlifvet under vakt. 503 s. 6 kr, inb. 7: 50.
  III. Fyrverkare Wortmann. Öfv. af *E. Boheman.* 8:o 191 s. 87. 2: 25, inb 3: 50
HACKMAN, Victor, Petrographische Beschreibung des Nephelinsyenites vom Umptek und einiger ihn begleitenden Gesteine. Akad. Abh. 8:o, viij. 96 s. u 8 Tateln. Kuopio, 94 Förf:n. 3 fmk.
—, Se: *Ramsay, W. u. Hackman, V.,* Das Nephelinsyenitgebiet auf Kola.
HAECKEL, Ernst, Indiska dagar, reseminnen från hinduernas o. singhalesernas land. Öfv. af *Anton Stuxberg.* Med 70 bilder. 8:o, ix o. 341 s samt 1 karta. Göteb , Wettergren & Kerber. 91. 6: 75, inb. 8: 50.
HÆFFNER, Aug., Se: Lexikon öfver nu gällande författn:r m. m. rör. kolera.
HÆFFNER, J C. F., Se: Psalmboken, Svenska.
Haf akt på dig sjelf. Se: Småskrifter för nattvardsungdom. 2.
Haf, På lifvets. Verser af *S. H—r.* Med illustr. 8 blad velin. Sthm, G. Chelius. 90. Kart. 1 kr.
HAFFBURG, Max, Ombord hos sjöröfvare. Se: Ungdomsbibliotek 2.
HAFFNER, Wolfgang von, Praktisk vägledning i hästafvel. Se: Småskrifter i landtbruk. 7.
Hafsfrun på landet. Se: *[Axelsson, Arvid J. L.]*
HAGBERG, Carl Aug., Se: Shakspeares dramatiska arbeten.
HAGBERG, Herm., Se: Vittnesbörd om gemensam tro.
HAGBERG, K. W., Definitioner, postulat, axiom o. några teorem för undervisn. efter Euklides' Geometri. 8:o, 15 s. o 1 pl. Falköp. Förf:n. 95. 40 ö.
HAGBERG, Theodor, Literaturhistoriska gengångare. Taflor ur förflutna tiders vitterhet. 8:o. Sthm, F. & G. Beijers Bokf.-aktb.
  3. *Calderon,* Lifvet är en dröm. 69 s. 86. 80 ö.
HAGBERGH, C. P., Se: Sakregister till Sv. författningssamling.
HAGDAHL, Ch. Em., Kokkonsten med särskildt afseende på helsolärans o ekonomiens fordringar. Ny omarb. uppl. Med 3,000 matrecept o. 300 afbildn:r. Stor 8:o, 1,006 s. o 1 portr. Sthm, P. A. Norstedt & S:r. 89—91. 9: 50, inb. 12 kr.
—, Mindre kokbok. Sammandr. af förf:ns »Kokkonsten som vetenskap o. konst. 2,000 matrecept o 163 afbildn:r. 8:o, 734 s Sthm, P. A. Norstedt & S:r. 95. Inb. 8 kr.
Hagelgeväret, Det moderna Några anteckn:r efter de bästa källor. (Aftr. ur Tidning för idrott) Liten 8:o, 120 s Sthm, Nordin & Josephson i distr. 95. 1 kr.
HAGELIN, Hugo, Franska pronomina för skolor. Tvär 8:o, 25 s. Sthm, C. E. Fritzes hofbokh. 94. 50 ö.
HAGENBACH, K. R , Den kristna kyrkans historia från äldsta tider till 19:de årh. Öfv. med tillägg o. anmärkn:r af *J. H. Björnström.* 8:o. Sthm, P. A. Norstedt & S:r.
  IV. Den evang. protestantismen i 16:e o 17:e årh. 1:a dln. Tiderna före trettioåriga kriget. 2:a uppl. 8:o, viij o. 597 s 88. 6: 40.
  V. D:o 2:a dln. Trettioåriga kriget o. tiden derefter till slutet af 17:e årh 2:a uppl viij o. 545 s 88. 5: 90.
  VI. Kyrkans historia under 18:e o. 19.e årh. 1:a dln 2:a uppl. viij o. 547 s. 88. 5: 90.
  VII. D:o 2 a dln. 2:a uppl. v o. 760 s. 88. 8: 20.
HAGELSTAM, Jarl, Histologiska förändringar i ryggmärgen vid cerebrospinal meningit. Akad. afh. 8:o, iij o. 76 s. o. 2 pl. H:fors. 92. Förf.n. 3 fmk.

HAGERUP, Eiler, Märkvärdiga exempel af de heliga martyrer m m. Bearb. och med bihang tillökta af C. O. *Rosenius.* 8:e uppl. 8:o, 256 s Sthm, Fost.-stift:s f-exp 88. 1: 25, kart. 1: 50, klb. 2 kr. (5:e uppl. 78. 6:e 81. 7:e 84)

HAGERUP, Francis, Et blad af straffens historie. Se: Tidskrift, Nordisk. 1893.

HAGFORS, Edvin, De praepositionum in Aristotelis politicis et in Atheniensium politia usu. Dissertatio academica. 8:o, 2, vj o.131 s H:fors. Förf:n. 92.
1: 50 fmk.

HAGFORS, K. J, Gamla Karlebymålet. Ljud o. formlära samt språkprov. Akad. afh. 8:o, 124 s. o. 1 karta Sthm o. H:fors. 91. Förf:n. 3 fmk. Jfr: Bidrag, Nyare, till känned. om svenska landsmålen 1891.

HAGGARD, Andrew, Leslies öde o. Hilda, eller spöket på slottet Erminstein. Från eng. af *Tom Wilson.* 8.o, 119 s Sthm, A. Granlund 93. 1: 25.

HAGGARD, H. Rider, Allan Quatermain, hans senare forskningsfärd med uppsokarne af kung Salomos skatt. Öfv. från eng. 12.o, xv o. 426 s. Sthm, Fr. Skoglund. 87. 3 kr.

—, Aztekernas höfding Öfv. fr. eng 8.o, 461 s. Sthm, Looström & K. 95. 3: 50.

—, Den skeppsbrutnes testamente. Öfv från eng. 8:o, 227 s. Sthm, Klemmings antiqv. 88 2. 25.

—, Hexans hufvud. Öfv. af *J. Granlund.* 2 dlr. 8:o, 588 s Sthm. A. Granlund. 91. 3: 75.

—, Hon eller dödsgrottorna vid Kör. Öfv. fr. eng. af *C. A. I. E.* [2:a uppl] 8.o, 301 s. Sthm, F. & G. Beijers Bokf.-aktb 94. 2: 50. (1:a uppl. 87.)

—, Jess eller en annan Judith. Öfv. fr. eng. af *G—g.* 2:a uppl. 8:o, 401 s Sthm, F. & G. Beijers Bokf.-aktb. 94. 2: 50. (1.a uppl. 87.)

—, Kung Salomos skatt Öfv. från eng. 12:o, 312 s. Sthm, Fr. Skoglund. 86. 2: 50.

—, Montezumas dotter. Öfv. af *J. R. Spilhammar.* 8:o, 216 o. 185 s Sthm, Aktieb Hiertas bokförlag. 94. 3: 75.
Jfr Vitterlek 68 o. 69.

—, Nada, den fagra liljan. (En Zuluflickas lefnadssaga) Från eng. af *Tom Wilson.* 8:o, 361 s. Sthm, A. Granlund. 94 2: 75.

—, Öfverste Quaritch. Öfv. af *J. Granlund.* 8:o, 507 s. Sthm, A. Granlund. 91. 3: 75.

HAGLUND, Gustaf, Anvisningar för lösningen af Todhunters ofningssatser till Euklides. 2:a uppl. 8.o, 70 s. o. 2 pl. Sthm, A. V. Carlsons Bokf.-aktb. 91. 85 ö., inb 1 kr

—, Kurs i aritmetik, behandlad efter algebraisk metod. 8.o, 40 s. Sthm, A. V. Carlsons Bokf-aktb. 94. 50 ö.

—, Lärobok i algebra. 5:e uppl. 8:o, 268 s. Sthm, A. V Carlsons Bokf.-aktb. 92. 2: 50, kart. 3 kr. (4:e uppl. 88)

—, Samling af öfningsexempel till lärobok i algebra. 9.e uppl. 8:o, 128 s Sthm, A. V. Carlsons Bokf.-aktb. 95. 1: 50, kart. 1: 75. (5:e uppl. 87. 6:e 89. 7:e 91. 8 e 93.)

HAGLUND, Hedvig, Ordningsregler för husjungfrur till hjälp o. lättnad för unga husmödrar. 8:o, 17 s. Sthm, P. A. Norstedt & S:r. 95. 25 ö.

HAGLUND, Rob, Stockholmsbilder. 5 raderingar i koppar. Fol. 5 pl. Sthm, Generalstabens litogr. anst. 86. 10 kr.
25 exemplar s. k. "épreuves d'artiste" à 15 kr.

HAGLUND, Rob, Se: Riddarhuset. Svenska.

HAGMAN, Lucina, Om qvinnouppfostran. Öfv. 8:o, 90 s. H:fors, Söderström & K. 88. 1 kr.

HAGSTRÖM, A. J., Lärokurs i modersmålet för döfstumma. 2:a o. 3:e dln. Liten 8:o, 75 o. 86 s. Sthm, Institutet för döfstumma. 86.
För del vb. 60 ö.

HAGSTRÖM, K. A., Från tempel o. skolsalar. Minnen från prestmötet 1891 i Strengnäs. 8:o, 77 s. Sthm, Svanström & K 91. 80 ö.

—, Hvad innebär "kreaturens suckan" och hvilket kraf ställer den på oss Föredrag. 8:o, 20 s. Sthm, Sv. allm. qvinnoören. 88. 15 ö.

HAGSTRÖM, Krister, Kort beskrifning öfver Bohuslän jämte Göteborg o. den till länet hörande delen af Västergötland. Med 1 karta o. 16 illustr. 8.o, 64 s Sthm, Alb. Bonnier. 90. 25 ö.

—, Kort beskrifning öfver Halland. Med 1 karta o. 8 illustr. Liten 8:o, 47 s. o. 1 karta. Sthm, Alb. Bonnier. 91. 25 ö.

HAGSTRÖM, K L., Se: *Ekholm, N.* o. *Hagström, K. L.,* Molnens höjd i Upsala. — Handtabeller, Fyr- o. treställ. logaritm.-trigonometriska.

HAGSTRÖM, N., Sånglära för folkskolor o. allm. läroverkens lägre klasser. 8:o. Borås. Förf:n.
1:a kursen. 2.a uppl. 82 s. 88. Kart. 1 kr.
2.a kursen. 2:a uppl. 64 s. o. 1 pl. 90.
Kart. 60 ö.

HAGSTRÖM, P., Hufvudräkningskurs för småskolan. 8:o, 48 s. Lund, Gleerupska univ:s bokh. 92. 45 ö.

—, Räknestafvar. Trelleborg. Utg:n. 95.
2: 50, uppf. på spjälor 6: 50.

—, Nyckel till d:o. Anvisning till stafvarnes uppställning till 3,000 räkne-exempel för tyst öfning i småskolan. 3:e uppl. 8.o, 16 s Trelleborg. Utg:n. 95. 15 ö. (2:a uppl. 89.)

—, Tafvelräkningsexempel för småskolan. 8.o. Lund, Gleerupska univ:s bokh.
N:o 1. För lärarinnan. 24 s. 94. 25 ö.
N:o 2. För barnen. 23 s. 94. 15 ö.

HAHN, Alfr , Handbok i bevakningstjensten. 2:a uppl. Liten 8:o, 107 s. Sthm, P. A. Norstedt & S:r. 90.
Klb. 90 ö., interfol. 1: 35.

HAHNSSON, J. A., Svenskt-Finskt lexicon. 1:a o. 2:a hft. 8:o, 320 s. H:fors Finska Litt. sällsk. 88. För häfte 2: 50 fmk.

HAIDHEIM, L , Anonym. Öfv. från tyskan. 120 s Sthm, Ad Bonnier. 91. Klb. 1 kr.

HAIJ, Bernh., Bidrag till kännedomen om Acridiodeernas yttre morphologi. Se: Bihang till Vet.-akad:s handl:r. XIII: IV, 9.

—, Bidrag till känned. om den morphologiska byggnaden af Ilium hos Carinaterna. Se: Acta univ:s Lundensis XXIV: II, 6.

—, Jemförande studier öfver foglarnes bäcken. Akad. afh. 4:o, 81 s. o. 4 pl. Lund, Hj Möller. 86.
2: 50.
Jfr Acta univ:is Lundensis. XXII: II, 7.

—, Öfversigt af Skandinaviens Orthopterer. Se: Bihang till Vet.-akad:s handl:r. XIV: IV, 9.

HALÉN, Axel, Författningshandbok för barnmorskor. 8:o, 30 s. Sthm, Köersners boktr. i distr. 92.
75 ö.

HALÉVY, Ludovic, Herrskapet Cardinal. Se: Bibliotek, Humoristiskt. 8.

—, Invasionen. Minnen o. berättelser från kriget 1870—71. Öfv. af *G. Ahlgren.* 8:o, 250 s. Lund, C. W. K. Gleerup. 93. 2: 50.

HALÉVY, Ludovic, L'abbé Constantin. Med anm:r af E. Edström. Se: Författare, Moderna franska. 3.

—, Se: Meilhac, H. o Halévy, L., Den sköna Helena. — Storhertiginnan af Gérolstein.

Halifax. Observator. Smått o. godt från riksdagen m. m. 1895 8:o. Sthm, Fr. Skoglund i distr. 95. I. 35 s 50 ö. — II. 42 s. 75 ö. — III. 52 s. 75 ö.

HALKIER, N. G., Några ord om mul- o. klöfsjukan på Harlösa gård. 8:o, 16 s. Lund, Gleerupska univ:s-bokh. i distr. 92. 25 ö.

HALLBERG, H. E., Om kyrkans uppgift med hänseende till den pessimistiska rigtningen i vår tids s. k. skönlitteratur. 8:o, 41 s. Lund, C. W. K. Gleerup. 89. 50 ö.
Jfr. Sammanträde, från Lunds stifts prestsällsk. 3.

HALLBORG, S. A, Ett folks tillstånd i evighetens ljus. Högmessopred. i Vexiö domkyrka. 8:o, 19 s. Vexiö, Förf.n. 91. 25 ö.

—, Helgonens vittnesbörd. Högmessopred. 8:o, 18 s. Vexiö. Förf:n. 89. 25 ö.

—, »Hvarför jag bör älska vår svenska kyrka» jemte tal vid domprosten G Wetters jordfästning o. predikan vid skördefest i Vexiö domkyrka. 8:o, 55 s. Vexiö, Förf:n. 93. 50 ö.

HALLBÄCK, Otto, Afskedsord till Sabbatsbergs fattighusförsamling i Stockholm. 8:o, 7 s. Sthm, A. V. Carlsons Bokf.-aktb. 88. 10 ö

HALLÉN, Andreas, Musikaliska kåserier Stockholmsminnen från åren 1884—94. 8:o, 126 s. Sthm, G. Chelius. 94. 2:50.

HALLÉN, Birger, Litet af hvarje. Skepparhistorier, humoresker o. skizzer. 8:o, 144 s. Sthm, L Hökerberg. 92. 2:50

HALLÉN, M., Predikningar öfver kyrkoårets högmessotexter. 1:a—7:e hft. 8:o, 1,044 s. o 1 portr. Göteb., H. L. Bolinder. 88—89. För hft. 1:75

HALLENBORG, J. F., Handbok i mjölkboskapsskötsel. 3:e genoms. o. tillök. uppl. 8:o, 58 s. Sthm, Alb. Bonnier. 95. 50 ö.
(1:a uppl. 90. 2:a 92.)

—, Husdjurens skötsel. Se: Studentfören. Verdandis småskrifter. 12.

, Lärobok i husdjursskötsel för landtbruks- o landtmannaskolor. 2 dlr. Med 60 träsn. 8:o, ix o. 260 s. Sthm, F. & G. Beijers Bokf -aktb. 93. 2:60.

, Se: Arrhenius, J, o. Lindqvist, C. A., Landtbrukspraktika.

[HALLENBORG, M], Kornblixt. Af Carl Filipsson. 8:o, 116 s. Sthm, Looström & K. 95 2:50.

HALLGREN, F., Guds rikes tempelbyggnad. Se: Sammanträde, Från Lunds stifts prestsällskaps. 1.

HALLGREN, J. A., Repetitionskurs för konfirmationsundervisningen. 8:o, 37 s F. & G. Beijers Bokf.-aktb. 89. Kart. 40 ö.

HALLIN, Olof, Se: Wistrand, A. T. o. A. H, Handbok i rättsmedicinen

HALLMER, L N, Uppsala möte 1593. Minnestal. 8:o, 45 s Kalmar, Hj. Appeltofts bokh. 93. 50 ö

HALLONGREN, E. G., Vägledning vid begagnande af skepps- o husapotek. 2:a uppl. omarb. af Victor Ericsson. 8:o, 80 s. o. 10 receptblad. Sthm, Alb. Bonnier. 86. Kart. 1:50.

HALLONLÖF, Axel, Från skilda orter. Efterbildn:r från äldre o. nyare diktare. 3.e uppl. 8:o, 115 s Sthm. Förf:n. 93. 1:50.
(2:a uppl. 91.)

—, Nya dikter. 3:e uppl. 8.o, 120 s. Sthm, Förf:n. 94 (2:a uppl. 91) 1:50.

HALLSTÉN, Onni, Lärobok i algebra, jämte öfningsexempel, för fruntimmersskolor. Öfv. af A. Hammarström. 8:o, vj o. 127 s. H:fors, Otava. 91. 3 fmk.

—, Lärobok i geometri för fruntimmersskolor. Öfv. från finskan. 8:o, vj o. 139 s. H:fors, Söderström & K. 93. 2:25.

HALLSTRÖM, Alarik, Agis o. Kleomenes. Bilder ur Spartas historia. 4:o, 63 s. Karlstad, Hj. Petersson & K i distr. 91. 1 kr.

HALLSTRÖM, Alfred, Om åskledare enligt de moderna teorierna om elektricitetens fortplantning. Bearb. 8:o, 65 s. Malmö, Envall & Kull. 94. 1 kr.

HALLSTRÖM, Per, En gammal historia 8:o, 181 s. Sthm, Wahlström & Widstrand. 95 3 kr.

—, Lyrik o. fantasier. Ballader o. berättelser. 8:o, 208 s. Sthm, Alb. Bonnier. 91. 2:75.

—, Purpur. Berättelser. 8:o, 205 s. Sthm, Wahlström & Widstrand. 95. 3 kr.

—, Vilsna fåglar. Berättelser. 8:o, 164 s. Sthm, Wahlström & Widstrand. 94. 2 kr.

HAMBERG, Axel, Natürliche Corrosionserscheinungen und neue Krystallflächen am Adular vom Schwarzenstein. Se: Bihang till Vet.-akad:s handl:r. XIII: II, 4.

HAMBERG, H. E., Hjelpreda vid väderleksförutsägelser jemte klimatiska data för Sverige. 8:o, 68 s. Sthm, P. A. Norstedt & S:r. 89. 1:25.

—, La radiation des nuages superieurs Se: Bihang till Vet.-akad:s handl:r. XVII. I. 3.

—, Om skogarnas inflytande på Sveriges klimat III Luftens fuktighet. (Bihang till Domänstyrelsens berättelse rör. skogsväsendet för 1887.) 4:o, 58 s. o. 1 pl. Sthm, Samson & Wallin. 89. 3 kr.

, Sur une prétendue périodicité de presque 26 jours dans les orages. Se: Bihang till Vet -akad:s handl:r. XVIII: I, 1.

HAMBERG, N. P., Arsenikayrlighetens förändring i beröring med ruttnande animaliska ämnen. Se: dersammast. XII, II, 3.

HAMEAU, Louise, Raska gossar. Se: Bibliotek, Nytt, för barn o. ungdom. 8.

HAMILTON, Hugo E. G., Underdånig berätt. ang. Kongl. Patentbyråns verksamhet åren 1885 - 94. 8:o, 42 s. Sthm, Samson & Wallin. 95. 75 ö.

—, Se: Berättelse ang. patentbyråns verksamhet. — Patentförordningen.

HAMILTON, Knut, Dikter, 8:o, 78 s. Sthm, F. & G. Beijers Bokf.-aktb 87. 1 kr.

HAMMAR, A. T., Herren vår Immanuel. Julbetraktelse. 12:o, 24 s Sthm, Fost.-stift.s f.-exp. 88. 20 ö.

—, Hvilodagen en guds gåfva. Prisbelönad täflingsskrift. 8:o, 38 s. Sthm, Fost.-stift.s f -exp. 90 25 ö.

—, Katolsk o. luthersk kristendom. Se: Skrifter utg. af Samf. pro fide et christianismo. 29 d.

, Några ord till nattvardsbarn med afseende på deras första nattvardsgäng. 8:o, 29 s. Sthm. Fost.-stift.s f.-exp. 89. 25 ö.

, Om nådens ordning med särskild hänsyn till Schartaus o. Luthers framställning. 8:o, 235 s. Lund, Gleerupska Univ:s bokh. i distr. 95. 2 kr.

—, Predikan på 9:e sönd e. trefald. öfver evang. om den otrogne gårdsfogden, hållen i Nosaby församl. kyrka 1895. 8:o, 15 s. Lund, Gleerupska univ.s bokh. 95. 25 ö

, Se: Hvilodagen.

HAMMAR, Aug, Millenium eller det tusenåriga riket.

En studie öfver Uppb. 20, 1—6. 8:o, 30 s. Lund, C. W. K. Gleerup 86. 50 ö.

HAMMAR, Aug., Se: Psaltaren.

HAMMAR, H. B., Hvad vill julgranen lära oss? Se: Bibliotek för de unga. 69.

—, Inre missionen nyskapad i Kristus Jesus. 8:o, 61 s. Sthm, Fost.-stift s f.-exp 86. 10 ö.

—, Lefver du ett rätt söndagslif? 8:o, 28 s. Sthm, Fost-stift:s f-exp. 93. 10 ö.

—, Mörker o. ljus på Golgatas dag. Långfredagspredikan 8:o, 24 s. Sthm, Fost.-stift:s f.-exp 94. 25 ö.

—, Se: *Ahlberg, P. A.*, Hans lif o. verksamhet.

HAMMAR, J. Aug, Bidrag till ledgångarnes histologi. Akad. afh. 8:o, 140 s. o. 8 pl. Ups., Lundequistska bokh. i komm. 93. 2: 50.

—, Einige Plattenmodelle zur Beleuchtung der früheren embryonalen Leberentwickelung Se: Acta, Nova, reg soc:is scient Ups. XVI: 5.

HAMMARBERG, B. Axel, Tabeller utvisande priset för hvarje tusendels standard trävaror. 8.o, 224 s. Sthm, Fr. Skoglund. 92. Kart. 6 kr

HAMMARBERG, Carl. Studier öfver idiotikens klinik o. patologi jämte undersökn:r af hjärnbarkens normala anatomi. Akad. afh. 4:o, 106 s. o 7 pl. Ups. Förf:n. 93. 15 kr.

Äfven utgifven på tyska språket. Ups. 95. 20 kr.

HAMMARGREN, T., Nya skildringar ur våra svenska sångfåglars lif. 8:o, 177 s. Karlstad, Förf:n. 92. 1 kr.

—, Om våra svenska sångfåglar. Ornitologiska utkast. 8:o, 168 s. Sthm, P. A. Norstedt & S:r. 89. 1: 50, klb. 2 kr.

HAMMARLUND, Emil. Se: Läraretidning, Svensk.

HAMMARLUND, H., Fickuren. Kort beskrifn. öfver desamma jämte vägledning för deras inköp, vård o. underhåll. 12:o, 20 s. Sthm, C E. Fritzes hofbokh. i distr. 93. 25 ö.

HAMMARLUND, Julius Se: Sångbok, Barnens

HAMMARSKJÖLD, A., Bidrag till Livlands historia Se: Tidskrift, Historisk. 1888

—, Generalen grefve Gust. Wachtmeister. Se: dersammast. 1893, 1894 o 1895

—, Karl August Ehrensvärd Se: Tidskrift, Nordisk. 1893.

—, Om Tordenskjöld o. svenskarne. Se: Tidskrift, Historisk. 1890, 1891.

—, Svenska flottan under Vasakonungarne Se: dersammast. 1891.

—, Ätten von Mengden o. Livland under svenska väldet. Se: dersammast. 1889.

HAMMARSKJÖLD, C. G, Bidrag till tolkning af k förordn. om kommunalstyrelse på landet o. i stad samt om kyrkostämma. 8.o, viij o. 300 s. Sthm, P. A. Norstedt & S:r 89. 2: 90, kart. 3: 50.

HAMMARSKJÖLD, C. G W., Värnpliktssoldaten. Se: Föreningen Heimdals folkskrifter. 5 o 6.

HAMMARSKJÖLD, Karin, Sagan om sanningens källa o. tre andra sagor. Med teckn:r af *Ottilia Adelborg*. 8:o, 63 s. Sthm, L. Hökerberg. 92 Kart. 1 kr.

—, Små hundars öden. Med kolor fig 8 blad. Sthm, G. Chelius. 94 80 ö.

HAMMARSKJÖLD, H. K. L., Om fraktaftalet och dess vigtigaste rättsföljder 8.o, 233 s Ups., Lundequistska bokh. 86. 3 kr.

—, Om grufregal o. grufegendom i allmänhet enl svensk rätt. 8.o, 147 s. Ups, Lundequistska bokh. i komm. 91 2. 25

HAMMARSKJÖLD, H. K. L, Om tankearbetets rätt. Se: Tidskrift, Nordisk. 1892.

—, Redogörelse för den utländska bolags- o. föreningsrättens utbildning. Se: Förslag till lagar om enkla bolag

HAMMARSTEIN, L. v., Edgar eller från otron till fullständig sanning Öfv. från tyska af *A. W.* 8:o, 260 s. Sthm, C. E. Fritzes hofbokh. i distr. 89. 2 kr.

HAMMARSTEN, F., Dagliga betraktelser öfver kyrkoårets epistlar o. aftonsångstexter. 8:o, 610 s. Sthm, C. A. V. Lundholm 95. Vb. 3: 25, klb. 4: 25.

—, Dagliga betraktelser öfver kyrkoårets evang. o. högmessotexter. 2 delar. 8:o, 572 s. Sthm, C. A. V. Lundholm. 88. 2: 75, Vb. 3: 25, klb. 4: 25.

—, Några predikn:r hållna i Norrköping vid påsktiden 1894 (deribland afskedspredikan). 8:o, 135 s Norrk, Esping & Lundell 94. 1 kr.

—, Vår förelöpares fotspår. Korta betraktelser. Liten 8:o, 64 s. Sthm, Fröléen & K. 90 Klb. 90 ö.

—, Se: *Emanuelsson, P. J.*, Samling af predikn:r.

HAMMARSTEN, Olof, Kortfattad lärobok i farmaceutisk kemi med särskild hänsyn till svenska farmakopéns preparat jemte handledning i titreringsanalysen. 8:o, 462 o. 63 s. Ups. W. Schultz. 86. 9 kr.

—, Lärobok i fysiologisk kemi. 2:a omarb. uppl. 8.o, viij o. 448 s. samt 8 pl. Ups. W. Schultz 89 10 kr.

—, Zur Kenntniss der Lebergalle des Menschen. Se: Acta, Nova, reg. soc:is scient. Ups. XVI: 7.

HAMMARSTRAND, S. F., Romerska rikets författn. historia från Augustus till vestromerska rikets fall Förra afd. 2:a hft. s. 157—316. F. & G. Beijers Bokf.-aktb. 87. 2 kr.

HAMMARSTRÖM, R, Bidrag till kännedom af sydvestra Sibiriens insektfauna. Se: Öfversigt af F. Vet -Soc.s förhandl. XXXIV.

HAMMER Aug. Se: Samling af evang.-lutherska psalmer.

HAMMERICH, August, N. W. Gade. Se: Tidskrift, Nordisk. 1891.

HAMNERIN, N, Vägvisare till det eviga lifvet. 6:e uppl. 12:o, 153 s. Sthm, Fost.-stift:s f.-exp. 88. 30 ö., vb. 50 ö.

(5 e uppl. 78.)

Han är inte svartsjuk. Se: Teatern, Svenska. 114.

Hand, I herrens, af *L. S* Med illustr. 10 blad velin Sthm, C. A V. Lundholm. 96. Kart. 1 kr.

Handbibliotek, Allmännyttigt 12:o. Sthm, S Flodin.

27. Den praktiske insjöfiskaren. Med 17 träsn. 4:e uppl. 67 s. 92. 50 ö.

127 *Örtegren, Julius* Biodling efter nyaste metoder. Praktisk handbok för biskötare. Med 72 träsnitt af *Georg Liljevall* 107 s. 87. 1 kr.

128. *Ekstrand, Å. G*, Konstsmör (margarinsmör), dess tillverkning, användbarhet o. sanitära bedömande samt medlen att skilja det från natursmör Med 9 fig. 61 s. o. 1 tab. 87. 75 ö.

129. *Bong, J. M.*, Hjelpreda vid lagning af enklare byggnader etc. 40 s. 87. 50 ö.

130. —, Förbättraren af landtmannaredskap. Med 9 träsn 68 s 87. 75 ö.

131. *Andés, L. E.*, Nyaste handbok för målare o lackerare. Öfv. af *C. A. Ålander*. 136 s. 87. 1: 50.

132 *Lehner, Sigmund*, Kitt o. hopfästningsmedel för glas, porslin, metaller m m. Öfv. 80 s. 87. 75 ö.

133. *Krüger, Julius*, Etsning i zink eller zinkgravyr. Öfv. af C. A. Ålander. 128 s. 84. 1: 25.
134. *Joclét, Victor*, Konst- och fintvätt. Öfv. af C. A. Ålander. 96 s. 84. 1 kr.
135. *Andés, Louis Edgar*, Träindustriens tekniska fulländningsarbeten eller träets slipning, betsning etc. Öfv. o. bearb. af C. A. Å[lander]. Med 11 fig. 132 s. 85. 1: 50.
136. *Ålander, C. A*, Receptbok för alla, innehållande öfver 400 föreskrifter att på egen hand bereda nödvändighetsartiklar och allmännyttiga medel af alla slag. Samlade och till stor del afprofvade. 104 s. 86. 1. 25.
137. *Gustafson, Carl*, Lärobok i praktisk fotografi med tillämpning af de nyaste metoder. Med 23 fig. 102 s. 88. 1 kr.
138. *Schubert, H.*, Metallers dekorering, m. m. Öfv. af C. A. Ålander. 96 s. 89. 1 kr.
139. —, Metallens bearbetn. vid smidning, böjning, spänning m. m. Öfv. af C. A. Ålander. Med 44 träsn. 103 s. 90. 1 kr.
140. *Björkman, L. E.*, Handledning i kanariefågelns vård o. afvel. 76 s. 94. 75 ö.

Handbibliotek, Praktiskt. 12:o. Sthm, Ad. Johnson.
1. *Peers, K.*, Lättfattlig handbok vid beredning af fruktviner. Öfv. af Rob. In de Bétou. 66 s. 92. 75 ö.
2. *Püchner, Fritz*, Om kräftor o. kräftodling. Öfv. o. bearb. af O. Westerlund. Med 14 illustr. 40 s. o. 1 tab. 92. 75 ö.
13. Den amerikanske hästtämjaren J. S. Rarey's konst att tämja o. styra hästar. Öfv. Ny uppl. 43 s. 94. 50 ö.
15. *Woolstone, Francis*, Hårläkaren. Kortfattade anvisn:r rör. hårets vård m m. Ny uppl. 30 s 92. 50 ö.
16. Den prisbelönade hönshusarkitekten. Ritningar o. beskrifn:r öfver billiga hönshus. 18 s. o. 3 pl. 94. 75 ö.
17. Den praktiska o. allmännyttiga recept-boken. Innehållande 100 värdefulla recept på bästa parfymer, skydds- o. botemedel mot kolera m. m. m. m. af D:r—S. 32 s. 91. 75 ö.

Handbok, Finsk biografisk, utg. under medverkan af äldre o. yngre vetenskapsmän. 1:a hft. Aalberg—Bergbom. 8:o, sp. 1—160. H:fors, G. W. Edlund. 95. 3 fmk.

Handbok, Folkskolans. Systematisk sammanställning af författn:r o. öfverhetliga föreskrifter rör. Finlands folkskoleväsende, jämte metod. anvisn:r samt kronolog. register. Utarb. af *Gustaf F. Lönnbeck*. 12:o, viij o. 302 s. H:fors, G. W. Edlund. 89. 3 fmk.

Handbok för fjerdingsmän. 8:o, 16 s. Sthm, Fr. Skoglund i distr. 86. Kart. 25 ö.

Handbok för fältartilleriet. Liten 8:o. Sthm, P. A. Norstedt & S:r.
Kap. 1. Krut o. sprängämnen. Kap. 2. Ammunition. 48 s. o. 3 pl. 90. 1: 15.
Kap. 3. Kanoner. 32 s. o. 4 pl. 90. 95 ö.
Kap. 4. Fordon. Af *Axel Stendahl*. 122 s. o. 11 pl. 90. 2 kr.

Handbok för laboranter. Hjelpreda vid beredningar af farmaceutiska præparater. 8:o, 222 s. Luleå, G. Wiséns bokh. 89. 2: 50.

Handbok för resande till Stockholm. (Med svensk, tysk, fransk o. eng. text.) 8:o, 111, 95 o. x s. Sthm, H. Pettersson. 93. Inb. 2: 50.

Handbok för skolungdomens militäröfningar. 8.o, 112 s., 1 karta, 2 tab. o. anteckn. bok. Sthm, Samson & Wallin. 95. Klb. 50 ö.

Handbok för Stockholm. 1890. 8:o, 240 s. Sthm, Stadsposten. 90. 1 kr.

Handbok för svenska arméns befäl. 1:a dln. 3:e uppl. Ändringar intill d. 1 apr. 1892. Liten 8:o, 36 s. Sthm, P. A. Norstedt & S:r. 92. 40 ö.

Handbok för svenska kyrkan, stadfäst af Konungen år 1894. 4:o, 268 s. Lund, C. W. K. Gleerup. 94. Klb. 5 kr.
D:o d:o in 8:o, 242 s. 94. Klb. 3 kr.

Handbok för svenska kyrkan, stadfäst af Konungen år 1894, i utdrag för förrättn:r ute i församlingen. 8:o, 94 s. o. 8 blad anteckningspapper. Lund, C. W. K. Gleerup. 94. Klb. 1: 50, skinnb. 2: 50.

Handbok för telegraftjänsten vid järnvägarna. Öfv. o. bearb. af *Carl Broman*. Med 110 afbildn:r. 8:o, xiij o. 113 s. samt 1 pl. Sthm, P. A. Norstedt & S:r. 94. Klb. 3: 50.

Handbok för utvandrare till Amerika. Öfvers. i sammanhang efter Otts »Führer nach Amerika». 8:o, 287 s. Sthm, F. & G. Beijers Bokf.-aktb. 89. 1: 35.

Handbok för val o. inköp af hjelpmaskiner o. handverktyg, utg. af Svenska slöjdfören. Stor 8:o, Sthm, Nordin & Josephson i distr.
I. Hjelpmaskiner. xij o. 116 s. 90. 1 kr.
II. Handverktyg. 140 s. 95. 1: 50.

Handbok i dansk o. norsk vitterhet för svenska skolor, utg. af *C. K. S. Sprinchorn*. 8:o, xij o. 520 s. Sthm, F. & G. Beijers Bokf.-aktb. 87. 3: 75, inb. 4: 25.

Handbok i fotografi, omfattande fotografikonstens historik, teknik o. praktiska tillämpning, utg. af *Albin Roosval*. 8:o, Sthm, G. Chelius.
1. *Dahlström, Adolf*, Historik. Teknik. Den våta kollodiummetoden. Kollodiumemulsionsmetoden. Med 33 afbildn:r. 96 s. 90. 2: 50.

Handbok i helsovård för hemmet. Efter »Household manual» af dr. *J. H. Kellog*. Öfv. o. bearb. af dr *P. H. Levin*. 8:o, 288 s. Sthm, Skandinav. förlagsexp. 90. Klb. 2: 50.

Handbok i pedagogisk snickerislöjd till tjenst för lärare m. fl. utarb. af *Otto Salomon, Carl Nordendahl* o. *Alfr. Johansson*. Med illustr. 8:o, viij o. 208 s. samt 2 pl. Sthm, F. & G. Beijers Bokf.-aktb. 90. 2: 50, inb. 3 kr.

Handbok i svensk vitterhet utg. af *C. K. S. Sprinchorn*. 8:o. Sthm, F. & G. Beijers Bokf.-aktb.
I. Svenska vitterheten till 1800-talet. viij o. 328 s. 89. 2 kr.
II. Svenska vitterheten under 1800-talet. ix o. 482 s. 89. 2: 50.

Handbok i svenska trädgårdsskötseln. Utg. af *Erik Lindgren, Axel Pihl* o. *Georg Löwegren*. 8:o. Sthm, S. Flodin.
7. *Löwegren, Georg*, o. *Lindgren, Erik*, Krukväxtodling i växthus o. boningsrum. 2:a genoms. tillök. uppl. Med 34 träsn. 409 s 90. 4 kr.
8. *Lindgren, Erik, Pihl, Axel, o. Löwegren, Georg*, Trädgårdsanläggningskonst. — Törnrosens odling på fritt land m. m. Med 2 pl. o. 112 träsn. 2:a uppl. viij, 223 s. o. 2 pl. 94. 3 kr.

Handbok i Sveriges kyrkolag för menige man, inneh senast utkomna förordningar m. m. utarb. af en jurist. 8:o, 153 s. Sthm, E. J. Ekmans f.-exp. 95. Klb. 2 kr.

Handbok, Illustrerad, i grekisk o. romersk fornkunskap. Senare dln. Romersk fornkunskap af *Julius*

Centerwall. [6:e—9:e slut.] hft. 8:o s. 401—692 o. xiv s. Sthm, F. & G. Beijers Bokf.-aktb. 91.
För hft. 1: 50. Kpl. 13 50, inb. 15 kr.

Handbok, Praktisk, för alla. Redaktör: *W. Köersner.* Förra delen. 8:o, 1276 sp. Sthm, Fahlcrantz & k. 86. 4 kr.
Jfr. Biblioteket, Svenska. 6:e afd.

Handböcker, Adolf Bonniers allmännyttiga. 8:o, Sthm, Ad. Bonnier.
2. *Balassa, Constantin,* Hästskoning utan tvångsmedel. Med 7 pl. Öfv. af *M. Leijon* 2:a uppl. 61 s. 92. 1 kr.
8. *Wächter, C,* Kvinnans sjelfhjelp vid underlifslidanden. Öfv. från tyskan. Med 10 illustr. 40 s. 88. 75 ö.
9. Biljardspelet. Teoretisk-praktisk handledn. för att förstå o. lära detsamma. Med 14 fig. Öfv. o. bearb. från tyskan af *W.* 60 s. 88. 75 ö.
10. *Nussbaum, J. N. v.,* Läkemedel för nerverna. Öfv. af *O. H. D.* 29 s. 89. 50 ö.
11. *Michaelis* (Med. d:r), Rådgifvare för hjertlidande. Med 8 afbildn:r. Öfv. af *O. H. D.* 109 s. o. 1 pl. 89. 1: 25.
12. *Mantegazza, P.,* Konsten att icke blifva sjuk. Öfv. af *O. H. Dumrath.* Med 38 träsnitt s. 89. 1 kr.
13. Hvarför skrika våra barn? Råd för undanröjandet af orsakerna till späda barns skrik. Öfv. af *Gust. Sundström.* 44 s. 93. 50 ö.
14. *Weber, Georg,* Vår bostad, dess auordning o. vidmakthållande. 48 s. 94. 60 ö.
15. *Ljungström, J. Alb.,* Handbok i biskötsel i halm- o. ramkupor. Med 59 illustr. iv o. 133 s. 95. 1: 25.
16. *Dumrath, O. H.,* Födoämnena o. näringsförloppet. Bearb. Med 43 illustr. 92 s. 95. 1 kr.

Handböcker, Medicinska 8:o, Sthm, F. & G. Beijers Bokf.-aktb.
1. *Tigerstedt, Rob.,* Fysiologiska principer för kroppens näring. Tio föreläsn:r vid Karol. Inst. Med 7 bilder. 216 s. 87. 3 kr.
2. *Mörner, K. A. H,* Om läkemedlen från fysiologisk, kemisk o. toxikologisk synpunkt. 264 s. 88. 3: 75.
3. *Wallis, Curt,* Bakteriologi, dess historia o. undersökningsmethoder, bakterierna i luft, vatten o. jord. Med 36 träsn. 255 s. 88. 3: 75.

Handböcker, Naturvetenskapliga, i populär form. 8.o Sthm, F. & G. Beijers Bokf.-aktb.
1. *Falb, Rud.,* Stjernor o. menniskor. Blickar i verldsrymden. Öfv. af *J. Granlund.* Med illustr. 391 s. 87. 3: 75, inb. 5 kr.
2. *Flammarion, Camille,* Atmosferens under. Öfv. i sammandr. af *J. Granlund.* Med illustr.
I. 436 s. 88. 4 kr.
II. 450 o. v s. 89. 4 kr.

Handböcker, Svenska Teknologföreningens. 8:o, Sthm, Teknologföreningen.
1. *Hoffstedt, W.,* Anordning o. skötsel af arbetstransmissioner. 100 s. o. 1 tab. 91. 1: 50.
Tabellen ensam 25 ö.

Handelsbalken jemte dithörande författn:r med förklarande anm:r utg af *Berndt Hasselrot* o. *Ernst Håkanson.* 8:o, Sthm, P. A. Norstedt & S:r.
I (omfattande 1:a kap.) 152 s. 93. 2: 50.
II (omfattande 9:e kap.), s. 153—330 o. x s. 94. 2: 75.

Handelskalender, Finlands, af *Victor Forselius.* 6:e uppl. 8:o, xxvj, 56, 66, 503, 64 o. 101 s. samt annonsbil. 172 s. Åbo. Utg:n. 95.
(4:e uppl. 87. 5:e 91.)
För Sverige: Samson & Wallin i distr. Klb. 7: 50.

Handelskalender, Sveriges. 8:o, Sthm, Alb. Bonnier.
13:e årg. 1887—88. 1,117 o. 86 s. 87.
14:e årg. 1889—90. 20, 180, 860 o. 108 s. 89.
15.e årg. 1891—92 20, xiv, 210, 910 o. 88 s. 91.
16:e årg. 1893—94. 24, 212, 889 o 72 s. 93.
17:e årg. 1895. 231, 947 o. 88 s. 95.
För årg inb i klb. 12 kr.

Handelskorrespondens, Fullständig, på svenska, tyska, engelska o. franska språken. 3:e genoms. o. förbättr. uppl. 8:o, 359 s Sthm, Alb. Bonnier. 94.
Inb. 3: 25.

Handledning för Mjölkleverantörer. Se: Skrifter, Smärre, att utdelas vid husdjurs-premiering. 10.

Handledning i bokslut 8:o, 10 s. H:fors, Th. Wulff. 88. 50 p.

Handledning i hälso- o. sjukvård ombord å kofferdifartyg. Öfv. af *G. Dunér.* 8:o, vij o. 160 s. Sthm, P. A. Norstedt & S:r. 91. 2 kr., kart. 2: 50.

Handledning, Kort, i latinsk stilistik. 8:o, 77 s. H:fors, Weilin & Göös. 88. Kart. 1: 60 fmk.

Handledning, Kort, i stridslära för underbefälet vid finska militären. Öfv. fr. ryskan o. bearb. af *G. A. Gripenberg.* 8:o, vj o. 154 s. H:fors, G. W. Edlund. 88. 1: 50 fmk.

Handledning vid kemiska laborationsöfningar af *P. T. Cleve* o. *O. Widman.* 8:o. Sthm, H. Geber.
2. *Cleve, P. T,* Qvalitativ kemisk analys. 2:a uppl. öfvers o. tillök. af *O. Widman* 96 s. 94.
Klb. 1: 75.

Handlingar rör. rättegången om den å bergsmanstomterna i Sala indelade skogen o. den för Sala bergslags gemensamma behof afsatta utmarken, 8:o. Sthm, C. E. Fritzes bokh. i distr.
1:a hft. Stämning, utveckl. o bilagor, deribland Sala stads privilegier i åberopade delar. 85 s. 90. 50 ö
2:a hft. Sala bergslags försvarsskrift d. 20 sept. 1890. 87 s. 90. 50 ö.
3:e hft. Bilagor till Sala bergslags försvarsskrift d. 20 sept. 1890. 163 s. 91. 50 ö.
4:e hft. Stadsfullmäktiges skrift af d. 10 jan. 1891. o. Sala bergslags andra försvarsskrift af d. 22 maj 1891. 203 s. 91. 50 ö.
Bihang 7 s gratis.

Handlingar ang. besittningsrätten till Trolleholms fideikomiss. 4:o. 98 s. Lund, H. Ohlsson. Uppl. 50 ex. (Ej i bokh.)

Handlingar rör. frågan om eganderätten till den s. k. Fattigkyrkogården å Östermalm. 8:o vij o. 198 s samt 12 kartor. Sthm, H. Sandbergs bokh i komm. 92. 2: 50.

Handlingar till belysande af Finlands kamerala förhållanden på 1500-talet. 1 häft. 8.o 9, iij o. 162 s. H:tors. 92. 2 fmk.

Handlingar rör. förvaltningen i Finland 1808. 8.o, H:fors. Otava i distr.
I. xvij, 62 o. 614 s. 93. 6 fmk.
II. 1, 2. xxij, 472, xxij o. 609 s. 95. 11: 50 fmk.

Handlingar, Kejserl. Finska Hushållningssällskapets 8:o. Åbo. Hushålln. Sällsk.
För år 1884. 292 s. 86.
För år 1885. 151 s. 86.
För år 1886. 182 s. 87.
För år 1887. iij o. 267 s. 89.
För år 1888. iij o. 144 s. 89.
För år 1889. 245 o. iij s. 90.

För år 1890. 199 o. iij s. 91.
För år 1891. 186 o. iij s. 92.
För år 1892. 215 o. iij s. 93.
För år 1893. 128 o. iij s. 94.
För år 1894. iij o 131 s. 95.
Handlingar. Finska kyrkohistoriska sällskapets. 8.o, 1. Jyväskylä. 2, 16, 16, vj o. 197 s. H:fors. Söderström & K. i distr. 95. 2: 25.
Handlingar, Finska läkaresällskapets XXVIII — XXXVII (1886—95) 8:o, H:fors, Läkaresällskapet. 86—95. Hvarje band (12 hfn) 16 fmk.
Handlingar rör. Finska skolväsendets historia, utg. af K. G. *Leinberg*. 8:o. Jyväskylä.
2:a Saml. xvj o. 557 s. 87. 6 fmk.
3:e Saml. xviij o. 540 s. 89. 5 fmk.
Handlingar, Göteborgs Kongl. vetenskaps o. vitterhets samhälles. Ny tidsföljd. Göteb. D. F. Bonniers f.-exp. 1: 50.
XXI (1887.)
Bruzelius, Nils G., Om Anser indicus Gmel, anträffad i Skåne. 8 s.
Strömfeldt, Harald F. G, Om algvegetationen vid Islands kuster. 89 s o. 3 pl.
XXII (1888.) 2: 50.
Nilsson, Alb, Studier öfver stammen ss. assimilerande organ. 133 s. o 2 pl. 88.
XXIII. (1889.) 1: 50.
Fries, Rob., Synopsis Hymenomycetum regionis Gothoburgensis. 79 s. 89.
XXIV. (1890.) 4 kr.
R:sberg, Bernh., Aischylos' Agamemnon. Sorgespel. 64 s.
Warburg, Karl, Hedlinger. Ett bidrag till frihetstidens konsthistoria. 182 s. 1 portr. o. 3 pl.
XXV. (1891.) 4 kr.
Wiklund, K. B, Laut- und Formenlehre der Lulelappischen Dialekte. vj o. 279 s 91.
XXVI. (1891.) 1 kr.
Björklund, Jakob, Valda minnesteckn:r öfver aflidne ledamöter, föredragna på samhällets högtidsdagar. 92 s. 91.
XXVII. (1892.) 2 kr.
Wåhlin, Laur. De usu modorum apud Apollonium. Rhodium. 121 s. 92.
XXVIII. (1893.) 3 kr.
Lindberg, O. E., Studier öfver de semitiska ljuden W o. Y. 179 s. 94.
XXIX. (1894.) 1: 50.
Jensen, Alfred, Ragusa. En sydslavisk litteraturstudie jämte hist. inledning o. afslutning. 81 s. 94.
Handlingar, Historiska, till trycket befordrade af Kongl. samfundet för utgifvande af handskrifter rör. Skandinaviens historia. 8:o, Sthm. Samson & Wallin.
XI. 2 Brefväxling mellan konung Carl XII o. rådet 1713. vij o. 328 s. 92. 4 kr.
XII. 1. Rikshufvudboken för 1573 jemte sammandrag af rikshufvudboken för 1582. 152 s (1883.) 2: 50.
2. Bidrag till Olai Magni historia. 1. Literära fragmenter af *Olaus Magnus* utg. gm. *H. Hjärne*.
— 2. Handlingar ang. Olai Magni egendomsförvärf o qvarlåtenskap. vij, 26 o. 9 s. 94. 1 kr.
XIII. 1. Konung Erik XIV:s nämnds dombok 1561—67. Utg. gm. *Carl Silfverstolpe*. 332 s. 84. 5 kr.
2. *Hugo Grotii* bref till svenska konungahuset o. andra svenskar. vj o 53 s. 92. 1 kr.
XIV. Brefväxling mellan konung Carl XII o rådet, 1714. xv o. 404 s. 92. 5 kr.
XV. Brefväxling mellan konung Carl XII o rådet 1715, samt tillägg. xiv o. 347 s. 95. 6 kr.
Handlingar rör. frågan om kanal mellan Baggensfjärden o. Lännerstasundet, 8:o, 41 s. o. 1 karta. Tr. i Sthm, hos Alb. Bonnier. (Ej i bokh.)
Handlingar, Karlsbrödraförbundets. 1858—88. Tryckt som manuskript. 8.o, 342 s. Tr. i Sthm, hos K. L. Beckman. 90. (Ej i bokh.)
Handlingar, Kongl. Bibliotekets. 8:o, Sthm. Kongl. Biblioteket. 86.
VIII. Årsb. för 1885. — *Lundstedt, Bernh*, Svenska tidningar o. tidskrifter utg. inom Nord-Amerikas stater, 10, vj o. 53 s. 2 kr.
IX. Årsb. för 1886. Accessionkatalog. 1. 1886. 10 s. 88.
X. Årsb. för 1887. Accessionskatalog. 2. 1887, vj o. 284 s. 88. 1: 10.
XI. Årsb. för 1888. — Berättelser om Sveriges krig 1. 1564—1650. 128 s. 90. 2 kr.
XII. Årsb. för 1889. Berättelser om Sveriges krig. 2. 1655—79. 12 o. s. 129—218. 90.
XIII. Årsb. för 1890. — Berättelser om Sveriges krig 3. 1700—1814. s. 219—339. 91. 2 kr.
XIV. Årsb. för 1891. — Supplem. till bibliografierna i Sverige till främm. makter samt Berättelser om Sveriges krig, 74 s. 92. 1: 75
XV. Årsb. för 1892 12 s. — *Snoilsky, Carl*, Svenska historiska planscher. Beskrifning 1. 1499—1634. 76 s 93. 1: 25.
XVI. Årsb. för 1893. 14 s. — *Snoilsky, Carl*, Svenska historiska planscher. Beskrifning. 2. 1635—1666. s. 77—160. 94. 1: 50.
XVII. Årsb. för 1894. 12 s. — *Snoilsky, Carl*, Svenska historiska planscher. Beskrifning. 3 [1667]—1669—1718. 95. 1: 25.
Handlingar, Kongl. fysiografiska sällskapets i Lund. Se: Acta un:vers. Lundensis. Band XXII—XXX. 2:a afd.
Handlingar tillkomna vid landtdagen i Helsingfors' 8:o. Finlands ständers bibl.
1885. 4 dlr. 86. 15 fmk.
1888. 4 dlr. 89. 15 fmk.
1891. 5 dlr. 92. 8 fmk.
1894. 5 dlr. 95. 8 fmk.
Handlingar, Svenska läkaresällskapets nya Serien 3. 8:o. Sthm, Nordin & Josephson i distr. 90. 3: 50.
I. Influensan i Sverige 1889—90:
1. *Linroth, Klas*, Influensan i epidemiologiskt hänseende. 96 s o. 1 karta.
2. *Warfvinge, F. W.*, Influensan i kliniskt hänseende. 124 s.
3. *Wallis, Curt*, Influensan i bakteriologiskt och patholog. anatomiskt hänseende. 37 s.
Handlingar ang. frågan om de ministeriella ärendenas behandling. På Kongl. Maj.ts befallning riksdagen meddelade. 4:o, 48 s. Sthm, C. Deleen & K. 86. 1 kr.
Handlingar ang Nordiska museet. 8:o, Sthm. Nordiska museet.
2. Nordiska museet inför 1890 års riksdag. Jemte uttalanden i tidningspressen. 56 s. 90. 50 ö.
Handlingar, ang. Olai Magni egendomsförvärf o. qvarlåtenskap. Se: Handlingar, Historiska. XII: 2.
Handlingar rör. prestmötet i Vesterås 1886. 4:o, 216 s, Vesterås, C. M. Sjöbergs bokh. 86. 2: 50.
Handlingar rör. prestmötet i Linköping d. 14—16 aug.

1888. 8:o, 105 o. 253 s. Linköp, H. Carlsons bokh. 89. 3: 50.
Handlingar rör. prestmötet i Göteborg d. 23—25 sept. 1890. 8:o, 45, 42, 40, 4, 18 o. 8 s. samt 4 tab. Göteb., N. P. Pehrsson i distr. 91. 3 kr.
Handlingar rör. prestmötet i Vesterås 1892. 4:o, 197 s. o. 3 tab. Vesterås, C. M. Sjöbergs bokh. 92. 3 kr.
Handlingar tillkomna vid återbesättandet af professionen i finska språket o. litteraturen vid universitetet i Finland. 8.o, 2 o. 126 s. H:fors, K. E. Holm. 91.
Handlingar tillkomna vid besättandet af e. o. professionen i oftalmologi vid universitetet i Helsingfors. 8:o, 190 s. H:fors, W. Hagelstam. 88. 3: 50 fmk.
Handlingar rör. tillsättandet af e. o. professuren i oftalmologi vid Karolinska inst. Utg. af *Erik Nordenson*. 8:o, 102 s. Sthm, Samson & Wallin. 90. 1: 50.
Handlingar, Fortsatta, rör. tillsättandet af e. o. professuren i oftalmologi vid Karolinska inst. Utg. af *Erik Nordenson*. 8:o, 16, 6, 6, 15, 18, 27, 13 o. 268 s. Sthm, W. Billes Bokf.-aktb. 90. 2: 50.
Handlingar, Nya, rör. tillsättandet af e. o. professuren i oftalmologi vid Karolinska inst. Utg. af *Johan Widmark*. 8:o, 66 s. Sthm, Samson & Wallin i komm. 90. 1 kr.
Handlingar rör. rektorsvalet vid Stockholms högskola år 1894. 8:o, xiij o. 136 s. Sthm, P. Palmquists aktieb. 94. 25 ö.
Handlingar rör. åtgärder till samfärdselns förbättrande inom bohusländska skärgården. 8:o. Tr. i Göteb. Handels tidn:s tr.
5:e samlingen. 48 s, 1 tab o. 1 karta. 87.
6:e d:o 141 s. 88.
Handlingar, Svenska akademiens och handlingar rör. Svenska akad. hundraårsfest den 5 apr. 1886. 8.o. Sthm, P. A. Norstedt & S:r.
LXII. 329 s. 86. 4 kr.
1. *Odhner, C. T.*, Inträdestal öfver Bror Emil Hildebrand.
2. *Sundberg, A. N*, Svar på Odhners tal.
3. *Malmström, C. G.*, Minne af Jakob Albrecht von Lantingshausen.
4. *Sundberg, A. N.*, Tal den 5 april 1886.
5. *Snoilsky, C*, En afton hos fru Lenngren. Dikt.
6. *Wirsén, C. D. af*, Sång vid hundraårsfesten.
7. H. M. Konungens yttrande vid den för akademien gifna festmåltid.
Handlingar, Svenska akademiens ifrån år 1886. 8:o. Sthm, P. A. Norstedt & S:r.
Del. 1. 1886. 306 s. 87. 4 kr.
Odhner, C. T., Tal på högtidsdagen 1886.
Tigerschiöld, H., Dikter från skog och sjö.
de Geer, L, Minne af statsrådet m. m. grefve Baltzar Bogislav von Platen.
Del. 2. 1887. 902 s. 88. 9 kr.
Ljunggren, G., Tal på högtidsdagen 1887.
Rundgren, C. H, Inträdestal öfver Fred. Ferd. Carlson.
Ljunggren, G., Svar på Rundgrens tal.
Wirsén, C. D. af, Minne af biskopen doktor Frans Michael Franzén.
Bilagor till Rundgrens inträdestal.
Del. 3. 1888. 496 s. 88. 6 kr.
Rundgren, C. H, Tal på högtidsdagen 1888.
Fredin, Nils Edvard, Vår Daniel. En rimkrönika.
Forssell, H. L., Minne af statsminister m. m. grefve Gustaf af Wetterstedt.

Del. 4 1889. 372 s. 90. 4: 75.
Wirsén, C. D. af, Tal på högtidsdagen 1889.
Sander, Nils Fredrik, Inträdestal.
Wirsén, C. D. af, Svar på Sanders tal.
Wisén, Th, Minne af professorn m. m. Carl Johan Schlyter.
Del 5. 1890. 254 s. 91. 3: 25.
Tegnér, E. Tal på högtidsdagen 1890.
Snoilsky, Carl, Svensksund
Nyblom, C. R, Minne af öfverintendenten friherre Carl Fredrik Adelcrantz.
Register öfver Akademiens Handlingar från 1786 till närvarande tid.
Del. 6. 1891. 472 s. 92. 5: 75.
Sander, F., Tal på högtidsdagen 1891.
Odhner, C. T, Minne af riksrådet grefve Ulrik Scheffer.
Tegnér, Es., Om genus i svenskan.
Del. 7. 1892. 305 s. 93. 3: 75.
Dahlgren, F. A, Tal på högtidsdagen 1892.
Södervall, Knut Fred., Inträdestal.
Dahlgren, F. A., Svar på Södervalls tal.
Wirsén, C. D. af, Minne af skalden Carl Aug. Nicander.
Anderson, A, Anders Retzius, bidrag till bedömande af hans person och hans verksamhet. Fragment.
Del. 8. 1893. 372 s. 94. 4: 75.
Snoilsky, C, Tal på högtidsdagen 1893.
Nordenskiöld, A. E., Inträdestal.
Snoilsky, C, Svar på Nordenskiölds tal.
Rundgren, C. H., Minne af kyrkoreformatorn Laurentius Andreæ.
Nyblom, C. R., Skönhetslärans hufvudbegrepp.
Del. 9. 1894. 212 s. 95. 3 kr.
Wirsén, C. D. af, Tal på högtidsdagen 1894.
Snoilsky, C., Minne af skalden Michael Choræus.
Kullberg, C. A, Petrarcas sonetter till Laura efter hennes död.
Odhner, C. T., Gustaf III o. Katarina II efter freden i Wärälä.
Handlingar rör. Sveriges historia. Utg. af Kongl. Riks-archivet. 8:o. Sthm, P. A. Norstedt & S:r.
1:a serien.
Konung Gustaf d. förstes registratur, utg. genom *Victor Granlund*.
X. 1535. 388 o. 54 s. 87. 7: 50.
XI. 1536—37. 432 o. 76 s. 88. 9 kr.
XII. 1538—39. 310 o. 48 s. 90. 5: 75.
XIII. 1540—41. 356 o. 56 s 91. 6: 50.
XIV. 1542. 434 o. 45 s. 93. 6: 50.
XV. 1543. 645 o. 64 s. 93. 9 kr.
XVI. 1544. 789 o. 75 s. 95. 11 kr.
2:a serien.
Kyrkoordningar o. förslag dertill före 1686. Utg. gm. *O. v. Feilitzen*.
II: 2. 520 s. 87. 5 kr.
3:e serien.
Svenska riksrådets protokoll, utg. gm. *Severin Bergh*.
IV. 1634. xj o. 326 s. 86. 4: 50.
V. 1635. ix o. 445 s. 88. 5: 75.
VI: 1. 1636. 400 s. 89. 5: 25.
2. 1636. s. 401—858. o. x s. 91. 5: 75.
VII: 1. 1637—39 372 s. 92. 4: 75.
2. 1637—39. iv o. s. 373—665. 95. 4 kr.
Handlingar, Tekniska samfundets. 8:o. Göteb., Handelstidn. tryckeri.
1888. 1 n:r. 6 s.
1889. 5 „ 23 s.

1890. 5 n:r. 52 s.
1891. 5 ,, 124 s. o. 11 pl.
1892. 8 ,, 68 s.
1893. 11 ,, 217 s.
1894. 14 ,, 316 s.

Handlingar rör. telefon- o. telegrafväsendet. 8.o, 58 s. Tr. i Sthm, hos K. L. Beckman. 88.

Handlingar från Upsala möte 1593, utg af Emil Hildebrand. (Separattryck i 75 numr. ex. ur Sv rikdagsakter, III del). 8:o, 149 s. o 1 facsimile. Sthm, P. A. Norstedt & S:r. 93   5 kr.

Handlingar, Kongl. sv. Vetenskaps-akad:s Ny följd. 4:o Sthm, P. A. Norstedt & S:r.

XXI: 1. 1884—85.   50 kr.
1. *Dunikowski, Emil v.*, Ueber Permo-Carbon-Schwämme von Spitzbergen. 18 s. o. 2 pl. 1: 75.
2. *Dunér, N. C.*, Sur les étoiles à spectres de la 3:me classe. 137 s. o. 1 pl.   6: 50.
3. *Hjelltström, S. A.*, Om nederbördens förändringar i Sverige under sommarhalfåret. 30 s o. 2 pl.   2 kr.
4. *Lindman, C. A. M.*, Om postflorationen o dess betydelse s. skyddsmedel för fruktanlaget. 81 s. o. 4 pl.   4: 75.
5. *Bovallius, Carl,* Contributions to a monograph of the Amphipoda hyperiidea. Part. I: 1. The families Tyronidæ, Lanceolidæ and Vibilidæ. 72 s. o. 10 pl.   6 kr.
6. *Fristedt, Conrad,* Bidrag till känned. om de vid Sveriges vestra kust lefvande Spongiæ. 56 s. o. 4 pl.   3: 75.
7. *Wirén, Axel,* Om cirkulations- o. digestionsorganen hos Annelider af familjerna Ampharetidæ, Terebellidæ o. Amphictenidæ. 58 s. o. 6 pl.   5: 50.
8. Kritisk förteckn. öfver de i Riksmuseum befintliga Salmonider. 290 s samt 13 tab. o. 6 pl. in folio   25 kr.

XXI, 2. 1885—87.   24 kr.
9. *Thorell, T., o. Lindström, G.*, On a silurian scorpion from Gotland. 33 s. o. 1 pl.   2 kr.
10. *Edlund, E.*, Recherches sur la force électromotrice de l'étincelle électrique. 14 s.   75 ö.
11. *Leche, Wilh.*, Ueber d. Säugethiergattung Galleopithecus. Eine morphologische Untersuchung 92 s. o. 5 pl.   5: 50.
12. *Wille, N.*, Bidrag til Algernes physiologiske Anatomi. 104 s o. 8 pl.   7: 50.
13. *Appellöf, A.*, Japanska Cephalopoder 40 s. o. 3 pl.   2: 25.
14. *Nathorst, A. G.*, Nouvelles observations sur les traces d'animaux et autres phénomènes d'origine purement mécanique décrits comme »Algues fossiles». 58 s. o. 5 pl.   8 kr.
15. *Aurivillius, Christoffer,* Revisio monographica Microceridarum et Protomantinarum. Försök till en monografisk bearb. af Curcullionid-grupperna Microceridæ o. Protomantinæ. 87 s. o. 10 pl.   8: 50.
16. Återtagen af förf.
17. *Hoff, J. H. van't,* Lois de l'équilibre chimique dans l'état dilué, gazeux ou dissous. 58 s. 2: 90.

XXII, 1. 1886—87.   38 kr.
1. *Wirén, A.*, Beiträge zur Anatomie und Histologie der limnivoren Anneliden. 52 s. o. 5 pl.   2: 50.
2. *Charlier, C. V. L.*, Untersuchung über die allgem. Jupiter.-Störungen des Planeten Thetis. 98 s   5 kr.
3. *Klercker, C. E. af,* Sur la dispersion anormale de la lumière. 35 s. o. 2 pl.   2: 50.
4. *Weibull, Mats,* Jämförande undersökning af Benzols o. Toluols monosultonföreningar. 62 s. o. 2 pl.   3: 50.
5. *Edlund, E,* Théorie de l'induction unipolaire. 20 s.   1: 25.
6. *Moberg, Joh. Chr.*, Om Lias i sydöstra Skåne. 86 s. 3 pl. o. 1 karta.   6: 50.
7. *Bovallius, Carl*, Contributions to a monograph of the Amphipoda hyperiidea. Part. I: 2. The families Cyllopodidæ, Paraphronimidæ, Thaumatopsidæ etc. 424 s. o. 18 pl.   23 kr.

XXII, 2. 1888   22: 50.
8. *Nordstedt, Otto,* Fresh-wateralgæ, collected by d:r S. Berggren in New Zealand and Australia. 98 s o. 7 pl.   6: 30.
9. *Holmström, Leonard,* Om strandliniens förskjutning å Sveriges kuster. 99 s. o. 8 pl. 7 kr.
10. *Scheutz, N. J.*, Plantæ vasculares Jenisienses inter Krasnojarsk urbem et ostium Jenisei fluminis hactenus lectæ. 210 s.   10: 50.
11. *Edlund, E.*, Considérations sur certaines théories relatives à l'électricité atmosphérique. 16 s. 1: 25.

XXIII, 1. 1888—89.   45 kr.
1. *Aurivillius, Carl, W. S.*, Der Wal Svedenborg's Nach einem Funde im Diluvium Schwedens beurtheilt. 58 s. o. 3 pl.   4: 75.
2. *Johanson, C. J.*, Om gräsens kväfvefria reservnäringsämnen, särskildt de inulinartade kolhydraten. 45 s. o. 4 pl.   4 kr.
3. *Agardh, J. G.*, Species Sargassorum Australiæ descriptæ et dispositæ. 133 s. o 31 pl. 22 kr.
4. *Aurivillius, C. W. S.*, Die Maskirung der oxyrrhynchen Dekapoden durch besondern Anpassungen ihres Körperbaues vermittelt. Eine biologisch-morphologische Studie 72 s. o. 5 pl.   6: 50.
5. *Lindberg, S. O. u. Arnell, H. W.*, Musci Asiæ borealis. 1:er Theil, Lebermoose. 69 s. 3: 75.
6. *Carlheim-Gyllenskjöld, V.*, Détermination des éléments magnétiques dans la Suède meridionale. 103 s. o. 4 pl.   7 kr.
7. *Masal, Hans,* Formeln und Tafeln zur Berechnung der absoluten Störungen der Planeten. 31 s.   1: 75.

XXIII, 2. 1889—91.   37 kr.
8. *Kjellman, F. R.*, Om Beringhafvets algflora. 58 s. o. 7 pl.   5: 75.
9. Uppskjuten till ett följande band.
10. *Lindberg, S. O., u. Arnell, K. W*, Musci Asiæ borealis, 2:r Theil, Laubmoose. 163 s.   8: 25.
11. *Rydberg, J. R*, Recherches sur la constitution des spectres d'émission des éléments chimiques 155 s. o. 4 pl.   9: 75.
12. *Lindström, G.*, The Ascoceratidæ and the Lituitidæ of the upper silurian formation of Gotland. 40 s. o. 7 pl.   5: 50.
13. *Bohlin, K, o. Schultz-Steinheil, G. A.*, Om iakttagelserna vid Upsala observatorium för equinoktiets bestämning våren o. hösten 1889. 58 s.   3 kr.
14. *Schultz-Steinheil, G. A.*, Definitive Bahnelemente des Kometen 1840. IV. 28 s.   1: 50.
15. *Dahlstedt, Hugo,* Bidrag till sydöstra Sveriges (Smålands, Östergötlands o. Gotlands) Hieracium flora. I. Pilloselloidea. 135 s   7 kr.

XXIV, 1. 1890—91.   45 kr.
1. *Nathorst, A. G,* Ueber die Reste eines Brot-

fruchtbaums. Artocarpus Dicksoni N. Sp, aus den Cenomanen Kreide-ablagerungen Grönlands. 10 s. o. 1 pl. 1 kr.
2. *Thorell, T.*, Spindlar från Nikobarerna o. andra delar af södra Asien, insaml. under k. danska korvetten Galatheas resa omkring jorden 1845—47. 150 s. 7: 50.
3. *Hasselberg, B.*, Untersuchungen über das Absorptionsspectrum des Broms. 54 s. o. 3 pl. 5: 25.
4. *Lindhagen, D. G.*, Längenbestimmungen zwischen den Sternwarten in Stockholm, Kopenhagen und Christiania, ausgeführt von *C. F. Fearnley, F. C. Schjellerup* und *D. G. Lindhagen*. 52 s. 2: 75.
5. *Lindman, C. F.*, Examen des nouvelles tables d'intégrales définies de M Bierens de Haan. Amsterdam 1867. 231 s. 2 kr.
6. *Lönnberg, Einar*, Anatomische Studien über Skandinavische Cestoden. 109 s. o. 3 pl. 7 kr.
7. *Jägerskiöld, L. A*, Über den Bau des Ogmogaster plicatus [Creplin]. (Monostomum plicatum creplin.) 32 s. o. 2 pl. 2: 75.
8. *Lindman, C. A. M.*, Bromeliaceæ herbarii Regnelliani. I. Bromelicæ. 50 s. o. 8 pl. 6; 50.
9. *Aurivillius, Carl, W. S.*, Über Symbiose als Grund accessorischer Bildungen bei marinen Gastropodengehäusen. 38 s. o. 5 pl. 5 kr.
XXIV, 2. 1891—92. 50 kr.
10. *Wallengren, H. D. J*, Skandinaviens Neuroptera beskrifne. 2:a afd. Neuroptera Trichoptera. (Phryganea L.) 173 s. 8: 75.
11. *Pettersson, Otto, o. Ekman. Gust*, Grunddragen af Skageraks o Kattegats hydrografi enl. den svenska vinterexpeditionens 1890 iakttagelser. 162 s o. 10 pl. 15 kr.
12. *Wirén, Axel*, Studien über die Solenogastres. I. Monographie des Chætoderma nitidulum (Lovén.) 66 s. o. 7 pl. 7: 50.
13. *Conwentz, H.*, Untersuchungen über fossile Hölzer Schwedens. 99 s o. 11 pl. 12 kr.
14. *Nilsson, Alb.*, Studien über die Xyrideen. 75 s. o. 6 pl 9: 50
15. *Hasselberg, B.*, Zur Spectroscopie der Verbindungen. Spectrum der Thonerde. 45 s o. 1 pl. 3 kr.
16. *Lönnberg, Einar*, Anatomische Studien über skandinavische Cestoden. II. Zwei Parasiten aus Walfischen und zwei aus Lamna cornubica. 30 s. o. 1 pl. 2: 25.
XXV. 1. 1892. 48 kr.
1. *Ekman, F. L. o. Pettersson, O*, Den svenska hydrografiska exped år 1877 under ledning af *F. L. Ekman*. 163 s o. 14 pl. 13 kr.
2. *Bather, F. A.*, The Crinoidea of Gotland. I. The Crinoidea inadunata. 200 s o. 10 pl 16 kr.
3. *Dahlstedt, H.*, Bidrag till sydöstra Sveriges Hieracium-flora. II. Archieracia. 201 s. 10 kr.
4. *Bergendahl, D.*, Studien über Turbellarien. I. Ueber die Vermehrung durch Quertheilung des Bipalium kewense. 42 s. o. 1 pl. 2: 75.
5. *Turner, W. B.*, Algæ aquæ dulcis Indiæ orientalis. Fresh-water Algæ (principally Desmidieæ) of East India. 187 s. o. 23 pl. 11: 75.
XXV: 2. 1893—94. 52 kr.
6. *Wirén, A*, Studien über die Solenogastres II. Chætoderma productum, Neomenia, Proneomenia acuminata. 100 s o. 16 pl. 8: 50.
7. *Appellöf, A*, Die Schalen von Sepia, Spirula u. Nautilus. Studien über den Bau u. das Wachsthum. 106 s. o. 12 pl. 8: 50.
8. *Olsson, K. G.*, Über die absolute Bahn des Planeten (13) Egeria. 90 s. 4: 50.
9. *Goës, A.*, A synopsis of the arctic and scandinavian recent marine Foraminifera hitherto discovered. 127 s o. 25 pl 15 kr.
10. *Curlgren, O.*, Studien über die nordische Actinien I. 148 s. o. 10 pl. 11: 50
11. *Schött, H*, Zur Systematik und Verbreitung palæarctischer Collembola 100 s o. 7 pl. 7: 25.
12. *Olsson, P.*, Bidrag till Skandinaviens Helminthfauna. II. 41 s o. 5 pl. 3 kr.

Handlingar, Kongl. vitterhets historie o. antiqvitets akademiens. 8.o. Sthm, Wahlström & Widstrand i distr.
XXXI. Ny följd. XI. 93. 6 kr.
1. *Rydberg, Olof Simon*, Om det från unionsmötet i Kalmar 1397 bevarade dokumentet rör. de nord. rikenas förening. Inträdestal 192 s. o. 1 pl. 86.
2. Kongl. Vitterh. hist. o. antiqv:s akademiens hundraårsfest den 2 apr. 1886. [Af *Hans Hildebrand.*] 100 s o. 1 pl. 86
3. *Bugge, Sophus*, Om runeinskrifterne paa Rökstenen i Östergötland og paa Fonnasspænden fra Rendalen i Norge. 111 s. o 5 pl. 88.
4 *Törnebladh, Ragnar*, Om ödet sådant det uppfattats af Aeschylus o. Sophocles Inträdestal. 88.
5. Förslag till minnespenningar o. inskrifter. 1884—89. 30 s 90.
6. *Rydberg, Viktor*, Om hjältesagan å Rökstenen. 46 s. 92
7. *Bergman, Carl Joh*, Danmarks sista affär på Gotland 1676—79. Några blad ur öns historia Inträdestal. 26 s 93.
XXXII. Ny följd. XII. 95. 6 kr
1. *Tegnér, Elof*, De la Gardieska samlingen i Lund o. på Löberöd. 66 s.
2. *Annerstedt, Claes*, Upsala universitets-biblioteks historia intill år 1702. Med 9 bil. 119 s.
3. *Alin, Oscar*, Kongl. Maj:ts rätt i fråga om dispositionen af besparingarna på de fasta anslagen inom riksstatens hufvudtitlar. 108 s.
4. *Silfverstolpe, Carl*, Om kyrkans angrepp mot Revelationes Sanctæ Birgittæ. Ett bidrag till Birgittinordens historia. 50 s.

Handlingar rör. frågan om väggmålningar i nationalmuseibyggnaden. Se: Meddelanden från National-museum. 7, 16.
Handlingar och tidskrift, Kongl. Krigsvetenskaps-akademiens. Årg 1886 -95. 8:o. Sthm, K. Krigsvetenskapsakad. 86—95. För årg. (24 hfn) 6 kr
Handlingar och tidskrift, Kongl. Landtbruksakademiens. 25:e—34:e årg. 1886—95. 8:o. Sthm, P. A. Norstedt & S:r. 86—95. För årg. (6 hfu) 5 kr
Handlingssätt, Herrens, med dödsfången Daniel Mann. (Af *P. J. Loizeaux.*) Öfv. från eng. 8:o, 50 s. Göteb., A. B. Peterson. 87. 25 ö
HANDMANN, Rudolf, Kristendom o. buddhism Se: Frågor, I religiösa o. kyrkliga. 7.
Handskrift-prof 1500—1800. Till tjenst vid öfningar i handskriftläsning utg. ur Lunds univ:s biblioteks handskriftsamling Med förord af *Martin Weibull*. Folio, 26 s o. 8 blad autografi. Sthm, Generalstabens litogr. anst. 91. Kart. 3 kr.
Handtabeller, Fyrställiga o. treställiga logaritmisk-trigonometriska, sammanstälda af *N. Ekholm, C. V.*

L. Charlier o K. L. Hagström. 6 tabeller. Sthm, F. & G. Beijers Bokf.-aktb. 84. 1 kr.

Handteckningar af svenska konstnärer återgifna i ljustryck vid Generalstabens litogr. anstalt. 1:a o. 2:a hft. 4:o, 30 pl. Sthm, Generalstabens litogr. anst. 87. För häfte 5 kr

Handteckningar af äldre mästare i Nationalmuseum i Stockholm, fotogr. efter orig. af C. F. Lindberg. Text af G Upmark Folio, 2 blad text o. 25 pl. Sthm, G. Chelius. 89. 60 kr

Handtverkaren, Den lille. Vägledare i de första grunderna af handslöjder. Med 250 afbildn:r. Öfv Ny uppl. 8 o, viij o. 180 s. Sthm, P. A. Huldbergs bokförlag. 90. Kart. 1: 25.

HANESON, Erik, Några bilder från våra universitet. 8.o, 51 s. Halmstad, J. A. Svensson. 87. 75 ö. Se: Juletid, Vid.

Hangö stad o badanstalt. Handbok för badgäster o. turister utg af A. Berndtson m. fl. 8:o. 104 s. 4 pl. o. 3 kartor. H:fors, W. Hagelstam 95. 2 fmk (Äfven utgifven på tyska språket.)

Hangö stads nådiga fundationsbref jemte andra stadens uppkomst och utveckling rör. förordningar. 8:o, 64 s. Hangö 92.

Hanna, en from och tillgifven tjenarinnas stilla inflytande Öfv. från tyskan af Mina Franzén. 8:o, 42 s Sthm, Fost -stift:s f.-exp. 91. 25 ö.

HANNIKAINEN, P. W., Något om skogarna Se: Folkupplysn. sällsk. skrifter. 61.

Hans o Greta. En ny bilderbok för gossar o. flickor. 4.o, 32 s o. 32 pl. H:fors, K. E. Holm 8?. 3: 75 fmk

Hans o. Greta. Sagospel. Se: Bibliotek för figurteatern. 1.

HANSEN, Carl. Se: Naturläkningsmetoden, Den magnetiska.

HANSEN, H. C, Huru en ändamålsenlig Hönsgård bör ordnas. Se: Skrifter, Smärre, att utdelas vid husdjurspremiering. 7.

HANSEN, P., Ewald og hans omgivelser Se: Tidskrift, Nordisk. 1889.

HANSLICK, Eduard, Ur en musikers dagbok. Kritiker o. skildringar. Öfv. i urval af M. Boheman. 8:o, v o. 244 s. Sthm, Samson & Wallin 92. 2: 75.

Hansson, Hans, (P. G. W. Granath.) På fristunder. Vittra tidsfördrif. 8:o. Sthm, Förf:n.
I. Prosadikter. 162 s. 87. 5 kr.
II. Dikter i bunden form. v o. 274 s. 88. 6: 80.
III. Dramatiska dikter. 503 s. 91. 4 kr.

HAN'SON, Herm., Gastronomiskt lexikon. Ordbok för hotel- o. restaurationspersonal samt husmödrar. 8:o, 142 s. Göteb., Wettergren & Kerber i distr. 87. Kart. 2: 50.

HANSON, J. W., Skriftens vittnesbörd om allas frälsning. Öfv. o. bearb. af B. Strömberg. Liten 8:o, 160 s. Göteb., B. Strömberg. 88. 60 ö.

HANSSON, N., Hemmansegarnes ställning i samhället. Se: Spörsmål, Svenska. 22.

HANSSON, Ola, Kärlekens trångmål. 8:o, 183 s. Sthm, Alb. Bonnier. 92. 2: 50.
—, Materialismen i skönlitteraturen. Se: Afhandl:r. Populärvetenskapliga. 3.
—, Sensitiva amorosa. 8:o, 104 s. Helsingborg, H. Österling & K. 87. 1: 50.
—, Ung Ofegs visor. 12:o, 96 s. Sthm, Alb. Bonnier. 92. 1: 25.

HANSSON, Sigurd, Om ordningen vid val till svenska riksdagens andra kammare. 8:o, 55 s. Lund, Gleerupska univ:s bokh. 93. 75 ö.
, Spanmålstullarnes verkningar (1888—1891.) Statistiskt utkast. 8:o, 69 s Lund, Gleerupska univ:s bokh. 94. 75 ö.

HARBECK, E, Undervisning i galvanisering. 8:o, 178 s. Göteb., Förf:n. 86. Inb. 6 kr.

HARLAND, Henry, Två qvinnor eller en? Öfv. från eng. af K. B. 8:o, 155 s. Sthm, W. Billes Bokf.-aktb 90. 1: 50.

HARLAND, Marion, Trofast. Se: Läsning för unga flickor. 16.

Harlekin. Illustrerad komisk kalender på vers o. prosa etc. (Red af Th. Jacobson o. B. Schöldström.) 16:o, 220 s. Sthm, P. A. Huldbergs bokf.-aktb. 87. 1 kr.

HARMS, Ludvig, Gyllene äpplen i silfverskålar. Ordspr. 25: 11. Berättelser. Öfv. 3:e uppl. 8:o, 235 s. Sthm, Fost -stift:s f.-exp. 95. 1: 50, kart 1: 75.

HARNACK, Adolf, Den apostoliska bekännelsen. Se: Frågor, I religiösa o. kyrkliga. 11.
—, Den evangelisk-sociala uppgiften i ljuset af kyrkans historia. Se: dersammast. 26.
, Dogmhistoriens trefaldiga utmynning. Se: dersammast. 4.
—, Svar på D. Cremers »Till striden om apostolikum.» Se: dersammast. 12.

HARNACK, E, Bibeln o. de alkoholhaltiga dryckerna. Öfv. af L. De Vylder med förord af Seved Ribbing. 8 o, 28 s. Lund, C. W. K Gleerup. 94. 50 ö.

HARPER, H., Från Österlandet. Se: Skrifter, Folkupplysn. sällsk. 67.

Harpolek. Af — — én. 1:a saml. 8:o, 12 s. Göteb , N. P. Pehrsson i komm 95 1 kr.

Harpoljud, Andeliga sånger saml. och utg. af K. F. Kaldén. 16:o, 160 s. Karlsh. Nya Tryckeribolaget. 87. Inb. 45 ö.

HARRADEN, Beatrice, Skepp som mötas i natten. Berättelse. Öfv. från eng. 12:o, 192 s. Sthm, Alb. Bonnier. 95. 1: 75.

HARTE, Bret, Cressy. Se: Bibliotek, Humoristiskt. 4.
, Herrskapet Harkutt. Roman. Öfv. af Hedvig Indebetou. 8:o, 202 s. Sthm, L. Hökerberg. 93. 1: 25.
, Maruja. Berättelse. 8:o, 149 s. Sthm, C. A. V. Lundholm. 90. 1 kr.
—, Skizzer o. berättelser. 8:o, Sthm, F. & G. Beijers Bokf.-aktb.
4:e saml. 251 s. 86. 2: 25.
5:e saml. 332 s. 89. 2: 50.
D:o d:o. Ny uppl. [2:a.] 8.o, 5 delar. I. 253 s. II: 244 s.; III: 268 s.; IV: 252 s.; V: 239 s. Sthm, F. & G Beijers Bokf -aktb. 95. Kompl. 5 kr.

(Utkom i 20 hfn à 25 ö.)
. Ödemarkernas barn. Öfv. 8.o, 170 s. Sthm, W. Billes Bokf.-aktb. 90. 1 50.
—, Öfverste Starbottle o. hans klient samt andra berättelser. Öfv. af J. Granlund. 12:o, 295 s. Sthm, Ad. Johnson. 93. 2: 25.

HARTE, R., Teosofien o. viljekraften. Se: Skrifter, utg. at Teosof. samf. sv. afd. 3.

HARTELIUS, T. J., Gymnastiken, historiskt framstäld. I. Gymnastiken hos forntidens folk. 2:a uppl. 8.o, 236 s. Sthm, Alb. Bonnier. 90. 2: 50.
—, Hemgymnastik till helsans bevarande o. återvinnande. 3:e uppl. Med 36 illustr. 8:o, 96 s. Sthm, C. A. V. Lundholm. 87. 1 kr.

Tioårs-katalog 1886—1895.

HARTELIUS, T. J., Hädangangne svenska gymnaster. Minnesteckn:r. 8:o, 58 s Sthm, Alb. Bonnier. 88.
75 ö
—, Lärobok i histologi o. fysiologi. 2.a uppl. Med 70 fig. i texten. 8:o, 167 s. Sthm, Alb. Bonnier. 87.
2. 50
—, Lärobok i menniskokroppens anatomi. 4:e uppl. 8:o, 286 s. Sthm, Alb. Bonnier. 93. Klb. 5: 50.
—, Lärobok i sjukgymnastik 3:e uppl. Med 100 afbildn:r i texten. 8:o, viij o. 336 s. Sthm, Alb. Bonnier. 92.
5 kr.
—, Min lefnadsteckning samt smärre dikter. 8·o. 140 s. Sthm, A. L. Normans f.-exp. i komm. 91.
1: 50.
—, Se: Tidskrift i gymnastik.
HARTMANN, Alfred, Efter 20 år. Novell. Öfv. 8:o, 97 s. Sthm, C. A. V. Lundholm. 89. 75 ö.
HARTMAN, C. J. o. C., Handbok i Skandinaviens flora, innefattande ormbunkar o. fanerogamer. 12:e uppl. utg. af *Th. O. B. N. Krok*. 1.a hft. 8:o, 128 s Lund, Gleerupska univ. bokh. 89. 2 kr.
HARTMANN, Eduard, Spiritismen. Studier. Öfv. af *R. Bergström*. 8:o, 104 s. Sthm, F. & G. Beijers Bokf.-aktb. 86.
1: 25.
HARTMANN, Frans, Magi hvit o svart eller vetenskapen om det ändliga o oändliga lifvet. Öfv. från eng. af *Victor Pfeiff*. 8:o, 336 s. o 1 pl. Sthm, Looström & K. i distr. 89.
3 kr.
—, Teosofi eller gudomlig visdom. Se: Skrifter utg. af Teosof. samf. sv. afd. 9.
HARTMAN, K. J, Tsar Peters underhandl:r 1716 om landgång i Skåne. Akad. afh. 8 o, xxvj o. 180 s. H:fors. 87.
2: 50 fmk.
HARTMAN, Torsten, Se: Bidrag till Åbo stads historia. I: 7.
HARTVIG, Georg, Ett icke konventionelt äktenskap. Novell. Från tyskan af *Ad. W—d*. 8:o, 67 s. Sthm, C. A. V. Lundholm. 89. 50 ö
HARTVIG, Rich., Irokesens gift. Se: Äfventyrsböcker 4.
HASHAGEN, Fr., De gudomliga frälsningsgärningarna o. vår kristna tro Föredrag vid luth. konferensen i Dresden d 26 sept. 1893 Öfv. af *R. Helgesson* 8:o, 54 s Lund, H Ohlsson. 95. 60 ö.
HASLAM, W., »Dock icke jag.» Se: Läsning, Vald, för hemmet, 9.
—, Herren kommer. Framställning af stundande profetiska tilldragelser. Öfv. från eng. 8:o, 235 s Sthm, C. A. V. Lundholm. 86.
1: 50, kart. 1: 75, klb. 2: 50.
HASSELBERG, B, Spektroskopiska undersökn·r om stjernornas rörelse Se: Tidskrift, Nordisk. 1890.
—, Ueber das Absorptionspektrum des Broms. Se: Handlingar, K. sv. vet -akad s XXIV: 3.
—, Zur Spectroscopie der Verbindungen. Se: Handlingar, K. sv. vet.-akad.s. XXIV: 15.
HASSELQVIST, Theodor, "Ossian" i den svenska dikten o. litteraturen, jemte inledn. 8:o, 186 s. Lund, Gleerupska univ.s bokh. 95. 2 kr
HASSELROT, Berndt, Se: Handelsbalken.
HASSELROT, Pehr, Sveriges härordning 4:e omarb. uppl. 8:o, 73 s Sthm, P. A. Norstedt & S.r. 94.
2: 40.
(1:a uppl. 88. 2.a 90. 3:e 93.)
HASSLER, Åke, Den evangeliska tros- o sedeläran. 8:o, 144 s. Sthm, Aktieb. Hiertas bokförlag. 94.
1: 75, inb. 2: 25.
—, Den kristnes förhållande till det materiella goda enl. Nya Testam. lära. 8:o, 128 s. Sthm, G. Chelius i distr. 91.
1 kr.

HASSLER, Åke, Kyrkor o. sekter. Kort framställning af romerska, grekiska o. reformerta kyrkornas samt baptisternas, metodisternas m. fl sekters förnämsta afvikelser från den rena evang. läran jemte anmärk-n:r. 8.o. 45 s. Sthm, G Chelius. 90. 25 ö.
—, Mammon. Nya test.s ekonomiska utsagor sammanställda, öfvers. o. kommenterade. Förra dln. 8:o, 101 s. Wadstena, Vict. Janssons bokh. 87.
2 kr
HASTINGS, H. L., Bibelns inspiration. En föreläsning. Öfv. 12:o, 48 s. Örebro, Söndagsskolfören. 87.
25 ö
—, Fjorton hårda nötter för fritänkare. Öfv. från eng. af *K J. Bohlin*. 3:e uppl. 8:o, 48 s. Sthm, Bohlin & K. 91.
35 ö.
—, Är bibeln Guds ord? Föredrag. Öfv. fr. eng. 8:o, 32 s. Jönköp., H. Halls boktr.-aktb. 95. 25 ö.
HATTON, Joseph, Klytia. Roman. Öfv. af *Alb. Montgomery*. 8:o, 352 s. Sthm, Fahlcrantz & K. 94.
3 kr.
—, »På czarens befallning» Den tragiska historien om Anna Klosstock, Ghettos drottning. Öfv. af *Emilie Kullman*. 8:o, 360 s. Sthm, Fahlcrantz & K. 93.
3 kr.
HAUFF, Wilh., Den afhuggna handen. Se: Äfventyrsböcker. 6.
—, Lichtenstein. Se: Vitterlek. 48.
HAUGHTON, E. M., En frälsare för dig. Öfv. från eng 3:e uppl. 12.o, 24 s. Sthm, Fost.-stift s f.-exp. 88.
10 ö.
(2:a uppl. 80)
HAUPT, Erich, Den hel. skrifts betydelse för evang kristna. Se: Frågor, I religiösa o. kyrkliga. 6.
HAUPT, Fritz, Vergleichende Untersuchungen über d. Anatomie d. Stämme. Se: Bihang till K. sv. Vet.-akad.s förhandl:r. XI, 1.
HAUSEN, R., Anteckn:r under en antiqvarisk forskningsresa sommaren 1876 i Östra Nyland. 8:o, 123 s. H:fors. 87.
2: 50 fmk.
Jfr. Bidrag till känned. om Finlands natur o. folk. 44.
—, Bidrag till Finlands Historia II: 1. Ålands Sakoreslängder från 1500-talet. 8:o, 2 o. 374 s. H:fors 94.
3 fmk
—, Bref från eloqventiae professorn vid Åbo akademi J. F. Wallenius till statssekreteraren friherre B. H. Rehbinder. Se: Skrifter utg. af Sv. litt. sällsk. 24.
—, Bref från major Carl Henrik Klick till fru Helena Sofia Glansenstjerna. Se: dersammast. 24.
—, En episod ur den finska landtadelns lif. Se: dersammast 24.
—, Ett högadligt bo vid medlet af 1600-talet. Se: dersammast. 24.
—, Förteckning öfver familjeporträtt å Tjusterby säteri. Se: dersammast. 9.
—, D.o d:o å Prästkulla säteri. Se: dersammast. 9.
—, D o d:o å Fagervik. Se: dersammast. 13
—, D.o d:o å Gerknäs. Se: dersammast. 28.
—, Förteckning öfver äldre familjeporträtt. Se: dersammast. 24.
—, Mans- o. kvinnonamn på Åland. Se: dersammast. 28.
—, Något om Ålands forna afrättsplatser. Se: dersammast. 28.
—, Porträttsamlingen på Åminne fideikommiss i Haliko. Se: dersammast. 24.
—, Se: Registrum Eccl. Åboensis.

HAVERGAL, Frances Ridley, Den konungsliga inbjudningen. Öfv. 2:a uppl. 16:o, 123 s Sthm, Fost-stift:s f-exp. 93. Kart. 85 ö., klb. 1: 25,
—, En timme med Jesus. 8:o, 12 s. Jönköp., H. Halls boktr.-aktieb. 86. 10 ö
—, Himmelska budskap för lifvets resa. Öfv. 8:o, 78 s. Sthm, Fost.-stift:s f.-exp 93.
Kart. 75 ö., klb. 1: 25.
—, Marschorder. Missionsbetraktelser. Liten 8:o. 23 s. Sthm, Fost. stift:s f.-exp. 92. 20 ö.
—, Till mästarens tjenst. 3:e uppl 16:o, 163 s. Sthm, Fost.-stift:s f.-exp. 95. 85 ö., klb. 1: 25.

HAVET, Ernest, Om de gammaltestamentliga profetiornas moderna ursprung. Öfv. från Revue des deux mondes. 8:o, 122 s. Sthm, C. A. V. Lundholm. 90. 1 kr.

HAWTHORNE, Julian, En amerikansk Monte Christo. Roman. Öfv. fr. eng. af *M. D.* 8.o, 242 s Sthm, Nordin & Josephson. 95. 2: 25.

HAWTORN, Ernest, En nybörjares bekymmer. Se: Skrifter, utg. af Teosof. samf. sv. afd 9.

HAZELIUS, Artur, Führer durch die Sammlungen des Nordischen Museums in Stockholm. 8:o, 51 s. Sthm, Nordiska museet. 88. 75 ö.
—, Guide au Musée du Nord à Stockholm. Traduit par *J. H. Kramer.* Avec 5 plans et 89 illustr. 8:o, 55 s. Sthm, Nordiska museet. 89. 75 ö.
—, Guide to the collections of the Northern Museum in Stockholm. Translated by Isabel G. Derby. With 5 plans and 89 illustr. 8:o, 53 s. Nordiska museet. 89. 75 ö.
—, Se: Afbildningar af föremål i Nordiska museet. Bidrag till vår odlings häfder. — Minnen från Nord museet. — Runa. — Samf. för Nordiska museets befrämjande.

HAZELIUS, Aug o. **LARSSON, Verner**, Svensk hamnlots. Beskrifn. öfver Sveriges hamnar m. m. Sthm, L. Hökerberg i distr. 88.
Förra delen: Text. 8:o, 560 s. 6 kr.
Senare delen: Kartor öfver Sveriges kuster o. insjöar i skalor 1: 200,000 à 600,000. 30 blad.
6 kr.

HAZELIUS, Hj., Se: Hvilodagen.

HEBERT, A, Jordbrukarens räddningsplanka. Anvisning att göra jordbruket lönande. 8.o, 46 s. Risemåla & Nybro. Förf:n. 86. 50 ö.

HECKENAST, Wilh., Se: Medel mot smittosamma sjukdomar.

HECKSCHER, I., Industriens erstatningspligt. Se: Tidskrift, Nordisk. 1887.
—, Svenska växelkurser 1885—91. Se: *Goschen, G. J.* Läran om utländska växelkurser.

HECTOR, D. S, Den kunnige skolgossen. 8:o Sthm, F. & G. Beijers Bokf.-aktb
I. Med 17 illustr. 3:e uppl. 99 s. 88. 1: 25.
II. Med 50 illustr. 2:a uppl. 158 o. vj s. 88.
1: 50.
—, Experimentboken. 225 roande fysikaliska experiment o. trollkonster med 200 teckn:r etc. 8:o, viij o. 336 s. Sthm, L. Hökerberg. 89. Inb. 3 kr.
—, D:o. Godtköpsuppl. 94. 1: 75.
—, James Cook, eller jorden rundt tre gånger. Se: Ungdomsböcker, P. A. Norstedt & S.rs. 18.
—, Kemiska tidsfördrif. 319 kemiska experiment, hvilka kunna utföras af en o. hvar utan några kemiska förkunskaper. 8:o, 221 s. Sthm, J. Seligmann. 90. Klb. 2: 25.
—, Repetitionskurs för elementarlärov. alla klasser 8:o, 279 s. Sthm, F. & G. Beijers Bokf.-aktb. 85.
Klb. 2: 50.

HECTOR, D. S., Samlingarnas bok. Praktiska anvisn:r o. råd vid anläggandet, ordnandet o. förkofrandet af alla slags samlingar. Med 484 af bildn. o 8 färgtryckspl. 8:o, 432 s. o 8 pl. Sthm, Alb. Bonnier. 93. 6 kr, inb. 7: 50, neds. pris 2: 50, inb. 3 kr.
—, Undersökn:r öfver svafvelurinämnens förhållande till oxidations-medel. Akad. afh. 8:o, 130 s Ups., Bibliografiska Institutet 92. 2: 50.
—, Se: Lek o. vetenskap. — Ungdom, Sveriges.

HEDBERG, Frans, Arbetarlif. Skildr. ur verkligheten. I o. II. 8:o, 186 o. 244 s. Sthm, Alb. Bonnier. 92. 4 kr.
—, Bidrag till skådespelarekonstens o. dramatikens historia. Med 25 portr. af sceniska konstnärer. 8:o, 408 s o. 10 pl. Sthm, Alb. Bonnier. 89.
3: 75, inb. 5 kr.
—, Bland storstadsfolk o. skärgårdsbor. Ny samling berättelser. 8:o, 235 s. Sthm, Alb. Bonnier. 95.
3 kr.
—, Från gator o. skär. Nya berättelser. 12:o, 475 s. Sthm, F. & G. Beijers Bokf.-aktb. 89.
3: 75, Klb. 5 kr.
—, Från skärgården o. fastlandet. Verklighetsbilder o. historier. 8:o, 268 s. Sthm, Alb. Bonnier. 93.
3 kr.
—, Gustaf III.s operahus o. dess minnen. Några samlade blad. Med illustr. 8:o, 140 s. o. 6 pl. Sthm, H. Geber. 91. 2: 25.
—, Herre, var så god o. tag bort er dotter. Se: Teatern, Svenska. 90.
—, Hexfällan. Rom. opera i 2 akter. Fri bearb. efter Hans Hopfens "Hexenfang". Musiken af *Andr. Hallén.* 8:o, 58 s. Sthm, G Chelius. 95. 60 ö.
—, På ömse sidor om ridån. Minnen o. bilder ur teaterlifvet. 12:o, 405 s. Sthm, F. & G. Beijers Bokf.-aktb. 88. 2: 75.
—, Stockholmslif o. skärgårdsluft. Nya berättelser. 12.o, 488 s Sthm, F. & G. Beijers Bokf.-aktieb. 87. 3: 75.
—, Svart på hvitt. Berättelser. 1:a delen. 2:a uppl. 376 s. 8:o. Sthm, Alb Bonnier. 86.
3 kr, klb 4 kr.
—, Svenska historiska skådespel. Stolts Elisif. Dagen gryr. Wasarfvet Lejonet vaknar. 12:o, 132, 128, 150 o. 108 s. Sthm, Alb. Bonnier. 92. 2: 50.
Jfr. Teatern, Svenska. 131, 177, 181, 189
—, Sånggudinnornas afsked. Se: Teatern, Svenska. 227. 50 ö.
—, Våra sceniska konstnärer förr o. nu. Afbildn:r o. ljustryck af *Gösta Florman.* 1:a hft, 16 s. o. 8 portr. Sthm, Gösta Florman. 93. 3 kr.
—, Se: Sjögren, Otto, Kejsar Wilhelm.

HEDBERG, John, Skogsstämning. Friluftsbilder. I. 12:o, 131 s. H.fors, Förl.-aktb. Otava. 92. 1: 75. För Sverige: C. E. Fritzes hofbokh. i distr.

HEDBERG, Petrus, Till 300-årsminnet af Gustaf II Adolfs födelsedag 1594—9 dec. 1894. Poem med portr. o. 2 illustr. Stor 8:o, 8 s. Sthm, Förf:n. 94. 10 ö.
—, Se: Sven.

HEDBERG, Tor, De nyaste företeelserna inom målarkonsten. Se: Tidskrift, Nordisk. 1894.
—, En tvekamp. Skådespel i fem akter 12:o, 216 s. Sthm, Alb. Bonnier. 92. 2: 75.
—, En vinter i södern. Reseminnen. 12:o, 180 s. Sthm, Alb. Bonnier. 93. 2: 25.

HEDBERG, Tor, Ett eldprof. Berättelse. 12:o, 286 s. Sthm, Alb. Bonnier. 90. 2: 75.
—, Farbror Agathon, med flere noveller. 12:o, 236 s. Sthm, Alb Bonnier. 94. 2: 75.
—, Glädje. En fantasi. 8:o, 20 s. Sthm, Alb. Bonnier. 89. 30 ö.
—, Judas. En passionshistoria. 12:o, 208 s. Sthm, Alb. Bonnier 86. 2: 25.
—, Judas. Ett drama. 12:o, 155 s. Se: Teatern, Svenska. 252.
—, Leconte de Lisle. Se: Tidskrift, Nordisk. 1895.
—, Leonardo da Vinci. Se: dersammast. 1893.
—, Nattrocken. Se: Teatern, Svenska. 246.
—, Noveller o. skizzer 12:o, 284 s Sthm, Alb. Bonnier. 89 3 kr.
—, Nya berättelser o. skizzer. 12:o, 280 s. Sthm, Alb. Bonnier. 92. 3 kr.
—, På Torpa gård. En berättelse. 12.o, 194 s Sthm, Alb. Bonnier. 88 2: 50.
—, Skizzer o. berättelser. 12:o, 179 s. Sthm, Ad. Johnson. 87. 1: 75.
—, Se: *Maupassant, Guy*, Berättelser o. skisser
HEDEMANN-GADE, W, Ut i det fria! Med förord af prof. *Holmgren*, samt efterskrifter af med d:r *A. Bergstrand*, med d:r *P. Gren* o. rektor *P. Hj Söderbaum* 8:o. viij o. 56 s. Lund, C. W. K. Gleerup. 95. 1 kr.
Hedendom, Från, till kristendom. Se: Missionsbibliotek för folket. 8.
HEDENGREN, Edv., Bokföringsexempel att användas vid undervisning. 8:o, 2 o. 86 s. Il fors, G W. Edlund. 93. 1: 50 fmk.
HEDENIUS, Per, De sjukliga svulsternas allm patologi. Se: Årsskrift, Upsala univ:ts 1893. Program. 2
—, Om upptäckten af blodomloppet. Se: Årsskrift, Upsala universitets Program
[HEDENSTIERNA, Alfred], Fru Westbergs inackorderingar, berättelser, skizzer o. humoresker. 4:e uppl. 8.o, 266 s. Sthm, H. Geber. 93. 3: 25. (1:a—3:e uppl. 90.)
[—], Fröken Jennys konditioner. Berättelser, skizzer o. humoresker af *Sigurd*. 8:o, 263 s. o 1 pl Sthm, H. Geber. 93. 3: 25.
[—], I svenska bondehem. Skildringar af *Sigurd* 4 e uppl 8:o, 213 s Sthm, H. Geber. 90. 2: 50. (2:a uppl. 85. 3:e 86.)
[—], Jonas Durmans testamente. Berättelser, skizzer o. humoresker af *Sigurd*. 8:o, 264 s. Sthm, H. Geber. 92. 3: 25.
[—], Kaleidoskop. Qväden o. oqväden af *Sigurd*. 4:e uppl. 8:o, 256 s. Sthm, H. Geber. 87. 3: 25.
[—], Kommunistern i Qvislinge. Berättelser, skizzer o. humoresker af *Sigurd*. 1:a o. 2:a uppl. 8:o, 264 s. Sthm, H. Geber. 91. 3: 25.
[—], Ljud o oljud öfver växlande ämnen af *Sigurd*. 8:o, 256 s. Sthm, H. Geber 86. 3: 25.
[—], Patron Jönssons memoirer. Berättelser, sparlakanslexor o. skizzer af *Sigurd*. 8.o, 264 s. Sthm, H. Geber. 94. 3: 25.
[—], Svenska bilder o. vrångbilder. Humoresker, skizzer o. berättelser af *Sigurd*. 8:o, 264 s. Sthm, H. Geber. 88. 3: 25.
[—], Vett o. ovett. Humoresker, skizzer o berättelser af *Sigurd*. 8:o, 256 s. Sthm, J. Seligmann 87. 3: 25.
[—], Vid hemmets härd. Noveletter, sparlakanslexor o. satirer af *Sigurd*. 2.a uppl. 8:o, 263 s. Sthm, H. Geber. 92. 3: 25. (1:a uppl. 89.)

HEDENSTRÖM-WELIN, Agnes, Undervattenskär. Sanna berättelser från en mångårig verksamhet bland sjömännen i östra London. 8:o, 112 s. o. 1 portr. Sthm, F J Ekmans f.-exp 91. 1 kr, kart. 1: 50.
HEDIN, Adolf, Ludvig XIV:s tidehvarf. Granskning af en sats i den literärhistoriska trosläran. 8 o, 126 s Sthm, C. E. Fritzes hofbokh. i distr 95. 1: 75.
—, Om skydd för arbetarne mot yrkesfaran. Svar till Nya Dagl. Alleh. 8:o, 68 s Sthm, Alb. Bonnier. 89. 75 ö.
—, Studier i franska revolutionens historia. 8 o. Sthm, C. E Fritzes hofbokh.
1. Halsbandsäfventyret. Granskning af den gängse sägnen 252 s. o. 1 pl. 90. 3: 25, inb. 4: 75.
—, Tal i försvarsfrågan. Utg. af Vänner af fosterlandets försvar. Ups, Akad. bokh 92. 15 ö.
HEDIN, S. G, Bidrag till känned. om hornsubstansens klyfningsprodukter. Se: Acta univ:is Lundensis. XXIX, II. 5.
—, Om bestämning af drufsocker genom förjäsning Se: dersammast. XXVII; II, 2.
—, Om pyridinens platinabaser. Akad. afhandl. 4:o, 58 s. Lund, Hj. Möller. 86. 1: 50. Jfr. Acta univ:is Lundensis XXII: II, 3.
—, Om trypsindigestionen. Se: Acta univ:s Lundensis. XXIX: II, 4.
HEDIN, Sven, General Prschevalskijs forskningsresor i Centralasien 1870—85 i sammandrag. 8 o, 545 s. 24 pl. o. 2 kartor. Sthm, Alb. Bonnier.
11 kr., inb. 13 kr.
(Utkom i 12 hftn à 85 ö. 89—91.)
—, Genom Khorasan o. Turkestan. Minnen från en resa i Centralasien 1891—92. 8:o, Sthm, Samson & Wallin.
I. 290 s. 36 pl o 1 karta. 92. 7 kr., inb. 8 kr.
II. 243 s. o 16 pl. 93. 6 kr., inb. 7: 50.
—, Genom Persien, Mesopotamien o Kaukasien. Reseminnen. 8:o, xvj o. 464 s., samt 32 pl. o. 2 kartor. Sthm, Alb. Bonnier. 87. 8: 50, inb. 10: 50.
—, Konung Oscars beskickning till Schahen af Persien år 1890. Med 40 helsides pl. o. 59 autotypier 8:o, 479 o. xv s samt 40 pl. Sthm, Samson & Wallin i distr. 91. 12 kr, inb. med guldsn 16 kr.
HEDLUND, Fr. R, Se: Matrikel, Upsala ärkestifts.
HEDLUND, T, Einige Muriceiden im Zoolog. Museum d. Univ. Upsala. Se: Bihang till K. sv. Vet.-akad:s handl:r XVI: IV, 6.
—, Kritische Bemerkungen über Lecanora, Lecidea und Micarea. Se. dersammast. III, 3.
HEDLUND, Torsten, Se: Året om.
HEDQVIST, Vilh, Den kristna kärleksverksamheten i Sverige under medeltiden. Akad. afh. 8:o, 147 s. Ups., Lundequistska bokh. i komm. 94. 2 kr.
—, Petrus evangelium, Petrus uppenbarelse, De tolf apostlarnes lära. Öfv. 8:o, 112 s. Sthm, P. Palmquists aktieb. 93. 80 ö.
—, Se: Sallustii Crispi de bello Jugurthino liber.
Hedvig, Under sömnlösa nätter. Några blad ur min dagbok. 8:o, 112 s. Sthm, Kungsholms bokh. i komm. 89. 1: 25.
Hedvig eller banditens brud. Se: Folkskrifter. 14.
HEGAR, Alfred, Den sexuella driften. En social medicinsk studie Auktor. öfversättn. med tillägg rör. svenska förhållanden af *W[retlin]d*. 8:o, 148 s Sthm, Hälsovännens förlag. 95. 2 kr.
—, Den sexuella frågan. En social medicinsk studie. Öfv. o. bearb. af *A. Bergstrand*. 12:o, 148 s. Malmö, Envall & Kull. 95. 1: 75.

HEIDENSTAM, Verner v , Dikter. 8:o, 220 s. Sthm, Alb Bonnier. 95. 4 kr, inb 5: 25.
—, Endymion. 2:a uppl. 8:o, 297 s. Sthm, Alb. Bonnier. 94. 4 kr., inb. 5: 50. (1:a uppl. 89.)
— , Från Col di Tenda till Blocksberg. Reseskizzer. 8:o, 248 s. Sthm, Alb. Bonnier 88. 3: 25, inb. 4: 50.
—, Hans Alienus. 3 dlr. 8:o, 292, 231 o. 143 s. Sthm, Alb. Bonnier. 92. 6: 50, inb. 8: 50.
— , Modern barbarism. Några ord mot restaurerandet af historiska byggnader. 8:o, 40 s. Sthm, Alb. Bonnier. 94. 75 ö.
—, Renässans. Några ord om en annalkande ny brytningstid inom litteraturen. 8:o, 45 s. Sthm, Alb. Bonnier. 89. 75 ö.
—. Vallfart o. vandringsår. Dikter. 8:o, 216 s. Sthm, Alb. Bonnier. 88. 3 kr., inb. 4: 50.
— , Se: *Levertin, O* , o. v. *Heidenstam, V.*, Pepitas bröllop
HEIKE, C. O , Kurs i rundskrift att användas såväl i skolor som af enskilde. 2 hfn. 4:o, 24 o. 24 s. Sthm, Palm & Stadling i distr. 86. För häfte 50 ö.
— , Skrifsystem. 7 häften. 4:o, hvarje hft. 24 s Sthm, "Kalligrafias" förlag. 90.
För häfte 10 ö., med omsl. 15 ö.
HEIKEL, Axel, Antiquitées de la Sibérie occidentale. Se: Mém. de la soc. Finno-Ougr. VI.
—, Ethnographische Forschungen auf dem Gebiete der finnischen Völkerschaften. Se: Journal de la Soc. finno-ougr. IV.
HEIKEL, Felix, Finlands bank- o. penningeväsen. Ett bidrag till belysande af den ekonom utveckl. åren 1809—87. 8:o, 139 s. H:fors, G. W. Edlund. 88. 3 fmk.
—. Vid möten o. sammanträden. En kort handledning. 8:o, 47 s. H:fors, G. W. Edlund. 86. 1: 25 fmk.
HEIKEL, J. A., De Præparationis evang. Eusebii edendæ ratione questiones. Akad. afh. 8:o, viij, 106 o. lxxv s. H:fors. 86. 2 fmk
— , Filologins studium vid Åbo universitet. H:fors. 94. 8:o, 6, 334 s. Åbo universitets lärdomshistoria. 5. (Skrifter utg. af Sv. Litt.-sällsk. i Finland. XXVI.)
— , Ueber die sogenannte Βουλυσις in Mordprocessen. 4:o, 13 s. Jfr. Acta soc.is scient. fenn XVI: 2.
—, Senecas Charakter und politische Thätigkeit aus seinen Schriften beleuchtet. 4:o, 25 s.
Jfr. Acta soc:is scient fenn. XVI: 1.
—, Se: Bilder. Fosterländska.
HEIKEL, Rosina, Uttalande i prostitutionsfrågan vid läkaresällsk. sammanträde d. 21 apr. 1888. 8:o, 6 s. H:fors, A. Ehrurooth. 88. 25 p.
HEIKEL, Viktor, Gymnastiska friöfningar med o. utan jernstaf, ordnade i tabeller. 2:a uppl. omarb. 8:o, ix o. 165 s. H:fors, K. E. Holm. 89. 2: 50 fmk.
— , Gymnastiska muskel-tabeller. 4:o, 4 s. o. 4 tab. i folio. H:fors. 95. Förf:n. 2 fmk.
—. Hemgymnastik på "palästron" jämte en tablå med figurer. 8.o, 30 s. o, 1 pl. (Tr. i H:fors.) Sthm, C. E. Fritzes hofbokh. i distr 91. 1 kr.
— , Hygianten eller "Hälsopumpen". 8:o, 2 o. 16 s. H:fors. Förf:n. 92. 50 p.
HEIMBURG, W, (pseud. för *Bertha Behrens*) Anna Lisa. Berättelse. Öfv. från "Um fremde Schuld". 12:o, 287 s. Sthm, Alb. Bonnier 95. 2 kr.
— , Bror o. syster. Berättelse. Öfv. 12:o, 303 s. Sthm, Alb. Bonnier. 90. 2 kr.
—, En nolla. Roman. Öfv. från "Eine unbedeutende Frau". 12:o, 283 s. Sthm, Alb. Bonnier. 91. 2 kr.

HEIMBURG, W, Familjen von Kronen. Berättelse. Öfv. från "Haus Beetzen" af *M. D.* 12:o, 293 s. Sthm, Alb. Bonnier. 95. 2 kr.
— , Fröken Odåga. Roman Öfv. från tyskan af *M. D.* 12:o, 236 s. Sthm, Alb. Bonnier. 93. 1: 75.
—, Förlofningsringen o. andra berättelser. 12:o, 248 s. Sthm, Alb. Bonnier. 92. 2 kr.
—, Gamla frökens historia. Roman. Öfv. 12:o, 266 s. Sthm, Alb Bonnier. 86. 1: 75.
— , Gertruds giftermål. Roman. Öfv. från tyskan. 12:o, 190 s. Sthm, Alb. Bonnier. 88. 1: 50.
—, Hennes ende broder. Novell. Öfv. 8:o, 246 s. Mariestad, P. W. Karström. 90. 2 kr.
—, Hjerteqval. Novell. Öfv. af —*ck*. 12:o, 296 s. Sthm, F. & G. Beijers Bokf.-aktb. 87. 2 kr.
— , Hjärtekval. Roman. Ny öfvers af *M. D.* 12:o, 262 s. Sthm, Alb. Bonnier. 93. 1: 75.
—, Karins gudmor m. fl. noveller Öfv. från tyskan. 12:o, 264 s. Sthm, Alb. Bonnier. 88. 1: 75.
—, Lore von Tollen. Roman. Öfv. från tyskan. 12:o, 292 s. Sthm, Alb. Bonnier. 89. 2 kr.
—, Nådebröd. Roman. Öfv. från tyska orig. "Kloster Wendhusen". 12:o, 235 s. Sthm, Alb. Bonnier 87. 1: 50.
— , Skogsblommor. En samling noveller. Öfv. från tyskan. 12:o, 296 s. Sthm, Alb. Bonnier. 90. 2 kr.
Jfr. Läsning för unga flickor. 22.
— , Under lind o. syren. Noveller. Öfv. från tyskan. 12:o, 183 s. Sthm, Alb. Bonnier. 89. 1: 50.
— , Utan hemgift. Roman. Öfv. 2:a uppl. 12:o, 196 s Sthm, Alb. Bonnier. 86. 1: 75.
— , Vår Kurre. En julberättelse. Med 10 illustr. Öfv. från tyskan. 8:o, 62 s. Sthm, Ad. Bonnier. 90. 1 kr.
— , "Vår lilla prinsessa". En berättelse om två systrar. Öfv. från tyska orig. "Die Andere". 12:o, 218 s. Sthm, Alb. Bonnier. 87. 1: 50.
— , Se: *Werner, E.*, o. *Heimburg, W.*, Noveller. *Marlitt, E*, Uggleboet.
HEIMDAL, Se: Föreningen Heimdals folkskrifter.
HEIMER, Aug., De diplomatiska förbindelserna mellan Sverige o. England 1633—54. 8:o, 161 s. Lund, Gleerupska univ:ts bokh. i distr. 92. 3 fmk.
HEINE, Heinrich, Harzresan. Öfv. af *Herm. A. Ring*. 8:o, 84 s. Sthm, Fahlcrantz & K. 89. 25 ö
— , Ur Sångernas bok jemte andra sånger. Öfvers. af *Ida Nilsson*. 8:o, 98 s. Sthm, P. A. Norstedt & S:r. 89. 1: 75, hlfr. band 3 kr.
HEINRICH, K., Berättelser ur verkligheten, bekräftande sanningen af Guds löfte om hjelp i nöden Öfv. från tyskan 8:o, 464 s. Sthm, Fost.-stift:s f.-exp 90. 2: 50.
(Utkom i 5 hfn. à 50 ö. 88—90.)
HEINRICHS, Axel, Medelepoken för första snöfallets inträffande i Helsingfors Se: Öfversigt af F. Vet. soc:s förhandl XXXII.
—, Reseberättelse öfver de under 1889 å meteorolog. stat. i Finland verkstälda inspektioner. Se: dersammast XXXII.
—, Snö- och isförhållandena i Finland år 1890 o 91. Se: Bidrag till känned. af Finlands natur o. folk. 51 o 54.
HEINRICIUS, G, Experimentelle und klin. Untersuchungen über Cirkulations- u. Respirationsverhältnisse der Mutter u. Frucht. Akad. abh. 4:o, 149 s. H:fors, 89. 4 fmk.
— , Lärobok för barnmorskor. 8:o, 293 s Sthm, Samson & Wallin. 92. 4 kr.
—, Lärobok för barnmorskor i den instrumentala

förlossningskonsten. 8:o, 55 s. (Tr. i H:fors.) Sthm, Samson & Wallin. 92. 1: 50.

HEINRICIUS, G., D o d:o Tillägg. 8.o, 75 s. H:fors. 94.

—, Obstetrisk operationslära för läkare o. studerande. Med 101 fig. i texten. Stor 8.o, 284 s H:fors, Söderström & K 94. 10 kr.

—, Vägledning för barnmorskor till förebyggande af barnsängsfeber. 8.o, 11 s (Särtryck ur Lärobok för barnmorskor.) H:fors. 92

HEINRICIUS, P. A., Definitive Bahnelemente des Kometen 1887. III. Akad. abh. 4 o, 50 s. H:fors. 89. 2 fmk.

—, Se: Biela-stjernfallen.

HEINTZE, W., Koralbok för kyrkan, skolan o. hemmet etc. arrang. för sång, orgel m. m. Tvär 8:o, 227 s. Sthm, C. A. V. Lundholm 89 Inb. 2: 50, klb. 3 kr.

HEINZ, T. von, Lyckobarnet Se: Läsning för unga flickor. 20.

Hejde, Nils. Se: *[Bergström J N.]*

HELANDER, Adolf, Hjelpreda i daglig handel med metersystemet 2:a uppl. 16:o. 132 s. Sthm, Alb. Bonnier. 89. 50 ö., inb. 75 ö.

—, Hjälpreda vid tillämpningen af väglagen d. 23 okt. 1891. 8.o, 120 s. Sthm, P. A. Norstedt & S:r. 93. Kart 1: 25.

—, Metertaflan för Sverige o Finland 1 blad, Norrk. Litogr. aktieb. 87. Kart. 2: 50.

Helgeandsholmsfrågan, omfattande de oskiljaktige frågorna: nytt riksdags- o. riksbankshus på Helgeandsholmen, det gamla riksdagshusets inrättande till embetsverkslokaler, hofstallets förflyttning m. m. afgjord vid 1888 års riksdag 8:o, 288 s. o. 4 pl Tr. i Goteb. W. Zachrissons boktr. 89. Uppl. 100 ex. Ej i bokh

Helgeandsholmsfrågan sedd ur olika synpunkter. 4:o, 12 s. o. 3 ljustryckspl. Tr. i Göteb , W. Zachrissons boktr. 95. Ej i bokh.

HELGESSON, Rasmus. Se: Predikningar vid Kyrkans vänners årsfest.

HELLBERG, Frith, Se: Idun. — Kamraten. - Modetidning, Skandinavisk.

HELLBOM, P. J., Bornholms laflora Se: Bihang till K. sv. Vet.-akad.s handl:r. XVI: III, 1.

—, Lafvegetationen på öarne vid Sveriges vestkust. Se: dersammast. XII, III, 4

HELLBORN, Berndt, Om straflagskonkurrens vid brottsenhet. Akad. afh. 8:o, 184 s. Lund, Gleerupska univ s bokh. 95. 3 kr

HELLÉN, E. F., Farmaceutisk kompositionsbok, 8:o, v o. 211 s. interfol. H:fors, Weilin & Göös. 95. Inb. 12 fmk.

HELLENBACH, L. B., Den hemliga ön. Öfv. af Torild Arnoldson. 8:o, 212 s. Sthm, "Fria Ordet". 92. 1: 75.

HELLGREN, A. E., Euclides' VI bok grundad på F. W. Hultmans proportionslära. 3:e uppl. 12.o, 76 s. Sthm, Fr. Skoglund. 90. Kart. 1 kr.

—, Se: Uppgifter, Matematiska.

HELLMAN, Eva, Illustrerad kokbok för enkla hushåll o. finare kök, under medverkan af flere fackmän utgifven. Med 11 pl i färgtr samt ett hundratal illustr. 1:a—3:e hft. 8:o, 144 s. o. 3 pl, Sthm, C. A. V. Lundholm. 95. För häfte 50 ö.

HELLMAN, I. Th. Bidrag till belysning af fattigvårdsfrågan Erfarenheter från in- o. utlandet. 8.o, 92 s. Sthm, A. V. Carlsons Bokf. aktb. 91.
1 kr., kart. 1: 25.

HELLNER, David, Se: Affärs- o. adresskalender för Borås.

HELLQVIST, Curiositeter i Lund. 8:o. 16 s Lund, Tullstorps antiqv.-bokh. 83. 1: 50-

HELLSTEN, J, Se: *Brodén, T.*, o, *Hellsten, J.*, Lärobok i proportionslära.

HELLSTEN, K A., Se: *v. Schiller, F.*, Wilhelm Tell.

HELLSTENIUS, J, Skatteregleringskomiténs statist. tabeller. Bearb. o. kommentar. II. Direkta skatter o. besvär till kommunen. III. 1897 års bevillningsstatistik. Stor 8:o, 71—173 s. Sthm, P. A. Norstedt & S:r. 80. 1 kr.

HELLSTRÖM, E. V. o. **ROMELL, John**, Den döde lefver, eller H. M. Stanleys lif o. resor. 8:o, 95 s. Sthm, Palm & Stadling i komm. 89.
50 ö., kart. 65 ö., klb. 1 kr.

—, Se: Betlehem.

HELLSTRÖM, F. E., Undersökn:r om det inflytande nivaförändr i bottniska viken utöfvat på Gamla Karleby stadsplans hygieniska förhållanden. 8:o, 80 s. o. 3 kartor. G.a Karleby. Förf:n. 95. 3 fmk.

HELLSTRÖM, Josef, Se: Folkskolläraremöte, Hernösands.

HELLSTRÖM, K. G., Se: Betlehem.

HELLSTRÖM, Paul, Några iakttagelser ang. anatomien hos gräsens underjordiska utlöpare. Se: Bihang till K. sv Vet -akad:s handl:r. XVI: III, 8.

—, Studier öfver naftalinderivat. Se: dersammast. XVI: II, 3.

HELLSTRÖM, Th. Se: Sjukvård o. helsovård.

HELLWIG, Bernhard, Barnets fyra temperament. deras yttringar o. behandling m. m. Öfv. af *Vilna Meyer.* 8.o, 78 s. Sthm, Nordin & Josephson 89. 1 kr

HELM, Clementine, Sin egen lyckas smed. Berättelse för unga flickor. Öfv. från tyskan af *S. C—cr.* 8:o, 245 s. Malmö, Envall & Kull. 90. Kart. 2: 50.

HELMERS, A. Bernh. Se: Sleipner.

HELMHOLTZ, Herman, v., Om naturkrafternas växelverkan Se: Studentfören. Verdandis småskr. 54.

HELMS, J, När er Throndhjems domkirke opfört? Se: Tidskrift, Nordisk. 1886.

HELNER, Johannes, Hustrus förmåga af rättshandlingar efter svensk förmögenhetsrätt. 8:o, iv o. 168 s Lund, Gleerupska univ:s bokh. 95. 3 kr.

Helsa o. sjukdom. Läkarebok för hemmet. Efter prof. C. E. Bock's arbete *Das Buch von gesunden u. Kranken Menschen*. Med talrika illustr. Öfv. o. bearb. af *Martin Asplund.* 8:o, viij o. 967 s. Sthm, Wilh. Silén. 93. Inb. 8 kr.

Helsing, Thord, Se: *Limborg, Ossian.*

Helsingfors—Paris 1889. Folio, 12 s, 1 pl. o 1 musikbilaga Borgå, W. Söderström. 89. 50 ö.

HELSINGIUS, G. F., Kort handledning till den hel. skrifts kännedom. 6:e uppl. 8:o, 88 s. Åbo, G. W. Wilén. 91. 1: 20 fmk.

Helsoregler för skolungdomen Uppstälda af lärareförens i Berlin hygieniska sektion. Öfv. af *Hanna Kamke.* 8.o, 14 s Sthm, G. Chelius. 91. 25 ö.

Helsovård o. fysisk uppfostran för barn mellan 6 o. 12 års ålder. Öfv. af en läkare. 8:o, 45 s. Sthm. C. A. V. Lundholm. 87. 50 ö.

Helsovårdslära för äktenskapet o. dess fysiologi. Medicinsk o. naturvetenskaplig afhandling om man o. qvinna i äktenskapet. Med 9 afbildn:r. Öfv. af *O. H. G—d.* 12:o, 176 s. Sthm, Associationsboktr. 94. 1: 50.

Helsovårdslära, Illustrerad, utarb. af *Jac. Göransson, Alfr. Levertin, Klas Linroth, M. Sondén, Rob. Tigerstedt* o. *Curt Wallis*. Under red. af *Rob. Tigerstedt.*

Med 354 bilder i texten. 8:o, viij o. 744 s. Sthm, Fahlcrantz & K. 89. 3: 75, inb. 4: 75. Jfr. Biblioteket, Svenska. Afd. IV o. V.

Helsovännen, Tidskrift för allmän o. enskild helsovård. Utg. af *E. W. Wretlind.* 8:o 1:a—10:e årg. (1886—95.) Sthm, Redaktionen. För årg. (24 n:r) 2: 50.

Helvetesläran, Den vanliga häfdvurna, i förnuftets, bibelordets o. den apostoliska trons ljus, af *L—l,* kyrkoherde i L—l. 8:o, 168 s. Gefle, Ahlström & Cederberg, 89. 1: 25.

Helvetet, Det uppbrunna. Se: *[Nymansson, P.]*

Hem, För svenska. Illustrerad familjetidskrift 1:a årg.: Okt. 1895—96. Folio. Sthm, G. Chelius
För årg 28 hfn. à 20 ö.

Hemlighet, Markisinnans. Skildr. från tiden näst efter franska revolutionen. Öfv. från eng. af *Math:a Langlet.* 8:o, 273 s. Sthm, A. Granlund. 92. 2: 50.

Hemlighet, Svarta sjöns. Roman af .... [På omslaget: af *Isabella Majo.*] Öfv. af *M. von P—z.* 8:o, 382 s. Sthm, C. A. V. Lundholm. 89. 3 kr.

Hemligheterna på Stokesley. Se: Läsning för ungd. af utm. eng. förf 3.

HEMMER, H., Vägledning i hemväfnad 3:e uppl. 4:o. 4 s. o. 16 blad i litogr. Åbo, Förf:n. 94.
2: 30 fmk.

Hemmet o. Samhället. Utg. af *Alli Trygg.* Årg. 1—6. (1889—94.) Folio. H:fors. 89—94.
För årg. (12 n:r) 4 fmk.

HEMMING, A , Se: Strafflagen.

Hemstad, Om, En fråga för dagen [Se: *Fahlcrantz, Gust. Edw.*]

Hemvännen, Illustrerad tidning för de svenska hemmen. Utg. af *L Hökerberg.* Ny serie. 1:a o. 2:a årg (1888—89.) Folio. Sthm, L. Hökerberg. 88, 89.
För årg. (24 n:r) 4 kr.

Hemåt. Bibeltexter med verser af *L. S.* Med illustr. 10 blad velin. (Tr. i Lahr.) Sthm, G. Chelius. 90. Kart. med guldsn. 1 kr.

Hemåt. Tidskrift, utg. af kristl. fören af unga kvinnor i Stockholm. Redig. af *Math:a Roos.* 1:a årg. 1892. 4:o. Sthm, Redaktionen. 92.
För årg. (10 hfn = 160 ark) 2 kr., kart. 2: 50.

HENNE-AM-RHYN, Otto, Mysteriernas bok. Kulturhist. framställning af alla tiders o. folkslags hemliga samfund o. ordnar. Öfv. från tyskan af *Hlgu.* 8.o, 416 o. vij s. Sthm, C. A. V. Lundholm. 91.
3: 50.

HENNIG, And., H., Studier öfver Bryozoerna i Sveriges kritsystem. I. Cheilostomata. II. Cyclostomata. Se: Acta univ:is Lundensis. XXVIII: II, 11. o. XXX: II, 8.

——, Ueber Neuropora conuligera aus d. Schwedischen Kreide. Se: Bihang till K. sv. Vet. akad. handl:r. XIX: IV: 1.

HENNING, Ernst, Växtfysiognomiska anteckn:r från vestra Härjedalen. Se: Bihang till K. Vet.-akad:s handl:r. XIII, IV, 3.

HENNING, Karl, Bidrag till kännedom om de religiösa rörelserna i Sverige o. Finland efter 1730, m. m., 250 s. Sthm, G. Chelius i komm. 91. 1 kr.

—, Det kristna dopets historia under kyrkans första århundraden. 8:o, 86 s. Sthm, G. Chelius i komm. 91. 75 ö.

—, Strengnäs stift under den liturgiska striden till Upsala möte. 1593. 4:o, 51 s. Sthm, G. Chelius i komm. 93 1 kr.

HENNINGS, Rud., Se: Matrikel öfver Ultuna landtbruksinst:s lärare

Henrik af Orleans (Prins), Sex månader i Indien.

Tigerjagter. Öfv. af *A. H. Rundqvist.* 8:o, 360 s. o. 2 kartor. Sthm, A. V. Carlsons Bokf.-aktb. i komm. 89. 3: 50.

Henrik Hölterlings observationer i Sverige. Se: Tidskrift, Historisk. 1888.

HENRIKSSON, A., Andra skolåret. Efter åskådningsundervisningen ordnad läsebok för småskolan 4:e uppl. (Ortografien i enlighet med Svenska akad s ordlista.) 8:o, 238 s. Sthm, Alb Bonnier. 90.
Inb. 90 ö.
(3:e uppl. 88)

HENRIKSSON, J., Handledning vid insamling o. förvaring af Sveriges medicinalväxter. Med bihang. upptagande matnyttiga växter. 8:o, 64 s. o. 8 pl. Sthm, P Palmquists aktieb. 90. 50 ö.

—, Plägseder o. skrock bland Dalslands allmoge fordomdags, jemte en samling sagor, gåtor m. m. 8 o, 114 s. Mellerud, Utg:n 89. 1: 25.

HENRION, Poly, För nervösa fruar. Se: Testern, Svenska. 236.

HENRIQUES, Pontus, Geometrisk konstruktions- o. projektionslära för maskinritare. 2:a uppl. 8:o, 74 s o. 32 pl. Sthm, Förf:n 93. 2: 50.

—, Geometrisk skugglära i kortfattad framställning för tekniska skolor. 8:o, 57 s. o. 9 pl Sthm, J. Seligmann. 93 1: 50.

—, Lärobok i geometrisk ritning för byggnadssnickare o timmermän. 8:o, 64 s o. 32 pl. Sthm, Förf:n. 90. 2: 50.

——, Lärobok i geometrisk ritning för maskinarbetare. 8:o, 72 s o. 32 pl. Sthm, Förf:n. 90. 2. 50.

—, Lärobok i geometrisk ritning för murare o stenhuggare. 8:o, 68 s. o. 32 pl. Sthm, Förf:n. 90.
2: 50.

—, Perspektivlära. Med 10 pl o. 7 i texten tryckta fig. 3:e uppl. 8.o, 35 s o 10 pl. Norrköp., M. W. Wallberg. 93. 1: 50.
(1:a uppl. 86. 2:a 90.)

—, Se: Minnesblad från mötet mellan de tekniska yrkesskolornas lärare.

HENSCHEN, Salomon Eberhard, Klinische u. anatomische Beiträge zur Pathologie d Gehirns. I. Stor 4:o, 4 o 216 s 3 kartor o. 36 pl. Sthm, Förf n. 90. 30 kr.

—, Koleran skildrad för lärd o. olärd. 8:o, 103 s Sthm, Nordin & Josephson i komm. 94. 1 kr.

—, Om lungsot o tuberkulos. Se: Fören. Heimdals folkskrifter. 3.

—, Om synbanans anatomi ur diagnostisk synpunkt. Se: Årsskrift, Upsala univ:s 1893. Program 5 samt Inbjudningsskrifter.

HENSCHEN, W., Se: Kosta hvad det vill.

HENSTRÖM, Arvid, Landtbyggnadskonsten. 8:o. Sthm, G. Chelius.

1. Om landtmannabyggnader i allmänhet. 85 s. 95. 2 kr.
2. Om husdjurens bostäder. 95 s. 95. 2 kr.
4. Om växternas bostäder eller växthus. 52 s. 95. 1: 20.

HENTY, G. A., Bland rödskinn o cowboys. Berättelse från den amerik. vestern. Med 12 illustr. Öfv. från eng af *Elin Bergström.* 8:o, 272 s o. 12 pl. Sthm, W Billes Bokf.-aktb. 93. Kart. 3 kr.

—, En dugtig pojke. Se: Bibliotek, Nytt, för barn o. ungdom. 5.

——, Frank Norris äfventyr bland indianer o guldgräfvare. Öfv från eng. af *P. Hallström.* Med 11 illustr. 8:o, 232 s. o. 11 pl. Sthm, W. Billes bokf.-aktb. 94. Kart. 3 kr.

HENTY, G. A., På krigs- o. spejarstråt. Öfv. o. bearb. från eng af *P Hallström*. 8:o, 191 s. o. 4 pl. Sthm, W. Billes Bokf.-aktb 95. Kart. 2: 75.

Herbariekatalog för skolungdom. Se: [*Fristedt, C.*]

Herbarium Musei fennici. Enumeratio plantarum Musei fennici, quam edidit Societas pro fauna et flora fennica. Ed. secunda. H:fors. Soc. pro fauna flora fenn.
I. Plantæ vasculares. Curantibus *Th. Sælan, A Osv. Kihlman, Hj Hjelt*. 4.o, xix o 156 s. 89. 4 fmk.
II. Musci Curantibus *J. O. Bomansson* o. *V. F. Brotherus*. 8:o, xiij, 99 s o. 1 karta. 95. 1: 50 fmk.

HERDER, J. G. von, El Cid etter spanska romanser besjungen, i originalets versmått försvenskad o. med inledn. utg. af *Osk. Rancken*. 8:o, xij o. 71 s. (Tr. i Vasa.) Sthm, Alb. Bonnier. 88. 1: 25.

HERDING, A, Petit à petit. Svensk uppl. utg. af *Thalia Schoug*. 2:a uppl. 8.o, 150 s. Sthm, F. & G. Beijers Bokf.-aktb. 94. Inb. 1: 50. (1:a uppl. 91.)

HERLIN, U. R, Om svedjebruket. Se: Ströskrifter, Finska Forstfören. 5.

HERLITZ, R., Statistisk öfversikt af Stockholms befolkning 1883—93. Se: Berättelse om allm. helsotillståndet i Stockholm.

HERMAN, Henry, Se: *Murray, Chr.*, o. *Herman, H.*, I röfvarhänder.

HERMANSSON, C. A., Metertabell för torghandeln 2.a—4:e uppl 8:o, 12 à 16 s. Köping, M. Barkéns bokh. 89. 20 ö

HERMANSSON, Robert Fredr, Finlands statsrättsliga ställning. 8.o, 318 o. xvj s. H:fors, G. W. Edlund. 92. 8: 50 fmk. (6: 50.)
—, D.o d:o Bemötande. 8:o, 2, vij o. 126 s. H:fors, G. W. Edlund 94 3: 75 fmk.
—, Föreläsningar. Se: Anteckningar.

HERMELIN, Joseph, Behöfvas absolutister? Ett försök till frågans besvarande. 8:o, 71 s. Sthm, Samson & Wallin. 95. 50 ö.
, I nykterhetsfrågan. Tvänne föredrag 8:o, 128 s. Sthm, K. Bohlin. & K. 95. 1: 25.

HERMELIN, Olof, Värmlandsflickan. Sångspel i två handlingar. 8:o, 64 s. Sthm, Fröléen & K. 91. 1 kr.

HERMELIN, Sam. Gust., Berättelse om Nordamerikas förenta stater 1784. 8:o, vij o. 58 s Sthm, Samson & Wallin i komm. 94. 1: 50.

HERNER, Sven, Syntax der Zahlwörter im Alten Testament. Doktordissertation. 8:o, 150 s. Lund, Hj. Möllers univ:s bokh. 93. 3 kr.

HERNLUND, Hugo, Bidrag till den svenska skollagstiftningens historia under partitidehvarfvet 1718—1809. I. 1718—60. B. Öfversigter o. bilagor. 4:o, 104, 67, 6, 42, 110, 24 o. 16 s Sthm, C E Fritzes hofbokh i komm. 92 5 kr.

Herren din läkare. Tidning för helbregdagörelse o. helgelse genom tron. 1:a—5:e årg (1889—93). Red. *Karl J. Redin*. 8:o, Sthm, Redaktionen. För årg. (12 nr) 1: 20.

HERRIG, Hans, Luther, Ett kyrkligt festspel. Öfv. 8:o, 105 s Malmö, Cronholmska bokh. 88. 1: 25.

HERRLIN, Axel, Studier i Nicolaus' af Cues filosofi, med särskildt afseende på dess historiska betydelse. Akad. afh. 8:o, 132 s. Lund, Gleerupska univ:s bokh. i distr. 92. 1: 50.

HERRLIN, Carl Joh., Allmän historia. Kort sammandrag för folkskolan. Med 9 portr. Liten 8:o, 56 s. Sthm, Alb. Bonnier. 93. 25 ö.

Herrman, Kristina, Se: *Kristina*, Tröst o. råd.

HERSLOW, E., Om ansvarighet för skada af jernvägs drift. 8:o, 127 s. Sthm, P. A. Norstedt & S:r. 87 Kart. 2 kr.
, Se: Utsökningslagen.

HERTZ, Ericus, De praecipuarum praepositionum loci usu Lucretiano. Dissertatio academica. 8 o, 2, viij o. 67 s. H:fors. 91. 1: 50 fmk.

HERTZ, J A, Svensk frihamn. 8:o, 108 s o. 4 kartor. Göteb, Wettergren & Kerber i distr. 94. 2: 50

HERTZBERG, N., Arbetarefrågan o. socialismen. Sv. uppl. 8:o, 136 s. Sthm, P. A. Norstedt & S:r. 91. 1: 75.
, Har H. Ibsen hentet motiverne til sine drama'er fra sociale o sædelige tilstande i sit fædreland? Se: Tidskrift, Nordisk. 1892.
, Om den stærke tilströmning til de nordiske universiteter. Se: dersammast 1894.
, Qvinnans kallelse o. uppfostran. 8:o, 156 s. Sthm, P. A. Norstedt & S:r. 88. 1: 75, klb. 2: 75.

HERTZBERG, Rafaël, Barndomshemmet. Bilder o. stämningar. 8 o, 92 s. Sthm, Alb. Bonnier. 92. 1: 50.
, Bidrag till Finlands kulturhistoria på 1600-talet. Vidskepelse. 8:o, 152 s. H:fors. 89. 3 fmk.
, Frankrike. Se: Skrifter, Folkupplysn. sällsk. 52, 53.
, För smått folk. Verser. Bilder af *A. Federly*. 4:o, 24 s. H:fors, W. Hagelstam. 95. 1: 75 fmk.
, Genom de svartes verldsdel. Se: Skrifter, Folkupplysn. sällsk. 55.
, Helsingfors för 300 år sedan o. i våra dagar. Med teckn:r I. 8:o, 317 s. H.fors, K. E. Holm. 88, 89. 14 fmk.
[ ], Helsingfors—Monaco. Skildring ur vårt hufvudstadslif af *Sphinx*. 1.a o 2:a uppl. 8:o, 83 s. H:fors, G. W. Edlund 87. 1: 25 fmk.
—, Knekt o. bonde. Romant. skildr från klubbekrigets tider. 8:o, 223 s. H:fors, Söderström & K. 90. 2: 50.
, Kulturbilder ur Finlands historia. II. Hexprocesser på 1600-talet. Med plansch. 8:o, 114 s. o. 1 pl. H:fors, G. W. Edlund. 88 2: 25 fmk. (1: 75.)
, Lefnadsteckningar för ungdom o. för folket. I. 8:o, 108 s. H.fors, Söderström & K. 90 1: 50.
, Professorer o. studenter. Berättelse från Åbo på 1600-talet. 8:o, 112 s. Jyväskylä, K. J. Gummerus. 88. 2: 50 fmk.
, Pyreneiska halfön. Se: Skrifter, Folkupplysn. sällsk. 69, 73.
[ ], Två finska barns äfventyr under en resa kring jorden. Berättelse för barn af *Onkel Tommi*. 8:o, 127 s. H:fors, Akad. bokh. 89. 2 fmk.
—. Se: 1640—1890.

HERTZKA, Theodor, En resa till Friland. Öfv. från tyskan af *G H:son Holmberg*. 8.o, vij o. 212 s. Sthm, Ad. Johnson 95. 2 kr.

Hervor. Fosterländsk kalender utg af Svenska qvinnoföreningen. 8.o, 159 s, 1 pl. o. 1 karta. Sthm, W. Billes Bokf.-aktb. 86. 2 kr.

HESSE-WARTEGG, Ernst v., Chicago, världsstaden i den amerikanska västern. Öfv. af *Ernst Lundquist*. 8:o, 210 s. Sthm, Fah!crantz & K. 93. 2 kr.
, Nord-Amerika i våra dagar. Öfv. o. bearb. 2 dlr. 2:a uppl. utg. af *M. B. Svederus*. Med till-

lägg: Världsutställningen i Chicago 1893. Med 20 illustr. 4:o, 564 o. 452 sp. Sthm, Fahlcrantz & K. 93. 8: 50, inb. 12: 75.

[HESSEL, Knut.] Förvandlingstabeller o. prisjemförelser till o. från metersystemet. 12:o, 51 s. Sthm, J. N. Nerman. 88. 50 ö.

HEUCH, J. C., Kyrkan o. otron. Populära föredrag. Öfv. af S. W. B. 8:o, 164 s Lund, Aug. Collin. 91. 1: 25.

HEUMAN, E. D., Ett ord i nykterhetsfrågan. De faror som nykterhetsarbetet har att undvika m. m. Föredrag. 8:o, 15 s. Falkenberg, N. Larssons boktr. 93. 20 ö

—, Fastlags- o. passionsbetraktelser. 8:o, 201 s. Lund, C. W. K. Gleerup. 95. Inb. 2: 50.

— —, För barnen, hemmet o. sjuksängen. Åtta predikn.r o. skriftetal. 8:o, 98 s. Göteb., N. P. Pehrsson. 92. 1 kr., klb. 1: 75

—, Huru skall vårt folk blifva ett folk som upphöjer Herren? — Jordens salt. verldens ljus. Två predikningar. 8:o, 35 s. Göteb , N. P. Pehrsson. 90. 40 ö.

—, Kyrkliga symboler, särskildt rosen. Föredrag vid Gamla paramentverkstadens årsfest i Göteborg 1889. 8:o, 15 s. Göteb , N. P. Pehrsson. 89. 30 ö

—, Luther o. luthersk trosvisshet — ett ord till församlingen gent emot den moderna teologiens vanställande af Luther o. lutherdomen. 8:o, 23 s. Lund, C. W. K. Gleerup. 95 25 ö.

—, Några ord för sjuksängen. Tal vid fru S. B:s jordfästning 1889. 8:o, 15 s. Göteb., N P. Pehrsson. 89. 20 ö.

— — —, Några predikningar från Göteborgs domkyrka. 8.o, 243 s. Göteb., N. P. Pehrsson. 90 2 kr.

—, Ritschlianismen o. församlingen eller hedendom i helgedomen. (Uppenb. II: 2.) 8.o, 28 s. Lund, C. W. K. Gleerup. 95. 50 ö.

—, Våra fem Moseböcker. Ett svar till teol. lektor L. Bergström. 8:o, 20 s. Lund, C. W. K. Gleerup. 93. 15 ö.

— — —, Se: Bekännelse o. tukt.

HEURGREN, Olof, Högmessopredikan på trefaldighetssöndag, hållen i Malmö d. 24 maj 1891. 8:o, 14 s. Malmö, Envall & Kull. 91. 25 ö.

—, Högmessopredikan öfver evangelium på den hel. Johannis döparens dag. 8:o, 14 s. Malmö, Envall & Kull. 89. 25 ö.

HEURGREN, Paul, Arbetshästen o. mjölkkon. Se: Småskrifter i landthushållningen.

—, Från polcirkelns regioner. Skildr från Nedero Öfver-Kalix' socknar. 8:o, 67 s. o. 1 karta. Sthm, P. A. Norstedt & S:r. 92. 1 kr.

—, Några ord om kalfning o. kastning af kor. 8:o, 27 s. Piteå, G. Wiséns bokh. i distr. 91. 50 ö.

—, Om rabies hos våra husdjur. 8.o, 13 s. Norrköp., Åkerbruket o. Husdjursskötselns bokförlag. 93. 25 ö.

—, Utkast till Sveriges veterinärhistoria. 8:o, 156 s. Sthm, Looström & K. i komm. 89. 5 kr.

HEURLIN, Fr., Illustrated guide to Stockholm and its environs, with descriptions of the palaces, churches and museums. With 2 maps and 38 illustr. 8:o, xvj o. 151 s. samt 4 kartor. Sthm, C. A. V. Lundholm. 88. Klb. 4: 50.

—, Ny illustrerad handbok öfver Stockholm o. dess omgifn:r. Med 36 illustr. 8:o, xvj o. 99 s. samt 2 kartor. Sthm, C. A. V. Lundholm. 87.
Kart. 2 kr., klb. 2: 50, kart utan kartor 1: 50.

HEYMAN, Elias, Se: Bibliotek för helsovård. — För-

10-års katalog 1886—1895.

handlingar vid helsovårdsfören:s i Sthm sammanträden. — Hygiea.

HEYSE, Paul, Colberg. Mit Anmerk. von Hj. Hjorth u. A. Lindhagen. Se: Litt., Aus der neueren deutschen. 7.

—, Melusina med flera noveller. Öfv. af Annie Wall. 12:o, 324 s. Sthm, Ad Johnson. 95. 2: 75.

—, Noveller. Öfv. af A. G. Engberg. 8:o. Sthm, P. A. Norstedt & S:r.
I. lxj o. 337 s. 86. 2: 50. — II. 400 s. 86. 2: 50. — III. 394 s. 86. 2: 50. — IV. 396 s. 86. 2: 50. — V. 390 s. 87. 2: 50. — VI. 408 s. 87. 2: 50. — VII. 404 s. o. 1 portr. 87. 2: 50. — VIII. 391 s 88. 2: 50. — IX 381 s. 89. 2: 50.

Hexväsendet. En kulturhistorisk tidsbild, jemte en betraktelse rör. somnabulismens företeelser i allmänhet. [Af F. G. Afzelius.] 8:o, 101 s. Ups., Akad. bokh. 92. 1 kr.

HILDEBRAND, Albin, Lärobok i kyrkohistorien. 2:a omarb. uppl. 8:o, viij o. 136 s. Sthm, F. & G. Beijers Bokf.-aktb. 90. Klb. 1: 50.
(1:a uppl 86.)

HILDEBRAND, Bror Emil. Se: Landtbrukskalender.

HILDEBRAND, Carl Hildemar, Kliniska studier öfver bukorganens lägeförändringar. Akad. afh. 4:o, 86 s. Lund, Gleerupska univ.s bokh. 92. 2 kr.
Jfr Acta univ:is Lundensis. II, 1.

HILDEBRAND, Karl, Upsala möte. Se: Föreningen Heimdals folkskrifter. 4.

HILDEBRAND, Emil, Brytningen i Sveriges historia Se Tidskrift, Historisk. 1894.

—, Karl XI:s testamente. Se: dersammast. 1895.

—, Lärobok i svensk statskunskap. 2:a uppl. 8:o, 154 s. Sthm, P. A. Norstedt & S:r. 92.
(1:a uppl 89.) Kart. 1: 50.

—, Svenska publikationer af hist. handl:r. Se: Tidskrift, Historisk. 1886.

Se: Beslut, Uppsala mötes.
Handlingar från Uppsala möte.
Regeringsformen, Sveriges.
Riksdagsakter, Svenska.
Skriftprof, Svenska.
Tidskrift, Historisk.

HILDEBRAND, Hans, En svensk nationaldag. Se: Skrifter, svenska nationalföreningens. 4.

—, Egyptologi. Se: Tidskrift, Nordisk. 1893.

—, Kongl. vitt. hist. o. antiq:s akademiens hundraårsfest. Se: Handlingar, K. vitt. hist. o. antiq:s-akad:s. 2.

—, Om svenska medeltidens brakteater. Se: Tidskrift, Antiqvarisk. IX.

—, V. Rydberg och den nord. mythologien. Se: Tidskrift, Nordisk. 1887.

—, Skara domkyrka Minnesskrift till den restaurerade domkyrkans invigning 1894. 8:o, 115 s. Sthm, C. E. Fritzes hofbokh. i distr. 94. 75 ö.

—, Sveriges medeltid. Kulturhistorisk skildring. 8:o. Sthm, P. A. Norstedt & S:r.
I. 6. (slutet.) s. 705—1,025 o. vj s. 94. 7 kr.
II. 3. s 273—432. 95. 3: 50.

—, Sveriges mynt under medeltiden. 8:o, 160 s. Sthm, P. A Norstedt & S:r. 95. 5 kr.

—, Visby o. dess minnesmärken. Med teckn:r af Rob. Haglund. 8 häften. 4:o, 136 s. o. 8 pl. Sthm, Wahlström & Widstrand. 93.
För häfte 2 kr , kompl. 16 kr., inb. 20 kr.

— —, Se: Jordebok, Stockholms stads — Månadsblad, Kgl. Vitt. hist. o. antiq. akad:s — Skattebok, Stockholms stads. — *Sturleson, S.*, Konungasagor. — Tidskrift, Antiqvarisk.

HILDEBRAND, Karl, Folkrätt och diplomati på Machiavellis tid. Se: Tidskrift, Nordisk. 1895.

—, Undersökn. till Uppsala mötes historia Se: Tidskrift, Historisk. 1893

HILDEBRANDSSON, H. H, Falb's "kritiska dagar". Se: Tidskrift, Nordisk. 1891.

—, Om undervisningsväsendet vid några lantbruksinstitut i utlandet. Reseberättelse. 8 o, 32 s. Sthm, P. A. Norstedt & S:r. 91. 75 ö

—, Om regn o. moderna regnmakare. Se: Tidskrift, Nordisk. 1894.

—, Om väderleksmärken. Se: Föreningen Heimdals folkskrifter. 12.

—, Skogarne o. klimatet. Se: Tidskrift, Nordisk. 1889.

—, Typer för synoptiska väderlekskartor. 1 blad. Ups, Akad. bokh. 89. 1: 25.

—, Se: *Mohn, H.* o. *Hildebrandsson, H. H.*, Les orages dans la péninsule scandinave.

HILDÉN, K. Aug., I Palestina. Reseanteckningar. Med 32 pl. o. 1 karta. 8:o, 245 s. H:fors. Förf:n. 91. 3: 50, inb 4: 50 fmk.

HILLER, Philipp Friedr, Minne af konfirmationsdagen Öfv. af *P. Rydholm*. 8:o, 156 s. Göteb, N P. Pehrsson. 88 Inb. 1· 40.

—, Valda minnesverser ur P. F. Hillers Andlig skattkammare. Ny öfvers. af *C. H. S.* 3:e uppl. 16.o, 191 s. Sthm, P A. Huldbergs bokf.-aktb. 88. 65 o, kart. 80 o.

HILTY, C., Lycka Öfv af *O. A. Stridsberg*. 8:o, 227 s. Sthm, Fahlcrantz & K. 94. 2: 25

"Himlaprinsen". Samlade berättelser ur framlidne bonden Jon Svenssons i Norrala lif Upptecknade af *S. H.* o. *E. G W.* 5:e uppl. 12·o, 60 s Ups, Missionsbokh. 89. 35 ö

Himmelen, dess innevånare o. umgängeslif. Öfv. från eng. af *Cyrus*. 8.o, 147 s. Sthm, F. & G. Beijers Bokf.-aktb. 89. 1 kr.

HIMMELSTRAND, A L, Grafiska metertabeller för förvandling af längdmått, vigt, rymdmått o. ytmått af hela tal och bråk. 8:o, 37 s. Sthm, Utg:n. 91. 1 kr.

HIMMELSTRAND, V., Urval af franska anekdoter till underlag tor talöfningar. 8.o, vj o. 99 s Sthm, P. A Norstedt & S:r. 93. 1: 25.

HINTZE, Alex., Se: Tidskrift för jägare o. fiskare

HINTZE, Theodor, Se. Samling af författningar, polisorder m. m. som angå Stockholms polis.

Hippodrome. 4:o, 14 kol. pl. Malmö, Envall & Kull. 88. 1: 75.

HIRN, Karl E., Ueber die Verteilung der Wohnsitze in Satakunta. Se: Medd. vetenskapliga.

HIRN, K. D. A, Se: Missionstidning för Finland.

HIRTH, Georg. Tankar rör. teckningsundervisning o. konstnärsbildning Öfv. från tyskan. Med förord at *Hugo Hörlin*. 8:o, 41 s Sthm, G Chelius 87. 1 kr.

HISINGER, E., Puccinia Malvacearum Mont. funnen till Finland. Se: Medd af Soc. pro fauna et flora fenn. 16

—, Recherches sur les tubercules du Ruppia rostellata et du Zannichellia polycarpa provoqués par le Tetramyxa parasitica. I. Notice préliminaire 8:o, 10 s o. 10 pl. H:fors 87. 3 fmk.
Jfr. Medd. af Soc. pro fauna et flora fenn 14

Historia, En ny märkvärdig, om Kloka Stina i Karlshult Se: Minnen från Skansen. 19

Historia, En ung flickas, af *I*. Se. [*Leretzow, Cornelia.*]

Historia om en gammal sockertunna. Med fristående bilder. 4:o, 4 kolor. blad. Malmö, Envall & Kull. 92. Kart 2: 75.

Historia, Korstågens, Bearb efter *Bernh. Kugler* o. *Otto Henne am Rhyn*. Med illustr. af *Gustav Doré*. 4.o, 426 o vj s. Göteb., T. Hedlund. 94. 6: 75.

Historia, Min egen. Öfv. från eng. Med illustr. 2:a uppl. 8:o, 142 s. Sthm, Fost.-stift.s f-exp 95. 85 ö., kart. 1: 10. klb. 1: 75.
(1:a uppl 77.)

Historia Trojana. Utg af *Rob. Geete*. Se: Samlingar utg. af Svenska fornskriftsällskapet. 104.

Historia, Ur Finlands. Publikationer ur de Alopæiska papperen. Redigerade af *Ad Neovius*. 1:a— 12:e slut hft 8:o, 964, lxiv s. o. 4 pl. H:fors, Söderström & K. 90 95. För häfte 1: 50

Historia, Ölands o. Borgholms slotts, i sammandrag af *J. M. L* 3:e uppl. 8:o, 40 s. o. 3 pl. Kalmar, H. Appeltofts bokh. 94. 75 ö.

Historien om Ali-Baba. Se: Bilderböcker. 12.

Historien om Oxenstjerna, eller kalfven, som skulle bli student. Historisk folksägen från Vestergötland af *A. L—m*. 8.o, 18 s. Göteb., Alfr. Lidholm. 90. 25 ö.

Historier, Små, för smått folk, af *E. A.* Med bilder. 8:o, 175 s o. 7 pl. Sthm, G. Chelius 92.
Inb. 2: 25.

HJELM, O. Se: Skogvaktaren.

HJELMÉRUS, Alfred. Formella logiken baserad på identitetprincipen. Akad. afh. 8.o, 133 s. Lund, Aug Collin 89. 2 kr.

—, Gustaf IV Adolfs frierier. Etter *Samuel Hjerners* dagboksantecknr. 8 o, 127 s. Lund, Aug. Collin. 91. 1 kr.

—, Upplysningen o. kristendomen. 8:o, 129 s. Lund, Gleerupska univ s bokh i distr. 95. 2: 50.

HJELMÉRUS, Joh., Om laga skifte. 8:o, 147 s. Lund, Aug. Collin. 89. 3 kr.

HJELMMAN, J. V., Om hjärnsyfilis, dess frekvens, kronologi, etiologi och prognos. Akad. afh. 8:o, 4 o 160 s H:fors. 92. 4 fmk.

—, Studier öfver amyloidnjurens etiologi o. symptomatologi. Akad afh. 4:o. 61 s. o. 1 tab. H.fors. 90. 2 fmk.

HJELMQVIST, P., Pontus Wikner o. ungdomen. Föredrag. 8:o, 32 s Goteb., Kristl fören. för unge män. 93. 25 ö.

HJELMQVIST, Theodor, C. J. L Almqvist såsom etymolog Föredrag i Filologiska sällsk i Lund 1891. 8:o, 28 s. Lund, Gleerupska univ:s-bokh. 92 50 ö.

—, En ny källa för vår fosterländska odling. Några anteckn:r om Svenska akad:s ordbok. 8.o, 62 s. Lund, C. W. K. Gleerup. 93 50 ö.

—, Naturskildringarna i den norröna diktningen. Akad. afh. 8:o, 218 s. Lund, Gleerupska univ:s bokh. i distr. 90. 2: 25.

—, Om begagnandet af Svenska akad:s ordbok. Några anm:r. 8.o, 35 s. Lund, C W. K. Gleerup 94. 25 ö.

Hjelp i nöden. En liten rådgifvare, som bör finnas i hvarje hem. Den innehåller en mängd hus- o. sympatikurer, många af Kisamor o. Wingåkersgubben m. fl. Liten 8:o, 32 s. Sundbyberg, fröken E Hvitfeldt. 93. 50 ö.

Hjelpreda vid lösning af Todhunters öfningssatser i geometri. Satser 1—280. 8:o, 95 s. o. 6 pl. Lund, Aug. Collin. 94. 1: 75.

HJELT, Arthur, Etudes sur l'hexaméron de Jaques d'Edesse notamment sur ses notions géographiques contenues dans le 3-ième traité. 4:o, 3, 450 o. lxxx s. H:fors. Förf:n. 92. 2: 50 fmk.

HJELT, Arthur, Se: Föredrag vid tredje nord. studentmötet.

HJELT, Aug. J, Die Struktur der Bevölkerung Finlands im Jahre 1880. 8:o, 11 s. o. 2 diagr. H:fors 89. Jfr. Fennia I: 14.

—, Om erkebiskop Tengströms Försök till en geografi öfver Finland. Se: dersammast. I, 2 b.

—, Sparverksamheten o. postsparbanken. Se: Folkupplysn. sällsk. skrifter 60.

—, Sveriges ställning till utlandet närmast efter 1772 års statshvälfning. Akad. afh. 8:o, x, 222 o. 34 s. H:fors. Förf:n. 87. 2: 50 fmk. Jfr. Bidrag till känned. af Finlands natur o. folk. 45.

—, Se: *Keith, J*.

HJELT, Edv., Den kemiska institutionen vid det finska universitetet 1761—1890. 4:o, 69 s. o. 2 pl. H:fors. 90.
Jfr Comment. variæ in mem. act. CCL ann. I.

—, Die intramoleculare Wasserabspaltung bei organischen Verbindungen monographisch dargestellt. 4:o, 66 s. H:fors. 88.
Jfr. Acta soc:is scient fenn. XVI.

—, Einwirkung wasserentziehender Mittel auf Alkohole. Se: Öfversigt af Finska Vet. soc:s förhandl. XXIX.

. Franske kemister för 60 år sedan, tecknade af F. Wöhler i bref till Berzelius. Se dersammast. XXXV.

, Ftalidbildningen ur o-oxymetylbenzoesyra vid olika temperaturer. Se: dersammast. XXXIV.

, Grunddragen af allm. organ. kemin. 3:e omarb. uppl. 8:o, vj o. 195 s. H:fors, G. W. Edlund. 95. 3 fmk.
(2:a uppl. 87.)

. Kemin. Med 45 träsn. 8:o, xiv o 323 s. H:fors, Folkupplysn. sällsk. 88. 3: 50 fmk, klb. 4 fmk.
Jfr. Folkupplysn. sällsk. naturvet. bibl. I.

, Kemisk undersökning af hafsvattnet i Finlands sydvestra skärgård o. Bottniska viken. 8:o, 7 s. H:fors. 88.
Jfr. Bidrag till känned. af Finlands natur o. folk. 46.

—, Med anledning af en kritik af U. Collan. Se: Öfversigt af Finska Vet. soc:s förhandl. XXXIV.

—, Minnestal öfver Johan Jacob Chydenius. Se: Acta soc:is scient fenn. XVIII.

, Mindre medd. från univ:s kemiska laboratorium. 1—3. 9—11. Se: dersammast. XXVIII o. XXXVI.

, Notis om tennets grå modifikation. Se: dersammast. XXXII.

, Om anilins inverkan på syreestrar i närvaro af natrium. Se: Öfversigt af Finska Vet. soc:s förhandl. XXIX.

, Om ftalföreningarnas konstitution. Se: dersammast. XXVIII.

—, Om kaliumsulfids inverkan på xylylenbromiderna. Se: dersammast. XXXI.

, Stipendier och stipendiifonder stående under det finska universitetets förvaltning 8:o, 7 o. 118 s. H:fors, G. W. Edlund 94. 2 fmk.

, Ueber die Geschwindigkeit d. Hydrolyse des Phtalids. Se: Öfversigt af Finska Vet soc:s förhandl. XXXVI.

, Ueber Orthoxylenylchlorid. Se: dersammast. XXVIII.

, Undersökn:r öfver anhydridbildningen hos syror tillhörande bernstenssyregruppen. Se: dersammast. XXXV.

HJELT, Edv., Undersökningar öfver symetrisk attyletyl-bernstenssyra. Se: dersammast XXXIV.

, Undersökn:r öfver symetrisk dietyl bernstenssyra. Se: dersammast. XXX.

, o. **ASCHAN, Ossian**, Lärobok i organisk kemi. 2 dlr. 8:o, xiv o 974 s. H:fors, G. W. Edlund. 94.
15 fmk (11 kr.)

—, Mindre meddelanden från universitetets kemiska laboratorium. 4—8. Se: Öfversigt af Finska Vet. soc:s förhandl. XXX.

, o. **GADD, Magnus**, Ueber pseudocumenyl alkohol. Se: dersammast. XXVIII.

, o. **SIVEN. V. O**, Einige Beobachtungen über symetrisches Dibromaceton. Se: dersammast. XXXI.

HJELT, Hj., Conspectus floræ fenn. Se: Acta soc:is pro fauna et flora fenn. V: 1. 3.

, Se: Herbarium.

HJELT, J, Några bidrag till Aurora förbundets historia. 8:o, 70 s H:fors. Förf:n. 1 kr.

HJELT, Otto E. A., De medicinskt-vetenskapl. institutens uppkomst o. förhållande till läkekonstens utveckling. 8 o, 34 s H:fors.
Jfr. Comment. variæ in mem. act CCL ann. V: 1.

. Medicinska förhållanden i Åbo på 1760-talet. 4:o, 30 s. H:fors.
Jfr. Comment. variæ in mem. act. CCL ann. II: 1.

, Svenska och finska medicinalverkets historia 1663—1812. 8:o. H:fors, G. W. Edlund.
I. 6, vj o. 564 s. 91.
II. 2, xj o. 616 s. 92
III. 4, xiv o. 793 s. 93.
Kompl inb. 44: 50.
Utkom i 24 hfn. à 1: 50 fmk.

—, Svenska statens inköp af hemliga läkemedel o. särskildt kirurgens Guy's medel mot kräfta. 8:o, 28 s. H:fors
Jfr. Bidrag till kännedom af Finlands natur o. folk. 47.

HJELT, Vera, Mellan läxan o. leken. Sagor o. berättelser. 8:o, 76 s. H:fors, W. Hagelstam. 94.
Kart. 1: 40.

, Qvinnan på de praktiska arbetsområdena. Utg. på uppdr. af Finsk qvinnoförening. 8 o, 56 s. H:fors, Söderström & K. 88. 75 ö.

, Slöjdläraren för de små. Afbildn:r o. anvisn:r vid träslöjd för ålderklassen 6—10 år. 50 afbildn:r o. xj text. H:fors, G. W. Edlund. 86 3 fmk.

HJELTSTRÖM, S. A., Om nederbördens förändringar i Sverige under sommarhalfåret. Se: Handlingar, K. sv Vet.-akad:s. XXI, 3.

HJERPE, J. A., Den praktiska fruktträdsskolan. 8 o, 48 s. Sthm, Looström & K. i komm 89 50 ö.

Hjertehelsning. Verser af *S. H—r*. Med illustr. 4 blad velin. (Tr. i Nürnberg.) Sthm, G. Chelius. 95. 50 ö.

HJORTH, Br., Snabbräknaren. 1 kartonerad tabell med rörlig skifva. Göteb., D. F. Bonniers f.-exp. 89. 60 ö.

[**HJORT, E. G:son**], Vägledning för turister på Kinda kanal. Af *Cerrus*. 8:o, 56 s. o. 1 karta. Linköp. P. M. Sahlströms bokh. 88. 75 ö.

HJORTH, Ellis (E—th). Från solskensdagar. 8 o, 162 s. Sthm, P. A. Huldbergs bokf-aktieb. 91.
1: 50.

HJORT, Hj., Tysk grammatik. (Den imitativa metoden.) I. Formlära. 8:o, 68 s. Sthm, W. Billes Bokf-aktb. 94. 85 ö.

HJORT, Hj., Se: *Heyse, Paul*, Colberg. — Litteratur, Aus dem neueren deutschen. — *Müller, C. W.*, Aus demselben Holze.

—, o. **A. LINDHAGEN**, Kort lärobok i tyska språket. 8:o, 57 s. Sthm, W. Billes Bokf. aktb. 92. 55 ö., kart. 75 ö. Tilläggshäfte till ofvanst. 16 s. 20 ö.

—, Praktisk lärobok i tyska språket för skolans lägre klasser 2:a omarb. uppl. 8.o, 167 s o. 3 pl. Sthm, W. Billes Bokf.-aktb. 94. Inb. 2 kr. (1:a uppl. 91.)

—, Extra-häfte till Praktisk lärobok i tyska språket, innch. metodik, exempelutdrag m. m. 2:a omarb. uppl. 8:o, 59 s. Sthm, W. Bille. 94. 1 kr. (1:a uppl. 91.)

HJORTH, Hj., Se Meddelanden för helso- o. sjukvård.

Hjorvard, Elin på Måsön. Se: Öreskrifter för folket. 151.

Hjälpreda i metersystemet af *K. W.* 8:o, 16 s. Kalmar, Karl Wirsell 89. 20 ö

Hjältar, Svenska under de sista 400 åren skildrade af framstående histor. författare. Ny uppl. utg. af *J. R. Spilhammar.* 8:o. Sthm, Alb. Bonnier.
I. Från Gustaf Wasa till Karl X Gustaf Med 15 helsidespl. o 13 portr. i texten. 152 s o. 15 pl. 91. Kart. 2 kr.
II. Från Karl X Gustaf till våra dagar. Med 17 illustr. o. 19 portr. 184 s o. 17 pl. 95. Kart. 2 kr.

HJÄRNE, Harald, Från Moskva till Petersburg. Rysslands omdaning. Kulturhistoriska skildringar. 1:a o. 2:a hft. 8:o, 176 s. Ups., Akad. bokh. 88 - 89. För häfte 1 kr.

—, Helsingelif under Helsingelag. 8:o, 29 s. Söderhamn, E. Everlöf. 93. 25 ö.

—, Reformationsriksdagen i Vesterås. Se: Spörsmål, Svenska 7.

—, Renässans o. reformation. Se dersammast 13.

—, Rösträtt o. värneplikt. Se: dersammast. 1.

—, Ryssland under nordiska krigets återverkan. Se: Tidskrift, Nordisk. 1892

—, Storpolitiska villobilder från frihetstiden. Se: dersammast. 1889.

—, Unionsbref, publicerade i Göteborgs Aftonblad. 4:o, 15 s. Sthm, Looström & K. i komm. 93. 60 ö.

—, Unionsfrågan o Sveriges försvar. 8:o, 37 s. Ups., Lundequistska bokh. 92. 50 ö.

—, Unionsrevisionismen. Tal i Upsala d 27 okt. 1895. 8:o, 27 s. Ups., Lundequistska bokh. i komm. 95. 10 ö.

—, Universitetens folkbildningsarbete i England. Se: Spörsmål, Svenska. 4.

—, Öfversigt af Sveriges ställning till främmande makter vid tiden för 1772 års statshvälfning. 8:o, 10 s. Ups., Lundequistska bokh. 84. 75 ö.

—, Se: *Magnus, Olaus*, Literära fragment. — Unionsfrågan. I.

Hjärtan, För sargade. Öfv. af *Math:a Langlet.* 8.o, 47 s. Ups., Akad. bokh. 95. Kart. 1 kr.

Hobert Pascha — Amiral Hobert paschas lif o. bedrifter under engelsk o. turkisk örlogsflagg. Öfv. af *J. Granlund.* 12:o, 280 s. Sthm, Ad. Johnson. 92. 2: 50. Jfr Bibliotek, Ungdomens 15.

HOCHSCHILD, C. F. L, Desideria. Sveriges o Norges drottning. 8:o, 68 s o. 1 portr. Sthm, C. E Fritzes hofbokh. 89. 1: 25.

—, Gustaf III, Sofia Magdalena o. Christian VII. Se: Tidskrift, Historisk. 1893.

HOCKING, Joseph, Munken från Mar-Saba. Berättelse. Öfv. från eng. 8:o, 218 s. Sthm, Nordin & Josephson. 94. 2 kr.

HOCKING, Silas K., En moders testamente eller Harrys Fader. Öfv. från eng. 8:o, 251 s. Sthm, P. Palmquists aktb. 88. 1: 50, kart. 2 kr, klb. 2: 50.

HODDER, Edwin, Den unge kontoristen eller "Om skalkar locka dig, så följ icke." Öfv. från eng. 3.e uppl. 8.o, 151 s. Sthm, Fost-stift:s f.-exp. 93. 85 ö., kart 1: 10, klb. 1: 75. (1:a uppl. 80. 2:a 84.)

HODELL, Frans, Herr Larssons resa till senaste landtbruksmötet. Se: Bibliotek för teatervänner. 152.

—, Kärleken på sommarnöje. Se: Teatern, Svenska. 126.

HOENIG, Fritz. Se: Förlag, Militärlitteraturföreningens 68.

HOFACKER, Ludvig, Predikn:r för alla sön- o högtidsdagar. Öfv. af *L. W. Löhman.* Ny uppl. 2 dlr. 8.o, 560 o. 584 s. Sthm, Bokt.-aktb. Ansgarius. 87. 7 kr., inb i 1 band 8: 50, i 2 band 10 kr.

HOFBERG, Herm, Genom Sveriges bygder. Skildr. af vårt land o folk. Ny uppl. genomsedd o. tillökad af *J. P. Velander.* Med öfver 400 illustr. 1:n—4.e hft. 8 o, 192 s. o. 16 pl Sthm, Alb. Bonnier. 95 För hft 50 ö.

HOFF, J. H. van't, Lois de l'équilibre chimique dans l'état dilué, gazeux ou dissous. Se: Handlingar, K. sv. Vet-akad:s. XXI, 17.

HOFFMAN, Frans, Jakob Ärlig. I höga norden. Tvenne berättelser för ungdom. Öfv. af *J—y R.* 8:o, 136 s. o. 2 pl. Sthm, F. & G. Beijers Bokf.-aktb. 86. Kart. 2 kr.

—, Zigenar-Fritz. Gull-gossen. Tvenne berättelser. Öfv. af *J—y R.* 8:o, 151 s. o. 2 pl. Sthm, F. & G. Beijers Bokf.-aktb. 86. Kart. 2 kr.

HOFFMAN, H., Das Antikenkabinett. Se: Auswahl aus der neueren deutschen Litteratur. 4.

HOFFMAN, Heinrich, Drummel Petter eller lustiga historier o tokroliga bilder för barn af 3—6 år. 6.e uppl. 4.o, 24 s. H:fors, K. E. Holm. 94. 2: 80 fmk.

HOFFSTEDT, W, Anordning o. skötsel af arbetstransmissioner. Se: Handböcker, Svenska Teknologföreningens.

—, Se: *Bach, C.*, Maskinelement. — Förhandl:r vid 2:a teknologmötet — Tidskrift, Teknisk.

HOFGREN, G., Se: Tidskrift, Entomologisk.

Hofspektakel, Ett. Humoresk. Bearb. 8.o, 58 s. Sthm, C A. V. Lundholm. 88. 50 ö.

Hofstallet, Kongl. eller ett nytt riksdags- o. bankhus å Helgeandsholmen. 8:o, 23 s Sthm, tr. hos K. L. Beckman. 88 25 ö.

HOFSTEDT, C. A. Z., Den katolska kyrkolärän o. den hel. skrift. Se: Skrifter, utg. af Samf. pro fide et christianismo. 29 c.

HOFSTEDT, Axel, Till Zions väktare. Pred. vid prestkonferens d. 20 aug. 1895. 8 o, 12 s. Nyköping. Förf:n. 95. 20 ö.

HOFSTEN, J. C. v., Barnen på Kullersta m. m. Med orig illustr af *Jenny Nyström.* 8 o, 163 s. Sthm, F & G. Beijers Bokf.-aktb. 87. Kart. 2: 25.

—, Bilder ur Danmarks historia. Se: Ungdomsböcker, P. A. Norstedt & S:rs. 22 o. 23.

—, Bilder ur Vermlands folklif. Med orig. illustr. af *Jenny Nyström.* 8:o, 174 s. Sthm, F. & G. Beijers Bokf.-aktb. 87. 2: 25.

—, En julhelg på landet, jemte några andra små berättelser. Se: Barnbiblioteket, Nya. 3:e saml.

HOFSTEN, J. O. v., En resa omkring jorden. Med kolor. fig. 4:o, 8 blad. Sthm, G. Chelius. 94.
1: 60.
—, Från Sveriges storhetstid. Se: Ungdomsböcker, P. A. Norstedt & Söners. 15.
—, Hos morfar. Bilder med text. 4:o. Sthm, G. Chelius 92. 1: 60.
—, Hos tant Klara. Jämte några andra småberättelser. Teckn:r af *Jenny Nyström*. 8:o, 127 s. o. 7 pl. Sthm, Alb Bonnier. 91. Inb. 2: 50.
——, Karamellstugan som Gunnar byggde Bilder med text. 4:o, 8 blad. Sthm, G. Chelius. 93. 1: 60.
— , Kusin Svantes besök o. Landtlif. Två berättelser. 8.o, 132 s. Sthm, Alb. Bonnier. 92. Kart. 2: 50.
—, Lekar o. påhitt. En bilderbok för småbarn. 4:o, 8 blad med kolor. fig. o. text. Sthm, G. Chelius. 95. 1 kr.
— -, Minnen från den karolinska tiden. Se: Ungdomsböcker, P. A. Norstedt & Söners. 8.
—. Tredje samlingen af barnhistorier. Med illustr. af *Jenny Nyström*. 8:o, 191 s Sthm, F. & G. Beijers Bokf.-aktb 86. Kart. 2: 50.
—, Se: Arla. — Barnbiblioteket, Nya svenska. — Gåtor o. Charader. — Noaks ark.
HOFSTEN, K. von, Se: Stämpelbok för kem. o. mekan. trämassefabriker.
HOFSTEN, Sven v., Cholera infantum på allm barnhuset i Stockholm. Akad. afh. Stor 8:o, 164 o. xv s. samt 4 pl. Sthm, Förf.n. 87. (Ej i bokh.)
HOLBERG, Ludvig, Comoedier i urval utg. på orginalspråket samt språkligt o. estetiskt belysta af *Carl R. Nyblom* o. *Helena Nyblom*. Liten 8:o. Sthm, Fahlcrantz & K.
  1. Den politiske Kandestober. 80 s. 88. 25 ö.
  2. Jean de France eller Hans Frandsen. Comoedi udi 5 acter. 74 s. 88. 25 ö
  3. Jeppe paa Bjerget. 63 s. 89. 25 ö.
  4 Mester Gert Vestphaler. 50 s. 89. 25 ö.
  5. Heinrich og Pernille 75 s. 89. 25 ö.
  6. Barselstuen. 100 s. 90. 25 ö.
  7. Mascarade. 82 s. 90. 25 ö.
  8. Jacob von Tyboe. 96 s. 90. 25 ö.
  9. Ulysses von Ithacia. 84 s 90. 25 ö.
 10 Erasmus Montanus. 76 s. 90. 25 ö.
 11. Den Stundeslöse. 91 s. 90. 25 ö.
 12. Don Ranudo de Colibrados. 96 o. xiv s. 90. 25 ö.
Kompl. 3 kr., inb. 4: 50.
[ ], Jeppe Nilsson på Berget eller den förvandlade bonden. Föreställd i en lustig komedi, på den Danska Theatern o. nu, till nöjsamt tidsfördrif, på svenska öfversatt. 8:o, 32 s. Sthm, A. Granlund. 87. 25 ö.
HOLCOMBE, H Lazarus, En romantisk skildring från Kristus' dagar. Öfv. 8:o, 347 s. Sthm, C E. Fritzes hofbokh. i distr. 90. 3 kr. inb. 3: 75.
HOLDEFLEISS, Fr., Ladugårdsgödsels behandling med kalisalt. Öfvers. — *v. Feilitzen, Carl*, Svenska mosskulturföreningens kulturförsök 1891. 12:o, 23 s o. 1 pl. Göteb., Wettergren & Kerber. 92. 50 ö.
HOLLAND, Henry Scott, o. **ROCKSTRO, W. S.**, Jenny Lind-Goldschmidt, hennes tidigare lif o. bana som dramatisk konstnär o sångerska 1820—51. En minnesteckning. Med illustr. o musik bil. Svensk uppl. af *J. R. Spilhammar*. 2 dlr. 8:o, xviij, 412, xij o. 412 samt musikbilagan 27 s. o. 6 pl. Sthm, P. A. Norstedt & S:r. 91.
11 kr., klb. 13: 50, hfrb. 16 kr.
HOLLANDER, A. G., Om gotiska folkstammens österländska härkomst, invandring i Skandinavien o äldsta religionsformer. 8:o, xvij o. 110 s. Sthm' Samson & Wallin. 89. 2 kr
HOLLANDER, A. G., Om svearnas förskandinaviska historia. Om läget af Asahem o. nordiska gudalärans ursprung etc. Med bihang: Om celtogotisk eller alfisk gudalära. 8.o, ix o. 74 s. Sthm, Samson & Wallin. 92. 1: 75.
[**HOLLBERG, Adriana f. BRYDOLF**]. Husmanskost. En hjelpreda för sparsamma husmödrar af *A. H.* Med förord af *Onkel Adam*. 8:e uppl. 12:o, 254 s. Sthm, Alb. Bonnier. 91. 1 kr., kart. 1: 25. (1:a uppl. 65. 2:a 66 3.e 68. 4:e 73. 5:e 79. 6:e 83. 7:e 86.)
HOLLGREN, C. A., Skogsvetenskapliga o. jagtzoologiska utflygter åren 1886—87. 8:o, 184 s. o. 1 portr. Sthm, Looström & K. i distr. 88. 3 kr.
—, Skärgårdsjagtens vård. 8:o, 51 s. Sthm, Looström & K. i distr. 90. 75 ö.
HOLLMERUS, A. L., Ornitologiska iakttagelser i Sotkamo o. Kuchmoniemi socknar. Se: Medd. af Soc. pro fauna et flora fenu. 15.
HOLM, Albin, Försök i bibelvetenskap o. bibeltolkning. I Jesaja: Profetiorna om främmande folk. 8:o, 79 s. Lund, C. W. K Gleerup 93. 75 ö.
HOLM, G. B. A. Se: Arkiv, Nytt juridiskt. — Register till Nytt jurid. arkiv. — Växellagen.
HOLM, Gerhard, Gotlands graptoliter. Se: Bihang till K. sv. Vet.-akad:s handl:r. XVI: IV, 7.
—, Om Vettern o. Visingsöformationen. Se: dersammast. XI, 7.
HOLM, Gert, Wattenpass o skönhetslinier eller Karl Svergesons Stockholmsbesök år 1909. Teckning. 8:o, 35 s. Sthm, Allm. Tidningskontoret. 94. 25 ö.
HOLM, Sam, Åtta bref i andliga ämnen. Tryckta efter förf:ns handskrifter. 8:o, 48 s. Lund, C. W. K. Gleerup 94. 30 ö.
HOLMBERG, Cecilia, f. BÅÅTH, Carl XV som enskild man, konung o. konstnär. En lifsbild. 8:o, 700 s. Sthm, Fahlcrantz & K. 91. 7 kr., klb. 9 kr. (Utkom i 14 hfn à 50 öre. 90, 91.)
—, »Frihetens» sångar-ätt i Sverige på 1840-talet. *G. L. Sommelius*, *J. Nybom*, *C. W. A. Strandberg*, *Wilh. v. Braun*, *O. P. Sturzen-Becker*. Litteraturhist. studier. 8:o, 395 s. Sthm, Alb Bonnier. 89. 4 kr.
—, *Gustaf Lorenz Sommelius*. Se: Tidskrift, Nordisk. 1888.
—, Sydskånska teckningar. 8:o, 153 s. Sthm, F. & G. Beijers Bokf.-aktb. 83. 1: 50.
—, Se: Sånger, 400.
HOLMBERG, D., Mynt af guld, silfver o. koppar: präglade i Sverige o. dess utländska besittningar 1478—1892 samt i Norge efter föreningen med Sverige. 8:o, 59 s. Sthm, Förf:n. 94. 5 kr.
HOLMBERG, E. Se: Homeros' Ilias.
HOLMBERG, E. J., Den liturgiska stridens o. Upsala mötes historia jemte kort beskrifning af jubelfesterna i Uppsala 1693 o. 1793 Ett trehundraårsminne 1593—1893. Med illustr. 8:o, 114 o. ij s. Sthm, P. A. Norstedt & S:r. 93. 1 kr.
På finare papper 1: 25, klb. 2 kr.
Äfven tryckta i en uppl. af 150 ex. in 4:o, 97 s. o. 16 pl. 6 kr.
HOLMBERG, Gust., Se: Förteckning å grafvar inom Stockholms norra begrafningsplats.
HOLMBERG, G. Henriksson, Katedersocialismen o. E. Dühring. Angrepp o. försvar. 8:o, 39 s. Sthm, Looström & K. i distr. 88. 35 ö.

HOLMBERG, Henrik, Se: Årsskrift, Skånska ingeniörsklubbens.

HOLMBERG, Teodor, Folkliga föredrag o. uppsatser. 1:a—4:e följden. 8:o, 31, 25, 21 o. 44 s. Tärna. Förf.n 91. Hvarje häfte 25 ö

HOLMBERG, Theodor, Huru skall undervisn. i historia göras fruktbärande för lifvet? 8:o, 17 s. Sthm, Samson & Wallin. 95. 25 ö.

—, Helgmålsringning Se. Skrifter utg af Svenska nykterhets-sällsk. 4.

—, Lifvets bärande krafter. Se: dersammast. 5.

—, Norska o danska läsestycken för skolor. 8 o, 215 s. Sthm, Fahlcrantz & K. 92. Inb 1: 85

—, Se: Sångbok, Soldatens. — Sånger, 400.

HOLMDAHL, S. J E, Bibeln, den bästa uppbyggelseboken. Tal vid bibelsällsk. årshögtid i Göteborgs domkyrka 8:o, 16 s. Goteb, N. P Pehrsson i komm. 90. 20 ö.

HOLMERZ, C. G., Vägledning i skogshushållning närmast afsedd för skogseleverna, landtbrukslarov:n m. fl. 2 a uppl. 8.o, 184 s Sthm, P. A. Norstedt & S:r. 94. 2 kr.

—, Se: Tidskrift för skogshushålln.

—, o. **ÖRTENBLAD, Th.,** Om Norrbottens skogar. Se: Bidrag till Sveriges officiela statistik. Q

HOLMGREN, Ann'Margret, Fru Strähle. Tidsbilder ur tre släktled af *Märta Bolle*. 8:o, 216 s. Sthm. Alb. Bonnier 94. 3 kr.

HOLMGREN, Aug Emil, Ichneumonologia suecica. Tom. III. Ichneumonides pneustici (utg. efter förf:s död af *Chr. Aurivillius*). 8:o, s 343–466 o. viij s Sthm, P. A. Norstedt & S r 89. 4 kr, kompl. 12 kr (Tom. I. utkom 1864. Tom. II 1878.)

—, Bidrag till kännedom om de skandinav foglarnes osteologi. Se: Bihang till K. sv. Vet akad s handl:r. XVII: IV, 5.

—, Om körtelinnervationer o. körtelkapillärer hos lepidopterlarver. Se: dersammast. XVIII: IV, 8.

—, Skandinaviens däggdjur. Se: *Widegren, Hj.* o *Holmgren, A. E.*, Handbok i Zoologi. I.

—, Se: Jagtstadgan.

HOLMGREN, A. W. Om de officinela o. om de nyare läkemedlens dosering, lösningsförhållanden, användningssätt m. m., om gifter o motgifter. 8:o, 52 s Malmö, Envall & Kull. 93. Klb o interfol 3: 25.

HOLMGREN, E M, Smörkalkyler, utvisande nettobehållningen efter olika försäljningspris 8:o, 29 s. o. anteckningsbok. Linköp., P. M Sahlströms bokh. i distr. 89. 75 ö.

HOLMGREN. Frith., En helt ny visa om vårens o. sommarens herrlighet på Skansen af *Frithiof Ostgöte*. Se: Minnen från Skansens vårfest 6

—, Linnéa. Dikt. Med 6 etsningar af *Leo Kayser*. 4:o. 6 s Sthm, G Chelius. 91. 3 kr,

HOLMGREN, Josef, Roms kristna katakomber. 12 o. 29 s. Örebro, Söndagsskolföreningen. 87. 20 ö.

HOLMGREN, Otto, Svenska armén. 4 o, 7 pl. i färgtr. Sthm, Nordin & Josephson i distr. 89. 2: 50.

HOLMQVIST, Filip, Metodiska skriföfningar. Tvär 4:o, 28 blad. Goteb., H. Brusewitz 88. 45 ö.

—, Om skrifning och skrifundervisning Anvisn:r o. råd för skola o. hem. Med 21 illustr 8:o, 57 s. Göteb, H. Brusewitz. 90. 1 kr

HOLMQVIST, J. H., Predikningar öfver kyrkoårets samtliga epistlar jemte några hittills otryckta predikoutkast af *H. Schartau* 1:a–8.e (slut häft. 8:o, 1,568 s. Lund, H. Ohlsson 91—95. Hvarje hft. 1 kr.

HOLMSTEN, O. F., Praktisk trädgårdsbok. Efter Christ's Gartenbuch für Bürger u. Landmann bearb Med 195 illustr. 8:o, 375 s. Sthm, Looström & K. 93 6 kr., kart. 6: 50, hfrb 7: 50.

HOLMSTRÖM, A. P., En samling skriftermål. 2:a uppl. 8.o, 160 s. Sthm, Z. Hæggströms f.-exp. 90. 1 kr, inb. 1: 50

HOLMSTRÖM, Leonard, Bokföring för husmödrar på landet. 3.e uppl Tvär 8:o. Lund, C. W. K. Gleerup. 94. Inb. 75 ö (2:a uppl 87)

—, Handledning uti fältmätning o. afvägning. Med 136 fig. o. 3 taflor. 8 o, 118 s o. 3 pl. Lund, C. W. K Gleerup. 93 Kart. 1: 50.

—, Kan man genom rationel utfodring ernå högre fetthalt i komjölken? Se: Skrifter, Smärre, afsedda att utdelas vid husdjurs-premieringen. 15

—, Kort lärokurs i naturlära och landthushållning. 8.o. Lund, Gleerupska univ:s bokh. i distr.

I. Naturlära. iv o 182 s. 88. 1: 50.
II. Jordbrukslära. 202 s. 89. 1: 50
III. Husdjurslära 156 s 89. 1: 25.

—, Om den nord. folkhögskolan. Se: Tidskrift, Nordisk. 1886.

—, Om nivåförändringar. Se: dersammast. 1887.

—, Om strandliniens förskjutning å Sveriges kuster. 4:o. 99 s. o. 7 pl Lund, Gleerupska univ:s-bokh 88. 5 kr.

Jfr. Handl., K. sv. Vet-akad s. XXII: II, 9.

HOLMSTRÖM, Olof, Den kyrkliga katekisationens pedagogiska betydelse o. predikans pastorala karakter. 8 o, 51 s. Lund, C. W. K. Gleerup. 92. 75 ö.

—, Kritisk belysning af teologiska fakultetens utlatanden i fråga om professuren i pastoralteologi vid Upsala universitet. 8.o, 46 s. Lund, C. W. K. Gleerup. 92. 50 ö.

—, Om kyrklig fattigvård. Ett inlägg i fattigvårdsfrågan för bestämmande af diakonikens begrepp. 8:o, viij o. 286 s. Lund, C. W. K. Gleerup. 92. 3 kr.

—, Om kyrkostyrelsen inom lutherska kyrkan. 8:o, 115 s. Lund, C. W. K. Gleerup. 86. 2 kr.

—, Om ordinationen inom lutherska kyrkan. 4 o, 182 s. Lund, Gleerupska univ:s bokh 89. 3 kr. Jfr. Acta univ.is Lundensis. XXV: I, 1.

—, Tankar i handboksfrågan med anledn. af 1893 års revid. handboksförslag 8.o, 51 s Lund. C. W. K. Gleerup. 93 60 ö.

—, Underd. besvär o slutpåminnelser i anledn. af förslag till lediga professuren i pastoralteologi vid Upsala univ. samt akadem. konsistoriets o. doc. H. W. Totties underd. förklaring. 8:o, 16 o. 37 s. Lund, C. W. K. Gleerup 93. 75 ö.

—, Vårt Lutherska skriftemål. 8:o, viij o. 308 s. Lund, C. W. K. Gleerup. 91. 3: 50.

HOLSTI. Hugo, Om ålderns, könets o. sociala förhållandens inverkan på dödligheten i tuberkulösa sjukdomar, särskildt i lungsot 4:o, 16 s. o. 1 tab. H.fors

Jfr. Comment. variæ in mem. act. CCL ann. V: 4.

—, Ett fall af akromegali. H:fors Se: dersammast. V: 4.

—, Se: Handlingar, Finska läkaresällsk.

HOLT, Emely Sarah, Slaffickan i Pompeji eller på hemliga vagar. En berättelse från kristendomens första århundrade. 8:o, 215 s Sthm, Fost -stift:s f-exp. 94. 1: 25, kart. 1: 50.

HOLTER, C. V., Öfningar o exempel med förkl:r att användas vid inhemtandet af bokhållerisystemet. 8:o, 40 s. Sthm, Tekniska skolan. Ej i bokh

HOLTHAUSEN, F., Uppkomsten af det äldre engelska dramat. Se. Tidskrift, Nordisk. 1894.

HOMÉN, E. A., Bidrag till känned. om Hemiatrophia facialis samt Nervi trigemini ursprung. 8 o, 25 s. H:fors
Jfr. Comment. variæ in mem. act. CCL ann. V: 2.

——, En säregen familjesjukdom under form af progressiv dementia, i samband med utbredda kärlförändringar, 8 o, 12 s. H:fors.
Jfr. dersammast. V: 8.

HOMÉN, Theodor, Bidrag till kännedom om nattfrostfenomenet 8:o, 36 s. o. 6 pl. H:fors. Söderström & K. 93 1 kr.

——, Bodenphysikalische und meteorologische Beobachtungen mit besonderer Berücksichtigung des Nachtfrostphänomens. 8:o, 3, 225 s. o. 2 taf. H:fors. 94. 6 fmk.
Jfr. Bidrag till kännedom af Finlands natur och folk. 54.

——, I frågan om nattfrosterna. Genmäle till prof Lemströms likabenämnda, mot min publikation "Om nattfrosterna" riktade uppsats. 8:o, 27 s. H:fors, Söderström & K. 94. 40 ö.
Jfr. Öfversigt af F. Vet.-soc.s förhandl:r. XXXVI.

——, Om nattfroster. 8.o, 4, 208 s. o. 2 Tab. H:fors, Söderström & K. i distr. 93. 4 kr.

——, Ueber die Electricitätsleitung der Gase. I – III. 4:o, 33, 13 o. 40 s. samt 1 pl. H:fors 86–88.
Jfr. Acta soc.is scient. fenn. XVI: 4. XVII: 2, 3.

——, Vergleich zwischen den Entladungsversuchen mit statischer Elektricität und solchen mit continuirlichen Strömen. Se: Öfversigt af Finska Vet-Soc.s förhandl. XXXIV.

Homeros. Se: Anthologia Homerica.

Homeros' Ilias, sång I–IV. Prosaisk öfv. af *E. Holmberg*. 2:a uppl. 8:o, 61 s. Sthm, F. & G. Beijers Bokf.-aktb. 89. 75 ö.

Homeros' Odysseia i urval o. sammandrag. Med inledn. o. förkl:r af *V. Knös*. 8:o. Sthm, P. A. Norstedt & S:r.
1:a hft. Inledn. af 1:a sången jemte ordlista. vj, s. 1–16. 1–62 o. 25 s. samt 2 pl. 87. 1: 90, klb. 2: 50.
2:a hft. 2:a o. 3:e sångerna. s. 17 - 48. 63–107 s 88. 1: 25, klb. 1: 75.
3:e hft. 5:e–8:e sångerna. s. 49–88. 107–146 o. 27–46. 91. 1: 60, klb. 2: 10
4.e hft. 9:e–13.e sångerna. s. 89 152. 147–208 o. ij s. 92. 2 kr, klb. 2: 50.

Homeros' Odyssé öfversatt at *P. G. Lyth*. 8:o. Sthm, Ad. Johnson.
1:a hft. Inledning. Sångerna 1–2. 55 s. 94. 75 ö.
2:a hft. Sångerna 3–4. 54 s. 94. 75 ö.
3:e hft. Sångerna 5–7. 48 s. 94. 75 ö.

HOOF, Jac. Otto, Högmessopredikn:r öfver de årliga sön- och högtidsdagars evangelier. 4:o, 760 s Sthm, F. & G. Beijers Bokf.-aktb. 94 Inb. 7 kr.

HOPE, Anthony, Fången i Zenda. Öfv af *Erik Thyselius*. 8:o, 215 s. Sthm, J. Seligmann 94. 2 kr.

HOPKINSON, Arabella M., Dora Travers. Öfv. från eng. af *Celina Schröder*. 2 dlr. 8:o, 545 s Sthm, W. Billes Bokf.-aktb. 93. 3 kr.

Hopp, hejsan, hurra! Verser af *E. A.* Bilder af *S. Flint*. 12 s. Sthm, G. Chelius. 92. 80 ö.

Hopp, Härlighetens, af *L. J.* 8.o, 79 s. Karlskrona, Länsboktryckeriet 88. 45 ö., kart 65 ö.

HOPPE, Otto, Intryck o. hågkomster från ett tyskt gymnasium Se: Tidskrift, Nordisk. 1891.

——, Svensk-Tysk ordbok. Skoluppl. Stereotyp. uppl. 8:o, v o. 391 s. Sthm, P. A. Norstedt & S:r. 92. Inb. 6 kr.

HOPPE, Otto, Tysk ljud- o. uttalslära. 8:o, 28 s. Sthm, P. A. Norstedt & S:r. 94 50 ö.

——, Tysk-svensk ordbok. 2.a stereotyp. uppl. 8 o, iv o. 796 s. Sthm, P. A. Norstedt & S:r. 90. Inb. 9 kr.
(1:a uppl. 86.)

——, Tysk-svensk ordbok. Skoluppl. Stereotyp. 8:o, vj o. 533 s. Sthm, P. A. Norstedt & S:r. 89. Inb. 6: 50.

——, Se: Nystavaren. — *Suttner, B. von*, Lustspiele.
——, Se *Wildenbruch, E von,* Der Letzte.

Horatio Se: */Wieselgren, Sigfrid./*

Horatius Flaccus, Q., Carmina et epodon liber. Med komment. af *And Frigell*. 2:a omarb. uppl. 8:o, 279 s. Sthm, P. A. Norstedt & S:r. 88. 2 kr., inb. 2: 75.

——, Carmina selecta. Af *K. Wintzell*. Se: Skalder, Latinska, i urval. 4.

——, Carmina selecta Horatii oden i urval med inledn. förklarande anmärkn:r m m. utg. af *J. Bergman* 8:o, 152 s Sthm, A. V. Carlsons Bokf -aktb. 92 1 kr., kart. 1: 25.

——, Epistlar i ordagrann öfvers utg. till den stud. ungdomens tjenst. 8.o, 80 s. Lund, Aug. Collin. 91. 1: 25.

——, Satirer o. bref. Öfv. af *S G. Dahl*. 8:o, 176 s. Sthm, Aktieb. Hiertas bokförlag 87. 2 kr.
——, Se: *Lyth, P. G.*, Öfv. af Horatius' oden.

HORN, Claes. Fr., Minnen ur min lefnad. Se: Tidskrift, Historisk. 1892.

HORNBERG, Guido. Se: Ljus åt vårt folk.

HORNSTEDT. C. F.. Se: *Bladh, P J.*, Anteckningar.

HOUGBERG, Emil, Bidrag till känned. om den progressiva paralysins etiologi med särskild hänsyn till syfilis. Akad afh. 8:o, 3 o. 143 s. H:fors. 92.

——, o. **HÄLLSTEN, K**, Matériaux pour servir à la connaissance des crânes des peuples Finnois. Se: Bidrag till känned. af Finlands natur o. folk. 44.

HOUGBERG, K. J, Finlands apotekare. Biografiska uppgifter. 8:o, iv o. 221 s H:fors, W. Hagelstam. 95. 5 fmk.

HOWELL (Mrs) Pictures of girl life Se: Författare, Moderna, engelska. 2.

HOWITZ, Fr., Kort sundhetslära för kvinnor. Öfv. af *O. H. D.* 8:o, 92 s. Sthm, H. Geber. 93. 1: 50.

HÜBBE-SCHLEIDEN, (Dr), Jesus — en buddhist — ? En okyrklig betraktelse jämte bihang: Kristi kristendom. Öfv. 12:o, iv o. 67 s. Sthm, Teosof. Bokförlaget. 90. 50 ö.

HUBENDICK, L., Om båtsmanshållets vakanssättning o. nya sjömanskåren. 8:o, 15 s. Sthm. Förf:n. 87. 15 ö.

HUBER, Anton, Mindre byggnader af trä. Lusthus, paviljonger, pelargångar, parkgrindar m. m. 1:a o. 2 a hft. Folio. 20 pl. Malmö, Envall & Kull. 91. För häftet 10 kr.

Hubertus. Se: */Norlin, M./*

Hufvudstäder, Världens, skildrade af framstående förf:e samt med 325 illustr. Öfv. från franskan af *O. W. Ålund*. 4.o, 504 s. Sthm, Alb. Bonnier. 92. 16 kr, inb. 20 kr.

HUGHES, Hugh Price, Jesu Kristi kristendom. En serie föredrag. Öfv. från eng. 8.o, 268 s Sthm, Bohlin & K. 95 1: 25, inb 2: 25.

——, Kristendomens moral. En serie föredrag. Öfv. fr. eng. 12:o, viij o. 213 s. Sthm, Bohlin & K. 92. 1: 25, klb. 2: 25.

——, Social kristendom. Föredrag. Med förord af

Teol. Lektor *L. Bergström.* Öfv. från eng. af *K. J. Bohlin.* 12:o, vj o. 210 s. Sthm, Bohlin & K. 91. 1: 25, kart. 1: 60, praktb. 2: 25.

HUGO, Victor, Marion Delorme. Dram i fem akter. Se: *Westin, Henr.* Öfversättningar.

—, Samhällets olycksbarn. Se. Vitterlek.

HUHN, A. F., "Nalkens Gud, så nalkas han eder." Kristlig nattvardsbok i botpredikn:r, skriftetal o. nattvardsbetraktelser. Öfv. 8:o, 264 s. Sthm, F. & G. Beijers Bokf.-aktb. 95. 1: 50.

—, Predikningar öfver Fader vår enl Luthers lilla katekes. Öfv. af *Chr. O.son Angeldorff.* 8.o, 151 s. Sthm, F. & G. Beijers Bokf.-aktb. 95. 75 ö.

HÜHNERFAUTH, G., Om reumatism o. gikt samt deras behandling med elektricitet, massage o vatten Öfv. 8:o, viij o. 91 s. Sthm, Nordin & Josephson. 91. 1: 50.

HULDBERG, P. A., Se: Adress-Kalender for Stockholms stad.

HÜLPHERS, Abrah. Abrs., Dagbok o samlingar uppå en resa sommaren 1760. Se: Bidrag till känned. af vårt land. II.

HÜLPHERS, Gust., Stenografiska skriföfningar, utarb. efter Leop. A. F. Arends system. 8 o, 16 o 31 s. Sthm, G. Chelius. 89. 50 ö.

HULT, H. F, Se: Tidskrift, Pedagogisk.

HULT, Hugo, Statistisk öfversigt af de europeiska staternas härordningar. Se: Förlag, Militarlitt. föreningens. 64.

HULT, J. O., Inledningskurs i geografi enligt folkskolelärob. komiténs grundsatser. 12 o, 23 s. o. 1 karta. Köping, M. Barkéns förlagsbokh. 88. 25 ö.

HULT, Karl, Bibel eller påfve Se Skrifter utg. af Samf. pro fide et christianismo. 29 a

—, Jubelåret 1893 eller Upsala mötes 300 åriga minne. Se: dersammast. 35.

—, Ljusnarsbergs krönika. 2 hfn. 8.o, 513 s. Kopparberg. 91 Förf:n. 5 kr.

—, Olaus Petri Se: Föreningen Heimdals folkskrifter. 11.

HULT, R., Bildatlas öfver växtriket efter det naturliga systemet med text bearb. 2.a o. 3:e hft 4:o, s. 17 —32 o. 8 dubbelpl. Sthm, C. E. Fritzes hofbokh. 94. For häfte 2: 25.

—, Die alpinen Pflanzenformationen des nördlichsten Finlands Se: Medd. af Soc. pro fauna et flora fenn. 14.

—, Grunddragen af den allmänna geografien. I. Matematisk geografi och klimatografi. 8:o, ix o. 215 s. H:fors, Weilin & Göös. 94. 8 fmk.

—, Lojobäckenets bildning. 8:o, 118 s. o. 2 kartor. H:fors 87. Jfr. Bidrag till känned. af Finlands natur o. folk. 45.

—, Mossfloran i trakten af Aavasaksa o. Pallastunturit. En studie öfver mossornas vandringssätt o. dess inflytande på frågan om reliktfloror. 8:o, 110 s. Jfr. Acta soc:is pro fauna et flora fenn. III: 1.

—, Se: Tidskrift, Geografiska föreningens. — *Willkomm, M.*, Bildatlas öfver växtriket.

HULTGREN, E. O o LANDERGREN, Ernst, Untersuchung über die Ernährung schwed. Arbeiter bei frei gewählter Kost Se: Skrifter, utg. af Lorénska stiftelsen. 4.

HULTGREN, Gustaf, På obanad stig Dikter, visor o. humoresker. 8:o, 104 s. Norrtelje, G. A Syréns bokh. i distr. 93. 75 ö.

HULTGREN, O. J., Den Boströmska filosofien o. dess ryska ursprung. 8:o, 40 s Sthm, Kungsholms bokh. i komm. 88 25 ö.

HULTGREN. O. J., Hvilka äro en svensk medborgares allm. rättigheter o. skyldigheter enligt lag? En bok för menige man. 8:o, 62 s. Sthm, Looström & K. 89. 50 ö.

—, Svar på Victor Lennstrands fråga "Fins det ett lif efter detta?" 8.o, 16 s. Sthm. Förf.n. 92. 25 ö.

HULTGREN, P. O., Grunddragen af den biblisk kyrkliga läran om menniskan. 8:o. 86 s. Mönsterås, Förf:n. 88. 50 ö.

HULTHANDER, Carl, Biografiska antecknr från Carlberg. 1792—1892. 8.o, xxiij o. 345 s Sthm, Förf:n. 92. 4: 50

HULTIN, Arvid, Daniel Achrelius. Se: Skrifter, utg af Sv. litt. sällsk. i Finland. XXX.

—, Den svenska skönlitteraturen i Finland till och med 1885. En bibliografisk förteckning. 8:o, 78 s. H:fors. 88. Se: dersammast IX.

—, En finländsk dramatiker på 1830-talet. Se: dersammast. XIII.

—, Ett prässåtal i Åbo i slutet af 17:de seklet. Se: dersammast. XXIV.

—, Michael Renner o. den religiösa dikten i slutet af 17 e seklet. Se: dersammast XXIV.

HULTIN, K., De sagoberättande barnen eller lördagsaftnarna. Sagor o. berättelser. Ny uppl. 8:o, 61 s. Sthm, Alb. Bonnier. 95. 50 ö.

HULTMAN, F. W., Matemat. o. fysikal. problem utdelade af eckles.-depart. 1864—79 för de skriftliga mogenhets-examina försedda med svar o. anvisn:r. 3:e for metersyst. omarb. uppl. 12:o, xj o. 264 s. Sthm, Alb. Bonnier. 89. 2 kr.

—, Proportionslära. 4:e uppl. 8:o, 25 s. Sthm, P. A. Norstedt & S:r. 94. 35 ö.

—, Se: *Todhunter, J.,* Geometriska öfningssatser.

HULTMAN, O. F., Jöns Buddes bok. Se: Skrifter utg. af Sv. litt. sällsk. i Finland. XXXI.

HUMBLE, Julius, Lärjungarnas i de högre flickskolorna arbetstid. 8:o, 26 s. Sthm, L. Hökerberg. 87. 40 ö.

—, Se: *Gräbner, G. A*, Robinson Crusoe.

HUME, Fergus, Aladdin i London. Roman. Från eng. af *Tom Wilson.* 8:o, 422 s. Sthm, A. Granlund. 93. 3: 50.

—, En nattlig varelse. Roman. Från eng. af *Tom Wilson* 8:o, 209 s Sthm, A. Granlund. 92. 2: 25.

—, Flickan från Malta. Roman. Från eng. af *Tom Wilson.* 8:o, 263 s. Sthm, A. Granlund. 92. 2: 50.

—, Fröken Mefistofeles. Roman. Öfv. af *Tom Wilson.* 8.o, 308 s. Sthm, A. Granlund. 94. 2: 50.

—, "Hansomenbtragedien", en brottmålshistoria från Melbourne. Öfv. från eng. af *D. K.* 8:o, 286 s. Sthm, Looström & K. 89. 2: 50.

—, Icke skyldig. Se: Brottmålshistoria, En.

—, Madame Midas. Berättelse. Öfv. från eng. 8:o, 315 s. Sthm, Looström & K. 89. 2: 75.

—, Monsieur Judas. Roman. Öfv. från eng. af *Mathia Langlet.* 8:o, 240 s. Sthm, A. Granlund. 91. 2: 25.

—, På villospår. En brottmålshistoria från Australien. Öfv. 8:o, 264 s. Sthm, C. A. V. Lundholm. 89. 1: 75.

Humor, Amerikansk. Ett urval af *Mark Twain.* Öfv. af *Olof R—n.* 8:o, 256 s. Sthm, J. Seligmann. 88. 2: 50

Humor, Fransk. En samling monologer till läsning för sig sjelf o. andra. [*Pirouette,* Hästen. Monolog.

— *Armand des Rousseaux*, Råttan; Komedi i 1 a.
— *Eugène Adenis*, Kurtis. Monolog — *Jules Legoux*, Historien om en katt. En liten monolog. — *E. Grenet-Dancourt*, Mannen som gäspar. Monolog. — *Eugène Manuel*, Kjolen. Dikt. — *Georges Lorin*, Jag tycker om fruntimmer. Monolog. — *Paul Bilhaud*, Flöjtsolo. Monolog.] Jemte en inledning: hur en monolog bör sägas, af bröderna *Coequelin*. 8:o, 175 s. Sthm, Looström & K. 89. 2 kr.

Humor och satir! Ett gissel åt supseden Smärre skizzer o. berättelser. N:o 1—4 i ett häfte. 8:o, 7, 7, 6 o. 6 s. Östersund. 93. 20 ö.

Hur vi förlorade Norrland, af *** 3.e uppl. 8:o, 38 s Sthm, Nordin & Josephson i komm. 90. 50 ö. (1:a o. 2.a uppl. 89.)

HURET, Jules, Den sociala frågan. Skildringar o. uttalanden. Öfv. af *O. H. Dumrath*. 8:o, 200 s. Sthm, H. Geber. 93. 2: 25.

HURT, J, Die estnischen Nomina auf -ne purum. Akad. Abh. 8.o, xv o. 191 s. H:fors, 86.

HURTIG, Carl, Afskedspredikan i Upsala domkyrka. 14:e sönd. e. trefald. 1894. 8:o, 13 s. Ups., Lundequistska bokh. i komm. 94. 25 ö

Huru beskaffad är motståndskraften mot påfvedömet inom svenska kyrkan. En kort undersökning af *J. B. [Johannes Andersson Bratt]* 8 o, 46 s. Göteb., N. P. Pehrsson. 91. 50 ö.

Huru o. när vin skall drickas. Råd af en amatör. Öfv. från franskan. 8:o, 10 s. Sthm, P. A. Huldbergs bokf.-aktieb. 91. 40 ö.

Huru skall en flicka vara? Från tyskan af *Sophie Baumgardt*. 8:o, 155 s. Sthm, Z. Hæggströms förlagsexp. 89. 1: 75.

Huru skall kvinnan bäst kunna bidraga till höjande af familjens ekonomi? Trenne inlägg af fruarna *Ellen Bergström, Maria Nyström* o. *Eva Wigström*. 8:o, 162 s. Sthm, Klemmings antiqv. 92 1: 50.

Huru 10 öre kunna skapa en förmögenhet. Praktiska vinkar o. råd för hvar o. en som vill förvärfva sig välstånd o. oberoende. Öfv. 8:o, 138 s. Sthm, Ad. Johnson. 88. 1 kr.

Husandakten. Betraktelser för hvarje dag i året öfver vexlande ställen i hel. skrift. 8:o, 485 s. Sthm, Red. af sanningsvittnet. 91 vb. 4 kr, klb. 4: 50.

Husdjuren. Bilderbok för småbarn o. för åskådningsundervisning. 13 kolor. pl. på kartong. Sthm, G. Chelius. 94. 2: 50.

Hushållsbok. 4:o, 25 s. Sthm, I. M. Göthes bokh. 88. 1 kr.

Hushållsbok. En enkel hjelpreda för åstadkommande af sparsamhet inom hus. 4:o, 24 s. Sthm, Axel Wahlins bokh. 88. 1 kr.

Hushållsbok för - - - - 3:e uppl. Tvär 8:o, 28 blad. Sthm, J. Seligmann. 91. Kart. 1 kr. (1:a uppl. 86. 2:a 88)

Hushållsbok, Praktisk för den - - - - - 18 - - - till den - - - - 18 - - Med noteringskalender m. m. af *C. Rathcke*. Stor 8:o. Sthm, A. V. Carlsons Bokf.-aktb. 88. Kart. 1: 50.

Husmanskost af *A. H.* Se: [*Hollberg, Adriana*.]

Husmedicin. Elektrohomöopatisk, eller praktisk vägledning vid begagnandet af Matteis läkemedel. Öfv. från franskan. 2:a uppl. 8:o, 189 s. Sthm, Looström & K. 93. 2: 50, vb 3: 40.

HUSS, Frans, J., Se: Musiktidning Svensk.

HUSS, Magnus, Några skizzer o. tidsbilder från min lefnad. 8:o, 95 s. o. 1 portr. Sthm, P. A. Norstedt & S:r. 91. 1: 50.

——, Om hypnotismen, de vådor den innebär o. kan innebära. 8.o, 82 s. Sthm, C. E. Fritzes hofbokh. 88. 1 kr.

HUTBERG, Marie, Lilla Lisa. Se: Boksamling, Småttingarnes. 4.

HUTCHESON, John, O, Nancy Bells skeppsbrott, eller äfventyr på hafvet o. i Kerjuelens land. Berättelse. Öfv. från eng. 8:o, 218 s. Sthm, Fr. Skoglund i distr. 94. Inb. 1: 75.

HUTCHINSON, J. R., Harry Hungerford eller en ung emigrants äfventyr. Se: Stunder, På lediga. 4.

HUTZLER, Sara, Unga hjärtan. Se: dersammast. 3.

Hva' Goodtemplara har för sek. — Mi urslaste Göteborgsresa. — Gips-gubba. — Nör marra å Anna Greta ställde te mä't. — En prest i sin prydno. — Axel och Emma. Bilder ur verkligheten, uppteckn:e på vestgötamål af *S—t*. 16:o, 32 s. Göteb., W. Zachrisson. 86. 25 ö.

Hvad bör staten göra för konsten? Konstnärsförbundets komités utlåtande. 8:o, 23 s. Sthm, Klemmings antikv. 87. 25 ö.

Hvad en liten parfvel kan hitta på. Bearb. efter eng. orig af *Gustaf Åsbrink*. 8:o, 107 s. Lund, Gleerupska univ:s bokh. 90. 1 kr.

Hvad för vårt s. k. framstegsparti i skölden? Ett "gif akt" med anledning af fröken Ellen Keys broschyr "Några tankar om hur reaktioner uppstå" af *M. H.* 8:o, 44 s. Sthm, C. A. V. Lundholm. 89. 50 ö.

Hvad Gud har sagt om Kristi andra ankomst o. den närvarande tidsålderns slut. Öfv. från eng. af *N. G. H.* 16:o, 32 s Jönköp., C. J. Lundgrens enkas boktr. 91. 20 ö.

Hvad har Sverige vunnit genom unionen med Norge? Ett väktarerop till svenska folket af *Hbg*. 8:o, 59 s. Göteb., N. J Gumperts bokh. 92. 50 ö.

Hvad innebär den politiska rösträttens utsträckning? Se: Skrifter, Svenska nationalföreningens. 1.

Hvad tänker församlingen om psalmboksfrågan? En gensaga o. en granskning af *F. W.* 8:o, 56 s. Lund, Gleerupska univ:s bokh. i distr. 93. 1 kr.

Hvad vilja dissenters? Af *V. H.* 12:o, 28 s. H:fors, Heikels förlag. 88 25 p.

Hvad vill du bli? Roande tidsfördrif för barn o. ungdom. 16.o, 56 s. Sthm, Fredsell. 87. 25 ö.

Hvad är att "gå ut." 1 Mos. 12,1. Liten 8.o, 16 s. Sthm, P. Palmquists aktieb. 94. 10 ö.

Hvad är Kristus? En fråga för vår tid. Bearb. från tyskan. 8:o, 29 s. Sthm, Fost.-stift s f.-exp. 88. 20 ö.

Hvad är Odd Fellow orden? En kort framställning af ordens organisation, väsen o. verksamhet. 8:o, 23 s. Malmö, Envall & Kull i komm. 91. 50 ö.

Hvad är sanning? Im Kampf um die Weltanschaung. Bekenntnisse eines Theologen. Från orig. af *Anna Forsell*. Med inledande afhandling om den mekan. världsteorien af *Viktor Rydberg*. 8:o, xxx o. 152 s Sthm, Samson & Wallin i distr. 94. 2 kr.

HVALGREN, Emanuel, De dödas runor. Blickar i andeverlden. 8:o, 48 o. 8 s. Varberg, Förf:n. 89. 2 kr.

——, Den eleutheriske anden. Filosofisk föreläsning i poetisk form. 8:o, 14 s Varberg, Förf:n. 88. 1 kr.

——, Paradoxa mathematica. Mensura speculativa sive systema metricum ejusque consequentiæ et extremitatis. I. Editio nova, revisa et augmentata. 4:o, 9 s. Varberg, Förf:n. 91. 1 kr.

——, Programma: Paradoxa mathematica. Mensura speculativa sive systema metricum ejusque consequentiæ et extremitatis. 4:o, 8 s. Varberg, Förf:n. 87. 1 kr.

HVALGREN, Emanuel, Välgörenheten i s:n allmänna betydelse. Poem. 8:o, 8 s. Varberg, Förf:n. 87. 25 ö.

Hvardagslifvet, Ur. Berättelser af *I.* Se: *[Letetzow, Cornelia]*

Hvarför? o. Huru? Nyckel till naturvetenskaperna efter Brewers, Moignos o. de Parvilles original. Öfv. o. bearb. af *Thore Kahlmeter.* Med 250 illustr. 4:o, 560 sp. o. xxiij s. Sthm, Fahlcrantz & K. 90. 7 kr, inb. 9: 50.
Utkom i 10 hfn à 75 öre. 89, 90.

Hvarför skrika våra barn? Se: Handböcker, Ad. Bonniers, allmännyttiga. 13.

Hvarför vi förlorade slaget vid Upsala d. 18 maj 1900. [Af *E. Gernandt*]. 8:o, 44 s. Sthm, H. Sandberg. 90. 50 ö.

Hvarmed kan man sysselsätta sig på en jernvägs- eller ångbåtsresa? 8:o, 82 s. Malmö, Envall & Kull. 93. 1 kr.

Hvart skola vi gå? Adressbok för sjömän. 1892. 16.o, 58 s. Sthm, Fost.-stif.s f.-exp. 92 Klb. 50 ö.

Hvem är arfvingen? Några ord om de ändlösa straffen af *W. C. C—én.* 8:o, 35 s. Sthm, P. A. Huldbergs bokf.-aktb. 94. 40 ö.

Hvetekorn utur Guds förrådshus. 42 betraktelser af Neder-Luleå församlings trenne prester. 8:o, 133 s. Tr. i Luleå, Hallman & Helins boktr. 93.
1 kr., inb. 1: 25, à 1: 50.

Hvilodagen. Tre prisbelönte täflingsskrifter af *Natanael Beskow, A. T. Hammar* o. *A. S. Sandin* jemte ett inledningsföredrag af *Ilj. Hazelius.* 8:o, 136 s. Sthm, Fost.-stif.s f.-exp. 90. 75 ö.

Hvitare än snö. (Verser o. bibelspråk.) Med illustr. 10 blad velin. (Tr. i Lahr.) Sthm, G Chelius. 90. Kart. med guldsn. 1 kr.

Hvitsippan. Illustrerad tidning för barn o. ungdom, utg. af *Avc.* 4:o, Helsingb, Expeditionen 86. För årg. (12 n:r) 1: 50.

Hyacinthe (Pater) Se: *Loyson, H.*

HYCKERT, Bror Edv., Svenska konungahusets minnespenningar etc. efter 1874. Se: Meddelanden, Numismatiska.

HYDÉN, A. J., Läsning för barn o. ungdom, innehållande lefnadsregler o. praktiska vinkar. Med förord af *Alfr. Steinmetz.* 8:o, 71 s Ljusdal. Förf:n. 94. 50 ö.

Hygiea. Medicinsk o. farmacevtisk månadsskrift, utg af Svenska läkare-sällskapet. 48—57 bandet. (Årg. 1886—95.) 8:o Sthm, Samson & Wallin.
Hvarje band (12 hfn.)
Band 48—52 à 10 kr. 53—57 à 13: 50.
Band 48—51 redig. af *E. Heyman.* 52—57 af *Rob. Tigerstedt.*

Hygiea. Medicinsk o. farmacevtisk månadsskrift utg. af Svenska Läkaresällskapet. *Festband.* Med 6 taflor o. 28 afbildn:r i texten. 8:o, 18, 16, 23, 19, 14, 22, 64, 59, 13, 36, 57, 24, 33, 7, 5, 24, 29 o. 11 s. samt 6 pl Sthm, Samson & Wallin. 89.
7 kr, 25 ex. på bättre papper 15 kr.

Hygiea Medicinsk o. farmacevtisk månadsskrift. *Register* för banden XLIII (1881)—L (1888.) 8.o, 62 s. Sthm, Samson & Wallin. 90. 1 kr.

Hygien för det fysiska äktenskapet af en svensk läkare. Rådgifvare för ogifta o. gifta. 8.o, 48 s. Sthm, Helsovännens exped. 93. 60 ö.

HYLTÉN-CAVALLIUS, Henrik, Ulrika Sofia v. Strussenfelt (Pilgrimen.) Biogr. o. genealog. anteckn:r. 8:o, 23 s. Tr. i Sthm hos Nya Dagl. Alleh:s tidningsaktieb. 89. Uppl. 50 ex. (Ej i bokh)

Hågkomster, En gammal Stockholmares, från stad o. skola. Med 27 teckn:r. 8:o, Sthm, Fahlcrantz & K. 95. 1: 50.

Hågkomster ur Karl XV:s lefnad [Omslagstitel: Caroliana] 5:e tillökade uppl. 8:o, 62 s. Sthm, P. A. Huldbergs bokf.-aktb. 89. 50 ö. (4:e uppl 81.)

HÅHL, Joh Fredr , Se: *Aristophanes,* Fåglarne.

HÅKANSON, Claes. Se: Universalannotationsbok.

HÅKANSSON, C R., Kristendomen i civilisationens tjenst vid Kongo 8:o, 64 s. Ups., W. Schultz. 88. 1 kr.

HÅKANSON, Ernst. Se: Handelsbalken

HÅKANSON, Joh., Den oumbärliga meterboken. 16:o, 27 s Kalmar, Bokförlagsaktieb. 87. 35 ö.

HÅKANSSON, Karl, Motala mekaniska verkstads aktiebolags förvaltning o. regimente i sann belysning 8:o, 72 s. Sthm, Gust. Lindströms boktr. 93. 50 ö

HÅKANSSON, Maria, Rödt eller hvitt? En liten tankeväckare tillegnad alla sanna fosterlandsvänner. 4 o, 82 s. Sthm. "Fria Ordet." 92. 2 kr.

HÅRDH, R , Anvisningar till slöjdundervisningen i folkskolor för gossar. 8:o, xvij o. 295 s. Jyväskylä 92.

——. Lärobok i linearritning. Tvär 8.o, iv o. 59 s. Jyväskylä, Weilin & Göös bokh. 91. 3 fmk.

Häfder, Ur de heliga. Texten af *Edvard Evers.* 4:o, 32 pl. o. 32 blad text. Sthm, P. B. Eklund. 89. Klb. 10 kr.

HÄGERMAN, A., Lärobok i geografi. Fullst. omarb. af *Albr. Segerstedt.* 17:e genoms uppl. Med illustr. 12.o, 104 s Köping, M. Barkéns förlagsbokh. 86. Kart. 50 ö.

HÄGERSTRÖM, Axel, Aristoteles etiska grundtankar o. deras teoretiska förutsättningar. 8:o, 196 s. Ups., Akad. bokh, 93. 1: 75.

HÄGG, J., Flaggkarta. Med teckn:r 1 pl. o 2 s. text. Sthm, Looström & K. 88.
1: 50, på papp o. fern. 2: 25, på väf, fern. o. med rullar 3: 75.

HÄGG, S. A, Beskrifning öfver Upsala kyrkogård o. områden äfvensom uppg. på inköpta grafställen etc. 8.o, 195 s. o. 1 karta. Ups. Akad. bokh. 86.
2 kr.

HÄGGLUND, C A., Ludvig Ståhlin. En för himmelen tidigt mognad skolynglings lefnadsbild. Bearb. från tyskan. 8:o, 72 s. Jönköp., H Halls boktr.-aktb. 87. 70 ö.

HÄGGLUND, J H , Bör icke den af 1883 års kyrkomöte godkända öfvers. af Nya Test. undergå omarbetn. innan den fastställes till allmänt kyrklig? 8:o, 77 s. Lund, C. W. K. Gleerup. 88. 75 ö.

——, Högmessopredikningar. 8:o, 2 delar, 355 o. 535 s Lund, H. Ohlsson. 93 o. 95 7 kr.

HÄGGSTRÖM Johan, Förteckn. öfver Stora Kopparbergs bergslags aktieb bibliotek, upprättad 1894. 8.o, 84 s. Tr. i Norrk. hos Wallberg & K. 95. (Ej i bokh.)

HÄLLSTÉN, K., Crânes provenant des environs de Tobol gouvernement de Tobolsk en Sibérie. Se: Bidrag till känned. af Finlands natur o folk 54.

——, Det mekaniska åskådningssättet. Se: Öfversigt af Finska Vet. soc.s förhandl. XXX.

——, Direkt retning af tvärstrimmig muskel förmedelst konstant ström. Se: dersammast. XXIX o. XXX.

——, Ett kompressorium för mikroskopiskt ändamål. Se: dersammast. XXVIII.

HÄLLSTÉN, K., Om förnimmelserna o. deras betydelse för den psykiska verksamheten. Se: dersammast. XXIX.

—, Till känned. om musklers kontraktionskraft. Se: dersammast. XXXII.

—, Till känned. om sensibla nerver o. ryggmärgens reflexapparater. Se: dersammast XXVIII o. XXX.

—, Till känned. om reflexapparaternas i ryggmärgen permeabilitet. Se: Comment. variæ in mem. act. CCL ann. II: 5.

—, Verkningar af magnesiumsulfat på motoriska ledningsbanor i periferiska nervstammar och ryggmärgen. Se: Öfversigt af F. Vet -soc. förhandl:r. XXXIV.

—, Verkningar af magnesiumsulfat vid subkutan användning. Se: dersammast. XXXIV.

—, Se: *Clopatt, A.* o. *Hällstén, K.* — *Hougberg, E.* o. *Hällstén, K.*

—, o. **THUNEBERG, T.,** Matériaux pour servir à la connaissance des crânes des peuples germaniques trouvés en Finlande. Se: Bidrag till känned. af Finlands natur o. folk.

HÄLLSTÉN, K. G., Handledning vid histologiska öfningar. 8:o, 124 s H:fors. Förf.n. 95.

HÄLLSTRÖM, O. P., Triangelmätning ifrån Åbo till Stacksten Se: Acta soc:s scient. fenn XX.

Händelser, Sällsamma, ur en läkares lif. Öfv. från eng. af *O. S.* 8:o, 256 s. Sthm, H. Geber. 94. 2: 50.

Hängmattan, I. Skizzer o. berättelser af *P. Bourget, Guy de Maupassant* m. fl. Valda o. öfv. af *H. A. Ring.* 8:o, 256 s. Sthm, Ad. Johnson. 91. 2 kr.

HÄRNER, L., Kulturbeskrifning öfver Chrysanthemum indicum jemte förteckning öfver de bästa varieteterna 8:o, 22 s. Sundsborg, Förf:n 92. 50 ö.

Hästen, Dess ytterlära, behandling o. vård. Se: *[Fabritius, E]*

HÄTHÉN, J., Göteborgarne på sommarnöje. Humoristiskt utkast. 8:o, 206 s. Göteb., N. P. Pehrsson. 92. 2: 50.

—, Göteborgs familjbok (I. Domkyrkoförsamlingen.) 8:o, 296 opag. sid. Göteb., Utg:n. 92. 2: 75.

—, Resan till Göteborg. En tokrolig resebeskrifning. 8:o, 139 s. Göteb., N. P. Pehrsson. 92. 1: 75

HÄYHÄ, Johannes, Bilder ur folkets lif. Se: Skrifter, Folkupplysn. sällsk. 81, 87.

HÖCKER, Oskar, Fitzpatrick, trappern. Se: Läsning för gossar. 3.

HÖFFDING, Harald, Apologi for Lessing. Se: Tidskrift, Nordisk. 1889.

—, Lotze og den svenske filosofi. Se: dersammast. 1888.

HÖGBOM, Arvid, Istiden. Se: Studentföreningen Verdandis småskrifter. 6.

—, Geologiens vittnesbörd. Se: Tidskrift, Nordisk. 1891.

—, Jemtland. Se: Reseböcker, Svenska. 3.

HÖGBORG, Joh., Se: Nu och då

HÖGBORGS nykterhets-bibliotek. Uppsatser, berättelser, poem, sentenser m. m 8:o, 180 s. Lindesberg, Joh Högborg. 91. 1 kr.

Högmässogudstjensten, Nya. 1894. 16:o, 31 s Lund, C. W. K Gleerup. 94. 10 ö.

HÖGRELL, B., Botanikens historia i öfversigt. 8:o, viij o. 304 s. Göteb., N. P. Pehrssons bokh. i distr. 86. 3 kr.

—, Den himmelska staden enligt Uppenb. 8:o, 71 s. Göteb, N. P. Pehrsson i komm. 87. 50 ö.

—, Ledning i bibliska historien till grund för historisk bibelkunskap. 8:o, 106 s. Göteb., H. L. Bolinder. 92. 1 kr.

HÖGRELL, B., Palestinas geografi o. beskrifning. 8:o, 225 s. Göteb. 89. 2 kr.

Högskola, Göteborgs. Årsredogörelse af *Joh. Paulson.* 8:o. Göteb., Wettergren & Kerber.
1893—94. 35 s. 94. 50 ö.
1894—95. 32 s. 95. 50 ö.

HÖGSTRÖM, E. O. E., S:t Barthélémy under svenskt välde. Akad. afh. 8:o, 102 s. Ups., Förf:n. 88. 1: 50.

HÖIJER, Gustaf, Den andlige åkermannens tålamod. Predikan vid prestmötet i Hernösand 1890. 8:o, 19 s. Piteå, Gust. Wiséns bokh. 91. 25 ö.

HÖJER, Magnus, Från franska revolutionens dagar. Några hundraårsminnen. 8:o, 244 s. o. 6 portr. Sthm, H. Geber. 93. 3: 75.

—, Lärobok i Sveriges historia för skolans lägre klasser. 2:a öfvers uppl. 8:o, 180 s. Sthm, H. Geber. 87 Klb. 1: 75.

HÖJER, Nils, Kommunal uppslagsbok för land o. stad med 1400 prejudikat. 12:o, 252 s. Sthm, Fr. Skoglund i distr. 92. Kart. 1: 50.

—, Norsk nationel historieskrifning. I. Se: Tidskrift, Historisk. 1886, 1887.

HÖK, Otto, Herrn och frun. Se: Bibliotek, De gladas 10.

HÖKERBERG, Lars, Se: Hemvännen. — Polstjernan. — Svea. — Tidning, Djurvännens. — Verdandi.

Hönshusarkitekten, Den prisbelönade. Se: Handbibliotek, Praktiskt. 16.

HÖPKEN, Anders Johan, Skrifter, samlade i urval utg. af *Carl Silfverstolpe.* 8:o. Sthm, P. A. Norstedt & S:r.
I. Minnes-anteckningar, tal, bref. xx o. 491 s. o. 2 pl. 90. 6: 50.
II. Bref, statsskrifter. iij o. 769 s. samt 1 pl. 93. 9: 50.

HÖRBERG, Gust., Se: Berättelse om det 12:e allm. svenska lärarenmötet.

HÖRLÉN, M., Illustrerad beskrifning öfver Skåne. 2 a uppl. Åtföljd af en höjdkarta samt med 31 illustr. Liten 8:o, 68 s. o. 1 karta. Sthm, Alb. Bonnier. 93. 30 ö.

—, Trädgårdsskötseln i folkskolan. Med trädgårdsplaner o. 17 teckn:r. 12.o, 36 s. o. 2 kartor. Sthm, Alb. Bonnier. 91. 25 ö.

—, Valda berättelser ur fäderneslandets historia, enl. förteckningen i 1889 års normalplan för folkskolor o. småskolor. Med 53 illustr. 12:o, 96 s. Sthm, Alb. Bonnier. 94. Inb. 50 ö.

—, Se: *Olson, J.* o. *Hörlén, M.* Illustr. beskrifning öfver Skåne.

HÖRLIN, Hugo, De första grunderna i skuggläggning med penna. Stor 8:o, 8 s. o. 8 pl. Sthm, Ad. Bonnier. 89. Kart. 1 kr.

—, Om bristen i våra bild. konstnärers konstnärsbildning. Se: Tidskrift, Nordisk. 1888.

—, Sagor. Med illustr. 4:o, 88 s. Sthm, W. Billes bokf.-aktb. 94. Kart. 2: 50.

—, Se: Konstslöjd, Svensk. — *Meyer, F. Sales,* Amatören.

HÖRNELL, Reinh., Katalog öfver Sveriges sågverk, deras egare m. m. 8:o, 171 s. Sthm, Förf.n. 86. 6 kr.

—, Löpande fot till tusendelar af S:t Pbg standards sågade trävaror i engelskt o. franskt mått m. m. 8:o, 182 s. Sthm, Svanbäck & K. i distr. 89. Kart. 7 kr.

—, Nordisk trävarukalender. 3:e uppl. omfattande

Sverige, Finland o. Norge. 8.o, 301 s. o. 2 kartor. Sthm, Svensk trävarutidn. förlag 93. Kart. 6 kr. (1:a uppl. 89. 2:a 90.)

HÖRNELL, Reinh., Trävaruköpmannens priskalkulator. 8:o, 52 s. Sthm, Svanbäck & K. i distr. 90. Klb. 5 kr.

—, Uppgift öfver trävaru-utförseln från Sverige. För åren 1887—94. 8.o, hvarje årg. omkr. 100 s. Sthm, Svensk trävarutidn. redakt. 87—94.
För årg. 10 kr.

HÖRNELL, Reinh., Se: Mejeri-tidning — Minnesblad vid Oscar II:s sextio år. — Thalia.

—, o. KOERSNER, Wilh., Export of Sweden. A compendium showing the principal branches of export and industry etc. 8:o, viij 210 o. 20 s. Sthm, Svanbäck & K. 89. 5: 40.

— —, Svensk export-kalender. Handbok för industriidkare o. köpmän. 8:o, vj o. 206 s. Sthm, Fr. Skoglund i distr. 88. 5 kr.

Höstblad af S. H—r. Med illustr. 5 blad velin. Sthm, G. Chelius. 91. 75 ö.

I.

Iakttagelser, Meteorologiska, i Sverige, utg. af K. sv. Vet.-akad:n, anstälda o. utarb. under inseende af Meteorolog. centralanstalten. 4:o Sthm, P. A. Norstedt & S:r. 86
Band 23 (= 2.a ser., band IX) 1881. viij o. 157 s. 86. 3 kr.
„ 24 (= 2:a „ „ X) 1882. viij o. 157 s. 87. 3 kr.
„ 25 (= 2:a „ „ XI) 1883. viij o. 157 s. 88. 3 kr.
„ 26 (= 2:a „ „ XII) 1884. viij o. 159 s. 89. 3 kr.
„ 27 (= 2:a „ „ XIII) 1885. viij o. 159 s. 90. 3 kr.
„ 28 (= 2:a „ „ XIV) 1886. viij o. 159 s. 91. 3 kr.
„ 29 (= 2:a „ „ XV) 1887. viij o. 159 s. 92. 3 kr.
„ 30 (= 2:a „ „ XVI) 1888. viij o. 157 s. 93. 3 kr.
„ 31 (= 2:a „ „ XVII) 1889. viij o. 157 s. 93. 3 kr.
„ 32 (= 2.a „ „ XVIII) 1890. viij o. 157 s. 94. 3 kr.

Iakttagelser, Vegaexpeditionens vetenskapliga, bearb. af deltagare i resan o. andra forskare, utg. af A. E. Nordenskiöld. 8:o. Sthm, F. & G Beijers Bokf-aktb.
IV. 25 kr.
1. Sahlberg, John, Bidrag till Tschuktsch-halföns insektfauna. Coleoptera o. Hemiptera, insamlade under Vegaexped. vid halföns kust. 42 s.
2. —, Coleoptera o Hemiptera, insamlade å Berings sunds amerik kust. s. 43—57.
3. —, Coleoptera o. Hemiptera insamlade på Beringön s. 59—71.
4. Aurivillius, Chr, Lepidoptera insamlade i nordligaste Asien. s 73—80.
5. Mc Lachlan, Rob., Report on the Neuroptera. s. 81—85.
6. Swederus, M. B., Tunikater från Sibiriens ishaf o. Berings haf. s. 87—112.
7. Törnebohm, A. E, Under vegaexpeditionen insamlade bergarter. s. 113—140.
8. Westerlund, Carl Agardh, Land- o sötvattenmollusker s 141—220 o. 5 pl.
9. Aurivillius, Carl W. S., Krustaceer hos arktiska Tunikater. s. 221—254.

10 Kjellman, F. R. o. Petersen, J. W., Om Japans Laminariaceer. s 255—280 o. 2 pl.
11. —, Om Kommandirskiöarnes fanerogamflora. s. 281—310.
12. Aurivillius, Carl W. S, Öfversigt öfver de af Vegaexpeditionen insamlade arktiska hafsmollusker. II. Placophora o. Gastropoda. s. 311—384 o. 2 pl.
13. Thompson, D'Arcy W., The Hydroida of the Vega Expedition. s. 385—400 o. 8 pl.
14. Fristedt, Konrad, Sponges from the Atlantic and Arctic Oceans and the Behring Sea. s. 401—471 o. 10 pl.
15. Geyler, H. Th., Ueber fossile Pflanzen von Labuan. s. 472—507 o. 8 pl.
16. Almqvist, Ernst, Die Lichenen-Vegetation d. Küsten d. Beeringsmeeres. s. 508—542.
17. Bovallius, Carl, Arctic and Antartic Hyperids. s. 543—582 o. 8 pl.

V. 20 kr.
1. Stuxberg, Anton, Faunan på o. kring Novaja Semlja. 229 s. o. 1 karta.
2. Palmén, J. A, Bidrag till kännedomen om Sibiriska Ishafskustens fogelfauna. s. 241—511 o. 8 tab.
3. Rosén, P. G, Iakttagelser af tidvattnet vid Pitlekaj under Vegaexpeditionen. s. 513—535 o 1 pl.

IBSEN, Henrik, Kärlekens komedi. Komedi i 3 akter. Öfv. af Harald Molander. 8:o, 157 s. H:fors, Söderström & K. 88. 1: 75.

Ida. Se: Dehn, I.

IDESTAM, Richard. Se: Strafflag.

Idrotter, Internationela. 4:o, 14 kolor. pl. Sthm, C. E Fritzes hofbokh. 90. 1: 50.

Idrottskalendern, Svenska, 1894 Utg. af Alex. Lindman. 8.o, xij o. 350 s samt 1 portr. Sthm, Utg n. 93. Klb. 2 kr.

IDSTRÖM, Ellen, Tvillingsystrarna. Berättelse för unga flickor. 8:o, 339 s. o. 1 pl. Sthm, P. A. Huldbergs bokf.-aktb. 93. Kart. 2: 50.

—, Vinddrifne.- Berättelser. 8:o, 261 s. Sthm, P. A. Huldbergs bokf.-aktb. 94. 2: 50.

IDSTRÖM, Wilh., Mekanisk räntetabell för sparbanker. 1 tabell med rörlig skifva. Lund, C. W. K. Gleerup 86. 4 kr.

—, Periferisk brandtelegraf för mindre städer, köpingar, lastageplatser m. m., som ej ega fast kaser-

nerad brandkår. 8:o, 12:s. Lund, C. W. K. Gleerup. 86. 25 ö.
Idun, Praktisk veckotidning för qvinnan o. hemmet. Redaktör: *Frith. Hellberg.* 1:a—8:e årg. 1888—95. 4:o. Sthm, Redaktionen. 88—95. För årg. (52 n:r.)
1:a—7:e årg. 4 kr., 8:e 5 kr.
Ignatii diaconi Vita Tarasii archiepiscopi constantinopolitani, græce primum edid. *I. A. Heikel* 4:o, v o. 45 s. H:fors. 89.
Jfr. Acta soc:is scient. fenn. XVII: 10.
IGNATIUS, K. E. F, Finlands geografi. 8:o. H:fors. G. W. Edlund. 1881—91.
I. Allmän öfverblick af land o. folk. Med kartor o. illustr. 8:o, viij o. 594 s. samt 13 kartor o. 3 pl. 14: 50 fmk (10: 75)
—, Statistisk handbok för Finland. 2:a uppl. omarb. af *A. G. Fontell.* 8:o, ix o. 411 s. H:fors, G. W. Edlund. 90. 5: — inb. 6 fmk.
Ignotus, Dikter. 8:o, 71 s. Helsingb. C. Killbergs bokh. i distr. 86. 1 kr.
IHLE, Amalia, En julafton i nödens boning. Se: Bibliotek för de unga. 38.
— , Julsorg o. julglädje. Se: dersammast. 37.
IHLE, Annette, Den blinde fiolspelaren. Se: dersammast. 46.
— , En moders sista vilja. Öfv. från norskan af *Leo.* 8.o, 118 s. Sthm, Fost.-stift:s f.-exp. 90.
75 ö, kart. 1 kr.
— , Hustru o. moder. Berättelse. 8.o, 99 s. Sthm, Fost.-stift:s f.-exp. 92.
60 ö., kart. 75 ö., klb, 1: 50.
IHRÉN, Magnus, Söken det som är ofvan! Evighetsfrågor i evighetsljus. 12:o, 76 s. Sthm, P. A. Huldbergs bokf.-aktb. 95 50 ö.
IHRFELT, Gustaf N:son, Några nya substitutionsderivat af glykokoll. Akad. afh. 8:o, 32 s. Lund, Gleerupska univ:s bokh. 88. 75 ö.
IHRFORS, Eric, Allmän öfversigt af Tjusts häraders kyrkliga minnen. 8:o, 44 s. Vestervik, Ekblad & K. 95. 50 ö.
IKONEN, Leander, Svensk-finsk-tysk-engelsk ordbok öfver byggnadstermer. 4:o, 60 s. Kuopio, Förf:n. 89. 1 fmk.
Ilvola eller djurens gemensamt upplefda äfventyr o. öden i Ilvola ödemark. Öfv. af *E. R.* 4:o, 50 s. o. 21 pl. H:fors, G. W. Edlund. 86.
3 fmk (2: 25.)
Imparcial, Om språkundervisning. Efemerid. 8:o, 16 s. Oskarsh., IIj. Beronius. 91. 50 ö.
INBERG, Joh. A., Några ord om piano-instrumenters skötsel o. vård, samt en kort handledning i pianostämning. 12:o, 48 s. H:fors, W. Hagelstam. 93.
1: 50 fmk (1 kr.)
Inbjudningsskrifter till de högtidligheter hvarmed trehundraårsminnet af Upsala möte kommer att firas i Upsala d. 5—7 sept. 1893. 8:o. Ups. Akadem. boktr. 93. 3 kr.
Innehåll:
Sundberg, A. N., Om den svenska kyrkoreformationen o. Upsala möte 1593. 99 s. — *Trygger, Ernst,* Lagsökning för gäld. 57 s. — *Henschen, S. E.,* Om synbanans anatomi ur diagnostisk synpunkt 58 s. o. 1 pl. — *Sahlin, C. Y.,* Om det inre lifvet. 56 s. — Förteckning på promovendi. 85 s. — Inbjudning. 5 s.
Inblick, Kort, uti några finansärendens behandling inom Stockholms kommunalstyrelse. 8:o, 32 s. Sthm, Samson & Wallin. 87. 30 ö.
INDEBETOU, H. O., Anteckningar om svenska almanackan i forna o. närv. tider. 8:o, 240 s. Sthm, S. O. Indebetou. 90. 2 kr.
INDEBETOU, H. O., Se: Berättelser, Valda.
Indelning, Sveriges, i valkretsar. Skala 1: 3,000,000. (Tullfrågans ställning i andra kammaren vid 1886 års riksdag.) 1 kartblad. Sthm. 86. 1: 50.
Industri, En, som vunnit efterföljd eller "förklädnad o. skyddande likhet." 8:o, 7 s. Sthm, Nordin & Josephson. 88. 25 ö.
Industrikalender, Sveriges, 1895. Hufvudsakligen efter officiella källor utarb. af *K. Key-Åberg.* 8:o, iv o. 946 sp. samt 1 karta. Sthm, P. A. Norstedt & S:r. 95. Klb. 6 kr.
Industri-katalog, Skandinavisk. Förteckning öfver fabriker o. industriella anläggn:r i Skandinavien o. Finland m. m Utg. o. redaktör: *S. M. Bryde.* 8:o, 224, 128, xvj, 32 o 14 s. (Tr. i Kristiania.) Sthm, Samson & Wallin. 89. Klb. 10 kr.
Industri, Sveriges, dess stormän o. befrämjare. 1:a o. 2:a hft. Folio, 1 blad text o. 2 pl. i hvarje hft. Sthm, P. B. Eklund. 94—95 För häfte 4 kr.
Industrien, Tidning för tekniska meddelanden m. m. 1:a—4:e årg. Redaktör: *Edwin Tengström.* Göteb., Wettergren & Kerber. 92 - 95.
För årg. (24 n:r) 3 kr.
Influensan, dess art, förebyggande o. behandling. Populär framställning af en läkare. Öfv. 8:o, 22 s. Lund, Aug Collin. 90. 40 ö.
I(NGELIU)S, H., Åbo Underrättelser 1824—1850. En kort historik. I. 8:o, vij, 366, 2 o. 72 s. Åbo, G. W. Wilén. 95. 6 fmk.
INGMAN, Febe, Sagonystanet. Tomtarnas i Gamla Vasa berättelser. 12:o, 4 o. 60 s. H:fors, Otava. 94. 1: 25.
INGMAN, Santeri, En bondehöfding. Hist. roman för ungdom. Öfv. af *Lilly Londen.* 8:o, 282 s. H:fors, W. Hagelstam. 94. 3: 75.
— , Från reservkasärnen. Minnen från min soldattid. Öfv. från finskan. 8:o, 71 s. H:fors, Söderström & K. 93. 1: 25.
INGRAHAM, J. H., Eldstoden eller Israels barn i träldomens hus. Öfv. från eng. af *Carl Stenholm.* 8:o, 479 s. Sthm. Ad. Johnson. 94. 2: 50, klb. 4 kr.
— , Herren af Davids stam eller tre år i den hel. staden. Öfv. 7:e uppl. 8:o, 369 s. Sthm, Ad. Johnson. 90. 1: 50, inb. 2 kr.
(6:e uppl. 86.)
INGRAM, J. K., National-ekonomiens historia. Öfv. af *R. Rudbeck.* 8:o, viij o. 258 s. Sthm, C. E. Fritzes hofbokh. 92. 3 kr.
INHA, J. K., Se: Finland i bilder.
Inlednings-föredrag hållna vid Göteborgs stifts prestsällskaps möte. 1892. 8:o, Göteb , N. P. Pehrsson.
1. *Svensson, C. F.,* Hvilka äro de berättigade krafven på en kristlig kultpredikan. 16 s. 92.
20 ö.
2. *Thuresson, J. V.,* Huru böra husförhören rätt tids- o. ändamålsenligt anordnas? 16 s. 20 ö.
3. *Crona, H. B.,* Kan det med fog sägas, att kristendomsundervisningen i våra folkskolor är för mycket dogmatisk? 22 s. 25 ö.
Inlägg, Ett, i sedlighetsfrågan af svenska qvinnor. 8:o, 16 s. Sthm, Samson & Wallin i komm. 87. 25 ö.
Inscriptions de l'Iénissei recueillies et publiées par la Société Finlandaise d'archéologie. Fol 17 pl. H:fors, 89. 15 fmk.
Inscriptions de l'Orkhon recueillies par l'expédition finnoise 1890 et publiées par la Société Finno

ougrienne. Folio 4, xlix, 48 s o. 66 pl. samt 1 karta. H:fors, 92. 30 fmk.
Insjöfiskaren, Den praktiske. Se: Handbibliotek, Allmännyttigt. 27.
Institutet, Karolinska mediko-kirurgiska under läsåren 1883—91. Berättelse af institutets sekreterare. 8:o, Sthm, Samson & Wallin.
1883—87. 116 s. 87. 1 kr.
1887—88. 59 s. 89. 50 ö.
1888—89. 35 s. 91. 50 ö
1889—90. 38 s. 91. 50 ö.
1890—91. 52 s. 92. 1 kr.
Instruktion för användandet af infanteriets bärbara verktyg. 8:o, 16 s. o. 5 pl. Sthm, P. A Norstedt & S:r. 89. 50 ö
Instruktion för arméns rid- o. remontskolor. 2:a uppl. 8:o, 104 s. o. 4 pl. Sthm, P. A. Norstedt & S:r. 88. 1 kr.
Instruktion för bevakningstjensten. 2:a uppl. 8:o, 167 s. 8 bilagor o. 3 kartor. Sthm, P. A. Norstedt & S:r. 89. Klb. 1: 75.
Instruktion för generalstabens fältöfningar. 8:o, vj o 194 s. samt 2 bilag. Sthm, P. A. Norstedt & S:r. 94. Klb. 1: 75.
(Föreg. uppl. 87.)
Instruktion för kavalleriets pioniertjenst. Liten 8:o, 71 s. o. 5 pl. Sthm, P. A. Norstedt & S:r. 91. 1: 20.
Instruktion i sabelfäktning för kavalleriet 8:o, 68 s. Sthm, P. A. Norstedt & S:r. 92. 65 ö.
Intryck från Oberammergau. Se: Tidskrift, Nordisk. 1890.
Inåt. Studier efter evangeliska motiv. 8.o, 115 s. Sthm, Z. Hæggströms f.-exp i distr. 94. 1 kr.
Iota. En gul aster. Öfv. från eng. af *M. Boheman.* 8.o, 240 s. Sthm, Looström & K. 95. 2: 25.

IPSEN, Alfred, Häxan Se: Opera-repertoire. 92.
IRELAND (d:r). Se: *Ahnfelt, A.,* Herskarmakt o. själssjukdom.
Iris, Dikter. 8:o, 126 s. Sthm, C. E. Fritzes hofbokh. i distr. 94. 2 kr.
IRON, Ralph, (*Olive Schreiner*), Under Afrikas himmel. Historien om en farm i Kaplandet. Roman. Öfv. från eng. af *K. B—n.* 8 o, 334 s. Sthm, H. Geber. 90. 2: 75.
IRVING, Washington, Kristoffer Columbus, hans lefnad o. resor. Med 264 illustr. 4:o, 513 s (Tr. i Amerika) Sthm, Ad. Bonnier. 94. Klb. 12 kr.
—, Ur skizzboken. Öfv. af *Erik G. Folcker.* Liten 8:o, 107 s. Sthm, Fahlcrantz & K. 88. 25 ö.
ISAACHSEN, D., Det internationale meterbureau. Se: Tidskrift, Nordisk. 1889.
—, Fremtidens lys. Se: dersammast. 1891.
—, Kraftoverföring. Se: dersammast. 1893.
Isaure. En qvinnas lif. Öfv. från franskan. 8 o, 176 s. Sthm, Fröléen & K 90. 1: 50.
ISBERG, A. U., Bidrag till Malmö stads historia. I Stadens presterskap från äldsta tider till d. 23 mars 1895. 8:o, 324 s. Malmö, Förf:n. 95. 3: 75.
—, Skildring o. minnen från studentmötet vid Horten sommaren 1892. 8:o, 38 s. Lund, Aug. Collin i distr. 94. 60 ö.
ISBERG, John, Doktorns fru. Komedi i tvänne akter eller fyra tablåer jämte en mellantablå. 8:o, 220 o ix s. Sthm, Ad. Bonnier i distr. 94. 2: 50.
ISBERG, N. E., Räknekurs i metersystemet. 8:o, 15 s. Sthm, Alb. Bonnier. 88. 25 ö.
ISIDOR K. Se: Bref, Små, till öfver- o. underklass.
Italien, Från det nyare. En samling berättelser. Se: Universal-bibliotek. 3.
IVARSSON, J., Se: Matrikel öfver landtmäteristaten.

J.

JACOBSEN, J P., Fru Marie Grubbe. Interiörer från 1600-talet. Godtköpsuppl. 8:o, 320 s. Sthm, F. & G. Beijers Bokf.-aktb. 88. 2 kr.
JACOBSEN, William, Santal-missionen Öfv. Utg. af Lunds missionssällskap. 8:o, 47 s. Lund, Utg:n. 88. 40 ö.
JACOBSSON, Axel, Se: *Cicero,* De oratore.
JACOBSSON, Benno, Pariser-skizzer. Mamsell Zizi m. fl. Öfv. 12:o, 148 s Sthm, F. & G. Beijers Bokf.-aktb. 88. 1 kr.
JACOBSON, Harald, Solregn. Dikter Liten 8:o, 109 s. Ups., Förf:n. 90. 1: 25, inb. 2 kr.
JACOBSSON, J. Th., Ur lifvets skola. Dikter o. sånger. 8:o, 264 s. Sthm, Förf:n 89. 2 kr., klb. 3 kr.
JACOBSON, O. F, Se: *Söderblom, A,* Lärobok i linearteckning.
"Jacques". Se: Kuplettsångaren, Svenske.
JÆGER, Henrik. Asbjörnsen o. Moe. Se: Bidrag till kännedom om de svenska landsmålen. 34.
JAENNICKE, Fr, Handbok i aqvarellmålning. Öfv. af prof. *J. W. Wallander.* 2:a uppl. 8:o, 192 s. Sthm, F. & G. Beijers Bokf.-aktb. 89. 1: 50.

"Jag kände eder aldrig." Betrakt. öfver Matt. 7: 22 —27 af *S. A. J—n.* 12 o, 29 s. Göteb, Herm. Andell. 88. 20 ö.
Jagt-journal för ... åren .... af *R. A—p—g.* Tvär 4:o, 112 s. Sthm, Fr. Skoglund. 87. Kart. 4 kr.
Jagtmarker, Från finska. 8:o. H:fors, Söderström & K. 1. *Lindholm, K. H.,* Sibbo jagten. Föredrag o. jagtskildringar. 188 s. 90. 2: 25.
Jagtäfventyr i Capkolonien. Se: Äfventyrsböcker. 1.
Jagtstadga, Kongl. Maj:ts af d. 21 okt. 1864, samt författn:r rör. jagt, jemte tabell öfver jagttiden och sakregister, utarb. af *C. A. T. Björkman.* 6 e uppl. genomsedd o. i enlighet med de intill d. 1 aug. 1895 utkomna författn:r ändrad af *E. Kinberg.* Liten 8:o, 68 s. o. 1 tab. Sthm, P. A. Norstedt & S:r. 95. Kart. 80 ö.
(4:e uppl. 86. 5:e 90.)
Jagtstadgan med därtill hörande författn:r o. sakregister jämte tabell öfver jagttiden af *C. A. T. Björkman* i enlighet med de intill d. 1 aug. 1895 utkomna författn:r ändrad af *E. Kinberg.* Med ett bihang af *Aug. Emil Holmgren.* 8:e uppl. Liten 8:o, 144 s.

samt Jagttabell. Sthm, P. A. Norstedt & S:r. 95. Kart. 1: 25.
(6:e uppl. 86. 7:e 90.)
JAHNSSON, A. W., Finska språkets satslära. 3:e uppl. 8:o, vj o. 136 s. Åbo, Förf.n. 92.
2: 25 fmk.
JAKOBSON, Helene, Italienska öfningar. 8.o, 108 s. (Tr. i Köpenhamn) Lund, Gleerupska univ:s bokh. 95. 2 kr
—, Svensk-italiensk parlör. 8:o, 156 s. (Tr. i Köpenhamn.) Lund, Gleerupska univ.s bokh. 95.
Klb. 3 kr.
JAMES, Henry, Fru de Mauves. — Framtidens madonna. — Fyra sammanträffanden. Tre berättelser. Öfv. från eng. 8:o, 197 s. Sthm, Wahlströmi & Widstrand. 93. 1: 50.
JAMES, John Angell, Den unga qvinnan. Hennes kallelse o. utsigter för detta lifvet o. det tillkommande. Från eng. öfvers. af *Erik Nyström*. Med förord af *P. Fjellstedt*. 5:e uppl. 8:o, 296 s Sthm, P. Palmqvists aktieb. 87.
1: 40, kart. 1: 75, klb. 2: 50.
JANIN, Jules, Äktenskap beslutas i himmelen. Humoresk. 1:a o. 2:a uppl. Öfv. 8:o, 31 s Sthm, C. A. V. Lundholm. 89. 50 ö.
JANSEN, J., Personlig kristendom. Predikn:r öfvers. af *E. v. E.* 8:o, 87 s. Sthm, Samson & Wallin i distr. 94. 1 kr.
JANSSON, Carl A, Öfversigtstabeller till nyare tidens historia. 4:o, 8 tab. Sthm, H. Geber. 89.
Kart 2 kr.
JANSSON, E., Källor i tåredalen eller lefnadsteckning. 8:o, iij o. 91 s samt 1 portr. Nikolaistad. 93.
JANSON, Emil, Sveriges allm. meterbok för köpmän. Folio, 8 s. Kalmar, Bokförlagsaktieb. 88. Inb. 2 kr
—, Sveriges allm. metertabell för köpmän 2 blad. Kalmar, Bokförlagsaktieb. 88. 1 kr.
JANSON, Gustaf, Pelle. En idyll. Sv. orig. 8:o, 132 s Sthm, Wahlström & Widstrand. 95. 1: 50.
JANSSON, G. W., Se: *Dorff, J. R.* o. *Jansson, G. W*, 1867—89 års gevär.
JANSSON, Hjalmar, Sveriges accession till Hannoverska alliansen. Akad. afh. 8.o, 4 o. 143 s. Ups, Förf:n. 93. ? kr.
JANSON, H. D., Lektor Waldenström, doktor Wretlind o. spriten. Till nykterhetsfrågans belysning. 8.o, 99 s. Ups., Akad. bokh. 94. 50 ö.
—, Om de absoluta nykterhetssträfvandena. Föredrag i Sundbybergs kapell 1894. 8:o, 30 s. Ups., Akad bokh. i distr. 94. 25 ö.
JANSON, J., Mekanisk förvandlingstabell från nytt till gammalt. 3:e uppl. 1 kartongbl. med rörlig skifva. Sthm. A. L. Normans t.-exp. 88. 50 ö.
(2:a uppl. 81.)
—, Mekanisk handbok för kubering af rundt virke. Med förord af *C. E. Löwenhjelm*. 1:a hft 8:o. Sthm, A. V. Carlsons Bokf.-aktb. 87. 1: 50.
JANSSON, Oskar, Husmödrarnes metertabell. Hjelpreda i metersystemet i hemmet m. m 12:o, 22 s. Borås, O. Janssons bokh. 89. 25 ö.
JANZE, C W, Praktisk meterbok. Jemförelse-tabeller mellan metriska mått o. vigter o. de hittills brukliga m. m. 8:o, 8 s. Sthm, Förf:n. 88. 10 ö.
JANZON, Elias. Se: *Catullus*, Sånger.
JELENFFY, Z., Bland finska stamförvandter. Se: Nejder, Naturskona I.
JELLINGHAUS, Th, Jesu blods helgande kraft. Föredrag. Öfv. af *Th. Lindhagen*. Liten 8:o, 32 s. Sthm, P. Palmquists aktieb. 93. 20 ö.

JENSEN, Alfred, Kristo Botjov. En bulgarisk frihetsskald. En skildr. från det bulgariska furstendömets befrielse. 8:o, 96 s. Göteb., Wettergren & Kerber. 91. 2 kr.
—, Nya dikter. 8:o, 158 s. Sthm, Alb. Bonnier. 95. 2: 75.
—, Prešérn. Slovenernas nationalskald. Se: Tidskrift, Nordisk. 1895.
—, På fjärran stig Poetiska resebilder. 8:o, 135 s. Göteb., Wettergren & Kerber. 93. 2 kr.
—, Ragusa. En sydslavisk litteraturstudie. Se: Handlingar, Göteborgs K. vet. o. vitterh. samhälles. 29.
—, Snillets förbannelse. Se: Tidskrift, Nordisk. 1894.
—, Ur Böhmens moderna diktning. Från cechiskan. Liten 8:o, 208 s. Göteb., Wettergren & Kerber. 94. 2: 50.
—. Se: *Puschkin, A*, Eugen Onegin.
JENSEN, W., Aus Lübecks alten Tagen. Se: Auswahl aus der neueren deutschen Litteratur. 1.
Jeremias, 500 artiga o. oartiga present-rim o. gåtor med skämtsamt innehåll. Liten 8:o, 168 s. Sthm, Ad. Johnson. 90. 1 kr.
Jernbanebladet, Tidning för Sveriges, Norges o. Danmarks jernbanor. Red. af *A. B. Beskow.* 12:e 21 årg. (1888—95.) Sthm, Samson & Wallin 88 —95. För årg. (12 n:r) 4 kr.
[JERNELL, And. Magn.], Valda uppsatser, på tyska, franska o eng. språken jemte utkast till uppsatser på modersmålet, utg. af *M. J.* 8:o. Lund, C. W. K. Gleerup.
1:a hft. 2:a uppl. 71 s. 89. 90 ö.
2:a „ 2:a uppl. 79 s. 92. 90 ö.
3:e „ 72 s. 84. 90 ö.
4:e „ 72 s. 86. 90 ö.
5:e „ 72 s. 87. 90 ö.
JERNSTRÖM, Joh., Se: Biet.
Jernvägsfrågan 1886. Uppsatser samlade ur dagliga pressen. (Af *Edw. Ringborg.*) 8:o, xiv o. 136 s. Norrk. Tr. hos M. W. Wallberg & K. 86.
(Ej i bokh.)
Jernvägsfrågan, I. En framställning till landets riksdagsmän. (Af *Edw. Ringborg.*) 8:o, 42 s. Norrk. Tr hos M. W. Wallberg & K. (1885.) (Ej i bokh.)
Jernvägs- o. post-tidtabell för Stockholm. 1 blad. Sthm, H. W. Tullberg. 89. 10 ö.
Jernvägs-paket-taxa för försändelser från Stockholms centralstation. 12:o, 23 s. Sthm, Jernvägsstyrelsen. 88. 25 ö.
Jernvägstariffer o. statsfinanser af *H. F.* Se: Tidskrift, Nordisk. 1887.
JEROME, Jerome K., En dagdrifvares funderingar. Öfv. af *Alb. Montgomery.* 8:o, 182 s. Sthm, Fahlcrantz & K. 90. 1: 75.
—, En pilgrims dagbok — o mern dertill. Öfv. af *Alb Montgomery.* 8:o, 254 s. Sthm, Fahlcrantz & K. 91. 2: 50.
—, Tre män i en båt. Öfv. af *Alb. Montgomery.* 2:a uppl. 8:o, viij o. 271 s. Sthm, Fahlcrantz & K. 94. (1:a uppl. 90.) 2: 50.
JESPERSEN, Otto, Den bedste danske uttale. Se: Tidskrift, Nordisk. 1895.
—, Fransk elementarbok enligt ljudskriftmetoden. Bearb. till svenskan af *Axel Wallensköld.* 8:o, vij o. 204 s. H:fors, K. E. Holm. 93. Klb. 4 fmk.
—, Kortfattad engelsk grammatik för tal- o. skriftspråket Öfv. af *Mauritz Boheman.* 8:o, 72 s. Sthm, F. & G. Beijers Bokf.-aktb. 86. Kart. 1 kr.
JEURLING, Ossian, Se: *Wenström, E.* o. *Jeurling, O.*, Svenska språkets ordförråd.

JOCHNICK, W., Det vigtigaste af analytiska geometrien. 8:o, 136 s. Sthm, P. A. Norstedt & S:r. 93. 4 kr.
—, Det vigtigaste af teoretiska mekaniken. Med 66 fig. i texten. 8:o, 152 s. Sthm, Ad. Bonnier. 95. 5 kr.
—, Elementerna af sannolikhetsläran. 8:o, 77 s. Sthm, Ad. Bonnier 95. 2 kr.
—, Exempel till det vigtigaste af differential- o. integralräkningen. Senare hft: Integralräkning. 8:o, 130 s. Sthm, P. A. Norstedt & S:r. 86. 4: 50
—, Geometriska räkneproblemer. 2:a uppl. omarb. efter metersystemet. Med 10 fig. i texten. 8.o, 107 s. Sthm, Ad. Bonnier. 89. 2 kr.
—, Les formes principales des lignes du troisième degré. Tvär 4:o, 13 s. o. 58 pl. Sthm, Ad. Bonnier. 87. 5 kr.
—, Några grundlinier till filosofien. 8:o, 50 s. Sthm, Ad Bonnier i distr. 95. 1 kr.
—, Se: Utdrag ur Kgl. Krigsakademiens order o. straffjournaler.
JOCLÉT, Victor, Konst- o. fintvätt. Se: Handbibl. 134.
Johan III och Filip II. Depescher från det spanska sändebudet. Se: Tidskrift, Historisk. 1886.
Johan Pynnien o. folkbiblioteken Se: Skrifter, Folkupplysn. sällsk. 93.
Johannis' syn på Patmos eller verldsdramat med dess stora slutakt sådant det framträder ur de sju inseglen o. i verldshistorien. Af G. F. 2 dlr. 8:o, 154 o. 163 s. Sthm, F. & G. Beijers Bokf.-aktb. 88. 2 kr.
JOHANSON, Adolf Magnus, Om serieutvecklingar hos potentialteorien. Se: Årsskrift, Upsala univ ts. 1893. Matem. o. Naturvet. 1.
JOHANSSON, Alfred, Nääs' grundserie. Metodiska anvis:r för modellernas utförande. 8:o, 32 s. Sthm, P. A. Norstedt & S:r. 94. 40 ö.
—, Nääs modellserier. Metodiska anvisn:r för modellernas utförande. 8:o, 71 s. Sthm, P. A. Norstedt & S:r. 90. 1 kr.
—, Nääser Modellserien. Methodische Anweisungen zur Ausführung d. Modelle für Lehrer u. zum Selbstgebrauch. Übertragen von *A. Heidengren*. 8:o, 72 s. Sthm, P. A. Norstedt & S:r. 95. 1: 50.
—, Se: Handbok i pedagog. snickerislöjd.
JOHANSSON, Alfred, Verbet *faire* med följande infinitiv. En studie i modern fransk syntax. 4:o, 26 s. Norrköp., Nermans bokh. i distr. 95. 75 ö.
—, Öfningar i skriftlig o. muntlig öfvers. till franska jemte anvisn:r till öfvers n o. ordlista. 8:o, 127 s. Sthm, C. E Fritzes hofbokh.. 93.
1: 40, kart. 1: 75.
Nyckel till d:o. 8.o, 116 s 93. 5 kr.
—, Se: *Berthet, Élie*, Le chasseur de marmottes.
JOHANSON, Aron, Se: Riksdags- o. riksbankshus
JOHANSSON, Claës Elis, Den bibliska kristendomen gentemot judendomen o. hedendomen. I. 8 o, 352 s. Ups, Akad. bokh. i komm. 89. 4 kr.
—, Den heliga skrift o. den negativa kritiken. Ett apologetiskt bidrag. 8:o, 242 s. Ups., Akad. bokh. 8:. 3 kr.
—, Det förkonstantinska kristendomsförsvaret. 8:o, iij o. 187 s. Ups., Akad. bokh i komm. 89 4 kr.
—, Hebreerbrefvet Öfvers o kortfattad utläggning jemte inledning. 1:a hft. 8:o, 132 s. Ups., Akad. bokh. i komm. 89. 2 kr.
JOHANSSON, C. J., Om gräsens kväfvefria reservnäringsämnen. Se: Handlingar, K. sv. Vet.-akad:s. XXIII: 2.
JOHANSSON, C. J., Studier öfver svampslägtet Taphrina. Se: Bihang till K sv. Vet.-akad:s handl:r. XIII: III, 4.
JOHANSSON, Erik, Bidrag till utrediug af det kristliga kunskapsbegreppet. Akad afh. 8:o, 108 s. H:fors, Förf:n. 95. 1: 50 fmk.
JOHANSSON, F. A., Den heliga skrifts lära om menniskans rättfärdighet inför Gud. 8:o, 140 s. Lund, C. W. K. Gleerup 86. 2 kr.
—, Om inspirationen. 8 o, 125 s. Lund, Gleerupska univ:s bokh. i distr. 89. 2 kr.
—, Om samvetet. 8.o, 98 s. Lund, Gleerupska univ:s bokh. 91. 1 kr.
—, Predikan på Alla helgons dag i Upsala domkyrka 1894. 8.o, 14 s. Sthm, A. V. Carlsons bokf.-aktb. i distr. 94. 25 ö.
—, Profeten Daniel. 8:o, 132 s Ups. Lundequistska bokh. i distr. 93. 1: 50.
—, Under hvilken grundförutsättning kan en gammaltestamentlig skrift anses ega kanoniskt värde. Se: Acta univ:s Lundensis XXIV: I, 1.
—, Se: Tidskrift, Kyrklig.
JOHANSSON, F. L, Lifvets strid, grafvens frid. Aftonsångspredikan i Lunds domkyrka långfredagen 1892. 8.o, 15 s. Malmö, Envall & Kull i distr. 92. 30 ö.
JOHANSSON, Gustaf, Einige Bemerkungen zur Rechtfertigungslehre und zur Behandlung derselben. 8 o, 58 s. (Tr. i Kuopio.) Sthm, Looström & K. i komm. 93. 1: 10
—, Frälsningsarmén. 8:o, vj o 102 s. Kuopio, O. W. Backman. 89. 2: 40 fmk.
(För Sverige: Looström & K. 2: 10.)
—, Predikningar öfver de årliga sön- högtids- o. helgdagarnes evangelier. 8:o. H:fors, Söderström & K. 1:a årg. (De gamla texterna.) 693 s. 94.
5: 25, inb. 6: 25.
2:a årg. 598 s. 95. 5: 25, inb. 6: 25.
—, Uttalanden i några kyrkliga frågor. Öfv. 10, 212 s. H:fors. Söderström & K. 95. 2 kr.
JOHANSSON, J., Barnens helsovän eller några ord om barns fysiska vård m. m. Med förord af med. d:r *E. Nyström*. 8:o, 110 s. Örebro, Bokf -aktb 89. 80 ö., kart. 1 kr.
[**JOHANSSON, Joh.**], Noraskog Anteckn:r och bidrag till Örebro läns historia o. geografi III. 8:o, 456 o. vj s. Sthm, Förf.n. 84—87. 6 kr.
[ ], Noraskogs arkiv. Bergshistoriska samlingar o. anteckningar. Första bandet: (hft. 1—3.) Stor 8.o, viij, xii o. 640 s. Sthm, Utg:n. 89—91. 10 kr.
JOHANSSON, J. E., Folkskolans geometri. 1:a kursen omfattande normalpl. pensum. 8:o, 64 o. (facitb.) 11 s. Sthm, J. Beckman. 90. Kart. 35 ö.
—, Praktisk räknelära för folkskolor. 8:o. Sthm, J. Beckman.
Hela tal. 3.e omarb. uppl. 121 o. 31 s. 87. 50 ö.
Bråk. 3:e omarb. uppl. 119 o. 34 s. 88. 50 ö.
—, D:o d:o i sammandrag för folkskolor.
Hela tal. 72 s. 89 Kart. 30 ö. Facitb. 22 s. 5 ö.
Bråk 71 s. 89. Kart. 30 ö. Facitb. 23 s. 5 ö.
JOHANSSON, J. E., Studier öfver inflytandet på blodtrycket af retning af ryggmärgen. Se: Bihang till K sv. Vet. Akad:r handl:r. XVI: IV, 4.
JOHANSSON, K., Enstatit o dess omvandlingsprodukter. Se: dersammast. XVII: II, 4.
JOHANSSON, K. A., Några ord om Guds församling o. hvarför jag tillhör den. Visby, Förf.n. 87. 10 ö.
—, Se: *Arndt, Joh.*, Tröst o. råd. — Korset o. grafven, Vid.

JOHANSSON, Karl Ferd., Beiträge zur griechischen Sprachkunde. Se: Årsskrift, Upsala univ:s. 1890. Filos. språkvet. o. hist. vet. 3.

—, De derivatis verbis contractis linguæ græcæ quæstiones. Se: Årsskrift, Upsala univ:s. 1886. Filos. språkvet. o. hist. vet. 2.

— —, Der dialekt der sogenannten Shåhbäzgarhi-redaktion der vierzehn edikte des königs Acoka. II. theil. 8:o, 105 s. Ups, Akad. bokh. 93. 3: 50. (I. Theil ist gedruckt in den "Actes du 8 me congrès internationel des orientalistes": sect II. 1:er fasc.)

—, Indernas bibel Rigvedas uppkomst. Se: Tidskrift, Nordisk. 1892.

— —, Några drag ur de indiska helvetesföreställningarne. Se: dersammast. 1895.

JOHANSSON, K. L., Sabbatsstunder, korta betraktelser öfver söndagarnes evangelier. 8:o, 2:a uppl. omarb. o. tillökt 551 s. Sthm, W. Billes Bokf.-aktb. 89, 90. 3 kr (1:a uppl. 87.)

JOHANSSON, Martin, De nya evangelii-perikoperna, till ledning för studerande o. prester 8:o. Ups. W. Schultz. Kompl. 8: 50.
1:a årg.:
1:a din. Julcykeln. 3:e omarb. uppl. xxxiv o. 153 s 86.
2:a din. Påskcykeln. 2:a omarb uppl. 226 s. 86.
3:e din. Den festlösa tiden o. de mindre festdagarna. 2:a omarb. uppl. 422 s. 89.
2:a årg. 625 s. 90—93 8 kr.

— —, Föredrag vid prestmötet i Hernösand 1890. I. Några tankar om konfirmationen. — II. Tillståndet i Hernösands stifts församlingar. 4:o, 50 s. Hernösand, J. A. Johanssons bokh. i distr. 91. 60 ö.

—. Till vördiga presterskapet i Hernösands stift tillika med de allm. läroverkens lärare. Stor 8:o, 10 s. Hernösand, Hernösandspostens boktr.-aktieb. 88. 25 ö

—, Se: Tidskrift, Teologisk.

JOHANSON, Olle, Dikter. (På omslaget: af Dominikus.) 8:o, 60 s. Askersund, O. J. Stenborg. 89. 50 ö.

JOHANSSON, S. A., Se: Sorgen efter Guds sinne.

"Johar" eller "hälsning" från Santalistan Missionstidning. 3:e årg. 1890. 8:o. Ups. Akad. bokh. 90. För årg. (4 n:r) 1 kr.

JOHNSSON, Carl O., Se: Adresskalender öfver Norrland.

JOHNSSON, E. G, Se: Sjukvård o helsovård.

JOHNSON, John, De tre. En humorist. mosaik. Med illustr. af *V. Andrén* o. *H. Feychting.* 8:o, 236 s. Sthm, G. Chelius. 94. 3 kr.

—. ("Kapten Punsch"), Farbror Trulslunds Stockholmstripp. Humor. berättelse. Med illustr. af *V. Andrén.* 8:o, 146 s. Sthm, Ad. Johnson. 89. 1: 50.

—, Glam, Humoresker, skämthistorier, skizzer o. bagateller. Med illustr. af *V. Andrén.* 1:a saml. 1:a o. 2:a uppl. 8:o, 320 s. Sthm, Ad. Johnson. 88. 2: 50.

Jfr. Bibliotek, De gladas. 12, 13.

—, Lätt gods! Humoresker o. skizzer. 8:o, 171 s. Sthm, H. Geber. 93. 2 kr.

—, Mellan skål o. vägg. Nya humoresker, skizzer, bagateller o. reseskildr. 8:o, 320 s. Sthm, Ad. Johnson. 88. 2: 75.

— —, Nya skämthistorier, Humoresker o. skizzer. 8:o, 200 s. Sthm, W. Billes Bokf -aktb 92. 1: 75.

—, Riddar Pettersson m. fl. humoristiska berättelser. Med illustr. af *V. Andrén.* 8:o, 172 s. Sthm, H. Geber. 91. 2: 25.

JOHNSON, John, Svenskarna i Kamerun. Se: Originalberättelser, Svenska, för ungdomen o. familjen. 1.
—, Se: Kapten Punschs äfventyr. — Skämthistorier o. muntra anekdoter.

JOHNSSON, K. R., Om metafosforsyrans inverkan på di- o. tri-oxider. Öfv. af Bihang till K. sv. Vet.-akad:s handl:r. XIV: II, 1.

JOHNSSON, Mikael, Folkskola i hvarje by eller frågan om skol- och undervisningsplikt. 8:o, iij o. 96 s. H:fors, Otava. 94. 1: 25.

—, Om induktiv metod i undervisningen. 8:o, viij o 148 s. Borgå, W. Söderström. 91. 1: 25.

JOHNSSON, Nils, (i Gärds Köpinge), En nykters resa genom landet Dryckenskap till staden Nykterhet. 8:o, 20 s. Sthm, P. A. Huldbergs bokf.-aktieb. 94. 20 ö.

Jfr. Skrifter för folket. 28.

JOHNSTON, Alfred S:t, Äfventyr i Australien under jagt efter guld. Öfv. af *Jenny R—r.* Med illustr. 8:o, 228 s Sthm, F. & G. Beijers Bokf.-aktb. 89. Inb 2: 25.

JOKAI, Maurus, Flyktingen. Öfv. 8:o, 62 s. Sthm, C. A. V. Lundholm 89. 50 ö.

—, Fången i de aju tornen. En legend från kosackernas frihetstid. Öfv. 8:o, 50 s. Sthm, C. A. V. Lundholm. 89 50 ö.

—, Tre berättelser. 8:o, 170 s. Sthm, C. A. V. Lundholm. 90. 1: 25.

—, Tretton vid bordet, eller familjen Bárdy. Ett bordsminne från 1848. Öfv. 8 o, 59 s. Sthm, C. A. V. Lundholm. 89. 50 ö.

JOLIN, Joh., Affällingarne. Se: Romanbibliotek, Ad. Bonniers, 54 o. 55.

—, Barnhusbarnen. Se: Teaterstycken. 5.
—, En komedi. Se: dersammast 1.
—, En kommunist. Se: dersammast. 13.
—, Ett minnesblad. Se: dersammast. 6.
— — —, Farmors o. mormors kärleksäfventyr. Se: dersammast. 10.
—, Friaren från Värmland. Se: dersammast. 7.
—, Löjen o tårar. Se: dersammast.
—, Mammas gosse. Se: Teaterstycken. 12. o. Teatern, Svenska. 135.
—, Min hustru vill ha' roligt. Se: Teaterstycken. 9.
—, Mjölnarfröken. Se: dersammast. 16.
—, Mäster Smith. Se: dersammast. 4.
—, På gamla dagar. Se: dersammast. 2.
—, Skal och kärna. Se: Teaterstycken. 3 o. Teatern, Svenska. 164.

—, Skrifter. 8:o. Sthm, Ad. Bonnier.
1:a serien. Berättelser o. smärre uppsatser. 3:e uppl. 6 dlr. I: 232 s. II: 237 s. III: 236 s. IV: 264 s. V: 256 s. o. VI: 264 s. 92—94.
För del. 2: 50, klb. inb. i 3 band 20 kr.
2:a serien: Romaner.
I. Affällingarne. 3:e uppl. 2 dlr. 282 o. 319 s. 93—94. 6 kr.
II. Rosen bland kamelior. 3:e uppl. 288 s. 93. 3 kr.
III. Eremiten. 3:e uppl. 204 s. 93. 3 kr.
IV. Vinglaren. 3:e uppl. 300 s 94 3 kr.
Inb. i 5 band 20 kr.
3:e serien. Teaterstycken o dikter. I. 335 s. II. 347 s. III. 383 s. IV. 214 o. xlviij s.
För del 3 kr., inb. i 2 band 16 kr.

—, Skrifter. 3:e serien. En samling dikter. Efter urval af *Harald Wieselgren* 8:o, 212 s. Sthm, Ad. Bonnier. 88. 2: 50, inb. 4 kr.

—, Smådesskrifvaren. Se: Teaterstycken. 15.

JOLIN, Joh., Studentens majnatt. Se: dersammast. 11.
—, Teater- o. skolpojksminnen. 8:o, 94 s. Sthm, Ad. Bonnier. 95. 1 kr.
Jfr. Biblioteket, Röda. 9.
—, Ung-Hanses dotter. Se: Teaterstycken. 14.
—, Veteranerna. Se: dersammast. 8.
—, Öfverste Stobee. Historisk dram. Fragment (1:a akten) 8:o, 24 s. Sthm, Ad. Bonnier. 94. 1 kr.
JOLIN, Severin, Nyare läkemedel ur farmaceutiskkemisk synpunkt sammanstälda 8:o, x o 354 s. Sthm, W. Billes Bokf.-aktb. 92. 7: 50.
—, Se: *Edgren, J. G.,* o. *Jolin, S.,* Läkemedlens användning o. dosering,
JONASSON, A., Revolutionen i drifbänken. Se: Teatern, Svenska. 198.
JONES, Benjamin. Se: *Acland A. H.,* o. *Jones B.,* Arbetarnes cooperationsfören.r i Storbritanien
JONQUIÈRE, Alfred, Ueber eine Verallgemeinerung der Bernoulli'schen Funktionen. Se: Bihang till K. sv. Vet.-akad:s handl:r. XVI: 1, 6.
—, Ueber einige Transcendente etc. Se: dersammast. XV: I. 1.
JONSSON, Finnur, En kort udsigt over den islandskgrönlandske kolonis historie. Se: Tidskrift, Nordisk. 1893.
—, Völuspá. Se: dersammast. 1890.
[**JONSON, Hans**], Det gamla testam:ts profeter. Se: Profeter, Det gamla testamentets.
JONSSON, Josef, Den praktiske skyltmålaren. En samling af utförda firmaskyltar jemte alfabet, i färgtryck. 1:a hft. Folio, 5 pl. Sthm, G. Chelius. 94. 6 kr.
JONSSON, Wald., Exempel i planimetri o. stereometri för de allm. lärov:ns lägre klasser. 8:o, 16 o. 2 s. Göteb., N. J. Gumperts bokh. i distr. 94. 35 ö.
—, Om cirkelns qvadratur. 8:o, 132 s. o. 1 pl. Göteb., N. J. Gumperts bokh. 88. 2 kr.
—, Om digniteter o. potenser. 8:o, 14 s. Sthm, E. T. Bergegrens bokh. 87. 25 ö.
Jordebok, Stockholms stads. 1475—98. Utg. af Kgl. Samfundet för utg. af handskrifter rör. Skandinaviens historia, genom *Hans Hildebrand.* 8:o, 256 s. Sthm, Samson & Wallin. 91. 3: 75.
Jordemodren. Månadsskrift för barnmorskor, utg. af *E. W. Wretlind.* 1:a—8.e årg. (1888—95.) Sthm, Redaktionen. 88—95. För årg. (12 n:r) 2: 50.
Jorden rundt under svensk örlogsflagg. Ögonblicksbilder från Vanadis verldsomsegling 1883—85 samlde af *S. Nutt och Dag* o. i brefform återgifna af *Richard Melander.* Illustr. af *Ottilia Adelborg.* 8:o, 184 s. o. 1 pl Sthm, Alb. Bonnier. 87. 2: 75.
JOSEFUS, Flavius, Judarnas gamla historia. 8:o, 982 s. Sthm, F. & G. Beijers Bokf.-aktb. 89, 90. 10 kr.
Joseph, Den tacksamme. Se: Bibliotek för de unga. 48.
JOSEPHSON, Aksel, G. S., Avhandlingar och program utg. vid svenska o. finska akademier o. skolor under åren 1855—90. Bibliografi. 1 a dln. Alfabetisk hufvudförteckning. 8:o, viij o. 264 s. Ups. Lundequistska bokh. i komm. 91- 03. 6: 50.
—, D:o d:o. Tillägg. s. 265 - 269 samt (Förkortningar o. Tryckfel) s. ix—xj Gratis till subscrib.
—, Bidrag till en förteckning öfver Sveriges Dramaturgiska litteratur. Bibliografiskt försök. Liten 8:o, 15 s. Upsala, Josephsons antikvariat. 91. Uppl. 25 ex. 1 kr.
—, Se: Catalogue méthodique des Acta et nova acta reg. soc:is scient. Upsaliensis.
—, Meddelanden från Josephsons antikvariat

JOSEPHSON, Aksel G. S , Öfversikt, Bibliografisk, af svensk periodisk literatur.
JOSEPHSON, C. D., Om den manuela behandlingen af gynäkologiska lidanden. 8:o, 101 s. Sthm, Nordin & Josephson i komm. 91. 2 kr
—, Ureter genitalfistlar hos qvinnan. Afhandl. 8:o, 57 s. Sthm, Nordin & Josephson. 87. 1: 50.
JOSEPHSON, Ernst, Svarta rosor. Dikter. 8:o, 88 s. Sthm, Alb. Bonnier. 88. 1: 25.
JOSEPHSON, J. A., Se: Musik till C. M. Bellmans saml. skrifter.
JOSEPHSON, Ludvig, Rakt på sak. Teaterfunderingar. 8:o, 83 s Sthm, Ad Bonnier. 94. 1: 50.
—, Teaterregie. Regissörsskap o. i-scen-sättningskonst. 8:o, 107 s. Sthm, Ad. Bonnier. 92. 2 kr.
—, Studier o. kritiker. 8.o, Sthm, Nordin & Josephson.
 1. Konst- och tosterlandskärlek. 62 s. 95. 1 kr.
 2. Eleonora Duse. o. Ida Aalberg. 28 s. 95. 50 ö.
 3. Teater- o. Musikutställningen i Wien sommaren 1892. 73 s. 95. 1 kr.
, Teaterstycken. 8:o. Sthm, Ad. Bonnier i distr.
 1. En stormig dag. Skådespel i 3 akter. 130 s. 93. 2 kr.
 2. Rivaler af missförstånd. Komedi i 2 akter. 121 s. 93. 1: 75.
 3. Med konstens vapen. Komedi i 5 akter. 237 s. 93. 2 kr.
, Vigtiga teaterfrågor för dagen kritiskt belysta. 8:o, 98 s. Sthm, Nordin & Josephson. 88. 1: 50.
Journal de la Société Finno ougrienne. 8:o. H:fors, Finsk-ugr. sällsk.
 I. 135 s 86. 6 fmk.
 Donner, O, Jahresbericht über die fortschritte der finnisch-ugrischen studien 1883—85.
 —, Die finnisch-ugrischen Völker.
 II. xiv o. 184 s. 87. 5 fmk.
 Setälä, E. N. Zur Geschichte der Tempus- u. der Modusstammbildung in den finnisch-ugrischen Sprachen.
 III. 175 s 88. 5 fmk.
 Setälä, E. N, Ueber die Bildungselemente des finnischen Suffixes-ise (inen).
 Donner, O., Jahresbericht 1885—86.
 IV. xxx o. 352 s. 88. 5 fmk.
 Heikel, A. O., Ethnographische Forschungen auf dem Gebiete der finnischen Völkerschaften. I. Die Gebäude der Ceremissen, Mordwinen, Esten u. Finnen.
 V. 159 s. 89. 5 fmk.
 Mainof, W., Les restes de la mythologie mordwine. I.
 VI. 173 s. 89. 5 fmk.
 Krohn, K, Bär (Wolf) und Fuchs. Eine nordische Thiermärchenkette. Aus d. finn. übers von *Oscar Hackman.*
 Donner, O., Jahresbericht 1886—88.
 VII. vj o. 181 s 89. 5 fmk.
 Genetz, A., Ost-Tscheremissische Sprachstudien. I. Sprachproben mit deutscher Uebersetzung.
 VIII. 154 s. 90. 5 fmk.
 Ahlqvist, Aug, Über die Kulturwörter der Obischugrischen Sprachen.
 —, Einige Proben mordwinischer Volksdichtung.
 Setälä, E. N., Ein lappisches Wörterverzeichniss von *Zacharias Plantinus.*
 —, Lappische Lieder aus dem XVII:ten Jahrhundert.

Aspelin, J. R., Types des peuples de l'ancienne Asie Centrale.
IX. xxij o. 237 s. 8 fmk.
Paasonen, H., Proben der mordwinischen Volkslitteratur. I. Erzjanischer Theil. 1.
X. iv o. 285 s. 93. 8 fmk.
Lytkin, G. S, Syrjänische Sprachproben, transkribirt von *P. Kijanen.*
—, Syrjänische Sprachproben, übersetzt von *Yrjö Wichmann.*
Krohn, Kaarle, Histoire du traditionisme en Esthonie.
Krohn, Julius, Das Lied vom Mädchen, welches erlöst werden soll.
Wiklund, K. B., Die nordischen lehnwörter in den russisch-lappischen dialekten.
—, Ein-Beispiel des lativs im lappischen.
—, Nomen-verba im lappischen.
—, Das kolalappische Wörterbuch von *A. Genetz.*
XI. xx. 200, 27, 17 o. 17 s. 93. 8 fmk.
Wichmann, Yrjö, Wotjakische Sprachproben. I. Lieder, Gebete und Zaubersprüche.
Wiklund, K. B., Die südlappischen forschungen des herrn dr. Ignácz Halász.
XII. 5, 154, 20, 21 o. 20 s. 94. 8 fmk.
Paasonen, H., Proben der mordwinischen Volkslitteratur. I. Erzjanischer Theil. II.
XIII. ix, 140, 10 o. 18 s. 95. 7 fmk.
Volmari, Porkka's Tscheremissische Texte mit Übersetzung. Herausgeg. von *Arvid Genetz.*
Abercromby, John, The earliest list of Russian Lapp words.
Genetz, Arvid, Bemerkungen zum Obigen.
Journal för plattsöm, klädes- o. hvita broderier. Mönstertidning för Sveriges damer. Utg. af *Julie Petersen* f. *Wagner.* Lund, Gleerupska univ:s bokh. i distr. 89. För årg. (24 n:r) 4 kr.
Journal vid .... mejeri öfver .... Utg. af *Wilh. Flach* o. *Gust. Liljhagen.* Folio. Sthm, H. W. Tullberg. 89. Inb. 1: 75.
Journal öfver .... vid ... Utg. af *B. Nordström.* Folio. Sthm, H. W. Tullberg. 89. Inb. 1: 50.
Journaux parisiens. Types et tableaux de Paris avec desseins dans le texte, moeurs et coutumes parisiennes etc. par *Rutger Brovall.* 8:o, 176 s. Göteb., Wettergren & Kerber. 91. 2: 50.
JUEL, H. O., Beiträge zur Anatomie d. Marcgraviaceen. Se: Bihang till K. sv. Vet.-akad s handl:r. XII: III, 5.
—, Beiträge zur Anatomie d. Trematodengattung Apoblema. Se: dersammast. XV: IV, 6.
—, De floribus veronicarum. Se: Acta Horti Bergiani. 5.
—, Om byggnaden o. utvecklingen af stammens kärlsträngsväfnad hos Veronica longifolia. Se: dersammast. 2.
—, Se: *Wittrock, V. B.* o. *Juel, H. O.,* Catalogus plantarum.
JUEL-HANSEN, N., Lifvet i världen. Läsebok för skolan o. folket. Öfv. af *Rob. Tigerstedt.* 8:o. Sthm, P. A. Norstedt & S:r.
1:a dln. Naturen o. människan. 220 s. 93.
Klb. 1: 50.
JUHLIN, Julius, Bestämning af vattenångans maximtspänstighet öfver is etc. Se: Bihang till K. sv. Vet.-akad:s handl:r. XVII: I, 1.
—, Sur la température nocturne de l'air à différentes hauteurs. Se: Acta, Nova, reg soc:is scient. Upsal. XIV: 5.
JUHLIN, Ludv.. Se: Skeppslista, Sveriges.

JUHLIN-DANNFELT, O., Underdånig berättelse rör. margarinindustrien. 8:o, 54 s. Sthm, Samson & Wallin. 88. 50 ö.
JUHLIN-DANNFELT, H., Jordbrukarens handlexikon. 5:e—9:e hft. 8.o, s. 193—433. Sthm, H. Geber. 86. 5:e—8:e hft à 50 ö., 9:e hft. 75 ö., Kompl. 4: 75, kart. 5: 25, klb. 5: 75.
—, Redogörelse för den i samband med sextonde allm. svenska landtbruksmötet anställda redskapspröfning. 8:o, 89 o. 19 s. Sthm, Samson & Wallin. 86. 75 ö.
—, Se: Landtbrukstidskrift. — Matrikel öfver Ultuna landtbruksinst:s lärare o. elever.
Jul, utgifven af konstnärsklubben. Årg. 1—8. (1888—95.) Folio, hvarje årg. 24 s. Sthm, Fr. Skoglund i distr. 88—95. För årg. 1 kr.
Jul, God. 1:a årg. 1895. Red. *Karl Fries* o. *C. Althin.* 4:o, 24 s. Sthm, A. L. Normans f.-exp. 95. 1 kr.
Jul, God. Bibeltexter med verser af *L. S.* Med illustr. 6 blad velin. Sthm, G. Chelius. 91. 75 ö.
Jul, Till. 1895. 4:o, 15 s. Sthm, Musikbladets förlag. 95. 25 ö.
Jul- o. **Nyårsbladet,** Illustrerade. Folio, 16 s. o. 1 musikbilaga. Sthm, J. Josephson. 89. 50 ö.
Julafton. Folio. (Tr. i Kristiania.) Sthm, Nordin & Josephson.
1894. 32 s. o. 2 pl. 94. 1: 50.
1895. 32 s. o. 3 pl. 95. 1: 50, gravruppl. 3: 50.
Julalbum 1895. Folio, 14 s. o. 2 pl. samt bilaga: *Lagerlöf, Selma,* Ett äfventyr i Vineta Med teckn:r. 8:o, 45 s. (Tr. i Köpenhamn.) Malmö, Envall & Kull. 95. 2 kr.
Julalbum, Programbladets, 1893. Folio, 30 s. o. 2 pl. Hfors, Programbladets exped. 93
1: 50 fmk (1: 10).
Julbilder. 4:o, 8 kolor. pl. med text. Sthm, C. A. V. Lundholm. 92. Kart. 1 kr.
Julblad, Konstnärsgillets. 4:o. Hfors, W. Hagelstam.
1894. 32 s. o. 4 pl. 2: 50 fmk.
1895. 24 s. 95. 2: 50, med 2 bilagor 4: 50 fmk.
Julbloss. Flickornas tidning. Folio, 16 s. Göteb., Hugo Brusewitz. 91. 75 ö.
Julbok, Barnens lilla. Gamla visor o. rim tecknade af *Ottilia Adelborg.* 8:o, 17 pl. med text. Sthm, C. E. Fritzes hofbokh i distr. 87. Kart. 2 kr.
Julbrassan, Vid. 1895. Folio, 18 s. Sthm, Oscar Eklund. 95. 40 ö.
Julbref till arbetarens hustru. 8:o, 19 s Sthm, Fröleen & K. 90. 15 ö.
Julen 1886. Folio, 20 s. Sthm, Z. Hæggströms f.-exp. 86. 1 kr.
Juletid, I. 8 blad velin med illustr. (Tr. i utlandet.) Sthm, Fost.-stift.s f.-exp. 95. 75 ö.
Juletid, Vid Illustrerad jultidning, under medverkan af framstående skriftställare o. konstnärer utg. af *Erik Hanrson.* 1:a årg. 1892. Folio, 16 s. Göteb. Utg:n. 92. 50 ö.
Julgubben. Bilderbok med text af *Tea (Toini Topelius).* 8:o, 22 s. H:fors. G. W. Edlund. 89
Kart. 2 fmk.
Julhelsning till nordens gabelsbergerska stenografer Autograferad af *Maria Colliander.* 4:o, 2, 18 s. H:fors, Utg:n. 91. 1: 50 fmk.
JULIN, E., Anteckningar om Uleåborg. Se: Skrifter utg af Sv. litt. sällsk. XIII.
Julkalender, Kaspers 1877. Till glädjens horisont, belägen vid 100 graders gaskhöjd. Utan något slags privilegium utg af Kasper o. hans akademi för den

glada vetenskapen. Med illustr. af *Vict. Andrén.* 8:o, 112 s. Sthm, Red af Kasper. 87. 1 kr.

Julkalender, Stenografisk, utg. af studenternas Gabelsberger-förbund. Ups. 4:o, 24 s. litogr. tryck. Ups., Lundequistska bokh. i komm. 92. 1 kr.

Julklapp till svenska barn 1889, utg. af *Lotten D, H. Mark* o. *Hugo H.* Med illustr. af svenska konstnärer. 4:o, 76 s. Sthm, P. A. Norstedt & S:r. 89. 2 kr, kart. 2: 50.

Julklappen. Folkskolans barntidnings julnummer, årg. 1893—95. Folio, hvarje årg. 16 s. Sthm, Wahlström & Widstrand i distr. 93—95. För årg. 25 ö.

Julklappslådan. 4 o, 8 bl. med kolor. pl. o. text. Sthm, R. W. Stare. 92. 2 kr.

Julklappsrim, Nya o. trefliga Se: Julmuntrationsböcker. 5.

Julklockorna. En julbok för de unga af *S. St.* 1:a—4:e saml, 8:o, hvarje saml. 64 s Sthm, Fost.- stift:s f.-exp 89—92. à 25 ö.

Julklockorna. Med verser af *L. S* 10 blad velin med illustr. (Tr. i utlandet). Sthm, Fost. stift:s f.-exp. 95. 1 kr.

Julmuntrationsböcker. Sthm, Alb. Bonnier.
 1. *Lilja, N.,* Julboken, inneh. en samling ringdanser, pantlekar, julnöjen, sånger, visor o. sagor upptecknade i Skåne. 2:a uppl. 32.o. 78 s. (76). 25 ö.
 2. *Stålberg, Wilh,* Gissa den som kan. 40 s. (63.) 25 ö.
 3. *Ersson, Olof,* Tankelekar för unga o. gamla. Charader, gåtor, logogryfer m. m. 32:o. 96 s. (76). 40 ö.
 4. Den treflige arrangören. 3:e uppl. 75 s. (77). 25 ö
 5. Nya o. trefliga julklappsrim att användas i nödens stund 48 s. 88. 25 ö.
 6. Aritmetiska kuriositeter o. konststycken att roa sig o. andra med. Samlade af *Olof R—n.* 48 s. 88. 25 ö.

Julnummer, Iduns, 1894 o. 1895. Utg *Frithiof Hellberg.* 4:o, hvarje 32 s. Sthm, Iduns tryckeri-aktieb. 94, 95. à 1 kr.

Julnummer, Söndags-Nisses, 1895. 4:o, 22 s. Sthm, Carl Gehrman. 95. 50 ö.

Julqvällen. En tidning för alla, utg. af Publicistklubben. 6:e—15.e årg. (1886—95.) Fol., hvarje årg. 24 s. Sthm, J. Seligmann. 86—95. För årg 1 kr.

Julrevy, Finsk. Redig. af *Jac Ahrenberg.* 4.o, 56 s. o 4 pl. Hfors, Söderström & K. 91. 1 kr.

Jul-revy, Illustrerad. 4:o, 32 s. Sthm, Expeditionen. 93. 1 kr.

Jul-rosor, Barnens, 1892—95. 4:o, hvarje årg. omkr. 40 s. o. bilagor. (Tr. i Köpenh.) Sthm, Seelig & K. 92—95. För årg. 1 kr.

Jul-rosor. Skandinavisk julklapp för 1886—95. Fol. hvarje årg. omkring 40 s. o. pl. (Tr. i Kbhvn) Sthm, Seelig & K. 86—95. För årg 1: 50. Gravyruppl. för åren 1893—95. För årg. 3 kr.

Julstjernan 1895. Julnummer af Palettskrap, utg. af eleverna vid Akad. f. de fria konsterna. Fol. 24 s. Sthm, Fröléen & K. i distr. 95. 1 kr.

Jultomtar 1891. Folio, 24 s. Jönköp., Emil Bergmans bokh. i distr. 91. 1 kr.

Jultomten, Skolbarnens jultidning, utg. af Svensk Läraretidning. 1:a—5:e årg. (1891—95). 4:o, hvarje årg. 16 s. Sthm, Sv. Läraretidn:s exp. 91—95. För årg. 25 ö.

Praktuppl. 1895. 24 s. 95. 50 ö.

Jultomten. Vers o. prosa af *Karl A. Tavaststjerna. Vanda* m. fl. 8:o, 63 s. H:fors, Wickström & K. 88. 75 p.

Jumbo, den store elefanten. Med verser af *E A.* 6 blad med illustr. Sthm, G. Chelius. 91. 80 ö.

JUNCKER. E., Vid grafvens rand. Prisbelönt roman. Öfv. från tyskan af *E. Thyselius.* 8 o, 148 s. Sthm, F. & G. Beijers Bokf.-aktb. 90. 1: 25.

JUNG junior (pseud.), Statsrådet. Silhouetter klippta ur Helsingforslifvet. 8:o, 72 s. H:fors, G. W. Edlund. 87. 1: 25 fmk.

Jungfru Marie örtagård. Se: Saml. utg. af Sv. fornskriftssällsk. 107.

JUNGNER, J. R., Bidrag till känned. om anatomien hos Dioscorere. Se: Bihang t. K. sv. Vet. akad:s handl:r XIII: III. 7.

JUNGSTEDT, H., Se: *Leijonhufvud, S. A:son* o *Jungstedt, H.,* Hastiga fältbefästningars användande.

Junius, Två bröder. En enkel berättelse om unionen mellan Sverige o. Norge. Till svenska folkets tjenst. 8:o, 59 s. Göteb., Wettergren & Kerber. 95. 75 ö.

JUSELIUS, A., Hydrologiska undersökningar. Se: Fennia. IV: 9. o. V: 11.

Justitiematrikel, Svensk, utg. af *Hj. Gullberg* o. *Vilh. Koersner.* 8:o, 199 s. Sthm, C. E. Fritzes hofbokh i komm. 87. 6: 75.

Justus, De vises sten eller framtidens läkekonst. En bok för alla friska, som ej genom sjukdom vilja förlora helsa, arbetskraft o. lif. 8:o, 191 s. Sthm, G. Chelius. 90. 2 kr.

—, Helsolif. 8:o, 289 s. Sthm, G. Chelius. 93. 3 kr

—, Koleran. Se: Lefnadskonst. 3.

—, Läkekonstens hemlighet. Se: dersammast. 1.

—, Naturmedicin eller apoteksmedicin. Se: dersammast. 2.

—, Salta biten. Helnykterhetsstudie. 8:o, 8 s. Östersund 94. 5 ö.

—, Samhällslif. 8:o, 195 s. Sthm, G. Chelius. 95. 2 kr.

—, Vattenläkekonsten. Se: Lefnadskonst. 5.

—, Vetenskapen o. lifvet. Studier o. iakttagelser i vetenskapen om lifvet med hänsyn till den Koch'ska läkemetoden. 8:o, 134 s. Sthm, G. Chelius. 91. 1: 50.

—, Våra födoämnen i fysiolog. hygien. o. ekonom. hänseende. En dietetik för friska o. sjuka. 2 dlr. 8:o, 368 s. Sthm, G. Chelius. 91. 3: 75.

—, Se: Lefnadskonst.

JUUTI, K., Läsebok i allmän historia för folkskolorna. Genoms. af *J. W. Ruuth.* [2:a uppl.] Öfv. 8:o, 185 s. H:fors, Weilin & Göös. 91. 1: 50 fmk.

Juvelskrinet. 6 hfn, hvart o. ett 6 blad velin med bibelspråk o. kolor. fig. Sthm, G. Chelius. 92. I kartong 1: 80.

JÄDERIN, Axel, Brottsjöar. Verklighetsbilder. 8:o, 214 s. Sthm, Svanbäck & K. 91. 2: 25.

—, Fädernas föredömen. Roman. 8:o, 375 s. Sthm. Uppl:n 32 ex. (Ej i bokh.,

JÄDERIN, Edv., 1887 års förmörkelser. 2:a uppl. 8:o. 24 s. Sthm, Sv. Familjejourn. f.-exp. 87. 25 ö.

—, Astronomi. Se: Bibliotek för allmänbildning. 6)

—, Märklig längdförändring hos geodetiska basmätningssträngar. Se: Bihang till K. sv. Vet.-akad:s handl:r. XVIII: I. 11.

— o. **CHARLIER, C. V. L.,** Stjernverlden. Se: Boksamling, Naturvetenskaplig. 6.

Jägaren. Nordisk årsskrift utg. af *Hugo Samzelius.*

Med bidrag af svenska, norska o. danska jägare. 1:a årg. Med 16 portr. o. 3 bilder. 8:o, 252 s. o. 1 pl. Sthm, J. Seligmann. 95. 3: 75.
Jägaresällskapet, Zoologiska, i Lund 1836—86. 97 s. Lund, Gleerupska univ:s bokh. 86. 1: 25.
JÄGERSKIÖLD, L. A., Ueber den Bau des Ogmogaster plicatus. Se: Handlingar, K. sv. Vet.-akad:s. XXIV: 7.
—, Se: *Kolthoff, G.* o. *Jägerskiöld, L. A.*, Nordens fåglar.
JÄMTE, Anders, Ljusnedals-Jukko. Kulturskildring från Härjedalen. 12:o, 168 s. o. 1 pl. Östersund, 93. 1 kr.
JÄNNES, Arvi, Svensk-finsk ordbok. 8:o, viij o 338 s. H:fors, Söderström & K. 87. 3: 25.
Järnarmen. Se: Äfventyrsböcker. 2.
JÄRNEFELT, Arvid, Ateisten. En samling smärre uppsatser. 12:o, vj o. 185 s. Borgå, W. Söderström. 95. 1: 60.
—, Fosterlandet. Öfv. från finskan af *Ernst Gråsten*. 8:o, 294 s. Fredrikshamn. W. Hagelstam. 93. 3 kr.
—, Människoödcn. Öfv. 12:o, 207 s H:fors, Otava 95. 2: 50.
—, Mitt uppvaknande. Öfv. 8:o, 278 s. H:fors, Otava. 94. 3: 50 fmk.

JÄRVELÄINEN, T., Konstruktionsritningar för slöjdundervisning. I serien 17 pl. H:fors, K. E. Holm. 91. I kartong 9 fmk. uppf. på papp 17 fmk.
—, Om slöjdundervisning jämte några därtill lämpade anvisningar. 8:o, iv o. 68 s H:fors, K. E. Holm. 91. 1: 25 fmk.
JÄRVINEN, K. V., 42 tabeller för beräkning af dikens o. kanalers kubikinnehåll. 8:o, 46 s. Uleåb. Förf:n. 95. 1: 75 fmk.
Jönköpings omgifningar. En vägledning för turister som besöka Jönköpingstrakten. Red. af *Hj. Cassel*. Med 19 illustr. o. 1 karta. 8:o, 60 s, o. 1 karta. Jönköp. Nordströmska bokh. 95. 75 ö.
JÖNSSON, B., Beiträge zur Kenntniss des Dickenzuwaches der Rhodophycéen. Se: Acta univ.is Lundensis. XXVII: II, 4.
—, Iakttagelser öfver ljusets betydelse för fröns groning. Se: dersammast. XVIII: II, 10.
JÖNSSON, P., Om vätskeblandningars ångtension. Se: Acta univ:is Lundensis. XXV: IV, 2.
—, Om ångtensionen. Se: dersammast. XXIV: II, 2.
JÖRGENSEN, A. D., Den danske bondes stavnsbånd. Se: Tidskrift, Nordisk. 1888.

K.

KABNER, Hans, Bibliska studier öfver dopsakramentet. Afhandling. 8:o, 40 s. Göteb., N. J. Gumperts bokh. 95. 1 kr.
—, Lärobok i modersmålet för folkskolan, inneh. rättskrifningslära o. grammatik. 2:a omarb. o. tillök. uppl. af "Lärobok i modersmålet för folkskolan" af *H. Kabner* o. *J. G. Victorin*. 8:o, 80 s. Göteb., N. J. Gumperts bokh. 95. Inb. 35 ö. (1:a uppl. 90.)
—, Lärobok i tyska språket, inneh. språklära, öfnings- o. läsestycken samt ordförteckning. [I.] 8:o, 283 s. Lund, Aug. Collin. 90. Inb. 2: 50.
II. vj o. 368 s. 93. Kart. 2: 50.
Ordlista till d:o. 103 s. Gratis för köpare af läroboken.
—, Om upprättandet af den nordiska kyrkoprovinsen. 8:o, 48 s. Göteb., N. P. Pehrsson. 86. 75 ö
—, Sagor o. berättelser. Med illustr. af *J. W. Åkermark*. Stor 8:o, 112 s. o. 7 pl. Göteb., N. J. Gumperts bokh. i distr. 91. Kart 2 kr.
—, Svensk ordbok jemte grammatika. Efter Svenska akad. nya ordlista uppsatt. 8:o, xlviij o. 264 s. Göteb., N. J. Gumperts bokh. i distr. 90. Klb. 2: 50.
—, Svensk språklära, utg i fem årskurser. Stafsättet i öfverensstämmelse med Nya ordlistan. 8:o, Göteb., N. J. Gumperts bokh. i distr. 90.
1:a årsk. 29 s. 30 ö, — 2:a årsk. 36 s. 30 ö., 3:e årsk. 32 s. 30 ö.
Alla 3 kurserna i 1 band. 1 kr.
—, Svenska rättskrifningsöfningar. 2:a genoms. o. tillök. uppl. 8:o, 64 s. Göteb, N. J. Gumperts bokh. i distr. 91. 75 ö. (1:a uppl. 89.)
—, o. **VICTORIN, J. G.**, Svensk rättskrifningslära efter Svenska akad:s ordlista. 2:a uppl. 8:o, 48 s. Göteb., Wettergren & Kerber. 90. Kart. 50 ö. (1:a uppl. 89.)
Kadettkåren, Finska 1812—87. 8:o, 167 s. F:hamn. 90.
Bihang I. Finska kadetter. 1812—87. 194 s. 87. 4 fmk.
Bihang II. Kårens embetsmän. 38 s. 89.
KAHLMETER, Thore. Se: Hvarför? o. Huru?
KAISER, P., "Låten barnen komma till mig." En årgång predikn:r för barn. 8:o, 390 s. Sthm, P. A. Norstedt & S:r. 92. 3: 50, klb. 4: 50.
—, Se: Barnpsalmbok.
KAJERDT, R., Tal vid Gustaf II Adolfs minnesfest i Westerviks allm. läroverk d. 8 dec. 1894. 10 s. Westervik, C O. Ekblad & K. 94. Netto. 15 ö.
KALDÉN, K. F., Se: Harpoljud.
Kalender 1887—96. 32:o hvarje årg. 4 s i guld- o. färgtryck. Sthm, P. A. Norstedt & S:r. 86—95. För årg. 25 ö.
Kalender, Frimurare-ordens, för åren 1886-95. På befallning utg. af IX Prov. Loge Direktorium. 8:o, hvarje årg. 14 s. Sthm, P. A. Norstedt & S:r. 86—95. För årg. 40 ö.
Kalender för alla. 1886—87. Med illustr. af *Jenny Nyström*. Redaktör: *G. Lagerbring*. 8:o. Sthm, P. A. Norstedt & S:r. 86—87.
Mindre editionen. 96 s. För årg. 65 ö.
Större d:o 156 s. För årg. 1: 25.
Kalender, Kongl Göta hofrätts för åren 1887-95. (Utg. af *M. Fagerberg*.) 12:o hvarje årg. 26 s. Jönköp. Emil Bergman. 87—95. För årg. 75 ö.
Kalender, Kgl. hofrättens, öfver Skåne o. Blekinge, för år 1892. Utg. af *C. Cederström*. 8:o, 39 s. Kristianstad, L. Littorins bokh. 92. 1 kr.

Kalender, Kgl. Svea hofrätts, för åren 1891—92. 8:o, hvardera 70 s. Sthm, P. A. Norstedt & S:r. 91, 92. För årg. 1: 50

Kalender, Jemtlands läns, 1889. Utg. af O. C. Ahlström. 8:o, 371 s. Östersund, G. Wisén. 89. 3 kr.

Kalender, Jultomtens illustrerade komiska. 1:a o. 2:a årg. (1887—88.) Med illustr 8:o, hvardera 112 s. Sthm, J. W. Svensson. 86, 87. För årg. 50 ö.

Kalender, Norra Kalmar läns. Ny uppl. 1894. Utarb. at P. Lundin. 8.o, 136 s. Vestervik, C. O. Ekblad & K. 94. 1 kr., inb. 1: 25.

Kalender, Kopparbergs läns. 1889. 8:o, 448 o. xl s. Falun, Falu nya boktr.-aktieb. 89. Kart. 3: 25.
— —, D:o d:o 1893. Utg. af Ivar Ölund o. Hjalmar Lundén. 8:o, xvj, 478 o. 56 s. Falun, Utg:ne 93. Kart. 3: 75

Kalender öfver kvinnoarbetet i Finland utgifven af Finsk Kvinnoförening. 8:o, 9, 361 o xxiv s. samt 2 kartor H:fors, Finsk kvinnof. 94. 2: 50 fmk.

Kalender öfver Landskrona stad samt Rönnebergs, Onsjö o. Harjagers häraders, utg. af Fr. Landén. 12.o, 229 s o. 1 karta. Vadensjö, Utg.n. Inb. 4 kr.

Kalender, utg. af Kgl. Landtbruksstyrelsen. 8:o. Sthm, C. E. Fritzes hofbokh. i distr.
1894. 82 s. 94. 1: 50.
1895. 111 s 95. 1 kr.

Kalender, Nordisk merkantil. 1887. 12:o, 48 s. o. anteckningsbok. Sthm, G. Chelius. 87. Klb. 5 kr.

Kalender öfver Oskarshamn. Utg. af C. F. Bergström. 8:o, 116 s. o. annonsafd. 3 pl o. 1 karta. Oskarsh. Utg:n. 86. 1: 50.

Kalender, Stockholms läns. 1890. [Utg af Olof Stjernquist.] 8:o, 459 s. o. 2 kartor. Sthm, Stockholms läns hushålln. sällsk. 90.
Utan kartor 3: 10, kart. 3: 85.
Med kartor 3: 50, kart. 4: 25.

Kalender, Storfurstendömet Finlands ridderskaps- o. adels. Utg. af Magnus Stackelberg för 1890. 8 o, viij o. 535 s. H:fors, G. W. Edlund. 90.
7: 50, inb 9 fmk.

Kalender, Svea rikes. Årg. 1894—95. Aflång 8:o, hvardera 20 s. Sthm, P. A Norstedt & S:r. 93, 94.
För årg. 1: 50.

Kalender, Svensk. 8:o. Sthm, P. A. Norstedt & S:r.
7:e årg. 1887 178 s. o. 1 portr. 86.
1: 75, inb. 2: 50.
8:e årg. 1888. 176 s. o. 1 portr. 87.
1: 75, inb 2: 50.
9:e årg. 1889. 196 s. o. 1 portr. 88.
1: 75, inb. 2: 50.
10:e årg. 1890. 180 s. o. 1 portr. 89.
1: 75, inb. 2: 50.
11:e årg. 1891. 176 s. o. 11 pl. 90.
2 kr., kart. 2: 50, klb. 3 kr.
12.e årg. 1892. 192 s. o. 10 pl. 91.
2 kr., kart. 2: 50, klb. 3 kr.

Kalender, utg. af Svenska folkskolans vänner. Årg. 1886—95. 8:o. H:fors. 86—95.
För årg 1: 50 fmk.

Kalender öfver i Sverige lefvande ointroducerad adel utg. at Carl Herm Tersmeden. Liten 8.o, 206 s, 30 pl. o 5 tab. Sthm, Fahlcrantz & K. 86.
Klb. med guldsn. 8: 50.

Kalender, Sveriges ridderskaps o. adels. Utg af Gabriel Anrep. 12:o. Sthm, Alb. Bonnier.
16:e årg. För 1888. 1,200 s. 87.
Klb. 7: 50, med guldsn 8: 50.

17:e årg För 1890. 1,175 s. 89.
Klb. 7: 50, med guldsn. 8: 50.
18:e årg. För 1892. 1,179 s. 91.
Klb. 7: 50, med guldsn. 8: 50.
19:e årg För 1894. 1,186 s. 93.
Klb. 7: 50, med guldsn. 8: 50.
20:e årg För 1895. 1,192 s. 95.
Klb. 7: 50, med guldsn. 8: 50.

Kalender, Södermanlands läns, 1891. [Utg. af Thure Essén.] 8:o, xvj o. 560 s. samt 2 kartor. Nyköp. Aktieb. Södermanlands läns tidning. 92.
Kart. 4: 50.

Kalender för finsk trafsport. Utg. af L. Fabritius. 12:o. (Tr. i Åbo.) Sthm, Looström & K.
III. 1885—86. 185 s. 86. 1: 50.
IV. 1886—87. 177 s. 87. 1: 50.

Kalender för svensk trafsport. Utg. af Axel Pålman. 8:o. Sthm, Nordin & Josephson i distr.
1893—94. 61 s. o. 1 pl. o. 1 tab. 93. 65 ö.
1894—95. 50 s. o. 2 pl. 95. 65 ö.

Kalender, Kongl. utrikesdepartementets. Årg. 1886— 95. 8:o, hvardera omkring 100 s. Sthm, Utrikesdepartementet 86—95.
1886. 50 ö., 87—89 1 kr., 90—94 1: 25, 95 1:50.

Kalender, Vestmanlands läns, 1891. [Utg. af Gust. v. Schwerin] 8.o, xiv o, 468 s. samt 2 kartor. Vesterås, C. M. Sjöbergs bokh. i komm. 92.
3 kr., kart. 3: 25.

Kalender, Östergötlands läns, utg. af A. W. Bohlin. 8:o, xxxij o. 347 s. Linköp. P. M. Sahlströms bokh. 91. 2: 25.
—, D.o d:o 1895. xvj o. 729 s. samt 2 kartor. Linköp. Litogr. aktb. 95. Kart. 5 kr.

Kalevala. Se: Krohn, Jul, Finska litteraturens historia.

Kalevala. Efter andra orig.-uppl. öfvers. af K. Collan. 8.o Förra delen. 4 o. 435 s. H:fors, G. W. Edlund. 91. 6 fmk.

Kalevala, das Volksepos der Finnen. Übers von Herrmann Paul II. 8:o, xj o. 394 s. H:fors. 86.

Kalifen Storks äfventyr. Se: Folkskrifter. 10.

KALLENBERG, Ernst, Om återfall i brott. 8:o, 161 s. Lund, Gleerupska univ:s bokh. i distr. 94. 3 kr.

KALLIO, A. H., Finsk elementarbok. 8:o. H:fors, Söderström & K.
I. 3:e omarb uppl. 120 s. 91. Kart. 1: 50. (1 a uppl 86. 2.a 89.)
II. 2:a omarb. uppl. 183 s. 89. Kart. 2: 25. (1:a uppl. 86.)
—, Supplementhäfte till 3:e uppl. af Finsk elementarbok. I. Räkneorden. 8:o, 22 s. H:fors, Söderström & K. 95. 35 ö.
—, Repetitionskurs i finsk formlära. 8:o, 70 s. H:fors, Söderström & K. 90. 1: 25.
—, Se: Lönnrot, Elias, Finskt-Svenskt lexikon. Suppl.

KALLSTENIUS, G. S., Praktisk kalender för hvarje år från o. med år 1753 till o. med 2000. 8.o, 16 s. Vesterik, C. O. Ekblad & K. 88. 25 ö.

Kama, Margareta, Novell. 8:o, 123 s. Malmö, W. Pihl 88. 1: 25.

KAMKE, Hanna, Kurtis o. kärlek. Verklighetsbilder. 8 o, 273 s. Sthm, Ad. Johnson. 90. 2 kr.

KAMKE, Julius, Den tyske korrespondenten. Tysk handelskorresp. o svenskt-tysk handelskorresp. lexicon för kontor m. m. 12:o, 227 s. o. 1 pl. Sthm, Ad. Johnson. 92. 2 kr.

— —. Tysk konversationsgrammatik efter åskådningsmetoden för skolor o. sjelfstudium. 8:o, viij o. 192 s. Sthm, Alb. Bonnier. 88. 2: 50, inb. 2: 75.

— —, Nycklar till Tysk konversationsgrammatik. 8.o.

A 23 s. B 28 s. Sthm, Alb. Bonnier. 88.
Tillsam. 3 kr.

Kampen för lyckan. Två parallelldramer af *K. L.* (På omsl. af: *A. Ch. Edgren-Leffler.*) 8:o, 267 s. Sthm, F. & G. Beijers Bokf.-aktb. 87. 3: 25.

Kamraten, Illustr. tidning för Sveriges ungdom. Utgifvare: *Frithiof Hellberg.* 1:a—3:e årg. (1893— 95.) 4:o. Sthm, Redaktionen. 93—95.
För årg. (24 nr) 3 kr.

KANTZOW, S t George de, Georginer. Dikter. 8:o, 184 s. Tr. i Sthm. 94. (Ej i bokh.)

Kapplöpningskalender, Skandinavisk. Væddelöbskalender. Utg. af Jockeyklubben. 8:o Sthm, C. E. Fritzes hofbokh. i distr.

1890. 50 s. 91. 1 kr.
1891. 56 s. 92. 1 kr.
1892. 76 s. 93. 1 kr.
1893—94. 111 s. 04. 1 kr.
1894—95. 116 s. 95. 1 kr.

Kapten Punsch's äfventyr i Afrika. En modern Münchausiad berättad af honom sjelf. Af *John Johnson.* 2:a omarb. uppl. Med 58 illustr. 12:o, vij o. 135 s. Sthm, Ad. Johnson. 94. 1: 50.
—, Se: Skämthistorier o. muntra anekdoter. — *Johnson, John.*

KARDELL, S. J., Katalog öfver Jämtlands biblioteks småskrifter. I: 1. Historiska o. poetiska skrifter. 8:o, vij o. 262 s. Östersund, E. Bergs bokh i distr. 85—88. 2: 50.

Karl XII:s egenhändiga bref. Saml. o. utg af *Ernst Carlson.* Med portr. o breffacsimile af Karl XII. 8:o, xivj o. 476 s 1 portr. o. 2 facs. Sthm, P. A. Norstedt & S:r. 93. 6 kr., klb. 7: 50.

Karl XV i hvardagslag. Se: Teatern, Svenska. 229.

Karl Bertel, Under kyrkans egid. Skildr. ur svenska elementarlärarelifvet. 8:o, 162 s. Sthm, Looström & K. 87. 2 kr.

Karl Petterssons öden o. missöden beskrifna i brefform af honom själf. Se: *Vallentin, Hugo.*

KARLFELDT, Axel, Vildmarks- o. kärleksvisor. 8:o, 119 s. Sthm, J. Seligmann. 95. 1: 50, inb. 2: 50.

KARLGREN, Klas, Skiljeteckenslära, grundad på interpunktionen i Läseb. för folkskolan. 9.e uppl. 8:o, 88 s. Sthm, P. Palmquists aktb. 95. Kart. 50 ö

KARLIN. G. I.son, Kulturhistoriskt museum i Lund. Vägledn. för besökande. 8:o, 60 s Lund, Aug. Collin. 88. 40 ö
—, Skånsk textil konstslöjd. Med 43 illustr. o. 1 färgpl. 4:o, 28 s. o. 1 pl. (Tr. i Kbhvn.) Lund, Aug. Collin. 86. 1: 50.
—, Se: Meddelanden, Kulturhistoriska.

KARLSON, Gustaf Adolf, Transfusionsväfnaden hos Conifererna. Akad. afh. 4:o, 58 s. o. 1 pl. Lund, Gleerupska univ:s-bokh 89. 1: 50.
Jfr. Acta univ:is Lundensia XXIV: II, 7.

KARLSSON, J. A., Folkskolans nya räknebok i fyra kurser. 5:e uppl. 8:o, 94 s. o. (facitb.) 21 s. Köping, M. Barkéns bokh. 90. Kart. 50 ö. (4:e uppl. 87.)
—, Naturlära för folkskolans barn. 3.e uppl. granskad af *H. V. Arnell.* Sthm, Ad. Johnson.
1:a kursen. Djurriket: Stor 16:o, 32 s. 89. 15 ö.

KARLSSON, Karl Henrik, Den svenske konungens domsrätt o. formerna för dess utöfning under medeltiden. I. — 1470. Akad. afh. 8:o, 103 s. Sthm, Förf:n. 90. 1: 25.
—, Se: Special-tariffer etc.

KARLSSON, P. A., Läro- o. öfningsbok i svenska språket för folkskolans barn. 6:e uppl. 16:o, 120 s. Järstorp & Jönköp. Förf:n. 92. Inb. 40 ö.

KARSTEN, J. A., Kritisk öfversigt af Finlands Basidsvampar. 4:o, 470 s. Mustiala, Förf:n. 89.
4 fmk (3 kr.)

KARSTEN, P. A., Icones selectæ hymenomycetum Fenniæ nondum delineatorum. Se: Acta soc:is scient. fenn. XV: 5. XVI: 14. XVIII: 2.
—, Kritisk öfversigt af Finlands basidsvampar. (Basidiomycetes, Gastero- o. Hymenomycetes). 8:o, 470 s. H:fors, Förf.n. 89. 4 fmk.
Jfr. Bidrag till kännsd. af Finlands natur o folk. 48, 54.
—, Sphæropsideæ hucusque in Fennia observatæ. 8:o, 80 s. H.fors. 90.
Jfr. Acta soc:is pro fauna et flora fenn. VI: 2.
—, Symbolæ ad mycologiam fennicam. Pars. XVII— XXIX. Se: Acta soc:is pro fauna et flora fenn. IX: 1. Medd. af Soc. pro fauna et flora fenn. 13, 14, 16.

KARSTEN, T. E., Studier öfver de nordiska språkens primära nominalbildning. I. Akad. afh. 8:o, xj o. 121 s. H:fors, Lindstedts ant. bokh. i distr. 95.
3 fmk.

Kasern-etablissement, Fotgardesregementenas nya. Historik, byggnadsbeskrifningar o. kostnadsuppgifter. 8:o, 57 s. o. 11 pl. Sthm, C E. Fritzes hofbokh. i komm. 91. 2: 25.

KASLIN, Edwin, De utländska liffförsäkringsbolagen o. Kaleva. 8:o, 71 s. H:fors, Lång & Ståhlberg. 88.
1: 50 fmk.

KASTENGREN, J. A., Småskrifter för ungdom. 8:o. Eskilstuna, Förf:n.
I. 16 s. 94. 12 ö.
II. 32 s. 94. 25 ö.
—, Svenska kyrkans högmessa, kyrkoåret, Augsburgiska bekännelsens läroartiklar samt konfirmationsfrågorna. 16:o, 31 s. Eskilstuna, Förf:n. 94. 10 ö.

KASTMAN, Carl, Bilder ur allmänna historien. Öfv. o. bearb. 4:e öfversedda uppl. med 22 portr. 12:o, 170 s. Sthm, Alb. Bonnier. 86. 1 kr, kart. 1: 25.
—, Adolf Diesterweg — Karl Kehr. Se: Lifsbilder ur pedagogikens historia. 5 o. 6.
—, F. E. v. Rochow. — F. W. A. Fröbel Se: dersammast. 3 o. 4.
—, Pestalozzi. Se: dersammast. 1.
—, Se: *Luther, M.*, Lilla katekes. — Tidskrift för folkundervisningen.

KASTMAN, Carl o. **Knut**, Abc-bok. För öfningar ur Läsebok för småskolan. 8:o, 48 s. Sthm, P. A. Norstedt & S:r. 90. Inb. 25 ö.
—, Läsebok för folkskolan. 8:o. Sthm, P. Palmquists aktieb.
N:o 4. 304 s. 88. Inb. 75 ö.
N:o 5. 304 s. 88. Inb. 75 ö.
N:o 6. 188 s. 88. Inb. 60 ö.
—, Läsebok för småskolan. A. Större uppl:n. 8:o. Sthm, P. A. Norstedt & S:r.
Första årets kurs. A I. iv o. 112 s. 93. Inb. 35 ö. (Föreg. uppl. 90. 92.)
Andra årets kurs. A II. s. iv o. 113—288. 92. (Föreg. uppl. 90.) Inb. 50 ö.
Båda kurserna i 1 band 75 ö.
—, Läsebok för småskolan. B. Mindre uppl. 8:o, iv o. 192 s. Sthm, P. A. Norstedt & S:r. 92.
Inb. 60 ö.
—, Läsebok för småskolan. Illustr af *Jenny Nyström-Stoopendaal*. 8:o Sthm, P. A. Norstedt & S.r.
1:a årets kurs. 192 s. 95. Inb. 85 ö.

2:a årets kurs s. 193—476. 95. Inb. 1: 20.
3:e årets kurs. s. 477—712. 95. Inb. 1 kr.
Alla 3 kurserna i ett band 2: 75.
KASTMAN, Carl o. **Knut**, Läsning för barn. Illustr. af *Jenny Nyström-Stoopendaal*. 8:o. Sthm, P. A. Norstedt & S:r.
1:a saml. s. 193—476. 95. Klb. 1: 50.
2:a saml. s. 477—712. 95. Klb. 1: 50.
KASTMAN, C. W. o. **LYTTKENS, I. A**, Ordlista öfver svenska språket. 8:o, xxj o. 138 s. Sthm, P. A. Norstedt & S:r. 93. Tygband 1: 25.
KASTMAN, G., Tabell I o. II till bedömande af rashundar. Praktisk handledn. för hundvänner o. uppfödare af rashundar. 2 tabeller. Sthm, Nordin & Josephson i distr 93. 1 kr.
Katalog öfver Artillerimuseum i Stockholm Utarb. af *Fred. Ad. Spak* 8:o, viij o. 353 s. Sthm, C. E. Fritzes hofbokh. i komm. 88. 1: 50.
Katalog öfver Gabelsbergska stenografer i Norden. 8:o, 41 s. Vestervik, Sleipners redaktion. 88. 60 ö.
Katalog öfver grafiska utställningen i Nationalmuseum 1889, med en öfversigt: De grafiska konsterna af *G. Upmark*, samt 12 konstbilagor. 8:o, 81 s. o. 12 pl. Sthm, Nordin & Josephson i distr. 89. 3 kr.
Katalog öfver hästutställningen o. därmed förenade auktioner i Cirkus & Kongl. Djurgården Sthm d. 7—9 Apr. 1894. 8:o, 40 s. Sthm, Exped. af Tidning för idrott. 94. 25 ö.
Katalog, Göteborgs högskolas Höstterminen 1891— höstterminen 1895. 8 o, hvarje katalog omkr. 10 à 16 s. Göteb., Wettergren & Kerber. 91—95. à 25 ö.
Katalog, Illustrerad, öfver undervisningsmateriel af teckning. 4:o, 48 pl. Sthm, J. Hellstén. 87. 50 ö.
Katalog öfver industriutställningen i Göteborg år 1891 utg. af bestyrelsen. 8:o, 128 s. o. annonsbil. Göteb., Wettergren & Kerber. 91. 75 ö.
Katalog öfver Karolinska institutet i Medicinska föreningen. Vårterminen 1888—höstterminen 1895. 8:o, hvarje katalog omkr. 40 à 73 s. Sthm, Medicinska fören. 88—95. à 50 ö.
Katalog öfver Svenska Kennelklubbens hundutställning i Göteborg 1891. 8:o, 74 s. Göteb, Wettergren & Kerber i distr. 91. 1: 50.
Katalog till konstnärsförbundets utställning i Valands byggnad 1887. Göteborg. 8:o, 31 o. 3 s. Göteb., Wettergren & Kerber. 87. 50 ö.
Katalog öfver konstutställningen i Göteborg 1891. 8:o iij o. 32 s. samt 29 s. illustr. Göteb., Wettergren & Kerber. 91. 2 kr.
Katalog för Sjuttonde allm. Svenska Landtbruksmötet i Göteborg 1891. 8:o, 437 s. Göteb, Hugo Brusewitz. 91. 1 kr.
Katalog, Lunds kongl. universitets. Vårterminen 1886 —höstterminen 1895. 8:o, hvarje katalog omkr. 90 à 115 s. Lund, Ph. Lindstedts univ:s bokh. 86 —95. à 1 kr.
Katalog öfver Pedagogiska biblioteket i Stockholm. I. 8:o, 58 s. Sthm, C. E. Fritzes hofbokh. i distr. 91. 75 ö.
Katalog, Upsala universitets Vårterminen 1886—höstterminen 1895. 8:o, hvarje katalog omkr. 125 à 145 s. Ups. Studentkåren 86—95.
1886—87 à 75 ö., de öfriga à 1 kr.
Katekes, Buddhistisk, eller hufvuddragen af Buddha Gautamas lära i frågor o. svar. Utg. af *Subhádra Bhikshu*. Liten 8:o, vij o. 104 s. Sthm, G. Chelius. 90. 1 kr.

Katekes, Frimurarnes, eller frimurareordens hemligheter afslöjade. 2:a uppl. 8:o, 38 s. Sthm, Svea i komm. 90. 60 ö.
Katt, Whittingtons. Se: Bilderböcker. 10.
Katt-kalaset. 4:o, 6 pl. med text. (Tr. i London.) Malmö, Envall & Kull. 89. 1: 25.
Katten i stöflar. Se: Bilderböcker. 7.
KATTENBUSCH, Ferd., Från Schleiermacher till Ritschl Se: Frågor, I religiösa o. kyrkliga 10.
Kattungarne, De tre små. Se: Bilderböcker 40 öres. 4.
KAUFMANN, M, Socialismen o. kristendomen. Öfv. från eng. Jämte Nutidssamhället o. den ateistiska socialdemokratien inför kristendomen, af *A. F. Åkerberg*. 8:o, 73 s. Sthm, E. J. Ekmans f.-exp. 91. 75 ö.
KAUFMANN, Richard, Från "Verldens hufvudstad." Nya Pariserskizzer. Med teckn:r af franska konstnärer. 8:o, 384 s. o. 4 pl. Sthm, Alb. Bonnier. 87. 6. 50, inb. 8: 50.
——, Paris under Eiffeltornet. Med teckn:r af franska konstnärer. 8:o, vij o 384 s. Sthm, Alb. Bonnier. 89. 6: 50, inb. 8: 50.
KAUTSKY, Karl, Karl Marx's ekonomiska läror. Öfv. från tyskan af *Fr. Sterky* 1:a—4:e hft. 8:o, 275 s. Sthm, Social-demokrat. arbetarepartiet. 88—90.
För häfte 50 ö
KAVANAGH, Julia, "Förgät-mig-ej." Ur en gammal flickas dagbok. Novelletter Öfv. från eng. af *Helmer*. Förra saml. 8:o, 249 s. Sthm, Bokförlagsfören. Svea 91. 2 kr.
KEIBEL, E., Rök gerna! men rök med förstånd! Öfv. 8:o, 46 s. Sthm, Looström & K. 87. 50 ö.
KEIGHTLEY, J. C., Hvilka bevis hafva vi? Se: Småskrifter, Teosofiska. 3.
KEIJSER, Gust. Jac, Grunddragen af kristendomens historia. 1:a afd. 3:e öfvers. uppl. 8:o, 119 s. Sthm, P. A. Norstedt & S.r. 90. 2 kr.
——, Lärobok i bibelkunskap 4:e öfvers. o. omarb. uppl. 8:o, 67 s. Sthm, P. A. Norstedt & S:r. 94. 75 ö.
KEINÄNEN, S. A., Bilder ur Kalevala. Häft. 1 o. 2. Folio. 7 o. 8 pl. H:fors, G. W. Edlund. 95.
För häfte 2: 50 fmk.
Kejsar Alexander I:s resa i Finland 1819. Samlade bidrag. 8:o, 2, iv 80 s. 6 pl. portr. H:fors, G. W. Edlund. 92. 1: 25 fmk.
Kejsar Fredriks dagbok 1870—71. Öfv. från "Deutsche Rundschau" jemte furst Bismarcks framställning derom till Kejsar Wilhelm II samt lefnadsteckn. af kejsar Fredrik III. 1:a o. 2:a uppl. 12:o, 78 s Sthm, Nordin & Josephson. 88. 1 kr.
Kejsar Fredrik III:s sjukdom framställd efter officiela källor etc. Öfv. af *O. H. D*. 8:o, 154 s. Sthm, Nordin & Josephson. 88. 1: 50.
KEITH, J., Journal du général J. Keith pendant la guerre en Finlande 1741—43. General J. Keiths dagbok under kriget i Finland 1741—43. Utg. af *Aug. Hjelt*. 8:o, 80 s. H:fors. 86.
Jfr. Bidrag till känned. af Finlands natur o. folk. 44.
KELLER, S., Se: *Skrill, Ernst*.
KELLGREN, Joh. Henr., Bref till Abr. Niklas Clewberg Se: Skrifter, utg. af Svenska litteratursällskapet i Finland. XXVII.
KELLGREN, N, Om alla menniskors frälsning. Apologetisk undersökning rör. denna o. den tillkommande verlden. 8:o, 99 s. Lund, Gleerupska univ:s bokh. i distr. 92. 1 kr.
KELTIE, J. Scott, Emin paschas räddning enl. bref

från *Henry M Stanley.* Öfv. från eng. 12:o, 157 s., 2 portr. o. 1 karta. Sthm, Alb. Bonnier. 90.
1: 50.
KEMPE, David, Lärobok i oorganisk kemi för allm. läroverken. 8.o. Sthm, P. A. Norstedt & S:r.
I. Förberedande kurs. 42 s. 94. 50 ö.
II. Allmän kemi. s. 43—246. 95. 2 kr.
KEMPE, Karl, Vägledning i stereotypi, reglettgjutning, rotationstryck o. galvanoplastik. Öfv. af *A. A. Carlsson.* 8:o, 88 s. Sthm, Gumælius & K. 92.
1: 50.
Kempis. Se: Thomas à Kempis.
KENEALY, Arabella, Doktor Janet Öfv. från eng. af *Emelie Kullman.* 8:o, 207 s. Malmö, Envall & Kull. 95. 2: 25.
KENNAN, George, Ett besök hos grefve Tolstoy. Se: *Tolstov, L.,* Kreutzer-Sonaten.
——, Lägerlif i Sibirien. Öfv. 8:o, 261 s. Sthm, Ad. Bonnier. 91.
——, Reformrörelsen i Ryssland o. de politiska fångarne i Sibirien. Öfv. från eng. 8:o, 156 s. o. 8 pl. Sthm, J. E. Brunell i komm. 90. 1: 75.
——, Sibirien. 3 dlr. 8:o, 267, 216 o. 252 s. Sthm, Ad. Bonnier. 90—92. För del. 2 kr.
KENNEDY, W., Czarens fångar. Berättelser. Öfv. fr eng 8:o, 184 s. Sthm, Nordin & Josephson. 95. 2 kr.
Kenneth eller återtåget från Ryssland. Se: Läsning för ungdom af utm. eng. förf. 5.
KENYON. E C., Dicks hjeltebragder. En skildring ur skolgosslifvet. Från eng. af *D. K.* Med illustr. 8:o, 135 s. Sthm, Looström & K. 89. Kart. 1: 75.
KER, David, Mazeppa, Karl XII o. Peter den store. Se: Bibliotek, Ungdomens. 26.
KERCKHOFF, Aug, Se: Grunderna, De första, i Volapük. — Lärokurs, Fullständig, i Volapük.
KERFSTEDT, Amanda, Bland fält o. ängar. Berättelse för barn o. ungdom. 1:a o. 2:a uppl 8.o, 240 s. o. 1 pl Sthm, H. Geber. 95. 2: 75.
——, Eva. Berättelse. 8:o, 249 s. Sthm, F. & G. Beijers Bokf -aktb. 88. 3 kr.
——, "Glädjens blomster" m. fl. berättelser, Se: Ungdomsböcker 2.
——, Holger Vide. Roman. 8:o, 260 s. Sthm, H. Geber. 93. 3: 50.
——, I vind o. motvind. Noveller o. utkast. 8 o, 234 s. Sthm, F. & G. Beijers Bokf.-aktb. 89. 2: 50.
KERN, I. H. G., Fribytarne från Sumatra. Två unga sjömäns äfventyr bland Pagaiöarnes invånare. Med 19 illustr. o. 8 helsidespl. Öfv. från tyskan. 8:o, 230 s. o. 8 pl. Sthm, A. Granlund. 91.
Kart. 2: 50.
KERNNING, J., Nyckel till den andliga världen eller konsten att lefva. Öfv. af *Kjalar.* 8:o, 152 s. Sthm, Teosof. bokförlaget. 91. 1: 50.
KERPPOLA, K., Zur Theorie der biqvadratischen Reste. Akad. abh. 4.o, 40 s. H:fors. 88 1 fmk.
KERR, Norman, Om drinkares behandling. En vädjan till nationen. Öfv. af *Joseph Hermelin.* 8:o, 14 s. Sthm, C. A. V. Lundholm. 92. 15 ö.
KEVENTER, Karl. Se: Sleipner.
KEY, Axel. Se: Arkiv, Nordiskt medicinskt. — Forskning, Ur vår tids.
[**KEY, E.**], Frihandel eller handelsskydd i hvardagslag o. på hvardagsspråk. 8.o, 12 s. Helsingb. Förf:n. 87. 25 ö.
KEY, Ellen, Anne Charlotte Leffler, duchessa di Cajanello. Några biografiska meddelanden. 8.o, 178 s. o. 3 portr. Sthm, Alb. Bonnier. 93. 3 kr.

KEY, Ellen, Ernst Ahlgren. Några biografiska meddelanden. 8:o, 88 s. Sthm, Alb. Bonnier. 89.
1 kr.
——, Från menniskosläktets barndom. Se: Studentfören. Verdandis småskrifter. 10.
——, Individualism o. socialism. Se: dersammast. 55.
——, Moralens utveckling. Se: dersammast. 35.
——, Några tankar om huru reaktioner uppstå, jämte ett genmäle till d:r Carl von Bergen samt om yttrande o. tryckfrihet. 8:o, 62 s. Sthm, Alb. Bonnier. 89. 50 ö.
——, Om eganderätt o. myndighet för den gifta kvinnan. Föredrag hållna i H:fors 1887. 8:o, 44 s. H:fors, K. E. Holm. 88. 1 fmk.
——, Se: Läsebok, Poetisk. för barn.
KEY, Helmer, Alessandro Manzoni. Litteraturhistorisk studie. 8:o, xvj o. 334 s. Sthm, P. A. Norstedt & S:r i komm. 04. 6 kr.
——, Artister. Skådespel i fyra akter. 8:o, 168 s. Sthm, Wahlström & Widstrand. 95. 2: 50.
——, Francesca da Rimini. Skådespel på vers i 4 akter. 8:o, 160 s. Sthm, P. A. Norstedt & S:r. 93. 2: 25.
——, Giacomo Leopardi. Se: Tidskrift, Nordisk. 1889.
KEY-ÅBERG, Algot, Bidrag till kännedom om endarteritis chronica deformans såsom orsak till plötslig död. 8:o, 98 s. o. 1 tab. Sthm, Förf. 87.
Pris ?
KEY-ÅBERG, K. V., De diplomatiska förbindelserna mellan Sverige o. Storbrittanien under Gustaf IV Ad. krig emot Napoleon intill konventionen i Stralsund d. 7 sept. 1807. Akad. afh. 8:o, 125 s. Ups., Lundeqvistska bokh. i komm. 90. 1: 75.
——, De diplomatiska förbindelserna mellan Sverige o. Storbritt. under Gust IV Ad. senaste regeringsår 1807—09. 8:o, 101 s. Ups, Lundeqvistska bokh i komm. 91. 1: 25.
——, Om konunga- o. tronföljareval ur svensk hist. o. statsrättslig synpunkt. Akad. afh. 8:o, 129 s. Ups., Lundeqvistska bokh. 88. 2 kr.
——, Se: Industrikalender, Sveriges.
KEYSER, Carl Joh., Metallerna och deras föreningar. Särtryck ur: Kemien, utarb. af *C. J. Keyser.* Med 195 träsn. o. 1 färglagd spektralkarta. 8:o, 810 s. Sthm, Ad Bonnier. 86. 4: 80.
KEYSER, H., Fru Britta Tott. Hist. skådespel i 4 akter o. 2 tabl. Dramatiserad efter en episod ur "Prelaten" 8:o, 80 s. Sthm, Wahlström & Widstrand. 86. 1: 25.
——, Jöns Bengtsson Oxenstjerna. Hist. romant. skildr. från unionstiden. 8:o, 453 s. Sthm, C. E. Fritzes hofbokh. 90. 5 kr., kart. 5: 25, inb. 6 kr.
——, Svarta gestalten på Torsborg. Bilder från vårt första tredjedelen af vårt århundrade. 2 dlr. 2:a genomsedda uppl. 8:o, 407 s. Sthm, F. C. Askerberg. 86. 3 kr.
KEYSER, K. T. G., Om svensk skrift Innehåll: Skriftuttal, allmänt uttal, lättläslig skrift m. m. 8:o, 80 s o. 7 sidor litogr. tryck. Sthm, P. A. Norstedt & S:r. 89. 1: 50.
——, Svenskt tryckskriftsystem. Tillägg till våra skrifningsläror. 8:o, 24 s. Sthm, Förf:n. 91. 25 ö.
KIÆR, A N., De skandinaviska landes skibsfart. Se: Tidskrift Nordisk. 1886.
——, Det skandinaviske dampskibsrederes forste begyndelse og senere fremvæxt. Se: Tidskrift, Nordisk. 1888
——, Trælasthandelens omfang. Se: dersammast. 1891.
KIDD, Benjamin, Den sociala utvecklingen. Öfv. från eng. af *O. H. Dumrath.* Med en inledande af-

handling: Den hvita rasens framtid af *Viktor Rydberg*. 8:o, xl o. 328 s. Sthm, H. Geber. 95. 5 kr.

KIELLAND, Alex. L., Sankt Hans fest. Berättelse Öfv. 8:o, 168 s. Sthm, Fr. Skoglund i distr. 88. 1: 75.

KIELLMAN-GÖRANSON, J., Tal vid pastor primarius m. m. doktor Fredrik Fehrs jordfästning i Stockholms domkyrka d. 19 maj 1895. 8:o, 15 s. Sthm, Bohlin & K. 95. 25 ö.

[KIELLMAN-GÖRANSON, J. A.], En skräddares krigsäfventyr. Berättelse från finska kriget af *Nepomuk*. 2:a uppl. 8:o, 72 s Sthm, Ad. Bonnier. 89. 60 ö.

—, Noveller af *Nepomuk*. 2:a genoms. uppl. 4:e— 6:e delen. 8:o, 208, 292 o. 286 s. Sthm, Ad. Bonnier. 86—87. För del. 2: 50.

[—], Rosamunda Fager. Se: Romanbibl. Ad. Bonniers. 68.

[—], Svenska lynnen o. smååfventyr. 3:e uppl. 8:o, I, 302 s., II, 313 s III, 282 s. Sthm, Ad. Bonnier. För del 2: 50.

[—], Äfventyr på Åland af *Nepomuk*. 8:o, 68 s. Sthm, Ad. Bonnier. 89. 60 ö.

KIERKEGAARD, S., Kristliga tal. Öfv. af *Z. Göransson*. Med förord af *W. Rudin*. 8:o, 251 s. Ups., W. Schultz. 92. 2 kr.

KIHLMAN, A. O., Beobachtungen über die periodischen Erscheinungen des Pflanzenlebens in Finnland. 1883. 4:o, xxxij o. 97 s. H:fors. 86.

—, Bericht einer naturwissenschaftlichen Reise durch Russisch Lappland im Jahre 1889. 8:o, 40 s. H:fors, 90. Jfr. Fennia III: 6.

—, Nattfrosterna i Finland 1892. Se: Fennia. VIII 4.

—, Om Carex helvola Bl. o. några närstående Carexformer. Se: Medd. af Soc. pro fauna et flora fenn. 16.

—, Om en ny Taraxacum. Se: dersammast. 16

—, Pflanzenbiologische Studien aus Russisch Lappland. Ein Beitrag zur Kenntniss der regionalen Gliederung an der polaren Waldgrenze. Akad. abh. 8.o, viij, 263, xxiv s. u 14 Taf. in Lichtdruck. H:fors, 90. 7 fmk. Jfr. Acta soc. pro fauna et flora fenn. VI: 3.

—, Potamogeton vaginatus Turcz. Se: Medd. af Soc. pro fauna et flora fenn. 14.

—, Universitets biblioteket 1887—1889. Ett försök i experimenterande bibliothekskunskap. 8:o, 44 s. Kuopio. Förf:n. 92. 1 fmk.

—, Se: Herbarium.

— o. PALMÉN, J. A., Die Expedition nach der Halbinsel Kola im Jahre 1887, vorläufig geschildert. 8:o, 28 s. o. 1 karta. H:fors. 90. Jfr. Fennia. III: 5.

Kilon, Frihandel eller tullskydd. 8.o, 40 s. Sthm, W. Billes Bokf.-aktb. 86. 50 ö.

KILSTRÖM, Axel, Fria tankar. 8:o. 8 s. Sthm, Förf:n. 87. 15 ö.

KINBERG, Aug., Gotländska slägter. Genealogiska o. biogr. anteckningar. 4:o. Visby, Sylve Norrby. I. 196 s. 90—93. 3: 75. II. 1:a hft. s. 197—230. 95. 1 kr.

—, Se: Slägten Laurin.

KINBERG, E., Jagt-tabell, utvisande den årstid, då jagt efter vissa djurslag är förbjuden o. tillåten i enlighet med den 1 juni 1895 gällande stadgan. 1 blad velin. Sthm, P. A. Norstedt & S:r. 95. 25 ö. (Föreg. uppl. 88, 89, 90, 91, 92, 93, 94)

— —, Se: Jagtstadga. — Jagtstadgan.

KINBERG, Joh. Gust. Hj. Se: *Sunderall, C. J.*, Svenska foglarna.

KINCH, K. F., Erindringer fra Makedonien. Se: Tidskrift, Nordisk. 1892.

KINDBERG, N. Conr, Lärobok i zoologi för de allm. läroverken. 8:o, 66 s. Linköp., P. M Sahlströms bokh. 91. 60 ö.

KINDBLAD, Karl Edvard, De kristna kyrkornas dogmer, vetenskapernas läror o. fritänkeriet. 8.o, 64 s. Jönköp. Nordströmska bokh. 87. 60 ö.

KINELL, G., Den lille pris-kuranten inneh. prisförvandl:r från det gamla mått- o. vigtsystemet till det metriska, samt från det metr. till det gamla. 12:o, 11 s. Sthm, P. A. Norstedt & S:r. 88. 25 ö.

KINELL, Gustaf, Samling af öfningsexempel o. problem till räkneläran o. geometrien. 2:a revid o. förbättr. uppl. 8.o, 172 s. Sthm, Looström & K. 95. Klb. 2: 25. (1:a uppl. 89)

—, Svar till d:o. 8:o, 40 s. Sthm, Looström & K. 95. 40 ö.

King, V. I, (pseudonym) Kommunala synder. 8:o, 64 s. H fors, 92. 1 fmk.

KINGSFORD, Anna, Den rätta dieten. Se: Bibliotek, Vegetariskt. 1.

—, Ur drömlifvet Drömmar o. drömberättelser. Utg. af *Edv. Maitland*. Öfv. af *V. Pfeiff*. 1:a hft. 8:o, 78 s. Sthm, Teosof. bokförlaget. 91. 75 ö.

KINGSLEY, Charles, Hypatia, eller nu som fordom. Se: Vitterlek. 49 o. 50.

—, Utur djupen. Ord till de bedröfvade. Öfv. från eng. af *Anna v. Feilitzen*. 8.o, 119 s. Sthm, F. & G. Beijers Bokf.-aktb. 87. 1: 25.

KINGSLEY, Florence, M., Titus, röfvaren på korset. En berättelse från Kristi tid. Med illustr. Öfv. från eng. af *Emanuel Schmidt*. 8:o, 288 s. Sthm, P. Palmquists aktb. 95. 2: 25, kart. 2: 75, klb. 3: 50.

KINGSTON, William H. G., Richard Pengelleys äfventyr vid Sydpolen. Öfv. Med illustr. 8:o, 290 s. Sthm, F. & G. Beijers Bokf.-aktb. 89 Kart. 2: 75.

KINMAN, J. E., Se: *Guttenberg, A. R.*, Skogsuppskattningslära.

KIPLING, Rudyard, Höglandsbilder från Hindustan. Öfv. af *Alb. Montgomery*. 8:o, 266 s. Sthm, Fahlcrantz & K. 91. 2: 25.

—, D.o d:o. Ny samling. Öfv. af *Alb. Montgomery*. 8:o, ix o. 172 s. 91. 1: 75.

Kirche, Die deutsche, S:t Gertrud in Stockholm. Folio, 12 fotogr. Sthm, Axel Lindahls photogr. anst. 88. Med klothpermar 25 kr.

Kissar, Tre små. 4:o, 5 kolor. pl. med text. (Tr. i London.) Sthm, C. E. Fritzes hofbokh. 91. 1: 25.

KJELLANDER, Lars, Enklaste förvandlingstabellen mellan gamla o. nya måttsystemen. Tvär 12:o, 40 s. Sthm, Förf:n. 88. 50 ö.

KJELLBERG, Björn, Förteckning öfver St. Kopparbergs bergslags aktieb. mineralkabinett, upprättad år 1894. 4:o, 146 s. Tr. i Lindesberg. 95. Ej i bokh.

KJELLBERG, Carl M., Fattigdom o. fattigvård i Sverige före reformationstiden. 8:o, 40 s. Ups., M. Hyckerström i distr. 94. 60 ö.

KJELLBERG, Elisabeth. Se: Läsning för hemmet.

KJELLBERG, Isidor, Femtio stycken på vers. 12.o, 120 s. Sthm, Alb. Bonnier i komm. 92. 1 kr.

KJELLBERG, N. G., Om nicotinförgiftning. 8:o, 18 s. Sthm, Samson & Wallin. 91. 40 ö.

KJELLÉN, Rudolf, Minnesord öfver Viktor Rydberg, talade vid Harmoniska sällskap. minnesfest d. 3 dec. 1895. 8:o, 14 s. Göteb., N. J. Gumperts bokh. 95. 25 ö.

KJELLÉN, Rudolf, Om Eriksgatan. Kritiska studier i gammal-svensk statsrätt. 8:o, 79 s. Ups., Josephsons antikv. 89. 1: 50.
—, Karakteren i 1809 års grundlagstiftning. Se: Tidskrift, Historisk. 1893.
—, Samuel Åkerhjelm d. y. Se: dersammast. 1894.
—, Studier rör. ministeransvarigheten. I. o. II. Akad. afh. 8:o, 226 s. Ups., Lundequistska bokh. i komm. 90. 3: 25.
—, Till nordpolsfrågans historik. Se: Tidskrift, Nordisk. 1894.
—, Underjordiska inflytelser på jordytan. Se: Föreningen Heimdals folkskrifter. 10.
—, Unionen sådan den skapades o. sådan den blifvit. Se: Föreningen Heimdals småskrifter. 1, 14, 15, 18 o. 19.

KJELLMAN, F. R., Handbok i Skandinaviens hafsalgflora. I. Fucoideæ. Med 17 afbildn:r i texten. 8:o, 103 s. Sthm, F. & G. Beijers Bokf.-aktb. 90. 2: 25.
—, Om Beringhafvets algflora. Se: Handlingar, K. sv. Vet.-akad:s. XXIII: 8.
—, Om en ny organisationstyp inom Laminaria. Se: Bihang till K. sv. Vet.-akad:s handl:r. XVIII: III, 7.
—, Om fucoidé-slägtet Myclophycus. Se: dersammast. XVIII: III, 9.
—, Om Kommandirskiöarnas fanerogamflora. Se: Iakttagelser, Vegaexpeditionens vetenskapliga. IV, 11.
—, Om nordens vårväxter. Se: Fören. Heimdals folkskr. 22.
—, Studier öfver Acrosiphonia. Se: Bihang till K. sv. Vet.-akad:s handl:r. XVIII: III, 5.
—, Undersökning af några till slägtet Adenocystis hänförda alger. Se: dersammast. XV: III, 1.
—, o. **PETERSEN, J. V.,** Om Japans Laminariaceer. Se: Iakttagelser, Vegaexpeditionens vetenskapliga. IV, 10.

KJELLMARK, B. A., Högtidsaftnarna. Kristliga betraktelser. 8:o, 100 s. Sthm, Ad. Johnson. 88. 75 ö., inb. 1 kr.

KJELLSTRÖM, J., Om kreaturs uppmätning i värdebestämning. 8:o, 16 s. Sköfde, Förf.n. 94. 50 ö.

KJERRULFF, Gust., Fördyras köttet genom slakthuso köttbesigtningstvång? samt kunna offentliga slakthus bära sig? Tillägg: Några kommentarier med anledn. af Medic. styrelsens förslag till förordn. ang. slakthus. 8:o, 83 s. Sthm, Förf:n. 94. 75 ö.
—, Vår köttföda. Se: Fören. Heimdals folkskr. 31.

KJÖLLERSTRÖM, P. A., Svensk namnbok. Dopnamn, ättenamn, ortnamn. 8:o, 177 s. Ulriceh, S. M. Kjöllerström. 95. 1: 50.

KLASON, Peter, Om bestämmandet af svafvel o. haloider i organ. fören:r. Se: Bihang till K. sv. Vet.-akad:s handl:r. XII: II, 8.
—, Om persulfocyansyra o. dithiocyansyra. Se: dersammast. XIV: II, 7.
—, Sveriges sockerhandel o. sockerindustri, dess utveckl. o nuvarande ståndpunkt. 8:o, 75 s. Sthm, P. A. Norstedt & S:r. 93. 75 ö.

Klassbok för söndagsskolan. 8:o, 6 blad. Sthm, Alb. Fagerberg. 92. 15 ö.

KLEBERG, Oscar, De bortgångnes minne. Föredrag vid prestmötet i Lund 1891. 8:o, 52 s. Lund, Gleerupska univ:s bokh. i distr. 91. 75 ö.
—, En ropandes röst. Ett urval predikn:r o. tal. 8:o, 256 s. o. 1 portr. Lund, Aug. Collin. 92. 2: 50.

KLEEN, E. A. G., Den stora ofreden vid Karolinska institutet. En återblick. 8:o, 43 s. Sthm, Nordin & Josephson i distr. 92. 75 ö.
[— —], En befordringsfråga. Se: Befordringsfråga, En vid Karol. Inst.
[— —], Handbok i massage. 2:a uppl. 8:o, 298 s. Sthm, Nordin & Josephson. 94. 7 kr. (1:a uppl. 88—90.)
—, Karlsbad. Se: Reseböcker, Svenska. 2.

KLEEN, E., Helg och söcken. Dikter. 8:o, 80 s. Sthm, Alb. Bonnier. 93. 1: 25.

KLEEN, R., Om krigskontraband enligt allmän folkrätt samt staternas lagar o. fördrag. 8:o, 340 s. Sthm, 88. 2 kr.

KLEIN, G., Morgonpredikan på försoningsdagen 5651 —1890. 8:o, 14 s. Sthm, H. Geber i distr. 90. 25 ö.
—, Predikningar. 1:a hft. 8:o, 69 s. Sthm, Ad. Bonnier. 86. 1 kr.
—, Sem o. Japhet. Pred. i Stockholms synagoga d. 8 dec. 1891 till firandet af Gustaf II Adolfs 300-åriga minne. 8:o, 16 s. Sthm, Nordin & Josephson i distr. 94. 30 ö.
—, Står Gamla Test.ts moral verkligen på barbarernas utvecklingsskede? Föredrag öfver Letourneaus bok. "Moralens utveckling." 8:o, 30 s. Sthm, Alb. Bonnier. 92. 50 ö.

KLEIN, Karl, Skildringar från fransk-tyska kriget 1870. Se: Ungdomsböcker, P. A. Norstedt & Söners. 16.

KLEIST, Heinr. von, Den sönderslagna krukan. Lustspel i en akt. För svenska scenen behandladt i fri öfvers. af *N. Personne*. 8:o, 94 s. Sthm, Looström & K. 95. 1 kr.

KLEMMING, G. E., Sveriges bibliografi 1481—1600. Se: Skrifter, utg. af svenska litteratursällskapet.
—, Se: Anteckningar, Ur en samlares. — Läke- o. örteböcker från Sveriges medeltid. — Medeltidspostillor, Svenska. — Prosadikter från Sveriges medeltid.

KLENCKE, Hermann, Jungfrun. En kropps- o. själsdietetik för den fullvuxna flickans sjelfvård o. sjelfuppfostran. Öfv. från tyskan af *Hanna Kamke*. 2:a genoms. uppl. 8:o, viij o. 284 s. Sthm, Looström & K. 91. 2: 50, inb. 3: 50.
—, Makan. Qvinnans fysiska, andliga o. sedliga pligter, rättigheter o. helsoregler i äktenskapet. Öfv. från tyskan af *Hanna Kamke*. 3:e genoms. uppl. 8:o, xvj o. 383 s. Sthm, Looström & K. 91. 3 kr., inb. 4 kr. (2:a uppl. 84.)
—, Modern såsom sina döttrars o. söners uppfostrarinna. Öfv. o. bearb. af *Hanna Kamke*. 3:e genoms. uppl. 8:o, xij o. 370 s. Sthm, Looström & K. 91. 3 kr., inb. 4 kr.

KLERCKER, C. E. af, Sur la dispersion anormale de la lumière. Se: Handlingar, K. sv. Vet.-akad:s XXII: 3.

KLERCKER, John E. F. af, Studien über die Gerbstoffvakuolen. Se: Bihang till K. sv. Vet.-akad:s handl:r. XIII: III, 8.
—, Ueber die Bewegungserscheinungen bei ährenständigen Veronica Blüten. Se: dersammast. XVIII: III, 1.

Kleve, Stella, Alice Brandt. Se: [*Kruse, Math:a*.]

KLINCKOWSTRÖM. A, Fornsånger. 8:o, 190 s. Sthm, Alb. Bonnier. 95. (Uppl:n 150 ex.) 2: 50.
—, Quelques recherches morphologiques sur les artères du cerveau des vertébrés. Se: Bihang till K. Vet.-akad:s handl:r. XV: IV, 10.

KLINCKOWSTRÖM, A., Svipdag Egilssons saga. Med en inledn. af prof. *Viktor Rydberg*. 8:o, xiij o. 116 s. Sthm, Alb. Bonnier i distr. 94. (Uppl. 150 ex) 2: 25.
—, Sägner o. sånger. 8:o, 152 s. Sthm, Alb. Bonnier i distr. 93. (Uppl. 150 ex) 2: 50.
—, Tre månaders dag. Minnen från svenska Spetsbergs-expeditionen 1890. Med 5 portr. o. 14 illustr. 12:o, 176 s. o. 8 pl. Sthm, Alb. Bonnier. 91. Kart. 2: 50.

KLINGBERG, Gust., Se: *Sjöberg, G.* o. *Klingberg, G* Lärobok i logik.

KLINGSPOR, Carl Arvid, Das schwedische Rittergut Äs in der Provinz Südermanland. 4:o, 41 s. 1 pl. o. 1 karta. Sthm, F. & G. Beijers Bokf.-aktb. 86. (Uppl:n 15 ex.)
— —, Handbok i praktisk vapenkonst. Med 28 illustr. 8:o, 78 s. Ups., Lundequistska bokh. i komm. 87. 1: 50.
—, Svenska slott o. herresäten. Ekensberg. 4:o, 24 s. o. 2 pl. Sthm, F. & G. Beijers Bokf.-aktb. 86. 3 kr.
—, Svenska slott o. herresäten Ekenäs. 4:o, 29 s. o. 1 pl. Ups., Lundequistska bokh. 87. 4 kr.
— -, Svenska slott o. herresäten. Näsby. 4:o, 38 s. o. 1 pl. Ups , Lundequistska bokh 87. 5 kr.
—, Svenska slott o. herresäten. Äs. 4:o, 41 s. o. 1 pl. Sthm, F. & G. Beijers Bokf-aktb. 86. 5 kr.
—, Se: Tidskrift, Upsala fornminnesfören. — Vapenbok Sveriges ridd. o. adels.

[**KLINGSTEDT, E.**], Jul-betraktelse. 8:o, 11 s. Sthm, A. V. Carlsons Bokf.-aktb. 88 15 ö.
—, Kristendom o. konsthat. En föreläsning. 16:o, 31 s. Göteb, N. P. Pehrsson. 89. 30 ö.
—, Påskpilgrimen. Meditationer under den hel. påskhögtiden. Af *Benedictus*. 8:o, 166 s. Sthm, A. V. Carlsons Bokf.-aktb. 89. 1: 25. klb 2 kr.

KLINT, A., Fransk-svensk ordbok. 8 o, lxxiij o. 694 s. Sthm, F. & G. Beijers Bokf.-aktb 93. Inb. 5: 50.

KLINT, E. G. af, Nautiska o. logaritmiska tabeller. 5:e uppl. Utg. af *V. af Klint*. 4:o, 459 s. Sthm, Samson & Wallin. 95. 9 kr.
— , Sferisk trigonometri. 5:e uppl. 8:o, 56 s. Sthm, Samson & Wallin. 88. 1 kr.

KLINT, V. af, Plan trigonometri, med förberedande afhandl om logarithmer. 6.e uppl. 8:o, 99 s. Sthm, Samson & Wallin. 94. 1: 50.

Klippa, Min. Illustrationer med verser af *L. S.* 10 blad velin. Sthm, C. A. V. Lundholm. 92. 50 ö.

KLOCKARS, Joh., Formulärbok för hvar man. 1:a o. 2:a uppl. 8:o, iv o. 69 s. H:fors, G. W. Edlund. 95. 75 p.
— -, Hvad är folkhögskolan? Se: Folkhögskolebiblioteket, Lilla. 1.

KLOCKHOFF, O., 14:de allm. Läraremötet. Se: Berättelse.

Klubben, Norrländska, eller "Ganska bittra frukter" plockade i Norrlands skogar af en flygande korrespondent 8:o, 108 s. Sthm, Wahlström o. Widstrand i distr. 94. 1: 50.

Klubben, Ordinarie. De lediga Onsdagarnes historia. Liten 8:o, 95 s o. 3 pl Sthm, C. E. Fritzes hofbokh. i distr. 90. 1: 50.

Kluges Obstetriska kalender, utg. af *Adolf Törngren*. Ett blad velin. H:fors, Söderström & K. 92. 75 ö

Kläd sjelf din julgran. 8:o, 53 s. Sthm, Fröléen & K. 94. 75 ö.

KNEIPP, Sebastian, Barnavård i friska o. sjuka dagar. Råd. o. anvisn:r. Jämte bihang: Om nervsvagheten. Öfv. af *O. H. D.* 8:o, viij o. 208 s. Sthm, H. Geber. 94. 2: 25.
— —, Min vattenkur. Bearb. öfvers. med förord. anmärkn:r o tillägg af *O. Torstensson*. 1:a o. 2:a uppl. 8:o, viij o. 195 s Sthm, H. Geber. 94. 2: 50.
—, Mitt testamente till friska o. sjuka. Öfv. af *O. H. D.* 8:o, vij o. 355 s. Sthm, H Geber. 95. 3: 25.
—, Så skolen I lefva! Vinkar o. råd för friska o. sjuka till att föra ett enkelt lefnadssätt. Öfv. af *O. H. D.* 12.o, 251 s Sthm, H. Geber 94. 2: 50.

KNODT, Emil, Djurens klagan. Från tyskan öfvers. at *Kr. Br.* 16:o, 36 s. Sthm, C A. V. Lundholm. 89. 25 ö.

KNORRING, Axel, von, Se: Teknikern.

KNUDSEN, Hans, Om Jesu Kristi person o. lif. Studier. På svenska utg. af *Abr. Ahlén*. 8:o. Göteb., N. P. Pehrsson.
1:a dln. 568 s. 89. 5: 25.
2:a dln. 160 s. 89. 1: 50.
—, Vår Herre Jesu Kristi besök i Betanien. Bibelutläggningar. Öfv. 8.o, 278 s. Göteb., N. P. Pehrsson. 86. 2: 75.

KNÖS, Arvid, Hvad bör kunna göras för att bättre tillgodose de hygieniska fordringarna i våra boningsrum beträffande ventilation o uppvärmning medels vanliga kakelugnar? 8:o, 23 s. o. 2 pl. Sthm, Nordin & Josephson. 95. 75 ö.

KNÖS, Theodor, Berättelser ur fäderneslandets historia. Läsebok för folkskolan o. menige man. 3:e uppl. 8:o, 264 s. Sthm, P. A. Norstedt & S:r. 90. Inb. 1: 40.
(2:a uppl. 87.)
— —, Valda berättelser ur fäderneslandets historia. Lämpad för folkskolan. Sthm, P. A. Norstedt & S:r.
(N.o 1.) 111 s. 90. Inb. 50 ö.
(N:o 2.) Illustr. uppl. 128 s. Inb. 60 ö.

KNÖS, Victor. Se: Homeros Odysseia i urval.

KNÖTEL, Rich. Se: Uniformer, Europeiska arméernas.

KOBB, Gustaf, Några användningar af teorin för "de algebraiska funktionerna". Akad. afh. 4:o, 72 s. Tr. i Ups hos Almqvist & Wiksell.

KOCH, Ebba, v., Eva Nordenhjelm. En kvinnas historia. 12:o, 180 s. Sthm, Alb. Bonnier. 92. 1: 50.

KOCH, Helge v., Sur les déterminants infinis et les éqvations différentielles linéaires. 4:o, 79 s. Ups., Bibliogr. Institutet. 92. 4 kr.

Koch, Henrik, Rundskrift i 5 lektioner. 6.e uppl. Tvär 8:o, 12 blad. Sthm, Looström & K. 91. 80 ö. (5:e uppl. 89)

Koch, Ikke, Reformköket. 8.o, 57 s. Sthm, G. Chelius. 93. Kart. 1 kr.

KOCH, R, Botemedel mot lungsot. Öfv. från "Deutsche medicin. Wochenschrift" af *O. H. Dumrath*. 8:o, 19 s. Sthm, Ad. Bonnier. 90. 40 ö.
— , Nya botemedel mot lungsot. Öfv. från "Deutsche medicin. Wochenschrift" af *Carl Runborg*. 8:o, 22 s. Sthm, C. E Fritzes hofbokh. 90. 50 ö.
—, Se: Försök, Praktiska, med prof. R Koch's botemedel.

KOCH, Richert, von, Camilla Roman ur societetslifvet. 8:o, 264 s. Sthm, P. A. Norstedt & S:r. 93. 2: 50.
—, Skall det bli krig med Norge? 1:a o. 2:a uppl. 8:o, 16 s. Sthm, Alb. Bonnier. 95. 15 ö.
—, Stats-, finans- o. rättslärans enklaste grunder. För

skolan o. hemmet. 8:o, 48 s. Sthm, Looström & K. 95. 60 ö.
KOCH, Richert, von, Statsministern. Roman ur societetslifvet. 8:o. Sthm, Looström & K.
I. Statsrådet Krabbe. 401 s. 94. 3: 50.
II. Hans exc. friherre Krabbe. 551 s. 95. 4: 75.
KOCK, Axel, Belysning af några svenska ord o. uttryck. Se: Tidskrift, Antiqvarisk. XVI: 3.
—, Kritiska anmärkn:r om svensk aksentuering. 8:o, 47 s Sthm, Samson & Wallin. 86. 60 ö.
Jfr. Bidrag, Nyare, till kännedom af sv. landsmålen. 28:e hft.
—, Om ynglingar ss. namn på en svensk konungaätt. Se: Tidskrift, Historisk. 1895.
—, Studier öfver fornsvensk ljudlära. II. 8:o, s. 243—576. Lund, C. W. K. Gleerup. 86. 3 kr.
—, Undersökn:r i svensk språkhistoria 8:o, 112 s. Lund, C. W. K. Gleerup. 87. 1: 50.
—, Se: Arkiv för nordisk filologi.
KOCK, Ernst, Bihang till tulltaxan. Samling prejudikat för rätta tullbehandlingen af hvarjehanda importartiklar. 12:o, 111 s. Sthm, Alb. Bonnier. 92. 1 kr.
KOCK, Paul de, Romaner. 8:o. Sthm, P. A. Huldbergs bokf-aktb.
6. Fröken i vindskammaren. 455 s. 89. 2: 75.
8. Bulevardens barn. [2.a uppl] 190 s. 88 1: 50.
13. En vildhjernas memoirer. Ny öfv. 4:e uppl. 247 s. 90. 1: 75.
14. Mjölkflickan. Öfv. 3.e uppl. 344 s. 92. 2: 25.
22 Hvita huset. 2 dlr. 189 o. 177 s 89. 1: 75.
KOCKSTRÖM V. R., Lärobok i finska språket. 8:o, H:fors, G. W. Edlund.
1:a dln. 8:e omarb. uppl. 102 s. 90. 1: 75 fmk.
2.a dln. 8:e uppl. 97 s. 92. 1: 75 fmk.
—, Öfningsbok till finska satsläran. 8.o, 97 s. H:fors, Söderström & K. 94. 1: 50 fmk.
KOERSNER, V., Det svenska landtbruket. Se: Tidskrift, Nordisk. 1886.
—, Stockholm med omgifningar. Se: Reseböcker. Svenska. 4.
—, Se: Aktiebolag, Svenska. — Biblioteket, Svenska 6:e afd. — Hörnell, R, o. Koersner, V, Export of Sweden. — D:o d:o, Svensk Exportkalender. — Justitie-matrikel, Svensk. — Handbok, Praktisk, för alla.
Kofferten, Den svarta. En detektiv-historia. Öfv. från eng. 8:o, 248 s. Sthm, Ad. Bonnier. 92. 2: 50.
Kok-instruktion för infanteriet vid användning af arméns soldat-kokkärl o. de på truppträngen medförda kokkittlarne af stålplåt. 8:o, 44 s. o. 9 pl. Sthm, Arméförvaltningen. 86.
Kokbok, Småherrskapets. Bearb. efter 16:e tyska uppl. 2:a uppl. 12:o, 78 s. o. 1 pl. Sthm, F. & G. Beijers Bokf-aktb. 86. Kart. 75 ö.
Koleran, dess uppträdande o. orsaker samt de skyddsåtgärder som emot densamma böra användas, af en Svensk läkare. 8.o, 16 s. Lund, Aug Collin. 92. 10 ö.
KOLMODIN, Adolf, Evangelii makt, en missionsbild från Australien. 8:o, 67 s. Sthm, Fost.-stift:s f.-exp. 86. 40 ö.
—, Från de svartas verldsdel. Se: Missionsbibliotek för folket. 7.
—, Från "soluppgångens land", Japan förr o. nu förnämligast från missionshistorisk synpunkt. 8.o, 98 s Sthm, Fost.-stift:s f.-exp. 87. 60 ö., klb. 1: 50.

KOLMODIN, Adolf, John Coleridge Patteson. Se Missionsbibliotek för folket. 3.
—, Kina o. västerlandet. Ur Meddelanden från Studentmissionsfören. i Upsala. 8.o, 40 s. Sthm, Fost -stift:s f.-exp. 92. 40 ö.
—, Några ord om den svenska sjömansmissionen. Se: Missionsbibliotek. 4.
—, Några ord om den hel. skrifts betydelse för läroutvecklingen. 8.o, 20 s. Sthm, Fost -stift:s f.-exp. 94. 25 ö.
—, Några ord om Ev. Fosterlands-stiftelsens Gallamission. 8:o, 27 s. Sthm, Fost.-stift:s f.-exp. 94. 25 ö.
—, Om det typiskt profetiska i Kristi lif för församlingens histor. utveckl. 8:o, 107 s. Sthm, Fost.-stift:s f.-exp. 89. 1 kr.
—, Profeten Mika. Öfvers. med kortfattad utläggn. 8:o, vj o. 76 s. Sthm, Fost -stift:s f.-exp. i komm. 94. 1: 50.
—, Reformation o. mission. Föredrag d. 31 okt. 1888. 8:o, 40 s. Sthm, Fost.-stifts f -exp. 88. 50 ö.
—, Se: Pauli första Thessalonikerbref. — Varde ljus!
KOLMODIN, A., Livius. Se: Livius.
Koloss, En, på lerfötter eller brandförsäkringsbolaget Tor i kritisk belysning I. 8:o, 32 s. Sthm, Exped. af Svensk Assuranstidning. 89. 25 ö.
KOLSTER, Rud., Experimentella studier öfver förändr. inom hjertmuskulaturen. Se: Comment. variæ in mem. act. CCL ann. V: 7.
—, Handledning i mikroskopisk teknik. 8:o, vj o. 110 s. H:fors, W. Hagelstam. 95. Kart. 3 fmk.
KOLTHOFF, Gunilda, Sagor. Med 10 bilder af Ottilia Adelborg. 8:o, 99 s. Sthm, Alb. Bonnier. 95 1: 25.
KOLTHOFF, Gust., Lagopus Bonasioides Se: Bihang till K. sv. Vet -akad.s handl:r. XIII: IV, 6.
—, Tetrao Bonasiotetrix i Sverige. Se: dersammast. XVII: IV, 2.
—, Se: Villebråd, Vårt.
—, o. **JÄGERSKIÖLD, L. A.,** Nordens fåglar. Ny utvidgad o. omarb uppl. af C. J. Sundevalls Svenska fåglarna. 1:a—3:e hft 4:o, 48 s o. 12 pl. Sthm, F. & G Beijers Bokf.-aktb. 95. För häfte 2 kr.
Komitébetänkande 1895. N:o 7. Förslag till stadg. rör. vattenrätten. 8:o, 181 s. H:fors, G. W. Edlund i distr. 95. 1 fmk.
Kommissionär- o. agenturkalender, Sveriges, 1895—96. Utg af J. Mart. Abrahamsson. 2:n årg. 8.o, 83 s. Göteb., Utg.n. 95. Kart. 1 kr.
Kommunalförfattningar, utg. af J. A. Wennberg. Se Samling af k. förordningar, stadganden m. m. 1.
Kommuner, Sveriges, i administrativt, judicielt o. ecklesiastikt hänseende jemte fögderier o. länsmansdistrikt m. m. 6:e årg. 1892. Utg. af Karl Sidenbladh. 8:o, 184 s Sthm, P. A. Norstedt & S.r. 92. Inb. 2: 75. (3:e årg. 87. 4:e 88. 5:e 89.)
KOMPPA, Gust., Ueber O-Cyanzimmtsäure Se: Öfversigt af F. Vet. soc.s förhandl. XXXVI.
Koncepter, Gamla, af W. R. (Utdelas ej genom bokhandeln.) 8:o, 61 s. Tr. i Sthm hos K. L. Beckman. 92. (Uppl. 80 ex.)
Konferensen på Ulriksdal september 1863. Se: Tidskrift, Historisk. 1892.
Konfirmationsbok. 8:o, 62 s. Lund, C. W. K. Gleerup. 89. Praktb. med guldsn [3: 50. Mindre uppl. 60 s. Kart. 35 ö.
Konfirmationsstund, Vår moders. En festskrift för

Sveriges skolungdom med anledning af Upsala mötes 300-års jubileum. 8:o, 7 s. Lund, C. W. K. Gleerup 93. 10 ö.

Konjander i Amerika. Kom. i 3 akter. Efterspel till kom. Hittebarnet, af Mig. 12.o, 50 s. Sthm, Samson & Wallin. 87. 60 ö.

Konkurrensen o. rikedomen af P. G. E. 8:o, 88 o. 37 s Ups. Lundequistska bokh. i distr. 91. 50 ö

Konkurslagen jämte dithörande författningar. 7:e uppl. på grundvalen af de utaf L. A. Weser ombesörjda uppl. utg. af Hjalmar Westring. 8:o, 274 s. Sthm, P. A. Norstedt & S:r. 93. Klb. 2: 75. (6:e uppl. 86.)

KONOW, Seth, von, Svensk-fransk o. fransk-svensk sjömilitärisk ordbok. 4:o, 168 s. Sthm, Looström & K. 87. 4 kr.

Konsekvenser af konsekvenser af en, som söker vara konsekvent. 8:o, 12 s. Sthm, Samson & Wallin i distr. 93. 25 ö.

Konsten att bryta servetter o. bordets dukning. Med 62 teckn:r. Öfv. o. bearb. 8:o, 55 s. Sthm, F C. Askerberg. 91. 1 kr.

Konsten att genom sjelfstudium fort o. lätt lära sig ryska språket. Teoretisk-praktisk språklära. Genomsedd o. rättad af Georg Fraser. 8.o, 1 o. 180 s. H:fors, G. W. Edlund. 91. 3 fmk.

Konsten att konservera ägg så att de hålla sig friska året om. 4 s. Nyköp, Carl Åkerblom. 90. 25 ö.

Konsten att studera utställningar af ingeniör A. 8.o, 17 s. Sthm, Samson & Wallin i distr. 91. 25 ö.

Konsten att vara lycklig fastän gift. Öfv. efter eng uppl. af O. H. D. 8:o, 216 s. Sthm, J, Seligmann 87. 2: 50.

Konstitutioner, Upsala universitets af år 1655. Se: Årsskrift, Upsala univ:s 1890. Program. 2.

Konstminnen, Svenska, från medeltiden o renässansen, aftecknade o. beskrifna på föranstaltande af Svenska fornminnesfören. Folio. Sthm, Samson & Wallin i distr.
4:e hft. Vrigstads kyrka i Småland. 2 pl. 87. 3 kr.
5:e hft Vrigstads kyrkan. 2 s. o. 2 pl. 88. 3 kr.
6:e hft. Vadstena slott. 5 pl. 91. 3 kr.

Konstsamlingar, Statens (Kongl. Museum — Nationalmuseum) 1794—1894. En festskrift utg. af Nationalmusei tjensteman. Bihang: J T. Sergels porträttbyster af G. Göthe 4:o, 115 s o. 6 pl. Sthm, Wahlström & Widstrand. 94 5 kr.

Konstskatter i svenska Nationalmuseum i ljustryck af V. Wolfenstein. 8:o, 5 pl. Sthm, Utg:n 90 1 kr.

Konstskatter, Nationalmusei. Utförda i ljustryck af Gen. stab. litogr. anst. Text af d.r G. Göthe m fl. 1:a—5:e hft. Folio, 25 pl. o 25 textblad. Sthm, Wahlström & Widstrand. 95. För häfte 5 kr.

Konstslöjd, Svensk. Organ för den inhemska konstflitens främjande. Utgifvare Hugo Hörlin. 1:a—3:e årg. (1891—93). 4:o. Sthm, C. E Fritzes hofbokh i distr. 91—93. För årg. (4 hfn) 6 kr.

Konstverk, Svenska, reproducerade i ljustryck. Text af Karl Wåhlin. Folio, 6 pl. o. 2 s. text. Sthm, Nordin & Josephson. 93. 12 kr.

Konstvännen, Organ för konstfrågor m. m. Utgifvare: A. E Friedlander. 1887. 4:o. Sthm, Looström & K. i distr. För årg. (24 n:r) 12 kr. (Blott ett n:r utkom.)

Kontors-almanacka. Årg. 1886—95. Sthm, P. A. Norstedt & S:r. 86—95.
Med månadsblad o. postunderrättelser på en foliosida. 30 ö.

2 sidor in 4 o, tryckt på kartong 35 ö.
2 blad in 4:o, tryckt på skrifpapper 35 ö

Kontrabok emellan - - - - o - - - - mejeri. Utg af Wilh. Flach o. Gust Liljhagen. 8:o, 28 s. Sthm, H. W. Tullberg. 89. Inb. 25 ö.

Konung Carl XV o. Vallebårsbonden eller Kungsskjutsen till Varnhems kyrka Af A. L—m. 8:o, 45 s. Göteb , A. Liedholm. 86. 50 ö

Konung Gustaf den förstes registratur. Se: Handlingar ror. Sveriges historia. 1:a serien.

Konung Oscar I i Ryssland. Se: Skrifter för folket. 13.

Konungar, Svenska, och deras tidehvarf. Fotografier efter målningar o. gravyrer, beskr. af C. Eichhorn. 20 häften. Med 100 portr. o. text. Sthm, Wahlstrom & Widstrand 86—90. För häfte 2: 50.

Konversationslexikon, Gernandts, utarb på grundvalen af Nordisk familjebok. 8.o Sthm, Gernandts boktr.-aktieb. 89.
Band I. (15 häften) 1432 sp.
„ II. (15 häften.) 1448 sp.
„ III. (13 häften.) 1248 sp.
„ IV. (16 häften) 1504 sp.
För häfte 50 ö, kompl 31. 50, inb. 42 kr.

Kopist, E. N., Den privata korrespondenten upptagande formulär o anvisn. vid uppsättandet af alla slags bref m. m. jemte kort handledn. i bokföring. 8:o, 224 s. H.fors, G. W. Edlund. 95 2 fmk.

Koraler, Valda, i gammalrytmisk form, med ledning af de yppersta källor o. på grundvalen af Aristoxenos teori tör musikalisk rytm i enkel fyrstämmig orgelsats utarb af Rich. Norén o. John Morén. 4.o, Sthm, A. V. Carlsons Bokf.-aktb.
Förra delen. Inledning samt koraler till valda högtidspsalmer. lvj o. 60 s. 92. 2: 50
Senare delen. Koraler till andra psalmer. viij o. s. xlvij—lviij samt 80 s. 95. 2: 25.
Båda del. i ett klb. 5: 50.

Koralbok för kyrkan, hemmet o. skolan. Utg. af C. J. Lewerth. 8.e uppl. Tvär 8:o, 270 s Sthm, F. & G. Beijers Bokf -aktb. 92. Klb. 2: 50. (6 e uppl. 89. 7.e)

Koralbok, Ny, för de evang -luth. församlingarne i Finland, sammanställd enl. den 1886 tillsatta koralkomiténs nya finska o. svenska koralpsalmböcker. Tvär 4:o, 11 xiv o. 163 s. H:fors, G. W. Edlund. 88. Kart. 8 fmk.

Koralbok, Svensk, (efter Hæffner) i fören. med sv. Psalmboken. Koralerna under medverkan af Conrad Nordquist. Revid. af Aug Lagergren. 4:o, vij, 483 o. 480 s. Sthm, P. A. Norstedt & S r. 87.
Klb med skinnrygg 8: 75, nedsatt till 6 kr.

Koralbok, Svensk, (efter Hæffner) för kyrkan, skolan o. hemmet. Under medverkan af Conrad Nordquist. Revid. af Aug Lagergren. Tvär 8:o, xix, 483 o. xliij s. Sthm, P. A. Norstedt & S:r. 93.
Tygband 3: 50.

Koral-Psalmbok. Folkskolans, jämte öfver 100 såväl en- som tvåstämm. melodier i notskrift. Öfversikt af högmessogudstjänsten med det vanligaste af messan m m. Utg. af N. E Anjou. Liten 8.o, xvj o. 416 s. Sthm, C. E. Fritzes hofbokh. i distr. 95.
Kart. 60 ö., klb. 75 ö.

Koral-Psalmbok, Svensk, för de evang. luth. församlingarna i Finland utg. af den 1886 tillsatta koralkomitén. Liten 8:o, viij o. 750 s. H:fors, Weilin & Göös. 89. 3: 50, med guldsn. 5 fmk.
Med Evangelieboken. 284 s. Klb. 1 kr.

KORÆN, Ferd., Se: Rulla öfver sv. arméns officerare.

Korea i våra dagar. Öfv. 8:o, 96 s. o. 1 karta. Sthm, Edm. Janse & C:is boktr. i distr. 94. 1 kr.
Korn åt små fåglar. Kristlig barnkalender. 21—30:e årg. 8:o, hvarje årg. 96 s. o. 3 pl. Sthm, Fost-stift:s f.-exp. 86-95. För årg. 1: 25, kart. 1: 50.
KOROLENKO, Wladimir, Den blinde musikern. Psykologisk studie. Öfv. från ryskan af *P. Tersmeden.* 8:o, 202 s. Sthm, W. Billes Bokf.-aktb. 90. 1: 50.
—, Skogen susar, o. andra berättelser. Öfv. från ryskan af *P. Tersmeden.* 8:o, 174 s. Sthm, W. Billes Bokf.-aktb. 91. 1: 50.
Korprals-undervisning för infanteriet 2:a uppl. Liten 8:o, 95 s. o. 1 karta. Sthm, P. A. Norstedt & S:r. 92. Kart. 35 ö.
Korsblomman, Kristlig kalender. Utg. af *L. S. (Carolina Berg.)* 8:o. Sthm, Z. Hæggströms f.-exp. i distr.
22:a årg. För 1887. 224 s. o. 6 pl. 86.
Kart. 1: 25, klb. 2: 25.
23:e årg. För 1888. 224 s. o. 8 pl. 87.
Kart. 1: 75, klb. 2: 25.
24:e årg. För 1889. 224 s. o. 6 pl. 88.
Kart. 1: 75, klb. 2: 25.
25:e årg. För 1890. 224 s. o. 8 pl. 89.
Kart. 1: 75, klb. 2: 25.
26:e årg. För 1891. 224 s. o. 7 pl. 90.
Kart. 1: 75, klb. 2: 25.
27:e årg. För 1892. 224 s. o. 8 pl. 91.
Kart. 1. 75, klb. 2: 25.
28:e årg. För 1893. 224 s. o. 10 pl. 92.
Kart 1: 75, klb. 2: 25.
29:e årg. För 1894. 224 s. o. 6 pl. 93.
Kart. 1: 75, klb. 2: 25.
30:e årg. För 1895. 224 s o. 8 pl. 94.
Kart 1: 75, klb. 2: 25.
31:a årg. För 1896. 224 s. o. 10 pl. 95.
Kart. 1: 75, klb. 2: 25
Korsdragerska, En, o hennes existens-minimum. Anteckn:r meddelade genom *Esselde.* 8 o, 28 s. Sthm, Fredrika-Bremer förbundet. 94. 50 ö.
Korset o grafven, Vid. Korta passionsbetraktelser samlade af *K. A. Johansson,* samt en påskbetraktelse af *Ludv. Ad. Petri.* 8:o, 106 s. Fost.-stift:s f.-exp. 89. 50 ö., kart. 75 ö., klb. 1: 25.
Korset, Under. Några betrakt:r till tröst för bedröfvade o. lidande. Öfv. från franskan af *M. K.* 4:e uppl. 8:o, 180 s. Sthm, Fost -stif:ts f.-exp. 95.
1 kr., vb. 1: 30, klb. 2: 25.
(3:e uppl. 87.)
Kort, Illustreret over Kjöbenhavn med offentlige og monumentale Bygninger. 1 blad. Göteb., H. Brusewitz. 86.
Kortprofeten eller konsten att spå i kort. Se: Folkskrifter. 4.
Kortspråket eller kortens betydelse. Se: dersammast. 3.
Kosta hvad det vill. Bilder från holländska reformationen. Bearb. af *W. Henschen.* 12:o, 112 s. Sthm, C. A. V. Lundholm. 89. Kart. 85 ö.
KOVALEVSKY, Maxime, Tableau des origines et de l'évolution de la familie et de la propriété. Se: Skrifter utg. af Lorénska stiftelsen. 2.
KOVALEVSKY, Sonja, Efterskörd ur Sonja Konvalewskys papper. 8:o, 79 s. Sthm, Alb. Bonnier. 93.
1: 25.
—, Ur ryska lifvet. Systrarna Rajevski. Öfv. af *Walborg Hedberg.* 8:o, 277 s Sthm, F. & G. Beijers Bokf.-aktb. 89. 2: 50, klb. 3: 25.
—, Vera Vorontzoff. Berättelse ur ryska lifvet. 2:a uppl. tillökad med en Efterskörd ur Sonja Kovalevskys papper. 8:o, 335 s. o. 1 portr. Sthm, Alb. Bonnier. 93. 5 kr.
(1:a uppl. 92.)
KRÆMER, Lotten von, Den kämpande anden. Religiösa väckelser o. relig. lif. Några sänger o. tidsbilder. Med 8 illustr. af *Jenny Nyström.* 4:o, 32 s. Sthm, Bokförlagsfören. Vår Tid. 92. 1 kr.
— —, En kämpande ande. Religiösa dikter. 4:o, 23 s Sthm, Förf.n. 86. 75 ö.
—, Florence Nightingale (Poesi.) 4:o, 3 s. Sthm, Förf:n. 86. 30 öre.
—, Hermes o. Diotima. Skådespel i fem akter. 8:o, 228 s. Sthm, Bokförlagsfören. Vår Tid. 92. 1: 75.
— —, Hägringar o. luftslott. Dikter. 8:o, 207 s. Sthm, Wahlström & Widstrand. 95. 1: 75.
—, Poesiens vandring. Med teckn:r af *Jenny Nyström.* 8:o, 80 s. Sthm, Looström & K. i komm. 88.
1: 50, klb. 2: 50.
—, Skådespel o. berättelser. I. Innehåll: Fama. Skådespel i 3 akter. — Nina. Berättelse. 8:o, 197 s. Sthm, Bokförlagsfören. Vår tid 93.
1 kr., eleg. inb. 1: 50.
—, Sånger och bilder. 8:o, 224 s. Sthm, Förf:n. 86. 2 kr, eleg. inb. 3: 50.
KRÆMER, Rob. von, Svensk metrik på grundvalen af musikens rytmik. 2:a hft. Prosodi I. 8:o, vj o. 184 s. Sthm, P. A. Norstedt & S:r. 93. 3 kr.
KRÆPELIN. Emil, Om själsarbete. Öfv. af *Lennart Ribbing.* 8:o, 53 s. Sthm, P. A. Norstedt & S:r. 94. 60 ö.
Kraft af Hohenlohe-Ingelfingen, Bref i militära ämnen. Se Förlag, Militärlitteraturföreningens. 54.
—, Samtal om kavalleri o. ridkonst. Öfv. af *S. Mörner.* 8:o, x o. 301 s. Helsingb, J, Svenssons bokh. i distr 88. 3: 75.
KRAFFT-EBING, R. v., En studie på hypnotismens område. Öfv. af *O. H. Dumrath.* 8:o, 111 s. Sthm, H. Geber. 88. 1: 25.
Kraftfoder-journal vid . . . Utg. af *B. Nordström.* Folio. Sthm, H. W. Tullberg. 89. Inb. 1: 50.
KRAG, P., Församlingslif. Tio års arbete i S:t Jakobs församling i Köpenhamn. Öfv. från danskan Bidrag till lösning af frågan om ett organiseradt kyrkl. församlingslif. 8:o, 15 s. Sthm, F. Björklund & K. 94. 10 ö.
KRAMER, J H., Se: *Thulstrup, H.,* Afbildningar af nordiska drägter.
Kransar på Viktor Rydbergs graf från svenska pressen. 8:o, 40 s. o. 1 portr. Sthm, Samson & Wallin i distr. 95. 60 o.
KRAPOTKIN, Peter, Lag o. auktoritet. Öfv. utg. af socialistiska skandinav. förb. i Newyork och skandinav. diskussionsfören. i London. 8 o, 30 s. Malmö, "Arbetets" tryckeri. 89. 10 ö.
KRASZEWSKI, J. I., Adelskronan. Roman i 2 dlr. Öfv. från polska af *E. Weer.* 8:o, 333 s. Sthm, L. Hökerberg. 93. 2 kr.
— —, Se: *Sienkiewicz, H. o. Kraszewski, J. J*, Valda polska noveller.
KRESTOFSKI, V., Noveller. Från ryskan af *—k—.* Lärarinnan. Ett återseende. En domstolsscen. 8:o, 348 s. Sthm, P. A Norstedt & S:r. 90. 3 kr.
—, Se: Ryssland, Från.
Kretsar, I glada. Reseminnen o. anekdoter af *G. R[ubenson].* Illustr. af *Ernst Ljungh.* 8:o, 64 s. Göteb., W. Hartelius' bokh. 86. 75 ö.
KRETZER, Max, Mäster Timpe. Social roman. Öfv. från tyskan. 8:o, 311 s. Sthm, A. Granlund. 89. 3 kr.
KREY, Fredrik, Handbok i mosskultur. Öfv. af *Axel*

Palm. Med 19 afbildn:r. 8.o, 148 s Sthm, Nordin & Josephson. 91. 2: 75.

Krig, Sveriges, åren 1808 o. 1809. Utg af Generalstab. krigshist. afdeln. 8:o. Sthm, Looström & K. i distr.
I. ix, 373 o. 19 s., 2 kartor samt tab 90. 6: 50.
II. viij o. 390 s., 67 bil., 25 kartor o. 6 ljustrycksbilder. 95. 9 kr.

Krig. Ur nittonde århundradets. Skildr. af framstående krigskorrespondenter o. andra författare. Illustrerad. 1:a—6:e hft. 8:o, 144 s. Göteb., T. Hedlund. 95. För häfte 25 ö.

Kriget, Det stora 189? En framtidsbild. 8:o, 228 s. o. 1 pl. Sthm, Fröleen & K. 93. 2: 25.

Kriget, Det stora, 1895 o huru Sverige räddades, af **** 8:o, 42 s. Sthm, Looström & K. i komm. 91. 50 ö.

Kriget, Svensk-norska, 1814. En gensaga mot den norska chauvinismen af *P. E. B—d.* Liten 8:o, 62 s. Sthm. (Ej i bokh.)

Krigsbildning, Den skandinav. ungdomens. Utdr. ur föredr. af *P. L.* I. Profhäfte. 8.o, 38 s. Sthm, E. T. Bergegrens bokh. 87. 25 ö.

Krigsskolan. Kgl. på Carlberg. Texten af en f. d. kadett. Med 8 kolor. pl. 4:o, 23 s. o. 8 pl. Sthm, P. B. Eklund. 92. 2 kr.

Kristendomen o. dermed öfverensstämmande religioner o. filosofemer af *C R S.* 8 o, 510 s. H:fors, W. Hagelstam. 88. 5 fmk.

KRISTENSON, S. o. WIDE, S., Undersökningarna om Pantheon i Rom. Se: Tidskrift, Nordisk. 1894.

Kristina, Tröst o. råd till systrar i lidandet. Öfv. 8.o, 64 s. Sthm, Fost.-stift.s f-exp. 86. 30 ö.

KROGIUS, Ali, Recherches bactériologiques sur l'infection urinaire. Akad. afh. 8.o, iv, 109 s. o. 3 pl. H:fors. Förf.n. 92. 4 fmk.

KROHN, J, Den finska folkstammen. Se: Skrifter. Folkupplysn. sällsk. 59.

—, En finsk krigares lefnadsöden. Max Aug. Myhrbergs biogr. Öfv. från finskan 8:o, 54 s (Tr i Borgå) Sthm, 87. 65 ö

—, Finska litteraturens historia. 1:a dln, Kalevala. Öfv. af *Ellen Nervander.* 8.o, vj o 475 s. H:fors, Weilin & Göös. 91.
Nedsatt pris 5: 30, inb. 6: 50 fmk.

KROHN, Kaarle, Bär (Wolf) und Fuchs Eine nordische Thiermärchenkette. Vergleichende studie. Aus dem finnischen von O. Hackman. 8:o, 132 s. H.fors, 88.
Jfr. Journal de la Soc. finno ougr. VI.

—, Die Geographische Verbreitung einer nordischen Thiermärchenkette in Finnland. 8:o, 14 s. u. 1 Karte. H:fors 90.
Jfr. Fennia. III: 4.

—, Die Geographische Verbreitung estnischer Lieder. Se: Fennia. V: 13

KROK, Nils. Folkskolans öfningsbok i modersmålet med särskild hänsyn till rättskrifningen. 8:o Lund, Aug Collin.
I. 2:a uppl. 95 s. 91. Inb. 50 ö
(1:a uppl. 90.)
II. 39 s 91. Inb 25 ö.

—, Repetitionsöfningar för rättskrifning. 8:o, 16 s. Lund, Aug. Collin. 92. 15 ö.

—, Uppsatser i modersmålet för folkskolan. 8.o, 38 s Lund, Aug Collin. 92. 35 ö.

—, Se: Adresskalender för Helsingborg.

KROK, Th. O. B. N. Se: *Andersson, N. J.,* Väggtaflor för undervisn. i botanik. *Hartman, C. J.,* Handbok i Skandinaviens flora.

KROK, Th. O B. N. o. **ALMQUIST, S.,** Svensk flora för skolor. 8:o, Sthm, F. & G. Beijers Bokf.-aktb.
I. Fanerogamer. 5.e uppl. 255 s. 93. Inb. 2. 50 (3:e uppl. 88. 4:e 91.)
II. Kryptogamer. 1:a hft. Ormbunkar, mossor o. alger. vj o. 60 s. 86. 1 kr.

Kronprins Rudolfs jagtminnen. Öfv. af *J. Granlund.* 2 dlr. 8.o, 202 o. 208 s. Sthm, F. & G. Beijers Bokf.-aktb. 89. 4 kr.

KRONSTRÖM Halfdan, Undrens verld. Illustr. framställning af underbara företeelser o. förhållanden i naturen o. menniskoverlden 2:a uppl. 4:o, 760 sp. Sthm, C. E. Fritzes hofbokh. 87. 6 kr., inb. 8 50.

KROOK, Nathalia, Dikter. 8:o, 96 s. Malmö, Förf:n. 90. Klb. 4 kr.

KRUMMACHER, Fredr. Wilh., Den lidande Kristus. En passionsbok. Ny öfvers. 2:a uppl. 8:o, 679 s. Sthm, Fost.-stift.s f.-exp. 90.
4 kr., inb. 4: 50, hfrb. 5 kr.

—, Lägret emellan gränsorna o lägret inom gränsorna. Öfv. af *P. W. E.* 2:a uppl. 8.o, 44 s Sthm, Bokf-aktb Ansgarius. 87. 40 ö.

KRUSE, J., Se: Vita metrica S. Birgittæ.

KRUSE, John, Hedvig Charlotta Nordenflycht. Ett skaldinneporträtt från Sveriges rococotid. 8.o, viij o. 415 s samt 3 pl. Lund, Gleerupska univ:s bokh. i distr. 95. 5 kr.

KRUSE, L M., Regler för ladugårdsskötare Se: Skrifter. Smärre, saml. i landthushållningen. 28.

[KRUSE, Math.a], Alice Brandt. En qvinnoprofil af *Stella Kleve.* 8:o, 252 s. Helsingb., H. Österling 88. 2: 50.

KRUSENSTJERNA, W. E., Se: *Nordensvan. C O. o. Krusenstjerna, W. E.,* Handbok för sv. arméns befäl.

KRÖGER, D, Se: *Rodhe, Em* o. *Kröger, D.,* Tysk læsebok.

KRÖHNKE. G. H. A., Handbok för utstakning af kurvor till jernvägs- o. landsvägslinier. Öfv. o. bearb. af *Hj. Richert.* 12:o, 251 s. Sthm, F. & G. Beijers Bokf.-aktb. 87. 2 kr., inb. 2: 50.

Krönika, Ur dagens. Månadsskrift för literatur, teater o politik, under medverkan af flere svenska o. utl. författ. grundad af *Arvid Ahnfelt.* 6:e—11.e årg (1886—91.) 8.o, Sthm, V. Landgren. 86—91.
För årg. (12 hfn) 10 kr., för häfte 1 kr.

KRÖNING, Ewald Aug, Bland malajiska sjöröfvare. Se: Äfventyrsböcker. 11.

KÜBEL, Robert, Bibelkännedom. Utläggning af hufvudafdeln. i d. hel. skrift o. inledn. till de bibliska böckerna. Nya testamentet. Öfv. af *Aug. Löfgren.* 8:o viij o. 655 s. Sthm, Fost.-stift:s f.-exp. 95. 3: 50, inb. 4: 50.

KUHNE, Louis, Är jag frisk eller sjuk. En pröfvosten o. rådgifvare för en o. hvar. Öfv. från tyskan. 8:o, 44 s. Sthm, Fröleen & K. 94. 60 ö.

KÜHNER, A., Sömnen o. medlen för sömnlöshet. 8:o, 51 s. Sthm, A. I. Seelig. 88. 50 ö.

KULLANDER, Emil, Försök till en lättfattlig framställning af tempusläran i latinet. Hjelpreda vid latinskrifning. Stor 8:o, 109 s. Nyköp., A. E. Nielsen. 87. 1: 50.

—, Livlansk krestomati. Med förklaringar. 8:o, 186 o. 95 s. Sthm, H. Geber. 90. 2: 75.

KULLBERG, C. A., Petrarcas sonetter. Se: Handl. Sv. akad. IX.

KULLE, Jakob, Svenska mönster för konstväfnader o.

broderier. 1:a o. 2:a hft. 8:o, 20 s. o. 12 pl. Sthm, Förl:n. 91. För häfte 1: 50.
KULNEFF, N., Bidrag till kännedomen om autointoxikationer vid functionsrubbningar i digestionsorganen. I. 8:o, Lund, Ph. Lindstedts univ:s bokh. i distr.
I. 87 s. 91. 1: 75.
II. 78 s. 1: 75.
—, Neurastheni, nedsjunkning af bukorgan o. gastrointestinal atoni. 8:o, 87 s. Lund, Aug. Collin i distr. 94. 2 kr.
Kultur-beskrifning öfver Chrysanthemum Indicum jemte förteckning öfver de bästa varieteterna af *L. H.* 12:o, 22 s. Jönköp., Ludv. Herner. 92. 50 ö.
KUMLIEN, Hj., Svenska herrgårdar o. villor af Svenska arkitekter. Folio, 66 pl. Sthm, P. A. Norstedt & S:r. 94. I pappfodral 30 kr., i klothportfölj 32 kr.
Kungörelse ang. särsk. föreskrifter om renhållningen inom egendomarne i hufvudstaden. 8:o, 12 s. Sthm, Drätselnämnden. 92. 20 ö.
Kuplettsångaren, Svenske. Humorist. kupletter, soloscener, föredrag, samlade o. utg. af *"Jacques"*. 8:o, Sthm, F. C. Askerberg.
I. 172 s. 93. 1: 25.
II. 168 s. 93. 1: 25.
Kuriositeter,' Aritmetiska, o. konststycken, saml. af *Olof R—n*. Se: Julmuntrationsböcker. 6.
KURZE, G., Evangelii seger bland människoätarne på Tongoa. Se: Missionsbibliotek för folket 11.
KUTTNER, Max, Huru talas det i Berlin? Se: Eko af det tyska talspråket.
KUYLENSTJERNA, Osvald, Gustaf II Adolf o. hans svenska folk. 8:o, 98 s. Göteb., Wettergren & Kerber. 94. 1 kr.
Kvartals-almanacka Årg. 1887—96, hvarje årg. 4 hfn. 12:o, hvarje häfte 96 s. Sthm, P. A. Norstedt & S:r. 86—95. För årg. 1: 75.
Kvinnan o. kvinnoarbetet i Finland, af Unionen, kvinnoförbund i Finland. 8.o, iv o. 76 s. H:fors, Unionen. 93. 1: 25.
Kvinnomötet på hôtel Continental d. 13 mars 1893 med anledning af herr Hugo Tamms motion i sedlighetsfrågan. 8.o, 32 s. Sthm, L. Hökerberg. 25 ö.
Kväll-stunden, Romanbibliotek af framstående utländska förf. Årg. ¹/₁₀ 1892—¹/₁₀ 1893. 8 o, Göteb., D. F. Bonniers förlagsexp. För årg. (25 hfn = 75 ark) 6 kr.
KYHLBERG, O., Läsebok för småskolan. 4:e omarb. uppl. 12:o, 204 s. Norrk., M. W. Wallberg. 88. Kart. 75 ö.
—, Om inspektionen i våra döfstumskolor. Belysn. af döfstumläraren M. Palmkvists broschyr: "En blick på inspektionen i våra döfstumskolor." 8:o, 82 s. Sthm, C. Deleen & K. i komm. 87. 1 kr.
KYRKLUND, Karl, Studien über Fettresorption im Dünndarme. Akad. abh. 8:o, 67 s. H:fors, 86. 1: 25 fmk.
Kyrkohandbok. Antagen af finska kyrkomötet 1886. Normaluppl. (Sv. o. finsk text.) 8:o, 159 o. 170 s. H:fors, Weilin & Göös. 88. Chagrinb. 6 fmk.
Kyrkohandbok, hvaruti stadgas huru gudstjensten uti evang.-lutherska församlingarne i Finland skall förrättas. Normaluppl. 8:o, 159 o. 170 s. H:fors, Weilin & Göös. 88. Inb. 6 fmk.
Kyrkolag för Finland. Se: Författningssamlingen, Lilla. 2.
Kyrkolag, Sveriges af år 1686. Rydéns edition. 10:e omarb. uppl. utg. af *P. Rydholm*. 8:o. viij o. 591 s. Sthm, Alb. Bonnier. 90. Klb. 7 kr. (9:e uppl. 88.)
—, D:o d:o, Supplement, inneh. stadganden som utkommit t. o. m. okt. månad 1894. 8:o, 78 s. Sthm, Alb. Bonnier. 94. 80 ö.
Kyrkoordningar o. förslag dertill före 1686, utg. af *O. v. Feilitzen*. Se: Handlingar rör. Sveriges historia.
Kyrkopsalmer, Våra, deras religiösa värde o. melodier. Till tjenst vid valet af psalmer, af *A. B.* 8:o, 16 s. Strengnäs o. Fogelö, M. Bergström. 88. 50 ö.
Kåre i Miklegård. Berättelse af (—*th*—) förf. till Ragnfast Mårsson, Gunnel m. fl. 8:o, 331 s, Sthm, P. A. Nymans tr. 87. 2: 25.
KÄLLGREN, A. Se: Monogramalbum.
KÄLLSTRÖM, Arvid, Bidrag till den svenska pietismens historia. I. Pietismen före konventikelplakatet. (1726). 8:o, 240 s. Sthm, Förf.n. 94. 2: 50.
Kärfve, En, från söndagsskolans skördefält. Öfv. af *John Cederoth*. 8.o, 45 s. Örebro, Bokf.-aktb. 95. 25 ö., kart. 35 ö.
Kärfve, En gyllene. 6 blad velin med verser o. kolor. fig. Sthm, G. Chelius. 92. 60 ö.
Kärlek, Hans. Med illustr. 6 blad volin. Sthm, G. Chelius. 91. 50 ö.
Kärlek i hednadagar. Skalden Kormaks saga. Från fornisländskan af *A. U. Baath*. 8:o, 84 s. Göteb., Wettergren & Kerber. 95. 2 kr.
Kärleks-telefonen. Brefställare för älskande af båda könen af Lycko-Per. Liten 8:o, vj o. 90 s. Sthm, Ad. Johnson. 86. 50 ö.
Köpmannen i Bagdad. Se: Skrifter f. folket. 26.
KÖRNER, Axel, Juridisk rådgifvare o. formulärbok. 8.o, vij o. 560 s. Sthm, Fahlcrantz & K. 88. 2: 50, inb. 3: 50.
Jfr. Biblioteket, Svenska. 5:e afd.
KÖSTER, H. Se: Förhandlingar, Göteborgs läkaresällskaps.

L.

LAACHE, N. J., Vårt jordiska arbete i Herrens tjenst. 8:o, 54 s. Sthm, Post.-stift:s f.-exp. 89. 40 ö., kart. 60 ö.
LABICHE, Eug., Le voyage de monsieur Perrichon. Med anmärkn:r af *E. Edström*. Se: Författare, Moderna franska. 2.
Laboratorier, Från nordiska vivisektorers. 8:o, 33 s. Sthm, Looström & K. 87. 25 ö.

LACEY, William J., Helnykterhetens grunder. Öfv. 8:o, 228 s. Östersund, 92. 2 kr.
Ladugårds-journal vid - - - - (Formuläret uppr. af kapten C. G. Bredberg) Aflång folio. Sthm, H. W. Tullberg. 89. Inb. 2 kr.
Lag om aktiebolag. Se: Författningssaml. Lilla. 38.
Lag om dikning o. afledning af vatten. 3:e uppl. Med sakregister. 8:o, 43 s. Köping, M. Barkéns förlagsbokh. 93. 30 ö., kart. 40 ö
Lag om dikning o. annan afledning af vatten, jemte bihang innehållande dithörande författn:r. Liten 8.o, 63 s. Hessleholm, O. Andersson. 87. Kart. 60 ö.
Lag om dikning o. annan afledning af vatten jämte dithörande författn:r med hänvisn:r o. sakreg utg. af G. B. A. Holm. 3:e uppl. 8.o, 64 s. Sthm, P. A. Norstedt & S:r. 94. Klb. 85 ö.
Lag ang. handelsregister, firma o. prokura, gifven d. 13 juli 1887. 12:o, 24 s. Sthm, Ad. Bonnier. 87. 20 ö.
Lag ang. handelsregister, firma o. prokura m m. jemte ett tillägg inneh. förordn. ang. handelsböcker o. handelsräkn:r. Utg. af K. Njurling. 8.o, 57 s. Sthm, Nordin & Josephson i komm. 87. 60 ö.
Lag ang. väghållningsbesvärets utgörande på landet. Gifven d. 23 okt. 1891. 16:o, 51 s Lund, Håkan Ohlsson. 92. 25 ö.
Lag, Sveriges rikes, jämte anmärkn:r, förklaringar o. prejudikat. 8:o, 566 s. Sthm, Fr. Skoglund i distr. 93, 94. 2 kr.
Lag, Sveriges rikes. Af N. W. Lundequist. 17:e uppl. Utg. af J. A. Thurgren 8:o, xxv o. 463 s. Sthm, P. A. Huldbergs bokf.-aktieb. 87.
5: 25, vb. 6: 50, hfrb. 7 kr.
Lag, Sveriges rikes, J. W. Schlyters ed. 4:e uppl. utg. af F. O. Leuhusen. 8:o, xvj, 496, 640 o. 134 s. Sthm, Z. Hæggströms f.-exp. 89. Inb. 8: 50. (3 e uppl. 86.)
Lag, Sveriges rikes, antagen på riksdagen år 1734 af konungen gillad o. stadfästad d. 23 jan. 1736 med tillägg af de stadg, som utkommit till d. 17 jan. 1895, jemte bihang inneh. de författn. hvilka ansetts icke lämpligen böra i lagboken införas. 16:e uppl. utg. af R. Skarin. 8:o, xiij, 527, 625, cxiij o. 20 s. Sthm, P. A. Norstedt & S.r. 95. Inb. 5: 50. (10:e uppl. 86. 11:e 89. 12:e 90. 13:e 92. 14.e 93. 15:e 94)
Lag, Sveriges rikes, gillad o. antagen på riksdagen 1734 af konungen stadfästad d. 23 jan. 1736, jemte förordn:r o. stadganden som utkommit till början af jan. 1895. Utg. af W. Uppström. 11:e uppl. 8.o, xj o. 1152 s. Sthm, F. & G. Beijers Bokf.-aktb. 95. 4 kr., inb: 5: 50. (1:a uppl. 86. 2:a 87. 3:e 89. 4:e 90. 6:e 90. 7:e 91. 8.e 92. 9:e 93. 10:e 93. 11:e 94.)
Lag, Sveriges rikes, gillad o. antagen på riksdagen åhr 1734. Utg. på föranstaltande af Juridiska föreningen i Finland. 12:o, 27 o. 348 s. H:fors, Förlagsaktieb. Otava. 94.
För Sverige: Sthm, C. E. Fritzes hofbokh. 2: 75.
Lag, Sveriges rikes, gillad och antagen på riksdagen år 1734, med tillägg, förändringar och förklaringar, gällande i storfurstendömet Finland. 6:e uppl. Utgifven af K. W. Sulin. 8:o, 3, xv o. 493 s. H:fors, Lindstedts antiqv. bokh. 94. 13 fmk.
Lag, Sveriges rikes. Med tillägg, förändringar o. förklaringar gällande i Finland. 5:e uppl. 8:o, xvij 411 o. xxx s. Åbo, G. L. Grönlund. 88.
Inb. 15:50 fmk.
Lagar, instruktioner o. reglemente för förvaltningen af Sveriges riksbank. Riksdagen 1886—1892. 8:o, hvarje årg. lxviij o. omkring 135 s. Sthm, Sveriges riksbank. 86—92. För årg. kart. 1 kr.

LAGERBERG, Carl, Ätterna Lagerberg. 8:o, 105 s. Göteb., Tr. hos W. Zachrisson. 94. ?

LAGERBLAD, Elis, Förberedande geografi. Försedd med 76 bilder. 4:o, 3 o. 55 s. H:fors, Söderström & K. 91. 1: 35, inb. 1: 50.
—, Lärobok i geografi. 3:e uppl. 8:o, vj o. 315 s. H:fors, Förf n. 95. 3 fmk.
—, Svensk rättskrifningslära för skolornas lägsta klasser (statsortografin). 3:e uppl. 8 o, iv o. 20 s. H:fors, Söderström & K. 95. 25 ö.
—, Svensk språklära för folkskolor. Med Freudenthals ortografi. 2:a uppl. 12:o, viij o. 100 s. H:fors, Söderström & K. 95. 85 ö. (1:a uppl. 92.)
—, Svensk språklära för folkskolor. Med statsortografin. 2:a uppl. 8:o, 6 o. 80 s H:fors, Söderström & K. 95. 75 ö.
—, Svensk språklära för småskolor. 8:o, 4 o. 32 s. H fors, Söderström & K. 92. 60 ö.
—, Svensk språklära för lyceer och fruntimmersskolor. För finska skolor tillökad o. bearbetad af Artur Siegberg. 8:o, viij o. 141 s. Borgå, Werner Söderström. 93. 1: 50, inb. 1: 80. (1:a uppl. 92.)
—, Svensk språklära för lyceer och fruntimmersskolor. Med statsortografin. 2:a uppl. 8:o, 7 o. 148 s. H:fors, Söderström & K. 94. 1: 75.

LAGERBORG, Nanny, Études sur la variation des indices de réfraction et de la densité du sel gemme sous l'influence de la temperature. Se: Bihang till K. sv. Vet.-akad:s handl:r. XIII: I, 10.

LAGERBRING, Gust. Se: Kalender för alla.

LAGERCRANTZ, Erik. Se: Undervisning för infanteristen.

LAGERCRANTZ, Jacques, Se: Årsskrift, Svenska turistföreningens.

LAGERGREN, Alfred, Artificiel äggkläckning o. kycklingars uppfödande med artificiela medel. 8:o, 92 s. Sthm, C. E. Fritzes hofbokh. i distr. 90. 1: 50.
— , Hönsboken för allmogen o. alla som odla ett mindre antal höns. 8:o, 64 s. o. 1 pl. Rosehill & Partilled, Förf.n. 93. 75 ö.

LAGERGREN, Aug. Se: Koralbok, Svensk.

LAGERGREN, Claes, En vinter på Nilen. 8:o, 315 s. Sthm, S. Flodin. 88. 2: 50.
—, Nya dikter. 8:o, 100 s. Sthm, Wahlström & Widstrand. 95. 3 kr., inb. 4: 50.

LAGERGREN, C. G., Studier o. betraktelser. Föredrag. 1:a hft. 8:o, 38 s. Örebro, Söndagsskoleföreningen. 86. 25 ö.

LAGERGREN, Helmer, Kristinehamns familjebok. 119 s. Kristinehamn, Förf:n. 93. 2 kr.
—, Serie öfver postmästarne i Kristinehamn 1642—1893 med biografiska anteckn:r. 8:o, 9 s. Kristinehamn, Förf:n. 93. Pris ?
— -, Se: Postmatrikel, Svensk.

LAGERHEIM, G., Ueber Desmidiaceen aus Bengalen. Se: Bihang till K. sv. Vet.-akad:s handl:r. XIII: III, 9.

LAGERHJELM, Gustaf, Napoleon o. Carl Johan under kriget i Tyskland 1813 till o. m. slaget vid Leipzig. Krigshistoriska betraktelser. 8:o, x o. 421 s. samt 6 kartor. Sthm, P. A. Norstedt & S:r. 91. 4: 50.
—, Napoleon o. Wellington på Pyreneiska halfön 1808 —10. Krigshistor. betraktelser. 8:o, vj o. 214 s.

samt 4 kartor. Sthm, P. A. Norstedt & S:r. 89.
5 kr.
LAGERHJELM, Gustaf, Om svenska centralförsvaret. Föredrag hållet i Upsala försvarsförbund 1891. Med 1 karta. 8:o, 33 s. o. 1 karta. Ups, Akad. bokh. i distr. 91. 50 ö.
LAGERLUND, J. F., Elektricitetslära för undervisning i minväsendet vid kgl. flottan. 8:o, 260 s. Sthm, Förf:n. (1880.) 6 kr.
LAGERLÖF, Erland, Dikter. 8:o, 152 s. Lund, Gleerupska univ:s bokh. i distr. 95. 2 kr.
—, Om dialogen Sofisten. Akad. afh. 8:o, 158 s. Lund, Gleerupska univ:s bokh. i distr. 92. 1: 50.
LAGERLÖF, Leon, Om uppskattning af timmerskog. Se: Afhandlingar o. prisskrifter utg. gen. Fören. för skogsvård i Norrland. 3.
LAGERLÖF, Selma, Ett äfventyr i Vineta. Se: Julalbum.
—, Gösta Berlings saga. 2:a uppl. 2 dlr. 8:o, 283 o. 288 s Sthm, Alb. Bonnier. 95.
(1:a uppl. 91.) 4 kr., inb. 5: 50.
—, Osynliga länkar. Berättelser. 12:o, 304 s. Sthm, Alb. Bonnier. 94. 3: 50.
—, Ur Gösta Berlings saga. Berättelse från det gamla Värmland. Presentuppl. Stor 8:o, 67 s. Sthm, Frith. Hellberg. 91. (Ej i bokh.)
LAGERMAN, Fredrik, I bekännelsefrågan. 8:o, 40 s. Sthm, A. V. Carlsons Bokf.-aktb. 93. 60 ö.
LAGERMARK, J. A., Armfeldts tåg mot Trondhjem. Se: Tidskrift, Historisk. 1889.
— , Rustningarna till Karl XII:s sista fälttåg. Se: dersammast. 1886.
—, Striderna vid vestkusten 1717 o. 1718. 8:o, 47 s. Ups., Lundequistska bokh. 87. 1 kr.
LAGERSTEDT, Lotten, Engelska vokabler till skolornas tjenst sammanstälda. 3:e uppl. Liten 8:o, 89 s. o. interfol. Göteb., N. J. Gumperts bokh. 95.
Kart. 75 ö.
(1:a uppl. 90. 2:a 92.)
—, Kokbok för skolkök o. enklare matlagning. 8:o, 2:a uppl. xiv o. 264 s. o. 2 pl. Sthm, P. A. Norstedt & S:r. 95. Kart. 1 kr, klb. 1: 50.
(1:a uppl. 92.)
LAGERSTEDT, N. G. W., Se: Almquist, S, o. Lagerstedt, N. G. W., Lärobok i naturkunnighet.
—, —, Tillägg till d:o.
LAGERSTRÖM, Janne, Allmän rösträtt är radikalernas käpphäst o. socialismens inkörsport. Populärt föredrag hållet i Vexjö d. 19 jan. 1895. 8:o, 45 s. Sthm, Nordin & Josephson. 95. 30 ö.
Lagförslag o. betänkande ang. sparbanker m. m. 4:o, 96 s. Sthm, Samson & Wallin. 91. 1 kr.
Lagmannen, Den gamle. Skizz ur verkligheten af U. Liten 8:o, 31 s. Tr. i Sthm, hos Nya Dagl. Alleh:s boktr. 89. (Uppl. 25 ex.)
Lagsamling, Svensk, omfattande åren 1885—93 utg. af R. Skarin. Fortsättning af G. R Lilienbergs Lagsamling I. Grundlagarne, Giftermåls-, Ärfda-, o. Byggningabalkarne. 4:o, 500 s. Sthm, P. A. Norstedt & S:r. 91. 15 kr.
L(AGUS), A., Tro, hopp och kärlek. En liten diktsamling. 8:o, 74 s. H:fors, W. Hagelstam. 92.
1: 25 fmk.
LAGUS, B., Tre resor i Afrika. Se: Skrifter, Folkupplysn. sällsk. 68.
LAGUS, Ernst, Förklaringar till Fänrik Ståls sägner. 2:a omarb. uppl. 8:o, ix o. 115 s. samt 1 karta. H:fors, W. Hagelstam. 95. 1: 50 fmk.
(1:a uppl. 94 makulerad.)

LAGUS, Ernst, Lärokurs i svenska språket och literaturen. I. Praktisk rättskrifningslära. 8:o, 4 o. 71 s. H:fors, Söderström & K. 93. 1 fmk.
LAGUS, Gabriel, Dikter. 8:o, 132 s. H:fors, Söderström & K. 92. 2 kr.
—, Ur Viborgs historia. Minnesskrift. 4:o. Viborg, Clouberg & C:o.
I. xx, 222 o. xljv s. samt 5 pl. 93.
5 fmk (3: 75).
II: 1. vj, 149 o. xxvj s. 95. 4 fmk (3 kr).
—, Se: Wrede, K. A., Skizzer från det gamla Viborg.
LAGUS, Wilh., Numismatiska anteckningar. 8:o. H:fors, Förf:n.
I. Historik öfver finska universitetets mynt- o. medaljkabinett. Senare st. 160 s. 88. 2 kr.
LAHMANN, Henrik, Felaktig blodsammansättning genom olämplig föda — Dysämi — en grundorsaktill sjukdomar. Ett bidrag till läran om sjukdomsdispositioner o. sjukdomars förekommande. Öfv. af Henrik Berg. 8:o, xv o. 204 s. samt 1 portr. Sthm, Hälsovännens f.-exp. 95. 2: 25.
LAING, Samuel, Vår tids vetande o. tänkande. En framställning af de förnämsta resultaten af den nyare forskningen inom tingens o. andens värld i deras inbördes förhållande till hvarandra. Med 43 illustr. Öfv. af Pontus Dahlander o. Mauritz Boheman. Med en epilog af Viktor Rydberg. 8:o, vj, 327 o. 47 s. Sthm, Looström & K. 90. 3: 75.
LALIN, J. L., Kalkyl-bok, utvisande de allmännaste varuprisernas förh. vid det metriska syst:s införande, jemf. med priserna under det gamla systemet. 2:a uppl. 16:o, 95 s. Sthm, Sam. Lalin. 89. 40 ö.
LAMARTINE, Alph. de, Charlotte Corday o. Jean Paul Marats sista stunder. Öfv. o. bearb. af W—t. 8:o, 57 s. Sthm, C. A. V. Lundholm. 88. 60 ö.
LAMB, Ruth, Tjenare o. tjenster. Öfv. från eng. af C. A. 8:o, 112 s. Sthm, Post.-stift:s f.-exp. 90.
75 ö., kart. 1 kr., klb. 1: 75.
LAMBERG, Tor, Rapport öfver de på Serafimerlasarettet vårdade sjuka. Se: Rossander, Carl J., Årsrapport.
LAMBERT, Jenny o. Charlotte. Se: Wirkboken, Den nya.
LAMBERT, L. A, Fritänkeriet på sanningens våg. Vidräkning med den amerikanske gudsförnekaren Ingersoll. Öfv. 8:o, 212 s. Sthm, K. J. Bohlin & K. 91. 1: 50.
LAMM, Gust., Carl Flodman o. hans etsningar. Med en orig. etsning af konstnären o. hans portr. af F. Boberg. 4:o, 8 s. o. 2 pl. Sthm, Nordin & Josephson i komm. 88. (Uppl. 100 ex.) 4 kr.
—, Efterlemnade dikter. 8:o, xxiij o. 106 s. Sthm, Nordin & Josephson. 92. 2 kr., inb. 3: 25.
—, Kardinal Mazarins samlingar. 4:o, 36 s. Sthm, Nordin & Josephson. 91. (Uppl. 150 ex.) 3 kr.
—, Om förfalskning af konstsaker. (Efterlemnadt manuskript.) 4:o, 49 s. Sthm, Nordin & Josephson. 92. (Uppl. 150 ex) 3 kr.
LAMPA, Sven, Ollonborrarna, deras lefnadssätt o. utrotande. Med illustr. 8:o, 40 s Sthm, C. E. Fritzes hofbokh. 89. 60 ö.
LANCASTER, Charles, Konsten att skjuta. Se: Bibliotek för jägare. 1.
LANCKEN, V. von der, Några ord om statsbaneindustrien. Aftr. ur artiklar i ›Skånska aftonbladet›. 8:o, 47 s. Malmö, Envall & Kull. 94. 1: 50.
—, Teoretiskt beräknade tariffer för person- o. godsbefordringen vid de svenska statsbanorna, jemte antydningar om sättet för beräkningen af dylika tariffer

vid de öfriga svenska normalspåriga banorna. Afd. A. Driftkostnader. 8:o, 38 s. Malmö, Envall & Kull i distr. 95. 1 kr.

LANCKEN, V. von der, Vår samfärdsel med Central-Europa. Se: Samfärdsel, Vår, med Central-Europa.

Land o. **haf,** Öfver, i ballong. Med kolor. fig 4:o, 14 s. Sthm, Ad. Johnson. 94. Kart. 1: 75.

"Land skall med lag byggas" el. kan socialismen försvaras? Kritiskt utkast af en arbetare. 16.o, 64 s. Sthm, Aug. Skarin. 86. 25 ö.

Land, Vårt. Se: Biblioteket, Svenska. 7:e afd.

LANDAHL, F., Betingelserna för åtnjutande af den hel. nattvardens välsignelse. 2:a uppl. 8:o, 16 s. Göteb., N. P. Pehrsson. 89. 10 ö. (1:a uppl. 87.)

— -, Betraktelser öfver uppenbarelseboken. Göteb, N. P. Pehrsson.
Kap. 1—3. 90 s. 88. 75 ö., inb. 1: 15.
Kap. 4—22. 276 s. 91. 2 kr
Båda inb. i ett band 3: 50.

—, Den heliga historien o. de heliga böckerna i sammandrag. 2:a uppl. 8:o. Göteb, N. P. Pehrsson i distr. 91. 50 ö. (1:a uppl. 86.)

— -, Den heliga striden. Betraktelser öfver Judas bref. 8.o, 29 s. Göteb., N. P. Pehrsson. 89. 25 ö.

—, Kort öfversikt af kyrkohistorien för skolan o. hemmet. 3:e uppl. 8:o, 83 s. Göteb., N. P. Pehrsson. 93. Inb. 1: 25. (2:a uppl. 86).

—, Utkast till förklaring öfver Luthers lilla katekes. 16:o, 31 s. Göteb, N. P. Pehrsson. 94. Kart. 25 ö.

— -, Se: Bekännelse o. tukt. *Luther, M.*, Lilla katekes.

LANDAHL, G. T., Skall svenska kyrkan falla? Ett litet ord i bekännelsefrågan. 8:o, 15 s. Göteb., N. P. Pehrsson i distr. 92. 20 ö

— -, Vår barnalära eller Luthers lilla katekes såsom bönbok för ung o. gammal. 8:o. 97 s Sthm, P. A. Norstedt & S:r. 93. 90 ö., inb. 1: 50.

LANDAHL, M., Dikter. 8:o, 136 s. Sthm, Alb. Bonnier. 95. 2 kr.

—, Dramatik: Bysprätten. — Middagsrasten. — I utbygd. — Villebråd. — Under nordosten. 12:o, 120 s. Sthm, Alb. Bonnier. 94. 1: 75.

—, Dramatiska utkast: Hedra din fader. — Missväxt. — I kvällningen. — Trätterskor. 12.o, 162 s. Sthm, Alb. Bonnier. 94. 2: 50.

LANDBERG, Nils, Kort handledning i ostberedning. 4:o, 50 s Lund, C. W. K. Gleerup. 94. 50 ö.

LANDELL, E, Lifvets väg. Ord till väckelse o. vägledning. 8:o, 81 s. Sthm, C. A. V. Lundholm. 89. 50 ö, kart. 65 ö., klb. 85 ö.

LANDÉN, Birger, Framtidskyrkan. Bidrag till religionsfrihetens hist. i Sverige under 19:e årh. 8:o, 32 s. Göteb., Wettergren & Kerber i distr. 89. 50 ö.

—, Se: Sanningssökaren.

LANDÉN, Fr. Se: Kalender för Landskrona stad.

LANDERGREN, Ernst, Se: *Hultgren, E. O.* o. *Landergren, E.*, Untersuchung über die Ernährung schwed. Arbeiter

LANDGREN, C. J., Svensk språklära. 14:e uppl. 8:o, 56 s. Sthm, P. A. Huldbergs bokf.-aktb. 90. Kart 40 ö.

LANDGREN, K. G., Om konungens sanktionsrätt, vid förändring eller upphäfvande af statens ordinarie inkomster. Akad. afh. 8:o, 70 s. Ups., Lundequistska bokh. 90. 1: 50.

LANDGREN, L., Strödda predikn:r o. tal. Efter hans död utg. af *Anton Lundström*. Två hftn. 8:o, 167 o. 170 s. Sthm, A. V. Carlsons Bokf.-aktb. 88, 89. Hvardera hft. 1: 50.

LANDGREN, N. P., Den bästa kilotabellen att användas vid minuthandel. 4 s. Sthm, Förf:n. 89. 15 ö.

— -, Den bästa metertabellen att användas vid minuthandel. 4 s. Sthm, Förf:n. 89. 15 ö.

LANDIN, John, Från Argentina. Reseminnen o. studier. Med 10 illustr. 8.o, 150 s. Sthm, Nordin & Josephson. 90. 2 kr

—, Se: *Ekenberg, M.* o. *Landin, J.*, Illustreradt varulexikon.

[LANDQVIST, Rudolf], Duellen i Lockerudsskogen vid Venersborg — notoriskt den sista inom svenska armén. 8:o, 147 s. Sthm, Fröléen & K. 91. 1: 25.

Landskapsbeskrifningar, Svenska. 8:o. Sthm, P. A. Norstedt & S:r.
1. *Lind, Carl*, Uppland. Med illustr. 24 s. 91. 20 ö.
2. —, Södermanland. 16 s. 91. 20 ö.
3. — -, Östergötland. 23 s. 91. 20 ö.
4. — -, Wermland. 18 s. 93. 20 ö.
5. *Erikson-Lindegård, Alf.*, Beskrifning öfver Östergötland. 24 s. o. 1 karta. 93. 25 ö.
6. *Sjölander, K. O*, Nerke, västra Vestmanland o. Karlskoga bergslag, jämte allmän öfversikt af jordytan. 62 s o. 1 karta. 93. 35 ö.
7. *Lind, Carl*, Västergötland. Med 13 illustr. 32 s. 94. 20 ö.

Landskapsbeskrifningar, Svenska, Illustrerade. 8.o. Sthm, Alb. Bonnier.
Blekinge af *P. J. Laurén*.
Bohuslän af *K. Hagström*.
Halland af *K. Hagström*. | Se under
Skåne af *M. Hörlin*. | de särskilda
Vermland af *Alb. Segerstedt*. | förf:ns namn.
Östergötland af *J. M. Bergström*.

Landtbrukarne, De små, eller redligt arbete för alltid sin lön, af *L. D.* Med 50 illustr. Öfv. från tyskan af *J. Granlund* 8:o, 188 s. Sthm, A. Granlund. 90. Kart 2 kr.

Landtbruksfrågor, I finska. Tillfälliga uppsatser. Red. af *N. Grotenfelt* o. *Gösta Grotenfelt*. 8.o, H:fors, K. E. Holm.
1. *Grotenfelt, Gösta*. Om mejeriskolorna i Finland. 92 s. 90. 1: 75 fmk.

Landtbrukskalender för åren 1887—93, hvarje årg. omkr. 250 s. 12:o. Sthm, P. A. Norstedt & S:r. 86—92.
Årg. 1886—90 utg. af *J. Arrhenius*. För årg. 2: 50.
Årg. 1891—93 utg. af *B. E. Hildebrand*.
För årg. 2 kr.

Landtbruksmötet, Det XVI allm. svenska, i Stockholm: Ultuna landtbruksinstitut. Med 6 illustr. 2 pl. o. 1 karta. 8:o, 122 s. 2 pl. o. 1 karta. Ups., R. Almqvist & J. Wiksell. 86. 1 kr.

Landtbrukstidskrift, utg. af *H. Juhlin-Dannfelt*. 1891. 8:o. Falun, Utg:n. 91. För årg. (6 hfn)

Landtdagsordningar (finska). Se: Författningssamlingen, Lilla. 1.

LANDTMANSON, Carl, Exempel till logiken. 8:o, iv o. 38 s. Sthm, P. A. Norstedt & S:r. 95. Lärftsb. 1: 25.

—, Öfningsbok för den första undervisningen i svenska språkets rättskrifning o. i satslära. 2:a uppl. 8:o, 32 o. 101 s. Ups., W. Schultz. 93. Kart. 85 ö. (1:a uppl. 90.)

[LANGE, Ina], Berättelser från Finland af *Daniel Sten*. 8.o, 176 s. Sthm, Z. Hæggströms f.-exp. 90. 2: 25.

[LANGE, Ina], Luba. En studie af *Daniel Sten.* 8:o, 155 s. H:fors, G. W. Edlund. 89. 1: 75 fmk (1: 25).
LANGE, Jul., Et blad af koloritens historie. Se: Tidskrift, Nordisk. 1893.
—, Et motivs historie. Se: dersammast. 1888.
—, Studiet i marken. Skilderiet. Erindringens kunst. Se: dersammast. 1889.
—, Træk af kunsten i revolut. tjeneste. Se: dersammast. 1886.
—, Se: Tidskrift, Nordisk.
LANGE, Victor, Om en ofta förekommande orsak till långsam o. bristfällig andlig utveckling hos barn. Öfv. från danskan af *I. John.* Med teckn:r. 8:o, 32 s. o. 2 pl. Sthm, H. Geber. 93 50 ö.
LANGH, L. H, Se: G:тотabsy.
LANGLET, E. V., Schwedische protestantische Kirchen nach Centralsystem. Folio, 2 s. o. 14 pl. Sthm, G. Chelius. 93. I portfölj 7: 50.
LANGLET, Math:a, Barndomens glada dar. 4:o, 20 s. med kolor. fig. (Tr. i Fürth.) Sthm, Ad. Johnson. 90. Kart. 2 kr.
—, De tre små musketörerna. Efter *E. Desbaux.* 8:o, 140 s. Sthm, C. E. Fritzes hofbokh. 89. Kart. 1: 50.
Jfr. Bibliotek för barn o. ungdom. 2.
—, Ett eget hem. En bok för unga qvinnor. Liten 8:o, 334 s. Sthm, C. E. Fritzes hofbokh. 91. 2 kr., inb. 3: 50.
—, "Fin de siècle". Några frågor för dagen med kritik framlagda. 12:o, 181 s. Sthm, Fr. Skoglund. 93. 2: 25.
—, För våra små. Praktbilderbok med rimmad text. 4:o, 16 pl. med text. (Tr. i Stuttg.) Sthm, F. & G. Beijers Bokf.-aktb. 86. Kart. 3: 25.
—, Husmodern i staden o. på landet. 2:a uppl. 8:o, xij o. 1122 s. Sthm, Alb. Bonnier. 92.
6: 50, inb. 8: 50.
—, Kommen barnen små hit att höra på. 4:o, 20 s. med kolor. fig. Sthm, Ad. Johnson. 90. Kart. 2 kr.
—, Konsten att spara. Se: Öreskrifter för folket. 136.
—, "Mamma, tala om något roligt!" Sagor o. sannsagor. En liten axplockning på skilda områden för hem o. skola. 8:o, 230 s. Sthm, H. Geber. 95. 2: 25, kart. 2: 50.
—, På egen hand. En bok för unga flickor. Liten 8:o, 367 s Sthm, C. E. Fritzes hofbokh. 89.
2: 25, eleg. inb. 3: 75.
—, Tidsströmningar belysta från hemmets härd. 12:o. 239 s. Sthm, Fr. Skoglund. 87. 2: 50.
—, Tre små odygdsmönster o. deras öden. 4:o, 12 blad med kolor. fig. o. text. Sthm, Ad. Johnson. 91. Kart. 1: 75.
—, Ur djurens lif. 4:o, 24 s. med kolor. fig. Sthm, Ad. Johnson. 90. Kart. 1: 25.
—, Vi och våra söner. Några ord om uppfostrans betydelse. 12:o, vij o. 227 s. Sthm, Fr. Skoglund 87. 2: 50.
—, Våra vänner. Med kolor. fig. 4:o, 40 s. Sthm, G. Chelius. 94. Kart. 2: 50.
—, Vårt Bohag. Förteckning öfver alla inom ett hus förekommande artiklar till begagnande vid bosättning. 4:o, 44 s. Sthm, Nordin & Josephson. 93. Inb. 1: 50.
—, Se: Barnbiblioteket, Nya svenska. — Bilder ur djurens lif. — Eko af det engelska talspråket. 2 Stunder, På lediga.
LANIN, E. B., Ryssland under Alexander III. Öfv. från eng. af *O. H. D.* 8:o. Sthm, Ad. Bonnier.

Förra dln. 279 s. 92. 2: 50.
Senare „ 364 s. 93. 3 kr.
Lara (Contessa) Se: Universalbibliotek. 3.
Larifari. Se: *[Fcuk, L]*
LARSSÉN, Rob., Ueber die Bahn des Kometen 1877. VI. Se: Bihang till K. sv. Vet.-akad:s handl:r. XII, I, 8.
LARSON, Alfr., Något om den kemiska industrien i Sverige. 8:o, 79 s. Helsingb., Förf:n. 86. 50 ö.
LARSSON, A. P., Bidrag till svenska söndagsskolans historia. 8:o, 192 s Sthm, P. Palmquists aktb. 95. 1: 50.
—, Små räfvar. Tal till de unga samt "Han gick bort." 8:o, 16 s. Sthm, J. F. Lindegren. 89. 8 ö.
[LARSSON, Carl], De mina. Gammalt krafs af *C. L.* (inte Claes). 4:o, 104 s. Sthm, Alb. Bonnier. 95.
2: 50.
LARSSON, Gunnar Lars (Dalprofeten, Lima), Jakthistorier öfver de skickligaste jägare o. björnjägare, som hafva funnits i norra Dalarne. 8:o, 102 s. Lima, Förf:n. 93. 1 kr.
LARSSON, Hans, Intuition. Några ord om diktning o. vetenskap. 12:o, 81 s. Sthm, Alb. Bonnier. 92. 1 kr.
—, Kants transscendentala deduktion af Kategorierna I. Akad. afh. 8:o, 76 s. Lund, Gleerupska univ:s bokh. 93. 1: 25.
LARSSON, Hans Emil, Kejsar Ming-hoang-ti o. den sköna Tai-tsun. Se: Tidskrift, Nordisk. 1895.
—, Kinesiska dikter på svensk värs. Med en inledn. om kinesisk kultur o. poesi. 8:o, 125 s. Lund, C. W. K. Gleerup. 94. 2: 75.
—, Om historiens betydelse som bildningsämne. Se: Tidskrift, Nordisk. 1892.
—, Paul Heyse's Noveller. Se: dersammast. 1887.
—, Ryska förhållanden. Se: dersammast 1893.
LARSSON, Hugo, Grefve Karl Gyllenborg i London 1715—17. Ett bidrag till Sveriges yttre politik, under Karl XII:s sista regeringsår. I. 8:o, 30 s. Göteb., Wettergren & Kerber. 91. 75 ö.
—, Halland vid midten af det 17:e årh. Strödda bidrag till Hallands historia efter freden vid Brömsebro. 8:o, 94 s. o. 9 bilagor. Kongsbacka, Tor Zachrisson. 91. 1: 50.
—, Sveriges deltagande i den väpnade neutraliteten 1800—1801. Akad. afh. 8:o, 140 s. Lund, Ph. Lindstedts univ:s-bokh. 88. 1: 50.
LARSSON, Ludvig, Ordförrådet i de älsta isländska handskrifterna leksikaliskt o. gramatiskt ordnat. 4:o, v o. 438 s. Lund, Ph. Lindstedts univ:s-bokh. 91. 20 kr.
—, Studier över den Stockholmska homilieboken. I, II. 8:o, 96 s. Lund, Ph. Lindstedts univ:s-bokh. 87. 2 kr.
LARSSON, L. T. o. LUNDAHL, N., Aritmetisk exempelsamling. 2:a uppl. 8,o, 100 s. Lund, Ph. Lindstedts univ:s-bokh. 89. 1: 25.
Facit till d:o. 8:o, 26 s. 40 ö.
(1:a uppl. 87.)
—, Räknebok för folkskolan. 1:a årskursen. 8,o, 56 s o. (facitb) 15 s. Lund, Ph. Lindstedts univ:s-bokh. 88. 25 ö.
—, Räknebok för folkskolan. Hela tal. 8:o, 112 s. o. (facitb.) 32 s. Lund, Ph. Lindstedts univ:s-bokh. 88. Räkneb. inb. 65 ö. Facitb. 20 ö.
—, Räknebok för folkskolan i öfverensstämmelse med lärob. komiténs grundsatser. 3:e o. 4:e årskursen. 8:o, 64 o. 64 s. Lund, Aug. Collin. 89. à 25 ö.

LARSSON, L. T. o. **LUNDAHL, N**, Räknebok för folkskolan med kursfördelning enl. normalplanen. Förkortad uppl. 8:o. Lund, Aug Collin. 89.
1:a hft. 32 s 15 ö.
2:a hft. s 33—64. 15 ö.
3:e hft. s. 65—100. 15 ö.
—, Räknekurs (n:o 3) enligt normalplanen. 8:o, 96 o. (facitb.) 24 s. Lund, Aug. Collin. 91.
Inb. 50 ö.
—, Sifferekvationer af första graden med en eller flera obekanta jämte problem. 8:o, 64 s. o. (facitb.) 8 s. Lund, Aug. Collin. 93. 50 ö.
LARSSON, Rob., Södermannalagens ljudlära. Se: Tidskrift, Antiqvarisk. XII.
LARSSON, Werner, Se: *Hazelius, Aug.* o. *Larsson, W.*, Svensk hamnlots.
Lasse o. **Lisa** o. andra berättelser af *C. A.* 8:o, 32 s. med illustr. o. kolor. fig. Sthm, G Chelius. 93.
Kart. 1: 60.
Lasse-Maja. Se: Äfventyraren, Den byxlöse.
Lathund, Nya, eller handbok att begagna i daglig handel. 9:e uppl. Liten 8:o, 224 s. Sthm, J. W. Löfving. 90. Inb. 75 ö.
LAURELL, Fr., Förteckning öfver i Sverige på fritt land odlade träd o. buskar. 8:o, 48 s. Ups., W. Schultz 91. Klb. 80 ö.
LAURELL, J. G, Hvilken ställning skola vi intaga till de s. k. likgiltiga eller fria tingen, särskildt spritdryckerna? Biblisk o naturvetensk. belysning. 8.o, 66 s. Sthm, W. Billes Bokf.-aktb. 94. 90 ö.
LAURÉN, L. L., Om kyskhet. Se: Skrifter utg. af Samfundet Pro fide et christianismo. 24.
LAURÉN, Ludvig, Sånger af Catullus i modern dräkt. 8:o, 76 s. Åbo, Utg:n. 92. 1: 50 fmk.
LAURÉN, P. J., Kort beskrifning öfver Bleking för folkskolorna. Med 22 illustr. 8:o, 40 s. Sthm, Alb. Bonnier. 95. 25 ö.
LAURÉN, Walter, Om inverkan af eteränga på groddplantors andning Akad. afh. 8:o, 3, 72 s. o. 2 pl. H:fors, Förf.n. 91. 2 fmk.
LAURIE, André, Den stora magneten eller fyra veckor på månen. 8:o, 344 s. Sthm, H Geber. 89. 5 kr.
—, Kapten Trafalgar. Öfv. af *P. E. M. Fischier*. 8:o, 222 s. Sthm, Fahlcrantz & K. 89. 2: 25.
LAURIN, Joël, Några ord om separationen. Föredrag. 2:a uppl. 8:o, 19 s. Lund, Gleerupska univ:s-bokh. 86. 25 ö.
(1:a uppl. 86.)
LAURIN, P. G., Lärobok i geometri. 8:o. Lund, C. W. K. Gleerup.
I. Plangeometri. 1:a dln. 2:a uppl. iv o. 188 s. samt 2 pl. 94. Kart. 2: 75.
, 2:a dln. 2 a uppl. iv, 151 s. o. 4 tab. 95.
Kart. 2: 25.
(1:a uppl. 90.)
II. Rymdgeometri. 85 s. 90. 50 ö.
—, Sur la transformation isogonale définie par une fonction rationelle. 8:o, 107 s. o. 1 pl. Lund, Gleerupska univ:s bokh. 91. 2 kr.
LAVELEYE, E. de, Den moderna socialismen. Öfv. af *Erik Thyselius*. 8:o, 423 s. Sthm, Alb. Bonnier. 86. 3 kr., inb. 4 kr.
—, Lyxen. Se: Afhandlingar, Populärvetenskapliga. 2.
Law, The maritime, of Sweden of 12th June 1891. 8:o, 173 s. Sthm, Looström & K. i distr. 93. 3: 50.
LAW, John, Utan arbete. Öfv. från eng. af *Karl af Geijerstam*. 8:o, 244 s. Sthm, H. Geber. 89. 2: 50.
LAWES, J. B, Om de odlade växternas näringsämnen, o. Om gröngödning af *Hjalmar Nathorst*. 8:o, 46 s. Göteb., Wettergren & Kerber. 91. 50 ö.
Lawn tennis-regler. 8:o, 15 s. Sthm, Helmer Langborg. 95. 50 ö.
Lea. Se: *Wettergrund, Josefina*.
LEANDER, P. J. H, Boströms lära om Guds ideer. Förra afd. 4:o, 129 s. Lund, Gleerupska univ:s-bokh. 86. 2: 25.
Jfr. Acta univ;is Lundensis. XXXII: I. 2.
LECHE, W., Descendensteorien o. Darwinismen. Se: Bibliotek för allmänbildning. 3.
, Några drag ur människans utvecklingshistoria. Se: Spörsmål, Svenska. 15.
, Ueber d. Säugethiergattung Galeopithecus. Se: Handlingar, K. sv. Vet.-akad:s. XXI, 11.
. Se: Förhandlingar, Biologiska föreningens.
LECKY, William Edw. Hartpole, Englands historia i adertonde århundradet. Öfv. af *O. W. Ålund* 23:e —51:a (slut)hft. 8:o. Sthm, C. E. Fritzes hof-bokh 86—92. För häfte 1 kr.
IV: viij o. 578 s 6 kr., inb. 7: 60. — V: viij o. 631 s. 7 kr., inb. 8: 60. — VI: ix o 645 s 7 kr., inb. 8: 60. — VII: vij o. 508 s. 5: 40, inb. 7 kr. — VIII: viij o. 603 s. samt register 113 s. 7: 60, inb. 9: 20. (Kompl. i 8 dlr 52 kr, inb. 64: 80.)
Lectures françaises pour la jeunesse, Avec des notes par *Anna Wijkander*. 8:o. Lund, C. W K Gleerup.
1. La pièce de cent sous et Le petit faiseur de Tours, par M:me *de Bawr*. — L'aveugle de Clermont, par M:me *Eug. Foa*. 124 s. 91. Kart. 85 ö.
2. *de Pressensé, E.*, Le petit marquis. — *Sourestre, Emile*, Le cousin Pierre. — *Colomb, J.*, Le bel habit. 110 s. 91. Kart. 85 ö.
3. *Porchat, Jean Jacques*, Le berger et le proscrit, tiré de portefeuille de Valentin. 182 s. 91.
Kart. 1 kr.
4. Monsieur le Vent, par *Paul de Musset*. — De fil en aiguille, par M:me *de Witt*. — Robert, par M:me *de Bawr*. 97 s. 94. Kart. 85 ö
LEDEBUR, A, Järn o. stål i deras användning för byggnads- o. industriella ändamål. Öfv. 8:o, 127 s. Sthm, Samson & Wallin 92. 2: 50.
Ledstjernan, Födelsedagsbok med bibelord o. verser för hvarje dag i året. 16:o, 249 s. o. 1 pl. Sthm, C. A. V Lundholm. 90.
Kart. 1: 50, klb. 2: 25, med guldsn. 2: 50.
LEE, W.m, Bränvin o. salt. Se: Folkskrifter, 7. — Skrifter för folket. 14.
LEFFLER, Amanda, Folkhögskolan. Föredrag hållet i Göteborg d. 5 apr. 1895. 8:o, 16 s. Sthm, Hugo Geber. 95. 25 ö.
, Minnesruna öfver Mathilda Hall. 8:o, 13 s. o. 1 portr. Göteb, Wettergren & Kerber. 94. 50 ö.
- , Se: Diktning. Ur nyare tidens.
LEFFLER, Anna-Carlotta, d:ssa di Cajanello. Den kärleken. Se: Teatern, Svenska. 239.
—, Efterlämnade skrifter. 8:o. Sthm, Alb. Bonnier.
I. Sanningens vägar, sagospel. — Napolitanska bilder. 228 s. 93. 3: 75.
II. Ur lifvet. (Sista samlingen.) Trång horisont. — Resa utrikes. — Giftermål af tycke. — Utomkring äktenskapet. — Ett underverk. — Jämlikhet. 207 s o. 1 portr. 93. 3: 75.
, Familjelycka. Se: Teatern, Svenska. 241.
—, Moster Malvina. Se: dersammast. 240.
—, Sonja Kovalevsky. Hvad jag upplefvat med henne o. hvad hon berättat mig om sig själf. 8:o, 196 s. o. 4 portr. Sthm, Alb. Bonnier. 92. 3: 50.
—, Tre komedier. Den kärleken. Familjelycka.

Moster Malvina. 8:o, 160 s. Sthm, Alb. Bonnier. 91. 2: 50.
LEFFLER, Anna-Carlotta, d:ssa di Cajanello. Ur lifvet. 8:o. Sthm, F. & G. Beijers Bokf.-aktb.
3:e saml. 2:a hft. s. 85—303. 89. 2: 50.
4:e saml. 1:a hft. 220 s. 86. 2: 75.
2:a hft. 188 s. 86. 2: 25.
5:e saml. Kvinlighet o. erotik. II. 232 s. 90. 2: 50.
5:e saml. Efterskrift till Kvinlighet o. Erotik. II. 11 s. 90. 25 ö.
— —, Se: Kampen för lyckan.
LEFFLER, Joh, Om olika löneformer. Se: Skrifter utg. af Lorénska stiftelsen. 7.
—, Hvad är socialism? Se: Tidskrift, Nordisk. 1890.
—, Se: Samhällslifvet, Det ekonomiska.
LEFFLER, L. Fr., Se: Anmärkningar, Några, i rättstafningsfrågan.
Lefnadskonst. Bibliotek för helso- o. sjukvård, utg. af Justus. 8:o. Sthm, G. Chelius.
1. Justus, Läkekonstens hemlighet. 76 s. 91. 1 kr.
2. —, Naturmedicin eller apoteksmedicin? 40 s. 92. 25 ö.
3. —, Koleran, Huru den botas o. förebygges. 1:a—3.e uppl:n. 12 s. 93. 10 ö.
4. Rosch, Enda sanna orsaken till de flesta kroniska sjukdomar isynnerhet hos kvinnokönet. Öfv. från tyskan. 37 s. 94. 30 ö.
5. Justus, Vattenläkekonsten. Några ord med anledn. af d:r Bergs bok: "Vattenläkaren." 27 s. 95. 40 ö.
Lefnadssaga, En kort, Några blad till minne af en bortgången maka. Öfv. från tyska af C. W. 8:o. 176 s. Lund, C. W. K. Gleerup. 90. 1: 25.
Lefnadsteckningar öfver Kongl. svenska Vet.-akad:s efter år 1854 aflidna ledamöter. 8:o. Sthm, P. A. Norstedt & S:r.
III. 1:a hft. 305 s. 91. 4 kr.
2:a hft. s. 306—671. 94. 4: 75.
Lefnadsvishet. Snillrike mäns o. qvinnors tankar om Gud, religion m. fl. ämnen. 12:o, 114 s. Sthm, Alb. Bonnier. 87. 50 ö.
Lefnadsöden, Villatjufvens, berättade af honom sjelf i fängelset. 2 dlr. 8:o, 287 s. Sthm, Redakt. af Lycko-Per. 85, 86. 2 kr.
LEFRIN, A. E, Se: Matrikel öfver Vesterås stift.
Lefve sången! Nyaste sång- o. visbok. Samling af äldre o. nyare visor o. sångstycken utg. af Lorentz Lundgren. Liten 8:o, 574 s. Sthm, F. & G. Beijers Bokf.-aktb. 94 Klb. 3 kr.
Legenden om Jerusalems skomakare. Se: Skrifter för folket. 9.
Legenden om sju Sofvare. Se: dersammast. 10.
Legenden om Sanct Per o. broder Lustig. Se: dersammast. 11.
Legender, Tre finska. Se: dersammast. 24.
Legostadga af d. 23 nov. 1833 upptagande alla tillkomna förordningar o. tillägg. 12:o, 28 s. Hessleh., O. Anderson. 86. 35 ö.
Legostadga för husbönder o. tjenstehjon. 8:o, 19 s. Köping, M. Barkéns förlagsbokh. 89. 15 ö.
Legostadga för husbönder o. tjenstehjon jemte ändringar samt kung. ang. kommissionärer för anskaffande af anställning inom eller utom riket. 8:o, 18 s. Sthm, P. A. Huldbergs bokf.-aktb. 91. 15 ö.
Legostadgan, Se: Författningssaml. Lilla. 14.
LEGOUX, Jules, Historien om en hatt. Monolog. Se: Humor, Fransk.

LEHMANN, Alfr., Moderne psykol. undersögelsers betydning. Se: Tidskrift, Nordisk. 1887.
LEHMANN, Edv., Om buddhismens ateisme Se: dersammast. 1893.
LEHMANN, Julius, Sista hvarfvet. Se: Teatern, Svenska. 235.
LEHNER, Sigmund, Kitt o. hopfästningsmedel för glas. Se: Handbibliotek, Allmännyttigt. 132.
LEHNERT, Handbok för truppföraren. Se: Förlag, Militärlitteraturföreningens. 56.
—, Handbok i truppförning. Öfv. af A. J. o. S. F. Liten 8:o, viij o. 94 s. Göteb., W. Hartelius. 88. 1 kr.
LEIGH-SMITH, A., Om kreditanstalterna för det svenska jordbruket. [Svensk uppl. utg af Helmer Lundberg.] 8:o, x o. 225 s. Sthm, P. A. Norstedt & S:r. 92. 4 kr.
LEIJONHUFVUD, Math:a, Hvar är felet? Försök till svar å egen o. andras fråga. 8:o, 22 s. Sthm, Jarl Falk i komm. 89. 30 ö.
LEIJONHUFVUD, S. A:son o. JUNGSTEDT, H., Några exempel på hastiga fältbefästningars användande. 8:o, 77 s. o. 1 pl. o. 5 kartor. Sthm, P. A. Norstedt & S:r. 87. 2: 50.
LEIJONHUFVUD, Sigrid o. BRITHELLI, Sigrid, Kvinnan inom svenska litteraturen intill år 1893. En bibliografi utarb. med anledn. af verldsutställningen i Chicago. 8:o, 198 s. Sthm, P. A. Norstedt & S:r. 93. 3 kr.
—, Se: Adlersparre, S. o. Leijonhufvud, S, Fredrika Bremer.
LEINBERG, Karl Gabr., Finlands territoriala församlingars ålder, utbildning o utgrening intill 1885 års utgång. 8:o, iv o. 159 s. Jyväskylä, Förf.n. 86. (Ej i bokh.)
—, Handlingar rör. Finska kyrkan o. presterskapet. 8:o. Jyväskylä, Förf:n.
1:a saml. 1585—1627. xxxij o. 512 s 92. 5 fmk.
2:a saml. 1627—1651 jemte tillägg till första saml. xxxij o. 447 s. 93. 5 fmk.
— —, Odert Henrik Gripenberg, en Pestalozzis lärjunge. Minnesteckning. 8.o, 41 s. Tr. i H.fors. 87. (Ej i bokh)
—, Se: Bidrag till Åbo stads historia. 1:a ser. VII.
— —, Bidrng till kännedom af vårt land. — Handl:r rör. finska skolväsendets historia. Skrifter utg. af Sv. Litt. Sällsk.
LEIPZIGER, Harald, Huldrulek Se: Teatern, Svenska. 245.
—, Rabbin från Troyes. En dramatisk dikt. 8:o, 93 s. Sthm, Nordin & Josephson i distr. 94. 75 ö.
Lek o. vetenskap. 100 vetenskapliga konststycken att utan alla apparater utföras af en o. hvar, af Tom Tit (Arthur Good). Bearb af D. S. Hector. Med 114 bilder. 8:o, 184 s. Sthm, J. Seligmann. 90. Klb. 2: 25.
Lekar, Småflickornas. 12 kolor. pl. med text. Sthm, G. Chelius. 95 Kart. 1 kr.
Lekar o. rim, Våra småttingars. I cirkelformat, 14 kolor. pl. med text. (Tr. i London.) Sthm, C. E. Fritzes hofbokh. 91. 1: 75.
Lekkamraten. En julbok för barn af Lea, J. G. v. Hofsten m. fl. 8:o. Sthm, Alb. Bonnier.
1:a boken. Med 31 teckn:r. 2:a uppl. 96 s. 89. 1 kr. (1:a uppl. 88)
2:a boken. Med 22 teckn:r. 2:a uppl. 96 s. 89. 1 kr. (1:a uppl. 88.)
3:e boken. Med 37 teckn:r. 96 s. 89. 1 kr.
4:e boken. Med 33 teckn:r. 96 s. 89. 1 kr.

5:e boken. Med 23 teckn:r. 96 s. 90. 1 kr.
6:e boken. Med 29 teckn:r. 96 s. 90. 1 kr.
7:e boken. Med 24 teckn:r. 96 s. 91. 1 kr.
8:e boken. Med 24 teckn:r. 96 s. 91. 1 kr.
9:e boken. Med 32 teckn:r. 96 s. 92. 1 kr.
10:e boken. Med 27 teckn:r. 96 s. 92. 1 kr.
11:e boken. Med 42 teckn:r. 96 s. 93. 1 kr.
12:e boken. Med 35 teckn:r. 96 s. 93. 1 kr.
13:e boken. Med 43 teckn:r. 92 s 94. 1 kr.
14:e boken. Med 44 teckn:r. 92 s. 94. 1 kr.
15:e boken. Med 50 teckn:r. 96 s. 95. 1 kr.
16:e boken. Med 47 teckn:r. 96 s. 95. 1 kr.
Lekkamraterna. Berättelse för barn af *L. C. F.* 8:o. 61 s. Sthm, Fost.-stift:s f.-exp. 93. 35 ö.
Lektyr, Modern tysk. Till skolornas o. enskildes tjänst utg. af *J. A. Afzelius.* 8:o. Göteb., N. J. Gumperts bokh. i distr.
1. v. *Wildenbruch, E*, Vergnügen auf dem Lande. 2:a uppl. 92 s. 91. 1 kr. (1:a uppl. 90.)
2. v. *Moser, Gustav o. v. Schönthan, Franz,* Krieg im Frieden. Lustsp. in 5 Akten. 182 s. 91. 1: 50.
LEMAITRE, Jules, Kungarne. Öfv. af *Walborg Hedberg.* 12 o, 278 s. Sthm, Alb. Bonnier. 93. 2: 50.
LEMBCKE, J. Chr., Se: Djurskyddsbibliotek. — Vän, De värnlösas.
LEMCHEN, C., Om skjutvapen o. skjutkonsten. Se: Bibliotek, Illustreradt, för idrott 7.
LEMKE, O. W., Supplementblad till Visby stifts herdaminne 1868—92. 8:o, 61 s. Visby, S. Norrby. 92. 2 kr.
——, Öfversigt af bibliska böckernas innehåll o. historia. Till tjenst för de högre läroverken. 8:o, 88 s. Sthm, A. V. Carlsons Bokf.-aktb. 86. 60 ö., kart. 80 ö.
——, Öfversigt af de bibliska böckernas innehåll o. historia. 5:e uppl. 8:o, 39 s. Sthm, F. & G. Beijers Bokf.-aktb. 89. 25 ö.
—, Se: *Luther, M.,* Lilla katekes.
LEMME, Ludvig, Den Ritschlska teologiens principer o. värde. Kritisk framställning. Öfvers. af *Ernst Bergman.* 8:o, 86 s. Sthm, A. V. Carlsons Bokf.-aktb. 95. 1 kr.
LEMNIUS, W., [Gustaf Björlin], Prokuratorn. Histor. romant. interiörer ur Erik XIV krönika. 8:o, 511 s. Sthm, Looström & K. 86. 4: 75, klb. 6 kr.
Lemoine. Se: *Bayard o. Lemoine,* Frieri o. förställning.
LEMORE, C, Drottningens perlor. Öfv. af *K. S. V.* 8:o, 125 s. Malmö, Envall & Kull i distr. 91. 80 ö.
LEMSTRÖM, Selim, Nervanders Galvanometer. Se: Acta soc:is scient fenn. XVII: 4.
——, Om nattfrosterna o. medlen att förekomma deras härjningar. Stor 8:o, 72 s. o. 5 pl. H:fors, G. W. Edlund. 93. 1: 35.
—, Om polarljuset o. norrskenet. Se: Bibliotek, Populärt vetenskapligt. 4.
LENANDER, J. H R., L'emploi des temps et des modes dans les phrases hypothetiques, commencées par se en ancien français depuis les commencements de la langue littéraire jusqu'à la fin du XIII:e siècle. Stor 8:o, 150 s. Lund, Gleerupska univ:s-bokh. 86. 2 kr.
LENGQUIST, J. A, Tal vid vespergudstjensten i Vexiö domkyrka med anledning af 300-årsminnet af Upsala möte. 8:o, 14 s. Vexiö, Förf:n. 93. ?
——, Till Gustaf II Ad. minne. Predikan vid vespergudstjensten i Vexiö domkyrka d. 9 dec. 1894. 8:o, 10 s. Vexiö, A. Qviding. 95. 25 ö.

LENNANDER, Karl Gust., Om tracheotomi för croup. Se: Årsskrift, Upsala univ:s. 1888.
——, Studier öfver förhållandet mellan croup o. difteri. 8:o, 116 s. Sthm, Samson & Wallin. 88. 1: 50.
——, Ueber abdominale Myomoperationen. Se: Acta, Nova, reg. soc:is scient. Upsaliensis. XVI. 10.
LENNGREN, Anna Maria, Samlade skaldeförsök. 12:e uppl. (Illustr. godtk. uppl.) Med 133 illustr. af *Carl Larsson* samt lefnadsteckning af *Karl Warburg.* 144 o. xv s. Sthm, Ad. Bonnier. 90. 5 kr., inb. 8 kr.
LENNMALM, F., Om lokalisationen i Hjernbarken af afasiens olika former. Akad. af handl. 8:o, 154 s. Ups., Josephsons antiqvariat. 86. 2 kr.
—, Skarlakansfeberns uppträdande i Sverige. Se: Årsskrift, Upsala univ:s. Medicin 1.
LENNSTRAND, Viktor E., Disputationer med Komminister L. Meijer i Malmö o. Kyrkoh. P. Nymansson i Skepparslöf. Stenografiskt referat. 8:o, 69 s. Sthm, Gustaf Lindström. 93. 60 ö.
——, Svar på tal. 8:o, 16 s. Tr. i Malmö, "Arbetets tryckeri". 89. 12 ö.
—, Se: Ljus o. frihet.
LENSTRÖM, C. J., Psalmbok öfver alla årg. evangeliitexter. 16:o, 336 s. Ups., Akad. bokh. i distr. 91. 2 kr.
Leo XIII:s (Påfven) rundskrifvelse om arbetarefrågan. 8:o, 37 s. Sthm, Katolska församl. 91. 30 ö.
LEPELLETIER, Edmond, Madame Sans Gène. Se: Vitterlek. 73 o. 74.
——, Konungen af Rom. Se: dersammast. 76.
LERMINA, Jules, Att brännas. En dubbelmenniskas historia Öfv. af *Herman A. Ring.* 8:o, viij o. 118 s. Sthm, Klemmings ant. 90. 1: 50.
——, Dolda makter. Skildr. ur det hemlighetsfulla verld. Öfv. af *H. A. Ring.* 8:o, 332 s. Sthm, Klemmings ant. 88. 3 kr.
——, Lefve republiken 1848, 1851, 1871. Parisergaminens historia. 8:o, 624 s. Sthm, Bokförlags-aktb. Norden. 92. 3 kr.
LERMONTOV, M. J, Demonen. Klostergossen. Tvänne dikter. Öfv. från ryskan af *Alfr. Jensen.* Tvär 8:o, 10 o. 96 s. (Prakttryck) Göteb, Wettergren & Kerber. 93. 2 kr. Uppl. 510 numrerade expl.
——, En hjelte i våra dagar. Öfv. från ryskan af *K. E. Peterson.* 8:o, 237 s. Sthm, Abr. Hirsch. 88 2: 25.
——, Fatalisten. Se: Romaner o. noveller. 10.
LESAGE, Alain Réné, Gil Blas. Se: Vitterlek, 46 o. 47,
Lesebuch, Deutsches herausg. von *A. Blomqvist, N. Fogelholm, B. F. Godenhjelm, F. Gylling, H. Pipping, A. Wenell,* u. a. 8:o, 8, 232 o. 64 s. H:fors, G. W. Edlund. 92. 4: 50.
LESUEUR, Daniel, Nadeschda Miranoff. Se: Romanbibliotek, Ad. Bonniers. 49.
LEUFSTEDT, G. J., Allvar o. skämt om djefvulen. Ny omarb. o. tillökad uppl. 8:o, 51 s. o. 1 pl. Sthm, Bokförlagsfören. Svea. 87. 50 ö.
LEUHUSEN, F. O, Se: Lag, Sveriges rikes.
— , Register till årgg. 1864—86 af Naumanns Tidskrift för lagstiftning m.
LEUTEMANN, H., Djurriket. Illustr. naturhistor. för ungdom. Med 263 färgl. af bildn:r o. text. Svensk bearb. af *Lilly* o. *C. R. Sundström.* 8:o, 112 s. o. 48 pl. Sthm, Alb. Bonnier. 89. Inb. neds. pris [från 4: 50] 2: 50.
LEWALD, August, Gorgona. Tidsbilder från 1300-

talets Paris. 8:o, 235 s. Sthm, C. A. V. Lundholm. 89. 2: 25.

LEVAN, Oscar N., "Hvilken betydelse har begreppet tro i Nya Test:s hel. skrifter?" 8:o, 20 s. Lund, Aug. Collin. 93. 25 ö.
—, Modern forskning och kristen tro. 8:o, 89 s. Lund, Aug. Collin. 95. 1 kr.
—, Några ord om trons visshet. 8:o, 33 s. Lund, Ph. Lindstedts bokh. 95. 50 ö.
—, Om orsakerna till den Ritschlska teologiens utbredande. Se: *Frank, F. H. R.*, Om A. Ritschls teologi.
—, Studier öfver Gamla Testam:ts värde ur frälaningshistorisk synpunkt. 8:o, 178 s. Lund, Gleerupska univ:s-bokh. i distr. 91. 1: 50.

LEVANDER, K. M., Beiträge zur Kenntniss einiger Ciliaten. Se: Acta soc:is pro fauna et fl. fenn. IX: 7.
—, Biologische beobachtungen. Se: dersammast. IX: 9.
—, Peridinium catenatum n. sp. Se: dersammast. IX: 10.
—, Materialien zur Kenntniss der Wasserfauna in der Umgeg. von Helsingfors. Se: dersammast. XII: 2, 3.
—, Mikrofaunistiska anteckn:r. Se: Medd. af Soc. pro fauna et fl. fenn. 17.

LEVART, Johan, Odenajöns saga. Dikter. 8:o, 71 s. Lund, Aug. Collin. 93. 1: 25.
—, Till kvinnan. Det tal som icke blef hållet vid nordiska festen i Lund d. 9 mars 1894. 4:o, 4 s. Lund, Förf:n 94. 10 ö

LEWENHAUPT, Eugène, Se: Bref rör. teatern under Gustaf III.

LEWENHAUPT, Sten, Ett förslag till omreglering af svenska statens skogsväsende. 8:o, 57 s. Sthm, Samson & Wallin i distr. 93. 2 kr.
—, Slutord i fråga om svenska statens skogsväsende. 8:o, 31 s. Sthm, Samson & Wallin i distr. 94. 50 ö.

LEWERTH, C. J. Se: Koralbok.

LEVERTIN, Alfr., D:r G. Zanders medicomekanische Gymnastik, ihre Methode, Bedeutung u. Anwendung nebst Auszügen aus der einschlägigen Litteratur. 8:o, 201 s. Sthm, Göransons mek. verkstad. 92. Klb. 5 kr.
—, La gymnastique médico-mécanique Zander. Méthode, importance, application. 8:o, 118 s, 20 pl. o. 1 portr. Sthm, Göransons mekan. verkstad. 93. 3: 50.
—, Rådgifvare för badgäster vid våra hafsbad. 2:a omarb uppl. 8:o, 46 s. Sthm, F. & G. Beijers Bokf.-aktb. 91. 75 ö.
—, Svenska brunnar o. bad. Med en kortfattad badlära o. dietetik m. m. af prof. *Carl Curman*. 2:a uppl. 8:o, lv o. 254 s. Sthm, H. Geber. 92. 3: 25.
—, Sveriges legitimerade läkare. 12:o, 43 s. Sthm, Samson & Wallin. 88. 50 ö.
—, Varbergs hafskuranstalt. En kortare monografisk skildring 8:o, 67 s. o. 1 karta. Varberg, Kindvalls bokh. 88. 1 kr.
—, Se: Förhandlingar vid allm. svenska läkaremötet.

LEVERTIN, Oscar, Gustaf III som dramatisk författare. Litteraturhist. studie. 8:o, 264 s. Sthm, Alb. Bonnier. 94. 5 kr.
—, Legender o. visor. Dikter. 8:o, 152 s. Sthm, Alb. Bonnier. 91. 2: 75, inb. 4 kr.
—, Lifvets fiender. Berättelse. 12:o, 161 s. Sthm, Alb. Bonnier. 91. 2 kr.

LEVERTIN, Oscar, Nya dikter. 8:o, 166 s. Sthm, Alb. Bonnier. 94. 3 kr., inb. 4: 25.
—, "Siri Brahe". Se: Tidskrift, Nordisk. 1892.
—, Studier öfver fars o. farsörer i Frankrike mellan renaissancen o. Molière. Akad. afh. 8:o, 178 s. Ups., Lundequistska bokh. 88. 2: 50.
—, Teater o. drama under Gustaf III. Literaturhistorisk studie. 8:o, 254 s. Sthm, H. Geber. 89. 3 kr.
—, o. v. **HEIDENSTAM, V.**, Pepitas bröllop. En literaturanmälan. 8:o, 48 s. Sthm, Alb. Bonnier. 90. 75 ö.

[**LEVETZOW, Cornelia**], Berättelser af *I.* Öfv. 2 dlr. 3:e uppl. 12:o, 472 o. 492 s. Sthm, Alb. Bonnier. 86. 4: 50, inb. 6 kr.
[—], En ung flickas historia. Af *I.* Öfv. från danskan. 6:e uppl. 12:o, 229 s. Sthm, Alb. Bonnier. 88. 1: 25.
[—], Framtidsplaner. Skizzer af *I.* Öfv. af *J. B. Gauffin*. 8:o, 188 s. Ups., Tidn. Barnavännens förlag. 92. 1: 50.
[—], I daggryningen. Skizzer af *I.* Öfv. af *Otto v. Feilitzen*. 2:a uppl. 8:o, 146 s. Sthm, F. & G. Beijers Bokf.-aktb. 91.
[—], Nya dagar. Skizz af *I.* Öfv. af *J. B. Gauffin*. 8:o, 167 s. Ups., Tidn. Barnavännens förlag. 94. 1: 50, klb. 2 kr.
[—], Små berättelser af *I.* Öfv. 8:o, 62 s. Ups., Barnavännens förlag. 91. 75 ö.
[—], Ur hvardagslifvet. Berättelser af *I.* Öfv. från danskan. 2:a uppl. 12:o, 189 s. Sthm, Alb. Bonnier. 88. 1: 50.

LEVIN, Astley, Beskrifning af Johan III:s mynt. Se: Meddelanden, Numismatiska. XI.

LEWIN, Maria, Bidrag till hjertbladets anatomi hos monokotyledonerna. Se: Bihang till K. sv. Vet.-akad:s handl:r. XII, III: 3.
—, Ueber spanische Süsswasseralgen. Se: dersammast. XIV, III, 1.

LEVIN, P. H., Se: Handbok i helsovård för hemmet.

LEWIS, Harriet, Den unga fruns hemlighet. Öfv. af *Öda*. 8:o, 254 s. Kalmar, Bokförlagsaktb. 86. 2: 25.

LEWIS, Harry, Bankirens dotter. Med illustr. Ny öfvers. 5:e uppl. 8:o, 490 s. Sthm, Skandias bokförlag. 87. 3 kr.

LEWIS, William, Schack för begynnare. 2 a öfvers. uppl. Liten 8:o, 158 s. Sthm, Ad. Johnson. 86. 1: 50.

Le Voleur, Det hemliga brödraskapet. Roman. Öfv. från eng. af *J. Rogh*. 8:o, 200 s. Sthm, W. Billes bokf.-aktb. 95. 2 kr.

LEVÄNEN, S., Daggpunkten om sommaraftnarne i Helsingfors. Se: Fennia. IX: 3.
—, Lufttemperaturens frekvens i Helsingfors 1882—91. Se: dersammast. IX: 2.
—, Solfläckarnes inflytande på islossningstiderna i Finlands floder. Se: dersammast. IX: 4.
Se: Acta soc:is scient. fenn. — Vetenskapliga meddelanden. — Öfversigt af F. Vet Soc:s förhandl.

Lexikon, Svenskt biografiskt. Ny följd. 10 e bandets 1:a o. 2:a hft. 8:o, v o. 570 s. Sthm, F. & G. Beijers Bokf.-aktb. 90, 92. För häfte 3 kr.

Lexikon öfver nu gällande författn:r m. m. rör. kolera Ordnadt at *Aug. Hæffner*. Se: Författnings-lexikon rör. den civila helso- o. sjukvården. 1.

Liber cantus. En samling körsånger för kyrkan skolan o. hemmet. Utg. af *Robert Kihlberg*. 8:o, viij o. 300 s. Sthm, F. & G. Beijers Bokf.-aktb. 90. Inb. 4 kr.

10-års katalog 1885—1896.

Library, Short story. Moderna eng. författ. af mindre noveller o. smärre uppsatser för kursiv-, ferie- o. hemläsning. Utg. af C. G. Morén. 8:o. Norrk., M. W. Wallberg.
1:a hft. Mrs Molesworth, The sealskin purse. — Princess Iceheart. 55 s. 93. 50 ö.
2:a hft. Henty, Faithful. — James Payn, The Prince. — Mrs E. B. Mawer, For ladies only. — George Eyre Todd, A forest wedding. 66 s. 93. 50 ö.

LICHTENSTEIN, H., Katalog öfver Sveriges postvärdetecken. 8:o, 30 s. Sthm, Utg:n. 94. 1 kr.
—, o. **ANDRÉEN, F. W.**, lllustreradt frimärks-album. 4:o, 473 s. Sthm, G. Chelius i distr. 91. Inb. 9 kr.

LIDELL, Per, Alfabetisk sammanfattning af Sveriges bankorter m. m. 8:o, 73 s. Sthm, Z. Hæggströms f.-exped. 86. 1 kr.
—, Se: Bankmatrikel, Sveriges.

LIDFORSS, Bengt, Studier öfver elaiosferer i örtbladens mesofyll o. epidermis. Se: Acta univ.is Lundensis. XXIX: II, 11.
—, Ueber die Wirkungsphäre der Glycose- und Gerbstoff-Reagentien. Se: dersammast XXVIII: II, 9.
—, Växternas skyddsmedel. Se: Studentföreningen Verdandis småskrifter. 27 o. 28.

LIDFORSS, V. Edv. Guiseppe Baretti. Se: Tidskrift, Nordisk. 1893.
—, Se: Balaguer, V., Romeo o. Julia. Cervantes, Den sinnrike junkern Don Quijote.

LIDHOLM, Alfred, Bruden på Kinnekulle eller Carl XV:s skyddsling. Händelse från storlägret på Axvall 1865. 8:o, 50 s. Göteb., Förf:n. 90. 50 ö.
—, Carl XV o. korporal Kraft eller konungens besegrare. Berättelser o anekdoter hemtade från storlägret på Axvall 1865. 8:o, 31 s. Göteb., Förf:n. 90. 25 ö.
—, Karl XV o. Vallehärsbonden, Se: Öreskrifter för folket. 146.

LIDNER, Bengt, Milot o. Eliosa. Ett nyfunnet drama. Stor 8:o, 26 s. Tr. i Ups. Akad. boktr. (Uppl. 12 ex.)

LIE, Jonas, Nya berättelser. II. Familjen på Gilje. Från norskan af M. A Goldschmidt. 12:o, 219 s. Sthm, Alb Bonnier. 86. 1: 75.

LIEBE, K. Th., Födoplatser för fåglar om vintern. Öfv. 8:o, 16 s Leipzig, W. Malende. 94. 20 pf.
—, Upplysningar ang. upphängandet af fågelbon. Öfv. 8:o, 22 s. Leipzig, W. Malende. 94 20 pf.

LIEBKNECHT, Wilh., Angrepp och försvar. Öfv. af A. D—n. 8:o, 64 s. St m, Socialdemokratiska fören. 86. 50 ö.

LIEBLEIN, J., De ældste samkväm mellan Aegypten o. Grækenland. Se: Tidskrift, Nordisk. 1894.
—, Den gammelægyptiske medicin. Se: dersammast 1895.

LIEBRECHT, M., Liten o. värnlös Berättelse. Öfv. från tyskan. 8:o, 128 s. Sthm, Fost.-stift:s f.-exp 94. 75 ö, kart. 1 kr.

LIEDBECK, C. H, Gymnastiska dagöfningar för folkskolan. 2:a uppl. 4:o, 107 s. o. 3 pl. Sthm, P. A. Norstedt & S:r. 91. Kart. 3 kr.
—, Vibratorn, dess ändamål, beskrifning o. användning. Med illustr. 8.o, vj o. 64 s. Sthm, C. E. Fritzes hofbokh. i distr. 91. Klb. 1 kr.

LIEDBECK, G., En verldshandel, ett verldsspråk. — Handelskorresp. på svenska o. volapük. 8:o, 102 s. Sthm, Alb. Bonnier. 88. 1: 50.
—, Svensk-volapük ordbok, utarb. i öfverensstämmelse med "Volapük-svensk ordbok". 8:o, 128 s. Sthm, Alb. Bonnier. 87. 2 kr.

LIEDBECK, G., Volapük-svensk ordbok, utarb. efter prof. Kerckhoff's franska öfvers. af Schleyers ordbok. 8:o, 108 s. Sthm, Alb. Bonnier. 87. 2 kr.
—, Se: Lärokurs, Fullständig i Volapük.

LIEDBECK, Harald, Inom o. utomskärs. Rim o. prosa. 8:o, 125 s. Tr. i Sthm, I. Hæggströms boktr. 88 Uppl. 70 ex. (Ej i bokh.)

LIEDHOLM, J. J. A., Slägten Liedholms stamtafla 8 o, 48 s. Kalmar, A. Peterssons boktr. 91.
Inb. 1: 75.

LIÈRES, Gabriele v., Joachims kärlek. Berättelse. Öfv. af Ellen Wester. 8.o, 104 s. Sthm, Ad. Bonnier. 91. Klb. 1 kr.

LIERKE, E., Se: Nathorst, Hj., Kainitgödningens ändamålsenl. användande.

Lif, Apostlarnes. Deras samtida o. efterträdare. Öfv. från eng. Stor 8:o, 384 s. Sthm, F. & G. Beijers Bokf.-aktb. 88. 4 kr., inb. 5 kr

Lif o. gerning, John Howards. Öfv. i sammandrag o. bearb. från eng af G—f v. 8:o, viij o. 115 s. Sthm, Nordin & Josephson i distr 90. 1 kr.

Lif, Ur Jesu. Åtta bibliska taflor. 4.o, 8 kolor. pl. Sthm, Fost.-stift:s f.-exp. 93. 1: 50.

Lifrustkammaren. Folio, 36 fotogr. Sthm, G. Chelius. 88. För pl. 2: 50, oklistrad 2 kr.

Lifränte- o. kapitalförsäkringsanstalter, Om, af C. F. 3:e uppl. 8:o, 15 s. Sthm, A. V. Carlsons Bokf.-aktb. 89. 10 ö.

Lifsbilder ur pedagogikens historia. 8:o. Sthm, A. V. Carlsons Bokf.-aktb.
I. Norlén, W., Johan Amos Comenius.
II. Kastman, C. W., J. H. Pestalozzi. 62 s. 88. 50 ö.
III o. IV. —, Fredrik E. v. Rochow. — F. W. A. Fröbel. 94 s. 88. 30 ö.
V o. VI. —, Adolf Diesterweg. — Karl Kehr. s. 97—154. 89. 60 ö.
VII o. VIII —, Jean-Jacques Rousseau. — Johann Bernh. Basedow. s. 155—218. 89. 60 ö.

Lifselixiret. (Ur en Chelos dagbok) af G .. M... Öfv. 8:o, 36 s. Sthm, G. Chelius. 90. 40 ö.

Lifvet, Ur. Berättelser för hemmet o. söndagsskolan samlade af L. S. 1:a o. 2:a serien, 16 småskrifter, hvarje 32 s. in 16:o. Sthm, Fost.-stift:s f.-exp. 94. 95. 2 kr.

LIISBERG, H. C. Bering, Napoleon. Svensk uppl. 4:o, 260 s. Sthm, Fahlcrantz & K. 94.
7: 50, inb. 9: 50.

Lilian, I dur o. moll Smärre dikter. 8:o, 99 s. Göteb., Wettergren & Kerber. 86. 1: 50.

LILIENBERG, A., Anteckn:r ang. riksdagsmannaval till andra kammaren, till tjänst för röstberättigade o. valförrättare. 8:o, 100 s. Sthm, P. A. Norstedt & S:r. 94. Klb. 1: 50

LILIENBERG, G R., Se: Grundlagar, Sveriges.

LILIENBERG, V. E., Om strömmarna i Stockholm, undersökn:r o. beräkn:r. 4 o, 82 s, 22 pl. o. 29 tab. Sthm, Looström & K. i komm. 91. 10 kr.

LILIUS, Axel o. **THILLOTH, Alfr.**, Lärobok i ryska språket för elementarundervisning. 8:o, 6, 79, xx o. 47 s. H:fors, Söderström & K. 93. 2: 25.
—, Rysk läsebok jemte verblära. 8:o, iv o. 184 s. H:fors, Waseniuska bokh. 95. 3 fmk.

LILJA, N., Menniskan, hennes uppkomst, hennes lif och hennes bestämmelse. 5:e uppl. genoms. o. bearb. af Karl af Geijerstam. Med 450 teckn:r. 8:o, 380 s. o. 31 pl. Sthm, Alb. Bonnier. 89.
4: 50, inb. 6 kr.
(Utkom i 8 häften á 50 öre. 88—89.)

LILJEDAHL, E. S., Se: *Petrelli, T. J.* o. *Liljedahl, E. S*, Standar o. dragonfanor.

LILJEFORS, Bruno, Från skog o. mark Studier. Med text af *R. Bergström.* (Ny uppl.) Folio, 20 pl. o. 5 blad text. Sthm, C. E. Fritzes hofbokh. i distr. 94. 20 kr.
(Föreg. uppl 90.)

LILJEHOLM, A. F. o. **ANDERSSON, C. J.,** Biblisk historia för folkskolan. 7:e uppl. 8:o, 135 s. o 2 kartor. Sthm, A. L Normans f.-exp. 92.
Kart. 25 ö., med skinnrygg 30 ö. (3:e o. 4.e uppl. 89. 5:e 90. 6:e 91.)
—, Bibliska berättelser för småskolan. 6:e uppl. 8:o, 46 s. Sthm, A. L. Normans f.-exp. 90.
Kart. 20 ö.

LILJENSTRAND, Axel, Finlands jordnaturer o. äldre skatteväsende jemte ett blad ur dess kulturhistoria. 2:a uppl. 8:o, vij o. 463 s. H:fors, Lindstedts antikv. bokh. 94. 7: 50 fmk.
—, Kulturkampen i Biarmaland. Historisk promemoria. 8:o, 81 s. H:fors, W. Hagelstam i distr. 91. 1: 50 fmk (1: 25.)

LILJENSTRÖM Gottfr., Studier öfver Tysklands apoteksförhållanden samt minnen från en färd i Österrike-Ungern o. Tyskland. Reseberättelse. 8:o, 67 s. Sthm, Apotekare-societeten. 95.

LILJEQVIST, Efraim, Om Francis Bacons filosofi med särskild hänsyn till det etiska systemet. 8:o, viij o. 368 s. samt 1 tab. Ups, Lundequistska bokh. i komn. 94. 5 kr.

LILJEQVIST, Gust., Infinitiven i det fornspanska lagspråket. Akad. afhandl. 4:o, 110 s. Lund, Förf:n. 86. 3 kr.
Jfr. Acta univ:is Lundensis XXII: I, 3.

LILJEQUIST, N., Den homeopatiska läkemetoden, historiskt och systematiskt framstäld. 8:o, 146 s. o. 3 pl. Trehörningsjö, Förf:n. 95. 4 kr.
—, Om ögondiagnosen o en rationel sjukdomsbehandling, efter d:r *Ignas Péczely.* Med 62 fig. o. 5 fotogr. 8:o, 115 s. Sthm, Förf:n. 93. 5 kr.
—, Supplement till Ögondiagnosen o. en rationel sjukdomsbehandling. Med 36 irisbilder. 8:o, 36 s. Sthm, Förf:n. 94. 1 kr.

LILJESTRAND, E.. Se: Gjallarhornet.

LILJHAGEN, Gustaf, Katalog öfver Svenska statens mejeriskolor, inom landet anställda mejerikonsulenter m. m. 8:o, 53 s. o. annonser. Linköp., P. M. Sahlströms bokh. 92. 1: 50.
—, Se: Anteckningsbok för mejerielever. — Anteckningsbok för mejerier. — Kontrabok.

LILLIEHÖÖK, John, Strider under natten. Med 4 kartutkast. 8:o, 70 s. Sthm, P. A. Norstedt & S:r. 91. 1 kr.

LILLIESTRÅLE, N. F., Magnus Stenbock o. slaget vid Helsingborg. Några minnesord vid Stenbocksfesten d. 28 febr. 1890. 8:o, 15 s. Helsingb., Johan Svensson. 90. 50 ö.

LILLJEBORG, W., Fauna. Sveriges o. Norges fiskar. 8:o. Ups., W. Schultz.
4:e hft. 416 s. 86. 5 kr.
5:e „ s. 417—788. 88. 5 kr.
6:e „ 336 s. 89. 4 kr.
7:e „ s. 337—672. 90. 4 kr.
8.e (slut)hft. s. 673—830 o. xxij s. 91. 2 kr.
Komplett i 3 delar 30 kr.

LILLJEKVIST, Fredrik, Strengnäs o. dess domkyrka. Historik o. beskrifning jemte katalog öfver Kyrkomuseet. 8:o, 69 s. o. 4 pl. Sthm, G. Chelius i distr. 91. 2 kr.

LILLJEQVIST, Rudolf, Förslag till direkt jernväg-, förbindelse mellan de skandinaviska länderna os den europ. kontinenten. 8:o, 17 s. o. 1 pl. Sthm. Th. Lilljeqvist. 89. 25 ö.

LIMBORG, Ossian, Barocka typer ur verldshvimlet. 8 o, 240 s. Sthm, Bokförlagsfören. Svea. 86. 1: 50.
—, (Thord Helsing.) Rasp. (Humorist. verklighetsskildr. Tokerier o. elakheter. Jagthistorier. Utan titlar. Försök till ny Psalmbok.) 8:o, 246 s. Sthm, Kungsholms bokh. i distr. 87. 2 kr.

LIND, Carl, Handbok i fäderneslandets geografi. 8:o, 328 s. Sthm, P. A. Norstedt & S:r. 90.
2 kr., kart. 2: 50.
—, Lärobok i geografi för folkskolan. 15:e uppl, 8:o, 126 s. Sthm, P. A. Norstedt & S:r. 92.
Inb. 50 ö.
(14 e uppl. 91.)
—, Södermanland. Se: Landskapsbeskrifningar, Svenska 2.
—, Upland. Se: dersammast. 1.
—, Vermland. Se: dersammast. 4.
—, Vestergötland. Se: dersammast. 7.
—, Östergötland. Se: dersammast. 3.

LIND, E. H., Om rättstafningen. Se: Studentfören. Verdandis småskrifter. 36.
—, Rättstavning eller vrångstavning. En vädjan till allmänhetens sunda förnuft. 8:o, 55 s. Ups., Lundequistska bokh. 89. 60 ö.

LIND, G., Teoretisk praktisk lärobok i sång för skolor. 8:o. Sthm, A. L. Normans f.-exp.
1:a kursen. 2:a uppl. 84 s. 86. Kart. 75 ö.
2:a kursen. 2:a uppl. 4: 89. Kart. 60 ö.

LIND, Josephus, De dialecto Pindarico. I. Prolegomena et de vocalismo Pindarico ex proximis sonis non apto. Comment. acad. 4:o, 48 s. Lund, Gleerupska univ:s bokh. 93. 1: 25.
Jfr. Acta univ:s Lundensis XXX: I, 4.
—, Mässbok till Handbok för svenska kyrkan, stadfäst af konungen år 1894. Högmässan. 8:o, 32 s. Lund, C. W K. Gleerup. 94. 1 kr.

LIND, K. J., Se: Betraktelser för skolungdom.

LINDAHL, Edw., Se: *Berge, Fr.* Illustr. naturhistoria.

LINDAU, Justus, Se: Predikningar af svenske prestmän.

LINDAU, Paul, Berlin i våra dagar. 12:o. Sthm, Alb. Bonnier.
I. I de rikas stadsdel. Roman. Öfv. från tyska orig. "Der Zug nach d. Westen". 291 s. 87.
2: 25.
II. Fattiga flickor. Öfv. af *O. H. D.* 300 s. 87.
2: 50.
III. Spetsar. Roman. Öfv. 400 s. 88. 3 kr.
—, Från Orienten. Ögonblicksfotografier. Öfv. af *J. Granlund.* 12.o, 180 s. Sthm, F. & G. Beijers Bokf.-aktb. 89. 1: 25.
—, Helene Jung. Berättelse. Öfv. 8:o, 127 s. Sthm, Ad. Bonnier. 89. Klb. 1 kr.
—, Herr o. fru Bewer. Roman. Öfv. från tyskan. 12:o, 206 s. Sthm, Alb. Bonnier. 88. 2 kr.
—, Hängmossan. Se: Romanbibliotek, Ad. Bonniers. 50.
—, Underligt folk. Noveller. Öfv. från tyskan. 12:o, 299 s. Sthm, Alb. Bonnier. 89.
Neds. pris [från 2: 25] 1: 50.

LINDAUER, Carl Ludvig, Uppbyggliga betraktelser eller tankar o. uppsatser i andeliga ämnen. 2:a uppl. 8:o, 187 s. Sthm, A. V. Carlsons Bokf-aktb. 91. 1: 50.

LINDBÆCK, Wilh., Sakregister till tjenstgöringsregle-

mente för armöen. 8:o, 97 s. Sthm, P. A. Norstedt & S:r. 90. 1: 35.
LINDBERG, Axel, Om rotfruktsodling. 8:o, 140 s. Sthm, H. Geber. 86. 1: 50.
LINDBERG, Felix, Nordiska museets donator Herm. Frith. Antell. Se: Minnen från Skansen. 16.
LINDBERG, Fredr., Se: Adress- o. industrikalender, Göteborgs.
LINDBERG, Gust., Illustreradt Norrland. 1:a o. 2:a hft. 4:o, 64 s. Sthm, P. Palmquists aktieb. 92. För häfte 1: 50.
LINDBERG, Gust. Leo, Pristabell för plank, battens o. bräder efter såväl eng. som metermåttet. 8:o, 20 s. Bollnäs, Förf:n. 89. 1 kr.
LINDBERG, Gustaf, Karlskoga bergslag. Historia o. beskrifningar. 1:a hft. 4:o, 56 s. Karlskoga, J. Dahlin. 95.
Kompl. i 2 hfn. för subskr. 5 kr., i bokh. 8 kr.
—, Kristinehamns stad med omnejd, historia o. beskrifningar. 1:a dln. Illustr. 4:o, 67 s. Kristineh. 94. 7: 50.
—, På järnvägsfärd. Gefle—Storvik—Falun—Rättvik —Mora—Orsa. 8:o, 69 s. annonsafd. o. 1 karta. Sthm, C. E. Fritzes hofbokh. i distr. 93. 50 ö.
Öfversättningar:
Auf der Eisenbahn. 77 s. o. 1 karta. 1 kr.
A railway-journey. 71 s. o. 1 karta. 1 kr.
—, Turistfärd. Värmland—Dalarne. Vänern—Siljan. Kristinehamn — Filipstad — Persberg—Rämen—Malung—Mora. 8:o, 80 s. o. 1 karta. Kristinehamn. Mora-Vänerns jernvägsbyrå. 94. 50 ö.
—, Auf d. Touristenfahrt Värmland—Dalarne. Vänern—Siljan. 8:o, 48 s. o. 1 karta. Sthm, Looström & K. 95. 1 kr.
— , A tourist trip. Vermland—Dalecarlia. Venern —Siljan. Transl. by Ester Dahlén. 8:o, 47 s. o. 1 karta. Sthm, Looström & K. 94. 1 kr.
LINDBERG, Herman, Philatelistisk adressbok. 4:o, 43 s. Norrk., Utg:n. 92. 1: 25.
—, Se: Adressbok, Skandinavisk, för frimärksamlare.
LINDBERG, Jean, Handbok för svagdricksbryggare, mältare. Med 220 illustr. 8:o, 110 o. 110 s. Sthm, G. Chelius. 92. 10 kr.
LINDBERG, O., Pennteckningsstudier. 16 pl. i fotolitografi till tjänst vid undervisning i pennteckning. 4:o, 16 pl. Sthm, G. Chelius. 95. I portfölj 2 kr.
LINDBERG, O. E., Något om sättet o. medlen för åstadkommande af verklig förbrödring menniskor emellan. Föredrag hållet i Kristl. fören. för unge män. 8:o, 25 s. Göteb., K. F. U. M. 92. 50 ö.
—, Sanningstrådar i sagovåf. 94. 1: 50, kart. 2 kr.
—, Studier öfver de semitiska ljuden W och Y. Akad. afh. 8:o, 179 s. Göteb., Wettergren & Kerber. 93. 3 kr.
LINDBERG, S. O. o. ARNELL, H. W., Musci Asiæ borealis. Se: Handl. K. sv. Vet.-akad:s XXIII: 5. o. 10.
LINDBERGER, Valter, Bidrag till kännedom om förgiftningarne i Sverige 1873—92. Se: Årsskrift, Upsala univ:ts. 1893. Medicin. 1.
LINDBLAD, Joh Mich., På vägen. Korta betraktelser för årets alla dagar. Ny uppl. 8:o, 370 s. Sthm, F. C. Askerberg. 95. Inb. 3: 25.
LINDBLOM, And., Sånglära för folkskolan efter åskadningsmetoden. 8:o, 54 s. Göteb., N. P. Pehrsson. 87. Kart. 45 ö.
LINDBLOM, Edel., Viola eller sångerskan från Norden. Roman. 8:o, 119 s. Sthm, C. A. V. Lundholm. 88. 1: 25.

LINDBLOM, Frans, Se: Groth, C. M. o. Lindblom, Frans, Lärobok för barnmorskor.
LINDBLOM, J., Fullt tillförlitlig decimal-intresse-uträkning. 7:e uppl. 8:o. lxxij o. 252 s. Sthm, F. & G. Beijers Bokf.-aktb. 91. Inb. 3: 50. (6:e uppl. 88.)
LINDBLOM, L. C, Menige mans meterbok. 16:o, 32 s. Sthm, Aktieb. Hiertas Bokförlag. 89. 20 ö.
—, Räknekurs (A) för folkskolor, folkhögskolor, pedagogier o. flickskolor. 6:e stereotyp. uppl. 8:o, 107 o. 20 s. Sthm, P. A. Norstedt & S:r. 86.
50 ö., inb. 60 ö.
— , Räknekurs (B) för småskolor och folkskolor. 8:o, 83 s. (svar) 18 s. Sthm, P. A. Norstedt & S:r. 91. 32 ö., inb. 40 ö.
— , Räknekurs (C) för småskolor, folkskolor o. fortsättningsskolor. 8:o, 116 s. (svar) 3, 4, 4, 5, 4 o. 4 s. Sthm, P. A. Norstedt & S:r. 89.
6 kurser häft. à 10 ö., inb. 60 ö.
— , Räknekurs (D) för småskolor, folkskolor o. fortsättningsskolor. Ny uppl. 8:o. Sthm, P. A. Norstedt & S:r.
I. Småskolekursen. 24 s. (svar) 6 s. 91. 15 ö. (Föreg. uppl. 88.)
II. Folkskolekursen. 91—92.
1:a hft. Hela tal. 52 s. (svar) 11 s. 25 ö.
2:a hft. Hela tal, fullständig kurs. s. 53—88 (svar) 8 s. 15 ö.
Hft. 1 o. 2 tills. kart. 50 ö.
3:e hft. Bråk, enklare kurs s. 89—148 (svar) 12 s. 25 ö.
Hft. 1 o. 3 tills. kart. 55 ö.
4:e hft. Bråk, fullständig kurs. s. 149—195 (svar) 12 s. 20 ö.
Hft. 3 o. 4 tills. kart. 50 ö.
III. Fortsättningsskolekursen. 61 s. o. (svar) 10 s. Inb. 50 ö.
—, Räknemetodik. 8:o, viij o. 314 s. Sthm, P. A. Norstedt & S:r i distr. 93 Inb. 2: 75.
—, Talbilder. Pl. 1—6 uppfodrade på 3 pappskifvor. Redogörelse därtill. 8:o, 8 s. Sthm, P. A. Norstedt & S:r. 93. Tills. 2: 50.
LINDBOM, Otto, Se: Signalboken, Internationella.
LINDE, J. P., Regnbågen. Se: Bibliotek för de unga. 43.
LINDE, Lars Gustaf, Sveriges ekonomirätt. 8:o, vij o. 960 s. Sthm, P. A. Norstedt & S:r. 88. 11 kr.
—, Sveriges finansrätt. 8:o, vij o. 704 s. Sthm, P. A. Norstedt & S:r. 87. 9 kr.
LINDE, Sven, De Jano summo romanorum deo. 4:o, 54 s. Lund, Gleerupska univ:s bokh. i distr. 91. 2: 50.
Jfr. Acta univ:s Lundensis. XXVII: I. 1.
—, Ett kompetens-betänkande i kritisk belysning. 8:o, 62 s. Lund, Gleerupska univ:s bokh. i komm. 94. 1: 50.
—, Hermesmythen från språkvetenskaplig synpunkt. Se: Acta univ:is Lundensis. XXVIII: I, 1.
—, Indogermanernas högsta gud. 8:o, 100 s. Lund, Gleerupska univ:s bokh. 91. 1: 50.
— , Om Carmen Saliare. Proffreläsning. 8:o, 31 s. Lund, Gleerupska univ:s bokh. i distr. 91. 1 kr.
LINDEBERG, K., Reduktionstabell för beräkning af pris à 100 liter 100 %, 1 liter 50 % samt 1 kanna 50 % bränvin. 16:o, 4 s. Sthm, P. A. Norstedt & S:r. 86. 40 ö.
—, Tabell för beräkning af arfskatt. 2 blad. Sthm, P. A. Norstedt & S:r. 94.
Uppfodr. på väf i fodral 2 kr., på papp med hängare 1: 50.

LINDEBERG, K., Utdrag ur gällande bestämmelser ang. stämpel å värdepapper jämte beräkning deraf. 2 blad. Sthm, P. A. Norstedt & S:r. 94.
På kartong 1 kr.

LINDEBERG, K. M., Öfningsuppgifter till begagnande vid undervisningen i fysik. 2:a uppl. Med 33 fig. 8:o, 188 s. Ups., W. Schultz. 88.
1: 75, inb. 2 kr.

LINDEBERG, Måns, Sångboken för skola och hem. 12:o. Sthm, P. Palmquists aktieb.
1:a saml. (För småskolan.) 24 s. 89. 20 ö.
2:a o. 3:e saml.. (För folkskolan.) s. 25—88. 90.
50 ö.

—, 21 rytmiska melodier ur C. R. Humblas "Melodier till svenska psalmboken". 8:o, 24 s. Sthm, P. Palmquists aktieb. 91. 30 ö.

LINDEGREN, J. F., Bibelns geografi. I. Palestinas geografi med 2 kartor. 8:o, 72 s. Sthm, E. J. Ekmans f.-exp. 88. 85 ö.

—, Stoff till åskådningsundervisningen under de första skolåren. Öfv. o. bearb. af *Weisz*, "Stoff z. Anschauungsunterrichte". 8:o, 96 s. Sthm, A V. Carlsons Bokf.-aktb. 88. 75 ö, häft. 90 ö.

LINDELL, Gust., Bronislava. Dramatisk dikt i 5 akter. 8:o, 124 s. Tr. i Sthm i Bergs boktr. 94.

LINDELL, Per, Likbränning eller begrafning? Se: Studentfören. Verdandis småskrifter. 31.

—, Likbränningen jemte öfriga grafskick. Med 124 fig. o. 2 tab. 8:o 434 s. Sthm, C. E. Fritzes hofbokh. i distr. 88. 6 kr.

—, Likbränningens rättsliga ställning i olika länder. 8:o, 82 s. Sthm, C. E. Fritzes hofbokh. 95. 80 ö.

—, Se: Autografier o. portr. af framstående personer.

LINDELÖF, Ernst, Sur le mouvement d'un corps de révolution roulant sur un plan horizontal. Se: Acta soc:is scient. fenn. XX: 10.

—, Sur les systèmes complets et le calcul des invariants différentiels des groupes continus finis. Se: dersammast. XX: 1.

—, Sur l'intégration de l'équation différentielle de Kummer. Se: dersammast. XIX: 1.

LINDELÖF, L., Lärobok i analytisk geometri. Med 93 träsn. 4:e uppl. 8:o, 290 s. Sthm, Ad. Bonnier. 89. 4: 50, inb. 6 kr.

—, Stat. undersökning af ställningen i Finska Ecklesiastik statens enke- o. pupillkassa. Se: Acta soc.is scient. fenn. XV: 7.

—, Trajectoire d'un corps assujetté à se mouvoir sur la surface de la terre sous l'influence de la rotation terrestre. Se: dersammast. XVI: 11.

LINDELÖF, Uno, Grunddragen af engelska språkets historiska ljud- o. formlära. 8:o, 108 s. H:fors, W. Hagelstam. 95. 2: 50 fmk.

—, o. **Joh. ÖHQVIST,** Tysk språklära. 8:o, viij o. 258 s. H:fors, Otava. 95. 3: 75 fmk.

LINDEMAN, Vol., Aflönings-tabeller för arbete från o. med ¼ dag eller timme o. Fmk 0,10 till o. med 15 dagar eller timmar o. Fmk 9: 95. 12:o, 23 s. H:fors, Weilin & Göös. 92. 2 fmk.

LINDÉN, And., Menniskokroppens byggnad, förrätt:r o. vård. Lärobok i hälsolära. 2:a omarb. uppl. 8:o, 47 s. o. 1 pl. Sthm, P. A. Norstedt & S:r. 95. Kart. 45 ö.
(1:a uppl. 91.)

—, Ur djurens lif. Se: Bibliotek för undervisningen. 1.

—, Se: *Berg, Hj.,* o. *Lindén, And*, Lärobok i naturkunnighet.

LINDÉN, G., Kortfattad handbok i allmän hushållsträdgårdsskötsel. 8:o, 80 s. Linköp., H. Carlson. 89. 75 ö.

LINDEN, Georg, En repetitionskurs i aritmetik. 8:o, 108 s. Ekenäs, Förf:n. 94. 1: 75 fmk.

LINDEN, John, Beiträge zur Kenntniss d. russischen Lapplands. Se: Fennia. IX: 6.

LINDENCRONA, R., Kostnadsförslags- o. beräkningsbok för byggmästare o. byggnadsegare. 3.e uppl. genomsedd af *A. Wahlbom*. 8:o, 108 o. lxxx s. Sthm, G. Chelius. 93. 3 kr.
(1:a uppl. 87. 2:a 89.)

LINDEQVIST, Carl Joh., Latinsk elementarbok. 1:a dln. 3:e förändr. uppl. 8:o, vj o. 101 s. H:fors, G. W. Edlund. 88. Kart. 2: 50 fmk.
2.a dln. 44, 75 o. 58 s. H:fors 89. 3 fmk.

—, Öfversigt af grammatik o. vokabler hörande till latinsk elementarbok. 1:a dln. 3:e förändr. uppl. 8:o, 49 s. H:fors, G. W. Edlund 88. Kart. 1 fmk.

[**LINDER, Dan Ulr. Wilh.** o **DYRSSEN, G.**], Genmäle med anledning af broschyren Sjöförsvarets förfall. 8 o, 24 s. Sthm, Looström & K. 90. 35 ö.

LINDER, Ludvig, Bidrag till kännedomen om Messenii tidigare lif. Se: Acta univ:is Lundensis. XXIX: I, 4.

LINDER, Nils, Om —er, —r, —ar, o. —or såsom pluraländelser för neutrala substantiver. 8:o, 101 s. Sthm, P. A. Norstedt & S:r. 90. 1: 50.

—, Regler o. råd ang. svenska språkets behandling i tal o. skrift. Omarb. af en äldre skrift med samma titel. 8:o, 237 s. Sthm, P. A. Norstedt & S.r. 86. 2: 75.

LINDEROT, Lars, Andeliga sånger o. tillfällighetsverser. 4.e uppl. Liten 8:o, 280 s. Sthm, F. & G. Beijers Bokf.-aktb. 89. Inb. 75 ö.

LINDFORS, A. O., Några ord om Johan von Hoorn, hans lif o. verk. Föredrag på Upsala läkarfören:s årsdag d. 17 Sept. 1895. 8:o, 26 s. Ups., Akad. bokh. 95. 40 ö.

—, Om blödningen under senare delen af hafvandeskapet m. m. 8:o, 116 s. Lund, Ph. Lindstedts bokh. 86. 2: 25.

—, Om Tuberculosis Peritonici med afseende på diagnos o. operativ behandling. 8:o, 151 s. Lund, Ph. Lindstedts univ:s bokh. i distr. 89. 2: 50.

—, Smärre dikter. 8:o, 202 s. Lund, C. W. K. Gleerup. 87. 2: 75.

LINDFORSS, C. M., Praktisk lärobok i ryska språket. 4:e uppl. 8:o, 303 s. H:fors, G. W. Edlund. 90. 5 fmk.

—, Rysk elementarkurs jämte läsebok. 4:e förbättr. uppl. 8:o, 216 s. H:fors, G. W. Edlund. 93.
Inb. 1: 90.

—, Rysk elementarkurs jemte lärobok bearb. o. utgifven. 4:e uppl. 8:o, 116 s. H:fors, G. W. Edlund. 2: 50 fmk.

—, Ryska extemporalie- o. skriföfningar jemte noter o. svensk-rysk ordlista. Ny förbättr. uppl. 8:o, viij, 83 o. 44 s. H fors, G. W. Edlund. 94. 2 fmk.

LINDFORSS, C. Ph., Sulkava sockens foglar. Se: Medd. af Soc. pro fauna et fl. fenn. 15.

LINDGREN, Ad, Den nordiske folkvisans ursprung. Se: Tidskrift, Nordisk. 1895.

—, Tonkonstens väsen och historia. Se: Bibliotek för allmänbildning. 10.

LINDGREN, Erik, Engelsk-svensk ordbok — skoluppl.

— på grundvalen af Wenström-Lindgrens större engelsk-svenska ordbok utarb. 8:o, 673 o. 50 s. Sthm, P. A. Norstedt & S:r. 91. Inb. 9 kr.

LINDGREN, Erik, Engelska egennamn. Tillägg till Engelsk-svensk ordbok af E. Wenström o. E. Lindgren. 8:o, 50 s. Sthm, P. A. Norstedt & S:r. 91. 50 ö.

—, Se: *Burnett, F. H.*, Little lord Fauntleroy. *Wenström, E.* o *Lindgren, E.*, Engelsk-svensk ordbok.

LINDGREN, Erik, Se: Handbok i svenska trädgårdsskötseln. *Löwgren, C.* o. *Lindgren, E*, Krukväxtodling. — Tidning för trädgårdsodlare.

LINDGREN, Gustaf, Svenska kyrkor. 53 illustr. under medverkan af *John Kindborg*. 4:o, 79 s. Sthm, J. Seligmann. 95. 3 kr.

LINDGREN, Hellen, Sveriges vittra storhetstid. 8:o. Sthm, P. A. Norstedt & S:r.
I: 1. Frihetstiden. iv o. 216 s. 95. 2: 75.
—, Thomas Carlyle. Se: Tidskrift, Nordisk. 1895.
—, Vittra storman. Kritiker o. porträtt. 8.o, 161 s. Sthm, C. Deleen & K. 94. 1: 75.
—, Voltaire o. hans strid mot fördomarne i religion o. samhälle. Se: Studentfören. Verdandis småskrifter. 14.

LINDGREN, J. V., Dansk o. norsk grammatik. 8:o, 89 s. Sthm, P. A. Norstedt & S:r. 94. Lärftsb. 2: 50.

LINDGREN, John, Förteckning öfver de allmännaste svenska läkemedelsnamn. 4 o, 43 s. 92. 1: 50. (Ej i bokh.)

LINDH, Const., Utförlig svensk, tysk, fransk o. engelsk handelskorrespondens. 2.a förbättr. uppl. 8.o, 555 s. Sthm, Looström & K. 90. 7 kr.

LINDH, Th., Gå vi framåt eller tillbaka? Ett uttalande i språkfrågan. 8:o, 71 s. H:fors, W. Hagelstam. 89. 1 fmk.

LINDHAGEN, Anna, Se: *Heyse, Paul*, Colberg. — *Hjorth, Hj*, o. *Lindhagen, A.*, Kort lärobok i tyska språket —, Praktisk lärobok i tyska språket — Litteratur, Aus der neueren deutschen. — Schüler-Bibliotek, Kleine. — *Seidel, H.*, Der Trilpetritsch, Leberecht Hühnchen.

LINDHAGEN, Arvid, Geometriska öfningssatser till Euclides 6:e bok ordnade efter A. E. Hellgrens lärobok 3:e uppl. 8.o, 16 s. Norrk., M. W. Wallbergs bokh. 95. 25 ö.

LINDHAGEN, D. G., Geodätische Azimuthbestimmung auf der Sternwarte in Lund etc. Se: Bihang till K. sv. Vet.-akad s handl:r. XVII: I, 7.
—, Längenbestimmungen zwischen den Sternwarten in Stockholm, Kopenhagen u. Christiania. Se: Handlingar, K. sv. vet.-akad.s. XXIV: 4.

LINDHE, Vilma, Fången o. fri. — Äppelblomman. — — Otillräckligt. Trenne berättelser. 12:o, 262 s. Sthm, Alb. Bonnier. 87. 2: 50.
—, Motvind. Två noveller. 8:o, 276 s. Sthm, Klemmings ant. 91. Kart. 3 kr.
—, Mödrar. Skådespel i 3 akter. 8:o, 74 s. Göteb, N. P. Pehrssons bokh. 87. 1: 25.

LINDHOLM, Arthur J., Bidrag till kännedom om Finlands ekonomiska tillstånd under tidskiftet 1634—1654. Akad. afh 8:o, 6, 156 o. xiij s. H:fors, Förf. 92. 3 fmk.

LINDHOLM, Aug., Uppfostrare. Ett blad ur folkundervisn. historia. Berättelse. 8:o. 135 s. Lindesberg, Joh. Högborg 90. 1 kr.

LINDHOLM, Ch], Strid o. frid. Fastlagssånger för de unga o. deras vänner af *Charlotte L.* Med förord af *Fred. Sandberg*. 8:o, 48 s. Sthm, F. & G. Beijers Bokf.-aktb. 88. 80 ö.
—, Veronica o. några andra dikter. 8:o, 92 s. Sthm, Alb. Bonnier. 91. 1: 25.

LINDHOLM, Fredrik, Tidningsmannen. Roman. 8:o. 330 s. Sthm, Bokförlagsfören. Svea. 87. 2 kr.

LINDHOLM, Karl H., Sibbo jagten. Föredrag o. jagtskildr. Med kurta o. illustr. 8.o, 188 s, 6 pl. o. 1 karta. Borgå, W. Söderström. 90. 2: 25. Jfr. Jagtmarker, Från finska. 1.

LINDHOLM, P. A., Ensam. Berättelse från södra Lappland. 8 o, 121 s. Sthm, C. A. V. Lundholm. 89. 1 kr.
—, Från sagoverlden. Sagor berättade för barn. Med illustr. at *Jenny Nyström*. 8:o, 199 s. Sthm, F. & G. Beijers Bokf.-aktb. 87. Kart. 2: 50.
—, Historiska berättelser. 12:o. Sthm, F. & G. Beijers Bokf.-aktb.
1. Gustaf Wasa o. vestmanländingen eller sköldemärket. 51 s 90. 25 ö.
2. Hans Wåghals Berättelse från Gustaf Wasas tid. 51 s 90. 25 ö.
3. Hans Rödskägg o. Erik Skeppare eller Johan III o. ångermanländingen. 53 s 90. 25 ö.
4. Gustaf II Adolf o. helsingen. Berättelse från kriget i Ryssland 1614 o. 1615. 34 s. 90. 25 ö.
5. Kung Erik och blekingsflickan. Berättelse från kriget med Danmark 1564. 69 s. 93. 50 ö.
—, Lärobok i geografi för folkskolan. 2:a uppl Med 63 illustr. 12.o, 120 s. Sthm Alb. Bonnier. 96. Inb. 50 ö.
(1:a uppl. 90.)
—, Lärobok i geografi för folkskolor. (N.o 2.) Med 19 bilder. 12.o, 60 s. Sthm, Alb. Bonnier. 91. 25 ö.
—, Lärobok i Sveriges historia för folkskolor. Med hänsyn till lärob. komiténs utlåtande. 8:o, 76 s. Sthm, C. E Fritzes hofbokh. 89. Inb. 40 ö.
—, Petter Ros. Se: Berättelser. Fosterländska. 6.
—. Prinsen af Lappland. Se: dersammast. 1.

LINDMAN, A., Anteckningar om Åbo domkyrka o. dess fornminnen. 3.e uppl. 8.o, 101 s. H:fors, G. W. Edlund. 90. 1: 75 fmk.

LINDMAN, Alex., Se: Bibliotek för idrott. — Idrottskalendern, Svenska. — Tidning för idrott.

LINDMAN, Bl., Extemporetaxa, utarb. efter medicinaltaxorna för år 1888. 4:o, 11 s. Sthm, Förf:n. 88. 1: 50.
—, Se: Tidskrift, Farmaceutisk.

LINDMAN, C. A. M, Bidrag till känned. om de skandinav. fjellväxternas blomning o. befruktning. Se: Bihang till K. sv. Vet.-akad:s handl:r. XII, III, 6.
—, Bromeliaceæ herbarii Regnelliani. Se: Handlingar, K. sv. vet.-akad·s. XXIV: 8.
—, De speciebus nonnullis generis Silenes. Se: Acta Horti Bergiani. 6.
—, Om postflorationen. Se: Handlingar, K. sv. Vet.-akad:s. XXI, 4.

LINDMAN, Chr. Fredr, Elementarbok i stereometri jemte exempelsamling. 8:o, 78 s. Sthm, F. & G. Beijers Bokf.-aktb. 86. 1 kr.
—, Samling af exempel o. problem till algebra o. eqvationslära. 5:e omarb. tillökta o. stereotyp. uppl. 8:o, 179 s. Sthm, P. A. Norstedt & S:r. 95. (4:e uppl. 87.) Lärftsb. 1: 60.
—, Samling af geometriska problem jemte anvisning till algebraiska uttrycks konstruktion. 4:e uppl. 8:o, 79 s. Sthm, F. & G. Beijers Bokf.-aktb. 86. 1 kr.
—, Supplement au traité d'une fonction transcendente. Se: Acta, Nova reg. soc:is scient Upsaliensis. XIV. 1.
— Euklides' fyra första böcker.

LINDMAN, D. G., Examen des nouvelles tables d'intégrales définies de M. Bierens de Haan. Se: Handlingar, K. sv. vet -akad s. XXIII: 5.
LINDMAN, V., Arvid Kurck o. hans samtida Skildring från Finlands medeltid. 8:o, 4 o. 224 s. H:fors, K. E Holm 93. 2: 75 fmk.
—, Dagsländor. Nya dikter af V. L. 8:o, 36 s. Borgå, Förf. 87. 1: 25 fmk.
—, Nya dikter. 8:o, 52 s. H:fors, Förf. 94. 1 fmk.
—, På Åbo slott. Skildring från härtig Johans tid. 8.o, 4 o. 89 s. H:fors, K. E. Holm. 92. 1: 50 fmk.
LINDMARK, Joh. F., Bokhålleri för minuthandel medelst använd:e af dubbla ital. bokhålleriet i förenklad metod. 8:o, 23 o. 51 opag. s Sthm, Alb. Bonnier. 91. 1: 25
—, Nyckel till dubbla bokhålleriet. 8:o, 11 s. Karlstad, Förf:n. 90. 50 ö.
LINDQVIST, C. A., Beskrifning öfver Svinpesten. 8.o 31 s. o. 4 pl. Sthm, F. & G. Beijers Bokf.-aktb. 88. 1: 25.
— —, Hjelpreda vid den första behandlingen af husdjurens allmännaste sjukdomar. 4:e uppl. 8:o, 106 s. Sthm, F. & G. Beijers Bokf.-aktb. 92. 1 kr.
—, Husdjursskötseln. Se: Arrhenius, J. o Lindqvist, C. A., Landtbrukspraktika. II.
—, Se: Arrhenius, J. o. Lindqvist, C. A., Landtbrukspraktika.
— —, Tidskrift för veterinärmedicin o. husdjursskötsel.
LINDROOS, C., Plato quomodo ordinem universi et civitatis humanae inter se connexuerit? Pars prior. 8:o, 4 o 83 s. H:fors, Förf. 91. 2: — inb. 3: 75 fmk.
LINDROTH, Ludv., Bihang till den latinska språkläran, innehållande stilistiska regler o. öfningar. 8.o, 56 s. Sthm, P. A. Norstedt & S:r. 93. 80 ö.
—, Böra "operabilderna" tagas bort? o. hvarför? Försök till en utredning. 8.o, 11 s. Sthm, P. A. Norstedt & S:r. 95. 25 ö.
— —, Förpostfäktning. Föredrag i sedlighetsfrågan. 8:o, 16 s. Sthm, P. A Norstedt & S:r. 93. 25 ö.
—, Kort sammandrag af de romerska antikviteterna. 4:e uppl. 8.o, 31 s Sthm, P. A Norstedt & S.r. 95. 1 kr.
— —, Upp till Guds gårdar. Skolpred. d 6 febr 1887. 8:o, 20 s. Sthm, A. V. Carlsons Bokf.-aktb. 87. 25 ö.
—, Vår tid o. ungdomen. Några reflexioner o tillämpn:r närmast föräldrar tillegnade. 8:o, 288 s. Sthm, P. A. Norstedt & S:r. 90. 3 kr.
—, Se: Betraktelser för skolungdom. — Törnebladh, R. o. Lindroth, L, Latinsk språklära.
LINDSKOG, Claes, De enuntiatis apud Plautum et Terentium condicionalibus. 8:o, 145 s. Lund, Gleerupska univ:s bokh. 95. 1 kr.
LINDSKOG, E. W., Om den mänskliga viljans frihet o. verksamhet. Afhandl för lektorat. 8:o, 45 s. Lund, Gleerupska univ.s bokh 95. 40 ö.
LINDSKOG, Jonas, Predikningar öfver nya högmessotexterna. 8:o. Göteb, N. P. Pehrsson.
1:a årg. 660 o. iv s. 92. 2: 75, inb 4: 25.
2:a årg. 616 s. 95. 3: 75, inb. 4: 25.
LINDSKOG, Marcus, Fältslagen vid Kungslena år 1208 o. vid Falköping år 1389. 8:o, 31 s. Sthm, P. Palmquists aktb. 95. 50 ö.
LINDSKOG, Nat., En rings rorelse i vätska. Se: Årsskrift, Upsala univ.s. 1888.
—, Lärobok i mekaniken. 8:o, 375 s. Sthm, P. A. Norstedt & S:r. 94. Lärftsb. 7 kr.
LINDSKOG, Nat., Zontariff. Se: Spörsmål, Svenska. 14
— -, Se: Lärobok i fysik.
LINDSKOG, Sven, Enhvar sin egen lagkarl! Praktisk juridisk handbok för menige man. 2:a uppl. 8:o, xvj o. 619 s Sthm, C. E. Fritzes hofbokh. 93. 3 kr., inb. 4 kr.
(1:a uppl. 86.)
LINDSKOUG, Anders, Geografi öfver Skåne. 5:e uppl med illustr. o. 1 jernvägskarta. 8:o. 32 s. o 1 karta. Lund, C. W. K. Gleerup. 94. 20 ö. (2:a uppl. 86. 3:e 88. 4 e 90.)
LINDSTEDT, And., Statistiska undersökn:r o. kostnadsberäkn:r [ang. arbetareförsäkring]. Se: Betänkande, Nya arbetareförsäkringskomiténs II.
LINDSTEDT, Fredrik, Räntetabeller. 1 blad velin. Sthm, A. V. Carlsons bokf.-aktb. 92. 1 kr.
—, Räntetabell för 6 proc. Huru många dagar? 1 blad velin. 92. 50 ö.
Båda tillsammans 1: 50.
[LINDSTEDT, J. M.], Adventbudskap eller minnen från helgedomen. 8:o, 69 s. Kalmar, Förf:n. (82.) 50 ö.
— —, Kristendomsundervisning afsedd för flickskolor m. m. 8:o, 153 s. Kalmar, Bokförlagsaktieb. 86. 1 kr.
— —, Vårt dop. 8.o, 15 s. Kalmar, Förf.n. 85. 25 ö.
[ ], Ölands o. Borgholms slotts historia i sammandrag af J. M L. 8:o, 3:e uppl. 40 s. Kalmar, Förf.n. 94. 75 ö.
(1:a uppl. 82. 2:a 85.)
LINDSTROM, Ad., Öfveramiralen, frih. Pukes expedition till Vesterbotten 1809. Se: Förlag, Militärlitteraturföreningens. 65.
LINDSTRÖM, Albert, Praktisk orgelharmoniumskola för nybörjare. Tvär 4:o, 32 s. Sthm, P. Palmquists aktieb. 87. 1: 50.
—, Tio sånger för mansröster. 8:o, 12 s. Sthm, P. Palmquists aktieb. 91. 30 ö.
—, Se: Psalmboken, Svenska.
LINDSTRÖM, C. O., Menniskokroppens synovial-senskidor o. bursor. I. Synovialsenskidor. 8:o, 101 s. o. 6 pl. Sthm, Förf.n. 86. 2: 50.
LINDSTRÖM, G., Anteckn:r om Gotlands medeltid. 8:o. Sthm, P. A. Norstedt & S:r.
I. 112 s. 92. 1: 50.
II. Med 29 afbildn:r. viij o. 531 s 95. 10 kr.
—, Från urtiden. Se. Tidskrift, Nordisk. 1891.
—, The Ascoceratidæ and the Lituitidæ of the upper silurian formation of Gotland. Se: Handlingar, K. sv. Vet.-akad.s, XXIII: 12.
— —, Ueber die Gattung Prischiturben Kunth. Se: Bihang till K. sv. Vet.-akad:s handl:r. XV, IV, 9.
—, Se: Thorell, T. o. Lindström, G., On a silurian scorpion
LINDSTRÖM, Joh. (Saxon), Bondfolk. Skizzer. 12:o, 136 s. Sthm, Alb. Bonnier. 87. 1: 25.
—, Där hemma i socknen. Folkmotiv. 8.o, 80 s. Östersund, 93. 1 kr.
—, Förtrampad o. andra berättelser. 8 o, 112 s. Östersund, 93. 1 kr.
—, Genom Härjedalen. Färder o studier Med 12 illustr. 8:o, 98 s. o 2 pl. Sthm, Alb. Bonnier. 94. 1 kr.
—, I blått band. Värs o. prosa. 8:o, 64 s. Sthm, Bohlin & K. 95. 50 ö.
—, I Jämtebygd. Studier o. skildr. 12.o, 119 s. o. 7 pl. Sthm, Alb. Bonnier. 88. 1: 50.

LINDSTRÖM, Joh., Nya tag. Berättelse. Med 2 teckn:r. 8:o, 112 s. Sthm, Alb. Bonnier 89. 75 ö.
—, Nya tag. Se: Öreskrifter för folket. 143.
—, Under kampen för bröd. Skizzer 12:o, 110 s. Sthm, Alb. Bonnier. 86. 1: 25.
—, Världssorg. En berättelse om huru människorna skulle kunna bli lyckliga. 8:o, 149 s. Östersund, 94. 1: 25.

LINDSTRÖM, Karl, Svensk grammatik för den första underv. jemte öfningsstycken. 8:o, 70 s. H.fors, Söderström & K. 91. 1: 10.

LINDSTRÖM, K. A., Afskedspredikan i Hamrånge kyrka. 8:o, 12 s. Gefle, Ahlström & Cederberg. 89. 25 ö.

LINDSTRÖM, L. G., Biblisk historia för folkskolan i enlighet med lärobokskom. betänkande. 8:o, 143 s. o. 2 kartor. Sthm, P. A. Norstedt & S:r. 88.
Inb. 40 ö.
—, Guds rikes historia i allm. grunddrag. 8:o, Sthm, P. A. Norstedt & S:r.
I. Skapelsen. — Josua. 122 s. 88. 1 kr.
II. Domaretiden. — Kristi födelse. s. 123—282. 90. 1 kr.

—, o. **ÖRTENBLAD, H.**, Biblisk historia för folkskolan. 8:o, 156 s. Sthm, P. A Norstedt & S:r. 92. Kart. 35 ö.

LINDVALL, Axel E., En pariserfärd. 8.o, 32 s. Nettraby, Förf:n. 90. 30 ö.
—, Minnen från en färd genom Amerika. Med 72 illustr. 8:o, 215 s. Sthm, S G. Borén. 90 2 kr.

LINDVALL, C. A., Glacial-perioden. Försök till förklaring öfver dess uppkomst, verkningar o. slut. 8:o, 45 s. o. 3 pl Sthm, P. A. Norstedt & S:r. 91. 1 kr.
— —, Supplement till broschyren glacialperioden. 8:o, 24 s. Sthm, P. A. Norstedt & S:r. 93. 40 ö.

LINDVALL, Ivar, De vi et usu coniunctivi futuri periphrastici apud Ciceronem commentatio. 4:o, iv o. 61 s. Lund, Gleerupska univ:s-bokh. 88. 1: 50.

LING, A. J., Om den s. k. pittoreska skolan Se: Tidskrift, Nordisk. 1894.
—, Svensk-engelsk prepositions- o konstruktionslära jämte fullstandigt register. 8:o, 319 s. Sthm, H. Geber. 94. Klb 4. 25.

LINNARSSON, N J., Tal vid biskopen dr A. F. Beckmans jordfästning i Skara domkyrka d. 1 okt. 1894. 8:o, 13 s. Skara, C. A. Bergers bokh. 94. 25 ö.

Linnæa, Några anvisn:r för kärlväxters insamling, konservering o. förvaring. 8.o, 32 s. Lund, Gleerupska univ:s-bokh i distr. 87. 50 ö.

Linnæa. Poetiskt album af svensk-amerikanska publicister i Chicago. 8:o, 224 s. Chicago, Enander & Bohman. 87. Klb. 1 $ (4 kr)

LINNÆUS, Carl, Gothländska resa å riksens höglofflige ständers befallning förrättad åhr 1741. Med anmärkn:r uti oeconomien, natural-hist. antiquiteter etc. med åtskillige figurer Med 14 afbildn.r samt en karta öfver Gotland af år 1741. Ny uppl. 8:o, 116 s. o. 1 karta. Sthm, Fr. Skoglund i distr. 90. 1: 50.

LINNORANZ, P., Empirisk psykologi. Hufvudsakligen efter tyska författare. 8:o, 143 s. Göteb., Wettergren & Kerber. 94. 2 kr.

LINNÉ, Carl v., Ungdomsskrifter samlade af Ewald Ährling. Utg. af K. Vet.-akad. 8:o. Sthm, P. A. Norstedt & S:r.
1:a serien 1:a hft. 106 s. 88. 1: 25.
2:a hft. s. 107—360. 88. 3 kr.
2:a serien. 390 s. o. 1 pl. 89. 5: 75.

Linnea. En samling sagor, berättelser o. poemer af Onkel Adam, Z. Topelius, Lea, Pilgrimen m. fl. hemtade ur tidningen Linnea. Utg. af Erik Wallin. 8:o, 214 s. Sthm, F. & G. Beijers Bokf.-aktb 88.
Kart. 2: 75.

Linnea. Tidning för barn o. ungdom. Utg. af Erik Wallin. Årg. 1886—95 Stor 8:o. Vadstena, Redaktionen. 86—95. (För årg. 12 n:r) 3 kr.

LINNELL, Ludvig, Om skolans ändamål o. bestämmelse. 8:o, 5 s. Eslöf, C J. Carlin i distr. 94. 10 ö.

LINROTH, Klas, Berättelse om allm. helsotillståndet i Sthm under året 1887. 10.e årg. 4:o, 73, 79 o. (bihang) 51 s. Sthm, Stockholms helsovårdsnämnd 88. 2: 50.
Jfr. Förhandl:r vid helsovårdsfören. sammanträden.
—, Influensan i epidemiologiskt hänseende. Se: Handlingar, Svenska läkaresällsk. 1. o. 3.
—, Inverkar uppsjö menligt på Stockholms sundhet? 8:o, 55 s. o. 1 pl. Sthm, Samson & Wallin. 88. 90 ö.
Jfr Förhandl:r vid helsovårdsfören. sammanträden.
—, Om animal vaccination. — *Fröman, O.*, Förslag till föreskrifter rör. afloppsledn:r i tomt o. hus. 8:o, 35 s Sthm, Samson & Wallin. 87. 50 ö.
—, Se: Berättelse om allm. helsotillståndet i Stockholm.

LINSÉN, G., Se: Sånger, 30.

LIPPE KONOW, Ingeborg von der, I barnsåren. Se: Ungdomsböcker, P. A. Norstedt & Söners. 21.

Lisa, Sagan om julgranen. 8:o, 16 s. Sthm, C. Deléen & K. i komm. 91. 50 ö.

Liss Olof Larssons politiska verksamhet skärskådad vid dagsljus af en danneman. 8 o, 48 s. Sthm, F. Asklöf. 90. 50 ö.

Lissagaray, Kommunen 1871. Öfv. af F. Sterky. 8:o, 551 s. Sthm, Socialdemokrat. förbundet. 91 — 92. 3: 40

Lisseg, Folklifsbilder från Södermanland. 8:o, 211 s. Sthm, F. & G. Beijers Bokf.-aktb. 87. 1: 25.

LIST, Fredrik, Det nationella nationalekonomiska systemet Öfv. af R. C. G. Rudbeck. 8:o, 430 s. Sthm, A. V. Carlsons Bokf.-aktb. 88. 3: 75.

List of the fossil faunas of Sweden. Ed. by the palæontological depart. of the swedish state museum 8:o. Sthm, Samson & Wallin.
II Upper silurian. 29 s. 90 ö.
III. Mesozoic. 20 s. 88. 70 ö.

Litteratur, Aus der neueren deutschen. 8:o. Sthm, W. Billes Bokf.-aktb.
1. *Richl, H. W.*, Drei novellen mit Anmerkg. herausg. von *E. Planck*. 2:a uppl. 125 s. 94. Klb. 1 kr.
(1:a uppl. 90.)
2. *Müller, C. W.*, Aus demselben Holze. Erzählung. Mit Anmerkg. herausg von *Hj. Hjorth*. 92 s. 91. Klb. 1 kr.
3. —, Zwei Erzählungen. Mit Anmerk:n. herausgg. von *Hjalmar Hjorth* o. *Anna Lindhagen*. 134 s. 92. 1 kr., inb. 1: 20.
4. *Arnold, Hans*, Fritz auf dem Lande, eine lustige Geschichte. Mit Anmerk:n herausgg. von *Bj. Hjorth* o. *Anna Lindhagen*. 47 s 92.
45 ö., inb. 65 ö.
5. *Seidel, Heinr.*, Der Trilpetritsch u. andere Geschichten. Mit Anmerkg. herausg. von *Hj. Hjorth* u. *Anna Lindhagen*. 92. 70 ö.
6. —, Leberecht Hühnchen u. Eine Weihnachtsgeschichte. Mit Anmerkg. herausg. von *Hj. Hjorth* u. *Anna Lindhagen*. 92. 75 ö.

Litteratur, Aus der neueren deutschen. 8:o. Sthm, W. Billes Bokf.-aktb.
7. *Heyse, Paul,* Colberg. Historisches Schauspiel in 5 Akten. Mit Anmerkungen von Hj. Hjorth u. A. *Lindhagen.* 136 s. 95. 1: 30, inb. 1: 50.

LIVANDER, Aurora, Handbok i den nyare kokkonsten närmast afsedd för det borgerliga köket. Med 600 recepter. 3 e uppl. 8:o, xxix o. 184 s. Sthm, F. & G. Beijers Bokf.-Aktb. 92. Kart. 1: 75. (2:a uppl. 83.)

LIVIJN, Carl, Om moderna socialpolitiska lagar o. lagförslag ang. arbetsklassens betryggande mot ekonomiska följderna af s. k. olycksfall i arbetet. I. 8:o, 168 s. Lund, Aug. Collin. 93. 2 kr.

LIVINGSTONE, D., Se: Missionären o. Afrikaforskaren D. Livingstone.

LIVIUS, Titus, Ab urbe condita. Med förkl:r af *Peter Bagge.* 8:o. Sthm, P. A. Norstedt & S:r.
Liber XXIII. 60 o xlij s. 87. 1 kr.
Liber XXV. 58 o. lix s. 88. 1: 25.
Liber XXVI. 67 o. lx s. 88. 1 kr.

—, Ab urbe condita liber XXX. Med förklaringar af *Peter Bagge.* 8:o, 54 s. xliij s. Ups. W. Schultz. 95. 1 kr.

——, Ab urbe condita. Med förklaringar af *A. Frigell.* 8:o. Sthm, P. A. Norstedt & S:r.
Liber XXII. 2:a uppl. 104 s. 95. 1: 25.
Liber XXIII. 116 s. 88. 1: 25.

—, Ab urbe condita libri I—III et XXI. Med anmärkn:r af *R. Törnebladh.* 5:e uppl. 8:o. Sthm, P. A. Norstedt & S:r. 95.
1:a hft, omfattande liber I. iv, 62 o. 40 s. Klb. 1: 50.
2:a hft, omfattande liber II. viij s. o. s. 63—126 o. 41—78. Klb. 1: 50.
3.e hft, omfattande liber III. viij s. o. s. 127—196 o. 79—123. Klb. 1: 50.
4:e hft, omfattande liber XXI. viij s. o. s 197—252 o 124—162. Klb. 1: 50.

—, Romerska historien. Se: Författare, Grekiska o. romerska, i svensk öfversättning.

—, Öfversättning till Livius romerska historia af *I.* 8:o. Lund, Aug. Collin.
1:a boken. 66 s. 91. 1 kr.
2:a boken. 68 s. 91. 1 kr.

—, Öfvers. till Livius rom. historia. Utg. af *L.* 8.o. Lund, C. W. K. Gleerup.
22:a boken. 77 s. 91. 75 ö.
23:e boken. 64 s. 91. 75 ö.
24:e boken. 72 s. 90. 1 kr.

—, Se: *Kullander, E,* Liviansk krestomati. — Öfversättn. till Livius af *N—s.*

LJONE, Oddmund, Medbrottslighet. Nykterhetsföredrag. 8:o, 14 s. Lindesberg, Högborgska bokförlaget. 93. 10 ö.

LJUNG, Adam, Ordagrann öfversättning af Aeneidens 3:ne första böcker. 6:e uppl. 8:o, 83 s. Sthm, F. & G Beijers Bokf.-aktb. 88. 1 kr., kart. 1: 25.

LJUNG, J., Helsingborgs folkskola 1838—88. En återblick. 8:o, 50 s. Helsingb., Joh. Svensson. 88. 50 ö.

[LJUNGBERG, C. E.], Bidrag till historien om kriget i Norge 1814, jemte granskning af herr J. Mankells skrift i samma ämne af *C. E. L.* 4:o, 18 s. Sthm, Palm & Stadling. 87. 40 ö.

—, Om nödvändigheten att frigöra svenska nationen från Mellanrikslagen. Föredrag i Stockholms 4:e valkrets den 5 nov. 1894. 4:o, 18 s. Sthm, Förf. 95.

—, Se: Tidskrift för Sveriges landsting.

LJUNGBERG, Eva, (Draba Verna). När sjön går upp. Berättelser o. skizzer. 8:o, 6 o. 158 s. Hangö, A. Kaustell. 91. 2: 50.

—, Något om diakonissverksamheten. Se: Skrifter, Folkupplysn. sällsk. 66.

—, Om folkundervisningen. Se: dersammast. 56.

—, Schweiz. Se: dersammast. 65.

—, Se: Snöflingan.

LJUNGDAHL, S., Se: Xenophons hågkomster om Sokrates.

LJUNGGREN, Carl Aug., The poetical gender of the substantives in the works of *Ben Jonson.* An acad. diss. 4:o, 63 s. Lund, Aug. Collin. 92. 1: 50.

LJUNGGREN, Gustaf, Svenska akademiens historia 1786 - 1886. På Akademiens uppdr. författad. 2 dlr. 8:o, x, 308 samt vj o. 519 s. Sthm, P. A. Norstedt & S:r. 86. 12 kr.

—, Svenska vitterhetens häfder efter Gustaf III:s död. 8:o. Lund, C. W. K. Gleerup.
IV: 1. Striden mellan gamla o. nya skolan 1809 —14. 162 s. 87. 2 kr.
2. s. 163—322. 88. 2 kr.
3. s. 323—484. 89. 2 kr.
4. s 485—652 o. vj s. samt 1 pl. 90. 2 kr.
V: 1. Striden mellan gamla o. nya skolan 1815 —23. 160 s. 91. 2 kr.
2. s. 161—320. 92. 2 kr.
3 s. 321—482. 2 kr.
4[slut] vj s. o. s. 483—646 o. 1 pl. 95. 2 kr.

—, Svar på Rundgrens tal med bilagor. Se: Handl:r, Sv. Akadn:s. 1887.

—, Tal på högtidsdagen 1887. Se: dersammast. 1887.

LJUNGH, A. Th., Ueber isoptische u. arthoptische Kurven. Dissert. 8:o, 49 s. Lund, Gleerupska univ:s bokh. 95. 1 kr.

LJUNGH, Ernst, Ordspråk i silhuetter. 4:o, 28 pl. Sthm, G. Chelius. 86. 2 kr.

—, Svart på hvitt. Bilderbok. 24 silhuetter med text. 4:o, 20 pl. (Tr. i H:fors) Sthm, G. Chelius. 87. Kart. 1: 75.

LJUNGKVIST, F. G. L., Anteckningar till Lukas' evangelium, till skolungdomens tjenst utgifna. 8:o, 94 s. Göteb., N. P. Pehrsson. 95. Klb. 1: 25.

LJUNGMAN, Axel Vilh., Om de stora hafsfiskena, betraktade från nationalekonomisk synpunkt. 8:o, 52 s. Vorekil, Förf:n. 90. 50 ö.

—, Se: Berättelsen öfver Göteborgs o. Bohusläns hafsfisken.

LJUNGQVIST, Erik G., Betraktelser för hemmet. Minnen från andaktsstunder i Upsala domk. församl. o. å badorten Marstrand. 8:o, viij o. 181 s. Ups., Förf:n. 92. 2: 50.

—, Det evangelisk-lutherska kyrkosamfundet o. sekterna inom Sverige. 8:o, 88 s. Ups, Akad. bokh. 90. 50 ö.

—, Vår nya högmessa, till församlingens tjenst framställd. 8:o, 33 s. Sthm, A. L. Normans f.-exp. 94. 25 ö.

LJUNGSTEDT, Erik, Om tullskydd. 8:o, 43 s. Sthm, Z. Hæggströms f.-exp. i distr. 93. 50 ö.

LJUNGSTEDT, Karl, Anmärkn:r till det starka preteritum i germanska språk. Se: Årsskrift, Upsala univ:s 1888. Filos. språkv. o. hist. vet. 1.

——, Modersmålet o. dess utvecklingsskeden. Se: Studentfören. Verdandis småskrifter. 46.

—, Språket, dess lif o. ursprung. Se: dersammast. 30.

LJUNGSTRÖM, Georg, En teosofs svar på Karl af Geijerstams "Modern vidskepelse". 8:o, 94 s. Sthm, Henr. Sandberg i distr. 92. 1 kr.
—, Teosofiska dikter. Se: Småskrifter, Teosofiska. 2.
LJUNGSTRÖM, J. Alb., Handbok i biskötsel. Se: Handböcker, Ad. Bonniers allmännyttiga. 15.
Ljus, Dagligt, på vår väg. Korta utdrag ur Bibeln för hvarje dag i året. Öfv. från eng. 16:o, 380 s. H:fors, Söderström & K. 95. Inb. 1: 25.
Ljus från ofvan. Bibelspråk med illustr. o. verser af L. S. 10 blad velin. (Tr. i Lahr.) Sthm, C. A. V. Lundholm. 90. Kart. 1 kr.
Ljus o. frihet. Kalender för Sveriges fritt tänkande medborgare, utg. af Viktor Lennstrand 1891. 8:o, 96 s. Sthm, G. Walfr. Wilhelmssons boktr. 90. 75 ö.
Ljus på vägen. En afhandl., skrifven till nytta för dem, som icke känna Österlandets visdom. Nedskrifven af M. C. Öfv. från eng. 8:o, 33 s. Sthm, G. Chelius. 91. 30 ö.
Ljus åt vårt folk. Litterärt album, utg. af Uno Stadius o. Guido Hornborg. Stor 8:o, 104 s. Sthm, C. E. Fritzes hofbokh. i distr. 92. 2 kr.
Ljus öfver profetiorna. Babylons fall. Förkl. öfver en del af Joh. uppenb. Inneh. nyckeln till bibelns profetior. Upptecknad af I. 12:o, 22 s. Eksjö, Tr. i Eksjö tryckeri-aktiebolag. 89. 50 ö.
Ljusglimtar, Små. Svenskt orig. af E. S. K. 8:o, 112 s. Sthm, P. Palmquists aktb. 92. 80 ö., klb. 1: 25.
LOBSTEIN, D. P., Den traditionella kristologien o. den protest. tron. Se: Frågor, I religiösa o. kyrkliga. 27.
—, Några tankar om barndopet. Se: dersammast. 8.
LOBSTEIN, J. F., Dagliga väckelseord eller ett skriftställe i korthet belyst hvarje dag af året Öfv. af Otto v. Feilitzen. 3.e uppl. 8:o, 508 s. Sthm, J. Beckman. 87. 2: 50, klb. 3: 50.
LOCHMANN, F., Den nyare naturåskådningen. Öfv. från norskan af Andrea Butenschön. 8:o, 101 s. Sthm, P. A. Norstedt & S:r. 90. 1 kr.
LOCKE, D. R., Se: Ölbruket o. dess skadliga följder.
LOCKE, John, Några tankar rör. uppfostran. Se: Skrifter af uppfostringskonstens stormän. 2 o. 3.
Lof, Guds. Andliga sånger, samlade o. utg. af C. J. K—dt 4:e uppl. bearb. o. tillökt af Naëmi. 16:o, 183 o. viij s. Falköp, A. J. Lindgrens bokh. 92. 50 ö., inb. 60 ö.
Lofva Herren! Bibelspråk med verser af L. S. 6 blad velin med kolor. fig. Sthm, G. Chelius. 93. 75 ö
Logaritmer för själfstudium såväl för sifferuppgifter i allmänhet som för trigonometriska bruk, af O. G. N. 8:o, 31 s. Sthm, Z. Hæggströms f.-exp: 93. 50 ö.
LOIZEAUX, P. J., Se: Handlingssätt, Herrens, med Dan. Mann.
LOJANDER, Hugo, Droguer ur djur- o. växtriket. Kort öfversigt. 8:o, 156 s. Tammerf. Ilj. Hagelberg. 88. 2: 50 fmk.
—, Repetitorium i botanisk farmakognosi. 8:o, 54 s. Tavasteh., A. Alopæus. 88. 1: 50 fmk.
—, Se: Tidskrift, Finsk farmacentisk.
Loke, Våra riksdagsmän o. deras verksamhet. I. Landtmannapartiet Öfversigt. 8:o, 32 s. Sthm, J. W. Svensson. 87. 50 ö.
LONDÉN, Lilly, Berättelser o. bilder. 8.o, 123 s. H:fors, W. Hagelstam. 93. 1: 60 fmk.
—, En misstanke. 8:o, 230 s. H:fors, W. Hagelstam. 92. 2: 25 fmk.

LONGFELLOW, Henry Wadsworth, Valda dikter. Tolkade af Hjalmar Edgren. 8:o, xvj o. 368 s. Göteb., Wettergren & Kerber. 92. 4 kr. inb. 6 kr.
LOOSTRÖM, Axel, Vexel-lära enligt svensk rätt. 2:a omarb. o. tillökta uppl. 8:o, 100 s. Sthm, Looström & K. 95. Kart. 1: 50
LOOSTRÖM, Ludvig, Den Svenska konstakademien under första årh. af hennes tillvaro 1735—1835. Ett bidrag till den svenska konstens historia. 8:o. Sthm, Looström & K. 87.
1:a hft. 144 s. 87. 2: 50.
2:a hft. s. 145—296. 88. 2: 50.
3:e (slut)hft. s. 297—540. 91. 3: 50.
—, Förteckning öfver Kgl. Akad:s för de fria konsterna samling af målningar o handteckn:r. 8:o, xvj o. 45 s. Sthm, Kgl. Akad:n för de fria konsterna. 92. 50 ö.
—, Konstväfvare på Stockholms slott under 1700-talet. Se: Meddelanden från Nationalmuseum.
—, Se: Bukowski, H. o. Looström, L., E. A. Bomans efterl. saml. af Rörstrands o. Mariebergs keramiska tillverkningar. — Meddelanden från Svenska slöjdföreningen.
LORIN, Georges, Jag tycker om fruntimmer. Monolog. Se: Humor, Fransk.
LOTI, Pierre, (Jules Viaud), Ett giftermål i Japan. Öfv. från franskan af Erik Thyselius. 8:o, 259 s. Sthm, Looström & K. 88. 2: 75.
—, Genom öknen till Jerusalem. Öfv. af Walborg Hedberg. 12:o, 198 s. Sthm, Alb. Bonnier. 95 2 kr.
—, I Marokko. Öfv. af A. H. Rundqvist. 8:o, 384 s. Sthm, L. Hubendick. 90. 3 kr.
—, Islandsfiskare. Roman. Öfv. från franskan af Tor Hedberg. 2:a uppl. 8.o, 221 s. Sthm, F. & G. Beijers Bokf.-aktb. 95. 1: 75 (1:a uppl. 87.)
—, Jerusalem. (Fortsättning på "Genom öknen till Jerusalem".) Öfv. af Walborg Hedberg. 12:o, 174 s. Sthm, Alb. Bonnier. 95. 2 kr.
—, Min bror Yves. Öfv. af Erik Thyselius. 8.o, 276 s. Sthm, F. & G. Beijers Bokf.-aktb. 92. 2: 50.
—, Ungdom o. kärlek. Öfv. från franskan af Erik Thyselius. 8:o, 198 s. Sthm, Klemmings ant. 88. 1: 75.
Louise, W., Hvad solstrålarne berättade. 1:a hft. 4:o, 24 s. Sthm, Svenska allm. qvinnofören. till djurens skydd. 88. 30 ö.
—, Tant Jeannas skymningsberättelser. 4:o. Sthm, Svenska allm. qvinnofören. till djurens skydd.
1:a hft. 36 s. 87. 40 ö.
2:a hft. 31 s. 87. 40 ö.
LOW, Geo. J., I nykterhetsfrågan. Uppsatser om prohibition. (Rusdrycksförbud.) 8:o, 4 o. 78 s. Sthm, Svenska bryggareföreu. 91. 40 ö.
LOVE, Agathe, Väckelseröster ur Guds ord. En bok för unga kristna. Öfv. från tyskan. 8:o, 163 s. Sthm, A. V. Carlsons Bokf.-aktb. i distr. 94.
1: 25, kart. 1: 60, klb. 2 kr.
LOVEGROVE, Henry J. C., Messiasriket. Dess grund, lag, borgerliga lag o. lag för beskattningen. 8:o, 187 s. Nässjö, Förf:n. 90. 2 kr.
LOVÉN, Chr., Om spannmålstullars inverkan på det svenska jordbruket. 8:o, 26 s. Sthm, P. A. Norstedt & S:r. 87. 25 ö.
LOVÉN, Fredrik Aug, Tallens o. granens tillväxt i Vermland, samt dessa skogars ekonomiska mogenhetstid o. behandling. Folio. 20 o. (tab.) 77 s. samt 2 pl. Filipstad, Bronellska bokh. 92. 8 kr.

LOVÉN, Hedvig, Om algernas andning. Se: Bihang till K. sv. Vet.-akad:s handl:r. XVII: III, 3.
—, Om utvecklingen af de sekundära kärlknippena hos Dracæna o. Yucca. Se: dersammast. XIII: III, 3.
LOVÉN, Sven, Echinologica. Se: dersammast. XVIII: IV, 1.
—, On a recent form of the Echinoconidæ. Se: dersammast. XIII: IV, 10.
—, On the species of Echinoidea described by Linnæus. Se: dersammast. XIII: IV, 5.
LOVETT, R., Se: *Manning, S.* o. *Lovett, R.*, Faraonernas land.
LOYSON, Hyacinthe (pater Hyacinthe). Mitt testamente. Med protest. Mitt giftermål. Inför döden. Med förf:ns portr. 12:o, 88 s. o. 1 portr. Sthm, P. A. Huldbergs Bokf.-aktb. 95. 80 ö.
LUBBOCK, John, Lifvets fröjder. Öfv. o. bearb. från eng. af *O. H. D.* 8:o. Sthm, H. Geber.
1:a dln. 138 s. 88. 1: 50.
2:a dln. 195 s. o. 1 portr. 89 2: 25.
—, Lifvets uppgift. Fri öfvers o. bearb. af *O. H. D.* 8:o, 228 s. Sthm, H. Geber. 95. 2: 25.
Lucianus, Löjtnanten. Teckning ur Helsingforslifvet. 8:o, 86 s. H:fors, G. W. Edlund. 88. 1: 50 fmk.
Lucifer. Arbetarekalender. 1892. 8:o, 80 s. o. 4 pl. Sthm, W. Wilhelmssons boktr. 91. 75 ö.
LUCIUS, E., Hednamissionens framtid. Föredrag. Öfv. af *S. A. Fries*. 8:o, 40 s. Sthm, Fost.-stift:s f.-exp. 92. 25 ö.
LUMHOLTZ, Carl, Bland menniskoätare. Fyra års resa i Australien. 8:o, 494 s. 13 pl. o. 2 kartor. Sthm, P. A. Norstedt & S:r. 88—89.
9 kr., inb. 10: 50.
LUND, G. A., Svensk språklära. Rättskrifning, grammatik o. uppsatsskrifning i koncentriska cirklar. 1:a hft. 8:o, 40 s. Sthm, Ad. Johnson. 86. 20 ö.
Lund just nu! Ögonblicksbilder från verldens största utställning. [På omslaget: från verldsutställningen i Lund 1890.] 8:o, 34 s. Lund, Aug. Collin. 90.
50 ö.
Lundagård o. Helgonabacken, Från. Lundensisk studentkalender. [1:a årg.] 12:o, 192 s. o. musikbilaga. Lund, Fil. d:r Joh. Erikson i distr. 92. 2 kr.
—, 2:a årg. 8:o, 165 s. Lund, Wald. Bülow i distr. 93. 2 kr.
—. 3:e årg. 8:o, 180 s. Sthm, Looström & K. i distr. 94. 2 kr.
—, 4:e årg 8:o, 175 s. Sthm, Nordin & Josephson. 95. 1: 50.
LUNDAHL, Nils, Se: Folkskolans 50-års fest i Lund.
— *Larsson, L. T.* o. *Lundahl, N.*, Aritmetisk exempelsaml. —, Räknekurs. —, Sifferekvationer af 1:a graden.
LUNDBERG, A., Se: *Voltaire*, Histoire de Charles XII.
LUNDBERG, A. E., Om lim o. limning. 8.o, 16 s. Sthm, Nordin & Josephson. 89. 25 ö.
—, Om lödning. 8:o, 24 s. Sthm, Nordin & Josephson. 88. 25 ö.
—, Om träarbetens hopsättning o. färgning. 8:o, 11 s. Sthm, Nordin & Josephson. 88. 25 ö.
LUNDBERG, A. V., Staflista öfver svenska språket. 8:o, 86 s. Ups, W. Schultz. 90. Klb. 1 kr.
LUNDBERG, Bengt, De diplomatiska förbindelserna mellan Sverige o. Preussen från Poltavaslaget 1709 till fredsbrottet 1715. Akad. afh. 8:o, 182 s. Lund, Gleerupska univ:s bokh. i distr. 93. 2 kr.
LUNDBERG, Christina, Kokbok. Ny tillök. uppl. 12:o, 128 s Sthm, F. C. Askerberg. 91. 50 ö.
LUNDBERG, Ellen, f. Nyblom. Lyriska stämningar. (Prisbelönta af Svenska akad.) 8:o, 130 s. Sthm Wahlström & Widstrand. 95. 2 kr
LUNDBERG, Emilie, "Förlåt mig". Se: Teatern Svenska. 220.
LUNDBERG, Erik, Den matematiska undervisn. vid läroverk i Tyskland o. Frankrike. Reseberättelse. 8:o, 136 s. Sthm, Samson & Wallin. 89. 75 ö.
[**LUNDBERG, Helmer**], Se: *Leigh-Smith, A.*, Om kreditanst. för det sv. jordbruket.
LUNDBERG, Jacob, Vägvisare för resande i Helsingborg o. omnejd. [På svenska, tyska o. eng.] 8:o, 20 s. o. 1 karta. Helsingb., Killbergs bokh. 91.
75 ö.
LUNDBERG, John, Förteckning öfver Sveriges o. Norges jernvägar. 3:e uppl. 1891. 12:o, 176 s. o. 1 tab. Sthm, Wahlström & Widstrand i distr. 91.
Klb. 1: 50.
LUNDBERG, Louise, Locutions parisiennes. Franska talesätt, alfabet. ordnadt urval till hjälp vid studiet af franska språket. 12:o, 144 s. Sthm, Alb. Bonnier. 90. Inb. 1: 50.
LUNDBERG, Oscar, Afvägningsbok med svenska kartverkens beteckningssätt o. skalor m. m. 8:o, xxxj o. 88 s. Malmö, Envall & Kull. 88. Klb. 4 kr.
—, Handbok i dranering. 8:o, 78 s. o. 3 pl. Malmö, Envall & Kull. 91. 2 kr.
—, Handledning vid tekniska ritningars uppgörande. Beskrifning på ritmaterial o. ritapparater. 8:o, 76 s. Malmö, Envall & Kull i distr. 93. 1: 50.
—, Handledning vid tekniska ritningars uppgörande, afsedd för tekniska läroanstalter, ritkontor etc. äfvensom taxor för tekniska arbeten m. m. 8:o, xiv o. 312 s. samt 7 pl. Malmö, Envall & Kull i distr. 94. Klb. 4: 50.
—, Kortfattad lärobok i allmän husbyggnadslära. (Compendium.) 8:o, 208 s. o. 6 pl. Malmö, Envall & Kull. 90. 3: 50.
—, Lärokurs i jernvägsbyggnadskonst (Compendium.) 8:o, 47 s. o. 6 pl. Malmö, Envall & Kull. 87. 3 kr.
—, Lärokurs i linearritning. geodesi o. vattenafledning. 8:o, 80 s., 7 tab. o. 6 pl. Malmö, Envall & Kull. 87. 2: 75.
—, Om impregnering af jernvägssliprar efter Julius Rütgers system. 8:o, 56 s. 1 tab. o. 3 pl. Malmö, Envall & Kull. 90. 2: 25.
—, Om ångpannors vård o. skötsel med särskild hänsyn till matarevattnets beskaffenhet o. pannplåtens afrostning. Kompendium. 8:o, 60 s. o. 2 pl. Malmö, Envall & Kull. 95. 2 kr.
LUNDBERG, Rudolf, Fiske med metspö. Se: Bibliotek, Illustreradt, för idrott. 8.
—, Meddelanden rör. Sveriges fiskerier. 2:a hft. 8:o, 299 s., 2 pl. o. 2 kartor. Sthm, W. Billes Bokf.-aktb. 88. 2 kr.
—, Se: Fiskeritidskrift, Svensk.
LUNDBERG, Rudolf, Om franska bankförhållanden. Tre föredrag. 8.o, 68 s. Sthm, Ad. Johnson. 90.
1 kr.
LUNDBLAD, G. T., Fullständig minneslista för pastors- o. prostexpeditionen, jämte formulärer o. förteckning öfver enskilda kungörelser, som skola i kyrka uppläsas utarb. (närmast med hänsyn till Skara stift.) 8:o, 32 s. Skara, C. A. Berger. 95. 50 ö
—, Om kyrkliga prydnader o särskildt de s. k. paramenterna. 8:o, 21 s. Skara, Förf:n. 91. 15 ö.
—, Se: Sångsamling, "Kyrkosångens vänners"
LUNDBLAD, P. S. W., Öfningar i svensk rättskrifning jemte rättstafningslära. 9:e uppl. 12 o, 87 s. Sthm, Ad. Bonnier. 90. Kart. 1 kr.

LUNDBOHM, Hjalmar, Om granitindustrien i utlandet. Reseberättelse. 8:o, 61 s. o. 3 pl. Sthm, Samson & Wallin. 89. 75 ö.
—, Om stenindustrien i Förenta staterna. 8:o, 32 s. Sthm, Samson & Wallin. 94. 50 ö.

LUNDBORG, Matheus, Det s. k. Petrusevangeliet, ett nyfunnet fragment ur en fornkristlig apokryf. Text med öfversättn. 8:o, 91 s. Lund, Gleerupska univ:s bokh. 93. 1: 25.

LUNDBORJ, Nils, Svänsk rättskrivningslära 8:o, 16 s. Malmö. Envall & Kull. 89. 25 ö.

LUNDEBLOM, Rich., Fosterländska sånger. 8:o, 175 s. Sthm, Förf:n. 89. (Ej i bokh)

LUNDEGÅRD, Axel, Faster Ulla o. hennes brorsdöttrar. 8:o, 224 s. Sthm, Alb. Bonnier. 94. 3: 50.
— , Fru Hedvigs dagbok. 8:o, 181 s. Sthm, Alb. Bonnier. 95. 2: 75, inb. 4 kr.
— , La mouche. En roman från ett dödsläger. 8:o, 288 s. Sthm, F. & G. Beijers Bokf.-aktb. 91. 3: 50.
—, Prometheus. En konstnärs saga. 2 dlr. 8:o, 247 o. 162 s. Sthm, Alb. Bonnier. 93. 4: 75, inb. 6 kr.
—, Röde Prinsen. Ett ungdomslif i stämningar. 8:o, 240 s. Sthm, F. & G. Beijers Bokf.-aktb. 89. 3 kr.
— , Stormfågeln. En historisk silhuett med bakgrund o. ram. 8:o, 186 s. Sthm, Alb. Bonnier. 93. 3 kr.
— , Tannhäuser. En modern legend. 2 dlr. 8:o, 180 o. 179 s. Sthm, Alb. Bonnier. 95. 4: 50.
— , Titania. En kärlekssaga. 2:a uppl. 2 dlr. 8:o, 160 o. 256 s. Sthm, Alb. Bonnier. 95. 4: 50, inb. 5: 50. (1:a uppl. 92.)
—, Se: *Ahlgren, Ernst.* o. *Lundegård, A*, Den Bergtagna. — Modern. — *Benedictsson, V.,* En sjelfbiografi.

LUNDELL, J. A., Études sur la prononciation russe. Se: Årsskrift, Upsala Universitets 1891. Filos. språkvet. o. hist. vet. 1.
— , Latinsk stil o. klassisk bildning. Se: Tidskrift, Nordisk. 1888.
—, Några ord om latinsk stil. Se: dersammast. 1888.
—, Olika ståndpunkter. Se: dersammast. 1887.
— , Om rättstafningsfrågan. Tre föreläsn:r. 8:o, 126 s. Sthm, P. A. Norstedt & S:r. 86. 1: 25.
— , Om samvärkan mellan universitetsbildning o. folkbildning. Se: Spörsmål, Svenska. 3.
—, Stå kristendom o. kultur i strid med hvarandra? Inledn. till diskussionen i Upsala d. 14 nov. 1891. 8:o, 26 s. Ups., Akad. bokh. 91. 35 ö.
— , Svensk ordlista med reformstavning ock uttalsbeteckning. 8:o, xxxij o. 384 s. Sthm, H. Geber. 93. 4: 25, kart. 4: 75.
— , Se: Anmärkn:r, Några, i rättstavningsfrågan.
— , Bidrag, Nyare, till känned. om de svenska landsmålen.

LUNDÉN, H., Hvarför super du? En vänskaplig fråga till alla dem, som ännu begagna rusdrycker. 12:o, 23 s. Sthm, Joh. Högborg. 89. 10 ö.
— , Rätt, sanning o. skönhet såsom vittnen mot supsed o. dryckenskap. 12:o, 24 s. Lindesberg, Joh. Högborg. 90. 10 ö.
— , Se: Kalender, Kopparbergs läns.

LUNDÉN, P., I nykterhetsfrågan. Teol. d:r H. D. Janson o. de absoluta nykterhetssträfvandena. 8:o, 48 s. Göteb., N. P. Pehrsson. 95. 25 ö.
— , Konfirmationsundervisning schematiskt framställd. 8.o, 68 s. Göteb., N. P. Pehrsson i distr. 94. 45 ö.

LUNDEQVIST, A. E., Hemläxor. Stor 16:o. Sthm, Ad. Johnson.

1. Rättstafn. Räkning o. geometri. 27:e uppl. 29 s. 91. 12 ö.
3. Geografi. Ny uppl. 29 s. 91. 12 ö.
4. Svensk historia. 13:e uppl. 31 s. 91. 12 ö.
5. Naturlära. 18:e uppl. 62 s. 91. 25 ö. (17:e uppl. 89.)
6. Mer än 1 000 räkneuppgifter. 32 s. 88. 15 ö.

LUNDEQUIST, N. W., Se: Lag, Sveriges rikes.

LUNDGREN, A. R. o. **MALMROS, J.,** Landtmannabyggnader för mindre hemmansbruk med en större plansch i litogr. färgtr. 8:o, 16 s. o. 1 pl. Sthm, F. & G. Beijers Bokf.-aktb. 86. 75 ö.

LUNDGREN, Bernh., Anmärkn:r om permfossil från Spetsbergen. Se: Bihang till K. sv. Vet.-akad.s handl:r. XIII: IV, 1.
— , On an Inoceramus from Queensland. Se: dersammast. XI, 5.
— , Öfversigt af Sveriges mesozoiska bildningar. 4:o, 37 s. Lund. Gleerupska univ:s bokh. 88. 50 ö. Jfr. Acta univ:s Lundensis. XXIV: II, 5.

LUNDGREN, Conrad, Förkortningsregler för stenografisk praktik. 2:a uppl. 8:o, 14 s. Sthm, Bröderna Påhlman i distr. 94. 50 ö. (1:a uppl. 89)
— , Lärobok i Leopold A. F. Arends stenografi eller kortskrift. 10:e uppl. 8:o, 16 s. Sthm, Bröderna Påhlman i distr. 94. 50 ö. (6:e uppl. 89. 7:e 90. 8:e 91. 9 e 92.)

LUNDGREN, C. O, Se: *Löfstedt, E*, Ordförteckning till Homeri Odyssee o. Iliad.

LUNDGREN, Elam, På lediga stunder. Dikter. 8:o, 51 s. Sthm, Looström & K. i distr. 91. 1: 50.

LUNDGREN, Fredrik, Handbok till bibliska historien. 8:o. Sthm, A. L. Normans f.-exp.
Gamla testamentet. x o. 408 s. 89. Inb. 4 kr.
Nya " 3:e uppl. 312 s. 93. Inb. 3 kr. (1:a uppl. 88. 2:a 91.)
— , Handledning vid bibelläsningen i skolan. 8:o. Sthm, P. A. Norstedt & S:r.
II: 1. Jacobs bref. 64 s. 94. 75 ö.
III: Johannes första bref. vj o. 83 s 93. 90 ö.
— , Katekesens vanrykte. Fyra föreläsn:r. 8:o, 62 s. Sthm, P. A. Norstedt & S:r. 90. 75 ö.
— , Kateketisk handbok till den föreskrifna läroboken i katekes. 8:o. Sthm, A. L. Normans f.-exp.
1:a dln. 4:e uppl. 92. Kart. 2 kr. (1:a uppl. 86. 2:a 87. 3.e 89.)
2:a dln. 3:e uppl. 208 s. 93. Kart. 2 kr. (1:a uppl. 86. 2:a 87.)
— , Söndagsskolans lifsvillkor. Föredrag. 8.o, 22 s. Sthm, Fost.-stift:s f.-exp. 91. 20 ö.
— , Se: *Norlén, W.* o. *Lundgren, F.*, Biblisk historia.
— —, Bibliska berättelser. — Tidskrift för folkundervisn.

[**LUNDGREN, Hanna**], Några frågor till väktarena på Zions murar af *H. L.* 8:o, 12 s. Nättraby, Förf:n. 94. 30 ö.

[**LUNDGREN, J. F.**], En svartsjuk tok. Se: Teatern, Svenska. 87.
[—], Från en lång teaterbana. Efterlemnade spridda minnesanteckn:r af *Uller.* Sammanfattade o. försedda med inledning af *John Neander.* 8:o, xxix o. 120 s. Sthm, F. C. Askerberg. 86. 1: 25.

LUNDGREN, L. P., Ångpannors o ångmaskiners skötsel. Handbok för eldare o. maskinister. Prisbelönad täflingsskrift. 8:o, 41 s. Lund, Gleerupska univ:s bokh. 95. 1: 25.

LUNDGREN, Lorentz, Se: Lefve sången!

LUNDGREN, Magnus, Svensk rättskrifningslära. 2:a uppl. 8:o, 80 s. Sthm, P. A. Norstedt & S:r. 89. Kart. 80 ö.
(1:a uppl. 86.)

LUNDGREN, Maria, Franska läsestycken för nybörjare. 3:e uppl. 8:o, 57 s. Göteb, Wettergren & Kerber. 94. 65 ö.
(1:a uppl. 87. 2:a 89.)

LUNDGREN, Oskar, Korta råd o. anvisn:r för försäkringsagenter jemte en uppsats om försäkringsväsendet i Sverige m. m. 8:o, 46 s. Göteb., Wettergren & Kerber. 92. 50 ö.

—, Om själfhjälp genom försäkring. 8:o, 54 s. Lund, Gleerupska univ:s bokh. i distr. 90. 40 ö.

—, Svensk staflista, angifvande skolstafning jämte gammalstafning o. nystafning. 8:o, xv o. 123 s. Lund, Gleerupska univ:s bokh. 91. Kart. 1: 25.

LUNDGREN, Otto, Högmessopredikan på andra böndagen. Hållen i Malmö Caroli kyrka d. 27 apr. 1890. 8:o, 15 s. Malmö, Envall & Kull. 90. 25 ö.

LUNDGREN, W. T., Fraktlista, utvisande segelfartygs beräknade omkostnader. 1 blad. Strömstad, Förf:n. 89. 25 ö.

—, Handbok om fraktberäkningar. Se: Bibliotek för sjöfarande. 4.

LUNDIN, O. F., Upsala möte i världshistorisk belysning. Se: Uppsatser i teolog. o kyrkl. ämnen. 7.

—, Wismars pantsättande till Mecklenburg-Schwerin. Akad. afh 8:o, iv o. 87 s. Ups., Förf:n. 92. 1: 25.

LUNDIN, Claës, Alina Frank. Ur en skådespelerskas lif. — Bland bränningar. — Röda fanan. 8:o, 248 s. Sthm, H. Geber. 87. 2: 50.

—, Nya Stockholm. Med talrika illustr. 8:o, 752, xvj s. o. 1 pl. Sthm, H. Geber. 90 12 kr., inb. 14: 50.
(Utkom i 11 hfn. 87—90.)

—, Stockholmstyper förr o. nu. 12:o, 318 s. Sthm, Fr. Skoglund. 89. 3: 25.

—, Tidsbilder ur Stockholmslifvet. 8:o, 257 s. Sthm, J. Beckman. 95. 2: 50.

—, Se: Bilder från Sverige.

LUNDIN, Hulda, Franska skolförhållanden. Se: Småskrifter, Pedagogiska. 3.

—, Handledning i metodisk undervisning i kvinlig slöjd. Se: Bibliotek för undervisningen. 3.

—, Klädsömnad. Handledning i måtttagning, mönsterritning o. tillklippning af fruntimmerskläder. Med 9 teckn:r. 8:o, 31 s. Sthm, F. & G. Beijers Bokf.-aktb. 88. Kart. 50 ö.

LUNDIN, K. F., Hufvudvilkoren för att kunna leverera god mjölk till mejerierna. Föredrag. 4:e uppl. 12:o, 75 s. Sthm, Alb. Bonnier. 95. 50 ö.
(3:e uppl. 90.)

—, Huru böra mäjerierna betala mjölken? Se: Studentföreningen Verdandis småskrifter. 25.

—, Om andelsmejerier. 12:o, 80 s. Sthm, Alb. Bonnier. 90. 50 ö.

—, Studier på engelska smörmarknaden under en resa i jan. 1895 på uppdrag af Malmöhus läns k. hushålln. sällsk. Utg. af Nordisk mejeri-tidning. 8:o, 43 s. Sthm, Nordin & Josephson i komm. 95. 50 ö.

—, Våra mejeriprodukter i England jemte några iakttagelser om mejeriförh. o. boskapsskötseln i Storbritt., Danmark o. Holstein. 8:o, 130 s Sthm, P. A. Norstedt & S:r. 89. 1 kr.

—, Våra mejeriutställningar jemte några ord om förhållandena inom smörhandeln, o. vår mejerihandtering. 8:o, 92 s. Sthm, Nordin & Josephson. 93. 60 ö.

LUNDIN, P., Se: Kalender, Norra Kalmar läns.

LUNDQVIST, August, Kortfattad handbok för frivilliga brandkårer o. brandkårsmän i Finland. 8:o, 8, 92 o. xij s H:fors, G. W. Edlund. 94. 1: 50 fmk.

LUNDQUIST, Aurore, Eget val. Berättelse. 8:o, 364 s. Sthm, W. Billes Bokf.-aktb. 93. 3 kr.

—, Seger. Berättelse. 8:o, 301 s. Sthm, Fr. Skoglund. 90. 2: 75.

LUNDQUIST, Ernst, Konstnärsblod. Berättelse. 12:o, 164 s. Sthm, Alb. Bonnier. 90. 1: 75.

—, Nisse jämte flere berättelser o. skizzer. 8:o, 192 s. Sthm, H. Geber. 94. 2: 25.

—, Profiler. Noveller o. skizzer. 12:o. Sthm, Fr. Skoglund i distr.
2:a saml. 247 s. 86. 2: 50.
3:e saml. 240 s. 88. 2: 50.

—, Skuggor o. ljusglimtar. Berättelser o. skizzer. 8:o, 248 s. Sthm, H. Geber. 89. 2: 50.

—, Smink. Berättelse. 12:o, 192 s. Sthm, Alb. Bonnier. 87. 1: 75.

—, Småflickor. Se: Teatern, Svenska. 228.

—, Vid aftonlampan. Noveller. 8:o, 208 s. Sthm, Klemmings ant. 91. Kart. 2: 50.

—, Se: Coppé, F., Pater noster. — Wessel, J. H., Kärlek utan strumpor.

LUNDSKOG, Aug., Gustaf II Adolfs personlighet o. lifsgärning. Minnestal. 8:o, 25 s. Sthm, P. A. Huldbergs bokf.-aktb. 94. 35 ö.

LUNDSTEDT, Bernhard, Om aflemnandet af arkivexemplar utaf tryckalster till biblioteken i Sverige jemte dermed sammanhängande frågor. 8:o, 14 s. Sthm, Klemmings antiqv. 91. 35 ö

—, Svenska tidningar o. tidskrifter utg. inom Nord-Amerikas stater. Se: Handlingar, Kongl. Bibliotekets.

—, Sveriges periodiska litteratur. Bibliografi enl. Publicistklubbens uppdrag utarbetad. I. 1645—1812. 8:o, 180 s. Sthm, Klemmings ant. 95. 5 kr.

LUNDSTRÖM, Anton, Minnestal vid biskopen Lars Landgrens begrafning d. 10 apr. 1888. 8:o, 15 s Hernösand, J. A. Johanssons bokh. 88. 25 ö.

LUNDSTRÖM, Axel N., Om våra skogar o. skogsfrågorna. Se: Fören. Heimdals folkskrifter. 24.

—, Pflanzenbiologische Studien. II. Die Anpassungen d. Pflanzen an Thiere. 4:o, 88 s. o. 4 pl. Ups., Lundequistska bokh. 87.
Jfr. Acta, Nova, reg. soc:s scient. Ups, XIII: II, 6.

LUNDSTRÖM, C., Om urinämnets sönderdelning. Se: Comment. variæ in mem act. V: 5.

LUNDSTRÖM, Herman, Laurentius Paulinus Gothus, hans lif o. verksamhet 1565-1646. I, II, (1565—1637.) Akad. afh. Med portr. 8:o, viij, 334 o. 22 s. samt 1 pl. Ups., Almquist & Wiksells boktr. 93. 3 kr.

[**LUNDSTRÖM, Isidor**], Cleopatra Lustspel med sång i en akt af Isidor L—m. 4:o, 91 s. Sthm, tr. hos K. L. Beckman. 90.
(Uppl. 25 ex)

—, Kung Orres saga. Forn-nordisk dikt i 10 sånger-Illustr. af V. Andrén. 4:o, 60 s. Sthm, J. Seligmann. 92. Inb. 4 kr.

LUNDSTRÖM, J. Bernh., Se: Uppslagsbok för alla.
— Vademecum för alla.

[**LUNDSTRÖM, Math:a**], För hundra år sedan af Mattis. Se: Öreskrifter för folket. 48.

LUNDSTRÖM, Vilh., Från söder o. öster. Bilder o. minnen. 8:o, 154 s. Sthm, H. Geber. 95. 2 kr.

[LUNELL, Lars], Bland furor o. granar. 8:o, 176 s. Falun, Carl Björklund. 88. 1: 50.

Lustvandringar, Två finskors. Se: [Ehrnrooth, A.]

LUTHARDT, Chr. Ernst, Apologetiska föredrag öfver kristendomens moral. Öfv. af Erik Stave. 8:o, ix o. 335 s. Sthm, Fr. Skoglund. 88. 3: 50.

—, De moderna verldsåsigterna o. deras praktiska konsequenser. På svenska af Clas Warholm. 2:a uppl. 8:o, 239 s. Lund, C. W. K. Gleerup. 87. 2: 50.

LUTHER, Martin, Davids 51:a psalm utlagd. 4:e uppl. 12:o, 204 s. Piteå, Fr. Ocklind. 91. Inb. 1 kr.

—, Huspostilla. Se: Skrifter, utg. af Samf. pro fide et christianismo. 1.

—, Kyrkopostilla. Ny öfv. 6:e uppl. Stor 8:o. Sthm, Fost.-stift:s f.-exp.
Epistel postilla. 500 s. 92. 2: 50, inb. 3: 75.
Evangelii postilla. 682 s. 92. 3: 25, inb. 4: 50.
Båda i ett band 5: 50, inb. 7 kr.

—, Lilla katekes med kort utveckling. Aftryck af normaluppl. 8:o, 99 s. Sthm, A. L Normans f.-exp. 88. Inb. 25 ö.

—, Lilla katekes med kort utveckling. Normaluppl. 8:o, 93 s. Sthm, Aktieb. Hiertas bokförlag. 91. Inb. 20 ö.

—, Lilla katekes. Öfv. af Oscar Bensow. 8:o, 20 s. Sthm, G. Chelius. 91. 25 ö.

—, Lilla katekes med kort utveckling. Utg. af C. G. Bergman. 12 o, 104 s. Sthm, W. Billes Bokf.-aktb. 91. Inb. 25 ö.

—, Lilla o. stora katekesen. Särtryck ur Lutherska kyrkans bekännelseskrifter (Concordia pia), ånyo utg. samt försedda med inledn. o. noter af Gottfr. Billing. 8:o, 118 s. Lund, C. W. K. Gleerup. 95. Inb. 75 ö.

—, Lilla katekes med kort utveckling. Skoluppl. utg. af Gottfrid Billing o. P. Wingren. 8:o, 107 s. Lund, C. W. K. Gleerup. 91. Inb. 25 ö.

—, Lilla katekes med kort utveckling. (N:o 1.) Stereotyp. uppl. utg. af Carl Kastman. 8:o, 96 s. Sthm, P. A. Norstedt & S:r. 91.
Kart. 25 ö, med skinnrygg 30 ö.

—, Lilla katekes jemte den antagna utvecklingen, försedd med förklarande anmärkn:r o. tillägg af F. Landahl. 3:e uppl. Aflång 8:o, xvj o. 183 s. Göteb., N. P. Pehrsson. 95. Kart. 75 ö. (2:a uppl. 86.)

—, Lilla katekes med kort utveckling, gillad 1878 Utg. af O. W. Lemke. 12:o, 96 s. Sthm, Fr. Skoglund. 90. Inb. 25 ö.

—, Lilla katekes med gällande utvecklingen ordnad i tvenne koncentriska kurser för de allm. lärov:n, af Th. Mazér. 8:o, 96 s. Sthm, P. A. Norstedt & S:r. 94. Inb. 25 ö.

—, Lilla katekes med kort utveckling gillad 1878. Utg. af Carl Norrby. Ny uppl. Tryckt med antikvastilar. 8:o, 100 s. Sthm, A. L. Normans f.-exp. 90. Inb. 25 ö.

—, Lilla katekes med kort utveckling, samt med ett tillägg om "Herrens sköna gudstjänst" o. nådefulla år. Utg. af K. O. Sjölander. 2:a uppl. 8:o, 128 s. Sthm, C. E. Fritzes hofbokh. i distr. 92. (1:a uppl. 91.) Inb. 25 ö.

—, Lilla katekes med kort utveckling. Utg. af Alfr. Steinmetz. 8:o, 152 s. Sthm, Fost.-stift:s f.-exp. 92. Kart. 25 ö.

—, Lilla katekes med kort utveckling. Utg. af A. O. Stenkula. 12:o, 127 s. Lund, C. W. K. Gleerup. 91. Inb. 25 ö.

LUTHER, Martin, Lilla katekes med utveckling, stadf. 1878, jemte hänvisn:r till bibl. exempel o. psalmverser, saml. o. utg. af Karl Fr. Sundén. 8:o, 120 s. Sthm, A. V. Carlsons Bokf.-aktb. 86. Kart. 25 ö.

—, Lilla katekes med enkel utläggning samt med hänvisning till den hel. skrift. Af Johan Östberg. 16:o, 59 s. Vestervik, Ekblad & K. 93. Kart. 25 ö.

—, Lilla katekes med kort utveckling, antagen 1878, efter den s. k. Hultcrantzska katekesens plan utg. af E. J. Östrand. 7:e uppl. 8 o, 116 s. Sthm, A. L. Normans f.-exp. 91. Inb. 25 ö.

—, Om en kristen menniskas frihet. Se: Frågor, I religiösa o. kyrkliga. 1.

—, Om kyrkans reformation (Upprop till Tysklands adel 1520). Öfv. af G. Bergström. 8 o, 96 s. Sthm, Fahlcrantz & K. 89. 25 ö.

—, Passionspredikningar. Se: Skrifter, utg. af Samf pro fide et christianismo. 8.

—, Utläggning af Fader vår. Öfv. från tyska festuppl. af David Davidson. 8:o, 93 s. Göteb., N. P. Pehrsson. 90. 50 ö.

LÜTKEN, André, Från tsarens rike. Se: Samhällslifvet, Ur det moderna. 16.

LUTZE, (Pastor), Fins det ett lif efter detta o. huru gestaltar sig detsamma omedelbart efter döden? Öfv. 8:o, 45 s. Sthm, Ad. Johnson. 89. 35 ö.

LYALL, Edna, Donovan. Roman. Öfv. från eng. af Emilie Kullman. 8:o. 432 s. Sthm, Fr. Skoglund. 93. 3 kr.

—, Doreen. En sångerskas historia. Roman. Öfv. från eng. af Emilie Kullman. 12:o, 388 s. Sthm, Fr. Skoglund. 95. 3 kr.

—, Skallerormen berättar sin egen historia. Öfv. fr. eng. af Pontus Dahlander. 8:o, 105 s. Sthm, W. Billes Bokf.-aktb. 91. 1 kr.

LYBECK, Mikael, "Allas vår Margit". Småstadsskildring. 8:o, 124 s. Sthm, Alb. Bonnier. 93. 1: 50.

—, Dikter. 1:a saml. 8:o, 184 s. H:fors, Söderström & K. 90. 2: 25.

—, 2:a saml. 8:o, 112 s. Sthm, Alb. Bonnier. 95. 2 kr., inb. 3: 25.

—, Ett mosaikarbete. 8:o, 117 s. H:fors, Söderström & K. 92. 1: 25, inb. 1: 75.

—, Unge Hemming. Karaktärstudie. 8:o, 215 s. Sthm, Alb. Bonnier. 91. 2: 50.

Lyckan. Tidning till glädje o. vederqvickelse för alla af Josef Rosenius. 8:o. Sthm, P. B. Eklund 94. För årg. 12 n:r = 12 ark 1 kr.

Lyckobud. Små. 5 kolor. blad velin med verser. Sthm, G. Chelius. 92. 75 ö.

Lycko-Per. Se: Kärleks-telefonen.

LYDECKEN, Ch., Metodisk handledning för undervisningen i qvinnligt handarbete. För folkskolorna. 8:o, vij, 97 s. o 14 pl. H:fors, H. Sohlberg. 94. 2 fmk.

Lydia, Granrisgummans julfest. Se: Bibliotek för de unga. 35.

Lynneglimtar o. leenden ur Daniel Hvassers o. Rob. Gust. Bromans språklådor. (Utg. af E—d.) Liten 8:o, 69 s. Sthm, C. Deléen & K. 87. 50 ö.

Lynnen, Olika. Se: Läsning för unga flickor. 12.

LYNN-LINTON, E., Furstinnan Beatrice. Öfv. 8:o, 151 s. Sthm, F. & G. Beijers Bokf.-aktb. 87. 1: 25.

Lyror, Främmande. En antologi af Rich. Bergström. 8:o, iv o. 607 s. Sthm, P. A. Norstedt & S:r. 87. 4 kr., inb. 5: 50, med guldsn. 6: 25.

LYSANDER, A. Th., Se: *Cavallin, Chr.,* o. *Lysander, A. Th.,* Smärre skrifter.
LYTH, P. G., Hvad berättar Fänrik Stål? Lättfattlig förkl. af Fänrik Ståls sägner, 1:a dln. 8:o, 68 s. Sthm, Ad Johnson. 93. 60 ö.
— —, Ordförteckning till Eneidens två första sånger. 2:a uppl. 8:o, 100 s. Sthm, Fr. Skoglund. 94. (1:a uppl. 90.) 1: 50
— —, Ordförteckning till Cæsars berättelse om kriget i Gallien. 1—4 boken. 8:o, 110 s. Sthm, Fr. Skoglund. 90. 1: 25.
—, Ordförteckning till Horatius' oden. 1:a o. 2:a boken. 8:o, 45 s. Sthm, Ad. Johnson. 93. 75 ö.
—, Ordförteckning till valda stycken ur Ovidius metamorfoser. 8:o, 89 s. Sthm, Fr. Skoglund. 89. 1: 25.
—, Real-ordbok för latinläroverken. Mythologisk, hist. o. geogr. handb. vid studiet af Virgilius o. Horatius. 8:o, 34 s. Sthm, Ad. Johnson. 89. 75 ö.
— —, Tegnér o. Fritiofs saga. En studie. 8:o, 283 s. Norrk., M. W. Wallberg i distr. 94. 3 kr.
—, Öfversättning af Horatius' oden. 1:a o. 2:a boken. 8:o, 46 s. Sthm, Ad. Johnson. 93. 75 ö.
—, Se: *Virgilii Maronis, P.,* Aeneidos libri I—II. Homeros Odyssé. Öfvers. af Eneidens sånger.
LYTKIN, Q. S., Syrjänische sprachproben. Se: Journal de la Soc. finno-ougr. X.
LYTTKENS, Aug., Om svenska ogräs. Deras förekomst o. utbredning etc. 8:o, 113 s. Lund, C. W. K. Gleerup. 85. 1: 50.
LYTTKENS, J. A., Läran om djuren. Se: Naturlära för de allm. läroverken. I.
— —, Praktisk hjälpreda i metriska systemet. 10:e uppl. Liten 8:o, 16 s. o. 1 pl. Norrk., Litogr. aktb. 87. 25 ö.
— , Reduktionstabell. Från metriska (svenska) till svenska (metriska) systemet. 1 bl. i konvolut. Norrk., Litogr. aktb. 86. 25 ö.
— , Se: *Kastman, C. W.* o. *Lyttkens, J. A.,* Ordlista öfver svenska språket.
— , o. **WULFF, F. A.,** La transcription phonétique. Compte rendu offert au VIII:e congrès des orientalistes, Stockholm, sept. 1889. 8:o, 12 s. Lund, C. W. K. Gleerup. 89. 50 ö.
— —, Metodiska ljudöfningar. (Lärarens uppl.) 8:o, 59 s. Lund, C. W. K. Gleerup. 92. 2 kr.
— —, D:o d:o (Lärjungens uppl.) 8:o, 32 s. 92. 50 ö.
—, — , Om grunderna för ändringar uti Svenska språkets rättskrifning. 8:o, 18 s. Lund, C. W. K. Gleerup. 86. 25 ö.
—, — , Om samhörighet o. dess förhållande till ljudenlighet i fråga om språkbeteckning. 8:o, 73 s. Lund, C. W. K. Gleerup. 86. 1 kr.
— —,—, Om teckensystem o. ljudenlighet. 8:o, 32 s. Lund, C. W. K. Gleerup. 86. 50 ö.
— —,— , Svensk uttals-ordbok. 8:o. Lund, C. W. K. Gleerup.
1:a hft. 68 o. 192 s. samt 2 tab. 89. 4: 25.
2:a hft. s. 193—373 o. 3 tab. 91. 3: 25.
"Långt bortom hafvet." Med illustr. 4:o, 20 s. med kolor. fig. o. text. Sthm, Ad. Johnson. 92. 1: 25.
Läkare o. Apothekare, Finlands. Biografiska uppgifter om Finlands nu lefvande läkare o. apothekare, saml. o. utg. af *Hugo af Schultén.* 8:o, 215 s. H:fors, Söderström & K. 89. 4 kr., inb. 5 kr.
Läkaremötet, Första allm. svenska, i Jönköping d. 3—5 sept. 1885, 8:o, 177 s. o. 6 pl. Götcb., Redakt. af Eira. 86. 5 kr.

Läke- o. örteböcker från Sveriges medeltid, utg. af *G. E. Klemming.* Se: Samlingar utg. af Sv. fornskriftsällskapet. 90.
Läkekonsten, Den nya, o. dess användning medels Stjernans elektro-homöopatiska läkemedel etc. 8:o, 68 s. Sthm, Looström & K. i komm. 87. 50 ö.
Läktaren, Från. Profiler från landtdagen 1885. Biogr. utkast af *X. G.* Med 24 portr. 8:o, 151 s. o. 4 pl. H:fors, G. W. Edlund. 87. 3 fmk (2: 25).
Länskalender, Gefleborgs, år 1893—96. Utg. af *Nils Nordén.* 8:o, xvj o. 488 s. Gefle, Ahlström & Cederberg. 93. Kart. 4 kr.
Länskalender, Gotlands, jämte karta öfver Gotland o. plankarta öfver Visby samt adresskalender för Visby. Utg. af Gotlands Alleh. redaktion. 12:o, viij, 202 o. 56 s. samt 2 kartor. Sthm, Fr. Skoglund i distr. 95. Kart. 2: 50.
Länskalender, Upsala jemte uppgifter från 31 socknar af Stockholms län o. 18 socknar af Westmanlands län 1891 utg. af *Helge Leop. Thorssell.* 8:o, 64 o. 708 s. Upsala, Utg:n. 91. 2: 75, kart. 3: 25.
Lära, De tolf apostlarnes. En skrift från det andra kristna årh. Öfv. från grundtexten af *O. W. Lemke.* 8:o, 32 s. Sthm, A. V. Carlsons Bokf.-aktb. 87. 30 ö.
Läran om den s. k. eviga freden. Se: Öreskrifter i militära och gymnastiska ämnen.
Läran, Den helsosamma. 8:o. H:fors, Luth. evang. fören. 89. 10 fmk.
I. Evangelii-predikn:r öfver 2:a årg. högmessotexter. 616 s.
II. Epistel-predikn:r öfver 2:a årg. episteltexter. 596 s.
Lärare-tidning, Svensk. Redaktör: *Emil Hammarlund.* Årg. 5—14 (1886—95). 4:o. Sthm, Redaktionen 86—95. För årg. 3: 50.
Lärjungar, Fakirens. Öfv. från urdusspråket af *A. G. Danielson.* Se: Missionsbibliotek. 6.
Lärobok i arméns organisation. 8:o, 120 s. Sthm, P. A. Norstedt & S:r. 87. 60 ö.
Lärobok i arméens organisation med särskildt afseende på artilleriet afsedd att användas vid andre konstapelsexamen. 2:a uppl. 8:o, 25 s. Sthm, P. A. Norstedt & S:r. 94. Inb. 80 ö. (1:a uppl. 92.)
Lärobok i artilleri, afsedd till ledning för kurserna vid Kongl. Artilleri- o. ingeniörshögskolan. 4:e dln. Organisation, utrustning, utbildning o. användande. 8:o, 304 s. o. 8 i pl. tvär folio. Sthm, Artilleri- o. ingeniörs-högskolan. 86. 4 kr. netto.
Lärobok i artilleri för nedre afdeln. af artilleriregem. läroverk. 8:o. Sthm, P. A Norstedt & S:r.
Fältartilleriet. 3:e uppl. 174 s. o. 27 pl. 94. 3: 25. (2:a uppl. 92.)
Fästningsartilleriet. 124 s. 90. 2: 50.
Lärobok om eldhandvapen till begagn. vid infanteriskjutskolan. 8:o. Sthm, P. A. Norstedt & S:r.
I. Den teoretiska kursen. 167 s. o. 7 pl. 4: 25.
II. Den tekniska kursen. iv, 184 s. o. 11 pl. 4: 25. (Föreg. uppl. 86.)
Lärobok i fysik. Öfv. o. bearb. efter Ganot's Traité élément de physique af *C. A. Mebius* o. *N. Lindskog.* I. Mekanik. Med 135 illustr. 8:o, 204 s. Sthm, F. & G. Beijers Bokf.-aktb. 87. 3: 75.
Lärobok i fysik för de allm. o. tekn. läroverken. 8:o. Lund, C. W. K. Gleerup.
I. *Wijkander, Aug.,* Läran om kropparnas rörelse. Med 183 bilder o. 215 problem. 209 s. 86. Klb. 2: 50.

Lärobok i fältarbeten för ingeniörstruppernas underbefälsskolor. 2:a din. 8:o, ix. 209, 59 o. 84 s. Sthm, P. A. Norstedt & S:r. 95. Kart. 4 kr.

Lärobok i fältförvaltningstjenst för arméens lägre förvaltningspersonal. 8:o, ij o. 117 s. Sthm, P. A. Norstedt & S:r. 94. Inb. 1 kr.

Lärobok i förskansningslära för fortifikationens underbefälsskolor faststäld d. 1 nov. 1880. 8:o, viij o. 112 s. Sthm, A. L. Normans f.-exp. (81.) Kart. 2: 25.

Lärobok i Gabelsbergers stenografi för sjelfstudium, utg. af Sleipners redaktion. 4:e tillökta o. förb. uppl. 4:o, 14 blad. Vestervik, C. O. Ekblad & K. i komm. 88. 1 kr.

Lärobok i Sveriges härordning för arméens underbefälsskolor. 8:o, 69 s. Sthm, P. A. Norstedt & S:r. 93. Kart 50 ö.

Lärobok i Naturkunnighet. 8:o. Sthm, P. A. Norstedt & S:r.
II. Läran om den organ. naturen af *Sigfr. Almqvist* 4:e uppl. 168 s. 92. Kart. 2: 15.
(2:a uppl. 81. 3:e 88.)

Lärobok i sjukvårdstjenst för menige. 8:o, iij o. 82 s. Sthm, P. A. Norstedt & S:r. 94. Kart. 1 kr.

Lärobok i sjukvårdstjenst för trängens sjukvårdsbeväring. 8:o, 88 s. Sthm, P. A. Norstedt & S:r. 92. Kart. 1: 20.

Lärokurs. Småskolans, i kristendomskunskap enligt gällande normalplan. 8:o, 80 s. Sthm, A. L. Normans f.-exp. 94. Inb 25 ö.

Lärokurs i stenografi (Gabelsbergers system) för självstudium. Ny omarb. uppl. efter tidningen "Sleipner" utg. af Sleipners redaktion. 4:o, 20 s. Vestervik, Ekblad & K. 87. 75 ö.

Lärokurs, Fullständig, i Volapük. (Internationelt handelsspråk) Språklära. ordbildningslära samt skrif- o. läsöfningar. Öfv. efter *Aug. Kerkhoffs* i Paris bearb. af *J. M. Schleyers* system. Svenska öfvers. granskad af *G. Liedbeck.* 1:a o. 2:a uppl. 8:o, viij o. 92 s. Sthm, Alb. Bonnier. 87. 1: 25.

Läroverksfrågan i dess nyaste gestalt. Några ord i ett spörsmål för dagen af en skolman. 8:o, 23 s. Sthm, P. A. Norstedt & S:r. 90. 50 ö
Jfr. Tidskrift, Nordisk 1890.

Läroverks-matrikel för år 1885, utg. af *S. G. Dahl.* 8:o, vj o. 248 s. Sthm, Utg:n. 86. 3 kr.
—, D:o d:o för läsåret 1892—93. 8:o, v o. 466 s. 94. 4: 25.

Läsebok för folkskolan. 9:e omarb. uppl. Med illustr. 8:o. Sthm, P. A. Norstedt & S r.
Afd. 1. iv o. 112 s. 90 Inb. 85 ö
„ 2. iv o. s. 113—328. 90. Inb. 1 kr.
 båda afd. tillsammans inb. 1: 35.
„ 3 o. 4. v. o. s. 329—672 92. Inb. 1: 35.
„ 5 o. 6. s. 673—912. 92. Inb. 90 ö.
„ 3—6. vj o. s. 329—912. 93. Inb. 1: 90.
 Kompl. inb. i ett band 2: 75.

Läsebok för folkskolan, utg. af *V. Öhberg).* 8.o. H:fors, Svenska folkskolans vänner.
Lägre afdeln. 2:a uppl. 263 s. 88. 1: 55 fmk.
Högre afdeln. viij o. 292 s. 90. 1: 60 fmk.

Läsebok, Fosterländsk, för skolans lägre klasser. Utg. af *F. Gustafson.* Illustr. 8:o, 291 s. H:fors, K. E. Holm. 3 fmk.

Läsebok i modersmålet för de allm. läroverkens tre högsta klasser, utg. af *R. Törnebladh* med biträde af flere skolmän. 8:o, xiv o. 525 s. Sthm, P. A. Norstedt & S:r. 87. 3 kr., kart. 3: 65, inb. 4 kr.

Läsebok i svensk poesi för de allm. lärov:ns o. flickskolornas öfre klasser utg. af *Peter Bagge.* 8:o, vij o. 166 s Sthm, F. & G. Beijers Bokf.-aktb. 89 1: 25.

Läsebok i svensk prosa. Utg. af *Peter Bagge* 8:o, ix o. 482 s. Sthm, F. & G. Beijers Bokf.-aktb. 88. Kart. 4 kr.

Läsebok, Poetisk, för barn, utg. af *Anna Whitlock* o. *Ellen Key.* 8:o, 200 s. Sthm, Alb. Bonnier 87. 1: 50, kart. 1: 75, klb. 2: 75.

Läsebok, Svensk, för barn. 8.o. H:fors, K. E. Holm.
Förra afd. 101 s. 88 Inb. 1: 25 fmk.
Senare afd. 139 s. 88. Inb. 1: 50 fmk.

Läsebok i vetenskapliga ämnen. Urval ur svenska förf.s skrifter. Utg. af *Johannes Almén.* 8:o, 296 s. Sthm, Alb. Bonnier. 89. 2: 25, inb. 2: 75.

Läsebok, Svensk, för de allm. läroverken o. de högre flickskolorna, utg. af *Gustaf Cederschiöld.* 8.o. Göteb., T. Hedlund.
1:a kursen. 2:a uppl. (för klass IV) v o. 180 s. 91. Kart. 1: 25
(1:a uppl. 88.)
2:a kursen: 2:a uppl. (för klass V) 172 s. 91. Kart. 1: 25
(1:a uppl. 88)
3:e kursen. 2:a uppl. (för klass VI o. VI. 1) 160 s. 92. Kart. 1: 25.
(1:a uppl. 88.)
4:e kursen. (för klass VI: 2 o. VII) 171 s. 88. Kart. 1: 25

Läsebok, Svensk, för de allm. lärov:s tre lägsta klasser af *J. O. Ekmark.* 8:o, xij o. 648 s Sthm, C. E. Fritzes hofbokh. 87. 3 kr., inb. 3: 90.
1:a dln 3:e uppl. (För klass I) iv o. 202 s. 92.
 (2:a uppl. 90.) Inb. 1: 25.
2:a „ (För klass II) 3:e uppl. vj o. 312 s. 94.
 (2:a uppl. 91.) Inb. 1: 90
3 e „ (För klass III) 2.a uppl. v o. 352 s. 91. Inb. 2: 15.

Läsebok, Svensk, för de allm. läroverkens fjärde o. femte klasser af *J. O. Ekmark.* 8.o. Sthm, C. E. Fritzes hofbokh.
Förra afd. fjärde klassen. vj o. 376 s. 88. 1: 90, inb. 2: 75.
Senare afd. femte klassen. x o. 296 s. 88. 1: 50, inb. 2: 25.

Läsebok, Svensk, för allm. läroverken, kl. I—VI. Utg. af *D. A. Sundén* o. *J. E. Modin.* 5:e uppl. 8:o, 275 s. Sthm, J. Beckman. 90. Inb 2 kr.

Läsebok, Svensk, för skolan o. hemmet, utg. af *Adile Sandahl,* f. *Huss.* Med förord af *J. A. Hallgren.* 8:o, 536 s. Sthm, F. & G. Beijers Bokf.-aktb. 89. Inb. 3: 90.

Läsebok till svenska litteraturhistorien utg. af *A. Ekermann.* 2:a uppl. 8:o, 703 s. Sthm, A. V. Carlsons bokf.-aktb. 92. 4: 25, kart 4: 75, vb. 5 kr. (1:a uppl. 88.)

Läseböcker, Engelska, för flickskolor, under medv. af *C. G. Morén* utg. af lärare o. lärarinnor. 8:o. Sthm, C. E. Fritzes hofbokh.
Lägre stadiet.
1. Stories by Mrs Molesworth. Af *F. Hodges.* 77 s. 91. Inb. 1 kr.
Mellanstadiet.
1. Stories by Mrs Molesworth. Ny samling. Af *F. Hodges.* 90 s. 91. Inb. 1: 25

Läsning, Engelsk, för skolans högre klasser. 8:o. Lund, Aug. Collin. 92.
1. My first season. Till skolbruk utg. 25 s. 40 ö.

Läsning för den finske soldaten. Redig. af *R. von Willebrand.* 8:o. H:fors
1888. 3 hfn. 1889. 9 hfn. 1890. 9 hfn. 1891. 8 hfn. 1892. 8 hfn. 1893. 8 hfn. 1894 6 hfn. 1895. 6 hfn. För häfte 50 p.

Läsning för folket. Utg. af Sällsk. för nyttiga kunskapers spridande. 52:a—61:a årg. Ny följd: banden 18—27 (1886—95). Sthm, P. A. Norstedt & S:r. 86—95. För årg. (4 hfn = 20 ark) 1: 10, för häfte 30 ö.

Läsning för gossar, utg. under medverkan af *Marc. Wester.* 12:o. Sthm, F. & G. Beijers Bokf.-aktb.
1. *Ohorn, A.,* Jernkonungen. Hist. berätt. från korstågens tid. Öfv. från tyskan. 301 s. 91. Kart. 2 kr., klb. 2: 75.
2. *Oppel, Karl,* Trumslagare o. general. Hist. berätt. från amerikanska frihetskriget. Öfv. från tyskan. 254 s. 92. Kart. 2 kr., klb. 2: 75.
3. *Höcker, Oscar,* Fitzpatrick, trappern. Berättelser från klippiga bergen. Från tyskan af *Ebba Wester.* 370 s. 93. Kart. 2: 25, klb. 3 kr.
4. *Wörishöffer, S.,* Onnen Visser. Smugglarsonen från Norderney. Från tyskan af *Ebba Wester.* 380 s. 94. Kart. 2: 25, klb. 3 kr.
5. *Farrar, Frederic W,* Eric Williams. En berättelse om skolan i Roslyn. Från eng. af *Ebba Nordenadler,* f. *Wester.* 259 s. 95. Kart. 2 kr., klb. 2: 75.

Läsning för hemmet. Valda skrifter utg. af *Elisab. Kjellberg.* 8:e—17:e årg (1886—95.) 8:o. Sthm Nordin & Josephson i distr. 86—95.
För årg (6 hfn = 30 ark) 4: 50.

Läsning för unga flickor, utg. under medverkan af *Marc. Wester.* 12.o. Sthm, F. & G. Beijers Bokf.-aktb.
11. *Heimburg, W.,* Skogsblommor. Berättelser. Öfv. 170 s. 86. Kart. 1: 25, klb. 2: 50.
12. Olika lynnen. Fri öfv. af "A mingled yarn" af förf. till "Solstråleberättelser". 240 s. 87. Kart. 1: 75, klb. 2: 50.
13. *Wilford, Florence,* Vivia. Berättelse. Öfv. från eng. 304 s. 88. Kart. 2 kr., klb. 3 kr.
14. En trevåpling. — En rik arftagerska. — [På omslaget: På lifvets tröskel. Tvenne berättelser af *Marie Erman.* Öfv. från tyskan.] 265 s. 89. Kart 1: 75, klb. 2· 50.
15. Vid eldbrasan. Berättelser af förf. till "John Halifax". 299 s 90. Kart. 2 kr., klb. 2: 75.
16. *Harland, Marion,* Trofast. Berättelse. Öfv. från "True as steal" af *Ebba Wester.* 297 s. 91. 2 kr., klb. 2: 75.
17. *Mackarness* (Mrs), "Ädlare än kostliga perlor". Berättelse. Öfv. från "A peerless wife" af *Ebba Wester.* 332 s. 92. Kart 2 kr., klb. 2: 75.
18. *Biller, Emma,* Ulli. Berättelse. Från tyskan af *Ebba Wester.* 256 s 93. Kart. 1: 75, klb. 2: 50
19. —, "Tant Konfys". Berättelse. — Helens dagbok. Ett år ur en flickas lefnad. 197 o. 138 s. 94. Kart. 2: 25, klb. 3 kr.
20. *Heinz, T. v.,* Lyckobarnet. Berättelse. Från tyskan af *Ebba Nordenadler,* f. *Wester.* 221 s. 95. Kart. 1: 75, klb. 2: 50.

Läsning för ungdom af utm. eng. förf. 12:o. Sthm, Alb. Bonnier.
1. Ruth o. hennes vänner. En berättelse för flickor. Öfv. från eng. 3:e uppl. 248 s. 93. Kart. 1: 50.
2. *Edgeworth, Mary,* Berättelser för barn o. ungdom. Öfv. från eng. 2:a uppl. 272 s. 94. Kart. 1: 50.
3. Hemligheterna på Stokesley. En berättelse för ungdom. Öfv. från eng. 2:a uppl. 211 s. o. 1 pl. 94. Kart. 1: 50.
5. Kenneth eller återtåget från Ryssland. Af förf. till "Arfvingen till Redclyffe". Öfv. 2:a öfvers. uppl. 311 s. 88. Kart. 2 kr.
6. *Alcott, Louisa M.,* Unga qvinnor el. Margret, Hanna, Betty o. Amy. Öfv. 3:e uppl. 323 s. 88. Kart. 2 kr.
7. —, Våra vänner från i fjor eller systrarna Marchs senare lefnadsöden. Fortsättning o. slut på Unga qvinnor. En tafla ur lifvet i hemmet. Öfv. från eng. Med en orig. teckning. 3:e uppl. 348 s. 95. Kart. 2: 25.
10. — —, En ädel kvinna. Berättelse. 2:a uppl. 335 s. o. 1 pl. 90. Kart. 2: 50.
11. — —, Rosa eller de åtta kusinerna. Berättelse. Från eng. af *B. S.* 2:a uppl. 260 s. 87. Kart. 2 kr.
22. *Wetherell, Elizabeth,* Skolkamrater o. andra berättelser. Öfv. af *Math:a Langlet.* 354 s. 86. Kart. 2: 50.
23. *Alcott, Louisa M.,* De forna skolgossarne i Plumfield. Berättelse. Öfv. från eng. 344 s. 87. Kart. 2: 50.
24. *Burnett, Frances Hodgson.* Lille lorden. En liten gosses historia. ("Little lord Fauntleroy".) 231 s. 88. Kart. 2 kr.
25. —, Vackra flickan från Amerika. Öfv. af *Valborg Hedberg.* 196 s. o. 1 pl. 89. Kart. 1: 75.
26. *Alcott, Louisa M.,* Vid skymningsbrasan. Berättelser. Med 2 teckn:r. 285 s. 90. Kart. 2 kr.
27. —, Då jag var liten. Berättelser. Öfv. från eng. 226 s o. 1 portr. 91. Inb. 2 kr.
28. *Burnett, Frances Hodgson,* Pensionsflickan o. andra berättelser. Öfv. 215 s. 92. Kart. 1: 75.
29. *Green, Evelyn Everett,* Syskonkärlek. Öfv. från eng. af *Martina Brovall* 245 s. o. 1 pl. 93. Kart. 2: 25.
30. *Wiggin, Kate Douglas,* Pollys planer o. Lilla julrosen. Öfv. från eng. af *Hedvig Indebetou.* 248 s. o 1 pl. 94. Kart. 2 kr.
31. *Aguilar, Grace,* Lifvet i hemmet (Home influence). En berättelse för mödrar o. döttrar. 4:e uppl. Ny öfvers. 352 s. 95. Kart. 2: 50.

Läsning för ungdom. 8:o. Sthm, J. F. Lindegren.
9. *Stretton, Hesba,* I lifvets storm. En berättelse för gamla o. unga. Öfv. af *O. E. R.* 140 s. 93. 1 kr.
10. Ynglingens väg. "Huru kan en yngling bevara sin väg ren? När han håller sig efter Guds ord". Öfv. af *O. E. R.* 16 s. 93. 15 ö
11. Först du, sedan jag. Berättelse ur lifvet i Hamburg. Öfv. af *O. E. R.* 48 s. 93. 25 ö.
12. Margaretas arf. Berättelse. Öfv. af *O. E. R.* 15 s. 93. 15 ö.

Läsning, Geografisk, för skolan o. hemmet, utg. at *E. G. Schram* o. *M. B. Svederus.* 8:o. Sthm, P. A. Norstedt & S:r.
1:a dln. Asien o. Australien. vij o. 285 s. 88. 2: 40, kart. 3 kr.
2:a dln. Afrika o. Amerika. 314 s. 89. 2: 40, kart. 3 kr.
3:e dln. Europa. 456 s. 90. 3: 20, kart. 4 kr.

Läsning, Lätt, för alla. Liten 8:o. Örebro, Söndagsskolföreningen.

1. *Eden, Fannie,* Dudley Carltons hustru Öfv. från eng. 68 s. 92. 25 ö., kart. 35 ö.
2. . Ingens älskling. Öfv. från eng. 68 s. 25 ö., kart. 25 ö.

Läsning, Vald, för hemmet. 8:o. Sthm, C. A. V. Lundholm.
9. *Haslam, W.,* "Dock icke jag". Ännu några år i Herrens tjenst Forts. af "Från död till lif" Öfv. 311 s. 88 2 kr., kart. 2: 35, klb. 3 kr.

LÖFFLER, E., Geografien i nutid og fortid. Se Tidskrift, Nordisk. 1888.

LÖFGREN, O. L., Engelsk språklära med uttalsbeteckning för skolor o. själfstudium. (Organiska metoden I.) 8:o. viij o. 232 s. Göteb., Wettergren & Kerber. 95. Klb. 2: 25.
, Hufvudregler för svensk rättstafning o. skiljeteckenens bruk. 8:o, xxiv s. Göteb, Wettergren & Kerber. 93. 20 ö.
Sammanbunden med: Svensk ordförteckn. af en skollärare. 89. Kart. 60 ö.
, Ordförteckning till sammanhängande stycken. (4—128) i O. L. Löfgrens tyska elementarbok. 8:o, 16 s Göteb., Förf.n. 87. 20 ö.
, Ordlista till Tysk läsebok. 8 o, 28 s. Göteb., Förf.n 88 30 ö.
, Tysk elementarbok. 2:a uppl. (omarb) 8:o, 192 s Göteb., Förf.n. 87.
Kart. 1: 50, inb. 1: 75.
Tysk elementarbok. 4:e uppl. 8 o, 228 s. Sthm, P. A. Norstedt & S:r. 92 Inb. 2 kr.
, Tysk läsebok med ordförklaringar o. grammatiska hänvisn:r 3:e genoms. uppl. 8:o, 256 s Sthm, P. A. Norstedt & S:r. 95 Inb. 2. 25.
(2:a uppl. 87.)
, Tysk språklära för skolundervisningen. 6.e uppl. 8:o, 204 s Sthm, P A. Norstedt & S:r 92. 2 kr. (4:e uppl. 88 5:e 90)
. Tyska öfversättn.- o. talöfningar. 3:e uppl. 8:o, 127 s. Sthm, P. A. Norstedt & S r. 94.
Kart. 1: 50.
(1:a uppl. 86. 2:a 90)
, Se: Ordförteckning, Svensk. — *Selver, D.,* Tyska samtal, fraser, ordspråk, etc.

LÖFMAN, O. V., Kroppens byggnad o förrättningar hos de vanliga husdjuren. Med 32 afbildn:r. 8:o, 136 s. Borgå, Erik Söderström. 88 1: 75.

LÖFSTEDT, (Prof.) Ordförteckn. till de tre första sångerna af Homeri Odyssee o. Iliad. 2:a uppl. ombesörjd af *C. O. Lundgren.* 8:o, 96 s. Sthm, F. & G Beijers Bokf.-aktb. 86. Kart. 1: 75.

LÖFSTRÖM, Rebecka, Kok-bok efter praktiskt inhämtade grunder. 5:e uppl. 8 o, 164 s. Lund, C. W. K Gleerup. 90. Inb. 1: 25.

LÖFSTRÖM, Theodor, Zur Kenntniss der Digestibilität der gewöhnlichsten in Finnland einheimischen Getreidearten Akad. Abh. 8:o, 44 s H:fors, Förf.n. 92. 2: 50 fmk.

Löften, Dyrbara. Med verser af *L. S* Med illustr. 6 blad velin. Sthm, C. A. V. Lundholm. 90.
Kart. 50 ö.

LÖFVENSKJÖLD, Ch Em., Landtmannabyggnader hufvudsakligen för mindre jordbruk, jämte material- o. arbetsberäkn:r. Ny förbättr. uppl. 7 hfn jemte bihang. Folio, 50 pl. o. text. Sthm, P. A. Norstedt & S:r. 90—93. För häfte 5 kr.
Kompl. i portfölj 42 kr.

LÖFVING, Concordia, Den dolda andemeningen i bönen "Fader vår". Tvenne förelåsn:r. 8 o, vj o. 69 s. Sthm, A. V. Carlsons Bokf.-aktb. i komm. 88. 50 ö.

LÖFVING, Concordia, Den seende svennen o. den blinde svennen. Kärleksssaga. Illustr. af *Jenny Nyström.* 4:o, 70 s. o. 6 pl. Helsingb, Förf.n. 86. 2 kr., inb. 3 kr.
- , Nordiska skymningssagor, berättade af *C. L"g.* Med 4 orig teckn.r af *C G. Hellqvist.* 2:a uppl. 8:o, 160 s Helsingb., Förf:n. Kart. 1 kr.
. Sjelfuppfostran. En föreläsning. 8 o, 52 s. Sthm, Klemmings ant. 89. 50 ö
-, Så vann han stolts jungfrun. Lyriskt sagospel i 5 akter med prolog. 8:o, viij o. 118 s. Sthm, Looström & K. 90 1: 50.

Löjtnant Punsch's äfventyr i Afrika En modern münchhausiad berättad af honom sjelf. Med 58 illustr tecknade af *Victor Andrén.* 8:o, 96 s. Sthm, Ad. Johnson. 87. 1 kr.

Lön, Arbetarens, af *J—y Brn.* Se: *Ödmann, J.,* född *Braun.*

LÖNBORG, Sven, Kina o. dess förbindelser västerut Se: Föreningen Heimdals folkskrifter. 21.

LÖNDAHL, Hjalmar, Bidrag till kännedomen om platinasulfinbasernas konstruktion. I. Platinasulfinföreningar. II. Platinasulfinamminföreningar. 4:o, 47 s. 91. 1: 75.
Jfr. Acta univ:is Lundensis XXVII: II, 3.
- , Inverkan af alkoholistiskt natriumetylat på ättikester o. benzaldehyd. Se: Acta univ.s Lundensis XXIX: II, 3.

LÖNDAHL, Hjalmar, Platinasulfinföreningar af normalbutyl, isobutyl o benzyl. Akad. afh. 4:o, 52 s. Lund, Gleerupska univ:s-bokh. i distr. 88. 1: 50.
Jfr. Acta univ:is Lundensis XXIV: II, 4.
- , Vätesvafleapparat med flere kranar. Luftsandbad. 8:o, 6 s. Lund, Gleerupska univ:s bokh. 91. 40 ö

LÖNEGREN. H. F. A., Lifvet i ett svenskt straffängelse under 1860-talet jemte några tankar om medlen till förekommande af brottsligheten i samhället m m. 8 o, 275 s Göteb., Förf:n. 93. 3 kr.
. Vexiö skola o. gymnasium för 50 år sedan. Ett stycke kulturbild från 1850-talet. 8.o, 91 s Göteb, Förf:n. (1882.) 1: 50.

LÖNNBECK, Albin, Grekiska guda- o. hjältesagor för barn. 8.o iij o. 174 s. H:fors, K. E. Holm. 93.
2: 75, inb. 3 fmk.
, Poetisk läsebok för skolan. 8:o. H:fors, K. E. Holm.
Lägre klasser. viij o. 137 s. 92. 1: 50 fmk
Högre klasser. 4 o. 451 s. 92. 4: 50 fmk.
, Skandinaviska o. finska guda- o. hjältesagor för barn. 8:o, ij o. 220 s. H:fors, K. E. Holm. 94.
3: 50 fmk.
, Studier i den Arkaiska konsten i Grekland. I. Relrefskulpturen. Akad. afh. 8.o, 123 s. H:fors, Förf.n. 88. 2 fmk.

LÖNNBECK, Gustaf F., Folkskoleidéns utveckling i Finland från 19:e årh. början till 1886. 4:o, 112 o. 87 s. H:fors, G. W. Edlund. 88.
3: 50 fmk (2: 50)
, Om åskådningen hos Pestalozzi. Akad. afh. 8.o, 98 s. H:fors, Förf:n. 86. 1: 50 fmk.
, Uno Cygnæus. "Finska folkskolans fader". 8:o, 132 s. H:fors, Weilin & Göös. 90. 1 fmk.
, Se: Handbok, Folkskolans.

LÖNNBERG, Einar, Anatomische Studien über skandinav. Cestoden. Se: Handlingar, K. sv. Vet.-akad:s XXIV: 6 o. 16.

LÖNNBERG, Einar, Bemerkung über einige Cestoden. Se: Bihang till K. sv. Vet.-akad:s handl:r. XVIII: IV, 6.

—, Helminthologische Beobachtungen von der Westküste Norwegens. Se: dersammast. XVI: IV, 5.

—, Ichtyologische Notizen. Se: dersammast. XVII: IV, 7. XVIII: IV, 2.

— —, Om beredning o. tillagning af strömming. 8:o, 32 s. Ups., Förf:n. 94. 35 ö.

—, Om i Sverige förekommande Cestoder. Se: Bihang till K. sv. Vet.-akad:s handl:r. XIV, IV, 9.

—, Sveriges Cephalopoder. Se: dersammast. XVII: IV, 6.

—, Ueber eine eigenthüml. Tetrarhynchidenlarve. Se: dersammast. XV: IV, 7.

LÖNNBERG, Mathilda, Fru Holmfrid. En tidsbild. Prisbelönt vid Iduns stora pristäfling 1894. Illustr. af *V. Andrén*. 8:o, 393 s. Sthm, H. Geber. 95. 3: 75.

— —, Från skilda tider. Berättelser. 8:o, 224 s. Sthm, H. Geber. 95. 2: 50.

—, Sigtrygg Torbrandsson. Se: Ungdomsböcker, P. A. Norstedt & S:rs. 9.

— —, Syrendoft o. fem andra berättelser. 12:o, 342 s. Sthm, L. Hökerberg. 88. 2: 75.

LÖNNEGREN, A. V., Praktisk champignonodling jemte handledning för odling af några andra ätliga svampar. 8:o, 96 s. Sthm, P. A. Norstedt & S:r. 87. 90 ö.

—, Nordisk svampbok, med beskrifning öfver Sveriges o. norra Europas ätliga o. giftiga svampar Med 64 bilder i färgtr. o. 4 pl. 2:a förbättr. o. förökade uppl. 8:o, 72 s. Sthm, C. A. V. Lundholm. 95. Klb. 1: 25.

LÖNNERBERG, R. W., Bidrag till belysning af språkbruket i franskan. 8:o, 216 s. Sthm, Förf:n. 90. 3: 50.

LÖNNKVIST, F., Se: Norge.

LÖNNQVIST, E., Se: *Nyström, C A.,* En samling räkneuppgifter till telegrafien.

LÖNNROT, Elias, Finskt-Svenskt lexikon. Supplementhäfte utarb. af *A. H. Kallio*. 4:o, 212 s. H.fors, 86. 5 fmk.

LÖNNROTH, Elias, Se: Ordspråk o. gåtor, Finska.

LÖNNROT, E. F., Se: *de Bainville, Th.*, Gringoire.

Lördagsqvällens jul- o. tenterkalender. Årg. 1—4. (1891—94.) 8:o. H:fors. 91—94.
Årg. 1. 2 fmk. 2—4 å 1 fmk.

Lösen, Dagens, samt tänkespråk enligt brödra-församlingens språkbok för åren 1886—95. 16:o, hvarje årg. omkr. 120 s. Jönköp., H. Halls boktr.-aktb 86—95. Hvarje årg. 25 ö., kart. 35 ö., klb. 75 ö.

Lösningar till Todhunters öfningssatser i geometri. Satser 1—280. 8:o, 95 s. o 6 pl. Lund, Aug. Collin. 94. 1: 75.

LÖWEGREN, Georg, Se: Handbok i svenska trädgårdsskötseln. — *Lindgren, Erik, Pihl, A.,* o. *Löwegren, G.,* Trädgårdsanläggningskonst.

—, o. **LINDGREN, Erik,** Krukväxtodling i växthus a. boningsrum. Se: Handbok i svenska trädgårdsskötseln. 7.

LÖWEGREN, M. K., Om ögonsjukdomarne o. deras behandling. 8:o, vj o. 544 s. Sthm, F. & G. Beijers Bokf.-aktb. 91. 8 kr.

LÖWENHIELM, G. S., De engelska hjälpverberna Shall o. Will jemte exempel o. skriföfn:r för att belysa deras bruk. 8:o, 24 s. Sthm, P. A. Huldbergs bokf.-aktb. 93. 40 ö.

—, Se: Scenes from the irish rebellion.

LÖVGREN, Nils, Gustaf II Adolf, hans person o. betydelse. Några minnesord vid jubelfesten för menige man. Med illustr. 8:o, 100 s. Sthm, Fost.-stift:s f.-exp. 94. 1 kr.

—, Kyrkohistoria till skolornas tjenst. Med en serie biografier af *Aug. Edman*. 8:o, viij o. 312 s. Sthm, A. L. Normans f.-exp. 88. Inb. 3 kr.

—, Kyrkoreformationen i Sverige skildrad för menige man. Jämte ett bihang inneh. Upsala mötes beslut m. m. Med 25 illustr. 8:o, 112 s. Sthm, Fost.-stif:s f.-exp. 93. 1 kr.

M.

MAARTENS, Maarten, Joost Avelinghs synd. Se: Romanbibliotek, Ad. Bonuiers. 63.

MACAULAY (D:r), Generalen C. G. Gordons biografi o. karaktersskildring. Öfv. af *G. F.* 8:o, 144 s. Sthm, F. & G. Beijers Bokf.-aktb. 86. 1 kr.

MACAULAY (lord), Se: Scenes from the irish rebellion.

Mc CARTHY, Justin, Englands historia i våra dagar. Öfv. af *O. W. Ålund.* 2 dlr. 8:o, 272 o 289 s. Sthm, P. A. Norstedt & S:r. 87. För del 3: 50.

MACÉ, G., Från Paris' fängelseverld. Öfv. från franskan af *E. Thyselius*. 8:o, 293 s. Sthm, Looström & K 90. 2: 75.

—, Mitt första brottmål. Ur pariserpolisens annaler. Öfv. 1:a o. 2:a uppl. 12:o, 299 s. o. 1 pl. Sthm, Alb. Bonnier. 86. 2: 50.

—, Snyggt sällskap. (Ur Pariserpolisens annaler.) Öfv. från franskan af *W. Hedberg*. 8:o, 236 s. Sthm, Looström & K. 87. 2: 25.

MACKARNESS, "Ädlare än kostliga perlor." Se: Läsning för unga flickor. 17.

MACKAY, W. P., Nåd o. sanning. Tolf betraktelser. Med förord af *D. L. Moody*. Öfv. från eng. 8,o, 260 s. Sthm, C. A. V. Lundholm. 88.
1 kr., kart. 1: 35, klb. 1: 75.

MACKENZIE, Morell, Fredrik den ädles dödsbringande sjukdom. Öfv. af *O. H. D.* 8:o, 281 s. Sthm, Nordin & Josephson. 88. 2 50.

—, Röstens vård o. utbildning Från eng. öfv. af *Alfred Hellenius*. Öfvers. genoms. o. granskad af *F. Kjellman*. 8:o, 228 s. Sthm, Klemmings ant. 87. 2: 50.

—, Röstorganens vård o. utbildning. Öfv. af *Gust. Setterblad*. Med särsk. förord af förf:n o. försedd med illustr. 8:o, 232 s. o. 1 pl. Sthm, H. Geber. 87. 2: 50.

Mc LACHLAN, Rob., Report on the Neuroptera. Se: Iakttagelser, Vega-expeditionens vetenskapliga. IV. 5.

MACLEOD, Alex., Ljus på vägen. För barn. Öfv. 6 hfn. Hvarje häfte 32 s. Örebro söndagsskolföreningen. 86.
För häfte 15 ö. Alla 6 hft:a 70 ö., inb. 80 ö.
MACMILLAN, Hugo, Naturens embete. Öfv. från eng. 8:o, 388 s. Sthm, C. A. V. Lundholm. 90. 2: 75.
Mc NAIR WRIGHT, Julio, En tragedi på hafvet. Skildringar ur värkligheten. Öfv. af *K. A. Erikson.* 8:o, 176 s. Östersund, 93. 1: 50.
MADSEN, Karl, Dansk kunst. Se: Tidskrift, Nordisk. 1888.
MÆCHEL, Erik, Navigationens första grunder i korthet framställda. 8:o, 47 s. Lund, C. W. K. Gleerup. 95. 1 kr.
MAERCKER, Max, Kaligödslingen. Ett medel att höja jordbruket o. minska produktionskostnaderna. Bearb. öfv. af *Carl v. Feilitzen.* 8:o, 198 s. Göteb., Wettergren & Kerber. 92. 2 kr, inb. 3 kr.
—, Praktiska erfarenheter om resultaten af kalisalternas, särskildt kainitens användande. Öfv. af *Hjalmar Nathorst.* 8:o, 56 s. Göteb., Wettergren & Kerber. 91. 50 ö.
Magdalena eller den svåra konsten. Berättelse af *A. H.* Med förord af *Ph. v. Nathusius.* 12:o, 118 s. Sthm, Post.-stift:s f.-exp. 86. 50 ö.
MAGNI, A. B., Se: Matrikel öfver Göteborgs stift.
MAGNUS, Olaus, Litterära fragmenter utg. af *Hj. Hjärne.* Se: Handlingar, Historiska. XII: 2.
MAGNUSSON, A. M., Nicolaus Olai Botniensis, ordförande vid Upsala möte 1593. 8:o, 49 s. Sthm, Nordin & Josephson i distr. 93. 1 kr.
MAGNUSON, G. A., Om lag o. tvungen edgång. Se: Spörsmål, Svenska. 11.
MAINOF, W., Les restes de la mythologie Mordvine. Se: Journal de la Soc. finno-ougr. V.
Makt, Inflytandets. Öfv. från franskan. 8:o, 84 s. Sthm, Post.-stift:s f.-exp. 90.
50 ö., kart. 75 ö., klb. 1: 50.
Maktsträfvarne i Norge hota att krossa landets lycka o. draga ofärd öfver Sverige. Några ord af en fredskär nordbo. Tvär 8:o, 33 s. Göteb., Wald. Zachrissons tryckeri. 93. ?
[**MALLANDER, Gust. R**], Den nya stadsposten. Se: Bibliotek för teatervänner. 158.
[—]. Malles Annons-visbok för 1887—88. 8:o, 64 s. Sthm, G. Andersson. 87. 15 ö.
[——], Patron Trögelins debut. Se: Bibliotek för teatervänner. 157.
Malle, Se: *[Mallander, Gust. R.]*
MALLING, Mathilda, En roman om förste konsuln. Från d. 18 brumaire till freden i Amiens. 2:a uppl. 8:o, 232 s. Sthm, Alb. Bonnier. 95. 4: 50. (1:a uppl. Tr. i Köpenh. 94.)
—, Fru guvernören af Paris. Bilder från kejsarhofvet 1807. 8:o, 205 s. o. 1 portr. Sthm, Alb. Bonnier. 95. 4: 50.
[ ], Alice Brandt Se: [*Kruse, Math:a*].
MALLOIZEL, Godefroy, Oswald Heer. Bibliographie et tables iconographiques. Précédé d'une notice biographique par *R. Zeiller.* 8:o, 176 s. Sthm, F. & G. Beijers Bokf.-aktb. 87. 10 francs.
MALM, E., Små visor med bilder. Teckn:r af *V. Soldan-Brofeldt.* 4:o, 2 o. 9 blad. H:fors, Otava. 92. 2: 75 fmk.
MALM, Hanna, Rådgifvare vid uppköp på torget, hos specerihandlaren, hökaren, slagtaren m. m. Fickbok för husmödrar m. fl. 8:o, 40 s. Sthm, F. C. Askerberg. 92. 40 ö.

MALM, J. T., Messiastankens utveckling i gamla test Se: Sammanträde, Från Lunds stifts prestsällskaps. 2.
MALMBERG, A. T., Se: *Duruy, G.,* Biographies d'hommes célèbres.
—, Skolbibliotek, Franskt o. engelskt. Ser. I. 2.
MALMBERG, F. S, Internationela sjöfartskonferensen i Washington. 1889. Redig. af Sveriges ombud vid konferensen. 8:o, 42 s. Sthm, Samson & Wallin. 90. 50 ö.
—, o. **FINEMAN, C. G.,** Deviationslära. 8:o, xij o. 220 s. samt 6 pl. Sthm, Förf:n. 92. Kart. 5 kr.
MALMBERG, J. P., Se: Sångbok, Ny.
MALMBORG, Carl v. Skötsel af maskiner med särskild hänsyn till elektriska belysningsanläggningar. Liten 8:o, 140 s. o. annonsbil. Sthm, Nordin & Josephson i distr. 93. Klb. 1: 25.
MALME, Gust. O A:n, Das Gehirn der Knochenfische. Se: Bihang till K. sv. Vet.-akad:s handl:r. XVII. IV, 3.
MALMÉN, Per, Mönster för marmormålning. 1:a serien. Folio, 4 s. text o. 10 pl. Sthm, Gust. Chelius. 95. I kartong 22: 50.
MALMLUNDH, L., Se: *Franzén, J.* o. *Malmlundh, L.,* Bidrag till snickerislöjdens metodik.
MALMQVIST, Anna Elisab. f. SONDÉN, Gummans leksaker. Minnen från en nära 100-årig lefnad. 8:o, viij o. 108 s. samt 1 portr. Sthm, Tr. i Centraltryckeriet. 90. Uppl. 200 ex. Ej i bokh.
MALMQVIST, K. Th., Frälsning för en hel verld. Predikan öfver Es. 45: 22. 8:o, 14 s. Örebro, Söndagsskolföreningen i distr. 86. 12 ö.
MALMROS, J., Se: *Lundgren, A. R.* o. *Malmros, J.,* Landtmannabyggnader.
MALMROS, W. T., Eskader-segling med lustfartyg. 2:a uppl. 8:o, 8 s. Malmö, Cronholmska bokh. 86. 40 ö.
(1:a uppl. 50 ex. 85.)
—, Praktisk fickbok i amatör-fotografi. 8:o, 63 s. Malmö, Envall & Kull. 95. 1 kr.
MALMROTH, A., Om nådemedlen. Kort systemat. framställning i anslutning till textorden i Luthers lilla katekes. 8:o, 129 s. Lund, Gleerupska univ:s-bokh. 95. 30 ö.
—, Talssymboliken i den heliga skrift. 8:o, 228 s. Lund, Gleerupska univ:s-bokh. 88. 2 kr.
MALMSTEDT, A. M., Se: *Byron,* Ung Harolds pilgrimsfärd.
MALMSTEN, Karl, Förslag ang. den nordiska utställningen i Stockholm 1897. (Jemte situationsplan.) 8:o, 16 s. Sthm, Samson & Wallin. 94. 50 ö.
—, Studier öfver aorta aneurysmens etiologi. Stor 8:o, 165 s. o. 6 pl. Sthm, Förf:n. 86. 5: 50.
MALMSTRÖM, And., Den apostoliska kyrkan o. principatet. 8:o, 212 s Lund, C. W. K. Gleerup. 93. 2 kr.
MALMSTRÖM, Bernh. Elis, Dikter. Liten 8:o, vj o. 418 s. Sthm, F. & G. Beijers Bokf.-aktb. 89.
Klb. med gulduss. 4 kr.
MALMSTRÖM, C. G., Minne af J. A. v. Lantingshausen. Se: Handl:r, Sv. Akad.ns. 62.
—, Smärre skrifter rör. 1700-talets historia. 8:o, 356 s. Sthm, P. A. Norstedt & S:r. 89 4: 25.
—, Ständernas utskottsmöte 1710. Se: Tidskrift, Historisk. 1887.
—, Sveriges polit. historia från kon. Karl XII:s död till statshvälfningen 1772. 2:a uppl. 8:o. Sthm, P. A. Norstedt & S:r.
1:a dln. xij o. 490 s. 93. 5 kr.
2:a dln. viij o. 455 s. 95. 5 kr.

MALMSTRÖM, C. G., Sveriges statskunskap. 9:e uppl. öfversedd af *J. Fr. Nyström.* 8:o, 102 s. Ups., W. Schultz. 92. Kart. 1 kr. (8.e uppl 87.)
—, Se: Meddelanden från Svenska Riks-archivet.
MALMSTRÖM, Joh. O., Se: Tabell öfver telegramporto.
MALMSTRÖM, Oscar, Bidrag till svenska Pommerns historia 1630—53. 8:o, v o. 151 s Lund, Gleerupska univ:s-bokh. i distr. 92. 1: 25.
—, Bidrag till den svenska Pommerns historia 1653—60. Stor 4:o, 46 s. Helsingborg, Joh. Svensson. 94. (Uppl. 30 ex.) 1 kr.
MALOT, Hector, Ändtligen hemma. ("En famille"). Öfv. af *Mathilda Langlet.* 12:o, 352 s. Sthm, Fr. Skoglund. 94. 3 kr.
Mamsell Tooseys mission m. fl. berättelser. 8:o, 108 s. Göteb., N. P. Pehrsson. 89. 1 kr., kart. 1: 25.
Man bör aldrig — En kort framställning af de misstag, som ofta begås i tal o. umgängessätt. Liten 8:o. 48 s. (Tr. i Kbhvn). Sthm, Looström & K. i komm. 86. 50 ö.
Man, En döfstum. Dram i 5 akter. Sv. original af *L. D.* utg. af *B. B.* 8:o, 88 s. Sthm, Aug. Rietz. 88. (Uppl. 200 ex.) 2: 50.
MANBY, C. J. N., Hvem var egentligen Emanuel Svedenborg? Biografiskt utkast. — Hvad lär egentligen nya kyrkan? 8:o, 15 s. Sthm, C. Deleen & K. i komm. 88. 15 ö.
MANDELGREN, N. M., Praktisk lärokurs i teckning. Tvär 4:o. Sthm, Fr. Skoglund i distr.
3:e kursen. 23 s. o. 25 pl. 87. 8 kr.
4:e kursen. 35 s. o. 25 pl. 86. 10 kr.
MANETHO, G., Det outgrundligas verld Hypnotismens o. spiritismens fenomen framställda genom experiment. Med 92 illustr. 8:o, xvij o. 272 s. Sthm, Fröléen & K. 91. 3 kr.
Manhem. Sångbok för folkskolans högsta klasser, utg. af Svenska folkskolans vänner. 8:o, 88 s. Sthm, P. A. Norstedt & S:r. 95. Tygb. 85 ö.
MANKELL, Julius, Fälttåget i Norge år 1814. Kritisk belysning. Med karta öfver krigsskådeplatsen. 8:o, 162 s. o. 1 karta. Sthm, Klemmings ant. 87. 2: 25.
—, Från Pultava till Bender. Se: Öreskrifter för folket. 33.
—, Öfvergången af Stora Bält 1658. Se: Öreskrifter för folket. 20.
—, Öfversigt af svenska krigens och krigsinrättn:s historia. Se: Förlag, Militärlitteraturföreningens. 61.
MANLEY, R. M., Drottningen af Equador. Roman. Öfv. fr. eng. af *H. R.* 8:o, 226 s. Sthm, W. Billes Bokf.-aktb. 95. 2: 25.
Manna, Himmelskt. En samling af bibl. böner för hvarje dag i året. Efter nya bibelöfvers. omarb. uppl. 16:o, 96 s. Sthm, P. Palmqvists aktb. 86. 15 ö., kart. 25 ö., klb. 65 ö.
Mannen, Den svarte. 4:o, 8 kolor. pl. med text. (Tr. i Berlin.) Sthm, Ad. Johnson. 89. Kart. 1 kr.
MANNERFELT, Otto, Anteckn:r om kongl. Elfsborgs regemente 1680—1815. 8:o, 240 s. o. 1 pl. Borås, Osc. Jansson. 88. 3 kr.
MANNING, S. o. LOVETT, R., Faraonernas land eller Egypten o. Sinai skildradt i ord o. bild. Öfv. af *G. S Löwenhjelm.* 4:o, 196 o. xij s. Sthm, Fo:t.-stift:s f.-exp. 89. 4: 20, kart. 6 kr, klb. 7: 50.
Mantals- o. kyrkoskrifningsförordningarna d. 6 aug. 1894. Med formulär jämte komment. o. sakregister m. m. Handbok utg. af *Hans Forssell.* 8:o, 233 s. Sthm, P. A. Norstedt & S:r. 94. Inb. 2: 50.

MANTEGAZZA, Paolo, Hyckleriets århundrade. Öfv. från ital. af *Erik Thyselius.* 8:o, 104 s. Sthm, H. Geber. 89. 1: 25.
—, Hygieniska småskrifter. 8:o. Sthm, J. Seligmann.
1. Nervernas hygien. Öfv. af *Erik Thyselius* 76 s. 89. 75 ö.
—, Konsten att bli gammal. Öfv. af *Erik Thyselius.* 8 o, 118 s. Sthm, Klemmings ant. 92. 1: 25.
—, Konsten att icke blifva sjuk. Öfv. af *O. H. D.* Med 18 träsn. 8:o, 94 s Sthm, Ad. Bonnier. 89. 1 kr.
—, Konsten att taga sig hustru Öfv. af *Erik Thyselius.* 8:o, 232 s. Sthm, J. Seligmann. 92. 2: 25.
—, Kärlekens fysiologi. Öfv. från ital. af *Erik Thyselius.* 8:o, 248 s. Sthm, J. Seligmann. 88. 2: 50.
—, Vårt nervösa århundrade. Öfv. från ital. af *Erik Thyselius.* 8:o, 136 s. Sthm, H. Geber. 88. 1: 50.
MANUEL, Eugéne, Kjolen. Se: Humor, Fransk.
MARCH, Daniel, I heliga mäns fotspår eller hvad jag såg o. erfor i de bibl. landen. Öfv. af *G. F.* 8:o, 540 s. Sthm, F. & G. Beijers Bokf.-aktb. 87. 3: 40, vb. 4 kr., klb. 4: 50.
MARCHI, Emilio de, Don Cirillos hatt. Se: Romanbibliotek, Ad. Bonniers. 62.
MARDEN, Orison Swett, Konsten att komma sig upp i verlden eller att skaffa sig framgång under svårigheter. Illustr. 8:o, 335 s. Sthm, J. G. Fredengren. 95. 2: 50.
Margarethe, Berit. Skildring ur norska folklifvet. Öfv. af *Mathilda Langlet.* 8:o, 195 s Sthm, Fr. Skoglund. 94. 1: 75.
—, Efter konfirmationen. En nutidsbild. Öfv. från norskan af *R. H.* 8:o, 283 s. Sthm, Fr. Skoglund. 92. 2: 50.
MARHOLM, Laura, Kvinnor. Sex tidspsykologiska porträtt. Öfv. från tyskan. 8:o, 180 s. Sthm, Ad. Bonnier. 95. 1: 75.
Maria, Hvardagslag. Se: *[Furuhjelm, Maria].*
Marianna, Sagor o. allegorier. Strökorn för små o. stora upplockade. 8:o, 196 s. Sthm, Redakt. af tidskr "Efteråt" i komm. 92. 1: 75.
Marie, Astrid, Karaktersskildringar. Öfv. af *—ck—.* 12:o, 210 s. Sthm, F. & G. Beijers Bokf.-aktb. 87. 1: 50.
—, Dröm o. verklighet. Berättelser. Öfv. af *—ck—.* 12:o, 202 s. Sthm, F. & G. Beijers Bokf.-aktb. 86. 1: 50.
—, Ett manuskript. Öfv. af *Emilie Kullman.* 8:o, 249 s. Sthm, Fahlcrantz & K. 92. 2: 50.
—, I det tysta. Skildringar från hemmets härd. Öfv. från norskan af *—ck—.* 2:a uppl. 12.o, 312 s. Sthm, F. & G. Beijers Bokf.-aktb. 86. 2 kr.
Marie (Grefvinna af Caithness, hertiginna af Pomar), Tidehvarfvets mysterier eller den hemliga läran i alla religioner. Öfv. från eng. af *Victor Pfeiff.* 8:o, viij o. 277 s Sthm, Looström & K. 89. 3: 25.
MARIAGER, P., Från Hellas. Antika berättelser. På svenska utg. af *Abr. Ahlén.* 8:o, 333 o. viij s. Göteb., N. P. Pehrsson. 87. 3: 25.
Mariquita o. andra historier från verldens utkanter Se: *Zilliacus, Konni.*
Mark, På fridens, af *L. S.* 12:o, 12 bl. velin med illustr. Sthm, C. A. V. Lundholm. 91. 1 kr.
Markatta, Henriks Se: Bibliotek för de unga. 62.
MARKGREN, Richard, Vårt dop. 8:o, 124 s. Sthm, Fost.-stift:s f.-exp. 94. 75 ö., inb. 1 kr.

Markis de Fontanges. Utdrag ur Mademoiselle Mars förtroliga meddelanden. Öfv. fr. franskan. 8:o, 37 s. Sthm, C. A. V. Lundholm. 89. 35 ö.

MARKS von WÜRTEMBERG, J., Se: Matrikel öfver officerare vid Kongl. väg- o. vattenbyggnadskåren.

MARLITT, E, Samlade romaner o. berättelser. Öfv. Med illustr. 8:o. Sthm. Alb. Bonnier.
1. Tant Cordulas hemlighet. Novell. 4:e uppl. 300 s. 93. 2 kr., inb. 3 kr.
2. Prinsessan från heden. Berättelse 3:e uppl. 412 s. 94. 2: 50, inb. 3: 50.
3. Riksgrefvinnau Gisela. Roman. 3:e uppl. 400 s. 94. 2: 50, inb. 3: 50.
4. Gullvifva. Roman. 4:e uppl. 313 s 94. 2 kr., inb. 3 kr.
5. Mainaus andra hustru. Roman 4.e uppl. 352 s. 94 2. 25, inb. 3: 25.
6. I kommerserådets hus. Roman. 2:a uppl. 400 s. 95. 2: 50, inb. 3: 50.
7. Amtmannens piga. Berättelse. 2:a uppl. 204 s. 95. 1: 50, inb. 2: 50.
8. Berättelser från Thüringen. I. De tolf apostlarna. — II. Blåskägg. — III. Skolmästarens Marie. 204 s. 95. 1: 50, inb. 2: 50.
(Utgåfvos i 59 hfn. å 25 ö.)

—, Uggleboet. Efterlemnad roman, fullbordad af *W. Heimburg.* Öfv. fr. tyskan. 12:o, 402 s Sthm, Alb. Bonnier. 88. 3 kr.

MARRIOT, Emil, Förbjuden kärlek. En katolsk prests lefnadssaga. Roman. Från tyska öfv. af *A. F.* 8:o, 237 s. Sthm, H. Geber. 91. 2: 50.

MARRYAT, Florence, Det fins ingen död. Öfv. från eng. af *M. v. B.* 12.o, 358 s. Sthm, Fr. Skoglund. 92. 3 kr.

—, Med förbundna ögon. (Blindfold.) Roman. Öfv. från eng. af *Emilie Kullman.* 8:o, 359 s. Sthm, Fr. Skoglund. 91. 3 kr.

—, Mellan barken o. trädet. Från eng. af *Tom Wilson.* 8:o, 251 s. Sthm, A. Granlund. 93. 2: 50.

MARRYAT, Frederick, Barnen i Nya skogen. 8:o, 308 s. Sthm, Aktieb. Hiertas bokförlag. 89. 2 kr., inb. 2: 50.

—, Den lille vilden. Bearb. öfvers. af *L. Hubendick.* 8:o, 279 s. Sthm, P. A. Norstedt & S:r. 88. Kart. 2: 75.

—, De tre kuttrarne. Öfv. från eng af *F. S—.* 8:o, 92 s. Sthm, F. C. Askerberg. 90. 75 ö.

—, Jafet eller hittebarnet. Öfv. 8.o, 383 s. Sthm, Aktieb. Hiertas bokförlag. 89. 2: 50, inb. 3 kr.

—, Jafet som söker sin fader. Se: Bokskatt, Ungdomens. 3.

—, Jakob Ärlig. Ny öfv. 8:o, 394 s. Sthm, Aktieb. Hiertas bokförlag. 89. 2: 50, inb 3 kr.

—, Kaparekaptenen. 8:o, 302 s. Sthm, Aktieb. Hiertas bokförlag. 88. 2 kr., inb. 2: 50.

—, Newton Forster eller tjensten på handelsfartyg. Ny öfv. 8:o, 364 s. Sthm, Aktieb. Hiertas bokförlag. 89. 2: 50, inb. 3 kr.

—, Nybyggarne i Canada. Berättelse för ungdom. Med 12 illustr. af *John Gilbert.* Öfv. från eng. 8:o, 341 s Sthm, F. C. Askerberg. 87. Kart. 2: 25.

—, Nybyggarne i Kanada. Se: Bokskatt, Ungdomens. 14.

—, Peter Simpel. Öfv. af *C. F. Bagge.* 8:o, 516 s. Sthm, P. A. Norstedt & S:r. 86. 3 kr.

—, Spökskeppet Öfv. 8:o, 368 s. Sthm, Aktieb. Hiertas bokförlag. 88. 2 kr., inb. 2. 50.

MARSHALL, Emma, Cassandra och hennes kamrater. Öfv 8:o, 264 s. Sthm, P. Palmquists aktb 86. 1: 50, kart. 1: 85, klb 2: 40.

—, Rex och Regina. Skildringar ur en engelsk flickas lif. Bearb. öfv. af *Hedvig Indebetou.* 8.o, 215 s. Sthm, L. Hökerberg. 86. 1: 75

—, Winnifrid eller kärlek o. religion. Öfv. af *M. v. P—z.* 8 o, 311 s. Sthm, C. A. V. Lundholm. 88. 2: 50.

MARSTON, Louise, Lilla Jitana eller ljus i mörkret. Liten 8:o, 64 s. Sthm, P. Palmquists aktb. 87. 25 ö., kart. 35 ö.

Marstrands hafskur-anstalt Med illustr. 8:o, 39 s. Marstrand, Hafskur-anst. 90. 75 ö.

MARTENSEN, H., Till daglig uppbyggelse. Ur biskop Martensens predikn:r. Öfv. af *Carl Axel Möller.* 2:a uppl. 8:o. 411 s. Sthm, F. & G. Beijers Bokf.-aktb. 94. Inb 4 kr.

—, Tillfällighetstal. Öfv. at *O. W. Lemke.* 8.o, 556 o. vj s. Sthm, Fr. Skoglund i distr. 86. 4 kr.

MARTERSTIEG. Willibald, Björnindianernas undergång. Se: Äfventyrsböcker. 8.

—, Guldgräfvarne i Mexiko. Se: dersammast. 12.

MARTI, Karl, De nyaste gammaltestamentl. forskningarnes resultat. Se: Frågor, I religiösa o. kyrkliga. 23.

Martialis. Epigrammata octo. Se: Skalder, Latinska i urval. III.

MARTIN, F R., L'age du bronze au musée de Minoussinsk. Photographies et texte. Folio, 33 pl. o. 35 blad text samt 1 karta. Sthm, Samson & Wallin. 93. I kartong 36 kr.

—, Ein Beitrag zur Kenntniss d. Vorgeschichte und Kultur sibirischer Völker. 35 Tafeln in Lichtdruck. 4:o. Sthm, G. Chelius. 95. 54 kr.

MARTIN, N., Ledning vid sjukvård i hemmet med särsk. hänsyn till de smittosamma sjukdom:e o. deras förekommande. Med ett förord af *Curt Wallis* 8:o, 96 s. Sthm, Looström & K. 86. 1 kr., inb. 1: 50.

—, Se: *Berger, P.,* "Det är ohelsosamt."

MARTIN, Roland, Förteckning på i Sverige examinerade o. legitimerade tandläkare. 8:o, 9 s. Förf:n. 94. 50 ö.

—, Kortfattad tandläkemedelslära, hufvudsakl. efter prof. O. Hammarstens "Kortfattad lärob. i farmaceutisk kemi", samt prof. R. F. Fristedts "Lärob. i organ. pharmakologi" utarb. 8:o, 40 s. Sthm, C. Deléen & K. i distr. 87. 5 kr.

—, Om artificiela (konstgjorda) tänder samt några ord om de s. k. tandtekniei. 8:o, 23 s. Sthm, C. Deléen & K. i komm. 90. 75 ö.

—, Vägledning vid receptskrifning. Liten 8:o, ij, 86 s. o. 32 s. skrifpapper. Sthm, Förf:n. 91. 3 kr.

—, Se Matrikel jemte biogr. uppgifter öfver Sveriges tandläkare. — Tidskrift för tandläkare.

MARTINSSON, H., Den sällsynte ynglingen. Se: Teatern, Svenska. 79.

—, Karl Sabelträff o. hans rivaler. Se: dersammast. 107.

Marvel, Se: [Hungerford, Mrs].

Mary Liljeblad, af *D D. G.* Svenskt original. 8:o, 168 s. Sthm, Ad. Bonnier. 91. 1: 75.

MASAL, Hans, Formeln u. Tafeln zur Berechnung der absoluten Störungen der Planeten. Se: Handlingar, K. sv. Vet.-akad:s. XXIII; 7.

MASON, Charlotte, Den konungsliga lagen. Se: Bibliotek för de unga. 47.

Masoni eller frimureriets betydelse o. verksamhet i

staten. Med några anmärkn:r om frimurarnes ceremonier. 2:a uppl. 8:o, 27 s. Sthm, Svea i komm. 90. 50 ö.

MASSEY (Mrs), Village tales. Se: Författare, Moderna engelska. 4.

"Matematik, Moralens", o. dess lifsåskådning, i spridda drag tecknade af *E. A. W.* 8:o, 53 s. Sthm, Z. Hæggströms f.-exp. i distr. 88. 1 kr.

MATHEI, Cäsar, Se: *Dieterich, Ida*. Elektro-homöopatien.

MATHER, E. J., Fiskarlif vid Doggerbank. Öfv. af *Maria Sandberg*. Med förord af *N. P. Ödman* 8.o, xiv o. 276 s. samt 12 pl. Lund, C. W. K. Gleerup. 89. 2: 50, inb. 3: 50.

MATHERS, Helen, Ett äktenskap i våra dagar. Roman. Öfv. af *C. E. Bagge*. 12:o, 416 s. Sthm, Ad. Johnson. 86. 2 75.

MATHESIUS, N. A., Engelsk elementarbok. 1:a afd. 6:e uppl. 8:o, 88 s. Sthm, P. A. Norstedt & S:r. 93. Inb. 1: 25.
(4:e uppl. 86, 5:e 89.)

—, Engelsk skolgrammatik. 6:e uppl. 8:o, 210 s. Sthm, P. A. Norstedt & S.r. 93. Inb. 1: 50.
(4:e uppl. 86. 5:e 89)

—, Tysk elementarbok. 6:e uppl 8:o, 187 s. Sthm, P. A. Norstedt & S.r. 89. Inb. 1: 70.

MATHEY, Louis, Handledning vid tillverkn. af alla slags olje- o vattenfärger m. m. Öfv. 2:a uppl. 12:o, 64 s. Sthm, Ad. Johnson. 91. 75 ö.
(1:a uppl. 88.)

MATHIEU, A., Neurastenien. Öfv. af *Severin Jolin*. Med förord af *F. Lennmalm*. 8:o, 229 s. Sthm, W. Billes bokf.-aktb. 94. 2: 75.

Mathilde, Ett år af en ung flickas lif. Berättelse. Öfv. från norskan. 12:o, 176 s. Sthm, Alb Bonnier. 87. 1: 25.

MATINHEIKI, J., Multiplikationstabell för alla en- o. tvåsiffriga tal. 1 blad Sthm, P. A. Norstedt & S:r. 91. 1 kr.

Matrikel öfver Alnarps landtbruksinstituts styrelse, lärare o. elever åren 1862—1892. 8.o, 228 s. Malmö, Envall & Kull. 92. Kart. 3 kr.

Matrikel öfver Sveriges barnmorskor, utg. af *G. Eneström*. 8:o, xv o. 130 s. Sthm, Exp. af Hälsovännen. 94. 1: 50.

Matrikel, Erkestiftets utg. 1891. I. Biografier. 4:o, xvj o. 127 s. Ups., Almqvist & Wiksells boktr.-aktb. 91. 3: 50.

Matrikel, Svensk farmaceutisk. Utg. af *I. Nordin* o. *C. Schimmelpfennig*. 8:o.
3:e årg. 1887. 95 s. Sthm, Alb. Bonnier. 86. 1: 50.
4:e årg. 1890. 109 s. Sthm, Utg:ne. 90. 1: 50.
5:e årg. 1893. 143 s. Sthm, Utg:ne. 93. 2 kr.

Matrikel, Utförlig o fullständig, öfver Sveriges folkskollärare, organister, kantorer o. lärare etc. jemte uppgift om löneförmåner m. m. för 1889. Utg. af *Pehr Borgh*. 4:o, vij o. 260 s. Norrk., M. W. Wallberg. 89. 3: 75.

Matrikel öfver Frimurare-ordens IX provins. Utg. af Prov. Logedirektion. 8:o. Sthm, P. A. Norstedt & S:r.
Årg. 1886. 247 s. 86. 2 kr.
„ 1887. 252 s. 87. 2 kr.
„ 1887—88. 252 s. 88. 2 kr.
„ 1889. 258 s. 89. 2 kr.
„ 1890. 264 s. 90. 2 kr.
„ 1891. 276 s. 92. 2 kr.
„ 1892—93. 277 s. 93. 2 kr.

Årg. 1894. 288 s. 94. 2 kr.
„ 1895. 290 s. 95. 2 kr.

Matrikel öfver Göteborgs stift. Utg. af *A. B. Magni*. 8:o, viij o. 192 s. Göteb., N. P. Pehrsson. 93 3 kr.

Matrikel öfver Karlstads stift med noter af historiskt o. lokalt innehåll af *O. Tenow*. 2:a uppl. 8:o, 226 s. Karlst., Förf:n. 86. 3 kr.

Matrikel, S:t Knutsgillet i Lund, 1856—86. Förteckn. på dess medlemmar med biogr. anteckn:r af *Carl Sjöström*. 8:o, 113 s. Lund, Gleerupska univ:s-bokh. 86 1: 50.

Matrikel öfver landtmäteristaten i Sverige Utg. af *Alfr. Eriksson*. 8:o, 44 s. Ups. Förf:n. 88. 3 kr.

Matrikel öfver landtmäteristaten i Sverige, upptagande jemväl förteckning å pensionerade landtmätare. Utg. d. 10 maj 1895 af *J. Ivarsson*. 8:o, 54 s. Sthm, Utg:n. 95. 2 kr.

Matrikel öfver Linköpings stift, utg. af *K. A. Ydén*. Årg. 1888. 4:o, vij o. 248 s. Söderköp., Utg:n. 88. 4: 50.

Matrikel, Linköpings stifts, 1895. I. Historiskt-topogr.-stat.-ekonom. afdeln. af *Hans Nilson*. xvj o. 104 s. II. Biografiska afdeln. af *J. A. Setterdahl*. 128 s. Eksjö, Utg:nes förl. 95. 5 kr.

Matrikel öfver kgl. lots-, fyr- o. båkverket för år 1890. Utg. af *H. A. O. Öberg*. 4:o, 61 s. Visby, Kgl. lotskontoret i distr. 90. 2 kr.

Matrikel, Lunds stifts, utg. i maj 1893 af *B. J. Bergqvist*. 8:o, 10, lxxvij o. 272 s. Lund, Utg:n. 93. 5 kr.
(Föreg. utg. 86)

Matrikel öfver officerare vid Kongl. väg- o vattenbyggnadskåren 1851—89, utg. af *J. Marks von Würtemberg*. 8 o, 76 s. Sthm, Förf:n. 89. 2: 50, inb 3 kr.

Matrikel öfver personalen vid Sveriges jernvägar 1894. Med 1 tab. Utg. af *Axel Bernh. Beskow*. 8:o, vij o. 347 s. samt 1 tab. Sthm, Jernvägsföreningen. 94. 2: 50.
(Föreg. utg. 88.)

Matrikel öfver Strengnäs stifts ecklesiastik- o. lärarestat 1892. Utg. af *L. H. Lahng*. 4:o, xxiv o. 151 s. Strengnäs, Utg:n. 92. 2. 50.

Matrikel jemte biogr. uppgifter öfver Sveriges tandläkare från äldre till nuvarande tid. Red. o. utg. af *Roland Martin*. 8:o, 72 s. Sthm, Utg:n. 90. 2: 50.

Matrikel öfver tjenstemän vid Sveriges jernverk o. jerngrufvor 1890, utg. af *S. Fahlrot*. 8:o, 238 s. Sthm, Ad. Johnson i komm. 90. Kart. 4 kr.

Matrikel öfver Ultuna landtbruksinstituts lärare o. elever 1849—86. (Utg. af *Rud. Hennings, Mauritz Åkerhjelm* o. *H. Juhlin-Dannfelt*) 8:o, 141 o. viij s. Ups., W. Schultz. 86. 2: 50.

Matrikel öfver i Upsala studerande norrlänningar 1595—1889, utg. af *Erik Modin* o. *E N. Söderberg*. 8:o, viij o. 350 s Ups., Lundequistska bokh. i komm. 90. 4 kr.

Matrikel, Upsala ärkestifts. Tjänster o. lägenheter. Utg. af *Fr. R. Hedlund*. 4.o, 160 s Sthm, A. V. Carlsons Bokf.-aktb. 95. 3 kr.

Matrikel öfver Vesterås stift år 1892. Utg. af *A. E. Lefrin*. 4:o, 6 o. 110 s. Tr. i Sala, Ö. Westmanlands boktr. 92. 1 kr.

Mattei Evangelium med förkl. af *M. G. Rosenius*. 8:o, 265 s. Sthm, P. A. Norstedt & S:r. 88—92. 3 kr.

MATTESON, J. G., Jesu profetior eller vår frälsares o. profeternas förutsägelser fullbordade. Ny förbättr.

o. förstorad uppl. 8:o, xvj, 660 s. o. 32 pl. Sthm, Skandinaviska f.-exp. 94. 6 fmk. (Föreg. uppl. 87.)

MATTHEY, A., (Arthur Arnould), Tiggarnes konung. Från franskan af *Kr. Br.* 8.o, 302 s. Sthm, C. A. V. Lundholm. 89. 2: 25.

Mattis, Se: *[Lundström, Math:a]*.

MATTSON, H., Minnen. Med 87 illustr. o. förf:ns porträtt i stålst. 2:a uppl. 8:o, 369 s. o. 1 portr. Lund, C. W. K. Gleerup. 91. 2 kr. (1:a uppl. 90.)

MAUPASSANT, Guy de, Berättelser o. skizzer i urval o. öfvers. samt med en inledn. om hans författarskap af *Tor Hedberg*. Med portr. 12:o, 267 s. o. 1 portr. Sthm, Alb. Bonnier. 93 2: 50.
—, Lifsbilder. Öfv. 12:o, 141 s. Sthm, F. & G. Beijers Bokf.-aktb. 86. 1 kr.
—, Mont Oriol. Se: Romanbibliotek, Ad. Bonniers. 65.
—, Pierre o. Jean. Öfv. från franskan. 12:o, 189 s. Sthm, Alb. Bonnier. 88. 2 kr.
—, Stark som döden. Se: Romanbibliotek, Ad. Bonniers. 59.
—, Vårt hjärta. Se: dersammast. 56.

MAURIER, George du, Trilby. Roman ur konstnärslifvet. Öfv. från eng. af *Tom Wilson*. 8:o, 396 s. Sthm, Looström & K. 95. 3: 50.

MAY, A., A course of english reading 6:th ed. revised and rearranged with exclusions and additions by *G. S. Löwenhielm*. 8:o, 226 s. Sthm, Ad. Bonnier. 88. Inb. 2 kr.
—, A practical grammar of the swedish language with reading and writing exercices. 6 th. ed. 8:o, 244 s. Sthm, Ad. Bonnier. 93. Klb 4: 50.
—, Engelska o. svenska samtalsöfningar (Englishswedish dialogues) jemte exempel på partiklarnes användande m. m. 7:e uppl. 8:o, 135 s. Sthm, Ad. Bonnier. 1: 25.

MAY, Carl, Vesterns hjeltar. 8:o. Sthm, W. Billes Bokf.-aktb.
1. Björnjägarens son. Med 6 pl. Öfv. af *Ellen Bergström*. 277 s. o. 7 pl. 92. Kart. 3 kr.
2. Öknens ande. Med 5 pl Öfv. af *Ellen Bergström*. 227 s. o. 5 pl. 92. Kart. 2: 75.

MAY, Charles W:m, Våra fruktträd o. bärbuskar. Anvisn. till fruktträdens samt bärbuskarnes plantering m. m. 8:o, 88 s. Visby, Förf:n. 88. 50 ö.

MAY, Elizabeth, Se: Författare, Moderna engelska. 3.

MAY, John, Meddelanden ang. försäkringsväsendet i Sverige 1890—1894. 4:o, hvarje årg omkr 40 s. Sthm, Köersners boktr. i distr. 91—95. För årg. 1: 50.

MAY, Sophie, Vår Helen. Berättelser för unga flickor. Från eng. af *Hedvig Indebetou*. 8:o, 273 s. Sthm, Svenska Familj-journ. utg. 86. 2 kr.

MAYO, Isabella, Se: Hemlighet, Svarta sjöns.

MAZER, Th., Kunskapen till evinnerligt lif. Högmessopred. i Johannes kyrka pingstdagen 1895 jemte tal till nattvardsungdom. 8.o, 15 s. Sthm, A. V. Carlsons Bokf.-aktb. 95. 20 ö.
—, Ord till ungdomen uttalade vid gudstjenstliga tillfällen. 8:o, 152 s. Sthm, P. A. Norstedt & S:r. 92. 1: 75, klb. 2: 50.
—, Tal från predikstolen o. altaret 8:o, 265 s. Sthm, P. A. Norstedt & S:r. 94. 2: 75, klb. 3: 75.
—, Se: *Luther, M.*, Lilla katekes. — Vittnesbörd, Kristliga.

MEAD, G. R. S., Yoga: vetenskapen om själen. Öfv. från eng. af *L. E. B.* 8:o, 16 s. Sthm, Teosofiska bokförlaget. 93. 30 ö.

MEADE, L. T., Annie Forest eller lifvet på Rosenhill Se: Bibliotek, Nytt, för barn o. ungdom 10.
—, Bråkigt herrskap. Se: dersammast. 7.
—, En lyckoriddare Öfv. från eng. af *Emilie Kullman*. 8:o, 321 s. Sthm, Wahlström & Widstrand 94 2: 75.
—, Fru doktorinnan. Öfv. från eng. af *Emilie Kullman*. 8:o, 428 s. Sthm, Wahlström & Widstrand. 93. 3 kr.
—, Kamratlif. Se: Bibliotek, Nytt, för barn o. ungdom. 12.
—, Lilys fëslott. Se: Bibliotek, Nytt, för barn o. ungdom. 3.
—, Pappas gosse. Se: dersammast. 1.
—, Ros och tistel. Se: dersammast. 16.
—, Stora syster. Se: dersammast. 14.

MEBIUS, C. A., Fyrställiga logaritmtabeller. 8:o, 8 s. Sthm, P. A. Norstedt & S:r. 95. 50 ö.
—, Galvanometr. mätningar öfver det inflytande en elektr. gnista utöfvar på en annan. Se: Bihang till K. sv. Vet.-akad:s handl:r XIV: I, 10.
—, Ueber Disjunktionsströme Se: dersammast. XIV, I, 3.
—, Versuche mit einem elektr. Funken u. einer kleinen Flamme. Se: dersammast. XV: I, 4.
—, Se: Lärobok i fysik.

MECHELIN, L, Précis du droit public du grandduché de Finlande. 8:o, 127 s. H:fors, G. W. Edlund. 86 2: 35.
—, Står Finlands rätt i strid med Rysslands fördel? Ett inlägg i tidens frågor. 8:o, 55 s. H:fors, G. W. Edlund. 90. 1 fmk (75 ö.)

Medan sjön går hög. Några ord om brödrafolket uttalade af "en svensk unionvän". N:o 2. 8:o, 35 s Sthm, Fr. Skoglund i distr. 94. 50 ö.

Meddelande till allmänheten ang. reformdrägten. 8:o, 12 s. Sthm, Fredrika Bremerförbundet 86. 25 ö.

Meddelanden af inspektören för fiskerierna i Finland. 8:o. H:fors.
I. *Nordqvist, Oscar*, Åtgärder för fiskeriernas skyddande mot industrien. 115 s. 90. 1: 50 fmk.
II. —, Förslag till åtgärder för fiskeriernas höjande. 32 s. 90. 75 p.
III. —, Fiskevården o. fiskodlingen i Nord-Amerika. 6, 114 o. 20 s. 95. 3 fmk.

Meddelanden, Finska forstföreningens. 8:o. H:fors. V. 265 s. o. 1 karta. 87. 3 fmk. — VI. 315 s. 88—89. 4 fmk. — VII. 276 o 127 s. 89—90. 3 fmk. — VIII. 223 s. 91 3 fmk. — IX: 1, 2. 317 s 92. 4 fmk. — X. vij, 175 s. o. 1 tab. 92. 3 fmk. — XI. 104 s. 94. 4 fmk. — XII: 1, 2. 195 s. 95.

Meddelanden 1894 från Fotografiska föreningen, Stockholm. 4 o, 65 s. o. 5 pl. Sthm, Nordin & Josephson 95 3 kr.

Meddelanden, Fångvårdsmannaföreningens i Finland. Stor 8:o. Åbo 93—95. Utkommit med två häften om året.

Meddelanden af Gestriklands fornminnesförening. 8:o. 46 s. Gefle, Hj. Ewerlöf. 91. 50 ö.

Meddelanden från Göteborgs o. Bohusläns fornminnesförening. 8:o. Göteb., Wettergren & Kerber.
I: 1. (*Bergh, Wilh.*, Afhandlingar i historia o. arkeologi. 1.) 84 s. 93. 1: 50.
I: 2. s. 85—209 samt 2 kartor. 94. 1: 60.

Meddelanden, Vetenskapliga, af Geografiska föreningen i Finland. 8:o. H:fors, Waseniuska bokh. i distr.

I. XI. o. 249 s., 17 pl. 92—83. 10 fmk.
II. 4 o. 375 s., 24 pl. 94—95. 10 fmk.
Meddelanden för helso- o. sjukvård. Red. *Hj. Hjorth.* 4:e—10:e årg. (1887—93.) 8:o. Skandinaviska förlagsexp. 87—93. För årg. (12 hfn) 2: 50.
Meddelanden från Industristyrelsen i Finland. 8 o. H:fors.
1. 188 s. 6 pl. o. 2 tab. 86. 3 fmk. — 2. vij o. 199 s. 86. 3 fmk. — 3. 88 s. 86. 1: 25 fmk. — 4. 100 s. pl. o. karta. 87. 1: 50 fmk. — 5. 99 s. o. bil. 86. 1 fmk. — 6. 97 s. 87. 1 fmk. — 7. 202 s. 87. 2 fmk. — 8. 95 s. o. 2 kartor. 88. 1 fmk. — 9. 96 s. 88. 1 fmk. — 10. 118 s. 89. 1 fmk. — 11. 140 s. 89. 1 fmk. — 12. 146 s. 90. 1 fmk. — 13. 173 s. 91. 1 fmk. — 14. iv, 167 s. o. 4 kartor. 91. 1: 50 fmk. — 15. 144 s. 92. 1: 50 fmk — 16. iv, 187 s. o. 2 tab. 91. 1: 50 fmk. — 17. iv, 146 s. 5 kartor, 3 pl. o 1 tab. 92. 1: 50 fmk. — 18. iv, 156 s. o. 2 tab. 92. 1: 50 fmk. — 19. 4 o. 178 s. 93. 1: 50 fmk. — 20. 4 o. 76 s. 94. 1 fmk. — 21. 4, 128, 26 s. o. 3 tab. 94. 1 fmk. — 22. 4 o. 193 s. 95. 1: 50 fmk. — 23. 6 o. 167 s. 95. 1: 50 fmk.

Meddelanden från Josephsons Antikvariat. Tidskrift i bibliografi, utgiven av *Aksel G. S. Josephson.* 1890. 8:o. Ups., Utg-n. 90.
För årg. (10 à 12 n:r) 2 kr.

Meddelanden från Kongl. Krigsarkivet, utg. af Generalstabens krigshistoriska afdelning. II. 8:o, 67 s. o. 2 kartor. Sthm, Looström & K. 87. 2 kr.

Meddelanden, Kulturhistoriska. Qvartalskrift utg. af Kulturhistoriska föreningen för södra Sverige gm. *G. J:son Karlin.* 1:a o. 2:a årg. 1894—95. Lund, Kulturhist. föreningen.
För årg. (4 hfn = 8 ark) 2 kr.

Meddelanden från Kongl. Landtbruks-Akademiens Experimentalfält. 8:o.
1. *Eriksson, Jakob*, Bidrag till kännedom om våra odlade växters sjukdomar. I. 85 s. o. 9 pl. 85.
2. *Nilson, L. F.*, Studier öfver komjölkens fett. 45 s. 86.
3. *Eggertz, C. G.*, Studier o. undersökningar öfver mullämnen i åker- o. mossjord. 66 s. 88.
4. *Eriksson, Jakob*, Om bestämmandet af fröns absoluta vigt. 12 s. 88.
5. ———, Studier o iakttagelser öfver våra sädesarter. I. 34 s. 89.
6. ———, En ny plymhafrevarietet. 5 s. o. afbildn. 89.
7. *Eggertz, C. G.* o. *L. F Nilson*, Kemisk undersökning af moss- o. myrjord. 44 s. 89.
8. *Nilson, L. F.*, Försök att utstilla sillfoderkakor åt mjölkkor 27 s. 89.
9. ———, Om komjölkens qväfvehalt. 6 s. 89.
10. ———, Handlingar rör. tillämpningen af instruktionen för de kemiska stationerna. 33 s. 90.

Meddelanden från Kgl. Landtbruksstyrelsen. 8:o. Sthm. C. E. Fritzes hofbokh.
2. *Flach, Wilh.*, Husdjursafvelns befrämjande i Danmark. Reseberättelse. 41 s. o. 3 pl. 91. 1: 25.

Meddelanden från Landtbruksstyrelsen. 4:o. H:fors.
1. *Enckell, Karl*, Berättelse öfver en med understöd af allm. medel företagen resa i Tyskland, Holland o. Sverige under 1891. 48 s. 93. 60 p.
2. *Grotenfelt, Gösta*, Berättelse öfver Mustiala landtbruks- o. mejeri-instituts verksamhet under 1892. 81 s. 93. 1 fmk.
3. Redog. för landtbruksekonom. försök å Mustiala

10-års katalog 1886—1895.

landtbruks- o. mejeri-institut 1892. viij o. 154 s. 94. 2 fmk.
4. Betänkande afgifvet till landtbruksstyrelsen af kommissionen för undersökning af frostfenomenet o. skyddsmedlen mot frostskada. 49 s. 93. 65 p.
5. *[Björkenheim, Edv.]*, Berättelse öfver en till Nordamerikas Förenta stater för studium af jordbruksförh. derstädes o. för ett besök vid verldsutställningen i Chicago år 1893 företagen resa. 35 s. 94. 45 p.
6. *Grotenfelt, Gösta*, Berättelse öfver Mustiala landtbruks- o. mejeri-institutsverksamhet år 1893. 83 s. o. bil. 94. 1: 10 fmk.
7. *Reuter, Enzio*, Berättelse öfver med understöd af landtbruksstyrelsen 1894 värkställda undersökn:r beträffande ängsmasken o. andra skadeinsekter. 46 s. 95. 60 p.
8. Statistik öfver trafläflingar. Utk. endast på finska.
9. *[Gripenberg, R.]*, Om hvitbetsodlingen o. sockerfabrikationen i Woipala gård i Sääksmäki åren 1837—40. 37 s. 95. 50 p.
10. *[Wright, Ad. von]*, Berättelse öfver en till Sverige, Danmark o. England för studium af smörhandeln, mejerihandteringen o. ladugårdsskötseln rör. förhållanden 1895 företagen resa. 24 s. 95. 30 p.
11. *Savela, H.*, Om tuberkulos hos nötboskap o. kampen emot denna sjukdom. 24 s. o. 1 tab. 95. 40 p.
12. *Grotenfelt, Gösta*, Berättelse öfver Mustiala landtbruks- o. mejeri-instituts verksamhet 1894. 87 s. 95. 1: 10 fmk.
13. Redog. för landtbruksekonom. försök å Mustiala landtbruks- o. mejeri-institut 1893. vj o 151 s. 95. 1: 90 fmk.
15. *Grotenfelt, Gösta*, Berättelse öfver en med statsunderstöd företagen resa i Tyskland, Danmark o. Sverige 1894. 32 s. 95. 40 p.

Meddelanden från Svenska Likbränningsföreningen. 8:o. Sthm, C. E. Fritzes hofbokh. 86—95.
7. 48 s. 86. 30 ö. — 8. 38 s. 86. 35 ö. — 9. 53 s. 87. 35 ö. — 10. 71 s. 88. 75 ö. — 11. 71 s 88. 75 ö. — 12. 54 s. 89. 50 ö. — 13. 58 s. 90. 50 ö. — 14. 33 s 90. 30 ö. — 15. 40 s. 91. 35 ö. — 16. 53 s. 92. 40 ö. — 17. 30 s. 93. 30 ö. — 18. 32 s. 94. 30 ö. — 19. 68 s. 94. 70 ö. — 20. 62 s. 95. 80 ö. — 21. 28 s. 95. 25 ö. —

Meddelanden från det Litteraturhistoriska seminariet i Lund. Se: Acta univ:is Lundensis. XXVIII o. XXIX: I, 4.

Meddelanden från Lunds stads o. omnejds försvarsförbund. 8:o. Lund, C. W. K. Gleerup.
1. Årsfesten den 30 nov. 1890. Jämte redog för förbundets stiftande m. m. 39 s. 90. 75 ö.

Meddelanden från Nationalmuseum. 8:o. Sthm, Nationalmuseum.
6. Statens konstsamlingars tillväxt o. förvaltning 1885. Underd. berättelse afg af Nationalmusei intendent. (*Gust. Upmark.*) Bihang: Konstvälfvare på Stockholms slott under 1700-talet af *Ludv. Looström.* 84 s. 86. 1: 50.
7. Handlingar rör. frågan om väggmålningar i nationalmuseibyggnaden. Underd. skrifvelse af Nationalmusei nämnd d. 5 febr. 1886. 64 s. 86. 1: 25.
8. Statens konstsaml:s tillväxt o. förvaltning 1886. Underd. berättelse af (*G. Upmark*) Bihang: 1. *Böttiger, John*, Två tyska renässansarbeten i Sve-

rige. — 2. v. *Ehrenheim, E.*, o. *Upmark, G.*, Anteckn:r från nationalmusei gravyrsamling. 73 s. o. 2 pl. 87. 1: 50.
9. D:o d:o 1887. 43 s. 88. 75 ö.
10. D:o d:o 1888. Bihang: Ordnandet af Gripsholms slott o. dess samlingar af *Gustaf Upmark*. 68 s. o. 2 pl. 89. 1: 50.
11. D:o d:o 1889. 39 s. 90. 1 kr.
12. D:o d:o 1890. 30 s. 90. 1 kr.
13. Handlingar rör. frågan om väggmålningar i nationalmusei-byggnaden. II. 96 s. 92. 1: 50.
14. Statens konstsamlingars tillväxt o. förvaltning 1891. 29 s. 92. 75 ö.
15. D:o d:o 1892. 35 s. 93. 75 ö.
16. Handlingar rör. frågan om väggmålningar i nationalmuseibyggnaden. III. 16 s. 94. 50 ö.
17. Statens konstsamlingars tillväxt o. förvaltning 1893. 29 s. 94. 75 ö.
18. D:o d:o 1894. 25 s. 95. 75 ö.

Meddelanden, Numismatiska, utg. af Sv. Numism. fören. 8:o. Sthm, Num. föreningen. För häfte 5 kr.
X. 68 s. 87.
XI. *Levin, Astley*, Beskrifning af Johan III:s mynt. 63 s. 87.
XII. 198 s. o. 1 pl. 90.
XIII. *(Hyckert, Bror Edv.*, Sveriges o. svenska konungahusets minnespenningar, praktmynt o. belöningsmedaljer etter 1874.) 220 s. o. 2 pl. i ljustr. 92.

Meddelanden från Svenska Riks-archivet. 8:o. Sthm, P. A. Norstedt & S:r.
X. 70 s. 86. 1 kr. — XI. S. 71—144. 87. 1 kr. — XII. S. 145—254. 88. 1 kr. — XIII. xiij s. o S. 255—345. 89. 1 kr. — XIV. S. 346—422. 90. 1 kr. — XV. S. 423—483 o. iv s. 91. 1 kr. — XVI. 76 s. 92. 1 kr. — XVII. S. 77—154. 93. — 1 kr. — XVIII. S 155—257. 94. 1 kr. — XIX. S. 258—334 o. ij s. 95. 1 kr.
X—XII utgåfvos af *Carl Gust. Malmström*.
XIII—XIV af *C. T. Odhner*.

Meddelanden från Svenska Slöjdföreningen. 8:o. Sthm, C. E. Fritzes hofbokh. i distr.
1887. 135 s. 87. 2 kr. — 1888. 129 s. 88. 2 kr. — 1889. 142 s. 89. 2 kr. — 1890 122 s. 90. 2 kr. — 1891. 128 s. 91. 2 kr. — 1892. 140 o. 28 s. 92. 2 kr. — 1893. 128 s. 93. 2 kr. — 1894. 186 s. 94. 2 kr. — 1895. 244 s. o. 3 pl. 95. 2 kr.
1887—91 Redig. af *Ludv. Looström*.
1892—95 af *C. A. Ossbahr*.

Meddelanden af Societas pro fauna et flora fenn. 8:o. H:fors.
XIII. 295 s. 86. 3 fmk.
Brenner, M., Bidrag till känned. af Finska vikens övegetation. IV. Hoglands lafvar.
—, Carduus crispo-nutans Koch, en för finska floran ny ruderatväxt, i sammanhang med några andra i Finland på ballast anträffade Carduus-arter
Sahlberg, J, Lynchia fumipennis n. sp., en på Pandion haliaëthus lefvande hippoboscid.
—, En ny art af hemipterslägtet Aradus från ryska Karelen.
Karsten, A., Symbolae ad mycologiam fennicam, pars XVII.
Sahlberg, J., En ny finsk art af slägtet Scymnus
XIV. 239 s. o. 10 taflor. 88. 3 fmk.
Wainio, E., Revisio lichenum in herbario Linnaei asservatorum.
—, Revisio lichenum Hoffmanaianorum.
—, Notulae de synonymia lichenum.
—-, De subgenere Cladinae.
Brenner, M., Om variationsförmågan hos Primula officinalis (L) Jacq. i Finland.
Hisinger, E., Recherches sur les tubercules du Ruppia rostelata et du Zannichellia polycarpa provoqués par le Tetramyxa parasitica. I. Notice préliminaire. (Avec 10 planches.)
Lindberg, S. O., Bidrag till nordens mossflora. I.
Karsten, P. A., Symbolae ad mycologiam fennicam pars XVIII—XXII.
Kihlman, O., Potamogeton vaginatus Turcz.
Nordqvist, Oscar, Bidrag till känned. om Ladoga sjöns crustacéfauna.
Brenner, M., Om förekomsten af Festuca duriuscula L. i Finland.
Sælan, Th., Om en för vår flora ny frövät, Eritrichium villosum (Ledeb.) Bunge.
Hult, R., Die alpinen Pflanzenformationen des nördlichsten Finlands.
XV.
Envald, R, Ornitologiska anteckn:r gjorda i norra delen af finska naturhistoriska området.
Bonsdorff, A. v., Ornitologiska iakttagelser hufvudsakligast inom Salmis socken våren 1881.
Backman, H., Anteckningar om foglarne i Salmis härad.
Lindfors, C. Ph., Sulkava sockens foglar.
Hollmerus, A. L., Ornitologiska iakttagelser i Sotkamo o Kuhnoniemi socknar 1863—85.
Brander, C, Parkano sockens foglar.
Walléen, M., Ornitologiska iakttagelser 1886 på Karelska näset.
Reuter, O. M., En ny Ceratocombus från Finland.
Bergroth, E., Om Finlands Ptychopteridæ och Dixidæ.
Sahlberg, J., Catalogus præcursorius Hymenopterorum antophilarum.
XVI. 4 o. 198 s. 88—91. 3 fmk.
Karsten, P. A., Symbolae ad Mycologiam fennicam. pars XXIII—XXVIII. 45 s.
Brenner, M, Om de i Finland förekommande formerna af Linnés ursprungl. Juncus articulatus Fl. suec., Sp. plant. edit I. s 47—58.
Sælan, Th., Om en hittills obeskrifven hybrid af Pyrola minor L. o. P. rotundifolia L. s. 59—60.
Boldt, R., Iakttagelser öfver könsfördelningen hos lönnen. s. 61—65.
Kihlman, A. Osv., Om en ny Taraxacum s. 66—68.
—, Om Carex helvola Bl. o. några närstående Carex-former. s. 69—75.
Ilfving, Fredr., Några anmärkn:r till Desmidieernas systematik. s. 76—83.
Karsten, P. A, Symbolae ad Mycologiam fennicam. pars XXIX. s. 84—106.
Brenner, M., Om några Taraxacumformer. s. 107—14.
Lindén, John, Anteckn:r om växtligheten i södra Karelen. s. 115—86.
Hisinger, Edv., Puccinia Malvacearum Mont. hunnen till Finland 1890. s. 187—89.
Arrhenius, Axel, Om Polygonum Rayi Bab. f. borealis A. Arrh. n. f. Ett floristiskt meddelande. s. 190—91.
—, Om Stellaria hebecalyx Fenzl o. St. ponojensis A. Arrh. n. sp. s. 192—98.
XVII. 4 o 272 s. 90—92. 3 fmk.
Sahlberg, John, Nya bidrag till känned. om solitära biarters arkitektur. s. 1—4.
—, Om hannen till Sirex Fantoma Fabr. s. 5—6.

Sahlberg, John, Nya finska Staphylinider beskrifna. s. 7—13.
—, Cecidomyia Strobi Winnertz, en skade-insekt uti nordens granskogar. s. 14—16.
Reuter, O. M., Collembola in caldariis viventia enumeravit novasque species descripsit. s. 17—28, 1 pl.
Reuter, Enzio, Nykomlingar för Ålands o. Åbo skärgårdars Macrolepidopterfauna. s. 29—47.
—, Bombyx lanestris L. var. Aavasaksae Teich o. dess utvecklingshistorie. s. 48—54.
Ehnberg, K. J, Lepidopterologiska iakttagelser, gjorda 1889 på Karelska näset. s. 58—82.
Nordqvist, Osc., Bidrag till känned. om Bottniska vikens o. norra Östersjöns evertebratfauna. s. 83 —128 o. 1 tab.
Levander, K. M., Mikrofaunistiska anteckn:r. s. 129 —44.
Reuter, O. M, De skandinaviskt-finska Acanthia- (Salda)- arterna af saltatoria-gruppen. s. 144—60 o. 1 tab.
—, Thysanoptera, funna i finska orangerier. s. 161 —67.
—, Nordiska sugfisken (Liparis lineatus Lep.) funnen i Nylands skärgård. s. 168—72.
Rosberg, J. E, Bidrag till känned. om fiskarnas geogr. utbredning i Ryska Karelen. s. 173—85.
Sandman, J. Alb., Fågelfaunan på Karlö o. kringliggande skär. Ett bidrag till känned. om norra Österbottens fågelfauna. s. 187—272.
XVIII. 4 o. 292 s. 1 portr. 91, 92. 3: 50 fmk.
Saelan, Th., Minnestal öfver Sextus Otto Lindberg hållet på Sällsk. pro fauna et flora fennica årsdag d. 13 maj 1889. 39 s. o. portr.
Kihlman, A. Osw., Neue Beiträge zur Flechten-Flora der Halb-Insel Kola s. 41—59 o. 1 pl.
Karsten, P. A., Symbolae ad Mycologiam Fennicam. Pars XXX-XXXI. s. 61—74.
Brenner, Magnus, Spridda bidrag till kännedom af Finlands Hieracium-former. I. Sydfinska Archieracia, hufvudsakl. från Nyland. s. 75—131.
Kihlman, A. Osw., Hepaticae från Inari-Lappmark. s. 132—39.
Saelan, Th., Hvilka äro de närmaste samsläktingarne till Aspidium thelypteris (L) Sv? s. 140—42.
Meddelanden från sällskapets sammanträden. s. 143 —265.
Register till Meddelanden från sällsk. sammanträden. s. 286—92.
XIX. Mit einer deutschen Uebersicht. 179 s. 93. 1: 50 fmk.
XX. D:o d:o 125 s. 94. 1: 25 fmk.
XXI. D:o d:o 145 s. 95. 1: 75 fmk.
Meddelanden från Sydsvenska föreningen för odling o. förädling af utsäde. Våren 1887. 8:o, 42 s. Lund, Gleerupska univ:s bokh. 87. 30 ö.
Meddelanden från den osynliga verlden erhållna genom ett skrifvande medium. 8:o, 100 s. Ups., R. Almqvist & J. Wiksell. 86. 1 kr.
Meddelanden, Vetenskapliga af Geografiska föreningen i Finland. 8:o, H:fors, Waseniuska bokh.
I. 1892—93. xj o. 249 s. samt 17 pl. 92—93. 10 fmk.
II. 1894—95. iv o. 375 s. samt 24 pl. 94—95. 10 fmk.
Medel mot smittosamma sjukdomar hos såväl menniskor som djur. Bearb. efter *Wilh. Heckenast* o *Aug. Zundel* m. fl. 8:o, 72 s. Sthm, C. A. V. Lundholm. 89. 50 ö.

MEDELIUS, J. O., Andaktsstunder för särskilda tillfällen i hemmet o. kyrkan. Liturgiskt ordnade. 8:o, 136 s. Kalmar, Bokförlagsaktieb. 92. 1: 50, kart. 1: 75.
—, Andaktsöfning vid skriftemål o. nattvardsgång. 12:o, 24 s. Kalmar, Bokförlagsaktb. (1884) 25 ö.
Medeltids-postillor, Svenska, utg. af *G. E. Klemming*. Se: Samlingar, utg. af Svenska Fornskrift.-sällsk. 102 o. 106.
Medeltidssagor, Sveriges, berättade för barn. Se: *Schück, H.*
MEDÉN, Carl, Berättelser ur fäderneslandets historia för skolan o. hemmet. 8:o, vj o. 322 s. Sthm, F. & G. Beijers Bokf. aktb. 89. 2: 25, kart. 2: 75.
Medicinalförfattningar, Finlands, utg. af *Alexander von Collan.* 4:o. H:fors, G. W. Edlund.
V. 1871—86. xxvij o. 743 s. 88. 16 fmk.
VI. 1887—93. xxiij, 552 o. xij s. 94. 20: 25 fmk.
VII: 1. 1894. 100 s. 95. 3 fmk.
Medicinaltaxa för apotek. 4:o, 4 o. 54 s. H:fors, G. W. Edlund. 93. 8 fmk.
MEDIN, O., Kortfattade regler för späda barns uppfödande med komjölk. 8:o, 15 s. Sthm, Nordin & Josephson i komm. 92. 25 ö.
—, Om rätta sättet att använda komjölk vid späda barns artificiella uppfödning. Se: Förhandlingar, Hälsovårdsföreningens 1893.
MEGGENDORFER, L., Från barnkammaren. Bilderbok med text. Rundtafla. Sthm, F. & G. Beijers Bokf.- aktb. 87. Kart. 2: 50.
—, En cirkus. En bilderbok. Rundtafla. Sthm, F. & G. Beijers Bokf.-aktb. 86 Kart. 2: 50.
—, Marknaden. Bilderbok med text för snälla barn. Rundtafla Sthm, F. & G. Beijers Bokf.-aktb. 88. Kart. 2: 50.
MEIJER, Bernh., Excelsior! En fantastisk historia. 2 band. 12:o, 351 o. 290 s. Sthm, Alb. Bonnier. 88. 4: 50.
—, Svenskt literaturlexikon. Se: Samling af facklexika.
MEIJER, Ludvig, Förslag till nytt reglemente för fattigvården i Malmö, enl. Elberfeldsystem. 8:o, 68 s. Malmö, Envall & Kull i distr. 89. 75 ö.
—, Hvilket ljus tillbjudes oss vid Jesu kors? Långfredagspredikan i frimurarelogen i Malmö d. 23 apr. 1886. 8:o, 15 s. Malmö, Förf.n. 86. 25 ö.
—, I brytningstiden. Samtal mellan en prest o. en fritänkare. 8:o, 110 s. Malmö, Envall & Kull i distr. 89. 1 kr.
—, Jesu lärjungar o. deras egodelar samt Storhetssjukan. Två predikningar. 8:o, 25 s. Malmö, Förf:n. 88. 30 ö.
—, Qvinnoföreningen i Elberfeld för hjelpbevisning åt nödlidande. 8:o, 33 s. Malmö, Envall & Kull i distr. 89. 30 ö.
—, Till försvar för kristendomen. Om disputationen med herr V. E Lennstrand i Malmö 1891. 8:o, 67 s. Malmö, Envall & Kull. 91. 60 ö.
—, Väl ordnad fattigvård. Redogörelse för staden Elberfelds fattigvårdssystem etc. 8:o, 116 s. Malmö, Envall & Kull. 89. 1: 50.
MEILHAC, Henri, o. **HALÉVY, Ludovic**, Den sköna Helena. Se: Operarepertoire. 28.
—, Storhertiginnan af Gérolstein. Se: dersammast. 40.
MEINANDER, E., De matematiska uppgifterna för maturitetsprofven vid lärov:n i Finland 1874—91. Med svar o. lösningar. 8:o, 52 s. H:fors, Söderström & K. 92. 1 kr.

MEINERT, W., Naturmedicin. De olika läkemetoderna. Öfv. af *A. F. Melander*. Jemte: Min läkareverksamhet i nederländska Indien af *F. A. Wais*. 8:o, 44 s. Sthm, A. V. Carlsons Bokf.-aktb. 86.
50 ö, kart. 65 ö.

—, o. **MELANDER, A. F.**, Ungdomsvännen. Råd o hjälp m. m. för de uppväxande af båda könen. 8:o, 38 s. Sthm, A. V. Carlsons Bokf.-aktb. 89
30 ö., kart. 45 ö.

MEISTER, Axel, Hufvuddragen af den nya härordningen o. öfvergången till densamma. 8:o, 72 s. o. 5 tab. Sthm, P. A. Norstedt & S:r. 92. 1 kr.

—, Om repetergevärsfrågan o. det till införande vid svenska armén ifrågasatta 6,5 m. m. repetergeväret. 8:o, 47 s. o. 5 pl. Sthm, P. A. Norstedt & S:r. 94. 75 ö.

MEISTER, F., I piratens kölvatten. Tvänne skolkamraters äfventyr på två världshaf o. i Sydamerikas vildmarker. För ungdom berättade. Med 26 illustr. 8:o, 236 s. o. 8 pl. Sthm, Ad. Johnson. 93.
Klb. 3 kr.

MEISZNER, H., Jorden rundt trenne gånger. Berättelse för den mogn. ungdomen. Öfv. af *S. . . .* 8:o, 294 s. o. 4 kol. pl. Sthm, F. & G. Beijers Bokf.-aktb. 87. Kart. 3: 50.

MEJBORG, R., Nogle Oplysninger om svenske o danske Faner o. Felttegn. Se: Tidskrift, Antiqvarisk IX.

—, Symboliske figurer i Nordiska museet. 8.o, 20 s Sthm, Nordiska museet 89. 50 ö.

Mejeri-journal vid - - - Utg. af *B. Nordström*. Folio. Sthm, H. W. Tullberg. 89. Inb. 1: 25.

Mejeri-tidning, Nordisk. Red. *Reinh. Hörnell*. 1:a —10:e årg. (1886—95.) Folio. Sthm, Redaktionen. 86—95. För årg. 52 n r) 5: 50.

Mejeriväsen, Sveriges, 1892. Forteckning öfver samtliga mejerier, deras postadresser, egare, innehafvare, arbetssätt o. tillverkning m. m. Utg. af Red. för landtbrukstidskr. Åkerbruket o. husdjursskötseln. 1:a årg. 8:o, 63 s. Norrk., Utg:n. 93. 50 ö.

MELA, A. J., Se: *Sundeman, G.*, Finlands fiskar.

MELANDER, A. F., Helsolära. Kort anvisn. till helsa och långt lif samt sjukdoms behandling etc. 8:o, 93 s. Sthm, A. V. Carlsons Bokf.-aktb. 89.
75 ö., kart. 90 ö.

—, Se: *Meinert, W.* o. *Melander, A. F*, Ungdomsvännen.

MELANDER, Emil, Efter skilsmessan. Framtidssaga. 8:o, 83 s. Sthm, P. A. Norstedt & S:r. 93. 60 ö.

—, Fredsdrömmar. 8:o, 23 s. Sthm, Försvarsfören. 91. 30 ö.

—, Härordningsförslaget ur organisationssynpunkt. Föredrag. 8:o, 16 s. Sthm, P. A. Norstedt & S:r. 92. 25 ö.

MELANDER, G., Etudes sur la dilatation de l'hydrogène etc. Se: Acta soc:is scient. fenn. XIX.

—, Etudes sur la dilatation de l'oxygène etc. Se: dersammast. XX.

—, Om ljusfenomenet i Geisslerska rör. Se: Öfversigt af F. vet. soc:s förhandl. XXIX.

—, Sur un appareil à déterminer le point 100 des thermomètres. Se: dersammast. XXXIII.

—, Sur un effet lumineux observé au-dessus des lampes à arc, surtout à Uleåborg. Se: dersammast. XXXV.

MELANDER, H., Det förexiliska israelitiska arkivet o. Israels förbundsark. 8:o, 68 s. Sthm, Förf:n. 92. 1 kr.

—, Försvarskriget ifrån biblisk synpunkt. 8:o, 48 s. Sthm, Förf:n. 92. 75 ö.

MELANDER, H., Israels förbundsark o. dess framtida återfinnande. Bibelstudie. 8:o, 132 s. o. 1 karta. Sthm, Förf.n 87. 1: 50.

MELANDER, H. L., Lärobok i allmän historia för folkskolor. 2:a uppl. 8:o, 82 s. H:fors, K. E. Holm. 86. 1: 50 fmk.

—, Lärobok i Finlands historia. 2:a uppl. 8:o, 101 s. H:fors, K. E. Holm 87. 1: 50 fmk.

—, Lärobok i Finlands historia för folkskolor. 3:e uppl. 8:o, 93 s. H:fors, K. E. Holm. 87. 1 fmk.

—, Lärobok i gamla tidens historia. 5:e uppl. 8:o, 126 s. H:fors, K. E. Holm. 87. 2: 50 fmk.

MELANDER, Klas, De fysiska naturlagarne. Se: Boksamling, Naturvetenskaplig. 3. — Biblioteket, Svenska, 3.

—, Se: *Wiemer, A.*, Elementerna i geometri.

MELANDER, Richard, Briggen "Två bröder". Berättelse från indiska oceanen. 8:o, 176 s. Sthm, P. A. Norstedt & S:r. 95. 2 kr.

—, "Hårdt bidevind". En berättelse för pojkar. Med illustr. af *J. Hägg* o. *G. Stoopendaal*. 8:o, 200 s. Sthm, P. A. Norstedt & S:r. 90.
2: 25, kart. 2: 75.
Jfr. Ungdomsböcker, P. A. Norstedt & Söners. 1.

—, I frack o. vadmal. Silhuetter o. skuggbilder. 12:o, 319 s. Sthm, Alb. Bonnier. 88. 2: 50.

—, I läger o. bivack Karakterer o. grupperingar ur svenskt soldatlif. 8:o, 232 s. Sthm, W. Billes Bokf.-aktb. 87. 2: 75.

—, I Sitting Bulls land. Se: Ungdomsböcker, P. A. Norstedt & Söners. 11.

—, Skonerten Sjöfågeln o. andra skizzer. 8:o, 363 s Sthm, C. E. Fritzes hofbokh. 90. 2: 50.

—, Smugglarne. Se: Ungdomsböcker, P. A. Norstedt & Söners. 4.

—, Styrbjörns äntring. Se: dersammast 17.

—, Öfver verldshafven under tretungad flagg. Episoder från fregatten Eugenies verldsomsegling 1851—53. 8:o, 160 s. Sthm, Alb. Bonnier. 92. 2: 25.

—, Se: Jorden rundt under svensk örlogsflagg.

MELANDER, Yngve, Vigtiga frågor för mejerier o. mjölkleverantörer. 8:o, 49 s. o. 1 tab. Sthm, Alb. Bonnier. 94. 40 ö.

MELDAHL, F., Den protestantiske kirkebygning. Se: Tidskrift, Nordisk. 1895.

—, Jardins projekt til Marmorkirken i Köbenhavn. Se: dersammast. 1892.

—, Norges stavkirker. Se: dersammast. 1893.

MELÉN, E., Ord o. Fraser för resande till Italien, praktisk o. kortfattad handledning i italienska språket. 8:o, viij o. 152 s. Sthm, Palm & Stadling i komm. 92. 1: 90.

MELIN, K. A., Dikter. 8:o, 151 s. Sthm, W. Billes Bokf.-aktb. 89. 2: 25, klb. 3: 25.

—, Humleplockningen. Dikt. Godtköpsuppl. 8:o, 51 s. Sthm, W. Billes Bokf.-aktb. 94. Klb. 65 ö.

—, Skärgårdsbilder. Med illustr. af *Jenny Nyström*. 4:o, 87 s. Sthm, W. Billes Bokf.-aktb. 91.
5 kr, inb. i praktb. 7: 50.

—, Se: Auswahl aus der neueren deutschen Litteratur.

MELIN, K. T., Tysk läsebok. 8:o, Sthm, P. A. Norstedt & S:r.
1:a afd. 50 s. 91. 55 ö, kart. 75 ö.
2:a afd. 130 s. 91. 1: 15, kart. 1: 35.
3:e afd. 183 s. 91. 1: 50, kart. 1: 75

MELIN, O. W., Jemförelse mellan Arends o. Gabelsbergers stenografiska system. 8:o, 28 s. o. 6 blad litogr. tryck. Sthm, Nordin & Josephson i distr. 91. 1: 50.

MELIN, O. W., Lärobok i förenklad snabbskrift. 4:e förbättr. uppl. 8:o, 32 s. Sthm, Nordin & Josephson i distr. 94. 1 kr.
(1:a uppl. 92. 2:a 93. 3:e 93.)
—, Lärobok i Stenografi efter Gabelsbergers system, särskildt afsedd för militärer. 8:o, 32 s. litogr. tryck. Sthm, Nordin & Josephson i distr. 91. 1 kr.
MELL, C. F., Se: Sommarkommunikationer, Stockholms.
MELLBERG, E. J., Lärobok i algebra. 1:a dln. 8:o, 60 o. 99 s. H:fors, W. Hagelstam. 95. 1: 25.
MELLIN, Hj., Om definita integraler. Se: Acta soc.is scient. fenn. XY.
—, Om en ny klass af transcendenta funktioner. Se: dersammast. XV.
—, Über die fundamentale Wichtigkeit des Satzes von Cauchy für die Theorien d. Gamma Functionen. Se: dersammast. XXI.
MELLQVIST, Karl, "Bara siffror", användbara för skogs- o. sågverksegare, trävaruhandl., byggmästare m. fl. 2:a uppl. 8:o, viij o. 215 s. Sthm, Fr. Skoglund. 88. Kart. 7 kr.
Melodier till Nya Pilgrimssånger i notskrift 8:o, 304 s. Sthm, P. Palmquists aktb. 91. 4 kr.
Melodier till Sionsharpan. II. 8:o, 152 s. H:fors, Luth. evang. fören. 87. 2: 50 fmk
Mémoires de la Société finno-ougrienne. 8:o. H:fors.
 I. *Wiklund, K. B.*, Lule-lappisches Wörterbuch. viij o. 187 s. 90. 4 fmk.
 II. *Ahlqvist, Aug.*, Wogulisches Wörterverzeichniss [Utg. af *Ilmi Bergroth*] 6 o. 107 s. 91.
  2: 50 fmk.
 III. *Schlegel, G.*, La stèle funéraire du Teghin Giogh et ses copistes et traducteurs chinois, russes et allemands. 57 s. o. 1 tab. 92. 2: 50 fmk.
 IV. *Donner, O.*, Wörterverzeichniss zu den Inscriptions de l'Iénissei. Nach den im Jahre 1889 von der finnischen Expedition an den oberen Ienissei genommenen neuen Abklatschen und photogr. Aufnahmen zusammengestellt. 69 s. 92.
  2: 50 fmk.
 V. *Thomsen, Vilh*, Inscriptions de l'Orkhon déchiffrées. I. 54 s. 94. (Utkommer i bokhandeln tillsammans med del II.)
 VI. *Heikel, Axel*, Antiquités de la Sibérie occidentale conservées dans les musées de Tomsk, de Tobolsk, de Tumen, d'Ekaterinebourg, de Moscou et d'Helsingfors. x, 111 s. o. 30 pl. 94.
  5 fmk.
 VII. *Ahlqvist, Aug.*, Wogulische Sprachtexte nebst Entwurf einer Wogulischen Grammatik aus dem Nachlasse des Verfassers herausg. von *Yrjö Wichmann*. xiv o. 243 s. 94. 5 fmk.
 VIII. *Mikkola, Joos J.*, Berührungen zwischen den westfinnischen und slavischen Sprachen. I. Slavische Lehnwörter in den westfinnischen Sprachen. 6 o. 193 s. 94. 5 fmk.
Memorandum med anledn. af löjtnant Herm. Sandebergs broschyr rör. Sveriges förbindelse med kontinenten. [Af *G. O. Wallenberg.*] 8:o, 20 s. Sthm, Samson & Wallin. 91. 25 ö.
Memorial, Riksens ständers constitutions utskotts, ang. dess förslag till regeringsform afg. d. 2 juni 1809. [Omslagstitel: Regeringsformen af d. 6 juni 1809 med motiver.] 8:o, 46 s. Ups, Aknd. bokh. 89.
  50 ö.
MENDEL, H., Anvisning till val o. skötsel af moderston samt till fölens behandling o. uppfödande.

Öfv. af *Hj. Nathorst*. 8:o, 41 s. Lund, C. W. K. Gleerup 90. 60 ö.
Jfr. Skrifter, Smärre, att utdelas vid Husdjurspremieringen. 5.
Mening, Folkets, öppet o. ärligt uttalad af en smålandsbonde. 8.o, 16 s. Kalmar, A. Dillbergs bokh. 87. 25 ö.
Menniskohjertat ett Herrans tempel eller djäfvulens bostad. Se: Skrifter f. folket. 27.
MENTZER, F. A. v., Större förskrift. Ny godtköpsuppl. Tvär 8:o, 30 blad. Sthm, Hiertas bokförlag. 91. 50 ö.
MENTZER, Oscar v., Nordiska stuteriboken. Band III. 1876—90. 8:o, ix o. 142 s. Sthm, C. E. Fritzes hofbokh. i distr. 91. Klb. 4: 50.
Mercator, Praktiska tabeller vid försågning o. utskeppning af stäf- o. s. k. lådbräder. 8:o, 16 s. Sthm, G. Chelius. 89. 1 kr.
MEREDITH, George, Sandra Belloni. Öfv. från eng. af *D. K.* 8:o, 638 s. Sthm, F. & G. Beijers Bokf.-aktb. 94. 4: 50.
MÉRIMÉE, Prosper, Colomba. Med anmärkn:r af *V. Sturzen-Becker*. Se: Skolbibliotek, Franskt-engelskt. 1.
—, Från Bartholomæinattens tid. Hist. roman. Öfv. af *Karl Visén*. Liten 8:o, 235 s. Sthm, Fahlcrantz & K. 89. 75 ö.
MERRIMAN, Henry Seton, Lek ej med elden. Roman. Öfv. från eng. orig. (With edged tools) af *F. B.* 8.o, 351 s. Sthm, Nordin & Josephson. 95. 2: 75.
—, Unge Mistley. Roman. Öfv. från eng. af *P. Hallström*. 8:o, 249 s. Sthm, W. Billes Bokf.-aktb. 95. 2: 25.
MESSNER, Fritz, Huru skyddar man sig för infektionssjukdomar. Se: Vägvisare, Medicinska. 10.
MESTSCHERSKI, W., En Bismarck i miniatyr. (Under tsarens spira II.) Öfv. 8:o, 296 s. Sthm, Klemmings ant. 88. 2: 75.
—, Petersburgs mysterier. Nihilisterna. 12:o, 300 s. Sthm, F. C. Askerberg. 91. 2: 25.
Metertabell, Handelsmannens. 4 s. velin. 1:a—3:e uppl. Norrk., Litogr. aktieb. 88. 15 ö.
Metertabellen i portmonnäen. 32:o, 28 s. Sthm, A. V. Carlsons Bokf.-aktb. 89. 10 ö.
Methusalem. Drömbok innehållande 1,200 drömmar, förklarade af den berömda Sibylla o. den hel. Genoveva m. m. 16:o, 32 s. Sala, G. Ewerlöf. 88. 25 ö.
MEURLING, Ch., Bibelns bruk i kyrkan, skolan o. hemmet. Tal vid Linköpings stifts bibelsällsk. högtidsdag d. 27 aug. 1889. 8:o, 28 s. Linköp., P. M. Sahlströms bokh. i distr. 90. 25 ö.
MEURLING, Ludv., Förvandlingstabell från o. till nya o. gamla vigtmått o. metersystemet med ledning för menige man. 8:o, 4 s. Sundsvall, Förf:n. 87.
  25 ö.
MEURMAN, A., Hungeråren på 1860-talet. Se: Skrifter, Folkupplysn sällsk. 78.
—, Huru finska språket blef officielt. 8:o, 111 s. H:fors, C tava. 93. 1: 50 fmk.
[—], Johan Pynninen och folkbiblioteken. Se: Skrifter, Folkupplysn. sällsk. 93.
—, Se: Nationalitet o bildning.
MEVES, Julius, Se: Tidskrift, Entomologisk — Alfabetiskt register.
MEYER, Adolf, Lärobok i stereometri. 8.o, 60 s. Sthm, P. A. Norstedt & S:r. 94. 1: 25, inb. 1: 50.
—, Om konvergens området för potensserier af flere variabler. Akad. afh. 4:o, 36 s. Sthm, Nordin & Josephson. 87. 75 ö.

MEYER, Conrad Ferdinand, Angela Borgia. Historisk novell. Från tyskan af *Tom Wilson.* 8:o, 203 s. Sthm F. & G. Beijers Bokf.-aktb. 92. 2: 25.
—, Gustaf Adolfs page. Öfv. 8:o, 44 s. Sthm, C. A. V. Lundholm. 89. 50 ö.
MEYER, Emil, Om pängar. Se: Studentföreningen Verdandis småskrifter. 17.
MEYER, Emy, Kort handledning vid undervisning i skrifning enl. Välskrifningsbok med lodrät stil. 8:o, 25 s. Sthm, Otto Rehns bokh. i komm. 94. 75 ö.
—, Mönster-alfabet med lodrät stil. Ett kartonneradt blad. Sthm, Otto Rehns bokh. i komm. 94. 6 ö.
—, Skrifbok till lodrät-stil. N:o 1 o. 2. 8:o, hvardera 12 blad. Sthm, Otto Rehns bokh. i komm 94. För nr 12 ö.
—, Välskrifningsbok med lodrät stil enl. hygienens fordringar utarb. 1:a—4.e hft. 8:o, hvardera 24 s Sthm, Otto Rehns bokh. i komm. 94—95.
För häfte 20 ö
MEYER, Ernst, En svensk adelsdam på 1600-talet. Se: Tidskrift, Nordisk. 1889.
—, Gustaf Rosenhane. En literaturhist. studie. 8.o, 207 s Sthm, H. Geber. 88. 3: 50.
[ ], Hafsfrun. Drama i en akt. Efter en norsk idé af *M. E.* 4:o, 27 s. Sthm, 89. (Uppl. 25 ex.)
—, Se: Parnassen, Svenska. — Stycken, Valda, af svenska författ.
MEYER, F. B., Abraham, Guds vän. 8:o, 215 s. Jönköp, H. Halls boktr.-aktb. 93.
1: 25, kart. 1: 50.
—, Abraham eller trons lydnad. Öfv. af *John C—th.* 8:o, 228 s Örebro, Bokförlags-aktb. 91. 1 kr.
—, Fridsstunder. Öfv. af *V. Emanuelsson.* 8:o, 155 s. Sthm, P. Palmquists aktb 94. 80 ö, inb 1: 25.
—, Följ icke med strömmen. Några ord till unge män. 12:o, 23 s. Sthm, P. Palmquists aktb. 93.
20 ö.
—, Herde-psalmen. Utläggn. af kap. 23 i psalmernas bok. Öfv. 8 o, 112 s. Sthm, P. Palmquists aktb. i distr. 90. 75 ö.
—, "Herre led mig." Ord på vägen för unga flickor. Liten 8:o, 16 s. Sthm, P. Palmquists aktb. 92.
10 ö.
—, "Hvad han lofvar". Öfv. af *V. Emanuelsson.* 12:o, 152 s. Sthm, P. Palmquists aktb. 93.
80 ö., klb. 1: 25.
—, Israel en furste inför Gud eller patriarken Jakobs lif. Öfv. från eng. af *John C—th.* 8,o, 182 s. Örebro, Bokf.-aktb. 92. 50 ö., kart. 75 ö.
—, Josef älskad, hatad, upphöjd. Öfv. af *W. v. Feilitzen.* 8.o, 200 s. Sthm, P. Palmquists aktb. 92.
1: 40, kart. 1: 75, klb. 2: 25.
—, Några af det kristl. lifvets hemligheter. Öfv. 8:o, 127 s Sthm, C. A. V. Lundholm. 94
1 kr., kart. 1: 25.
—, Närvarande frälsning, ett ord till Guds barn. Öfv. af *John Cederoth.* 8:o, 82 s. Örebro, Söndagsskoleören. i distr. 91. 40 ö., kart. 50 ö.
—, Profeten Elia, o. hemligheten till hans kraft. Öfv. från eng. af *John C—th.* 8:o, 207 s Örebro, Bokf.-aktb. 92. 50 ö., kart. 75 ö.
—, På lifvets väg. Öfv. at *V. Emanuelsson.* 8:o, 159 s. Sthm, P. Palmquists aktb. 95.
1 kr., klb. 1: 50.
—, Sju regler för dagliga lifvet. 3:e uppl. 8:o, 15 s. Sthm, Bl. Stenbäck 90. 10 ö.
—, Strålar från korset. Öfv. af *V. Emanuelsson.* 8:o, 112 s. Sthm, P. Palmquists aktb. 95.
75 ö., klb. 1: 75.

MEYER, F. Sales, Amatören. Handbok för konstslöjden i hemmet. Öfv. o. bearb. af *Hugo Hörlin.* 8.o, 235 s. Sthm. Fahlcrantz & K. 94.
2: 25, inb. 3. 75.
—, Handbok i ornamentik för tekniska skolor, mönsterritare, arkitekter m. m. Öfv. o. bearb. af *Victor Adler.* 1:a -10:e (slut)-hft. 8:o, 614 s. Sthm, G. Chelius. 92—95.
För häfte 1 kr., kompl. 10 kr., inb. 12 kr.
MEYER, Gustaf, Se: Album för literatur o. konst.
MEYER, H. A W., Se: Testamentet, Nya.
MEYERSON, Gerda, Flickor emellan Berättelse för ungdom. 8.o, 181 s. Sthm, F. & G. Beijers Bokf.-aktb. 90. Kart. 2: 25.
—, I jullofvet. Berättelser för barn. 8:o, 116 s. Sthm, F. & G. Beijers Bokf.-aktb. 89. Kart. 1: 50.
—, Port-Stina. Berättelse. 12:o, 183 s. Sthm, Alb. Bonnier 93. 2 kr
Michaelis, Rådgifvare för hjertlidande. Se: Handböcker, Ad. Bonniers. 11.
MICHAELSON, Knut, Ett ungkarlshem. Komedi i 3 akter. 8:o, 219 s. Sthm, W. Billes Bokf.-aktb. 92. 2 kr.
—, Förr i världen. Komedi i 3 akter. 8:o, 204 s. Sthm, W. Billes Bokf.-aktb. 93. 2 kr.
—, Moln. Komedi i 3 akter. 8:o, 177 s. Sthm, W. Billes Bokf.-aktb. 90. 2: 50.
—, Skandalen i natt. Komedi i 3 akter. 8:o, 191 s. Sthm, W. Billes Bokf.-aktb. 91. 2 kr.
—, Unge grefven. Komedi i 3 akter. 8:o, 254 s. Sthm, W. Billes Bokf.-aktb. 95. 2 kr.
—, Återgång. Pièce i fyra akter. 8:o, 182 s. Sthm, W. Billes Bokf.-aktb. 87. 2: 75.
MICHAILOW, A., *(U. Scheller.)* Ett sorglöst lif. Se: Romanbiblioteket, Ad. Bonniers. 53.
MICHELET, S., Se: Föredrag vid tredje nord. studentmötet.
MICKWITZ, Gerda, Ett giftermål. Roman. 8:o, 186 o. 182 s. H:fors, G. W. Edlund. 89.
5 fmk (3: 50).
—, Kärleken. En utvecklingshistoria i episoder. 8:o, 4 o. 172 s. H:fors, Weilin & Göös. 92. 3: 75 fmk.
Midvinter. Julblad 1893. Folio, 22 s. o. 2 pl. Sthm, Nordin & Josephson i distr. 93. 1 kr.
MIGNET, François-Auguste, L'ancienne Germanie, sa conversion au christianisme et son introduction dans la société civilisée de l'Europe. Sammandrag med anmärkn:r af *Alex. E. Widholm.* 8:o, v o. 121 s. Lund, C. W. K. Gleerup. 89. Kart. 1: 50.
MIKKOLA, Joos J., Berührungen zwischen den westfinnischen u. den slavischen Sprachen. Se: Mémoires de la soc. finno-ougr. VIII.
MIKLASCHEVSKI, M. N., Kejsaredömet Ryslands allmänna tulltariff för den europeiska handeln, kompletterad till den 10 juni 1889. 8:o, 6 o. 230 s. H:fors, Finansexped. 89. 3 fmk.
MIKULITSCH, V., Mimotschka. Öfv. från ryskan af *Alfred Jensen.* 8:o, 189 s. Göteb., D. F. Bonniers förl.-exp. 92. 2 kr.
MILDE, Carolina, Den unga qvinnan, hennes väsen o. verkningskrets. Öfv. o. bearb. af *A. W.* 2:a genoms. uppl. 12:o, 275 s. Sthm, F. & G. Beijers Bokf.-aktb. 88. 1: 75, klb. 2: 75.
Miles, Godtycke eller lag? Några ord i befordringsfrågan till svar på broschyren "Befordringarna inom svenska armén". 8:o, 46 s. Sthm, J. Seligmann. 91. 75 ö.
MILL, John Stuart, Om tanke- o. yttrandefrihet. Se: Studentföreningen Verdandis småskrifter. 15.

MILLER, James, Bort med supseden eller alkoholens rätta plats o. verkningar. Öfv. af *John Aldeen.* 8:o, 176 s. Sthm, G. L. Åslund. 89. 1 kr.

MILLET, René, Frankrikes yttre uppblomstring. Se: Separattryck ur Ute o. hemma. 1.

Millionärer o. huru de blefvo det, visande huru 27 af verldens rikaste män förvärfvat sina penningar. Öfv. från Tit-Bits. 8:o, 220 o. ix s. Sthm, C. A. V. Lundholm. 90. 1: 75.

[**MILOW, Cecilia**], "Bara Margit" m. fl. berättelser för unga flickor af *"Tante Cissy".* 8:o, 94 s. 8thm, C. E. Fritzes hofbokh. 92. Kart. 1: 25.

[——], Gräs o. ogräs plockade o. hopsamlade i barnens trädgårdstäppa af *"Tante Cissy".* 8:o, 74 s. Sthm, C. E. Fritzes hofbokh. i komm. 90. Kart. 1 kr. Ny saml 96 s. o. 1 pl. 91. Inb. 1: 25.

[——], Små händer o. små fötter. Berättelser saml. ute o. hemma af *"Tante Cissy".* 8:o, 125 s. Sthm, C. E. Fritzes hofbokh. 94. Inb. 1: 25.

Min egen, egen lille Johan. Se: Bibliotek för de unga. 56.

Miner, Sura o glada. Skizzer af —*el—el.* Se: [*Fogelholm, Axel*]

Minne af kamratmötet i Kalmar d. 9—12 juni 1887. [Biografier.] 8:o, 20 s. Tr. i Sthm hos Gernandts boktr.-aktb. 87. (Uppl. 11 ex.)

Minne af kamratmötet i Stockholm d. 14 juli 1886 mellan f. d. medlemmar af Södermanlands o. Nerikes nation vid Upsala universitet. 4:o, 41 s. Sthm, Julius Bagge. 86. 2 kr.

Minne af konfirmationsdagen af *L. L.* 8:o, 16 s. med illustr. (Tr. i Lahr.) Sthm, Fost.-stift:s f.-exp. 93. 75 ö.

Minne af Konung Oskar II:s fylda sextio år d. 21 jan. 1889. [Utgör N:o 2 af "Hemvännen".] 4:o, 12 s. Sthm, L. Hökerberg. 89. 50 ö.

Minne af Konung Oscar II.s 60-års jubileum. Stor folio. 4 pl. o. 1 blad musiknoter. Sthm, P. B. Eklund. 89. 1 kr.

Minne af Lundby kyrkas invigning fjerde böndagen 1886. 8:o, 32 s. o. 1 pl. Göteb., N. P. Pehrsson. 86. 50 ö.

Minne från franska eskaderns besök i Stockholm 10—18 juli 1891. Tvär 12:o, 2 blad i velinomslag. Sthm, E. Oldenburg. 91. 25 ö.

Minne från Gustaf II Adolfs-festen. December 9 1894. 4:o, 32 s. Sthm, Plansch- o. Litteratur-aktb. 94. 1 kr.

Minne, Gustaf Adolfs, i Finland. Folio, 16 s. H:fors. G W. Edlund. 94. 75 ö.

Minne, Till, af Helena Petrovna Blavatsky. Af några af hennes lärjungar. Öfv. från eng. af *C. S.* 8:o, 147 s. Sthm, Teosofiska Bokförlaget. 92. 1: 50.

Minnen från fjällbygden o. Fyrisvall. Prof. *Carl Zetterström.* o. hans tid. 8:o, 153 s. Sthm, C. A. V. Lundholm. 86. 1: 75

Minnen från Nordiska muset. Afbildn:r af föremål i museet jemte åtföljande text. Utg. af *Arthur Hazelius* II, 1:a—4:e hft. Tvär 4:o, 12 pl. o. 27 blad text. Sthm, P. B. Eklund. 88—92 För häfte 2 kr.

Minnen från Skansens vårfest. 8.o. Sthm, Nordiska museet. 93.

1. Allmän kungörelse om Skansens vårfest. 1893. 12 s. 25 ö.
2. Ordning vid H. M:t kon. Gustaf III:s marknadsfärd. 4 s. 15 ö.
3. Auge Speleman, Majvisa. 4 s. 25 ö.
4. *Bolander, Martin,* Klockor på Skansen. Dikt. 8 s. Tr. i Ups. 93. 25 ö.
5. *Bååth, A. U.,* Gustaf Vasas krona i Upsala domkyrka. 4 s. 25 ö.
6. Frithiof Östgöte, En helt ny, ganska märklig o. lustig wisa om vårens o. sommarens herrlighet på Skansen. Allom dem, som ena sådana ljuflighet rätt värdera o. älska, till ro o. nöje välment lemnad. 4 s. 25 ö.
7. *Fröding, Gustaf,* Tre gammaldags visor. 4 s. 25 ö.
8. *Nyblom, Helene,* Sveriges skans. Ett ord om o. till svenskarne. 16 s. 25 ö.
9. *Sander, N. Fredr.,* Drottningens juvel. 4 s. 25 ö.
10. *Snoilsky, Carl,* Majsång på Skansen. 25 ö.
11. *Topelius, Z.,* Vallgossens visa. 4 s. 25 ö.
12. *Wirsén, C. D. af,* Sommarkväll på Skansen. 4 s. 25 ö.
13. En splitter ny, mycket nöjsam o. eftertänkelig Wisa, diktad af en smålandsgosse från Brocksvik. 4 s. 25 ö.
14. En ny märkvärdig historia om Kloka Stina i Karlshult, prentad för vårfesten på Skansen d. 31 maj 1893. 4 s. 25 ö.
15. *Geijerstam, Gustaf af,* Hur tankarna komma o gå. Intryck från Skansen. Med 13 teckn:r af *D. Ljungdahl.* 12 s. 25 ö.
16. *Lindberg, Felix,* Nordiske museets frikostige donator Herrman Frith. Antell. Minnesteckning. 9 s o. 1 portr. 93. 25 ö.

Minnen från svenska gymnasters färd till Paris o. London 1889. Uppteckn. af en af deltagarne. 8:o, 171 s. Göteb, H. Brusewitz. 94. 2: 50.

Minnen, Gamla, från Delsbo o. Bjuråker. Sägner, sagor o. berättelser m. m. samlade o. utg. af *E. G. W.* 8:o, 192 s. o. 1 dubbelpl. Gefle, Ahlström & Cederberg. 93. 2: 50.

Minnen ur Sveriges nyare historia saml. af *B. v. Schinkel.* 12:e dln. Carl Johan o. hans tid. (1828—44.) Författad af *Oscar Alin.* Senare afd.: (1835—44) 8:o, 274 o. cxlvij s. Sthm, P. A. Norstedt & S:r. 93. 5: 50.

Minnen, Utländska diplomaters, från svenska hofvet. Se: *Strömbäck, K. A.*

Minnen, Åttioåriga. Deklarationer, proklamationer m. m. utfärdade i Finland under kriget 1808—09 o de näst följande åren. — Furst P. Gagarins Tretton dagar i Finland 1809. 8:o, viij, 155 o. 34 s. H:fors, G. W. Edlund. 90. 1: 80.

Minnesblad vid Svenska folkskolans 50-årsjubileum 1842—1892. Utg. af Svensk läraretidning. 4:o, 24 s. Sthm, Em. Hammarlund. 92. 50 ö.

Minnesblad från industriutställningen i Göteborg 1891. Folio, 24 s. Göteb., H. Brusewitz. 92. 1: 25.

Minnesblad från 17:de allm. svenska landtbruksmötet i Göteborg 1891. Folio, 16 s. Göteb., H. Brusewitz. 91. 1 kr.

Minnesblad vid H. M. konung Oscar II:s sextio år. 1829—89. Utg. af *Reinh. Hörnell.* Folio, 12 s. Sthm, Nordin & Josephson i distr. 89. 1 kr.

Minnesblad från mötet mellan de tekniska yrkesskolornas lärare i Stockholm d. 11—14 juni 1889. Utg. af mötets sekreterare [*P. Henriques*]. 4:o, 52 s. Sthm, Nordin & Josephson i distr. 90. 1 kr.

Minnesbok i gymnastik till ledning för lärarinnor i smärre folkskolor o. enskilda flickskolor. [Af *Wendela Henrika Dahl,* f. *Ling*] 5:e uppl. 8:o, 45 s. Sthm, C. E. Fritzes hofbokh. i komm. 75 ö. (3:e uppl. 88. 4:e 91.)

Minnesbok för jagtväskan. Se: [*Rydholm, O. B.*]

Minnesdagar, Svenska. Se: [Sundbärg, Gustav.]
Minnesruna öfver Boktryckeri-konstförvandten John Vilh. Bäckström af C. F. B. Med 1 portr. o. 2 bilagor. 8:o, 48 s. o. 1 portr. Sthm, J. Beckmans f.-exp. i distr. 92. 50 ö.
Minnesrunor öfver några vår odlings män. Ritade af F. B. m. fl. 8:o, 54 s. o. 16 portr. H:fors, G. W. Edlund. 86. 75 p. (60 ö.)
Minnessång öfver framl. biskopen m. m. G. D. Björcks ämbetstid 1834—88. af - ck. 8:o, 15 s. Goteb., N. P. Pehrsson. 88. 25 ö.
Minnesvårdar o. nådesunder. Till styrka o. försvar för tron. 1:a – 3.e hft. 12:o, 48, 52 o. 95 s. Gefle, Per Pehrsson. 88. Hft. 1 o 2 å 35 ö., 3.e 50 ö.
MINUCIUS, Felix M., Octavius. En dialog. Den äldsta kristna skrift på latin. Öfv. af Emile von Hertzen. 8:o, 76 s. H:fors, Söderström & K. 90. 75 ö.
Mirambo, Utkast till förslag om försvarets ordnande 8:o, 68 s. Sthm, Centraltryckeriets f.-exp. 95 75 ö.
Mirjam, Lycka. Berättelse. Svenskt orig. 8.o, 124 s. Sthm, P. Palmquists aktb. 94. 1: 25.
Missionsberättelser för barn. Saml. o. öfv. af L. S, 23:e o. 24:e hft. 8:o, hv. hft 68 s. Sthm, Fost.-stift:s f.-exp. 88 För häfte 25 ö.
Missionsbibliotek för folket. 8.o Sthm, Fost.-stift:s f.-exp.
1. *Kolmodin, Adolf.* Evangelii makt. 87. 40 ö.
2. — , Från soluppgångens land. Japan förr o. nu. 98 s 60 ö.
3. — , John Coleridge Patteson, milanesiernas apostel. 136 s. 88. 75 ö.
4. — , Några ord om den svenska sjömansmissionen. 117 s. 89. 75 ö.
5. *Neander, Johannes,* Zenanamissionen i Indien. Med 7 illustr. 124 s. 89. 75 ö.
6. Fakirens lärjungar. Öfv. från urduspråket af A. G. Danielsson. 82 s. 90. 50 ö.
7. *Kolmodin, A.,* Från de svartas världsdel. Med karta o illustr. 169 s. o. 1 karta. 91 1 kr.
8 Från hedendom till kristendom. Bilder från Syd-Indien. Öfv. 160 s. 91. 1 kr.
9. *Schneider, H. G.,* En julhögtid på Labrador. 71 s. 92. 50 ö.
10. Cornelius Rahmn, vårt århundrades förste svenske missionär. Minnesteckning 142 s. o. 1 portr. 93. 75 ö.
11. *Kurze, G.,* Evangelii seger bland människoätarne på Tongoa. En lifsbild från Nya Hebriderna. Med karta o. illustr. 117 s 95. 75 ö.
Missionsbilder eller skildringar från missionsvärlden. 8.o. P. Palmquists aktb.
1. Nya Zeeland. Öfv. från tyskan af Edv. Boëthius. 88 s. 95. 75 ö.
Missionssånger till de svenska församlingarnes tjänst utg. af Studentmissionsföreningen i Upsala. Liten 8:o, 112 s. Sthm, F. & G. Beijers Bokf.-aktb. 87. Klb. 35 ö.
, D:o d.o Musik o. text. 8.o, 176 s. 88. 1: 50, inb. 2 kr.
Missionstidning under inseende af svenska kyrkans missionsstyrelse utg. af H W. Tottie. 11.e—20:e årg. (1886—95.) 8.o. Ups., Expeditionen. 86—95. För årg. (12 n:r) 1 kr.
Missionstidning för Finland. Utg. af C. G. Tötterman o. K. D. A. Hirn. 28:e—37:e årg. (1886—95.) 8:o, H:fors, Utg. 86—95. För årg. (12 n:r) 2 fmk.

Missionsverksamhet, Fosterländsk, för äldre döfstumma. 8:o, 22 s. Sthm. 87. 25 ö.
Missionären o. Afrikaforskaren David Livingstone. hans person o. verksamhet af E. K. Med portr. 2 a genoms. uppl. 8:o, 159 s. o. 1 karta. Ups, Lundequistska bokh i distr. 90.
1: 50, kart. 1: 65, inb. 2 kr.
Missöden, En blyg mans, af förf. till "En liten ostyrings dagbok". Öfv. 8:o, 135 s. Sthm, C. A. V. Lundholm. 89. 1 kr.
Mitchell'ska kuren mot allmän svaghet o. hysteri. Öfv. 8:o, 115 s. Sthm, Palm & Stadling. 89. 2 kr.
MITTAG-LEFFLER, G., Yttrande inför styrelsen af Stockholms högskola d 20 mars 1894. Tr. som manuskript. 8.o, 16 s. Sthm, P. Palmquists aktb. 94. 25 ö.
, Se: Acta mathematica.
Mitteilungen des Ornitolog. Komitees der Königl. schwed. Akad. der Wissenschaften. Se: Bihang till K. sv. Vet.-akad.s handl:r XIV: IV, 1. XVI: IV, 3 XVII: IV, 4.
M. M. [Muntra musikanter.] 11:e maj 1878—1888. 4 o, 64 o. 92 s. H:fors, G. W. Edlund. 88. 4 fmk.
MOBECK, Eilert Edvard, Från aflägsna världsdelar. Gladlynta resebref till vännen Olle. Med förf:s portr. o. några bilder från resorna. 8:o, viij o. 202 s. samt 8 pl Sthm, Alb. Bonnier. 95. 3: 75
MOBERG, Adolf, Fenologiska iakttagelser i Finland. Se: Bidrag till känned. af Finlands natur o. folk. 55.
, Förteckning öfver skrifter som blifvit till F Vet. Soc. förärade. Se: Öfversigt af F. Vet. Soc:s förhandl:r. XXVIII—XXXVI.
, Om Phänologische Karten von Finnland. Se: dersammast. XXXIII.
, Sammandr. af de klimatolog. anteckn. i Finland. Se: dersammast XXVIII—XXXII.
MOBERG, Joh. Chr., Iakttagelser från en geologisk resa till Island, norra Frankrike etc. Se: Bihang till K. sv. Vet.-akad:s handl:r. XII, IV, 2.
, Om lias i sydöstra Skåne. Se: Handlingar, K. sv. Vet -akad:s. XXII: 6.
, Om Sveriges mesozoiska bildningar. Se: Bihang till K. sv. Vet -akad:s handl. XIX: II, 2.
MOBERG, K. Ad., Jordskalfven i Finland 1892. Se: Fennia. IV: 8.
, Uppgifter om jordskalfver. i Finland före 1882. Se: dersammast. IX: 5.
MOBERGER, Arvid, Nils Larsson i Björkekulla. Tidsbilder rör. tullskydd o. frihandel. 8:o, 43 s. Oscarsh. Förf.n. 87. 30 ö.
MODEEN, Hjalmar, Ueber Hydroxylaminabkömmlinge der Cyanessigsäure. Akad. Abh. 8:o, 74 s. H:fors, Förf. 94. 1 fmk.
Modellserie, Göteborgs folkskolors. 4:o. Göteb., H. Brusewitz i distr.
För metallslöjd. 16 s. 92. 75 ö.
För träslöjd. 36 s o. 5 pl. 91. 1: 50.
Moder, En. Öfv. från eng. af Elisab. Sandin. 56 s. Sthm, C. A V. Lundholm. 89. Kart. 50 ö.
Modetidning, Skandinavisk, 1888. Utgifvare: Frith. Hellberg. 4:o. Sthm, Redaktionen. 88. För Novemb. o. Dec. (4 n r).
För årg. (24 n:r) 8 kr.
MODIGH, H. J., Gensagor emot "Ett förslag till omreglering af svenska statens skogsväsende" vid Nat. ekonom. fören. sammanträde d. 31 januari 1894, samt redog. öfver Domänstyrelsens verksamhet 1883

—92. 8:o, 34 s. Sthm, Samson & Wallin i distr. 94. 50 ö.
MODIGH, H. J., Nordiska Gabelsberger-stenografmötet i Stockholm d. 4 o. 5 sept. 1891. Redogörelse. 8:o, 109 s. o. 1 pl. Sthm, Nordin & Josephson i distr. 92. 1: 25
MODIN, C. V., Koraller, med teckn:r af *A. Wilde Parsons.* 6 blad velin. (Tr. i Nürnberg) Sthm, G. Chelius. Kart. med guldsn. 1 kr.
MODIN, Erik, Huskurer o. signerier från Ångermanland. Se: Bidrag, Nyare, till känned. om de svenska landsmålen. 27.
—, Se: Matrikel öfver i Upsala studerande norrlänningar.
MODIN, J. E., Se: *Sundén, D. A. o. Modin, J. E.,* Svensk stillära.
MOHN, H., et HILDEBRANDSSON, H. Hildebrand, Les orages dans la péninsule scandinave. 4:o, 55 s. o. 12 pl. Ups., Akad. bokh. 88. 4 kr. Jfr. Acta, Nova, reg. soc:is scient. Ups. XIV: 3.
Moignos, Se: Hvarför? o. Huru?
MOINAUX, Jules, De båda döfva. Se: Bibliotek för teatervänner. 92.
MOLANDER, Harald, Beatrice. Skådespel i fem akter. 8:o, 164 s. H:fors, W. Hagelstam. 87. 2: 50.
—, Flirtation. Lustspel i 3 akter. 8:o, 160 s. (Tr. i H:fors.) Sthm, C. E. Fritzes hofbokh. i distr. 93. 2 kr.
—, Ibsen i västficksformat. En samling af skaldens mest kända skådespel i lindrigt sammandrag jämpade för allvarligt själfstudium. Delvis med ledning af T. Anstey's Pocket Ibsen. 8:o, 244 s. Sthm, F. & G. Beijers Bokf.-aktb. 95. 2: 75.
—, Se: *Ibsen, H.*, Kärlekens komedi.
MOLENES, E. de o. DELISLE, C., Baronessan. Sedemålning. Öfv. af *Gabr. Ödmann.* 8:o, 280 s. Sthm, C. A. V. Lundholm. 89. 2: 50.
MOLÉR, W., Bidrag till en gotländsk bibliografi. 8,o, 116 s. Sthm, Looström & K. i distr. 90. 3 kr.
MOLESWORTH (Mrs), Stories, Se: Läseböcker, Engelska, för flickskolor.
—, The sealskin purse. — Princess Iceheart. Se: Library, Short story. 1.
MOLIN, A. W., Maskinlära på elementär grund. 8:o. Sthm, P. A. Norstedt & S:r.
I: 1. Hållfastlära. 76 s. 95. Tygband 1: 60.
II. Arbetsmätare. — Lefvande motorer. — Ångpannor. — Ångmaskiner. — Varmluftsmaskiner. — Explosionsmaskiner. xv o. 407 s. 94. Tygb. 7: 50.
MOLIN, Lars, Se: Äfventyraren, Den byxlöse.
MOLL, Tom, Bidrag till känned. om urladdningen af Ruhmskorffs induktorium. Se: Bihang till K. sv. Vet.-akad:s handl:r. XII: I, 4.
MOLL, Victor, Kärlekens saga. Dikt. 8:o, 65 s. Sthm, Z. Hæggströms f.-exp. 86. 1 kr.
—, Qvinnolifsbilder. Dikter. 8.o, 63 s. Sthm, Z. Hæggströms f.-exp. 88. 1 kr.
—, Rosornas saga. (Vers.) Med illustr. 6 blad velin. (Tr. i Nürnberg.) Sthm, G. Chelius. 90. Kart. med guldsn. 80 ö.
—, Till erinran. Dikt. Med illustr. 4:o, 16 s. (Tr. i Nürnberg.) Sthm, G. Chelius. 91. 2 kr.
MOLTESEN, L., Indtryk fra Monte Cassino. Se: Tidskrift, Nordisk. 1895.
Moltke, Generalfältmarskalken Grefve H. von Moltke. 8:o Sthm, P. A. Norstedt & S:r.
I. Moltkes lefnadssaga. Öfv. utförd under ledning af *C. O. Nordensvan.* Med portr. o. teckn.r. 288 s. o. 2 portr. 92. 3: 50.

II. Bref, erinringar, tal m. m. Öfv. i sammandrag utförd under ledning af *C. O. Nordensvan.* Med 2 portr. 268 s. o. 2 portr. 93. 3: 25.
III. Kriget 1870—71 mellan Tyskland o. Frankrike jämte en uppsats om "Krigsråd" under konung Vilhelm I:s krig. Med 18 kartor. Öfv. Med tillägg af ordre de bataille af *N. C. Ringertz.* 439 o. viij s. samt 18 kartor. 92. 4 kr.
MOLTKE, Helmuth von, Militära arbeten, utg. af Preussiska generalstaben 8:o. Sthm, P. A. Norstedt & S:r.
1:a hft. Moltkes militära korrespondens rör. kriget 1864. Öfv. i sammandrag under ledning af *C. O. Nordensvan.* iv o. 115 s samt 1 karta. 92. 1: 75.
2:a hft. Moltkes taktiska uppgifter från åren 1858 —82. Öfv. i sammandrag af *C. O. Nordensvan.* Med 8 kartor. 127 s. o. 8 kartor. 93. 2: 50.
—, Tysk-franska kriget 1870—71. Öfv. af *H. W. Westin.* Med öfversigtskarta o. tillägg. 8:o, 440 s. o. 7 kartor. Sthm, W. Billes Bokf.-aktb. 92. 4 kr.
MOMERIE, Alfred Williams, Bristerna i vår tids kristendom samt kristendomen o. de för-kristna religionerna. Öfv. af *B. v. B.* 139 s. Sthm, Fr. Skoglund. 91. 1: 25.
—, Föredrag i andliga ämnen. Öfv. af *B. v. B* 8:o, 273 s. Sthm, Fr. Skoglund. 93. 2: 75.
MONNIER, Marc, Donna Grazia. Öfv. från franskan. 8:o, 88 s. Sthm, Ad. Bonnier. 90. Klb. 1 kr.
MONOD, Adolphe, Menniskans elände i Guds barmhertighet. 8:o, 37 s. Sthm, Fost.-stift:s f.-exp. 86. 20 ö.
MONOD, Théodore, Guds vilja samt den kristne o. hans kors. Öfv. från franskan af *E. N. R.* 8:o, 36 s. Sthm, C. A. V. Lundholm. 87. 30 ö., kart. 50 ö.
—, Korsfäste med Kristus. Några ord till de kristna. Öfv. af *E. N. R.* 8:o, 46 s. Sthm, C. A. V. Lundholm. 86. 35 ö., kart. 50 ö.
—, "Se på Jesus". Öfv. af *E. N. R.* 8:o, 16 s. Sthm, Fost -stift:s f-exp. 89. 15 ö.
Monogram-album. (Utg. af *A. Källgren.*) 1:a—4:e hft. 8:o, 11 blad. H:fors, Utg:n. 88. För häfte 60 p.
Monogram-boken, innehållande monogr. af två bokstäfver i alla deras sammansättn:r. I litogr. färgtr. 8:o, 32 s. Sthm, S. Flodin. 86. 1 kr.
MONRO, Edward, De stridande. En allegori. Öfv. från eng. Med förord af *A. Torén.* 3:e uppl. med teckn:r af *Jenny Nyström-Stoopendaal.* 8:o, viij o. 86 s. samt 11 pl. Sthm, P. A. Huldbergs bokf.-aktb. 91. 1: 50, inb 2: 50.
MONTAN, C. O., Reformarbetet rör. det svenska rättegångsväsendet 1880—93. 8:o, iv o. 135 s. Sthm, P. A. Norstedt & S:r. 93. 2: 50.
—, Smärre juridiska uppsatser 1884—93. 8:o, viij o. 266 s. Sthm, P. A. Norstedt & S:r. 93. 3: 50.
MONTEFIORE, Arthur, Henry M. Stanley. Afrikaforskaren. Öfv. från eng. af *O. H. Dumrath.* 8:o, 176 s. o. 1 portr. Sthm, J. Seligmann. 90. Kart. 1: 75.
MONTELIUS, Oscar, Central-Afrika. Se: Tidskrift, Nordisk. 1889.
—, Ett grekiskt konungapalats. Se: dersammast. 1888.
—, La civilisation primitive en Italie depuis l'introduction des métaux. Illustré et décrite. [A l'enveloppe: Première partie.] 4:o, vj s, 548 sp. o. 2 s. samt 21 o. 112 pl. (Tr. i Sthm.) Berlin, Ascher & Co. 95. 150 kr.

MONTELIUS, Oscar, Se: Tidskrift, Nordisk.
MONTEPIN, Xavier de, Pajazzons hustru. Roman i 2 dlr. Öfv. 8:o, 470 s. Sthm, Ad. Bonnier. 88.
2: 50.
——, Parisiska tragedier. Öfv. 2 dlr. 8:o, 689 o. 519 s. Sthm, Ad. Bonnier. 88. 5 kr.
MONTÉN, R. A, Qvartermasterns berättelser. Äfventyr till sjös o. lands. 2 dlr. 16:o, 283 s. Sthm, P. Palmquists aktb, i distr. 88. 1: 50, kart. 2 kr.
MONTGOMERY, Alb, Se: Uppslagsbok för alla. — Vademecum för alla.
MONTGOMERY, Robert, Handbok i Finlands allm. privaträtt. 8:o. H:fors, G. W. Edlund.
I. Inledande läror. iv o. 250 s. 89.
6 fmk (4: 50.)
II. Om rättsförhållandena. s 251—752. 95.
6 fmk (4: 50.)
MONTGOMERY-CEDERHJELM, Robert, Dikter. Ny samling. 8:o, 176 s. Sthm, F. & G. Beijers Bokf.aktb. 95. 2 kr.
MOODY, D. L., Vägen till Gud Några ord till vägledn. o undervisn. 8.o, 95 s. Sthm, Sanningsvittnets exped. 88. 30 ö.
Morbror Gustaf, I nordanqväll. Sagor o. berättelser. Med teckn:r af *Victor Andrén.* Liten 8:o, 128 s. Sthm, C. A. V. Lundholm. 90.
1: 50, i illustr. omslag 2 kr., klb. 2: 50, med guldsn. 3 kr.
MORE, Hannah, Herden på Salisbury-heden. Se: Bibliotek för de unga. 34.
MORÉN, C. G., Anekdot-urval till underlag för tyska talöfningar. 8:o, 96 s. Sthm, Ad. Johnson. 95.
Inb. 1: 25.
——, Engelsk elementarbok för flickskolor. 8:o, 165 s. Norrk, M. W. Wallberg. 95. 1. 50.
——, Engelsk elementarbok för yngre begynnare Tillökad uppl. för allm. läroverken. 8:o, 137 s Norrk., M. W. Wallberg. 95. 1: 25.
(Föreg. uppl. 91.)
——, Engelsk elementarkurs. Efter den Ploetz'ska metoden. 8:o, vj o. 232 s. Sthm, Fahlcrantz & K. 91. Inb. 2: 25.
——, Engelsk läsebok för allm. läroverk o. flickskolor. 8:o. Sthm, C. E. Fritzes hofbokh.
Förra kursen. 180 s. 92 Klb. 1: 75.
Senare kursen. 283 s. 93. Klb 2: 50.
——, Engelsk läsebok för yngre begynnare. 2:a uppl. 8:o, 136 s. Sthm, Aktieb. Hiertas bokförlag. 90.
Inb. 1: 25.
——, Engelsk teknisk litteratur för tekniska läroverk. Med förkl:r o. uttal. 8:o, 214 s. Norrk., M. W. Wallberg. 92. 2: 25.
——, Engelska talöfningar. Se: Parallelserie af talöfningar. I.
——, Nyckel till Franska mästerskaps-systemets skriföfn. 8:o, 22 s. Sthm, C. E. Fritzes hofbokh. 91.
1: 50.
——, Ordbok jemte nyckel till Tyska mästerskapssystemet. 8:o, 82 s. Sthm, C. E. Fritzes hofbokh. 89. Inb. 1 kr.
——, Ordbok med uttalsbeteckn. jemte nyckel till Engelska mästerskapssystemet (efter d:r Rosenthal o. d:r Svensson.) 8:o, 106 s. Sthm, C E. Fritzes hofbokh. 88. Kart. 1 kr.
——, Ordbok till Engelsk läsebok. Förra kursen. 8:o, 139 s. Sthm, C. E. Fritzes hofbokh. 93. 1: 25.
——, Ordbok till franska mästerskaps-systemet. 8,o, 96 s. Sthm, C. E. Fritzes hofbokh 91. Inb. 1 kr.
——, Ordlista omfattande styckena 1—14 i Engelsk läsebok. Förra kursen. 8:o, 94 s. Sthm, C. E. Fritzes hofbokh. 93. 90 ö.
MORÉN, C. G., Svenskt-engelskt parlör-lexikon. Se: Parlörlexika, Fritzes.
——, Tyskt konstruktionslexikon för korrespondens, temaskrifning o. konversation med svenskt-tyskt bihang under ledning af *G. Langreuter* utarb. 8:o, 696 s Norrk, M. W Wallberg. 89.
6. 50, inb. 7: 75.
——, Bihang till D.o. 8:o, 215 s 89. 2: 50.
——, Se: *Borg, Harald,* Kommentar till Engelsk läsebok. Författare, Moderna engelska, — Library, Short story. — Läseböcker, Engelska, för flickskolor. — Parlörlexika. III. Svenskt-engelskt. — Repetitionso. afslutningskurs, Engelsk — Talkurser, Engelska.
——, o. **DAHLANDER, Pontus,** Anekdoturval till underlag för engelska talöfningar. 1:a hft. 8:o, 155 s. Sthm, Ad. Johnson. 92. Inb. 2 kr.
MORÉN, Erik, Minnen från kyrkliga festdagar 1893. 8.o, 22 s. Falun, Carl Björklund i distr. 93. 50 ö.
MORÉN, John Tr., Se: Koraler, Valda. — Sångbok, Folkskolebarnens.
MORGAN, D. L., Se: Uppgifter, Kgl. Ecklesiastikdepartementets skriftliga.
Morgon- o. **aftonstjärnan.** Illustr. med verser af *L S.* 12 blad velin med fig. Sthm, Fost.-stift.s f.-exp. 92. 1 kr.
MORGONSTIERNE. Bredo, En tysk Henry George. Se: Tidskrift, Nordisk. 1891.
——, Stænder og klasser. Se: dersammast. 1893.
——, Udviklingslinjer i det Schweiziske demokrati. Se: dersammast. 1895.
Morgonstjernan, En gåfva till nattvards- o. skolungdom med bidr. af *J. H Björnström* m. fl, utg. af *Alfr. Ericson.* 8:o, 120 s. Sthm, P. A. Huldbergs bokf -aktb. 88. 1: 75, inb. 2: 75.
MORIN, E, Öfverdrifven fetma o. magerhet. Öfv. bearb. af en svensk läkare 16:o, 32 s. Sthm, C. A. V. Lundholm. 86. 30 ö.
MORITZ, Paul, Se: *Cooper, J. F.,* Snabbfot. — , Unkas.
Mormor Spitsnos o. hennes hund. 10:e uppl. 8:o, 8 kolor. blad med text. Sthm, Ad. Johnson. 92.
60 ö.
MORO, J. C., Samlade skrifter. 8:o, 296 s. Sthm, C. E Fritzes hofbokh. 87. 1: 25.
MORRIS, J, Ja herre! (Mark. 7: 28.) Öfv. från eng. af *G. S. Löwenhielm.* 8:o, 31 s. Sthm, Fost.stift s f.-exp. 93. 25 ö.
MORTENSEN, Andreas, Mormonernas hemligheter. Verklighetsbilder från Utah efter egen iakttagelse tecknade. Öfv. från norskan. Med 17 illustr. 8:o, 216 s. Sthm, C. A. V. Lundholm. 87.
2: 25, kart. 2: 50.
MORTENSEN, J. J., De farligaste ogräsens växtsätt o. utrotande. Se: Skrifter, utg. af Svenska utsädesföreningen. 2.
MORTENSEN, M. F., Gud är den starkaste. Teckn:r ur det dagliga lifvet. Öfv. af *Lydia* 8:o, 92 s. Göteb., H. L. Bolinder. 95. 1: 25
MOSER, Gustav u. **SCHÖNTHAN, Franz,** Krieg im Frieden Se: Lektyr, Modern tysk, 2.
Moster Doras kaffekittel. 8:o, 14 s. med kolor. fig. (Tr. i Haarlem.) Malmö, Cronholmska bokh. 86. 50 ö.
Moster Stina, Tankar med anledn af Knut Wicksells föreläsn:r om prostitutionen i äktenskapet. 8:o, 80 s. Sthm, Z. Hæggströms f.-exp. 87. 1 kr.
Moster Ulla, Se: *[Ahnger, Minna.]*

Motala, dess framtid o. förhoppningar. Anteckn:r af en gammal kommunalman *(C. W. Pereswetoff-Morath.)* 8:o, 30 s. Motala, W. Nilsson. 87. 50 ö.

Motbok för husbönder o. tjenstehjon jemte städjebevis o. orlofssedlar samt legostadga för husbönder o. tjenstehjon. 8:o, motbok o. 14 s. Sthm, Fr. Skoglund. 95 Inb. 50 ö.

MOTLEY, John Lothrop, Nederländernas frihetsstrid. Öfv. af *O. H. Dumrath.* 11:e—20:e hft. (= 3:e o. 4:e dln.) 8:o, 375 o. 404 s. Sthm, W. Billes Bokf.-aktb. 86—87. För häfte 1 kr.

MOTT, John R., Se: Föredrag vid tredje nord. studentmötet.

MOUNTENEY-JEPHSON, A. J., Emin pascha o. de upproriske i Sudan. Utg. af *E. W. Dahlgren.* 8:o, 441 o. xiv s., 1 pl. o. 1 karta. Sthm, P. A. Norstedt & S:r. 91. 7: 50.

Mox, *[J. G. Bohman],* Fallfrukt. Kåserier o. humoresker. Med förord af *Sigurd.* 8:o, 256 s. Sthm, C. A. V. Lundholm. 86. 2: 50.

—, För ro skull. Oförargliga käserier o. humoresker. 12:o, 175 s Sthm, Alb. Bonnier. 87. 1: 75.

—, Kontraster. Oförargliga kåserier o. humoresker. 8:o, 223 s. Sthm, C. A. V. Lundholm. 89. 2 kr.

MÜHE, Ernst, Bibliska märkvärdigheter. Öfv. från tyskan af *N. J. Thunblad.* 8.o, 156 s Sthm, F. & G. Beijers Bokf-aktb. 87. 1 kr.

—, Den afslöjade hemligheten rör. Kristi tillkommelse el. de yttersta tingen som förestå menniskan o. verlden. Öfv. från tyskan. 8:o, xij o. 137 s. Vexiö. 87. 75 ö.

—, Ljusstrålar öfver dunkla bibelställen. Öfv. af *N. J. Thunblad.* 8:o, 168 s. Sthm, F. & G. Beijers Bokf.-aktb. 90. 1 kr.

—, På andra sidan grafven el. de yttersta tingen. En på bibeln grundad framställning m. m. Öfv. från tyska. 8:o, viij o. 148 s. Sthm, G. Chelius. 87. 1: 50.

MULLENS, Henrietta, Prasanna eller trons seger. Sann berättelse från Bengalen. Illustr. uppl. 8.o, 279 s. o. 5 pl. Sthm, Fost.-stift:s f.-exp. 89.
1: 50, kart 1: 75, klb. 2: 50.
(Föreg. uppl. 86.)

MÜLLER, C. W., Aus demselben Holze. Erzählung. Mit Anmerkungen herausg. von *Hjalmar Hjorth.* Se: Litteratur aus dem neueren deutschen. 2.

—, Zwei Erzählungen. Mit Anmerk:n von *Hj. Hjorth* o. *A. Lindhagen.* Se: Litteratur, Aus dem neueren deutschen. 3

—. Vid afgrundens brant. Se: Bibliotek för sjömän. 1.

MÜLLER, Daniel, Trädgårdsskötsel. 3:e uppl. omarb. af *Agathon Sundius.* 3 dlr. Med 350 teckn:r. 8:o. Sthm, Alb. Bonnier. Kart. 10 kr., inb. 11 kr.

I. Frukt- o. köksväxtodling. 335 s. o. 172 fig. 3 kr.

II. Blomsterskötsel i växthus o. boningsrum. 406 s. o. 113 fig. 3: 50.

III. Trädgårdsanläggningskonst jemte blomsterodling på kalljord. 244 s., 72 fig. o. 12 pl. 2: 50.
(Utkom i 12 hfn à 75 ö. 1886—88.)

MÜLLER, Erik, Om inter- o. intracellulära körtelgångar. Akad. afh. 4:o, 59 s. o. 3 pl. Sthm, Samson & Wallin. 94. 5 kr.

MÜLLER, Joseph, Se: Urval ur nyare författares arbeten.

MÜLLER, Joseph, o. **WIGERT, Oskar,** Fransk läsebok för allm. läroverk o. flickskolor. 8:o. Sthm, C. E. Fritzes hofbokh.

Förra kursen. 3:e uppl. 176 s. 94. 1: 50, klb. 2 kr. (1:a uppl. 91. 2:a 92.

Senare kursen. 336 s. 91. 3 kr., klb. 3: 50.

—, —, Fransk Vitterhet för skolan o. hemmet. H. 1 —5. 8:o, 116, 120, 110, 107 o. 110 s. Sthm, C. E Fritzes hofbokh. 91—93. För häfte 1 kr. Jfr. Urval ur nyare förf. arbeten.

—, —, Förklaringar till Fransk läsebok. Senare kursen. 8:o, 196 s. o. 2 kartor. Sthm, C. E. Fritzes hofbokh. 92. 2: 50·

—:—, —, Ordlista till fransk läsebok (förra kursen). 8:o, 50 s. Sthm, C. E. Fritzes hofbokh. 91. 65 ö.

MÜLLER, J. L., De kristnas lefvande hopp, eller trons blickar in i det tillkommande lifvet. Öfv. från tyskan. 8:o, iv o. 105 s. Sthm, Fost.-stift:s f.-exp. 95. 75 ö., inb. 1 kr.

MÜLLER, Sven, Anvisning till mossars odling enl. nutidens fordringar. 8:o, 62 s. Jönköp., Nordströmska bokh. 89. 20 ö.

MÜLLER, Wilh., Se: Beckers' Världshistoria.

Mun, Ur lejonets, eller församlingen i katakomberna. Öfv. från eng. 3:e uppl. 8:o, viij o. 190 s. samt 6 pl. Sthm, Fost.-stifts f-exp. 86.
1: 50, kart. 1: 80, klb. 2: 50.

Münchhausen. 4:o, 24 s. med kolor. taflor. Sthm, C. E. Fritzes hofbokh. 91. 1: 25.

Münchhausens resor o. äfventyr. Se: Vitterlek, 51.

Münchhausen. Se: Baron von Münchhausen.

MUNTHE, Henrik, Pteropoder i Upsala univ:s zoolog. museum. Se: Bihang till K. sv. Vet.-akad:s handl:r. XIII: IV, 2.

—. Studier öfver baltiska hafvets qvartära historia. Se: dersammast. XVIII: II, 1.

MUNTHE, Puck, Små skizzer. 8:o, 232 s. Sthm, P. A. Norstedt & S:r. 88. 3 kr.

MUNTHE, Åke W:son, Folklore. Se: Tidskrift, Nordisk 1888.

MURBECK, Sv, Beiträge zur Kenntniss der Flora von Südbosnien und der Herzegovina. Se: Acta univ:is Lundensis. XXVII: II, 5.

—, Neue oder wenig bekannte Hybriden. Se: Acta horti Bergiani 5.

—, Studien über Gentianen aus der Gruppe Endotricha. Se: dersammast. 3.

—, Tvenne Asplenier. Se: Acta univ:s Lundensis. XXVII: II, 6.

MURRAY, Andrew, Det nya lifvet. Guds ord för Kristi lärjungar. Öfv. från eng. 8:o, 229 s. Sthm, C. A. V. Lundholm. 93.
1: 50, kart. 1: 75, klb. 2: 50.

—, Helig i Kristus. Guds barns kallelse till att vara heliga såsom han är helig. 8:o, 267 s. Sthm, C. A. V. Lundholm. 93.
1: 75, kart. 2 kr., klb. 2: 75.

—, Kristi ande. Betrakt. öfver den hel. andes inneboende i den troende o. i församlingen. 8:o, 284 s. Sthm, C. A. V. Lundholm. 91.
1: 75. kart. 2 kr., inb. 2: 75.

—, Med Kristus i bönens skola. 8:o, 276 o. iv s. Sthm, C. A. V. Lundholm. 86.
1: 75, kart. 2 kr., klb. 2: 75.

MURRAY, Charles, Präriefågeln. En berättelse för ungdom. Öfv. 8:o, 176 s. o. 10 pl. Sthm, Ad. Johnson. 95. Kart. 2: 25.

MURRAY, Christie, o. **HERMAN, Henry,** I röfvarhänder. Roman. Öfv. från eng. af Anna Geete. 12:o, 244 s. Sthm, F. C. Askerberg. 93. 1: 75.

"**Murre**", Kadettminnen från det gamla Carlberg. 8.o, 242 s. Norrk, M. W. Wallberg. 89. 2: 25.

Museum. Afbildn.r efter berömda taflor från konstens blomstringstider. 80 blad. Med text af *Erik G. Folcker.* 4:o, 80 pl. o. 12 s. Sthm, Fahlcrantz & K. 89. 7: 50, inb. 10 kr.

Museum, Das nordische, in Stockholm. Stimmen aus d. Fremde. Als Beilage: Führer durch die Sammlungen d. Museums. 8:o, 123 s. Sthm, Nordiska museet. 88. 2 kr.

Musik till C. M. Bellmans samlade skrifter, genoms o. ordnad af *J. A. Josephson.* Ny uppl. 4.o, 400 s. Sthm, Ad. Bonnier. 90. 5 kr., inb. 7: 50.

Musik till Sioustoner. Sånger för den kri-tl andakten utg. af Evang. Fosterl.-stiftelsen. 8:o, 322 s. Sthm, Fost.-stift:s f.-exp. 89.
4 kr., enkelt band 4: 50, klb. 5 kr.

Musiktidning, Svensk. Utg. af *Frans J. Huss.* 6:e —15:e årg. (1886—95.) 4:o Sthm. Redaktionen. 86—95. För årg (20 n:r) 5 kr.

MYRBERG, O. F., Den bibliska teologien o. hennes motståndare. 8:o, 115 s. Sthm, Z. Hæggströms f.-exp. 93. 75 ö.

—, En nyckel till Ordspråksboken. Två föredrag. 8:o, 41 s. Sthm, Z Hæggströms f.-exp. 95. 50 ö.

—, Grundtanken i 16.e århr. reformation. Reformat. pred. 1891. 8:o, 15 s. Ups., Missionsbokh. i distr. 91. 15 ö.

—, Johannis evangelium öfversatt o. förklaradt. 8:o, 314 s. Sthm, Z. Hæggströms f.-exp. 95. 3 kr.

—, Johannes uppenb. med ledning af Gamla test:s profetia o. verlds- o. kyrkohistorien förklarad. 8:o, vij o. 399 s. Sthm, Z. Hæggströms f.-exp 88.
4: 50.

—, Psaltaren öfv. o. förklarad med hänsyn till bibelkomm. profófversättn. af 1887. 8:o. Sthm, Z. Hæggströms f.-exp.
I. 1:a boken. (Ps. 1—41.) 132 s. 90. 1 kr.
II. 2:a o. 3:e boken. (Ps. 42—89.) s. 133—292. 92. 1: 50.
II. 4:e o. 5:e boken. (Ps. 90—150) s. 293—451 o. iv s. 92. 1: 50

—, Tvenne reformationstal. Se: *Petri, Olaus*, Svar på tolf spörsmål.

—, Se: Bibelforskaren. — Galaterbrefvet — Predikareboken. — Profeten Esaias. — Psaltaren. — Testamentet, Nya. — Testamentet, Gamla.

Mysterier, Danvikens. Strödda iakttagelser o. intryck under en 2-årig vistelse å Danvikens hospital. 8:o 24 s. Tr. i Sthm, Nya boktryckeriet. 89. 25 ö.

Målen, De ministeriella, o unionen. Se: Artiklar o. korrespondenser införda i Aftonbladet 4.

Måltid, Smaklig. Se: Bibliotek för teatervänner. 155.

Månad, En, på Amphion. Se: /Sillén, Joh. Georg af/

Månader, Tre, vid Metz-armeen af en fortifikationsofficer. Öfv. från franskan. 8.o, 231 s. Göteb. Wettergren & Kerber. 94. 2 kr.

Månadsblad, Kongl. vitterhets historie o. antiqvitets akademiens. Redaktör: *Hans Hildebrand.* 1886— 95. 8:o Sthm, Wahlström & Widstrand. 86—95.
För årg (12 n:r) 3 kr.

Månadsblad, Svenska bryggareföreningens, utg. af dess Styrelse. Redaktör: *A. Werner Cronquist.* 8.o. Sthm, Redaktionen. 86.
För årg. (12 n:r = 18 ark) 6 kr.

MÅNSSON, N., Betalning af sockerbetor efter 1: 85 pr 100 kg. Ett blad. Lund, Aug. Collin. 94.
50 ö.

Mälardrottningen, En skildring i ord o. bild af Sveriges hufvudstad o. dess omgifningar. Med inemot 400 illustr. Texten af *Georg Nordensvan.* 1:a—4:e hft. 4:o, 96 s. o. 8 pl. Sthm, Fahlcrantz & K. 95.
För häfte 75 ö.
(Fullständigt utkommen 1896)

Mälarstrand, Från. En midsommartidning utg. af Publicistklubben. 1:a o. 2:a årg. Folio, 20 s. Sthm, J. Seligmann. 87—88. För årg. 1 kr.

Män, Andra Kammarens, 1893. Politiska porträtt. studier af En nylandtmannapartist. 8:o, 169 s. Sthm, W. Billes Bokf.-aktb i distr. 93. 1: 25-

Män, Stora svenska. K. v. Linné, Birger Jarl, A. Oxenstjerna, J. J. Berzelius. Se: Öreskrifter för folket. 15, 16, 17 o. 23.

Märken, Kända, inom visan o. kupletten. Porträtt, biografier o. dikter. 8:o, 184 s. Sthm, C. & E. Gernandts f. aktb. 94. 1: 50.

Mästerkatten i stöflar. Sagospel. Se: Bibliotek för figurteatern. 2.

Mästerverk, Konstens. Afbildn:r af verldsberömda konstverk ur äldre o. nyare skolor. hemtade från Europas ryktbaraste muséer. 4:o Sthm, Alb Bonnier.
I Serien 72 pl. 89. 6 kr., inb. 7: 50.
II Serien. 72 pl. 89. 6 kr., inb. 7: 50.
III Serien. 72 pl. 90. 6 kr., inb. 7: 50.
IV Serien. 72 pl. 90. 6 kr., inb. 7: 50.
V Serien. 72 pl. 91. 6 kr., inb. 7: 50.
VI Serien. 72 pl. o. 10 s text. 91.
6 kr., inb. 7: 50.
(Utkom med 12 häften i hvarje serie till ett pris af 50 öre pr hft.)

MÖLLER, Axel, Borgerlig tid o. verldstid. Inbjudningsskrift. 4:o. 18 s Lund, Förf:n. 92. 35 ö.

MÖLLER, Carl, Breinholms badhotell. Humorist. bilder ur danska badlifvet. Öfv. 8:o, 283 s. Lund, C. W. K Gleerup. 90. 1: 75.

MÖLLER, Christen, Elskovskravet. Se: Tidskrift, Nordisk. 1888.

MÖLLER, C. E., Nyaste brefbok. Rådgifvare i det praktiska lifvet vid författandet af flere slags bref, uppsatser o. juridiska skrifter som förekomma till borgerliga o. affärslifvet. Anvisning till enkel bokföring o. underrättelser för korrespondenter m. m. 6.e genoms. o. tillök. uppl. 8:o, 213 s. Sthm, Ad. Bonnier. 95. 1 kr., kart. 1: 25.

MÖLLER, G., Fogelhundens dressyr. Ett utkast. Liten 8:o, 44 s Sthm, Alb. Bonnier. 86 50 ö.

MÖLLER, Gösta, Kort beskrifuing öfver Skandinaviens skalbaggar. (Coleoptera) III. Med 162 fig. o. 9 pl. Lund, C. W. K. Gleerup. 92. 4: 50.

MÖLLER, H., Hästhofvens sjukdomar, deras igenkännande, botande o förhindrande. Med 30 träsn. Öfv. af *J. L. Tidholm.* 8:o, viij o. 207 s. Eksjö, Öfversättaren. 88. 4 kr.

MÖLLER, Henrik, Fransk elementarbok. 8:o, 90 s. Lund, Ph. Lindstedts univ:s-bokh. 90. Kart. 1: 25.

MÖLLER, J., Lärokurs i algebra. 8:o. Lund, Aug. Collin.
Förra dln. 91 s. 91. Kart. 1: 25.
Senare dln. 126 s. 92. Kart. 1: 50.

MÖLLER, Julius, Ueber die singulären Punkte d gewöhnl. algebr. Differentialgleichungen. Se: Bihang till K. sv. Vet.-akad:s handl:r. XV: I, 2.

—, Ueber osculirende Enveloppen. Se: Acta univ:s Lundensis. XXIV: II, 1.

MÖLLER, Magn., Studier öfver ryggmärgssyfilis. 8:o,

67 s. o. 2 pl. Sthm, Nordin & Josephson i komm. 90. 3 kr.
MÖLLER, Maria, Anvisning för hushållet o. köket. Ny genoms. uppl. 8:o, 300 s. Sthm, F. C. Askerberg. 90. 1: 50, inb 2 kr.
MÖLLER, Otto, Hon vill inte gifta sig. Se: Teatern, Svenska. 233.
MÖLLER, P., Klimatet vid nedre Kongo. Se: Tidskrift, Nordisk. 1887.
—, Se: År, Tre, i Kongo.
MÖLLER, Viggo, Se: *Sundström, C. R.* Handbok för hundvänner.
MÖLLHAUSEN, Balduin, Kapten Jernhands loggbok. Öfv. af *L. H.* 2 dlr. 8:o, 363 o. 368 s. Sthm, F. & G. Beijers Bokf.-aktb. 87. För del 2: 25
Mönster för konstindustri o. slöjd, utg. af Svenska Slöjdföreningen. 13:e—22:a årg. Folio. Sthm, C. E. Fritzes hofbokh. 86—95.
13:e—16:e årg. à 5 kr., öfriga à 6 kr.
Mönster för träsvarfning, samlade o. utg. af *Gustaf Flinta.* Sthm, G. Chelius. 90. Kart. 5 kr.
Mönsteralbum, Svenska Slöjdföreningens. 1890. 17:e årg. — Interiörer o. ornamentsmotiv från Kgl. Teatern i Sthm. Folio, 6 pl. o. 2 s. text. Sthm, C. E. Fritzes hofbokh. i distr. 90. 6 kr.
Mönsterbok för tecknare, gravörer, etsare m. fl. innehållande monogram i två olika stilar af två bokstäfver m. m. 8:o, 24 s. Mariestad, P. W. Karströms bokh. 87. 50 ö.
Mönstertidning, utg af Stockholms ritkontor o. brodérmagasin. 1:a—11:e årg. (1885—95.) Sthm, Stockholms ritkontor. 88. För årg. (24 n:r) 5 kr.
MÖRNER, Birger, Juda. Dramatisk dikt i en actus. 4 o, 38 s. Göteb., T. Hedlund. 88. 1 kr.
—, Kung Erik. Poem. 8:o, 4 s. Lund, Ph. Lindstedts univ:s-bokh. 92. 50 ö.
—, Magnus Stenbock. Poem. Folio, 4 s. Helsingborg, Sv. Wennerberg. 92. 50 ö.
—, Tattar-blod. Ett dikthäfte. 8:o, 64 s. Sthm, Alb. Bonnier. 90. 1 kr.
MÖRNER, K. A. H., Om läkemedlen. Se: Handböcker, Medicinska. II.
MÖRNER, Robert, Försök till lärobok i militärstenografi. 8:o, 58 s. Sthm, P. A. Norstedt & S:r. 90. 1 kr.
— —, Stenografiens användning inom militäryrket. Föredrag. 8:o, 24 s. Ups., Svenska stenograffförb. i distr. 90. 50 ö.
Mötes-almanacka för infanteriet 1891 o. 1892. Liten 8:o, 80 s., antecku.-bok o. kuverter. Sthm, P. A. Norstedt & S:r. 91, 92. Hvardera 1: 25.
Mötet med hushållningssällskapens ombud i Stockholm d. 6—14 nov. år 1893. 8:o, 128 s. Sthm, Stockholms läns hushålln. sällskap. 93. 1 kr

N.

NACHTIGAL, G., Sahara o. Sudan. Se: Ungdomsböcker, P. A. Norstedt & Söners. 12.
Nadar, Fils, Intima riksdagsporträtt. Amatörfotografier. 12:o, 92 s. Sthm, Alb. Bonnier. 94. 1 kr.
NÆSS, Hans T., Skridskosporten. En samling skridskofigurer m. m. 2:a uppl. 8:o, 43 s. Sthm, H. Geber. 87. Inb. 75 ö.
—, Se: Bibl. för idrott.
Namn, Guds barns, deras titlar o. egenskaper. Bibelspråk för hvarje dag i året. 2:a uppl. 16:o, 112 s. Sthm, P. Palmquists aktb. 92.
(1:a uppl. 87.) Kart. 30 ö, klb. 60 ö.
Nanette, Nybyggarens. Öfv. från eng. Liten 8:o, 87 s. Sthm, Evang. traktatsällsk. 90. Kart. 50 ö.
NANSEN, Fridtjof, Eskimålif. Illustr. af *Otto Sinding.* Öfv. af *Ernst Lundquist.* 8:o, 260 s. o. 16 pl. Sthm, H. Geber. 91. 4 kr., eleg inb. 5: 75.
—, På skidor genom Grönland. Med 164 illustr. o. 4 kartor. 8:o, 672 s. o. 18 pl. samt 4 kartor. Sthm, Alb. Bonnier. 90. 10 kr., inb. 12 kr.
Jfr. Bibliotek för Resebeskrifningar. XVIII.
NATHORST, Alfred, Om skötsel af nötboskap. Se: Skrifter, Smärre, att utdelas vid husdjurs-premiering. 1.
NATHORST, A. G., De äldsta spåren af organiskt lif i vårt land. Se: Tidskrift, Nordisk. 1888.
—, Jordens historia efter M. Neumayrs "Erdgeschichte" utarb. med hänsyn till Nordens urverld. 8:o, 1128 o. viij s. Sthm, F. & G. Beijers Bokf.-aktb. 94.
21 kr., inb. i 2 band 26 kr.
(Utkom i 14 hfn à 1: 50. 88—94.)
NATHORST, A. G., Kritiska anmärkn:r om den grönländska vegetationens historia. Se: Bihang till K. sv. Vet.-akad:s handl:r. XVI: III, 6.
—, Nouvelles observations sur des traces d'animaux et autres phénomènes d'origine purement mécanique décrits comme "Algues fossiles". 4:o, 58 s o. 5 pl. Sthm, P. A. Norstedt & S:r. 86. 8 kr.
Jfr. Handlingar, K. sv. Vet.-akad. XXI: 14.
—, Om bernstenens bildning. Se: Tidskrift, Nordisk. 1891.
—, Om de fruktformer af Trapa Natans, som fordom funnits i Sverige. Se: Bihang till K. sv. Vet.-akad.s handl:r. XIII: III, 10.
—, Sveriges geologi allmänfattligt framstäld med en historik om den geologiska forskningen i Sverige. Med flera hundra illustr. 8:o. Sthm, F. & G. Beijers Bokf.-aktb.
Förra dln. 160 s. 92. 4 kr.
Senare dln. 161—386 o. iv s. 94. 4 kr.
Kompl. inb. 10 kr.
—, Ueber die Reste eines Brotfruchtbaums. Se: Handlingar, K. sv. Vet.-akad:s XXIV: 1.
—, Von dem Vorkommen fossiler Glacialpflanzen. Se: Bihang till K. sv. Vet.-akad:s handl.r. XVII: III, 5.
NATHORST, Hjalmar, Anvisning till kalisalternas användande vid, o. om deras stora betydelse för åkerbruket. 2:a omarb. o. tillök. uppl. 8:o, 48 s. Göteb., Wettergren & Kerber. 90. 50 ö.
(1:a uppl. 87.)

NATHORST, Hjalmar, Det nya åkerbrukssystemet på sandjord. 8:o, 40 s. Göteb., Wettergren & Kerber. 88. 50 ö.

—, Enkel anvisning till åkerfältens täckdikning. Se: Skrifter, Smärre, afsedda att utdelas vid husdjurspremiering. 16.

—, Friesiska Stambokföreningens skildring. Se· dersammast. 6.

—, Fårskötsel. Med 27 fig. däraf 10 afbildn:r af olika fårraser. 8.o, 173 s. o. 10 pl. Sthm, Alb. Bonnier. 94. 2 kr., klb. 2: 25.

—, Huru mjölkens fetthalt kan höjas genom nötboskapens förädling. 2:a uppl. 12:o, 30 s. Sthm, Alb. Bonnier. 92. 35 ö.

—, Huru skall helsotillståndet inom vår nötboskap blifva det bästa möjliga. 8:o, 24 s. Göteb, Wettergren & Kerber. 89. 25 ö.

—, Huruledes kraftfodring till mjölkboskap o. utfodring af betmassa till densamma bäst ordnas 8:o, 40 s. Lund, C. W. K. Gleerup. 91. 60 ö.

Jfr. Skrifter, Smärre, att utdelas vid husdjurspremiering. 8.

—, Husdjursskötsel. 8:o. Sthm, F. & G. Beijers Bokf -aktb.
I. Allmän boskapsskötsel. 3:e omarb. uppl. iv o. 368 s. 88. 3: 75.
II. Nötboskapsskötsel. 3.e uppl. xij o. 506 s. samt 4 pl. 93. 5: 75.

—, Hvad böra vi göra rör. margarinfrågan o. svinpesten? 8:o, 40 s. Lund, C. W. K. Gleerup. 88. 50 ö.

—, Kainitgödningens ändamålsenliga användande. Efter d:r *E. Lierke.* 8:o, 8 s. Göteb , Wettergren & Kerber. 90. 10 ö.

—, Kort anvisning till sandjordens ändamålsenliga skötsel. 8:o, 32 s. Göteb , Wettergren & Kerber. 90. 50 ö.

—, Kraftfodring till mjölkboskap. Se: Skrifter, Smärre, att utdelas vid husdjurs-premiering. 8.

—, Köp-gödselns användande. 8:o, 32 s. Lund, C. W. K. Gleerup. 90. 50 ö

Jfr. Skrifter, Smärre, att utdelas vid husdjurspremiering. 4.

—, Nötboskapens helsovård. 8:o, 23 s. Lund, C. W. K. Gleerup. 91. 30 ö.

Jfr. Skrifter, Smärre, att utdelas vid husdjurspremiering. 3.

—, Om Ayrshirerasen, åkerbruket o. osttillverkningen i södra Skotland. 8:o, 60 s o. 1 pl. Lund, C W. K. Gleerup. 89. 80 ö.

Jfr. Skrifter, Smärre, att utdelas vid husdjurspremiering. 9.

—, Om gröngödning. Se: *Lawes, J. B*, Om de odlade växternas näringsämnen.

—, Om gödning af nötboskap. 8.o, 16 s. Lund, C. W. K. Gleerup. 91. 30 ö.

Jfr. Skrifter, Smärre, att utdelas vid husdjurspremiering. 2.

—, Om ladugårdsskötseln o. hennes rätta behandling. 8:o, 40 s Göteb., Wettergren & Kerber. 89. 50 ö.

—, Om vår mejerihanterings höjande o. om tuberkulosen inom våra koladugårdar. 8:o, 68 s. Sthm, Ad. Bonnier. 95. 75 ö.

—, Om mossars odling o. behandling efter nyaste erfarenheter. 8:o, 39 s. Göteb., Wettergren & Kerber. 87. 50 ö.

—, Om Thomasslaggmjöl o. dess stora värde som gödningsämne. 8:o, 10 s. Lund, C. W. K. Gleerup. 87. 25 ö.

Jfr. Skrifter, Smärre, att utdelas vid husdjurspremiering. 12.

NATHORST, Hjalmar, Svinskötsel. 8:o, viij o. 223 s. Lund, C. W. K. Gleerup. 90. 2 kr.

—, Åkerfältens täckdikning. Se: Skrifter, Smärre, att utdelas vid husdjurs-premiering. 16.

—, Se: Skildring, Friesiska stambokföreningens, af den holl. nötboskapen.

NATHUSIUS, Marie, Två berättelser. Se: Bokskatt, Ungdomens. 12.

Nation, Smålands, i Upsala. Biografiska o. genealogiska anteckn:r utarb. på uppdrag af Smålands nation af *P. G Vidstrand.* I. 1637—1841. 1:a hft. 8.o, 192 s. Ups., Akad. bokh. i distr. 94. 2 kr.

Nationalitet och bildning. Uppsatser af *A. H. Chydenius, C. G. Estlander, A. Meumann,* o. *E G. Palmén.* 8:o, 96 s. H:fors, G. W. Edlund. 87. 1: 25 fmk (90 ö.)

NATT och DAG, S., Se: Jorden rundt under svensk örlogsflagg.

Nattvardsbarn, Till mitt. Med hjärtlig hälsning från dess själasörjare. 8:o, 15 s. Linköp., P. M. Sahlströms bokh. i komm. 91. 10 ö.

Naturbarn, Ett. Se: *[Hungerford, Mrs]*

Natur u. Sehenswürdigkeiten, Schwedens. Einige Winke für Reisende in "das Land der Mitternachtsonne". Tvär 8.o, 58 s. o. 14 pl. Sthm, Wahlström & Widstrand. 93. 50 ö

Naturen. Populär tidskrift för naturvetenskap o. dess tillämpningar. Red. *Aug. af Schultén.* 1893—94. 4:o. Sthm, Nordin & Josephson. 93—94.
För årg. (24 n:r) 7 kr

Naturläkningsmetoden. Den magnetiska. Genomsedd af *Carl Hansen.* 8:o, 42 s. (Tr. i Kbhvn.) Malmö, Nat. Malmgren. 89.

Naturlära för allmänna läroverken. 8:o. Lund, C. W. K. Gleerup.
I. *Lyttkens, I. A.,* Läran om djuren. 5:e uppl. 154 s. 94. Kart 1: 25. (3 e uppl. 84. 4:e 89.)

Naturreligion, Koncentrerad. Ett Stockholmsminne af *G. S.* 2:a uppl, 8:o, 46 s. Sthm, Samson & Wallin i komm. 94 1: 25.

NAUCKHOFF, Wilh., Hästen, dess natur, skötsel o. vård. Populär handbok för hästvänner. Med flera hundra bilder. 1:a—7:e hft 8:o, s. 1—336. Sthm, Alb. Bonnier 94—95. 60 ö. (8:e o. 9.e (slut)hft utkommo under 1896.)

NAUMANN, Chr , Se: Tidskrift för lagstiftning.

NAUMANN, Gustaf, Om struma o. dess behandling. 8.o, 178 s Lund, Gleerupska univ:s-bokh. i distr. 91. 3 kr.
Tysk öfvers. af *O. Reyher.* 191 s. 92. 3 kr.

NAWROCKI, Rudolf, Aus der Kinderwelt. Se: Echo d. deutschen Umgangssprache. 1.

NEANDER, And., Den heliga historien. En kort öfversigt af de bibliska böckernas innehåll i historisk tidsföljd. 8:o, 80 s. Sthm, Fr. Skoglund. 87. 75 ö., kart. 1 kr.

—, Handledning vid läsningen af den heliga skrift. 8:o. Sthm, Fr. Skoglund.
1. Lukas evangelium synoptiskt sammanstäldt med de 3 andra evangelierna. xiv o. 144 s. 92. 1: 50.
2. Plan o. tankesammanhang i Apostlagärningarna, Romarebrefvet o. 1:a Korinterbrefvet. 130 s. 91. 1: 50.

—, Kritisk granskning af tvenne hufvudpunkter i S. A. Fries' Israels historia jämte karaktäristik af

Wellhausenska skolan. 8:o, 40 s. Norrk , M. W. Wallberg i distr. 94. 50 ö.
NEANDER, And., D:r Alexander Duff, Skottlands förste evangeliske missionär i Indien. 8:o, 50 s. o 1 portr. Sthm, Fost.-stift:s f.-exp. 87. 30 ö.
—, "Genom tron." Korta betraktelser. 8:o, 204 s. Sthm, Fost.-stift:s f.-exp. 86.
1: 50, vb. 1: 75, klb. 2: 50.
—, Herrens välsignelse. Predikan i Linköp. 1890. 8:o, 11 s. Linköp., P. M. Sahlströms bokh. i komm. 91. 20 ö.
— -, Vår tids ungdom. Några ord till föräldrar, uppfostrare o. lärare. 8:o, 23 s. Sthm, Fost.-stift:s f.-exp. 93. 15 ö.
—, Zenanamissionen i Indien. Se: Missionsbibliotek. 5.
NEANDER, John, I "kapten Gullivers" hem. Ett litet minnesblad om en "samlare" o. hans qvarlåtenskap. 8:o, 20 s. Sthm, Förf:n. 90. Ej i bokh.
—, Se: Uller. Från en lång teaterbana.
Neera, Farväl! Öfv. från italienskan af E. af D. 8:o, 110 s. Sthm, F. & G. Beijers Bokf.-aktb. 87. 1: 50.
Nejder, Natursköna, och sevärda ställen i Finland. 8:o. H:fors, G. W. Edlund.
I. Till Aavasaksa. — Bland finska stamförvandter. Öfv. 64 s , 1 karta o. 2 pl. 86. 1: 50 fmk.
II. Till sjöar o. åsar i Tavastland, af E. N. 87 s. 87. 1: 50 fmk.
III. Öfver Punkaharju till Walamo. En reseskildr. af E. N. 78 s. o. 1 pl. 87. 1 fmk. (1 kr.)
NEKRASOFF, Se: Skalder, Ryska
[NELSON, Joh. Fred.], Skuggor o. dagrar. Pennritningar af Ekkis. 1:a dln. 8;o, 93 s. Malmö, S. Nevander & K. 86. 75 ö.
Nemirovitsch-Dantschenko, 1. Mahmuds småttingar.
— 2. Den öfvergifna grufvan. Se: Romaner o. Noveller. 10.
Nemo, Se: [Gripenberg, L.]
NENNES, Magnus, Minnen från grafvarne. [2:a uppl.] 8:o, 159 s. Vestervik, C. O. Ekblad & K. 91. 1: 25.
(1:a uppl. 89.)
NEOVIUS, Ad., Bidrag till kännedomen om vårt lands kyrkor, deras lösören samt den kyrkliga bokföringen förr o. nu. 8:o, 4 o. 80 s. H.fors, Söderström & K. 93. 1: 50.
—, Special-katalog öfver domkapitelsarkivet i Borgå. 8:o. H:fors, Wickström & K.
I. Konungabref 1678—1750. xij o. 185 s. 91. 3: 50 fmk.
II. Kyrkornas i Borgå stift inventariepersedlar, bibliotek o. arkiv. lxxxiv o. 185 s. 93. 4: 25 fmk.
IV. Biskop Gezelii d. y. brefkoncept 1712—17. 60 o 66 s. 94. 1 fmk.
—, Se: Historia, Ur Finlands.
NEOVIUS, Arvid. Om lufttrycksvärdens reduktion till hafsytan. Akad. afh. 8:o, 167 s. H:fors, Förf:n. 91. 2 fmk.
—, Tafeln zum Gebrauch bei stereometr. Wägungen. Se: Acta Soc:s scient. fenn. XIX. 4.
—, Volymator. (Svensk, finsk o. tysk text.) 2 sidor velin. H:fors, Söderström & K. 93. 75 p.
NEOVIUS, E. R., Anwendung der Theorie der ellipt. Functionen. Se: Acta soc. scient. fenn. XV.
—, Darstellung einiger von isothermischen Curven gebildeten Curvenschaaren. 4:o, 4 s. H:fors, Förf:n. 87. 2 fmk.
—, Einige Bemerkungen über die Darstellung von Punkten. Se: Öfversigt af F. Vet -soc:s förhandl. XXIX.
NEOVIUS, E. R., Minnestal öfver Axel Wilh. Gadolin. Se: Acta Soc:s scient. fenn. XIX.
—, Om den icke-euclidiska geometrien. Se: Öfversigt af F. Vet.-soc:s förhandl:r. XXXVII.
—, Ueber einige durch rationele Functionen vermittelte conforme Abbildungen. Se: Acta Soc:s scient. fenn. XVII.
—, Ueber Minimalflächenstücke. Se: dersammast. XVI o. XIX.
—, Untersuchung einiger Singularitäten etc. Se: dersammast. XVI.
NEOVIUS, Frithiof, Handelsförhållandena mellan Ryssland o. Finland. 8:o, 45 s. H:fors. 90. 1 fmk.
NEOVIUS, Otto, Om skiljandet af kväfvets o. syrets linier i luftens emissionsspektrum. Se: Bihang till K. sv. Vet.-akad:s handl:r. XVII: I, 8.
Nepomuk, Se: [Kiellman-Göranson, J. A]
NERANDER, Theodor, Bidrag till kännedomen om de s. k. negationsideerna. Psykiatrisk studie. 8:o, 63 s. Lund, Gleerupska univ:s-bokh. i distr. 95. 75 ö.
—, Studier öfver förändringarna i ammonshornen o. närliggande delar vid epilepsi. Akad. afh. 4:o, 54 s. o. 1 pl. Lund, Gleerupska univ:s-bokh. 94. 2 kr.
Jfr. Acta univ:s Lundensis. XXX: II: 1.
NERMAN, Gustaf, Göta kanals historia från äldsta tider till våra dagar. En teknisk-ekonomisk skildring af nämnda företags uppkomst under 3 århundraden. 1:a afd. (1525—1809.) 8:o, 128 s. Sthm, Samson & Wallin i distr. 95 4 kr.
—, Handbok i bergsprängning om bergskotts tändning medels elektricitet. Med fig i texten jämte tabeller. 8:o, iv o. 66 s. Sthm, Alb Bonnier. 94. 2 kr.
—, Handbok för beräkning vid dikning o. annan afledning af vatten. 8:o, 63 s. o. 1 pl. Sthm, P. A. Norstedt & S:r. 87. 1: 50.
—, Hvarest gräfde sig Olof Haraldsson ut ur Mälaren. Se: Tidskrift, Historisk. 1893.
—, Stockholm för sextio år sedan o. dess framtid. En skildring. 8:o, 123 s. Sthm, Alb. Bonnier. 94. 2: 50.
NERVANDER, E., Den kyrkliga konsten i Finland. Se: Skrifter, Folkupplysn. sällsk. 58, 63.
——, Elias Lönnrots ungdomstid på Laukko. 8:o, 6 o. 112 s. H:fors, Otava. 93. 2: 25 fmk.
—, Finska bilder. Ett album. 8 o, 240 s. H:fors, G. W. Edlund. 87. 3 fmk. (2: 25.)
——, Från Elias Lönnrots ungdomstid på Laukko. Minnen. 12:o, 112 s. o. 2 pl. H:fors, Otava. 94. 1: 75.
[-], Fädrens röst. 12.o, iv o 101 s. H:fors, Otava. 91. 1: 50, inb. 2: 25 fmk.
——, Italien. Se: Skrifter, Folkupplysn. sällsk. 88.
—, Minne af Fredr. Cygnæus. Anteckningar. 8:o, 8, viij o. 361 s. samt portr. H:fors, G. W. Edlund. 92. 5 fmk.
—, På skansen. Till hågkomst af bortgångna o. till vägledn. bland deras grafvar på begrafn. platserna i Åbo. Med karta o. 6 illustr. 8:o, 144 s. Åbo, Förf:n. 88. 4 fmk.
—, Till sjöar o. åsar i Tavastland. Se: Nejder, Natursköna. II.
—, Öfver Punkaharju till Walamo. Se: dersammast. III.
NERVANDER, Ellen, Kalevala i öfversättning. Se: Krohn, Jul., Finska litteraturen.

Nestor, Finska förhållanden. Se: Artiklar o. korrespondenser införda i Aftonbladet. 5.

NEUMAN, A. F., Se: Sångstycken ur Prologen, kallad "Samråd".

NEUMAN, L. M., Kort lärobok i botanik för de allm. lärov.s o. flickskolornas lägre klasser. 8:o, 28 s. Lund, Gleerupska univ:s bokh. 90. 60 ö.

—, Några kritiska eller sällsynta växter, hufvudsakligen från Medelpad. 8:o, 41 s. Sundsvall, W. Ahlström. 88. 75 ö.

NEUMAYR, M., Se: *Nathorst, A. G.,* Jordens historia.

NEWTON, Rich., Bibelns djur o. de lärdomar de gifva oss. 8:o, 224 s. Sthm, Weckopostens förlag. 89. 1 kr., kart. 1: 25, klb. 1: 50.

—, Bibelns löften. Tal till barnen. Öfv. från eng. Liten 8:o, 175 s. Sthm, Redakt. af Sanningsvittnet. 90. Kart. 90 ö.

—, Bibelns varningar. Tal till barnen. Öfv. från eng. Liten 8:o, 331 s. Sthm, Redakt. af Sanningsvittnet. 90. Kart. 1: 25.

—, Hjeltar inom den första kristna kyrkan. Öfv. fr. franskan. I. 8:o, 64 s. Göteb., Herm. Andell. 89. 40 ö.

NICK GRAY, Capitola. Skildr. från lifvet i Amerika. Öfv. af *A. v Qvanten* 2:a uppl. 8:o, 498 s. Ulriceh., S. M. Kjöllerström. 91. 2: 50.

NICOLAIJ, F., Huru barn icke böra uppfostras. Öfv. af *O. A. Stridsberg.* 8:o, 330 s. Sthm, Aktieb. Hiertas bokförlag. 91. 3: 50.

NICOLL, W. R., Herren kallar Föredrag. Öfv. 8:o, 87 s. Sthm, Fost.-stift:s f -exp. 95. 60 ö., inb. 85 ö.

NICOLSON, William, Myth and religion; on an enquiry into their nature and relations. An accad. diss. 8.o, 16 o. 178 s. H:fors, Förf.n. 92. 2 fmk.

NIELSEN, Hanne (Fru), Anvisning till beredning af utmärkt smör. Öfv. 8.o, 6 s. Lund, C. W. K. Gleerup. 86. 10 ö.

NIEMANN, August, Pieter Maritz, boersonen från Transvaal. Med illustr. Öfv. från tyskan af *Rich. Bergström.* Stor 8 o, 415 s. o. 15 pl. Sthm, W. Billes Bokf.-aktb 90. 4: 25, kart. 5 kr.

NIEMEYER, Paul, Om hämorrojder o. förstoppning. Se: Flygskrifter, Hälsovännens. 21.

—, Om lungsot, dess orsaker, behandling o. förebyggande. Öfv. 8.o, 75 s. Sthm, A. V. Carlsons Bokf.-aktb. 87. 75 ö., kart. 85 ö.

NIKKANEN, Julia, Praktisk handledning i Perspektivlära. 8:o, 49 s H:fors, G. W. Edlund. 90. 3 fmk.

NILEN, Nils Fredr, Luciani codex Mutinensis. Se: Årsskrift, Upsala univ:s 1888.

NILSSON, Alb., Studien über die Xyrideen. Se: Handlingar, K. sv. Vet.-akad:s. XXIV: 14.

—, Studier öfver stammen såsom assimilerande organ. Se: Handlingar, Göteborgs kongl. vet. o. vitt:s samhälles.

—, o. **NORLING, K. G. G.,** Skogsundersökningar i Norrland o. Dalarne sommaren 1894. Med 2 pl. 4:o, 38 s. o. 2 pl. Sthm, Samson & Wallin. 95. 1: 50.

[**NILSSON, Alex.**], Republiken o. Konungadömet, af förf:n till "Presternas historia". 2:a uppl. 8:o, 96 s. Sthm, C. A. V. Lundholm. 86. 1 kr.

—, Se: Grundlagar, Sveriges.

NILSON, Aug., Se: Arbetaren, Mekaniske. — Notes, Technical.

NILSSON, Emil, Om orsakerna till o. botemedlen mot den stora barnadödligheten i allmänhet o. särskildt i Vesternorrlands län. 8:o, 81 s. Sthm, P. A. Norstedt & S:r. 89. 1 kr.

NILSSON, Hans, De bibliska hufvudbegreppen belysta genom exempel ur hist. o. lifvet. En handbok för prester m. fl Med ett förord af *C. Norrby.* 8.o, 788 s. Sthm, G. Chelius. 88—89. 9 kr, inb. 11: 25. (Utkom i 12 hfn à 75 ö.)

—, Se: Matrikel, Linköpings stifts.

NILSSON, Ida, Se: *Heine, H.,* Ur sångernas bok.

NILSSON, Johannes, Se: Årsskrift, Upsala univ:ts 1892. Rätts- o. statsvet. 1.

NILSSON, J. O., Den homeriska hjeltesagans omgestaltning hos de grekiske tragedi:förf:e. 8:o, 117 s. Göteb., Wettergren & Kerber. 89. Uppl. för bokh. 140 ex. 1: 50.

NILSSON, K., Gamla abeteket eller Marje-Hatte-sjvens resefter för skaväjuk, som ingen doktore aj khär te o bota etc. Samladt från ö. o. mellersta Blekings strandbygd, samt tecknadt på samma orts bygdemål. 8:o, ix o. 120 s. Lyckeby. Förf:n. 86.

—, Ny samling muntra folklifsbilder från östra o. mellersta Blekings strandbygd o. skärgård, teckn. på modifieradt bygdemål. 8:o, 80 s. Lyckeby, Förf:n. 88. 1 kr.

NILSSON, Lars, Bidrag till den croupösa pneumoniens statistik o. etiologi. 8:o, 162 s. Lund, Gleerupska univ:s-bokh i distr. 92. 2: 50.

NILSON, L. F., Försök att utstilla sillfoderkakor. Se: Medd. från Landtbruks-akad. experimentalfält. 8.

—, Handlingar rör. instrukt. för de kemiska stationerna. Se: dersammast. 10.

—, Om komjölkens qväfvehalt. Se: dersammast. 9.

—, Om torfströ, dess egenskaper o. användning för särskilda ändamål. 8:o, 23 s. Sthm, P. A. Norstedt & S:r. 91. 50 ö.

—, Studier öfver komjölkens fett. Se: dersammast. 8.

—, Torfmullens värde såsom medel för renhållning o. desinfektion. 8.o, 13 s. Sthm, Samson & Wallin. 94. 25 ö.

—, Se: *Eggertz, C. G.* o. *Nilson, L. F.,* Undersökn. af mossjord.

—, o. **PETTERSON, O.,** Nouvelle méthode pour déterminer la densité de vapeur des corps volatisables. Se: Bihang till K. sv. Vet-akad.s handl.r XI, 6.

—, Sur deux nouveaux chlorures d'Indium etc. Se: dersammast. XIV, II, 6.

—, Sur le poids moléculaire du chlorure d'aluminium. Se: dersammast. XV, II, 2.

NILSSON, L. G., Immelen o. dess omnejd. Minnen från en sommarvandring i snapphanebygd. [Poesi] 8.o, 51 s. Lund, Aug. Collin. 93 1 kr.

NILSSON, N. A., Mensklighetens idealskrift. 8:o, 55 o 24 s. Sthm, G. Chelius. 93. 1: 50.

NILSSON, N Hjalmar, Se: Tidskrift, Allm. svenska utsädesfören:s. — Tidskrift, Skånska Trädgårdsfören.

NILSSON, N. P, Landtbrukarens mjölkberäkningsbok. 8:o, 25 s. Lund, Aug. Collin i distr. 94. 75 ö.

—, Smärre anteckn:r om slägten Tranchell. Tryckt som manuskript. 8:o, 60 s. Tr. i Lund, Berlingska boktr. 91. (Ej i bokh.)

NILSSON, Olof, Danmarks uppträdande i den svenska tronföljarefrågan åren 1739—43. V. 4:o, s. 43—72. Malmö, Förf:n. 87. 1 kr.

NILSSON, Sofi, De vanligaste födoämnenas kemiska sammansättning. 1 färglagd plansch o. 4 s. text. Sthm, C. E. Fritzes hofbokh. 95. 2 kr.

—, Hushållslärans första grunder för skola o. hem. 8.o, 42 s. o. 3 pl. Sthm, C. E. Fritzes hofbokh. 93. Kart. 25 ö.

NILSSON-LEVAN, Oskar, Om den apostoliska trosbekännelsens uppkomst. Se: Spörsmål, Svenska. 19.
Nisse och Nasse. Berättelse för barn. 4:e uppl. 8:o, 52 s Sthm, Alb. Bonnier. 94. 50 ö.
Nisse-kalender. Illustrerad 1886—92. 8:o, Hvarje årg. 148 s. Sthm, Red. af Söndags-Nisse. 86—92.
För årg. 1 kr.
NISSEN, Carl, Älfvalek jämte andra berättelser. 12:o, 168 s. Sthm, Alb. Bonnier. 93. 2 kr.
NISSEN, R. Tönder, Kyrkohistoria för skolan o. hemmet. Öfv. o. delvis bearb. af *Carl Norrby.* 8:e uppl. 8:o, 226 s. Sthm, A. L. Normans f.-exp. 95. Kart. 1: 50.
(6:e uppl. 86. 7:e 88.)
Nissi, T., Se: Rapporter om svenska förhållanden.
Nizida, Astralljuset. Försök till framställn. af ockulta principer i naturen, jemte anmärkn:r öfver den mod. spiritismen. Öfv. af *V. Pfeiff.* 8:o, 167 s. Sthm, Teosof. bokförlaget. 90. 1: 75.
NJURLING, Karl, Handbok för kronolänsmän. 2:a omarb. uppl. 8:o, 50 s. Sthm, Förf:n. 88. 1 kr.
3 kr., inb. 3: 50.
—, Svenska jorden åliggande skatter och besvär. 2:a omarb. uppl. 8:o, 50 s. Sthm, Förf:n. 88. 1 kr.
—, Se: Lag ang. handelsregister, firma o. prokura.
Njutningslystnaden, se där fienden! Väckelseord till föräldrar af *Fr. L.* 8:o, 20 s. Sthm, Fost.-stift:s f.-exp. 95. 20 ö.
Noaks ark. Med verser af *J. C. v. Hofsten.* 4:o, 20 s. med kolor. fig. (Tr. i Nürnberg) Sthm, G. Chelius. 90. 1: 50.
Noaks ark. Menageri. 4:o, 14 kolor. pl. Sthm, C. E. Fritzes hofbokh. 90. 1: 50.
NOIR, Louis, Helveteskolonnen. Skildr. af Vendéekriget 1793. Öfv. 8:o, 480 s. Sthm, C A. V. Lundholm. 86. 1: 50.
NOLCKEN, E. M. von, Berättelse om rikets tillstånd 1719—42. Se: Tidskrift, Historisk. 1889.
NONNEN, Emely, Valda berättelser ur tidskriften Talltrasten. 8:o, 143 s. Göteb., J. F. Richters bokh. i distr. 95. Kart. 1: 25.
NORBECK, A. E., Lärobok i teologien. 12:e uppl. 8:o, 205 s. Sthm, P. A. Norstedt & S:r. 93.
1: 50, inb. 1: 90.
—, Lärobok i den evang.-luth. trosläran. 13:e uppl. öfversedd af *C. L. Wåhlin.* 8:o, 130 s. Sthm, P. A. Norstedt & S.r. 91. 1: 50, inb. 1: 90.
NORBERG, Göthe, Om rörelsekuren. 12:o, 68 s. Sthm, G. Chelius. 92. 60 ö
NORBERG, Otto, Svenska kyrkans mission vid Delaware i Nord-Amerika (i f. d. kolonien Nya Sverige). 8:o, x o. 232 s., samt 6 pl. o. 1 karta. Sthm, A. V. Carlsons Bokf.-aktb. 93. 2: 75.
NORBORG, L., I den kyrkliga bekännelsefrågan. Ett apologetiskt försök med anledning af de nyaste angreppen mot vära luth. symboler. 8:o, 359 s. Lund, Håkan Ohlson. 93. 4 kr.
(2:a uppl. 361 s.) 3 kr.
—, Några ord i likbränningsfrågan. En protest från kyrklig ståndpunkt. 2:a tillök. uppl. Med bilagor. 1:a o. 2.a hlt. 8:o, 355 s. Göteb., N. P. Pehrsson. 87—89. 2: 25.
(1:a uppl. 86.)
Nord, Peder, Se: *[Nordman, Petrus.]*
NORDAHL, Rolfsen, Ur djurlifvet i Norden. Se: Ungdomsböcker, P. A. Norstedt & S:rs. 26.
Nordanbygd, Från. Bilder från Norrbotten julen 1895. Folio, 42 s. Sthm, Nordin & Josephson i distr. 95. 1· 50.

NORDAU, Max, Tidens sjukdom. Öfv. från tyskan. 2 dlr. 12:o, 250 o. 270 s. Sthm, Alb. Bonnier. 87. 3: 75.
NORDBERG, Vivi, Kokbok. Nyttig i hvarje hem. 3:e uppl. 16:o, 91 s. Åbo, G. W. Wilén. 93.
1 fmk.
(1:a uppl. 87. 2:a 90.)
Norden. Illustrerad skandinavisk revue. 1:a—6.e hft. Folio, hvarje häfte 24 s. (Tr. i Kbhvn.) Sthm, Seelig & K. 87. För häfte 1: 50.
NORDÉN, Nils, Se: Länskalender, Gefleborgs.
NORDENDAHL, Carl, Se: Handbok i pedag. snickerislöjd.
NORDENMARK, N. V. E., Sur le moyen mouvement dans l'anneau des astéroides. 4:o, 63 s. Ups., Förf:n. 94. 3 kr.
—, Se: *Flammarion, C.,* Populär astronomi.
NORDENSKIÖLD, A. E., Facsimile atlas till kartografiens äldsta historia inneh. afbild;r af kartor tryckta före år 1600. Folio, 139 s. o. 51 kartor. Sthm, J. E. Bergsjö. 89. Inb. 175 kr.
—, Om gadolinit-jordens molekylarvigt Se: Bihang till K. sv. Vet.-akad:s handl:r. XVII, II, 1.
—, Se: Iakttagelser, Vega-expeditionens vetenskapliga.
— *Scheele. C. W.,* Bref o. anteckningar.
NORDENSKIÖLD, G, Från fjärran västern. Minnen från Amerika Med illustr. 8:o, 116 s. o. 9 pl. Sthm, P. A. Norstedt & S:r. 92.
1: 50, hfrb. med guldsn. 3 kr.
—, Ruiner af klippboningar i Mesa Verde's canons. Med illustr. Stor 4:o, 193 o. iv s. samt 17 pl. o. 1 karta. Sthm, P. A. Norstedt & S:r. 93.
Inb. 25 kr.
—, Svenska expeditionen till Spetsbergen 1890. Se: Bihang till K. sv. Vet.-akad:s handl:r. XVII: II, 3:
— —, The cliffdwellers of the Mesa Verde southwestern Colorado, their pottery and implements. Transl. by D. Lloyd Morgan. Stor 4:o, 174 s., 51 pl. o. 4 s. index samt appendix: *Retzius, G.,* Human remains from the cliffdwellings of the Mesa Verde. 11 s. 10 pl. o. 1 karta. Sthm, J. E. Bergsjö. 93.
75 kr.
NORDENSKJÖLD, J. O. H., Anvisning till bokföring vid mindre landtbruk o. enskilde räkenskaper enl. dubbla el italienska metoden. Uppst i tabellform. 4:o, 7 o. 11 s Sthm, Fr. Skoglund. 86. 60 ö.
NORDENSKIÖLD, N. K., Berättelse öfver Finska Vet.-soc:s meteorolog. centralanst. verksamhet. Se: Öfversigt af F. Vet -soc:s förhandl:r XXVIII—XXXI.
—, Medelhöjden af hafsytan vid Finlands kuster. Se: dersammast. XXIX o. XXX.
—, Om det s k röda skenet. Se: dersammast XXVIII.
—, Åbo slotts höjd öfver hafvet. Se: dersammast. XXIX.
NORDENSON, Erik, Se: Handlingar rör. tillsättandet af e. o. professuren i oftalmologi. — Handlingar, Fortsatta, Förf. d:o d:o.
NORDENSTAM, R., Se: *Almquist, S. o. Nordenstam, R.,* Kurs af kemiska försök.
NORDENSTRÖM, Magn., Beskrifning öfver Stöde socken. Se: Samlingar, Norrländska. 2.
NORDENSTÅHL, Karl G., Tempelbröder. Dikt föredragen vid Templarordens tioårsfest i Stockholm 1893. 8:o, 14 s. Lindesberg, Högborgska bokförlaget. 93. 15 ö.
NORDENSVAN, C. O., En vandring öfver slagfälten i Sachsen. Se: Förlag, Militärlitteraturföreningens- 55.
—, Fransk-tyska kriget 1870—71 i sina hufvuddrag

skildradt. Med talrika porträtt, bilder i texten, dubbelplanscher, färgtrycksplanscher, kartor o. planer. 4:o, 432 s. Sthm, Alb. Bonnier. 95.
16: 50, inb. i praktb. 20 kr.
(Utkom i 22 häften å 75 ö.)

NORDENSVAN, C. O., Handledning för värnpliktige, särskildt före inskrifningen. 2:a uppl. 8 o, 96 s Sthm, P. A. Norstedt & S:r. 94. Kart. 50 ö. (1:a uppl 93.)

—, Kriget o. krigsinrättningarna En bok för alla. 8:o, iv o. 214 s Sthm, P. A. Norstedt & S:r. 93
2: 50.

—, Mötes-almanacka för infanteriet for året 1889. Liten 8.o, 79 s. o. anteckningsbok. Sthm, P. A. Norstedt & S:r. 89. Inb. 1: 50.

—, Studier öfver Mainfälttåget 1866. Se: Förlag, Militärlitteratur-töreningens. 69.

—, Vapenslagens stridssätt enl. nutidens fordringar. Se: dersammast. 63.

—, Värnplikten o. inskrifningsväsendet. En handledning. 3:e omarb. uppl. Liten 8:o. 100 s. Sthm, P. A. Norstedt & S.r. 95. Inb. 1: 25. (1:a uppl. 87. 2:a 92.)

—, Ändringar till värnplikten o. inskrifningsväsendet. 2:a uppl. Från jan. 1892 till jan 1894. Liten 8:o 31 s. Sthm, P. A Norstedt & S.r. 94. 25 ö

NORDENSVAN, C. O. o. v. KRUSENSTJERNA, W. E., Handbok för svenska arméns befal. Liten 8:o. Sthm, P. A. Norstedt & B.
1:a dln: Organisation, förvaltning, tjensteföreskrifter m. m. 3:e omarb. uppl. xxxiij o. 518 s 90.
5 kr., inb. 6: 25.

—, Ändringar till Handbok för svenska arméns befal. 2.a dln. 2:a uppl. Liten 8.o, 51 s. Sthm, P. A. Norstedt & S:r. 90. 50 ö.

NORDENSVAN, Georg, Egron Lundgren. En studie. Se: Tidskrift, Nordisk. 1890.

—, F. W Scholander. Se: dersammast. 1891.

—, Franskt måleri o. tyskt Se: dersammast. 1886.

—, Hvad Figge blef, o. andra berättelser. 12 o, 228 s. Sthm, Alb. Bonnier. 90. 2: 25.

—, Konstintryck från Göteborg. Se: Tidskrift, Nordisk. 1893.

—, Konstintryck från Kristiania. Se: dersammast. 1895.

—, Lek. Novelletter. 12.o, 204 s. Sthm, Alb. Bonnier. 87. 2 kr.

—, Lifsuppgifter. Två berättelser. 12:o, 329 s. Sthm, Alb. Bonnier. 87. 3 kr.

—, Morgondagens konst Se: Tidskrift, Nordisk 1891.

—, Silkeskaninen. En roman i utkast. 12:o, 122 s. Sthm, Alb. Bonnier. 94. 1: 75.

—, Svensk konst o. svenska konstnärer i 19 årh. Med 375 illustr. 8:o, 722 o. xvj s. Sthm, Alb. Bonnier. 92. 13: 50, inb. 16 kr.
(Utkom i 15 hfn å 90 ö.)

—, Tre små romaner: Baronessan Bartinsky. Min sommarkärlek. Aja. 12:o, 171 s. Sthm, Alb. Bonnier. 94. 1: 75.

—, Ur Frankrikes samtida diktning Se: Tidskrift, Nordisk. 1893.

—, Vårt nyaste drama. Se: dersammast. 1886.

—, Se: Mälardrottningen. — Norden. — Nornan.

NORDENSVAN, O., Kgl. Andra lifgren.-regem:ts chefer. 8:o, 113 s. Linköp., Linköp. Litogr. aktieb. 91.
4: 50.

NORDIN, Alb.), Severin Norrby. Hist. berätt. från 1500-talet af Abbc. 12:o, 300 s. Sthm, Fr. Skoglund i distr. 88. 2 kr.

NORDIN, A. V., Tabeller vid underlättandet af beräkn:r för vattenafledn:r o. dräneringar. Tvär 4:o, 57 s. Sthm, Z. Hæggströms f.-exp. i komm. 86. Klb. 6 kr.

(NORDIN, Fredrik], En svensk bondgård för 1500 år sedan, af N—n. Med 2 planritn. o. 39 fig. 8:o, 51 s. Sthm, Fr. Skoglund i distr. 91. 50 ö.

NORDIN, Hjalmar, Några bidrag till kännedom om kapellanernas ställning i Sverige under förra hälften af 1700-talet särskildt med afseende på förhållandena inom Upsala o. Vexiö stift. 8:o, 108 s. Strengnäs, C. Moselius. 95. 1 kr.

NORDIN, Isidor, Se: Matrikel, Svensk farmaceutisk. — Scheele, Carl Wilhelm.

NORDIN, Rich., Alex. den store Se: Fören. Heimdals folkskrifter. 27.

—, Die äussere Politik Spartas zur Zeit der ersten Perserkriege 8:o, 93 s. Ups, Lundequistska bokh. 95. 1 kr.

NORDLANDER, Johan, Hvad skall jag diktera? Rättstafningsöfningar. 8:o, 69 s Sthm, C. E Fritzes hofbokh. 91. 1: 50.

—, Ordbok för rättskrifning enl. Svenska Akad.s stafningssätt. 8:o, 128 s. Sthm, C. E. Fritzes hotbokh. 90. 60 ö, inb. 85 ö.

—, Småplock, historier m. m. Se: Bidrag. Nyare, till känned. om de svenska landsmålen. 1889.

—, Svensk rättskrifningslära i öfverensstämmelse med Svenska Akad:s stafning 8:o, 44 s. Sthm, C E. Fritzes hofbokh. 90. 25 ö, inb. 40 ö.

—, Svenska folksagor. Illustr. af Jenny Nyström-Stoopendaal. 8:o, 121 s. o. 8 pl. Sthm, C. E. Fritzes hofbokh. 92. Inb. 2: 25.

—, Svenska rättskrifningsöfningar. 3:e uppl. 8:o, 108 s. Sthm, C. E Fritzes hotbokh 93. 60 ö., inb. 75 ö.

—, Ångermanländska fiskvatten på 1500-talet. Se: Samlingar, Norrländska. 1.

—, Öfningar o. regler för svensk rättskrifning i öfverensstämmelse med Svenska Akad.s stafning. 8:o, 92 o. 44 s. Sthm, C. E. Fritzes hofbokh. 90.
75 ö., inb. 1 kr.

—, Se: Barnboken, Svenska. — Saml. Norrländska.

NORDLINDER, E. O., Förteckning öfver Lule-socknarnes person- o., ortnamn. Se: Bidrag, Nyare, till känned. om de svenska landsmålen. 1888.

NORDLING, E. W., Anteckningar efter Prof. E. W. Nordlings föreläsn:r öfver ärfda-balken. Utg. af juridiska föreningen i Upsala. 3.e öfvers uppl 8:o, 406 s. o. 1 pl. Ups., Lundequistska Bokh. i komm. 86. 5 kr.

—, Förhandlingen om rätt i förmögenhetsrättsliga saker och bevisbördans fördelning mellan stridande parter. 8:o, 164 s. Ups., Förf:n. 86. 1: 50.

—, Lagfarts- o. inteckningslagarne, med tillhörande författn:r. 2:a omarb. uppl. 8:o, 343 s. Ups., W. Schultz. 88. 5 kr.

—, Se: Anteckningar efter prof. Nordlings föreläsn:r.

NORDLING, Joh, Ett storstadsbarn. En stockholmsberättelse. 8.o, 216 s. Sthm, C. A. V. Lundholm. 90. 2 kr.

—, På lifvets våg. En cykel dikter. Med illustr. 10 blad velin. (Tr. i Leipzig.) Sthm, G. Chelius. 90. Kart. 1 kr.

—, Qvinnor. Novelletter o. skizzer. 8:o, 135 s. Sthm, C. A. V. Lundholm. 88. 1: 25.

NORDLUND, C. F., Skolförhållanden i äldre tider. Skildringar o. minnen. 8:o, 4 o. 98 s H:fors, Söderström & K. 93. 1 kr.

NORDLUND, C. T., Svenskt-finskt handlexikon. Skoluppl Liten 8:o, 594 s. H:fors, K. E. Holm. 87. 5 fmk.
NORDLUND, Frans, Folkkyrkan o. frikyrkan. 8:o, 4 o. 122 s. Åbo, G. W. Wilén. 93. 1 fmk.
NORDLUND, Gustaf, Om menniskans upprätta stående kroppsställning. Föredrag. 8:o, 30 s. Ups., Lundequistska bokh. i komm. 94. 50 ö.
—, Studier öfver främre bukväggens fascior o. aponevroser hos menniskan. Akad. afh. 8:o, 165 s Ups., Lundequistska Bokh. 91. 2 kr.
NORDLUND, K. P., Elementarbok i algebra. 8:o, iv o. 120 s. Ups., W. Schultz. 87. 1 kr., kart. 1: 25.
—, Förslag till materiel vid undervisningen i räkning jemte metod. anvisn:r. 2:a öfvers. uppl. 8:o, 32 s. Ups., W. Schultz. 90. 25 ö.
—, Lärogång vid den grundläggande undervisn. i räkning. Se: Bibliotek för undervisningen. II: 1.
—, Räkneöfningsexempel för folkskolor. 8:o, 44 o. (facitb.) 4 s. Sthm, C. E. Fritzes bof bokh. 91. 20 ö., inb. 30 ö.
NORDMAN, E. Aug., Bestämning öfver några speciella rätlinigt begränsade, minimalytstycken. Akad. afh. 4:o, vj o. 76 s. samt 4 pl. H:fors, Förf:n. 95. 1: 25 fmk.
NORDMAN, G. A., Om den för framkallandet af en formförnimmelse nödiga retningstiden i dess beroende af några särskilda variabler. Akad. afh. 8.o, 76 s. H:fors, Förf:n. 87. 3 fmk.
NORDMANN, P., Berättelser ur allmänna historien. 8.o, 157 s. H:fors, Söderström & K. 95. 1 kr.
—, Ett bidrag till stora ofredens historia. Med bilagor. Se: Skrifter, utg. af Sv. litt. sällsk. VI.
—, Finnarne i mellersta Sverige. 8:o, 195 o. xlviij s. H:fors, Förf:n. 88. 4 fmk.
—, Grundläggningen af Åbo akademi. Se: Skrifter, utg. af Sv. litteratursällsk. 30.
—, Historisk skolbok. Gamla tiden. 2:a uppl. 8:o, 105 s. H.fors, G. W. Edlund. 91. Inb. 1: 15.
—, Johan Henrik Hästesko. Se: Skrifter utg. af Sv. litteratursällsk. XVIII.
—, Land och Folk. Geografisk läsebok. Med teckn:r. 8:o, 358 s. H:fors, G. W. Edlund. 86. 3: 75 fmk kart. 4: 50 fmk.
—, Lärobok i Finlands historia för folkskolor. 2:a uppl. Med 40 bilder o. 3 kartor. 8:o, 4 o. 95 s H:fors, Söderström & K. 93. 75 ö. (1:a uppl. 92.)
—, Mot fyren. Berättelse från Nyländska skären. 8:o, 115 s. H:fors, G. W. Edlund. 89 1: 75 fmk.
—, Runeberg och Svenska Akademien. Se: Skrifter, utg. af Svenska litteratursällsk. XXIV.
[ ]. Sannsagor ur djurens lif berättade för Signe o. hennes lekkamrater af *Peder Nord*. 8:o, 64 s H.fors, Söderström & K. 92. 75 ö.
—, Se: Finland. — Folkhögskolebiblioteket, Lilla. — Sånger, Fosterländska.
NORDQUIST, Conrad, Se: Koralbok, Svensk.
NORDQVIST, Oscar, Beitrag zur Kenntniss der inneren männlichen Geschlechts organe der Cypriden. 4:o, 40 s. o. 6 pl. Jfr Acta Soc:s scient. fenn. XV.
—, Bidrag till kännedomen om crustacéfaunan i några af mellersta Finlands sjöar. Se: Acta soc is pro fauna et fl. fenn. III: 2.
—, Bidrag till känned. om Ladoga sjös crustacéfauna. Se: Meddelanden af Soc. pro fauna et fl. fenn. XIV.
—, Die Calaniden Finlands. Se: Bidrag till känned. af Finlands nat. o. folk. 47.

NORDQVIST, Oscar, Fiskevården o. fiskodlingen i Nord-Amerika. Se: Meddelanden från fiskerierna i Finland. III.
—, Förslag för fiskeriernas höjande. Se: dersammast. II.
—, Höjdmätningar o. djupledningar. Se: Öfversigt af F. Vet. Soc:s förhandl:r. XXIX.
—, Iakttagelser öfver hafsvattnets salthalt o. temperatur inom Finlands s. v. skärgård. Se: Bidrag till känned. om Finlands natur o. folk. 46.
—, Om insjöarnes temperatur. Se: Öfversigt af F. Vet. Soc s förhandl:r. XXIX.
—, Åtgärder för fiskeriernas skyddande. Se: Meddelanden från fiskerierna i Finland. I.
—, Östersjöns evertebratfauna. Se: Meddelanden Soc. pro fauna et fl. fenn. XVII.
NORDSTEDT, C. F. O., Se: Notiser, Botaniska.
NORDSTEDT, Otto, De Algis et Charaseis. Se: Acta univ:s Lundensis. XXV: 4
—, Fresh-water algæ in New Zealand and Australia. Se: Handlingar, K. sv. Vet.-akad:s. XXII: 8.
NORDSTRÖM, B., Se: Dagverks-journal. — Journal öfver. — Mejeri-journal. — Stamrulla öfver koladugården. — Spanmåls-journal. — Profmjölkningsjournal. — Kraftfoder-journal.
NORDSTRÖM, Joh. Jac., Ett inlägg i frågan om J. J. Nordströms öfverflyttning till Sverige, sex bref ifrån honom till hans vän I. Ilmoni, framlagda af *Oscar Rancken*. 8:o, 27 s. (Tr. i Vasa.) Sthm, Alb. Bonnier. 93. 75 ö.
NORDSTRÖM, Magnus, Utkast till föreläsn:r i metodik för folkskolan. I. Kristendomskunskap o. realämnena. 8:o, 62 s. Hernösand, J. A. Johanssons bokh. 91. 60 ö.
NORDSTRÖM, Marg. Emer., f. Zethelius, Kokbok för husmödrar af *Marg. Nylander*. 15:e uppl. Med 102 illustr. 8.o, 499 s. Sthm, P. A. Huldbergs bokf.-aktb. 86. 2: 50, inb. 3 kr.
—, Lilla kokbok för husmödrar. Handbok vid matlagningen med hvad dertill hörer etc. Af *Marg. Nylander*. 8:o, 196 s. Sthm, P. A. Huldbergs Bokf-aktb. 95. Kart. 1: 10.
NORDSTRÖM, P., Se: *Thysell, J. o. Nordström, P.,* Räknelära.
NORDSTRÖM, Simon, Kort öfversigt öfver det svenska folkskoleväsendets utveckling till år 1842. 4:o, 26 s. Sthm, P. A. Norstedt & S.r. 87. 40 ö.
—, Se: Folkskolestadgan m. fl. författningar.
NORDSTRÖM, Thor. Se: *Daudet, A.*, Contes choisis.
NORDSTRÖM, Vitalis, Svensk filosofi. Se: Tidskrift, Nordisk 1887.
NORDSTRÖM, Väinö, Dionysius från Halikarnassus. Se: Öfversigt af F. Vet. Soc:s förhandl:r. XXXV.
NORDWALL, John E., Om svenska riksrådets utveckling mot centralisationen under Gustaf II Adolf. Se: Skrifter utg. af Humanistiska samfundet. I, 5.
—, Svensk-ryska underhandl:r före freden i Kardis. (1558—61.) Akad. afh. 8:o, x o. 140 s. Ups., Josephsons antikv. 90. 1: 50.
—, Sverige o. Ryssland efter freden i Kardis. Se: Tidskrift, Historisk. 1890, 1891.
NOREEN, Adolf, Altschwedisches Lesebuch. 8.o, I. Text 112 s. II. Anmerkungen und Glossar. s. 113—180. (Tr. i Halle.) Ups., Akad. bokh. 94. 5: 60.
—, De nordiska språken. Kortfattad översikt. 8:o, 48 s. Sthm, F. & G. Beijers Bokf.-aktb. 87. 1 kr.
—, Ett nytt uppslag i fråga om den nordiska mytologien. Se: Tidskrift, Nordisk. 1890.

NOREEN, Adolf, Folketymologier. Se: Bidrag, Nyare, till känned. om de svenska landsmålen. 1888.
—, Om språkriktighet. 2:a uppl. 8:o, 52 s. Ups., W. Schultz. 89. 1 kr.
—, Om tavtologi. Se: Tidskrift, Nordisk. 1894.
—, Rättskrifningens grunder. Se: Studentfören. Verdandis småskrifter. 42.
—, Spridda studier. Populära uppsatser. 8:o, 212 s. Sthm, H. Geber. 95. 2: 75.
, Svensk folketymologi. Se: Tidskrift, Nordisk. 1887.
, Utkast till föreläsn:r i urgermanisk judlära med avseende på de nordiska språken. 8:o, 2 hfn. 143 s. Ups., W. Schultz. 88—90. 3 kr.
, Se: Rättstavningslära o. ordlista. — Stycken, Valda, af svenska författare.

NORELIUS, Charles, Kgl. statsutredningen. Ett bidrag till finansernas historia under gustavianska tiden. Akad. afh. 8:o, viij o. 83 s. Ups., Förf:n. 94. Pris ?

NORELIUS, Gustaf, Grunddragen af Kants "Kritik der Urtheilskraft". 8:o, 86 s Ups., Förf:n. 91. 1 kr.
— , M. Minucius Felix som Apologet. 8·o, 76 s. Ups, Förf:n. 91. 1 kr.
— —, Nya Testamentet i kortfattad öfversigt. Till läroverkens och det tidigare universitetsstudiets tjänst. Med förord af prof. O. F. Myrberg. 8:o, 65 s. Sthm, Nordin & Josephson i distr. 95. 75 ö.
—, Om Kants sedelära, med särskild hänsyn till dess reformatoriska betydelse. Akad. afh. 8:o, 95 s. Ups., Förf:n. 89. 1 kr.
—, Om uppfostrans väsen o. hufvudmoment. 8:o, 39 s. Ups., Förf:n. 91. 50 ö.

NORELIUS, V. o. **RYDBERG, R.**, Räntetabeller. 8:o, 37 s. Falun, Carl Björklunds bokh. 88. 1 kr.

NORÉN, Elias, Bilden af en rätt tempelbesökare. Pred. vid Skara stifts prestsällsk. sammanträde den 7 juli 1892. 8:o, 21 s. Wäring, Förf:n. 92. 20 ö
——, Predikoämbetet. En gudomlig nådesinrättning till församlingens uppbyggelse. 8:o, 18 s. Wäring, Förf:n. 92. 20 ö.

NORÉN, Richard, I kyrkosångsfrågan. Ett förberedande ord till väckelse o. orientering 8:o, 21 s. Sthm, A. V. Carlsons Bokf.-aktb. 90. 30 ö.
—, "Veni, sancte spiritus" (Libr. psalm suecan CXXXII.) 8.o, xj pag. Holmiæ, A. V. Carlsons Bokf.-aktb. 91. 25 ö.
—, Se: Koraler, Valda. — Reformationsvesper.

NORÉN, Viktor, Magistern på sommarnöje. En episod ur papperskorgen. [Poesi.] 8:o, 138 s. Göteb, N. P. Pehrsson. 95. 2 kr.

Norge, Skildringar af dess folk o land ur norska törf:s skrifter öfvers. o. bearb. af J. Bäckman o L. Lönnkvist. Med 2 portr. samt 31 af bildn:r. 8:o, xj o. 176 s, samt 8 pl Sthm, Alb. Bonnier. 88. 2: 50.

NORLANDER, O. H., Rationella gymnastiköfningar o. sund idrott inom landets olika uppfostringsanstalter. 8:o, 31 s. Lund, Ph. Lindstedts univ:s bokh. 93. 50 ö.

NORLÉN, Aug., Hufvudräkningskurs för folkskolans lägre klasser. 8:o, 32 s. Sthm, C. A. V Lundholm 90. Kart. 50 ö.

NORLÉN, W., Amos Comenius. Se: Lifsbilder ur pedagogikens historia.
—, Handledning i katekesundervisningen. 8:o, 313 s. Sthm, A. L. Normans f:exp. 92. Inb. 3: 50.
— , Lärob. i modersmålet för folkskolan. 8:e förbättr. uppl. 8:o, 97 s. Sthm, A. L. Normans f.-exp. 90. Inb. 50 ö.
(6:e uppl. 86. 7:e 89.)

NORLÉN, W., Sånger för folkskolan. 8:o. Sthm, P. A. Norstedt & S:r.
1:a hft. 4:e uppl. 106 s. 94. 50 ö.
(1:a uppl. 79. 2:a 81. 3:e 88.)
Text till d:o. 96 s. 91. 30 ö.
2:a hft. Ny uppl. 82 s. 94. 50 ö.
(Föreg. uppl. 79.)
Text till d:o. 42 s. 91. 30 ö.
3:e hft. 2:a uppl. 66 s. 83. 60 ö.
—, Sånger för folkskolan, jemte tonträffningsöfningar. 3:e uppl. 1:a hft. 8:o, 96 o. 31 s. Sthm, P. A. Norstedt & S:r. 89. Kart. 65 ö.

NORLÉN, Wilh., o **LUNDGREN, Fr.**, Biblisk historia för folkskolan. 9:e uppl. 8:o, 143 s. o. 3 kartor. Sthm, A. L. Normans f.-exp. 91. Inb. 30 ö.
(1:a—8:e uppl. 86—90.)
, Bibliska berättelser för småskolan. 4:e uppl. 8:o, 51 s. Sthm, A. L. Normans f.-exp. 90. Inb. 20 ö.
— , D:o d:o med bilder. 3:e uppl. 67 s. 90. Kart. 30 ö.

[**NORLIN, Mauritz**]. Interiörer ur Stockholms högre sällskapslif för 40 å 50 år sedan. Verklighetsbilder af Hubertus. 8:o, 206 s. Sthm, F. & G. Beijers Bokf.-aktb. 88. 2: 75.
[—], Jagt- o. skärgårdslif. Nya jagtminnen o. äfventyr af Hubertus. 8:o, 172 s. Sthm, Alb. Bonnier. 94. 2: 25.
[—], Jagtminnen o. äfventyr. Skildr. från skog o. sjö af Hubertus. 8:o, 147 s. Sthm, F. & G. Beijers Bokf.-aktb. 88. 1: 75.
[—], Läsarpresten o. fosterdöttrarne. Tidsbild af Hubertus. 8:o, 171 s. Sthm, F. & G. Beijers Bokf.-aktb. 89. 2 kr.
[—], På jaktstigen o. på sjön. Af Hubertus. 8:o, 168 s. Sthm, Alb Bonnier. 92. 2: 25.

NORLIND, N. P., Musik till nya högmässogudstjänstens responsorier. 8:o, 16 s. Lund, Gleerupska univ.s bokh i distr. 94. 75 ö.

NORLING, Börje, Huru bör mjölk betalas? Några ord till landtmän o. mejeriidkare. 2:a genoms. o. tillökta uppl. 12:o, 66 s. o. 6 tab. Sthm, Alb. Bonnier. 88. 1: 50.
— , Modern mjölkhushållning. I. Handseparatorn. 12:o, 44 s. Sthm, Alb. Bonnier. 89. 60 ö.
—, Poesi o. prosa. Komedi i 5 akter. 8:o, 177 s. Göteb., Wettergren & Kerber. 90. 2: 75.

NORLING, K. G. G., Se: Nilsson, Alb. o Norling, K. G. G., Skogsundersökningar i Norrland o. Dalarne.

Normalförteckning öfver svenska växtnamn af Kgl. Landtbruksstyrelsen d. 10 apr. 1894 fastställd att användas vid undervisn. vid landtbruksskolor o. landtmannaskolor. 8:o, 87 s. Sthm, Kgl. Landtbruksstyrelsen. 94. 1 kr.

Normalplan för undervisningen i folkskolor o. småskolor, utg. år 1889. 8:o, 148 s. Sthm, P. A. Norstedt & S:r. 89. 75 ö.

Normalritningar till folkskole-trädgårdar, jemte anvisn:r rör. trädgårdsskötsel såsom undervisningsämne i folkskolan. Utg. af stift:n Lars Hiertas minne. 4:o, iv o. 15 s. samt 3 planer. Sthm, P. A. Norstedt & S:r. 90. 3 kr.

Normal-sångbok för svenska skolor utg. af C. J. Berg, A. W. Larsson, L. Aug. Lundh, H. Pettersson, Frans Tiger. 8:o, xv o. 148 s. Sthm, Elkan & Schildknecht. 88. Kart. 1: 25.

NORMAN, Ludvig, Musikaliska uppsatser o. kritiker. (1880—85.) 8:o, 194 s. Sthm, Carl Gehrman. 88. 2 kr.

Nornan, Svensk kalender. 14:e—23:e årg. 8:o. Sthm, Z. Hæggströms f.-exp.
Näfverb. 2: 25, klb. 2: 75, d:o med guldsn. 3: 50
14:e årg. för 1887. 233 s. o. 10 pl. 86.
15:e årg. för 1888. 240 s. o. 10 pl. 87.
16:e årg. för 1889. 244 s. o. 11 pl. 88.
17:e årg. för 1890. 234 s. o. 9 pl. 89.
18:e årg. för 1891. 234 s. o. 8 pl. 90.
19:e årg. för 1892. 246 s. o. 13 pl. 91.
20:e årg. för 1893. 240 s. o. 10 pl. 92.
21:a årg. för 1894. 240 s. o. 10 pl. 93.
22:a årg. för 1895. 244 s. o. 9 pl. 94.
23:e årg. för 1896. 238 s. o. 15 pl. 95.

NORRBY, Carl, Se: *Luther, M.,* Lilla katekes.

NORRIS, W. E., Fru Fenton. Öfv. från eng. af *Emilie Kullman.* 8:o, 176 s. Göteb., N. J. Gumperts bokh. 91. 1: 50.

—, Norma (Miss Shafto.) Roman. Öfv. från eng. af *Emilie Kullman.* 8:o, 399 s. Sthm, Fr. Skoglund. 90. 3 kr.

Norrland, Kalender 1893. Utg. af *Gust. Sundström* Teckn:r af *Victor Lagerström.* Textafdeln. Minnen från Norrlands i Upsala studerande nation under 1870-talet. 8:o, 140 s. Sthm, Utg:n. 93. 2 kr.

[**NORRLANDER, A.**], Guds lof. Andeliga sånger ajungna af Mössebergs musikfören., saml. o. utg. af *A. N—r.* 4:e uppl. 60 ö.
(1:a uppl. 88. 2:a 89. 3:e 90.) Utg:n.

NORRLIN, J. P., Bidrag till Hieraciumfloran i Skandinaviska halföns mellersta delar. Se: Acta soc:is pro fauna et fl. flora fenn. III: 4.

—, Minnesord öfver Sextus Otto Lindberg. Se: Acta soc:is scient. XVII: 15.

—, Pilosellæ borealis præcipue fl. fenn. novae. Se: Acta soc:is pro fauna et fl. fenn. XII. 4.

NORRMAN, A., Likpredikan öfver kontraktsprosten o. kyrkoherden C. F. Svensson i Frillesås, hållen i Frillesås kyrka d. 23 apr. 1895. 8:o, 18 s. Göteb., N. P. Pehrsson. 95. 25 ö.

—, Om kyrkotukten med särsk. afseende på svenska kyrkans förhållanden. 8:o, 76 s. Göteb, N. P. Pehrsson. 86. 75 ö.

NORRMAN, Karin o. **Sven,** Förteckning öfver svenska dopnamn. Se: Bidrag, Nyare, till känned. om de svenska landsmålen. 18.

NORSTEDT, Claës o. **WAHLFORSS, H. A.,** Några derivat af kapronitril. Se: Öfversigt af F. Vet. Soc:s förhandl:r. XXXIV.

NORSTRÖM, Vitalis, Grunddragen af H. Spencers sedelära. Se: Årsskrift, Upsala univ:s. 1889. Teologi. 3.

—, Herbert Spencers åsigt om sedligheten. Kritisk framställning. I. 8:o, 46 s. Göteb., Wettergren & Kerber. 88. (Uppl. 100 ex.) 75 ö.

—, Materialismen inför den moderna vetenskapen. 8:o, 70 s. Ups., Lundequistska bokh. i komm. 90. 1 kr.

—, Om natursammanhang o. frihet. Se: Årsskrift, Göteborgs högskolas. 2.

—, Om pligt, frihet o. förnuft. 8:o, 85 s. Ups., W. Schultz. 91. 1 kr.

NORTH, Brownlow, Äktenskapet emellan olika sinnade. 8:o, 22 s. Sthm, Fost.-stift:s f.-exp. 91. 20 ö.

NORTHROP, Henry Davenport, Kungl. skattkammare eller bibelns juveler. Förskönad med mer än 300 teckn:r i texten samt 8 kol. pl. 4.o, 686 s o. reg. (Tr. i Amerika.) Sthm, E. A. Weijmers. 95. Inb. 8 kr.

NORVID, Hermann, Mackenzie o. hans belackare. Öfv. 8:o, 35 s. Sthm, Ad. Bonnier. 88. 50 ö.

Notes, Technical, in english, german and french. A monthly journal containing useful selections and annotations from the polytecnic journal literature of the world. Publ. by *Aug. Nilsson.* 8:o. Gefle, "Mekan. arbetarens" exped. 86.
För årg. (12 n:r = 12 ark) 4 kr.

Notiser, Botaniska. Årg. 1886—95. Utg. af *C. F. O. Nordstedt.* 8:o. Lund, C. W. K. Gleerup. 86 —95. Årg. 1886 4: 50 de öfriga à 6 kr.

Notiser, Kemiska. Organ för Kemist-samfundet i Stockholm. Redaktion: *John Landin, Edv. Peterson* o *Klas Sondén.* Utgifvare: *Klas Sondén.* 1:a o. 2:a årg. 1887—88. 8:o. Sthm, Nordin & Josephson i distr. 88. För årg. (8 hfn) 3 kr.

Notisjägaren. Dialog på gatan. 8:o, 14 s. Tr. i Sthm, hos N. Helgarzon. 94. (Uppl. 20 numrerade ex.) (Ej i bokh.)

Noveller, Franska, i svensk tolkning af *A. L—n.* Med förord af *Oscar Levertin.* 8:o, 180 s. Sthm, Wahlström & Widstrand. 95. 2: 50.

Novellister, Finska. Öfv. af *H. Lbg.* 1:a saml. Med en inledn. "Nyare finsk novellistik" af *Werner Söderhjelm.* 8:o, 217 s. H:fors, W. Hagelstam. 94. Tygband 2: 25.

Novellister, Ryska. Se: Romaner o. Noveller. 10.

Nu går tåget! 4:o, 6 blad med kolor. fig. o. text. Sthm, Ad Johnson. 95. 1: 50.

Nu och då. Tidskrift för helnykterhet och rusdrycksförbud red. af *Joh. Högborg.* 8:o. Lindesberg, Högborgska bokförlaget. 94.
För årg (12 hfn) 2: 50. För häfte 25 ö.

NUMERS, Gustaf v., Dramatiska arbeten. 8:o. H:fors, Söderström & K.
I. Bakom Kuopio. Komedi i 3 akter. 132 s. 92. 1: 25.
II. Striden vid Tuukkala. Skådespel i 8 tablåer. (tvänne afd:r.) 164 s. 93. 1: 50.

NUSSBAUM, J. N., Läkemedel för nerverna. Se: Handböcker, Ad. Bonniers allmännyttiga. 10.

Nutid. En samling dikter o. berättelser utg. af *Gust. af Geijerstam.* 8:o, 224 s. Sthm, Ejnar Cohn. 91. 4 kr., inb. 5 kr.

Nutid Tidskrift för samhällsfrågor o. hemmets intressen. Red. af *Helena Westermarck.* 1:a årg. (1895). 8:o. H:fors. Årg. (12 hfn) 4 fmk.

Nutidsfråga, En. Är det skäl att längre tro på bibeln? 8:o, 91 s. Sthm, Fr. Skoglund. 92. 75 ö.

Nya Zeeland. Se: Missionsbilder. 1.

NYBERG, Emilie, Metodisk hjelpreda vid undervisning i handarbete för hem o. skola. 8:o, 21 s. o. 3 pl. Nyköp., Aug. E. Nielséns bokh. 92. 50 ö.

NYBERG, Wilh., Till de förenades land, eller Vaka bed o. strid. Allegori om lycksökares skiftesrika lefnad. 8:o, 179 s. Vänersborg, Förf.n. 95.
1: 25, inb 1: 75.

NYBLÆUS, Axel, Bidrag till en karakteristik af den Boströmska filosofien. 8.o, 20 s. Lund, C. W. K. Gleerup. 92. 50 ö.

—, Den filosofiska forskningen i Sverige från slutet af 18:e årh. 8:o. Lund, C. W. K. Gleerup.
III: 1. 206 o. ix s. 86. 3: 75.
III: 2. (Biberg: 1:a hälften) 128 s. 88. 2 kr.
III: 2. (Biberg: senare hälften a.) s. 129—320. 90. 3 kr.
III: 2. (Biberg: senare hälften b. jämte fullständigt register.) s. 321—406. 93. 2 kr.
IV. Chr. Jak. Boström. 1:a afd. 131 s. 95. 2: 50.

NYBLÆUS, O. G., Jesu lefnad jemte skildr. af Messias-idéen hos judarne, Johannes döparens uppträdande etc. 8:o, 300 s. Södertelje, A. Lundmark. 87. 2: 50.

—, Kristendomens legender jämförda med hedniska religioners, o. deras tillkomst !örklarad. Kristendomens trosbekännelser granskade. 8:o, 375 s. Södertelje, A. Lundmark. 88. 3: 50.

NYBLÆUS, G. A, Hästsport. Se: Bibliotek, Illustreradt, för idrott. 3.

NYBLÆUS, Gustaf, 100 gymnastiska aforismer. 8:o, 38 s. Sthm, Z. Hæggströms f.-exp. 89. 50 ö.

—, Gymnastiska aforismer. Ny serie. 12:o, 20 s Sthm, Nordin & Josephson i distr. 95. 50 ö

—, Om anfall o. försvar. 8:o, 90 s. Sthm, P. A. Norstedt & S:r. 87. 1. 25.

—, Vers o. prosa. 8:o, 352 s Sthm, P. A. Norstedt & S:r i distr. 90. 3: 75.

—, Öfningstabeller till ledning för undervisningen i gymnastik o. bajonettfäktning etc. 8:o, 85 s. Sthm, P. A. Norstedt & S:r. 87. 1 kr.

NYBLOM, C. R., Minne af C. F. Adelcrantz. Se Handl:r Sv. Akad:ns 1890.

—. Skönhetslärans hufvudbegrepp. Se: dersammast. 1893.

—, o. **Helena.** Se: *Holberg, L*, Comoedier.

NYBLOM, G., Rättskrifningslära grundad på Svenska Akad:s Ordlista 1889. 12:o, 24 s. Venersborg, Georg Bergius bokh. 89. 12 ö.

NYBLOM, Helena, Antonius fest på Capri. Se: Tidskrift, Nordisk. 1889.

—, Digte. Tredie samling. 8:o, 154 s. Sthm, Wahlström & Widstrand. 94. 2 kr, inb. 3: 50.

—, Dikt o. verklighet. 1:a o 2:a saml. 8.o, 176 o. 163 s. Sthm, P. A. Norstedt & S:r. 90. För saml. 1: 75, kompl. 3: 50, inb. 4: 25.

, Midsommar i Assisi. Se: Tidskrift, Nordisk. 1890.

—, Qvinnoöden. Noveller. 8:o, 484 s. Sthm, P. A. Norstedt & S:r. 88. 3: 50

— —, Samsö. Ett barndomsminne. Se: Tidskrift, Nordisk. 1891.

, Sveriges skans. Se: Minnen från Skansen. 8.

—, Teudensdigtning. Se: Tidskrift, Nordisk. 1887.

—, Turgenjews breve. Se: dersammast. 1887.

NYCANDER, Fredrik, Röda skyar. Dikter. 8:o,122 s. Sthm, C. A. V. Lundholm. 92. 2: 25.

, Två år. Nya dikter. 8:o, 167 s. Sthm, G. Chelius. 94. 3 kr.

Nyckel, Ny, till almanackan. Upplysningar om den kristna tidräkningen etc. 16:o, 119 s. Örebro, Lindhska bokh. 86. 50 ö.

Nyckel till almanackan. Se: [*Wall, Ax. Rud. Maur.*]

Nyckel till metersystemet. 1 blad. Göteb., Wettergren & Kerber i distr. 87. Kart. 50 ö.

Nyckel till metersystemet. 2:a uppl. En uppf. tabell i klothpermar. Göteb., H Brusewitz 88. 75 ö.

NYE, Bill, Se: *Peck, G. W.,* o. *Nye, B,* Fyratio ljugare

NYGREN, A. J., Byrallor. Humoristiska historier på österbottniskt bygdemål. 8:o. H:fors, Söderström & K.

I. 53 s. 89. 75 ö.

II. Karabrask å tjärnglaspras. Folklifsbilder på österbottniskt bygdemål. 8:o, vj o. 64 s. 75 ö.

III. Slamras, stoukas å risonääras på hälg o sykn. Historier på Österbottniskt bygdemål. 64 s. 92. 75 ö.

NYGREN, J. A., Det andliga o. själslifvet samt naturkraftens grund, religions- o. naturfilosofiskt betraktade af *J. A. N—g—n.* 8:o, 138 s. Sthm, Samson & Wallin i distr. 88. 1 kr.

NYHOLM, Agathon, Husslöjden eller den ännu slumrande nationalskatten. 8:o, 8 s. Sthm, Förf:n. 88. 30 ö.

—, Se: Postiljonen.

NYKIÖRCK, Alb., Kusken. Kort praktisk handledning för körsvenner o. hästskötare. 8:o, 67 s. Norrk., Åkerbruket o. boskapsskötselns förlag. 94. 1 kr.

Nykterhets-anekdoter, Illustrerade Humoresker, satirer o. elakheter om o. mot supseden. 1:a saml. 8:o, 32 s. Sthm, Svenska Nykterhetsförlaget. 93. 25 ö.

Nykterhetsbasunen. Sångbok för nykterhetsmöten, utg. af *V. L.* Sthm, C. A. V. Lundholm.

Textuppl. Liten 8:o, 120 s. 90. Inb. 30 ö.

Musikuppl. 8:o, 102 s. i nottryck. 90. Klb. 3 kr.

Nykterhets-Biblioteket, utg. af *Vilhelm Sköld.* Inneh. vetenskapl. o. skönliterära arbeten af utl. sv. förf. 8.o Sthm, Svenska Nykterhetsförlaget. 92.

För årg. (24 hfn) 5 kr.

Nykterhetsparnassen. Nykterhetsdikter samlade o. utg af *Gustaf Folkman.* 8:o, 32 s. Helsingb., J. Gummeson. 95. 50 ö.

Nykterhetsskrifter utg. af den utaf Kgl. Maj:t förordnade kommissionen. 8:o, 107 s. Sthm, Kommissionen. 88. Utdelas gratis.

Nykterhets-sånger arrang. för blandad kör. Utg. af *Joel Blomqvist.* 8:o, 35 s. Sthm, C. A. V. Lundholm. 93. 85 ö.

Nyland, Samlingar utgifna af Nyländska afdelningen. 4 o. H:fors.

II. Nyländska folksagor, ordnade af *G. A. Åberg.* ix o. 453 s. 87. 7 fmk.

III. Nyländska folkvisor, ordnade af *Ernst Lagus.* I. ix o. 404 s. 87. 5 fmk.

IV. Nyländska folkseder o. bruk, vidskepelse m. m. af *And. Allardt.* 140 s. 89. 2: 50 fmk.

V. A. Nyländska folkvisor, ordnade af *Ernst Lagus.* II. x o. 208 s. 93. 5 fmk.

NYLANDER, K. U., D:r C. Graf von Landberg als Kritiker beleuchtet. 8:o, 41 s. Ups., Akad. bokh. i komm. 92. 75 ö.

, Inledning till psaltaren. Isagogisk-exegetisk afhandling. 8:o, ix o. 225 s. Ups., Akad. bokh. i komm. 94. 2: 25.

, Lärobok i hebräiska språket. 8:o, xvj o. 217 s. Ups., W. Schultz i komm. 87. 3: 75.

—, Über die Upsalær Handschrift Dalaïl al Nubuwwa des Abu Bakr Ahmed Baihaqi, Abhandlung. 8:o, 136 o. 82 s. Ups , Akad. bokh. i komm. 92. 6: 75.

—, Se: *Eneman, M.*, Resa i orienten. — Orientalistkongressen i Stockholm—Kristiania.

NYLANDER, Marg:a, Kokbok. Se: [*Nordström, M. E.*]

NYLANDER, P. O., Haveristen. Hjelpreda för fartygsbefälhafvare vid haveritillfällen. 8:o, 31 s. o. 1 tab. Sthm, Samson & Wallin. 95. 75 ö.

NYMAN, Carolus Frider., Conspectus floræ europææ. Supplem. II. Pars prima. 8:o, 224 s. Sthm, Samson & Wallin. 89. 4: 50.

NYMAN, F. W., Alingsås omgifningar. 3:e hft. Lygneholm, Björnboholm, Gräfsnäs. Minnesblad från Gräfsnäs: 1. Ebba Lejonhufvuds döttrar. — 2. Sofi v. Knorring. — 3. Statsrådet Aug. Gripenstedt. 8:o, 70 s. Alingsås, Förf:n. 88. 60 ö.

—, Alstroemeria. En samling urkunder o. skrifter från o. om Alingsås och Alströmer. I. 8:o, 19 s. Alingsås, Förf:n. 93. 50 ö.

—, "Det Alingsås som gått." Strödda minneteckn:r, notiser, sägner o. anekdoter. 8:o. Alingsås, Förf:n.

1:a hft. 22 s. 88. 50 ö.
2:a hft. s. 23—47. 90. 50 ö.
3:e hft. s. 48—108. 91. 50 ö.
4:e hft. s. 109—154. 92. 50 ö.
5:e hft s. 155—182. 93. 50 ö.

NYMAN, K. S., Spridda drag ur Sveriges kyrkliga o. sociala förhållanden. 8:o, 118 s. Åbo, Frenckellska bokh. 88. 1: 25 fmk.
(För Sverige: Sthm, Samson & Wallin.) 90 ö.

NYMAN, Maya, Modellserier i träslöjd för barn från 5 till 9 år använda i Eva Rodhes prakt arbetsskola i Göteborg. 4:o, 7 s. text o. 36 pl. Göteb., Wettergren & Kerber. 93. 6 kr.

NYMAN, Per, Lefnadsteckning med porträtt. 8:o, 22 s. Vexiö, Axel Qvidings bokh. 93. 25 ö.

[NYMANSSON, Pehr], Beredelse till den nya staten af *P. N.* 8:o. Kristianstad, Hj. Möllers Bokh.
III. Samhällsomensklighet. 80 s. 87. 80 ö.
IV. Till presterna. 62 s. 89. 50 ö.
—, Blick på 1888 års kyrkomöte af *P. N.* 8·o, 112 s. Kristianstad, Hj. Möllers Bokh. 89. 1 kr.
[—]. Det uppbrunna helvetet af *P. N.* 8:o, 33 s. Kristianstad, Hj. Möllers Bokh. 89. 40 ö.

NYQVIST, J., Jönköping o. dess omgifn:r. Med plankarta o. 9 i litogr. utförda plancher. 16:o, 31 s. 9 pl. o. 1 karta. Sthm, Gottfr. Westling. 88. 1 kr.

NYRÉN, G. A., Mir eller mich? (Dativ eller ackusativ? Tyskt konstruktionslexikon. Bearb. efter *L. Dicke*, *P. Hoffmann* m. fl. 8:o, 270 s. Sthm, Ad. Johnson. 93. Kart. 2: 50.

NYROP, Kr., En middelalderlig skik. Se: Tidskrift, Nordisk. 1889.
—, En provencalsk legende. Se: dersammast. 1894.
—, Mysteriet om St. Laurentius. Se: dersammast. 1891.

Nystavaren. Tidskrift för rättskrivningsfrågor på uppdrag av Rättstavningssällskapet utgiven af *Otto Hoppe*. 8:o. Ups., Lundequistska Bokh.
1:a bandet 1886. 3 hfn. 198 s. 86. 2 kr.
2:a bandet 1887—88. 5 hfn. 204 s. 87. 2: 50.
3:e bandet 1889—91. 4 hfn. 196 s. 89—91. 2: 50.
4:e bandet 1892—93. 3 hfn. 164 s. 93. 2: 50.

NYSTRÖM, Alfred, Konstfrågor eller några af de orsaker som kunna främja eller hämma den bildande konsten. 2:a tillök. uppl. 8:o, 175 s. Sthm, C. E Fritzes hofbokh. i komm. 90. 1: 75.
(1:a uppl. 87.)
—, Skulptur-arbeten afbildade i ljustryck. 8:o, 56 s. o. 32 pl. Sthm, L. Hökerberg. 89. 10 kr.

NYSTRÖM, Anton, Allmän kulturhistoria eller det menskliga lifvet i dess utveckling. Med illustr. 8:o. Sthm, C. & E. Gernandts f.-aktb.
1:a dln. 556 s 86. 3 kr., inb. 4: 50.
2:a dln. 622 s. 87. 3: 50, „ 5 kr.
3:e dln. 591 s. 87. 3 kr., „ 4: 50.
4:e dln. 739 s. 89. 3: 50, „ 5 kr.
5:e dln. 723 s. 91. 3: 50, „ 5 kr.
6:e dln. 715 s. 92. 3: 50, „ 5 kr.
hela verket 16: 50, inb. 24 kr.
Alfabetiskt register till d:o. Se: *Nyström, Louise.*
—, Framstegspartiet skall segra — utan kompromiss 8:o. 16 s. Sthm, Förf:n. 90. 15 ö.
—, Kristendomens strid mot den vetenskapliga kulturen. (Med illustr.) 8:o, 56 s. Sthm, Förf:n. 92. 60 ö.
—, Om de konstitutionella hudåkommornas natur o. behandling. 8:o, 58 s. Sthm, Förf:n. 91. 75 ö
—, Om sinnessjukdomar o. hospitalsvård jemte antydningar om sinnessjukas rättsliga skydd. 8:o, 315 s. Sthm, C. & E. Gernandts f.-aktb. 95. 3 kr.

NYSTRÖM, Anton, Positivismen o. Herbert Spencer, el. är H. Spencers filosofi ett framsteg el. en tillbakagång? Kritik o. sjelfförsvar. 8:o, 45 s. Sthm, Förf:n. 87. 50 ö.
—, Reformerande eller revolutionär socialism? Det är frågan. 8:o, 80 s. Sthm, Förf:n. 86. 50 ö.
—, Socialismens omöjlighet o den s. k. "vetenskapliga" socialismens ovetenskaplighet. 8:o, 112 s. Sthm, Förf:n. 92. 1 kr.

NYSTRÖM, A. F., Talorganen, deras byggnad o. förrättningar. 8:o, 24 s. o. 3 pl. Sthm, Förf:n. 88. 75 ö.

NYSTRÖM, C. A., En samling räkneuppgifter till telegrafien med svar. Utg. af *E. Lönnqvist.* 8:o, 41 o. 53 s. Sthm, L. Hökerberg i distr. 93. 1 kr.
—, Framställning af de vigtigare elektriska enheterna med tillämpning af deras dimensionsformler. 8:o, 48 s. Sthm, L. Hökerberg. 88. 1 kr.
—, Siffer-räknelära. Förra o. senare kursen. 17:e uppl. 8:o, 139 o. 156 samt (facitb.) 24 o. 16 s. Sthm, F. & G. Beijers bokf.-aktb. 91. Inb. 2: 10.
(16:e uppl. 88.)

NYSTRÖM, E., Om en monström form af Cottus Scorpius. Se: Bihang till K. sv. Vet.-akad:s handl:r. XIV, IV, 10.
—, Redogörelse för den japanska fisksamlingen i Upsala univ:s zool. museum. Se: dersammast. XIII: IV, 4.

NYSTRÖM, Erik, Bibelnyckeln el. biblisk ordbok i sammandr. Med 2 kartor o 105 afbildn:r. 8:o, 160 s. Sthm, P. Palmquists aktb. 87.
1 kr., inb. 1: 50.
—, Biblisk ordbok för hemmet, med kartor o. afbildn:r. 3:e omarb. uppl. 8:o, 573 s. o. 5 kartor. Sthm, P. Palmquists aktb. 88. 4. 50, inb. 5: 50.

NYSTRÖM, J. Fr., Handbok i Sveriges geografi. 8:o, viij o. 551 s. Sthm, C. E. Fritzes hofbokh. 95.
5 kr, inb. 6: 75.
—, Se: *Malmström, C. G.,* Sveriges statskunskap. — Rikskansleren A. Oxenstjernas skrifter. — *Svedelius, W. E.,* Handbok i statskunskap. — *Svedelius, W. E.* o. *Nyström, J. F.,* Nord-Amerikas Förenta stater.

NYSTRÖM, Louise, Alfabetiskt register till Allmän Kulturhistoria af *Anton Nyström.* 8:o, 62 s. Sthm, C. & E. Gernandts f.-aktb. 93. 50 ö.

NYSTRÖM, Ludv., Upsala ärkestifts herdaminne. Ny följd. IV: 1:a o. 2:a hft. 8 o, 352 o. 305 s. Ups., Akad. bokh. i distr. 93.
1:a hft. 3: 50, 2:a hft. 3 kr.

NYSTRÖM, Maria, Se: Huru skall kvinnan bäst kunna bidraga till höjande af familjens ekonomi?

NYVALL, Joh:s A., Se: Familjeblad, Illustreradt.

Nyårsalbum. Utg. af Åbo tidning. 8:o, 177 s. Åbo, Freuckellska bokh 95. 2 fmk.

Nådavalet, Om. En förkortad öfvers. af prof. J. T. Becks förkl. till Romarebrefvets nionde kapitel af *A. R.* 8:o, 51 s. H:fors, Söderström & K. 93. 65 ö.

Nådig Fru Vereker. Se: *[Hungerford, Mrs]*

När Einar hade varit i Circus. 4:o, 10 kolor. taflor med text. Malmö, Envall & Kull. 91. 1: 75.

När går tåget? Upptagande samtliga Sveriges jernvägsstationer samt biljettpriser. Redigerad af *I. Rée.* 1886—95. Utkom i 2 hfn med hvardera omkr. 100 s. tab. o. 1 karta årligen. 12:o, Sthm, A. V. Carlsons Bokf.-aktb. 86—95. För häfte 25 ö.

När går tåget o. posten? Kartong 4 s. Sthm, Red. af "Sveriges kommunikationer". 87. 10 ö.
När liten kan läsa själf. Se: Skattkammare, Småbarnens. 1.
När liten kan läsa bättre. Se: dersammast. 2.
När o. hvar kommer Herren? af *G. F.* Upphör den närvarande världsordningen 1898? m. fl. 8:o, 209 s. Sthm, C. G. Fredengren 94. 1: 75.

"När ryssen kom." Tidsbild från 1819. Sista bladet af Karlasagan. 8:o, 342 s. Sthm, C. E. Fritzes hofbokh. 92. 2: 75.

Näringslagen. Se: Författningssaml. Lilla. 13.

Nöjen, Barnens. Se: Bilderböcker, 40 öres. 5.

Nöjen, En badresas. 4:o, 8 s. med kolor. fig. o. text. Malmö, Envall & Kull. 91. Kart. 2: 75

O.

Observations météorologiques publiées par l'institut météorologique central de la Société des sciences de Finlande. 4:o, H:fors, Meteorol centralanst.
1881—82. viij, 4, 76, 4 o. 78 s. 93.
1883—84. 8, 88, 4 o. 125 s. 93
1885—86. viij, 118, 4 o. 131 s. 93.
1887—88. 6, 121, 2 o. 121 s. 94.
1889—90. viij, 124, iv o. 130 s. 95. 5 fmk.
Observations publiées par l'institut météorologique central de la Société des sciences de Finlande. (Prem. livr.) Observations météorologique fait à Helsingfors. 4:o H fors, Meteorolog. centralanst.
I för 1882. 77 s.
II för 1883. 97 s.
III—V för 1884—86, v o. 285 s. 92.
VI—VIII för 1887—89. 4 o. 225 s. 93.
IX för 1890. v o. 88 s. 91.
X för 1891. x, 103 s. o. 1 bil. 92.
XI för 1892. vj, 111 s. o. 1 bil. 93.
XII för 1893. iv o. 112 s. 94.
XIII för 1894. viij o. 112 s. 95. 3 fmk.
Observator, Anti-socialism o. realism i frågetecken o. slutsatser. 8:o, 22 s. Sthm, C O. Berg. 87. 25 ö.
Observator, Om barnuppfostran. förr o. nu. Paraleller. 8:o, 39 s. Sthm, Jarl Falk i komm. 87. 50 ö.
Occa, Se: *[Strindberg, Oscar]*
ODEL, Anders, Se: Sinclairs-visan.
ODÉN, Isak, Mitt sätt att tämja ostyriga o. istadiga hästar, jämte anvisning till fölets lämpliga behandling m. m. 8:o, 56 s. o. 1 pl. Sthm, Alb. Bonnier. 94. 60 ö.
ODHNER, C. T., Gustaf III o. Katarina II. Se: Handl:r, Sv. akad:s. 9.
—, Inträdestal öfver Bror E. Hildebrand. Se: Handl:r, Sv. Akad.ns 62.
—, Lärobok i Sveriges, Norges o. Danmarks historia. [N:o 1.] 7:e uppl 8:o, 331 s. Sthm, P. A. Norstedt & S:r. 93. Inb 3 kr. (5:e uppl. 80. 6 e 86.)
—, Lärobok i fäderneslandets historia samt grunddragen af Norges o. Danmarks historia för skolans lägre klasser. [N:o 2.] 15:e uppl. 8:o, 174 s. Sthm, P. A. Norstedt & S:r. 95. Inb. 1: 75. (11:e uppl. 84, 12:e 86, 13:e 89, 14:e 90.)
—, Lärobok i fäderneslandets historia. 6:e illustr. uppl. 8:o, 196 s. Sthm, P. A. Norstedt & S:r. 91. Kart. 2: 25, inb. 2: 60. (2:a uppl. 78, 3:e 80, 4:e 82, 5:e 86.)
—, Lärobok i fäderneslandets historia. Bearb. för folkskolan. 15:e uppl. (4:e aftr.) omarb. med ledning af läroboksskomm. betänkande. [N:o 3.] 8:o, 112 s. Sthm, P. A. Norstedt & S:r. 93. Kart. 50 ö, bättre b. 60 ö. (13 e uppl. 88, 14:e 90. 15:e 1—3 aftrycket. 90 - 92.)
ODHNER, C. T., Lärobok i fäderneslandets historia. 9:e illustr. uppl. omarb. med ledning af läroboksskomiss. betänkande. 8:o, 144 s. Sthm, P. A. Norstedt & S:r. 93. Kart. 75 ö, inb. 80 ö. (5:e uppl. 83. 6:e 84. 7:e 89. 8:e 91.)
—, Minne af riksrådet grefve Ulrik Scheffer. Se: Handl:r, Sv. akad:ns 6.
—, Tal på högtidsdagen 1886. Se: dersammast. 1.
—, Se: Meddelanden från Svenska Riksarkivet.
ODHNER, Herman, Se: Folkhögskolan, Den nordiska.
—, *Warburg, K.,* Svensk literaturhistoria.
ODIN, Johan, Den individuella frälsningstillegnelsen inom kyrkan, på grundvalen af den kyrkliga läroboken framställd till samtalsämne vid prästmötet i Visby d. 13—15 aug. 1895. 8:o, 144 s. Sthm, P. A. Norstedt & S:r. 95. 1: 50.
OEHLENSCHLÄGER, Adam, Orvar Odds saga. Se: Bokskatt, Ungdomens. 10.
OETTINGER, Ed. Maria, Den fulländade gentlemannen eller konsten att inom 24 timmar blifva en sådan. 8:o, 157 s. Sthm, Ph. Maass & K. 86. 1: 75.
Offer, Bankirens. Roman af förf. till "Lady Audleys secret" m. fl. *(Miss Braddon).* 8:o, 387 s. Sthm, C. A. V. Lundholm. 89. 2: 25.
O'GORMAN, Edith, — Klosterlifvet afslöjadt af *E. O'Gorman,* känd som den "undkomna nunnan", hvilken varit nunna i 6 års tid i S:t Josefs kloster, New Jersey. Öfv. från eng. 8:o, 172 s. Sthm, G. Fredengren. 87. 1: 50.
OHLANDER, Joh., Se: Folkskolläraremötet, Elfte, allm. svenska.
OHLIN, Axel, Bidrag till kännedomen om Malakostrakfaunan i Baffin-Bay och Smith Sound. Akad. afh. 4:o, 72 s., 1 karta o. 1 pl. Lund, Gleerupska univ:s-bokh. 95. 2 kr
—, På forskningsfärd efter Björling o. Kallstenius. Strödda dagboksanteckn:r från en färd till Nord-Grönland sommaren 1894. Med 4 portr., 7 vyer o. 4 kartor. 8:o, 130 s., 6 pl. o. 2 kartor. Sthm, Alb. Bonnier. 95. 2: 75.
Ofr. Bibliotek för resebeskrifningar. XXIII.
—, Some remarks on the Bottlenose-Whale. Se: Acta univ:is Lundensis. II, 8.
OHLSSON, A., Abc-bok. 11:e uppl. 8:o, 48 s Sthm, P. A. Huldbergs bokf.aktb. 92. Inb. 25 ö. (10:e uppl. 89.)

OHLSSON, Alfred, Tal vid Gustaf-Adolfs-festen i Halmstads högre allm. läroverk d. 8 dec. 1894. 8:o, 16 s. Halmstad, V. Ahlberg. 95. 50 ö.

OHLSSON, Håkan, Produkttabeller för alla en- o. tvåsiffriga tal, multiplicerade med alla tal till 1,000. Ny uppl. 4:o, 194 o. viij s. Lund, H. Ohlsson. 92. Kart. 4 kr.

—, o. **CELANDER, A.,** Exempelsamling för skriftlig räkning. 2:a uppl. 8:o. C. W. K. Gleerup.
1:a hft. 32 s. o. svar 8 s. 92. 17 ö.
2:a hft. s. 33—96 o. svar s 9 - 22. 92. 30 ö.
3:e hft. s. 97—176 o. svar s. 23—38. 92. 35 ö.

OHLSSON, Nathanael, Är askes enligt luthersk uppfattning förenlig med en kristen frihet. Teolog. afh. 8:o, 38 s. Lund, Gleerupska univ:s bokh. 95. 40 ö.

OHNET, Georges, Den gråklädda damen. Roman. Öfvers. 12:o, 273 s. Sthm, Alb. Bonnier. 95. 2: 25.

—, Doktor Rameau. Roman. Öfv. från franskan. 12:o, 302 s. Sthm, Alb. Bonnier. 89. 2: 25.

—, En själ till låns. Berättelse. Öfv. från franskan. 12:o, 230 s. Sthm, Alb. Bonnier. 91. 2 kr.

—, Esther. Berättelse från franska millionvärlden. Öfv. från franska orig. "*Nemrod & C:ie.*" 12:o, 420 s. Sthm, Alb. Bonnier. 92. 3 kr.

—, För barnets skull. Roman. Öfv. från franskan. 12:o, 376 s. Sthm, Alb. Bonnier. 3 kr.

—, Gammalt groll. Öfvers. från franskan. 8:o, 306 s. Sthm, Ad. Bonnier. 95. 3: 25.

—, "Hon vill det"! Roman. Öfv. från franska orig. "*Volonté.*" 12:o, 429 s. Sthm, Alb. Bonnier. 88. 3 kr.

—, Hämnd! Roman. Öfv. från franskan. 12:o, 396 s. Sthm, Alb. Bonnier. 92. 2: 75.

—, Mor och dotter. Roman. Öfv. 12:o, 250 s. Sthm, Alb. Bonnier. 86. 2 kr.

—, När kärleken slocknar. Roman. Öfv. från franskan. 12:o, 274 s. Sthm, Alb. Bonnier. 93. 2: 50.

—, Sista kärleken. Roman. Öfv. af *Ernst Lundquist*. 12:o, 340 s. Sthm, Alb. Bonnier. 90. 2: 75.

—, Svart och rosenrödt. Två noveller. Öfv. från franskan. 12.o, 138 s. Sthm, Alb. Bonnier. 87. 1 kr.

OHORN, A., Jernkungen. Se: Läsning för gossar. 1.

—, Varde ljus! Hist. berättelse från reformationens dagar. Öfv. 12:o, 195 s. Sthm, F. & G. Beijers Bokf.-aktb. 89. 1: 50.

Ok, Under främmande, af *E. S. K.* 8:o, 184 s. Sthm, P. Palmquists aktb. 95. 2 kr., klb. 3 kr.

OLAI, H., Om introduktionen eller den s. k. kyrkotagningen. En pastoraltheologisk studie. 8:o, 84 s. Lund, Gleerupska univ:s bokh. i distr. 90. 1 kr.

OLÁN, Olivus, Ögonkast under skapelsens slöja. Dikter. 8:o. Lund, Aug. Collin.
I: 1. 95 s. 90. 1 kr., inb. 1: 75.

OLANDER, O., Skrädderikonstens teori. En ny metod att forma kläder direkt efter mått. 4:o. H:fors, Förf:n.
I o. II utkommo 1880 i ett band.
III. 34 s. o. 26 pl. 8?. 10 fmk.

OLBERS, Alida, Om fruktväggens byggnad hos Borragineerna. Se: Bihang till K. sv. Vet.-akad:s handl:r. XIII: III, 2.

—, Om fruktväggens byggnad hos labiaterna. Se: dersammast. XVI: III, 4.

OLBERS, C., Föreläsningar. 8:o. Göteb., H. L. Bolinder.
1. Föreläsningar öfver kyrkans förhistoria o. kyrkobegreppet ss. inledn. till kyrkans historia. Efter förf:ns död utgifna af *V. S. Lundberg*. 144 s. 94. 2: 25.

—, Votum i svenska kyrkans bekännelsefråga, afg. i Lunds domkapitel d. 9 okt. 1889. 8:o, s. Lund, Gleerupska univ:s bokh. 89. 20 ö.

OLBERS, E., Till skolungdomen i Landskrona vid Gustaf-Adolfsfesten d. 8 dec. 1894. 8:o, 14 s. Landskrona, J. L. Törnquists bokh. i distr. 94. 20 ö.

OLBERS, T. B , Mossmarken, dess odling o. behandling. Se: Småskrifter i landthushållning. 5.

OLCOTT, Henry S., Buddhistisk katekes enligt den singhalesiska canon. Öfv. 8:o, 68 s. Sthm, F. & G. Beijers Bokf.-aktb. 89. 85 ö.

—, Se: *d'Assier, Ad.*, Mänskligheten efter döden.

OLD, W. R., Hvad är teosofi? Handbok för sanningssökare. Öfv. af *V. Pfeiff*. 8:o, 144 s. Sthm, Teosofiska bokförlaget. 94. 1 kr.

OLDBERG, Svante, En liten krönika om Gustaf II Adolfs födelse samt program för högtidligheterna på 300-årsdagen af hjältekon:s födelse. 8:o, 14 s. Sthm, Fosterländska förbundet. 94. 10 ö.

OLDE, E. M., Engelsk prononciationslära. 8:e uppl. 8:o, 69 s. Sthm, Alb. Bonnier. 89. 75 ö.

—, Fransk språklära, fullst. omarb. af *G. Gullberg* o. *E. Edström*. 2:a uppl. 8.o, lvj o. 324 s. Sthm, Alb. Bonnier. 94. Inb. 3: 25. (1:a uppl. 92.)

OLDENBURG, Uno, Praktiska tabeller till hjelp vid stämpelbeläggning af vissa enskilda handl:r enl. k. förordn. ang. stämpelafgiften d. 9 aug. 1894. 8,o, 15 s. Sthm, Centraltryckeriets f.-exp. 94. 75 ö.

OLDENBURG, Wilh., Kortfattad handledning i geometriskt träsnideri el. s. k. träsnideri i allmogestil. 16:o, 36 s. Sthm, G. Chelius. 87. 50 ö.

—, Träsniderimönster. N:o 1—24. 22 blad. Sthm, G. Chelius. 89. För n:r 15 ö.

—, Träsniderimönster i allmogestil hemtade ur Nordiska Museet i Stockholm. 250 motiv från 16-, 17- o. 18-hundratalet. Folio, 8 s. text o. 32 pl. Sthm, G. Chelius. 93. 1 portfölj 10 kr.

OLIN, J. A., Sabbatsstunder i hemmet. En årg. predikningar. 5.e uppl. 8.o, 2 dlr 656 o. 516 s. Sthm, Bokf.-aktb. Ansgarius. 89. 8 kr., inb. 11 kr.

OLIPHANT (Mrs), Neighbours on the green. Se: Författare, Moderna engelska. 1.

OLIVECRONA, K , Om dödsstraffet. 2:a uppl. 8:o, xx o. 320 s. o. 1 pl. Ups., W. Schultz. 91. 5: 50.

—, Om en reform i afseende på de juridiska studierna o. examina vid universitetet i Upsala. 8:o, 48 s. Sthm, P. A. Norstedt & S:r. 86. 75 ö.

OLIVECRONA, Rosalie, Spridda blad. 8:o, 135 s. Sthm, P. A. Norstedt & S:r. 89. 1: 50, klb. 2: 25.

OLIVIER, F., Frigörelsen från synden. Öfv. från franskan af *W. v. F.* 8:o, 47 s. Sthm, A. V. Carlsons Bokf.-aktb. 89. 30 ö.

Olle Perssons marknadsresa, frieri o. dermed sammanhängande lustiga o. intressanta rättegångshistoria. Landsmålsberättelse från Vestergötland af *A. L—m*. 2:a uppl. 12:o, 24 s. Göteb., Johnson & Edman. 86. 25 ö.

Olof R—n. Se: [*Rubenson, Olof*].

OLSÉNI, Nils, Södra Luggudemålets ljudlära. Se: Bidrag, Nyare, till känned. om de svenska landsmålen. 28.

OLSONI, Anna, Kokbok för enkel matlagning i hem o. skola jemte korta anvisn:r rör. huslig ekonomi. 2:a uppl. 8:o, viij o. 263 s. H:fors, Söderström & K. 94. 1. 50, inb. 2: 25. (1:a uppl. 92)

OLSSON, C. Olof, Se: Adress- o. annonskalender, Kalmar stads.

OLSSON, Gustaf, Den nya sanningsenliga himmelska berättelsen för gammal o. ung. 12:o, 23 s. Sthm, Förf:n. 89. 15 ö.

OLSSON, Johannes från Bråna. Se: Brånasmedens dikter.

OLSON, J., o. **HÖRLÉN, M.,** Illustrerad beskrifning öfver Skåne. Med 14 illustr. Liten 8:o, 40 s. o. 1 karta. Sthm, Alb. Bonnier. 89. 30 ö.

OLSSON, John, Se: Redogörelse för fjärde svenska arbetaremötet.

OLSSON, K. G., Ueber die absolute Bahne des Planeten Egeria. Se: Handl:r, K. sv. Vet.-akad:s. XXV: 8.

——, Untersuchung über eine Gruppe von langperiodisch elementären Gliedern in der Zeitreduktion. Se: Bihang till K. sv. Vet -akad:s handl:r. XVII: I. 4.

OLSSON, K. L., Lärobok i tyska språket för allm. läroverkens två lägsta klasser med särskild hänsyn till Hölzels Wandtafeln utarb. 1:a hft. 8:o, 44 s. o. 2 pl. Sthm, P. A. Norstedt & S:r. 95. 70 ö.

OLSSON, Lars, Praktisk handledning i hästens ytterlära, tillegnad hästuppfödare för hästafvelns förbättrande. Med 138 illustr. 8:o, 114 s. Lund, Aug. Collin. 90. Kart. 2: 50.

OLSSON, O., Det kristna hoppet. Tröstens ord i lidandet o. sorgen. 8:o, 153 s. Chicago. Engberg & Holmberg. 87. Klb. 50 cents.

OLSSON, Olof, Beiträge zur Lehre von der Bewegung eines Körpers in einer Flüssigkeit. Se: Acta, Nova, reg. soc:is scient. Ups. XV: 1.

——, Lösning af ett mekaniskt problem, som leder till Rosenhainska funktioner. Se: Bihang till K. sv. Vet.-akåd:s handl:r. XVII, I, 6.

——, Om fasta kroppars rörelse i vätskor. Se: Årsskrift, Upsala univ:ts 1890. Matem. o. naturvet. 3.

OLSSON, P., Bidrag till Skandinaviens Helminthfauna. Se: Handl:r, K. sv. Vet.-akad:s. XXV: 12.

OLSSON, P. Hj, Åland. Illustr. landskapsbeskritning. Med 1 karta. 16 illustr. 8:o, 113 s, 11 pl. o. 1 karta. H:fors, W. Hagelstam. 95. 1: 40.

Olyckshändelsen vid Södra Blasieholmshamnen d. 23 sept. 1885. Polismästarens (Semmy Rubenson) förklaring till Kungl. Svea Hofrätt. 8:o, 64 s. Sthm, tr. hos J. & A. Riis. 86. (Ej i bokh.)

Om Sven, som kom i folkhögskolan. Se: [Sundblad, Joh.]

ONGELIN, Hanna, Brännande frågor af Tyr Vesten. 8:o. T:fors, Förf:n.
I. Sedligheten. 63 s. 87.
II. Äktenskapet. 114 s. 87.

——, Guld och slagg. 8:o, 151 s. T:fors, 88. Förf:n. 1: 50 fmk.

——, Knallhattarne. Samtidsbild. 8:o, 226 s. T:fors. 90. 3 fmk.

——, Patria. Berättelse. 8:o, 106 s. T:fors, Förf:n. 92. 1: 50 fmk.

——, På bölja och torfva. Tvänne berättelser. 8:o, 206 s. T:fors, Förf:n. 91. 3 fmk.

——, Smågubbar och smågummor. Minnen o. skizzer. 8:o, 124 s. T:fors, Förf:n. 92. 2 fmk.

ONGMAN, John, Väckelse- o. lofsånger, samlade, öfvers. o. bearb. N:ris 69—98. 16:o, 32 s. Örebro, Söndagsskoleforen. 93. 10 ö.

——, Se: Väckelse- o. lofsånger.

Onkel Adam, Se: *Wetterbergh, O. A.*

Onkel Harry, Bibliska taflor för barn till belysn. af Gamla Test:s berätt. o. händelser. Öfv. från eng. 8:o, 96 s. Örebro, Söndagsskolföreningen. 87. 1 kr., kart. 1: 25, klb. 1: 75.

Onkel Tommi. Se: *[Hertzberg, Raphael.]*

Onämnd, Tjugufemårsminnen o. framtidstankar. Hvad vi gjort för att utbilda medborgare för vårt nya statsskick. 8:o, 19 s. Sthm, Samson & Wallin. 92. 30 ö.

OOSTERZEE, J. J. von, Trösten mitt folk. Till de stilla i landet. Öfv. från tyskan. 2:a uppl. 8:o, 140 s. Sthm, Fost.-stift:s f.-exp. 95.
1 kr., inb. 1: 40.
(1:a uppl. 91.)

Opera i menniskobröstet af *O—l.* Folio, 4 s. Ups. Förf:n. 92. 30 ö.

Operan, Kongl. Minnesblad. 8:o, 8 s med illustr. Sthm, Wilh. Lamm. 91. 1 kr.

Operarepertoire, 12:o Sthm, Alb. Bonnier.
28. *Meilhac, Henri,* o. *Halévy, Ludovic,* Den sköna Helena. Kom. operett i 3 akter. Musiken af *J. Offenbach.* Öfv. af *Fr. Hedberg.* 5:e uppl. 84 s. 88. 50 ö.
40. *Meilhac, Henri,* o. *Halévy, Ludovic,* Storhertiginnan af Gérolstein. Operabuffa i 4 akter. Musiken af *J. Offenbach.* Öfv. af *E. Wallmark.* 2:a uppl. 92 s. 88. 60 ö.
41. *Piave, F. M.,* Den vilseförda (La Traviata.) Opera i 4 akter. Musiken af *G. Verdi.* Öfvers. af *E. Wallmark.* 3:e uppl. 48 s. 88. 50 ö.
42. *Barbier, J.* o. *M. Carré,* Romeo o. Julia. Opera i 5 akter. Musiken af *C. Gounod.* Öfvers. af *E. Wallmark.* 3:e uppl. 48 s. 89. 50 ö.
64. Barberaren i Sevilla. Opera comique i 4 akter. Musiken af *Rossini.* 4:e uppl. 64 s. 86. 50 ö.
65. *Carré, M.* o. *J. Barbier,* Mignon. Opera i 3 akter. Musiken af *A. Thomas.* Öfv. af *Fr. Hedberg.* 4:e uppl. 60 s. 91. 50 ö.
69. Oberon. Fantastisk opera i 3 akter o. 7 tabl. Musiken af *Carl Maria v. Weber.* Öfv. af *Talis Qualis.* 4:e uppl. 46 s. 86. 50 ö.
82. *Ghislanzoni, A.,* Aida. Opera i 4 akter. Musiken af *G. Verdi.* Öfvers. af *H. Sandberg.* 2:a uppl. 44 s. 88. 50 ö.
87. *Overskou, Thomas,* Sångtexten till Diamantkorset. Kom. opera i 3 akter. Musiken af *Siegfried Saloman.* Öfv. 40 s. 86. 50 ö.
88. *Wagner, Rich.,* Mästersångarne i Nürnberg Komisk opera i 3 akter. Öfv. af *Frans Hedberg.* 110 s. 87. 75 ö.
89. *Boito, Arrigo,* Otello. Opera i 4 akter. Musik af *Giuseppe Verdi.* Öfv. från ital. 72 s. 90. 50 ö.
90. *Tozzetti, G. Targioni,* o. *Menasci, G.,* På Sicilien. (Cavalleria rusticana). Opera i 1 akt. Musik af *Pietro Mascagni.* Öfv. af *Helmer Key.* 30 s. 90. 50 ö.
91. *Boucheron, Maxime,* Miss Helyett. Komisk operett i 3 akter. Musik af *Audran.* Öfv. af *E.* 91 s. 91. 60 ö.
92. *Ipsen, Alfred,* Häxan. I 3 akter. (Efter *Arthur Fitger.*) Musiken af *Aug. Enna* Öfv. af *Ernst Wallmark.* 36 s. 93. 50 ö.

Operatext-bibliotek, Looströms. 8:o. Sthm, F. & G. Beijers Bokf.-aktb.
1. *Christiernsson, Henrik,* Per Svinaherde. Sagospel i 3 akter. Musiken af *Ivar Hallström.* 96 s. 87. 75 ö.

2. *Scribe* o. *St. Georges*, Kronjuvelerna. Kom. med sång i 3 akter. Musiken af *Auber*. Öfv. af *N. V. af Wetterstedt.* 2:a uppl. 111 s. 88. 1 kr.
3. *Widmann, J. W.*, Hårdt mot hårdt eller "Så ska' de tas!" Kom. opera i 4 akter efter Shakespeares "Så tuktas en argbigga." Musiken af *Herman Götz*. Öfv. af *Fritz Arlberg*. 61 s. 88.
60 ö.
4. *Gallet, Louis*, Djamileh. Opera-comique i 1 akt. Musiken af *George Bizet*. Öfv. af *Ernst Lundquist.* iv o. 34 s. 88. 60 ö.
5. *Fallström, Daniel*, I Firenze. Opera-comique i 1 akt. Musiken af *Helena Munktell*. 30 s. 89.
40 ö.
6. *Carré, Alb.*, Skrifvarkungen (La Basoche). Komisk opera i 3 akter. Musik af *A. Messager*. Öfv. af *E. Wallmark.* 111 s. 92. 90 ö.
7. *Christiernsson, Henrik*, Granadas dotter. Romant opera i 3 akter. Musiken af *Ivar Hallström*. 74 s. 92. 75 ö.
8. *Calsabigi, Raniero, v.*, Orfevs. Opera i 3 akter. Musiken af *Gluck*. Öfv. af *Fritz Arlberg*. 22 s. 94. 15 ö.

Operatexter. 12:o. Sthm, Abr. Hirsch.
5. *Scribe, Royer* o. *Vaez*, Leonora, Opera i 4 akter. Musik af *G. Donizetti*. Öfv. 44 s. 87.
50 ö.
7. *Saint-Georges* o. *Bayard*, Regementets dotter. Opera-comique i 2 akter. Musik af *Gaëtano Donizetti* 3:e uppl. 80 s. 88. 50 ö.
12. *Dennery* o. *Bresil*, Konung för en dag. Kom. opera i 3 akter o. 4 tabl. Musik af *Adolphe Adam*. Öfv. af *Ernst Wallmark*. 4:e uppl. 95 s. 86. 75 ö.
16. *Barbier, J.* o. *Carré, M.*, Paul o. Virginie. Opera i 3 akter o. 6 tabl. Musik af *Victor Massé*. Öfv. af *Ernst Wallmark*. 66 s. 86. 50 ö.
17. *Bunge, Rud.*, Trumpetaren från Säkkingen. Opera i 3 akter med prolog efter *J. V. v. Scheffels* dikt. Musik af *Vict. E. Nessler*. Öfv. af *Ernst Wallmark*. 78 s. 86. 60 ö.
18. *Genée, R.* o. *Zappert, B.*, Jagten efter lyckan. Operett i 3 akter med förspel. Musik af *F. v. Suppé.* Öfv. af *H. C.* 47 s. 89. 50 ö.
19. *Gondinet, E.*, o. *Gille, Ph.*, Lakmé, Opera i 3 akter. Musik af *Léo Delibes*. Öfv. af *Ernst Wallmark*. 60 s. 89. 50 ö.
20. *Wittmann, Hugo*, o. *Bauer, Julius*, Den stackars Jonathan. Operett i 3 akter bearb. af *H. Molander.* Musiken af *Carl Millöcker*. 132 s. 90. 75 ö.
21. *Gorrio, Tobia*, Gioconda. Opera i 4 akter. Musiken af *A. Ponchielli*. Öfv. från ital. af *Ernst Lundquist*. 70 s. 92. 50 ö.

OPPEL, Karl, Trumslagare o. general. Se: Läsning för gossar. 2.

Ord, Ett fredens, i dagens tidsfråga af —*i*—. Påskbetraktelse för våra riksdagsmän. 8:o, 50 s. Sthm, Looström & K. i komm. 88. 50 ö.
Ord, Ett, till qvinnan. Öfv. 8:o, 16 s. H:fors, G. W. Edlund. 88. 25 p.
Ord, Hans. Med illustr. 5 blad velin. Sthm, G. Chelius. 91. 50 ö.
Ord, Några, om diakoniss-saken. 8:o, 28 s. H:fors, Wickström & K. 87. 25 p.
Ord, Några, om färgernas praktiska användning i industriens tjenst. Öfv. från tyskan af *C. Edv. Tullberg*. 8:o, 32 s. Sthm, Ad. Bonnier. 90.
40 ö.
Ord, Några, i försvarsfrågan af en försvarsvän. 8:o, 31 s. Sthm, Palm & Stadling i komm. 91. 25 ö.
Ord, Några, om hästakyddare (J. T. B. Sidéns patent). 8:o, 22 s. o. 1 pl. Gefle, P. Nordins bokh. 86.
35 ö.
Ord, Några, till ledning för våra konfirmander. Från tyskan af *C. A. Hägglund*. 8:o, 17 s. Sthm, Ad. Johnson. 86. 25 ö.
Ord, Några, i likbränningsfrågan. En protest från kyrklig ståndpunkt, af *L. N.* 8:o, v o. 57 s. Göteb., Wettergren & Kerber i distr. 87. 75 ö.
Ord, Några, i militära frågor af *Z.* Se: *[Pantzarhjelm, H]*
Ord, Några, om osundheten inom vårt affärslif af *J. G.* Se: *[Gillqvist, John.]*
Ord, Några, om svensk-norska unionens såväl europeiska som skandinaviska nödvändighet. Af *A. G. H.* 8:o, 49 s. Sthm, Samson & Wallin. 93. 75 ö.
Ord, Några, om Sveriges kustförsvar, af *K.* 8:o, 24 s. Sthm, C. E. Fritzes hofbokh. i komm. 90.
50 ö.
Ord, Några, om ny uppfartsväg till östra Södermalm, enligt motion af *Osc. Almgren* m. fl. 8:o, 35 s., 2 kartor. 1 pl. Tr. i Sthm hos I. Hæggström. 87. 75 ö.
Ord, Några, om de ändlösa straffen, mot W. C. C—éns skrift. Hvem är arfvingen? Af *G. H. E.* 8:o, 43 s. Linköp., Henr. Carlsons bokh. 95. 30 ö.
Ord o. bild, utg. af *Karl Wåhlin*. 1:a—4:e årg. (1892—95.) 8:o. Sthm, 92—95.
1:a årg. P. A. Norstedt & S:r.
2:a—4:e Wahlström & Widstrand.
För årg. (12 hfn) 10 kr.
Ord o. bild i urval. Julhäfte 1892 redig. af *Karl Wåhlin*. Folio, 32 s. Sthm, Wahlström & Widstrand. 92. 1 kr.
Ord o. bild. Upsala minne 1893. Med bidrag af *C. R. Nyblom, H. Hjärne, Agi Lindegren, F. Boberg.* 4:o, 24 s. Sthm, Wahlström & Widstrand. 93. 1 kr.
Ordbok, Finsk, svensk o. rysk. 6:e uppl. 8:o, vij o. 135 s. Wiborg, Clouberg & K. 90. 1: 50 fmk.
Ordbok, Finsk, svensk, rysk o. tysk. 6:e uppl. 8:o, 135 s. Wiborg, Clouberg & K. 90. 1: 50 fmk.
Ordbok, Fransk-svensk (Hiertas skolordböcker). 8:o, 684 s. Sthm, Aktieb. Hiertas bokförlag. 93.
Inb. 3: 75.
Ordbok, Rysk, svensk o. finsk. 6:e uppl. 8:o, viij o. 134 s. Wiborg, Clouberg & K. 90. 1 fmk.
Ordbok, Svensk-esperantisk utarb. af *L*** o. utg. af Upsala Esperantoförening. Liten 8:o, 64 s. Ups., Esperantoföreningen. 93. 40 ö.
Ordbok öfver svenska språket, utg. af Svenska Akademien. 4:o. Lund, C. W. K. Gleerup.
1:a hft. 23 o. xviij s. samt 112 sp. 93. 1: 50.
2:a hft. s. 25—36 o. sp. 113—272. 94. 1: 50.
3:e o. 4:e hft. sp. 273—592. 95. 3 kr.
Ordförteckning för Sveriges telegrafanstalter. 8:o, 652 s. Sthm, J. Beckman. 90. Inb. 7: 50.
Ordförteckning, Svensk, uppsatt enl. påbjuden rättskrifning af en skollärare. [O. L. Löfgren]. 8:o, 80 s. Göteb., Förf:n. 90. Inb. 50 ö, interf. 1 kr.
Ordlista för Svensk rättskrifning. Liten 8:o, 60 s. Sthm, Ad. Johnson. 86. Kart. 60 ö.
Ordlista för svenska språket, utg. af Svenska akamien. 6:e omarb. uppl. 8:o, xvj o. 304 s. Sthm, P. A. Norstedt & S:r. 89.
3 kr., klb. 4 kr., med skinnrygg 4: 50.
Ordlista, Grekisk och latinsk, upptagande de tekniska

termer el. eljest mest förekommande grek. o. lat. ord äfvensom latinska talesätt o. förkortn:r m. m. 8:o, 120 s. Sthm, P. A. Norstedt & S:r. 87. 2: 25.

Ordnandet af vårt sjöförsvar. 8.o, 6 s. Sthm, Samson & Wallin. 95. 10 ö.

Ordspråk o. gåtor, Finska. [Af *Elias Lönnrot.*] 8:o, 153 s. H:fors, G. W. Edlund. 87. 1: 25 fmk.

Ordspråk med teckningar af T. 1:a saml. 4:o, 19 pl. Sthm, C. A. V. Lundholm. 86. 1: 50.

Ordspråk, Sanna språk. 6,500 bevingade ord ur folkets mun samlade af *G. A. L—n.* 8:o, 183 s Sthm, S. Flodin. 89. 1: 25.

Ordspråk, äldre o. nyare, alfabetiskt ordnade, samt råd, regler o. tankekorn. Samlade o. utg. af *J. Mart. Abrahamsson.* 8:o, 43 s. Göteb., Utg.n. 95. 25 ö.

O'RELL, Max, En fransman i Amerika. Med 115 illustr. Öfv. af *Emilie Kullman.* 12:o, 364 s. Sthm, Fr. Skoglund. 92. 3 kr.

—, Firman John Bull & K:o o. dess stora filialer: Canada, Australien, Nya Zeland o. Sydafrika. Öfv. från franskan af *H. Östberg.* 8:o, 298 s. Sthm, W. Billes Bokf.-aktb. 95. 3 kr.

—, o. **ALLYN, Jack**, Jonathan o. hans fastland. Skildr. från Amerika i våra dagar. Öfv. af *Fredrique Paijkull.* 8:o, 265 s. Sthm, H. Geber. 89. 2: 50.

Orientalistkongressen i Stockholm—Kristiania. Några skildr. från utlandet utg. af *K. V. Zylander.* 8:o, xij o. 153 s. Ups, Akad. bokh. 90. 1 kr.

Origenes, Frågor o. svar inför Guds son. 8:o, 132 s. Sthm, J. G. Fredengren. 95. 1 kr.

Originalberättelser, Svenska, för ungdomen o. familjen. 8:o. Sthm, G. Chelius.
1. *Johnson, John*, Svenskarna i Kamerun. Resor o. äfventyr i de svartas verldsdel. iv o. 240 s. samt 9 pl. 92. Kart. 3 kr.

Originalnoveller, Svenska. 8:o. Sthm, Fr. Skoglund i distr.
2. *Schenfelt, Inga*, Förtalets vanmakt. Af *Elsa.* Interiör. 246 s. 86. 1: 50.

ORZESZKO, Eliza, I de djupa dalarna. Roman i 2 dlr. Öfv. från polskan af *E. Weer.* 8:o, 349 s. Sthm, L. Hökerberg 95. 3 kr.

—, Mirtala. Berättelse från första årh. efter Kristus. Polskt orig. Öfv. af *E. Weer.* 8 o, 203 s. Sthm, L. Hökerberg. 94. 1: 50.

OSBOURNE, Lloyd. Se: *Stevenson, R. L.*, o *Osbourne, Lloyd.* Friska tag!

OSCAR FREDRIK [Oscar II], Några bidrag till Sveriges krigshistoria åren 1711—13. 8:o, 59, 121, 121, 65, 108 o. 148 s. samt 2 tab. o. 1 karta. Sthm, P. B. Eklund. 92. 4: 50.

[—], Reseminnen från skilda tider, tryckta som manuskript i 150 ex. 8:o, 228 s. Tr i Sthm, hos P. A. Norstedt & S:r, 88.

—, Samlade skrifter. 4:o. Sthm, P. B. Eklund.
I: 1. Ur svenska flottans minnen. 78 s. 85. 5 kr.
2. Cid, Efter spanska romanser af *J. G. v. Herder.* 236 s. 86. 10 kr.
II: 1. *Goethe*, Torquato Tasso. Ett skådespel. Öfv. 144 s. o. 1 pl. 87. 7: 50.
2. Några timmar på Kronborgs slott. 1658. Dram. utkast. s. 145—178. 87. 2: 50.
3. Smärre dikter. s. 179—293 87. 5 kr.
4. Smärre dikter. Forts. s. 295—325. 87. 2 kr.
III: 1. Bilder från östern o. södern. Ballader. Kantater o. Tillfällighetsstycken. 156 s. 87. 7 kr.
2. Öfvers. o. skrifter på prosa. s. 157—332. 1 portr. o. 1 karta. 89. 8 kr.
IV: 1. Tal under åren 1853—72. 161 s. o. 2 pl. 90. 9 kr.
2. Trontal 1873—91. 106 s. 91. 6 kr.
V: 1. Några bidrag till Sveriges krigshistoria åren 1711—13. 120 s. 92. 15 kr.
2. Bilagor. 148 s. med karta. 92. 15 kr.
VI: Tal vid åtskilliga tillfällen. 1872—94. 314 s. 95. 15 kr.

—, Samlade skrifter. Godtköpsuppl. 8:o, 302 s. o. 1 portr. Sthm, P. B. Eklund. 89. 1: 50, inb. 2: 75.

—, Skrifter på prosa. 8:o, 121 s., 1 portr. o. 1 karta. Sthm, P. B. Eklund. 88. 2: 50.

—, Smärre dikter. 8:o, 276 s. Sthm, P. B. Eklund. 87. Klb. med guldsn. 6 kr.

—, Tal under åren 1853—72. 8:o, 230 s. o. 1 pl. Sthm, P. B. Eklund. 90. 4 kr., inb. 6 kr.

—, Tal vid åtskilliga tillfällen. 8:o, 288 s. Sthm, P. B. Eklund. 95. 4: 50, klb. 6 kr.

OSCAR II:s yttrande vid den för Akademien gifna festmåltid. Se: Handl:r, Sv. Akad:ns. 62.

Oscar Frithiof, Vingåkersrosen. Svenskt orig. 8:o, 48 s. Sthm, F. C. Askerberg. 93. 50 ö.

OSEEN, D. O. F., I bekännelsefrågan. Om konkordieformelns värde o behörighet som luthersk bekännelseskrift. 8:o, 15 s. Vexiö, Smålandspostens boktr. 93. 25 ö.

OSSBAHR, C. A, Guide du visiteur au musée d'Armes, d'Armures, et de costumes historiques etc. du Palais Royal de Stockholm. 8:o, 82 s. Sthm, Kgl. Lifrustkammaren. 89. 1 kr.

—, Se: Meddelanden från Svenska Slöjdföreningen.

OSTERMANN, Jenny, På fjorton dagar. Berättelse ur hvardagslifvet. 8:o, 166 s. Sthm, Wahlström & Widstrand. 95. Kart. 1: 75.

Otron, Mot. Två dagars möte om helbregdagörelsen genom tron på Herren. 16:o, 153 s. Sthm, Exped. af Herren din läkare. 91. 75 ö.

Ott, Se: Handbok för utvandrare.

OTTERSTRÖM, Ludvig, Från salong o. scen. Teaterminnen. 8:o, 146 s. Sthm, F. & G. Beijers Bokf.-aktb. 91. 1: 50.

—, Små skizzer ur mina teaterminnen. 1:a saml. 8:o, 44 s. Halmstad, J. A. Svensson. 87. 50 ö.

Ottesångs-, högmässo- o. aftonsångsgudstjensten. Nya, 1894. 16:o, 44 s. Sthm, A. V. Carlsons Bokf.-aktb. 94. 10 ö.

OTTO, Franz, Bilder o. berättelser ur lifvet i Syd-Afrika. Öfv. af *J. R. Spilhammar.* Med 127 illustr. 8:o, 480 s. Sthm, P. A. Norstedt & S:r. 86. Kart. 4: 75.

OTTOLENGUI, R., En trasslig härfva. Öfv. från eng. 8:o, 253 s. Sthm, Nordin & Josephson. 94. 2: 25.

—, Ett genialiskt brott. Roman. Öfv. från eng. 8:o, 231 s. Sthm, Nordin & Josephson. 93. 2: 25.

OTTOSEN, J., Sofokles Antigone. Se: Tidskrift, Nordisk, 1894.

Ouvrages de philologie romane et textes d'ancien français faisant partie de la bibliotèque de *M. Carl Wahlund* à Upsal. I. La littérature narrative. 8:o, xxij o. 244 s. Tr. i Akad. boktr. i Ups. 89. (Uppl. 150 ex.) (Ej i bokh.)

Owa, Cecilia Wilkens o. hennes vänner. En lifsbild ur våra dagar. 2 dlr. 8:o, 176 s. Göteb., H. L. Bolinder. 95. 3 kr.

OWEN, Robert Dale. Se: Spiritualismen, Den sanna.

OVERSKOU, Thomas, Diamantkorset. Se: Operarepertoire. 87.

OXENSTIERNA, Axel, Se: Rikskansleren Axel Oxenstiernas skrifter.

OXENSTIERNA, Gabr. Gustafson, Bref 1611—40. Se: Rikskansleren Axel Oxenstiernas skrifter. II: 3.

OXENSTIERNA, Joh., Sedo-lexor. I urval utg. af *F. U. Wrangel.* 8:o, 90 s. Tr. i Sthm, hos P. A. Norstedt & S:r. 91. Uppl:n 110 numrerade ex. (Ej i bokh.)

OXENSTIERNA, M. G Leijonsköld, Konungens kapare. Hist. sjöroman från Karl XII:s tid. Med 13 illustr. af *G. Stoopendaal.* 8:o, 383 s. o. 13 pl. Sthm, Alb. Bonnier. 91. 3: 75, kart. 4 kr.

OXON, M. A., Från en högre verld. (Spirit. teachings). Meddelanden från audeverlden i religiösa frågor. Öfv. 8:o, 321 s. Sthm, Ad. Johnson. 92. 2: 75.

P.

PAASONEN, H., Mordwinische Lautlehre. Akad. Abh. 8:o, 5 o. 123 s. H:fors, 93. 2 fmk.
—, Proben der mordwinischen Volkslitteratur. Se: Journal de la Soc. finno-ougr. IX o. XII.

PABAN, Aug. Th., Svensk o. Fransk parlör med grammatisk öfverblick. 3:e gransk. uppl. Liten 8:o, 364 s. Sthm, P. A. Huldbergs bokf.-aktb. 86. 1: 25, kart. 1: 50. klb. 1: 75.
—, Svensk o. tysk parlör. Efter *P. O. Welander* m. fl. 4:e uppl. genomsedd o. förbättrad af *P. F. Sievers.* 16:o, 279 s. Sthm, P. A. Huldbergs bokf.-aktb. 86. 1 kr., kart. 1: 25, klb. 1: 40.

PAGE, J. E., I Kristi skola eller lärdomar för ett heligt lif. Öfv. af *C. O. P. Lindström.* 8:o, 45 s. Sthm, K. J. Redin. 93. 25 ö.

PAGELS, G., Se: Anteckn:r af och om svenska Kongofarare. — År, Tre, i Kongo.

PAJEKEN, Friedr. J, Andrea Brown, den röde spionen. Öfv. af *B. A. Finell.* Med 4 färgtryckspl. 8:o, 156 s. o. 4 pl. Sthm, G. Chelius. 95. Klb. 3 kr.
—, Karaibens hemlighet. En berättelse från Sydamerika. Med 8 illustr. Från tyskan af *Tom Wilson.* 8:o, 180 s. o. 8 pl. Sthm, F. & G. Beijers Bokf.-aktb. 92. Kart. 3: 50.
—, Trappern Jim. En berättelse från Nordamerikas vilda vester. För ungdom. Öfv. af *B. A. Finell.* Med 4 färgtr. pl. 8:o, 162 s. o. 4 pl. Sthm, G. Chelius. 94. Klb. 2: 75.

PAKKALA, Teuvo, Elsa. Öfv. af *H. Lbg.*, efter en bearb. af förf. 8:o, 227 s. H:fors, Söderström & K. 95. 2: 75.
—, Tjärkarlar. Folklifsbilder från norra Österbotten. Öfv. af *Arkadius.* Med illustr. af *L. Sparre.* 8:o, 146 s. H:fors, Söderström & K. 95. 1: 75.

PALANDER, E. W., Rysk läsebok. 3:e uppl. 8:o, 4, 125, 4 o. 59 s. H:fors, K. E. Holm. 91. 3: 50 fmk.
—, Ryska språkets grunder 2:a uppl. 8:o, 3 o. 146 s. H:fors, Söderström & K. 93. 2 kr. (1:a uppl. 87.)
—, Slägten Palander. Genealogisk studie. 8:o, 43 s. o 1 tab. Sthm, C E Fritzes hofbokh. 95. 1 kr.

Palettskrap, Julnummer. 1:a—5:e årg. 1890—94. Folio. Hvarje årg omkr. 20 s. Sthm, C. E. Fritzes hofbokh. i distr. 90—94. För årg. 1 kr.

PALIN, Hj., Se: Tidskrift, Finsk militär.

PALLIN, J. R., Hufvuddragen af allm. historien. Lärob. för allm läroverkens mellanklasser. 4:e uppl. 8:o, viij o. 162 s. Sthm, P. A. Norstedt & S:r. 93. 1: 50, inb 2 kr. (2:a uppl. 83. 3:e 88.)

PALLIN, J. R., Lärob. i allm. historien för allm. lärov:s mellanklasser. 10:e uppl. 8:o, 174 s. Sthm, P. A. Norstedt & S:r. 90. 1: 50, inb. 2 kr. (7 e uppl. 81. 8:e 82. 9:e 84.)
—, Lärobok i medeltidens historia för allm. lärov:ns högre klasser. 4:e uppl. 8:o, 109 s. Sthm, P. A. Norstedt & S:r. 90. 1: 25, inb. 1: 75. (1:a uppl. 75. 2:a 80. 3:e 84.)
—, Lärobok i medeltidens historia. För Finlands svenska läroverk bearb. af *M. G. Schybergson.* 8:o, 119 s. Sthm, P. A Norstedt & S:r. 91. 2 kr.
—, Lärobok i nya tidens historia för allm. lärov:ns högre klasser. 4:e uppl. 8:o, 220 s. Sthm, P. A. Norstedt & S:r. 93. 2 kr., inb. 2: 50. (3:e uppl. 87.)
— , Lärobok i nya tidens historia för Finlands svenska läroverk bearb. af *M. G. Schybergson.* 8:o, 214 s. Sthm, P. A. Norstedt & S:r. 92. Inb. 2: 50.

PALM, Amy, Barnen på Broby. Berättelse för barn. Med illustr. af *Ottilia Adelborg.* 8:o, 132 s. o. 16 pl. Sthm, L. Hökerberg. 93. Kart. 1: 75.
—, Borta o. hemma eller mera om barnen på Broby. Berättelse för barn. Med illustr. 8:o, 129 s. Sthm, L. Hökerberg. 94. Kart. 1: 50.

PALM, Aug., Huru förhindra könsdriftens onaturliga tillfredsställande samt de såväl deraf, som ock af återhållsamhet framkallade sjukdomarne. 12:o, 24 s. Sthm, Social-demokratens exp. 89. 20 ö.

PALM, Axel, Våra vigtigaste foderväxter lämpliga för odling på fleråriga vallar. 1 färgladg plansch granskad af *Jakob Erikson.* Sthm, Nordin & Josephson i distr. 88. 4: 50.

PALM, Knut O., Kusken. Kortfattad undervisning om hästens, vagnars o. seldons skötsel o. vård samt körning m. m. 8:o, 90 s. Sthm, C. E. Fritzes hofbokh. 94. 90 ö.

PALMÆR, Henr. Bernh., Eldbränder och gnistor. Humoresker, saml. o. utg af *Arvid Ahnfelt.* 3:e tillök. uppl. 8.o, 360 s. o. 1 portr. Sthm, Alb. Bonnier. 86. 3: 50, klb. 4: 50

PALMÆR, Wilh, Elden. Se. Studentfören. Verdandis småskrifter. 41.

PALMBERG, Alb., Allmän helsovårdslära på grund af dess tillämpning i olika länder. Med talrika illustr. 8:o, 5, 936 o. 29 s. H:fors, W. Söderström & K. 89. 15 kr. (Utkom i 12 hfu à 1: 25. 88—89.)
—. Om vigten o. betydelsen af den allm. helsovårdens ordnande i Finland. 8:o, 21 s. Borgå, W. Söderström. 88. 50 p.
—, Verlden sedd från hygienisk synpunkt. Rese-

berättelse. 8:o, 95 s. Wiborg, Clouberg & K. 87. 1: 25 fmk. (1 kr.)

PALMBERG, Karl, Ur vårt lands martyrhistoria. Några mäns lefnadslopp, hvilka talat, emedan de trott, o. därför lidit. 8:o, 134 s. Jönköp., H. Halls boktr.-aktb. 94. 60 ö.

PALME, Bror Aug., Pressens ställning i samhället 8:o, 20 s. Sthm, Förf:n. 90. 25 ö.
—, Pressförhållanden. Föredrag. 8:o, 16 s. Sthm, Förf:n. 93. 20 ö.

PALME, J. H., De hårda tiderna. En statistisk undersökning. 8.o, 14 s. o. 1 karta. Sthm, C. E. Fritzes hofbokh. 95. 2: 25.

PALME, Sven, Några undersökningar rör. sjelfmordsfrågan. 8:o, 16 s. Sthm, C. E. Fritzes hofbokh. 93. 50 ö.
—, Ställningar o. förhållanden i Finland. Två föredrag. 8.o, 47 s. Sthm, C. E. Fritzes hofbokh. i distr. 91. 75 ö.

PALMÉN, E. G., Karelska jernvägsfrågan. 8:o, 82 s. H:fors, Förf:n. 88. 1 fmk
—, Se: Nationalitet o. bildning.

PALMÉN, J. A., Om Sibiriska ishafskustens fogelfauna Se: Iakttagelser, Vega-expeditionens, vetenskapliga. V, 2.
—, Om förberedelserna för åstadkommandet af ett sällskap för Finlands geografi. Se: Fennia I: 2 a.
—, Om nutidens åtgärder för utredande af foglarnes årliga flyttningar. Se: Öfversigt af F. Vet. Soc:s förhandl.r. XXXIII.

PALMÉN, Joh. Philip, Rättshistoriska bidrag till tolkningen af 1734 års lag. Akad. afhandl:r. 2:a uppl jemte ett nytt tillägg. 8:o, 131 s. H fors, Lindstedts antikv. bokh. 94. 3: 75 fmk. (För Sverige: Sthm, Samson & Wallin.) 3 kr.

PALMÉN, K. E., Om isbrytareångfartyg o. vintersjöfart. Med 12 pl. 4:o, 68 s., 2 tab. o. 12 pl. H:fors, Tekniska föreningen. 94. 4 fmk. (3 kr)
—, Förhandlingar, Tekniska fören.s i Finland.

PALMGREN, Aug., Latinsk stilistik. Handbok vid latinskrifning. 2:a genoms. uppl. 8:o, 169 s. Sthm, A. L. Normans f.-exp. 94. Klb. 2: 25. (1:a uppl. 88.)

PALMGREN, Gösta. Se: Anteckn:r enl. prof. R. F. Hermansons föreläsn:r.

PALMGREN, Herman, Medlemmar af Gestrike-Helsinge nation i Upsala 1811—91. Biografiska notiser. 8.o, xj o 167 s. Sthm, P. Palmquists aktb. i distr. 92. 3 kr.
—, Se: Förordningen, Kgl. ang. stämpelafgiften.

PALMGREN, K. E., Om sång o sångundervisning i fosterländsk anda. 8:o, 33 s. Sthm, C. E. Fritzes hofbokh. i distr. 92. 75 ö.
—, Se: Sångbok, Palmgrenska samskolans.

PALMQVIST, A., Hydrografiska undersökningar i Gullmarsfjorden. Se: Bihang till K. sv. Vet.-akad:s handl:r XVII: II, 5.
—, Undersökn:r öfver atmosferens kolsyrehalt. Se: dersammast. XVIII: II, 2.

PALMKVIST, Magn., En blick på inspektionen i våra döfstumskolor. 8:o, 15 s. Örebro, Förf:n. 87. 25 ö.

[**PALMKVIST, Nanny**], Ensam till Städjan af Alf. 8:o, 95 s. Sthm, Z. Hæggströms f.-exp 92. 1 kr.
[—], Testamentet. Orig. berättelse af Alf. 8:o, 45 s. Sthm, C. A. V. Lundholm. 89. 50 ö.
—, Öppet bref till Sveriges kvinnor om behofvet af en allmän svensk kvinnoförening. 16:o, 57 s. Helsingborg, Killbergs bokh. i distr. 94. 30 ö.

PALMQUIST, Per, En korsets härold eller Gustaf Palmquists lif tecknadt af hans broder, med tillägg af Aug. Drake. 8:o, 160 s. Sthm, P. Palmquists aktb. 89. 1 kr.
—, Se: Ax, Små, från Guds åkerfält.

Panorama. Kolorerade rundmålningar. Malmö, Envall & Kull. 90.
1. Barnens lekar. Kart. 1: 50.
2. Dresserade husdjur. Kart. 1: 50.
3. Jagt på vilda djur. Kart. 1: 50.
4. Jorden rundt. Kart. 1: 50.
5. Vilda djur o. djurtämjare. Kart. 1: 50.

Panorama öfver vilda djur. Kartonerad rundtafla. Sthm, C. E. Fritzes hofbokh. 88. 2 kr.

Pansy, Ester Ried såsom sofvande o. vaken. Öfv. från engelskan af G. S. Löwenhjelm. 8:o, 226 s. Sthm, C. A. V. Lundholm. 91. 1: 75.
—, Kraft o. seger. Öfv. 8:o, 166 s. Sthm, P. Palmquists aktb. 92. 1 kr., kart. 1: 25.
—, Skolkamraterna. Öfv. från eng. 8.o, 64 s. Sthm, P. Palmquists aktb. 91. 40 ö., kart. 65 ö.
—, Ute i verlden eller Claire Benedicts historia. Öfv från eng. 8:o, 170 s. Sthm, C. A. V. Lundholm. 90. 1: 35.

PANTENIUS, Theodor Herman, Herrarne Kruse. En roman från det gamla Lifland. Efter "Die von Kelles". Öfv. af Axel Jäderin. 8:o, 400 s. Sthm, Z. Hæggströms f.-exp. 91. 3: 50.

[**PANTZARHJELM, H**], Några ord, i militära frågor för dagen af Z 8:o. Sthm, Nordin & Josephson i distr.
1:a hft. 39 s. 94. 60 ö.
2:a „ 92 s. 95. 1: 50.
3:e „ 56 s. 95. 1 kr.

PANTZERHIELM, H., Terränglära o. topografi. 8:o, 171 s 10 kartor o. 7 pl. Sthm, Carlberg, Förf.n.

PANZACCHI, Enrico. Se: Universal-biblioteket. 3.

PAPE-CARPENTIER (M:me), Smärre berättelser för de små. Se: Boksamling, Småttingarnes. 3.

Papperhandlingar, Svenska Riksarchivets, 1351—1400. 8.o, 39 s. Sthm, Riksarkivet. 88. 50 ö.

Papperskalender, Svensk o. Norsk, 1895. Utg. under medverkan af Gustaf Engström. 8:o, 92 s. o. 92 s. annonser. Göteb, Göteborgs Litogr. aktb. 95. Inb. 3: 50.

Parallelserie af talöfningar. 8:o. Sthm, Ad. Bonnier.
1. Morén, C. G., Engelska talöfningar jämte grundläggande ordförråd med uttalsbeteckning. På grundval af A. May's Samtalsöfningar utarb. 76 o. 52 s 95. Klb. 1: 25.
2. Franska talöfningar jämte grundläggande ordförråd, utarb. på grundval af A. May's Samtalsöfningar. 107 s. 95. Klb. 1 kr.
3. Falk, F, Tyska talöfningar jämte grundläggande ordförråd. På grundval af May's Samtalsöfningar utarbetade. 91 s. 95. Klb. 1 kr.

Par Bricole-porträtt, af P. B. Eklund. 1:a hft. 4:o, 4 portr. o. 4 blad text. Sthm, P. B. Eklund. 91. 2 kr.

Paris, Det glada. Muntra berättelser o. skizzer. Saml. o. öfv. af Hlgn. 8:o, 83 s. Sthm, C. A. V. Lundholm. 88. 80 ö.

PARKER, Joseph, Någon. Vägledande anvisn:r för dem som söka Kristus o. hans sanning. Öfv. 8:o, 189 s. Sthm, A. V. Carlsons Bokf.-aktb. 95. 1: 25, klb. 1: 80.

Parlör, Ny, på fyra språk: svenska, engelska, franska o. tyska. Tvär 8:o, 370 s. Sthm, Alb. Bonnier. 90. Pappb. 3 kr., klb. 3: 50.

Parlör, Rysk, svensk och finsk, innehållande samtalsöfningar för resande, hvilka besöka Ryssland eller Finland. 8:o, 4 o. 80 s. H:fors, G. W. Edlund. 92. 1: 50 fmk.
Parlör, Svensk o. engelsk. 2:a uppl. Liten 8:o, xxij o. 240 s. Sthm, Alb. Bonnier. 90. Klb. 1: 50
Parlör, Svensk o. tysk. Liten 8:o, 239 s. Sthm, Alb. Bonnier. 90. Klb. 1: 50.
Parlör, Tysk-Svensk. Bearb. efter Dietrichs, "Den uppriktige Tysken". Liten 8:o, 116 s. Sthm, Ad. Johnson. 91. Klb. 1 kr.
Parlörlexika, Fritzes. 16:o. Sthm, C. E. Fritzes hofbokh.
1. Svenskt-franskt. Bearb. efter Meyer's Sprachführer af *Axel Wallström.* 2:a uppl. C07 s. 90. Klb. 3 kr.
2. Svenskt-tyskt. Bearb. efter Meyer's Sprachführer af *A. W. Bodstedt.* 2:a uppl. 608 s. 91. Klb. 3 kr. (1:a uppl. 87.)
3. Svenskt-engelskt. Bearb. efter Meyer's Sprachführer af *C. G. Morén.* 2:a uppl. 770 s. 91. Klb. 3 kr. (1:a uppl. 87.)
Parnassen, Svenska. Redaktör: *Ernst Meyer.* 8:o. Sthm, Fahlcrantz & K.
I. Frihetstiden. 2 delar. 448 o. 504 s. Neds pris 3 kr., inb. 6 kr.
II. Gustavianska tiden. 2 delar. 573 o. 402 s. Neds. pris 4: 50, inb. 7: 50.
(Utkom i 20 hfn à 60 ö. 88—91)
PARVILLE, de, Se: Hvartör? o. Huru?
PASCAL, Tankar i religiösa frågor. På svenska af *C. V. Modin.* 8:o, vj o. 365 s. Sthm, Fahlcrantz & K. 90. 2: 75, inb. 3: 75.
PASCH, Aug., Geometrisk konstruktions- o. projektionslära. 4:e uppl. 8:o, iv o. 96 s. Sthm, Samson & Wallin. 91. 1: 50.
—, Handbok i linearritning. 7:e uppl. 8:o, 14 pl. med text. Sthm, Samson & Wallin. 90. Kart. 60 ö.
Passionale, Det gyldene, Esaja's 53:e kap. efter grundtexten uttolkadt af *Magn. Fredrik Roos.* Ny försvenskning med tillägg af *J. V. T.* 8:o, 32 s. Lund, C W. K. Gleerup. 86. 25 ö.
Pastoral-almanacka för år 1887—96 jämte månadsminneslistor för pastorsexpeditioner. Med läskpapper o. hörn. Sthm, P. A. Norstedt & S:r. 86—95.
För årg. 2 kr.
Pastoralexpeditionen, På. Skämt i en akt. Åtaladt af myndigheterna i Ystad 1891. 8:o, 32 s. Malmö, Socialdemokratfören. 91. 25 ö.
Patentförordningen o. lag om skydd för varumärken med dithörande författn:r utg. af *Hugo E. G. Hamilton.* 2:a uppl. 8:o, 80 s. Sthm, P. A. Norstedt & S:r. 93. Klb. 1 kr.
Patentlagar, Utländska. 8:o. Sthm, P. A. Norstedt & S:r.
1. Tyska rikets patentlag. Öfv. af *Th. E. Wawrinsky.* jemte sakreg. 29 s. 92. Klothäftad 60 ö.
PATERSON, J. L., Se: Skeppslista, Göteborgs.
Patience-bok, Illustrerad, Sjuttio patiencer med kortbilder i färgtr. 2:a genoms. o. tillök. uppl. 8:o, 120 s. Sthm, H. Geber. 87. 3 kr., klb. 4 kr.
Patiencebok, Nyaste, 56 patiencer med en och två lekar. Liten 8:o, 80 s. Sthm, Ad. Johnson. 95. Kart. 1 kr.
Patiencer, Trettio nya. Med kortbilder. Bearb. af *Olof R—n.* 8:o, 60 s. Sthm, J. Seligmann. 88. 1: 25.

PATON, J. G., Bland menniskoätare på Nya Hebriderna. Öfv. från eng. 8:o, 224 s. o. portr. Sthm, E. J. Ekmans f.-exp. 91. 1: 50.
PAUL, Adolf, En bok om en människa. Berättelse. 12:o, 287 s. Sthm, Alb. Bonnier. 91. 2: 50.
—, En saga från ödemarken o. andra berättelser. 8:o, 169 s. H:fors, W. Hagelstam. 95. 3: 25 fmk.
—, Herr Ludvigs. Skildring från vestra Finland. 8:o, 178 s. H:fors, Söderström & K. 93. 2: 50.
—, Med det falska och det ärliga ögat. (En bok om en menniska II.) 8:o, 107 s. Sthm, Alb. Bonnier. 95. 1: 50.
—, "The Ripper". (Uppskäraren.) 8:o, 163 s. Åbo, G. L. Grönlund. 92. 3 fmk.
(Indragen af censuren.)
PAUL, Hermann, Se: Kalevala.
Pauli (Aposteln) bref i ordagrann öfversättning. 8:o, 128 s. Sthm, A. V. Carlsons Bokf.-aktb. 93. 1 kr.
Pauli bref till romarna, öfversatt ord för ord från den sinaitiska handskriften med bifogad friare paralellöfvers. jämte anm:r om afvikande läsarter af *Oscar Bensow.* 8:o, 61 s. Lund, Aug. Collin. 94. 1: 50.
Pauli bref till Timoteus o. Titus med kort förklaring utg. af *J. Bratt.* 8:o, 49 s. Göteb., N. P. Pehrsson. 91. 50 ö.
Pauli första Thessalonikerbref. Öfvers. o. förklaradt af *A. Kolmodin.* 8:o, xvj o. 315 s. Sthm, Fost.-stift:s f.-exp. i komm. 93. 3 kr.
PAULLI, Jakob, Bibliska uppsatser. Öfv. 8:o, 160 s. Sthm, J. Beckman. 94.
1: 50, inb. 2: 25, med guldsn. 3 kr.
—, Fader vår. Kristliga betraktelser. Öfv. 8:o, 195 s. Sthm, J. Beckman. 92.
1: 50, inb. 2: 25, med guldsn. 3 kr.
—, Från nådens rike. Kristliga betraktelser. Öfv. 8:o, 215 s. Sthm, J. Beckman. 93.
1: 50, inb. 2: 25, med guldsn. 3 kr.
—, Lifvet i Gud. Andeliga betraktelser. Öfv. af *Otto v. Feilitzen.* 8:o, 187 s. Sthm, J. Beckman. 88.
1: 50, inb. 2: 25, med guldsn. 3 kr.
—, På helgelsens väg. Kristliga betraktelser. Öfv. 8:o, 164 s. Sthm, J. Beckman. 95.
1: 50, inb. 2: 25, med guldsn. 3 kr.
PAULSEN, Adam, Nordlysiagttagelser fra Grönland. Se: Tidskrift, Nordisk. 1890.
PAULSON, Johannes, De codice Holmensi homiliarum Chrysostomi. Se: Acta univ:is Lundensis XXVI: I, 2.
—, De codice Lincopensi homiliarum Chrysostomi. Se: dersammast. XXIII: III, 2.
—, Den grekiska teatern under det femte årh. f. Kristus. Öfversikt af de nyare forskningarna i frågan. (Inbjudningsskrift vid Göteborgs högskola.) 8:o, 39 s. Göteb., Wettergren & Kerber. 94. 50 ö.
—, Fragmentum vitæ sanctæ Catharinæ Alexandrinensis metricum e libro ms edidit. 8:o, xxxij o. 72 s. Lund, Gleerupska univ:s bokh. i distr. 91. 3 kr.
—, Index Hesiodeus. 8:o, 94 s. Lund, Hj. Möller. 90. 2: 50.
—, Legenden om den heliga Katarina af Alexandria. 8:o, 30 s. Lund, Gleerupska univ:s bokh. i distr. 90. 75 ö.
—, Notice sur un manuscrit de saint Jean Chrysostome utilisé par Érasme et conservé à la bibliothèque royale de Stockholm. 8:o, 65 s. Lund, Gleerupska univ:s bokh. 90. 1 kr.
—, Oidipus-sagans ursprung. Se: Föreläsn:r, Populärt vetensk. vid Göteborgs högskola. 1.
—, Om Jülicher-handskriften till Petrus de Dacia.

Inbjudningsskrift. 8:o, 35 s. Göteb., Wettergren & Kerber. 94. 50 ö.

PAULSON, Johannes, Studia Hesiodea I De re metrica. 4:o, 168 s Lund, Gleerupska univ:s bokh. 87. 3 kr. Jfr. Acta univ:s Lundensis. XXIII: II, 1.

—, Symbolæ ad Chrysostomum patrem. 4:o. Lund, Gleerupska univ:s bokh. i distr.
I. De codice Lincopensi. 88 s. o. 1 pl. 89. 3 kr.
II. De libro Holmiensi 96 o. v s. 90. 3 kr.

—, Till frågan om Oidipussagans ursprung. Se: Årsskrift, Göteborgs högskolas. 3.

—, Se: Cavallin, Chr., Den homeriske dialekten. — Högskola, Göteborgs. — Skalder, Latinska, i urval.

Paulus (D:r), Barabbas. En berättelse från Kristi tid. Öfv. från tyskan af N. J. Thunblad. 8:o, 129 s. Sthm, F. & G. Beijers Bokf.-aktb. 92. 75 ö.

PAULUS, Filip, Herrens vägar o. bönens makt. Se: Bibliotek för de unga. 36.

PAYN, James, För en broders brott Roman i 2 dlr. Öfv. från eng. 12:o, 496 s. Sthm, Fr. Skoglund i distr. 93. 2: 25.

—, Hemligheten på Mirbridge. Öfv. af Karin Lidforss. 12:o, 468 s. Malmö, Envall & Kull. 92. 2: 25.

PEARD, Frances M., Det fasansfulla året 1870—71. Se: Romaner o. noveller. 9.

PEARSE, M. G., Fattig men dock rik eller Simon Jaspers lefnadsöden. Öfv. 8:o, 159 s. Sthm, J. M. Eriksson. 86. Klb. 1: 50

—, Tankar om helighet. Öfv från eng. 2:a uppl. 8:o, 106 s. Sthm, P. Palmquists aktb. 89. 60 ö.

PECK, Geo. W, Solglimtar. Humor o. satir. Från eng. af Tom Wilson. 8:o, 318 s. Sthm, F. & G. Beijers Bokf.-aktb. 88. 3 kr.

—, Tjufpojksstreck Amerikansk humor. Öfv. från ett exemplar af det 720,000-det af Erik Thyselius. 8:o, 217 s. Sthm, F. & G. Beijers Bokf-aktb. 86. 2: 50.

—, D:o d:o. Ny följd. Amerikansk humor. Öfv. från eng. at T. H. 8:o, 247 s. Sthm, F. & G. Beijers Bokf-aktb. 87. 2: 75.

—, o. NYE, Bill, Fyratio ljugare o. andra lögner. Sorglustiga humoresker. Med 7 illustr. 8.o, 228 s. Sthm, F. & G. Beijers Bokf.-aktb. 87. 2: 50.

PECZELY, Ignaz, Se: Liljequist, N., Om ögondiagnosen.

PEDERZANI-WEBER, Jul., Auf rauhen Pfaden. Se: Verfasser, Moderne deutsche. 2

—, o. BENSELER, G., Bland rödskinn o. hvita. Faror o. äfventyr från skilda verldsdelar. Med illustr. Öfv. från tyskan. 8:o, 249 s. Sthm, Ad. Johnson. 94. Kart. 2: 75.

PEERS, K., Lättfattlig handbok vid beredning af fruktviner. Se: Handbibliotek, Praktiskt. 1.

PEMBERTON, Max, Kapten Black (The iron pirate). Öfv. från eng. af M. Boheman. 8:o, 234 s. Sthm, Fr. Skoglund. 95. 2: 50.

PÉNE, Henry de, Alltför vacker. Prisbelönt af franska akad. Med ett bref från Octave Feuillet. Öfv. 8:o, 327 s. Sthm, F. & G. Beijers Bokf.-aktb. 88. 3 kr.

Penningar o. ränta. Se: Skrifter, Folkupplysn. sällsk. 76.

PENNY, Frank, Zoïla. Öfv. från eng. af D. K. 8:o, 342 s. Sthm, F. & G. Beijers Bokf.-aktb. 91.

Pepparkakan. Bilderbok för snälla barn. 30 färgtr. bilder med lustiga rim. 8:o, 30 blad. Sthm, Ad. Bonnier. 90. Inb. 1 kr.

Peregrinus, Intressanta reseturer i Finland. 8:o, 40 s H:fors, G. W. Edlund. 92. 1: 25 fmk.

PERESWETOFF-MORATH, C. W., Se: Motala.

PERFALL, Anton von, Slottsfröken (Der Scharffenstein). Roman. Öfv. af Annie Wall. 8:o, 278 s. Sthm, Fr. Skoglund. 95. 2: 75.

PERMAN, E. S, Bidrag till den operativa behandlingen af höftledsankylos. 8:o, 64 s. Sthm, Förf:n. 88. 1: 50.

—, Se: Sjukvård o. helsovård.

Peron, Se: Sagor o. berättelser på landskapsmål.

PERRON, Paul, Konstberiderskan. Se: Romanbibliotek, Ad. Bonniers. 60.

PERSSON, Gust., Tabell för bestämmande af mjölkpriset i förhållande till mjölkens fetthalt o. smörnoteringarne. 12:o, 81 s. Kristianstad, L. Littorins bokh i distr. 93. Kart. 1: 75.

PERSSON, J., Se: Reading, English.

PERSSON, Per, Fiolnotation. Lättfattlig notskrift för fiolspelare bland menige man. Förf:ns uppfinning. 8:o, 16 s. Östersund. 95. 1 kr.

—, Svensk namnbok. Uppgift på fornnord. namnsdagarnes datum i kalendarisk ordning, samt alfabetiskt ordnad namnlängd öfver brukliga dopnamn. m. m. 8:o, 63 s. Östersund, 94. 80 ö.

—, Tangentsystemet. Enkel o. lättfattlig notskrift tillegnad olärde musikvänner. 2 tillökta uppl. 8:o, 49 s. Östersund, 94. 1: 25.

—, Studien zur Lehre von der Wurzelerweiterung und Wurzelvariation. Se: Årsskrift, Upsala univ s. 1891. Filosof. språkvet. o. hist vet. 4.

PERSONNE, John, Skolungdomens sedliga uppfostran. 8.o, 74 s. Sthm, F. & G. Beijers Bokf-aktb. 1 kr.

—, Strindbergslitteraturen o. osedligheten bland skolungdomen. 8:o, 94 s. Sthm, C. Deleen & K. i komm. 87. 1: 25.

—, Svar till Federationen. 8 o, 70 s Sthm, F. & G. Beijers Bokf.-aktb. 88. 1 kr.

—, Tal vid Svenska bibelsällsk. allm. årssammankomst d. 21 apr. 1886. 8:o, 16 s. Sthm, C. Deleen & K. 86. 35 ö.

PESCHEL, Oscar, Menniskans ursprung o. kulturhist. utveckling. Öfv. af L. B—r. 8:o, 279 s. Sthm, C. A V. Lundholm. 90. 2 kr.

PESTALOZZI, Joh. Henr., Huru Gertrud undervisar sina barn. Se: Skrifter af uppfostringskonstens stormän. 8.

—, Lienhard o. Gertrud. Se: dersammast. 5.

PETERS, Carl, Nytt ljus öfver det mörkaste Afrika. Redog. för tyska Emin-pascha expeditionen. Sv. bearb. af O. W. Ålund. Med 107 illustr. samt 1 karta. 8.o, 370 s. 26 pl. o. 1 karta. Sthm, Alb. Bonnier. 91. 8 kr., inb. 10 kr.

PETERSEN, Fredrik, Äktenskap eller fri kärlek. Föredrag. Öfv. af O v F. 8:o, 48 s. Sthm, F. & G. Beijers Bokf-aktb. 87. 60 ö.

—, Äktenskap eller fri kärlek. Öfv. 8:o, 52 s. H:fors, G. W. Edlund. 87. 1 fmk.

PETERSEN, Julie, f. Wagner. Se: Journal för plattsöm.

PETERSEN, Julius, Lärobok i elementerna af plana geometrien. Öfv. af A. Rosén. 8:o, 80 s. Sthm, P. A. Norstedt & S:r. 80. 1 kr, kart. 1: 25.

PETERSEN, J. V., Se: Kjellman, F. R., o. Petersen, J. V., Japans Laminariaceae.

PETERSENS, Carl af, Se: Studiehandbok.

PETERSSON, A. E., Intresse-uträkning à 3,6 — 4,8 procent. 4:o, 8 s. Linköp., P. M. Sahlströms bokh. 95. 90 ö.

PETERSSON, C. A., Handbok för begagnande vid

varors tullbehandling. 8:o, 159 s. Ups., Akadem. bokh. 93. 2 kr.

PETTERSSON, O. F., Handbok för prester vid expeditioner etc. innehållande pastoralkalender, erinringar om betygsformulär m. m. 2:a uppl. 8:o, 98 s. (Interfol.) Falun, Falu boktr.-aktb. 88. Kart. 2: 50. (1:a uppl. 87.)

PETTERSSON, O. F., Nya verlden. En blick i den nordamerik. republ. häfder. 8:o, 232 s. Chicago, Enander & Bohman. (85.) Klb. 1 $ (4 kr.)

PETTERSSON, C. J. F., Den praktiske smidesmästaren. Handbok för bokhållare och bergsmän. 8:o, 170 s. Sthm, Samson & Wallin i distr. 86. 4 kr.

PETERSON, Emil, Se: Cornelii Nepotis vitæ.

PETTERSSON, E. W., Se: Ploctz, Carl, Elementarbok i franska språket.

PETERSON, Fredr., Tre musikaliska föreläsn:r om rytmen. 8:o, 47 s. o. 2 musikbilagor. Sthm, W. Billes Bokf.-aktb. i distr. 87. 1 kr.

PETTERSSON, Gottfr., Små smulor. 8.o, 178 s. Sthm, C. A. V. Lundholm. 86. 1: 50.

PETERSON, Gust. R., Ängermanelfven —Indalselfven. Illustr. Turistskrift. Med anledning af H M. Konung Oscar II:s och H. K. H. Kronprinsen Gustaf Adolfs färd d. 31 juli o. 1 aug. 1894 utgifven. 8:o, 48 s. o. 1 karta. Sundsvall, J. Sunesson. 95. Klb. 2 kr.

PETERSON, Hilda, f. Böös, Handledning vid glasetsning jemte talrika litogr. teckn:r. 12:o, 12 s. o. 3 pl. Sthm, S Flodin. 86. 1: 50.

—, Mönsterbok för etsuing på glas. Med anslutn. till förf:ns handledn. vid glasetsning. 1:a hft. 8:o, 12 pl. Sthm, G. Chelius. 87. 1: 50.

PETTERSSON, Johannes, Guds sista budskap till det himmelska bröllopet. 2:a uppl 8:o, 176 s. Kalmar, Förf:n. 90. 1 kr. (1:a uppl. 89.)

PETTERSSON, J. O., Se: Tidning för byggnadsväsendet.

PETERSON, K E., Öfversigt af Rysslands härordning Se: Förlag, Militärlitteraturföreningens. 60.

PETTERSSON, O., Redogörelse för de hydrografiska undersökningarna i Östersjön. Se: Bihang till K. sv. Vet. akad:s handl:r. XIX: II, 4.

—, Se: Nilson, L. F. o. Pettersson, O., Nouvelle méthode pour déterminer la densité de vapeur.

—, —, —, Sur deux chlorures d'Indium.

—, o. EKMAN, Gust., Grunddragen af Skageracks o. Kattegats hydrografi. Se: Handlingar, K. sv. Vet.-akad:s. XXIV: 11.

—, o. EKMAN, R., En ny metod att bestämma alkoholhalten i jästa drycker. Se: Bihang till K. sv. Vet.-akad:s handl:r. XVII: II, 8.

PETTERSSON, O. A., Facer o. profiler för den svenska försäkringsverlden. Anteckn:r under en 10-årig verksamhet inom försäkringsväsendet. 1:a o. 2:a hft. 8:o, 80 s. Sthm, Sv. assuranstidn. redakt. 92. För häfte 1 kr.

—, Försäkringsväsendet i Sverige. Upptagande de olika svenska bolagens ändamål, fonder m. m. Liten 8:o, 110 s. Sthm, Alb. Bonnier. 88. 1: 25.

—, Se: Försäkringsbibliotek, Illustreradt. — Försäkringskalender, Svensk. — Svensken.

PETTERSSON, O. P., Lapparnes sommarlif. Se: Bidrag till känned. om de svenska landsmålen. 34.

PETERSON, O. V., Om engelska sjukan hos barn. Se: Föreningen Heimdals folkskr. 26.

PETERSON, P. A., Kommen ihåg att I ären svenskar o. norrmän! Brödrafolkens storhetstid är för handen. De skandinav. ländernas framtid ur Svedenborgiansk synpunkt. 8:o, 84 s. (Tr. i Amerika.) Sthm, Looström & K. i distr. 94. 30 ö. 2:a omarb. o. tillök. uppl. 8:o, 119 s. (Tr. i Örebro.) 1 kr.

PETTERSSON, P. A., Landtmannabyggnader. Ritningar för alla områden inom landthushållningen. Granskade af Fr. Eckert o. Fr. Bæckström. 1:a— 8:e hft. Folio, 44 s. o. 48 pl. Sthm, C. A. V. Lundholm. 89—91. Kompl. 16 kr., kart. 17 kr.

PETERSON, Richard, Från gamla Söderköping, dess kyrkor, kloster o. kapell. 8:o, 22 s. Söderköp., Förf n. 93. 30 ö.

—, —, Från predikstolen o vid grafven. 8:o, 64 s. Söderköp., Förf:n. 90. 50 ö.

(PETTERSSON, Sigrid), Ljusa skyar. Sagor o. berättelser af Toivo. Med 32 illustr. af Jenny Nyström. 8 o, 172 s. Sthm, Sv. Familj-journ. f.-exp. 86. Kart. 2: 75.

PETERSOHN, Thor, Undersökn. af de inhemska ormbunkarnes bladbyggnad. Akad. afh. Lund, Gleerupska univ:s bokh. 89. 1 kr.

[PETERSSON, V.], På lustfärd öfver land och vatten. Reseskildringar o. kåserier af V. P—n. 8:o, 230 s. H.fors, Förf:n. 86. 2: 50 fmk.

PETERSSON, Walfr., Om naturliga etsfigurer etc. på Beryll. Se: Bihang till K. sv. Vet.-akad:s handl:r. XV: II, 1.

PETTERSSON, Wilh., Kortfattad beskrifning öfver Särna socken med Idre kapellag. utarb. 1895. 8:o, 50 s o. 1 karta. Särna, Förf:n. 95. Inb. 6 kr.

Petitkalender 1891—96, tryckt i färger å ett hopviket kartongblad. Sthm, P. A. Norstedt & S:r. 90—95. à 25 ö.

Petraroa, Afrika, Episk dikt. Se: Westin, H., Öfversättningar.

PETRELIUS, A., Jämförelse mellan noggrannheten hos kartor öfver Finland. Se: Fennia. III: 15.

—, Tabeller för beräkning af barometriska höjdmätningar. Se: dersammast. III: 16.

—, Ueber die kartographischen Arbeiten der Expedition nach Kola. Se: dersammast. V: 8.

—, Upsökning af den Baltiska Triangulationens punkter. Se: dersammast. III: 12. IV: 7.

—, Se: Donner, A. o. Petrelius, A., Latitudsbestämningar.

PETRELLI, O., Om de ytterata tingen. 8:o, 44 s. Sthm, Samson & Wallin. 89. 50 ö.

PETRELLI, T. J., Anteckningar om svenska o. finska fanor o. standar under konungarna Karl X Gustaf o. Karl XI, intill 1686. Med 8 pl. Stor 8:o, 164 o. 34 s. samt 8 pl. Sthm, P. A. Norstedt & S:r. 93. 5 kr.

—, o. LILJEDAHL, E. S., Standar o. dragonfanor från valplatsen i Tyskland. Se: Tidskrift, Antiqvarisk. XIV; 3.

PETRÉN, Karl, Bidrag till kännedomen om ryggmärgsförändringar vid perniciös anemi. Akad. afh. 8:o, 144 s. o. 2 pl. Lund, Gleerupska univ:s-bokh. 95. 2: 50.

PETRI, B. E., De kristna trosanningarna populärt framställda. 8:o, 427 s. Sthm, A. V. Carlsons bokf.-aktb 94. 2: 25, klb. 3 kr.

PETRI, Ludv. Ad., Påskbetraktelse. Se: Korset o. grafven, Vid.

PETRI, Olaus, Bönbok. Se: Skrifter, utg. af Samf. pro fide et christ. 37 b.

—, Hvad presterna äro skyldiga lekmännen o. lekmännen presterna. Se: dersammast. 37 a.

—, Svar på tolf spörsmål om den evangel. o. den

påfviska läran. Jämte tvenne reformationstal hållna i Upsala 1891 o. 1893 af *O. F. Myrberg.* 8:o, 120 s. Sthm, P. A. Norstedt & S:r. 93. 1: 25, klb. 2 kr. Praktuppl. in 4:o, 120 s. Skinnb. 10 kr.

PETRINI, Henrik, Om de till ekvationen $\Delta \Phi = 0$ hörande ortogonala koordinatsystem. Se: Årskrift, Ups. univ:ts. 1890. Matem. o. naturvet. 2.

—, Om de till ekvationen $\Delta \Phi + k^2 f (xyz) \Phi = 0$ hörande ortogonala koordinatsystem. Se: Bihang till K. sv. Vet.-akad:s förhandl;r. XIX: I, 4.

—, Om några grundbegrepp i den mekan. värmeteorien. Se: dersammast. XIX: I, 1.

—, Om slutna konvexa konturer. Se: dersammast. XIX: I, 5.

Petrus, Predikanten o. församlingen. Några anvisn:r om predikantens o. församl. plikter gent emot hvarandra. 8:o, 106 s. Sthm, F. & G. Beijers Bokf.-aktb. 91. 1 kr.

PETTENKOFER, Max v., Om koleran med hänsyn till den senaste koleraepidemien i Hamburg. Öfv. från tyskan. 8.o, 44 s. Sthm, H. Geber. 93. 60 ö.

Petterbom, Nikolaus, Gumman min och jag. Humorist. familjhistorier ur Stockholmslifvet. 8:o, 230 s. Sthm, Ad. Johnson. 95. 2: 75.

Petterkvist. Lovisa, Se: *[Agrell, Alfhild.]*

PETÖFI, Sándor, Se: *Schöldström, B.,* Harposlag o. svärdsklang.

PFANNENSTIEL, Ernst, Eine Methode zur Berechnung des Integrals. Se: Acta, Nova, reg. soc:is scient. Upsal. XIV: 2.

—, Ueber die Differentialgleichung der ellipt. Function 3:er Ordnung. Se: dersammast. XV: 3.

PFANNENSTILL. Erik, Om fem isomera xyloldissulfonsyror. Akad. afh. 8:o, 37 s. Lund, Gleerupska univ:s-bokh. 94. 1 kr.

PFANNENSTILL, S. A., Koleran, dess sjukdomsförlopp o. behandling. 8:o, 45 s. Sthm, Samson & Wallin. 93. 1 kr.

—, Nervrasteni o. hyperaciditè. Ett bidrag till nervrasteniens symptomatologie. Akad. afh. 8:o, 42 s. Lund, Gleerupska univ s bokh. i komm. 91. 1 kr.

PFEIFF, Vict., Se: *Arnold, Edvin,* Asiens ljus. — Döden och efter döden. — Sanningsökaren.

[PFEIFFER, Sara Chr:a Wilh:a A., f. SCHÖNBECK], Emilie Högqvist. Romant. skildring af *Sylvia.* 8:o, 361 s. Sthm, F. & G. Beijers Bokf.-aktb. 90. 2: 75, inb. 3: 75.

—, En drottning. Historisk romant. skildring af *Sylvia.* 8:o, 380 s. Sthm, F. & G. Beijers Bokf.-aktb. 88. 2: 75, inb. 3: 75.

—, Samlade noveller o. berättelser af *Sylvia.* 2:a uppl. 12:o, 483 s. Sthm, Ad. Bonnier. 87. 2: 50.

—, Skön Öllegård. Hist. romant. skildring från Carl XI:s tid af *Sylvia.* 8:o, 399 s. Sthm, F. & G. Beijers Bokf.-aktb. 86. 3 kr., inb. 4 kr.

—, Sofie Hagman. En kärlekshistoria från gustavianska tiden. Skildring af *Sylvia.* 8:o, 384 s. o. 1 portr. Sthm, F. & G. Beijers Bokf.-aktb. 87. 2: 75, inb. 3: 75.

PFEIL, Richard v., En tysk officers minnen från ryskturkiska kriget 1877—78. Öfv. af *A. M Wester.* 8:o, 242 s. Sthm, P. A. Norstedt & S.r. 93. 2: 75.

Phaedri fabulæ Æsopiæ selectæ af *Joh. Paulson.* Se: Skalder, Latinske. 1.

Pharmaca composita, inneh. kompositioner på icke officiella läkemedel o. magistralformer, saml. af *C. G. H. Thedenius, R. Luhr* m. fl. 8:o, 336 s. Sthm, Apotekaresocieteten. 91. 3: 50.

Pharmacopoea Fennica. Ed. quarta. Finska farmakopén. 4:e uppl. öfv. o. försedd med anmärkn:r af *E. E. Sundvik.* 2:a uppl. illustr. o. tillökad. 8:o, xj o. 368 s. H:fors, G. W. Edlund. 88. 10 fmk.

Pharmacopoea Svecica. Editio 7:ma, qvartum typis descripta. 8:o, x o. 290 s. Sthm, P. A. Norstedt & S:r. 90. Inb. 2: 75 o. 3: 50.

PHILIPS, F. C., En präktig flicka. Roman. Öfv. från eng. af *Ernst Lundquist.* 8:o. 255 s. Sthm, H. Geber. 90. 2: 50.

—, Maskstungen. Spegelbilder ur nutidslifvet. Öfv. från eng. af *Anna Geete.* 8:o, 287 s. Sthm, H. Geber. 88. 2: 50.

—, o. **FENDALL, Percy**, Efterdyningar. Roman. Öfv. från eng. af *Ernst Lundquist.* 8:o, 182 s. Sthm, H. Geber. 90. 1: 75.

PHILP, Hugo W., Franskt konstruktionslexikon jemte förteckn. på de ord o. talesätt som styra subjonctif samt öfver- o. underskrifter i bref. 8:o, 440 s. Sthm, F. & G. Beijers Bokf.-aktb. 88. 6 kr., inb. 7 kr.

—, Inledande skriföfningar i franska språket. 2:a uppl. 8:o, 158 s. Sthm, P. A. Norstedt & S:r. 90. 1: 50, kart. 1: 75. (1:a uppl. 86.)

PHRAGMÉN, E., Om några med det Poincaré'ska fallet af trekropparsproblemet beslägtade uppgifter. Se: Bihang till K. sv. Vet.-akad.s handl:r. XV, I, 13.

—, Proportionella val. Se: Spörsmål, Svenska. 25.

PHRAGMÉN, Lars, Plan trigonometri. 6:e uppl. 8:o, 103 s. Sthm, P. A. Norstedt & S:r. 91. 1: 50. (5:e uppl. 87.)

PICHLER, Luise, Am Fusse der Achalm. Med anmärkn:r af *E. Brate.* Se: Skolbibliotek. I, 4.

—, Der Überfall im Odenwald. Med anmärkn:r af *E. Brate.* Se: dersammast. I, 3.

—, o. **EBNER, Theodor**, Genom stepper och snöfält. Två berättelser. Öfv. af *—ck.* 8:o, 215 s. o. 4 pl. Sthm, F. & G. Beijers Bokf.-aktb. 87. Kart. 2: 75.

PIEHL, Karl, En fornegyptisk kulturbild. Se: Tidskrift, Nordisk. 1892.

—, Ett blad ur den fornegyptiska litteraturens historie. Se: dersammast 1894.

—, Ett fornegyptiskt tempel. Se: dersammast. 1891.

—, Från Nilens stränder. Dagboksanteckn:r o. popul. uppsatser. 8:o, 222 s. Sthm, W. Billes Bokf.-aktb. 95. 2: 50.

—, Om betydelsen af termen kanon inom den egyptiska konstens historia. Se: Skrifter utg. af Humaniska Vetenskapssamf. 2.

—, Om kopterna. Se: Tidskrift, Nordisk. 1893.

—, Reiseliteratur om Egypten. Se: dersammast. 1891.

PIERSON, A. T., En lefnadshistoria. Se: *Gordon, A. J.* Huru Kristus kom till församlingen.

PIHL, Axel, Se: Handbok i svenska trädgårdsskötseln. — *Lindgren, E., Pihl, A.,* o. *Lövegren, G.,* Trädgårdsanläggningskonst. — Tidskrift, Svenska trädgårdsföreningens.

[PIHLSTRAND, Ragnar], Fänrik Flinks minnen. Scener ur 30-åriga krigets historia af *Lodbrok.* 3:e uppl. 8:o, 337 s. Sthm, F. & G. Beijers Bokf.-aktb. 94. 3: 75.

[ ]. Jernhandsken. Hist. roman från Karl XII s tid af *Lodbrok.* 8:o, 1248 s. Sthm, W. Silén. 94. 7 kr., inb. 8 kr.

Pilgrimsfärden, Under. Illustr. textbok med verser af *L. L.* 12:o, 8 blad velin med illustr. (Tr. i Lahr.) Sthm, Fost.-stift:s f.-exp. 93. 75 ö.

Pilgrimssånger, Nya, på vägen till himmelska Sion.

16:o, viij o. 439 s. 8thm, P. Palmquists aktb. 91. Klb. 1 kr.
PIO, Jean, Hälsolära för ungdom. Öfv. 2:a genoms. uppl. 12:o, 104 s. Köping, M. Barkéns bokh. 90. Kart. 50 ö.
PIPPING, Aline, Se: Carducci, G. Valda dikter.
PIPPING, Hugo, Om klangfärgen hos sjungna vokaler. Undersökning utförd vid fysiologiska institutet i Kiel medels Hensens fonautograf. Akad. afh. 8:o, 93 s. o. 2 pl. H:fors, Förf:n. 90. 2: 50 fmk.
—, Om Hensens fonautograf som ett hjelpmedel för språkvetenskapen. 8:o, 32 s. H:fors, Förf:n. 90. 1 fmk.
—, Theorie der Vokale. Se: Acta soc:is scient. fenn. XX.
—, Se: Lesebuch, Deutsches.
PIPPING, W., Studier öfver Pneumococcus. Akad. afh. 8:o, 78 s. o. 3 pl. H:fors, Förf:n. 86.
—, Tracheotomier vid croup hos barn, utförda i Helsingfors. Se: Comment. variæ in mem. act. CCL ann. II: 8.
—, Till kännedomen om ventrikelns funktioner i den späda åldern i normalt och patologiskt tillstånd. Akad. afh. 8:o, 3 o. 158 s. H:fors, Förf:n. 91. 2 fmk.
PIRA, G., Allmän historia för folkhögskolor. 2:a uppl. 8:o, 76 s. Sthm, P. A. Norstedt & S:r. 92. 40 ö., kart. 50 ö.
—, Lärobok i modersmålet för folkskolor. 2:a uppl. 8:o, 64 s. Sthm, A. V. Carlsons Bokf.-aktb. 91. 35 ö., kart. 40 ö.
(1:a uppl. 89.)
Pirouette, Hästen. Monolog. Se: Humor, Fransk.
PISSEMSKI, A. Th., Förnämt folk. Roman. Öfv. 8:o, 245 s. Wiborg, 90. 1: 25 fmk.
PIZZIGHELLI, G., Handledning i fotografi för nybörjare. Öfv. af Albin Roosval. Med 102 afbildn:r. 8:o, vj o. 177 s. Sthm, G. Chelius. 90. 3 kr.
PLANCK, E., Se: Betraktelser för skolungdom. — Riehl, H. W., Drei Novellen.
Planscher, Tio stycken lösa, till en kurs i byggnadskonst. Tvärfolio, 10 pl. Sthm, Ad. Bonnier. 89. 5 kr.
PLATEN, Carl v., Kort handledning i hästafvel o. föluppfödning. Liten 8:o, 81 s. Vexiö, A. Quidings bokh. 92. Kart. 50 ö.
—, Reseskizzer. (Impressions of travels.) 4:o, 67 s. o. 8 pl. i ljustryck. Tr. i Sthm. Uppl. 100 ex. (Ej i bokh.)
PLATON, Valda skrifter i svensk öfvers. af Magnus Dalsjö. 6:e dl:n. 12:o, 284 s. Sthm, P. A. Norstedt & S:r. 86. 3 kr.
PLINZNER, Paul, System för häst-gymnastik. Öfv. af G. Nyblæus. 8:o, xj o. 71 s. Sthm, C. E. Fritzes hofbokh. 91. 2 kr.
—, System för ryttarens utbildning af C. Hochschild. 8:o, 33 s. Sthm, P. A. Norstedt & S:r. 94. 1: 25.
PLOETZ, Carl, Conjugaison française. Bearb. af Oscar Wigert. 8:o, 194 s. Sthm, Ad. Johnson. 90. Kart. 1: 50.
—, Elementarbok i franska språket. Öfv. o. bearb. af E. W. Pettersson o. F. Schulthess. 3:e uppl. 8:o, 190 s. Sthm, A. V. Carlsons Bokf.-aktb. 93. Klb. 1: 50.
(2:a uppl. 89.)
—, Fransk språklära för skolor. 4:e omarb. uppl. Utg. af H. S[imelius.] 8:o, 194 s. H:fors, G. W. Edlund, 86. 2: 50 fmk.
—, Petit vocabulaire français. Bearb. af C. Löfving.

3:e genoms. uppl. 8:o, 64 s. Sthm, C. A. V. Lundholm. 89. 50 ö, inb. 75 ö.
PLOETZ, Carl, Syllabaire français. Bearb. af Vilh. Sturzen-Becker. 2:a uppl. 8:o, 154 s. Sthm, Ad. Johnson. 89. Kart. 1: 25.
—, Se: Elmqvist, G., Fransk språklära.
—, Ny elementarkurs i franska språket. Utg. af C. M. Lindfors. 2:a uppl. 8:o. H:fors, G. W. Edlund.
I. Systematisk språklära. vij o. 152 s. 91. 3 fmk (2: 25.)
II. Ljud- o. ordlära. v o. 171 s. 91. 3: 25 fmk (2: 45.)
POE, Edgar Allan, Arthur Gordon Pyms sällsamma sjöäfventyr. 8:o, 199 s. Sthm, F. C. Askerberg. 90. 1: 50.
—, Underliga historier. Med 27 illustr. Öfv. 8:o, 375 s. Sthm, F. & G. Beijers Bokf.-aktb. 95. 3: 50.
Poeter, Svensk-amerikanska i ord o. bild af Ernst Skarstedt. 8:o, 336 s. Minneapolis, Sv. folkets tidnings förlag. 90. Klb. 2 dollars (7: 50.)
Points-förteckning öfver Skandinaviens växter. 8:o. Lund, C. W. K. Gleerup.
1. Fanerogamer o. kärlkryptogamer. 3:e uppl. 111 s. 91. 90 ö.
(2:a uppl. 88.)
Points astronomiques en Finlande. Se: Fennia. I: 12.
Pojken. Humoristisk julkalender 1890. Tillegnad alla glada laxar. 8:o, 62 s. Tr. i Malmö, Joe Damms boktr. 89. (Konfiskerad) 1 kr.
POLKO, Elise, Harmonier. Öfv. af Annie Wall. 8:o, 267 s. Sthm, Fr. Skoglund. 94. 2: 75.
Polstjernan, Illustrerad kalender. 8:o. Sthm.
3:e årg. för 1887. 247 s. o. 11 pl. 86.
4:e årg. för 1888. 226 s. o. 10 pl. 87.
5:e årg. för 1889. 228 s. o. 11 pl. 88.
6:e årg. för 1890. 224 s. o. 11 pl. 89.
För årg. kart. 2: 50, klb. 3: 50.
3:e—5:e årg. G. Chelius. 6:e L. Hökerberg.
PONSON du TERRAIL, Zigenarnes konung. Roman. Öfv. från franskan. 8:o, 643 s. Göteb., D. F. Bonniers f-exp. 92. 2 kr.
PONTIN, D. M., Se: Författningar m. m. ang. medicinalväsendet.
Pontius Pilati offentliga handlingar. Pilati rapporter, bref etc. till den romerska kejsaren Tiberius om Jesu verksamhet m. m. Inledn. o. förklarande anmärkn:r af Prof. W. O. Clough. Öfv. från eng. af G. F. 8:o, 244 s. Sthm, F. & G. Beijers Bokf.-aktb. 86. 2 kr.
Pontius Pilatus' (Den romerska landshöfdingen) berättelse om vår frälsare Jesus Kristus enligt ett gammalt latinskt manuskript, samt Abgari bref till Jesus och Jesu svar, äfvensom vår herres utseende efter Roms gamla annaler. Med 2 Kristusbilder. Öfv. 8:o, 32 s. Sthm, P. A. Huldbergs Bokf.-aktb. 95. 40 ö.
—, Berättelse om Jesus Kristus. Se: Skrifter för folket. 6.
PONT-JEST, René de, En detektivs spaningar eller ett polisens mästerverk. Kriminalberättelse 2 dlr i ett band. Öfv. från franskan. 8:o, 285 s. Sthm, F. & G. Beijers Bokf.-aktb. 89. 2 kr.
Pontonier-reglemente för svenska ingeniörtrupperna. 4:o, viij o. 231 s. Sthm, Fortifikationen. (1881.) 4 kr.
PONTOPPIDAN, Erik, Hudens o. hårets vård. Öfv. efter 3:e danska uppl:n. Med illustr. Liten 8:o, 108 s. Sthm, L. Hökerberg. 87. Klb. 1 kr.

PONTOPPIDAN, Erik, Härliga trosspegel, som föreställer Guds barns rätta kännetecken m. m. Öfv. från danskan af *Hugo Eneroth*. 9:e uppl. 8:o, 168 s. Sthm, F. & G. Beijers Bokf.-aktb. 90.
Inb. 1 kr.
POPE, W. B., Eskatologien eller de yttersta tingen. Öfv. 8:o, 101 s. Sthm, P. Palmquists aktb. 88.
75 ö.
POPPE, O., Mästerskapssystem i bokföring Ett alldeles nytt, mycket praktiskt, enkelt o. lättfattligt system i bokföring etc. Öfv. o. bearb. 4:o, 47 s. Sthm, Ad. Johnson. 95. 1 kr.
POPPIUS, Alfred, Finlands Phytometridæ. Se: Acta soc:is pro fauna et fl. fenn. VIII: 3.
—, Finlands Dendrometridæ. Med planscher öfver deras ribbförgrening. Akad. afh. 8:o, 151 s. H:fors, 87. Jfr. dersammast. III: 3.
— —, Finlands mätarefjärilar beskrifna. Med plancher öfver deras ribbförgrening 8:o, 301 s. 14 tab o. 1 karta. H:fors, G. W. Edlund. 87.
5 fmk (3: 75.)
—, Lärobok i fysik. Grundad på experimenter for seminarier och fruntimmersskolor. 2:a uppl. Med 106 figurer. 8:o, viij o. 96 s. Åbo, G. W. Wilén. 94. 2: 50, inb. 3 fmk.
PORAT, C. O. v., Myriopoder från Vest- o. Syd-Afrika. Se: Bihang till K. sv. Vet.-akad:s handl:r. XVIII: IV, 7.
[PORKKA, V.], Volmari Porkkas tscheremissische Texte mit Uebersetzung herausg. von *Arvid Genetz*. 8:o, 6 o. 140 s. H:fors, 95.
Jfr. Journal de la Soc. finno-ougr. XIII.
Portfölj, Ur Spritt von Tokenströms. Fantasier, tokerier, raljerier, fotografier. Illustr. af *A. E.* 8:o, 166 s. Sthm, Ad. Johnson. 95. 1: 75.
Portföljer, Ur skilda. Litterärt album. 8:o, 293 s. Sthm, J. Beckman i distr. 93. 3 kr.
PORTHAN, H. G., Bref till M. Calonius. Utg. af *W. Lagus*. I. 1791—96. II. 1797—1800. 4:o, 606, lxviij o. cvj s. H:fors. 86. 16 fmk.
Jfr. Skrifter utg. af Sv. litt. sällsk. I & V.
Portmonä-metertabeller. 32:o, 64 s. Lund, C. W. K. Gleerup. 89. 20 ö.
Porträtt, Femtio, af ryktbara svenskar med korta lefnadsteckn:r. 8.o, 55 s. o. 50 portr. Sthm, F. & G. Beijers Bokf.-aktb 93. I kartong 5 kr.
Porträtt, Norska. 8:o, 14 s. Sthm, Ax Wahlins bokh. 94. 20 ö.
Porträtt, Svenska, efter kopparstick i Nationalmuseum o. Kgl. Biblioteket. Utg. af *G. Upmark* o. *W. Silfversparre*. Folio, 50 portr. Sthm, F. & G. Beijers Bokf.-aktb. 90. Inb. 16 kr.
(Utkom i 10 hfn à 1: 50. 86—90.)
Porträtt, Svenska o. finska. Förteckning öfver en porträttsamling tillhörig B. Wadström. 4:o. Sthm. 1:a hft. Med 262 illustr. 32 o. 88 s. 94. 5 kr. 2:a hft. Med 206 illustr. s 33—72 o. 89—112. 94. 5 kr.
25 ex. på gult perfektionspapper à 8 kr.
Porträtt, Vår herres o. frälsares Jesu Kristi, efter Roms gamla annaler äfvensom Abgari bref till Jesus o. Jesu svar samt Pontii Pilati berättelse om vår frälsare Jesus Kristus. 2:a ötvers uppl. med två Kristusbilder. 8:o, 23 s. Sthm, P. A. Huldbergs bokf.-aktb. 94. 40 ö.
Porträtter af svenska regenter från Gustaf Vasa till Oscar II, utförda i xylografi af *Ida Falander*. 8:o, 20 portr. Sthm, F. & G. Beijers Bokf.-aktb. 93.
I kartong 2: 50.

Porträttgalleri. Svenskt. I. Kungliga familjen samt konungens stamfader o. öfriga aflidna medlemmar af konungahuset. Med biogr. uppgifter o. en genealog. tabell af *F. U. Wrangel*. 8.o, 69 s. o. 1 tab. Sthm, H. W. Tullberg. 95. 2 kr, inb. 2. 50 o. 3: 50. Qvartuppl, tryckt på fin kartong i eleg. band 12 kr.
Porträttgalleri af svenska generals- o. amiralspersoner. 51:a o. 52:a hft. Folio, 2 portr. Sthm, P. B. Eklund. 88. 5 kr.
POSSE, Charlotte f. Ramsay. Se: Väfbok.
POSSE, Nils, Handbok i figuräkning på skridskor Bearb. o. tillökn. af "Skridskosporten." 8:o, 60 s. Sthm, H Geber. 89 Klb. 1: 25.
POST, Stafs Adolf von, Sveriges vigtigaste ogräsväxter o. medlen till deras bekämpande. 8:o, 112 s. Sthm, F. & G. Beijers Bokf.-aktb. 91. 1: 50.
Postfördrag, Internationela med tillhörande expeditionsreglementen afslutade vid kongressen i Wien. 1891. 4:o, 241 s Sthm, Kgl. Generalpoststyrelsen. 3 kr.
Posthandbok för Stockholm. År 18—. 8:o, hvarje årg. omkr. 100 s. Sthm, Samson & Wallin. 50 o.
Postiljonen. Organ för den pedagog. skolslöjden jemte hemslöjden etc Utg. o. red. *Agathon Nyholm* 8.o, Sthm, Expeditionen. 88. För årg. (12 n:r) 6 kr.
För n:r 50 ö.
Postilla, Sanningsvännens. Se: Skrifter, utg. af Samf. pro fide et christianismo. 26.
Postilla, Söndagsvännens. Se: dersammast. 27 o. 28.
Postmatrikel, Svensk, 1894. Utg. af *Helmer Lagergren*. 4.o, 200 s. Mora, Utg:n. 95. 2: 50.
Postortlexikon, Svenskt, utarb. på föranst. af K. Generalpoststyrelsen. 4 o, 575 s. Sthm, Samson & Wallin i komm. 94. Inb. 6 kr.
Poststadga, Allmän, utfärdad af K. Generalpoststyrelsen. Årg. 1887— 8:o. Sthm, Samson & Wallin.
POWER, P. B., Den oljade fjädern. Bearb. från eng. af *Mathilda Foy* 4:e uppl. Liten 8:o, 48 s. Sthm, P. Palmquists aktb. 87. 20 ö., kart. 30 ö.
—, Ett-punds menniskor. Öfv. af *G. S. Löwenhjelm*. 8:o, 123 s Sthm, Fost.-stift:s f.-exp. 92.
75 ö., kart. 1 kr, klb. 1: 75.
Praktbilderbok för snälla barn. 4:o, 12 kol pl. med text. Malmö, Envall & Kull. 88. 1: 75.
Prat och historier. Se: *[Smith, C]*
PRATT, Emma, Konungabaneret. Öfv. från eng. af *G. S. Löwenhjelm*. 8:o, 63 s. Sthm, Fost.-stift:s f.-exp. 88. 40 ö., kart. 60 ö.
Pravdoljubow. Se: *Tolstoy, Leo*, Den slaviske fantasten.
Preciosa. Se: Folkskrifter. 16.
Predikareboken, öfvers. o. förklarad af *O. F. Myrberg*. 8:o, 102 s. Sthm, Z. Hæggströms f.-exp. 89. 1: 25.
Predikningar vid kyrkans vänners årsfest i Malmö d. 5 o. 6 aug. 1890 af *Fr. Theod. L. Åsbrink* o. *Rasmus Helgesson*. 8:o, 32 s. Sthm, F. & G. Beijers Bokf.-aktb. 90. 25 ö.
Predikningar, Förment kätterska, i L—ls kyrka, utg af *L—l*, kyrkoh. i L—l. I. 8:o, 15 s. Gefle, Ahlström & Cederberg. 89. 25 ö.
Predikningar öfver de nya högmessotexterna. Utg. af fören. "Kyrkans vänner". 2:a årg. 8:o, 645 o. vj s. Sthm, F. & G. Beijers Bokf.-aktb. 91.
5: 25, inb. 6 kr.
Predikningar af svenske prästmän, saml. o. utg. af *Joh. Wallin*. Med portr. o. biografier af *Justus Lindau*. 4:o, 1:a—57:e hft. 721 s. o. 6 portr. Sthm, Fröléen & K. 94—95. För häfte 30 ö.
Predikningar på kyrkoårets sön- o. helgedagar af äldre o. nyare predikanter. 8:o, 74 predikn:r o. 6

betrakt:r. Sthm, Red. af Sthms Dagblad. 93. 2: 50.
Predikningar, Trenne, hållna i Göteborg vid prestmötet d. 23—25 sept. 1890. [Af *H. Berg, Aug. Ahlberg* o. *V. E. Friedlander.]* 2:a uppl. 8:o, 47 s. Göteb., N. P. Pehrsson. 91. 50 ö. (1:a uppl. 90.)
Préférence, Se: Spelböcker, Små. 3.
PREL, Carl du, Den mänskliga tillvarons gåta. Se: Afhandlingar, Populär-vetenskapliga. 7.
—, Det dolda själslifvet eller mystikens filosofi. Öfv. af *A. F. Åkerberg.* 2 dlr. 8:o, 252 o. 242 s. Sthm, F. & G. Beijers Bokf-aktb. 90. 5: 50.
—, Det gifves ett transcendentalt subjekt. Se: Skrifter, utg. af Teosof. samf. svenska afd. 7.
— -, Själslifvets gåtor. En undersökn. om den s. k. tankeläsningen o. de hypnotiska fenomenen. Öfv. från tyskan. 2:a uppl. 8:o, 46 s. Sthm, C. A. V. Lundholm. 89. 40 ö. (1:a uppl. 89.)
—, Själsläran framstäld ur synpunkten af menniskoväsendets enhet. Öfv. af *A. F. Åkerberg.* 8:o, 382 s. Sthm, F. & G. Beijers Bokf-aktb. 90, 4: 25.
—, Växtmystik. Se: Skrifter, utg. af Teosof. samf. svenska afd. 4.
PRENTISS, E., Lilla Siris sex läromästare. 8:o, 112 s. Sthm, Fost.-stif:s f.-exp. 88. 50 ö, kart. 75 ö.
—, Mot himmelen. Bearb. från eng. af *E. R—y.* 2:a uppl. 8:o, 287 s. Sthm, A. V. Carlsons Bokf-aktb. 91. 1: 25, kart. 1: 50, klb. 2 kr.
PRESSENSÉ, E. de (M:me), Brunette o. Blondinette. Öfv. från franskan. 8:o, 215 s. Sthm, Ad. Bonnier. 90. Klb. 3 kr.
— -, Geneviève. Öfv. 8:o, 272 s. Sthm, P. A. Norstedt & S:r. 86. 2: 75.
—, Rosa. Se: Bibliotek, Ungdomens. 17.
— -, Ur barnens lif. Se: dersammast. 16.
Prestmötet i Visby d. 27—29 aug. 1889. 8:o, 237 o. xxij s. Sthm, P. A. Norstedt & S r i distr. 89. 3 kr.
PREUSS, E, Den pastorala ämbetsverksamheten. Praktiska vinkar. Med förord uf D:r Jaspis. Öfv. o. bearb. af *E. J. Holmberg.* 8:o, 76 s. Sthm, P. A. Norstedt & S:r. 95. 1 kr.
PREVOST, Marcel, Chonchette. Öfv. 8:o, 238 s. Mariestad, P. W. Karström. 88. 2 kr.
PREYER, W., Tankeläsningen afslöjad. Förklaring öfver tankeläsandet m. m. Öfv. af *O. E. N.* Med 25 illustr. 8:o, 55 s. Sthm, C. A. V. Lundholm. 86. 1: 50.
Prins Oscars rum. 4:o, 5 fotogr. Sthm, G. Chelius. 88. För pl. 1: 25, oklistrad 1 kr.
Prins Pierre, Stockholms-detektiven. Brottmålsroman. 12:o, 368 s. Sthm, F. C. Askerberg. 93. 3 kr.
Prinsessan Eugenie. Några minnesblad samlade af *Frith. Cronhamn.* 8:o, 112 s. o. 1 facsimile. Sthm, H. Geber. 89. 2: 25.
Prinsessan Eugenie. Några ord ur hennes lif. 8:o, 80 s. o. 4 pl. Sthm, Z. Hæggströms f -exp. 89.
Profeten Esaias, öfvers. med förkl. anmärkn:r af *O. F. Myrberg.* 8:o, 320 s. Sthm, Z. Hæggströms f.-exp. 87. 4: 50.
Profeter, Det gamla testamentets. Kortf. framställning af profetians väsen o. utveckling m. m. af *I.* [*Hans Jonson.*] 8.o, 156 s. Ups, Lundequistska bokh. i komm. 90. 1: 50.
Profetian, Den bibliska, i ljuset af Jehovas testamente till ett ohörsamt Israël. Korta anvisn:r med hänsyn till tidsföljden af *K. L.* 8:o, 91 s. Sthm, A. V. Carlsons Bokf-aktb. i komm. 94. 75 ö.
Profetians besegling. Sammandrag af D:r A. Keiths arbete "Den kristna relig sanning, vittnesbörd o. bevis hämtade från profetiornas bokstafliga uppfyllelse" utg. af *A. Bergroth.* 8:o, 123 s. Wiborg, J C. Lagerspetz. 87. 1: 50 fmk.
Jfr. Skrifter, Folkupplysn sällsk. LXXI.
Profmjölkningsbok vid .... ladugård. (Formuläret uppr. af kapten *C. G. Bredberg.*) Aflång folio. Sthm, H. W. Tullberg. 89. Inb. 2 kr.
Profmjölknings-journal jemte anteckn:r rör. korna vid ... Utg. af *B. Nordström.* Folio. Sthm, H. W. Tullberg. 89. Inb. 1: 25.
Promemoria, En, angående några af de förenade rikenas inbördes förhållanden af *X. X.* 8:o, 30 s. Sthm, Samson & Wallin. 95. 50 ö.
Propertius, Carmina selecta. Se: Skalder, Latinska, i urval. III.
Prosadikter från Sveriges medeltid. Utg. af *G. E. Klemming.* Se: Samlingar, utg af Sv. fornskriftsällsk. 91, 96 o. 97.
PROSCH, V., Anvisning till landthästens behandling. Se: Skrifter, Smärre, att utdelas vid husdjurs-premiering. 14.
Prospero, Det bortbytta manuskriptet eller källarmästarfruns konstbaciller. Realistisk-journalistisk skizz i 1 akt. 8:o, 16 s. Tr. i Sthm. hos Dagl. Alleh:s tidnings aktb 93. Uppl. 15 ex. (Ej i bokh.)
Protestantism, Om våra dagars medicinska. Tre föredrag af *O.* 8 o, 64 s. Sthm, Nordin & Josephson i distr. 93. 90 ö.
Protokoll vid 4:e svenska brandchefsmötet i Norrköping 1895. 8:o, 77 s. Sthm, K. L. Beckmans boktr. 95. 50 ö.
Protokoll, Borgareståndets vid landtdagen i Helsingfors år 1867. 2 dlr. 8:o, 1234 s 94 6 fmk.
D:o d:o d:o år 1872. 3 dlr. 8:o, 2283 s. 95. 6 fmk.
D:o d:o år 1888. 2 dlr. 8:o, 1488 s. 88. 6 fmk.
D:o d:o år 1891. 2 dlr. 8:o, 1574 s. 91. 6 fmk.
D.o d:o år 1894. 2 dlr. 8:o, 1697 s. 94. 6 fmk.
Protokoll, Allmänna kyrkomötets, år 1888. 4 o, 674 s. o. bihang. Sthm, C Deleen & K. 88. Kart. 2: 75.
Protokoll fördt vid 3.e finska kyrkomötet. 8:o, 1034 s. Åbo. 93. 15 fmk.
Protokoll, Presteståndets, vid landtdagen i Helsingfors 1867. 8:o. H:fors. 92. 6 fmk.
Första häftet. Till den 5 April. 3 o. 485 s.
Andra „ „ „ 8 Maj. s. 486—900.
Tredje „ Till landtdagens slut. s. 901—1292.
Protokoll och handlingar vid prestmötet i Strengnäs 1885. 4:o, 106, 20 o. 141 s. Sthm, Aug. Rietz. 86. 3 kr.
Protokoll o. handlingar rör. prestmötet i Upsala år 1885. 8:o, 17, 89 o. 79 s. Tr. i Ups. hos Almqvist & Wiksell. 86. 3 kr.
Protokoll o. handlingar rör. prestmötet i Upsala 1891. 4.o, 247 s. Ups., Lundequistska bokh. 92. 4 kr.
Protokoll förda hos Finlands Ridderskap och Adel vid landtdagen år 1891. 8:o. H:fors. 91. 6 fmk.
Häft. 1. Till den 1 April. 524 s.
„ 2. „ „ 15 Maj. 2 o. s. 525—1016.
„ 3. Till landtdagens slut. 2, s. 1017—1472, o. 46 s. 1—3.
Protokoll förda hos Finlands Ridderskap och Adel vid landtdagen år 1894. H:fors, 94. 8:o. 6 fmk.
Första delen 520 s. Andra delen ss. 521—972. Tredje delen ss. 973—1598.

Protokoll, Riksdagens, jemte bihang, för åren 1886—95. 1:a o. 2.a kammarens. 8:o. Sthm, C. Deleen & K. 86—95. För årg. 12 kr.

Protokoll, Svenska riksrådets. Se: Handlingar, rör. Sveriges historia. 3:e serien.

Protocoller hållna hos det hedervärda bondeståndet vid landtdagen i Borgå år 1809. Utg. af *Elis Lagerblad* 8.o, 8 o. 282 s H:fors, 93. 5: 50 fmk. Jfr. Skrifter, utg. af Sv. litt. sällsk. i Finland. XXV.

Protokoller, Välloflige borgareståndets vid landtdagen i Borgå år 1809. Utg. af *Elis Lagerblad.* 4:o, 411 s. H:fors. 86. 8 fmk. Jfr. dersammast. IV.

Prschevalskij Forskningsresor i Centralasien. Se: *Hedin, Sven.*

PROZOR, M. de, Adèle Mitrowitsch. Roman. Öfv. 8:o, 169 s. Sthm, H. Geber. 92. 2 kr.

Prudentius. Fornkristna hymner. Dikter. Svensk tolkning med historisk inledning af *John Bergman.* 2:a uppl. (med latinska urskriften bifogad). 8:o, 135 s. Göteb., Wettergren & Kerber. 95. 2: 75. (1:a uppl. 94.)

PRUDHOMME, Sully, Dikter. Öfv. af *Göran Björkman.* 12:o, 62 s. Sthm, W. Billes Bokf.-aktb. 89. 1: 50.

PRYTZ, H. O., Se: Uniformer, Svenska arméens o. flottans.

PRÄTORIUS, Stefan, De Trognas Andliga Skattkammare. Åter utg.fven af *Johan Arndt,* samt i större ordning bragt af *Martin Statius,* Prest i S:t Johannis församling i Danzig. Ny svensk öfversättning. 8:o, XXX o. 487 s H:fors, Luth. Evang. fören. 92. 4 fmk.

PRÖLL, Gustaf, Gastein, dess medicinska varma källor o. dess klimat. 4:e uppl. Öfv. af *E. Melén.* 8:o, 38 s. o. 1 karta. Sthm, Palm & Stadling. 92. 75 ö.

Psalmbok. Metodist-episkopalkyrkans svenska. 8:o, 376 s. Sthm, Metodistkyrkans förlag. 94. 1 kr.

Psalmbok, Svensk, för de evangeliskt-lutherska församlingarne i storfurstendömet Finland. Antagen af andra allmänna finska kyrkomötet 1886. iv o. 554 s. H:fors, Weilin & Göös. 93.

Psalmboken, Svenska, jemte de af J. C. F. Haffner utg. koralerna Genoms. af *Albert Lindström.* Portr. af framstående psalmförf. med biogr. af *Fredrik Sandberg.* Med illustr. 45 hfn. 4.o, 600, 384 o. 94 s. samt 24 pl. Sthm, Fröleen & K. 92. För häfte 30 ö. Klb. 15 kr., skb. 20 kr.

Psalmboken o. Evangeliiboken. Den svenska. Se: Skrifter utg. af Samf. pro fide et christianismo. 40.

Psalmboksförslaget, Det nya, granskadt af en prest i svenska kyrkan. 8:o, 148 s. Sala, Aug. Pettersson 90. 1: 50.

Psalmdiktning, Tysk luthersk. Urval af psalmer o. andliga sånger jemte biogr. upplysn:r om förf:ne. Öfv. o. bearb. af *A. T. Berggren.* 8:o, 226 s. Lund, H. Ohlsson. 87. 1: 25.

Psaltaren i fullkomlig öfverensstäm. med bibelkomm:s normaluppl. 8:o, 111 s. Sthm, F. & G. Beijers bokf.-aktb. 91. Klb. 60 ö.

Psaltaren i fullständig öfverensstäm. med bibelkomm:s normaluppl. 8:o, 118 s. Sthm, P. A. Norstedt & S:r. 91. Klb. 60 ö.

Psaltaren i fullständig öfverensstämmelse med den af bibelkomm. utg. normaluppl. Liten 8:o, 225 s. Sthm, P. A. Norstedt & S:r. 92. Klb. med guldsn. 3: 75, skb. med d:o 5 kr.

Psaltaren. Normalupplaga. Utg. af bibelkommissionen. [Antiqua, versform.] 8:o, 239 s. Sthm, Svenska bibelsällsk. A. L. Normans boktr.-aktb. i distr. 90. 75 ö., klb. 1: 50. D:o d:o [fraktur.] 8:o, 128 s. 90. Klb. 60 ö.

Psaltaren på svenska. Stadfäst 1888. Med Luthers foretal o. alfabetiskt sakregister. 8:o, vj o. 136 s. Lund, C. W. K. Gleerup. 91. Klb. 60 ö. D.o d:o 16·o, x o. 222 s. 90. Klb. 75 ö.

Psaltaren. Öfversatt o. tolkad af *Frans Delitzsch.* Bearb. på svenska af *Aug. Hammar.* 8:o, 608 s. Lund, Gleerupska univ:s bokh. i distr. 90. Inb. 8 kr.

Psaltaren, öfversatt o. förklarad med hänsyn till bibelkommissionens proföfvers. 1887, af *O. F. Myrberg.* I. 1:a boken. (Ps. 1—41.) 8:o, 131 s. Sthm, Z. Hæggströms f.-exp. 90. 1 kr.

Psaltaren. Öfversättning utg. 1887 af Bibelkommissionen. 12:o. Sthm, A. L. Normans boktr.-aktb. 87. Med sammanhängande text. 127 s. 50 ö., klb. 1: 50. Med fristående vers- o. strofindelning. 236 s. 75 ö., klb. 1: 75.

PSILANDER, Albert, Slägten Psilander. Genealog. antecknr. (Tr. som manuskript.) 8:o, 32 s. Tr. i Sthm, hos D. Lund. 86. Uppl. 150 ex. (Ej i bokh.)

PUAUX, N. A. F., Franska protestantismens historia skildrad för folket. Med talrika portr. Öfv. af *G. S. Löwenhielm.* 8:o, 480 o. xij s. samt 8 portr. Sthm, Alb. Bonnier. 95. 5 kr, inb. 6: 50.

PÜCHNER, Fritz, Om kräftor o. kräftodling. Se: Handbibliotek, Praktiskt. 2.

Pulpet-almanacka för åren 1887—96. Folio, 12 s. kalendarium tryckt i 2 färger o. 12 ark hvitt läskpapper. Sthm, P. A. Norstedt & S:r. 86—95. 1 kr., med hörn 1: 50, med kulört läskp. och börn 1: 75 o. 4 kr.

Punkter, Några vigtiga, att taga i öfvervägande vid försvarsfrågans behandling. 8:o, 10 s. Sthm, Nordin & Josephson i komm. 92. 25 ö.

Punkterboken, Ett testamente af den gamle araben Osmar Tsasmir, jämte ett nöjsamt spel med frågor o. svar o. ett blomsterspråk. Öfv. 2:a uppl. Liten 8:o, 32 s. Sthm, P. A. Huldbergs bokf.-aktb. 93. 30 ö.

Punkterkonsten. Se: Folkskrifter. 5.

PUNSHON, W. M., Kristliga föredrag. Öfv. från eng. 8:o, viij o. 280 s. Sthm, P. Palmquists aktb. 86. 2 kr.

——, Wesley o. hans tid. 8:o, 48 s. Sthm, P. Palmquists aktb. 91. 40 ö.

Purre, Halmstadlax o. fortepiano. Humoresker o. kåserier. 8:o, 191 s. Sthm, J. Seligmann. 95. 2: 50.

PUSCHKIN, Alexander, Eugen Onegin. Rysk sederoman på vers. Öfv. af *Alfr. Jensen.* 8:o, 228 s. Sthm, Alb. Bonnier. 89. 2: 50, inb. 3: 50.

——, Några dikter. Öfv. af *K.* 8:o, 83 s. H:fors, Öfvers. 90.

——, Snöstormen. Öfv. från ryskan af [*Paul Gustafsson*]. 12:o, 23 s. H:fors. 89.

——, Se: Skalder, Ryska.

Putte Snabbfot, [*Th. Ekelund*], Bibliofiler. Skämtsamt upptåg i 1 akt med sång, körer, dans m. m. 8:o, 16 s. Tr. i Sthm, hos P. A. Nyman. 90. Uppl. 25 ex.

——, En stund på bokauktionskammaren. Hvad-du vill i 1 akt med in- o utfall, ut- o. inrop m. m. Sammanrafsadt. 8.o, 16 s. Tr. i Sthm, i P. A. Nymans tryckeri. 90. Uppl. 25 ex.

På hvad sätt har den svenska skattebondens lifsfråga

blifvit af vederbörande behandlad. Sommarfunderingar af J. E. H. 12:o, 64 s. Sthm, F. & G. Beijers Bokf.-aktb. 86. 75 ö.
PÅHLMAN, Otto o. John, Anvisning till Påhlmanska skrifmetodens begagnande i skolor. 3:e uppl. 8:o, 64 s. Sthm, Förf:n. 92. 50 ö (2:a uppl. 87.)
—, Den Påhlmanska skrifmetoden, dess uppkomst, utveckling o. fördelar. 8:o, 32 s. Sthm, Förf:ne. 90. 25 ö.
—, Praktiska föreskrifter för skolor o. sjelfundervisning. 3:e uppl. 12:o, 40 blad. Sthm, Förf:ne. 92. 30 ö. (2:a uppl. 87)
—, Skrifkonstens historia o. utveckling från äldsta till senaste tid. Med illustr. o. tab. 8:o, 66 s. Sthm, Förf:ne. 92. 1: 50, klb. 2 kr.

PÅLMAN, Axel. Se: Kalender för svensk trafsport.
PÄIVÄRINTA, J., Hvad är folkhögskolans uppgift. Se: Skrifter, Folkupplysn. sällsk. 79.
PÄIVÄRINTA, P., Bilder ur lifvet. 8:o. H:fors, Söderström & K.
III. Sakeus Pyöriäs berättelser om sig sjelf och de andra. Öfv. af Rafaël Hertzberg. 311 s. 86. 4: 25.
IV. Öfv. af Sven Nygård. 200 s. 87. 2 kr.
, Nödåret 1867 och dess följder. Snabbilder. Öfversatta af Ninni J. 8:o, 70 s. Åbo, G. W. Wilén. 93. 1 fmk.
—, Praktiska anvisningar för moss- o. kärrodling. Öfv. 8:o, 76 s. Karleby, J. Kloström. 87. 1 fmk.
PÄTIÄLÄ, F. J., Beiträge zur Aetiologie und dem Krankheitsbilde d. Hyperchlorhydrie und Hypersecretion. 8:o, 113 s. H:fors, Förf. 95. 2: 75 fmk.

Q.

QUACK, P. W., Den skriftenliga läran om återställelsen. Öfv. från tyskan. Liten 8:o, 23 s. Göteb., B. Strömberg. 88. 15 ö.
QVANTEN, Aurora v., Rosa Arntson Berättelse. 2:a uppl. 8:o, 336 s. Ulriceh, S. M. Kjöllerström 94. 2: 50.
[—], Sällsamma historier af Turdus Merula. 8.o, 223 s. Sthm, P. A. Huldbergs bokf.-aktb. 90. 2: 50.
QVANTEN, Emil von, Några anmärkningar om vokalljudens uppkomstsätt. Se. Öfversigt af F. Vet-Soc:s förhandl:r. XXXIII.
QUEISNER. Robert Wild, Bland husarer. Till svenskan af Á. 8.o, 84 s. Sthm, C. A. V. Lundholm. 90. 75 ö.
QVENNERSTEDT, Aug., Om den tidigare förekomsten af Felis Catus i Skåne. Se: Bihang till K. sv. Vet.-akad:s handl:r. XIV: IV, 6.
, Tal vid Gustaf-Adolfs-föreningens i Lund årsmöte d. 6 nov. 1891. 8:o, 22 s. Ups., Lundequistska bokh. 92. 50 ö
QUENNERSTEDT, Axel, Indelte soldaten. Erinringar från lägerlif o. hemlif på roten. Med teckn:r af Gust. Cederström. 4:o, 92 s. o. 1 pl. Sthm, Fahlcrantz & K. 87. 2: 75, inb. 5: 25.
QUENSEL, Oscar, Bidrag till svenska liturgiens historia. Stor 8:o. Ups., Lundequistska bokh. i komm.
I. Historisk belysning af 1529-års handbok. 137 s 90. 2 kr.
II. Det svenska högmessoritualets historia intill 1614. 219 s. 93. 4 kr.
—, Från den inre verlden. Strödda betraktelser jemte tvenne rättegångspredikn:r. 8:o, 57 s Göteb., N. P. Pehrsson. 86. 75 ö.

QUENSEL, Oscar, Från tvifvel till tro. Ett ord till unge män. 8:o, 11 s. Ups., Kristl. fören. för unge män. 95. 15 ö.
—, Homiletik. 1:a hft. 8:o, 148 s. Sthm, F. & G. Beijers Bokf.-aktb. 94. 1: 75.
, Om det ena nödvändiga. Strödda föredrag o. tankar. 8:o, 81 s. Ups., W. Schultz. 89. 1 kr.
—, Skriftemål hållet med särskild hänsyn till den akad. ungdomen. 8 o, 16 s. Ups., Lundequistska bokh. i komm. 92. 25 ö.
, Systematisk förberedelse till 3.e art. kateketiska behandling. 8:o, 38 s Göteb., N. P. Pehrsson. 87. 80 ö.
—, Vårt högmessoritual historiskt restaureradt o. förklaradt. 8:o, 36 s. Ups., Lundequistska bokh. i komm. 91. 75 ö.
—, Se: Tidskrift, Kyrklig — Wikner, P, Samlade predikn:r.
QUENSEL, Ulrik, Studier öfver den kroniska gastritens histologi. Afhandling 8:o, 87 s. o. 1 pl. Sthm, Förf.n. 93 2 kr.
Qvinnoföreningen, Svenska, för fosterlandets försvar, dess uppkomst o verksamhet jemte ledamotsförteckning. 8:o, 107 s. Sthm, Sv. Qvinnoföreningen. 90. 50 ö.
Qvinnor, Finska, på olika arbetsområden. Biografiskt album, utg. af Finsk qvinnoförening. 8:o, 257 s, o. 4 pl. med portr. H:fors, Otava. 92. 3: 75.
QUINT, Stina, Se: Barntidning, Folkskolans.
QUINTILIANUS, Marcus Fabius, tionde boken. Öfv. af Sven Gudmund Dahl. 8:o, 74 s. Lindesberg, Joh. Högborg. 90. 1: 25.
QVIST, C., Se: Årsberättelse för 1887 afgifven af stadsläkaren i Helsingfors.

R.

RAAB, Carl, Om industri o. frihandel. Statsekonom. betraktelse. 1:a hft. 8:o, 127 s. Vestervik, C. O. Ekblad & K. 86. 75 ö.
—-, Strödda uppsatser rör. statskredit, försvarsväsen o. industri. 8:o, 69 s. Linköp., P. M. Sahlströms bokh. i distr. 93. 40 ö.
RABE, Pehr Reinh, Om eganderätten till Helgeandsholmen o. vattnet deromkring Utlåtande. 8:o, 63 s. Tr. i Sthm, 93. (Ej i bokh.)
RABENIUS, Teodor, Se: Strid, En, för friden.
RAHMN, Cornelius, Vårt århundrades förste svenske missionär. Se: Missionsbibliotek för folket. 10.
RAJEVSKI, Tanja, [*Sonja Kovalersky*]. Ett barndomsminne från polska uppresningen. Se: Tidskrift, Nordisk. 1891.
— , Familjen Vorontsof. Se: dersammast. 1891.
RAMBACH, Joh. Jac., Betraktelser öfver hela Kristi lidande o. Den korsfäste Jesu sista sju ord. Ånyo utg. o. med lefnadsteckn. öfver förf. af K. F. Ledderhose. Öfv. af G. T. Landahl. 8:o, xvj, 768 o. 115 s. Göteb, N. P. Pehrsson. 93.
3 kr., inb 4: 50.
RAMSAY, Auguste, La Finlande. Manuel du voyageur de S:t Petersburg à Stockholm. (La société des touristes de Finlande.) 8:o, 54 s, 8 pl. o. 2 kartor. H:fors, Akad. Bokh. 90.
— , Lärobok i algebra. 8:o, vj o. 192 s. H:fors, Söderström & K. 89. 3 kr.
— , Lärobok i aritmetik för skolan o. hemmet. 8:o. H:fors, Söderström & K.
 I. Småskolans räknelära. Med bilder. 53 s. 88. 60 ö.
 II. Folkskolans aritmetik. 2:a uppl. 136 s. 94. 90 ö.
 (1:a uppl. 88.)
 III. Anvisning för läraren. 26 s. 20 ö.
— , Lärobok i aritmetik. 2:a uppl. 8:o, vj o 164 s H:fors, Söderström & K. 90. 1: 30.
 (1:a uppl. 87.)
— , Lärobok i plan trigonometri. 8.o, 4 o. 72 s. H:fors, Söderström & K. 91. 1: 50.
— , På sommarfard i kanot. Se: Turistlif o. idrott. 1.
— , På sommarvandring. Se: dersammast. 2.
— , Vägvisare i Finland. Praktisk resehandbok. 8:o, xvij o. 399 s. H:fors, Waseniuska bokh. 95.
Klb. 4 kr.
RAMSAY, W., Geolog. Beobachtungen auf der Halbinsel Kola. Se: Fennia. III: 7.
— , Kurzer Bericht über eine Expedition nach d. Tundra Umptek. 8:o, 32 s. o. 1 pl. Kuopio, 92. Jfr. dersammast V: 7.
— , Metode zur Bestimmung d. Berechnungsexponenten in Prismen mit grossen rechenden Winkeln. Se: Bihang till K. sv. Vet.-akad:s handl:r. XII: II, 4.
— , Om de arkäiska bildningarna i Jaala socken. Se: Bidrag till känned. af Finlands nat. o. folk. 44.
— , Om tetartoëdri hos Turmalin. Se: Bihang till K. sv. Vet.-akad:s handl:r. XIII: II, 6.
— , Om turmalinens hänförande till den romboëdrisktetartroëdriska formgruppen. Se: dersammast. XII, II, 1.
RAMSAY, W., Ueber den Salpausselkä im östl. Finnland Se: Fennia. IV: 2.
— , Undersökning af pleokroismen o ljusabsorptionen i Epidot. Se: Bihang till K. sv. Vet.-akad:s handl.r. XIII: II: 1.
— , und **V. HACKMAN,** Das Nephelinsyenitgebiet auf d. Halbinsel Kola. I. 8:o, vj o. 225 s. samt 3 kartor o. 17 pl. H:fors, 94.
Jfr. Fennia XI: 2.
RANCKEN, C. W., född **ASP,** o. **RANCKEN, J. O. I.,** Ny Abc- eller elementarbok. 4:e uppl. 12:o, 98 s Sthm, Alb. Bonnier. 88. Inb. 50 ö.
RANCKEN, Einar, Se: *Willebrand R. F. o. Rancken, Einar,* Fem sportsmäns resa till kontinenten.
RANCKEN, J. Oscar I., Anmärkningar till C. H. Asps planritning öfver byggnaderna på Liuksiala. Se: Skrifter utg. Sv. litt. sällsk IX.
— , Se: v. Herder, J. G., El Cid. — *Nordström, Joh. Jac.,* Ett inlägg. — *Weisman v. Weissenstein, A. G.,* Dagbok från finska kriget.
RANDEL, Axel, Räntebok för sparbanker. 4:o, 25 s. Vadstena, Utg:n. 87. Kart 3: 50.
RAPHAEL, Axel, Arbetsgifvare o. arbetare. Förlikningsmetoder vid deras intressetvister i England o Förenta staterna. 8:o, xij o 147 s. Sthm, Samson & Wallin. 88. 2 kr.
— , Hvilka åtgärder kunna vidtagas för att förebygga strejker? Se: Redogörelse för fjärde svenska arbetaremötet.
— , Om ansvarighet för skada i följd af jernvägsdrift. Några anmärkn:r med anledn. af lagen d. 12 mars 1886. 8:o, 50 s. Sthm, Samson & Wallin. 86. 1 kr.
— , Om rätt till tidnings titel. Föredrag i publicistklubben. 8:o, 28 s. Sthm, Samson & Wallin. 94. 50 ö.
—, Se: Samhällslifvet, Det ekonomiska.
Rapport från Kongl. Serafimerlasarettet. Afgifven af C. J. Rossander. 8:o. Sthm, W. Billes Bokf.-aktb.
 1886. 136 s. 87. 3: 50.
 1887. 143 o. 54 s. 88. 4 kr.
 1888. 115, 59 o. 24 s. 89. 4 kr.
 1889. 87, 28, 25 o. 25 s. 91. 4 kr.
 1890. 62, 23, 17, 11 o. 23 s. 91. 4 kr.
 1891. 69, 17, 9, 9, 5, 21 o. 23 s. 92. 3: 50.
 1892. 74, 9, 12, 4, 22, 9, 3 o. 23 s. 93. 3: 50.
Rapporter om svenska förhållanden, H. exc japanska ministerns T. Nissi. Öfv. af *Petter Frisk.* 12:o, 48 s. Sthm, Alb. Bonnier. 94. 50 ö.
RAREY, J. S., Konst att tämja o. styra de vildaste hästar. Se: Handbibliotek, Praktiskt. 13.
RATAZZI (M:me), Portugal. Öfv. från franskan. 8:o, 318 s. Sthm, C. A. V. Lundholm. 91. 2: 50.
RATHCKE, C., Kortfattad kokbok med afseende fästadt på billig matlagning. 8.o, 352 o. xvj sp. samt 2 tab. Sthm, Fahlcrantz & K. 87. Inb. 1: 50.
—-, Se: Hushållsbok, Praktisk.

Ratnavali eller Pärlbandet. Indiskt skådespel. Från sanskrit öfv. af *Hilding Andersson*. 8:o, 76 s. Lund, Aug. Collin. 92. 50 ö.

RATZEL, Fr., Rådgifvare för fotvandrare. Efter *F. J. Fromann*. Sv. bearb. 8:o, 52 s. Sthm, Wilh. Billes Bokf.-aktb. 91. 50 ö.

RAUTANEN, A., Om tillfällighet och skickelse. Se: Skrifter, Folkupplysn. sällsk. LIV.

Reading, English, for schools. Urval ur nyare engelska förf. skrifter. Med förkl:r af *Hilda Caselli* o. *J. Persson*. 8:o. Sthm, C. E. Fritzes hofbokh.
1. *Ewing, J. H.*, Jackanapes. Utg. af *Hilda Caselli*. 53 s. (förkl:r) 15 s. 91. 65 ö., kart. 90 ö.
2. *Fry, E. N. Leigh*, Shreds and Patches or Passages from the lives of the Molyneuxes. Med förkl. af *J. Persson*. Förra häftet. 108 o. 43 s. 92. 1: 25, inb. 1: 50.
3. Short stories for children. (Ur "Please tell me a tale" o. "Just one more tale". Med ordlistor o. förkl:r af *Hilda Caselli*. 72 o. 80 s. 94. 1: 25, inb. 1: 50.

REANEY, G. S. (Mrs), Våra döttrar, deras timliga o. eviga lif. Öfv. 8:o, 158 s. Sthm, P. Palmquists aktb. 86. 75 ö., kart. 1 kr., klb. 1: 50.

Receptboken, Den praktiska o. allmännyttiga. Se: Handbibliotek, Praktiskt. 17.

RECIN, W:m, Neutral mark. Vägledn. vid de första stapplande stegen på nationalekonomiens obanade stråt. 8:o, 53 s. Sthm, F. & G. Beijers Bokf.-aktb. 87. 50 ö.

Recueil de mémoires philologiques presenté à M:r Gaston Paris par ses éleves suédois le 9 Août 1889. 8:o, 260 s. o. 2 tab. Ups., Josephsons antikvariat i distr. 89. 10 kr.

REDIN, K. J., Ingen plåga skall nalkas ditt tjäll. Anteckn:r. 2:a genoms. uppl. 8:o, 46 s. Sthm, Utg:n. 91. 25 ö.

—, Se: Herren din läkare.

Redogörelse för fjärde svenska arbetaremötet i Stockholm d. 26—28 juni af mötets sekreterare. [John Olsson.] 8:o, 21 s. samt bihang: *Raphael, Axel*. Hvilka åtgärder kunna vidtagas för att förebygga sträjker? 15 s. Sthm, G. W. Wilhelmssons boktr. 92. 25 ö.

Redogörelse för tredje allm. gymnastiklärarmötet i Helsingborg d. 3—5 jan. 1892. 8:o, 156 s. Sthm, C. E. Fritzes hofbokh. i komm. 92. 2: 75.

Redogörelse för den i samband med 17:de allm. svenska landtbruksmötet i Göteborg verkstälda redskapspröfningen. Afg. af *A. V. Nordin*. 8:o, 157 s. Göteb., H. Brusewitz. 91. 75 ö.

Redogörelse för verksamheten vid Hallands Läns Frökontrollanstalt å Nydala åren 1876—93 af *Aug. Lyttkens*. 8:o, 80 s. Halmstad. 95. 50 ö.

Redogörelser öfver landtbruksekonomiska försök. Se: Meddelanden från Landtbruksstyrelsen. III o. XIII.

RÉE, I., Daglig vägledning i Stockholm o. dess omgifningar. 8:o, 113 s. o. 2 kartor. Sthm, A. V. Carlsons Bokf.-aktb. 88. 2: 50, inb. 3 kr.

—, Reisehandbuch über Stockholm und tägl. Führer durch die Residenz u. ihre Umgeb. 8:o, 126 s. o. 3 kartor. Sthm, A. V. Carlsons Bokf.-aktb. 91. Kart 2 kr.

—, Resehandbok öfver Stockholm samt vägledn. i staden o. dess omgifningar. Revid. uppl. 8:o, 114 s. o. 2 kartor. Sthm, A. V. Carlsons Bokf.-aktb. 91. Inb. 2 kr.

—, Täglicher Führer in Stockholm mit Umgebungen. 8:o, 126 s. o. 3 kartor. Sthm, A. V. Carlsons Bokf.-aktb. 88. Klb. 3: 50.

RÉE, I., Se: När går tåget?

RÉES, Carl, du, Latinsk-svensk ordlista till den Svenska Farmakopeens 7:e uppl. 8:o, 71 s. Sthm, L. Hökerberg. 88. 1: 50.

Reformationsvesper eller på gammallutersk grund liturgiskt-musikaliskt utarbetad, på uppdrag af "Kyrkosångens vänners" centralkomité utg. af *Richard Norén*. 8:o, x o. 76 s. Sthm, A. V. Carlsons Bokf.-aktb. 93. 2: 75.

Regenter, Svenska, från o. med Gustaf I. Folio, 20 pl. Sthm, P. B. Eklund. 88. 15 kr.

Regeringsformen o. Riksdagsordningen med de förändr. som antagits senast år 1894. Jemte alfabet. register. 8:o, 64 s. Sthm, L. Hökerberg. 94. 35 ö.

Regeringsformer, Sveriges, 1634—1809 samt konungaförsäkringar 1611—1800, utg. af *Emil Hildebrand*. 8:o, 321 s. Sthm, P. A. Norstedt & S:r. 91. 3 kr., klb. 4 kr.

Régime des alcools, publié par le Bureau royal du contrôle et de la verification comme annexe à ses rapports d'exercise (Suède.) 8:o, v o. 67 s. Sthm, Finansdepart. kontroll- o. justeringsbyrå. 88. 1 kr.

Register till de af G. Anrep utgifna Svenska adelns ättartaflor. [Upprättadt af *Otto Bergström*.] 8:o, 73 s. Sthm, P. A. Norstedt & S:r. 89. 3 kr.

Register till Nytt juridiskt arkiv. Se: Arkiv, Nytt, juridiskt.

Register till berättelserna ang. Stockholms kommunalförvaltning åren 1868—87. 4:o, 199 s. Sthm, Samson & Wallin. 92. 1 kr.

Register till årgg. 1864—86 af Chr. Naumanns Tidskrift för lagstiftning etc., utarb. af *F. O. Leuhusen*. 8:o, 280 s. Sthm, A. V. Carlsons Bokf.-aktb. 87. 4 kr.

Register till patent, meddelade af Patentbyrån åren 1885—89. N:o 1—2150. 4:o, 319 s. Sthm, Svensk författn. samlings exp. 90. 1 kr.

Register öfver Svenska Akademiens handlingar från 1786 till närvarande tid. Se: Handlingar, Svenska Akad:s. V.

Registratur, Konung Gustaf den förstes. Se: Handlingar rör. Sveriges historia. 1:a serien.

Registrum Ecclesiæ Aboensis eller Åbo domkyrkas svartbok med tillägg ur Skoklosters codex Aboensis i tryck utgifven af Finlands statsarkiv genom *Reinh. Hausen*. 4:o, 8, xxxiij o. 668 s. samt facsimil o. planschH:fors, 90. 15 fmk.

Regler för eldning o. skötsel af ångpannor, utarb. genom svenska teknologfören:s 2 a sektion. 4 e uppl. 8:o, 23 s. o. 1 tab. Sthm, Ad. Bonnier. 90. 50 ö.

Regler o. antydningar för sortering af plankor, battens o. bräder, utarb. 1888. Tvär 8:o, 62 s. Söderh., L. E. Röstlund. 88. 3 kr.

Regler o. antydningar för sortering af plankor, battens o. bräder. Utarb. 1888 af fackmän, 2:a uppl. tvär 8:o, 57 s. o. 37 pl. Sthm, F. & G. Beijers Bokf.-aktb. 89. Mjukt skinnb. 7: 50.

Régles, Quelques, de grammaire française selon Olde, Larousse et Larive & Fleury. A l'usage du jeune âge recueillies et publ. par A. H—n. 8:o, 18 s. Ups., Akad. bokh. 94. 40 ö.

Regn och solsken af *L. L.* med illustr. 4:o, 14 s. Sthm, Fost.-stift:s f.-exp. 94. 40 ö.

REGNARD, Paul, Andliga farsoter. Hexeriväsendet, magnetismen, morfinismen, storhetsvansinnet. Öfv.

af *Rob. Tigerstedt.* 8:o, 264 s. Sthm, Fahlcrantz & K. 88 2: 50.
REGNELL, A., Om hamnförvaltning o. afgifter i hamnarne. Lund, Gleerupska univ:s-bokh. 87.
I. Om förvaltningen af hamnarne inom några olika länder. 125 s. 2: 25.
II. Om afgifter som i några olika länders hamnar upptagas 166 s. o. 12 tab. 2: 50.
— —, Stadskommunens författning o. förvaltning enl. olika länders lagstiftning. En studie. 8:o, xxviij o. 463 s. Lund, Gleerupska univ:s-bokh. i distr. 94. 5 kr.
REGNÉR, P. B., Förklaringar o. anmärkn:r till Läsebok för folkskolan. 9:e omarb. uppl 8:o. Sthm, C. E. Fritzes hofbokh.
Förra hft. (1:a o. 2:a afd) 72 s. 93. 75 ö.
Senare hft. (3.e—5:e afd.) 86 s. 94. 75 ö.
— , Kortfattad svensk rättskrifningslära. 2:a uppl. 8:o, 40 s. Sthm, Fahlcrantz & K. 91. (1:a uppl. 89.) 25 ö., kart. 30 ö.
— , Kriget o. tillståndet i Vesterbotten 1809 jemte foregående historik öfver ryssarnes infall i Vesterbotten på 1700-talet. 8:o, 67 s. Sthm, Fahlcrantz & K. 91. 1 kr.
— , Om uppsatsskrifning samt anvisning till uppsatser på modersmålet för folkskolor m. m. 2:a omarb. o. tillökad. uppl. 8:o, 72 s. Sthm, P. A. Norstedt & S:r. 88. 75 ö.
— —, Svensk språklära för folkskolan. 8:o, 84 s. Sthm, Fahlcrantz & K. 91. 50 ö.
— , Svensk språklära för skolor o. sjålfstudium. 8:o, 135 s. Sthm, Fahlcrantz & K. 90. Inb. 1 kr.
REHBINDER, O. O., Tabeller för tulldebitering, upptagande tullsatserna för importerade varor enl. nu gällande tulltariff. 4:o, 30 s. H.fors, G. W. Edlund, 91. 1: 50 fmk.
REHHOFF (D:r), Sjömannens bok. Öfv. af *N. J. Thunblad.* 8:o, 101 s. Sthm, Fost.-stift:s f -exp. 92. 1 kr.
, Kart. 75 ö., klb. 1 kr.
REHNSTRÖM, Wilh, Stockumluostens beredningssätt m. m. 8.o, 30 s. Sthm, F. & G. Beijers Bokf.-aktb. 88. 75 ö.
REID, Mayne, En frivilligs äfventyr o. ströftåg i Mexikos urskogar. Se: Bibliotek, Ungdomens. 7.
, Skalpjägarne. Se: Bokskatt, Ungdomens. 13.
— , Skalpjägarne eller krigståget mot novajoerna. Se: Bibliotek, Ungdomens. 32.
. Tigerjägaren. Se: Bokskatt, Ungdomens. 7.
REIN, Th., Försök till en framställning af psykologin eller vetensk. om själen. Senare dln. Förra afd. 8:o, xij o. 548 s. H:fors, G. W. Edlund i komm. 91. 7 fmk (5: 50.)
— —, Johan Wilhelm Snellman. Förra dln. 8:o, v o. 577 s. H:fors, Otava. 95. 8 kr.
— , Lärobok i den formella logiken. 2:a uppl. 8:o, 92 s. H:fors, G W. Edlund. 86. 1: 75 fmk.
, Pontus Wikner. Se: Tidskrift, Nordisk, 1892.
REINACH, Th., Israeliternas historia från deras förskingring till våra dagar. Öfv. från franskan af *A. F. Åkerberg.* 8:o, viij o. 224 s. Sthm, J. Seligmann. 91. 2: 25.
REINECKE, Herm., Se: *Schorn, A*, o. *Reinecke, H.*, Pedagogikens historia.
REISCHLE, Max, Tron på Jesus Kristus o. den histor. forskningen rör. hans lif. Se: Frågor, I religiösa o. kyrkliga. 21.
Reiserouten in Schweden, vom Schwed. Touristen-Verein empfohlene. 8:o. Sthm, Wahlström & Widstrand.

Serie A. Routen in welche Fusstouren von grösserem Umfang eingehen. Tour 1. 7 s. o. 1 karta. 91. 25 ö.
Serie B. Touren, welche mit Benutzung zusammenstellbarer Fahrscheinhefte gemacht werden können. Tour. 1. 4 s. o. 1 karta. 91. 25 ö.
REITZ, Franz, Handbok i pianostämning, strängars påspännande, instrumentets skötsel m. m. försedd med teckn:r. 8:o, 29 s. H:fors, Förf. 92. 1: 50 fmk.
RELANDER, O., Om meningsolikhet. Se: Skrifter, Folkupplysn. sällsk. LXXXIV.
REITZENSTEIN (frih.), Min distansridt Berlin—Wien. Föredrag hållet inför militärsällsk. i Berlin 1892. Öfv. af *Alb. Nykiörck.* 8:o, 30 s. o. 1 karta. Lund, Öfvers:n. 93. 1 kr.
Relation om den härliga Seger som Gudh har förlänat Hans Kongl. May:tz rättmätige wapnöfwer Konungens i Pohlen, Saxiske o. Littoviske Armée wid Pultousk den 21 Apriliis 1703. 4:o, 8 s. Sthm, tryckt uthi Kongl. Boktr. hoos sal. Wankifs änckia (1703). — Fotolitogr. öfvertryck. Sthm, Klemmings antiqvariat. 1: 50.
Religion, Andens eller det rena förnuftets, af *C. R. S.* 2.a ånyo omarb. uppl. 8:o, 136 s. Sthm, Z. Hæggströms f.-exp. 87. 1: 50.
Religion i arbetet. 16:o, 14 s. Sthm, C. Deleen & K. i komm. 90. 10 ö.
Religions-grundsatser, Vännernas samfunds (s. k. qväkarnes); samt en kort berättelse om dess uppkomst o. dess förnämste stiftare *Georg Fox.* 8:o, 71 s. 87. 60 ö.
RENDAHL, C. W., Hæffners koralbok i sammandrag. Tvär 8:o, 192 s. Sthm, P. Palmquists aktb. 89. 1: 75, klb 2: 25.
René, *[Anna Mutilda Charlotta Branting, f. Jäderin].* Lena, En bok om fruntimmer. 12:o, 234 s. Sthm, Alb. Bonnier. 93. 2: 75.
, Sju martyrer. Berättelser från den husliga härden. 12:o, 332 s. Sthm, Alb. Bonnier. 94. 3: 50.
Renhållningen i Stockholm o. dess framtida ordnande, af en Stockholmare. 8:o, 32 s. Sthm. 89. 25 ö.
RENVALL, R. A., Anders de Bruce. Se: Skrifter, utg. af Sv. litt. sällsk. XIII.
— , Finlands universitet 1828—90. Biogr. uppgifter. 2:a uppl. 8:o, xxxj o. 435 s. H:fors, G. W. Edlund. 91. 5 kr.
, Se: *Argillander, A.*, Sjelfbiografi.
Repetitions- och afslutningskurs, Engelsk. 8:o. Sthm. W. Billes Bokf.-aktb. 86.
1. Ecklesiastik-departementets hittills utg. öfversättn. prof med ordbok, betydelseskiftningar, anmärkn:r o. konstruktionslista. Utg. af *C. G. Morén.* 116 o. 2 s. samt (konstrukt:s listan) 33 s. Kart. 2 kr.
Repslagaren i Bagdad. Se: Skrifter för folket. 5.
Republiken o. konungadömet Se: *Nilsson, Alex.*
Resa, En, i Finland. Nytt sällskapsspel. 8:o, 24 s. o. 1 pl. H:fors, K. E. Holm. 95. 1: 50 fmk.
Resa, Fem sportsmäns. till kontinenten. Se: *v. Willebrand, R. F.* o. *Rancken, E.*
Reseböcker, Svenska. 8:o. Sthm, H. Geber.
2. *Kleen, Emil*, Karlsbad. En vägvisare för kurgäster. Med en karta öfver Karlsbad. 75 s. o. 1 karta. 86. Klb. 1: 75.
3. *Högbom, A G.*, Jemtland med infartsvägar. 2:a uppl. 73 s. o. 1 karta. 91. Klb. 1: 75. (1:a uppl. 86.)
4. *Köersner, Vilh.*, Stockholm med omgifningar

t. o. m. Södertälje, Gripsholm, Upsala o. Furusund. Med nya kartor öfver Djurgården o. Stockholms omgifn:r, en ny, revid. plankarta öfver Stockholm o. 32 vyer. xxvj o. 94 s. samt 3 kartor. 86. 2: 25, inb. 2: 75.
Resehandbok, Svenska Turistföreningens. 8.o. Sthm, Wahlström & Widstrand.
1. Kopparbergs, Gefleborgs, Jämtlands o. Västernorrlands län. xv o. 314 s. samt 2 kartor. 94.
Klb. 3 kr.
Resehandböoker, Alb. Bonniers illustrerade. 12:o. Sthm, Alb. Bonnier.
1. Rundresan Stockholm—Östersund—Trondhjem—Kristiania—Stockholm jemte utflykter i Dalarne m. m. Med 10 kartor o. 28 illustr. 166 s., 1 pl. o. 10 kartor. 88. Klb 2: 50
2. Göteborg o. vestkusten. Kanal- o. jernvägsresorna mellan Stockholm o. Göteborg m. m. Med 9 kartor o. 53 illustr. 208 s., 1 pl o. 9 kartor. 88. Klb. 2: 50
3. Skåne o. Köpenhamn. Illustr. handbok för resande. Med 7 kartor o. planer samt 47 illustr. 151 s., 1 pl. o. 4 kartor. 94. Klb. 2 kr.
Reseturer i Finland. I—IV. 1888—90. 1888 års uppl. I. 155 s. II. s. 156—193. III. s. 194—228. IV. s. 229—338. 8:o. H:fors, Turistföreningen. 88—90. 4 fmk.
Resor, minnen o. reflektioner af *K. A. A—M.* [Andersson—Meijerhjelm] 8:o, 46 s. Sthm, Förf.n. 86.
50 ö.
RETTIG, Hjalmar. Se: Samling af Kgl. resolutioner o. bref rör. bevillningsförordningen.
RETZIUS, Gustaf, Bilder från Sicilien. Se: Artiklar o. korrespondenser införda i Aftonbladet. 3.
—, Biologische Untersuchungen. Neue Folge. Stor 4:o. Sthm, Samson & Wallin.
I. Mit 18 Tafeln. 99 s. o. 18 pl. 90.
Kart. 30 kr.
II. Mit 16 Tafeln. 53 s. o. 16 pl. 91.
Kart. 25 kr.
III. Mit 23 Tafeln. 68 s. o. 23 pl. 92.
Kart. 30 kr.
IV. Mit 22 Tafeln. 70 s. o. 22 pl. 93.
Inb. 30 kr.
V. Mit 27 Tafeln. 70 s. o. 27 pl. 93.
Inb. 30 kr.
VI. Mit 32 Tafeln. 72 s. o. 32 pl. 95.
Inb. 36 kr.
—, Den medicinska undervisn. i andra länder. 8:o, 85 s. Sthm, Samson & Wallin. 90. 1 kr.
—, Human remains from the cliffdwellings of the Mesa Verde. Se: *Nordenskiöld, G.*, The cliffdwellers of the Mesa Verde.
—, Om folkkök, deras anordnande och skötsel. 8:o, 20 s. Sthm, Samson & Wallin. 91. 25 ö.
—, Om några reformer i vår medicinska undervisning. Föredrag. Aftr. ur Hygiea. 8:o, 45 s. Sthm, Samson & Wallin. 89. 50 ö.
—, Skizzer o. uppsatser. 8:o. Sthm, Ad. Bonnier.
1. Bilder från Nilens land. Med talrika illustr. 8:o, 374 s. 91. 6 kr, inb. 8 kr.
—, Se: Forskning, Ur vår tids.
RETZIUS, L. C., Christliga predikningar öfver sön- och högtidsdagarnes evangelier. 12:e uppl. 8:o, 472 s. Sthm, F. C. Askerberg. 87.
Vb. 1: 50, klb. 3 kr.
REULEAUX, F., Konstruktören. Suppl. till 2:a svenska uppl. innehållande tillägg från 4:e tyska uppl. af "Der Konstructeur". Bearb. af *C. A. Ångström.*

Med 154 illustr. 8:o, 208 s. Sthm, Ad. Bonnier. 93. 6 kr.
REUSCH, Hans, Theodor Kjerulf som videnskabelig forsker. Se: Tidskrift, Nordisk. 1889.
REUTER, Enzio, Berättelse öfver undersökn:r ang ängsmasken. Se: Meddelanden, Landtbruksstyrelsens 7.
REUTER, Enzio, Bidrag till känned. om makro-lepidopterfaunan i Ålands o. Åbo skärgårdar. 8:o, 111 s. H:fors, 90. 1: 25 fmk.
Jfr. Finland, Västra V.
—, Bombyx lanestris L var. Aavasaksae Teich. Se: Meddelanden af Soc. pro fauna et fl. fenn 17.
—, Förteckning öfver Macrolepidoptera. Se: Acta soc:s pro fauna et fl. fenn. IX: 6.
—, Nykomlingar för Ålands o Åbo skärgårdars Macrolepidopterfauna. Se: Medd. af Soc pro fauna et fl. fenn. 17.
REUTER, Fritz, Lifvet på landet. Berättelse. Öfv. från plattyskan af *Ernst Lundquist*. Ny uppl. Illustr. af *Gerda Tirén*. 1:a o. 2:a hft. 8:o, 96 s. Sthm, Alb. Bonnier. 95. För häfte 25 ö.
—, Lifvet på landet. Från plattyskan af *Eug. Draghi*. Med talrika illustr. uf *D. Ljungdahl*. 1:a—11:e hft. 8:o, 264 s. Sthm, Fröleen & K. 95.
För häfte 25 ö.
REUTER, J. N., Die altindischen nominalcomposita ihrer betonung nach Untersucht. I. Akad. Abh. 8:o, 4 o. 203 s. H:fors, Förf.n. 91. 4 fmk.
REUTER, Jonathan, Elementär hållfasthetslära 8:o. H:fors, Förf:n.
1. 6 o. 82 s. 93. 2: 25 fmk.
2. s. 1—4, 83—135. 95. 1: 75 fmk.
—, Lovart och lä. Bilder o. stämningar. 8:o, 144 s. H:fors, Söderström & K. 95. 2 kr.
—, Nya sånger o dikter. 8:o, 212 s. Sthm, Alb. Bonnier. 88. 2: 75, inb. 3: 75.
—, Se: *Bjarke, F*, o. *Reuter, J.*, Dikter i färg. ord. — Teknikern. — *Zidbäck, J.* o. *J. Reuter*, Teknisk handbok.
REUTER, O. M., Blitophaga opaca Linné. Se: Öfversigt af F. Vet. Soc:s förhandl. XXXV.
—, Collembola in caldariis viventia enumeravit novasque species descripsit. Se: Medd. af Soc. pro fauna et fl. fenn. 17.
—, Corrodentia fennica. Se: Acta soc:s pro fauna et fl. fenn. IX: 4.
—, De lägre djurens själalif. Se: Forskning, Ur vår tids. 34 o. 36.
—, De skandinaviskt-finska Acanthia (Salda-)arterna. Se: Medd. af Soc. pro fauna et fl. fenn. 17.
—, En ny Ceratocombus från Finland. Se: dersammast. 15.
—, Finlands natur, folk och kultur. En öfverblick. 8:o, 173 s. o. 1 karta. H:fors, Söderström & K. 89. 2: 25.
—, La Finlande et les finlandais. Itinéraire historique et descriptif. 8:o, 207 s. H:fors, Turistfören. 89. 3 fmk.
—, Hemiptera Heteroptera från trakterna kring Sajanska bergskedjan. Se: Öfversigt af F. Vet. Soc:s förhandl. XXXIII.
—, Monographia Ceratocombidarum orbis terrestris. 4.o, 28 s. o. 1 pl. H:fors, Förf. 91. 5 fmk. Jfr. Acta soc:s scient. fenn. XIX: 6.
—, Monographia generis Holotrichius Burm. 4:o, 40 s. o. 2 pl. H:fors. 91.
Jfr. dersammast. XIX: 3.

REUTER, O. M., Monographia generis Reduvius Fabr. Lam. 4:o, 36 s. H:fors. 92
Jfr. dersammast. XIX: 15.
—, Neuroptera fennica. Se: Acta soc:s pro fauna et fl. fenn. IX: 8.
—, Nordiska sugfisken. Se: Medd. af Soc pro fauna et fl. fenn. 17.
—, Nya rön om myrornas omtvistade medlidande o. hjälpsamhet. 8:o, 40 s H:fors, Förf n. 88 50 p.
—, Patogena bakterier i landtbrukets tjenst. Se: Öfversigt af F. Vet. Soc.s förhandl. XXXVI.
—, Podurier från nordvestra Sibirien. Se: dersammast. XXXIII.
—, Revisio synonymica Heteropterorum palæarcticorum quæ descripserunt auctores vetustiores (Linnæus 1758 —Latreille 1806) I. II. 4:o, 74 s H.fors.
Jfr. Acta soc:s scient. fenn. XV.
—, Species palæarcticae generis Acanthia Fabr. Latr. 4:o, 58 s. o. 1 pl. H:fors 95.
Jfr. Acta Soc:is scient. fenn XXI: 2.
—, Ströftåg i djurverlden Populära afhandl:r o. uppsatser. I. 8:o, 125 s. H:fors, K. E. Holm. 88. 3: 25 fmk.
—, Thysanoptera, funna i finska orangerier. Se: Medd. af Soc. pro fauna et fl. fenn. 17.
—, Zur Kenntniss der geographischen Verbreitung der Graseule in Finnland. Se: Fennia. V: 12.
—, Se: Finland i dess skalders sång. — Schmidt, Människokroppen. — Sundman, Gösta, Finlands fiskar.
REUTER, Victor, Huru bör ett samhälle ordna sin fattigvård? 8:o, 81 s. Göteb, N. P. Pehrsson i distr. 91. 75 ö.
—, Bihang till d:o. 34 s. 50 ö.
REUTERSKIÖLD, C. A., Till belysning af den svensknorska unionsförfattn o dess tidigare utvecklingshistoria. En statsrättslig-historisk undersökning. 8:o, 195 s. Ups., Akad. bokh. 93. 2 kr.
Revolutionen i "drifbänken". Se: Teatern, Svenska. 198.
Revy, Nordisk, utg. af *Erik Thyselius*. 1895. 8:o. Sthm, Wahlström & Widstrand. 95.
För årg. (12 hfn à 2 à 3 ark) 10 kr.
RHODEN, Emmy v., I pensionen. Berättelse för unga flickor. Öfv. från "Der Trotzkopf". 12:o, 290 s. Sthm, Alb. Bonnier. 88. Kart. 2: 50.
RIBBING, Lennart. Se: *Vogt, V.* Biblisk historia.
RIBBING, Seved, Med hvem får man gifta sig enl. hälsolärans lagar? Föredrag. 8:o, 52 s. Lund, C. W. K. Gleerup. 90. 75 ö.
—, Om den sexuela hygienen o. några af dess etiska konseqvenser. 3.e omarb. o. utvidg. uppl. 8:o, 253 s. Sthm, W. Billes Bokf.-aktb. 89. 2 kr. (1:a o. 2:a uppl. 88.)
—, Om läkare o. läkarekonst i Shaksperes England. Se: Acta univ:is Lundensis. XIX; II, 14.
—, Om lämpliga reformer i den svenska landtbefolkningens kosthåll. Se: Föreningen Heimdals folkskrifter. 20.
—, Om nykterhetsetik o. nykterhetspolitik. Föredrag. 8:o, 23 s. Lund, C. W. K. Gleerup. 94. 50 ö.
—, Terapeutisk recepthandbok på grundvalen af de nordiska ländernas farmakopéer. 12:o, vj o. 387 s. Lund, C. W. K. Gleerup. 94. Klb. 4: 50.
RIBOT, Th., Minnets sjukdomar. Öfv. af *O. H. Dumrath*. 8:o, 208 s. Sthm, H. Geber. 90. 2: 25.
—, Personlighetens sjukdomar. Öfv. af *O. H. Dumrath*. 8:o, 208 s. o. 1 pl. Sthm, H. Geber. 92. 2: 50.
—, Uppmärksamhetens psykologi. Öfv. af *O. H. Dumrath*. 8:o, 148 s. Sthm, H. Geber. 91. 2 kr.

RIBOT, Th., Viljans sjukdomar. Öfv. af *O. H. Dumrath*. 8:o, 176 s. Sthm, H. Geber. 90. 2 kr.
Richard. Historisk berättelse för ungdom. Af förf. till "The heir of Redclyffe". Öfv. från eng. af *B. S. B.* Med 6 illustr. 8:o, 133 s. Sthm, Looström & K. 92. 1: 75.
RICHARDS, Hedley, Familjen Omerods hemlighet. Öfv. från eng. af *G. S.* 8.o, 190 s. Sthm, W. Billes Bokf.-aktb. 95. 1: 75.
RICHARDSON, Benj. Ward, Läkarevetenskapen o. alkoholfrågan. Föredrag. Öfv. 8:o, 30 s. Lindesberg, Joh. Högborg. 90. 25 ö.
RICHARDSON, Eliza, Katolicism o. klosterlif, enligt personliga erfarenheter. Öfv. från eng. af *G. S Löwenhielm*. 8:o, xij o. 170 s Sthm, Fost -stift:s f-exp. 90. 1: 25, kart. 1: 50, klb. 2· 25.
RICHEBOURG, Emile, Marthe. Roman. Öfv. af *P. E. M. Fischier*. 8:o, 208 s. Sthm, P. A. Huldbergs bokf.-aktb 90. 1: 75.
RICHERT, Hj., Tabell öfver tillåtna belastningen å järnbalkar. 8.o, 25 s. Sthm, Gust. Chelius. 93.
Klb. 1: 60.
—, Tabellen zur Berechnung d. Tragfähigkeit schmiedeeiserner Stäbe bei Beanspruchung auf Zerknicken. 8:o. 29 s. Göteb., Wettergren & Kerber. 86. 1 kr.
—, Se: *Kröhnke, G. H. A.*, Handbok för utstakning af kurvor.
RICHERT, J. Gust., Kolerans x. y. z. Föredrag i Tekniska samfundet 1893. 8:o, 26 s. o. 1 tab. Göteb., Wettergren & Kerber. 93. 1 kr.
—, Om grundvattens förekomst o. användning. Föredrag. 8:o, 21 s. o. 1 bilaga. Göteb., Wettergren & Kerber. 91. 50 ö.
*—, Om offentliga slagthus o. kreatursmarknader. Berättelse från en studieresa år 1894. 4:o, 24 s. o. 2 pl. Göteb., Wettergren & Kerber. 95. 1 kr.
RICHET, Charles, Kärleken. Se: *Afhandl:r, Popul. vetenskapl.* 1.
—, Om hundra år. Se: *dersammast.* 5.
RICHMOND, L., Mjölkflickan, spegel af nya födelsen i renhet o. sanning. Öfv. af *Joh. Dillner*. 3:e uppl. med slutord af utg:n. 8:o, 47 s. Sthm, A. V. Carlsons Bokf.-aktb. 87. 20 ö.
RICHTER, Alfred, Uppgiftsbok till E. F. Richters harmonilära bearb. 8:o, 54 s. (Tr. i Leipzig.) Sthm, Carl Gehrman. 89. 1 kr.
RICHTER, Eugen, Richter mot Bebel. Två riksdagstal om den socialdemokratiska framtidsstaten. Öfv. 8:o, 46 s. Sthm, P. A. Norstedt & S:r. 93. 50 ö.
—, Socialdemokratiska framtidsbilder. Fritt efter *Bebel*. Öfv. 8:o, 88 s. Sthm, P. A. Norstedt & S:r. 92. 50 ö.
RICHTER, E. F., Harmonilära. Öfv. af *Jul. Bagge*. 3:e svenska uppl. genoms. o. förbättrad. 8:o, 208 s. Ups., W. Schultz. 86. 2: 75, inb. 3 kr.
RICHTER, J, Svensk rättskrifningslära. 8.o. Sthm, P. A. Norstedt & S:r.
1:a kursen. 31 s. 91. 25 ö., kart. 30 ö.
2:a kursen. 122 s. 91. 90 ö, kart 1: 10.
Båda kurserna i 1 band 1: 35.
Riddaresaga, En. Bearb. från franskan. Illustr. af *Jenny Nyström*. 4:o, 88 s. o. 17 pl. Sthm, F. & G. Beijers Bokf.-aktb. 91. Kart. 4: 50.
Riddarhuset, Svenska. En samling orig. etsningar af *Rob. Haglund*, med text af *G. Upmark*. Folio, 5 pl. o. 8 blad text. Sthm, Wahlström & Widstrand. 91.
I kartong 30 kr.
RIDDERSTAD, C. F., Svenska historiska romaner. Godtköpsuppl. 8:o. Sthm, F. & G. Beijers Bokf.-aktb.

1. Drottning Lovisa Ulrikas hof. 2 dlr. 318 o. 336 s. 88. 2: 50, inb. 4 kr.
2. Drabanten. 2 dlr. 384 o. 562 s. 88. 3: 50, inb. 6 kr.
3. Fursten. 2 dlr. : 20 o. 264 s. 88. 2 kr, inb. 3: 50.
4. Svarta handen. 2 dlr. 284 o. 288 s. 88. 2 kr., inb. 3: 50

RIDDERSTAD, Wilh., En svensk medeltidsborg. (Almare-Stäk) o. dess innehafvare. 8:o, 42 o. xxxiv s. Sthm, Tr. hos P. A. Norstedt & S:r. 89. (Ej i bokh.)

—, Fältbok för armén. 2:a uppl. 8:o, 356 s., 6 pl. o. 1 karta. Sthm, Förf:n. 86. 4 kr.

RIDDERSTOLPE, Aug., o. BECK-FRIIS, J. G., Förteckning öfver i Sverige befintliga hingstar 1886—89. 8:o, 89 s. Sthm, Henr. Sandberg i komn.. 90. 1: 50.

RIEGER, Karl Henrik. Betraktelser öfver Nya Test. o. Psaltaren. Öfv. från tyskan af *O. Brorsson*. Förord af biskop *G. D. Björck* 1:a—30:e hft. Stor 8:o, xxix o. 896 s. Göteb., J. F. Richters bokh i distr. 87—95. För häfte 33 ö.

RIEHL, W. H., Burg Neideck. Se: Auswahl aus d. neueren deutschen Litteratur. 2.

—, Drei Novellen. Mit Anmerkungen herausgg. von E. Planck. 8:o, 131 s. Sthm, W. Billes Bokf.-aktb. 90. 1: 25.

RIETSCHEL, Georg, Luther i sitt hem. Öfv. från tyskan. 8:o, 64 s. o. 4 pl. Sthm, Fost.-stift:s f.-exp. 90. 40 ö

Riksbyggnadsfrågan. Kan riksdagen inför nationen försvara uppoffrandet af ett tiotal millioner på byggnader å Helgeandsholmen? 8:o, 16 s. Sthm, Henr. Sandbergs bokh. 95. 25 ö.

Riksdags- o. riksbanks-hus. Enligt af fullmäktige d. 5 nov. 1894 faststäldt förslag. Utarb af *Aron Johansson*. Perspektiven utförda af *E. Hcurlin*. Tvärfol., 12 pl. o. 1 blad text. Sthm, Generalstab. litogr. anst. 94. 4 kr.

Riksdagsakter, Svenska, jämte andra handl:r som höra till statsförfattn:s historia under tidehvarfvet 1521—1718. Utg. af Kgl. Riksarkivet genom *Emil Hildebrand* o. *Oscar Alin*. Stor 8.o. Sthm, P. A Norstedt & S:r.

I: 1. 1521—44. xiv o. 412 s. 87. 10 kr.
  2. 1544—60. s 413—835. 88. 10 kr.
II: 1. 1561—68. 180 s. 89. 3: 50.
  2. 1568—71. s. 181—432 o. 1 facsimile. 91. 5: 75.
III: 1. 1593—94. 511 s. o. 1 facs 94. 10 kr.

Riksdags-protokoll, Sveriges ridd. o. adels. 8:o. Sthm, Z. Hæggströms f.-exp

[1:a serien] från 1629. [Utg. af *Bernh. Taube*.]
VIII. 1660 senare riksd. 291 s. 86. 3 kr.

Riksdags-protokoll, Sveriges ridd. o. adels. 8:o. Sthm, P. A. Norstedt & S:r.

[1:a serien] från 1629. [Utg. af *Severin Bergh*.]
IX. 1664. vij o. 477 s. 91. 6 kr.
X. 16°8. vj o. 615 s. 93. 7: 75.
XI. 1672. vj o. 476 s. 94. 6 kr.
XII. 1675—78. 379 s. 95. 4: 75

[2:a serien] från 1729. [Utg. af *Carl Silfverstolpe*.]
III: 2. 1723. 4. Bilagor. s. 327—534. 86. 2: 50.
VI: 2. 1731. Bilagor. s. 563—654. 87. 1: 25.
VIII: 1. 1734: 2. 552 s. 86. 6: 50.
  2. 1734. Bilagor. s 553—632. 87. 1: 25.
IX. 1738—39. 1. (maj—sept. 1738.) 556 o. 32 s. 87. 6: 75.

X. 1738—39. 2. (4 okt. 1738—14 febr. 1739.) 582 o. 56 s. 88. 6: 75.
XI. 1738—39. 3. (17 febr.—26 apr. 1739) bilagor 542 o. s. 57—74. 89. 6: 50.
XII. 1740—41. Bilagor. 774 o. 35 s. 90. 9 kr.
XIII: 1. 1742—43 (I: 1) 320 s. 90. 3: 50.
  2. 1742—43. (I: 2) s. 321 - 743 o. 13 s. 91. 5: 25.
XIV: 1. 1742—43. (II: 1) 336 s. 93. 3: 75.
  2. 1742—43. (II: 2) s. 337—756 o. bil. 60 s. 95. 5: 25.

Rikshufvudboken för 1573. Se: Handlingar, Historiska. XII.

Rikskansleren Axel Oxenstiernas skrifter o. brefvexling utg. af Kgl. Vitt.-hist.- o. antiqv. akad. 8:o, Sthm, P. A. Norstedt & S:r.

Förra afdelningen.
I. Historiska o. politiska skrifter. [Redig. af *C. G. Styffe*.] xxviij o. 680 s. 88. 9 kr.

Senare afdelningen.
I. K. Gustaf II Adolfs bref o. instruktioner. [Redig. af *Per Sondén*.] 916 s. 88. 11 kr.
II. Hugo Grotii bref, 1633—39. [Redig. af *J. Fr. Nyström*.] x o. 678 s. 89. 9 kr.
III: 1. Gabr. Gustafsson Oxenstiernas bref 1611—40.
  2. Per Brahes bref 1633—51. [Redig. af *Per Sondén*] 599 s. 90. 8 kr.
IV. Hugo Grotii bref 1640—45. [Redig. af *C. G. Styffe*.] ij o. 702 s. 91. 9 kr.
V. Jakob de la Gardies bref 1611—50. [Redig. af *C. G. Styffe*.] iv o. 640 s. 93. 8 kr.
VI. Johan Banérs bref 1624—41. [Redig. af *Per Sondén*.] iv o. 916 s. 93. 11: 50.
VII: 1. Hertig Bernhards af Sachsen-Weimar bref 1632—39. 2. Landgrefve Wilhelms af Hessen-Kassel bref 1632—37. Med tillägg af brefven från den sistnämndes gemål, landgrefvinnan Amalia Elisabeth 1634—50. xv o. 726 s. 95. 9: 50.

Rimfrost, Illustr. af *Noël Smith*. Text af *L. S.* 12:o, 6 blad velin med illustr. (Tr. i Berlin.) Sthm, Fost.-stift:s f.-exp. 91. 50 ö.

Rimfrost, Illustr. julblad. 1:a o. 2:a årg. (1891—92.) Folio, 16 s. Jönköp, Litogr. aktb. 91, 92. 1:a årg. 50 ö.; 2:a 75 ö.

Rinaldo Rinaldini. Se: Röfvarhöfdingen R. Rinaldini.

RINDELL, Arthur, Inledning till kännedomen om de kemiska reaktionerna. 2:a uppl. 8:o, 52 s. H:fors, G. W. Edlund. 90. 1 fmk.

—, Åkerbrukskemi. Se: Folkhögskolebibliotek, Lilla. 4.

RINDELL, Edward, Kortfattad grekisk elem. grammatik efter *Fritzsche*. 8:o, vij o. 95 s. H:fors, Söderström & K. 92. 2 kr.

RING, Herman A., Dikter. 12.o, viij o. 313 s. Sthm, C. A. V. Lundholm. 88. 3 kr., inb. med guldsn. 4: 50.

—, Främmande toner. Dikter från skilda länder, samlade o. på svenska tolkade. Med illustr. af *Jenny Nyström*. Liten 8:o, 220 s. Sthm, Fröleen & K. 95. 6 kr.

—, Litteratur- o. konsthistoria. Se: Bibliotek för allmänbildning. 10.

—, Lärobok i deklamation till hjelp o. ledning för deklamations-lärare m. m. Efter tyska källor öfvers. o. bearb. 8.o, 65 s. Sthm, A. J. Seelig. 86. 1 kr.

—, Meiningarne, deras gästspel o. dessas betydelse för den sceniska konsten. 8:o, 61 s Sthm, J. Seligmann. 89. 75 ö.

—, Skansen o. Nordiska museets anläggn:r å Djurgården. (Med 18 illustr.) 8:o, 110 s. Sthm, Samson & Wallin. 93. 1: 25.

RING, Herman A., Spridda drag ur de kgl. teatrarnes hist. med anledn. af derns stängande. 8:o, iv o. 84 s. Sthm, Carl Gehrman. 88. 1 kr.

RING. Max, Kära mamma. Humoristisk berättelse. Öfv. 8:o, 67 s. Sthm, C. A. V. Lundholm. 89. 50 ö.

RINGBERG, Th. E., Anvisn:r rör. de göromål, som enl. gällande värnpligtslag o. kgl. töroidn:r ang. inskrifning o. redovisning af värnpligtige, åligga vederb. pastorsemb. 8:o, 13 s. o. 1 tab. Kalmar, Hj. Appeltofft. 88. 40 ö.

Ringen, den magiska. 8:o, 16 s. med kol fig. (Tr. i Haarlem.) Malmö, Cronholmska bokh. 86. 50 ö.

RINGH, Magnus, Bakom kulisserna. Minnen o. anteckn:r från teatern. 8.o, 223 s. Sthm, F. & G. Beijers Bokf.-aktb. 87. 2: 50.

— —, Komedianten. Skildringar ur teaterlifvet. 8:o, 198 s. Sthm, F. & G. Beijers Bokf.-aktb. 87. 2: 25.

——, Teaterlif. Irrfärder med thespiskärran. 8:o, 135 s. Sthm, Ad. Johnson. 91. 1: 25.

RINGSTRÖM, G., Se: *Wickman, G.*, o. *Ringström, G.*, Täflingsförslag till riksdagshus o. riksbanksbyggnad.

Rip. Se: *[Stanff, Karl.]*

RISBERG, Bernh., Aischylos Agamemnon. Se: Handl:r. Göteb. vet. o. vitt. samh. XXIV.

——, Dikter. 8:o, 122 s. Göteb., Wettergren & Kerber. 93. 2 kr.

— —, Emendationes et explicationes Propertianæ. 8:o, 70 s. Ups., Lundequistska bokh. 95. 1: 50.

——, Pontus Wikner. 8:o, 8 s. Ups., Lundequistska bokh. i komm. 88 25 ö.

——, Tyska förebilder till dikter at Atterbom. Se: Årsskrift, Upsala univ:ts. Filos., språkvet. o. hist vet. 1.

RIST, P. Fr., Soldater. Öfv från danskan af *Ernst Lundquist*. 8:o, 268 s. Sthm, H. Geber. 91. 2: 75.

Rit-album för ungdom. 50 blad med teckn:r. 8:o. Sthm, Ad. Johnson. 92. I kartong 1: 50.

Ritkonstnären, Den lille. 50 blad med ritningar. 8:o, 70 s. Sthm, Ad. Johnson. 95. 1: 50.

Ritkurs för tystöfningstimmarna i folkskolans. 3:e o. 4:e klasser. 4:o, 16 pl. Norrk. Litogr. aktb 89. Kart. 35 ö.

RITSCHL, Alb., Den kristliga fullkomligheten. Se: Frågor, I religiösa o. kyrkliga. 2.

ROBINET, E., Den positiva filosofien i sammandrag. Öfv. af *Louise Nyström*. 12:o, 140 s. Sthm, Alb. Bonnier. 89. 1 kr.

ROBINSON, Humor. Se: Tidskrift, Nordisk 1886.

——, Kätterska tankar. Se: dersammast. 1887.

——, Ämnet i H. Ibsens Rosmersholm. Se: dersammast. 1887.

Robinson Crusoe. 4:o, 7 kolor. pl. (Tr. i London) Malmö, Envall & Kull. 91. 2 kr.

Robinson Crusoe. 4:o, 24 s med 12 kolor. taflor. (Tr. i Haarlem.) Sthm, C. E. Fritzes hofbokh. 91. 1: 25.

——, Se: Bilderböcker. 13. — Bilderböcker, 40 öres. 3. — Bokskatt, Ungdomens 5. *Defoe, Daniel*

Robinsons äfventyr Se: Folkskrifter. 17.

Rochas d'Aiglun, Hypnosens djupare stadier. Öfv. af *A. F. Åkerberg*. 8:o. 91 s. o. 1 pl. Sthm, Henr. Sandberg i distr. 93. 1: 50.

ROCKSTRO. W. S. Se: *Holland, H. S.*, o. *Rockstro, W. S.*, Jenny Lind-Goldschmidt.

ROCKWELL, Reese, Grand Gilmore Öfv. 8:o, 208 s. Sthm, P. Palmquists aktb. 91. 1: 25, kart. 1: 50.

ROD, Édouard. Lifvets mening. Öfv. 12:o, 236 s. Sthm, Alb. Bonnier. 90. 2: 25.

— —, Offret. Se: Romanbibliotek, Ad. Bonniers. 46.

RODD, Renell, Fredrik III såsom kronprins o. kejsare. En lefnadsteckning. Öfv. af *O. H. D.* 8:o, 148 s. Sthm, Ad. Bonnier. 88. 1: 50.

RODHE, B. C., Abc-bok för hemmet. 8:o, 32 s. Göteb, Förf:n. 90. Kart. 25 ö.

——, Första läsåret Abc- o. läsebok. 8:o, 112 s. Göteb., Förf:n. 89. Inb. 50 ö.

——, Andra läsåret Läsebok. 336 s. 90. Inb. 90 ö. Båda i 1 band 1: 30.

——, Läro- o. läsebok för barn. 14:e uppl. 12:o, 160 s. Sthm, F. & G. Beijers Bokf.-aktb. 88. Inb. 60 ö.

— —, Ny abc- o. läsebok för småskolan. 12:e uppl. 8:o, 304 s. Göteb., Förf:n. 91 Inb 75 ö.

——, Om förfaringssättet vid den första undervisningen i modersmålet. 8:o, 16 s. Göteb, Förf:n. 89. 20 ö.

— —, Om söndagsskolan. Fem föredrag. Uppteckn. o. bearb. af *J. J—n*. 8:o, 137 s. Sthm, Fost.-stift:s f.-exp. 87. 75 ö., kart 1 kr. klb. 1: 75.

——, Om uppfostran till lydnad. 8:o, 28 s. Sthm, Fost.-stift:s f.-exp. 88. 20 ö.

——, Om vilkoren för ett lyckligt äktenskap. 5:e uppl. 8:o, 113 s. Sthm, Fost.-stift:s f.-exp. 93. (3:e uppl. 87. 4:e 89.) 75 ö., kart.1 kr., klb. 2 kr.

——, Ungdomens sedliga själftukt. Föredrag. 8:o, 32 s. Göteb. Förf:n. 93. 30 ö.

ROHDE, Emil, Engelsk läsebok för nybörjare. 8:o, 83 s. Sthm, C. E Fritzes hofbokh. 92. Inb. 1 kr.

— —, Engelska skriföfningar med ordförkl:r o. grammatikalhänvisn:r. 8:o, 49 o. 5 s. Sthm, C. E. Fritzes hofbokh. 89. Inb. 1 kr.

——, Engelska talöfningar. 8:o, 68 s. Sthm, C. E. Fritzes hofbokh. 90. Inb. 1 kr.

— —, Fransk läsebok för nybeg. 8:o, vj o.-217 s. Lund, C W. K. Gleerup. 90. 1: 50, inb. 2 kr.

——, Franska talöfningar. 8:o, ix o. 124 s. Sthm, C. E. Fritzes hofbokh. 90. Inb. 1: 25.

— —, Nyckel till Engelska skriföfn:r. Tryckt som manuskript. 8:o, 79 s. Sthm, C. E. Fritzes hofbokh. 89. Inb. 5 kr.

— —, Ordlista till Engelsk Läsebok för nybörjare. 8:o, 58 s. Sthm, C. E. Fritzes hofbokh. 93. 75 ö.

——, Praktisk lärobok i engelska språket efter Berlitz' metod. 8:o. Sthm, C. E. Fritzes hofbokh.
Förra dln. 1:a o. 2:a uppl. iv o. 94 s 91. Klb. 1: 25.
Senare dln. 2:a uppl. iv o. 158 s. 93. Klb. 1: 75.
(1:a uppl. 91.)

— —, Praktisk lärobok i franska språket efter Berlitz' metod. 8.o. Sthm, C. E. Fritzes hof bokh.
Förra dln. 2:a uppl. iv o. 100 s. 93. Klb. 1: 25.
(1:a uppl. 91.)
Senare dln. 149 s 91. Klb. 1: 75.
(1:a uppl. 91.)

— —, Praktisk lärobok i tyska språket efter Berlitz' metod. 8:o. Sthm, C. E. Fritzes hofbokh.
Förra dln. iv o. 98 s 91. Klb. 1: 25.
Senare dln. 176 s. 91. Klb. 1: 75.

— —, Tyska skriföfn:r med ordförklaringar o. hänvisn:r till Calwagens m. fl. tyska språkläror. 8:o, 64 s. Göteb, Wettergren & Kerber. 87. 75 ö.

——, Tyska talöfningar. 8:o, viij o. 95 s. Sthm, C. E. Fritzes hofbokh. 90. Inb. 1 kr.

— —, Se: *Stinde, J.*, Zwei Novellen. *Winter, John*

Strange, Bootles' baby. — Verfasser, Moderne deutsche. 2.
RODHE, Emil, o. **KROGER, D.**, Tysk läsebok för nybörjare. 8:o, 158 s. Sthm, C. E. Fritzes hof bokh. 90. Inb. 1: 50.
——, ——, Tysk läsebok för skolans mellanklasser. 8:o, 166 s. Sthm, C. E. Fritzes hof bokh. 91. Inb. 1: 50.
RODHE, Eva, Undervisning i hushållsgöromål för skolbarn. 8:o, 19 s. Göteb., Wettergren & Kerber. 94. 30 ö.
RODHE, E. H., Herdabref till Göteborgs stifts prestersskap. 8:o, 27 s. Göteb., N. P. Pehrsson. 88. 35 ö.
——, Herrans ögon se efter tron. Predikan. 8:o, 15 s. Göteb., N. P. Pehrsson. 88. 25 ö.
——, Några ord om de fattigas vård. 8.o, 23 s. Göteb., N. P. Pehrsson. 89. 30 ö.
——, Om bibelns spridning o. läsning. Tal vid Linköpings stifts bibelsällskaps högtidsdag d. 25 aug. 1886. 8:o, 34 s. Norrk., M. W. Wallberg i komm. 87. 25 ö.
——, Om kyrklig fattigvård. 8:o, 22 s. Göteb., H. L. Bolinder. 94. 35 ö.
——, Om olikheten mellan luthersk o. reformert uppfattning af Guds ord. 8:o, 25 s Norrk., M. W. Wallberg. 88. 20 ö.
——, Om vår bekännelses betydelse o. värde. Föredrag vid Göteborgs stifts allm. prestmöte 1890. 8:o, 21 s. Göteb., N. P. Pehrsson. 90. 40 ö.
RODHE, John, Ordlista till C. Julii Cæsaris Comment. de bello gallico. I. 1:a boken, kap. 1—39. 8:o, 96 s. Göteb., Wettergren & Kerber. 86. 1 kr.
——, Ordlista till de två första sångerna af Homeri Odyssé. 8:o, 132 s. Göteb., Wettergren & Kerber. 86. 1: 25.
——, Schopenhauers filosofiska grundtankar i systemat. framställning o. kritisk belysning. Akad. afh. 8:o, iv o. 161 s. Lund, Ph. Lindstedts univ:s bokh. 88. 1: 50.
ROE, E. P., Den tappre vinner den sköna. Öfv. från eng. 12:o, 484 s. Sthm, Alb. Bonnier. 91. 2: 75.
——, Han blef kär i sin hustru. Berättelse. Öfv. från eng. 12:o, 352 s. Sthm, Alb. Bonnier. 89. 2: 50.
——, Millie Jocelyns öden. Berättelse för unga flickor. Ur lifvet i New-York. Öfv. 12:o, 564 s. o. 1 pl. Sthm, Alb. Bonnier. 86. Kart. 3: 50.
Roest, Rust. Se: [*Elkan, Sofi.*]
ROGBERG, Carl, Gustaf II Adolfs minne. Tal till ungdomen vid Stockholms norra latinläroverk d. 8 dec. 1894. 8:o, 52 s. Sthm, P. A. Norstedt & S:r. 94. 50 ö., på finare papper 1 kr.
ROGERS, G. Alb., Hvar är den förstfödde el. Israels tio stammar? Öfv. från eng. 8:o, 42 s. Sthm, G. Fredengren. 87. 75 ö.
——, Jakobs hufvudgärd eller kröningsstolen i Westminster Abbey. Öfv. Med 1 teckning. 8:o, 106 s. Sthm, P. A. Huldbergs Bokf.-aktb. 93. 80 ö.
ROGGE, Bernh., Gustaf II Adolf, ett kristligt hjeltelif. Bearb. öfv. af *H. O. P.* Med porträtt. 8:o, 121 s. Sthm, Fröleen & K. 94. 1 kr.
ROGH, John, Från Orientens förgårdar. Skizzer. Med 44 illustr. 8:o, 172 s. Sthm, W. Billes Bokf.-aktb. 94. 2: 50.
ROHDEN, G. v, Den sedligt religiöses uppfostran. Öfv. 8:o, 45 s. H:fors, G. W. Edlund. 87. 50 p.
Roland Forrester o. hans systers faror o. äfventyr bland Nordamerikas indianer. Öfv. Med 13 illustr. 8:o, 283 s. Sthm, F. C. Askerberg. 94. Inb. 2: 25.

ROLLIER, A., Hvarför jag sympatiserar o. anser för en pligt att broderligt samverka med frälsningsarmén. Öfv. af *J. H.* 8:o, 45 s. Sthm, Frälsningsarméns högqvarter. 89. 35 ö.
ROM, N. O., Se: *Almquist, Sigfrid*, Geografi för folkskolan.
Roman, En, om förste konsuln från den 18 brumaire till freden i Amiens. Se: [*Malling, Math.*]
Romanbibliotek, Ad. Bonniers. 8:o. Sthm, Ad. Bonnier.
31. *Werner, E.*, Sankt Mikael. Roman. Öfv. från tyskan. 368 s. 87. 2: 50.
32. ——, Hemlandstoner. Roman. Öfv. från tyskan. 258 s. 87. 2: 50.
33. *Cadol, Edouard*, Angèle. Öfv. från franskan af *O. H. D.* 272 s. 87. 2: 50.
34. *Schubin, Ossip*, Stella. Roman. Öfv. af *L—é.* 258 s. 87. 2: 50.
35. *Gaboriau, Emile*, Hvem var den skyldige? Roman. Öfv. från franskan. 346 s. 88. 2: 50.
36. *du Boisgobey, F.*, Ett giftermål at böjelse. Öfv. från franskan af *O. H D.* 319 s. 88. 2: 50.
37. *Schubin, Ossip*, "Gloria victis". Ur den österrikiska aristokratiens lif. Öfv. af *Fredrique Paijkull.* 320 s. 88. 2: 50.
38. *Werner, E.*, Alpfeen. Öfv. från tyskan. 340 s. 88. 2: 50.
39. *Belot, Adolphe*, Huggormen. Öfv. från franskan. 324 s. 89. 2: 50.
40. *Spielhagen, Fredrik*, Den nye Farao. Roman i fyra böcker. Öfv. af *D. S. Hector.* 363 s. 89. 2: 50.
41. *Theuriet, André*, Sensommar. Öfv. från franskan. 257 s. 89. 2: 50.
42. *Werner, E.*, Hartmut. Öfv. från tyskan. 361 s. 90. 2: 50.
43. *Farina, Salvatore*, Mitt barn. Öfv. 292 s. 90. 2: 50.
44. *Eschstruth, Nataly v.*, I onåd. Öfv. från tyskan. 274 s. 91. 2: 50.
45. *Sudermann, Herman*, En önskan. Öfv. 232 s. 92. 2: 50.
46. *Rod, Edouard*, Offret. Öfv. 272 s. 92. 2: 50.
47. *Eschstruth, Nataly v.*, Hasard. Öfv. 255 s. 92. 2: 50.
48. *Werner, E.*, Vågadt o. vunnet. Öfv. 272 s. 92. 2: 50.
49. *Lesueur, Daniel*, Nadeschda Miranoff. (Passion slave.) Öfv. 304 s. 92. 2: 50.
50. *Lindau, Paul*, Hängmossa. Öfv. 301 s. 93. 2: 50.
51. *Werner, E.*, Fri väg. Öfv. 355 s. 93. 2: 50.
52. *Bourget, Paul*, Det förlofvade landet. Öfv. 276 s. 93. 2: 50.
53. *Michailow, A.*, Ett sorglöst lif. Sedeskildr. från Petersburg. Öfv. 303 s. 93. 2: 50.
54 o. 55. *Jolin, Joh.*, Affällingarne. Roman i 2 dlr. 4:e uppl. 321 o. 362 s. 93. För del 2 50.
56. *Maupassant, Guy de*, Vårt hjärta. 296 s. 94. 2: 50.
57. *Belot, Adolphe*, Lilla gubben. En brottmålshistoria. Öfv. 262 s. 94. 2: 50.
58. *Sudermann, Herrmann*, Skymningsprat. Enkla historier. Öfv. 271 s 94. 2: 50.
59. *Maupassant, Guy de*, Stark som döden. Öfv. 312 s. 94. 2: 50.
60. *Perron, Paul*, Konstberiderskan. Öfv. af *Karin Lidforss.* 283 s. 94. 2: 50.
61. *Tovote, Heinz*, I kärleksyra. Öfv. 288 s. 94. 2: 50.

62. Marchi, Emilio de, Don Cirillos hatt. Öfv. från ital. 233 s. 94 2: 50.
63. Maartens, Maarten, Joost Avelinghs synd. 340 s. 94. 2: 50.
64. Tovote, Heinz, Moder. Roman. Öfv. af Annie Wall. 291 s. 95. 2: 50.
65. Maupassant, Guy de, Mont Oriol. Öfv. 275 s. 95. 2: 50.
66. Allen, Grant, Sällsamma historier. Öfv från eng. 2:a uppl. 268 s. 95. 2: 50.
67. Eschstruth, Nataly von, Under falskt namn o. andra berättelser. Öfv. från tyskan. 245 s. 95. 2: 50.
68. Kiellman-Göransson. J., Rosamunda Fager af Nepomuk. 2:a uppl. 290 s. 95. 2: 50.
69. Werner, E, Örnflykt. — En gudsdom. Två noveller. 276 s. 95. 2: 50.

Romaner och noveller. Samtidens förnämsta utländska, i svenska godtköpsupplagor. 8o. Sthm, C. & E. Gernandts f.-aktb.
1. Voss, Richard, Romerska noveller. 1:a saml 159 s 95. 75 ö
2. Gordon, Julien, 1. En man med framgång. — 2. Fröken Reseda. 176 s. 95. 75 ö.
3 o. 4. Croker, B. M., I tjänst hos tvänne herrar. 2 dlr. 157 o. 158 s. 95. 1: 50.
5. Gyp (Grefvinnan Gabrielle de Martel de Janville), Ett litet kärleksdrama 152 s. 95. 75 ö.
6. Colombi (Marchesa), 1. Utan kärlek. — 2. På risfälten. 159 s. 95. 75 ö.
7. Stockton, Frank, En lustig historia. 159 s. 95 75 ö.
8. Edwards (Mrs), Äfventyrerskan. 158 s. 95. 75 ö.
9. Peard, Frances M., Det fasansfulla året 1870—71. 160 s. 95. 75 ö.
10. Ryska novellister. 1:a saml: Lermontow, Fatalisten. — Tschekow, Fiender. — Tolstoy, d. y. Förförelsen — Nemirowitsch-Dantschenko, 1. Mahmuds småttingar. 2. Den öfvergifna grufvan. 160 s. 95. 75 ö.

Romansamling, Ny, med urval af författ. från snart sagdt alla länder. Sthm, L. Hökerberg. 93. 20 hfn à 25 ö.

ROMANZOW, Se: Ahnfelt, Två krönta rivaler. o. Suchtelen, J. P., m. fl. Två krönta rivaler.

ROMDAHL, Clara, Se: Barnamat.

ROMELL, John, Se: Hellström, E. W., o. Romell, John, Den döde lefver

ROMIN, Karl. Se: Wisby.

[ROOS, Anna], I gryningen. Sånger o. ballader af Alfaro. 8:o, 212 s. Sthm, Alb. Bonnier. 94. 3: 50.
—, I Hvitavall. Visor och sagor. Illustr. af Stina. I, II. Tvär 4:o, hvardera 112 s o. 7 pl. Sthm, Wahlström & Widstrand. 95.
Hvardera kart. 2: 50.
—, Lilla Elnas sagor, visor o. berättelser för barn af Alfaro. lllustr. af Stina. 8:o. Sthm, Alb. Bonnier.
I. 124 s. 94. Kart. 1: 50.
II. 128 s. 94. Kart. 1: 50.
—, Tysta djup. Berättelser. 8:o, 151 s. Sthm, Wahlström & Widstrand. 95. 2 kr.

ROOS, Berthold, De moderna världsåsikterna o. deras konsekvenser. Föredrag. 8:o, 31 s Sthm, C. A. V. Lundholm. 90. 25 ö.

ROOS, Magn. Fredr., Huslig andaktsbok inneh. morgon- o. aftonbetrakt:r för hvar dag i året med åtföljande sånger af Ph. Fredr. Hiller. Öfv. af S. Cavallin.
2 dlr. Stor 8:o, vj, 590, xxij o. 594 s. Lund, C W. K. Gleerup. 88.
Inb. i ett band 6: 50, i två band 7 kr.

ROOS, Magn. Fredr., Huslig uppbyggelsebok i morgon- o. aftonbetrakt:r för 6 veckor. Öfv. af G. T—d. Liten 8:o, 191 s. Lund, C. W. K. Gleerup. 88.
Inb. 38 ö.
—, Kristlig troslära. Se: Skrifter, utg. af Samf. pro fide et christianismo. 41.
—, Nattvardsbok. Se: dersammast. 30.
—, Om kyrkan o. himmelriket. Två kapitel ur M. F. Roos afhandl. De ecclesia. 8:o, 34 s. Lund, Gleerupska univ.s bokh. 90. 35 ö.
—, Se: Passionale, Det gyldene.
—, Smärre skrifter. 8.o. Lund, C. W. K. Gleerup.
1. Uppbyggliga samtal öfver Johannis uppenbarelse. Öfv. af J. V. Thuresson. 215 s. 95. 1: 25.
—, Utläggning af nytestamentliga skrifter. Se: Skrifter, utg. af Samf. pro fide et christianismo. 39.

ROOS, Mathilda. Det allra käraste. Se: Bibliotek för de unga. 66.
—, Det roligaste af allt. Se: dersammast. 64.
—, "Egoism" o. "lycksalighet". Några tankar med anledning af fröken Keys artikel "En förklaring" i Svensk Tidskrift. 8:o, 32 s. Sthm, Alb. Bonnier. 94. 50 ö.
—, En liten tviflare. Se: Bibliotek för de unga. 65.
—, Ett ord till fröken Ellen Key o. till den svenska kvinnan. 8:o, 44 s Sthm, Alb. Bonnier. 95. 40 ö.
—, Familjen Verle. En skildring. 12:o, 443 s. Sthm, Alb. Bonnier. 89. 3: 75.
—, Genom skuggor. En nutidsskildring. 2:a uppl. 12:o, 448 s Sthm, Alb. Bonnier. 92. 3: 75. (1:a uppl. 91.)
—, Hårdt mot hårdt. Berättelse. 12:o, 384 s. Sthm, Alb. Bonnier. 86. 3: 50.
—, Höststormar. Berättelse. 12:o, 324 s. Sthm, Alb. Bonnier. 87. 3: 50.
—, I vårbrytningen. Teckn:r ur barnens värld. Illustr. af Jenny Nyström. 8:o, 137 s. Sthm, Fost.-stift:s f.-exp. 91.
1: 25. kart. 1: 50, klb. 2: 25.
—, Jul. Se: Bibliotek för de unga. 67.
—, "Kommen till mig!" Några tankar. 12:o, 84 s. Sthm, Alb. Bonnier. 92. Inb. 1: 50.
—, Kärlekens hemlighet. Se: Bibliotek för de unga. 63.
—, Lifsbilder. Berättelser. 12:o, 300 s. Sthm, Alb. Bonnier. 88. 3 kr.
—, Saulus af Tarsus. En själs historia tecknad efter bibeln. 12:o, 196 s. Sthm, Alb. Bonnier. 90. 2: 50, klb. 3: 50.
—, Strejken på Bergstomta. En skildring ur lifvet. 2:a uppl. 8:o, 88 s. Sthm, C. A. V. Lundholm. 93. 75 ö. (1:a uppl. 92.)
—, Ur barndomens värld. Berättelser. Med illustr. af Jenny Nyström. 8:o, 192 s. Sthm, Fost.-stift:s f.-exp. 94 1: 50, kart. 1: 75.
—, Önskekransen. En berättelse för unga kvinnor 2:a uppl. 8:o, 120 s. Sthm, Fost.-stift:s f-exp. 93. 1 kr., kart. 1: 25, klb. 2 kr. (1:a uppl. 92.)
—, Se: Hemåt.

ROOS, U. B., Reseberättelse öfver en inspektionsresa. Se: Öfversigt af F. Vet.-soc:s förhandl:r. XXXII.

ROOSVAL, Albin, Se: Handbok i fotografi. — Tidskrift, Fotografisk. — Årsbok, Fotogr. tidskrift:s.

Rosa, Lilla, och andra berättelser. Öfv. af *Göran Björkman.* 8:o, 194 s. Sthm, Ad. Bonnier. 95.
2 kr.

Rosa, Lilla, o. hennes vänner, af *L. L.* Med illustr. af *Emely Harding.* Med kolor. taflor. 8:o, 16 s. (Tr. i Fürth.) Sthm, Fost.-stift:s f.-exp. 89. 60 ö.

ROSBERG, J. E., Bidrag till känned om fiskarnas geogr. utbredning i ryska Karelen. Se: Medd. af Soc. pro fauna et fl. fenn. 17.

—, Bottenvikens finska deltan. Akad afh. 8:o, iv, 255 s o. 16 pl. H:fors, Förf. 95 2 fmk. Jfr. Medd. Vetenskapl. II.

—, Några dynbildningar på Bottniska vikens ostkust. 8:o, 19 s. o. 2 kartor. H:fors. 94. Jfr. dersammast. II.

—, Några sjöbäcken med deltabildningar i finska Lappmarken. Se: dersammast I.

—, Ytbildningar i ryska o. finska Karelen. Se: Fennia. VII: 2.

ROSCH, Enda o. sanna orsaken till kroniska sjukdomar. Se: Lefnadskonst. 4.

ROSEGGER, P. K., Från Alpernas skogstrakter. Valda berättelser. Öfv. af *Cecilia Holmberg* f. *Bååth.* 12:o, xij o. 280 s. Sthm, Alb. Bonnier. 89. 2 kr.

—, Mitt hem i skogen. Se: Ungdomsböcker, P. A. Norstedt & Söners. 28.

—, Ur folklifvet. Se: Föreningen Heimdals folkskrifter. 13.

ROSELL, Anton, Högtidstal. 8:o, 205 s. Göteb., N. P. Pehrsson. 88. 2: 25.

—, Tal vid stadskomministern Mårten Halléns jordfästning 1888. Med portr. 8:o, 16 s. Göteb., H. L. Bolinder. 88. 40 ö.

ROSÉN, A., Solution d'un problème d'electrostatique. Se: Acta univ:is Lundensis. XXIII: III, 1.

—, Sur la théroie des oscillations électriques. Akad. afh. 4:o, 42 s. Lund, Gleerupska univ:s bokh. 92. 1: 50. Jfr. Acta univ:is Lundensis. XXVIII: II: 2.

ROSÉN, A. R., Färgerikonsten eller fullst. beskrifn. af färgämnena, deras ursprung, beredning o. användning. 8:o, 50 s Sthm. 90. 50 ö.

ROSÉN, P. G, Iakttagelser af tidvattnet vid Pitlekaj Se: Iakttagelser, Vega-expeditionens vetenskapliga. V, 3.

—, Om lodafvikelser i Sverige. Se: Bihang till K. sv. Vet.-akad:s handl:r. XV, I, 7.

ROSENBERG, A., Sveriges religioner, deras uppkomst o. hufvudsakliga läror. En framställning af kyrkor o. religionssamfund som verka inom Sverige. 12:o, 155 s. Sthm, Alb. Bonnier. 93. 1: 50.

ROSENBERG, C. M., Handbok i Sveriges kyrkorätt. Med hist. inledning, hänvisn:r, prejudikat o. register. 8:o, viij o. 224 s. Sthm, L. Hökerberg. 89.
Kart. 3 kr.

—, Ny resehandbok öfver Sverige. 8:o, 431 s. o. 31 kartor. Sthm, A. V. Carlsons Bokf.-aktb. 87.
Klb. 7: 50.

—, Se: Ecklesiastikmatrikel, Sveriges.

—, Supplement till Sveriges ecklesiastikmatrikel.

—, Samhällslifvet, Det ekonomiska.

ROSENBERG, J. O., Kemiska kraften. Se: Biblioteket, Svenska. 3:e afd. — Boksamling, Naturvetenskaplig.

—, Lärobok i oorganisk kemi. Med 192 fig. 2:a uppl. 8:o, 562 s. Sthm, P. A. Norstedt & S:r 92.
Inb 11 kr.
(1:a uppl. 87.)

ROSENBERG, Oscar, Ränteutvisaren. 4:o, 256 s. Sölvesborg, Förf:n. 90. Kart. 4 kr.

ROSENBERG, Oskar, Tydliga förklaringar öfver snabbräkningsmetoder för ränteberäkning. 6 s. Sölvesborg, Förf:n. 89. 1 kr.

ROSENBERGER, G., Tysk-svensk ordbok. Se: Fickordböcker, P. A. Norstedt & Söners. 3.

ROSENBORG, O., Aflöningstabeller. 2 tab. kartonerade. Sthm, F. C. Askerberg. 93. 1 kr.

ROSENBORG, Olof, Några drag af profetiorna om den närvarande tidsålderns yttersta skiften. Skriftforskningar. 8:o. Sthm, P. A. Huldbergs Bokf.-aktb. 94. 75 ö.

ROSENCRANTZ, Charlotte, En moders samtal med sina barn öfver kyrkoårets evangelier. 8:o, 146 s. Lund, Ph. Lindstedts univ:s bokh. 94. 1: 25.

ROSENDAHL, H. V., Farmakologiska undersökn:r beträffande Aconitum septentrionale Koelle. 8:o, 140 s. o. 4 pl. Sthm, Nordin & Josephson i distr. 93.
2: 50.

ROSENDAL, M., Är Finlands sorg efter Guds sinne? Några frågor ur Bibeln tillämp. på innevarande tids förhållanden. Öfv. från finskan af *M. B.* 8:o, 79 s. H:fors, Söderström & K. 91. 1 kr.

ROSENGREN, Josef, Den stora faran för Skandinaviens framtid. Föredrag, hållet i Vexiö d. 18 okt. 1895 på föranstaltande af styrelsen för Fosterländska förbundets lokalförening i Vexiö. 16:o, 38 s. Sthm, Nordin & Josephson i distr. 95. 25 ö.

ROSENGREN, L. Fr., Bidrag till kännedom om sulfonglycinerna. Se: Acta univ:is Lundensis. XXX: II, 5.

Rosengårdar, Ur folksagans. En sagosamling utg. af *Rich. Bergström.* Med teckn:r af *Jenny Nyström.* 8:o. Sthm, Fahlcrantz & K.
I. 118 s. 89. 2: 25.
II. 122 s. 89. 2: 25.
III. 164 s. 90. 3 kr.

ROSENIUS, C. D., m. fl., Köpenhamnsutställningen 1888. Med exteriör af utställningen o. portr. af dess president grefve Frijs Frijsenborg. Med illustr. 8:o, xj o. 128 s. samt 1 portr. Sthm, G. Ljungberg. 88. 1 kr.

ROSENIUS, C. O., Betraktelser för hvar dag i året, samlade ur C. O. Rosenii skrifter. 17:e uppl. 8:o, 740 s. o. 1 portr. Sthm, Fost.-stift:s f.-exp. 95
3 kr., inb. 4 kr., hfrb. 5 kr.

—, "Den där vinner", eller Guds folks fältlif på jorden. 3:e uppl. 8:o, 115 s. Sthm, Fost.-stift:s f.-exp. 93. 40 ö., vb. 65 ö., klb. 1: 15.

—, Samlade skrifter. 1:a hft. 8:o, 80 s. Sthm, Fost.-stift:s f.-exp. 95. 50 ö.

ROSENIUS, Josef, Se: Lyckan.

ROSENIUS, M. G., Se: Mattei evangelium med förkl.

— Testamentet, Det nya, med förkl.

ROSENIUS, Paul Josef, Ur svenska folkets häfder. Fosterländska sånger. Ny tillök. uppl. [2:a] med 24 teckn:r af *Jenny Nyström-Stoopendaal.* 8:o, 172 s. o. 24 pl. Sthm, P. A. Huldbergs Bokf.-aktb. 92.
Klb. 2: 25.
1:a uppl. 152 s. 89 Inb. 1: 50.

ROSENMÜLLER, M., För hela lifvet. Gåfva till ungdomen. Öfv. af *C. V. Modin* Med portr. af dr M. Luther. 3:e uppl. 8:o, 224 s. Sthm, Fahlcrantz & K. 94. 1: 75, eleg. inb. 3 kr.

ROSENMÜLLER, S. G. DUVALL, Ett vädjande till Sveriges regering o. riksdag. (Angående fideikommissen.) 8:o, 48 s. Vestervik, Ekblad & K. 94.
50 ö.

ROSENQVIST, Axel. Se: Samling, Vald, af gratulationer.

ROSENQVIST, G. G., Guds förhållande till världen med särskild hänsyn till det skapades sjalfständighet o. lagbundna ordning. Akad. afh. 8:o, 174 s. H:fors, Förf. 93. 2: 50 fmk.
—, Lotzes religionsfilosofi framställd o. bedömd. Akad. afh. 8:o, 202 s. H:fors, 89. 3 fmk.
—, Religiösa spörsmål behandlade. 8:o. H:fors, Söderström & K.
1. Kristendom och humanitet 33 s. 60 ö.
2. En kamp för sedlighet o. rätt. 74 s 95. 75 ö.

ROSENQVIST, I. A., Undersökn:r öfver reflexion af polariseradt ljus från magnetiserade speglar. Akad. afh. 8.o, 75 s. H.fors, Förf. 92. 2 fmk.

ROSENQVIST, V. T., Biblisk historia för elem. läroverken. 8:o, xij o. 228 s H:fors, Söderström & K. 92. 1: 75.
—, I katekesfrågan. Med anledning af det nya katekesförslaget. 8:o, 46 s. H:fors, Söderström & K. 91. 75 ö.
—, Om och ur Bibeln. Föredrag och uppsatser. 8:o. H:fors, Söderström & K.
1:a saml. 180 s. 89. 2 kr.
2:a saml. 176 s. 95. 2: 25.
—, Utläggning af Johannes evang. för hem o. skola. 8.o, 344 o. viij s. H:fors, Söderström & K. 91. 5 kr.

ROSENTHAL (d:r), Se: *Svensson, A.*, Mästerskapssystemet. — *Vallström*, Mästerskaps-systemet.

ROSLUND, Fr., Psalmvalet vid högmessogudstjensten. 8:o, 15 s. Trelleborg, Förf:n. 94. 20 ö.

ROSMAN, Osk., Genealogiska anteckn r om några gotländska slägter. 4:o, 38 s. Visby, S Norrby. 87. 75 ö.

ROSSANDER, Carl J., Kejsar Fredrik III.s sjukdomshistoria efter befintliga källskrifter belyst. 8:o, 15 s. Sthm, Samson & Wallin. 88. 50 ö.
—, Rubinön. Reseminnen från Ceylon. Stor 8:o, 142 s. o. 24 pl. Sthm, W. Billes Bokf.-aktb. 94. 4 kr.
—, Se: Rapport från Serafimerlasarettet.

ROSTEDT, R., Borgå. Handbok för stadsbor o. resande. 8:o, 63 s. H:fors, Söderström & K. 86. 75 ö.
—, Om folkhögskolans fosterländska betydelse. Se: Folkhögskolebiblioteket, Lilla 2.
—, Redogörelse för mellersta Nylands folkhögskolas värksamhet. Se: dersammast. 5 o. 6.

ROSVALL, A. A., Hjälpreda till metodisk föreskrift m. m. 8:o. 24 s. Sthm, A. L. Normans f.-exp. 91. 25 ö.
—, Metodisk föreskrift för skolan. Tvär 8:o, 20 s. Sthm, A L. Normans f.-exp. 91. 35 ö.

ROTH, Magnus, Illustrerad Geografi för allm. läroverken. (N:o 1.) 5:e uppl med 61 bilder. 8:o, 348 s. Sthm, H. Geber. 86. Inb. 2: 75.
—, Illustr. geografi för allm. läroverken. (N o 2.) 3:e uppl. med 59 bilder. 8:o, 272 s Sthm, H. Geber. 91. Klb. 2: 25.
(2:a uppl. 88.)

ROTHACKER, J. B., Utvalda sagor. Öfv. Med 14 illustr. 12:o, 251 s. Sthm, Ad. Johnson. 87. Kart. 2 kr.

ROTHSTEIN, E. E. v., Handledning i allmänna byggnadsläran med hufvudsakl. afseende på husbyggnadskonsten samt kostnadsförslagers uppgörande. 3:e tillök. omarb. uppl. 8:o, viij o. 600 s. samt 9 pl. Sthm, F. & G. Beijers Bokf.-aktb. 90. 10 kr.

ROUSEAUX, Armand, Råttan. Komedi. Se: Humor, Fransk.

ROUSSEAU, Jean Jacques, Emil eller om uppfostran. Svensk tolkning af *J. Bergman.* 8:o, 384 s. Göteb., Wettergren & Kerber. 92. 4 kr., inb. 5 kr.

ROW, O. A., Trons säkra grund. Apologet. föreläsn.r, hållna i London. Öfv. från eng. 8.o, 112 s. Sthm, A. V. Carlsons Bokf.-aktb. 90. 1 kr., kart. 1: 35.

[**RUBENSON, M.**], Eldsläckningsväsendet i mindre städer i Norge o. hvad vi ha att lära derat. Af *M. R.* 8:o, 31 s. Göteb., Förf:n. 88. (Ej i bokh)

RUBENSON, M., En blick på Stockholms kommuns finanser. 8 o, 35 s. o. 3 kartor. Sthm, Samson & Wallin. 91. 1 kr.
—, Se: Förslaget till lag ang. stadsplan o. tomtindelning.

[**RUBENSON, Olof**], Hexeri. En sextio minuters séance af Professor Ello. Med 9 teckn:r. Liten 8.o, 110 s. Sthm, Alb. Bonnier. 88. 1 kr.
—, Lustiga historier om mig o. dig. 8:o, 143 s. Sthm, Ad. Bonnier. 88. 1: 25.
—, Nutidens andeverld. Spiritistiska studier, skildringar o afslöjanden. Med 7 illustr. 8:o, 169 s. Sthm, Ad. Bonnier. 89. 2: 25.
—, Se: Kuriositeter, Aritmetiska. — Patiencer, Trettio nya. — Verldsutställning, 1889 års

RUBENSON, R., Tabell- o. räknebyråns förenklade metertabell. 1 tab. Sthm, J. Seligmann. 89. 25 ö.

RUBENSON, Semmy, Le système suédois reglant le commerce des boissons fortes. 8.o, 48 s. Sthm, Förf:n. 92.
—, Se: Olyckshändelsen vid södra Blasieholmshamnen.

RUBIN, Marcus, Aegteskabsstatistik. Se: Tidskrift, Nordisk. 1890.

RUBINSTEIN, Anton, Minnen från en femtiårig konstnärsbana (1839—89) upptecknade. Öfv. af *Mauritz Boheman.* 8:o, 131 s. o. 1 portr. Sthm, Samson & Wallin i distr. 93. 2 kr.
—, Musiken o. dess mästare. Öfv. af *M. Boheman.* 8:o, 137 s Sthm, Samson & Wallin. 92. 2 kr.

RUDA, E., Främlingen från norden. Novell. 8:o, 146 s. Sthm, C. A V. Lundholm. 90. 1 kr.

RUDBECK, Joh. Gust., "Arfskiftaren". Om fordringsegares, testamentstagares, efterlefvande makes o. arfvingars rättigheter uti ett dödsbo samt om arfskifte etc. En hjelpreda för menige man. 8:o 62 s Sthm, L. Hökerberg. 95. 75 ö.
—, "Boupptecknaren". Om förrättande af bouppteckning o. beräkning af arfskatten. En hjelpreda för menige man. 1:a o. 2:a uppl. 8:o, 32 s. Sthm, L. Hökerberg. 95. 30 ö.

RUDBECK d. ä., Olof, Bref rör. Upsala universitet. Utg. af *Cl. Annerstedt.* Se: Årsskrift, Upsala univ:ts. 1893 Program. 1.

RUDELIUS, Carl, Platinapropylsulfinföreningar. Akad. afhandl. 4.o, 47 s. Lund, Hj Möller 86. 1: 50. Jfr. Acta univ.is Lundensis XXII: II, 4.

RUDIN, W., De mindre profeterna öfversatta o. utlagda. 8:o. Ups., W. Schultz.
II. Jona. 112 s. 86. 1: 50.
III. Amos. 248 s. 87. 3 kr.
—, Bibelns enhet. Se: Uppsatser i teolog. o. kyrkl. ämnen. 3, 4, 5.
—, Den gudomliga uppenbarelsens förnedringsgestalt. Se: Uppsatser i teolog. o. kyrkl ämnen. 6.
—, Evighetsvinkar Ny följd. Predikn:r öfver kyrkoårets texter. 2:a—6:e (slut)-hft. 8:o, s. 173—586 o vj s. Ups., W. Schultz. 87—89.
hft 2 - 5 à 1: 25, 6 e 1: 75.
—, Evighetsvinkar. Ny följd. Predikningar öfver

kyrkoårets nya texter. I: 1. 8:o, 550 s. Ups., W. Schultz. 95. 4 kr., inb. 6 kr.

[RUDIN, W.], Förslag till ordning vid den allm. gudstjensten af *W. R.* 8:o, iv o. 128 s. Ups., W. Schultz. 88. 50 ö.

—, Första Mosebok och Egypten. Se: Uppsatser i teolog. o. kyrkl. ämnen. 8.

— —, Gamla testamentets bibliska historia i öfversigt. 8:o, 149 s. Sthm, F. & G. Beijers Bokf.-aktb. 86. 1: 25.

— —, Herrens dag. Några ord till söndagens pris. 8:o, 16 s. Sthm, Björklund & K. 95. 20 ö.

—, Om det personligas betydelse. Se: Uppsatser i teolog. o. kyrkl. ämnen. 2.

—, Ord till ungdomen. Föredrag hållna vid andaktsstunder för akademiska medborgare. 8:o, viij o. 118 s. Ups., W. Schultz. 94. 1 kr., inb. 1: 75.

— —, Ord vid Carl Hammarbergs graf. 8:o, 8 s. Ups., W. Schultz 93. 25 ö.

—, Ord vid Viktor Rydbergs graf. Stockholm S:t Clara d. 26 sept. 1895. 8.o, 15 s. Ups, Akad. bokh. i distr. 95. 25 ö

—, Ord vid Pontus Wikners graf. 8:o, 16 s. Ups., Akad. bokh. 88. 50 ö.

—, Reformationens princip. Se: Uppsatser i teolog. o kyrkl. ämnen. 7.

—, Sädeskorn, Smärre skrifter till uppbyggelse utgifna. 8.o. Ups., Arbetshemmet.
1. Korsets dragningskraft. 2:a uppl 26 s 88. 15 ö.
2. Menniskans dubbellif. 2:a uppl. 20 s. 92. 15 ö.
3. Anvisning för nybeg på frälsningsvägen. 2:a uppl. 32 s. 92. 20 ö.

—, Uppenbarandet inför Kristi domstol. Universitetspredikan. 189:. Ups, Akad. bokh. i komm. 91. 30 ö.

—, Uppsatser i teologiska o. kyrkliga ämnen. 8:o. Ups., W. Schultz.
2. Om det personligas betydelse vid förkunnelsen af Guds ord. 44 s. 86. 50 ö.
3 o. 4. Bibelns enhet 1:a o. 2:a hft. 108 s. 87. För häfte 50 ö.
5. Bibelns enhet. 3:e (slut-)hft. s. 109—154. 88. 50 ö.
6. Den gudomliga uppenbarelsens förnedringsgestalt i den heliga skrift. iv o. 60 s. 93. 50 ö.
7: 1. Upsala möte i världshistorisk belysning af *C. F. Lundin.* 2. Reformationens princip "Förblifvandet vid Jesu ord". 58 s. 93 50 ö.
8: 1. Första Mosebok o. Egypten. — 2. Jesu Lif intill tiden för hans offentliga uppträdande. Ett föredrag af *F. Godet.* Öfv. af *Gustaf Montan.* iv, 32, 4 o. 36 s. 95. 50 ö.

—, Vår heliga troslära. Ledning vid konfirmationsundervisningen. 2:a öfvers uppl. 8:o, viij o. 287 s. Sthm, F. & G. Beijers Bokf.-aktb. 91. 1: 50, inb. 2 kr.

— —, Se: Sabbatstoner. — Skrifter, Valda smärre, till väckelse etc. — Uppsatser i teolog. o. kyrkl. ämnen.

Rudolf (Kronprins af Österrike). Se: Kronprins Rudolfs jagtminnen.

RUF, F., Den lille ritkonstnären. 50 planscher. Nyttig o. roande sysselsättning för barn o ungdom. 8:o, 50 pl. o. 4 s. text. (Tr. i Stuttg.) Sthm, Ad. Bonnier. 93. I kartong 2 kr.

RUHEMANN, J., Hysteri. Se: Vägvisare, Medicinska. 8.

RUIN, Wald., Kunskap o. ideal. Ett bidrag till frågan om vetandets begränsning. Akad. afh. 4:o, 118 s. H:fors, 86. 3 fmk.

RUIN, Wald., Om karaktersbildningens didaktiska hjelpmedel. Akad. afh. 8:o, 133 s. H:fors, 87. 2: 50 fmk.

Rulla, öfver svenska flottan, innefattande officerare samt civile embets- o. tjenstemän vid de under kungl. sjöförsvarsdep:t lydande kårer o. embetsverk jemte norska flottans rulla i sammandrag. 1894 o. 1895. 4:o. Sthm, P. A. Norstedt & S:r. 94, 95. å 2: 50.

Rullor öfver svenska krigsmakten till lands o. sjös. 1886 -95. 4:o. Sthm, Landtförsvarsdepart. 89—95. å 3: 25.

Rullor öfver svenska arméns o. flottans underofficerare 1886. Utg. af *N. Oscar Anderzon* 4:o, 94 s. Östersund, Utg:n. 86. 2 kr.

Rullor öfver svenska arméns o. flottans off. o. underoff. o. musikkårer 1888 utg. af *Axel Ekström.* 4:o, 185 s. Vexiö, Utg:n. 88. 3 kr.

Rullor för svenska arméns officers-, underofficers- o. musikkårer samt civilpersonalen 1893. Utg. af *Ferd. Korœn* o. *Otto Syréhn.* Stor 8:o, 191 s. Vexiö, Utg:ne. 93. 3 kr.

RUMKER, Kurt, Anvisning till våra sädeslags förädling. Se: Skrifter i landtbruk af skånska frökontoret. 1.

Runa, Allt eller intet. Svenskt original. 8:o, 174 s. Sthm, Fost.-stift:s f.-exp. 95. 1: 25, klb. 2 kr.

Runa, Minnesblad från Nordiska museet 1888. Utg. af *Artur Hazelius.* 4:o, 70 s. Sthm, Nordiska museet, 88. 4 kr., inb. 7: 50.

Rundfahrt, Ein, mit Dampfer um und durch das südliche Schweden. Mit Illustr. 8:o, 78 s. Sthm, Wahlström & Widstrand. 94. 50 ö.

RUNDGREN, C. H., Inträdestal öfver F. F. Carlson. Se: Handl:r, Svenska Akad:ns. II.

—, Kyrkliga frågor. Inlägg vid prestmötet i Karlstad o. vid allmänt kyrkomöte år 1893. 8:o, 80 s. Sthm, P. A. Norstedt & S:r. 94. 1 kr.

—, Minne af Laurentius Andreæ. Se: Handl:r, Sv. akad. VIII.

—, Minnen. Periodisk månadsskrift. Minnen från lärosalen 1:a o. 2:a årg (1888—8⁰.) 8:o. Karlstad, Förf:n. 89. För årg. (4 hfn) 2 kr.

—, Tal på högtidsdagen 1888. Se: Handl:r, Sv. Akad:ns III.

—, Till John Ericssons minne. 8:o, 25 s. Karlstad, Hj Petersson & K. 95 10 ö.

RUNDGREN, Gustaf, Modersmålets form- o. satslära jämte läran om skiljetecken. 8:o, 45 s. Sthm, P. A. Norstedt & S:r. 90. Kart. 50 ö.

Rundresan Stockholm—Östersund—Tronhjem—Kristiania—Stockholm. Se: Resehandböcker, Alb. Bonniers illustrerade. 1.

RUNDSTRÖM, John, Lättfattlig lärobok i Schleyerska världsspråket Volapük. 8:o, viij o. 90 s Sthm, F. & G. Beijers Bokf.-aktb. 87. 1: 50.

RUNEBERG, J. L., Fänrik Ståls sägner. I, II. Ny uppl. 12:o, 101 o. .95 s. Sthm, F. & G. Beijers Bokf.-aktb. 91. Kart. à 25 ö. (Föreg. uppl. 88.)

—, Fänrik Ståls sägner. Liten 8:o, 231 s. Sthm, F. & G. Beijers Bokf.-aktb. 89. Klb. med guldsn. 2 kr.

—, Fänrik Ståls sägner. Med teckn:r af *A. Malmström.* 4:o, 167 s. o. 1 portr. Sthm, F. & G. Beijers Bokf.-aktb. 93. 5 kr., inb. 8 kr. (Föreg. uppl. 86.)

RUNEBERG, J. L., Grafven i Perrho. Med teckn:r af *A. Malmström.* 4:o, 22 s. o 6 pl. Sthm, F. & G. Beijers Bokf.-aktb. 95. 2: 75, klb. 5 kr.
—, Idyll o. epigram. Med teckn:r af *H. F.* 4.o, 63 s. (Tr. i Sthm). H:fors, G. W. Edlund. 87.
4: 50 fmk (3 kr.)
—, Kungarne på Salamis. Skol-uppl. 12:o, 160 s. Sthm, F. & G. Beijers Bokf.-aktb. 91. Kart. 50 ö.
—, Samlade skrifter. 2 dlr. 8:o, xxxij, 509 o. 504 s. samt 1 portr. Sthm, F. & G. Beijers Bokf.-aktb. 93. 5 kr., inb. 8 kr.
(Föreg. uppl. 86.)

RUNNSTRÖM, J. A. Tabell öfver sågadt o. rundt virkes kubikinnehåll m. m. 8:o, 50 s. Norrtelje, G. A. Syrén. 88. 2 kr.

RUNSTEDT, A. F., Om gradualpsalmen i svenska kyrkans högmessa. 8.o, 19 s. Sthm, P. A Norstedt & S:r. 93. 40 ö.

RUPPRECHT, Eduard, Hvad är sanning? Populära ströftåg mot vår tids otro. Öfv. 8:o, 158 s. Sthm, Fost.-stift:s f.-exp. 86. 1 kr., kart. 1: 25

RUST (f. d. kapten-löjtnant), Den tyska Emin Pascha-expeditionen. 8:o, 248 s. Sthm, C. A. V. Lundholm. 91. 1: 75.

Rust-Roest, Se: *Elkan, Sojt.*

RÜSTOW, W., Det nittonde århundradets fältherrekonst. Se: Förlag, Militärlitteraturföreningens 45.

Ruth eller välsignelse och hvila, af *C. S.* 8:o, 16 s. Göteb., A. B. Peterson. 86. 8 ö.

Ruth o. hennes vänner. Se: Läsning för ungdom af utm. eng. författare. 1.

RUUS, Elis, Tabeller för jemförelse o. förvandling af hittills brukliga mått, mål o. vigter till metriska o. tvärtom. 4:e uppl. Liten 8:o, 37 s. Sthm, F. & G. Beijers Bokf -aktb. 92. 60 ö.
(1:a—3:e uppl. 88.)

RYBERG, Klas, (Ejnar.) Prester och lekmän. Porträtter från senaste kyrkomöte. 8:o, 77 s. Sthm, Ad. Johnson. 88. 1 kr.

RYD, Lasse, På 5 ark. Bagateller. 8:o, 80 s. Falkenberg, 88. 75 ö.

RYDAHL, Herman, Plastiska mönster för byggnadsornamenter. 4:o, 32 pl. Sthm, H. Lindståhl. 93.
Kart. 10 kr.

RYDBECK, Emil, Se: Adresskalender för Sundsvall.

RYDBERG, Carl F., Bidrag till känned. om stålets förändr. i fysikaliskt afseende vid urhärdning. Se: Bihang till Vet.-akad:s handl:r. XIII: I, 6.

RYDBERG, J. R., Die Gesetze d. Atomgewichtszahlen. Se: dersammast. XI, 13.
—, Recherches sur la constitution des spectres d'émission des éléments chimiques. Se: Handlingar, K. sv. Vet.-akad:s. XXIII: 11.
—, Sur une certaine asymétrie dans les réseaux concaves. Se: Bihang till K. sv. Vet.-akad:s handl:r. XVIII: I, 9.

RYDBERG, O. S., Ett inlägg i fråga om Unionsdokumentet. Se: Tidskrift, Historisk. 1890.
—, Om det från unionsmötet i Kalmar år 1397 bevarade dokumentet rör. de nordiska rikenas förening. 8:o, 102 s. o. 1 facsimile. Sthm, Samson & Wallin. 86. 2: 50.
Jfr. Handl:r, Kgl. Vitt. hist. o. antiqv. akad:s. XXXI: 1.
—, Se: Traktater, Sveriges.

RYDBERG, R., Se: *Norelius, V.* o. *Rydberg, R.,* Räntetabeller.

RYDBERG, Viktor, Barndomspoesien. Dikt. Med teckn:r af *Hildegard Z.* 4:o, 6 pl. Sthm, Samson & Wallin i distr. 93. Kart 3 kr.
—, Bibelns lära om Kristus. 5:e uppl. 8:o, 461 s. Sthm, Alb. Bonnier. 93. 5: 50, inb. 7 kr.
—, Den hvita rasens framtid. Se: *Kidd, B.,* Den sociala utvecklingen.
—, Den siste athenaren. 5:e uppl. 2 böcker. 8:o, xij o. 639 s Sthm, Alb. Bonnier. 92.
6 kr., inb. 8 kr., med guldsn. 9: 50.
—, Dikter. 2:a saml. 8:o, 159 s. Sthm. Alb. Bonnier. 91. 2: 75, klb. med guldsn. 4: 50.
—, En underbar man. Leonardo da Vinci. Ur en föreläsning i Stockholms högskola. 8.o, 16 s. Örebro, Bohlinska boktr. 93. 75 ö.
—, Fädernas gudasaga. Berättad för ungdomen. 8:o, 248 s. Sthm, Alb. Bonnier. 87.
Kart. 3: 50, klb. 4: 50.
—, Konstens ursprung o. utvecklingslären. Inträdesföreläsning. 8:o, 14 s. Sthm, Förf:n. 89.
Uppl. 50 ex. (Ej i bokh.)
—, Lille Viggs äfventyr på julafton. 3:e uppl. Illustr. af *Ottilia Adelborg.* 4:o, 47 s. Sthm, Alb. Bonnier. 95. Kart. 2: 50.
—, Om den mekaniska världsteorien. Se: Hvad är sanning?
—, Om hjältesagan å Rökstenen. Se: Handlingar, K. Vitt. hist. o. antiqv:s akad.s. XXXI: 6.
—, Om nakenhet och klädselsätt. (Med anledn. af striden om Oscar Björcks frismålningar i Operakällaren.) 8:o, 45 s. Alb. Bonnier. 95.
50 ö.
—, Om ting o. fenomen. Se: *Laing, S.,* Vår tids vetande o. tänkande.
—, Porträttfynden i Faijûm. Se: Tidskrift, Nordisk. 1891.
—, Profils romains. Etudes d'après les marbres. Traduction autorisée par l'auteur de Ernest Gallis. 1:er fasc. Stor 8:o, 65 s. Lund, Hj. Möller. 89.
1: 50.
—, Romerska dagar. 2:a uppl. 8:o, 327 s. Sthm, H. Geber. 92. 4 kr., eleg. inb. 5: 50.
—, Singoalla. Teckningar af *C. L[arsson].* 4:e uppl. Stor 8:o, 232 s. o. 25 pl. Sthm. Alb. Bonnier. 94.
6 kr., inb. 8: 50.
—, Undersökningar i Germanisk Mythologi. 8:o. Sthm, Alb. Bonnier.
I. Urtiden o. vandringssagorna. — Mythen om underjorden. — Ivaldeslägten. 762 s. 86.
12 kr., inb. 14 kr.
II. Germaniska myther af fornariskt ursprung. — Senare germaniska myther. 670 s. 89.
10: 50, inb. 12: 50.
—, Vapensmeden. 8:o, 384 s. Sthm, Alb. Bonnier. 91. 5 kr., inb. 6: 50, med guldsn. 7 kr.
—, Varia. Tankar o. bilder. 8:o, 347 s. Sthm, Alb. Bonnier. 94. 5 kr., inb. 6: 50.

RYDELIUS, Gustaf, Till jubelfest. Med anledning af reformationens 300-årsdag d. 30 apr. 1893. Dikt. 8:o, 14 s. Sthm, Förf:n. 93. 25 ö.
—, Vid vattubäckar. Valda nykterhetspoem. 8:o, 47 s. Sthm, J. F. Lindegren. 94. 50 ö.

RYDÉN, A. J., Se: Kyrkolag, Sveriges. Supplement.

RYDFORS, Aron, De diplomatiska förbindelserna mellan Sverige o. England 1624—30. Akad. afh. 8.o, viij o. 154 s. Ups., Förf:n. 90. 1: 75.

RYDHOLM, O. B, Jagt. Se: Bibliotek, Illustreradt för idrott. 6.
[—], Minnesbok för jagtväskan. Ny omarb. uppl. af

O. B. R. 8:o, 176 s. Sthm, Fr. Skoglund. 91. (Föreg. uppl. 86.) Klb. 2 kr.

RYDHOLM, P., Den nya bibelöfversättningen o. dess fiender. En vidräkning. 8.o, 115 s. Göteb., N. P. Pehrsson. 89. 1 kr.

—, Fadderinstitutionen. Referat i Göteborgs stift:s prestsällskap d. 12 sept. 1894. 8:o 31 s. Göteb., N. P. Pehrsson. 94. 30 ö.

—, Lärobok i kristendom. Efter Luthers lilla katekes o. den antagna utveckl. utarb. 8:o, 108 s. Göteb., H. L. Bolinder. 88. Kart. 40 ö., inb. 60 ö.

—, Äfven ett ord om katekesens vanrykte. Anteckn:r vid genomläsande af F. Lundgrens föreläsn:r. 8:o, 20 s. Göteb., N. P. Pehrssons bokh. i distr. 91. 20 ö.

—, Se: Bekännelse o. tukt. — Kyrkolag, Sveriges.

RYDIN, Axel, Ögonblicksbilder. Vers o prosa. 1:a hft. 8:o, 48 s. Sthm, C. Thunström. 88. 50 ö.

RYDIN, Karl, Om konkursförbrytelser enl. svensk rätt Akad. afh. 8:o, 199 o. xiij s Sthm, Samson & Wallin. 88. 3: 50.

RYDING, Joh, Praktisk meterbok. Liten 8:o, 40 s. Köping. M. Barkén. 88. 50 ö., klb 75 ö.

RYDSTRÖM, Carl, Tillfällighetsdikter, samlade för vänkretsen. 8:o, 46 o. 18 s. Vestervik, C. O. Ekblad & K. 88. Uppl. 200 ex. 1: 50.

RYDSTRÖM, O., Praktiska tabeller för ränteuträkningar, kursreduceringar af utländskt mynt, stämpelafgifter samt effektiva räntor å obligationer. 8:o, 37 s. Sthm, F. & G. Beijers Bokf.-aktb. 95. Inb. 1 kr.

RYLE, J. C., Några vänliga ord till unga män. 2:a uppl. 8:o, 100 s. Sthm, Fost.-stift:s f.-exp. 89. Kart. 60 ö., klb. 1 kr. (1:a uppl. 87.)

—, Syndernas förlåtelse. Öfv. från eng. af *G. S. Löwenhielm.* 8:o, 44 s. Sthm, Fost.-stif:s f.-exp. 91. 25 ö.

—, Trons visshet. 2:a uppl. 16:o, 58 s. Sthm, Fost.-stift:s f.-exp 92. 20 ö.

Ryno, Se: *[Beskow, C. A]*

Ryssland, Från. Berättelser o. skizzer af *W. Krestowski, F. Dostojewski, W. Garschin.* Öfv. af *M. A. Goldschmidt* o. *Ernst Lundquist.* I. 8:o, 208 s. Sthm, H. Geber. 87. 2 kr.

Ryssland o. England i Asien. 8:o, 39 s. o. 1 karta. Sthm, Aktieb. Hiertas bokförlag. 94. 1 kr., utan karta 50 ö.

RÅBERGH, Herman, Den evangeliskt-lutherska bekännelsens införande i Finlands kyrka genom Upsala kyrkomöte 1593. Ett 300-årsminne. 8:o, 40 s. H:fors, Söderström & K. 93. 25 ö.

—, Teologiens historia vid Åbo universitet. Se: Skrifter utg. af Sv. litt. sällsk. XXIII.

—, Se: Tidskrift för kristlig tro o. bildning.

Råd o. anvisn:r för lifförsäkringsagenter. Öfv. o. bearb. af *John May.* 8:o, 36 s. Sthm, W. Billes Bokf.-aktb. 90. 40 ö.

Rådgifvare för folkskolor, skolråd, folkskolelärare, lärarinnor m. fl. 8:o, 57 s. Sthm, Kungsholms bokh. 95. 60 ö.

Rådgifvare för husmödrar. Råd o. upplysningar för hemmet o. hushållet. Med 68 träsn. 2:a uppl. 8:o, xv o. 272 s. Sthm, Ad. Bonnier. 93. (1:a uppl. 89.) 2: 50, inb. 3: 50.

Rådgifvare vid de vigtigaste kulturväxternas ändamålsenliga gödsling. Öfv. utg. af Svenska mosskulturföreningen. Aflång 12:o, 46 s. o. 4 pl. Göteborg, Wettergren & Kerber. 92. 50 ö.

Rätt, Om Norges, o. Norges pligt. Ett ord till de förenade rikenas begge folk af en svensk unionsvän. 8:o. 29 s. Göteb., Wettergren & Kerber. 93. 60 ö.

Rätt, Om tidningsutgifvares, enligt svensk lag. En juridisk undersökning. 8:o, 44 s. Göteb., Wettergren & Kerber. 95. 1: 50.

Rättegångshandlingar, Fullständiga, i det s. k. Mecklenburgska målet. 8:o, 137 s. Tr. i Ups hos Ad. Andersson. 86. (Ej i bokh.)

Rättigheter o. skyldigheter gent emot statskyrkan. En hjälpreda för svenska medborgare. 1:a o. 2:a uppl. 8.o, 33 s. Sthm, Alb. Bonnier. 90. 25 ö.

Rättsförhållandet, Om, mellan lapparne o. de bofaste i Herjedalen. Bidrag till utredning af en brännande fråga af *C. L. T.* 8:o, 79 s. Sthm, Chr. L. Tenow. 91. 1: 25.

Rättskrivningslära, Kort, af *E—n.* 8:o, 13 s. Sthm, A. V. Carlsons Bokf.-aktb. 88. 15 ö.

Rättstavningslära ock ordlista utjiven av Rättstavningssällskapet jenom *Ad. Noreen* o. *Rolf Arpi.* 8:o, 74 s. Ups., Lundequistska bokh. 87. 1 kr.

RÄÄF, Carl Gust. Wilh., Om penningar och olika myntsystem n. m. 8:o, 47 s. Sthm, Z. Hæggströms f.-exp. i distr. 95. 1 kr.

Rödkappan, Lilla, 7 kolor. pl. i form af en teater. Malmö, Envall & Kull. 92. 2 kr.

Rödkappan, Lilla. 4:o, 12 kolor. pl. med text. (Tr. i London.) Sthm, F. & G. Beijers Bokf.-aktb. 91. 1: 75.

RÖDSTRÖM, P., Ordförteckning till Joh. Paulsons edition af Phaedri fabulæ Aesopiæ. 8:o, 36 s. Lund, Gleerupska universitetsbokh i distr. 92. 50 ö.

—, Se: *Secher, J. M.,* Grekisk-romersk konsthistoria.

Röfvaranföraren Rinaldo Rinaldinos lefnadslopp. Se: Skrifter för folket. 16.

Röfvarhöfdingen kapten La Chenaye eller dubbelgångaren. Roman. Ny öfvers. 8:o, 655 s. Sthm, Joh. Hellsten. 88. 4: 50.

Röfvarhöfdingen Rinaldo Rinaldino. Öfv. 8:o, 271 s. Sthm, F. C. Askerberg. 90. 2 kr.

RÖNSTRÖM, Anna, Lärobok i geometri. 8:o, 137 s. Lund, C. W. K. Gleerup. 94. Kart. 2 kr.

RÖNSTRÖM, Th. O. J., Dispositioner till uppsatser i modersmålet. 8 o, 114 s, Lund, C. W. K. Gleerup. 89. 1: 25.

—, Roms topografi. Till läroverkens tjänst. Med talrika illustr. o. en karta. Stor 8:o, 84 s. o. 1 karta. Sthm, P. A. Norstedt & S:r. 95. Klb. 2 kr.

—, Se: Cornelius Nepos.

Rörelsekuren, Om. Några reflexioner öfver sjukdomars botande medelst manuel (hand-) behandling i viss följd. 12:o, 68 s. Sthm, C. J. Dahlborg. 92. 60 ö.

RÖRSTRÖM, O. M, Bästa hjälpreda vid öfvergången till metriska vigt- o. måttsystemet. 8:o, 12, 10 o. 11 s. Sthm, G. W. Wilhelmsson. 89. 50 ö.

—, När ett skålp. kostade.... hvad kostar då.... kilogr..... gr? 1:a o. 2:a uppl. Sthm, Förf:n. 89. 25 ö.

Röst, Fädrens. Se: *[Nervander, Emil.]*

Röst, Tystnadens Valda fragment ur "De gyllene föreskrifternas bok." Öfv. från eng. med anmärkn:r af "H. P. B." På svenska af *B. W.* 8.o, 62 s. Göteb., T. Hedlund i distr. 91. 1 kr.

Röster ur pressen. I. Liten 8:o, 41 s. H:fors, Hufvudstadsbladets tryckeri.

Rösträtt, Kvinnans. Föredrag inom Norrköpingskretsen af Östergötlands rösträttsförening af *—r.-z.* 8:o, 16 s. Norrk., Allmänna tidningshandeln. 88. 10 ö.

S.

SAABYE, H. G., Ett utkast till otrons historia. Föredrag. På svenska utg. af *Abr. Ahlén.* 8:o, 434 s. Kristianstad, L. Littorins bokh. 93. 4: 25.

SABATIER, Paul, Den helige Fransiskus Bemyndigad öfvers. från orig. 17:e uppl. af *John Atterbom.* Med förord af prof. *Joh. Vising.* 8:o, 260 s. Sthm, Hugo Geber. 95. 2: 75.

Sabbatstoner. Samling af sånger till gudstjenstligt bruk utg. af *W. Rudin.* 2:a öfvers. uppl. Liten 8:o, 160 s. Sthm, F. & G. Beijers Bokf.-aktb. 89. Klb. 35 ö.

Musik o. text. 2:a öfvers. uppl. 8:o, viij o. 120 s. 89. Klb. 2 kr.

SACHER-MASOCH, Leop. von, Job. En galizisk berättelse. Öfvers. 8:o, 318 s. Sthm, P. A. Huldbergs Bokf.-aktb. 95. 2 kr.

—, I tonernas rike. Musikaliska noveller. Öfv. af *Karl Visén.* 8:o, 183 s. Sthm, C. A. V. Lundholm. 91. 1: 75.

SAELAN, Th., Hvilka äro de närmaste samslägtingarne till Aspidium thelypteris. Se: Medd. af Soc. pro fauna et fl. fenn. XVIII.

—, Minnestal öfver Sextus Otto Lindberg. Se: dersammast. XVIII.

—, Om en för vår flora ny fröväxt Se: dersammast. XIV.

—, Om en hittills obeskrifven hybrid. Se: dersammast. XVI.

Saga, En mycket rolig o. märkvärdig, om Lunkentus, hvilken uträttade många stora o. förvånande saker. Berättad för barn. 2:a uppl. 8:o, 56 s. Sthm, Alb. Bonnier. 95. 50 ö.

Sagan om Ali Baba. Se: Skrifter för folket. 7.
Sagan om Askungen. Se: dersammast. 21.
Sagan om Askungen. Ritad af *Ottilia Adelborg.* Tvär 4:o, 18 s. med kolor. fig. Sthm, Alb. Bonnier. 90. Kart. 2: 25.
Sagan om fiskaren o. anden. Se: Skrifter för folket. 2.
Sagan om Fågel blå. Se: dersammast. 20.
Sagan om lycksalighetens ö. Se: dersammast 22.
Sagan om den hvita Lotusblomman af *M. C.* Öfv. af *H. A. o. E. Z.* 8:o, 118 s. Sthm, Teosofiska bokförlaget. 94. 1: 25, inb. 2 kr.
Sagan om Melusina. Se: Skrifter för folket. 1.
Sagan om mästerkatten. Se: dersammast. 17.
Sagan om Pannkaksberget o. Lars från Mora, som efter många äfventyr både till lands o. sjös blef gift med den skönaste prinsessa i världen o. slutligen konung öfver hela Danmark. 2:a uppl. 8:o, 59 s. Sthm, Alb. Bonnier. 94 50 ö.
Sagan om prins Ahmed. Se: Skrifter för folket. 29.
Sagan om Riddar Blåskägg. Se: dersammast. 23.
Sagan om det sjelfdukande bordet. Se: dersammast. 18.
Sagan om sjöröfvaren Sindbad. Se: dersammast. 25.
Sagan om trollhästen. Se: dersammast. 3.
Sagan om Tummeliten. Se: dersammast. 19.

SAGER, Bertha, Syskonen. Berättelse. 8:o, 76 s. Sthm, Fost.-stift:s f.-exp. 94. 50 ö., kart. 75 ö.

Sagoboken, Lilla, Urval ur "Läsning för barn" af *Z Topelius.* 12.o, 95 s. Borgå, W. Söderström. 88. 35 p., inb. 55 p.

Sagor, Fornnordiska, i svensk bearbetning af *A. U. Bååth.* Illustr. af *Jenny Nyström.* 8:o, 196 s. Sthm, F. & G. Beijers Bokf.-aktb. 86. 3: 50, inb. 5 kr.

Sagor o. berättelser på landskapsmål, saml. o. utg. af *Peron.* 8:o, 32 s. Sölvesborg, E Bökman. 87. 50 ö.

Sagor o. sägner från Vestergötland. Se: Öreskrifter för folket 148.

Sagor till julen, i bilder o. rim af *Stina* o. *Greta.* 4.o, 31 s. o. 11 pl. Sthm, Generalstabens litogr. anst. 87. Kart. 3 kr.

Sagor, Ugglemors. Upptecknade af *E. A.* 8:o, 30 s. o. 6 kolor. pl. Sthm, G. Chelius. 95. 1· 60.

Sagorna, De vackraste, ur Tusen o. en natt. Urval för ungdom med illustr. 8:o. Sthm, P. A. Huldbergs bokf.-aktb.
1. Ali Baba o. de fyratio röfvarena. 115 s. 90. 65 ö.
2. Aladdin o. den underbara lampan. 139 s. 90. 85 ö.
3. Fiskaren o. anden. — Trollhästen — Sindbad sjöfararen. 125 s. 91. 80 ö.
4. Bronsstaden. — Den sofvande o. den vakande m. fl. Med illustr. 104 s. 92. 70 ö.

Sagorna, De vackraste, ur Tusen o. en natt. Se: Bokskatt, Ungdomens. 2

Sagoskatt, Ungdomens. En ny samling omtyckta sagor. Utg. af *F. N. Berger.* Öfv. 8:o, 109 s. o. 5 pl. Malmö, Envall & Kull. 94. Kart. 2: 50.

Sa' han o. sa' hon. Ordstäfsbok inneh. öfver 1200 ordstäf, saml. o. ordnade af *G. H—m.* 3:e tillök. uppl. Liten 8:o, 87 s. Sthm, P. A. Huldbergs bokf.-aktb. 75 ö.

SAHLBERG, John, Bidrag till Tschuktschhalföns insektfauna Se: Iakttag:r, Vega-exped. vetensk. IV, 1.

—, Catalogus præcursorius Hymenopterorum anthophilarum. Se: Meddelanden af Soc. pro fauna et fl. fenn. XV.

—, Catalogus Trichopterorum Fenniæ præcursorius. Se: Acta soc:is pro fauna et fl. fenn. IX: 3.

—, Cecidomyia Strobi Winnertz. Se: Meddelanden af Soc. pro fauna et fl. fenn. XVII.

—, Coleoptera o. Hemiptera å Berings sunds amerik. kust. Se: Iakt., Vega-exp. vetenskap. IV, 2.

—, Coleoptera o. Hemiptera på Bering-ön Se: dersammast. IV, 3.

—, En ny art af hemipterslägtet Aradus. Se: Medd. af Soc. pro fauna et fl. fenn. XIII.

—, En ny finsk art af slägtet Scymnus. Se: dersammast. XIII.

—, Enumeratio Coleopterorum Brachelytrorum Fenniæ. Se: Acta soc:is pro fauna et fl. fenn. VI: 1.

—, Lynchia fumipennis n. sp. Se: Medd. af Soc. pro fauna et fl. fenn. XIII.

SAHLBERG, John, Nya bidrag till känned. om solitära biarters arkitektur. Se: dersammast XVII.
—, Nya finska Staphilinider. Se: dersammast. XVII.
—, Om hannen till Sirex Fantoma. Se: dersammast. XVII.
SAHLBERG, Rob., Se: Schackproblem.
SAHLERTZ, J., Bilder från djurlifvet. Se: Skrifter, Folkupplysningssällsk. 54 o. 64.
— —, En resa till djurrikets gräns Se: dersammast 57 o. 64.
SALIN, Bernh., De nordiska guldbrakteaterna. Se: Tidskrift, Antiqvarisk. XIV: 2.
—, Studier i ornamentik. Se: dersammast. X: 5.
SAHLIN, Carl, Beskrifning o. förteckning öfver Stora Kopparbergs bergslags aktb. myntkabinett. Med illustr. 4:o, 97 s. Falun, Nya boktr.-aktb. 95.
(Ej i bokh.)
SAHLIN. C. Y., Några tankar om menniskan o. samhället. Se: Årsskrift, Upsala univ.ts. 1887. Program. 2.
— —, Om brytningspunkten i vår tids filosofi. Se: dersammast. 1888. Program 1.
— —, Om det inre lifvet. Se: dersammast. 1893. Program 6.
—, Om ministrarne i den konstitutionela monarkien enl. Boströms statslära. 2:a uppl. 8:o, 51 s. Ups., Akad. bokh. 89. 75 ö
, Om positiv o. negativ lagbestämdhet. Se: Årsskrift, Upsala univ:ts. 1887. Program 1.
— —, Om verldens relativitet. Se: dersammast 1889. Program.
SAHLIN, Enar, J. G. Fichtes idealism. Akad. afh. 8:o, 103 s. Ups., Akad. bokh. 88. 1: 25.
— —, Se: Tidskrift, Pedagogisk.
SAINT-FELIX, Jules de, Det förbannade guldet. Från franskan af *Adve.* 8:o, 190 s. Sthm, C. A. V. Lundholm. 89. 1: 25.
S:t GEORG, En mystère. Öfv. från franskan af *Alf.* 8:o. 262 s. Sthm, C. A. V. Lundholm. 89. 1: 75.
SAINT-GEORGES, Se: *Scribe* o. *S:t Georges,* Kronjuvelerna.
— —, o. **BAYARD,** Regementets dotter. Se: Operatexter 7.
St. LEGER, Warham. Se: *Stephens, H. P.* o. *St. Leger, W,* Basilisken.
SAINT-PIERRE, Bernhardin de, Paul o. Virginie. Öfv. af *Wilh:a Stålberg.* Med 8 stålgravyrer. 6:e uppl. 8:o, 121 s. o. 8 pl. Sthm, P. A. Huldbergs bokf.-aktb. 90. Inb. 1: 75.
—, Se: Bibliotek, Ungdomens 6.
SAINTINE, X. B., Picciola. Se: Vitterlek. 1.
Sakregister öfver kgl. bref, författningar o. generalorder m. m. utarb. inom landtförsvarsdept:s kommando-exped. 4:o, 429 s. Sthm, P. A. Norstedt & S:r. 88. 5: 50.
Sakregister till Finlands författningssamling. 1860—89. 4:o, iv o. 287 s. H:fors. 91. 3 fmk.
Sakregister till Läsning för folket 1835—89. (Årg. 1—55.) Utg. af Sällsk. för nyttiga kunskapers sprid. 8:o, 37 s. Sthm, P. A. Norstedt & S:r. 89. 50 ö.
Sakregister till Rikets ständers protokoll med bihang för tiden f. o. m. år 1809 t. o. m. år 1866. 2 dlr. 4:o, I: xij o. 1064 s. II: iv o. 1106 s. Sthm, C. Deleen & K. 93. Vb. 20 kr.
Sakregister, Allmänt, till Svensk författningssamling jemte bihang för åren 1875—85. 4:o, 59 s. Sthm, Exp. af Sv. Författn. saml. 86. 90 ö.
Sakregister, Allmänt, till Svensk författningssamling jemte bihang, för åren 1875—94, upprättadt af *C. P. Hagbergh.* 4:o, 100 s. Sthm, Exp. af Sv. förf. saml. 95. 1: 25.
Sakregister Allmänt, till Svensk författningssamling och bih. dertill för åren 1875—85. Upprättadt af *N. A. Ödman.* 4:o, 147 s. Sthm, 86. 3 kr.
Sala stads privilegier, gifna af k. Gustaf II Adolf 1624 jemte k. Gustaf I:s bref 1554 o. k. Gustaf II Adolfs bref 1612 angående "De gamble grufuägor" eller grufve frälsejorden i Sala. 8:o, 30 s. Sala, Gustaf Ewerlöf. 89. 75 ö.
SALDERN, Th. v., Margareta-boken. En familjhistoria. Öfv. från tyskan. 8:o, 299 s. Sthm, C A. V. Lundholm. 91. 2: 25.
SALLUSTII, Crispi, C, de belle Jugurthino liber. Med förkl. anmärkn:r utg. af *Vilh. Hedqvist.* 8:o, 117 s. Sthm, P. A. Norstedt & S:r. 95. Inb. 2: 25.
Salmer o. frireligiösa sånger, saml. o. redig. af *L—n.* Litea 8:o, 103 s. Göteb., Alb. Olsson. 87. Inb. 75 ö.
SALOMAN, Geskel, Die Restauration der Venus von Milo, den Manen de Claracs gewidmet. 4:o, 74 s. o. 5 pl. Sthm, Förf. 95. Inb. 10 kr.
SALOMON, I. A., Den rätta grunden till helbregdagörelsen genom tron. Från eng. af *Otto L—g.* 12:o, 32 s. Sthm, K. J. Redin. 91. 10 ö.
SALOMON, Otto, Föreläsn:r öfver Jean Jacques Rousseau med hänsyn till hans uppfostringsgrundsatser hållna för lärarekåren i Göteborg. 2 dlr. 8:o, I. 118 s. II. 105 s. Göteb., Wettergren & Kerber. 92. För del 1: 25.
— —, Något om Nääs o. dess läroanstalter. 8:o, 94 s. Göteb., Wettergren & Kerber. 91. 1 kr.
— —, Tankar om slöjd, uppfostran o. lärarebildning. 8:o, 231 s. Sthm, F. & G. Beijers Bokf.-aktb. 93. 2: 25.
—, Se: Handbok i pedag. snickerislöjd. — *Silow, C.,* o. *Salomon O.,* Kroppsställningar vid snickerislöjd.
— Skrifter af uppfostringskonstens stormän.
SALTZMAN, F., Det nya kirurgiska sjukhuset i Helsingfors. Se: Comment. variæ in mem. act CCL ann. II: 2.
SALZMANN, Chr. Gotth., Kräftgången, eller anvisning till en oförnuftig barnuppfostran. Se: Skrifter af uppfostringskonstens stormän. 6.
Sam, den lille sångaren. Se: Bibliotek för de unga. 44.
Samarbete. Kalender för 1891. Redig. af Viborgs Kvinnoförening. 8:o, 5 o. 73 s. Viborg, Anni Kurikka. 91. 2 fmk.
SAMAROW, Gregor, [pseud. för *O. Meding*], Far o. son. Roman. Öfv. från tyska orig. "Am Belt". 2 dlr. 8:o, 251 o. 253 s. Sthm, A. Granlund. 90. 4 kr.
— —, Från Polens sorgetid. Hist. roman. 2 dlr. 12:o, 239 o. 220 s. Sthm, Alb. Bonnier. 91. 3 kr.
— —, Hypnotismens välde. Roman. 2 dlr. 12:o, 248 o. 297 s. Sthm, Alb. Bonnier. 88. 4 kr.
—, På giljarfärd. En hofhistoria. Öfv. från tyskan. 12:o, 194 s. Sthm, Alb. Bonnier. 87. 1: 25.
— —, Revolutionärer. Social tidsroman. Öfv. från tyskan. 2 dlr. 12:o, 255 o. 238 s. Sthm, Alb. Bonnier. 89. 3: 50.
— —, Sibyllan. Roman. Ny öfversedd uppl. af samma förf. "Far o. son". Öfv. från tyskan. 2 dlr. 8:o, 251 o. 253 s. Sthm, A. Granlund. 94. 2: 50.
— —, Tinnar o. bråddjup. Ett drama från Bayerns konungaborg. Öfv. från tyskan. 1:a o. 2:a uppl. 2 dlr. 12:o, 318 o. 307 s. Sthm, Alb. Bonnier. 87. 4 kr.

SAMBERG, J. Wilh., Maskinbyggnadens elementer. Hft. 1. 8:o, iv o. 40 s. Nikolaistad, Förf. 91.
1 fmk.
SAMELIUS, G., Bibliska bilder till eftertanke o. uppbyggelse. 8:o, 150 s. Höjen & Alfta, Förf:n. 88.
75 ö.
—, Gif akt på ordet strax i Herrens bok. 2:a uppl. 12:o, 70 s. Höjen & Alfta, Förf:n. 88. 75 ö.
—, Kyrkliga bilder eller det sköna herrens hus. 8 o, 32 s. Jönköp., H. Halls boktr.-aktb. 89. 25 ö.
SAMENHOF, L., Fullständig lärobok i verldsspråket "Esperanto" jämte två ordböcker. Utg. af G. H. Backman. 8:o, 80 s. Göteb., N. J. Gumperts bokh. 92. 60 ö.
Samfundet för Nordiska museets främjande 1886—95. Meddelanden af Artur Hazelius. 8:o Sthm, Nordiska museet. 86—95.
Samfundet, Skandinaviska teosofiska. Förhandl:r vid årsmötet hållet i Stockholm d. 22—24 maj 1894. — Annie Besants föredrag i sammanhang o. öfvers. — Teosofien o. dess läror. — Mahatmerna ss. fakta o. ss. ideal. 8:o, 52 s. Sthm, Teosofiska bokförlaget i distr. 94.
50 ö.
Samfärdsel, Vår, med Central-Europa o. nödvändiga åtgärder till denna samfärdsels förbättrande. [Af Wollrath Gottlieb von der Laucken] 8:o, 68 s. Sthm, P. A. Norstedt & S:r i distr. 90. 50 ö.
Samhällsförfattning, Finlands. Se: [Federley, C. B.]
Samhällslifvet, Det ekonomiska. En handbok i nationalekonomi, delvis efter G. Schönbergs Handbuch d. polit. Oekonomie, utarb. af Johan Leffler, Axel Raphael, Carl Rosenberg, Gustaf Sundbärg, Emil Svensén. 1:a—9:e hft. 8:o. (I.) 468 s. (II.) s. 1—236. Sthm, Fahlcrantz & K. 91—95.
För häfte 1: 25.
Samhällslifvet, Ur det moderna. 12:o Sthm, Alb. Bonnier.
6. Vasili, Paul, Från Madrids salonger. Interiörer tecknade i bref till en ung diplomat. Öfv. fr. franska orig. "La société de Madrid" 197 s. 86.
1: 75.
7. —, Från Petersburgs salonger. Interiörer tecknade i bref till en ung diplomat. Öfv. fr. franska orig. "La Société de Saint-Petersbourg." 216 s. 86. 2 kr.
8. —, Från Roms salonger. Interiörer tecknade i bref till en ung diplomat. Öfv. fr. franska orig "La société de Rome." 398 s. 87. 2: 50.
9 Sjögren, Otto, Kejsar Wilhelm. En lefnadsteckning. Jämte en inledningsdikt "Den gamle kejsaren" af Fr. Hedberg Med flera portr. 1:a o. 2:a uppl. 62 s 88. 75 ö.
10. Varigny, Charles de, Industriens stormän och penningfurstarne i ångans tidehvarf. Biogr. anekdotiska teckn:r. Öfv. af O. W. Ålund. 336 s. 89. 2: 50.
11. Stanley, Henry M., Emin paschas räddning enligt bref offentliggjorda med förf.ns medgifvande af J. Scott Keltie. Öfv. fr. eng. Med ett aftryck af eng. orig. karta samt portr. af Stanley och Emin. 157 s. 90. 1: 50.
12. Sjögren, Otto, Furst Bismarck o. hans samtid. Monografisk studie. Med 2 portr. af furst Bismarck. 227 s. 90. 1: 75.
13. Ålund, O. W., John Ericsson. Några minnesblad. Med 17 illustr. 116 s. 90. 1 kr.
14. —, Gladstone (the grand old man). Ett biografiskt utkast. 78 s. o. 1 portr. 93. 1 kr.
15. Zweigbergk, Otto, Finska studier. Ögonblicksbilder från Finland 1894. Med 21 portr. o 4 bilder från Helsingfors. 208 s. 94. 2 kr.
16 Lütken, André, Från tsarens rike. Några erfarenheter o. minnen. Öfv. Med en efterskrift för svenska uppl:n, "Vid tronskiftet". 204 s. 94. 1: 50.
17. Abélard, Lutherska kyrkans kamp i Östersjöprovinserna mot den ortodoxa rysk-grekiska statskyrkan. En skildring af den därstädes rådande religiös-politiska konflikten. 76 s. 95. 1 kr.
De förut utgifna 5 delarne af denna samling innehålla: 1. Från Berlins salonger af Paul Vasili. 1: 75. — 2. Ur min dagbok af Drottning Victoria. 2: 25. — 3. Från Wiens salonger af Paul Vasili. 2: 50. — 4. Från Londons salonger af Paul Vasili. 2: 50. — 5. Från civilisationens utkanter af C. G. Wrangel. 2: 50.
Samlaren. Se: Skrifter utg. af Svenska litteratursällskapet.
Samling af anmälningar till handelsregistren. 1888—95 8:o. Sthm, Svensk förf. saml. exp. 88—95.
För årg (24 n:r) 3 kr.
Samling af kongl resolutioner o. bref rör. tillämpningen af bevillningsförordningen. Utg af Hjalmar Rettig 8:o. Sthm, P. A. Norstedt & S:r.
Hft. 1. 1885—88. ix o. 162 s. 89. 1: 75.
2. 1881—90. viij o. 134 s. 91. 1: 50.
3. 1891—92. viij o. 134 s. 93. 1: 50.
Samling af facklexika Under redaktion af Bernh. Meijer, 8:o. Sthm, H. Geber.
4. Meijer, Bernhard, Svenskt litteratur-lexikon. 4:e—5:e hft. s. 289—500. 86.
För häfte 1 kr., kompl. 2: 25, inb. 3: 25.
Samling af författningar o. föreskrifter rör. svenska fångvården. 8:o, 438 s. Sthm, Samson & Wallin. 92. 5 kr.
Tillägg I. 1892—93. 8:o, vj o 72 s. 94. 50 ö.
Samling af kongl. bref och resolutioner ang. tillämpningen af kommunalförordningarne. 8:o. Sthm, P. A. Norstedt & S:r.
7:e hft. 1881—83, utg af O. W. Seippel. viij o. 194 s 86. 2: 25.
8:e hft. 1884—86 jemte sakreg. öfver samtliga utkomna häften af samlingen, utg. af O W. Seippel. ix o. 327 s. 87. 4 kr.
9:e hft. 1887—89 utg. af J. A. Wennberg. 217 s. 90. 2: 75.
10:e hft. 1890—93 utg. af J. A. Wennberg. viij o. 254 s. 95. 3: 25.
Samling af k förordningar, stadganden m. m. 8:o. Sthm, P. A. Norstedt & S:r.
1. Kommunalförfattningar af K. Maj:t gillade o antagna d. 21 mars 1862 med förändr. till den 1 okt. 1889. Jemte kongl. bref, resolutioner m. m. i dertill hörande ämnen. Utg. af J. A. Wennberg. 11:e uppl. 166 s. 89. Kart. 1 kr.
4. Författningar rör. folkskolläraresseminarier m. m. 7:e uppl. utg. af C. D. R. v. Schulzenheim. xj o. 347 s. 92. Inb 2: 50.
Supplement till 6:e uppl. utg. af A. Th. Bruhn. 82 s. 86. 70 ö.
10. Författningar ang. tillverkning af bränvin 1887. 94 s. 87. Kart. 1 kr.
11. Blumenberg, H. G., Handbok i gällande fattigvårdslagstiftning m. m. 2:a uppl. omarb. o. tillökad med bl. a. 150 prejudikat. vj o. 113 s. 86. Kart. 1: 25.
12. Folkskolestadgan m. fl. författn:r rör. folk-

SAMLING—SAMMANDRAG.

undervisningen. 6:e uppl. redig. af *Simon Nordström.* 8:o, viij o. 202 s. 95.
Kart. 90 ö, inb. 1 kr.
(3:e uppl. 85. 4:e 88. 5:e 91.)
16. Lag om dikning o. annan afledning af vatten med hänvisn:r o. sakregister utg. af *G. B. A. Holm.* 3:e uppl. 63 s. 94. Inb. 85 ö.
19. Nya lagen om presters tillsättning Handbok för röstegande, valförrättande o. tjenstsökande, af *H. G. Blumenberg.* 2a uppl. 64 s. 89. Inb 1 kr.
20. Patentförordningen o. lag om skydd för varumärken. Med hänvisn:r, ansökningsformulär o. sakregister, utg. af *Hugo E. G. Hamilton.* 2:a uppl. 80 s. 93. Inb. 1 kr.
21. *Törnebladh, I.*, Handbok i lagstiftningen ang mantalsskrifn:r o. mantalspenningar. 57 s. 87. Kart. 90 ö.
22. Nya firmalagen samt förordn. ang. utvidgad näringsfrihet. 3:e uppl. 80 s. 94. Inb. 90 ö.
(1:a uppl. 87. 2:a 88.)
23. Kongl. förordningen ang. bevillning af fast egendom samt af inkomst d. 3 juni 1893 med förändringar o. sakregister. 2:a uppl. 132 s. 93. Kart. 1: 25.
(1:a uppl. 89.)
24. Väglagen af den 23 okt. 1891 med förklaringar, bilagor o. sakregister, utg. af *Hans Forssell.* [N:o 1.] 2:a uppl. 94 s. 93. Inb. 1 kr.
(1:a uppl. 92.)
—, Supplement till 2:a uppl. 24 s. 94. 10 ö.
—, [N:o 2.] Med hänvisningar o. sakregister, utg. af *Hans Forssell.* 82 s. 91. Inb. 50 ö.
—, [N:o 3.] Med förklaringar ur autentika källor, samt hänvisningar o. sakregister, utg af *Hans Forssell.* 119 s. 93. Inb. 3 kr.
25. Allmänna o. för Stockholm särskilda stadganden ang. renhållningsväsendet. Med anmärkn:r utg. af *Semmy Rubenson.* vj o. 65 s. 92. Kart. 1: 50.
26. Sparbankslagen af den 29 juli 1892 jemte normalreglem. samt lag ang. folkbanker, utg. af *A. H. Bagge.* 114 s. 92 Kart. 1: 50.

Samling af Kommunala stadganden för Upsala stad. 8:o, 236 s. o. 1 karta. Ups, Lundequistska bokh. 90. 2 kr.

Samling af författn:r, kgl. bref, generalorder m. m. rör. landtförsvaret, utg. under år 1887. Bih. till Kgl. Krigsvet.-akad:s tidskrift. 8:o, s. 225—240 o. lxxvij s. samt 1 tab. Sthm, Kgl. Krigsvet.-akad. 88. 90 ö.

Samling af kgl. bref, testamenten m. m. rör. Stockholms allm. läroverk. 8:o, 288 s. Sthm, Stockholms stads undervisn.-verks styrelse. 86. 1: 50.

Samling af författn:r, polisorder m. m. som angå Stockholms polis. Af *Theodor Hintze.* 8:o, viij o. 808 s. Sthm, Samson & Wallin i komm. 87. 5 kr.

Samling af Kongl. bref o. författn:r ang. storskiftes- o. afvittringsverken samt kronobyggena i rikets norra län. 4:e serien, utg. af *V. Ekstrand.* 4:o, iv o. 89 s. Umeå, Utg:n. 95 (Ej i bokh.)

Samling af evangeliskt-lutherska psalmer för kyrka, hem o. skola utg. af *Aug. Hammar* o. *C E. Sandgren.* 8:o, vij o. 580 s. samt musiknoter 14 s. Lund, H. Ohlsson. 93. 4 kr.

Samling af gällande föreskrifter ang. rustnings- o. roteringsbesvärens effektiva utgörande vid indelta armén. Utarb. af *C. H. Weidenhielm.* 8:o, v o. 583 s. Sthm, Z. Hæggströms f.-exp. 91. 2: 50.

Samling af svenskt o. utländskt sedelmynt samt svenska förordningar, böcker o. skrifter rör. riksgäld, banko-

o. sedelväsen m. m. bildad af *H. B.* (H. Bukowski.) 8:o, x o. 110 s. 9 pl. o. 2 sedelkartor. Sthm, H. Bukowski. 86. (Ej i bokh.)

Samling af kgl. författningar ang skiftesverket i riket, hemmansklyfning m. m. Utg. d. 24 febr. 1892. 8:o, 204 s. Sthm, Gernandts boktr.-aktb. 92. 1 kr.

Samling, En, berättelser i öfvers. af *Alarik Tavaststjerna.* 8:o, 180 s. H:fors, W. Hagelstam. 93.
2: 50 fmk (2 kr).

Samling, En, gymnastiska ställningar o. rörelseformer. Utg. af Kgl. Gymnastiska Centralinst. i Stockholm. Folio, 120 pl. Sthm, Gymnast. centralinst. 93.
15 kr.

Samling, Vald, af gratulationer etc. jemte lämpliga tal för skålar m. m. Utg. af *Axel Rosenqrist.* 8:o, 200 s. Sthm, F. C. Askerberg. 86. 1 kr.

Samlingar, Historiska. Utg. af *J. A. Cederberg.* 8:o. Åbo, Utg:n.
I. Handlingar rör. förnämligast vår kyrkohistoria. 192 s. 86.
II. Handlingar till belysande af Finska kyrkans öden. 314 s. 89. Båda del:ne 6 fmk.

Samlingar, Norrländska. 4:o. Sthm, C. E. Fritzes hofbokh. i komm.
1. *Nordlander, Johan,* Ångermanländska fiskevatten på 1500-talet. Ett bidrag till svensk namnforskning. 34 s. 92. 1 kr.
2 o. 3. *Nordenström, Magn. N.,* Utkast till beskrifn. öfver Stöde socken i Medelpad. — *Burman, Fale A.,* Konceptböcker förda under resor i Jämtland åren 1793—1802. Utg. af *Joh. Nordlander.* s. 35—98. 94. 2 kr.

Samlingar, Ur några antecknares. Gärd af tacksamhet o. vänskap till mästaren i svensk bokkunskap G. E. Klemming. 4:o, 150 s. o. 1 portr. Sthm, H. Bukowski. 91. Uppl. 50 ex. (Fj i bokh.)

Samlingar, utg. af Svenska fornskriftsällskapet. IIft. 88—108. 8:o. Sthm, Sv. fornskriftsällsk.
Södervall, K. F., Ordbok öfver svenska medeltidsspråket. 4:e—15:e hft. I: s. 193—831 o. II 408 s. (Hft. 88, 89, 92, 93, 94, 95, 98—100, 103, 105 o. 108.) 86—94. 55 kr.
Läke- o. örteböcker från Sveriges medeltid, utg. af *G. E. Klemming.* 3:e (slut-)hft. 8:o, s. 345—504. (Hft. 90.) 86. 2: 50.
Prosadikter från Sveriges medeltid, utg. af *G. E. Klemming.* 1:a—3:e hft. 8:o, 363 s. (Hft. 91, 96 o. 97.) 89. 1:a hft. 1: 75, 2:a o. 3:e 4 kr.
Svenska medeltidspostillor efter gamla handskrifter utg. af *G. E. Klemming.* 3:e dln. 1:a—3:e hft. 8:o, 533 s. (Hft. 101, 102 o. 106) 90—94.
För häfte 2.
Historia Trojana. En medeltidsroman om Trojanska kriget. Från latinet öfvers. till svenska år 1529. Efter handskrifter utg. af *Robert Geete.* 8:o, viij o. 328 s. (Hft 104) 92. 4 kr.
Jungfru Maria örtagård. 1:a hft. 206 s. (Hft. 107.) 94. 3: 25.

Sammandrag af de enskilda sedelutgifvande bankernas o. aktiebankernas ingifna uppgifter d. 31 mars 1891. 4:o, 11 s. Sthm, Samson & Wallin. 92. 30 ö.

Sammandrag öfver Göteborgs import o. export. 4:o. Göteb., Wettergren & Kerber.
1890. 41 s. 91. 5 kr.
1891. 45 s. 92. 5 kr.

Sammandrag af den gällande katekesutvecklingens väsentliga innehåll af *O. Q.* 8:o, 56 s. Göteb., N. P. Pehrsson. 86. Kart. 65 ö.

10-års katalog 1885—1896. 33

Sammandrag af yrkesinspektörernes berättelser. Utarb. af kommerskolleg. 8:o. Sthm, Samson & Wallin.
1890—91. 46 s. 94. 75 ö.
1892. 40 s. 94. 50 ö.
1893. 36 s. 95. 50 ö.
1894. 38 s. 95. 50 ö.

Sammanträde, Från Lunds stifts prestsällskaps, den 29 aug. 1889. 1. *Hallgren, F.*, Guds rikes tempelbyggnad. 18 s. — 2. *Malm, J. T.* Messiastankens utveckl. i gamla testamentet. 22 s. — 3. *Hallberg, H. E.*, Om kyrkans uppgift med hänseende till den pessimistiska riktningen i vår tids s. k. skönliteratur. 41 s. — *Trägårdh, Henrik*, Om exordiets betydelse i predikan. 15 s. Lund, C. W. K. Gleerup. 89. 1 kr.

Samtal mellan en lärare o. en dödsfånge. (Efter ett i Eskilstuna kronohäktes arkiv funnet manuskript.) 8:o, 36 s. Sthm, Fost.-stift:s f.-exp. 90. 25 ö.

Samtalsöfningar i ryska, finska, svenska o. tyska språken. 6:e uppl. 8:o, ix o. 246 s. H:fors, G. W. Edlund. 95. 2: 50 fmk.

Samtida och vänner, Några Luthers. Öfv. af *Rich. Ehrenborg*. 8:o. Sthm, Fost.-stift.s f.-exp.
10. *Schmidt, Osvald Gottlob*, Georg den gudaktige, furste af Anhalt. 104 s. 86. 50 ö.

Samuel Kiechels resa i Sverige 1586. Se: Tidskrift, Historisk. 1892.

SAMUELSSON, Sven, Den förträffliga o. tillförlitliga hästeboken. 15:e uppl. 8:o, 158 s. Sthm, Ad. Bonnier. 90. 75 ö.

Sam-undervisning, Om, för gossar och flickor. Diskussionsmöte på föranstaltande af föreningen för gift qvinnas eganderätt. 8:o, 47 s. Sthm, G. Retzius. 86. 50 ö.

Samvetsqval, Roman. Se: *[Hungerford, Mrs]* Se: Tillägget.

SAMZELIUS, Hugo, På skogs- o. fjällstigar. Jaktskildringar från nordligaste Västerbotten o. Lappland. 8.o, 188 s Sthm, J. Seligmann. 94. 2: 50.
—, Skogs- o. jägarlif. Skildringar. 8:o, 200 s. Sthm, C. E. Fritzes hofbokh. 94. 2 kr.
—, Se: Jägaren.

Sanatorium, Ulricehamns, med helsobrunn o. vattenkur åren 1888—1890. 1 pl. med text. Ulriceh., S. M. Kjöllerström. 88—90. à 25 ö.

SAND, George, [pseud. för *A. Lucile Aurore Dudevant*] Barnhusbarnet. (François le Champi.) Öfv. af *Ernst Lundquist*. Liten 8:o, 151 s. Sthm, Fahlcrantz & K. 89. 50 ö.
—, Djefvulskärret. Byhistoria. Öfv. af *Ernst Lundquist*. Liten 8.o, 85 s. Sthm, Fahlcrantz & K. 88. 25 ö.
—, Snögubben, Svensk natur- o. sedemålning från förra årh. Öfv. af *L. B—r*. 8.o, 527 s. Sthm, C. A. V. Lundholm 89. 3: 75.
—, Syrsan. (La petite Fadette) Öfv. af *Ernst Lundquist*. 8:o, 160 s. Sthm, Fahlcrantz & K. 90. 75 ö.

SANDAHL, Adèle f. **HUSS**, Se: Läsebok, Svensk.

SANDBERG, Algot, Familjen på Borshaga. Roman. 12:o, 260 s. Sthm, Fr. Skoglund i distr. 93 2 kr.
—, Gotländska sägner. 8:o. Visby, Sylve Norrby.
I. Herr Kristens ottefärd. Juldikt. 31 s. 89. 40 ö.
II. Kung Valdemars skatt. Dikt. 52 s. 91. 60 ö.
—, Småstadslif. Roman. 12.o, 275 s. Sthm, Alb. Bonnier. 94. 2: 50.

SANDBERG, Erik, Prolog vid festföreställn. i Göteborgs teater den dag — d. 21 jan. 1889 — då konung Oscar II fyllde 60 år. 8:o, 4 s. Göteb., Wettergren & Kerber. 89. 25 ö.

SANDBERG, Erik, Spökerierna vid slottet eller Sommarrevyn 1893. Skämt i 1 akt. 8:o, 43 s. Göteb., H. Svenning. 93. 35 ö.
—, Se: Teatern, Svenska. 243.

SANDBERG, Fr, En ny o. lefvande väg. Betraktelser. 8:o, 103 s. Sthm, Fost.-stift.s f.-exp. 91.
75 ö., inb. 1 kr.
—, Konfirmationsgåfva. Strödda betraktelser för nattvardsungdom. 5:e uppl. 8:o, 189 s. Sthm, C. A. V. Lundholm. 94.
75 ö., kart. 1 kr, klb. 1: 50, eleg. klb. 2 kr.
—, Lärobok i naturkunnighet. 8:o. Sthm, A. V. Carlsons Bokf.-aktb.
I. 5:e genoms. uppl. 250 s. 91.
2: 25, kart. 2: 50, vb. 2: 80.
II. 4:e genoms. uppl. s. 251—384. 91.
Kart. 1: 50, vb. 1: 80
—, Nya abc-boken med tillhörande läsebok. 15:e omarb. uppl. 8:o, 64 s. Sthm, A. V. Carlsons Bokf.-aktb. 90. Inb. 25 ö.
II. 188 s. 93. Kart. 50 ö.
—, Småskolans metodik. 3:e uppl. 8:o, 112 s. o 4 pl. Sthm, A. V. Carlsons Bokf.-aktb. 90.
Kart. 1 kr.
(2:a uppl. 80.)
—, Smärtornas man. Passionsbetraktelser. 8:o, 32 s. Sthm, Fost.-stift s f-exp. 89. 30 ö.
—, Trosvittnen i gamla testamentet. Skildringar o. betraktelser. 1:a hft. 8:o, 80 s. Sthm, Fost.-stift:s f.-exp. 95. 60 ö.
—, Se: Psalmboken, Svenska.

SANDBERG, Hugo Richard, Den finska skidan i arbetets o. idrottens tjänst. Öfv. från finskan af *Ossian Reuter*. 8 o, 120 s. o. 4 pl. H:fors, Söderström & K. 93. 1: 75.

SANDBERG, Ludvig, Om bolags konkurs. 8:o, 145 s. Lund, Gleerupska univ:s bokh. i distr. 93. 2: 25.
—, Om viss tids häfd af eganderätt till fast egendom enligt svensk rätt. 8:o, 89 s. Lund, Gleerupska univ:s bokh. i distr. 95. 1: 50.

SANDBLAD, Mathilda f. **SJÖGREN**, Herranom en ny visa. 8.o, 23 s Sthm, P. A. Huldbergs bokf.-aktb. 94. 50 ö.

SANDBLAD, Nils, Minnen från min embetsverksamhet i Gnosjö i vestra Småland, jemte några reflexioner. 12:o, 28 s Göteb., Herm. Andell. 89. 20 ö.

SANDEAU, Jules, Fröken de la Seiglière. Roman. Öfv. af *Ernst Lundquist*. 8:o, 240 s. Sthm, Fahlcrantz & K. 88. 50 ö.

SANDEBERG, Herman, Granskning af komiterades utlåtande om föreslagen vinterpostfart mellan Sverige o Tyskland. 8.o, 47 o. xvij s. Sthm, C. E. Fritzes hofbokh i distr. 91. 50 ö.

SANDEGREN, Magnus, Till historien om statshvälfningen i Sverige 1809. Akad. afh. 4:o, 86 s. Göteb., Förf.n. 90. 2 kr.

[SANDELIN, L. H.], Om uppfostran till sedlighet. Se: Skrifter, Folkupplysn. sällsk. 75.

SANDELL, J. F., Grundskattefrågan o. dess rätta natur. 8:o, 20 s. Sthm, Förf:n. 89. 20 ö.

SANDER, Fr., Das Nibelungenlied, Siegfried der Schlangentöter u. Hagen von Tronje. Eine mythologische u. historische Untersuchung, 8:o, 124 s. Sthm, P. A. Norstedt & S:r. 95. 3 kr.
—, Drottningens juvel. Se: Minnen från Skansen. 9.
—, Guldhornen från Gallehus i Slesvig. En mythhistorisk o. arkeologisk undersökning. Med afbildn:r

i träsn. Stor 8:o, 98 s. o. 4 pl. Sthm, P. A. Norstedt & S:r. 88. 2: 50.
SANDER, Fr., Harbardssången jemte grundtexten till Voluspå Mytologiska undersökn:r. Med några Eddaillustr. 8:o, 72 s. Sthm, P. A. Norstedt & S:r 91. 2 kr.
—, Inträdestal. Se: Handl:r, Sv. Akad:ns. IV.
—, La mythologie du Nord éclairée par des inscriptions latines en Germanie, en Gaule et dans la Bretagne ancienne des premiers siècles de notre ère. Etudes. 8:o, 188 s. Sthm, P. A. Norstedt & S:r. 92. 3: 60.
—, Nordisk mythologi. Gullveig eller Hjalmters o. Ölvers saga i öfvers. från isländskan med förklaring. Med några eddaillustr. af svenska konstnärer. 8:o, 252 s. Sthm, P. A. Norstedt & S:r. 87. 5 kr.
—, Rigveda und Edda. Eine vergleichende Untersuchung d. alten arischen und d. germanischen oder nordischen Mythen. 8:o, 76 s. Sthm, P. A. Norstedt & S:r. 93. 2 kr.
—, Sång på Akademiens för de fria konsterna högtidsdag d. 30 maj 1891. 8:o, 16 s. Sthm, P. A. Norstedt & S:r i distr. 91. 50 ö.
—, Tal på högtidsdagen 1891. Se: Handl:r, Sv. Akad:ns. VI.
—, Se: Edda.
SANDGREN, C. E., Se: Samling af evang.-lutherska psalmer.
SANDIN, A. S., Hvilodagen o. dess betydelse. 8:o, 28 s. Sthm, Fost.-stift:s f.-exp. 90. 20 ö.
—, Se: Hvilodagen.
SANDLER, C. Y. N., Märketal o. formler till världshandelns vikt-, mått-, o. prisomföringar. Med 9 tabeller. 8:o, 33 s. Göteb., N. P. Pehrsson i distr. 93. 1: 50.
—, Nya bokföring. 8:o, Göteb., Wettergren & Kerber. 1. Lilla handeln o. handtverk. (Enkel bokföring.) 20 s. 89. 50 ö.
SANDMAN, J. Alb., Fågelfaunan på Karlö. Se: Meddelanden af Soc. pro fauna et fl. fenn. XVII.
SANDSTRÖM, Anna, Nordens första storhetstid (omkr. 800—1066.), skildrad för ung o. gammal. 8:o. Sthm, L. Hökerberg.
Förra din. 220 s. 94. 1: 50.
Senare din. 203 s. 94. 1: 25.
Båda delarne i ett band 3: 50.
[—]. Se: Verdandi.
SANDSTRÖM, H. G., Se: Tänkespråk, Musikaliska.
SANIO, C., Die Harpidien Finnlands. Se: Acta soc.is pro fauna et fl. fenn. VIII.
—, Über die Scorpidien Finnlands. Se: dersammast. VIII.
SANKEY, Ira D., Andliga sånger vid väckelsemöten i England o. Amerika. Öfv. 6 e uppl. 10:o, 183 s. Örebro, Bokförlagsaktieb. 91. Kart. 80 ö., klb. 1: 10.
Sanningssökaren, Nordisk månadsskrift utg. af Vict. Pfeiff o. Birger Landén. 10:e—19:e årg. (1886—95.) 8:o. Göteb., Wettergren & Kerber i distr. 86—95. För årg. 4 kr
SANTESSON, Anton, I Sverige. Intryck o. minnen från mina ströftåg. 8:o, 217 s. Lund, C W. K. Gleerup. 87. 2: 50.
SANTESSON, C. G., Ueber die Kraft u die Festigkeit d. hohlen Muskeln d. Frosches Se: Bihang till K sv. Vet.-akad:s handl:r XII, IV, 3.
—, Se: Tigerstedt, R. o. Santesson, C. G., Einige Betrachtungen etc.
SANTESSON, Frithiof, Kurre. Visor, småberättelser o. reseminnen. 8:o, 207 s. Lund, Gleerupska univ:s bokh. 89. 2 kr.
SANTESSON, Henrik, Se: Förhandlingar, Geolog. fören:s. Generalregister.
SAPHIR, Adolf, Bibelns gudomliga enhet. Öfv. af G. S. Löwenhielm. 8:o, 344 s. Sthm, Fost.-stift:s f.-exp. 95. 2 kr., kart. 2: 25, klb. 3 kr.
—, Jesus Kristus o. honom korsfäst. Föreläsningar. Öfv. från eng. af G. S. Löwenhielm. 8:o, viij o. 163 s. Sthm, Fost.-stift:s f-exp. 90.
1 kr., kart. 1: 40, klb. 2: 25.
—, Kristus o. skriften. Öfv. fr. eng. 8:o, 14 s. Sthm, P. A. Huldbergs Bokf.-aktb. 94. 1 kr.
SAPHIR, M. G., Raketer o. svärmare. Valda humoresker. Öfv. af J. Granlund. 12:o, 572 s. Sthm, F. & G. Beijers bokf.-aktb 87. 4 kr., inb. 5: 50.
SARGENT, George, En fickbibels öden. Se: Bokskatt, Hemmets. 1.
SARTORIUS, Ernst, Kristi person o. verk. Populära föreläsn:r. Öfv. af Th. Wensjoe. 2:a uppl. 8:o, 159 s. Sthm, Z. Hæggströms f.-exp. 90. 1 kr.
SAUNDERS, Marshall, "Vackra Karo". En hunds lefnadshistoria berättad af honom själf. Öfv. af Math:a Langlet. 8.o, 203 s. Sthm, Fahlcrantz & K. 94. 1: 50.
SAVAGE, Richard Henry, Anarkisten En berättelse jör dagen. Öfv. från eng. 8:o, 314 s. Sthm, Nordin & Josephson. 94. 2: 75.
—, Delila från Harlem. En berättelse från New-York. Öfv. från eng. af B. F. 8:o, 297 s. Sthm, Nordin & Josephson. 94. 2: 75.
—, Den maskerade Venus. En berättelse från många länder. Öfv. från eng. af M. D. 8:o, 364 s. Sthm, Nordin & Josephson. 93. 2: 75.
—, Furstarne af Kaukasus. Roman från rysk-turkiska kriget. 8:o, 262 s. Sthm, Nordin & Josephson. 93. 2: 50.
—, Grefvinnan Wizocki (In the old chateau). En historia från ryska Polen. Öfv. fr. eng. 8:o, 338 s. Sthm, Nordin & Josephson. 95. 2: 75.
—, Jakten "Isfågeln". Roman. Öfv. fr. eng. 8:o, 245 s. Sthm, Nordin & Josephson. 95. 2: 25.
—, Lilla fröken från Lagunitas. Från eng. af M. D. 8:o, 257 s. Sthm, Nordin & Josephson. 94. 2: 50.
—, På lif o. död. Berättelse från Rio Grande. 8:o, 407 s. Sthm, Aktieb. Hiertas bokförlag. 94.
1: 50, inb. 2: 50.
—, Två fruar. Öfvers fr. eng. af Pontus Dahlander. 3:e uppl. 8:o, 232 s. Sthm, Nordin & Josephson. 95. 2: 25.
(1:a uppl 91. 2:a 92.)
SAVANDER, O., Die Baltische Triangulation zwischen Wiborg o. Åbo. Se: Fennia. IV: 6.
—, Karttalaitokset Saksassa. Se: dersammast. II.
SAVELA, H, Om tuberkulos hos nötkreatur. Se: Meddelanden, Landtbruksstyrelsens. 11.
SAXÉN, E., Se: Antecknr:r enl. prof. Jaakko Forsmans föreläsn:r. — Anteckningar enl. prof. R. A. Wredes föreläsningar öfver konkursrätt.
[SAXÉN, L.], Poetiska synder af Fågel Blå. 8:o, 4 o. 71 s. H:fors, Söderström & K. 1 kr.
—, Se: Sången, Ur den finska.
Saxon, Se: Lindström, Joh.
Scævola. Se: [Strömbäck, K. A.]
Scener ur Fredmans epistlar o. sånger [af Elis Chiewitz] Med text. 4:o, 12 pl. o. 12 blad text. Sthm, P. B. Eklund. 92. Kart. 3: 25.
Scenes from the irish rebellion in 1689 and 1690, for the use of schools extracted from Macaulay's

History of England, and furnished with notes by G. S. Löwenhielm. 8:o, 114 s. o. 1 karta. Sthm, H. Geber. 88. Kart. 1: 50.

Schack-problem, 250 utvalda svenska o. utländska, saml. o. utg. af *Robert Sahlberg.* 8.o, 150 s. Sthm, Ad. Bonnier. 88. 2: 25.

SCHALLENFELD, Agnes. Metod för undervisning i handslöjd. Öfv. Med i texten intryckta figurer jemte 6 mönsterblad. 8:o, 104 s. o. 6 pl. Sthm, F. & G. Beijers Bokf.-aktb. 86. 1: 50.

SCHANDORPH, S., Från Isle de France o. Sorö amt. Öfv. af *Erik Jäderin.* 8:o, 307 s (Tr. i Köpenh.) Lund, Gleerupska univ:s-bokh. i distr. 88. 3 kr.

SCHANTZ, Hedvig von, Dikter. 8:o, vj o. 169 s. H:fors, Söderström & K. 94. 2 kr.

SCHARLING, Will., Affärs-stiltjen och guldet. En belysning af det närvarande ekonomiska tillståndet. Öfv. af *A. S. R.* 8:o, 79 s. Sthm, Z. Hæggströms f.-exp 86. 1 kr.

SCHARTAU, Henrik, Anteckningar föranledda af åtskilliga ställen i den hel. skrift 3:e uppl. 8:o, viij o. 206 s. Lund, C. W. K. Gleerup. 86. 1: 75.

— , Predikor öfver kyrkoårets gamla högmessotexter samt passionspredikn:r. 8:e uppl. 2 dlr. 8:o, 350 o. 416 s. Sthm, F. & G. Beijers Bokf.-aktb. 88. 3: 50, inb. 4 kr.

— , Predikoutkast. Se: *Holmqvist, J. H.,* Predikningar.

— , Undervisning i christendomskunskapen för barn. Liten 8:o, 96 s. Lund, C. W. K. Gleerup. 88. Inb. 30 ö.

— , Undervisning i christendoms-kunskapen. 12:e uppl. 8:o, 288 s. Sthm, P. A. Huldbergs bokf.-aktb. 86. 1: 25, inb. 1: 50.

— , Utkast till offentliga förhör, tillika med afhandl:r i frågor o. svar öfver några stycken af christendomskunskapen. 2:a uppl. 8.o, viij o. 485 s. Lund, C. W. K. Gleerup. 92. 2: 50, inb. 3: 25.

Schartauismen afslöjad eller Reg:ts pastor G. Flodéns rättegång mot kyrkoherde L. J. Nyblom samt riksdagens justitieombudsmans åtal mot Göteborgs domkapitel o. dess notarie A. B. Magni, utg af *Alb. C. o. E. M.* 8.o, 343 s. Uddevalla, G. Flodén. 93. 1 kr.

SCHAUMAN, Aug., Från sex årtionden i Finland. Upptecknade lefnadsminnen. 2 dlr. 8:o, 389 o. 452 s. H:fors, G. W Edlund. 92—94. 15 fmk.

SCHAUMAN, Ossian, Zur Kenntniss der sogenannten Bothriocephalus-Anämi. Akad. Abh. 4:o, iv o. 214 s. samt 2 pl. H:fors, Förf:n. 94 5 fmk.

[**SCHEELE, Aug**], Lutfiskblöterskan. Teaterbilder från en förgången tid af *Fergus.* 8:o, 89 s. Sthm, P. A. Huldbergs bokf.-aktb. 87. 90 ö.

SCHEELE, Carl Wilhelm, Efterlemnade bref o. anteckn:r utg. af *A. E. Nordenskiöld.* Stor 8.o, xl o. 490 s. samt 1 pl. o. 6 facs. Sthm, P. A. Norstedt & S:r. 92. 18 kr.

— , Nachgelassene Briefe und Aufzeichnungen, herausgegeb. von *A. E. Nordenskiöld.* Stor 8:o. xliij o. 491 s. samt 1 pl. o. 6 facs. Sthm, P. A. Norstedt & S r. 92. 18 kr.

Scheele, Carl Wilhelm, Ett minnesblad öfver festligheterna d. 9 dec. 1892 till firandet af stodens aftäckning på 150:e årsdagen af hans födelse. På uppdrag af Farmaceutiska föreningen af *Isidor Nordin.* 8:o, 80 s Sthm, Nordin & Josephson i komm. 93. 1 kr.

SCHÉELE, Frans von, Det mänskliga själslifvet. 1:a —5:e hft. 8:o, 336 s. Sthm, J. Seligmann. 94, 95. För häfte 1 kr.

— , Grundlinier till psykologien. 8:o, 34 s. Ups., Lundequistska bokh. 95. 1 kr.

— , Kan Gud tänkas såsom vilja? Se: Årsskrift, Upsala univ:s 1887. Filos. språkvet. o. hist. vet. 2.

— , Om tendens i konsten. Se: Tidskrift, Nordisk. 1887.

— , Studieplaner samt bestämmelser rör. studierna vid univ:t i Upsala för filos. kandidat- o. licentiatexamen. 8:o Ups., Förf:n.

I. Humanistiska sektionens läroämnen. 52 s. 92. 1 kr.

II. Matematisk-naturvetenskapl. sektionens läroämnen. 22 s. 92. 50 ö.

— , Ännu några ord om tendens i konsten. Se: Tidskrift, Nordisk. 1887.

— , Se: Studieplaner. — Tidskrift, Svensk.

SCHÉELE, Georg von, John Groggs minnen från hafven o. hamnarne. 8:o, 345 s. Sthm, C. A. V. Lundholm. 89. 2: 50.

SCHÉELE, K. H. Gez. von, Hemlandstoner. En hälsning från modern Svea till dotterkyrkan i Amerika. 2 dlr. 8:o, 330 s. Sthm, P. A. Norstedt & S:r. 94—95. 4 kr.

— , Herren mitt banér. Strödda föredrag. 8:o, 414 s. Sthm, P. A. Norstedt & S:r. 92. 4 kr., klb. 5 kr.

— , Hon lefver ännu, ändock hon död är. Predikan i Visby domkyrka med anledning af H. K. H. prinsessan Eugenies dödl. frånfälle d. 23 apr. 1889 8:o, 16 s. Sthm, Fr. Skoglund i distr. 89. 50 ö.

— , Hvad säger du du? Se: Skrifter, utg. af Sv. nykterhetssällskap. 6.

— , Predikan vid kyrkomötets öppnande d. 4 sept. 1888. 8:o, 16 s. Sthm, Fr. Skoglund. 88. 25 ö.

— , Se: Tidskrift för kristlig tro o. bildning.

SCHENFELT, Inga], Förtalets vanmakt af *Elsa.* Se: Originalnoveller, Svenska. 2.

SCHENK, A., Fossile Hölzer aus Ostasien u. Ægypten. Se Bihang till K. sv. Vet.-akad:s handl:r. XIV, III, 2.

SCHENSTRÖM, F., Armfeltska karolinernas sista tåg. Gamla minnen från jemtländska o. norska fjällbygder. Med portr. o. 4 kartor. 8:o, 111 s. o. 4 kartor samt 1 portr. Sthm, Nordin & Josephson i distr. 90. 2 kr.

SCHENSTRÖM, R., Anfall mot o försvar för "Sveriges framtid". Tal vid en kyrkoparad å excercisplatsen Mohed, jemte tvenne andra tal. 8 o, 40 s. Sthm, Samson & Wallin. 95. 25 ö.

— , Föredrag om umgängeslifvet inom våra bildade klasser. Se: Framtid, Sveriges.

— , Strödda tankar i några af tidens vigtigare frågor. 2:a uppl. Med förord af prof. *W. Rudin.* 8:o, 56 s. Sthm, Samson & Wallin. 93. 65 ö. (1.a uppl. 92.)

SCHEPELERN, G., Små uppsatser mot påfvekyrkan. Öfv. af *Adolf Sondén.* 8:o, 219 s. Sthm, A. L. Normans f.-exp. 91. 1: 75.

SCHERINI, P. H., Vid vespergudstjenst i Östra Husby kyrka å Gustaf Adolfsdagen d. 9 dec. 1894. 8:o, 15 s. Norrk., M. W. Wallberg. 95. 25 ö.

SCHERR, Joh. (Prof.), Zig-Zag. Mensklig Tragikomedi. En serie skizzer. Öfv. af *Gregor.* Liten 8:o. Sthm, Alex. Dahl.

Hft. 1. Ivan den Grymme. 40 s. 89. 35 ö.

Hft. 2. Narrkonungen. 40 s. 89. 35 ö.

SCHERSTÉN, O., Se: Balck, V., o. Scherstén, O., Gymnastik.

SCHEUTZ, N. J, Plantæ vasculares Jeniseenses. Se: Handlingar, K. sv. Vet.-akad:s. XXII: 10.

Schieben regler. 8:o, 7 s o. 1 tabell. Kristianstad, L. Littorins bokh. 95. 50 ö., tabellen enbart 25 ö.

SCHIFKORN, Ferdinand, Kulturbilder från östern. Öfv. från tyskan af Einar Wällin. 8:o, 424 s. Sthm, G. Chelius. 87. 4 kr.

SCHILLER. Friedrich von, Kabal o. kärlek. Sorgespel i 5 akter afdelade i tablåer. Öfv. af Nils Personne. 8:o, 145 s. Sthm, H. Geber. 93. 2 kr.
—, Orleanska jungfrun. Romantisk tragedi. Öfv. af Karl Aug. Nicander. 4:e uppl. 8:o, 128 s. Sthm, Ad. Bonnier. 90. 1 kr.
—, Vilhelm Tell. Ein Schauspiel. Med kommentar o. karta. Utg. af K. A. Hellstén. 2:a uppl. 8:o, viij o. 146 s. samt 1 karta. Ups, W. Schultz. 93. Kart. 1: 25.

SCHIMMELPFENNIG, Carl, Se: Matrikel, Svensk farmaceutisk.

SCHINDLER, R., Från barnens verld. Se: Eko af engelska talspråket. 1.
—, Glimpses af London. Se: dersammast. 2.

SCHIÖTT, Emil, I skilda tonarter. Dikter. 8:o, 72 s. Lund, C. W. K. Gleerup. 91. 1: 25.
—, L'Amour et les amoreux dans les lais de Marie de France. Dissertation. 8:o, 66 s. Lund, Gleerupska univ:s bokh. 89. 1 kr.

SCHJELDERUP, G., Helmholtz's betydning for musikken. Se: Tidskrift, Nordisk. 1894.

SCHJÖLER, S. M., Mejeriskötseln. Med 60 afbildn:r. 8:o, 148 s. Sthm, Alb. Bonnier. 90. 2: 50.

SCHLEGEL, G., La stèle funeraire du Teghin Giogh. Se: Mem. de la Soc. finno-ougr. III.

SCHLEYER, J. M., Se: Grunderna, de första, till volapük.
— Lärokurs, Fullständig i Volapük.

SCHLYTER, C. J., Juridiska afhandlingar. I. 2:a uppl. 8:o, 284 s. o. 1 portr. Lund, C. W. K. Gleerup. 91. 3: 50.

SCHLYTER, J. W., Se: Lag, Sveriges rikes.

SCHLÄGER, Heinr., Den hemlighetsfulla ön. Se: Äfventyrsböcker. 3.

SCHMICK, J. H., Är döden slutet eller icke? Samtal öfver jordelifvet o. menniskonaturen. Öfv. af A. F. Åkerberg. [I.] 8:o, 143 s. Sthm, F. & G. Beijers Bokf.-aktb. 89. 1: 25.
II. Ande eller Materie? Öfv. af A. F. Åkerberg. 8:o, 136 s. Sthm, Fröleen & K. 90. 1: 25.

SCHMID, Chr. v., Valda berättelser. Se: Bokskatt, Ungdomens. 4.

SCHMIDT, Carl Gustaf, Räknebok för skolans lägre klasser. 2:a uppl. 8:o. 112 o. (facitb.) 15 s. Sthm, Aktieb Hiertas bokförlag 90. Kart. 40 ö.

SCHMIDT (D:r), Menniskohufvudets anatomi. Sv. uppl. af E. W. Cedervall. 4:o, 16 s o. 1 pl. Göteb., N. J. Gumperts bokh. 95. Kart. 1: 50.
—, Människokroppen o. dess organ. En åskådlig framställning i ord o. bild af dess byggnad. Öfv. o. bearb. af O. M. Reuter. 4 o, 32 sp. o. 1 pl. H:fors, Söderström & K. 93. 2 kr.

SCHMIDT, E., Gnistor. Berättelser. Öfvers. fr. tyskan. 8:o, 132 s. Sthm, Post.-stif:s f.-exp. 95.
1 kr, kart. 1: 25.

SCHMIDT, Osv. Gottl., Georg den gudaktige. Se: Samtida och vänner, Några Luthers. 10.

SCHMIDT-STORJOHANN, Joh:s, Inesis Sporen. Entleerung. — Gewebs-Reinigung. Grundriss d. allgem. biologischen Mechanik nebst Beschreibung einer ganz neuen, antibacteriellen histo-mechanischen electromotischen Behandlung. 4:o. Sthm, Alex. Dahl.
I. Allgemeiner Theil. 148 s. o. 1 pl. 95. 4: 50.
II: 1. Specieller Theil. I. Gonorrhé. II. Syphilis. 24 s. 94. 1: 75.

SCHNABL, Leopold, Buenos Ayres, land o. folk vid Silfverströmmen, med hänseende till den europ. invandringen. Öfv. af G. Å. 8:o, 272 s. Sthm, C. A. V. Lundholm. 91. 2: 25.

SCHNEEGANS, A., Kallia Kypris. Roman från det gamla Syrakusa. Öfv. från tyskan af Johan Nordling. 8:o, 251 s. Sthm, Nordin & Josephson. 94.
2: 50.

SCHNEIDER, H. G., En julhögtid på Labrador. Se: Missionsbibliotek för folket. 9.

SCHNEIDLER, J, Den svenska flottan o. dess uppgift vid fosterlandets försvar. Se: Fören Heimdals folkskrifter. 29 o. 30.

SCHNELLER, Ludvig, Evangelii-resor. Bilder ur Jesu lif i det hel. landets belysning. Öfv. af J. T. Bring. 8:o, 404 s. Sthm, G. Chelius. 93. 4: 50.
—, Känner du landet? Bilder från det förlofvade landet till förklaring af den heliga skrift. Öfv. af N. J. Thunblad. 8:o, 472 s. Sthm, Metodistkyrkans Bokf.-aktb. 95. 3 kr., klb. 4: 50.

SCHNETZLER, Karl, De hemliga läkemedlen o. charlatanerna. Öfv. af O. V. Ålund. 8:o, 112 s. Sthm, Aktieb. Hiertas bokförlag. 91. 1: 50.

SCHOBERT, H., Cendrillon. Roman. Öfv. från tyskan. 8:o, 332 s. Sthm, H. Geber. 88. 2: 75.
—, Ett gatans barn. Roman. Öfv. från tyskan. 8:o, 240 s. Sthm, H. Geber. 87. 2: 25.
—, Furstligt blod. Roman. Öfv. från tyskan. 8:o, 260 s. Sthm, H. Geber. 89. 2: 25.
—, Hans eget fel Roman. Öfv. från tyskan. 8:o, 236 s. Sthm. H. Geber. 94. 2: 25
—, Konstnärsblod. Roman. Öfv. från tyskan af O. H. D. 8:o, 374 s. Sthm, H. Geber. 91. 3: 25.
—, Madame Diana, samt det största på jorden. Öfv. fr. tyskan. 8:o, 152 s. Sthm, H. Geber. 95. 1: 50.
—, Markisinnan Rose. Roman. Öfv. från tyskan. 8:o, 175 s. Sthm, H. Geber 93. 1: 75.

SCHOLANDER, E., Se: Biblioteket för idrott. 9.

SCHOLZ, Friedrich, Om vården af sinnessjuke. Föredrag för skötare o. sköterskor samt för bildade af alla klasser. Öfvers. af Axel Envall. 8:o, 132 s. Sthm, Nordin & Josephson. 95. 2: 25.

SCHOMACHER, Hanna, Brokiga sagor. Öfv. Med teckn:r af Jenny Nyström. 8:o, 92 s. Sthm, F. & G. Beijers Bokf-aktb. 89. 1: 25.

SCHORN, Aug. o. REINECKE, Herm., Pedagogikens historia i förebilder o. bilder. Med förord af Carl Kastman. Från orig. 5:e uppl jemte fullständigande tillägg ur J. Chr. Schumanns Pedagogikens historia. Öfv. af Karl Hedén. Med 9 portr. o. flera bilder. 8:o, 466 s o 12 pl. Sthm, Alb. Bonnier. 95.
3: 75, inb. 5: 75.

SCHOTTE, G. W., Lärobok i gamla tidens historia. 4:e uppl. 8:o, 128 s. Sthm, P. A. Norstedt & S:r. 89. Inb. 2: 25.
(2:a uppl. 83, 3.e 85.)
—, Franska dialoger. 8:o, 98 s. Sthm. F. & G. Beijers Bokf.-aktb. 89. Klb. 1: 25.

SCHOUG, Thalia, Engelska ord o. samtal. 8 o, 68 s. Sthm, F. & G. Beijers Bokf.-aktb. 89. Klb. 90 ö.
—, Livre du maitre. Supplément du Manuel français. 8:o, 16 s. Sthm, F. & G. Beijers Bokf.-aktb. 92.
1 kr.
—, Manuel français. Utg. till flickskolornas tjenst,

8:o, 219 s. Sthm, F. & G. Beijers Bokf.-aktb. 91. Inb. 2: 50.

SCHOUG, Thalia, Tableau des verbes irréguliers. 1 tab. Sthm, F. & G. Beijers Bokf.-aktb. 91. 25 ö
—, Tyska ord o. samtal. 2:a uppl. 8:o, 56 s. Sthm, F. & G. Beijers Bokf.-aktb. 89. Klb. 75 ö. (1:a uppl. 88.)
—, Se: *Herding, A.*, Petit h petit.

SCHRAM, E. G., Se: Läsning, Geografisk.

SCHREVELIUS, Alma, Fransk elementarbok. 2:a omarb. uppl. 8:o, viij o. 158 s. Sthm, F. & G. Beijers Bokf.-aktb. 94. Klb. 1: 75.
—, Fransk läsebok för nybegynnare. 2:a genoms. uppl. 8:o, 148 s. Sthm, F. & G. Beijers Bokf.-aktb. 89. Klb. 1: 75. (1:a uppl. 88.)

SCHRÖDER, Gustaf, En bruksbokhållares minnen. 8 o, 263 s. Sthm, Alb. Bonnier. 92. 3: 50.
—, En timmermärkares minnen. 8:o, 204 s. Sthm, Alb. Bonnier. 93. 3: 50.
—, Från pojk- o. gubbåren. Jagt- o fiskehistorier. 8:o, 268 s. Sthm, Alb. Bonnier. 94. 3: 50.
—, Gamla minnen. 8:o, 272 s. o. 1 portr. Sthm, Alb. Bonnier. 94. 3: 50.
—, Jagtminnen från skog, fjell o. sjö. 8:o, 272 s. Sthm, Alb. Bonnier. 90. 3: 50.
—, Jagtminnen från skog o. slätt. 8:o, 272 s. Sthm, Alb. Bonnier. 91. 3: 50.
—, Minnen från mitt jägarlif. Jagter o. skogslif i Dalarne. 8:o, 272 s. Sthm, Alb. Bonnier. 89. 3: 50.
—, Minnen från skogarne. Jagter. 8:o, 267 s. Sthm F. & G. Beijers Bokf.-aktb. 88. 3: 25.
—, Pekka Huskoinen. En drifvarfinnes lif o. jakter. i Vermlands o. Dalarnes skogar. (Forts. af "Örjan Kajland o. hans pojkar".) Med 4 teckn:r af *Aug. Malmström.* 8:o, 279 s. o. 4 pl. Sthm, Alb. Bonnier. 95. 3: 75.
—, Svenska jakten. Praktisk hjelpreda för unga jägare. 12:o, 218 s. Sthm, Alb. Bonnier. 91. 2 kr.
—, Örjan Kajland o. hans pojkar. Skildringar från svenska finnarnes lif o. jagter i Vermlands o. Dalarnes skogsbygder. Med 4 teckn:r af *Aug. Malmström* samt karta öfver finnarnes invandringar till Sverige. 8.o, 260 s. o. 4 pl. Sthm, Alb. Bonnier. 93. 3: 75.

SCHRÖDER, Gustaf, Uppsala möte, dess kyrko- o. världshistoriska betydelse. Föredrag. 8 o, 21 s. Karlsh., O. Lindgrens bokh. i distr. 93. 25 ö.

SCHRÖDER, Robert, Hvarmed skola vi gödsla jorden? Om upplösning af åkerjordens mineraliska förening medels svafvelsyra. Öfv. från tyskan af *S. H. Svensen.* 8:o, 100 s. Sthm, Svanbäck & K 90. 1: 50.

SCHRÖDERHEIM, Elis, Inför Gud Kristliga betraktelser. 8:o, 199 s. Sthm, A. V. Carlsons Bokf.-aktb. 93. 1: 25, klb. 1: 75.
—, Våra dagars nykterhetsarbete, skärskådadt i bibelns ljus. Föredrag i Katrina kyrka d. 8 apr. 1894. 8.o, 14 s. Sthm, F. Björklund & K. i distr 94. 10 ö.

SCHRÖDERHEIM, Elis, Skrifter till Gustaf III.s historia. Se: Dagar, Från tredje Gustafs. 1.

SCHUBERT, G., Hafsströmmen. Se: Bibliotek för de unga. 28.

SCHUBERT, Hermann, Fullständig lärokurs i aritmetik o. algebra behandlade i sammanhang. Försvenskad bearbetning af *Ad. Meyer.* 8:o, 228 s. Sthm, Alb. Bonnier. 86. Inb. 2: 50.

SCHUBERT, H, Metallens bearbetning. Se: Handbibliotek, Allmännyttigt. 139.
—, Metallers dekorering. Se: dersammast. 139.

SCHUBIN, Ossip, [pseud. för *Lola Kürschner*] Gesa van Zuylen. 8:o, 116 s. Sthm, Ejnar Cohn. 91. 1: 25.
—, "Gloria victis". Se: Romanbibliotek, Ad. Bonniers. 37.
—, Missljud. Roman. Öfv. fr. tyskan. 8:o, 315 s. Sthm, W. Billes Bokf.-aktb. 95. 3 kr.
—, Stella Se: Romanbibliotek, Ad. Bonniers. 34.

SCHUCHHARDT, Carl, Schliemanns upptäckter i Troja. Tiryns o. på Ithaka. Öfv. o. bearb. af *Julius Centerwall.* Med 2 portr., 6 kartor o. planer samt 291 afbildn:r. 8:o, 364 s., 19 pl. o. 6 kartor. Sthm, Alb. Bonnier. 91. 8: 50, inb. 10 kr.

SCHÜCK, Henrik, Anteckningar om den äldsta bokhandeln i Sverige. Se: Festskrift, Svenska Bokförläggar. fören. 1.
—, Anteckn:r o. samlingar rör. svensk literaturhistoria. 8:o, 164 s. Tr. i Ups, hos Edv. Berling. 86. (Ej i bokh.)
—, Ett helgon. Se: Tidskrift, Nordisk. 1893.
—, Från Johan Henr. Kellgrens ungdom. Se: dersammast. 1891.
—, Lars Wivallius. Se: Skrifter, utg. af Svenska literatursällsk.
—, Marsk Stigs visorna. Se: Tidskrift, Nordisk. 1893.
—, Olavus Petri. Ett 400-årsminne. Med förslag till staty utfördt af *T. Lundberg.* 8:o, 66 s. Sthm, H. Geber. 93. 1: 25.
—, Rosa rorans. Ett Birgittaofficium af Nicol. Hermanni Se: Acta univ:is Lundensis. XXVIII: I, 4.
—, Shakespeareporträtt. Se: Tidskrift, Nordisk. 1895.
—, Shakespeares skaldeindividualitet. Se: dersammast. 1892.
—, Skulpturfynd i det ital. Rom. Se: dersammast. 1889.
—, Svensk literaturhistoria. 3:e—10:e hft. 8:o, s. 129—648. Sthm, H. Geber. 86—90.
För häfte 90 ö.
I bandet kompl. 9 kr., inb. 12 kr.
—, Sveriges medeltidssagor berättade för barn. Med teckn. af *V. Andrén.* 1:a o. 2:a saml. o. 181 o. 178 s. samt 8 pl. Sthm, H. Geber. 93, 94.
à 2: 50, kart. 2: 75.
—, Två svenska biografier från medeltiden. Se: Tidskrift, Antiqvarisk. V: 4.
—, Undersökn. rör. ynglingasagan. Se: Tidskrift, Historisk. 1895.
—, Ur författarhonorarets historia. Se: Tidskrift, Nordisk 1894.
—, Ur gamla papper. Populära kulturhistoriska uppsatser. 1:a o. 2:a serien. 8:o, 185 o. 187 s. Sthm, H. Geber. 92 o. 94. à 2: 50.
—, Våra äldsta hist. folkvisor. Se: Tidskrift, Historisk. 1891.
—, Våra äldsta reformationsskrifter. Se: dersammast. 1894.
—, Se: Comoediæ svecanæ ineditæ. Meddelanden från det litteraturhist. seminariet. — Skrifter, utg. af Svenska litteratursällskapet i Finland. XXVII.
—, o. **WARBURG, Karl,** Illustrerad svensk litteraturhistoria. 8:o. Sthm, H. Geber.
I. 1:a o. 2:a hft. 96 s. o. 5 pl.
II. 1:a o. 2:a hft. 96 s. o. 9 pl. För häfte 1 kr.

Schüler-Bibliothek, Kleine, mit Anmerk. von *Hjalmar Hjorth* und *Anna Lindhagen.* 8:o. Sthm, W. Billes Bokf.-aktb. 92.

1:a hft. 24 s. 30 ö. — 2:a hft. 26 s. 30 ö. — 3:e hft. 32 s. 35 ö.

SCHULDHEIS, Georg, Om vården o. det rättsliga skyddet af sinnessjuka. En vidräkning med d:r Anton Nyström. 8:o, 48 s. Sthm, Nordin & Josephson. 95. 75 ö.

SCHULMAN, Hj, Ein Beitrag zur Kenntniss der verpl. Anatomie d. Ohrmuskulatur. Se: Öfversigt af F. Vet. soc:s förhandl:r. XXXIII.

SCHULTÉN, Aug. af, Elementarlärobok i kvalitativ kemisk analys. Efter arbeten af Classen, Menschutkin m. fl. 3:e uppl. 8:o, 87 s. H:fors, Förf:n. 92. 2: 50 fmk.

—, En säkerhetsapparat. Se: Acta soc:is scient. fenn. XX: 5.

—, Om arsenikfosfat. Se: dersammast. XX: 4.

—, Om framställning af kristalliseradt kadmiumkarbonat. Se: Öfversigt af F. Vet. Soc:s förhandl:r. XXXIV.

—, Se: Naturen.

SCHULTÉN, Hugo af, Se: Läkare o. apothekare, Finlands. — Sången om Roland,

SCHULTEN, M. W. af, Vägledning för upptagandet af sjukhistorier på kirurgins område. 2:a uppl. 8:o, 4 o. 90 s. H:fors, Förf:n. 92. 3 fmk.

SCHULTHESS, F., Biblisk konkordans. I. Nya testam. enl. den 1883 godkända öfvers. 8:o, 576 s. Sthm, A. V. Carlsons Bokf.-aktb. 90. 8 kr., inb. 9: 50.

SCHULTHESS, Ferd., Fransk-svensk ordbok. Skoluppl. Stereotyp. uppl 8:o, xxxiij o. 740 s. Sthm, P. A. Norstedt & S:r. 91. Inb. 10 kr.

—, Fransk-svensk ordbok. Se: Fickordböcker, P. A. Norstedt & Söners 2.

—, Ort- folk- o. dopnamn. Tillägg till svensk-fransk ordbok. 8:o, s. 1709—1737. Sthm, P. A. Norstedt & S:r. 87. 50 ö.

—, Svensk-fransk ordbok. Skoluppl. Stereotyp. uppl. 8:o, 587 s. Sthm, P. A. Norstedt & S r 86. Inb. 7 kr.

—, Tillägg till Svensk-fransk ordbok. 8:o, 43 s. Sthm. P. A. Norstedt & S:r. 90. 50 ö.

— -, Se: *Ploetz, Carl,* Elementarbok i franska språket. — Skolbibliotek II: 1—3.

SCHULTZ, Herm., Det gamla testamentet o den evang. kyrkan. Se: Frågor, I religiösa o. kyrkliga. 14

SCHULTZ, H., Measures af nebulæ. Se: Bihang till K. sv. Vet.-akad:s handl:r. XIX: I, 6.

—, Mikrometrische Bestimmung einiger teleskopischen Sternhaufen. Se: dersammast. XII: I, 2.

SCHULTZ-STEINHEIL, C. A., Definitive Bahnelemente des Kometen 1840. IV. Se: Handlingar, K. sv. Vet.-akad:s. XXIII: 14.

—, Se: *Bohlin. K.,* o. *Schultz-Steinheil, C. A.*

SCHULTZE-GÆVERNITZ, G. v., En dag bland Nordenglands arbetare. Öfv. af *J—n.* 8:o, 16 s. Ups, Bibliogr. Institutet. 92. 25 ö.

SCHULZE, Heinrich, Fickbok för ornamenttecknare. 1212 ornamentmotiv för dekorativ konst. Öfv. o. bearb. af *John Ekström,* Med ett tillägg af ornamentmotiv från den skandinaviska nordens forntid, teckn. af *O. Sörling.* Aflång 12:o, 12 s. o. 70 pl. Sthm, G. Chelius. 87. Klb. 5 kr.

SCHULZENHEIM, C. D. R. von, Se: Författningar rör. folkskollärareseminarier.

SCHUMMRICH, Berthold, Bland karaibiska menniskoätare Se: Äfventyrsböcker. 9.

SCHUPP, Ottokar, Kaiser Wilhelm I. Se: Skolbibliotek I, 2.

SCHÜTZ, Eric, Fader vår. Kristliga betraktelser. 8:o, 74 s. Sthm, K. J. Bohlin & K. 94. 50 ö.

—, Skolan o. djurverlden. Extemporetal vid sammankomst i djurskyddssaken med från Stockholm seminarium utgående lärarinnor. 8:o, 11 s. Sthm, Sv. allm. qvinnofören. till djurens skydd. 88. 10 ö.

—, Ur lefvande brunnar. Predikningar. 8:o, 225 s. Ups., Förf. 90. 2 kr., inb. 3 kr.

SCHÜTZ, E. J, Om skifte af jord i Sverige. Ett bidrag till kännedom om våra skifteslagars uppkomst m. m. 8:o, xij o. 328 s. Sthm, Z. Hæggströms f.-exp. i distr. 90. 6 kr.

SCHWALB, Moritz, Reformatoriska tankar. Föreläsn:r om brister o. förtjänster inom den kyrkliga protestantismen. Öfv. från tyskan af *M.* 8:o, 173 s. Sthm, Nordin & Josephson. 92. 1: 50.

SCHWALBE, Conrad, Praktisk hufvudräknings-kurs för små- o. folkskolor. 8:o. Sthm, P. Palmquists aktb. 1:a hft. Småskolekursen o Folkskolans första årskurs. 42 s. 91. Inb. 35 ö.

—, Svensk sats- o. ordlära, utgörande 2:a dln af Lärobok i modersmålet för folkskolan. 8:o, 64 s. Sthm, P. Palmquists aktb. 95. Inb. 35 ö.

—, D.o sammanbunden med förf.ns öfningskurs i svensk rättstafning. 4:e uppl. 32 s. tr. 1894 samt med omslagstitel: Lärobok i modersmålet f. folkskolan. 95. Kart. 50 ö.

—, Öfningskurs i svensk rättskrifning enl. Svenska akad:s ordlista. 2:a uppl. 8:o, 32 s. Sthm, P. Palmquists aktb. 89. Inb. 25 ö.

SCHWARTZ, A., Hästen, dess byggnad o. inre organer. Framställda i bilder med kort text. Öfv. af *K. Cederberg.* Tvär 4:o, 48 sp. o. 1 pl. Göteb., N. P. Pehrsson. 94. Kart. 2 kr.

SCHWARTZ, Eugène, Se: Anmärkningar, Några, i rättstafningsfrågan.

SCHWARTZ, Marie Sophie, Alma. Berättelse. 3:e uppl. 12:o, 115 s Sthm, Alb. Bonnier. 93. 1 kr.

—, Amanda. Se: Öreskrifter för folket. 156.

—, Arbetet adlar mannen. Teckning ur verkligheten. 3:e uppl. 12:o, 444 s. Sthm, Alb. Bonnier. 92. 2: 50.

—, Arbetets barn. Berättelse. 2:a uppl. 12:o, 311 s. Sthm, Alb. Bonnier. 91. 2 kr.

—, Bellmans skor. Se: Öreskrifter för folket. 152.

—, Börd o. bildning. 2:a genoms. uppl. 8:o, 399 s. Sthm, Ad. Bonnier. 90. 3 kr.

—, Davidsharpan i Norden Se: Öreskrifter för folket. 158.

—, Den objudne gästen. Se: dersammast. 157.

—, Den rätta. Berättelse. 2:a uppl. 2 dlr. 12:o, 317 o. 278 s Sthm, Alb. Bonnier. 92. 3 kr.

—, De värnlösa. Originalberättelse. 3:e genoms. uppl. 12:o, 160 s. Sthm, Alb. Bonnier. 86. 1 kr.

—, Det första o. det sista poemet. Se: Öreskrifter för folket. 153.

—, Drömmerskan på J. H. Kellgrens graf. Se: dersammast. 155.

—, Förutsägelsen. Se: dersammast. 159.

—, Egennyttan. Berättelse. 2:a uppl. 12:o, 168 s. Sthm, Alb. Bonnier. 92. 1: 25.

—, Ellen. Berättelse. 3:e uppl. 12:o, 146 s. Sthm, Alb. Bonnier. 93. 1: 25.

—, Emancipationsvurmen. Berättelse. 3:e genoms. uppl. 12:o, 245 s. Sthm, Alb. Bonnier. 86. 1: 50.

—, En fåfäng mans hustru. 3:e genoms. uppl. 12:o, 218 s. Sthm, Alb. Bonnier. 86. 1: 50.

—, Enkan o. hennes barn. Roman. 2:a genoms. uppl. 12:o, 202 s. Sthm, Alb. Bonnier. 86. 1: 25.

SCHWARTZ, Marie Sophie, Ett hämndens offer. Berättelse. 2:a uppl. 12:o, 208 s. Sthm, Alb. Bonnier. 92. 1: 50.
—, Ett klöfverblad Tre berättelser. 2:a genoms. uppl. 8:o, 287 s. Sthm, Ad. Bonnier. 90. 2: 50.
—, Guld o. namn 2.a genoms. uppl. 8:o, 349 s. Sthm, Ad. Bonnier. 90. 2: 50.
—, Hvilken är konungen? — Han bits icke. Se: Böcker för folket. 11.
—, Mannen af börd o. qvinnan af folket. Roman. 4.e uppl. 12:o, 390 s. Sthm, Alb. Bonnier. 92. 2: 25.
—, Matilda. Berättelse. 3:e uppl. 12:o, 159 s Sthm, Alb. Bonnier. 93. 1: 25.
—, Passionerna. Berättelse. 2:a uppl. 12:o, 181 s. Sthm, Alb. Bonnier. 92. 1: 25.
—, Skildringar ur familjelifvet. 2:a uppl. 12:o, 243 s. Sthm, Alb. Bonnier. 92 1: 50.
—, Skuld och oskuld. Berättelse. 2.a genoms. uppl. 12:o, 554 s. Sthm, Alb. Bonnier. 86. 3 kr.
—, Sonsonen. Berättelse. 2:a uppl. 12:o, 321 s. Sthm, Alb. Bonnier. 93. 2: 25.
—, Systrarna. Tre julaftnar. Två julberättelser. 8:o, 97 s. Sthm, Ad. Bonnier. 94. 1 kr.
—, Trenne pingstaftnar i Lidners lif. Se: Öreskrifter för folket. 154.
—, Vexlande öden. Berättelse. 2:a uppl 12:o, 376 s Sthm, Alb. Bonnier. 93. 2: 50.
—, Vilja är kunna. Berättelse. 2:a uppl. 12:o, 76 s. Sthm, Alb. Bonnier. 94 75 ö.
—, Ådlingens dotter. 2.a uppl. 12:o, 463 s. Sthm, Alb. Bonnier. 91. 2: 75.
—, Än en gång. — Vänd bladet. Två novellserier. 2:a uppl. 8:o, 367 s. Sthm, Ad. Bonnier. 94. 3 kr.

SCHWARZKOPF, O., Arbete o. arbetare. Se: Skrifter utg. på föranstaltande af Kyrkans vänner. 1.

SCHWENINGER (Prof.), Huru skall man magra? Öfv. från "Die Fettsucht" jemte tillägg af *Alfr. Levertin.* 8:o, 77 s. Sthm, Fr. Skoglund. 95. 1 kr.

SCHWERIN, Gust. v, Se: Kalender, Vestmanlands läns.

SCHWERIN, H. H. S. von, Afrikas kust. Ett bidrag till Afrikas fysiska geografi. 8.o, 28 s. Lund, Gleerupska univ:s bokh. 95. 75 ö.
—, Lektor N. Höjers skolgeografiska funderingar. 8:o, 48 s. Lund, Gleerupska univ:s-bokh. i komm. 94. 50 ö.
—, Muhammedanismen i Afrika. Antropogeografisk studie. 8 o, 216 s. o. 1 karta. Lund, C. W. K. Gleerup. 92. 2: 50.
—, Slafveri o. slafhandel i Afrika. 8 o, 80 s. Lund, Aug. Collin. 91. 1: 25.
—, Slafveri o. slafhandel i Afrika. Tryckt som manuskript 8.o, 45 s. Tr. i Lund. 91. Uppl. 50 ex. (Ej i bokh.)
—, Slutord i den skolgeografiska frågan. 8:o, 26 s. Lund, Gleerupska univ:s bokh. i distr. 94. 60 ö.

SCHWERIN, Philip von, För torghandeln. Tal för jemförelse emellan priser efter gamla o. nya mått- o. vigtsystemet. 16:o, 8 s. Vestervik, C. O. Ekblad & K. 88. 10 ö.

SCHVINDT, Theodor, Finnische Ornamente. I. Stickornamente u. Muster. Hft. 1—10. 8:o, 83 s. o. 79 pl. H:fors, Finska literatursällsk. 94, 95. 12 fmk.

SCHYBERGSON, M. G, En anmärkning till Johan Arckenholtz' biografi. Se: Skrifter utg. af Sv. litteratursällsk. XXIV.

SCHYBERGSON, M. G., En skrift af Hartvig Henriksons Speitz. Se: dersammast. XXIV.
—, Finlands historia. 2 delar. 8:o, vij, 562 o. 498 s H:fors, G W. Edlund. 88, 89. 22 fmk.
—, Finlands historia i berättelser för skolan o. hemmet. Med illustr. 8:o, 127 s. o. 1 karta. H:fors, G. W. Edlund. 95. 1: 75 fmk.
—, Historiens studium vid Åbo universitet. Se: Skrifter utg. af Sv. litteratursällsk. i Finland. XIX.
—, Mikael Speranskis bref. Se: dersammast. XVIII
—, Riksdagsmannavalen i Åbo. Se: dersammast. XVIII o. XXVIII.
—, Ståndens uppkomst under medeltiden. Se: dersammast. XXXV.
—, Om Sveaborgs grundläggning. Se: dersammast. XXVIII.
—, Se: Tidskrift, Finsk.

SCHÖLDSTRÖM, Birger, Bakom fäld ridå. Minnen o. anteckn:r. 8:o, 265 s. Sthm, H. Geber. 88. 2: 75.
—, Brokiga bilder. Minnen o. anteckn:r. 2:a uppl. 8:o, 265 s. Sthm, P. A. Huldbergs bokf.-aktb. 94. 2 kr. (1:a uppl. 92.)
—, Emelie Flygare-Carlén. En lefnadsteckning. 8:o, 78 s. o. 1 pl. Sthm, Alb. Bonnier. 88 1 kr.
—, Harposlag o. svärdsklang. En sannsaga. Jemte ett urval af egnas o. andras Petöfiöfversättn:r. Med förord af *Viktor Rydberg*, samt Petöfis portr. 8:o, 126 s. Sthm, Alb. Bonnier. 88. 1: 50.
—, "Hög o. sann konstnärlig anda." Svenska teater bilder. 8:o, 187 s. Sthm, Alb. Bonnier. 92. 2 kr.
—, I kikaren. Minnen o. anteckningar. 8:o, 250 s Sthm, Ad. Johnson. 90. 2: 50.
—, I tittskåpet. Minnen o. anteckn:r. 8·o, 233 s. Sthm, Ad. Johnson. 91. 2: 50.
—, Mörkt o. ljust. Minnen o. anteckn:r. 8:o, iv o. 295 s. samt 1 portr. Sthm, P. A. Huldbergs bokf.-aktb. 93. 2: 50.
—, Tre ljusa pojkar. Lustspel med sång i 3 akter. 8:o, 104 s. Sthm, P. A. Huldbergs bokf.-aktb. 92. 50 ö.
—, Zigzag. Minnen o. anteckningar. 12:o, 307 s. Sthm, P. A. Huldbergs bokf.-aktb. 95. 2: 50.
—, Se: Sångstycken, Svenska. — Tidningsverlden, Från Stockholmska. — *Wetterhoff, K.*, Dikter o. bilder.

SCHÖLDSTRÖM, Wald. O., S:t Petersburg-standard. Tabeller i tusendelar för frakturäkning af sågade trävaror. 2:a uppl. Tvär 8:o, 46 tab. o. 1 lös d:o. Sthm, F. & G. Beijers Bokf.-aktb 89. Klb. 7: 50.
—, o. **ENESTRÖM, G**, Lifförsäkringsbolagen i Sverige, deras försäkringssätt o. försäkringsvilkor. 8:o, vj o. 106 s. Sthm, W. O. Schöldström. 92. 3 kr.

SCHÖN, Alfred, Genljud från lyran. Skaldeminnen. 8:o, 31 s. Sthm, J. Hellsten. 86. 75 ö.

SCHÖNBERG, G., Se: Samhällslifvet, Det ekonomiska.

SCHÖNEMANN, Hugo, Onkel Toms stuga Se: Äfventyrsböcker. 13.

SCHÖNTHANN, F. o. P., Humoresker. Se: Bibliotek, Humoristiskt. 1.

SCHÖTT, Harald, Beiträge zur Kenntniss der Insektenfauna von Kamerun. Se: Bihang till K. sv. Vet.-akad:s handl:r. XIX: IV: 2.
—, Zur Kenntniss kalifornischer Collembola. Se: dersammast. XVII: IV, 8.
—, Zur Systematik u Verbreitung palæarctischer Collembola. Se: Handl:r, K. sv. Vet.-akad:s. XXV: 11.

SCHÖYEN, Elisab., Den svenska näktergalen. Berättelse. Öfv. från norskan af *Walborg Hedberg*. 12:o, 324 s. Sthm, Alb Bonnier. 90. 2: 75.
Scipio, Andra Kammarens män 1888 - 90. Anteckningar. 1:a o. 2:a uppl. 12:o, 164 s. Sthm, Alb. Bonnier. 90. 1: 25.
SCIPIO, Rudolf, En skeppsgosses äfventyr till sjös o. lands. Öfv. 8:o, 155 s. o 4 kol. pl. Sthm, F. & G. Beijers Bokf.-aktb. 86. Kart. 2: 75.
SCOTT, Benjamin, Roms katakomber o. hvad de hafva att lära oss om den ursprungl. kristendomen i motsats mot hedendomen. Öfv. af *G. S. Löwenhjelm*. 8:o, 160 s. Sthm, Fost.-stift:s f.-exp. 90.
1 kr, kart. 1: 25, klb 2 kr.
SCOTT, Michael, Tom Cringles loggbok. Se: Vitterlek. 42.
SCOTT, Walter, Romaner. Godtköpsuppl. 8:o. Sthm, F. & G. Beijers Bokf.-aktb.
1. Quentin Durward. 384 s. 87. 1 kr., klb. 1: 50.
2. Ivanhoe 368 s. 87. 1 kr., „ 1: 50.
3. Fornforskaren. 348 s. 87. 1 kr , „ 1: 50.
4. Talismanen. 259 s 88. 1 kr., „ 1: 50.
5. Guy Mannering. 343 s. 88. 1 kr., „ 1: 50
6. Fanatismen. 340 s. 88. 1 kr., „ 1: 50
7. Kenilworth. 384 s. 88 1 kr , „ 1: 50.
8. Waverley eller För 60 år sedan. 362 s. 88.
1 kr., klb. 1: 50.
9. Midlothians hjerta. 453 s 88.
1 kr., klb. 1: 50.
10. Abboten. 379 s. 88. 1 kr , „ 1: 50.
11. Bruden af Lammermoor. 444 s. 88.
1 kr., klb. 1: 50.
12. Sankt Valentins dag. 372 s 88.
1 kr., klb. 1: 50.
13. Woodstock eller Rojalisten. 384 s. 88.
1 kr., klb. 1: 50.
14. Rob Roy. 334 s. 88. 1 kr., klb. 1: 50.
15. Det farliga slottet. — Svarta dvärgen. 160 o. 118 s 88. 1 kr., klb. 1: 50.
16. Nigels äfventyr. 382 s. 88. 1 kr., klb. 1: 50.
—, The history of Mary Stuart. Se: Skolbibliotek, Franskt o. engelskt. 2
SCRIBE, Eug., Le verre d'eau. Se: Bibliothèque, Petite, française. 2.
—, Royer o. Vaez. Leonora. Se: Operatexter 5.
—, o. Saint-Georges, Kronjuvelerna. Se: Operatextbibliotek, Looströms 2.
SCRIVER, Chr., Guds ord för hvar dag i året. Urval ur M. Chr. Scrivers Själaskatt. Öfv. af *S. M. H. Aspling*. 2 dlr. 8:o, xxvij o. 756 s. samt 1 portr. Sthm, Fost -stift:s f.-exp. 94—95. 3 kr.
Se, Han kommer! Några tankar öfver Uppenbarelseboken af *J. J.* Med förord af *W. Rudin.* 8:o, 288 s. Sthm, P. Palmquists aktb. 94. 2 kr
Se på Jesus! Dagliga tankar o. suckar vid nådastolen. Öfv. från norskan. 2:a uppl. Liten 8:o, 64 s. Sthm, A. V. Carlsons Bokf.-aktb. 91.
Kart. 40 ö, klb. 75 ö.
(1:a uppl. 90.)
Se uppåt! eller det lyckligaste valet. Öfv. från eng. 12:o, 76 s. Sthm, Fost.-stift:s f.-exp. 86 25 ö.
SEARS, Edmond, "Jag har trampat vinpressen allena." Predikan. 18 s. Sthm, Nykyrkl. bokförlaget. 94.
20 ö.
Season, My first. Se: Läsning, Engelsk. 1.
SEBELIEN, John, Se: Anteckningsbok för mejerielever
— Anteckningsbok för mejerier.
SEBERG, Albert, Se: *Cronqvist, W. o. Seberg, Alb.* Brännvinstillverkningen.

SECHER, J. M., Grekisk-romersk konsthistoria. Öfv. o. bearb. af *P. Rödström.* 8:o, 53 s. Sthm, P. A. Norstedt & S:r. 92. 1 kr.
[SEDERHOLM, C. R.], Den sanna spiritualismen är kristendomens uppfyllelse. 8:o, 4 o. 143 s. H:fors, W. Hagelstam. 91. 1: 50 fmk.
[—]. Teosofi eller andens religion. 8:o, 36 s. H:fors, Förf:n. 95. 75 p.
—, Se: Siaren Andrew Jackson Davis.
SEDERHOLM, E., Se: Förhandlingar vid sjette allm. sv. läkaremötet.
SEDERHOLM, J. I, Om bärggrunden i södra Finland. 8:o, 137 s., 1 karta o. 4 pl. H:fors, Förf:n. 93.
2: 50 fmk.
Jfr. Fennia. VIII: 3
Sedlighetsfrågan. I. Betrakt med anledn. af lektor Personnes broschyr "Om Strindbergslitteraturen". 8:o, 26 s. Sthm, 87. 40 ö
SEEBERG, P., Herrens lag eller de heliga tio budorden. Öfv. af *Wilh. Sundberg.* 8:o, vij o. 364 s. Sthm, Fost.-stift:s f.-exp. 91. 2 kr, inb. 3 kr.
SEELBACH (pastor i Züsch), Fromma o. ogudaktiga personers död i histor. exempel från äldre o. nyare tider. Öfv. från tyskan. 8.o, 231 s. Sthm, Fost.-stift:s f.-exp. 91. 1: 50, kart. 1: 75.
SEELHORST, Bertha, Hvad djuren berätta. Berättelse för barn. Med illustr. 8:o, 156 s. Sthm, Ad. Johnson. 92. Inb. 2: 50.
SEELHORST, Conrad, Åker- o. ängskultur på mossjord. Öfv. af *Carl v. Feilitzen.* 8:o, 138 s. Göteb., Wettergren & Kerber. 93. 1: 50.
Segelföreningar, Finlands. 1894. 12:o. ix o. 370 s. samt 28 pl. H:fors, Nyländska Jaktklubben. 94
5 fmk.
Seger, Kärlekens, eller hvad silfverpänningen berättade. 8:o, 83 s. Sthm, Fost.-stift:s f.-exp. 92.
50 ö., kart. 75 ö.
Seger, Oskuldens. Öfv. från tyskan. 8:o, 50 s. Sthm, C. A. V. Lundholm. 89. 40 ö.
SEGERBORG, K. Hugo, Handbok i lineartecknning, afsedd för seminarier, allm. läroverk m. m. 8:o, 22 pl. med text. Sthm, P. A. Norstedt & S:r. 93.
Inb. 60 ö.
—, Praktisk ritbok med metodiska anvisn:r o. fig. afsedd för den första undervisningen. 4:o. Sthm. P. A. Norstedt & S:r.
1:a kursen. 12 blad. 93. 20 ö.
2:a o. 3 e kurserna. 12 blad. 93. 20 ö.
SEGERSTEDT, Albr., Formulärbok o. bokföring för folkskolan. 4.e öfvers. uppl. 8:o 47 s. Sthm, F. & G. Beijers Bokf.-aktb. 90. 35 ö.
— , Geometriens grunder för folkskolor. Uppställning enl. normalplanen. 3 e uppl. granskad o. omarb. 8:o, 58 s. Sthm, C. E. Fritzes hofbokh. 92.
Inb. 40 ö
(1:a uppl. 86, 2:a 89.)
—, Naturlära för folkskolor. 9:e uppl. omarb. af *K. B J. Forssell* under medverkan af *Chr. Aurivillius* o. *J. Elg.* 8:o, 192 s. Sthm, F. & G. Beijers Bokf.-aktb. 90. Inb. 75 ö.
—, Näckrosorna Sagosamling. Med teckn.r. 8.o, 88 s. o. 1 pl. Sthm, Alb. Bonnier. 94.
Kart. 1: 25.
—, Räknekurs för småskolor, folkskolor o nybegynnare lämpad efter metersyst. o. uppställd efter normalplanen 5:e revid. u[pl. Med tillägg, inneh. geometr. räkneuppgifter. 8:o, 78 s. (facitb.) 21 s. Sthm, F. & G. Beijers Bokf.-aktb. 87. Kart. 40 ö.
—, Sagor. Ny samling. Med teckn:r af *Gerda Tirén*

o. *D. Ljungdahl* 8:o, 96 s. o. 4 pl. Sthm, Alb. Bonnier. 92. Kart. 1 kr.

SEGERSTEDT, Albr., Vermlands geografi i sammandrag. Med 1 karta o. 12 illustr. Liten 8:o, 44 s. o. 1 karta. Sthm, Alb. Bonnier. 93. 25 ö.

— —, Åtta sagor. Se: Öreskrifter för folket 149.

— —, Åtta nya sagor. Se: dersammast 150.

— —, Se: *Hägerman, A.*, Lärob i geografi.

SEGERSTEDT, M., Om Hydroid-faunan vid Sveriges vestkust. Se: Bihang till K. sv. Vet.-akad.s handl:r. XIV: IV, 4.

SEGERSTEDT, Per. Studier öfver buskartade stammars skyddsväfnader. Se: dersammast. XIX: III, 4.

SEGERSTEEN, Gustaf, Växlande bilder. Kristliga berättelser ur svenska folklifvet. 8:o, 160 s. Sthm, K. J. Bohlin & K. 92. 1 kr.

SEGERSTRÅLE, J V., Métron En samling tabeller för omföring af gammalt mått (vigt) till metriskt mått (vigt) o. tvärtom. Stor 8:o, 176 o. xix s. H:fors, Söderström & K. 92. Kart 3: 80.

SEHLSTEDT, Elias, Sånger o. visor i urval utg. af *Carl Snoilsky*, illustr. af *Carl Larsson*. Med öfver 500 teckn:r, hvaribland 32 färgtr. pl. Liten 4:o, 466 s. Sthm, Alb. Bonnier. 92.
12 kr., inb. med guldsn. 16 kr.
(Utkom i 24 hfn à 50 öre samt 3 gratishfn 92, 93.)

SEHMAN, A. W, Zacheus eller huru vi skola få se Jesus, ho han är. Liten 8:o, 15 s. Köping, J. F. Säfbergs boktr. 94. 20 ö.

SEIDEL, Heinrich, Der Trilpetritsch und andere Geschichten. Se: Litteratur aus d. neueren deutschen 5.

— —, En julhistoria o. andra berättelser. Öfv. 8:o, 155 s. Sthm, H. Geber. 92. 1: 75.

— , Leberecht Hühnchen und eine Weinachtsgeschichte. Se: Litteratur aus d. neueren deutschen. 6.
55 ö., inb. 75 ö.

Jfr. Auswahl aus d. neueren deutschen Litteratur. 5.

SEILING, Helene, Kortfattad vegetariansk kokbok. Jemte en inledande afhandl. om vegetarianismen af *Max Seiling*. 8:o, 62 s. H:fors, Söderström & K. 94. 1 kr.

SEIPPEL, O. W., Se: Samling af kongl bref o. resolutioner.

Sekelrevy 1789—1889. Minne af franska revolutionen 1789. 8:o, 14 s. Sthm, C. G. Petersons boktr. 89. 25 ö.

SELANDER, Edvard, Elementen i de ellip integralerna. Se: Öfversigt af F. Vet. soc:s förhandl:r. XXXIV.

— , Inledning till teoretisk fysik i elementär framställning. 8:o, 113 s. Viborg, J. C. Lagerspetz. 94. 2 kr.

— , Något om irrationella tal. 8:o, 16 s Viborg, J. C. Lagerspetz. 95. 50 ö.

— , Sannolikhets-kalkylen i korthet framstäld. 8:o, 117 s Viborg, J. C. Lagerspetz. 91. 1: 75.

— , Själslifvets grunddrag. 8:o, 103 s H:fors, G. W. Edlund. 89. 1: 25 fmk (95 ö.)

SELANDER, Nils, Några exempel å detachementsöfningar från Kgl. Helsinge regementes mötesplats Mohed. 8:o, 33 s. o. 3 kartor. Sthm, P. A. Norstedt & S:r. 93. 1 kr.

— , Värnpligten. Handledn. för ynglingar, som ingå i värnpligtsåldern. 1:a o 2:a uppl. 8:o, 48 s. Sthm, F. & G. Beijers Bokf.-aktb. 88. 50 ö.

— , Se: Författningar rör. värnpligten etc — *Hildebrand, E.* o. *Selander, N.*, Atlas till Allm o. Svenska hist — Värnpligtsfrågan.

SELANDER, N. Edv, Luftundersökningar vid Vaxholms fästning. Se: Bihang till K. sv. Vet.-akad:s handl:r. XIII: II, 9.

SELIG, M., Att tala engelska — snart! En kortfattad anvisning att lära tala engelska. Bearb. af *O. Thorelli*. 2:a genoms. uppl. 8:o, 91 s. Sthm, A. I. Seelig. 87. 75 ö., kart. 90 ö.

SELIGMANN, Jos., Några drag ur Svenska Bokförläggareförein:s verksamhet. Se: Festskrift, Sv. Bokförläggareförein:s.

SELIGSON, Eduard, Barnets kön beroende på föräldrarnas godtycke. Vetenskapl. föredrag, hållet i Moskva. Öfv. af *O. H. D* 8:o, 136 s. Sthm, Ad. Bonnier. 95. 2 kr.

SELLDÉN, Hj, Om nikotinismen eller den kroniska tobaksförgiftningen. Föredrag. 8:o, 24 s. Sthm, Hemlandsvännens tryckeri. 94. 10 ö.

— , Om difterins behandling med qvicksilvercyanid. Akad. afh. 8:o, 97 s. Norberg, Förf:n. 86 1 kr.

— , P. Wieselgren, Sveriges nykterhetsapostel Tal på Blåbandsfesten i Hedemora missionshus d. 11 nov. 1894. 8:o, 16 s. Sthm, Hälsovännens f.-exp. 95. 25 ö.

SELLERGREN, Gust., Smältningsförmågan hos några olika konstruktioner af kupolugnar. Med 11 illustr. 8:o, 78 s. Sthm, Nordin & Josephson. 92. 2 kr.

— , Se: Tidskrift för byggnadsväsendet

SELLIN, Erik, Vadstena. Omberg o. Alvastra. Hist. o. topogr. anteckn.r. 8 o, 110 s. o. 1 karta. Vadstena, Victor Jansson. 90. 1: 25.

SELLING, A. M., Om gällande helsovårdsförfattningars betydelse o. tillämpning i rikets landskommuner åren 1875—84. 8:o, 173 s. Sthm, W. Billes Bokf.-aktb. 87. 3: 75.

— , Populär helsovårdslära. 8:o, 126 s. Sthm, Aktieb. Hjertas bokförlag. 89. 1 kr., kart. 1: 25.

— , Vår föda, en orsak till helsa o. sjukdom. Se: Bibliotek för helsovård. 7.

SELVER, D., Tyska samtal, fraser, ordspråk o. bildliga uttryckssätt. Utg. af *O. L. Löfgren.* 8:o, viij o. 272 s. Sthm, P. A. Norstedt & S:r 91. Klb. 1: 25.

SENELL, A. J, Sydsvensk namnlista. Se: Bidrag, Nyare, till känned. om de svenska landsmålen. 35.

SENFT, A., Blickar inåt. Betraktelser. Öfv. 2:a uppl. 8:o, 91 s Sthm, Fost.-stift:s f.-exp. 89.
50 ö., kart. 75 ö., klb. 1: 50.
(1:a uppl. 87.)

— , D:o d:o Ny följd betraktelser. Öfv. 8:o, 110 s. 92. 75 ö, inb. 1 kr.

Separattryck ur Ute o. hemma 8:o. Sthm, Ad. Bonnier.

1. *Millet, René*, Frankrikes yttre uppblomstring. 32 s. 93. 1 kr.

SERAO, Matilde, Luftslott. Napolitansk sedeskildring. Öfv. af *Ellen Nyblom*. 8:o, 321 s. Sthm, H. Geber 92. 3 kr.

— , Straff Roman. Öfv. från ital. af *E. Weer.* 8:o, 352 s Sthm, L. Hökerberg. 93. 2: 25.

— , Se: Universal-biblioteket. 3.

Seraphimerriddarelängd. 1748—1890 (med bihang). 8:o, 68 s. Sthm, V. Örnberg. 90. 1 kr.

Serbien o. Montenegro, Från. Noveller öfvers. af *Alfred Jensen.* 8:o, 204 s. Sthm, Ad. Johnson. 91 2 kr.

SERNANDER, Rutger, Om några arkeologiska torfmossefynd. Se: Tidskrift, Antiqvarisk. XVI: 2.

SERNER, J N., Den antagna katekesen med kort utläggning. 1:a o. 2:a uppl. 12:o, 266 s. Sthm, A. V. Carlsons Bokf.-aktb. 88. Kart. 1: 10.

Sessaŋ, Lilla. Se: [Ödmann, J.]

SETRÉUS, Olof, Bidrag till tolkning af evangelierna i Nya Testam. 8:o, 109 s. Sthm, C. Deléen & K. i komm. 88 1 kr.

——, Se: Evangelierna, De fyra.

SETTERDAHL, J. A., Se: Ecklesiastik- o. läroverkstat, Linköpings stifts. — Matrikel, Linköpings stifts.

Settern, En skildring af de engelska. irländska, Gordono. walesiska setter-stamnarne Utarb. efter "The Setter". Edv. Laverack, "British Dogs", Hugh Dalziel, "Dogs of the british islands", Vero Shaw, "The Kennel club stud book" etc. af A. W. med 14 portr. 4:o, 143 s. o. 14 pl. Göteb., N. P. Pehrsson i distr 90. Klb. 10 kr.

SETTERWALL, Kristian, Förteckning öfver Acta Svecica i "A collection of the state papers of John Thurloe." 8.o, 24 s. Sthm, P. A. Norstedt & S:r. 90. 1 kr.

—, Förteckning öfver Acta Svecica i Calendars of state papers. 8:o, 50 s. Sthm, P. A. Norstedt & S:r. 89. 2 kr.

[SETÄLÄ, E. N.]. Finska språkets satslära till läroverkens tjenst. 8:o, iv o. 125 s. H:fors, Söderström & K. 92. 2: 25 fmk.

—, Om de finsk-ugriska språken. 8:o, 24 s. (Tr. i Ups) H.fors, Förf:n. 88 50 p.

Seve, Vilh., Se: [Svensson, Vilh.]

SEWELL, Anna, Black Beauty. Med anm:r af Henning Wendell. Se: Skolbibliotek, P. A. Norstedt & Söners. III.

——. Se: Wendell, H., Vackra svarten.

SEYFFERTH. A., Nötkreaturet, dess byggnad o. inre organ, åskådliggjorda förmedelst schematiska täckbilder med förklarande text. Öfv. fr. tyskan af S. P. Nystedt. Tvär 8:o, 70 sp. o. 1 pl. Sthm, G. Chelius. 95. Kart 2 kr.

SHAKSPEARES dramatiska arbeten öfv. af Carl Aug Hagberg. 12 dlr. 8:o. Lund, C. W. K. Gleerup. I. 308 s. II. 229 s. III. 272 s. IV. 280 s. V. 306 s. VI. 285 s. VII. 244 s. VIII. 287 s. IX. 231 s. X. 299 s. XI. 274 s. o. XII. 286 s. Kompl. 10 kr.

(Utkom i 40 hfn à 25 öre 92—93.)

SHAKSPEARES dramatiska arbeten efter C. A. Hagbergs öfvers. bearb. af Wilh. Bohlin. Illustr. praktuppl. med öfver 600 illustr. af John Gilbert. 21:a—29:e (slut-)hft, 4:o. Lund, C. W. K. Gleerup. 87. För häfte 1: 50, kompl inb. 36 kr.

SHIELDS, John, On Hydrolysis and the extent to which it takes places etc Se: Bihang till K. sv. Vet.-akad s handl:r. XIX: II, 1.

SHIEL, M P, Prins Zaleski. Öfv. fr. eng. af O. S 8:o, 101 s. Sthm, H. Geber. 95. 1 kr.

Siaren Andrew Jackson Davis o. hans "Naturens principer". Öfv. Med företal af [Carl Sederholm]. 8:o, 4 o. 183 s H:fors, W. Hagelstam. 92. 2: 50 fmk.

SIBBERN, G., Forelskelse og elskov. Se: Tidskrift, Nordisk. 1894.

Sibyllæ prophetia, ställd på rim, hvilken innehåller om Christi tillkommelse, pina o. död. Jemväl: om ytterstra dagen m. m. Såsom ock: några märketecken på juledagar m. m. 8:o, 30 s. Ulriceh, S. M. Kjöllerström. 93. 25 ö

SIDENBLADH, Elis, Om Sveriges spannmålsproduktion o. svenska jordens afkastningsförmåga i förh. till andra länders. Med 6 diagram. 8:o, 9 s o. 6 pl. Sthm, P. A. Norstedt & S:r. 91. 75 ö.

SIDENBLADH, Karl, Administrativ handbok på grundvalen af Fåhræus' Administrativ o. statist. handbok, bihang till Sveriges statskalender. 8:o, 298 s. Sthm, P. A. Norstedt & S:r. 94. 3: 50, klb. 4: 50.

—, Se: Kommuner, Sveriges.

SIEGBERG, Artur, Se: Lagerblad, Elis, Svensk språklära.

SIENKIEWICZ, Henryk, Triumfatorn Bartek. En modern Sven Dufva. Öfv. 8:o, 87 s. H:fors, Söderström & K. 89. 1 kr.

—, o. SWIENTICHOWSKI, Alexander, Valda polska noveller. I Öfv af L. B—r. 8:o, 209 s. Sthm, C. A. V. Lundholm. 90. 1: 50.

SIEWERS, P. Fr, Första öfningsboken i räkning, med synnerligt afseende på en naturlig sammanbindning af muntlig o skriftlig räkning utarbetad. 11:e uppl. 8:o, 139 s. o. svar 24 s. Sthm, Ad. Johnson. 95. Inb 85 ö.

(9:e uppl. 89 10:e 92.)

—, Stenografiska öfningar för sjelfundervisning. Efter prof. Faulmanns system. Två serier à 12 n.r hvardera. 8:o Sthm, Ad Johnson. 88. För n:r 10 ö.

—. Se: Crüger, Carl, Engelsk elementarbok. Puban, A. Th., Svensk o. tysk parlör.

SIEVERS, Richard, Om frossan i Finland. Avec un résumé français. 8:o, 128 o. v s. samt 3 kartor. H:fors, Förf:n. 91. 2 fmk.

—, Om meningitis cerebrospinalis epidemica i Sverige, Norge o. Finland. Akad. afh. 8:o, 121 s., 6 kartor o. 2 tab. H:fors, 86. 3 fmk.

—, Om incision o. drainage vid pyopericardium. 8:o, 33 o. v s. H:fors, Förf:n. 93. ?

—, Till kännedomen om struma i Finland. Avec un résumé français. 8:o, 52 o. iv s. H:fors, Förf:n. 94. 3 fmk.

Signalboken, Internationella Originaluppl 1886. Utg. af Otto Lindbom. 8:o, xv o 606 s. samt 4 pl. Sthm, P. A. Norstedt & S:r. 86. Inb. 6 kr.

SIGNEUL, Carl, Intressebok. 5:e uppl. Betydl. tillökad at J. Kraak 8:o, 330 s. Sthm, P. A Norstedt & S:r. 88. Kart 1: 50.

Sigurd. Se: [Hedenstierna, Alfred.]

SILFVENIUS, Karl Vilh, Vinkelns tredelning. 8:o, 2 s o. 1 pl. H:fors, Akad. bokh. 88. 1 fmk.

Silfverklockor, Illustr. med verser af L. S. 10 blad velin. Sthm, C. A. V. Lundholm. 92. 75 ö.

Silfverkorset eller timmermannen från Nazareth. Historisk berättelse från år 33 af E. S. Öfv. från franskan. [3:e uppl.] 8:o, 128 s. Helsingb., H. Österling. 83. 1 kr.

(2 a uppl. 86.)

SILFVERSKIÖLD, P., Om några af de vanligaste sjukdomarne hos späda barn, o. deras förhållande till dentitionen. 8:o, 76 s. Göteb., W. Hartelius. 92. 1 kr.

—, Vår skolungdoms hälsovård, för föräldrar o. lärare utarbetad. Med förord af prof. Axel Key. 8:o, 160 s. Sthm, Hälsovännens förlag. 93. 1: 25.

SILFVERSPARRE, W., Se: Porträtt, Svenska.

SILFVERSTOLPE, Karl, Om kyrkans angrepp mot Revelationes sanctæ Birgittæ. Se: Handl:r, K. Vitt. hist. o. antiqv. akad:s XXXII: 4.

—, Se: Diplomatarium, Svenskt. — Höpken, A. J, Skrifter. — Riksdagsprotokoll, Sveriges ridd. o. adels. — Vadstena Klosters uppbörds- o. utgiftsbok.

SILFVERSTOLPE, Oscar, Infanteristen på bevakning enligt "Instrukt. för bevakningstjensten" med krigshistoriska exempel. Liten 8:o, 55 s. o. 1 karta. Sthm, C. E. Fritzes hofbokh. 86. 90 ö.

Silfverutställningen i Nationalmuseum. Folio, 42 fotogr. Sthm, G. Chelius. 88.
 I kartong 125 kr. För blad 2: 50, oklistrade à 2 kr.
SILJESTRÖM, Herman, Se: Författare, Moderna engelska 4.
SILJESTRÖM, P. A., Efterlämnade småskrifter i pädagog ämnen. 8:o, 64 s. Sthm, P. A. Norstedt & S:r. 95. 60 ö.
— —, Lärobok i geometrien till folkskolornas tjenst utarb. [6.e uppl.] genomsedd o. för metersystemet lämpad af Mac Berlin. 12:o, 91 s. o. 2 s. svar. Sthm, P. A. Norstedt & S:r. 88. Inb 40 ö
— , Lärobok i räknekonsten till folkskolornas tjenst utarb. Med tillämpn. af metersystemet af E. Thyselius. Stereotyp. uppl. 12:o, iv, 99 o. 8 s. 88. Inb. 50 ö.
(Föreg. uppl. 84.)
— —, Läsebok (den större) vid de första innanläsningsöfningarna. 13:e uppl Med teckn:r. 8:o, 180 s. Sthm, P. A. Norstedt & S:r. 88. Inb 50 ö. (11:e uppl. 85. 12:e 86.)
SILLÉN, A. W. af, Svenska handelns o. näringarnas historia till år 1809. 8:o, 332 s Sthm, S. Flodin. 86. 3: 50.
[**SILLÉN, Joh. Georg af**], En månad på Amphion. Minnen från sjötåget 1790 uppteckuade af en deltagare 8 o, 108 s. Sthm, F. & G. Beijers Bokf. aktb. 90 1: 75.
SILLÉN, Julius af, Förslaget till ny skollag. Se: Tidskrift, Nordisk. 1891.
— , Latinet i skolan. 8:o, 79 s. Ups., Lundequistska bokh. 88. 1 kr.
SILLÉN, J. O. af, Om patrullering under förposttjenst. 8:o, 48 s. o. 1 karta. Sthm, Jarl Falk i komm. 86 1 kr.
SILLÉN, K J., Erfarenhetsrön o. råd för skötseln af Sveriges jordbruk o. dess införande på mera vinstgifvande banor. 8:o, 110 s. o. 1 tab. Sthm, C. E. Fritzes hofbokh. i komm. 93. 1: 50.
SILOW. Carl, o. SALOMON, Otto, Kroppsställningar vid svensk pedagog. snickerislöjd. XVI taflor med text. Stor folio, 16 pl. o. 32 s text in 8:o Sthm, F. & G. Beijers Bokf. aktb. 94.
 9 kr., i portfölj 12 kr., karton. 15 kr.
Silvanus, Vampyren. Liten 8:o, 32 s. Sthm, P Palmquists aktb. 95. 25 ö.
Silvestris, Slafgossen. Berättelse från Sudan för ungdom. Illustr. af Jenny Nyström. 8:o, 237 s. o 2 pl. Sthm, C. E. Fritzes hofbokh. i komm. 86. Kart. 2: 75.
SIMELIUS, H., Se: Ploetz. C., Fransk språklära
SIMON, G. Eug., Det kinesiska samhället. Öfv. af L. B—r. 8.o, 332 s Sthm, C. A V. Lundholm. 90. 2: 75.
SIMON, Jules o. Gustave, Kvinnan i 20:e årh. Öfv. af O. H. D 8:o, 384 s. Sthm, H. Geber. 92. 3. 75.
SIMONIN, L., Ett besök i Londons fattigqvarter. Se: Amicis, E, London.
SIMPSON, A. B., Det kristliga lifvet framställdt i Nya testam:s böcker. Öfv från eng. 8:o, 286 s. Karlsh, O. Lagerblad. 87. 1: 50.
— , Honom själf. Liten 8:o, 16 s Sthm, P. Palmquists aktb. 91. 10 ö.
— , I mästarens tjänst. Öfv. af E. Swartz. 8:o, 160 s Sthm, P. Palmquists aktb. 95. 1 kr., klb. 1: 50.
SIMS, George R., En svärmors memoarer. Öfv. från eng. af M. Boheman. 8:o, 241 s. Sthm, F. & G. Beijers Bokf. aktb. 93. 2: 25.

SIMS, George R., Mary Ann', gift. Öfv. från eng. af D. K. 8:o, 320 s. Sthm, F. & G. Beijers Bokf. aktb. 90. 2: 75.
— —, Mary Ann's memoarer. Öfv. från eng. af D. K. 8:o, 278 s. o. 1 pl. Sthm, F. & G. Beijers Bokf - aktb. 90. 2: 75.
Sinclairs-visan [af And. Odel.] 8:o, 30 s. Ulriceh., S. M. Kjöllerström. 93. 25 ö.
SINNETT, A. P., De invigdes lära (Esoteric Buddhism). Öfv af Victor Pfeiff o A. F. Åkerberg. 8:o, 223 s. Sthm, F. & G Beijers Bokf.-aktb. 87. 2: 75.
— , Den dolda verlden Öfv af Victor Pfeiff. 8:o, 215 s. Sthm, F. & G. Beijers Bokf.-aktb 87. 2: 75.
— , En sierskas öden o. märkliga tilldragelser i madame Blavatskys lif. Öfv. af Victor Pfeiff. 8:o, viij o. 255 s. Sthm, F. & G. Beijers Bokf.-aktb. 87. 3: 25.
— —, Förenade. Roman. Öfv. af Victor Pfeiff. 8:o, 340 s. Sthm, F. & G. Beijers Bokf.-aktb 90. 3 kr.
— , Karma. Roman Öfv. af Victor Pfeiff. 8:o, 344 s. Sthm, F. & G. Beijers Bokf.-aktb. 89. 3 kr.
— , Kort framställning af teosofiens hufvudgrunder. Se: Skrifter, utg. af Teosof. samf. sv. afd. 2.
— —, Mesnerismen på vetenskaplig grund Öfv. af Victor Pfeiff. 8:o, 151 s Sthm, F. & G. Beijers Bokf.-aktb. 90. 2: 25.
Sionsharpan, Ny samling af andeliga sånger. 3:e uppl. 8.o, 456 s. H:fors, Luth. Evang. fören. 93 (1:a uppl. 86. 2:a 89.) 1: 25 fmk.
Sionstoner, Sångbok för den kristliga andakten 16:o, viij o. 580 s. Sthm, Fost.-stift.s f.-exp. 91. Iub. 1 kr., klb. 1: 50, akb. 2: 25.
(Föreg. uppl. 89 o. 91.)
Situationer från en sommar vid Nääs slöjdläraresemiuarium. 4 o, 22 pl. Göteb., N. P. Pehrsson. 88 1: 50
SIVÉN, Albert, Hjälpreda för forstmän, skogs- o. virkesegare m. fl. En samling tabeller, formler o. måttförvandlingstal. 8:o, viij o. 74 s. H:fors, Waseniuska bokh. 92. 2: 50 fmk.
SIVLE. Per, Strejk. Öfv. från norskan. 12:o, 134 s. Sthm, Alb. Bonnier. 92. 1 kr.
Sixten, I bunden form. 8:o, 144 s. Lund, Gleerupska univ:s bokh. 87. 2 kr.
Sjelfstyrelse o. federation Jemte anmärkn:r om lag o styrelse i mellanfolklig laglöshet m. m. Öfv. från eng. 8.o, 56 s. Sthm, Associationsboktr. 89. 50 ö.
Sju dagar o. nätter. Se: Anteckningar, Ur en detektivs. 1.
Sjukvård o. helsovård. En handbok utarb. af Th. Hellström, E. G. Johnson, E. S. Perman, Curt Wallis, F. W. Warfvinge o. Karolina Widerström, under red. af C. Wallis o. F. W. Warfvinge. Med bilder i texten. 2 dlr. 8:o Sthm, Fahlcrantz & K.
 I. Kemi. Anatomi. Fysiologi o. Helsovårdslära. Med 170 bilder. vij o 240 s. 89. 1: 25.
 II. Om sjuksköterskans pligter, sjukdietetik, barns vård. Med 62 bilder viij o 278 s 89. 1: 25. Båda delarne inb. i ett band 3: 25.
Sjung med oss mamma! Utg. af A. T[egnér] med förord af Lea. 2:a uppl. 4:o. Sthm, Fr Skoglund. 95.
 I. 18 små visor. 28 s. 1: 50.
(1:a uppl. 92.)
 II 16 visor. 32 s. 1: 75.
(1:a uppl. 93.)
SJÖBERG, Ernst, Reseberättelse öfver studieresa till England o Amerika 1887. 8:o, 33 s. Sthm, Wahlström & Widstrand i distr. 88. 50 ö.

SJÖBERG, Gustaf o. KLINGBERG, Gust., Lärobok i antropologi. 6:e uppl. 8:o, 60 s. Sthm, P. A. Norstedt & S:r. 95. Inb. 1: 25. (5:e uppl. 87.)
—, Lärobok i logik. 7:e uppl. 8 o, 51 s. Sthm, P. A. Norstedt & S:r. 94. 75 ö., lärftsband 1: 25 (6:e uppl. 87.)
Sjöbris o landvind. Versifieradt kåseri af C—n. 8:o, 120 s. Sthm, Aug. Riets. 88. 1: 50.
SJÖDÉN, Mathias, Lärobok i enkel bokföring jämte anvisn:r o. formulär till skuldsedlar m. m. 8:o, 44 s. Malmö, Envall & Kull. 92. Kart. 50 ö.
Sjöförsäkringsplan, Allmän svensk, utg i anledning af 1891 års sjölag 8 o, 66 s. Göteb., Wettergren & Kerber i komm. 91. 50 ö.
SJÖGREN, Ch., Handledning för nybegynnare i mekanik. 8:o. Sthm, Z. Hæggströms f.-exp.
1:a hft. 2:a uppl. 64 s 93. 1 kr. (1:a uppl. 85.)
2:a hft. 2:a uppl. s. 65—124. 94. 1 kr. (1:a uppl. 86.)
3:e hft. s. 125—180. 95. 1 kr.
SJÖGREN, Hj., Underd. förklaring öfver docenten Fr. Eichstädts besvär öfver akad. konsist. förslag till besättande af den i Upsala lediga professuren i mineralogi. 8:o. 98 s. Sthm, C. E. Fritzes hofbokh i distr. 89. 50 ö.
SJÖGREN, Otto, Allmän verldshistoria med särskildt afseende på kulturutvecklingen. 8:o. Sthm., Fahlcrantz & K.
2:a dln. Medeltiden. 308 s. 86. 2: 25.
3:e dln. Nya tiden. 592 s 88. 3: 75.
Jfr. Biblioteket, Svenska. 1:a afd.
—, Det 19:e årh. historia i sammandrag. Med 300 illustr. 2 dlr. 8:o, viij 450 o. viij 636 s. Sthm, C. E. Fritzes hofbokh. 91. 15: 50, inb 20 kr.
—, Furst Bismarck o. hans samtid. Se: Samhällslifvet, Ur det moderna. 12.
—, Henning Rudolf Horn. Biografiskt utkast. Läroverksprogram. 4:o, 21 s. Sthm, Förf:n. 87.
—, Historisk läsebok för skolan o. hemmet. 8:o. Sthm, P. A. Norstedt & S:r.
I. Gamla tiden o. medeltiden. 4:e uppl. Med 29 träsn. 408 s. 89. 3: 50, kart. 4 kr.
II. Nya tiden. 3:e uppl. 356 s. 93.
3 kr., kart. 3: 50.
—, Kejsar Vilhelm. Se: Samhällslifvet, Ur det moderna. 9.
—, Se: Fryxell, And, Berättelser ur svenska historien. — Krönika, Ur dagens. — Weber, G., Allmän verldshistoria.
SJÖGREN, V., Lärokurs i modersmålet för folkskolan. 8:o. Sthm, P. A. Norstedt & S:r.
1:a hft. Rättskrifning 2:a uppl. 37 s 93. 13 ö. (1:a uppl. 92.)
2:a hft. Formlära o. satslära. 40 s. 94. 13 ö.
Båda häftena i ett band. Kart. 30 ö.
—, Om rättsstridighetens former med hänsyn till skadeståndsproblemet. Akad. afh. 8:o, 255 s. Ups., Lundequistska bokh. i komm. 91. 1 kr.
Sjölag för Finland. Se: Författningssaml. Lilla. 7
Sjölag. Sveriges rikes, tillika med tull-, lots- o. konsulatförfattningarna, samt stadganden intill d. 1 sept. 1891. Af J. A. Thurgren. 8:o, viij o. 524 s. Sthm, Kungsholms bokh 91. 6 kr.
Sjölag, Sveriges rikes, af J. A. Thurgren. Suppl. II. Utg. d. 15 nov. 1890. 8:o, 92 s. Sthm, J. Beckman. 90. 1: 50.
Sjölagen jämte viktigare författningar rör. sjöfarten med anmärkn:r o sakreg. utg. af I. Afzelius. 2:a uppl 8:o, vj, 146 o. 380 s. Sthm, P. A. Norstedt & S:r. 95. Klb. 4: 50, bättre band 5 kr. (1:a uppl. 91.)

SJÖLANDER, K. O., Folkskolans elementarbok i modersmålet. (N:o 1.) 3:e uppl. Rättskrifningen i enl. med gällande föreskrifter. 8:o. Sthm, P. A. Norstedt & S:r. 92.
1:a hft. Rättskrifningsöfningar. 40 s Inb. 20 ö.
2:a hft. Sats-, form- o. uppsatsöfningar, s. 41 - 120.
Inb. 40 ö. Båda hft. i ett band 50 ö. (1:a uppl. 88. 2:a 90)
—, Folkskolans elementarbok i modersmålet. (N:o 2.) Förkortad uppl. 8:o. Sthm, P. A. Norstedt & S:r. 90.
1:a hft. Rättskrifningsöfningar. 32 s. 10 ö.
2:a hft. Form- o. satsöfningar. s. 33—80. 15 ö.
Båda häftena i 1 band 25 ö.
—, Inledningskurs i geografi för folkskolorna i landskapet Nerike. 8:o, 16 s. Örebro, Rohloffs bokh. 88. 12 ö.
—, Nerike, västra Västmanland o. Karlskoga bergslag. Se: Landskapsbeskrifningar, Svenska. 6.
—. Om folkskolans undervisning i modersmålets talande o. skrifvande. 8:o, 34 s. Sthm, P. A. Norstedt & S:r. 95. 40 ö.
—, Se: Luther, M., Lilla katekes.
—, o. WIHLANDER, A. G., Räknebok för folkskolorna, utarb. med ledning af folkskolelärobokskommiss. grundsatser. 2:a uppl. 8:o. Sthm, P. A. Norstedt & S:r. 91—92. Inb. 1: 10.
1:a hft. 1:a kursen. Hela tal. 48 o. 8 s. 20 ö.
2:a hft. 2:a kursen. Hela tal. s. 49—104 o. 11 s.
25 ö.
3:e hft. 3:e kursen. Bråkbegreppet. s. 105—68 o. 15 s. 25 ö.
Hft. 1—3 tills. inb. 85 ö.
4:e hft. 4:e kursen. Allmänna bråk. s. 169—232 o. 12 s. 25 ö.
Hft. 3 o. 4 tills. inb. 60 ö.
(1:a uppl. 88.)
—, Den mindre räkneboken för folkskolorna. 2:a uppl. 8:o Sthm, P. A. Norstedt & S:r 90. Inb. 60 ö.
1:a hft. De fyra räknesätten i hela tal inom mindre talområden. 40 o. 7 s. 15 ö.
2:a hft. D:o d:o inom större d:o. s. 41—76 o. 7 s. 15 ö.
3:e hft. Tillämpningsuppgifter till hela tal. s. 77 —124 o. 11 s. 15 ö.
(1:a uppl. 90.)
SJÖLIN, J., Om landtmäteri-, skiftes- o skattläggningsväsendet i de skandinaviska länderna samt i Tyskland o. Österrike. 2:a uppl. 8:o, viij o. 221 s. samt 13 pl. H:fors, G. W. Edlund. 86. 4 kr.
SJÖROS, Juho, Finsk ordböjningslära. 8:o, 80 s. H:fors, Weilin & Göös. 89. 2 fmk.
SJÖSTEDT, Erik. Se: Sverige kring Eiffeltornet.
SJÖSTEDT, Gust. Wilh., Se: Djurvännen.
SJÖSTEDT, Helen, Olivblad. Dikter. 8:o, 94 s. Göteb., T. Hedlund. 95 1: 75, inb. 2: 75.
SJÖSTRAND, Nils, De futuri infinitivi usu latinorum quæstiones duæ. 8:o, 55 s. Lund, Hj. Möller. 92.
80 ö.
—, De oratorum atticorum in oratione obliqua temporum et modorum usu. Commentatio acad. 4:o, 111 s. Lund, Gleerupska univ.-bokh 89. 3 kr.
Jfr. Acta univ:is Lundensis XXV: III, 3.
—, De perfecti et plusquamperfecti usu conjugationis

periphrasticæ latinorum. 4:o, 37 s. Lund, Gleerupska univ:s-bokh. 92. 1 kr.
Jfr. Acta univ:is Lundensis. XXVIII: I, 2.

SJÖSTRAND, Nils, De vi et usu supini secundi latinorum. 8:o, 54 s. Lund, Gleerupska univ:s-bokh. 91. 75 ö.
—, Dikter. 8:o, 163 s. Sthm, Z. Hæggströms f.-exp. 86. 2 kr.
—, Getapulianare hemma o. i Lund. Se: Bidrag, Nyare, till känned om de svenska landsmålen. 27.
—, In syntaxin Drægerianam notationes nonnullæ. 8:o, 40 s. Lund, Gleerupska univ:s-bokh i distr. 92. 75 ö
—, Loci nonnulli grammaticæ latinæ examinati. Akad. afh. 8:o, 23 s. Lund, Gleerupska univ:s bokh. i komm. 91. 50 ö.
—, Loci nonnulli grammaticæ latinæ examinate. Editio altera avetior emendatior. 8:o, 29 s. Lund, Gleerupska univ:s-bokh. 92. 60 ö.
—, Om Lucanus. Se: Tidskrift, Nordisk. 1894.
—, Qvibus temporibus modisqve qvamvis, nescio an, forsitan, similis voces utantur? 8:o, 43 s. Lund, Gleerupska univ:s-bokh 91. 60 ö.
—, Se: Bions idyller.

SJÖSTRÖM, Alfred, En samling förebilder för teckning å krittafla vid undervisning i bunden teckning 2:a uppl. Liten 8:o, 43 o. 68 s. Sthm, Fr. Skoglund. 93. Klb. 2 kr.
(1:a uppl. 88.)
—, Landtmannabyggnader. Handledning i landtbruksbyggnadskonsten. Med 70 pl. o. 290 fig. i texten. Iisalmi. Utg:n. 91. 14 kr.
(För Sverige: Sthm, Samson & Wallin.)

SJÖSTRÖM, Carl, Se: Matrikel. S:t Knutsgillets i Lund

"Skall jag taga vara på min broder?" Öfv. fr. eng. af E. S. 12:o, 23 s. Norrk., Esping & Lundell. 95. 25 ö.

Skalder, Latinske, i urval, utg. af Johannes Paulson o. Knut Wintzell. 8:o. Lund, Gleerupska univ:s-bokh.
I. Phaedri, Augusti Liberti, fabulæ Aesopiæ selectae af Joh. Paulson. 78 s. 91. 1 kr.
II. Ännu ej utkommen.
III. Catulli, Tibulli, Propertii carmina selecta. Accedunt epigrammata Martialis octo. Af Joh. Paulson 127 s. 92 1: 15, kart 1: 40.
IV. Q. Horatii Flacci carmina selecta. Af Knut Wintzell. xxix o. 343 s. 92. 2: 50, kart. 3 kr.

Skalder, Ryska. Öfv. från orig språket af G. Aminoff. 8:o, 133 s. H:fors, Söderström & K. 87. 2 kr, inb. 3: 50.

Skall Sveriges fasta land göras till slagfält? Af U. 8 o, 16 s. Sthm, Ad. Johnson i komm 92. 40 ö.

Skall unionen brista? I unionsfrågan af H[ård, C. G.]
I. Ställningen o. dess kraf. II Unionsprogram. 8:o, 30 s Göteb., Wettergren & Kerber. 94. 50 ö.

SKARD, Matias, Herbert Spencers Opdragelsetanker. Gengivelse o. kritik. 8:o, 40 s. Lund, C. W. K. Gleerup i distr. 90. 50 ö.

SKARIN, R., Se: Lag, Sveriges rikes. — Lagsamling, Svensk.

SKARSTEDT, C. W., Apostlarnes Petrus, Paulus o. Johannis herdabref. Utläggningsförsök. 8:o, 115 s. Sthm, P. A. Huldbergs bokf. aktb. 87. 1: 25.
[ ], Bönedagstexter utlagda o. i predikningar förklarade af C. Abrahamsson. 8:o. Sthm, P. A Huldbergs bokf -aktb.
1890 års. 61 s. 90. 1: 50.
1891 års. 63 s. 91. 1: 50.
1892 års. 64 s. 92. 1: 50.
1893 års. 64 s. 93. 1: 50.
1894 års. 64 s. 94. 1: 50.
1895 års. 80 s. 95. 1: 50.

SKARSTEDT, C. W., Det nya Testamentets hel. skrifter efter J. A. Bengels sätt förklarade. I. Jacobs o. Judas epistlar. 8:o, 70 s. Malmö, Envall & Kull. 91. 85 ö.
[ ], Det teologiska doktoratet i Sverige resp. 1593—1893. En tillfällighetsskrift af C W. S. 8:o, 145 s Lund, Håkan Ohlsson. 93. 1 kr.
[ ], Gymnastikon Vid en halfsekelsfest i Göteborg den 7 aug. 1888. Poesi. 8:o, 21 s. Lund. 88. (Uppl. 100 ex.)
—, Handbok i biblisk fornkunskap. 3.e omarb. uppl. Med afbildn:r. 8.o, viij o. 335 s. Sthm, P. A. Huldbergs bokf.-aktb. 90. 3: 50.
[ ], Jacob Wadman En presterlig lifsbild från vår tid o. vårt land. 8:o, 120 s. o. 1 portr. Sthm, P. A. Huldbergs bokf.-aktb. 89. 1 kr.
—, Jobs bok. Grundtextenligt öfversatt o. delvis förklarad. 8:o. 82 s Lund, H. Ohlsson. 94 75 ö.
—, Kristlig kyrkohistoria i lifsbilder. För "skolan o. hemmet". 8:o. 144 s. Malmö, Envall & Kull. 92. 1: 50.
—, Textutläggningar, jemte ny utkastfoljd öfver alla kyrkoårets evang. o. epistl. 8:o St'm, P. A. Huldbergs bokf.-aktb.
1. Den första s k. nya årgången. 424 s 86. 3: 50.
2. Den andra s k. nya årg. 398 s. 87. 3: 50.
3. Den äldre årg. 396 s. 88. 4 kr.
—, Se: Doktoratet, Det teologiska, i Sverige. — Sånger, Latinska.

SKARSTEDT, Ernst, Se: Poeter, Svensk-amerikanska.

SKARSTEDT, Sigfrid, Om straffprocessuela tvångsmedel enligt svensk rätt I. 8:o, iij o. 232 s. Lund, Gleerupska univ:s-bokh. 95. 2: 50.

Skatter, Den troendes. samlade ur Guds ord 4:e uppl. 16:o, 192 s Sthm, Fost.-stift:s f.-exp. 93. Kart. 30 ö., klb. o. interfol. 1 kr.
(2:a uppl. 84. 3:e .)

Skatter, Det nya årets. 12:o, 21 s. Jönköp, H. Halls boktr.-aktb. 93. 10 ö.

Skattkammare, Småbarnens. 8:o. Lund, C. W. K. Gleerup.
1 När liten kan läsa själf. 70 berättelser o. 35 bilder. 92 s. 93. Kart 35 ö.
2. När liten kan läsa bättre. 105 berättelser o. 30 bilder. 208 s 93. Kart. 75 ö.

Skeppar Lärka. Se: [Stenfelt, G.]

Skeppsbrottet, Det lyckliga. Se: Bibliotek för de unga. 45.

Skeppslista, Göteborgs, 1889—95. Utg. af J. L. Paterson Med ett sjökort: "Göteborgs skärgård." 8:o. Göteb., Wettergren & Kerber. 89—95.
Hvardera 1 kr.

Skeppslista, Sveriges. Grundlagd 1837. 8:o. Sthm, C. E. Fritzes hofbokh.
1887. 386 s Utg. af Sthms Sjöforsäkr.-aktb. 87. 7 kr.
1889 viij o. 374 s Utg. af Ludv. Juhlin. 89. 7 kr.
1891. xj o. 395 s. Utg. af d:o. 91. 7 kr.
1893—94. xij o. 400 s. Utg. af d:o. 93. 7 kr.
1895—96. xvj o. 352 s Utg. af d:o 95. 7 kr.

Skildring, Friesiska Stamboksföreningens, af holländska nötboskapen. Öfv. med tillägg af Hjalmar Nathorst. 8:o, 34 s. o. 3 pl. Lund, C. W. K. Gleerup. 91. 75 ö.

SKINNER (Mrs), David Oven o. hans gossar eller söndagsskolan vid Solotorget. Öfv. af *Anna B.* 8:o, 32 s. Örebro, Boktörlags-aktb. 89.
50 ö., kart. 65 ö.
"Skinnstrumpa" eller nybyggarne vid Susquehanna. Se: Äfventyrsböcker, Gossarnes. 3.
Skjutinstruktion för infanteriet, fastställd d. 10 juli 1893. 8:o, 95 s. o. 2 pl. Sthm, P. A. Norstedt & S:r. 93. Inb. 1: 25.
SKOG, Carl, Hvad är den romerska katolicismen? Se: Skrifter, utg. af Samf. pro fide et christ. 29 b.
SKOG, Oskar, Uppgifter för skriftlig o muntlig öfvers. från latin till modersmålet. 8:o Sthm, H. Geber.
I. Uppgifter för skriftlig öfvers vid examen artium i Norge 1859—89 o. afgångsexamen i Danmark 1862—87. 82 s. 90. 1 kr.
Skogen o. sjön, Från Anekdoter, äfventyr o. historier m. m. Af förf. till "Den prakt. insjöfiskaren" m. fl. Ny tillökad uppl 8:o, 133 s Sthm, P. A. Huldbergs bokf.-aktb. 89. 90 ö.
Skogslagen jemte förordningarne om egofrid. Se: Författningssaml. Lilla. 28.
Skogsvännen 1886—94. Utgifvare: *Axel Cnattingius.* 8:o Z. Hæggströms f.-exp. 89—94.
För årg. (4 hfn) 1 kr.
Skogvaktaren. Tidskrift för skogsegare, jägare, trädgårdsodlare m. fl. Under redaktion af *J. E. Anderson, E. O. Hjelm* o. *I. Eklund.* 1:a—5:e årg (1891—95.) 8:o. Kristinehamn, Redaktionen. 91—95.
För årg (4 hfn) 2 kr.
Skola vi marschera öfver Kölen? Af en unionsvän. 8:o. 93 s. Sthm, C. G. Fredengren. 94. 1 kr.
Skolbibliotek, Nytt franskt o. engelskt. 8:o. Sthm, P. A. Norstedt & S:r.
Serien I. Franska författare.
1. *Mérimée, Prosper.* Colomba Med anmärkn:r af *Vilh. Sturzen-Becker.* 2:a uppl. viij o. 148 s. 95. Klb 2: 50.
(1:a uppl. 87.)
2. *Vacquerie, Aug.,* Jean Baudry. — *Coppée, Fr.,* Le trésor. Fais ce que dois. Med anmärkn:r af *A. T. Malmberg.* v o. 162 s 91. Klb. 2: 25.
Serien II. Engelska författare.
2. The history of Mary Stuart extracted from *Walter Scotts* "Tales of a grandfather". Med anmärkn:r af *Alex. E. Widholm.* Iv o. 110 s. 90. Klb. 1: 75.
Skolbibliotek, P. A. Norstedt & Söners. 8:o. Sthm, P. A. Norstedt & S:r.
Serien I. Tyska författare.
1. *Volkmann-Leander, R.,* Träumereien an französischen Kaminen. Märchen. Med anmärkn:r af *Erik Brate.* 74 s. 91. Inb. 80 ö.
2. *Schupp, Ottokar,* Kaiser Wilhelm I. Med anmärkn:r af *Erik Brate.* 114 s. 91. Inb. 1: 25.
3. *Pichler, Luise,* Der Überfall im Odenwald. Med anmärkn:r af *Erik Brate.* 61 s. 91. Inb. 75 ö.
4. ——, Am Fusse der Achalm. Med anmärkn:r af *Erik Brate.* 60 s. 91. Inb. 75 ö.
5. *Stinde, Jul.,* Die Familie Buchholz. Aus dem Leben der Hauptstadt. 1:r Theil. Für die Schulen herausgeg. von *Erik Brate.* iv o 244 s. 93.
Inb. 2: 50.
Serien II. Franska författare.
1. Contes et récits de différents auteurs. Avec notes par *F. Schulthess.* 1ère livr. 102 s. 91.
Inb. 1 kr.
2. D:o d:o. 2ème livr. 97 s. 91. Inb. 1 kr.
3. D:o d:o 3ème livr. 103 s. 91. Inb. 1 kr.

4. *Duruy, George,* Biographies d'hommes célèbres des temps anciens et modernes. 1:ère partie. Avec notes explicatives par *A. T. Malmberg.* 91 s. 94. Inb. 1 kr.
5. D:o 2:ème partie. 90 s. 94. Inb. 1 kr.
Serien III. Engelska författare.
1 *Dickens, Charles,* The Cricket on the hearth Med anmärkn:r af *Vilh. Sturzen-Becker.* 119 s. 91. Inb. 1: 30.
2. *Gardiner, S. R.,* Historical biographies. Med anmärkn:r af *Vilh. Sturzen-Becker.* 164 s. 91.
Inb. 1: 75.
3. *Sewell, Anna,* Black Beauty. The autobiography of a horse. Skoluppl. med anm:r af *Henning Wendell.* 153 s. 93. Inb. 1: 75.
Skolkalender för läsåret 1895—96. Anteckn. bok till tjänst för lärare vid högre o. lägre läroverk. 8:o. Sthm, P. A. Norstedt & S:r. 95. Klb. 1 kr.
Skolkamrater, Gamla, o. deras lefnadsöden. Öfv. från eng. 2:a uppl. 8:o, 218 s Sthm, Fost.-stift:s f.-exp. 91. 1: 25, kart. 1: 60, klb. 2: 25.
Skoltolk, Svensk o finsk. (Enligt Sv. Akad:s ordlista 6:e uppl.) 5:e uppl. 8 o, 169 s. H:fors, G. W. Edlund. 94. 1 fmk (80 ö.), inb. 1: 25 (1 kr.) (4:e uppl. 93.)
Skorna, De små. 8:o, 16 s. med kol. fig. (Tr. i Haarlem.) Malmö, Cronholmska bokh. 86. 50 ö.
Skottebok, Stockholms stads. 1502—10 Utg. af Samf. för utg:e af handskrifter rör. Skandinaviens historia genom *Hans Hildebrand.* 8:o. 256 s. Sthm, Samson & Wallin. 91. 3: 75.
Skrifbords-almanacka. För år 1886—95. Med titel o. kalendarium tryckt i 2 färger, samt 12 ark kulört läskpapper o hörn Sthm, P. A. Norstedt & S:r. 86—95. Hvardera 1: 50.
Skrifter af uppfostringskonstens stormän, utg. af *Otto Salomon.* 8:o. Göteb., Wettergren & Kerber.
1. *Salzmann, Chr. Gotth.,* Kräftgången eller anvisning till en oförnuftig barnuppfostran. Öfv från tyskan af —*e E*—. 112 s. 86. 1: 50.
2. *Locke, John,* Några tankar rör. uppfostran. Öfv. från eng af —*e E*—. 1:a hälften. 103 s. 87. 1: 50.
3. ——, Några tankar rör. uppfostran. Öfv. från eng. af —*e E*—. 2:a hälften. 111 s. 88. 1: 50.
4. *Augustinus, Aurelius,* Om undervisning af nybörjare i kristendomen. Öfv. från latinet af *J. Gerdin.* viij o. 66 s. 89. 1: 50.
5. *Pestalozzi, Joh. Henr.,* Lienhard o. Gertrud. Öfv. från tyskan af —*e E*— jämte en lefnadsbeskr. öfver pedagogen af *Otto Salomon* xviij o. 362 s 90. 3: 50.
6. *Comenius, Johann Amos.* Stora undervisningsläran. Öfv. af —*e E*—. Första hälften. 136 s. 92. 1: 50.
7. ——, Stora undervisningsläran. Öfv. af —*e E*—. Senare hälften. s. 137—280. 93. 1: 50.
8. *Pestalozzi, Henrik,* Huru Gertrud undervisar sina barn. Ett försök att gifva mödrarna ledning att sjelfva undervisa sina barn, i bref. Öfv. från tyska af —*e E*—. Med förord af *Otto Salomon.* xviij o. 140 s. 95 2: 75.
Skrifter, Folkupplysningssällskapets, H:fors.
49. *[Tamminen, E],* Om giftermål af *E. T.* 8:o, 17 s. 86. 25 p.
50. *Andresen, A.,* James Watt o. ångmaskinen. Öfv. fr. danskan. 8:o, 42 s. 86. 50 p.
51. *[Bergman, I. A],* Verldsbyggnaden i korthet framställd af *I. A. B.* Öfv. fr. finskan 8:o, 75 s. träsnitt o. stjernkarta. 86. 75 p.

52 o. 53. Geografiska Bilder XII o. XIII. Hertzberg, R, Frankrike. 4:o, 33 s. 86. 3 fmk.
54. Rautanen, A., Om tillfällighet o. skickelse. 8:o, 16 s. 86. 25 p.
55. Hertzberg. R, Genom de svartes verldsdel. Henry Stanleys resor, äfventyr o. lifsfaror i Afrika. Bearb för ungdom. 12:o, 235 s 86. 2 fmk.
56. [Ljungberg, Eva], Om folkundervisningen o. folkskolorna i Finland. Ett föredrag at Emmi. 8:o, 17 s 87. 25 p.
57. Sahlertz, J, En resa till djurrikets gräns. Öfv. fr. danskan af R. H. 12:o, 48 s. 87. 25 p.
58. Nervander, E, Den kyrkliga konsten i Finland under medeltiden. Hft. 1. 12.o, 53 s. o. träsnitt. 87. 75 p.
59. Geografiska bilder. XIV. Krohn, J, Den finska folkstammen. Öfv. af N. L—m. 4:o, 75 s. illustr. o. karta. 87. 2: 50 fmk.
60. Hjelt, Aug. J, Sparverksamheten o postsparbanken. 12:o, 29 s. 87. 25 p.
61. Hannikainen, P. W, Något om skogarne. Öfv. 12:o, 46 s. 88. 50 p.
62. Forsström, O. A., Stenåldern, den menskliga utvecklingens äldsta skede. Öfv. fr. finskan. 12:o, 82 s. 88 75 p.
63. Nervander, E, Den kyrkliga konsten i Finland under medeltiden. Hft. 2. 12:o, 83 s. o. träsnitt. 88. 75 p.
64. Sahlertz, J, Bilder från djurlifvet egnade att belysa kommunism o. socialism. Öfv. af R. H. 12:o, 42 s. 88. 50 p.
65. Geografiska bilder XV. [Ljungberg, Eva], Schweiz. Af Draba Verna. 4:o, 44 s. 88. 1: 50 fmk.
66. [Ljungberg, Eva], Något om diakonissverksamheten. Af E. L. 12:o, 37 s. 89 50 p.
67. Harper, H., Från Österlandet. Bref med bilder till mina barn. Öfv. fr. eng. 12:o, 82 s. 89. 75 p.
68. Lagus, B, Tre resor i Afrika. Henry Stanleys forskningsfärder i det inre Afrika. Öfv. 12:o, 156 s. 89. 1: 50 fmk.
69. Geografiska bilder. XVI. Hertzberg, R, Pyreneiska halfön I Spanien I. 4:o, 32 s. 89. 1: 50 fmk.
70. Berättande dikter från Finland. 12:o, 112 s. 90. 1 fmk.
71. Profetians besegling. Sammandrag af A. Keiths arbete "Den kristna religionens sanning, vittnesbörd o. bevis", utg. af A Bergroth. 2:a uppl. 12:o, 103 s. 90. 1 fmk.
72. [Almberg, E.], Justinus martyr, en lifsbild från martyrernas tidehvarf, tecknad af E. A—g. 12:o, 37 s. 50 p.
73. Geografiska bilder. XVII. Hertzberg, R, Pyreneiska halfön. II. Spanien II och Portugal. 4:o, 38 s 90 1: 50 fmk.
74 Danielsson, Joh. Rich, Finlands förening med ryska riket 8.o, 203 s. 91. 2: 75 fmk.
75. [Sandelin, L. H,] Om uppfostran till sedlighet. 12:o, 31 s 91. 25 p.
76. Hjelt E., Penningar o. ränta nu och fordom. Föredrag. 8:o, 16 s. 92. 25 p.
77. Geografiska bilder II: 1. (Swan, C. G.), Palestina. 39 s. 92. 1: 50 fmk.
78. Meurman, A, Hungeråren på 1860-talet. 12:o, 80 s. 92. 1 fmk.
79. Päivärinta, J., Hvad är Folkhögskolans uppgift? 12:o, 47 s. 92. 60 p.

80. Forsström, O. A., Bilder ur de geografiska upptäckternas historia. Upptäcktsresande i gamla och medeltiden Öfv. fr. finskan. 12:o, 123 s 92. 1: 25 fmk.
81. Häyhä, Johannes, Bilder ur folkets lif i Östra Finland. I. Jul och nyår. Öfv. af R. Hertzberg. 12:o, iv o. 120 s. 92 1: 25 fmk
82. Smirnoff, A., Om trädfruktodling i Finland jämte några praktiska råd för nybegynnare. 12:o, 47 s. 93 50 p.
83 Genetz, Arvid Th, Finlands allmännaste matsvampar. Öfv. fr. finskan. 12:o, 24 s. 93. 25 p
84. Relander, O., Om meningsolikhet. Öfv. 12:o, 66 s. 93. 75 p
85. Färling, F. J., Om eldsvådor och brandväsendet, särskildt med afseende å landsbygden i Finland. 12:o, 73 s 93 75 p.
86. Geografiska bilder XVIII. Gripenberg, Alexandra, Det röda folket. Berättelser om Indianerna. För ungdomen o. folket. 4.o, 58 s. 94. 1: 75 fmk.
87. Häyhä, Johannes, Bilder ur folkets lif i Östra Finland II. Begrafning. Öfv. af R. Hertzberg. 12:o, 45 s. 93. 50 p
88. Geografiska bilder. XIX Nervander, E., Italien. I. 40 s. 94. 1: 50 fmk.
89. Danielson, Joh. Rich., Wiborgs läns återförening med det öfriga Finland. 12:o, iv o. 145 s. 94. 1: 75 fmk.
90. Genetz, Arvid Th.. Om förvaring o. användning af bär i hushållet. 12:o. 24 s. 94. 25 p.
91. Forsström, O. A., Bilder ur lifvet i den Karelska gränsmarken. 1:a hft. 12:o, 157 s. 95. 1: 50 fmk.
92. Suutarla, Zef., Den hist utvecklingen af Finlands grundlagar. 12.o, 85 s. 95. 1 fmk.
93. [Meurman, A.], Joh. Pynninen o folkbiblioteken. Ett femtioårsminne 12:o, 25 s. 95 25 p.
94. Geografiska bilder. XX. Nervander, E, Italien II 4:o, 24 s. 95. 1: 25 fmk.

Skrifter för folket, sagor, legender, historier m. m. 12:o. Sthm, P. A. Huldbergs Bokf.-aktb.
1. Sagan om Melusina 27 s. 95. 25 ö.
2. Sagan om fiskaren o. anden Österländsk berättelse. 30 s. 95 25 ö.
3. Sagan om trollhästen. Berättelse från Persien. 21 s. 95. 25 ö.
4. Spåkvinnan Lenormand, dess lif o. verksamhet. Öfv 48 s. 35 ö.
5. Repslagaren i Bagdad eller den stora diamanten. Österländsk berättelse. 44 s 95. 30 ö.
6. Den romerska landshöfdingen Pontius Pilatus' berättelse om vår frälsare Jesus Kristus. Enligt ett gammalt latinskt manuskript. Öfv. 17 s. 95. 25 ö.
7. Sagan om Ali Baba o. de fyrtio röfvarena 39 s. 95. 30 ö.
8. Den talande fågeln, det spelande trädet o. den rinnande vattukällan. Österländsk saga. 39 s. 95. 30 ö.
9. Legenden om Jerusalems skomakare. 8 s. 95. 10 ö.
10. Legenden om sju sofvare. 8 s. 95. 10 ö.
11. Legenden om Sanct Per o. Broder Lustig. 16 s. 95 10 ö.
12. Caroliana. Hågkomster ur Carl XV:s lefnad. En samling äldre o. nyare karaktäristiska infall o anekdoter om konung Carl XV jämte en skildring af hans sista stunder m. m. o. porträtt som kronprins. 5:e uppl. 62 s. 89. 40 ö.

13. Konung Oscar I i Ryssland eller det olycksbringande famntaget. 65 s. 93. 40 ö.
14. Lee, William, Bränvin o. salt, ett läkemedel mot gikt etc. 13:e uppl. 48 s. 90. 25 ö.
15. Doktor Frank's nyaste husapotek. 3:e uppl. 80 s. (81.) 40 ö.
16. Den berykdade röfvaranföraren Rinaldo Rinaldinis märkvärdiga lefnadslopp o. äfventyr. 2:a uppl. 117 s. (81.) 60 ö.
17. Sagan om mästerkatten. 8 s. 95. 10 ö.
18. Sagan om det själfdukande bordet, guldåsnan o. dansande knölpåken. 20 s. 95. 25 ö.
19. Sagan om Tummeliten. 12 s. 95. 20 ö.
20. Sagan om Fågel blå. 27 s. 95. 30 ö.
21. Sagan om Askungen eller Cendrillon. 9 s. 95. 15 ö.
22. Sagan om Lycksalighetens ö. 15 s. 95. 25 ö.
23. Sagan om Riddar Blåskägg samt det historiska ursprunget därtill. 12 s. 95. 15 ö.
24. Tre finska legender: Då Reso kyrka byggdes, — Pitka Piänä o. Kirkonväki. 27 s. 95. 25 ö.
25. Sagan om sjöfararen Sindbad. Ur Tusen och en natt 50 s 95. 30 ö.
26. Köpmannen i Bagdad eller krukan med de tusen guldmynten. Österländsk berättelse. 17 s. 95. 20 ö.
27. Menniskohjertat, ett Herrans tempel eller djefvulens bostad. För rätte o. troende kristna framställdt i tio bilder. Öfv. 24:e uppl. 46 s. 95. 25 ö.
28. Johnsson, Nils (i Gårds Köpinge), En nykters resa genom landet Dryckenskap till staden Nykterhet. 30 s. 94. 20 ö.
29. Sagan om prins Ahmed o. fédrottningen. 60 s. 95. 35 ö.

Skrifter utg. af Föreningen för Israelsmission. 8:o. Sthm, A. V. Carlsons Bokf.-aktb.
1. Gordon, Ph., Betlehem. Josef Rabinowitz o. kristendomsrörelsen bland judarne i södra Ryssland, jemte en predikan af J. Rabinowitz, hållen i det judekristna templet Betlehem i Kischinew. 34 s. 93. 25 ö.

Skrifter utg. af Svenska Historiska föreningen. 8:o. Sthm, C. E. Fritzes hofbokh i distr.
1. Anckarsvärd, Michael (Öfverste), Minnen från 1788—90. iij o. 168 s samt 1 portr. 92 2: 50

Skrifter utgifna af Humanistiska Vetenskapssamfundet i Upsala. 8:o. Ups., Akad. Bokh.
Band I. 1890—91. 10 kr.
1. Erdmann, A., Ueber die Heimat und die Namen der Angeln. 120 s. 2 kr.
2. Piehl, Karl, Om betydelsen af termen kanon o. lämpligheten af dess användande inom den egyptiska konstens historia. 27 s.
3. Erdmann, A., Die Grundbedeutung und Etymologie der Wörter Kleid und Filz im Germanischen nebst einem Exkurse. 48 s.
4. Burman, E. O., Die Transscendentalphilosophie Fichtes u. Schellings dargestellt und erläutert. 6 o. 389 s.
5. Nordwall, John E., Om svenska riksrådets utveckling mot centralisation under Gustaf II Adolf. 52 o. 3 s.
Band II. 1892.
1. Gödel, Vilh, Katalog öfver Upsala universitets biblioteks fornisländska o. fornnordiska handskrifter. ij o. 77 s. 2 kr.
3. Almkvist, Herman, Mechilta Bo. Pesachtraktaten med textkritiska noter, parallelställen ur Talmud

o. Midrasch samt inledn. o. glossar. xvj. 158 o. 128 s. 4: 50.
Band III. 1893.
1. Stave, Erik, Om källorna till 1526 års öfvers. af Nya Testamentet. ix o. 228 s. 93. 3 kr.

Skrifter, Smärre, afsedda att utdelas vid husdjurspremieringen. 8:o. Lund, C. W. K. Gleerup.
1. Nathorst, Alfred, Om skötsel af Nötboskap. 44 s. 92. 50 ö.
2. Nathorst, Hjalmar, Om gödning af Nötboskap. 16 s. 92. 30 ö.
3. —, Nötboskapens hälsovård. 24 s. 91. 30 ö.
4. —, Köp-gödselns användande. 32 s. 90. 50 ö.
5. Mendel, H. von, Anvisning till val af moderston samt till fölens behandling o. uppfödande. Öfv. af Hjalmar Nathorst. 41 s. 90. 60 ö.
6. —, Frisiska Stamboksföreningens skildring af holländska nötboskapen. Öfv. af Hjalmar Nathorst. Med 3 pl. 34 s 91. 75 ö.
7. Hansen, H. C., Huru en ändamålsenlig o. billig Hönsgård för 20 till 100 Höns bör ordnas efter våra förhållanden. Öfv. af Hjalmar Nathorst. 16 s. 86. 35 ö.
8. Nathorst, Hjalmar, Huruledes kraftfodring till mjölkboskap och utfodring bäst ordnas. 40 s. 91. 60 ö.
9. —, Om Ayrshire-rasen, Åkerbruket o. osttillverkningen i Södra Skotland. 60 s 89. 80 ö.
10. Handledning för mjölkleverantörer. Öfv. o. bearb. af C. A. Wulff. 36 s. 92. 50 ö.
11. Wagner, Paul, Anvisning till Superfosfats o. Thomasmjöls rätta användande såsom gödningsämnen. Öfv. af Hjalmar Nathorst. 39 s. 90. 60 ö.
12. Nathorst, Hjalmar, Om Thomasslaggmjöl o. dess stora värde som gödningsämne. 14 s. 87. 25 ö.
13. Thorsander, Gustaf, Sanka markers odlingsvärde o. odlingssätt. 48 s. (85.) 75 ö.
14. Prosch, V., Anvisning till landthästens behandling. Öfv. af Hjalmar Nathorst. 62 s. (83) 50 ö.
15. Holmström, Leon., Kan man genom rationel utfodring ernå högre fetthalt i komjölken. 20 s. 93. 20 ö.
16. Nathorst, Hjalmar, Åkerfältens täckdikning. 16 s. 93. 25 ö.

Skrifter utgifna på föranstaltande af Föreningen Kyrkans vänner. 8:o. Sthm, F. & G. Beijers Bokf.-aktb.
1. Schwarzkopf, O., Arbetare o. arbete. Öfv. af E. W. 19 s. 90. 25 ö.

Skrifter i landtbruk utg. af Skånska frökontoret. 8:o. Sthm, Ad. Bonnier.
1. Rümker, Kurt, Anvisning till våra sädesslags förädling. Öfv. af Hj Nathorst. 105 s. 90. 1: 50.
2. Wagner, Paul, De odlade växternas ändamålsenliga gödning. Trenne föredrag. Med förord af Hj. Nathorst. 35 s. 91. 70 ö.

Skrifter, Smärre samlade, i landthushållningen, utg. af J. Arrhenius. 8:o. Sthm, F. & G. Beijers Bokf.-aktb.
28. Kruse, L. M., Regler för ladugårdsskötare. 2:a uppl. 48 s. 89. 50 ö. (1:a uppl. 86.)
29. Grotenfelt, Nils, Kort handledning i mjölkhushållningens grunder o. smörberedn. etc. Med 10 träsn. 42 s. 86. 50 ö.

Skrifter i svensk literaturhistoria. 8:o, 47 s. Ups., Lundequistska bokh. 87. 1 kr.

Skrifter utg. af Svenska literatursällskapet. 8:o. Ups., Lundequistska bokh.
Samlaren. Tidskrift utg. af Sv litteratursällsk. arbetsutskott.

VII.	1886.	4, 141 o. 11 s. 86.	3: 25.
VIII.	1887	186 o. 12 s. 87.	4 kr.
IX.	1888.	4, 128 o. 11 s. 88.	4 kr.
X.	1889.	4, 112, 10, 9 o. 5 s. 89.	3: 25
XI.	1890.	4, 89 o. 12 s. 90.	2: 50.
XII.	1891.	4, 178 o. 12 s 91.	4 kr.
XIII.	1892.	139, 11 o. 5 s. 92.	3: 50.
XIV.	1893.	4 o 120 s. 93.	3 kr.
		Extrahäfte 4 o. 143 s. 93.	3 kr.
XV.	1894.	4, 158, 24 o. vj s. 94.	4 kr.
XVI.	1895.	4, 3 o. 172 s. 95.	4 kr.

samt följande:
Andersson, Aksel, Skrifter från Reformationstiden.
1. 6 o. 15 s. 89. 1 kr.
2. xv o. 21 s. 89. 1 kr.
3. 6 o. 223 s. 93. 3 kr.
4. 6, 15 o. xxxvj s 93 1 kr.
Frunck, Gudmund, Bref rör. Nya Skolans historia. 1:a—5:e (slut-)hft. 402 s. 86—91. 5: 50.
— , Personregister. 8 s. 92. 25 ö.
Klemming, G. E., Sveriges bibliografi. 1481—1600. 1:a—4:e hft. (1481—1530.) 216 s. 89—92.
(Ej i bokh.)
Lewenhaupt, Eugène, Bref rör teatern under Gustaf III. 1:a—3:e hft. 316 s 90—94. 7 kr.
Messenius, J., Samlade dramer. 1:a—4:e hft. 260 s. 86—88. 4: 75.
Schück, Henrik, Lars Wivallius, hans lif o dikter.
I. Biografi. 267 s. 93. 6 kr.
II. Dikter. 120 s. 95. 2 kr.
Tegnér, E, Bref från Esaias Tegnér till C F. af Wingård. 86 s. 94. 2 kr.
Visböcker, 1500- o. 1600-talens.
II. Brömis Gyllenmärs Visbok. 3:e (slut-)hft. s. 212—330. 87. 2 kr.
III. Barbro Banérs Visbok. 4 o. s 337—82. 89. 1: 50.

Skrifter utgifna af Svenska literatursällskapet i Finland. 8:o. H:fors.
I. H. G. Porthans bref till M. Calonius. I. Åren 1791—96. Utg. af *W. Lagus*. 341 o. lxviij s. 86. 8 fmk.
II. Förhandlingar o. uppsatser. 1. 1885—86. lxij o. 112 s. 86. 2: 50 fmk.
III. *Leinberg, K G.*, Finlands territoriala församlingars ålder, utbildning o. utgrening intill 1885 års utgång iv o. 159 s. 86. 3 fmk
IV. Välloflige borgareståndets protokoller vid landtdagen i Borgå år 1809. Utg af *Elis Lagerblad*. 411 s. 86. 8 fmk.
V. H. G. Porthans bref till M. Calonius. II. Åren 1797—1800. Utg af *W. Lagus*. 266 o. cvj s. 86. 8 fmk.
VI. Förhandlingar o. uppsatser. 2. 1886—87. xliv o 268 s. 87. 3: 75 fmk.
VII. *Freudenthal, A. O.* o. *H. A. Vendell*, Ordbok öfver estländsk-svenska dialekterna. 327 s. 87. 5 fmk.
VIII. *Adlercreutz, Henr. Tomas*, Historiskt-politiska anteckningar 1743—96, utg. af *Elis Lagerblad*. xv o. 185 s. 87. 3 fmk.
IX. Förhandlingar o uppsatser. 3. 1887—88. xl o. 318 s. 88. 5 fmk.
X. Reseanteckningar af P. J. Bladh o. C F. Hornstedt, utg. af *J. O. I. Rancken* o. *Elis Lagerblad*. 176 s. 88. 3: 50 fmk.
XI: 1—6. Album studiosorum Academiæ Aboensis MDCXI.—MDCCCXXVIII Åbo akademis studentmatrikel ånyo upprättad af *Wilh. Lagus*.
Förra afd. 1640—1740. 91, 6, 1, 490 o. 46 s. (Utkom i 3 hfn 89—91.) 12 fmk.
Senare afd. 1740—1827. 95, 4, 714 o. 50 s. (Utkom i 3 hfn. 92, 93 o. 95.) 6 fmk.
XII. *Freudenthal, A. O.*, Vörömålet. Ljud- o. formlära. 200 s. 89. 3: 50 fmk.
XIII. Förhandlingar o. uppsatser. 4. 1888—89. xxxiv o. 136 s. 89. 3 fmk.
XIV. *Leinberg, K. G.*, De finska klostrens historia. viij o. 509 s. 90. 4 fmk.
XV. *Ehrström, Erik*, Helsingfors stads historia från 1640 till stora ofreden. iij o. 171 s., samt kartor. 90. 3: 50 fmk.
XVI. Åbo universitets lärdomshistoria. 1. Medicinen. *Fagerlund, L. W.*, o. *Rob. Tigerstedt*, Medicinens studium vid Åbo universitet. 216 s. 90. 3: 50 fmk.
XVII. D.o d:o. 2. Juridiken. *Liljenstrand, Axel*, Juridikens studium vid Åbo universitet. 95 s. 90. 2: 50 fmk.
XVIII. Förhandlingar o. uppsatser. 5. 1889—90. 6, xlv o. 218 s. 91. 3: 50 fmk.
XIX. Åbo universitets lärdomshistoria. 3. Historien. *Schybergson, M. G.*, Historiens studium vid Åbo universitet 6 o. 168 s. 91. 3 fmk.
XX. Förhandlingar o. uppsatser. 6. 1890—92. 6. cviij o 121 s. 92. 2: 50 fmk.
XXI. Katalog öfver den svenska literaturen i Finland samt därstädes utkomna arbeten på främmande språk 1886—90. Uppgjord af *H. Bergroth*. viij o. 175 s. 92. 4 fmk.
XXII. Finska presterskapets besvär o. kgl. Majt:s derpå gifna resolutioner. Från slutet af 1620-talet intill stora ofredens slut Samlade af *K. G. Leinberg*. 4, xij o. 474 s. 92. 8 fmk
XXIII. Åbo universitets lärdomshistoria. 4. Teologin. *Råbergh, Herm.*, Teologins historia vid Åbo universitet. I. 1640—1713. 6 o. 188 s 93. 3 fmk.
XXIV. Förhandlingar o. uppsatser. 7. 1892—93. 6, lxxij o. 137 s. 93. 2 fmk.
XXV. Protokoller hållna hos det hedervärda bondeståndet vid landtdagen i Borgå år 1809. Utg. af *Elis Lagerblad* 8 o 282 s. 93. 5 fmk.
XXVI. Åbo universitets lärdomshistoria. 5. Filologin. *Heikel, I. A*, Filologins studium vid Åbo universitet. 6 o. 334 s. 94. 3: 50 fmk.
XXVII. Johan Henrik Kellgrens bref till Abr. Nikl. Clewberg, utg. af *Henrik Schück* xxxix, 136 o. xix s. 94. 4: 50 fmk.
XXVIII. Förhandlingar o. uppsatser. 8. 8, xlvij o. 283 s. 94. 3: 75 fmk.
XXIX. *Freudenthal, A. O.*, Östgötalagen med förklaringar. iv o. 280 s. 95. 4: 50 fmk.
XXX. Förhandlingar o. uppsatser. 9. 1894—95. 6, lx o. 336 s 95. 3: 75 fmk.
XXXI. *Hultman, O. F.*, Jöns Buddes bok. En handskrift från Nådendals kloster. xxiij, 256 s. o. 1 pl. 95. 5 fmk.

Skrifter utg. af Lorénska stiftelsen. 8:o. Sthm, Köersners Boktr.-aktb.
1. *Feilitzen, Urban v.* (Robinson). Tjenare, statare o. torpare. En del statist. material till jordarbetarefrågans lösning. 124 s. 90. 1: 50.
2. *Kovalevsky, Maxime*, Tableau des origines et de l'evolution de la famille et de la propriété. 202 s. 90. 3 kr.

3. *Fredholm, J. H. G.*, Arbetarelagstiftningen o. fabriksinspektionen i utlandet. viij o. 190 s. 90. 2 kr.

4. *Hultgren, E. O.*, o. *Landergren, Ernst*, Untersuchung über die Ernährung schwed. Arbeiter bei frei gewählter Kost. Mit 3 Tafeln. 135 s. 91. 2 Rmk. (1: 80.)

5. *Wallqvist, Hjalmar*, Bostadsförhållandena för de mindre bemedlade i Göteborg. Med 13 fig. 116 s. 91. 1: 50.

6. *Feilitzen, Urban v.* (Robinson), Tjenare, statare o. torpare (forts. från N:o 1). En del statistisk material till jordarbetarefrågans lösning sammanstäldt. 89 s. (91.) Med bihang: *Tibell, Halvar*, Om en tidsenlig arrendelag. 104 s. (1885.) 1: 25.

7. —, Tjenare, statare o. torpare (Forts. från N:o 6). 75 s. 92. 1: 25.

8. *Leffler, Johan*, Om olika lönereformer med särskildt afseende på s. k. vinstandelssystem.
 1. Egentliga löner o. bruttoandelslön. 67 s. 93. 75 ö.
 2. Vinstandelssystem. S. 69—178. 93. 1: 25.

9. *Geijerstam, Gustaf af*, Anteckn:r om arbetareförhållanden i Stockholm. 94 s. 94. 1: 25.

10. —, Anteckningar rör. fabriksarbetarnes ställning i Marks härad. 100 s. 95. 1: 25.

11. *Steffen, Gustaf F.*, Studier öfver lönesystemets historia i England. I: Orsakerna till de sekulära variationerna i engelska lönarbetares lefnadsstandard före 1760. xix o. 207 s. 95. 2: 50.

Skrifter, utgifna af Lunds stads o. omnejds försvarsförbund. 8:o. Lund, C W. K. Gleerup.
 1. Årsfesten d. 30 nov. 1890. 75 ö.
 2. *Wrangel, Ewert*, Fosterlandskärleken i den svenska litteraturen. 27 s. 91. 35 ö.
 3. —, Till Magnus Stenbocks minne. (Poem.) 4:o, 4 s. 92. 25 ö.

Skrifter, Svenska Nationalföreningens. 8:o. Sthm, C. E. Fritzes hofbokh. i distr.
 1. I röstfrågan. I. Hvad innebär den polit. rösträttens utsträckning? 22 s. 93. 25 ö.
 2. — II. Valrätten i främmande länder. 27 s. 93. 25 ö.
 3. *Wrangel, H.*, Sjövapnets betydelse för fosterlandets försvar. 38 s 94. 25 ö.
 4. *Hildebrand, Hans*, En svensk nationaldag. Föredrag. 19 s. 94. 25 ö.
 5. Utrikesministerfrågan I. af *J.* 20 s 94. 25 ö.
 6. Till arbetareförsäkringsfrågan i Sverige. En öfversigt af *Ö.* 23 s. 95. 25 ö.
 7. *Erik.* I den unionella revisionsfrågan. 15 s. 95. 25 ö.

Skrifter, utg. af Svenska Nykterhetssällskapet. 1895 års serie. 8:o. Sthm, Hälsovännens exp.
 1. *Wieselgren, Sigfrid*, Är den moderata nykterhetsverksamheten föråldrad? 26 s. 95. 25 ö.
 2. *Almquist, Ernst*, Något om njutningsmedel med särskildt afseende på spritdryckerna 14 s. 95. 25 ö.
 3. *Flodström, I.*, Om spirituosaförsäljningsafgifternas förhållande till det verkliga försäljningsbeloppet. 32 s. 95. 25 ö.
 4. *Holmberg, Teodor*, Helgmålsringning. Maningar till unge män. 12 s. 95. 25 ö.
 5. —, Lifvets bärande krafter. Maningar till unge män. 14 s. 95. 25 ö.
 6. *Scheele, K. H. Gez. v.*, "Hvad säger då du?" En fråga om sådana, som Moses har bjudit skola stenas. 18 s. 95. 25 ö.
 7. *Widmark, J.*, Om förgiftningssvagsinthet jämte några därtill knutna betraktelser. Föredrag hållet å en nykterhetsfest d. 2 dec. 1894. 16 s. 95. 25 ö.
 8. *Wieselgren, P.*, Tal vid svenska Nykterhets-sällskapets sammankomst å stora börssalen i Stockholm d. 17 aug. 1840. 3:e uppl. 26 s. 95. 25 ö.

Skrifter, utg. af Samfundet pro fide et christianismo. Sthm, F. & G. Beijers Bokf.-aktb.
 1. *Luther, M*, Huspostilla. Ny öfvers. af *S. G. Cavallin*. Ny uppl. 8:o, 566 s. 88. Vb. 1: 50, skb. 2: 25.
 4. *Arndt, Joh.*, Fyra anderika böcker om en sann kristendom. Öfv. af *S. G. o. Severin Cavallin*. 8:o, 901 s. 92. 3 kr. (Föreg. uppl. 78.)
 5. —, Postilla, eller förklaring öfver de gamla evangelierna. Öfv. af *S. G. Cavallin*. 8:o, 829 s. 92. 3 kr., inb. 3: 50. (Föreg. uppl. 79.)
 8. *Luther, M.*, Passionspredikningar jemte två predikn:r om tröst emot döden. Ny öfvers. af *S. G. Cavallin*. Ny uppl. 8:o, 170 s. 88. Inb. 75 ö. (Föreg. uppl. 81.)
 20 2. *Büchsel, C.*, Minnen ur mitt embetslif i Berlin. Öfv. af *Clas Warholm*. 8:o, 124 s. 86. 1 kr.
 24. *Laurén, L. L.*, Om kyskhet. 8:o, 54 s. 86. 30 ö.
 25. Biblia, det är all den hel. skrift, med förklaringar af *P. Fjellstedt*. 8:o.
 Gamla Testamentet. 2 dlr. 808 o 784 samt 176 s. 90. 6 kr., inb. 10 kr.
 Nya Testamentet. 739 s. 90. 3 kr., inb 5 kr.
 26. Söndagsvännens postilla. Fullst. årgång af predikn:r utg. af Samf pro fide et christianismo skriftutskott.
 I. Predikn:r öfver kyrkoårets evangelier. 8:o, vij o. 432 s. 91. Klb. 1: 50.
 27. II. Predikn:r öfver de s. k. nya högmässotext. första årg. 8:o, 476 s. 92. Klb. 1: 50.
 28. III. Predikn:r öfver de s. k. högmessotexternas andra årgång. 8:o, 476 s. 93. Klb. 1: 50.
 29 a. *Hult, Karl*, Bibel eller påfve. En undersökn. till främjande af evang. åskådning. 8:o, 52 s. 92. 50 ö.
 29 b. *Skog, Carl*, Hvad är den Romerska katolicismen? 8:o, 49 s. 92. 50 ö.
 29 c. *Hofstedt, C. A. Z.* Den katolska kyrkoläran o. den hel. skrift. 8:o, 26 s. 92. 30 ö.
 29 d. *Hammar, A. T.*, Katolsk o. luthersk kristendom. 8:o, 76 s. 92. 75 ö.
 30. *Roos, Magn. Fredr*, Nattvardsbok. Öfv. af *J. N. Mortenson*, 15.e uppl. Stor 16,o, 159 s. 92. Klb. 60 ö., med guldsn. 1 kr.
 34. Söndagsvännens betraktelser för hvarje dag i veckan. 8:o, 416 s. 93. Klb. 1: 50.
 35. *Hult, Karl*, Jubelåret 1893 eller Uppsala mötes 300-åriga minne tolkadt. 8:o, 44 s. 93. 25 ö.
 36. *Thomas a Kempis*, Om Kristi efterföljelse. Fyra böcker. Öfv. från latin af *Ol. Carling*. 8:o, xvj o. 215 s. 93. Inb. 1 kr.
 37 a. Ur de svenska reformatorernas skrifter. I. *Laurentius Andreæ*, Om tron o. goda gerningar. — *Olavus Petri*, Hvad presterna äro skyldiga lekmännen. 8:o, 41 s. 93. 30 ö.
 37 b. — II. "Olavus Petri bönbok". 8:o, 101 s. 93. 75 ö.

38. *Björck, Gust. Dan*, Högmessopredikningar öfver kyrkoårets gamla evangelier. 1:a—8 e hft. 8:o, 800 s. o. 1 portr. 94—95. För häfte 50 ö.
39. *Roos, M. Fr.*, Utläggning af nytestamentliga skrifter. 8:o.
   I. Pauli bref till romarna. Öfv. af *Axel Strandell*. 187 s. 95. 1 kr.
   II. Pauli bref till korinterna. 93 s. 95. 1 kr.
   III. Pauli bref till Galaterna. 114 s. 95. 1 kr.
40. Den svenska psalmboken o. evangelieboken. 8:o, 304 o. 320 s. 95. Klb. 1: 50
41. *Roos, M. F*, Kristlig troslära. 8:o, 207 s. 95. 1: 50.

Skrifter i socialhygieniska frågor utg af Svenska reformgillet. 8:o. Sthm. II. Geber.
1. *Forel, Aug.*, Alkohol såsom njutningsmedel. Popul. föredrag. Öfv. af *Joh. Bergman*. 42 s. 90. 60 ö.

Skrifter utg. af Teosofiska samfundets svenska afd. 8:o. Sthm, Teosof bokf.
1. *Buck J. D.*, Teosofiens väsen o. mål. Öfv. Bihang: Stadgar för Teosof. samf. svenska afd. 30 s. 89. 30 ö.
2. *Sinnett, A. P.*, Kort framställning af teosofiens hufvudgrunder. Utdrag ur "The purpose of theosophy". 33 s. 89. 30 ö.
3. *Harte, R*, Teosofien o. viljekraftkuren. Teosofien, en ledning i vårt lif. 28 s. 89. 30 ö.
4. *du Prel, Carl*, Växtmystik. Öfv. 32 s. 89. 30 ö.
5. *Kingsland, W.*, Om evolution o. religion. Den hvita lotusblomman. 32 s. 89. 30 ö.
6. Längtan efter gudomligt lif. — Det ondas uppkomst. — Ett snillrikt barn. — Fråga o. svar. 32 s. 89. 30 ö.
7. Chelas o. lekmannachelas. Öfv. af *G. Z.* — *Prel, Carl du*, Det gifves ett transcendentalt subjekt. Öfv. af *A. F. Å*. 39 s. 89. 30 ö.
8. Teosofi o. kristendom. Meningsutbyte emellan C. D. W. o. G. Zander. — *Cederschiöld, Amélie*, Från teosof. högqvarteret i London. — Karma ss. en tröst i sorgen. Öfv. af *E. Z*. 35 s. 89. 30 ö.
9. *Hartmann, Franz*, Teosofi eller gudomlig visdom. Öfv. af *H. G. A*. — *Besant, Annie*, Teosofi och sociala reformer. Öfv. af *H. G. A. Hawtorn, Ernest*, En nybörjares bekymmer. Öfv. af *C. S.* 32 s 89. 30 ö.

Skrifter utg. af Svenska utsädesföreningen. 8:o. Lund, Gleerupska univ:s-bokh. i distr.
1. *Wagner, Paul*, Några praktiskt vigtiga gödningsfrågor enligt de nyaste forskningsresultaterna. Öfv. af *Hj. Nathorst*. 110 s. 87. 1 kr.
2. *Mortensen, J. J.*, De farligaste ogräsens växtsätt o. utrotande. Öfv. af *Hj. Nathorst*. 63 s. 87. 75 ö.
3. *Wagner, Paul*, De nyaste erfarenheterna om Thomasslaggen. Bearb. af *Hj. Nathorst*. 24 s. 87. 25 ö.
4. *Bolin, Pehr*, Hjelpreda för bestämning af gräsfrukterna. 34 s. 94. 50 ö.

Skrifter, Valda smärre, till väckelse o. näring för det inre lifvet, utg. af *W. Rudin*. 3.e hft. Liten 8:o, xvj o 113 s. Ups., W. Schultz 93. 50 ö

Skriftprof, Svenska, från Erik den hel. tid till Gustaf III:s efter orig. i Riksarkivet o. Kgl. Biblioteket i ljustryck utförda, samt i boktryck återgifna af *Emil Hildebrand, Algernon Börtzell* o. *Harald Wieselgren*. 1:a hft. Medeltiden. Med 25 pl. med 39 n:s. Folio, 25 pl. o. text in 8:o, v o. 64 s. Sthm, Generalstab. litogr. anst. 94. 15 kr.

Skrifvelse, Generalpoststyrelsens underdåniga, i fråga om postverks uteslutande rätt att mot afgift besörja regelbunden befordran af slutna bref äfvensom af brefkort m. m. 4:o, 77 s. Sthm, Samson & Wallin. 88. 40 ö.

Skrill, Ernst (pastor *S. Keller*), En rysk lärarinnas lefnadslopp. (Natschaluiza.) Berättelse ur ryska nutidslifvet. Öfv. 8:o, 202 s. Sthm, A. V. Carlsons Bokt.-aktb. 94. 1: 50. kart. 1: 75.

Skrud, I snöhvit. Illustr. med verser af *L. S*. 10 blad velin. Sthm, C A. V. Lundholm. 92. 50 ö.

Skull, För mammas. En historia om dryckenskapsdemonen. Från eng. af *N. T*. 8:o, 72 s. Örebro, Bokf.-aktb. 95. 25 ö., kart. 35 ö.

Skull, För mästarens. Bibelspråk för en månad med verser af *L. S*. Med kolor. illustr. 8:o, 32 s. Sthm, G. Chelius. 94. Inb. 1: 60.

Skum. Dramatiskt utkast i 1 akt af *C—l N[isse]n*. 2:a uppl. 8:o, 31 s. Göteb., Wettergren & Kerber. 93. 75 ö.
(1:a uppl. 89.)

Skyddsengeln, Bönbok för katolske kristne. Med 3 stålgravyrer. 16:o, 624 s o. 3 pl. Sthm. Katolska församl. pastorsexp. 87.
Chagrinb. med guldsn. 2: 25.

Skåden liljorna på marken! För lifvets vårdagar af *L. S*. 8:o, 13 blad velin. Sthm, G. Chelius. 91. 1: 50.

Skåne o. Köpenhamn. Illustrerad handbok för resande. Se: Resehandböcker, Alb. Bonniers. 3.

Skämt o. munterhet Anekdoter, infall o. roligheter, humoresker o skämtvisor. Illustr. med 100 bilder. 3 hfn. 8:o, hvarje häfte 96 s. Sthm, Alb. Bonnier. 95. För häfte 25 ö.

Skämt o. munterhet. Nära 400 anekdoter, infall o roligheter. 9 olika hfn. 12:o, hvarje hft omkring 100 s. Sthm, Alb. Bonnier. 88, 89. För häfte 25 ö.

Skämthistorier o. muntra anekdoter. Humoresker m. m. utg af *Kapten Punsch* [John Johnson] Med teckn:r. 10 olika hfn. 8:o, hvarje häfte 64 s. Sthm, Alb. Bonnier. 92 För häfte 25 ö.

Skämtlynne, Amerikanskt. Humoresker o. burlesker, satirer o. anekdoter af det moderna Amerikas mera framstående humorister. 6 olika hfn, 8:o, hvarje hft. 80 s. Sthm, Alb. Bonnier. 92—95. För häfte 25 ö.

Skämtlynne, Franskt. Humoresker af utmärkta franska författare. Öfv. af *Olof Rubenson*. 8:o, 171 s. Sthm, Ad. Johnson. 90. 1: 50.

Skämtlynne, Svenskt. Folklifsbilder, sägner o. anekdoter m. m. saml. af *Oscar Svahn*. Med teckn:r af *Ernst Ljungh* o. *B. Liljefors* m. fl. 16 olika hfn. hvarje hft. 96 s. 3:e uppl. 8:o. Sthm, Alb. Bonnier. 92—95. För häfte 25 ö.
Samma uti 4 delar à 1 kr., inb. 1: 50.
(2.a uppl. 90, 91)

Skämtportföljen, Ur. Se: Bibliotek, De gladas. 15.

SKÖLD, Vilh., Handbok för Good-Templars. 16:o, 40 s. Sthm, Sveriges Storloge af J. O. G. T. 87. 20 ö.
Se: Bandet, Blå. — Bokhandelsmatrikel, Svensk. — Nykterhetsbibliotek.

Sköld o. pil. Med förord af *Emil Frommel* o. slutord af *Otto Funcke*. Öfv. från tyskan. 8:o, 166 s. Sthm, C A. V. Lundholm. 90. 1: 35.

Skönhet, Qvinnans. Dess vård o. bibehållande. Af *D. D*. 12:o, 54 s Sthm, G. Ljungberg. 88. 50 ö., kart. 80 ö., klb. 1 kr.

Skönheten o. odjuret. 7 kolor. pl. i form af en teater. Malmö, Envall & Kull. 92. 2 kr.

Slarf-Kalle o. hans lekkamrater. 4:o, 12 blad med

kolor. fig. o. text. Sthm, G. Chelius. 95.
Kart. 2 kr.
SLAVICI, Johan, Se: *Gane, N.* o. *Slavici, J.,* Från Rumänien.
Sleipner, organ för utbredande af Gabelsbergers stenografi. Redaktion: *Kurl Keventer* o. *A. Bernh. Helmers.* 4:o. Vestervik, Redaktionen 88. 1 kr.
Slott, Rhengrefvens. Roman i 2 dlr. Bearb. af *O. R.* 8:o, 443 o. 468 s. Sthm, Carl Larson. 89. 3: 75.
SLOTTE, K. F., Apparat för bestämning af värmeenhetens mekaniska eqvivalent. Se: Öfversigt af F. Vet. soc:s förhandl:r. XXXIII.
—, Om attraktionen hos mättade ångor. Se: dersammast. XXXIV.
—, Om den inre friktionen hos vätskor. Se: dersammast. XXXII.
—, Ueber die Reibungsconstante d. Flüssigkeiten. Se: dersammast. XXXVII.
—, Ueber die Wärmebewegung. Se: dersammast. XXXV o. XXXVII.
Slägtkalender, Svensk, (utg. af *V. Örnberg.)* Liten 8:o. Sthm, Utg:n.
3:e årg. För 1887. 288 s. 86. Klb. 3 kr.
4:e årg. För 1888. vij o. 351 s. 87. Klb. 3: 50.
(Forts. Se: Ättartal, Svenska.)
Slägten von Krusenstjerna. 8:o, 76 s. Tr. i Sthm. 93. (Ej i bokh.)
Slägten Laurin, (Utg af *Aug. Kinberg).* 8:o, viij o. 127 s. Sthm, P. A. Norstedt & S:r. 86. (Upplagan 300 ex.) 5 kr.
Slägtet, Det kommande. Goda råd för omsorgsfulla föräldrar o. uppfostrare. Öfv. af *Pehr J. Wallin.* Liten 8:o, 42 s. Sthm, C. E. Fritzes hofbokh. 89. 50 ö.
Slöjdvännen, Mönstertidning. Red. *Aug. Dikman.* 1:a—3:e årg. (1890—92.) Folio. Sthm, Joh. Hellsten. 90—92. För årg. (12 n:r) 2: 50, kart. 3 kr.
SMEDMAN, Gustaf, Bokhålleri för privatpersoner. 8:o, 63 s. Sthm, Alb. Bonnier. 93. 1 kr.
—, Den praktiske formulär- o. affärsboken. Handledn. i bokföring för minuthandel etc. 4:e uppl. 8:o, 84 s. Sthm, Ad Johnson. 95. 75 ö.
(1:a uppl. 88. 2:a 89. 3:e 92.)
SMEDMAN, Karl, Den fullständiga kontoristen. Handbok för det praktiska affärslifvet. 8:o. Sthm, Alb. Bonnier.
4. Bokhålleri för landtbruk. 3:e uppl. omarb. af *Gust. Smedman.* 152 s. 93. 2 kr.
5. Formulärbok för köpmän. 4:e genomsedda uppl. 68 s. 93. 60 ö.
7. Köpmansordbok. 3:e uppl. genoms. o. tillökad af *Gustaf Smedman.* 95 s. 90. 75 ö.
8. Mynt-, mått-, mål- o. vigtförhållanden. 180 s. 87. 2 kr.
10. Supplementshäfte: Handbok vid förvandling af äldre o. nuvarande svenska mått o. vigter till o. från metersystemet. 2:a uppl. xiv o. 88 s. (80.) 1: 50.
—, Handbok för kommunal-räkenskapsförare, innehållande fullst. schemata för räkenskaper. 8:o, 252 s. Sthm, Alb. Bonnier. 86. 2: 50, kart. 3 kr.
—, Lilla lathund eller prakt. hjelpreda vid prisjemförelser mellan de gamla syst. o. metersystemet. Liten 8:o, 52 s. Sthm, Alb. Bonnier. 89. 25 ö.
—, Tabell öfver alla länders mynt, mått o. vigter, jemförda med såväl nuvarande svenska mynt, mått o. vigter som med metersystemet. 1 tab. Sthm, Ad. Johnson. 87. 1 kr.
SMILES, Samuel, Menniskans egna kraft. Rätta vägen till utmärkelse o. rikedom. Svensk bearb. af *G. Svederus.* Ny tillök. uppl. [8:e] 8:o, 416 s. Sthm, Ad. Johnson. 95. 3: 25, inb. 4: 25. (7:e uppl. 86.)
SMIRNOFF, Alexandra, Handbok i finsk pomologi. 4:o, 100 s. o. 20 pl. H:fors, Söderström & K. 94. 2: 50.
—, Några ord om trädfruktodling o. dess framtida ordnande i Finland. 8:o, 4 o. 34 s H:fors, Förf. 92. 1 fmk.
—, Om trädfruktodling i Finland. Se: Skrifter, Folkupplysn. sällsk. 82.
SMIRNOFF, Georg, Développement de la methode de Scarenzio. 8:o, 147 s. H:fors, 86. 2 fmk.
[—], Från universitetet. Skildring af *X.* 8:o. H:fors, Förf.
I. 2:a uppl. 28 s. 86. 50 p.
II. 54 s. 86. 1 fmk.
III. 65 s. 86. 1: 25 fmk.
IV. 39 s. 87. 1 fmk.
V. 70 s. 88. 1: 50 fmk.
VI. 68 s. 91. 1: 50 fmk.
[—], Koncentrerad naturreligion. Ett Stockholmsminne af *G. S.* 2:a uppl. 8:o, 4 o. 46 s. H:fors, Förf. 94. 1: 75 fmk.
—, Kort framställning af syfilisterapin medelst injektion af oldsliga kvicksilfverpreparat. Akad. afh. 8:o, 118 s. H:fors, Förf. 90. 2 fmk.
SMITH, Carl, Båtsegling, kanotsegling o. simning. Se: Bibliotek, Illustreradt för idrott. 1.
[—]. Prat o. historier af *C. S:th.* 8:o, 212 s. Sthm, Z. Hæggströms f.-exp. 95 2 kr.
—, Vetenskapliga o. ovetenskapliga förströelser. 8:o, 292 s. Sthm, C. E. Fritzes hofbokh. 88. Inb. 5 kr.
SMITH, James, Gröna ängar. Daglig föda för herrens hjord. Öfv. från eng. 16:o, 259 s. Sthm, C. A. V. Lundholm. 92. Klb. 1: 25.
SMITT, Clara, Kvinnans ställning i samhället. Några inlägg i nutidens sociala spörsmål. 3:e uppl. 8:o, 236 s. Sthm, C. A. V. Lundholm. 90. 2 kr.
(1:a uppl. 87. 2:a 88.)
SMITT, F. A., Historisk förteckning öfver de i Riksmuseum befintliga Salmonider. Folio, 219 s., 13 tabulæ metricæ o. 16 pl. Sthm, P. A. Norstedt & S:r. 86. 25 kr
—, Om sillracernas betydelse. Se: Bihang till K sv. Vet.-akad:s handl:r. XIV: IV, 12.
—, Se: *Brehm, A. E.,* De kallblodiga ryggradsdjurens lif. — Fiskar, Skandinaviens.
SMYTH, Julian K., Frälsarens fotspår. Studier i vår Herres lif o. natur. 8:o, 153 s. Sthm, Nykyrkl. bokförl. 93. 1 kr., klb. 1: 50.
—, Heliga namn, belysta i berättelsen om Herrens vandring från Betlehem till Golgata. Öfv. 8:o, 102 s. Sthm, Nykyrkl. bokförl. 94. 1 kr., klb 1: 50.
—, Är Nya kyrkan evangelisk? Öfv. af *Ax. Hj. L—dhé.* 8:o, 16 s. Sthm, Nykyrkl. bokförl. 94. 15 ö.
Småbarnsböcker, Sthm, Alb. Bonnier.
Hultin, K., De sagoberättande barnen. — Lille sotarmurres underbara öden. — Nisse o. Nasse. — Sagan om Lunkentus. — Sagan om Pannkaksberget.
(Se under de särskilda titlarna.)
Småhistorier af J*** [*C. Levetzow.*] Öfv. från danskan. 12:o, 112 s. Sthm, Alb. Bonnier. 87. 1: 25.

Småland, Från. Ord, bilder o. toner af småländingar. Stor 4:o, 54 s. Ups., Smålands nation. 93. 1: 50.

Småsaker, Dramatiska. Proverb o. monologer. Öfv. af *Gustaf Fredrikson.* 12.o, 21, 22, 22, 21, 26, 25, 25, 14 o. 10 s. Sthm, Alb. Bonnier. 92. 2: 25.

Småskrifter, Sveriges allm. folkskollärareförenings. 8:o. Sthm, (Looström & K i distr.)
1. *Dalin Alfr.,* Afgångsexamina vid Sveriges seminarier åren 1870—88. 75 s. 91. 60 ö.
2. *Berg, Fridtjuv,* Johan Amos Comenius, uppfostringslärans o. folkskoletankens fader. 70 s. o. 1 portr. 92. 50 ö.

Småskrifter i landtbruk. 8:o. Sthm, P. A. Norstedt & S:r.
3. *Wagner, Paul.* Thomasslaggen, dess betydelse o. användning som gödselmedel. Öfv. af *G. Henriksson-Holmberg.* viij o. 71 s. samt 2 tab. 87. 75 ö.
4. *Lundin, K. F.,* Våra mejeriprodukter i England jemte några iakttagelser om mejeriförhållandena o. boskapsskötseln i Storbritannien, Danmark o. Holstein. 130 s. 89. 1 kr.
5. *Eggertz, C. G.,* Om i handeln förekommande konstgjorda gödslingsämnen o. deras användning. 47 s. 93. 50 ö.
6. *Essen, Reinh. v.,* Praktisk vägledning i hästafveln. Af Kungl. Landtbruksakad:n belönad prisskrift. 76 s. 95. 75 ö.
7. *Haffner, Wolfgang,* Praktisk vägledning i hästafvel. Prisbelönt af Kungl. Landtbruksakademien. 66 s. 95. 65 ö.

Småskrifter i landthushållning utg. under red. af *Abr. Forssell.* 8:o. Sthm, Ad. Bonnier.
1. *Forssell, Abr.,* Utsädet, dess beskaffenhet o. behandling. Med 9 illustr. 84 s. 91. 80 ö.
2. *Trybom, Filip,* Sorkar o. möss, deras skadlighet, fiender o. utrotningsmedel. Med 52 illustr. iv o. 120 s. 91. 1: 25.
3. *Örtenblad, Th.,* Skogen, dess ändamålsenliga afverkning o. föryngring. Med 11 illustr. 80 s. 91. 80 ö.
4. *Forssell, Abr.,* Fodret o. utfodringen. Med 6 illustr. 208 s. 92. 2: 50.
5. *Olbers, T. B.,* Mossmarken, dess odling o. behandling. Med 3 illustr. 80 s. 92. 90 ö.
6. *Heurgren, Paul,* Arbetshästen o mjölkkon. Råd vid köp af dessa djur. Med 51 illustr. 60 s. 93. 1 kr.
7. *Trybom, Filip,* Fiskevård o fiskodling. Med 62 illustr. 199 s. 93. 2 kr.

Småskrifter, National-ekonomiska. 12:o. Sthm, Alb. Bonnier.
1. *Bastiat, Frédéric,* Hvad man ser o. hvad man icke ser, eller stathushållningsläran i sammandr. Öfv. 83 s. 87. 50 ö.
2. *Wermelin, Atterdag,* Karl Marx' värdeteori, popul. framstäld. Med en inledn af *A. F. Å.* 24 s. 87. 25 ö.

Småskrifter, Svenska nationalföreningens. 8.o. Sthm, C. E. Fritzes hofbokh
1. Sverige o. unionen. 8 s. 95. 10 ö.

Småskrifter för nattvardsungdom. 8:o. Linköping, P. M. Sahlströms bokh. i komm.
1. Var stark! Minnesgåfva till ynglingarne. 3.e uppl. 32 s. 90. 15 ö. (1:a o. 2:a uppl. 89.)
2. Haf akt på dig själf. Minnesgåfva till flickorna. 32 s. 89. 15 ö.

Småskrifter, Pedagogiska. Liten 8:o. Sthm, Sv. lärare-tidning.
1. *Söderberg, J. Gust.,* Om åskådlighet vid undervisningen. Föredrag. 47 s. 88. 30 ö.
2. *Franzén, J,* Om slöjden såsom uppfostringsmedel. 47 s. 89. 30 ö.
3. *Lundin, Hulda,* Franska skolförhållanden. Reseanteckningar. 27 s. 89. 25 ö.

Småskrifter om språkundervisning, utgivna av föreningen Quousque Tandem. 4:e o. 5:e hft. 8:o, 42 o. 64 s. Sthm, Samson & Wallin. 89—91. 1: 50.

Småskrifter, Teosofiska, utg. af logen Orion. 8:o. Sthm, Teosofiska bokf.
1. Några tankar om Karma. 32 s. 95. 40 ö.
2. *Ljungström, Georg,* Teosofiska dikter. 32 s. 95. 40 ö.

Småttingar, Helens. Se: *[Habberton, John.]*

Småttingar, Våra, i hvardagslag. 4:o. 6 blad med kolor. fig. o. text. Sthm, Ad. Johnson. 95. Kart. 1: 50.

Snapphanarne, Gammalt o. nytt om Skåne af *O. K.* Sv. orig. 2:a genoms. uppl. 8:o, 398 s. Sthm, Ad. Johnson. 89. 3: 25.

Snaror, Kärlekens. Se: Bibliotek, De gladas. 8.

SNELLMAN, Joh. Vilh., Läran om staten. 2:a uppl. 8.o, 336 s. H:fors, Förlagsaktb. Otava. 4 kr.
—, Samlade arbeten. 8:o. H:fors, Förlagsaktb. Otava.
I. Filosofiska arbeten. 1047 s. 94. 10 kr.
II. Vittra skrifter. 983 s. 92. 11 kr.
III. Afhandlingar o. uppsatser. 624 s. 93. 6 kr.
IV. Afhandlingar o. uppsatser. 709 o. x s. 93. 6 kr.
V. Afhandlingar o. uppsatser. 792 s. 94. 8 kr.
VI. Afhandlingar o. uppsatser. 692 o. x s. 95. 7 kr.
VII Bedömanden, recensioner o. anmälanden. I. Inhemsk litteratur. 598 o. xv s. 95. 6 kr.
—, Vittra skrifter. Öfvertryck ur "Samlade arbeten". 8 o, 4 o. 560 s. H fors, Förlagsaktb. Otava. 95. 4 kr.

SNELLMAN, Walter, J., De gerundiis orationum Ciceronis. Diss. acad. 8:o, xvj o. 233 s. samt 2 tab. H:fors, Förf. 94. 3 fmk.

Sniggel Snuggel. En saga af *H. Vallentin.]* Med teckn:r af *Jenny Nyström.* 4:o, 40 s. o. 14 pl. Sthm, F. & G. Beijers Bokf.-aktb. 89. Kart. 2: 90.

SNOILSKY, Carl, Ausgewählte Gedichte. Deutsch von *Adolf Stern.* 8:o, 167 s. (Tr. i Dresden.) Sthm, H. Geber. 91. 4 kr., inb. 5 kr.
—, Dikter. 2:a samlingen 1879—80. 2:a uppl. 8.o, 298 s. Sthm, H. Geber. 86. 4 kr., klb. 6 kr.
—, Dikter. 4:e saml. 2:a uppl. 8:o, 276 s. Sthm, H. Geber 92. 4 kr., eleg. inb. 6 kr. (1:a uppl. 87.)
—, En afton hos fru Lenngren. Se: Handl:r, Sv. Akad. 52.
—, Königsmark o. Thynne. En svensk-engelsk kriminalhistoria från 17.e seklet. Stor 4:o, 28 s. Tr. i Ups hos Edv. Berling. 90. Uppl. 25 ex. (Ej i bokh.)
—, Majsång på Skansen. Se: Minnen från Skansen. 10.
—, Minne af skalden Michael Choræus. Se: Handl:r, Sv. akad. IX.
—, Sonetter. 2:a uppl. 8:o, 75 s. o. 1 portr. Sthm, H. Geber. 88. 2 kr., inb. 3 kr.
—, Svenska bilder. 2:a tillök. uppl. 8:o, 152 s. Sthm, H. Geber. 95. 1: 75, inb. 2: 75. (1:a uppl. 86.)

SNOILSKY, Carl, Svenska bilder. Med förklarande noter af C. v. Friesen. 8:o, 135 s. Sthm, H. Geber. 94. Kart. 1 kr.
—, Svenska bilder. Med teckn:r af Albert Edelfeldt. 4:o, 164 s. o. 11 pl. Sthm, H. Geber. 94. 15 kr, klb. 21 kr., chagrinb. med guldsn. 30 kr. Numrerad "amatörsupplaga" 100 kr.
—, Svenska historiska planscher. 8:o, 282 s. Sthm, Klemmings ant. i distr. 95. 7 kr.
Jfr. Handl:r, Kongl. Bibliotekets. XV—XVIII.
—, Svensksund. Se: Handl:r, Sv. Akad. V.
—, Se: Füger, A., Hexan. Sehlstedt, E., Sånger o. visor.
Snorre, Bitar. Med förord af N P. Ödman. 1:a o. 2:a uppl. 8:o, 172 s. Sthm, Fahlcrantz & K. 94. 1: 75, inb. 3 kr.
Snuskpelle, Den nye. 4.o, 6 blad med kolor. fig. Malmö, Euvall & Kull. 93. 1: 75.
Snöflingan, Barnens Jultidning. 1:a—6:e årg. (1890—95.) Folio. Hvarje årg. 16 illustr. sidor o. 1 pl. Sthm, Alb. Bonnier. 90—95. Hvarje årg. 60 ö.
Snöflingan. Literärt album, utg. af Eva Ljungberg (Draba verna) o. Constance Ullner (Vanda). 4:o, 64 s. o. 2 pl. H:fors, Utg:na. 91. 2 fmk (1: 50.)
Socialismen, dess lärosatser och konsekvenser. 8:o, 28 s. Sthm, G. Fredengren. 86. 25 ö.
SODEN, H. v., Reformation o social fråga. Se: Frågor, I religiösa o. kyrkliga 22.
SOHLBERG, H., Förberedande kurs i bokstafsräknelära (algebra) för de allm. lärov:ns 4:e o. 5:e klasser. 8:o, 16 s. Sthm, L. Hökerberg. 94. 25 ö.
—, Edlunds unitariska teori för elektriciteten framståld. 8:o, xij o. 116 s Sthm, P. A. Norstedt & S:r. 86. 2: 50.
SOHLMAN, Harald, Skatterna till staden. Se: Studentfören. Verdandis småskrifter. 9.
SOHM, Rudolf, Kyrkohistoria i sammandrag. Öfv. från tyskan af A. Fernholm. 8:o, 223 s. Sthm, C. A. V. Lundholm. 90. 2: 50.
Sol. Illustrerad kalender för alla Med 6 illustr. Folio, 62 s. o. 4 pl. Sthm, C. A V. Lundholm. 87. 1: 50, kart. 2 kr.
SOLANDER, E., Die magnetische Inklination in Upsala u. Stockholm. Se: Acta, Nova, reg. soc:is scient. Upsal. XIV: 3.
—, Galvanisk elektricitet. För reallärovrk m. m. 8:o, 50 s. Ups., Akad. bokh. i distr. 87. 75 ö.
—, Irrationella kvantiteters räknelagar med tillämpn:r på plangeometrien. 8.o, 86 s. Sthm, P. A. Norstedt & S:r. 94. Lärftab. 1: 50.
—, Konstanten bestimmung mit einem Lamontschen Theodolit. Se: Acta, Nova, reg. sec.is scient. Upsal. XIV: 7.
—, Modificierte Lloydsche Wage. Se: dersammast. XIV: 6.
—, Ueber den Einfluss der Fadentorsion bei magnet. Ablenkungsversuche. Se: dersammast. XIV: 4.
SOLDAN-BROFELDT, Venny o. AHO, Juhani, Finsk bilderbok för barn o. ungdom. Tvär 4:o, 15 blad. H:fors, W. Hagelstam. 94. Kart. 1: 70.
Solon, Menniskans största sanningar. 16:o, 139 s. Sthm, W. Wilhelmsson. 94. 1 kr., inb. 1: 30.
Solsken i hemmet. Illustrerade sidor för barnen. Urval af naturhistoria, biografi o. bibelscener. 200 illustr. 3:e förstorade o. förbättr. uppl. 4:o, 150 s. (Tr. i Kristiania.) Sthm, Skandinaviska f.-exp. 88. Klb. 5 kr
Solstrålen. Af förf. till "Deodata". Öfv. från danskan. 8:o, 135 s. Sthm, C. A. V. Lundholm 90. 1 kr.

SOLTER, Maria, George Eliots ethiske betydning. Se: Tidskrift, Nordisk. 1886.
SOMMAR, Olof, Nya svenska barnboken. Med illustr. Stor 8:o, 31 s. Bergsby, Förf.n. 90. 50 ö.
—, Nya svenska berättelser ur Guds rike. 8:o, 103 s. Bergsby, Förf.n. 90. 50 ö.
Sommardagar, Glada. Med kolor. fig. 4:o, 12 s. Sthm, Ad. Johnson. 94. 1: 25.
Sommardagar i skogen af L. S. 4:o, 16 s. med illustr. Sthm, Fost.-stift:s f.-exp. 95. 1: 25.
Sommardagar hos mormor o. hvad som hände då. Berättelse af E. A. med illustr. 4:o, 20 s. Sthm, G. Chelius. 9:. Kart. 2: 25.
Sommarferier o skolarbete af S. Med förord af prof. K. A. Holmgren. 8:o, vj o. 53 s. Lund, Gleerupska univ:s bokh. 87. 50 ö.
Sommarkommunikationer. Stockholms, för 1889. I fickformat. Utg. af C. F. Mell. 12:o, 24 s. Sthm, Utg n. 89. 20 ö.
Sommarlif på Blomgård af L. S. 4:o, 16 s. med illustr. Sthm, Fost.-stift:s f-exp. 95. 75 ö.
Sommarlif vid bad- o. brunnsorter i Norden. 1:a— 5:e hft. Folio, hvarje hft. omkr. 20 s. Götcb., Hugo Brusewitz. 92, 93. För häfte 1 kr.
Sommarlofvet. Se: Bibliotek för de unga. 57.
Sommarsol. Ord o. bild. 4:o, 24 s. Sthm, Wahlström & Widstrand. 94. 1 kr.
SOMMER, J. L., De gamla epistelperikoperna exegetiskt o homiletiskt behandlade. Öfv. fr. tyskan af Pehr Montan. 8.o, vj o. 871 s. Ups., W. Schultz. 95. 9 kr, inb. 11 kr.
—, De gamla evangelii-perikoperna. Öfv. från tyskan af Pehr Montan. 2 dl:r. 8:o, 568 o. 402 s. Ups., W. Schultz. 92. 10 kr., inb. 13 kr.
SOMMER, M. A., Den lille amerikanen. Enkel vägledn. för en hvar att lära sig engelska språket. Bearb. af C W. 3:e uppl. 12:o, 132 s. Sthm, P. A Huldbergs bokf.-aktb. 89. 75 ö., kart. 90 ö.
SONDÉN, Klas, Arbeten från Stockholms helsovårdsnämnds laboratorium. Se: Berättelse om allm. helsotillståndet i Stockholm. 8.
—, Ein neues Hygrometer. Se: Bihang till K. sv. Vet.-akad:s handl.r XVII: I, 5
—, Ett kapitel i Sveriges telefonväsendes utveckl. historia. Se: Tidskrift, Nordisk. 1892.
—, Om fukten i tegelbyggnader. 4:o, 63 s. Sthm, Samson & Wallin. 93. 1: 50.
—, Stockholms afloppsvatten o. dess inflytande på vattendragen kring staden. Undersökningar. 4:o, 79 s. o. 10 pl. Sthm, Samson & Wallin. 89. 4 kr. Jfr. Berättelse om allm. helsotillståndet i Stockholm. 11.
—, Se: Arbeten från Stockholms helsovårdsnämnds laboratorium. — Notiser, Kemiska. — Tidskrift, Svensk kemisk.
SONDÉN, P., Tvenne hjältar från 30-åriga kriget. Se: Tidskrift, Historisk. 1893.
—, Se: Rikskansleren Axel Oxenstiernas skrifter.
SONDERGÅRD, P, Huru man skall tillverka god ost af separerad mjölk med eller utan kryddor. 8:o, 33 s. o. 5 pl. Örebro, Förf:n. 91. 75 ö.
SOOY, J. L., Bibelsamtal med ungdom eller den hel. skrift i enkelhet framställd för smått folk. Bearb. på svenska af Fred. Lönnkvist. Illustr. med 178 helsides illustr. af Gustave Doré. 4:o, 424 s. (Tr. i Amerika.) Sthm, Bokf.-aktb. Ansgarius. 93. 9 kr., inb. 12 kr.
Sorgen efter Guds sinne o. verldens sorg. Af S. A.

J[ohansson.] 8:o, 16 s. Jönköp, H. Halls boktr.-aktb. 95. 15 ö.
Souvenir de Stockholm. Leporello-album med 24 vyer af Stockholm i fotografimanér. Sthm, Alb. Bonnier. 93. Inb. 1: 50.
SOUVESTRE, Emile, Vid eldbrasan Se: Vitterlek. 44.
SPAK, Fredr. Ad., Bidrag till handvapnens historia från o. m. slaglåsgevärens införande. 8 o, 47 s. Sthm, C. E. Fritzes hofbokh. i distr. 89. 60 ö.
—, Bidrag till handskjutvapnens historia. 8:o, 54 s Sthm, C. E. Fritzes hofbokh. i distr. 90. 75 ö.
—, Kort historik öfver inom svenska armén begagn rid- anspanns- o. stallpersedlar från 30-åriga kriget intill nuvarande tid. 8:o, 23 s. Sthm, C. E. Fritzes hofbokh. 87. 35 ö.
—, Några hist. upplysn:r ang. de blanka vapnen samt skyddsvapnen ifrån äldsta tider till nuvarande tid. 8:o, 47 s. Sthm, C. E. Fritzes hofbokh. i distr. 90. 75 ö.
—, Några hist. upplysn:r om fanor o. krigsmusik med hänsyn till de svenska regementstrofèerna. 8:o, 37 s. Sthm, C. E. Fritzes hofbokh. i distr. 90. 75 ö.
—, Några hist. upplysn:r om uniformering o. utredning från 1300-talet till nuv. tid med hänsyn till svenska armén. 8:o, 76 s. Sthm, C. E. Fritzes hofbokh i distr. 75 ö.
—, Se: Katalog öfver Artillerimuseum.
Spanmåls-journal vid.... Utg. af *B. Nordström.* Folio. Sthm, H. W. Tullberg. 89. Inb. 1: 50.
Spanskt, En samling noveller. Se: Universal bibliotek. Ny följd. 6.
Sparbankslagen, Se: Samling af k. förordningar, stadganden m. m. 26.
SPARRE, Pehr, Svenska historiska romaner. Illustr. af *G. Stoopendaal.* 8:o. Sthm, Alb. Bonnier.
1. Den siste friseglaren. 4:e uppl. 519 s. 92. 3 kr., kart. 3: 50, inb. 4 kr.
2. Adolf Findling, eller 3 år under drottning Kristinas regering. 3:e uppl. 407 s. 92. 2: 50, kart. 3 kr, inb. 3: 50.
3. Standaret. 3:e uppl. 436 s. 92. 2: 50, kart. 3 kr., inb. 3: 50.
4. Sjökadetten i Gustaf III:s tid. 4:e uppl. 588 s. 93. 3 kr., kart. 3: 50, inb. 4 kr.
Special-tariffer omfattande paket-, il- o. fraktgods för Stockholms norra o. södra stationer etc. Upprättade i apr. 1890 af *Karl Karlson.* 4:o, 53 s. Örebro, Utg:n 90. Kart. 5 kr.
Spelbok för barn. 4:o, 4 kolor. spelplanscher Sthm, F. & G. Beijers Bokf.-aktb. 94. 1: 25. (Föreg. uppl. 86.)
Spelböcker, Små. 16:o. Sthm, J. Seligmann.
1. Whist. Med kortbilder i färgtr. 16 s 88. 50 ö.
2. Bézique. Med d:o. 16 s. 88. 50 ö.
3. Préférence. Med d:o. 16 s. 89. 50 ö.
4. Wira. Med d o. 16 s. 89. 50 ö.
Spencer o. hans filosofi af *C. F. B.* Se: Tidskrift, Nordisk. 1894.
SPENCER, Herbert, Behaget o. andra uppsatser, musikens härkomst o. uppgift m. fl. Öfv. o. med förord af *Robinson.* 8:o, viij o. 147 s. Sthm, H. Geber. 88. 2 kr.
—, Uppfostran i intellektuelt, moraliskt o. fysiskt afseende. Öfv. 2:a uppl. 8:o, 225 s. Sthm, Fr. Skoglund. 90. 2: 25.
SPIELHAGEN, Fredrik, Den nye Farao. Se: Romanbibliotek, Ad. Bonniers, 40.

SPILHAMMAR, J. R., Fosterländska minnen, uppteckn. ur svenska folkets historia. Med illustr. af *Jenny Nyström.* 8:o, 151 s. Sthm, F. & G. Beijers Bokf.-aktb. 89. Kart. 3 kr.
—, Historisk läsebok för skolan o hemmet. Bearb. efter *L. Stacke.* 12:o. Sthm, Alb Bonnier.
III. Berättelser ur medeltidens historia. 2:a genoms. uppl. 252 s 86. 1: 25, kart 1: 50.
IV. Berättelser ur nyare tidens historia. 2:a genoms. uppl. 412 s. 89. 2 kr., kart. 2: 25.
—, Se: *Dalin, A. F.,* Dansk-norsk o. svensk ordbok.
—, Svenska språkets synonymer. — Hjältar, Svenska.
Spiritualismen, Den sanna, är kristendomens uppfyllelse. (Öfvers. från "The debatable land between this world and the next af *Rob. Dale Owen*) 8:o, 143 s. H:fors, W. Hagelstam. 91. 2 kr.
SPITTA, Friedr., Bref rör. den evangel. gudstjänsten. Se: Frågor, I religiösa o. kyrkliga. 15.
—, Om den heliga nattvarden. Se: dersammast. 2
SPOHR (öfverstelöjtnant), Om behandling af sår enl. naturläkekonstens grunder. Öfv. fr. tyskan af *V. Pfeiff.* 8:o, 111 s. Sthm, G. Chelius. 95. 1: 50
SPRINCHORN, C. K. S., Se: Handbok i dansk o. norsk vitterhet. — Handbok i svensk vitterhet.
SPURGEON, C. H., Aftonbetraktelser för hvarje dag i året. Öfv. 8:o, 368 s Sthm, P. Palmquists aktb. 86. 2 kr, inb. 2: 50.
—, Allt af nåd. Ett ord till dem som söka frälsning genom Jesus Kristus Öfv. 8:o, 192 s. Sthm, Ad. Johnson. 92. 1: 25, kart. 1: 95.
—, Bilder från landtbruket. Med tillämpn:r på det kristl. lifvet. Öfv. från "Farm sermons". Med illustr. 8:o, 80 s. Sthm, P. Palmquists aktb. 87. 50 ö.
—, Bilder från landtbruket. Predikn:r för landto. stadsbor. Med illustr. 8 o, 314 s. Sthm, P. Palmquists aktb. 91. 2 kr., klb. 3 kr.
—, Davids skattkammare. 1:a hft. 8:o, 48 s. Sthm, Baptistmiss. f.-exp. 95. 50 ö.
—, Det stora berömmelse-ämnet, full frälsning i Kristus. Öfv. o. bearb. af *J. Pedersen.* 8:o, 110 s. Sthm, P. Palmquists aktb. 87. 1 kr.
—, Enligt löftet eller Herrens handlingssätt med sina utvalda. Ord till väckelse o tröst. Öfv. 8:o, 138 s. Sthm, C. A. V. Lundholm. 87. 1 kr, kart. 1: 25, klb 2 kr.
—, Enligt löftet eller det system, enl. hvilket Gud leder sina utvalda. 8:o, 147 s. Sthm, Svenska literaturbyrån. 87. 1 kr.
—, Evangelium om riket eller en populär framställning om Mattei evangelium. Öfv. af *Carl Stenholm.* 8:o, 526 s. Hudiksvall, Engström & Schedin. 95. 5 kr.
—, Från Getsemane till Golgata. En serie föredrag öfver vår Herres Jesu Kristi lidande. Öfv. o. bearb. från eng. 8:o, 240 s. Sthm, P. Palmquists aktb. 86. 2 kr.
—, Ljusbilder. Två föreläsn:r om de lärdomar, som kunna hämtas från ett vanligt ljus. Öfv. Med 60 illustr. 8:o, 143 s. Sthm, P. Palmquists aktb. 91. 1 kr., kart. 1: 25.
—, Mina predikoutkast. Öfv. 8:o. Sthm, P. Palmquists aktb.
II. 259 s 87. 1: 75, inb 2: 75.
III. 248 s. 88. 1: 75, inb 2: 75.
IV. 264 s. 89. 1: 75, inb. 2: 75.
—, Predikningar till svenska högmässotexterna. Öfv. 8:o, 1072 s Göteb., T. Hedlund. 95. Inb. 8: 75. (Utkom i 27 hfn à 25 ö.)

SPURGEON, C. H., På korset. En serie föredrag öfver vår Herres Jesu Kristi lidande. Öfv. o. bearb. af *J. Pedersen.* 8:o, xvj o. 168 s. Sthm, P. Palmquists aktb. 87. 1: 50.

——, Religiösa föredrag. Öfv. från eng. Med några ord om C H. Spurgeons lif o. verksamhet af *G. B—st.* 8:o, 157 s. Sthm, "Arbetarens väns" exp. i komm. 89. 1 kr

Särtryck.
Det eviga lifvet 16 s. 10 ö.
En Luther-predikan i Exeter Hall. Ett föredrag för unge män. 16 s. 10 ö.
En predikan för den sämsta menniskan på jorden. 15 s. 10 ö.
Ett fältrop för dagen: "Hållen fästet." 16 s. 10 ö.
Guds fridstankar o. den ände vi vänta efter. 16 s. 10 ö.
Ho är denne? 16 s. 10 ö.
Hvarför är tron så svag? 16 s. 10 ö.
Jesus o. barnen. 16 s 10 ö.
Några lärdomar af Kristus-menniskan på Patmos. 16 s 10 ö.
Sökandet efter tro. 16 s 10 ö.

——, Ångesten i Getsemane. Syndoffret. Tvenne predikn:r. 3:e uppl. 8:o, 32 s. Sthm, P. Palmquists aktb. 87. 25 ö.

Spurgeon, C. H., hans lif o. verksamhet. Efter eng. källor. 8.o, 171 s. o. 1 pl. Sthm, P. Palmquists aktb. 92. 1: 25, kart. 1: 50.

SPYRI, Johanna, Berättelser för små o. stora. I. Vid klippforsen. Öfv från tyska af *F. C.* 8:o, 62 s. Sthm, W. Billes Bokf.-aktb. 89. Kart. 50 ö.

——, Sina. Berättelse för unga flickor. Öfv af *L. S.* 8:o, 193 s. Sthm, W. Billes Bokf.-aktb. 87.
Kart. 2: 50.

——, Wiseli finner rätta vägen. Berättelse för barn. Öfv. af *G. L.* 8:o, 115 s. Sthm, W. Billes Bokf.-aktb. 87. Kart. 2 kr.

——, Älfvan från Intra o. andra berättelser. Öfv. från tyskan af *A. B.* 8:o, 69, 90 o. 66 s. samt 3 pl. Sthm, W. Billes Bokf.-aktb. 90. Inb. 1: 50.

Spåkvinnan Lenormand. Se: Skrifter för folket 4
SPÅNGBERG, Jacob, Se: Tidskrift, Entomologisk.
Spår, I Jesu. Bilder från Palestina, med verser af *L. L.* 6 blad velin. Sthm, Fost -stif:s f.-exp. 92. 40 ö.
Spörsmål, Industriella o. sociala. Utg. *P. Lindell.* 8:o Sthm, C. E. Fritzes hofbokh.
1. Svar på industritidningen Nordens tolf första prisfrågor. 182 s. 92. 2 kr.

Spörsmål, Svenska 8:o. Sthm, L. Hökerberg.
1. *Hjärne, Harald,* Rösträtt o. värneplikt. 8:o, 34 s. 92. 25 ö.
2. *Branting, Hjalmar,* Militärriksdag — folkriksdag. 28 s 92. 20 ö.
3. *Lundell, J. A.,* Om samvärkan mellan universitetsbildning o. folkbildning. 24 s. 93. 15 ö.
4. *Hjärne, Harald,* Universitetens folkbildningsarbete i England. 50 s. 93. 45 ö.
5. *Bergström, L.,* Om moseböckernas uppkomst. Översikt över den s. k. pentateukkritikens historia. 37 s. 92. 35 ö.
6. *Almquist, Ernst,* Om koleran, dess sätt att utbreda sig o. dess sätt att smitta. Med en karta. 31 s. 93. 25 ö.
7. *Hjärne, Harald,* Reformationsriksdagen i Vesterås. 79 s. 93. 60 ö.
8. *Bergström, L,* Moseböckernas värde i historiskt, naturvetenskapligt o. religiöst avseende. 40 s. 93. 30 ö.

9. *Bergström, L.,* Kristendom o. socialism. 19 s. 93. 15 ö.
10. *Tigerstedt, Rob.,* Blodets fördelning i kroppen. 34 s. 93. 25 ö.
11. *Magnusson, G. A.,* Om lagtvungen edgång hos ett kristet folk. 100 s. 93. 65 ö.
12. *Widmark, J.,* Om ögonsjukdomar förorsakade av bakterier. Med 7 bilder, 27 s. 93. 25 ö.
13. *Hjärne, Harald,* Renässans o. reformation. 16 s. 93. 25 ö.
14. *Lindskog, Nat.,* Zontariff. 57 s. 93. 50 ö.
15. *Leche, Wilh.,* Några drag ur menniskans utvecklingshistoria. Med 23 illustr 40 s. 93. 40 ö.
16. *Widerström, Karolina,* Den kvinnliga klädedräkten betraktad ur hälsans synpunkt. Med 8 illustr. 24 s. 93 20 ö.
17. *Söderblom, Nathan,* Den lutherska reformationens uppkomst. 64 s. 93. 50 ö.
18. ——, Luthers religion 112 s. 93. 80 ö.
19. *Nilsson-Levan, Oskar,* Om den apostol. trosbekännelsens uppkomst. 42 s. 94. 35 ö.
20. *Bergström, L.,* N. G. Kjellberg, en kämpe för sund mänsklighet. 27 s. 94. 25 ö.
21. Huslig ekonomi som skolämne, af Upsala enskilda läroverks styrelse. 64 s. 95. 75 ö.
22. *Hansson, N,* Hemmansägarnes ställning i samhället. 32 s. 95. 50 ö.
23. *Ångström, Knut,* Våra ljuskällor Solljus o. lampljus. Med 7 teckn:r. 33 s. 95. 50 ö.
24. *Bergström, L,* Om judafolkets profeter. 74 s. 95. 75 ö.
25. *Phragmén, E,* Proportionella val. En valteknisk studie. 88 s. 95 1: 25.

STAAFF, A. W., Dikter vid olika tillfällen. 8.o, 159 s. o 1 portr. Sthm, P. Palmquists aktb. 95. 2 kr.

[**STAAFF, Karl**], Den norska juryn af *Rip.* Se: Artiklar o korrespondenser i Aftonbladet. 2.

——, Församlingsrätten Se: Studentfören. Verdandis småskrifter. 29.

——, Hufvudpunkterna af den svenska lagstiftningen om qvinnan. 8:o, 34 s Sthm, Samson & Wallin 92. 30 ö.

[**STAAFF, P**], Kvinnans banér. Framtidshägring i en kort akt. Sv. orig. Uppförd å Publicistklubbens scen d 28 jan. 1893. 8:o, 39 s. Sthm, Publicistklubben. 93. (Uppl. 200 ex.) 1 kr

STAAF, P. O., Handbok för trävaruhandlare, sågverks- o skogstjensteman m. fl till trävarors beräkning. 3:e hft. 7:e uppl. 12:o, 34 s. Sthm, A. L. Normans f.-exp. 89. 1 kr.

STACKE, Ludvig, Se: *Spilhammar, J.,* Historisk läsebok.
STACKELBERG, Magnus, Kalender öfver ätten Stackelberg. 8:o, 73 s. H:fors, G. W. Edlund. 89. 3 kr.
——, Se: Kalender, Storfurstendömet Finlands.

[**STACKELBERG, O.**], Ur *Olof Stigs* efterlämnade papper jämte Träkol. 8:o, 192 s., 1 portr. o. 1 pl. Sthm, F. & G. Beijers Bokf -aktb. 90. 3 kr.

STADE, Bernhard, Om de uppgifter, som tillhöra det gamla testam:ts bibliska teologi. Se: Frågor, I religiösa o. kyrkliga. 16.

Staden, I, o på landet. 4:o, 14 kol. pl. (Tr. i London.) Malmö, Envall & Kull. 89. 1: 75.

Stadga, Kgl. maj:ts, ang. filosofie kand. o. licentiatexamina af d. 17 apr. 1891 ang. ändring rör. teolog. filosof. examen samt ändring i universitetsstatuterna. Liten 8:o, 29 s. Lund, Håkan Ohlsson. 91. 25 ö.

Stadga, Kgl. Maj:ts nådiga, ang. fjärdingsmän jämte

10-års katalog 1886—1895. 36

författn:r som utkommit före d. 1 nov. 1892. 8:o, 13 s Sthm, P. A. Norstedt & S:r. 92. 20 ö.

Stadga ang folkundervisningen i riket, d. 20 jan 1882; jemte andra dithörande författningar. 16:o, 75 s. Sthm, Ad. Johnson. 86. Kart 50 ö

Stadgan om skiftesverket i riket jemte de ang. laga skiften i Gefleborgs, Kopparbergs o. Gotlands län gällande förf:r. m. m. 8:o, 137 s. Sthm, P. A. Huldbergs bokf.-aktb. 89. 1 kr.

Stadganden ang. organister, kyrkosångare, klockare samt lägre kyrkobetjäning 1895. Utg. af *Wilh. Beskow*. 8:o, 93 s. Sthm, P. A. Norstedt & S:r. 95. Klb. 1: 25.

Stadganden, Allmänna o. för Stockholm särskilda, ang. renhållningsväsendet. Se: Samling af k. förordningar, stadganden m m. 25.

Stadgar o. reglemente, Jockeyklubbens, för kapplöpningar. 8:o, 58 s. Sthm, C. E. Fritzes hofbokh. i distr. 90. Klb 1 kr

STADIUS, Uno, Se: Ljus åt vårt folk.

STADLING, J., De religiösa rörelserna i Ryssland. 8:o, 188 s. Sthm, Alb. Bonnier. 91. 1: 75.
—, Från det hungrande Ryssland Skildringar. Med illustr. 8:o, 492 s. o. 1 pl. Sthm, C E. Fritzes hofbokh. 93. 7: 75, inb. 10 kr.

STAËL v. HOLSTEIN, O. W., Om dödsstraffets afskaffande. 8:o, 24 s. Sthm, P. A. Norstedt & S.r 93. 35 ö.
Jfr. Tidskrift, Nordisk. 1893.
— —, Om rättegångsreformen i de nordiska länderna. 8:o, 57 s. Sthm, P. A. Norstedt & S:r. 92. 75 ö.
Jfr. Tidskrift, Nordisk. 1892

Stafsättet i folkskolans läsebok. I. Ordlista å ord med vacklande eller oregelbundet stafsätt. II. Rättstafningsregler till inlärande af läsebokens stafsätt. 12:o, 89 s. Sthm, Ad. Johnson. 92. 15 ö.

STAGNELIUS, Erik Joh., Vladimir den store Skaldedikt i 3 sånger. 8:o, 46 s. Sthm, Ad. Bonnier. 89. 25 ö.

STALKER, James, Jesu lif. Till hjälp vid bibelundervisn. o. sjalfstudium. Bemynd. öfv. af *H. F* 8:o, 150 s. Sthm, Fahlcrantz & K. 95. 1: 25, inb. 1: 75.
—, Kristus vår förebild i lifvets olika förhållanden. Öfv. 8:o, viij o. 278 s. Sthm, Fahlcrantz & K. 91. 2: 25, inb. 3: 25.
—, Paulus, hans lif o. verksamhet. Till hjälp vid bibelundervisning o. sjulfstudium. Bemynd. öfv. af *H F*. 8:o, 152 s. Sthm, Fahlcrantz & K. 95. 1: 25, inb 1: 75.

Stambok, Svenska Kennelklubbens. (S. K. K S.) Utg. af dess styrelse. Med portr. af nordiska spetsar o stöfvare. 8:o. Sthm, Nordin & Josephson i distr
I. xxxij, 40 o. xvj s. samt 12 pl 93. 2: 25.
II. lj, 76 o. xvij—xxxix s 95. 3 kr.

Stambok öfver Ayrshire-boskapen inom Jönköpings län. 8:o. Jönköp., Em. Bergmans bokh. i komm.
I. 35 s 90. 1 kr.
II. 1891. 32 s. 91. 1 kr.
III. 1893. 32 s o. 4 pl. 93 1 kr.

Stambok öfver Ayrshire-boskapen inom Vestmanlands län. 8:o. Vesterås, C. M. Sjöbergs bokh
I 1892. 24 s. 92. 50 ö.
II. 1895. 44 s 95 1 kr.

Stambok öfver kor, kvigor o. tjurar af Ayrshire-ras inom Göteborgs o Bohus län. 8:o. Göteb., W. Hartelius.
I. 76 s. 86. 1 kr.
II. 1892. 30 s. 92. 1 kr.

Stambok öfver kor, qvigor o. tjurar af Ayrshireras inom Skaraborgs län, utg. af Hushållningssällsk
II. 8:o, 56 s Skara, C. A. Berger. 86. 1 kr.

Stamrulla öfver hästarne vid - - - Upprättad af *C. G. Bredberg*. Folio Sthm, H. W. Tullberg. 89. Inb 1: 25.

Stamrulla öfver koladugården vid - - - - Upprättad af *C. G. Bredberg*. Folio. Sthm, H W. Tullberg 89. Inb. 1: 50.

Stamrulla öfver koladugården vid - - - - Utg. af *B. Nordström*. Folio. Sthm, H. W. Tullberg. 89 Inb. 1: 75

Stange, William, Se: *[Wallin, William.]*

Stanislaus Poniatovskis berätt. om sina öden tills. med Karl XII Se: Tidskrift, Historisk 1890.

STANLEY, Henry M., Huru jag fann Livingstone. Bearb. af *C. A. Swahn*. 2:a uppl. 8:o, 440 s., 20 pl. o. 1 karta. Sthm, Alb. Bonnier. 89. 5 kr, inb. 7 kr.
Jfr. Bibl. för resebeskrifningar. 1.
—, I det mörkaste Afrika. Officiel berättelse om Emin Paschas uppsökande, befrielse o. återtåg Utg. af *E. W. Dahlgren*. 2 dlr. 8:o, xv, 559 o. 550 s. 3 kartor o. 1 portr. Sthm, P. A. Norstedt & S:r. 90. 18 kr., inb 22 kr.
—. Se: *Keltie. J. S*, Emin Paschas räddning

Stanley i Afrika. 4:o, 14 kolor. pl. (Tr. i London Sthm, F. & G. Beijers Bokf.-aktb. 90. 1: 75.

Stanley o. Emin. Se: Ungdomsböcker. 2.

STARBÄCK, C. Georg, Historiska bilder. Illustr. af *Jenny Nyström-Stoopendaal*. 4 dlr. 8:o, 544, 391. 398 o. 582 s. Sthm, F. & G. Beijers Bokf.-aktb. 92. 10 kr., inb. 15 kr.
(Utkom i 40 hfn à 25 ö. 91—92.)
—, Historiska medeltidsromaner. 8:o. Sthm, F. & G. Beijers Bokf.-aktb.
I. Engelbrekt Engelbrektsson. Hist roman i 2 dlr. 4 e uppl. 204 o. 296 s. 87. 2 kr., inb. 3 kr.
II. Nils Bosson Sture. Hist. roman i 3 samlingar.
1. Guldhalsbandet 3:e uppl. 431 s. 87 2 kr., inb. 3 kr.
2. Konungakronan. 3:e uppl. 410 s. 87. 2 kr., inb. 3 kr.
3. Testamentet. 3:e uppl. 399 o. xx s. 87. 1: 50, inb. 2: 50.
— —, D:o d:o Illustr. af *Jenny Nyström-Stoopendaal*. 8:o. Sthm, F. & G. Beijers Bokf.-aktb.
I Engelbrekt Engelbrektsson. 479 s. 94. 4: 50.
II Nils Bosson Sture.
1. Guldhalsbandet. 699 s. 94. 3: 50.
2. Konungakronan. 653 s. 94. 3: 50.
3. Testamentet. 628 o. xj s. 94. 3: 50.
(Utkom i 60 hfn à 25 ö. 93—94.)
—, Historiska romaner från nyare tid. 8 o. Sthm, F. & G. Beijers Bokf.-aktb.
I. Mäster Olofs bröllop. 222 s. 89. 1 kr.
II. Lifknektens berättelser om händelser ur Gustaf II Adolfs historia. 352 s. 89. 1: 50.
III. Öfverste Stålhammar. 204 s. 91. 1 kr.
IV. Skarpskyttens ungdomsminnen. Historisk berättelse. 372 s. 91. 1: 50.
—, Små berättelser om märkeliga orter i Sverige. 4:e uppl. 12:o, 120 s. Sthm, F & G. Beijers Bokf.-aktb. 88. Kart. 50 ö.
(3e uppl. 85.)
—, Små berättelser ur svenska historien för barn. 12:o, 112 s. Sthm, F. & G. Beijers Bokf.-aktb. 89. Kart. 50 ö.

STARBÄCK, Karl, Anteckn:r öfver några skandinav. Pyrenomyceter. Se: Bihang till K. sv. Vet.-akad:s handl:r. XIV: III, 5.

—, Ascomyceter från Öland o. Östergötland. Se: dersammast. XV: III, 2.

—, Bidrag till känned. om Sveriges ascomycetflora. Se: dersammast. XVI: III, 3.

—, Studier i E. Fries' svampherbarium. Se: dersammast XIX: III, 2.

STARCK, Joh. Fred., Gyldene skatteskrin. Bibl. betraktelser. 3:e uppl. 8:o, 387 s. Sthm, P. A. Huldbergs bokf.-aktb. 92. Vb. 1: 50, klb. 1: 75.

Stationerna, Emellan. Berättelser, noveller m. m. af skilda författare. 12:o, 195 s. H:fors, G. W. Edlund. 95. 1: 25 fmk (85 ö)

Statistik, Sveriges officiela, i sammandrag. Årg. 1886 —95. 8:o, hvarje årg. omkr. 90 s. Sthm, P. A. Norstedt & S:r. 86—95. à 1 kr.

Statskalender, Finlands. 12:o. H:fors, Weilin & Göös.

För 1887. 387 o. 186 s. 86. 5 fmk.
„ 1888. viij, 436 o. 201 s. 87. 5 fmk.
„ 1889. vij, 449 o. 204 s. 88. 5 fmk.
„ 1890. viij, 459 o. 208 s. 89. 5 fmk.
„ 1891. viij, 467 o. 212 s. 90. 5 fmk.
„ 1892. viij, 479 o. 217 s. 91. 5 fmk.
„ 1893. viij, 489 o. 217 s. 92. 5 fmk.
„ 1894. viij, 496 o. 219 s. 93. 5 fmk.
„ 1895. viij, 508 o. 235 s. 94. 5 fmk.
„ 1896. viij, 518 o. 223 s. 95. 5 fmk.

Statskalender, Sveriges. 8:o. Sthm, P. A. Norstedt & S:r.

För 1887. Kalendarium, 614 o xvj s. 86. Klb. 5: 50.
„ 1888. D:o 621 o. xvj s. 87. Klb. 5: 50.
„ 1889. D:o 619 o. xvj s. 88. Klb. 5: 50.
„ 1890. D:o 628 o. xvj s. 89. Klb. 5: 50.
„ 1891. D:o 634 o. xvj s. 90. Klb. 5: 50.
„ 1892. D:o 640 o. xvj s. 91. Klb. 5: 50.
„ 1893. D:o 640 o xvj s. 92. Klb. 5: 50.
„ 1894. D o 655 o. xvj s. 93. Klb. 5: 50.
„ 1895. D:o 668 o. xvj s. 94. Klb. 5: 50.
„ 1896. D:o 676 o. xvj s. 95. Klb. 5: 50.

Statuter, Kongl. Maj:ts, för universiteten i Upsala o. Lund af d. 10 jan. 1876 m. m. jemte stadgar för Carolinska med.-chirurg. institutet af d. 29 apr. 1886. 16:o, 204 s. Lund, H Ohlsson. 87. 1 kr.

STAVE, Erik, Daniels bok öfversatt o. i korthet förklarad. 8:o, xxx o. 252 s. Ups., Lundequistska bokh. i komm. 94. 3 kr.

—, Genom Palestina. Minnen från en resa våren 1891. 8:o, xij o. 564 s. samt 1 karta. Sthm, P. A. Norstedt & S:r. 93. 5 kr.

—, Om källorna till 1526 års öfvers. af Nya Testam:t. Se: Skrifter, utg. af Human vetenskapssamf. 3.

—, Om uppkomsten af Gamla Testam:ts kanon. Se: Årsskrift, Upsala univ:ts. 1894. Teologi. 1.

—, Sjön Gennesaret o. dess närmaste omgifn r. 8:o, 123 s. o. 1 karta. Sthm, P. A. Norstedt & S:r. 92. 2: 50.

STAVELIUS, H. F., Svensk-spansk [o. spansk-svensk] ordbok med kort utdrag af brukliga ord. 8:o, 281 o. viij s. Sthm, C E. Fritzes hofbokh. i distr. 89. 5 kr.

—, Utkast till spansk grammatik för underlättandet af de första studierna af språket 8:o, 115 o. ij s. samt 1 tab. Sthm, C. E. Fritzes hof bokh i distr. 1: 50.

STAVENOW, Ludv., Den stora engelska revolutionen i 17:e årh. midt. Se: Föreläsn:r, Populärt vetensk., vid Göteborgs högskola 2.

STAVENOW, Ludv., Ett förslag från frihetstiden om inrätt. af en särsk. högsta domstol. Se: Tidskrift, Historisk. 1890.

—, Gustaf II Adolf Se: Föreningen Heimdals folkskrifter. 16 o. 17.

—, Minnestal vid Göteborgs högskolas Gustaf-Adolfs fest d. 8 dec. 1894. 8:o, 15 s. Göteb., Wettergren & Kerber. 95. 25 ö.

—, Om formerna för utskottsval under frihetstiden. Bidrag till svenska riksdagsformernas historia. 8:o, 40 s Ups., Akad. bokh. i komm. 90. 75 ö

—, Om förhållandet mellan polit. hist. o kulturhist. Se: Tidskrift. Historisk. 1895.

—, Om riksrådsvalen under frihetstiden. Bidrag till svenska riksrådets historia. Akad. af h 8:o, 156 s. Ups. Akad. bokh. i komm. 90 1: 50.

—, Studier i ståndsriksdagens senare historia. Se: Årsskrift, Göteborgs högskolas 1.

—, Sveriges politik. Se: Tidskrift, Historisk. 1895.

—, Till belysning af partistriden vid riksdagen 1746 —47. 8:o, 57 s Ups, Akad. bokh. 90. 1 kr.

STEAD, W. T., Josephine Butler. Lefnadsteckning. Öfv. från eng. 8:o, 130 s. o. 1 portr. Sthm, C. A V. Lundholm. 91. 1: 50.

—, Sanna andehistorier från "Real ghost stories" saml. o. utgifna. Öfv. i urval af *Maria von Bergen.* 8:o, 320 s. Sthm, L. Hubendick 93. 2: 50.

STEELE, J. Dorman, Populär fysiologi. Öfv o. bearb. af *Ina Almén.* Med förord af *Rob. Tigerstedt.* 12:o, 157 s. o. 1 pl. Sthm, F. & G. Beijers Bokf -aktb. 89. 1: 50, inb. 2 kr.

Stefan, Flemings tafla. Se: Bibliotek för de unga. 55

STEFANSSON, Jón, Henrik Ibsen i England. Se: Tidskrift, Nordisk. 1891.

—, Oldnordisk indvirkning på engelsk literatur. Se: dersammast. 1891

—, Robert Browning Se: dersammast. 1890.

Steffen, Frigjord. Med flere berättelser. 8:o, 184 s. Sthm, Nordin & Josephson i komm. 94. 1: 50.

STEFFEN, Gustaf F., Brittiska ströftåg. Skildringar o. iakttagelser från det pittoreska o. industriella Storbrittanien. Med 170 illustr. 8:o, 399 o. viij s. samt 21 pl. Sthm, Alb. Bonnier. 95.
6 kr, klb. 8 kr.

—, Den industriella arbetarfrågan. Se: Studentfören. Verdandis småskrifter. 11.

—, Från de skottska högländerna Se: Tidskrift, Nordisk. 1888.

—, Från det moderna England Ett urval bilder o. intryck. Med 267 illustr. 8:o, 416 s o. 23 pl. Sthm, Alb. Bonnier. 93. 6 kr., inb. 8 kr.

—, Färgernas betydelse i djur- o. växtvärlden. Se: Studentfören. Verdandis småskrifter. 21.

—, Normalarbetsdagen. Se: dersammast. 33.

—, Studier öfver lönsystemets historia i England. Se: Skrifter utg. af Lorénska stift. 11.

STEFFEN, Rich., Norsk folkdiktning i våra dagar. Se: Tidskrift, Nordisk. 1891.

—, Några germanska myter i ny belysning. Se: dersammast. 1889.

—, Poesi- o. autografalbum från 1500-talet. Se: dersammast. 1894.

—, Se: *Bellman, C. M*, Outgifna dikter. — *Carlson, E. o. Steffen R.,* Kort lärobok i psykologi.

STEGMANN, Carl, Latinsk grammatik Bearb. af *Emil Peterson.* 8:o, iij o. 279 s. Sthm, P. A. Norstedt & S:r. 91. 3 kr.

STEIN, Adam, Se: *Cooper, F.,* Berättelser om Skinnstrumpa.

STEINMETZ, Alfr., Berättelser ur bibliska historien jämte valda psalmverser för småskolan. 2:a uppl 8:o, 40 s. Sthm, A. L. Normans f.-exp. 90. Inb. 20 ö.
(1:a uppl. 88.)
—, Biblisk historia för folkskolan. Ny stereotyp. uppl. 12:o, 108 s. Sthm, A. L. Normans f.-exp. 90. Kart. 25 ö
—, Biblisk historia för folkskolan (N:o 1.) Med karta. 8:o, 132 s. Sthm, A L. Normans f-exp. 89. Inb. 25 o. 30 ö.
—, Biblisk historia för folkskolan. (N:o 2.) 8:o, 112 s. Sthm, A. L Normans f.-exp 88. Inb 25 ö.
—, Biblisk historia för småskolan. Ny uppl. 12:o, 48 s. Sthm, A. L. Normans f.-exp. 90. Kart. 20 ö.
—, Se: *Luther, M.*, Lilla katekes.
Sten, Daniel, Se: *[Lange, Ina.]*
STENBECK, Thor. Einige Worte über die Theorie des Herrn Prof. D:r Blix von Segeln oder Kreisen der Vögel. 8:o, 20 s. Sthm, Samson & Wallin. 91. 50 o.
STENBERG, E A., Zur Theorie d. linearen homogenen Differentialgleichungen. Se: Acta Soc:is scient. fenn. XIX: 11.
STENBÄCK, Bl., Gatans lärdomar. Bevis för behofvet af ansvarighetskänslans o. menniskokärlekens höjande i samhället. 8:o, 78 s. Sthm, Förf:n. 91. 75 ö.
—, Skall jag taga vara på min broder? En tidsbild. 2:a uppl. 8:o, 11 s. Sthm, Förf:n. 88. 10 ö.
STENBÄCK, Elise, Rättskrifningsöfningar för nybeg. 2:a uppl. 8:o, 23 s. H:fors, Söderström & K. 94. 30 ö.
(1:a uppl. 92.)
STENBÄCK, J., Byggnadsritningar under medverkan af fackkamrater. 1:a hft. Sommarvillor o. landtgårdar. Folio, 12 pl. H:fors, 86. 8 fmk (6 kr.)
(För Sverige: Sthm, J. Hellsten.)
—, Linealritningskurs för nybeg. Sammanstäld med bitr. af *Vera Hjelt* o. *E. Mäkinen* 4:o. H:fors, Utg:ne.
(För Sverige: Sthm, J. Hellsten.)
Häft. 1. Åldersklass. 7-10 år. 25 s. 87. 3: 50 fmk (2: 65.)
„ 2. Åldersklass. 10—11 år. 14 pl 87 3 fmk (2: 25)
„ 3. Åldersklass. 11—12 år. 13 pl. 87. 3 fmk (2: 25.)
„ 4. Åldersklass. 12—13 år. 13 pl. 87. 3 fmk (2: 25.)
„ 5. Åldersklass. 13—15 år. 30 pl. 88. 6 fmk (4: 50.)
—, Möbelritningar ritade på sten. 1:a hft. Folio. 6 pl. samt 5 blad detaljritn:r i naturlig storlek. H:fors, 86. 4: 50 fmk (3: 40.)
(För Sverige: Sthm, J. Hellsten.)
STENDAHL, Axel, Psykologisk taktik. Se: Förlag, Militärlitteraturfören 68.
—, Se Handbok för fältartilleriet. Kap. 4.
[STENFELT, G.], Kongo-minnen af Skeppar Lärka. 4:o. 76 s. Sthm, W. Billes Bokf.-aktb. 89. 2 kr
STENHAMMAR, E. H. Th., Kristi verk: Försoningen. Studie från luthersk konfessionel ståndpunkt med afseende på den Ritschlska teologien. 8:o, 264 s. Linköp., P. M. Sahlströms bokh. 95. 2 kr
Stenhammars-boken. 8:o, vj o. 176 s. samt 3 pl. Tr. i Sthm, A. L. Normans boktr.-aktb. 86. Uppl. 50 ex. (Ej i bokh.)
STENIJ, Edv., Vecchiettis relation om Persiens tillstånd. Se: Öfversigt af F. Vet. soc:s förhandl:r. XXXVI
STENIUS, C. E., Handbok för sjöfarande. 3:e uppl 8:o, 510 s. Åbo, Frenckellska bokh. 90. 11 fmk, inb. 13 fmk.
STENIUS, Einar, Ueber Minimalflächenstücke, deren Begrenzung von zwei Geraden und einer Ebene gebildet wird. Akad. Abh. 4:o, 72 s. o. 4 pl. H.for, Förf. 92. 2 fmk
STENKULA, A O., Johan Amos Comenius. Tal vid Comeniifesten i Malmö d. 28 mars 1892. 8:o, 31 s. Malmö, Envall & Kull. 92. 40 ö.
—, Språkbildning o. språkläror i folkskolan. 8:o, 83 s. Malmö, Envall & Kull. 90. 90 ö
—, Tal o. föredrag 1. Ett 400-årigt minne. 2. Glädje i skolan. 3. Den 30 nov. 1718. 8:o, 36 s. Malmö, Envall & Kull. 92. 50 ö.
—, Utanläsning o. psykologi. Ett ord i katekesfrågan. 8:o, 35 s. Malmö, Envall & Kull. 90. 50 ö.
—, Se: *Luther, M.*, Lilla katekes
STENQUIST, John, Om kyrkotukt. Afhandl. vid prestmötet i Skara d. 13—15 aug. 1889. 8:o, 35 s. Skara, C. A. Berger. 89. 2 kr.
STENROOS, K. E., Nurmijärven pitäjän siemenja saniaiskasvisto Se: Acta soc:s pro fauna et fl. fenn. IX: 11.
STEPHENS, Henry Pottinger o. **St. LEGER, Warham**, Basilisken. Kriminal-novell. Öfv. af *J. Romander*. 12:o, 220 s. Sthm, F. & G. Beijers Bokf.-aktb 90. 1: 50.
STEPNIAK, S., Under tsarens spira. Öfv. af *Erik Thyselius*. 8:o, ix o. 372 s. Sthm, C. A. V. Lundholm. 87. 3: 50.
STERN, Adolf, De sista humanisterna. Hist. roman. Öfv. af *Mauritz Boheman*. 12:o, 244 s. Sthm, F. & G. Beijers Bokf.-aktb. 90. 1: 75
—, Se: *Snoilsky, C.*, Ausgew. Gedichte.
STERN, Mark, Sven Vingedal. Berättelse. 8:o, 162 s. Sthm, H. Geber. 91 2: 25
STEVENS, Agnes, Huru männen fria. Den ödesdigra frågan o. dess svar. Öfv. från eng. 8:o, 298 s. Sthm, W. Billes Bokf.-aktb. 89. 2: 25.
STEVENSON, R. L., Arfvingen till Ballantrae. Öfv. från eng. af *O. H. D.* 8:o, 283 s. Sthm, H. Geber. 90. 2: 50.
—, Den underbara Skattkammarön. Öfv. af *J—y R.* Med illustr. 8:o, 231 s. Sthm, F. & G. Beijers Bokf.-aktb. 87. Kart. 2: 50
—, o. **OSBOURNE, Lloyd**, Friska tag! (The wrecker.) Roman. Öfv. af *Edvin Tengström*. 8:o, 298 s. Sthm, Fr. Skoglund. 93. 2: 50.
STIERNHIELM, G, Valda skrifter. Utgivna till text för föreläsn:r af *Fredr. Tamm*. 8:o, 60 s. Ups., Akad. bokh i distr. 91. 1: 50.
STJERNQUIST, Olof, Några ord om den agrariska rörelsen under de sista åren. 8:o, 37 s. Sthm, Nordin & Josephson i distr. 94. 50 ö.
—, Se: Kalender, Stockholms Läns.
STIERNSTRÖM, Carl M.son, Kort öfversigt af den svenska grufvelagstiftningen enl. Grufvestadgan d. 16 maj 1841. 8:o, 57 s. Sthm, F. & G. Beijers Bokf.-aktb. 86. 1 kr.
[—], Kort öfversigt af den svenska skogslagstiftningen. 8:o, 57 s. Sthm, F. & G. Beijers Bokf.-aktb. 86. 1 kr
—, Schematisk öfversigt af den svenska familjerätten. I. Äktenskaps- o. föräldrarätt. 8:o, 103 s. Sthm, F. & G. Beijers Bokf.-aktb. 86. 1: 50.

Stig, Olof, Se: *[Stackelberg, O.]*
STILLE, Arthur, Schering Rosenhane som diplomat o. ämbetsman. Se: Acta univ:is Lundensis XXVIII: 1, 3.
—, Studier öfver Danmarks politik under Karl XII:s polska krig (1700—07). Akad afh. 8:o, 96 s. Lund, Gleerupska univ:s bokh 89. 1: 50.
Stilskalor, Svenska o. finska 8:o, 24 s. H:fors, W. Hagelstam. 95. 3 fmk.
STINDE, Julius, Borgarfolk. Öfv. af *E. G. Folcker*. 8:o. Sthm, Fahlcrantz & K.
[I.] 2:a uppl. 225 s. 86. 2: 25.
II. 202 s. 86. 2 kr.
III. Fru Wilhelmina. 236 s. 87. 2: 25.
—, Borgarfolk på resa eller herrskapet Buchholz' turistäfventyr. Öfv. af *E. Lundquist* 2:a uppl. 8:o, 188 s. Sthm, Fahlcrantz & K. 86 1: 75.
—, Die Familie Buchholz, Für die Schulen herausgeg. von *Erik Brate*. Se: Skolbibliotek, P. A. Norstedt & Söners. I: 5.
—, Ett resande teatersällskap o. andra historier. Öfv. af *Ernst Lundquist*. 8:o, 237 s. Sthm, Fahlcrantz & K. 92. 2: 25.
—, Fru Buchholz i Orienten. Öfv. af *Ernst Lundquist*. 8:o, 279 s. Sthm, Fahlcrantz & K. 89. 2: 75.
—, Fru Buchholz' memoirer. Öfv. af *Ernst Lundquist*. 8:o, 290 s. Sthm, Fahlcrantz & K. 95. 2: 50.
—, Från naturens dolda verkstad. Vandringar i skog o. mark samt ströftåg på vetenskapens områden. Öfv. af *M. B. Svederus*. 8:o, vij o. 251 s. Sthm, Fahlcrantz & K. 92. 3: 25.
—, Zwei Novellen. Mit Anmerk von *Emil Rodhe*. Se: Bibliotek moderner deutscher Schriftsteller. 1.
Stipendier o. premier vid universitetet o. akademiska föreningen i Lund. Bihang till Lunds univ:ts katalog. 8:o, 18 s. Lund, Gleerupska univ:s bokh. 94. 25 ö.
Stjärna, Klara Amerikansk berättelse. Fritt efter eng. af *Ossian*. 12:o, 79 s. Sthm, Ad. Johnson. 95. 60 ö.
STOCKHAM, Alice B., Tokologi, en bok för hvarje kvinna. Öfv. med 19 illustr. 2:a uppl. 8:o, 321 s. o. 15 pl. H:fors, G. W. Edlund. 94.
(1:a uppl. 90.) 6 fmk (4: 50.)
Stockholm, die Hauptstadt Schwedens. Aus d. Schwedischen übertragen von *P. Wittman*. (Wegweiser des Schwedischen Touristenvereins N:o 10.) Stor tvär 8.o, 149 s. Sthm, Wahlström & Widstrand. 95. 3 kr.
Stockholm o. dess omgifningar. Illustrerad handbok för resande. Med öfver 100 illustr. samt planer o. kartor. 6:e uppl. 8:o, xxxviij o. 203 s., 1 pl. o. 4 kartor. Sthm, Alb. Bonnier. 93.
Kart. 2: 50, klb. 3 kr.
(5:e uppl. 87.)
Stockholms-byggnader från äldre o. nyare tider. 30 pl. — Stockholms Bauten von älterer u. neuerer Zeit. 30 Tafeln. Folio, 30 pl. i ljustryck. Sthm, Joh. Hellsten. 92. I kartong 30 kr.
Stockholmsbänken, den afgående o. den kommande. Politiska karaktäristiker af *X. Y. Z*. 8:o, 144 s. Sthm, (Looström & K. i komm.) 90. 1: 75.
Stockholmska tidningsverlden, Från. Se: *[Damm, Janne.]*
Stockholmsminnen. 8:o. Sthm, Boktr.-aktb. Ackurat.
Häft. 1. Skildring af gatoroligheterna i Stockholm under sommaren 1838. 16 s. 15 ö.
Häft. 2. Anteckningar o. hågkomster från åren 1838 o. 39. 16 s. 15 ö.
Stockholms vägvisare. Fickbok för resande. 8:o, 48 s. Sthm, Carl Sjögren. 92. 10 ö.
STOCKMAYER (pastor), Trons väg eller från Mesopotamien till Moria. Öfv. 8:o, 68 s. Sthm, E. J. Ekmans f.-exp. 90. 75 ö.
STOCKMAYER, Otto, Blicken på Jesus. Öfv. från franskan. 3.e uppl. 8:o, 15 s. Sthm, Red. af Sanningsvittnet. 87. 10 ö.
—, Full frälsning. Anteckn:r från föredrag hållna i Stockholm. 8:o, 102 s. Sthm, P. Palmquists aktb. 94. 75 ö.
—, I Guds kraft. Tankar, framkallade vid läsningen af Elias historia. Öfv. 8:o, 78 s. Sthm, C. A. V. Lundholm. 92. 50 ö.
—, Israels otro på vägen från Röda hafvet till Sinai. Öfv. af *Teodor Lindhagen*. 8:o, 96 s. Sthm, P. Palmquists aktb. 94. 60 ö.
—, Lammets brud. Anteckn:r från föredrag hållna i London i maj 1892. Öfv. 8:o, 120 s Sthm, P. Palmquists aktb. 92. 75 ö.
—, Profeten Elias eller vår tids behof. Från tyskan af *Oskar Rabe*. 8:o, 92 s. (Tr. i Ekenäs.) Sthm, K. J. Bohlin & K. 92. 50 ö.
—, Sjukdom och evangelium. Ett ord till Guds barn. 2:a omarb. uppl. 12:o, 82 s. Jönköp., H. Halls boktr.-aktb. 86. 50 ö.
—, "Visdom från Gud". Anteckn:r från föredrag hållne i London 1893. Öfv. 8:o, 110 s. Sthm, P. Palmquists aktb. 93. 65 ö.
—, Vår fader. Betraktelser öfver Herrans bön. Öfv. 12:o, 64 s. Sthm, Björklund & K. 90. 25 ö.
STOCKMEYER, Immanuel, Herrens bön förklarad. Öfv. från tyskan af *A. Fernholm*. 8:o, 116 s. Sthm, C. A. V. Lundholm. 90.
75 ö., kart. 1 kr., klb. 1: 50.
STOCKTON, Frank, En lustig historia. Se: Romaner o. noveller. 7.
STODDARD, William O., Vid indiangränsen. Öfv. fr. eng. af *J Rogh*. 8:o, 208 s. o. 4 pl. Sthm, W. Billes Bokf.-aktb 95. Kart. 3 kr.
[STOLPE, Hj]., Björkö i Mälaren. En vägledning för resande. 8:o, 24 s. Sthm, Förf:n. 88 50 ö.
STOLT, Jonas, Minnen från 1820-talet. Se: Bidrag till vår odlings häfder. 5.
STOMMEL, Kuno, Spanmålstullar eller frihandel? Öfv. af *R. R.* 8:o, 56 s. o. 6 tab. Sthm, R. Rudbeck. 86. 75 ö.
Storbrittanien af *H. F.* Se: Tidskrift, Nordisk. 1888.
STOROH, V., Se: Böcker i landthushållning. 4.
Stories, Short, for children. Med förkl:r af *Hilda Caselli*. Se: Reading, English. 3.
Storm, Inge. Se: *[Weman, Adèle.]*
STORM, Joh. Franska talöfningar. Mellankurs. 2:a uppl. 8:o, xiv o. 219 s. Sthm, P. A. Norstedt & S:r. 91.
Inb. 2: 50.
(1:a uppl. 87.)
STORM, Karl, Munken Gerhards sigill. Roman från 13:e årh. Sv. orig. 8:o, 386 s. Sthm, Fr. Skoglund i distr. 89. 2: 50.
STORM, Theodor, Immensee. Berättelse. Öfv. 8:o, 64 s. Sthm, F. & G. Beijers Bokf.-aktb. 87. 75 ö.
—, Im Saal. Se: Auswahl aus d. neueren deutschen Litteratur. 2.
Stormän, Svenska, från fattiga hem. Tjugufem lefnadsteckn:r från olika områden af svensk odling. 12:o, 78 s. Sthm, Ad. Johnson. 95. 60 ö.

STOWE, Harriet Beecher, Dred. En berättelse från det stora olycksträsket. Öfv. o. bearb. Med original teckn:r. 8:o, 576 s Sthm, Fost.-stift:s f.-exp. i komm. 94. 4 kr.
—, Onkel Toms stuga. Med öfver 100 orig.-illustr. af fru *Jenny Nyström-Stoopendaal*. 8:o, xvj o. 624 s. Göteb., T. Hedlund 95. 5 kr., inb. 7: 50.
Strafflag för krigsmakten. Disciplinstadgan K. förordn. om krigsdomstolar jemte de intill d. 1 aug. 1893 vidtagna ändringar. 4:e uppl. 8:o, 138 s. Sthm, P. A Norstedt & S:r. 93.
Kart. 60 ö, klb 75 ö.
(3:e uppl. 90.)
Strafflag för Finland. Se: Författningssaml. Lilla 33.
Strafflag för finska militären o. ordningsstadga af d. 16 juli 1886 samt Värnepligtslag för storfurstendömet Finland. Utg. af *Rich Idestam* o. *K W. Sulin*. 16 o, 281 s. Åbo, Utg:ne. 86 3: 50 fmk.
Strafflag för storfurstend Finland af d 19 dec 1889 med de d. 21 apr. 1894 vidtagna ändringar Med register. 8:o, 249 s. H:fors, Lindstedts antikv. bokh. 94. Kart. 1: 50 fmk.
(För Sverige: Sthm, Samson & Wallin.)
Strafflag o. ordningsstadga för finska militären Se: Författningssaml Lilla. 25.
Strafflag, Sveriges rikes, o. promulgationsförordning jemte dithörande författn. intill d. 26 juli 1890, utg. af *J. A. Thurgren*. 8:o, 144 s. Sthm, Svanbäck & K. 90. 1: 50.
Strafflagar, Sveriges rikes, jämte dithörande författn:r o. stadganden som utkommit till den 14 okt. 1892. Utg. af *Herman Antell* 8:o, xxxix, 515 o 52 s. Lund, Ph. Lindstedts univ bokh. 93. Inb 7 kr.
Strafflagen med deruti senast vid 1890 års riksdag antagna ändringar. 8:o, 85 s Sthm, C. A. V. Lundholm. 90. 50 ö.
Strafflagen med deruti senast vid 1890 års riksdag antagna ändringar etc. Utg af *A. Hemming*. 12:o, 166 s. Sthm, Alb. Bonnier. 90. Inb. 1: 25.
Strand, Från Fyris. Dikter o. berättelser af Upsalastudenter. 8.o, 99 s. Ups., Akad. bokh i komm. 88. 1: 25.
STRANDBERG, Carl, Några dikter. 8:o, 80 s C. E Fritzes hofbokh 95 1: 50
STRANDBERG, Hilma, Västerut. Skizzer o. noveller. 8:o, 255 s. Göteb, Wettergren & Kerber. 87. 2: 50.
STRANDELL, Axel, Huru står du till boks hos Gud? Predikan. 8,o, 19 s. Sthm, A. V. Carlsons bokf.-aktb. 94. 25 ö.
—, Vid f. rektorn Johan Söderlinds jordfästning i S:ta Klara kyrka d. 11 jan. 1894 Några minnesord. 8.o, 8 s. Sthm, Samson & Wallin. 94. 25 ö.
STRECKFUSS, Adolph, En gengångerska. Roman. Från tyskan af *Tom Wilson*. 2 dlr 8:o, 543 s. Sthm, A. Granlund. 93. 3: 75.
STRETTON, Hesba, Cassy. 12:o, 126 s. o. 4 pl. Sthm, Fost.-stift:s f.-exp. 86. 1: 25, kart. 1; 75.
—, En natt o. en dag. Se: Bibliotek för de unga. 54.
—, Från spindelväf till kabeltåg. Berättelse. 8 o, 274 s. Jönköp., H. Halls boktr.-aktb. 94.
1: 50, kart. 2 kr.
—, I lidandets djup. Berättelse från nutidens Ryssland. Öfv. af *A—der*. 8:o, 370 s Jönköp., H. Halls boktr.-aktb. 93. 2 kr.
—, I lifvets storm. Se: Läsning för ungdom. 9.
Strid, En, för friden. Ett blad ur Göteborgs domkapitels historia eller "En förföljd prestman." Utg. af *Theodor Rabenius*. 8:o, 112 s. Göteb., Utg:n. 89. 1 kr.

Strid, I, med sig sjelf. Se: *[Hungerford, Mrs]*
STRIDSBERG, O. A., Se: Bok, En, om Sverige.
Stridslära för infanteriets underofficersskolor. Liten 8:o, 60 s. Sthm, P. A. Norstedt & S:r. 95.
Kart. 60 ö.
(Föreg. uppl. 90.)
Strids-sånger, Samlade o. utg. af frälsningsarmén. Ny tillök. uppl. 16:o, 416 s. Sthm, Frälsningsarméns högkvarter. 90. 75 ö., kart. 1 kr.
Musik till d.o. 8:o, 284 s. 87. 4: 50.
(Föreg uppl. 89.)
STRINDBERG, Aug., Bland franska bönder. Subjektiva reseskildringar. 12:o, 271 s. Sthm, Alb. Bonnier. 89. 3: 50.
—, Blomstermålningar o. djurstycken. Ungdomen tillegnade. Med 14 vignetter. 12.o, 136 s. Sthm, Alb. Bonnier. 88. 2 kr.
—, Dramatik. Innehåll: Inför döden. — Första varningen. — Debet o. Credit. — Moderskärlek 12:o, 143 s Sthm, Alb. Bonnier. 93 2: 25.
—, Fadren. Sorgespel. 2:a uppl. 8:o, 100 s. Sthm, Alb Bonnier. 88. 1: 50
(1:a uppl. 87.)
—, Fröken Julie. Ett naturalistiskt sorgespel. Med förord. 8,o, xxiv o. 84 s. Sthm, J. Seligmann. 88. 1: 50.
—, Giftas. Aderton äktenskapshistorier med förord. 2:a dln. 8:o, xxiij o. 250 s, Sthm, Ad. Bonnier. 86 3: 75
—, Hemsöborna. Skärgårdsberättelse. 12:o, 216 s. Sthm, Alb. Bonnier. 87. 2: 75
—, Himmelrikets nycklar eller sankte Per vandrar på jorden Sagospel i 5 akter. 12:o, 125 s. Sthm, Alb. Bonnier. 92. 1: 75
—, I hafsbandet 12:o, 278 s. Sthm, Alb. Bonnier 90. 3: 75.
—, Kamraterna. Komedi i 4 akter. 8:o, 117 s. Sthm, Alb. Bonnier. 88. 1: 75.
—, Lycko-Pers resa Sagospel i 5 akter. 3:e uppl. 8:o, 128 s. Sthm, Ad. Bonnier. 92. 1: 75.
—, Père. Tragédie en trois actes. Précédée d'une lettre de M. Emile Zola. 8:o, 88 s. Sthm, Alb. Bonnier. 88. 3 francs (2: 25).
—, Röda rummet Skildringar ur artist- o författarelifvet 5:e uppl. 8:o, 360 s. Sthm, H. Geber. 86. 3: 50.
—, Skärkarlslif. Berättelser. 12:o, xxj o. 212 s. Sthm, Alb. Bonnier. 88. 3 kr.
—, Svenska öden o äfventyr. Liten 8:o. Sthm, F. & G. Beijers Bokf.-aktb.
III. 1000-talet 3:e—5:e hft. s. 145—386. 90.
IV. 1700-talet. 1 o. 2 hft. 160 s. 90, 91. 50 ö.
För häfte 50 ö.
—, Tjensteqvinnans son. 12:o. Sthm, Alb. Bonnier.
I. En själs utvecklingshistoria. (1849—67.) 263 s. 86. 3: 50.
II. Jäsningstiden. En själs utvecklingshistoria. (1867 72) 283 s. 86. 3: 50.
III. I Röda rummet. En själs utvecklingshistoria. (1872—75) 169 s. 87. 2: 25.
—, Tryckt o. otryckt. 3 dlr. 12:o, 259, 272 o. 248 s. Sthm, Alb. Bonnier. 90—91.
För del 3: 25.
[STRINDBERG, Oskar], Från ordnar och samqväm af *Occa*. 8:o, 151 s Sthm, W. Billes Bokf.-aktb. 87. 2: 50.
STRUKEL, M., Der Grundbau, dargestellt auf Grundlage einer systematisch geordneten Sammlung zahlreicher anschaulicher Beispiele aus d Praxis. Mit

20 Tafeln u. 106 Textfiguren. 4:o, x o. 273 s. samt Atlas 32 s. o. 20 pl. H:fors, W. Hagelstam. 95 20 fmk (14: 50).

STRUVE, Lina, Tyska bild-glosor. Se: *Goldschmidt, Thora,* Språklig åskådningsundervisning. 1.

STRÅLE, G. H., Om Les anecdotes de Suède. Se: Tidskrift, Historisk. 1887.

STRÖMBERG, C., Minnen o. bilder från Guldkusten. 2:a uppl. Med illustr. 8:o, 257 s. Sthm, Fost.- stift:s f.-exp. i komm. 90. 2: 50 (1:a uppl. 89.)

——, Se: *Warneck, G.,* Missionsföredrag öfver Afrika o. Oceanien.

STRÖMBERG, Carl A., Se: *Tigerstedt, R.,* o. *Strömberg, C. A.,* Der Venensinus des Froschherzens.

STRÖMBERG, C. K., Se: Extemporetaxa.

STRÖMBERG, Th., Baldersfesten. Tidsbild från 8:e årh. efter *K. f.* Med musikbil. af *A. M. Myrberg* o. illustr. af *Jenny Nyström.* Stor 8:o, 164 s. (musiknoter) 7 s Sthm, F. & G Beijers Bokf.-aktb. 88. 3: 75, inb. 6 kr.

——, Den heliga striden. Berättelser om trosbjeltar inom den kristna kyrkan. Med 85 illustr. af *Jenny Nyström.* 4:o, 307 s. o. 32 pl. Sthm, C. E. Fritzes hofbokh. 88. 9 kr., inb. 12 kr.

STRÖMBOM, N. G, Husaby kyrka, källa o. ruin. Kortfattad beskrifning för resande. 8:o, 40 s. Göteb., Wettergren & Kerber i distr. 94. 25 ö.

——, Sveriges förnämsta ätliga och giftiga svampar. Utg såsom text till en färgtr. väggtafla öfver svamparne. 8:o, 84 s. o. 1 pl. i 2 blad. Sthm, F. & G. Beijers Bokf.-aktb. 86. 5 kr. Planscher på väf med rullar 10 kr.

——, Vägvisare för resande till Kinnekulle, Valle härad med Axevall m. m. Med 2 kartor o 26 illustr. m. n. 8:o, viij, o. 276 s. Sthm, C. E. Fritzes hofbokh 89. 2: 50.

——, Se: Adresskalender, Elfsborgs läns — Embets-, affärs- o. adresskalender, Skaraborgs läns.

STRÖMBORG, J. E., Biografiska anteckn:r om Joh. Ludv. Runeberg. 8:o. H:fors, G. W. Edlund. III: 1, 2. Runebergs vistelse vid universitetet i Helsingfors. 385 s. 91. 6 fmk.

STRÖMBÄCK, K., Om slutorden i lagen enligt Luthers lilla katekes. 8:o, 86 s. Ups., Akad. bokh. i distr. 92. 35 ö.

[STRÖMBÄCK, K. A.], Utländska diplomaters minnen från svenska hofvet. Skildringar saml ur deras anteckn:r m. m. af *Scævola.* 3:e [slut-]hft. 8:o, s. 385—691. Sthm, F. & G. Beijers Bokf.-aktb. 86. 3: 75, Kompl. 8: 75

[STRÖMER, N. Hj.], Prinsapanage o. prinsuppfostran af *Aristides.* 8:o, 34 s. Sthm, Bokförlagsfören. Svea. 86. 50 ö.

STRÖMFELT, Harald F. G., Om algvegetationen vid Islands kuster. Se: Handl:r, Göteb. kongl. vet. o. vitt:s samhälles XXI.

STRÖMGREN, G., Förslag till allm. pensionsinrättning för Sverige, till fördel för den fattigare befolkningen m. m 8:o, 27 s. Karlsh., G. Ekelöf. 87. 30 ö.

STRÖMMERSTEDT, Frithiof, När knoppen vissnar. Dikter. 8:o, 72 s. Sthm, Alb. Bonnier. 94. 1 kr.

STRÖMSTEN, L. M., (signaturen Lars Magnus) Samlade dikter. Ystad, G. Ljunggren. 88. 1: 75.

Ströskrifter, Finska forstföreningens 8:o. H:fors.
4. *Blomqvist, A. G.,* Om skogseld. 17 s. 88.
5. *Herlin, U. R*, Om svedjebruket o. dess rätta bedrifvande. 18 s 91.

Ströskrifter, Premieringsnämndens. 8:o. Norrk., M. W. Wallberg i komm.
1. *Flach, Wilh.,* Huru skall jag kunna förbättra min kreatursstam? 40 s. 89. 50 ö.
2. — -, Några råd o. anvisn:r rör. slagterisvinets uppfödning o. skötsel. 17 s. 89. 25 ö.

Ströskrifter, Teosofiska. 8:o. Sthm, Teosofiska bokförlaget i distr.
1. Teosofien o. vår tid. Öfv. från eng. at *C. S.* 8 s. 92. 5 ö.
2. *Besant, Annie,* Till försvar för teosofien. Öfv. af *A. E. Z.* 18 s. 92. 10 ö.
3. *Keightley, J C.,* Hvilka bevis hafva vi? Tal i Blavatskylogen af T. S. London. Från eng. af *J. F. R.* 15 s. 92. 10 ö.

"Studenter och arbetare" 1894. 8:o, 88 s. Sthm, Nordin & Josephson i distr. 94. 1 kr.

Studentföreningen Verdandis småskrifter. 8:o. Sthm, Alb. Bonnier.
1. *Adlerz, Gottfrid,* Om människans ursprung. 2:a genoms. uppl. 57 s. 89. 25 ö. (1:a uppl. 88.)
2. *Wallis, Curt,* Dödlighetens aftagande i Sverige o. orsakerna därtill. 2:a uppl. 15 s. 89. 10 ö. (1:a uppl. 88.)
3. *Almkvist, Herman,* Koranen Muhammedanernas bibel 2:a genoms. uppl. 29 s. 89. 15 ö. (1:a uppl. 88.)
4. *Geijerstam, Karl af,* Nutidens arbetssätt. 2:a uppl. 28 s. 89. 15 ö. (1:a uppl. 88.)
5. *Svenson, Axel,* Om öfverläggningar o. beslut. En hjälpreda för deltagare i möten o. sammanträden. 4:e uppl. 24 s. 93. 10 ö. (1:a uppl. 88. 2:a 89. 3:e 90.)
6. *Högbom, Arvid,* Istiden. Ett skede i jordens historia. 36 s. 88. 20 ö.
7. *Wieselgren, Harald,* Lars Johan Hierta. En förkämpe för utvecklingen. 35 s. 88. 20 ö.
8. *Whitlock, Anna,* Skolans ställning till religionsundervisningen i Sverige o. andra länder. 26 s. 88. 15 ö.
9. *Sohlman, Harald,* Skatterna till staten. Redogörelse för deras grunder o. former. 26 s. 88.
10. *Key, Ellen,* Från människosläktets barndom. 32 s. 88. 15 ö.
1:a bandet (N:o 1—10) kart. 2 kr.
11 *Steffen, Gust. F.,* Den industriella arbetarefrågan. Nutidens förnämsta sociala spörsmål. 42 s. 89. 25 ö.
12. *Hallenborg, J. F.,* Husdjurens skötsel 2:a uppl. 51 s. 95. 25 ö. (1:a uppl. 89.)
13. *Zweigbergk. Otto v.,* Tillståndet i Frankrike före revolutionen 1789. Efter Taine's "L'ancien régime." 36 s. 89. 20 ö.
14. *Lindgren, Hellen,* Voltaire o. hans strid mot fördomarne i religion o. samhälle. 2:a uppl. 48 s. 95. 35 ö. (1:a uppl. 89.)
15. *Mill, John Stuart,* Om tanke- o. yttrandefrihet. Öfv. från eng. af *Hj. Öhrwall.* 50 s. 89. 25 ö.
16. *Bohlin, Karl,* Jorden o. solsystemet. Några blad ur hist. om vetenskapens strider. Med 10 fig 56 s. 89. 20 ö.
17. *Meyer, Emil,* Om pängar. Öfv. o bearb. efter svensk aförhållanden af *Johan Lilliehöök.* 34 s. 89. 20 ö.

18. Bergman, Joh., Giordano Bruno, en tankefrihetens martyr i 16:e årh. 24 s. 89. 10 ö.
19. Andersson, Gunnar, "Syndafloden" efter Edv. Suess 28 s. 89. 15 ö.

2:a bandet (n:o 11—19) kart. 2: 25.

20. Bergström, David, Den politiska rösträtten. 5:e öfversedd. o. tillök uppl. 36 s. 92. 15 ö. (1:a—3:e uppl. 90. 4:e 91.)
21. Steffen, Gustaf F., Färgernas betydelse i djur- o. växtvärlden. En framställning enligt Wallace. 26 s. 90. 15 ö.
22. Zweigbergk, Otto v., Den stora franska revolutionen. 48 s. 90. 25 ö.
23. Wawrinsky, Edv, Om förebyggande af eldfara o. om eldsläckning. 24 s. 90. 10 ö.
24. Svensén, Emil, Karl Ifvarsson o landtmannapartiet. 40 s. 90. 20 ö.
25. Lundin, K. F., Huru böra mäjerierna betala mjölken? 33 s. 90. 20 ö.
26. Berg, Fridtjuv, Folkbildningspolitikern Adolf Diesterweg. Ett hundraårsminne. 57 s. 90. 25 ö.
27 o. 28. Lidforss, Bengt, Växternas skyddsmedel mot yttervärlden. Med 8 fig. 73 s. 90. 35 ö.

3:e bandet (N:o 20—28) kart. 2 kr.

29. Staaff, Karl, Församlingsrätten. 32 s. 91. 15 ö.
30. Ljungstedt, Karl, Språket, dess lif o. ursprung. 38 s. 91. 20 ö.
31. Lindell, Per, Likbränning eller begrafning? 2:a uppl. 24 s. 93. 10 ö (1:a uppl. 91.)
32. Damm, Ivar, Slumpen. Något om sannolikhetsberäkning o. dess tillämpning på spel, lotterier, statistik m. m. 32 s. 91. 15 ö.
33. Steffen, Gustaf F., Normalarbetsdagen. 36 s. 91. 20 ö.
34. Wieselgren, Harald, Finland. 40 s. o. 1 karta. 91. 20 ö.
35. Key, Ellen, Moralens utveckling Bearb. efter Ch. Letourneau: L'évolution de la morale". 56 s. 91. 25 ö.
36. Lind, E. H., Om rättstafningen. Dess uppgift o. dess öden i vårt land. 32 s. 91. 15 ö.
37. Ålund, O. W., Irland o. Parnell. 38 s. 91. 20 ö.

4:e bandet (N:o 29—37) kart. 2 kr.

38. Drakenberg, Bernt E., Om testamente enligt gällande svensk rätt. 39 s 92. 20 ö.
39. Berglund, G, Konstgjorda gödselämnen 64 s. 92. 25 ö.
40. Andrée, S. A., Industrin o. kvinnofrågan. 23 s. 92. 10 ö.
41. Palmær, Wilh., Elden. 39 s 92. 20 ö.
42. Noreen, Adolf, Rättskrifningens grunder. Om skrift i allmänhet 48 s. 92. 25 ö.
43. Ahlenius, Karl, Kolumbus o. upptäckandet af Amerika. 30 s. 92. 15 ö.
44. Fröding, Gustaf, Folkskalden Robert Burns En lefnadsteckning. 29 s. 92 15 ö.
45 Branting, Hjalmar, Socialismen En historisk framställning. 64 s. 92. 25 ö.

5 e bandet (N:o 38—45) kart. 2 kr.

46. Ljungstedt, Karl, Modersmålet o. dess utvecklingsskeden. 35 s. 93. 20 ö.
47. Bergman, Johan, Den svenska nykterhetsrörelsen. Kort historisk framställning. 39 s. 93. 20 ö.
48. Tallqvist, Knut L., Kulturkampen mellan semiter o. indoeuropeer. Ett bidrag till judefrågans belysande. 30 s. 93. 15 ö.
49. Wicksell, Anna B., Fredsrörelsen. En framställning af de modärna sträfvandena att ersätta krig med skiljedom. 38 s. 93. 20 ö.
50. Trotzig, Karl, Billigare järnvägsresor genom zontariff o andra reformer i järnvägarnes persontaxor. 38 s. 93. 20 ö.
51. Vennerholm, John, Husdjurens yttre sjukdomar o. deras behandling Råd o. anvisn:r. 42 s. 93. 25 ö.
52. Danielsson, Axel, Socialdemokratien, dess uppkomst o. utveckling. 48 s. 93. 25 ö.
53. Charlier. C. V. L., Almanackan o. tideräkningen. Med 2 kartor öfver solförmörkelser 24 s. o. 2 kartor. 94. 15 ö

6:e bandet (N:o 46—53) kart. 2 kr.

54 Helmholtz, H. v., Om naturkrafternas växelvärkan o. fysikens senaste eröfringar rör. detta ämne. Öfv. af Hj. Öhrvall. 37 s 95. 35 ö.
55. Key, Ellen, Individualism o. socialism. Några tankar om de få o. de många. 56 s. 95. 40 ö
56. Wicksell, Knut, Progressiv beskattning af inkomst o. förmögenhet. 39 s. 95. 35 ö.

Studentminnen upptecknade af en gammal Lundensare Se: [Damm, Janne.]

Studiehandbok för dem, som vid Lunds univ. ämna aflägga filos. kand. examen. Utg. af [Carl af Petersens.] 8.o. Lund, Gleerupska univ:s-bokh. i distr. 95. 1 kr.
(Föreg. uppl. 88.)

Studiehandbok för dem, som vid Upsala universitet ämna aflägga filos. kandidat- och licentiat-examen. 2:a uppl. 8:o, viij o. 176 s. Ups., Utg:n. 93. 2 kr.
(1:a uppl. 87.)

Studieplaner samt bestämmelser, råd o. anvisn:r rör. studierna inom filosofiska fakulteten vid univ:t i Upsala för filos. kandidat- o. licent. examen, utg. af Frans von Schéele. 8:o. Ups., Utg:n.
I. Humanistiska sektionens läroämnen. 78 s. 94 1 kr.
II. Matematisk-naturvetenskapliga sektionens läroämnen. 22 s. 94. 50 ö.

Stugan vid hafsstranden eller lilla Esters historia. Öfv. af G. S. Löwenhielm. 8:o, 88 s. Sthm, Fost.-stift:s f.-exp. 90 50 ö., kart 75 ö

STUGAU, Carl, Boken om lifvets lycka. Öfv. från tyskan. 8:o, 300 s. H:fors, G. W. Edlund 90. 2 fmk (1: 50).

Stunden, För. Novelletter o. skizzer. Öfv. af —lgr—— 8:o. 105 s. Sthm, C. A V. Lundholm. 89. 75 ö.

Stunder, På lediga. Ungdomsbibliotek, redig. af Math:a Langlet. 8:o. Sthm, H. Geber.
1. Tytler, Sarah, Bara flickor. Läsning i hemmet för våra döttrar. Öfv. från eng. af Math:a Langlet. 258 s. 90. 2: 50.
2. — , Farfars testamente. Läsning i hemmet för våra döttrar. Öfv. från eng. af Math:a Langlet. 252 s. 91. 2: 50.
3. Hutzler, Sara, Unga hjertan. Berättelser för den mognare ungdomen. Öfv. af Math:a Langlet. 207 s 91. 2: 25.
4. Hutschinson, J. R., Harry Hungerford eller en ung emigrants äfventyr. Öfv. från eng af Math:a Langlet. 188 s. 91. 2 kr.
5. Yonge, Charlotte M., Två prinsessor eller kronor o hjertan. Hist. berätt. från medeltiden. Öfv. af Math:a Langlet. 244 s. 92. 2: 50
6. Ballantyne, M. R., Buffeljägarne. Berättelse från Röda flodens prairier. Öfv. från eng. af Math:a Langlet. 250 s. 92. 2: 50.

7. *Tytler, Sarah,* Arfskiftet. Läsning i hemmet för våra döttrar. Öfv. från eng. af *Math:a Langlet.* 271 s. 94. 2: 50.
Stunder, Stilla. Bibelspråk med verser af *L. S.* 8:o, 9 blad velin med fig. o. text. Sthm, Fost.:stift:s f.-exp. 92. 1: 25.
STURLESON, Snorre, Konungasagor. Sagor om Ynglingarne o. Norges konungar intill 1177, utg. af *Hans Hildebrand.* 8 o, 715 s. Sthm, F. & G. Beijers Bokf.-aktb. 89. 5 kr.
STURZEN-BECKER, Vilh., Engelsk läsebok. 8:o. Sthm, Aktieb. Hiertas bokf.
 Förra kursen. Med anmärkn:r o. ordbok. 334 s. 91. 2: 50, inb. 3 kr.
—, Svensk rättskrifningslära. [N:o 1.] Utarb. på grundvalen af Svenska akad:s ordlista. 1:a o. 2:a uppl. 8:o, viij o. 47 s. Sthm, P. A. Norstedt & S:r. 89. 60 ö., kart. 75 ö.
—, Svensk rättskrifningslära. (N:o 2.) för allm. lärov:n o. flickskolorna. 3:e uppl. 8:o, 72 s. Sthm, P. A. Norstedt & S:r. 93. 45 ö., kart. 60 ö. (1:a uppl. 90. 2:a 91.)
—, Svenska rättskrifningsöfningar i enlighet med förf:s rättskrifningslära. 8:o, 48 s. Sthm, P. A. Norstedt & S:r. 89. 50 ö.
—, Se: *Dickens, Ch.,* The cricket on the hearth. — *Gardiner, S. R.,* Historical biographies. — *Mérimée, P.,* Colomba.
Stuteribok för Malmöhus- och Kristianstads län, utg. af Malmöhus läns k. hushållningssällskap genom dess stuteribokskomité. I. 1894. 8:o, xxij o. 274 s. Malmö, Envall & Kull i distr. 94. 1: 75.
STUTZER, A., Stallgödsel o. konstgödning. Kort anvisning till stallgödselns rätta behandling o. de konstgjorda gödningsämnenas användande. Öfv. af *Hj. Nathorst.* 8:o, 55 s. Göteb., Wettergren & Kerber. 89. 50 ö.
STUTZER, G., Från Syd-Brasilien. Skildringar. Öfv. af *Karl af Geijerstam.* 8:o, 111 s. Sthm, F. & G. Beijers Bokf.-aktb. 91. 1: 25.
STUXBERG, Anton, Djurriket. Bilder ur djurens verld. 2 dlr. 8:o, 446 o. 376 s. Sthm, F. & G. Beijers Bokf.-aktb. 93. 6 kr. (Föreg. uppl. 89.)
—, Djurskisser. Några blad ur våra dagars forskning. Med 105 bilder. 8:o, 272 s Göteb., Wettergren & Kerber. 92. 4: 50, klb. 5: 50.
—, D:o d o. Ny följd. Med 161 bilder. 8:o, 352 s. Göteb., Wettergren & Kerber. 93. 6 kr., inb. 8 kr.
—, Faunan på o. omkring Novaja Semlja. Se: Iakttagelser, Vega-expeditionens vetenskapl. V: 1.
—, Minnen från Vegas färd o. dess svenska föregångare jemte en framställning af Nordostpassageus historia. Med 76 illustr. i texten. 8:o, xij o. 359 s. Sthm, Samson & Wallin i distr. 94. 6 kr.
—, Människoaporna, deras lif i frihet o. fångenskap. Med 10 bilder. 8:o, 31 s. Göteb., Wettergren & Kerber. 92. 50 ö.
—, Sveriges o. Norges fiskar jämte inledning till fiskarnes naturalhistoria. Med 308 bilder i texten. 8:o, 678 s. Sthm, Alb. Bonnier. 95. 10 kr., inb. 13 kr. (Utkom i 4 hfn à 2: 50. 94—95.)
—, Sveriges ormar. En skrift för folkskolan o. hemmet. 8:o, 34 s. Göteb., Wettergren & Kerber. 93. 50 ö.
Stycken, Valda, af svenska författare 1526—1732, med anmärkn:r o. ordlista utg. af *Ad. Noreen* o.

E. Meyer. 8:o, vij o. 301 s. Ups., Akad. bokh. 93. 4: 75.
STYFFE, Carl Gustaf, Se: Rikskansleren Axel Oxenstiernas skrifter.
Styrbjörn Starke, Mannens äktenskapsålder. Också ett inlägg i sedlighetsfrågan o. andra sociala frågor. 8:o, 100 s. Sthm, (Looström & K. i komm) 88. 1: 25.
—, Stat o. kyrka. Ett ord i sedlighetsfrågan till de frisinnade i vårt land. 8:o, 36 s. Ups., Lundequistska bokh. i komm. 90. 50 ö.
Stå kristendom o. kultur i strid med hvarandra? Stenografisk redog. för diskussionen i Upsala d. 14 nov. 1891, utg. af *G. A. Magnusson.* 8:o, 91 s. Sthm, H. Geber. 92. 1: 25.
Ståhl, Axel Ivar. Se: *[Öberg, L. T.]*
STÅHLBERG, K. E., Praktisk lärobok i fotografi för amatörer. Med illustr. 8:o, 58 s. H:fors, Förf:n. 93. Netto 1: 25.
STÅHLGREN. Eug., Sammanklämning o. sönderklyfning. Några blad ur goodtemplarordens historia. 8:o, 250 s. Göteb., Förf:n. 89. 1: 50.
STÅLHAMMAR, Hj., Handbok i praktisk nutida biskötsel. Liten 8:o, 82 s. Göteb., Förf:n. 89. 75 ö.
—, Nyaste o. bästa sättet att odla potäter. 2:a uppl. 8:o, 48 s o. 7 pl. Göteb., N. P. Pehrsson. 86. 75 ö.
—, Praktisk o. teoretisk lärobok i biskötsel såväl i runda halm- som ramkupor. Med träsn. 8:o, 183 s. Göteb., Förf:n. (85.) 3 kr.
—, Se: Bi-tidning.
STÅLHANE, A. R., Se: Tull- o. sjöfartsförfattningar, Sveriges.
Stämpelbok för kemiska o. mekaniska trämassefabriker i Sverige 1894. Utg. af *K. von Hofsten.* 8:o, viij o. 37 s. Göteb, Utg:n. 95. 7: 50.
Stängselförordning eller förordning om egors fredande emot skada af annans husdjur. Liten 8:o, 19 s. Hessleh., O. Andersson. 86. 25 ö.
Stöfvaren af *O. B. R.* Se: Bibliotek för jägare. 2.
SUCHTELEN, J. P. von. Se: *Ahnfeldt, Arvid,* Två krönta rivaler.
SUCKSDORFF, Wilh., Helsans vård. Sju föredrag. 8:o, 118 s. H:fors, Söderström & K. 88. 1 kr.
—, Tvättkläders desinfektion genom tvättning. Hygienisk studie. Akad. afh. 4:o, 124 s. H:fors, Förf. 93. 2 fmk.
SUDERMANN, Hermann, Den gamla kvarnen, m. fl. berättelser. Öfv. af *M. Boheman.* 12:o, 208 s. Sthm, H. Geber. 91. 2 kr.
—, En önskan. Se: Romanbibliotek, Ad. Bonniers. 45.
—, Felicitas. Roman. Öfv. från tyska orig. "Es war" af *M. Boheman.* 8:o. Sthm, H. Geber.
 I. 305 s. 93. 2: 75.
 II. 268 s. 94. 2: 25.
—, Fädrens missgerningar. Roman. Öfv. af *M. Boheman.* 8:o, 296 s. Sthm, H. Geber. 91. 2: 75.
—, Hemmet. Skådespel i 4 akter. Se: Teatern, Svenska, 244.
—, Jolanthas bröllop. Berättelse. Öfv. af *M. Boheman.* 8:o, 80 s. Sthm, H. Geber. 92. 1 kr.
—, Jolanthas bröllop. Humoristisk berättelse. Öfv. af *Walborg Hedberg.* 12:o, 110 s. Sthm, Alb. Bonnier. 92. 1 kr.
—, Presidentskans gunstling. Öfv. af *M. Boheman.* 8:o, 302 s. Sthm, H. Geber. 92. 2: 75.
—, Skymningsprat. Se: Romanbibliotek, Ad. Bonniers. 58.

SUDERMANN, Hermann, Sodoms undergång. Drama i 5 akter. Öfv. från tyskan af *Ernst Lundquist.* 8:o, 217 s. Sthm, H. Geber. 91. 2: 25.
—, Sorgens fé. Roman. Öfv. af *Edvin Tengström.* 8:o, 243 s. Sthm, H. Geber. 91. 2: 25.
—, Ära. Skådespel i 4 akter. Se: Teatern, Svenska, 225.

SUDRAKA (konung), Vasantasena. Se: Teatern, Svenska. 247.

SUE, Eugéne, De sju dödssynderna. Se: Vitterlek. 61—66.
—, Den vandrande Juden. Se: Vitterlek. 31—34.

Suède. Quelques renseignements pour les touristes visitant les pays du soleil de minuit avec illustr. 8:o, 64 s. Sthm, Wahlström & Widstrand. 95.
50 ö.

SUENSON, E., Skizzer från Japan o. Kochinkina. 8:o. 211 s. Sthm, C. A. V. Lundholm. 90. 1: 50.

SUESS, Eduard, "Syndafloden". Öfv. af *A. G Nathorst.* 8:o, 81 s. Sthm, P. A. Norstedt & S:r 87. 1: 25.

SULIN, K. W., Se: Lag, Sveriges rikes. — Strafflag för finska militären.

SULZBERGER, A., Den kristna trosläran från metodistisk ståndpunkt. Öfv. I. 8.o, 354 s. Sthm, J. M. Erikson i distr. 86. 3: 75.

SULZE, E., Församlingslif i den protestantiska kyrkan. Öfv. af *Math. Langlet.* Med förord af kyrkoh. *Axel Strandell.* 8:o, viij o. 225 s. Sthm, Fr. Skoglund. 93. 2: 50.

SUMNER, William Graham, Hvilka äro de särskilda samhällsklassernas skyldigheter emot hvarandra? Öfv. från eng. af *S. S—m.* 8:o, 143 s. Sthm, Samson & Wallin. 87. 1: 50.

SUNDBERG, A. N, Om den svenska kyrkoreformationen o. Upsala möte. Se: Årsskrift, Upsala univ:ts. 1893. Program 3, o. Inbjudningsskrifter.
—, Svar på Odhners tal. Se: Handl:r, Sv. Akad.s. 62.
—, Tal den 5 april 1886. Se: dersammast. 62.

SUNDBERG, Carl, Mikroorganismerna från läkarens synpunkt. 8:o, viij o. 589 s. samt 4 pl. Ups., W. Schultz. 95(—97). 12 kr., inb. 15 kr.
—, Undersökn:r öfver möjligheten af mikrobers intrångande genom den oskadade tarmslemhinnans yta-Akad. afh. 8:o, 128 s. o. 2 pl. Ups., Akad. bokh. i komm. 92. 2 kr.

SUNDBERG, Ernst, Lärobok i mekanik. Med 300 exempel. 8.o Sthm, P. A. Norstedt & S:r.
I. Statik. 47 s. 91. 70 ö., kart. 90 ö.
II. Dynamik. 44 s. 91. 70 ö., kart. 90 ö.
Båda afl. i 1 band 1: 75.

SUNDBERG, Gotthard, Om Sveriges fångvård på dess nuvarande utvecklingsstadium. 8:o, 201 s. Sthm, Samson & Wallin i komm. 92. 2: 25.

SUNDBLAD, Carl, Kristlig fredskatekes i fem hufvudstycken. 12:o, 48 s. Sthm, Alb. Fagerberg i komm. 87. 25 ö., kart. 40 ö.
—, Kristliga brodermord. Deras följder, orsaker o. botemedel. Fredsföredrag. 8:o, 40 s. Sthm, Alb. Fagerberg i distr. 86. 25 ö.
[—], Vilddjuret, den falska profeten o. skökan betraktade i 19:e årh. ljus af *Amicus Veritatis.* 2:a uppl. omarb. o tillök. 8:o, 78 s. Sthm, Alb. Fagerbergs bokh. i distr. 90. 80 ö

SUNDBLAD, Johannes, Andeverlden i föreställningen, folksägnen o. verkligheten. 8:o, viij o. 280 s. Sthm, Ad. Johnson. 89. 2: 50.
—, Bland kräklor o. mitror. En svensk kulturstudie från slutet af förra o. början af detta århundrade. 8:o, viij o. 250 s. Sthm, Fahlcrantz & K. 86.
3 kr.

SUNDBLAD, Johannes, Från land o. strand. Fyra berättelser. 8:o, 342 s. Sthm, Ad. Johnson. 91.
2: 75.
—, Från officersmessen o. soldattältet. Kulturteckn:r från vårt äldre militärlif. 8:o, 208 s. Sthm, W. Billes Bokf.-aktb. 94. 2 kr.
—, Gammaldags seder o. bruk. Ny omarb. o. tillökad uppl. 8:o, 384 s. Sthm, Fahlcrantz & K. 88. 4: 50.
[ ], Junker Magnus. Tidsbild från 1300-talet af *Håkan Törne.* 12:o, 233 s. Sthm, Ad. Johnson. 92. 2 kr.
Jfr. Bibliotek, Ungdomens. 24.
—, Med tusch o rödkrita. 8:o Sthm, Fahlcrantz & K.
I. Typer o. personager. 188 s. 87. 1: 75.
II. I dannemanshemmet o. torpstugan. 8:o, viij o. 199 s. 87. 2: 25.
—, Om Sven som kom i folkhögskolan, o. Nils som blef hemma. Skildringar ur allmogelifvet. 8:o, 211 s. Sthm, C. E. Fritzes hofbokh. 93. 2 kr.
—, Skärgårdslif i vester. Tidsbilder o. bygdetyper. 8:o, 314 s. Sthm, Ad. Johnson. 90. 2: 50.

SUNDBÄRG, Gustav, Bidrag till utvandringsfrågan. Se: Årsskrift, Upsala univ:ts 1886. Filos. språkv. o. hist. vet. 3.
—, Rusdryckerna o. deras missbruk. Se: Flygskrifter, Helsovännens. 2.
[ ]. Svenska minnesdagar. 8:o, 74 s. Sthm, P. A. Norstedt & S:r. 94. 75 ö.
—, Se: Samhällslifvet, Det ekonomiska.

SUNDELIN, Robert, Lärobok i teologisk etik. Den allmänna delen, utarb. i kritisk anslutning till Martensens system. 8.o, 124 s. Ups., W. Schultz. 87. 1: 50.
—, Svedenborgianismens historia i Sverige under förra århundradet. 8.o, ix o. 288 s. Ups, W. Schultz 86. 3 kr.
—, Se: Tidskrift, Kyrklig.

SUNDELL, A. F., Barometervergleichungen. Se: Acta Soc.is scient. fenn. XVI.
—, En akustisk anemometer. Se: Öfversigt af F. Vet. soc:s förhandl:r. XXXVI.
—, Notiz über ein Normalbarometer. Se: dersammast. XXVIII.
—, Om norrskenet d. 1 apr. 1886. Se: dersammast. XXVIII.
—, Snötäckets höjd i Finland 1891. Se: Fennia. VII: 3 o. IX: 1.
—, Spectralversuche. Se: Acta Soc:is scient. fenn. XV.
—, Till Erik Edlunds minne. Se: Öfversigt af F. Vet. soc:s förhandl:r. XXXI.
—, Transportables Barometer. Se: Acta Soc:is scient. fenn. XV.
—, Über eine Modifikation d. Quecksilberluftpumpe. Se: dersammast. XV.
—, Åskvädren i Finland 1887. Se: Bidrag till känned. om Finlands natur o. folk. 46. 51—54.

SUNDÉN, Daniel Anton, Kammarskrifvaren Johannes Almén som litteraturhistorisk kritiker afslöjad. 53 s. Sthm, J. Beckman. 91. 50 ö.
—, Kort lärokurs i modersmålet för folkskolan. I. Rättskrifningslära jämte skriföfn:r. II. Ord o. satslära. 9:e uppl. 8:o, 80 s. Sthm, J. Beckman. 94. Inb. 25 ö.
(7:e uppl. 90. 8:e 91.)
—, Ny svensk rättskrifningslära. 3:e uppl. 8:o, 92 s. Sthm, J. Beckman. 91. Kart. 50 ö.
(1:a uppl. 89. 2:a 90.)

SUNDÉN, Daniel Anton, Ordbok öfver svenska språket. 2 dlr. 8:o, I. 415 s. II. 692 o. xij s. Sthm, J. Beckman. Kompl. 10: 25, inb. 12 kr. (Utkom i 6 hfn 86—92.)
—, Rättskrifningsöfningar med upplysande noter för allm. läroverken. 8:o, 62 s. Sthm, J. Beckman. 93. Kart. 50 ö.
—, Svensk språklära för folkskolan. 14:e uppl. 8:o, 107 s. Sthm, J. Beckman. 90. Kart. 50 ö.
—, Svensk språklära i sammandrag för de allm. läroverken. 12:e uppl. 8:o, 247 s. Sthm, J. Beckman. 95. Kart. 1: 50.
(9:e uppl. 88. 10:e 90. 11:e .)
—, Se: Läsebok, Svensk.
—, o. **MODIN, J. E.,** Svensk stillära. 4:e uppl. 8:o, 77 s. Sthm, J. Beckman. 88. 1 kr.
SUNDÉN, Karl F., Biblisk historia för folkskolor. 8:o, 128 s. o. 2 kartor. Sthm, P. Palmquists aktb. 90. Kart. 25 ö.
—, Den oumbärliga hjelpredan i de fyra räknesätten, metersystemet samt musikens första grunder. Utarb. för folkskolans barn. Liten 8:o, 16 s. Sthm, A. V. Carlsons Bokf.-aktb. 86. 15 ö.
—, Samtal öfver bibliska historien efter normalplan 2:a omarb. uppl. 8:o, 190 s. Sthm, A. V. Carlsons Bokf.-aktb. 91. 1: 50, kart. 1: 75.
—, Se: *Luther, M.,* Lilla katekes.
SUNDEVALL, Carl J., Svenska foglarna. Forts. af *J. G. H. Kinberg.* 35:e—40:e (slut-)hft. Tvär 4:o, s. 1165—1570. Sthm, F. & G. Beijers Bokf.-aktb. 86. 12 kr., kompl. 80 kr.
—, Se: Fiskar, Skandinaviens.
SUNDIN, Carl O., Från nord till syd eller två gossars resor o äfventyr till lands o. vatten. 8:o, 16 s. Sthm, Förf:n. 88. 50 ö.
SUNDIUS, Agathon, Handbok i trädgårdsskötsel, lämpad efter undervisningen vid seminarier o. folkskolor, landtmannaskolor m. m. Med 46 träsn. o. 3 färgl. planritningar. 8:o, vij o. 146 s. o. 3 pl. Sthm, Fr. Skoglund. 90. 1: 50.
—, Se: *Müller, D.,* Trädgårdsskötsel.
SUNDMAN, Gösta, Finlands fiskar målade efter naturen. (The fishes of Finland drawn and coloured from life.) Med text af *O. M. Reuter* o. *A. J. Mela.* 4:e—12:e (slut)hft. Folio. H:fors, G. W. Edlund. 86—95. Kompl. 75 fmk (56: 25.)
—, Finlands roffåglar. Fol. 5 pl. o. 1 blad text. H:fors, G. W. Edlund. 94. 3 fmk.
—, Finska fogelägg. — Eggs of Finnish birds. 6:e—9:e hft. Tvär 4:o. H:fors, G. W. Edlund. 88—90. För häfte 3 fmk.
—, Flydda dagar. Teckningar. 8:o, 4 o. 153 s. H:fors, Söderström & K. 94. 2: 75 fmk.
SUNDSTRÖM, C. R., Atlas till naturriket. Bearb. o. tillökad af *Filip Trybom.* Tvär 4:o, 62 s. Sthm, Aktieb. Hiertas bokförlag. 88. 90 ö., kart 1 kr.
—, Handbok för hundvänner. Efter Viggo Møllers "Hunden og hunderacerne". Med 100 afbildn:r. 8:o. 522 s. Sthm, H. Geber. 89. 9: 50.
—, Naturläran i bilder. Med text. 775 afbildn:r. 4:o, 53 s. Sthm, F. & G. Beijers Bokf.-aktb. 86. 1 kr.
—, Sveriges användbarare fiskar. 1 färglagd plansch. Sthm, C. E. Fritzes hofbokh. 86. 5 kr.
—, Se: *Leutemann, H.,* Djurriket. — Mitteilungen des ornitolog. Komitees.
SUNDSTRÖM, Gust., Se: Norrland.
SUNDSTRÖM, Pehr W. (Bill Shark). Sjömanslif. Minnen o. äfventyr från skilda världsdelar. Med 39 illustr. 8:o, 248 s. o. 10 pl. Sthm, Alb. Bonnier. 92. 3: 75, klb. 5 kr.
SUNDVIK, Ernst Edv., Om parningsprocesserna i djurorganismen särskildt glykuronsyreparningarna. Akad. afh. 8:o, 130 s. H:fors, 86. 1: 50 fmk.
—, Om uroxansyra. Se: Öfversigt af F. Vet.-soc:s förhandl:r. XXXVII.
—, Se: Pharmacopoea Fennica.
SUNESON, Carl, Se: Svea.
SUOMALAINEN, K., Se: Suomi.
Suomi, Teckningar af Finland o. dess folk efter de förnämsta inhemska målares taflor. Text af *K. Suomalainen.* Öfvers. af *Ellen Nervander.* Tvär folio, 72 s. o. 35 pl. H fors, G. W. Edlund. 88. 8 kr., inb. 10 kr.
Supplement till Sveriges Ecklesiastikmatrikel af *Carl M. Rosenberg.* 8:o, 108 s. Sthm, A. V. Carlsons Bokf.-aktb. 88. 1: 50.
Supplement till Sveriges rikes sjölag af d. 12 juni 1891 tillika med tull-, lots- m. fl. författn:r hvilka utkommit intill d. 8 febr. 1892, af *J. A. Thurgren.* 8:o, s. 525—567. Sthm, Kungsholms bokh. 92. 75 ö.
Susi eller en julklapp. Öfv. af *J. F. L.* 8:o, 40 s. Sthm, Alb. Fagerberg i komm. 86. 40 ö.
SUTTER, J., Några ord om H. Drummonds person o. verksamhet. Se: Vi och "De största i verlden".
SUTTNER, A. Gundaccar v., En dämon. Roman. Öfv. fr. tyskan. 8:o, 237 s. Sthm, Fr. Skoglund. 95. 1: 75.
SUTTNER, Bertha von, Erzählte Lustspiele. Mit Anmerkg. herausgeg. von *O. Hoppe.* Se: Verfasser, Moderne deutsche. 3.
—, "Ned med vapnen". En lefnadshistoria. Bearb. för ungdom af *Toini Topelius.* 232 s. Sthm, Alb. Bonnier. 93. Kart. 2: 25.
—, Ned med vapnen! En lefnadshistoria. Öfv. af *M. Boheman.* 8:o, 466 s. Sthm, F. & G. Beijers Bokf.-aktb. 90. 3: 75.
SUUTARLA, Zef., Den historiska utvecklingen af Finlands grundlagar. Se: Skrifter, Folkupplysn. sällsk. 92.
Swahn, Christer. Se: *[Wickström, Vict. Hugo]*
SVAHN, Oscar, Det muntliga föredragets konst i tal o. sång. I. Med 15 teckn:r. Stor 8:o, xj o. 368 s. Sthm, Alb. Bonnier. 90. 4: 50.
—, Ett universitet i Sveriges hufvudstad. Se: *Svahn, Oscar,* Våra öfverliggare.
—, Stundar en omhvälfning inom läkarekonstens område? J. H. Kellgren samt några ord i en reformfråga af *Thord Bonde.* 8:o, v o. 104 s. samt 1 portr. Sthm, Alb. Bonnier. 87. 1: 25.
[——], Våra öfverliggare. Akademiska studier af *Thord Bonde.* Med 52 teckn:r af *Bruno Liljefors* m. fl. samt Ett universitet i Sveriges hufvudstad af *Oscar Svahn.* 2:a uppl. 8:o, xv o. 375 s. Sthm, Alb. Bonnier. 86. 3: 75, klb. 5 kr.
[——], Än en gång "Våra öfverliggare" samt ytterligare några ord i universitetsfrågan. 8:o, 104 s. Sthm, Alb. Bonnier. 86. 1 kr.
—, Se: Skämtlynne, Svenskt.
SWALIN, Wilh., Bidrag till Kgl. Maj:ts hofs personalhistoria under det senaste århundradet. I. Biografiska data. 8:o, xv o. 352 s. Sthm, Samson & Wallin. 88. 4 kr.
—, Bidrag till Kgl. Maj:ts kanslis personalhistoria efter 1809. 8:o, 291 s. Sthm, Z. Hæggströms f.-exp. i komm. 92. 5 kr.

Svampbok, Liten, med nya rätter. Några antecknn:r efter egna rön af J. Med förord af M. A. Lindblad. 16:o, 32 s. Sthm, Alb. Bonnier. 86. 25 ö.

[**SVAN, C. G.**], Palestina. Se: Skrifter, Folkupplysn. sällsk. 77.

SVAN, L. J., Den store öfverherden eller Kristi biskopliga embete inom Guds församling. 8:o, 60 s. Mora, Förf:n. 89. 50 ö.

SVANBERG, Johannes, Anteckningar om Vasateatern 1886—95. 8:o, 95 s. Sthm, Gust. Carlsons bokh. 95. 1: 50.

—, Se: Anteckningar om Stora teatern i Göteborg.

Svanboet. En berättelse från de skotska covenanternas tid. 2:a uppl. 8:o, 128 s. Sthm, Fost.-stift:s f.-exp. 95. 75 ö, kart. 1 kr.

SVANLJUNG, J. Kr., Handledning i finsk kommunalkunskap. Med nödiga inlägg från andra områden. 12:o, 6 o. 308 s. H:fors, G. W. Edlund 91. 1: 75 fmk.

SVANLJUNG, Knut, Österbottens pedagogier o. trivialskolor. Skolhistoriska studier. Akad. afh. 8:o, 4, 159 s. o. 6 tab. H:fors, Förlagsaktb. Otava. 95. 3 fmk.

SVANLUND, F., Förteckning öfver Blekings fanerogamer o. ormbunkar med uppgift på växtlokaler o. geogr. utbredning. 8:o, 59 s. Karlskrona, Fr. Apelqvist. 89. 85 ö.

Svanriddaren. Öfv. 2:a uppl. 8:o, 48 s. Sthm, F. C. Askerberg. 92. 50 ö.

Svante, Solglimtar o. molntappar. Ögonblicks reflexer. I. 8:o, 127 s. Sthm, Erikson & Larson. 86. 1 kr.

Svante, Vågskum. Digtförsök. 8:o, 59 s. Lund, Ph. Lindstedts univ:s bokh. 90. 1 kr.

Svar på industritidn. Nordens tolf första prisfrågor. Se: Spörsmål, Industriella o. sociala. 1.

Svar på tal. 50 frågor o. 50 svar. Rim o. reson af L. Ph—n. Göteb., Gumperts bokh. 91. 1 kr.

Svar på tal. Några ord med anledn. af en nyligen utkommen broschyr rör. Sjöförsvarets förfall. 12:o, 24 s. Sthm, D. Lunds boktr. i distr. 90. 35 ö.

SVARTENGREN, Teodor, Nö hört frå skogsbygda. 1:a saml. 12:o, 51 s. Sthm, Alb. Bonnier. 87. 50 ö.

SWARTLING, R. M., Hästdressyr efter olika metoder samt egensinniga o. elaka hästars behandling jämte några ord om skoning. Med 32 pl. 8:o, 104 s. Sthm, P. A. Norstedt & S:r i distr. 93. 2: 75.

Svea. Folkkalender. 16:o. Sthm, Alb. Bonnier.
43:e årg. för 1887. 256 s. o. 7 pl. 86.
44:e årg. för 1888. 256 s. o. 10 pl. 87.
45:e årg. för 1889. 256 s. o. 9 pl. 88.
46:e årg. för 1890. 256 s. o. 9 pl. 89.
47:e årg. för 1891. 248 s. o. 6 pl. 90.
48:e årg. för 1892. 255 s. o. 8 pl. 91.
49:e årg. för 1893. 256 s. o. 8 pl. 92.
50:e årg. för 1894. 256 s. o. 12 pl. 93.
51:e årg. för 1895. 256 s. o. 8 pl. 94.
52:a årg. för 1896. 256 s. o. 6 pl. 95.
För årg. 1: 75, kart. 2: 25, klb. 2: 75, med guldsn. 3: 50.

Svea. Illustrerad veckotidning. 1:a—4:e årg. 1886—89. Utg. *Carl Suneson.* Folio. Sthm, Redaktionen. 86—89.
5:e—7:e årg. 1890—92. Utg. *L. Hökerberg.* Sthm, A. L. Normans Boktr.-aktb. 90—92.
8:e—9:e årg. 1893—94. Utg. *Petrus Hedberg.* 93—94. För årg. (52 n:r) 5 kr.

SVEDBERG, J. F., Farmakopé, innehållande de allmännast brukliga läkemedlen o. dess användningssätt, jemte sammandrag af apotekstaxorna m. m. 8:o, 320 s. Sthm, Alex. Dahl. 89. Kart. 3 kr.

SVEDELIUS, Carl, Étude sur la semantique. 8 o, 50 s. Ups., Josephsons antikvariat. 91. Uppl. 200 ex. 1 kr

—, Om obligatoriskt feriearbete. 8:o, 54 s. Sthm, C. E. Fritzes hof bokh. 95. 75 ö.

SWEDELIUS, Wilh. Erik, Anteckningar om mitt förflutna lif. 2:a uppl. 8:o, iij o. 638 s. Sthm, Fahlcrantz & K. 94. 5 kr, inb. 6: 75. (1:a uppl. 89.)

—, Handbok i statskunskap. 2:a uppl. omarb. af J. Fr. Nyström. 8:o. Ups., W. Schultz.
I. Sverige, Norge o. Danmark. 266 o. xv s. 87. 3 kr., inb. 4 kr.
II. Ryssland, Storbritanien, Frankrike o. Tyskland. 320 s. 87. 3: 75, inb. 4: 75
III. Österrike, Schweiz, Nederländerna, Belgien o. Italien. 356 s. 88. 4 kr., inb. 5 kr.
IV. Spanien, Portugal, Grekland, Rumänien, Serbien. Montenegro, Turkiet, Bulgarien, Egypten, Nordamerikas Förenta stater, Persien. Kina o. Japan. 534 s. 91. 5: 50, inb. 6: 50.

—, Maria Stuart o. Elisabeth. Historisk betraktelse. 8:o, 231 s. o. 2 portr. Sthm, P. A. Norstedt & S:r. 93. 5: o.

— , Om historisk vetenskap o. studier. Se: Tidskrift, Historisk. 1888.

—, Representationsreformens historia. 8.o, 591 o. vj s. Sthm, Fahlcrantz & K. 89. 7: 50, inb. 9: 25.

— , Smärre skrifter. 8:o. Sthm, P. A. Norstedt & S:r.
I: 1. Tal vid åtskilliga tillfällen. 2:a uppl. 134 s. 88. 1: 25.
2. Maria Stuart o. Elisabeth. s. 135—363. 88. 2: 50.
II: 1. Birger Jarl, Olaus Petri. 186 s. 88. 2: 25.
2. Minnestal. Studenttal. 186 s. 88. 2: 25.

—, o. **NYSTRÖM, J. Fr.,** Nordamerikas förenta stater. 8:o, 218 o. 18 s. Ups., W. Schultz. 91. 2: 75.

SVEDENBORG, Emanuel, Den sanna kristna religionen. Öfv. från latinska urskriften af *A. Theod. Boyesen.* 8:o, xx o. 944 s. Sthm, Nykyrkl. bokf. 88. 3: 50, inb. 4 kr.

—, Jordkloten i vår solverld, hvilka kallas planeter o. jordkloten i stjernhimmelen samt deras innebyggare, äfvensom andarne o. änglarna der på grund af hvad som blifvit hördt o. sedt. Från latinska urskriften af år 1758. Öfv. af *C. J. N. Manby.* 8:o, 123 s. Sthm, Nykyrkl. bokf. 95. 1 kr.

—, Om himmelen o. dess underbara ting o. om helvetet på grund af hvad som blifvit hördt o. sedt. Från latinska urskriften. Öfv. af *C. J. N. Manby.* 2:a uppl. 8:o, 459 s. Sthm, Nykyrkl. bokf. 93. 1: 75, inb. 2: 25. (1:a uppl. 89.)

—, Om nya Jerusalem o. dess himmelska lära på grund af hvad som blifvit hördt från himmelen. Med inledning ang. den nya himmelen o. den nya jorden. Från latinska urskriften af år 1758. Öfv. af *C. J. N. Manby.* 8:o, iv o. 198 s. Sthm, Nykyrkl. bokf. 92. 1: 25, inb. 2 kr.

Svedenborg o. **Paulus,** om den nya födelsen o. den stora menniskan. 8:o, 8 s. Sthm, Nykyrkl. bokf. 87. 10 ö.

SVEDERUS, G., Om fälttåget i Norge 1814. (Vederläggn. af kapten J. Mankells lika betitlade skrift.) 8:o, 122 s. Sthm, P. A. Nymans tryckeri. 87. 1 kr.

SVEDERUS, M. B., Tunikater från Sibiriens ishaf o. Berings haf. Se: Iakttagelser, Vega-expeditionens vetenskapl. IV: 6.

—, Se: Läsning, Geografisk.

Swedish scenery and places of interest. Some hints for visitors to the "Land of midnight sun". Tvär 8:o, 56 s. o. 14 pl. Sthm, Wahlström & Widstrand. 93. 50 ö.
SVEDMARK, L. E., Geologi. Se: Bibliotek för allmänbildning. 4.
SVENDSEN, R., Handbok vid mjölkboskapens utfodring. Öfv af R. G. Toll. 8:o, 208 s. Sthm, Svanbäck & K. 89. 2: 50.
SVENING, S. A., En undersökning om den saliggörande tron enligt Nya Testamentet. 8:o, 51 s. Göteb., N. P. Pehrsson. 95. 50 ö.
SVENONIUS, Fr., Stenriket o. jordens byggnad. Se: Biblioteket, Svenska. III. — Boksamling, Naturvetenskaplig. V.
SVENSEN, Emil, Allmän geografi. Se: Bibliotek för allmänbildning. 8.
— —, Allmän historia. Se: dersammast. 9.
— —, Ett kristet rike i de svartes verldsdel. Se: Tidskrift, Nordisk. 1888.
— —, Jorden o. menniskan. Se: Biblioteket, Svenska. II.
— —, Karl Ifvarsson o. landtmannapartiet. Se: Studentfören. Verdandis småskrifter. 24.
— —, Nya verldens sista monarki. Se: Tidskrift, Nordisk. 1890.
— —, Spörsmål granskade. I. Kvinnofrågan. 8:o, 203 s. Sthm, Fahlcrantz & K. 86. 2: 25.
— —, Suez och Panama. Se: Tidskrift, Nordisk. 1888.
— —, Vinland o. Vinlandsfärderna. Se: Tidskrift, Historisk. 1889.
— —, Se: Samhällslifvet, Det ekonomiska.
SWENSK, J. A., Se: Bucht, G. W. o. Swensk, J. A., Anteckningar i räknemetodik. — Bäckman, J. o. Swensk, J. A., Att lära läsa utan tårar.
Svensken. Tidskrift för hemmet o. familjen. Profhäfte. Utg. O. A. Pettersson. 8:o, 32 s. Sthm, Exped. 90. 10 ö.
SVENSON, Alfr., Genmäle till H. W. på hans recension i Pedagog. tidskrift, febr. 1886. 8:o, 20 s. Sthm, (Looström & K. i distr.) 86. 30 ö.
— —, "Mästerskapssystemet." Praktisk lärobok i franska språket. Efter dr. Rosenthals "Meisterschaftssystem". 2:a förb. uppl. 8:o, xv o. 436 s. Sthm, C. E. Fritzes hofbokh. 87. Inb. 3: 75.
SVENSON, Axel, Brödrafolkens väl. Historien o. urkunderna om unionsförhållandet. Den norska krisens verkliga faror. En protest mot sträfvandena för svensk öfverhöghet inom unionen. Fred på Skandinaviska halfön. 8:o, 48 s. Sthm, Alb. Bonnier. 95. 25 ö.
— —, Om öfverläggningar o. beslut. Se: Studentfören. Verdandis småskrifter. 5.
— —, Penningväldet, dess väsen, verkningar o. uppkomst samt sättet för dess störtande m. m. 8:o, v o. 270 s. Ystad, Förf:n. 88. 2: 25.
— —, Skolan o. folkupplysningen. Kritik o. reformförslag. Ett ord på jubileidagen d. 18 juni 1892. 8:o, 35 s. Sthm, G. W. Wilhelmssons boktr. 92. 50 ö.
— —, Socialismen, dess betydelse, historia, förtjenster, villfarelser o. sätt att uppträda. 8:o, 71 s. Sthm, C. A. V. Lundholm. 89. 35 ö.
— —, Vi måste ha allmän rösträtt. Tio föredrag o. uppsatser. 2:a uppl. 8:o, 63 s. Helsingb., J. Gummeson. 95. 25 ö.
(1:a uppl. 93.)
SVENSSON, C. A., I Sverige. Minnen o. bilder från mina fäders land. Med illustr. 8:o, 539 s. o. 1 portr. Sthm, P. Palmquists aktb. 91. 4: 80.

SVENSSON, C. F., Hvilka äro de berättigade krafven på en kristlig kultpredikan. Se: Inlednings föredrag. 1.
— —, Minnestal öfver biskopen G. D. Björck, hållet vid prestmötet i Göteborg 1890. 8:o, 13 s. Göteb., N. P. Pehrssons bokh. i distr. 90. 25 ö.
SVENSSON, E. H., De use pronominum reflexivorum tertiæ personæ apud Homerum, etc. 8:o, 111 s. Lund, Gleerupska univ:s-bokh. 88. 1: 50.
SVENSSON, Frans R. M., Se: Adresskalender, Värmlands läns.
SVENSON, Gustaf, Epistelperikoperna exeg. o. homilet. behandlade. Julcykeln. a) Adventstiden. 8:o, iv o. 168 s. Sthm, A. V. Carlsons Bokf.-aktb. 89. 2: 50.
— —, Jesu lif efter de fyra evangelierna. I korthet framstäldt till skolans tjenst. 8:o, 102 s. Sthm, F. & G. Beijers Bokf.-aktb. 89. 1 kr.
— —, Kort öfversigt af profetian, bearb. af "Inledn. till profetian i det gamla testam." af W. Rudin. 8:o, 30 s. Sthm, A. V. Carlsons Bokf.-aktb. 88. 35 ö.
SVENSSON, H. Se: Askeroth, O. W., o. Svensson, H. Samling af aritm. räkneexempel.
SVENSSON, J. Se: Vennerholm, J, o. Svensson, J., Handbok i husdjurens sjukdomar.
SVENSSON, J. A., Svensk historia för folkskolans barn. 12:o, 36 s. Norra Sandsjö, Förf:n. 86. 15 ö.
SVENSSON, J. P., Afföningstabeller. 2:a uppl. 12:o, 24 s. Sthm, C. A. V. Lundholm. 91. Kart. 65 ö.
SVENSSON, K. W., Oumbärlig hjelpreda i daglig handel, inneh. reduktions- o. prisförvandlingstabeller från gamla till nya vigtsystemet. Liten 8:o, 61 s. Vester & Vexiö, C. M. Svensson. 89. 30 ö.
SVENSSON, O. L., Sångbok för skolan. En-, två- o. trestämmiga sånger. 8:o, 106 s. Sthm, P. A. Norstedt & S:r. 92. 60 ö., klb. 80 ö.
SVENSSON, P., Flora öfver Sveriges kulturväxter. 8:o, cxxvij o. 727 s. Sthm, P. A. Norstedt & S:r i distr. 93. 8 kr., inb. 10 kr.
SVENSSON, P., Om ångmaskiner, ångpannor o. ångfartyg m. m. Lärob. för ångfartygsbefälhafvareelever. Med 103 fig. i texten. 8:o, 189 o. xxvij s. Sthm, Alb. Bonnier. 88. Inb. 4: 50.
SVENSSON, Svante, Ny metod för uppställningen af regula de tri-, procent-, bolags- o. aktieuppgifter. 8:o, 31 s. Malmö, Envall & Kull. 92. 75 ö.
SVENSSON, Vilh., Småbarnens sångbok. En saml. enstämm sånger för undervisningen under de första skolåren. 8:o, 48 s. Sthm, Fr. Skoglund. 86. 60 ö.
[— —], Sångbok för folkskolan af Vilh. Sefve. 8:o. Sthm, P. A. Norstedt & S:r.
N:o 1. viij o. 118 s. 93. 85 ö.
N:o 2. iv o. 90 s. 93. 50 ö.
Text 97 s. 93. 25 ö.
— —, Sångmetodik. Handledning vid sångundervisning. 8:o, 04 s. Sthm, P. A. Norstedt & S:r. 89. 60 ö., inb. 75 ö.
SVERDRUP, U., Samoa-öarne. Se: Tidskrift, Nordisk. 1893.
Sverige, Illustrerad handbok för resande. 8:o. Sthm, Alb. Bonnier.
I. Södra o. mellersta Sverige. Med 136 illustr. samt 27 kartor o. planer. 5:e uppl. xvj o. 540 s. 27 kartor o. 1 titelpl. 92. Inb. 6: 50.
II. Dalarne o. Norrland. 2:a uppl. Med 58 illustr. o. 13 kartor. 12:o, 250 s., 4 pl. o. 11 kartblad. 86. Inb. 3: 50.
Sverige kring Eiffeltornet. Skizzer från verldsexpositionen o. svenska kolonien i Paris. Med 38 illustr.

Under redaktion af *Erik Sjöstedt*. 4:o, 47 s. Sthm, Ad. Bonnier. 89. 1 kr.
Sverige. Årsbok för svenska folket, redig. af *Jonas Brag*. 1:a årg. 1892. 8:o, 176 s. o. 9 pl. Sthm, M. Carlsson. 91. Klb. 2 kr, med guldsn. 2: 50.
Sverige o. Finland, Från. Berättelser, histor. bilder o. naturskildr. Se: Bibliotek, Nytt, för berättelser etc. 2.
Sverige o. unionen. Se: Småskrifter, Svenska nationalförenis. 1.
SWIENTICHOWSKI, Alex Se: *Sienkiewicz, H.*, o. *Swientichowski, A*, Valda polska noveller.
SVIETLA, Karolina, Bydoktorn. En berättelse. Öfv. af *E. Weer*. 8:o, 183 s. Sthm, L. Hökerberg. 94.
 1: 50.
SWIFT, Jonathan, Gullivers resor. Se: Vitterlek. 43.
—, Gullivers resor till dvergarnes o. jättarnes land. Se: Bokskatt, Ungdomens. 1.
SVINHUFVUD, Pontus, Sammandrag af författningar m. m. ang. värnpligtiges inskrifning, redovisning o. tjenstgöring m. m. alfabetiskt sammanförda. 8:o, 63 s. Sthm, (Looström & K. i distr.) 88. 75 ö.
Svithiod. Illustrerad tidskrift. 1:a årg. 1894. Utg. af *Wald. Zachrisson*. 4:o. Göteb., Wettergren & Kerber i distr. För årg. (52 n:r) 4 kr.
Svärdslilja. En blomsterkrans af *L. S.* Med illustr. 5 blad velin. Sthm, G. Chelius. 91. 50 ö.
SYLVAN, Otto Chr., Elementerna af aritmetiken. 2:a uppl. 8:o, vj o. 154 s. Sthm, P. A. Norstedt & S:r. 94. 1 kr., kart. 1: 25.
(1:a uppl. 92.)
—, Elementen af algebran. 8:o, 107 s. Sthm, P. A. Norstedt & S:r. 95. 1: 25, inb. 1: 50.
—, Elementerna af planimetrien. 2.a uppl. 8:o, 128 s. Sthm, P. A. Norstedt & S:r 95.
 1: 25, kart. 1: 50.
(1:a uppl. 92)
—, Elementerna af stereometrien 4:e uppl. 8:o, 80 s. Sthm, P. A. Norstedt & S:r. 95. 1 kr, kart. 1: 25.
(3:e uppl. 92.)
—, Storheters förhållande. 8:o, 15 s. Sthm. F. & G. Beijers Bokf.-aktb. 90. 35 ö
SYLVAN, Otto, Frihetstidens polit. press Se: Tidskrift, Nordisk. 1895.
—. Nils v. Oelreich ss. censor librorum. Se: Tidskrift, Historisk. 1893.
—, P. J. Höppener. Se: dersammast. 1893.
—, Sveriges periodiska literatur under frihetstidens förra del (till midten af 1750-talet). 8.o, 248 s. Lund, C. W. K. Gleerup. 92. 3 kr.
SYLVESTRE, H., Kristoffer Kolumbus, Amerikas upptäckare. Med 17 färgl pl. Bearb. af *Math:a Langlet*. 4:o, 28 s. med kolor. fig. o. text. Sthm, Ad. Johnson. 92. Kart. 1: 75.
Sylvia. Se: *[Pfeiffer, Sara Chr:a.]*
SYNNERBERG, C, Kort handledning i latinsk stilistik II. 8:o, 77 s. H:fors, Weilin & Göös. 88.
 1: 60 fmk
—, Latinsk öfningsbok för de svenskspråkiga klassiska lyceernas klasser, jemte ordförteckning. 8:o, 198 s. H:fors, Weilin & Göös. 88. Kart. 3: 75 fmk.
—, Observationes critica. Se: Acta soc:is scient fenn. XVII: 6.
—, Svensk ordlista för rättskrifning jämte det vigtigaste ur ordböjnings- o. rättskrifningsläran på svenska o. finska språken. 3:e uppl. 8:o, xxx, 2 o. 129 s. H:fors, Weilin & Göös. 92. 1: 75 fmk. (1:a o. 2:a uppl. 90.)

SYNNERBERG, C., Textkritische Bemerkungen zu Cornelius Nepos. Se: Öfversigt af F. Vet. soc:s förhandl.r. XXXI.
—. Se: Tidskrift, utg. af Pedagog. fören. i Finland.
SYRÉHN, Otto, Se: Rulla öfver svenska armens officeis-, underofficers- o. musikkårer.
SYREEN, P. H. Se: Sångbok, Christelig.
Syskonringen, I. Berättelser för barn o. ungdom, saml. af *L. S.* Med 10 illustr. 8:o, 159 s. Sthm. Ad. Johnson. 95. 1: 50.
"Syster Maria". Några tankar o. minnesblad. [Poesi.] Med förord af kyrkoh. *Sundberg*. 12:o, 36 s. Norrk., Esping & Lundell. 95. 35 ö.
Syöfningar för barn. 24 pl. i 2 saml. Norrk., Lithogr. aktb. 89. För samling 20 ö.
Sådd o. skörd. Illustr. med verser af *L. S.* 10 blad velin. Sthm, C. A. V. Lundholm. 92. 50 ö.
Sångarkören M. M:s färd till Sthm d. 13—19 juni 1886. Skildrad af *H. E. A.* 8:o, 128 s. H:fors, G. W. Edlund. 86. 1: 25.
Sångbok, Barnens. En- o. tvåstämmiga sänger, psalmer o. öfningar utg af *Jul. Hammarlund*. 8:o. Lund, Ph. Lindstedts univ. bokh. 91.
N:o 1. 148 s. Inb. 75 ö. — N:o 2. 80 s. Inb. 50 ö.
Sångbok, Barnens, utg. af *Jul. Hammarlund*. Text. Liten 8:o, 64 s. Lund, Ph. Lindstedts univ:s bokh i distr. 91. 12 ö.
Sångbok, Barnens nya. Äldre o. nyare sånger för söndagsskolan saml. o. utg. under medverkan af *Joel Blomqvist, V. Emanuelsson, J. Grytzell, J. Löfren* m. fl. Liten 8:o, 120 s. Sthm, P. Palmquists aktb. 95. Inb. 25 ö.
Sångbok, Christelig, till bruk vid enskild husandakt, bearb. o utg. af *P. H. Syréen*. 5:e uppl. Jemte tillägg. 8.o, 719 s. Sthm, F. C. Askerberg. 87. Inb. 1: 50.
Sångbok, Folkskolebarnens, utg. af *John T. Morén*. 8:o. Sthm, A. L. Normans f.-exp.
1:a hft. 56 s. 93. Inb. 35 ö.
2:a hft. 66 s. 93. Inb. 40 ö.
Sångbok för söndagsskolan o hemmet. 200 sånger lätt arrang. för orgel o. piano. Utg af *V. L.* Större saml. 8:o, 126 s. Sthm, C. A. V. Lundholm. 89.
 3 kr., kart. 3: 50.
Sångbok, Ny, för folkskolan, inneh. 84 af våra bästa skolsånger. Textupplaga. Utg. af *J. P. Malmberg*. Liten 8:o, 80 s. Sthm, F. & G. Beijers Bokf.-aktb 87. 30 ö.
Musikupplagan. 63 s. 87. Kart. 75 ö.
Sångbok, Palmgrenska Samskolans Tyska, engelska, o. franska sånger, skola o. hem tillegnade af *K. E. Palmgren*. Liten 8:o, xvj o. 143 s. Sthm, C. E. Fritzes hofbokh. i distr. 94. Klb. 1: 75.
Sångbok, Skolbarnens. Utg. af *N. E. Anjou*. Textuppl. Liten 8:o, 160 s. Sthm, C. A. V. Lundholm. 90. Inb. 30 ö.
Musikupplaga. 8:o, 211 s. 3: 25, klb. 3: 75.
Sångbok, Soldatens, utg. af *Henric Gyllenram* o. *Teodor Holmberg*. 8:o, 126 s. Sthm, Fahlcrantz & K. 93. Inb. 50 ö.
Melodihäfte till d:o. 8:o, 136 s. 93. 1 kr.
Sångbok, Stockholms söndagsskolförenings. Större saml. 16:o, 128 s. Sthm, Fost.-stift:s f.-exp. 88. Inb. 25 ö.
Mindre saml. 11:e uppl. 64 s Inb. 16 ö
Sångbok, Stockholms söndagsskolförenings, arrang. för fyra röster. Ny saml. 8:o, s. 113—208. Sthm, Fost.-stift:s f.-exp. 88. 1: 75, kart. 2: 25, klb 3 kr.

Sångbok, Svensk Läraretidnings. Sånger vid lärare-möten utg. af Svensk Läraretidning. Liten 8:o, 64 s. Sthm, Red. af Läraretidning. 93. 40 ö. (Ej i bokh.)

Sångboken, Svenska. Vald samling af äldre o. nyare visor o. sångstycken. 3:e uppl. 16:o, 512 s. Sthm, Alb. Bonnier. 92. Kart. 1 kr., klb. 1: 25.

Sången, Ur den finska, samt några ryska skalder. Tolkningen af Fågel Blå. [I.] 8:o, 99 s. H:fors, G. W. Edlund. 91. 1: 50 fmk.
— —, II. 68 s. H:fors, Söderström & K. 92. 1: 50 fmk.

Sången om Roland. Öfv. från fornfranska af Hugo af Schultén. Med inledn. af Werner Söderhjelm. 4:o, xviij o. 137 s. H:fors, Söderström & K. 87.
4: 50 fmk. (3: 50.)

Sånger, Andliga, af F. W. 8:o, 24 s. Vestervik, C. O. Ekblad & K. 87. 15 ö.

Sånger, Fosterländska, sammanstälda af P. Nordmann. Se: Folkhögskolebiblioteket, Lilla. 3.

Sånger, 400, världsliga o. andliga för folkhögskolor m. m. Utg. af Cecilia Holmberg, f. Bååth, o. Theodor Holmberg. 12:o. Ups, Lundequistska bokh.
I. Täxt xj o. 216 s. 80. Kart. 1 kr.
II. Melodier. xv o. 248 s. 87. Kart. 2: 50.

Sånger för folkskolan jemte tonträffningsöfningar. Utg. af W. Norlén. 8:o. Sthm, P. A. Norstedt & S:r.
1:a hft. 3:e uppl. 96 o. 30 s. 89. Kart. 65 ö.
D:o utan tonträffningsöfningar. Kart. 50 ö.
2:a hft. Ny revid. uppl 82 s. 89. Kart. 50 ö.
Text.
1:a hft. 4 o. 96 s. 91. Kart. 30 ö.
2:a hft. 4 o. 42 s. 91. Kart. 30 ö.

Sånger för söndagsskolan o hemmet. Utg. af T. Truvé. 20:e uppl. (250 e tusendet.) 16:o, 192 s. Örebro, Bokförlagsaktb. 91. Vb. 25 ö., klb. 60 ö. (14:e—19:e uppl. 89—94.)

Sånger, Latinska, fordom använda i svenska kyrkor, kloster o. skolor (Utg. af G. E. Klemming) I urval öfvers. af C. W. Skarstedt. 12:o, 168 s. Lund, Öfvers:n. 88. 1: 25.

Sånger, Samlade af L. S. Se: [Berg, Carolina.]

Sånger, 25 andliga, utg. af H...g. Till några af kyrkoårets sön- o. helgdagar. 8:o, 38 s. Ups., Missionsbokh. 89. 35 ö.

Sånger, 30 tre- o. tvåstämmiga, arrang. af G. Linsén. 2:a hft 8:o, 40 s. H.fors, Söderström & K. 88.
Kart. 1 fmk.

Sångsamling. "Kyrkosångens vänners", inneh. flerstämm. andliga sånger för manskör, utg. af G. T. Lundblad. 4:o, 144 s. Musik med text. Linköp., P. M. Sahlströms bokh. 93. 2 kr.

Sångstycken ur Prologuen, kallad "Samråd bland Gudarne öfver den i Svea skedda lyckeliga Regementsförändringen", förf. af A. F. Neuman, comoedie-acteur. Exequerade 10—30 aug. 1773 å Theatern i Humblegården af Peter Stenborgs trouppe. 4:o, 8 s. o. 1 portr. Sthm, Rob. Sahlbergs antikv. i distr. 91. 3 kr.

Sångstycken, Svenska. 700 valda svenska sånger o. visor saml. af Axel Ivar Ståhl. Ny revid. uppl. af Birger Schöldström. 16:o, 695 s. Sthm, P. A. Huldbergs bokf.-aktb. 92. Kart. 1: 50, klb. 1: 75.

Såsom Jesus, eller kristnas rättigheter och skyldigheter i Jesu namn. Af P. N. 8:o, 55 s. Sölvesborg, E. Winqvist. 89. 50 ö.

Säd, God, för barnahjärtat. 12 små böcker med illustr. Verserna af L. S. 16:o, hvarje bok 12 s. Sthm, Fost.-stift:s f.-exp. 92. 60 ö.

[SÄLLBERG, Thure], Kring långvedsbrasan. Humoresker o. skildringar af Thure S. 8:o, 192 s. Sthm, W. Billes bokf.-aktb. 94. 2 kr.
[—], Vid aftonvardsdags. Berättelser o. bilder ur bygdekrönikan. 8:o, 191 s. Sthm, W. Billes Bokf.-aktb. 95. 2 kr.

Sällskapet, Det röda, eller pariserdansösen. Skildr. från skräckregeringens tid. Öfv. från franskan af Th. Uggla. 8:o, 355 s. Sthm, C A. V. Lundholm. 88. 2: 75.

Sändebref, Öppet, till med. d:r herr Anton Nyström, Stockholm. Från en gammal, olärd landtman. 8:o, 14 s. Ups., Akad. bokh. i distr. 92. 15 ö.

SÄRNSTRÖM, O. G. Se: Eggertz, V., Om kemisk profning af jern.

SÄTHERBERG, Herman, Kalifens äfventyr. Dikt i 20 sånger. 8:o, 115 s. Sthm, Samson & Wallin i distr. 88. 2 kr, inb. 3 kr.
— —, Ur förtryckets natt. Hist. skådesp. i 5 akter. 8:o, 130 s. Sthm, Samson & Wallin. 86. 1: 50.

SÄTTERSTRAND, K. G., Lärobok i volapük. 8:o, 64 s. Sthm, Utg:n. 89. 1 kr.

Sättet att fullständigt förekomma sjösjukan. Se: [Bramsen. Alfr.]

SÄVE, Teofr., John Ericsson. Minnesteckn. vid festen i Karlstad till John Ericssons minne d. 14 sept. 1890. 4:o, 62 s. Karlstad, Hj. Petersson & K. i distr. 91. 1 kr.

SÄÄF, Knut, Wasa fruntimmersskola 1857—93. En återblick. 8:o, 124 s. Åbo, Förf. 93 2: 25 fmk.

SÖDERBERG, A. F., Fick-räknetabell för en hvar. 12:o, 21 s. Sthm, 86. 50 ö.

SÖDERBERG, E. N., Strängalek. Dikter. 8:o, 104 s. Sthm, Alb. Bonnier. 95. 1: 50.
—, Se: Matrikel öfver i Upsala studerande norrlänningar.

SÖDERBERG, Hjalmar, Förvillelser. Berättelse. 12:o, 208 s. Sthm, Alb. Bonnier. 95. 2: 75.

SÖDERBERG, J. G., Hvilken är den lämpligaste dagliga lärotiden i folkskolan? 8:o, 24 s. Lidköp., A. Ericsson. 89. 25 ö.
—, Om åskådlighet vid undervisningen. Se: Småskrifter, Pedagogiska. 1,

SÖDERBERG, J. T., Einige Untersuchungen in der Substitutionstheorie und der Algebra. Se: Acta, Nova, reg. soc:is scient. Upsal. XV: 2.

SÖDERBERG, Sven, Om djurornamentiken under folkvandringstiden. Se: Tidskrift, Antiqvarisk. XI: 5.
—, Runslag o. arkeolog. undersökningar. Se: Tidskrift, Antiqvarisk. IX: 2.

SÖDERBLOM, Axel, Biljettpris o. persontrafik. 8:o, 27 s. o. 2 pl. Göteb., Wettergren & Kerber. 90. 5 ö.
— —, De la convergence du développement analytique de la fonction elliptique. Se: Acta, Nova, reg. soc:is scient. Upsal. XIV: 2.
—, Descriptiv geometri. 8:o, 50 s. o. 10 pl. Göteb., N. J. Gumperts bokh. i distr. 94. 3 kr.
—, Lärobok i linearteckning. 8:o, (53 s. o. 46 pl. af O. F. Jacobson.) Göteb., Wettergren & Kerber. 88. Kart. 3 kr.
—, Om dryckenskap, fattigdom o. brott. 8:o, 24 s. o. 2 pl. Göteb., Wettergren & Kerber i distr. 92. 25 ö.
—, Trafiken under år 1890 på statens jernvägar i Sverige o. Finland. Statistisk parallel. 8:o, 24 s. Göteb., Wettergren & Kerber. 92. 50 ö.

SÖDERBLOM, Nathan, Den lutherska reformationens uppkomst. Se: Spörsmål, Svenska. 17.

SÖDERBLOM, Nathan, Hedendomen i helgedomen. Ett ord till E. D. Heüman i anledn. af hans skrift "Ritschlianismen o. församlingen eller hedendomen i helgedomen." 8:o, 19 s. Sthm, Ad. Johnson. 95. 50 ö.

—, Jesus Nasareern. Se: Frågor, I religiösa o. kyrkliga. 17 o. 18.

—, Luthers religion. Se: Spörsmål, Svenska. 18.

—, Om kristendom o. Rom. Bidrag till förföljelsernas historia o. uppenbarelsebokens tolkning 8:o, 108 s. Sthm, A. V. Carlsons Bokf.-aktb. 93. 1 kr.

—, Se: Bertrand, E., Ritschls åskådning af kristendomen.

SÖDERÉN, O. V., Naturhistoria. Se: Bibliotek för allmänbildning. 3.

SÖDERHJELM, Werner. Anteckn:r om Martial d'Auvergne och hans kärleksdomar. Se: Öfversigt af F. Vet. soc:s förhandl:r. XXXI.

—, Axel Gabr. Sjöström o. hans vittra verksamhet Se: Skrifter, utg. af Sv. litteratursällsk. 30.

—, Germaniska o. romaniska språkstudier. Se: Vägvisare, Vetenskapliga. 1.

—, Les treis moz af Guillaume le clerc de Normandie. Se: Öfversigt af F. Vet. soc:s förhandl:r. XXIX.

—, Nyare finsk novellistik. Se: Novellister, Finska.

—, Petrarca in d deutschen Dichtung. Se: Acta Soc:is scient feun. XV.

—, Ueber Accentverschiebung im Altfranzösischen. Se: Öfversigt af F. Vet. soc:s förhandl:r. XXXVII.

—, Se: Sången om Roland.

—, TÖTTERMAN, N., Fransk läsebok, sammanställd efter *Bierbaum* m. fl. "Fransk elementarbok I." 8:o, xiij o. 262 s. H:fors, Förlagsaktieb. Otava. 92.
(För Sverige: Sthm, C. E. Fritzes hofbokh.)
Inb. 2: 75.

—, Fransk språklära. 8:o, xij o. 210 s. H:fors, Förlagsaktb. Otava 92.
(För Sverige: Sthm, C. E. Fritzes hofbokh)
Inb. 3 kr.

—, Ordlista till Fransk elementarbok. I. 8:o, 61 s H:fors, Förlagsaktieb. Otava. 91.
(För Sverige: Sthm, C. E. Fritzes hofbokh.)
Inb. 2 kr.

—, o. **A. WALLENSKÖLD,** Le Mystère de Saint Laurent, publié d'après la seule édition gothique et accompagné d'une introduction et d'un glossaire. 4 o, 176 s. H:fors, Utg:ne. 91. 5 fmk. Jfr. Acta Soc:is scient. fenn. XVIII.

SÖDERMAN, Sven, Alfred de Musset, hans lif o. verk. Litteraturhist. studie. 8:o, 288 s. Sthm, P. Palmquists aktb. i distr. 94. 5 kr.

—, Claire-obscur. Dikter. 8:o, 80 s. Sthm, J. Seligmann. 89. 1: 25.

SÖDERMARK, J. A, Djurskyddsbrandstatistik 1892 jemte betraktelser. 8:o, 13 s. Borås, E. Jungbecks bokh. i distr. 93. 15 ö.

[**SÖDERSTRÖM, O. E. A**], Arachne och Penelope. En dikt af *C. E. A. S.* 2:a uppl. 8:o, 16 s. Tr. i Nyköp. 88. (Ej i bokh.)

—, Valda dikter, hufvudsakligen latinska, 2 dlr. 8:o, I: lxv o. 249 s. samt 1 portr. II: 506, x o. 16 s. Nyköp., K. F. Karlson. 95. 7: 50.

SÖDERSTRÖM, Edla, Om Arrhenii kemiska teori. Se: Tidskrift, Nordisk. 1891.

—, Ueber d. anatom. Bau von Desmarestia Aculeata. Se: Bihang till K. sv. Vet.-akad s handl:r. XIV: III, 3.

Södertelje o. dess omgifningar. Illustrerad handbok 8:o, 100 s. o. 7 pl. Södertelje, A. Lundmarks bokh. 92. 1: 50.

SÖDERWALL, Knut F., Inträdestal. Se: Handl:r, Sv. Akad.ns. 1892.

—, Ordbok öfver svenska medeltidsspråket. Se: Samlingar utg. af Svenska fornskriftsällsk. 88, 89, 92. 93, 103, 105 o. 108 hft.

SÖHRMAN, Joh., Predikan, hållen i Göteborgs domkyrka. 8:o, 16 s. Göteb., N. P. Pehrsson. 95 25 ö

Söka, finna o. behålla Drag ur en konstnärs lif. Från tyskan af *C. A. Hägglund.* 8:o, 16 s. Jönköp., H. Halls boktr.-aktb. 86. 20 ö.

Söndagen i skilda länder. Öfv. från eng. af *C. A.* 8:o, 240 s. Sthm, A. V. Carlsons Bokf.-aktb. i komm. 92. 1: 75, kart. 2 kr.

Söndagsskolan o. hemmet, För. Liten 8:o. Sthm, Fost -stift:s f.-exp.
1. En julberättelse. 16 s. 91. 10 ö
2. Juvelerna 16 s. 91. 10 ö.
3. Barnet o. blommorna. 16 s. 91. 10 ö
4. Ett under. 16 s. 91. 10 ö
5. Sen på fåglarna! 16 s. 92. 10 ö.
6. Förgät icke hvad godt Herren har gjort dig. 16 s. 92. 10 ö

Söndagsskole-berättelser. Liten 8:o. Sthm, Foststift:s f.-exp.
1:a o. 2:a serien. 4:e uppl. Hvardera serien inneh. 12 berättelser à 16 s. 91.
För serie 80 ö., för berättelse 7 ö.

Söndagsvännen, Utg. af Samf. pro fide et christianismo skriftutskott 1888—95. 8:o Sthm, F. & G. Beijers Bokf.-aktb. 88—95. 1891 60 ö., 1892—95 à 1: 20.

SÖNDERMANN, A., Ebba, den sköna borgfröken, eller kärlekens seger. 2 dlr. 8:o, 600 o. 600 s. Sthm, Erikson & Larsson. 88—89. 4 kr.

[**SÖRENSEN, Lizinka**], Min hustrus dagbok. Sv. orig. af *Elis.* 12:o, 328 s. Sthm, Alb. Bonnier. 91. 3: 50.

SÖRENSEN, N. G., Några tankar om en af Sveriges största näringar. 8:o, 20 s. Sthm, Förf:n. 94. (Ej i bokh.)

T.

Tabell öfver telegramporto. Utg. af *Joh. O. Malmström.* 1 blad. Göteb., N. P. Pehrsson. 91. 35 ö.

Tabeller för prisuppgifter å hvad 1 skålp. (fot, kanna) kostar då man vet hvad ett kilogram (meter, liter) kostar. 1 kartonerad tabell. Sthm, F. C. Askerberg. 89. 30 ö.

Tabeller, Statistiska, ang. bostads- o. andra lägenheter i Stockholm 1893—94. Stor 8:o, 41 s. Sthm, Samson & Wallin. 94—95. à 50 ö.

Tabeller, Statistiska, o. diagram utarb. i syfte att upphjelpa den ekon. ställningen i landet. 4:o, 61 s. o. 6 pl. Sthm, Samson & Wallin. 87. 50 ö.

Tabeller, Utförliga, för förvandling af fot till meter o. qvadratfot till qvadratmeter. 8:o, 104 s. Sthm, J. Seligmann. 89. 4 kr.

Tabeller utvisande hittills brukliga vigter o. måtts motsvarighet i de metriska o. tvärtom, af *E. R.* (Se: *Ruus, Elis.*)

TACITI, Cornelii, Germania. Med inledning, förklaringar, etymolog. namnreg. o. karta. Utg. af *J. Bergman.* 8:o, Göteb., Wettergren & Kerber. I. Inledning, text, kommentar o. kritiskt bihang. iv o. 90 s. 94. 1: 50.

Taflor till Fänrik Ståls sägner, med Finska arméns uniformer 1808–89. Tvär folio, 22 pl. o. 3 blad text. Sthm, F. & G. Beijers Bokf.-aktb. 89. 8: 25.

Taflor från krigs- o. olycksåren efter Karl XII:s död. Se: Tidskrift, Historisk. 1893.

TAINE, H., Napoleon Bonaparte. Öfv. från franskan. 8:o, 110 s. Sthm, Alb. Bonnier. 87. 1: 25.

TAIT, Lawson, Vivisektionens oduglighet som vetenskaplig forskningsmetod. Öfv. 8:o, 36 s. Sthm, Chr. L. Tenow. 94. 25 ö.

Talkurser, Engelska, utg. af *C. G. Morén.* 8:o. Sthm, C. E. Fritzes hofbokh.
1. Teaterpjeser af *Broughton, Campbell* o. *Hamilton.* 132 s. 92. Klb. 1: 50.
—, Ordlista till D:o d:o. 90 s. 93. 85 ö.

TALLBERG, Fridolf, Blyga barn. Dikter. 8:o, 96 s. Söderfors, Förf:n. 89. 1: 25.

TALLQVIST, Hj., Bestimmung d. Minimalflächen. Se: Acta Soc:is scient. fenn. XVII.
—, Bestimmung d. Richtungscosinus einer Graden. Se: dersammast. XVII.
—, Bestimmung d. Trägheitsmomente. Se: dersammast. XVII.
—, Construction eines Modelles einer spec. Minimalfläche. Se: Öfversigt af F. Vet. soc:s förhandl:r. XXXI.
—, Determination experimentale. Se: dersammast. XXXII.
—, Einige Anwendigung. d. Theorie d. ellip. Functionen auf d. Mechanik. Se: dersammast. XXXIV.
—, Lärobok i teknisk mekanik. I: 1–3. 8:o, 682 o. viij s. H:fors, W. Hagelstam. 95. 14: 50 fmk.
—, Sur la représentation conforme des aires planes. Se: Acta Soc:is scient. fenn. XXI: 3.
—, Ueber specielle Integrationen. Se: dersammast. XVIII: 5.

TALLQVIST, J. V., Recherches statistiques sur la tendance à une moindre fécondité des mariages. Akad. afh. 8:o, 117 o. xix s. H:fors, 86. 2: 50 fmk.

TALLQVIST, K. L., Babylonische Schenkungsbriefe. Se: Comment. variæ in mem. act. C. C. L. ann. III o. IV.
—, Die assyrische Beschwörungsserie Maqlû. Se: Acta Soc:is scient. fenn. XX: 6.
—, Die Sprache d. Contracte Nabû Nåids m. Berücksichtigung d. Contracte Nebukadnezars und Cyrus. Akad. Abh. 8:o, xviij o. 148 s. H:fors, 90. 2 fmk.
—, Kulturkampen mellan semiter o. indoeuropeer. Se: Studentfören. Verdandis småskrifter. 48.
—, Makarius den store från Ägypten. Se: Öfversigt af F. Vet. Soc:s förhandl:r. XXVI.

Talöfningar, Franska. Se: Parallelserie af talöfningar. 2.

TAMM, Ad., Analyser å järnmalmer utförda åren 1871–90. 4:o, 31 s. Sthm, C. E. Fritzes hofbokh. i distr. 90. 1: 50.

TAMM, Fredrik, Etymologisk svensk ordbok. 1:a— 3:e hft. 8:o, 176 s. Sthm, H. Geber. 90—95.
1:a hft. 1: 25, 2:a o. 3:e à 75 ö.
—, Fonetiska kännetecken på lånord i nysvenska riksspråket. Se: Årsskrift, Upsala univ:s. 1887. Filos. språkvet. o. hist. vet. 1.
—, Supplement till Valda skrifter av *G. Stiernhjelm.* Glossar till Hercules o. bröllopsbeswärs ihugkommelse. 8:o, 17 s. Ups., Akad. bokh. i distr. 92. 75 ö.

TAMM, Hugo, Historiens nemesis. Föredrag. 8:o, 15 s. Sthm, A. V. Carlsons Bokf.-aktb. i distr. 90. 20 ö.

TAMM, Oscar, Husbållsträdgården. En trädgårdsbok för menige man. 2:a uppl. 8:o, 88 s. Sthm, W. Billes bokf.-aktb. 91. 60 ö, kart. 85 ö. (1:a uppl. 89.)
—, Lättodlade blomsterväxter. Anvisning till odling af ettåriga blomsterväxter, som uppdragas på kalljord. 8:o, 15 s. Sthm, Samson & Wallin. 94. 20 ö.
—, Prydnadsträdgården. 8.o, 118 s. Sthm, Samson & Wallin. 92. 1 kr.
—, Se: Tidskrift, Svenska trädgårdsföreningens.

TAMMELANDER, Mathilda, Väfnadsbeskrifningar. 3:e uppl. 4:o, 7 s. o. 20 pl. Åbo. Förf. 95. 4 fmk. (1:a uppl. 91. 2:a 93.)

TAMMELIN, E. J., De partecipiis priscæ latinitatis questiones syntacticæ. Akad. afh. 8:o, ix o. 163 s. H:fors, 89.

TAMMELIN, Filip, Dikter. Ny samling. 8:o, 259 s. o. 1 portr. Sthm, Svanbäck & K. 90.
3 kr., inb. 4: 50.

TAMMELIN, Th., Se: Uppslagsbok för svenska musikhandeln.

T[AMMINEN], E., Om Giftermål. Se: Skrifter, Folkupplysn. sällsk. XLIX.

TANERA. Karl, En ordonnansofficers glada o. allvarliga minnen från kriget 1870—71. Öfv. af *G. Ahlgren.* 8:o, 215 s. Lund, C. W. K. Gleerup. 90. 2 kr.
—, Ny följd. Öfv. af *G. Ahlgren.* 233 s. o. 1 karta. Lund, C. W. K. Gleerup. 91. 2: 50.

Tankar, Allvarliga. Öfv. från tyskan. 8:o, 48 s. (Tr. i Leipzig) Göteb., Wettergren & Kerber. 91. 1 kr.

Tankar om befästningar. Se: Förlag, Militärlitteraturföreningens. 57.

Tankar, Några, om Karma. Se: Småskrifter, Teosofiska. 1.

Tankar om medborgerlig bildning af *O.* 8:o, 59 s. Sthm, Nordin & Josephson. 89. 50 ö.

Tankar o. suckar under vägen. Sånger af *G. T.* Med förord af *C. D. af Wirsén.* 8.o, 78 s. Göteb., K. L. Bolinder. 95. 1: 50.

Tant Hilda, Den underbara kronan eller Betty o. trollen. Saga. Illustr. af *Jenny Nyström.* 4:o, 55 s. Sthm, J. E. Brunell. 92. Kart. 2: 25.

Tante Malin, Nya berättelser ur bibliska historien för större barn. 1:a hft. 8:o, 56 s. Sthm, Kungsholms bokh. i distr. 89. 65 ö.

Taskspelaren o. tusenkonstnären, Den oöfverträffelige. 250 konststycken. 8:o, 86 s. Sthm, C. A. V. Lundholm. 86. 1 kr.

TAUBE, Axel. Se: Färd, Vår holländska.

TAUBE, C. E. Bernh., Se: Berättelse, Svenska beskickningars. — Riksdagsprotokoll, Sveriges Ridd. o. adels.

TAVASTSTJERNA, Alarik, Se: Samling, En, berättelser i öfversättning.

TAVASTSTJERNA, H., För barnen. Sagor. Med teckn:r. 8:o, 43 s. H:fors, W. Hagelstam. 90.
1: 25 fmk.

TAVASTSTJERNA, Karl A., Affärer. Skådespel. 8:o, 204 s. H fors, Söderström & K. 90. 2: 25.

—, Barndomsvänner. Ett nutidsöde. 2 dlr. 2:a uppl. 8:o, 311 s. H:fors, Söderström & K. 87. 4 kr. (1:a uppl. 86.)

—, Dikter i väntan. 8:o, 175 s. H:fors, Söderström & K. 90. 2: 75, inb. 3: 75.

—, En införing. 8:o, 294 s. H:fors, Söderström & K. 87. 4 kr.

[— —], Finska vikens hemlighet af *Paul Dubois.* Öfv. från förf:ns manuskript. 12:o, 128 s. Sthm, Alb. Bonnier. 95. 2 kr.

—, Fyra dramatiska småstycken. 8:o, 99 s. H:fors, Söderström & K. 91. 1: 25.

—, Hårda tider. Berättelse från Finlands stora nödår. 8:o, 278 s. H:fors, Söderström & K. 91. 3 kr.

—, I förbindelser. 8:o, 164 s. H:fors, Söderström & K. 88. 2 kr.

—, I förbund med döden. Novell. 8:o, 237 s. Sthm, Alb. Bonnier. 93. 2: 50.

—, Kapten Tärnberg, m. fl. berättelser. Liten 8:o, 176 s. Sthm, Alb. Bonnier. 94. 2: 25.

—, Korta bref från en lång bröllopsresa. 12.o, 136 s. Sthm, Alb. Bonnier. 93. 2: 25.

—, Korta bref från hemmets lugna härd. 8.o, 4 o. 141 s. H:fors, G. W. Edlund. 95. 2: 25 fmk.

—, Kvinnoregemente. Roman från finska landsbygden. 2 dlr. 8:o, 335 s Sthm, Alb. Bonnier. 90.
4: 50.

—, Marin o. genre. 8:o, 192 s. H:fors, Söderström & K. 90. 2: 50.

—, Unga år Noveller. 8:o, 139 s H:fors, W. Hagelstam. 92. 2: 25.

Taxa för godstransport från Falun, Gefle m. fl. till norra jernvägsstationerna utarb. af Å. 8:o, 48 s. Sundsvall, Utg:n. 87. Kart. 2: 50.

Taxa å recepturen förekommande icke officiella läkemedel utarb. af apotekaresocietet:s taxerevisorer. 1891. Stor 8:o, 12 s. Tr. i Sthm, hos P. A. Norstedt & S:r. 91. (Ej i bokh.)

Taxa för postförsändelser. Stora uppl. 4:o, 434 s. Sthm, Samson & Wallin. 88. 2: 25.
Lilla uppl. 184 s. 1 kr.

Taxa för telegrammer från Sverige till utlandet. Sthm, Kgl. Telegrafstyrelsen. 91. 50 ö.

Taxa för transporter å statens jernvägar, gällande från 1890. Stor 8.o, 102 s. Sthm, Jernvägsstyrelsen. 89. 1 kr.

TAYLOR, George (Adolf Hausroth), Antinous. Hist. roman från romerska kejsartiden. Öfv. från tyskan af *A. H.* 8:o, 304 s. Sthm, F. & G. Beijers Bokf.-aktb. 86. 2: 50.

TAYLOR, L., Lilla Febe eller en blick bakom kulisserna. Öfv. från eng. af *G. S. Löwenhielm.* 8:o. 188 s. Sthm, Fost.-stift:s f.-exp. 88.
1 kr., kart. 1: 25, klb. 2 kr.

Tea. Se: *[Topelius, Toini.]*

Teater eller varieté? Några närgångna betraktelser af "En Teatervän". *[Fr. Hedberg.]* 12:o 68 s. Sthm, Alb. Bonnier. 93. 1 kr.

Teatergalleri, Skandinaviskt. Ny serie. 1:a hft. Folio, 3 pl. o. 3 textblad. Sthm, Plansch- o. litteraturaktb. 94. 2 kr.

Teaterkatalog öfver pjeser, passande för sällskapsteatern med utsatt personantal, dekorationer o. kostymer. Utg. från H. F. Apelboms teateragentur. [N:o 1.] 8:o, 27 s. Sthm, Utg:n. 87. 40 ö.
N:o 2. 20 s. 91. 50 ö.

Teatern, Svenska. 12:o. Sthm, Alb. Bonnier.
1. *Blanche, Aug.,* Magister Bläckstadius el giftermålsannonsen. Lustspel med sång i 2 akter. 5:e uppl. 39 s. 86. 50 ö.
6. —, Stockholm, Vesterås o. Upsala. Lustspel i 3 akter med körer o. kupl. 3:e uppl. 56 s. 92. 50 ö.
7. —, Herr Dardanell o. hans upptåg på landet. Lustspel i 4 akter med körer o. kupl. 3:e uppl. 62 s. 92. 50 ö.
8. —, 1846 o. 1946. Feeriskt lustspel i 2 akter o. 4 tabl. 3:e uppl. 44 s. 92. 50 ö.
9. —, Järnbäraren. Skådespel i 3 akter o. 6 tabl. 3:e uppl. 42 s. 92. 50 ö.
15. *Cramær, Maurits,* Femhundra riksdaler banko. Kom. i 2 akter med körer o. kupl. 3:e uppl. 8:o, 70 s. 88. 50 ö.
27. *Blanche, August,* Döden fadder. Sagolustspel i 3 akter med melodier, körer o. kupl. 3:e uppl. 64 s. 92. 50 ö.
49. Aprilnarrit. Vådevill-bagatell i 1 akt. Fritt efter *Erik Bögh* af *P—n.* 2:a uppl. 20 s. 90. 50 ö.
79. *Martinsson, H.,* Den sällsynte ynglingen eller ett rendez-vous i Friesens park. Vådev. i 1 akt. 2:a uppl. 20 s. 92. 25 ö.
83. *Hedberg, Frans,* Den tankspridde. Komisk monolog i 1 akt. 2:a uppl. 12 s. 86. 25 ö.
87. *Uller,* En svartsjuk tok. Lustspel i 1 akt med sång. 2:a uppl. 31 s. 92. 50 ö.
96. *Bayard* o. *Lemoine,* Frieri o. förställning. Öfv. 3:e uppl. 39 s. 91. 50 ö.
99. *Hedberg, Fr,* Herre! var så god o. tag bort er dotter. Lustspel i 2 akter. Bearb. från franskan. 2:a uppl. 57 s. 91. 50 ö.
107. *Martinsson, Herman,* Karl Sabelträff o. hans rivaler. Lustspel i 1 akt. med kupl. 2:a uppl. 2? s 90
114. "Han är inte svartsjuk." Lustspel med sång i 1 akt. Öfv. 3:e uppl. 36 s. 90. 25 ö.
126. *Hodell, Frans,* Kärleken på sommarnöje. Lustspel med sång i 1 akt. 2:a uppl. 24 s. 92.
25 ö.
130. *Blanche, August,* Grannarne. Scenisk dialog i 1 akt. 3:e uppl. 15 s. 92. 25 ö.
135. *Jolin, Joh.,* Mammas gosse. Dramatisk skizz i tre afdeln:r. 2:a uppl. 9 s. 94. 25 ö
137. *[Dahlgren, Fred. Aug.],* Vermländingarne. Sorglustigt tal-, sång- o. dansspel i 2 afdeln. o. 6 indeln. 5:e uppl. 90. 75 ö.
140. *Blanche, August,* Den gamle skådespelaren. Scenisk monolog. 2:a uppl. 8 s. 92. 25 ö.
141. —, Den gamla aktrisen. Scenisk monolog. 2:a uppl. 10 s. 92. 25 ö.
160. *Björnson, Björnstjerne,* De nygifta. Kom. i 2 akter. Öfv. af *F. Hedberg.* 3:e uppl. 93.
50 ö.
164. *Jolin, Joh.,* Skal och kärna eller en man af värld o. en man af värde. Dram. skizz i 1 akt. 2:a uppl. 27 s. 94. 50 ö.
193. *Hedberg, Frans,* Det skadar inte! Lustspel i 3 akter. 3:e uppl. 72 s. 92. 50 ö.
198. Revolutionen i "drifbänken". Skämt med sång o. dans i 1 akt. Bearb. af *A. J—n.* 2:a uppl. 31 s. 91. 50 ö.
200. *Moser, G. v.,* Sparlakansläxor. Lustspel i 1 akt. 3:e uppl. 28 s. 92. 50 ö.

220. Lundberg, Emilie, "Förlåt mig". Kom. i 1 akt. 40 s. 86. 60 ö.
221. Geijerstam, Gust. af, Svärfar. Lustspel i 4 akter. 99 s. 88. 75 ö.
222. Gondinet, Edmond, En tvärvigg. Kom. i 1 akt. Öfv. från franskan. 40 s. 88. 50 ö.
223. Geijerstam, Gust. af, Seklernas nyårsnatt. Sagospel i 1 akt. 32 s. 89. 50 ö.
224. Anrep, Axel, Nerkingarne. Bilder ur folklifvet i 3 akter med sång. Musiken komp, dels arrang. af C. G. R. Littmark. 2:a uppl. 68 s. 89. 60 ö.
225. Sudermann, Herm., Ära. Skådespel i 4 akter. Öfv. af [Frans Hedberg]. 204 s. 90. 1: 50.
226. Coppée, Fr., Pater noster. Dram på vers i 1 akt. Öfv. af Ernst Lundquist. 30 s. 91. 50 ö.
227. Hedberg, Fr., Sånggudinnornas afsked. Efterspel i 1 akt. 25 s. 91. 50 ö.
228. Lundquist, Ernst, Småflickor. Bagatell i 1 akt. 24 s. 91. 50 ö.
229. Karl XV i hvardagslag eller Ett äfventyr på Ulriksdal. Dramatisk skizz i 1 akt. 28 s. 92. 35 ö.
230. Benzon, Otto, Tillfälligheter. Situation i 1 akt. Öfv. af G. F. 21 s. 92. 35 ö.
231. —, Surrogat. Proverb i 1 akt. Öfv. af G. F. 22 s. 92. 35 ö.
232. —, Provisoriskt. Lustspel i 1 akt. Öfv. af G. F. 22 s. 92. 35 ö.
233. Möller, Otto, Hon vill inte gifta sig. Dram. situation i 1 akt. Öfv. af G. F. 21 s. 92. 35 ö.
234. Boeck, Christopher, En middagsbjudning. Lustspel i 1 akt. Öfv. af G. F. 26 s. 92. 50 ö.
235. Lehmann, Julius, Sista hvarfvet. Episod i 1 akt. Öfv. af G. F. 25 s. 92. 50 ö.
236. Henrion, Poly, För nervösa fruar. Kom. i 1 akt. Öfv. af G. F. 25 s. 92. 50 ö.
237. Dreyfus, Abr., En herre i svart frack. Kom. monolog i 1 akt. Öfv. af G. F. 14 s. 92. 25 ö.
238. Bilhaud, Paul, Ett flöjtsolo. Monolog. Öfv. af G. F. 10 s. 92. 25 ö.
239. Leffler, Anna-Carlotta, d:ssa di Cajanello, Den kärleken. Kom. i 2 akter. 56 s. 92. 1 kr.
240. —, Moster Malvina. Dram. situation i 1 akt. s. 129—160. 92. 50 ö.
241. —, Familjelycka. Kom. i 3 akter. s. 57—128. 92. 1 kr.
242. Wicklund, Gustaf, En afton på "Tre byttor". Fars med sång i 1 akt. Musiken: Bellmansmelodier. 31 s. 93. 75 ö.
243. Sandberg, Eric, Spökerierna vid slottet eller sommarrevyn 1893. Skämt i 1 akt. 52 s. 93. 50 ö.
244. Sudermann, H., Hemmet. Skådespel i 4 akter. Öfv. 178 s. 93. 1: 50.
245. Leipziger, Harald, Huldralek. Bagatell i 1 akt. 23 s. 93. 35 ö.
246. Hedberg, Tor, Nattrocken. Ett lustspel. 55 s. 93. 75 ö.
247. Sudråka (konung), Vasantasena. Indiskt drama i 5 akter. Fritt efter Pohls bearb. 119 s. 94. 1 kr.
248. Bondeson, Aug., Smålandsknekten. Folklustspel i 3 akter. 72 s. 94. 1 kr.
249. Geijerstam, Gust. af, Förbrytare. Sorgespel i 2 tablåer. 58 s. 94. 60 ö.
250. —, Lars Anders o. Jan Anders o. deras barn. En landtlig comoedia i 3 akter. Med 9 porträttgrupper af de uppträdande personerna. 115 s. 94. 1: 50.

251. Geijerstam, Gust. af, Per Olsson o. hans käring. Komedi ur folkets lif i 3 akter. 124 s. 94. 1 kr.
252. Hedberg, Tor, Judas. Ett drama i 5 akter. 155 s. 95. 2: 50.
253. Ameen, Elin, En moder. 72 s. 95. 1 kr.
254. Nissen, Carl, Bröder emellan. Skådespel i 1 akt. 21 s. 95. 75 ö.

Teaterstycken. 8:o. Sthm, Ad. Bonnier.
1. Jolin, Joh., En komedi. Kom. i 3 akter. 5:e uppl. 63 s. 94. 75 ö.
2. —, På gamla dagar. Efterspel i 1 akt. 3:e uppl. 39 s. 94. 50 ö.
3. —, Skal och kärna eller En man af värld o. en man af värde. 3:e uppl. 27 s. 94. 50 ö.
4. —, Mäster Smith eller Aristokrater äro vi alla. Skådespel i 5 akter. 3:e uppl. 83 s. 94. 1 kr.
5. —, Barnhusbarnen eller Världens dom. Skådespel i 5 akter afdelade i 9 tablåer. 2:a uppl. 118 s. 94. 1: 50.
6. —, Ett minnesblad. Dram i 5 akter. 103 s. 94. 1: 50.
7. —, Friaren från Värmland. Lustspel i 3 akter. 82 s. 94. 1 kr.
8. —, Veteranerna. Tillfällighetsstycke i 2 akter. med sång o. dans. 2:a uppl. 39 s. 94. 75 ö.
9. —, Min hustru vill ha roligt. Kom. i 3 akter. 58 s. 94. 75 ö.
10. —, Farmors o. mormors kärleksäfventyr. Kom. i 1 akt. 24 s. 94. 50 ö.
11. —, Studentens majnatt. Monol.-vaudev. i 1 akt. 2:a uppl. 8 s. 94. 50 ö.
12. —, Mammas gosse. Dram. skizz i 3 afd. 3:e uppl. 9 s. 94. 25 ö.
13. —, En kommunist. Kom. i 1 akt. 2:a uppl. 22 s. 94. 50 ö.
14. —, Ung-Hanses dotter. Hist.-romant. skådespel i 5 akter. 2:a uppl. 122 s. 95. 1: 50.
15. —, Smädesskrifvaren eller Vänner o. ovänner. Skådespel i 5 akter. 2:a uppl. 96 s. 95. 1 kr.
16. —, Mjölnarfröken. Skådespel i 5 akter. 2:a uppl. 92 s. 95. 1 kr.
17. —, Löjen o. tårar. Dimbilder ur Stockholmslifvet. Folklustspel med sång i 3 akter o. 11 bilder. 2:a uppl. 72 s. 95. 1 kr.
18. —, Öfverste Stobée. Historisk dram. Fragment. (1:a akten.) 14 s. 95. 1 kr.

Teaterverlden, Från. Anekdoter o. episoder samlade af en gammal skådespelare. 2 saml:r. 12:o, hvardera 120 s. Sthm, S. Flodin. 89. à 1 kr.

Teckningar o. toner ur skånska allmogens lif, utg. af Skånska landsmålsföreningen. 8:o, x o. 130 s. samt musiknoter. 48 s. Lund, C. W. K. Gleerup. 89. 2: 25.

Teckningar ur lifvet. Af E. S. K. 8:o, 169 s. Sthm, Fost.-stift:s f.-exp. 94. 1: 25, kart. 1: 50.

TEDIN, Hans, Bidrag till känned. om primära barken hos vedartade dikotyler. Se: Acta univ:is Lundensis. XXVII: II, 7.

TEGNÉR, C. G., Menniskans allmänna förädling. 8:o, 115 s. Sthm, Förf:n. 90. 50 ö.

TEGNÉR, Elof, De la Gardieska samlingen i Lund o. på Löberöd. Se: Handl:r, K. Vitt. hist. o. antiq. akad:s. I.

—, En svensk adelsdam från slutet af 1600-talet. Se: Tidskrift, Nordisk. 1895.

—, Frih. Jakob Cederström. Se: Tidskrift, Historisk. 1895.

TEGNÉR, Elof, Om italienska arkiv o. bibliotek. Se: dersammast. 1890.
— , Se: Dagar, Från tredje Gustafs. 3. — Skrifter utg. af Svenska litt. sällsk. — *Trolle-Wachtmeister, H. G.,* Anteckningar o. minnen.
TEGNÉR, Essias, Bref till C. F. af Wingård, utg. af *Elof Tegnér.* Se: Skrifter utg. af Svenska literatursällskapet.
— , Frithiofs saga. 27:e uppl. 8:o, 110 s. Sthm, P. A. Norstedt & S:r. 95. 50 ö.
— , Frithiofs saga. Med teckn:r af *Aug. Malmström.* Ny [3:e] illustr. uppl. 4:o, 172 s. o. 14 pl. Sthm, P. A. Norstedt & S:r. 88. 12 kr., inb. 18 kr.
— , Samlade skrifter. Nationalupplaga. 2 dlr. 8:o. xlij, 500 o. 452 s. Sthm, P. A. Norstedt & S:r. 93. 5 kr., klb. 8 kr.
— , Skaldestycken. 8:o, 84 s. Sthm, P. A. Norstedt & S:r. 88. Kart. 75 ö.
TEGNÉR, Es. H. V., Den nya öfvers. af Psaltaren. Några mot-anmärkn:r. 8:o, 39 s. Lund, C. W. K. Gleerup. 88. 40 ö.
— , Natur o. onatur i fråga om svensk rättstavning. 8:o, 144 s Ups, R. Almqvist & J. Wiksell. 86. 1: 50.
— , Om genus i svenskan. Se: Handl:r, Sv. Akad:ns. VI.
— , Tal på högtidsdagen 1890. Se: dersammast. V.
TEGNÉR, J. B., Se: Bokhandelstidningen, Nya.
Tegnérs-stiftelsen i Lund. Minnesblad. 8:o, 37 s. o. 2 pl. Lund, C. W. K. Gleerup. 88. 50 ö.
Teknikern. Tidskrift för byggnadskonst, ingeniörsvetenskap m. m. Utg. *J. Reuter.* 1:a—5:e årg. (1891—95.) 4:o. H:fors, Redaktionen. 91—95.
1:a—3:e årg. à 8 fmk., 4:e o. 5:e årg. 11 fmk.
Telegraftaxa att tillämpas från och med den 1 jan. 1889. 1 blad in folio. Sthm, C. W. Malm. 25 ö.
Telegram-adressbok 1892—94. Förteckn. öfver telegram-adresser i Sverige, Norge o. Danmark. Utg. *S. M. Bryde.* 8 o, 152, 232 o. 80 s. (Tr. i Kristiania.) Sthm, Samson & Wallin i komm. 92. Kart. 5 kr.
TELENIUS, Frithiof, Skyltmotiv. Ny uppl. Folio, 30 pl. Sthm, Joh. Hellsten. 91. 25 kr.
TELLANDER, K. O., Se: Allmogelif i Vestergötland.
TELNING, A. O., Reflexioner öfver orden "Varde ljus". Aforismer. 8:o, 226 s. Sthm, Wahlström & Widstrand i distr. 94. 2: 75.
Temata, Franska, till muntlig o. skriftlig öfning. 8:o. Sthm, A. V. Carlsons Bokf.-aktb.
1. Kongl. ecklesiastikdepartementets uppgifter för afgångsexamen sedan 1864. 48 s. 86. 50 ö.
2. Blandade uppgifter för skolans högsta klasser, 48 s. 86. 50 ö.
TEMME, I. D. H., Folkets röst. Se: Themis. 2.
— , Polacken. Kriminalhistoria. Se: dersammast. 1.
TEMPLE, Crona, Det ärofulla återtåget. En episod ur valdensernas historia år 1690. Med illustr. Öfv. från eng. af *G. S. Löwenhielm.* 8:o, 138 s. Sthm, Fost.-stift:s f.-exp. 90. 1 kr., kart. 1: 25, klb. 2 kr.
TEMPLE, D:r. Se: Förhållandet mellan religion o. vetenskap.
TENGBERG, John, Några dikter. Liten 8:o, 94 s. Sthm, (Looström & K. i distr.) 90. 1: 25.
— , Till Jul. Strödda ungdomsrim. Med portr. 8:o, 104 s. Sthm, (Looström & K. i distr.) 91. 1: 50.
TENGSTRAND, E, Handbok för musikvänner. Förklaring öfver i musiken förekomm:e utländska ord o. beteckn:r. 8:o, 62 s. Sthm, P. Palmquists aktb. 91. 75 ö., klb. 1 kr.

TENGSTRÖM, Anna, Margit. En saga för ungdom. Illustr. 8:o, 162 s. Göteb., Wettergren & Kerber. 92. 1: 50.
TENGSTRÖM, Edvin. Se: Industrien.
TENOW, Chr. L., Handbok i kommunallagstiftningen. 12:o, 430 s. Sthm, F. & G. Beijers Bokf.-aktb 92. Klb. 3: 50.
— , I lappfrågan. Anteckn:r o. erinringar. 8:o, 136 s. Sthm, (Looström & K. i distr.) 93. 1: 50
— , Se: Byggnadsstadgan.
TENOW, Elna, f. ROS (Guido), Brokigt. Noveller o. skizzer. 12:o, 209 s. Sthm, Alb. Bonnier. 87 1: 75
— , En svensk läkares vittnesbörd. Föredrag. 8:o, 29 s. Sthm, Förf:n. 94. 50 ö.
— , Några ord om positivismen af en icke-positivist. Liten 8:o, 64 s. Sthm, Förf:n. 92. 50 ö.
— , Om läkare o. läkareansvar. Föredrag. 8:o, 61 s. Sthm, G. Chelius. 93. 1 kr.
— , Om det vetenskapliga menniskoplågeriet, företrädesvis i de nordiska länderna. Föredrag hållet i Helsingfors d. 1 okt. 1894. 8:o, 31 s. H:fors, C. Ullner. 95. 50 p.
— , Vetenskapliga experiment på menniskor. Föredrag. 8:o, 32 s. Sthm, Chr. L. Tenow. 94. 50 ö.
— , Öppet bref till Aug. Strindberg. 16:o, 64 s. Sthm, Förf:n. 90. 35 ö.
— , Se: Fylgia.
TENOW, O., Se: Matrikel öfver Karlstads stift.
Teosofien o. vår tid. Se: Ströskrifter, Teosofiska. 1.
TERNSTEDT, John, Barnens fostran för himmelen 8:o, 13 s. Göteb., N. Pehrssons bokh. i distr. 88. 15 ö.
— , Den heliga läran till hemmets, skolans o. kyrkans tjänst framstäld. 8:o, xvj o. 392 s. Sthm, P. A. Norstedt & S:r. 89. Inb. 3 kr.
— , Den heliga läran. (För lärjungen afsedt i sammandrag.) 8:o, 138 s. Sthm, P. A. Norstedt & S:r. 89. Inb. 90 ö.
— , Den lidande frälsaren. Betrakt:r öfver Kristi pinas historia. 2:a uppl. 8:o, 181 s. Sthm, P. A. Norstedt & S:r. 91. 1: 75, inb. 2: 50. (1:a uppl. 90.)
— , Den moderna otron o. dess bekämpande. 8:o, 23 s. Sthm, P. A. Norstedt & S:r. 88. 30 ö.
— , Nådens under på lidandets läger. En teckning af Lotta Hjort till församlingens uppbyggelse framstäld. 2:a uppl. 8.o, 66 s. o. 1 portr. Sthm, P. A. Norstedt & S:r i distr. 93. 50 ö., kart. 75 ö. (1:a uppl. 90.)
— , Pauli bref till romarne i öfversättn. jämte praktiska anmärkn:r. 2:a uppl. 8:o, viij o. 180 s. Sthm, P. A. Norstedt & S:r. 92. 2 kr, klb. 2: 75.
— , Predikningar öfver kyrkoårets gamla evangelier. 1:a o. 2:a hft. 8:o, 364 s. Sthm, P. A. Norstedt & S:r. 94, 95. à 1: 50.
— , Pröfven andarne! Ett varningens ord om den s. k. frälsningsarmén. 8:o, 80 s Sthm, P. A. Norstedt & S:r. 91. 60 ö.
— , Ropet ur djupen. Aftonsångspred. 8:o, 18 s. Fägred, Förf:n. 94. 20 ö.
— , Skriftens gudomliga ingifvelse o. myndighet. 8:o, 31 s. Sthm, P. A. Norstedt & S:r. 91. 30 ö.
— , "Vill du blifva helbrägda?" Högmessopredikan i Klara kyrka. 8:o, 16 s. Sthm, P. A. Norstedt & S:r i distr. 93. 20 ö.
TERSMEDEN, Carl Herm., Se: Kalender öfver i Sverige lefvande ointroducerad adel.

TERSTEEGEN, Gerhard, Kristi kärleks kraft. 7:e uppl. 12:o, 36 s. Sthm, Fost.-stift:s f.-exp 86. (5:e uppl. 78. 6:e 83.) 10 ö.
TESCH, Wilh. Se: Export, Svensk.
TESDORPF, J., Kortfattad handbok i ränte- o. lifförsäkringsberäkningar. 8:o, 93 s. Sthm, Nordin & Josephson. 94. 2 kr.
Testamentet, Gamla, I. De fem Moseböckerna. Proföfvers. utg. af Bibelkommissionen. 8:o, 341 s. Sthm, P. A. Norstedt & S:r. 93. 1 kr.
Testamentet, Gamla. öfvers. af *O. F. Myrberg.* Hjobs bok, Psaltaren, Ordspråksboken, Predikareboken o. Höga visan. 8:o, 306 s. Sthm, P. A. Norstedt & S:r. 95. 1: 25, klb. 1: 75, skb. 2 kr.
Testamentet, Nya, från Vulgata, öfvers. af *J. P. E. Benelius* med förkl. o. anmärkn:r, 22 helsidespl. o. vignetter. Approberadt af d:r *Alb. Bitter.* 8:o, 736 s. Sthm, Nordin & Josephson. 95.
4: 50, hfrb. 6: 50.
Testamentet, Nya, enligt bibelkommissionens öfvers. 8:o, 268 s. o. 1 karta. Örebro, Söndagsskolfören. 90. 30 ö.
Testamentet, Nya, i fullkomlig öfverensstämmelse med den af bibelkomm. utg. normaluppl. 8.o, 448 s. Sthm, F. & G. Beijers Bokf.-aktb. 90.
Klb. 1 kr, skinnb. 1: 25. o. 1: 50.
Testamentet, Nya, i fullständig öfverensstämmelse med den af bibelkomm. utg:na normaluppl:n. [Med sluten versindelning.] 8:o, 428 s. o. 2 kartor. Sthm, P. A. Norstedt & S:r. 91.
Klb. 1 kr, skinnb. 1: 50.
——, D:o d:o [Med skild versindelning.] 8:o, 472 s.
Klb. 1 kr., skinnb. 1: 50.
Testamentet, Nya, i öfverensstämmelse med bibelkomm. utg. normaluppl. 8:o, 256 s. Sthm, A. L. Normans f.-exp. 94.
Chagrinb. 1: 50, med guldsn. 2 kr.
Testamentet, Nya, enligt bibelkommissionens öfvers. Illustr. uppl. med 140 illustr. o. kronologiskt register. 4:o, 348 o x s. Sthm, C. A. V. Lundholm. 93.
Klb. 6 kr.
Testamentet, Nya, i öfverensstämmelse med bibelkomm. utg. normal-uppl. illustr. för hem o. skola. 4:o, 425 s., 12 pl. o. 1 karta. Sthm, P. A. Norstedt & S:r. 94. 8: 25, med chagrinrygg 14 kr., chagrinb. med guldsn. o. exempl. på tjockt papper 20 kr.
Testamentet, Nya, med förklaringar af *P. Fjellstedt.* Se: Skrifter, utg. af Samf. pro fide et christianismo. 25.
Testamentet, Nya, enl. den af bibelkomm. utg normaluppl, efter H. A. W. Meijers kommentar. Med illustr. af *Gustave Doré.* Orig.-kartor öfver Palæstina förr o. nu, aposteln Pauli resor m. m. 4:o, 796 sp., 78 pl., 6 kartor o. planer. Sthm, C. & E. Gernandts aktb. 95. 12: 80.
Testamentet, Nya, öfversatt af *O. F. Myrberg.* Med en synoptisk tafla till de fyra evangelierna. 2:a uppl. 8:o, 536 s. Sthm, P. A. Norstedt & S:r. 94.
1: 25, klb. 1: 75, skb. 2 kr.
(1:a uppl. 90.)
Testamentet, Det nya. Mattei evangelium med förklaringar af *M. G. Rosenius.* 8:o, 264 s. Sthm, P. A. Norstedt & S:r. 88—92. 3 kr.
Testamentet, Nya, Ny öfvers. med förklarande anm:r af *P. Waldenström.* (I.) 8.e—11:e hft, s. 449—692 o. vj s. (II.) 12:e—21:a (slut-)hft. 683 s. 8:o. Sthm, Pietistens exp. 86—94.
1:a dln kompl. 8: 25, inb. 9 kr., 2:a dln inb. 6: 50.

Testamentet, Nya, på svenska. Paralell-texter af gamla o. nya öfvers. med anmärkn:r af *Clas Warholm.* 8:o, v o. 628 s. Lund, C. W. K. Gleerup. 88. 3 kr.
Testamentet, Nya, (N:o 1) o. Psaltaren. 8:o, 448 o. 123 s. Sthm, Fost.-stift:s f.-exp. 92.
Klb. 1: 15, skb. 1: 35.
Testamentet, Nya, (N:o 2) o. Psaltaren. Stor 16:o, 418 o. 110 s. Sthm, Fost.-stift:s f.-exp. 92.
Klb. 1 kr., skb. 1: 25.
Testamentet, Nya, (N:o 3) o. Psaltaren. 16:o, 486 o. 130 s. Sthm, Fost.-stift:s f.-exp. 92.
Klb. 80 ö., skb. 1 kr.
Testamentet, Nya, enl. normaluppl. jemte Psaltaren enl. bibelkomm öfv. 1887. [N:o 8.] 16:o, 424 o. 117 s. Sthm, Fost.-stift:s f.-exp. 88.
Klb. 50 ö., skinnb. 75 ö.
Testamentet, Nya, enligt normaluppl:n jemte Psaltaren. 16:o, 440 o. 112 s. Sthm, Fost.-stift:s f.-exp. 86.
Klb. 50 ö.
Testamentet, Nya, med Psaltaren i fullkomlig öfverensstämmelse med den af bibelkomm. utg. normaluppl:n. 8:o, 448 o. 111 s. Sthm, F. & G. Beijers Bokf.-aktb. 91. Klb. 1: 25, i gult skinn 1: 50, i svart skinn 1: 75.
Testamentet, Nya, och Psaltaren. I öfverensstämmelse med den af bibelkomm. utg. normaluppl. 16:o, 484 o. 123 s. Sthm, Fost.-stift:s f.-exp. 94.
Klb. 70 ö., skb. 85 ö., chagrinb. med röd snitt 1: 25, med guldsn. 2 kr.
Testamentet, Nya, i likhet med normaluppl. jemte Psaltaren enl. Bibelkomm. öfvers. 1887. 8:o, 494 o. 127 s. Sthm, Fost.-stift:s f.-exp. 87.
Klb. 1: 75, skinnb. 2 kr.
Testamentet, Nya, i fullständig öfverensstämmelse med den af bibelkomm. utg. normaluppl:n jämte Psaltaren. [Med sluten versindelning.] 8:o, 472 o. 118 s. samt 2 kartor. Sthm, P. A. Norstedt & S:r. 91.
Klb. 1: 25, skinnb. 1: 75.
——, D:o d:o [Med skild versindelning] 8:o, 472 o. 118 s. samt 2 kartor. Klb. 1: 25, skinnb. 1: 75.
Testamentet, Nya, i öfverensstäm. med normaluppl. Med parallelspråk. — Psaltaren enl. bibelkomm. öfvers. 1887. 8:o, 480 o. 120 s. Sthm, P. Palmquists aktb. 89. Skb. 2 kr.
Testament, The new, of our lord and saviour Jesus Christ. — Nya Testamentet i öfverensstämmelse med bibelkomm. normaluppl. 8:o, 868 s. Sthm, P. A. Norstedt & S:r. 93. Klb. 3 kr.
Testamentet, Thet nyia, på Swensko at år 1526. Utg. af *Aksel Andersson.* I. Text. Folio, 390 o. x s. samt 1 facsimile. Ups., Lundequistska bokh. 93.
18 kr.
TEUCHLER, Anton, Allvar o. skämt. [Poesi.] 8:o, 160 s. Sthm, Z. Hæggströms f.-exp. 95. 2: 50.
Textbok, Sjömannens. Betrakt. för hvar dag i månaden. Öfv. från norskan. 16:o, 48 s. Sthm, Fost.-stift:s f.-exp. 90. Klb. 35 ö.
Textilutställningen 1880: 74 fotogr. Sthm, G. Chelius. 88. För blad 1: 50.
THACKERAY, W. M., Huru jag kom att bli ungkarl. Öfv. från "Lovel the widower." 8:o, 154 s. Sthm, C. A. V. Lundholm. 88. 1: 50.
——, Samuel Titmarsch eller historien om den store Hoggarty-diamanten. Öfv. af *Erik G. Folcker.* Liten 8:o, 164 s. Sthm, Fahlcrantz & K. 89. 50 ö.
——, Snobbarnes bok. Öfv. af *A. G. Engberg.* 8:o, 259 s. Sthm, P. A. Norstedt & S:r. 86. 2: 50.
——, Ströftåg härs o. tvärs. Till svenskan af *G. A.* 8:o, 251 s. Sthm, C. A. V. Lundholm. 90. 2 kr.

Thalia. Svensk teaterkalender 1890. Återblick på 1889 års teaterhändelser. Red. af *Reinh. Hörnell.* 8:o, 227 s. o. 8 pl. Sthm, Svanbäck & K. 89. Klb. 3: 50.

THAM, Karl, Planimetri med öfningsexempel. 2:a uppl. 8:o, 35 s. Sthm, C. E. Fritzes hofbokh. i distr. 91. 75 ö. (1:a uppl. 88.)

—, Proportionslära med tillämpn. på plangeometrien jemte öfningssatser. 8:o, 84 s. Sthm, C. E. Fritzes hofbokh. 90. Inb. 1: 25.

THANING, Kristine, Engelska bildglosor. Se: *Goldschmidt, Thora,* Språklig åskådningsundervisning. 3.

THAYER, William M., Flit, kraft o. karakter, vägen till framgång. Öfv. från eng. 2:a uppl. 8:o, 267 s. Sthm, P. Palmquists aktb. 89. 1: 50, kart. 2 kr., klb. 2: 50.

—, Från kojan till palatset. Presid. James A. Garfields lif. Öfv. 2:a omarb. uppl. 8.o, 272 s. Sthm, P. Palmquists aktb. 95. 2 kr., kart. 2: 50.

—, Från nybyggarehemmet till hvita huset. Presid. Abrah. Lincolns lif. Öfv. 8:o, 316 s. o. 1 portr. Sthm, P. Palmquists aktb. 86. 2 kr., kart. 2: 40, klb. 3 kr.

—, Garfvaresonen president. General Ulysses Grants lif. Öfv. 8:o, 282 s o. 1 portr. Sthm, P. Palmquists aktb. 87. 1: 40, kart. 1: 75, klb. 2: 25.

THÉEL, Hjalmar, Om Sveriges zoologiska hafsstation Kristineberg. Med karta o. 4 tafl. 8:o, 48 s. Sthm, P. A. Norstedt & S:r. 95. 1: 25.

—, On the development of Echinocyamus Pusillus. Se: Acta, Nova, reg. soc:is scient. Ups. XV: 6.

THELANDER, Curt, Ronneby-bilder. 8:o, 63 s. Sthm, Fr. Skoglund. 92. 1: 50.

Themis. Intressanta kriminalhistorier. 8:o. Sthm, Ph. Manss & K.
1. *Temme, I. D. H.,* Polacken. Kriminalhist. Öfv. 168 s. 87. 1: 35.
2. —, Folkets röst. Kriminalhist. Öfv. 144 s. 87. 1: 35.

THEOBALDT, Etty, Bibelns kvinnor i gamla o. nya test.t skildrade. Öfv. från eng. 8:o, 222 s. Sthm, C. A. V. Lundholm. 92. 1: 50, kart 1: 85.

Theofilus, Kort minnesteckning öfver Clas Fr. Pira. 8:o. 31 s. Örebro, Söndagsskolföreningen. 87. 30 ö.

THEURIET, André, Dödssynd. Roman. Öfv. 12:o, 216 s. Sthm, F. & G Beijers Bokf.-aktb. 86. 1: 50.

—, Sensommar. Se: Romanbibliotek, Ad. Bonniers. 41.

—, Tant Aurelia. Öfv. 8:o, 263 s. Sthm, C. A V. Lundholm. 90. 1: 75.

THIERSCH, H. W. J., Blickar i profeten Daniels lefnadshistoria. Öfv. 8:o, 30 s. Sthm, Fost.-stift:s f.-exp. 86. 20 ö.

—, Den kristliga familjen. Öfv. af *Edvard Evers.* 8:o, 190 s. Sthm, Ad. Johnson. 90. 1: 50, klb. 2: 25.

—, Om den kristliga staten. Öfv. af *Axel Strandell.* 8:o, vij o. 223 s. Sthm, G. Chelius. 93. 2: 50

THIESS, Axel, Humoresker. 4:o, 40 pl. i konvolut. (Tr. i Kbhn.) Sthm, (Looström & K. i distr) 86. 1 kr.

THILLOT, Alfr., Se: *Lilius, Axel,* Lärob. i ryska språket.

Thirza eller korsets dragningskraft. Öfv. från tyskan. 6:e uppl. 8 o, 57 s. Sthm, Fost.-stift:s f.-exp. 90. 25 ö.

THIUSEN, Ismar, En framtidsblick. Öfv. af *J. Granlund.* 12:o, 372 s. Sthm, Ad. Johnson. 92. 2: 75.

THOMÆUS, Ragnar, Om Upsala möte 1593. Historiska påminnelser jubelåret 1893. 8:o, 63 s. Göteb, N P. Pehrsson. 93. 75 ö.

THOMAS A KEMPIS, Betraktelser öfver Kristi lif. Se: Bokskatt, Hemmets. 2.

—, Fyra böcker om Kristi efterföljelse. Ny öfvers. af *Evald Bergman.* 4:e uppl. 8:o, 217 s. o. 1 pl. Sthm, Fahlcrantz & K. 94. 1 kr., inb. 1: 50, klb. 2: 25, med guldsn. 3 kr. (3:e uppl. 86.)

—, Fyra böcker om Kristi efterföljelse. Öfv. af *E. Bergman.* Med *J. von Führichs* illustr. 5:e uppl. 4:o, 182 s. Sthm, Fahlcrantz & K. 95. 3 kr.

—, Om Kristi efterföljelse. Se: Skrifter utg. af Samf. pro fide et cbrist. 36.

THOMAS, J:r, William Widgery, Från slott till koja. Minnen från en flerårig vistelse i Sverige. 8:o, 752 s. Sthm, F. & G. Beijers Bokf.-aktb. 92. 12 kr., inb. 15 kr. (Utkom i 12 hfn à 1 kr., 91, 92.)

THOMASSON, Pehr, Erik XIV o. liten Karin. Se: Öreskrifter för folket. 138.

—, Fosterländska sånger. Se: dersammast. 32.
—, Gubben Strid o. hunden Frid. Se: dersammast. 106.
—, Gustaf III o. Smålänningen. Se: dersammast. 50.
—, Karl XI o. vestgöten. Se: dersammast. 137.
—, Karl XV o. dalkullan. Se: dersammast. 51.
—, Kung Oscar o skogvaktaren. Se: dersammast. 1.
—, Lasse mjölnare o. Masse smed. Se: dersammast. 68.
—, Petter Jönssons lefnadsöden. Se: dersammast. 142.
—, Rika flickan i Rosendala. Se: dersammast. 141.
—, Ryttmästaren Silfverlod. — Ett ovanligt frieri. Se: dersammast. 43.
—, Tre valda berättelser. Slaflifvet i Sverige. — Riksdagsmannen eller äresjukan. — Vallgossen o. inspektoren. Ny genoms. uppl. 8.o, 212 s. Sthm, Alb. Bonnier. 86. 1 kr.
—, Under stormfulla dagar. Se: Öreskrifter för folket 85.

THOMSEN, J., Naturvidenskabens grundsætninger. Se: Tidskrift, Nordisk. 1886.

THOMSEN, Vilh., Inscriptions de l'Orkhon déchiffrées. Se: Mem. de la Soc. finno-ougr. V.

—, Rasmus Kristian Rask. Se: Tidskrift, Nordisk. 1887.

THOMPSON, D'Arcy W., The Hydroida of the Vega-expedition. Se: Iakttagelser, Vega-exped. vetenskap. IV: 13.

THOMSON, C. G., Opuscula entomologica. 8:o. Lund, Gleerupska univ:s bokh.
IX. s. 842—936. (83.) 3: 25.
X. s. 937—1040. (84.) 3: 75.
XI. s. 1041—1182. 87. 5: 40.
XII. s. 1183—1320. 88. 5 kr.
XIII. s 1321—1438. 89. 4: 50.
XIV. s. 1439—1536. 90. 3: 60.
XV. s. 1537—1656. 91. 5: 40.
XVI. s. 1657—1772. 92. 5: 40.
XVII. s. 1773—1886. 92. 4: 50.
XVIII. s. 1887—1967. 93. 4: 50.
XIX. 167 s. 94. 7: 25.
XX. 200 s. 95. 9 kr.

THOMSON, Joannes, De modis temporibusque comporationum homericarum. Comment. acad 8:o, 90 s. Lund, Ph. Lindstedts univ. bokh. 88. 1: 50.

THOMSON, J. Radford, Nyttighetsmoralen granskad ur logisk o. religiös synpunkt. Öfv. från eng. Jämte

Utilismen på de anklagades bänk af *Carl von Bergen*. 8:o, 94 s. Sthm, E. J. Ekmans f.-exp. 91. 75 ö.

THORDÉN, Karl Magnus, Schweiziska kristkatolska kyrkan. Se: Årsskrift, Upsala univ:s. 1889. Teologi. 2.

THORELIUS, Emil, "Boltzianismen", skandinavisk kulturbild. Med förord af *F. Thorelius.* 8:o, 154 s. Karlstad, Hj. Petersson & K. 88. 1: 25.

THORELL, T., On an apparently new Arachnid. Se: Bihang till K. sv. Vet.-akad:s handl:r. XVII: IV, 9.

——, Spindlar från Nikobarerna. Se: Handlingar, K. sv. Vet.-akad:s. XXIV: 2.

——, o. LINDSTRÖM, G., On a silurian scorpion from Gotland. Se: dersammast. XXI: 9.

THORELLI, O., Se: *Selig, M.,* Att tala engelska — snart.

THORÉN, S., Rättskrifningsöfningar i enl.s med Läroboksskomm. grundsatser. 8:o, 12 s. Tjurkö, Förf:n. 90. 15 ö.

THORKELSSON, Pall, Dictionnaire-islandais-français (islenzk ordabók med frakkneskum pydningum.) I: 1. 8:o, 32 s. (Tr. i Reykjavik.) Sthm, Hj. Linnström. 88. 90 ö.

THORNAM, A., Se: *Uhrström, W.,* Hemläkaren.

THORNE, Eglanton, Den kärleken som utdrifver räddhågan. Öfv. från eng. af *G. S. Löwenhielm.* 8:o, 75 s. o. 1 pl. Sthm, Fost.-stift.s f-exp. 91. 50 ö., kart. 75 ö., klb. 1: 50.

THORODDSEN, Th., Geolog. iakttagelser på Snæfellsnes og Taxebugten. Se: Bihang till K. sv. Vet-akad:s handl:r. XVII: II, 2.

——, Vulkaner i det nordöstlige Island. Se: dersammast. XIV: II, 5.

THORSANDER, Gustaf, Dansk-tyska kriget 1864. Historik o. kritik, samt en skizz "De siste" af en svensk frivillig i kriget. 8:o, 111 s. Sthm, Samson & Wallin. 89. 1: 25, inb. 2 kr.

——, Ellas friare. Skildr. ur bondelifvet i Vestergötland på 1850-talet. 8:o, 173 s. Sköfde, Förf. 91. 1: 50.

——, Från denna o. hinsidan sundet. En knippa minnen från krig o. fred. 8:o, 247 s. Sköfde, Förf. 86. 2: 50.

——, I gårdar o. byar. En samling folklifsskildringar m. m. 8:o, 211 s. Sköfde, Förf. 87. 2: 25.

——, I yrväder o. krutrök. Noveller o. skildringar. 8:o, 104 s. Sköfde, Aug. Strokirk i distr. 93. 1 kr.

——, Nordiska toner. Dikter o. några berättelser. 8:o, 135 s. Sthm, Nordin & Josephson. 95. 1: 50.

——, Om fleråriga vallars införande med ändr. af nuvarande cirkulationsbruk. 8:o, 89 s. Sköfde, Förf. 86. 1 kr.

——, Sanka markers odlingsvärde. Se: Skrifter, Smärre, att utdelas vid Husdjurs-Prem. 13.

THORSELL, Helge Leop. Se: Adresskalender för Upsala. — Länskalender, Upsala.

THULIN, Gabriel, Jemförelse emellan den borgerliga kommunen o. den kyrkliga. (Proffföreläsning.) 8:o, 39 s. Lund, Gleerupska univ:s bokh. 90. 60 ö.

——, Om konungens ekonom. lagstiftning Studie i svensk statsrätt. Stor 8:o, 260 s. Lund, Gleerupska univ:s bokh. i distr. 90. 4 kr.

——, Om mantalet. Akad. afh. I. 8:o, 132 s. Sthm, P. A. Norstedt & S:r. 90. 1: 50.

THULSTRUP, H., Se: Afbildn:r af nordiska drägter.

THUNBLAD, N. J., Handbok för kronofjerdingsmän. Liten 8:o, 33 s. Sthm, C. A. V. Lundholm. 95. 15 ö.

——, Handbok för nämdemän o. nämder. 2:a uppl. 16:o, 79 s. Sthm, C. A. V. Lundholm. 89. 70 ö.

THUNBLAD, N. J., Handbok för skolrådsordförande, skolrådsledamöter m. fl. 16:o, 160 s. o. 1 tab. Sthm, C. A. V. Lundholm. 91. 75 ö.

——, Juridiska ströskrifter. 1:a hft. 8:o, 60 s. Sthm, C. A. V. Lundholm. 95. 70 ö.

——, Minnesblad vid konfirmationen. Öfv. o. bearb. 12:o, 22 s. Sthm, C. A. V. Lundholm. 90. 15 ö.

——, Se: Bibelhandbok, Kort.

THUNEBERG, P, Se: *Hällstén, K.,* Matériaux pour servir à la connaissance des cranes des peuples germaniques.

THÜNGEN (frih.), Hundboken eller anvisning om hundens vård, skötsel o. dressyr. Öfv. o. bearb. af *Strix Bubo (Aug. Emil Holmgren).* 8:o, 82 s. Sthm, F. C. Askerberg. 90. 1: 25.

Thure, S. [Se: *Sällberg, Thure.]*

THURESSON, J. V., Huru böra husförhören anordnas? Se: Inledningsföredrag. 2.

THURGREN, J. A., Handbok för rust- o. rotehållare, militärer o. indelt manskap. 8:o, 134 s. Sthm, Ad. Johnson. 88. 1 kr.

——, Handbok i hela svenska lagfarenheten i sammandrag. 8:o, xij o. 1284 s. Sthm, A. V. Carlsons Bokf.-aktb. 89. 5: 75, inb. 7 kr.

——, Handbok i svenska presterskapets rättigheter från äldsta till närvarande tider. 2:a förbättr. uppl. 8:o, 197 s. Sthm, F. & G. Beijers Bokf.-aktb. 86. 3 kr.

——, Oumbärlig ny juridisk handbok för alla medborgare. 8:o, 507 s. Sthm, Gernandts bokf.-aktb. 92. 4 kr.

——, Oumbärlig rådgifvare för beväringsynglingar. 8:o, 42 s. Sthm, Ad. Johnson. 93. 50 ö.

——, Se: Lag, Sveriges, rikes. — Sjölag, Sveriges. Strafflag, Sveriges rikes. — Supplement till Sveriges rikes sjölag.

THYRÉN, Joh. C. W., Abhandlungen aus dem Strafrechte und der Rechtsphilosophie. 8.o. Lund, Gleerupska univ:s bokh. i komm.
I. Bemerkungen zu den kriminalistischer Kausalitätstheorien. 158 s. 94. 3: 50.

——, Anmärkningar rör. en af e. o. prof. Ask d. 25 jan. 1894 utdelad obetitlad skrift. 8.o, 5 s. Lund, Gleerupska univ:s bokh. 94. 10 ö

——, Culpa legis Aquiliæ enligt justiniansk rätt. Ett bidrag till läran om utomobligatorisk skadestånd. I. Det subjektiva reqvisitet vid culpa legis Aquiliæ. Afhandling. 8:o, 166 s. Lund, Gleerupska univ:s bokh. i distr. 93. 3 kr.

——, Den första väpnade neutraliteten. Se: Acta univ:s Lundensis. XXII: I, 4.

——, E. o. professoren J. Asks granskning af docent J. Thyréns specimen för e. o. professorsämb. i romersk rätt vid Lunds universitet. Med anmärkn:r. 8:o, 40 o. xlij s. Lund, Gleerupska univ:s bokh. i distr. 93. 1 kr.

——, Förfalskningsbrotten, med särskildt afseende på det objektiva reqvisitet vid förfalskning af handlingar enl. svensk straffrätt. 8:o, vj o. 238 s. Lund, Gleerupska univ:s bokh. 95. 5 kr.

——, Makes gäld enligt svensk rättsutveckling. Med hufvudsakligt afseende på makes för äktenskapet gjorda gäld. 8:o, 172 s. Lund, Gleerupska univ:s bokh. i distr. 93. 3: 50.

——, Verldsfreden under Napoleon. Den europ. politiken från freden i Amiens 1802 till fransk-eng. krigets utbrott 1803. Akad. afh. 4:o, 103 s. Lund, Gleerupska univ:s bokh. 87. 3 kr.

——, Se: *Lidforss, V. E.,* Votum rör. upprättandet af förslag etc.

[THYSELIUS, E.], I afgörandets stund. Teaterfrågan o. de kgl. teaterpropositionerna närmare belysta af *Gasparone*. 8:o, 63 s. Sthm, Förf. 88. 1 kr.

THYSELL, J. o NORDSTRÖM, P., Räknelära för folkskolan. 8:o, 96 s. Sthm, A. V. Carlsons Bokf.-aktb.
1:a årskursen. 96 s. 88. 25 ö.
Facit o. hufvudräkn. frågor. 32 s. 10 ö
2:a årskursen. 104 s. 89. 25 ö.
Facit o. hufvudräkn frågor. 32 s. 10 ö.
Båda kurserna i ett band 65 ö.

TIBULLUS, Carmina selecta. Se: Skalder, Latinska, i urval. III.

TID, Kristoffer, Om religionens o. vetenskapens trefnad. Tankar i den lutherska reformfrågan jämte återblick på festtalen vid Uppsala mötes 300-åriga jubileum. 8:o, 146 s. Sthm, Wahlström & Widstrand i komm. 94. 1: 50.

TIDANDER, L. G. T., Anteckningar om svenska kartverk. 8:o, 22 s. Sthm, O. S. Rumstedt 88. 35 ö.
—, Anteckningar om vår tekniska literatur. 8:o, 87 s. Sthm, Förf. 88. 1 kr.
—, Artillerimuseum i Stockholm. Minnesblad för besökande. 8:o, 14 s. Sthm, O. S. Rumstedt. 85. 25 ö.
—, Blända o. Värendsqvinnorna. Se: Öreskrifter för folket. 71.
—, Daniel Rantzaus vinterfälttåg i Sverige 1567—68. 8:o, 58 s. Sthm, O. S Rumstedt 86. 75 ö.
—, Kriget mellan Sverige o. Ryssland åren 1555—57. 8:o, 47 s. Sthm, Förf. 88. 75 ö.
—, Krigsföretagen i Livland under Erik XIV:s regering. 8:o, 72 s. Vestervik, Förf. 91. 1 kr.
—, Mariefred förr o. nu. Anteckningar. 8.o, 32 s. Mariefreds tidning. 93. 25 ö.
—, Resningen 1568. Hist. skildr. 8:o, 67 s. Sthm, O. S. Rumstedt. 86. 75 ö.
—, Studier öfver slaget vid Axtorna 1565. 8:o, 22 s. Sthm, Förf. 88. 50 ö.
—, Vår topografiska literatur. Anteckn:r. 8.o, 87 s. Sthm, Förf:n. 87. 1 kr.
—, Våra brännmaterialier. Populära anteckn:r. 8:o, 40 s. Sthm, Förf. 89. 50 ö.
—, Öfversigt af svenska befästningsväsendets utveckl. från äldsta till närvarande tid. 1:a hft. 8.o, 114 s. Sthm, Förf. 90. 1: 50.
—, Öfversigt af handvapnens utveckl. i Sverige. 8:o, 76 s Lkp., Sahlströms bokh. 89. 1 kr.

TIDLUND, David, Om compound o trippelexpansionsångmaskiner jemte diagram för grafisk beräkning af sådana maskiners hufvuddimensioner. 8:o, 52 s. o. 1 pl. Sthm, Joh. Hellsten. 90. Klb. 3 kr.

TIDNER, A., Öfningar i uppsatsskrifning vid praktiska skolor. 200 uppgifter till uppsättande af affärsskrifvelser, inlagor o. andra handl:r m m. 8:o, 91 s. Sthm, Alb. Bonnier. 94. 1 kr.

Tidning, Barnens. 29:e—38:e årg. (1886—95.) Med illustr. o. berättelser. 4:o. Sthm, Post -stif.s f.-exp 86—95. För årg. 1: 50, inb. 2: 50.

Tidning, Djurvännernas. Praktisk handledning för djuregare o. djurskötare. Årg. 1—6. (1890—95.) Utg. af *Lars Hökerberg*. 8:o. Sthm, Utg.n. 89—95. För årg. (12 n:r) 2 kr.

Tidning för idrott. 6:e—15:e årg. (1886—95). Red. *Viktor Balck* o. *Alex. Lindman*. 4:o. Sthm, Redaktionen. 86—95. För årg. (24 n:r) 8 kr.

Tidning, Ny illustrerad. 22:a—31:a årg. (1886—95.) Red. *Olof Granberg*. Folio. Sthm, Redaktionen. 86—95. För årg. (52 n:r) 12 kr. Praktuppl.

Tidning för svensk snabbskrift. 1:a o. 2:a årg. (1894—95) Redaktion: *Pär Widegren* o. *J. O. Gyllenspetz*. 4:o. Göteb., Redaktionen. 94—95.
För årg. (12 n:r) 2: 20.

Tidning för stenografi. Utg. af *Aug. Fabritius*. 15:e —24:e årg. (1886—95.) 8:o. H:fors.
För årg. (12 n:r) 5 fmk.

Tidning för trädgårdsodlare o. vetenskapsmän, red. af *Erik Lindgren*. 25:e—34:e årg. (1886—95.) 4 o Sthm, Fr. Skoglund i distr. 86—95.
För årg. (12 n:r) 2: 50

Tidningsvärlden, Från Stockholmska, på 1850—60-talen. Anekdoter o. karaktersdrag af en gammal publicist. Utg. af *Birger Schöldström*. Med 27 portr. 12:o 127 s. Sthm, Alb. Bonnier. 94. 1: 25.

Tidsbilder från det forna Upsala o. Upland. Gust Rudbeck, f. d. stadskassör, f. d. postmästare, f. d. auktionist, af *C. K—g*. 8:o, 14 s. Tr. i Ups. hos Almqvist & Wiksell. 90. (Uppl. 15 ex)

Tidskrift för abnormskolorna i Finland. Utg. af *V. Forsius*. 1:a—4:e årg. (1892—95). 8:o. H fors, 92—95 1:a årg. (6 n:r) 2 fmk.
2:a—4:e årg. (12 n:r) 3 fmk.

Tidskrift, Antiqvarisk, för Sverige, utg. af K. Vitt hist. o. antiq:s akad:n genom *Hans Hildebrand*. 8:o. Sthm, Wahlström & Widstrand.
V: 4. *Schück, H.*, Två svenska biografier från medeltiden. Forts. o. slut. s. 289—475. 95. 2 kr.
IX: 1. *Hildebrand, Hans*, Heraldiska studier. 82 s. o. 4 pl. 87 2 kr
" 2. *Söderberg, Sven*, Runologiska o. arkeologiska undersökn:r på Öland sommaren 1884. 40 s. o. 1 pl. 87.
" 3. *Mejborg, R.*, Nogle Oplysninger om svenske og danske Faner m. m. i det 16:e årh. 48 s. o. 1 pl. — *Hildebrand, H.*, Om svenska medeltidens brakteater. (Början.) 32 s. 91. 1 kr.
X: 1—6. *Brate, Erik*, Runverser. 442 s. 87—91. 6 kr.
XI: 1 o. 2. *Sahlin, Bernh*, Studier i ornamentik. 141 s. 90. 2 kr.
" 3. *Lundberg, Rob*, Det stora sillfisket i Skåne under medeltiden o. nyaste tidens början. 76 s. 91. 1 kr.
" 4. *Erdmann, Axel*, Om folknamnen Götar o. Goter. 34 s. 92. 75 ö.
" 5. *Söderberg, Sven*, Om djurornamentiken under folkvandringstiden. 93 s. 93. 1 kr.
XII: 1 o 2. *Hjelmqvist, Theodor*, Naturskildringarne i den norröna diktningen. 217 s. 91. 1 kr.
" 3 o. 4. *Larsson, Robert*, Södermannalagens ljudlära. 166 s. 91. 2 kr.
XIII: 1—3. *Montelius, Oscar*, Orienten o. Europa. 240 s. 94. 3 kr.
XIV: 2. *Salin, Bernh.*, De nordiska guldbrakteaterna. 111 s. 95. 2 kr.
" 3. *Petrelli, T. J*, o. *E. S. Liljedahl*. Standar o. dragonfanor från platser i Tyskland under 1600-talet hemförda af svenska trupper. 144 s o. 8 pl. 95. 2: 50.
XV: 2. *Hildebrand, Hans*, Skara Domkyrka. 112 s. 94. 1: 50.
XVI: 1. Vadstena klosters uppbörds- o. utgiftsbok. Utg. af *Carl Silfverstolpe*. 207 s. o. 1 facs. 95. 2: 50.
" 2 o. 3. *Sernander, Rutger*, Om några arkeologiska torfmossefynd. — *Kock, Axel*, Belysning af några svenska ord o. uttryck. 35 o. 24 s. 95. 1: 25.

Tidskrift för byggnadsväsendet. 1:a—3:e årg. 1889—90. 4:o. Sthm, G. Chelius. 88—90.
1:a årg. Red. af *J. O. Pettersson*. För årg. 2 kr.
2:a o. 3:e. Red. af *Gust. Sellergren*. För årg. 5 kr.

Tidskrift, Entomologisk, på föranstaltande af Entomologiska föreningen i Stockholm. 7:e—16:e årg. (1886—95.) Sthm, Entomologiska fören.
7:e—11:e årg. Utg. af *Jac. Spångberg*.
12:e—16:e årg. Utg. af *G. Hofgren*.
För årg. (6 hfn) 6 kr.
—, Alfabetiskt register till årg. 1—10. 1880—89. Upprättadt af *Julius Meves*. 8:o, 66 s. 91. 1 kr.

Tidskrift, Svenska autografsällskapets. 8:o. Sthm, Sv. autografsällsk.
I. 6—12. 256 s. 87—88.
II. 1 o. 2. 48 s. 89.

Tidskrift, Farmaceutisk. 27:e—36:e årg. (1886—95.) Redig. af *B. Lindman*. 8:o. Sthm, Samson & Wallin.
För årg. (24 n:r) 10 kr.

Tidskrift, Finsk farmaceutisk. 1:a—3:e årg. juni (1889—91.) Utg. af *Hugo Lojander*. 8:o. Nikolaistad, Utg:n.
För årg. (12 hfn) 10 fmk.

Tidskrift för folkskolan o. folkhögskolan. 1:a o. 2:a årg. (1894—95). Utg. af *P. Nordmann*. 8:o H:fors.
För årg. (12 n:r) 3: 50 fmk.

Tidskrift för folkundervisningen. 5:e—11:e årg. (1886—95.) 8:o. Sthm, P. A. Norstedt & S:r. 86—95.
5:e—6:e årg. Utg. af *Chr. L. Anjou* o. *Carl Kastman*.
7:e—10:e årg. Utg. af *Carl Kastman*.
11:e—14:e årg. Utg. af *Fredr. Lundgren*.
För årg. (3 å 4 hfn) 1: 75.

Tidskrift, Svenska fornminnesföreningens. (N:o 17—25) 8:o. Sthm, Samson & Wallin. 86—94.
VI: 2—3. s. 113—282.
VII: 1—3 296 o. 20 s.
VIII: 1—3. 317 s. o. 4 pl.
IX: 110 s.
Hvarje hft 3 kr.

Tidskrift, Uplands fornminnesförenings. 8:o. Ups., Lundequistska bokh.
12:e—14:e hft. (II: 7—9) s. 273—352 o. clxj—ccciv s. För hft. 1: 50.
15:e hft. (II: 10) s. 353—374 o. cccv—ccccxlj s. 90. 1: 50.
16.e hft. (III: 1) 110 s., 1 karta o. 2 pl. 94. 2: 50.
17:e hft. (III: 2) s. 111—234, 1 pl. o. 20 fig. 95. 2: 75.
2:a bandet Utg. af *C. A. Klingspor*.
3:e „ Utg. af *Rolf Arpi*.

Tidskrift i fortifikation. 9.e—18:e årg. (1886—95.) (Tr. som manuskript.) 8:o. Sthm, Redaktionen. 86—95. För årg. (6 hfn) För officerare 5 kr. För underoff. 2: 50.

Tidskrift, Fotografisk, för fackmän o. amatörer, utg. af *Albin Roosval*. 8:o. Sthm, Utg:n. 88—95.
1:a årg. 1888 (Maj—Dec.) 7 n:r. 3: 50.
2:a—8:e årg. (1889—95.) För årg. (12 n:r) 6: 50.

Tidskrift, Försäkringsföreningens. 9:e—18:e årg. (1886—95). Sthm, Samson & Wallin. 86—95.
För årg. (4 hfn) 3 kr.

Tidskrift, Geografiska föreningens. 1:a—7:e årg. (1889—95) Utg. af *R. Hult*. 8:o. H:fors, Geogr. fören. 89—95. För årg. (6 hfn) 5 fmk.

Tidskrift i gymnastik, utg. af *T. J. Hartelius*, *L. M. Törngren* o. *Anders Wide*. 13:e—22:a årg. (1886—95). 8:o. Sthm, Nordin & Josephson.
III: 7—12. (13:e—15.e årg.) s. 393—827 o vj s. 86—88.
III: 1—10. (16:e—20:e årg.) 945 o. iij s. 89—93.

IV: 1—4. (21:a o. 22:a årg.) 298 s. 94, 95.
För häfte 1 kr.
II bandet utg. af *T. J. Hartelius* o. *L. M. Törngren*.
III o. IV bandet utg. af *L. M. Törngren* o. *Anders Wide*.

Tidskrift, Historisk, utg. af Svenska hist. föreningen genom *E. Hildebrand*. 8:o. Sthm, C. E. Fritzes bofbokh. För årg. (4 hfn) 8 kr., för ledamöter af Hist. fören. 5 kr.

6:e årg. 1886.
1. *Alin, Oscar*, Strödda bidrag till svenska statsskickets historia. III. Sättet för tryckfrihetslagens antagande 1812.
2. *Boëthius, S. J*, Hertig Karls o. svenska riksrådets samregering 1594—96. III. Brytningen.
3. *Hildebrand, E.*, Svenska publikationer af hist. handl:r.
4. *Höjer, Nils*, Norsk nationel historieskrifning. I.
5. Johan III och Filip II. Depescher från det spanska sändebudet till Sverige kapten Francisco de Eraso 1578—79.
6. *Lagermark, J. A*, Rustningarna till Karl XII:s sista fälttåg.

7:e årg. 1887.
1. *Alin, Oscar*, Strödda bidrag till svenska statsskickets hist. IV. Sättet för Riksaktens antagande 1815.
2. En svensk beskickning till Ryssland under Erik XIV:s regering.
3. *Höjer, Nils*, Norsk nationel beskrifning. II.
4. *Malmström, Carl Gust.*, Ständernas Utskottsmöte 1710.
5. *Stråle, G. H.*, Om Les Anecdotes de Suède.
6. *Weibull, Martin*, Om "Mémoires de Chanut".
I. Mémoires de Chanut.
II. Mémoires de Picques I.

8:e årg. 1888.
1. *Berger, L.*, Den svenske guvernören Printzenskölds mord o. upproret på Bornholm 1658.
2. *Boëthius, S. J.*, Gustaf IV Adolfs förmyndareregering o. den franska revolutionen.
I. Verninacs beskickning till Stockholm 1792.
II. Underhandl. med Gironderegeringen samt välfärdsutskottet under Dantons o. Robespierres ledning.
3. *Hammarskjöld, A.*, Bidrag till Livlands historia under Karl XI:s regering.
I. Grefve Jakob Johan Hastfer.
4. *Henrik Hölterlings* observationer i Sverige.
5. *Svedelius, W. E*, Om historisk vetenskap o. hist. studier.
6. *Varenius, O.*, Ansvarsbestämmelserna för förmyndarestyrelse af 1660 o. 1660.
7. *Weibull, Martin*, Om "Mémoires de Chanut".
III. Mémoires de Picques. II.
IV. Mémoires de Picques. III.

9:e årg. 1889.
1. *Boëthius, S. J.*, Gustaf IV Adolfs förmyndareregering o. den franska revolutionen.
III. Afslutandet af 1795 års förbund.
IV. Upplösningen af 1795 års förbund.
2. *Hammarskjöld, A.*, Ätten von Mengden o. Livland under svenska väldet.
3. *Lagermark, J. A.*, Armfeldts tåg mot Trondhjem 1718 (med karta).
4. Presidenten baron E. M. v. Nolckens berättelse om rikets tillstånd från 1719 till 1742.
5. *Svensén, E.*, Vinland o. Vinlandsfärderna.
6. Wilhelm Erik Svedelius. Af *O. A.*

10:e årg. 1890.
1. *Djurklou, G.*, Arfstvisten mellan Nils Nilssons till Traneberg o. fru Ingegerds till Öja afkomlingar.
2. Gustaf af Wetterstedt. Af *H. W.*
3. *Hammarskjöld, A.*, Om Tordenskjold o. svenskarne. 1—3.
4. *Nordvall, J. E.*, Sverige o. Ryssland efter freden i Kardis. I.
5. *Rydberg, O. S.*, Ett inlägg i fråga om unionsdokumentet af år 1397.
6. Stanislaus Poniatowskis berättelse om sina öden tillsammans med Karl XII.
7. *Stavenow, L.*, Ett förslag från frihetstiden om inrättande af en särskild högsta domstol.
8. Strödda bidrag till Vesterbottens äldre kulturhistoria. Af *E. W. B.*
9. *Tegnér, E.*, Om ital. arkiv o. bibliotek. Några antecknr från en resa 1889—90.
10. *Wieselgren, H.*, Krönikorna om Gustaf Vasa.

11:e årg. 1891.
1. Anteckningar om Lappmarken, särskildt med hänseende till kristendomens införande derstädes. Af *E. W. B.*
2. *Boëthius, S. J.*, Några anmärkn:r om uppkomsten o. karaktären af frihetstidens författning.
3. *Djurklou, G.*, Svenska släkter med sparren öfver ett blad till sköldemärke (med 4 tab.).
4. *Hammarskjöld, A.*, Om Tordenskjold o. svenskarne. 4—6. (med 2 kartor samt bil. 1—6).
5. ——, Svenska flottan under Vasakonungarne.
6. *Nordvall, J. E.*, Sverige o. Ryssland efter freden i Kardis. III—IV.
7. *Schück, H*, Våra äldsta historiska folkvisor.

12:e årg. 1892.
1. *Boëthius, S. J*, En konflikt mellan konung Fredrik o. sekreta utskottet.
2. *Horn, Claes Fr*, Minnen ur min lefnad.
3. Konferensen på Ulriksdal september 1863.
4. Samuel Kiechels resa i Sverige 1586.
5. *Wrangel, H.*, Svenska örlogsflottan 1719 o. dess förhållande till ryssarnes härjningar. I—V.
6. Västerbotten o. Ryssarne 1714—1721 efter samtida skriftliga källor. Af *E. W. B.*
7. Ännu en gång Karl XII:s död.

13:e årg. 1893.
1. *Hammarskjöld, A*, Generalen grefve Gustaf Wachtmeister, hans släkt o. hans fälttåg. I—III
2. *Hildebrand, K.*, Undersökn:r till Uppsala mötes historia.
3. *Hochschild, C. F. L.*, Gustaf III, Sofia Magdalena o. Christian VII. 1788.
4. *Kjellén, R.*, Den nationella karakteren i 1809 års grundlagsstiftning.
5. *Nerman, G*, Hvarest gräfde sig Olof Haraldsson ut ur Mälaren?
6. *Sondén, P.*, Tvenne hjältar från 30 åriga kriget, Ur Tysklands nyaste biogr. litteratur för 1600-talet.
7. *Sylvan, O.*, Nils von Oelreich såsom censor librorum.
8. ——, P. J. Höppener. En publicist på 1700-talet.
9. Taflor från krigs- o. olycksåren efter Carl XII:s död, 1719—21. Af *H. W.*

14:e årg. 1894.
1. *Djurklou, G.*, Jöns Gerekesson ärkebiskop i Uppsala 1408—1421.

2. *Djurklou, G.*, Öfverste Nils Djurklows (1641—1714) egenhändiga lefnadsteckning.
3. *Hammarskjöld, A.*, Generalen grefve Gustaf Wachtmeister, hans släkt o. hans fälttåg. IV—VII (med 1 karta).
4. *Hildebrand, E.*, Brytningen i Sveriges historia 1594
5. *Kjellén, R.*, Samuel Åkerhjelm d. y. o. de ryska stämplingarne i Sverige åren 1746—49.
6. *Schück, H.*, Våra äldsta reformationsskrifter o deras författare.

15:e årg. 1895.
1. *Bildt, C*, S. Birgittas hospital o. den svenska kolonien i Rom under 1600-talet.
2. *Hammarskjöld, A.*, Generalen grefve Gustaf Wachtmeister, hans släkt o. hans fälttåg VIII—X (med karta).
3. *Hildebrand, E.*, Karl IX:s testamente o. tronskiftet 1611.
4. *Kock, A.*, Om ynglingar såsom namn på en svensk konungaätt.
5. *Schück, H.*, De senaste undersökningarna rör. ynglingasagan.
6. *Stavenow, L.*, Om förhållandet mellan politisk historia o. kulturhistoria.
7. ——, Sveriges politik vid tiden för Altonakongressen 1686—1689.
8. *Tegnér, E*, Frih. Jakob Cederström o. förberedelserna till 1809 års revolution

Tidskrift för hälsovård. 1:a—5:e årg. (1891—95). Utg. af *V. Sucksdorff*. 8:o. H:fors. 91—95.
För årg. (12 n:r) 2 fmk

Tidskrift utg. af Juridiska föreningen i Finland. 22:a—31:a årg. (1886—95). 8:o. H:fors, G. W. Edlunds bokh. 87—95. För årg. (4 hfn) 4: 50.
(För Sverige: Sthm, Samson & Wallin.)

Tidskrift för jägare o. fiskare. Utg. af *Alex. Hintze*. 1:a—3:e årg. (1893—95) 8:o. H:fors, Utg. 93—95.
För årg. (6 hfn) 8 fmk.
(För Sverige: Sthm, Samson & Wallin.)

Tidskrift för jägare o. naturforskare. Ur — ''Jägarförbundets gamla tidskrift'' — 1832—34 utg. under red. af *Rich Bergström*. 11 hfn. 8:o, 752 s. Sthm, F. & G. Beijers Bokf.-aktb. 93—94. 11: 75.

Tidskrift, Svenska jägarförbundets nya. 15:e—24:e årg. (1886—95). 8:o. Sthm, Fr. Skoglund. 86—95.
För årg. (4 hfn) 5 kr.

Tidskrift, Jämtlands läns fornminnesförenings. 4 hfn. 8:o, 144 s. o. 3 tab. Östersund, S. J. Geete. 91—95. 2: 50.

Tidskrift, Svensk kemisk. (Forts. af Kemiska notiser.) Utg. af *Klas Sondén*. 1:a—7:e årg. (1889—95). 8:o. Sthm, Nordin & Josephson i distr. 89—95.
För årg. 5 kr.

Tidskrift, Svenska Kennelklubbens. 1:a—3.e årg. (1893—95). Utg. *Abr. Forssell*. 8:o. Sthm, Nordin & Josephson. 93—95. För årg. (4 hfn) 5 kr.

Tidskrift för kristlig tro o. bildning. Utg. af *K H. Gez. v. Schéele* o. *U. L. Ullman* 4:e—10.e årg. (1886—92). 8:o. Sthm, Fr. Skoglund. 86—92.
För årg. (4 hfn = 20 ark) 3 kr.

Tidskrift, Kyrklig, utg. af *Rob. Sundelin, F. A. Johansson* o. *Osc. Quensel*. Ny serie af Tidskrift för kristlig tro o. bildning. 1:a—4:e årg. (1892—95). 8:o. Sthm, F. & G. Beijers Bokf.-aktb.
För årg. (12 hfn = 36 ark) 5: 50.

Tidskrift för lagstiftning, lagskipning o. förvaltning. Utg. af *Christian Naumann*. 23:e—25:e årg. (1886—88). 8:o. Sthm, A. V. Carlsons Bokf.-aktb. i distr.
För årg. (12 hfn = 60 ark) 10 kr.

TIDSKRIFT.

Tidskrift för landtmän, utg. af *H. L. O. Winberg* o. *O. Engström*. 3:e - 11:e årg. (1883—90). 8:o. Lund, Gleerupska univ:s bokh. 83—90 För årg. 5: 50.

Tidskrift, Finsk militär. 5:e—14:e årg. (1886—95). 8:o. H:fors, Redaktionen. För årg. (12 n:r) 12 fmk.
5:e—7:e årg. Red. af *Hj. Palin*.
8:e o. 9:e årg. Red. af *F. Blåfjeld*.
10.e—13:e årg. Red. af *W. Schauman*.
14:e årg. Red. af *M. Alfthan*.

Tidskrift i militär helsovård, utg. af Svenska militärläkareföreningen. 11:e—20:e årg. (1886—95). [Redig. af *E. of Edholm.*] 8:o. Sthm, P. A. Norstedt & S:r. 86—95. För årg. 6 kr.

Tidskrift, Nordisk, för vetenskap, konst o. industri, utg. af Letterstedtska föreningen, redig. af *O. Montelius, C. M. Guldberg* o. *Jul. Lange*. 8:o. Sthm, 86—95. För årg. (8 hfn) 10 kr.

9:e årg. 1886.

Bætzmann, F., Den schweizerske-fabrik-arbejderlovgivning o. dens resultater. 14 o. 16 s.
Cederschiöld, G, Huru den gamla isländska litteraturen kommit till oss. 20 s.
Centervall, J., De nyaste undersökningarna om det gamla Etrurien. 11 o. 15 s.
Davidson D., Henry George o. den sociala frågan. 28 s.
Edgren, Hj., Skilda åsigter rör. de indo-europeiska folkens ursprungliga hem o. kultur. I. 13 s. II. 18 s.
Forssell, H, Guldbristen o. de låga varuprisen. I. 37 s. II. 23 s.
Gustaf III:s första regeringsår. af ***. 25 s.
Göthe, G., Tafvelsamlingar i London. Anteckn:r från en resa. 24 s.
Helms, J., Når er Throndhjems domkirke opført? I. 26 s. II. 11 s.
Holmström, L, Om den nordiska folkhögskolan, dess uppkomst, idé o. verksamhet. I. 17 s. II. 10 s. III. 9 s.
Kiær, A. N., De skandinaviske landes skibsfart. 23 s
Koërsner, V., Det svenska landtbruket o. dess utveckling under åren 1865—1884. 23 s.
Lange, J, Træk af kunsten i revolutionens tjeneste. 16 s.
Nordensvan, G., Franskt måleri o. tyskt. I. 16 s. II. 11 s.
——, Vårt nyaste drama. 23 s.
Robinson, Humor, vår skönliteraturs dagliga o. stundliga behof. 9 s.
Solter, Maria, George Eliots ethiske betydning. 22 s.
Thomsen, J., Naturvidenskapens grundsætninger. 12 s.
Vedel, V., Carl Snoilskys digtning, særlig i dens senere fase. 19 s.
Westergaard, H., Tyskland og dets kolonier. I. 9 s. II. 17 s.

10.e årg. 1887.

Bætsmann, F, Schweizersk arbejde og arbejdskole. 23 s
Bang, J. L., Folkeoplysningens standpunkt. 6 s.
——, Folkeskoler for den konfirmerede ungdom. 4 s.
Beckman, Ernst, Arbetare rörelsen i Förenta Staterna. 19 s.
Dietrichson, L, Ejendommelighederne vid stavekirkenes construction. I. 10 s. II. 18 s.
Edgren, Hjalmar, Det gamla Indiens bildspråk o. bildspråk i allmänhet. 16 s.
Erdmann, Nils, J. P. Jacobsen i sine Digte og Udkast. 9 s.

Fridericia, J. A., Moderne ånd i middelalderen. 14 s.
Geelmuyden, H., Fra astronomiens historie. 15 s.
Gigas, E, Nordiske anekdoter. Et par sammenstillinger. 19 s.
Göthe, Georg, Svensk bildkonst 1886. 19 s.
Heckscher, I., Industriens erstatningspligt. 21 s.
Hildebrand, Hans, V. Rydberg o. den nordiska mytbologien. 17 s.
Holmström, Leonard, Om nivåförändringar emellan haf o. land å svenska kusterna. 18 s.
Jernvägstariffer o. statsfinanser af *H. F.* 36 s.
Larsson, Hans Emil, Paul Heyses noveller. 20 s.
Lehmann, Alfr., Moderne psykolog. undersögelsers betydning for naturvidenskaben. 15 s.
Lundell, J. A., Olika ståndpunkter. 30 s.
Möller, P., Klimatet vid nedre Kongo o. dess inflytande på Europeer. 9 s.
Nordström, Vitalis, Svensk filosofi. 9 s.
Noreen, A., Svensk folketymologi. 8 s.
Nyblom, Helena, Tendensdigtning. 6 s.
Nyblom, Helena, Turgenjews breve. I. 28 s.
Robinson, Kätterska tankar. Efter en omläsning af Frithiofs saga. 11 s.
Robinson, Ämnet i Henrik Ibsens nya skådespel, Rosmersholm. 18 s.
Scheele, Frans von, Ännu några ord om tendens i konsten. 7 s.
Thomsen, Wilh., Rasmus Kristian Rask (1787—1887). 14 s.
Upmark, Gustaf, Gripsholms slott, sådant det är och sådant det borde vara. 24 s.
Warburg, Karl, Fru Lenngrens fader. En tidsbild. I. 15 s. II. 13 s.
Westergaard, Harald, Det britiske rige som forbundsstat. 25 s.
Widman, Oscar, Om några upptäckter inom den organiska kemiens verld. 11 s.
Wåhlin, Karl, Om den ryska konsten o. Vereschagin. 8 s.

11:e årg. 1888.

Gödecke, P. Aug., Från Nordland o. Finmarken. 15 s.
Holmberg, Cecilia f. Bååth, Gustaf Lorenz Sommelius. (Beppo.) 22 s.
Höffding, Harald, Lotze og den svenske filosofi. 15 s.
Hörlin, Hugo, Om bristen i våra bildande konstnärers konstnärsbildning. 21 s.
Jörgensen. A. D., Den danske bondes stavnsbånd. 8 s.
Kiær, A. N., Det skandinaviske dampskiberederes forste begyndelse og senere fremvæxt. 22 s.
Lange, Jul., Et motivs historie. Med 8 fig. 21 s.
Lundell, J. A., Några ord om latinsk stil o. klassisk bildning. 16 s.
Löffler, E., Geografien i nutid og fortid. 25 s.
Madsen, Karl, Dansk kunst i det sidste år. I. 13 s. II. 18 s.
Montelius, Oscar, Ett grekiskt konungapalats från trojanska krigets tid. 27 s.
Munthe, Åke W:son, Folklore. (Nyare bidrag till känned. om de svenska landsmålen.) 20 s.
Möller, Christen, Elskovskravet. En sammanligning mellan S. Kierkegaards "Gjentagelsen" og H. Ibsens "Kjærlighedens komedie". 22 s.
Nathorst, A. G., De äldsta spåren af organiskt lif i vårt land. Med 9 fig. 18 s.
Steffen, Gust., Från de skotska högländerna. 15 s.
Storbrittanien af *H. F.* 1837—87. 32 s.
Svensén, Emil, Ett kristet rike i de svartes verldsdel. 14 s.

Svensén, Emil, Suez och Panama. I. 16 s.
Undset, Ingvold, Om en nordisk skole i Rom. 6 s.
Wærn, Cecilia, Jean François Millet. 14 s.
Wallis, Curt, Ett besök hos mormonerna. I. 19 s. II. 20 s.
Wijkander, Aug., Högskolefrågor. 26 s.
Wille, N., Livskraften i moderne belysning. Med 3 fig. 11 s.
Vogt, I. H. L., Om verdens guld-, sölv- o. kobberproduktion. Med 8 fig. 25 s.

12:e årg. 1889.

Boëthius, S. J., Akademiska reformförslag ang. undervisnings, examens- o. studieväsendet inom de filosof. fakulteterna vid universiteten m. m. 23 s.
Carlson, Ernst, Karl XII:s ryska fälttågsplan 1707—09, sedd i ljuset af nyare forskningar. Med 1 karta. 27 s.
Collin, Chr., Skolernes væddekamp. 26 s.
Dietrichson, L., Hvem har malet det bekjendte portrait af Peder Claussön i Undals kirke? 7 s.
Guldberg, Gustav A., Darvinismen og menneskets naturhistorie. 18 s.
Gödecke, P. Aug., Dikt o. samhällstukt. 14 s.
Hansen, P., Ewald og hans omgivelser. 21 s.
Hildebrandson, Hugo Hildebr., Skogarna o. klimatet. 19 s.
Hjärne, Harald, Storpolitiska villobilder från frihetstiden. I. 18 s. II. 15 s.
Höffding, Harald, Apologi for Lessing. 26 s.
Isaachsen, D., Det internationale meterbureau. 18 s.
Key, Helmer, Giacomo Leopardi. 22 s.
Lange, Jul., Studiet i marken. Skilderiet. Erindringens kunst. 13 s.
Meyer, Ernst, En svensk adelsdam på 1600-talet. I. 17 s. II. 19 s.
Montelius, Oscar, Central-Afrika o. civilisationen. Med 3 kartor. 31 s.
Nyblom, Helena, Antonios fest på Capri. 15 s.
Nyrop, Kr., En middelalderlig skik. 22 s.
Reusch, Hans, Theodor Kjerulf som videnskabelig forsker. 12 s.
Schück, Henrik, Skulpturfynd i det italienska Rom. Med 4 pl. I. 21 s. II. 28 s.
Steffen, Richard, Några germanska myter i ny belysning. 22 s.
Törnebladh, R., Bidrag till frågan om ordnandet af den kvinnliga ungdomens undervisning i Sverige. 28 s.
Wallis, Curt, Om orsakerna till dödlighetens minskning i Sverige 1748—1855. Med 7 fig. 27 s.
Vedel, P., Hamburgs tilslutning til det tyske toldgebet. Med 3 fig. 21 s.
Wåhlin, Karl, Om den franska målarkonsten under l'ancien régime. 14 s.

13:e årg. 1890.

Andersson, Hugo, Ett besök i engelska underhuset. I. 19 s. II. 17 s.
Bergstedt, Hugo, Till frågan om motsägelserna i de homeriska dikterna. 9 s.
Berner, H. E., Alkoholismen. 28 s.
Dietrichson, L., "Erindringens kunst" — "fantasien i kunsten". Åbent brev til prof. d:r Julius Lange. 8 s.
E. K., Intryck från Oberammergau o. bayerska höglandet. 33 s.
En skolman. Läroverksfrågan i dess nyaste gestalt. 22 s.

Erdmann, Nils, Feodor Dostojevski. En litteraturpsykologisk studie. 27 s.
Falbe Hansen, V., Nogle bemærkninger om formuesforholdene i Sverige, Norge og Danmark. 13 s.
Frunck, Gudmund, Onkel Adams fader o. en tryckfrihetsprocess under Gustaf IV Adolfs regering. 24 s.
Guldberg, Gustav, Om Skandinaviens hvalfångst. 22 s.
Göthe, Georg, Björnstjerne Björnsons senaste roman (På Guds veje). 11 s.
— —, Ett porträtt. (La comtesse d'Egmont par la comtesse d'Armaillé née de Ségur.) 14 s.
Hasselberg, B., De nyaste spektroskopiska undersökningarna om stjernornas rörelse. 14 s.
Jonsson, Finnur, Völuspá. 12 s.
Leffler, Johan, Hvad är socialism? 21 s.
Nordensvan, Georg, Egron Lundgren. En studie. I. 26 s. II. 18 s.
Noreen, Adolf, Ett nytt upplag i fråga om den nordiska mytologien. (Völuspa. Eine Untersuchung von Elard Hugo Meyer.) 13 s.
Nyblom, Helena, Midsommar i Assisi. 11 s.
Paulsen, Adam, Nordlysiagttagelser fra Grönland. 18 s.
Rubin, Marcus, Aegteskabsstatistik. 14 s.
Stefánsson, Jón, Robert Browning (1812—1889). 17 s.
Svensén, Emil, Nya verldens sista monarki. 21 s.
Tudeer, O. E., Skalden o. språkforskaren August Ahlqvist. 14 s.
Törnebladh, R., De allmänna läroverken i Sverige inför 1890 års riksdag. 19 s.
Upmark, Gustaf, En svensk hofkopparstickare på 1600-talet. (Jeremias Falck.) 10 s
Ussing, J. L., Den klassiske archæologi som dannelsemiddel og undervisningsgenstand. Med 2 fig. 13 s.
Wærn, Cecilia, Från Paris' vårutställningar. 15 s.
Warburg, Karl, Emile Augier 1820—89. I. 20 s. II. 15 s.
Vibe, J., Norsk reiselitteratur. 7 s.
Wide, Sam., Helbregdagörelse i forntiden. En kulturbild från Hellas. 25 s.
Wijkander, Aug., Om sambandet mellan ljuset o. elektriciteten. 18 s.

14:e årg. 1891.

Berner, H. E., Brændevinsbolagene i Norge. 22 s.
Boëthius, S. J., Några drag ur historien om härjningarna på svenska ostkusten 1719. 24 s.
Cederschiöld, Gustaf, Döda ord. 23 s.
Dahlgren, E. W., Stanley o. eftertruppen. Den stanleyska expeditionens efterspel. 24 s.
Edgren, Hjalmar, Högskolor, deras uppkomst o. utbildning. 11 s.
Grove, Gerhard, Træk af Peter den stores liv. Fra en samtidig dansk. gesandts utrykte dagbog. 24 s.
Göthe, Georg, Henrik Ibsens senaste drama (Hedda Gabler). 5 s.
— —, Populära taflor. 10 s.
Hammerich, August, N. W. Gade. 19 s.
Hildebrandson, H. Hildebrand, Falbs "kritiska dagar". En granskning af läran om sambandet mellan månskiftena o. väderleken. 12 s.
Hoppe, Otto, Intryck o. hågkomster från ett tyskt gymnasium. 20 s.
Högbom, A. G., Geologins vittnesbörd om descendensteorien. 22 s.
Isaachsen, D., Fremtidens lys. 19 s.

Kiær, A. N., Trælasthandelens omfang og hovedretninger, med hensyn til den maritime transport. 21 s.
Lindström, G., Från urtiden. 9 s.
Morgenstierne, Bredo, En tysk Henry George. (Theodor Hertzka, Die Gesetze der sozialen Entwickelung u. Freiland.) 18 s.
Nathorst, A. G., Om bernstenens bildning. 10 s.
Nordensvan, Georg, Morgondagens konst. Några intryck från Paris. 15 s.
—, F. W. Scholander. 1815—81. 24 s.
Nyblom, Helena, Samsö. Ett barndomsminne. 16 s.
Nyrop, Kr., Mysteriet om St. Laurentius. 18 s.
Piehl, Karl, Ett fornegyptiskt tempel. Nilbild. 19 s.
—, Reiselitteratur om Egypten. 12 s.
Rajevski, Tanja, Ett barndomsminne från polska uppresningen. 14 s.
—, Familjen Vorontsof. En tidsbild från lifegenskapens upphäfvande i Ryssland. 18 s.
Rydberg, Viktor, Porträttfynden i Faijûm. Med 1 pl. o. 1 fig. 14 s.
Schück, Henrik, Från Johan Henrik Kellgrens ungdomsår. 15 s.
Sillén, Julius af, Förslaget till ny skollag (afgifvet d. 13 jan. 1891). 9 s.
Stefánsson, Jón, Henrik Ibsen i England. 10 s.
—, Oldnordisk indvirkning på engelsk literatur i det 18:e o. 19:e århundrade. 16 s.
Steffen, Richard, Norsk folkdiktning i våra dagar. 27 s.
Söderström, Edla, Om Arrhenii kemiska teori. 6 s.
Tigerstedt, Robert, Undersökningar om svenska arbetares föda. Med 5 fig. 20 s.
Weibull, Mats, Ett blad ur vår tids mineralogiska forskning. 11 s.
Wide, Sam., Aristoteles återfunna skrift om den athenska statsförfattningen. 11 s.
Wåhlin, Karl, Fyra svenska konstnärer. G. W. Palm. — J. P. Södermark. — C. G. Hellqvist. — C. Flodman. 11 s.
15:e årg. 1892.
Andrée, S. A., Uppfinningarnas o. industriens betydelse för språkets utveckling. 17 s.
Beckett, Francis, Ny-Carlsberg glyptothek. Studier. Med 3 fig. 12 s.
Beckman, Ernst, Tendens och skönhet. 7 s.
Berner, H. E., Det sveitsiske demokrati. I. 22 s. II. 14 s.
Boëthius, S. J., Maria Stuart i ny belysning. 26 s.
Bovallius, Carl, Om Norrlands skogar. 21 s.
Dahlgren, E. W., Den nyare forskningen angående Columbus o. nya världens upptäckt. 20 s.
Dietrichson, L., En norsk bondemaler i det 18:de århundrade. 14 s.
Edgren, Hjalmar, Om samskolor i Amerika. Några statistiska iakttagelser. 23 s.
—, Språkhistoriska ordböcker. En blick på deras vetenskapliga o. nationella betydelse. 11 s.
Forssell, Hans, Guld och silfver. I. 14 s. II. 20 s.
Göthe, Georg, En dansk konstforskare och en Rembrandts-tafla i Sverige. Med 1 pl. o. 1 fig. 24 s.
Hammarskjöld, Hj. L., Om tankearbetets rätt. 19 s.
Hertzberg, N., Har Henrik Ibsen hentet motiverne til sine problem-drama'er fra sociale og sædelige tilstande i sit fædreland? 13 s.
Hjärne, Harald, Ryssland under nordiska krigets återverkan. 28 s.
Johansson, Karl F., Indernas bibel. Rigvedas uppkomst o. betydelse. 29 s.

Kinch, K. F., Erindringer fra Makedonien. Nationaltetsforholdene i Chalkidike i vore dage. 20 s.
Larsson, Hans Emil, Om historiens betydelse såsom bildningsämne. 16 s.
Levertin, Oscar, "Siri Brahe". 21 s.
Meldahl, F., Jardins projekt til Marmorkirken i København og dets forhold til Europas kuppelkirker. Med 11 fig. 20 s.
Piehl, Karl, En fornegyptisk kulturbild. Huru man roade sig i det forna Egypten. 21 s.
Rein, Th., Pontus Wikner. 26 s.
Schück, Henrik, Shaksperes skaldeindividualitet. 15 s.
Sondén, Klas, Ett kapitel i Sveriges telefonväsendes utvecklingshistoria (1876—90). Med 5 fig. o. 2 grafiska tab. 20 s.
Staël von Holstein, O. W., Om rättegångsreformen i de nordiska länderna. I. 17 s. II. 18 s. III. 23 s.
Wærn, Cecilia, Sommarkapplöpningen i Siena. 20 s.
Warburg, Karl, Emilie Flygare-Carlén. 24 s.
Vedel, P., Argentina. Landet och befolkningen. Med 1 fig. 17 s.
—, Argentina. Immigration o. kolonisation. 22 s.
Wide, Sam., Om personliga professurer. 10 s.
Wijkander, Aug., Spektroskopiska arbeten i Sverige 1889—91. 5 s.
16:e årg. 1893.
Almkvist, Herman, De semitiska folken. En kulturhistorisk skizz. Med 1 karta. 24 s.
Beckman, Ernst, Den sociala frågan o. statistiken. 15 s.
Bygdén, Leonard, Kungshatt. En svensk folksägen i historisk belysning. 20 s.
Fahlbeck, P. E., De fria högskolorna. 12 s.
Hagerup, Francis, Et blad af straffens historie. 14 s.
Hammarskjöld, A., Karl August Ehrensvärd. 25 s.
Hedberg, Tor, Leonardo da Vinci enligt de nyare forskningarna. 16 s.
Hildebrand, Hans, Egyptologi. 23 s.
Isaachsen, D., Kraftoverföring. 19 s.
Jónsson, Finnur, En kort udsigt over den islandskgrönlandske kolonis historie. 28 s.
Lange, Jul., Et blad af koloritens historie. 26 s.
Larsson, Hans Emil, Ryska förhållanden. 22 s.
Lehmann, Edv., Om buddhismens ateisme. 14 s.
Lidforss, V. E., Giuseppe Baretti, en italiensk litteratör från förra århundradet. 28 s.
Meldahl, F., Norges stavkirker. Med 12 fig. 22 s.
Morgenstierne, Bredo, Stænder og klasser. 11 s.
Nordensvan, Georg, Konstintryck från Göteborg. 23 s.
—, Ur Frankrikes samtida diktning. Paul Bourges o. Anatole Frances nyare arbeten. 18 s.
Piehl, Karl, Om kopterna. 23 s.
Schück, Henrik, Ett helgon. 20 s.
—, Marsk Stigsvisorna. 25 s.
Staël von Holstein, O. W., Om dödsstraffets afskaffande. 23 s.
Sverdrup, U., Samoa-öarne og deres beboere for 50 år siden. 23 s.
Westergaard, Harald, Befolkningsspörgsmålet i nationalökonomiens historie. I. 21 s. II. 13 s.
Vising, Johan, Rosen i forntiden och medeltiden. 22 s.
Östrup, J., Kulturhistoriske træk frn Lille-Asien. 12 s.
17:e årg. 1894.
Bager-Sjögren, J., En skogsresa genom Harz. 26 s.
C. F. B., Herbert Spencer och hans filosofi. I. 22 s. II. 25 s.
Erdmann, Nils, François Coppée. 18 s.
—, Claes Livijn. 22 s.

Forchhammer, J, Fra en reise i Grækenland. 18 s.
Fridericia, J. A, Griffenfeld. 23 s.
Fries, Ellen, Skolan o fosterlandskärleken. 14 s.
Grun, G., Under socialistloven. 17 s.
Göthe, G, Jonas Lie och hans senaste biografier. 13 s.
Hedberg, Tor, De nyaste företeelserna inom målarkonsten. 10 s.
Hertzberg, N., Om den stærke tilströmning til de nordiske universiteter. 15 s.
Hildebrandson, H. H., Om regn och moderna regnmakare. 18 s.
Holthausen, Ferd, Uppkomsten af det äldre engelska dramat. 22 s.
Jensen, Alfr., "Snillets förbannelse". 14 s.
Kjellén, Rud., Till nordpolsfrågans historik. 27 s
Kristenson, S. o. *Wide, S*, De nyaste undersökningarna om Pantheon i Rom. 12 s.
Lieblein, J., De ældste samkvæm mellan Ægypten og Grækenland. 25 s.
Ling, A. J., Om den s. k. pittoreska skolan o. dess föregångare inom den franska poesien. 22 s.
Noreen, Ad, Om tavtologi. 21 s.
Nyrop, Kr., En provençalsk legende. 6 s.
Ottosen, J., Sofokles' Antigone. 10 s.
Piehl, K.. Ett blad ur den fornegyptiska litteraturens historia. 19 s.
Schjelderup, G., Helmholtz's betydning for musikken. 13 s.
Schück, H., Några blad ur författarhonorarets historia. 23 s.
Sibbern, G., Forelskelse og elskov. 9 s
Sjöstrand, Nils, Om Lucanus 13 s.
Steffen, Rich, Poesi- och autografalbum från 1500-talet. 15 s
Tigerstedt, R., Några nyare undersökningar om hjärnans fysiologi. 30 s.
Western, Aug., William Cowper's liv og digtning. 24 s.
Vising, J., Den italienska språkfrågan. 25 s.
W - t, Biografiska underrättelser om Stagnelius. 16 s 18:e årg. 1895.
Bille, C, Parlamentarismen i England og House of Lords. 38 s.
Buuth, A. U., Några forntidsbilder från de norska kolonierna i Västerhafvet. 18 s.
Cassel, Gustav, Om progressiv beskattning. Med 4 figurer. 22 s.
Cederschiöld, G., Om s. k. subjektlösa satser i svenskan. 20 s.
Claussen, Jul, Nogle breve fra Atterbom. 15 s.
Dyrssen, G., De svenska eskaderöfningarna sommaren 1894. Med 2 kartor. 19 s.
Flodström, J., Om giftermålsfrekvensen såsom mätare för ekonom. vexlingar, särskildt i några vesteuropeiska stater under 1880 o 1890-talen. Med 2 tab. 31 s.
Hedberg, Tor, Leconte de Lisle. 20 s
Hildebrand, Karl, Folkrätt och diplomati på Machiavellis tid. 22 s.
Jensen, Alfr, Prešern. Slovenernas nationalskald. 17 s.
Jespersen, Otto, Den bedste danske udtale. 22 s.
Johansson, K. F., Några drag ur de indiska helvetes föreställningarna. 16 s.
Larsson, Hans E., Kejsar Ming-hoang-ti och den sköna Tai-tsun. En kinesisk kärlekssaga från midten af 700-talet. 22 s.
Lieblein, J., Den gammel ægyptiska medicins sammenhang med den europeiske. 12 s.

Lindgren, Ad, Till frågan om den nordiska folkvisans ursprung. 14 s.
Lindgren, Hellen, Thomas Carlyle. En studie 30 s.
Meldahl, F., Den protestantiske kirkebygning Med 17 fig. 29 s.
Moltesen, L., Indtryk fra Monte Cassino. 14 s.
Morgenstierne, Bredo, Udviklingslinjer i det Schweiziska demokrati. 25 s.
Nordensvan, Georg, Konstintryck från Kristiania. 20 s.
Schück, Henrik, Shakspere-porträtt Med 7 fig. 22 s
Sylvan, Otto, Frihetstidens politiske press. 19 s.
Tegnér, Elof, En svensk adelsdam från slutet af 1600-talet. 27 s.
Torp, C., Hvorfor bör de nordiske lande tiltræde Berner-konventionen? 12 s.
Ussing, J. L., Hvad kan og hvad skal oldtidens kunsthistorie? 11 s.
Wijkander, Aug, Om elektrisk arbetsöfverföring i dess nyaste skede. 18 s.
Wiklund, K. B, Nationaliteterna i Norrland. Litet historia och några framtidsvyer. 19 s.
Wrangel, E., Hvad folket sjunger. 22 s.
9:e o 10:e årg. Z. Hæggströms f.-exp.
11—18.e årg. P. A. Norstedt & S:r.

Tidskrift, Ny svensk, utg. af *Reinh. Geijer*. 7:e—11:e årg. (1886—90). 8:o. För årg. 10 kr.
7:e årg. Ups., Almqvist & Wiksell.
8:e—11:e årg. Sthm, P. A. Norstedt & S:r.

Tidskrift, Odontologisk. Utg. af *Ernst Sjöberg*. 1:a o. 2:a årg (1894—95). 8:o. Sthm, Utg:n. 94, 95.
För årg. (4 hfn) 10 kr.

Tidskrift, Pedagogisk. 22:a—31:a årg. (1886—95). 8 o. Sthm, C. E. Fritzes hofbokh. 86—95.
För årg. (12 hfn).
22:a—26:e årg. Redig. af *H. F. Hult*. à 6: 50.
27:e—31:a årg. Redig. af *Enar Sahlin*. à 7: 50.

Tidskrift utg. af Pedagogiska fören. i Finland. Redig. af *C. Synnerberg*. 23:e—32:a årg. (1886—95). 8:o. H:fors, Pedagog fören. För årg. (6 hfn = 24 ark. 6 fmk.

Tidskrift för Schack. Utg. af *J. Öhquist*. 8:o. H:fors, Utg:n For årg. (12 n.r) 5 fmk.

Tidskrift i sjöväsendet, utg. af kongl. Örlogsmannasällskapet i Karlskrona. 49.e—58:e årg (1886—95). 8:o Karlskrona, J. A Krooks bokh. 86—95.
För årg (6 hfn) 4 kr.

Tidskrift för skogshushållning. 14:e—23:e årg. (1886—95) 8.o.
14:e—22:a årg utg af *Axel Cnattingius*.
Sthm, Z Hæggströms f.-exp.
23:e årg. utg. af *C G. Holmerz*.
Sthm, Samson & Wallin i distr
För årg. (4 hfn) 5 kr.

Tidskrift, Statistisk, utg. af Kongl. Statist. centralbyrån. Årg. 1886—95. 8:o. Sthm, P. A. Norstedt & S:r. 86 95 För årg. (3 hfn = 12 ark) 2 kr.

Tidskrift för Sveriges landsting, städer o. hushållningssällskap, utg. af *C. E. Ljungberg*. 18:e—27:e årg. (1886—95). 8.o. Sthm, Alex. Dahl. 86—95.
För årg. 4: 25.

Tidskrift, Svensk, utg af *Frans von Schéele*. Årg. 1890—93. 8:o, Ups., Expeditionen. 90—93.
För årg. (20 hfn) 10 kr.

Tidskrift, Skandinavisk, för tandläkare. Redig. af *Roland Martin* under medv. af *C. Kaas* o. *S. C. Bensow*. 1887—88. 8:o Sthm, C. Deleen & K. 87.
Årg. 4 hfn 8 kr.

Tidskrift för tandläkare. 1894. Red. *Roland Martin.* 8:o. Sthm, Redaktionen. 94. För årg. (12 n:r) 6 kr.

Tidskrift för teologi, utg. af *Otto Ahnfelt.* 1:a o. 2:a årg. (1891—92). 8.o. Lund, Ph. Lindstedts univ:s-bokh. 91, 92. För årg. 5 kr.

Tidskrift, Skånska trädgårdsföreningens. 10:e—19:e årg. (1886—95). 8:o. Lund, Gleerupska univ.-bokh. 86—95. För årg. (4 hfn) 2 kr.
10:e o. 11:e årg. Redig. af *N. Hj. Nilsson.*
12:e årg. Redig. af *R. Christensen* o. *F. Ulriksen.*
13:e—19.e årg. Redig. af *R. Christensen.*

Tidskrift, Svenska trädgårdsföreningens. Redig. af *Axel Pihl* o. *Juk. Eriksson.* 9.e—11:e årg. (1886—88). 8:o. Sthm, Samson & Wallin. 86—88. För årg. (6 hfd) 6 kr.
—, D:o d:o. Ny följd. 12:e - 18:e årg. (1889—95). Redaktion: *Axel Pihl, Juk. Eriksson* o. *Oscar Tamm.* 8:o. Sthm, Samson & Wallin. 89—95. För årg. (12 hfn) 4 kr.

Tidskrift, Teknisk, Ny följd, utg. af Teknologföreningen. (T. I.) 16:e—22:a årg. (1886—92). Redaktör: *W. Hoffstedt.* 4:o. Sthm, Teknologföreningen. För årg. (6 å 8 hfu) 10 kr
23:e årg. (1893). Red. *Th. Wawrinsky.* (52 n:r). 15 kr.
Allm. afdeln. 3 kr., Afdeln. för mekanik 5 kr., Afdeln. för Byggnadskonst 6 kr., Afdeln. för Kemi 4 kr.
24:e årg. (1894). Red. *Martin Borgstedt.* (52 n:r). 15 kr.
Allm. afdeln. 4: 50, Afdeln. för Mekanik 5: 50, Afdeln. för Byggnadskonst. 6: 50, Afdeln. för Kemi, 4: 50.

Tidskrift, Teologisk. 26:e—29:e årg. (1886—89). Utg. af *Martin Johansson.* Ups., W. Schultz 89. För årg (6 hfn) 5: 50.

Tidskrjft, Teosofisk. 1891—95. 8.o. Sthm, Teosof. bokförlaget. 91—95. Årg. 3 kr.

Tidskrift, Allmänna svenska utsädesföreningens. Organ för svensk sädes-, frö- o foderväxtodling Redaktör: *N. Hjalmar Nilsson.* 1:a—4:e årg (1891—94). 8:o. Lund, Gleerupska univ:s-bokh i distr. För årg. 5 kr.

Tidskrift, Vestergötlands fornminnesförenings. 8.o. Sthm, Samson & Wallin i distr.
4:e o. 5:e hft. iv, 112 o. 46 s. samt 4 pl. (Utg. af *Karl Torin.*) 88. 8 kr.
G:e o. 7:e hft. 128 o. 19 s., samt 1 pl. (Utg. af *F. Ödberg.*) 93. 6 kr.

Tidskrift för veterinärmedicin o. husdjursskötsel. Utg. af *C. J. Lindqvist.* 5:e—7:e årg. (1886—88). 8:o. Sthm, Utg:n. 86—88. För årg. (4 hfu) 5 kr.

Tidskrift, Finsk, för vitterhet, vetenskap, konst o. politik. Utg. *C. G. Estlander* (1886), *F. Gustafsson* o. *M. G. Schybergson* (1887—95). 8.o, tom. XX—XXIX. (1886—95). H:fors, Wasenicska bokh. i distr. 86—95. För årg. (12 hfn) 15 fmk.

Tidslyten. Se: Artiklar o. korrespondenser i Aftonbladet. 1.

Tidtabell för Skåne sommaren 1889—95. Med karta o. stationsreg. 16:o, hvarje omkr. 40 s. Lund, Ph. Lindstedts univ. bokh. 89—95. Hvardera 10 å 15 ö.

Tidtabellen N:o 50. Officiel underrättelse om bantågens afgång från o. ankomst till stationerna, jemte 3 kartor öfver svenska jernvägarne. 8:o, vj o. 56 s. samt 3 kartor. Sthm, Red. af "Sveriges kommunikationer". 86. 25 ö.

TIELE, C. P., Allmän religionshistoria. Se: Biblioteket, Gula. 5.

TIGERSCHIÖLD, Hugo, Dikter. 8:o, 116 s. Sthm, P. A. Norstedt & S:r. 88.
1: 75, klb. 2: 50, hfrb. med guldsn. 3: 25.
—, Dikter från skog o. sjö. Se: Handl:r, Sv. Akad:ns. I.
——, John Ericsson. Dikt. 8:o, 8 s. Sthm, C. E. Fritzes hofbokh. i distr. 90. 25 ö.
—, Nya Dikter. Liten 8:o, 127 s. Sthm, P. A. Norstedt & S:r. 91.
1: 75, klb. 2: 50, hfrb. med guldsn. 3: 25.
—, Pontus Wikner. 1:a o. 2:a uppl. 8:o, 4 s. Sthm, C. E. Fritzes hofbokh. 88. 30 ö.

TIGERSTEDT, A. F., Eine eigenthümliche Abweichung der Magnetnadel. Se: Fennia V: 5.
——, Geologin. Med 180 afbildn:r. 8:o, xvj, 337 o. ix s. samt 1 karta. H:fors, Folkupplysn. sällsk. 93. 4: 50, klb. 5 fmk.
—, Om traktens mellan Höytiäinen o. Pielisjärvi geologiska o. topogr. byggnad. Se: Fennia. V: 10.
—, Studier rör. södra Finlands lerlager. Se: Bidrag till känned. om Finlands natur o. folk. XLIV.

TIGERSTEDT, Edv. Sev., Antecknr om adeliga ätten Tigerstedt 1691—1891. 8:o, 103 s. St. Michel, Förf:n 91. (Uppl. 200 ex.) 2: 50 fmk.

TIGERSTEDT, K. K., Se: Brefvexling, Ur Per Brahes.

TIGERSTEDT, Rob., Blodets fördelning i kroppen. Se: Spörsmål, Svenska. 10.
——, Blodomloppets fysiologi. Föreläsn:r vid karolinska Inst. 1888. 8:o. Sthm, Fahlcrantz & K.
I. 232 s. o. 64 bilder i texten. 89. 3: 75.
II. 239 s. o. 56 bilder i texten. 90. 3: 75.
—, Fysiologiska principer för kroppens näring. Se: Handböcker, Medicinska. 1.
——, Föreläsningar i hälsolära hållna i pedagog. lärokursen i Stockholm. Med 180 bilder i texten. 8:o, 380 s. Sthm, W. Billes Bokf.-aktb. 89. 4: 50.
—, Grundsatser för utspisningen i allm. anstalter. 8:o, 144 s. Sthm, P. A. Norstedt & S:r. 91. 2 kr.
——, Hjärnan såsom organ för tanken. Se: Forskning, Ur vår tids. 37.
—, Inledning till helsoläran. Med 26 bilder. 8:o, 86 s. H:fors, G. W. Edlund. 90. 50 ö.
—, Om spritdryckers inverkan på kroppens normala förrättningar. 16:o, 32 s. Lindesberg, Joh. Högborg. 90. 10 ö.
—, Undersökningar om svenska arbetares föda Se: Tidskrift, Nordisk. 1891.
—, Undersökningar om hjärnans fysiologi. Se: dersammast. 1894.
—, Se: Biblioteket, Svenska. III, IV. — *Fagerlund, L. W.* o. *R. Tigerstedt,* Medicinens historia. — Förhandl:r, Biolog. fören:s. — Helsovårdslära, Illustrerad. — Hygiea.
—, o **SANTESSON, C. G.**, Einige Betrachtungen und Versuche über d. Filtration in ihrer Bedeutung für die Transsudationsprocesse in Thierkörper. Se: Bihaug till K. sv. Vet.-akad:s handl:r. XI, 2.
—, Der Venensinus d. Froschherzens. Se: dersammast. XIII: IV, 8.

TIKHOMIROW, Leo, Nihilister o. polismän. En rysk konskriberads minnen. Öfv. af *Ernst Lundqvist.* 8:o, 212 s. Sthm, H. Geber. 87. 2 kr.

TIKKANEN, J. J., Die Genesismosaiken von S. Marco in Venedig. Se: Acta Soc:is Scient. fenn. XVII: 7.
—, Eine illustrirte Klimax-Handschrift. Se: dersammast. XIX: 2.
——, Die Psalterillustration im Mittelalter. I. Die Psalterillustr. in der Kunstgesch. 1. Byzantinische Psalterillustr. Mönchisch-theologischeRedaktion. Mit

6 Tafeln u. 87 Textillustr. 4:o, 90 s. o. 6 pl. H:fors. 95. 3 fmk.
TIKKANEN, J. J., Venedig o. dess konst. Stor 8:o, 69 s. o. 7 pl. H:fors, Förlagsaktb. Otava. 91.
3: 50 fmk (3 kr.)
(För Sverige: Sthm, C. E. Fritzes hofbokh.)
Tilldragelser, Epokgörande, inom den hel. historien. Aforismer af A. L—n. 8:o, 55 s. Sthm. (A. Nilson.) 86. 75 ö.
TILLIER, Claude, Min onkel Benjamin. Humorist. berätt. Öfv. från franskan af J. Granlund. 8:o, 303 s. Sthm, C. A. V. Lundholm. 92. 2: 25.
Tillkomst, Den svensk-norska unionsförfattningens. En öfversikt af N[ils] E[dén]. 8:o, 30 s. Ups., Akad. bokh. 94. 25 ö
Tillämpningsöfningar, Kavalleristiska, o. kavallerifördelningens ledning under striden af C*** [Prins Carl]. 8:o, 111 s., 1 karta o. 13 pl. Sthm, P. A. Norstedt & S:r. 93. Klb. 2 kr.
TIMBERG, Gust., Om temperaturens inflytande på några vätskors kapillaritetskonstantier. Se: Bihang till K. sv. Vet.-akad:s handl:r. XVI: I, 11.
TINGSTEN, L. H., Använda taktiken (Sammanhäftad med:) Kort sammanfattning af krigskonstens hist. utveckl. 8:o, 132 o. 23 s. Sthm, Förf:n. 87. 2 kr.
—, De tre hufvudvapenslagens formella taktik. 8:o, 64 s. Sthm, Förf.n. 89. 1: 50.
—, Taktikens grunder. 8:o. Sthm, P. A. Norstedt & S:r.
I. Inledning.
II. Formell taktik. 2:a uppl. 102 s. 95. 2: 75. (1:a uppl 93.)
III. Tillämpad taktik. s. 103—202 o. 27 s. 93. 2: 50.
TINSEAU, Léon de, En ädling. Roman. Öfv. af O. Rubenson. 8.o, 242 s. Sthm, F. & G. Beijers Bokf.-aktb. 90. 2: 50.
TISELIUS, Gustaf, Foderväxtodling på fleråriga vallar. III. 8:o, 78 s Sthm, F. & G. Beijers Bokf.-aktb. 86. 75 ö.
TISELIUS, Hans A. J:son, Om dödlighets-, premieo. vinstberäkningar inom lifförsäkringsteorien. 8:o, 71 s. Sthm, Förf:n. 93. 1 kr.
TISELL, Casten Ivan, Cyclisten, hemma o. på resa. En handbok för hjulryttare. 12:o, 88 s. Ups., Lundequistska bokh i komm. 92. Klb. 1: 50.
—, Några ord om velocipedens skötsel o. vård. 8:o, 16 s. Ups., Lundequistska bokh. i komm. 92. 25 ö.
TISELL, J. H., Jordbruksarbetarens fröodling. 2:a uppl. 8:o, 16 s. Sthm, Samson & Wallin. 95. 10 ö.
—, Om en tidsenlig arrendelag. Se: Skrifter utg. af Lorénska stiftelsen 6.
—, Om jordbrukets kreditförhållanden. 8.o, 37 s. Sthm, A L. Normans f.-exp. 86. 40 ö
—, Svensk fröodling. 2.a omarb. uppl. 8:o, 47 s. Sthm, Samson & Wallin. 95. 50 ö.
TIT, Tom, Se: Lek o. vetenskap
TITZ, C. Aug, Se: Tulltariff, Allmän, för Ryssland.
Tivoli. Illustrerad minnesbok o. vägvisare inom Stockholms Tivoli. 8:o, 52 s. o. annonsbil. Sthm, Ad. Johnson. 91. 75 ö.
Tivoli, På. 14 kolor. pl. Sthm, F. & G. Beijers Bokf.-aktb. 92. 1: 50.
Tivoli-Bilderbok, Kartonerad rundmålning. (Tr i London.) Sthm, F. & G Beijers Bokf.-aktb. 90. 2: 25.
TJELLSTRÖM, Gustaf, Bilder från Sinims land. 8:o, 112 s. Sthm, Palm & Stadling. 95.
50 ö., kart. 75 ö., klb. 1: 25

Tjenstefolk, Vårt. Se: Bibliotek, De gladas. 9.
Tjenstgöringsreglemente för arméen. 8:o, xviij, 457 o. (bilagor) 133 s. Sthm, P. A. Norstedt & S:r. 89. 4 kr., inb. 5: 40.
Sakregister till d:o. Se: Lindbæck, Wilh.
TJÖRNER, Olof, Klok eller galen? Fria tankebubblor i romantiserad form. 8:o, 271 s. Sthm, Fr. Skoglund i distr. 87. 3 kr.
TODHUNTER, J., Geometriska öfningssatser till Euklides. Öfv. af F. W. Hultman. 2:a öfvers. o. tillök. uppl. 12:o, 130 s. Sthm, Alb. Bonnier. 89. 1 kr.
Toivo, Ljusa skyar. Se: [Pettersson, Sigrid]
TOLF, Rob., Granlemningar i svenska torfmossar. Se: Bihang till K. sv. Vet.-akad:s handl:r. XIX: III, 1.
—, Öfversigt af Smålands mossflora. Se: dersammast. XVI: III, 9.
TOLL, R. G., Praktisk handledning i koskötsel för ladugårdsegare o. koskötare. 8:o, 47 s. Sthm, Svanbäck & K. 89. 75 ö.
TOLSTOJ, Alexej, Ivan den grymmes död. [Skådespel.] Öfv. från ryskan af C. M. Lindforss. 8:o, 180 s. H:fors, G. W. Edlund. 88. 3 fmk. (2 kr.)
TOLSTOY, Leo, "den slaviske fantasten". Uppsatser om o. af Leo Tolstoy. Samlade o utg. af Prasdoljubow. 8:o, 72 s. Sthm, Nordin & Josephson. 94. 75 ö.
TOLSTOY, Leo N, Anden af Kristi lära. En kommentarie öfver evangeliets. mening. Öfv. af Walborg Hedberg. 12:o, 75 s. Sthm, Alb. Bonnier. 91. 75 ö.
—, Anna Karenin. Roman i 6 böcker. Öfv. af Walborg Hedberg. 2:a genoms. uppl. 2 dlr. 12:o, 352 o. 430 s. Sthm, Alb. Bonnier. 87. 4 kr.
—, Bilder ur ryska samhällslifvet: — Två generationer. — Polikaj. — Fången i Kaukasus. — Snöstorm. Öfv. 12:o, 266 s. Sthm, Alb. Bonnier. 87 2 kr.
—, Döden, skildrad i sex berättelser. Öfv. af Ernst Kock. 8:o, 176 s. Sthm, F. & G. Beijers Bokf.aktb. 87. 1: 25.
—, Familjelycka. Berättelse. Öfv. 8:o, 120 s. Sthm, Ad. Bonnier. 89. Klb. 1: 50.
—, Från Kaukasus jämte flera berättelser. Öfv. af Walborg Hedberg. 12:o, 203 s. Sthm, Alb. Bonnier. 91. 1: 50.
—, Från mina barndoms- o. ynglingaår. 12:o, 244 s. Sthm, Alb. Bonnier. 86. 1: 75.
—, Frälsningen finnes hos dig själf, eller kristendomen framställd icke som en mystisk troslära, utan som en ny sedelag Öfv. af Walborg Hedberg. 12:o, 315 s. Sthm, Alb Bonnier. 91. 2: 50.
—, Furst Nechljudof. Öfv. af Walborg Hedberg. 12:o, 151 s. Sthm, Alb. Bonnier. 89. 1: 25.
—, För barnen. Sagor o. berättelser. Öfv. af Walborg Hedberg. [I.] 12:o, 168 s. Sthm, Alb. Bonnier. 88 Kart. 1: 50.
II 175 s. 89. Kart. 1: 50.
—, Förhållandet mellan kyrka o. stat. Öfv. Stor 16:o, 29 s. Sthm, J. E. Brunell i komm. 91. 50 ö
—, Herre o. dräng. Öfv. fr. ryskan af A. W. 8:o, 95 s. H:fors, Söderström & K. 95. 1 kr.
—, Husbonde o. dräng. Berättelse. Öfv. fr. ryskan af Walborg Hedberg. 12:o, 78 s Sthm, Alb. Bonnier. 95. 75 ö.
—, Hvad är att göra? Bekännelser. Öfv. af Walborg Hedberg. 12:o, 234 s. Sthm, Alb. Bonnier. 87. 1: 75.

TOLSTOY, Leo, Hvari min tro består. Öfv. af *Walborg Hedberg.* 12:o, 262 s. Sthm, Alb. Bonnier. 87. 2 kr.

—, Julius o. Pamphilius. En berättelse från den första kristna tiden. Öfv. af *Walborg Hedberg.* 12:o, 117 s. Sthm, Alb. Bonnier. 91. 1 kr.

—; Kosackerna. Öfv. af O. H. D. 8:o, 220 s. Sthm, W. Billes Bokf.-aktb. 86. 2: 50.

—, Kreutzer-sonaten jemte en efterskrift för svenska uppl. Öfv. af *Walborg Hedberg.* Med ett inledningskapitel: "Ett besök hos Grefve Tolstoy" af *Georg Kennan.* 1:a o. 2:a uppl. 12:o, 216 s. Sthm, Alb. Bonnier. 90. 2 kr.

—, Krig o. fred. Hist. roman från Napoleonska tiden. Öfv. af *Walborg Hedberg.* 4 dlr. 2.a uppl. 12:o, 415, 321, 392 o. 395 s. Sthm, Alb. Bonnier. 89. För del 2: 25. (1:a uppl. 86.)

—, Lastbara nöjen, jämte andra uppsatser i sociala frågor. Öfv. af *Walborg Hedberg.* 12:o, 178 s. Sthm, Alb. Bonnier. 92. 1: 50.

—, Lif och död. Noveller. Öfv. 12:o, 134 s. Sthm, Alb. Bonnier. 87. 1 kr.

—, Min ungdom. Öfv. af *Ernst Lundquist.* 12:o, 148 s. Sthm, Alb. Bonnier. 87. 1: 25. (1:a uppl. 90.)

—, Mörkrets makt. Skådespel i 5 akter. Öfv. af *Walborg Hedberg.* 12:o, 149 s. Sthm, Alb. Bonnier. 89. 1: 25.

—, Patriotism o. kristendom. Öfv. 8:o, 85 s. Sthm, Alb. Bonnier. 94. 75 ö.

—, På spaning efter lyckan. Berättelser. 12:o, 162 s. Sthm, Alb. Bonnier. 87. 1: 25.

—, Skildringar från Sebastopols belägring. Öfv. 8:o, 170 s. Sthm, F. & G. Beijers Bokf.-aktb. 86. 2 kr.

—, Tok-Ivan samt den första bränvinsbrännaren m. fl. berättelser. Öfv. af *Walborg Hedberg,* 12:o, 130 s. Sthm, Alb. Bonnier. 87. 1 kr.

—, Upplysningens frukter. Lustspel i 4 akter. Öfv. af *Walborg Hedberg.* 12.o, 164 s. Sthm, Alb. Bonnier. 91. 1 kr.

—, Ur naturen o. lifvet. Vald samling sagor o. berätt. för barnen. 12:o, 92 s. H:fors, Söderström & K. 92. 40 p.

TOLSTOI, Leo d. y., Den blå dagboken. Öfv. 8.o, 72 s. Sthm, Ad. Bonnier. 94. 1 kr.

—, Förförelsen. Se: Romaner o. noveller. 10.

Tom Browns skollif. Öfv. i sammandrag från eng. 8:o, 216 s. Sthm, P. A. Norstedt & S:r. 87. Kart. 2: 50.

Tom Jones & C:o, Hvilka riksdagsmän böra omväljas? Upplysn:r till valmännens tjenst. 12:o, 217 s. Sthm, Alb. Bonnier. 93. 1: 50.

Tomas, Ingeniör Münchhausens berättelser från Amerika. 8:o, 108 s. Sthm, F. C. Askerberg. 93. 1: 25.

TOPELIUS, Toini, Familjen Himmelstjärna o. Sidensvahnska bolaget. 8:o, 199 s. Sthm, Alb. Bonnier. 92. Kart. 2: 75, klb. 1: 90.

[—], I utvecklingstid. En berättelse om flickor af *Tea.* 8:o, 243 s. H:fors, G. W. Edlund 89. 2: 25 fmk. (1: 50.)

—, Se: *Suttner, B.,* "Ned med vapnen!"

TOPELIUS, Z., Boken om vårt land. Se: *Topelius, Z* Läseb. för de lägsta lärov. II.

—, Evangelium för barnen. Korta betraktelser öfver årets evangelietexter. Liten 8:o, viij o 356 s. H:fors, G. W. Edlund. 93. Kart. 1: 75

TOPELIUS, Z., 14/1 1818—14/1 1888. 4:o, 45 s. o. 4 illustr. H:fors, J. Simelli boktr.-aktb. 88.

—, Kejsaren, storfursten Alexander II:s minne d. 29 apr. 1894. Med illustr. 8:o, 56 s. H:fors, Söderström & K. 94. 65 ö.

—, Läsebok för de lägsta läroverken i Finland. 8:o. I. Naturens bok. 12:e uppl. 228 s. 94. H:fors, K. E. Holm. 1: 60 fmk. (10 e uppl. 87. 11:e 91.)

II. Boken om vårt land. 7:e uppl. Med 43 träsn. 8:o, 431 s. H:fors, G. W. Edlund. 94. 3 fmk. (5:e uppl. 86. 6:e 90.)

—, Läsning för barn. 8:o. Sthm, Alb. Bonnier.
II. Visor o. Sagor. Med illustr. 5:e uppl. 208 s. o. musikbilagor 8 s. samt 3 pl. 93. Kart. 1: 75.
V. Sagor, visor o. lekar. Med illustr. af *A. Malmström* o. *Alb. Edelfelt.* 2:a uppl. 208 s. o. 7 pl. 88. Kart. 1: 75.
VII. Visor, sagor o. lekar. 216 s. o. 8 pl. 91. Kart. 2: 75, klb. 3: 50.

—, Läsning för barn. Urval för skolan af *Sofi Almquist.* 12:o. Sthm, Alb. Bonnier.
I. 2:a uppl. 216 s. 91. Kart. 1 kr.
II. 283 s. 91. Kart. 1: 50.

—, Minne af festdagen d. 14 jan. 1888. 4:o, 52 s. o. 1 portr. H:fors, G. W. Edlund. 88.

—, Naturens bok. Se: *Topelius, Z.,* Läseb. för de lägsta lärov. 1.

—, Planeternas skyddslingar. En tids- o. karaktersstudie från drottning Kristinas dagar. 3 dlr. 8:o, 191, 223 o. 256 s. Sthm, Alb. Bonnier. 89. 7 kr., klb. 9 kr.

—, Sånger. Liten 8:o. Sthm, Alb. Bonnier.
I. Ljungblommor. 7:e uppl. 344 s. 88. 3 kr., klb. med guldsn. 4 kr.
—, Ljung. Liten 8:o, 332 s. Sthm, Alb. Bonnier. 89. 3 kr., inb. med guldsn. 4 kr.
—, D:o. Större 8:o, 284 s. 3: 50, klb. 4: 50, med guldsn. 5: 50.

—, Vallgossens visa. Se: Minnen från Skansen. 11. Sagoboken, Lilla.

TOPHEL, G., Den helige andes verk i menniskan. Öfv. från franskan. 8.o, 91 s. Sthm, A. V. Carlsons Bokf.-aktb. 86. 75 ö., kart. 1 kr., klb 1: 50.

TOPPELIUS, G., Är en kungsväg till vetande möjlig? En fråga, besvarad af erfarenheten i våra dagar. 8:o, 90 s. H:fors, G. W. Edlund. 91. 1: 50 fmk (1 kr.)

Tor mot trollen. Genmäle mot broschyren "En koloss på lerfötter". I. 8:o, 32 s. Sthm, Osk. Eklund. 89. 30 ö.

Torbjörn, Dagsländor. Kåserier o. humoresker. 8:o, 141 s. Sthm, C. A V. Lundholm. 89. 1 kr.

TORBJÖRNSON, Teofil, Om försoningens rätta betydelse m. m. 8:o, 64 s. Östhammar, Förf:n. 89. 1 kr.

TORÉN, C. A., Afskedspredikan i Upsala domkyrka d. 6 okt. 1889. 8:o, 18 s. Ups., P. G. Sellin. 89. 20 ö.

—, Predikan på Allhelgonadagen 1892 i Upsala. 8:o, 13 s. Ups., Akad. boktr. i distr. 92. 25 ö.

Torgtrafiken. Kalender som organ för kreaturshandel, marknader o. torgdagar. N:o 1. 1895. 1:a årg. Utg. af *V. A. Cederberg.* 8:o, 63 s. Filipstad, Bronellska bokh. 94. 50 ö.

TORIN, Karl, Grundlinier till zoologiens studium. Omarb af *Sigfrid Almqvist.* 8:e uppl. granskad o. genoms af *Christopher Aurivillius.* 8.o, xxix o. 259 s. Sthm, P. A. Norstedt & S:r. 94. Inb. 3: 25. (7:e uppl. 87.)

TORIN, Karl, Nödlögner berättade o. bedömda i bibeln. 8:o, 53 s. Göteb., N. P. Pehrssou. 27 ö.
, Se: Tidskrift, Vestergötlands fornminnesfören.

TORP, C., Hvorfor bör de nordiske lande tiltræde Bernerkonventionen? Se: Tidskrift, Nordisk. 1895.

TORPSON, Nils, Europa (utom Norden). Geografisk handbok. 1:a dln. 8.o, 335 s. Sthm, A. L. Normans f.-exp. 95. 3: 75.
—, Lärobok i geografi för folkskolan. 2 a omarb. uppl. 8.o, 135 s. Sthm, A. L. Normans f.-exp. 90. Inb. 50 ö. (1:a uppl. 88.)
, Norden, dess natur o. näringslif. 8 o, 8 o. 367 s. Sthm, A. L. Normans f.-exp. 87. Kart. 3: 50.
, Svenska folkundervisningens utveckl från reformationen till 1842. 8.o, xij o. 312 s. Sthm, P. A. Norstedt & S:r. 88. 2: 75.

TORREY, R. A., Huru skola vi föra människorna till Kristus? Öfv. från eng. af *G. Fernholm.* 8:o, 175 s. Sthm, C. A. V. Lundholm. 94. 1: 25, kart 1: 50.

TORSTENSON, O., Huru skydda oss mot lungsot? Se: Flygskrifter, Helsovännens. 11.
, Om lungsotens orsaker samt skydds- o. botemedlen mot densamma. 8:o, 82 s. Lund, C. W. K. Gleerup. 90. 1 kr.
—, Se: *Kneipp, S.,* Min vattenkur.

TOTTEN, C. A. L., Det tusenåriga riket o. begynnelsen till en ny tid. Med förf:ns portr. 2:a uppl. Öfv. 8:o, 276 s. o. 1 tab. Sthm, P. A. Huldbergs bokf.-aktb. 94. 1 kr. (1:a uppl 93.)

TOTTIE, H. W., Den prästerliga strafflagen. Handledning för prestkandidater vid det kyrkorättsliga studiet. 8:o, 40 s. Sthm, P. A. Norstedt & S:r. 93. 60 ö.
, Evangelistik. 8.o, 222 s. Ups., W. Schultz 92. 3 kr.
, H. Spegel såsom kateket o. homilet. Se: Årsskrift, Upsala univ:ts 1891. Teologi. 1.
, Jesper Svedbergs lif o. verksamhet. Senare delen. 8:o. iv o. 289 s. Ups, Förf.n 86. 2: 50.
—, Äktenskaps ingående o. upplösning enligt svensk rätt. 8:o, 49 s. Ups., W. Schultz. 92. 75 ö.
, Se: Missionstidning.

TOWBRIDGE, Catherine M., Underliga vägar. Berättelse. Öfv från eng. af *I.* 8:o, 139 s Sthm, C. A. V. Lundholm. 94. 1: 25, kart. 1: 75.

TOVOTE, Heinz. Hemlig kärlek. — Fallfrukt. Två novellserier. Öfv. 8:o, 261 s. Sthm, Ad. Bonnier. 94 2: 50.
—, I kärleksyran. Se: Romanbibliotek, Ad. Bonniers 61.
—, Moder. Se: dersammast 64.

TOZZETTI, G., o. MENASCI, G., På Sicilien. Se: Opera-repertoire. 90.

Traktater, Sverges, med främmande magter jemte andra dithörande handlingar, utg af *O. S. Rydberg.* Stor 8:o. Sthm, P. A. Norstedt & S r.
III: 1. Åren 1409—36. 160 s 90. 5 kr.
„ 2. Åren 1436—83. s. 161—384. 92. 7 kr.
„ 3 o. 4. Åren 1484—1520 x, o. s. 385—803. 95. 13 kr.
IV: 2. Åren 1534—60. s. 161—328. 87. 5 kr.
3 o. 4. Åren 1561—71 samt bih. s. 329—604 samt vj s. 88. 9 kr.

V: 1. Åren 1572—1609. 160 s. 90. 5 kr.
„ 2. Åren 1609—30. s. 161—368. 91. 6: 50

Tre i Norge af två bland dem. Öfv. från eng. af *Fr. Lönnkvist.* Med 58 illustr. 12.o, 261 s. Sthm, Alb. Bonnier. 88. Kart. 3 kr.

TREMPENAU, Wilh., Den allmännyttiga receptboken. 450 recepter. Öfv. 8.o. 117 o x s. Sthm, C A. V. Lundholm. 86. 1: 50.

Tripp, En, till Lund eller Lund förr o nu, af en f d. Lundapojke. Liten 8.o, 32 s. Eksjö, R. Larsson. 89. 25 ö

Tro, Frälsande, o. segrande bön. Öfv. från eng. 8:o, 72 s. Sthm, P. Palmquists aktb. 90. 50 ö.

TROBERG, K. H., Epistelpredikningar öfver 3:e årg:s aftonsångstexter dels från Luthers skrifter öfversatta, dels affattade. 8:o, viij o. 650 s. H:fors, Luth. Evang. fören. 92. 5 fmk.

TROILIUS, C. R., Staten o. jernvägarne. En studie på bekostnad af allm. medel. 8:o, 237 o. 77 s. samt 2 kartor. Sthm, Samson & Wallin. 90. 8 kr.

TROLLE, Henr. af, Ett ungdomsminne samt flera andra taflor ur lifvet. 12.o, 218 s. Sthm, Alb. Bonnier. 86. 2 kr, kart 2: 50, klb. 3 kr.
, Karl XII o sjöbussen. Se: Öreskrifter för folket. 93.
, Katarina II af Ryssland. Hist. roman. 2 dlr. 12:o, 352 o. 308 s Sthm, Alb. Bonnier. 88.
4: 25, kart. 4: 75, klb. 5: 25.

TROLLE-BONDE, Carl, He-selby. Arkivalier rör. egendomen o. dess egare samt Bonde-grafven i Spånga kyrka Stor 8.o, 404 s Tr. i Lund. 94. (Ej i bokh
[ ], Kjesäter. Antecku:r ur familjearkivet o. gårdshandlingarna m. m. 8:o, 220 s, 4 pl, 7 tab o. 1 karta Sthm, Samson & Wallin i komm. 93. 6 kr.
, Riksrådet o. riksmarskalken grefve Carl Bonde samt hans närmaste anhöriga. [På omslaget: Antecku:r om Bondesläkten] 2 dlr. 8:o, viij o. 597 s. samt 38 pl. o. 2 blad fascimile. Lund, Gleerupska univ:s bokh. 95. 12 kr.
, Trolleholm. Försök till en godsbeskrifning. 8:o, 312 s, 2 kartor o. 1 slägttafla. Sthm, Samson & Wallin i komm. 92. 5 kr.

TROLLE-WACHTMEISTER, Hans Gabriel, Antecku:r o. minnen. Utg. af *Elof Tegnér.* 2 dlr 8:o, vj, 315 o. 325 s. samt 2 portr. Sthm, F. & G. Beijers Bokf.-aktb. 89. 11 kr.

Trolleriboken, Den oöfverträffliga. 3.e uppl. 8:o, 109 s. Sthm, C. A. V. Lundholm. 90. 1 kr. (2.a uppl. 87.)

Trollsländan, Nya, 2.a årg 1886. 4.o. (Tr. i H.fors.) Sthm, Samsou & Wallin. 86.
För årg. (24 n:r = 24 ark) 4 kr.

TROMHOLT, Sophus, Tändsticks-spel. 250 uppgifter åtföljda af lösningar. 8.o. 81 s. Sthm, J. Seligmann. 89. 1: 25

Troshjältar, Kristna. Bearb. af Wisemans berättelse "Fabiola". Öfv. från tyskan. 8.o, 293 s. o. 1 pl. Sthm, Fost.-stift:s f.-exp. 93.
2 kr., kart. 2: 25, klb. 3 kr.

Trosvittnen, Franska, bland Cevennerna under Ludvig XIV:s tid. Öfv. från eng. af *G. S. Löwenhielm.* 8 o, 117 s. Sthm, Fost.-stift:s f.-exp 91.
75 ö., kart. 1 kr, klb. 1: 75.

TROTTER, J. Lilias, Korsets hemlighet. Öfv. från eng af *E. Swartz.* 12:o, 36 s. Norrk., Esping & Lundell 95. 30 ö

TROTZIG, Karl, Billigare järnvägsresor genom zontariff. Se: Studentfören. Verdandis småskrifter. 50.

TRUNK, Rudolf, Skizzer för tak- o. väggdekoration. 4:o, 80 pl. Sthm, G. Chelius. 90. 9 kr.
TRUVÉ, T., Se: Sånger för söndagsskolan. o. hemmet.
TRYBOM, Filip, Fiskevård o. fiskodling. Se: Småskrifter i landthushållning. 7.
—, Meddelanden om Förenta staternas o. Canadas fiskerier. II. Om fiskerilagstiftningen. 8:o, 16 s. Tr i Göteb. 88. 25 ö.
—, Sillundersökningar vid Sveriges vestkust hösten 1888. 8:o, 95 s. Sthm, Samson & Wallin. 89. 75 ö.
—, Sorkar o. möss. Se: Småskrifter i landthushållning. 2.
—, Trollsländor, insamlade under svenska expeditionen till Jenisei. Se: Bihang till K. sv. Vet.-akad:s handl:r. XV: IV, 4.
—, Se: *Sundström, C. R.*, Atlas till naturriket.
Trygg, Sven, Våra skatter. Se: *[Wicksell, Knut.]*
TRYGGER, Ernst, Lagsökning för gäld. Se: Årsskrift, Upsala univ:ts. 1893.
—, Om skriftliga bevis såsom civilprocessuelt institut. 8:o, 171 s. Sthm, P. A. Norstedt & S:r. 87. 3 kr.
Trådar, Små, eller trasseltråd, silfverträd o. guldtråd af förf. till "Little Susy". Öfv. från eng. 8:o, 102 s. Sthm, C. A. V. Lundholm. 84. Kart. 85 ö.
TRÅSDAHL, J., Andliga brytningar eller är du pånyttfödd? Öfv. o. utg. af *O. A. Ottander.* 3:e uppl. 8:o, 118 s. Sthm, K. J. Bohlin & K. 94. 50 ö.
Trädgårdsbibliotek för menige man. 8:o. Lund, C. W. K. Gleerup.
1. *Christensen, E*, Krukväxtodling i boningsrum. 72 s. 86. Kart. 75 ö.
Trädgårdsblommor, Nya o. gamla af *F. L—t.* (Poesi.) Liten 8:o, 64 s. Tr. i Ronneby boktr. 88.
(Ej i bokh)
Trädgårdsmästare, Små. 4:o, 6 blad med kolor. fig. o. text. Sthm, Ad. Johnson. 95. 1: 25.
TRÄGÅRDH, Henrik, Om exordiets betydelse i predikan. Se: Sammanträde, Från Lunds stifts prestsällskaps. 4.
Tröl Sjinssen, Se: Folklynne, Skånskt.
Tröst o. råd. Sextio bepröfvade sanningar ur en dagbok. Öfv. från tyskan af *I. W—k.* 8:o, 36 s. Sthm, C. A. V. Lundholm. 90. 30 ö.
Tröst o. råd för lidande. Ur en lidandes dagbok. Öfv. af *J. T.* 2 a uppl. 8:o, 90 s. Sthm, A. V. Carlsons Bokf.-aktb. 95. Kart. 50 ö, klb. 90 ö.
TSCHEDRIN-SALTYKOFF, Småstadslif. Berättelser o. skizzer. Öfv. från ryskan af *Alfred Jensen.* 8:o, x o. 169 s. Sthm, H. Geber. 90. 1: 75.
TSCHEKOW, Fiender. Se: Romaner o. noveller. 10.
[TUCKER, Charlotte], Alltför dyrköpt. Se: Bibliotek för de unga 26.
—, En kristens rustning Öfv. från eng. 8:o, 324 s. Sthm, Ad. Johnson. 95. 1: 50. klb. 2: 50.
—], En synåls historia. Berättelse för barn o. ungdom af *A. L. O. E.* Med illustr 8:o, 110 s. Sthm, Fost -stift:s f.-exp. 90. 50 ö, kart, 75 ö.
[—], Ett taflvelgalleri. Af *A. L. O. E.* Öfv. af *E R—y.* 12:o, 69 s. Sthm, S. Flodin. 88. 60 ö.
[—], Familjen Roman eller trons kamp med världen. Öfv. med 7 illustr. 3:e uppl. 8:o, 115 s. Sthm, Fost.-stift.s f. exp. 90. 1 kr., kart. 1: 25, klb. 2 kr. (2:a uppl. 87.)
—, För syns skull. Se: Bibliotek för de unga. 25.
—], Förtruppen. En berättelse från slafveriets dagar i Amerika Af *A. L. O. E.* Öfv. af *Anna Snedin.* 8:o, 260 s. Sthm, P. Palmquists aktb. i distr. 93. 1: 60, kart. 2 kr, klb. 2: 75.

[TUCKER, Charlotte], Haralds brud. En berättelse af *A. L. O. E.* 8:o, 208 s. Jönköp, H. Halls boktr. aktb. 89. 1 kr, kart. 1: 25, klb. 1: 75.
—, Håll fast. Se: Bibliotek för de unga. 27.
[—], Högmodets fångar af *A. L. O. E.* Ny öfvers. 8:o, 222 s. Sthm, Ad. Johnson. 94.
1: 75, inb. 2: 50.
[ ], Jättarnes besegrare eller den strid alla måste kämpa. Af *A. L. O. E.* Öfv. från eng. Med 40 illustr. 5:e uppl. 8:o, 134 s. Sthm, Fost -stifts f.-exp. 90. 1: 25, kart. 1: 60, klb. 2: 25. (4:e uppl. 87.)
—, På fullt allvar. Se: Bibliotek för de unga. 24.
[ ], Silfvernycklarne. En berättelse af *A. L. O. E.* Forts. af "En kristens rustning" o. "Farliga blindskär". Öfv. af *E. R—y* 8:o, 148 s. Jönköp. H. Halls boktr.-aktb. 86. 90 ö, klb. 1: 50.
[—], Sjön i urskogen. En berättelse belysande det tolfte kap. i Romarebrefvet. Af *A. L. O. E* Öfv. från eng. 8:o, 209 s. Sthm, Fost.-stift:s f.-exp 88.
1: 50, kart 2 kr., klb. 2: 75.
[ ], Smeden i Bonifaciegränd Berättelse af *A. L. O. E.* 8:o, 190 s. Sthm, C. A. V. Lundholm 91. 1: 50.
—, Öfver allt pris. Se: Bibliotek för de unga. 23.
[ ], Öfver mörka djup. En berättelse af *A. L. O E.* Öfv. från eng. af *A. Fernholm.* 8:o, 248 s. Sthm, C. A. V. Lundholm. 90. 1: 75.
TUDEER, O. E., Skalden o. språkforskaren August Ahlqvist. Se: Tidskrift, Nordisk. 1890.
Tull- o sjöfartsförfattningar, Sveriges, utg af *A. R. Stålhane.* 3.e uppl. 4:o, 805 s. Sthm, Z Hæggströms f.-exp. 92. 6 kr.
Tull-ephemerider, Nationalekonomiska, af *W—m R—n.* 8:o, 15 s. Sthm, Wilh. Recin. 40 ö.
TULLBERG, Tycho, Djurriket Se: Biblioteket, Svenska. II. — Boksamling, Naturvetenskaplig. II.
—, Ueber einige Muriden aus Kamerun. Se: Acta, Nova, reg. soc.is scient. Ups. XVI: 12.
Tullfrågan o. fosterlandet. Versifieradt föredrag, utg. af *— r.* 8:o, 16 s. Korsberga, Carl Bjerkander. 87. 25 ö.
Tullstadgan, Se: Författningssaml Lilla 31.
Tulltariff, Allmän, för kejsardömet Ryssland upptagande afgifter såväl i ryskt mått, mål o. vigt o. myntslag som reducerade till metriskt mätt, mål o. vigt samt kronmynt jemte register m. m. Öfv. o. utarb. af *C. Aug. Titz.* 4:o, 52 s. Sthm, P. A. Norstedt & S:r. 87. 1 kr.
Tulltaxa. För åren 1886 95 16.o, hvarje årg. omkr. 150 s. Sthm, Alb. Bonnier. 86—95.
För årg. inb 50 ö.
Tulltaxa. För åren 1888—89. 16.o, 96 s. Sthm, A. V. Carlsons Bokf -aktb. 88—89. Klb. 50 ö.
Tulltaxa. För åren 1886—95. 8:o, hvarje årg omkr. 100 s. Sthm, P. A. Norstedt & S:r. 86—95
För årg. inb 60 ö.
Tulltaxa 1888. 16:o, 96 s Sthm, C. A. V. Lundholm. 89. Kart. 40 ö, klb. 50 ö.
Tulltaxa för Finland. Se: Författningssaml. Lilla. 26.
TÜLT, Robert, Botemedel mot förslemning i magen, bröstet o. uringången. 5:e uppl. 8:o, 60 s. Sthm, C. E. Fritzes hofbokh. 90. 60 ö.
Tumme Liten, Se: Bilderböcker. 6.
Tummeliten, Jultidning för smått folk. Utg. af Sv. läraretidning 4:o, 8 s. Sthm, Sv. läraretidn.exped.
15 ö.
Turdus Merula. Se: *[Qvanten, A. M. von.]*

TURGENJEV, Ivan. Adelsfolk. Novell. Från ryskan öfv. af —k—. 8:o, 299 s. Sthm, P. A. Norstedt & S:r. 86. 3 kr.

—, Andrej Kolosof. — Steppens kung Lear. Berättelser. Från ryskan öfv. af —k—. 8:o, 190 s. Sthm, P. A. Norstedt & S:r. 86. 2 kr.

—, Elena. Novell. Från ryskan af —k—. 8:o, 287 s. Sthm, P. A. Norstedt & S:r. 87. 3 kr.

—, En gammal mans berättelser. Öfv. 8:o, 196 s. Sthm, P. A. Huldbergs Bokf.-aktb. 95. 1 kr.

—, En olycklig qvinna. Berättelse. Öfv. af J. B. 8:o, 117 s. Sthm, C. A. V. Lundholm. 89. 1 kr.

—, Fatalisten o. andra berättelser. Öfv. 8:o, 263 s. Sthm, F. & G. Beijers Bokf.-aktb. 86. 2: 50.

—, Faust. Öfv. från ryskan af *Georg Procopé*. 8:o, 100 s. H:fors, Söderström & K. 92. 1: 25.

—, Löjtnant Jergunow's äfventyr. Berättelse från Ryssland. 8:o, 53 s. Sthm, C. A. V. Lundholm. 89. 50 ö.

—, Mumu. Skizzer o. studier. Öfv. af *K. F.* 8:o, 207 s. H:fors, W. Hagelstam. 94. Tygband 2: 25.

—, Peter Petrowitsch Karatajeff m. fl. noveller. Öfv. från ryskan af *Erik Nordenström*. 8:o, 102 s. Göteb., N. P. Pehrsson. 94. 1: 25.

—, Pjetuschof. — Vårströmmar. Berättelser. Från ryskan öfv. af —k—. 8:o, 332 s. Sthm, P. A. Norstedt & S:r. 86. 3 kr.

—, Punin o. Baburin—Brigadgeneralen. — En slagskämpe. — Pasinkof. — Berättelser. Från ryskan öfv. af —k—. 8:o, 315 s. Sthm, P. A. Norstedt & S:r. 88. 3 kr.

—, Rudin. Novell. Från ryskan öfv. af —k—. 2:a uppl. 8:o, 207 s. Sthm, P. A. Norstedt & S:r. 86. 2 kr.

—, Rök. Novell. Från ryskan öfv. af —k—. 8:o, 306 s. Sthm, P. A. Norstedt & S:r. 87. 3 kr.

—, Steppens kung Lear. Berättelse. Öfv. 8:o, 120 s. Sthm, C. A. V. Lundholm. 89. 1 kr.

—, Tre möten. Berättelse från Ryssland. Öfv. 8:o, 41 s. Sthm, C. A. V. Lundholm. 89. 50 ö.

—, Två original. Öfv. från ryskan. 8:o, 83 s. Sthm, C. A. V. Lundholm. 90. 75 ö.

—, Två vänner. — Juden. — Min första kärlek. Berättelser. Från ryskan af —k—. 8:o, 268 s. Sthm, P. A. Norstedt & S:r. 87. 2: 75.

—, Valda noveller o. skizzer. Öfv. från ryskan af *Erik Nordenström* 8:o, 235 s. Göteb, N. J. Gumperts bokh. i distr. 92. 2: 50.

Turisten (Turistfören. i Finland). Tidtabeller o. turlistor juni—sept. 1891—1895. 8:o, hvardera omkr. 110 s. o. 1 karta. H:fors, Waseniuska bokh. 95. à 60 ö.

Turistföreningen i Finland. Reseruter i Finland. I—IV (1887—90). 8:o, xiij o. 338 s. H:fors, 87—90. Inb. 4: 50.

—, Årsbok. 8:o. H:fors, Waseniuska bokh.
1887. ix o. 58 s. 88.
1888. 90 s. 89. 1: 50 fmk.
1889. 4 o. 122 s. 91. 2 „
1890. 4, 95 s., pl. o. karta. 91. 1: 50 „
1892. 4 o. 129 s. 92. 2 „
1893. 4 o. 120 s. 93. 1: 50 „
1894. 4 o. 129 s. 94. 1: 50 „
1895. 4, 153 s., 3 kartor o. portr. 95. 2 „

År 1891 saknas, emedan årsboken från o. med 1892 uppkallas efter det år, under hvilket den utkommer, icke som förut efter det tilländalupna året.

Turistkalender. Handbok för turistfärder, fotvandringar o. fjällbestigningar. Utg. af *Hjalmar Arlberg*. Tourists calender. A book of outings, walking and mountain climbings. [I.] 8:o, 112 s. Sthm, Fr. Skoglund. 93. 1: 25.

—, II. Ändringar o. tillägg för 1894. 16 s. 94. 25 ö.

Turistlif o. idrott. 8:o. H:fors, Söderström & K.
1. *Ramsay, Aug.*, På sommarfärd i kanot. Med illustr. 109 s. 90. Inb. 1: 75.
2. —, På sommarvandring. Med illustr. 85 s. 91. 1: 75.

TURNER, Ethel S., Sju syskon. (Seven little Australians.) Öfv. af *Math. Langlet*. 8:o, 187 s. Sthm, Fahlcrantz & K. 95. 1: 75

TURNER, W. B., Algæ aquæ dulcis Indiæ orientalis. Se: Handl:r, K. sv. Vet.-akad:s. XXV: 5.

Tusen o. en dag. Persiska sagor för ungdom. Med illustr. Öfv. från franskan af *J—y R—r*. 8:o, 312 s. Sthm, F. & G. Beijers Bokf.-aktb. 93. Kart. 3: 50.

Tusen o. en natt. En sagokrans från österlandet, fritt tolkad af *Edv. Tengström*. Med illustr. af franska konstnärer. 1:a o. 2:a saml. 4:o, 331 o. 329 s. Göteb., T. Hedlund. 93—94.
à 5: 25, inb. 9: 25.

Tutus, Se: [*Åkesson, K. E.*]

Twain, Mark, (pseud. för *Sam. Langhorn Clemens*). Arfvingen från Amerika. Se: Bibliotek, Humoristiskt. 10.

—, En yankee. Se: dersammast. 7.

—, Huckleberry Finns äfventyr. Öfv. af *Anna Geete*. 2:a uppl. 8:o, 307 s. Sthm, H. Geber. 93.
2: 75, kart. 3 kr.

—, Nya humoresker. Öfv. af *Olof R—n*. 8:o, 187 s. Sthm, Ad. Johnson. 89. 1: 50.

—, Nya reseskisser. Om allehanda slags fartyg. Sedeln på en million pund. Öfv. af *Erik Thyselius*. 8:o, 155 s. Sthm, J. Seligmann. 93. 1: 50.

—, Tom Sawyer. En skolpojkshistoria. Öfv. af *L. Lipmanson*. 4:e uppl. 8:o, 227 s. Sthm, H. Geber. 95. 2: 25.
(3:e uppl. 86.)

—, Tom Sawyer på resa. (Forts. af "Tom Sawyer" o. "Huckleberry Finn".) 8:o, 107 s. Sthm, H. Geber. 94. 1: 25.

—, Tom Sawyer på ströftåg. Öfv. från eng. af *Erik Thyselius*. Med 7 helsidesbilder. 8:o, 148 s. o. 7 pl. Sthm, J. Seligmann. 94. Kart. 1: 50.

—, Se: Humor, Amerikansk.

Tyko, Klitsch, klatsch. Karrikatyrer. N:o 1 o. 2 (1892—1893). 4:o, hvardera 18 pl. Sthm, Fr. Skoglund. 92—93. à 1: 50.

TYNELL, Lars, Tal vid invigningen af Lunds nyaste begrafningsplats d. 22 sept. 1890. 8:o, 13 s. Lund, Gleerupska univ:s bokh. 90. 25 ö.

—, Se: Folkskolans 50-års fest i Lund.

Typer från karnevalen i Lund 1888, tecknade o. utg. af *Vilh. Angeldorff*. 4:o, 12 s. Lund, Gleerupska univ:s bokh. 88. 1 kr.

TYRÉN, Joh., Verldsfreden under Napoleon. Se: Acta univ:s. Lundensis. XXIII: II, 3.

TYTLER, Sarah, Arfskiftet. Se: Stunder, På lediga. 7.

Tyr Vesten. Se: [*Ongelin, Hanna.*]

—, Bara flickor. Se: dersammast. 1.

—, Farfars testamente. Se: dersammast. 2.

Tågtidtabellen för Sveriges jernvägar. Utg. af Jernvägsföreningen. 8:o. Sthm, Jernvägsfören. 87—95.
För år 1887. 7 häften. 87. hvarje häfte 25 ö.
„ „ 1888. 7 „ 88. „ „ 25 ö.
„ „ 1889. 4 „ 89. „ „ 25 ö.

För år 1890. 5 häften. 90. hvarje häfte 25 ö.
" " 1891. 4 " 91. " " 25 ö.
" " 1892. 5 " 92. " " 25 ö.
" " 1893. 5 " 93. " " 25 ö.
" " 1894. 6 " 94. " " 25 ö.
" " 1895. 7 " 95. " " 25 ö.

Tårar o. bröd. Några vittnesbörd om min faders trofasthet af *L. J. Ö.* 8:o, 24 s. Sthm, C. J. Dahlborgs bokh. 91. 15 ö.

Tänkespråk, Musikaliska, Framstående konstnärers o. författares yttranden i musikaliska frågor. Saml. af *H. G. Sandström.* Liten 8:o, 111 s. Sthm, Alb. Bonnier. 95. 1: 25.

Törne, Håkan. Se: *[Sundblad, Johannes.]*

TÖRNEBLADH, I., Handbok i lagstiftningen ang. mantalsskrifn:r o. mantalspenningar. Se: Samling af kongl. förordningar, stadganden m. m. 21.

TÖRNEBLADH, R., Bidrag till frågan om ordnandet af den kvinliga ungdomens undervisning i Sverige. Se: Tidskrift, Nordisk. 1889.

— —, De allm. läroverken i Sverige inför 1890 års riksdag. Se: dersammast. 1890.

— —, Handledning för deltagare i rådplägande o. beslutande församlingar. 8:o, vij o. 111 s. Sthm, P. A. Norstedt & S:r. 90. 1: 25, kart. 1: 50.

—, I skoltrågan. 8:o, 90 s. Sthm, P. A. Norstedt & S:r. 87. 1 kr.

—, Latinsk elementarbok. 6:e uppl. 8:o, 93 s. Sthm, P. A. Norstedt & S:r. 92. Inb. 1: 60. (5:e uppl. 85.)

—, Om ödet sådant det uppfattats af Aeschylus o. Sophocles. Se: Handlingar, K. Vitt. hist. o. antiq:s akad:s. XXXI: 4.

—, Uppgifter för skriftlig öfvers. från latin till svenska, till bruk för de allm. lärov:ns högre klasser. I. 8:o, 88 s. Sthm, P. A. Norstedt & S.r. 93. Inb. 1: 60.

—, Se: Livii Titi, libri I—III et XXI. — Läsebok i modersmålet. — Virgilius, Æneidos libri I—IV.

—, o. **LINDROTH, L.,** Latinsk språklära. 3:e uppl. 8:o, 268 s. Sthm, P. A. Norstedt & S:r. 91. Inb. 3: 75. (2:a uppl. 83.)

TÖRNEBÖHM, A. E., Grunddragen af Sveriges geologi allmänfattligt framstälda. 2.a uppl Med 2 geolog öfversiktskartor i färgtr. samt 62 fig i texten. 8.o, 213 s. o. 2 kartor. Sthm, P. A. Norstedt & S:r. 94. Tygband 2: 50.

—, Kortfattad lärobok i de första grunderna af mineralogi o. petrografi. 8:o, 108 s Sthm, P. A. Norstedt & S:r. 87. Kart. 2 kr.

—, Under Vegaexpeditionen insamlade bergarter. Se: Iakttagelser, Vega-expeditionens vetenskapl. IV: 7.

TÖRNER, Axel, Handledning i glas- o porslinsmålning, etsning o. emaljering. 8:o, 86 s. Sthm, G. Chelius. 95. 1 kr.

TÖRNER, O. E., Major Görans björnjagt. Humorist. pennteckn:r med text af *Otto Borgström.* 4:o, 44 pl. Sthm, C. E. Fritzes hofbokh. 92. 3: 75.

—, Major Göran Flinks o. kusin Pirres jagtäfventyr i Norrland. Humor. pennteckn:r. Med text af *Otto Borgström.* Tvär folio, 40 pl. med text. Sthm, C. E. Fritzes hofbokh. 91. 3: 50.

TÖRNEROS, Ad., Bref o. dagboksanteckningar, utg. af *Rich Bergström.* 8:o, 615 o. xlv s. samt 1 portr. Sthm, Fahlcrantz & K. 91. 8 kr., inb. 9: 75. (Utkom i 8 hfn à 1 kr. 90–91.)

TÖRNGREN, Adolf, En ny metod för utförande af vaginal hysteropexi. Se: Comm. variæ in mem. act. CCL. ann. II: 12.

—, Recherches sur l'échange de substances entre le liquide amniatique et le sang maternel. Akad. afh. 4.o, 70 s. H:fors, Förf. 89. 3 fmk.

—, Studier öfver primära nedredelslägen o. förlossningar. Akad. afh. 4:o, 74 o. xxiij s. H:fors, Förf. 87. 3 fmk.

—, Se: Kluges obstetriska kalender.

TÖRNGREN, L. M., Se: Tidskrift i gymnastik.

—, o. **WIDE, A,** Gymnastikfesten i Stockholm 1891. 8:o, 79 s. Sthm, Nordin & Josephson i distr. 91. 1 kr.

TÖRNQUIST, Sv. Leonh., Observations on the structure of some Diprionidæ. Se: Acta univ:is Lundensis. XXIX: II, 12

—, Siljansområdets graptoliter. Se: dersammast. XXVIII: II, 10.

—, Undersökningar om Siljans graptoliter. Se: dersammast. XXVI: II, 4.

—, Se: *Berlin, N. J.,* Lärobok i naturläran.

[TÖRNWALL, J. Fr.], Försök till hänvisningar från 1889 års psalmboks-förslag till 1819 års psalm- o. koralbok. Tvär 8:o, 6 s. text o. 7 s. musiknoter. Linköp., P. M. Sahlströms bokh. 90. 50 ö.

—, Hjelpreda vid luthersk koralsång i skolan, hemmet o. kyrkan. 5:e omarb. uppl. Liten 8:o, 77 s. Sthm, Fr. Skoglund. 89. 50 ö.

—, Åter "Litet i koralfrågan" i anledn. af Rich. Noréns koraler i gammalrytmisk form. 8:o, 14 o. (musiknoter) 6 s. Linköp., P. M. Sahlströms bokh. 92. 50 ö.

TÖTTERMAN, Aug., Entzifferungsversuch einiger Inschriften. Se Öfversigt af F. Vet. Soc.s förhandl:r. XXXI.

—, Das Suljekalfabet. Se: dersammast. XXXI.

—, Fünf Suljekinschriften nach ihren Texten festgestellt. Se: Comment. variæ in mem. act. CCL ann. III o. IV.

—, Zu der Festschrift "Fünf Suljekinschriften". Se: Öfversigt af F. Vet. Soc:s förhandl:r. XXXIV.

TÖTTERMAN, N., Se: *Söderhjelm, W.* o. *Tötterman, N,* Fransk läsebok.

—, Se: *Söderhjelm, W.* o. *Tötterman, N.,* Ordlista till fransk elementarok.

U.

Uddevalla kyrko- o. skolminne, saml. o utg. af *C W. S.* Med 18 afbildn.r. 8:o, xj o. 426 s. samt 18 pl. Uddev., Rob. M. Thornburn. 88. 4 kr.

UDDGREN, Gustaf, Balders återkomst o. andra dikter. 12:o, 111 s Sthm, G. Chelius 95. Kart. 2: 50.

Uf, Tvenne storgubbar o. annat småplock. 8:o, 47 s. Sthm, (Loostiöm & K. i distr.) 93. 1: 25.

Uffe, Se: *[Sandström, Anna]*.

UGGLA, A. E., De amerikanska lifförsäkringsbolagens vinster förr o. nu. 8:o, 7 s. Göteb., Förf. 94. 25 ö.

—, Plutonchefen vid bevakningstjensten. 8:o, 84 s. Sthm, F. & G Beijers Bokf.-aktb. 86. Klb. 1: 25.

UHLAND-ÅNGSTRÖMS Fickhandbok för maskiningeniörer o. konstruktörer. Bearb. från 18.e årg. af *W. H. Uhland's* "Kalender für Maschinen-Ingenieure" af *C A. Ångström*. Med 653 illustr. 12:o, xij o. 402 s. Sthm, F. & G. Beijers Bokf.-aktb. 92. Chagrinb. 10 kr.

UHLHORN, Gerhard, Det sedliga lifvet inom den evang.-luth. o. den romersk katolska kyrkan. Från tyskan af *Th Warholm*. 8 o, 33 s. Lund, C W. K. Gleerup. 90. 50 ö.

—, Striden mellan protestantism o. katolicism från reformationen till närvarande tid. Öfv. från tyskan af *Th. Warholm* 8:o, 33 s. Lund, C W. K. Gleerup. 90. 50 ö.

UHLICH, P., Hållfasthetsläran o dess användn. Öfv. o. bearb. af *Hj. Richert* Med 118 fig. 8:o, 158 s. Sthm, G. Chelius. 89. 2: 75.

UHR, David, De bästa svenska foderväxterna samt de olika gödselämnenas tillgodogörande. Med 6 pl. 8:o, 43 s. o. 6 pl. Sthm, G. Chelius. 88. 1 kr.

—, Handledning vid insamling af medicinalväxter, frö o. foderväxter, barr- o. löftiäd. Med 20 pl. 2:a genoms. uppl. 8:o, 20 s. o. 20 pl. Sthm, A..V. Carlsons Bokf.-aktb. 90. 80 ö., med kolor. pl. 1. 30.
(1:a uppl. 88.)

UHRSTRÖM, Wilh., Hemläkaren. Populär ordbok i sjukvård o. helsolära. Efter *A. Thornams* "Sundhedslexikon" m. fl. källor bearb. 2:a uppl. omarb. o. tillökad. 8:o, 871 s. Sthm, Alb. Bonnier. 86. 5: 50, inb. 6: 75.

ULFF, H. W, Se· Ansgarius.

ULLMAN, U. L., Bonbok för skolungdom. 3.e uppl öfvers. o. tillökad. 16.o, 115 s. Göteb., N. P. Pehrsson. 87. Kart. 40 ö

—, Evangelisk-luthersk liturgik med hänsyn till svenska kyrkans förhållanden. 8.o. Lund, C. W. K. Gleerup.
I. 2:a uppl. 136 s. 89. 1: 50.
II: 1. 2:a uppl. 218 s. 92. 2: 50.

—, Granskning af d:r Carl von Bergens föreläsn:r öfver "hvad vi veta om bibeln" samt ett slutord med anledn. af samme mans föreläsning om "ortodoxien o. vetenskapen". 8:o, 96 s. Göteb., N. P. Pehrsson. 86. 75 ö.

—, Herdabref till presterskapet o. lärarne i Strengnäs biskopsdöme. 8:o, 48 s. Göteb, N. P. Pehrsson. 89. 50 ö.

ULLMAN, U. L, Hvad vill K. F. U. M.? Tal vid invign. af "kristl. fören. af unge män" samlingslokal i Göteborg d. 15 okt. 1888. 8:o, 16 s. Göteb., N. P. Pehrsson 88. 25 ö.

—, Koralmelodier till "Förslag till revid. psalmbok för svenska kyrkan. Tvår 8.o, 28 o. (nottryck) 27 s. Göteb , N. P. Pehrsson. 90 75 ö.

—, Kristlig religionslära. 5:e uppl. I. Lärobok. II. Läsebok. 8:o, iv, 115 o. 84 s. Göteb. N. P. Pehrsson. 93. Kart. 2: 50.

—, Några brister i nutidens predikan. Inledningsföredrag vid 1891 års prestmöte i Strengnäs. 8 o, 14 s. Göteb., N. P. Pehrsson. 91. 25 ö.

—, Predikan o. lefnadsteckn. vid biskop G. Dan. Björcks jordfästn i Göteborg d. 11 jan. 1888. 8:o, 25 s. Göteb., N. P. Pehrsson. 88 35 ö.

—, Svenska kyrkans högmessa i dess nya skick belyst till församlingens tjänst. 8:o, 70 s. Göteb., N. P. Pehrsson. 94. 50 ö.

—, Tag vara på din själ! 8:o, 13 s. Sthm, Gust. Carlsons bokh. 95 25 ö.

—, Se: Tidskrift för kristlig tro o. bildning

ULLNER, Constance Se: Snöflingan.

Ulricehamns kuranstalt, kallvattenkur, helsobrunn o. sanatorium. År 1886. 8:o, 17 s. Ulriceh, S M. Kjöllerström. 87. 50 ö.
Mindre upplagan. 9 s. 25 ö.

ULRIKSEN, F., Se: Tidskrift, Skånska trädgårdstöreningens.

Under, Räknekonstens. Se: Bibliotek, Ungdomens. 12

Underrättelser om koleran till allmänhetens tjenst utg. af Svenska läkaresällskapet 8:o, 7 s. Sthm, Nordin & Josephson. 92. 10 ö.

Underrättelser rör. postförsändelsers taxering m. m. Sthm, Samson & Wallin 91. 25 ö.

Underrättelser för sjöfarande af K. Sjökarteverket. Årg. 1886—95 8 o Sthm, K. Sjökarteverket. 86—95. För årg. 25 ö.

Underrättelser för sjöfarande, utg. af Finska lotsöfverstyrelsen. Arg 1886—95 4:o. H:fors.
Hvarje årg. 12 hfn.

Undersökning, Sveriges Geologiska.
Serien A och B. Se afdelningen Kartor.
Serien C. Afhandlingar o. uppsatser återfinnas i Tillägget.

Undersökning af Sveriges högre flickskolor. Utlåtande afgifvet af komiterade. 8:o, x o. 364 s. Sthm, Samson & Wallin. 88. 1: 50.

Underwijsning, En nyttugh. Den svenska reformationens förstlingsskrift. Tr. i Sthm år 1526. Till minnet af Uppsala möte ånyo utgifven. 8:o, 223 s. Ups., Lundequistska bokh. 93. 8 kr.

Underwijsningh, Een skön nyttugh. Tryckt i Sthm år 1526. Till minnet af Uppsala Möte ånyo utg. af *Aksel Anderson*. Stor 8:o, 18 o. xxxvj s. Ups., Lundequistska bokh. 93. 3 kr.

Undervisning för artilleristen af d. 4 mars 1875. 5:e uppl. Med ändringar o. tillägg af d. 12 juni 1877, samt utdrag ur krigslagarne. 12:o, vj o. 166 s. Sthm, P. A. Norstedt & S:r. 88. Kart. 75 ö.

Undervisning för artilleristen. [Fastställd. d. 50 nov

1889.] 2:a uppl. Liten 8:o, 204 s. Sthm, P. A. Norstedt & S:r. 93. Kart. 65 ö. (1:a uppl. 90.)
Undervisning för infanteristen. [Fastställd d. 4 maj 1889.] 4:e uppl. Liten 8:o, 128 s. Sthm, P. A. Norstedt & S:r. 94. Inb. 35 ö. (1:a uppl. 89. 2:a 90. 3:e 92.)
Undervisning för infanteristen framstäld i frågor o. svar. Af *[Erik Lagercrantz]*. 16:o, vij o. 120 s. Sthm, Förf:n. 93. 50 ö.
Undervisning för ingeniörssoldaten. [Fastställd d. 25 jan. 1890.] 8.o, 119 s. Sthm, P. A. Norstedt & S:r. 90. 50 ö.
Undervisning för ryttaren. [Fastställd d. 30 nov. 1889.] 2:a uppl. Liten 8.o, 179 s. Sthm, P. A. Norstedt & S.r. 93. Kart. 65 ö. (1:a uppl. 90.)
Undervisning i fält-tjensten for rytteriet. [Fastställd d. 9 dec. 1891.] 3:e uppl. 8:o, 78 s. Sthm, P. A. Norstedt & S:r. 88. 80 ö.
Undervisning för trängsoldaten [Fastställd d. 23 maj 1893.] 8:o, vj o. 173 s. Sthm, P. A. Norstedt & S.r. 93. Inb. 60 ö.
Undervisning, Om dugande. 2:a uppl. 8.o, 49 s. Sthm, F. & G. Beijers Bokf.-aktb. 86. 50 ö.
Undervisningsfrågan, I, af *A. D.* 8:o, 164 s. Sthm, Fr. Skoglund i distr. 87. 1: 50.
Undervisningsväsen, Sveriges. Kortfattad redog. utarb. för sjunde nordiska skolmötet i Stockholm 1895. 8:o, 102 s. Sthm, P. A. Norstedt & S:r. 95. 1 kr.
UNDSET, Ingvold, Om en nordisk skole i Rom Se: Tidskrift, Nordisk. 1888.
Ungdom, Sveriges. Se: Bibliotek, Ungdomens 8—11.
Ungdomsbibliotek. 8:o. Sthm, F. C. Askerberg.
1. *Baierlein, Joseph*, Jan Kattegat. En sjöhistoria berättad för ungdomen. Med 4 illustr. Öfv. af *O. H. G.* 107 s. 95. Kart. 1 kr.
2. *Haffburg, Max*, Ombord hos sjöröfvare. En berättelse. Med 4 illustr. Öfv. af *O. H. G.* 122 s. 95. Kart. 1 kr.
Ungdomsböcker, P. A. Norstedt & Söners. 8:o. Sthm, P. A. Norstedt & S:r.
1. *Melander, Richard*, "Hårdt bidevind". En berättelse för pojkar. 2:a uppl. Med illustr. 200 s. 91. 2: 25, kart. 2: 75.
2. *Stanley* o. *Emin*. Bearb. för ungdom af *Stanley*, "I det mörkaste Afrika" o. *Jephson*, "Emin Pascha o. de upproriske i Sudan". Med illustr. 373 s. 91. Inb. 3: 75.
3. *Combe, T.*, Klöfverbladet. Öfv. af *S—d*. 117 s. 91. Inb. 1: 75.
4. *Melander, Richard*, Smugglarne. Berättelse från västkusten. 212 s. 91. Inb. 2: 50.
5. *Kerfstedt, Amanda*, "Glädjens blomster" m. fl. berättelser för barn. Med illustr. 120 s. 91. Inb. 2 kr.
6. *Anderson, Hedda*, Rolfs sommarferier. 62 s. 91. Kart. 1 kr.
7. — , Rolfs nya kusiner. 94 s. o. 4 pl. 92. Inb. 1: 25.
8. *Hofsten, J. C. v.*, Minnen från den karolinska tiden. Hist. skildr. 103 s. o. 2 portr. 92. I.b. 1: 25.
9. *Lönnberg, Mathilda*, Sigtrygg Torbrandsson. En bild från Sveriges forntid. 176 s o. 4 pl. 92. Inb. 2: 25.
10. *Anholm, M.*, Vikingar o. deras ättlingar. 190 s. o. 8 pl. 92. Inb. 2: 50.
11. *Melander, Richard*, I Sitting Bulls land. Skildr. från gränslifvet i amerikanska västern. 285 s. 92. 2: 50.
12. *Nachtigal, G.*, Sahara o. Sudan. Bearb. af *G. Hjelmerus*. 315 s. o 1 karta. 92. Inb. 2: 75.
13. *Busch, O. A.*, Ströftåg i världsrymden. Några stjernstudier. 315 s. o. 2 pl. 93. 3: 50, inb. 4 kr.
14. *Anderson, Hedda*, Nordiska sagor. Med illustr. 200 s. 93. Inb. 2 kr.
15. *v. Hofsten, J. C*, Från Sveriges storhetstid. Hist. skildr. för ungdom. 128 s. 93. Inb. 1: 50.
16. *Klein, Karl*, Skildringar från fransk-tyska kriget 1870. Öfv. af *O. Eurén*. 212 s. 93. Kart. 2: 25.
17. *Melander, Rich.*, Styrbjörns ântring. Berättelse från 1808. 162 s. o. 1 karta. 93. 1: 75, inb. 2 kr.
18. *Hector, D. S.*, James Cook, eller jorden rundt 3 gånger. Bearb från tyskan. 296 s. 94. Klb. 3: 75.
19. *Anderson, Hedda*, Norska konungasagor. 188 s. o. 6 pl. 94. Klb. 2: 75.
20. *Anholm, M.*, "De kristnas dödsängel". Österländsk sannsaga för den mognare ungdomen. 276 s. 94. Klb. 3: 25.
21. *Lippe Konow, Ingeborg von der*, I barnaåren. Småberättelser. Öfv. af *M. Grandinson*. 216 s. o. 8 pl. 94. Klb. 2: 75.
22. *Hofsten, J. C. v.*, Bilder ur Danmarks historia. 164 s. o. 12 pl. 94. Klb. 2: 75.
23. — , Bilder ur Danmarks historia. II. 217 s. 95. Klb. 2: 75.
24. *Anderson, Hedda*, Grekiska sagor. 207 s. 95. Klb. 2: 75.
25. *Aurelius, Hedvig*, Vinter- o. sommarlif. Med 6 illustr. af *Jenny Nyström-Stoopendaal*. 80 s. 95. Klb. 1: 50.
26. *Nordahl Rolfsen*, Ur djurlifvet i Norden. Öfv. af *J. C. v. Hofsten*. 196 s. o. 2 pl. 95. Klb. 3 kr.
27. *Anderson, Hedda*, Ur moster Lottas brefsamling. (Forts. af Rolfs nya kusiner.) 111 s 95. Klb. 1: 75.
28. *Rosegger, P. K*, Mitt hem i skogen. Öfv. fr. tyskan af *N. Lundberg*. 298 s. 95. Klb. 3: 50.
Ungdomsdrömmar. Se: Bibliotek, Nytt, för berättelser, kultur o. reseskildringar. 3.
Ungdomsår, I. Svenskt orig. af *E. S K.* 8:o, 240 s. Sthm, P. Palmquists aktb. 93. 1: 50, klb. 2: 25.
Uniformer, Europeiska arméernas. 18 blad i färgtr. med 118 illustr. af *Rich. Knötel*. 4.o, 18 pl. (Tr. i Fürth.) Sthm, Carlbergs antiqv. 90. Kart. 4 kr.
Uniformer, Svenska arméens o. flottans nuvarande. Utg. af *P. B. Eklund*. 1.a—3.e hft. Folio, 6 pl. Sthm, Utg:n. 88—90. à 5 kr.
Uniformer, Svenska arméns o. flottans officers- o. civilmilitära m. m. utg. af *Gustaf Engelhart*. 2:a tillök. uppl. 8:o, 34 s, 1 tab. o. 1 pl. Sthm, G. Chelius. 88. 1: 50.
Uniformer, Svenska arméens o. flottans. 24 kolor. pl. Texten af *H. O. Prytz*. 4:o, 42 s. o. 24 pl. Sthm, P. B. Eklund. 90. Kart. 7: 50.
Unionen betraktad från praktiska synpunkter. 8:o, 31 s. Sthm, Nordin & Josephson. 93. 50 ö.
Unionsfrågan, I. Brefvexling mellan Björnstjerne Björnson o. Harald Hjärne. 8:o, 19 s. Ups., Exp. af Svensk Tidskrift. 93. 50 ö.
Unionsfrågan, I. 8:o. Ups, Akad. bokh.
I. Om ministeriela ärendens behandling, räfst med "Aftonbladets" grundlagsvrängningar d. 4 nov. 1891. 22 s. 91. 25 ö.

II. Norska regeringens unionsprogram o. de unionella öfverenskommelserna. 24 s. 92. 25 ö.
III. Uttalanden af friherre Louis de Geer. 1859—62. 35 s. 92. 25 ö.
IV. Den 25 § af Norges Grundlov. 24 s. 92. 25 ö.
V. Hvad "våra högerpatrioter" vilja o. icke vilja i unionsfrågan af V. 32 s. 92. 25 ö.
VI. Vägen utför från 1814 till 1892. 24 s. 92. 25 ö.

Universal-annotationsbok, utg. af *Claes Håkanson*. 12:o. Kalmar, Utg:n. 89. Klb. 1 kr.

Universal-bibliotek, Fahlcrantz & K:s. N:o 1—25. 8:o. Sthm, Fahlcrantz & K.
1. *Cervantes*, Don Quijote.
2. *Sand, George*, Djefvulskärret.
3. *Holberg, Ludv.*, Comoedier.
4. *Irving, W.*, Ur skizzboken.
5. *Ödmann, Sam*, Hågkomster från hembygden o skolan.
6. *Wessel, J. H.*, Kärlek utan strumpor.
7. *Chamisso, Ad.*, Peter Schlemihls underliga historia.
8 o. 9. *Byron*, Ung Haralds pilgrimsfärd.
10. *Luther, M*, Om kyrkans reformation.
11 o. 12. *Sandeau, J*, Fröken de la Seiglière.
13. *Goethe, W*, Egmont.
14. *Heine, Heinr.*, Harzresan.
15 o. 16. *Thackeray, W. M.*, Samuel Titmarsh.
17 o. 18. *Sand, George*, Barnhusbarnet.
19—21. *Mérimée, P.*, Från Bartholomæinattens tid.
22 o. 23. *Gogol, N. V.*, Berättelser.
24 o. 25. *Baumbach, R.*, Berättelser o. sagor.
Se: de särskilda titlarne.

Universal-bibliotek. Ny följd. 8:o. Sthm, Fahlcrantz & K.
1. *Baumbach, Rudolf*, Guldmakare. Berättelse från 17:e årh. Öfv. 208 s. 90. 1: 25.
2. *Sand, George*, Syrsan. Byhistoria. Ötv. af *Ernst Lundquist*. 160 s. 90. 1 kr.
3. Från det nya Italien. En samling berättelser af *Math. Serao, G. Giacosa, Enrico Panzacchi, G. Verga* o. *Edm. de Amicis*. Öfv. at *E. N* 292 s 90. 1: 75.
4. *Auerbach, Berthold*, Josef i snön. Ötv. af *Anna Geete*. 133 s 91. 1 kr.
6. Spanskt. En samling noveller ur Spaniens nyare litteratur. Öfv. af *A. H.* 231 s. 92. 2: 25.

Universal-biblioteket. 1:a—3.e årg. 1884—86. 8:o. Sthm, F. & G. Beijers Bokf-aktb.
För årg. (26 hfn = 104 ark) à 20 ö. hft.

Universitetet, Från. Skildring af *X*. I. o. II. 8:o, 28 o. 54 s. H:fors, W. Hagelstam. 86. 1: 50.
Jfr. *Smirnoff, G.*, Från universitetet.

Universitets-interiörer, Tvänne, från Upsala. Akademiska myndigheters omvårdnad om den vetenskapliga undervisningen o. fördragsamhet mot olika tänkande. 8:o, 107 s. Sthm, Alb. Bonnier. 89. 1: 25.

UNMAN, G. A., Kort handledning i sjukgymnastik, innehållande en systematisk förteckning på den svenska sjukgymnastikens brukligaste rörelser m. m. 8:o. 84 s. Sthm, Förf.n. 94. 2 kr.

UNONIUS, K. J. W., Lärobok i botanik. 8:o. H:fors, G. W. Edlund.
I. 2:a uppl. 74 s o. 167 träsnitt. 86. 1: 75 fmk.
II. 2:a uppl. 179 s. samt 203 träsnitt. 94. 4 fmk.
—, Lärobok i zoologien Bearb. efter *Lütken-Bergroth* o. *Torin* m. fl. 4:e uppl. 8:o, 294 s. o. 300 träsnitt. H:fors, G. W. Edlund. 88. 4: 50 fmk.

UPMARK, Gust., De grafiska konsterna. Se: Katalog öfver grafiska utställningen.
—, En svensk hofkopparstickare. Se: Tidskrift, Nordisk. 1890.
, Gripsholms slott. Se: derrammast. 1887.
—, Ordnandet af Gripsholms slott o. dess samlingar. Se: Meddelanden från Nationalmuseum. 10.
, Se: *Dolmetsch, H.*, Ornamentets bok. — *Ehrenheim, E.* o. *Upmark, G*, Anteckn:r från Nationalmusei gravyrsamling. — Handteckn:r af äldre mästare. — Medd. från Nationalmuseum. — Porträtt, Svenska.

Uppenbarelseboken, i belysning af sig själf af *C. G—d*. 8:o, 67 s. Sthm, J. F. Lindegren. 93. 50 ö.

Uppfostran till sedlighet, Om. Se: Skrifter, Folkupplysn. sällsk. 75.

Uppgift å embets- o. tjenstemän vid Kongl. Postverket o. Kongl. Postsparbanken år 1895. 4:o, 47 s. Sthm, Samson & Wallin. 95. 35 ö

Uppgift å folkmängden inom hvarje kommun, härad, tingslag, domsaga, stad o. län, för åren 1886—94. 4:o, hvarje omkr. 20 s. Sthm, Samson & Wallin. 87—95. 30 ö.

Uppgift, Flottans, vid fosterlandets försvar af —y—. 8:o, 21 s. Sthm, P. A. Norstedt & S:r i distr. 91. 30 ö

Uppgifter, Kgl. Ecklesiastikdepartementets skriftliga, för mogenhetsexamen i engelska språket åren 1864—92. Med anmärkn:r af *D. L. Morgan*. 8:o, 40 s. Sthm, P. A. Norstedt & S:r. 93. Klothäftad 75 ö.

Uppgifter, Kgl. Ecklesiastik-departementets skriftliga, för mogenhetsexamen i tyska språket åren 1865—90. Med anmärkn:r af *Edv. Th. Walter*. 8:o, 56 s. Sthm, P. A. Norstedt & S:r. 91. Inb. 1 kr.

Uppgifter, Matematiska o. fysikaliska, utdelade af ecklesiastik-departementet för mogenhetsexamina 1880—88, med svar o lösn:r af *A. E. Hellgren*. [1:a saml.] 8:o, 101 s. Sthm, A. V. Carlsons Bokf-aktb. 88. 1 kr., kart. 1: 25.
2:a saml. 1888—93. 97 s. 93. 85 ö

Upplysningar, Vigtiga historiska, öfver händelserna vid Jesu födelse o. i hans ungdom. Efter ett i Alexandria funnet manuskript af en Jesu samtida. Öfv. af *F. B.* 8:o, 58 s Sthm, C. A. V. Lundholm 87. 1 kr.

Uppmarsch, Den tyska arméns antagliga strategiska, i händelse af ett nytt krig mellan Tyskland o. Frankrike. Öfv. från franskan af *Claes Grill*. 8:o, 32 s. Sthm, P. A. Norstedt & S:r. 87. 50 ö.

Uppsatser i praktisk entomologi, utg. af Entomolog. fören. i Stockholm. 8:o. Sthm, Samson & Wallin i komm.
1. vj o. 66 s. samt 1 pl. 91. 1: 25.
2. 94 s. o. 1 pl. 92. 1: 25.
3. 94 s. o. 1 pl. 93. 1: 25
4. 98, xxviij s. o. 1 pl. 94. 1: 25.

Uppsatser i den norrländska skogsfrågan, samt Landshöfding Curry Treffenbergs motion om revision af skogslagstiftningen. 8:o, 179 s. Sthm, C. Bovallius. 94.

Uppsatser i teologiska o. kyrkliga ämnen, utg. af *W. Rudin.* 8:o. Ups., W. Schultz.
2. Om det personligas betydelse vid förkunnelsen af Guds ord. Homiletisk pastorala antydningar. 44 s. 86. 50 ö.
3, 4 o 5. Bibelns enhet. 156 s. 88. 1: 50.
6. *Rudin, W.*, Den gudomliga uppenbarelsens förnedringsgestalt. iv o. 60 s. 93. 50 ö.

7: 1. *Lundin, C F.*, Upsala möte i världshistorisk belysning. — 2. *Rudin, W.*, Reformationens princip. 58 s. 93. 50 ö.
8: 1. *Rudin, W.*. Första Mosebok o. Egypten. — 2. *Godet, F*, Jesu lif intill tiden för hans offentl. uppträdande. Öfv. af *G. Montan*, iv, 32 o. 36 s. 95. 50 ö.
Uppsatser, Litteraturhistoriska, af *C. V. Böttiger*, *G. Ljunggren*, *H. Solander*, *C. R. Nyblom*, *B. E. Malmström* o *F. M. Franzén*. Såsom feriekurser i modersmålet för de högre allm. lärov:n i sammandrag, utg. af *Peter Bagge*. 8:o, 111 s. Sthm, F. & G. Beijers Bokf.-aktb. 95. 90 ö.
Uppsatser, Några, i teosofi för ungdom af *E. B.* 8:o, 73 s. Sthm, Teosof. bokförlaget. 94. 1 kr.
Uppsatser, Valda, på tyska, franska o. eng. språken. Se: *[Jernell, And. Magn]*
Uppslagsbok för alla. Konversationslexikon i fickformat. Utg. af *J. Bernh. Lundström* o. *Alb. Montgomery*. Liten 8:o, 1984 sp. Sthm, Fahlcrantz & K. 87. 2: 50, inb 3: 25.
(Utkom i 16 hfn. 86—87 å 30 öre.)
Uppslagsbok för svenska musikhandeln 1889. [Utg. af *Th. Tammelin.*] 4:o, 152 s. Linköp, Utg:n. 89. Netto 15 kr.
—, Supplement. 28 s. 92. 4 kr.
UPPSTRÖM, W. Se: Grundlagar, Sveriges. — Lag, Sveriges rikes.
Upptäcktsresor o. äfventyr i främmande länder för ungdomen bearb. efter *Campe, Cooper* m. fl. 8:o, 142 s. o. 5 kol. pl. Sthm, F. & G. Beijers Bokf.-aktb. 90. Kart 2: 50.
Upsala som boningsort. Anvisn:r för dem som tänka bosätta sig i Upsala. 8:o, 39 s. o. 8 pl. Ups., Akad. boktr. i komm. 94. 50 ö.
Upsala universitetshus. 4:o, 3 s. o. 4 pl. Sthm, Exped. för Teknisk tidskrift. 86. 1: 50.
Upsalastudier tillegnade Sophus Bugge på hans 60 års födelsedag d. 5 jan. 1893. 8:o, 236 s. Ups., Akad. bokh. 92. 6: 50.
Ur den finska sången samt några ryska skalder. Tolkningen af *Fågel Bld.* 8:o, 99 s. H:fors, G. W. Edlund. 91. 1: 50 fmk (1 kr.)
Urmakeritidning, Svensk. 1890. Red. *Bror Ericson*. 8:o. Sthm, Redaktionen. 90. För årg. 4 kr.
URQUHART, John, Hvad är bibeln? Öfv. från eng. af *G. S. Löwenhielm*. 8:o, 48 s. Sthm, Fost.-stift:s f.-exp. 93. 25 ö.
Urval ur nyare författares arbeten. Fransk vitterhet för skolan o. hemmet, utg. af *Joseph Müller* o. *Oscar Wigert*. 8:o. Sthm, C. E. Fritzes hofbokh.
1. Se: *Müller, Jos.*, Fransk vitterhet.
2 *Coppée, François*, Mon amie Meurtrier. — *Jacques Normand*, Le voyage de Fritz. — *Henri Conti*, Bibi Lolo. — *Eug. Labiche*, La Grammaire. 120 s. 91. 1 kr.
3. *Theuriet, André*, La Saint-Nicolas. — *Richebourg, Emile*, Le bouquet des roses. — *Verne, Jules*, Gil Braltar. — *Champol*, La serviette. 110 s. 91. 1 kr.
4. *Claretie, Jules*, La mort du Marquis. — *Guy de Maupassant*, L'aventure de Walter Schnaffs. — *J. Colomb*, L'oiseau du Docteur. — *Ernest Legouvé*, La fleur de Tlemcen. 107 s. 92. 1 kr.
5. *Merimée, Prosper*, Matteo Falcone. — *Ludovic Halévy*, Noiraud. — *François Coppée*, Une mort volontaire. — *Georges Ohnet*, Le Ruysdaël. — *Victorien Sardou*, Lobus. — *Jules Girardin*, Vive la France. 110 s. 93. 1 kr.

USCHAKOFF, Theodor, Teknisk mekanik. 1:a o. 2:a hft. 8:o, 103 s. H:fors, G. W. Edlund. 91. 2: 25 fmk.
USSING, H. Se: Föredrag vid tredje nord. studentmötet.
USSING, J. L., Den klassiske archeologi. Se: Tidskrift, Nordisk. 1890.
—, Hvad kan og hvad skal oldtidens kunsthistorie? Se: dersammast. 1895.
Utdrag af förslag till exercisreglemente för trängen. 8:o, 54 s Sthm, P. A. Norstedt & S:r. 93. Inb. 1 kr.
Utdrag af protokollet öfver landtförsvarsärenden, hållet inför hans maj:t konungen uti statsrådet å Stockholms slott d. 14 nov. 1890. Stor 8:o, 21 s o. 4 tab. Sthm, P. A. Norstedt & S:r. 91. 15 ö.
Utdrag ur förslag till skjutinstruktion för de högre allm. läroverken. 8:o, 56 s. Sthm, Samson & Wallin. 94. Inb. 50 ö.
Utdrag ur Handbok för svenska kyrkan, stadfäst 1894, att begagnas vid de prästerliga förrättn:r, som icke ovilkorligen skola ega rum i kyrka. 8:o, 119 s o. 8 blad anteckningspapper. Sthm, A. V. Carlsons Bokf.-aktb. 94 Klb. 1: 75.
Utdrag ur Handbok för Svenska kyrkan, stadfäst 1894, (kap. 3, 7, 8, 9 o. 10) jämte bibelspråk o. psalmverser, att begagna vid sådana präsert. förrättn:r som icke nödvändigt behöfva ske i kyrka. 8:o, 64 s. o. 16 skrifpapper för anteckn:r. Vestervik, C. O. Ekblad & K. 94. Inb. 1: 25.
Utdrag ur Kgl. Krigsakademiens order- o. straffjournaler utg af *Walter Jochnick*. 8:o, 62 s. Sthm, Ad. Bonnier i distr. 92. 75 ö.
Utdrag ur kyrkohandboken. 16:o, 51 s. H:fors, G W. Edlund. 88. 1 fmk.
Utdrag ur Stockholms röstlängd, upptagande alla de valmän, som icke deltogo i riksdagsmannavalet d. 15 april 1887. 3 hfn. 16:o, 157, 144 o. 132 s. Sthm, Fröken H. Lundbäck. 87. För häfte 15 ö.
Utdrag ur Stockholms röstlängd, upptagande de vid 1890 års riksdagsmannaval röstberättigades namn m. m 2:a valkretsen. 16:o, 159 s. Sthm, Osc. Eklunds tryckeri. 90. 50 ö.
Ute i stormen. Öfv. från eng. af *E. F. L—m.* 8:o. 87 s Sthm, Fost.-stift:s f.-exp. 92. 50 ö., kart. 75 ö.
Ute o. hemma. Tidskrift för vår tids kulturlif m. m. under red. af *O. H. Dumrath* 1:a—6:e årg. (1889—94.) 8:o. Sthm, Ad. Bonnier. 89—94. För årg 7 kr.
Utflykt, En, till landet. Med fristående bilder. 4 pl. med text. Malmö, Envall & Kull. 92. Kart. 2: 75.
Utflykter, Känslosamma, i träskor. 8:o, 58 s. Tr. i Sthm. (Uppl. 33 ex.) (Ej i bokh)
Utlåtande ang. arbetareförsäkringskomiténs förslag till lagar om försäkr. för olycksfall i arbetet o. om sjöfolks försäkr. för olycksfall i tjensten. 4.o, 34 s. Sthm, Samson & Wallin. 89. 25 ö.
Utlåtande, Öfverståthållareembetets o. länsstyrelsernas, öfver arbetarförsäkr. komiténs förslag till lag om ålderdomsförsäkring. 4:o, 70 s. Sthm, Samson & Wallin. 90. 50 ö.
Utlåtande, Öfverståthållareembetets o. K. Maj:ts befallningshafvandes, öfver nya arbetareförsäkr komiténs betänkande med förslag till lag ang. försäkring för beredande af pension vid varaktig oförmåga till arbete etc. Stor 8:o, 132 s. Sthm, Samson & Wallin. 94. 1 kr.
Utlåtande af fakulteter o. sektioner samt det större konsistoriet vid universitetet i Upsala ang. den s. k.

universitetskomiténs förslag o. betänkande. 8:o, 160 o. 51 s. Upsala, Akad. bokh. 89. 75 ö.
Utlåtande o. förslag ang. gaturenhållningsbestyrets i Stockholm öfvertagande af kommunen. 8:o, 22 s. Sthm, C. Deléen & K. 94. 25 ö.
Utlåtande, Kgl. Maj:ts o. Rikets kammarrätts, samt Öfverståthållareemb. o. Kgl. Maj:ts Befallningsh. öfver komiterade den 1 maj 1891 afg. förslag till ändr. i bevillningsförordn. 4:o, 145 s. Sthm, Samson & Wallin. 92. 1 kr.
Utlåtande, Kongl. Maj:ts o. rikets kammarrätts underdåniga, öfver det af särskilda komiterade d. 2 nov. 1894 afg. betänkande med förslag till förordning ang. inkomstbevillning. 4:o, 90 s. Sthm, Samson & Wallin. 95. 75 ö.
Utlåtande, Kongl. Maj:ts o. Rikets Kommerskollegii o. Kongl. Generaltullstyrelsens gemensamma underdåniga, af d. 28 dec. 1894 ang. Sveriges o. Norges ömsesidiga handels- o. sjöfartsförh. äfvensom. Kongl. Landtbruksstyrelsens underd. utlåtande af d. 21 dec. 1894 ang. vissa delar af samma ämne. 4 o, 172 s. Sthm, Samson & Wallin. 95. 1 kr.
Utlåtande, Den sakkunniga nämndens, om återbesättande af den i Upsala lediga professuren i teoret. filosofi. Stor 8:o, 16 s. Ups, Akad. bokh. i distr. 88. 50 ö.
Utlåtanden, De nya sakkunniges, rör. tillsättandet af e. o. professuren i oftalmologi vid Karol. inst. i Stockholm. Utg. af Dr Joh Widmark. 8:o, 16 s. Sthm, Samson & Wallin i distr. 91. 25 ö.
Utlåtande, Kongl. Statskontorets o. Kongl. Maj:ts o. Rikets Kammarrätts underd., öfver det af särskilda kommitterade d. 27 okt. 1893 afg. betänkande o. förslag ang. utvidgning af arfsbeskattningen o. utsträckt tillämpning af stämpelskatten. 4.o, 26 s. Sthm, Samson & Wallin. 95. 50 ö.
Utlåtande öfver tullkomiténs betänkande ang Sveriges o Norges ömsesiga handels- o sjöfartsförhållanden 4:o, 31 s. Sthm, Samson & Wallin. 89. 50 ö.
Utlåtande, Tullkomiténs i anledning af förslag att genom tullrestitutioner bereda lättnader åt sjöfartsnäringen. 4:o, 22 s. Sthm, Samson & Wallin. 91. 50 ö.
Utlåtande öfver tullkomiténs betänkande med förslag till ny tulltaxa. 4:o, 70 s. Sthm, Samson & Wallin. 91. 75 ö.
Utlåtande rör. ändringar i undervisningsväsendet m. m. inom de filosof. fakult. vid universit. i Upsala o. Lund, afgifna af akad. myndigheter. 8:o, 342 s. Sthm, Samson & Wallin i komm. 90. 1: 50.

Utlåtande, Kgl. Vetenskapsakademiens, om Skandinaviska allm. Lifförsäkringsföreningen. 8:o, 32 s. Sthm. Redaktionen af Svensk Assuranstidning. 88. 25 ö.
Utlåtande, Öfverståthållareemb. o. Kongl. Maj:ts befallningshafvandes i rikets samtl. län, öfver det af kommitterade d. 2 nov 1894 afg. betänkande med förslag till förordning ang. inkomstbevillning. 4:o, 208 s. Sthm, Samson & Wallin. 95. 1: 25.
Utlåtanden öfver kommitterades d. 13 jan. 1891 daterade förslag till stadga för rikets allm. läroverk. 8:o, 654 s. Sthm, Samson & Wallin. 91. 3 kr.
Utlåtanden, Underdåniga, at Landtbruks-akademiens förvaltningskomité ang. organisationen af rikets landtbruksläroverk. 8:o, 228 s. Sthm, Samson & Wallin. 86. 75 ö.
Utlåtanden o. yttranden ang. läroverkskomitens grundade framställn:r o. förslag. 8:o. Sthm, Samson & Wallin.
IV. Afgifna af Medicinalstyrelsen, de medicinska fakulteterna vid univ:n i Lund o. Ups. samt lärarekollegiet vid Karolinska inst. i Sthm. Stor 8.o, 43 s. Sthm, Samson & Wallin. 87. 50 ö
Utredning rör. de riddersk. o. adelns previleg:r m. m. hvilka böra anses ännu ega gällande kraft. På uppdrag af riddarhusdirektionen verkstäld af Hans H:son Wachtmeister. 8:o, 258 s. Sthm, Samson & Wallin 86. 2: 50.
Utrikesministerfrågan. Se: Skrifter, Svenska nationalföreningens. 3.
Utställning, Konstnärsförbundets. Illustr. katalog. 8:o, 30 s. o. 40 pl. Sthm, F. & G. Beijers Bokf.-aktb. 86. 2 kr.
Utställning, Konstnärsförbundets, våren 1890. 8:o, 14 s o. 17 pl. Sthm, Th. Blanch. 90. 2 kr.
Utsökningslag för Finland Se: Författningssaml. Lilla. 39.
Utsökningslagen o. dithörande författn:r med förklaringar, prejudikat, hänvisn:r o. sakreg. utg. af E. Herslow 8.o, 207 s. o. 3 tab. Sthm, P. A. Norstedt & S:r. 95. Klb. 3: 50.
Uttalanden, Märkliga, i härordningsförslaget vid urtima riksdagen 1892. Samlade af O. A. Å. 4:o, 56 s. Sthm, G. L Åslund. 92. 1 kr.
Uttalanden ang. Vittnesbörd för den lutherska läran om rättfärdiggörelsen samt prof. J. T. Becks o. lektor P. Waldenströms lära. Bihang utg. af E. T. Gestrin. 8:o, 36 s. Åbo, tr. hos G. V. Wilén & K. 86. 40 p.
För Sverige: Norrk., M. W. Wallberg. 30 ö.

V, W.

WAARA, Johan, Svensk-finsk o. finsk-svensk parlör jemte finsk o. svensk ljudlära. 8:o, 132 s. Luleå, 89. 1 kr.
WACHENHUSEN, Hans, Bonde o. herreman. Novell. Öfv. 8:o, 131 s. Sthm, C. A. V. Lundholm. 89. 1 kr.
—. Engelsrösten. Berättelse. Öfv. 8:o, 90 s Sthm, C. A. V. Lundholm. 89. 75 ö.
——, Kärleken botar allt. Berättelse. 8:o, 66 s. Sthm, C. A. V. Lundholm. 89. 50 ö.

WACHTMEISTER, Constance, o. andra, H. P. Blavatsky o. 'den hemliga läran" Öfv. från eng. af C. Scholander. 8:o, 160 s. Sthm, Teosofiska bokförlaget. 94. 1: 50.
WACHTMEISTER, H., Turistskizzer från Indien. Stor 8:o, 192 s. o. 27 pl. samt 1 karta. Sthm, P. A. Norstedt & S:r. 94. Klb. 9: 50.
— —, Vägvisare för turister. Handledning vid uppgörande af resplaner. 8:o, 160 s. Sthm, P. A. Norstedt & S:r. 91. 2: 50.

WACHTMEISTER, H., Se: Utredning rör. de ridd. o. adelns privileg. etc.

WACKERBARTH, A. F. D., Fem-ställiga logarithmtabeller. 8:o, xviij o. 228 s. Sthm, Fr. Skoglund. 89. 2 kr.

WACKLIN, Sara Elisabeth, Hundra minnen från Österbotten. Ny uppl. 8:o, 384 s. Sthm, F. & G. Beijers Bokf.-aktb. 87. 3: 75.

Vademecum för alla. Se: Uppslagsbok för alla.

WADMAN, Jacob, En presterlig lifsbild från vår tid o. vårt land. Se: [Skarstedt, C. W.]

WADSTEIN, Elis, Fornnorska homiliebokens ljudlära. Se: Årsskrift, Upsala univ. 1890. Filos. språkvet. o. hist. vet. 2.

Vadstena klosters uppbörds- o. utgiftsbok. Se: Tidskrift, Antiqvarisk. XVI.

WADSTRÖM, Bernh., Magnus Huss. Ord vid M. Huss jordfästning d. 27 apr. 1890. 8:o, 16 s. Sthm, F. & G. Beijers Bokf.-aktb. 90. 25 ö.

—, Se: Bibel, Barnens. — Bibliotek, Nytt för berättelser. — Frideborg. — Förr o. nu. — Porträtt, Svenska o. finska.

WÆRN, Cecilia, Från Paris' vårutställningar. Se: Tidskrift. Nordisk. 1890.

—, Jean François Millet. Se: dersammast. 1888.

—, Sommarkapplöpningen i Siena. Se: dersammast. 1892.

WÆRN, C. F., Mellanrikslagen o. dess verkningar. 8:o, 120 s. Sthm, P. A. Norstedt & S:r. 95. 1: 50.

—, Om handelsbalans, kurs o. utländsk skuldsättning. 8:o, 35 s. Sthm, F. & G. Beijers Bokf.-aktb. 87. 50 ö.

WAGNER, Adolf, Katedersocialismen om socialismen. Ett föredrag. Öfv. af Thor Andersson. 8:o, 40 s. Lund, Ph. Lindstedts univ. bokh. 95. 50 ö.

WAGNER, C., Ädel kraft. Öfv. fr. franskan. 8:o, 124 s. Sthm, P. A. Norstedt & S:r. 95. 1: 50.

WAGNER, Clinton, Vanan att andas genom munnen, dess orsaker o. verkningar. Öfv. af Gustaf Bergman. 8.o, 25 s. Sthm, Öfv:n. 89. 50 ö.

WAGNER, Paul, Anvisning till superfosfats o. thomasmjöls rätta användande ss. gödningsämnen. Öfv. af Hj. Nathorst. 8:o, 39 s. Lund, C. W. K. Gleerup. 90. 60 ö.
Jfr. Skrifter, Smärre, att utdelas vid husdjurspremiering. 11.

—, Användandet af konstgjorda gödselämnen inom trädgårds- o. blomsterskötseln. 8:o, 46 s. Göteb., Wettergren & Kerber. 94. 50 ö.

—, De nyaste erfarenheterna om Thomasslaggen. Se: Skrifter utg. af Svenska utsädesfören. 3.

—, De odlade växternas ändamålsenl. gödning. Se: Skrifter i landtbruk. 2.

—, Några praktiskt vigtiga gödningsfrågor. Se: Skrifter utg. af Svenska utsädesfören. 1.

—, Thomasslaggen. Se: Småskrifter i landtbruk. 3.

WAGNER, Rich., L. v. Beethoven. Se: Bensow, O.

—, Mästersångarne i Nürnberg. Se: Opera-repertoire. 88.

—, Valkyrjan. (1:a dagen af Niebelungens ring.) Öfv. af O. Bensow. 8:o, 102 s. Sthm, G. Chelius. 91. 75 ö.

WAGNER-GROBEN, C., Bönens makt. Ett bidrag till förstående af Jesu löften om bönhörelse. Öfv. af Erik Stave. 2:a uppl. 8:o, 171 s. Sthm, Fr. Skoglund. 88. 1: 50, inb. 2: 25. (1:a uppl. 87.)

—, Från Tabor till Golgatha. Betraktelser med an-

ledn. af Jesu lidandes hist. Öfv. af Erik Stave. 8:o, 389 s. Sthm, Fr. Skoglund. 86. 3 kr.

WAGNER-GROBEN, C., Himmelskt ljus i jordiskt mörker. Öfv. af Erik Stave. 8:o, 149 s. Sthm, Fr. Skoglund. 88. 1: 50, inb. 2: 25.

—, Jakobs pilgrimslif eller menniskans synd o. Guds förbarmande. Öfv. af E. E. 8:o, 157 s. Sthm, C. A. V. Lundholm. 90. 1: 25, kart. 1: 75.

—, Kristliga föredrag. Öfv. från tyskan. 8:o, 59 s. Sthm, Fost.-stift:s f-exp. 89. 40 ö.

—, Naaman af Syrien. Underbara lefnadsskickelser. 8:o, 48 s. Sthm, Fost.-stift:s f.-exp. 89. 30 ö.

—, Ynglingalif i evangelii ljus. Öfv. af Th. Lindhagen. 8:o, 40 s. Sthm, Fost.-stift:s f.-exp. 91. 25 ö.

WAGNSSON, Gustaf, I ungdomstid. Föredrag hållna vid andaktsstunder med K. F. U. M. o. Epworthföreningar. 8:o, 174 s. Sthm, I. M. Erikson. 95. 1 kr., inb. 1: 50.

WAHLBECK, H. J., De forma et magnetudine telluris etc. Se: Fennia. IV: 10.

WAHLBERG, C. F., Den första hjälpen vid olyckshändelser o på stridsfältet. Kort handledn. för samariter. Med 150 fig. af R. Laurell o. 1 litogr. karta. 12:o, 87 s. H:fors, Lång & Ståhlberg. 86. 1 fmk.

—, Från tyska härens sanitetsväsende. Med tvenne schematiska kartor, plan o. ritningar. 8:o, 33 s. o. 3 pl. H:fors, Waseniuska bokh. 86. 1 fmk.

—, Försök till kort handledn. i sanitetstruppers taktik. I. Den formella taktiken. 8:o, iij o. 36 s. H:fors, Lång & Ståhlberg. 88. 2: 25 fmk.

—, Kort handbok för läkare vid besigtning af värnpliktige. 12:o, 77 s. H:fors, G. W. Edlund. 94. 1 fmk.

WAHLÉN, Eva, Guld o. gröna skogar. Sagor o. berättelser. 12:o, 123 s. Sthm, Alb. Bonnier. 90. Inb. 1: 50.

—, D:o d:o. Ny samling. Med 13 teckn:r af Gerda Tirén. 12:o, 164 s. o. 2 pl. Sthm, Alb. Bonnier. 91. Inb. 2 kr.

WAHLENBERG, Anna, Bengts sagor om kungar o. tomtar o. troll o. prinsessor. Illustr. af Ottilia Adelborg. 4:o, 124 s. o. 2 pl. Sthm, Alb. Bonnier. 95. Kart. 3 kr.

—, En stor man. Berättelse. 2 dlr. 8:o, 312 o. 246 s. Sthm, Alb. Bonnier. 94. 5 kr.

—, Hos grannas. Skizzer. 12:o, 212 s. Sthm, Alb. Bonnier. 87. 1: 75.

—, I hvardagslag. Skizzer. 12:o, 235 s. Sthm, Alb. Bonnier. 89. 2: 25.

—, Löndörren. Pjes i 4 akter. 12:o, 184 s. Sthm, Alb. Bonnier. 93. 2 kr.

—, På vakt. Komedi i 3 akter. 12:o, 151 s. Sthm, Alb. Bonnier. 90. 1: 25.

—, Små själar. En hvardagshistoria. 12:o, 336 s. Sthm, Alb. Bonnier. 86. 2: 50.

—, Stora barn o. små. Nya skizzer. 12:o, 243 s. Sthm, Alb. Bonnier. 91. 2: 25.

—, Tolf skisser. 12:o, 179 s. Sthm, Alb. Bonnier. 93. 2 kr.

—, Två valspråk. Komedi i 3 akter. 12:o, 139 s. Sthm, Alb. Bonnier. 92. 1: 25.

—, Underliga vägar. Skildring. 12:o, 326 s. Sthm, Alb. Bonnier. 87. 3 kr.

WAHLFISK, Joh., Biskop Adam Theodor Strömberg. Minnesteckning. 8:o, 40 s. Strengnäs, Förf:n. 91. Pris ?

WAHLFISK, Joh., Den kateketiska undervisningen i Sverige ifrån reformationen intill 1811. Bidrag till sv. folkundervisn. hist. 8:o, xv o. 207 s. Sthm, Z. Hæggströms f.-exp. 89. 2: 50.

—, Se: Bidrag till Södermanlands äldre kulturhist.

WAHLFORS, H. A., Bidrag till enantylsyrans historia. Se: Öfversigt af F. Vet. Soc:s förhandl:r. XXX—XXXII.

WAHLFORS, K. R., Om skefning o. orsakerna till densamma. 8:o, 56 s. H:fors, W. Hagelstam. 95. 1: 80.

—, Om stockningspapillens patogenetiska vilkor. Akad. afh. 4:o, 105 s. H:fors, 86. 4 fmk.

WAHLGREN, A., Se: Tidskrift, Svenska Jägarförbundets nya.

WAHLROOS, A., Kuno elfs utloppsvik nu som fordom. Se: Fennia. III: 9.

WAHLSTEDT, L. J., Folkskolans naturlära (N:o 1.) 8:e uppl. 12:o, 200 s. Lund, Gleerupska univ:s bokh. i distr. 92. Kart. 65 ö. (6:e uppl. 88. 7:e 90.)

— -, Folkskolans naturlära (N:o 2.) 12:o, 148 s. Lund, Gleerupska univ.s bokh. 90. Kart. 50 ö.

WAHLUND, Karl, Om riddaren med ämbaret. Fornfransk dikt öfversatt. Med teckn:r af *Agi*. (Prentad för Hj. Sjögrens o. Anna Nobels bröllop i St. Petersburg 1890.) 4:o, vij o. 49 s. Tr. i Sthm, i Centraltr. 90. (Ej i bokh.)

—, Se: Ouvrages de philologie romane.

WAINIO, E., De subgenere Cladinae. Se: Medd. af Soc:s pro fauna et fl. fenn. XIV.

—, Etude sur la classification naturelle Se: Acta Soc:s pro fauna et fl. fenn. VII.

—, Monographia Cladoniarum universalis. Se: dersammast. IV o. X.

—, Notes sur la flore de la Laponie finlandaise. Se: dersammast. VIII.

—, Notulae de synonymia lichenum. Se: Medd. af Soc:s pro fauna et fl. fenn. XIV.

—, Revisio lichenum Hoffmannianorum. Se: dersammast. XIV.

—, Revisio lichenum in herbario Linnaei asservatorum. Se: dersammast. XIV.

WAIS, F. A. C, Min läkareverksamhet i nederl. Indien. Se: *Meinert, W.*, Naturmedicin.

Val, Ett. Skådespel i 3 akter. Sv. original af förf. till "Markis de la Ferrière". 8:o, 130 s Sthm, W. Billes Bokf.-aktb. 86. 1: 50.

WALBECK, H. J., De forma et magnitudine telluris. Se: Fennia. IV: 10.

VALBERT, M. G. (Victor Cherbuliez), Mellanfolkliga skiljedomstolar o. den eviga freden. Öfv. af *Bengt Å—d.* 8:o, 32 s. Sthm, P. A. Norstedt & S:r i distr. 91. 30 ö.

[VALBÄCK, F. J.], En afton i Kajsaniemi. Romant. skildring ur Helsingfors-lifvet. 8:o, 128 s. H:fors, K. Anderssons. 92. 1: 60 fmk.

[—], Från lifvets strider. Skildringar af *Adolf Bäck*. I. I ungdomens vår. 8:o, 4 o. 192 s. H:fors, 95. 1: 75 fmk.

Valdemar, N., Minni. En berättelse för unga flickor. Öfv. 8:o, 220 s Sthm, Ad. Bonnier. 89. Klb. 3 kr.

WALDENSTRÖM, G. F., Handbok för utstakning af kurvor å jernvägs- o. landsvägslinier lämpad efter metersystemet. 8:o, xj o. 174 s. Ups, Förf:n. 89. Klb. 2: 75.

—, Tabeller för utstakning af föreningsspår o. inläggning af spårvexlar i rakt o. krökt spår. 8:o, 109 s o. 9 pl. Ups., Förf:n. 92. Klb. 3 50.

WALDENSTRÖM, Hugo, Systematiska anteckn:r öfver värnpligtslagen d. 5 juli 1885 samt förordn. ang. inskrifning o. redovisn. af värnpligtige etc. tillika med författn:r ang. resekostnads ersättning till tjenstemän för resor m. m. 8:o, 78 o. 67 s. Sthm, (Looström & K.) 87. 1: 25.

WALDENSTRÖM, P., Brukspatron Adamson, eller hvar bor du? 5:e uppl. Illustr. af *Jenny Nyström*. 8:o, 218 s. Sthm, Pietistens exp. 91. 1: 50, kart. 1: 75.

—, Frälsningsbudskap o. minnen från Immanuelskyrkan i Stockholm. I: 1—4. 8:o, 268 s. Sthm, Pietistens exped. För häfte 50 ö.

—, För fosterlandet. Anföranden i andra kammaren jemte inledn. o. efterskrift. 8:o, 32 s. Sthm, Pietistens exp. 93. 25 ö.

—, Genom Norra Amerikas förenta stater. Reseskildringar. Med illustr. 8:o, 615 s. Sthm, Pietistens exp. 90. 5: 50, inb. 7 kr.

—, Gud är min tröst. 8:o, 224 s. Sthm, Pietistens exp. 90. 1: 25, inb. 2 kr.

—, Guds eviga frälsningsråd till uppbyggelse i tron. Stereotyp. godtköpsuppl. 3 dlr. 8:o. 496, 652 o 786 s. jemte fullst. språk- o. sakreg. 64 s. samt 1 portr. Sthm, Pietistens exp. 91. 5 kr., inb. 9 kr.

—, Kristi afsked från sina lärjungar. 8:o, 192, 192 o. 96 s. Sthm, Pietistens exp. 94. 2 kr., inb. 2: 75.

—, Om höflighet. 1:a o. 2:a uppl. 8:o, 30 s. Sthm, Pietistens exp. 87. 25 ö.

—, Till Österland. Reseskildringar 1:a—7.e hft. 8:o, 224 s. o. 7 pl. Sthm, A. L. Normans f.-exp. 95. För häfte 40 ö.

—, Se: Ansgarius. — Testamentet, Nya.

VALDÉS, Armando Palacio, Marta o. Maria. Roman. Öfv. fr. spanskan af *A. H.* 8:o, 296 s. Sthm, L. Hökerberg. 95 2: 75.

WALDMANN, Paul (pseud. för Axel Bergström). Från skogar o. hagar. Frilufts- o jagtstycken samlade. 8:o, 244 s. Sthm, Z. Hæggströms f.-exp. 92. 2: 75.

—, Miniatyrer från det fria. 8:o, 103 s. Sthm, Ad. Johnson. 88. 1 kr.

WALDOW, Ernst v., Röda tornets hemlighet. Kriminalnovell. Öfv. af *Simon Skogsberg*. 12:o, 206 s. Sthm, F. & G Beijers Bokf.-aktb. 89. 1: 50.

VALENTIN, Philip, Förvandling af de vanligaste prisnoteringarne i utlandet för spanmål o. dylikt till svenska värden. 8:o, 21 s. Sthm, Fr. Skoglund. 89. Inb. 75 ö.

[VALLENTIN, Hugo], Karl Petterssons öden o. missöden beskrifna i brefform af honom sjelf. 12:o, 156 s. Sthm, Alb. Bonnier. 93 1: 25.

VALERA, Juan, Pepita Jimenez. Roman. Från spanska öfv. af *M. Boheman*. Med förord af prof. *Edv. Lidforss.* 8:o, 197 s. Sthm, H. Geber. 94. 2: 25.

—, Se: *Balaguer, V. o. Valera, J.*, Columbus.

Valerian, I arbetarefrågan. II. Pensionsförsäkringen. Några betraktelser. 8:o, 43 s. Sthm, Centraltryckeriets f.-exp. 95. 50 ö.

WALFORD, C. B., En bra flicka. Se: Bibliotek, Nytt, för barn o. ungd. 4.

Valkyrian. En förklarande text till Rich. Wagners musikdrama af *H. F.* Sammandragen öfvers. fr. tyskan. 8:o, 31 s. Sthm, G. Chelius. 95. 25 ö.

[WALL, Ax. Rudolf Maur.], Nyckel till Almanackan. 5:e uppl. Liten 8:o, 232 s. Sthm, Aktieb. Hiertas bokf. 92. 50 ö.

WALLACE, Alfred Russel, Darvinismen. En framställning af teorin om det naturliga urvalet. Med illustr. Öfv. från eng. af *Gust. F. Steffen*. 8:o, 544 o. viij s. Sthm, Fahlcrantz & K. 90.
7 kr., inb. 8: 75.
—, Den vetenskapl. åsigten om det öfvernaturliga. Öfv. 12:o, 142 s. Sthm, A. I. Seelig. 88. 1: 25.
WALLACE, L., Ben-Hur. En berättelse från Kristi tid. Öfv. från eng. af *A. Boggiano*. 8.0, 624 s. Sthm, Fr. Skoglund. 88. 4: 50.
—, D:o d:o. Illustr. Fri bearb. efter eng. orig. af *And. Neander*. 8:o, 259 s. Sthm, Fr. Skoglund. 95. 5 kr., inb. 6 kr.
WALLANDER, J., Normalserie af modeller i snickeri för slöjdskolor. 2:a uppl. Stor folio, 8 pl. Sthm, P. A Norstedt & S:r. 93. 5 kr.
WALLBERG, J. A, Den praktiska meterboken. 2:a uppl. Liten 8 o, 66 s. Sthm, Förf:n. 88. (1:a uppl. 87) Kart. 50 ö., klb. 75 ö.
— , Praktisk prisförvandlingstabell från gamla till metersystemet o. tvärtom. 1 karton. tabell. Sthm, Förf:n. 89. 75 ö.
WALLDÉN, W., Huru många o. hvilka kategorier af Sveriges jordbrukare kunna tänkas få någon fördel af tullar å hvete o. råg? 8:o, 36 s. Sthm, P. A. Norstedt & S:r. 87. 10 ö.
WALLÉEN, M., Ornitolog. iakttagelser. Se: Medd. af Soc. pro fauna et fl. fenn. XV.
WALLENBERG, A. O., Sista uttalande i bankfrågan. 8:o, 32 s. Sthm, C. E. Fritzes hofbokh. 86. 50 ö.
WALLENBERG, G. O., Se: Memorandum med auledn. af H. Sandebergs broschyr.
WALLENGREN, Axel, Bohème o. Idyll. 8:o, 191 s. Malmö, Envall & Kull i distr. 92. 2: 25.
— - , En ensam. 12:o, 244 s. Sthm, (Looström & K.) 93. 2: 25.
[— -], En hvar sin egen gentleman. Oumbärlig handbok i fara o. frid. Af *Fallstaff*, fakir. Flera delar i 1 band. 8:o, 118 s. Sthm, J. Seligmann. 94.
1: 50
[—], En hvar sin egen professor eller allt menskligt vetande i sammandrag. Kortfattad encyklopedi. III delar i ett band. Af *Fallstaff*, fakir. 1:a o. 2:a uppl. 8:o, 78 s. Lund, Aug. Collin. 94. 75 ö.
—, "Mannen med två hufvuden" m. fl. noveller. 8:o, 309 s. Sthm, G. Lindström. 95. 3: 50.
WALLENGREN, H. D. J., Skandinaviens Neuroptera. Se: Handlingar, K. sv. Vet.-akad:s. XXIV: II, 10.
—, Studier öfver ciliata infusorier. II. Akad. afh. 4:o, 77 s. o. 4 pl. Lund, Gleerupska univ. bokh. 95. 2: 50.
I. Se: Acta univ:is Lundensis. XXX: II, 6.
WALLENSKÖLD, A., Chansons de Conon de Béthune trouveur artésien, de la fin du XII:e siècle. Edition critique précédée de la biographie du poète. Thèse . . . pour obtenir le grade de licensié ès lettres. [Akad. afh.] 8:o, ix o. 292 s. H:fors, Förf:n. 91.
5 fmk.
—, Se: *Jesperson, O.,* Fransk elementarb. — *Söderhjelm, W. o. A. Wallensköld,* Le Mystère de Saint Laurent.
WALLERIUS, Ivar D., Undersökningar öfver zonen med Agnostus Lævigatus i Vestergötland. Jemte en inledande öfversigt af Vestergötlands samtl. Paradoxidealager. Akad. afh. 8:o, 73 s. o. 1 pl. Lund, Gleerupska univ:s bokh. 95. 2 kr.
VALLÉS, Jules, Studenten. Öfv. af *Gust. af Geijerstam*. 8:o, 406 s. Sthm, C. A. V. Lundholm. 86.
3: 50.

WALLGREN, H. G., Den internationela rättsordningens problem. Undersökning i allmän samhällslära. 8:o, 212 s. Ups, Lundequistska bokh. 92. 2: 50.
WALLIN, Erik. Se: Linnea.
WALLIN, Goth, Om toluolsulfonglycin. Se: Acta univ:is Lundensis. XXVIII: II, 3.
VALLIN, Joh. Se: Predikningar af svenska prestmän.
WALLIN, J. O., Dödens engel. Illustr. af *C. Larsson*. 2:a uppl. 4:o, 40 s. Sthm, C. E. Fritzes hofbokh. 87. 3 kr., praktb. 6 kr.
[**WALLIN, William**], Gnistor. Dikter. Af *William Stange*. Liten 8:o, 88 s. Göteb., W. Wallin. 89. 75 ö.
WALLIN, V., Suomen maantiet v. 1808 saakka. Se: Fennia. VIII: 2.
WALLIS, A. B., Anvisning till odling af ärttörnet o. skogsviolen. 8:o, 15 s. Lund, Gleerupska univ:s bokh. 92. 25 ö.
WALLIS, A. S. C., Furstegunst. Roman från Erik XIV:s tid. Öfv. från holländska orig. af *Math:a Langlet*. 8:o, 482 s. Sthm, C. E. Fritzes hofbokh. 87. 3 kr.
WALLIS, Curt, Bakteriologi. Se: Handböcker, Medicinska. 3.
—, Dödlighetens aftagande i Sverige. Se: Studentfören. Verdandis småskrifter. 2.
—, Dödlighetens minskning i Sverige. Se: Tidskrift, Nordisk. 1889.
—, Ett besök hos mormonerna. Se: dersammast. 1888.
— , Fysiologi o. hälsovårdslära jämte en kort sjukvårdslära för flickskolorna o. hemmen. Med 118 illustr. 8:o, 300 s. Sthm, C. E. Fritzes hofbokh. 95. 3 kr., inb. 3: 60.
— , Hälsovårdslära. Se: Bibliotek för allmänbildning. 7.
—, Influensan i bakteriologiskt o. patologiskt hänseende. Se: Handlingar, Svenska läkaresällskapets. 3.
—, Samskolan. Amerikanska skolförhållanden särskildt med afseende på samskolan. 8:o, 140 s. Sthm, H. Geber. 88. 1: 50.
—, Se: Sjukvård o. helsovård.
WALLMARK, Ernst, Från ungdomstid — vid höstetid. Rytmer o. rim. 8:o, 149 s. Sthm, J. Beckman. 87. 2 kr.
WALLOTH, Wilh., Faraonernas skattkammare. Roman. Öfv. af *P. Hallström*. 8:o, 280 s. Sthm, W. Billes Bokf.-aktb. 90. 2: 25.
WALLQVIST, Hjalmar, Bostadsförhållandena för de mindre bemedlade i Göteborg. Se: Skrifter, utg. af Loréuska stiftelsen. 5.
VALLSTRÖM, A., Mästerskapssystemet. Praktisk lärobok i spanska språket. Med köpmansterminologi af *E. Draghi*. Bearb. efter Rosenthals "Meisterschaftssystem". 8:o, xij o. 256 s. Sthm, C. E. Fritzes hofbokh. 91. Kart. 3 kr.
—, Se: Parlörlexika, Fritzes.
Valprocessen i Göteborg om majoren John Bratts valbarhet. 8:o, 74 s. Göteb., Göteborgs Aftonblads exped. 90. 75 ö.
Valrätten i främmande länder. Se: Skrifter, Svenska nationalfören. 2.
WALTER, Edv. Theod. Se: Archiv, Skandinavisches.
— Uppgifter för mogenhetsexamen i tyska.
WALTER, Ernst, Lefvande begrafven. Se: Äfventyrsböcker. 5.
WALTER, Fr., Engelska hvardagsuttryck med exempel. 8:o, 95 s. Sthm, G. Chelius. 93. Inb. 1: 25.
WALTHER, Erwin, Den amerikanske tolken. Engelsksvensk tolk o. rådgifvare för utvandrare till Amerika.

Liten 8:o, 145 s. Sthm, Ad. Johnson. 91. Kart. 1 kr.

WALTON, O. F. (Mrs), Bilder ur drottning Victorias lif tecknade för barn. Med 16 illustr. Öfv. af *G. Ljungberg.* 8:o, 60 s. Sthm, A. V. Carlsons Bokf.-aktb. 87. Kart 1 kr.
—, Ett lyckligt val. Öfv. 8:o, 200 s. Sthm, Fost-stift:s f.-exp. 88. 1: 25, kart. 1: 50, klb. 2: 25.
—, Upptagen eller kvarlämnad. Öfv. 8:o, 86 s. Sthm, Fost.-stift:s f.-exp. 94.

Vandringen hemåt, Under, Bibelord, tänkespråk o. verser med illustr. af *L. L.* 8:o, 36 s. velin. (Tr. i Lahr.) Sthm, Fost.-stift:s f.-exp. 90. Kart. med guldsn. 1: 50.

VANNÉRUS, Allen, Om den psykofysiska parallelteorien. 8:o, 33 s. Sthm, Förf:n. 94. 1 kr.
—, Om erfarenheten, ett kunskapsteoretiskt studieförsök. Akad. afh. 8:o, 119 s. Sthm, Förf:n 90. 1 kr.
—, Om universum som ett helt. Ett bidrag till utredningen af det kosmologiska oändlighetsproblemet. 8:o, 64 s. Sthm, Förf:n. 93. 1: 25.
—, Vetenskapernas system, en propedeutiskt orienterande skizz. 8:o, 56 s. Sthm, Förf:n. 92. 75 ö.
—, Zur Kritik des Seelenbegriffs. Einige Bemerkungen beim Studium d. Wundt'schen Psykologie. 8 o, s. 363—400. Sthm, Förf:n. 95. 1 kr.

Vapenbok, Finlands Ridderskaps o. Adels. Eul Ridderskapets o. Adelns beslut utg. genom *G. Granfelt.* Fol 26 pl., 2 o. 62 s. H:fors, 88—89. 20 fmk. Tillägg s. 63—70. 93.

Vapenbok, Finlands städers. I. Städer anlagda före år 1721. 8:o, 2 o. 33 s. H:fors, 92.

Vapenbok, Sveriges ridderskaps o. adels, utg. af *C. A. Klingspor,* omfattande alla kända såväl introducerade som ointrod. ätters vapen. Folio, 144 o. 58 s. Sthm, Utg:n. 90. 50 kr., inb. 70 kr.

Vapenbröderna. 8:o, 64 s. o. 1 karta. Sthm, P. A. Norstedt & S:r. 94. 50 ö.

Var sorgfri som fågeln på kvist! Bibelspråk med verser af *L. S.* 6 blad velin med fig. Sthm, Fost.-stift:s f.-exp. 92. 75 ö.

Var stark! Se: Småskrifter för nattvardsungdom. 1.

Var stilla för Herren. Bibelspråk jemte verser af *L. S* Med illustr. 6 blad velin. (Tr. i Lahr.) Sthm, G. Chelius. 90. 60 ö.

Vara eller icke vara, Sjöförsvarets. 8:o, 15 s. Sthm, P. Palmquists aktb. 95. 25 ö.

WARBURG, Karl, Anna Maria Lenngren. Ett bidrag till Sveriges litteraturhistoria. 8 o, 340 s. o. 2 pl. Sthm, Ad. Bonnier. 87. 4 kr.
—, Emile Augier. Se: Tidskrift, Nordisk. 1890.
—, Emilie Flygare-Carlén. Se: dersammast. 1892.
—, Fru Lenngrens fader. Se: dersammast. 1887.
—, Hedlinger. Ett bidrag till frihetstidens konsthistoria. 8:o, viij o. 182 s. o. 4 pl. Göteb., D. F. Bonnier. 90. 3 kr. Jfr. Handl:r, Göteborg K. vet. o. vitt. samh. XXIV.
—, Karl August Ehrensvärd. En lefnadsbild från gustavianska tiden. 8.o, 412 s. samt 1 portr. Sthm, F. & G. Beijers Bokf.-aktb. 93. 8 kr., inb. 10 kr.
—, Lidner. Ett bidrag till Sveriges literaturhistoria. 8:o, 239 s. o. 1 portr. Sthm, P. A. Norstedt & S:r. 89. 4 kr.
—, Svensk literaturhistoria. Bearb. för folkhögskolor af *Herman Odhner.* 2:a uppl. 8:o, 46 s. Sthm, P. A. Norstedt & S:r. 88. Inb. 75 ö.
—, Svensk litteraturhistoria i sammandrag. 4:e omarb. uppl. 8:o, 164 s. Sthm, P. A. Norstedt & S:r. 94. Inb. 2 kr. (3:e uppl. 88.)

WARBURG, Karl, Illustr. uppl. 8:o, 194 s. Klb. 2: 75.
—, Se: Anteckn:r om Stora teatern i Göteborg. — *Defoe, D.,* Robinson Crusoe. — *Lenngren, A. M,* Skaldeförsök. — *Schück, H.* o. *K. Warburg,* Illustr. svensk litteraturhist. — *Wikner, P,* Vittra skrifter.

WARD, Humphry, David Grieves historia. Roman. Öfv. af *Anna Geete.* 2 dlr. 8:o, 346 o. 463 s. Sthm, H. Geber. 93. 5: 75, inb. 7 kr.
—, Hvita Kronan. Öfv. från eng. af *Torild Arnoldson.* 1:a o 2:a uppl. Stor 16:o, 64 s. Sthm, Förlagsaffären, "Fria ordet". 92. 40 ö.
—, Robert Elsmere. Roman. Öfv. från eng. af *V. Pfeiff.* 3 dlr. 8:o, 315, 310 o. 325 s. Sthm, A. I. Seelig. 89—90. 7 kr.

Varde ljus! Missionskalender (med illustr.) 1:a—4:e årg. (1893—96.) Utg. af *A. Kolmodin.* 8:o, hvarje årg. omkr. 160 s. Sthm, Fost.-stift:s f.-exp. 92—95. För årg. 75 ö, kart. 1 kr.

WARE, M., Tankar i min trädgård. Öfv. 8:o. 153 s. Sthm, C. Deléen & K. i distr. 89. 1: 25, klb. 1: 75.

VARENIUS, Josephine, Drag o. berättelser ur djurens lif. 1:a saml. 8:o, 48 s. Sthm, Aug Rietz i distr. 94. 25 ö.

VARENIUS, O., Ansvarsbestämmelserna för förmyndarestyrelse. Se: Tidskrift, Historisk. 1888.
—, Den gemensamma utrikesministern o. likställigheten. 8:o, 34 s. Ups., Akad. bokh. 93. 10 ö.
—, Konsulatfrågan. 8:o, 59 s. Ups., Akad. bokh. 93. 25 ö.
—, Nyare unionell litteratur o. olika unionella rättsåskådningar. 8:o, 120 s. Ups., Akad. bokh. 93. 1 kr.
—, Om riksföreståndareskap enligt Sveriges o. Norges grundlagar. 8:o, 72 s. Ups., Lundequistska bokh. i komm. 94. 1: 50.
[—], l'Union entre la Suède et la Norvège. 8:o, 21 s. Sthm, Förf:n. 94.
—, Unionsförfattningen ur svensk och ur norsk synpunkt. 8:o, 68 s. Ups., Akad. bokh. 93. 25 ö.

WARFVINGE, F. W., Influensan i kliniskt hänseende. Se: Handl:r, Svenska läkaresällsk. 2.
—, Se: Sjukvård o. helsovård. — Årsberättelse fr. Sabbatsbergs sjukhus.

Varg i Veum, Afslöjanden af våra musikaliska missförhållanden. Varningsord till de unga. 8:o, 24 s. Sthm, G. Chelius. 92. 50 ö.

WARHOLM, Clas, Se: Testamentet, Nya.

WARHOLM, Joh. Wilh., Skara stifts matrikel år 1886. 8:o, 246 s. Gullspång, Förf:n. 86. 3 kr.

WARHOLM, Rich., Kasuistiska bidrag jemte några ord om den operativa behandlingen af *Ileus.* 8:o, 35 s. Lund, Ph. Lindstedts univ. bokh. 89. 75 ö.
—, Om behandlingen af inklämdt brandigt bråck med tarmresektion o. tarmsöm. Akad. afh. 8:o, 79 s. Lund, Ph. Lindstedts univ:s bokh. 89. 1: 75.

VARIGNY, Charles de, Industriens stormän. Se: Samhällslifvet, Ur det moderna. 10.
—, Kvinnan i Nordamerikas förenta stater. Med tillägg af *James Bryce* o. *Hamilton Aidé.* Öfv. af *O. H. D.* 8:o, 242 s. Sthm, Ad. Bonnier. 94. 2: 50.

WARMHOLTZ, C. G., Bibliotheca historica Sueo-Gothica. Register. [Utg. at *Aksel Andersson.*] 8:o, 126 s. Ups., Lundequistska bokh. 89. 4 kr.

WARMING, Eug., Om nogle arctiske væxters biologi. Se: Bihang till K. sv. Vet.-akad:s handl;r. XII; III, 2.
WARNECK, G., Kristi kärlek. Missionens grundval o drifkraft. 8.o, 16 s. Sthm, Fost.-stift.s f -exp. 91. 15 ö.
— —, Kristiana Kähler, en diakonissa på missionsfältet. Öfv. fiån tyskan. 8:o, vj o. 222 s. (Tr. i H;fors.) Sthm, Fost.-stift:s f.-exp. 89. 1: 50, klb. 2: 50.
— —, Missionen o. skolan. Öfv. o. bearb. 8 o, 209 s. Sthm, Fost.-stilt:s f.-exp. 94. 1: 25, inb. 1: 50.
— —, Missionsföredrag öfver Afrika o. Oceanien. På svenska med tillägg af *C. Strömberg.* 8:o, 346 s. Sthm, Fost.-stift:s f -exp. 90. 2: 75.
— —, Missionsurkunden eller Missionen i Guds ords ljus. 8.o, 31 s. Sthm, Fost.-stift:s f.-exp. 91. 20 ö.
WARTENBURG, Yorck, Napoleon som härförare. Se: Förlag, Militärlitteratur. fören. 59.
WASASTJERNA, K. Osk., Lifgardets finska skarpskytte bataljons officerare o. civila tjensteman. Biograf. anteckn;r. 8:o, 68 s. H:fors, 87. 1: 50 fmk.
WASASTJERNA, Lars, Quelques observations sur le pouvoir rotatoire du quarz Se: Öfversigt af F. Vet. soc:s förhandl:r XXXI.
VASENIUS, Valfrid, Begynnelsekurs i svenska. 2:a omarb. uppl. 8.o, H:fors, Förlagsaktb Otava.
I. Läsebok. 8.o, 200 s. 94. 2: 50 fmk.
II. Ordlistor. 112 s 94. 1: 25 fmk.
(1:a uppl. 91—92 med finsk titel)
, Berättelsebok för öfning i innanläsning sammanställd. 8:o, 96 s. H:fors, Förlagsaktb. Otava. 92. 1 fmk.
— —, Den första undervisningen i språk, särskildt i svenska. 8:o, 114 s. H:lors, Förlsgsaktb. Otava. 94. 1 kr.
— —, Hjelpreda vid uttalsundervisning i svenska. 8:o, 52 s. H:fors, Förlagsaktb. Otava. 93. 1 fmk.
— —, Jacob Henrik Mörk. Litteraturhistorisk teckning.
I. Adalrik o. Götilda. 8:o, 180 s. Sthm, C. E. Fritzes hofbokh. 92. 2 kr.
— —, Lärobok i Sveriges o. Finlands literaturhistoria. 2:a omarb. uppl. 8 o, 164 s. H:fors, G. W. Edlund. 90 kart. 2: 50 fmk. (1:a uppl. 86.)
— —, Om namnen på Finlands kommuner i svensk o. finsk skrift. Se: Fennia. III: 13.
—, Om proportionell representation. 8 o, 79 s H:fors, Förlagsaktb. Otava. 95. 1: 25 fmk.
— , Separatisten Jacob Gripenstedt. Se: Öfversigt af F. Vet. Soc:s förhandl:r. XXXIII
— —, Svensk läsebok för mellanklasserna. 1:a o. 2:a uppl. 8:o, x o. 224 s. H:fors, Förlagsaktb. Otava. 95. 2: 75 fmk.
— —, Öfversigt af Finlands litteraturhistoria för skolor o. själfstudium. 8:o, 4 o. 91 s. H:fors, G. W. Edlund. 93. 1: 25 fmk.
— —, Se: *Collan, K.,* Poetisk läsebok. — Författningar o. beslut.
VASILI, Paul, Från Madrids salonger. Se: Samhällslifvet, Ur det moderna. 6.
—, Från Petersburgs salonger. Se: dersammast. 7.
— —, Från Roms salonger. Se: dersammast. 8.
WATSON, H. B. Marriot, I spindelns nät. Äfventyrsroman. Öfv. från eng. af *Ernst Lundquist.* 8:o, 284 s Sthm, H. Geber. 92. 2: 75.
WAUTERS, A. J., Stanleys expedition till Emin Paschas uudsättning. Öfv. at *O. H. Dumrath.* Med 34 illustr. o. 1 karta. 8:o, 332 s. o. 1 karta. Sthm, H. Geber. 90. 3: 50.
WAVRINSKY, Edv., Om förebyggande af eldfara o. om eldsläckning. Se: Studentfören. Verdandis småskrifter. 23.
WAWRINSKY, R., Hygieniska notiser saml. under en resa i utlandet. 2:a—7:e (slut-)hft. 8:o, s. 63— 513 med 2 pl. o. 3 kartor. Sthm, Samson & Wallin. 86—89. 2:a hft. 2: 50, de öfriga à 2 kr.
—, Konsten att lefva länge, populärt framstäld. 8:o, 156 s. Sthm, J. Seligmann. 89. 1: 50.
, Olägenheterna af kloakvattens utsläppande i vattendrag o. medlen till dessa olägenheters förekommande. 8:o, 61 s. o. 2 pl. Sthm, Samson & Wallin. 87. 75 ö.
— —, Om fosterbarnsväsendet o. dess ordnande i Stockholm. 4:o, 41 s. Sthm, Samson & Wallin. 92. 1 kr.
— —, Praktiska hälsoregler för hemmet. 8:o, 32 s. o. 1 pl. Sthm, H. Geber. 90. 50 ö.
, Se Förhandl. vid Helsovårds fören:s i Sthu sammaukomster. — Förhandlingar vid femte allm. läkaremötet.
WAWRINSKY, Th., Se: Tidskrift, Teknisk.
WAZOFF, Ivan, Under oket. Se: Vitterlek. 72.
WEBB, J. B. (Mrs), Pomponia eller de kristne af kejsarens hus. Med 19 illustr. Öfv. från eng. 2:a uppl. 8:o, 339 s. Sthm, Fost.-stift:s f -exp. 89. 2: 50, kart. 2: 75, klb. 3: 50.
WEBER, Georg, Vår bostad, dess anordning o. vidmaktbållande. Se: Handböcker, Ad. Bonniers allmännyttiga. 14.
WEBER, Hermann, Om lungsot. Dess hygieniska o. klimatiska behandling. Öfv. af *Ludvig Sellberg.* 8:o. 96 s. Sthm, H. Geber. 88. 1: 50.
WEBER, R., Hypokondri o. inbillade sjukdomar populärt skildrade. Öfv. af *O. H. Dumrath.* 8:o, 59 s. Sthm, H. Geber. 87. 75 ö.
Jfr. Vägvisare, Medicinska. 7.
WEBSTER, F. S., Gammaldags kristendom. Öfv. från eng. af *Joh. Swartz.* 8:o, 101 s. Sthm, Fost.-stift:s f.-exp. 93. Kart. 75 ö., klb. 1: 25.
Vecchiettis relation om Persiens tillstånd. Se: Öfversigt af F. Vet.-Soc:s förhandl:r. XXXVI.
WECKSELL, Josef Julius, Samlade dikter. 3:e tillök. uppl. 8:o. H:fors, K. E. Holm.
I. xxxij o. 309 s. 91.
II. Daniel Hjort. Sorgespel i 5 akter med 4 tablåer. viij o. 113 s. 91.
Båda delarne 6 fmk, inb. 10 fmk.
VECSERA, Mary, Ur baronessan M. Vesceras dagboksanteckn:r o. bref. Öfv. 8:o, 102 s. Sthm, Kungsholms bokh. i distr. 89. 1 kr.
VEDEL, P., Argentina. Se: Tidskrift, Nordisk. 1892.
— —, Hamburgs tilslutning til det tyske toldgebit. Se: dersammast. 1889.
VEDEL, V., Carl Snoilsky's digtning. Se: dersammast. 1886.
WEGELIUS, M., Hufvuddragen af den västerländska musikens historia från den kristna tidens början till våra dagar. 8:o. H:fors, K. E. Holm.
I. 134 s. 91. 4 fmk.
II. s. 135—319. 92. 5 fmk.
III. s. 320—584. 93. 7 fmk.
, Kurs i tonträffning. 8:o. H:fors, K. E. Holm.
I. Lärobok. 1—3. 178 s. 93--95. 3: 30 fmk.
II. Läsebok. 1—3. v o. 100 s. 93—94. 2: 30 fmk.
— —, Lärobok i allmän musiklära o. analys. 1:a o. 2:a kursen. 8:o, iij o. 156 s. ij o. 202 s. H:fors, G. W. Edlund. 88—89. 1:a kursen 7 fmk. 2:a 5 fmk.
WEIBULL, Lauritz, Bengt Lidner i Lund. Studenten

o. skalden. 8:o, 31 s. Lund, Gleerupska univ:sbokh. 95. 50 ö.
WEIBULL, Martin, Drottning Kristina o. Klas Tott. Se: Acta univ:is Lundensis. XIX: I, 3.
—, Gustaf II Adolf. Jemte en geogr. öfversikt af svenska väldet under dess storhetstid. (Ur Sveriges historia.) Med 158 af bildn:r. 8:o, 256 s Sthm, Aktieb. Hiertas bokförlag. 94. 3: 50, inb. 4: 50.
—, Om Memoires de Chanut. Se: Tidskrift, Historisk. 1887, 1888.
—, Se: *Cavallin, Chr.* o. *Lysander, A. Th*, Smärre skrifter. — Handskriftsprof 1500—1800.
WEIBULL, Math., Renhållningen i Sveriges städer o. dess framtida ordnande. 8:o, 40 s. Sthm, G. Chelius. 89. 25 ö.
—, Svenska hönsboken. Anvisn. till planmässig hönsskötsel. Med afbildn:r. 8:o, 111 s. Lund, Gleerupska univ.s bokh. 88. 1: 25.
WEIBULL, Mats, Ett blad ur vår tids mineralogiska forskning. Se: Tidskrift, Nordisk. 1891.
—, Jämförande undersökning af Benzols o. Toluols monosulfonföreu. Se: Handlingar, K. sv. Vet.-akad:s XXII: I, 4.
—, Kortfattad lärobok i fysik. 12:o, 64 s. Lund, Ph. Lindstedts univ:s bokh. 91. Inb. 65 ö.
—, Kortfattad lärobok i mineralogi o. geologi. 8:o, 41 s. Sthm, P. A. Norstedt & S:r. 91. 60 ö.
—, Kortfattad lärobok i oorganisk kemi jemte analys. 8:o, 205 s. Sthm, P. A. Norstedt & S:r. 89. 3 kr.
—, Studier öfver arsenikkisens kristallform o. sammansättning. Se: Bihang till K. sv. Vet.-akad:s handl:r. XVI: II, 2.
WEIDENHIELM, C. H., Se: Samling af gällande föreskrifter ang. rustnings- o roteringsbesvärens utgörande.
[WEJDLING, Eva], Sädeskorn o. sagor, berättelser, uppsatser o. poem af *Eva*. 1:a hft. 8:o, 32 s. Kristineh., Förf:n. 93. 40 ö.
WEILAND, Per, Brytningar. Gammalt, nyare o. nytt (Poesi.) 8:o, xj o. 163 s. Ups., Akad. bokh. i distr. 91 1: 75.
—, Göingen. Bygdemål från sydöstra delen af vestra Göinge härad. Med 7 silhuetter af *E. Ljungh*. 8:o, 118 s. Sthm, Alb. Bonnier. 87. 1: 25.
—, Utan smink. 8:o, 146 s. Sthm, Alb. Bonnier. 87. 1: 25.
WEINMANN, Ph., Hvaraf kommer nervsvaghet? o. huru botas den? Se: Flygskrifter, Hälsovännens 15 o. 16.
WEISS, Chr., Se: *Lindegren, J. F.*, Stoff till åskådningsundervisningen.
WEISS, Edmund, Stjernhimmeln i bilder. Astronomisk atlas. Öfv. af *Edv. Jäderin*. 4:o, 59 s. o. 39 pl. Sthm, F. & G. Beijers Bokf.-aktb. 88.
10 kr., inb 13: 50.
WEISS, Julian, Ett lindebarns memoirer. Förtroliga meddelanden. Öfv 12:o, 191 s. Sthm, F. & G. Beijers Bokf.-aktb. 90. 1: 50.
WEISSMAN v. WEISSENSTEIN, A. G., Dagbok från finska kriget 1808 med belysningar utg. af *J. Oscar I. Rancken*. 8:o, 67 s. Sthm, Alb. Bonnier. 87. 1 kr.
WEITBRECHT, G., En blick på andra sidan grafven. Öfv. från tyskan. 8:o, 30 s. Sthm, Fost.-stift:s f.-exp. 86. 20 ö.
—, Hvad hafva vi i vår bibel? Öfv. från tyskan. af *K. Ö—n*. 8:o, 28 s. Sthm, Fost.-stift:s f.-exp. 86. 20 ö.
—, Hvarifrån o. hvarthän? Moderna slagord i evighetsljus. Öfv. af *Wilh. Sundberg*. 8:o, 114 s. Sthm, Fost.-stift:s f.-exp. 94. 1 kr., inb. 1: 75.

WEITBRECHT, Karl, Huru förhåller det sig med socialdemokratien? Öfv. från tyskan. 8:o, 114 s. Helsingb., Joh. Svensson. 89. 75 ö.
VELANDER, J. P., Farbror Ottos berättelser om djuren. 4:o, 8 blad med kolor. fig. o. text. Sthm, G. Chelius. 95. 1: 60.
—, Kort lärobok i geografi på grundvalen af prof. Ed. Ersleus läroböcker utarb. 3:e föryngrade uppl. Med 100 bilder. 8:o, 208 s. Sthm, Alb. Bonnier. 93. Inb. 2 kr.
—, Lilla räknebok för folkskolan. 3,200 uppgifter jemte anvisn:r. Stereotyp. uppl. 8.o, 96 s. Sthm, P. A. Norstedt & S:r. 88. Inb. 50 ö.
Facit särskildt 24 s. 10 ö.
—, Räknebok för folkskolan I. Hela tal. 2:a uppl. 8:o, 132 s. Sthm, P. A. Norstedt & S:r. 87. Kart. 90 ö
Velanders räknebok för folkskolan. II. Sorter. Bråk. Blandade räknesätt. Folkskolans 3:e o. 4:e årskurser. Stereotyp. uppl. 8:o, 132 s. Sthm, P. A. Norstedt & S:r. 87. Kart. 60 ö.
Facit till Velanders räknebok för folkskolan. II. Med anvisn:r för läraren. Stereotyp. uppl. 8.o, 48 s. 87. 25 ö.
WELANDER, P., Anvisning till bibelns kännedom, med karta öfver Palestina. 10 e uppl. 8:o, 118 s o. 1 karta. Sthm, F. & G. Beijers Bokf.-aktb. 92. Kart. 1 kr.
WELANDER, P. O., Se: *Paban, A. Th*., Svensk och tysk parlör.
WELIN, Henrik, Hvad nytt i praktiken? Originaluppsatser, utdrag, bearb. o. öfvers. 8:o. Sthm, Nordin & Josephson.
I. 107 s. 94. 3 kr.
II. 112 s. 95. 3 kr.
—, Munnens vård. 8:o, 47 s. Sthm, Nordin & Josephson. 94. 65 ö.
WELLERSHAUSEN. Egon v., Kärleksdramat i Mayerling. Hist. roman. Öfv. 8:o, 251 s. o. 1 portr. Sthm, Carl Larson. 89. 2 kr.
[WEMAN, Adèle], Uppåt eller nedåt? af *Inge Storm*. 8:o, 173 s. H:fors, G. W. Edlund. 90.
2: 50 fmk (1: 85.)
WENDELL, Henning, Vackra Svarten. Historia om en häst berättad af honom själf. Fritt efter miss *A Sewells* "Black Beauty". 4:e uppl. 8:o, 128 s. Sthm, C. E Fritzes hofbokh. 94. 50 ö.
(1:a o. 2:a uppl. 91. 3:e 93.)
—, Se: Författare, Moderna engelska. 1, 2. — *Sewell, Anna*, Black Beauty.
VENDELL, Herman, Bidrag till svensk folketymologi. Se: Skrifter utg. af Sv. litt. sällsk. VI, IX.
—, Nyländska etymologier. 8:o, 6 o. 50 s. H:fors, W. Hagelstam. 92. 1 fmk.
Jfr. Skrifter utg. af Sv. litt. sällsk. XIII.
—, Ordlista öfver allmogemålet i Finnby. Se: Bidrag till känned. af Finlands nat. o. folk. 49.
—, Palataliering af svenska landsmål. Se: Skrifter utg af Sv. litt. sällsk. II.
—, Pedersöre-Purmo-målet. Se: Bidrag till känned. om Finl. natur o. folk. 56.
—, Runömålet. Se: Bidrag, Nyare, till känned. om de Sv. landsmålen. 1886.
—, Sydöstsvenska etymologier. Se: Skrifter utg. af Sv. litt. sällsk. VI o. XIII.
—, Terminologien i äldre Vestgöta- o. Östgötalagarne, sammanstäld. 8:o, 68 s. H:fors, J. R. Lindstedts antikv. bokh. 94. 3 fmk.

VENDELL, Herman, U omljud af a i de sydöstsvenska dialekterna. Se: Skrifter utg. af Sv. litt. sällsk. VI.

—. Östsvenska monografier. 8:o, x o. 144 s. H:fors, Förf. 90. 2 fmk.

—, Se: *Freudenthal, A. O.* o. *Vendell, H. A.,* Ordbok öfver estländsk-svenska dialekterna.

WENDT, Hans Hinr., Den äkta kristendomens norm. Se: Frågor, I religiösa o. kyrkliga. 13.

——. Pauli lära jämförd med Jesu lära. Se: dersammast. 20.

WENELL, A, Se: Lesebuch, Deutsches.

WENGER, R., Stilla stunder före den heliga nattvarden. Öfv. från tyskan. 8:o, 273 s. Sthm, Fost.-stift:s f.-exp. 91. 1: 50, inb. 2: 50.

WENNBERG, J. A., Se: Kommunalförfattningar. — Samling af kgl. bref etc. ang. kommunalförordningarne.

WENNERBERG, Gunnar, Jesu födelse. Oratorium. 8:o, 14 s. Sthm, (Looström & K.) 88. 10 ö.

WENNERHOLM, John, Föredrag d. 11 maj 1888 hållet för Stockholms byrkuskar o. åkare. 8:o, 16 s. Sthm, Sv. allm. qvinnoföreningen. 88. 10 ö.

—, D:o d:o d. 17 maj 1888. d:o. 8:o, 19 s. 88. 12 ö.

——, Handbok i allmän veterinär-kirurgi. 2 dlr. 8:o, Sthm, F. & G. Beijers Bokf.-aktb.
I. Med 27 afbildn:r. 172 s. 94. 7: 50.
II. Med 21 afbildn:r. 226 o. vij s. 94. 9 kr.
Båda delarne inb. 19 kr.

——, Handbok i allmän veterinär-operationslära. I. Med öfver 200 afbildn:r. 8:o, 230 s. Sthm, F. & G. Beijers Bokf.-aktb. 95. 11: 25.

——, Husdjurens yttre sjukdomar. Se: Studentfören. Verdandis småskrifter. 51.

—, Se: Djurvännen.

——, o. **SVENSSON,** J., Handbok i husdjurens sjukdomar för menige man. Med 122 illustr. 8:o, 592 o. vj s. Sthm, F. & G. Beijers Bokf.-aktb. 92. 7: 50, inb. 9: 50.

WENNERSTRÖM, O. W., Om förlossningsmekanismen vid normala hjässlägen. Akad. afh. 8:o, 4 o. 212 s. Kuopio, Förf. 95. 1: 50 fmk.

WENSTER, C. J., Beskrifning öfver bindsellösningsapparater. 8:o, 24 s. o. 1 pl. Ups, Akad. bokh. 86. 50 ö.

WENSTRÖM, Edmund. Engelsk-svensk ordbok. Se: Fickordböcker, P. A. Norstedt & Söners. 1.

——, o. **JEURLING,** Ossian, Svenska språkets ordförråd eller 80,000 inhemska o. främmande ord o. namn med öfversättn:r o. förkl:r jämte uttalsbeteckning. Ny uppl. Liten 8:o, 1096 sp. Sthm, Fr. Skoglund i distr. 94. 2 kr., klb. 2: 75. (Föreg. uppl. 91.)

——, o. **LINDGREN,** Erik, Engelsk-svensk ordbok. Stereotyp. uppl. 5:e—8:e (slut-)hft. 8:o, s. 641—1758. Sthm, P. A. Norstedt & S:r. 86—89.
För häfte 2 kr., kompl. inb. 18 kr.

Verandan, På. Berättelser. 8:o, 214 s. Sthm, Ad. Johnson. 94. 2: 25.

Verdandi. Se: Studentfören. Verdandis småskrifter.

Verdandi. Strödda blad. utg. af fören. Verdandi. V. 8:o, 74 s. H:fors, 87. 1: 50 fmk.

Verdandi. Tidskrift för ungdomens målsmän o. vänner i hem o. skola. 4:e—13:e årg. (1886—95). Utg. af *"Uffe" = (Anna Sandström)* o. *Lars Hökerberg.* 8:o. Sthm, L. Hökerberg. 86—95.
För årg. (6 hfn) 3: 75.

Verdandis styrelse o. Mindre konsistoriet. Protokollsutdr. o. besvärsskrifter i diciplinärmålet rör. sedlig-

hetsdiskussionen i Ups. d. 2 apr. 1887. 8:o, 89 s. Ups., Hj. Öhrvall. 87. 75 ö.

VERDY du VERNOIS, J., Studier öfver fälttjenst. Se: Förlag, Militärlitteraturfören. 58.

—, Studier i krigsföring. Se: dersammast. 66.

Verfasser, Moderne deutsche. 8:o. Sthm, C. E. Fritzes hofbokh.
1. *Arnold, Hans,* Zwei Novellen. Mit Anmerk. herausgeg. von *Emil Rodhe.* 124 s. 94. Inb. 1: 50.
2. *Pederzani-Weber, Jul.,* Auf rauhen Pfaden. Abenteuer u. Erlebnisse. Mit Anmerk. herausgeg. von *Emil Rodhe.* 137 s. 93. Inb. 1: 50.
3. *Suttner, Bertha von,* Erzählte Lustspiele. Mit Anmerk. herausgeg. von *Otto Hoppe.* 56 s. 95. Inb. 1 kr.
4. *Wildenbruch, Ernst von,* Der Letzte, u. Meine beiden Onkel. Mit Anmerk. herausgeg. von *Otto Hoppe.* 140 s. 95. Inb. 1: 50.

VERGA, G., Se: Universal-bibliotek. 3.

Verk o. anläggningar, Svenska industriella. Illustr. tidskrift utg. af *Gunnar Ekerot.* 1:a årg. 4:o. Sthm, Axel Wahlins bokh. 95.
För årg. (8 hfn) 5 kr.

Verka för Svenska qvinnoföreningens syften. 8:o, 27 s. Tr. i Eksjö tryckeriaktb. 90. 25 ö.

WERKKO, K., Matrikel för Finlands folkskolor o. folkhögskolor. 8:o. Björneb., Satakunta bokh.
I. viij o. 576 s. 93. 8 fmk.
II. 283 s. 94. 5 fmk.

Verksamhet, Registrerade sjukkassors. 8:o, Sthm, Samson & Wallin.
1893. 47 s. 94. 75 ö.
1894. 70 s. 95. 1 kr.

Verld, Äfventyrens. Berättelser ur verkligheten. Med illustr. af *Jenny Nyström* m. fl. 4:o. Sthm, Aktieb. Hiertas bokförlag.
[I.] 448 s. o. 121 illustr. 89. 5: 50, inb. 7 kr.
II. 444 s. o. 97 illustr. 90. 5: 50, inb. 7 kr.
III. 444 s. o. 93 illustr. 91. 5: 50, inb. 7 kr.

Verldshistoria, Illustrerad. Öfv. från tyskan. 1:a hft. 8:o, 16 s. Sthm, Expeditionen af Kronan. 88. 25 ö.

Verlds-telegramtaxa. Sammandragen i aug. 1886 af *Carl Åkerlund.* 2:a uppl. 12:o, 26 s. Sthm, F. & G. Beijers Bokf.-aktb. 86. 50 ö.

Verldsutställning, 1889 års, i Paris. 60 illustr. med text af *Olof R—n.* 8:o, 64 o. 27 s. Sthm, Ad. Bonnier. 89. 1 kr.

Verldsutställningen 1889, tecknad i bilder för barnnverlden. Färgtr. pl. Med text. 4:o, 39 s. o. 12 pl. Sthm, Fr. Skoglund i distr. 89. Kart. 3. 50.

WERMCRANTZ, Edv., Grunddragen af den kristliga friheten. 8:o, 49 s. Sthm, A. V. Carlsons Bokf.-aktb. i komm. 88. 50 ö.

WERMELIN, Atterdag, Karl Marx' värdeteori. Se: Småskrifter, National-ekonomiska. 2.

Vermländingarne. Se: Teatern, Svenska. 137.

VERNE, Jules, Arkipelagen i eld o. lågor. Hist. berättelse. Med illustr. Öfv. 8:o, 197 s. Sthm, F. & G. Beijers Bokf.-aktb. 89. 2 kr.

—, Begums femhundra millioner. Öfv. Ny illustr. uppl. 8:o, 206 s. Sthm, F. & G. Beijers Bokf.-aktb. 93. 1: 25.

——, Cæsar Cascabel. Öfv. från franskan af *O. H. D.* 8:o, 416 s. Sthm, Ad. Bonnier. 91. 3: 50.

—, Den hemlighetsfulla ön. Ny illustr. uppl. 8:o, 756 s. Sthm, F. & G. Beijers Bokf.-aktb. 94. 4: 25, inb. 5: 50.

——, En världsomsegling under hafvet. Öfv. Ny illustr.

uppl. 8:o, 538 s. Sthm, F. & G. Beijers Bokf.aktb. 94. 3 kr., inb 4: 25
VERNE, Jules, Från jorden till månen. 8:o, 429 s. Sthm, F. & G. Beijers Bokf.-aktb. 93.
 2: 50, inb. 3: 75.
—, Hector Servadacs resor o. äfventyr i verldsrymden. Öfv. Ny illustr. uppl. 8:o, 478 s. Sthm, F. & G. Beijers Bokf-aktb. 93. 2: 75. inb. 4 kr.
—, Ingeniör Roburs luftfärd. Öfv. Ny illustr. uppl. 8:o, 237 s. Sthm, F. & G. Beijers Bokf.-aktb. 94.
 1: 50
(Föreg. uppl. 87.)
—, Jorden rundt på 80 dagar. Öfv. Ny illustr. uppl. 8:o, 285 s. o. 1 karta. Sthm, F. & G. Beijers Bokf.-aktb 93. 1: 75.
Jfr. Bibliotek, Ungdomens. 18 — Bokskatt, Ungdomens. 9.
—, Kapten Hatteras' reseäfventyr. Öfv. af Rob. Bachmann Med illustr. 3:e uppl. 2 dlr. 8:o, 270 o. 264 s. Sthm, F. & G. Beijers Bokf-aktb. 87. Kart. 4 kr.
—, Mathias Sandorf. Öfv. Ny illustr. uppl 8:o, 569 s. Sthm, F. & G Beijers Bokf.-aktb. 93
 3: 25, inb. 4: 50.
(Föreg. uppl. 82.)
—, Mistress Branican. Öfv. från franskan af O. H. D. 8:o, 496 s. o. 2 kartor Sthm, Ad. Bonnier. 92.
 4 kr.
—, Till jordens medelpunkt. Öfv. Ny illustr. uppl. 8:o, 273 s. Sthm, F. & G. Beijers Bokf.-aktb 94.
 1: 75.
—, Tsarens kurir från Moskva till Irkutsk. 8.o, 424 s. Sthm, F. & G. Beijers Bokf.-aktb. 93.
 2: 50, inb. 3: 75.
—, Underbara resor. Ny illustr. godtköpsuppl. utg. af G. Nordenskiöld. 1:a serien 49 hfn. 2:a serien 50 hfn. 8:o. Sthm, F. & G. Beijers Bokf.-aktb 93—95. För häfte 25 ö.
—, Upp- o. nedvända världen. Öfv af P. E. M. Fischier. 8:o, 199 s. Sthm, Ad. Johnson 90. 1: 75.
WERNELL, A., Procenteriet inom de svenska liffÖrsäkringsaktiebolagen o. hvad lifförsäkring bör kosta. 1893. Lifförsäkringsboken. 8:o, 48 s. Sthm, Förf.n. 93. 40 ö.
Föreg. 72 s. 92. 1 kr.
WERNER, E., pseud. för Elisab. Bürstenbinder/. Alpfeen. Se: Romanbibliotek, Ad. Bonniers. 38.
—, Fri väg. Se: dersammast 51.
—, Hartmut. Se: dersammast. 42.
—, Hemlandstoner. Se: dersammast. 32
—, Sankt Mikael. Se: dersammast. 31.
—, Vågadt o. vunnet. Se: dersammast. 48.
—, Örnflykt. — En gudsdom. Se: dersammast 69.
—, o. HEIMBURG, W., Noveller. Öfv. 8:o, 151 s. Mariestad, P. W. Karström. 88. 1: 25.
WERNER, Karl, Lungsot, dess förebyggande o. botande. Se: Vägvisare, Medicinska. 1.
—, Sömnlöshet o. sömnmedel. Se: dersammast. 6.
WERNER, K. F, Tillägg o. rättelser till C. M. Carlanders "Svenska bibl. o. ex-libris". 8:o, 13 s. Ups., Josephsons antikv. 90. 1 kr.
VERNES, Maurice, Bibelforskningens resultat. Öfv. af L. Berger. 8:o, 159 s Sthm, C. A. V. Lundholm. 91.
VER-PLANCK, J. Campbell (Mrs), Det underbara ljuset o. andra berättelser. Sann filosofi för barn. Öfv. från eng. af V. Pfeiff. 8:o, 85 s. Sthm, G. Chelius. 90. Inb 1 kr.
WESER, L. A., Se: Konkurslagen.

VESSBERG, Vilh., Bidrag till historien om Sveriges krig med Danmark 1643—45. I. Gustaf Horns fälttåg. 8.o, 68 s. Sthm, Aug. Rietz. 95. 1 kr.
—, Den svenska riksdagen, dess sammansättning o. verksamhetsreformer 1772—1809 Akad. afh. 8:o, 144 s. Tr. i Sthm, hos Ivar Hæggström 89.
WESSEL, J. H, Kärlek utan strumpor. Parodiskt sorgespel i 5 akter. Öfv. af Ernst Lundquist. Liten 8:o, 48 s. Sthm, Fahlcrantz & K. 88. 25 ö.
WESSLER, John, Frans Berggren. En lefnadsteckning. 8:o, 7 s o. 1 portr. Sthm, Nordin & Josephson. 93. 25 ö.
—, Några nyare antineuralgica 8.o, 22 s (Tr i Kristiania.) Sthm, Nordin & Josephson. 91 75 ö
—, Våra antiseptica med afseende på deras användning inom tand- o. munkirurgien. 8:o, 78 o. vj s. Sthm, Nordin & Josephson. 89. 2 kr.
—, Se: Författningssaml. för tandläkare.
WESSMAN, Karl O., Kortfattad fransk språklära. 8.o, 94 s. Sthm, H. Geber 88. 1: 50.
—, Svensk ordlista på grundvalen af Sv. akad:s ordlista utarb. 8:o, 136 s. Sthm, A. V. Carlsons Bokf.-aktb. 90. Kart. 1 kr., inb. 1: 25.
—, Svensk rättskrifningslära. 7:e uppl. 8:o, 139 s. Sthm, A. V. Carlsons Bokf.-aktb. 90. Kart. 70 ö. (6:e uppl. 87.)
VEST, Eliel, Från antikens skymningstimma. Tidsbilder från kejsar Neros dagar. 8:o, 134 s. H:fors, Söderström & K. 94. 1: 75.
WESTBURY, Hugh, Acte Se: Vitterlek. 77.
WESTER, Arvid. Se: Anteckn:r af och om svenska Kongofarare.
—, Se: Gyllenram, H. o. Wester, A., De svenska militärerna vid Chicagos femtioårsjubileum.
VESTERBERG, Aug., Om hartsyrorna. Se: Bihang till K sv. Vet-akad:s handl:r. XIII: II, 3.
WESTERBERG, Otto, Föredrag vid federationsmötet d. 28 mars 1889 med anledn af lektor J Personnes "Svar till federationen". 8.o, 23 s. Sthm, Fru A. Myhrman-Lindgren. 89. 25 ö.
—, Prostitutionens reglementering. Kritisk belysning med bilagor. 8:o, 141 o. 144 s. Sthm, A. V. Carlsons Bokf.-aktb. 90. 3 kr.
WESTERBERGS, L., utförliga brefställare o. rådgifvare i lifvets förhållanden. 12:e fullst. omarb. uppl. 8:o, xiv o 351 s. Sthm, Fr Skoglund. 86. 1: 75.
[WESTERDAHL, J. A], Fall o uppståndelse. Dunkla gåtor, tecknade o. förklarade genom samtal af W. Med förord af Vikt. Rydberg. 8:o, 32 s. Sthm, Alb. Bonnier 87. 50 ö
WESTERGAARD, Harald, Befolkningspörgsmålet i nationalökonomiens historie. Se: Tidskrift, Nordisk. 1893.
—, Det britiske rige som forbundsstat Se: dersammast. 1887.
—, Tyskland og dets kolonier. Se: dersammast. 1886.
WESTERGAARD, R. Se: Föredrag vid tredje nord. studentmötet.
WESTERGREN, Georg, Nytt o. gammalt. Några uppsatser i militärhygien o. militärekonomi m. m. 8:o, iv o. 88 s. Arvika, Förf:n. 89.
WESTERLING, F. A. Se: Ecklesiastik matrikel.
WESTERLUND, A, Hymenopterologisia havainnoita Laatokan pohjois-ranuikolta. Se: Acta soc.is pro fauna et fl. fenn. IX: 2.
WESTERLUND, Carl Agardh, Fundamenta malacologica. Regeln der Nomenklatur; Anleitung zum Sammeln; über die Zubereitung für die Sammlung;

anatomische Präparate; die Zucht der Binnenmolusken; vom Artbegriffe; Program der Artbeschreibung; Terminologi. 8:o, 119 s Lund, Gleerupska univ:s bokh. 92. 2: 25.
WESTERLUND, Carl Agardh, Land- o. sötvattenmolusker. Se: Iakttagelser, Vega-expeditionens vetenskapl. IV. 8.
WESTERLUND, Carl Gustaf, Bidrag till kännedomen om Ronnebytraktens fauna o. flora. 8:o, 183 s. Sthm, Ad. Johnson. 90. 1: 75.
WESTERMARCK, Edvard, Det menskliga äktenskapets historia. Svensk uppl. 8.o, 618 o. xvj s. H:fors, Söderström & K. 92—93. 10: 50, inb. 13: 50. Äfven utg. på Tyska. Franska, Engelska o. Italienska språken.
WESTERMARCK, Helena, Framåt. Berättelse. 12:o, 271 s. Sthm, Alb. Bonnier. 94. 2: 75.
— —, George Eliot o. den engelska naturalistiska romanen. En literär studie. 8:o. 184 s. o. 1 portr. H:fors, W. Hagelstam. 94. 2: 25.
—, Ur studieboken Berättelser o. utkast. 2 dlr. 8:o, 228 o. 182 s. H:fors, Söderström & K. 90—91. à 2: 25.
— —, Se: Nutid.
WESTERMARK, F. J. E, Om exstirpation af Tuba Fallopii o. denna operations indikationer. 8:o, 99 s. Sthm, W. Billes Bokf.-aktb. 87. 2: 50.
WESTERN, Aug., William Cowpers liv o. digtning. Se: Tidskrift, Nordisk. 1894.
WESTIN, C. E., En modern demokrat. Berättelse. 8:o, 162 s. Sthm, Red. af den svenske arbetaren. 89. 1: 25.
WESTIN, Henrik, Öfversättningar från främmande författare. Stor 8 o. Göteb., N. P. Pehrsson.
III. Hugo, Victor, Marion Delorme. Dram i 5 akter. 209 s. 86. 3: 50.
IV. Petrarca, Afrika. Episk dikt. Öfv. från det italienska orig. 194 s. 89. 3: 50.
WESTIN, O. E., Grunddragen af hållfastläran. Utgör del I af lärokurs i tillämpad mekanik vid Kgl. Art. o. Ing. högskolan. 8:o, viij o. 153 s. samt 5 pl. Sthm, G. Chelius. 88. 3: 75.
(Del II ej utgifven.)
—, Teori för friktionen med afseende å dess tillämpning på maskiner för höjning o. sänkning af tyngder. Med 4 pl. Utgör del. III af lärokurs i tillämpad mekanik. 8.o, 78 s. o. 4 pl. Sthm, G. Chelius. 90 2: 25.
—, Kinematikens element. 8:o, vij o. 73 s. Sthm, P. A. Norstedt & S:r. 92. Klb. 2: 50.
WESTKIRCH, Louise, "Han skall vara din herre". Roman. Öfv. från tyskan. 8:o, 199 s. Sthm, F. & G. Beijers Bokf-aktb. 92. 2 kr.
WESTLING, B. Gottfr. Wilh., Linköpings domkyrka. 8.o, 55 s. Linköp, H. Carlsons bokh. 89. 75 ö.
— —, Metodik för undervisningen inom folkskolan. 8:o, 95 s Linköp., H. Carlsons bokh. 93. 1: 25.
WESTLING, Charlotte, Anatomische Untersuchungen über Echidna. Se: Bihang till K. sv. Vet.-akad:s handl:r. XV: IV, 3.
WESTRING, Hjalmar. Se: Konkurslagen.
WESTÖÖ, Fritz, Vademecum. Uppslagsbok till praktisk nytta vid i dagliga lifvet förekommande beräkn:r. Liten 8:o, 104 s. Sthm, Alb. Bonnier. 92. Klb. 1: 75.
Veterinär-farmakopé för Finland. 8:o, 48 s. H:fors, G W. Edlund. 86. 1 fmk.
WETHERELL, Elisabeth, Chrysias o. Sybillas vinternöjen. Se: Bibliotek, Ungdomens. 23.

WETHERELL, Elisabeth, Mr Rutherfords barn. Se: dersammast. 22.
—. Skolkamrater o. andra berättelser. Se: Läsning för ungd. af utm. eng. förf. 22.
VETLESEN, H. J., Sömn o. sömnlöshet. Se: Vägvisare, Medicinska. 4.
WETLESEN, Minna, Det praktiska hushållet på landet o. i staden. 8:o, 190 s. Sthm, Fröleen & K. 91. 1: 50, kart. 2 kr.
[WETTERBERGH, C. A.], Altartaflan. Genremålning af Onkel Adam. 2 dlr. 8:o, 482 s. Sthm, F. & G. Beijers Bokf.-aktb. 91. 3: 50.
— —, Berättelser, skizzer o. noveller. 4 dlr. 8:o, 792, 393 o. 399 s. Sthm, F. & G Beijers Bokf-aktb. 89. 10 kr.
[— —], Den hvita pionen. Blomman bland gatstenarne. Lillans bägge kyrkresor. Af Onkel Adam. Se: Öreskrifter för folket. 28.
—, Ett namn. Berättelse. 8:o, 278 s Sthm, F. & G. Beijers Bokf.-aktb. 92. 2 kr.
—, Får gå! Berättelse. 8:o, 151 s. Sthm, F. & G. Beijers Bokf-aktb. 92. 1: 25.
—, Gustaf Nords gesällvandringar o. äfventyr hemma o. borta. Berättelse. 8:o, 143 s. Sthm, F. & G. Beijers Bokf.-aktb. 92. 1 kr.
—, Guvernanten. Berättelse. 8:o, 150 s. Sthm, F. & G. Beijers Bokf.-aktb. 92. 1: 25.
—, Hat o. kärlek. Episoder ur en slägthistoria. 8:o, 451 s. Sthm, F. & G. Beijers Bokf.-aktb. 94. 3: 50.
—, Kärlek o. affärer. Berättelse. 8:o, 144 s. Sthm, F. & G. Beijers Bokf.-aktb. 92. 1 kr.
[— —], Onkel Adams Linnea. Ånyo utgifven i urval. 8:o. Sthm, Alb. Bonnier.
I. Med 48 teckn:r af Jenny Nyström m. fl. viij, 184 s. o. 14 pl. 90. Inb 2 kr.
II. Med 45 teckn:r af Jenny Nyström m fl. 196 s. o. 8 pl. 91. Inb. 1: 75.
III. Med 60 teckn:r af Jenny Nyström m. fl 192 s. o. 8 pl. 92. Inb. 1: 75.
IV. Med 52 teckn:r af Jenny Nyström m. fl. 192 s. o. 8 pl. 93. Inb. 1: 75.
V. Med 65 teckn:r af Jenny Nyström m. fl. 187 s. o. 8 pl. 94. Inb 1: 75.
VI. Med 31 teckn:r af Jenny Nyström m. fl. 172 s. 95. Inb. 1: 75.
—, Pastorsadjunkten. Berättelse. 8.o, 153 s. Sthm, F. & G. Beijers Bokf.-aktb. 92. 1: 25.
—, Penningar o arbete. Genremålning. 8:o, 490 s. Sthm, F. & G. Beijers Bokf.-aktb. 93. 3: 50.
[ ], Samhällets kärna. Några bilderark af Onkel Adam 2 dlr. 8:o, 354 s. Sthm, F. & G. Beijers Bokf.-aktb. 91. 2: 50.
—, Samvetet eller Simon Sellners rikedomar. 8:o, 259 s. Sthm. F. & G. Beijers Bokf.-aktb. 92. 2: 50.
—, Träskeden. Berättelse. 8:o, 200 s. Sthm, F. & G. Beijers Bokf.-aktb. 94. 1: 50.
— —, Ur Onkel Adams portfölj. Efterlemnade skrifter i urval. 8:o, 459 s. Sthm, W. Billes Bokf.-aktb. 89. 4: 50, inb. 5: 50.
—, Waldemarsborgs fideikommiss. Episoder. 8:o, 259 s. Sthm, F. & G. Beijers Bokf.-aktb. 92.
WETTERDAL, Henrik, Om bakteriehalten i vattendragen invid Stockholm. Se: Berättelse om allm. helsotillståndet i Stockholm. 1893. Bih.
[WETTERGRUND, Josefina], Valda berättelser af Lea. 4:e serien. Ur anteckningsboken. 2 dlr. Med 48

teckn:r af *V. Andrén* m. fl. 8:o, 192 o. 188 s. Sthm, Alb. Bonnier. 88. För del 2 kr. Båda delarne i ett band 5: 50.

[**WETTERGRUND, Josefina**], Se: Bref, Små, till öfvero. underklass.

WETTERHOFF, Karl, Dikter o. bilder. Med förf:s portr. o. lefnadsteckning af *Birger Schöldström.* 8:o, 176 s. o. 1 portr. Sthm, Alb. Bonnier. 89. 2: 25.

—, Holgaberget. Romant. sångspel i en akt afd. i 3 tablåer. Med biogr. teckning af *J. A. Björklund.* 8:o, 50 s. o. 1 portr. Tr. i Sthm, i Nya Dagl. Alleh:a tryckeri. 89. Liten uppl. (Ej i bokh.)

WETTERHOFF, Onni, Från skog o. sjö. Jagt- o. fångstfärder. 2:a saml. 8:o, 272 s. o. 1 portr. Sthm, P. A. Norstedt & S.r. 87. 3: 75.

WETTERLING, Aug, Indianerna i norra o. mellersta Nordamerika. Se: Fören. Heimdals folkskrifter. 28.

WETTERSTRAND, Otto G, Om den hypnotiska suggestionens användning i den praktiska medicinen. 8:o, 89 s. Sthm, Samson & Wallin. 88. 1: 25.

—, Om hypnotismens användande i den praktiska medicinen. 2:a o. 3.e uppl. 8:o, 90 s. Sthm, J. Seligmann 88. 1: 50

WETTERWIK, John, Smittosamma sjukdomar bland nötkreatur o. svin. 8:o, 200 s. Sthm, Alb. Bonnier. 95. 1: 25.

Vexellagen, Nya, med hänvisn:r o. sakregister jemte förordning om densammas införande. Liten 8:o. 43 s. Hessleb, O. Andersson. 87. Kart. 50 ö.

WEYMAN, Stanley J., Den röda kokarden. Roman från franska revolutionens första tid Öfv. af *M. Boheman.* 8:o, 334 s. Sthm, Fahlcrantz & K. 95. 3 kr.

—, En fransk ädling. Historisk roman. Öfv. af *Ernst Lundquist.* 2 dlr. 8:o, 215 o. 211 s. Sthm, Fahlcrantz & K. 94. För del 1: 75.

—, Grefvinnan Rotha. Hist. roman trädet 30-åriga krigets tid. Öfv. af *M. Boheman.* 2 dlr. 8:o, 214 o. 219 s. Sthm, Fahlcrantz & K. 94. För del 1: 75.

—, I kardinalens ärenden. (Under the red robe.) Hist. roman från kardinal Richelieus tid. Öfv. af *Ernst Lundquist.* 8:o, 246 s. Sthm, Fahlcrantz & K. 95. 2: 25.

—, "Vargen". (The house of the Wolf) Hist. roman från Bartolomeinattens tid. Öfv. af *M. Boheman.* 8:o, 228 s. Sthm, Fahlcrantz & K. 95. 2: 25

WHITE, Ellen G., Kristi lefnad, eller vår herres lära, underverk, död, uppståndelse o. himmelsfärd. Öfv. 8:o, 608 s. o. 20 pl. (Tr. i Kristiania.) Sthm, Skandinaviska f.-exp. 88. Klb. 4: 50.

—, Vägen till Kristus. 8:o, 342 s Sthm, Skandinav. f.-exp. 94. 2: 25.

WHITE, F. H, Försoning före frid. Jämförelse emellan H. Drummonds "Frid vare med eder!" (Pax vobiscum) o. "Kristi frid". Öfv. af *G. S. Löwenhielm.* 8:o, 64 s. Sthm, Fost.-stift:s f.-exp. 91. 40 ö.

WHITLOOK, Anna, Barnens första geografi. Med 83 illustr. 8:o, 116 s. Sthm, C. E. Fritzes hofbokh. 93. Inb. 75 ö.

—, Skolans ställning till religionsundervisningen. Se: Studentfören. Verdandis småskrifter. 8.

—, Se: Läsebok. Poetisk, för barn.

WHITTLE, D. W., Lif, strid o. seger. Öfv. från eng. af *G. S. Löwenhielm.* 8:o, 110 s. Sthm, Fost.stift:s f.-exp. 86. 75 ö., kart. 1 kr., klb. 1: 75.

Vi och det största i världen. Öfv. från tyskan af *And. Neander.* 8:o, 67 s. Sthm, Fr. Skoglund. 91. 50 ö.

Vi och "Det största i verlden". Ett bihang till H. Drummonds skrift. — Några ord om H. Drummonds person o. verksamhet af *I. Sutter.* 8:o, 46 s. Ups., Lundequistska bokh. 91. 60 ö.

Vi äro muntra musikanter. Med kolor. fig. 4:o, 12 s. Sthm, Ad. Johnson. 94. Kart 1: 50.

VIBE, J, Norsk reiseliteratur. Se: Tidskrift, Nordisk. 1890.

WIBERGH, Julius. Se: Standaret, Kring.

WIBLING, Carl, Carl X Gustaf o. Georg Rokoczy. II. 8:o, 66 s. Lund, Ph. Lindstedts univ:s-bokh. 91. 1 kr.

—, Sveriges förhållande till Siebenbürgen 1623—48. 8:o, iv o. 221 s. Lund, Ph. Lindstedts univ:s-bokh. 90. 2: 50.

—, Ur fältmarskalken Fabian Wredes papper. Historisk publikation. 8:o, 76 s. Lund, Gleerupska univ:s-bokh. 94. 2 kr.

WICHMANN, Vict. Karl Emil, Bilder o. ballader. Nya dikter af *Gånge Rolf.* 8:o, 160 s. H:fors, G. W. Edlund. 86. 3 fmk (2: 25).

[—], Klubbkriget. En diktcykel af *Gånge Rolf.* 8:o, 91 s. H:fors, Söderström & K. 93. 1: 50.

[—], Tattarprinsen. En romantiserad berättelse från Gustaf III:s krig i Finland af *Gånge Rolf.* 8:o, 66 s H:fors, G. W. Edlund. 95. 1: 15.

WICHMANN, Yrjö, Wotjakische Sprachproben. I. Lieder, Gebete u. Zaubersprüche. 8:o, xx o. 200 s. H:fors, 93. 2: 50 fmk.

Jfr. Journal de la Société Finno-ougr. XI: 1.

WICKBERG, Rud., Se: Beovulf.

WICKBOM, Joh., Magnus Gudmundsson Fröberg. Lefnadsteckning. 8:o, 20 s. Kalmar, Joh. Sahlberg. 92. 50 ö.

VICKELGREN, Hans Peter, Pred. på 27:de sönd. efter trefaldighet, hållen i Qville. 8:o, 19 s. Göteb, N. P. Pehrsson. 94. 25 ö.

WICKLUND, Gustaf, En afton på "Tre byttor". Se: Teatern, Svenska. 242.

WICKMAN, G., o. **RINGSTRÖM, G,** Täflingsförslag till riksdagshus o. riksbanksbyggnad å Helgeandsholmen. Folio, 4 pl. Sthm, Nordin & Josephson i distr. 90. Med kartong 5 kr.

WICKSELL, Anna B., Fredsrörelsen. Se: Studentfören. Verdandis småskrifter. 49.

WICKSELL, Knut, De sexuela frågorna. Granskning af hrr Emil Svenséns, Björnstj Björnsons samt prof. Seved Ribbings brochyrer. 8:o, 101 s. Sthm, Kungsholms bokh. 90. 1 kr.

—, Föredrag hållna vintern 1886—87. 8:o. Sthm, Kungsholms bokh.
1. Om prostitutionen. Huru mildra o. motverka detta samhällsonda? 56 s. 87. 75 ö
2. Om folkökningen i Sverige o. de faror den medför för det allmänna välståndet o. sedligheten. Med ett bihang omfattande skriftvexlingen med anledn. af förbud mot detta föredrags hållande. 35 o. 12 s. 87. 75 ö.
3. Om äktenskapet, dess forntid o. framtid. Två föredrag. 85 s. 90. 1 kr.

—, Progressiv beskattning. Se: Studentfören. Verdandis småskrifter. 56.

—, Sverige o. Ryssland. Huru kan Sverige försvara sin sjelfständighet. Föredrag. 12:o, 36 s. Sthm, G. W. Wilhelmsons boktr. 95. 50 ö.

—, Vetenskapen, spiritismen o. herr Carl v. Bergen. Föredrag. 8:o, 32 s. Sthm, Kungsholms bokh. 91. 35 ö.

[—], Våra skatter. Hvilka betala dem o. hvilka

borde betala? Synpunkter o. förslag. 12:o, 96 s. Sthm, Alb. Bonnier. 94. 1 kr.

[WICKSELL, Knut], Se: Försigtighetsmått i äktenskapet.

[WICKSTRÖM, Victor Hugo], "Bildning". Några blad ur ett universitets historia af *Christer Swahn*. 8:o, 151 s. Sthm, F. & G. Beijers Bokf.-aktb. 86. 1: 50.

—, Kvinnostudier af en ungkarl. 8:o, 139 s. Sthm, Alb. Bonnier. 95. 1: 50.

—, Om lärdomshögfärden. Föredrag. 8:o, 48 s. Sthm, F. & G. Beijers Bokf.-aktb. 87. 50 ö.

—, Singalesiska bref af *Asoka Rodiya*. 8:o, 124 s. Sthm, Alb. Bonnier. 93. 1: 25.

—, Stoft från sandalerna. Reseminnen. 8:o, 189 s. Sthm, Alb. Bonnier. 95. 3 kr.

—, Sådan var vägen. Några själars historia. 8:o, 385 s. Sthm, Alb. Bonnier. 91. 3: 50.

—, Tankar. 8:o, 184 s. Sthm, Alb. Bonnier. 95. 2: 50.

—, Äfventyrarlif. Roman 8:o, 408 s. Sthm, Alb. Bonnier. 94. 3: 50.

[- -], Ärkebiskopen. Dikt på vers af *Christer Swahn*. 8:o, 79 s. Sthm, F. & G. Beijers Bokf-aktb. 86. 1: 25.

[VICTORIN, A.], Sånger o. bilder. Belönade med Sv. Akad:ns andra pris 1888. 8:o, 15 s. Sthm, 89. Uppl. 50 ex. (Ej i bokh.)

VICTORIN, H. L., Handledning i préference o. trekarl. 8:o, 64 s. Sthm, F. & G. Beijers Bokf.-aktb. 89. 90 ö.

—, Handledning i Whist. 8:o, 64 s. Sthm, F. & G. Beijers Bokf.-aktb. 89. 90 ö.

—, Handledning i Vira. 2:a omarb. uppl. 8:o, 53 s. Sthm, F. & G. Beijers Bokf. aktb. 91. 75 ö. (1:a uppl. 88.)

—, Välspelning i vira. Korta anvisn:r. 8:o, 59 s. Sthm, F. & G. Beijers Bokf.-aktb. 90. 90 ö.

VICTORIN, J. G , Se: *Kabner, H.* o. *Victorin, J. G.*, Lärobok i modersmålet. — Svensk rättskrifningslära.

WIDE, Anders, Handbok i medicinsk gymnastik. I. Med en titelpl. o. 83 afbildn:r i autotypi. 8:o, 148 s. o. 1 pl. Sthm, Nordin & Josephson. 95. 4 kr.

—, Ortopedisk bandagebehandling. 8:o, 74 s. Sthm, Nordin & Josephson. 92. 1: 50.

—, Se: Tidskrift i gymnastik. — *Törngren, L. M.,* o. *Wide, A.*, Gymnastikfesten.

WIDE, Sam., Aristoteles återfunna skrift. Se: Tidskrift, Nordisk. 1891.

—, Helbregdagörelse i forutiden. Se: dersammast. 1890.

—, Om personliga professurer. Se: dersammast. 1892.

WIDEGREN, Hjalmar o. HOLMGREN, Aug. Emil, Handbok i zoologi för landtbrukare m. fl. 8:o. Sthm, P. A Norstedt & S:r.
I. *Holmgren, A. E.*, Skandinaviens däggdjur. 2:a uppl. xij o. 478 s. 87. 4: 50, kart. 5: 25.

WIDEGREN, Pär. Se: Tidning för svensk snabbskrift.

Widemeister. Se: *Ahnfelt, A.*, Herskarmakt o. själssjukdom.

WIDÉN, Gustaf, Om gräsfröodling. 8:o, 14 s. Göteb., Wettergren & Kerber. 91. 35 ö.

WIDÉN, J., Studier i kyrkotuktsfrågan. 8:o, 70 s. Hernösand, J. A. Johanssons bokh. 93. 75 ö.

WIDÉN, Joh., Om köp, försträckning o. borgen. Se: Fören. Heimdals folkskrifter. 7.

WIDERSTRÖM, Karolina, Den kvinnliga klädedräkten ur hälsans synpunkt. Se: Sjukvård o. helsovård. — Spörsmål, Svenska. 16.

WIDHOLM, Alex. E., Fransk språklära i sammandrag. 3:e uppl. 8:o, 216 s. Sthm, P. A. Norstedt & S:r 92. Inb. 3: 50. (1:a uppl. 87. 2.a 90.)

—, Se: *Mignet, F. A.*, L'ancienne Germanie. — Skolbibliotek, Franskt o. engelskt. 2.

WIDMAN, Herbert, Sann julglädje eller julfröjd under tårar. Betraktelser för juldagen. 8:o, 8 s. Ups., Missionsbokh. 94. 12 ö.

WIDMAN, Oscar, Elementär lärobok i organisk kemi. 8:o, 151 s. Sthm, W. Billes Bokf.-aktb. 95. 3 kr.

—, Nya undersökn:r öfver omlagringar inom propylgruppen. Se: Bihang till K. sv. Vet -akad:s handl:r. XII: II, 7.

—, Om glykoluril o. acetylenurinämne. Se: dersammast. XII: II, 5.

—, Om några upptäckter inom den nya kemiens verld. Se: Tidskrift, Nordisk. 1887.

—, Om ortonitrokumenylakrylsyrans oxidationsprodukter. Se: Bihang till K. sv. Vet -akad:s handl:r. XII: II, 6.

—, Ueber asymmetrische secundäre Phenylhydrazine. Se: Acta, Nova, reg. soc:is scient. Upsal. XVI: 11.

—, Upptäckter inom den organ. kemins verld. Se: Tidskrift, Nordisk. 1887.

—, Se: Handl. vid kemiska laborat.-öfn

WIDMANN, J. W., Hårdt mot hårdt. Se: Operatextbibliotek, Looströms. 3.

WIDMARK, Joh., Doc. d:r E. Nordensons slutliga påminnelser jemte några dertill fogade anmärkn:r. 8:o, 12 s. Sthm, Samson & Wallin. 90. 25 ö.

—, Några ord med anledning af doc d:r E. Nordensons slutpåminnelser. 8:o, 13 s. Sthm, Samson & Wallin. 90. 25 ö.

—, Om förgiftningsavagsynthet. Se: Skrifter utg. af Sv. nykterhetssällsk. 7.

—, Om ögonsjukdomar förorsakade af bakterier. Se: Spörsmål, Svenska. 12.

—, Se: Handlingar, Nya, rör. tillsättandet af e. o. professuren i oftalmologi.

—, Rapport för år 1889 från Serafimerlasarettet — Utlåtanden, De nya sakkunnigas.

WIDMARK, P. F., Tysk-svensk ordbok. 8:e—16:e (slut-) hft. 8:o, s. 657—1584. Sthm, Aktieb. Hiertas bokförlag. 88—89.
8:e—15:e hft. à 75 ö., 16:e 1: 25, kompl. 12: 50.

—, Se: Nation, Smålands i Upsala.

WIEHR, Ernst, Napoleon o. Bernadotte under fälttåget 1813. Se: Förlag, Militärlitteratur-fören:s. 71.

WIEL, Jos., För magsjuka! Matordning o. matsedlar samt råd o. töreskrifter huru maglidanden undvikas etc. Öfv. af "Tisch für Magenkranke" af en svensk prakt. läkare. 2:a uppl. 8:o, viij o. 126 s. Sthm, Alb. Bonnier. 92. 1: 50.

WIEMER, A., Elementerna i algebra jämte serier o. logaritmer. 7:e uppl. 8:o, 172 s. Sthm, F. & G. Beijers Bokf.-aktb. 93. 2 kr.

—, Elementen i geometri. 8:o. Kalmar, Bokf.-aktb.
I. Planimetri. Med tillägg o. ändr. af *Klas Melander*. 4:e uppl. 130 o. xxvj s. samt 13 pl. 91. 2 kr.
II. Stereometri. Tillökad af *Klas Melander*. 3:e uppl. 64 s. o. 4 pl. 89. 1: 25.

—, Exempel o. problem för öfning i algebra, serier o. logaritmer. 7:e uppl. 8:o, 87 s. Sthm, F. & G. Beijers Bokf.-aktb. 93. 1 kr.

WIESELGREN, Harald, Bilder o. minnen. 8:o, 567 s. Sthm, F. & G. Beijers Bokf.-aktb. 89.
5 kr., inb. 6: 50.

WIESELGREN, Harald, Finland. Se: Studentfören. Verdandis småskrifter. 34.

—, Krönikorna om Gustaf Vasa. Se: Tidskrift, Historisk. 1890.

—-, L J. Hierta. Se: Studentfören. Verdandis småskrifter. 7.

—, "Stenen i Grön dal". Föredrag i Svenska Turistfören. på årsfesten 1894. 8:o, 7 s. Tr. i Östersund. (Uppl. 50 ex.)

—. Se: Skriftprof, Svenska. — Wästgötha Laghen.

WIESELGREN, Per, Tal vid Svenska nykterhetssällsk. sammankomst. Se: Skrifter utg. af Sv. nykterhetssällsk. 8.

[**WIESELGREN, Sigfrid**], En man öfver bord af *Horatio*. 2:a uppl. 8:o, 235 s. Sthm, Fahlcrantz & K. 92. 2: 50.

[-], Genom hvirflarne. Inre o. yttre lif tecknadt af *Horatio*. 2 dlr. 8:o, 200 o. 223 s. Sthm, Fahlcrantz & K. 91. För del 2: 25.

—, Sveriges fängelser o fångvård från äldre tider till våra dagar. Ett bidrag till svensk kulturhistoria. 8:o, xj, 481 s. o. 5 kartblad. Sthm, P. A. Norstedt & S:r. 95. 5 kr.

—, Är den moderna nykterhetsverksamheten föråldrad. Se: Skrifter utg. af Sv. nykterhetssällsk. 1.

— -, Äro vi storsvenskar? Tal hållet vid K. F. U. M. minnesfest Gust. Adolfs-dagen 1895. 8:o, 15 s. Sthm, P. A. Norstedt & S:r. 95. 25 ö.

VIEWEG, K. Vilh., Praktiska förvandlingsregler till o. från metersystemet. 1 blad velin. Enköping, Förf.n. 89. 15 ö.

WIGERT, Inèz, född *Backman*. Franska talöfningar. 8:o, 166 s. Sthm, Alb. Bonnier. 91. Kart 1: 50.

—, Premières leçons de conversation. 50 franska talöfningar för nybörjare. 8.o, 86 s. Sthm, Alb. Bonnier. 93. Inb. 1 kr.

—, Skämt o. allvar. Humoresker o berättelser. 12:o, 196 s Sthm, Alb. Bonnier. 93. 2: 25.

WIGERT, Oscar, Se: *Müller, J.*, o. *Wigert, O.*, Fransk läsebok. — Fransk vitterhet. — Förkl. till Fransk läseb. — Ordlista till Fransk läseb — *Ploetz, K.*, Conjugaison française. — Urval ur nyare förf. arbeten.

WIGERT, Thure, Orage accompagné de trombes. Se: Bihang till K. sv. Vet.-akad:s handl:r. XIV: I. 4.

— , Trombe de Wimmerby. Se: dersammast. XVI: I, 10.

WIGGIN, Kate Douglas, Pollys planer o. lilla julrosen. Se: Läsning för ungdom af utm. eng. förf. 30.

—, Två små hemlösa. Berättelse. Öfv. af *Hedvig Indebetou*. 1:a o. 2:a uppl. 12:o, 176 s. Sthm, Alb. Bonnier. 93. 1: 50.

VIGNY, Alfred de, En sammansvärjning under Ludvig XIII. Se: Vitterlek. 45.

[**WIGSTRÖM, Eva**], Från slätt o. skogsbygd. Berättelser af *Ave*. 2 dlr. 12:o, 192 o. 180 s Sthm, Alb. Bonnier. 89—90 För del 1: 25.

—-, Midt ibland oss. Teckn:r ur lifvet. 8:o, 180 s. Sthm, C. A. V. Lundholm 91. Kart. 2: 25

[—], Solsken. Berättelser o. sagor för barn af *Ave*. Med 8 teckn:r af *Jenny Nyström*. 8:o, 233 s. o. 8 pl. Sthm, C. A. V. Lundholm. 91. Kart 3 kr.

—, Vandringar i Skåne o. Bleking. Se: Bidrag, Nyare, till känned. om de svenska landsmålen. 31.

—, Se: Huru skall kvinnan bäst kunna bidraga till höjande af familjens ekonomi? — Hvitsippan.

WIHLANDER, A. G., Se: *Sjölander, K. O.* o. *Wihlander, A. G.*, Den mindre räkneboken. — Räknebok.

WIHLBORG, H., Marci evangelium i undervisningsutkast. 8:o, 54 s. Karlsh., 86. 75 ö.

WIIK, Fred. Joh., Den finska mineralsamlingen i universitetet i Helsingfors mineralkabinett. Se: Bidrag till känned. af Finlands natur o. folk. 46.

—, Om brottstycken af gneis i gneisgranit från Helsinge socken. Se: dersammast. 46.

—, Om kristallernas molekularstruktur. Se: Öfversigt af F. Vet. soc:s förhandl:r. XXIX.

—, Universitetets i Helsingfors mineralkabinett. Se: Comment. variæ in mem. act. CCL ann. I.

—, Utkast till ett kristallokemiskt mineralsystem. Se: Acta Soc:s scient. fenn. XIX: 14.

—, Utkast till en allmän teori med särskild tilllämpning på mineralogin o. geologin. 4:o, 102 s. H:fors, Förf. 92. 1: 50 fmk.

WIJK, Bertil, Om mened enligt svensk gällande rätt. (13 kap. S. L) Akad. afh. 8:o, 102 s. Lund, Gleerupska univ:s bokh. 95. 2: 25.

WIJKANDER, Anna, Franska vokabler till skolornas tjänst. 3:e uppl. Liten 8:o, 65 s. o. interfol. Göteb., Wettergren & Kerber. 94. Kart 75 ö. (1:a o. 2:a uppl. 87.)

—, Se: Lectures françaises.

WIJKANDER, Aug., Fysikens grunder. Med 313 bilder, 3 kartor o. 1 färglagd spektraltafla. 8:o, 359 s o. 4 pl. Lund, C. W. K. Gleerup. 83. Inb 3: 75.

— , Högskolefrågor. Se: Tidskrift, Nordisk. 1888.

—, Lärobok i fysik. 8:o. Lund, C. W. K. Gleerup. III. Läran om magnetismen o. elektriciteten. 2 s uppl. med 106 bilder o. 130 problemer. 155 s. 94. Klb. 2: 50.

—, Observations de marées au Spitzberg. Se: Bihang till K. sv. Vet.-akad:s handl:r. XV: I. 11.

—, Om elektrisk arbetsöfverföring. Se: Tidskrift, Nordisk. 1895.

— , Om sambandet mellan ljuset o. elektriciteten. Se: dersammast. 1890.

— , Spektroskopiska arbeten i Sverige. Se: dersammast 1892.

WIJKANDER, Oscar, Femtio sonetter. 8:o, 50 s. Sthm, Samson & Wallin. 92. 1 kr.

—, Fru Madeleine Bunge. Komedi i 4 akter. 8:o. 78 s. Sthm, Joh. Hellsten. 86. 1 kr.

WIK, Hans. Se: *[Almquist, Viktor Emanuel]*

WIKLUND, C. L., Bidrag till kännedomen om mossjorden o. dess egenskaper. Akad. afh. 8:o, 69 s. H:fors, 90. 1: 50 fmk.

— , Undersökning öfver geometriskt isomera syror. Se: Öfversigt af F. Vet. Soc:s förhandl:r. XXXIV.

WIKLUND, K. B, Das Kolalappische wörterbuch. Se: Journal de la Société Finno-ougr. X.

—, Die nordischen lehnwörter in den russisch-lappdialekten. Se: dersammast. X.

—, Die südlappischen forschungen. Se: dersammast. XI.

—, Ein beispiel des lativs im lappischen. Se: dersammast. X.

—, Kleine lappische chrestomathie mit glossar. 8:o, viij o 128 s. H:fors, Finsk-ugriska sällsk. 94. 2 fmk.

— , Laut- u. Formenlehre der Lule-lappischen Dialekte. Se: Handlingar, Göteborgs Kgl. vet. o. vitt s samhälles. XXV.

—, Lule-lappisches Wörterbuch. Se: Mem. de la Soc. finno-ougr. I.

—, Nationaliteterna i Norrland. Se: Tidskrift, Nordisk. 1895.

—-, Nomen-verba im lappischen. Se: Journal de la Société Finno-ougr. X.

WIKNER, Per, Den lille hälsovännen. 5:e uppl. 8:o, 32 s Orsa, Förf:n. 87. 25 ö. (3:e o. 4:e uppl. 86.)
—, Om konsumtionskreditens skadlighet o. nödvändigheten af densammas begränsning. 8.o, 38 s. Orsa, Förf:n. 92. 30 ö.
WIKNER, Carl Pontus, Minnesblad af en tacksam vän. 8:o, 82 s. Ups., Lundequistska bokh. i komm. 88. 1: 50.
WIKNER, Pontus, Förklaring öfver K. R. Geijers besvär öfver konsistoriets förslag till återbesättande af filos. professuren i Upsala. 8:o, 13 s. Götcb., Wettergren & Kerber i distr. 88. 50 ö.
—, I menslighetens lifsfrågor. Populärfilosof. o religionsfilosof. föredrag, uppsatser o bref. 2 dlr. 8:o, 335 o. 295 s Sthm, F. & G Beijers Bokf.-aktb. 89. I. 4: 75, II. 4: 50, kompl. inb 10: 75.
—, Om svenska tänkaren Boström. 8:o, 29 s. Götcb., Wettergren & Kerber i distr. 88. 75 ö.
—, Platon. Populära föredrag. 8.o, 181 s. Ups, Lundequistska bokh. 88. 2: 25.
—, Samlade predikningar, utg. af O. Quensel. 8:o, 610 s. Sthm, F. & G. Beijers Bokf.-aktb. 89. 8 kr., inb. 10 kr.
—, Tankar o. frågor inför menniskones son. Med portr. 4:e uppl. 8:o, 204 s. o. 1 portr. Sthm, F. & G. Beijers Bokf.-aktb. 93. 3 kr., inb. 4 kr. (2:a uppl. 88. 3:e 89.)
—, Tidsexistensens apologi. Ett stycke relationsteori. Utg. af L. H. Åberg 8:o, iv o. 250 s. Ups., Lundequistska bokh. 88. 3: 75.
—, Vittra skrifter, i urval utg. af Karl Warburg. 3:e uppl. 8.o, 366 s. Sthm, F. & G. Beijers Bokf.-aktb. 94. 3 kr., inb. 4: 50. (1:a uppl. 88. 2:a 89)
WIKSTRAND, K., Aflöningstabeller. 4.o, 12 s. Sthm, Förf:n. 90. Kart. 65 ö.
WILBRANDT, Adolf, Lifsleda. Öfv. 8:o, 136 s. Sthm, Ad. Bonnier. 89. Klb. 1 kr.
WILBRANDT, C., Det fortgående prisfallet under skyddstullsystemets herravälde, med hänsyn till jordbruket. Öfv. från tyskan af C A. Titz. 8:o. 84 s. Sthm, P. A. Norstedt & S:r. 87. 1 kr.
Vildblommor. Poetiskt album. 12:o, 148 s. Sthm, Alb. Bonnier. 95. 2 kr.
WILDE, Oscar, Lögnens förfall. Öfv. af Edv. Alkman. 8:o, viij o. 200 s. Sthm, P. A. Norstedt & S:r. 93. 2: 50.
—, Salome. Sorgespel i en akt. Öfv. af Edv. Alkman. 8:o, 68 s. Sthm, Wahlström & Widstrand. 95. 4 kr., 50 numrerade ex. på lyxpapper 5 kr.
WILDENBRUCH, Ernst v., Der Letzte, u. Meine beiden Onkel. Se: Verfasser, Moderne deutsche. 4.
—, Harold. Sorgespel i 5 akter. Öfv. från tyskan af G—g—g. 12:o, 175 s. Sthm, Alb. Bonnier. 94. 2: 50.
—, Noveller o. humoresker. Öfv. af M. Boheman. 8:o. Sthm, F. & G. Beijers Bokf.-aktb.
I. Bildhuggaren från Tanagra. — En danaid. — Den heliga jungfrun. 297 s. 89. 2 kr.
II. Professorn o. hans bror. — Francesca af Rimini. 326 s. 90. 2 kr.
—, Vergnügen auf dem Lande. Se: Lektyr, Modern tysk. 1.
WILDERMUTH, Ottilie, Bruna Lena eller den mörka flickan. Se: Bibliotek för de unga. 68.
Wildmark, Victor. Se: [Blom, Lydia]
WILD-QUEISNER, Robert, Briljanter. Skildr. från teaterverlden. Öfv. 8:o, 137 s. Sthm, Ad. Johnson. 90. 1: 25.

[WILÉN, Fritz], Med penna o. sax. Skizzer, berättelser o. sägner af Bonifacius. 8:o, 171 s. Åbo, G. L. Grönlund. 87. 3: 25 fmk.
WILFORD, Florence, Vivia. Se: Läsning för unga flickor. 13.
Wilhelm Erik Svedelius af O. A. Se: Tidskrift, Historisk. 1889.
Vilja, Hans. Med illustr. 6 blad velin. Sthm, G. Chelius. 91. 50 ö.
WILKE, W, Ett inlägg i skogsfrågan med anledning af Sten Lewenhaupts "Förslag till omregl. af svenska statens skogsväsende". 8:o, 52 s. Sthm, (Looström & K. i distr.) 94. 75 ö.
WILKINSON, Georg H., De första stegen till den heliga nattvarden. Öfv. 16:o, 55 s. Sthm, A. V. Carlsons Bokf.-aktb. 87. Klb. 1 kr.
Vill ni behaga? Anteckningar ur källskrifter. Öfv. 8:o, 64 s. Sthm, C. A. V. Lundholm. 89. 1 kr.
WILLE, N., Bidrag till algernas physiolog. Anatomi. Se: Handlingar, K. sv. Vet.-akad:s. XXI, 12.
—, Livskraften i moderne belysning. Se: Tidskrift, Nordisk. 1888.
—, Om Fucaceernas Blærer. Se: Bihang till K. sv. Vet.-akad:s handl:r. XIV: III, 4.
WILLEBRAND, Aug. v., Storfurstendömet Finlands tulltaxa. Alfabetiskt ordnad o. kompletterad. 8:o, 4 o. 138 s. H:fors, W. Hagelstam. 95. 3 fmk.
WILLEBRAND, R. F. o. RANCKEN, Einar, Fem sportsmäns resa till kontinenten, berättad af två af dem. 2:a uppl. 8:o, 181 s. o. 1 pl. H:fors, G. W. Edlund. 86. 2: 50 fmk (2 kr.).
—, Se: Läsning för den finske soldaten.
Villebråd, Vårt. Se: Bibliotek för jägare. 3.
WILLGREN, Karl, Om rätt att idka gårdfarihandel enl. finsk förvaltningsrätt. Akad. afh. 8:o, 4 o. 99 s. H:fors. Förf. 91. 2 fmk.
WILLIAM, Jean Paul, Om konsten att lefva. Liten 8:o, 61 s. Sthm, Ad. Johnson. 87. 50 ö.
WILLKOMM, Moritz, Bildatlas öfver växtriket efter det naturliga systemet, med text bearb af R Hult. 68 taflor med öfver 600 afbildn. 4:o, 98 o. lviij s. H:fors, Söderström & K. 94. 11: 25, inb. 12 kr.
VILLNER, V., Ur pedagogikens historia. 8:o, 82 s. Sthm, C. A. V. Lundholm. 86. 80 ö.
Villor, Moderna svenska, samlade af Hugo Hörlin, tecknade af Ferd. Boberg. 1:a hft. Folio, 30 pl. i portfölj. Sthm, J. Hellsten. 87. 18 kr.
Villospår, På. Se: [Hungerford, Mrs]
WILSKMAN, Ivar, Hemgymnastik med järnstaf. 2:a uppl. 8:o, vij o. 120 s. H:fors, G. W. Edlund. 92. 2 fmk (1: 50). (1:a uppl. 87.)
—, Svensk-finsk gymnastik-terminologi. 12:o, 67 s. H:fors, G. W. Edlund. 87. 50 p.
—, Öfningsexempel till aritmetiken. 2 dlr. 8:o, 248 o. 115 s. H:fors, G. W. Edlund. 90. 5 fmk.
WILSON, Tom, Handledning i biljard. Med 25 illustr. 8:o, 62 s. Sthm, F. & G. Beijers Bokf.-aktb. 88. 90 ö.
—, Handledning i svenskt brädspel. Med illustr. 2:a uppl. 8:o, 20 s. Sthm, F. & G. Beijers Bokf.-aktb. 95. 50 ö. (1:a uppl. 88.)
—, Handledning i domino, damspel, go-spel, agon o. solitär. Med 24 illustr. 8:o, 73 s. Sthm, F. & G. Beijers Bokf.-aktb. 88. 1: 25.
—, Handledning i Schack. Med illustr. 2:a uppl. 8:o, 60 s. Sthm, F. & G. Beijers Bokf.-aktb. 93. (1:a uppl. 88.) 90 ö.

WILSON, Tom, Illustrerad spelbok. En handledn. i de flesta brukliga spel. 8:o, 460 s. Sthm, F. & G. Beijers Bokf.-aktb. 88. 5: 25, inb 6: 75.

WIMAN, Anders, Klassifikation af regelytor af ajette graden. Akad. afh. 8:o, 111 s Lund, Gleerupska univ:s bokh. 92.

—, Öfver ett specielt slag af hvirfvelrörelse i vätskor. Se: Acta univ:is Lundensis. XXIX: II, 1.

WINBERG, H. L. O. Se· Tidskrift för landtmän.

Vinboken innehållande beskrifning öfver de flesta länders vinsorter af *Z.* 8:o, 104 s. Sthm, F. C. Askerberg. 87. 1 kr.

WINDAHL, Carl Aug., Li vers de le mort, poëme artésien anonyme du milieu (?) du XIII:e siècle etc. 8:o, xxxix o. 180 s. Lund, Gleerupska univ:s bokh. 87. 3 kr.

WINGBORG, F. Aug., Ord till de små, af en djurvän. 32:o, 47 s Ups., Lundequistska bokh. 91. 20 ö.

—, Se: Djurskyddet.

VINGE, Axel, Bidrag till känned. om ormbunkarnes bladbyggnad. Akad. afh. 4:o, 82 s. o. 3 pl. Lund, Gleerupska univ:s bokh. 89. 2: 50.

Jfr. Acta univ.s Lundensis. XXV: IV, 1.

WINGREN, P. Se: *Luther, M.,* Lilla katekes.

Vinkar, Några, till unga mödrar om bristerna i vår tids qvinnouppfostran. 8:o, 83 s. H:fors, Akad. bokh. 88. 1: 25 fmk.

WINKLER, Eduard, Amor o. Hymen, eller kärlekens o. äktenskapets afslöjade hemligheter. Öfv. 9:e uppl. 8:o, 126 s. Sthm, P. A. Huldbergs Bokf.-aktb. 90. 75 ö. (7:e uppl. 84. 8:e 88.)

WINQVIST, Emil. Se: Bilder från Skåne.

WINROTH, A., Anteckn:r efter prof. Winroths rättshistoriska föreläsn:r i straffrätt. Liten uppl. 4:o, iv o. 369 s. Lund, Gleerupska univ:s bokh. 89. Kart. 12 kr.

—, Juridisk teori o. praxis. Föreläsning vid installation d. 19 sept. 1892. 1:a o. 2:a uppl. 8:o, 32 s. Lund, Gleerupska univ:s bokh. i distr. 50 ö.

—, Strödda uppsatser. 8:o. Lund, Gleerupska univ:s bokh. i distr.

I. Juridiska artiklar skrifna för Nordisk familjebok. 87 s. 91. 1: 50.

II. 1. Ansvarighet för skada å låntaget gods. — 2. Råder någon olikhet mellan romersk o. svensk rätt i fråga om traditionens nödvändighet för egenderättens öfvergång vid köp af löst gods? 37 s. 91. 75 ö.

III. Anföranden i juridiska ämnen vid juristmöten. 43 s. 91. 50 ö.

IV. Skadegörelse i utomobligatoriska rättsförhållanden. 60 s. 95. 1: 25.

—, Ur mina föreläsningar. 8.o. Lund, Gleerupska univ:s bokh. i distr.

I. Offentlig rätt. Familjerätt. Äktenskapshindren. xxviij o. 336 s. 90. 5: 50.

Bilagor. Förslag till giftermålsbalk 1686—1734. Enl. handl:r i Riksarkivet. vij o. 90 s. 90. 1: 50.

II. Familjerätt. Äktenskaps ingående. xvj o. 309 s. 92. 5 kr.

—, Äktenskaps ingående enligt gällande svensk rätt. Akad. afh. 8:o, 31 s. Lund, Gleerupska univ:s bokh. i distr. 92. 50 ö.

WINSLOW, Octavius, Gå och säg det för Jesus! Öfv. 4:e uppl. 8:o, 42 s. Sthm, Fost.-stift:s f.-exp. 93. 25 ö.

WINTER, John Strange *[Henriette Stannard],* Bootle's baby. A novel. With notes for the schools by *Emil Rodhe.* 8:o, 113 s Sthm, C. E. Fritzes hofbokh. 91. Inb. 1: 50.

—, I nöd o. lust. Roman. Öfv. från eng. 8:o, 206 s. Sthm, H. Geber. 91. 2 kr.

—, Skörd. Öfv. af *L. B—r.* 8:o, 182 s. Sthm, C. A. V. Lundholm. 89. 1: 25.

WINTER, Reinhold, Berättelser o. skizzer. 12:o, 216 s. Sthm, Fr. Skoglund. 95. 1: 50.

WINTERFELD, A., En stilla vrå. Komisk roman. Öfv. 8:o, 338 s. Sthm, C. A. V. Lundholm. 90. 3 kr

—, Med bläck o. penna. Komisk-satirisk skildring Öfv. af *Gabriel Ödmann.* 8:o, 307 s. Sthm, C. A. V. Lundholm. 88. 2: 75.

Vintergatan. Samling af skrifter på vers o. prosa. Utg. af Sveriges författareförening. 8:o. Sthm, P. A. Norstedt & S:r.

1:a årg. 319 s. 94. 4: 25, inb. 5: 75.
2:a årg. 322 s. 95. 4: 25, inb. 5: 75.

Vinteridrott af *E. Collinder* m. fl. Se: Bibliotek, Illustreradt, för idrott. 9.

Vintersol, Illustrerad kalender. 1:a—4:e årg. (1892—95.) 8:o. Sthm, P. Palmquists aktb. 92—95. Kart. 1: 50, klb. 2: 25.

Vintrar, Tio, på Nybroviken. Stockholms allm. skridskoklubb 1884—1894. 8:o, 136 s. o. 14 pl. Sthm, C. E. Fritzes hofbokh. i distr. 94. Inb. 2 kr.

WINTZELL, Knut, Studia Theocritea Commentatis acad. 8:o, 148 s. Lund, Gleerupska univ:s bokh. 89. 2: 50.

—, De hellenismo Horatii quæstiones nonnullæ l. 8:o, 26 s. Lund, Gleerupska univ:s bokh. 92. 1 kr.

—, Se: Skalder, Latinske, i urval.

Violer. Löftesord ur skriften med versar af *L. S.* 8 blad velin med illustr. (Tr. i utlandet.) Sthm, Fost.-stift:s f.-exp. 95. 1 kr.

Vira. Se: Spelböcker, Små, 4.

Vira-regler. 4:o. Sthm, W. Billes Bokf.-aktb. 90. 15 ö.

WIREN, A., Beiträge zur Anatomie u. Histologie d. limnivoren Anneliden. Se: Handlingar, K. sv. Vet.-akad:s. XXII: 1.

—, Hæmatocleptes Terebellidis. Se: Bihang till K. sv. Vet.-akad.s handl:r. XI, 12.

—, Om cirkulations- o. digestions organen hos annelider. Se: Handlingar, K. sv. Vet.-akad:s. XXI, 7.

—, Om en hos eremitkräftor lefvande annelid. Se: Bihang till K. sv. Vet.-akad:s handl:r. XIV: IV, 5.

—, Studien über die Solenogastres. Se: Handlingar, K. sv. Vet.-akad:s. XXIV: II, 12 o. XXV: II, 6.

VIRGILII MARONIS, P., Aeneidos libri I—II, jämte förkl:r af *P. G. Lyth.* 8:o, 115 s. Sthm, Fr. Skoglund. 94. 1: 50.

—, Æneidos libri I—IV. Med anmärkn:r utg. af *R. Törnebladh.* 6:e uppl. 8:o, 174 s Sthm, P. A. Norstedt & S:r. 91. Inb. 2: 60.

Virgilius. Se: *Ljung, A.,* Öfversättning af Æneidens 3 första böcker. — Öfversättn. af Eneidens sånger af *P. G. Lyth.*

Virkboken, Den nya, inneh. mönster att virka med kulörta garner efter *Jenny Lambert* o. *Charl. Lambert.* 8:o, 48 s. Sthm, F. C. Askerberg. 88. 50 ö.

WIRSÉN, C. D. af, I lifvets vår. Illustr. af *Jenny Nyström.* 4:o, 80 s. Sthm, H. Geber. 88.
5 kr., kart. 6 kr., inb. 7: 50.

—, Kristna högtids- o. helgdagar. En samling sånger o. psalmer. Med teckn:r af *Jenny Nyström* 4:o,

63 s. Sthm, C. E. Fritzes hofbokh. 89.
3: 75, eleg. inb. 6 kr.
WIRSÉN, C. D. af, Minne af biskopen m. m. F. M. Franzén, Se: Handl:r, Sv. Akad:ns. II.
—, Minne af Carl A. Nicander. Se: Handl:r, Sv. Akad. 7.
—, Sommarkväll på Skansen. Se: Minnen från Skansen. 12.
—, Svar på Sanders tal. Se: Handl:r, Sv. Akad:ns. IV.
—, Sång vid 100-årsfesten. Se: Handl:r, Sv. Akad:ns. 62.
—, Tal på högtidsdagen 1889. Se: Handl:r, Sv. Akad:ns. IV.
—, Toner o. sägner. Dikter. 8:o, 295 s. Sthm, H. Geber. 93. 4 kr., praktb. 6 kr.
—, Vid juletid. Illustr. af *Jenny Nyström*. 2:a uppl. 4:o, 68 s. Sthm, H. Geber. 95.
4 kr., praktb. 6 kr.
(1:a uppl. 87.)
—, Wintergrönt. Dikter. 8:o, 303 s. Sthm, H. Geber. 90. 4 kr., praktb. 6 kr.
WIRSTRÖM, Gotth., Se: Bibliotek för idrott. 10.
Visa, En mycket ljufvelig o. lustig, om Jöddes besök på Skansen o. om allt hvad han där såg o. upplefde. Diktad af honom själf. 8:o, 4 s. Sthm, Nordiska museet. 94. 25 ö.
Wisa, En splitter ny af en smålandsgosse från Karshult. Se: Minnen från Skansen. 13.
Visa, Maj månads, hvarmed alla rättsinniga kristna kunna tillönska sig själfva o. sin nästa ett godt o. fruktsamt sommarväder, ymnig årsväxt m. m. 8:o, 4 s. Sthm, Nordiska museet. 94. 25 ö.
Wisby. 30 bilder af *Karl Romin*. Med text af *C. J. Bergman*. 8:o, 16 s, 30 pl. o. 1 karta. Sthm, Alb. Bonnier. 91. Klb. 6 kr.
Visböcker, 1500- och 1600-talens utg. af *Ad. Noreen* o. *H. Schück.* Se: Skrifter utg. af Sv. litt. sällsk.
WISEMAN. Se: Troshjältar, Kristna.
VISÉN, Karl, Dissonanser. En äktenskapshistoria. 8:o, 118 s. Sthm, C. A. V. Lundholm. 89. 1 kr.
—, Från torpstugor o. dannemänshem. Bygdenoveller. 8:o, 126 s. Sthm, C. A. V. Lundholm. 90. 1: 25.
WISÉN, Theod., Målahättr. Ett bidrag till norröna metriken. 4:o, 35 s. Lund, Förf:n. 86. 1 kr.
—, Minne af Carl Joh. Schlyter. Se: Handl:r, Sv. Akad. 4.
—, Några ord om den Stockholmska Homilieboken. Ett genmäle. 8:o, 38 s. Lund, Gleerupska univ:s bokh. 88. 75 ö.
—, Textkritiska anmärkn:r till den Stockholmska Homilieboken. 8:o, 47 s. Lund, Gleerupska univ:s bokh. 87. 75 ö.
—, Se: Carmina Norroena.
VISING, Joh., Om italienska språkfrågan. Se: Tidskrift, Nordisk. 1894.
—, Fransk språklära. 8:o. Lund, C. W. K. Gleerup.
I. Ljud- o. skriftlära. 40 s. 90. 50 ö.
II. Formlära. s. 41—118. 91. 75 ö.
III. Syntax. s. 119—281. 92. 1 kr.
Inb. i ett band 3 kr.
—, Rosen i forntiden o. medeltiden. Se: Tidskrift, Nordisk. 1893.
—, Öfversättningsöfningar från svenska till franska. 8:o, 60 s. Lund, C. W. K. Gleerup. 92.
Kart. 1 kr.
Visor o. verser för de små. 4:o, 7 blad med kolor. fig. Sthm, Ad. Johnson. 93. 1: 25.

WISTRAND, A. Timol., Handbok i husmedicinen. 9:e uppl., öfversedd af en medicine doktor. 8:o, 378 o. xij s. Sthm, P. A. Huldbergs bokf.-aktb. 94. 2: 50, inb. 3: 50.
(8:e uppl. 89.)
—, o. **Å. Hilarion,** Handbok i rättsmedicinen. Ny uppl. tillökad o. omarb. af *Olof Fredrik Hallin*. 1:a dln. 8:o, 360 s. Sthm, P. A. Norstedt & S:r. 88. 3: 50.
WISTRÖM, J. A., Beskrifvande katalog öfver fornminnen i Enångers gamla kyrka i Hälsingland. 8:o, 36 s. Hudiksv., Carl Wiberg. 90. 50 ö.
Vita metrica. s. Birgittæ, af *J. Kruse.* Se: Acta univ:is Lundensis. XXVIII: I, 4.
WITKOVSKY, B., Des travaux géodésiques en Angleterre. etc. Se: Fennia. VIII: 6.
—, Determination à l'aide du télégraphe des longitudes etc. Se: dersammast. V: 4.
—, Sur l'attraction locale à Viborg. Se: dersammast. I: 6.
WITT, C. G., Praktiska regler för uppfostran i hemmet. 8:o, 63 s. Sthm, C. A. V. Lundholm. 92. 1 kr.
WITT, G. C, Handledning i algebra. 8:o, 164 s. Sthm, P. A. Norstedt & S:r. (84.) Inb. 1: 50.
WITT. Otto, Af hans fullhet. Joh. 1: 16—18. Stenografiskt upptecknadt. 8:o, 15 s. Sthm, Förf:n. 93. 10 ö.
—, Kristus i hedningarne, härlighetens hopp. 8:o, 148 s. Sthm, A. V. Carlsons Bokf.-aktb. 87.
1 kr., kart. 1: 25.
—, Mättade vid Guds bord. Luk. 14: 14—24. Stenografiskt upptecknadt. 8:o, 15 s. Sthm, Förf:n. 93. 10 ö.
—, Om Kristi återkomst o. det tusenåriga riket. 8:o, 32 s. Sthm, P. Palmquists aktb. 92. 20 ö.
Vitterhets- o. musik-album, Religiöst. Med illustr. Utg. af *Adolf Edgren.* 4:o, 72 s. Sthm, Palm & Stadling. 88. 2: 50, kart. 3 kr., klb. 3: 50.
Vitterlek. Tidskrift för skönlitteratur. 8:o. Sthm, Aktieb. Hiertas Bokförlag. För del 1: 50, inb. 2: 50.
23 o. 24. *Dumas, Alex.,* Drottningens halsband. Öfv. 2 dlr. 338 o. 330 s. 86.
25 o. 26. —, En läkares anteckn:r. VI. *Ange Pitou.* Öfv. 2 dlr. 272 o. 276 s. 87.
27—30. —, Grefvinnan de Charny. Öfv. 4 dlr. 320, 310, 308 o. 310 s. 87.
31—34. *Sue, Eugène,* Den vandrande juden. Öfv. 4 dlr. 379, 424, 386 o. 384 s. 88.
35 o 36. *Freytag, Gustav,* Debet o. Kredit. Öfv. af *P. E. Kullander.* 2 dlr. 460 o. 330 s. 88.
37—41. *Hugo, Victor,* Samhällets olycksbarn. 5 dlr. 256, 294, 264, 372 o. 310 s. 88—89.
42. *Scott, Michael,* Tom Cringle's loggbok. Bearb. 270 s. 89.
43. *Swift, Jonathan.* Gullivers resor till Lilliput o. Brobdingnag. Öfv. af *C. F. Bagge.* 139 s. 89.
44. *Souvestre, Emile,* Vid eldbr.asan. 252 s. 89.
45. *Vigny, Alfred de,* En sammansvärjning under Ludvig XIII. Hist. roman. Öfv. 2 dlr. 158 o. 192 s. 90.
46 o. 47. *Lesage, Alain René,* Gil Blas. Öfv. 2 dlr. 314 o. 317 s. 90.
48. *Hauff, Wilh.,* Lichtenstein. Romantisk saga. Öfv. 256 s. 90.
49 o. 50. *Kingsley, Charles,* Hypatia, eller nu som fordom. Hist. berättelse. 3:e uppl. 2 dlr. 234 o. 278 s. 90.

10-års katalog 1886—1895.

51. Münchhausens resor o. äfventyr. Öfv. från tyskan. 91.
52. Saintine, X. B., Picciola. Ny öfv. 216 s. 91.
53. Cooper, F., Gräsöknen. Öfv. af C. L. Törnberg. 430 s. 91.
54 o. 55. Dumas, Alex., Drottning Margot. Ny öfvers. 2 dlr. 252 o. 248 s. 91.
56 o. 57. —, Grefvinnan de Monsoreau. 2 dlr. Ny öfvers. 328 o. 310 s. 92.
58 o. 59. —, De fyratiofem. Fortsättn. af "Grefvinnan de Monsoreau." 2 dlr. Ny öfvers. 288 o. 334 s. 92.
60. Cooper, James Fenimore, Den siste Mohikanen. Öfv. af C. L. Törnberg. 400 s. 92.
61—66. Sue, Eugène, De sju dödssynderna.
  I. Högmodet eller hertiginnan. Öfv. 2 dlr. 286 o. 256 s. 93.
  II. Afunden eller Fred. Bastien. Öfv. 304 s. 93.
  III. Vreden eller helvetesbranden. Öfv. 185 s. 93.
  IV o. V. Lustan eller Madelaine. Öfv. 182 s 93. Lättjan eller kusin Michel. Öfv. 118 s. 93.
  VI o. VII. Girigheten eller millionärerna. Öfv. 159 s. 93. Frässeriet eller doktor Gasterini. Öfv. 117 s. 93.
67. Balzac, H. de, Eugénie Grandet. Öfvers. — De tretton. Öfvers. 156 o. 100 s. 93.
68 o. 69. Haggard, H. Rider, Montezumas dotter. Öfv. af J. R. Spilhammar. 2 dlr. 216 o. 185 s. 94.
70. Dahn, Felix, Korsfararne. Berättelse från det 13:e årh. Öfv. af Gust. Åsbrink. 242 s. 94.
71. Savage, R. H., På lif o. död. Öfv. 407 s. 91.
72. Wazoff, Iran, Under oket. Öfv. af E. Silfverstolpe. 368 s. 94.
73 o. 74. Lepelletier, Edmond, Madame Sans Gène. Roman. Öfv. i sammandrag. 2 dlr. 236 o. 228 s. 95.
75. Franzos, Karl Emil, Skuggor. Berättelse. Öfv. 235 s. 95.
76. Lepelletier, Edmond, Madame Sans Gène. 3:e dln. Konungen af Rom. Roman. Öfv. 260 s. 95.
77. Westbury, Hugh, Acte. Hist.-romant. skildring från Neros tid. Öfv. af Knut Blomquist. 386 s. 95.
78 o. 79. Doyle, A. Conan, På vacklande grund. Roman. Öfv. 2 dlr. 231 o. 228 s. 95.

WITTMAN, Hugo, o. BAUER, Julius, Den stackars Jonathan. Se: Operatexter. 20.

Vittnesbörd, Kristliga, aflagda inom församlingen af en lekman [Th. Mazer]. 8:o, 115 s. Sthm, A. V. Carlsons Bokf.-aktb. 88. 75 ö.

Vitnesbörd om gemensam tro från den luth. kyrkan i Skandinavien. Predikn:r öfver de gamla högmessotexterna af svenske, norske, danske o. finske prester, utg. af Herman Hagberg. 8:o, 797 s. Sthm, A. V. Carlsons Bokf.-aktb. 86. 4: 50, inb. 6 kr.

WITTROCK, Veit Brecher, De felicibus observationes biologicæ. Se: Acta Horti Bergiani. 5.
—, De Horto botanico Bergiano. Se: dersammast 2.
—, Några bidrag till Bergianska stiftelsens historia. Se: dersammast. 1.
—, Om Binuclearia. Se: Bihang till K. sv. Vet.-akad:s handl:r. XII: III, 1.

WITTROCK, Veit Brecher, Om den högre epifytvegetationen i Sverige. Se: Acta Horti Bergiani. 6.
—, o. **JUEL, H. O.,** Catalogus plantarum in Horto botanico Bergiano. Se: dersammast. 3.
—, Linaria Reverchonii nov. species. Se: dersammast. 4.

WITT-TALMAGE, T. de, Det moderna samhällets skuggsidor. Öfv. af John Aldeen. 8:o, 148 s. Sthm, C. A. V. Lundholm. 89. 50 ö.
, Från krubban till thronen. 8:o, xx o. 622 s. Sthm, Bohlin & K. 92. 5: 50, inb 7: 50.
—, Från pyramiderna till Acropolis. Föredrag. Öfv. från eng. af K. A. Jansson. 12:o, 155 s. Sthm, Bohlin & K. 92. 1 kr., praktb. 2 kr.
- -, Genom Palestina. Tolf föredrag. Öfv. af K. J. Bohlin. 1:a o. 2:a uppl. 8:o, 253 s. Sthm, Bohlin & K. 91. 1: 25, klb. 2: 25.
, Kapital o. arbete. Nio predikningar. 1:a predikan: Arbetarefrågan. 12:o, 22 s. Sthm, G. Fredengren. 87. 25 ö.
, Kristendom i lifvet. Öfv. af A. Fernholm. 8:o, 284 s. Sthm, C. A. V. Lundholm. 90. 1: 50, kart. 2 kr.
—, Kvinnan, hennes rättigheter o pligter ss. jungfru, maka o. moder. Öfv. af B. S. 2:a uppl. 8:o, 131 s. Sthm, P. Palmquists aktb. 90. 1 kr., inb. 2 kr.
—, Mot otron o. tviflet. Nio föredrag. 8.o, 140 s. Sthm, Veckopostens förlag. 90. 75 ö, kart. 90 ö., klb. 1: 15.
- , Om spiritismen. 12:o, 19 s. Sthm, Veckopostens förlag. 90. 10 ö.
—, Omkring tebordet. Skizzer o. berättelser. Öfv. från eng. af Carl Stenholm. 8:o, 318 s o. 4 pl. Sthm, Bohlin & K. 93. 1: 75, praktb. 3: 25.
, Vigselringen. Tretton betrakt:r öfver äktenskapet o. familjelifvet. Öfv. från eng. af Andr. Fernholm. 8:o, 200 s. Sthm, C. A. V. Lundholm. 89. 1: 25, klb. 2: 25
, Vigselringen. Tretton föredrag om äktenskapet o. familjelifvet. Öfv. fr. eng. af K. J. Bohlin. 7:e uppl. 8:o, 224 s. Sthm, Bohlin & K. 95. 1: 25, klb. 2: 25.
(3:e uppl. 87. 4:e 89. 5:e 90. 6:e 92.)

Witzleben & C:o, I muntra lag. Se: Bibliotek, De gladas. 14.

WIVALLIUS, Lars, Dikter. Se: Skrifter utg. af Sv. litteratursällsk.

VIVANTI, Annie, Marion, chansonettsångerska. Öfv. från ital. 8:o, 141 s. Sthm, A. I. Seelig. 91. 1: 25.

Vocabula, Variarum rerum, cum sueca interpretatione Sthm 1538. Glosor till Terentii Andria. Med inledn., anm:r m. m. utgivne af Aksel Andersson. I. Täkst. 8:o, 74 s. Ups., Lundequistska bokh. i komm. 90. 3 kr.

VOGT, I. H. L., Om verdens guld-, sölv- o. kobberproduktion. Se: Tidskrift, Nordisk. 1888.

VOGT, Volrath, Biblisk historia. Öfv. o. bearb. af Lennart Ribbing. Med 1 karta. 2:a uppl, 8:o, viij, 147 s. o. 1 karta. Lund, C. W. K. Gleerup 94. Klb. 85 ö.
(1:a uppl. 91.)

WOHLFAHRT, Heinr., Elementarkurs i harmoniläran. Öfv. af Ferd. Bengzon. 8:o, 76 s. Sthm, Ad. Johnson. 87. 1 kr.

WOLFENSTEIN, V. Se: Arbeten, Nordiska konstnärers. Konstskatter i svenska Nationalmuseum.

WOLFF, Emil, Ett blad i den svenska riksbankens historia. Riksbankens afdeln. kontor i Göteborg. 8:o, 273 s. Göteb., N. P. Pehrsson. 89. 3 kr.
—, Studier rör. Göteborgs äldsta författning. 8:o, 103 s. Göteb., Wettergren & Kerber. 94. 2 kr.

WOLFF, Ludvig, Bidrag till de nervösa magsjukdomarnes patologi. Om magens sjukligt stegrade känslighet (hyperæsthesia ventriculi). 8:o, 72 s. Göteb., Wettergren & Kerber. 94. 1: 50.
— —, Från polikliniken för magsjukdomar i Göteborg 1888—92. Smärre kliniska o. terapeutiska erfarenheter. 8:o, 16 s. Göteb., Wettergren & Kerber i distr. 92. 75 ö.
—, Kliniska bidrag till tarmkanalens patologi. 8:o, 20 s. Göteb., Wettergren & Kerber. 91. 75 ö.

VOLKMANN-LEANDER, Rich. v., Träumereien an französischen Kamiuen. Med anmärkn:r af E. Brate. Se: Skolbibliotek. I, 1.

VOLLMAR, A., Barnatro. Se: Bibliotek för de unga. 61.
—, Den gamle doktorn. Berättelse. Öfv. af M. J. 8:o, 22 s. Sthm, J. F. Lindegren. 90. 15 ö.
—, Det klappar. Se: Bibliotek för de unga. 50.
—, Farmor. En berättelse för ung o. gammal. Öfv. från tyskan. 2:a uppl. 8:o, 103 s. Sthm, Fost.-stift:s f.-exp. 94. 50 ö., kart. 75 ö. (1:a uppl. 93.)
—, Fyndet. Berättelse. Öfv. af M. J. 8:o, 34 s. Sthm, J. F. Lindegren. 90. 25 ö.
—, Julaftonen. Se: Bibliotek för de unga. 51.
—, Julbarnet. Se: dersammast. 59.
— —, Prästhuset i Harz. En berättelse. 3:e uppl. 8:o, 283 s. o. 1 pl. Sthm, A. L. Normans f.-exp. 94. 2 kr.
—, Sparfvarne se det. Se: Bibliotek för de unga. 60.
—, Söndagsbarn. En berättelse för ung o. gammal. Öfv. från tyskan. 8:o, 56 s. Sthm, Fost.-stifts f.-exp. 94. 50 ö., kart. 75 ö.
—, Två barn, som söka o. finna himmeln. Se: Bibliotek för de unga. 58.
—, Tvätterskan o. hennes son. Se: dersammast. 41.
—, Utan händer. Se: dersammast. 42.

VOLTAIRE, Histoire de Charles XII, roi de Suède. Utg. med förklaringar af A. Lundberg. 2:a uppl. 8:o, 247 o. 54 s. Ups., W. Schultz. (84.) Inb. 1: 50.

WOLTERSDORF (Pastor), Blickar in uti det eviga lifvet. Öfv. af Rich. Ehrenborg. 8:o, 36 s. Sthm, Fost.-stift:s f.-exp. 88. 25 ö.

WOOD, Henry (Mrs), Ett familjedrama. Öfv. från eng. 8:o, 347 s. Östersund. 93. 3 kr.

WOOLSON, Constance Fenimore, Anne. Roman. Öfv. af Anna Geete. 8:o, 592 s. Sthm, L. Hökerberg. 94. 4: 25.

WOOLSTONE, Francis, Hårläkaren. Se: Handbibliotek, Praktiskt. 15.

VOSS, Richard, Romerska noveller. Se: Romener o. noveller. 1.

VOSS-SCHRADER, Alb., Finlands mejerier alfabetiskt ordnade. 8:o. 20 s. H:fors, Förf. 91. 3 fmk.

WOTHE, Anny, Qvinnans lycka. En gåfva på lefnadsvägen. Bearb. från tyskan. 8:o, 77 s. Sthm, G. Chelius. 91. 80 ö.

WOYNAR, Karl, Österrikes förhållande till Sverige o. Danmark under åren 18.13—14 hufvudsakligen dess politik vid Norges förening med Sverige. Öfv. af F. U. W. 8:o, 180 s. Sthm, Samson & Wallin. 92. 3 kr.

Vp. Ett språk åt en mensklighet. I. Separattr. från tidskr. "Mekan. arbetaren" 8:o, 16 s. Gefle, "Mekan. arbetarens" exp. 86. 30 ö.

WRANÉR, Henrik, Brokiga bilder från skånska slätten. Se: Bibliotek, Humoristiskt. 5.
—, En ulf i fårakläder o. andra skånska folklifsbilder. Med silhuetter af Ernst Ljungh. 8:o, 87 s. Sthm, Alb. Bonnier. 90. 75 ö.
— —, Gamlingar o. grönskållingar. Små folklifsbilder från Skåneslätten. Med 7 silhuetter. 8:o, 77 s. Sthm, Alb. Bonnier. 94. 1 kr.
—, Helgdagsbilder o. hvardagshistorier. 8:o, 264 s. Sthm, Fahlcrantz & K. 93. 2: 50.
—, Hvardagsmat o. gilleskakor. Bilder ur lifvet på skånska slättbygden förr o. nu. Med 9 silhuetter af Ernst Ljungh. 8:o, 91 s. Sthm, Alb. Bonnier. 89. 1 kr.
—, Hägringar. Folklifsskildringar. 8:o, 172 s. Sthm, H. Geber. 91. 2: 25.
—, I skånska stugor. Små bilder ur folklifvet i östra Skåne. Med 12 silh. af Ernst Ljungh. 8:o, 176 s. Sthm, Alb. Bonnier. 86. 1: 50.
—, Storgubbar o. stackare. Små bilder ur allmogens lif. Med 6 silhuetter o. en omslagsvign. af Sv. Ling. 8:o, 81 s. Sthm, Alb. Bonnier. 95. 1 kr.
—, Stuesnack o. slätteslams. Drag ur skånska slättbons lif. Med 10 silhuetter af Ernst Ljungh. 2:a uppl. 12:o, 96 s. Sthm, Alb. Bonnier. 75 ö.

WRANGEL, C. G., Handbok för hästvänner. Med talrika teckn:r. 10:e—20:e hft. 8:o, s. 705—1498. Sthm, Alb. Bonnier. 86—87.
För häfte 1 kr., kompl. 20 kr., inb. i 2 band 25 kr.

WRANGEL, Ewert, Allhelgonakyrkan i Lund. Det gamla o. det nya templet skildrade. Med biskop Flensburgs tal vid invigningen d. 1 nov. 1891. 8:o, 47 s. Lund, Ph. Lindstedts univ:s bokh. 93. 50 ö.
—, Det karolinska tidehvarfvets komiska diktning. 8:o, 234 s. Lund, C. W. K. Gleerup. 88. 2: 50.
—, Eduard von Hartmanns estetiska system i kritisk belysning. 4:o, 127 s. Lund, Gleerupska univ:s bokh. 90. 2 kr.
Jfr. Acta univ:is Lundensis. XXVI: I, 3.
—, Fosterlandskärleken i svenska litteraturen. Se: Skrifter, utg. af Lunds försvarsförbund. 2.
—, Frihetstidens odlingshistoria ur litteraturens häfder 1718—33. 8:o, 368 s. Lund, C. W. K. Gleerup. 95. 5 kr.
—, Hvad folket sjunger. Se: Tidskrift, Nordisk. 1895.
—, Till Magn. Stenbocks minne. Se: Skrifter, utg. af Lunds försvarsförbund. 3.

WRANGEL, F. U., Anteckn:r om Rytterns socken. 8:o, 218 o. 105 s. samt 1 karta, 5 pl. o. 1 tab. Sthm, Klemmings antiqv. 87. 6: 50.
—, Blasieholmen o. dess innebyggare. 8:o, 170 s., 20 pl. o. 1 karta. Sthm, Samson & Wallin i distr. 94. 7: 50.
—, Från Jean Bernadottes ungdom. Biogr. skizz. 8:o, 107 s., 1 portr. o. 3 facsimile. Sthm, P. A. Norstedt & S:r. 89. 1: 50.
—, Liste des diplomates français en Suède 1541—1891. 8:o, xj o. 95 s. Sthm, P. A. Norstedt & S:r. 91. (Uppl. 150 numr. ex.) 6 kr.
—, Tullgarn. 8:o, 103 s. o. 5 pl. Sthm, P. A. Norstedt & S:r. 88. 3 kr.
—, Se: Porträttgalleri.
—, o. **BERGSTRÖM, Otto,** Svenska adelns ättar-

taflor ifrån år 1857. 1:a—5:e hft. 8:o, 400 s. Sthm, P. A. Norstedt & S:r. 95. För hft. 2: 25.

WRANGEL, H., Sjövapnets betydelse. Se: Skrifter, Svenska nationalföreningens. 3.

—, Svenska örlogsflottan 1719. Se: Tidskrift, Historisk. 1892.

—, Sveriges sjöförsvar förr o. nu. Föredrag i Uppsala o. Stockholm. 8:o, 45 s. Sthm, (Looström & K. i komm.) 92. 30 ö.

WRAY, J. JACKSON, "En hederspojke från topp till tå" eller skildring från Frank Fullertons skoldagar. Öfv. af C. Cederström. 2:a uppl. 8:o, 112 s. Sthm, C. E. Fritzes hofbokh. 86. Kart 1: 50.

WREDE, Fablan. Se: Wibling, C., Ur fältmarskalk F. Wredes papper.

WREDE, K. A., Skizzer från det gamla Viborg. Med historisk text af Gabr. Lagus. Tvär 8:o, 96 s. o. 21 pl. H:fors, W. Hagelstam. 95. Klb. 1: 80.

WREDE, R. A., Af handl:r i finsk processrätt. Grunddragen af bevisrätten enl. gällande lag. 1:a o. 2:a hft. vj o. 265 s. 8:o. H:fors, Söderström & K. 94. 4 kr.

—, Försök till tolkning af 1 kap. R. B. 8:o, 57 s. H:fors, Lindstedts antikv. bokh. 94. 1 kr.

—, Skema till föreläsn:r i konkursrätt. 8:o, 25 s. H:fors, Lindstedts antikv. bokh. 94. 60 ö.

—, Se: Anteckn:r, enl. professor R. A. Wredes föreläsn:r öfver konkursrätt.

WRETLIND, E. W., Huru förhindra farsoters spridning? Se: Flygskrifter, Helsovännens. 9.

—, Huru få god o. billig mat? Se: dersammast. 3.

—, Huru Jesus af Nazareth gjorde slut på en strejk i Kapernaum. Föredrag. 8:o, 14 s. Sthm, Helsovännens förlag. 92. 10 ö.

—, Huru skola vi kläda oss? Se: Flygskrifter, Helsovännens. 10.

—, Hvad skola vi dricka? Se: dersammast. 7.

—, Hvaraf kommer dålig mage o. huru botas den? Se: dersammast. 17 o. 18.

—, Influensan. Se: dersammast. 5.

—, Koleran. Se: dersammast. 8.

—, Kvinnans släktlif i normalt o. sjukligt tillstånd. 2:a uppl. med 65 teckn:r. 8:o, 191 s. Sthm, Helsovännens förlag. 93. 2 kr.

—, Läkarebok för alla! Helso- o. sjukvårdslära i populär form. I. Om vår kropp i allmänhet o. om huden. 8:o, 132 s. Sthm, Helsovännens förlag. 93. 1: 60.

—, Mannens slägtlif i normalt o. sjukligt tillstånd. 3:e uppl. Med 29 teckn:r o. 1 tafla. 8:o, 183 s. Sthm, Helsovännens förlag. 92. 1: 75. (1:a uppl. 90. 2:a 91.)

—, Om bleksot. Se: Flygskrifter. Helsovännens. 4.

—, Rusdrycksförbudet från fysiologisk o. biblisk synpunkt. Se: dersammast. 13.

—, Tobaksbrukets faror. Se: dersammast. 1.

—, Ungdomens farligaste fiende. Se: dersammast. 12.

—, Se: Eira. — Flygskrifter, Helsovännens. — Förhandl:r vid 4:e allm. läkaremötet. — Helsovännen. — Jordemodern.

WRETMAN J. M., Kompassen o. dess deviation. En framställning af de orsaker som samverka att missrikta kompassen, ombord å fartyg etc. 8:o, 84 s. o. 1 pl. Gefle, Hj. Ewerlöf. 87. 1 kr.

[WRIGHT, Ad. von], Berättelse öfver en resa i Sverige, Danmark o. England. Se: Meddelanden, Landtbruksstyrelsens. 10.

WRIGHT, V. von, Redogörelse för en del arbetaresträfvanden i Sverige o. Norge. Reseberättelse. 8:o, vij o. 199 s. H:fors, 86.

—, Sjuk- o. olycksfallförsäkringen i Tyskland. 8:o, iij o. 168 s. H:fors, 89.

WRIGHT, W. von, Se: Fiskar, Skandinaviens.

W—t. Biografiska underrättelser om Stagnelius. Se: Tidskrift, Nordisk. 1894.

WUCHERER, J. F., Bevis för Nya Test:s äkthet. Öfv. 8:o, 76 s. Sthm, Fost.-stift:s f.-exp. 87. 50 ö.

WULFF, C. A., Berättelse om en resa i Nordamerika år 1889, afgifven till Kgl. Landtbruks-akad. 8:o, 36 s. Sthm, P. A. Norstedt & S:r. 91. 50 ö.

—, Bestämmelserna i inledn. samt 1:a o. 2:a kapitlen af Undervisning för svenske infanterister sammanförda. 4:e öfvers. uppl. 12:o, 47 s. Sthm, Förf:n. 88. 25 ö.

—, Illustrerad undervisning för armeen. 2:a uppl. 16 o, 32 s. Norrköp., Åkerbruket o. husdjursk. boktr. 95. 35 ö.

—, Tropp- o. halftroppchefen i bevakningstjensten. 12:o, 87 s. o. 2 pl. Sthm, (Looström & K. i distr.) 88. 50 ö., inb. 75 ö.

—, Se: Handledning för mjölkleverantörer. — Åkerbruket o. boskapsskötseln.

WULFF, Fredrik A., Le lai du cor. Restitution critique. 8:o, 100 s. Lund, C. W. K. Gleerup. 87. 35 ö.

—, Poèmes inédits de Juan de la Cueva. I. Viage de Sannio. 4:o, c o. 67 s. Lund, C. W. K. Gleerup. 87. 5: 25.

Jfr. Acta univ:is Lundensis. XXIII: II, 2.

—, Un chapitre de phonétique avec transcription d'un texte andalou. Extrait du Recueil offert à M. Gaston Paris le 9 août 1889. 8:o, 50 s. o. 2 tab. Lund, C. W. K. Gleerup. 89. 1: 50.

—, Wilhelm Theodor Gnospelius. Minnesblad den 11 nov. 1887. 8:o, 27 s. Lund, Tr. i F. Berlings boktr. 88. (Ej i bokh.)

—, Se: Lyttkens, J. A., o. Wulff, F. A., Svensk uttalsordbok. — La transcription phonétique. — Metodiska ljudöfningar.

WURM, Junior, Tosingar. Se: Bibliotek för teatervänner. 148.

WÅGMAN, Oskar, Öfningskurs i svensk rättskrifning jämte rättskrifningslära. 12:o, 123 s. Sthm, Fr. Skoglund. 90. 75 ö.

Vågsqvalp, (Vers med illustr.) 6 blad velin. (Tr. i Nürnberg.) Sthm, G. Chelius. 90. Kart. med guldsn. 1 kr.

WÅHLIN, C. L., Skoltal. Utg. efter hans död. 8:o, 232 s. o. 1 portr. Göteb., H. L. Bolinder. 95. 2: 75.

—, Se: Norbeck, A. E., Lärobok i trosläran.

WÅHLIN, Karl, Fyra svenska konstnärer. Se: Tidskrift, Nordisk. 1891.

—, Om den franska målarkonsten. Se: dersammast. 1889.

—, Om den ryska konsten. Se: dersammast. 1887.

—, Se: Konstverk, Svenska. — Ord o. bild.

WÅHLIN, Laur., De usu modorum apud Apollonium Rhodium. 8:o, 121 s. Lund, Gleerupska univ.sbokh. 91. 1 kr.

Jfr. Handl:r, Göteborgs K. Vet. o. Vitterh. samhälles XXVII.

Vålnaden på Tyresö. Se: [Ödman, Jenny, f. Braun.]

Vår. Minnesskrift från Skansens vårfest. 4:o, 32 s. Sthm, Nordiska museet. 94. 2 kr.

"Vår holländska färd." En skildr. författad af 14

deltagare i den 12:e världskonferensen i Amsterdam 1891. Utg. af Axel Taube. 8:o, 166 s. Malmö, Envall & Kull. 91. 1: 75.
Vårblommor af L. S. 8:o, 16 s. med illustr. Sthm, Fost.-stift:s f.-exp. 95. 30 ö.
Vårblommor. Illustrerad kalender. 8:o, 112 s. o. 2 pl. Sthm. 86. 1: 50.
WÄCHTER, C., Kvinnans sjelfhjelp vid underlifslidanden. Se: Handböcker, Ad. Bonniers allmännyttiga. 8.
Väckelse- o. lofsånger. Samlade, öfv. o. bearb. af John Ongman. 2:a uppl. 16:o, 64 s. Örebro, Bokförlagsaktieb. 91. Kart. 25 ö.
Väf- o. broderi-mönster, Finska. Utg. af Finska handarbetets vänner. 1:a hft. 8:o, 6 s. o. 9 pl. H:fors, Förlagsaktb. Otava. 95. 1: 75 fmk.
Väfbok, innehållande såväl råd o. undervisning i enklare väfnader som af skånska allmogeväfnader. Utg. af Ch. R—y [Charlotte Posse, f. Ramsay]. 8:o, 23 s. Lund, Gleerupska univ:s bokh. i distr. 94. 1 kr.
Väg, Hans. Med illustr. 6 blad velin. Sthm, G. Chelius. 91. 50 ö.
Väg, Lifvets. Till daglig ledning under en månad. (Bibelspråk med illustr.) 6 blad velin. (Tr. i Nürnberg.) Sthm, G. Chelius. 90. Kart. 40 ö.
Väg, Ynglingens. Se: Läsning för ungdom. 10.
Väggalmanacka 1887—1896. Sthm, P. A. Norstedt & S:r. 86—95.
Med datoblock uppt. bibelspråk. 1: 75.
Med d:o d:o kuponglikvider. 1: 50.
Med d:o d:o sentenser. 1: 50.
Med kalendarium tr. på färgtr. plån (foglar). 80 ö.
Med mindre datoblock å plån med stålgravyr. 1 kr.
Med månadsblad o. plån med stålgravyr. 60 ö.
Med d:o för anteckningar. 1 kr.
Med d:o på kartong, mindre. 70 ö.
Med d:o d:o större. 80 ö.
Med stort datoblock. 2 kr.
Vägkanten, Vid. Svenskt orig. af E. S. K. 8:o, 122 s. Sthm, P. Palmquists aktb. 93. 1 kr., klb. 1: 50.
Väglagen den 23 okt. 1891, med förklaringar, hänvisn:r o. sakregister utg. af Hans Forssell. 8:o, 119 s. Sthm, P. A. Norstedt & S:r. 93. Klb. 1: 50.
Väglagen (n:r 2) af den 23 okt. 1891 med hänvisn:r o. sakreg. utg. af Hans Forssell. 16:o, 82 s. Sthm, P. A. Norstedt & S:r. 92. Klb. 50 ö.
Väglagen. Se: Samling af k. förordningar, stadganden m. m. 24.
Vägledning för besökande i Lifrustkammaren. 8:o, 131 s. Sthm, Lifrustkammaren. 87. 50 ö.
Vägledning, Illustrerad, för svenska lustresande i Köpenhamn o. omgifn:r. 7:e uppl. 12:o, 62 s. o. annonsbil. (Tr. i Kbhvn). Malmö, Envall & Kull. 91. Kart. 75 ö., med plankarta 1: 35.
Vägledning, Kort, till engelska språkets talande m. m samling af i samtalspråket vanligast förekommande. ord m. m., med utsatt beteckning för uttalssättet för svenskar. 2:a uppl. 12:o, 72 s. Sthm, Alb. Bonnier. 93. Inb. 60 ö.
Vägmärken. Minnesord för hvar dag i året af L. S. (Carolina Berg.) 2:a uppl. 16:o, 245 s. Sthm, Fost.-stift:s f.-exp. 86.
Kart. 1: 50, klb. 2: 25, med guldsn. 2: 50.
WAGNER, S., Filosofiens historia i sammandrag. I: 1 o. 2. Den grekiska filosofiens o. medeltidsfilosofiens historia. 8:o, 247 s. Lund, C. W. K. Gleerup. 86 o. 92. 5: 50.
—, Skånska kommissionen af 1660—70. Ett bidrag till de skånska landskapens inre historia. 8:o, 117 o. 47 s. Lund, Gleerupska univ:s bokh. 86. 2 kr.
Vägvisare för resande i Helsingborg o. omnejd. 8:o, 11 s. o. 1 karta. H:borg, Killbergs bokh. 95. 85 ö.
Vägvisare, Illustrerad, i Kjöbenhavn o. omgifn:r. Med karta öfver Kjöbenh. samt Dyrehaven. 8:o, s. 65—176 o. viij s. (Tr. i Kbhvn.) Lund, Gleerupska univ:s bokh. i distr. 89. 50 ö.
Vägvisare, Medicinska. 12:o. Sthm, F. & G. Beijers Bokf.-aktb.
1. Werner, Karl, Lungsot, dess förebyggande o. botande. Öfv. af E. Lindberg. 131 s. 90. 1 kr.
2. Bresgen, Maximilian, Om heshet, dess orsaker, betydelse o. botemedel. Öfv. af Gustaf Kjellberg. 40 s. 90. 50 ö.
3. Fechner, Wilh., Kronisk förstoppning, dess orsaker o. behandling. Öfv. af E. Lindberg. 83 s. 90. 75 ö.
4. Vetlesen, H. J., Sömn o. sömnlöshet. Föredrag. Öfv. af C. I. Tisell. 37 s. 90. 50 ö.
5. Berger, Paul, Nervsvaghet, dess orsaker o. behandling. Öfv. af E. Lindberg. 87 s. 90. 75 ö.
6. Werner, Carl, Sömnlöshet o. sömnmedel. Öfv. af C. I. Tisell. 88 s. 91. 75 ö.
7. Weber, Rich., Hypokondri o. inbillade sjukdomar. Öfv. af C. I. Tisell. 80 s. 91. 75 ö.
8. Ruheman, J., Hysteri, dess orsaker o. behandling. Öfv. af C. I. Tisell. 88 s. 91. 75 ö.
9. Baas, J. Herm, Kvinnosjukdomarne. Deras förebyggande o. behandling. Öfv. af E. Lindberg. 134 s. 91. 1 kr.
10. Messner, Fritz, Huru skyddar man sig för infektionssjukdomar? Öfv. af C. I. Tisell. 107 s. 91. 75 ö.
11. Dornblüth, Otto, Själsarbetets hygien. Öfv. af Gust. Kjellberg. 102 s. 91. 75 ö.
12. Berger, Paul, Om sjukdomars betydelse för äktenskapet med särskildt afseende på ärftligheten. Öfv. 136 s. 92. 1 kr.
13. —, Om Blodbrist. En vägvisare för blodfattiga. Öfv. 54 s. 92. 50 ö.
Vägvisare, Officiel, på den nordiska industri, landtbruks- o. konstutställningen 1888 samt i Kjöbenhavn o. omgifn:r. Med illustr. o. kartor. 8:o, 176 o. viij s. (Tr. i Kjöbenh.) Lund, Gleerupska univ:s bokh. 88. 75 ö.
Vägvisare, Stockholms. Fickbok för resande. Årg. 1886—95. 8:o. Sthm, Carl Sjögren. 86—95.
10 à 15 ö.
Vägvisare i Sundsvall o. omnejd. 1 blad med kartor o. text. Sthm, Alex. Dahl. 95. 60 ö.
Vägvisare öfver 17:e allm. Svenska Landtbruksmötets utställningsfält jemte plankarta. 8:o, 19 s. Göteb., H. Brusewitz. 91. 50 ö.
Vägvisare, Svenska Turistföreningens. 1. A. Luleå—Bodö. B. Luleå—Gellivara. 8:o, 7 s. o. 1 karta. Sthm, Wahlström & Widstrand. 91. 25 ö.
Vägvisare, Trons. (Bibelspråk med illustr.) 6 blad velin. (Tr. i Nürnberg) Sthm, G. Chelius. 90.
Kart. 40 ö.
Vägvisare, Vetenskapliga. 8:o. Sthm, C. E. Fritzes hofbokh. i distr.
1. Söderhjelm, Werner, Germaniska o. romaniska språkstudier. En blick på deras historia, metoder o. hjälpmedel. 138 s. (Tr. i H:fors.) 92. 2 kr.
Vägvisaren. Handbok för Östersunds Goodtemplare. 8:o. Sthm, Svenska Nykterhetsförlaget. 1886—88.
Utkom med 4 hfn årligen à 10 ö.

Vägvisaren på Högholmen. Illustr. handbok. 8:o, 76 s. H:fors, Söderström & K. 92. 35 ö.

VÄKEVÄINEN, M., Lärobok för idkare af skräddareyrket. 8:o, 23 s. med ritningar. H:fors, Förf. 86. 3 fmk.

Väktaren i det Nya Jerusalem. 12:o. Sthm, C. Deleen & K. i distr.
1. Hvad äro Nya kyrkans skrifter? Utg. af *Adolph Th. Boyesen.* 24 s. 91. 25 ö.

Välde, Under tsarens. Ur "Free Russia" En resa under arrest. Till polcirkeln. Blodbadet på politiska fångar i Sibirien. 8:o, 87 s. Sthm, J. E. Brunell i komm. 92. 75 ö.

Vän, Arbetarens. 12:e—21:a årg. (1886—95.) Red. *C. O. Berg.* Sthm, Redaktionen. 86—95
För årg. (12 n:r) 1: 50.

Vän, Barnens. Illustrerad veckotidning för de små, redig. af *L. S. (Carolina Berg.)* 10:e—19.e årg. 1886—95. 4:o, hvarje årg. omkr. 400 s. Sthm, Post.-stift:s f.-exp. 86—95.
För årg. 1: 25, inb. 2 kr.

Vän, De värnlösas. Redaktör: *J. Chr. Lembcke.* Utg. *G. Gustafsson.* Årg. 1—10 (1887—96.) 8 o. Sthm, Redaktionen. 86—95. För årg. (12 n:r) 1: 20.

Värld, Fantasiens. Red. af *M. Boheman.* Med 107 bilder. Stor 8:o, 378 s. Sthm, Aktieb. Hiertas bokförlag. 92. 6 kr., klb. 7: 50

Världen i bilder. 4:o, 15 kolor. pl. Göteb., N. J. Gumperts bokh. 92. Kart. 3 kr.

Värmländingarne, Värmländsk jultidning. Årg. 1894 o. 95. Folio, 48 s. Sthm, Nordin & Josephson. 94, 95. à 1: 25.

Värnepligtslag för Finland. Se: Författningssaml. Lilla. 11.

Värnpliktslagen af den 5 juni 1885 i dess nuvarande lydelse (jan. 1893) jämte dithörande författn:r, utg.

af *Nils Selander.* 8:o, 80 s. Sthm, P. A. Norstedt & S:r. 93. Clothäftad 1 kr.

[**WÄSTBERG, A.**], Slägtingar o. andra noveller sam¹ två dramatiska utkast af *Anna A.* 8:o, 224 s. Sthm, L. Hökerberg. 86. 2: 50.

WÄSTBERG, Efraim, Skizzer. 8:o, 155 s. Sthm, C. A. V. Lundholm. 90. 1: 25.

Västerbotten o. Ryssarne. Af *F. W. B.* Se: Tidskrift, Historisk. 1892.

WÄSTFELT, Oscar, Ett detachements fälttjänst o. strid. Bearb. efter tyskan. 8.o, 76 s. o 3 kartor. Sthm, P. A. Norstedt & S:r. 93. Klb. 2: 25.

Wästgötha-Laghen. [Handskrift från slutet af 1200-talet utg. af *Algernon Börtzell* o. *Harald Wieselgren.*] 4:o, 57 blad i fotogr. tryck o. 12 s. modern text. Sthm, Utg:ne. 89. Liten uppl. (Ej i bokh.)

Växellagen d. 7 maj 1880 med hänvisningar, växelformulär o. sakregister utg af *G. B. A. Holm.* 2:a uppl. 8:o, 48 s. Sthm, P. A. Norstedt & S:r. 93. Klb. 65 ö.
(1:a uppl. 80.)

[**WÖHLER, F.**], Franska kemister för 60 år sedan. Se: Öfversigt af F. Vet Soc:s förhandl:r. XXXV.

WÖRISHÖFFER, S., Flykten ur Sibirien. En deporterad familjs öden o. äfventyr. Med 16 illustr. Öfv. af *Oscar Guldbrand.* 8:o, 280 s. Sthm, F. C. Askerberg. 94. Kart. 2: 75.

—, Genom Indien. Två lättmatrosers irrfärder o. äfventyr. Svensk bearb. af *Oscar Guldbrand.* Med 12 illustr. 8:o, 416 s. Sthm, F. C. Askerberg. 94. Kart. 3 kr.

—, Onnen Visser. Se: Läsning för gossar. 4.

WÖRISHÖFFER, S., På krigsstråt. Jaktäfventyr o. strider bland Nordamerikans indianer. Med 14 illustr. Svensk bearb. af *O. H. G.* 8:o, 447 s. Sthm, F. C. Askerberg. 95. Klb. 3 kr.

X, Y.

Xenophons hågkomster om Sokrates. Öfv. af *S. Ljungdahl.* 8:o, xv o. 163 s. Lund, C. W. K. Gleerup. 88. 2: 25.

YDÉN, K. A., Se: Matrikel öfver Linköpings stift.

YEATS, S. Levett, Savellis ära. Hist. roman. Öfv. fr. eng. af *Eva Wahlén.* 8:o, 327 s. Sthm, H. Geber. 95. 3: 25.

YELL, E., Gleanings from english and american literature. With notes. Vol. I. 8:o, 174 s. o. Notes 32 s. Sthm, P. A. Huldbergs bokf.-aktb. 92.
Kart. 1: 75.

—, Svenskt-engelskt parlörlexikon för skolbruk o. resor. Liten 8:o, 408 s. Sthm, P. A. Huldbergs bokf.-aktb. 92. Klb. 2: 60.

Ylledrägten. Strödda utdrag ur prof. G. Jägers skrifter jemte beskrifning om fotens byggnad. Med 17 afbildn:r. 16:o, 352 s. Sthm, Leon. Lindgren. 90. 1: 50.

Ymer. Tidskrift, utgifven af Svenska sällskapet för antropologi o. geografi. Årg. 6—15 (1886—95.) 8:o. Sthm, Samson & Wallin. 86—95.
För årg. (4 hfn) 8 kr.

YONGE. Charlotta M., Den lille hertigen eller Richard den orädde. Se: Bibliotek, Ungdomens. 33.

—, Två prinsessor eller Kronor o. hjertan. Se: Stunder, På lediga. 5.

YOUNG, Egerton Ryerson, Bland indianer i wigwams o. vid lägereldar. Öfv. 8:o, 363 o. viij s. Sthm, Bohlin & K. 94. 2 kr.

—, Med kanot o. hundsläde bland Cree- o. Salteauxindianerna Öfv. af *J. M. Eriksson.* 8:o, 319 o. xvj s. Sthm, Bohlin & K. 94. 2 kr., inb. 3 kr.

Yttrande, Underdånigt, öfver förslag till grunder för härordning, afg. d. 12 mars 1891. 8:o. Sthm, P. A. Norstedt & S:r.
I. 214 s. 91. 70 ö.
II. Bilagor. 1: 35.

Z.

ZACCONE, Pierre, Nio millioner el. den försvunna arftagaren. Öfv. från franskan af E. P—e. 8:o, 322 s. Sthm, F. & G. Beijers Bokf.-aktb. 86. 2 kr.

ZACHRISSON, Carl Aug, Lärobok i Sveriges historia för högre flickskolor. 8:o, 320 s. Sthm, P. A. Norstedt & S:r. 91. 2: 50, inb. 3 kr.

—, Lärobok i världshistorien. 2:a uppl. 8:o, viij o. 330 s. Sthm, P. A. Norstedt & S:r. 94. 2: 50, inb. 3 kr. (1:a uppl. 90.)

—, Om Michael Eneman o. hans resa till Österlandet. (Läroverksprogram.) 4:o, 28 s. Sthm, Lärarinneseminariet. 87.

ZACHRISSON, Wald., Se: Boktryckeri-kalender. — Svithiod.

ZAMENHOF, L., Lärobok med fullständig Esperantisksvensk ordbok. Öfv. o. utg. af B. G. Jonsson. 8:o, 63 s. Sthm, F. W. Jonsson 93. 40 ö.

ZANDER, C. M., Carminis Saliaria reliqviæ ad. adn. duos de lano exc. add. 4:o, 64 s. Lund, Gleerupska univ:s-bokh. 88. 2 kr.

—, De lege versificationis latinæ. Se: Acta univ:s Lundensis. XXVI: I, 1.

—, Latinsk språklära i sammandrag. 8:o, iv o. 216 s. Lund, C. W. K. Gleerup. 91. Inb. 2: 50.

—, Versus italici antiqvi. Collegit, recensvit rationem metricam explicavit. 8:o, ccxxvij o 124 s. Lund, Gleerupska univ:s bokh. 90. 3: 50.

ZANDER, Emil, Etudes sur l'article dans le français du XVI:e siècle. 4:o, iij o. 51 s. Lund, Gleerupska univ:s bokh. 93. 2 kr.

—, Recherches sur l'emploi de l'article dans la francais du XVI:e siècle comparé aux autres époques de la langue. Dissertation. 4:o, 49 s. Lund, Ph. Lindstedts univ:s bokh. 92. 3 kr.

ZANDER, Gustaf, Den mekaniska gymnastikens apparelj o. dess användning. 8:o, 72 s. Sthm, Samson & Wallin. 86. Klb. 75 ö.

—, Die Apparate für mechanisch heilgymnastische Behandlung und deren Anwendung. 4:e vermehrte Aufl. 8:o, 134 s. Sthm, Göransons mek. verkstad. 94. 3 kr. (1:a uppl. 86. 2:a 88. 3:e 90.)

ZANDER, W., Dekorationsmålarens praktik. 1:a—7:e saml. 4:o, hvarje saml. 24 pl. i ljustryck. Sthm, G. Chelius. 88—94. à 3 kr.

ZANDER, Waldemar, Underrättelser om Medevi helsobrunnar o. bad. 8:o, 24 s. Sthm, F. & G. Beijers Bokf.-aktb. 87. 25 ö.

ZANGWILL, I, Tiggarkungen. Öfv. af J. Granlund. Med 48 illustr. 8:o, 197 s. Sthm, Ad. Johnson. 94. 2: 25.

—, Ungkarlsklubben. Öfv. från eng. af Erik Thyselius. 8:o, 304 s. Sthm, J. Seligmann. 93. 2: 75.

ZAPPERT, B. Se: Genée, R. o. Zappert, B, Jagten efter lyckan.

ZAULECK, P., Den husliga lyckan. En fingervisning för dem som vilja ega densamma. Öfv. 8:o, 60 s. Sthm, Ad. Johnson. 92. 40 ö.

ZEILLER, R., Se: Malloizel, G., Oswald Heer.

ZEIPEL, Carl v., Historiska romaner i urval. 12:o. Sthm, F. & G. Beijers Bokf.-aktb.
I. Carl XI, Rabenius o. hexeriprocessen. Hist. roman. 2:a uppl. 605 s. 86. 3: 75.
II. Seton. En skildring från slutet af förra århundradet. 2 dlr. 2:a uppl. 420 o. 331 s. 87. 4: 75.

ZEITZ, Karl, En frivilligs äfventyr o. minnen från tyska kriget 1870—71. I sammandrag öfv. från tyskan af C. O. Nordensvan. Med illustr. o. 1 karta. 8:o, 297 s. o. 1 karta. Sthm, C. A. V. Lundholm. 94. 2: 50, kart. 3 kr.

ZELLÉN, J. O. af, Fickbok för skogsmän. Häft. 1. Om tillväxtborren o. dess användande jemte tabeller för skogsuppskattning. 8:o, 34 s. Sthm, Samson & Wallin i distr. 93. 1 kr.

ZETHELIUS, A., Lärobok i fältarbeten för Kgl. Sjökrigsskolan. 8:o, 120 s., 1 karta o. 19 pl. Sthm, Förf:n. 92. 2: 75.

ZETHELIUS, Ingeborg, Barndomsminnen o. sagor berättade för de små. Illustr. af Axel Sjöberg. 8:o, 120 s. Sthm, Lars Hökerberg. 93. Kart. 1: 25.

—, Lilla hjelpredan i köket. 2:a uppl. 8:o, 151 s. Sthm, L. Hökerberg. 93. Inb. 1 kr. (1:a uppl. 92.)

—, Ny monogrambok, inneh. 460 monogram. 2:a uppl. 4:o, 40 s. Sthm, L. Hökerberg. 93. 1: 50. (1:a uppl. 92.)

—, På vikingastråt, jämte sju andra berättelser o. sagor. Med illustr. 4:o, 40 s. Sthm, L. Hökerberg. 94. Kart. 1: 25.

ZETHRÆUS, Aug. G, Saul. Konung i Israel. Hjeltesaga i 5 akter. 8:o, 224 s. Sthm, Samson & Wallin. 86. 2: 50.

—, Tsätalät-ordens vishetslära, eller nya skede. 8:o. Sthm, C. E. Fritzes hofbokh. i distr.
I. 120 s. 89. 2 kr.
II. 202 s. 91. 3 kr.
III. 208 s. 91. 3 kr.
IV: 1. 131 s. 95. 2: 50.

ZETTERLUND, O. G., Om tull på jordbruksalster. 2:a uppl. öfvers. o. tillökad. 8:o, 36 s. Sthm, 86. 25 ö. (1:a uppl. 86.)

ZETTERQUIST, C. G., Nyaste mästerskapssystemet. Praktisk lärobok i engelska språket med tillämpning af prof. Ollendorfs metod. 8:o, xv o. 276 s. Sthm, G. Chelius. 88. Klb. 3 kr.

—, Nyckel till skriföfningarna. 8:o, 60 s. 88. Kart. 1 kr.

ZETTERQVIST, Edv. A, Grundläggningen af det svenska väldet i hertigdömena Bremen o. Verden. Akad. afh. 8:o, v o. 192 s. Lund, Ph. Lindstedts univ:s-bokh. 91. 1: 75.

ZETTERSTEN, Axel, Svenska flottans historia åren 1522—1634. 8:o, 511 s. Sthm, J. Seligmann. 90. 7 kr.

ZETTERSTRÖM, Carl. Se: Minnen från fjällbygden o. Fyrisvall.

ZETTERVALL, Helgo, Förslag till riksdags- o. riksbankshus på Helgeandsholmen. Tvär folio, 16 pl. o. 1 blad text. Sthm, Generalstab. lithogr. anst. 90. 5: 50.

ZIDBÄCK, John, Svensk-finsk, tysk-engelsk förteckning öfver mekanisk-tekniska termer. 4:o, 109 s. Kuopio. 90.

— —, Teknisk handbok för elever vid industriskolor, verk- o. byggmästare, maskinister m. fl. 8:o, vij o. 184 s. H:fors, 87. 4: 50 fmk.

ZILLIACUS, A., Se: *Aschan, O.* o. *A. Zilliacus,* Om difenylsulfhydantoin.

ZILLIACUS, K., Amerika-boken. Hjälpreda för utvandrare. Jämte en kort vägledning till engelska språkets talande. Med karta öfver Förenta staterna 12:o, 164 o. 72 s. samt 1 karta. Sthm, Alb. Bonnier. 93. Klb. 1: 50.

—, I societeten. En Helsingfors berättelse. — Några landsmän jag träffat. 8:o, 239 s. H:fors, W. Hagelstam. 95. 3: 50 fmk (2: 50).

[— —], Mariquita o. andra historier från verldens utkanter af *K. Z.* 8:o, 144 s. Viborg, Clouberg & K. 90. 1: 90.

— —, Utvandrarehistorier. 8:o, 175 s. H:fors, Söderström & K. 92. 1: 75.

ZOLA, Emile, Doktor Pascal. Roman. Öfv. af *Ernst Lundquist.* 12:o, 363 s. Sthm, Alb. Bonnier. 93. 2: 75

—, I grus o. spillror. Skildr. från fransk-tyska kriget. Öfv. af *Ernst Lundquist.* 1:a o 2:a uppl. 8:o, 573 s. Sthm, H. Geber. 92. 5 kr.

—, Konstnärslif. Pariserroman. Öfv. af *Ernst Lundquist.* 8:o, 499 s. Sthm, Alb. Bonnier. 86. 3: 50.

ZOLA, Emile, Lourdes. Roman. Öfv. af *Ernst Lundquist.* 12:o, 546 s. Sthm, Alb. Bonnier. 94. 3: 50.

—, Penningen. Roman. Öfv. från franskan af *Ernst Lundquist.* 12:o, 465 s. Sthm, Alb. Bonnier. 91. 3 kr.

Zoologiska trädgården, I. 4:o, 8 blad med fig. o. text. Sthm, R. W. Stare. 92. 1: 25.

ZOTTERMAN, E. A., Läsebok för småskolan. Utarb. med hänsyn till normalplanen, komitébetänkandet o. Sv. akad.s ordlista. Illustr. af *Jenny Nyström-Stoopendaal.* 8 o, viij o. 272 s. Sthm, F. & G Beijers Bokf.-aktb. 90 Inb. 75 ö.

ZUNDEL, Aug., Se: Medel mot smittosamma sjukdomar.

ZWEIGBERGK, A. Fr:son von, Stuterihandbok för Skåne. Malmöhus län. 2:a häft. 8:o, 23 s. Lund, Förf.n. 87. 75 ö.

ZWEIGBERGK, Otto von, Den stora franska revolutionen. Se: Studentfören Verdandis småskrifter. 22.

— —, Finska studier. Se: Samhällslifvet, Ur det moderna. 15.

—, Studentföreningen Verdandi 1882—92. 8:o, 189 s. Ups., Bibliogr. institutet i komm. 92. 2 kr.

— —, Tillståndet i Frankrike före revolutionen 1789. Se: Studentfören. Verdandis småskrifter. 13.

ZWEIGBERGK, P. A. von, Lärobok i räknekonsten. 28 e uppl. 8:o, viij, 292 o. (facitb.) 44 s. Sthm, F. & G. Beijers bokf.-aktb. 93. Inb. 1: 75. (27:e uppl. 89.)

ZWEIGBERGK-EKLÖF, Lärobok i Räknekonsten. 9.e omarb. uppl. 8:o, 8 o. 248 s. samt svar 38 s. H:fors, G. W. Edlund. 92. 2 fmk. (8:e uppl. 87.)

Zylo, Sockerbagaren i hemmet. Tillförlitligaste handbok för konfektyrer o. bakverk. 8:o, 64 s. Nyköp., Carl Åkerblom. 89. 1: 50.

Å.

ÅBERG, G. A., Svensk ordlista för rättskrifning. 3:e uppl. omarb. af *J. Klockars* o. *I. Smeds.* 8:o, iv o. 418 s. H:fors, G. W. Edlund. 91.
4: 50 fmk (3: 50', klb. 5 fmk (3: 75).
(1:a o. 2:a uppl. 86.)

ÅBERG, Joh. Olof, Affällingen. Berätt. från 30-åriga kriget. 8:o, 82 s. Sthm, Karl Gustafsson. 90. 75 ö.

— —, Arvid Herner. Ny uppl. 8.o, 95 s. Sthm, F. & G. Beijers Bokf.-aktb. 91. 80 ö.

— —, Aschebergs skyddsling. Hist. berättelse. 8:o, 72 s. Sthm, F. C. Askerberg. 87. 50 ö.

— —, Banér i säcken. Hist. skildring från 30-åriga kriget. Ny uppl. 8.o, 100 s. Sthm, F. & G. Beijers Bokf.-aktb. 91. 1 kr.

—, Barrikadkämparne. 3:e uppl. 8:o, 200 s. Sthm, F. & G. Beijers Bokf-aktb. 90. 1: 75.

— —, Berättelser vid soldattorpet. 3:e uppl. 8:o, 160 s. Sthm, F. & G. Beijers Bokf.-aktb. 90. 1: 50.

—, Bilder ur Stockholmslifvet. 8:o, 133 s. Sthm, F. & G. Beijers Bokf.-aktb. 94. 1 kr.
Ny samling. 8:o, 101 s. 95. 75 ö.
3:e samlingen. 72 s. 95. 75 ö.

— —, Björneborgaren. Berättelse. Ny uppl. 8:o, 40 s. Sthm, F. & G. Beijers Bokf.-aktb. 91. 50 ö.

ÅBERG, Joh. Olof, Bondekungen. 8:o, 53 s. Sthm, F. & G. Beijers Bokf.-aktb. 94. 50 ö.

— —, "Bondpinan" på Rumlaborg. 8:o, 47 s. Sthm, F. & G. Beijers Bokf.-aktb. 92. 50 ö.

—, Brottets lön. Romant. skildr. från ryssarnes härjningar i Norrbotten 1721 m. fl. berättelser. 8:o, 54, 11, 12 o. 16 s. Sthm, F. C. Askerberg. 87. 75 ö.

—, Daniel Juth. Berättelse. Ny uppl. 8:o, 40 s. Sthm, F. & G. Beijers Bokf.-aktb. 91. 40 ö.

—, De frivillige. 3:e uppl. 8 o, 240 s. Sthm, F. & G. Beijers Bokf.-aktb. 90. 2: 25.

— —, Den förste snapphanen. 8:o, 58 s Sthm, F. & G. Beijers Bokf.-aktb. 91. 40 ö.

—, Den siste karolinen, eller tre svenska krigsfångars äfventyr under flykten från Archangel 1712. 3:e uppl. 8:o, 74 s. Sthm, F. & G. Beijers Bokf.-aktb. 90. 60 ö.

— —, Eleonora Lubomirski. 3:e uppl. 8:o, 264 s. Sthm, F. & G. Beijers Bokf.-aktb. 90. 2: 25.

—, En dugtig fiskarpojke. 8:o, 110 s. Sthm, F. & G. Beijers Bokf.-aktb. 94. 1 kr.

— —, En folkkär konung. 8:o, 96 s. Sthm, F. C. Askerberg. 92. 80 ö.

ÅBERG, J. O., En hjeltebragd. 8:o, 48 s. Sthm, F. & G. Beijers Bokf.-aktb. 92. 60 ö.
—, En konungasons öde. Ny uppl [4:e]. 8.o, 35 s. Sthm, F. & G. Beijers Bokf.-aktb. 91. 40 ö.
—, En kunglig gåfva. 8:o, 20 s. Sthm, F. & G. Beijers Bokf.-aktb. 92. 25 ö.
—, En modig flicka. 8:o, 51 s. Sthm, F. & G. Beijers Bokf -aktb. 92. 50 ö.
—, En svensk bondpojke 8:o, 63 s. Sthm, F. & G. Beijers Bokf.-aktb. 93. 60 ö.
—, En svensk konungadotter. (Cecilia af Vasa.) Romantiserad skildring. — Magnora bro. Romantiserad skildring från medlet af 1600-talet. 8:o, 82 o. 33 s. Sthm, F. C. Askerberg. 87. 75 ö.
—, Erik Olikainen. 3:e uppl. 8:o, 114 s. Sthm, F. & G. Beijers Bokf.-aktb. 90. 1 kr.
—, Ett lyckligt skott. Berättelse från sista finska kriget. — Lottsedeln. En händelse ur Stockholmslifvet. — Den gamla fiskarstugan. — Ett offer för vidskepelsen. — En seeländsk saga. 8:o, 48, 28, 13 o. 6 s. Sthm, F. C. Askerberg. 88. 75 ö.
—, Ett qvinnodåd. Berättelse från striderna vid Kalmar under Karl IX:s tid. 4:e uppl. 8:o, 66 s. Sthm, F. & G. Beijers Bokf.-aktb. 90. 60 ö.
—, Femte brigaden. 3:e uppl. 8:o, 144 s. Sthm, F. & G. Beijers Bokf.-aktb. 90. 1: 50.
—, Fiskar Anna. 8:o, 37 s. Sthm, F. & G. Beijers Bokf.-aktb. 92. 35 ö.
, Fiskarflickan. Berättelse. 3:e uppl. 8:o, 64 s. Sthm, F. & G. Beijers Bokf.-aktb. 90. 60 ö.
—, Flyktingen. Se: Berättelser, Fosterländska. 7.
—, Fogdens hämnd. 8:o, 80 s. Sthm, F. & G. Beijers Bokf.-aktb. 94. 75 ö.
—, Fredrik den stores snusdosa. 8:o, 33 s. Sthm, F. & G. Beijers Bokf.-aktb. 91. 30 ö.
—, Furstinnans smycke. Ny uppl. [4:e]. 8:o, 19 s. Sthm, F. & G. Beijers Bokf.-aktb. 91. 30 ö.
—, Fyra berättelser: Bälinge länsman. — Daga. — Lilla Narva. — Kungen i Malöga. 8.o, 24, 21, 8 o. 38 s. Sthm, F. C. Askerberg. 87. 50 ö.
—, Fyrvaktaren på Moikepää. 3:e uppl. 8:o, 69 s. Sthm, F. & G. Beijers Bokf.-aktb. 91. 75 ö.
—, Fältväbelns dotter. 12:o, 72 s. Sthm, F. C. Askerberg. 92. 50 ö.
—, Förrädarens lön. 8:o, 40 s. Sthm, F. & G. Beijers Bokf.-aktb. 91. 30 ö.
—, Gustaf Adolf o. Ebba Brahe. Romant. skildr. efter en gammal folksägen. 8:o, 63 s. Sthm, F. C. Askerberg. 87. 50 ö.
—, Gustaf II Adolfs sista julafton med flera hist berättelser. 3:e uppl. 8:o, 106 s. Sthm, F. & G. Beijers Bokf.-aktb. 90. 1 kr.
—, Gustaf IV Adolf o. torparflickan. Berättelse. 3:e uppl. 8:o, 50 s. Sthm, F. & G. Beijers Bokf.-aktb. 90. 50 ö.
—, Gåfvor o. gengåfvor. 8:o, 9 s. Sthm, F. & G. Beijers Bokf.-aktb 91. 25 ö.
—, Gösta Kroknäsa. 3:e uppl. 8:o, 76 s. Sthm, F. & G. Beijers Bokf.-aktb. 90. 75 ö.
—, Historiska småberättelser. 8:o, 165 s. Sthm, F. & G. Beijers Bokf.-aktb. 94. 1: 50.
—, Hjeltarne från Savolaks. 5:e uppl. 8:o, 250 s. Sthm, F. & G. Beijers Bokf.-aktb. 90. 2: 25.
—, Hjeltedåd. Berättelse för 30-åriga kriget. 8.o, 46 s. Sthm, Karl Gustafsson. 89. 40 ö.
—, I farans stund. 8:o, 64 s. Sthm, Karl Gustafsson. 90. 60 ö.
—, I frihamn. Romant. skildr. 8:o, 233 s. Sthm, F. C. Askerberg. 87. 1: 50.

ÅBERG, J. O., I hålvägen. Romantiserade skildringar från Baltzarfejden i Jemtland 1612. 3:e uppl. 8:o, 88 s. Sthm, F. & G. Beijers Bokf.-aktb. 90. 75 ö.
—, I Jungfrusund. 8:o, 47 s. Sthm, F. & G. Beijers Bokf.-aktb. 91. 30 ö.
, I Smålands skogar. 12:o, 124 s. Sthm, F. C. Askerberg. 92. 1 kr.
—, Jetten på Ormberget. 8:o, 85 s. Sthm, F. & G. Beijers Bokf.-aktb. 92. 75 ö.
, Kapten Severin. Hist. berättelse från Karl XI:s tid. 3:e uppl. 8.o, 121 s. Sthm, F. & G. Beijers Bokf -aktb. 91. 1: 25.
, Karelerflickan. 12:o, 95 s. Sthm, F. C. Askerberg. 91. 75 ö.
—, Karl XII i klämman. 8:o, 18 s. Sthm, F. & G. Beijers Bokf.-aktb. 91. 25 ö.
, Karl XII som fångvaktare. Berättelse. Ny uppl. 8:o, 76 s. Sthm, F. & G. Beijers Bokf -aktb. 91. 50 ö.
, Karl XII i Stralsund. Romantiserad berättelse. Ny uppl. 8:o, 63 s, Sthm, F. & G. Beijers Bokf.-aktb. 91. 60 ö.
—, Karl XII:s drabanter. 8:o, 69 s. Sthm, F. & G. Beijers Bokf.-aktb. 94. 75 ö.
, Karl XII:s skyddsling. 3:e uppl. 8:o, 36 s. Sthm, F. & G. Beijers Bokf.-aktb. 91. 40 ö.
, Karl XII:s värja. Berättelse. 4.e uppl. 8:o, 84 s. Sthm, F. & G. Beijers Bokf.-aktb. 90. 80 ö.
—, Karl XV:s skyddsling. Berättelse. 8:o, 64 s. Sthm, F. & G. Beijers Bokf.-aktb. 92. 60 ö.
, Karna. Romant. skildr. från ryssarnes härjningar i trakten af Södertelje 1719. — Giljarefärden. Romant skildr. från hanseförb. tid. 8:o, 68 o. 44 s. Sthm, F. C. Askerberg. 87. 75 ö.
, Klosterrofvet. 8:o, 63 s. Sthm, F. & G. Beijers Bokf.-aktb. 92. 60 ö.
—, Konungens käpp o. drottningens vagga. Berättelse. 8:o, 126 s. Sthm, F. C. Askerberg. 86. 75 ö.
, Kosackflickan. 3:e uppl 8:o, 152 s. Sthm, F. & G. Beijers Bokf -aktb. 90. 1: 50.
, Kungsord skall gälla. Se: Berättelser, Fosterländska. 2.
—, Landalapojkarne. Berättelse från Göteborgs belägring år 1644. 8:o, 150 s. Sthm, F. & G. Beijers Bokf.-aktb. 94. 1 kr.
, "Lasse i gatan". Från Karl XII:s tid. Berättelse för folket. 5:e uppl. 8:o, 63 s. Sthm, F. & G. Beijers Bokf.-aktb. 90. 60 ö.
—, List mot list. 8:o, 42 s. Sthm, F. & G. Beijers Bokf.-aktb. 94. 40 ö.
-, Lots-Jakob. Berättelse från ryssarnes härjningar på våra kuster 1719. 4:e uppl. 8:o, 104 s. Sthm, F. & G. Beijers Bokf.-aktb 90. 1 kr.
—, Lotsens son. 8:o, 56 s. Sthm, F. & G. Beijers Bokf.-aktb. 94. 60 ö.
—, Länsmannen. Berättelse från Karl IX:s danska fejd 1611, 3:e uppl. 8:o, 80 s. Sthm, F. & G. Beijers Bokf.-aktb. 90. 60 ö.
—, Malcolm Sinclairs mord. 12:o, 72 s. Sthm, F. C. Askerberg. 92. 60 ö.
, Mellan tullarne. Bilder ur Stockholmslifvet. 8:o, 75 s Sthm, F. & G. Beijers Bokf.-aktb. 94. 75 ö.
, Mingrelerflickan. Originalnovell. 8:o, 87 s. Sthm, F. & G. Beijers Bokf.-aktb. 94. 75 ö.
—, Mjölnarflickan vid Lützen. Ett 250-årigt minne. Ny uppl. 8:o, 56 s. Sthm, F. & G. Beijers Bokf.-aktb. 92. 50 ö.
—, Måns Lurifax. Äfventyr från Magnus Stenbocks fälttåg i Skåne 1710. Ny uppl. 8:o, 88 s. Sthm, F. & G. Beijers Bokf.-aktb. 92. 75 ö.

ÅBERG, J. O., Målarens ros. 8:o, 52 s. Sthm, F. & G. Beijers Bokf.-aktb. 92. 50 ö.
—, Mörarpspojken. 8 o, 61 s. Sthm, Svanbäck & K. 92. 50 ö.
—, Nattvardsgästerne Ett gammalt hist. minne. 3:e uppl 8:o, 76 s. Sthm, F. & G. Beijers Bokf.-aktb. 90. 75 ö.
—, Nunnan i Lurö kloster. 8:o, 64 s. Sthm, Karl Gustafsson. 90. 60 ö
—, Oscar I:s löfte. 8:o, 43 s. Sthm, F. & G. Beijers Bokf.-aktb. 94. 40 ö.
—, Partigängarne. Se: Berättelser, Fosterländska. 3.
—, På blodig stråt. 12:o, 96 s Sthm, F. C Askerberg. 91. 75 ö.
—, På Faxehus. 8:o, 53 s. Sthm, F. & G. Beijers Bokf.-aktb 91. 40 ö.
—, På Köpingshus. Berättelse från Engelbrekts befrielsekrig. 3:e uppl. 8:o, 60 s. Sthm, F. & G. Beijers Bokf.-aktb. 91. 60 ö.
—, Rebellens dotter. Romantiserad skildring från Karl X Gustafs polska krig. 3:e uppl. 8:o, 92 s. Sthm, F. & G. Beijers Bokf.-aktb. 90. 75 ö.
—, "Rifjernet". En snapphanehistoria. 3:e uppl. 8:o, 28 s. Sthm, F. & G. Beijers Bokf.-aktb. 91. 35 ö.
—, Rosen på Österklint. Se: Berättelser, Fosterländska. 4.
—, Rätskinnet. Berättelse från 30-åriga kriget. 3:e uppl. 8:o, 69 s. Sthm, F. & G. Beijers Bokf.-aktb. 90. 75 ö.
—, Sammansvärjningen i Krakau Hist. romantisk skildring från Karl X Gustafs polska krig. Ny uppl. 8:o, 52 s. Sthm, F. & G. Beijers Bokf.-aktb. 92. 50 ö.
—, "Sandels adjutant" ("Kalle Burdus"). 8:o, 33 s Sthm, F. & G. Beijers Bokf.-aktb. 92. 35 ö.
—, Sista skottet 8:o, 40 s. Sthm, F. & G Beijers Bokf.-aktb. 94. 40 ö.
—, Skolmästaren i Schwedt. 8:o, 30 s. Sthm, F. & G. Beijers Bokf.-aktb. 94. 30 ö.
—, Skräddarne i Greiffenhagen. Julberättelse från 30-åriga kriget. Ny uppl. 8:o, 34 s. Sthm, F. & G. Beijers Bokf-aktb. 91. 35 ö.
—, Snapphanarne. 4:e uppl. 8:o, 211 s Sthm, F. & G Beijers Bokf.-aktb 90. 2 kr.
—, Snapphanen. Berättelse från Karl X Gustafs tid. Ny uppl. 8:o, 44 s. Sthm, F. & G. Beijers Bokf.-aktb. 91. 35 ö.
—, Soldattorpet vid Rajalaks. 3:e uppl. 8.o, 80 s. Sthm, F. & G Beijers Bokf.-aktb. 90 75 ö.
—, Spofvens pistol. Ett äfventyr från finska kriget. Ny uppl. 8:o, 66 s. Sthm, F. & G. Beijers Bokf.-aktb. 92. 50 ö.
—, Spöket vid Djupafall. 8:o, 46 s. Sthm, Karl Gustafssou. 90. 40 ö.
—, Stensö-Lasse. Berättelse. 3.e uppl. 8:o, 57 s. Sthm, F. & G. Beijers Bokf.-aktb. 92. 60 ö.
—, Stora daldansen. 8:o, 124 s Sthm, F. C. Askerberg. 93. 75 ö.
—, Storm, Strid o. Frid. Tre småländingars äfventyr under 30-åriga kriget. 3:e uppl 8:o, 52 s. Sthm, F. & G. Beijers Bokf.-aktb. 91. 60 ö.
—, Stålhandskes finnar. 8:o, 55 s. Sthm, F. & G. Beijers Bokf.-aktb. 93. 50 ö.
—, Stålnäs-Janne. 8:o, 17 s. Sthm, F. & G. Beijers Bokf.-aktb. 91. 25 ö.
—, Stäkets ros. 8:o, 38 s. Sthm, F. & G. Beijers Bokf.-aktb. 92. 35 ö.
—, Svarta Kalle. Ett blad ur Snapphanarnes hist.

2:a uppl. 8:o, 50 s. Sthm, Karl Gustafsson. 89. 50 ö.
ÅBERG, J. O., Svarta regementet. 8:o, 44 s. Sthm, F. & G. Beijers Bokf.-aktb. 92. 35 ö.
—, Sven Danson. Berättelse från Norrköpings förstöring 1719. 8:o, 158 s. Sthm, F. C. Askerberg. 88. 1 kr.
—, Sven Haraldssons äfventyr. Berättelse från Karl X Gustafs andra krig med Danmark. 8:o, 134 s. Sthm, F. & G. Beijers Bokf -aktb. 95. 1 kr.
—, Svenskarne på Hammershuus. 3:e uppl. 8.o, 176 s. Sthm, F. & G. Beijers Bokf.-aktb. 95. 1: 75.
—, Svenskarne på Söfdeborg. Se: Berättelser, Fosterländska 5.
—, Taupadels dragoner. 8:o, 46 s. Sthm, F. & G. Beijers Bokf.-aktb. 92. 50 ö.
—, Träskoregementet. 8:o, 69 s Sthm, F. & G. Beijers Bokf.-aktb. 94. 75 ö.
—, Tyrannens lön. 3:e uppl. 8:o, 56 s. Sthm, F. & G. Beijers Bokf-aktb. 90. 50 ö.
—, Under Snapphaneeken. 3:e uppl. 8:o, 98 s. Sthm, F. & G. Beijers Bokf.-aktb. 90. 1 kr.
—, Vapenamedens dotter. 8.o, 64 s. Sthm, Karl Gustafsson. 89. 60 ö.
—, Vid fältvakten. 8:o, 77 s. Sthm, F. & G. Beijers Bokf.-aktb. 91. 60 ö.
—, Vålnaden på Stegeholm. 8:o, 80 s. Sthm, Karl Gustafsson. 89. 75 ö.
—, Öfverlöparen. 3:e uppl. 8:o, 64 s. Sthm, F. & G. Beijers Bokf.-aktb. 90. 50 ö.
—, Ölandskungen. 8:o, 59 s. Sthm, F. & G. Beijers Bokf.-aktb. 92. 50 ö.
ÅBERG, K. Se: Födelsedags-bok.
ÅBERG, Lennart, Räknelära för folkskolor o nybörjare. 15:e uppl. 8:o, 90 s. (facitb.) 14 s. Sthm, A. V. Carlsons Bokf.-aktb. 90. Kart. 40 ö. (13:e uppl. 78. 14:e 86.)
ÅBERG, L. H., C. P. Wikner, hans lefnad o. läror. 8:o, 164 s. Sthm, F. & G. Beijers Bokf.-aktb. 89. 2 kr.
—, Filosofisk sedelära 8:o. Ups., Lundequistska bokh. i distr.
  I. Allmän etik. v o. 241 s. 93. 3: 50.
  II. Den speciella etiken:
    1. Sedlighetens individualitetsmoment. 127 s. 93. 2 kr.
    2. Sedlighetens socialitetsmoment. 132 s. 94. 2 kr.
    3 Religiositetsmomentet. — Bilagor o. sakreg. v o. 111 s. 94. 2 kr.
—, Fyra föreläsn:r hållna i Göteborg 1891. 8:o, 132 s Ups., Exped. af Svensk Tidskrift. 91. 2 kr.
—, Kristendom o. kultur. 8:o, 23 s Ups., Lundequistska bokh. 92. 35 ö.
—, Några ord om tiden ur psykologisk o. metafysisk synpunkt betraktad. 8:o, 34 s. Ups., Lundequistska bokh. 90. 50 ö.
[— —], Skilda färger. Samtal i politiska frågor af Amicus Veritatis. 8:o, 167 s. Sthm, F. & G. Beijers Bokf.-aktb. 86. 1: 75.
—, Två profförelässningar. 8:o, 32 s. Ups., Akad. bokh. 95. 45 ö
ÅBERGH, C., Om amorterings-lån, dess beräkning o. kalkylering, jemte amorteringstabell. 8:o, 20 s. Karlskr., Fr. Apelqvist. 86. 50 ö.
ÅFELDT, O. C. P., Den Jerimiauska profetian om Guds rike. Akad. afh. 8:o, 124 s. Sthm, C. E. Fritzes hofbokh. 91. 2 kr.

AHLANDER, O. E. W., Fickbok i metersystemet. 3:e uppl. Liten 8:o, 68 s. Sthm, A. V. Carlsons Bokf.-aktb. 89. 50 ö.
ÅKERBERG, A. F., Nutidssamhället i den ateistiska socialdemokratien inför kristendomen. Se: *Kaufmann, M.*, Socialismen o. kristendomen.
ÅKERBLOM, Axel, Dikter. Med förord af *Viktor Rydberg*. 8:o, 51 s. Malmö, Envall & Kull. 90.
1: 50.
—, Sveriges förhållande till Norge under medeltidsunionen (från 1389.) Akad. afh. 8:o, 91 s. Lund, Ph. Lindstedts univ:s-bokh. 88. 1 kr.
ÅKERBLOM, Fr., Ett nytt bidrag till den europ. hornboskapens historia. 8:o, 24 s. Göteb., N. J. Gumperts bokh. i distr. 92. 50 ö.
—, Historiska anteckn:r om Sveriges nötkreatursafvel. 8:o, 196 s. o. x s. samt 10 pl. Göteb., N. J. Gumperts bokh. i distr. 91. 4: 50.
—, Pommerska bref. Anteckn:r från en resa i f. d. svenska Pommern. 8:o, 140 s. Sthm, F. & G. Beijers Bokf.-aktb. 92. 2 kr.
ÅKERBLOM, Leonard, Hamnumgälder o. sjöfartscoutumer i Lübeck, Schleswig-Holstein o. Mecklenburg. 8:o, 104 s. Sthm, Z. Hæggströms f.-exp. 93.
Klb. 1: 50.
Åkerbruket o. boskapsskötseln. Illustrerad tidskrift för åkerbruket o. dess binäringar. Utg. af *C. A Wulff*. 1:a o. 2:a årg. (1889—90) 4:o. Linköp., Redaktionen. 89—90. För årg. (12 hfn) 6 kr.
ÅKERHIELM, Mauritz, Se: Matrikel öfver Ultuna landtbruksinst:s lärare etc.
ÅKERLUND, Carl, Se: Verldstelegramtaxa.
ÅKERLUND, Lars, Något om Guds enhet o. treenighet samt något om treenighetens betydelse. 8.o, 14 s. o. 1 pl. Ups., Lundequistska bokh. 92 25 ö.
ÅKERLUND, Sven Fredrik, Studier öfver tarmuttömningar. Akad. afh. 8:o, 83 s. o. 6 pl. Lund, Gleerupska univ:s bokh 95. 2: 50.
ÅKERMAN, Jules, Om operationer på gallblåsan o. gallväggarne. Se: Acta univ:is Lundensis. XXVI: II, 2.
—, Om sectio mediana för mankönets urinblåsestenar. 4:o, 100 s. Lund, Ph. Lindstedts univ:s bokh. 89.
3 kr.
Jfr. Acta univ:s Lundensis. XXV: II, 1.
ÅKERMAN, Rich., Betingelser för ändamålsenlig framställning af tackjernsgods samt nya använd:r af kiseljern. 8:o, 105 s. Sthm, Samson & Wallin. 89. 1: 50.
—, Bidrag till utredning af frågan om generering af bränslegas. 8:o, 142 s. o. tabeller. Sthm, Samson & Wallin. 91. 2 kr.
ÅKERMARK, J. W., Ut till lek! Handbok till upplysning om skollekars organisering vid elem. läroverk. 12:o, 72 s. Sthm, Alb. Bonnier. 95. 50 ö.
ÅKESON, Nils, Förmyndarestyrelsens planer rör. Gustaf IV Adolfs förmälning. 8:o, 72 s. Lund, Gleerupska univ:s bokh. 91. 1: 25.
—, Gustaf III:s förh. till franska revolutionen. II. Akad. afhandl. 8:o, s. 143—254. Lund, Gleerupska univ s bokh. 86. 1: 50.
ÅLANDER, C. A., Receptbok för alla. Se: Bibliotek, Kemiskt-tekniskt. 4.
ÅLANDER, Wilh., Om sången i kyrka o. skola. Föredrag. 12:o, 28 s. Blidsberg, Förf:n. 90. 25 ö.
ÅLUND, O. W., Amerika, dess upptäckt, eröfring o. 400-åriga utveckling. Med 35 portr., 31 scener o. vyer samt 10 kartor. 8:o, 376 s. Sthm, Alb. Bonnier. 92. 4 kr., inb. 5: 50.

ÅLUND, O. W., Gladstone. Se: Samhällslifvet, Ur det moderna. 14.
—, Gustaf II Adolf Ett 300-årsminne berättadt för ung o. gammal. Med öfver 100 illustr. o. flera kartor. 8:o, 348 s, 16 pl. o. 4 kartor. Sthm, Alb. Bonnier. 94. 2: 75, klb 4 kr.
—, Irland o. Parnell. Se: Studentfören. Verdandis småskrifter. 37.
—, John Ericsson. Några minnesblad. Se: Samhällslifvet, Ur det moderna. 13
—, John Ericsson. Se: Öreskrifter för folket. 145.
ÅNGSTRÖM, C. A., Beräkning o. konstruktion af kolfpumpar. Med 153 illustr. Bearb. 8:o, 103 s. Sthm, G. Chelius. 89. 3: 25.
—, Om användning af hydrauliskt tryck ss. drifkraft för åtskilliga arbetsmaskiner. 8:o, 31 s. o. 2 pl. Sthm, Samson & Wallin. 86. 1 kr.
—, Om spårkonstruktioner för jernvalsverk. 8.o, 75 s. o. 5 pl. Sthm, Förf:n. 90. 1: 50.
—, Vertikala vattenhjul, deras beräkning o. byggnad. Med 61 illustr. 8:o, 102 s Sthm, Ad. Bonnier. 95. 3: 75.
—, Se: Förhandlingar, Ingeniör-föreningens. — *Reuleaux, F.*, Konstruktören. — Uhland-Ångströms fickhandbok för maskin-ingeniörer.
ÅNGSTRÖM, Knut, Beiträge zur Kenntniss d. Absorption der Wärmestrahlen. Se: Bihang till K. sv. Vet.-akad:s handl:r. XV: I, 9.
—, Beobachtungen über die Strahlung d Sonne. Se: dersammast. XV: I, 10.
—, Eine elektr. Kompensationsmethode zur quantitat. Bestimmung strahlender Wärme. Se: Acta, Nova, reg. soc:is scient Ups. XVI: 6.
—, Eine Wage zur Bestimmung d. Stärke magnetischer Felder. Se: Bihang till K. sv. Vet.-akad:s förhandl:r. XIV: I. 11.
—, Sur la diffusion de la chaleur rayonnante par les surfaces sphériques. Se: dersamniast. XIII: I, 4.
—, Sur une nouvelle methode de faire des mesures absolues de la chaleur rayonnante etc. Se: Acta, Nova, reg. soc:is scient. Ups. XIII: 4.
—, Våra ljuskällor. Se: Spörsmål, Svenska. 23.
År, Tre, i Kongo. Skildringar af *P. Möller, Georg Pagels* o. *Edv. Gleerup*. 2 dlr. Med 145 illustr. i texten. 8:o, xliv, 348, xiv o. 512 s. samt 4 kartor. Sthm, P. A. Norstedt & S:r. 11: 50, inb. 13: 50.
(Utkom i 12 hfn à 90 ö. 87—88.)
Året om, Illustreradt Utgifvare: *Torsten Hedlund*. Årg. 1—3 (1886—88). 4:o. Göteb., T. Hedlund. 86—88. För årg. (26 n:r = 26 dubbelark) 2: 50.
Årsberättelse afgifven af Kongl. akad:s för de fria konsterna högtidsdag d. 30 maj 1895 af dess sekreterare *[Ludv. Looström]*. 8:o, 35 s. Sthm, Akad:n för de fria konsterna. 95. 75 ö.
Årsberättelse, Evang. Fosterlandsstiftelsens. 31:a—40:e årg (1886—95.) Liten 8:o. Sthm, Fost.-stift:s f.-exp. 86—95. à 50 ö.
Årsberättelse för 1887, afgifven af stadsläkaren i Helsingfors *[C. Qvist]*. 8:o, 55 s. o. 3 pl. H:fors, C. Qvist. 88. 30 p.
Årsberättelse, Sydsvenska föreningens för odling o. förädling af utsäde. 1886. 8:o, 61 s. Lund, Gleerupska univ:s bokh. 87. 30 ö.
Årsbok, Fotografisk tidskrifts. Utg. af *Albin Roosval*. 8:o. Sthm, G. Chelius i distr.
1:a årg. för 1890. 96 o. xl s. samt 9 pl. 91. 2 kr.
2:a årg. för 1892. 88 o. xxxij s. samt 15 pl. 92. 3 kr.
3:e årg. för 1894—95. 88 s. o. 21 pl. 94. 3 kr.

Årsbok, Statistisk, för Finland utg. af Statistiska centralbyrån. (Annuaire statistique pour la Finlande.) H:fors, Finska litt. sällsk.
VIII. 1886. 105 s 86. 3 fmk.
IX. 1887. v o. 131 s 87. 3 fmk.
X. 1888. 172 s. 88. 4: 50 fmk.
XI. 1889—90. 166 s. 90. 4: 50 fmk.
XII. 1891. 166 s. 91. 4: 50 fmk.
XIII. 1892. 179 s. 92. 4: 50 fmk.
XIV. 1893. 199 s. 93. 4: 50 fmk.
XV. 1894. 183 s. 94. 4: 50 fmk.
XVI. 1895. 181 s. 95. 4: 50 fmk.

Årsbok, Svensk nautisk, utg. af *A. Ekelöf* o. *A Dalman*. 8:o. Sthm, C. E Fritzes hofbokh. i komm.
1893. 240 s o. 1 karta 93. 2 kr.
1894. 248 s. o. 1 karta. 94. 2 kr.

Årsbok, Svenska Baptistförbundets 1891. I. Handl:r vid Baptistförsaml:s 14:e allm. konferens 1891. — II. Statistik öfver baptistförsamlingen i Sverige. :o, s. Sthm, Sällsk. sv. baptistmissionen. 91. 1: 25.

Årskatalog för svenska bokhandeln. [Utg. af *C J. Broberg*] 8:o. Sthm, Svenska bokf.-fören. 86- 95
För 1885. 67 s. 75 ö. — För 1886. 61 s. 75 ö.
— För 1887. 66 s 75 ö. — För 1888. 85 s. 75 ö.
— För 1889. 83 s. 75 ö. — För 1890. 88 s. 75 ö.
— För 1891. 97 s. 75 ö. — För 1892. 88 s. 75 ö.
— För 1893, 91 s. 75 ö. — För 1894. 75 s. 75 ö.

Årsrapport från Kgl. Serafimerlasarettet o. den kirurgiska afdeln., afg. af *Carl J. Rossander*. 8:o. Sthm, W. Billes Bokf.-aktb.
För år 1886. 130 s. 87. 3: 50.
„ 1887. 143 o. 54 s. 88. 4 kr.
„ 1888. 115, 59 o. 24 s. 89. 4 kr.
„ 1889. 87, 28, 25 o. 24 s. 90. 4 kr.
„ 1890. 62, 23, 17, 11 o 23 s 91. 3: 50.
„ 1891. 69, 18, 9, 9, 5, 21 o. 24 s. 92. 3: 50
„ 1892. 74, 9, 12, 4, 22, 9, 3 o. 24 s. 93. 3: 50.

Årsskiftet, Vid Dikter af fem studenter. Upsala. 8:o, 115 s. Göteb., H. L Bolinder. 92. 1: 50.

Årsskrift från Föreningen för skogsvård i Norrland år 1893. Sollefteå, Örtenblad. 94. 2 kr.

Årsskrift, Göteborgs högskolas 1895. 8.o. Göteb , Wettergren & Kerber.
1. *Stavenow, Ludvig*, Studier i ståndsriksdagens senare historia. Presteståndets sammansättning o. formerna för dess riksdagsmannaval. 91 s. 2 kr.
2. *Norström, Vitalis*, Om natursammanhang o. frihet. 164 s. 2: 50.
3. *Paulson, Johannes*, Till frågan om Oidipussagans ursprung 43 s. 75 ö.

Årsskrift, Lunds universitets Se: Acta universitatis Lundensis.

Årsskrift, Skånska ingeniörsklubbens. Redaktör: *Henrik Holmberg*. 4:o. Malmö, Envall & Kull i distr.
För år 1892. 86 s. o 14 pl. 92. 3 kr.
„ 1895. 50 s. o. 7 pl. 95. 2 kr.
(1893 o. 1894 ej utgifna.)

Årsskrift, Sveriges allm. folkskollärareförenings. 7:e —10:e årg. (1886—95) 8:o. Sthm, Svensk lärare-tidnings exp. 86—95. à 50 ö.

Årsskrift, Turistföreningens. 8:o. Sthm, Wahlström & Widstrand.
1886. 20 s. 86. 50 ö.
1887. 22 s 87. 50 ö
1888. 78 s. 88. 1: 25.
1889. 148 s. 89. 2 kr.
1890. 256 s. 90. 3 kr.
1891. 212 s. o. 1 karta. 91. 2: 50.
1892. Med 20 illustr. 403 s. 1 pl. o. 1 karta. 92. 3 kr.
1893. Med 28 illustr. 304 s. 93. 3 kr.
1894. Med 45 illustr., 2 kartskizzer v o. 387 s. 23 pl. o. 1 karta. 94. 3 kr
1895. Med 75 illustr, 4 kartskizzer xlv o. 474 s samt 40 pl. 95. 3 kr

Årsskrift, Upsala universitets. 8:o. Ups., Akad. bokh.
Årg. 1886. 6 kr.
Filos, språkvet. o. hist. vet.
1. *Edfeldt, H.*, Om menniskan såsom sinne betraktad. 53 s. 86. 1 kr.
2. *Johansson, Karl Ferd.*, De derivatis verbis contractis linguæ græcæ quæstiones. 216 s. 86. 4 kr.
4. *Fant, Carl*, L'image du monde, poème du XIII:e siècle. 78 s. 86. 1: 50.
5. Språkvetenskapliga sällskapets i Upsala förhandl:r sept. 1882—maj 1885. 162 s. 86. 2: 75.
Matematik o. naturvet.
1. *Söderberg, J. T.*, Deduktion af nödvändiga o. tillräckliga vilkoret för möjligheten af algebraiska eqvationers solution med radikaler. 38 s. 86.
Program.
1. Redogörelse för Kongl. Universitetet i Upsala under läsåret 1885—86. Utg. af *E. H. Lind.* 80 o. 4 s 86.

Årg. 1887. 6 kr.
Filosofi, språkvet. o. hist. vet.
1. *Tamm, Fredr*, Fonetiska kännetecken på lånord i nysvenska riksspråket. 82 s. 87. 1: 50.
2. *Schéele, Frans v.*, Kan Gud tänkas såsom vilja? 32 s. 87. 50 ö.
3. *Brate, Erik*, Äldre Vestmannalagens ljudlära. vj o 98 s. 87. 2 kr.
4. *Geijer, P. A.*, Studier i fransk linguistik. 51 s. 87 1 kr.
5. Språkvetenskapliga sällsk. i Upsala förhandl:r. Sept. 1885—maj 1888. iv o. 126 s. 87. 2: 25.
Teologi.
1. *Berggren, Joh. Erik*, Om den kristliga fullkomligheten. 79 s. 87. 1: 50.
Program.
1. *Sahlin, C. Y.*, Om positiv o. negativ lagbestämdhet. 32 s. 87. 50 ö.
2. —, Några tankar om menniskan o. samhället. 28 s. 87. 50 ö.
3. Inbjudningsskrift. 26 s. 87.
4. Redogörelse för Kongl. univ:tet i Upsala under läsåret 1886—87 af *E. H. Lind.* 92 o 5 s. 87.

Årg. 1888. 9 kr.
Filosofi, språkvet. o. hist. vet.
1. *Ljungstedt, Karl*, Anmärkningar till det starka preteritum i germanska språk. 148 s. 87. 3 kr.
2. *Frigell, Andreas*, Adnotationes ad Horatii carmina. 36 s. 88. 75 ö.
3. *Edfeldt, H.*, Om Gud betraktad ss. förstånd o. vilja. 34 s. 88. 60 ö.
4. *Danielsson, O. A.*, Grammatische und etymologische Studien. I. 57 s. 88. 1: 25.
5. *Nilén, Nils Fredrik*, Luciani codex Mutinensis. 54 s. o. 4 (facsimile) s. 88. 1: 75.
Teologi.
1. *Thordén, Karl Magnus*, Schweiziska kristkatolska kyrkan. Förra dln. 95 s. 87.
Medicin.
1. *Lennander, Karl Gustaf*, Om tracheotomi för croup jemte croupstatistik från tre sjukhus i Stockholm. vj o. 105 s. samt 3 pl. 87. 4: 50.

Matematik o. naturvet.
1. Ericsson, Gustaf, Definitive Bahnelemente des Cometen 1863. III. 40 s. 88 1 kr.
2. Lindskog, Nat., En rings rörelse i en vätska. II. (Tillämpningar på speciella fall.) 5 s. 88. 50 ö.
Program.
1. Sah'lin, C. Y., Om brytningspunkten i vår tids filosofi. 20 s 88. 50 ö.
Program.
1. Redogörelse under läsåret 1887—88 af E. H. Lind. 82 o. 4 s. 88.

Årg. 1889. 7 kr.
Teologi.
1. Ahnlund, Olof, Läran om nyfödelsen, bibliskt o. historiskt-dogmatiskt undersökt. 123 s. 88. 2 kr.
2. Thordén, Karl Magnus, Schweiziska kristkatolska kyrkan. Senare dln. 88 s 88. 1: 75.
3. Norström, Vitalis, Grunddragen af Herbert Spencers sedelära. Kritisk framställning. 68 s. 89. 1 kr.
Medicin.
1. Lennmalm, F, Skarlakansfeberns uppträdande i Sverige. 113 o. xxxij s. samt 5 pl. o. 1 karta. 89. 3: 50.
Filosofi, språkvet. o. hist. vet.
1. Sånger af Catullus från Verona. Öfv. af Elias Janzon. Förra dln. (Sångerna I—LXII.) 40 s. 89. 75 ö.
Matematik o. naturvet.
1. Bladin, J. A., Studier öfver aromatiska ortodiaminers o. fenylhydrazins cyanadditionsprodukter. 80 s. 89. 2 kr.
Program.
1. Sahlin, C. Y., Om verldens relativitet. 55 s. 89. 75 ö.
2. Redogörelse under läsåret 1888—89 af Univ:tets Rektor. 72 o. 4 s. 89.

Årg. 1890. 8 kr.
Filosofi, språkvet. o. hist. vet.
1. Danielsson, O. A., Epigraphica. 65 s. 90. 1: 50.
2. Wadstein, Elis, Fornnorska Homiliebokens ljudlära. xij o. 160 s. 90. 3: 50.
3. Johansson, Karl Ferdinand, Beiträge zur griechischen Sprachkunde. 176 s. 91. 4 kr.
Matematik o naturvet.
1. Petrini, Henrik, Om de till ekvationen $\Delta \Phi = 0$ hörande ortogonala koordinatsystemen. 104 s. 90. 2: 25.
2. Olsson, Olof, Om fasta kroppars rörelser i vätskor. 96 s. 90. 2: 25.
Teologi.
1. Tottie, H. W., Haqvin Spegel såsom kateket o. homilet. 124 s. 90. 2 kr.
Program.
1. Upsala univ:ts konstitutioner af år 1655, utg. af Claes Annerstedt. xv o. 55 s. 90. 1: 25.

Årg. 1891. 3 kr
Filosofi, språkvet. o. hist. vet
1. Lundell, J. A., Etudes sur la prononciation russe. 1:e partie. Compte rendu de la littérature. 1:e livr. 155 s. 90. 5 kr.
2. Sånger af Catullus från Verona. Öfv. af Elias Janzon. Senare dln. (Sång. LXIII—CXVI.) 36 s. 91. 75 ö.
3. Språkvetenskapl. sällsk. i Upsala förhandl:r. Sept. 1888—maj 91. iv o. 127 s. 91. 2: 25.
4. Persson, Per, Studien zur Lehre von der Wurzelerweiterung und Wurzelvariation. 294 s. 0 kr.

Program.
1. Redogörelse under läsåret 1890—91 af Univ:tets Rektor. 82 o. 5 s 91.

Årg. 1892. 7 kr.
Filosofi, språkvet o. hist. vet.
1. Risberg, Bernhard, Tyska förebilder till dikter af Atterbom. 80 s. 92. 1: 50.
Rätts- o. statsvetenskaper.
1. Bidrag till Ärfdabalkens historia 1686—1736. II. Källskrifter. 1. Förslagen till ärfdabalk utg. af Johannes Nilsson. viij o. 256 s. 93. 4: 50.
Program.
1. Hedenius, Per, Om upptäckten af blodomloppet. iv o. 237 s. 92. 3 kr.
2. Redogörelse under läsåret 1891—92 af Univ:tets Rektor. 86 o. 5 s. 92.

Årg. 1893. 7 kr.
Medicin.
1. Lindberger, Valter, Bidrag till kännedomen om förgiftningarne i Sverige under åren 1873—92. 117 s. 93. 2: 25.
Matematik o. naturvet.
1. Johanson, Adolf Magnus, Om serieutvecklingar hos potentialteorien. 55 s. 93. 1: 50.
Program.
1. Rudbeck d. ä., Olof, Bref rör. Upsala universitetet, utg. med inledning af Cl. Annerstedt. I. 1661—1670. liv o. 73 s. 93. 1: 50.
2. Hedenius, Per, De sjukliga svulsternas allm. patologi. 59 s. 93. 75 ö.
3. Sundberg, A. N., Om den svenska kyrkoreformationen o. Upsala möte 1593. 99 s. 93. 1: 25.
4. Trygger, Ernst, Lagsökning för gäld. 57 s. 93. 1 kr.
5. Henschen, S. E, Om synbanans anatomi ur diagnostisk synpunkt. 56 s. o. 1 pl. 93. 75 ö.
6. Sahlin, C. Y., Om det inre lifvet. 56 s. 93. 75 ö.
7. Fries, Th. M., Bidrag till en lefnadsteckning öfver Carl von Linné. I. 48 s. o. 3 stamtaflor. 93. 75 ö.
8. Redogörelse under läsåret 1892—93 af Univ:tets Rektor. 98 o. 5 s. 93.

Årg. 1894. 8 kr.
Teologi.
1. Stave, Erik, Om uppkomsten af Gamla Testam:ts kanon. 94 s. 94. 1: 75.
Rätts- o. statsvetenskaper.
1. Bergfalk, P. E., Om utomordentliga penningehjälper till kronan under 16:e årh. o. början af det 17:e. Efterlämnad afhandl. 180 s. 93. 3 kr.
Filosofi, språkvet. o. hist. vet.
1. Edfeldt, Hans, Om de etiska grundbegreppen. 129 s. 94. 2 kr.
2. Språkvetenskapliga sällskapets i Upsala förhandl:r Sept. 1891—Maj 1894. vj o. 121 s. 94. 2: 25.
Program.
1. Fries, Th. M, Bidrag till en lefnadsteckning öfver Carl von Linné. II. s. 55—110. 94. 75 ö.
2. ——, Naturalhistorien i Sverige intill medlet af 1600-talet. 75 s. 94 1 kr.
3. Redogörelse under läsåret 1893—94 af Univ:tets Rektor. 138 o. 5 s. 94.

Årg. 1895.
Medicin.
1. Elfstrand, Mårten, Studier öfver alkaloidernas lokalisation företrädesvis inom familjen Loganiaceæ. 126 s. o. 2 pl. 95. 2: 25.

Rätts- o. statsvetenskaper.

1. *Andersson, Aksel,* David Svenssons Breviarium juridicum vj o. 71 s. 95. 1 kr.
2. Bidrag till Ärfdabalkens histori a1686—1736 II. Källskrifter 2 Protokoller o. betänkanden utg. af *Johannes Nilsson.* iij o. 316 s. 95.

Filosofi, språkvet. o. hist. vet.

1. *Edfeldt, Hans,* Om föremålen för den praktiska filosofiens propedevtik. 68 s. 95. 1 kr. Program.
1. *Fries, Th. M,* Bidrag till en lefnadsteckning öfver Carl v. Linné. III. s. 109—167. 95 75 ö
2. Redogörelse under läsåret 1894—95 af Univ.tets Rektor. 88 o. 5 s. 95.

ÅSBRINK, Fr. Teod. L., Den gode herden Högmessopred. 8:o, 16 s. Arboga, J. C. Kiörkander. 89. 30 ö

—, Gustaf Wasa o. vår svenska flagga Föredrag. 8:o, 25 s. Sthm, P. A. Norstedt & S:r. 92. 30 ö.

—, Luthers morgonbön o. sv. psalmen 204 utlagda i kateketiska uppbyggelsestunder. 8:o, vj o. 164 s.

samt 1 musikbilaga. Jönköp., H. Halls boktr.-aktb. 88. 1: 25.

ÅSBRINK, Fr. Teod. L, Simon Petri stjerna. Betraktelse. 8:o, 47 s. Jönköp., H. Halls boktr-aktb. 87. 50 ö.

—, Tag vara på det, som Gud har sagt. 8.o, 23 s. Jönköp., H. Halls boktr.-aktb. 86. 25 ö.

— -, Tankar om 1891 års handboksförslag. 8:o, 39 s. Sthm, P. A Norstedt & S:r. 92 50 ö. klb. 1 kr.

—, Se: Predikningar vid Kyrkans vänners årsfest.

ÅSTRÖM, Per, Språkhistoriska studier öfver Degerforsmålets ljudlära. Se: Bidrag, Nyare, till kännedom om de svenska landsmålen. 33.

Återblick öfver femton års missionsarbete vid Hvita bergen i Stockholm. 8:o, 84 s. Sthm, Fröken Elsa Borg. 92. 50 ö. klb. 1 kr.

Återblick öfver Norrköpings handel o. sjöfart 1889. o. 1890. Af [*Edvard Ringborg.*] 8.o. Tr. i Norrk i M. W. Wallberg & Comp. boktr. 90, 91.
(Ej i bokh

Återkomma de döda? af a clergyman. Öfv. af *M. v. B.* 8:o, 72 s. Sthm, Ad Johnson. 93. 75 ö.

Ä.

Ädelstenar, Bibelspråk för hvarje dag i året. 16:o 128 s. Jönköp., H. Halls boktr.-aktb. 94. 20 ö., inb. 35 ö.

Äfventyr, Sällsamma, vid sydpolen, berättade efter en handskrift. Öfv. från eng af *Olof R—n.* 8:o, 246 s. Sthm, J. Seligmann. 88. 2: 50.

Äfventyr, Tio små negrers underbara. Se: Bilderböcker, 40 öres. 2.

Äfventyr under en resa till Bornholm sommaren 1891. Verklighet o. dikt, allvar o. skämt af *(Claes Adelsköld).* Med illustr. 8:o, 143 s., 1 portr. o. 3 pl Sthm, Lars Hökerberg. 92. 2: 75.

Äfventyraren, Den byxlöse, eller den riksbekante Lasse Majas (hvars rätta namn är *Lars Molin)* besynnerliga öden o. lefnadshändelser. Ny uppl. 8:o, 168 s. Sthm, Ebeling & K. 87. 1 kr.

Äfventyraren, Den byxlöse, eller den riksbekante Lasse Majas *(Lars Molin)* besynnerliga öden o. lefnadshändelser. 4:e uppl. Med 1 portr. 8:o, 208 s. Sthm, Ad. Bonnier. 92. 1: 25.

Äfventyrsböcker. 8:o. Sthm, Ad. Johnson.
1. Jagtäfventyr i Capkolonien En nybyggares äfventyr. — Guldfebern i Californien. 42 s. 92. 35 ö
2. Järnarmen. Berättelse från det inre af Borneo. 52 s. 92. 40 ö
3. *Schläger, Heinr.,* Den hemlighetsfulla ön. Öfv. 64 s. 93. 50 ö.
4. *Hartwig, Rich.,* Irokesens gift. Öfv. 63 s. 93. 50 ö
5. *Walter, Ernst,* Lefvande begrafven. Öfv. 64 s. 93. 50 ö.
6. *Hauff, Wilh.,* Den afhuggna handen. Öfv. 31 s. 93. 25 ö.
7. *Frey, B. A,* Negerns hämnd. Öfv. 63 s. 93. 50 ö.
8. *Marterstieg, Willibald,* Björnindianernas undergång. Öfv. 63 s. 93. 50 ö.
9. *Schummrich, B.,* Bland karaibiska menniskoätare. Öfv. 62 s. 93. 50 ö.
10. *Grundmann, J.,* Negerhöfdingen eller Zambos hämnd. Öfv. 64 s. 93. 50 ö.
11. *Kröning, Evald,* Bland malajiska sjöröfvare. Öfv. 39 s. 93. 40 ö.
12. *Marterstieg, Willibald,* Guldgräfvarne i Mexiko. Öfv. 32 s. 93. 30 ö.
13. *Schönemann, Hugo,* Onkel Toms stuga. Öfv. 62 s. 94. 50 ö.
14. *Fogowitz, A. H.,* Indianfursten Tecumshe Öfv. 63 s. 94. 50 ö.

Äfventyrsböcker, Gossarnas. 8:o. Sthm, Alb. Bonnier
1. *Fristedt, Conrad,* Två svenska gossars äfventyr bland menniskoätare. 103 s. o. 8 pl. 93 1: 50.
2. *Bagger, A.,* Sjömansäfventyr. Med 25 illustr. 160 s o. 6 pl. 94. 1: 50.
3. "Skinnstrumpa" eller nybyggarne vid Susquehanna. Med 8 helsidespl. 114 s. o. 8 pl. 95. 1: 50.

ÄHLSTRÖM, Karin, Engelsk språklära. 8:o, 178 s. Sthm, C. E. Fritzes hofbokh. i distr. 94
Klb. 1: 75.

ÄHRLING, Ewald. Se: *Linné, C. v.,* Ungdomsskrifter.

Älskling. Mormors. Se: Bibliotek för de unga 40.

Ämbetsmanna-matrikel, Civil o. militär för 1841—90, Upprättad af *N. C. Arfvidsson.* 8:o, 48 s. Sthm P. A. Norstedt & S:r. 91. 60 ö-

Ämnen för uppsatser på modersmålet gifna i mogenhetsexamen åren 1864—86. 8:o, 33 s. Lund, Ph. Lindstedts bokh. 87. 30 ö.
D:o d:o 1894—95. 34 s 95. 40 ö.

Ängar, Gröna. Bibelspråk med illustr. 6 blad velin. (Tr. i Nürnberg.) Sthm, G. Chelius. 90. 40 ör

Ängel, Hemmets Berättelse för barn. Bearb. efte. eng. 8:o, 21 s. Sthm, Systrarna Lundberg. 93. 60 ö

Ängeln utan vingar. Öfv. från eng. at *Anna B.* 16:o, 40 s. Örebro, Bokförlagsaktb. 91. 15 ö., kart. 25 ö.
Ängsblommor. En samling barnrim o. hist. upptecknade o. ritade af *Ottilia Adelborg.* Tvär 4:o, 11 blad med kolor. fig. Sthm, Alb. Bonnier. 90. 2: 75.
Ännu en gång Karl XII:s död. Se: Tidskrift, Historisk. 1892.
Är det rätt att föra krig? Af *X. Y. o. Z.* 8:o, 36 s. Sthm, P. Palmquists aktb. 95. 40 ö.
Är det synd? Några vigtiga frågor besvarade af en sanningens vän. 9:o, 120 s. Sthm, G. Fredengren. 89. 1 kr.
Ärendena, Om de ministeriella, o. formerna för deras behandling i Sverige-Norge. Ett bidrag af *R. C. A.* 8:o, 69 s. Ups., Akad. bokh. 91. 50 ö.
ÄRNSTRÖM, D. A., Herren vår rättfärdighet. Strödda predikn:r. 8:o, 94 s. Jönköp., Nordströmska bokh. i komm. 93. 1 kr.
Ättartal, Svenska 1 tg. af *V. Örnberg* 8:o. Sthm, Utg:n.
5:e årg. För 1889. xvj o. 495 s. 89. Klb. 5 kr.
6:e årg. För 1890. xv o. 496 s. 90. „ 5 kr.
7:e årg. För 1891. vj o. 510 s. 91. „ 5 kr.
8:e årg. För 1892. xij o. 548 s. 92. „ 5 kr.
9:e årg. För 1893. xvj o 528 s. 93. „ 5 kr.
10.e årg. För 1894. xiv o. 576 s. 94. „ 5 kr.
(Föreg. Se: Slägtkalender, Svensk.)
Ätten Ehrenstjerna, Adliga. Anteckn:r ur arkivet på Ek af *O. B.* 4:o, 8 s Sthm, Klemmings antiqv. 87. (Uppl. 25 ex.) 4 kr.
ÄYRÄPÄÄ, Matti, Die ortopedische Behandlung der Sattelnase mittelst von der Zahnheilkunde gebotenen Hülfsmitteln. Mit 82 fig 8:o, 116 s H:fors, Waseniuska bokh. 92. 4: 50.

Ö.

ÖBERG, H. A. O. Se: Matrikel öfver kgl. lots-, fyr- o. båkverket
[ÖBERG, L. Th.], Se: Filikromen. — Sångstycken, Svenska.
ÖBERG, L. U. Ferd., Vägen till sällhet. Betrakt:r öfver Davids 32 psalm. 8:o, vj o. 190 s. Sthm, Fost.-stift:s f.-exp. 91. 1: 25, klb. 2 kr.
ÖBERG, P., Schematisk öfversigt af den qualitativa kem. analysen. Bearb. 8:o, 8 schemata Filipstad, Bronellska bokh. 92. 1 kr.
ÖBERG, Sven, Inledningskurs i geografi. Beskrifning öfver landskapet Herjeådalen. 8:o, 32 s. o. 1 karta. Lillherrdal, Förf:n. 90. 30 ö.
ÖDBERG, F., Anteckn:r om riksrådet Hogenskild Bielkes friherrskap Leckö (1571—99) 4:o, 45 s Skara, Förf:n. 92.
—, Om Anders Lorichs k. Johan III:s ständige legat i Polen, o. hans tid (1569—84). Bidrag till svenska diplomatiens historia. 4:o, 124 s. Skara, Förf:n. 93.
—, Se: Tidskrift, Vestergötlands fornminnesförenings.
Öden, Lilla sotarmurres underbara. En historia för barn. 4:e uppl. 8:o, 43 s. Sthm, Alb. Bonnier. 94. 50 ö.
ÖDMAN, N. A. Se: Sakregister, Allmänt, till Svensk Författningssamling.
ÖDMAN, Nils Petrus, Från vår- och sommardagar. Minnen o. intryck. 2 dlr. 8:o, 227 o. 240 s. Sthm, Fahlcrantz & K. 87, 88. 1:a dln. 2: 25. 2:a 2: 50.
—, Ny samling studentminnen o. resebilder. 8:o, 270 s. Sthm, Fahlcrantz & K. 91. 3: 25.
—, Ungdoms- o. reseminnen. Vers o. prosa. 8:o, Sthm, Alb. Bonnier.
I. 3:e uppl. 240 s. 91. 2: 75.
II. 2:a uppl. 261 s. 91. 2: 75.
—, Ur en svensk tonsättares lif. En minnesteckning öfver Jak. Axel Josephson. Med talrika utdrag ur Josephsons dagböcker. Senare hft. 8:o, s 129 —319. Sthm, F. & G. Beijers Bokf.-aktb. 86. 2: 50, kompl. 5: 50.
—, Vexlande bilder. Prosa o. vers. 8:o, 273 s. Sthm, Fahlcrantz & K. 93. 4: 75.

[ÖDMANN, Jenny, f. Braun], Arbetarens lön af *J—y Brn.* 8:o, 44 s. Sthm, Förf. 89. 25 ö.
[ ], Dagny. En familjhistoria af *J—y Brn.* 8:o, 304 s. Sthm, F. C. Askerberg. 92. 2: 50.
[-], Lilla Sessan. Också en konungadotter. Orig. berättelse af *J—y Brn* 8.o, 258 s. Sthm, Nordin & Josephson i distr. 95. 2 kr.
[ ], Välnaden på Tyresö Roman af *J—y Brn.* 12:o, 460 s Sthm, F. C. Askerberg. 94. 3: 25.
ÖDMANN, Samuel, Hågkomster från hembygden o. skolan. Ny uppl. Liten 8:o, 74 s. Sthm, Fahlcrantz & K. 88. 1 kr.
Öfverblick, Kort, af nutidens sjökrigsmateriel o. dess utveckling under 1880—90 af —*t*—. 8:o, 59 s. Sthm, P. Palmquists aktb. 90. 75 ö.
Öfverraskningsbilderbok. 4:o, 8 s med kolor. fig. o. text. Malmö, Envall & Kull. 91. Kart. 2: 75.
Öfversikt, Bibliografisk, af svensk periodisk litteratur sammanstäld af *Aksel G. S. Josephson* 1891. N:o 2. 8:o, 24 s. Ups, Bibliografiska Institutet. 92. 1 kr.
Öfversigt, Kort, öfver Gustaf Cavallis samling af svenska plåtmynt. 4:o, 18 s. Tr. i Sthm, Centraltr. 90. Liten uppl. (Ej i bokh.)
Öfversigt af Finska Vetenskapsocietetensförhandlingar. 8:o. H:fors.
XXVIII (1885—86). xviij o. 179 s. 2: 50 fmk.
Aschan, O, Några iakttagelser om lika sammansatta organiska syre- o. svafvelföreningars kokpunkter.
Donner, A., Om himlahvalfvets skenbara tfplattning.
Donner, O., Om Indernas dramatiska poesi.
Elfving, Fr., Ueber die Einwirkung von Äther und Chloroform auf die Pflanzen.
—, Ueber Saccharomyces glutinis (Fresen) Cohn.
Elmgren, S G., Om dagen för Kristi födelse.
Hjelt, Edv, Mindre meddelanden från univ;ts kemiska laboratorium. 1—3.
— —, Om ftalföreningars konstitution.
——, Ueber Orthoxylenylchlorid und Versuche zur Darstellung des Phtalaldehyds.
——, u *Magn. Gadd*, Ueber pseudocumenyl alkohol.

Öfversigt af F. Vetenskapssociet. förhandl. Forts.

Hällsten, K., Ett kompressorium för mikroskopiskt ändamål.
— , Till kännedomen om sensibla nerver o. ryggmärgens reflexapparater.
Moberg, Ad , Sammandrag af de klimatologiska anteckningarne i Finland år 1885.
Nordenskiöld, N. K., Berättelse öfver Finska Vetenskapssocietetens meteorolog. Centralanst. verksamhet under år 1885.
— , Om det s. k. röda skenet o. dess förhållande till afton- o. morgonrodnaden.
Schultén, Aug. af, Om framställning af kristalliseradt magnesiumhydrat o. kristalliseradt kadmiumhydrat.
Sundell, A. F., Notiz über ein für die Meteorologische Centralanstalt in Helsingfors projectirtes Normalbarometer.
— , Om norrskenet d. 1 apr. 1886.
XXIX. (1886—87.) xlvij o 322 s. 3: 50 fmk.
Aschan, O., Om (o)-nitroftalanil och (o)- nitroftalanilsyra.
— , o. A. Zilliacus, Om difenylsulfhydantoin.
Bergroth, E., Synopsis of the genus Neuroctenus Fieb.
Biela-stjernfallen 1885. Observationer i Helsingfors, bearb. af A. Donner, G. Dreijer o. P. A. Heinricius.
Biese, Ernst, Absoluta magnetiska bestämningar vid meteorolog. centralanst. i Helsingfors.
Hjelt, Edv., Einwirkung wasserentziehender Mittel auf die zweiwerthigen aromatischen Alkohole.
— , Om anilins inverkan på syreestrar i närvaro af natrium
Hällsten, K , Direkt retning af tvärstrimmig muskel förmedelst konstant ström.
— , Om förnimmelserna o. deras betydelse för den psykiska verksamheten.
— , Till kännedomen om sensibla nerver o. ryggmärgens reflexapparater. 8—11.
Lemström, S., Jemförelse mellan kostnaderna för de finska, danska o. norska polarstationerna 1882—83.
Melander, G , Om ljusfenomenet i Geisslerska rör med yttre beläggningar, utan insmälta elektroder.
Moberg, A , Sammandrag af de klimatologiska anteckningarne i Finland år 1886.
Neovius, E. R., Einige Bemerkungen über die Darstellung von Punkten deren beide cartesische Coordinaten imaginär sind.
Nordenskiöld, N. K., Afvägning af Åbo slotts höjd öfver hafvet, verkstäld i aug. 1884.
— , Berättelse öfver Finska Vetensk. societetens Meteorolog. Centralanst. verksamhet under år 1886.
— , Månatliga medelhöjden af hafsytan vid Finlands kuster åren 1883—85 jemförd med det årliga medeltalet.
Nordqvist, O., Höjdmätningar o. djuplodningar i norra Finland o. ryska Karelen.
— , Om insjöarnes temperatur.
Söderhjelm, W., Les treis moz af Guillaume le clerc de Normandie. Lärodikt från 13.de århundradet publ. efter ett manuskript i Nationalbiblioteket i Paris.
Wijk, F. J, Om kristallernas molekularstruktur. En blick i det inre af kristallerna. Jämte bihang.
XXX. (1887—88.) xxvj o. 239 s. 3 fmk.
Aschan, Ossian, Om sura estrar af ftalsyra.
Biese, Ernst, Absoluta magnetiska bestämningar vid Meteorolog. centralanst. i Helsingfors. 2.

Öfversigt af F. Vetenskapssociet. förhandl. Forts.

Donner, Anders, Der Planet (183. Istria.
Elfving, Fr., Zur Kentniss der Krümmungserscheinungen der Pflanzen.
Hjelt, Edv., Undersökningar öfver symmetrisk dietylbernstenssyra.
— , o. O. Aschan, Mindre meddelanden från universitetets kemiska laboratorium. 4—8.
Hällsten, K., Det mekaniska åskådningssättet för förklaring af förändringarna inom de lefvande varelserna.
— , Direkt retning af tvärstrimmig muskel förmedelst konstant ström (forts.).
— , Till kännedomen om sensibla nerver i ryggmärgens reflexapparater. 12 Elektrotoniska irritabilitetsförändringar i sensibla nerver.
Moberg, Ad., Sammandrag af de klimatologiska anteckningarne i Finland år 1887.
Nordenskiöld, N. K., Berättelse öfver Finska Vetenskapssocietetens Meteorolog. centralanst. verksamhet under år 1887.
— , Månatliga medelhöjden af hafsytan vid Finlands kuster åren 1886—87, jemförd med det årliga medeltalet.
Schultén, Aug. af, Om framställning af konstgjord pyrokroit.
— , Om framställning af silfverkaliumkarbonat.
Wahlfors, H. A., Bidrag till enantylsyrans historia.
XXXI. (1888—89.) xxiij o. 280 s. 3 fmk.
Biese, Ernst, Absoluta magnetiska bestämningar vid meteorolog centralanst. i Helsingfors.
Donner, O., Die Felseninschrift bei Suljek.
Elfving, Fr., Bemerkungen zu Wortmanns Hypothese der pflanzlichen Krümmungen.
Freudenthal, A. O., Eddastudier.
Grenman, H., Zur Frage der ostsibirischen Inschriften. Bemerkungen.
Hjelt, Edv., Om kaliumsulfids inverkan på xylylenbromiderna.
— , u. V. O. Sivén, Einige Beobachtungen über symmetrisches Dibromaceton.
Moberg, Ad., Sammandrag af de klimatologiska antecken. i Finland år 1888.
Nordenskiöld, N. K., Berättelse öfver Finska Vetenskapssocietetens meteorolog. centralanst. verksamhet under 1888.
Sundell, A. F., Till Erik Edlunds minne.
Synnerberg, C , Textkritische Bemerkungen zu Cornelius Nepos.
Söderhjelm, W., Anteckningar om Martial d'Auvergne o. hans kärleksdomar.
Tallqvist, Hj., Construction eines Modelles einer speciellen Minimalfläche.
Tötterman, Aug., Das Suljek-alfabet.
— , Entzifferungsversuch einiger Inschriften auf einer Felsenwand im Kreise Minusinsk (Ostsibirien).
Wahlfors, H. A., Bidrag till enantylsyrans historia. 2.
Wasastjerna, Lars, Quelques observations sur le pouvoir rotatoire du qvartz rélativement aux couleurs du spectre, avec une formule nouvelle pour en calculer les valeurs.
XXXII. (1889—90.) xix o. 256 s. 3 fmk.
Faust, J., Beiträge zur Kenntniss der Coleopteren-Fauna Südwest-Sibiriens.
Heinrichs, A., Medelepoken för första snöfallets o. slädförets inträffande i Helsingfors.
— , Reseberättelse öfver de under sommaren o. hösten 1889 å flere meteorolog. stationer i Finland verkstälda inspektioner.

Öfversigt af F. Vetenskapssociet. förhandl. Forts.

Hjelt, E., Notis om tennets grå modifikation.
Hällsten, K, Till kännedomen om musklers kontraktionskraft.
Lemström, S., Berättelse öfver Finska Vetenskapssocietetens meteorolog. centralanst. verksamhet från maj 1889 intill maj 1890.
—, Om införande af luftelektriska observationer vid härvarande meteorolog. centralanstalt.
Moberg, Ad., Sammandrag af de klimatologiska antecku. i Finland år 1889.
Roos, U. B., Reseberättelse öfver en inspektionsresa till några meteorolog. landsorts-stationer 1888.
Slotte, K. F., Om den inre friktionen hos vätskor.
Tallqvist, Hj, Détermination expérimentale de la limite de stabilité de quelques surfaces minima.
Wihlfors, H. A, Bidrag till enantylsyrans historia 3.
XXXIII. (1890—91.) 4, xviij, 316 s. o. 1 pl. 91. 3 fmk.
Biese, Ernst, Berättelse öfver Finska Vetenskapssocietetens meteorolog centralanst. verksamhet från maj 1890 intill årets slut.
Brotherus, V. F., Some new species of Australian mosses.
Elmgren, S. G., Hafsvattnets sommarvärme åren 1871—90, observerad å Munkholm i Esbo skär.
Melander, G., Sur un appareil à déterminer le point 100 des thermomètres.
Moberg, Ad, Om Phänologische Karten von Finnland von d:r Egon Ihne.
—, Sammandrag af de klimatologiska anteckn. i Finland år 1890.
Palmén, J. A., Om nutidens åtgärder för utred. af foglarnes årliga flyttningar.
Qvanten, Emil von, Några anmärkn. om vokalljudens uppkomstsätt.
Reuter, O. M., Hemiptera Heteroptera från trakterna kring Sajanska bergskedjan, insamlade af K. Ehnberg o. R. Hammarström.
—, Podurider från nordvestra Sibirien, samlade af J. R. Sahlberg.
Schulman, Hj., Ein Beitrag zur Kenntniss der vergleichenden Anatomie d. Ohrmuskulatur.
Slotte, K. F., Apparat för bestämning af värmeenhetens mekaniska eqvivalent.
Vasenius, Valfrid, Separatisten Jacob Gripenstedt En kulturbild från frihetstiden.
XXXIV. (1891—92.) 4, xx, 443 s. o. 2 pl. 5 fmk.
Biese, E., Berättelse öfver Finska Vetenskapssocietetens meteorolog. centralanst. verksamhet under året 1891.
Collan, Uno, Bildas det svafvelsyra eller svafvelsyrlighet vid förbränning af svafvelhaltig lysgas?
—, Ein Beitrag zur Kenntniss der Autokatalyse.
—, Med anledning af en uppsats: Ftalidbildningen ur o-oxymetylbenzoesyra vid olika temperaturer af Edv. Hjelt.
Donner, Anders, De astrofotografiska arbetena å observatoriet i Helsingfors från 1890 till våren 1892.
Forselles, O. af, o. *H. A. Wahlforss,* Bidrag till enantylsyrans historia. 4.
Hammarström, R., Bidrag till kännedom af sydvestra Sibiriens insektfauna.
Hjelt, Edv, Den nya elektrokemiska teorin.
—, Ftalidbildningen ur o-oxymetylbenzoesyra vid olika temperaturer.
—, Med anledning af en kritik af U. Collan.
—, Undersökningar öfver symmetrisk allyl-etylbernstenssyra.

Öfversigt af F. Vetenskapssociet. förhandl. Forts.

Homén, Th., Vergleich zwischen den Entladungsversuchen mit statischer Elektricität und solchen mit continuirlichen Strömen.
Hällstén, K., Verkningar af magnesiumsulfat vid subkutan användning.
—, Verkningar af magnesiumsulfat på motoriska ledningsbanor i periferiska nervstammar o. ryggmärgen.
Ignatius, K. E. F., Om Malthusianismen o. dess ställning till befolkningsfrågan.
Komppa, Gust., Om natronkalk som torkningsmaterial vid Marsh'ska profvet.
Levander, K. M., Om felslagning af ett septum hos en Edwardsia.
Lemänen, S., Angående ljusets reflexion från en plan spegel.
—, Bidrag till experimentell bekräftelse af Bernoullis teorem.
—, En metod för upplösande af tal i faktorer.
—, Lösning af matematiska uppgiften N:o 2 i Pedagog. fören. tidskrift. XVI: 4.
—, Om talens delbarhet.
—, Rotutdragning ur substitutioner.
Moberg, Ad, Sammandrag af de klimatologiska anteckn. i Finland år 1891.
Norstedt, Claes o. *H. A. Wahlfors,* Några derivat af kapronitril.
Schultén, Aug. af, Om framställning af kristalliseradt kadmiumkarbonat.
Selander, Edvard, Notis om ett sätt att geometriskt interpretera elementen i de elliptiska integraterna.
Slotte, K. F., Om den molekulära attraktionen hos mättade ångor.
Tallqvist, Hj, Einige Anwendungen der Theorie d. elliptischen Functionen auf Aufgaben der Mechanik.
Tötterman, Aug, Zu der Festschrift "Fünf Suljekinschriften."
Wiklund, C. L., Undersökning öfver geometriskt isomera allylmetylbernstensayror.
XXXV. (1892—93.) 4, xix, 223 s. o. 3 pl. 3 fmk.
Biese, E., Berättelse öfver Finska Vetenskapssocietetens meteorolog. centralanst. verksamhet under året 1892.
Brotherus, V. F., Some new species of Australian mosses. 2.
Donner, A., Fotografins användbarhet för astronomisk undersökning.
—, Redog. för fortsättn. af de astrofotografiska arbetena å observatoriet i Helsingfors under tiden maj 1892—maj 1893.
Freudenthal, A. O., Runinskriften å Tuukkala spännet.
Hjelt, Edv., Franske kemister för 60 år sedan, tecknade af F. Wöhler i bref till J. J. Berzelius.
—, Undersökningar öfver anhydridbildningen hos syror tillhörande bernstensyregruppen.
Levänen, S., Not till Lejeune Dirichlets metod för qvadratiska formers multiplikation.
—, Om likheten $X^5 + y^5 = 2^m z^5$.
Melander, G., Sur un effet lumineux observé au-dessus des lampes à arc, surtout à Uleåborg.
Moberg, Ad., Sammandrag af de klimatologiska anteckn. i Finland år 1892.
Nordström, Väinö, Dionysius från Halikarnassus o. samhällsklasserna i Rom. Bidrag till känned. om den romersk-grekiska historiografin.
Reuter, O. M, Blitophaga opaca Linné härjande våra kornåkrar.

Öfversigt af F. Vetenskapssociet. förhandl. Forts.
Slotte, K. F., Ueber die Wärmebewegung und den Wärmedruck der Metalle.
XXXVI. (1893—94.) 4, xvij o. 314 s. 4 fmk
Aspelin, J. R, Fornlemningarnes vård i nutidens kulturstater.
Biese, E., Berättelse öfver Finska Vetenskapssocietetens meteorolog. centralanst. verksamhet under året 1893.
Elfving, Fr., Zur Kenntniss der pflanzlichen Irritabilität.
Hjelt, Edv., Ueber die Geschwindigkeit der Hydrolyse des Phtalids und Meconins.
Homén, Th., I frågan om nattfrosterna. Genmäle till Professor Lemströms likabenämnda, mot min publikation "Om nattfroster" riktade uppsats.
Komppa, Gust., Ueber O-Cyanzimmtsäure.
Lemström, S., I frågan om nattfrosterna Med anledn. af herr Homéns arbete: "Om nattfroster".
Moberg, A., Förteckning öfver de skrifter som blifvit till Finska Vetensk. societeten förärade från maj 1893—maj 1894.
——, Sammandrag af de klimatologiska anteckningarne i Finland 1893.
Reuter, O. M., Patogena bakterier i landtbrukets tjenst.
Stenij, Edv., Vecchiettes till Philip II afgifna relation om Persiens tillstånd 1586—87 enl. en Münchener handskrift meddelad.
Tallqvist, K. L, Makarius den store från Ägypten, hans lif o. verksamhet enl. Serapion. Ett bidrag till munklifvets äldsta historia Öfvers. från en syrisk handskrift.
XXXVII. (1894—95.) 4. xxiv, 288 s. o. 2 pl. 4 fmk.
Biese, E., Berättelse öfver Finska Vetenskapssocietetens meteorolog. centralanst. verksamhet 1894.
Brotherus, V. F., Some new species Australian mosses. 3.
Clopatt, A, Action des solutions équimoléculaires sur la muqueuse de l'intestin grêle.
——, Experimentala undersökningar rör. laxantiers verkningssätt.
Donner, A., Redogörelse för fortgången af de astrofotografiska arbetena å observatoriet i Helsingfors under tiden juni 1893—maj 1895.
Hjelt, Edv., Mindre meddelanden från universitetets kemiska laboratorium.
Kihlman, A. O., Sammandrag af de klimatologiska anteckningarne i Finland 1894
Levänen, S., Formler för utjämning af statistiska talserier.
Neovius, E. R., Om den icke-euklidiska geometrien.
Slotte, K. F., Nachtrag zu dem Aufsatze: Ueber die Wärmebewegung und den Wärmedruck der Metalle.
——, Ueber die Reibungsconstante und einige andere Constanten der Flüssigkeiten.
Sundwik, E. E., Om uroxansyra. En enkel metod för framställande af densamma, äfvensom af oxonsyra.
Söderhjelm, Werner, Ueber Accentverschiebung in der dritten Person Pluralis in Altfranzösischen.
Öfversigt, Kort, af den svenska grufvelagstiftningen. Se: [Stiernström, C. M:son.]
Ofversigt af sällskapet Hortikulturens vänners i Göteborg förhandlingar. 8.o. Göteb., Wettergren & Kerber.

1884—85.	140 s.	86.	1: 50.
1886.	75 s.	87.	1 kr.
1887.	95 s.	88.	1: 25
1888.	79 o. vi s.	89.	1: 25
1889.	88 s.	90.	1: 25
1890.	80 s.	91.	1: 25.
1891.	64 s.	92.	1 kr.
1892.	80 s.	93.	1: 25
1893.	80 s	94.	1: 25
1894.	159 s.	95.	1: 25.

Öfversigt af svenska litteraturen. På grundvalen af Bjurstens läsebok omarb. af Carl von Friesen. 8:o. vij o. 584 s. Sthm, P. A. Norstedt & S:r. 90
3: 50, kart. 4 kr., inb. 4: 75.

Öfversigt af Kongl. sv. Vetenskapsakademiens förhandlingar. 43:e—52:a årg. 8:o. Sthm, P. A. Norstedt & Söner.

43:e årg. 1886. 383 s. 86. 3 kr.
Berger, A., Om antalet lösningar till en viss indeterminerad eqvation med flera obekanta.
Bladin, J. A, Om fenylmetyltriazolföreningar.
Bäcklund, A. V., Bidrag till theorien för vågrörelsen i ett gasartadt medium. 1—3.
Charlier, C. V. L., En metod att föröka konvergensen hos en trigonometrisk serie.
Cleve, P. T., Om en ny nitronaftalinsulfonsyra.
——, Om en förening mellan formamid o. kinaldin
——, Om några klornaftalinsulfonsyror.
Dahlander, G. R., Om sambandet mellan utvidgningskoefficienten o. spänstighetskoefficienten vid olika temperaturer.
Dillner, G., Om integration af differentialeqvationerna i N-kroppars problemet. 2 o. 3.
Edlund, E., Om gasformiga kroppars elektriska motstånd.
Ekstrand, Å. G., Om naftoësyror. 1.
Eneström, G, Anteckn:r om matematikern Petrus de Dacia o. hans skrifter.
——, Bevis för satsen, att den fullständiga integralen till en differenseqvation af n:te ordningen innehåller en arbiträra konstanter.
Gyldén, H., Några nya utvecklingar af de elliptiska funktionerna.
——, Om ett bevis för planetsystemets stabilitet.
Hamberg, H. E., Nederbördens mängd på nakna o. skogbevuxta åsar i Norra Halland.
Holmgren, K. A., Om orsaken till elektriska tillståndet hos stoftet från vattenfall.
Kobb, G., Om integrationen af differentialeqvationerna för en tung partikels rörelse på en rotationsyta med vertikal axel.
Nathorst, A. G., Om de sandslipade stenarnes förekomst i de kambriska lagren vid Lugnås.
——, Om lemningar af Dryas octopetala L. i kalktuff vid Rangiltorp nära Vadstena.
Olsson, K. G., Bestämning af definitiva banelement för Komet VIII. 1881.
Pincherle, S., Sur une formule dans la théorie des fonctions.
Törnebohm, A. E., Några ord om den geologiska öfversigtskartan öfver Sverige.
Widman, O. o. Abenius, P. W., Om broms inverkan på acet-ortotoluid vid hög temperatur.
——, Om inverkan af alkoholisk kalilut på aromatiska bromacetamidoderivat. 1.
Widman, O. o. Bladin, J. A., Om cymols oxidation och s. k. nitrocymol.
Sekreterarens årsberättelse 1885—86.

Ofversigt af Kongl. sv. Vet. akad:s förhandl. Forts. 44:e årg. 1887. 755 s. 87. 3 kr.

Andrée, S. A., Iakttagelser öfver luftelektriciteten under solförmörkelsen den 19 aug. 1887.
Appellöf, A, Om skalets bildning hos Sepia officinalis. L.
Arrhenius, S., Försök att beräkna dissociationen hos i vatten lösta kroppar.
— —, Ueber additive Eigenschaften der verdünnten Salzlösungen
Aurivillius, C., Förteckning öfver en samling Coleoptera o. Lepidoptera från Kongoflodens område.
Berger, A., Om rötternas antal till kongruenser af andra graden.
— —, Om en talteoretisk formels användning till transformation af en definit dubbelintegral.
Björling, C. F. E, Konstruktion mittelst Lineals u. Cirkels der Curven 4:r Ordnung vom Geschlechte 2.
Bohlin, K., Om en grupp af differentialeqvationer, hvilkas solution medföra s. k. små divisorer.
Bäcklund, A. V., Bidrag till theorien för vågrörelsen i ett gasartadt medium. 4—6.
Bäckström, H., Elektriska ledningsmotståndet hos kristaller. 1.
—, o. *Paijkull, G.*, Undersökningar af de vid upplösning af jern i syror utvecklade gasernas volym o. sammansättning.
Cleve, P. T., Om klors inverkan på a-acetnaftalid.
—, Om inverkan af klor på acet- β-naftalid.
—, Om organiska sulfamidoföreningar.
Ekstrand, Å. G, Om naftoësyror. 2.
— —, Om α- och β-Naftamidoxim.
—, Om Nafthydroxamsyror.
—, o. *Johanson, C. J*, Bidrag till kännedomen om kolhydraten. 1.
Enestrom, G., Om en afhandling af Ascoli rör. integration af differentialeqvationen $\Delta^2 u = 0$ för en gifven Riemannsk yta.
Forsling, S., Om den Brönner'ska amidonaftalinsulfonsyran.
Fristedt, K, Meddelanden om Bohuslänska Spongior.
Haij, B., Om den af J. B. von Borck beskrifna Barbitistes glabricauda Charp. jemte ett bidrag till kännedomen om B. punctatissima Bosc
Högrell, B., Bergjums fanerogamer i blomningsföljd.
Johanson, A. M., Undersökn:r öfver vissa algebraiska likheter, som leda till elliptiska integraler.
— —, Vilkoren för att en algebraisk likhet $y^n = (x-a,)$ $m_1 \ldots (x-a,) m_r$ skall leda till elliptiska integraler.
Klason, P., Öfver amidogruppens substitution i aromatiska föreningar mot Hydrothion resp. Oxysulforyl förmedelst Diazoföreningar.
—, Öfver sex isomera toluoldisulfosyror.
Kobb, G., Om integrationen af differentialeqvationerna för en materiel punkts rörelse på en rotationsyta.
— —, Om båglängden af algebraiska kroklinjer.
Krüss, G. o. *Nilson, L. F*, Om thoriums eqvivalent- o. atomvigt.
— —, Om jordarterna o. niobsyran i Fergusonit.
— —, Om produkten af niobfluorkaliums reduktion med natrium.
— —, Om kaliumgermanfluorid.
— —, Studier öfver sällsynta jordarters absorptionsspektra o. komponenter.
Lagerheim, G., Kritische Bemerkungen zu einigen in den letzten Jahren beschriebenen Arten u. Varietäten von Desmidiaceen.
Lindman, C. F., Om några definita integraler.
Lindström, G., Om hyalotekit från Långban.

Öfversigt af Kongl. sv. Vet.-akad:s förhandl. Forts.
Mauzelius, R., Om rykande svafvelsyras inverkan på klorvätesyrad α-Naftylamin vid låg temperatur.
Mebius, C. A., Om ändringar af metallers elasticitetskoefficient i följd af den galvaniska strömmen.
Munthe, H., Om postglaciala aflagringar med Ancylus fluviatilis på Gotland.
Möller, J, Über Coincidenzsysteme gewöhnlicher, algebraischer Differentialgleichungen.
Neuman, L M., Om Rubus corylifolius Arrh o. R. pruinosus Arrh. deras nomenklatur och artsätt.
Nilson, L. F. o. *Pettersson, O.*, Bestämning af några fysikaliska konstanter för Germanium o. Titan.
— —, Om aluminiumchloridens ångtäthet och grundämnenas atomvärde inom aluminiumgruppen.
Nordenskiöld, A. E., Ytterligare iakttagelser om Gadolinitjordens atomvigt.
—, Om ett enkelt förhållande mellan våglängderna i en del ämnens spektra.
Paijkull, G, Om härdningens inflytande på de vid stålets upplösning i syror bortgående gasformiga produkternas volym o. sammansättning.
Palmær, W., Om inverkan af svafvelsyra på α-nitronaftalin.
Rosén, A., En sats i teorien för konstanta elektriska strömmar.
—, Om Frölichs generalisation af Wheatstoneska bryggan.
— —, Sur la théorie de l'induction unipolaire.
—, Quelques formules de l'électrodynamique.
Sjögren, A., Allaktit från Långbans grufvor.
— —, Periklas vid Nordmarks grufvor.
Sohlberg, K. H., Finnes utom dimmor o. moln o. annan synlig utfällning, flytande eller fruset vatten i atmosferen?
Svedmark, E., Till frågan om bestämningen af plagioklasens natur i gabbron från Rådmansö
Torell, O., Undersökningar öfver istiden. III. Temperaturförhållandena under istiden samt fortsatta iakttagelser öfver dess aflagringar.
Weibull, M., Om några Zirkoniumföreningars kristallform.
Widman, O, Om propylgruppen i kuminalkohol.
— —, o. *Abenius, P. W.*, Om inverkan af alkoholisk kalilut på aromatiska bromacetamidoderivat. 2.
Ångström, K., Vätskors volyms o. täthetsförändringar genom gasabsorption.
Sekreterarens årsberättelse 1886—87.

45:e årg. 1888. 3 kr.
Agardh, J. G., Om structuren hos Champia o. Lomentaria med anledning af nyare tydningar.
Arrhenius, S., Theorie der isohydrischen Lösungen.
— —, Über das Leitungsvermögen der beleuchteten Luft.
Bergendal, D., Männliche Copulationsorgane am ersten abdominalen Somite einiger Krebsweibchen.
Berger, A, De Bernoulli'ska talens o funktionernas teori, baserad på ett system af funktionaleqvationer.
Bohlin, K., En generalisation af Laplace's undersökning af librationen i planetteorin.
— —, Om bestämningen af konstanterna vid den dagliga nutationen.
Brögger, W. C. o. *Bäckström, H.*, Ueber den "Dahllit" ein neues Mineral von Ödegården, Bamle, Norwegen.
Bäcklund, A. V., Bidrag till theorien för vågrörelsen i ett gasartadt medium. 7 o. 8.

Ofversigt af Kongl. sv. Vet-akad.s förhandl. Forts.
Bäckström, H, Beiträge zur Kenntniss der Thermoelektricität der Krystalle.
—, Elektrisches und thermisches Leitungsvermögen des Eisenglanzes.
Cleve, P. T, Derivat af ζ-amidonaftalinsulfonsyra.
—, Derivat af γ-amidonaftalinsulfonsyra.
— -, Om inverkan af klor på α- och β-naftol
Clessin, S, Ueber zwei neue Lamellibranchiaten aus der postglacialen Schichten Schonens.
Dillner, G, Om integration af differentialeqvationerna i N kropparsproblemet 4.
Edlund, E., Bemerkurgen zu dem Aufsatze des hrn Foeppel über die Leitungsfähigkeit des Vacuums.
Ekstrand, Å. G., Några naftostyrilderivat.
— -, Om Naftoësyror. 3.
—, o. Johanson, C. J., Bidrag til kännedomen om kolhydraten II. Om Graminin.
Flink, G., Mineralogische Notizen.
Gyldén, H, Om sannolikheten af inträdande divergens vid användande af de hittills brukliga methoderna att analytiskt framställa planetariska störingar.
—, Om sannolikheten af att påträffa stora tal vid utvecklingen af irrationela decimalbråk i kedjebråk.
Hamberg, A., Om kristalliseradt bly från Harstigsgrufvan vid Pajsberg i Värmland.
Hansson, C. A., Om förekomsten af Limnadia lenticularis (Lin) på Nordkoster i norra Bohuslän.
Hellström, P., Om några derivat af α$_1$, β$_1$-diklornaftalin.
Isberg, P. J., Försök att med galvanometern bestämma elasticitetsgräns o. absolut hållfasthet hos metalltrådar.
Jonquière, A., Ueber eine Klasse von Transcendenten, welche durch mehrmalige Integration rationaler Funktionen entstehen.
Lilliehöök, C. B., Sammandrag af geografiska ortsbestämningar o. magnetiska iakttagelser åren 1838 —40 under den Fransyska vetenskapl. expeditionen till Spetsbergen m. fl ställen.
—-, Wattenhöjdsförändring i Altenfjord.
Lindman, C. F, Om en serie.
—-, Om några definita integraler.
Lundgren. B., Om Sveriges kritfauna. Några anteckningar.
Mebius, C. A, Bemerkungen zu dem Aufsatze des herrn Hoppe: Zur magnetelectrischen Induction.
Möller, J, Zur Theorie der singulären Lösung einer partiellen Differentialgleichung mit zwei unabhängigen Variablen.
Nathorst, A. G., Nya anmärkningar om Williamsonia
— , Sur des nouvelles remarques de M. Lebesconte concernant les Cruziana.
Nordenskiöld, A. E., Om ett den 5:e o. 6 e februari 1889 i Schlesien, Mähren och Ungern med snö nedfallet stoft.
Petersson, W., Analyser af gadolinit och homilit.
Ringius, G. E., Vegetationen på Vermlands hyperitområden. Växtfysiognomiska o växtgeografiska studier.
Selander, E., Über die Bacterien der Schweinepest.
Siljestrōm, P. A., Bestämningar af magnetiska inklinationen i Stockholm, Sundsvall o Östersund.
—, Om elektrisk ström genom mekaniskt tryck.
Sjögren, Hj., Om jordskorpans sammanpressning under atmosfertrycket.
—-, Om ett nytt mineral från Mossgrufvan i Nordmarken.

Ofversigt af Kongl. sv. Vet.-akad:s förhandl. Forts.
Sjögren, Hj., Om aralokaspiska hafvet o. nordeuropeiska glaciationen.
—, o. Lundström, C. H., Om Barysil, ett ej förr uppmärksammadt blysilikat från Harstigsgrufvan
Söderbaum, H. G., Bidrag till kännedomen om platooxalatens reaktionsförhållanden.
Wahlstedt, L J., Berättelse om en botanisk resa till Öland o Gotland under sommaren 1887.
Widman, O., Om acetopropylbenzol o. acetokumol jämte deras derivat.
—-, o. Söderbaum, H. G., Om framställning af nitrocymol o. dess oxidationsprodukter.
Ångström, K., Bestämn. af känsligheten vid bolometriska mätningar.
—, Iakttagelser öfver dunkla mediers genomträglighet för värmestrålning af olika våglängd.
Sekreterarens årsberättelse 1887—88.
46:e årg. 1889.
Arrhenius, S., Ueber die Gleichgewichtsverhältnisse zwischen Elektrolyten.
Berger, A., Independenta uttryck för de Bernoulliska talen.
Bladin, J. A., Om några nya triazolderivat.
—-, Om bisfenylmetyltriazol.
—, Om amidoximer o. azoximer inom triazol- o. tetrazol serierna.
—, Om ditriazolföreningar.
Brun, F. de, Bevis för några teorem af Poincaré
Charlier, C. V. L, Bestämning af ljusets hastighet ur observationer på föränderliga stjernor.
Cleve, P. T., Om inverkan af salpetersyra på naftalin-α sulfonsyra.
Dillner G., Om integration af differentialeqvationerna i n-kroppars problemet.
Ekstrand, Å. G, Om Naftoësyror. 5. 6. 7.
—, o. Mauzelius, Om molekularvigten hos maltos o några inulinartade kolhydrater.
Eneström, G., Bidrag till de mathematiska studiernas historia i Sverige under 15-hundratalet.
—, Svedenborgs matematiska arbeten.
Flink, G, Mineralogiska notiser.
Forsling, S., Om β$_1$- och β$_2$- bromnaftalinsulfonsyra.
Grönvall, A. L., Om några europeiska Orthotrica.
Gyldén, H., Om ett specialfall af trekroppars-problemet.
Hanson, C. A, Zoologiska anteckn:r från norra Bohuslän.
Hector, D. S., Om några oxidationsmedels inverkan på fenylsvafvelurinämne.
—, Om derivat af svafvelurinämne.
Heincke, F., Untersuchungen über die Stichlinge
Hellström, P., Om rykande svafvelsyras inverkan på klorvätesyrad α$_1$- β$_1$-klornaftylamin m. m.
Hjeltström, S., Sur la conductibilité de la neige.
Johanson, A. M., Integralernas form vid lineära differentialeqvationer.
Jonquière, A., Note sur la série generalisée de Riemann.
Lindman, C. F., Om några definita integraler.
Mauzelius, R, o. Ekstrand, Å. G, Om molekularvigten hos maltos o. några inulinartade kolhydrat.
Mauzelius, R., o. Ekbom, A., Om α- och β-monofluornaftalin.
Mauzelius, R., Naftalins 1–5-halogensulfonsyror.
Mittag-Leffler, G., Integralerna till en lineär homogen differentialeqvation för en cirkelring.
—, Invarianterna till en lineär homogen differentialeqvation.

Öfversigt af Kongl. sv. Vet.-akad:s förhandl. Forts.

Neuman, L. M, Bidrag till Medelpads flora.
Nordenskiöld, G., Om cyans inverkan på α- och β-naftylamin.
Palmær, W., Om iridiums amoniakaliska föreningar.
Stuxberg, A., Nya fynd af kortnäbbad gås.
Söderbaum, H. G. o. Widman, O, Derivat af ortoamidobenzylalkohol.
Ussing, N. W., Undersögelse af Mineraler fra Fiskernæs i Grönland
Widman, O. Om kumenylpropionsyran.
—, Om hydrokanelkarbonsyra.
—, Om omlagringarna inom propylgruppen.
—, o. Söderbaum, H. G, Derivat af ortoamidobenzylalkohol.
Ångström, K, Sur l'absorption de la chaleur rayonnante par les gaz atmosphériques.
—, Etude des spectres infrarouges de l'acide carbonique et de l'oxyde de carbone.

47:e årg. 1890.   3 kr.

Bergendal, D., Ueber nordische Turbellarien und Nemertinen.
Berger, A., Om användningen af invarianter o. halfvarianter vid lösningen af algebraiska eqvationer.
Bladin, J. A, Om oxidation af fenylmetyltriazolkarbonsyra.
Brun, F. de, Invarianta uttryck för den Poincaré'ska substitutionen.
—, Om ytor o. linier som äro invarianta för den Poincaré'ska substitutionen.
Carlgren, O., Om några amoniakaliska platinaföreningar.
Cassel, G., En generalisering af de Kleinska funktionerna af tredje familjen.
—, Sur une équation du second ordre à coefficients transcendants.
Charlier, C. V. L, Om expositionstidens inflytande på den fotografiska bilden af en stjerna.
Cleve, P. T., Derivat af 1: 3-diklornaftalin.
Dunér, N. C, Sur la rotation du soleil.
Ekbom, A, Om jodvätesyras inverkan å 1- 6-nitronaftalinsulfonsyreamid.
—, Om inverkan af jodvätesyra på 1- 5-nitronaftalinsulfonsyreamid.
Eneström, G., Om den nya upplagan af Galilæi's samlade arbeten.
Forsling, S., Om $\beta_1 = \alpha_1$-Bromnaftalinsulfonsyran m. m.
Fredholm, I., Om en speciel klass af singulära linier.
Hector, D. S, Om derivat af svafvelurinämnen.
Johanson, A. M, Integralernas form vid lineära differentialeqvationer.
Kindberg, N. C., Om Canada-områdets mossflora.
Klason, P. T., Undersökn:r öfver senapsoljättiksyra o. thiohydrotion.
Kobb, G., Om maxima o. minima af dubbelintegraler.
Koch, H. v, Om upplösning af ett systems lineära likheter mellan ett oändligt antal obekanta.
—, Om användningen af oändliga determinanter inom teorien för lineära homogena differentialeqvationer.
—, Bidrag till teorin för oändliga determinanter.
Lindman, C. A. M, Ueber die Bromeliaceen-Gattungen Karratas, Nidularium und Regelia.
Lindman, C. F., Några formler hos Bierens de Haan.
Mauzelius, R, Derivat af etylidendisulfsyra.
—, Om 1- 4-fluornaftalinsulfonsyra.
Mebius, C. A., Determinnation expérimentale des elements principaux d'une lentille divergente.

Öfversigt af Kongl. sv. Vet.-akad:s förhandl. Forts.

Nathorst, A. G., Om Dictiophyllum Nilssoni i Kinas kolförande bildningar.
Phragmén, E, Om ett enkelt fall af permanent rörelse med rotation.
Rosén, A, Sur la notion de l'énergie libre.
Schenk, A., Jurassische Hölzer von Green Harbour auf Spitzbergen.
Sohlberg, K. H., Försök öfver den atmosferiska luftens fuktighet.
Svensson, A. W, Bestämning af optiska vridningsförmågan hos några hartsderivat.
Söderbaum, H. G. o. Widman, O., Om fenyl- och p-tolyl -o- benzulendiamin.
—, Derivat af ortoamidobenzylalkohol.
Widman, O. o. Söderbaum, H. G, Om kumenylpropionsyrans konstitution.
—, Om omlagringarne från propyl till isopropyl inom kuminserien.
Ångström, K., Etudes de la distribution spectrale de l'absorption dans le spectre infra-rouge.

48:e årg. 1891.   3 kr.

Aurivillius, Chr.. Die mit Oxypistheu verwandten afrikanischen Gattungen der Calandriden.
Bendixson, I., Bestämning af de algebraiskt upplösbara likheter, i hvilka hvarje rot kan uttryckas såsom en rationel funktion af en af rötterna.
Berger, A., Om en användning af de Bernoulliska funktionerna vid några serieutvecklingar.
—, En algebraisk generalisation af några aritmetiska satser.
Bladin, J. A., Om fenyletyl-fenylpropyl o. fenylisopropyltriazolföreningar.
—, Om dicyanfenylhydrazins kondensationsprodukter med alifatiska aldehyder.
—, Om inverkan af acetättiketer på dicyanfenylhydrazin.
Carlgren, O., Prothanthea simplex eine eigenthümliche Actinie.
—, Beiträge zur Kenntniss der Actiniengattung Bolocera.
Cederström, G. C., Iakttagelser rör. ephippierna eller vinteräggskappslarne hos småkräftarten Daphnia pulex.
Cleve, P. T., Om 1—6-4 Diklornaftalinsulfonsyra.
—, Om 1—2 Amidonaftalinsulfonsyra o. dess derivat.
Ekbom, A., Om m- Dinitrodifenyldisylfin.
Eneström, G., Härledning af en formel inom den matematiska statistiken.
—, Om måttet för dödligheten inom en bestämd åldersklass.
—, Ett par formler för beräkning af mortaliteten inom pensionskassor.
—, Om befolkningsstatistiska formlerna för beräkning af dödligheten under första lefnadsåret.
Forsling, S, Om 1—6 Dibromnaftalin.
Forsell, G., Om etylendiamins inverkan på rubeanväte.
Hagström, L. o. Falk, A., Mesures de nuages dans les montagnes de Jemtland.
—, Jemförelse mellan Ångströms o. Neumans metoder för bestämning af kroppars ledningsförmåga för värme.
Hector, D. S., Om derivat af svafvelurinämnen.
Holmqvist, P. J, Triazolföreningar framställda af aldehyder o. dicyanfenylhydrazin.
Johanson, A. M., Vattnets specifika värme mellan 0" och +40°.
Klercker, J. af, Pflauzenphysiologische Mitteilungen.

Öfversigt af Kongl. sv. Vet.-akad:s förhandl. Forts.
Langlet, N. A., Om Azthinderivat.
Lumière, L., Sur un procédé d'obtention de microphotographies destinées a la projection.
Lundgren, B., Smånotiser om de lösa jordlagren.
Nathorst, A. G., Fortsatta anm.r om den Grönländska vegetationens historia.
Nilsson, A., Ueber die Afrikanischen Arten der Gattung Xyris.
Palmær, W., Om iridiums amoniakaliska föreningar.
Phragmén, E, Ein elementarer Beweis des Fundamentalsatzes der Algebra.
— —, Sur le logarithme intégral et la fonction $f(X)$ de Riemann.
— —, Zur Theorie der Differentialgleichung von Briot und Bouquet.
— —, Sur le principe de Dirichlet.
— —, Ueber die Berechnung der einzelnen Glieder der Riemannschen Primzahlformel.
Romell, L., Observationes mycologicæ. I De genere Russula.
Rubenson, R., Om formeln för beräkning af kapitalvärdet vid ensidig öfverlefvelse-kapitalförsäkring.
Stuxberg, A, Några iakttagelser öfver Gullmarfjordens vatten.
Söderbaum, H G., Om tvenne isomera dioximidobernstensyror.
— , Om α-isonitrosoacetofenons (benzoylformoxyms) konfiguration.
Tigerstedt, R., Bestämning af den från venstra hjärtkammaren utdrifna blodmängden.
Widman, O., Om cymols konstitution.

49:e årg. 1892.   3 kr.

Abegg, Untersuchungen über Diffusion in wässrigen Salzlösungen.
Arrhenius, S., Ueber die Bestimmung der elektrolytischen Dissociation von Salzen mittelst Löslichkeitsversuchen.
Aurivillius, Carl, Neue Cirripeden aus dem Atlantischen, Indischen und Stillen Ocean.
— —, Berättelse om en år 1891 utförd resa till Malayiska archipelagen.
Bendixson, I., Sur les équations différentielles linéaires homogènes.
— —, Sur l'intégration d'un système d'équations aux différentielles totales.
— —, Sur l'irréductibilité des fonctions de plusieurs variables.
— —, Sur un théorème de M Lie.
Bergendal, D., Några anm:r om Sveriges Triklader.
Bladin, J A., Om triazol.
— —, Om tetrazol.
Carlgren, O, Beiträge zur Kenntniss der Edwardsien.
Cleve, P. T., Om 1:2 Dicyannaftalin och 1:2 Naftalindikarbonsyra.
— —, Om Klornaftalinsulfonsyror.
— —, Om 1:2:7 Nitroklornaftalinsulfonsyror.
Ekman, G. o Pettersson, O., Om det hydrografiska tillståndet i Bohusläns skärgård vid tiden för vintersillfiskets upphörande.
— , Ytvattensobservationer i Kattegat o. Nordsjön under vintern 1891—92.
— , Hydrografiska observationer i Kattegat vid början af September månad 1891.
Elfstrand, M, Salicologiska bidrag.
Forssell, G., Om etylendiamins inverkan på tiobenzamid.
— —, d:o d.o på β-tionaftamid.
— —, d:o d:o på α-tionaftamid.

Öfversigt af Kongl. sv. Vet.-akad:s förhandl. Forts.
Gyldén, H, Om periplegmatiska kurvor.
Hasselberg, B., Projet d'une méthode pour déterminer avec grande exactitude l'indice de refraction et la dispertion de l'air.
Hector, D. S, Undersökning af den vid oxidation af fenylsvafvelurinämne med vätesuperoxid erhållna föreningens konstitution.
Klercker, J. af, Eine Methode zur Isolirung lebender Protoplaste.
Kobb, G., Om de inre spänningarne i en elastisk roterande skifva.
Langlet, N. A., Om Azthinderivat. 2.
Lindman, C. F., Om några integraler.
Lovén, H., Något om luften i Fucacéernas blåsor.
Lumière, L., Procédés photographiques aux sels manganiques.
Nathorst, A. G., Om några mollusker o. Ostrakoder från qvartära sötvattensaflagringar i Ryssland o. Tyskland.
— —, Om några till Riksmuseets växtpaleontologiska afdelning inkomna torfmossefynd.
Nordenskjöld, O, Om rhodaniderna af några amoniakaliska kromföreningar.
Petrini, H., Om gasers jemvigt under inverkan af gravitationen.
Phragmén, E, Sur la resolution des équations numériques.
— —, Sur un théorème de Dirichlet.
— , Note sur le procédé alterné de M. Schwan.
— —, Sur une nouvelle méthode de démontrer le principe de Dirichlet.
Söderbaum, H. G., Om tvänne isomera dioximidopropyonsyror.
— , Om några aromatiska isonitrosoketoners förhållande till ättiksyreanhydrid o. acetylkloryd.

50:e årg. 1893.   3 kr.

Abenius, P. W. o. Söderbaum, H. G., Om några aromatiska tetraketoner.
Andersson, J. G., Ueber das Alter der Isochilina canaliculata-fauna.
— —, Ueber die jüngsten Untersilurschichten der Insel Oeland.
Arrhenius, S, Die Elektrolyse von Alkalisalzen.
Aurivillius, Chr, Zur postembryonalen Entwicklung der Lepadiden.
Bendixson, I., Sur le calcul des intégrales d'un système d'équations différentielles.
Bergendal, G., Ueber die Rotiferengattungen Gastroschiza und Anapus.
Bladin, J A, Om oxidation af azimidotoluol.
Boije af Gennäs, O, Trouver un nombre premier plus grand qu'un nombre premier donné.
Brodén, T., Ueber Coincidenzen in zweideutigen Correspondenzen.
— —, Ueber Correspondenzen auf elliptischen Curven.
— , Ueber Zeuthens Correspondenzsats.
Brun, F. de, Rotation kring fixpunkt.
Bäcklund, A. W., Om teorien för de elektriska strömmarne.
Carlgren, O., Ueber Bruträume bei Actinien.
— , Zur Kenntniss der Septenmuskulatur bei Cerianthen und der Schlundrinnen bei Anthozoen.
Cleve, P. T., Om isomeriska nitroklorsulfonsyror af naftalin.
Enestrom, G., Ett problem inom teorien för pensionskassor.
— , Om observationsseriers utjemning.
— —, Formel för pensionärer.

Öfversigt af Kongl. sv. Vet.-akad:s förhandl. Forts.

Eneström, G., Vitaliteten inom en hel befolkning.
— —, En metod för fördelning i ettårsklasser.
— —, Om åldersfördelningen för en grupp gifta qvinnor.
Gyldén, H, Om rotationsproblemet.
— —, Om periodiska förändringar hos rotationsaxelns läge inom jordkroppen.
— , Om beskaffenheten af de sekulära ändringarne hos planeternas medelrörelser.
Kellgren, A. G., Om trädgränsen i våra sydliga fjelltrakter.
Koch, H. von, Sur la divisibilité des fonctions entières.
Lindman, C. F, Bevis för några mathematiska satser.
Lumière, A. L., Sur le developpement en liqueur acide.
Nerman, A. G., Två vattenmärken vid Bäggensstäket.
Palmær, W. o. Ångström, K., Le spectre infrarouge de chlor et de l'acide chlorhydrique.
Petrini, H., Om trädkurvor.
Rydberg, J. R, Contributions à la connaissance des spectres linéaires.
— —, En ny metod att bestämma luftens dispersion
Söderbaum, H. G. o. Abenius, P. W., Om några aromatiska tetraketoner. 2.
— — —, Om en ny framställningsmetod för α-ketonaldehyder.
Thorstenson, G, Tvenne nya Calamagrostis- o. Carex-hybrider.
Vidman, O., Om bildning af dihydrokinazoliner.
51:a årg. 1894. 3 kr.
Andrée, S. A., Ueber die Kohlensäure der Atmosphäre.
Arrhenius, S., Försök angående Sorets princip.
Bendixson, I., Sur la représentation des intégrales d'une système d'équations differentielles au voisinage d'un point singulier.
Bjerknes, V., Verschiedene Formen der multiplen Resonanz.
Carlgren, O., Zur Kenntniss der Minyaden.
Carlheim-Gyllensköld, V., Magnetiska deklinationsobservationer.
Cassel, V., Electrolytically deposited metals.
Ekholm, N., Om psykrometerformeln, särskildt vid låga lufttryck.
Ekman, T., Cistella cistellula S Word, en för Sverige ny Brachiopod.
Ekstam, O, Teratologische Beiträge.
— —, Zur Blütenbestäubung in den schwedischen Hochgebirgen. 1.
— , Zur Kenntniss der Blütenbestäubung auf Novaja Semlja.
— —, Bidrag till kännedomen om Novaja Semljas fanerogamvegetation.
Eneström, G., Om de statistiska förutsättningarne för giltigheten af den s. k. indirekta metoden inom teorin för enkekassor.
— —, Om Taylors o. Nicoles inbördes förtjenster beträffande differentialkalkylens utbildande.
— —, Om uppkomsten af tecknen + och — samt de matematiska termerna "plus" och "minus".
— , Om upptäckten af sättet att medels differentiation bestämma värdet af en bråkfunktion, då täljare o. nämnare samtidigt blifva noll.
Fristedt, C., List of birds from northern Australia, New Sealand, Southern Pacific and Atlantic Oceans.
Grevillius, A Y., Bidrag till känned. om kärlväxtvegetationen på nephelinsyenitområdet i Alnöns norra del.

Öfversigt af Kongl. sv. Vet.-akad:s förhandl. Forts.

Haglund, Verzeichniss der von Yngve Sjöstedt im nordwestlichen Kamerungsbiete eingesammelten Hemipteren.
Juel, O., Mykologische Beiträge 2 o. 3.
— — , Ueber d. Mechanismus der Schizanthus-Blüte.
— , Zur Kenntniss einiger Uredineen aus den Gebirgsgegenden Skandinaviens.
Kempe, D., Om arsenikeyrlighets inverkan på klorat o. nitrat i klorvätesyrlösning, samt härpå grundade kvantitativa bestämningsmetoder.
Koch, H. von, Sur un théorème de la théorie des groupes continus de transformations.
Lagerheim, G, Ueber die andienen Alchemilla-arten.
Langlet, N., Om sexledade thiohydantoiner.
Lönnberg, E., Kurze Notizen über die höhere Fauna Floridas.
— , List of fishes observed and collected in South-Florida.
Olsson, O., Några tillämpningar af de elliptiska o. de hyperelliptiska funktionerna inom den materiela punktens dynamik.
Petrini, H., Zur kinetischen Theorie der Gase.
Phragmén, E., Sur une méthode nouvelle pour réaliser dans les élections la représentation proportionale des parties.
Strindberg, Om den multipla elektriska resonansen.
Svedelius, Om temperaturförändringar i närheten af nodpunkten till en anblåst orgelpipa.
Theel, Hj, Notes on the formation and absorption of the skeleton in the Echinoderms.
52:a årg. 1895. 3 kr.
Aurivillius, C. W., Littoralfaunans förhållanden vid den tiden för hafvets isläggning.
Bendixson, I., Sur les points singuliers d'une équation différentielle linéaire.
Berthold, D:r Christian Heraeus u. die Original Luftpumpe Otto von Guericke's.
Carlgren, O, Ueber die Gattung Gerardia Lac. Duth.
Eneström, G., Om olika sätt att beträffande en enkekassa för tjenstemän beräkna inverkan af delegares befordran till högre tjenstegrad.
— , Om olika sätt att vid utredning af en enkekassas ställning beräkna inverkan af delegares för tidiga utträdande ur kassan.
Franzén, A. E., Bidrag till frågan om den rätta definitionen på derivater med komplexa indices.
— , Coriolis sats, tillämpad i mjuka kroppars kinematik.
— , Några anmärkningar om differentialeqvationen $y'' = Ay^3 + By^2 + Cy + D + (Ey + F) y'$ och dermed analoga eqvationer.
Gyldén, H., En transformation af den differentialeqvation, som bestämmer ojemnheterna med mycket långa perioder i en planets longitud.
— , Om bestämningen af ojemnheter med mycket lång period i teorien för planeters o. satelliters rörelser.
— , Till teorin för rörelsen hos en pendel med variabel längd.
Haglund, Beiträge zur Kenntniss d. Insektenfauna von Kamerun.
Holmqvist, P. J., Triazolföreningar framställda af aldehyder o. dicyanfenylhydrazin. 2.
Juel, H. O., Mykologische Briefe. 4.
Kjellin, C. o. Kuylenstjerna, K. G., Om några nya hydroxylaminderivat.
Klason, P., Beiträge zur Kenntniss d. Platinaethylsulfidverbindungen.

Öfversigt af Kongl. sv. Vet.-akad:s förhandl. Forts.
Klason, P., Ueber die Constitution der Platinaverbindungen.
—, Ueber die Platinammoniakdipyridinverbindungen.
Klinckowström, A., Om ett nyligen funnet moget ägg af pirålen.
Kobb, G., Sur le calcul direct des solutions périodiques dans le problème des trois corps.
Koch, H. von, Quelques théorèmes concernant la théorie générale des fractions continues.
Langlet, N. A, Om de fem- o. sexledande aromatiska thiohydan-toidernas konstitution.
—, Om sexledande thiohydantoiner. 2.
—, Om förekomsten af helium i cleveit.
—, Om heliums atomvigt.
Lindman, C. A., Kärlväxtfloran på Visby ruiner.
Lönnberg, E., Notes on fishes collected in the Cameroons by Mr. Y. Sjöstedt
Munthe, H., Om fyndet af ett benredskap i Ancyluslera nära Norsholm i Östergötland
Nathorst, A. G, Tvenne nya fyndorter för subfossila Trapafrukter i Misterhults socken. Småland.
Olbers, Alida, Bidrag till kännedom om kärlsträngsförloppet hos Silenéblomman.
Svensson, A H., Om Bunsens iskalorimeter o. dess användning för bestämmande af ångbildningsvärme vid 0" C.
Söderbaum, H. G, Om några från difenyloxetylamin deriverade heterocykliska gaser.
Tiselius, G., Ueber Zuschlagsprämien und einige damit zusammenhängende Fragen.
Widman, O, Om cyans inverkan på α-acidylfenylhydrazider.
—, Om en ny metod för framställning af assymetriska derivat af fenylhydrazin.
—, Om fenyl- o. tribromfenylazokarbonsyra.
—, Om några nya triazol- o. triazinderivat samt om dicyanfenylhydrazins- o. derur härledda triazol- o. tetrazolföreningars konstitution
Wigert, Th, Remarques sur le nombre des nombres premiers inférieurs à une quantité donnée.
Öfversättning af Eneidens två törsta sånger af *P. G. Lyth.* 8:o, 64 s. Sthm, Ad. Johnson. 91. 75 ö.
Öfversättning till Livius' rom. historia (böckerna XXII—XXIII) nf *N—s*. 2.a förbättr. uppl. 8:o 99 s. Lund, Gleerupska univ:s bokh. 89. 1: 75.
Öfversättning med några små obetydliga törändringar af den norske medicinaldirektörens cirkulär till sundhetskommissionerna rör. åtgärder mot koleran. Öfv. från tyskan. 8:o, 12 s. o. 1 blad. Sthm, C. E. Fritzes hof bokh. i komm. 92. 25 ö. Bihang 10 ö.
Öfversättningsprof, Ecklesiastikdepartementets hittills utgifna engelska. Se: Repetitions- o. afslutningskurs, Engelsk. 1.
ÖHBERG, Alfred, Post-handbok omfattande poströrelsen såväl inom landet som emellan Finland å ena samt Ryssland o. utrikes orter å andra sidan, äfvensom postsparbanksrörelsen i Finland. 2:a uppl 8:o, x, 168 s. o. 8 tab H:fors, Förf:n 95 2: 25 fmk. (1:a uppl. 88.)
ÖHBERG, Maria, Vattenståndet vid Kronstadt. Se: Fennia. IX.
ÖHMAN, Georg, Badorten Lovisa jemte omnejd. 8:o, 127 s 1 karta o. 11 pl. H:fors, Waseniuska bokh. 91. 2: 50 fmk.
[**ÖHMAN, Karl**], "Förakten ej de små" o. "Såsom Noahs dagar". Tvenne vittnesbörd i Stockholm hösten 1891 af *K. Ö—n.* 8:o, 24 s. Sthm, A. V. Carlsons Bokf.-aktb. 91. 20 ö.
ÖHQUIST, Johannes, Deutsche Prosa u. Dichtung nebst Übungsstücken für den Schulunterricht bearb. 8:o, xvj, 296 o. vj s. H:fors, Förlagsaktb. Otava. 94. 3: 25 fmk.
Alfabetisk ordlista till d:o. 4 o. 92 s. 94. 1: 40 fmk.
—, Tysk elementarbok. 8:o, viij, vj o. 196 s H:fors, Förlagsaktb. Otava. 93. Inb. 2: 75 fmk.
—, Tysk elementargrammatik. 8:o, 6 o. 68 s. H:fors, Förlagsaktb. Otava. 93. 1: 25 fmk.
—, Se: *Lindelöf, Uno o. Joh Öhquist*, Tysk språklära. — Tidskrift för Schack.
ÖHRWALL, Hjalmar, Bidrag till känned. om Tenerife, ss. klimatisk kurort. 8:o, 69 s. o. 4 tab. Ups., Förf:n 87. 1: 50.
—, Studier o. undersökningar öfver smaksinnet. Akad. afh. 8:o, 87 s. Ups., Förf.n. 89. 1: 50.
Ölbruket o. dess skadliga följder. Läkares utlåtanden om denna vår tids samhällskräfta, samlade af *D. R. Locke* (P. V. Nasby). 8:o, 28 s. Sthm, Sv. Nykterhetssällsk. 93. 25 ö.
ÖLUND, Iwar. S:: Kalender, Kopparbergs läns.
ÖMAN, Vict. Em, Den klassiska litteraturen. En folkets bok. 8:o, 366 s Sthm, C. E. Fritzes hofbokh. 86. 2: 50.
—, Från min ungdomstid. Minnesbilder. 8:o, 303 s. Sthm, C. E Fritzes hofbokh. 89. 3 kr.
—, Svensk-engelsk handordbok. Ny uppl. 8:o, 470 s. Sthm, F. & G. Beijers Bokf.-aktb. 88. Inb. 3 kr.
Öreskrifter för folket. 12:o Sthm, Alb. Bonnier.
1. *Thomasson, Pehr*, Kung Oskar o. skogvaktaren. 11:e uppl. 40 s. 93. 25 ö.
7. *Carlén, J. G*, Christoffer Polhem o. hans verk. Med Polhems portr. o. 2 illustr. 2 a uppl. 27 s. 86. 20 ö.
15. Stora svenska män teckn. för folket af en Sveriges dotter *(E. Risberg.)*
  1. Karl von Linné. 2:a uppl. Med 12 illustr. 60 s. 94. 25 ö.
16. 2. Birger Jarl. 2:a uppl. Med 7 illustr. 48 s. 94. 25 ö.
17. 3. Axel Oxenstierna. 2:a uppl. Med 9 illustr. 44 s. 94. 25 ö.
20. *Mankell, Julius*, Öfvergången af Stora Bält i febr. 1658. 3:e uppl. Med 11 illustr. 52 s. 94. 25 ö.
23. Stora svenska män, teckn. för folket.
  6. Jöns Jakob Berzelius. 2:a uppl. Med 10 illustr. o. 45 s. 95. 25 ö.
28. *[Wetterbergh, C. A.]*, Den hvita pionen. — Blomman bland gatstenarne. — Lillans bägge kyrkresor af *Onkel Adam.* 2:a uppl. Med 8 illustr. 28 s. 94. 25 ö.
32. *Thomasson, Pehr*, Fosterländska sånger. 2:a uppl. 27 s. 92. 20 ö.
33. *Mankell, Julius*, Från Pultava till Bender. Hist. teckning. 3:e uppl Med 5 illustr. 54 s. 94. 25 ö.
43. *Thomasson, Pehr*, Ryttmästaren Silfverlod. — Ett ovanligt frieri. 3:e uppl. Med 5 illustr. 32 s. 89. 25 ö.
44. Svenska prinsessor. Korta biografiska teckn:r af *Prinsessan Eugenie.* Ny uppl. med förf. lefnadsteckning o. portr. samt illustr. 52 s. 89. 25 ö.
48. *[Lundström, Math:a]*, För hundra år sedan af *Mattis.* 2:a uppl. Med 5 illustr. 44 s. 92. 25 ö.

51. *Thomasson, Pehr*, Karl XV o. dalkullan. 4:e uppl 20 s. 91. 20 ö.
54. *Axelson, M*, Sekter Lundbergs bröllop Berättelse ur folklifvet. 2:a uppl. Med 7 illustr. 62 s. 94. 40 ö.
64. *Blanche, Aug*, Stockholmshistorier. I. 2:a uppl. 68 s 92. 25 ö.
65. ——, II. 2:a uppl. 48 s. 92. 25 ö.
67. *Almqvist, C. J. L*, Skällnora qvarn. Berätt. ur folklifvet. 2:a uppl. 76 s. 92. 40 ö.
68. *Thomasson, Pehr*, Lasse mjölnare o. Masse smed. 3:e uppl. 48 s 91. 35 ö.
71. *Tidander, L. G. T.*, Blända o. Värendsqvinnorna. 2:a uppl. Med 1 illustr. 20 s. 88. 20 ö.
85 *Thomasson, Pehr*, Under stormfulla dagar. 2:a uppl. 19 s. 91. 15 ö.
86. *Almqvist, C. J. L.*, Grimstahamns nybygge. 2:a uppl. 42 s. 91. 25 ö.
93. *Trolle, H. af*, Karl XII o. sjöbussen. 2:a uppl. Med 3 illustr. 19 s. 90. 15 ö.
106. *Thomasson, Pehr*, Gubben Strid o. hunden Frid. 6:e uppl. Med 7 illustr. 64 s. 92. 30 ö.
108. *Åberg, J. O*, Adlercreutz budbärare. Episod ur slaget vid Revolaks 1808. 2:a uppl. Med 5 illustr. 60 s. 94 25 ö.
110. *Bondeson, Aug.*, Jon i Slätthult. Halländska gränsbolifvet skildradt. 3:e uppl. Med 2 illustr. 32 s. 94 25 ö.
136. *Lauglet, M.*, Konsten att spara. 93 s. 86. 50 ö.
137. *Thomasson, Pehr*, Karl XI o. vestgöten. 2:a uppl. med 6 teckn:r. 56 s. 86. 30 ö.
138. ——, Erik XIV o. liten Karin. Med 6 teckn:r. 30 s 86. 20 ö.
140 *Cederberg, Björn*, Bland vindskupor. En julhistoria 34 s. 87. 25 ö.
141. *Thomasson, Pehr*. Rika flickan i Rosendala. 10:e uppl. Med 6 illustr. 68 s. 89. 35 ö.
142. ——, Petter Jönssons lefnadsöden. Med 3 teckn:r. 2:a uppl. 127 s. 89. 50 ö.
143. *Lindström, Johan* (Saxon), Nya tag. Med 2 teckn:r. 112 s. 90. 50 ö.
144. *Budde, L*, En resa till folkhögskolan. Öfv. från danskan af *H. O.* Med 5 illustr. 56 s. 90. 30 ö.
145. *Ålund, O. W.*, John Ericsson. Med 13 illustr. 80 s. 90. 60 ö.
146. *Lidholm, Alfred*, Karl XV o. vallebärsbonden. 2:a uppl. 45 s. 90. 25 ö.
147. *Georgii, L.*, Sundhet o. renlighet. 32 s. 91. 25 ö.
148. Sagor o. sägner, visor, skrock o. ordspråk från Vestergötland. 60 s. 91. 30 ö.
149. *Segerstedt, Albrekt*, Åtta sagor. Med 6 teckn:r. 48 s. 93. 25 ö.
150 ——, Åtta nya sagor. Med 6 teckn:r. 46 s. 93 25 ö.
151. *Hjorvard*, Elin på Måsön. Med 7 illustr. 31 s. 93. 25 ö.
152. *Schwartz, Marie S*, Bellmans skor. Med 9 illustr. 40 s. 93. 25 ö.
153. ——, Det första o. sista poemet. Med 2 illustr. 26 s. 93. 25 ö.
154. *Schwartz, Marie S.*, Tvenne pingstaftnar i Lidners lif. Med 8 illustr. 32 s. 93. 25 ö.
155. ——, Drömmerskan på J. H. Kellgrens graf. Med 9 illustr. 36 s. 93. 25 ö.
156. ——, Amanda. Några teckn:r ur Stagnelius lif. Med 9 illustr. 38 s. 93. 25 ö.
157. ——, Den objudne gästen. En skizz ur Aug. Blanches lif. Med 8 illustr. 24 s. 94. 25 ö.
158. ——, Davidsharpan i norden. Berättelse ur J. O. Wallins lif. Med 11 illustr. 27 s. 94. 25 ö.
159. ——, Förutsägelsen. Berättelse ur Es. Tegnérs lif. Med 9 illustr. 30 s. 94 25 ö.

Öreskrifter i militära o. gymnastiska ämnen. 8:o. Sthm, E. T. Bergegrens bokh.
1. Läran om den s k. "eviga freden". Föredrag af *P. L.* 120 s. 86. 75 ö.

ÖRTEGREN, Julius, Biodling efter nyaste metoden. Se: Handbibliotek, Allmännyttigt. 127.

ÖRTENBLAD, H. Se: *Lindström, L. G.* o. *Örtenblad, H.*, Biblisk historia.

ÖRTENBLAD, K., Barnens värde. Predikan hållen i Upsala. 16:o, 24 s. Sthm, Fost.-stift:s f.-exp. 94. 30 ö.

ÖRTENBLAD, Th., Om den högnordiska tallformen. Pinus silvestris L β Lapponica Se: Bihang till K. sv Vet.-skad:s handl:r. XIII: III, 11.
——, Skogen, dess ändamålsenliga afverkning o. föryngring. Se: Småskrifter i landthushållning. 3.
——, Se: *Holmerz, C. G.* o. *Örtenblad, Th.*, Om Norrbottens skogar.

Östan o. vestan, Från. Anekdoter, skämthistorier, satirer. 1:a—6:e hft. 8:o, hvarje häfte 48 s. Sthm, F. & G. Beijers Bokf.-aktb. 89.
För häfte 30 ö., kompl. kart. 1 kr.

ÖSTBERG, Adolf, Den moderna velocipeden o. dess ryttare Illustr. handbok för hjulsportens utöfvare. Med 60 illustr. 8:o, 127 s. o. 1 pl. Sthm. Fr. Skoglund. 94. 1: 50.
——, Hjulsport. Se: Bibliotek, Illustreradt för idrott. 11.

ÖSTBERG, Joh., Biblisk historia för döfstummeskolans lägre klasser. 2:a uppl Vestervik, C. O. Ekblad & K. 90. 30 ö.
——, Om arbetsgifvares ersättningsskyldighet för kroppsskada, som drabbar hans arbetare i arbetet. 8:o, 155 s. Ups., Almqvist & Wiksell. 86. 3 kr.
——, Se: *Luther, M*, Lilla katekes.

Östersund 1786—1886. Ett minnesblad utg. af *Joh. Lindström*. Folio, 16 s. Sthm, F. & G. Beijers Bokf.-aktb. 86. 1 kr.

ÖSTGAARD, N. R., En fjällbygd. Skildr. från Österdalen i Norge. Öfv. af *J B.* 8:o, vij o. 183 s. Sthm, A. V. Carlsons Bokf.-aktb. 90.
1: 25, kart. 1: 60.

Östgötalagen med förkl:r af *O. A. Freudenthal*. Se: Skrifter utg. af Sv. litt. sällsk. 29.

ÖSTRAND, E. J. Se: *Luther, M*, Lilla katekes.

ÖSTRUP, J., Kulturhistoriske træk fra Lille-Asien. Se: Tidskrift, Nordisk. 1893.
——, Växlande horisont. Skildringar o. intryck från en ridt genom öknen o. mindre Asien. Öfv. af *Ernst Lundquist*. Med illustr. 8:o, 392 o. viij s. o. 4 pl. Sthm, H. Geber. 94. 7 kr., inb. 9: 50.

Förteckning öfver musikalier, utgifna åren 1886–1895.

Utarbetad af *I. Löfving.*

ACHARIUS, Silvio, Scherzo för piano. Sthm, Carl Gehrman. 92. 75 ö.
ADAM, Ad., Konung för en dag, potpourri för piano af *H Cramer.* Sthm, Abr. Lundquist. 86. 1 kr.
—, Kungen för en dag, potpourri för piano, 4 händer. Sthm, Abr. Lundquist. 89. 2 kr.
—, Konung för en dag, opera, fantasi för violin och piano af *Faucheux.* Sthm, Abr. Lundquist. 91. 2 kr.
—, Sånger ur op. Alphyddan, för en röst med piano. Sthm, Abr. Lundquist. 86. 1: 50.
—, Zephoris-marsch ur Konung för en dag, för piano. Sthm, Abr. Lundquist. 86. 1: 25.
ADAMS, Stephen, Mona, sång för en röst vid piano. Sthm, Elkan & Schildknecht. 92. 1 kr.
ADELSKÖLD, Cl., Ensam, visa för en röst vid piano. Sthm, Elkan & Schildknecht. 94 50 ö.
—, "L'espero", Hymne dans la langue nouvelle "Esperanto", för en röst vid piano. Sthm, Looström & K. (i distr.) 91. 25 ö.
—, Tre sånger vid piano. Sthm, Elkan & Schildknecht. 91. 1 kr.
—, Tvenne sätersånger för en röst vid piano. Sthm, Elkan & Schildknecht. 90. 1 kr.
AHLBERG, Herman, Målaren rundt, marsch för piano. Sthm, Abr. Lundquist. 93. 75 ö.
—, Start, polka för piano. Sthm, Abr Lundquist. 91. 50 ö.
AHLGRÉN, Carl, Konvaljen, vals för piano Sthm, Carl Johnn. 92. 75 ö.
—, Med lilla tösen, hambopolska för piano. Sthm, Carl Johnn 91. 50 ö.
ALBERTUS, A. O., 20 Melodiösa etyder (medelmåttig svårighet) för piano. Sthm, Elkan & Schildknecht. 95. Häft. 1 och 2 à 1: 50.
—, 2 Minnesblad, komponerade för piano. Sthm, Elkan o. Schildknecht. 95. 75 ö.
—, Prima-Vista-album, samling af lätta o. melodiösa stycken komponerade för piano. Sthm, Elkan & Schildknecht. 95. Häft. 1 och 2 à 1: 50.
—, Talatta, vals för piano. Sthm, Elkan & Schildknecht. 95 1 kr.
—, Tant Bertha-polka, komponerad för piano. Sthm, Elkan & Schildknecht. 95. 50 ö.
Album, 50 pieces populaires pour piano. Sthm, Carl Johnn. 87. 1 kr.
Album för piano af svenske tonsättare. Sthm, Carl Gehrman. 92. 5 kr.
Album för ungdom, samling tonstycken för piano af kände mästare. Blad I Sthm, Abr. Hirsch. 94. 2 kr.
Album russe, huit morceaux pour piano par César Cui, Alexandre Borodine et Anatole Liadow, publiés par *Rich Andersson.* Sthm, Carl Gehrman. 92. 2 kr.
ALFVÉN, Hugo, Visa för en röst med piano. Sthm, Elkan & Schildknecht. 93. 75 ö.
Alma Rek, Originalkupletter. Sthm, Abr. Lundquist 92.
N:o 1. Scharlehs Pehterzohn. 40 ö.
" 2. Akta er för kvinnorna. 40 ö.
" 3. Ta-ra-ra-bom-tra-la. 40 ö
ALOMBERT, J., Bagatelle, valse-caprice pour piano. Sthm, Abr. Lundquist. 92. 1 kr.
Amaranthen, vald samling dansmusik för piano. 22:a häftet Sthm, Elkan & Schildknecht. 86. 1: 50.
ANDERSOHN, A. L., Davidsharpan, 10 stycken ur psaltaren satta för en röst vid piano el. orgelharmonium. Sthm, Carl Gehrman 93. 1: 50.
ANDERSSON, Rich., A la polonaise pour piano. Sthm, Elkan & Schildknecht. 87. 50 ö.
—, Etude-album för piano. 1:a häftet. Sthm, Abr. Hirsch. 94. 2 kr.
—, Pianospelets teknik. 2.dra häftet. Sthm, Abr. Hirsch. 89. 1: 50.
ANDRÉE, Tor, Aprilvisa för en röst vid piano. Sthm, Elkan & Schildknecht. 87. 75 ö.
—, Tre visor för en röst vid piano. Sthm, Elkan & Schildknecht. 86. 1 kr.
ANDRÉE, Elfrida, Svanen, för sopran och violin med piano (el. harpa). Sthm, Carl Gehrman. 90. 1: 50.
Anna Mari! Humoristisk serenad-kuplett. Sthm, Carl Johnn. 94. 50 ö.
ARDITI, Luigi, Vänta, vänta! Vals för piano. Sthm, Elkan & Schildknecht. 88. 1 kr.
ARLBERG, Fritz, Op. 18. Folkvisor med konsertarrang. 2:dra samlingen. Sthm, Elkan & Schildknecht. 93.
N:o 16 och 17. "Och hör du lilla Dora", "O, Vermeland, du sköna". 75 ö.
" 18 och 19. "Uti vår hage", "Allt under himmelens fäste". 75 ö.
" 20 och 21. "Sången drifver sorg på språng", "I villande skogen". 75 ö.
—, Op. 17 a. Selmas tankar i våren, sång vid piano. Sthm, Elkan & Schildknecht. 91. 75 ö.
—, Sten Sture, ballad för en röst med piano. Sthm, Abr. Hirsch. 86. 1 kr.
—, Svärmeri (Med dina blåa ögon) romans för en röst med piano. Sthm, Abr. Hirsch. 95. 50 ö.
—, Tre sånger för en röst med piano. Sthm, Abr. Hirsch. 87. 1: 25.
—, Två visor om döden för en röst med piano. Sthm, Abr. Hirsch. 86. 1: 25.
—, Op. 16. Vocaliser. Sthm, Elkan & Schildknecht.
N:o 1. På nedgående skala, G-dur. 87. 50 ö.

N:o 2. På nedgående skala, Ess-dur. 88. 50 ö.
" 3. På mellanregistret, F-dur. 88. 1 kr.
" 3 bis. På mellanregistret (förenklad), F-dur. 90. 50 ö.
" 4. På sopranens omfång, F-dur. 89. 1 kr.
" 5. På svåra tonsteg (Duettino) Gess-dur. 89. 1 kr.
" 6. Bel canto Ass-dur. 91. 1 kr.
" 6 bis. Bel canto Gess-dur. 91. 1 kr.
" 7. Växlande stämning A-moll. 91. 50 ö.
" 8. Tema med variationer E-moll. 91. 1 kr.
" 9. Hel- o. halftoner, F-dur. 94. 1 kr.
" 10. Vals. Återblick, Ess-dur. 95. 1: 50.
" 10 bis. " " " (förkortad.) 95. 1 kr.

ASCH, Georg, Engelska patrullen, karakteristiskt allegro för piano. Sthm, Carl Gehrman. 92. 75 ö.
ASCHER, Emil, O du schöne Adelheid, Humoristischer Gesangs-walzer. Sthm, Carl Johnn. 89. 50 ö.
AUDRAN, Ed., Helyett-vals ur op. Miss Helyett, för piano. Sthm, Abr. Hirsch. 91. 1 kr.
—, Miss Helyett. Operett. Potpourri för piano. Sthm, Abr. Hirsch. 91. 2 kr.
—, Rosenkind. Operett. Potpourri för piano. Sthm, Abr. Lundquist. 86. 1 kr.
—, Stora Mogul. Operett. Potpourri för piano. Sthm, Elkan & Schildknecht. 86. 1: 50.
AULIN, Tor, Akvarell för piano. Sthm, Carl Gehrman. 93. 75 ö.
—, Borte, sång vid piano. Sthm, Elkan & Schildknecht. 91. 50 ö.
—, Den spillemand snapped fiolen, sång för en röst med piano. Sthm, Elkan & Schildknecht. 87. 75 ö.
—, Elegie för piano och violin. Sthm, Elkan & Schildknecht. 87. 75 ö.
—, Polka caractéristique pour piano. Sthm, Elkan & Schildknecht. 1 kr.
—, Två karakterstycken för violin och piano. Sthm, Elkan & Schildknecht. 92.
N:o 1. Cavatina. 1: 50.
" 2. Mazurek. 1: 50.
—, Valse-caprice pour piano, 4 mains. Sthm, Elkan & Schildknecht. 87. 1: 50.
—, Vår, sång vid piano. Sthm, Elkan & Schildknecht. 90. 75 ö.
AULIN, Valborg, Carina, sång vid piano. Sthm, Elkan & Schildknecht. 91. 75 ö.
—, Skärgårdsvisa för en röst vid piano Sthm, Elkan & Schildknecht. 91. 75 ö.
—, Vid Rånö ström, sång för en röst vid piano. Sthm, Elkan & Schildknecht. 90. 1 kr.

BACHMAN, G., Air de danse, gavotte pour piano. Sthm, Carl Gehrman. 92. 75 ö.
—, La sylphide, morceau de salon pour piano. Sthm, Carl Gehrman. 92. 1 kr.
—, Le vieux chateau, chanson du temps passé pour piano. Sthm, Abr. Lundquist. 92. 75 ö.
—, Morceaux de salon pour piano. Sthm, Carl Johnn. 95.
N:o 5. Valse de salon en Mi bé mol. 1 kr.
—, Polka napolitaine pour piano. Sthm, Carl Gehrman. 92. 60 ö.
Balsäsongen, Samling ny, populär dansmusik i lätt arrang. för piano. Sthm, Carl Gehrman.
Band I. 91. 1: 50.
Band II. 92. 1: 50.
Band III. 93. 1: 50.
Barnbalen, Nyaste samling af omtyckta danser, lätt arrangerade samt med utsatt fingersättning. Sthm, Abr. Lundquist.
För 1887. (86.) 1 kr.
" 1888. (87.) 1 kr.
" 1889. (88.) 1 kr.
" 1890. (89.) 1 kr.
" 1891. (90.) 1 kr.
" 1892. (91.) 1 kr.
Barnens dansalbum, 6:te häft., lätt arrang. för piano. Sthm, Elkan & Schildknecht. 91. 2 kr.
Barnens dansalbum, lätt arrang. danser för piano, 4 händer. 1:a häftet. Sthm, Elkan & Schildknecht. 86. 2 kr.
Barnens melodialbum, koraler, nationalhymner, folkvisor, sångkvartetter, operamelodier m. m. lätt arrang. för piano, 4 händer. Första häftet. Sthm, Elkan & Schildknecht 86. 2 kr.
Barytonisten, Samling af omtyckta sånger för en röst vid piano. Sthm, Abr. Lundquist.
N:o 32. Nessler, Werners afskedssång ur Trumpetaren från Säkkingen. 86. 50 ö.
" 33. Abt, På dig jag alltid tänker. 86. 50 ö.
" 34. Weber, Vid Rhen. 86. 50 ö.
" 35. Bloome, von, Önskan. 87. 50 ö.
" 36. —, Det var i maj. 87. 50 ö.
N:o 37. Mattei, Du är mig kär. 88. 50 ö.
" 38. Löwe, Uret. 88. 50 ö.
" 39. Torsell, Vandring i skoven. 89. 50 ö.
" 40. Peters, J, Rhenvinets lof. 89. 50 ö.
" 41. Wiberg, Mins du det än. 90. 50 ö.
" 42. Häser, Hemlängtan. 90. 50 ö.
" 43. Bohm, Har du mig kär? 90. 50 ö.
" 44. Abt, De ögon blå. 90. 50 ö.
" 45. Häser, Blomsterskålen. 90. 50 ö.
" 46. Förster, Din kärlek allena är i verlden mitt allt. 91. 50 ö.
" 47. Hill, Hjertat vid Rhen. 92. 50 ö.
Bassisten, Samling af omtyckta sånger för en röst med piano. Sthm, Abr. Lundquist.
N:o 16. Pressel, Vid floden. 87. 1 kr.
" 17. Genser, Kyrkklockorna. 88. 50 ö.
" 18. —, Längtan. 88. 50 ö.
" 19. Jacobsson, Flygtigt. 89. 50 ö.
" 20. Wagner, Wolframs första sång i Sångarkriget (ur op. Tannhäuser.) 91. 75 ö.
Bassångarens album, vald samling ballader och romanser för bas eller baryton vid piano. Sthm, Elkan & Schildknecht.
N:o 43. Mendelssohn, Aria ur Orat. Paulus. 86. 50 ö.
" 44. Sieber, Vid bägaren. 88. 50 ö.
" 45. Speier, Visa om Noak. 88. 1 kr.
" 46. Collan, Gamle Hurtig. 90. 50 ö.
" 47. Myrberg, Vid bålen. 90. 50 ö.
" 48. —, Chillons slott. 91. 50 ö.
" 49. Finska Rytteriets marsch. 92. 50 ö.
" 50. Jacobsson, Bacchisk tröst. 92. 1 kr.
" 51. Adams, Mona. 92. 1 kr.
" 52. Jacobsson, På vandring. 92. 50 ö.
" 53. Pfeil, Lugn hvilar sjön. 93. 50 ö.
" 54. Czapak, Gotland. 93. 50 ö.
" 55. Petre, "Den högsta fröjd ej ord kan finna". 94. 50 ö.
" 56. Enderberg, Dryckesvisa. 94. 75 ö.
" 57. Beethoven, Elegi öfver en pudels död. 94. 75 ö.
" 58. Schumann, Röda Hanna. 95. 1 kr.
" 59. Myrberg, För länge sen. 95. 50 ö.
" 60. Speer, Sjökonungen. 95. 75 ö.

Bassångarens repertoire, II. Arier och sånger vid piano. Sthm, Abr. Lundquist.
N:o 17. Haydn, Aria ur orat. Årstiderna. 87. 1 kr.
„ 18. Hallström, Aria ur op. Neaga. 87. 1 kr.
„ 19. Righini, "Aria ur "Det befriade Jerusalem". 91. 75 ö.

BAX, St. Yves, Exercises journaliers (Dagliga öfningar) pour la voix (sång vid piano). Sthm, Abr. Lundquist. 95. 2: 50.

BAYER, Josef, Dockféen (Die Puppenfée) balettpantomim, arrang. för piano. Sthm, Abr. Hirsch. 93. 1: 25.
— —, Dock-vals ur baletten "Die Puppenfée", för piano. Sthm, Abr. Hirsch. 91. 1 kr.
——, La dame de coeur (Hjerter dam), vals ur baletten "Rouge et noir", för piano. Sthm, Abr. Hirsch. 91. 1 kr.

BEAUMONT, P., Album för piano i lättaste arrang. Sthm, Abr. Lundquist. 94. 1: 50.
— , Album pour 1890. Recueil de 6 morceaux très faciles pour piano. Sthm, Abr. Lundquist. 89. 2 kr.
— , 6 Poesies mignonnes, morceaux faciles pour piano. Sthm, Abr. Lundquist. 88. 2 kr.

BECKER, Reinhold, Hell dig våna vår! För en röst med piano. Sthm, Elkan & Schildknecht. 88. 1 kr.

BECKMAN, Bror, "Det var en gång en konung" (Den osynliga drägten), visa för en röst vid piano. Sthm, Abr. Lundquist. 91. 75 ö.
—, Erkers polska och Carl Johanssons polska, två hambo-polskor för piano. Sthm, Carl Gehrman. 92. 75 ö.
—, Fjällåtar för violin och piano. Sthm, Abr. Lundquist. 91. 2 kr.
—, Op. 2. Ingalill och andra sånger för en röst med piano. Sthm, Abr. Hirsch. 93. 1: 75.
—, Visa för en röst vid piano. Sthm, Carl Gehrman. 87. 50 ö.

BEER, Georges, Amerikansk veteranmarsch för piano, Sthm, Elkan & Schildknecht. 95. 50 ö.
— , Caffe-polka för piano. Sthm, Elkan & Schildknecht. 95. 50 ö.

BEETHOVEN, L. von, Ecossaisen für das Pianoforte. Für den Consertvortrag bearbeitet von Ferruccio B. Busoni. Sthm, Elkan & Schildknecht. 95. 75 ö.
— , Elegi öfver en pudels död, sång för en röst vid piano. Sthm, Elkan & Schildknecht. 94. 75 ö.
—, Sorgmarsch för piano. Sthm, Elkan & Schildknecht. 92. 50 ö.

BEHR, François, Det var en dröm, för piano Sthm, Elkan & Schildknecht 92. 75 ö.
— , Echo från balen, för piano. Sthm, Abr. Lundquist. 91. 1 kr.
—, Op. 636. La fileuse, impromptu à la valse pour piano. Sthm, Elkan & Schildknecht. 95. 1 kr.
—, Maskerad-skämt för piano. Sthm, Abr. Lundquist. 92. 1 kr.
—, Mein liebes Schweitzerland, Salon-stück für Pianoforte. Sthm, Abr. Lundquist. 86. 1 kr.
— , Rosenknoppar, fyra lätta danser för piano, 4 händer. Sthm, Elkan & Schildknecht. 95. 1: 50.
—, Sérénade galante, morceau de salon pour le piano. Sthm, Elkan & Schildknecht. 95. 75 ö.

Bellman-album, 50 Bellmansmelodier arrang för piano. Sthm, Carl Gehrman. 93. 2: 50.

Bellmaniana, omtyckta Bellmansmelodier för piano och violin. Sthm, Abr. Lundquist. 94. 1: 50.

Bellmanssånger för en röst med piano. Sthm, Abr. Hirsch. 93. Häft. 1 och 2 à 1: 50.

BENDEL, François, Op. 90. Souvenir d'Insbruck, tirolienne de salon pour piano. Sthm, Elkan & Schildknecht. 88. 1 kr.

BENGZON, Ferd., Badinage pour piano Sthm, Elkan & Schildknecht. 92. 75 ö.
— , Bröllop i Norden, tonmålning för piano. Sthm, Elkan & Schildknecht. 89. 1: 50.
— , Deux romances avec piano. Sthm, Abr. Lundquist. 91.
N:o 1. La vigne en fleur. 1: 25.
„ 2 Aubade. 1 kr.
—, Du vet icke du! Romans för sopran el. tenor vid piano. Sthm, Carl Gehrman. 92. 75 ö.
— , En septemberafton, barcarolle för piano. Sthm, Carl Gehrman. 93. 75 ö.
— , Fleurs de la mémoire, valse pour piano. Sthm, Abr. Lundquist. 86. 75 ö.
— , Kung Erik, arrang. för piano af Gust. Brink. Sthm, Elkan & Schildknecht. 95. 1 kr.
——, 48 Mekaniska öfningar till befrämjande af säkerhet och färdighet i pianospelning. Sthm, Elkan & Schildknecht. 89. 1 kr.
—, Svenska toner för piano. Sthm, Elkan & Schildknecht. 93. 1 kr.
— , Vuggevise, arrang. för piano af Gust. Brink. Sthm, Elkan & Schildknecht. 93. 50 ö.

BENNET, Anna, Chrysanthemum, sång för en röst vid piano. Sthm, Abr. Lundquist. 95. 50 ö.

BENSOW, Oscar, Förspel till Nero, komp. för orkester. Klaverutdrag. Sthm, Gust. Chelius (i komm.) 89. 1 kr.
— , "I ljusa sommarnattens sköte", dikt för en röst med piano. Sthm, Gust. Chelius (i komm.). 89. 75 ö.

"Beppino", Sväng om! Hambopolska för piano. Sthm, Carl Gehrman. 92. 50 ö.

BERENS, Herman, Jun., De tusen sjöars land, finska toner satta för piano. Sthm, Carl Gehrman. 94. 1 kr.
— , D:o d:o satta för piano, 4 händer. Sthm, Carl Gehrman. 95. 1: 50.
—, D:o d:o satta för violin och piano. 1: 50.
—, Die schönsten Volkslieder Schwedens. The most beautiful Swedish national songs. Sveriges skönaste folkvisor, (Tysk, engelsk och svensk text), satta för en röst vid piano. Sthm, Carl Gehrman. 95. 3 kr.
— , Fyra sånger för en röst vid piano till dikter af Gustaf Fröding. Sthm, Carl Gehrman. 94. 1: 50.
—, För ro skull, polka för piano. Sthm, Abr. Hirsch. 91. 50 ö.
—, I Norden, nordiska folkvisor och folkdanser satta för piano. Sthm, Carl Gehrman. 95. 1 kr.
—, Libella-vals på motiver ur sagospelet "Den sköna Melusina", arrang. för piano. Sthm, Carl Gehrman. 95. 1 kr.
—, Minne af Göteborg 1891. Utställningsmarsch för piano. Sthm, Carl Gehrman. 91. 50 ö.
—, Min sista nyhet, polka för piano. Sthm, Carl Gehrman. 90. 50 ö.
—, Prinsessa för en dag, operett, arrang. för piano med bifogad text. Sthm, Abr. Hirsch. 90. 2 kr.
—, Revy-française för piano. Sthm, Carl Gehrman. 89. 75 ö.
—, Romans ur operetten "I ungdomens vår", för en röst vid piano. Sthm, Abr. Hirsch. 89. 75 ö.
—, Sveriges skönaste folkvisor, satta för en röst vid piano. Sthm, Carl Gehrman. 92. 2: 50.
—, D:o d:o satta för piano. Sthm, Carl Gehrman. 92. 1: 50.

BERENS, Herman, Jun., Sveriges skönaste folkvisor för violin och piano. Sthm, Carl Gehrman. 93. 2 kr.

— —, D:o d:o för violinsolo. Sthm, Carl Gehrman. 93. 1 kr.

— —, D:o d:o arrang. för orgelharmonium af J. C. Stålhammar. Sthm, Carl Gehrman. 95. 1: 50.

— —, Teresina-vals ur op. Prinsessa för en dag, för piano. Sthm, Abr. Hirsch. 90. 1 kr.

—, "Till benäget påseende", vals för piano. Sthm, Bokhandelsmedhj:föreningen. 91. 1 kr.

—, Vid juletid, några midvinterstämningar af Ernst Högman, satta för piano. Sthm, Carl Gehrman. 95. 1: 50.

BERGDAHL, Gustaf, Sångbok för skolan och hemmet. 1:sta hft. Sthm, Abr. Lundquist. 91. Musik 50 ö., text 25 ö.
2:a häft. Sthm, Abr. Lundquist. 92. Musik 50 ö., text 25 ö

BERGER, Wilh. PETERSON, Aftonstämning, dikt af Daniel Fallström. Sång för en röst vid piano. Sthm, Abr. Lundquist. 95. 50 ö.

—, Damernas album, sju dedikationer för piano. Sthm, Abr. Lundquist. 95. 1: 25.

—, Op. 5. Fyra visor i svensk folkton för en röst med piano. Sthm, Abr. Lundquist. 93. 1 kr.

—, Jemtlandsminnen, 2 fjellsånger för en röst med piano. Sthm, Elkan & Schildknecht. 92. 1 kr.

— —, Op. 3. Tre sånger för en röst med piano. Sthm, Abr. Lundquist. 90. 1: 25.

—, Ur Minnessångaren i Sverige af P. D. A. Atterbom, sånger för en röst med piano. Sthm, Elkan & Schildknecht. 95. 75 ö.

— —, Valse burlesque pour piano. Sthm, Carl Gehrman. 88. 1 kr.

—, Valzerino, albumblad för piano. Sthm, Elkan & Schildknecht. 92. 1 kr.

—, Vikingabalk, marsch för piano. Sthm, Elkan & Schildknecht. 94. 75 ö.

—, D:o d:o för piano, 4 händer. Sthm, Elkan & Schildknecht. 95. 75 ö.

BERWALD, Franz, En landtlig bröllopsfest, tonmålning, arrang. för piano, 4 händer. Sthm, Elkan & Schildknecht. 91. 2 kr.

BESCHNITT, J., "Hydda lill' tyst och still" (Lilla Tjäll), serenad för en röst med piano. Sthm, Carl Gehrman. 90. 50 ö.

—, "Hydda lill', tyst och still" (Lilla Tjäll). Duett för tvenne röster med piano. Sthm, Carl Gehrman. 95. 50 ö.

BESENDAHL, C., Erinnerung an Helgoland, Salonfantasie für Pianoforte. Sthm, Abr. Lundquist. 88. 1 kr.

BEYER, Hugo, Bondflickan, polska för en röst vid piano. Sthm, Elkan & Schildknecht. 89. 50 ö.

—, Davids 23:dje psalm, duo för tenor och alt. Sthm, Elkan & Schildknecht. 86. 75 ö.

—, Sjömansflickan, sång för en röst vid piano. Sthm, Elkan & Schildknecht. 86. 75 ö.

—, Sorgmarsch vid H. K. H. Prinsessan Eugenies frånfälle, komp. för piano eller orgelharmonium. Sthm, Carl Johnn. 89. 75 ö.

Bibliotek för flöjtister, 1:sta häftet. Femtio melodiösa stycken arrang. för flöjtsolo. Sthm, Abr. Hirsch. 95. 1: 50.

Bibliotek för orgelspelare, 1:sta häft., 30 melodiska stycken arrang. för kammarorgel. Sthm, Abr. Hirsch. 92. 1: 50.

Bibliotek för violinister, 1:a häftet, 50 melodiösa stycken, folkvisor, sånger ur operor m. m. arrang. för violinsolo. Sthm, Abr Hirsch. 88. 1: 50.

—, 2:dra häft. 50 melodiösa stycken, arr. för violinsolo. Sthm, Abr. Hirsch. 90. 1: 50.

— —, 3:dje häft., 7 melodiösa stycken arrang. för violin och piano. Sthm, Abr. Hirsch. 91. 1: 50.

—, 4:de häftet, 50 melodiösa stycken, folkvisor, sånger ur operor m. m. arrang. för violinsolo. Sthm, Abr. Hirsch. 94. 1: 50.

BILDMARK, Uno, Spurt, hambopolska för piano. Sthm, Carl Gehrman. 92. 50 ö.

BILSE, B., Kongl. Vestmanlands Reg:tes defileringsmarsch, arrang. för piano. Sthm, Elkan & Schildknecht. 94. 50 ö.

—, Segermarsch för piano. Sthm, Carl Gehrman. 91. 50 ö.

BIRD, Arthur, Vals noble pour piano. Sthm, Abr. Lundquist. 86. 1 kr.

BIZET, Georges, Carmen, fullständigt klaverutdrag, 2 bänder. Sthm, Carl Gehrman. 89. 5 kr.

—, Flickan från Arles (L'Arlesienne), drama i 3 akter af Alph. Daudet, arrang. för piano. Sthm, Carl Gehrman. 91.

För piano 2 h., Suite I o. II à 1: 50.
      "   4 h.,   à 2 kr.

—, L'Ariesienne, deux suites de concert pour piano à 4 mains. Sthm, Abr. Lundquist. 91.
1:ère suite 2 kr.

BJÖRLING, C. J., Un souvenir hambopolska för piano. Sthm, Carl Johnn. 93. 50 ö.

BLEICHMANN, Julius, Två sånger för mezzosopran el. baryton med piano. Sthm, Abr. Lundquist. 91. 1 kr.

BLOMQVIST, David, Sånger och visor med accomp. af guitarr. Sthm, Abr. Lundquist. 94. 1: 50.

BLON, Franz von, Sicilietta för piano. Sthm, Abr. Hirsch. 95. 75 ö.

BOARDMAN, G., Farväl Mary Ann'! För en röst vid piano. Sthm, Elkan & Schildknecht. 95. 50 ö.

BOHM, Carl, Cavatina för violin och piano. Sthm, Elkan & Schildknecht. 90. 1 kr.

—, Kärleksorakel, melodi för piano. Sthm, Elkan & Schildknecht. 90. 75 ö.

—, Op. 39. Tanzkränzchen, vals för piano. Sthm, Elkan & Schildknecht. 92. 50 ö.

BOGETTI, E., La pompadour, hofdans för piano. Sthm, Elkan & Schildknecht. 92. 75 ö.

BOITO, A., Mefistofeles, fantaisie dramatique pour violon et piano. Sthm, Abr. Lundquist. 91. 2 kr.

BOIVIE, C. G., Karin Månsdotters vaggvisa för Erik XIV, för en röst och piano. Sthm, Abr. Lundquist. 95. 50 ö.

BOIVIE, Gustaf, A la plus belle, vals för piano. Sthm, Elkan & Schildknecht. 95. 1 kr.

—, Kavallerimarsch för piano. Sthm, Elkan & Schildknecht. 95. 50 ö.

—, La gracieuse, polka pour le piano. Sthm, Elkan & Schildknecht. 94. 50 ö.

—, Slädparti, polka för piano. Sthm, Abr. Lundquist. 88. 50 ö.

BONDESON, Aug., Från julgille och lekstuga, svenska folkdanser och lekar satta för piano med öfverlagd text. 2:dra häftet. Sthm, Elkan & Schildknecht. 86. 1 kr.

BONDESON, Lars, Varietékupletter och visor med piano. Sthm, Abr. Lundquist. 92.
Häft. 3, 4, 5 och 6. à 1 kr.

—, Ny samling varieté-kupletter och visor med piano 1:sta häftet. Sthm, Abr. Lundquist. 94. 1 kr.

BONHEUR, Theo., Loves golden dream, waltz for piano. Sthm, Elkan & Schildknecht. 93. 1: 25.
—, Mexikansk serenad för piano. Sthm, Carl Gehrman. 95. 75 ö.
—, Sweet faces, waltz for piano. Sthm, Carl Johnn. 95. 1 kr.
BONNEROSE, F., Svärmeri, vals för piano. Sthm, Carl Gehrman. 90. 1 kr.
—, Under stjernorna, vals för piano. Sthm, Carl Gehrman. 95. 1 kr.
BONNIER, Knut, Enfin! Valse-caprice pour le piano. Sthm, Elkan & Schildknecht. 92. 1 kr.
BORCH, Gaston, Op. 12, Bouton de rose, valse pour piano. Sthm, Elkan & Schildknecht. 94. 1 kr.
BRAHMS, J., Fåfäng serenad, (Vergebliches Ständchen) för en röst med piano. Sthm, Carl Gehrman. 92. 75 ö.
BRASSIN, Louis, Op. 17. Nocturne pour le piano. Sthm, Carl Gehrman. 92. 75 ö.
BRAUNGARDT, Fr., Waldesrauschen, (Det susar i skog) idyll för piano. Sthm, Elkan & Schildknecht. 92. 1 kr.
BRINK, Gustaf, Barcarolle för piano. Sthm, Carl Johnn. 87. 1 kr.
—, Deux morceaux pour piano: Reverie och Petite valse. Sthm, Elkan & Schildknecht. 95. 1 kr.
—, Elegie för piano. Sthm, Abr. Hirsch. 91. 75 ö.
—, Gavotte för piano. Sthm, Elkan & Schildknecht. 90. 75 ö.
—, 2 Nocturnes pour le piano. Sthm, Elkan & Schildknecht. 89. 1 kr.
—, Polonaise för piano. Sthm, Abr Hirsch. 89. 1 kr.
—, Romans för piano. Sthm, Carl Gehrman. 93. 75 ö.
—, Vals-arabesk för piano. Sthm, Elkan & Schildknecht. 86. 1 kr.
BRINKMANN, M., Fjerran från dig! Melodi för piano. Sthm, Elkan & Schildknecht. 88. 50 ö.
BROOKE, T. P., Columbia-marsch för piano. Sthm, Carl Gehrman. 93. 75 ö.
BROSTRÖM, Hildur, Upsalaminnen, 2 schottish för piano. Sthm, Elkan & Schildknecht. 93. 50 ö.
—, Öländingsmarsch för piano. Sthm, Elkan & Schildknecht. 93. 50 ö.
—, D:o d:o, 4 händer. Sthm, Elkan & Schildknecht. 95. 75 ö.
BRÜLL, Ignaz, Du flicka röd om kinden, visa för en röst med piano. Sthm, Abr. Hirsch. 89. 75 ö.
BUCALOSSI, P., Ariel, valse gracieuse pour piano. Sthm, Abr. Hirsch. 95. 1 kr.
—, Gitana, Walzer für Pianoforte. Sthm, Elkan & Schildknecht. 91. 1 kr.
—, Lena, vals för piano. Sthm, Carl Gehrman. 89. 1 kr.
—, Mikadon, vals för piano Sthm, Carl Gehrman. 90. 1 kr.
BUFFIÈRES, Jean, Det är så godt! (C'est si bon!) Sång för en röst med piano. Sthm, Carl Gehrman. 95. 60 ö.
BURG, C. H. von der, Industriexpositions-polka för piano. Sthm, Kompositören. 93. 50 ö.
BURGMÜLLER, Fr., Op. 109. 18 Etudes de genre. Sthm, Elkan & Schildknecht. 86. Häft 1 och 2 à 1: 50.
—, Op. 109. N:o 4. Refrain du gondolier pour piano. Sthm, Elkan & Schildknecht. 93. 50 ö.
BYSTRÖM, O., Den svenska psalmsångens vid offentlig gudstjenst mest begagnade melodier med orgel. Sthm, P. Palmqvists aktb. (i distr.) 92. 2 kr.

BÄCK, Knut, Op. 1. Fyra sånger för en röst vid piano Sthm, Elkan & Schildknecht. 94. 1: 50.
—, "Och många tusen kronor det vill jag inte ha'", visa för en röst med piano Sthm, Elkan & Schildknecht. 94. 75 ö.
—, Op. 2. Tema med variationer för piano. Sthm, Musikaliska konstföreningen. 95. 2 kr.
BÖHME, W., Dig mitt hjerta tillhör! Sångvals för en röst vid piano. Sthm, Carl Gehrman. 92. 50 ö.
CARLANDER, Carl, Ene i skov, visa för en röst med piano. Sthm, Abr. Lundquist. 94. 75 ö.
—, Gymnasistmarsch för piano. Sthm, Carl Johnn 88. 50 ö.
CARLSSON, Gösta, Vi två, vals för piano. Sthm, Abr. Lundquist. 94. 50 ö.
CARMAN, M., Au Théâtre Guignol, esquisses symphoniques pour piano à 4 mains. Sthm, Abr. Lundquist. 92.
 N:o 1. Visite chez Pierrot. 1 kr.
 „ 2. Visite chez Arlequin 1 kr.
 „ 3. Visite chez Polichinelle. 1 kr.
 „ 4. Visite chez Colombine. 1 kr.
—, Petite mignonne, bluette pour piano. Sthm, Elkan & Schildknecht. 91. 75 ö.
—, Ronde lilliputienne pour piano. Sthm, Abr. Lundquist. 92. 75 ö.
—, Valse pour piano. Sthm, Abr Lundquist. 92. 1 kr.
CARSTENSEN, J. P., 4 Bagateller för piano. Sthm, Elkan & Schildknecht. 88. 1 kr.
—, Festmarsch för orkester, arrangement för piano, 4 händer. Sthm, Elkan & Schildknecht. 89. 1 kr.
—, "Cassius", Bröllopsmarsch ur lustspelet "Så tuktas en argbigga". Arr. för piano. Sthm, Elkan & Schildknecht. 89. 50 ö.
—, Fyra visor för en röst med piano. Sthm, Carl Gehrman (i distr.) 88. 1: 25.
—, Göken, sång för en röst vid piano. Sthm, Elkan & Schildknecht. 87. 50 ö.
—, Orientalisk marsch ur Indiska skådespelet Vasatansena, arrang. för piano. Sthm, Elkan & Schildknecht. 94. 50 ö.
CEDERBAUM, Fr., Duetter för violin och piano Sthm, Abr. Lundquist. 94. Häft. 1 och 2 à 2 kr.
CEDERBERG, A. Hugo, "Lill Risslan", polka för piano. Sthm, Abr. Lundquist. 88. 75 ö.
CEDERBORG, Maria, Näckrosen, polka för piano. Sthm, Abr. Lundquist. 86. 50 ö.
CERVIN, K. A., Elfdrottningen, sång för en röst vid piano. Sthm, Elkan & Schildknecht. 91. 50 ö.
CHATAU, Henri, Beim Souper, humoristisk sång, för piano arrang. af Paul Lincke. Sthm, Carl Johnn 95. 75 ö.
CHOPIN, Fr., Op. 7. Mazurka för piano. Sthm, Carl Johnn. 95. 50 ö.
—, Sorgmarsch för piano. Sthm, Elkan & Schildknecht 92. 25 ö.
—, Sorgmarsch ur B-moll-sonaten, lätt arrang. för orgelharmonium af Alb. Lindström. Sthm, Carl Johnn. 92 50 ö.
CHRONANDER, C. W., Maria-polka för piano. Sthm, Elkan & Schildknecht. 95. 50 ö
Claire, Francaise för piano, 4 händer. Sthm, Elkan & Schildknecht. 89. 1 kr.
CLEMENTZ, Carl, Entré-marsch för piano. Sthm, Abr. Lundquist. 90. 75 ö.
CLÉRICE, Justine, Gavotte d'Autan pour piano. Sthm, Abr. Hirsch. 93. 75 ö.

CLÉRICE, Justine, Scène villageoise pour piano. Sthm, Abr. Hirsch. 93. 75 ö.
COLLAN, K., Torpflickan, sång för en röst vid piano. Sthm, Elkan & Schildknecht. 90. 50 ö.
COOTE, Charles, Ariel, vals för piano. Sthm, Abr. Hirsch. 87. 1 kr.
—, D:o d:o. Sthm, Elkan & Schildknecht. 87. 1 kr.
—, Blumenwalzer. Sthm, Carl Gehrman. 86.
    Piano 2 händer 1 kr.
      „ 4 „ 1: 50.
—, Bric à brac, polka för piano. Sthm, Carl Gehrman. 87. 60 ö.
—, Dämmerstunde, Walzer. Sthm, Carl Gehrman. 87.
    Piano 2 händer 1 kr.
      „ 4 „ 1: 50.
—, Schlummerlied, Walzer. Sthm, Carl Gehrman. 86.
    Piano 2 händer 1 kr.
      „ 4 „ 1: 50.
CORBIN, A., Santiago, spansk vals för piano. Sthm, Carl Gehrman. 90. 75 ö.
—, D.o d:o för piano och violin. Sthm, Carl Gehrman. 93. 1 kr.
CORNETTI, Th., En Scholander-afton, favoritmelodier ur Sven Scholanders repertoire, för piano Sthm, Elkan & Schildknecht. 93. 1 kr.
CRAMER, J. B, 60 valda etyder för piano, med förord, fingersättning, föredragstecken och anmärkningar af D:r Hans von Bülow. Sthm, Carl Gehrman. 93.
    Band I och II à 2 kr.
CRONHOLM, Ax., Barbara-polka för piano Sthm, Elkan & Schildknecht. 88. 50 ö.
—, Dagmar-polka för piano. Sthm, Elkan & Schildknecht. 87. 75 ö.
—, Festmarsch för piano. Sthm, Elkan & Schildknecht. 89. 50 ö.
—, Galopp à la Fahrbach för piano. Sthm, Elkan & Schildknecht. 89. 50 ö.
—, Lilla Majken, polka för piano. Sthm, Elkan & Schildknecht. 94 50 ö.
—, Nanna-polka för piano. Sthm, Elkan & Schildknecht. 90. 50 ö.
CROWE, A. G., See-saw-waltz för piano. Sthm, Elkan & Schildknecht. 1 kr.
CZERNY, Carl, Op. 636. Inledning till "Schule der Geläufigkeit", 24 etyder för piano. Sthm, Abr. Hirsch. 89. 1 kr.
—, Op. 599. Nyaste wienermetoden för piano. Sthm, Abr. Hirsch. 89. Häft. 1—4 à 50 ö., kompl 1 kr.
—, Op. 299. Pianotekniken (Schule der Geläufigkeit) 40 etyder för piano. Sthm, Abr. Hirsch. 89.
    Häft. 1—4 à 50 ö., kompl. 1: 25.
CZIBULKA, Alphons, Angelavals för piano. Sthm, Carl Gehrman. 88.
—, Op. 326. Barcarolle italienne pour instruments à cordes. Arrang. pour piano. Sthm, Carl Gehrman. 91. 75 ö.
—, Op. 350. Hamburger-gavott för piano. Sthm, Abr. Lundquist. 91. 75 ö.
—, Op. 373. Rendezvous au bal, intermezzo pour piano. Sthm, Carl Gehrman. 92. 75 ö.
—, Op. 356. Songe d'amour après le bal, intermezzo för piano Sthm, Abr. Lundquist. 91. 1 kr.
—, D:o d.o, intermezzo pour piano et violin Sthm, Abr. Lundquist. 92. 1: 50.

DACRE, Harry, Daisy Bell, (Lilla Rosa) kuplett för sång och piano. Sthm, Abr. Lundquist. 94. 60 ö.
—, Isabella, (Daisy Bell) komisk sång för en röst med piano. Sthm, Carl Johnn. 94. 75 ö.
DACRE, Harry, Isabella, (Daisy Bell) arrang. för piano. Sthm, Carl Johnn. 94. 50 ö.
DAHL, Adrian, Barcarolle för piano. Sthm, Abr. Lundquist. 86. 50 ö.
—, Op. 31. Bröllopsmarsch för piano. Sthm, Abr. Lundquist. 94. 75 ö.
—, Invocation (Åkallan) sång för en röst med piano. Sthm, Abr. Lundquist. 87. 75 ö.
—, Juristmusik för piano. Sthm, Abr. Lundquist. 93. 1: 50.
—, Op. 25. "Lettre à une absente" (Saknad). Romance pour chant et piano. Sthm, Abr. Lundquist. 92. 75 ö.
—, Op. 19. Lofsång (Benediction), Julhymn för en röst och piano med accomp. af violin. Sthm, Abr. Lundquist. 88. 1 kr.
—, Melankoli, sång för en röst vid piano. Sthm, Elkan & Schildknecht. 87. 50 ö.
—, Preludium för piano. Sthm, Elkan & Schildknecht. 87.
—, Tonerna, duett med piano. Sthm, Abr. Lundquist. 86. 1 kr.
—, Op. 5. Tvenne sånger vid piano. Sthm, Abr. Lundquist. 88 1 kr.
Dal-regementets paradmarsch, arrang. för piano. Sthm, Elkan & Schildknecht. 93. 50 ö.
DANNSTRÖM, I., Den unge munken, aria för baryton med piano. Sthm, Abr. Hirsch. 89. 1 kr.
—, "Ensam vandrar jag allt under trädens grenar", polska för en röst vid piano. Sthm, Elkan & Schildknecht. 86. 75 ö.
—, Gossar här finnes godt om, polska för en röst vid piano Sthm, Elkan & Schildknecht. 87. 75 ö.
—, Hur ljuft det är att komma i Herrens tempelgård, sång för en röst vid piano. Sthm, Elkan & Schildknecht. 87.
—, "Härligt är när skogen ståndar grön", polska för en röst vid piano. Sthm, Elkan & Schildknecht. 86. 75 ö.
—, "Jag tror jag får börja", sångpolska för en röst med piano. Sthm, Elkan & Schildknecht. 92. 1 kr.
—, "Lindarne löfvas", tröste-polska för en röst vid piano. Sthm, Elkan & Schildknecht. 88. 50 ö.
—, "När jag blef 17 år", svensk folkvisa för en röst och piano. Sthm, Abr. Lundquist. 90. 50 ö.
—, Romans och polska. Transkript. för violin och piano. Sthm, Elkan & Schildknecht 88.
    N:o 1. Romans. 1 kr.
    „ 2. Polska. 75 ö.
—, "Så skön med de röda rosor", polska för en röst med piano. Sthm, Elkan & Schildknecht. 86 75 ö.
DEACON, Charles, Cerise, vals för piano. Sthm, Carl Gehrman. 89. 1 kr.
DELIBES, Léo, Lakmé, potpourrie pour piano par J. A. Anschütz. Sthm, Abr. Lundquist.
    2 häften à 1: 75.
—, Pas des fleurs, grande valse pour le piano. Sthm, Abr Lundquist. 89. 1: 50.
DELLINGER, Rud., Anina-vals ur op Chansonettsångerskan, för piano. Sthm, Abr. Hirsch. 95. 1 kr.
—, Don Cæsar, Operett. Potpourri för piano. Sthm, Elkan & Schildknecht. 87. 1: 50.
—, Fracassamarsch för piano. Sthm, Abr. Hirsch. 89. 50 ö.
—, Gondol-vals ur op. Kapten Fracassa, för piano. Sthm, Abr. Hirsch. 89. 1 kr.
—, Kapten Fracassa, operett i 3 akter. Arrangement för piano med öfverlagd text. Sthm, Abr. Hirsch. 87. 1: 50.

DELLINGER, Rud., Maritana-vals ur op. Don Cæsar. Sthm, Abr. Lundquist. 86. Piano 2 händer 1 kr.
„ 4 „ 1: 50.
—, Saint-Cyr, operett i tre akter. Sthm, Abr. Hirsch. 91.
Potpourri för piano 1: 75.
Marsch för piano 50 ö.
DEL VALLE DE PAZ, Sérénade italienne pour piano. Sthm, Carl Gehrman. 89. 75 ö.
DENTE, Joseph, Romans för violin och piano. Sthm, Abr. Hirsch. 88. 1 kr.
DESORMES, L. C., Grandes manoeuvres, marche militaire pour piano. Sthm, Elkan & Schildknecht. 89. 75 ö.
—, Hemmarsch från revyn, polka-marsch för piano. Sthm, Elkan & Schildknecht. 87.
Piano, 2 händer 50 ö.
„ 4 „ 85 ö.
—, Longchamp-polka pour piano. Sthm, Elkan & Schildknecht. 89. 50 ö.
—, Vive Paris, grande marche pour piano. Sthm, Elkan & Schildknecht. 89. 60 ö.
—, Yum-yum, skotsk polka för piano. Sthm, Elkan & Schildknecht. 89. 50 ö.
Diabelli, Op. 149. 28 Melodiska öfningsstycken för piano, 4 händer. Sthm, Abr Hirsch 89.
Häft. 1—4 à 50 ö., kompl. 1 kr.
DIETRICH, J. B., Kaiserstadtmarsch för piano. Sthm, Carl Johnn. 87. 50 ö.
DILLSTRÖM, Karl, Gånglåtar från Helsingland, arrang. för piano Sthm, Elkan & Schildknecht. 95. 50 ö.
d'OURVILLE, Leon, Musik-soireer i hemmet, 12 valda stycken för piano, 4 händer. Sthm, Elkan & Schildknecht. 95. Häft. 1 och 2 à 1: 50.
DREYSCHOCK, Felix, Barcarolle för piano Sthm, Abr. Lundquist. 86. 1: 50.
—, Nocturne för piano Sthm, Abr. Hirsch. 1 kr.
DUCOMMUN, L., Mins du? Vals för piano. Sthm, Carl Gehrman. 89. 1 kr.
DUE, F., Bric à brac, album musical pour piano. (4:ème partie). Sthm, Abr. Lundquist. 95. 2 kr.
Duett-album för violin och piano. Band I. Sthm, Carl Gehrman. 92. 2 kr.
DURAND, Emile, Sommarlek (Promenade en juin.) Melodi för en röst och piano. Sthm, Elkan & Schildknecht. 88. 1 kr.
DURAND, Aug., Op 91. 5:ème valse pour le piano. Sthm, Abr. Lundquist. 94. 1: 25.
DURRA, Herman, Kinesiskt tapto för piano Sthm, Abr. Hirsch. 92. 50 ö.
DÖLB, W., Charley's tant, gavott för piano. Sthm, Carl Johnn. 94. 75 ö.

EBERLE, F., Under linden grön, sång för en röst vid piano. Sthm, Carl Johnn. 93. 50 ö.
EDGREN, Adolf, Bihang till lilla Guitarrskolan. Lätta melod. stycken för en och två guitarrer. Sthm, Abr. Lundquist. 88 1: 50.
—, Favoritalbum för guitarrspelare. Sthm, C. A. V. Lundholm. 86. 85 ö.
—, Guitarrskola. Sthm, C. A. V. Lundholm. 86. 2: 50.
EDGREN, Aug., Den gamla visan, (Es war ein alter König) Sång vid piano. Sthm, Carl Gehrman. 90. 50 ö.
EGGELING, F., Nu är det jul igen, 80 ringdansar och danslekar satta för piano. Lund, Eggeling & C:o. 2 kr.

EILENBERG, Rich., Chrysanthemum, vals för piano. Sthm, Abr. Hirsch. 88. 1 kr.
—, Op. 148. Die Reveille, Characterstück für Piano. Göteborg, N. J. Gumperts Bokhandel. 93.
Piano 2 händer 1 kr.
„ 4 „ 1: 50.
—, Första hjertklappningen, salongstycke för piano. Sthm, Elkan & Schildknecht. 88. 1 kr.
—, Op. 146. Garde-Grenadier-marsch für Piano. Göteborg, N. J. Gumperts Bokhandel. 93.
Piano 2 händer 1: 20.
„ 4 „ 1: 50.
—, Op. 119. Genom skog och mark, album för piano. Sthm, Abr. Lundquist. 91. 2 kr.
—, Op. 144. Kaiserjäger-Marsch för piano. Sthm, Elkar & Schildknecht.
—, Op. 149. Kosakenritt, (The Cossak ride. Les cosaques) für Pianoforte. Sthm, Carl Johnn. 95. 1 kr.
—, Op. 85 La Manola, sérénade espagnole pour piano. Sthm, Abr. Lundquist. 92. 1 kr.
—, Op. 99. Marsch der Bersaglieri für Pianoforte Sthm, Abr. Lundquist. 89. 75 ö.
—, Op. 52. Qvarnen uti Schwarzwald, idyll för piano. Sthm, Elkan & Schildknecht. 89. 1 kr.
—, D:o d:o, 4 händer. Sthm, Elkan & Schildknecht. 93. 1 kr.
—, Op 155. Rêve du bal, intermezzo-valse pour piano. Göteborg, N. J Gumperts Bokh. 93. 1 kr.
—, Op. 163. Serenade mauresque pour piano. Sthm, Carl Gehrman. 94. 75 ö.
—, Skälmen Amor, intermezzo för piano. Sthm, Abr. Hirsch 91. 75 ö.
—, Op 78. Vaktparaden kommer, karakterstycke för piano. Sthm, Elkan & Schildknecht. 89. 1 kr.
Piano 4 händer 1 kr.
Violin & piano 1 kr.
EKDAHL, A. W., I balsalen, samling dansmusik för piano. 2:dra Häftet. Sthm, Abr. Hirsch. 86. 1: 50.
—, Immer elegant, française ur op. Fågelhandlarne och Sigge Wulfs repertoire. Sthm, Carl Johnn. 91. 75 ö.
—, Noblesse-vals för piano. Sthm, Carl Gehrman. 90. 1 kr.
—, Stephanie-vals för piano. Sthm, Elkan & Schildknecht. 1 kr.
—, Winterns stjerna, vals för piano. Sthm, Carl Johnn. 91. 1 kr.
EKENBERG, August, Flirtation, polka för piano. Sthm, Abr. Lundquist. 90. 50 ö.
—, Jo, jo! Sång för en röst vid piano. Sthm, Abr. Lundquist. 95. 60 ö.
—, Rida ranka, sång för en röst vid piano. Sthm, Elkan & Schildknecht. 93, 75 ö.
—, Två sånger för en röst vid piano. Sthm, Elkan & Schildknecht. 94. 75 ö.
EKLUND, Ernst, Elsa Waldeck-Française för piano. Kristianstad, L. Kruuse. 93. 1 kr.
—, Introduktion och festmarsch för piano. Kristianstad, L. Kruuse. 93. 1: 25.
Eko från Chicago, melodier från alla länder satta för piano. Sthm, Carl Gehrman. 93. 1: 50.
Eko från operan, 5.te Häftet, Mozart, Figaros bröllop klaverutdrag med text Sthm, Abr. Hirsch. 92. 1: 50.
ELFÅKER, Aug., Hjertats saga, sång för en röst vid piano. Sthm, Elkan & Schildknecht. 91. 50 ö.
—, Kungasonen, sång för baryton el. bas med accomp. af piano. Sthm, Elkan & Schildknecht 91 50 ö.

ELFÅKER, Aug., Mor, sång för en röst vid piano. Sthm, Elkan & Schildknecht. 94. 50 ö.
—, Sagorna, sång för en röst vid piano. Sthm, Elkan & Schildknecht. 91. 75 ö.
—, Vårbrytning, sång för en röst vid piano. Sthm, Elkan & Schildknecht. 91. 50 ö.
—, Zuleima, sång för en röst vid piano. Sthm, Elkan & Schildknecht. 91. 50 ö.
ELLING, Catharinus, Jeg vil ud, (Jag vill ut), sång för en röst med piano. Sthm, Elkan & Schildknecht. 92. 75 ö.
ELLIOT, Ernest, "Blif min"! Hambopolska för piano. Sthm, Carl Johnn. 90. 50 ö.
ELZVIK, Gustaf, Damerna fria, polka för skottåret 1888, för piano. Sthm, Elkan & Schildknecht. 88. 60 ö.
—, Efter supén, vals för piano. Sthm, Elkan & Schildknecht. 89. 1 kr.
—, Roccoco, vals för piano. Sthm, Elkan & Schildknecht. 87. 1 kr.
EMELIN, Fr., Aftonklämtning, idyll för piano. Lund, Lindstedts univ:s-bokh. 91. 75 ö.
Emilie, Hypnotism, vals för piano. Wisby, L. N. Åckander. 91. 1 kr.
ENDERBERG, Aug., Hopp, sång för en röst vid piano. Hudiksvall, Carl Wibergs bokh. 94. 75 ö.
—, Menuett för violin och piano. Sthm, Elkan & Schildknecht. 90. 75 ö.
En engelsk miss i Paris el. På Europas kontinent. Kuplett för en röst och piano. Sthm, Abr. Lundquist. 95. 75 ö.
ENGELBRECHT, Gustaf, Tre visor i folkton vid piano. Sthm, Elkan & Schildknecht. 89. 1 kr.
ENGLUND, P. E. R., I sommarkvällen, vals för piano. Sthm, Abr. Lundquist. 94. 1 kr.
ENGMAN, Fredrik, Slädparti, polka för piano. Sthm, Carl Johnn 94. 50 ö.
ENNA, Aug., Fem Sange for en Sangstemme med Pianoaccomp. Sthm, Abr. Lundquist. 93. 1: 50.
—, Heksen, opera. Potpourri för piano. Sthm, Abr. Lundquist. 92. 2 kr.
ENSLEIN, K. F., Turistmarsch för piano, Sthm, Elkan & Schildknecht. 87. 50 ö.
ERIOSEN, Johan, Ett litet troll, polka för piano. Sthm, Carl Gehrman. 90. 50 ö.
—, Minne från konstnärs-karnevalen, vals för piano. Sthm, Abr. Lundquist. 89. 1 kr.
—, Mälardrottningen, vals för piano. Sthm, Carl Gehrman. 93. 1 kr.
ERICSON, Aron, Marsch tilegnet H. M. Kongens Norske Garde, Arrang. för piano. Sthm, Carl Gehrman. 88. 60 ö.
ERICSON, Fredrik, Meissnermarsch för piano. Sthm, Carl Gehrman. 95. 50 ö.
ERTL, D., Hoch und Deutschmeister-marsch för piano. Sthm, Abr. Hirsch. 94. 75 ö.
ESTRADA, Felipe, Tjusning, vals för piano. Sthm, Carl Gehrman. 93. 1 kr.
Eterneller bland äldre och nyare dansmusik, lätt arrang för piano. Sthm. Elkan & Schildknecht.
20:de häftet. 86. 1 kr.
21:sta „ 87. 1 kr.
22:dra „ 88. 1 kr.
23:dje „ 89. 1 kr.
24:de „ 90. 1 kr.
25:te „ 91. 1 kr.
26:te „ 92. 1 kr.
27:de „ 93. 1 kr.
28:de „ 94. 1 kr.

Etude-album för piano, utgifvet af Rich. Anderson. Sthm, Abr. Hirsch. 95. Häft. 1 och 2 à 2 kr.
FAGERLIN, Otto, Svea-marsch för piano. Sthm, Elkan & Schildknecht. 88. 50 ö.
—, Till Skansen, marsch för piano. Sthm, Elkan & Schildknecht, 94. 75 ö.
FAHLSTEDT, Jenny, Kvirilitt, tio visor för de små, satta i musik. Sthm, Abr. Lundquist. 95. 1: 50.
—, La primavère (gullvifvan), Jo jo! Tvenne sånger med piano. Sthm, Abr. Aundquist. 88. 1 kr.
—, Vill du hålla mig kär, visa för en röst med piano. Sthm, Carl Gehrman. 87 50 ö.
FAHRBACH, Philipp, sen., Allmän strejk! Komiskt tapto, arr. för piano. Sthm, Elkan & Schildknecht. 90. 50 ö.
—, Jun., Ein flotter Studio, marschpolka för piano. Sthm, Abr. Lundquist. 88. 50 ö.
—, D:o d:o, 4 händer. Sthm, Abr. Lundquist 89. 75 ö.
—, D:o d:o, för violin och piano. Sthm, Abr. Lundquist. 89. 75 ö.
—, Hjerter dam, polka för piano. Sthm, Elkan & Schildknecht. 92. 60 ö.
—, Op. 304. Souvenir à Madrid, mazurka pour piano. Sthm, Elkan & Schildknecht. 92. 50 ö.
—, Tauben-Girren, Polka-Mazurka für Piano. Sthm, Elkan & Schildknecht. 87. 50 ö.
—, Op. 235. Tivolimarsch för piano. Sthm, Elkan & Schildknecht. 92. 50 ö.
—, Op. 263. Udstillingsmarsch. Sthm, Carl Johnn. 89. 60 ö.
—, Op. 262. Waldschnepfen, polka för piano. Sthm, Carl Johnn. 89. 60 ö.
FANCHETTI, G, J'y pense, air de ballet pour le piano. Sthm, Elkan & Schildknecht. 92. 50 ö.
FARE, Florence, Sans façon, polka pour piano. Sthm, Carl Gehrman. 91. 50 ö.
Favorit-album för piano, 4 händer. Sthm, Abr. Lundquist. 95. Häft. 1 och 2 à 2 kr.
Favoritnummer ur Elis Sandelins repertoire, sånger och visor för en röst vid piano. Sthm, Elkan & Schildknecht. 88.
N:o 2. Rätta tiden att älska. 50 ö.
„ 3. Aldrig bör man sig genera. 50 ö.
„ 4. Kunde jag som lilla sparfven grå. 75 ö.
„ 5. Pricken eller lifvets målskjutning. 75 ö.
Favoritsånger sjungna af C. W. Payne vid The Fisk Jubilee Singers Konserter. Sthm, Carl Gehrman. 95.
N:o 1. Gilbert, Den blåögda Bessie (Bonni sweet Bessie.) 75 ö.
„ 2. White, Madeline. 75 ö.
„ 3. Pinsuti, Flyg hän, o dufva min (Fly forth, o gentle dore). 75 ö.
„ 4. Strelezki, Drömmar (Dreams). 50 ö.
„ 5. Robyn, Om du blott vore min! (You) 75 ö.
„ 6. de Faye. Tolka för henne min sång. (Tell her i love her so). 1 kr.
FAYE, P. de, Tolka för henne min sång, romans för en röst med piano. Sthm, Carl Gehrman. 92. 1 kr.
FERRON, A., Vals ur lustspelet "Adam o Eva". Sthm, Elkan & Schildknecht. 91. 1 kr.
FEXER, Bernh., Doris-polka för piano. Sthm, Elkan & Schildknecht. 88. 50 ö.
—, Kungsträdgården, marsch för piano. Sthm, Elkan & Schildknecht. 88. 75 ö.
—, Lefve konungen! Marsch, komponerad i anledning af H. M. Konung Oscars II:s 60-åriga födelsedag d. 21 Jan. 1889. Sthm, Carl Gehrman. 89. 75 ö.

FEXER, Bernh., Nordiska melodier, 6:te häftet svenska folkmelodier i potpourriform, arrang. för piano, 4 händer. Sthm, Elkan & Schildknecht. 92. 1 kr.
—, Prins Bernadotte-marsch för piano. Sthm, Elkan & Schildknecht. 88. 60 ö.
—, Romans för violin och piano. Sthm, Abr. Lundquist. 88. 1 kr.
—, Valse de salon pour piano. Sthm, Abr. Lundquist. 88. 1 kr.
Finska Rytteriets marsch, arrang. för manskör. Partitur. Sthm, Elkan & Schildknecht. 94. 25 ö.
FLIEGE, G., Defileringsmarsch för piano. Sthm, Carl Gehrman. 95. 50 ö.
"**Flöte**", Askungen, rheinländer för piano. Sthm, Elkan & Schildknecht. 90. 35 ö.
—, Kadettlif, polka för piano. Sthm, Elkan & Schildknecht. 88. 50 ö.
—, K. H. S.-polka för piano. Sthm, Elkan & Schildknecht. 95. 50 ö.
—, Ssonja, hambopolska för piano. Sthm, Elkan & Schildknecht. 94. 50 ö.
FOCK, Gerda, Var det en dröm? Romans för en röst vid piano. Sthm, Abr. Lundquist. 88. 75 ö.
Folkdansar, Svenska, ur Philochoros-album, arrang. för violin och piano. Sthm, Abr. Hirsch. 95. 1: 50.
—, D:o d:o för violinsolo. Sthm, Abr. Hirsch. 95. 75 ö.
Folkmusik, Svensk, polskor, marscher och danslekar, satta för piano af Herm. Berens Jun. Sthm, Carl Gehrman. 93. 1: 75.
Folksånger och hymner från alla länder arr. för piano. Sthm, Abr. Lundquist. 88. 1: 50.
Folkvisor, 100 Svenska, med lätt accompagnement för piano. 4:e uppl. Häft. 1—10. Sthm, Abr. Lundquist. 88. à 75 ö.
Folkvisor, Svenska, för en röst med piano. Band I. Sthm, Abr. Hirsch. 93. 2 kr.
FORBES, Georg, Billet doux, romance pour piano. Sthm, Abr. Lundquist. 86. 1 kr.
FORSGRÉN, Erik, "Erotisk fantasi" och "En folkvisa", sånger för en röst vid piano. Sthm, Elkan & Schildknecht. 92. 75 ö.
FORSSMAN, Aug., Ur svenska messan. Till bruk vid allm. gudstjensten (sång med accomp.) Sala, Ferd. Segersvens förlag. 88. 25 ö.
FREDERICKS, Joseph, Wyssa lull lull! Negerbarnens vaggvisa för en röst med piano. Sthm, Abr. Lundquist. 95. 75 ö.
FREYSON, Sven, I domino, polka för piano Sthm, Elkan & Schildknecht. 92. 50 ö.
Frid på jorden, julfantasi för piano. Sthm, Elkan & Schildknecht. 95. 1 kr.
FRIEBERG, F., Ljungby horn, ballad för en röst med piano. Sthm, Abr. Hirsch. 94.
 För tenor el. sopran 75 ö.
 Arrang. för piano 60 ö.
—, D:o d:o, arrang. för violin och piano. Sthm, Abr. Hirsch. 95. 75 ö.
FRIEDEMANN, Carl, Op. 66. Kaiser-Friedrich-Marsch für Piano. Sthm, Carl Gehrman. 94. 50 ö.
FRIEGEL, E., "Lifvet är bra skönt ändå", sång för en röst vid piano. Sthm, Carl Johnn. 91. 50 ö.
FRIGELL, Halfdan, Fågelfångaren, sång vid piano. Sthm, Abr. Lundquist. 92. 75 ö.
—, "Irrar min vilsna stig", romans för en röst och piano. Sthm, Abr. Lundquist. 92. 50 ö.
—, Tre sånger för en röst med piano. Sthm, Abr. Lundquist. 92. 1: 25.

"**Fripon**", Lilla Kjerstin, namnsdags-polka för piano. Sthm, Elkan & Schildknecht. 94. 50 ö.
Från consertsalen och salongen, solosånger och duetter med pianoaccomp. Sthm, Abr. Lundquist.
N:o 1. Brahms, Min drottning. 90. 75 ö.
 „ 2. Götze, Stjernströdda natt, duett. 90. 1 kr.
 „ 3. Suppé, Näktergalens sång. 90. 75 ö.
 „ 4. Wellings, Det är en dröm. 90. 75 ö.
 „ 5 Meyer-Helmund, Trollsången. 91. 1 kr.
 „ 6. von Glaesz, Jag älskar dig. 91. 50 ö.
 „ 7. Delibes, Les filles de Cadix. 91. 75 ö.
 „ 8. Loewe, G., Elfkungen, ballad. 91. 1 kr.
 „ 9. Clay, F., "För dig en sång jag kväda må". 91. 75 ö.
 „ 10. Götze, O, sköna tid, o sälla tid! 92. 75 ö.
 „ 11. Westmeyer, "Vor jag en dröm", för en röst. 93. 50 ö.
Från Operan, samling operapotpourrier för piano. Band I. Sthm, Carl Gehrman. 94. 1: 50.
FRÖHNERT, Max, I glädtigt lag, polka för piano. Sthm, Abr. Hirsch. 87. 50 ö.
—, Meck-meck-marsch (Minne från Kristianstad) för piano. Sthm, Abr. Lundquist. 88. 50 ö.
—, Sandra-polka för piano. Sthm, Abr. Lundquist. 88. 50 ö.
FRÖSSÉN, A., "Du är mig kär", sång för en röst med piano. Sthm, Abr. Lundquist. 86. 50 ö.
—, Morceau de salon pour violon et piano. Sthm, Abr. Lundquist. 87. 1 kr.
FUCHS, Otto, Napoli, mazurka för piano. Sthm. Carl Gehrman. 90. 60 ö.
Fyris, sånger för manskröster, 2:dra häft. arrang. af Erik Åkerberg. Sthm, Elkan & Schildknecht. 91. 1 kr.
Förr och nu vals för piano af G. H. & V. H. Sthm, Abr. Lundquist. 93. 1 kr.
FÖRSTER, Rud., Bitte, bitte, bitte noch einmal. polka för piano. Sthm, Abr. Lundquist. 92. 75 ö.
—, En vals med dig, sångvals. Sthm, Abr. Lundquist. 92. 50 ö.
—, Fruarnes lof, vals-kuplett för en röst med piano. Sthm, Carl Johnn. 93. 40 ö.
—, Kärlekens lof, sångvals för en röst med piano. Sthm, Abr. Hirsch. 89. 50 ö.
—, Mandolinserenad för en röst och piano el. piano ensamt. Sthm, Carl Gehrman. 92. 75 ö.

GAAL, Fr., Nocturne för piano. Sthm, Elkan & Schildknecht. 92. 75 ö.
Gamla bekanta, vals för piano. Sthm, Abr. Hirsch. 95. 1 kr.
GANNE, Louis, Carnot-marschen, (Le père la victoire.) Sthm, Carl Gehrman. 94.
 För piano, 2 händer 75 ö.
 „ „ 4 „ 1 kr.
 „ „ och violin 1 kr.
 „ „ „ flöjt 1 kr.
—, La czarine, russisk mazurka för piano. Sthm, Carl Gehrman. 91. 75 ö.
—, D:o d:o, 4 händer. Sthm, Carl Gehrman. 93. 1 kr.
—, Le père la victoire, marche française. Sthm, Carl Gehrman. 89.
 Pour piano 75 ö.; à 4 mains 1 kr.; Violin & piano 1 kr.; Flûte & piano 1 kr.; Orchester 1 kr.; Musique militaire 1 kr.
GASTALDON, A., Förbjuden musik, (Musica proibita), romans för en röst med piano. Sthm, Abr. Hirsch. 92.
 a) Sopran el. tenor. 1 kr.
 b) Mezzosopran el. baryton. 1 kr.

GAUTIER, L., Böljornas lek, polka för piano. Sthm, Elkan & Schildknecht. 88. 50 ö.
—, My darling, schottish för piano. Sthm, Carl Gehrman. 90. 50 ö
GAYRHOS, Eugen, Op. 18. 20 Fantasiestückchen für kleine Hände. Sthm, Abr. Lundquist. 94. 2 kr.
GEIJER, Gösta, "Det komma skall en sorgestund", sång vid piano. Sthm, Elkan & Schildknecht. 90. 75 ö.
—, Dröm, sång vid piano. Sthm, Elkan & Schildknecht. 90. 50 ö
—, Fiskmåsarne, sång för en röst vid piano. Sthm, Elkan & Schildknecht. 89. 75 ö.
—, Månljus, sång för en röst vid piano. Sthm, Carl Gehrman. 94. 75 ö.
—, Romance för violin och orkester, arrang. för violin och piano. Sthm, Elkan & Schildknecht. 91. 1: 50.
GEIJER, E. G., Sånger. Sthm, Abr. Lundquist. 94. Band I och II à 3 kr.
GENER, B., Svärma och dröm! Vals för piano. Sthm, Elkan & Schildknecht. 88. 75 ö.
GENSER, Alfr., Barcarole, duett med piano. Sthm, Elkan & Schildknecht. 87. 50 ö.
—, 10 Fyrstämmiga sånger för mansröster. Sthm, Carl Gehrman. 89. 2 kr.
—, Mirzalas sånger ur H. Sätherbergs dikt "Kalifens äfventyr." Tvenne romanser för mezzo-sopran med piano. Sthm, Abr. Lundquist. 89. 1: 25.
—, Tre sånger med accomp. för piano. Sthm, Abr. Lundquist. 88. 1: 50.
—, Vårvisa, Vaggvisa, Den sjuttonåriga, Fjäriln och rosen. 4 Sånger vid piano. Sthm, Elkan & Schildknecht. 89. 1: 50.
GIESE, Theo., Der schöne Lehmann! Marsch für Piano. Sthm, Abr. Lundquist. 92. 50 ö.
GILBERT, I. L., Sköna ung Bessi, skotsk ballad för mezzosopran vid piano. Sthm, Elkan & Schildknecht. 95. 75 ö.
GILLET, Ernest, Au village, air de gavotte caractéristique pour piano. Sthm, Elkan & Schildknecht. 92. 75 ö.
—, Bonheur perdu, (Verlorenes Glück) valse pour piano. Sthm, Carl Gehrman. 92. 1 kr.
—, Entr'acte gavotte pour piano. Sthm, Elkan & Schildknecht. 88. 75 ö.
—, Illusion für Piano. Sthm, Abr. Lundquist. 93. 75 ö.
—, Le rouet de grand maman, (Mormors spinnrock) novelett för piano. Sthm, Abr. Hirsch. 92. 75 ö.
—, Loin du bal (Fjärran från balen), intermezzo pour piano. Sthm, Carl Gehrman. 90. 75 ö.
—, D.o d:o, 4 händer. Sthm, Carl Gehrman. 93. 1 kr.
—, Pizzicati pour piano. Sthm, Elkan & Schildknecht. 94. 1 kr.
—, Sérénade de Pierrot pour piano. Sthm, Carl Gehrman. 94. 75 ö.
GIMMELMAN, N., Eld och lågor, hambopolska för piano. Sthm, Carl Gehrman. 95. 50 ö.
GIORDANI, Caro mio ben, sång för en röst med piano. Sthm, Abr. Lundquist. 88. 50 ö.
GISSLOW, Gottfr., Inne och ute, samling af svenska folkmelodier och sånglekar för skolor och hem. Sthm, Carl Gehrman. 91. 75 ö.
GLENNAN, Felix M., "Hennes gyllne lockar hängde ned på rygg", komisk sång för en röst med piano. Sthm, Carl Gehrman. 95. 75 ö.
GLUCK, C. W. von, Orfeus, opera, potpourri för piano. Sthm, Elkan & Schildknecht. 94. 1 kr.
GLUSCHKE, W., Bella, mazurka de salon pour piano. Sthm, Carl Johnn. 90. 1 kr.

GOBBAERTS, L., Op. 37. Tramway (På spårväg). Galop brillante pour le piano à 2 mains. Sthm, Elkan & Schildknecht. 88. 75 ö.
—, D:o d:o, à 4 mains. Sthm, Elkan & Schildknecht. 88. 1 kr.
GODARD, Benj, Op. 105. 3.ème Barcarolle pour piano. Sthm, Abr. Lundquist. 92. 1 kr.
—, Op. 149. Etudes pour piano. Sthm, Abr. Lundquist. 95. 2: 50.
—, Op. 54. 2:ème Mazurk pour piano. Sthm, Elkan & Schildknecht. 89. 1: 50.
—, Ep. 54. Deuxième mazurk pour piano à 4 mains. Sthm, Abr. Lundquist. 90. 2 kr.
—, Op. 71. 3:ème valse (Valse-serenade) för piano. Sthm, Abr. Lundquist. 91. 1: 25.
GODARD, Charles, Op. 104. Bal au chateau, impromptu-valse pour piano. Sthm, Abr. Hirsch. 95. 80 ö.
—, Op. 43. La journée d'une jeune fille pour piano. Sthm, Carl Johnn. 94.
N:o 1. Le matin. Morning. 50 ö.
„ 2. Promenade au bois. Promenade in the parc. 50 ö.
„ 3. Flirtation. 50 ö.
„ 4. Les visites. Calls. 50 ö.
„ 5 Au bal. At the ball. 50 ö.
„ 6. Le rêve. Dreams. 50 ö.
—, Marche des Toréros pour piano. Sthm, Elkan & Schildknecht. 95. 1 kr.
—, Op. 103. Sérénade printanière, arrang. för piano. Sthm, Abr. Hirsch. 95. 80 ö.
GOLDSCHMIDT, A. von, Sex sånger för en röst med piano. Sthm, Abr. Hirsch. 93. 1: 50.
GORJANOW, A., Succès-polka pour piano. Sthm, Carl Gehrman. 95. 50 ö.
GOUNOD, Ch., Faust. Fullständigt klaverutdrag. 2 händer. Sthm, Carl Gehrman. 89. 4 kr.
—, Faust, potpourri för piano arrang. af H. Cramer. Sthm, Abr. Lundquist. 95. 1 kr.
—, Qui vivra verra! Pagens aria ur "Romeo och Julia". Sthm, Carl Johnn. 89. 75 ö.
—, Romeo et Juliette. Fullständigt klaverutdrag, 2 händer. Sthm, Carl Gehrman. 89. 5 kr.
—, Romeo och Julia, potpourri för piano. Sthm, Carl Gehrman. 95. 2 kr.
GRAHAM, C., Två blåklädda flickor (Two little girls in blue), sångvals. Sthm, Carl Johnn.
För en röst och piano 50 ö.
„ piano, 2 händer 50 ö.
GRANBOM, Ludv., Skogsblommor, musikaliska försök för piano. Linköping, Eget förlag. 90. 1: 25.
GRAZIANI-WALTER, C., Amors makt, vals för piano. Sthm, Abr. Hirsch. 91. 1 kr.
GREGH, Louis, "Parais à ta fenêtre" (Kom till ditt fönster) för mezzosopran eller baryton och piano. Sthm, Elkan & Schildknecht. 90. 75 ö.
GRIEG-album för piano. Sthm, Elkan & Schildknecht. 94. 1: 50.
GRIEG, Edv., Op. 3. Poetiske tonebilleder for piano. Sthm, Elkan & Schildknecht. 89. 1 kr.
—, Op. 6. Humoresker for piano. Sthm, Elkan & Schildknecht. 89. 1 kr.
—, Op. 7. Sonate i E-moll for piano. Sthm, Elkan & Schildknecht. 89. 2 kr.
—, Op. 12. Lyriske smaastykker for piano. Sthm, Elkan & Schildknecht. 89. 1 kr.
—, Op. 19. Folkelivsbilleder. Humoresker for piano. Sthm, Elkan & Schildknecht. 89. 1: 50.

MUSIKKATALOG. GRIEG—HARTMANN.

GRIEG, Edv., Op. 19, N:o 2. Brudefölget drager forbi, för piano, 4 händer. Sthm, Elkan & Schildknecht. 93. 75 ö.
—, Op. 40. Fra Holbergs tid. Suite i gammel stil for piano. Sthm, Elkan & Schildknecht. 89. 2 kr.
—, Op. 46. Orkestersuite N:o 1 af musiken till Peer Gynt. Sthm, Elkan & Schildknecht. 92.
       Piano 2 händer 1 kr.
       „ 4 „ 1: 50.
—, Op. 55. D:o N:o 2 d:o. Sthm, Elkan & Schildknecht. 93. Piano 2 händer 1: 50.
       „ 4 „ 2 kr.
GRILL, Rich., Mit Schwung und Liebe, Walzer für Piano. Sthm, Elkan & Schildknecht. 92. 1 kr.
GROSSE, Max, Op. 3. Våra husarer, marsch för piano. Malmö, Envall & Kull. 91. 1 kr.
GRÜNFELD, Alfred, När tvenne hjertan skiljas, dikt för en röst med piano. Sthm, Abr. Hirsch. 89. 75 ö.
—, Serenad för piano. Sthm, Abr. Hirsch. 89. 60 ö.
GUIRAUD, Georges, Passe-pied pour piano. Sthm, Abr. Lundquist. 93. 75 ö.
GUNGL, Jos., Magyar-vals för piano. Sthm, Elkan & Schildknecht. 94. 75 ö.
GURLITT, C., Op. 107. Blommor och knoppar, 12 melodiska etyder i progressiv ordning för piano. Sthm, Carl Gehrman. 94. 1: 50.
—, Op. 117. De första lektionerna (Les premières leçons) 34 små melodier för piano. Sthm, Carl Gehrman. 94. 1 kr.
—, Fyra lätta tonstycken för piano, 4 händer. Sthm, Abr. Lundquist. 91. 2 häften à 1 kr.
—, Op. 54. Sechs Sonatinen für Pianoforte. Sthm, Elkan & Schildknecht 93. Häft 1 och 2 à 1: 50.
Gustaf, Prins, Till minne af H. K. H. Prinsessan Eugenie, sorgmarsch för piano. Sthm, Abr. Lundquist. 89. 75 ö.
GÖTZ, H., Au revoir, morceau pour piano. Sthm, Carl Gehrman. 92. 50 ö.
GÖTZE, Carl, O sköna tid, o sälla tid! (O schöne Zeit, o sel'ge Zeit!) Sång med piano Sthm, Abr. Lundquist. 90. 75 ö.

HAASUM, Adèle, Ave Maria, för en röst vid piano eller orgel. Sthm, Abr. Lundquist. 88. 50 ö.
HAGELTHORN, Emelie, Stephanie-polka för piano. Sthm, Elkan & Schildknecht. 94. 50 ö.
HAGERBERG, A. V., Stora barn och små, musik för piano med teckningar af O. Adelborg. Sthm, Abr. Lundquist. 90. 2 kr.
HALLDÉN, Björn, Madame Sans Gêne, polka pour piano. Sthm, Abr. Hirsch. 95. 75 ö.
—, Marsch öfver motiver ur feerilustspelet "Fru Hin". Sthm, Carl Gehrman. 91. 50 ö.
HALLÉN, Andreas, Op 27. Tre duetter för hög sopran och mezzo-sopran med piano. Sthm, Abr. Hirsch. 89. 2 kr.
—, Op. 42. "Philharmonie", sång för blandade röster à capella. Sthm, Elkan & Schildknecht (i distr.) 91. 1 kr.
—, Op. 36. En sommarsaga (Ein Sommermärchen), symfoniskt concertstycke för orkester. Arrang. for piano 4 händer af Wilh. Stenhammar. Sthm, Musikaliska Konstföreningen. 92. 2: 50.
—, Op. 19. Tre körvisor för sopran, alt, tenor och bas (à capella). Sthm, Carl Gehrman. 88. Partitur 1 kr., Stämmor 1 kr., (lösa st. à 25 ö).
—, Op. 32. Trollslottet (Das Schloss im See). Symfonisk ballad för kör och orkester. Sthm, Elkan & Schildknecht. 88. Klaverutdrag 3: 50.
       Körstämmor à 75 ö
HALLEY, T. G. B, Titania, Capricietto för piano. Sthm, Carl Gehrman. 89. 1 kr.
Halling, Norsk, och springdans för piano. Sthm, Carl Gehrman. 93. 50 ö.
HALLSTRÖM, Ivar, Adagio ur Baletten "En dröm", arrang. för piano och violin eller flöjt. Sthm, Abr. Lundquist. 88. 1 kr.
—, Den bergtagna, Potpourri för piano och violin el. flöjt, arr. af B. Fexer. Sthm, Abr. Lundquist. 88. 2 kr.
—, En glad visa, för en röst vid piano. Sthm, Carl Gehrman. 92. 75 ö.
—, "Gamla minnen", för piano. Sthm, Abr. Lundquist. 89. 1: 50
—, Granadas dotter, opera, potpourri för piano. Sthm, Abr. Lundquist. 92. 2 kr.
—, Hell Iduna, sång för en röst med piano. Sthm, Abr. Lundquist. 93. 75 ö.
—, La bella Sorrentina. Sthm, Carl Gehrman. 90.
N:o 1. För tenor el. sopran. 80 ö.
„ 2. För baryton el. mezzo-sopran. 80 ö.
—, Per Svinaherde. Sagospel i 3 akter af Christiernson. Arrangement för piano. Sthm, Abr. Lundquist. 88. 2 kr.
—, Sånger med piano ur Op. Granadas dotter. Sthm, Abr. Lundquist. 92. 2 kr.
—, Sånger med piano ur Sagospelet Per Svinaherde. Sthm, Abr. Lundquist. 88. 2 kr.
—, Tvänne sånger vid piano. Sthm, Abr. Lundquist. 92.
N:o 1. Det ved ingen. 75 ö.
„ 2. Notturno. 50 ö.
—, Zigeunarvisa för piano. Sthm, Carl Gehrman. 93. 75 ö.
Hambopolskor och schottish, 10 de mest omtyckta, lätt satta för piano. Sthm, Abr. Lundquist. 88. 1 kr.
HAMMAR, Birger, Vinterny, polka för piano. Göteborg, N. J. Gumperts Bokh. 93. 75 ö.
HANSEN, Adolf, La petite coquette, polka pour piano. Sthm, Carl Gehrman. 94. 50 ö.
—, Lockande toner, sång för en röst med piano. Sthm, Abr. Lundquist. 95. 75 ö.
HANSEN, Nicolai, Lätta fantasier för violin och piano. Sthm, Abr. Hirsch. 95.
N:o 1. Bizet, Carmen. 1: 25.
„ 2. Gounod, Faust. 1: 25.
HANSSON, C. M., Svea, 2 festmarscher för piano. Malmö, Envall & Kull. 91. 75 ö.
Harmonium-album, omtyckta kompositioner i lätt arrang. för harmonium el orgel. Band. I. Sthm, Carl Gehrman. 92. 1: 50.
HARRIS, C., Efter balen, sång för en röst vid piano. Sthm, Carl Gehrman. 93. 75 ö.
—, D:o, vals. Sthm, Carl Gehrman. 94.
   För piano 50 ö.
   „ „ och violin 75 ö.
   „ „ stråkorkester 1 kr.
HARTMANN, Emil, Bondedans af orkestersuiten "Dyveke", för piano. Sthm, Elkan & Schildknecht. 92. 35 ö.
—, Op. 31. N:o 3. Canzonetta för piano. Sthm, Elkan & Schildknecht. 90. 50 ö.
HARTMANN, J. P. E., Op. 53. Six etudes instructives pour piano. Sthm, Elkan & Schildknecht. 90. 1: 50.

HASSE, G., Majnatt, duett med piano. Sthm, Elkan & Schildknecht. 87. 75 ö.
HAUPTNER, Th., Den lilla sångfågeln, sångspel i en akt. Arr. för piano med bifogad text. Sthm, Elkan & Schildknecht. 88. 1 kr.
HAUSSCHILD, Carl, Frohsinn. Defileringsmarsch för piano. Sthm, Carl Johnn. 88. 50 ö.
HAYDN, Jos., Kvartett Op. 50 N:o 5, arrang. för violin och piano af L. A. Nydahl. Sthm, Elkan & Schildknecht. 95. 1: 50.
HECKER-READON, J. H., Bleu d'azur, valse brillante pour le piano. Sthm, Abr. Hirsch. 93. 75 ö.
HEDENBLAD, Ivar, Op. 16. Kantat vid Upsala universitets jubelfest. Klaverutdrag af B. Fexer. Sthm, Abr. Hirsch. 93. 75 ö.
——, Tre sånger af Moore, för en röst med piano. Sthm, Carl Gehrman. 86. 2 kr.
HEDIN, L. G., Du och jag, hambopolska för piano. Sthm, Carl Gehrman. 93. 50 ö.
HEDIN, Victor, Columbusmarsch för piano. Sthm, Carl Gehrman. 92. 50 ö.
HEDIN, L. G., Mia Cara, polka för piano. Sthm, Carl Gehrman. 93. 50 ö.
HEIJNE, D. von, Elisabeth-polka för piano. Sthm, Kompositören. 93. 75 ö.
HELAND, F. von, Balminnet, vals för mezzosopran med piano. Sthm, Elkan & Schildknecht. 93. 50 ö.
——, Fransäs ur Rekryten, för piano. Sthm, Carl Johnn. 87. 75 ö.
——, Sånger för en röst med piano. Sthm, Abr. Lundquist. 86. Häft. 1 o 2 à 1: 50.
HELLER, Stephen, Etudes pour piano. Sthm, Carl Gehrman. 91.
Op. 16: I o. II à 2 kr.
„ 45. 2 kr.
„ 46. 2 kr.
„ 47. 2 kr.
„ 90: I o. II à 2 kr.
——, Tre sonatiner för piano som förstudier till klassiska sonater. Sthm, Carl Gehrman. 89.
N:o 1. Op. 146. 2 kr., N:o 2. Op. 147. 2 kr., N:o 3. Op. 149. 1: 50.
HENNEBERG, Paul, Adjutant-marsch för piano. Sthm, Abr. Lundquist. 88. 75 ö.
HENNEBERG, Rich., Skeppsgossedans satt för piano. Sthm, Abr. Lundquist. 89. 75 ö.
——, "Diamantbröllopet", divertissement af Oskar Wijkander, för piano. Sthm, Abr. Lundquist. 89. 2 kr.
——, Op. 9. Tre miniatyrer för piano. Sthm, Carl Gehrman. 88. 1: 25
HENNES, Alois, Pianoskola. 3:dje häftet. Sthm, Abr. Lundquist. 86. 2 kr.
HENSCHEL, G., Vår, ljufva vår! Sång för en röst med piano. Sthm, Elkan & Schildknecht. 94. 75 ö.
HENSELT, Adolphe, Op. 28. Deux petites valses pour le piano. Sthm, Elkan & Schildknecht. 88. 1 kr.
—— Préambules (Förspel) i alla dur- och moll-tonarter för piano. Sthm, Abr. Lundquist. 95. 1 kr.
HERBOLD, C., Försakelsekupletter af Erik Sandberg, för en röst med piano. Sthm, Carl Gehrman. 94. 50 ö.
HERBST, Georg, Under Sveas fana, marsch för piano. Sthm, Abr. Lundquist. 93. 50 ö.
——, Vårblommor, mazurka för piano. Sthm, Elkan & Schildknecht. 95. 50 ö.
HERMANN, Florian, Hommage-valse pour piano. Sthm, Abr. Lundquist. 91. 1 kr.

HESSELIUS, Maria, Visa ur Sanningens perla af Z. Topelius, för en röst med piano. Sthm, Elkan & Schildknecht. 90. 25 ö.
HEYER, Otto, Op. 84. Breslauer Kreuz-polka. Sthm, Elkan & Schildknecht. 89. 60 ö.
HILLER, Paul, Op. 77. Valse lyrique pour le piano. Sthm, Elkan & Schildknecht. 92. 1 kr.
HILLFORS, Axel, Himfys kärlekssånger för en röst vid piano Sthm, Abr. Lundquist. 93. 1: 50.
HOFFMANN, L, Min moders sång, för en röst med piano. Sthm, Abr. Hirsch. 89. 50 ö.
HOHMANN, Ch. H., Praktisk violinskola, ny reviderad upplaga af Hans Sitt. Sthm, Carl Johnn. 95. 3 kr.
HOLLAENDER, Gustav, Op. 48. Für die Jugend. Vortragsstücke für die Violine mit Begl. des Pianoforte. Sthm, Elkan & Schildknecht. 93.
N: 1. Melodie 75 ö.
„ 2. Geburtstagsmarsch 75 ö.
„ 3. Schäfers klage 75 ö.
„ 4. Kinderlied 75 ö.
„ 5. Gavotte 75 ö.
„ 6. Walzer 1 kr.
HOLLAENDER, Victor, Op. 56. Mein Schatz, Walzer für Pianoforte. Sthm, Abr. Hirsch. 90. 1 kr.
HOLTZ, Victor, B. M. F.-polka för piano, tillegnad Svenska Bokhandelsmedhjelpareföreningen. Sthm, Carl Gehrman (i distr.) 89. 75 ö.
——, Cascarinette, hambo-polska för piano. Sthm, Abr. Lundquist. 88. 50 ö.
——, Danshäftet för saisonen, vals, polka och hambopolska för piano. Sthm, Abr. Lundquist. 92. 1 kr.
——, "Dra' te mä en dans", hambopolska för piano. Sthm, Abr. Lundquist. 92. 50 ö.
——, For you, hambopolska för piano. Sthm, Abr. Lundquist. 91. 50 ö.
——, Fyrväplingen, 4 danser för piano. Sthm, Abr. Lundquist. 94. 1: 50.
——, 1:a extra polka för piano. Sthm, Abr. Lundquist. 88. 75 ö.
——, Första Maj, polka för piano. Sthm, Abr. Lundquist. 86. 75 ö.
——, Garden party, polka för piano. Sthm, Abr. Lundquist. 95. 75 ö.
——, Gåsmarschen för piano. Sthm, Abr. Lundquist. 89. 50 ö.
——, Hvad nytt! Polka för piano. Sthm, Abr. Lundquist. 95. 75 ö.
——, I Dalom, hambopolska för piano. Sthm, Abr. Lundquist. 90. 50 ö.
——, I gamla tagen, polka för piano. Sthm, Abr. Lundquist. 92. 50 ö.
——, International-gymnastik-festmarsch för piano. Sthm, Abr. Lundquist. 91. 50 ö.
——, Nachspiels-marsch för piano. Sthm, Carl Johnn. 90. 50 ö.
——, Op. 50. Polka för piano. Sthm, Abr. Lundquist. 93. 50 ö.
——, Par om par, polka för piano. Sthm, Abr. Lundquist. 90. 50 ö.
——, På begäran, hambo-polska för piano. Sthm, Abr. Lundquist. 89. 50 ö.
——, På fältmanöver, marsch för piano. Sthm, Abr. Lundquist. 92. 50 ö.
——, Schottish för piano. Sthm, Abr. Lundquist. 90. 50 ö.
——, Serpentine-polka, för piano. Sthm, Abr. Lundquist. 93. 50 ö.
——, Sista hvarfvet, polka för piano. Sthm, Abr. Lundquist. 90. 50 ö.

HOLTZ, Viktor, Sitt upp! Polka för piano. Sthm, Abr. Lundquist. 88. 75 ö.
—, Skälmungen, hambopolska för piano. Sthm, Abr. Lundquist. 93. 50 ö.
— —, Sväng om! Hambopolska för piano. Sthm, Abr. Lundquist. 93. 75 ö.
—, Till fjälls, hambopolska för piano. Sthm, Abr. Lundquist 95. 75 ö.
—, Wer da? Marsch för piano. Sthm, Abr. Lundquist. 95. 50 ö.
—, Än en gång! Polka för piano. Sthm, Abr. Lundquist. 93. 50 ö.
HOMLSTRÖM, Selma, Raska flickor, marsch för piano Sthm, Envall & Kull. 92. 50 ö.
HULTHANDER, Carl, Jubileums-festmarsch för piano. Sthm, Carl Gehrman (i distr.). 89. 75 ö.
HULTSTEDT, C. P., Brudmessa. Sthm, Carl Gehrman (i distr.) 89. 50 ö.
—, Fyra koraler för en röst med piano. Sthm, Carl Gehrman. 87. 25 ö.
HUMMEL, Ferd., Mara, opera i en akt, arrang. för piano med bifogad text. Sthm, Abr. Hirsch. 94. 1: 50.
—, Fantasi för piano öfver melodier ur Op. Mara. Sthm, Elkan & Schildknecht. 94. 1 kr.
Humoristiska soloscener. Sthm, Carl Gehrman. 91.
N:o 1. Operettvurmen, efter Ebler af E. 1 kr.
N:o 2. Antiqvitetssamlaren, efter Maxstedt af E. 1 kr.
HUMPERDINCK, E., Hans och Greta, potpourri för piano, arrang. af Henri Cramer. Sthm, Abr. Lundquist. 95. 1 kr.
—, D:o d:o arrang. af A. Wellt. Sthm, Abr. Hirsch. 95.
   Potpourri för piano, 2 händer 1 kr.
   „ „ „ med svensk text 1: 50.
   „ „ „ , 4 händer 1: 50.
HYLTÉN, O. A., Artillerimarsch för piano. Sthm, Carl Gehrman. 91. 50 ö.
— —, Kongl. Norrlands Artilleri-Reg:tes marsch. Sthm, Elkan & Schildknecht. 94. 50 ö.
HÅKANSSON, F. J., "Upp med fanan!" Svensk fanesång med ord af Fr. Holmgren. Sthm, Elkan & Schildknecht. 93. 25 ö.
HÄGG, Gustaf, Amorosa, sång för en röst vid piano. Sthm, Carl Gehrman. 94. 75 ö.
—, Bröllopsmarsch för piano. Sthm, Elkan & Schildknecht. 95. 1 kr.
—, Några stämningsbilder för piano. Sthm, Abr. Hirsch. 95. 1: 50.
—, Farväl, sång för en röst vid piano. Sthm, Abr. Lundquist. 94. 75 ö.
—, Op. 12. Quatre morceaux pour orgue. Sthm, Elkan & Schildknecht. 95.
N:o 1. Prélude. 1 kr.
„ 2. Pastorale. 1 kr.
„ 3. Invocation. 1 kr.
„ 4. Marche triomphale. 1 kr.
—, Sorgetoner vid Viktor Rydbergs bår för piano. Sthm, Elkan & Schildknecht. 95. 75 ö.
HÄGGBOM, Axel, På brusande våg, polka för piano. Sthm, Carl Johnn. 95. 50 ö.
—, Med henne, hambopolska för piano. Sthm, Carl Johnn. 95. 50 ö.
—, Kärleksgudar, 2 schottisch för piano. Sthm, Carl Johnn. 95.
HÄLLSTRÖM, Erik, Telefonvals för piano. Göteborg, N. J. Gumpert. 93. 1 kr.
HÖFINGHOFF, Emil, Carmen Sylva-gavotte för piano. Sthm, Elkan & Schildknecht. 87. 50 ö.

HÖGBERG, Erik, Palettskrap, polka för piano. Sthm, Carl Johnn. 91. 60 ö.
—, Toreador, polka för piano. Sthm, Abr. Lundquist. 94. 75 ö.
Italienska nätter, sex sånger med piano af Denza Tosti och Rotoli. Sthm, Abr. Lundquist. 88.
N:o 6. Tosti, Ninon. 1 kr.
I salongen, samling omtyckta kompositioner arrang. för piano. Sthm, Carl Johnn. 95. 1: 50.
I salongen, samling modern pianomusik af framstående tonsättare. Band I. Sthm, Carl Gehrman. 95 2 kr.
"Ika", Vid slottsruinen, vals för piano. Sthm, Abr. Lundquist. 92. 1 kr.
—, Tvänne dikter af E. von Qvanten, satta för en röst och piano. Sthm, Abr. Lundquist. 88. 1 kr.
— —, Tre karakterstycken för piano. Sthm, Abr. Lundquist. 88.
N:o 1. Die Lorelei. 1 kr.
„ 2. Rondo. 1 kr.
„ 3. En Provence. 1 kr.
—, Op. 19. Romance. Humoresk, två karakterstycken för violin och piano. Sthm, Elkan & Schildknecht. 88. N.o 1 1: 25. N:o 2 1: 50.
—, Polka-caprice för piano. Sthm, Abr. Lundquist. 92. 75 ö.
—, Med en bukett, romans för en röst och piano. Sthm, Abr. Lundquist. 92. 1 kr.
—, Gavotte et chansonette. Deux morceaux pour piano. Sthm, Abr. Lundquist. 88. 1 kr.
— —, Fantasi öfver fjäriln, sång för en röst vid piano. Sthm, Abr. Lundquist. 89. 75 ö.
I aftonens frid, andeliga sånger med pianoaccomp. af A. S—g. Sthm, Ev. Fosterlandsstift. 93.
   Häft. 1 och 2 à 2 kr.
IVANOVICI, I., Donauwellen, vals för piano. Sthm, Elkan & Schildknecht. 89.
För 2 händer 1 kr., för 4 händer 1: 50; för violin och piano 1: 50.
— —, Från Rivieran, vals för piano. Sthm, Carl Gehrman. 89. 1 kr.
—, Op. 128. Goldene Stunden, Golden hours, Heures dorés, valse pour piano. Sthm, Elkan & Schildknecht. 95. 1 kr.
—, Incognito, vals för piano. Sthm, Carl Gehrman. 91. 1 kr.
— —, D:o d:o. Sthm, Abr. Lundquist. 91. 1 kr.
—, La fille du marin, valse pour piano. Sthm, Elkan & Schildknecht. 93. 1 kr.
—, Orientrosen, vals för piano. Sthm, Abr. Hirsch. 91. 1 kr.
— —, Romänen-Herz, vals för piano. Sthm, Abr. Hirsch. 91. 1 kr.
—, Rumänische Lieder, (Rumäniska sånger) vals för piano. Sthm, Abr. Hirsch. 92. 1 kr.
— —, Suspinul, rumänisk vals för piano. Sthm, Elkan & Schildknecht. 90. 1 kr.
—, Veturia, vals för piano. Sthm, Abr. Lundquist. 92. 1 kr.

JACKSON, Geo, Jacksons Best, negerkuplett med dans. Sthm, Carl Johnn. 93. 75 ö.
JACOBSSON, John, Jag är en nordisk flicka, visa för en röst med piano. Ny upplaga. Sthm, Elkan & Schildknecht. 93. 50 ö.
—, Fest-polonaise för orkester. Arr. för piano. Sthm, Abr. Lundquist. 89. 1 kr.
—, Op. 38. Miniatyrbilder för piano. Sthm, Elkan & Schildknecht 92.

N:o 1. Idyll. 50 ö.
" 2. Lyriskt intermezzo. 75 ö.
JACOBSSON, John, Op 36. Saga på kämpens hög, ballad för basbaryton och orkester. Klaverutdrag. Sthm, Abr. Lundquist. 90. 1 kr.
—, Sju valda sånger och visor för en röst vid piano. Ny öfversedd upplaga. Sthm, Elkan & Schildknecht. 92. 1: 50.
—, Op. 38. Trenne dikter af Oscar Fredrik, satta i musik för en röst och piano. Sthm, Abr. Lundquist. 89.
N:o 1. Italiensk serenad. 50 ö.
" 2. Vak upp. 75 ö.
" 3. Vallflickan i Mora. 50 ö.
—, Ungfåglarnes visa, sång för en röst vid piano. Sthm, Elkan & Schildknecht. 92. 75 ö.
—, Ur min portfölj, tre sånger vid piano. Sthm, Carl Gehrman. 92 1 kr.
—, Vårsång för en röst vid piano. Ord af Herm. Sätherberg. Sthm, Elkan & Schildknecht. 95. 50 ö.
JAKOBOWSKI, E., Erminie-vals för piano. Sthm, Carl Johnn. 89. 1 kr.
JANSSON, C. W. F., Musik för guitarr. Malmö, Envall & Kull (i distr.). 92. 1 kr.
JENSEN, Chr., Lilleputterne, 4 lette Danse. Sthm, Carl Johnn. 88. 75 ö.
JONAS, E., Chant d'amour, elegie för stråkorkester. Sthm, Abr. Hirsch. 89
Piano, 2 händer 60 ö.; Violin och piano 80 ö.; Violoncelle och piano 80 ö.
JONES, Sidney, Den glade Tom Tit, visa för en röst vid piano. Sthm, Elkan & Schildknecht. 95. 50 ö.
—, Linger, Longer, Loo, vals för piano. Sthm, Carl Gehrman. 94. 1 kr.
JOSEPHSON, J. A., Svenska folkvisor arrang. för piano med bifogad text. Sthm, Abr. Hirsch. 90. 1: 50.
, Sånger och visor för en röst med piano. Sthm, Abr. Hirsch. 90.
N:o 1. Längtan från hafvet. 50 ö.
" 12. Vid slutet af sommaren. 75 ö.
" 13. Ingen känner mig. 50 ö.
" 14. Tro ej glädjen, tro ej sorgen. 50 ö.
" 15. Fågeln i November. 50 ö.
" 16. Stjernklart. 75 ö.
" 17. Vårsång. 50 ö.
" 18. Värme och ljus. 50 ö.
" 19. Se glad ut. 50 ö.
" 20. Den resande studenten. 75 ö.
—, Sånger och visor för en röst med piano. Sthm, Abr. Hirsch. 93. 1: 50.
Julklapp till den musikaliska ungdomen, 50 de nyaste Operamelodier, romanser, danser, marscher m. m. för piano i lätt bearbetning. Sthm, Abr. Lundquist. 88. 2 kr.

KAHN, Eugenie, Champignonpolka för piano. Sthm, Carl Gehrman (i distr.). 99.
För piano 75 ö., för violin och piano 1 kr.
KAPS, Karl, Daisy Bell, vals för piano. Sthm, Carl Gehrman. 94. 1 kr.
KARLBERG, Karl, Jubelmarsch för piano. Jönköping. Lithogr. A.-Bol. 88. 50 ö.
KAYSER, H. E., Op. 20. 36études élémentaires et progressives pour violon. Sthm, Elkan & Schildknecht. 93. Häft. 1—3 à 1 kr.
"Kedde", C. S.-polka för piano. Sthm, Elkan & Schildknecht. 95. 50 ö.

Kéler-Béla, Lustspelsouverture, arr. för violin och piano. Sthm, Elkan & Schildknecht. 90. 1: 50.
—, Steppens son för violin och piano. Sthm, Elkan & Schildknecht. 87. 1 kr.
—, Op. 95. Tempelinvigningen, festouverture. Sthm, Elkan & Schildknecht. 93.
Piano 2 händer 1 kr.
" 4 " 1: 50.
—, Ungersk lustspelsouverture för piano. Sthm, Elkan & Schildknecht. 90. 1: 25.
—, D:o d:o, 4 händer. Sthm, Elkan & Schildknecht. 88. 1 kr.
KEMPE, Magda, Sånger af Geijer, Hallström, Sätherberg m. fl. arrang. med guitarraccompagnement. Sthm, Abr. Lundquist. 89. 1 kr.
KERSTER, A., Wintergartensterne, Walzer-potpourri für piano. Sthm, Carl Johnn. 95. 75 ö.
KETTERER, E., Soirée vénetienne pour piano. Sthm, Elkan & Schildknecht. 87. 1 kr.
—, Valse des fleurs pour piano. Sthm, Elkan & Schildknecht. 87. 1 kr.
KIHLBERG, Rob., Liber cantus. En samling körsånger för kyrkan, skolan och hemmet. Sthm, F. & G. Beijer. Häft. 1. 89. 50 ö.
" 2—6. 90. à 50 ö.
Supplementhäfte 1 kr.
KINBERG, Aug., Op. 7. Sommartid, 4 tonbilder för piano. Sthm, Carl Gehrman (i distr.) 88. 1: 75.
—, Op. 10. Trauermarsch für Pianoforte. Sthm, Carl Gehrman (i distr.) 88. 1 kr.
KINDSCHER, Ludvig, Munken Elilands sånger för baryton med piano. Sthm, Abr. Lundquist. 94. 2: 50.
KINKEL, C, The mountain belle, schottish för piano. Sthm, Carl Gehrman. 92. 50 ö.
—, D:o d:o för violin och piano. Sthm, Carl Gehrman. 95. 75 ö.
KIRCHNER, Karl, Op. 5. Blumensprache, lyrisches Tonstück für Pianoforte. Sthm, Abr. Lundquist. 89. 1 kr.
KIRCHNER, Th., Op. 7. Albumblad för piano. Sthm, Carl Gehrman. 95. 1 kr.
—, Två sånger för en röst med piano. Sthm, Abr. Hirsch. 86. 1 kr.
KJELLANDER, N. Th., Arabisk serenad för en röst vid piano. Sthm, Elkan & Schildknecht. 87. 50 ö.
—, Betlehems stjerna, dikt af Viktor Rydberg, för sopran och baryton med piano. Sthm, Elkan & Schildknecht. 93. 75 ö.
—, Det unga Sverige, marsch för piano. Sthm, Carl Gehrman. 89. 50 ö.
—, En treflig polka för piano. Sthm, Elkan & Schildknecht. 87. 50 ö.
—, Fin de siècle, polka för piano. Sthm, Elkan & Schildknecht. 91. 50 ö.
—, Får jag lof? Polka för piano. Sthm, Elkan & Schildknecht. 93. 50 ö.
—, För djupt, vals för piano. Sthm, Carl Gehrman (i distr.). 93. 1 kr.
—, Försvarspolka för piano. Motala, Kompositören. 93. 50 ö.
—, Gretchen-Käthchen, 2 rheinländer för piano. Sthm, Elkan & Schildknecht. 91. 50 ö.
—, Hjertan i brand, vals för piano. Sthm, Elkan & Schildknecht. 91. 1 kr.
—, Husarerna komma, marsch för piano. Sthm, Elkan & Schildknecht. 86. 50 ö.

KJELLANDER, N. Th., "Hvor tindrer nu min Stjerne", sång för en röst vid piano. Sthm, Elkan & Schildknecht. 86. 50 ö.
— , Här har du mej! Hambopolska för piano. Sthm, Elkan & Schildknecht. 93. 50 ö.
— , Lilla blomma, hur ensam du är, sång för en röst vid piano. Sthm, Elkan & Schildknecht. 87. 50 ö.
— , Lycka till! Polka för piano. Sthm, Carl Gehrman. 89. 50 ö.
— , Med allrakärestan, 2 hambopolskor för piano. Sthm, Elkan & Schildknecht. 89. 75 ö.
— , D:o d:o, hambopolska för piano, 4 händer. Sthm, Elkan & Schildknecht. 91. 50 ö.
— , Midsommarvaka, hambopolska för piano. Sthm, Elkan & Schildknecht. 90. 25 ö.
— , Omberga trollpolska för piano. Sthm, Elkan & Schildknecht. 93. 50 ö.
— , Prins Bernadotte-marsch för piano. Sthm, Elkan & Schildknecht. 88. 60 ö.
KJERULF, Charles (Jens Kok), Flickornas gossar, fältmanöverfars i sju tablåer. Sthm, Abr. Hirsch. 89. 75 ö.
— , Kantonnements-marsch ur "Flickornas gossar", för piano. Sthm, Carl Gehrman. 89. 50 ö.
— , Kejserens nye Klæder, operette i 3 akter, arrang för piano. Sthm, Elkan & Schildknecht 88. 2 kr.
KJERULF, Halfdan, "Hur underbart dock kärlek talar", duo för två sopraner med piano Sthm, Abr. Hirsch. 89. 75 ö.
— , Ingrids vise för en röst med piano. Sthm, Abr. Hirsch. 86. 50 ö.
— , Kompositioner för piano. Godtköpsupplaga Sthm, Abr. Hirsch. 89. Häft. 1 och 2 à 1: 50.
— , Over de hoie Fjelde, sång för en röst med piano. Sthm, Abr. Hirsch. 86. 50 ö.
— , O, vidste du bare, sång för en röst med piano. Sthm, Abr. Hirsch. 87. 75 ö.
— , Så ensam uti natten, sång för en röst med piano. Sthm, Abr. Hirsch. 86. 50 ö.
— , Sånger och visor för en röst med piano. Sthm, Abr. Hirsch. 88.
 N:o 1. "Min Elskte jeg er bunden". 75 ö.
 „ 2. Længsel, "Jeg kunde slet ikke sove". 50 ö.
 „ 5. "Vidste du Vej, du liden Fugl". 75 ö.
 „ 7. "Om ej ett ord för mig du äger". 75 ö.
 „ 10. "I söde blege Kinder". 50 ö.
 „ 15. Vejviseren synger: "Til Fjelds over Bygden står min Hu". 75 ö.
 „ 17. Synnöves sang: "Nu tak for Alt fra vi var smaa". 50 ö.
 „ 34. Gud vet det hvar han vankar: "På ängen äro far och mor". 50 ö.
 „ 36. Aftonstämning: "Prinsessan sad höjt i sin Jomfrubur". 50 ö.
 „ 37. Sövnen: "Da barnet sov ind". 50 ö.
 „ 48. Mit Hjerte og min Lyre: "Alt lægger for din fod jeg ned". 50 ö.
  Ved Havet: "Ved det mægtige Hav". 50 ö.
  Serenade ved Strandbredden: "Hytten er lukket". 75 ö.
— , Sånger och visor för en röst med piano. Sthm, Abr. Hirsch. 93. Häft. 1 och 2 à 80 ö.
— , Tolf sånger arrang. för piano af Bernh. Fexer. Ny samling. Sthm, Abr. Hirsch. 89. 1: 50.
KLEEN, Victor, Mazurka för piano. Sthm, Abr. Lundquist. 86. 75 ö.
— , Theresia-polka för piano. Sthm, Abr. Lundquist. 86. 50 ö.

KLEIN, John, Solfjäderslek, vals för piano. Sthm, Carl Gehrman. 95. 1 kr.
KLIMOFFSKY, E., Kosackvisa för baryton med piano. Sthm, Carl Johnn. 93. 50 ö.
KLINCKOWSTRÖM, O, Furusund-polka för piano. Sthm, Elkan & Schildknecht. 92. 50 ö.
Klingeling, kuplett för en röst och piano Sthm, Abr. Lundquist. 95. 60 ö.
KLOED, Wilhelm, "Fjerran på enslig stig", sång för en röst vid piano. Sthm, Elkan & Schildknecht. 90. 50 ö.
KNEASS, Nelson, Ben Bolt, ballad för en röst vid piano. Sthm, Elkan & Schildknecht. 95. 50 ö.
Komiker-album. Sthm, Carl Gehrman. 91.
 N:o 1. Min resa till Zuydarsee, kupletter af E. 30 ö.
 „ 2. Om tant fick veta't, kupletter af E. 30 ö.
 „ 3. Kattduett af G. Berthold. 40 ö.
 „ 4. "Comme il faut", kupletter af E. Wallmark, musik af Pelle N. 30 ö
 „ 5. "Farväll", en sorgens ton från Amerika, ord af Gust. Fröding, musik af P. N. 30 ö.
 „ 6. Paraplyt, kupletter af E. 30 ö.
 „ 7. I grefvens tid, kupletter af E... N... 40 ö.
 „ 8. Tre procent, kupletter af E... N... 40 ö.
 „ 9. Teaterstycken, kupletter af E... N... 92. 40 ö
KOMZÁK, Karl, Sjöhjälten, humoristisk marsch för piano. Sthm, Carl Gehrman. 91. 50 ö
— , Wiener-gavotte för piano. Sthm, Carl Gehrman. 91. 50 ö.
— , Wiener-Leben, Walzer für Piano. Sthm, Carl Johnn 94. 1 kr
— , Vindobona, marsch. Sthm, Abr. Lundquist. 93.
  Piano, 2 händer 75 ö.
  „ 4 „ 75 ö.
KOVEN, Reginald de, Liten Doris, sång för mezzosopran med piano. Sthm, Elkan & Schildknecht. 95. 50 ö.
— , O, lofva mig (Oh, promise me), sång för en röst vid piano. Sthm, Abr. Lundquist. 95. 75 ö.
KRAL, Joh. N., Donaugruss, Marsch für das Pianoforte. Sthm, Abr. Lundquist. 91. 75 ö.
— , Hoch Habsburg, marsch för piano, 4 händer. Sthm, Abr. Lundquist. 86. 1 kr.
KRAUSE, Chr., Carmen Juanita Bernal, danses espagnoles, arrangées pour piano. Sthm, Carl Johnn. 95. 1 kr.
— , Menotti-polka för piano. Sthm, Carl Gehrman. 92. 60 ö.
— , Minne af Sigge Wulff, melodibukett för piano. Sthm, Carl Johnn. 92. 1: 50.
— , Polka comique pour piano. Sthm, Carl Gehrman. 92. 75 ö.
— , Tivoli-minnen, vals för piano Sthm, Carl Gehrman. 92. 1 kr
KREITH, Carl, Tre duetter för 2 flöjter eller flöjt och violin, redigerade af Louis Müller. Sthm, Abr. Lundquist. 88 2: 50.
KREMSER, E., Tokerier, polka för piano. Sthm, Carl Gehrman. 93. 50 ö.
Kring julgranen, samling polkor, ringdansar och sånglekar för piano. Sthm, Carl Gehrman. 92. 1 kr.
Kronobergs Regementes paradmarsch för piano. Sthm, Elkan & Schildknecht. 87. 50 ö.
KUHLAU, Fredr., Buon Giorno! Polka för piano. Sthm, Elkan & Schildknecht. 89. 50 ö.

MUSIKKATALOG. KUHLAU—KÖRLING.

KUHLAU, Fr., Liten skälm, polka för piano. Sthm, Elkan & Schildknecht. 86. 50 ö.
—, Preludium, romans, intermezzo, valse gracieuce, 4 stycken för violin och piano. Sthm, Elkan & Schildknecht. 89. 1: 50.
KULLAK, Th., Ur barnens lif, (Kinderleben). Lätta stycken för piano. Sthm, Carl Gehrman. 91.
Häft. 1. Op. 62. 1: 50.
" 2. " 81. 1: 50.
Kuplettrepertoire. Sthm, Abr. Hirsch.
N:o 4. Försigtighet är en dygd, kupletter af E. 88. 30 ö.
" 5. Alltjemt på tok, kupletter af Malle, musik af B. Rens. 88. 30 ö.
" 6. Kontraktskupletter ur op. Farinelli af Zumpe. 88. 30 ö.
" 7. En sorglustig visa på en gammal melodi. 88. 30 ö.
" 8. Stockholmsflickorna, kupletter. 88. 30 ö.
" 9. Hvad som drar! Kupletter. Musik af Hank. 89. 30 ö.
" 10. Augustas trumpetare. Kupletter fritt efter tyskan af E. 89. 40 ö.
" 11. Det fins ingen ruter i karlarne. Kupletter af Alma Rek. Musik af B. Rens 89. 40 ö.
" 12. Soldatens fröjd. Kupletter ur farsen "Flickornas gossar". 89. 30 ö.
" 13. Sjöjungfrun. Humoristisk sång. Musik af Bruno P. 89. 30 ö.
" 14. Boulanger-visa af Wolff. 89. 40 ö.
" 15. Flickan vid fjorton år, kupletter ur "Jagten efter lyckan" af Suppé. 89. 30 ö.
" 16. "Det land der förr min vagga stod", kupletter ur "Jagten efter lyckan" af Suppé. 89. 30 ö.
" 17. "Hvad menar han med det", kupletter ur "De tre gracerna", musik af F. Roth. 89. 30 ö.
" 18. "Vara eller icke vara", kupletter ur "Kapten Fracassa" af Dellinger. 89. 30 ö.
" 19. Det skönaste på jorden. Kupletter af C. Musik af F. Roth. 90. 40 ö.
" 20. "Udda och jemt". Kupletter ur op. Vackra tvätterskan. 90. 30 ö.
" 21. Den sköna Ad'laide. Kupletter fritt efter tyskan af E. 90. 30 ö.
" 22. Som en blomma i maj. Visa ur op. Mikadon af Sullivan. 90. 30 ö.
" 23. Tur och otur. Kupletter ur op. Prinsessa för en dag af H. Berens j:r. 90. 30 ö.
" 24. Teresina-kupletter ur op. Prinsessa för en dag af H. Berens j:r. 90.
" 25. Edison-kupletter ur op. Den fattige Jonathan af Millöcker. 90. 40 ö.
" 26. "Och gossen gick sig ut i morgonstund", visa ur Vermländingarne. 90. 30 ö.
" 27. "Om du dröjer", kupletter. Musik af B. Rens. 90. 30 ö.
" 28. "Invid grind under lind", kupletter för en eller tvenne röster. 90. 30 ö.
" 29. "Han var för svag", kupletter af E. 91. 30 ö.
" 30. "Vi ä' systrar vi båda", kupletter ur farsen "På variétén." 91. 30 ö.
" 31. "Otroligt, men sant", kupletter af E. 91. 30 ö.
" 32. Gardistens sorger och fröjder, soldatvisa. 91. 40 ö.

N:o 33. Antingen — eller, kupletter ur folklustspelet Kumlander. 91. 30 ö.
" 34. Tyst, tyst! Vexelsång ur folklustspelet Kumlander. 91. 40 ö.
" 35. Adam och Eva, folklustspel i 4 akter, bearb. af H. Molander. Musik af A. Ferron. 91. 1 kr.
" 36. "Farväll!" En sorgens ton från Amerika. Ur Gustaf Frödings diktsamling "Guitarr och dragharmonika". 91. 30 ö.
" 37. Diplomatkupletter ur op. Saint-Cyr. Musik af R. Dellinger. 91. 30 ö.
" 38. Visa om råttan ur féerilustspelet "Fru Hin". 91. 30 ö.
" 39. Militärvisa ur féerilustspelet "Fru Hin." 91. 30 ö.
" 40. Karin och Olle, visa. 91. 30 ö.
" 41. Paradis-kupletter ur op. Söndagsbarnet af Millöcker. 92. 30 ö.
" 42. Kannibal-visa ur vaudevillen Skolflickan. 92. 40 ö.
Kuplett-repertoire. Textbok. 90. 75 ö.
KURSELL, Ferd., Andesyn, sång vid orgel- eller piano-accomp. Sthm, Elkan & Schildknecht. 95. 75 ö.
—, "Och väl har du stulit mitt sinnes ro", romans för en röst vid piano. Sthm, Abr. Lundquist. 92. 50 ö.
Kyrkosångaren, samling sånger för en röst med piano el. orgel. Sthm, Abr. Hirsch. 90.
N:o 1. Bach, Aria ur Pingstkantaten. 75 ö.
" 2. Berens, Arietta ur Fader vår. 50 ö.
" 3. Hauptmann, Ave Maria. 50 ö.
" 4. Mendelssohn, Arioso ur Orat. Elias. 50 ö.
" 5. Wennerberg, Aria ur orat. Jesu födelse. 75 ö.
" 6. Haydn, Aria ur orat. Skapelsen. 75 ö.
" 7. Mendelssohn, Arisso ur orat. Paulus. 50 ö.
" 8. Händel, Largo. 50 ö.
" 9. Haydn, Rec. och aria ur orat. Skapelsen. 91. 75 ö.
" 10. Mendelssohn, Aria ur orat. Elias. a) för tenor b) för baryton 50 ö.
Kyrkosångens vänners sångsamling, flerstämmiga andliga sånger för manskör, utg. at G. F. Lundblad. Linköping, P. M. Sahlströms Bokh. 93. 2 kr.
KÖLLING, Ch., La chasse au lion pour piano. Sthm, Elkan & Schildknecht. 92. 1 kr.
—, D:o d:o pour piano, à 4 mains. Sthm, Elkan & Schildknecht. 87. 1: 50.
—, Op. 17. Zigenarlif, tonmålning för piano. Sthm, Elkan & Schildknecht. 88. 1 kr.
KÖLLING, Carl, Op. 146. Savoyardgossen, tonstycke för piano. Sthm, Elkan & Schildknecht. 90. 75 ö.
Köp mig! Hambopolska för piano af Xxxxx. Sthm, Sv. Bokh. medhj. fören:s sjuk- och begrafningskassa. 91. 50 ö.
Kör-album, samling flerstämmiga sånger för blandade röster utgifna af Ivar Hedenblad. Häft. 3. Sthm, Abr. Hirsch. 88. 1 kr.
Körling-album för sång och piano. Sthm, Carl Gehrman. 94. 2 kr.
KÖRLING, Aug., Aftonstämning för en röst med piano. Sthm, Carl Gehrman. 93.
För tenor el. sopran 50 ö.
För baryton el. mezzosopran 50 ö.
—, Aprilvisa för en röst och piano. Sthm, Carl Gehrman. 94. 75 ö.

10-års katalog 1886—1895.

KÖRLING, Aug., Behagen, sång för en röst med piano. Sthm, Carl Gehrman. 95.
N:o 1. Baryton. 75 ö.
„ 2. Tenor. 75 ö.
—, "Fjerran på enslig stig", sång för en röst vid piano. Sthm, Carl Gehrman. 88. 50 ö.
—, "Flyg ej undan", sång för en röst med piano. Sthm, Carl Gehrman. 88. 75 ö.
—, Flyg, fjäril! Sång för en röst med piano. Sthm, Carl Gehrman. 94. 75 ö.
—, Fyll till randen, sång för en röst med piano. Sthm, Carl Gehrman. 95. 1 kr.
—, Fågelsång, sång för en röst med piano. Sthm, Carl Gehrman. 95. 75 ö.
—, Hvita rosor af K. A. Melin för en röst med piano. Sthm, Elkan & Schildknecht. 94. 50 ö.
—, Kamrat! Sång för en röst vid piano. Sthm, Carl Gehrman. 93. 50 ö.
—, Midsommar, sång för en röst med piano. Sthm, Carl Gehrman. 95. 75 ö.
—, När stjernehären blänker, sång för en röst med piano. Sthm, Carl Gehrman. 95.
N:o 1. Baryton. 75 ö.
„ 2. Tenor. 75 ö.
—, Sjömansflickan, sång för en röst med piano. Sthm, Carl Gehrman. 94. 75 ö.
—, "Slumra bölja blå", sång för en röst vid piano. Sthm, Carl Gehrman. 88. 75 ö.
—, Snart synker solen, sång för en röst med piano. Sthm, Carl Gehrman. 95. 50 ö.
—, Sångarkonst, sång för en röst med piano. Sthm, Carl Gehrman. 95. 75 ö.
—, Ungdomsminnen för piano. Sthm, Carl Gehrman. 93. 75 ö.
—, Vogt på dit Öje, sång för en röst med piano. Sthm, Carl Gehrman. 88. 60 ö.
Körner, Kgl. Svea Lifgardets paradmarsch, arrang. för piano, 4 händer. Sthm, Elkan & Schildknecht. 90. 75 ö.

LABADIE, H., Papillonnette, polka pour piano. Sthm, Carl Gehrman. 95. 50 ö.
—, Rayons d'or, valse pour piano. Sthm, Carl Gehrman. 95. 1 kr.
—, Sur l'Onde, valse de salon pour piano. Sthm, Carl Gehrman. 95. 75 ö.
LACK, Théodore, Arietta för piano. Sthm, Carl Gehrman. 86. 75 ö.
—, Aubade vénitienne för piano. Sthm, Abr. Hirsch. 95. 80 ö.
—, Cabaletta för piano. Sthm, Carl Gehrman. 87. 75 ö.
LAGERGREN, A., Lätt utförbara koralpreludier för orgel eller orgelharmonium. 1:sta häftet. Sthm, Elkan & Schildknecht. 88. 1: 50.
—, D:o d:o, 2:dra häft. Sthm, Elkan & Schildknecht. 90. 1: 50.
—, D:o d:o, 3:dje häft. Sthm, Elkan & Schildknecht. 91. 1: 50.
—, D:o d:o, 4:de häftet. Sthm, Elkan & Schildknecht. 93. 1: 50.
—, Orgelskola. Band II. Sthm, Abr. Hirsch. 95. 4 kr.
LAGERGREN, Joh. Fredr., Populära postludier (Utgångsstycken). Häft. 1—4. Sthm, Carl Gehrman. 88. à 1 kr.
"Lago", Op. 26. Humoresker för piano. Sthm, Abr. Lundquist. 89. 1: 50.

"Lago", Op. 34. Trastens klagan, sång för en röst med piano. Sthm, Abr. Lundquist. 89. 75 ö.
—, Op. 39. Trenne duetter för fruntimmers-röster med piano. Sthm, Abr. Lundquist. 89. 2 kr.
LANG, Josef, Tre sånger för sopran med piano. Sthm, Abr. Lundquist. 94. 1: 25.
LANGE, A., Fjäderlätt, schottish för piano. Sthm, Carl Gehrman. 94. 50 ö.
—, Fritt val, revy-française för piano. Sthm, Carl Gehrman. 94. 75 ö.
—, Landtluft, hambopolska för piano. Sthm, Carl Gehrman. 90. 50 ö.
—, Potpourri-vals för piano. Sthm, Carl Gehrman. 91. 1 kr.
LANGE, G., Hetvegg-fetvegg, polka för piano. Sthm, Elkan & Schildknecht. 86. 50 ö.
—, Kompositioner för piano. Sthm, Elkan & Schildknecht. 88.
Alpidyll. 75 ö.
Blumenlied. 75 ö.
De tre gracerna, concertmazurka. 75 ö.
—, Pilgrimskör ur Tannhäuser, transkription för piano. Sthm, Carl Gehrman. 95. 75 ö.
—, Sång till aftonstjernan ur Tannhäuser, för piano. Sthm, Carl Gehrman. 95. 75 ö.
—, Un petit compliment, mazurka för piano. Sthm, Elkan & Schildknecht. 86. 50 ö.
LANGER, Gust., Lilla mormor, alpmelodi för violin och piano. Sthm, Elkan & Schildknecht. 90. 1 kr.
Langey, Mexicansk serenad för piano. Sthm, Abr. Lundquist. 89. 75 ö.
LARBELESTIER, J. S., Home, sweet home, engelsk ballad arrang. för piano. Sthm, Elkan & Schildknecht. 93. 75 ö.
LASSEN, Ed., Sånger och visor för en röst med piano. Sthm, Carl Gehrman. 95.
N:o 1. Min hemlighet (Vorsatz). 50 ö.
„ 2. Jag har i drömmen gråtit (Ich hab' im Traum geweinet).
„ 3. Du som i rosig fägrings vår (Du meiner Seele schönster Traum). 75 ö.
LASSON, Per, Crescendo för piano. Sthm, Elkan & Schildknecht. 93. 50 ö.
LATANN, O., Kongl. Kronobergs Reg:tes paradmarsch för piano, 4 händer. Sthm, Abr. Lundquist. 90. 75 ö.
Lefve Saltsjöbaden! Polka för piano. Sthm, Carl Johnn. 94. 50 ö.
LEMMENS, J., Valda stycken för orgel. Sthm, Elkan & Schildknecht. 92.
Marche triomphale, 75 ö.
Fanfare. 75 ö.
Cantabile. 1 kr.
Finale. 1 kr.
Sortie (Utgångsstycke). 60 ö.
LENNOX, L., Kärlekens drömmar fly (Loves golden dreams) sång för en röst vid piano. Sthm, Carl Gehrman. 94. 75 ö.
LEONCAVALLO, R., Der Bajazzo, potpourri för piano. Sthm, Abr. Lundquist. 93. Häft. 1 och 2 à 1: 50.
—, Pajazzo, stort melodiudvalg för piano. Sthm, Elkan & Schildknecht. 93. 1: 50.
—, Sånger ur Pajazzo. Sthm, Elkan & Schildknecht. 93.
N:o 1. Prolog. 75 ö.
„ 2. Serenad. 50 ö.

N:o 3. Arioso. 50 ö.
" 4. Pajazzos sång. 50 ö.
LESKOVJAN, Joh., Op. 17. Margaretha, humoristisk marsch, Sthm, Carl Gehrman. 94.
   För piano, 2 händer 50 ö.
   " " och violin 75 ö.
   " " och flöjt 75 ö.
   " orkester 1: 50.
—, D:o d:o. Sthm, Carl Johnn. 94.
   För piano, 2 händer 50 ö.
   " " 4 " 75 ö.
—, Op. 15. Persische Rosen, Walzer für Piano. Sthm, Abr. Lundquist. 94. 1 kr.
LEUTNER, A., Fest-ouverture för piano, 4 händer. Sthm, Elkan & Schildknecht. 86. 2 kr.
LICHNER, H., Ballscenen, leichte Tanzweisen für Piano. Sthm, Elkan & Schildknecht. 86. 1: 50.
—, Op. 290. Dora Bella, impromptu för piano. Sthm, Elkan & Schildknecht. 92. 75 ö.
—, La ballerina, polka de salon pour piano. Sthm, Elkan & Schildknecht. 86. 1 kr.
—, Op. 49. Trois sonatines faciles, instructives et progressives pour piano. Sthm, Elkan & Schildknecht. 91. Häft. 1—3 à 1 kr.
—, Ulanenritt, Militair-Galopp für Piano. Sthm, Elkan & Schildknecht. 86. 1 kr.
—, D:o d:o för piano, 4 händer. Sthm, Elkan & Schildknecht. 86. 1: 50.
LIDNER, Olof, Herrevads kloster-marsch för piano. Sthm, Elkan & Schildknecht. 95. 60 ö.
LIE, Sigurd, Fire sange med pianoaccompagnement. Sthm, Carl Johnn. 95
   N:o 2. Bestikkelse (Theodor Caspari). 50 ö.
LIEDBERG, Hildur, Visa för en röst med piano. Ord af Augusta Braunerhjelm. Sthm, Elkan & Schildknecht. 95. 1 kr.
LINCKE, Paul, Ett reseäfventyr, kuplett för en röst med piano. Sthm, Abr. Hirsch. 95. 75 ö.
—, Fröken Chic, kupletter för en röst och piano. Sthm, Carl Gehrman. 94. 50 ö.
—, Fröken Chic, (Die Gigerlkönigin) arrang. för piano och violin el. flöjt. Sthm, Carl Gehrman. 95. 75 ö.
—, Skön Anna lill', gavotte för piano. Sthm, Carl Gehrman. 95. 60 ö.
LIND, Hildur, Romans utan ord (Till mitt hjertas ideal) för piano. Sthm, Komp. 89. 75 ö.
LINDBERG, Felix, L'espérance, vals för piano. Sthm, Abr. Lundquist. 94. 1 kr.
LINDBERG, Per, På Nybroviken, polka-mazurka för piano. Sthm, Kompositören. 91. 50 ö.
—, Vetter-vågor, vals för piano. Sthm, Elkan & Schildknecht. 95. 1 kr.
LINDBLAD, A. F., Allgro, Andante och Scherzo för violin och piano. Sthm, Musikaliska Konstföreningen. 92. 2: 50.
LINDEBERG, Måns, Landtflickans klagan, visa för mezzosopran el. baryton med piano. Sthm, Abr. Lundquist. 94. 50 ö.
LINDEMAN, Karl August, Sigge Wulff, polka för piano. Sthm, Carl Gehrman. 91. 50 ö.
LINDGREEN, Carl, Regementet aftågar, marsch för piano. Sthm, Elkan & Schildknecht. 91. 50 ö.
LINDGREN, N., Under blågul fana, marsch för piano. Sthm, Elkan & Schildknecht. 93. 75 ö.
LINDHOLM, Fred., I drömmar, nocturne för piano. Sthm, Carl Gehrman. 88. 50 ö.
LINDMARK, Hjalmar, Nouveauté-marsch för piano. Sthm, Abr. Lundquist. 95. 50 ö.

LINDSTRÖM, Alb., Melodialbum för orgelharmonium. Sthm, Abr. Lundquist. 90. 2 kr.
LISZT, Franz, På sångens lätta vingar af Mendelssohn-Bartholdy, satt för piano. Sthm, Elkan & Schildknecht. 92. 75 ö.
LITHORIN, A. J., På vägen, vals för piano. Sthm, Carl Gehrman. 92. 1 kr.
—, Saltsjöbaden, polka för piano. Sthm, Abr. Lundquist. 95. 75 ö.
LITTMARCK, C. G. R., Ingalill's dröm, poetisk tonbild för piano. Sthm, Carl Gehrman. 93. 1 kr.
LOESCHHORN, A., Op. 190. 24 lätta melodiska etyder i alla dur- och moll-tonarter för den första undervisningen i pianospel. Sthm, Abr. Lundquist. 88. Häft. 1 och 2 à 1: 50.
LOOSTRÖM, Isidor, God Jul! Vals för piano. Sthm, Abr. Lundquist. 87. 1 kr.
—, Varieté-minnen, vals för piano. Sthm, Abr. Lundquist. 91. 1 kr.
LOWTHIAN, Caroline, Hägring, vals för piano. Sthm, Elkan & Schildknecht. 91. 1 kr.
—, Mother Hubbard, polka för piano. Sthm, Elkan & Schildknecht. 92. 50 ö.
—, Venetia, vals för piano. Sthm, Elkan & Schildknecht. 91. 1 kr.
Ludvig, Linköpings beväringsmarsch för piano. Linköping, Ludv. Granbom. 90. 40 ö.
LUNDGREN, Fabian, Album för orgelnister, 1:sta häft. Sthm, Abr. Lundquist. 92. 1: 25.
—, D:o d:o. 2:dra häftet. 94. 1: 25.
LUNDH, L. Aug., Allmänna läroverkets sångbok. 5:te häftet. Sthm, Elkan & Schildknecht. 93. 75 ö.
—, I landskyrkan. Preludier och mindre utgångsstycken för orgel eller orgelharmonium. 1:sta häft. Sthm, Elkan & Schildknecht. 88. 1 kr.
—, D:o, 2:dra häft. Sthm, Elkan & Schildknecht. 89. 1 kr.
—, Op. 65. Kantat till Gustaf Adolfs-festen den 9 December 1894, komp. för solo och blandad kör med piano och orgelaccomp. Sthm, A. L. Normans förlagsexped. 94. 75 ö.
—, Organistens preludiebok, innehållande 100 preludier samt modulationer. Band I. Sthm, Elkan & Schildknecht. 91. 3 kr.
LUNDIN, O. F., Defileringsmarsch för piano. Sthm, Elkan & Schildknecht. 88. 50 ö.
—, Volapük, polka för piano. Sthm, Elkan & Schildknecht. 88. 50 ö.
LUTZ, Meyer, Pas de quatre, Englands populäraste dans för piano. Sthm, Abr. Lundquist. 94. 75 ö.
—, D:o, arrang. för piano, 4 händer. Sthm, Abr. Lundquist. 95. 75 ö.
LÖTHNER, Elza, Menuett för piano. Sthm, Elkan & Schildknecht. 91. 75 ö.
MACBETH, Allan, Förgät mig ej, intermezzo för piano. Sthm, Elkan & Schildknecht. 90. 75 ö.
—, D:o d:o, 4 händer. Sthm, Elkan & Schildknecht. 91. 1 kr.
MAGNUSSON, Gunnar, Sommarminnen, vals för piano. Sthm, Abr. Lundquist. 93. 1 kr.
MALMQUIST, F., Skridskoklubb-polka för piano. Motala, Wilh. Segerbrands Bokh. 93. 50 ö.
MANVELOFF, A., Friskt lif. Hambopolska för piano. Sthm, Carl Gehrman. 89. 50 ö.

MANVELOFF, A., La bienvenue, valse pour le piano. Sthm, Carl Gehrman. 90. 1 kr.
Marsch-album för piano, inneh 10 marscher. Sthm, Abr. Lundquist. 91. 1: 50.
Marscher, dansmusik, operapotpourrier och salongsstycken för piano och violin el. flöjt. Sthm, Elkan & Schildknecht.
N:o 14. Fexer, Gratulationsmarsch. 86. 75 ö.
  " 15. Holländer, Albumblad. 86. 50 ö.
  " 16. Boccherini, Menuett. 86. 50 ö.
  " 17. Waldteufel, Gourmand-polka. 86. 1 kr.
  " 18. Millöcker, Carlotta-vals. 86. 1: 50.
  " 19. Waldteufel, Souviens toi, vals. 86. 1: 50
  " 20. Finska rytteriets marsch. 90. 50 ö.
  " 21. Sperati, Tag lifvet lätt! Hambopolska. 90. 50 ö.
  " 22. Waldteufel, Très jolie, vals. 90. 1: 50.
  " 23. —-, Toujours ou jamais, vals 90. 1: 50.
  " 24. Wagner, J. F., Gigerl-marsch. 92. 50 ö.
  " 25. Suppé, Fr. von, Teufels-marsch. 92. 75 ö.
  " 26. Kjellander, N. Th , Med allrakärestan, hambopolska. 92. 75 ö.
  " 27. Söderman, Aug, Bröllopsmarsch ur "Ett bondbröllop." 92. 75 ö.
  " 28. Roeder, Otto, Nella Gondola, vals. 92. 1 kr.
  " 29. Waldteufel, Bella, polka-mazurka. 92. 75 ö.
  " 30. Wagner, Under dubbelörnen, marsch. 93. 75 ö.
  " 31. Björneborgarnes marsch. 93. 50 ö.
  " 32. Widegren, Lefve pressen, marsch. 93. 50 ö.
  " 33. Kongl. Svea Lifgardets paradmarsch. 95. 50 ö.
  " 34. Kongl. Göta Lifgardets paradmarsch. 95. 50 ö.
  " 35. Kongl. Kronobergs Reg:tes paradmarsch. 95. 50 ö.
  " 36. Svenska Arméens revelj och tapto. 95. 50 ö.
Marscher, Nya, omtyckta, för piano. Sthm, Abr. Lundquist. 92.
N:o 1. Lippe, Regementsmarsch. 50 ö.
Marscher, Sex, för Cornett i Ess, Cornett i B, Althorn i Ess, Tenorhorn, Tenorbasun, Bastuba, Trummor. Sthm, Carl Johnn. 95. 2: 50.
MARZIALS, Th., Tre glada sjömanspojkar (The three sailor boys), visa för en röst med piano. Sthm, Abr. Hirsch. 94. 75 ö.
MASCAGNI, Pietro, Cavalleria rusticana, riduzione per pianoforte solo. Sthm, Abr. Lundquist. 91. 5 kr.
—-, Cavallerina rusticana (På Sicilien). Potpourri för piano. Sthm, Carl Gehrman. 91. 1 kr.
—, D:o d:o. Sthm, Carl Johnn. 91. 1 kr.
—-, Fem sånger för en röst med piano. Sthm, Abr. Hirsch. 92.
 a. För sopran el. tenor. 2 kr.
 b. För mezzosopran el. baryton. 2 kr.
—-, Intermezzo ur Cavalleria rusticana, arrang. för violin o. piano. Sthm, Elkan & Schildknecht. 95. 75 ö.
—, Vännen Fritz (L'amie Fritz), opera. Sthm, Abr. Hirsch. 95.
  Intermezzo för piano, 2 händer 1 kr.
       "   "   4   " 1: 50.
MATADOR, José, Sevilla, valse espagnole för piano. Sthm, Abr. Hirsch. 95. 1 kr.
MATTEI, Tito, Non è ver! (Det är ej sant.) Romans för en röst med piano. Sthm, Abr. Hirsch. 88. 1 kr.

MAYER, Aug., Op. 4. Göta Lifgarde, marsch för piano. Sthm, Carl Gehrman. 94. 50 ö.
MEISSNER, Aug., De otäcka karlarne! Några aflöjanden ur verkligheten, taktfullt behandlade för piano. Sthm, Abr. Hirsch. 93. 1: 75.
—, Det glada Stockholm, några musikbetraktelser med belysande teckningar af V. Andrén. Sthm, Abr. Hirsch. 91. 2: 50.
—-, Militärsvärmeri, potpourri för orkester, arr. för piano. Sthm, Abr. Lundquist. 89. 1: 50.
—, Målarepolka för piano. Sthm, Abr. Hirsch. 93. 60 ö.
—, O, de kvinnorna, melodiösa inlägg i kvinnofrågan, för piano. Sthm, Abr. Hirsch. 93. 1: 75.
—, Svensk geografi för nybegynnare, ny förbättrad upplaga, utgifven och försedd med noter för piano. Sthm, Abr. Hirsch. 94. 2 kr.
- -, Trögelins jubiläumsresa. Potpourri för orkester, arr. för piano. Sthm, Abr. Lundquist. 89. 2 kr.
MEISSNER, Franz, Berliner-Favorit-Rheinländer för piano. Sthm, Elkan & Schildknecht. 92. 50 ö.
MEISSNER, Hj., Carneval-polka för piano. Sthm, Abr. Hirsch. 90. 50 ö.
- -, Hennes namn, vals för piano. Sthm, Abr. Hirsch. 95. 1 kr.
—, Hur man komponerar, gammalt tema med variationer för piano. Sthm, Abr. Hirsch. 94. 1: 50.
—-, La capricieuse pour piano. Sthm, Carl Gehrman. 93. 75 ö.
—, Lefve general'n! Marsch för piano. Sthm, Abr. Hirsch. 88. 50 ö.
—, Nur Du allein, för piano. Sthm, Abr. Lundquist. 87. 1 kr.
—, Orientalist-kongress-marsch för piano. Sthm, Abr. Hirsch. 89. 50 ö.
—, På landet, 5 tonmålningar. för piano. Sthm, Abr. Hirsch. 87. 1: 50.
- -, På maskeraden, vals för piano. Sthm, Abr. Hirsch. 86. 1 kr.
—, Skymningstankar, vals för piano. Sthm, Abr. Hirsch. 90. 1 kr.
MELLANDER, Oskar, Vikingens farväl, sång för en röst med piano. Sthm, Abr. Lundquist. 95. 75 ö.
MERKEL, G., Gavott för piano. Sthm, Elkan & Schildknecht. 86. 50 ö.
—, Menuett för piano. Sthm, Elkan & Schildknecht. 86. 60 ö.
MESSAGER, A., Skrifvarkungen (La basoche), opera för piano. Sthm, Carl Gehrman. 92. 5 kr.
—, D:o d:o. Potpourri för piano. Sthm, Carl Gehrman. 92. 2 kr.
METRA, O., La Neva, polka-mazurka för piano. Sthm, Elkan & Schildknecht. 87. 60 ö.
—, Les roses, vals för piano. Sthm, Elkan & Schildknecht. 86. 1 kr.
—, London-polka för piano. Sthm, Elkan & Schildknecht. 86. 60 ö.
MEYER, Carl, Regret, voix intime för violin o. piano. Sthm, Carl Gehrman. 87. 1: 50.
MEYER-HELMUND, Erik, Danse Audalouse pour piano. Sthm, Carl Gehrman. 92. 75 ö.
—, Han och Hon, dialog för piano. Sthm, Abr. Hirsch. 95. 75 ö.
—, Op. 75. Jag älskar dig! Sång för en röst med piano. Sthm, Abr. Hirsch. 91.
N:o 1. För sopran. 75 ö.
  " 2. För mezzo-sopran. 75 ö.
—, Op. 60. Längtan, sång för en röst med piano. Sthm, Abr. Hirsch. 91. 75 ö.

MEYER-HELMUND, Erik, Solfjäderspråk (Fächersprache), sång för en röst med piano. Sthm, Abr. Lundquist. 89. 75 ö.
—, Tomtegubbarnes marsch för piano. Sthm, Abr. Hirsch. 95. 75 ö.
—, Under hennes fönster, intermezzo för piano. Sthm, Abr. Hirsch. 95. 75 ö.
—, Op. 72 N:o 2. Valse miniature. Sthm, Elkan & Schildknecht. 91. 1 kr.
—, Op. 95. Wonnetraum, Intermezzo, arrang. för piano. Sthm, Abr. Lundquist. 92. 1: 25.
MICHIELS, G., Divertissement russe, suite de ballet pour piano. Sthm, Abr. Lundquist. 92. 1: 50.
Mikado-française för piano. Sthm, Abr. Hirsch. 90.
MILLÖCKER, Carl, Carlotta-vals för piano, 4 händer. Sthm, Elkan & Schildknecht. 86. 1: 50.
—, Den stackars Jonathan, operett i 3 akter. Potpourri för piano med bifogad text. Sthm, Abr. Hirsch. 90. 1: 75.
—, Jonathan-vals ur op. Den fattige Jonathan. Sthm, Abr. Hirsch. 90. 1 kr.
—, D:o d:o. Sthm, Abr. Lundquist. 1 kr.
—, Natalitzavals för piano. Sthm, Abr. Hirsch. 90. 1 kr.
—, Postscriptum, polka-mazurka för piano. Sthm, Elkan & Schildknecht. 87. 75 ö.
—, Profkyssen, vals ur op. Der Probekuss, för piano. Sthm, Abr. Hirsch. 95. 1 kr.
—, Sylvia vals ur op. Söndagsbarnet, för piano. Sthm, Abr. Hirsch. 92. 1 kr.
—, Söndagsbarnet, operett, arrang. för piano med bifogad text. Sthm, Abr. Hirsch. 92. 1: 75.
—, Vice-Amiralen. Operett. Arrangement för piano med bifogad text. Sthm, Elkan & Schildknecht. 88. Häft. I. 1: 50. Häft. II. 1 kr.
Minne af Finska sångkören M. M:s konserter, för piano. Sthm, Abr. Lundquist. 86. 75 ö.
MOBERG, Anna, Längtan till våren, fantasi för piano. Sthm, Abr. Lundquist. 88. 1 kr.
MOLIN, G. A., Februari-polka för piano. Sthm, Carl Gehrman. 90. 50 ö.
MOLLERIUS, Alex., Till högvakten, marsch för piano. Sthm, Carl Johnn. 93. 50 ö.
MOORE, Raymon, Skön Marie (Sweet Marie), amerikansk sång för en röst med piano. Sthm, Abr. Hirsch. 94. 60 ö.
MOOR-KING, Alfred, Marsch på den populära melodien Ta-ra-ra-bom-tra-la. Sthm, Carl Gehrman. 92. 50 ö.
—, Ta-ra-ra-bom-tra-la, sång för en röst vid piano. Sthm, Carl Gehrman. 92. 75 ö.
MOSZKOWSKI, Maurice, Op. 36. Air de ballet pour piano. Sthm, Carl Gehrman. 94. 1 kr.
Moszkowski-album för piano. Sthm, Abr. Hirsch. 94. 2 kr.
MOSZKOWSKI, Mauritz, Melodi för piano. Sthm, Elkan & Schildknecht. 86. 60 ö.
—, Serenata aus op. 15 für Pianoforte, 4 Hände. Sthm, Abr. Lundquist. 89. 1 kr.
—, Spanska danser för piano. Sthm, Carl Gehrman. 95. 2 kr.
—, Waggvisa (Schlaflied), för en röst med piano. Sthm, Abr. Hirsch. 95. 60 ö.
MOZART, W. A., Menuett ur Divertimento i D-dur. Arrang. för piano. Sthm, Elkan & Schildknecht. 88. 75 ö.
MUNKTELL, Helene, Fjerran på enslig stig, sång för en röst vid piano. Sthm, Abr. Lundquist. 93. 50 ö.

MUNKTELL, Helene, Humoresque för piano. Sthm, Elkan & Schildknecht. 91. 50 ö.
—, Sof! sof! Sång för en röst vid piano. Sthm, Elkan & Schildknecht. 93. 50 ö.
—, Trollmakt, sång för mezzosopran vid piano. Sthm, Elkan & Schildknecht. 92. 75 ö.
—, Österns natt, duett för sopran och alt med piano. Sthm, Abr. Lundquist. 94. 1: 25.
MUNTHER, Thor, Avancez, vals för piano. Göteborg, N. J. Gumperts Bokh. 95. 1 kr.
MÜLLER, Louis, Flöjtamatörens concertalbum, lätta och brillanta kompositioner för en flöjt. Sthm, Abr. Lundquist. 89. Häft. 1—4 à 1 kr.
—, Klockpolka för piano. Sthm, Komp. 88. 50 ö.
—, Lilla flöjtskolan. Sthm, Abr. Lundquist. 86. 1: 50.
—, Vald samling af allmänt omtyckt dansmusik, lätt satt för flöjt, violin el. clarinett. 5:te Häft. Sthm, Elkan & Schildknecht. 90. 1: 50.
MYRBERG, A. M., Albumblad för piano. Sthm, Elkan & Schildknecht. 86. 1 kr.
—, Bacchanale, sång med piano. Sthm, Elkan & Schildknecht. 88. 50 ö.
—, Det klappar så sakta på himmelens port, sång för en röst vid piano. Sthm, Elkan & Schildknecht. 94. 50 ö.
—, Elegie för piano. Sthm, Elkan & Schildknecht. 87. 50 ö.
—, Fem sånger för tvenne röster med piano. Sthm, Elkan & Schildknecht. 95. 2 kr.
—, Friskt mod — novellette. Två duetter för violin o. piano. Sthm, Elkan & Schildknecht. 88. 1 kr.
—, Fyra sånger för en röst vid piano. Sthm, Elkan & Schildknecht. 86. 1 kr.
—, Fyra sånger af K. A. Melin, för en röst vid piano. Sthm, Elkan & Schildknecht. 95. 1 kr.
—, Impromptu. Menuetto för violin och piano. Sthm, Elkan & Schildknecht. 87. 1: 50.
—, Polonaise för piano. Sthm, Carl Gehrman. 93. 75 ö.
—, På vandring, för piano. Sthm, Elkan & Schildknecht. 87. 50 ö.
—, Serenad för en röst vid piano. Sthm, Carl Gehrman. 94. 50 ö.
—, Tio polskor i folkton för violin och piano. Sthm, Elkan & Schildknecht. 93. 1: 50.
—, 2 Sångduetter med piano. Sthm, Abr. Hirsch. 93. 1 kr.
—, Vallgossens visa för en röst vid piano. Sthm, Carl Gehrman. 93. 50 ö.
—, Vandrarens hemlängtan, tonstycke för piano. Sthm, Elkan & Schildknecht. 88. 50 ö.
—, Vägsvall, tonstycke för piano. Sthm, Elkan & Schildknecht. 90. 50 ö.
—, Vårens saga, fem sånger för en röst med piano. Sthm, Elkan & Schildknecht. 88. 1: 50.
—, Vårjubel, tonstycke för piano. Sthm, Elkan & Schildknecht. 88. 50 ö.
—, Östersjön, sång för en röst vid piano. Sthm, Elkan & Schildknecht. 88. 50 ö.
MYRBERG, Anne Sophie, Nya albumblad för piano. Scherzo-Romance—Capriccio. Sthm, Elkan & Schildknecht. 88. 1 kr.
MÜTZE, Wilhelm, Op. 4. Frieda-walzer für Pianoforte. Sthm, Abr. Lundquist. 89. 1 kr.
MÖLLER, Göran, Fyra Sehlstedt-visor för en röst och piano. Sthm, Abr. Lundquist. 94. 1 kr.

MÖLLER, Göran, Infanterimarsch för piano. Sthm, Carl Gehrman. 87. 50 ö.
—, Jultomten, sång för en röst med piano. Sthm, Elkan & Schildknecht. 93. 50 ö.
NAMYSLOWS, Kuba Jurck, Mazurék arrang. för piano. Sthm, Abr. Lundquist. 94. 60 ö.
—, D:o d:o, 4 händer. Sthm, Abr. Lundquist. 95. 75 ö.
Negerns klagan från slafveriets tid, sång för en röst vid piano. Linköping, P. M. Sahlströms Bokh. (i distr.) 89. 50 ö.
NEIDHART, Alois, Wiener-Fiaker-Marsch för piano. Sthm, Abr. Lundquist. 89. 50 ö.
NELSON, Hjalmar, I Italien, improvisation för piano. Kalmar, Kompositören. 91. 1 kr.
NERUDA, Franz, Berceuse slave, arrang. pour le piano. Sthm, Elkan & Schildknecht. 93. 1: 25.
—, Minne från Warschau, masurka för piano. Sthm, Abr. Lundquist. 86. 50 ö.
NESSLER, E. V., Trumpetaren från Säkkingen, potpourri för piano. Sthm, Abr. Hirsch. 86. 1: 25.
—, Vals ur Trumpetaren från Säkkingen, för piano Sthm, Abr. Hirsch. 86. 50 ö.
—, D:o d:o. Sthm, Abr. Lundquist. 86. 75 ö.
NEUMANN, Wald., Minne af Lars Bondesson, polka för piano. Sthm, Elkan & Schildknecht. 92. 50 ö.
NEURY, Joseph, Berceuse pour violin et piano. Sthm, Abr. Lundquist. 93. 75 ö.
NIHLÉN, Hilding, Kupletter. Sthm, Carl Johnn. 94.
N:o 1. På maten. 40 ö.
„ 2. Om nå'n bjuder. 40 ö.
NODERMANN, Preben, Drapa för tenor-baryton vid piano. Sthm, Carl Gehrman. 93. 60 ö.
—, Martina, Jenny, 2 karakterstycken för piano, 4 händer. Sthm, Elkan & Schildknecht. 92. 1: 50.
—, Sex enkla visor för barn. Ord af Z. Topelius. Sthm, Carl Gehrman. 92. 75 ö.
NORDHOLM, Ad., Da capo-polka för piano. Sthm, Carl Gehrman. 94. 50 ö.
—, Friska tag, hambopolska för piano. Sthm, Carl Gehrman. 94. 50 ö.
—, Hejsan! Hambopolska för piano. Sthm, Carl Gehrman. 95. 50 ö.
—, Schwung, Hambopolska för piano. Sthm, Carl Gehrman. 93. 50 ö.
—, Telegraf-polka för piano. Sthm, Carl Gehrman. 94. 50 ö.
—, Vid Nordpolen, polka för piano. Sthm, Elkan & Schildknecht. 95. 60 ö.
NORDLANDER, Edv., Dans-album, innehållande 28 stycken, hvaribland Vals, Polka, Schottish, Hambopolska, Fransäs, Galopp och polska. Lätt arrang. för violin el. klarinett efter allmogespelmän. Sthm, Abr. Lundquist. 95. 1 kr.
NORDQVIST, Conrad, I gondolen, för piano. Sthm, Carl Gehrman. 93. 75 ö.
—, Sorgmarsch, utförd vid H. M. Konung Carl XV:s begrafning. Arrang. för orgelharmonium af Albert Lindström. Sthm, Abr. Lundquist. 89. 1 kr.
Normal-sångbok för svenska skolor, utgifven af C. J. Berg, A. W. Larsson, L. Aug. Lundh, H. Pettersson och Frans Tiger. Sthm, Elkan & Schildknecht. 88. 1: 25.
NORMAN, Ludvig, Op. 21. Konsert-ouverture (Essdur) för stor orkester. Arrangement för piano, 4 händer af L. G. Bratt. Sthm, Musikaliska konstföreningen. 95. 2: 50.

NORMAN, Ludvig, Op. 49, N:o 2. Månestrålar, dikt af C. D. af Wirsén för en röst och piano. Sthm, Elkan & Schildknecht. 94. 75 ö.
—, Ouverture för stor orkester till W. Shakespeares Antonius och Cleopatra. Arrang. för piano, 4 händer af L. G. Bratt. Sthm, Carl Gehrman. 88. 2 kr.
Notbok för smått folk, samling af operaarier, sångkvartetter, folkvisor, danser m. m. i lättaste arrangement för piano. 7:de häftet. Sthm, Abr. Lundquist. 87. 2 kr.
—, D:o d:o. 8:de häftet. Sthm, Abr. Lundquist. 91. 2 kr.
NOVÁCEK, Rudolf, Castaldo-marsch för piano. Sthm, Carl Johnn. 95. 50 ö.
—, Holzbach-marsch för piano. Sthm, Carl Johnn. 94. 50 ö.
NYSTRÖM, Elisabeth, Ballad för en röst med piano. Sthm, Elkan & Schildknecht. 90. 75 ö.
—, Fyra sånger för en röst vid piano. Sthm, Elkan & Schildknecht. 89. 1: 50.
OGINSKY, M. C., Quatre polonaises favorites pour piano à 4 mains. Sthm, Elkan & Schildknecht. 91. 1 kr.
"Olle", Vid sjöastrand, hambopolska för piano. Sthm, Abr. Lundquist. 95. 50 ö.
OLSEN, Ole, Op. 68. Baadfart, Serenade, Skippervise, 3 sange for en stemme med piano. Sthm, Abr. Hirsch. 93. 1: 50.
—, Op. 19, N:o 2. Sérénade pour le piano. Sthm, Elkan & Schildknecht. 89. 50 ö.
— —, Solefaldsang af Eventyrkomedien Svein Urœd, för en röst vid piano. Sthm, Elkan & Schildknecht. 92. 50 ö.
Opera-album, favoritmelodier ur de mest omtyckta operor, lätt satta för piano af John Ölander. Sthm, Abr. Lundquist. 90. 2 kr.
Opera-album för piano och violin el flöjt, favoritmelodier ur de mest omtyckta operor, lätt arrangerade. 1:sta häft. Sthm, Abr Lundquist 91. 1: 50.
—, D:o d:o. 2:dra häft. Sthm, Abr. Lundquist. 92. 1: 50.
Opera-repertoire. Sthm, Abr. Hirsch. 91.
N:o 1. Weber, Friskytten, arrang. för piano. 40 ö.
„ 2. Wagner, Lohengrin, arrang. för piano. 40 ö.
„ 3. Mozart, Figaros bröllop, arrang för piano. 40 ö.
Orkesterbibliotek, samling marscher, danser, fantasier, ouverturer, entr'acter, potpourrier, salon- och konsertstycken för liten (6- till 17-stämmig) orkester. Sthm, Carl Gehrman.
N:o 1. Bonnerose, Svärmeri, vals. 92. 2 kr.
„ 2. Ölander, Rigoletto-polka. 92. 1 kr.
„ 3. Berens, Minne af Göteborg, utställningsmarsch. 92. 1 kr.
„ 4. Rosch, Ägirs döttrar, fantasi. 92. 1 kr.
„ 5. Ericsen, Ett litet troll, polka. 92. 1 kr.
„ 6. Rosch, Under stjärnbaneret, marsch. 93. 1 kr.
„ 7. Harris, Efter balen, vals. 94. 1: 50.
„ 9. Lincke, Fröken Chic. 95. 1 kr.
ORTMAN, Gustav, Abenlied für die Violine mit Begl. des Pianoforte. Sthm, Carl Johnn. 90. 1 kr.
OTERDAHL, Ada, Echo-polka för piano. Sthm, Elkan & Schildknecht. 89. 50 ö.
—, Liljan (Die Lilie), sång för en röst vid piano. Sthm, Elkan & Schildknecht. 89. 1 kr.
—, Mazurka för en röst vid piano. Sthm, Elkan & Schildknecht. 89. 50 ö.

OTERDAHL, Ada, "Om jag en fågel vor'", romans för en röst vid piano. Sthm, Elkan & Schildknecht. 89. 50 ö.
—, Souvenir, polka för piano. Sthm, Elkan & Schildknecht. 89. 50 ö.
OTTER, Augusta von, Två små visor för en röst vid piano. Sthm, Abr. Lundquist. 94. 1 kr.
PADEREWSKI, J. J., Op. 8: N:o 3. Melodie pour piano. Sthm, Elkan & Schildknecht. 88. 75 ö.
— —, Op. 14: N:o 1. Menuet pour piano. Sthm, Elkan & Schildknecht. 88. 1 kr.
—, Nocturne pour piano. Sthm, Carl Gehrman. 92. 75 ö.
—, Op. 14: N:o 2. Sarabade pour piano. Sthm, Elkan & Schildknecht. 89. 1 kr.
PARKER, Henry, Jerusalem, sång för mezzosopran med piano. Sthm, Elkan & Schildknecht. 95. 75 ö.
PEGLOW, W., Festfreuden, rheinländer för piano. Sthm, Carl Johnn. 89. 50 ö.
—, Op. 20. Skälmska ögon, rheinländer för piano. Sthm, Carl Johnn. 92. 50 ö.
PETERS, Joh., Rhenvinets lof, marsch för piano, arr. af A. Beuthan. Sthm, Abr. Lundquist. 89. 50 ö.
— —, Rhenvinets lof, fantasitranskription för piano af G. Lange. Sthm, Abr. Lundquist. 89. 1 kr.
PETERSSON, Axel E., Ungdomsminnen: Kinda-valsen. Farbrödernas française: för piano. Linköping. P. M. Sahlströms Bokh. (i distr.) 91. 75 ö.
PETERSSON, Gustaf., Svärmeri, (Träumen) sång för en röst vid piano. Sthm, Elkan & Schildknecht. 92. 75 ö.
—, Valscaprice för piano. Sthm, Elkan & Schildknecht. 91. 1 kr.
PETRE, Torsten, Afskedssång till Gounod, romans för mezzosopran el. baryton med piano. Sthm, Elkan & Schildknecht. 93. 75 ö.
—, Aftonstämning, romans för tenor el. sopran med piano. Sthm, Elkan & Schildknecht. 94. 50 ö.
—, Op. 11. Das höchste Glück, sång för en röst vid piano. Sthm, Elkan & Schildknecht. 91. 50 ö.
—, "Du var mig mera nära", romans för mezzosopran el. baryton med piano. Sthm, Elkan & Schildknecht. 94. 50 ö.
—, Op. 13. Farväl till furuskogen, romans för mezzosopran. Sthm, Elkan & Schildknecht. 91. 50 ö.
—, Op. 12. Flyg liten fjäril, flyg! Romance för sopran o. tenor. Sthm, Elkan & Schildknecht. 91. 50 ö.
—, Hvems är grafven? Romans för mezzosopran o. baryton med piano. Sthm, Elkan & Schildknecht. 94. 50 ö.
—, Op. 19. Till aftonstjernan, romans för en röst med piano. Sthm, Elkan & Schildknecht. 94. 75 ö.
—, Trolsk vågsång, fantasi för piano. Sthm, Elkan & Schildknecht. 95. 1 kr.
—, Ungdomsdröm, romans för tenor o. sopran med piano. Sthm, Elkan & Schildknecht. 94. 50 ö.
PEUSCHEL, M., Fyrverkeri, polka för piano, Sthm, Abr. Lundquist. 86. 50 ö.
PEYRON, G., Elly-vals för piano. Sthm, Abr. Lundquist. 75 ö.
PFEIL, Heinrich, Lugn hvilar sjön, sång för en röst vid piano. Sthm, Elkan & Schildknecht. 92. 50 ö.
Philochoros-album, gamla svenska dansar och låtar, samlade af föreningen Philochoros i Upsala. Sthm, Abr. Hirsch. 92. 2:50.
Philochoros-album, Nytt, gamla svenska folkdansar för piano. Sthm, Abr. Lundquist. 94. 2 kr.
Piano-album, De ungas, samling lätt satta stycken för piano. Sthm, Abr. Hirsch. 95. 1:50.
PIERNÉ, G., Sérénade pour piano. Sthm, Abr. Lundquist. 92. 1 kr.
PLEININGER, C. F., Förtruppen, marsch för piano. Sthm, Abr. Hirsch. 95. 75 ö.
PONCHIELLI, A., La Gioconda, opera, Klaverutdrag, 2 händer. Sthm, Abr. Hirsch. 92. 5 kr.
—, La Gioconda, opera. Potpourri för piano. Sthm, Abr. Hirsch. 92. 2 kr.
—, D:o d:o Potpourri för piano 4 händer. Sthm, Abr. Hirsch. 92. 2 50.
— —, La Gioconda, potpourri för piano. Sthm, Abr. Lundquist. 91. 1:50.
Populära sånger, för piano. Sthm, Abr. Lundquist. 94. 1:50.
—, D:o d:o, Band. II. Sthm, Abr. Lundquist. 95. 1:50.
POUSETTE, P. H., Abrakadabra, polka för piano. Sthm, Abr. Lundquist. 89. 50 ö.
—, Mazurka för piano. Sthm, Abr. Lundquist. 89. 75 ö.
PUGH, Johannes, Hulda lilla, sångvals för piano (med underlagd text). Sthm, Abr. Lundquist. 89. 75 ö.
På lediga stunder, 12 omtyckta salongsstycken för piano mycket lätt arrang. af A. Trojelli. Sthm, Abr. Lundquist. 93.

N:o 1.	Reissiger, Små funderingar.	40 ö.
„ 2.	Flamm, Under skollofvet (polka).	40 ö.
„ 3.	Backmann, Det gamla slottet.	40 ö.
„ 4.	Behr. På isen (mazurka).	40 ö.
„ 5.	Carman, lilla sötungen.	40 ö.
„ 6.	Thuillier, Tarantelle.	40 ö.
„ 7.	Behr, Kring majstången.	40 ö.
„ 8.	Thuillier, Framtidsplaner (vals).	40 ö.
„ 9.	I kapp (galopp).	40 ö.
„ 10.	Lamothe, Filippin (polka).	40 ö.
„ 11.	Céré, R., I yrväder (mazurka).	40 ö.
„ 12.	Kücken, Visa från Schweiz.	40 ö.

RAAB, Gust., Sång i Neapel för en röst vid piano. Sthm, Elkan & Schildknecht. 94. 50 ö.
RADECKE, Robert, Kejsar Fredriks favoritsång: "När en pröfning Gud dig ger." För en röst med piano o. orgel-harmonium. Sthm, Elkan & Schildknecht. 88. 50 ö.
RAGANI, Rose, Ministrelens ballad, (Ballade du menestrel) sång för en röst med piano. Sthm, Carl Gehrman. 95. 75 ö.
RAIDA, C. A., Kamerun-marsch. Sthm, Elkan & Schildknecht. 87.
Piano 2 händer 75 ö.
„ 4 „ 1 kr.
RAKOCZY-marschen, ungersk nationalmarsch. Sthm, Abr. Hirsch. 92.
Piano, 2 händer. 50 ö.
„ 4 „ 60 ö.
„ och violin. 60 ö.
"RAMMAH", Astri-Ragni, rheinländer för piano. Göteborg, N. J. Gumpert. 93. 75 ö.
REHNFELDT, Karl, Frida, hambopolska för piano. Sthm, Elkan & Schild-knecht. 93. 50 ö.
—, På bondbröllopet, hambopolska för piano. Sthm, Elkan & Schildknecht. 95. 50 ö.
RENDAHL, C. W., Mazurka för piano. Sthm, Elkan & Schildknecht. 87. 50 ö.

RENDAHL, C. W., Polska för piano. Sthm, Elkan & Schildknecht. 87. 50 ö.
—, Sju visor på varmlandske tongmåle, deckta åtta Fredrik på Rannsätt å satte för bas eller baryton må litt klärp för pian. Sthm, Carl Gehrman. 91. 2 kr.
—, Tio sånger ur "Kristna Högtids- och helgdagar" af C. D. af Wirsén, för soloröst (N:ris 1, 3, 4, o. 7, för soloröst o. blandad kör) med accomp. af piano o. orgelharmonium. Sthm, Abr. Lundquist. 91. 2 kr.
—, Visa i folkton, bagatelle för piano. Sthm, Elkan & Schildknecht. 87. 50 ö.
REX, F., Blomsterdoft, vals för piano. Sthm, Abr. Hirsch. 88. 75 ö.
REICHARDT, O., Omnibus-polka, för piano. Sthm, Abr. Hirsch. 89. 50 ö.
REICHARDT, Carl, I regn och blåst, marsch för piano. Sthm, Abr. Lundquist. 92. 75 ö.
RICHARD. K., Min söta kusin, mazurka för piano med humoristisk text. Sthm, Abr. Hirsch. 89. 75 ö.
RICHARDS, Brinley, Eko från Luzern. Tonstycke för piano. Sthm, Carl Johnn. 89. 1 kr.
RICHTER, C. F., Marstrands pas de quatre för piano. Göteborg, N. J. Gumperts Bokh. 95. 1 kr.
—, Minne af Rosée Heath, melodibukett arr. för piano. Sthm, Elkan & Schildknecht. 91. 1 kr.
RICHTER, Gust., Gold-Else, Polka-Mazurka für piano. Sthm, Abr. Lundquist. 93. 75 ö.
RINGVALL, C. F., Jun, Formering till bataljoner, marsch för piano. Sthm, Abr. Lundquist. 87. 50 ö.
—, 40 Knop, galopp för piano. Sthm, Carl Gehrman. 87. 60 ö.
—, Karneval-polka och schottish för piano. Sthm, Abr. Lundquist. 90. 75 ö.
—, Kongl. Gotlands Infanteri-Reg:tes paradmarsch för piano. Sthm, Abr. Lundquist. 95. 60 ö.
—, Lilla slarfvan, polka för piano. Sthm, Abr. Lundquist. 86. 50 ö.
—, Misse-polka för piano. Sthm, Abr. Lundquist. 87. 50 ö.
—, Nalle-marsch för piano. Sthm, Elkan & Schildknecht. 94. 75 ö.
—, Vid 17 år, polka för piano. Sthm, Carl Gehrman. 93. 50 ö.
RIXNER, Jos., Fältjägare-marsch för piano. Sthm, Elkan & Schildknecht. 87. 50 ö.
ROEDER, M., Gamla farmor dansar, skiss för piano. Sthm, Abr. Hirsch. 89. 75 ö.
ROEDER, Otto, Alcazar, vals för piano. Sthm, Elkan & Schildknecht. 94. 1 kr.
—, Aurora, vals för piano. Sthm, Elkan & Schildknecht. 94. 1 kr.
—, Florea, vals för piano. Sthm, Carl Gehrman. 93. 1 kr.
—, Kärlekens drömland, vals. Sthm, Carl Gehrman. 87. Piano, 2 händer. 1 kr.
 " 4 " 1: 50.
—, Mia bella, vals för piano. Sthm, Carl Gehrman. 93. 1 kr.
—, Nella Gondola, vals för piano. Sthm, Elkan & Schildknecht. 90. 1 kr.
—, D:o d:o, för 4 händer. Sthm, Elkan & Schildknecht. 92. 1: 50.
ROGER, V., Josephine, operett. Potpurri för piano. Sthm, Abr. Lundquist. Häft. 1 och 2 à 1 kr.
ROLLA, Ch., Fin de siècle, humoristiskt potpurri öfver alla nutidens mest populära melodier, för piano. Sthm, Elkan & Schildknecht. 95. 1 kr.
ROPARTZ, J. Guy, Marsche de fête pour orchestre. Reduction pour piano à 4 mains. Sthm, Abr. Lundquist. 89. 1: 50.
ROSCH, Alb., Under stjärnbaneret, marsch för piano. Sthm, Carl Gehrman. 93. 75 ö.
—, D:o d:o för piano och violin. Sthm, Carl Gehrman. 93. 1 kr.
—, Ägirs döttrar, fantasi för piano. Sthm, Carl Gehrman. 90. 75 ö.
ROSE, Fabian, Antipoddans (Schottish) för piano. Sthm, Carl Johnn. 91. 60 ö.
—, Ivy-waltz för piano. Sthm, Abr. Lundquist. 91. 1 kr.
ROSELLI, R. R., Melodisk violinskola. Sthm, Abr. Lundquist. 95. 3 kr.
ROSENFELD, Monroe H., The New-York Herald, marsch för piano. Sthm, Elkan & Schildknecht. 95. 50 ö.
ROSENZWEIG, Wilh., "Om jag dig älskar?" Vals för en röst vid piano. Sthm, Elkan & Schildknecht. 94. 75 ö.
—, Se i mitt öga, sångvals för en röst och piano. Sthm, Carl Johnn. 90. 75 ö.
—, Svarta diamanter, vals-rondo för en röst vid piano. Sthm, Elkan & Schildknecht. 94. 75 ö.
ROSEY, G., Wedding trip, marsch för piano. Sthm, Carl Johon. 95. 75 ö.
ROSSI, Marcello, Stilla tankar, sång för en röst med piano. Sthm, Abr. Hirsch. 91. 75 ö.
ROTH, F., Det unga gardet, vals för piano. Sthm, Abr. Hirsch. 89. 1 kr.
—, Flotte Weiber, marsch för piano. Sthm, Elkan & Schildknecht. 90. 75 ö.
—, Marsch för piano ur lustspelet "De tre gracerna". Sthm, Abr. Hirsch. 89. 50 ö.
ROYLE, T. P., Eldorado, vals för piano. Sthm, Abr. Hirsch. 93. 1 kr.
—, Jola, pas de quatre för piano. Sthm. Abr. Hirsch. 95. 75 ö.
—, Toreador, vals för piano. Sthm, Carl Gehrman. 91. 1 kr.
—, D:o d:o, för violin och piano. Sthm, Carl Gehrman. 94. 1: 50.
ROZENDAHL, Hj., Marsch-album, 50 marscher för en flöjt. Sthm, Abr. Lundquist. 90. 2 Häften à 1: 50.
RUBEN, Paul, Valse lente för piano. Sthm, Abr. Hirsch. 95. 85 ö.
Rubinstein-album för piano. Sthm, Carl Gehrman. 94. 1: 50.
RUBINSTEIN, Anton, Bajader-dans och fackeldans ur op. Feramors för piano. Sthm, Abr. Hirsch. 95. 1 kr.
—, Deux melodies pour le piano. Sthm, Abr. Lundquist. 91. 1 kr.
—, "Hur många år förrunnit", romans för en röst vid piano. Sthm, Elkan & Schildknecht. 94. 75 ö.
—, Nattlig sång för en röst och piano. Sthm, Abr. Lundquist. 95. 75 ö.
—, Polka (Bohème) för piano. Sthm, Elkan & Schildknecht. 92. 75 ö.
—, Valse-caprice för piano. Sthm, Abr. Hirsch. 88 2 händer lätt arr. 1:-, 4 händer (arr. af Kleinmichel). 1: 50.
RUMMEL, J., La serenata de Braga, fantaisie de salon pour le piano. Sthm, Abr. Lundquist. 89. 1 kr.

Rysk nationaldans för piano. Sthm, Carl Gehrman. 93. 50 ö.
SAHLBERG, Alma, Stjernblomman, sång för en röst vid piano. Sthm, Elkan & Schildknecht. 89. 50 ö.
SAINT—SAËNS, C., Danse de la Gipsy pour piano. Sthm, Abr. Hirsch. 93. 1 kr.
—, Prelude de Deluge, transcrit pour piano. Sthm, Abr. Lundquist. 90. 1 kr.
SALICATH, Franciscs, Vuggesang, H. K. H. Hertug Erik af Vestmanland tillegnet. Sthm, Komp. 89. 75 ö.
SALOMAN, Sigfried, 11 visor och sånger för stora och små vid piano. Sthm, Abr. Lundquist. 90. 1 kr.
—, Fyra manskörer à capella. Sthm, Abr. Lundquist. 92. 1 kr.
—, Led vid lifvet, komisk opera. Sthm, Abr. Lundquist. 90.
Klaverutdrag med svensk och tysk text. 90. 2 kr.
Introduction. 50 ö.
N:o 1. Romans. 50 ö.
" 2. Trumpetarevisa. 50 ö.
" 3. Aria. 50 ö.
" 5. Barcarolle. 50 ö.
" 7. Romans. 50 ö.
" 8 b, Duettina. 50 ö.
" 9. Manskör och kvartett. 50 ö.
—, 10 visor och sånger för stora och små. 2:dra Häft.. Sthm, Abr. Lundquist. 92. 1 kr.
Salon-album för piano. Band I. Sthm, Abr. Lundquist. 92. 2 kr.
—, D:o d:o. Band II. Sthm, Abr. Lundquist. 93. 2 kr.
—, D:o d:o. Band III. Sthm, Abr. Lundquist. 94. 2 kr.
—, D:o d:o, Band IV. Sthm, Abr. Lundquist. 95. 2 kr.
—, D:o d:o för 4 händer. Band I. Sthm, Carl Gehrman. 92. 2 kr.
—, D:o för violin och piano. Sthm, Abr. Lundquist. 94. 2 kr.
SANDBERG, Helge, Ingeborgs visa. Eko från hembygden, sång för en röst med piano. Sthm, Abr. Lundquist. 95. 50 ö.
SANDGREN, Erhard, Lola, mazurka för piano. Sthm, Carl Johnn. 93. 50 ö.
SANDSTRÖM, Oscar, Ayala-polka för piano. Sthm, Carl Gehrman. 90. 50 ö.
SANTESSON, Alma, Gif akt! Marche triomphale för piano. Sthm, Abr. Lundquist. 91. 75 ö.
SATTER, G., Souvenir d'Öfverås för piano. Sthm, Elkan & Schildknecht 87. 75 ö.
SAURET, Emile, Aubade (Morgonsång) för en röst vid piano. Sthm, Abr. Lundquist. 89. 1 kr.
SCHARWENKA, Philipp, Op. 80. Sechs Vortragsstücke in leichten Spielart für das Pianoforte. N:o 1. Idyll. Sthm, Elkan & Schildknecht 89. 75 ö.
SCHARWENKA, Xaver, Air de Pergolese för piano. Sthm, Elkan & Schildknecht. 87. 50 ö.
—, Op. 62. Album für die Jugend. Kleine Vortragsstücke für das Pianoforte. Sthm, Abr. Lundquist. 88. 1: 50.
—, Op. 16 N:o 2. Mazurka (B-moll) för piano. Sthm, Elkan & Schildknecht. 90. 75 ö.
—, Polska nationaldanser för piano. Sthm, Abr. Hirsch. 89.
Piano, 2 händer. Häft 1 o. 2 à 1 kr.
" 4 " 2: 50.
—, Polsk nationaldans för violin och piano. Sthm, Elkan & Schildknecht. 90. 1 kr.

SCHILD, T. F., Hjertetjufven, polka för piano. Sthm, Carl Gehrman. 87. 75 ö.
SCHINDLER, Josef, Supé-minnen, populär kuplett, sjungen af Annette Teufel. Sthm, Abr. Lundquist. 95. 75 ö.
SCHLÖGEL, Ludvig, Wiener-svalor, marsch, för piano. Sthm, Abr. Hirsch. 92. 50 ö.
SCHMELING, Martin, Soldatlif, Marsch för piano Sthm, Abr. Hirsch. 95. 50 ö.
SCHMIDT, Amanda, Eiffel-schottish för piano. Linköping, P. M. Sahlströms Bokh. (i distr.) 89. 50 ö.
SCHNEIDER, Herm. Jos., Treu zur Fahne, Defilermarsch. Sthm, Abr. Hirsch. 92. 60 ö.
SCHOLANDER-album för piano. Sthm, Abr. Lundquist. 94. 3 kr.
SCHOLTZ, H., Menuetto för piano. Sthm, Elkan & Schildknecht. 86. 1 kr.
—, Serenata för piano. Sthm, Elkan & Schildknecht. 86. 1 kr.
SCHRAMMEL, Johann, Op. 124 Im Wiener-Dialekt, walzer für Pianoforte. Sthm, Elkan & Schildknecht. 91. 1 kr.
—, Op. 100. Wien—Berlin, marsch för piano. Sthm, Abr. Hirsch. 89. 50 ö.
—, Wien bleibt Wien, marsch för piano. Sthm, Carl Gehrman. 89. 50 ö.
—, D:o d:o. Sthm, Abr. Lundquist. 89. 50 ö.
SCHUMANN, Robert, Fem sånger för bas vid piano. Sjungna af Joh:s Elmblad m. fl. Sthm, Elkan & Schildknecht 95. 2 kr.
—, Slummersång för violin och piano. Sthm, Elkan & Schildknecht. 90. 1 kr.
—, Sånger och visor för en röst med piano. Sthm, Abr. Hirsch. 90.
N:o 1. Widmung (Tillegnan). 50 ö.
" 2. Im wunderschönen Monat Mai (Du underskönamånad Maj.) 40 ö.
" 3. Du bist wie eine Blume (Du är liksom en blomma) Wenn ich in deine Augen seh, (Får jag i dina ögon se.) 40 ö.
" 4. Ich grolle nicht (Jag vredgas ej.) 40 ö.
" 5. Mondnacht (Månskensnatt.) 50 ö.
" 6. Abendlied (Aftonsång.) 40 ö.
" 7. Die Lotusblume (Lotusblomman.) 40 ö.
" 8. Er der herrlichste von Allen (Han den ädlaste bland alla.) 50 ö.
" 9. Wanderlied (Wandrarens sång.) 50 ö.
—, Träumerei för violin och piano, med fingersättning och föredragstecken af Tor Aulin. Sthm, Elkan & Schildknecht. 95. 50 ö.
SCHÜTT, Ed, Aveu, miniature pour piano. Sthm, Elkan & Schildknecht. 92. 50 ö.
—, Valse lente pour piano. Sthm, Abr. Lundquist. 90. 75 ö.
SCHYTTE, Ludwig, Barnens pianoskola, utarbetad till bruk vid den första undervisningen. Sthm, Carl Gehrman. 95. 2 kr.
—, Op. 75. Melodische, speciale Etuden für Pianoforte. Sthm, Abr. Lundquist. 95.
1:sta Häftet. Gebrochene Accorde. Broken chords. Brudte Akkorder. 1: 25.
2:dra Häftet. Triller und Tremolo. Shake and tromolo. Trille og Tremolo. 1: 25.
3:dje Häftet. Octaven. Octaves. Octaver. 1: 25.
—, Op. 58. Melodiska föredrags-etyder för piano. Sthm, Elkan & Schildknecht. 93. Häft. 1 och 2 à 1: 25.
—, Op. 68. Moderna etyder för piano. Sthm, Elkan & Schildknecht. 91. Häft. 1 o. 2 à 1: 50.

SCHYTTE, Ludvig, Op. 74. Naturstudier. 15 små öfningsstycken för piano. Sthm, Elkan & Schildknecht. 92 Häft 1 och 2 à 1: 50.
—, Romance för violin och piano. Sthm, Abr. Lundquist. 86. 1: 50.
—, Op. 50 24 progressive Studier i alle tonearter för piano. Sthm, Carl Gehrman. 89.
      1:sta häft. 1 kr.
      2:dra „ 1: 50.
      3:dje „ 1: 50.
—, Op. 69. Ungdomsminnen, 12 lätta och karakteristiska stycken för piano. Sthm, Elkan & Schildknecht 91. Häft 1 o. 2 à 1 kr.
—, Ved Foraarstid för piano. Sthm, Abr. Lundquist. 86. 2 kr.
SEDDON, G. T. H , Isabella, schottish för piano. Sthm, Carl Gehrman. 89. 50 ö.
SEDSTRÖM, Hugo, Elegie för piano. Sthm, Abr. Lundquist 89. 75 ö.
—, Med första rosen som sprang i knopp, ord af Birger Mörner, för en röst vid piano. Sthm, Elkan & Schildknecht. 91. 50 ö.
—, Op. 4. Menuett för piano. Sthm, Abr. Lundquist. 91. 75 ö.
—, Serenad för en röst vid piano Sthm, Carl Gehrman. 93. 75 ö.
—, Strödda blad för piano. Sthm, Elkan & Schildknecht. 95. 1 kr.
—, Tre sånger för en röst vid piano. Sthm, Abr. Lundquist. 89. 1 kr.
—, Valse-caprice för piano. Sthm, Elkan & Schildknecht. 93. 75 ö.
SEELING, Hans, Loreley för piano. Sthm, Abr. Hirsch. 86. 1: 25
Serenader, Olika, glansnummer ur Sigge Wulffs-repertoiren för en röst och piano. Sthm, Carl Johnon. 92. 75 ö.
SERRANDER, S., Julfröjd, polka för piano. Sthm, Elkan & Schildknecht. 86. 50 ö.
—, Nu börjar balen, festpolonaise för piano. Sthm, Elkan & Schildknecht. 92. 50 ö.
—, Pic-nic, polka för piano. Sthm, Carl Gehrman, 94. 50 ö.
—, D:o d:o, för violin och piano. Sthm, Carl Gehrman. 95. 75 ö.
—, På isen, polka. Sthm, Elkan & Schildknecht
   Piano 2 händer (86). 50 ö.
   „ 4 „ (87). 75 ö.
   „ och violin (87.) 75 ö.
—, På lätta vingar, vals för piano. Sthm, Elkan & Schildknecht. 90. 60 ö.
—, Regatta-polka för piano. Sthm, Elkan & Schildknecht. 89. 50 ö.
—, Svenska skolungdomens marsch för piano. Sthm, Elkan & Schildknecht. 91. 50 ö.
—, Ungdomsdrömmar, vals för piano. Sthm, Elkan & Schildknecht. 92. 50 ö.
Sextett-album för messingsinstrumenter: Cornett i Ess, Cornett i B, Althorn i Ess, Tenorhorn, Tenorbasun, Basso, Trummor (ad libit) arrang. af C F. Lundin. 2.dra Häftet. Sthm, Carl Gehrman. 95. 2: 50.
SEYFFARDT, E., Lass das Fragen (O, hjerta fråga ej), dikt för en röst med piano. Sthm, Abr. Hirsch. 89. 50 ö.
SILAS, E., Gavott för piano. Sthm, Elkan & Schildknecht. 86. 60 ö.
SILLÉN, Josef af, Aqvarell för piano. Sthm, Elkan & Schildknocht. 88. 1 kr.
—, Bajaderdans för piano Sthm, Elkan & Schildknecht. 88. 75 ö.
—, Bittida i skog, sång för en röst vid piano. Sthm, Elkan & Schildknecht. 87. 50 ö
—, Fyra mindre tonstycken för piano. Sthm, Eget förlag. 90.
 N.o 1. Alla Zingara. 1 kr.
 „ 2 Trösteord. 75 ö.
 „ 3 A la rheinländer. 75 ö.
 „ 4 Nocturne. 50 ö
—, "Ich will mich im grünen Wald ergeh'n", romans för en röst vid piano. Sthm, Eget förlag. 90. 75 ö.
—, Impromptu-etude för piano Sthm, Eget förlag. 90. 1: 50
—, Källsprång, vals för piano. Sthm, Elkan & Schildknecht. 86. 1 kr.
—, Lyriskt intermezzo för piano. Sthm, Elkan & Schildknecht. 87. 50 ö
—, Mötet, romans för en röst vid piano. Sthm, Eget förlag. 90. 1 kr.
—, "Och kunde små blommor spörja", romans för en röst vid piano Sthm, Elkan & Schildknecht. 85. 75 ö
—, Sommartoner, sång för tenor el. sopran med piano. Sthm, Abr. Lundquist. 90. 75 ö
—, Tre duos för violin och piano. Sthm, Abr. Lundquist. 90. 1:sta häft. 2: 50; 2:dra häft. 2 kr.
SILVA, Ed., O, visste du bara! Vals för piano. Sthm, Abr Hirsch. 93 1 kr.
SIMON A. Souvenir de bal, valse pour piano. Sthm, Carl Gehrman. 93. 75 ö.
SIMON, Ernst, Op. 280. God natt! Serenad för piano. Sthm, Abr. Hirsch. 95. 80 ö
—, Söta svärmor, marsch med humoristisk text, för piano. Sthm, Elkan & Schildknecht. 88 75 ö.
SINDING, Christian, Viel Träume aus "Lieder und Gesänge", sång för en röst med piano. Sthm. Abr. Lundquist. 95. 60 ö.
SITT, Hans, Liten serenad för piano Sthm, Abr. Hirsch. 91. 1 kr.
SIVORI, C., Dors mon enfant. berceuse pour violin avec accomp. de piano. Sthm, Abr. Hirsch. 93 1 kr.
"Sjung med oss mamma"! små visor, utgifna af A. T. med förord af Lea. Sthm. Fr. Skoglund.
   1:sta Häftet (92.) 1: 50.
   2:dra „ (93.) 1: 75.
   3:dje „ (95.) 1: 75.
SJÖBERG, Fr., Maria, polka-mazurka för piano. Sthm, Carl Gehrman. 89. 75 ö.
SJÖDING, Ad., Grigolatis-polka för piano. Sthm, Elkan & Schildknecht. 87. 75 ö.
SJÖGREN, Emil, Alla mina drömmar de glida mot din fainn, Sång för en röst vid piano. Sthm, Elkan & Schildknecht. 87. 75 ö.
—, Contrabandieren, Spansk sång, transkription för violin och piano af Tor Aulin. A. Lättare arr. B. Svårare arr. Sthm, Abr. Hirsch. 88. à 1 kr.
—, Den afundsvärde, dikt af Verner von Heidenstam. Sång för en röst vid piano Sthm, Elkan & Schildknecht. 95. 75 ö.
—, Det första mötet, romans för en röst vid piano. Sthm, Elkan & Schildknecht. 89. 50 ö.
—, Det komma skall en sorgens tid, sång för en röst vid piano. Sthm, Elkan & Schildknecht. 87 75 ö.
—, "De vare elleve Svende" ur Holger Drachmanns "Paul och Virginie", för sång och piano. Sthm, Carl Gehrman. 88. 1 kr.

SJÖGREN, Emil, Dryckesvisa för en röst vid piano. Sthm, Elkan & Schildknecht. 87. 75 ö.
—, Dröm, sång för en röst vid piano. Sthm, Elkan & Schildknecht. 87. 50 ö.
—, Falks sång ur kärlekens komedi af Henrik Ibsen Sthm, Carl Gehrman. 90. 75 ö.
—, Op. 28. Festspel för orkester, arrang för piano, 4 händer af L G. Bratt. Sthm, Elkan & Schildknecht. 92. 2 kr.
—, Fogden på Tenneberg, sång för en röst med piano. Sthm, Elkan & Schildknecht. 90. 2 kr.
—, Fyra nya sånger för en röst och piano. Sthm, Abr Lundquist. 92. 1: 50.
—, Op 27. Fyra skizzer för piano. Sthm, Abr. Hirsch 90. 1 kr.
—, Hvem staar der for Borgen? Ur Vandenes Datter af Holger Drachmann. Sång för en röst vid piano. Sthm, Elkan & Schildknecht. 95. 75 ö.
—, "I drömmen du är mig nära", sång vid piano. Sthm, Carl Gehrman 90 50 ö.
—, I Seraljens lustgård, sång för en röst med piano. Sthm, Elkan & Schildknecht. 87. 75 ö.
—, Juleus alla vackra klockor ringen. Dikt af Fallström, för en röst vid piano. Sthm, Carl Gehrman 92. 75 ö.
—, Julsång. för altsolo och kör med accomp. af piano el. orgel, Sthm Carl Gehrman 91. 1 kr.
—, Kantat vid invigningen af St. Johanneskyrkan. Sthm, Elkan & Schildknecht. 90. 2 kr.
—, Liten knopp, moders hopp, sång för en röst med piano. Sthm, Elkan & Schildknecht. 93. 75 ö.
—, Molnet, dikt af V von Heidenstam, för en röst vid piano. Sthm, Elkan & Schildknecht 91 1 kr.
—, O, säg du enda kära, sång för en röst med piano. Sthm, Elkan & Schildknecht. 87 50 ö.
—, Pagen, sång med piano. Sthm, Elkan & Schildknecht. 92. 50 ö.
—, Polka-caprice för piano Sthm, Elkan & Schildknecht. 87. 1 kr.
—, Prinsessan, sång för en röst med piano. Sthm, Abr. Hirsch. 1 kr.
—, Op. 15. På vandring, 6 fantasistycken för piano. Ny upplaga. Sthm, Elkan & Schildknecht. Häft. 1 och 2 à 1: 50.
—, Ro, ro ögonsten, romans för en röst vid piano. Sthm, Elkan & Schildknecht. 89 50 ö.
—, Serenata af Helene Nyblom. Sång för en röst vid piano. Sthm, Elkan & Schildknecht. 95 75 ö.
—, Silkesko over gylden Læst, sång vid piano. Sthm, Elkan & Schildknecht. 92. 50 ö.
—, Solskyar af V. B:son Lind Sång för en röst vid piano. Sthm, Elkan & Schildknecht. 95. 75 ö.
—, Sommarens sista ros, romans för en röst vid piano. Sthm, Elkan & Schildknecht. 90. 75 ö.
—, Stemninger for piano Sthm, Carl Gehrman 86 3 kr.
—, Så far då väl, sång för en röst vid piano. Sthm, Elkan & Schildknecht. 86 50 ö.
—, Op. 2. Sånger för en basröst med piano Ny upplaga. Sthm, Elkan & Schildknecht. 94. 2 kr.
—, Sånger Transkription för violin och piano af Tor Aulin 1 sta häft. Sthm, Elkan & Schildknecht. 88. 1: 50.
—, "Säg om all naturen har sin fägring mist", af V. B son Lind Sång för en röst vid piano. Sthm, Elkan & Schildknecht. 95. 75 ö.
—, Op. 23. Tankar från nu och fordom, noveletter för piano. Sthm, Abr Hirsch. 91. 2: 50.

SJÖGREN, Emil, Till minnet af Anna Klemming. Nenia för piano. Sthm, Carl Gehrman. 87. 75 ö.
SJÖHOLM, Nils D., Två sånger. 1. Drömma. 2. Elfdans ur "Nero", för en röst och piano. Sthm, Abr Lundquist. 89. 1 kr.
SJÖMAN, Joh. R., Zitterskola, utarbetad med ledning af de bästa utländska källor och med särskild hänsyn till sjelfundervisning, jemte 25 vackra melodier. Sthm, C. A. V. Lundholm. 88. 2 kr.
SKÖLDIN, J. A., Stockholmsbarn, polka för piano. Sthm, Elkan & Schildknecht. 94. 50 ö.
SMITH, Boyton, Fantasier öfver motiver ur "Mikadon" för piano. Sthm, Elkan & Schildknecht. 90. 1 kr.
SMITH, H. G., I smekmån, vals för piano. Sthm, Carl Gehrman. 94. 1 kr.
SMITH, Sidney, Op 169 Cantilena pour piano. Sthm, Abr. Lundquist 88. 1 kr.
—, Op. 31. Chanson russe, romance pour piano. Sthm, Abr Lundquist. 88. 1 kr.
—, Op. 191. La mer calme, deuxième barcarolle pour piano. Sthm, Abr. Lundquist. 88. 1 kr.
—, Rysk romans för piano. Sthm, Elkan & Schildknecht. 88. 75 ö.
—, Op. 210. Scène de ballet (Ch. de Bériot), transcrite pour piano. Sthm, Abr. Lundquist. 88. 1: 50.
—, Op. 26. Songes à la forêt (Dreams of the forest) Chanson sans paroles pour piano. Sthm, Abr. Lundquist. 88. 1 kr.
—, Op. 12. Souvenir de Spa, melodie de Servais, transcrite et variée pour piano. Sthm, Abr. Lundquist. 88 1: 50.
—, Vårt farväl, (For you), sång med pianoaccomp. Sthm, Abr. Lundquist. 91. 1 kr.
SMITH, V. J., La reine des fleurs, valse brillante pour piano. Sthm, Carl Gehrman. 92. 75 ö.
Snöflingor, nyaste samling af omtyckta danser för piano, lätt arrang. 1:sta häftet. Sthm, Abr. Lundquist 92. 1 kr.
—, D:o d:o. 2:dra häftet. Sthm, Abr. Lundquist. 93. 1 kr.
—, D:o d:o. 3:dje häftet Sthm, Abr. Lundquist. 94 1 kr.
Sonatine-album, samling moderna sonatiner för piano af framstående tonsättare, redigerad af Gust. Brink. Sthm, Carl Gehrman. 95. Band I och II à 2 kr.
SOUSA, J. P., Amerikansk frihetsmarsch för piano. Sthm, Elkan & Schildknecht. 95. 50 ö.
—. The Washington Post, marsch för piano. Sthm, Carl Gehrman. 94 75 ö.
Spansk canzonetta utförd af M:lle Blanche Læscaut, för piano. Sthm, Abr. Lundquist. 91. 75 ö.
SPERATI, Emanuel. H. M Konung Oscar II:s Honnörmarsch, arrang för piano. Sthm, Elkan & Schildknecht. 94. 75 ö.
—, Lilla Emmys romans för violin och piano. Sthm, Elkan & Schildknecht. 90. 50 ö.
—, Romance pour le violon avec accomp. de piano ou l'orgue. Sthm, Elkan & Schildknecht. 90. 1 kr.
—, Tag lifvet lätt! Hambo-polska för piano Sthm, Elkan & Schildknecht. 90. 50 ö.
SPINDLER, Fritz, Minne af operan Tannhäuser, fantasi för piano. Sthm, Abr. Lundquist. 89. 1: 25.
SPOHR, Louis, Barcarole för violin och piano med fingersättning och föredragstecken af Tor Aulin. Sthm, Elkan & Schildknecht. 95. 1 kr.
STARK, A., Med chic, polka för piano Sthm, Carl Gehrman. 89 50 ö.
STECK, P. A., Flirtation (Coquetterie), petite valse pour piano. Sthm, Abr. Hirsch. 95 80 ö.

STEDINGK, M. von, Chic, polka för piano. Sthm, Carl Gehrman. 93. 60 ö.
—, Förlofningspolka för piano. Sthm, Elkan & Schildknecht. 87. 50 ö.
—, Kring lägerelden, marsch för piano. Sthm, Elkan & Schildknecht. 92. 75 ö.
—, Sparkling Hock, polka för piano. Sthm, Elkan & Schildknecht. 89. 60 ö.
—, Tennispolka för piano. Sthm, Carl Gehrman. 89. 50 ö.
STEENFELDT, P. A., Trubadurens sång, serenad för piano. Sthm, Abr. Lundquist. 95. 50 ö.
Stefana, Blåsippan, vals för piano. Sthm, Ida Schmidt. 90. 50 ö.
STEFFENS, Gustav, Bersaglieri-marsch för piano. Sthm, Abr. Hirsch. 89. 50 ö.
—, Emmas dockkupletter ur Stabstrumpetaren, för en röst vid piano. Sthm, Elkan & Schildknecht. 86. 50 ö.
—, Eva-vals ur Stabstrumpetaren, för piano. Sthm, Elkan & Schildknecht. 86. 75 ö.
—, Jägarbruden, lustspel med sång. Sthm, Abr. Hirsch. 89.
N:o 1. Jägarhistorier, marschkupletter. 50 ö.
" 2. "Kyss bara till", kupletter. 50 ö.
STENHAMMAR, P. U., Denne är min käre son, kyrkoaria med accomp. af piano eller orgel. (Ny upplaga.) Sthm, Elkan & Schildknecht. 85. 75 ö.
STENHAMMAR, Wilh., Sånger och visor för en röst med piano. Sthm, Carl Gehrman. 92.
N:o 1. I skogen. 50 ö.
" 2. Ballad. 75 ö.
" 3. När sol går ned. 50 ö.
—, Två visor: Lokkeleg, Aftenstemning, för en röst vid piano. Sthm Elkan & Schildknecht. 92. 75 ö
STERKY, Dagmar, Album, inneh. 8 sånger för en röst vid piano af Bechgaard, Tekla Griebel, Lange-Müller, Lüders och Stenhammar. Sthm, Elkan & Schildknecht. 95. 1: 50.
STIEHL, Heinrich, Op. 161. Mosaik, Zehn Klavierstücke für Pianoforte. 1:sta häft. Sthm, Elkan & Schildknecht. 92. 1 kr.
STOJOWSKI, Sigismund, Melodie pour piano. Sthm, Carl Gehrman. 92. 50 ö.
STOLPE, Gustaf, Op. 94. Den gamla goda tiden, impromptu (à la menuette) för piano. Sthm, Elkan & Schildknecht 95. 1 kr.
—, Op. 93. En tonsaga för piano. Sthm, Elkan & Schildknecht. 94. 1: 50
—, Tjugufyra körer för mansröster med text ur Den Heliga Skrift. Sthm, Carl Gehrman. 88. 4: 50.
STRAUSS, Eduard, Op. 292. Blütenkranz, 1844—1894. Johann Strauss'scher Walzer in chronologischer Reihenfolge von 1844 bis auf die Neuzeit, für Piano. Sthm, Elkan & Schildknecht 95. 1 kr.
STRAUSS, Johann, Op. 440. Gross Wien, Walzer für Pianoforte. Sthm, Carl Gehrman. 91. 1 kr.
—, Marsch ur Zigenarbaronen, för piano. Sthm, Elkan & Schildknecht. 86. 75 ö.
—, D:o d:o, 4 händer. Sthm, Elkan & Schildknecht. 86. 1 kr.
—, Vals ur Zigenarbaronen, för piano. Sthm, Elkan & Schildknecht. 86. 1 kr.
—, D:o d:o, 4 händer. Sthm, Elkan & Schildknecht. 86. 1: 50.
—, Zigenarbaronen, potpourri för piano. Sthm, Elkan & Schildknecht. 86. 1: 50.
—, D:o d:o, 4 händer af H. Alberti. Sthm, Elkan & Schildknecht. 86. 1 kr.

STREABBOG, L., Petit bal costumé, six petits morceaux faciles pour piano. Sthm, Abr. Lundquist. 92. 1: 50.
STRELEZKI, Anton, Barcarolle pour piano. Sthm, Elkan & Schildknecht. 93. 75 ö
—, Chaconne à l'antique pour piano. Sthm, Elkan & Schildknecht. 93. 75 ö.
—, Op. 190. Feuilles volantes pour le piano. N:o 1. Romance. Sthm, Elkan & Schildknecht. 93. 75 ö.
—, Från Norska högfjällen, salongsstycke för piano. Sthm, Elkan & Schildknecht. 94. 75 ö
—, Lied ohne Worte für Piano Sthm, Elkan & Schildknecht. 93. 75 ö.
—, Mazurka för piano. Sthm, Elkan & Schildknecht. 95. 75 ö
—, Melodi för piano. Sthm, Carl Johnn. 92. 75 ö.
—, Menuet à l'antique pour piano. Sthm, Elkan & Schildknecht. 93. 75 ö.
—, Miniature pour piano. Sthm, Elkan & Schildknecht. 93. 50 ö.
—, Presto-valse pour piano. Sthm, Elkan & Schildknecht. 91. 1 kr.
—, Op 134. Ricordati, vals för piano. Sthm, Elkan & Schildknecht. 92. 1 kr.
—, Romance pour le piano. Sthm, Elkan & Schildknecht. 91. 1 kr.
—, Vallflickans klagan, sång för en röst vid piano. Sthm, Elkan & Schildknecht 92. 75 ö
STRÖMBERG, Emil, Favoritkupletter. Sthm, Carl Johnn. 95.
N:o 1. Jorden rundt. 50 ö
" 2. Julvisa. 50 ö.
" 3. Kontraktvisa. 50 ö.
Studentsången, samling fyrstämmiga sånger för mansröster af Ivar Hedenblad. Sthm, Abr. Hirsch 93.
Band I: Häft. 1—5 à 1 kr.
" I: Kompl. 4 kr.
" II: Häft. 1—5 à 1 kr
" II. Kompl. 3: 50.
" III: Häft. 1—5 à 1 kr.
STÅLHAMMAR, J. O., Tre sånger för en röst och piano. Sthm, Carl Gehrman. 90. 75 ö.
SULLIVAN, Arthur, Den nye Mikadon, operett, potpourri för piano. Sthm, Abr. Hirsch 88. 1: 50.
—, Drömmen, sång vid piano. Sthm, Carl Johnn. 90. 50 ö.
—, Gavott ur op. Gondolirerna. Sthm, Abr. Hirsch. 90. 75 ö.
—, Gondolirerna, operett, potpourri för piano. Sthm, Abr. Lundquist. 90. 2 kr.
—, Mikadon, potpourri för piano. Sthm, Abr. Hirsch. 90. 1: 50.
—, Sånger ur op. Mikadon, för en röst och piano. Sthm, Abr. Hirsch. 90. 1: 50.
SUNDBERG, Georg, Snödrottningen, polka-mazurka för piano. Sthm, Abr. Lundquist. 93. 75 ö.
SUNDGREN, Verner, Norrbottens fältjägares marsch för piano. Sthm. Abr. Lundquist. 92. 50 ö.
SUPPÉ, Fr. von, Den sköna Galathea, operett, arrang. för piano. Sthm, Elkan & Schildknecht. 93. 1 kr.
—, Fortuna-marsch ur operetten "Jagten efter lyckan". Sthm, Carl Johnn. 89. 50 ö.
—, Fortuna-vals ur op. "Jagten efter lyckan", för piano. Sthm, Abr. Hirsch. 89. 1 kr.
—, Jagten efter lyckan, operett i 3 akter. Potpourri för piano. Sthm, Abr. Hirsch. 89. 1 kr.
—, D:o d:o, med underlagd text. Sthm, Abr. Lundquist. 89. 1: 50.

SUPPÉ, Fr. von, Ouverture till "Banditenstreiche" för piano, 4 händer. Sthm, Elkan & Schildknecht. 88. 1: 50.
—, Ouverture Spader dam för piano. Sthm, Elkan & Schildknecht. 86. 1 kr.
—, D:o d:o, 4 händer. Sthm, Elkan & Schildknecht. 86. 1: 50.
SVEDBOM, Vilhelm, Ave Maria för en röst vid piano. Sthm, Carl Gehrman. 89. 75 ö.
—, Gossen och fjärilu, duettino för sopran och tenor med piano. Sthm, Carl Gehrman. 94. 75 ö.
—, Skygga tankar, sång för en röst vid piano. Sthm, Carl Gehrman. 94. 75 ö.
—, Skärgårdsflickans sommarvisa för en röst med piano. Sthm, Carl Gehrman. 94. 75 ö.
—, Sten Sture, ballad för en röst med piano. Sthm, Carl Gehrman. 94. 1 kr.
—, Svarta svanor, sång för en röst med piano. Sthm, Carl Gehrman. 94. 75 ö.
—, Svennens sång ur K. A. Melins dikt "Prinsessan och Svennen", för en röst med piano. Sthm, Carl Gehrman. 88. 1 kr.
—, Visor för blandade röster à capella. 1:sta häftet. Sthm, Carl Gehrman. 89.
—, D:o d:o, 2:dra häftet. Sthm, Carl Gehrman. 89. Partitur och stämmor à 2 kr. Lösa stämmor à 25 ö.
SVENSKE, Björn, Vive la France, marche pour piano. Sthm, Elkan & Schildknecht. 91. 50 ö.
SVENSSON, Ax., Thorgny-marsch för piano. Sthm, Komp. 88. 75 ö.
SVENSSON, O. L., Wille-polka för piano. Göteborg, Komp. 89. 75 ö.
SVENSSON, P., Feriedrömmar, vals för piano. Sthm, Elkan & Schildknecht. 93. 1 kr.
—, Jenny, polka-mazurka för piano. Sthm, Elkan & Schildknecht. 93. 50 ö.
—, Med Brita, norrländsk schottish för piano. Sthm, Carl Gehrman. 94. 50 ö.
—, Pigga piggar, hambopolska från Roslagen, för piano. Sthm, Carl Johnn. 95. 50 ö.
—, Saltsjöbaden, vals för piano. Sthm, Elkan & Schildknecht. 93. 1 kr.
—, Sedan presten gått, hambopolska för piano. Sthm, Elkan & Schildknecht. 94. 50 ö.
—, Toner från Jemtland, vals för piano. Sthm, Abr. Lundquist. 94. 1 kr.
—, Ytterå-polka för piano. Sthm, Elkan & Schildknecht. 90. 50 ö.
Sång-album, samling sånger med piano. Sthm, Abr. Lundquist. 91.
Band I. Italienska och franska sånger. 2 kr.
Band II. Tyska sånger. 2 kr.
Sång-album, Svenskt. Band I. Sthm, Carl Gehrman. 93. 2: 50.
Sångbiblioteket, samling populära sånger med piano. Band I. Sthm, Abr. Lundquist. 93. 2 kr.
Sångduetter med accomp. af piano. Sthm, Elkan & Schildknecht.
N:o 13. Hasse, Majnatt. 88. 75 ö.
„ 14. Genser, Barcarole 88. 50 ö.
„ 15. Thierfelder, Förtröstan. 88. 75 ö.
„ 16. —, Vexelsång. 88. 50 ö.
„ 17. Pfeil, "Lugn hvilar sjön". 88. 75 ö.
„ 18. Riccius, Julottesång. 88. 60 ö.
„ 19. Myrberg, "Hvad hviskade du". 90. 50 ö.
„ 20. —, Farväl. 90. 50 ö.
„ 21. Sjögren, "O kom med mig i stjerneglans". 90. 75 ö.

Sången, samling romanser och visor för en röst med piano. 1:sta serien: för mezzosopran el. baryton. Sthm. Abr. Hirsch.
N:o 29. Beethoven, Vakteln. 93. 50 ö.
„ 30. Mozart, Violblomman. 93. 50 ö.
„ 31. Ries, Viegenlied. 93 75 ö.
„ 32. Hallström, När vikingen for vida. 94. 50 ö.
. D o d:o. 2:dra serien. Sthm, Abr. Hirsch.
N:o 1. Wennerberg, Jätten. 88. 50 ö.
„ 2. Lindblad, Trollhättan 88. 50 ö.
„ 3. Mendelsohn, Aria ur orat. Elias. 89. 75 ö.
„ 4. Lindblad, Den gamle. 89. 50 ö.
„ 5. Kjerulf, H., Skeppet. 89. 75 ö.
„ 6. Wolfensperger, Skogens frid. 89. 75 ö.
Sången, Ny samling, för en röst vid piano. Sthm, Carl Johnn. 92.
N:o 1. Hutchinson, Drömbild. 50 ö.
„ 2. Bohm, I lyckans sälla land. 50 ö.
Sånger för mansröster, utgifna af Sällskapet för sv. kvartettsångens befrämjande. Sthm, Carl Gehrman.
1:sta häftet. 88. 2: 50.
2:dra „ 89. 2: 50.
3:dje „ 90. 2: 50.
4:de „ 91. 2: 50.
5:te „ 92. 2: 50.
6:te „ 93. 2: 50.
7:de „ 94. 2: 50.
8:de „ 95. 2: 50.
Sånger utan ord, populära solosånger arrang. för piano Sthm, Abr. Hirsch. 92. 1: 50.
D:o d:o. Band II. Sthm, Abr. Hirsch. 93. 1: 50.
D:o d:o. Band III. Sthm, Abr. Hirsch. 95. 1: 50.
—, populära solosånger arrang. för violin och piano. Sthm, Abr. Hirsch. 95. 1: 75.
Sångprogrammet, valda sånger med piano af de förnämsta tonsättare. Sthm, Abr. Lundquist.
Häft. 1 o. 2. 91. à 1: 50.
„ 3 o. 4. 91. à 1: 50.
SÖDERBERG, W. Th., Op 48 Den första lärkan, sång för en röst vid piano. Karlshamn, Kompositören. 93. 75 ö.
—, Op. 49. Det vet ingen, sång för en röst vid piano. Karlshamn, Kompositören. 93. 50 ö.
—, Fiskaren sjunger i sin båt om kvällen på hafvet, sång för en röst vid piano. Karlshamn, Kompositören. 91. 50 ö.
—, Necken, sång för en röst vid piano. Karlshamn, Kompositören. 91. 75 ö.
—, Som en blomma, sång för en röst vid piano. Karlshamn, Kompositören. 91. 50 ö.
—, Visa i folkton och vaggvisa. Karlshamn, Kompositören. 91. 50 ö.
SÖDERMAN, Aug., Bröllopslek ur "Bröllopet på Ulfåsa", arr. för piano af Erik Åkerberg. Sthm, Elkan & Schildknecht. 89. 75 ö.
—, Digte og Sange för en röst med piano. Sthm, Abr. Hirsch. 93. 1: 75.
—, Heidenröslein, Dichtung von H. Heine, für eine Singstimme mit Pianoforte. Sthm, Abr. Lundquist. 92. 1: 50.
—, Inledning till skådespelet "Marsk Stigs döttrar", för orkester. Arrang. för piano, 4 händer af Erik Åkerberg. Sthm, Elkan & Schildknecht 88. 75 ö.
—, Jungfrun i det gröna och Jungfrun i rosengård, 2 visor för en röst och piano. Sthm, Abr. Hirsch. 93 1 kr.
—, Norsk Kærlighedssang. Det første Haandtryk.

Sånger för en röst vid piano. Sthm, Elkan & Schildknecht. 87. 1 kr.
SÖDERMAN, Aug., "O, vor' jag ett minne" sång för en röst vid piano. Sthm, Elkan & Schildknecht. 90. 50 ö.
—, Peer Gynt, dramatisk dikt af Henrik Ibsen, komponerad för soloröster, kör och orkester. Sthm, Elkan & Schildknecht. 95. 3 kr.
—, Tre visor i folkton, arrang. för piano. Sthm, Elkan & Schildknecht. 87. 75 ö.
—, Ur idyll och epigram, chörer för sopran, alt, tenor och bas. Sthm, Elkan & Schildknecht. 88.
Partitur 75 ö. Stämmor å 25 ö.
—. Visa ur "Bröllopet på Ulfåsa" för en röst vid piano. Sthm, Elkan & Schildknecht. 93. 25 ö.

"Tag ditt glas och drick ur", sångvals ur vaudevillen Marinettas små skälmstycken för en röst med piano Sthm, Abr. Hirsch. 94. 60 ö.
TEICH, Otto, Op. 58. Die Holzauction, Rheinländer mit humorist. Text Sthm, Abr. Lundquist. 92. 50 ö.
—, Op. 6. Kellnerin du kleine, Walzer Text von Ernst Reinhold. Sthm, Abr Lundquist 90 50 ö.
TEILMAN, Chr., Op. 126. Berceuse för piano. Sthm, Abr. Hirsch. 88. 50 ö.
—, Drömmeri (Draumekväde) för piano. Sthm, Carl Gehrman. 95. 75 ö.
—, Festmarsch for piano komponeret i Anledning af Carl Johans monumentets Afslöring i Christiania d. 7 Sept. 1875. Sthm, Elkan & Schildknecht. 95. 75 ö.
—, Op. 209 Fjeldtoner for piano Sthm, Elkan & Schildknecht 93. 1 kr.
—, Fjerran han dröjer (Tuoll'on mun kultani), finsk folkvisa. Paraphrase för piano. Sthm, Elkan & Schildknecht. 95. 50 ö.
—, Op. 166. Fossegrimen, tonebillede efter norske folkesagn for piano. Sthm, Elkan & Schildknecht. 91. 1 kr.
—, Op. 165. Fra Nordcap till Lindesnæs, Norske Tonebilleder for piano. Sthm, Elkan & Schildknecht 91 1 kr
—, D:o d:o. 2:dra häft. Sthm, Elkan & Schildknecht 91. 75 ö
—, I skymningsstund, fantasi för piano. Sthm, Abr. Hirsch. 88. 75 ö.
—, Kivleslätten, musikstykke for piano i Folketon efter Folkesagnet. Sthm, Carl Gehrman. 95 1 kr.
—, Lille Eyolfs dröm, för piano, Sthm, Elkan & Schildknecht 95. 75 ö
—, Ländliche Humoreske för piano. Sthm, Abr. Lundquist. 87. 1 kr.
—, Längtan, andante för piano. Sthm, Abr. Lundquist 86. 1 kr.
—, Op. 132. My Darling, vals-serenad för piano Sthm, Elkan & Schildknecht. 88. 1 kr
—, Nissetåg på julafton, pianostycke i folkton Sthm, Abr. Lundquist. 95. 1 kr.
—, Nocturne för piano Sthm, Abr. Lundquist. 87. 50 ö.
—, Nordiska toner, lätta fantasier för piano. 1:sta häftet: Svenska folkmelodier. Sthm, Elkan & Schildknecht. 95. 1 kr.
—, Op. 192. Norskt brudtåg, fantasi för piano. Sthm, Abr. Hirsch. 92. 75 ö
—, Op. 163. Paraphrase öfver "Afskedsönskan" af Math. Montgomery för piano. Sthm, Elkan & Schildknecht. 91. 50 ö.

TEILMAN, Chr., Paraphrase sur airs suédois (Paraphrase for piano over svenske melodier) pour piano Sthm, Elkan & Schildknecht. 95 1 kr.
—, Salon-paraphrase öfver "Liten Karin" (Svensk folkvisa.) Sthm, Abr. Lundquist. 95. 1 kr.
—, D.o öfver svenska folkmelodier. Sthm, Abr. Lundquist. 95. 1 kr.
—, Op. 167 Souvenir de Wieniawski, fantasi-mazurka för piano Sthm, Elkan & Schildknecht 91. 1 kr.
—. Suite för piano efter Adolf Tidemands Folkelivsbilleder. Sthm, Elkan & Schildknecht 95 1 kr.
—, Op. 130 Synnöves Brudeslaat för piano. Sthm. Elkan & Schildknecht. 88. 1 kr
—, Op. 131. Thaliagavotte för piano Sthm, Elkan & Schildknecht. 88. 1 kr.
—, Tonebilleder efter Asbjörnsens Folke- og Huldreeventyr, komponeret for piano. Sthm, Elkan & Schildknecht. 95. 1 kr.
—, Op. 211. Tre karakterstycken för piano. Sthm, Elkan & Schildknecht. 93. 1 kr.
—, Op 168. 3 Nya pianostycken: Impromptu, Spinnvisa och Folkdans. Sthm, Elkan & Schildknecht. 91 1 kr.
—, Trollkäringdans för piano. Sthm, Abr. Lundquist. 95. 75 ö.
—, Två norska folkmelodier satta för piano. Sthm, Abr. Hirsch. 91.
Op. 167. Stabbelaaten. 75 ö
" 182. Friervise 75 ö
—, Op. 54. Vid Renas strand, folkdans för piano, 4 händer. Sthm, Abr. Hirsch. 89 1 kr.
—, D:o d:o, arrang. för violin och piano. Sthm, Abr. Hirsch. 89. 1 kr.
—, Op. 146. Zigenare på vandring, marsch-polka för piano Sthm, Abr. Hirsch 89 75 ö.
Terrier-polka för piano af A. B Sthm, Abr. Lundquist 95. 50 ö.
Texas Jack, En amerikansk komedi i fyra akter, för piano. Sthm, Elkan & Schildknecht. 95. 1 kr.
Texas-visan ur amerikanska lustspelet Texas Jack. för piano med text. Sthm, Abr. Hirsch. 95. 60 ö.
THAM, Hélène, Till mina syskon, sånger för en röst och piano. Sthm, Abr. Lundquist. 94. 2 kr.
—, Tre andliga sånger för en röst och orgel el. piano. Sthm, Abr. Lundquist. 94. 1 kr.
—, Åtta pianostycken. Sthm, Abr. Lundquist 94. 2 kr.
THEGERSTRÖM, Robert, Tre dikter af Tor Hedberg, komponerade för en röst med piano. Sthm, Elkan & Schildknecht. 95. 1 kr.
THIERE, Ch. le, Theodora, gavott för piano Sthm, Abr Lundquist 95. 75 ö.
THOLEN, Heinrich, Theodor! Komisk kuplett. Sthm, Carl Johnn. 93. 40 ö.
THOMÉ, Frans, Arlequin et Colombine för piano. Sthm, Abr. Lundquist. 94. 1 kr
—, La naiade, vals för piano. Sthm, Abr Lundquist. 94. 1 kr.
—, La sirène, vals för piano. Sthm, Abr. Lundquist 94. 1: 25.
—, Menuet-bagatelle för piano. Sthm, Abr. Lundquist. 94. 1: 25.
—, Pierrot för piano, Sthm, Abr. Lundquist. 94. 1 kr.
—, Sérénade d'Arlequin för piano. Sthm, Abr. Lundquist 94. 1: 25.
THORALDSONS, Ebbe, Favoritkupletter. Sthm, Carl Johnn.
N:o 1. Värfvarevisa. 89. 30 ö.

N:o 2. O! Charlotta. 89. 40 ö.
„ 3. Under paraply. 89. 40 ö.
„ 4. E' Markna's får. 90. 40 ö.
„ 6. "Jag låtsar som det regnar." 92. 40 ö.
THORSELIUS, Fredr., 15 Utgångsstycken för orgel, samlade och utgifna i tvenne häften. Sthm, Abr. Lundquist. 89. Häft. 1 och 2 à 1 kr.
TIGER, Frans, Fyrstämmiga sånger för skolungdom. 2:a häftet. Sthm, Abr. Lundquist. 88. 50 ö.
TITL, A. E., Serenade, arrang. för piano. Sthm, Elkan & Schildknecht. 93. 50 ö.
TOLBECQUE, Jean, Improvisation pour Orgue sur un thème de choral. Sthm, Carl Gehrman. 89. 50 ö.
Toner från Skansen, svenska folkmelodier och danser för piano upptecknade af F. Sundling. Sthm, Carl Gehrman. 93. 1 kr.
Torpedo-marsch för piano af Gö. K. en. Sthm, Abr. Lundquist 95. 60 ö.
TOSTI, F. Paolo, Den sista kyssen (L'ultimo bacio) romans för en röst med piano Sthm, Abr. Hirsch. 95. 80 ö.
—, Jag minns! (Penso!) Romans för en röst med piano. Sthm, Abr. Hirsch. 95. 1 kr.
TOURBIÉ, Rich., Turturdufvan, salon-mazurka för piano. Sthm, Carl Gehrman. 93. 60 ö.
TRAUGOTT, G., Der Liebesbrief, polka för piano. Sthm, Abr. Hirsch. 91. 60 ö.
—, Våra små fiskarflickor, polka för piano. Sthm, Carl Gehrman. 95. 50 ö.
Tschaikowski-album för piano. Sthm, Abr. Hirsch. 94. 2: 50.
TSCHAIKOWSKI, P., Album för piano. Sthm, Abr. Lundquist. 94. 2 kr.
—, Arioso ur op. Jolantha. Sthm, Abr. Hirsch. 94. 75 ö.
—, Chanson sans paroles för piano Sthm, Elkan & Schildknecht. 88. 75 ö.
—, Jolantha, lyrisk opera i en akt, potpourri för piano med bifogad svensk text Sthm, Abr. Hirsch. 93. 1: 50.
—, Kungens recitativ och arioso ur op. Jolantha. Sthm, Abr. Hirsch. 94. 75 ö.
—, Romance pour piano. Sthm, Abr. Lundquist. 88. 1 kr
—, Snöklockan och Barcarolle. Två stycken för piano. Sthm, Abr. Lundquist. 88 1 kr.
TSCHIRCH, Wilh., Op. 84. Glockenspiel, Salon-Etude für Pianoforte. Sthm, Abr. Lundquist. 88. 1 kr.
TUGGINER, Denis, Uarda-vals för piano. Sthm, Elkan & Schildknecht. 86. 75 ö.
—, Uarda, vals för piano, 4 händer. Sthm, Elkan & Schildknecht. 86. 1 kr.
Ungdomens favoritmelodier för piano. Band I Sthm, Carl Gehrman. 93. 1: 50.
—, D:o d:o. Band II. Sthm, Carl Gehrman. 94. 1: 50.
—, D:o d:o. Band III. Sthm, Carl Gehrman. 95. 1: 50.
Unionsmarsch för piano med text. Sthm, Carl Johnn. 95. 75 ö.
Universal-album för kvartettsångare, redigeradt af E. Åkerberg. Partitur. Sthm, Abr. Hirsch.
Häft. 1 och 2 89 à 30 ö.
Häft. 3 och 4 93 à 40 ö.
W—6. Tapto-polka för piano af W*·****. Sthm, Carl Johnn (i distr.) 88. 75 ö.

WAGNER, J. F., Op. 150. Gigerl-marsch für Pianoforte. Sthm, Elkan & Schildknecht. 89. 75 ö.
—, D:o för piano och violin. Sthm, Elkan & Schildknecht. 92. 50 ö
—, Under dubbelörnen, marsch för piano Sthm, Carl Johnn. 92. 75 ö.
—, D:o d:o för piano, 4 händer. Sthm, Carl Johnn. 92. 75 ö.
—, Op. 248. Wiens populäraste vals för piano Sthm, Elkan & Schildknecht 95. 1 kr
Wagner-album för piano. Sthm, Carl Gehrman. 94. 2 kr.
WAGNER, Rich., Flygande Holländaren, potpourri för piano Sthm, Abr. Hirsch. 87. 1: 50.
—, D:o d:o, arrang. af B. Fexer. Sthm, Abr. Lundquist. 87. 2 kr.
—, D:o d:o, 4 händer. Sthm, Elkan & Schildknecht. 87. 3 kr.
—, Mästersångarne i Nürnberg, potpourri för piano, arrang. af H. Cramer. Sthm, Carl Gehrman. 87. 1 kr.
—, Romans ur op. Tannhäuser satt för violin och piano Sthm, Abr. Lundquist 90. 1 kr.
—, Siegmunds vårsång ur Valkyrian för tenor el. baryton med piano. Sthm, Abr. Hirsch. 94. 1 kr.
—, D:o d:o, transkription för piano. Sthm, Carl Gehrman. 95. 60 ö.
—, Valkyrian, potpourri för piano. Sthm, Abr. Hirsch. 90. 1 kr.
de WAHL, Anders, "När hvar tar sin —", hambopolska för piano. Sthm, Abr. Lundquist. 90. 75 ö.
WAHLGRENS, Sv. duettisterna, favoritkupletter. Sthm, Carl Johnn. 93.
N:o 1. Kalle K. 40 ö.
„ 2. Lurad på konfekten. 40 ö.
„ 3. I lifvets fiskvatten. 40 ö.
„ 4. Dekadansfjantens nyårsönskningar. 40 ö.
„ 5. Hur Herrarne helsa. 40 ö.
„ 6. Lefve sporten. 40 ö.
„ 7. Adam är skuld till allt. 40 ö.
„ 8. Det är det skönas lott. 40 ö.
„ 9. Baron von Sprätt. 40 ö.
„ 10. Witz-kuplett. 40 ö.
Vaktparaden, marscher utförda af Gardesregementenss musikkårer, arrang. för piano. Sthm, Elkan & Schildknecht.
N:o 6. Schneider, Defilerings-marsch. 94. 50 ö.
„ 7. Döring, Gruss in die Ferne. 94. 50 ö.
„ 8. Schlögel, Er lebe hoch! 94. 50 ö.
„ 9. Komzak, Echtes Wiener-Blut. 94. 50 ö.
„ 10. Herrman, Die Wacht am Rhein. 95. 50 ö.
„ 11. Michaelis, Amazon-marsch. 95. 50 ö.
Valda sånger för en röst med accomp. för piano. Sthm, Abr. Lundquist. 88
N:o 45. Meyerbeer, Pagens aria ur Hugenotterna. 1 kr.
„ 46. Marie Antoinette, Det är min vän. Romans. 1 kr.
„ 47. Donizetti, Romans ur Regementets dotter. 75 ö.
„ 48. Löhr, Långt ut på haf. 1 kr.
„ 49. Sullivan, För evig tid. 1 kr.
„ 50. Hallström, Romans ur op. Mjölnarvargen.
WALDMANN, Ludolf, Den lilla fiskarflickan, för piano. Sthm, Abr. Hirsch. 88. 50 ö.
—, D:o d:o, vals för piano. Sthm, Abr. Hirsch. 88. 1 kr.

WALDMANN, Ludof, Den lilla fiskarflickan, vals, arrang. för violin och piano. Sthm, Abr. Hirsch. 89. 1: 50.

—, Den lille Fiskerpige, för piano Sthm, Abr. Lundquist. 88. 50 ö.

—, Fiskargossen, sångvals för en röst med piano. Sthm, Abr. Hirsch 90. 50 ö.

—, Kärlekens språk, sångvals för en röst med piano. Sthm, Abr. Hirsch. 93. 75 ö.

—, So wie du, (Så som du) sång för en röst med piano Sthm, Elkan & Schildknecht. 93. 50 ö.

WALDTEUFEL, Emil, Op. 223. Acclamations-vals för piano. Sthm, Elkan & Schildknecht. 88. 1 kr.

—, Op. 200. Allt i rosenrödt, vals för piano. Sthm, Elkan & Schildknecht. 86. 1 kr.

—, D:o d:o, 4 händer. Sthm, Elkan & Schildknecht 86. 1: 50.

—, Amour et printemps, valse pour piano. Sthm, Abr. Lundquist 90. 1 kr.

—, Op. 233. Bagatelle, polka för piano. Sthm, Carl Gehrman. 90. 60 ö.

—, Op. 113. Bella, polka-mazurka för piano. Sthm, Elkan & Schildknecht. 86. 60 ö.

—, D:o d:o, för 4 händer. Sthm, Elkan & Schildknecht. 87. 1 kr.

—, Op. 251. Chant d'oiseaux, (Fågelkvitter) vals för piano. Sthm. Abr Hirsch. 92. 1 kr.

—, D:o d:o, Sthm, Abr. Lundquist. 92. 1: kr.

—, Op. 208. Dans les nuages, (In den Wolken) vals. Sthm, Carl Gehrman. 86
Piano, 2 händer. 1 kr.
" 4 " 1: 50.

—, Op. 132. Desirée, polka-mazurka för piano. Sthm, Elkan & Schildknecht. 86. 60 ö.

—, Op. 214. Die Vertrauten, (Confidences) vals. Sthm, Carl Gehrman. 87
Piano, 2 händer. 1 kr.
" 4 " 1: 50.

—, Op. 217. Die Zärtlichen, (Tendresse) vals för piano. Sthm, Abr. Lundquist. 87. 1 kr.

—, Op. 210. Douces paroles, vals. Sthm, Carl Gehrman. 87.
Piano, 2 händer. 1 kr.
" 4 " 1: 50.

—, Op. 189. En garde, polka-mazurka. Sthm, Elkan & Schildknecht. 87.
Piano, 2 händer. 75 ö.
" 4 " 1 kr.

—, Op. 236. Espana (I Spanien), vals efter Chabrier's berömda rhapsodie, för piano. Sthm, Carl Gehrman. 91. 1: 25.

—, D:o d:o, för 4 händer. Sthm, Carl Gehrman. 94. 2 kr.

—, Op. 191. Estudiantina, vals för piano. Sthm, Carl Johnn. 89. 1 kr.

—, Op. 250. Fin de siècle, valse pour piano. Sthm, Carl Gehrman. 92. 1 kr.

—, Op. 148. Frühlingskinder, vals. Sthm, Carl Gehrman. 86.
Piano och violin. 1: 50.
" " flöjt. 1: 50.

—, Op. 213. Ganz verlassen, (Abandon), vals för piano. Sthm, Abr. Lundquist. 87. 1 kr.

—, Op. 145. Glädjerus, (Flots de joie) vals för piano. Sthm, Elkan & Schildknecht. 87. 1 kr.

—, Op. 229. Gnistrande stjernor, vals för piano. Sthm, Carl Gehrman. 90. 1 kr.

—, D:o d:o, för 4 händer. Sthm, Carl Gehrman. 91. 1: 50.

WALDTEUFEL, Emil, Op. 167. Gyllene tider, vals. Sthm, Abr. Hirsch. 86. Piano, 2 händer. 1 kr
" 4 " 1: 50

—, Op. 153. Hommage aux dames, vals för piano. Sthm, Elkan & Schildknecht. 86. 1 kr.

—, D:o d:o, för 4 händer. Sthm, Elkan & Schildknecht. 86. 1: 50.

—, Op. 177. Ich liebe dich! (Je t'aime), vals för piano. Sthm, Abr. Lundquist. 89. 1 kr

—, Op. 227. I dina ögon, vals för piano Sthm, Elkan & Schildknecht. 89. 1 kr

—, Op. 209. Idylle, vals. Sthm, Carl Gehrman. 86. Piano, 2 händer. 1 kr.
" 4 " 1: 50.

—, Op. 204. Illusion, vals. Sthm, Elkan & Schildknecht. 87. Piano, 2 händer. 1 kr.
" 4 " 1: 50.

—, Op. 156. Immer oder Nimmer, vals för piano. Sthm, Abr. Lundquist. 89. 1 kr.

—, D:o d:o, för 4 händer. Sthm, Abr. Lundquist. 88. 1: 50

—, Op. 175. Jeunesse dorée, vals för piano. Sthm, Elkan & Schildknecht. 86. 1 kr.

—, D:o d:o, för 4 händer. Sthm, Elkan & Schildknecht 86. 1: 50.

—, Op 215. Jubel-polka, (Cinquantine) för piano. Sthm, Abr. Lundquist 86. 75 ö.

—, Op. 211. Kuss-Walzer, (Tendre baisers) för piano. Sthm, Abr. Lundquist. 86. 1 kr.

—, Op. 195. Kärlekssånger, vals, Sthm, Abr. Hirsch. 86. Piano, 2 händer. 1 kr.
" 4 " 1: 50.

—, Op. 161. La berceuse (Siesta) vals för piano. Sthm, Elkan & Schildknecht. 87. 1 kr.

—, D:o d:o, för 4 händer. Sthm, Elkan & Schildknecht 88. 1: 50.

—, Op. 159. La plus belle, vals för piano. Sthm, Elkan & Schildknecht. 86. 1 kr

—, D:o d:o, för 4 händer. Sthm, Elkan & Schildknecht. 86. 1: 50.

—, Op. 190. Les fleurs, vals för piano. Sthm, Elkan & Schildknecht. 86. 1 kr

—, D:o d:o, för 4 händer. Sthm, Elkan & Schildknecht 86. 1: 50

—, Op. 183. Les patineurs, vals. Sthm, Carl Gehrman. 86. Piano och violin. 1: 50.
" " flöjt. 1: 50.

—, Op. 154. Les sirènes, vals för piano. 4 händer. Sthm, Abr. Hirsch. 87. 1: 50.

—, D:o d:o, för piano och violin. Sthm, Abr. Hirsch 88. 1: 50.

—, Op. 182. L'esprit français, polka för piano. Sthm, Elkan & Schildknecht. 91. 75 ö.

—, Op. 194. Ljufva minnen, vals. Sthm, Abr. Hirsch. 87. Piano, 2 händer. 1 kr.
" 4 " 1: 50.

—, Op. 225. Luftslott (Châteaux en Espagne) Polka för piano. Sthm, Elkan & Schildknecht. 88. 75 ö.

—, Op. 168. Midnattspolka för piano. Sthm, Carl Gehrman. 89. 75 ö

—, Op. 205. Lune de miel, vals. Sthm, Carl Gehrman. 87. Piano, 2 händer. 1 kr.
" 4 " 1: 50.

—, Op. 239. Par-ci-par-la, polka pour piano Sthm, Abr Lundquist. 93. 75 ö.

—, Op. 238. Polstjärnan, (L'etoile polaire) vals för piano. Sthm, Carl Gehrman. 92. 1 kr.

—, Op. 193. Près de toi (Bei dir). Vals för piano Sthm, Abr. Lundquist. 88. 1 kr.

MUSIKKATALOG. WALDTEUFEL—VERDI.

WALDTEUFEL, Emil, Op 193. Près de toi! Vals för piano 4 händer. Sthm, Abr. Lundquist. 89. 1:50.
—, Op. 144. På tu man hand, vals för piano, 4 händer. Sthm. Abr. Hirsch 86. 1: 50.
—, Op. 203. Retour des champs, (Heimkehr vom Felde) polka för piano. Sthm, Abr. Lundquist. 87. 75 ö.
—, Op. 244. Retour du printemps, vals för piano. Sthm, Abr. Hirsch. 91. 1 kr.
—, Op. 232. Rococo-polka för piano. Sthm, Abr. Hirsch, 90. 60 ö.
—, Op. 253. Sous la voute étoilée, (Under stjärnströdd himmel) valse pour piano. Sthm, Abr. Hirsch. 93. 1 kr.
—, Op. 234. Strandbilder, vals för piano. Sthm, Abr. Lundquist. 92. 1 kr.
—, Op. 169. Toujours fidèle, vals pour piano. Sthm, Elkan & Schildknecht. 90. 1 kr.
—, Op. 210. Tout ou rien, (Alles oder Nichts) polka, för piano. Sthm, Abr. Lundquist. 86. 75 ö.
—, Tout Paris, valse pour piano. Sthm, Abr. Lundquist. 90. 1 kr.
—, Op. 159. Très-jolie, vals för piano, 4 händer. Sthm, Elkan & Schildknecht. 89. 1: 50.
—, Op. 252. Un jour à Seville, valse pour piano. Sthm, Abr. Hirsch. 93. 1 kr.
—, Op. 207. Valse militaire. Sthm, Carl Gehrman.
   Piano, 2 händer. 1 kr.
       " 4 " 1: 50.
—, Op. 230. Weihnachtsrosen, Walzer für Pianoforte. Sthm, Abr. Hirsch. 90. 1 kr.
—, Op. 149. Vi mötas åter, vals för piano, 4 händer. Sthm. Abr. Hirsch. 87. 1: 50.
—, Op. 216. Zigeuner-polka, (Les bohémiens). Sthm, Elkan & Schildknecht. 87.
   Piano, 2 händer. 75 ö.
   " 4 " 1 kr.
—, **Holtz m. fl.,** Danser för violin el. flöjt och piano. Sthm, Abr. Lundquist.
N:o 1. Waldteufel, Immer oder nimmer, vals. 1 kr.
" 2. " Ich liebe Dich. 90. 1 kr.
" 3. " Près de toi, vals. 90. 1 kr.
" 4. " Mein Traum, vals. 90. 1 kr.
" 5. Holtz, På begäran, Hambopolska. 90. 75 ö.
" 6. de Wahl, När hvar tar sin, Hambopolska. 90. 75 ö.
" 7. Holtz, For you, hambopolska. 91 75 ö.
" 8. Waldteufel, Glustrande stjernor, vals. 92. 1 kr.

VALENTIN, Karl, Op 17. Adagio pour violon et piano. Sthm, Abr. Lundquist. 95. 1: 50.
—, Op. 29. Festmarsch för stor orkester, satt för piano, 4 händer. Göteborg, N. J. Gumperts Bokh. 93. 1 kr.
—, Föresats, sång med piano. Göteborg, N. J Gumpert (i distr.) 90. 75 ö.
—, Op. 33. Sånger ur »Francesca da Rimini», för en röst vid piano. Sthm, Carl Gehrman. 93. 1: 25
— Åtta sånger ur »Fahrendes Volk», för en röst vid piano. Sthm, Carl Gehrman. 86 2: 50.
WALLENBERG, Aug., Tullpolska för piano. Sthm, Abr. Lundquist. 86. 50 ö.
VALSE populaire pour piano. Sthm, Carl John. 93. 1 kr.
VANDERBECK, F. E., Edelweiss, salongsvals för piano. Sthm, Carl Gehrman. 91. 75 ö.
—, D:o d:o, för 4 händer. Sthm, Carl Gehrman. 93. 1 kr.

10-års katalog 1886—1895.

Varietéminnen, ny samling visor och kupletter vid piano. Sthm, Carl Johnn
N:o 1. Den vackra mjölnarflickan. 90. 40 ö.
" 2. Utländskt och svenskt 90. 40 ö.
" 3. Kortleken. 90. 40 ö.
" 4. Balstudier. 92. 40 ö.
" 5. "Ha' ni ångan oppe, gubbar?" 92. 50 ö.
Variété-perlor, populära kupletter för sång och piano. Sthm, Carl Johnn. 95.
N:o 1. Vid en supé (Beim Souper). 75 ö.
" 2. Isabella (Daisy Bell). 75 ö.
" 3. Filipstad — Stockholm. 50 ö.
" 4. Damernas garde. 50 ö.
VARNEY, Jean, Gatsångarens serenad, (La sérénade du Pavé) sång för en röst med piano. Sthm, Carl Gehrman. 95. 75 ö.
WEBER, Henri, Un orage, (The storm) imitation de la nature pour le piano. Sthm, Elkan & Schildknecht. 92. 1 kr.
WEDIN, Augusta, Min första polka, för piano. Sthm, Abr Lundquist. 88. 75 ö.
WEINZIERL, Max von, Med passion, vals för piano. Sthm. Abr. Lundquist. 91. 1 kr.
WEJDLING, Henning. R., Brudparet fram! Bröllopsmarsch för piano. Sthm, Abr. Lundquist. 91. 1 kr.
—, I bataljen, vals för piano. Sthm, Abr. Lundquist. 92. 1 kr.
—, Janna-polka för piano. Sthm, Abr. Lundquist. 94. 50 ö.
—, Kartusch, hambopolska för piano. Sthm. Abr. Lundquist 95. 75 ö.
—, Rosenknoppen, mazurka för piano. Sthm, Abr. Lundquist. 91. 50 ö.
—, Skridskodrottningen, polka för piano. Sthm, Abr. Lundquist. 95. 75 ö.
—, Stjernbilden, spansk polka concert för piano. Sthm, Abr. Lundquist. 93. 75 ö.
—. Ä' ni me' på de'? Hambopolska för piano. Sthm, Abr. Lundquist. 95. 50 ö.
WELLINGS, M., En dag, en dag — —, sång för en röst vid piano Sthm, Carl Gehrman. 94. 75 ö.
—, Som aldrig förr, schottish för piano. Sthm, Carl Gehrman. 95 50 ö.
WENNERBERG, Gunnar, Afsked: "Så skiljas vi åt och träffas igen". För en röst med piano, Sthm, Abr. Hirsch. 88. 50 ö.
—, Davids psalmer, satta för en röst med accomp. af piano el. orgel. Sthm, Abr. Hirsch. 93. 1: 50.
—, D:o d:o, för manskör utan accomp. Partitur. Sthm, Abr. Hirsch. 93. 60 ö.
—, Duett-album, sångduetter med accomp. af piano. Sthm, Abr. Hirsch. 91. 1: 50.
—, De tre, en samling trior för tenor, baryton och bas. Sthm, Abr Hirsch 91. 4 kr.
—, Gluntarne, arrang. för piano. Sthm, Abr. Hirsch. 90 Band I. 2: 75.
—, D:o d o, Band II. Sthm, Abr. Hirsch 93. 1:50.
—, D:o d:o, Text med inledning och upplysningar. Sthm, Abr. Hirsch. 93. 2: 25.
—. Trasten i höstkvällen, visa för en röst med piano. Sthm, Abr. Hirsch 90. 50 ö.
—, Ur Davids psalmer, sånger för soloröst och kör med acc. af piano. Del. III. Sthm, Abr. Hirsch. 90. 3 kr.
VERDI, G, Falstaff, stort melodiudvalg for piano. Sthm, Carl Johnn. 93. 1: 25.
—, Otello. Fullständigt klaverutdrag, 2 händer. Sthm, Carl Gehrman. 89. 6 kr.

VERDI, G., Otello, potpourri för piano af F. Brissler. Sthm, Carl Gehrman. 89. 1: 50.
—, D:o d:o, arr. af Bernh. Fexer Sthm, Abr. Lundquist. 90. 1: 50.
Vermlands Reg:tes Defileringsmarsch N:o 1, arrang. för piano. Sthm, Elkan & Schildknecht. 95 50 ö.
Vermlands Reg:tes revelj, arrng. för piano. Sthm, Elkan & Schildknecht. 95. 50 ö.
Vermlands vapen, marsch för piano. Sthm, Elkan & Schildknecht. 95. 50 ö.
VERNER, H. C., Pride of the ball, vals för piano. Sthm, Abr. Lundquist. 95. 1 kr.
WESTER, Axel, Jenny-polka för piano. Göteborg, N. J. Gumpert (i distr.). 91. 1 kr.
WESTLINGS, Aug., Favoritnummer: "Kärlek, vin och sång", sång för en röst med piano. Sthm, Abr. Lundquist. 95. 50 ö.
—, D:o, Om Gud så vill, sång för en röst vid piano. Sthm, Abr. Lundquist. 94. 50 ö.
WIBERGH, Julius, Dufvopost, vals för piano. Sthm, Karl Njurling. 90. 1 kr.
—, I drömmar, vals för piano. Sthm, Nordin & Josephson (i distr.). 90. 1 kr.
—, I lifvets vår. Sånger för en röst vid piano. Sthm, Karl Njurling. 90. 1: 50
—, I skogen. Sorg i rosenrödt, två hambopolskor för piano. Sthm, Karl Njurling. 90. 1 kr.
—, Kring standaret, samling af fyrstämmiga sånger för mansröster. 1:sta häft. Sthm, Nordin & Josephson (i distr.). 90. 75 ö.
—, Lilla Bianca, polka för piano. Sthm, Nordin & Josephson (i distr.). 90. 60 ö.
—, "När natten sakta stiger", romans för en röst vid piano. Sthm, Nordin & Josephson (i distr.). 89. 50 ö.
—, Yum-yum-polka med motiv ur op. Mikadon för piano. Sthm, Nordin & Josephson (i distr.). 90. 50 ö.
WIDEGREN, Ernst, Lefve pressen! Marsch för piano. Sthm, Elkan & Schildknecht. 93. 50 ö.
—, Se morsk ut, marsch för piano. Sthm, Elkan & Schildknecht. 95. 60 ö.
WIDEMAN, Alb., Präludie-album, innehållande 100 lätta och melodiösa preludier för orgel el. orgelharmonium. Sthm, Carl Gehrman. 90. 2 kr.
Vid pianot, samling omtyckta piano-kompositioner i lätt arrangement. Band I. Sthm, Carl Gehrman. 91. 2 kr.
—, D:o d:o. Band II. Sthm, Carl Gehrman. 92. 2 kr.
—, D:o d:o. Band III. Sthm, Carl Gehrman. 93. 2 kr.
WIENIAWSKI, Henri, Kuyaviak, mazurka för violin och piano. Sthm, Elkan & Schildknecht. 90. 1 kr.
—, Obertass, mazurka för piano. Sthm, Abr. Lundquist. 86. 65 ö.
VILHAR, F. S., Op. 152. Hrvatski plesovi, Kroatische Tänze N:o 1. Sthm, Abr. Hirsch. 93 80 ö.
VILLACROS, J., "Vid din bädd", sång för en röst vid piano. Sthm, Carl Gehrman. 95. 50 ö.
WILLIBALD, A., Baltimore-marsch för piano. Sthm, Carl Gehrman. 90. 50 ö.
WILM, Nicolai von, Arabesk för piano. Sthm, Abr. Hirsch. 95. 80 ö.
—, Op. 109. Auf der Olafsburg. Vier Klavierstücke für Piano. Sthm, Elkan & Schildknecht. 95 2 kr.
—, Op. 107. Fem tonbilder för piano. Sthm, Abr. Hirsch. 93. 1: 50.

WILM, Nicolai von, Op. 54. Gedenkblätter, 4 charakteristische Clavierstücke. Sthm, Abr. Lundquist. 92. 1: 50.
—, I Ryssland, fyra pianostycken för 4 händer. Sthm, Abr. Lundquist. 95. 2 kr.
—, Op. 135 Miniatyrer för piano Sthm, Elkan & Schildknecht. 95. 1 kr.
—, Op. 109. Minne från Finland. (Auf der Olafsburg) Vier Klavierstücke. Sthm, Elkan & Schildknecht. 94. 2 kr.
—, Op. 102. Musikalisk bilderbok, 12 små och lätta pianostycken. Sthm, Carl Gehrman. 95. Häft. 1 och 2 à 1 kr.
—, Op. 133. Små föredragsstycken för piano. Sthm, Abr. Hirsch. 95. 1 kr.
—, Tre instruktiva sonater för piano i progressiv ordning. Sthm, Abr. Lundquist. 90.
N:o 1. C-dur. 1: 25, N:o 2. D-moll. 1: 25, N:o 3. D-dur. 1: 25.
—, Tre pianostycken för 4 händer. Sthm, Abr. Lundquist. 95. 1: 25.
WINGE, Per, Pigetanker, Digt af Kristofer Randers, komponeret for en mellemstemme med klaverakkompagnement. Sthm, Abr. Lundquist. 95. 50 ö.
Vingåkersdansen, folkmelodi (Gammal vals) för piano. Utförd af Philochoros. Sthm, Carl Gehrman. 91. 50 ö.
Vinterblommor, nyaste valser och polkor, française, rheinländer och polska för piano, arrang. af Isidor Lovström. Sthm, Abr. Lundquist.
För 1887. 86. 1: 50.
„ 1888. 87. 1: 50.
„ 1889. 88. 1: 50.
„ 1890. 89. 1: 50.
„ 1891. 90. 1: 50
„ 1892. 91. 1: 50.
„ 1893. 92. 1: 50.
„ 1894. 93. 1: 50.
„ 1895. 94. 1: 50.
„ 1896. 95. 1: 50.
WINTER-HJELM, Otto, Fem sånger för en röst med piano. Sthm, Abr. Hirsch. 86. 2 kr.
—, Sex visor för en röst med piano. Sthm, Abr. Hirsch 87. 1: 50.
WINTZELL, Axel, Kongl. Blekinge Bataljons marsch, arrang. för piano. Sthm, Elkan & Schildknecht. 92. 50 ö.
—, Snödroppen, vals för piano. Sthm, Elkan & Schildknecht. 95. 50 ö.
Violinistens och flöjtistens portfölj, samling af lättare kompositioner för violin el. flöjt och piano. Sthm, Abr. Lundquist.
N:o 10. Král, Hoch Habsburg, marsch. 86 75 ö.
„ 11. Hallström, Sången, duett. 86. 75 ö.
„ 12. Door, Lied ohne Worte. 86. 75 ö.
„ 13. Nessler, Werners afskedssång ur Trumpetaren. 87. 75 ö.
„ 14. Hallström, Om kvällen. 87. 75 ö.
Visa på förstuqvisten, "Jag sjunger hi och jag sjunger hej!" För en röst vid piano. Sthm, Carl Johnn. 94. 50 ö.
VOGEL, F. A., Arion-vals, arrang. för piano. Sthm, Elkan & Schildknecht. 95. 50 ö.
WOLLENHAUPT, H. A., Scherzo brillant pour piano à 4 mains. Sthm, Elkan & Schildknecht. 86. 1: 50.
VOLLSTEDT, Robert, Op. 61. Die Trompeter des Kaisers, Characterstück in Marschform. Sthm, Abr. Lundquist. 95. 1 kr.
—, Förlofningsvals för piano. Sthm, Abr. Hirsch. 93. 1 kr.

VOLLSTEDT, Robert, Hamburg bleibt Hamburg, marsch för piano. Sthm, Abr. Lundquist. 92. 50 ö.
—, Op. 33. Mitternacht-Walzer für Piano. Göteborg, N. J. Gumperts Bokh. 93. 1 kr.
WRANGEL, Fredr., Nya sånger för en röst med piano. Sthm, Abr. Lundquist. 86. 1: 25.
WULFFS, Sigge, Favoritkupletter. Sthm, Carl Johnn. 91.
N:o 1. Fyrverkeri-kuplett. 40 ö.
„ 2. Ki-Katarina. 40 ö.
„ 3. Karl August. 40 ö
„ 4. Också en sport. 40 ö.
„ 5. Min vän Lindeman. 40 ö
„ 6. Ä' de inte sant? Jo! 40 ö
„ 7. Kvinnor och champagne. 40 ö.
WYMAN, A. P., Vagues argentines (Silfvervågor) rêverie pour piano. Sthm, Elkan & Schildknecht. 92. 1 kr.
Vårt fosterland, sång af C. E. L. Sthm, A.-Bol. Sandbergs Bokh. (i distr.) 93.
För en röst vid piano 50 ö.
För fyra mansröster 50 ö.

YRADIER, C., Dufvan (La paloma), spansk serenad för en röst vid piano. Sthm, Carl Gehrman. 91. 75 ö.
—, D:o d.o, arr. för piano af S. V. Balfour. Sthm, Abr. Lundquist. 91. 75 ö.
—, D:o d:o, arrang. för piano, 4 händer. Sthm, Abr. Lundquist. 91. 1 kr.
—, D:o d:o, arrang. för violin och piano. Sthm, Abr Lundquist. 91. 1 kr.

ZEISE, Louis, Älskogsdrömmar, svärmeri för piano. Sthm, Abr. Lundquist. 90. 1 kr.
ZELLER, Carl, Fågelhandlaren, operett. Sthm, Carl Gehrman. 93.
Potpourri för piano 1: 50.
Vals „ 1 kr.
Polka „ 50 ö.
Marsch „ 50 ö.
—, Landsvägsriddarne, operett Potpourri för piano. Sthm, Elkan & Schildknecht. 87. 1: 50.
—, Var ej ond! (Sei nicht bös!) Visa för en röst med piano. Sthm, Abr. Hirsch. 94. 75 ö.
ZIEHRER, C. M., Billet doux, polka för piano. Sthm, Elkan & Schildknecht. 87. 75 ö.
—, Blumenpolka för piano. Sthm, Elkan & Schildknecht. 87. 50 ö.
—, Op. 442. Diesen Kuss der ganzen Welt, (En kyss till hela verlden) Walzer für Piano. Sthm, Elkan & Schildknecht. 93. 1 kr.
—, Op. 441. Katzen-Polka für Piano. Sthm, Carl Gehrman. 92. 50 ö.
—, Valse de l'hymen för piano. Sthm, Abr. Hirsch. 91. 1 kr.
—, Op. 388. "Weaner-Madl'n" (Wienerflickor), vals för piano. Sthm, Elkan & Schildknecht. 90. 1 kr.
ZIKOFF, Fr., Op. 56. Lifvet en dröm, vals för piano. Sthm, Elkan & Schildknecht. 88. 1 kr.
ZUMPE, Hermann, Farinelli, operett. Arrang. för piano med bifogad text. Sthm, Elkan & Schildknecht. 88. 1: 50.
—, Manuela-vals ur op. Farinelli för piano. Sthm, Abr. Lundquist. 88. 1 kr.

ÅKERBERG, Erik, Albumblad för piano. Sthm, Elkan & Schildknecht. 86. 75 ö.
—, Op. 25. "Allerede gulner Haven" och "Jeg vilde, jeg var en Hybentorn". Tvenne visor i folkton för remstämmig blandad kör à capella. Sthm, Elkan & Schildknecht. 91.
Partitur 50 ö., stämmor à 15 ö.
ÅKERBERG, Erik, Caprice hongrois för piano, 4 händer. Sthm, Elkan & Schildknecht. 87. 1 kr.
—, "Du blomst i Dug", sång för en röst vid piano. Sthm, Elkan & Schildknecht. 86. 75 ö.
—, Du som mitt lif, min sällhet är, sång för en röst med piano. Sthm, Abr. Lundquist. 92. 75 ö.
—, Föresats, sång för en röst vid piano. Sthm, Elkan & Schildknecht. 87. 50 ö.
—. Husaren, sång för en röst vid piano. Sthm, Elkan & Schildknecht. 86 75 ö.
—, Op. 31. I arla morgontimma, sång för en röst vid piano. Sthm, Abr. Lundquist. 94. 75 ö.
—, "Kunde jag som lilla sparfven grå", sång för en röst vid piano. Sthm, Elkan & Schildknecht. 86. 50 ö.
—, Min önskan, sång för en röst vid piano. Sthm, Elkan & Schildknecht 86 75 ö.
—, Op. 30. När rosorna blomma, sång för en röst vid piano. Sthm, Abr. Lundquist. 94. 75 ö.
—, Orpheus, samling fyratämmiga sånger för mansröster. Sthm, Carl Gehrman. 94.
Häft. 1 o. 2 à 1 kr.
—, Op. 27. Sarabande, Menuett och Gavott för piano. Sthm, Abr. Hirsch. 91. 1 kr.
—, "Se stjernan der i fjerran blå", sång för en röst vid piano. Sthm, Elkan & Schildknecht. 86. 50 ö.
—, Tidt er jeg glad, romans för en röst vid piano. Sthm, Abr. Lundquist. 92. 75 ö.
—, Op. 17. To Digte af J. P. Jacobsen for en Sangstemme og piano. Sthm, Elkan & Schildknecht. 88. 75 ö.
—, Tolf Bellmansmelodier, arrangerade för manskvartett. Ny samling. Sthm, Abr. Lundquist. 92. 1 kr.
—, Tre miniaturer för violin och piano. Sthm, Elkan & Schildknecht. 87. 1 kr.
—, Op. 26. Törnrosas saga, tvenne visor i folkton för blandad kör à capella. Sthm, Elkan & Schildknecht. 91. Partitur 75 ö., stämmor à 15 ö.
ÅSTRÖM, Wilh., A couvert! (Under tak.) Marsch arrang. för piano. Sthm, Elkan & Schildknecht. 92. 75 ö.
—, Anna-polka för piano Sthm, Elkan & Schildknecht. 95. 50 ö.
—, Gulli, polka-mazurka för piano. Sthm, Elkan & Schildknecht. 94. 50 ö.
—, Hjertats saga, kvartett för mansröster, partitur. Sthm, Elkan & Schildknecht. 92. 35 ö.
—, "I skumrasket". Vexiö, Ax. Quiding (i distr.) 90. 60 ö.
—, Vi två, polka för piano. Sthm, Carl Johnn. 90. 60 ö.

ÖDMAN, Sten, Bilden, romans för en röst och piano, Sthm, Abr. Lundquist. 92. 50 ö.
—, Sorrento, sång för en röst vid piano. Sthm, Abr. Lundquist. 93. 75 ö.
ÖDMANNS, Arvid, Triumfer, favoritmelodier satta för piano. Sthm, Abr. Lundquist. 90. 2 kr.
Öfningar och signaler för jägarhorn. Sthm, Carl Gehrman. 86. 50 ö.
ÖLANDER, John, A la mazurka, Romance, Etude för piano. Sthm, Abr. Lundquist. 92. 1 kr.
—, Bianca-polka för piano. Sthm, Abr. Lundquist. 91. 50 ö.

ÖLANDER, John, Bondjäntan, hambopolska för piano. Sthm, Abr. Lundquist. 95. 50 ö.
—, De unga tu, vals för piano. Sthm, Abr. Lundquist. 88. 1 kr.
—, High life! Polka för piano. Sthm, Abr. Lundquist. 88. 75 ö.
—, I gyllene bojor, vals för piano. Sthm, Abr. Lundquist. 95. 1 kr.
—, La gracieuse. valse pour le piano. Sthm, Abr. Lundquist. 90. 1: 25.
—, Lilla kråkan, hambopolska för piano. Sthm, Abr. Lundquist. 93. 60 ö.
—, Min vän och jag, polka för piano. Sthm, Abr. Lundquist. 90. 75 ö.
—, Modern française med extra turer för piano. Sthm, Abr. Lundquist. 89. 1 kr.

ÖLANDER, John, Nattens drottning, vals för piano. Sthm, Abr. Hirsch. 93. 1 kr.
—, Ny vals (Blåklint) för piano. Sthm, Abr. Lundquist. 92. 1 kr.
—, På kärlekens lätta vingar, vals för piano. Sthm, Abr. Lundquist. 93. 1 kr.
—, På småtimmarne, polka för piano. Sthm, Abr. Lundquist. 93. 75 ö
—, Regatta, vals för piano. Sthm, Abr. Lundquist. 86. 1 kr.
—, Rigolettopolka för piano. Sthm, Carl Gehrman. 90. 60 ö.
—, Titt ut, polka för piano. Sthm, Abr. Lundquist. 87. 75 ö.

Kartor.

Atlaser:

Atlas till allmänna och svenska historien för skolornas bruk utg. af *Emil Hildebrand* o. *Nils Selander*. Tvär folio. Sthm, P. A. Norstedt & S:r.
1. Gamla tiden. 8 kartor. 2:a öfversedda uppl. 95. 1: 75.
(Föreg. uppl. 92.)
Hft. 1—4 inb. i ett skolb. neds. pris 5 kr.
Folkskolans kartbok. Af *T. A. v. Mentzer*. 12 kartor. 2:a uppl. Sthm, Hiertas Bokf.-aktb. 89. 50 ö., inb. 60 ö.
Folkupplysningssällskapets lilla atlas för folkskolan. 4:o, 10 kartor o. 12 s. text. H:fors, Folkupplysn. sällsk. 92. 1: 25 fmk.
Geografisk atlas för de allmänna läroverken. Utg. af *M. Roth*, Sthm, A. V. Carlsons Bokf.-aktb. 95.
N:o 1. 5:e uppl. 40 kartor.
4: 25, kart. 4: 75, inb. 5 kr., klb. 5: 75.
" 2. (För folkskolor.) 7:e uppl. 24 kartor.
1 kr., med tontryck 1: 50.
" 3. (För folkskolor.) 7:e uppl. 12 kartor.
50 ö., kart. 60 ö.
Geografisk atlas för den första undervisn. i geografi. Utg. af *M. Roth*. Sthm, A. V. Carlsons Bokf.-aktb.
I. Göteborgs- o. Bohus län.
II. Malmöhus län.
35 ö., kart. 45 ö.
Geografisk handatlas öfver jorden. 36 kartblad med 40 hufvudkartor o. 33 bikartor i färgtryck samt 110 statist. kartor, stadsplaner m m. jemte geogr. statist. notiser o. namnreg. utarb. af *Edv. Cohrs* o. *Nils Torpson*. 8:o, 72 s. o. reg. samt 36 kartblad. Sthm, Alb. Bonnier. 95. Inb. 4: 75.
(Utkom i 18 hfn à 25 ö.)
Kartbok för skolans lägre klasser. Af *T. A. v. Mentzer*. 24 kartor. 5:e uppl. Sthm, Hiertas Bokf.-aktb. 89. 90 ö., inb. 1 kr.

Verldsdelar:

Afrika. Väggkarta öfver Europa o. Afrika af *M. Roth*. 4 blad. Sthm, P. A. Norstedt & S:r. 95.
7: 75, uppf. 12 kr., uppf. o. fern. 17 kr.
Asien. Af *M. Roth*. Sthm, P. A. Norstedt & S:r. 88. 6 kr., uppf. 12 kr., uppf. o. fern. 16 kr.
Australien. Stora oceanen eller Stilla hafvet. Skolkarta, utförd vid Gen.-stab. litogr. anst. under medverkan af *M. Roth*. 4 blad. Sthm, P. A. Norstedt & S:r. 95.
7: 75, uppf. 12 kr., uppf. o. fern. 17 kr.
Europa af *M. Roth*. 6 blad. Sthm, P. A. Norstedt & S:r.
Med namn. 2:a uppl. 88.
7 kr., uppf. 12 kr., uppf. o. fern. 17 kr.
Utan namn. 2:a uppl. 88.
8 kr., uppf. 13 kr., uppf. o. fern. 18 kr.
Globkarta. I. Östra halfklotet. II. Vestra halfklotet. 8 blad. Af *M. Roth*. Sthm, P. A. Norstedt & S:r. 90. 6 kr., uppfodr. 13 kr., uppf. o. fern. 19: 50.

Skandinavien o. Finland:

Generalkarta öfver Sverige, Norge o. Danmark samt angränsande delar af Östersjöländer jemte jernvägskommunikationer. Af *A. Hahr*. 4:e uppl. sammandragen i 6 blad. Sthm, F. & G. Beijers Bokf.-aktb. 92. 10 kr., inb. i atlasformat 12 kr., uppf. på väf med rullar 18 kr.
Karta öfver Norden, af *M. Roth*. (Med namn.) Ny uppl. 8 blad. Sthm, P. A. Norstedt & S:r. 95. 10 kr., uppf. 16 kr., uppf. o. fern. 20 kr.
Karta öfver Skandinavien för begynnare. Af *I. M. Larsson*. Sthm, Hiertas Bokf.-aktb. 90. 20 ö, på papp 30 ö.
Karta öfver Sverige, Norge, Danmark o. Finland under ledning af *O. Torell* sammandragen af *C. J. O. Kjellström*. 2 blad. Sthm, F. & G. Beijers Bokf.-aktb. 5 kr., uppf. på väf med rullar 10 kr.
Karta öfver Sverige o. Norge samt Danmark, för skolorna. Utarb. vid Gen.-stab. litogr. anst. Sthm, P. A. Norstedt & S:r. 95.
Med namn. Ny uppl. 4 blad.
7 kr., uppf. 11 kr., uppf. o. fern. 15 kr.
Utan namn. 4 blad. Samma pris.
(Föreg. uppl. 92.)
Norden. Skala 1: 500,000. Ett dubbelblad ur *M. Roths* atlas. Sthm, A. V. Carlsons Bokf.-aktb.
15 ö., uppf. 25 ö., i perm 40 ö.
Sverige, Norge o. Finland. Af *E. Buckhoff*. 1 blad. Sthm, C. A. V. Lundholm. 35 ö., på papp 65 ö., d:o o. fern. 80 ö.
Generalstabens karta öfver Sverige i koppartryck. Sthm, Generalstab. litogr. anst.
Bladet Arvika. 2 kr.
" Eda. 2 kr.
" Filipstad. 2 kr.
" Farö. 50 ö.
" Gotska sandön. 50 ö.
" Hamra. 1 kr.
" Hedemora. 2 kr.
" Holmudden. 50 ö.
" Lutterhorn. 50 ö.
" Långebäck. 1 kr.
" Nora. 2 kr.
" Roma. 2 kr.

Bladet Strömstad. 2 kr.
" Söderhamn. 2 kr.
" Töksmark. 1 kr.
" Uddeholm. 2 kr.
" Wisby. 2 kr.
" Åmål. 2 kr.
I litogr öfvertryck à 50 ö.
Höjdkarta öfver Sverige i 15 blad. Skala 1: 500,000 Sthm, Gen.-stab, litogr. anst. Hvarje blad 1: 50. Södra o. mellersta delen (10 blad) 6 blad utgifna. Norra delen (5 blad) 3 blad utgifna.
Postkarta öfver Sverige upprättad i Kgl. Generalpoststyrelsen. Skala 1: 800,000 4 blad. Sthm, Gen. stab. litogr. anst. 8 kr., uppf. i 2 blad 12 kr.
Finland. Historisk skolkarta. Utg. af P. Nordmann. H:fors, Söderström & K. 93. 8 fmk.
Uppf på rullar 15 fmk.
Finland Skolkarta. Rättad o. kompletterad, orig. ritadt af Maurus Wijkberg. H:fors, G. W. Edlund. 93. Uppf. 65 p.
Finland. Kartbok. 8.o, 22 kartor o. 9 planer samt 13 s. text. H:fors, Waseniuska bokh. 94. 5 fmk.
Karta öfver södra Finland upprättad 1894 af J. F. Sevon. 1 blad. H:fors, G. W. Edlund. 94.
Uppf. 90 p
Karta öfver Nylands län, utarb. af I. I. Inberg. 4 blad med beskrifning. 16 s. H:fors, Weilin & Göös. 93. Uppf. 20 fmk., uppf. på rullar 23 fmk.
Karta öfver Tavastehus län upprättad 1893. Kompletterad 1894—95 af J. F. Sevon. 4 blad. H:fors, Weilin & Göös 95.
Uppf. 19 fmk., uppf. på rullar 21 fmk.
Postkarta öfver Finland, upprättad af poststyrelsen 1891. H:fors, G. W. Edlund. 92. 1 fmk.

Landskaps- o. Länskartor:

Blekinge län. 2 blad med planer öfver städerna. Sk. 1: 100,000. Utg. af C. J. O. Kjellström. Sthm, Gen. stab. litogr. anst. 95. 2: 50.
Dalsland. Af M. Roth. Med plan af Åmål. Sthm, P. A. Norstedt & S:r. 91. 5 kr., uppf. 7: 50, uppf. o. fern 9: 50.
Gefleborgs län (Gestrikland o. Helsingland). Af M. Roth. Med planer öfver Gefle, Söderhamn o. Hudikavall. 6 blad. Sthm, P. A. Norstedt & S:r. 87. 7 kr., uppf. 10 kr., uppf. o. fern. 15 kr.
Gotland. Skala 1: 150,000. Efter Generalstabens karta i skalan 1: 100,000 utarb. vid Generalstabens litogr. anst. 1 blad. Sthm, P. A. Norstedt & S:r. 3: 50, uppf. 5 kr.
Halland. Skolkarta utarb. vid Gen.-stab. litogr. anst. Med planer öfver Halmstad, Varberg, Falkenberg, Laholm o. Kungsbacka 2 blad Sthm, P. A. Norstedt & S:r. 88 5 kr, uppf. 7: 50
Jönköpings län. 2 blad. Sk. 1·200,000 med planer af städerna. A. V. Carlsons Bokf.-aktb. 86. 4: 50.
Kartbilder för den första undervisningen i geografi. Sthm, P. A. Norstedt & S.r.
1. Skåne Utförd vid Gen. stab. litogr. anst., red. af H. Byström. 94. uppf. 9 kr, uppf. o. fern. 12 kr.
2. Stockholms län. Utförd vid Gen. stab. litogr. anst., red. af H. Byström. 95.
5 kr., uppf. 9 kr., uppf. o. fern. 12 kr.
Skåne. Skala. 1 : 500,000 ett dubbelblad ur M. Roths atlas. Sthm, A. V. Carlsons Bokf.-aktb.
15 ö., uppf. 25 ö.

Småland o. Öland. Utarb. vid Gen. stab. litogr. anst. 4 blad. Sthm, P. A. Norstedt & S:r. 89.
7 kr., uppf. 10 kr., uppf. o. fern 15 kr
Stockholms län. Skala 1: 200,000. Utg. af Gen. stab. litogr. anst. med planer öfver städerna 2 blad. 89. 4: 50.
Vestmanland. Af M. Roth. Med planer öfver Vesterås, Sala o Norberg. 2 blad. Sthm. P. A. Norstedt & S.r. 93. 6 kr., uppf. 9: 50, uppf. o. fern. 12 kr.
Älfsborgs län. Af M. Roth. Med planer af länets städer. Sthm, P. A. Norstedt & S:r. 88. 7: 50, uppf. 10 kr., uppf. o. fern. 13 kr.
Örebro län. Närike. V. Vestmanland o. Karlskoga bergslag. Af M. Roth. Med planer öfver Örebro, Askersund, Nora, Linde, Halsberg, Ämmeberg, Degerfors bruk, Nya Kopparbergets kyrkby o. Karlskoga kyrkby. 2 blad. Sthm, P. A. Norstedt & S:r. 88. 5: 50, uppf. 9 kr., uppf. o. fern. 11 kr.
Östergötland, Skolkarta, utarb. af Gen. stab. litogr. anst. under medverkan af C. F. Hedblad. Med planer öfver Norrköping, Linköping, Motala, Vadstena, Söderköping o. Skeninge. 6 blad Sthm, P. A. Norstedt & S:r. 86 7: 50, uppf. 11: 25, uppf. o. fern. 16: 50.

Svenska o. Finska stadskartor:

Karta öfver Göteborg. Utg. af Simon. 4 blad. Gtbg, N. P. Pehrsson. 88. 12 kr.
D:o d:o. mindre uppl. 1 blad. 1: 25.
Karta öfver Helsingborg. Utg. af Söderqvist. Helsingb , Th. Holmgren. 88. 3 kr.
Karta öfver Linköping. Utg. af A. T. Calin. Sthm, P. M. Sahlströms bokh. 87. 1: 50.
Karta öfver Stockholm. Upprättad af Topografiska korpsen åren 1862—67, sammandragen o. utg. af R. Brodin o. C. E. Dahlman. Med biträde från stadens ingeniörskontor granskad samt försedd med den faststälda stadsplanen, nya gatu- o. qvartersnamn. 2 blad. Sthm, P. A. Norstedt & S:r. 86. 13 kr., uppf. o. fern. 20 kr.
Karta öfver Stockholm, af R. Brodin o. C. E. Dahlman, rättad o. med den nya stadsplanen kompletterad 1893. 1 blad. Sthm, P. A. Norstedt & S:r. 93. 1 kr., med beskrifning af K. G. Odén viken i perm 1: 50, uppf. på väf i klotperm 2: 50, uppf. med rullar o. fern. 3: 75.
(Föreg. uppl. 86, 90, 91.)
Beskrifning till kartan öfver Stockholm [af K. G. Odén.] 8:o, 56 s. Sthm, P. A. Norstedt & S:r. 90. 40 ö.
(Föreg. uppl. 87.)
Karta öfver Stockholm, enl. senast faststäld reglering samt med både nya o. gamla gatunamn. Granskad af stadsingeniörskontoret. 1 blad. 2:a uppl. Sthm, P. A. Norstedt & S:r. 86. 75 ö.
Karta öfver Stockholm, delad efter de territoriella församlingarna. Med beskrifn. af K. G. Odén. Sthm. P. A. Norstedt & S:r. 90. 1: 75.
Karta öfver Uddevalla. Utg. af M. Svensson. Uddev., Hallmans bokh. 90. 15 ö.
Ny plan af Stockholm, jemte notiser för resande, på svenska, tyska, franska o. engelska. 1 karta o. 36 s. text in 12:o. Sthm, Alb. Bonnier. 95.
75 ö., kart. 1 kr., uppf. på väf 1: 75.
(Nya uppl. åren 88—94)
Plan af Jönköping. 1888. 1 blad Jönköp., Litogr. aktb. 88. 40 ö.

KARTOR.

Plankarta öfver Nyköping. Utg. af *A. Helander.* Nyköping, E. Kullberg. 88. 7 kr.
D:o d:o mindre uppl. 1 kr.
Södertelje, Stockholm, Strengnäs, Mariefred, Trosa. Skala 1: 100,000. 1 kartblad i litogr. öfvertryck. Södertelje, A. Lundmark. 95. 1 kr.
Helsingfors stadsplan. H:fors, A. Paul. 95.
Uppf. på rullar 2 fmk.
Helsingfors stadsplan 1893 samt förstäderna Berghäll, Hermanstad o. Majstad, jemte 13 vyer af hus o. öppna platser. Utg. af *J. F. Sevon.* 1 blad. H:fors, G. W. Edlund. 93. 1: 50 fmk.
Karta öfver Helsingfors omgifningar. Uppgjord 1887 af *V. Lindeman.* Rättad o. kompletterad af *J. F. Sevon.* H:fors, G. W. Edlund. 93. 5 fmk.
Karta öfver Helsingfors omgifningar. Utg af *I. I. Inberg.* H:fors, K. E. Holm. 91. 3: 50 fmk. (Föreg. uppl. 87)
Plankarta öfver Borgå stad o. socken. Utg. af *J. Westerlund.* H:fors, Söderström & K. 95. 5 fmk.
Plankarta öfver förstäderna Hermanstad o. Majstad invid Helsingfors stad. Utg. af *Emil Nummelin.* H:fors, Utg:n. 92. 2 fmk., uppf 3 fmk.
Plankarta öfver Nikolaistad. Upprättad af *Hj. Sjöman.* Wasa, V. Heyno. 95. 2: 50, i perm 3 fmk.

Reskartor:

Atlas öfver Sverige Utg. af *Edv. Cohrs.* Fullständig reskarta i fickformat. Med geogr. o. statist. uppgifter jemte ortregister. 21 kartor. 4:e uppl. Sthm, Nordin & Josephson. 93. Klb. 2: 50.
Godtköpsreskarta. Sthm, C. A. V. Lundholm.
N:o 1. Karta öfver Sverige. Utg. af *N. P. Pettersson.* 25:e uppl. 95. 1 kr., kart. 1: 25, uppf. 2: 25, uppf. på rullar 3 kr., uppf. o. fern. 3: 75.
(Ny uppl. hvarje af åren 1886—94.)
N:o 8. Stockholms omgifningar omfattande Södertelje, Saltsjöbaden, Fredriksborg. Utg. af *E. Backhoff.* 95. 50 ö.
Ny o. fullständig Jernvägs- o. Reskarta, öfver Sverige. Sveriges kommunikationer, upptagande alla järnbanor o. ångbåtslinier. Af *C. E. Dahlman.* 1 blad. Sthm, Alb. Bonnier. 90. 1: 50, i perm 2 kr., på väf 2: 75.
Karta öfver Kinekulle och dess omgifning. Utarb. till vägledning för turister. 1 blad. Sthm, Wahlström & Widstrand. 95. 50 ö.
En kronas karta öfver Sverige, Ny och fullständig, upptagande jernvägar, kanaler, landsvägar, järnbruk, grufvor m. m. samt specialkarta öfver Göta kanal. Utg. af *H. Schlachter.* Sthm, Alb. Bonnier. 95. 1 kr., i perm 1: 25, i perm o. på lärft 2: 25, uppf. o. fern. 4 kr.
(Nya uppl. hvarje af åren 86—94.)
Karta öfver Sveriges och Norges jernvägar, utarb. nf *J. Lundberg.* 2 blad. Sk. 1: 1 mill. Sthm, Wahlström & Widstrand. 4 kr. uppf. på rullar 6 kr.
Karta öfver Trollhättan med vägvisare, utg. af Trollhättans turistkommitté, 1 kartblad samt 16 s text (svensk, tysk, fransk o. engelsk). Trollhättan, Edvard Petersson. 95. 1 kr.
Reseatlas öfver Sverige af *C. J. O. Kjellström,* 28 kartor o. 24 s. text. Sthm, Gen. stab. litogr. anst. 1: 50.
Karta öfver jernvägarne i Finland. 1 blad folio. H:fors, G. W. Edlund. 89. 50 p.
(Föreg. uppl. 87)
Ny karta öfver järnvägarna i Finland. H:fors, G. W. Edlund. 94. 50 p.

Ekonomiska o. geologiska kartor:

Ekonomiska kartor öfver Vermland, med beskrifn. Sthm, Gen. Stab. litogr. anst.
Elfdals härads nedre tingslag. 4 blad. 92. 7 kr.
Frykdals härad. 6 blad. 92. 10: 50.
Gillbergs härad. 4 blad. 89. 7 kr.
Kils härad. 2 blad. 88. 3: 50.
Nordmarks härad. 4 blad. 91. 7 kr.
Nyeds härad 1 blad. 88. 1: 75.
Näs härad. 2 blad. 89. 3: 50.
Sveriges geologiska undersökning. Sthm, L. Hökerberg i distr.
Serien **A.** Kartblad med beskrifningar.
a) i skalan 1 : 50,000.
* 1 kr. ** 1: 50, öfriga 2 kr.

Alunda.
Askersund.
Björn o. Forsmark. **
Bäckaskog.
Furusund.
Glimåkra.
Grisslehamn.
Karlshamn.
Lund.
Motala. **
Norrtelje.
Penningby.
Rådmansö.
Sandhammaren. *
Simrishamn.
Skanör. *
Svartklubben.
Sölvesborg.
Vidtsköfle.
Vittsjö.
Öregrund.

b) i skalan 1 : 200,000. pr blad 1: 50.
Halmstad.
Hvetlanda.
Lenhofda.
Nydala.
Varberg.
Venersborg.
Serien **B.**
b) Specialkartor med beskrifn.
4. Geognostiska kartor öfver de vigtigare grufvefälten. 13 kartor. 4.o. 89. 5 kr.
5. Agronomiskt geologisk karta öfver egendomen Svalnäs i Roslagen. Skala 1 : 10,000. 87. 1 kr.
6. Praktiskt geologisk karta öfver Farsta o. Gustafsberg i Stockholms län. Skala 1: 10,000. 90. 1: 25.
7. Agronomiskt geologisk karta öfver Torreby. Skala 1 : 10,000. 92. 1: 25.
8. Agronomiskt geologisk karta öfver inegorna till Aas högre landtbruksskola i Norge. Skala 1 : 6,000. 95. 75 ö.
Serien **C.** se tillägget.
Norrbottens läns kartverk. Sthm, Gen. stab. litogr. anst.
Blad 5. Soppero.
„ 6. Karesuando.
„ 7. Akka.
„ 8. Kebnekaisse.
„ 9. Kaalasluspa.
„ 10. Vittangi.
„ 11. Lainio.

Blad 12. Sulitälma.
„ 13. Stora Sjöfallet.
„ 14. Luleträsk.
„ 15. Gellivare.
„ 16. Pajala.
„ 17. Huuki.
„ 18. Merkenes.
„ 19. Staika.
„ 20. Qvikkjokk.
„ 21. Jokkmokk.
„ 22. Hakkas.
„ 23. Korpilombolo.
„ 24. Svansten.
„ 25. Nasafjell.
„ 26. Löfmokk.
„ 27. Arjeploug.
„ 28. Stenträsk.
„ 29. Harads.
„ 30. Öfver Kalix.
„ 31. Öfver Torneå.
„ 33. Sorsele.
„ 34. Storafvan.
„ 35. Arvidsjaur.
„ 36. Boden.
„ 37. Luleå.
„ 38. Haparanda.
„ 42. Malå.
„ 43. Jörn.
Hvarje blad 1 kr. I litogr. öfvertryck à 75 ö.
Vesternorrlands län. Skala 1: 200,000. Ekonom. karta uppr. af *C. E. Dahlman*. Med stadsplaner, 4 blad. Sthm, C. E. Fritzes k. hofbokh. i distr. 89. 8 kr.

Sjökartor:

Sjökarteverkets kartor. Sthm, Nautiska magasinet.
N:o 1. Vägkarta öfver Östersjön.

Passkartor:

N:o 4. Bottenviken.
„ 5. Bottenhafvet.
„ 6. Finska viken.
„ 7. Östersjön, norra delen.
„ 8. „ södra delen.
„ 9. Belterne.
„ 10. Skagerrack.

Kustkartor:

N:o 20. Bottenviken, norra delen.
„ 21. „ södra delen.
„ 22. Norra Qvarken.
„ 23. Sundsvallsbugten.
„ 24. Geflebugten.
„ 26. Ålands o. Åbo skärgårdar.
„ 27. Finska viken, västra delen.
„ 28. „ „ östra delen.
„ 29. Stockholms skärgård.
„ 30. Norrköpingsbugten.
„ 31. Gotland.
„ 32. Kalmarsund o. Öland.
„ 33. Hanöbugten o. Bornholm.

N:o 35. Öresund o. Hamrarne.
„ 36. Mecklenburgska bugten.
„ 38. Kattegat.
„ 39. Bohusbugten.
„ 40. Insjön Venern.

Specialkartor:

N:o 60. Öregrunds skärgård.
„ 61. Stockholms skärgård, norra delen.
„ 62. „ södra delen.
„ 63. Norrköpingsbugten, Landsort—Häradskär.
„ 64. Smålandskusten, Häradskär—Kråkelund.
„ 65. Kalmarsund.
„ 66. Öresund.
„ 67. Hallandskusten.
„ 68. Kungsbacka.
„ 69. Göteborg.
„ 70. Marstrand.
„ 71. Tjörn.
„ 72. Uddevalla.
„ 73. Lysekil.
„ 74. Fjellbacka.
„ 75. Strömstad.
„ 80. Insjön Mälaren.
„ 81. „ Vettern.
„ 82. Lurö o. Ekens skärgårdar.
„ 83. Dalbosjön, norra delen, samt Byelfven.
Hvarje blad 3 kr.

Diverse kartor:

Halland. Kulturkarta i 2 blad. Halmstad, V. Ahlberg. 93. 2 kr.
Karta öfver norra stjärnhimmeln. Med förkl. text. Utg. af *N. E. V. Nordenmark*. 1 kartbl o. 16 s. text. Sthm, Alb. Bonnier. 95. 2 kr., uppf. på papp o. fern. 3: 50, uppf. på väf 6 kr.
Karta öfver trakten kring Östersund. Skala 1: 100,000. Sthm, Gen. stab. litogr. anst. 95. 50 ö.
Kartor öfver socknar i Dalarne. Utg. af *V. Pettersson*. 8:o. Falun, Falu boktr. aktb.
Orsa socken o. Hamra kapellag uti Kopparbergs o. Gefleborgs län, jämte beskrifning. 32 s. 93. 2: 50.
Särna socken o. Idre kapellag. 95. 2: 50.
Karta öfver Hangö-Ekenäs skärgård. H:fors, Turistfören. 91. 1: 25 fmk.
Karta öfver Helsingfors vestra skärgård. H:fors, Turistfören. 91. 75 p.
Karta öfver Punkaharju kronopark, upprättad af Forststyrelsen 1884. H:fors, Turistfören. 95.
1: 50, klb. 3: 50 fmk.
Karta öfver Palestina, af *M. Roth*. 4 blad. Sthm, P. A. Norstedt & S:r. 93. 8 kr., uppf. 12 kr, uppf. o. fern. 16 kr.
Palestina Af *M. Roth*. 4 blad. Sthm, P. A. Norstedt & S:r. 93. 8 kr., uppf. 12 kr., uppf. o. fern 16 kr.
Telefonkarta öfver samtliga med Helsingfors telefonförening i förbindelse stående ledningar i södra Finland, upprättad af *G. N. Andersson*. H:fors, 91.
(Ej i bokh.)

Tillägg till bokförteckningen.

ABERCROMBY, John, The earliest list of Russian Lapp words. Se: Journal de la Société finno-ougr. XIII.

Afbildningar af nordiska drägter, sådana de burits eller bäras uti olika landskap, utg. af *B. Thulstrup*. Med text af *J. H. Kramer*. 6:e—8:e (slut\hft. Tvär 4:o, 6 pl. o. 8 textblad. Sthm, P. B. Eklund. 89. För häfte 1: 75.

AGARDH. J. G., Om structuren hos Champia o. Lomentaria. Se: Öfversigt af Vet. akad:s förhandl:r. 45.

AHLQVIST, Aug., Wogulisches Wörterverzeichniss. Se: Mem. de la Soc. finno-ougr. II.

—, Wogulische Sprachtexte. Se: dersammast. VII.

ALIN, Oscar, Bidrag till svenska statsskickets historia. Se: Tidskrift, Historisk. 1886, 1887.

ALLARDT, Anders, Nyländska folkseder. Se: Nyland.

ALMKVIST, Herman, De semitiska folken. Se: Tidskrift, Nordisk. 1893.

ANDERSON, Aksel, Skrifter från Reformationstiden. Se: Skrifter utg. af Svenska litt. sällsk.

ANDERSON, A., Anders Retzius. Se: Handl:r, Sv. Akad:s. 7.

ANDERSSON, Hugo, Ett besök i engelska underhuset. Se: Tidskrift. Nordisk. 1890.

ANDRÉE, S. A., Iakttagelser öfver luftelektriciteten under solförmörkelsen d. 19 aug. 1887. Se: Öfversigt af Vet. akad:s förhandl:r. Årg. 44.

—, Uppfinningarnas betydelse för språkets utveckling. Se: Tidskrift, Nordisk. 1892.

Anteckningar om Lappmarken Af *E. W. B.* Se: Tidskrift, Historisk. 1891.

APPELLÖF, A., Om skalets bildning hos Sepia officinalis L. Se: Öfversigt af Vet. akad:s förhandl:r. Årg. 44.

ARRHENIUS, S., Försök att beräkna dissociationen hos i vatten lösta kroppar. Se: dersammast. Årg. 44.

—, Theorie d. isohydrischen Lösungen. Se: dersammast. Årg. 45.

—, Ueber additive Eigenschaften der verdünnten Salzlösungen. Se: dersammast. Årg. 44.

—, Ueber die Gleichgewichtsverhältnisse zwischen Elektrolyten. Se: dersammast. Årg. 46.

—, Ueber das Leitungsvermögen der beleuchteten Luft. Se: dersammast. Årg. 45.

ASPELIN, J. R., Types des peuples d'Asie Centrale. Se: Journal de la Société finno-ougr. VIII.

AURIVILLIUS, Chr., Die mit Oxypisthen verwandten afrikanischen Gattungen d. Calandriden. Se: Öfversigt af Vet. akad. förhandl:r. Årg. 48.

—, Förteckning öfver en samling Coleoptera o. Lepidoptera från Kongoflodens område. Se: dersammast. Årg. 44.

BACKLUND, O., Anteckningar från tvenne resor i norra Ryssland. Se: Fennia. V: 6.

BAGER-SJÖGREN, J., En skogsresa genom Harz. Se: Tidskrift, Nordisk 1894.

Barberaren i Sevilla. Se: Operarepertoire. 64.

BECKETT, Francis, Ny-Carlsberg glyptothek. Se: Tidskrift, Nordisk. 1892.

BECKMAN, Ernst, Den sociala frågan o. statistiken. Se: dersammast. 1893.

—, Tendens o. skönhet. Se: dersammast. 1892.

BENDIXSON, I., Bestämning af algebraiskt upplösbara likheter. Se: Öfversigt af Vet. akad:s förhandl:r. Årg. 48.

BERGENDAL, D., Männliche copulationsorgane. Se: dersammast. Årg. 45.

—, Ueber nordische Turbellarien u. Nemertinen. Se: dersammast. Årg. 47.

BERGER, A., Antalet lösningar till en viss indeterminerad eqvation. Se: dersammast. Årg. 43.

—, De Bernoulliska talens o. funktionernas teorie. Se: dersammast. Årg. 45.

—, Om en användning af de Bernoulliska funktionerna. Se: dersammast. Årg. 48.

—, En algebraisk generalisation af några arithmetiska satser. Se: dersammast. Årg. 48.

—, Independenta uttryck för de Bernoulliska talen. Se: dersammast. Årg. 46.

—, Om användningen af invarianter o. halfvarianter. Se: dersammast. Årg. 47.

—, Om en talteoretisk formels användning till transformation af en definit dubbelintegral. Se: dersammast. Årg. 44.

—, Om rötternas antal till kongruenser af andra graden. Se: dersammast. Årg. 44.

—, Sur une généralisation algebrique des nombres de Lamé. Se: Acta, Nova reg. soc. scient. Ups. XV: II. 4.

—, Sur la developpement de quelques fonctions disc. en series de Fourier. Se: dersammast. XV: II. 7.

BERGER, L, Den svenske guvernören Printzenskölds mord. Se: Tidskrift, Historisk. 1888.

BERGSTEDT, Hugo, Motsägelserna i de homeriska dikterna. Se: Tidskrift, Nordisk. 1890.

BERGSTRAND, A., Kliniskt Vademecum för Veterinärer. En minneshjälp vid den praktiska tjänstgöringen. 8:o, 278 s. Linköp., Förf. 91. 3 kr., inb. 3: 50.

—, Tjänstehandbok för Veterinärer. 8:o, 212 s. Linköp, Förf. 89. 3: 50.

[BERGSTRÖM, Axel], Friluftsbilder. Teckningar från skogar, sjöar o. hagar, saml. af *Paul Waldmann*. 8:o, 236 s. Sthm, Fr. Skoglund. 93. 2: 75.

BERNER, H. E., Alkoholismen. Se: Tidskrift, Nordisk. 1890.

—, Brændevinsbolagene i Norge, Se: dersammast 1891.

BERNER, H. E., Det sveitsiske demokrati. Se: dersammast. 1892.

Beskickning, En svensk, till Ryssland under Erik XIV:s regering. Se: Tidskrift, Historisk. 1887.

Betänkande, Komiténs för revision af Finlands kartwerk. Se: Fennia. VI.

Bibliotek, Folkupplysningssällskapets naturvetenskapliga 8:o. H:fors, Folkupplysn. Sällsk.
I. *Hjelt, Edv.*, Kemin. xiv, 323 s. o. 45 träsnitt. 88. 3: 50, inb. 4 fmk.
II. *Tigerstedt, A. F.*, Geologien. xvj, 337 o. ix s, 180 af bildn:r samt 1 karta. 93.
4: 50, klb. 5 fmk.

Bibliotek, Nytt, för berättelser, kultur o. reseskildringar utg. af *B. Wadström*. 8:o. Sthm, F. & G. Beijers Bokf-aktb.
I. Från natur o. folklif. Berättelser af *O Funcke*. N. Fries m. fl. 139 s. 90. 1 kr

Bidrag, Strödda, till Västerbottens kulturhistoria af *E. W. B.* Se: Tidskrift, Historisk. 1890.

Bidrag till Årfdabalkens historia 1686—1736. Se: Årsskrift, Upsala univ:s. 1895. Rätts- o. Statsvet.

BILDT, C., St. Birgittas hospital. Se: Tidskrift, Historisk. 1895.

BILLE, C., Parlamentarismen i England. Se: Tidskrift, Nordisk. 1895.

BJÖRLING, C. F. E., Konstruktion mittelst Lineals u. Cirkels d. Curven 4:r Ordnung von Geschlechte. Se: Öfversigt af Vet.-akad.s handl:r. Årg. 44.

BLADIN, J. A., Om amidoximer o. azoximer. Se: dersammast. Årg. 46.
—, Om bisfenylmetyltriazol. Se: dersammast Årg. 46.
—, Om inverkan af acetättiketer på dicyanfenylhydrazin. Se: dersammast. Årg. 48.
—, Om dicyanfenylhydrazins kondensationsprodukter med alifatiska aldehyder. Se: dersammast. Årg. 48.
—, Om ditriazolföreningar. Se: dersammast. 46.
—, Om fenylmetyltriazolföreningar. Se: dersammast. Årg. 43 o. 48.
—, Om några nya triazolderivat. Se: dersammast. Årg. 46.
—, Om oxidation af fenylmetyltriazolkarbonsyra. Se: dersammast. Årg. 47.

BLOMBERG, Alb., Anteckn:r från en geolog. resa i Vesterbotten. Se: Undersökn. Sveriges geolog. 123.
—, Geolog. undersökn:r inom Gefleborgs län. Se: dersammast. 152.

BOËTHIUS, S. J., Akademiska reformförslag. Se: Tidskrift, Nordisk. 1889
—, En konflikt mellan konung Fredrik o. sekreta utskottet. Se: Tidskrift, Historisk. 1892.
—, Gustaf IV Adolfs förmyndareregering. Se: dersammast. 1888. 1889.
—, Hertig Karls och Svenska riksrådets samregering. Se: dersammast. 1886.
—, Maria Stuart i ny belysning. Se: Tidskrift, Nordisk. 1892.
—, Några drag ur historien om härjningarna på svenska ostkusten. Se: dersammast. 1891.
—, Uppkomsten af frihetstid. författn. Se: Tidskrift, Historisk. 1891.

BOHLIN, K., En generalisation af Laplace's undersökn. af librationen i planetteorin. Se: Öfversigt af Vet.-akad:s förhandl:r. Årg. 45.
—, Om bestämningen af konstanterna vid den dagliga nutationen. Se: dersammast. Årg. 45.
—, Om en grupp af differentialeqvationer. Se: dersammast. Årg. 44.

BRUN, F. de, Bevis för några teorem af Poincaré. Se: dersammast. Årg. 46.
—, Invarianta uttryck för den Poincaré'ska substitutionen. Se: dersammast. Årg. 47.
—, Om ytor o. linier som äro invarianta. Se dersammast. Årg. 47.

BRÖGGER, W. C., Ueber die Ausbildung d. Hypostomes Se: Undersökn. Sveriges geolog. 82.
—, o. **BÄCKSTRÖM, H.**, Ueber den »Dahllit». Se: Öfversigt af Vet -akad:s förhandl:r. Årg. 45.

BÄCKLUND, A. V., Bidrag till theorien om vågrörelsen. Se: dersammast. Årg. 43. 44. 45.

BÄCKSTRÖM, H., Beiträge zur Kenntniss d. Thermoelektricität d Krystalle. Se: dersammast. Årg. 45.
—, Elektriska ledningsmotståndet hos kristaller. Se: dersammast. Årg. 44.
—, Electrisches Leitungsvermögen des Eisenglanzes. Se: dersammast. Årg. 45.
—, Tvenne nyupptäckta klotgraniter. Se: Undersökn. Sveriges geolog. 136.
—, o. **PAYKULL, G.**, Undersökn:r af de vid upplösning af jern i syror utvecklade gasernas volym o. sammansättning. Se: Öfversigt af Vet.-akad:s förhandl:r. Årg. 44.

CARLGREN, O, Beiträge zur Kenntniss der Actiniengattung Bolocera. Se: dersammast. Årg. 48.
—, Om några amoniakaliska platinaföreningar. Se: dersammast. Årg. 47.
—, Protanthea simplex eine eigenthümliche Actinie. Se: dersammast. Årg. 48.

CARRÉ, M. o. BARBIER, J, Mignon. Se: Operarepertoire. 65.

CASSEL, G., En generalisering af de Kleinska funktionerna. Se: Öfversigt af Vet.-akad:s förhandl:r. Årg 47.
—, Sur une éqvation de second ordre à coefficients transcendants Se: dersammast. Årg. 47.

CEDERSTRÖM, G. C., Iakttagelser rör. Ephippierna hos småkräftarten Daphnia pulex. Se: dersammast. Årg. 48.

CHARLIER, C. V. L., Bestämning af ljusets hastighet. Se: dersammast. Årg. 46.
—, Konvergensen hos en trigonometrisk serie. Se: dersammast. Årg. 43.
—, Om expositionstidens inflytande på den fotografiska bilden af en stjerna. Se: dersammast. Årg. 47.

CLESSIN, S., Ueber zwei neue Lamellibranchiaten. Se: dersammast. Årg. 45.

CLEVE, P. T., Derivat af δ-amidonaftalinsulfonsyra. Se: dersammast. Årg. 45.
—, Derivat af γ-amidonaftalinsulfonsyra. Se: dersammast. Årg. 45.
—, Derivat af 1: 3-diklornaftalin. Se: dersammast. Årg. 47.
—, Om 1—2 Amidonaftalinsulfonsyra. Se: dersammast. Årg. 48.
—, Om 1—6—4 Diklornaftalinsulfonsyra. Se: dersammast. Årg. 48.
—, Om klors inverkan på α-acetnaftalid. Se: dersammast. Årg. 44.
—, Om en förening mellan formamid o. kinaldin. Se: dersammast. Årg. 43.
—, Om en ny nitronaftalinsulfonsyra. Se: dersammast. Årg. 43.
—, Om inverkan af klor på acet-β naftalid. Se: dersammast. Årg. 44.
—, Om inverkan af klor på α- och β-naftol. Se: dersammast. Årg. 45.

CLEVE, P. T., Om inverkan af saltpetersyra på naftalin. Se: dersammast. Årg. 46.
—, Om några klornaftalinsulfonsyror. Se: dersammast. Årg. 43.
—, Om organiska sulfimidoföreningar. Se: dersammast. Årg. 44.
CONWENTZ, H., Untersuch. über fossile Hölzer Schwedens. Se: Undersökn., Sveriges geolog. 120.
DAHLANDER, G. R., Om sambandet mellan utvidgningskoefficienten o. spänstighetskoefficienten vid olika temperaturer. Se: Öfversigt af Vet.-akad:s förhandl:r. Årg. 43.
DAHLGREN, F. A., Svar på Södervalls tal. Se: Handl:r, Sv. Akad:ns. 7.
— —, Tal på högtidsdagen. 1892. Se: dersammast. 7.
DANIELSSON, O. A., De voce AIZHOE questio etymologica. Se: Skrifter utg. af Humanist. vetensk. Samf. II: 4.
DE GEER, G., Beskrifning till den geolog. jordartskartan. Se: Undersökn., Sveriges geolog. 131.
— —, Om Barnakällegrottan. Se: dersammast. 90.
—, Om isdelarnas läge. Se: dersammast. 101.
—, Om kaolin. Se: dersammast. 87.
—, Om konglomerat. Se: dersammast. 84.
—, Om kvartära nivåförändringar. Se: dersammast. 141.
—, Om Skandinaviens nivåförändringar. Se: dersammast. 98.
—, Om strandliniens förskjutning. Se: dersammast. 141.
—, Om vindnötta stenar. Se: dersammast. 86.
— —, Till frågan om Lommalerans ålder. Se: dersammast. 155.
DE GEER, L., Minne af statsrådet B. B. v. Platen. Se: Handl:r, Sv. Akad:s. 1.
Diamantstölden. Se: Anteckn:r., Ur en detektivs. 2.
DILLNER, G., Om integration af differentialeqvationerna i N-kroppars problemet. Se: Öfversigt af Vet. akad:s förhandl:r. Årg. 43, 45 o. 46.
DONNER, O., Die finnisch-ugr. Völker. Se: Journal de la Soc. finno-ougr. I.
DUNÉR, N. C., Sur la rotation du soleil. Se: Öfversigt af Vet.-akad:s förhandl:r. Årg. 47.
DUSÉN, P., Om vilkoren för skogskultur. Se: Undersökn., Sveriges geolog. 131.
EDEN, Janet, Esters hem. Öfvers. från eng. af G. S. Löwenhielm. 8:o, 171 s. Sthm, Fost. Stift. f.-exp. 87. 1 kr., klb. 2 kr.
EDLUND, E., Bemerkungen zu dem Aufsatze des h Foeppel über die Leitungsfähigkeit des Vacuums. Se: Öfversigt af Vet.-akad:s förhandl:r. Årg. 45.
— —, Om gasformiga kroppars elektr. molstånd. Se: dersammast. Årg. 43.
EKBOM, A., Om jodvätesyrans inverkan. Se: dersammast. Årg. 47.
—, Om m-Dinitrodifenyldisylfin. Se: dersammast. Årg. 48.
EKSTRAND, Å. G., Några naftostyrilderivat. Se: dersammast. Årg. 45.
— —, Om α-β Naftamidoxim. Se: dersammast. Årg. 44.
—, Om naftoësyror. Se: dersammast. Årg. 43, 44, Årg. 45 o. 46.
—, Om nafthydroxamsyror. Se: dersammast. Årg. 44.
—, o. **JOHANSSON, O. J.**, Bidrag till kännedom om kolhydraten. Se: dersammast. Årg. 44 o. 45.
—, o. **MAUZELIUS, R.**, Om molekularvigten hos maltos. Se: dersammast. Årg. 46.
ENESTRÖM, G., Bevis att den fullständ. integralen till en differenseqvation inneh. arbiträra konstanter. Se: dersammast. Årg. 43.

ENESTRÖM, G., Befolkningsstatistiska formlerna för beräkning af dödligheten under första lefnadsåret. Se: dersammast. Årg. 48.
—, Bidrag till de matemat. stud. historia. Se: dersammast. Årg 46.
—, Formler för beräkning af mortaliteten inom pensionskassor. Se: dersammast. Årg. 48.
—, Härledning af en formel inom den matemat. statistiken. Se: dersammast. Årg. 48.
— —, Matematikern Petrus de Dacia o hans skrifter. Se: dersammast. Årg. 43.
—, Om den nya upplagan af Galilæis saml. arbeten. Se: dersammast. Årg. 47.
—, Om en afhandling af Ascoli rör. integration af differentialeqvationen $\Delta^2 u = 0$ för en gifven Riemansk yta. Se: dersammast. Årg. 44.
—, Om måttet för dödligheten inom en bestämd åldersklass. Se: dersammast. Årg. 48.
— —, Swedenborgs matemat. arbeten. Se: dersammast. Årg. 46.

FEGRÆUS, T., Om de lösa jordaflagringarne. Se: Undersökn., Sveriges geolog. 114.
FLINK, G., Mineralogische Notizen. Se: Öfversigt af Vet.-akad:s förhandl:r. Årg. 45.
—, Mineralogiska notiser. Se: dersammast. Årg. 46.
Folkbibel, Illustrerad, det är all den heliga skrift, gamla o. nya testamentet. Med 532 afbildn:r o. stålstick. 4:o, 1063, viij, 341 o. 10 s. Sthm, Bokf.-aktb Ansgarius. 87. i ex. 4 kr., inb. 8 kr.
FORSIUS, V. Se: Tidskrift för abnormskolorna i Finland.
FORSLING, S, Om β_1- och β_2-bromnaftalinsulfonsyra. Se: Öfversigt af Vet.-akad:s förhandl:r. Årg 46 o. 47.
—, Om 1—6 Dibromnaftalin. Se: dersammast. Årg. 48.
—, Om den Brönner'ska amidonaftalinsulfonsyran. Se: dersammast. Årg. 44.
FORSMAN, Karl F., »Svaga stunder.» Dikter. 8:o. Antorp, Kilsmo. Förf. 87. 1: 50.
FORSSELL, G, Om etylendiamins inverkan på rubeanväte. Se: Öfversigt af Vet. akad:s förhandl:r, Årg. 48.
FORSSELL, H. L., Minne af Statsminister m. m. grefve G. af Wetterstedt. Se: Handl:r, Sv. Akad:ns. 3.
FREDHOLM, I., Om en speciel klass af singulära linier. Se: Öfversigt af Vet.-akad:s förhandl:r. Årg. 47.
FREDHOLM, K. A., Glaciala företeelser i Norrbotten. Se: Undersökn., Sveriges geolog. 117.
—, Norrbottens geologi. Se: dersammast. 83.
FREDIN, N. E., Vår Daniel. Se: Handl:r, Sv. Akad.ns. 3.
FRISTEDT, K., Meddelanden om Bohusländska Spongier. Se: Öfversigt af Vet.-akad:s förhandl:r, Årg. 44.
FROSTERUS, B., Några iakttagelser rör. skiktade moräner. Se: Fennia. III: 8.
FRUNCK, G., Bref rör. Nya skolans historia. Se: Skrifter utg. af Sv. litt. sällsk.
[**FRYXELL, Eva**]. Omstörtning eller utveckling? Blick på senaste årens sociologiska skrifter af E A. Ek. 8:o, 170 s. Sthm, L. Hökerberg. 86. 1: 75.
Frågor, I religiösa o. kyrkliga. Gammalt o. nytt, inländskt o. utländskt i evangelii tjänst utg. af Fredr. Fehr. 8:o. Sthm, Z. Hæggströms f.-exp.
1. Luther, Martin, Om en kristen menniskas frihet. Med en inledning försedd öfvers. från latinet af Fredr. Fehr. 56 s. 91. 75 ö.

2 o. 3. *Ritschl, Albrecht,* Den kristliga fullkomligheten. Ett föredrag. Från tyskan af *F. Fehr.*
— *Spitta, Friedr.,* Om den hel. nattvarden från påsktiden till upplysning o. till uppmuntran. En afhandling. Från tyskan af *F. Fehr.* 40 s. 91. 50 ö.

4. *Harnack, Adolf,* Dogmhistoriens trefaldiga utmynning. Öfv. af *F. Fehr.* 260 s. 91. 3: 50.

5. *Fehr, Fredr.,* Några tankar om kristendomsundervisningen i våra skolor. Föredrag hållet vid invigningen af Södermalms högre allmänna läroverks nya byggnad d. 7 sept. 1891. 25 s. 91. 40 ö.

6—9. *Haupt, Erich,* Den heliga skrifts betydelse för evangeliska kristna. Från tyskan af *Fr. Fehr.* — *Handmann, Rud.,* Kristendomen och buddhism i deras förhållande till hvarandra. Från tyskan af *Fr. Fehr.* — *Lobstein, P.,* Några tankar om barndopet. Från franskan af *Fr. Fehr.* — *Drews, Paul,* Mer hjärta för folket. Från tyskan af *Karl Ljungstedt.* 221 s. 92. 3 kr.

10. *Kattenbusch, Ferd.,* Från Schleirmacher till Ritschl. Orienterande framställning af dogmatikens nuvarande ställning. Från tyskan af *Fr. Fehr.* 68 s. 92. 1 kr.

11. *Harnack, Adolf,* Den apostoliska trosbekännelsen. En historisk redogörelse jämte ett slutord. Från tyskan af *Fr. Fehr.* 35 s. 92. 50 ö.

12. ——, Svar på D. Cremers stridsskrift "Till striden om apostolikum". Med ett förord försedd öfvers. af *Fr. Fehr.* 35 s. 93. 50 ö.

13. *Wendt, Hans Hinrich.,* Den äkta kristendomens norm. Från tyskan af *Fr. Fehr.* 54 s. 93. 75 ö.

14. *Schultz, Herm.,* Det gamla testamentet o. den evangeliska kyrkan. Från tyskan af *Fr. Fehr.* 30 s. 93. 50 ö.

15. *Spitta, Friedr,* Bref rör. den evangeliska gudstjänsten. Med förord försedd öfvers. af *Erik G. Ljungqvist.* 95 s. 93. 1: 25.

16. *Stade, Bernh,* Om de uppgifter som tillhöra det gamla testamentets bibliska teologi. Från tyskan af *Fr. Fehr.* 42 s. 93. 60 ö.

17 o. 18. *Fehr, Fredr.,* Jesus Kristus är oss gifven. En julbetraktelse. — *Söderblom, Nathan,* Jesus Nasareern. Betraktelse öfver Matt. 2: 19—23. 29 s. 94. 40 ö.

19. *Göransson, N. J.,* En modern religiös personlighet. (Christoph Schrempf.) 55 s. 94. 60 ö.

20. *Wendt, Hans Hinrich,* Pauli lära jämförd med Jesu lära. Från tyskan af *Vilh. Hedqvist.* 74 s. 94. 90 ö.

21. *Reischle, Max,* Tron på Jesus Kristus o. den historiska forskningen rör. hans lif. Från tyskan af *Rob. Böckert.* 48 s. 94. 50 ö.

22. *Soden, H. von,* Reformation o. social fråga. Föredrag. Från tyskan af *Karl Ljungstedt.* 43 s. 94. 50 ö.

23. *Marti, Karl,* De nyaste gammal-testam. forskningarnas resultat med hänsyn till religionshistorien o. trosläran. Från tyskan af *K. O. Tellander.* 51 s. 94. 50 ö.

24. *Wendt, Hans Hinrich,* Jesu lära om Guds rike. Från tyskan af *I. Kiellman-Göranson.* 41 s. 94. 50 ö.

25. *Bornemann, W.,* Religiösa tvifvel. Två predikn:r. Från tyskan af *Joh. Thordeman.* 24 s. 94. 40 ö.

26. *Harnack, D. A.,* Den evangelisk-sociala uppgiften i ljuset af kyrkans historia. Föredrag, hållet på den evangelisk-sociala kongressen i Frankfurt a M. den 7 maj 1894. Från tyskan af *S. A. Fries.* 50 s. 94. 60 ö.

27. *Lobstein, D. P.,* Den traditionella kristologin o. den prostestantiska tron. Öfv. af *Nath. Söderblom.* 41 s. 94. 60 ö.

28. *Gottschick, Johannes,* Den historisk-kritiska skriftforskningens betydelse för den evangeliska kyrkan. Från tyskan af *Joh. Thordeman.* 33 s. 94. 50 ö.

29. *Brieger, Theodor,* Den tilltagande likgiltigheten för kyrkan i historiens ljus. Från tyskan af *Joh. Thordeman.* 31 s. 94. 40 ö.

30. *Fries, S. A,* Vanvården icke Herrens vingård! Predikan öfver Matt. 21: 33—46. 14 s. 94. 25 ö.

31. *Cornill, D. C. H,* Profetian i Israel. Fem föredrag för bildade lekmän. Från tyskan af *Emil Fehr.* vij o. 124 s. 95. 1: 50.

Frågor, Kyrkliga. 8:o. Sköfde, Aug. Strokirk i distr.
1. *Alin, S.,* Bekännelsefrågan. 39 s. 93. 50 ö.

GELSEN, C. von, Smekmånadens helsovård. Öfvers. 12:o, 80 s. o. 14 illustr. Sthm, Ad. Bonnier. 94. 1: 25.

GHIZLANSONI, A., Aida. Se: Operarepertoire. 82.

GRANFELT, George, Västfinska afdeln. historia. Se: Finland, Västra. I.

GREVILLIUS, A. Y., Vegetationen i Jemtlands län. Se: Undersökn , Sveriges geolog. 144.

Gripsholms slott. Se: [*Folcker, E. C.*]

GROTENFELT, Gösta, Berättelse öfver en resa i Tyskland, Danmark o. Sverige. Se: Medd. fr. landtbruksstyrelsen. 4.

——, Om mejeriskolorna i Finland. Se: Landtbruksfrågor.

GROTENFELT, Nils, Kort handledn. i mjölkhushållning. Se: Skrifter, Smärre, samlade i landthushållning. 29.

GRÖNVALL, A. L., Om några europeiska Orthotrica. Se: Öfversigt af Vet.-akad:s förhandl:r. Årg. 46.

GYLDÉN, H., Några nya utveckl:r af de elliptiska funktionerna. Se: dersammast. Årg. 43.

——, Om ett bevis för planetsystem. stabilitet. Se: dersammast. Årg. 43.

——, Om sannolikheten af en inträdande divergens vid användande af de hittills brukliga metoderna att analytiskt framställa planetariska störingar. Se: dersammast. Årg. 45.

——, Om sannolikheten af att påträffa stora tal vid utveckl. af irrationela decimalbråk i kedjebråk. Se: dersammast. Årg. 45.

——, Om ett specialfall af trekropparsproblemet. Se: dersammast. Årg. 45.

HAGELSTAM, Jarl, Huru skola vi bekämpa koleran? Se: Flygskrifter, Helsovårdsfören. 5.

HAGSTRÖM, L. o. FALK, A., Mesures de nuages dans les montagnes de Jemtland. Se: Öfversigt af Vet.-akad:s förhandl:r. Årg. 48.

——, Jemförelse mellan Ångströms o. Neumans metoder för bestämning af kroppars ledningsförmåga för värme. Se: dersammast. Årg. 48.

HAIJ, B., Om den af J. B. von Borck beskrifna Barbitistes glabricauda Charp. Se: dersammast. Årg. 44.

HAMBERG, A., Om kristalliseradt bly. Se: dersammast. Årg. 45.

HAMBERG, H. E., Nederbördens mängd i norra Halland. Se: dersammast. Årg. 43.

Handbok i Sveriges kyrkolag för menige man, innehållande senast utkomna förordn:r samt prejudikat. 8:o, 153 s. Sthm, E. J. Ekmans f.-exp. 95. Klb. 2 kr.

Handlingar rör. en å Harlösa gård i Malmöhus län i Januari månad år 1894 utbruten kreatursjukdom. 2 häften. 8:o. Sthm, Samson & Wallin. 94. 1 kr.
HANSSON, C. A., Om förekomsten af Limnadia lenticularis. Se: Öfversigt af Vet.-akad:s förhandl:r. Årg. 45.
—, Zoologiska anteckn:r från Bohuslän. Se: dersammast. Årg. 46.
HANSON, Ola, En uppfostrare. 8:o, 197 s. Kristiania, Aschehoug & Co. 95. 2: 75.
—, Resan hem. En ungdoms- o. vandringshistoria. 2 dlr. 8:o, 200 o. 162 s. samt 1 portr. Kristiania, Aschehoug & Co. 95. 4: 50.
HECTOR, D. S., Om derivat af svafvelurinämne. Se: Öfversigt af Vet.-akad:s förhandl:r. Årg. 46, 47, 48.
—, Om några oxidationsmedels inverkan. Se: dersammast. Årg. 46.
HEDBERG, Frans, Det skadar inte. Se: Theatern, Svenska. 193.
[**HEDENSTIERNA, Alfred**], Fideikommissarien till Halleborg. Berättelser, skizzer o. humoresker af *Sigurd*. 8:o, 264 s. Sthm, H. Geber. 95. 3: 25.
HEDSTRÖM, H., Om hasselns utbredning. Se: Undersökn., Sveriges geolog. 134.
— —, Studier öfver bergarter. Se: dersammast. 139.
HEINCKE, F., Untersuchungen über die Stichlinge. Se: Öfversigt af Vet.-akad.s förhandl:r. Årg. 46.
HELLSTRÖM, P., Om några derivat af α_1-β-diklornaftalin. Se: dersammast. Årg. 45.
—, Om rykande svafvelsyras inverkan på klorväte. Se: dersammast. Årg. 46.
HENNIG, A., Om Åhussandstenen. Se: Undersökn., Sveriges geolog. 143.
HENNING, E., Agronomiskt växtfysiognomiska studier. Se: dersammast. 102.
—, Vegetationsförhållande i Jemtland. Se: dersammast. 145.
HENSCHEN, S. E., On arcenical paralysis. Se: Acta Nova reg. Soc:is scient. Ups. XV: II, 5.
HILDEBRAND, Hans, Heraldiska studier. Se: Tidskrift, Antiqvarisk. IX: 1.
HJELMQVIST, Theodor, Naturskildringarne i den norröna diktningen. Se: dersammast. XII: 1, 2.
HJELT, Edv., Minnestal öfver Ad. Edv. Arppe. Se: Acta Soc:is scient. fenn. XX: 12.
[— —], Penningar o. ränta. Se: Skrifter, Folkupplysn. sällsk. 76.
HJELT, Hj., Växternas utbredning i Finland. Se: Acta Soc:is pro fauna et fl. fenn. V: 1 a.
HJELTSTRÖM, S., Sur la conductibilité de la neige. Se: Öfversigt af Vet.-akad:s förhandl:r. Årg. 46.
HOLM, G., Förekomsten af en Caryocrinus i Sverige. Se: Undersökn., Sveriges geolog. 115.
— —, Försteningar från Lappland. Se: dersammast. 115.
— —, Om Didymograptus. Se: dersammast. 150.
— —, Om endosifonala bildningar. Se: dersammast. 153.
— —, Om Gyroceras-formigt böjda Endoceras-arter. Se: dersammast. 153.
HOLMGREN, K. A., Elektriska tillståndet hos stoftet från vattenfall. Se: Öfversigt af Vet.-akad:s förhandl:r. Årg. 43.
HOLMQVIST, P. J, Triazolföreningar. Se: dersammast. Årg. 48.
HOLST, N. O., Berättelse om en resa till Grönland. Se: Undersökn., Sveriges geolog. 81.
— —, Har det funnits mera än en istid i Sverige? Se: dersammast. 151.
— —, Lagerföljden inom den Kambriska sandstenen. Se: dersammast. 130.

HOLST, N. O., Om en mäktig kvarsit. Se: Undersökn., Sveriges geolog. 105.
— —, Om ett fynd af uroxe i Råkneby. Se: dersammast. 100.
— , Ryoliten vid sjön Mien. Se: dersammast. 110.
HUGO, Victor, Notre-Dame. Ny öfvers. af *O. W. Ålund*. 12:o, 549 s. Sthm, F. & G. Beijers Bokf.-aktb. (85.) 3 kr.
[**HUNGERFORD, Mrs**], En modern Circe. Roman af förf. till "Molly Bawn". Öfv. från eng. af *Math. Langlet*. 8:o, 408 s. Sthm, Fr. Skoglund. 88. 3 kr.
[—], Ett naturbarn. Roman. Öfv. från eng. af *Math. Langlet*. 8:o, 366 s. Sthm, Fr. Skoglund. 93. 3 kr.
[— -], I strid med sig sjelf. Roman. Öfv. från eng. af *Math. Langlet*. 8:o, 381 s. Sthm, Fr. Skoglund. 86. 3 kr.
[—], Marvel. Roman. Öfv. från eng. af *Math. Langlet*. 8:o, 358 s. Sthm, Fr. Skoglund. 95. 3 kr.
[— -], Nådig Fru Vereker. Roman. Öfv. från eng. 8:o, 344 s. Sthm, Fr. Skoglund. 93. 2 kr.
[—], På Villospår. (Under-Currents.) Roman. Öfv. från eng. af *Math. Langlet*. 8:o, 319 s. Sthm, Fr. Skoglund. 89. 3 kr.
[—], Samvetsqval. Roman. Öfv. från eng. af *Math. Langlet*. 8:o, 322 s. Sthm, Fr. Skoglund. 90. 3 kr.
[ ], Unga grefvinnan. (Lady Branksmere.) Roman. Öfv. från eng. af *Math. Langlet*. 8:o, 427 s. Sthm, Fr. Skoglund. 87. 3 kr.
[**HÅRD, C. G.**], Se: Skall unionen brista.
HÖGBOM, A. G., Förkastningsbreccior. Se: Undersökn. Sveriges geolog. 87.
—, Geolog. beskrifning öfver Jemtlands län. Se: dersammast. 140.
—, Glaciala aflagringar. Se: dersammast. 124.
—, Märken efter isdämda sjöar. Se: dersammast. 128.
, Postarkäiska eruptiver. Se: dersammast. 132.
—, Qvarsit sparagmitområden. Se: dersammast. 104 o. 116.
—, Ueber das Nephelinsyenitgebiet auf der Insel Alnö. Se: dersammast. 148.
HÖGRELL, B., Bergjums fanerogamer i blomningsföljd. Se: Öfversigt af Vet.-akad:s förhandl:r. Årg. 44.

IGNATIUS, K. E. F., Om Malthusianismen. Se: Öfversigt af F. Vet.-soc:s förhandl:r. XXXIV.
ISBERG, P. J., Försök att med galvanometern bestämma elasticitetsgräns hos metalltrådar. Se: Öfversigt af Vet.-akad:s förhandl:r. Årg. 45.

JOHANSSON, A. M., Integralernas form. Se: dersammast. Årg. 46, 47.
—, Undersökn:r öfver vissa algebraiska likheter, som leda till ellipt. integraler. Se: dersammast. Årg. 44.
—, Vattnets specifika värme. Se: dersammast. Årg. 48.
—, Vilkoren för att en algebraisk likhet $y^n = (x-a,)^m 1 \ldots (x-a,)^m r$ skall leda till ellipt. integraler. Se: dersammast. Årg. 44.
JOHANSSON, C. J., Iakttagelser rör. sydsvenska torfmossar. Se: Undersökn., Sveriges geolog. 108.
JOLIN, Joh., Öfverste Stobee. Se: Theaterstycken. 18.
JONQUIÉRE, A., Note sur la série generalisée de Riemann. Se: Öfversigt af Vet.-akad:s förhandl:r. Årg. 46.
—, Ueber eine Klasse von Transcendenten. Se: dersammast. Årg. 45.

JÖNSSON, J., Agronomiskt geolog. studier. Se: Undersökn., Sveriges geolog. 102.
—, Jordarternas användbarhet. Se: dersammast. 131.

KARSTEN, P. A., Finlands mögelsvampar. Se: Bidrag till känned. af Finlands natur o. folk. 51.

KASTMAN, C. W., Jean J. Rousseau. Se: Lifsbilder ur pedagog. hist. 7, 8.

KELLGREN, A. G., Agronomiskt-botaniska studier. Se: Undersökn., Sveriges geolog. 119.
—, Botanisk o. geolog. beskrifning af de s. k. Ryorna. Se: dersammast. 157.

KIHLMAN, A. O., Beiträge zur Flechten Flora d. Halbinsel Kola. Se: Medd. af Soc:s pro fauna et fl. fenn. XVIII.
—, Hepaticae från Inari lappmark. Se: dersammast. XVIII.

Kilon. Förslag till de allmänna läroverkens ombildning. 8:o, 57 s. Sthm, W. Billes Bokf.-aktb. 85. 75 ö.

KINDBERG, N. C., Om Canadaområdets mossflora. Se: Öfversigt af Vet.-akad:s förhandl:r. Årg. 47.

KINGSLAND, W., Om evolution. Se: Skrifter utg. af Teosof. samf. 5.

KLASON, P., Öfver amidogruppens substitution i aromatiska föreningar mot Hydrothion. Se: Öfversigt af Vet.-akad:s förhandl:r. Årg. 44
—, Undersökningar öfver senapsoljättiksyra. Se: dersammast. Årg. 47.
—, Öfver sex isomera toluoldisulfosyror. Se: dersammast. Årg. 44.

KLERCKER, J. af, Pflanzenphysiologische Mitteilungen. Se: dersammast. Årg. 48.

KOBB, G., Om båglängden af algebraiska kroklinier. Se: dersammast. Årg. 44.
—, Om integrationen af differentialeqvationerna för en tung partikels rörelse. Se: dersammast. Årg 43.
—, Om integrationen af differentialeqvationerna för en materiel punkts rörelse på en rotationsyta. Se: dersammast. Årg. 44.
—, Om maxima o. minima af dubbelintegraler. Se: dersammast. Årg. 47.

KOCH, H. v., Bidrag till teorin för oändliga determinanter. Se: dersammast. Årg. 47.
—, Om upplösning af ett systems lineära likheter. Se: dersammast. Årg. 47.
—, Om användningen af oändliga determinanter. Se: dersammast. Årg. 47.

[KOVALEVSKY, Sonja]. Se: *Rajevski, Tanja.*

KROHN, Kaarlo, Histoire du traditionisme en Esthonie. Se: Journal de la Société finno-ougr. X.
—, Das Lied vom Mädchen. Se: dersammast. X.

KRÜSS, G., o. NILSON, L. F., Om jordarterna o. niobsyran i Fergusonit. Se: Öfversigt af Vet.-akad:s. förhandl:r. Årg. 44.
—, Om kaliumgermanfluorid. Se: dersammast. Årg. 44.
—, Om produkten af niobfluorkaliums reduktion med natrium. Se: dersammast. Årg. 44.
—, Om thoriums eqvivalent- o. atomvigt. Se: dersammast. Årg. 44.
—, Studier öfver sällsynta jordarters absorptionsspektra. Se: dersammast. Årg. 44.

KULLE, Jakob, Svenska allmogevävnader. Med 6 pl. i färgtr. 8:o. 15 s. o. 6 pl. Sthm, C. E. Fritzes hofbokh. 85. 1: 50.

Kuplett-repertoire. Samling af komiska visor, o. kupletter ur operetter, lustspel m. m. Text till sångerna 1—25. 8:o. 69 s. Sthm, Abr. Hirsch. 90. 75 ö.

Kyrkomuseum, Strengnäs, samt notiser om staden o. dess domkyrka af *Isak Fehr* o. grafvarne i domkyrkan. Handledn. för besökande af *Otto Bejbom.* 8:o, 64 s. Strengnäs, Södermanlands fornm. fören. 92. 40 ö.

LAGERHEIM, G., Kritische Bemerkungen zu einigen Arten u. Varietäten von Desmidiaceen. Se: Öfversigt af Vet.-akad:s förhandl:r. Årg. 44.

LAGUS, Ernst, Nyländska folkvisor. Se: Nyland.

LANGENSKIÖLD, Karl, Om öfverflyttning af Skatt. Akad. afh. 4:o, 91 s. H:fors, 86. 2 fmk.

LANGLET, N. A., Om Azthinderivat. Se: Öfversigt af Vet.-akad:s förhandl:r. Årg. 48.

LECHE, I., Förteckning på tiden då träd o. buskar kring Åbo utslagit blad o. blommor. Se: Bidrag till känned. om Finlands natur o. folk. 48.

LEINBERG, K. G., De finska klostrens historia. Se: Skrifter utg. af Sv. litt. sällsk. i Finland. XIV
—, Finska prästerskapets besvär. Se: dersammast. XXII.

LEMSTRÖM, S., Expériences sur l'influence de l'électricité sur les végétaux. Se: Comment. variæ in mem. act. I: 3.

LIDFORSS, V. E., Votum rör. upprättande af förslag till lediga e. o. professorsämbetet i romersk rätt vid Lunds univ:t. Med anmärkn:r af *J. Thyrén.* Jemte bilaga. 8:o, 36 o. xxxiv s. Lund, Gleerupska univ. bokh. 94. 75 ö

LILLIEHÖÖK, C. B., Sammandrag af geogr. ortbestämningar. Se: Öfversigt af Vet.-akad:s förhandl:r. Årg. 45.
—, Wattenhöjdsförändring i Altenfjord. Se: dersammast. Årg. 45.

LINDBERG, S. O., Bidrag till Nordens mossflora Se: Medd. af Soc. pro fauna et fl. fenn. XIV.

LINDELÖF, L., Mortaliteten i Finland. Se: Bidrag till känned. af Finlands natur o. folk. 49.
—, Nytt bidrag till belysande af ställningen i Folkskollärarnas i Finland enke- o. pupillkassa. Se: dersammast. 54.

LINDÉN, John, Anteckn:r om växtligheten i Karelen. Se: Medd. af Soc:s pro fauna et fl. fenn. XVI.

LINDMAN, C. A. M., Ueber die Bromeliaceen-Gattungen Karratas Se: dersammast. Årg. 47.

LINDMAN, C. F., Några formler hos Bierens de Haan. Se: dersammast. Årg. 47.
—, Om en serie. Se: dersammast. Årg. 45.
—, Om några definita integraler. Se: dersammast. Årg. 44. 45. 46.

LINDSTRÖM, G., Om hyalotekit från Långban. Se: dersammast. Årg. 44.

LUMIÈRE, L., Procédé d'obtention de microphotographies destinées à la projection. Se: dersammast. Årg. 48.

LUNDBERG, Oscar, Handtabeller för enkla spårvexlar o. föreningsspår å jernvägar. 12:o, 23 s. Malmö. J. G. Hedberg. 86. Klb. 2 kr.

LUNDBERG, Rob., Det stora sillfisket. Se: Tidskrift, Antiqvarisk. XI: 3.

LUNDBOHM, H., Apatitförekomster i Gellivare malmberg. Se: Undersökn., Sveriges geolog. 111.
—, Apatitförekomster i Norrbottens malmberg. Se: dersammast. 127.
—, Baltiska isströmmen. Se: dersammast. 95.
—, Bearbetning af sandsten. Se: dersammast. 106.
—, Berggrunden i Vesternorrlands kusttrakter. Se: dersammast. 132.
—, Engelska byggnadsmaterial. Se: dersammast. 105

LUNDBOHM, H., Granitindustrien i utlandet. Se: dersammast. 103.
—, Kalksten. Se: dersammast. 140.
—, Skotska byggnadssätt. Se: dersammast. 118.
—, Stenindustrien i Förenta staterna. Se: dersammast. 129.
LUNDGREN, B., Om Sveriges kritfauna. Se: Öfversigt af Vet.-akad:s förhandl:r. Årg. 45.
—, Smånotiser om de lösa jordlagren. Se: dersammast. Årg. 48.
LUTHER, Martin, Bordsamtal eller Colloquia, i urval utg. af *O. A. Stridsberg*. 8:o, 143 s. Sthm, H. Geber. 87. 1: 50, inb. 2: 50.
LYTTKEN, Aug. Se: Redogörelse för verksamheten vid Hallands Läns Frökontrollanstalt.

[**MALMBORG, C. G. v.**], Om elektrisk belysning. Populär framställning med 56 illustr. Upplysn:r för enhvar som har eller ämnar anskaffa elektrisk belysning. 8:o, 160 s. Sthm, Nordin o. Josephson. 91. 2 kr.
MAUZELIUS, R., Derivat af etylidendisulfonsyra. Se: Öfversigt af Vet.-akad:s förhandl:r. Årg. 47.
—, Naftalins 1—5 halogensulfonsyror. Se: dersammast. Årg. 46.
—, Om 1—4-fluornaftalinsulfonsyra. Se: dersammast. Årg. 47.
—, Om rykande svafvelsyrans inverkan på klorvätesyrad α-Naftylamin vid låg temperatur. Se: dersammast. Årg. 44.
—, o. **EKBOM, A.**, Om α- och β-monofluornaftalin. Se: dersammast. Årg. 46.
—, o. **EKSTRAND, Å. G.**, Om molekularvigten hos maltos. Se: dersammast. Årg. 46.
MEBIUS, C. A., Bemerkungen zu dem Aufsatze des herrn Hoppe: Zur magnetelectrischen Induction. Se: dersammast. Årg. 45.
—, Determination experimentale des elements principaux d'une lentille divergente. Se: dersammast. Årg. 47.
—, Om ändringar af metallens elasticitetskoefficient. Se: dersammast. Årg. 44.
MESSENIUS, J., Samlade dramer. Se: Skrifter utg. af Sv. litt. Sällsk.
MITTAG-LEFFLER, G, Integralerna till en lineär homogen differentialeqvation för en cirkelring. Se: Öfversigt af Vet.-akad:s förhandl:r. Årg. 46.
—, Invarianterna till en lineär homogen differentialeqvation. Se: dersammast. Årg. 46.
MOBERG, J. C., Kritsystem i fast klyft. Se: Undersökn., Sveriges geolog. 87.
—, Lommalerans ålder. Se: dersammast. 149.
—, Om lias i Skåne. Se: dersammast. 99.
—, Silurisk Posidonomyaskiffer. Se: dersammast. 156.
—, Skiffer med Clonograptus tenellus. Se: dersammast. 125.
—, Untersuch. ueber Grünsteine. Se: dersammast. 158.
—, Ölands Dictyonema skiffer o. Ölands ortocerkalk. Se: dersammast. 109.
MOSER, G. von, Sparlakansléxor. Se: Theatern, Svenska. 200.
MUNTHE, H., Om postglaciala aflagringar. Se: Öfversigt af Vet.-akad:s förhandl:r. Årg. 44.
MÖLLER, J., Ueber Coincidenz-systeme gewöhnl. algebraischer Differentialgleichung. Se: dersammast. Årg. 44.
—, Zur Theorie der singulären Lösung einer partiellen Differentialgleichung. Se: dersammast. Årg. 45.

MÖRTSELL, E., Resenotiser från kambrisk-siluriska området af Vesterbottens lappmark. Se: Undersökn., Sveriges geolog. 115.

NATHORST, A. G., Några ord om Visingsöserien. Se: Undersökn, Sveriges geolog. 79.
—, Om floran i Skånes kolförande bildningar. Se: dersammast. 85.
—, Nya anmärkn. om Williamsonia. Se: Öfversigt af Vet.-akad:s förhandl:r. Årg. 45.
—, Fortsatta anmärkn:r om den Grönländska vegetationens historia. Se: dersammast. Årg. 48.
—, Om Dictiophyllum Nilsoni i Kinas kolförande bildningar. Se: dersammast. Årg. 47.
—, Om de sandslipade stenarnes förekomst vid Lugnås. Se: dersammast. Årg. 43.
—, Om lemningar af Dryas octopetala L. Se: dersammast. Årg. 43.
—, Sur de nouvelles remarques de M. Lebesconte concernant les Cruziana. Se: dersammast. Årg. 45.
NATHORST, Hjalmar, Om odling af sockerbetor o. foderbetor. 8:o, 24 s. Lund, C. W. K. Gleerup. 85. 35 ö.
NERVANDER, E., Geografiska bilder. Se: Skrifter, Folkupplysn. Sällsk. 94.
NEUMAN, L. M., Bidrag till Medelpads flora. Se: Öfversigt af Vet.-akad:s förhandl:r. Årg. 46.
—, Om Rubus corylifolius Arrh. o. R. pruinosus Arrh. Se: dersammast. Årg. 44.
NILSSON, A., Ueber d. Afrikanische Arten d. Gattung Xyris. Se: dersammast. Årg. 48.
NILSSON, L. F., o. **PETTERSSON, O.**, Bestämning af några fysikal. konstanter för Germanium o. Titan. Se: dersammast. Årg. 44.
—, Om aluminiumchloridens ångtäthet. Se: dersammast. Årg. 44.
NILSSON, S., Läkebok. 8:o, xvj o. 191 s. Malmö, Cronholmska bokh. 85. 1: 25.
NORDENSKIÖLD, A E., Om ett enkelt förhållande mellan våglängderna i en del ämnens spektra. Se: Öfversigt af Vet.-akad. förhandl:r. Årg. 44.
—, Om ett i Schlesien med snö nedfallet stoft. Se: dersammast. Årg 45.
—, Ytterligare iakttagelser om Gadolinitjordens atomvigt. Se: dersammast. Årg. 44.
NORDENSKIÖLD, G, Om cyans inverkan på α- och β-naftylamin. Se: dersammast. Årg. 46.
NORDENSKJÖLD, O., Porfyriska gångbergarterna. Se: Undersökn., Sveriges geolog. 133.
—, Ueber archæische Ergussgesteine. Se: dersammast. 135.
NORDMANN, P. Se: Tidskrift för folkskolan.
NORDQVIST, Osv, Bidrag till känned. om Bottniska vikens o. norra Österjöns evertebratfauna. Se: Medd. af Soc. pro fauna et fl. fenn. 17.
NYLANDER, K. U., Inledning till Psaltaren. Se: Skrifter utg. af Humanist. Vet -samf. II: 2.

Oberon. Se: Operarepertoire. 69.
OLSSON, K. G, Bestämning af banelement för komet. VIII. Se: Öfversigt af Vet.-akad:s förhandl:r. Årg. 43.
Orion, Härs o. tvärs. Kalender på vers o. prosa. 8:o, 51 s. Visby, Gottländningens tryckeri. 85. 50 ö.
OUVERSKOU, Th., Sångtexten till diamantkorset. Se: Operarepertoire. 87.

PALMBERG, Th., Torfmosseundersökn:r. Se: Undersökn., Sveriges geolog. 131.

PALMÆR, W., Om inverkan af Svafvelsyra på α-nitronaftalin. Se: Öfversigt af Vet.-akad:s förhandl:r. Årg. 44.

—-, Om iridiums amoniakaliska föreningar. Se: dersammast. Årg. 46. 48.

PAYKULL, G., Om härdningens inflytande på de vid stålets upplösning i syror bortgående gasformiga produkternas volym o. sammansättning. Se: dersammast. Årg. 44.

PETERSSON, W, Analyser af gadolinit o homilit. Se: dersammast. Årg. 45.

PETRELIUS, A., Uppsökandet af den rysk-skandinav. gradmätningens inom Finland belägna triangelpunkter. Se: Fennia. III: 12.

PETRINI, H., Sur la condition à la surface dans l'hydrodynamique. Se: Acta Nova reg. soc:is scient Ups. XV: II. 6.

—, Theorie d. Vektorfunktionen. Se: dersammast. XV. II. 8.

PHRAGMÉN, E., Beweis des Fundamentalsatzes der Algebra. Se: dersammast. Årg. 48.

—, Om ett enkelt fall af permanent rörelse med rotation. Se: dersammast. Årg. 47.

—, Logarithme intégral et la fonction f. (x) de Riemann. Se: dersammast. Årg. 48.

PIAVE, F. M., Den vilseförda. Se: Operarepertoire. 41.

PINCHERLE, S, Sur une formule dans la théorie des fonctions. Se: Öfversigt af Vet.-akad:s förhandl:r. Årg 43.

PIPPINGSKÖLD, J., De l'asepsie des accouchement. Se: Comment. variæ in mem. act. II: 10.

POST, H. von, Nickelmalmfyndigheten vid Klefva. Se: Undersökn., Sveriges geolog. 87.

PUSCHKIN, Alex., Noveller. Öfv. af *a-h*. 8:o, 308 s. Sthm, F. & G. Beijers Bokf.-aktb. 85. 2 kr.

[**QVANTEN, Aurora von**], En roman på landsbygden. Skildringar från Norrland af *Turdus Merula*. 8:o, 269 s. Sthm, F & G. Beijers bokf.-aktb. 95. 2: 50.

Register till Ny illustrerad Tidnings första serie 1865—79. 8:o, 98 s. Sthm, Redakt. 85. 1 kr.

Registreringstidning för varumärken 1885. Ser. A. Svenska jernstämplar registr. af Kgl. Patentbyrån. 8:o, xxij o. 256 s. Sthm, Sv. förf. samling. 86. 5 kr.

RINGIUS, G. E., Vegetationen på Vermlands hyperitområden. Se: Öfversigt af Vet.-akad:s förhandl:r. Årg. 45.

ROOS, Math., "Kommen till mig". Några tankar 12:o, 84 s. Sthm, Alb. Bonnier. 92. 1: 50.

ROSÉN, A., En sats i teorin för konstanta elektriska strömmar. Se: Öfversigt af Vet.-akad:s förhandl:r. Årg. 44.

—-, Om Frölichs generalisation af Wheatstoneska bryggan. Se: dersammast. Årg. 44.

—, Quelques formules de l'électrodynamique. Se: dersammast. Årg. 44.

—-, Sur la notion de l'énergie libre. Se: dersammast. Årg. 47.

—-, Sur la théorie de l'induction unipolaire. Se: dersammast. Årg. 44.

SANTESSON, B, Nickelmalmfyndigheten vid Klefva. Se: Undersökn., Sveriges geolog. 87.

SAVANDER, O., Tabeller för uträknande af latitudsgraden. Se: Fennia. III: 11.

SCHENK, A., Jurassische Hölzer von Green Harbour auf Spitzbergen. Se: Öfversigt af Vet.-akad:s förhandl:r. Årg. 47.

SCHULTÉN, Aug., Om framställning af konstgjord malakit. Se: Comment. variæ in mem. act. I: 5.

—-, Om framställning af konstgjord pyrokroit. Se: Öfversigt af F. Vet.-akad:s förhandl:r. XXX.

—, Om framställning af silfverkaliumkarbonat. Se: dersammast. XXX.

SCHULTEN, M. W. af, Om kräfta i blindtarmen. Se: Comment. variæ in mem. act. II: 9.

SCHULTZ, Herm, Meridian Beobachtungen in Upsala. Se: Acta Nova reg. soc:is scient. Ups. XV: II: 1

SCHVARZ, H. A., Problem d. Variationsrechnung. Se: Acta soc:is scient. fenn. XV: 9.

SEDERHOLM, J. J., Om istidens bildningar. Se: Fennia. I: 7.

SELANDER, Edv., Elementen i de ellipt. integralerna. Se: Öfversigt af F. Vet. soc:s förhandl:r. XXXIV.

SELANDER, E., Ueber die Bacterien der Schweinepest. Se: Öfversigt af Vet.-akad:s förhandl:r. Årg. 45.

SETÄLÄ, E. N., Zur Geschichte d. Tempusbildung. Se: Journal de la société finno-ougr. II.

—-, Ueber die Bildungselemente d. finnischen Suffixes ise. Se: dersammast. III.

—, Lappische Lieder. Se: dersammast VIII.

SIEGER, R., Flottholmen i sjön Ralången. Se: Undersökn, Sveriges geolog. 138.

SILJESTRÖM, P. A., Bestämningar af magnet. inklinationen i Stockholm, Sundsvall o. Östersund. Se: Öfversigt af Vet -akad:s förhandl:r. Årg. 45.

—, Om elektrisk ström genom mekaniskt tryck. Se: dersammast. Årg. 45.

SJÖGREN, A., Allaktit från Långbans grufvor. Se: dersammast. Årg. 44.

—, Om ett nytt mineral från Mossgrufvan. Se: dersammast. Årg. 45.

—-, Periklas vid Nordmarks grufvor. Se: dersammast. Årg 44.

—, o. **LUNDSTRÖM, O. H.**, Om Barysil. Se: dersammast. Årg. 45.

SJÖGREN, Hj., Om aralokaspiska hafvet o. nordeurop. glaciationen. Se: dersammast. Årg. 45.

—, Om jordskorpans pressning under atmosfertrycket. Se: dersammast Årg. 45.

[**SKARSTEDT, C.**], Predikant o. predikan. En homiletisk läro- o läsebok. 8:o, 228 s. Sthm, P. A. Huldbergs Bokf.-aktb. 94. 2: 25

Skrifter utgifna af Humanistiska Vetenskapssamfundet i Upsala. 8:o. Ups., Akad. Bokh.

I. 10 kr.
(I: 2. 75 ö. — 3. 1: 10. — 4. 4: 50. — 5. 1: 25.)

II. 10 kr.
2. *Nylander, K. U.*, Inledning till psaltaren. 10, x o. 225 s. 94. 3 kr.
4. *Danielsson, O. A.*, De voce AIZHOE questio etymologica. 40 s. 92. 75 ö.
5. *Persson, P.*, Nyare undersökningar på den Plautinska prosodiens område. 35 s. 94. 75 ö.

III. 10 kr.
2. *Almkvist, H.*, Ein türkisches Dragoman-Diplom aus dem vorigen Jahrhundert, in Faksimile herausgg. und übers. 7 s. nebst Nachträgliche Bemerkungen. 16 s 94. 1: 25.
3. *Burman, E. O.*, Om Schleiermachers kritik af Kants o. Fichtes sedeläror. 283 s. 94. 4 kr.
4. (Ännu ej utkommen.)
5. *Wadstein, E.*, Der Umlaut von α bei nicht synkopiertem u im altnorwegischen. 50 s. 94. 1 kr.
6. *Lundström, V.*, Ein Columella-Excerptor aus dem 15 Jahrh. 17 s. 94. 50 ö.

IV. 10 kr.
1. *Kjellén, R.*, Riksrättsinstitutets utbildning i Sveriges historia. vij o. 191 s. 95. 2: 75.
SOHLBERG, K. H, Finnes utom dimmor o. moln annan synlig utfällning i atmosferen. Se: Öfversigt af Vet.-akad:s förhandl:r. Årg. 44.
——, Försök öfver den atmosferiska luftens fuktighet. Se: dersammast. Årg. 47.
SOLANDER, E., Bestimmung d. Horizontalintensität. Se: Acta, Nova reg. Soc:is scient. Ups. XV; II. 3.
STENBERG, E. A., Den Hermiteska Diff. ekvationen. Se: Acta Soc:is scient fenn. XVI: 6.
——, Different. gleichungen. Se: dersammast. XVI: 8.
STOLPE, M, Om orsaken till rullstensåsars uppkomst. Se: Undersökn., Sveriges geolog. 108.
STRIDSBERG, O. A. Se: *Luther, M.*, Bordsamtal.
STUXBERG, A., Nya fynd af kortnäbbad gås. Se: Öfversigt af Vet.-akad:s förhandl. Årg. 46.
SUCKSDORFF, Wilh., Iakttagelser om bakteriehalten hos vattnet från Vanda å. Se: Comment. variæ in mem. act. V: 6.
——, Se: Tidskrift för hälsovård.
[**SUNDBLAD, Johannes**] Se: »När ryssen kom».
SVEDMARK, E., Berggrunden inom Hallands län. Se: Undersökn , Sveriges geolog. 131.
——, Gabbron på Rådmansö. Se: dersammast. 78.
——, Geolog. meddelanden från resor i Dalarne. Se: dersammast. 147.
——, Meddelanden om jordstötar i Sverige. Se: dersammast 107. 122. 137 o. 142.
——, Orografiska studier inom Roslagen. Se: dersammast. 88.
——, Orsa Finmarks geologi. Se: dersammast. 147.
——, Pyroxen- o. amfibolförande bergarter. Se: dersammast 97.
——, Uralitporfyren vid Vaksala. Se: dersammast. 94.
——, Ytterligare om flottholmen i sjön Ralången. Se: dersammast. 138.
——, Till frågan om bestämningen af plagioklasens natur i gabbron från Rådmansö. Se: Öfversigt af Vet.-akad:s förhandl:r. Årg. 44.
SVENONIUS, F., Berggrunden i Norrbottens län Se: Undersökn., Sveriges geolog. 126.
——, Forskningsresor i Norrbotten. Se: dersammast. 146.
——, Nasafjells zink- o. silfvergrufvor. Se: dersammast. 154.
SVENSSON, A. W., Bestämning af optiska vridningsförmågan hos några hartsderivat. Se: Öfversigt af Vet.-akad:s förhandl:r. Årg. 47.
SVENSSON, Alfr., »Mästerskapssystemet» Praktisk lärobok i engelska språket. 5:e uppl. 8:o, xvj o. 307 s. Sthm, C. E Fritzes hofbokh. 93. Kart. 3 kr.
(3:e uppl. 88. 4:e 90.)
——, »Mästerskapssystemet.» Praktisk lärobok i tyska språket. 5 e uppl. 8:o, viij o. 304 s. Sthm, C. E. Fritzes hofbokh. 93. Kart. 2: 75.
(3:e uppl 85. 4:e 89)
SÖDERBAUM, H. G., Bidrag till känned. om platooxalatens reaktionsförhållanden. Se: Öfversigt af Vet.-akad:s förhandl:r. Årg. 45.
——, o. **WIDMAN, O.**, Derivat af ortoamidobenzylalkohol. Se: dersammast. Årg. 46. o. 47.
——, Om fenyl- och p-tolyl- och benzulendiamin. Se: dersammast. Årg. 47.
SÖDERBERG, J. T., Algebraiska eqvationers solution med radikaler. Se: Årsskrift, Upsala Univ:s. 1886. Matemat. o. Naturvet.

Taxteinaren. Äfventyr från slutet af 1200-talet af *C. G. B.* 8:o; 390 s. Sthm, Fr Skoglund. 85. 2: 50.
THORDÉN Karl Magnus, Schweiziska kristkatolska kyrkan. Se: Årsskrift, Upsala Univ:s. 1888. Teologi.
TORELL, O., Aflagringarna å ömse sidor om riksgränsen. Se: Undersökn., Sveriges geolog. 96.
——, Apatitförekomsterna i Norrbottens län. Se: dersammast. 113.
——, Undersökningar öfver istiden. III. Se: Öfversigt af Vet -akad:s förhandl:r. Årg. 44. — Undersökn , Sveriges geolog. 91.
TÖRNEBOHM, A. E, Några ord om den geolog. öfversigtskartan. Se: dersammast. Årg 43.
TÖRNGREN, Adolf, Om hafvandeskapets helsovård. Se: Flygskrifter, Helsovårdsfören. 6.
TÖRNQVIST, S. L., Iakttagelser öfver omtvistade delar af lagföljden inom Dalarnes silurområde. Se: Undersökn , Sveriges geolog. 80.

Uller. Se: *[Lundgren, J. F.]*
Undersökning, Sveriges geologiska. Sthm, L. Höckerberg i distr.
Serien C.
78. *Svedmark*, Gabbron på Rådmansö o. angränsande trakter af Roslagen, med 4 taflor o. 2 kartor. 8:o. 85. 2: 50.
79. *Nathorst*, A. G., Några ord om Visingsöserien 8:o. 86. 50 ö.
80. *Törnqvist*, S. L., Några iakttagelser öfver omtvistade delar af lagföljden inom Dalarnes silurområde. 8:o. 86. 50 ö.
81. *Holst*, N. O., Berättelse om en 1880 i geolog. syfte företagen resa till Grönland, med 1 karta. 8:o. 86. 75 ö.
82. *Brögger*, W. C., Ueber die Ausbildung des Hypostomes bei einigen skandinawischen Asaphiden, mit 3 Tafeln. 8:o. 86. 1: 50.
83 *Fredholm*, K. A, Öfversigt af Norrbottens geologi inom Pajala, Muonionalusta o. Tärendö socknar, med 2 kartor. 8:o. 86. 75 ö.
84. *De Geer*, G., Om ett konglomerat inom urberget vid Vestanå i Skåne, med 1 tafla. 8:o. 86. 50 ö.
85. *Nathorst*, A. G, Om floran i Skånes kolförande bildningar. 1. Floran vid Bjuf. 3:e (sista) hft. med 8 taflor. 4:o. 86. 4 kr.
86. *De Geer*, G, Om vindnötta stenar. 8:o. 87. 25 ö.
87. ——, Om kaolin o. andra vittringsrester. — *Högbom*, A. G., Förkastningsbreccior med 1 karta. — *Moberg*, J. C., Kritsystem i fast klyft i Halland. — *Santesson*, B., Nickelmalmfyndigheten vid Klefva, med 2 kartor. — *Post*, H. von, Ytterligare om nickelmalmfyndigheten vid Klefva. 8:o. 87. 1 kr.
88. *Svedmark*, E, Orografiska studier inom Roslagen, med 1 karta. 8:o. 87. 50 ö.
89. Praktiskt geolog. undersökningar inom Jemtlands län. II. *Vogt*, J. H. L, Om malmförekomster i Jemtland o. Herjedalen. 4:o. 87. 75 ö.
90. *De Geer*, G., Om Barnakällegrottan, en ny kritlokal i Skåne, med 1 tafla. 8:o. 87. 50 ö.
91. *Torell*, O., Undersökningar öfver istiden. III. 8:o. 87. 50 ö.
92. Praktiskt geolog. undersökningar inom Vesternorrlands län. I. 4:o. 88. 2 kr.
93. *Holm*, G., Om thoraxledernas antal hos Paradoxides Tessini. — Om förekomsten af en Cruziana i öfversta olenidskiffern vid Knifvinge i Öster-

götland, med 1 tafla. — Om Olinellus Kjerulfi, med 2 taflor. 8:o. 88. 1 kr.
94. *Svedmark, E.*, Om uralitporfyrn o hälleflintan vid Vaksala. 8:o. 88. 25 ö.
95. *Lundbohm, H.*, Om den äldre baltiska isströmmen i södra Sverige, med 1 tafla. 8:o. 88. 50 ö.
96. *Torell, O.*, Aflagringarna å ömse sidor om riksgränsen uti Skandinaviens sydligare fjelltrakter. 8:o. 88. 25 ö.
97. *Svedmark, E.*, Pyroxen- o. amfibolförande bergarter inom sydvestra Sveriges urberg. 8:o. 88. 25 ö.
98. *De Geer, G*, Om Skandinaviens nivåförändringar under qvartärperioden, med 1 karta. 8:o 90. 75 ö.
99. *Moberg, J. C*, Om lias i sydöstra Skåne, med 1 karta o. 3 taflor. 4:o. 88. 4 kr.
100. *Holst, N. O.*, Om ett fynd af uroxe i Råkneby, Ryssby socken, Kalmar län, med 2 taflor. 8:o. 89. 50 ö.
101. *De Geer, G.*, Om isdelarens läge under Skandinaviens begge nedisningar. — Om förekomsten af Rissoa Parva, Da Costa, på Åland. 8:o. 89. 25 ö.
102. Praktiskt geolog. undersökningar inom Jemtlands län. III. a) *Jönsson, J.*, Agronomiskt geolog studier i Jemtland. b) *Henning, E.*, Agronomiskt växtfysiognomiska studier i Jemtland. 4:o. 89. 1 kr.
103. *Lundbohm, H.*, Om granitindustrien i utlandet, särskildt Storbrittanien, med 3 taflor. 8:o. 89. 1 kr.
104. *Holst, N. O.*, Om en mäktig kvartsit yngre än Olenus-skiffern. — *Högbom, A. G.*, Om kvartsit-sparagmitområdet mellan Storsjön i Jemtland o. riksgränsen söder om Rogen, med 1 tafla. 8:o. 89. 75 ö.
105. *Lundbohm, H.*, Engelska byggnadsmaterial o. byggnadssätt samt de senares tillämplighet i Sverige, med 2 taflor. 8:o. 90. 1 kr.
106. —, Om bearbetning af sandsten, kalksten o takskiffer i Storbrittanien. 8:o. 89. 50 ö.
107. *Svedmark, E.*, Meddelanden om jordstötar i Sverige. 8:o. 90. 25 ö.
108. *Johansson, C. J.*, Iakttagelser rör. några sydsvenska torfmossar. — *Stolpe, M.*, Om orsakerna till rullstensåsars uppkomst. 8:o. 90. 25 ö.
109. *Moberg, J. C*, Om Ölands Dictyonema-skiffer motsvarande Ceratopyge-skiffern i Norge. — Anteckn:r om Ölands Ortocerkalk. 8:o. 90. 50 ö.
110. *Holst, N. O.*, Ryoliten vid sjön Mien. 8:o. 90.
111. *Lundbohm, H.*, Apatitförekomster i Gellivare malmberg o. kringliggande trakt, med 1 tafla o. 2 kartor. 8:o. 90. 1 kr.
112. *Holm, G.*, Sveriges kambrisk-siluriska Hyolithidæ o. Conulariidæ, med 6 taflor. 4:o. 93. 6 kr.
113. *Torell, O*, Apatitförekomsterna i Norrbottens län o. de af Sveriges geolog. undersökn. lemnade bidragen till kännedomen härom. 8:o. 90. 25 ö.
114. *Fegræus, T.*, Om de lösa jordaflagringarne i några af Norrlands elfdalar, med 2 taflor. 8:o. 90. 75 ö.
115. *Mörtsell, E.*, Resenotiser från det fossilförande kambrisk-siluriska området af Vesterbottens lappmark. — *Holm, G.*, Försteningar från Lappland, insaml. af *E. Mörtsell*. — *Holm, G.*, Om förekomsten af en Caryocrinus i Sverige. 8:o. 90. 25 ö.
116. *Högbom, A. G.*, Om kvartsit-sparagmitområdet i Sveriges sydliga fjelltrakter. 8:o. 91. 25 ö.
117. *Fredholm, K. A.*, Bidrag till känned. om de glaciala företeelserna i Norrbotten, med 1 karta. 8:o. 92. 1 kr.
118. *Lundbohm, H.*, Skotaka byggnadssätt för naturlig sten, med 1 tafla. 8:o. 91. 25 ö.
119. *Kellgren, A. G.*, Agronomiskt-botaniska studier i norra Dalarne åren 1890—91. 8:o. 92. 75 ö.
120. *Conwentz, H.*, Untersuchungen über fossile Hölzer Schwedens, mit 11 Tafeln. 4:o. 92. 7:50
121. *Holm, G.*, Om mynningen hos Letnites, med 3 taflor. 8:o. 92. 1:50
122. *Svedmark, E.*, Meddelanden om jordstötar i Sverige. II. 8:o. 92. 25 ö.
123. *Blomberg, Alb.*, Anteckn:r från en i praktiskt syfte företagen geologisk resa i Vesterbottens län, med 1 karta. 8:o. 92. 25 ö
124. *Högbom, A. G.*, Studier öfver de glaciala aflagringarna i Upland, med 1 karta. 8:o. 92. 25 ö
125. *Moberg, J. C.*, Om skiffern med Clonograptus tenellus, med 1 karta. — Om en nyupptäckt fauna i block af kambrisk sandsten, med 1 tafla. — Om några nya graptoliter från Skåne, med 1 tafla. — Till frågan om pygidiets byggnad hos Ctenopyge pecten. — Om den af Trinucleus coscinorrhinus karakteriserade kalkens geologiska ålder. 8:o. 92. 1 kr.
126. *Svenonius, F.*, Om berggrunden i Norrbottens län o. utsigterna till brytvärda apatitförekomster derstädes, med 1 karta. 8:o. 92. 75 ö.
127. *Lundbohm, H.*, Apatitförekomster i Norrbottens malmberg. 8:o. 92. 25 ö.
128. *Högbom, A. G.*, Om märken efter isdämda sjöar i Jemtlands fjelltrakter, med 2 taflor. — Om interglaciala aflagringar i Jemtland. 8:o. 93. 50 ö.
129. *Lundbohm, H.*, Om stenindustrien i Förenta Staterna. 8:o. 93. 25 ö.
130. *Holst, N. O.*, Bidrag till känned. om lagerföljden inom den kambriska sandstenen. 8:o. 93. 25 ö.
131. Praktiskt geolog. undersökn:r inom Hallands län. I. *De Geer, G.*, Beskrifning till den geolog. jordartskartan, tryckt i 4 blad, jemte bilagorna — *Jönsson, J.*, Jordarternas praktiska användbarhet. — *Dusén, P.*, Om vilkoren för skogskultur inom de s. k. Ryorna. — *Palmberg, Th.*, Torfmosseundersökningar. — II. *Svedmark, E.*, Beskrifning öfver berggrunden. 4:o. 93. 4 kr.
132. *Lundbohm, H.*, Om berggrunden i Vesternorrlands kusttrakter. — *Högbom, A. G.*, Om de s. k. urgraniterna i Upland. 8:o. 92. 50 ö.
133. *Nordenskjöld, O.*, Om de porfyriska gångbergarterna i Östra Småland. 8:o. 93. 25 ö.
134. *Hedström, H.*, Om hasselns forntida o nutida utbredning i Sverige, med 1 karta. 8:o. 93. 25 ö.
135. *Nordenskjöld, O*, Ueber archæische Ergussgesteine aus Småland, med 2 taflor. 8:o. 94. 1 kr.
136. *Bäckström, H.*, Tvenne nyupptäckta klotgraniter. 8:o. 94. 25 ö.
137. *Svedmark, E.*, Meddelanden om jordstötar i Sverige. III. 8:o. 94. 25 ö.
138. *Öberg, V.*, Flottholmen i sjön Ralången. — *Sieger, R*, Flottholmen i sjön Ralången o. vattenståndets oscillationer. — *Svedmark, E.*, Ytterligare om flottholmen i sjön Ralången. 8:o. 94. 25 ö.
139. *Hedström, H.*, Studier öfver bergarter från morän vid Visby. 8:o. 94. 25 ö.

140. Praktiskt geolog. undersökn:r inom Jemtlands län. IV. *Högbom, A. G.*, Geologisk beskrifning öfver Jemtlands län, med 1 karta samt bilaga af *Lundbohm, H.*, ang. kalksten. 4:o. 94. 3 kr.
141. *De Geer, G.*, Om strandliniens förskjutning vid våra insjöar. — Om kvartära nivåförändringar vid finska viken. 8:o. 94. 25 ö.
142. *Svedmark, E.*, Meddelanden om jordstötar i Sverige. IV. 8:o. 94. 50 ö.
143. *Hennig, A.*, Om Åhussandstenen. 8:o. 94. 50 ö.
144. *Grevillius, A. Y.*, Studier öfver vegetationen i vissa delar af Jemtlands o. Vesternorrlands län med hänsyn till det geolog. underlaget. I. II. 4:o. 95 50 ö.
145. Praktisk geolog. undersökn:r inom Jemtlands län. V. *Henning, F.*, Studier öfver vegetationsförhållandena i Jemtland. 4:o. 95. 1 kr.
146. *Svenonius, F.*, Forskningsresor i Norrbotten åren 1892—93 med särskild hänsyn till apatitförekomster. 8:o. 95. 75 ö.
147. *Svedmark, E.*, Geolog. meddelanden från resor i Dalarne o. Helsingland, med 1 tafla. — Orsa Finmarks geologi, med 1 tafla. 8:o. 95. 75 ö.
148. *Högbom, A. G.*, Ueber das Nephelinsyenitgebiet auf der Insel Alnö, med 2 taflor. 8:o. 95. 75 ö.
149. *Holst, N. O.* o. *Moberg, J. C.*, Om Lommalerans ålder, jemte ett tillägg af *V. Madsen*, med en kartskiss. 8:o. 95 25 ö.
150. *Holm, G.*, Om Didymograptus, Tetragraptus o. Phyllograptus, med 6 taflor. 8:o. 95. 1: 50.
151. *Holst, N. O.*, Har det funnits mera än en istid i Sverige? 8:o. 95. 50 ö.
152. *Blomberg, A*, Praktiskt geolog. undersökn:r, inom Gefleborgs län, med en öfversigtskarta öfver berggrunden. 4:o. 95. 2: 50.
153. *Holm, G.*, Om tvenne Gyrocerasformigt böjda Endoceras-arter, med 3 taflor 1892. — Om de endosifonala bildningarne hos familjen Endoceratidæ, med 1 tafla. 8:o. 95. 1 kr.
154. *Svenonius, F.*, Nasafjälls zink- o. silfvergrufvor i Norrbottens län, med 2 taflor. 8:o. 95. 50 ö.
155. *De Geer, G.*, Till frågan om Lommalerans ålder. 8:o. 95. 25 ö.
156. *Moberg. J. C.*, Silurisk Posidonomyaskiffer i Skånes Öfversilur, med 1 tafla. 8:o. 95. 50 ö.
157. Praktiskt geolog. undersökn:r inom Hallands län. III. *Kellgren, A. G.*, Praktiskt botanisk o. geolog. beskrifning af de s. k. Eyorna i sydöstra Halland. 4:o. 95. 50 ö.
158. *Moberg, J. C.*, Untersuchungen ueber die Grünsteine d. westl. Bleking u. der angrenzenden Theile Schonens. 8:o. 95. 50 ö.

Undersökningar, Praktiskt geologiska inom Jemtlands län. Se: Undersökn., Sveriges geolog. 89, 102, 140 o. 145.

——, inom Vesternorrlands län. Se: dersammast. 92.

——, inom Halllands län. Se: dersammast. 131 o. 157.

USSING, N W., Undersøgelse af Mineraler. Se: Öfversigt af Vet.-akad:s förhandl:r. Årg. 46.

WAHLSTEDT, L. J., Berättelse om en botanisk resa till Öland o. Gotland. Se: dersammast. Årg. 45.

WENDT, Hans Heinr., Jesu lära om Guds rike. Se: Frågor, I religiösa o. kyrkliga. 24.

WESSLER, John, Tandläkareväsendet i Sverige. En historik, utarb. på uppdrag af svenska Tandläkaresällsk. 8:o, 105 s. Sthm, Nordin & Josephson. 94. 3 kr.

WESTERLUND, F. W., Huru skola vi vårda våra barn. Se: Flygskrifter, Helsovårdsfören. 4.

——, Om barndödligheten i Finland. Se: dersammast. 3.

WIDMAN, O, Om acetopropyl benzol o. acetokumol. Se: Öfversigt af Vet.-akad:s förhandl:r. Årg. 45.

——, Om inverkan af alkoholisk kalilut på bromacetamidoderivat. Se: dersammast. Årg. 43.

——, Om hydrokanelkarbonsyra. Se: dersammast. Årg. 46.

——, Om kumenylpropionsyran. Se: dersammast. Årg. 46.

——, Om omlagringarna inom propylgruppen. Se: dersammast. Årg. 46.

——, Om propylgruppen i kumminalkohol. Se: dersammast. Årg. 44.

——, o. **ABENIUS, P. W.**, Om broms inverkan på acetortotoloid. Se: dersammast. Årg. 43.

WIDMAN, O. o. **ABENIUS, P. W.**, Om inverkan af alkoholisk kalilut på aromatiska bromacetamidoderivat. II. Se: dersammast. Årg. 44.

——, o. **BLADIN, J. A.**, Om cymols oxidation. Se: dersammast. Årg. 43.

——, o. **SÖDERBAUM, H. G**, Derivat af ortoamidobenzylalkohol. Se: dersammast. Årg. 46.

——,——, Om framställning af nitrocymol. Se: dersammast. Årg. 45.

——,——, Om kumenylpropionsyrans konstitution. Se: dersammast. Årg. 47.

——,——, Om omlagringarne från propyl till isopropyl inom kuminserien. Se: dersammast. Årg. 47.

WILSKMAN, Ivar, Om gymnastikens inflytande. Se: Flygskrifter, Helsovårdsfören. 7.

VOGT, J. H. L., Malmförekomster i Jemtland. Se: Undersökn., Sveriges geolog. 89.

VOLMARI, Porkkas Tscheremissische Texte. Se: Journal de la Société finno-ougr. XIII.

ÅBERG, G. A., Nyländska folksagor. Se: Nyland.

ÅNGSTRÖM, Knut, Bolometrische Untersuchungen. Se: Acta, Nova, reg. Soc:is scient. Ups. XV: II. 2.

——, Bestämningar af känsligheten vid bolometriska mätningar. Se: Öfversigt af Vet.-akad:s förhandl:r. Årg. 45.

——, Etudes de la distribution spectrale de l'absorption dans le spectre infra-rouge. Se: dersammast. Årg. 47.

——, Etude des spectres infra-rouges de l'acide carbonique. Se: dersammast. Årg. 46.

——, Iakttagelser öfver dunkla mediers genomtränglighet för värmestrålning. Se: dersammast. Årg. 45.

——, Sur l'absorption de la chaleur rayonnante par les gaz atmosphériques. Se: dersammast. Årg. 46.

——, Vätskors volyms- o. täthetsförändringar genom gasabsorption. Se: dersammast. Årg. 44.

[**ÖBERG, L. Th.**] Se: Filikromen. — Sångstycken. Svenska.

ÖBERG, V., Flottholmen i sjön Ralången. Se: Undersökn., Sveriges geolog. 138.

Kartor.

Atlaser:

Atlas till bibliska historien jemte beskrifn. Utg. af L. A. Wadner. 6:e uppl. 7 kart. o. 32 s. text. Sthm, Z. Hæggströms f. exp. 87. Kart. 1: 50.
Kartbok för folkskolan. Utg. af F. Berg. 8 o, 28 kartor. Sthm, C. E. Fritzes hofbokh. 88. 50 ö.
Kartbok för folkskolan. Utg. af E. Bergsten. 4:o, 16 blad Sthm, A. V. Carlsons Bokf. aktb. 86. Kart. 50 ö.
Kartbok för skolor. Utg. af Lundgren. 2:a uppl. omarb. af E. Cohrs. 4:o, 19 kartor i färgtr. Sthm, F. & G. Beijers Bokf.-aktb. 75 ö., kart. 85 ö., inb. 1 kr.

Landskaps- o. Länskartor:

Karta öfver Norrbottens län. Utg. af N. Selander. 1 blad. Sthm, Utg:n. 87. 7 kr.

Skandinavien o. Finland:

Karta öfver Sverige o. Norge. Utg. af M. Roth, 1 blad. Sthm, A. V. Carlsons Bokf. aktb. 2: 50. uppf. 4: 50. fern. 5: 50.
Karta öfver Skaraborgs län. Sthm, P. A. Norstedt & S:r. 7: 50, uppf. 10 kr., fern. 13 kr.
Karta öfver Västernorrlands län. Utg. af C. E. Dahlman. 4 blad. Sthm, C. E Fritzes hofbokh. 89. 8 kr.

Svenska o. Finska stadskartor:

Karta öfver Karlskrona. Revid. 1888 af Hj. Thedenius. 1 blad. Karlskrona, Utg:n. 90. 1: 65.
Karta öfver Djurgården af Edv. Cohrs. 1 blad. Sthm, Utg:n. 86. 50 ö.
Karta öfver Saltsjöbaden. 1 blad. Sthm, Jernvägsaktb. 93. 50 ö.
Karta öfver Stockholm. 1 blad. 5:e uppl. med text 14 s. Sthm, C. A. V. Lundholm. 93. 75 ö., kart. 1 kr., klb. 1: 35, uppf. 2 kr.
Karta öfver Stockholm, upptagande allmänna o. monumentala byggnader. 1 blad. Sthm, C. E. Fritzes hofbokh. 87. 1: 50.
Karta öfver Stockholm med Djurgården. Utg. af Markman. 1 blad. Sthm, Ad. Johnson. 91. 60 ö.
Karta öfver Stockholms omgifningar. Utg. af N. Selander. 1 blad. Sthm, Utg:n. 86. 3 kr.
Karta öfver trakten omkring Stockholm i 9 blad. Sthm, Gen. stab. litogr. anst. Hvarje blad 1 kr., färglagdt. 1: 25.
Karta öfver Södertelje. Utg. af Svante Kullman. 1 blad. Södertelje, A Lundmark. 91. 50 ö.
Karta öfver Visby med omgifningar. 1 blad jente text 12 s. Visby, S. Norrby. 89. 90 ö.

Reskartor:

Turistkarta öfver Stockholms omgifningar. 1 kartbl. med text 32 s. Sthm, E. Hallgren. 8:. Kart. 1: 50.
Ångbåtskarta öfver Stockholms omgifningar. Utg. af D. M. Eurén. Saltsjösidan. 3:e uppl. Sthm, C. E. Fritzes hofbokh. 90. 3: 50.
Karta öfver Sverige för velocipedryttare. Utg. af E Hall. Blad. A. Sthm, Samson & Wallin. 93. 3: 50.
Linien Stockholm—Göteborg. 9 blad. Klb. 75 ö
" Stockholm—Malmö. 12 blad. Klb. 75 ö
Reskarta öfver södra o. mellersta Sverige. Utg. af C. F. Söderberg. 1 blad. 2:a uppl. Sthm, A. V. Carlsons Bokf. aktb. 1 kr
Reskartor. Generalstab. litogr. anst. 88.
1. Jernvägslinien Stockholm—Upsala.
2. " Stockholm—Rimbo.
3. " Upsala—Länna—Rimbo—Norrtelje.
4. " Stockholm—Gnesta.
5. " Gnesta—Katrineholm.
6. .. Katrineholm—Norsholm.
7. " Norsholm—Boxholm.
8. " Boxholm—Nässjö.
9. " Nässjö—Lidnäs.
10. " Lidnäs—Elmhult.
11. " Elmhult—Sösdala.
12. ., Sösdala—Malmö.
Hvarje blad. 50 ö.
Plan at turistleden Ångermanelfven—Indalselfven. 1 blad. Sundsvall, J. Sunesson. 95. 1 kr.
Reskarta. Utg. af S. N. Nystedt. Sthm, Hj. Linnström. 89.

Diverse kartor:

Karta öfver Bergiilunds botaniska trädgård. 1891. Sthm, Samson & Wallin. 91. 1 kr
Karta öfver kinesisk-japanska krigsskådeplatsen. 1 blad Gen.-stab. litogr. anst. 94. 50 ö
Karta öfver trakten mellan Siljan o. Gefle. 1 blad Sthm, Gen.-stab. litogr. anst. 91. 5 kr., uppf. 6 kr., fern. 7: 50.

Rättelser:

Don Anonimo, Verldens undergång skall vara Donelly, Ignatius.
Gerard, Skiftande öden, skall vara Gerhard.
Skrifter utg. af Lorénska stiftelsen. Hft. 1—10 Samson & Wallins, de öfriga Köersners Boktr.-aktb.
Sångbok, Barnens, utg. af J. Hammarlund. Malmö, Envall & Kull.
Sånger, 400. Utg. af C. F. Holmberg. Sala, Gust. Ewerlöf.
Tyr Vesten, Bara flickor o. Farfars Testamente, skall vara Tytler Sarah.
Voltersdorf, skall vara Valtersdorf.
Fries, Märkvärdiga kvinnor. 1 Svenska kvinnor skall vara: 1. Svenska kvinnor. 2. Utländska kvinnor.

SYSTEMATISKA AFDELNINGEN.

Indelning.

1... I. **Bibliografi, litteraturhistoria och typografi.**
  II. **Encyklopedi och polygrafer.**
2 .... a) I allmänhet.
3 .... b) Tidningar och tidskrifter.
  III. **Lärda sällskaps handlingar.**
4... IV. **Teologi.**
5 .... a) Bibeln med bibelkommentar och biblisk historia.
6 .... b) Allmän o. kritisk teologi, dogmatik, kateketik, liturgik o. symbolik.
7 .... c) Uppbyggelseskrifter, hymnologi o. andliga sånger.
8 .... d) Predikningar och religiösa tal.
  V. **Kyrkohistoria.**
9 .... a) Allmän.
10 .... b) Svensk o. finsk.
  VI. **Filosofi.**
11 .... a) Teoretisk och praktisk.
12 .... b) Ästetisk med litteratur- o. konstkritik.
  VII. **Uppfostrings- och undervisningsväsen.**
13 .... a) Pädagogik.
14 .... b) Universitets- o. skolväsen.
15 .... c) Umgängesbildning.
16 .... d) Skrifter för barn och ungdom.
  VIII. **Språkvetenskap.**
17 .... a) Allmän.
18 .... b) Österländska språk.
19 .... c) Klassiska (grekiska o. latin).
20 .... d) Romanska (franska, italienska, spanska.
           e) Germanska.
21 .... α) engelska o. tyska.
22 .... β) fornnordiska o. medeltidssvenska.
23 .... γ) nysvenska.
24 .... δ) danska o. norska.
25 .... f) Slaviska o. finska.
  IX. **Skönlitteratur.**
26 .... a) Antologier o. kalendrar.
           b) Vitterhet.
27 .... α) I original.
28 .... β) I öfversättning.
           c) Romaner o. noveller.
29 .... α) I original.
30 .... β) I öfversättning.
31 .... d) Dramatik.
32 .... e) Folkdiktning.
33 .... f) Fornnordisk och medeltidssvensk litteratur.
34 .... g) Anekdoter, charader o. gåtor.

  X. **Skön konst.**
35 .... a) Konsthistoria.
36 .... b) Planschverk.
37 .... c) Teater o. musik.
38 .... d) Skrifkonst o. teckning.
39.. XI. **Spel och sport.**
40 XII. **Kulturhistoria o. etnografi.**
  XIII. **Historia.**
41 .... a) Allmän.
42 .... b) Utländsk.
43 .... c) Svensk o. finsk.
44 .. XIV. **Biografi, genealogi, matriklar o. memoarer.**
45 .. XV. **Arkäologi, heraldik o. numismatik.**
  XVI. **Geografi, topografi, resor o. kommunikationer.**
46 .... a) Allmän o. utländsk.
47 .... b) Svensk o. finsk.
48 .. XVII. **Statistik och statskunskap.**
  XVIII. **Statsvetenskap.**
49 .... a) Allmän o. utländsk.
50 .... b) Svensk o. finsk.
51... XIX. **Juridik, förvaltning och finansväsen.**
52 .. XX. **Politisk ekonomi.**
  XXI. **Ekonomi och handel.**
53 .... a) Allmän.
54 .... b) Landt- o. skogshushållning.
55 .... c) Näringar samt jagt och fiske.
56 .... d) Handel och sjöfart.
  XXII. **Teknologi.**
57 .... a) Ingeniörvetenskap o. byggnadskonst.
58 .... b) Bergshandtering.
59 .... c) Fabriksväsen o. slöjd.
60 .. XXIII. **Krigs- och sjöväsende.**
61... XXIV. **Matematik.**
62... XXV. **Astronomi, kronologi, meteorologi o. hydrografi.**
  XXVI. **Naturvetenskap.**
63 .... a) Allmän.
64 .... b) Fysik och kemi.
65 .... c) Geologi och mineralogi.
66 .... d) Botanik o. zoologi.
  XXVII. **Medicin.**
67 .... a) Allmän, anatomi, kirurgi, farmaci.
68 .... b) Veterinärvetenskap.
69... XXVIII. **Magi.**

Obs. Siffrorna i första kolumnen hänvisa, till underlättnad vid uppsökandet af någon viss afdelning inom den systematiska katalogen, till de siffror, som stå framför spalt-titlarne.

I. Bibliografi, litteraturhistoria och typografi.

Annerstedt, Om otillräckligheten af Upsala univ:s bibilioteks anslag till bokinköp.
— —, Upsala universitetsbiblioteks historia.
Anslutning, Om Sveriges, till Bernerkonventionen.
Anteckningar, Ur en samlares.
Arppe, Finska vetenskapssocieteten.
Bellman, Ett hundraårsminne.
Bergen, Vårt reaktionära »Unga Sverige».
Bergroth, Katalog öfver den svenska litteraturen i Finland.
Bergström, Litteratur och natur.
Bevis att Haqvin Bager förtjenar ett större anseende som skriftställare.
Bibliografi, Konung Oscar II:s.
Bibliotek, Sveriges offentliga. Accessionskatalog.
Björkman, A., Bellmansforskning.
Björkman, G., Anthero de Quental.
Bok, En, om Strindberg.
Bokhandels-tidning, Svensk.
Bokhandels-tidningen, Nya.
Bokkatalog, Finsk tidskrifts.
Bok-katalog, Svensk, 1876—85.
Boktryckeri-kalender.
Born, Förteckning öfver arkivet på Sarvlaks sätesgård.
Bref från C. H. Klick.
Bref från J. F. Vallenius.
Bref rör. nya skolans historia.
Bygdén, Förteckning å tryckta o. otryckta källor till Uplands o. Stockholms beskrifning.
Böcker lämpliga för sockenbibliotek.
Böttiger, Minnestecku:r öfver Tegnér, Ödmann o. Kellgren.
[*Carlander*], Konung Oscar II:s bibliografi.
Carlander, Svenska bibliotek o. exlibris.
Carlén, J. G., C. M. Bellman.
Catalogue methodique des Acta et nova acta reg. soc:is scient. Upsaliensis.
Cederschiöld, Isländska literaturen.
— —, Kalfdråpet o. Vänpröfningen.
Cygnæus, Hypothenusorden i Finland.
Clausen, Nogle breve fra Atterbom.
Damberg, Versuch e. Gesch. d. russichen Ilja-sage.
Edita.
Ekelund, Vittra skuggbilder.
Eneström, Förteckn. öfver arbeten begagn. vid undervisningen.
— —, Förteckning öfver skrifter af Eneström.
— —, Petrus de Dacia och hans skrifter.
Erdmann, Aug. Blanche.
— —, C. M. Bellman, hans omgifning o. samtid.
— —, François Coppée.
— —, Clæs Livijn.
— —, Feodor Dostojevski.
Estlander, Ad. Ivar Arwidsson som vitter författare.
Festskrift med anledn. af Sv. Bokförläggareförens 50-års-jubileum.
Folkhögskolebiblioteket, Lilla.
Fraser, Vitterheten i Ryssland.
Frosterus, Tidningar utg. af ett sällskap i Åbo.
Frunck, Bidr. till känned. om nya skolans förberedelser.
Frunck, Bref rör. Nya skolans historia.

Fyrahundraårsfest, Boktryckerikonstens i Sverige.
Fröding, Folkskalden R. Burns.
Fåhræus, Th. Thorild.
Förbudet för »Unge grefven».
Förteckning på böcker för folkskolan.
Förteckning öfver Jurid. fören. boksamling.
Förteckning öfver L. Normans tonverk.
Förteckning öfver Riksdagens bibliotek.
Förteckning öfver Skrifter förf. af svenska kongl. personer.
Gutenberg, Tidskrift.
Gödel, Katalog öfver Upsala bibilioteks fornisl.- o. fornnord. handskrifter.
Hagberg, Litteraturhistoriska gengångare.
3. *Calderon*, Lifvet en dröm.
Handlingar, Kongl. bibliotekets.
Hansen, Evald og hans omgivelser.
Hasselqvist, »Ossian» i den svenska litteraturen och dikten.
Hedberg, Leconte de Lisle.
Hjelt, Bidr. till Aurora-förbundets historia.
— —, Etudes sur l'hexaméron de Jaques d'Edesse.
Holmberg, Frihetens sångarätt.
— —, Gust. L. Sommelius.
Holthausen, Uppkomsten af det äldre engelska dramat.
Hultin, Den svenska skönliteraturen i Finland.
— —, En finländsk dramatiker.
Hultman, Jöns Buddes bok.
Häggström, Förteckning öfver Stora Kopparbergs bibliotek.
Ingelius, Åbo underrättelser.
Jæger, Asbjörnsen o. Moe.
Jensen, Kristo Botjov.
— —, Prešérn.
— —, Ragusa.
Josephson, Avhandlingar o. program 1855—90.
— —, Bidrag till en förteckning öfver Sveriges dramat. literatur.
Kardell, Katalog öfver Jämtlands läns småskrifter.
Katalog öfver Pedagogiska biblioteket.
Kellgren, Bref till Clewberg.
Key, E., Anne Charl. Leffler.
— —, Ernst Ahlgren.
Key, H., Alessandro Massoni.
— —, Giacomo Leopardi.
Kihlman, Universitets bibliotek 1887—90.
Klemming, Sveriges bibliografi.
Krohn, Bär, Wolf und Fuchs.
— —, Die geogr. Verbreitung estnischer Lieder.
— —, Finska litteraturens historia.
Kruse, Hedv. Charl. Nordenflycht.
Leijonhufvud o. *Brithelli*, Kvinnan inom svenska litteraturen.
Levertin, Gustaf III som dramatisk författare.
— —, Studier öfver fars och farsörer i Frankrike.
— —, Teater o. drama under Gustaf III.
Linder, Om Messenii tidigare lif.
Lindgren, Sveriges vittra storhetstid.
— —, Vittra stormän.
— —, Voltaire.
Ljunggren, Svenska akadem. historia.

Ljunggren, Svenska vitterhetens häfder.
Lundstedt, Om aflemnandet af arkivexemplar till biblioteken.
—, Svenska tidn:r o. tidskr. utg. i Nord-Amerikas stater.
—, Sveriges periodiska litteratur.
Magnus, Olaus, Litterära fragmenter.
Meddelanden från Josephsons antikvariat.
Meddelanden från Litteraturhistoriska seminariet.
Meijer, Svenskt litteraturlexikon.
Meurman, Pynninen o. folkbiblioteken.
Meyer, Gustaf Rosenhane.
Moberg, Förteckning öfver de skrifter som blifvit till Finska Vetensk. Societeten förärade.
Molér, Bidrag till en gotländsk bibliografi
Neovius, Special-katalog öfver domkapitelsarkivet i Borgå.
Nordmann, Runeberg o. Svenska Akademien.
Nyrop, En provencalsk legende.
—, Mysteriet om St. Laurentius.
Ouvrages de philologie romane de la bibl. de Wahlund.
Piehl, Ett blad ur den fornegypt litteraturens historia.
Porthan, Bref till Calonius.
Register till Ny Illustr. Tidning.
Register öfver Svenska Akad:s handlingar.
Ring, Litteratur o konsthistoria.
Risberg, Tyska förebilder till dikter af Atterbom.
Sakregister till Läsning för folket.
Samlaren.
Schück, Anteckn:r om den älsta bokhandeln i Sverige.
—, Anteckn:r o. samlingar rör. svensk literaturhistoria.
—, Ett helgon.
—, Från Kellgrens ungdom.
—, Lars Wivallius
—, Marsk Stigs visorna.
—, Rosa rorans.
—, Svensk literaturhistoria.
—, Undersökn. rör. ynglingasagan.
—, Ur författarehonorarets hist.
Schück o. Warburg, Illustrerad svensk literaturhistoria.
Schöldström, Emelie Flygare-Carlén.
—, Harposlag o. svärdsklang.
Seligmann, Några drag ur Sv. Bokförläggareförenings värksamhet.
Settervall, Fört. öfv. svecica i "A coll. of the state papers".
—, Fört. öfv. svecica i Calendars of state papers.
Sjöstrand, Om Lucanus.
Skrifter utg. af Svenska litteratursällskapet.
Skrifter i svensk literaturhistoria.
Skrifter utg. af Svenska litteratursällsk. i Finland.
Snoilsky, Skalden M. Choræus.
—, Svenska historiska planscher.
Stave, Om källorna till 1526 års öfvers. af N Test:t.

Stefansson, Ibsen i England.
—, Oldnordisk invirkning på eng. litteratur.
—, Robert Browning.
Steffen, Norsk folkdiktning.
— —, Poesi- o. autografalbum.
Stenkula, Tal o. föredrag.
Strdle, Om les anecdotes de Suède.
Strömborg, Biogr. anteckn:r om Runeberg.
Sylvan, Frihetstidens polit. press.
—, N. v. Oelreich ss. censor librorum.
—, Sveriges periodiska litteratur under frihetstiden.
Söderhjelm, Anteckningar om Martial d'Auvergne.
— —, Axel Gabr. Sjöström o. hans vittra verksamhet.
—, Nyare finsk novellistik.
—, Petrarca in der deutschen Dichtung.
Söderman, Alfred de Musset.
Teaterkatalog öfver pjeser.
Tegnér, El., De la Gardieska samlingen i Lund och på Löberöd.
— — —, Om italienska arkivbibliotek.
Tegnér, Es., Bref till Wingård.
Tidander, Anteckn:r om svenska kartverk.
—, Anteckn:r om vår tekniska literatur.
—, Vår topografiska literatur.
Tikkanen, Eine illustr. Klimax-Handschrift d. Vatikan. Bibliothek.
Topelius, Z., 1818—8⁰.
—, Minne af festdagen 1888.
Torp, Bernerkonventionen.
Tudeer, Skalden Aug. Ahlqvist.
Uppsatser, Litteraturhistoriska.
Uppslagsbok för svenska musikhandeln.
Warburg, Anna Maria Lenngren.
—, Emile Augier.
—, Emilie Flygare-Carlén.
—, Lidner.
—, Svensk literaturhistoria.
—, Svensk literaturhistoria i sammandrag.
Wurmholtz, Bibl. historica Sueo Gothica. Register.
Vasenius, Lärob i literaturhistoria.
—, J. H. Mörk.
—, Öfversigt af Finlands literaturhistoria.
Weibull, Bengt Lidner i Lund.
Werner, Tillägg o. rättelser till Carlanders »Sv. bibl. o. ex-libris».
Westermarck, George Eliot.
Western, W. Cowpers liv o. digtning.
Wirsén, Minne af F. M. Franzén.
—, Minne af K. A. Nicander.
Wrangel, Det carolinska tidehvarfvets kom. diktning.
— —, Frihetstidens odlingshistoria.
—, Hvad folket sjunger.
Årskatalog för svenska bokhandeln.
Öfversikt, Bibliografisk, af svensk periodisk literatur

II. Encyklopedi och polygrafi.

a) I allmänhet.

Artiklar o. korrespondenser i Aftonbladet.
Bibliotek för allmänbildning.
Bibliotek, Nytt, för berättelser, kultur- o. reseskildringar.
Biblioteket, Gula.
Biblioteket, Svenska.
Bolin, Studier och föredrag.
Cavallin o. Lysander, Smärre skrifter.
Cygnæus, Saml. arbeten.
De Geer, Valda skrifter.
Familjebok, Nordisk.
Folkskrifter.
Forskning, Ur vår tids.
Forssell, Studier o. kritiker.
Föreningen Heimdals folkskrifter.
Handböcker, Ad. Bonniers allmännyttiga.
Hector, Repetitionskurs.
——, Samlingarnas bok.
Holmberg, Folkliga föredrag o. uppsatser.
Höpken, Skrifter.
Julmuntrationsböcker.
Konversationslexikon, Gernandts.
Oscar Fredrik, Skrifter på prosa.
Revy i litterära o. sociala frågor.
Rydberg, Varia.
Samhällslifvet, Ur det moderna.
Samling af facklexika.
Samlingar, Ur några antecknares.
Skrifter, Folkupplysningssällskapet.
Skrifter, Svenska nationalföreningens.
Snellman, Samlade arbeten.
Spörsmål, Svenska.
Studentfören. Verdandis småskrifter.
Uppslagsbok för alla.
Vademecum för alla.
Öreskrifter för folket.

b) Tidningar och tidskrifter.

Archiv, Skandinavisches.
Dagny.
Djurskyddet.
Djurvännen.
Elfdrottningen.
Familjeblad, Illustreradt.
Familj-journalen, Svenska.
Fennia.
Forskning, Fri.
Framåt.
Freja.
Förr o. Nu.
Hem, För svenska.
Hemvännen.
Hemåt.
Idun.
Jernbanebladet.
Jul.
Jul, Till.
Jul- o. nyårsbladet, Illustrerade.
Julafton.
Jul-album, Programbladets.
Julblad, Konstnärsgillets.
Julbrasan, Vid.
Julen 1886.
Juletid, Vid.
Julnummer, Iduns.
Julnummer, Söndagsnisses.
Julqvällen.
Julrevy, Finsk.
Jul-revy, Illustrerad.
Jul-rosor.
Julstjernan.
Jultomtar.
Krönika, Ur dagens.
Lyckan.
Läsning för den finske soldaten.
Läsning för folket.
Läsning för hemmet.
Midvinter.
Modetidning, Skandinavisk.
Mälarstrand, Från.
Nordanbygd, Från.
Norden.
Ord och bild.
Ord o. bild i urval.
Ord o. bild. Upsala minne 1893.
Palettskrap.
Revy, Nordisk.
Rimfrost.
Samlaren.
Svea.
Svensken.
Svithiod.
Tidning, Djurvännernas.
Tidning för idrott.
Tidning, Ny illustrerad.
Tidskrift, Finsk.
Tidskrift, Försäkringsfören.
Tidskrift, Nordisk.
Tidskrift, Ny svensk.
Tidskrift, Svensk, utg. af F. v. Schéele.
Vän, Arbetarens.
Vän, De värnlösas.
Året om.
Årsskrift, Svenska turistföreningens.

III. Lärda sällskaps handlingar.

Acta horti Bergiani.
Acta, Nova, reg. soc. scient. Upsal.
Acta universitatis Lundensis.
Bidrag till känned. om Finlands natur och folk.
Bihang till Kgl. sv. vet.-akad:s handlingar.
Handlingar, Göteborgs k. vet.- o. vitt:s samhälles.
Handlingar, Kongl. bibliotekets.
Handlingar, Kgl. fysiografiska sällskapets.
Handlingar, Kgl. sv. vet.-akad:s.
Handlingar, K. vitt.-, hist.- o. antiq:s akad:s.
Handlingar, Svenska akad:s.

Hildebrand, K. vitt.-, hist.- o. antiq.:s akad:s 100-årsfest.
Meddelanden från Nationalmuseum.
Meddelanden från Svenska riksarchivet.
Samlingar utg. af Sv. fornskriftssällskapet.
Skrifter utg. af Humanistiska vetenskapssamfundet.
Skrifter utg. af Svenska litteratursällskapet i Upsala.
Skrifter utg. af Svenska litteratursällskapet i Finland.
Årsskrift, Lunds universitets.
Årsskrift, Upsala universitets.
Öfversigt af Finska vet. soc:s förhandlingar.
Öfversigt af Kgl. sv. vet.-akad:s förhandl:r.

IV. Teologi.

a) Bibeln med bibelkommentarer och biblisk historia.

Ahlström, Biblisk historia.
Alopaeus, Den heliga läran.
—, Guds rikes historia.
Andersson, H., Berättelser ur den hel. skrift.
—, Berättelser ur Gamla testamentet.
—, Berättelser ur Nya testamentet.
Anteckningar om Nya testamentet.
Bergqvist, Biblisk historia.
Bergström, L., Om Moseböckernas uppkomst.
—, Moseböckernas värde.
Berättelser, Bibliska.
Bibeln.
Bibeln med förkl. af *Fjellstedt*.
Bibeln. Nya testam. Med teckn:r af *Doré*
Bibel, Barnens.
Bibeltexter, Gemensamma
Biblia med förkl. af *Fjellstedt*.
Bilder ur vår frälsares lif.
Boberg, David Isais son.
Bok, Nya förbundets.
Bratt, Brefvet till Ebreerna med förklaring.
—, Pauli båda bref till Korinterna.
Byström, Bibeltexter belysta.
Bäckman, Biblisk historia.
Celander, Biblisk historia.
—, Bibliska berättelser.
Dahlbom, Innehållet af bibelns böcker.
Elmgren, Evang. historiens chronologi.
Eriksson, Biblisk historia.
Esscher, Abraham.
Evangelierna, De fyra. Öfv. med utläggn. af *Setréus*.
Evers, Jesu ord.
Familjebibel, Illustrerad.
Familjebibel utg. af *Fehr*.
Farrar, Jesu lif.
—, Paulus, hans lif o. verk.
Folkbibel, Illustrerad.
Fries, Israelitiska kultens centralisation.

Frommel, Stefanus o. Paulus.
Funcke, S:t Paulus till sjös o. lands.
Galaterbrefvet o. brefven till Tim. o. Titus.
Godet, Inledning till Pauli bref.
—, Jesu lif.
—, Kommentar till 1 a Korinterbrefvet.
—, Kommentar till Romarebrefvet.
Hammar, Millenium.
Hedqvist, Petrus evangelium.
Högrell, Den himmelska staden.
—, Ledning i bibl. historien.
—, Palestinas geografi o. beskrifning.
Johansson, Hebreerbrefvet.
—, Profeten Daniel.
Keijser, Grunddragen af kristendomens historia.
—, Lärobok i bibelkunskap.
Knudcen, Om Jesu Kristi person o. lif.
—, Vår Herre Jesu Kristi besök i Betanien.
Kolmodin, Profeten Mika.
Kübel, Bibelkännedom.
Landahl, Den heliga historien.
—, Den heliga striden.
Lemke, Öfversigt af de bibl. böckernas innehåll och historia.
Liljeholm o. Andersson, Bibl. berättelser.
—, Biblisk historia.
Lindström, Biblisk historia.
—, Guds rikes historia.
—, o. *Örtenblad*, Biblisk historia.
Ljungkvist, Anteckn:r till Lukas evangelium.
Ljus öfver profetiorna.
Lundborg, Det s. k. Petrusevangeliet.
Lundell, Stå kristendom o. kultur i strid med hvarandra?
Lundgren, F., Handbok i bibl. historien.
—, Handledning vid bibelläsning.
Luther, Davids 51:a psalm utlagd.
—, Utläggn. af Fader vår.
Lära, De tolf apostlarnas.
Lärokurs, Småskolans, i kristendomskunskap.
Mattei evangelium med förkl. af *Rosenius*.

4. TEOLOGI.

Meyer, Abraham, Guds vän.
—, Herdepsalmen.
—, Israel en furste inför Gud.
—, Josef älskad, hatad, upphöjd.
—, Profeten Elia o. hemligh. till hans kraft.
Mühe, Ljusstrålar öfver dunkla bibelställen.
Myrberg, Johannes evangelium.
—, Johannes uppenbarelse.
—, Psaltaren.
Neander, Den heliga historien.
—, Handledning vid läsning af den hel. skrift.
Norelius, Nya testamentet.
Norlén o. *Lundgren*, Biblisk historia.
—, Bibliska berättelser.
Nyblæus, Jesu lefnad.
Nylander, Inledning till Psaltaren.
Passionale, Det gyldene.
Pauli bref i ordagrann öfversättning.
Pauli bref till Romarna, öfvers. af *Bensow*.
Pauli bref till Timoteus o. Titus.
Pauli 1:a Thessalonikerbref, öfv. o. förkl. af *Kolmodin*.
Predikareboken, öfv. af *Myrberg*.
Profeten Esaias, öfv. af *Myrberg*.
Psaltaren.
Roos, Utläggning af nytestamentl. skrifter.
Rosenqvist, Biblisk historia.
—, Om och ur bibeln.
—, Utläggn. af Johannes evangelium.
Rudin, De mindre profeterna.
—, Gamla test:s bibliska historia.
Rydholm, Lärobok i kristendom.
Schneller, Evangelii resor.
—, Känner du landet?
Sceberg, Herrens lag.
Setréus, Bidrag till tolkningen af evang. i Nya testam.
Simpson, Det kristl. lifvet i Nya test:s böcker.
Skarstedt, Apost. Petrus, Paulus m. fl. herdabref.
—, Det Nya test:s skrifter.
—, Jobs bok.
—, Textutläggningar.
Spurgeon, Evangelium om riket.
—, Från Getsemane till Golgata.
Stalker, Jesu lif.
—, Paulus, hans lif o. verksamhet.
Stave, Daniels bok öfvers. o. förklarad.
Steinmetz, Berättelser ur bibl. historien.
—, Biblisk historia.
Sundén, Biblisk historia.
—, Samtal öfver bibliska historien.
Svenson, Jesu lif.
—, Kort öfversigt af profetian.
Ternstedt, Den heliga läran.
—, Pauli bref till Rom. öfvers.
Testamentet, Gamla.
Testamentet, Nya. Öfvers. af *Benelius*.
Testamentet, Nya. Med teckn:r af *Doré*.
Testamentet, Nya, med förkl. af *Fjellstedt*.
Testamentet, Nya, öfvers. af *Myrberg*.
Testamentet, Nya, med förkl. af *Rosenius*.
Testamentet, Nya, med förklarande anm:r af *Waldenström*.
Testamentet, Nya. F. & G. Beijer.
Testamentet, Nya. C. A. V. Lundholm.
Testamentet, Nya. Normans förl.-exp.
Testamentet, Nya. P. A. Norstedt & S:r. 4 uppl:r.
Testamentet, Nya. Utg. i Örebro.
Testamentet, Nya, och Psaltaren. F. & G. Beijer.
Testamentet, Nya, och Psaltaren. Fosterl.-stift.
Testamentet, Nya, jemte Psaltaren. P. A. Norstedt & S:r.
Testamentet, Nya, med paralellspråk o. Psaltaren. P. Palmquists aktb.
Testament, The new.
Testamentet, Thet nyia af år 1526.
Thiersch, Blickar i prof. Daniels lefnadshist.
Tiele, Allmän religionshistoria.
Ullman, Kristlig religionslära.
Uppenbarelseboken, i belysning af sig själf.
White, Kristi lefnad.
Wihlborg, Marci evangelium.
Vogt, Biblisk historia.
Östberg, Bibl. historia för döfstumma.

b) Allmän o. kritisk teologi, dogmatik, kateketik, liturgi o. symbolik.

Ahnfelt, Den kristliga trosläran.
—, Den teolog. etikens grunddrag.
—, Laur. Petri kyrkoordning.
—, Om den ursprungliga lutherdomens ställning till articuli fidei.
—, Om Torgauerartiklarne.
—, Utvecklingen af sv. kyrkans ordning under Gustaf I.
—, o. *Bergqvist*, Kristna tros- o. sedeläran.
Ahnlund, Läran om nya födelsen.
Alin, Bekännelsefrågan.
Allt om frälsningsarmén.
Amicus, Granskning af psalmboks-komm. förslag.
Andersson, Bibelns lära om sakramenten.
—, Granskning af psalmboks-komiténs förslag till psalmbok.
Arfvidsson, Empiri o. spekulation i teologien.
—, Ortodoxi o. ritschlianism.
Arnoldson, Gudsidén enl. M. Müllers forskning.
—, Religionen i forskningens ljus.
—, Små väckare.
Arundale, Ett försvar för reinkarnationen.
Bekännelsefrågan, I.
Bekännelseskrifter, Lutherska kyrkans.
Bengel, Tankar ur uppenbarelseboken.
Berg, Hvad kan göras för kyrkotukt med afseende å sjette budet.
Bergen, Utilismen på de anklagades bänk.
Berggren, Förslag till ändringar i sv. kyrkans högmessoritual.
—, Arnaulds o. Pascals moralteol. strid.
—, Bekännelsen o. den sociala frågan.
—, Om den kristliga fullkomligheten.
Bergqvist, Om tro o. vetande.
Bergroth, Profetians besegling.
Bergström, L., Kristendom o. socialism.
Bergström, O., Det religiösa lifvet.
Bertrand, Ritschls åskådning af kristendomen.
Beskow, N., Om söndagens betydelse.
Bibelforskaren.
Bibelhandbok, Kort.
Bibliotek till fritänkeriets bekämpande.
Billing, Den sköna Herrens gudstjänst.
—, Om separationen.
—, Om skilnad i äktenskap.
Björck, A., Himmelska äktenskap o. sedlighetsfrågan.
—, Äktenskapets ursprung o. helgd.
Björck, A. L., Kyrkans o. prestens sociala pligter.
Björck, G. D, Skrifter.
Boberg, Hvarför tviflar du?
Bock, Det finnes icke mer än en enda hemlighet — lifvet.

4. TEOLOGI.

Bodström, Minnen från vår kyrkas jubelfäster.
Bokskatt, Hemmets.
Booth, C, Angripande kristendom.
Booth, W., Ett heligt lif.
—, Föredrag öfver »Det mörkaste England».
—, I mörkaste England.
Borgström, Hafva vi religionsfrihet i Sverige?
Bornemann, Religiösa tvifvel.
Bosson, Den religiösa individualismen hos Vinet.
—, Ritschls teologi.
Boyesen, Om Herrens andra ankomst.
Braun, Omvändelsens betydelse för prester.
Brieger, Den tilltagande likgiltigheten för kyrkan.
Bring, G., Teologi o. naturvetenskap.
Bring, J. C, Om ett rätt umgänge med Guds ord.
Bring, S. L., Passionshistoriens homilet. behandling
—, Trenne uppsatser i prakt. teologi.
Bruun, Är frälsningsarmén i öfverensstämmelse med Guds ord?
Budbäraren. Nya.
Bück, Den kristna läran.
—, Kristi tjenare o. skaffare.
Carlson, Om samfundsbildning o. kristlig enhet.
Carletedt, Utkast till katekisationer.
Carpenter, Sanningar o. bilder.
Cederoth, Biblisk geografi.
—, Illustr. o. berättelser till tjenst för predikanter.
Channing, Den universella kyrkan.
Charlier, Kan religion finnas utan gudomlig uppenbarelse?
Chiniquy, Presten, kvinnan o. bikten.
Cornill, Profetian i Israel.
Cremer, Bidrag till striden om den apostol. trosbekännelsen.
Dahlbom, Hvad gör du då du konfirmeras?
Davidson, Hvad vilja paramentikens vänner?
Dieffenbach, Bibelstunder i hemmet.
Dimbleby, En ny tid är nära.
Doktoratet, Det teol. i Sverige.
Drews, Mer hjerta för folket.
Drummond, I dagens religiösa frågor.
—, Kristendomens program.
—, Naturens lagar o. andens verld.
—, Naturvetenskapens bidrag till kristendomen.
—, Staden utan tempel.
Ekdahl, Askesens berättigande.
—, Den kristl. sedelärans grunddrag.
—, Om den svenska kyrkans begrafningsformulär.
—, Om konfirmationen.
—, Sammanhanget af Luthers katekes.
—, Studier i psalmboksfrågan.
Ekedahl, Inter Paulum et corinthios quæ intercesserint rationes.
Eklund, P., Lutherska endrägtsboken.
—, Tron o. trons artiklar.
Ekman, E. J., Bibelskolan.
—, De yttersta tingen.
—, Den smygande fienden.
—, Ur Guds brödkorg.
Ekman, J. A., Den kristna religionsläran.
—, Den naturalistiska hedendomen
Ellis, Religiöst tvifvel.
Elmgren, Bevis för skrifternas i Nya testam. äkthet.
—, Om dagen för Kristi födelse.
Ervast, Den kristliga religionsläran.
Fairfield, Det kristna dopet.
Farrar, Vårt lifs uppgift.
Fehr, Mot den katolska propagandan.
—, Undervisning i kristendomen.

Fick-handbok eller utdrag ur kyrkohandboken.
Fingal, Isaak o. hans ätt.
Frank, Ritschls teologi.
—, Waldenströms försoningslära utvecklad.
Frideborg.
Friedlander, Troslärans hufvudsanningar.
Fries, Bet. af religionskongressen i Chicago.
—, Om kristendomens uppkomst.
—, Protestantismens framtid i Europa.
—, Vanvården icke Herrens vingård.
Frottingham, Kristi vagga.
Frågor, I religiösa o kyrkliga.
Frågor, Kyrkliga.
Funcke, Kristus o. menniskan
—, Samlade skrifter.
—, Smärre skrifter.
—, Trons verld o. hvardagslifvet.
—, Vill du blifva helbregda?
Föredrag på evang sociala kongressen i Berlin.
Föredrag vid Samfundets pro fide et chr. sammankomst.
Föredrag vid 3.e nordiska studentmötet.
Förhandlingar vid 3:e svensk-luth. prestkonferensen.
Förhandlingar vid 4:e svensk-luth. prestkonferensen.
Förhandlingar vid 5:e svensk-luth. prestkonferensen.
Förhållandet mellan religion o vetenskap.
Förslag, Nytt, till handbok för sv. kyrkan.
Förslag till ordning vid den allm. gudstjensten.
Förslag till revid handbok.
Geike, Det heliga landet o. bibeln.
Gerdin, Augustinus ss. kristlig uppfostrare.
Gerok, Poesi o. religion.
Gestrin, Luth. läran om rättfärdiggörelsen.
Gibbons, Våra fäders tro.
Giberne, Inåt eller utåt?
Giles, Andens natur.
—, Hvarför jag tillhör Nya kyrkan.
—, Människans uppståndelse.
Goebel, Försvar för Gamla testamentet.
Gordon, Betlehem.
Gottschick, Den hist.-kritiska skriftforskningens betydelse för den evang. kyrkan.
Granfelt, Slutord i försoningsläran.
Graul, De olika christl. bekännelsernas skiljeläror.
Grundell, Om bättre vård af kyrkans inventarier.
Gränsen, På.
Grönstrand, Studier ang. trons o. vetandets inbördes förhållande.
Gude, Söndagens helighållande.
Guiness, Ljus för den sista tiden.
—, Profetiorna om Babylon o. vilddjuret i Uppenbareleboken.
Guiness-Taylor, Från fjerran östern.
Göransson, Om buddhaismens värde ss. religion.
—, Om den kristl. åskådningen af samvetet.
Hallberg, Om kyrkans uppgift.
Hallgren, Guds rikes tempelbyggnad.
—, Repetitionskurs för konfirmat. undervisn.
Hammar, A. T., Katolsk o. luthersk kristendom.
—, Om nådens ordning.
Hammar, H. B., Inre missionen nyskapad i Kristus Jesus.
Handbok för svenska kyrkan.
Handbok för svenska kyrkan i utdrag.
Handlingar, Finska kyrkohistoriska sällskapets.
Handlingar rör. prestmötet i Göteborg.
Handlingar rör. prestmötet i Linköping.
Handlingar rör. prestmötet i Vesterås.
Handmann, Kristendom o. buddhism.
Hanson, Skriftens vittnesb. om allas frälsning.

4. TEOLOGI.

Harnack, Den apostoliska bekännelsen.
—, Den evang.-sociala uppgiften.
—, Dogmhistoriens trefaldiga utmynning.
— -, Svar på Cremers »Till strides om apostolikum».
Hashagen, De gudomliga frälsningsgärningarna.
Hassler, Den evang. tros- o. sedeläran.
—, Den kristnes förhållande till det materiella goda.
—, Kyrkor o. sekter.
— -, Mammon.
Hastings, Bibelns inspiration.
—, Fjorton hårda nötter för fritänkare.
— -, Är bibeln Guds ord?
Haupt, Den hel. skrifts betydelse för evang. kristne.
Havet, Om gammaltestam. profetiornas mod. ursprung
Hedendom, Från, till kristendom.
Hedqvist, Den kristna kärleksverksamheten i Sverige under medeltiden.
Helsingius, Kort handledn. till d. h. l. skrifts kännedom.
Helvetesläran, Den vanliga häfdvunna.
Helvetet, Det uppbrunna.
Henning, Det kristna dopets historia.
Heuch, Kyrkan o. otror.
Heüman, Kyrkliga symboler.
—, Luther o. luthersk trosvisshet.
—, Ritschlianismen.
—, Våra fem Moseböcker.
Himmelen, dess innevånare och umgängeslif.
Hjelmérus, Upplysningen o. kristendomen.
Hofstedt, Den katolska kyrkoläran o. den hel. skrift.
Holm, A., Försök i bibelvetenskap o. bibeltolkning.
Holm, S., Bref i andliga ämnen.
Holmdahl, Bibeln, den bästa uppbyggelseboken.
Holmström, Den kyrkl. katekisationens betydelse.
—, Om kyrklig fattigvård.
— -, Om kyrkostyrelsen.
—, Om ordinationen inom luth. kyrkan.
— , Tankar i handboksfrågan.
—, Vårt lutherska skriftermål.
Hughes, Jesu Kristi kristendom.
—, Kristendomens moral.
— -, Social kristendom.
Hult, Bibel eller påfve.
Hultgren, Grunddragen af den bibl. läran om menniskan.
—, Svar på Lennstrands fråga »Fins det ett lif efter detta?»
Huru beskaffad är motståndskraften mot påfvedömet.
Hvad Gud har sagt om Kristi andra ankomst.
Hvad tänker församlingen om psalmboksfrågan?
Hvad vilja dissenters?
Hvad är Kristus?
Hvem är arfvingen? Några ord om de ändlösa straffen.
Hvilodagen.
Hübbe-Schleiden, Jesus — en buddhist?
Håkansson, Kristendomen i civilisationens tjenst.
Hägglund, Bör icke öfvers. af Nya testam. undergå omarbetn.
Högmessogudstjensten, Nya.
Ingraham, Eldstoden.
—, Herren af Davids stam.
Inledningsföredrag vid Göteborgs stifts prestsällskaps möte.
James, Den unga qvinnan.
Johannis' syn på Patmos.
Johansson, C. E., Den bibliska kristendomen.
— , Den hel. skrift o. den negativa kritiken.
—, Det förkonstantinska kristendomsförsvaret.

Johansson, F. A., Den hel. skrifts lära om menniskans rättfärdighet inför Gud.
—, Om inspirationen.
—, Om samvetet.
—, Under hvilken förutsättn. kan en gammaltestamentlig skrift anses ega kanoniskt värde?
Johansson, G., Einige Bemerkungen zur Rechtfertigungslehre.
—, Frälsningsarmén.
—, Uttalanden i några kyrkl. frågor.
Johansson, K. A., Några ord om Guds församling.
Johansson, M., De nya evangelii-perikoperna.
—, Föredrag vid prestmötet i Hernösand.
— -, Till presterskapet i Hernösands stift.
»Johan».
Kabner, Bibliska studier.
—, Om upprättandet af den nord. kyrkoprovinsen.
Kastengren, Svenska kyrkans högmessa.
Katekes, Buddhistisk.
Kattenbusch, Från Schleiermacher till Ritschl.
Kaufmann, Socialismen o. kristendomen.
Kellgren, Om alla menniskors frälsning.
Kindblad, De kristna kyrkornas dogmer.
Klein, Stär G. test:ts moral på barbarernas utvecklingsskede.
Klingstedt, Kristendom o. konsthat.
Kolmodin, Från de svartas verldsdel
—, Kina o västerlandet.
—, Om den h. skrifts betydelse för läroutveckl.
—, Om det typiskt profetiska i Kristi lif.
—, Reformation o. mission.
Korsblomman.
Krag, Församlingslif.
Kristendom o. dermed öfverensstämmande religioner.
Kyrkohandbok för Finland.
Kyrkoordningar före 1686.
Kyrkopsalmer, Våra.
Laache, Vårt jordiska arbete i Herrens tjenst.
Lagergren, Studier o. betraktelser.
Lagerman, I bekännelsefrågan.
Lambert, Fritänkeriet på sanningens väg.
Landahl, F., Betingelserna för åtnjutandet af nattvardens välsignelse.
—, Betraktelser öfver uppenb.-boken.
—, Förklaring öfver Luthers katekes.
Landahl, G. T., Skall svenska kyrkan falla?
— -, Vår barnalära.
Laurén, Om kyskhet.
Laurin, Några ord om separationen.
Leinberg, Handlingar rör. finska kyrkan o. presterskapet
Lemme, Ritschlska teologiens principer.
Lennstrand, Disputationer med Meijer o. Nymansson.
—, Svar på tal.
Leufstedt, Allvar o. skämt om djefvulen.
Levan, Hvilken betydelse har begreppet tro i N. test.
— -, Modern forskning.
—, Några ord om trons visshet.
—, Om orsakerna till den Ritschlska teologiens utbredande.
—, Studier öfver Gamla test.ts värde.
Lindegren, Bibelns geografi.
Lindstedt, Kristendomsundervisning.
—, Vårt dop.
Ljungqvist, Det evang.-luth. kyrkosamf. o. sekterna.
—, Vår nya högmessa.
Ljus på vägen.
Lobstein, Den traditionella kristologien o. den protestantiska tron.
—, Några tankar om barndopet.

4. TEOLOGI.

Lovegrove, Messiasriket.
Lucius, Hednamissionens framtid.
Lundblad, Minneslista för pastorsexpeditionen.
—, Om kyrkliga prydnader.
Lundgren, F., Katekesens vanrykte.
—, Kateketisk handbok.
Lundgren, H., Några frågor till väktarena på Zion.
Luthardt, Apologetiska föredrag.
—, De moderna verldsåsigterna.
Luther, Lilla katekes.
—, Lilla katekes utg. af Bensow.
—, Lilla katekes utg. af Bergman.
—, Lilla katekes utg af Billing o. Wingren.
—, Lilla katekes utg af Kastman.
—, Lilla katekes utg. af F. Landahl.
—, Lilla katekes utg. af Lemke.
—, Lilla katekes utg. af Mazer.
—, Lilla katekes utg. af Norrby.
—, Lilla katekes utg. af Sjölander.
—, Lilla katekes utg. af Steinmetz.
—, Lilla katekes utg. af Stenkula.
—, Lilla katekes utg. af Sundén.
—, Lilla katekes utg. af Östberg.
—, Lilla katekes utg. af Östrand.
—, Lilla o. stora katekes utg. af Billing.
—, Om en kristen menniskas frihet.
—, Om kyrkans reformation.
Lutze, Fins det ett lif efter detta.
Lärjungar, Fakirens.
Läsning, Vald, för hemmet.
Löfving, Den dolda andemeningen i Fader vår.
Lösen, Dagens.
Macmillan, Naturens embete.
Makt, Inflytandets.
Malm, Messiastankens utveckl. i Gamla test.
Malmroth, Om nådemedlen.
—, Talsymboliken i den hel. skrift.
Malmström, Den apost. kyrkan o. principatet.
Manby, Hvad lär Nya kyrkan?
Marie, Tidehvarfvets mysterier.
Markgren, Vårt dop.
Marti, De nyaste gammaltestamentl. forskningarnes resultat.
Matteson, Jesu profetior.
Meijer, I brytningstiden.
—, Till försvar för kristendomen.
Melander, Försvarskriget från biblisk synpunkt.
Menniskohjertat.
Meurling, Bibelns bruk.
Meyer, Några af det kristl. lifvets hemligheter.
Minucius, Octavius.
Missionsbibliotek för folket.
Missionstidning.
Missionstidning för Finland.
Missionsverksamhet, Fosterländsk, för döfstumma.
Momerie, Bristerna i vår tids kristendom.
—, Föredrag i andliga ämnen.
Moro, Samlade skrifter.
Mortensen, A, Mormonernas hemligheter.
Mortenson, M. F., Gud är den starkaste.
Mühe, Bibliska märkvärdigheter.
—, Den afslöjade hemligheten.
—, På andra sidan grafven.
Myrberg, Den bibliska teologien o. hennes motståndare.
—, En nyckel till Ordspråksboken.
Neander, Kritisk granskning af Fries, Israels historia.
Newton, Bibelns djur o. de lärdomar de gifva oss.
Nilson, De bibliska hufvudbegreppen.

Nilsson-Levan, Om den apostoliska trosbekännelsens uppkomst.
Norbeck, Lärobok i teologien.
—, Lärobok i den evang.-luth. trosläran.
Norborg, I den kyrkliga bekännelsefrågan.
—, Några ord i likbränningsfrågan.
Nordin, Om kapellanernas ställning.
Nordlund, Folkkyrkan o. frikyrkan.
Norelius, Minucius Felix som apologet.
Norén, Predikoämbetet.
Norrman, Om kyrkotukten.
North, Äktenskapet mellan olika sinnade.
Nutidsfråga, En. Är det skäl att längre tro på bibeln?
Nyblæus, Kristendomens legender.
Nymansson, Beredelse till den nya staten.
—, Blick på 1888 års kyrkomöte af P. N.
—, Det uppbrunna helvetet.
Nyström, A., Kristendomens strid mot den vetenskapl. kulturen.
Nyström, E., Bibelnyckeln.
—, Biblisk ordbok.
Nådavalet, Om.
När och hvar kommer Herren?
Odin, Den individuella frälsningstillegnelsen inom kyrkan.
Olai, Om introduktionen eller kyrkotagningen.
O'Gorman, Klosterlifvet afslöjadt.
Ohlsson, Är askes förenlig med en kristens frihet.
Olbers, Votum i svenska kyrkans bekännelsefråga.
Olcott, Buddhistisk katekes.
Olivier, Frigörelsen från synden.
Olsson, Den nya sanningsenliga himmelska berättelsen.
Ord, Några, om de ändlösa straffen.
Origines, Frågor o. svar inför Guds son.
Oseen, I bekännelsefrågan.
Otron, Mot.
Ottesångs-, högmässo- och aftonsångsgudstjensten, Nya.
Pascal, Tankar i relig. frågor.
Pastoral-almanacka.
Paulli, Bibliska uppsatser.
—, Från nådens rike.
—, Lifvet i Gud.
—, På helgelsens väg.
Pearse, Tankar om helighet.
Peterson, Kommen ihåg att I ären svenskar o. norrmän!
Petrelli, Om de yttersta tingen.
Petri, B. E., De kristna trossanningarna popul. framställda.
Petri, Ol., Hvad presterna äro skyldiga lekmännen.
—, Svar på tolf spörsmål.
Petrus, Predikanten o. församlingen.
Pettersson, C. F., Handledning för prester.
Pontius Pilati offentliga handlingar.
Pontius Pilatus' berättelse om Jesus Kristus.
Pope, Eskatologien.
Porträtt, Vår herres o. frälsares.
Prestmötet i Visby.
Preuss, Den pastorala ämbetsverksamheten.
Profeter, Det gamla testamentets.
Profetian, Den bibliska, i ljuset af Jehovas testamente till ett ohörsamt Israel.
Profetians besegling.
Protokoll, Allm. kyrkomötets.
Protokoll o. handl:r rör. prestmötet i Upsala.
Protokoll o. handl:r vid prestmötet i Strengnäs.
Protokoll, Prestståndets.
Protokoll vid 3:e finska kyrkomötet.
Psalmboksförslaget, Det nya, granskadt.
Quack, Den skriftenliga läran om återställelsen.

4. TEOLOGI.

Quensel, Från den inre verlden.
—, System. förbered. till 3:e art. kateket. behandling.
—, Vårt högmessoritual.
Registrum Ecclesiæ Aboensis.
Reischle, Tron på Jesus Kristus.
Religion, Andens.
Religion i arbetet.
Richardson, Katolicism o. klosterlif.
Ritschl, Den kristliga fullkomligheten.
Robinson, Kätterska tankar.
Rodhe, Herdabref.
—, Om bibelns spridning o. läsning.
, Om kyrklig fattigvård.
—, Om olikheten mellan luthersk o. reformert uppfattning af Guds ord.
, Vår bekännelses betydelse o. värde.
Rogers, Hvar är den förstfödde?
Rollier, Hvarför jag sympatiserar med frälsningsarmén.
Roos, B., De moderna världsåsikterna.
Roos, M, ›Kommen till mig!›
Roos, M. F., Kristlig troslära.
—, Om kyrkan o. himmelriket.
—, Smärre skrifter.
Rosenborg, Några drag af profetiorna.
Rosendal, Är Finlands sorg efter Guds sinne?
Rosenius, Samlade skrifter.
Rosenqvist, G. G., Guds förhållande till världen.
—, Religiösa spörsmål.
Rosenqvist, V. T., I katekesfrågan.
Roslund, Psalmvalet vid högmessogudstjensten.
Row, Trons säkra grund.
Rudin, Bibelns enhet.
- , Den gudoml. uppenb. förnedringsgestalt.
—, Förslag till ordning vid den allm. gudstjensten.
- -, Första Mosebok.
, Om det personligas betydelse.
—, Reformationens princip.
, Uppsatser i teolog. o. kyrkl. ämnen.
, Vår heliga troslära.
Rundgren, Kyrkliga frågor.
Runstedt, Om gradualpsalmen.
Rupprecht, Hvad är sanning?
Rydberg, Bibelns lära om Kristus.
Rydholm, Den nya bibelöfversättningen.
- - , Fadderinstitutionen.
- -, Äfven ett ord om katekesens vanrykte.
Rättigheter o. skyldigheter gent emot statskyrkan.
Saabye, Ett utkast till otrons historia.
Salomon, Den rätta grunden för helbregdagörelsen genom tron.
Sammandrag af den gällande katekesutveckl. innehåll af O. Q.
Sammanträde, Från Lunds stifts prestsällskaps.
Sanningsökaren.
Saphir, Bibelns gudomliga enhet.
—, Kristus o. skriften.
Sartorius, Kristi person o. verk.
Schartau, Anteckn:r föranledda af åtskilliga ställen i den h. skrift.
—, Undervisn. i christendomskunskapen.
—, Utkast till offentl förhör.
Schartauismen afslöjad.
Schéele, Hemlandstoner.
Schepelern, Små uppsatser mot påfvekyrkan.
Schulthess, Biblisk konkordans.
Schultz, Det gamla test:t o. evang. kyrkan.
Schwalb, Reformatoriska tankar.
Serner, Katekesen med utläggning.
Simpson, I mästarens tjenst.

Skarstedt, Handbok i biblisk fornkunskap.
Skog, Hvad är den romerska katolicismen?
Skrifter utg. af Samf. pro fide et christianismo.
Skrifter utg. af Föreningen för Israelsmission.
Smyth, Frälsarens fotspår.
, Heliga namn.
, Är Nya kyrkan evangelisk?
Soden, Reformation o. socialfråga.
Sommer, De gamla epistelperikoperna.
—, De gamla evangeliiperikoperna.
Spiritualismen, Den sanna, är kristend. uppfyllelse.
Spitta, Bref rör. den evang. gudstjänsten.
—, Om den heliga nattvarden.
Stade, Uppg. som tillhöra det G. test:s bibl. teol.
Stave, Daniels bok.
, Om uppkomsten af G:la test:ts kanon.
Stenbäck, Gatans lärdomar.
—, Skall jag taga vara på min broder?
Stenhammar, Kristi verk. Försoningen.
Stenqvist, Om kyrkotukt.
Strömbäck, Om slutorden i lagen.
Styrbjörn Starke, Stat o. kyrka.
Stå kristendom o. kultur i strid med hvarandra.
Sulzberger, Den kristna trosläran.
Sulze, Församlingslif i den prostetant. kyrkan.
Sundelin, Lärob. i teologisk etik.
Svan, Den store öfverherden.
Svedenborg, Den sanna kristna religionen.
—, Jordkloten i vår solverld.
- , Om himmelen o. helvetet.
- , Om Nya Jerusalem o. dess himmelska lära.
, o. *Paulus*, Om den nya födelsen.
Svening, En undersökn. om den saliggörande tron.
Svensen, Epistelperikoperna.
Svensson, Hvilka äro de berättigade krafven på en kristl. kultpredikan.
Såsom Jesus.
Sändebref, Öppet, till A. Nyström.
Söderblom, Hedendomen i helgedomen.
, Jesus Nasareern.
—, Luthers religion.
—, Om kristendom o. Rom.
Söndagen i skilda länder.
Söndagsvännen.
Tegnér, Den nya öfvers. af Psaltaren.
Ternstedt, Barnens fostran för himmelen.
, Den moderna otron.
, Pröfva andarne!
—, Skriftens gudomliga ingifvelse o. myndighet.
Testamentet, Nya, med anm:r af *Warholm*.
Thiersch, Den kristliga familjen.
- , Om den kristliga staten.
Thomson, Nyttighetsmoralen granskad.
Thorelius, ›Boltzianismen.›
Thuresson, Huru böra husförhören anordnas.
Tid, Om religionens o. vetenskapens trefnad.
Tidskrift för kristlig tro o. bildning.
Tidskrift för teologi.
Tidskrift, Kyrklig.
Tidskrift, Teologisk.
Tolstoy, Anden i kristi lära.
—, Frälsningen finnes hos dig själf.
—, Förhållandet mellan kyrka o stat.
—, Patriotism o. kristendom.
Tophel, Den hel. andes verk i menniskan.
Torbjörnson, Om försoningens rätta betydelse.
Torin, Nödlögner ber. o. bed. i bibeln.
Torrey, Huru skola vi föra menniskorna till Kristus?
Totten, Det tusenåriga riket.

4. TEOLOGI.

Tottie, Den prästerliga strafflagen.
—, Evangelistik.
Trägårdh, Om exordiets betydelse i predikan.
Tröst o. råd.
Uhlhorn, Det sedliga lifvet inom kyrkan.
— —, Motsatsen o. striden mellan protestantism o. katolicism.
Ullman, Evang. luth. liturgik.
—, Granskning af von Bergens föreläsningar.
—, Herdabref.
—, Hvad vill K. F. U. M.?
—, Några brister i nutidens predikan.
—, Svenska kyrkans högmessa belyst.
Upplysningar, Vigtiga hist., öfver händelserna vid Jesu födelse.
Uppsatser i teolog. o. kyrkl. ämnen, utg. af *Rudin.*
Urquhart, Hvad är bibeln?
Utdrag ur Handbok för svenska kyrkan.
Utdrag ur kyrkohandboken.
Uttalanden ang. Vittnesb. för den luth. läran.
Waldenström, Frälsningsbudskap o. minnen.
Varde ljus! Missionskalender.
Warneck, Missionen o. skolan.
—, Missionsurkunden.
Webster, Gammaldags kristendom.
Weitbrecht, En blick på andra sidan grafven.
— —, Hvad hafva vi i vår bibel?
— —, Hvarifrån o. hvarthän?
Welander, Anvisning till bibelns kännedom.
Wendt, Den äkta kristendomens norm.
— —, Jesu lära om Guds rike.
—, Pauli lära jämförd med Jesu lära.
Wermcrantz, Grunddragen af den kristl. friheten.
Vernes, Bibelforskningens resultat.
Westerdahl, Fall o. uppståndelse.
White, Försoning före frid.
Widén, Studier i kyrkotuktsfrågan.
Wikner, Tankar o. frågor inför menniskones son.
Witt, Om Kristi återkomst.
Witt-Talmage, Det mod. samhällets skuggsidor.
— —, Vigselringen.
Wucherer, Bevis för Nya test:s äkthet.
Väktaren i det Nya Jerusalem.
Åhfeldt, Den Jeremianska profetian om Guds rike.
Åkerberg, Nutidssamhället o. den ateistiska socialdemokratien inför kristendomen.
Åkerlund, Något om Guds enhet o. treenighet.
Årsberättelse, Ev. fosterlands stiftelsens.
Årsbok, Svenska baptistsamfundets.
Åsbrink, Tankar om 1891 års handboksförslag.
Återblick öfver 15 års missionsarbete vid Hvita bergen.
Är det synd?

c) Uppbyggelseskrifter, hymnologi o. andliga sånger.

Adams, Den gamles hem.
Afslutning, Den stora veckans.
Aftonfrid af *L. S.*
Ahlberg, Biblisk skattkammare.
— —, Det enda nödvändiga.
Ahlfeld, Den kristnes ålderdom.
Ahnfelt, Andeliga sånger.
Ajola, Huru skola vi varda saliga?
Allena med dig.
Allin, Frälsning för alla.
Andersson, Skrifter från reformationstiden.
Andrew, Om tron o. goda gerningar.

Ansgarius' födelsedagsbok.
Arndt, Fyra böcker om den sanna kristendomen.
—, Postilla.
—, Tröst o. råd.
Arosenius, Liljor i dalen.
Augustinus, Enchiridion.
Ax, plockade på Guds sädesfält.
Ax, Små, från Guds åkertält.
Børoe, En dödsbädd.
Balsler, Kristlig vägledning.
Baxter, Seger o. nederlag.
Behåll det du hafver.
Berg, H, Söndagshvilan.
Beskow, Betrakt. för hvar dag i året.
—, Hvad Gud vill.
—, Kristi återkomst.
—, Ny födelse — nytt lif.
—, Små traktater.
—, Tro!
Bethlehem.
Betraktelser, Söndagsvännens.
Betraktelsebok, Kort.
Bibelord till väckelse, tröst o. förmaning.
Björck, Det menskliga lifvets lagar.
Bladen, De sista, i en officers dagbok.
Blickar inåt o. uppåt af *L. S.*
Blommor, Oförgängliga, af *L. S.*
Bogatzky, En trogen själs umgänge med Gud.
Bourdillon, På sjukbädden.
Bref af en kristendomssyster.
Bring, J. C., För våra sjuka.
—, Jesu bergspred. utlagd.
—, Några minnesord för konfirmander.
Bring, S. L., Ett hus som tjenar Herren.
Bruden, Till, från en silfverbrud.
Budskap, Ett gladt, till de sjuka.
Budskap, Jesu glada.
Bullock, Det underligaste af allt.
Bunyan, Det heliga kriget.
—, Kristens resa.
—, Kristinnas resa.
—, Uppenbarelser.
Burns, Inom himmelens portar.
Bäck, Främlingarnes hemlif.
—, Vår jordiska o. himmelska hydda.
Bön-bok.
Bön-bok, En ny.
Böner för andakt i hemmet.
Capadose, Huru Simon varder Petrus.
Christ, Gack in mitt folk i dina kamrar!
Christina, En sjuklings lif.
Clark, Hvardagslifvets kristendom.
Cutting, Upphemtade af brudgummen.
—, Är du en medlem — o. af hvad?
Cuyler, Föd mina får.
—, Herrens stridsmän.
—, Lefvande stenar.
—, Närmare Gud.
—, Sanningsord.
—, Växen i nåden.
Daggdroppar af *L. S.*
Dahl, Tre tal till uppbyggelse.
Darby, Huru man får frid.
Dennet, Det saliga hoppet.
Dickson, Arbeta för Jesus.
Dillner, Betraktelser.
—, Psalmer o. sånger.
Dorotea Trudel, eller trons bön.
Douglas, Solstrålar från himmelen för **mörka sjukrum.**

7. UPPBYGGELSESKRIFTER.

Drufvor, Himmelska.
Drummond, Den stora förvandlingen.
—, Det största af allt.
—, Det största i verlden.
—, Ett förändradt lif.
—, Ett helgadt lif.
—, Frid vare eder!
—, Frid vare med eder.
Edén, Bref i andliga ämnen.
—, Bönebok.
—, En fröjdefull julhälsning.
Eklöf, Pilgrimen.
Elfström, En kristen i sitt hem o. sin kallelse.
Emanuelson, Minne från konfirmationsdagen.
Eneroth, Brinnande böneoffer.
Ericson, Konfirmationsminne.
Everard, Dag för dag.
—, De obotfärdigas undflykter.
—, Jesus allena.
—, Närmare Gud.
—, På vägen till Zion.
Evers, Davids psalmer.
—, Den stora veckan
—, För evighetsvandrare.
—, Lifsfrågor i kristlig belysning.
Farrar, Evighetens hopp.
Febe.
Fehr, Jesus Kristus är oss gifven.
Figgis, Ett moln till skydd.
Forsman, Liten bönebok.
Fotspår, Himmelska.
Francke, Kon. Dawids botpsalmer.
—, Nikodemus.
Frans, S:t, af Sales, Filotea.
Frid på jorden.
Frid vare dig!
Frid vare med eder.
Fridshelsning.
Fries, Guds barns tålamod.
Frommel, E, Våra högtider.
Frommel, M., Inåt, uppåt, framåt!
Fröjda dig o. var glad.
Funcke, Bröd o. svärd.
—, Dagliga andaktsstunder
—, Förvandlingar.
—, Glädje, lidande, arbete i evighetsljus.
—, Guds skola.
—, Huru man blir lycklig o. gör andra lyckliga.
—, Hvar o. en på sin post!
—, Inför Gud el. vandeln i Josefs fotspår.
—, Kristi bild i Kristi efterföljare.
—, Nya resebilder o. hemlandstoner.
—, Resebilder från England.
—, Resebilder o. hemlandstoner.
—, Såsom hjorten ropar.
Fyrbåken af L. S.
Fältandaktsbok.
»Förakten ej de små«!
Förgät mig ej. Af L. L.
Förgät mig ej. Sånger till Jesu ära.
För mästarens skull.
Förslag till revid. psalmbok
Gall, Salighetens dag.
—, Ögonblicklig frälsning.
Gerber, Ledstjernor på vägen.
Gerok, »Mina fötters lykta».
—, Palmblad.
Gess, Jesu afskedstal.
Giberne, Smickrarens nät.

Glädjeblomster.
Gordon, Det tvåfaldiga lifvet.
—, Huru Kristus kom till församlingen.
Gough, Eko från talarestolen.
Gud skydde dig!
Habertsohn, Några bibelns kvinnor.
Haf akt på dig sjelf.
Hammar, A. T., Herren vår Immanuel.
—, Hvilodagen en Guds gåfva.
—, Några ord till nattvardsbarn.
Hammar, H. B., Lefver du ett rätt söndagslif?
Hammarsten, Dagliga betraktelser öfver kyrkoårets epistlar.
—, Dagliga betraktelser öfver kyrkoårets evangelier.
—, Vår förelöpares fotspår.
Hamnerin, Vägvisare till det eviga lifvet.
Hand, I herrens, af L. S.
Handlingssätt, Herrens, med dödsfången Mann.
Hanna, en from tjenarinnas inflytande.
Harpoljud.
Haslam, »Dock icke jag».
—, Herren kommer.
Haughton, En frälsare för dig.
Havergal, Den konungsliga inbjudningen.
—, En timme med Jesus.
—, Himmelska budskap för lifvets resa.
—, Marschorder.
—, Till mästarens tjenst.
Hemåt af L. S.
Herren din läkare.
Heüman, Fastlags- o. passionsbetraktelser.
—, För barnen, hemmet o. sjuksängen.
—, Några ord för sjuksängen.
Hüller, Minne af konfirmationsdagen.
—, Valda minnesverser.
Hjärtan, För sargade.
Hodder, Den unge kontoristen.
Hopp, Härlighetens.
Huhn, »Nalkens Gud, så nalkas han eder».
Husandakten.
Hvad är att »gå ut»?
Hvart skola vi gå? Adressbok för sjömän.
Hvetekorn utur Guds förrådshus.
Hvitare än snö.
Ihrén, Söken det som är ofvan!
Inåt.
»Jag kände eder aldrig».
Jellinghaus, Jesu blods helgande kraft.
Johansson, Sabbatsstunder.
Jul, God. af L. S.
Julklockorna.
Juvelskrinet.
Kingsley, Ur djupen.
Kjellmark, Högtidsaftnarna.
Klingstedt, Jul-betraktelse.
—, Påskpilgrimen.
Klippa, Min.
Kolmodin, Evangelii makt.
Konfirmationsbok.
Konfirmationsstund, Vår moders.
Koraler, Valda.
Koralbok af Lewerth.
Koralbok för församl. i Finland.
Koralbok, Svensk.
Koral-psalmbok, Folkskolans.
Koral-psalmbok, Svensk.
Korset, Under.
Korset o. grafven, Vid.
Kræmer, Den kämpande anden.

Kristina, Tröst o. råd till systrar i lidandet
Krummacher, Den lidande Kristus
— , Lägret mellan gränserna.
Kurze. Evangelii seger på Tongoa
Kärlek. Hans.
Landell, Lifvets väg
Lénström, Psalmbok.
Liber cantus.
Lindauer, Uppbyggliga betraktelser.
Lindblad, På vägen.
Linderot, Andeliga sånger.
Lindholm, Strid o. frid.
Ljungqvist, Betraktelser för hemmet.
Ljus, Dagligt, på vår dagliga väg.
Ljus från ofvan af *L. S.*
Ljusglimtar. Små.
Lobstein, Dagliga väckelseord.
Lof, Guds Andeliga sånger.
Lofva Herren!
Love, Väckelseröster ur Guds ord.
Loyson, Mitt testamente.
Lundén, Konfirmationsundervisning
Luther, Bordssamtal.
— , Huspostilla.
Löften, Dyrbara, af *L. S.*
Mackay, Nåd o. sanning.
Macleod, Ljus på vägen.
Manna, Himmelskt.
Mark, På fridens.
Martensen, Till daglig uppbyggelse.
Medelius, Andaktsstunder.
— , Andaktsöfning vid skriftermål.
Meyer, Abraham eller trons lydnad.
— , Fridsstunder.
— , Följ icke med strömmen.
— , »Herre, led mig»
— , »Hvad han lofvar.»
— , Närvarande frälsning.
— , På lifvets väg.
— , Sju regler för dagliga lifvet.
— , Strålar från korset.
Minne af konfirmationsdagen.
Minnesvårdar o. nådesunder.
Missionssånger.
Monod, A., Menniskans elände i Guds barmhertighet.
Monod, Th., Guds vilja.
— , Korsfäste med Kristus
— , »Se på Jesus».
Monro, De stridande.
Moody, Vägen till Gud.
Morgon- o. aftonstjernan.
Morgonstjernan. En gåfva till nattvardsungdom.
Morris, Ja herre!
Murray, Det nya lifvet.
— , Helig i Kristus.
— , Kristi ande.
— , Med Kristus i bönens skola.
Müller, De kristnas lefvande hopp
Namn, Guds barns.
Nattvardsbarn, Till mitt
Neander, Genom tron.
Newton, Bibelns löften
— , Bibelns sanningar.
Nicoll, Herren kallar.
Norén, I kyrkosångsfrågan.
— , »Veni sancte spiritus».
Norrlander, Guds lof.
Northrop, Kunglig skattkammare.
Nya Zeeland, En missionsbild.

Nyberg. Till de förenades land
Olsson, Det kristna hoppet.
Ongman, Väckelse- o. lofsånger.
Oosterzee, Trösten mitt folk.
Ord, Hans
Ord, Några, till ledning för konfirmander.
Page, I Kristi skola.
Pansy, Kraft o. seger.
Parker, Någon.
Paulli, Fader vår.
Paulus. Herrens vägar o. bönens makt
Petersson, Guds sista budskap.
Petri, L. A., Påskbetraktelser.
Petri, Ol., Bönbok.
Pilgrimsfärden, Under.
Pilgrimssånger, Nya.
Pontoppidan, Härliga trosspegel.
Postilla, Sanningsvännens.
Postilla, Söndagsvännens.
Power, Den oljade fjädern.
— , Ett-punds-menniskor.
Prentiss, Mot himlen.
Prudentius, Fornkristna hymner.
Psalmbok, Metodist-episkopalkyrkans svenska.
Psalmbok. Svensk, för församl. i Finland.
Psalmboken, Svenska.
Psalm- o. evangelii-boken, Den svenska.
Psalmdiktning, Tysk luthersk.
Punshon, Kristl. föredrag.
Prätorius, Andlig skattkammare.
Quensel, Från tvifvel till tro.
— , Om det ena nödvändiga.
— , Skriftemål.
Rambach, Betraktelser öfver Kristi lidande.
Redin, Ingen plåga skall nalkas ditt tjäll.
Reformationsvesper.
Rekhoff, Sjömannens bok.
Rieger, Betrakt. öfver Nya testam. o. psaltaren.
Roos, Huslig andaktsbok.
— , Huslig uppbyggelsebok
— , Nattvardsbok.
Rosenius, Betraktelser.
— , »Den där vinner.»
Rosenmüller, För hela lifvet
Rudin, Herrens dag.
— , Ord till ungdomen.
— , Sädeskorn.
Ruth eller välsignelse o hvila.
Ryle, Några vänliga ord till unga män.
— , Syndernas förlåtelse.
— , Trons visshet.
Sabbatstoner.
Salmer o frireligiösa sånger.
Samelius, Bibliska bilder.
— , Gif akt på ordet strax i Herrens bok.
— , Kyrkliga bilder.
Samling af evang.-luth. psalmer.
Samtal mellan en lärare o. en dödsfånge.
Sandberg, En ny o. lefvande väg.
— , Konfirmationsgåfva.
— , Smärtornas man.
— , Trosvittnen.
Sandblad, Herranom en ny visa.
Sandin, Hvilodagen.
Sankey, Andliga sånger.
Saphir, Jesus Kristus o. honom korsfäst.
Schéele, Herren mitt banér.
Schneider, En julhögtid på Labrador.
Schröderheim, Inför Gud.

7. UPPBYGGELSESKRIFTER.

Schütz, Fader vår.
Scriver, Guds ord för hvar dag i året.
Se, han kommer!
Se på Jesus!
Se uppåt! eller det lyckligaste valet.
Seelbach, Fromma o ogudaktiga personers död.
Sehman, Zacheus eller huru vi skola få se Jesus.
Senft, Blickar inåt.
Silfverklockor.
Simpson, Honom själf.
Sionsharpan.
Sionstoner.
»Skall jag taga vara på min broder?»
Skatter, Den troendes.
Skatter, Det nya årets.
Skrifter utg. af Kyrkans vänner.
Skrifter, Valda smärre, till väckelse o. näring
Skrud, I snöhvit.
Skull, För mästarens
Skyddsengeln.
Skåden liljorna på marken!
Sköld o pil.
Smith, Gröna ängar.
Småskrifter för nattvardsungdom.
Sommar, Nya svenska berätt. ur Guds rike.
Sooy, Bibelsamtal med ungdom.
Sorgen efter Guds sinne.
Spurgeon, Aftonbetraktelser.
  , Allt af nåd.
  , Bilder från landtbruket.
  , Davids skattkammare.
  , Det stora berömmelse-ämnet.
  , Enligt löftet.
  , Ljusbilder.
  , På korset.
  , Religiösa föredrag.
  , Ångesten i Getsemane.
Spår, I Jesu.
Stalker, Kristus vår förebild.
Starck, Gyldene skattskrin.
Stockmayer, Blicken på Jesus.
  , Full frälsning
  , I Guds kraft.
  , Israels otro på vägen från Röda hafvet.
  , Lammets brud.
  , Profeten Elias eller vår tids behof.
  , Sjukdom o. evangelium.
  , Trons väg.
  , »Visdom från Gud».
  , Vår fader.
Stockmeyer, Herrens bön förklarad.
Strids-sånger, Nya.
Stugau, Boken om lifvets lycka.
Stunder, Stilla.
Sådd o. skörd.
Sångbok, Christlig.
Sånger, Andeliga.
Sånger, Latinska, använda i svenska kyrkor
Sånger, samlade af L. S.
Sånger, 25 andliga.
Tankar, Allvarliga.
Tankar o suckar under vägen.
Ternstedt, Den lidande frälsaren.
  , Nådens under på lidandets läger.
Tersteegen, Kristi kärleks kraft.
Textbok, Sjömannens.
Thomas à Kempis, Betrakt. öfver Kristi lif.
  , Fyra böcker om Kristi efterföljelse.

Thorne, Den kärleken som utdrifver räddhågan.
Thunblad, Minnesblad vid konfirmationen.
Tjellström, Bilder från Sinims land.
Topelius, Evangelium för barnen.
Tro, Frälsande, och segrande bön.
Trosvittnen, Franska, bland Cevennerna.
Trotter, Korsets hemlighet.
Tråsdahl, Andliga brytningar.
Tröst o. råd.
Tucker, En kristens rustning.
Törnvall, Hänv. från 1889 års psalmboksförslag.
Tårar o. bröd.
Ullman, Bönbok för skolungdom.
  , Tag vara på din själ!
Underwijsning, En nyttwg.
Underwijsningh, en skön nyttugh.
Ute i stormen.
Wagner-Groben, Bönens makt.
  , Från Tabor till Golgata.
  , Himmelskt ljus.
  , Jakobs pilgrimslif.
  , Kristl. föredrag.
  , Naaman af Syrien.
  , Ynglingalif i evangelii ljus.
Wagnsson, I ungdomstid.
Waldenström, Brukspatron Adamson.
  , Gud är min tröst.
  , Guds eviga frälsningsråd.
  , Kristi afsked från sina lärjungar.
Vandringen hemåt, Under.
Var sorgfri som fågeln på kvist!
Var stark!
Var stilla för Herren.
Ware, Tankar i min trädgård.
Warneck, Kristi kärlek.
  , Missionsföredrag.
Wenger, Stilla stunder före den hel. nattvarden.
White, Vägen till Kristus.
Whittle, Lif, strid o. seger.
Vi och det största i världen.
Widman, Sann julglädje eller julfröjd under tårar.
Vilja, Hans.
Wilkinson, De första stegen till den hel. nattvarden.
Winslow, Gå och säg det för Jesus!
Violer. Löftesord ur skriften.
Witt, Af hans fullhet.
  , Kristus i hedningarne.
  , Mättade vid Guds bord.
Vittnesbörd, Kristliga, af en lekman.
Witt-Talmage, Från krubban till thronen.
  , Från pyramiderna till Acropolis.
  , Genom Palestina.
  , Kristendom i lifvet.
  , Mot otron o. tviflet.
Woltersdorf, Blickar in uti det eviga lifvet.
Wretlind, Huru Jesus gjorde slut på en strejk i Kapernaum.
Väckelse- o. lofsånger.
Väg, Hans.
Väg, Lifvets.
Vägmärken.
Vägvisare, Trons.
Åsbrink, Luthers morgonbön utlagd.
  , Simon Petri stjerna.
  , Tag vara på det som Gud har sagt.
Ädelstenar, Bibelspråk för hvarje dag i året.
Ängar, Gröna.
Öberg, Vägen till sällhet.

8. PREDIKNINGAR.

d) Predikningar, religiösa tal o. liturgik.

Ahlberg, Högmessopredikningar.
Ahlgren, Predikningar.
Alfvegren, Hvilostunder på vägen.
Almqvist, Korta predikningar.
Andreasson, Helsningsord till forna nattvardsbarn
Annerstedt, Tal vid Upsala univ:s minnesfest.
Baker, Föredrag för unge män.
Baker, Woods, Salt. »I ären jordens salt»
—, Bekännelse o. tukt.
Berggren, Fasthet i tron
—, Predikningar.
Bersier, Jesus Kristus såsom konung.
Beskow, Minnesord till mina nattvardsbarn.
Billing, En årgång högmässopredikningar.
—, Guds ords hemlighet.
—, Lidandets frestande vidrighet.
—, Tal vid kyrkoh. Lindbergs installation.
—, Will du o. ditt hus tjena Herren?
Björck, A., Svedenborgs betydelse för framtiden.
Björck, G. D., Högmässopredikningar.
—, Konfirmationstal.
—, Skriftetal.
Bring, Skriftetal.
Broberg, Ånger o. tro.
Brooke, Tjugutvå predikningar.
—, Religiösa föredrag.
—, Valda religiösa föredrag.
Büttner, Efeserbrefvet.
Bäck, Den hälsosamma läran.
Carler, Välkommen till Herren.
Carlson, Ord vid E. Flygare-Carléns jordfästning.
Dock, Predikn:r öfver Luthers katekes.
Edestrand, Predikan vid Viveka Dahls jordfästning.
Ekdahl, Herrens fridstankar om bedröfvelsens barn
—, Om konfirmationslöftena.
—, Predikan.
Eklund, Maria, herrens moder.
Ekman, Tal vid Svedelius' jordfästning.
Emanuelson, Samling af predikningar.
Evers, Det eviga lifvet.
—, Tal vid sv. bibelsällsk. sammankomst.
Faber, Predikan hållen i Lützen
Fehr, Predikan på reformationsdagen.
Flensburg, Tal vid invign. af Allhelgona-kyrkan.
Flodén, Kvinnan o. hemmet.
Flygare, E., Minnestal.
—, »Några denna tidens tecken.»
—, Några predikn:r.
Flygare, G., Tal vid sv. bibelsällsk. sammank.
Forssman, Afskedsord till Sala stadsförsamling.
—, Predikan på 1:a böndagen.
Friedlander, Helbrägdagörelsen genom Jesus.
Funcke, Kamp o. frid.
Gerok, Evangelii-predikningar.
Gierow, Tal vid P. Wallins jordfästning.
Giles, En predikan.
—, Predikningar.
Graham, Landets söner.
Granqvist, Tre predikningar.
Grundell, Predikan i Göteborgs stifts prestsällsk.
Hallborg, Ett folks tillstånd i evighetens ljus.
—, Helgonens vittnesbörd.
—, »Hvarför jag bör älska vår sv. kyrka.»
Hallbäck, Afskedsord.
Hallén, Predikningar.
Hammar, A. T., Predikan på 9:e sönd. efter tref.
Hammar, H. B., Mörker o. ljus på Golgatas dag.

Hammarsten, Några predikningar
Heüman, Huru skall vårt folk blifva ett folk som upphöjer Herren?
—, Några predikningar.
Heurgren, Högmessopredikan.
Hofacker, Predikningar.
Hofstedt, Till Zions väktare.
Holmqvist, Predikningar
Holmström, En samling skriftermål.
Hoof, Högmessopredikningar.
Huhn, Predikn:r öfver Fader vår.
Hurtig, Afskedspredikan.
Hägglund, Högmessopredikningar.
Höijer, Den andlige åkermannens tålamod.
Jansen, Personlig kristendom.
Johansson, F. A., Predikan på Alla helgons dag.
Johansson, F. L., Lifvets strid, grafvens frid.
Johansson, G., Predikningar.
Kaiser, »Låten barnen komma till mig.»
Kjellman-Göranson, Tal vid Fehrs jordfästning.
Kierkegaard, Kristliga tal.
Kleberg, En ropandes röst.
Klein, Morgonpredikan på försoningsdagen.
—, Predikningar.
—, Sem o. Japhet.
Landgren, Strödda predikningar.
Lengquist, Tal vid vespergudstjensten.
Lindroth, Upp till Guds gårdar.
Lindskog, Predikningar.
Lindstedt, Adventbudskap.
Lindström, Afskedspredikan.
Linnarsson, Tal vid bisk. Beckmans begrafning.
Lundgren, Högmessopredikan.
Luther, Kyrkopostilla.
—, Passionspredikningar.
Läran, Den helsosamma.
Malmqvist, Frälsning för en hel verld.
Martensen, Tillfällighetstal.
Mazér, Kunskapen till evinnerligt lif.
—, Ord till ungdomen.
—, Tal från predikstolen o. altaret.
Meijer, Hvilket ljus tillbjudes oss vid Jesu kors?
—, Jesu lärjungar.
Minne af Lundby kyrkas invigning.
Myrberg, Grundtanken i 16:e årh. reformation.
—, Tvenne reformationstal.
Neander, Herrens välsignelse.
Nennes, Minnen från grafvarne.
Norén, Bilden af en rätt tempelbesökare.
Norrman, Likpredikan öfver kontraktsprosten Svensson
Olin, Sabbatsstunder i hemmet.
Personne, Tal vid sv. bibelsällsk:s årssammankomst
Peterson, Från predikstolen o. vid grafven.
Predikningar af svenska prestmän.
Predikningar af äldre o. nyare predikanter.
Predikningar, Förment kätterska, i L'jusdala) kyrka.
Predikningar, Trenne, i Göteborg vid prestmötet.
Predikningar vid Nya kyrkans årsfest.
Predikningar öfver de nya högmässotexterna.
Quensel, Homiletik.
Retzius, Christeliga predikningar.
Rodhe, Herrans ögon se efter tron.
Rosell, Högtidstal.
—, Tal vid Halléns jordfästning.
Rudin, Evighetsvinkar.
—, Ord vid Hammarbergs graf.
—, Ord vid Viktor Rydbergs graf.
—, Ord vid Wikners graf.
—, Uppenbarandet inför Kristi domstol.

Schartau, Predikningar.
—, Predikoutkast.
Schéele, Hon lefver ännu, ändock hon död är.
—, Predikan vid kyrkomötets öppnande.
Scherini, Vid vespergudstjenst.
Schütz, Ur lefvande brunnar.
Sears, »Jag har trampat vinpressen allena.»
Skarstedt, Bönedagstexter utlagda.
Spurgeon, Mina predikoutkast.
—, Predikningar.
Strandell, Huru står du till boks hos Gud?
—, Vid f. rektorn Söderlinds jordfästning.
Svensson, Minnestal öfver biskop Björck.
Söhrman, Predikan i Göteborgs domkyrka.
Ternstedt, Predikningar.

Ternstedt, Ropet ur djupen.
—, »Vill du blifva helbregda?»
Torén, Afskedspredikan.
—, Predikan på allhelgonadagen.
Troberg, Epistelpredikningar.
Tynell, Tal vid invign. af Lunds begrafningsplats.
Ullman, Predikan vid bisk. Björcks jordfästning.
Wadström, Magnus Huss.
Vickelgren, Predikan.
Wikner, Samlade predikningar.
Vitnesbörd om gemensam tro.
Åsbrink, Den gode herden.
Ärnström, Herren vår rättrådighet.
Örtenblad, Barnens värde.

V. Kyrkohistoria.

a) Allmän.

Abélard, Lutherska kyrkans kamp.
Ahlqvist, Joh. Albr. Bengel.
Ahlman, Om den inre missionen.
Almberg, Justinus martyr.
Almkvist, Koranen.
Alopaeus, Om apostelen Pauli lif.
Bang, Kyrkohistoriska afhandlingar.
Barrows, Världens första allm. religionsmöte.
Bensow, Christendomens verldshistoriska inflytande.
Bergqvist, Om uppkomsten af sabbaten.
Bergström, Lärob. i kyrkohistoria.
Bettany, Världens religioner.
Bibliotek för kristl. lefnadsteckningar.
Clerc, Apostlarnas lif.
Cornelius, Handbok i kyrkohistorien.
—, Kristna kyrkans historia.
—, Lärobok i kyrkohistorien.
Ekman, Illustr. missionshistoria.
Fjetterström, Bilder ur kristna kyrkans hist.
Foxe, Martyrernas historia.
Fries, Israels historia.
Germei, Abessiniska kyrkan.
Griesinger, Jesuiternas historia.
—, Vatikanens mysterier.
Hagenbach, Den kristna kyrkans historia.
Hagerup, Märkvärdiga exempel af de hel. martyrer.
Hildebrand, Lärobok i kyrkohistorien.
Jacobsen, Santal-missionen.
Josefus, Judarnas gamla historia.
Kosta hvad det vill.
Landahl, Kort öfversikt af kyrkohistorien.
Lif, Apostlarnes.
Lövgren, Kyrkohistoria.
Missionsbilder.
Neander, Zenanamissionen.
Newton, Hjeltar inom den första kristna kyrkan.
Nissen, Kyrkohistoria.
Olbers, Föreläsningar öfver kyrkans förhistoria.
Paulson, Legenden om den hel. Katarina.
Puaux, Franska protestantismens historia.
Punshon, Wesley o. hans tid.
Religions-grundsatser, Vännernas samfunds

Skarstedt, Kristlig kyrkohistoria.
Sohm, Kyrkohistoria.
Stadling, De religiösa rörelserna i Ryssland.
Strömberg, Den heliga striden.
Söderblom, Den luth. reformationens uppkomst.
Thorden, Schweiziska kristkatolska kyrkan.
Tilldragelser, Epokgörande, inom den hel. hist.
Troshjältar, Kristna.

b) Svensk o. finsk.

Ahnfelt, Bidrag till sv. kyrkans historia.
Ansgarius, Sveriges apostel.
Bergroth, Den nord. sjömansmissionens historia.
—, Finska kyrkans historia.
Bergström, G, Svenskt församlingslif efter reformationen.
Beskow, Den svenska missionen i Ost-Afrika.
Beslut, Upsala mötes.
Blick på 1888 års kyrkomöte.
Bodström, Minnen från vår kyrkas jubelfester.
Brag, Den stridande kyrkan.
Bäck, Huru hafva våra förfäder sjungit sina psalmer?
Cederberg, Några blad ur finska pietismens historia.
Cornelius, Handbok i sv. kyrkans historia.
—, Svenska kyrkans historia efter reformationen.
Edman, Hednisk tro o. kult.
Erikson, Metodismen i Sverige.
Hallmer, Upsala möte.
Handlingar från Upsala möte.
Henning, Om de religiösa rörelserna i Sverige o. Finland.
—, Strengnäs stift under den liturgiska striden.
Hildebrand, K., Upsala möte.
Hjärne, Reformationsriksdagen i Vesterås.
Holmberg, Den liturgiska stridens o Upsala mötes historia.
Hult, Jubelåret eller Upsala mötes 300-åriga minne.
Inbjudningsskrifter till trehundraårsminnet af Upsala möte.
Kolmodin, Några ord om den svenska sjömansmissionen.
—, Om Ev. fost.-stift s Gallamission.
Källström, Bidrag till pietismens historia.
Landén, Framtidskyrkan.

Leinberg, De finska klostrens historia.
Lundin, Upsala möte.
Lövgren, Kyrkoreformationen i Sverige.
Norberg, Svenska kyrkans mission vid Delaware.
Nyman, Spridda drag ur Sveriges kyrkl. o sociala förhållanden.
Quensel, Bidrag till svenska liturgiens historia.
Rosenberg, Sveriges religioner.
Råbergh, Den evang.-luth. bekänn. införande i Finland.
——, Teologins historia vid Åbo universitet.
Schröder, Upsala möte.
Silfverstolpe, Om kyrkans angrepp.
Skarstedt, Det teologiska doktoratet.
Sundberg, Om den svenska kyrkoreformationen o. Upsala möte.
Sundelin, Svedenborgianismens hist i Sverige.
Thomæus, Om Upsala möte.

VI. Filosofi.

a) Teoretisk o. praktisk.

Afzelius, Studier till rätts- o. statsfilosofiens hist.
Arfvidsson, Religion o. vetenskap i deras ömsesidiga förhållande.
Arnold, Döden — och efter döden.
d'Assier, Mänskligheten efter döden.
Atkins, Sedlig kraft.
Bergström, Forntida vise.
Besant, Döden — och sedan?
—, Människans sju principer.
—, Reinkarnationen.
—, Själslifvet o. dess höljen.
—, Teosofi o. sociala reformer.
—, Teosofien o. dess läror.
—, Till försvar för teosofien.
Betraktelser öfver uppsatsen »En ny tid är nära».
Björklund, Förhållandet mellan själ o kropp.
Björkman, Om det absoluta förnuftet.
Blavatsky, Den hemliga läran.
—, Nyckel till teosofien.
—, Valda smärre uppsatser.
Borgius, Det menskliga temperamentet.
Bring, Materialismen o. vår tids vetenskap.
Buck, Teosofiens väsen o. mål.
Burman, Die Transcendentalphilosophie Fichtes u. Schellings.
—, Om teismen.
—, Schleiermachers kritik.
Carlson o. *Steffen*, Lärob. i psykologi.
Cavallin, Identiska o. syntetiska satser
Cederschiöld, Från teosofiska samf. i London.
Conway, Det sjette sinnet.
Drummond, Människans utveckling.
—, Naturens lagar o. andens verld.
Dödsstraffet från teosofisk synpunkt
Edfelt, Menniskan ss. sinne betraktad.
—, Om de etiska grundbegreppen.
——, Om föremålen för den prakt. filos. propedevtik
—, Om Gud betraktad ss. förstånd o. vilja.
Elgström, Lotzes uppfattn. af människans valfrihet.
Fidler, De döda lefva.
Frihet. 1. »Frihet i rum»
Galitzin, Du skall icke dräpa!
Geijer, Lotzes tankar om tid o. evighet.
Geijerstam, Hypnotism och religion.
——, Modern vidskepelse.
Gentelius, Qvinnans ursprung
Gibier, Verldsaltets analys.
Gravenhorst, Tiden.

Hammarskjöld, Om tankearbetets rätt
Harte, Teosofien o. viljekraften.
Hartmann, Teosofi
Hawtorn, En nybörjares bekymmer.
Herrlin, Studier i Nicolaus' af Cues filosofi.
Hilty, Lycka.
Hjelmérus, Formella logiken.
Hultgren, Den Boströmska filosofien.
Hvad är sanning?
Hägerström, Aristoteles' etiska grundtankar.
Höffding, Lotze og den svenske filosofi
Jochnick, Grundlinier till filosofien.
Johansson, Bidrag till utredning af det kristl. kunskapsbegreppet.
Järnefelt, Mitt uppvaknande.
Keightley, Hvilka bevis hafva vi?
Kernning, Nyckeln till den andliga världen.
Key, Moralens utveckling.
Kingsland, Om evolution.
Kræpelin, Om själsarbete.
Lagerlöf, Om dialogen Sofisten.
Laing, Vår tids vetande o. tänkande.
Landtmanson, Exempel till logiken.
Larsson, Kants transscendentala deduktion af kategorierna.
Leander, Boströms lära om Guds idéer.
Lefnadsvishet.
Lehmann, Moderne psykol. undersög. tydning.
—, Om buddhismens ateisme.
Liljeqvist, Om Bacons filosofi.
Lindroos, Plato quomodo ordinem universi et civitatis humanæ inter se connexuerit?
Lindskog, Om den menskliga viljans frihet.
Linncranz, Empirisk psykologi.
Ljungström, En teosofs svar på Geijerstams »Modern vidskepelse.»
Lubbock, Lifvets fröjder.
——, Lifvets uppgift.
Matematik, Moralens.
Mead, Yoga: vetenskapen om själen.
Mill, Om tanke- o yttrandefrihet.
Nicolson, Myth and religion.
Norelius, Grunddragen af Kants »Kritik d. Urtheilskraft.»
——, Om Kants sedelära.
Norström, Grunddragen af Spencers sedelära.
——, H. Spencers åsigt om sedligheten.
——, Materialismen inför den mod. vetenskapen.
——, Om natursammanhang o. frihet.
——, Om pligt, frihet o. förnuft.

Norström, Svensk filosofi.
Nyblæus, Den filos. forskningen i Sverige.
— , Karakteristik af den Boströmska filosofien.
Nygren, Det andliga o. själslifvet.
Nyström, Positivismen.
Old, Hvad är teosofi?
Ongelin, Brännande frågor.
Oxenstierna, Sedo-lexor.
Platon, Valda skrifter.
Prel, Den mänskliga tillvarons gåta
— , Det dolda själslifvet.
— , Det gifves ett transcendentalt subjekt.
— , Själslifvets gåtor.
— , Själsläran
— , Växtmystik.
Rautanen, Om tillfällighet o. skickelse.
Rein, Försök till en framställning af psykologien.
— , Lärob. i den formella logiken.
Relander, Om meningsolikhet.
Ribot, Uppmärksamhetens psykologi.
Richet, Kärleken.
Robinet, Den positiva filosofien.
Rodhe, Schopenhauers filosof. grundtankar.
Rocs, »Egoism» o. »lycksalighet».
Rosenqvist, Lotzes religionsfilosofi.
Ruin, Kunskap o. ideal.
— , Om karaktersbildningens didaktiska hjelpmedel.
Rydberg, Om den mekaniska världsteorien.
— , Om ting o. fenomen.
Sahlin, C. Y., Några tankar om menniskan o. samhället.
— , Om brytningspunkten i vår tids filosofi.
— , Om det inre lifvet.
— , Om ministrarne i den konstitut. monarkien enl. Boströms statslära.
— , Om positiv o. negativ lagbestämdhet.
— , Om verldens relativitet.
Sahlin, E., Fichtes idealism.
Samfundet, Skandinaviska teosofiska.
Sandelin, Om uppfostran till sedlighet.
Schéele, Det mänskliga själslifvet.
— , Grundlinier till psykologien.
— , Kan Gud tänkas såsom vilja?
Schmick, Ande eller materie?
— , Är döden slutet eller icke?
Sederholm, Den sanna spiritualismen är kristendomens uppfyllelse.
— , Teosofi eller andens religion.
Selander, Själslifvets grunddrag.
Sibbern, Forelskelse og elskov.
Sinnett, De invigdes lära.
— , Den dolda verlden.
— , Teosofiens hufvudgrunder.
Sjöberg o. *Klingberg*, Lärobok i antropologien.
— , — , Lärobok i logik.
Skrifter utg. af Teosofiska samf:s svenska afd.
Smiles, Menniskans egna kraft.
Smirnoff, Koncentrerad naturreligion.
Småskrifter, Teosofiska.
Snellman, Läran om staten.
— , Samlade arbeten. I. Filosofiska arbeten.
Solon, Menniskans största sanningar.
Spencer o. hans filosofi.
Ströskrifter, Teosofiska.
Stugau, Boken om lifvets lycka.
Tankar, Några, om Karma.
Tegnér, Menniskans allm. förädling.
Telning, Reflexioner öfver orden: »Varde ljus.»
Tenow, Några ord om positivismen.

Teosofien och vår tid.
Tidskrift, Teosofisk.
Toppelius, Är en kungsväg till vetande möjlig?
Uppfostran till sedlighet.
Uppsatser, Några, i teosofi för ungdom.
Wachtmeister, Blavatsky och den hemliga läran.
Wagner, Ädel kraft.
Wallace, Den vetenskapl. åsigten om det öfvernaturliga.
Vannérus, Om den psykofysiska parallelteorien.
— — , Om erfarenheten.
— — , Om universum som ett helt.
— — , Vetenskapens system.
— , Zur Kritik des Seelenbegriffs.
Westermarck, Det menskliga äktenskapets historia.
Wicksell, Vetenskapen, spiritismen o. C. von Bergen.
Wickström, Tankar.
Wide, Aristoteles' återfunna skrift.
Wikner, I mensklighetens lifsfrågor.
— , Om svenska tänkaren Boström.
— , Platon.
— , Tankar o. frågor inför menniskones son.
— , Tidsexistensens apologi.
William, Om konsten att lefva.
Wägner, Filosofiens historia.
Xenophons hågkomster om Sokrates.
Zethræus, Tsätalät-ordens vishetslära.
Åberg, Filosofisk sedelära.
— , Fyra föreläsningar.
— , Kristendom o. kultur.
— , Några ord om tiden.
— , Två profföreläsningar.
Återkomma de döda?

b) Ästetisk med litteratur- o. konstkritik.

Aspelin, Lamottes afhandl:r om tragedien.
Beckman, Tendens o. skönhet.
Bergstedt, Motsägelserna i de homeriska dikterna.
Besche, Dröm o. verklighet.
Börjesson, Runebergs Älgskyttar ss. episk dikt.
Dietrichson, Erindringens kunst.
Donner, Der Einfluss W. Meisters auf den Roman d. Romantiker.
— , Om Indernas dramatiska poesi.
Eklund, Några grundtankar i V. Rydbergs diktning.
Elfving, Naturen o. våra diktare.
Estlander, Naturalismen enligt Zola.
— , Runebergs estetiska åsigter.
Fridericia, Moderne ånd i middelalderen.
Geijerstam, Nya brytningar.
Gustafsson, Om Runebergs verskonst.
— , Runebergs öfversättningar från antiken.
— , Till frågan om Runebergs öfversättn. från Tibullus.
Gylling, De argumenti dispositione in satiris.
Göthe, Björnsons Roman »På Guds veje.»
— , Henrik Ibsens drama (Hedda Gabler).
— , Jonas Lie.
Handlingar rör. frågan om väggmålningar i Nationalmusei-byggnaden.
Hansson, Materialismen i skönlitteraturen.
Hedberg, T., Glädje.
Heidenstam, Modern barbarism.
— , Renässans.
Heikel, Senecas Character u. politische Thätigkeit.
Hertzberg, Har Ibsen hentet motiverne til sine drama'er far sociale tilstande i sit fædreland?
Hjelmqvist, Naturskildringarna i den norröna diktningen.

12. ÄSTETIK. 13. PÄDAGOGIK.

Hjärne, Renässans o. reformation.
Hvad bör staten göra för konsten?
Höffding, Apologi for Lessing.
Hörlin, Om bristen i våra konstnärers bildning.
Jensen, Snillets förbannelse.
Josephson, Studier och kritiker.
1. Konst och fosterlandskärlek.
2. Eleonora Duse o. Ida Aalberg.
3. Teater- och musikutställningen i Wien.
Lagus, Förklaringar till Fänrik Ståls sägner.
Lamm, Om förfalskning af konstsaker.
Larsson, Intuition.
—, Paul Heyses noveller.
Levertin, »Siri Brahe.»
—, o. *Heidenstam*, Pepitas bröllop.
Lindroth, Böra »operabilderna» tagas bort?
Lyth, Tegnér o. Frithiofs saga.
Nilsson, Den homeriska hjeltesagans omgestaltning hos de grekiska tragediförf.
Nordensvan, Ur Frankrikes samtida diktning.
—, Vårt nyaste drama.
Nyblom, C. R., Skönhetslärans hufvudbegrepp.
Nyblom, H., Tendensdigtning.
—, Turgenjews breve.
Nyström, Konstfrågor.
Palme, Pressförhållanden.
—, Pressens ställning i samhället.

Paulson, Oidipus-sagan i den grekiska tragedien.
—, Till frågan om Oidipus-sagans ursprung.
Personne, Strindbergslitteraturen.
Piehl, Om betydelsen af termen kanon inom den egyptiska konstens historia.
Robinson, Humor.
—, Ämnet i Ibsens Rosmersholm.
Schiött, L'amour et les amoreux dans les lais de Marie de France.
Schück, Shakespeares skaldeindividualitet.
—, Våra äldsta hist. folkvisor.
—, Våra äldsta reformationsskrifter.
Solter, George Eliots ethiske betydning.
Sundén, Almén som litteraturhistorisk kritiker.
Tenow, Öppet bref till Strindberg.
Tor mot trollen.
Törnebladh, Om ödet sådant det uppfattats af Aeschylus o. Sophocles.
Wærn, Från Paris vårutställningar.
Vedel, Carl Snoilsky's digtning.
Westermarck, George Eliot och den engelska naturalistiska romanen.
Wilde, Lögnens förfall.
Wrangel, Fosterlandskärleken i svenska litteraturen.
—, E. v. Hartmanns estetiska system i kritisk belysning.

VII. Uppfostrings- och undervisningsväsen.

a) Pädagogik.

Ambrosius, Om viljans uppfostran
Arbetsstugor för barn.
Bergström, Några af de fordr. som Gud o samhället ställa uppå oss ss barnauppfostrare.
—, Uppfostrans historia.
—, Vetenskaplig uppfostringslära.
Blomqvist, A , Vinkar i uppfostran.
Broberg, Iakttagelser under en pedagog. resa i Nordamerika.
Comenius, Stora undervisningsläran.
Crona, Är kristendomsundervisningen i våra folkskolor för mycket dogmatisk?
Dühring, Vägen till qvinnans högre fackbildning.
Dörpfeld, Bidrag till pedagogisk psykologi.
—, Tänkande o. minne.
Fischier, En hvar sin egen lärare.
Frank, Uppsatser. 2. Våra barns faror.
Franzén, Om slöjden ss. uppfostringsmedel.
—, Psykologisk-pädagogiska fragment.
—, o. *Malmlundh*, Bidrag till snickerislöjdens metodik.
Fries, Sekreterarens ställning o. uppgift i en kristlig förening af unge män.
Geijerstam, Hvad vill lektor Personne?
Gödecke, Dikt o. samhällstukt.
Hagman, Om qvinnouppfostran.
Hellvig, Barnets fyra temperament.
Hertzberg, Qvinnans kallelse o. uppfostran.
Hjelmqvist, Pontus Wikner o. ungdomen.
Hjelt, Slöjdläraren för de små.

Holmberg, Huru skall undervisn. i historia göras fruktbärande?
Johnson, Om induktiv metod i undervisning
Kastman, Diesterweg-Kehr.
Lange, Om långsam andlig utveckl. hos barn.
Langlet, Vi och våra söner.
Lifsbilder ur pedagogikens historia.
Lindholm, Uppfostrare.
Lindroth, Vår tid o. ungdomen.
Locke, Några tankar rör. uppfostrare.
Lyttkens o. *Wulff*, Metodiska ljudöfningar.
Löfving, Sjelfuppfostran.
Lönnbeck, Om åskådningen hos Pestalozzi.
Neander, Vår tids ungdom.
Nicolaij, Huru barn icke böra uppfostras.
Njutningslystnaden, se där fienden!
Norelius, Om uppfostrans väsen o. hufvudmoment.
Observator, Barnuppfostran förr o. nu.
Pestalozzi, Huru Gertrud undervisar sina barn.
—, Lienhard o Gertrud.
Postiljonen
Rodhe, Om uppfostran till lydnad.
—, Ungdomens sedliga själftukt.
Rohden, Den sedligt religiöses uppfostran.
Rousseau, Emil, eller om uppfostran.
Salomon, Föreläsningar öfver Rousseau.
—, Tankar om slöjd.
Salzmann, Kräftgången.
Schallenfeld, Metod för undervisn. i handslöjd.
Schenström, Strödda tankar i några af tidens viktigaste frågor.
Schorn o. *Reincecke*, Pedagogikens historia.

14. UNIVERSITETS- OCH SKOLVÄSEN.

Siljeström, Skrifter i pedagog. ämnen.
Skard, Spencers Opdragelsetanker.
Skrifter af uppfostringskonstens stormän.
Slägtet, Det kommande.
Småskrifter, Pedagogiska.
Spencer, Uppfostran.
Stenkula, Utanläsning o. psykologi.
Thayer, Flit, kraft o. karakter.
Tidskrift, Pedagogisk.
Tidskrift, utg. af Pedagog. föreningen i Finland.
Undervisning, Om dugande.
Westerlund, Huru skola vi vårda våra barn.
Villner, Ur pedagogikens historia.
Witt, Praktiska regler för uppfostran i hemmet.

b) Universitets- o. skolväsen.

Aktstycken, Nya, i »Verdandimålet.»
Arcadius, Anteckn:r ur Vexiö allm. lärov. häfder.
Augustinus, Om undervisning i kristendom.
Bang, Folkeoplysningens standpunkte.
—, Folkeskoler for den konfirmerede ungdom.
Befordringsfråga, En, vid Karolinska inst.
Berg, F., Folkbildningspolitikern Ad. Diesterweg.
—, Huru folkskolestadgan tillkom.
Berg, Hj., Handledn. för läraren vid anv. af Väggtaflor för linearritning.
Bergman, Några ord om arbetet i folkskolan.
Bergsten, Bibeltextens behandl. i söndagsskolan.
Bergström, Biförtjenster för folkskolelärare.
Berättelse om det 3:e o. 4:e allm. flickskolemötet.
Berättelse om det 10:e, 12:e o. 14:e allm. svenska läraremötet.
Berättelse öfver 4:e nordiska söndagsskolemötet.
Berättelser om folkskolorna i riket.
Betänkande ang. uppställning af grammatikaliska läroböcker.
Betänkande o. förslag till utvidgning af tekn. högskolan.
Beyer, Iakttagelser rör. sångundervisningen.
Bibliotek för undervisningen.
Bidrag, Ett, till skolfrågan.
Blomkvist, Förslag till ordnande af undervisn. för döfstumma.
—, Om inspektionen i läroanstalterna för döfstumma.
Blomqvist, Undervisningslära för söndagsskolan.
Boëthius, Akadem. reformförslag
Budde, En resa till folkhögskolan.
Bure, Nyckelord, regler o. öfningsexempel för den första undervisn. i rättskrifning.
—, Om undervisningen i rättskrifning.
Christenson, Morgonbönen i skolan.
Collin, Skolernes væddekamp.
Cramér, Mitt sista ord i läroverksfrågan.
Dahlin, Formulärbok för skolor o. själfstudium.
Dalin, Afgångsexamina vid Sveriges seminarier.
Dalsjö, Lärarebildningen vid tyska universiteten.
Darin, Iakttagelser rör. utbildningen af lärare i främm. språk i Frankrike.
Dufvenberg, Modersmålet ss. centralt läroämne.
Dörpfeld, Ett ord om söndagsskolor.
Edgren, Göteborgs högskola.
—, Högskolor.
—, Om samskolor i Amerika.
Eichstädt, Besvär öfver förslag till prof. i mineralogi o. geologi.
—, Slutpåminnelser.
Ekonomi, Huslig, som skolämne.

Ekström, Om teckningsundervisningen i Frankrike.
Eneström, Stat. undersökn:r rör. studie- o. examensförhållanden vid de sv. univers:n.
Fahlbeck, De fria högskolorna.
Fehr, Några tankar om kristendomsundervisningen i våra skolor.
Flodkvist, Formulärbok för folkskolan.
Folkhögskolan, Den nordiska.
Folkskolans 50-årsfest i Lund.
Folkskolestadgan, red. af Nordström.
Folkskolläraremötet, Hernösands stifts.
Folkskolläraremötet, 10:e o. 11:e allmänna.
Fredlund, Den dagl. ordningen i skolan.
Fries, Skolan o. fosterlandskärleken.
Författningar o. beslut rör. kejserl. Alexanders-universitetet.
Författningar rör. folkskolläraresemiharier o. folkskolor.
Förhandl. vid Finska skollärarermötet.
Förhandl. vid första allm. läraremötet å Nääs.
Förhandl. vid Lunds stifts allm. folkskolläraremöte.
Förslag rör. undervisningen i frihandsteckning.
Förslag till stadga för rikets allm. läroverk.
Förslag till ändr. bestämmelser rör. undervisningsprof för lärarebefattningar.
Förslag till ändringar i gällande undervisningsplan o. afgångsstadgar för de allm. läroverken.
Förslag, Underd., o. betänkanden ang. underv.-, examens- o. studieväsendet inom de filos. fakulteterna.
Förteckning öfver 7:e allm. skolmötets specialutställning.
Gauffin, Om undervisn. i söndagsskolan.
Geijer, Besvär öfver förslag till professuren i teoret. filosofi.
—, Humanistiska sectionen.
—, Kompetensbetänkande i en norsk akad. befordringsfråga.
Granskning af läroböcker för folkskolan.
Granskning af läroböcker i naturkunnighet.
Gunnarson, Arbetet i den svenska folkhögskolan.
Handbok, Folkskolans.
Handlingar, Fortsatta, rör. professuren i oftalmologi, af Nordenson.
Handlingar, Nya, rör. tillsättandet af professuren i oftalmologi, af Widmark.
Handlingar rör. finska skolväsendets historia.
Handlingar rör. rektorsvalet vid Stockholms högskola.
Handlingar rör. tillsättandet af professuren i oftalmologi. Utg. af Nordenson.
Handlingar vid besättandet af professionen i oftalmologi i Helsingfors.
Haneson, Några bilder från våra universitet.
Hernlund, Bidr. till den svenska skollagstiftn. hist. 1718—1809.
Hertzberg, Om den stærke tilströmning til de nordiske universiteter.
Hirth, Tankar rör. teckningsundervisning.
Hjelt, E., Stipendier o. stipendiifonder.
Hjelt, V., Slöjdläraren.
Hjärne, Universitetens folkbildningsarbete i England.
Holmström, L., Om den nord. folkhögskolan.
Holmström, O., Besvär o. slutpåminnelser i anl. af förslag till professuren i pastoralteologi.
—, Kritisk belysn. af teol. fakult. utlåtanden i fråga om professuren i pastoralteologi vid Ups. univ.
Hoppe, Hågkomster från ett tyskt gymnasium.
Humble, Lärjungarnas i de högre flickskolorna arbetstid.
Hårdh, Anvisningar till slöjdundervisningen i folkskolor för gossar.

14. UNIVERSITETS- OCH SKOLVÄSEN

Högskola, Göteborgs Årsredogörelse af J. Paulson. 1895—95.
Imparcial, Om språkundervisning.
Johnsson, Folkskola i hvarje by.
—, Om induktiv metod i undervisningen.
Järveläinen, Om slöjdundervisning.
Karl Bertel, Under kyrkans egid.
Katalog, Illustrerad, öfver undervisningsmateriel för teckning.
Kilon, Förslag till de allm. läroverkens ombildning.
Klassbok för söndagsskolan.
Kleen, Den stora ofreden vid Karol inst.
—, En befordringsfråga.
Klockars, Hvad är folkhögskolan?
Klockhoff, 14:e allm. Läraremötet.
Konstitutioner, Upsala univ:s, af år 1655.
Kyhlberg, Om inspektionen i våra döfstumskolor.
Lagus, Studier i den klass. språkundervisningen.
Larsson, Söndagsskolans historia.
Leffler, Folkhögskolan.
Lidforss, Votum rör. förslag till e. o. professorsämb. i romersk rätt vid Lunds univ:t.
Linde, Ett kompetens-betänkande i kritisk belysning.
Lindegren, Stoff till åskådningsundervisningen.
Linnell, Om skolans ändamål o. bestämmelse.
Ljung, Helsingborgs folkskola.
Ljungberg, Om folkundervisningen.
Lundberg, Den matemat. undervisn i Tyskland.
Lundell, Om samvärkan mellan universitetsbildning o folkbildning.
Lundgren, Söndagsskolans lifsvilkor.
Lundin, Franska skolförhållanden.
Lydecken, Handledn. för undervisn. i qvinnligt handarbete.
Lärare-tidning, Svensk.
Läroverksfrågan i dess nyaste gestalt.
Lönnbeck, Folkskoleidéns utveckl. i Finland.
Meinander, De matematiska uppgifterna för maturitets profven vid läroverken i Finland.
Minnesblad vid folkskolans 50-års jubileum.
Mittag-Leffler, Yttrande inför styrelsen af Stockholms högskola.
Nordlund, C. F., Skolförhållanden i äldre tider.
Nordlund, K. P., Lärogång vid underv. i räkning.
—, Materiel vid underv. i räkning.
Nordmann, Grundläggningen af Åbo akademi.
Nordström, M., Utkast till föreläsningar i metodik för folkskolan.
Nordström, S., Det svenska folkskoleväsendets utveckl.
Norlén, Handledning i katekesundervisningen.
Normalplan för undervisn. i folkskolor.
Nyberg, Metodisk hjelpreda vid undervisn. i handarbete.
Olivecrona, Om en reform i afs. på de jurid. studierna.
Palmgren, Om sång o. sångundervisning.
Palmkvist, Inspektionen af våra döfstumskolor.
Personne, Skolungdomens sedliga uppfostran.
Päivärinta, Hvad är folkhögskolans uppgift.
Rodhe, Om förfaringssättet vid underv. i modersmålet.
—, Söndagsskolan.
Rostedt, Om folkhögskolans betydelse.
—, Redogör. för mellersta Nylands folkhögskolas värksamhet.
Rudbeck, Bref rör. Upsala universitet.
Rundgren, Minnen från lärosalen.
Rådgifvare för folkskolor.
Salomon, Något om Nääs o. dess läroanstalter.
Samling af k. bref m. m. rör. Stockholms allm. läroverk.
Samundervisning, Om, för gossar o. flickor.

Sandberg, Småskolans metodik.
Schéele, Studieplaner rör. studierna inom filos fakulteten.
Schütz, Skolan o. djurverlden.
Schwerin, Lektor Höjers skolgeografiska funderingar.
—, Slutord i den skolgeogr. frågan.
Schybergson, Historiens studium vid Åbo universitet
Sillén, Förslaget till ny skollag.
— —, Latinet i skolan.
Sjögren, Förkl. öfver docenten Eichstädts besvär.
Sjölander, Om folkskolans undervisning.
Skolkalender.
Smirnoff, Från universitetet
Småskrifter om språkundervisning av Quous que Tandem.
Småskrifter, Sveriges allmänna folkskollärareförenings.
Sommarferier o. skolarbete.
Stadga ang. filosofie kandidat- o. licentiat-examina.
Stadga ang. folkundervisningen.
Statuter för universiteten i Upsala o. Lund.
Stenkula, Språkbildning o. språkläror i folkskolan.
Stipendier o. premier vid univ. i Lund.
Studiebok vid Lunds universitet
Studiehandbok för dem, som ämna aflägga filos. kandidatexamen.
Studieplaner.
Svahn, Ett universitet i hufvudstaden.
Svantjung, Österbottens pädagogier
Svedelius, Om obligatoriskt feriearbete.
Svenson, Skolan o. folkupplysningen.
Sääf, Wasa fruntimmersskola.
Söderberg, Hvilken är den lämpligaste lärotiden i folkskolan?
—, Om åskådlighet vid undervisningen.
Söderhjelm, Germaniska o. romaniska språkstudier.
Thunblad, Handbok för skolrådsordförande.
Thyrén, Anm:r rör. en af prof. Ask utdelad skrift.
—, Prof. Asks granskning af Thyréns specimen.
Tidskrift för folkskolan i Finland.
Tidskrift för folkundervisningen.
Torpson, Svenska folkundervisningens utveckl.
Törnebladh, De allm. läroverken i Sverige.
—, I skolfrågan.
—, Kvinliga ungdomens undervisning.
Undersökning af Sveriges flickskolor.
Undervisningsfrågan, I, af A. D.
Undervisningsväsen, Sveriges.
Undset, Om en nordisk skola i Rom.
Universitetet, Från.
Universitetsinteriörer, Tvänne, från Upsala.
Upsala universitetshus.
Utlåtande om professuren i teoret. filosofi.
Utlåtande rör. tillsättandet af e. o. professuren i oftalmologi.
Utlåtande rör. ändring i undervisn. väsendet.
Utlåtanden ang. läroverkskomiténs förslag.
Utlåtanden o. yttranden öfver förslag till stadga för rikets allm. läroverk.
Wahlfisk, Den kateket. undervisn. intill 1811.
Wallis, Samskolan.
Vasenius, Den första undervisningen i språk.
Verdandi.
Verdandis styrelse o mindre konsistoriet.
Werkko, Matrikel för Finlands folkskolor.
Westling, Metodik för undervisningen inom folkskolan.
Whitlock, Skolans ställning till religionsundervisn.
Wide, Om personliga professurer.
Widmark, Nordensons slutl. påminnelser jemte dertill fogade anmärkn:r.
—, Några ord med anl. af Nordensons påminnelser.

Wijkander, Högskolefrågor.
Wikner, Förklaring öfver Geijers besvär.
Wåhlin, Skoltal.
Zweigbergk, Studentföreningen Verdandi 1882—92.
Årsskrift, Göteborgs högskolas.
Årsskrift, Sv. allm. folkskollärareförenings.

c) Umgängesbildning.

Andersson, Svensk bref- o. formulärbok.
Det passar sig.
Det passar sig inte.
Granholm, Nyaste svenska brefställare.
Gåfvor, Qvinnans fem.
Heikel, Vid möten och sammanträden.
Keyser, Om svensk skrift.
Klencke, Jungfrun.
—, Makan.
—, Modern.
Konsten att vara lycklig fastän gift.
Kopist, Den privata korrespondenten.
Kärlekstelefonen.
Langlet, Ett eget hem.
Man bör aldrig.
Mantegazza, Konsten att taga sig hustru.
Marden, Konsten att komma sig upp i världen.
Milde, Den unga qvinnan.
Möller, Nyaste brefbok.
Oettinger, Den fulländade gentlemannen.
Reaney, Våra döttrar.
Rodhe, Om vilkoren för ett lyckligt äktenskap.
Röst, Tystnadens.
Schenström, Föredrag om umgängeslifvet.
Skönhet, Qvinnans.
Spencer, Behaget o. andra uppsatser.
Stevens, Huru männen fria.
Waldenström, Om höflighet.
Westerberg, Utförliga brefställare.
Wickström, Om lårdomshögfärden.
Vill ni behaga?
Vinkar till unga mödrar.

d) Skrifter för barn o. ungdom.

Abc-bok.
Abc kring hela verlden.
Adelborg, Blomstersiffror med rim.
—, Prinsarnes blomsteralfabet.
Aguilar, Lifvet i hemmet.
Ahnger, Den lifegna.
—, Moster Ullas berättelser.
Aimard, Friskyttarne.
—, Indianhöfdingen.
—, Savannernas drottning.
—, Skogsströfvarne.
—, Stenhjerta.
—, Svarta korpen.
—, Tigerkatten.
—, Trohjerta.
—, Vildmarkens lejon.
—, Äfventyr eller Trappers i Arkansas.
Aladin eller den förtrollade lampan.
Aladins äfventyr.
Album, De små konstnärernas.
Alcott, Då jag var liten.
—, En ädel qvinna.
—, Innan småttingarne somna.

Alcott, Rosa.
—, Skolgossarne i Plumfield.
—, Under syrenerna.
—, Unga qvinnor.
—, Vid skymningsbrasan.
—, Våra vänner från i fjor.
Ali Baba och de fyrtio röfvarena.
Almquist, Abc-bok.
—, Barnens första läsebok.
—, Barnens andra läsebok.
—, Läsebok för småskolan.
Ambrosius, De första läsöfningarna.
—, Läsebok för småskolan.
Amicis, Från hemmets o. skolans verld.
—, Hjärtat.
—, Kamrater.
Anders, I vilda vestern.
Andersson, Berättelser ur Gamla test. för barn.
—, Berättelser ur Nya test. för barn.
—, Grekiska sagor.
—, Nordiska sagor.
—, Norska konungasagor.
—, Rolfs nya kusiner.
—, Rolfs sommarferier.
—, Ur moster Lottas brefsamling.
Andriveau o. *Bosguérard*, Valda berättelser.
Anholm, »De kristnas dödsängel.»
—, Vikingar o. deras ättlingar.
Annas sommar.
Anselmi, 40 månader på en ö i Stilla oceanen.
Arbete, Utan, utan bröd.
Arf, Margaretas.
Arla.
Arnold, Noveller ur sagoverlden.
Askungen.
Augusta W, Vid brasan. Ur historien o. sagoverlden.
Aurelius, Vinter- o. sommarlif.
Bagger, Sjömansäfventyr.
Baierlein, Jan Kattegat.
Baker, Fiskarens barnbarn.
Baldamus, Fågelsagor.
Ballantyne, Buffeljägarne.
—, Kapten Cooks äfventyr.
Barack, Wilhelm Tell.
Barfus, Diamantskatten.
—, Till sjös.
—, Äfventyr i Sydafrika.
Baring-Gould, Grette den fredlöse.
Barnamat.
Barnanöjen.
Barnaverlden, Ur.
Barnavännen.
Barnbiblioteket, Lilla.
Barnbiblioteket, Nya svenska.
Barnboken, Svenska.
Barndom, Jesu.
Barndomslif på 40-talet.
Barnen o. djuren.
Barnet, hur det gråter o. skrattar.
Barn-psalmbok.
Barntidning, Folkskolans.
Barnums stora förevisning.
Barnvisor o. barnrim.
Baron v. Münchhausens resor o. äfventyr.
Baumbach, Berättelser o. sagor.
—, Sommarsagor.
Beaulieu, Den lille Felix.
Beckman, På egen hand.
Bendixson, Skogstomten.

16. SKRIFTER FÖR BARN OCH UNGDOM.

Berg, Kalle Hjelms barndomsminnen.
Bergman, Robinsons äfventyr.
Bergsten, Läs-öfningar för småskolan.
Berättelse, Farmors.
Berättelser, Fyra, för barn.
Berättelser för barnkammaren.
Berättelser, Lustiga.
Betlehemsstjärnan.
Betraktelser för skolungdom.
Bibel, Barnens
Bibliotek för de unga.
Bibliotek för den mognare ungdomen.
Bibliotek för figurteatern.
Bibliotek, Nytt, för barn o. ungdom.
Bibliotek, Nytt, för berättelser.
Bibliotek, Ungdomens.
Bilder-abc-bok.
Bilder, Fosterländska.
Bilder, Geografiska.
Bilder så man kan skratta sig till döds.
Bilder ur barnavärlden.
Bilder ur djurens lif.
Bilderbok, Barnens.
Bilderbok, Lilla Ainas.
Bilderbok, Zoologisk.
Bilderböcker.
Biller, »Tant Konfys». — Helens dagbok.
—, Ulli.
Björnarne, De tre.
Blåskägg.
Blåöga, Lilla.
Bobeck, Malmö folkskolors 5:e skrifkurs.
Boberg, Hvad skall man bli?
Bok, Arbetets.
Bok, Barnens.
Bok, Barnkammarens.
Boksamling, Småttingarnes.
Bokskatt, Ungdomens
Born, Elefantjägaren Hans Stark.
Boyesen, Vikingaättlingar.
Bröd, Barnens.
Bröderne, De tre.
Burnaby, Tre vänner.
Burnett, Lille lorden.
—, Pensionsflickan.
—, Vackra flickan från Amerika.
Busch, Ströftåg i världsrymden.
Butler, Lilla Kathleen.
Bäck, Från lifvets strider.
Bäckman, J. o. Svensk, Att läsa utan tårar!
Bäckman, W., Sjöjungfruns sagor.
Böcker, Ungdomens.
Campe, Amerikas upptäckande.
—, Robinson d. y.
Cassau, På spår bland indianer.
Cederschiöld, Svensk läsebok.
Celander, Hemskolan.
Chappel, Den lille familjefadern.
Circus, Stor.
Claudius, Smärre berättelser.
Clowner, Bland.
Combe, Klöfverbladet.
Coolidge, Clover.
—, Hvad Katy gjorde sedan.
—, Högadal.
—, Katy i hemmet.
—, Katy i skolan.
Cooper, Berättelser om Skinnstrumpa.
—, Briggen Molly.

Cooper, Skinnstrumpa
. Snabbfot.
—, Unkas, den siste mohikanen.
—, Vägvisaren.
Crowther, Ett ekollons sjelfbiografi.
Dagar, Barndomens gyllene.
Dagbok, En liten ostyrings
Dagbok, En snäll gosses.
Dalström, Grekiska guda- o. hjältesagor.
—, Nordiska gudasagor.
—, Nordiska hjältesagor.
—, Vår fornnordiska gudasaga.
Dar, Barnaverldens glada.
Daudet, Historien om en båt.
—, Vackra nivernesiskan.
Defoe, Den verklige Robinson Crusoe.
—, Robinson Crusoe.
Det var en gång.
Detthow, Illustrerad Abc-bok.
Djurbilder.
Djurbilder, Små.
Djurbilderalbum.
Djurbilderbok.
Djurskyddsbibliotek för ungdom.
Dolly, Lilla, o. hennes Tim.
Dowe, Guldsjön.
Dumas, Sagan om Wilhelm Tell.
Eden, Esters hem.
—, Lemnad ensam.
—, »Pappa kom hem.»
Edgeworth, Berättelser.
Eldbrasan, Vid.
Ella, Den kunnige lekkamraten.
Ellis, De unga jägarne från Kentucky.
Emanuelsson, Morbror John m. fl. berättelser.
—, Tant Hannas hjälte.
Emigrantskeppet Atlantis undergång.
Eneroth, I Skansen.
Eremiten i Beatushålan.
Erik, Lille, och hans lekkamrater.
Erman, På lifvets tröskel.
Esops fabler.
Europa, Genom.
Falk, Den lilla husmodern.
Familjen Nasse.
Familjen Putte.
Familjen Snatter.
Fanny eller den faderlösa flickan.
Farbror John, Den näbbige Kicki.
Farrar, Erik Williams.
Favoritdjur.
Fischer, Barnens bok.
Fiskförsäljaren, Den lilla ärliga.
Fitinghoff, Bibl för barn o. ungdom.
I lotspriekningen
—, I rosengård.
—, Vårluft.
Fleuriot, Perlan.
Fogowitz, Indianfursten Tecumshe.
Forsman, En julklapp till barnen.
—, En julklapp åt barnen.
—, En liten bönbok för små barn.
Frey, Negerns hämd.
Fristedt, Två svenska gossars äfventyr bland människoätare.
Frommel, Ungdomsdrömmar.
Fyrväpplingen.
Fågeln, Den talande.
Först du, sedan jag.

16. SKRIFTER FÖR BARN OCH UNGDOM.

Garneray, Resor, äfventyr o. strider.
Genoveva.
Giberne, Fröken Con o. hennes unga skyddslingar.
Glimtar ur sagoverlden.
God gerning, god lön.
Grafven, Den hemlighetsfulla.
Granen o. brasan, Kring.
Green, Syskonkärlek.
Grefvinnan Genovevas öden.
Grenljuset.
Griesmann, Robinson d y.
Grimm, Sagor.
—, Valda sagor.
Gripenberg, Det röda folket.
Grundmann, Negerhöfdingen eller Zambos hämd.
—, Pelsjägaren o. Höfdingen utan stam.
—, Spejaren.
Grundtvig, Folksagor.
Grübner, Robinson Crusoe.
Gudrun, Bobs goda råd.
—, En liten visa om röda rosor.
—, Små rim för smått folk.
Gulliver, Den nye.
Gullivers resor.
Gustafsson, Svensk sagosamling.
Gåtor o. charader för barn.
Gök-klockans bok.
Habberton, Helens småttingar.
Haffburg, Ombord hos sjöröfvare.
Hameau, Raska gossar.
Hammar, Hvad vill julgranen lära oss?
Hammarskjöld, Sagan om sanningens källa.
—, Små hundars öden.
Handbok i dansk o. norsk vitterhet.
Handtverkaren, Den lille.
Hans och Greta.
Hans o. Greta. Sagospel.
Harland, Trofast.
Hartvig, Irokesens gift.
Hauff, Den afhuggna handen.
Hector, Den kunnige skolgossen.
—, James Cook, eller jorden rundt tre gånger
Hedvig eller banditens brud.
Heimburg, Skogsblommor.
—, Vår Kurre.
Heinz, Lyckobarnet.
Helm, Sin egen lyckas smed.
Hemligheterna på Stokesley.
Henriksson, Andra skolåret.
Henty, Bland rödskinn o cowboys.
—, En dugtig pojke.
—, Frank Norris äfventyr bland indianer o. guldgräfvare.
—, På krigs- o. spejarstråt.
Hertzberg, För smått folk.
—, Genom de svartes verldsdel.
—, Lefnadsteckningar.
—, Två finska barns äfventyr.
Hippodrome.
Historia om en gammal sockertunna.
Historien om Ali-Baba.
Historier, Små, för smått folk.
Hjelt, Mellan läxan och leken.
Hjältar, Svenska, under de sista 400 åren.
Hobart Paschas lif o. bedrifter.
Hocking, En moders testamente.
Hoffman, Drummel Petter.
—, Jakob Ärlig.
—, Zigenar-Fritz.

Hofsten, Barnen på Kullersta.
—, Bilder ur Danmarks historia.
—, En julhelg på landet.
—, En resa omkring jorden.
—, Från Sveriges storhetstid.
—, Hos morfar.
—, Hos tant Klara.
—, Karamellstugan som Gunnar byggde.
—, Kusin Svantes besök o. Landtlif.
—, Lekar o. påhitt.
—, Minnen från den karolinska tiden.
—, Tredje saml. af barnhistorier.
Hopp, hejsan, hurra!
Hultin, De sagoberättande barnen.
Huru skall en flicka vara?
Husdjuren.
Hutberg, Lilla Lisa.
Hutcheson, Nancy Bells skeppsbrott.
Hutchinson, Harry Hungerford.
Hutzler, Unga hjärtan.
Hvad en liten parfvel kan hitta på.
Hvad vill du bli?
Hvitsippan.
Hydén, Läsning för barn o. ungdom.
Hägglund, Ludv. Ståhlin.
Höcker, Fitzpatrick, trappern.
Hörlin, Sagor.
Idström, Tvillingsystrarna.
Ihle, Den blinde fiolspelaren.
—, En julafton i nödens boning.
—, Julsorg o. julglädje.
Ilvola.
Ingman, En bondehöfding.
Jagtäfventyr i Capkolonien.
Johnsson, Svenskarne i Kamerun
Johnston, Äfventyr i Australien.
Joseph, Den tacksamme.
Juel-Hansen, Lifvet i världen.
Julbilder.
Julbloss.
Julbok, Barnens lilla.
Julgubben.
Julklapp till svenska barn.
Julklappen.
Julklappslådan.
Julklockorna.
Julrosor, Barnens.
Jultomten.
Jumbo, den store elefanten.
Järnarmen.
Kabner, Sagor o. berättelser.
Kaiser, »Låten barnen komma till mig.»
Kalifen Storks äfventyr.
Kamraten.
Kastengren, Småskrifter för ungdom.
Kastman, Abc-bok.
—, Läsning för barn.
—, Läsebok för folkskolan N:o 4, 5 o. 6.
—, Läsebok för småskolan.
Katt, Whittingtons.
Katten i stöflar.
Kattkalaset.
Kattungarne, De tre små.
Kenneth eller återtåget från Ryssland.
Kenyon, Dicks hjeltebragder.
Ker, Mazeppa, Karl XII o. Peter den store.
Kerfstedt, Bland fält o. ängar.
—, »Glädjens blomster».
Kern, Fribytarne från Sumatra.

Kingston, Pengelleys äfventyr vid Sydpolen.
Kissar, Tre små.
Klein, Skildr. från fransk-tyska kriget.
Kläd sjelf din julgran.
Kokbok, Småherrskapets.
Kolthoff, Sagor.
Korn åt små fåglar.
Kröning, Bland malajiska sjöröfvare.
Kyhlberg, Läsebok för småskolan.
Kärfve, En, från söndagsskolans skördefält.
Kärfve, En gyllene.
Köpmannen i Bagdad.
Land och haf, Öfver, i ballong.
Landtbrukarne, De små.
Langlet, Barndomens glada dar.
— , De tre små musketörerna.
— , För våra små.
— , Kommen barnen små hit att höra på
— , »Mamma, tala om något roligt!»
— , På egen hand.
— , Tre små odygdsmönster.
— , Ur djurens lif.
— , Våra vänner.
Larsson, A. P., Små räfvar.
Larsson, C, De mina.
Lasse o. Lisa.
Legenden om Jerusalems skomakare.
Legenden om sju Sofvare.
Legenden om Sanct Per o. broder Lustig
Lek o. vetenskap.
Lekar, Småflickornas.
Lekar o. rim, Våra småttingars.
Lekkamraten.
Lekkamraterna.
Levetzow, Små berättelser, af *I*.
Lifvet, Ur.
Lindberg, Sanningstrådar i sagoväf
Linde, Regnbågen.
Lindholm, Från sagoverlden.
Linnea. En samling sagor.
Linnea. Tidning för barn.
Lippe, v. der, I barnaåren.
Lisa, Sagan om julgranen.
Louise W., Hvad solstrålarne berättade.
— , Tant Jeannas skymningsberättelser.
Lydia, Granrisgummans julfest.
Lynnen, Olika.
Lyth, Hvad berättar Fänrik Stål?
»Långt bortom hafvet»
Läsebok, Fosterländsk.
Läsebok för folkskolan.
Läsebok för folkskolan, utg. af *Ö(hberg)*.
Läsebok i modersmålet, utg. af *Törnebladh*.
Läsebok i svensk poesi, utg. af *Bagge*.
Läsebok i vetenskapl. ämnen utg. af *Almén*.
Läsebok, Poetisk.
Läsebok, Svensk.
Läsebok, Svensk, utg af *Cederschiöld*.
Läsebok, Svensk, utg. af *Ekmark*.
Läsebok, Svensk, utg. af *Sandahl*.
Läsebok, Svensk, utg. af *Sundén* o. *Modin*.
Läsebok till svenska literaturhist. utg. af *Ekermann*.
Läsning för gossar.
Läsning för unga flickor
Läsning för ungdom.
Läsning för ungdom af utm. eng. författare.
Löfving, Den seende svennen.
— , Nordiska skymningssagor.
Lönnbeck, Grekiska guda- o. hjältesagor för barn.

Lönnbeck, Skandinav. o. finska guda- o. hjältesagor.
Lönnberg, Sigtrygg Torbrandsson.
Mackarness, »Ädlare än kostliga perlor.»
Malmqvist, Gummans leksaker.
Manhem. Sångbok för folkskolan.
Mannen, Den svarte.
Marianna, Sagor o. allegorier.
Markatta, Henriks.
Marryat, Barnen i Nya skogen.
— , Den lille vilden.
— , De tre kuttrarne.
— , Jafet eller hittebarnet.
— , Jafet som söker sin fader.
— , Nybyggarne i Kanada.
Marston, Lilla Jitana.
Marterstieg, Björnindianernas undergång.
— , Guldgräfvarne i Mexiko.
Mason, Den konungsliga lagen.
May, C, Björujägarens son.
— , Vesterns hjeltar
— , Öknens ande.
— , *S.*, Vår Helen.
Meade, Annie Forest eller lifvet på Rosenhill.
— — , Bråkigt herrskap.
— , Kamratlif.
— , Lilys feslott.
— , Pappas gosse.
— , Ros och tistel.
— , Stora syster.
Medeltidssagor, Sveriges.
Meggendorfer, Från barnkammaren.
— , I cirkus.
— , Marknaden.
Meister, I piratens kölvattten.
Meiszner, Jorden rundt.
Melander, Briggen »Två bröder.»
— , »Hårdt bidevind »
— , I Sitting Bulls land.
— , Smugglarne.
— , Styrbjörns äntring.
Meyerson, Flickor emellan.
— , I jullofvet.
Milow, »Bara Margit.»
— , Gräs o. ogräs.
Min egen, egen lille Johan.
Missionsberättelser för barn.
Morbror Gustaf, I nordanqväll.
More, Herden på Salisbury-heden.
Mormor Spitsnos o. hennes hund.
Moster Doras kaffekittel.
Murray, Präriefågeln.
Münchhausen.
Münchhausens resor o. äfventyr.
Mästerkatten i stöflar.
Nachtigal, Sahara o. Sudan.
Nanette, Nybyggarens.
Nathusius, Två berättelser
Niemann, Pieter Maritz.
Nisse o. Nasse.
Noaks ark. Menageri.
Noaks ark. Verser.
Nonnen, Berättelser ur tidskr. Talltrasten.
Nordahl-Rolfsen, Ur djurlifvet i Norden.
Nordlander, Svenska folksagor.
Nordmann, Sannsagor ur djurens lif.
Norlén, Sånger för folkskolan.
Nu går tåget!
När Einar hade varit i Circus.
När liten kan läsa bättre.

16. SKRIFTER FÖR BARN OCH UNGDOM.

När liten kan läsa själf.
Nöjen, Barnens.
Nöjen, En badresas.
Oehlenschläger, Orvar Odds saga.
Ohlsson, Abc-bok.
Ohorn, Jernkungen.
Onkel Harry, Bibliska taflor för barn.
Oppel, Trumslagare o. general.
Originalberättelser, Svenska.
Pajeken, Andrea Brown.
——, Karaibens hemlighet.
——, Trappern Jim.
Palm, Barnen på Broby.
——, Borta och hemma, eller mera om barnen på Broby.
Panorama. Kolor. rundmålningar.
Panorama öfver vilda djur.
Pansy, Skolkamraterna.
Pape-Carpentier, Smärre berättelser.
Pederzani-Weber o. *Benseler*, Bland rödskinn o hvita.
Pepparkakan.
Pichler o. *Ebner*, Genom stepper o. snöfält.
Praktbilderbok.
Prentiss, Lilla Siris sex läromästare
Pressensé, Rosa.
——, Ur barnens lif.
Rancken, Ny abc- eller elementarbok
Reid, En frivilligs äfventyr.
——, Skalpjägarne.
——, Tigerjägaren.
Repslaguren i Bagdad.
Rhoden, I pensionen.
Richard, Berättelse för ungdom.
Riddaresaga, En.
Ringen, Den magiska.
Robinson Crusoe.
Robinsons äfventyr.
Rodhe, Abc-bok för hemmet.
——, Första o. andra läsåret.
——, Läro- o läsebok för barn.
——, Ny abc- o. läsebok.
Roe, Millie Jocelyns öden.
Roland Forrester och hans systers faror o. äfventyr.
Roos, A., I Hvitavall.
——, Lilla Elnas sagor, visor o. berättelser
Roos, M., Det allra käraste.
——, Det roligaste af allt.
——, En liten tviflare.
——, I vårbrytningen.
——, Jul.
——, Kärlekens hemlighet.
——, Ur barndomens värld.
Rosa, Lilla, o. hennes vänner.
Rosegger, Mitt hem i skogen.
Rosencrantz, En moders samtal med sina barn öfver kyrkoårets evangelier.
Rosengårdar. Ur folksagans.
Rothacker, Utvalda sagor.
Ruf, Den lille ritkonstnären.
Ruth och hennes vänner.
Rydberg, Fädernas gudasaga.
——, Lille Viggs äfventyr.
Rödkappan, Lilla.
Röfvaranföraren Rinaldo Rinaldinos lefnadslopp.
Saga om Lunkentus.
Sagan om Ali Baba.
Sagan om Askungen.
Sagan om Askungen. Ritad af *Adelborg*.
Sagan om fiskaren o. anden.
Sagan om Fågel blå.

Sagan om Lycksalighetens ö.
Sagan om Melusina.
Sagan om mästerkatten.
Sagan om Pannkaksberget.
Sagan om prins Ahmed.
Sagan om Riddar Blåskägg.
Sagan om sjelfdukande bordet.
Sagan om sjöröfvaren Sindbad.
Sagan om trollhästen.
Sagan om Tummeliten.
Sagoboken, Lilla.
Sagor, Fornnordiska.
Sagor o. berättelser på landskapsmål.
Sagor o. sägner från Vestergötland
Sagor till julen.
Sagor, Ugglemors.
Sagorna, De vackraste, ur Tusen o. en natt.
Sagoskatt, Ungdomens.
Sam, den lille sångaren.
Sandberg, Nya Abc-boken.
Schläger, Den hemlighetsfulla ön.
Schmid, Valda berättelser.
Schomacher, Brokiga sagor.
Schubert, Hafsströmmen.
Schummrich, Bland karaibiska menniskoätare.
Schück, Sveriges medeltidssagor.
Schönemann, Onkel Toms stuga.
Scipio, En skeppsgosses äfventyr.
Seelhorst. Hvad djuren berätta.
Segerstedt, Näckrosorna.
——, Sagor.
——, Åtta sagor.
——, Åtta nya sagor.
Siljeström, Läsebok.
Silvestris, Slafgossen.
Sjung med oss, mamma!
Skattkammare, Småbarnens.
Skeppsbrottet, Det lyckliga.
Skinner, David Oven o. hans gossar.
»Skinnstrumpa» eller nybyggarne vid Susquehanna.
Skorna, De små.
Skönheten o. odjuret.
Slarf-Kalle.
Småbarnsböcker af *K. Hultin*.
Småttingar, Våra, i hvardagslag
Sniggel Snuggel.
Snuskpelle, Den nye.
Snöflingan, Barnens jultidning
Soldan-Brofeldt o *Aho*, Finsk bilderbok.
Solsken i hemmet.
Sommar, Nya svenska barnboken.
Sommardagar, Glada.
Sommardagar hos mormor.
Sommardagar i skogen.
Sommarlif på Blomgård.
Sommarlofvet.
Sooy, Bibelsamtal med ungdom.
Spelbok för barn.
Spyri, Berättelser för små o stora.
——, Sina.
——, Wiseli finner rätta vägen.
——, Älfvan från Intra.
Spåkvinnan Lenormand.
Staden, I, o. på landet.
Stanley i Afrika.
Stanley o. Emin.
Stefan Flemings tafla.
Stevenson, Den underbara Skattkammarön.
Stoddard, Vid indiangränsen.

16. SKRIFTER FÖR BARN OCH UNGDOM.

Stretton, Cassy.
, En natt o. en dag.
, I lifvets storm.
Strindberg, Blomstermålningar.
Stugan vid hafsstranden.
Stunder, På lediga.
Sundblad, Junker Magnus.
Sundström, Sjömanslif.
Suttner, »Ned med vapnen.»
Svensson, Småbarnens sångbok.
, Sångbok för folkskolan.
Swift, Gullivers resor
Sylvestre, Kristoffer Kolumbus.
Syskonringen, I.
Syöfningar för barn.
Sångbok, Barnens.
Sångbok, Folkskolebarnens.
Sångbok för söndagsskolan.
Sångbok, Ny, för folkskolan.
Sångbok, Skolbarnens
Sånger för folkskolan.
Sånger för söndagsskolan o. hemmet.
Säd, God, för barnahjärtat.
Söndagsskolan o. hemmet, För.
Söndagsskoleberättelser.
Tant Hilda, Den underbara kronan.
Tidning, Barnens.
Tengström, Margit.
Tivoli, På.
Tivoli-bilderbok.
Tolstoy, För barnen.
Tom Browns skollif.
Topelius, Boken om vårt land.
— —, Evangelium för barnen.
— , Familjen Himmelstjärna.
, I utvecklingens tid.
, Läsebok.
, Läsning för barn.
— , Läsning för barn. Urval af S. Almquist.
Trollsländan.
Truvé, Sånger för söndagsskolan.
Trådar, Små.
Trädgårdsmästare, Små.
Tucker, Alltför dyrköpt.
, En synåls historia
, För syns skull.
-, Håll fast.
, På fullt allvar.
, Öfver allt pris.
Tumme Liten.
Tummeliten, Jultidning.
Tusen o. en dag.
Tusen o. en natt.
Twain, Tom Sawyer.
Tytler, Arfskiftet.
-, Bara flickor.
, Farfars testamente.
Under, Räknekonstens
Ungdom, Sveriges.
Ungdomsbibliotek.

Ungdomsböcker, P. A. Norstedt & Söners.
Upptäcktsresor o. äfventyr.
Utflykt, En, till landet.
Wahlén, Guld o. gröna skogar.
Wahlenberg, Bengts sagor.
Waldemar, Minni.
Walford, En bra flicka.
Walter, Lefvande begrafven.
Walton, Bilder ur drottn. Victorias lif.
Wclander, Farbror Ottos berättelser.
Verld, Äfventyrens.
Verldsutställningen, tecknad för barnaverlden.
Ver-Planck, Det underbara ljuset.
Verne, Jorden rundt på 80 dagar.
Wetherell, Chrysias o. Sybillas vinternöjen.
, Mr Rutherfords barn.
, Skolkamrater.
Wetterbergh, Onkel Adams Linnea.
Vi äro muntra musikanter.
Wiggin, Pollys planer och lilla julrosen.
, Två små hemlösa.
Wigström, Solsken.
Wildermuth, Bruna Lena.
Wingborg, Ord till de små af en djurvän.
Visor och verser för de små.
Vollmar, Barnatro.
, Det klappar.
, Julaftonen.
, Julbarnet.
, Sparfvarne se det.
, Två barn, som söka o. finna himmeln.
, Tvätterskan o. hennes son.
, Utan händer.
Wray, »En hederspojke från topp till tå»
Väg, Ynglingens.
Vän, Barnens.
Världen i bilder.
Wörishöffer, Flykten ur Sibirien.
, Genom Indien.
- -, Onnen Visser.
, På krigsstråt.
Yonge, Den lille hertigen.
—, Två prinsessor.
Zethelius, Barndomsminnen o. sagor.
, Lilla hjelpredan i köket.
, På vikingastråt, jämte sju andra berättelser och sagor.
Zoologiska trädgården.
Zotterman, Läsebok för småskolan.
Äfventyr, Sällsamma.
Äfventyr, Tio små negrers underbara.
Äfventyrsböcker.
Äfventyrsböcker, Gossarnas.
Älskling, Mormors.
Ängel, Hemmets.
Ängeln utan vingar.
Ängsblommor.
Öden, Lilla sotarmurres underbara.
Öfverrasknings-bilderbok.
Öhman, »Förakten ej de små.»

VIII. Språkvetenskap.

a) Allmän.

Allardt, En framtidsman.
Arkiv för nordisk filologi.
Cederschiöld, Döda ord.
—, Om fordringarna på en hist. ordbok.
Edgren, Jämförande grammatik.
—, Språkhistoriska ordböcker.
Esperanto, Internationelt språk.
Fickordböcker, P. A. Norstedt & Söners.
Förhandlingar, Språkvetenskapl. sällskapets.
Goldschmidt, Språklig åskådningsundervisning.
Grunderna, De första, i volapük.
Heikel, Filologins studium vid Åbo universitet.
Liedbeck, Svensk-volapük ordbok.
—, Volapük-svensk ordbok.
Lindh, Gå vi framåt eller tillbaka?
Ljungstedt, Språket, dess lif o. ursprung.
Lyttkens o. Wulff, La transcription phonétique.
—,—, Om samhörighet o. dess förhållande till ljudenlighet.
—,—, Om teckensystem o. ljudenlighet.
Lärokurs, Fullständig, i volapük.
Noreen, Om språkriktighet.
—, Om tavtologi.
—, Spridda studier.
Nyström, Talorganen.
Ordbok, Svensk-esperantisk.
Parlör, Ny, på fyra språk.
Parlörlexika, Fritzes.
Pipping, Om Hensens fonautograf.
—, Om klangfärgen hos sjungna vokaler.
—, Theorie der Vokale.
Qvanten, Några anmärkn:r om vokalljuden.
Runström, Lättfattlig lärobok i Volapük.
Samenhof, Lärobok i verldsspråket »Esperanto».
Skolbibliotek, Franskt o. engelskt.
Skolbibliotek, P. A. Norstedt & Söners.
   I. Tyska författare.
   II. Franska d:o
   III. Engelska d:o
Sätterstrand, Lärobok i volapük.
Söderhjelm, Germaniska o. romaniska språkstudier.
Uppsatser, Valda, på tyska, franska o. eng. språken.
Vendell, Om tecken till begynnande palatalisering.
Vp.
Zamenhof, Lärobok med esperantisk-svensk ordbok.

b) Österländska språk.

Almkvist, Bischarie-Sprache Tu Bedawie.
—, Mechilta Bo.
Bhiksbu, Subhádra.
Brandel, Om och ur den arabiska geografen »Idrisi».
Donner, Die Felseninschrift bei Suljek.
Edgren, Det gamla Indiens bildspråk.
Fleusburg, Studier öfver den forniudiska tempusläran.
—, Über Ursprung u. Bildung des Pronomens αὐτός.
—, Zur Stammabstufung der mit Nasalsufix gebild.
Präsentia im Arischen u. Griechischen.
Herner, Syntax der Zahlwörter im Alten Testament.

Johansson, Der Dialekt der Shahbāzgarhi-redaktion.
Lindberg, Studier öfver de semitiska ljuden w o. y.
Nylander, Graf von Landberg als Kritiker.
—, Lärob. i hebr. språket.
—, Ueber die Upsalær Handschrift Dalaïl al Nubuwwa.
Orientalistkongressen i Stockholm—Kristiania.
Reuter, Die altindischen nominalcomposita.
Tallqvist, Babylonische Schenkungsbriefe.
—, Die assyrische Beschwörungsserie Maqlû.
—, Die Sprache der Contracte Nabû Nâids.
—, Makarius den store från Ägypten.
Tikkanen, Klimax-Handschrift d. Vatikanischen Bibliotek.

c) Klassiska språk (Grekiska o. latin).

Andersson, Quæ de numine divino cultuque ejus senserit Julianus.
Anthologia Homerica.
Appelqvist, De præcipuis rerum Gai Claudii Neronis scriptoribus.
Bergman, De Tibulli codice Upsaliensi.
Blomqvist, De genetivi apud Plautum usu.
Boëthius, Ordförteckning till Cornelius Nepos.
Cæsar, De bello gallico; utg. af Hæggström.
—, Kommentarier öfver galliska kriget.
Catullus, Carmina selecta.
Cavallin, Den homeriska dialekten.
—, Grekisk syntax.
—, Ordbok till C. Julii Cæsaris de bello gallico
Cicero, De imperio Cn. Pompeii. Med förkl. af Bagge.
—, De oratore. Med förkl. af Jacobsson.
—, Om vänskapen.
—, Om ålderdomen.
—, Orationes philippicæ prima et secunda. Med anmärkn:r af Dahlman.
—, Valda bref, öfvers af R—n.
Cornelius Nepos med ordförteckn., förkl. o. lexikon af Boëthius.
—, utg. af Peterson.
—, Med anmärkningar o. ordbok utg. af Rönström.
Danielsson, De voce ΑΙΖΗΟΕ questio etymologica.
—, Epigraphica.
—, Grammat. und etymolog. Studien.
Fehr, Studia in Oracula Sibyllina.
Frigell, Adnotationes ad Horatii carmina.
Granit, De infinitivis et participiis in inscriptionibus dialectorum græcorum.
Grotenfelt, Ord- o. sakförklaringar till Ciceros tal emot Catilina.
—, Ord- och sakförklaringar till Ciceros tal De imperio Cn. Pompeji.
Gylling, De argumenti dispositione in satiris Juvenalis.
Hagfors, De præpositionum in Aristotelis politicis usu.
Handledning, Kort, i latinsk stilistik.
Heikel, De præparationis evang. Eusebii edendæ ratione questiones.
—, Senecas Character aus seinen Schriften beleuchtet.

19. KLASSISKA SPRÅK.

Heikel, Ueber die sogenannte Boukoloi.
Hertz, De præcipuarum præpositionum loci usu Lucretiano.
Homeros, Ilias. Öfv. af *Holmberg*.
— —, Odyssé, öfvers. af *Lyth*.
— , Odysseia i urval o. sammandrag. Med inledn. af *Knös*.
Horatius, Carmina et epodon liber.
— —, Carmina selecta, utg af *Wintzell*.
— —, Carmina selecta, utg. af *Bergman*.
— —, Carmina selecta ed *Synnerberg*.
— —, Epistlar i öfversättning.
— , Satirer o. bref.
Ignatii diaconi Vita Tarasii.
Johansson, Beiträge zur griechischen Sprachkunde.
— , De derivatis verbis contractis linguæ græcæ.
Kallander, Liviansk krestomati.
— , Tempusläran i latinet.
Lind, De dialecto Pindarico.
Linde, Hermesmythen från språkvetensk. synpunkt.
— —, Om Carmen Saliare.
Lindqvist, Latinsk elementarbok.
— , Öfversigt af grammatik o. vokabler.
Lindroos, Plato quomodo ordinem universi et civitatis humanæ inter se connexuerit?
Lindroth, Bihang till den latinska språkläran.
Lindskog, De enuntiatis apud Plautum et Terentium condicionalibus.
Lindvall, De vi et usu coniunctivi futuri periphr. apud Ciceronem commentatio.
Livius, Ab urbe condita libri I—III et XXI. Med anm:r af *Törnebladh*.
— , Libri XXII et XXIII. Med förkl. af *Frigell*.
— , Libri XXIII, XXV, XXVI et XXX. Med förkl. af *Bagge*.
— , Öfvers. af 1:a o. 2:a böckerna.
— , Öfvers af 22:a, 23:e o. 24:e böckerna.
— , Öfversättn. af rom. historien.
Ljung, Öfvers. af Æneidens 3:e första böcker.
Lyth, Ordförteckning till Cæsars kriget i Gallien.
— , Ordförteckning till Eneidens två första sånger
— , Ordförteckning till Horatius oden. 1:a o. 2:a boken.
— , Ordförteckning till Ovidius metamorfoser.
— , Realordbok för latinläroverken.
— —, Öfvers. af Horatius.
Löfstedt, Ordfört. till Homeri Odyssee o. Iliad.
Martialis, Epigrammata.
Nilén, Luciani codex Mutinensis.
Ordlista, Grekisk o. latinsk.
Palmgren, Latinsk stilistik.
Paulson, De codice Lincopensi homiliarum Chrysostomi.
— , Fragmentum vitæ sanctæ Catharinæ.
— , Index Hesiodeus.
— —, Notice sur un manuscrit de s. Chrysostome.
— , Om Jülicher-handskriften till Petrus de Dacia.
— , Studia Hesiodea.
— , Symbolæ ad Chrysostomum.
Persson, Studien zur Lehre von der Wurzelerweiterung und Wurzelvariation.
— , Undersökn:r på den Plautinska prosodiens område.
Phædri fabulæ, utg. at *Paulson*.
Propertius, Carmina selecta.
Quintilianus, tionde boken, öfv. af *Dahl*
Rindell, Kortfattad grekisk elementargrammatik.
Risberg, Emendationes et explicationes Propertianæ.

20. ROMANSKA SPRÅK.

Rodhe, Ordlista till C. Jul. Cæsaris commentarii.
— —, Ordlista till Homeri Odyssé.
Rödström, Ordförteckning till Phædri fabulæ.
Sallustii de bello Jugurthino, med anm:r af *Hedqvist*.
Sjöstrand, De futuri infinitivi usu latinorum.
— —, De oratorum atticorum in oratione obliqua temporum et modorum usu.
— , De perfecti et plusquamperfecti usu.
— , De vi et usu supini secundi latinorum.
— , In syntaxin Drægerianam notationes.
— , Loci nonnulli grammaticæ latinæ examinati.
— —, Qvibus temporibus modisqve qvamvis etc. similis voces utantur?
Skalder, Latinska, i urval.
Skog, Uppgifter för öfvers. från latin.
Snellman, De gerundiis orationum Ciceronis.
Stegmann, Latinsk grammatik.
Svensson, De usu pronominum reflex. tertiæ personæ apud Homerum.
Synnerberg, Kort handledning i latinsk stilistik.
— , Latinsk öfningsbok.
— , Observationes criticæ in M. Minucii Felicis Octavium.
— , Textkritische Bemerkungen zu Cornelius Nepos.
Taciti Germania utg. af *Bergman*.
Tammelin, De participiis priscæ latinitatis questiones syntacticæ.
Thomson, De modis temporibusque comporationum homericarum.
Tibullus, Carmina selecta.
Törnebladh, Latinsk elementarbok.
o. *Lindroth*, Latinsk språklära.
Wintzell, De hellenismo Horatii.
— , Studia Theocritea.
Virgilii Aeneidos lib. I—IV, utg. af *Törnebladh*.
— , Aeneidos lib I—II, jämte förkl. af *Lyth*.
Vocabula, Variarum rerum
Wahlin, De usu modorum apud Apollonium Rhodium.
Zander, Carminis Saliaris reliquiæ.
— , De lege versificationis latinæ.
— , Latinsk språklära.
— , Versus italici antiqvi.

d) Romanska språk (Franska, italienska och spanska.)

Afzelius, Om conditionnel i franskan.
Andersin, La france moderne.
Banville, Gringoire, avec notes et vocab. par *Lönnrot*.
Bawr, La pièce de cent sous.
Berggren, Förbered. öfningar till fransk temaskrifning.
Bergman, Berätt. af franska författare.
Bergström, Fransk elementarbok.
Beronius, Manuel de grammaire française.
Berthet, Le chasseur de marmottes.
Berättelser af franska författare.
Bibliothèque, Petite, française.
Bidrag till belysning af språkbr. i franskan.
Boheman, Lärob. i spanska språket.
Caravello, Terminologie maritime suédoise-française.
Cederschiöld, Franska skriföfningar.
Choix de lectures françaises.
Colomb, Le bel habit.
Contes et recits de differents auteurs.
de la Cueva, Poèmes inédites.
Dahlerus, Langue française.
Dalin, Fransk-svensk ordbok.

20. ROMANSKA SPRÅK.

Daudet, Contes choisis.
Duruy, Biographies d'hommes célèbres. Avec notes par *Malmberg*.
Edström, Fransk elementarbok.
Eko af franska talspråket.
Elmqvist, Fransk språklära.
Enblom, Recueil de lectures françaises.
Fant, L'image du monde.
Feilitzen, Öfningar i franskt talspråk.
Feriebibliotek.
Foulché-Delbose, Causeries parisiennes.
—, Från barnens verld.
Franke, Phrases de tous les jours.
Författare, Moderna franska.
Geijer, Studier i fransk lingvistik.
Georgii, Fransk elementarbok.
Goldschmidt, Franska bildglosor.
Grandineau, Le petit précepteur.
Gullberg, Anmärkn:r o. förkl:r till Essai de lectures françaises.
—, Essai de lectures françaises.
—, o. *Edström*, Fransk skolgrammatik.
Hagelin, Franska pronomina.
Halévy, L'abbé Constantin. Med anm:r af *Edström*.
Herding, Petit à petit.
Himmelstrand, Urval af franska anekdoter för talöfningar.
Hjelt, Etudes sur l'hexaméron de Jaques d'Edesse.
Jakobson, Italienska öfningar.
—, Svensk-italiensk parlör.
Jespersen, Fransk elementarbok.
Johansson, Verbet faire med följande infinitiv.
—, Öfningar i öfversättning till franska.
Journaux parisiens. Utg. af *Brovall*.
Klint, Fransk-svensk ordbok.
Konow, Svensk-fransk o. fr.-sv. sjömilitärisk ordbok.
Labiche, Le voyage de mr Perrichon.
Lectures françaises pour la jeunesse.
Lenander, L'emploi des temps et des modes dans les phrases hypothétiques.
Liljeqvist, Infinitiven i det fornspanska lagspråket.
Lundberg, Locutions parisiennes.
Lundgren, Franska läsestycken.
Melén, Ord o fraser för resande till Italien.
Mignet, L'ancienne Germanie. Med anmärkn:r af *Widholm*.
Morén, Ordbok till franska mästerskaps-systemet.
Müller o. *Wigert*, Fransk läsebok.
—, —, Fransk vitterhet.
—, —, Förklaringar till fransk läsebok.
Möller, Fransk elementarbok.
Olde, Fransk språklära.
Ordbok, Fransk-svensk.
Paban, Svensk o. fransk parlör.
Philp, Franskt konstruktionslexikon.
—, Skriföfningar i franska språket.
Ploetz, Conjugaison française.
—, Elementarbok i franska språket.
—, Fransk språklära.
—, Ny elementarkurs i franska språket.
—, Petit vocabulaire français.
—, Syllabaire français.
Recueil de mémoires philologiques présenté à Mr Gaston Paris.
Régles, Quelques, de grammaire française.
Rodhe, Fransk läsebok.
—, Franska talöfningar.
—, Praktisk lärobok i franska språket.
Schoug, Franska dialoger.

21. ENG. O. TYSKA SPRÅK.

Schoug, Livre du maître.
—, Manuel français.
—, Tableau des verbes irréguliers.
Schrevelius, Fransk elementarbok.
—, Fransk läsebok.
Schulthess, Fransk-svensk ordbok.
—, Ort- folk- o. dopnamn.
—, Svensk-fransk ordbok.
—, Tillägg till Svensk-fransk ordbok.
Stavelius, Svensk-spansk (spansk-svensk) ordbok.
—, Utkast till spansk grammatik.
Storm, Dialogues français.
—, Franska talöfningar.
Svedelius, Étude sur la semantique.
Svensson, »Mästerskapssystemet.» Lärob. i franska språket.
Söderhjelm, Les trois moz af Guillaume le clerc.
—, Ueber Accentverschiebung im Altfranzösischen.
— o. *Tötterman*, Fransk elementarbok.
—, —, Fransk läsebok.
—, —, Fransk språklära.
—, , Ordlista till Fransk elementarbok.
, , Ordlista till Fransk läsebok.
—, o. *Wallensköld*, Le mystère de Saint Laurent.
Talöfningar, Franska.
Temata, Franska.
Urval ur nyare författ. arbeten. Fransk vitterhet. Utg. af *Müller* o. *Wigert*.
Wallensköld, Chansons de Conon de Béthune.
Vallström, Mästerskapssystemet. Praktisk lärob. i spanska språket.
Wessman, Kortfattad fransk språklära.
Widholm, Fransk språklära.
Wigert, Franska talöfningar.
—, Premières leçons de conversation.
Wijkander, Franska vokabler.
Windahl, Li vers de la mort.
Vising, Fransk språklära.
—, Öfversättningsöfningar till franska.
Voltaire, Histoire de Charles XII.
Wulff, Le lai du cor.
—, Poèmes inédits de Juan de la Cueva.
—, Un chapitre de phonétique.
Zander, Etudes sur l'article dans le français du XVI:e siècle.
—, Recherches sur l'emploi de l'article dans le français du XVI:e siècle.

e) Germanska språk.

α) engelska o. tyska.

Afzelius, Engelsk elementarbok.
—, Engelsk grammatik.
—, Engelsk läsning.
—, Eng. talspråkets uttals- o. formlära.
—, Nyckel till öfningar i engelsk syntax.
—, Prakt. lärobok i eng. språket.
—, Öfningar i engelsk syntax.
Andersson, Some remarks on the use of relative pronouns in modern english prose.
Arnold, Fritz auf dem Lande.
—, Zwei Novellen, mit Anmerk. von *Rodhe*.
Auswahl aus d. neueren deutschen Literatur. Mit Anmerkungen von *Calvagen* o. *Melin*.
Bibliothek moderner deutscher Schriftsteller.
Björkman, Svensk-engelsk ordbok.
Blomqvist, Förberedande kurs i tyska språket.

21. ENGELSKA O. TYSKA SPRÅK.

Bodstedt, Svenskt-tyskt parlör-lexikon.
Borg, Kommentar till Engelsk läsebok.
Brassey, A voyage in the ›Sunbeam›.
Brekke, Lärob. i engelska språket.
Burnett, Little lord Fauntleroy.
Calvagen, Engelsk elementar o. läsebok.
— , Engelsk språklära.
— , Kortfattad eng språklära.
——, Kortfattad tysk språklära.
— , Tysk elementarbok.
— , Tysk elementar- o. läsebok.
— , Tysk läsebok.
——, Tysk språklära.
— , Öfningar i tyskt talspråk.
— , Öfversättningsöfningar till engelska.
— , Öfversättningsöfningar till tyska.
Crüger, Engelsk elementarbok.
Dickens, The cricket on the hearth.
Echo der deutschen Umgangssprache.
Ekmark, Öfningar att böja det tyska adjektivet och passivum af det tyska verbet.
Eko af det tyska talspråket.
Eko af engelska talspråket.
Elfstrand, Engelsk läsebok.
Eliot, The sad fortunes of the rev. Amos Barton.
Enehjelm, Ordlista till ›Deutsches Lesebuch.›
Erdmann, Die Grundbedeutung u. Etymologie der Wörter Kleid u. Filz.
——, Om folknamnen Götar o. Goter.
——, Ueber die Heimat und den Namen der Angeln.
Ewing, Jackanapes.
Falk, Tyska talöfningar.
Fawcett, Eminent women of our times.
Flügel, Den uppriktige engelsmannen.
Forsten o. *Bohnhof*, English reader.
Freudenthal, Tyska skriföfningar.
Freytag, Die Journalisten.
Fry, Schreds and patches.
Författare, Moderna engelska.
Gardiner, Historical biographies.
Heyse, Colberg Mit Anm. von *Hjort* u. *Lindhagen*.
Hjort, Tysk grammatik.
    o. *Lindhagen*, Kort lärob. i tyska språket.
    , — , Tilläggshäfte till d:o.
    , — , Praktisk lärobok i tyska språket.
— , Extrahäfte till d:o.
Hoffmann, Das Antikenkabinett.
Hoppe, Svensk-tysk ordbok.
— , Tysk ljud- o. uttalslära.
— —, Tysk-svensk ordbok.
Howell, Pictures of girl life.
Jensen, Aus Lübecks alten Tagen.
Jespersen, Engelsk grammatik.
Kabner, Lärobok i tyska språket.
Kamke, Tysk konversationsgrammatik.
Kuttner, Huru talas det i Berlin?
Lagerstedt, Engelska vokabler.
Lektyr, Modern tysk.
Lesebuch, Deutsches.
Library, Short story.
Lindelöf, Engelska språkets ljud- o. formlära.
    o. *Öhquist*, Tysk språklära.
Lindgren, Engelsk-svensk ordbok.
— — , Engelska egennamn.
Ling, Svensk-engelsk prepositions- o. konstruktionslära.
Litteratur, Aus den neueren deutschen.
Ljunggren, The poetical gender of the substantives in the works of Ben Jonson.

Ljungstedt, Anm:r till det starka preteritum i germanska språk.
Läseböcker, Engelska.
Läsning, Engelsk.
Löfgren, Engelsk språklära.
— —, Ordförteckn. till tysk elementarbok.
— , Ordlista till tysk läsebok.
    , Tysk elementarbok.
— — , Tysk läsebok.
— , Tysk språklära.
— —, Tyska öfversättnings- o. talöfningar.
Löwenhielm, De engelska hjälpverberna shall o. will.
Massey, Village tales.
Mathesius, Engelsk elementarbok.
— , Engelsk skolgrammatik.
    , Tysk elementarbok.
May, A course of english reading.
    , Engelska o. sv. samtalsöfningar.
Melin, Tysk läsebok.
Molesworth, The sealskin purse- Princess Iceheart.
Morén, Anekdot-urval för tyska talöfningar.
    , Engelsk elementarbok.
— —, Engelsk elementarkurs.
    , Engelsk läsebok.
    , Engelska talöfningar.
— , Engelsk teknisk litteratur.
    , Nyckel till franska mästerskaps-systemets skriföfningar.
    , Ordbok till engelska mästerskaps-systemet.
— —, Ordbok till tyska mästerskaps-systemet.
— , Svenskt-engelskt parlörlexikon.
— , Tyskt konstruktionslexikon.
    , Bihang till d:o.
    o. *Dahlander*, Anekdoturval för eng. talöfningar.
Moser o. *Schönthan*, Krieg im Frieden.
Müller, Aus demselben Holze.
— , Zwei Erzählungen.
Nawrocki, Aus der Kinderwelt.
Nyrén, Mir eller mich?
Olde, Engelsk prononciationslära.
Oliphant, Neighbours on the green.
Olsson, Lärobok i tyska språket.
Paban, Svensk o. tysk parlör.
Parlör, Svensk o. engelsk.
Parlör, Svensk o. tysk.
Parlör, Tysk-svensk.
Parlörlexika 2, 3. Svenskt-tyskt. Svenskt-engelskt.
Pederzani-Weber, Auf rauhen Pfaden.
Pichler, Am Fusse der Achalm.
——, Der Überfall im Odenwald.
Reading, English.
Repetitions- o. afslutningskurs, Engelsk.
Riehl, Burg Neideck.
— , Drei novellen.
Rodhe, Engelsk läsebok.
— , Engelska skriföfningar.
— , Nyckel till d:o.
— —, Engelska talöfningar.
— , Ordlista till Engelsk läsebok.
— , Praktisk lärobok i engelska språket.
— —, Praktisk lärobok i tyska språket.
— , Tyska skriföfningar.
— , Tyska talöfningar.
    o. *Kröger*, Tysk läsebok.
Rosenberger, Tysk-svensk ordbok.
Rosendahl, Untersuchungen über d. Syntax.
Scenes from the irish rebellion with notes by *Löwenhjelm*.
Schiller, Wilhelm Tell, utg. af *Hellsten*.

Schindler, Från barnens verld.
—, Glimpses of London.
Schoug, Engelska ord o. samtal.
—, Tyska ord o. samtal.
Schupp, Kaiser Wilhelm I.
Schüler-Bibliothek, Kleine.
Scott, The history af Mary Stuart.
Season, My first.
Seidel, Der Trilpetritsch.
—, Leberecht Hühnchen.
Selig, Att tala engelska — snart!
Selver, Tyska samtal, fraser, etc.
Sewell, Black Beauty. Med anm:r af *Wendell*.
Sommer, Den lille amerikanen.
Stinde, Die Familie Buchholz, herausgeg. von *Brate*.
—, Zwei Novellen. Mit Anmerk. von *Rodhe*.
Stories, Short, for children. Med förkl. af *Caselli*.
Storm, Im Saal.
Struve, Tyska bild-glosor.
Sturzen-Becker, Engelsk läsebok.
Suttner, Erzählte Lustspiele.
Svensson, Genmäle. till H. W.
—, »Mästerskapssystemet». Lärob. i engelska, franska o. tyska språken.
Talkurser, Engelska, utg. af *Morén*.
Thaning, Engelska bildglosor.
Uppgifter, Eckl. depart:s, för mogenhetsexamen i engelska.
Uppgifter, Eckl. depart:s, för mogenhetsexamen i tyska.
Walter, Engelska hvardagsuttryck.
Walther, Den amerikanske tolken.
Wenström, Engelsk-svensk ordbok.
— o. *Lindgren*, Engelsk-svensk ordbok.
Verfasser, Moderne deutsche.
Widmark, Tysk-svensk ordbok.
Wildenbruch, Der Letzte, u. Meine beiden Onkel.
—, Vergnügen auf dem Lande.
Winter, Bootle's baby.
Volkmann-Leander, Träumereien an französischen Kaminen.
Vägledning, Kort, till engelska språkets talande.
Yell, Gleanings from english and american literature.
—, Svenskt-engelskt parlör-lexikon.
Zetterquist, Nyaste mästerskapssystemet. Lärobok i engelska språket.
—, Nyckel till skriföfningarna i Lärob. i eng. språket.
Zilliacus, Amerika-boken.
Åhlström, Engelsk språklära.
Öfversättningsprof, Ecklesiastikdepartementets engelska.
Öhquist, Alfabetisk ordlista till Deutsche Prosa u. Dichtung.
—, Deutsche Prosa und Dichtung.
—, Tysk elementarbok.
—, Tysk elementargrammatik.
Öman, Svensk-engelsk handordbok.

β) Fornnordiska o. medeltidssvenska.

Brate, Dalalagens böjningslära.
—, Runverser.
—, Äldre Vestmannalagens ljudlära.
Bugge, Om runeindskrifterne paa Rök-stenen.
Bureus, Sumlen.
Carmina Norroena, ed. *Wisén*.
Freudenthal, Eddastudier.
—, Runinskriften å Tuukkalaspännet.
—, Östgötalagen.
Hjelmqvist, Naturskildringarna i den norröna diktningen.

Hultman, Jöns Buddes bok.
Jonsson, Voluspá.
Karsten, Nordiska språkens primära normalbildningar.
Larsson, L., Ordförrådet i de älsta isländska handskrifterna.
—, Studier öfver den Stockholmska homilieboken.
—, *R.*, Södermannalagens ljudlära.
Noreen, Altschwedisches Lesebuch.
—, De nordiska språken.
—, Utkast till föreläsn:r i urgermanisk ljudlära.
Södervall, Ordbok öfver svenska medeltidsspråket.
Thorkelsson, Dictionnaire islandais-français.
Upsalastudier tillegnade Sophus Bugge.
Wadstein, Fornnorska homiliebokens ljudlära.
Vendell, Terminologien i äldre Vestgöta- o. Östgötalagarne.
Wisén, Málaháttr.
—, Några ord om den Stockholmska Homilieboken.
—, Textkritiska anm:r till den Stockholmska Homilieboken.

γ) Nysvenska.

Almquist, Rättskrifningsöfningar.
Andersson, Svenska språköfningar.
Anmärkningar, Några, i rättstafningsfrågan.
Anmärkningar vid Lyttkens o. Wulffs Svenska språkets ljudlära.
Aurén, Supinum aktivum.
—, Svensk bokstafveringslära.
—, Svenska rättskrifningsöfningar.
Bergqvist, Välläsningslära.
Bergsten, Tänka o. skrifva.
Bidrag, Finska, till svensk språk- o. folklifsforskning.
Bidrag, Nyare, till känned. om de svenska landsmålen.
Billing, Åsbomålets ljudlära.
—, Ordlista till Åsbomålets ljudlära.
Bremer, Svensk språklära.
Bäckman, Öfningskurs i modersmålets rättskrifning.
Börjesson, Folkskolans hemlexor. Modersmålet.
—, Metodiskt ordnade rättskrifningsöfningar.
—, Rättskrifningslära.
—, Rättskrifningsöfningar.
—, Öfningar i svensk rättskrifning.
—, Öfningar i svensk språklära.
—, Öfningsbok i modersmålet.
Cederschiöld, Om svenska akad:s ordbok.
Dalin, Svenska språkets synonymer.
Dalström, Svensk språklära.
Ek, Rättskrifningsöfningar.
—, Svensk rättskrifningslära.
Ekermann, Svensk ordlista.
Eriksson, Svensk rättskrifningslära.
—, Öfnings- o. lärobok i svenska språket.
—, Öfnings- o. lärobok i sv. spr. form- o. satslära.
Flodström, Lärobok i svensk rättskrifning.
Freudenthal, En blick på svenska språkets utvecklingshistoria.
—, Svensk rättskrifningslära.
—, Svenska rättskrifningsöfningar.
—, Vörömålet.
— o. *Vendell*, Ordbok öfver estländsk-svenska dialekterna.
Geete, Ordklyfverier.
Genell, Svensk sats- o. formlära.
Grönstrand, Försök til svensk retstavningslera.
Hagfors, Gamla Karlebymålet.
Hagström, Lärokurs i modersmålet.
Hausen, Mans- o. kvinnonamn på Åland.

23. NYSVENSKA.

Hjelmqvist, Almqvist ss. etymolog.
— —, En ny källa för vår fosterländska odling.
— —, Om begagnandet af Sv. akad:s ordbok.
Kabner, Lärobok i modersmålet.
— —, Svensk ordbok.
— , Svensk språklära.
— , Svenska rättskrifningsöfningar.
— — o. *Victorin*, Lärob. i modersmålet.
— , — , Svensk rättskrifningslära.
Karlgren, Skiljeteckenslära.
Karlsson, Läro- o. öfningsbok i svenska språket.
Kastman o. *Lyttkens*, Ordlista öfver svenska språket.
Keyser, Om svensk skrift.
Kjöllerström, Svensk namnbok.
Kock, Belysning af några svenska ord o. uttryck.
— , Kritiska anmärkn:r om svensk aksentuering.
— , Studier öfver fornsvensk ljudlära.
— , Undersökn:r i svensk språkhistoria.
Kramer, Svensk metrik.
Krok, Folkskolans öfningsbok i modersmålet.
— , Repetitionsöfningar tör rättskrifning.
— , Uppsatser i modersmålet.
Lagerblad, Svensk rättskrifningslära.
— , Svensk språklära för folkskolor.
— —, Svensk språklära för lyceer.
— , Svensk språklära för småskolor.
Lagus, Lärokurs i svenska språket.
Landgren, Svensk språklära.
Landtmanson, Öfningsbok i svenska språket.
Lind, Om rättstafningen
— , Rättstavning eller vrångstavning.
Lindblom, Talbilder.
Linder, Regler o. råd ang. sv. språkets behandling i tal o. skrift.
— , Om -er, -r, -ar o. -or ss. pluraländelser.
Lindström, Svensk grammatik.
Ljungstedt, Modersmålet o. dess utvecklingsskeden.
Lund, Svensk språklära.
Lundberg, Staflista.
Lundblad, Öfningar i svensk rättskrifning.
Lundborj, Svänsk rättskrivningslära.
Lundell, Om rättstafningsfrågan.
— , Svensk ordlista.
Lundeqvist, Hemläxor. 1 Rättstafning.
Lundgren, Svensk rättskrifningslära.
— , Svensk staflista.
Lyttkens o. *Wulff*, Om grunderna för ändringar uti svenska språkets rättskrivning.
— —, — —, Svensk uttals-ordbok.
— —, — —, Svenska språkets beteckningslära.
Löfgren, Hufvudregler för svensk rättstafning.
May, A practical grammar of the swedish language.
Munthe, Folklore.
Nordlander, Hvad skall jag diktera?
— —, Ordbok för rättskrifning.
— , Svensk rättskrifningslära.
— , Svenska rättskrifningsöfningar.
— , Öfningar o. regler för sv. rättskrifning.
Nordlinder, Lule-socknarnes person- o ortnamn.
Noreen, Folketymologier.
— , Rättskrifningens grunder.
— —, Svensk folketymologi.
Norlén, Lärobok i modersmålet.
Norrman, Förteckning öfver svenska dopnamn.
Nyblom, Rättskrifningslära.
Nystavaren.
Olséni, Södra Luggudemålets ljudlära.
Ordbok öfver svenska språket, utg. af Sv. Akad:n.
Ordförteckning, Svensk.

Ordlista för svensk rättskrifning.
Ordlista öfver svenska språket, utg. af Sv. akad:n.
Persson, Svensk namnbok.
Pira, Lärobok i modersmålet.
Regnér, Förkl. o. anm:r till Läsebok för folkskolan.
— —, Kortfattad svensk rättskrifningslära.
— , Om uppsatsskrifning.
— , Svensk språklära.
Richter, Svensk rättskrifningslära.
Rundgren, Modersmålets form- och satslära.
Rättskrifningslära, Kort, af E—n.
Rättstavningslära o. ordlista.
Rönström, Dispositioner till uppsatser i modersmålet.
Schwalbe, Svensk sats- o. ordlära.
— , Öfningskurs i svensk rättskrifning.
Senell, Sydsvensk namnlista.
Sjögren, Lärokurs i modersmålet.
Sjölander, Folkskolans elementarbok.
— , Folkskolans elementarbok Förk. uppl.
Stafsättet i Folkskolans läsebok.
Stenbäck, Rättskrifningsöfningar.
Sturzen-Becker, Svensk rättskrifningslära.
— —, Svenska rättskrifningsöfningar.
Sundén, Kort lärokurs i modersmålet.
— —, Ny svensk rättskrifningslära.
— —, Ordbok öfver svenska språket.
— , Rättskrifningsöfningar.
— , Svensk språklära.
— — o. *Modin*, Svensk stillära.
Synnerberg, Svensk ordlista för rättskrifning.
Tamm, Etymologisk svensk ordbok.
— , Fonetiska kännetecken på lånord i nysvenska riksspråket.
— —, Suppl. till Valda skrifter av Stiernhielm.
Tegnér, Natur o. onatur i fråga om svensk rättstavning.
— , Om genus i svenskan.
Thorén, Rättskrifningsöfningar.
Tidner, Öfningar i uppsatskrifning vid prakt. skolor.
Vasenius, Begynnelsekurs i svenska.
— , Den första undervisningen i språk.
— , Hjelpreda vid uttalsundervisning i svenska.
— , Om namnen på Finlands kommuner i svensk o. finsk skrift.
— , Svensk läsebok för mellanklasserna.
Vendell, Bidrag till svensk folketymologi.
— —, Nyländska etymologier.
— -, Ordbok öfver Pedersöre-Purmo-målet.
— , Ordlista öfver det svenska allmogemålet i Finnby kapell.
— , Pedersöre-Purmo-målet.
— , Runömålet.
— -, Sydöstsvenska etymologier.
— —, U-omljud af a i de sydöstsvenska dialekterna.
— —, Östsvenska monografier.
Wenström o. *Jeurling*, Svenska språkets ordförråd.
Wessman, Svensk ordlista.
— , Svensk rättskrifningslära.
Wåqman, Öfningskurs i svensk rättskrifning.
Åberg, Svensk ordlista.
Åström, Språkhistoriska studier öfver Degerforsmålets ljudlära.
Ämnen för uppsatser på modersmålet.

δ) Dansk-norska.

Dalin, Dansk-norsk o. svensk ordbok.
Holmberg, Norska o. danska läsestycken.
Lindgren, Dansk o. norsk grammatik.
Wadstein, Forunorska homiliebokens ljudlära.

f) Slaviska o. finska språk.

Abercromby, List of Russian Lapp words.
Ahlqvist, Wogulische Sprachtexte.
——, Wogulisches Wörterverzeichniss.
——, Über die Kulturwörter d. Obisch-ugr. Sprachen.
Becker, Finska skriföfningar.
Berner, Ett Kalevala-ord.
Buslajeff, Lärobok i ryska språkets grammatik.
Cannelin, Finsk-svensk ordbok.
Dannholm, Öfningskurs i finska språket.
Donner, Jahresb. über die Fortschr. d. finnisch-ugr. Studien.
——, Vergleichendes Wörterb. d. finnisch-ugr. Sprachen.
Genetz, Ost-Tscheremissische Sprachstudien.
——, Wörterb. der Kola-Lappischen Dialekte.
Grenman, Zur Frage der ost-sibirischen Inschriften.
Hahnsson, Svenskt-finskt lexikon.
Handlingar tillkomna vid återbesättandet af professionen i finska språket.
Hurt, Die estnischen Nomina auf -ne purum.
Jahnsson, Finska språkets satslära.
Journal de la Société Finno-ougrienne.
Jännes, Svensk-finsk ordbok.
Kolʹio, Finsk elementarbok.
——, Nominalbildning.
——, Repetitionskurs i finsk formlära.
——, Supplementhäfte till Finsk elementarbok.
Keinänen, Bilder ur Kalevala.
Kockström, Lärobok i finska språket.
——, Öfningsbok till finska satsläran.
Konsten att genom sjelfstudium fort o. lätt lära sig ryska språket.
Lilius o. Thilloth, Lärobok i ryska språket.
——, Rysk läsebok jemte verblära.
Lindfors, Förberedande kurs i ryska språkets grunder.
——, Praktisk lärobok i ryska språket.
——, Rysk elementarkurs.
——, Ryska extemporalie- o. skriföfningar jemte noter o. ordlista.
Lundell, Études sur le pronon. russe.
Lytkin, Syrjänische Sprachproben.
Lönnrot, Finskt-svenskt lexikon. Supplementhäfte.
Mémoires de la Société Finno-ougrienne.
Meurman, Huru finska språket blef officielt.
Mikkola, Berührungen zwischen d. westfinnischen u. slavischen Sprachen.
Nordlund, Svenskt-finskt handlexikon.
Ordbok, Finsk, svensk o. rysk.
Ordbok, Finsk, svensk, rysk o. tysk.
Ordbok, Rysk, svensk o. finsk.
Paasonen, Mordwinische Lautlehre.
——, Proben d. mordwinischen Volkslitteratur.
Palander, Rysk läsebok.
——, Ryska språkets grunder.
Parlör, Rysk, finsk o. svensk.
Parlör, Rysk, svensk o. finsk.
Porkka, Volmari Porkkas tscheremissische Texte mit Übersetzung.
Samtalsöfningar i ryska, finska, svenska o. tyska språken.
Setälä, Finska språkets satslära.
——, Geschichte der Tempus- u. Modusstammbildung.
——, Om de finsk-ugriska språken.
——, Ueber die Bildungselemente des finnischen Suffixesise.
——, Zur Gesch. d. Tempus- u. Modusstammbildung in den finnisch-ugrischen Sprachen.
Sjöros, Finsk ordböjningslära.
Skoltolk, Svensk o. finsk.
Thomsen, Inscriptions de l'Orkhon déchiffrées.
Tötterman, Das Suljek-alfabet.
——, Entzifferungs-versuch einiger Inschriften auf einer Felsenwand im Kreise Minusinsk.
——, Fünf Suljekinschriften.
Waara, Svensk-finsk o. finsk-svensk parlör.
Wichmann, Wotjakische Sprachproben.
Wiklund, Das Kolalappische Wörterbuch.
——, Die nordischen Lehnwörter in den russisch-lappischen Dialekten.
——, Die südlappischen Forschungen des herrn Dr Ignacz Halasz.
——, Ein Beispiel des lativs im lappischen.
——, Kleine lappische Chrestomathie mit Glossar.
——, Laut- und Formenlehre der Lule-lappischen Dialekte.
——, Nomen-verba im lappischen.
Wilskman, Svensk-finsk gymnastik-terminologi.
Volmari, Porkkas Tscheremissische Texte.
Zidbäck, Svensk-finsk, tysk-engelsk förteckning öfver mekanisk-tekniska termer.

IX. Skönlitteratur.

a) Antologier o. kalendrar.

Album för litteratur o. konst.
Album, utg. af Nyländingar.
Ansgarius.
Bandet, Blå.
Bethlehem.
Björkman, Dikter, öfversatta.
——, Ur Portugals samtida diktning.
——, Ur Spaniens samtida diktning.
Brage.
Bröms Gyllenmärs Visbok.
Diktning, Ur nyare tidens. Utg. af Leffler.
Eko.
Excelsior.
Febe.
Finland i dess skalders sång.
Folk-kalender, Sveriges.
Frideborg.
Fristunden.
Födelsedagsalbum, Fosterländskt.
Födelsedagsalbum jemte minnesord på vägen.
Födelsedagsbok.
Förgät mig ej. Födelsedagskalender.
Förr o. nu.
Genljud från Hesperien.

26. ANTOLOGIER O. KALENDRAR.

Gerd.
Gnistan.
Grenljuset.
Hallonlöf, Från skilda orter.
Handb. i svensk vitterhet utg. af *Sprinchorn*.
Harlekin.
Helsingfors—Paris 1889.
Hervor.
Jensen, Ur Böhmens moderna diktning.
Jul, God.
Julalbum.
Julkalender, Kaspers.
Julkalender, Stenografisk.
Jultomten.
Kalender för alla.
Kalender, Jultomtens.
Kalender, Svensk.
Kalender utg. af Sv. folkskolans vänner.
Korsblomman.
Kransar på Victor Rydbergs graf.
Kuplett-repertoire.
Kuplettsångaren, Svenske.
Ledstjernan, Födelsedagsbok.
Lefve sången! Nyaste sång- o. visbok.
Linnæa.
Ljus åt vårt folk.
Lucifer.
Lundagård o. Helgonabacken, Från.
Lönnbeck, Poetisk läsebok.
Lördagsqvällens jul- o. teaterkalender.
Märken, Kända, inom visan och kupletten.
Nisse-kalender.
Nornan.
Norrland.
Nyårs-album.
Parnassen, Svenska.
Poeter, Svensk-amerikanska.
Pojken, Humorist. julkalender.
Polstjernan
Portföljer, Ur skilda.
Runa.
Samling, Vald, af gratulationer.
Saxén, Ur den finska sången.
Skalder, Ryska.
Småland, Från.
Snöflingan.
Sol.
Sommarsol.
Strand, Från Fyris.
Svea.
Sverige.
Stycken, Valda, af svenska författare 1526—1732.
Sångbok, Palmgrenska samskolans.
Sångbok, Skolbarnens.
Sångbok, Soldatens.
Sångbok, Stockholms söndagsskolförenings
Sångbok, Svensk läraretidnings.
Sångboken, Svenska.
Sången, Ur den finska.
Sånger, Fosterländska.
Sånger 400.
Sånger saml. af *L. S.*
Sångstycken, Svenska.
Thalia.
Vapenbröderna.
Ur den finska sången samt några ryska skalder.
Vintergatan.
Vintersol.
Visböcker, 1500- och 1600-talens.

27. VITTERHET I ORIGINAL.

Vitterhets o. musik-album.
Vår.
Vårblommor.
Värmländingarne.
Öfversigt af sv. litteraturen.
Öman, Den klassiska litteraturen.

b) Vitterhet.

α) I original.

Aftonstämning af *A. P. J.*
Allvarsson, Öfver skaklor o. råmärken.
Alm, Vid synranden.
Almquist, Målerier.
——, Rimlek o. färgspel.
Alströmer, Dikter.
Anderson, Dikter.
——, Dikter, tal o. minnesteckningar.
Auge Spelman, Maj-visa.
Axelson, Gustaf den stores runa.
Banér, Visbok.
Beckman, Skilda toner.
Beer, Blida stämningsstunder.
——, Kisse.
——, Neckrosor.
——, Till franska eskadern.
——, Violknippan.
Bellman, Outgifna dikter.
——, Samlade skrifter.
Bensow, Dikter.
——, Försvar.
Berg, Sånger, samlade af *L. S.*
Bergman, Carmina latina.
——, Dikter.
Bergström, Dikter.
Bjarke o. *Reuter*, Dikter i färg o. ord.
Björck, Valda dikter.
Björnberg, Rimmande tankar af *Björn*.
Blachet, Dikter.
Blomsterhelsning af *S. H—r.*
Boberg, I moll o. dur.
Bolander, Klockor på Skansen.
——, Vid Naumburg.
Braun, Samlade skrifter.
Bråna-smedens dikter.
Butenschön, Taj Mahal.
Bååth, Gustaf Vasas krona.
——, Kärlekssagan på Björkeberga.
——, Marit vallkulla.
——, På gröna stigar.
——, Svenska toner.
Bäckström, Lyriska dikter.
——, Samlade skrifter.
Böttiger, Valda dikter.
Cederberg, I nöd o. lust.
——, Sånger o. visor för folket.
Cederqvist, Harp-olåt.
Dahlgren, Viser på varmlanske tongmåle.
Damm, Dikter.
Danielsson, Genom gallret.
Dikter, Berättande, från Finland.
Dominikus. Dikter.
Durling, Kambyses' seger.
Edgren, Blåkliut.
Ekerot, Tio Bellmans-imitationer.
Ekevall, Verser.
Elmblad, Samlade dikter.
Evers, Stjernor i djupet.

27. VITTERHET I ORIGINAL.

Fall o. uppståndelse.
Fallström, Chrysanthemum.
—, Gustaf II Adolf.
—, I vinterqväll.
—, Ljufva minnen.
—, Vildrosor.
Feuk, Lyran på sångarens graf.
Fischer, I loge och förening.
Forsman, »Svaga stunder»
Franzén, Valda dikter.
Fredin, Efterlemnade dikter.
—, Vår Daniel o. andra dikter.
Fröding, Guitarr o. dragharmonika.
—, Nya dikter.
—, Räggler å paschaser.
—, Tre gammaldags visor.
Fåhræus, Dikter.
Geijerstam, Satirer o. drömmar.
Gellerstedt, Eftersommar.
God dag!
Granfelt, Dikter.
Grimaldi eller Zettrims irrfärder.
Gyllander, Dikter.
Gymnasiiminne, Ett tjugofemårs.
Göös, Dikter.
Haf, På lifvets, af S. H... r.
Hallonlöf, Nya dikter.
Hallström, Lyrik o. fantasier.
Hamilton, Dikter.
Harpolek. Af —én.
Hartelius, Smärre dikter.
Hedberg, Till 300-årsminnet af Gustaf II Adolfs födelsedag.
Heidenstam, Dikter.
—, Vallfart o. vandringsår.
Hertzberg, Barndomshemmet.
Hjertehelsning af S. H—r.
Holmgren, Linnéa.
—, Visa om vårens herrlighet.
Hultgren, På obanad stig.
Hvalgren, De dödas runor.
—, Den eleutheriske anden.
—, Välgörenheten.
Höstblad af S. H—r.
Ignotus, Dikter.
Iris, Dikter.
Jacobson, Solregn.
Jacobsson, Ur lifvets skola.
Jensen, Nya dikter.
—, På fjärran stig.
Johanson, Dikter.
Jolin, En samling dikter.
Josephson, Svarta rosor.
Kantzow, Georginer.
Karlfeldt, Vildmarks- o. kärleksvisor.
Kjellberg, Ferutio stycken på vers
Kleen, Helg o. söcken.
Klinckowström, Fornsånger.
—, Svipdag Egilssons saga
—, Sägner o. sånger.
Koncepter, Gamla, af W. R.
Kræmer, Den kämpande anden.
—, En kämpande ande.
—, Florence Nightingale.
—, Hägringar o. luftslott.
—, Poesiens vandring.
—, Sånger o. bilder.
Krook, Dikter.
Kärfve, En gyllene.

Lagergren, Nya dikter.
Lagerlöf, Dikter.
Lagus, A., Tro, hopp o. kärlek.
Lagus, G., Dikter.
Lamm, Efterlemnade dikter.
Landahl, Dikter.
Lenngren, Samlade skaldeförsök.
Levart, Odensjöns saga.
—, Till kvinnan.
Levertin, Legender o. visor.
—, Nya dikter.
Liedbeck, Inom- o. utomskärs.
Lilian, I dur o. moll.
Linderot, Andeliga sånger.
Lindfors, Smärre dikter.
Lindholm, Veronica och andra dikter.
Lindman, Dagsländor.
—, Nya dikter.
Lindström, Där hemma i socknen.
—, I blått band.
Ljungström, Teosofiska dikter.
Lundberg, Lyriska stämningar.
Lundeblom, Fosterländska sånger.
Lundgren, På lediga stunder.
Lundström, Kung Orres saga.
Lybeck, Dikter.
Lyckobud, Små.
Malle, Annons-visbok.
Malm, Små visor med bilder.
Malmström, Dikter.
Melin, Dikter.
—, Humleplockningen.
—, Skärgårdsbilder.
Minnessång öfver biskopen Björcks ämbetstid.
Modin, Koraller.
Moll, Kärlekens saga.
—, Qvinnolifsbilder.
—, Rosornas saga.
—, Till erinran.
Montgomery-Cederhjelm, Dikter.
Mörner, Kung Erik.
—, Magnus Stenbock.
—, Tattar-blod.
Nennes, Minnen från grafvarne.
Nilsson, Immelen o. dess omnejd.
Nordenstähl, Tempelbröder.
Nordling, På lifvets väg.
Norén, Magistern på sommarnöje.
Nutid.
Nybläus, Vers o. prosa.
Nyblom, Digte.
Nycander, Röda skyar.
—, Två år.
Olán, Ögonkast under skapelsens slöja.
Olivecrona, Spridda blad.
Orion, Härs o. tvärs.
Oscar Fredrik, Samlade skrifter
—, Smärre dikter.
Regn och solsken af L. L.
Reuter, Nya sånger o. dikter.
Rimfrost af L. S.
Ring, Dikter.
Risberg, Dikter.
—, C. P. Wikner.
Roos, I gryningen.
Rosenius, Ur svenska folkets häfder.
Runeberg, Fänrik Ståls sägner.
—, Fänrik Ståls sägner. Med teckningar af Malmström.
—, Grafven i Perrho.

10-års katalog 1886—1895.

450 28. VITTERHET I ORIGINAL O. ÖFVERSÄTTNING.

Runeberg, Idyll o. epigram.
— —, Samlade Skrifter.
Rydberg, Barndomspoesien.
— , Dikter.
Rydelius, Till jubelfest.
— — , Vid vattubäckar.
Rydin, Ögonblicksbilder.
Rydström, Tillfällighetsdikter.
Sandberg, Gotländska sägner. I. Herr Kristens ottefärd. II Kung Valdemars skatt.
Sander, Drottningens juvel.
— , Sång på Akad:s för de fria konsterna högtidsdag.
Santesson, Kurre.
Schantz, Dikter.
Schiött, I skilda tonarter.
Schön, Genljud från lyran.
Schlstedt, Sånger o. visor i urval.
Sinclairs-visan.
Sixten, I bunden form.
Sjöbris o. landvind.
Sjöstedt, Olivblad.
Sjöstrand, Dikter.
Snellman, Vittra skrifter.
Snoilsky, Ausgewählte Gedichte.
— —, Dikter.
— , En afton hos Fru Lenngren.
— , Majsång på Skansen.
— —, Sonetter.
— — , Svenska bilder.
— , Svensksund.
Snorre, Bitar.
Sommardagar i skogen.
Staaff, Dikter.
Stackelberg, Ur Olof Stigs efterl. papper.
Stagnelius, Vladimir den store.
Stiernhielm, Valda skrifter.
Strandberg, Några dikter.
Strindberg, Från ordnar o. sällskap.
Strömmerstedt, När knoppen vissnar.
Strömsten, Samlade dikter.
Svante, Solglimtar o. molntappar.
— —, Vågskum.
Svärdslilja af L. S.
»Syster Marias. Några tankar.
Sätherberg, Kalifens äfventyr.
Söderberg, Strängalek.
Söderman, Claire-obscur.
Söderström, Arachne o. Penelope
— , Valda dikter.
Tallberg, Blyga barn.
Tammelin, Dikter.
Tavastetjerna, Dikter i väntan.
Tegnér, Frithiofs saga.
— , Samlade skrifter.
— , Skaldestycken.
Tengberg, Några dikter.
— , Till jul.
Teuchler, Allvar o. skämt.
Thelander, Ronneby-bilder.
Thomasson, Fosterländska sånger.
Thorsander, Nordiska toner.
Tigerschiöld, Dikter.
— , Dikter från skog o. sjö
— , John Ericsson.
— —, Nya dikter.
— —, Pontus Wikner.
Topelius, Ljung.
— , Ljungblommor.
— —, Sånger.

Topelius, Vallgossens visa.
Trädgårdsblommor, Nya o. gamla, af F. L—t.
Uddgren, Balders återkomst.
Uf, Tvenne storgubbar o. annat småplock.
Utflykter, Känslosamma, i träskor.
Wallengren, Bohême o. idyll.
Wallin, J. O., Dödens engel.
Wallin, W., Gnistor af Stange.
Wallmark, Från ungdomstid — vid höstetid.
Wecksell, Samlade dikter.
Weiland, Brytningar.
Wetterhoff, Dikter o bilder.
Wichmann, Bilder o. ballader.
— —, Klubbekriget.
Wickström, Ärkebiskopen.
Victorin, Sånger o. bilder.
Wijkander, Femtio sonetter.
Wikner, Vittra skrifter.
Vildblommor.
Wirsén, I lifvets vår.
— , Kristna högtids- o. helgdagar.
— , Sommarkväll på Skansen.
— , Sång vid 100-årsfesten.
— , Toner o. sägner.
— , Vid juletid.
— , Vintergrönt.
Visa, En splitter ny, af en Smålandsgosse från Karshult.
Visa, Maj månads.
Visa om Jöddes besök på Skansen.
Wivallius, Dikter.
Wrangel, Till Magnus Stenbocks minne.
Vågsqvalp.
Vårblommor af L. S.
Åkerblom, Dikter.
Årsskiftet, Vid.

β) I öfversättning.

Ahlqvist, Einige Proben mordwinischer Volksdichtung.
Aminoff, Ryska skalder.
Anthero de Quental, Dikter.
Arnold, Asiens ljus.
Balaguer o. Valera, Columbus.
Beovulf, en forneng. hjeltedikt, öfv. af Wickberg.
Bions idyller.
Byron, Ung Haralds pilgrimsfärd.
Carducci, Valda dikter.
Carlsson, Dikter.
Catullus, Sånger, öfv. af Janzon.
— , Sånger i modern dräkt af Laurén.
De kära som vi skiljts ifrån.
Duarte, Henrik navigator.
Feijo, Fallna blad.
Gerok, Palmblad.
Heine, Ur sångernas bok.
Herder, El Cid.
Kalevala.
Larsson, Kejsar Ming-hoang-ti o. den sköna Tai-tsun.
— , Kinesiska dikter.
Lermontov, Demonen. Klostergossen.
Longfellow, Valda dikter.
Lyror, Främmande.
Manuel, Kjolen.
Nervander, Kalevala i öfversättning.
Petrarca, Afrika.
— —, Sonetter.
Prudhomme, Dikter.
Puschkin, Eugen Onegin.

29. ROMANER I ORIGINAL.

Puschkin, Några dikter.
—, Snöstormen.
Ring, Främmande toner.
Sången om Roland.
Wahlund, Om riddaren med ämbaret.
Westin, Öfversättn:r från främm. förf.

c) Romaner o. noveller.

a) I original.

Adelsköld, En resa till Nordkap.
Agrell, I Stockholm.
—, På landsbygden.
—, Under tallar o. pinier.
Ahrenberg, Anor o. ungdom.
—, Bilder, minnen o. intryck.
—, Familjen på Haapakoski.
—, Från Karelen.
—, Hemma.
—, Hibuliter.
—, Stockjunkarn.
—, Utan hem.
—, Österut.
Alfthan, Skuggan. Koncentr. berättelser.
Allardt, Byberättelser.
Almqvist, Grimstahamns nybygge.
—, Skällnora kvarn.
Ameen, Lifsmål.
April-album.
Arfwidsson, Episoder.
Arpi, Från ett kälkborgarnäste.
Aurell, Ringen med svarta stenen.
Axel, Fiskargossen från Bohuslän.
Axelson, Sekter Lundbergs bröllop.
Behm, Folklif.
—, I skumrasket.
—, Under rasten.
Benedictsson, Berättelser o. utkast.
—, Efterskörd.
—, Folklif o. småberättelser.
—, Fru Marianne.
—, Pengar.
— o. Lundegård, Modern.
Benzon, Kring Lundagård.
Berättelser, Fosterländska.
Berättelser, Smärre, af A. L—n.
Beskow, Humoresker af Ryno.
Bibliotek, De gladas.
Bibliotek, Humoristiskt.
Bilder från vårt nästa krig.
Bjarke, Barnet.
—, Det röda håret.
Bjursten, Valda Romaner:
 1. Gyltas grotta.
 2. Ödets lek.
Björkman, C. G., Svärd o. bälte.
Björkman, G., Flickor.
Blanche, A., Samlade arbeten: Banditen. — Bilder ur verkligheten. — Flickan i stadsgården. — Första älskarinnan. — Sonen af söder o. nord. — Stockholmshistorier. — Vålnaden.
Blanche, Th., Figurer ur Stockholmslifvet.
Blink, Från Vasatiden:
 1. Gustaf Wasa o. hans samtida.
 2. Erik XIV o. Johan III.
—, Svenska medeltidsromaner:
 1. Sten Sture d. ä. o. hans samtida.
 2. Svante Nilsson Sture o. hans samtida.
 3. Sten Sture d. y. o. Kristina Gyllenstjerna.
Blom, Qväll o. morgon.
Bonde, Solhem.
Bondeson, Historiegubbar på Dal.
—, I Glimminge o. Kröplinge.
—, Jan i Slätthult.
—, Nya allmogeberättelser.
Bore, Bergslagshistorier.
—, Hos bergsmän o. grufkarlar.
Bremer, Grannarne.
—, Hemmet.
—, Nina.
—, Presidentens döttrar.
Bruden på Kinnekulle.
Bråkenhielm, Fjällrosor.
Bygder, Från Östergötlands.
Båth, Hafsfruns skatt.
Bååth-Holmberg, Spillror o. a. berättelser.
Carl XV o. korporal Kraft.
Cederberg, Bland vindskupor.
—, Dimfigurer ur Stockholmslifvet.
—, Spindelnät.
Cederblad, Sedt o. kändt.
Daggdroppar af E. S. K.
Dagny. En familjehistoria af J—y Brn.
Dahlgren, Små stugor.
Don Anonimo, Verldens undergång.
Dverg Speleman, Två favoriter. Robbert Whist, Gasqua Vira och deras samtida.
Ehrnrooth, Bland fattiga och rika.
—, Höstskörd.
Ekblom, Labyrintens hemlighet.
Ekerot, Artistlif.
Ekström, Kalle Pihlströms äfventyr i Ryssland.
Elkan, Dur o. moll.
—, Med sordin.
—, Rika flickor.
—, Säfve, Kurt & C:o.
Eneroth, Alabama.
—, Humoresker.
—, Hyskor o. hakar.
—, Kalle Pilgrens frestelser.
—, Kapten Trygger.
—, Konstiga kroppar.
—, På pricken.
—, »Schappad».
Fahlstedt, Ax och halm.
—, Ismaël.
Feilitzen, Spridda drag ur svenska folklifvet:
 1. Grannarne i skärgården.
 2. Sågsbo-barnens vandringsår.
 3. Hultet förr o. nu.
 4. Hult-Eriks o. Hult-Elins historia.
 5. Tomtebolycka.
 6. Stinas historia.
Fitinghoff, Gamla näset.
Flodman, Blad ur min praktik.
Flygare-Carlén, Efterskörd.
—, En natt vid Bullarsjön.
—, En nyckfull qvinna.
—, Enslingen på Johannisskäret.
—, Ett köpmanshus i skärgården.
—, Ett rykte.
—, Ett år.
—, Fideikommisset.
—, Fosterbröderna.
—, Förmyndaren.
—, Gustaf Lindorm.

29. ROMANER I ORIGINAL.

Flygare-Carlén, Inom sex veckor.
—, Jungfrutornet.
—, Kamrer Lassman.
—, Kyrkoinvigningen i Hammarby.
—, Pål Värning.
—, Romanhjeltinnan.
—, Rosen på Tistelön.
—, Waldemar Klein. — Representanten.
—, Stockholmsscener bakom kulisserna
Fogelholm, Sura och glada miner.
Folklifvet, Ur svenska, af H. K.
Forsman, Vid aftonlampan.
Fredrik, Höjd o. djup.
Frukt, Förbjuden.
Furuhjelm, Hvardagslag.
Får, Kyrkoherdens 85 sällsynta.
Följetongen, Nya.
Fördoldt. En läkares anteckningar.
Geijerstam, Fattigt folk.
—, Kronofogdens berättelser.
—, Medusas hufvud.
—, Pastor Hallin.
—, Stockholmsnoveller.
—, Tills vidare.
Genom mycken bedröfvelse af H. K.
Gerald G****, Tre noveller.
Gernandt, Fata morgana.
Giles, Den underbara flickan.
Godbitar, Humoristiska.
Gravallius, Tvänne systrar.
Gripenberg, I tätnande led.
Grönstedt, Josephine Lööf.
Hallén, Litet af hvarje.
Hallenborg, Kornblixt.
Hallström, En gammal historia.
—, Purpur.
—, Vilsna fåglar.
Hanson, En uppfostrare.
Hansson, H., På fristunder.
Hansson, O., Kärlekens trångmål.
—, Resan hem.
—, Sensitiva amorosa.
—, Ung Ofegs visor.
Hedberg, F., Arbetarlif.
—, Bland storstadsfolk.
—, Från gator o. skär.
—, Från skärgården o. fastlandet.
—, Stockholmslif o. skärgårdslif.
—, Svart på hvitt.
Hedberg, J., Skogsstämning.
Hedberg, T., Ett eldprof.
—, Farbror Agathon.
—, Judas.
—, Noveller o. skizzer.
—, Nya berättelser o. skizzer.
—, På Torpa gård.
—, Skizzer och berättelser.
Hedenstierna, Fideikommissarien till Halleborg.
—, Fru Westbergs inackorderingar.
—, Fröken Jennys konditioner.
—, I svenska bondehem.
—, Jonas Durmans testamente.
—, Kaleidoskop.
—, Kommunistern i Qvislinge.
—, Ljud o. oljud.
—, Pastor Jönssons memoirer.
—, Svenska bilder o. vrångbilder.
—, Vett och ovett.
—, Vid hemmets härd.

Heidenstam, Endymion.
—, Hans Alienus.
Hertzberg, Knekt o. bonde.
—, Professorer o. studenter.
Hjorth, Från solskensdagar.
Hjorvard, Elin på Måsön.
Hofsten, Bilder ur Vermlands folklif.
Holm, Vattenpass och skönhetslinier.
Holmberg, Sydskånska teckningar.
Holmgren, Fru Stråhle.
Humor och satir! Ett gissel åt supseden.
Häthén, Göteborgarne på sommarnöje.
—, Resan till Göteborg.
Hök, Herrn o. frun.
Idström, Vinddrifne.
Janson, Pelle.
Johnson, De tre.
—, Farbror Trulslunds Stockholmstripp.
—, Glam.
—, Lätt gods!
—, Mellan skål o. vägg.
—, Nya skämthistorier.
—, Riddar Pettersson.
Jolin, Affällingarne.
—, Skrifter. 1:a serien:
  Berättelser o. smärre uppsatser.
—, Skrifter. 2:a serien:
  I. Affällingarne.
  II. Rosen bland kamelior.
  III. Eremiten.
  IV. Vinglaren.
Jäderin, Brottsjöar.
—, Fädernas föredömen.
Kama, Margareta.
Kapten Punsch's äfventyr i Afrika.
Kerfstedt, Eva.
—, Holger Vide.
—, I vind o. motvind.
Keyser, Jöns Bengtsson Oxenstjerna.
—, Svarta gestalten på Torsborg.
Kjellman-Göranson, En skräddares krigsäfventyr.
—, Noveller.
—, Rosamunda Fager.
—, Svenska lynnen o. smååfventyr.
—, Äfventyr på Åland.
Koch, E. v., Eva Nordenhjelm.
Koch, R. v., Camilla.
—, Statsministern.
Konung Carl XV o. Vallehärsbonden.
Konung Oscar I i Ryssland.
Kræmer, Skådespel o. berättelser. 2. Nina.
Kruse, Alice Brandt.
Kåre i Miklegård.
Lagerlöf, Ett äfventyr i Vineta.
—, Gösta Berlings saga.
—, Osynliga länkar.
—, Ur Gösta Berlings saga.
Landqvist, Duellen i Lockerudsskogen.
Lange, Berättelser från Finland.
—, Luba.
Leffler, Efterlämnade skrifter:
  I. Sanningens vägar.
  II. Ur lifvet.
—, Ur lifvet. 3:e o. 4:e saml.
—, Ur lifvet. 5:e saml.
  Med efterskrift. Kvinlighet o. erotik.
Lemnius, Prokuratorn.
Levertin, Lifvets fiender.
Lidholm, Bruden på Kinnekulle.

29. ROMANER I ORIGINAL.

Lidholm, Carl XV o. korporal Kraft.
—, Karl XV o. Vallehärsbonden.
Limborg, Barocka typer.
—, Rusp.
Lindblom, Viola.
Lindhé, Fången och fri.
   , Motvind.
Lindholm, Ensam.
—, Hist. berättelser:
  1. Gustaf Wasa o. vestmanländingen.
  2. Hans Wåghals.
  3. Hans Rödskägg.
  4. Gustaf Adolf o. helsingen.
  5. Kung Erik o. blekingsflickan.
—, Petter Ros.
—, Prinsen af Lappland.
—, Tidningsmannen.
Lindström, Bondfolk.
   , Förtrampad.
—, Nya tag.
—, Under kampen för bröd.
—, Världssorg.
Ljungberg, När sjön går upp.
Londén, Berättelser o. bilder.
—, En misstanke.
Lucianus, Löjtnanten.
Lundegård, Faster Ulla och hennes brorsdöttrar.
—, Fru Hedvigs dagbok.
—, La mouche.
—, Prometheus.
—, Röde prinsen.
   , Stormfågeln.
   , Tannhäuser.
—, Titania.
Lundin, Alina Frank.
—, Stockholmstyper förr o. nu.
   , Tidsbilder ur Stockholmslifvet.
Lundquist, A., Eget val.
   , Seger.
Lundquist, E., Konstnärsblod.
—, Nisse jämte flera berättelser.
—, Profiler.
   , Skuggor o. ljusglimtar.
   , Smink.
—, Vid aftonlampan.
Lundström, För hundra år sedan af Mattis.
Lunell, Bland furor o. granar.
Lybeck, »Allas vår Margit».
   , Ett mosaikarbete.
   , Unge Hemming.
Löjtnant Punsch's äfventyr i Afrika.
Löanberg, Fru Holmfrid.
—, Från skilda tider.
   , Syrendoft.
Malling, En roman om förste konsuln.
   , Fru guvernören af Paris.
Mary Liljeblad af D. D. G.
Meijer, Excelsior.
Melander, I frack o. vadmal.
   , I läger o. bivack.
—, Skonerten Sjöfågeln.
—, Öfver verldshafven.
Meyerson, Port-Stina.
Mickvitz, Ett giftermål.
Milow, Små händer o. små fötter.
Miner, Sura o. glada.
Mirjam, Lycka.
Missöden, En blyg mans.
Montén, Qvartermasterns berättelser.

Mox, Fallfrukt.
   , För ro skull.
—, Kontraster.
Munthe, Små skizzer.
Naturreligion, Koncentrerad.
Nelson, Skuggor o. dagrar.
Nissen, Älfvalek.
Nordensvan, Hvad Figge blef.
   , Lek.
   , Lifsuppgifter.
   , Silkeskaninen.
—, Tre små romaner.
Nordin, Severin Norrby.
Nordling, Ett storstadsbarn.
—, Qvinnor.
Nordmann, Mot fyren.
Norlin, Läsarpresten.
Nyblom, Dikt o. verklighet.
—, Qvinnoöden.
»När ryssen kom».
Ok, Under främmande, af E. S. K.
Ongelin, Guld och slagg.
—, Knallhattarne.
   , Patria.
—, På bölja o. torfva.
—, Småguббar o. smågummor.
Originalnoveller, Svenska.
Oscar Frithiof, Vingåkersrosen.
Ostermann, På fjorton dagar.
Owa, Cecilia Wilkens o. hennes vänner.
Oxenstierna, Konungens kapare.
Palmkvist, Testamentet.
Paul, En bok om en människa.
   , En saga från ödemarken.
   , Herr Ludvigs.
—, Med det falska o. det ärliga ögat.
—, »The Ripper» (Uppskäraren.)
Petterbom, Gumman min o. jag.
Pettersson, G., Små smulor.
Pettersson, Sigr., Ljusa skyar.
Pfeiffer, Emilie Högqvist.
   , En drottning.
—, Samlade noveller.
—, Skön Öllegård.
   , Sofie Hagman.
Pihlstrand, Fänrik Flinks minnen.
   , Jernhandsken.
Portfölj, Ur Spritt von Tokenströms.
Prins Pierre, Stockholms-detektiven.
Purre, Halmstadlax o. fortepiano.
Quennerstedt, Indelte soldaten.
Qvanten, En roman på landsbygden.
Rapporter om svenska förhållanden, H. exc. japanska ministern T. Nissi.
René, Lena.
—, Sju martyrer.
Reuter, Lovart o. lä.
Ridderstad, Sv. hist. romaner:
  1. Drottning Lovisa Ulrikas hof.
  2. Drabanten.
  3. Fursten.
  4. Svarta handen.
Roman, En, om förste konsuln.
Roos, A., Tysta djup.
Roos, M, Familjen Verle.
—, Genom skuggor.
—, Hårdt mot hårdt.
—, Höststormar.
—, Lifsbilder.

Roos, M., Saulus af Tarsus.
—, Strejken på Bergstomta.
—, Önskekransen.
Rubenson, Lustiga historier.
Ruda, Främlingen från Norden.
Runa, Allt eller intet.
Ryd, På 5 ark.
Rydberg, Den siste athenaren.
— —, Singoalla.
—, Vapensmeden.
Sager, Syskonen.
Sandberg, Familjen på Borshaga.
—, Småstadslif.
Scheele, Lutfiskblöterskan.
Schenfelt, Förtalets vanmakt.
Schröder, En bruksbokhållares minnen.
—, En timmermärkares minnen.
—, Från pojk- och gubbåren.
—, Gamla minnen.
—, Pekka Huskoinen.
—, Örjan Kajland o. hans pojkar.
Schwartz, Alma.
—, Amanda.
—, Arbetet adlar mannen.
—, Arbetets barn.
—, Bellmans skor.
— —, Börd o. bildning.
—, Davidsharpan i Norden.
—, Den objudne gästen.
— —, Den rätta.
—, De värnlösa.
—, Det första o. det sista poemet.
—, Drömmerskan.
—, Egennyttan.
—, Ellen.
— —, Emancipationsvurmen.
— —, En fåfäng mans hustru.
—, Enkan o. hennes barn.
—, Ett hämndens offer.
— —, Ett klöfverblad.
— —, Förutsägelsen.
—, Guld o. namn.
—, Hvilken är konungen?
—, Mannen af börd o. qvinnan af folket.
—, Matilda.
—, Passionerna.
—, Skildringar ur familjelifvet.
—, Skuld o. oskuld.
—, Sonsonen.
— —, Systrarna.
—, Tvenne pingstaftnar i Lidners lif.
—, Vexlande öden.
— —, Vilja är kunna.
—, Än en gång. — Vänd bladet.
—, Ädlingens dotter.
Segersteen, Växlande bilder.
Skämthistorier o. muntra anekdoter.
Skämtlynne, Svenskt.
Skämtportföljen, Ur.
Smith, Prat o. historier.
Snapphanarne.
Snaror, Kärlekens.
Sparre, Svenska hist. romaner:
1. Den siste friseglaren.
2. Adolf Findling.
3. Standaret.
4. Sjökadetten.
Starbäck, Historiska bilder.

Starbäck, Historiska medeltidsromaner.
I. Engelbrekt Engelbrektsson.
II. Nils Bosson Sture.
1. Guldhalsbandet.
2. Konungakronan.
3. Testamentet.
—, Historiska romaner från nyare tid:
I. Mäster Olofs bröllop.
II. Lifknektens berättelser.
III. Öfverste Stålhammar.
IV. Skarpskyttens ungdomsminnen.
Stationerna, Emellan.
Steffen, Frigjord.
Stern, Sven Vingedal.
Storm, Munken Gerhards sigill.
Strandberg, Västerut.
Strindberg, Giftas.
—, Hemsöborna.
—, I hafsbandet.
—, Röda rummet.
—, Skärkarlslif.
—, Svenska öden o. äfventyr.
—, Tjensteqvinnans son.
1. En själs utvecklingshistoria.
2. Jäsningstiden.
3. Röda rummet.
—, Tryckt o. otryckt.
Sundblad, Från land o. strand.
—, Junker Magnus.
—, Med tusch o. rödkrita:
I. Typer o. personnager. — II. Från dannemanshemmet o. torpstugan.
—, Om Sven som kom i folkhögskolan.
—, Skärgårdslif i vester.
Sundin, Från nord till syd.
Sundman, Flydda dagar.
Sällberg, Kring långvedsbrasan.
—, Vid aftonvardsdags.
Söderberg, Förvillelser.
Söndermann, Ebba, den sköna borgfröken.
Sörensen, Min hustrus dagbok.
Tavaststjerna, A., En samling berättelser.
Tavaststjerna, K. A., Barndomsvänner.
—, En inföding.
—, Finska vikens hemlighet.
— —, Hårda tider.
—, I törbindelser.
— —, I förbund med döden.
—, Kapten Tärnberg.
—, Korta bref från en lång bröllopsresa.
—, Korta bref från hemmets lugna härd.
—, Kvinnoregemente.
—, Marin o. genre.
—, Unga år.
Taxteinaren.
Teckningar ur lifvet, af E. S. K.
Tenow, Brokigt.
Thomasson, Erik XIV o. liten Karin.
—, Et ovanligt frieri.
—, Gubben Strid o. hunden Frid.
—, Gustaf III o Smålänningen.
—, Karl XI o. vestgöten.
—, Karl XV o. dalkullan.
—, Kung Oscar o. skogvaktaren.
—, Lasse mjölnare o. Masse smed.
—, Petter Jönssons lefnadsöden.
—, Rika flickan i Rosendala.
— —, Ryttmästaren Silfverlod.
— —, Tre valda berättelser.

29. ROMANER I ORIGINAL

Thomasson, Under stormfulla dagar.
Thorsander, Ellas friare.
—, I gårdar o. byar.
—, I yrväder o. krutrök.
Tjörner, Klok eller galen?
Toivo, Ljusa skyar.
Topelius, Planeternas skyddslingar.
Torbjörn, Dagsländor.
Trolle, Ett ungdomsminne.
—, Karl XII o. sjöbussen.
—, Katarina II af Ryssland.
Ungdomsår, I. Af E. S. K.
Wahlenberg, En stor man.
—, Hos grannas.
—, I hvardagslag.
—, Små själar.
—, Stora barn o. små.
—, Tolf skisser.
—, Underliga vägar.
Valbäck, En afton i Kajsaniemi.
—, Från lifvets strider.
Waldmann, Från skogar o. hagar.
—, Miniatyrer från det fria.
Wallengren, En ensam.
—, En hvar sin egen gentleman.
—, En hvar sin egen professor.
—, »Mannen med två hufvuden».
Vallentin, Karl Petterssons öden o. missöden.
Wejdling, Sädeskorn o. sagor.
Weiland, Utan smink.
Weman, Uppåt eller nedåt?
Wendell, Vackra svarten.
Verandan, På.
Vest, Från antikens skymningstimma.
Westbury, Acte.
Westermarck, Framåt.
—, Ur studieboken.
Westin, En modern demokrat.
Wetterbergh, Altartaflan.
—, Berättelser, skizzer o. noveller.
—, Den hvita pionen. — Blomman bland gatstenarne.
—, Ett namn.
—, Får gå!
—, Gustaf Nords gesällvandringar.
—, Guvernanten.
—, Hat och kärlek.
—, Kärlek o. affärer.
—, Lillans bägge kyrkresor.
—, Pastorsadjunkten.
—, Penningar o. arbete.
—, Samhällets kärna.
—, Samvetet eller Simon Sellners rikedomar.
—, Träskeden.
—, Ur Onkel Adams portfölj.
—, Waldemarsborgs fideikommiss.
Wettergrund, Berättelser: Ur anteckningsboken.
Wichmann, Tattarprinsen.
Wickström, »Bildning».
—, Singalesiska bref.
—, Sådan var vägen.
—, Äfventyrarlif.
Wieselgren, En man öfver bord
—, Genom hvirflarne.
Wigert, Skämt o. allvar.
Wigström, Från slätt o. skogsbygd.
—, Midt ibland oss.
Wilén, Med penna och sax.
Winter, Berättelser o. skizzer.
Visén, Dissonanser.

Visén, Från torpstugor o. dannemänshem.
Vitterlek.
Wranér, Brokiga bilder.
Värld, Fantasiens.
Wästberg, Slägtingar.
Wöstberg, E., Skizzer.
Zeipel, Hist. romaner:
 1. Carl XI, Rabenius o. hexeriprocessen. — 2. Seton.
Zilliacus, I societeten.
—, Mariquita.
—, Utvandrarehistorier.
Åberg, Affällingen.
—, Arvid Herner.
—, Aschebergs skyddsling.
—, Banér i säcken.
—, Barrikadkämparne.
—, Berättelser vid soldattorpet.
—, Bilder ur Stockholmslifvet.
—, Björneborgarén.
—, Bondekungen.
—, »Bondpinan» på Rumlaborg.
—, Brottets lön.
—, Daniel Juth.
—, De frivillige.
—, Den förste snapphanen.
—, Den siste karolinen.
—, Eleonora Lubomirski.
—, En duktig fiskarpojke.
—, En folkkär konung.
—, En hjeltebragd.
—, En konungasons öde.
—, En kunglig gåfva.
—, En modig flicka.
—, En svensk bondpojke.
—, En svensk konungadotter.
—, Erik Olikainen.
—, Ett lyckligt skott.
—, Ett qvinnodåd.
—, Femte brigaden.
—, Fiskar-Anna.
—, Fiskarflickan.
—, Flyktingen.
—, Fogdens hämnd.
—, Fredrik den stores snusdosa.
—, Furstinnans smycke.
—, Fyra berättelser.
—, Fyrvaktaren på Moikepää.
—, Fältväbelns dotter.
—, Förrädarens lön.
—, Gustaf Adolf och Ebba Brahe.
—, Gustaf II Adolfs sista julafton.
—, Gustaf IV Adolf o. torparflickan.
—, Gåfvor o. gengåfvor.
—, Gösta Kroknäsa.
—, Historiska småberättelser.
—, Hjeltarne från Savolaks.
—, Hjeltedåd.
—, I farans stund.
—, I frihamn.
—, I hålvägen.
—, I Jungfrusund.
—, I Smålands skogar.
—, Jetten på Ormberget.
—, Kapten Severin.
—, Karelerflickan.
—, Karl XII i klämman.
—, Karl XII som fångvaktare.
—, Karl XII i Stralsund.
—, Karl XII:s drabanter.

29. ROMANER I ORIGINAL.

Åberg, Karl XII:s skyddsling.
—, Karl XII:s värja.
—, Karl XV:s skyddsling.
—, Karna. — Giljarefärden.
—, Klosterrofvet.
—, Konungens käpp o. drottningens vagga.
—, Kosackflickan.
—, Kungsord skall gälla.
—, Landalapojkarna.
, »Lasse i gatan».
, List mot list.
, Lots-Jakob.
—, Lotsens son.
—, Länsmannen.
, Malcolm Sinclairs mord.
, Mellan tullarne.
—, Mingrelerflickan.
—, Mjölnarflickan vid Lützen.
, Måns Lurifax.
, Mälarens ros.
—, Mörarpspojken.
—, Nattvardsgästerne.
, Nunnan i Lurö kloster.
, Oscar I:s löfte.
—, Partigängarne.
, På blodig stråt.
, På Faxehus.
, På Köpingshus.
, Rebellens dotter.
—, »Rifjernet.»
, Rosen på Österklint.
, Räfskinnet.
—, Sammansvärjningen i Krakau.
—, »Sandels adjutant».
, Sista skottet.
, Skilda färger.
—, Skolmästaren i Schwedt.
—, Skräddarne i Greiffenhagen.
—, Snapphanarne.
, Snapphanen.
—, Soldattorpet vid Rajalaks.
—, Spofvens pistol.
—, Spöket vid Djupafall.
, Stensö-Lasse.
—, Stora daldansen.
—, Storm, Strid o. Frid.
—, Stålhandskes finnar.
, Stålnäs-Janne.
, Stäkets ros.
—, Svarta Kalle.
, Svarta regementet.
, Sven Danson.
, Sven Haraldssons äfventyr.
—, Svenskarne på Hammershuus.
, Svenskarne på Söfdeborg.
, Taupadels dragoner.
, Träskoregementet.
, Tyrannens lön.
—, Under Snapphaneeken.
, Vapensmedens dotter.
—, Vid fältvakten.
—, Vålnaden på Stegeholm.
—, Öfverlöparen.
—, Ölandskungen.
Äfventyr under en resa till Bornholm.
Ödman, Från vår- o. sommardagar.
—, Ny samling studentminnen.
—, Ungdoms- o. reseminnen.
—, Vexlande bilder.

30. ROMANER I ÖFVERSÄTTNING

Ödmann, Arbetarens lön.
—, Dagny.
—, Lilla Sessan.
, Vålnaden på Tyresö.

β) I öfversättning.

Ahlfeld, Berättelser för folket.
Alexander, Blindt öde.
— —, Ett kvinnohjärta.
, Ett svårt val.
, För hans skull.
—, Hvad ej kan fås för guld.
— , Jack Leytons myndling.
, Krokvägar.
, Langdales arfgods.
, Mammon.
Allardt, En framtidsman.
Allen, Hon vågade det.
, Sällsamma historier.
Amicis, En lärares roman.
- , Från hemmets o. skolans verld.
, Gymnastik o. kärlek.
, Hjärtat. En skolgosses dagbok.
—, Noveller.
, Skizzer ur militärlifvet.
, Strödda blad.
Amyntor, Ciss-moll-sonaten.
Andrieux, En polisprefekts memoirer.
d'Annunzio, Giovanni Episcopo
Anstey, En fallen afgud.
Anteckningar, Ur en detektivs.
 1. Sju dagar o. sju nätter.
 2. Diamantstölden.
Armand, Semona eller svart blod.
Artaria, Första året i det nya hemmet.
Astor, En resa i främm. verldar.
Auerbach, Joseph i snön.
Bachofner-Buxtorf, Två slags lif.
Balzac, Eugenie Grandet. — De tretton.
Barrett, Ur dödens käftar.
Barrili, På omvägar.
—, Som en dröm.
Birsonij, Tusenskön.
Barter, Älskad o. buren.
Batchelor, Tatarfamiljen.
Bauditz, Valda noveller o. novelletter.
Baumbach, Guldmakare.
, Sommarsagor.
Beauvoir, Kejsarinnans gunstlingar.
Beecher-Stowe, Onkel Toms stuga.
Bell, Currer, Jane Eyre.
Bellamy, Dr. Heidenhoffs upptäckt.
—, En återblick.
Belleval, Röda handen.
Belot, En uppoffrande qvinna.
, Huggormen.
— -, Lilla gubben.
Benzon, Constance.
Berard, L., Prado.
Berard, S, Alice Favre.
Berkow, I kampen för lyckan
Bernhard, Eva Leoni.
Bernick, Kristiania-bohémen på äfventyr.
Berättelser för folket.
Berättelser, Små, af I.
Berättelser, Valda, öfv. af Indebetou.
Besant, Armorel.
— -, De fattigaste i London.

Besant, Dämonen.
— , Kampen för lyckan.
Bibliotek, De gladas.
Bibliotek för sjömän.
Bilder ur lifvet.
Billings, Skämt o. infall.
Björnson, Berättelser.
— , Dam.
Blad, Brokiga.
Block, En strejk o. dess följder.
Boccaccio, Decameron.
Boisgobey, Den hängdes päls.
— , En dubbelmenniska.
— , Ett giftermål af böjelse.
— , Mordet på operamaskeraden.
— , Strump-Marie.
Boken, Den fastkedjade.
Bondesen, Rättegång o. skriftegång.
Bourget, André Cornélis.
— , Cosmopolis.
— , Det förlofvade landet.
— , En grym gåta.
— , Offrad. — Hennes andra kärlek.
Braddon, Jagt efter lyckan.
Branco, En kärlekens martyr.
Brete, Lifligt blod.
Brofeldt, Ensam af Juhani Aho.
— , Folklif.
— , Fredlös.
— , Nya spånor.
— , Patron Hellman. — För exemplets skull.
— , Prästens dotter.
— , Prästens hustru.
— , Spånor.
— , Till Helsingfors.
— , Väckta.
Brosböll, Serafino från Ota.
— , Vendetta.
Brottmålshistoria, En.
Bröderna, De spanska.
Bröllopsdag, Bankdirektörens.
Budde, Dödens gudson.
Böcker för folket.
Cadol, Angèle.
— , Chicots kärleksäfventyr.
Caine, Ett lifs historia.
— , Syndabocken.
Canth, Blindskär
— , Lifsbilder från finska hem.
— , Noveller.
Carmen Sylva, Det knackar.
— , Lidandets pilgrimsfärd.
— , Sedt o. kändt.
Caspari, Skolmästaren och hans son.
Cervantes, Don Quijote.
Chamisso, Schlemihls underliga historia.
Charles, Familjen Schönberg-Cotta.
— , Familjen Schönberg Cottas krönika.
Chatterjee, Det giftiga trädet.
Circe, En modern.
Claretie, Alldeles för vacker!
Clark, Hugh Harrods sällsamma äfventyr.
Cobb, Fyrbåken på Lands-End.
Coker, Jonas Ströms gamla skjul.
Collins, Flodens hemlighet.
— , Månstenen.
Coloma, Bagateller.
Colombi, 1. Utan kärlek. 2. På risfälten.
Combe, Stackars Marcel.

Conway, Julian Lorraine.
— , Oskyldig eller brottslig?
Cooper, Banditen.
— , Den siste mohikanen.
— , Gräsöknen.
— , Hjortdödaren.
— , Nybyggarne.
— , Ruth Oliphant.
— , Sjötrollet.
— , Stigfinnaren.
Coppée, Henriette.
— , Novell o. novellett.
— , Ungdomsdagar.
Coquelle, Diamantslukaren.
Cordelia, Kärlekens hypnotism.
Corelli, Ardath.
— , Barabbas.
— , Berättelser o. utkast.
— , Lilith.
— , Malört.
— , Thelma.
— , Två verldar.
— , Vendetta.
Couperus, Majestät.
Crawford, Grefven.
— , Saracinesca.
Croker, I tjänst hos tvänne herrar.
Dahl, En bergsmans familj.
Dahn, Bissula.
— , Julianus affällingen.
— , Korsfararne.
— , Nunnekriget i Poitiers.
— , Trogen till döden.
Darcey, En amerikansk polisbragd.
Daudet, Berättelser ur folklifvet.
— , Det lilla annexet.
— , En odödlig.
— , Nya Tarascon.
— , Rose o. Ninette.
Defoe, Robinson Crusoe.
Deland, Pastor John Ward.
Delpit, Ett modershjärta.
— , »Försvunnen».
— , Variétésångerskan.
Dickens, David Copperfield.
— , En berättelse om två städer.
— , Lilla Dorrit.
Dilling, Ett godt hufvud.
— , Genom lorgnetten.
— , Hvardagsmenniskor.
— , I kupén.
— , Samlade skrifter o. berättelser.
Donnelly, Den gyldene flaskan.
Donovan, Ur en Londondetektivs lif.
Dostojewskij, Det unga Ryssland.
— , Krotkaja.
— , Vid rouletten.
Doyle, Agra-skatten.
— , De fyras tecken.
— , De landsflyktige.
— , Den röda lyktan.
— , Guldets makt.
— , Min vän privatdetektivens äfventyr.
— , På vacklande grund.
Drosinis, Amaryllis.
Dumas, Brudklädningen.
— , De fyratiofem.
— , De tre musketörerna.
— , Drottning Margot.

80. ROMANER I ÖFVERSÄTTNING.

Dumas, En läkares anteckningar.
—, Grefvinnan af Monsoreau.
Dumas, d. y., Thérèse.
Ebers, Gred.
—, Josua.
—, Kleopatra.
—, Nilbruden.
—, Per aspera.
—, Tre sagor för gammal o. ung.
—, Uarda.
—, Österländska romaner.
Ebner, Esters hem.
Eckstein, Humoresker.
—, Jorinda.
—, Kyparissos.
—, Nero.
—, Pia.
Eden, Dudley Carltons hustru
—, Ingens älskling.
Edward, Archie Lovell.
Edwardes, Äfventyrerskan.
Edwards, En förlofning
Egerton, Grundtoner.
Elcho, Ljusets barn.
Eliot, Romaner.
 1. Romola.
 2. Silas Marner.
 3. Bilder ur eng. presters lif.
 4. Ur landsortslifvet.
 5. Qvarnen vid Floss.
Erckmann-Chatrian, Vännen Fritz.
Eschstruth, Diana.
—, Förbjudna frukter.
—, Gudagnistan.
—, Gåslisa.
—, Hasard.
—, Hofluft.
—, I narrkåpa.
—, I onåd.
—, Irrblosset på Casgamala.
—, Komedi!
—, Mjölnarprinsen.
—, Polskt blod.
—, Prinsessan Rafaela.
—, Sigenerskan Ola.
—, Skärfvor.
—, Spökhistorier.
—, Under falskt namn.
—, Älfvadrottningen.
d'Esterre-Keeling, Familjen Denbigh.
Evers, Bland granar och palmer.
Farina, Med förbundna ögon.
—, Mitt barn.
Farjeon, Det hemlighetsfulla huset.
—, Guldgräfvarens dotter.
—, Hjerter nia.
Favre, Den lilla urmakerskan.
Feuillet, Den döda.
—, En konstnärs hedersord.
Finland, Det unga.
Flammarion, Lumen.
—, Stjerndrömmar.
—, Urania.
Fogazzaro, Daniel Cortis.
—, Malombra.
—, Skaldens hemlighet.
Forrester, På fåfängans marknad.
France, Sylvestre Bonnards brott.
—, Thaïs.

Franzos, Judinnan.
—, Sanningssökaren.
—, Skuggor.
Freytag, Debet o. kredit.
Friedmann, Borgiasringen.
Frommel, Grefvinnan.
—, Vid lampskenet.
Fängelse, I, för bekännelsen.
Förbund med döden.
Gaboriau, Hvem var den skyldige?
Galdós, Dona Perfecta.
—, Marianela.
Gane o. *Slavici*, Från Rumänien.
Garborg, Bondestudenter.
Garschin, Fyra berättelser.
Gastyne, Den grå åsninnan.
Gaulot, Drottningens vän.
Gayer, Fru assessorskan.
Gebhart, På Petri stol.
Gerber, Hvad min linneduk berättade mig.
Gerard, Skiftande öden.
Giberne, I andras hem.
Gogol, Berättelser.
—, Döda själar.
—, En vansinnigs dagbok.
Goldsmith, Landtpresten i Wakefield.
Gontscharow, Oblomow.
Gordon, En diplomats dagbok.
—, 1. En man med framgång.
—, 2. Fröken Reseda.
Goslan, Guldqvasten
Gould, Caloola.
—, Jockey Jack.
Grand, De himlasända tvillingarna.
Grant, Trogen i döden.
Green, Ett fasansfullt gömställe.
—, Ett hemlighetsfullt mord.
—, Hand och ring.
—, Ändtligen funnen.
Gregorovius, Ett himmelrike på jorden.
Gréville, Den lösta gåtan.
—, Snaror.
Gross, Matrosen.
Grossmith, En hvardagsmenniskas dagbok.
Gunter, Baron Montez från Panama o. Paris.
—, Kungens bankir.
—, Millionflickan.
—, Miss Ingen Alls från Ingen Stans.
—, Mr Barnes från Newyork.
—, Mr Lawrence Talbot från Florida.
—, Mr Potter från Texas.
—, Mr de Verney från Paris.
—, Prinsessan af Paris.
Guttzeit, Hin onde i Berlin.
Gyp, Ett litet kärleksdrama.
Habberton, Ändtligen!
Hackländer, Europeiskt slafif.
—, Nyare humor. berättelser.
 1. En hemlighet. — 2. Grefvinnan Patatzky. — 3. Bakom blå glasögon. — 4. Montecchi o. Capuletti. — 5. Spökhuset.
—, Ur ett furstehus memoarer.
—, Ur militärlifvet.
Haggard, A, Leslies öde o. Hilda.
Haggard, H. R., Allan Quatermain.
—, Aztekernas höfding.
—, Den skeppsbrutnes testamente.
—, Hexans hufvud.
—, Hon eller dödsgrottorna.

30. ROMANER I ÖFVERSÄTTNING.

Haggard, H. R., Jess eller en annan Judith.
—, Kung Salomos skatt.
—— Montezumas dotter.
—— Nada, den fagra liljan.
—, Öfverste Quaritch.
Haidheim, Anonym.
Halévy, Herrskapet Cardinal.
Hammarstein, Edgar.
Harland, Två qvinnor eller en?
Harms, Gyllene äpplen i silfverskålar.
Harraden, Skepp som mötas i natten.
Harte, Cressy.
—, Herrskapet Harkutt.
—, Maruja.
—, Skizzer o. berättelser.
—, Ödemarkernas barn.
—, Öfverste Starbottle o. hans klient.
Hartmann, Efter 20 år.
Hartvig, Ett icke konventionelt äktenskap.
Hatton, Klytia.
—, »På czarens befallning».
Hauff, Lichtenstein.
Hawthorne, En amerikansk Monte Christo.
Heimburg, Anna Lisa.
—, Bror o. syster.
—, En nolla.
—, Familjen von Kronen.
—, Fröken Odåga.
—, Förlofningsringen.
—, Gamla frökens historia.
—, Gertruds giftermål.
—, Hennes ende broder.
—, Hjärtekval.
—, Karins gudmor.
—, Lore von Tollen.
—, Nådebröd.
—, Skogsblommor.
—, Under lind o. syren.
—, Utan hemgift.
—, »Vår lilla prinsessa.»
Heine, Harzresan.
Heinrich, Berättelser ur verkligheten.
Hellenbach, Den hemliga ön.
Hemlighet, Markisinnans.
Hemlighet, Svarta sjöns.
Hertzka, En resa till Friland.
Heyse, Melusina.
—, Noveller.
Historia, En ung flickas.
Historia, Min egen.
Hocking, Munken från Mar-Saba.
Hofspektakel, Ett.
Holcombe, Lazarus.
Holt, Slafflickan i Pompeji.
Hope, Fången i Zenda.
Hopkinson, Dora Travers.
Hugo, Notre-Dame.
—, Samhällets olycksbarn.
Hume, Aladdin i London.
—, En nattlig varelse.
—, Flickan från Malta.
—, Fröken Mefistofeles.
—, »Hansomcabtragedien.»
—, Icke skyldig.
—, Madame Midas.
—, Monsieur Judas.
—, På villospår.
Humor, Amerikansk.
Hungerford, En modern Circe.

Hungerford, Ett naturbarn.
—, I strid med sig sjelf.
—, Marvel.
—, Nådig fru Vereker.
—, På villospår.
—, Samvetsqval.
—, Unga Grefvinnan.
Händelser, Sällsamma, ur en läkares lif.
Hängmattan, I.
Ihle, En moders sista vilja.
—, Hustru o. moder.
Ingman, En bondehöfding.
—, Från reservkasärnen.
Iota, En gul aster.
Iron, Under Afrikas himmel.
Irving, Ur skizzboken.
Isaure, En qvinnas lif.
Italien, Från det nyare.
Jacobsen, Fru Marie Grubbe.
Jacobsson, Pariser-skizzer.
James, Fru de Mauves. — Framtidens madonna. — Fyra sammanträffanden.
Janin, Äktenskap beslutas i himmelen.
Jerome, En dagdrifvares funderingar.
—, En pilgrims dagbok.
—, Tre män i en båt.
Jókai, Flyktingen.
—, Fången i de sju tornen.
—, Tre berättelser.
—, Tretton vid bordet.
Juncker, Vid grafvens rand.
Järnefelt, Ateisten.
—, Fosterlandet.
—, Menniskoöden.
Kamke, Kurtis o. kärlek.
Kavanagh, »Förgät-mig ej».
Kenealy, Doktor Janet.
Kennedy, Czarens fångar.
Kielland, S:t Hans fest.
Kingsley, Ch , Hypatia.
Kingsley, F. M , Titus, röfvaren på korset.
Kipling, Höglandsbilder från Hindustan.
Kock, Romaner:
  6. Fröken i vindskammaren.
  8. Bulevardens barn.
 13. En vildbjernas memoirer.
 14. Mjölkflickan.
 22. Hvita huset.
Kofferten, Den svarta.
Korolenko, Den blinde musikern.
—, Skogen susar.
Kovalevsky, Efterskörd.
—, Ur ryska lifvet.
—, Vera Vorontzoff.
Kraszewski, Adelskronan.
Krestofski, Noveller.
Kretzer, Mäster Timpe.
Kväll-stunden.
Laurie, Den stora magneten.
—, Kapten Trafalgar.
Law, Utan arbete.
Lefnadssaga, En kort.
Lemaitre, Kungarne.
Lemore, Drottningens perlor.
Lepelletier, Madame Sans Gêne.
—, Konungen af Rom.
Lermina, Att brännas.
—, Dolda makter.
—, Lefve republiken.

80. ROMANER I ÖFVERSÄTTNING.

Lermontov, En hjelte i våra dagar.
— , Fatalisten.
Lesage, Gil Blas.
Lesueur, Nadeschda Miranoff.
Lewald, Gorgona
Levetzow, Berättelser af I.
— , En ung flickas historia.
— , Framtidsplaner.
— , I daggryningen.
— , Nya dagar.
— , Ur hvardagslifvet.
Lewis, Harriet, Den unga fruns hemlighet.
— , Harry, Bankirens dotter.
Le Voleur, Det hemliga brödraskapet.
Lie, Nya berättelser.
Liebrecht, Liten och värnlös.
Lières, Joachims kärlek.
Lindau, Berlin i våra dagar.
  I. I de rikas stadsdel.
  II. Fattiga flickor.
  III. Spetsar.
— , Från Orienten.
— , Helene Jung.
— , Herr o. fru Bewer.
— , Hängmossa.
— , Underligt folk.
Loti, Ett giftermål i Japan.
— , Islandsfiskare.
— , Min bror Yves.
— , Ungdom o. kärlek.
Lyall, Donovan.
— , Doreen.
— , Skallerormen.
Lynn-Linton, Furstinnan Beatrice.
Läsning, Lätt, för alla.
Maartens, Joost Avelinghs synd.
Macé, Mitt första brottmål.
— , Snyggt sällskap.
Mc Nair Wright, En tragedi på hafvet.
Magdalena eller den svåra konsten.
Malot, Äntligen hemma.
Mamsell Tooseys mission.
Manley, Drottningen af Equador.
Marchi, Don Cirillos hatt.
Margarethe, Berit.
— , Efter konfirmationen.
Mariager, Från Hellas.
Marie, Astrid.
— , Dröm o. verklighet.
— , Ett manuskript.
— , I det tysta.
Markis de Fontanges.
Marlitt, Amtmannens piga.
— , Berättelser från Thüringen.
— , Gullvifva.
— , I kommerserådets hus.
— , Mainaus andra hustru.
— , Prinsessan från heden.
— , Riksgrefvinnan Gisela.
— , Samlade romaner.
— , Tant Cordulas hemlighet.
— , Uggleboet.
Marriot, Förbjuden kärlek.
Marryat, Fl., Det fins ingen död.
— , Med förbundna ögon.
— , Mellan barken o. trädet.
Marryat, Fr., Jafet eller hittebarnet.
— , Jakob Ärlig.
— , Kaparekaptenen.

Marryat, Fr., Newton Forster.
— , Peter Simpel.
— , Spökskeppet.
Marshall, Cassandra.
— , Rex o. Regina.
— , Winnifrid.
Mather, Fiskarlif vid Doggerbank.
Mathers, Ett äktenskap i våra dagar.
Mathilde, Ett år af en ung flickas lif.
Matthey, Tiggarnes konung.
Maupassant, Berättelser o. skizzer.
— , Lifsbilder.
— , Mont Oriol.
— , Pierre o. Jean.
— , Stark som döden.
— , Vårt hjärta.
Maurier, Trilby.
Meade, En lyckoriddare.
— , Fru doktorinnan.
Meredith, Sandra Belloni.
Mérimée, Colomba.
— , Från Bartholomæinattens tid.
Merriman, Lek ej med elden.
— , Unge Mistley.
Mestscherski, En Bismarck i miniatyr.
— , Petersburgs mysterier.
Meyer, Angela Borgia.
— , Gustaf Adolfs page.
Michailow, Ett sorglöst lif.
Mickwitz, Ett giftermål.
— , Kärleken.
Mikulitsch, Mimotschka.
Moder, En.
Molenes o. Delisle, Baronessan.
Monnier, Donna Grazia.
Montépin, Pajazzons hustru.
— , Parisiska tragedier.
Mullens, Prasanna eller trons seger.
Müller, Vid afgrundens brant.
Murray o. Herman, I röfvarhänder.
Möller, Breinholms badhotell.
Möllhausen, Kapten Jernhands loggbok.
Necra, Farväl!
Nemirovitsch-Dantschenko, 1. Mahmuds småttingar.
  2. Den öfvergifna grufvan.
Nick, Capitola.
Noir, Helveteskolonnen.
Nordau, Tidens sjukdom.
Norris, Fru Fenton.
— , Norma.
Noveller, Franska.
Novellister, Finska.
Novellister, Ryska.
Nådig Fru Vereker.
Offer, Bankirens.
Ohnet, Den gråklädda damen.
— , Doktor Rameau.
— , En själ till låns.
— , Esther.
— , För barnets skull.
— , Gammalt groll.
— , »Hon vill det»!
— , Hämnd!
— , Mor och dotter.
— , När kärleken slocknar.
— , Sista kärleken.
— , Svart och rosenrödt.
Ohorn, Varde ljus!
O'Rell, En fransman i Amerika.

30. ROMANER I ÖFVERSÄTTNING.

O'Rell, Firman John Bull & C:o.
Orzeszko, I de djupa dalarna.
—, Mirtala.
Ottolengui, En trasslig härfva.
—, Ett genialiskt brott.
Pakkala, Elsa.
—, Tjärkarlar.
Pansy, Ester Ried.
—, Ute i verlden.
Pantenius, Herrarne Kruse.
Paris, Det glada.
Paulus, Barabbas.
Payn, För en broders brott.
—, Hemligheten på Mirbridge.
Peard, Det fasansfulla året 1870—71.
Pearse, Fattig men dock rik.
Peck, Solglimtar.
—, Tjufpojkstreck.
— o. Nye, Fyratio ljugare.
Pemberton, Kapten Black.
Péne, Alltför vacker.
Penny, Zoïla.
Perfall, Slottsfröken.
Perron, Konstberiderskan.
Philips, En präktig flicka.
—, Maskstungen.
— o. Fendall, Efterdyningar.
Pissemski, Förnämt folk.
Poe, Arthur Gordon Pyms sällsamma sjöäfventyr.
—, Underliga historier.
Polko, Harmonier.
Ponson du Terrail, Zigenarnes konung.
Pont-Jest, En detektivs spaningar.
Pratt, Konungabaneret.
Pressensé, Brunette o. Blondinette.
—, Geneviève.
Prevost, Chonchette.
Prozor, Adèle Mitrowitsch.
Puschkin, Snöstormen.
Päivärinta, Bilder ur lifvet.
—, Sakeus Pyöriäs berättelser.
Queisner, Bland husarer.
Qvanten, En roman från landsbygden.
—, Rosa Arntson.
—, Sällsamma historier.
Rajevski, Familjen Vorontsof.
Reuter, Lifvet på landet.
Richards, Familjen Omerods hemlighet.
Richebourg, Marthe.
Richmond, Mjölkflickan.
Ring, Kära mamma.
Rist, Soldater.
Rockwell, Grand Gilmore.
Rod, Lifvets mening.
—, Offret.
Roe, Den tappre vinner den sköna.
—, Han blef kär i sin hustru.
Romanbibliotek, Ad. Bonniers.
Romaner o. noveller, Samtidens förnämsta utländska.
Romansamling, Ny.
Rosa, Lilla, o. a. berättelser.
Rosegger, Från Alpernas skogstrakter.
—, Ur folklifvet.
Ryssland, Från.
Röfvarhöfdingen kapten La Chenaye.
Röfvarhöfdingen Rinaldo Rinaldino.
Sacher-Masoch, Job.
—, I tonernas rike.
Sagan om den hvita Lotusblomman.

Saintine, Picciola.
Saint-Felix, Det förbannade guldet.
S:t Georg, En mystère.
Saint-Pierre, Paul o. Virginie.
Saldern, Margareta-boken.
Samarow, Far o. son.
—, Från Polens sorgetid.
—, Hypnotismens välde.
—, På giljarfärd.
—, Revolutionärer.
—, Sibyllan.
—, Tinnar o. bråddjup.
Samling, En, berättelser öfv. af Tavaststjerna.
Samvetsqval.
Sand, Barnhusbarnet.
—, Djefvulskärret.
—, Snögubben.
—, Syrsan.
Sandeau, Fröken de la Seiglière.
Saphir, Raketer o. svärmare.
Sargent, En fickbibels öden.
Saunders, »Vackra Karo».
Savage, Anarkisten.
—, Delila från Harlem.
—, Den maskerade Venus.
—, Furstarne af Kaukasus.
—, Grefvinnan Wizocki.
—, Jakten »Isfågeln».
—, Lilla fröken från Lagunitas.
—, På lif och död.
—, Två fruar.
Schandorph, Från Isle de France o Sorö amt.
Schifkorn, Kulturbilder från östern.
Schmidt, Gnistor.
Schneegans, Kallia Kypris.
Schobert, Cendrillon.
—, Ett gatans barn.
—, Furstligt blod.
—, Hans eget fel.
—, Konstnärsblod.
—, Madame Diana.
—, Markisinnan Rose.
Schubin, Gesa von Zuylen.
—, »Gloria victis».
—, Missljud.
—, Stella.
Schönthann, Humoresker.
Schöyen, Den svenska näktergalen.
Scott, M, Tom Cringles loggbok.
Scott, W., Romaner:
1. Quentin Durward. — 2. Ivanhoe. — 3. Fornforskaren. — 4. Talismanen. — 5. Guy Mannering. — 6. Fanatismen. — 7. Kenilworth. — 8. Waverley. — 9. Midlothians hjerta. — 10. Abboten. — 11. Bruden af Lammermoor. — 12. Sankt Valentins dag. — 13. Woodstock. — 14. Rob Roy. — 15. Det farliga slottet. — Svarta dvärgen. — 16. Nigels äfventyr.
Seger, Kärlekens.
Seger, Oskuldens.
Seidel, En julhistoria.
Serao, Luftslott.
—, Straff.
Serbien o. Montenegro, Från.
Shiel, Prins Zaleski.
Sienkiewicz, Triumfatorn Bartek.
— o. Swientichowski, Valda polska noveller.
Silfverkorset.
Sims, En svärmors memoarer.

Sims, Mary Ann' gift.
— , Mary Ann's memoarer.
Sinnett, Förenade.
— , Karma.
Sivle, Strejk.
Sju dagar o. nätter.
Skolkamrater, Gamla.
Skrill, En rysk lärarinnas lefnadslopp.
Skämtlynne, Amerikanskt.
Skämtlynne, Franskt.
Slott, Rhengrefvens.
Småhistorier af /***
Småttingar, Helens.
Solstrålen.
Souvestre, Vid eldbrasan.
Spanskt En samling noveller.
Spielhagen, Den nye Farao.
Stephens o. St Leger, Basilisken.
Stern, De sista humanisterna.
Stevenson, Arfvingen till Ballantrae.
— , Friska tag.
Stinde, Borgarfolk.
— , Borgarfolk på resa.
— , Ett resande teatersällskap.
— , Fru Buchholz i Orienten.
— , Fru Buchholz' memoirer.
Stjärna, Klara.
Stockton, En lustig historia.
Storm, Immensee.
Stowe, Dred.
Streckfuss, En gengångerska.
Stretton, Från spindelväf till kabeltåg.
— , I lidandets djup.
Strid, I, med sig sjelf.
Stunden, För.
Sudermann, Den gamla kvarnen.
— , En önskan.
— , Felicitas.
— , Fädrenas missgerningar.
— , Jolanthas bröllop.
— , Presidentskans gunstling.
— , Skymningsprat.
— , Sorgens fé.
Sue, De sju dödssynderna: 1. Högmodet. — 2. Afunden. — 3. Vreden. — 4. Lustan. — 5. Lättjan. — 6. Girigheten. — 7. Frässeriet.
— , Den vandrande juden.
Susi.
Suttner, A. v., En dämon.
Suttner, B. v., Ned med vapnen!
Svanboet.
Svanriddaren.
Svietla, Bydoktorn.
Swift, Gullivers resor.
Sällskapet, Det röda.
Tanera, En ordonnansofficers minnen från kriget 1870—71.
Taylor, G., Antinous.
Taylor, L, Lilla Febe.
Temme, Folkets röst.
— , Polacken.
Temple, Det sorgfulla återtåget.
Thackeray, Huru jag kom att bli ungkarl.
— , Samuel Titmarsch.
— , Snobbarnes bok.
— , Ströftåg härs o. tvärs.
Themis.
Theuriet, Dödssynd.
— , Sensommar.

Theuriet, Tant Aurelia.
Thirza eller korsets dragningskraft.
Thiusen, En framtidsblick.
Tikhomirow, Nihilister o. polismän.
Tillier, Min onkel Benjamin.
Tinseau, En ädling.
Tolstoi d. y, Den blå dagboken.
— , Förförelsen.
Tolstoy, Anna Karenin.
— , Bilder ur ryska samhällslifvet.
— , Döden.
— , Familjelycka.
— , Från Kaukasus.
— , Från mina barndoms- o. ynglingaår.
— , Furst Nechljudof.
— , Herre och dräng.
— , Husbonde och dräng.
— , Hvad är att göra?
— , Hvari min tro består.
— , Julius o. Pamphilius.
— , Kosackerna.
— , Kreutzer-sonaten.
— , Krig och fred.
— , Lif och död.
— , Min ungdom.
— , På spaning efter lyckan.
— , Skildr. från Sebastopols belägring.
— , Tok-Ivan m. m.
— , Ur naturen o. lifvet.
Tomas, Ingeniör Münchhausens berättelser från Amerika.
Tovote, Hemlig kärlek. — Fallfrukt.
— , I kärleksyra.
— , Moder.
Towbridge, Underliga vägar.
Tschedrin-Saltykoff, Småstadslif.
Tschekow, Fiender.
Tucker, En synåls historia.
— , Ett tafvelgalleri.
— , Familjen Roman.
— , Förtruppen.
— , Haralds brud.
— , Högmodets fångar.
— , Jättarnes besegrare.
— , Silfvernycklarne.
— , Sjön i urskogen.
— , Smeden i Bonifaciegränd.
— , Öfver mörka djup.
Turgenjev, Adelsfolk.
— , Andrej Kolosof.
— , Elena.
— , En gammal mans berättelser.
— , En olycklig qvinna.
— , Fatalisten.
— , Faust.
— , Löjtnant Jergunow's äfventyr.
— , Mumu.
— , Peter Petrowitsch Karatajeff.
— , Pjetuschof. — Vårströmmar.
— , Punin o. Baburin.
— , Rudin.
— , Rök.
— , Steppens kung Lear.
— , Tre möten.
— , Två original.
— , Två vänner.
— , Valda noveller o. skizzer.
Turner, Sju syskon.
Tusen och en natt.

30. ROMANER I ÖFVERSÄTTNING.

Twain Mark, Arfvingen från Amerika.
—, En yankee.
—, Huckleberry Finns äfventyr.
—, Nya humoresker.
—, Nya reseskisser.
—, Tom Sawyer på resa.
—, Tom Sawyer på ströftåg.
Ungdomsdrömmar.
Universalbibliotek.
Wachenhusen, Bonde o. herreman.
—, Engelsrösten.
—, Kärleken botar allt.
Valdés, Marta o. Maria.
Waldow, Röda tornets hemlighet.
Valera, Pepita Jiminez.
Wallace, Ben-Hur.
Vallés, Studenten.
Wallis. Furstegunst.
Walloth, Faraonernas skattkammare.
Walton, Ett lyckligt val.
—, Upptagen eller kvarlämnad.
Ward, David Grieves historia.
—, Hvita kronan.
—, Robert Elsmere.
Watson, I spindelns nät.
Wazoff, Under oket.
Webb, Pomponia.
Weiss, Ett lindebarns memoirer.
Wellershausen, Kärleksdramat i Mayerling.
Verld, Äfventyrens.
Verne, Arkipelagen i eld o. lågor.
—, Begums femhundra millioner.
—, Cæsar Cascabel.
—, Den hemlighetsfulla ön.
—, En världsomsegling under hafvet.
—, Från jorden till månen.
—, Hector Servadacs resor.
—, Ingeniör Roburs luftfärd.
—, Jorden rundt på 80 dagar.
—, Kapten Hatteras' reseäfventyr.
—, Mathias Sandorf.
—, Mistress Branican.
—, Till jordens medelpunkt.
—, Tsarens kurir.
—, Underbara resor.
—, Upp- o. nedvända världen.
Werner, Alpfeen.
—, Fri väg.
—, Hartmut.
—, Hemlandstoner.
—, Sankt Mikael.
—, Vågadt o. vunnet.
—, Örnflykt.
— o. *Heimburg*, Noveller.
Westkirch, »Han skall vara din herre».
Weyman, Den röda kokarden.
—, En fransk ädling.
—, Grefvinnan Rotha.
—, I kardinalens ärenden.
—, »Vargen».
Vigny, En sammansvärjning under Ludvig XIII.
Wilbrandt, Lifsleda.
Wildenbruch, Bildhuggaren från Tanagra.
—, Noveller o. humoresker.
—, Professorn o. hans bror.
Wild-Queimer, Briljanter.
Wilford, Vivia.
Villospår, På.
Winter, I nöd o. lust.

31. DRAMATIK.

Winter, Skörd.
Winterfeld, En stilla vrå.
—, Med bläck o. penna.
Witt-Talmage, Omkring tebordet.
Witzleben, I muntra lag.
Vivanti, Marion, chansonettsångerska.
Vollmar, Den gamle doktorn.
—, Farmor.
—, Fyndet.
—, Prästhuset i Harz.
—, Söndagsbarn.
Wood, Ett familjedrama.
Woolson, Anne.
Voss, Romerska noveller.
Vägkanten, Vid, af *E. S. K.*
Zaccone, Nio millioner.
Zangwill, Tiggarkungen.
—, Ungkarlsklubben.
Zola, Doktor Pascal.
—, I grus o. spillror.
—, Konstnärslif.
—, Lourdes.
—, Penningen.
Östgaard, En fjällbygd.

d) Dramatik.

Adenis, Kurtis.
Agrell, Ensam. — En lektion.
—, Vår!
Ah!
Aischylos, Agamemnon.
Ameen, En moder.
Anrep, Nerkingarne.
Apelbom, Pappa har ju gifvit lof!
Aprilnarrit.
Aristophanes, Fåglarne.
Axelson, Hafsfrun på landet.
Balaguer, Romeo och Julia.
Banér, Kvinnans.
Banville, Gringoire.
Barberaren i Sevilla.
Barbier o. *Carré*, Paul o. Virginie.
Benedictsson o. *Lundegård*, Den bergtagna.
Bayard o. *Lemoine*, Frieri o. förställning.
Benson, Provisoriskt.
—, Surrogat.
—, Tillfälligheter.
Bensow, Anthropos.
—, Birgitta.
—, Intermezzo.
—, Nero.
—, Svipdag.
Berger, Plog o. kräckla.
Bibliotek för figurteatern.
Bibliotek för teatervänner.
Bilhaud, Ett flöjtsolo.
Björnson, De nygifta.
—, En handske.
Blanche, 1846 o. 1946.
—, Den gamla aktrisen.
—, Den gamle skådespelaren.
—, Döden fadder.
—, Grannarne.
—, Herr Dardanell o. hans upptåg på landet.
—, Järnbäraren.
—, Magister Bläckstadius.
—, Stockholm, Vesterås o. Upsala.
—, Teaterstycken.

Boeck, En middagsbjudning.
Boisman, Samhällsbilder i dramatisk form
Boito, Otello.
Rondeson, Smålandsknekten.
—, Store Lars.
Boucheron, Miss Helyett.
Boye, Numa Pompilius.
Bunge, Trumpetaren från Säkkingen.
Calsabigi, Orfevs.
Canth, Arbetarens hustru
Carlmin, Kärlek.
Carré, Skrifvarkungen.
— o. *Barbier*, Mignon.
Cederberg, Min första soiré.
—, Min gamla frack.
Christiernsson, Granadas dotter.
—, Per Svinaherde.
Clementi, Moderna vikingar.
Comoediæ svecanæ ineditæ.
Coppée, Pater noster.
Cramær, Femhundra riksdaler banko.
Dahl, Förlofvade för fort.
Dahlgren, Vermländingarne.
Dennery o. *Brésil*, Konung för en dag.
Dreyfus, En herre i svart frack.
—, Lugn i stormen.
Eschegaray, Mariana.
Fallström, I Firenze.
Faust.
Fitger, Hexan.
Fredin, Biltog.
Freja von Gruus.
Fröken Kammarduks resa till Lorensberg.
Gallet, Djamileh.
Geijerstam, Aldrig i lifvet.
—, Förbrytare.
—, Lars Anders och Jan Anders och deras barn.
—, Per Olsson och hans käring.
—, Seklernas nyårsnatt.
—, Svenska bondepjeser.
—, Svärfar.
Genée o. *Zappert*, Jagten efter lyckan.
Ghislansoni, Aida.
Giacosa, Ett parti schack.
—, Kärlekens triumf.
Gilbert, Mikadon.
Goethe, Egmont.
—, Torquato Tasso.
Gondinet, En tvärvigg.
— o. *Gille*, Lakmé.
Gorrio, Gioconda.
Grenet-Dancourt, Mannen som gäspar.
Halévy, Herrskapet Cardinal.
Han är inte svartsjuk.
Hans o. Greta.
Hansson, Dramatiska dikter.
Hedberg, F., Det skadar inte.
—, Herre var så god o. tag bort er dotter.
—, Hexfällan.
—, Svenska historiska skådespel.
—, Sånggudinnornas afsked.
Hedberg, T., En tvekamp.
—, Judas.
—, Nattrocken.
Henrion, För nervösa fruar.
Hermelin, Värmlandsflickan.
Herrig, Luther.
Hodell, Herr Larssons resa.
—, Kärleken på sommarnöje.

Holberg, Comoedier:
 1. Den polit. Kandestøber.
 2. Jean de France.
 3. Jeppe paa Bjerget.
 4. Mester Gert Vestphaler.
 5. Heinrich og Pernille.
 6. Barselstuen.
 7. Mascarade.
 8. Jacob von Tyboe.
 9. Ulysses von Ithacia.
 10. Erasmus Montanus.
 11. Den Stundesløse.
 12. Don Ranudo de Colibrados.
—, Jeppe Nilsson på Berget.
Hugo, Marion Delorme.
Humor, Fransk.
Ibsen, Kärlekens komedi.
Ipsen, Häxan.
Isberg, Doktorns fru.
Jolin, Barnhusbarnen.
—, En komedi.
—, En kommunist.
—, Ett minnesblad.
—, Farmors o. mormors kärleksäfventyr.
—, Friaren från Värmland.
—, Löjen o. tårar.
—, Mammas gosse.
—, Min hustru vill ha' roligt.
—, Mjölnarfröken.
—, Mäster Smith.
—, På gamla dagar.
—, Skal o. kärna.
—, Smädesskrifvaren.
—, Studentens majnatt.
—, Ung-Hanses dotter.
—, Veteranerna.
—, Öfverste Stobée.
Jonasson, Revolutionen i drifbänken.
Josephson, Teaterstycken:
 1. En stormig dag.
 2. Rivaler af missförstånd.
 3. Med konstens vapen.
Kampen för lyckan.
Karl XV i hvardagslag.
Key, Artister.
—, Francesca da Rimini.
Keyser, Fru Britta Tott.
Kleist, Den sönderslagna krukan.
Konjander i Amerika.
Krœmer, Hermes o. Diotima.
—, Skådespel o. berättelser:
 1. Fama.
Landahl, Dramatik.
—, Dramatiska utkast.
Leffler, Den kärleken.
—, Familjelycka.
—, Moster Malvina.
—, Tre komedier.
Legouz, Historien om en hatt.
Lehmann, Sista hvarfvet.
Leipziger, Huldralek.
—, Rabbin från Troyes.
Lidner, Milot o. Eliosa.
Lindell, Bronislava.
Lindhé, Mödrar.
Lorin, Jag tycker om fruntimmer.
Lundberg, Förlåt mig.
Lundgren, En svartsjuk tok.
Lundquist, Småflickor.

Lundström, Cleopatra.
Löfving, Så vann han stolts jungfrun.
Mallander, Den nya stadsposten.
—, Patron Trögelins debut.
Man, En döfstum.
Martinsson, Den sällsynte ynglingen.
—, Karl Sabelträff o. hans rivaler.
Meilhac o. *Halévy*, Den sköna Helena.
—,—, Storhertiginnan af Gérolstein.
Messenius, Samlade dramer.
Meyer, Hafsfrun.
Michaelson, Ett ungkarlshem.
—, Förr i världen.
—, Moln.
—, Skandalen i natt
—, Unge grefven.
—, Återgång.
Moinaux, De båda döfve.
Molander, Beatrice.
—, Flirtation.
—, Ibsen i västficksformat.
Moser, Sparlakanslexor.
Måltid, Smaklig.
Mästerkatten i stöflar.
Möller, Hon vill inte gifta sig.
Mörner, Juda.
Norling, Poesi o. prosa.
Notisjägaren.
Numers, Bakom Kuopio.
—, Striden vid Tuukkala.
Oberon.
Opera i menniskobröstet.
Operarepertoire.
Operatext-bibliotek.
Operatexter.
Overskou, Diamantkorset.
Pastoralexpeditionen, På.
Piave, Den vilseförda.
Pirouette, Hästen.
Prospero, Det bortbytta manuskriptet.
Putte Snabbfot, Bibliofiler.
—, En stund på bokauktionskammaren.
Ratnavali.
Revolutionen i »drifbänken».
Rouseaux, Råttan.
Runeberg, Kungarne på Salamis.
Saint-Georges o. *Bayard*, Regementets dotter.
Sandberg, Prolog.
—, Spökerierna vid slottet.
Schiller, Kabal o. kärlek.
—, Orleanska jungfrun.
—, Vilhelm Tell.
Schöldström, Tre ljusa pojkar.
Scribe, Le verre d'eau.
—, *Royer* o. *Vaez*, Leonora.
— o. *Saint-Georges*, Kronjuvelerna.
Shakspeares dramatiska arbeten.
Skum.
Småsaker, Dramatiska.
Strindberg, Dramatik.
—, Fadren.
—, Fröken Julie.
—, Himmelrikets nycklar.
—, Kamraterna.
—, Lycko-Pers resa.
—, Père.
Strömberg, Baldersfesten.
Sudermann, Hemmet.
—, Sodoms undergång.

Sudermann, Ära.
Sudrika, Vasantasena.
Sångstycken ur Prologuen »Samråd bland Gudarne».
Sitherberg, Ur förtryckets natt.
Tavaststjerna, Affärer.
—, Fyra dram. småstycken.
Teatern, Svenska.
Teaterstycken.
Tolstoj, Ivan den grymmes död.
Tolstoy, Mörkrets makt.
—, Upplysningens frukter.
Tozzetti o. *Menasci*, På Sicilien.
Wagner, Mästersångarne i Nürnberg.
—, Valkyrjan.
Wahlenberg, Löndörren.
—, På vakt.
—, Två valspråk.
Val, Ett.
Wecksell, Daniel Hjort.
Wennerberg, Jesu födelse.
Vermländingarne.
Wessel, Kärlek utan strumpor.
Wetterhoff, Holgaberget.
Wicklund, En afton på Tre byttor.
Widmann, Hårdt mot hårdt.
Wijkander, Fru Madeleine Bunge.
Wilde, Salome.
Wildenbruch, Harold.
Wittman o. *Bauer*, Den stackars Jonathan.
Wurm, Junior, Tosingar.
Zethræus, Saul.

e) Folkdiktning.

Folklynne, Skånskt.
Historia om kloka Stina i Karlshult.
Historien om Oxenstjerna.
Hva' Goodtemplara har för sek.
Jämte, Ljusnedals-Jakko.
Lagus, Nyländska folkvisor.
Legender, Tre finska.
Lisseg, Folklifsbilder från Södermanland.
Minnen, Gamla, från Delsbo o. Bjuråker.
Nilsson, Gamla abeteket.
—, Ny samling muntra folklifsbilder.
Nordlander, Småplock.
Nygren, Byrallor.
Olle Perssons marknadsresa.
Rosengårdar, Ur folksagans.
Sagor o. berättelser på landskapsmål utg. af *Peron*
Svartengren, Nö hört frå skogsbygda.
Weiland, Göingen.
Wranér, En ulf i fårakläder.
—, Gamlingar och grönskällingar.
—, Helgdagsbilder o. hvardagshistorier.
—, Hvardagsmat o. gilleskakor.
—, Hägringar.
—, I skånska stugor.
—, Storgubbar o. stackare.
—, Stuesnack o. stätteslams.

f) Fornnordisk o. medeltidssvensk litteratur.

Bååth, Från vikingatiden.
Edda, Sämund den vises. Utg. af *Sander*.
Ekermann, Från Nordens forntid.
Historia Trojana.
Jungfru Marie örtagård.

10-års katalog 1886—1895.

Kärlek i hednadagar.
Läke- o. örteböcker från Sveriges medeltid.
Medeltids-postillor, Svenska.
Prosadikter från Sveriges medeltid.
Sagor, Fornnordiska.
Sturleson, Konungasagor.

g) Anekdoter, charader o. gåtor.

Anekdoter, Svenska:
1. Prestbistorier.
2. Rättegångshistorier.

Anekdoter, Valda.
Caroliana.

Ekevall, Gåtor o. ordspråk.
Fahlcrantziana.
Gigas, Nordiska anekdoter.
Jeremias, 500 artiga o. oartiga presentrim.
Julklapperim.
Kretsar, I glada.
Lynnegliuntar o. leenden ur Hvassers o. Bromans språklådor.
Ordspråk o. gåtor, Finska.
Ordspråk, Sanna språk.
Ordspråk, äldre o. nyare.
Sa' han o. sa' hon.
Skogen o. sjön, Från.
Skämt och munterhet.
Östan o. vestan, Från.

X. Skön konst.

a) Konsthistoria.

Ahnfelt, Europas konstnärer.
Aminoff. Förteckning öfver familjeportr. å Stensböle fideikommiss.
—, D:o d:o å Rilax fideikommiss.
Bœrendts, Kalmar slott.
Beckett, Ny-Carlsberg glyptothek.
Bejbom, Grafvarna i Strengnäs domkyrka.
Born, Förteckning öfver familjporträtt på Sarvlaka sätesgård.
Bruun, Norges stavkyrkor.
Brücke, Menniskokroppens skönhet o. fel.
Bukowski o. *Looström*, Bomans saml. af keramiska tillverkningar.
Böttiger, Hedvig Eleonoras Drottningholm.
—, Två tyska renässansarbeten i Sverige.
Catalogue d'une collection de tableaux, qui ont appartenu à feu C. J. Fahlcrantz.
Dietrichson, En norsk bondemaler.
—, Hvem har malet Peder Claussön's portrait.
—, Stavekirkenes construction.
Ehrenheim o. *Upmark*, Anteckn:r från Nationalmusei gravyrsamling.
Estlander, Hippolyte Flandrin.
Folcker, Gripsholms slott.
Fredin, Om Jerfsö kyrka o. hennes reparation.
Furuhjelm, Förteckning öfver familjeporträtt.
Granberg, Catalogue raisonné de tableaux anciens.
—, Konsthistoriska studier.
Göthe, En dansk konstforskare.
—, Ett porträtt.
—, Nationalmusei tafvelsamling.
—, Notice descriptive des tableaux du Musée national.
—, Populära taflor.
—, Sergels porträttbyster.
—, Svensk bildkonst.
—, Tafvelsamlingar i London.
Hausen, Förteckning på familjeportr. å Fagervik.
—, Förteckning på familjeportr. å Prästkulla säteri.
—, Förteckning på familjeporträtt å Tjusterby.
—, Förteckning på familjeporträtt å Gerknäs.
—, Förteckning öfver äldre familjeporträtt.
—, Porträttsamlingen på Åminne fideikommiss.

Hedberg, De nyaste företeelserna inom målarkonsten.
—, Leonardo da Vinci.
Helms, Når er Throndhjems domkirke opført?
Hildebrand, Skara domkyrka.
Katalog till konstnärsförbundets utställning.
Katalog öfver grafiska utst. i Nationalmuseum.
Katalog öfver konstutställningen i Göteborg.
Konstsamlingar, Statens.
Konstvännen.
Kristenson o. *Wide*, Unders. om Pantheon i Rom.
Lamm. Carl Flodman o. hans etsningar.
—, Kardinal Mazarins samlingar.
Lange, Ett blad af koloritens historie.
—, Et motivs historie.
—, Studiet i marken.
—, Træk af kunsten i revolut. tjeneste.
Lindgren, Svenska kyrkor.
Lindman, Anteckningar om Åbo domkyrka.
Looström, Den Svenska konstakademien u. första årh. af hennes tillvaro.
—, Förteckning öfver Akad:ns för de fria konsterna samling af målningar o. handteckningar.
—, Konstväfvare på Stockholms slott under 1700-talet.
Lönnbeck, Studier i den arkaiska konsten.
Madsen, Dansk kunst.
Meddelanden från Nationalmuseum.
Mejborg, Symboliske figurer i Nord. museet.
Meldahl, Den protestantiske kirkebygning.
—, Jardins projekt til Marmorkirken i Köbenhavn.
—, Norges stavkirker.
Neovius, Bidrag till känned. om vårt lands kyrkor.
Nervander, Den kyrkliga konsten i Finland.
Nordensvan, Egron Lundgren.
—, F. W. Scholander.
—, Franskt måleri o. tyskt.
—, Konstintryck från Göteborg.
—, Konstintryck från Kristiania.
—, Morgondagens konst.
—, Svensk konst o. svenska konstnärer.
Ord o. bild.
Piehl, Ett fornegyptiskt tempel.
Porträtt, Svenska o. finska. Förteckning öfver en porträttsamling tillh. B. Wadström.

86. PLANSCHVERK.

Rydberg, En underbar man. Leonardo da Vinci.
—, Konstens ursprung o. utvecklingsläran.
Saloman, Die Restauration der Venus von Milo.
Schück, Shakspeareporträtt.
—, Skulpturfynd i Rom.
Schwindt, Finnische Ornamente.
Secher, Grekisk-romersk konsthistoria.
Silfverutställningen i Nationalmuseum.
Tikkanen, Die Genesismosaiken von S. Marco in Venedig.
—, Die Psalterillustration im Mittelalter.
—, Venedig o. dess konst.
Upmark, De grafiska konsterna.
—, En svensk hofkopparstickare.
—, Ordnandet af Gripsholms slott o. dess samlingar
Utställning, Konstnärsförbundets.
Warburg, Hedlinger.
Westling, Linköpings domkyrka.
Wrangel, Allhelgonakyrkan i Lund.
Wåhlin, Fyra svenska konstnärer.
—, Om den franska målarkonsten.
—, Om den ryska konsten.
Årsberättelse afgifven på K. akad:s för de fria konsternas högtidsdag.

b) Planschverk.

Afbildningar af konstverk i Göteborgs museum.
Afbildningar af nordiska drägter.
Album för literatur o. konst.
Album, Sveriges allm. konstförenings.
Arbeten, Nordiska konstnärers
Autografier o porträtt af framstående personer.
Bilder från gamla Stockholm.
Bilder från Skåne.
Bilder från Sverige. I. Göteborg.
Bjarke o. *Reuter*, Dikter i färg o. ord.
Burman, Karrikatyrer af Conny
Calamus, Annonser.
Culmus, Minnen från Göteborg.
Cyrus, Konstnärs-album.
De mina.
Ehrenheim, Etsningar från Grönsö o. Utö.
Fader vår, med teckningar af *Thomsen*.
Finland i bilder.
Finland i 19:e seklet.
Folk, Vårt.
Frimurare-porträtt.
Furstar, Europas.
Föreningen för grafisk konst.
Förslag till byggnad för Nordiska museet
Förslags-eskizzer till riksdags- o. riksbankshus.
Göta. Bildersamling för hemmet.
Haglund, Stockholmsbilder.
Handteckningar af svenska konstnärer.
Handteckningar af äldre mästare i Nationalmuseum.
Holmgren, Svenska armén.
Häfder, Ur de heligas.
Industri, Sveriges, dess stormän. o. befrämjare.
Kirche, Die deutsche.
Konstminnen, Svenska, från medeltiden.
Konstskatter i Nationalmuseum.
Konstskatter, Nationalmusei.
Konstverk, Svenska.
Konungar, Svenska, o deras tidehvarf.
Krigsskolan på Carlberg.
Kumlien, Svenska herrgårdar o. villor.
Lif, Ur Jesu.
Liljefors, Från skog o. mark.

87. TEATER O. MUSIK.

Lindgren, Svenska kyrkor.
Ljungh, Ordspråk i silhuetter.
—, Svart på hvitt.
Museum. Afbildn:r efter berömda taflor.
Mästerverk, Konstens.
Mönsteralbum, Svenska Slöjdföreningens.
Nyström, Skulptur-arbeten.
Ordspråk med teckn:r af *T*.
Par Bricole-porträtt.
Porträtt, Femtio, af ryktbara svenskar.
Porträtt, Norska.
Porträtt, Svenska, efter kopparstick.
Porträtter af svenska regenter.
Porträttgalleri, Svenskt.
Porträttgalleri af svenska generals- o. amiralspersoner.
Prins Oscars rum.
Regenter, Svenska.
Riddarhuset, Svenska. Etsningar af *Haglund*.
Riksdags- o. Riksbankshus.
Scener ur Fredmans epistlar o. sånger.
Situationer från en sommar vid Nääs.
Stockholms-byggnader från äldre o. nyare tider.
Suomi.
Taflor till Fänrik Ståls sägner.
Teatergalleri, Skandinaviskt.
Thiess, Humoresker.
Tyko, Klitsch, klatsch.
Typer från karnevalen i Lund.
Törner, Major Görans björnjagt
—, Major Göran Flinks o. kusin Pirres jagtäfventyr.
Uniformer, Svenska arméens o. flottans.
Utställning, Konstnärsförbundets.
Wickman o. *Ringström*, Täflingsförslag till riksdagshus o. riksbanksbyggnad.
Zettervall, Förslag till riksdags- o. riksbankshus

c) Teater o. musik.

Andrén o. *Nordensvan*, Från Stockholms teatrar.
Anna de Wahl.
Anteckn:r om Stora teatern i Göteborg.
Arlberg, Förs. till grundläggn. af tonbildningsläran.
Artister o. gäster, Kongl. operans, från 1893.
Bauck, Musikens historia.
—, Musiklärans första grunder.
Bellman, Fredmans epistlar. Arr. för piano.
—, Fredmans sånger. Arr. för piano.
Bengzon, Nyaste gitarrskolan.
—, Om pianoundervisningen.
Bensow, Beethoven bedömd af Wagner.
—, Wagner som skapare af musikdramat.
Blomqvist, A., Elementära sångöfningar.
Blomqvist, J., Stycken ur Davids psalmer.
—, 'Valda sånger ur hemlandstoner.
Bref rör. teatern under Gustaf III.
Byström, Den svenska psalmsängens melodier.
—, Svenska mässan.
Bäck, Huru hafva våra förfäder sjungit sina psalmer?
Coquelin, Huru en monolog bör sägas.
Dur o. Moll.
Eggeling, Sångbok för folkhögskolor.
Filikromen
Flodmark, Kongl. svenska skådeplatsen 1737—53.
—, Stenborgska skådebanorna.
Försök till hänvisn:r från 1889 års psalmboksförslag till 1819 års psalm- o. koralbok.
Gisslow, Inne o. ute.
Goldschmidt, Jenny Linds kadenser,

Hagström, Sånglära.
Hallén, Musikaliska kåserier.
Hanslick, Ur en musikers dagbok.
Hedberg, F. Bidrag till skådespelarekonstens historia
——, Gustaf III:s operahus.
——, På ömse sidor om ridån.
——, Våra sceniska konstnärer förr o. nu.
Heintze, Koralbok.
Holland o. *Rockstro*, Jenny Lind-Goldschmidt.
Inberg, Piano-instrumenters skötsel o. vård.
Josephson, Rakt på sak.
—, Teaterregie.
— -, Vigtiga teaterfrågor.
Koralbok för kyrkan.
Koralbok, Ny, för Finland.
Koralbok, Svensk.
Koraler, Valda, i gammalrytmisk form.
Krohn, Die geographische Verbreitung estnischer Lieder.
Liber cantus.
Lind, Teoret -prakt. lärobok i sång.
——, Mässbok.
Lindblom, Sånglära.
Lindeberg, Sångboken för skola o. hem.
- , 21 rytmiska melodier till psalmboken.
Lindgren, Den nordiska folkvisans ursprung.
——, Tonkonstens väsen o. historia.
Lindström, Orgelharmoniumskola.
—, Tio sånger för mansröster.
Lundgren, Från en lång teaterbana.
Melodier till Nya Pilgrimssånger.
Melodier till Sionsharpan.
M. M. [Muntra musikanter.]
Musik till Bellmans skrifter.
Musik till Sionstoner.
Musiktidning, Svensk.
Norlind, Musik till högmässogudstjänstens reponsorier.
Normal-sångbok.
Norman, Musikaliska uppsatser o. kritiker.
Operan, Kongl., Minnesblad.
Otterström, Från salong o. scen.
——, Små skizzer ur mina teaterminnen.
Persson, Fiolnotation.
—, Tangentsystemet.
Peterson, Tre musikal. föreläsningar.
Reitz, Handbok i pianostämning.
Rendahl, Hæffners koralbok i sammandrag.
Richter, Harmonilära.
——, Uppgiftsbok till Richters harmonilära.
Ring, Lärob. i deklamation.
- —, Meiningarne.
——, Spridda drag ur de k. teatrarnes hist.
Ringh, Bakom kulisserna.
-, Komedianten.
——, Teaterlif.
Rubinstein, Minnen från en konstnärsbana.
——, Musiken o. dess mästare.
Schjelderup, Helmholtz's betydning for musikken
Schöldström, Hög o. sann konstnärlig anda.
Svahn, Det muntliga föredragets konst i tal o. sång.
Svanberg, Anteckningar om Vasateatern.
Svensson, Sångbok för folkskolan.
—, Sångbok för skolan.
-, Sångmetodik.
Sångarkören M. M:s färd till Stockholm.
Sångbok, Barnens.
Sångbok, Ny, för folkskolan.
Sångbok, Skolbarnens.
Sångbok, Stockholms söndagsskolförenings.
Sånger, 30, tre- o. tvåstämmiga.

Sångsamling, Kyrkosångens vänners.
Teater eller varieté?
Teaterverlden, Från.
Tengstrand, Handbok för musikvänner.
Thyselius, I afgörandets stund.
Tänkespråk, Musikaliska.
Törnwall, Hjelpreda vid luthersk koralsång.
—, Åter litet i koralfrågan.
Ullman, Koralmelodier till Förslag till psalmbok.
Wagner, Beethoven.
Valkyrian. En förklarande text till Wagners musikdrama.
Varg i Veum, Afslöjanden af våra musikaliska missförhållanden.
Wegelius, Hufvuddragen af den västerländska musikens historia.
- , Lärob. i allmän musiklära o. analys.
Wohlfahrt, Elementarkurs i harmoniläran.
Ålander, Om sången i kyrka o. skola.
Ödman, Ur en svensk tonsättares lif.

d) Skrifkonst o. teckning.

Arends, Rationella stenografi.
Balzer, Ny handbok f. teckning.
Bergsten, Handledning i referentstenografi.
- , Lärob. i stenografi.
—, Stenogr. öfningar.
Bibliotek, Stenografiskt
Bobeck, Kartritningskurs.
Burman, Vägledning i kartritning.
Clason, Läs- o. skriföfningar i Arends stenografi.
Ekström, Elementär ritkonst.
——, Färgläggning o. ritöfningar.
- -, Linearritningar.
——, Lärokurs i linearritning.
——, Meddelande om lärokurs i linearritning.
——, Mindre lärokurs i linearritning.
Enblom, Perspektiva rutplanscher.
Förhandlingar vid stenografförbundets förbundsdag.
Förkortningsöfningar, Stenografiska.
Förskrifter med tysk stil.
Handskriftsprof 1500—1800.
Heike, Kurs i rundskrift.
——, Skrifsystem.
Henriques, Perspektivlära.
Holmqvist, Metodiska skriföfningar.
—, Om skrifning o. skrifundervisning.
Hülphers, Stenografiska skriföfningar.
Hårdh, Lärobok i linearritning.
Hörlin, De första grunderna i skuggläggning.
Jaennicke, Handb. i aqvarellmålning.
Julhelsning till nordens gabelsbergerska stenografer.
Keyser, Svenskt tryckskriftsystem.
Koch, Rundskrift.
Lindberg, Pennteckningsstudier.
Lundberg, Lärokurs i linearritning.
Lundgren, Förkortningsregler för stenografisk praktik.
- —, Lärobok i Arends stenografi.
Lärobok i Gabelsbergers stenografi.
Lärokurs i stenografi.
Mandelgren, Praktisk lärokurs i teckning.
Melin, Jemförelse mellan Arends o. Gabelbergers stenografiska system.
- —, Lärobok i förenklad snabbskrift.
—, Lärobok i stenografi.
Mentzer, Större förskrift.
Meyer, Kort handledning vid undervisning i skrifning

88. SKRIFKONST O. TECKNING

Meyer, Mönster-alfabet med lodrät stil.
—, Skrifbok till lodrät stil.
—, Välskrifningsbok med lodrät stil.
Modigh, Nordiska Gabelsberger-stenografmötet.
Nilsson, Menaklighetens idealskrift.
Påhlman, Anvisning till Påhlmanska skrifmetodens begagnande.
—, Den Påhlmanska skrifmetoden.
—, Praktiska föreskrifter.
—, Skrifkonstens historia.
Rit-album.
Ritkonstnären, Den lilla.
Ritkurs för tystöfningstimmarna.

89. SPEL OCH SPORT.

Rosvall, Hjälpreda till metodisk föreskrift.
—, Metodisk föreskrift.
Segerborg, Handbok i linearteckning.
—, Praktisk ritbok.
Siewers, Stenografiska öfningar. Efter prof. Faulmanns system.
Sjöström, En samling förebilder för teckning.
Skriftprof, Svenska.
Sleipner.
Stenbäck, Linearritningskurs.
Söderblom, Lärobok i linearteckning.
Textilutställningen.
Tidning för svensk snabbskrift.

XI. Spel och sport.

Améen, Turistsport.
Angerstein o. *Eckler,* Hemgymnastik.
Apelbom, Dansskolan.
Arnliot Gellina, Gymnaster på krigsstråt.
Balck, Bollspel.
—, Idrottstäflingar o. lekar.
—, Illustrerad idrottsbok.
—, Värjfäktning.
— o. *Scherstén,* Gymnastik.
Berättelse öfver internationela gymnastikfesten.
Bibliotek, Illustreradt, för idrott.
Biljardspelet.
Blomsterspråket.
Croneborg, Handbok i ridsport.
Don Juan. Kärlekens vägledare.
Förteckning öfv. svenska sjukgymnaster.
Groth, Handledning i skat.
Gymnastiköfningarna i de allm. läroverken.
Hartelius, Gymnastiken, historiskt framstäld.
—, Hemgymnastik.
— —, Lärobok i sjukgymnastik.
Hedemann-Gade, Ut i det fria!
Heikel, Gymnastiska friöfningar.
—, Gymnastiska muskel-tabeller.
—, Hemgymnastik på »palæstron.»
Idrotter, Internationela.
Idrottskalendern.
Kalender för finsk trafsport.
Kalender för svensk trafsport.
Kapplöpningskalender.
Kortprofeten.
Kortspråket.
Lawn-tennis-regler.
Levertin, La gymnastique médico mécanique Zander.
— —, Zanders medicomekanische Gymnastik.
Lewis, Schack för begynnare.
Liedbeck, Gymnastiska dagöfningar.
—, Vibratorn
Malmros, Eskader-segling.
Minnen från svenska gymnasters färd till Paris o. London.
Minnesbok i gymnastik.
Næss, Skridskosporten.
Norlander, Rationella gymnastiköfningar.
Norlin, Jagt- o. skärgårdslif.
—, Jagtminnen o. äfventyr.

Norlin, På jaktstigen o. på sjön.
Nyblæus, 100 gymnastiska aforismer.
—, Gymnastiska aforismer.
—, Hästsport.
Patiencebok, Illustrerad.
Patience-bok, Nyaste.
Patiencer, Trettio nya.
Plinzner, System för häst-gymnastik.
—, System för ryttarens utbildning.
Posse, Handbok i figuråkning.
Préférence.
Ramsay, På sommarfärd i kanot.
—, På sommarvandring.
Ratzel, Rådgifvare för fotvandrare.
Redogörelse för 3:e allm. gymnastikläraremötet.
Reitzenstein, Min distansridt Berlin—Wien.
Resa, Fem sportmäns, till Orienten.
Rydholm, Jagt.
Samling, En, gymnastiska ställningar o. rörelseformer.
Sandberg, Den finska skidan.
Schack-problem.
Schieben-regler.
Skarstedt, Gymnastiken.
Smith, Båtsegling, kanotsegling o. simning.
—, Vetenskapl. o. ovetenskapl. förströelser.
Spelböcker, Små.
Stadgar o. reglemente, Jokeyklubbens.
Tidning för idrott.
Tidskrift för Schack.
Tidskrift i gymnastik.
Tisell, Cyklisten.
—, Velocipedens skötsel o. vård.
Tromholt, Tändsticks-spel.
Turisten.
Turistkalender.
Turistlif o. idrott.
Törngren o. *Wide,* Gymnastikfesten i Stockholm.
Wachtmeister, Vägvisare för turister.
Wærn, Sommarkapplöpningen i Siena.
Victorin, Handledn. i préférence o. trekarl.
—, Handledn. i whist.
—, Handledn. i vira.
— —, Välspelning i vira.
Wide, Handbok i medicinsk gymnastik.
Wilskman, Handl. i hemgymnastik.
—, Hemgymnastik med järnstaf.

39. SPEL OCH SPORT.

Wilskman, Om gymnastikens inflytande.
—, Svensk-finsk gymnastik-terminologi.
Wilson, Handledn. i biljard
, Handledn i domino, damspel etc.
—, Handledn. i Schack.
-, Handledn. i svenskt brädspel.
, Illustrerad spelbok.
Vinteridrott.
Vintrar, Tio, på Nybroviken.

40. KULTURHISTORIA OCH ETNOGRAFI.

Vira.
Vira-regler.
Zander, Den mekaniska gymnastikens apparelj.
—, Die Apparate für mechanisch heilgymnastische Behandlung.
Åkermark, Ut till lek!
Årsskrift, Svenska turistföreningens.
Östberg, Den moderna velocipeden o. dess ryttare.
—, Hjulsport.

XII. Kulturhistoria och Etnografi.

Ahrenberg o. Fernande, Les illumines Scènes de la vie des Hihutes en Finlande.
Allardt, De semitiska folken.
, Nyländska folkseder.
Allmogelif i Vestergötland.
Andersson, Aristophanes.
Bensow, Christendomens inflytande på den mänskl. kulturen.
Berggren, Från Vestergötlands bygder.
Bergström, Kgl. invalidinrättningen på Ulriksdal.
Bidrag till vår odlings häfder.
Björlin, Fordomdags.
Bore, Bärgsmanslif.
Bååth, Nordmannaskämt.
—, Några forntidsbilder från de norska kolonierna.
Cederberg, Ur gyllene kalfvens historia.
Chic! Rådgifvare för damer.
Dagar, Flydda.
Dagrar o. skuggor. Skildr. från sjömanshemmet i London.
Dietrichson, Moderna o. drägtreformen.
Edgren, Indo-europ. folkens ursprungliga hem.
Ekerot, Jul.
Enander, Våra fäders sinnelag.
Falk, Krigarlif i sommartid.
Fehr, Strengnäs kyrkomuseum.
Flaggor, Alla jordens.
Forsström, Bilder ur lifvet i den karelska gränsmarken.
»Framtid, Sveriges.»
Fries, Teckn:r ur svenska adelns familjelif.
Frosterus, En finsk hofmans bref.
Frölén, Upsala domkyrka.
Fuchs, Graf eller urna.
Geijerstam, Hur tankarna komma o. gå
Gordon, Judarne i helg o. söcken.
Handlingar ang. Nord. museet.
Handlingar, Karlsbrödraförbundets.
Hansen, En episod ur finska landtadelns lif.
—, Ett högadligt bo.
Hazelius, Führer durch die Sammlungen d. nordischen Museums.
—, Guide au Musée du Nord.
—, Guide to the collections of the Northern Museum.
Heikel, Ethnographische Forschungen.
Henne-am-Rhyn, Mysteriernas bok.
Henrikson, Plägseder o skrock bland Dalslands allmoge.
Hertzberg, Bidrag till Finlands kulturhistoria.
—, Kulturbilder ur Finlands historia.
Hexväsendet

Hildebrand, En svensk nationaldag.
—, Sveriges medeltid.
Hjärne, Från Moskva till Petersburg.
—, Helsingelif under Helsingelag.
Hågkomster, En gammal stockholmares.
Hägg, Flaggkarta.
Höyhä, Bilder ur folkets lif i Östra Finland.
Jelenffy, Bland finska stamförvandter.
Jolin, Teater- o. skolpojkaminnen.
Journaux parisiens.
Karlin, Kulturhistoriskt museum i Lund.
Kaufmann, Från verldens hufvudstad.
—, Paris under Eiffeltornet.
Kry, Från människoslägtets barndom.
Krohn, Den finska folkstammen.
—, Histoire du traditionismen Esthonie.
Lichtenstein, Katalog öfver Sveriges postvärdetecken.
— o. Andréen, Illustreradt frimärks-album.
Lieblein, De ældste samkväm mellan Aegypten o. Grækenland.
Lindell, Likbräuning eller begrafning?
—, Likbränningen jemte öfriga grafskick
, Likbränningens rättsliga ställning i olika länder.
Lindman, På Åbo slott.
Lindström, Anteckn:r om Gotlands medeltid.
Lundin, Gamla Stockholm.
—, Nya Stockholm.
, Tidsbilder ur Stockholmslifvet.
Lönegren, Vexiö skola o. gymnasium för 50 år sedan.
Meddelanden ang. reformdrägten.
Meddelanden från svenska likbränningsföreningen.
Meddelanden, Kulturhistoriska.
Meurman, Hungeråren på 1860-talet.
Minnen från fjällbygden o. Fyrisvall.
Minnen från Nord. Museet.
Minnen från Skansens vårfest.
Museum, Das nordische.
Norborg, Några ord i likbränningsfrågan.
Nordmann, Finnarne i mellersta Sverige.
Norlin, Interiörer ur Sthlms högre sällskapslif.
Nyland.
Nyrop, En middelalderlig skik.
Nyström, Allmän kulturhistoria.
—, Register till Allm. kulturhistoria.
Ord, Några, i likbränningsfrågan.
O'Rell o. Allyn, Jonathan o. hans fastland.
Otto, Bilder ur lifvet i Syd-Afrika.
Peschel, Menniskans ursprung o. kulturhist. utveckling.
Pettersson, Lapparnes sommarlif.
Piehl, En fornegyptisk kulturbild.
Reuter, Finlands natur, folk o. kultur.

Reuter, La Finlande et les finlandais.
Ring, Skansen.
Rogers, Jakobs hufvudgård.
Rydberg, Om nakenhet och klädselsätt.
Samfundet för Nordiska museets främjande.
Samlingar, Norrländska.
Schwerin, Muhammedanismen i Afrika.
—, Slafveri o. slafhandel i Afrika.
Schück, Ur gamla papper.
Simon, Det kinesiska samhället.
Sjöstrand, Getapulianare hemma o. i Lund.
Stadling, Från det hungrande Ryssland.
Steffen, Brittiska ströftåg.
—, Från det moderna England.
Stolt, Minnen från 1820—talet.
Strindberg, Bland franska bönder.
Sundblad, Andeverlden.
—, Bland kräklor o. mitror.
—, Från officersmessen o. soldattältet.
—, Gammaldags seder o. bruk.
—, Med tusch och rödkrita.
—, Skärgårdslif i vester.

Sundberg, Svenska Minnesdagar.
Svahn, Våra öfverliggare.
—, Ännu en gång våra öfverliggare.
Sverige o. Finland, Från.
Tallqvist, Kulturkampen mellan semiter o. indoeuropeer.
Teckningar o. toner ur skånska allmogens lif.
Tegnérs-stiftelsen i Lund.
Tidskrift, Svenska autografsällskapets.
Uddevalla kyrko- o. skolminne.
Ute och hemma.
Wacklin, Hundra minnen.
Vadstena klosters uppbörds- o. utgiftsbok.
Wall, Nyckel till Almanackan.
Westermarck, Det menskliga äktenskapets historia.
Wetterling, Indianerna i norra o. mellersta Nordamerika.
Wide, Helbregdagörelse i forntiden.
Wigström, Vandringar i Skåne o. Bleking.
Ödmann, Hågkomster från hembygden o. skolan.
Östrup, Kulturhistoriske træk.

XIII. Historia.

a) Allmän.

Becker, Världshistoria.
Boëthius, Historisk läsning.
—, Lärobok i gamla tidens historia.
Bäckström, Öfversigt af de europ. stat. hist. 1881—87.
Carlgren, Öfversigt af nya historien.
Cederström, Praktisk öfversikt af nyare tidens yttre polit. historia.
Ekmark, Lärobok. i allm. historien.
—, Läsebok. till allm. historien.
Eriksson, Allmän historia.
Estlander, Allm. historien i berättelser.
Galitzin, Allmän krigshistoria.
Guizot, Den europ civilisationens historia.
Hallström, Agis o Kleomenes.
Herrlin, Allmän historia.
Historia, Korstågens.
Hollander, Om gotiska folkstammens österländska härkomst.
Jansson, Öfversigtstabeller till nyare tidens hist.
Juuti, Läsebok i allmän historia.
Kastman, Bilder ur allm. historien.
Krig, Ur det 19:e århundradets.
Larsson, Om historiens betydelse.
Melander, Lärob. i allmän historia.
—, Lärob. i gamla tidens historia.
Nordmann, Berättelser ur allm. historien.
—, Historisk skolbok. Gamla tiden.
Pallin, Hufvuddragen i allm. historien.
—, Lärob. i allm. historia.
—, Lärobok i medeltidens historia.
—, Lärobok i nya tidens historia.
Pira, Allmän historia.
Scherr, Zig-Zag:
  1. Ivan den grymme.
  2. Narrkonungen.
Scholte, Lärob. i gamla tidens historia.

Schybergson, Historiens studium vid Åbo univers.
Sjögren, Allmän verldshistoria.
—, Det 19:e årh. historia.
—, Historisk läsebok.
Spilhammar, Historisk läsebok.
Stavenow, Om förh. mellan politisk hist. o kulturhist.
Swedelius, Om historisk vetenskap.
—, Smärre skrifter.
Svensén, Allmän historia.
Tidskrift, Historisk.
Verldshistoria, Illustrerad.
Zachrisson, Lärobok i världshistorien.

b) Utländsk.

Ahlenius, Kolumbus o. upptäckandet af Amerika.
Ahnfelt, Herskarmakt o. själssjukdom.
—, Två krönta rivaler.
Bilder ur Alexander III:s lif o. regering.
Boëthius, Den franska revolutionen.
—, Maria Stuart i ny belysning.
Bonnet, Fransk-tyska kriget.
Bratt, Waterloo.
Carlyle, Franska revolutionen.
Carnot, Franska revolutionen.
Chaudordy, Frankrike år 1889.
Elmgren, Israelitiska historiens kronologi.
Green, Engelska folkets historia.
Grove, Træk af Peter den stores liv.
Hartman, Tsar Peters underhandl. 1716 om landgång i Skåne.
Hedin, Ludvig XIV:s tidehvarf.
—, Halsbandsäfventyret.
Hjärne, Ryssland under nord. krigets återverkan.
Höjer, Från franska revolutionens dagar.
—, Norsk national historieskrifning.
Josefus, Judarnes gamla historia.

Jonsson, Islandsk-grönlandske kolonis historie.
Lagerhjelm, Napoleon o. Wellington på Pyreneiska halfön.
Lanin, Ryssland under Alexander III.
Lecky, Englands historia.
Liisberg, Napoleon.
Livius, Romerska historien.
Mc Carthy, Englands historia.
Moltke, Kriget 1870—71 mellan Tyskland o Frankrike.
—, Tysk-franska kriget.
Motley, Nederländernas frihetsstrid.
Nordensvan, Fransk-tyska kriget.
Nordin, Alexander d. store.
—, Die äussere Politik Spartas.
Petersson, Nya verlden.
Reinach, Israeliternas historia.
Rodd, Fredrik III.
— Ryssland o. England i Asien.
— Sekelrevy 1789—1889.
Sjögren, Kejsar Wilhelm.
Stavenow, Den stora engelska revolutionen.
Stepniak, Under tsarens spira.
— Storbrittanien af H. F.
Suchtelen m. fl. Två krönta rivaler.
Swedelius, Maria Stuart o. Elisabeth.
Svederus, Om tåltåget i Norge 1814.
Svensén, Nya verldens sista monarki.
Taine, Napoleon Bonaparte.
Thorsander, Dansk-tyska kriget 1864.
Thyrén, Den första väpnade neutraliteten.
—, Verldsfreden under Napoleon.
Topelius, Kejsaren, storfursten Alexander II s minne.
Välde, Under Tsarens.
Zweigbergk, Den stora franska revolutionen.
—, Tillståndet i Frankrike före revolutionen.
Ålund, Amerika, dess upptäckt m m.
—, Irland o. Parnel.

c) **Svensk o. finsk.**

Adlerbeth, Historiska anteckningar.
Adlersparre, Tre episoder i Karl XV:s lif.
Alin, Carl XIV Johan o. rikets ständer 1840—41.
—, Den svensk-norska unionen.
Almquist, Riksdagen i Gefle 1792.
Andersson, Svenska underhandlingar med Ryssland 1537.
Axelson, Bidrag till känned. om Sveriges tillstånd på Karl XII:s tid.
Banér, Bref 1624—41.
Berg, F., Lärobok i Sveriges historia.
Berg, G., Bidrag till den inre statsförvaltningens historia under Gustaf I.
Berg, W., Expeditionen till Arkangelsk 1701.
Berger, Den svenska guvernören Printzenskölds mord.
Bergh, Finland under det första årtiondet af Alexander III:s regering.
Bergman, Danmarks sista affär på Gotland 1676—79.
Bergstrand, Svensk-norska kriget 1814.
— Bidrag till historien om kriget i Norge 1814.
Björlin, Carl X Gustaf.
—, Carl den tolfte.
—, Gustaf II Adolf.
—, Kriget i Norge 1814.
Blad, Sällsynta.
Blomberg, Marskalk Bernadotte.
Boëthius, En konflikt mellan konung Fredrik o. sekreta utskottet.

Boëthius, Gustaf IV Adolfs förmyndareregering.
—, Hertig Karls o. riksrådets samregering.
—, Härjningarna på svenska ostkusten.
—, Om Engelbrekt Engelbrektson.
—, Uppkomsten af frihetstidens författningar.
Bonsdorff, Tvenne krigsmän från stora ofredens tid.
Brahe, Bref 1633—51.
Brisman, Sveriges inre styrelse under Gustaf IV Adolfs förmynderskap.
Blåth-Holmberg, Carl XV.
Börjesson, Riksdagen 1655.
Clason, Till reduktionens förhistoria.
— Dagar, Från tredje Gustafs.
Danielsson, Die nordische Frage 1746—51.
—, Finlands förening med ryska riket. (Äfven på tyska o. engelska språken.
—, Viborgs läns återförening med det öfriga Finland
— Diplomatarium, Svenskt.
Eneström, La leggenda sulla dimora del re Gustavo Adolfo II:o in Padova.
Enghoff, Tillståndet i Skåne under M. Stenbocks guvenörstid.
Eriksson, Svensk historia.
Forssell, Gustaf II Adolf.
Frosterus, Annotationer gjorda under 1808 af Aminoff.
Fryxell, Berättelser ur svenska historien. I.
—, Gustaf II Adolf.
Fåhræus, Om förändringen af Sveriges alliansystem 1680—82.
Gardie, de la, Bref 1611—50.
Golovin, Blad ur Finlands nutid o forntid.
Grandinson, Studier i hanseatisk-svensk historia.
Grotius, Bref.
— Gustaf II Adolf. Minnesblad.
— Gustaf II Adolfs bref o. instruktioner.
— Gustaf III:s första regeringsår.
Gustafsson, Om drottning Kristinas afsägelse.
Hammarskjöld, Bidrag till Livlands historia.
—, Om Tordenskjöld o. svenskarne.
— Handlingar, Historiska.
— Handlingar rör. Sveriges historia.
Hausen, Bidrag till Finlands historia.
— Henrik Hölterlings observationer i Sverige.
Hildebrand, Brytningen i Sveriges historia.
—, Karl XI:s testamente.
—, Svenska publikationer af hist. handl:r.
— Historia, Ur Finlands.
Hjelt, Sveriges ställning till utlandet efter 1772.
Hochschild, Gustaf III, Sofia Magdalena o. Christian VII.
Hollander, Om Sveaarnes förskandinaviska historia.
Högström, S:t Barthélemy under svenskt välde.
Höjer, Lärobok i Sveriges historia.
Hörlén, Valda berättelser ur fäderneslandets historia.
Jansson, Sveriges accession till hannoverska alliansen.
— Johan III o. Filip II.
— Jordebok, Stockholms.
Kabner, Om upprättandet af den nordiska kyrkoprovinsen.
— Karl XII:s egenhändiga bref.
Karlsson, Den svenske kon. domsrätt under medeltiden.
Keith, Journal pendant la guerre en Finlande.
Knös, Berättelser ur fädernesl. historia.
—, Valda berättelser ur fädernesl. historia.
— Konung Gustaf I:s registratur.
— Krig, Sveriges, åren 1808 o. 1809.
— Kriget, Svensk-norska, 1814.
Kuylenstjerna, Gustaf II Adolf o. hans svenska folk.
Lagerhjelm, Napoleon o. Carl Johan under kriget i Tyskland 1813.

Ingermark, Armfelts tåg mot Trondhjem
—, Rustningarna till Karl XII:s sista fälttåg.
—, Striderna vid vestkusten 1717 o 1718.
Larsson, Halland vid midten af 17:e årh.
—, Sveriges deltagande i den väpnade neutraliteten 1800—01.
Liljenstrand, Kulturkampen i Biarmaland.
Lilliestråle, M. Stenbock o. slaget vid Helsingborg.
Lindholm, Lärobok i Sveriges historia.
Lindskog, Fältslagen vid Kungslena o. Falköping.
Lindström, Pukes expedition till Vesterbotten 1809.
Ljungberg, Bidrag till hist. om kriget i Norge.
Lundeqvist, Hemläxor. 4. Svensk historia.
Lundin, Wismars pantsättande.
Lövgren, Gustaf II Adolf, hans person o. betydelse.
Malmström, Bidrag till svenska Pommerns historia 1653—60.
—, Smärre skrifter rör. 1700-talets historia.
—, Ständernas utskottsmöte 1710.
—, Sveriges polit. historia fr. Karl XII:s död.
Mankell, Från Pultava till Bender.
—, Fälttåget i Norge 1814.
—, Svenska krigens och krigsinrättningarnes historia.
—, Öfvergången af Stora Bält.
Meddelanden från Kongl. Krigsarkivet.
Meddelanden från Sv. Riksarchivet.
Medén, Berättelser ur fäderneslandets historia.
Melander, Lärob. i Finlands historia.
—, Lärob. i Finlands historia för folkskolor.
Minne af Konung Oscar II:s sextio år.
Minne från Gustaf II Adolfs-festen.
Minne, Gustaf Adolfs, i Finland.
Minnen ur Sveriges nyare historia.
Minnen, 80-åriga. Deklarationer etc. under kriget i Finland 1808—09.
Minnesblad vid H. M. Kon Oscar II:s sextio år.
Nilsson, Danmarks uppträdande i den svenska tronföljarefrågan 1739—43.
Nordmann, Lärob. i Finlands historia.
—, Stora ofredens historia.
Nordwall, Svensk-ryska underhandl:r före freden i Kardis (1558—61).
—, Sverige o. Ryssland eft. freden i Kardis.
Odhner, Gustaf III o. Katarina II.
—, Lärob. i fäderneslandets historia.
—, Lärobok i Sveriges, Norges o. Danmarks historia.
Oldberg, En liten krönika om Gustaf II Ad. födelse.
Oscar Fredrik, Några bidrag till Sveriges krigshistoria 1711—13.
Oxenstierna, Bref 1611—40.
Pappershandlingar, Svenska Riksarchivets.
Protokoll, Svenska riksrådets.
Qvennerstedt, Tal vid Gustaf-Adolfs-föreningens i Lund årsmöte.
Registratur, Kon. Gustaf den förstes.
Regnér, Kriget o. tillståndet i Vesterbotten 1809.
Relation om den härliga seger ... vid Pultousk.

Rikskanslern Axel Oxenstiernas skrifter o. brefvexling.
Rogberg, Gustaf II Adolfs minne.
Rogge, Gustaf II Adolf.
Rydberg, Om det från unionsmötet i Kalmar bevarade dokumentet.
Rydfors, De diplomat förbindelserna mellan Sverige o. England 1624—30.
Samlingar, Historiska.
Sandegren, Till historien om statshvälfningen 1809.
Sandström, Nordens första storhetstid.
Schenström, Armfeltska karolinernas sista tåg.
Schybergson, Finlands historia.
—, Finlands historia i berättelser.
Skrifter utg. af Svenska historiska föreningen.
Spilhammar, Fosterländska minnen.
Starbäck, Berättelser ur svenska historien.
Stavenow, Gustaf II Adolf.
—, Partistriden vid riksdagen 1746—47.
Stille, Studier öfver Danmarks politik under Karl XII:s polska krig.
Svensson, Svensk historia f. folkskolans barn.
Taflor från krigs- o. olycksåren efter Karl XII:s död.
Tidander, Blända o. Värendsqvinnorna.
—, Kriget mellan Sverige o. Ryssland 1555—57.
—, Krigsföretagen i Livland under Erik XIV.
—, Rantzaus vinterfälttåg i Sverige.
—, Resningen 1568.
—, Studier öfver slaget vid Axtorna.
Traktater, Sveriges, med främm. makter.
Weibull, Drottn. Kristina o. Klas Tott.
—, Gustaf II Adolf.
—, Om Mémoires de Chanut.
Weissman v. Weissenstein, Dagbok från finska kriget 1808
Vessberg, Bidrag till historien om Sveriges krig med Danmark 1643—45.
—, Den svenska riksdagen 1772—1809.
Wibling, Carl X Gustaf o. Georg Rokoczy.
—, Sveriges förhållande till Siebenbürgen 1623—48.
—, Ur fältmarsk. Fab. Wredes papper.
Wiehr, Napoleon o. Bernadotte under fälttåget 1813.
Wieselgren, Krönikorna om Gustaf Vasa.
Woynar, Österrikes förhållande till Sverige o. Danmark 1813—14.
Wrangel, Från Jean Bernadottes ungdom.
Wägner, Skånska kommissionen 1669—70.
Västerbotten o. ryssarne.
Zachrisson, Lärobok i Sveriges historia.
Zetterqvist, Grundläggningen af det svenska väldet i Bremen o. Verden.
Åkerblom, Sveriges förhållande till Norge under medeltidsunionen.
Åkeson, Förmyndarestyrelsens planer rör. Gustaf IV Adolfs förmälning.
—, Gustaf III:s förhållande till franska revolutionen.
Ålund, Gustaf II Adolf.
Ännu en gång Karl XII:s död.

XIV. Biografi, genealogi, matriklar o. memoarer.

Adelsköld, John Ericson.
Adlersparre o. Leijonhufvud, Fredrika Bremer.
Adressbok för Helsingborgs stad.

Adressbok för Helsingfors.
Adressbok, Skand. för frimärksamlare.
Adressbok, Stockholms.

44. BIOGRAFI, GENEALOGI, MATRIKLAR O. MEMOARER.

Adressbok, Stockholms-Tidningens.
Adressbok, Sveriges stortempels.
Adresskalender, Elfsborgs läns.
Adresskalender för Gefleborgs län.
Adresskalender för Helsingborgs stad.
Adresskalender för Helsingfors stad.
Adresskalender för Jönköpings stad o omnejd.
Adresskalender för Lund.
Adresskalender för Stockholms stad.
Adresskalender för Sundsvall.
Adresskalender för Upsala.
Adresskalender för Östersund.
Adresskalender, Malmö stads.
Adresskalender, Värmlands läns.
Adresskalender öfver Norrland.
Adress- o. affärskalender, Upsala.
Adress- o. annonskalender, Kalmar stads.
Adress- o. industrikalender, Göteborgs.
Affärs- o. adresskalender för Borås.
Ahlberg, hans lif o. verksamhet.
Ahlqvist, Joh. Albr. Bengel
Album, Biografiskt.
Alexanders-universitetets katalog.
Almberg, Justinus martyr.
Almén, Ätten Bernadotte
Almquist, Almquistiana.
Alopæus, biskop i Borgå.
Anckarsvärd, Minnen från 1788—90.
Anderson, Anders Retzius.
Andersson på Bohyttan, Minnen o hågkomster.
Andresen, James Watt
Anrep, Rikskansleren Oxenstiernas lefvande ättlingar.
Anteckn:r om Gerh. de Geer o hans maka.
Argillander, Sjelfbiografi.
d'Armaillé, Grefvinnan Egmont.
Arnoldson, P. A. Siljeström.
Aron Isak.
Aspelin, Werner Holmberg.
Autografier o porträtt. Utg. af Lindell.
Bankmatrikel, Sveriges.
Barine, Sonja Kovalewski
Barnum, Sjelfbiografi.
Behm, Stamtafla öfver slägten Behm
Benedictsson, En sjelfbiografi.
Berg, F., Folkbildningspolitikern A. Diesterweg.
——, J. A. Comenius.
Berg, W., Wilh Kruse.
Bergen, Prinsessan Eugenia.
Bergh, Anders Fryxell
Bergman, Giordano Bruno.
Bergstrand, C. E, Tal vid minnesfesten öfver Schéele.
Bergstrand, W., W. E. Svedelius.
—, Ur A. O. Vallenbergs lif.
Bergström, L., N. G. Kjellberg
Bergström, O, Ätten Ehrenstjerna.
Bergström, R., S. Grundtvig.
Besant, Några biografiska data.
—, Utkast till en självbiografi.
Billing, Biskop Bring.
Biografi öfver C. H. Spurgeon.
Birgitta-boken, Lilla.
Bismarcksbref 1844—70.
Bismarck i nattrock.
Björklund, Valda minnesteckningar.
Björklund, Ecklesiastik boställsmatrikel.
Blad, Några, Ur drottning Natalies äktenskapshistoria.
Blanche, Porträtter, interviewer o. skizzer.
Blomstrand, Minnesteckning öfver Schéele.
Bloomfield, Memoarer från svenska hofvet.

Blumenberg, Ögonblickssilhuetter.
Bokhandels-matrikel, af Sköld.
Bonnier, Förteckn. öfver ledamöter i Sv Bokförläggareföreningen 1843 -93.
——, Förteckning öfver Sv. Bokförläggareföreningens kommissionärer 1843—93.
Brag, En visit hos senatorerna under 1893 års riksmöte.
Brandel, Om o. ur den arabiska geografen »Idrisi«
Brefvexling, Ur Per Brahes.
Bruzelius, Svensk läkarematrikel.
Büchsel, Minnen ur mitt embetslif i Berlin.
Bååth-Holmberg, Ch. G. Gordon.
——, Giuseppe Garibaldi.
Büttiger, Självbiografiska anteckningar.
Böök, J. L., Vives.
Carette, En hofdams minnen.
Carlén, J. G., Chr Polhem.
Carlén, N, Minnesord öfver aflidne 1883—89
Carlgren, Minnestal öfver biskop Landgren.
Carlsson, Minnen från Vadstena hospital.
Carpelan, Åbo i genealogiskt hänseende.
Chiniquy, Femtio år i romerska kyrkan.
Clere, C. W Scheele.
Collenbusch, Utdrag ur hans dagbok.
Dagar, Från tredje Gustafs.
Dahl, Läroverksmatrikel.
—, Upsala student beväring 1854.
Dahlgren, E. W., Forskningen ang. Columbus.
Damm, Från Stockholmska tidningsvärlden.
—, Studentminnen.
Davis, Andrew Jackson.
De Geer, Minne af B. v. Platen.
—, Minnen.
Djurklou, Jöns Gerekesson.
——, Svenska släkter.
——, Öfverste Nils Djurklows lefnadsteckning.
Dumrath, Furst Otto von Bismarck.
— -, Louis Pasteur.
Dürer, Edison hemma hos sig.
Ecklesiastikmatrikel, Sveriges.
Ecklesiastikmatrikel öfver Sverige.
Ecklesiastik- o. läroverksstat, Linköpings stifts.
Edelweiss, Tre bilder ur Tolstoys lif.
Embets-, affärs- o. adresskalender, Elfsborgs läns.
Embets-, affärs- o. adresskalender, Skaraborgs läns.
Englund, Framstående kyrkans män.
Essen, Tilldragelser ur hans lefnad.
Eugenia, Svenska prinsessor.
Fernström, Die Siloaiska dammarne.
Feuk, Ett akademiskt album.
——, Miniaturbilder af prestmän i Lunds stift.
Fornell, Anton Nyström.
Forssell, Minne af G af Wetterstedt.
Fridericia, Griffenfeld.
Fries, E, Erik Oxenstierna.
—, Märkvärdiga kvinnor. Svenska kvinnor.
Fries, Th. M., Bidrag till en lefnadsteckning öfver C. v. Linné.
Frommel, Från vår o. höst.
Frunck, Onkel Adams fader.
Frölich, Mina frimurareminnen från Stockholm.
Färling, Ett årsbarn med universitetet.
Förgät-mig-ej. Autografalbum.
Förteckning på svenska läkare.
Förteckning på svenska sjukgymnaster.
Förteckning öfver svenska segelsällsk. ledamöter.
Gagarin, Tretton dagar i Finland 1809.
Geijerstam, Leo Tolstoy.

44. BIOGRAFI, GENEALOGI, MATRIKLAR O. MEMOARER.

Gnosspelius, W. T.
Godenhjelm, Minnen.
Goodtemplar-matrikel.
Gripenberg, Från läktaren.
Göransson, En modern religiös personlighet.
Hagström, Från tempel o. skolsalur.
Halcöy, Invasionen.
Hammarskjöld, Generalen Gust. Wachtmeister.
—, K. A. Ehrensvärd.
—, Ätten von Mengden.
Handbok, Finsk biografisk.
Handelskalender, Finlands.
Handelskalender, Sveriges.
Handlingar ang Olai Magni egendomsförvärf o. qvarlåtenskap.
Hartelius, Hädangångne svenska gymnaster.
—, Min lefnadsteckning.
Hedenström-Welin, Undervattenskär.
Hedvig, Under sömnlösa nätter.
Hellqvist, Curiositeter i Lund.
Hellström, Den döde lefver, eller Stanleys lif o. resor. »Himlaprinsen».
Iljelmérus, Gustaf IV Adolfs frierier.
Hjelt, Franske kemister.
—, Minnestal öfver Arppe.
—, Minnestal öfver Chydenius.
Hjältar, Svenska, under de sista 400 åren.
Hobert Paschas lif o. bedrifter.
Hochschild, Desideria.
Homén, Minnestal öfver v. Willebrand.
Horn, Minnen ur min lefnad.
Hougberg, Finlands apotekare.
Hult, Olaus Petri.
Hulthander, Biografiska anteckn:r från Carlberg.
Hultin, Daniel Achrelius.
—, Michael Renner.
Huss, Några skizzer o. tidsbilder.
Hyltén-Cavallius, Ulr. Sofia v. Strussenfelt.
Hågkomster ur Karl XV:s lefnad.
Häthén, Göteborgs familjebok.
Ignatii diaconi Vita Tarasii archiepiscopi constantinopolitani.
Irving, Kristoffer Columbus
Isberg, Skildring o. minnen från studentmötet vid Horten.
Jansson, Källor i tåredalen.
Jensen, Kristo Botjov.
Johan Pynninen.
Justitiematrikel, Svensk.
Kadettkåren, Finska.
Kalender, Jemtlands läns.
Kalender, Kgl. Göta hofrätts.
Kalender, Kgl. hofrättens öfver Skåne o. Blekinge.
Kalender, Kgl. Svea hofrätts.
Kalender, Kgl. utrikesdepartementets.
Kalender, Kopparbergs läns.
Kalender, Nordisk merkantil.
Kalender, Norra Kalmar läns.
Kalender, Stockholms läns
Kalender, Storfurstendömet Finlands Ridd. och Adels.
Kalender, Sveriges ridd. o. adels.
Kalender, Södermanlands läns.
Kalender, utg. af Kgl. landtbruksstyrelsen.
Kalender, Vestmanlands läns.
Kalender öfver i Sverige ointroducerad adel.
Kalender öfver Landskrona stad.
Kalender öfver Oskarshamn.
Kalender, Östergötlands läns.
Kastman, Diesterwey. — Kehr.

Kastman, Pestalozzi.
—, v. Rochow.-Fröbel.
—, J. J. Rousseau.
Katalog, Göteborgs högskolas.
Katalog, Karolinska institutets.
Katalog, Lunds universitets.
Katalog, Upsala universitets.
Katalog öfver Gabelsbergerska stenografer.
Kejsar Fredriks dagbok.
Kennan, Ett besök hos Tolstoy.
Kinberg, Gotländska slägter.
Kjellén, Samuel Åkerhjelm d. y.
Kleberg, De bortgångnes minne.
Kolmodin, J. C. Patteson.
Krohn, En finsk krigares lefnadsöden.
Lagerberg, Ätterna Lagerberg.
Lagergren, Kristinehamns familjebok.
—, Serie öfver postmästarne i Kristinehamn.
Lagmannen, Den gamle.
Lamartine, Ch. Corday o. Marats sista stunder.
Lasse-Maja.
Leffler, A , Minnesruna öfver Math:a Hall.
Leffler, A -Ch., Sonja Kovalevsky.
Lefnadsteckn:r öfver K. sv. Vet.-akad:s eft. 1854 aflidna ledamöter.
Lefnadsöden, Villatjufvens.
Leinberg, O. H. Gripenberg.
Lemke, Suppl. till Visby stifts herdaminne.
Levertin, Sveriges legitimerade läkare.
Lexikon, Svenskt biografiskt.
Lidforss. Guiseppe Baretti.
Liedholm, Slägten Liedholms stamtafla.
Lif o. gerning, John Howards.
Lindberg, F., Nord. museets donator Antell.
Lindberg, H., Philatelistisk adressbok.
Lindfors, Några ord om Joh. v. Hoorn.
Lindman, Kurck o. hans samtida.
Liss Olof Larssons polit. verksamhet.
Ljunggren, Svar på Rundgrens tal.
Lundström, A., Minnestal vid Landgrens begrafning.
Lundström, H., Laur. Paulinus Gothus.
Läkare o. apotekare, Finlands.
Läktaren, Från.
Länskalender, Gefleborgs.
Länskalender, Gotlands.
Länskalender, Upsala.
Läroverksmatrikel af *Dahl*.
Lönnbeck, Uno Cygnæus.
Macaulay, Gordons biografi.
Magnusson, Nic. Olai Botniensis.
Malloizel, Oswald Heer.
Malmström, Minne af J. A. v. Lantingshausen.
Manby, Hvem var egentligen Svedenborg?
Marholm, Kvinnor.
Martin, Förteckning på tandläkare.
Matrikel, Erkestiftets.
Matrikel, Linköpings stifts.
Matrikel, Lunds stifts.
Matrikel, S:t Knutsgillets.
Matrikel, Svensk farmaceutisk.
Matrikel, Upsala ärkestifts.
Matrikel öfver Alnarps landtbruksinstitut.
Matrikel öfver frimurareorden
Matrikel öfver Göteborgs stift.
Matrikel öfver i Upsala stud. norrlänningar.
Matrikel öfver Karlstads stift.
Matrikel öfver Kgl. lots- fyr-, o. båkverket.
Matrikel öfver landtmäteristaten.
Matrikel öfver Linköpings stift.

Matrikel öfver officerare vid väg- o vattenbyggnadskåren 1851—89.
Matrikel öfver personalen vid Sveriges jernvägar.
Matrikel öfver Strengnäs stift.
Matrikel öfver Sveriges barnmorskor.
Matrikel öfver Sveriges folkskolelärare.
Matrikel öfver Sveriges tandläkare.
Matrikel öfver tjenstemän vid Sveriges jernverk.
Matrikel öfver Ultuna landtbruksinstitut.
Matrikel öfver Vesterås stift.
Mattson, Minnen.
Meyer, En svensk adelsdam på 1600-talet
Millionärer.
Minne af kamratmötet i Kalmar 1887.
Minne af kamratmötet i Stockholm 1886.
Minne, Till, af Helena P. Blavatsky.
Minnen, Utländska diplomaters, från svenska hofvet.
Minnen, Åttioåriga.
Minnesruna öfver J. W. Bäckström.
Minnesrunor öfver några vår odlings män.
Missionären Livingstone.
Moltke, Bref, erinringar, tal m. m.
—, Moltkes lefnadssaga.
Montefiore, Stanley.
Morén, Minnen från kyrkliga festdagar.
Morgonstierne, En tysk Henry George.
›*Murre*›, Kadettminnen.
Månad, En, på Amfion.
Män, Andra kammarens.
Män, Stora svenska.
Nadar, fils, Intima riksdagsportratt.
Nation, Smålands, i Upsala.
Neander, A., Alex. Duff.
Neander, J., I ›kapten Gullivers› hem.
Ncovius, Minnestal öfver A. W. Gadolin.
Nervander, Från Elias Lönnrots ungdomstid.
—, Minne af Cygnæus.
- —, På skansen.
Nilsson, Smärre anteckn:r om slägten Tranchell.
Nordensvan, Kgl. Andra lifgrenadier-regt:s chefer.
Nordmann, J. H. Hästesko.
Nordström, J. J., Ett inlägg i frågan om hans öfverflyttning till Sverige.
Nordström, V., Dionysius från Halikarnassus.
Norlén, Amos Comenius.
Norrlin, Minnesord öfver S. O. Lindberg.
Nyblom, Minne af Adelcrantz.
Nyman, Lefnadsteckning.
Nyström, Upsala ärkestifts herdaminne.
Odhner, Inträdestal öfver B. E. Hildebrand.
—, Minne af Ulr. Scheffer.
Palander, Slägten Palander.
Palmberg, Ur vårt lands martyrhistoria.
Palmgren, Medlemmar af Gestrike- Helsinge nation. 1811—91.
Palmquist, En korsets härold.
Pierson, En lefnadshistoria.
Porträtt, Norska.
Porträttgalleri, Svenskt.
Postmatrikel, Svensk.
Prinsessan Eugenie.
Prinsessan Eugenie. Af *Cronhamn.*
Psilander, Slägten Psilander.
Qvinnor, Finska, på olika arbetsområden.
Rahm, Vårt århundrades förste missionär.
Rujevski, Ett barndomsminne.
Rautanen, Om tillfällighet o. skickelse.
Register till Svenska adelns ättartaflor.
Rein, Joh. Wilh. Snellman.

Renvall, Anders de Bruce.
—, Finlands universitet 1828—90.
Reusch, Theod. Kjerulf som vidcuskabelig forsker.
Rietschel, Luther i sitt hem.
Rosman, Geneslog. anteckn:r om gotländska slägter.
Rulla öfver svenska flottan.
Rullor öfver svenska krigsmakten.
Rullor öfver sv. arméns o. flottans underofficerare.
Rullor öfver sv. arméns o. flottans underofficerare o musikl.årer.
Rundgren, Minne af Laur. Andreæ
Ryberg, Prester o. lekmän.
Sabatier, Den helige Fransiskus
Saelan, Minnestal öfver S. O. Lindberg.
—. Samtida o. vänner, Några Luthers.
Sandblad, Min embetsverksamhet i Gnosjö.
Sander, Inträdestal öfver W. E. Svedelius.
Schauman, Från sex årtionden i Finland.
Schéele, Briefe u. Aufzeichnungen.
—, Efterlemnade bref o. anteckningar.
—, Ett minnesblad.
Schmidt, Georg den gudaktige
Schröderheim, Skrifter till Gustaf III:s historia.
Schück, Olavus Petri.
—, Två svenska biografier från medeltiden.
Schybergson, En anmärkning till J. Arckeuholtz' biografi.
—, Mikael Speranskis bref.
Schöldström, Bakom fäld ridå.
—, Brokiga bilder.
—, I kikaren.
—, I tittskåpet.
—, Mörkt o. ljust.
—, Zigzag.
Scipio, Andra kammarens män.
Selldén, P. Wieselgren, Sveriges nykterhetsapostel.
Seraphimerriddarelängd.
Siaren Andrew Jackson Davis.
Sinnett, En sierskas öden.
Sjögren, Furst Bismarck o. hans samtid.
—, H. R. Horn.
Skarstedt, Jacob Wadman.
Slägtkalender, Svensk.
Slägten von Krusenstjerna.
Slägten Laurin.
Snoilsky, Königsmark o. Thynne.
Sondén, Tvenne hjältar från 30-åriga kriget.
Spurgeon, hans lif o. verksamhet.
Stackelberg, Kalender öfver ätten Stackelberg.
Stanislaus Poniatovskis berätt. om sina öden.
Statskalender, Finlands.
Statskalender, Sveriges.
Stead, Josephine Butler.
Stenkula, J. A. Comenius.
Stille, Schering Rosenhane som diplomat o. ämbetsman.
Stockholmsbänken, den afgående o. den kommande.
Stockholmsminnen.
Stormän, Svenska, från fattiga hem.
Strid, En, för friden.
Strömbäck, Utländska diplomaters minnen.
Studentminnen af en gammal Lundensare.
Sundell, Till Erik Edlunds minne.
Supplement till Sveriges ecclesiastik-matrikel.
Sutter, Några ord om Drummonds person o. verksamhet.
Swalin, Bidrag till K. Maj:ts hofs personalhistoria.
—, K. Maj:ts kanslis personalhistoria.
Swedelius, Anteckningar om mitt förflutna lif.

Svensson, Minnestal öfver biskop Björck.
Sylvan, N. v. Oelreich.
—, P. J. Höppener.
Säve, John Ericsson.
Södervall, Inträdestal öfver Th. Wisén.
Söka, finna o. behålla.
Tallqvist, Makarius den store från Ägypten.
Tegnér, En svensk adelsdam från slutet af 1600-talet.
—, Jakob Cederström.
Thayer, Från kojan till palatset.
—, Från nybyggarehemmet till hvita huset.
—, Garfvaresonen presidenten Grants lif.
Theobuldt, Bibelns kvinnor.
Theofilus, Minnesteckning öfver C. F. Pira.
Thomsen, Rasmus Kristian Rask.
Thorsander, Från denna o. hinsidan sundet.
Tidningsvärlden, Från Stockholmska.
Tidsbilder från det forna Upsala o Upland.
Tidskrift, Svenska autografsällskapets.
Tigerstedt, Anteckn:r om ätten Tigerstedt.
Tolstoy, »den slaviske fantasten».
Tottie, Jesper Svedbergs lif.
—, Spegel ss. kateket o. homilet.
Trolle-Bonde, Riksrådet Carl Bonde samt hans närmaste anhöriga.
Trolle-Wachtmeister, Anteckningar o. minnen.
Törneros, Bref- o. dagboksanteckningar.
Uddevalla kyrko- o. skolminne.
Uppgift å embets- o. tjenstemän vid postverket.
Utdrag ur Stockholms röstlängd.
Wadman, En presterlig lifsbild.
Wadström, M. Huss.
Wern, Jean François Millet.
Wahljisk, Biskop Strömberg.
Wais, Min läkareverksamhet.

Warburg, Fru Lenngrens fader.
—, Karl Aug. Ehrensvärd.
Warholm, Skara stifts matrikel.
Varigny, Industriens stormän.
Warneck, Kristiana Kähler.
Vasenius, Separatisten Jacob Gripenstedt.
Vasili, Från Madrids salonger.
—, Från Petersburgs salonger.
—, Från Roms salonger.
Vecsera, Dagboksanteckningar o. bref.
Wessler, Frans Berggren.
Wickbom, M. G:son Fröberg.
Wieselgren, Bilder o. minnen.
—, G. af Wetterstedt.
——, L. J. Hierta.
Wikner, Minnesblad.
Wisén, Minne af Schlyter.
Vita Metrica S.æ Birgittæ.
Wrangel, Liste des diplomates français en Suède 1541—1891.
—, o. Bergström, Svenska adelns ättartaflor ifrån år 1857.
Wulff, W. T. Gnosspelius.
Wöhler, Franska kemister för 60 år sedan.
Zachrisson, Om Michael Eneman.
Åberg, Wikner, hans lefnad o. läror.
Ålund, Gladstone.
—, John Ericsson.
Äfventyraren Lasse Majas öden o. lefnadshändelser.
Ämbetsmanna matrikel, Civil o. militär.
Ättartal, Svenska.
Ätten Ehrenstjerna.
Ödberg, Om And. Lorichs o. hans tid.
Ödman, Ur en svensk tonsättares lif.
Öman, Från min ungdomstid.

XV. Arkäologi, heraldik och numismatik.

Adlerz, Om människans ursprung.
Afbildningar af föremål i Nordiska museet.
Arpi, Upplands fornminnes fören:s tidskrift.
Aspelin, Olofsborg.
Bærendtz, Teckn:r ur Kalmar museum.
Baltzer, Hällristningar från Bohuslän.
Berg, Afhandl:r i historia o arkeologi.
— —, Dragmarks kloster.
Bergstedt, Hufvuddragen af grekernas o. romarnes mytologi.
Bidrag till känned. om Göteborgs o. Bohusläns fornminnen.
Bidrag till Södermanlands äldre kulturhistoria.
Bondgård, En svensk, för 1500 år sedan.
Bovallius, Nicaraguan antiquities.
Brate, Runverser.
Bååth, Nordiskt forntidslif.
Centerwall, Romas ruiner.
——, Romersk fornkunskap.
—, Undersökn:r om det gamla Etrurien.
Fornminnen, Svenska.
Forsström, Stenåldern.
Frimurarevapen.
Förslag till minnespenningar o. inskrifter 1884—89.
Gustafsson, Grafundersökningar på Gotland.

Handbok, Illustr. i grek. o. rom. fornkunskap.
Hausen, Anteckningar under en antiqvarisk forskningsresa.
Heikel, Antiquités de la Sibérie occidentale.
Hildebrand, Egyptologi.
— —, Heraldiska studier.
— —, Om sv. medeltidens brakteater.
— —, Sveriges mynt under medeltiden.
— —, V. Rydberg o. den nord. mythologien.
Holmberg, Mynt i Sverige o. dess utländska besittningar 1478—1892.
Holmgren, Roms kristna katakomber.
Hyckert, Svenska konungahusets minnespenningar.
Inscriptions de l'Iénissei.
Klingspor, Handl. i praktisk vapenkonst.
Lagus, Numismatiska anteckningar.
Levin, Beskrifning af Johan III:s mynt.
Linde, De Jano.
—, Indogermanernas högsta gud.
Lindroth, Sammandrag af de romerska antikviteterna.
Mainof, Les restes de la mythologie Mordvine.
Martin, Beitrag zur Kenntniss d. Vorgeschichte u. Kultur sibirischer Völker.
— —, L'age du bronze au musée de Minoussinsk.
Meddelanden af Gestriklands fornminnesfören.

Meddelanden från Göteborgs o. Bohusläns fornminnesförening.
Meddelanden, Numismatiska.
Melander, Det förexiliska arkivet.
—, Israels förbundsark.
Montelius, Ett grekiskt konungapalats.
—, La civilisation primitive en Italie.
Mun, Ur lejonets.
Månadsblad, K. Vitt. hist. o antiq:s akademiens.
Nerman, Hvarest gräfde sig Olof Haraldsson ut ur Mälaren.
Nordenskiöld, Ruiner af klippboningar i Mesa Verde's canons.
—, The cliffdwellers of the Mesa Verde.
Noreen, Ett nytt uppslag i fråga om den nordiska mytologien.
Paulson, Den grekiska teatern under 5:e årh. f. Kristus.
Piehl, Om kopterna.
—, Reiseliteratur om Egypten.
Rydberg, Fädernas gudasaga.
—, Om hjältesagan å rökstenen.
—, Porträttfynden i Faijûm.
—, Profils romains.
—, Romerska dagar.
—, Undersökningar i germanisk mythologi.
Rönström, Roms topografi.
Sahlin, Beskrifn. öfver Stora Kopparbergs myntkabinett.
Salin, De nordiska guldbrakteaterna
—, Studier i ornamentik.
Samling af svenskt o. utländskt sedelmynt.

Sander, Das Nibelungenlied.
—, Guldhornen från Gallehus.
—, Harbardssången.
—, La mythologie du Nord éclairée.
—, Nordisk mytologi.
—, Rigveda und Edda.
Schlegel, La stéle funéraire du Teghin Giogh.
Schuchhardt, Schliemanns upptäckter i Troja, Tiryns o. på Ithaca.
Scott, Roms katakomber.
Sernander, Om några arkeolog. torfmossefynd.
Steffen, Några germanska myter.
Stolpe, Björkö i Mälaren.
Svensén, Vinland o. Vinlandsfärderna.
Söderberg, Om djurornamentiken under folkvandringstiden.
—, Runolog. o arkäolog. undersökningar på Öland.
Tidskrift, Antiqvarisk.
Tidskrift, Jämtlands fornminnesförenings.
Tidskrift, Svenska fornminnesföreningens.
Tidskrift, Uplands fornminnesförenings.
Tidskrift, Vestergötlands fornminnesförenings.
Ussing, Den klassiske archeologi.
—, Oldtidens kulturhistorie.
Vapenbok, Finlands ridd. och adels.
Vapenbok, Finlands städers.
Vapenbok, Sveriges ridd o. adels.
Wieselgren, »Stenen i Grön dal.»
Wiström, Katalog öfver fornminnen i Enångers kyrka.
Öfversigt, Kort, öfver G. Cavallis saml. af sv. plåtmynt.

XVI. Geografi, topografi, resebeskrifningar o. kommunikationer.

a) Allmän o. utländsk.

Alfthan, Afrikanska reseminnen.
—, En utflykt till antipoder.
Allardt, Lärobok i geografi.
Almquist, Geografi för folkskolan.
Amicis, Holland.
—, Konstantinopel.
—, London.
—, Marocko.
—, Paris.
—, På oceanen.
—, Spanien.
—, Vid Italiens portar.
Anholm, Från Medelhafvets skönaste ö.
—, I Gogs och Magogs land.
Anteckn:r af o. om svenska Kongofarare.
Backlund, Anteckn:r från tvenne resor.
Bager-Sjögren, En skogsresa genom Harz.
Ballantyne, Kapten Cooks äfventyr på Söderhafsfärder.
Bergman, Verldsbyggnaden.
Bergsten, Lärobok i geografi.
Beskow, Reseminnen från Egypten, Sinai o. Palestina.
Bibliotek för resebeskrifningar.
Bilder, Geografiska.
Björkenheim, Berätt. öfver en resa i Nordamerika.

Bladh, Anteckningar under en ekonomisk resa i Tyskland.
Bobeck, Geografiska skildringar.
Bohlin, Genom den stora Västern.
Bovallius, Resa i Central-Amerika.
Brandes, Intryck från Polen.
Brehm, Från nordpolen till eqvatorn.
Carlson, Skolgeografi.
Cassel, Bland svenskar o. yankees.
Cederoth, Biblisk geografi.
Celander, Lärob. i geografi.
Centerwall, Från Hellas o. Levanten.
Chélard, Det samtida Ungern.
Child, Öfver Anderna till Chile.
Dahlgren, Stanley o. eftertruppen.
Dahm, Geografi.
Dunnholm, Geografi för folkskolan.
Dehn, »Resan från Finland till Afrika.»
Drummond, Central-Afrika.
Düben, Minnen från Java.
—, Minnen från S o N. Amerika.
—, Minnen från Mejico. California o. Kina.
Dupin de Saint-André, Mexiko.
Ehrnrooth, Två finskors lustvandringar.
Ekman, Reseminnen.
Enckell, Berättelse öfver en resa i Tyskland.

46. ALLMÄN O. UTLÄNDSK GEOGRAFI.

Eneman, Resa i Orienten.
Engberg, Inledningskurs i geografi.
Erslev, Lärobok i geografi.
Fehr, Geografiska skildringar.
Fickhandbok öfver Nordamerikas förenta stater.
Forchhammer, Fra en rejse i Grækenland.
Forsstrand, Bland oleandrar o. liljor.
Forsström, Bilder ur de geogr. upptäckternas historia.
Freudenthal, Upplysningar om Nya Sverige.
Fristedt, På forskningsfärd.
Färd, Vår holländska.
Gehlin o. Brunius, Lärobok i geografi.
Geikie, Det heliga landet o. bibeln.
Geografi, Folkskolans.
Gerstäcker, Världen i smått.
Granö, Sex år i Sibirien.
Gripenberg, Ett halfår i Nya verlden.
Grotenfelt, Berättelse öfver en resa i Danmark, Sverige o. Tyskland.
Gullberg, Boken om Chicago.
—, Paris just nu!
Gödecke, Från Nordland o. Finmarken.
Hæckel, Indiska dagar.
Handbok för utvandrare till Amerika.
Harper, Från Österlandet.
Hedberg, En vinter i Södern.
Hedin, Genom Khorasan o. Turkestan.
—, Genom Persien.
—, Kon. Oscars beskickning till Schahen af Persien.
—, Prschevalskijs resor i Centralasien.
Heidenstam, Från Col di Tenda till Blocksberg.
Henrik af Orleans, Sex månader i Indien.
Hermelin, Berättelse om Nordamerikas förenta stater 1784.
Hertzberg, Frankrike.
—, Genom de Svartes verldsdel.
—, Helsingfors—Monaco.
—, Pyreneiska halfön.
Hesse-Wartegg, Chicago.
—, Nordamerika i våra dagar.
Heurgren, Från polcirkelns regioner.
Hillén, I Palestina.
Hufvudstäder, Verldens.
Hult, J. O., Inledningskurs i geografi.
Hult, R., Grunddragen af den allm. geografien.
Hägerman, Lärobok i geografi.
Högrell, Palestinas geografi.
Intryck från Oberammergau.
Jorden rundt under svensk örlogsflagg.
Keltie, Emin Paschas räddning.
Kennan, Lägerlif i Sibirien.
—, Reformrörelsen i Ryssland.
—, Sibirien.
Kiær, Det skandinaviske dampskibsrederes forste begyndelse.
—, De skandinaviske landes skibsfart.
Kinch, Erindringer fra Makedonien.
Kjellén, Till nordpolsfrågans historik.
Kleen, Karlsbad.
Klinckowström, Tre månaders dag.
Kolmodin, Från »soluppgångens land».
Korea i våra dagar.
Kronprins Rudolfs jagtminnen.
Lagerblad, Förberedande geografi.
—, Lärobok i geografi.
Lagergren, En vinter på Nilen.
Lagus, Tre resor i Afrika.
Lancken, Vår samfärdsel med Central-Europa.
Landin, Från Argentina.

Lilljequist, Förslag till direkt jernvägsförbindelse med kontinenten.
Lind, Lärobok i geografi.
Lindegren, Bibelns geografi.
Lindholm, Lärobok i geografi.
Lindskog, Zontariff.
Lindvall, En pariserfärd.
—, Minnen från en färd genom Amerika.
Ljungberg, Schweiz.
Loti, Genom öknen till Jerusalem.
—, I Marokko.
—, Jerusalem.
Lumholtz, Bland menniskoätare.
Lundequist, Hemlexor. 3. Geografi.
Lundström, Från söder o. öster.
Lütken, Från tsarens rike.
Läsning, Geografisk.
Löffler, Geografien i nutid og fortid.
Lönborg, Kina o. dess förbindelser västerut.
Macé, Från Paris' fängelseverld.
Manning o. Lovett, Faraonernas land.
March, I heliga mäns fotspår.
Mather, Fiskarlif vid Doggerbank.
Melander, Öfver verldshafven.
Millet, Frankrikes yttre uppblomstring.
Mobeck, Från aflägsna verldsdelar.
Moltesen, Indtryk fra Monte Cassino.
Montelius, Central-Afrika.
Mounteney-Jephson, Emin pascha o. de upproriske i Sudan.
Nansen, Eskimålif.
—, På skidor genom Grönland.
Nervander, Geografiska bilder.
—, Italien.
Nordenskiöld, A. E., Facsimileatlas.
Nordenskiöld, G., Från fjärran vestern.
—, Svenska expeditionen till Spetsbergen 1890.
Norge.
Nyblom, Midsommar i Assisi.
—, Samsö.
Ohlin, På forskningsfärd efter Björling o. Kallstenius.
Oscar Fredrik, Reseminnen.
Paton, Bland menniskoätare på Nya Hebriderna.
Peters, Nytt ljus öfver det mörkaste Afrika.
Petersson, På lustfärd öfver land o. vatten.
Piehl, Från Nilens stränder.
Platen, Reseskizzer.
Prschevalskij, Forskningsresor.
Ratazzi, Portugal.
Retzius, Bilder från Sicilien.
—, Skizzer o. uppsatser:
  1. Bilder från Nilens land.
Rogh, Från Orientens förgårdar.
Rossander, Rubinön.
Roth, Illustrerad geografi.
Rust, Den tyska Emin-pascha-expeditionen.
Samfärdsel, Vår, med Central-Europa.
Schéele, John Groggs minnen från hafven.
Schnabl, Buenos Ayres.
Schwerin, Afrikas kust.
Signalboken, Internationella.
Sillén, En månad på Amphion.
Sjölander, Inledningskurs i geografi.
Stanley, Huru jag fann Livingstone.
—, I det mörkaste Afrika.
Stave, Genom Palestina.
—, Sjön Genesaret.
Steffen, Från de skottska högländerna.
Stenfelt, Kongo-minnen af Skeppar Lärka.

46. ALLMÄN O. UTLÄNDSK. 47. SVENSK O. FINSK GEOGRAFI.

Strömberg, Minnen o. bilder från Guldkusten.
Stutzer, Från Syd-Brasilien.
Sturberg, Minnen från Vegas färd.
Svan, Palestina.
Suenson, Skizzer från Japan.
Svensén, Allmän geografi.
— , Ett kristet rike i de svartes verldsdel.
— , Jorden o menniskan.
— , Nya världens sista monarki.
— , Suez o. Panama.
Sverdrup, Samoa-öarne.
Sverige kring Eiffeltornet.
Tidskrift, Geografiska föreningens.
Torpson, Europa.
— , Lärobok i geografi.
Tre i Norge.
Trotzig, Billigare järnvägsresor genom zontariff.
Underrättelser för sjöfarande.
Wachtmeister, Turistskisser från Indien.
Waldenström, Genom Norra Amerikas förenta stater.
— , Till Österland.
Wallis, Ett besök hos mormonerna.
Wauters, Stanleys exped. till Emin Paschas undsättning
Vedel, Argentina.
Velander, Lärob i geografi.
Verldstelegramtaxa.
Verldsutställning, 1889 års, i Paris.
Vibe, Norsk reiseliteratur.
Whitlock, Barnens första geografi.
Wickström, Stoft från sandalerna.
Vägledning, Illustr., för lustresande till Köpenhamn.
Vägvisare på den nordiska industri- o. konstutställn. i Kjøbenhavn.
Ymer.
Young, Bland indianer.
— , Med kanot o. hundsläde bland indianerna.
Åkerblom, Pommerska bref.
År, Tre, i Kongo.
Öberg, Inledningskurs i geografi
Östgaard, En fjällbygd.
Östrup, Växlande horisont.

b) Svensk o. finsk.

Ahlenius, Olaus Magnus o. hans framställning af Nordens geografi.
Ahrenberg, Ladoga sjö.
Almquist, Fäderneslandets geografi.
Anteckningar om Lappmarken.
Anteckningar som beröra Lindesbergs stad.
Antilithander, Stockholm om 100 år härefter.
Arcadius, Gumlösa kyrka.
Arkiv, Noraskogs.
Asp, Wemmenhögs härad.
Aspelin, Vasa stads historia.
Aurén, Uleåborgs län.
Beckman, Dagboksurklipp.
Behm, Anteckn:r om Lockne socken.
— , Anteckn:r om Näs o. Hackås socknar.
— , Jämtland under medeltiden.
Berch, Anteckningar under en resa genom Finland.
Berg, Samlingar till Göteborgs historia.
Bergman, Gotland.
— , Visby.
Bergstrand, Stockholms Djurgård.
Bergström, G., Arboga krönika.
Bergström, J. N., Illustr. beskrifn. öfver Östergötland.

Betänkande för revision af Finlands kartverk.
Bidrag till Karlskoga krönika.
Bidrag till kännedom af Finlands natur o. folk
Bidrag till kännedom af vårt land.
Bidrag till Lojo sockenbeskrifning.
Bidrag till Nordens äldsta kartografi.
Bidrag till Åbo stads historia
Bilder från Skåne.
Bilder o. skildringar från Djursholms villastad.
Bildt, Birgittas hospital.
Bjurholm, Om uppfartsvägar till Södermalm.
Bok, En, om Sverige.
Boken om Åland.
Bonsdorff, Åbo stads historia.
Born, Beskrifning om Savolaks egendom.
Brilioth, Wreta.
Broomé, På rundresebiljett.
Burman, Konceptböcker under resor i Jämtland 1793 — 1803.
Cederborg, Underrättelser för korrespondenter
Clausen, En dansk rejsendes skildring af Finland.
Dannholm, Vårt land.
Ehrenheim, Anteckn:r om Grönsö o. Utö.
Ehrnroth, Två finskors lustvandringar.
Ehrström, Helsingfors stads historia.
Eklöf, A guide to swedish ports and pilot stations.
Eklöf-Hill, The travellers guide of Sweden.
Engel, Zontariffen.
Englund, Djurgården i ord o. bild.
Erikson-Lindegård, Beskrifning öfver Östergötland.
Exposé des travaux géographiques exécutés en Finlande.
Fick-tidtabell.
Fickvägvisare, Stockholms.
Filatelisten, Finska.
Finland i 19:e seklet.
Finland, or »The Land of a Thousand Lakes».
Finland, Västra.
Folk, Vårt.
Freeman, Finland.
Förteckning på grafvar inom Stockholms norra begrafningsplats.
Förteckning på villor o. sommarnöjen.
Förteckning öfver post- o. telegrafanstalter.
Godenhjelm, Minnen från vargåren.
— , Postala erinringar.
Gaturegister, Stockholms.
Granfelt, Bidrag till Åbo stads historia.
Grönstedt, Handbok öfver Stockholm.
Göteborg o. vestkusten.
Hagström, Kort beskrifning öfver Bohuslän.
— , Kort beskrifning öfver Halland.
Handbok för resande i Stockholm.
Handbok för resande till Stockholm
Handbok för Stockholm.
Handbok för telegraftjänsten vid jernvägarne.
Handlingar rör. kanal mellan Baggensfjärden o. Lännerstasundet.
Handlingar rör. telefon- o. telegrafväsendet.
Hangö stads fundationsbref.
Hangö stad o. badanstalt.
Hausen, Något om Ålands afrättsplatser.
Helgeandsholmsfrågan.
Helgeandsholmsfrågan sedd ur olika synpunkter.
Hertz, Svensk frihamn.
Hertzberg, Helsingfors för 300 år sedan.
Heurlin, Illustrated guide to Stockholm.
— , Handbok öfver Stockholm.
Hildebrand, Visby o. dess minnesmärken.
Hirn, Verteilung d. Wohnsitze in Satakunta

47. SVENSK O. FINSK GEOGRAFI.

Historia, Ölands o. Borgholms slotts.
Hjelt, Om Tengströms Försök till en geografi öfver Finland.
Hjort, Vägledn. för turister på Kinda kanal.
Hofberg, Genom Sveriges bygder.
Hofstallet, eller ett nytt riksdags- o. bankhus.
Hult, K., Ljusnarsbergs krönika.
Hult, R., Lojobäckenets bildning.
Hülphers, Dagbok uppå en resa 1760.
Hägg, Beskr. öfver Upsala kyrkogård.
Högbom, Jemtland.
Hörlén, Illustr. beskrifning öfver Skåne.
Ignatius, Finlands geografi.
Ihrfors, Tjusta häraders kyrkliga minnen.
Isberg, Bidrag till Malmö stads historia.
Jernbanebladet.
Jernvägsfrågan 1886. Uppsatser samlade ur dagliga pressen.
Jernvägsfrågan, I. En framställning till landets riksdagsmän.
Jernvägs- o. posttidtabell.
Jernvägs-paket-taxa.
Johansson, Noraskog.
—, Noraskogs arkiv.
Julin, Anteckningar om Uleåborg.
Jönköpings omgifningar.
Kejsar Alexander I:s resa i Finland 1819.
Kicchels resa i Sverige.
Klingspor, Das Rittergut Ås.
—, Svenska slott och herresäten. Ekensberg. — Ekenäs. — Näsby. — Ås.
Köersner, Stockholm med omgifningar.
Kommuner, Sveriges.
Lagus, Ur Viborgs historia.
Lancken, Teoretiskt beräknade tariffer.
Land, Vårt.
Landskapsbeskrifningar, Svenska.
Laurén, Kort beskrifning öfver Bleking.
Leinberg, Finlands territoriala församlingar.
Lilienberg, Om strömmarne i Stockholm.
Lilliehöök, Sammandrag af geogr. ortbestämningar.
Lilljekvist, Strengnäs o. dess domkyrka.
Lind, Handbok i fäderneslandets geografi.
—, Södermanland.
—, Upland.
—, Vermland.
—, Vestergötland.
—, Östergötland.
Lindberg, A tourist trip. Vermland—Dalecarlia.
—, Auf der Touristenfahrt Värmland—Dalarne.
—, Illustreradt Norrland.
— —, Karlskoga bergslag.
— —, Kristinehamns stad med omnejd.
—, På järnvägsfärd.
—, Turistfärd.
Lindén, Beiträge zur Kenntniss d. russischen Lapplands.
Lindskoug, Geografi öfver Skåne.
Lindstedt, Ölands o. Borgholms historia.
Lindström, Genom Härjedalen.
—, I Jämtebygd.
Linnæus, Gothländska resa.
Lund just nu!
Lundberg, J., Förteckning öfver Sveriges o. Norges jernvägar.
—, Jacob, Vägvisare för resande i Helsingborg.
Lundgren, Handbok i fraktberäkningar.
Meddelanden, Vetenskapl. af Geogr. fören. i Finland.
Memorandum med anledn. af löjtn. Sandebergs broschyr rör. Sveriges förbindelse med kontinenten.

Moberg, Om Phänologische Karten von Finland.
Motala, Dess framtid o. förhoppningar.
Mälardrottningen.
Natur und Sehenswürdigkeiten, Schwedens.
Nejder, Naturskön, i Finland.
Nerman, Göta kanals historia.
—, Stockholm för sextio år sedan.
Nervander, Finska bilder.
—, Till sjöar och åsar i Tavastland.
—, Öfver Punkaharju till Walamo.
Nordenström, Beskrifning öfver Stöde socken.
Nordlander, Ångermanländska fiskvatten på 1500-talet.
Nordmann, Land o. folk.
Nyman, Alingsås omgifningar.
—, Alstroemeria.
—, »Det Alingsås som gått.»
Nyqvist, Jönköping o. dess omgifningar.
Nyström, Handbok i Sveriges geografi.
När går tåget?
Olsson o. Hörlén, Illustr. beskrifn. öfver Skåne.
Olsson, Åland.
Ord, Några, om ny uppfartsväg till Södermalm.
Palmén, Karelska jernvägsfrågan.
—, Om förberedelserna för åstadkommandet af ett sällskap för Finlands geografi.
Palmkvist, Ensam till Städjan.
Peregrinus, Reseturer i Finland.
Peterson, G. R., Ångermanelfven—Indalselfven.
Peterson, R., Från gamla Söderköping.
Petrelius, Jemförelse af några kartor öfver Finland.
—, Ueber die kartographischen Arbeiten d. Exped. vom 1891 nach Kola.
Pettersson, Kortfattad beskrifning öfver Särna o. Idre.
Posthandbok.
Posthandbok för Stockholm.
Postortlexikon.
Ramsay, La Finlande.
—, Vägvisare i Finland.
Rée, Daglig vägleduing i Stockholm.
—, Reisehandbuch über Stockholm.
—, Resehandbok öfver Stockholm.
—, Täglicher Führer in Stockholm.
Reiserouten in Schweden.
Resa, En, i Finland.
Reseböcker, Svenska.
Resehandbok, Sv. turistföreu. I. Kopparbergs, Gefleborgs etc. län.
Resehandböcker, Alb. Bonniers illustrerade.
Reseturer i Finland.
Resor, minnen o. reflektioner.
Ridderstad, En svensk medeltidsborg.
Rosenberg, Ny resehandbok öfver Sverige.
Rostedt, Borgå.
Rundfahrt, Ein, durch das südliche Schweden.
Rundresan Stockholm—Östersund.
Sala stads privilegier.
Santesson, I Sverige.
Scenery, Swedish, and places of interest.
Schybergson, Bidrag till historien om Sveaborgs grundläggning.
Segerstedt, Vermlands geografi.
Sellin, Vadstena, Omberg o. Alvastra.
Sjölander, Nerike, v. Västmanland o. Karlskoga.
Skattebok, Stockholms stads.
Skåne o. Köpenhamn.
Sommarkommunikationer, Stockholms.
Souvenir de Stockholm.
Starbäck, Småberätt. om märkliga orter i Sverige.
Stenhammars-boken.

10-års kataleg 1886—1895. 61

Stockholm, die Hauptstadt Schwedens.
Stockholm o. dess omgifningar.
Stockholms vägvisare.
Strömbom, Husaby kyrka, källa o. ruin.
—, Vägvisare till Kinnekulle.
Suède, Quelques renseignements pour les touristes.
Suomi.
Svensson, I Sverige
Sverige, Illustr. handbok för resande.
Söderblom, Biljettpris o. persontrafik.
Södertelje o. dess omgifningar.
Taxa för transporter å statens jernvägar.
Telegram-adressbok.
Tenow, I lappfrågan.
Thomas, Från slott till koja.
Tidander, Mariefred förr o. nu.
Tidtabell för Skåne.
Tidtabellen.
Tivoli.
Torpson, Norden.
Tripp, En, till Lund.
Trolle-Bonde, Hesselby.
—, Kjesäter.
—, Trolleholm.
Turisten. Tidtabeller och turlistor (finska).
Turistföreningen i Finland. Reseruter. Årsbok.

Turistkalender.
Turistlif o. idrott.
Tågtidtabellen.
Upsala som boningsort.
Wahlroos, Kuno elfs utloppsvik.
Wieselgren, Finland.
Willebrand o. Rancken, Fem sportsmäns resa.
Wisby, 30 bilder.
Wrangel, Anteckn:r om Rytterns socken.
—, Blasieholmen o. dess innebyggare.
—, Tullgarn.
Wrede, Skizzer från det gamla Viborg.
Vägvisare för resande i Helsingborg o. omnejd.
Vägvisare, Illustr. i Köpenhamn.
Vägvisare, Stockholms.
Vägvisare i Sundsvall o. omnejd.
Vägvisare, Svenska turistföreningens.
Vägvisaren på Högholmen.
Zweigbergk, Finska studier.
Årsskrift, Svenska turistföreningens.
Äfventyr under en resa till Bornholm.
Ödberg, Anteckningar om Hogenskild Bielkes friherrskap Leckö.
Öhberg, Posthandbok.
Öhman, Badorten Lovisa.
Östersund 1786—1886.

XVII. Statistik och statskunskap.

Alin, Bidrag till svenska statsskickets historia.
Bergh, Finlands statsrättsliga utveckling.
Bergström, Befolkningsstat. studier.
Berättelse om handel o. sjöfart.
Berättelse om Stockholms kommunalförvaltning.
Bidrag till Finlands officiela statistik.
Bidrag till Sveriges officiela statistik.
Bonsdorff, Folkmängdsförändringarna i Finland.
—, Om donationerna i Finland u. Kristina.
Boxström, Folktillväxten i Finland.
—, Jemförande befolkningsstatistik.
Cronquist o. Seberg, Bränvinstillverkningen i riket.
Eneström, Dödligheten inom en bestämd åldersklass.
Export, Svensk.
Fahlbeck, Bidrag till Sveriges statskunskap.
Federley, Finlands samhällsförfattning o. dess historia.
Flodström, Om giftermålsfrekvensen.
—, Stockholmstariffer.
Försäkringsväsendet i riket.
Hansson, Spanmålstullarnes verkningar.
Herlitz, Stat. öfversigt af Stockholms befolkning 1883—93.
Hildebrand, Lärobok i svensk statskunskap.
Hörnell, Uppgift öfver trävaruutförseln.
Hörnell o. Koersner, Export of Sweden.
—, Exportkalender.
Ignatius, Statist. handbok för Finland.
Indelning, Sveriges, i valkretsar.
Jernvägstariffer och statsfinanser.
Kiœr, Trælasthandelens omfang.
Kjellén, Riksrättsinstitutets ombildning.
Kommuner, Sveriges.

Landgren, Om konungens sanktionsrätt.
Lindelöf, Mortaliteten i Finland.
—, Stat. undersökn. af ställningen i finska ecklesiastatens enke- o. pupillkassa
Lindholm, Finlands ekonomiska tillstånd 1634—54.
Lundgren, Fraktlista.
Malmström, Sveriges statskunskap.
Morgenstierne, Stænder og klasser.
—, Udviklningslinjer i det Schweiziske demokrati
Norelius, Kongl. statsutredningen.
Register till berättelserna ang. Stockholms kommunalförvaltning.
Richet, Om hundra år.
Rubin, Aegteskabsstatistik.
Rydberg, Ett inlägg i fråga om unionsdokumentet.
Sammandrag af bankernas uppgifter.
Sammandrag öfver Göteborgs import o. export.
Schybergson, Riksdagsmannavalen i Åbo under frihetstiden.
—, Ståndens uppkomst under medeltiden.
Sidenbladh, E., Om Sveriges spanmålsproduktion.
Sidenbladh, K., Administrativ handbok.
Sillén, Svenska handelns o. näringarnes hist
Sondén, Sveriges telefonväsendes utveckling.
Specialtariffer omfattande gods för Stockholms stationer.
Statistik, Sveriges officiela, i sammandrag.
Stavenow, Om formerna för utskottsval under frihetstiden.
—, Om riksrådsvalen under frihetstiden.
—, Studier i ståndsriksdagens senare historia.
Sundbärg, Bidrag till utvandringsfrågan.
Svedelius, Handbok i statskunskap.

Svedelius, Representationsreformens historia.
—— o. *Nyström*, Nord-Amerikas förenta stater.
Söderblom, Trafiken 1890 på statens jernvägar i Sverige o. Finland.
Södermark, Djurskyddsbrandstatistik 1892.
Tabeller, Statistiska, ang. bostads- o. andra lägenheter i Stockholm.
Tallqvist, Recherches statistiques.
Tidskrift, Statistisk.
Tillkomst, Den svensk norska unionsförfattningens.
Uppgift å folkmängden inom hvarje kommun, härad, m. m. 1886 - 94.

Utdrag ur Stockholms röstlängd.
Utredning rör. ridd. o. adelns privilegier m. m., hvilka ännu ega gällande kraft.
Varenius, Om riksföreståndareskap.
——, l'Union entre la Suède et la Norvège.
Verksamhet, Registrerande sjukkassors.
Westergaard, Befolkningsspörgsmålet.
Westerlund, Om barndödligheten.
Vogt, Om verldens guld-, sölv- o. kobberproduktion.
Wolff, Ett blad i den svenska riksbankens historia.
Årsbok, Statistisk, för Finland.
Återblick öfver Norrköpings handel.

XVIII. Statsvetenskap.

a) Allmän o. utländsk.

Andersson, Ett besök i engelska underhuset.
Berner, Det sveitsiske demokrati.
Bille, Parlamentarismen i England.
Fraser, Ministeriernas i Ryssland uppgift.
——, Regerings- o. riksorganerna i Ryssland.
Fördomar, Vesterns antiryska.
George, Protektionism eller frihandel?
Hammarstrand, Romerska rikets författn. historia.
Larsson, Ryska förhållanden.
Neovius, Handelsförh. mellan Ryssland o Finland.
Rätt, Om Norges, o. Norges pligt.
Stenij, Vecchiettis relation om Persiens tillstånd.
Vecchiettis relation om Persiens tillstånd.
Vedel, Hamburgs tilslutning til det tyske toldgebit.
Westergaard, Det britiske rige som förbundsstat.

b) Svensk o. finsk.

Adlercreutz, Historiskt-politiska anteckningar.
Angelägenheterna, De diplomatiska
Berättelser, Svenska beskickningens.
Bergfalk, Om utomordentliga penningehjelper till kronan under 16:e årh.
Bergh, Vår styrelse o. våra landtdagar.
Bergström, Den polit. rösträtten.
Bergstrand, Ur nyare tidens polit. skiften af Marcellus.
Beskickning, En svensk, till Ryssland.
Björlin, Koncentrering mot målet.
Brefväxling, En unionell.
Crohns, Sveriges politik.
Danielsson, Finlands inre själfständighet.
Dannholm, Finlands samhällsskick.
——, Grunddragen af Finlands samhällsskick.
De Geer, Uttalanden i unionsfrågan.
Duvall-Rosenmüller, Ett vädjande till Sveriges regering o. riksdag.
Edén, Die schwedisch-norwegische Union.
——, Kielerfreden o. unionen.
Eger statsföreningen på den skandinav. halfön någon framtid?
11 kronor o. 58 öre eller Det nya systemet.
Erik, I den unionella revisionsfrågan.
Fahlbeck, Sveriges o. Norges handelspolitik.

Fred med Norge.
Förr o. nu. Vidräkning af en af de 294.
Gil Blas, Andra kammarens nya män o. 1890 års valrörelse.
Granfelt, De västfinska nationerna.
Gripenberg, Partierna o. 1885 års landtdag.
——, Tankar i polit. frågor.
Halifax, Observator. Smått o. godt från riksdagen.
Handlingar rör. förvaltningen i Finland.
Heimer, De diplomat. förbindelserna mellan Sverige o. England 1633—54.
Hildebrand, Folkrätt o. diplomati.
Hjärne, Storpolitiska villobilder.
——, Unionsbref.
——, Unionsfrågan o. Sveriges försvar.
——, Unionsrevisionismus.
——, Öfversigt af Sveriges ställning till främm. makter.
Hur vi förlorade Norrland.
Hvad har Sverige vunnit genom unionen?
Jung, Statsrådet.
Junius, Två bröder.
Key-Åberg, De diplomat. förbindelserna mellan Sverige o. Storbrittanien 1807—09.
——, Om konunga- o. tronföljareval.
Kjellén, Om Eriksgatan.
——, Unionen sådan den skapades o. sådan den blifvit.
Koch, Skall det bli krig med Norge?
Konferensen på Ulriksdal.
Larsson, Karl Gyllenborg i London 1715—17.
Loke, Våra riksdagsmän.
Lundberg, De diplomat. förbindelserna mellan Sverige o. Preussen 1709—15.
Maktsträfvarne i Norge.
Mechelin, Står Finlands rätt i strid med Rysslands fördel?
Medan sjön går hög.
Melander, Efter skilsmessan.
Memorial, Riksens ständers konstitut. utskotts, ang. regeringsform 1809.
Moberger, Nils Larsson i Björkekulla.
Målen, De ministeriella, o. unionen.
Nestor, Finska förhållanden.
Nilsson, Republiken o. konungadömet.
Nolcken, Berätt. om rikets tillstånd 1719—72.
Nordwall, Om svenska riksrådets utveckling mot centralisationen under Gustaf II Adolf.

50. SVENSK O. FINSK STATSVETENSKAP. 51. JURIDIK, FÖRVALTNING O. FINANSV.

Nyström, Framstegspartiet skall segra.
Onämnd, Tjugufemårsminnen o. framtidstankar.
Ord, Ett fredens, i dagens tidsfråga.
Ord, Några, om svensk norska unionens nödvändighet.
Palme, Ställningar o. förhållanden i Finland.
Promemoria, En, ang. några af de fören. rikenas inbördes förhållanden.
Protokoll, Borgareståndets, vid landtdagen i Helsingfors.
Protokoll, Finlands Ridderskaps- o. Adels.
Protokoll, Presteståndets, vid landtdagen i Helsingfors.
Protokoll, Riksdagens, 1886—95.
Protokoller, Borgarståndets vid landtdagen i Borgå.
Protokoller hållna hos bondeståndet i Borgå 1809.
Regeringsformer, Sveriges, samt konungaförsäkringar.
Reuterskiöld, Den svensk norska unionsförfattn. o. dess utvecklingshistoria.
Riksdagsakter, Svenska.
Riksdagsprotokoll, Sveriges ridd. o. adels. 1675—78
— — 1742—43.
Rikshufvudboken för 1753.
Rosengren, Den stora faran för Skandinaviens framtid.
Röster ur pressen.
Skall unionen brista?

Skola vi marschera öfver Kölen?
Småskrifter, Svenska nationalföreningens.
Stavenow, Sveriges politik.
Suutarla, Den hist. utvecklingen af Finlands grundlagar.
Svanljung, Finsk kommunalkunskap.
Svensén, Karl Ivarsson o. landtmannapartiet.
Svenson, Brödrafolkens väl.
Sverige o. unionen.
Tamm, Historiens nemesis.
Unionen betraktad från praktiska synpunkter.
Unionsfrågan, I.
Utrikesministerfrågan, I.
Waldenström, För fosterlandet.
Varenius, Ansvarsbestämmelserna för förmyndarestyrelse.
—, Den gemensamme utrikesministern o. likställigheten.
—, Konsulatfrågan.
—, Nyare unionell litteratur.
—, Unionsförfattningen ur svensk-norsk synpunkt.
Vasenius, Om proportionell representation.
Wicksell, Sverige o. Ryssland.
Wieselgren, Äro vi storsvenskar?
Åsbrink, Gustaf Wasa o. vår svenska flagga.

XIX. Juridik, förvaltning o. finansväsen.

Aflöningar, Finska statens embets- o. tjenstemanna-.
Afzelius, Grunddragen af rättegångsförfarandet i tvistemål.
Agardh, Om borgen.
Aldén, Medborgarens bok.
—, Valmannens bok.
Alin, K. M:ts rätt i fråga om dispositionen af besparingarna å riksstatens hufvudtitlar.
—, Om kgl. maj:ts rätt i fråga om nedsättning af tullbevillningsafgifter.
Andersson, Dav. Svenssons Breviarium juridicum.
Anteckningar efter prof. Nordlings föreläsn:r i svensk civilrätt.
Anteckningar efter prof. Nordlings föreläsn:r om boskillnad.
Anteckningar enl. prof. Joakko Forsmans föreläsningar.
Anteckningar enl. prof. Hermanssons föreläsningar.
Anteckningar enl. prof. Wredes föreläsningar.
Anteckn:r i Civilrätt ang. prof. Wredes föreläsn:r.
Anteckningar, Skizzerade legala, ang. fideikommisser.
Antell, Om dråpsbrotten enligt attisk och romersk rätt.
—, Om tillgreppsbrotten.
—, II. Mord- och dråpsbrottet. — III. Fosterfördrifningsbrottet. — IV. Barnamordsbrottet.
Arkiv, Nytt juridiskt.
Arosenius, Om sättet för grundlagsändring 1809—C6.
Ask, Formaliteter vid kontrakt.
—, Föreläsningar i svensk sakrätt.
—, Om ansvarighet för tryckfrihetsbrott.
—, Om författarerätt.
—, Om häfvande af fraktaftal.
Bamberger, De sedelutgifvande bankerna.
Bastiat, Hvad man ser o. hvad man icke ser.
Beckman, Den stora presenten.

Bell & Alm, I betryck.
Bengtson, Intet tullskydd.
Berencreutz, Précis du droit constitutionnel de Suède.
Bergh, Juridiskt biträde för hvar man.
—, Vattenrättskollisionerna i Kymmene elf.
Bergstrand, Supplem. till Handbok för kommunalförvaltningen.
Berner, Brændevinsbolagene i Norge.
Berättelse ang. brandväsendet i en del af norra Tysklands mindre städer.
Beskow, Kyrkobokföreningen.
Betänkande af bankkomitén.
Betänkande af komitén för revision af statens jernvägstaxa.
Betänkande af komitén till ändringar i kyrkolagen.
Betänkande ang. beskattningen af hvitbetesockertillverkningen.
Betänkande ang. beskattningen af maltdrycker.
Betänkande ang. entreprenadväsende.
Betänkande ang. frågan om post- o. telegrafverkens förenande.
Betänkande ang. hemmansklyfning.
Betänkande ang. jernvägsadministrationen.
Betänkande ang. jordbruksnäringen.
Betänkande ang. kyrkoskrifning.
Betänkande ang. minderårigas användande i arbete.
Betänkande ang. pensionsväsendet för statens civile tjensteinnehafvare.
Betänkande att upphjelpa den ekonom. ställningen.
Betänkande, Förstärkta lagberedn:s, ang. ny rättegångsordning.
Betänkande med förslag till förordn. ang inkomstbevillning.

51. JURIDIK, FÖRVALTNING O. FINANSVÄSENDE.

Betänkande o. förslag ang. utvidgning af arfsbeskattningen.
Betänkande o. förslag att svagdricka fritages från beskattningen.
Betänkande o. förslag om ålderdomsunderstöd åt lärare o. lärarinnor.
Betänkande o. lagförslag ang. sjölagen.
Betänkande om lämpligheten af differentialtullar.
Betänkande, Sjöfartsnäringskomiténs.
Betänkande till ändringar i bevillningsförordningen.
Betänkande till ändringar i kyrkolagen.
Betänkande, Tullkomiténs.
Bidrag rör. C. Dahlgrens sterbhusutredn:r.
Bidrag till ärfdabalkens historia 1686—1736.
Björck, Den tyska tullreformens inflytande.
— —, Om grundläggandet af en allmän lifräntefond för Sveriges ungdom.
Björling, Om bötesstraffet.
— —, Penningedeposition enligt justiniansk rätt.
Blomberg, Om svenskt statsborgarskap.
Blumenberg, Handb. i gällande fattigvårdslagstiftning.
— — —, Handb. i nu gällande äktenskapslagar.
— —, Kommunalkalender för landet.
Boisman, Finska postförvaltningen.
Bolagslagarna, Nya.
Bolivar, Skogsfrågan i Borås.
Brandbok.
Brandordning för Göteborg.
Bref, Öppna, i skyddsfrågan.
Broomé, Allmänna civilprocessen.
— —, Studier i konkursrätt.
Bråkenhielm, Om skatteköpta rekognitionshemman.
Bränvinsförfattningarna.
Byggnadsordning för Helsingfors.
Byggnadsstadgan för rikets städer.
Byggnadsstadgan med expropriationslagen.
Biüth, Svenska rättegångsväsendets ombildning.
Cassandra, Förändringar uti svenska bankorganisationen.
Chydenius, Om köp o. förstäckning enl. finsk rätt.
— —, Om leveransaftalet enligt finsk rätt.
Code maritime.
Dahlberg, Bidrag till svenska fattiglagstifn. historia.
Dahlin, Handledn. vid uppsättandet af handlingar.
Davidson, Den i utlandet gällande lagstifningen ang. inkomstskatt.
— —, Europas centralbanker.
— ., Kommentar till bevillningsförordningen.
— , Om beskattningsnormen vid inkomstskatten.
Diskussion öfver förslag till ny sprängämnesförordning.
Djurklou, Arfstvisten mellan Nils Nilssons o. fru Ingegerds afkomlingar.
Drakenberg, Om testamente.
Eganderätt, Om den gifta qvinnans.
Egunderätten till Helgeandsholmen o. Norrström.
Ehrensvärd, Om verkan af utländsk strafdom i statsrättsligt hänseende.
Ekdahl, Om rättsmed. undersökn:r rör. sinnesbeskaffenheten hos för brott tilltalade.
Eklund, Hvad är att iakttaga vid lifförsäkring?
Eldsläckningsväsendet i Norge.
Eldsvådorna, Om, och djurskyddet.
Embetsberättelse, Justitieombudsmannens.
Engeström, Handb. för lifförsäkringsagenter.
— —, Hvad kunna och vilja lifförsäkringsbolagen.
Fahlbeck, Betänkande rör grunderna för den ekonom. mellanrikslagstiftningen.
— —, Den ekonom. vetenskapen o. näringsskyddet.

Fahlcrantz, Genmäle till Sthms Dagblad.
— —, Om behofvet af handelsdomstolar.
— , Om hemstad.
— —, Till nya lagberedn. i fråga om jury o. nämd.
Fallström, Mer eller mindre fördelaktiga lifförsäkringar.
Firmalagen.
Forsberg, Praktisk juridisk handbok.
Forsman, Bidrag till läran om skadestånd i brottmål.
Framställning af Nordamerikas förenta staters tullpolit. system.
Framställning, Grafisk, af den nya tullbeskattningen.
Fraser, Öfversigt af rättsväsendet i Ryssland.
Föreningen emot litsmedeltullar.
Företeelsen, Den nyaste, på lifförsäkringsområdet.
Författningar ang. bränvin.
Författningar ang. dissenters i Finland.
Författningar ang. fattigvården.
Författningar ang. flyttning.
Författningar ang. lösdrifvare.
Författningar ang. mantalsskrifning.
Författningar ang. medicinalväsendet.
Författningar ang. mått o. vigt.
Författningar ang. tillverkning af bränvin.
Författningar om jagt o. fiskerier.
Författningar om skydd för arbetare.
Författningar rör. ångpannor.
Författningar till förekommande af smittosamma sjukdomar.
Författningshandbok för läkare.
Författningslexikon rör. den civila helso- o. sjukvården.
Författningssamling, Finlands.
Författningssamling för tandläkare.
Författningssamling, Kommunal, för Stockholm.
Författningssamling, Svensk.
Författningssamlingen, Lilla.
Förhandlingar, Nationalekonomiska föreningens.
Förordning ang. bevillning af fast egendom o inkomst.
Förordning ang. försäljning af vin etc.
Förordning ang. kommunalförvaltning.
Förordning ang. konsulatväsendet.
Förordning ang. tillsyn o. förvaltning af omyndiges egendom.
Förordningar ang. drogerihandel.
Förordningar ang. presterskapets aflöning i Finland.
Förordningen ang. stämpelafgiften.
Förordningen om stämpelafgiften med anm:r o. förklaringar.
Förslag, Lagberedningens, ang. förmyndareskap.
Förslag, Lagberedningens, ang. ärfda-, jorda- o. rättegångsbalken.
Förslag, Lagberedningens, inneh. föreskrifter om verkställighet af dom.
Förslag, Nya arbetareförsäkringskomiténs, till pensionering för de arbetande klasserna.
Förslag, Nya lagberedningens, till lag ang. bevisningen inför rätta.
Förslag, Nya lagberedningens, ang. talan emot domstols utslag.
Förslag, Nya lagberedningens, ang. ändr. af straflagen.
Förslag, Nya lagberedningens, om äkta makars inbördes egendomsförhållanden.
Förslag, Nya lagberedningens, till lag. ang. domsagas kansli.
Förslag, Nya lagberedningens, till lag ang. vissa invändningar i rättegång.
Förslag, Nya lagberedningens, till lag om köp och byte.
Förslag, Svenska bankmannaföreningens.
Förslag till förordning ang. försäljn. af margarin.

51. JURIDIK, FÖRVALTNING O. FINANSVÄSEN.

Förslag till förordning om kyrkoskrifning i Stockholm.
Förslag till lag ang. hvad till fast egendom är att hänföra
Förslag till lag om rätt till fiske.
Förslag till lagar om enkla bolag o. handelsbolag.
Förslag till lagbestämmelser om makars ansvarighet för gäld.
Förslag till reglem. för jernvägars begagnande.
Förslag till reglem. för räkenskapsväsendet.
Förslag till reglem för telefonväsendet.
Förslag till reglem. för utrustningsmaterielen.
Förslag till reglem. för vattenfarleders begagnande.
Förslaget till lag ang. stadsplan o. tomtindelning.
Försäkrings-bibliotek, Illustr.
Försäkringskalender för år 1887.
Försäkringskalender, Svensk.
Försäkringsväsendet i riket.
Förteckning öfver till finska statsverket m. m. hörande utlottade obligationer.
Förteckning öfver lösöreköp i Stockholm.
Geijer, Sammandrag af postförfattningar.
Gillqvist, Några ord om osundheten inom vårt affärslif.
Gjallarhornet.
Goschen, Läran om utländska vexelkurser.
Granskning, En, af liftörsäkringsbol:s matem. grunder.
Grotenfelt, Om målsegarebrottets begrepp enl. finsk straffrätt.
Grufstadga.
Grundlagar, Storfurstendömet Finlands.
Grundlagar, Sveriges, utg. af Alin.
Grundlagar, Sveriges, utg. af Lilienberg.
Grundlagar, Sveriges, utg. af Nilsson.
Grundlagar, Sveriges, utg. af Uppström.
Hagerup, Et blad ur straffens historie.
Halén, Författningshandbok för barnmorskor.
Hamilton, Berättelse ang. Patentbyråns verksamhet.
Hammarskjöld, Om fraktaftalet.
——, Om grufregal o. grufegendom.
——, Redog. för den utländska bolags- o. föreningsrättens utbildning.
——, Tolkning af förordn. om kommunalstyrelse.
Handbok för fjerdingsmän.
Handbok i Sveriges kyrkolag.
Handelsbalken.
Handlingar ang. besittningsrätten till Trolleholm.
Handlingar ang. frågan om ministeriella ärendenas behandling.
Handlingar rör. eganderätten till Fattigkyrkogården å Östermalm.
Handlingar rör. rättegången om den å bergsmanstomterna i Sala indelade skogen.
Handlingar till belysande af Finlands kamerala förhållanden.
Handlingar tillkomna vid landtdagen i Helsingfors
Hansson, Om ordningen vid val till andra kammaren.
Heckscher, Svenska växelkurser.
Heikel, Finlands bank- o penningeväsen.
——, Ueber die sogenannte Bookföring in Mordprocessen.
Helander, Hjälpreda vid tillämpningen af väglagen.
Hellborn, Om strafflagskonkurrens.
Hellstenius, Skattereglerinskomiténs statist. tabeller.
Helner, Hustrus förmåga af rättshandlingar.
Hemstad, Om, En fråga för dagen.
Hermansson, Finlands statsrättsliga ställning.
Herslow, Om ansvarighet för skada af jernvägs drift.
Hjelmerus, Om laga skifte.
Hjelt, Penningar o. ränta.
——, Sparverksamheten o. postsparbanken.

Hultgren, Hvilka äro en svensk medborgares rättigheter o. skyldigheter?
Hultin, Ett prässåtal i Åbo.
Håkansson, Motala mek. verkstads förvaltning.
Höjer, Kommunal uppslagsbok.
Inblick, Kort, uti några finansärendens behandling.
Ingram, Nationalekonomiens historia.
Jagtstadgan.
Kallenberg, Om återfall i brott.
Kaslin, De utl. liffösäkr.-bolagen o. Kaleva.
Key, Ellen, Om eganderätt o. myndighet for den gifta qvinnan.
Key, Emil, Frihandel eller handelsskydd.
Kilon, Frihandel el. tullskydd.
Kjellén, Karakteren i 1809 års grundlagstiftning.
——, Studier rör. ministeransvarigheten.
Kleen, Om krigskontraband.
Koch, Stats-, finans- och rättslärans enklaste grunder.
Kock, Bihang till tulltaxan.
Koloss, En, på lerfötter.
Komitébetänkande. Förslag till stadg rör. vattenrätten.
Kommunalförfattningar.
Konkurslagen jämte dithörande författningar.
Kungörelse ang. renhållningen i hufvudstaden.
Kyrkolag för Finland.
Kyrkolag, Sveriges.
Kyrkoordningar o. förslag före 1686.
Körner, Juridisk rådgifvare.
Lag, ang. handelsregister, firma o. prokura.
Lag ang. väghållningsbesväret.
Lag om aktiebolag.
Lag om dikning.
Lag, Sveriges rikes, för Finland
Lag, Sveriges rikes, med anm:r, förkl:r o prejudikat.
Lag, Sveriges rikes, utg. af Lundequist.
Lag, Sveriges rikes, utg. af Schlyter.
Lag, Sveriges rikes, utg. af Skarin.
Lag, Sveriges rikes, utg. af Uppström.
Lagar, instrukt. o. reglem. för Sveriges riksbank.
Lagförslag ang. sparbanker.
Lagsamling, Svensk.
Lancken, Några ord om statsbaneindustrien.
Landtdagsordningar.
Langenskiöld, Om öfverflyttning af skatt.
Law, The maritime, of Sweden.
Laveleye, Lyxen.
Legostadga.
Leuhusen, Register till Naumanns tidskrift.
Lewenhaupt, Förslag till omreglering af skogsväsendet.
——, Slutord om svenska statens skogsväsende.
Lidell, Alfab. sammanfattn. af Sveriges bankorter.
Lifränte- o. kapitalförsäkr.-anstalter.
Lilienberg, Anteckn:r ang. riksdagsmannaval.
Liljenstrand, Finlands jordnaturer.
Linde, Sveriges ekonomirätt.
——, Sveriges finansrätt.
Lindeberg, Tabell för beräkning af arfskatt.
——, Utdrag ur gällande bestämmelser ang. stämpel å värdepapper.
Lindskog, En hvar sin egen lagkarl.
List, Det nationella nationalekonom. systemet.
Ljungberg, Om nödvändigheten att frigöra svenska nationen från mellanrikslagen.
Ljungstedt, Om tullskydd.
Looström, Vexel-lära.
Lovén, Spanmålstullars inverkan på landtbruket.
Lundberg, Om franska bankförhållanden.
Lundgren, Korta råd o. anvisn:r för försäkringsagenter.
——, Om själfhjälp genom försäkring.

51. JURIDIK, FÖRVALTNING O. FINANSVÄSEN.

Lundqvist, Handbok för frivilliga brandkårer.
Lönegren, Lifvet i ett svenskt straffängelse.
Magnuson, Om lag o. tvungen edgång.
Mantals- o. kyrkoskrifningsförordningarna.
May, Meddelanden ang försäkringsväsendet.
Mechelin, Précis du droit public de Finlande.
Meddelanden, Fångvårdsmannaföreningens i Finland.
Medicinalförfattningar, Finlands.
Mening, Folkets.
Meyer, Om pängar.
Miklaschevsk, Rysslands tulltariff.
Modigh, Gensagor emot »Ett förslag till omreglering af svenska statens skogsväsende».
Montan, Reformarbetet rör. det svenska rättegångsväsendet.
—, Smärre juridiska uppsatser.
Montgomery, Handbok i Finlands allm. privaträtt.
Njurling, Handbok för kronolänsmän.
—, Svenska jordens skatter o. besvär.
Nordling, Föreläsn:r öfver ärfda-balken.
—, Förhandlingen om rätt i förmögenhetsrättsliga saker.
—, Lagfarts- o. inteckningslagarne.
Näringslagen.
Oldenburg, Praktiska tabeller vid stämpelbeläggning.
Olivecrona, Om dödsstraffet.
Olyckshändelsen vid Södra Blasieholmshamnen.
Palmén, Rättshistoriska bidrag till tolkningen af 1734 års lag.
Patentförordningen.
Patentlagar, Utländska.
Petersson, Handbok vid varors tullbehandling.
Pettersson, Facer o. profiler för den svenska försäkringsverlden.
—, Försäkringsväsendet i Sverige.
Postföredrag, Internationella.
Poststadga.
Protokoll vid 4:e allm. brandchefsmötet.
På hvad sätt har den sv. skattebondens lifsfråga blifvit behandlad.
Raab, Om industri o frihandel.
—, Uppsatser rör. statskredit, försvarsväsen o. industri.
Rabe, Om eganderätten till Helgeandsholmen.
Raphael, Om ansvarighet för skada i följd af jernvägsdrift.
—, Om rätt till tidnings titel.
Recin, Neutral mark.
Regeringsformen o. Riksdagsordningen.
Register till Nytt juridiskt arkiv.
Regnéll, Om hamnförvaltning.
—, Stadskommunens författning o. förvaltning.
Renhållningen i Stockholm.
Riksbyggnadsfrågan.
Rosenberg, Handbok i Sveriges kyrkorätt.
Rubenson, M., En blick på Stockholms kommuns finanser.
Rubenson, S., Le systeme suédois reglant le commerce des boissons fortès.
Rudbeck, »Arfskiftaren.»
—, »Bouptecknaren.»
Rydin, Om konkursförbrytelser.
Rätt, Om tidningsutgifvares.
Rättegångshandl:r i Mecklenburgska målet.
Rättsförhållandet mellan lapparne o. de bofaste i Herjedalen.
Rääf, Om penningar och olika myntsystem.
Sakregister, Allmänt, till Svensk författningssamling.
Sakregister till Finlands författningssamling.
Sakregister till Rikets ständers protokoll 1809—66.
Samhällslifvet, Det ekonomiska.
Samling af anmälningar till handelsregistren.

Samling af bref o. författn:r ang. storskiftesverken i rikets norra län.
Samling af författn:r ang. skiftesverket i riket
Samling af författn:r rör. fångvården.
Samling af författn:r, polisorder m. m.
Samling af förordningar, stadganden m. m.
Samling af kommunala stadganden för Upsala.
Samling af kongl. bref o. resolutioner ang. tillämpningen af kommunalförordningarne.
Samling af k. resolut. o. bref rör. bevillningsförordn.
Sandberg, Om bolags konkurs.
—, Om viss tids häfd af eganderätt till fast egendom.
Sandeberg, Granskning af utlåtandet om vinterpostfart mellan Sverige o. Tyskland.
Sandell, Grundskattefrågan.
Scharling, Affärs-stiltjen o. guldet.
Schlyter, Juridiska afhandlingar.
Schütz, Om skifte af jord.
Schöldström o. *Eneström*, Lifförsäk:ingsbolagen i Sverige.
Sjöförsäkringsplan, Allmän svensk.
Sjögren, Om rättstridighetens former med hänsyn till skadeståndsproblemet.
Sjölag för Finland.
Sjölag, Sveriges rikes.
Sjölagen.
Sjölin, Om landtmäteriväsendet i de skandinav. länderna, Tyskland o. Österrike.
Skarstedt, Om straffprocessuela tvångsmedel enligt svensk rätt.
Skogslagen.
Skrifter, Svenska nationalföreningens.
Skrifvelser, Generalpoststyrelsens, om statens postverk.
Småskrifter, Nationalekonomiska.
Sohlman, Skatterna till staten.
Sparbankslagen.
Staaff, Den norska juryn.
—, Församlingsrätten.
—, Hufvudpunkterna af den svenska lagstiftningen om qvinnan.
Stadga ang. fjärdingsmän.
Stadgan om skiftesverket i riket.
Stadganden ang. organister, kyrkosångare, klockare etc.
Stadganden ang. renhållningsväsendet.
Stael v. Holstein, Om dödsstraffets afskaffande.
—, Om rättegångsreformen.
Stavenow, Ett förslag om inrätt. af en högsta domstol.
Stiernström, Grufvelagstiftningen.
—, Schematisk öfversigt af den sv. familjerätten.
—, Öfversigt af den sv. skogslagstiftningen.
Stjernquist, Några ord om den agrariska rörelsen.
Strafflag för Finland.
Strafflag, Sveriges rikes.
Strafflagar, Sveriges.
Strafflagen.
Strömgren, Förslag till allm. pensionsinrättn. i Sverige
Stängselförordning.
Sundberg, Om Sveriges fångvård.
Supplement till Sveriges sjölag.
Svenson, Om öfverläggningar o. beslut.
Sörensen, Några tankar om en af Sveriges största näringar.
Tabell öfver telegramporto.
Tabeller, Statistiska, att upphjelpa den ekonom. ställningen i landet.
Tamminen, Om giftermål.
Taxa för godstransport.
Taxa för postförsändelser.
Taxa för telegrammer till utlandet.
Tenow, Handbok i kommunallagstiftning.
Telegraftaxn.

Thulin, Jemförelse mellan den borgerliga kommunen o. den kyrkliga.
—, Om konungens ekonom. lagstiftning.
—, Om mantalet.
Thunblad, Handbok för kronofjerdingsmän.
—, Handb. för nämdemän o. nämder.
—, Juridiska ströskrifter.
Thurgren, Handbok för rust- o. rotehållare.
—, Handbok i sv. lagfarenheten.
—, Handbok i sv. presterskapets rättigheter.
—, Oumbärlig ny juridisk handbok.
Thyrén, Abhandlungen aus dem Strafrechte und der Rechtsphilosophie.
—, Culpa legis Aquiliæ.
—, Förfalskningsbrotten.
—, Makes gäld.
Tidskrift för lagstiftning, lagskipning o. förvaltning.
Tidskrift för Sveriges landsting.
Tidskrift, Försäkringsföreningens.
Tidskrift, utg. af Juridiska föreningen i Finland
Tisell, Om jordbrukets kreditförhållanden.
—, Om tidsenlig arrendelag.
Tom Jones & Co, Hvilka riksdagsmän böra omväljas?
Tottie, Äktenskaps ingående o. upplösning.
Troilius, Staten o. jernvägarne.
Trygg, Våra skatter.
Trygger, Lagsökning för gäld.
—, Om skriftliga bevis ss. civilprocessuelt institut.
Tull-ephemerider.
Tullfrågan o. fosterlandet.
Tull- o. sjöfartsförfattningar, Sveriges.
Tullstadgan.
Tulltariff, Allmän, för Ryssland.
Tulltaxa.
Tulltaxa för Finland.
Törnebladh, Handledn. för deltagare i rådplägande församlingar.
—, Handledn. i lagstifningen ang. mantalsskrifningar.
Uggla, De amerikanska lifförsäkringsbolagens vinster.
Underrättelser rör. postförsändelsernas taxering.
Utlåtande ang. gaturenhållningsarbetet i Stockholm.
Utlåtande ang. lättnader åt sjöfartsnäringen.
Utlåtande ang. Sveriges o. Norges ömsesidigas handels- o. sjöfartsförhållanden.
Utlåtande, K. M:ts etc., ang. inkomstbevillning.
Utlåtande, K. statskontorets etc., ang. utvidgning af arfsbeskattningen.
Utlåtande om förslag till lag om ålderdomsförsäkring.

Utlåtande om Skandinav. allm. lifförsäkr. fören.
Utlåtande öfver ny tulltaxa.
Utlåtande öfver ändringar i bevillningsförordningen.
Utlåtande, Öfverståthållareembetets, ang. inkomstbevillning.
Utlåtande, Öfverståthållareembetets m. fl:s öfver lagen ang. försäkring af pension åt arbetare.
Utsökningslag för Finland.
Utsökningslagen.
Wærn, Mellanrikslagen och dess verkningar.
—, Om handelsbalans, kurs o. skuldsättning.
Walldén, Huru många jordbrukare få fördel af tullar å hvete o. råg?
Wallenberg, Sista uttalanden i bankfrågan.
Wallgren, Den internationela rättsordningens problem.
Valprocessen i Göteborg om major Bratts valbarhet.
Valrätten i främmande länder.
Weibull, Renhållningen i Sveriges städer.
Wermelin, Karl Marx' värdeteori.
Wernell, Procenteriet inom lifförsäkringsbolagen.
Vexellagen, Nya.
Wicksell, Våra skatter.
Widén, Om köp, försträckning o. borgen.
Wieselgren, Sveriges fängelser och fångvård.
Wijk, Om mened.
Wilbrandt, Det fortgående prisfallet under tullskyddssystemets herravälde.
Wilke, Ett inlägg i skogsfrågan.
Willebrand, Finlands tulltaxa.
Winroth, Juridisk teori o. praxis
—, Förslagen till giftermålsbalk 1686—1734.
—, Rättshist. föreläsningar i straffrätt.
—, Strödda uppsatser.
—, Ur mina föreläsningar. I. Offentligrätt. II. Familjerätt.
—, Äktenskaps ingående enligt svensk rätt.
Wolff, Studier rör. Göteborgs äldsta författning.
Växellagen.
Wrede, Försök till tolkning af 1 kap. R. B.
—, Grunddragen af bevisrätten.
—, Skema till föreläsningar i konkursrätt
Väglagen.
Wästgötha-Laghen.
Zetterlund, Om tull på jordbruksalster.
Ärendena, Om de ministeriella.
Östberg, Om arbetsgifvares ersättningsskyldighet för kroppsskada.
Östgötalagen med förklaringar af *Freudenthal*.

XX. Politisk ekonomi.

Acland o. Jones, Arbetarnes cooperationsföreningar i Storbrittanien.
Adlersparre, Meddelanden.
Adressbok, Sveriges stortempels.
Ahlin, Olycksfall i följd af rusdrycker.
—, Nykterhetslärans grundsatser.
Ajax, Vederläggning af Jansons »Om de absoluta nykterhetssträfvandena».
Almquist, Något om njutningsmedel.
Andersson, Ett inlägg i den sociala frågan.
Andrée, Industrien o. kvinnofrågan.
Arbetare, Till svenska.

Arbetareförsäkringsfrågan, Till.
Arbetet, Om, o. den sociala frågan.
Arbetsstugor för barn.
Arnoldson, Är världsfred möjlig?
Aspling, Alkohol o. fri vilja.
—, Alkoholen o. samhället.
—, Hvilken är din nästa?
Batzmann, Schweizersk arbejde.
Bahr, Individualism o. socialism.
Bebel, Hvad vi vilja.
Beckman, Arbetarerörelsen.
Berg, Fredrik Ring.

52. POLITISK EKONOMI.

Berg, C. O., Hyfveln.
—, »Och hafvet gaf igen sina döda.»
Berg, G., Inom lås o. bom!
Berg, H., Alkoholisten.
—, En nykterhets-demonstration.
Bergman, Den svenska nykterhetsrörelsen.
—, Den svenska nykterhetsrörelsens historia.
—, Är ett rusdrycksförbud önskvärdt?
Bergroth, Nykterhetsarbetet.
Bergström, Den polit. rösträtten.
—, Från rösträttsstridens länder.
—, Huru skall qvinnan bäst kunna bidraga till familjens ekonomi.
—, Kommunism o. socialism.
Berner, Alkoholismen.
Berättelse om Föreningen till det godas befrämjande.
Besant, Alkoholsfrågan.
— —, Teosofi o. sociala reformer.
Betraktelser med anledn. af Fahlbecks bok om stånd o. klasser.
Betänkande, Arbetareförsäkringskomiténs.
Betänkande, Nya arbetarekomiténs.
Biblioteket, Blå.
Björklund, Om den beväpnade freden.
—, Om nationernas sammanväxning.
— —, Om utvecklingsanarki.
Björkman, Sanning i nykterhetsläran.
Boardman, Qvinnans skapelse.
Boisman, Ett inlägg i den sociala frågan.
Borg, De tre äro ett.
Branting, Militärriksdag-folkriksdag.
—, Socialismen.
Bref, Små, till under- o. öfverklassfolk.
Brentano, Arbetslönens o. arbetstidens förhållande till arbetsprestationen.
Brooke, »Bereden väg.«
Byström, Rusdryckens förbannelse.
Dale, Framgång o. huru man vinner den.
Danielsson, Socialdemokratin.
—, Socialismens hörnsten.
— —, Ur kapitalets verld.
Davidson, Henry George o. den sociala frågan.
—, Djurvännen.
Drumont, En döende verld.
Efraim, Nykterhetsberättelser.
Eganderätt, Den gifta qvinnans.
Ehrström, Finska skråväsendets historia.
Eneström, Förslag ang. barnmorskekårens pensionering.
— —, Om ålderdomsunderstöd.
Erikson, Åtta-timmars-dagen.
Fahlbeck, Stånd o. klasser.
Fallgropar.
Fattigdomseländet, Om, och dess botande.
Fehr, Om den ställning våra hel. skrifter intaga till bruket af alkohol. drycker.
Feilitzen, Tjenare, statare o. torpare.
Fernström, Kräftvår, eller huru snus o. tobaksnjutningen betraktas.
Flodström, Om spirituosaförsäljningsafgifterna.
Forel, Alkohol såsom njutningsmedel.
Framtid.
Framåt. Nordisk veckoskrift.
Fredengren, Upphör den nuvarande världsordningen 1898?
Fredholm, Arbetarelagstiftn. o. fabriksinspektionen.
Fryxell, Omstörtning eller utveckling.
Församlingsfriheten, För.
Geijerstam, G. af, Anteckn:r om arbetsförhållanden i Stockholm.

Geijerstam, G. af, Fabriksarbetarnes ställning i Marks härad.
—, Kulturkampen i Herjedalen.
—, Stridsfrågor för dagen.
Geijerstam, K. af, Nutidens arbetssätt.
Gran, Under socialistloven.
Gripenberg, A., Qvinnofrågan.
—, Reformarbetet till förbättrande af kvinnans ställning.
Gripenberg, L., Arbetare, arbetsgifvare o. arbetslöner.
Grundtvig, Nutidens sedliga jemlikhetskraf.
Guiness-Taylor, Kvinnans arbete för kvinnan i Kina.
Göhre, Tre månader såsom fabriksarbetare.
Haglund, Ordningsregler för husjungfrur.
Hansson, Hemmansegarnes ställning i samhället.
Harnack, Bibeln o. de alkoholhaltiga dryckerna.
Hedin, Om skydd för arbetarne mot yrkesfara.
Hellman, Fattigvårdsfrågan.
Hertzberg, Arbetarefrågan o. socialismen.
Hjelt, Qvinnan på de prakt. områdena.
Hermelin, Behöfvas absolutister?
—, I nykterhetsfrågan.
Heüman, Ett ord i nykterhetsfrågan.
Holmberg, G., Katedersocialismen o. Dühring.
Holmberg, 7., Helgmålsringning.
—, Lifvets bärande krafter.
Hultgren o. Landegren, Untersuchung über die Ernährung schwed. Arbeiter.
Humor och satir.
Huret, Den sociala frågan.
Huru skall kvinnan bäst kunna bidraga till höjande af familjens ekonomi.
Hvad för vårt s. k. framstegsparti i skölden.
Hvad innebär den polit. rösträttens utsträckning?
Hvad är Odd Fellow orden?
Håkansson, Rödt eller hvitt?
Högborgs nykterhetsbibliotek.
Ignatius, Om Malthusianismen.
Inlägg, Ett, i sedlighetsfrågan.
Jansson, Om de absoluta nykterhetssträfvandena.
—, Waldenström, Wretlind o. spriten.
Johnson, En nykters resa genom landet Dryckenskap till staden Nykterhet.
Julbref till arbetarens hustru.
Justus, Salta biten.
—, Samhällslif
Kantsky, Karl Marx's ekonomiska läror.
Kerr, Om drinkares behandling.
Key, Individualism o. socialism.
—, Några tankar om huru reaktioner uppstå.
Kidd, Den sociala utvecklingen.
Kilström, Fria tankar.
King, Kommunala synder.
Kjellberg, Fattigdom o fattigvård i Sverige före reformationen.
Konkurrensen o. rikedomen.
Klubben, Ordinarie.
Korsdragerska, En, o. hennes existensminimum.
Kovalevsky, Tableau des origines et de l'évolution de la famille et de la propriété.
Krapotkin, Lag o. auktoritet.
Kvinnan o. kvinnoarbetet i Finland.
Kvinnomötet på hôtel Continental.
Lacey, Helnykterhetens grunder.
Lagerström, Allmän rösträtt.
Lamb, Tjenare o tjenster.
»Land skall med lag byggas.»
Langlet, »Fin de siècle.»
—, Konsten att spara.

10-års katalog 1886—1895.

Langlet, Tidsströmningar.
Laurell, Hvilken ställning skola vi intaga?
Lareleye, Den moderna socialismen.
Leffler, Om olika löneformer.
—, Hvad är socialism?
Leijonhufvud, Hvar är felet?
Leo XIII, Rundskrifvelse om arbetarefrågan.
Liebknecht, Angrepp o. försvar.
Lindberg, Något om sättet och medlen för förbrödring menniskor emellan.
Lindroth, Förpostfäktning.
Lindstedt, Statist. beräkn:r ang. arbetareförsäkring.
Lissagaray, Kommunen 1871.
Livijn, Om moderna socialpolit. lagar.
Ljone, Medbrottslighet.
Ljungberg, Något om diakonissverksamheten.
Ljus och frihet.
Low, I nykterhetsfrågan.
Lundell, Olika ståndpunkter.
Lundén, Hvarför super du?
— —, I nykterhetsfrågan.
—, Rätt, sanning o. skönhet.
Mantegazza, Hyckleriets århundrade.
Meijer, Förslag till reglem. för fattigvården i Malmö.
—, Qvinnoföreningen i Elberfeld.
—, Väl ordnad fattigvård.
Miller, Bort med supseden.
Motbok för husbönder och tjenstehjon.
Moster Stina, Tankar med anledn. af Wicksells föreläsningar.
Mysterier, Danvikens.
Möller, Elskovskravet.
Nationalitet o. bildning.
Nordenstähl, Tempelbröder.
Nu och då.
Nutid. Tidskrift för samhällsfrågor.
Nykterhets-anekdoter.
Nykterhetsbasunen.
Nykterhets-biblioteket.
Nykterhetsparnassen.
Nykterhetsskrifter.
Nykterhets-sånger.
Nymansson, Beredelse till den nya staten.
Nyström, Reformerande el. revolutionär socialism?
— —, Socialismens omöjlighet.
Observator, Anti-socialism o. realism.
Ord, Ett, till kvinnan.
Ord, Några, om diakonissaken.
Palme, S., Undersökn:r rör. själfmordsfrågan.
Palmkvist, Öppet bref om behofvet af en allmän kvinnoförening.
Personne, Svar till federationen.
Petersen, Äktenskap eller fri kärlek?
Päivärinta, Nödåret 1867.
Qvinnoföreningen, Svenska.
Raphael, Arbetsgifvare o. arbetare.
—, Hvilka åtgärder kunna vidtagas för att förebygga sträjker?
Redogörelse för 4:e arbetaremötet.
Régime des alcools.
Retzius, Om folkkök.
Reuter, Huru bör ett samhälle ordna sin fattigvård?
Ribbing, Om nykterhetsetik o. nykterhetspolitik.
—, Om reformer i landtbefolkn. kosthåll.
Richardson, Läkarevetenskapen o. alkoholfrågan.
Richter, Richter mot Bebel.
Richter, Socialdemokratiska framtidsbilder.
Rodhe, Några ord om de fattigas vård.
Roos, Ett ord till fröken Key.

Rydberg, Den hvita rasens framtid.
Rydelius, Vid vattubäckar.
Rösträtt, Kvinnans.
Samarbete. Kalender.
Schéele, Hvad säger då du?
Schröderheim, Våra dagars nykterhetsarbete.
Schultze-Gaevernitz, En dag bland Nordenglands arbetare
Schwarzkopf, Arbete o. arbetare.
Sedlighetsfrågan, I.
Silvanus, Vampyren.
Simon, Kvinnan i 20:e århundradet.
Simonin, Ett besök i Londons fattigqvarter.
Sjelfstyrelse o. federation.
Skrifter utg. af Lorénska stiftelsen.
Skrifter utg. af Svenska nykterhetssällskapet.
Skull, För mammas.
Sköld, Handbok för goodtemplare.
Smitt, Kvinnans ställning i samhället.
Socialismen, dess lärosatser etc.
Spörsmål, Industriella o. sociala.
Steffen, Den industriella arbetarfrågan.
—, Lönsystemets historia i England.
—, Normalarbetsdagen.
Studenter o. arbetare.
Styrbjörn Starke, Mannens äktenskapsålder.
Ståhlgren, Sammanklämning o. sönderklyfning.
Sumner, Hvilka äro samhällsklassernas skyldigheter emot hvarandra?
Sundblad, Kristl. brodermord.
—, Kristlig fredskatekes.
— —, Vilddjuret.
Sundbärg, Rusdryckerna o. deras missbruk.
Svensén, Spörsmål granskade. I. Kvinnofrågan.
Svensson, Penningväldet.
— —, Socialismen.
—, Vi måste ha allmän rösträtt.
Söderblom, Om dryckenskap, fattigdom o. brott.
Tankar om medborgerlig bildning.
Tante Malin, Nya berättelser ur bibl. historien.
Tidslyten.
Tigerstedt, Grundsatser för utspisningen i allm. anstalter.
— —, Undersökningar om svenska arbetarens föda.
Tisell, Om en tidsenlig arrendelag.
Tolstoy, Lastbara nöjen.
Utlåtande ang. arbetareförsäkrings kommitens förslag.
Wagner, Katedersocialismen.
Valerian, I arbetarefrågan.
Wallqvist, Bostadsförhållandena för de mindre bemedlade i Göteborg.
Varigny, Kvinnan i Nordamerikas förenta stater.
Wawrinsky, Om fosterbarnsväsendet.
Weitbrecht, Huru förhåller det sig med socialdemokratien?
Westerberg, Föredrag vid federationsmötet.
Wicksell, De sexuela frågorna.
—, Fredsrörelsen.
—, Föredrag.
 1. Om prostitutionen.
 2. Om folkökningen i Sverige.
 3. Om äktenskapet.
—, Progressiv beskattning.
Wickström, Kvinnostudier.
Wieselgren, P., Tal.
Wieselgren, S., Är den moderna nykterhetsverksamheten föråldrad?
Witt-Talmage, Kapital o. arbete.
—, Kvinnan, hennes rättigheter o. skyldigheter.
— —, Vigselringen.
Wothe, Qvinnans lycka.

Wretlind, Rusdrycksförbudet från fysiologisk o. biblisk synpunkt.
Wright, Arbetaresträfvanden i Sverige o. Norge.
Wright, Sjuk- o. olycksfallförsäkringen i Tyskland.

Vägvisare, Handbok för Östersunds, goodtemplare.
Zauleck, Den husliga lyckan.
Åberg, Skilda färger.

XXI. Ekonomi.

a) Allmän.

Allt i allom.
Björkman, Handledning i kanariefågelns vård.
Blomqvist, Handledning i djurskyddslära.
Brightwen, Kärlek till djuren.
Busch, Entreprenadboken.
Djurskyddet.
Fågelvännen.
Grönmark, Aflöningstabeller.
Hagström, Hvad innebär ›Kreaturens suckan›.
Handbibliotek, Allmännyttigt.
Handbibliotek, Praktiskt.
Handbok, Praktisk.
Hejde, Biförtjenster för folkskolelärare.
Huru 10 öre kunna skapa en förmögenhet.
Klockars, Formulärbok för hvar man.
Knodt, Djurens klagan.
Langlet, M., Vårt bohag.
Lindelöf, Folkskollärarnas i Finland enke- o. pupillkassa.
Lindman, Aflöningstabeller.
Svensson, Aflöningstabeller.
Tidning, Djurvännernas.
Uhr, Handledn. till inkomstbringande arbete.
Varenius, Drag o. berättelser ur djurens lif.
Verka för Svenska qvinnoföreningens syften.
Wikstrand, Aflöningstabeller.

b) Landt- o. skogshushållning.

Afhandlingar o. prisskrifter, utg. gm Föreningen för skogsvård i Norrland.
Afräkningsbok med stathjon.
Alströmer, Jordbrukslära.
Anderson, Handledn. i mejeriskötsel.
André, Mjölkboskapens utfodring.
Anteckningsbok för mejerielever.
Anteckningsbok för mejerier.
Arenander, Förvandlingstabeller jemte uträkn. ang. smörets färgning o. saltning.
Arrhenius, Handbok i svenska jordbruket.
——, Jordbrukslärans hufvudgrunder.
——, Vårt jordbruk.
—— o. *Lindqvist*, Landtbrukspraktika.
Balassa, Hästskoning utan tvångsmedel.
Bang, Om mjölk af tuberkulösa kor.
Behrend, Den praktiska gödslingsfrågan.
Bends, Alnarps hofbeslagsskolas 25-åriga verksamhet.
——, Hofbeslagslära.
Berglund, Konstgjorda gödselämnen.
Bergstrand, Framställning af smör ur mjölk o. grädde.
——, Handbok för jordbrukare.
——, Hjelpreda vid de konstgjorda gödningsämnenas användning.
——, Norrlands betydelse för svenska jordbruksnäringens utveckling.
——, Om undersökning af landtbruksprodukter.

Bergstrand, Småskrifter i landtbrukskemi.
Betänkande i afs. å statens stuteri-inrättningar.
Bi-tidning.
Björnberg, Hvad gäller mjölken?
Blomqvist, Om skogseld.
——, Skogshushållningens nationalekonomi.
Bolin, Hjelpreda för bestämning af gräsfrukterna.
Bonsdorff, Om vigten af de organ. beståndsdelarne i den odlade jorden.
Bovallius, Om Norrlands skogar.
Buchardt, Generaltabell för värdet å trävaror.
Buus, Mjölkboskapens vård.
Böcker i landthushållning.
Cajander, Lärob. i det moderna jordbruket.
Christensen, Krukväxtodling i boningsrum.
Cnattingius, Svenskt skogslexikon.
Cramer, Svinafvel o. svinskötsel.
Cronquist, Svenska bränntorfmossarne.
——, Torfkulturen i Holland.
Dagsverks-journal.
Dusén, Vilkoren för skogskultur.
Eggertz, Mullämnen i åker- o. mossjord.
——, Om konstgjorda gödningsämnen.
Eisbein, Köttfodermjölet.
Ekelund, Komprimeradt kol af bränntorf.
Ekstrand, Konstsmör.
Elmqvist, Trävaruhandbok.
Engeström, Vårt jordbruk förr o. nu.
Englesson, Bestämmandet af husdjurens utfodring.
Eriksson, En ny plymhafrevarietet.
——, Om bestämmandet af fröns vigt.
——, Om växtsjukdomarnes ekonom. betydelse.
——, Studier öfver våra sädesarter.
——, Våra odlade växters sjukdomar.
Essen, Praktisk vägledning i hästafveln.
Eto, Samlade rön ur det prakt. landtbruket.
Fabritius, Hästen.
——, Om bostäder för husdjuren.
Feilitzen, Svenska mosskulturföreningens kulturförsök.
Fellenius, Om hagmarkernas skötsel.
Fidler, Beredning af syradt smör.
Fieandt o. *Neovius*, Grunderna för bevattningsläran.
Flach, Huru skall jag förbättra min kreatursstam?
——, Husdjursafvelns befrämjande i Danmark.
——, Mjölkens betalande efter fetthalt.
——, Några råd rör. slagterisvinets uppfödning.
Fleischer, Tillverkningen o. användandet af torfströ.
Fleischmann, Hjelptabeller för mejeribokföring.
Florman, Underrättelse om husdjurens vård o. skötsel.
Flygarson, Kort handbok i hönsskötsel.
Forsberg, Om odling af sockerbetor.
Forssell, Fodret o. utfodringen.
——, Utsädet, dess beskaffenhet o. behandling.
Fredenberg, Om uppskattning af timmerskog.
——, Om stämpling, huggning af etc. skogstimmer.
Fredrikson, Några ord om svinstallar.

54. LANDT- O. SKOGSHUSHÅLLNING.

Friesiska stamboksfören:s skildring af den holländska nötboskapen.
Genetz, Om förvaring o. användning af bär.
Giselsson, Hjelpreda vid odling af sockerbetor.
Goldschmidt, Regler för arbetshästens behandling
Goltz, Landtbruksbokhålleri.
Grill, Landtbrukets ekonomi.
Gripenberg, Boskapsrasernas på Mustiala mjölkafkastning.
—, Meddelanden från Mustiala mejeriafdelning.
—, Om hvitbetsodlingen.
Grotenfelt, G., Bakteriologiska studier.
—, Berättelse öfver en resa.
—, Berättelse öfver Mustiala landtbruks-instituts verksamhet.
—, Hållbarheten hos helmjölk.
—, Mejeriskolorna i Finland.
— o. Granström, Om andelningsmejerier.
Grotenfelt, N., Handledn. i mejerihushållningen.
—, Handledn. i mjölkhushållningen.
Gustafsson, Om betingsarbete vid jordbruk.
—, Om rotfruktsodling.
Guttenberg, Skogsuppskattningslära.
Gyllensköld, Hallands k. hushållningssällsk. historik.
Göranson, Tabeller för trävarors beräkning.
Haffner, Praktisk vägledning i hästafvel.
Hallenborg, Handbok i mjölkboskapsskötsel.
—, Husdjurens skötsel.
—, Lärobok i husdjursskötsel.
Hammarberg, Tabeller utvisande priset å trävaror.
Handbok i svenska trädgårdsskötseln.
Handlingar, Finska hushållningssällskapets.
Handlingar o. tidskr., K. Landtbruksakademiens.
Hannikainen, Något om skogarna.
Hansen, En ändamålsenlig o. billig hönsgård.
Hebert, Jordbrukarens räddningsplanka.
Heurgren, Arbetshästen o. mjölkkon.
—, Några ord om kalfning.
Hildebrandsson, Om undervisningsväsendet vid landtbruksinstitut i utlandet.
Hjerpe, Den praktiska fruktträdsskolan.
Holdefleiss, Ladugårdsgödsels behandling med kalisalt.
Hollgren, Skogsvetensk. o. jagtzoolog. utflygter.
Holmerz, Vägledning i skogshushållning.
— - o. Örtenblad, Norrbottens skogar.
Holmgren, Smörkalkyler.
Holmsten, Praktisk trädgårdsbok.
Holmström, Handledning uti fältmätning o. afvägning.
—; Kan man genom rationel utfodring ernå högre fetthalt hos komjölken?
—, Naturlära o. landthushållning.
Hästen.
Hönshusarkitekten.
Hörlén, Trädgårdsskötseln i folkskolan.
Hörnell, Katalog öfver Sveriges sågverk.
—, Löpande fot till tusendelar af S:t Pbg standars sågade trävaror.
—, Nordisk trävarukalender.
—, Trävaruköpmannens priskalkulator.
Janson, Handbok. för kubering af rundt virke.
Johansson, Sydsvenska torfmossar.
Journal vid . . . . mejeri.
Journal öfver . . . vid . .
Juhlin-Dannfelt, Berätt. rör. margarinindustrien.
—, Jordbrukarens handlexikon.
—, Redogörelse för anstäld redskapsprofning
Järvinen, Tabeller för beräkning af dikens kubikinnehåll.
Kalender utg. af Landtbruksstyrelsen.

Kastman, Tabell till bedömande af rashundar.
Katalog öfver hästutställningen.
Katalog öfver Kennelklubbens hundutställning.
Katalog öfver 17:e allm. landtbruksmötet.
Kjellström, Om kreaturs uppmätning.
Kjerrulf, Fördyras köttet genom slakthus.
—, Vår köttföda.
Köerener, Det svenska landtbruket.
Kontrabok emellan . . . o . . . mejeri.
Kraftfoder-journal.
Krey, Handbok i mosskultur.
Kruse, Regler för ladugårdsskötare.
Ladugårds-journal.
Lagergren, Artificiel äggkläckning.
—, Hönsbok.
Lagerlöf, Om uppskattning af timmerskog.
Landberg, Kort handledning i ostberedning.
Landtbruksfrågor, I finska.
Landtbrukskalender.
Landtbruksmötet.
Landtbrukstidskrift.
Larsson, Jakthistorier.
Laurell, Förteckning öfver i Sverige odlade träd o. buskar
Laurén, Om inverkan af eteränga på groddplantors andning.
Lawes, Om de odlade växternas näringsämnen.
Leigh-Smith, Om kreditanstalterna för det svenska jordbruket.
Lemström, Om nattfrosterna o. medlen att förekomma deras härjningar.
Liebe, Födoplatser för fåglar om vintern.
—, Upplysningar ang. upphängandet af fågelbon.
Liljhagen, Katalog öfver den svenska statens mejeriskolor.
Lindberg, Om rotfruktsodling.
—, Pristabell.
Lindén, Kortfattad handbok i hushållsträdgårdsskötsel.
Lindholm, Sibbo jagten.
Lindqvist, Husdjursskötseln.
Ljungström, Handbok i biskötsel.
Lovén, Tallens o. granens tillväxt i Vermland
Lundberg, Handbok i dranering.
Lundin, Hufvudvilkoren för att kunna leverera god mjölk.
—, Huru böra mäjerierna betala mjölken?
—, Om andelsmejerier.
—, Studier på engelska smörmarknaden.
—, Våra mejeriprodukter i England.
—, Våra mejeriutställningar.
Lundström, Om våra skogar och skogsfrågorna.
Lyttkens, Om svenska ogräs.
Lönnegren, Praktisk champignonodling.
—, Nordisk svampbok.
Löwegren o. Lindgren, Krukväxtodling.
Mærcker, Kaligödslingen.
—, Praktiska erfarenheter om resultaten af kalisalternas användande.
May, Våra fruktträd o. bärbuskar.
Meddelanden, Finska forstföreningens.
Meddelanden från K. landtbruksstyrelsen.
Meddelanden från Landtbruksstyrelsen i Finland.
Meddelanden från sydsv. fören. för odling af utsäde.
Mejeri-journal.
Mejeritidning, Nordisk.
Mejeriväsen, Sveriges, 1892.
Melander, Viktiga frågor för mejerier o. mjölkleverantörer.
Mellqvist, »Bara siffror».
Mendel, Anvisn. till val o. skötsel af moderston.
Mentzer, Nordiska stuteriboken.
Mercator, Praktiska tabeller vid försågning.

54. LANDT- O. SKOGSHUSHÅLLNING.

Minnesblad från 17:de allm. landtbruksmötet.
Mortensen, De farligaste ogräsens växtsätt o. utrotande.
Müller, D., Trädgårdsskötsel.
Müller, S., Anvisning till mossars odling.
Mötet med hushållningssällskapens ombud.
Nathorst, A., Om skötsel af nötboskap.
Nathorst, H., Anvisning till kalisalternas användande vid åkerbruket.
—, Det nya åkerbrukssystemet på sandjord.
—, Enkel anvisning till åkerfältens täckdikning.
—, Friesiska stamboksfören. skildring.
—, Fårskötsel.
—, Huru mjölkens fetthalt kan höjas.
—, Huru skall helsotillståndet inom vår nötboskap blifva det bästa möjliga?
—, Huruledes kraftfodring till mjölkboskap bäst ordnas.
—, Husdjursskötsel.
—, Kainitgödningens ändamålsenl. användande.
—, Kraftfodring till mjölkboskap.
—, Köp-gödselns användande.
—, Margarinfrågan o. svinpesten.
—, Nötboskapens helsovård.
—, Om Ayrshirerasen i södra Skotland.
—, Om gröngödning.
—, Om gödning af nötboskap.
—, Om ladugårdsskötseln.
—, Om mossars odling o. behandling.
—, Om odling af sockerbetor.
—, Om Thomasslaggmjöl.
—, Sandjordens ändamålsenl. skötsel.
—, Svinskötsel.
Nauckhoff, Hästen.
Nilson, Försök att utstilla sillfoderkakor.
—, Om komjölkens qväfvehalt.
—, Om torfströ.
—, Studier öfver komjölkens fett.
—, Torfmullens värde for renhållning.
Nilsson, N. P., Landtbrukarens mjölkberäkningsbok.
Nilsson S., Hushållslärans första grunder.
Nordenskjöld, Bokföring vid mindre landtbruk.
Nordin, En svensk bondgård.
Norling, Huru bör mjölk betalas?
—, Modern mjölkhushållning.
Normalritningar till folkskole-trädgårdar.
Odén, Mitt sätt att tämja hästar.
Olbers, Mossmarken, dess odling o. behandling.
Olsson, Praktisk handledn. i hästens ytterlära.
Ord, Några, om hästskyddare.
Palm, A., Våra vigtigaste foderväxter.
Palm, K. O., Kusken.
Persson, Tabell för bestämmandet af mjölkpriserna.
Pihl, Handbok i svenska trädgårdsskötseln.
Platen, Hästafvel o. föluppfödning.
Post, Sveriges vigtigaste ogräsväxter.
Profmjölkningsbok.
Profmjölkningsjournal.
Prosch, Landthästens behandling.
Päivärinta, Moss- och kärrodling.
Rarey, Konsten att tämja hästar.
Redogörelse för den i samband med 17:e allm. sv. landtbruksmötet verkstälda redskapspröfningen.
Redogörelse för verksamheten vid Hallands läns Frökontrollanstalt i Nydala.
Redogörelser öfver landtbruksekonom. försök.
Regler o. antydningar för sortering at plankor, battens o. bräder.
Rehnström, Stockumlaostens beredningssätt.
Richert, Om offentliga slagthus och kreatursmarknader.

Ridderstolpe o. Beck-Friis, Förteckn. öfver i Sverige befintliga hingstar.
Rindell, Åkerbrukskemi.
Rumker, Anvisn. till våra sädeslags förädling.
Rådgifvare vid kulturväxternas gödsling.
Schjöler, Mejeriskötseln.
Schröder, Hvarmed skola vi gödsla jorden?
Schwartz, Hästen.
Schöldström, S:t Petersburg-standard.
Seelhorst, Åker- o. ängskultur på mossjord.
Settern.
Sillén, Erfarenhetsrön o. råd för skötseln af Sveriges jordbruk.
Sivén, Hjelpreda för forstmän.
Skildring, Friesiska Stamboksföreningens.
Skogsvännen.
Skogvaktaren.
Skrifter i landtbruk, utg. af Skånska frökontoret.
Skrifter, Smärre, att utdelas vid husdjurspremieringen.
Skrifter, Smärre, i landthushållningen.
Skrifter utg. af Svenska utsädesföreningen.
Smirnoff, Några ord om trädfruktodling.
—, Om trädfruktodling i Finland.
Småskrifter i landtbruk.
Småskrifter i landthushållningen.
Sondergård, Huru man skall tillverka god ost af separerad mjölk.
Spanmåls-journal.
Staaf, Handbok för trävaruhandlare.
Stambok, Svenska Kennelklubbens.
Stambok öfver Ayrshire-boskapen inom Jönköpingslän.
Stambok öfver Ayrshire-boskapen inom Vestmanlandslän.
Stambok öfver kor af Ayrshire-ras inom Göteborgs o. Bohus län.
Stambok öfver kor af Ayrshireras inom Skaraborgs län.
Stamrulla öfver hästarna vid ...
Stamrulla öfver koladugården vid ...
Ströskrifter, Finska forstföreningens.
Ströskrifter, Premieringsnämndens.
Stuteribok för Malmöhus o. Kristianstads län.
Stutzer, Stallgödsel o. konstgödning.
Stålhammar, Handbok i prakt. biskötsel.
—, Nyaste o. bästa sättet att odla potäter.
—, Lärobok i biskötsel.
Stöfvaren.
Sundius, Handbok i trädgårdsskötsel.
Sundström, Handbok för hundvänner.
Svartling, Hästdressyr.
Svensen, Handbok vid mjölkboskapens utfodring.
Tamm, Hushållsträdgården.
—, Lättodlade blomsterväxter.
—, Prydnadsträdgården.
Thorsander, Om fleråriga vallars införande.
—, Sanka markers odlingsvärde.
Thüngen, Hundboken.
Tidning för trädgårdsodlare.
Tidskrift, Allm. sv. utsädesföreningens.
Tidskrift för landtmän.
Tidskrift för skogsbushållning.
Tidskrift, Skånska trädgårdsföreningens.
Tidskrift, Svenska Kennelklubbens.
Tidskrift, Svenska trädgårdföreningens.
Tiselius, Foderväxtodling på fleråriga vallar.
Tisell, Jordbruksarbetarens frödling.
—, Svensk frödling.
Toll, Praktisk handledning i koskötsel.
Trybom, Sorkar o. möss, deras skadlighet.
Trädgårdsbibliotek för menige man.

494 **54.** LANDT- O. SKOGSHUSH. **55.** NÄRINGAR SAMT JAGT O. FISKE. **56.** HAND. O. SJÖF.

Uhr, De svenska foderväxterna.
Uppsatser i den norrländskas kogsfrågan.
Uppsatser i praktisk entomologi.
Utlåtanden ang. organisationen af rikets landtbruksläroverk.
Wagner, Anvisn. till superfosfats o. thomasmjöls användande.
——, Användandet af konstgjorda gödselämnen.
—, De nyaste erfarenheterna om Thomasslaggen.
—, De odlade växternas ändamålsenliga gödning.
—, Några praktiskt vigtiga gödningsfrågor.
Valentin, Förvandling af prisnoteringarne i utl. för spanmål till svenska värden.
Wallis, Anvisning till odling af ärttörnet o. skogsviolen.
Weibull, Svenska hönsboken.
Widén, Om gräsfröodling.
Wiklund, Mossjorden och dess egenskaper.
Voss-Schrader, Finlands mejerier.
Wrangel, Handbok för hästvänner.
Wright, Berättelse öfver en resa till Sverige, Danmark o. England för studium af smörhandeln.
Wulff, Berättelse om en resa i Nordamerika.
Vägvisare vid 17:e landtbruksmötets utställningsfält.
Zellén, Fickbok för skogsmän.
Zweigbergk, Stuteri-handbok för Skåne.
Åkerblom, Bidrag till den europ. hornboskapens historia.
—, Hist. anteckn:r om Sveriges nötkreatursafvel.
Åkerbruket o. boskapsskötseln.
Årsberättelse, Sydsv. föreningens för odling af utsäde.
Årsskrift från Föreningen för skogsvård i Norrland.
Öfvers. af sällsk. Hortikulturens vännersförhandlingar.
Örtegren, Biodling.
Örtenblad, Skogen, dess ändamålsenl. afverkning.

c) Näringar samt jagt o. fiske.

Adamson, Läkarnes kokbok.
Almanacka, Husmoderns.
Almén, Våra vanligaste proviantartiklars beskaffenhet.
Andersson, Vegetarisk kokbok.
Anteckningsbok, Husmoderns.
Bengtsson, Gastronomen.
Bergström, Friluftsbilder.
Berättelse om Göteborgs o. Bohusläns laxfisken.
Bibliotek för jägare.
Billström, Handledning vid varubesigtning.
Björklund, Lilla kokbok.
Bricka, Handbok i fjäderfäskötsel.
Cederström, Handledning i fiskevård.
Dunker, Lärobok i fiskberedning.
Falk, Sats-bok för bagare.
Fisk-kokbok.
Fiskeritidskrift för Finland.
Fiskeri-tidskrift, Svensk.
Gelo, Den praktiska kokboken.
Grafström, Konditorn.
Guldberg, Om Skandinaviens hvalfångst.
Hagdahl, Kokkonsten.
—, Mindre kokbok.
Han'son, Gastronomiskt lexikon.
Hellman, Illustrerad kokbok.
Hollberg, Husmanskost.
Hollgren, Skärgårdsjagtens vård.
Holmström, Bokföring för husmödrar.
Hushållsbok.
Hushållsbok, Praktisk.
Insjöfiskaren.
Jagt-journal.
Jagtmarker, Från finska.

Jägaren.
Jägaresällskapet, Zoologiska, i Lund.
Kinberg, Jagttabell.
Klason, Sveriges sockerhandel o. sockerindustri.
Koch, Reformköket.
Kok-instruktion.
Konsten att bryta servetter.
Konsten att konservera ägg.
Lagerstedt, Kokbok för skolkök.
Lancaster, Konsten att skjuta.
Langlet, Husmodern.
Livander, Handbok i nyare kokkonsten.
Ljungman, Om de stora hafsfiskena.
Lundberg, Chr:a, Kokbok.
Lundberg, R, Det stora sillfisket.
—, Fiske med metspö.
— —, Meddelanden rör. Sveriges fiskerier.
Löfström, Kokbok.
Lönnberg, Om beredning o. tillagning af strömming.
Malm, Rådgifvare vid uppköp på torget.
Meddelanden af inspektören för fiskerierna i Finland.
Minnesbok för jagtväskan.
Månsson, Betalning af sockerbetor.
Möller, Fogelhundens dressyr.
—, Anvisning för hushållet o. köket.
Nordberg, Kokbok.
Nordqvist, Fiskeriernas höjande.
— —, Fiskeriernas skyddande mot industrien.
—, Fiskevården o. fiskodlingen i Nord-Amerika.
Nordström, Kokbok.
—, Lilla kokbok.
Olsoni, Kokbok.
Püchner, Om kräftor o. kräftodling.
Rathke, Kortfattad kokbok.
Rodhe, Undervisning i hushållsgöromål.
Rydholm, Minnesbok för jagtväskan.
Rådgifvare för husmödrar.
Samzelius, På skogs- o. fjällstigar.
—, Skogs- o. jägarlif.
Schröder, Jagtminnen.
—, Minnen från mitt jägarlif.
—, Minnen från skogarne.
—, Svenska jagten.
Seiling, Vegetariansk kokbok.
Stockham, Tokologi.
Strömbom, Sveriges ätliga o. giftiga svampar.
Sundström, Sveriges användbarare fiskar.
Svampbok, Liten.
Tidskrift för jägare o. fiskare.
Tidskrift för jägare o. naturforskare, Ur.
Tidskrift, Svenska jägareförbundets nya.
Trybom, Fiskevård o. fiskodling.
—, Om Förenta staternas fiskerier.
—, Sillundersökningar vid Sveriges vestkust.
Wetlesen, Det praktiska hushållet.
Wetterhoff, Från skog o. sjö.
Villebråd, Vårt.
Vinboken.
Zethelius, Lilla hjelpredan i köket.
Zylo, Sockerbagaren i hemmet.

d) Handel o. sjöfart.

Abrahamson, Praktiken.
——, Sveriges kommissionär- o. agenturkalender.
Adressbok.
Afzelius, Engelsk handelskorrespondens.
—, Tysk handelskorrespondens.
Anderzon, Om konsumtionskrediten.

56. HANDEL O. SJÖFART. 57. INGENIÖRVETENSKAP O. BYGGNADSKONST.

Andstén, Finlands skeppskalender.
Aurell, Kursnoteringar 1870—91.
Berättelser om handel o. sjöfart.
Bibliotek för sjöfarande m. fl.
Broek, Handledn. i engelsk handelskorrespondens.
—, Handledn. i fransk handelskorrespondens.
— , Handledn. i tysk handelskorrespondens.
Börjesson, Lärob. i bokföring.
Ekenberg, Illustr. varulexikon.
Eklund, Lärob. i dubbel bokföring.
Firmor o. män, Sveriges.
Fliesberg, Handledning i svensk handelsvetenskap.
Förteckning öfver i utlandet etabl. svenska o. norska handelshus.
Handelskalender, Finlands.
Handelskalender, Sveriges.
Handelskorrespondens.
Handledning för mjölkleverantörer.
Handledning i bokslut.
Handlingar rör. samfärdseln inom bohuslänska skärgården.
Hedengren, Bokförings-exempel.
Helander, Hjelpreda i daglig handel.
Henriques, Lärob. för murare o. stenhuggare.
Henström, Landtbyggnadskonsten.
1. Om landtmannabyggnader i allmänhet.
2. Om husdjurens bostäder.
3. Om växthus.
Hoffstedt, Anordning o. skötsel af arbetstransmissioner.
Holter, Öfningar o. exempel vid inhemtandet af bokhållerisystem.

Kamke, Den tyske korrespondenten.
Kommissionär- & agenturkalender.
Liedbeck, En verldshandel, ett verldsspråk.
Lindh, Utförlig, svensk, tysk, fransk o. engelsk handelskorrespondens.
Lindmark, Bokhålleri för minuthandel.
— , Nyckel till dubbla bokhålleriet.
Malmberg, Internationela sjöfartskonferensen i Washington.
Poppe, Mästerskapssystem i bokföring.
Registreringstidning för varumärken.
Samling af anmälningar till handelsregistren.
Sandler, Märketal o. formler till världshandelns vikt-, mått- o. prisomföringar.
—, Nya bokföring.
Segerstedt, Formulärbok o. bokföring för folkskolan.
Sjödén, Lärobok i bokföring.
Skeppslista, Göteborgs.
Skeppslista, Sveriges.
Smedman, G., Bokhålleri för privatpersoner.
—, Den praktiska formulär- och affärsboken.
Smedman, K., Den fullständiga kontoristen.
Stenius, Handbok för sjöfarande.
Torgtrafiken.
Underrättelser för sjöfarande.
Utlåtande ang. Sveriges och Norges handels- och sjöfartsförhållanden.
Willgren, Om rätt att idka gårdfarihandel.
Åkerblom, Hamnumgälder.
Årsbok, Svensk nautisk.

XXII. Teknologi.

a) Ingeniörvetenskap o. byggnadskonst.

Aforismer öfver allmän teknik.
Almqvist, Lärobok i grafostatik.
Andrée, Anvisningar o. råd för uppfinnare o. patentegare.
—, Konsten att studera utställningar.
— —, Uppfinningarne i Sverige 1870—84.
——, Uppfinningarnes betydelse.
Andresen, James Watt o. ångmaskinen.
Anteckn:r, Några, med anledn. af landtmäterimötet.
Anvisningar rör. kyrkobyggnader.
Bach, Maskinelement.
Berättelse ang. patentbyråns verksamhet.
Beskrifning å afståndsmätare.
Betänkande ang. kontroll å ångpannor.
Betänkande om byggnadssätt för stambanan.
Betänkande, Sprängämneskomiténs.
Bibliotek, Kemiskt-tekniskt.
Biet.
Billmansson, Handledn. vid prakt. arbeten i fysik.
Carlberg, Telefonväsendet.
Carlgren, Handledn. vid flottningar o. strömbyggnader.
Carlsson, Handbok vid skötandet af högtrycksmaskiner.
Carlson, Maritime telegraphsystems.
Catalogue, Swedish. I. Exhibits. Exposition Chicago.
Cederblom, Tabeller öfver mättad vattenångas tryck.

Cederblom, Ångmaskinlära.
Cedergren, Nya i metermått utförda uppskattningstabeller.
Collin, Ladugårdar o. bostäder för mindre jordbrukare.
Cronquist, Bolquets torfberedningsmaskin.
—, Förbrukningsartiklar vid flottan.
—, Hemlockslädret.
—, Kan man säga att det finnes någon egentlig kemisk industri i landet?
—, Lärob. om de häftiga sprängämnena.
—, Murbruks torkning.
—, Murning i kyla.
-, Om eldning med torf å lokomotiv.
—, Om fotogenupplag i Malmö.
— — Om konstgjorda bränumaterialier.
—, Om röksvaga krut.
—, Om sugfärger.
—, Sulfats användning.
—, Utställningen i Bruxelles 1876.
—, Utställningen i Köbenhavn 1888.
—, Utställningen i Wien 1873.
Dahlander, Elektriciteten o. dess förnämsta tekn. tillämpningar.
— —, Elektricitetens nyaste framsteg.
Dahlgren, Om varmluftsystemet för ventilation.
Düben, Lärobok i elektr. belysning.

Ekberg, Handb. vid uppg. af kostnadsförslag.
Frykholm, Ångmaskinlära.
Fröman, Förslag till föreskr. rör. afloppsledn:r i tomt o. hus.
Fürling, Om eldsvådor o. brandväsendet.
Förhandlingar, Ingeniörsföreningens.
Förhandlingar, Tekniska tören:s i Finland
Förhandlingar vid 2:a teknologmötet.
Förhandlingar vid Tekniska samfundets möte.
Gaisberg, Handbok för montörer vid elektr. belysningsanläggningar.
Handbok för val o. inköp af hjelpmaskiner o. handverktyg.
Handböcker, Svenska teknologföreningens.
Handlingar, Tekniska samfundets
Henriques, Geometr. konstr.-lära för maskinritare.
—, Lärob. för maskinarbetare.
Homén, Über d. Electricitätsleitung d. Gase.
—, Vergleich zwischen den Entladungsversuchen.
Huber, Mindre byggnader af trä.
Idström, Periferisk brandtelegraf.
Industrikalender, Sveriges.
Industrikatalog, Skandinavisk.
Industrien, Tidning för tekniska meddelanden.
Järvelainen, Konstruktionsritningar.
Kolster, Handledning i mikroskopisk teknik.
Kröhnke, Handbok för utstakning af kurvor.
Langlet, Schwedische Protestant-Kirchen nach Centralsystem.
Larson, Om den kemiska industrien i Sverige.
Lundberg, Afvägningsbok.
—, Handledning vid tekniska ritningars uppgörande.
—, Kortfattad lärobok i husbyggnadslära.
—, Lärokurs i jernvägsbyggnadskonst.
—, Om impregnering af jernvägssliprar.
—, Om ångpannors vård och skötsel.
Lundbohm, Engelska byggnadsmaterial.
—, Skotska byggnadssätt.
Lundgren o. *Malmros*, Landtmannabyggnader.
Löfvenskjöld, Landtmannabyggnader.
Malmborg, Om elektrisk belysning.
—, Skötsel af maskiner.
Malmsten, Förslag ang. den nord. utställningen i Stockholm.
Meddelanden från Industristyrelsen i Finland.
Minnesblad från mötet mellan de tekniska yrkesskolornas lärjungar.
Minnesblad från utställningen i Göteborg.
Molin, Maskinlära.
Nerman, Handbok vid bergsprängning.
—, Handbok för beräkning vid dikning.
Nordin, Tabeller vid beräkningar för vattenledningar.
Notes, Technical.
Pettersson, Landtmannabyggnader.
Planscher till en kurs i byggnadskonst.
Rancken, Anmärkn:r till Asps planritning.
Regler för eldning o. skötsel af ångpannor.
Reuleaux, Konstruktören.
Reuter, Elementär hållfasthetslära.
Richert, H., Berechn. d. Tragfähigkeit schmiedeeisener Stäbe.
—, Tabell öfver tillåtna belastningen å järnbalkar.
—, *J. G.*, Om grundvattens förekomst o. användning.
Rosenius, Köpenhamnsutställningen 1888.
Rothstein, Handledn. i allm. byggnadsläran.
Rydahl, Plastiska mönster för byggnadsornamenter.
Samberg, Maskinbyggnadens elementer.
Sammandrag af yrkesinspektörernas berättelser.
Schultén, Säkerhetsapparat för gaslampor.

Sellergren, Smältningsförmågan hos kupolugnar.
Sjöström, Landtmannabyggnader.
Slotte, Apparat för bestämning af värmeenhetens mekan. eqvivalent.
Sondén, Om fukten i tegelbyggnader.
Stenbäck, Byggnadsritningar.
Strubel, Der Grundbau.
Sucksdorff, Tvättkläders desinfektion.
Svar på Nordens tolf första prisfrågor.
Svensson, Om ångmaskinen.
Tallqvist, Lärobok i teknisk mekanik.
Teknikern, Tidskrift.
Tidander, Våra brännmaterialier.
Tidlund, Om compounds- o. trippelexpansions-ångmaskiner.
Tidskrift för byggnadsväsendet.
Tidskrift, Teknisk.
Uhland-Ångström, Fickhandbok för maskiningeniörer.
Uhlich, Hållfasthetsläran.
Waldenström, Handbok för utstakning af kurvor.
—, Tabeller för utstakning af föreningsspår o. inläggn. af spårvexlar.
Wavrinsky, Om förebyggande af eldfara o. om eldsläckning.
Weber, Vår bostad, dess anordning o. vidmakthållande
Wenster, Beskr. öfver bindsellösningsapparater.
Westin, Teori för friktionen.
Villor, Moderna.
Wretman, Kompassen o. dess deviation.
Zidbäck o. *Reuter*, Teknisk handbok.
Åkerman, Om generering af bränslegas.
Ålander, Receptbok för alla.
Ångström, Beräkning o. konstruktion af kolfpumpar.
—, Hydrauliskt tryck ss. drifkraft.
—, Om spårkonstruktioner för jernvalsverk.
—, Vertikala vattenhjul deras beräkning o. byggnad.
Årsskrift, Skånska ingeniörklubbens.

b) Bergshandtering.

Annaler, Jernkontorets.
Annaler, Vermländska bergsmannaföreningens.
Berättelse jemte betänkanden rör. apatittillgången i botten.
Berättelse öfver apatitundersökn:r i Norrbotten.
Betänkande till stadga ang. bearbetn. af stenkolsfyndigheter.
Blad för bergshandteringens vänner.
Bong, Hjelpreda vid lagning af enklare byggnader.
Eggertz, Om kemisk profning af jern.
Ekelund, Register till Jernkontorets annaler.
—, Kan bränntorfven ersätta stenkol o. koks.
Ledebur, Järn o. stål.
Lundbohm, Om granitindustrien i utlandet.
—, Om stenindustrien i Förenta staterna.
Rydberg, Bidrag till känned. om stålets förändring.
Schubert, Metallers bearbetning.
Tamm, Analyser af jernmalmer.
Åkerman, Betingelser för ändamålsenlig framställning af tackjernsgods.

c) Fabriksväsen o. slöjd.

Andés, Handbok för målare o. lackerare.
Arbetaren, Mekaniske.
Baltzer, Geom. konstrukt. på modeller från Nääs.
—, Ritningar o. modeller från Nääs.

59. FABRIKSVÄSEN O. SLÖJD.

Barngarderoben.
Belysning, Om elektrisk.
Bergström, Mönster för träskulptur.
—, Mönstersamling för träskärning.
Beskrifning öfver glasmålning.
Betänkande ang. frilager o. frihamn.
Björlin, Träsniderimönster.
Bong, Förbättraren af landtmannaredskap.
Brandt, Suppl. till Fornnord. vätnader.
Cæsar, Monogram.
Cahours, Konsten att pryda kautschuksleksaker.
Carleman, Vägledn i fotografi.
Carlsson, Svenska möbelritningar.
Christenson, Mönsterbok.
Chronwall, Monogrambok.
— - Mönster o. monogram för glasetsning.
Collin, Flamsk-, finn-väfnad o. norsk rödlakan.
—, Konstväfnad i allmogestil.
— Våra hemväfnader.
Dahlström, Historik.
Dahm, Väfverskans hjälpreda.
David, Rådgifvare i fotografi.
Dolmetsch, Ornamentets bok.
Düring, Mönsterbok för vanliga o. konstväfnader.
Ekman, Bränvinsfinkelolja.
Emma, A., 600 monogram.
Engström, Lärob. i skeppsbyggeri.
Flinta, Möbelritningar.
—, Mönster för träsvarfning.
Franzén o. *Malmlundh*, Snickerislöjdens metodik.
Freja. Illustr. skandinav. modetidning.
Grönstedt, Nutidens industri. I. Champagnevinet.
Gustafsson, Lärob. i praktisk fotografi.
Hammarlund, Fickuren.
Handbok i fotografi.
Handbok i pedagog. snickerislöjd.
Harbeck, Undervisning i galvanisering.
Hemmer, Vägledn. i hemväfnad.
Henriques, Lärob. i geometr. ritning för byggnadssnickare.
Industri, En, som vunnit efterföljd.
Johansson, Nääs grundserie.
—, Nääs modellserier.
—, Nääser Modellserien.
Jonsson, Den praktiske skyltmålaren.
Journal för plattsöm.
Kalender öfver kvinnoarbetet i Finland.
Karlin, Skånsk textil konstslöjd.
Kempe, Vägledning stereotypi.
Konstslöjd, Svensk.
Kulle, Svenska allmogeväfnader.
—, Svenska mönster för konstväfnader.
Lehner, Kitt o. hoptästningsmedel för glas.
Lindberg, Handbok för svagdricksbryggare.
Lundberg, Om lim o. limning.
—, Om lödning.
—, Om träarbetens hopsättning o. färgning.

Lundin, Handledning i kvinlig slöjd.
—, Klädsömnad.
Lydecken, Handledning i qvinnligt handarbete.
Malmén, Mönster för marmormålning.
Malmros, Praktisk fickbok i amatörfotografi.
Mathey, Handledn. vid tillverkning af oljefärger.
Meddelanden från Fotografiska föreningen.
Meddelanden från Svenska slöjdföreningen.
Meyer, Amatören.
—, Handbok i ornamentik.
Modellserie, Göteborgs folkskolors.
Modetidning, Skandinavisk.
Monogram-album.
Monogram-boken.
Månadsblad, Svenska bryggareföreningens.
Mönster för konstindustri och slöjd.
Mönster för träsvarfning.
Mönsterbok för tecknare.
Mönstertidning.
Nyberg, Metodisk hjelpreda vid undervisning i handarbete.
Nyholm, Husslöjden.
Nyman, Modellserier i träslöjd för barn.
Olander, Skrädderikonstens teori.
Oldenburg, Handledning i geometriskt träsnideri.
—, Träsniderimönster.
—, Träsniderimönster i allmogestil.
Ord, Några, om färgernas användn. i industr. tjenst.
Peers, Beredning af fruktviner.
Peterson, Handledning vid glasetsning.
—, Mönsterbok för etsning på glas.
Pettersson, Den praktiske smidesmästaren.
Pizzighelli, Handledning i fotografi.
Receptboken, Den praktiska.
Rosén, Färgerikonsten.
Schubert, Metallers dekorering.
Silow, Kroppsställningar vid snickerislöjd.
Slöjdvännen.
Stenbäck, Möbelritningar.
Ståhlberg, Praktisk lärobok i fotografi.
Stämpelbok för kemiska och mekaniska trämassefabriker.
Tammelander, Väfnadsbeskrifningar.
Telenius, Skyltmotiv.
Tidskrift, Fotografisk.
Trunk, Skizzer för tak- o. väggdekorationer.
Törner, Handledning i glas- och porslinsmålning.
Urmakeritidning.
Wallander, Normalserie af modeller i snickeri för slöjdskolor.
Verk och anläggningar, Svenska industriella.
Virkboken
Väfbok.
Väf- och broderimönster, Finska.
Väkeväinen, Lärob. för idkare af skräddareyrket.
Zander, Dekorationsmålarens praktik.
Zethelius, Ny monogrambok.
Årsbok, Fotografisk tidskrifts.

XXIII. Krigs- och sjöväsende.

Adelsköld, Anförande i försvarsfrågan.
Anderson, Minnen från fransk-tyska kriget.
Ankarcrona, Handledning i värjföring.
— o. *Drakenberg*, Handledning i värjföring.
Annerstedt, Tvänne föredrag i försvarsfrågan.
Arméförlaget, Det nya.
Arminius, Sjövind.
Arnold-Forster, I manövertornet.
Artilleri-tidskrift.
Asklund, Om de europ stat. nyare fästningsbyggnader.
Beckström, Lärob. i sjökrigskonst.
Bagger, Den svenske fartygsbefälhafvaren.
—, Styrningsregler till sjös.
Befordringarne inom svenska armén.
Bergström, De nutida gevärens inflytande på taktiken.
Berling, Norges härordning.
Berättelse om fälttjenstöfningarna i Skåne 1889.
Berättelse om fälttjenstöfningarna i Upland 1888 o. 1894.
Berättelse om fälttjenstöfningarna i Vestergötland 1886.
Betänkande för granskning af inskriptionerna å arméns fanor o. standar.
Bildt, Konseqvenser. Om vår nya härordning.
Björklund, Freds- och afväpningsfrågan.
—, Om den beväpnade freden.
Björlin, Kriget i Norge 1814.
—, Några ord om vår försvarsfråga.
—, Vår mest hotade provins.
—, Vårt försvar mot norr.
Björnstjerna, Kavalleriets strateg. tjenst under fransktyska kriget.
Blomstedt, Undervisn. i skjutning.
Bonnet, Fransk-tyska kriget 1870—71.
Boxström, Handbok för den finske reservmannen.
Bratt, Gustaf II Adolf som fältherre.
—, Waterloo.
Busch, Om fästningar o. fästningskrig.
Byström, Handbok för befälhafvare
Caravello, Terminologie maritime suédoise-française.
Carlson, Karl XII:s ryska fälttågsplan.
Christerson, Handbok i sjöartilleri.
Code list containing the names etc. of swedish ships.
Code list of swedish vessels.
Cronquist, Utlåt. om mötesförnödenheter.
Dillner, Sveriges härordning.
Dorff o. *Jansson*, 1867—89 års gevär.
Dragomirow, Kompaniets utbildning.
Düben, Lärob. i elektrisk belysning till flottans tjenst.
Dyrssen, De svenska eskaderöfningarne 1894.
Ekdahl, Om beräkningsmetod för sjöars sänkning.
Engelhart, Svenska arméens o. flottans uniformer.
Engström, Hvilka förbered. åtgärder böra vidtagas för handelsflottans användning af örlogsflottan?
Enhörning, International shipping guide.
Exercisreglemente för fältartilleriet.
Exercisreglemente för infanteriet.
Exercisreglemente för kavalleriet.
Exercisreglemente för kavalleriet till fots.
Fickbok för rytteriet.
Frykholm, Sjöförsvarets förfall.
Fältförvaltningsreglementen.

Föredrag, Trenne i försvarsfrågan af *A. T.*
Författningar ang. militärväsendet i Finland.
Författningar rör. värnpligten.
Förlag, Militärlitteratur-föreningens.
Förslag, Nytt, till försvarets ordnande.
Förslag till Etappreglemente.
Förslag till exercisreglemente för infanteriet.
Förslag till exercisreglemente för kavalleriet.
Förslag till fältaflöningsreglemente.
Förslag till fältförplägningsreglemente.
Förslag till fältpostreglemente.
Förslag till fältsjukvårdsreglemente.
Förslag till fältveterinärreglemente.
Förslag till instruktion i sabelfäktning.
Förslag till reglemente för sjukvården i fält.
Förslag till skjutinstruktion.
Försvar, Fosterlandets.
Försvar, Vårt naturliga.
Försvar, Öfre Norrlands.
Försvarsfrågan, I.
Försök till handbok i truppers utbildn. för strid.
Galitzin, Allmän krigshistoria.
Genmäle med anledn. af broschyren Sjöförsvarets förfall.
Gif akt! 90 dagar eller icke?
Gripenberg, Anteckn:r rör. finska militärens historia.
Grunder, Allmänna, för ordnandet af förvaltning i fält.
Gyllenram o. *Wester*, De svenska militärerna.
Hagelgeväret, Det moderna.
Hahn, Handbok i bevakningstjensten.
Hammarskjöld, Svenska flottan.
—, Värnpliktssoldaten.
Handbok för fältartilleriet.
Handbok för skolungdomens militäröfningar.
Handbok för svenska arméns befäl.
Handledning, Kort, i stridslära.
Handl:r o. tidskrift, Kongl. krigsvet. akad:s.
Hasselrot, Sveriges härordning.
Hazelius o. *Larsson*, Svensk hamnlots.
Hedin, Tal i försvarsfrågan.
Hjärne, Rösträtt o. värneplikt.
Holmgren, Svenska armén.
Hubendick, Om båtsmanshållets vakanssättning.
Hult, Statist. öfversigt af de europ. staternas härordningar.
Hur vi förlorade Norrland.
Hvarför vi förlorade slaget vid Upsala 1900.
Instruktion för använd. af infanteriets bärbara verktyg
Instruktion för bevakningstjensten.
Instruktion för generalstabens fältöfningar.
Instruktion för kavalleriets pioniertjenst.
Instruktion för rid- o. remontskolor.
Instruktion i sabelfäktning.
Kasern- etablissement, Fotgardes-regementenas.
Katalog öfver Artillerimuseum.
Kleen, Om krigskontraband.
Konow, Svensk-fransk o. fransk-svensk ordbok.
Konsekvenser af konsekvenser.
Korporalundervisn. för infanteriet.
Kraft af Hohenlohe-Ingelfingen, Bref i militära ämnen.
—, Samtal om kavalleri o. ridkonst.

60. KRIGS- O. SJÖVÄSENDE.

Kriget, Det stora, 1895.
Krigsbildning, Den skandinav. ungdomens.
Lagerhjelm, Napoleon o. Carl Johan.
—, Napoleon o. Wellington.
—, Om svenska centralförsvaret.
Lagerlund, Elektricitetslära för underv. i minväsendet.
Lehnert, Handbok för truppförarern.
—, Handledning i truppföring.
Leijonhufvud o. Jungstedt, Hastiga fältbefästningars användande.
Lemchen, Om skjutvapen o. skjutkonsten.
Lifrustkammaren.
Lilliehöök, Strider under natten.
Lindbæck, Sakreg. till tjenstgöringsreglemente.
Linder o. Dyrssen, Genmäle med anledn. af broschyren Sjöförsvarets förfall.
Läran om den s. k. eviga freden.
Lärobok i arméns organisation.
Lärobok i artilleri.
Lärobok i fältarbeten.
Lärobok i fältförvaltningstjenst.
Lärobok i förskansningslära.
Lärobok i Sveriges härordning.
Lärobok om eldhandvapnen.
Läsning för den finske soldaten.
Mæchel, Navigationens första grunder.
Mankell, Svenska krigens o. krigsinrättningarnes historia.
Mannerfelt, Anteckn:r om Elfsborgs regemente.
Matrikel öfver officerare vid väg- o. vattenbyggnadskåren.
Meddelanden från Krigsarkivet.
Meddelanden från Lunds försvarsförbund.
Meister, Hufvuddragen af den nya härordningen.
—, Om repetergevärsfrågan.
Mejborg, Oplysn. om svenske o. danske faner.
Melander, Fredsdrömmar.
—, Härordningsförslaget ur organisationssynpunkt.
Miles, Godtycke eller lag?
Minne från franska eskaderns besök.
Mirambo, Utkast till förslag om försvarets ordnande.
Moltke, Kriget 1870—71 mellan Tyskland o. Frankrike.
—, Militära arbeten.
—, Tysk-franska kriget 1870—71.
Månader, Tre, vid Metzarmén.
Mörner, Lärob. i militärstenografi.
—, Stenografiens användning.
Mötes-almanacka för infanteriet.
Nordensvan, En vandring öfver slagfälten i Sachsen.
—, Fransk-tyska kriget 1870—71.
—, Handledning för värnpliktige.
—, Kgl. Andra lifgren. regcm:ts chefer.
—, Kriget o. krigsinrättningarne.
—, Mötesalmanacka för infanteriet.
—, Studier öfver Mainfälttåget 1866.
—, Vapenslagens stridssätt.
—, Värnplikten o. inskrifningsväsendet.
—, Ändringar till värnplikten.
—— o. Krusenstjerna, Handb. för sv. arméns befäl.
—, Ändr. till Handb. för sv. arméns befäl.
Nyblæus, Om anfall o. försvar.
—, Öfningstabeller i gymnastik.
Ord, Några, i försvarsfrågan.
Ord, Några, om Sveriges kustförsvar.
Ordnandet af vårt sjöförsvar.
Oscar Fredrik, Några bidrag till Sveriges krigshistoria.
Ossbahr, Guide au musée d'Armes.
Palmén, Om isbrytareångfartyg.
Pantzarhjelm, Några ord i militära frågor.
Pantzerhjelm, Terränglära o. topografi.

Peterson, Öfversigt af Rysslands härordning.
Petrelli, Anteckn:r om svenska o. finska fanor o. standar.
— o. Liljedahl, Standar o. dragonfanor.
Pfeil, En tysk officers minnen från rysk-turkiska kriget.
Pontonier-reglemente.
Punkter, Några viktiga, vid försvarsfrågans behandling.
Ridderstad, Fältbok för armén.
Ringberg, Anvisn:r rör. inskrifning af värnpligtige.
Rulla öfver svenska flottan.
Rullor öfver svenska arméns o. flottans underofficerare.
Rullor öfver svenska arméns o. flottans underoff. o. musikkårer, 1888 o. 1893.
Rullor öfver svenska krigsmakten.
Rüstow, Det 19:e århundradets fältherrekonst.
Sakregister öfver kongl. bref o. generalorder rör. armén.
Samling af författn:r rör. landtförsvaret.
Samling af gällande föreskrifter ang. rustnings- o. roteringsbesvärens utgörande.
Schenström, Anfall mot o. försvar för »Sveriges framtid».
Schneidler, Den svenska flottan.
Selander, Exempel å detachementsöfningar.
—, Värnpligten.
Silfverstolpe, Infanteristen på bevakning.
Sillén, Om patrullering under förposttjenst.
Skall Sveriges fasta land göras till slagfält?
Skjutinstruktion för infanteriet.
Skrifter utg. af Lunds försvarsförbund.
Spak, Bidrag till handlåsvapnens historia.
—, Bidrag till handskjutvapnens historia.
—, Historik öfver rid- anspanns- o. stallpersedlar från 30-åriga kriget till nuv. tid.
—, Upplysn:r ang. de blanka vapnen.
—, Upplysn:r om fanor o. krigsmusik.
—, Upplysn:r om uniformering o. utredning
Stendahl, Psykologisk taktik.
Strafflag för krigsmakten.
Strafflag för finska militären.
Stridslära för infanteriets underoff.-skolor.
Svar på tal, med anledn. af Sjöförsvarets förfall.
Svinhufvud, Sammandr. af författn:r ang. värnpligtige.
Tankar om befästningar.
Thurgren, Rådgifvare för beväringsynglingar.
Tidander, Artillerimuseum.
—, Handvapnens utveckling i Sverige.
—, Svenska befästningsväsendets utveckling.
Tidskrift, Finsk militär.
Tidskrift i fortifikation.
Tidskrift i militär helsovård.
Tidskrift i sjöväsendet.
Tillämpningsöfningar, Kavalleristiska.
Tingsten, Använda taktiken.
—, De tre hufvudvapenslagens formella taktik.
—, Taktikens grunder.
Tjenstgöringsreglemente för armén.
Uggla, Plutonchefen vid bevakningstjensten.
Undervisning för artilleristen.
Undervisning för infanteristen.
Undervisning för ingeniörsoldaten.
Undervisning för ryttaren.
Undervisning för rytteriet.
Undervisning för trängsoldaten.
Uniformer, Europ. arméernas.
Uniformer, Svenska arméns o. flottans.
Uppgift, Flottans, vid fosterlandets försvar.
Uppmarsch, Den tyska arméns antagliga strategiska etc.
Utdrag af förslag till exercisreglemente för trängen.
Utdrag af protokollet öfver landtförsvarsärenden.
Utdrag ur förslag till skjutinstruktion.
Utdrag ur Krigsakad:s order- o. straffjournaler.

Uttalanden, Märkliga, i härordningsförslaget.
Wahlberg, Från tyska härens sanitetsväsende.
—, Handledn. i sanitetstruppers taktik.
Valbert, Mellanfolkliga skiljedomstolar.
Waldenström, Systematiska anteckn:r öfver värnpligtslagen.
Vara eller icke vara, Sjöförsvarets.
Wartenburg, Napoleon som härförare.
Wasastjerna, Lifgardets finska officerare.
Verdy du Vernois, Studier öfver fälttjenst.
—, Studier i krigsföring.
Westergren, Nytt o gammalt
Wrangel, Sjövapnets betydelse.
—, Svenska örlogsflottan.
—, Sveriges sjöförsvar förr o. nu.

Wulff, Bestämmelserna i undervisning för sv. infanteristen.
—, Illustr. undervisning för armén.
—, Tropp- o. halftroppschefen i bevakningstjensten.
Vägledning i lifrustkammaren.
Värnpliktslagen.
Värnpliktslag för Finland.
Wåstfelt, Ett detachements fälttjenst o. strid.
Yttrande öfver förslag till grunder för ny härordning
Zeitz, En frivilligs äfventyr o. minnen från tyska kriget 1870—71.
Zethelius, Lärobok i fältarbeten.
Zetterstén, Svenska flottans historia.
Är det rätt att föra krig?
Öfverblick af nutidens sjökrigsmateriel.
Öreskrifter i militära o. gymnastiska ämnen.

XXIV. Matematik.

Abrahamson, Räkenskapsannotationsbok.
Abrahamsson, Reduktionstab. från tryck i skålpund.
Acta mathematica.
Anderson, Exempel o problem i algebra.
Andersson, Kursmultiplikationer.
Anderzon, Lilla lathund.
Annotations-block.
Ascoli, Integration d. Differentialgleichung $\Delta^2 u = 0$.
Askeroth o. Svensson, Aritmet. räkneexempel.
Aurell, Uträkning af obligationers ränteafkastning.
Beckman, Allmogens meterhandbok.
Bendixson, Bestämning af de algebr. upplösbara likheter.
—, Quelques applications du théorème de Sturm.
—, Sur les équations different. linéaires homogènes.
Berg, A., Folkskolans räknelära.
—, Folkskolans mindre räknelära.
—, Räknelära för de allm. läroverken.
Berg, H., Lärokurs i linearritning.
—, o. Lindén, Lärobok i geometri.
Berger, Antalet lösningar till en viss indeterminerad eqvation.
—, Användning af de Bernoulliska funktionerna.
—, Användningen af invarianter o. halfvarianter.
—, De Bernoulliska talens teori.
—, Déduction des propriétés principales de la fonction elliptique.
—, En algebr. generalisation af några aritmethiska satser.
—, Independenta uttryck för de Bernoulliska talen.
—, Om en talteoretisk formels användning
—, Om rötternas antal till kongruenser.
—, Recherches sur les valeurs moyennes dans la théorie des nombres.
—, Sur la developpement de quelques fonctions disc.
—, Sur l'évaluation approchée des intégrales définies simples.
—, Sur les fonctions entières rationelles.
—, Sur une application de la théorie des équations bénômes.
—, Sur une généralisation algebrique.
—, Sur une généralisation d. nombres et des fonctions de Bernoulli.

Bergroth, Elementarkurs i algebra.
Bergstedt, Om regelytor af 6:e graden.
Bergstrand, Logaritmer.
Berlin, Euklides' 5:e o. 6:e böcker.
—, Räkneexempel till Siljeströms aritmetik.
Berwald, Lärobok i plan geometri.
—, Lärob. i rymdgeometri.
Bibliotheca mathematica.
Björling, Die singulären Generatricen der Binormalen u. Hauptnormalen Flächen.
—, Konstruktion mittelst Lineals u. Cirkels d. Curven 4:e Ordnung
—, Lärobok i differentialkalkyl o. algebr. analys.
—, Ueber die Coincidenzkurve.
—, Zur Theorie d. mehrdeutigen Ebenen-Transformation.
Blumenberg, Metertabeller utan decimaler.
—, Väggmetertabeller.
Bohlin, Om en grupp af differentialeqvationer.
Bonsdorff, Elementarkurs i algebra.
—, Folkskolans geometri.
—, Geometriska räkneuppgifter.
—, Kurs i aritmetik.
—, Lärobok i elementargeometri.
Brodén, Ueber die durch Abel'sche Integrale erster Gattung rectifircirbaren ebenen Curven.
—, Zur Theorie des Transformation elliptischer Functionen.
— o. Hellsten, Lärob. i proportionalära.
Broman, Plan geometri.
—, Öfningssatser till Euklides' böcker I—VI.
Brummer, Vinkelns tredelning.
Brun, Bevis för några teorem af Poincaré.
—, Invarianta uttryck för den Poincaré'ska substitutionen.
—, Om ytor o. linier som äro invarianta.
Brunell, Hjelpreda i metersystemet.
Bucht o. Svensk, Anteckn:r i räknemetodik.
Busch, Mnemoniska taflor.
Bäckman, Folkskolans geometri.
—, Folkskolans räknebok.
—, Sammandrag af folkskolans räknebok.
—, Tillämpad geometri.

61. MATEMATIK.

Cantor, Ueber d. verschiedenen Ansichten in Bezug auf die actualunendl. Zahlen.
Cassel, En generalisering af de Kleinska funktionerna.
—, Om den konforma afbildningen af ett plan på ett prisma.
—, Sur une éqvation de second ordre à coefficients transcendants.
—, Öfver Webers ›Ein Beitrag zu Poincaré's Theorie.‹
Charlier, Konvergensen hos en trigonometrisk serie.
Cavallin, Om konvergenter till bestämda integraler.
—, Om maximi- o. minimikonvergenter.
Collin, Lärob. i plan analyt. geometri.
Dahlquist, Öfningssatser till plana geometrien.
Dalström, Aritmetik o. geometri.
Damm, Slumpen. Något om sannolikhetsberäkning.
Danielsson, Förvandlingstabell för metersystemet.
—, Förvandlingstabeller o. prisjämförelser.
Damnholm, Finlands mått.
Daug, Differential- o. integral-kalkylens användning.
Delin, Ueber zwei ebene Punktsysteme.
Diarium med dubbelt register.
Dillner, Om integrationen af differentialeqvationerna i N-kroppars problemet.
—, Sur la solution analytique du probl. des N-corps.
—, Sur le développement d'une fonction analytique.
Dolk, Metersystemet.
Dorff, Tio-öresmeternyckel.
Ekholm, G., Meter- o. prisförvandlingstabell.
Ekholm, P, För alla nyttig hjelpreda.
Ekman, Prisförvandl:r från metersystemet.
Ekstrand, Allmänhetens prakt. räknebok.
Elfverson, Elementerna i sferisk trigonometri.
Elowson, Lärobok i aritmetik.
Eneström, Ascoli afhandling rör. integration af differentialeqvationen $\Delta^2 u = 0$ för en gifven Riemansk yta.
—, Bevis att den fullständ. integralen till en differenseqvation inneh. arbiträra konstanter.
—, Bidrag till de matemat. studiernas historia.
—, Formler för beräkning af mortaliteten inom pensionskassor.
—, Formlerna för beräkning af dödligheten under första lefnadsåret.
—, Härledning af en formel inom den matemat. statistiken.
—, Om E. Svedenborg ss. matematiker.
—, Svedenborgs matematiska arbeten.
Eriksson, Lärobok i geometri.
Euklides' fyra första böcker af *Berlin*.
— fyra första böcker af *Lindman*.
Eurenius, Handledn. i algebra.
—, Lärobok i plan trigonometri.
Falk, C. A., Kortf. handbok i metersystemet.
Falk, M., Beweise einiger Sätze aus der Theorie d. ellipt. Functionen.
—, Lärob. i plan analytisk geometri.
—, Ueber elliptische Functionen zweiten Grades.
Franzén, Geometri för folkskolan.
—, Liten lathund i metersystemet.
Fredholm, Om en speciel klass af singulära linier.
Fröberg, Meter- o. annotationsbok.
Fröding, Proportionslära.
Försäkrings-kalender.
Genetz, Fuchs'ska funktionerna.
Goursat, Recherches sur l'equation de Kummer.
Grane, Ueber Kurven mit gleichartigen successiven Developpoiden.
Grensdorf, Räntebok för sparbanker.
Gullichsen, Tabeller för kubering.

Gyldén, Elliptiska funktionerna.
—, Fortsatta undersökn:r rör. en icke-liniär differentialeqvation.
—, Integration af en icke-liniär differentialeqvation.
—, Om sannolikheten af att påträffa stora tal vid utveckl. af irrationela decimalbråk i kedjebråk.
—, Om ett specialfall af trekropparsproblemet.
Hagberg, Definitioner, postulat etc. för undervisningen efter Euklides' geometri.
Haglund, Anvisningar för lösningen af Todhunters öfningssatser.
—, Kurs i aritmetik.
—, Lärobok i algebra.
—, Samling af öfningsexempel till Lärobok i algebra.
Hagström, Hufvudräkningskurs för småskolan.
—, Räknestafvar.
—, Nyckel till räknestafvarne.
—, Tafvelräkningsexempel.
Hallstén, Lärobok i algebra.
— —, Lärobok i geometri.
Hamberg, Hjelpreda vid väderleksförutsägelser.
Handtabeller, Fyr- o. treställ. logaritm.-trigonometr.
Helander, Metertafian.
Hellgren, Euclides' VI bok.
Hermansson, Metertabell för torghandeln.
Hessel, Förvandlingstabeller.
Himmelstrand, Grafiska metertabeller.
Hjelpreda vid lösning af Todhunters öfningssatser.
Hjorth, Snabbräknaren.
Hjälpreda i metersystemet.
Hultman, Matem. o. fysikal. problem.
—, Proportionslära.
Hvalgren, Paradoxa mathematica.
Håkansson, Den oumbärliga meterboken.
Hällström, Triangelmätning ifrån Åbo till Stacksten.
Idström, Mekanisk räntetabell för sparbanker.
Isaachsen, Det internationale meterbureau.
Isberg, Räknekurs i metersystemet.
Janson, E., Sveriges allm. meterbok.
—, Sveriges allm. metertabell.
Janson, J., Mekanisk förvandlingstabell.
Jansson, Husmödrarnes metertabell.
Janse, Praktisk meterbok.
Jochnick, Det vigtigaste af analyt. geometrien.
—, Elementerna af sannolikhetsläran.
—, Exempel till diff. o. integralräkningen.
—, Geometr. räkneproblemer.
—, Les formes principales des lignes du 3:e degré.
Johansson, A. M., Algebraiska likheter, som leda till ellipt. integraler.
—, Integralernas form.
—, Om serieutvecklingar hos potentialteorien.
—, Vilkoren för att en algebraisk likhet $y^n = (x-a_1)^{m_1} \ldots (x-a_r)^{m_r}$ skall leda till ellipt. integraler.
Johansson, J. E., Folkskolans geometri.
—, Praktisk räknelära.
Jonquière, Note sur la série géneraliseé de Riemann.
—, Ueber eine Klasse von Transcendenten.
— —, Ueber eine Verallgemeinerung der Bernoulli'schen Funktionen.
—, Ueber einige Transcendente.
Jonsson, Exempel i planimetri o. stereometri.
—, Om cirkelns qvadratur.
—, Om digniteter o. potenser.
Karlsson, Folkskolans nya räknebok.
Kerppola, Zur Theorie der biqvadratischen Reste.
Kinell, Den lille priskuranten.
—, Samling af öfningsexempel och problem till räkneläran och geometrien.

Kinell, Svar till saml. af öfningsexempel.
Kjellander, Förvandlingstabell.
Klint, E. G. af, Nautiska och logaritmiska tabeller.
—, Sferisk trigonometri.
—, *V. af*, Plan trigonometri.
Kobb, Några användningar af teorin för »de algebr. funktionerna».
—, Om båglängden af algebr. kroklinier.
—, Om integrationen af differentialeqvationerna för en materiel punkts rörelse.
—, Om integrationen af differentialeqvationerna för en tung partikels rörelse.
—, Om maxima o. minima af dubbelintegraler.
Koch, Användningen af oändliga determinanter.
—, Sur les déterminants infinis.
—, Teorin för oändliga determinanter.
—, Upplösning af ett systems lineära likheter.
Kuriositeter, Aritmetiska.
Lalin, Kalkyl-bok.
Landgren, Den bästa kilotabellen.
—, Den bästa metertabellen.
Larsson o. *Lundahl*, Aritmetisk exempelsamling.
,—, Räknebok för folkskolan.
—,—, Räknekurs.
—,—, Sifferekvationer.
Lathund, Nya.
Laurin, Lärobok i geometri.
—, Sur la transformation isogonale définie par une fonction rationelle.
Levänen, En symmetrisk lösning af likheter af 2:a, 3:e o. 4:e graden.
Lindblom, J., Decimal-intresse-uträkning.
Lindblom, L. C., Menige mans meterbok.
—, Räknekurs.
—, Räknemetodik.
Lindeberg, Reduktionstabell.
Lindelöf, E., Sur le mouvement d'une corps de révolution roulant.
—, Sur les systèmes complets et le calcul des invariants différentiels.
—, Sur l'integration de l'équation différentielle de Kummer.
Lindelöf, L., Lärob. i analyt. geometri.
Linden, En repetitionskurs i aritmetik.
Lindhagen, Geometr. öfningssatser till Euklides 6:e bok.
Lindman, C. F., Elementarbok i stereometri.
—, Om en serie.
—, Om några definita integraler.
—, Samling af exempel och problem till algebra och eqvationslära.
—, Samling af geometr. problem jemte anvisn. till algebr. uttrycks konstruktion.
—, Suppl. au troité d'un fonction transcendente.
Lindman, D. G., Examen des nouvelles tables d'integrales définies de M. Bierens de Haan.
Lindstedt, Räntetabell.
Ljungh, Ueber isoptische und arthoptische Kurven.
Logaritmer för själfstudium.
Lundberg, E., Den matemat. undervisn. i Tyskland o. Frankrike.
Lundberg, O., Handtabeller för enkla spårvexlar.
Lundeqvist, Hemlexor.
Lyttkens, Praktisk hjälpreda i metriska systemet.
—, Reduktionstabell.
Lösningar af Todhunters öfningssatser i geometri.
Malmberg o. *Fineman*, Deviationslära.
Matinheiki, Multiplikationstabell.
Mebius, Fyrställiga logaritmtabeller.

Meinander, De matematiska uppgifterna för maturitets-profven i Finland.
Mellberg, Lärobok i algebra.
Mellin, Om definita integraler.
—, Om en ny klass af transcend. funktioner.
—, Transcendenta funktioner.
—, Über die fundamentale Wichtigkeit des Satzes von Cauchy.
Metertabell, Handelsmannens.
Metertabellen i portmonnäen.
Meurling, Förvandlingstabell från och till nya o. gamla vigtmått.
Meyer, Lärobok i stereometri.
—, Om konvergens-området för potensserier.
Mittag-Leffler, Integralerna till en lineär homogen differentialeqvation för en cirkelring.
—, Invarianterna till en lineär homogen differentialeqvation.
Möller, Lärokurs i algebra.
—, Ueber Coincidenzsysteme gewöhnl. algebr. Differentialgleichung.
—, Ueber die singulären Punkte d. gewöhnl. algebr. Differentialgleichung.
—, Ueber osculirende Enveloppen.
—, Zur Theorie der singulären Lösung einer partiellen Differentialgleichung.
Neovius, Anwendung der Theorie der ellipt. Functionen.
—, Darstellung einiger von isothermischen Curven gebildeten Curvenschaaren.
—, Darstellung von Punkten deren Coordinaten imaginär sind.
—, Om den icke-euclidiska geometrien.
—, Tafeln zum Gebrauch bei stereometr. Wägungen.
—, Ueber einige durch rationale Functionen vermittelte conforme Abbildungen.
—, Ueber Minimalflächenstücke.
—, Untersuchung einiger Singularitäten.
Nordlund, Elementarbok i algebra.
—, Räkneöfningsexempel.
Norelius o. *Rydberg*, Räntetabeller.
Norlén, Hufvudräkningskurs.
Nyckel till metersystemet.
Nyström, En samling räkneuppgifter till telegrafien.
—, Siffer-räknelära.
Ohlsson, Produkttabeller.
— o. *Celander*, Exempelsamling för skriftlig räkning.
Pasch, Geometr. konstruktions- o. projektionslära.
—, Handbok i linearritning.
Petersson, Intresse-uträkning.
Petersen, Lärob i plana geometrien.
Petrini, Om de till ekvat. $\Delta\Phi=0$ hörande ortogonala koordinatsystem.
—, Om de till ekvationen $\Delta\Phi + k^2 f(x y z)\Phi = 0$ hörande ortogonala koordinatsystem.
—, Om slutna konvexa konturer.
—, Theorie d. Vektorfunktionen.
Pfannenstiel, Differentialgleichung der ellipt. Function 3:er Ordnung.
—, Eine Metode zur Berechnung des Integrals.
Phragmén, E., Beweis des Fundamentalsatzes d. Algebra.
—, Logarithme intégral et la fonction f(x) de Riemann.
—, Om några med det Poincaré'ska fallet af trekroppsproblemat. beslägt. uppg:r.
Phragmén, L., Plan trigonometri.
Pincherle, Sur une formule dans la théorie des fonctions.

61. MATEMATIK.

Portmona-metertabeller.
Ramsay, Lärobok i algebra.
—, Lärobok i aritmetik.
—, Lärobok i aritmetik för skolan o. hemmet.
—, Lärobok i plan trigonometri.
Randel, Räntebok för sparbanker.
Rehbinder, Tabeller för tulldebitering.
Rosenberg, Ränteutvisaren.
—, Snabbräkningsmetoder.
Rosenborg, Aflöningstabeller.
Rubenson, Tabell o. räknebyråns metertabell.
Runnström, Tabell öfver virkes kubikinnehåll.
Ruus, Tabeller för förvandling till metriska systemet.
Ryding, Praktisk meterbok.
Rydström, Praktiska tabeller för ränteuträkningar.
Rönström, Lärobok i geometri.
Rörström, Bästa hjelpreda vid öfvergången till metriska vigt- o. mått-systemet.
—, När ett skålpund kostade... hvad kostar då...
Savander, Tabeller.
Schmidt, Räknebok.
Schubert, Fullst. lärokurs i aritmetik o. algebra.
Schwalbe, Praktisk hufvudräkningskurs.
Schwarz, Problem d. Variationsrechung.
Schwerin, För torghandeln.
Segerstedt, Geometriens grunder.
—, Räknekurs.
Segerstråle, Métron.
Selander, Elementen i de ellipt. integralerna.
—, Notis om ett sätt att geometriskt interpretera elementen i de elliptiska integralerna.
—, Något om irrationella tal.
—, Sannolikhetskalkylen.
Sievers, Den första öfningsboken i räkning.
Signeul, Intresseuträkning.
Silfvenius, Vinkelns tredelning.
Siljeström, Lärobok i geometrien.
—, Lärobok i räknekonsten.
Sjölander o. Wihlander, Den mindre räkneboken.
—, —, Räknebok för folkskolorna.
Smedman, Handb. för kommunal-räkenskapsförare.
—, Lilla lathund.
—, Tabell öfver alla länders mynt, mått o. vigter.
Sohlberg, Förbered. kurs i bokstafräknelära.
Solander, Irrationella kvantiteters räknelagar.
Stenberg, Darstellung sämmtl. Differentialgleichungen.
—, Den Hermiteska differentialekvationen.
—, Differentialgleichungen welche nur eindentige Integrale besitzen.
—, Zur Theorie d. linearen homogenen Differentialgleichungen.
Stenius, Ueber Minimalflächenstücke.
Sundén, Den oumbärl. hjelpredan i de fyra räknesätten.

Svensson, K. W., Oumbärlig hjelpreda i daglig handel.
Svensson, S., Ny metod för uppställningen af reguladetri.
Sylvan, Elementen af algebran.
—, Elementerna af aritmetiken.
—, Elementerna af planimetrien.
—, Elementerna af stereometrien.
—, Storheters förhållande.
Söderberg, A. F., Fickräknetabell.
Söderberg, J. T., Algebr. eqvationers solution.
—, Untersuchungen in der Substitutionstheorie.
Söderblom, De la convergence du développement analytique de la fonction elliptique.
—, Deskriptiv geometri.
Tabeller för förvandl. af fot till meter etc.
Tabeller för prisuppgifter å hvad skålpund etc. kostar, då man vet hvad kilogr. etc. kostar.
Tabeller utvisande hittills brukliga vigter o. måtts motsvarighet.
Tallqvist, Bestimmung der Minimalflächen.
—, Bestimmung der Richtungscosinus einer Graden.
—, Bestimmung der Trägheitsmomente.
—, Construction eines Modelles einer spec. Minimalfläche.
—, Détermination expérimentale.
—, Sur la représentation conforme des aires planes.
—, Ueber specielle Integrationen.
Tesdorpf, Handbok i ränte- o. lifförsäkringsberäkningar.
Tham, Planimetri.
—, Proportionslära.
Thysell o. Nordström, Räknelära för folkskolan.
Tiselius, Om dödlighets-, premie- o. vinstberäkningar.
Todhunter, Geom. öfningssatser.
Tötterman, Entzifferungsversuch.
Uppgifter, Matematiska o. fysikaliska.
Wackerbarth, Fem-ställiga logarithm-tabeller.
Wallberg, Den praktiska meterboken.
—, Prakt. prisförvandlingstabell.
Velander, Lilla räknebok.
—, Räknebok för folkskolan.
Westöö, Vademecum.
Wiener, Elementen i algebra.
—, Elementen i geometri.
—, Exempel o. problem i algebra.
Vieweg, Prakt. förvandlingsregler till o. från metersystemet.
Wilskman, Öfningsexempel till aritmetiken.
Wiman, Klassifikation af regelytor af 6:e graden.
Witt, Handledning i algebra.
Zweigbergk-Eklöf, Lärob. i räknekonsten.
Åberg, Räknelära.
Åbergh, Om amorteringslån.
Åhlander, Fickbok i metersystemet.

XXV. Astronomi, kronologi, meteorologi o. hydrografi.

Almanack.
Andrée, Iakttagelser under en ballongfärd.
Annotations-almanacka.
Bank-almanacka.
Berglund, Solen i mörker o. månen i blod.
Biela-stjernfallen 1885.
Biese, Das Verticalvariometer mit verticalen Magneten.
— , Magnetiska bestämningar vid centralanst. i Helsingfors.
— , Vetenskapssoc. meteorolog. centralanst. verksamhet.
Block-almanacka.
Bohlin, Jorden och solsystemet.
— , Konstanterna vid den dagliga nutationen.
— , Laplacés undersökn. af librationen i planetteorin.
— , Lefvande kraftens princip för dynamiska systems stabilitet.
— , Till frågan om sekulära störingar.
— , Ueber eine neue Annäherungsmethode in der Störungstheorie.
— — o. Schultz-Steinheil, Om iakttagelser för equinoktiets bestämning.
Bonde-practica.
Bonsdorff, Erddimensionen auf Grund d. Gradmessung.
— , Mesures des bases de Moloskowitzi et de Poulkovo.
— , Telegraphische Längenbestimmung von Wiborg.
Boxström, Kartupptagning med kompass.
Carlheim-Gyllensköld, Détermination des éléments magnétiques dans la Suède méridionale.
Charlier, Almanackan och tideräkningen.
— , Astrophotometrische Studien.
— , Jupiter-Störungen des planeten Thetis.
— , Om expositionstidens inflytande på den fotografiska bilden af en stjerna.
— , Om fotografins användning för undersökn. af föränderliga stjernor.
— , Om utveckl. af dubbelperiod. funktioner.
— , Studier öfver tre-kroppar-problemet.
— , Ueber den Gang des Lichtes.
Donner, Beobachtungen von Cometen.
— , Bestämningar af polhöjden för observatorium i Helsingfors.
— , De astrofotografiska arbetena å observatoriet i Helsingfors.
— , Der Planet (183) Istria.
— , Détermination des constantes nécessaires.
— , En metod för beräkning af tidsbestämningar.
— , Formel u. Tafeln zur Berechnung von Zeitbestimmungen.
— , Om himlahvalfvets skenbara afplattning.
— , Om möjligheten att återfinna triangelpunkterna.
— , Vattenståndsobservationer i Saima sjö.
— o. Petrelius, Latitudsbestämningar.
— , — , Rysk-skandinaviska gradmätningens triangelpunkter.
Dunér, Om solen.
— , Recherches sur la rotation du soleil.
— , Sur la rotation du soleil.
— , Sur les étoiles à spectres de la 3:me classe.
Ekholm, Etude des conditions météorologiques.
— , Sur la chaleur latente de la vaporisation de l'eau.

Ekholm, Ueber die Einwirkung d. ablenkenden Kraft der Erdrotation auf die Luftbewegung.
— , Undersökningar i hygrometri.
— o. Arrhenius, Ueber den Einfluss des Mondes.
— o. Hagström, Molnens höjd i Upsala u. sommaren
Elmgren, Hafsvattnets sommarvärme 1871—1890.
Engström, Bestämning af Lunds observatorii polhöjd.
Ericsson, Bahnelemente des Cometen 1863.
Exploration internationale des régions polaires.
Falb, Kritiska dagar.
— , Stjernor o. menniskor.
— , Stormar o. jordbäfningar.
Fick-almanacka.
Fick-kalender.
Flammarion, Atmosferens under.
— , Ballongfärder.
— , Bebodda verldar.
— , I himmel o. på jord.
— , Populär astronomi.
— , Resor i luftballong.
— , Vår himmel.
— , Världens undergång.
Geelmuyden, Fra astronomiens historie.
Gyldén, Bevis för en sats, som berör frågan om planetsystemets stabilitet.
— , Om sannolikheten af en inträdande divergens vid användande af de hittills brukliga metoderna att analytiskt framställa planetariska störingar.
— , Planetsystemets stabilitet.
— , Traité analyt. des orbites absolues des huit planètes principales.
Gyldén, O., Kortfattad tidvattenslära.
Hagström o. Falk, Mesures de nuages dans les montagnes de Jemtland.
Hamberg, La radiation des nuages supérieurs.
— , Nederbördens mängd i norra Halland.
— , Om skogarnas inflytande på Sveriges klimat.
— , Sur une prétendue périodicité de presque 26 jours dans les orages.
Hasselberg, Spektroskopiska undersökn:r om stjernornas rörelse.
— , Ueber das Absorptionsspectrum des Broms.
— , Zur Spektroskopie der Verbindungen.
Heinrichs, Medelepoken för första snöfallet i Helsingfors.
— , Reseberättelse öfver inspektioner å meteorolog. stationer i Finland.
— , Snö- o. isförhållandena i Finland.
Heinricius, Bahnelemente d. Kometen 1887.
Hellström, Undersökn:r om nivåförändr. i Bottniska viken.
Hildebrandsson, Falbs »kritiska dagar».
— , Om regn o. moderna regnmakare.
— , Om väderleksmärken.
— , Skogarne o. klimatet.
— , Typer för synoptiska väderlekskartor.
Hjeltström, Om nederbördens förändringar.
— , Sur la conductibilité de la neige.
Homén, Bidrag till känned. om nattfrostfenomenet.
— , Bodenphysikal. u. meteorolog. Beobachtungen.
— , I fråga om nattfroster.

Homén, Om nattfroster.
Hällström, Triangelmätning.
Iakttagelser, Meteorologiska.
Indebetou, Anteckn:r om svenska almanackan.
Juhlin, Sur la température nocturne de l'air à différentes hauteurs.
—, Vattenångans maximi-spänstighet öfver is.
Juselius, Hydrologiska undersökningar.
Jäderin, 1887 års förmörkelser.
—, Astronomi.
—, Märklig längdförändring hos geodet. basmätningssträngar.
— o. Charlier, Stjernverlden.
Kalender.
Kalender, Frimurare-ordens.
Kalender, Svea rikes.
Kallstenius, Kalender för hvarje år t. o. m. 2000.
Kihlman, Nattfrosterna i Finland.
Kontors-almanacka.
Larssén, Ueber die Bahn d. Kometen 1877.
Lemström, Om nattfrosterna.
— Om polarljuset o. norrskenet.
—, On night-frosts.
Levänen, Daggpunkten om sommaraftarne i Helsingfors.
—, Lufttemperaturens frekvens i Helsingfors.
—, Solfläckarnes inflytande på islossningstiderna.
Lilliehöök, Vattenhöjdsförändring i Altenfjord.
Lindhagen, Geodätische Azimuthbestimmung.
—, Längenbestimmungen zwischen den Sternwarten in Stockholm.
Masal, Formeln u. Tafeln zur Berechnung der absol. Störungen d. Planeten.
Moberg, Fenolog. iakttagelser i Finland.
Mohn o. Hildebrandsson, Les orages dans la péninsule scandinave.
Möller, A., Borgerlig tid o. verldstid.
Möller, P, Klimatet vid nedre Kongo.
Neovius, Om lufttrycksvärdens reduktion till hafsytan.
Nordenmark, Sur le moyen mouvement dans l'anneau des astéroides.
Nordenskiöld, A. E, Om ett i Schlesien med snö nedfallet stoft.
Nordenskiöld, N. K., Afvägning af Åbo slotts höjd öfver hafvet.
—, Berätt. öfver Finska vetensk. societetens meteorolog. anst. verksamhet.
—, Medelhöjden af hafsytan vid Finlands kuster.
—, Om det s. k. röda skenet.
Nordqvist, Hafsvattnets salthalt o. temperatur.
—, Höjdmätningar i norra Finland.
—, Om insjöarnes temperatur.
Nyckel till almanackan.
Nyckel, Ny, till almanackan.

Observations publiées par l'institut météorologique central de Finlande.
Olsson, Bestämning af banelement för komet VIII.
—, Ueber die absolute Bahne des Planeten Egeria.
—, Untersuchung über eine Gruppe von langperiod, elementären Gliedern in der Zeitreduktion.
Palmqvist, Hydrografiska undersökningar i Gullmarfjorden.
—, Unders. öfver atmosferens kolsyrehalt.
Paulsen, Nordlysiagttagelser fra Grönland.
Petit-kalender.
Petrelius, Tabeller för beräkning af barometriska höjdmätningar.
—, Uppsökandet af den rysk-skandinav. gradmätningens inom Finland belägna triangelpunkter.
—, Uppsökning af den baltiska triangulationens punkter i Finland.
Pettersson, Redog. för de hydrografiska undersökn. i Östergötland.
— o. Ekman, Skageracks o. Kattegats hydrografi.
Points astronomiques en Finlande.
Pulpet-almanacka.
Roos, Reseberättelse öfver en inspektionsresa.
Rosén, Iakttagelser af tidvattnet vid Pitlekaj.
—, Om lodafvikelser i Sverige.
Savander, Die Baltische Triangulation zwischen Wiborg und Åbo.
Schultz, Measures of nebulæ.
—, Meridian Beobachtungen in Upsala.
—, Mikrometr. Bestimmung einiger teleskopischen Sternhaufen.
Schultz-Steinheil, Definitive Bahnelemente des Kometen 1840. IV.
Skrifbordsalmanacka.
Sohlberg, Atmosferiska luftens fuktighet.
—, Finnes utom dimmor o. moln annan synlig utfällning i atmosferen.
Sundell, Barometervergleichungen.
—, Snötäckets höjd i Finland.
—, Åskvädren i Finland.
Timberg, Om temperaturens inflytande på vätskors kapillaritetskonstantier.
Wahlbeck, De forma et magnetudine telluris.
Weiss, Stjernhimmeln i bilder.
Wigert, Orage accompagné de trombes.
—, Trombe de Wimmerby.
Wijkander, Observations de marées au Spitzberg.
Witkovsky, Des travaux géodésiques en Angleterre.
—, Détermination à l'aide du télégraphe des longitudes des principaux points du littoral du Golfe de Bothnie.
—, Sur l'attraction locale à Viborg.
Vägg-almanacka.
Öhberg, Vattenståndet vid Kronstadt.

XXVI. Naturvetenskap.

a) Allmän.

Acta Societatis pro fauna et flora fennica.
Afhandlingar, Populär-vetenskapliga.
Almquist, Läran om den oorganiska naturen.
— o. Lagerstedt, Lärobok i naturkunnighet.

Almquist o. Lagerstedt, Tillägg till Lärobok i naturkunnighet.
Andersson, G., »Syndafloden».
Asperheim, Darvinismen.
Berg o. Lindén, Lærebog i naturkundskab.
—, —, Lärobok i naturkunnighet.

Berge, Illustr, naturhistoria.
Berlin, Lärobok i naturläran.
Bibliotek, Folkupplysningssällsk. naturvetenskapliga.
Bibliotek, Populärt-vetenskapligt.
Boksamling, Naturvetenskaplig.
Buckley, Vetenskapens sagoland.
Celander, Kortfattad lärobok i naturlära.
— , Naturlära för folkskolor.
Commentationes variæ in memoriam actorum CCL annorumed. Univ. Helsingforsiensis.
Dalström, Illustr. naturhist. läsebok.
Föreläsningar, Populärt vetenskapliga.
Förhandlingar, Biologiska föreningens.
Handböcker, Naturvetenskapliga.
Helmholtz, Om naturkrafternas växelverkan.
Holmström, Kort lärokurs i naturlära.
Hvarför? o. Huru?
Iakttagelser, Vega-expeditionens vetenskapliga.
Karlsson, Naturlära för folkskolans barn.
Kihlman, Bericht einer naturwissenschaftl. Reise durch Russisch Lappland im Jahre 1889.
Kronström, Undrens verld.
Leche, Descendensteorien o. Darwinismen.
Linné, Ungdomsskrifter.
Lochmann, Den nyare naturåskådningen.
Lundeqvist, Hemlexor. 5. Naturlära.
Lärobok i naturkunnighet.
Meddelanden, Vetenskapliga.
Naturen. Populär tidskrift.
Naturlära för allm. läroverken.
Romsay, Bericht über eine Expedition nach der Tundra Umptek.
Sandberg, Lärobok i naturkunnighet.
Segerstedt, Naturlära för folkskolor.
Stinde, Från naturens dolda verkstad.
Söderén, Naturhistoria.
Thomsen, Naturvidenskabens grundsætninger.
Wahlstedt, Folkskolans naturlära.
Wallace, Darwinismen.

b) Fysik och kemi.

Almquist o. *Nordenstam*, Kurs af kemiska försök.
Andrée, Iakttagelser vid kondensation af vattenångan.
— , Iakttagelser öfver luftelektriciteten.
— , Värmets ledning i porösa fuktiga kroppar.
Arrhenius, Eigenschaften d. verdünnten Salzlösungen.
— , Einfluss d. Neutralsalze.
— , Försök att beräkna dissociationen hos i vatten lösta kroppar.
— , Gleichgewichtsverhältnisse zwischen Elektrolyten.
— , Theorie d. isohydrischen Lösungen.
— , Ueber das Leitungsvermögen d. beleuchteten Luft.
— , Ueber das Leitungsvermögen der phosphorescirenden Luft.
— , Ueber den Gefrierpunkt verdünnter wässeriger Lösungen.
— , Ueber die Diffussion von in Wasser gelösten Stoffen.
— , Ueber die innere Reibung verdünnter wässeriger Lösungen.
— , Ueber die Leitung von Elektricität durch heisse Salzdämpfe.
— , Ueber die Änderung d. elektr. Leitungsvermögens einer Lösung durch Zuzatz von kleinen Mengen eines Nicht-leiters.
— , Undersökn:r ang. blandningars elektr. ledningsförmåga.

Aschan, Bidrag till kännedom af a-dibromhydrin.
— , Bidrag till kännedom af ftalamid o. ftalamidsyra.
— , Lärobok i oorganisk kemi.
— , Några iaktt. om lika sammansatta organ. syreo. svafvelförens kokpunkter.
— , Om klorid af oxanilsyra.
— , Om (o)-nitroftalanil.
— , Om sura estrar af ftalsyra.
— , Studier inom anhydrobasernas klass.
— , Studier inom naftengruppen.
— , Zur Geschichte der Umlagerungen in die Allylreihe.
— o. *Hjelt*, Unders. af finskt terpentin.
— o. *Zilliacus*, Om difenylsulfhydantoin.
Asperén, Ueber Electricitätsüberführungz wischen Flammen und Spitzen.
Berwald, Lärob. i oorg. kemi.
Berättelse öfver verksamheten vid den kem. stationen i Örebro.
Bjerknes, Das Eindringen electr. Wellen in die Metalle.
— , Die Bestimmung d. Dämpfkonstanten.
Björkman, Fysik o. kemi.
Bladin, Om amidoximer o. azoximer.
— , Om bisfenylmetyltriazol.
— , Om inverkan af acetättiketer på dicyanfenylhydrazin.
— , Om dicyanfenylhydrazins kondenssationsprodukter.
— , Om ditriazolföreningar.
— , Om fenylmetyltriazolföreningar.
— , Om några nya triazolderivat.
— , Om oxidation af fenylmetyltriazolkarbonsyra.
— , Studier öfver aromat. ortodiaminers o. fenylhydrazins cyanadditionsprodukter.
— , Ueber Triazol- o. Tetrazol-Verbindungen.
Blomstrand, Cyrtolithen från Ytterby.
— , Den 7-atomiga jodens dubbelsyror.
— , Grundämnenas föreningsvärde.
— , Lärob. i oorganisk kemi.
— , Om gadolinitjordens atomvigt.
— , Om jodsyran o. dubbelsyror deraf.
— , Om Monsziten från Ural.
— , Om zirkoniumhaltiga silikatens kemiska byggnad.
— , Ueber die Constitution der aromat. Diazoverbindungen.
— , Ueber d. Sauerstoffsäuren d. Jodes.
Bonsdorff, Förteckning öfver fysikal. apparater.
Brander, Untersuchung elektrischer Erdströme.
Bäcklund, Bidrag till theorin för vågrörelsen.
— , Om Ribaucours cykliska system.
— , William Rowan Hamiltons lösning af dynamiska problem.
Bäckström o. *Paykull*, Undersökn:r af de vid upplösning af jern i syror utvecklade gasernas volym o. sammansättning.
Charlier, Bestämning af ljusets hastighet.
Cleve, Derivat af δ-amidonaftalinsulfonsyra.
— , Derivat af γ-amidonaftalinsulfonsyra.
— , Derivat af 1:3-diklornaftalin.
— , Förening mellan formamid o. kinaldin.
— , Inverkan af klor på α- och β-naftol.
— , Inverkan af salpetersyra på naftalin.
— , Klors inverkan på α-acetnaftalid.
— , Lärob. i kemiens grunder.
— , Lärob. i organisk kemi.
— , New researches on the compounds of didymium.
— , Om 1—2 Amidonaftalinsulfonsyra.
— , Om 1—6—4 Diklornaftalinsulfonsyra.
— , Om en ny nitronaftalinsulfonsyra.
— , Om inverkan af klor på acet-β naftalid.

64. FYSIK O. KEMI.

Cleve, Om kraft.
——, Om några klornaftalinsulfonsyror.
——, Om organiska sulfimidoföreningar.
——, Qvalitativ kemisk analys.
——, The diatoms of Finland.
Collan, Beitrag zur Kenntniss d. Autokatalyse.
——, Bildas det svafvelsyra vid förbränning af svafvelhaltig lysgas.
——, Ftalidbildningen.
Cronquist, Anteckn:r om moderna sprängämnen.
——, Berätt. af Stockholms läns kemist.
——, Om analys af nitroglycerinhaltiga sprängämnen.
——, Om nitroglycerinhaltiga sprängämnen i kyla.
Dahlander, Elektriciteten.
——, Elektricitetens nyaste framsteg.
——, Utvidgningscoefficienten o spänstighetscoefficienten.
Duhem, Applications de la thermodynamique.
Edlund, Bemerk. zu Hoppes: »Zur Theorie d. unipolaren Induction».
——, Considerations sur l'électricité atmosphérique.
——, Gasformiga kroppars elektr. motstånd.
——, Leitungsfähigkeit des Vacuums.
——, Recherches sur la force électromotrice de l'étincelle électrique.
——, Théorie de l'induction unipolaire.
——, Ueber Worthingtons Bemerkung gg. d. Beweis, dass d. leere Raum Elektricitetsleiter ist.
Eggertz o. *Nilson*, Kemisk undersökn. af moss- o. myrjord.
Ekbom, Jodväteryrans inverkan.
——, Om m-Dinitrodifenyldisylfin.
Ekman o. *Pettersson*, Den svenska hydrografiska expeditionen.
Ekstrand, Några naftostyrilderivat.
——, Om a-βNaftamidoxim.
——, Om nafthydroxamsyror.
——, Om naftoësyror.
—— o. *Johansson*, Bidrag till kännedom om kolhydraten.
—— o. *Mauzelius*, Om molekularvigten hos maltos.
Enebuske, Om platinas metylsulfinbaser.
Floderus, Fysikens första grunder.
——, Öfningsexempel till Fysiken.
Forselles o. *Wahlforss*, Enantylsyrans historia.
Forsling, Brönner'ska amidonaftalinsulfonsyran.
——, Om absorptionsspektra hos didym o. samarium.
——, Om β₁- och β₂-bromnaftalinsulfonsyra.
——, Om 1—6 Dibromnaftalin.
——, Om tvänne β-amidonaftalinsulfonsyror.
Forssell, Om etylendiamin.
Grane, Versuche über den temporären Magnetismus d. Eisens.
Granqvist, Undersökningar öfver den elektr. ljusbågen.
——, Un nouveau galvanomètre
Hagström o. *Falk*, Jemförelse mellan Ångströms o. Neumans metoder för bestämning af kroppars ledningsförmåga för värme.
Hallström, Om åskledare.
Humberg, Arseniksyrlighetens förändring i beröring med ruttnade animal. ämnen.
——, Om kristalliseradt bly.
Handbok för laboranter.
Handledning vid kemiska laborationsöfningar.
Hector, Derivat af svafvelurinämne.
——, Experiment-boken.
——, Kemiska tidsfördrif.
——, Oxidationsmedels inverkan.
——, Svafvelurinämnenas förhållande till oxidationsmedel.

Hedin, Bidrag till kännedom om hornsubstansens klyfningsprodukter.
——, Om bestämning af drufsocker genom förjäsning.
——, Om pyridinens platinabaser.
——, Om trypsindigestionen.
Hellström, Derivat af α_1-β_1-diklornaftalin.
——, Studier öfver naftalinderivat.
——, Svafvelsyras inverkan på klorväte.
Hjelt, Den kemiska institutionen vid finska univ.
——, Die intramoleculare Wasserabspaltung.
——, Einwirkung wasserentziehender Mittel auf aromathischen Alkohole.
——, Ftalidbildningen ur o-oxymetylbenzoesyra.
——, Grunddragen af allm. organ. kemin.
——, Kemin.
——, Kemisk undersökning af hafsvattnet i Finlands sydvestra skärgård.
——, Med anledn. af en kritik af U. Collan
——, Mindre meddelanden från kemiska laboratorium.
——, Om anilins inverkan på syreestrar.
——, Om ftalföreningars konstitution.
——, Om kaliumsulfid.
——, Om tennets grå modifikation.
——, Ueber die Geschwindigkeit d. Hydrolyse d. Phtalids.
——, Ueber Orthoxylenylchlorid.
——, Undersökn:r öfver anhydridbildningen.
——, Undersökn:r öfver symmetrisk allyl-etyl-bernstenssyra.
——, Undersökn:r öfver symmetrisk dietyl bernstenssyra.
—— o. *Aschan*, Lärob. i organisk kemi.
—— o. *Gadd*, Ueber pseudocumenylalkohol.
—— o. *Sivén*, Beobachtungen über symmetrisches Dibromaceton.
Hoff, Lois de l'équilibre chimique dans l'état dilué, gazeux ou dissous.
Holmgren, Elektriska tillståndet hos stoftet från vattenfall.
Holmqvist, Triazolföreningar.
Homén, Über die Electricitätsleitung der Gase.
Hällstén, Det mekaniska åskådningssättet.
——, Verkningar af magnesiumsulfat på motoriska ledningsbanor.
——, Verkningar af magnesiumsulfat vid subkutan användning.
Ihrfelt, Några substitutionsderivat af glykokoll.
Isaachsen, Fremtidens lys.
——, Kraftoverföring.
Isberg, Elasticitetsgräns hos metalltrådar.
Jochnick, Det vigtigaste af teoret mekaniken.
Johansson, A. M, Vattnets specifika värme
Johansson, K., Enstatit.
Johnsson, Om metafosforsyrans inverkan.
Jönsson, Om vätskeblandningars ångtension.
——, Om ångtensionen.
Kempe, Lärobok i organ. kemi.
Klason, Amidogruppens substitution i aromatiska föreningar mot Hydrothion.
——, Om persulfo- o. dithiocyansyra.
——, Svafvel o. haloider i organ. bestämningar.
——, Undersökn:r öfver senapsoljättiksyra.
——, Öfver sex isomera toluoldisulfosyror.
Klercker, Sur la dispersion anormale de la lumière.
Komppa, Ueber O-Cyanzimmtsäure.
Krüss o. *Nilson*, Jordarterna och niobsyran i Fergusonit.
——, ——, Om kaliumgermanfluorid.
——, ——, Produkten af niobfluorkaliums reduktion.
——, ——, Studier öfver sällsynta jordarters absorptionsspektra.

Krüss o. *Nilsson*, Thoriums eqvivalent- o. atomvigt.
Langlet, Om Azthinderivat.
Lemström, Expériences sur l'influence de l'électricité.
Lindeberg, Öfningsuppgifter i fysik.
Lindelöf, E., Sur le mouvement d'un corps de révolution roulant.
Lindelöf, L., Trajectoire d'un corps assujetté.
Lindskog, En rings rörelse i vätska.
— —, Lärobok i mekaniken.
Lumière, Procédé d'obtention de microphotographies destinées à la projection.
Lärobok i fysik. 1. *Wijkander*, Läran om kropparnas rörelse.
Löndahl, Inverkan af alkoholistiskt natriumetylat på ättikester o. benzaldehyd.
— —, Om platinasulfinbasernas konstruktion.
— —, Platinasulfinfören. af normalbutyl.
— —, Vätesvafleapparat med flere kranar.
Malmborg, Om elektrisk belysning.
Mauzelius, Derivat af etylidendisulfonsyra.
— —, Naftalins 1—5 halogensulfonsyror.
— —, Om 1—4-fluornaftalinsulfonsyra.
— —, Om rykande svafvelsyras inverkan.
— o. *Ekbom*, Om α- och β-monofluornaftalin.
— — o. *Ekstrand*, Om molekularvigten hos maltos.
Mebius, Bemerkungen zu dem Aufsatze des herrn Hoppe: Zur magnetelectrischen Induction.
— —, Determination experimentale des elements principaux d'une lentille divergente.
— —, Galvanometr. mätningar öfver det inflytande en elektr. gnista utöfvar på en annan.
— —, Om ändringar af metallers elasticitetskoefficient.
— —, Ueber Disjunktionsströme.
— —, Versuche mit einem elektr. Funken u. einer kleinen Flamme.
— o. *Lindskog*, Lärobok i fysik.
Melander, De fysiska naturlagarna.
— —, Études sur la dilatation de l'hydrogène.
— —, Études sur la dilatation de l'oxygène.
— —, Om ljusfenomenet i Geisslerska rör.
— —, Sur un appareil à déterminer le point 100 des thermomètres.
— —, Sur un effet lumineux observé au-dessus des lampes à arc.
Modeen, Ueber Hydroxylaminabkömmlinge.
Moll, Om urladdningen af Ruhmkorffs induktorium.
Neovius, A., Volymator.
Neovius, O., Om skiljandet af kväfvets o. syrets linier i luftens emissionsspektrum.
Nilson, Handl:r rör. instrukt. för de kemiska stat.
— — o. *Pettersson*, Bestämning af några fysikal. konstanter för Germanium o. Titan.
— ,— , Nouvelle méthode pour déterminer la densité de vapeur des corps volatisables.
— —, Om aluminiumchloridens ångtäthet.
— , Sur deux nouveaux chlorures d'Indium.
— , Sur le poids moléculaire du chlorure d'aluminium.
Nordenskiöld, A. E., Förhållande mellan våglängderna i en del ämnens spektra.
Nordenskiöld, G, Om cyans inverkan på α- o. β-naftylamin.
Nordman, E. A., Bestämning af några minimalstycken.
Nordman, G. A, För en formförnimmelse nödiga retningstiden i dess beroende af särskilda variabler.
Norstedt o. *Wahlforss*, Några derivat af kapronitril.
Notiser, Kemiska.
Nyström, Framställning af de vigtigare elektr. enheterna.

Olsson, Lehre von der Bewegung eines Körpers in einer Flüssigkeit.
— , Lösning af ett mekaniskt problem, som leder till Rosenhainska funktioner.
— , Om fasta kroppars rörelse i vätskor.
Palmær, Elden.
— —, Om inverkan af svafvelsyra på a-nitronaftalin.
— —, Om iridiums ammoniakaliska föreningar.
Paykull, Om härdningens inflytande.
Petrini, Om några grundbegrepp i den mekan. värmeteorien.
— —, Sur la condition à la surface dans l'hydrodynamique.
Pfannenstill, Om fem isomera xyloldissulfonsyror.
Phragmén, Om ett enkelt fall af permanent rörelse med rotation.
Rindell, Kemiska reaktionerna.
Rosén, En sats i teorin för konstanta elektr. strömmar.
— , Om Frölichs generalisation af Wheatstoneska bryggan.
— , Quelques fromules de l'électrodynamique.
— —, Solution d'un problème d'électrostatique.
— , Sur la notion de l'énergie libre.
— , Sur la théorie de l'induction unipolaire.
— , Sur la théorie des oscillations électriques.
Rosenberg, Kemiska kraften.
— , Lärobok i oorganisk kemi.
Rosengren, Bidrag till känned. om sulfonglycinerna.
Rosenqvist, Reflexion af polariseradt ljus från magnetiserade speglar.
Rudelius, Platinapropylsulfinföreningar.
Rydberg, Die Gesetze d. Atomgewichtszahlen.
— —, Recherches sur la constitution des spectres d'émission des éléments chimiques.
— , Sur une certaine asymétrie dans les réseaux.
Scheele, Efterl. bref o. anteckn:r.
— , Nachgelassene Briefe u. Aufzeichnungen.
Schultén, Lärob. i kvalitativ kemisk analys.
— , Om framställning af ett arsenikfosfat.
— —, Om framställning af kristalliseradt kadmiumkarbonat.
— —, Om framställning af konstgjord malakit.
— —, Om framställning af konstgjord pyrokroit.
— —, Om framställning af silfverkaliumkarbonat.
Selander, Inledning till teoretisk fysik.
Siljeström, Bestämningar af magnet. inklinationen.
— , Om elektrisk ström genom mekaniskt tryck.
Sjögren, Handledning i mekanik.
Slotte, Attraktionen hos mättade ångor.
— , Om den inre friktionen hos vätskor.
— , Ueber die Reibungsconstante d. Flüssigkeiten.
— , Wärmebewegung d. Metalle.
Sohlberg, Edlunds unitariska teori.
Solander, Die magnetische Inklination in Upsala u. Stockholm.
— , Galvanisk elektricitet.
— , Konstantenbestimmung mit einem Lamontschen Theodolit.
— , Modificierte Lloydsche Wage.
— , Ueber den Einfluss der Fadentorsion bei magnet. Ablenkungsversuche.
Sondén, Ein neues Hygrometer.
Sucksdorff, Bakteriehalten hos vattnet från Vanda å.
Sundberg, Lärobok i mekanik.
Sundell, Barometervergleichungen.
— , En akustisk anemometer.
— , Notiz über ein Normalbarometer.
— , Om norrskenet 1886.
— , Spectralversuche.

64. FYSIK O. KEMI. 65. GEOLOGI O. MINERALOGI.

Sundell, Transportables Barometer.
—, Ueber eine Modifikation d. Quecksilberluftpumpe.
Sundvik, Om uroxansyra.
Svensson, Bestämning af optiska vridningsförmågan.
Söderbaum, Bidrag till kännedomen om platooxalatens reaktionsförhållanden.
—— o. Widman, Derivat af ortoamidobenzylalkohol.
—,—, Om fenyl- o. p-tolyl- o. benzulendiamin.
Söderström, Om Arrhenii kemiska teori.
Tallqvist, Anwendigung d. Theorie d. ellipt. Functionen auf Aufgaben d. Mechanik.
Tidskrift, Svensk kemisk.
Tigerstedt, Abweichung der Magnetnadel.
Törngren, Substances entre le liquide ammistique.
Uschakoff, Teknisk mekanik.
Wahlfors, Bidrag till enantylsyrans historia.
Wallin, Om toluolsulfonglycin.
Weibull, Jämförande undersökning af Benzols o. Toluols monosulfonföreningar.
—,—, Kortfattad lärobok i fysik.
——, Kortfattad lärob. i oorganisk kemi.
Vesterberg, Om hartsyrorna.
Westin, Grunddragen af hållfasthetsläran.
——, Kinematikens element.
Widman, Elementär lärobok i organisk kemi.
-—, Om acetopropylbenzol o. acetokumol.
——, Om glykoluril o. acetylenurinämne.
——, Om hydrokanelkarbonsyra.
- —, Om inverkan af alkoholisk kalilut.
——, Om kumenylpropionsyran.
- —, Om omlagringarna inom propylgruppen.
——, Om ortonitrokumenylakrylsyrans oxidationsprodukter.
—-—, Om propylgruppen i kumminalkohol.
- —, Ueber asymmetrische secundäre Phenylhydrazine.
-—, Upptäckter inom den nya kemiens verld.
——, Upptäckter inom den organ. kemiens verld.
—— o. Abenius, Om broms inverkan på acetortoloid.
- —,—, Om inverkan af alkoholisk kalilut.
- — o. Bladin, Om cymols oxidation.
- — o. Söderbaum, Derivat af ortoamidobenzylalkohol.
--,—, Om framställning af nitrocymol.
-—,—, Om kumenylpropionsyrans konstitution.
—-,—, Om omlagringarne från propyl till isopropyl.
Wijkander, Fysikens grunder.
- —, Lärobok i fysik.
- —, Om elektrisk arbetsöfverföring.
——, Om sambandet mellan ljuset o. elektriciteten.
- —, Spektroskopiska arbeten.
Wiklund, Geometriskt isomera allylmetylbernstenssyror.
Ångström, Beiträge zur Kenntniss der Asorption d. Wärmestrahlen.
—-, Beobachtungen über die Strahlung d. Sonne.
- , Bestämningar af känsligheten vid bolometriska mätningar.
- , Bolometrische Untersuchungen.
- , Dunkla mediers genomtränglighet för värmestrålning.
- —, Eine elektr. Kompensationsmethode zur quantit. Bestimmung strahlender Wärme.
—-—, Eine Wage zur Bestimmung der Stärke magnetischer Felder.
- , Étude des spectres infra-rouges de l'acide carbonique.
- , Études de la distribution spectrale de l'absorption dans le spectre infra-rouge.
- , Sur l'absorption de la chaleur rayonnante par les gaz atmosphériques.
- —, Sur la diffusion de la chaleur rayonnante par les surfaces sphériques.

Ångström, Våra ljuskällor.
—, Vätskors volyms- o. täthetsförändringar.
Öberg, Schematisk öfversigt af den qvalitativa kem. analysen.

c) Geologi o. mineralogi.

Berghäll, Bau d. Randmoränen in ostlichen Finnland.
—-, Finlands geolog. undersökning.
—-, Geolog. iakttagelser.
—-, Huru bör Tammerfors-Kongasalaåsen uppfattas?
Blomberg, Anteckn:r från en geolog. resa i Vesterbotten.
—, Geolog. undersökn:r inom Gefleborgs län.
Bonsdorff, A., Berechnung von Lotsstörungen.
- - , Hebung d. Küste bei Kronstadt.
Bonsdorff, E. J., Jodlösning o. dess cirkulation.
Brögger, Ausbildung des Hypostomes.
—, Ueber d. Ausbildung d. Hypostomes bei einigen skandinav. Asaphiden.
—— o. Bäckström, Ueber den »Dahllit».
Bulletin of the Geological institution of the university of Upsala.
Bäckström, Electrisches Leitungsvermögen d. Eisenglanzes.
—-, Elektriska ledningsmotståndet hos kristaller.
—, Kem. undersökning af några mineral från Langesund.
—, Kenntniss d. Thermoelektricität d. Krystalle.
—-, Kristallogr. undersökning af två nya kolväten.
—, Krystallform und optische Konstanten des Hydrokarbostyrils.
—, Nyupptäckta klotgraniter.
—-, Über angeschwemmte Bimssteine u. Schlacken.
—, Über den Rhombenporphyr.
—, Über fremde Gesteinsenschlüsse in skand. Diabasen.
Carlgren, Några amoniakaliska platinaföreningar.
, Protanthea simplex.
Cronquist, Anledn. till Skånska stenkolens skörhet.
—, Cementchiffern från Styggforsen.
—, Eldfast lera från Färöarne.
—, Eldfasta leror från Stabbarp.
—, Eldfasta leror i Ryssland.
—, Fossilt kol.
—, Jernhaltigt vatten från Rindön.
—, Om några förvittringsprodukter.
—, Om sjömalmsfyndigheten i Kolsnaren.
—, Qvartsteglets svällning.
De Geer, Beskrifning till den geog. jordartskartan.
- , Konglomerat.
—, Kvartära nivåförändringar.
—, Lommalerans ålder.
—-, Om Barnakällegrottan.
—, Om isdelarnas läge.
—, Om kaolin.
—, Om vindnötta stenar.
—, Skandinaviens nivåförändringar.
—, Strandliniens förskjutning.
Dunikowski, Ueber Permo-Carbon-Schwämme von Spitzbergen.
Eichstädt, Pyroxen från Småland.
Fegræus, Om jordaflagringarna.
Flink, Mineralogiska notiser.
—, Mineralog. Notizen.
—, Ueber die Kristallform u. Zwillnsgebildung d. Skolecit.
Fredholm, Norrbottens geologi.
—, Glaciala företeelserna i Norrbotten.

Frostcrus, Iakttagelser rör. skiktade moräner samt rullstensåsar.
Förhandlingar, Geologiska föreningens.
Gylling, Vestra Finlands glaciala bildningar.
—, Zur Geologie d. cambrischen Arkosen-Ablagerung d. westl. Finlands.
Hackman, Petrographische Beschreibung des Nephelinsyenites vom Umptek.
Hamberg, Natürl. Corrosionserscheinungen und Krystallflächen am Adular.
Hedström, Bergarter från morän vid Visby.
Hennig, Studier öfver Bryozoerna i Sveriges kritsystem.
—, Ueber Neuropora conuligera aus der schwed. Kreide.
—, Åhussandstenen
Holm, Caryocrinus i Sverige.
—, Försteningar från Lappland.
—, Gyroceras-formigt böjda Endoceras-arter.
—, Om Didymograptus.
—, Om Vettern o. Visingsöformationen.
—, Sveriges kambrisk-siluriska Hyolithidæ.
Holmström, Om nivåförändringar.
—, Om strandliniens förskjutning å Sveriges kuster.
Holst, Berätt. om en resa till Grönland.
—, Har det funnits mera än en istid i Sverige?
—, Lagerföljden inom den kambriska sandstenen.
—, Om en mäktig kvarsit.
—, Ryoliten vid sjön Mien.
Högbom, Förkastningsbreccior.
—, Geologiens vittnesbörd.
—, Geolog. beskrifning öfver Jemtland.
—, Glaciala aflagringarna i Upland.
—, Isdämda sjöar i Jemtlands fjelltrakter.
—, Istiden.
—, Postarkäiska eruptiver.
—, Qvarsit-sparagmitområden
—, Ueber das Nephelinsyonitgebiet auf d. Insel Alnö.
Jönsson, Agronom. geolog. studier i Jemtland.
—, Jordarternas användbarhet.
Keyser, Metallerna o. deras föreningar.
Kjellberg, Förteckning öfver Stora Kopparbergs bergslags bolags mineralkabinett.
Kjellén, Underjordiska inflytelser på jordytan.
Lindström, Om hyalotekit från Långban.
—, The Ascoceratidæ and the Lituitidiæ of the upper silurian formation of Gotland.
Lindvall, Glacialperioden.
Lundbohm, Apatitförekomster i Gellivare malmberg.
—, Apatitförekomster i Norrbottens malmberg.
—, Berggrunden i Vesternorrlands kusttrakter.
—, Kalksten.
—, Om den äldre baltiska isströmmen.
Lundgren, Smånotiser om de lösa jordlagren.
—, Sveriges mesozoiska bildningar.
Moberg, Iakttagelser från en geolog. resa till Island.
—, Kritsystem.
—, Lommalerans ålder.
—, Om lias i Skåne.
—, Om Sveriges mesozoiska bildningar.
—, Silurisk Posidonomyaskiffer.
—, Skiffer med Clonograptus tenellus.
—, Untersuch. über die Grünsteine.
—, Uppgifter om jordskalfven i Finland före år 1882.
—, Ölands Dictyonema skiffer.
Munthe, Om postglaciala aflagringar.
—, Studier öfver baltiska hafvets qvartära historia.
Mörtsell, Resenotiser från Vesterbottens lappmark.
Nathorst, Jordens historia.

Nathorst, Nya anmärkn:r om Williamsonia.
—, Några ord om Visingsöserien.
—, Om bernstenens bildning.
—, Om Dictiophyllum Nilsoni.
—, Sandslipade stenars förekomst vid Lugnås.
—, Sur de nouvelles remarques de M. Lebesconte concernant les Cruziana.
—, Sveriges geologi.
Nordenskiöld, Om gadolinitjordens molekularvigt.
—, Ytterligare iakttagelser om Gadolinitjordens atomvigt.
Nordenskjöld, Ergussgesteine aus Småland.
—, Porfyriska gångbergarter.
Petersson, Om naturl. etsfigurer på Beryll.
Ramsay, Bestimmung d. Berechnungsexponinten in Prismen mit grossen rechenden Winkeln.
—, Geolog. Beobachtungen auf d Halbinsel Kola
—, Om de arkäiska bildningarna i Jaala socken
—, Om tetartoëdri hos Turmalin.
—, Om turmalinens hänförande till den romboëdrisktetartroëdriska formgrupperna.
—, Pleokroismen o. ljusabsorptionen i Epidot.
—, Ueber die Salpausselkä im östl. Finnland.
— o. *Hackman*, Nephelinsyenitgebiet auf d. Halbinsel Kola.
Rosberg, Bottenvikens finska deltan.
—, Några dynbildningar på Bottniska vikens ostkust.
—, Några sjöbäcken med deltabildn:r i Lappmarken.
—, Ytbildningar i ryska o. finska Karelen.
Sederholm, Istidens bildningar i det inre af Finland.
—, Om bärggrunden i södra Finland.
Sieger, Flottholmen i sjön Ralången.
Sjögren, A., Allaktit från Långbans grufvor.
—, Periklas vid Nordmarks grufvor.
— o. *Lundström*, Om Barysil.
Sjögren, Hj., Om aralokaspiska hafvet.
—, Om ett nytt mineral från Mossgrufvan.
—, Om jordskorpans pressning.
Stolpe, Rullstensåsars uppkomst.
Suess, »Syndafloden»
Svedmark, Berggrunden inom Hallands län.
—, Gabbron på Rådmansö.
—, Geologi.
—, Geolog. meddelanden från resor i Dalarne.
—, Meddelanden om jordstötar i Sverige.
—, Om uralitporfyren vid Vaksala.
—, Orografiska studier inom Roslagen.
—, Pyroxen- o. amfibolförande bergarter.
—, Till frågan om bestämningen af plagioklasens natur.
—, Ytterligare om flottholmen i sjön Ralången.
Svenonius, Berggrunden i Norrbottens län.
—, Forskningsresor i Norrbotten.
—, Nasafjells zink- o. silfvergrufvor.
—, Stenriket o. jordens byggnad.
Thoroddsen, Geolog. iakttagelser paa Snæfellsnes og Tæxebugten.
—, Vulkaner i det nordöstlige Island.
Tigerstedt, Geologin.
—, Om trakten mellan Höytiäinen o. Pielesjärvi geolog. byggnad.
—, Studier rör. södra Finlands lerlager.
Torell, Aflagringarna å ömse sidor om riksgränsen.
—, Apatitförekomsterna i Norrbottens län.
—, Undersökn:r öfver istiden.
Törnebohm, Grunddragen af Sveriges geologi.
—, Lärob. i mineralogi o. petrografi.
—, Några ord om den geolog. öfversigtskartan
—, Under Vega-exped. insamlade bergarter.

65. GEOLOGI O. MINERALOGI 66. BOTANIK O. ZOOLOGI.

Törnquist, Iakttag. öfver omtvistade delar af lagföljden inom Dalarnes silurområde.
—, Observations on the structure of some Diprionidæ.
—, Siljans-områdets graptoliter.
—, Undersökningar om Siljans graptoliter.
Undersökn., Praktiskt geolog., inom Hallands län.
Undersökn., Praktiskt geolog., inom Jemtlands län.
Undersökn., Praktiskt geolog., inom Vesternorrlands län.
Undersökning, Sveriges Geologiska.
Ussing, Undersøgelse af Mineraler.
Wallerius, Undersökn. öfver zonen med Agnostus Lævigatus i Vestergötland.
Wasastjerna, Quelques observations sur le pouvoir rotatoire du quartz.
Weibull, Arsenikkisens kristallform o. sammansättning.
—, Ett blad ur vår tids mineralog. forskning.
—, Kortfattad lärobok i mineralogi o. geologi.
Wiik, Brottstycken af gneis i gneisgranit
—, Finska mineralsamlingen i universitetets i Helsingfors mineralkabinett.
—, Om kristallernas molekularstruktur.
—, Universitetets i Helsingfors mineralkabinett.
—, Utkast till ett kristallokemiskt mineralsystem.
—, Utkast till en allmän teori med tillämpning på mineralogin o. geologin.
Vogt, Malmförekomster i Jemtland.
Öberg, Flottholmen i sjön Ralången.

d) Botanik och zoologi.

(Lefvande o. fossila former).

Acta Horti Bergiani.
Adlerz, Myrmecologiska studier.
—, Om digestionssekretionen hos insekter.
—, Om människans ursprung.
—, Pantopodernas morfologi.
Agardh, Analecta algologica.
—, Om algernas systematik.
—, Om structuren hos Champia o. Lomentaria.
—, Species Sargassorum Australiæ.
—, Till algernas systematik.
Almquist, E., Die Lichenen-Vegetation d. Küsten d. Beringsundes.
Almquist, S., Öfversigt af djurriket.
Andersen, Frukthuset.
Andersson, G., Studier öfver torfmossar i södra Skåne.
—, Sutdier öfver örtardade slingrande stammars anatomi.
—, Växtpaleontologiska undersökn:r af sv. torfmossar.
Andersson, N. J., Väggtaflor för undervisning i botanik.
Andersson, O. F., Om Sveriges chlorophyllophyceer.
Andersson, S., Om de primära kärlsträngarnes utveckl.
Appellöf, Die Schalen von Sepia.
—, Japanska Cephalopoder.
—, Om skalets bildning hos Sepia.
Areschoug, Det fanerogama embryots nutrition.
—, Some observations on the genus Rubus.
Arrhenius, Om Polygonum Rayi Bab.
—, Om Stellaria hebecalyx.
Aurivillius, Carl, Beobachtungen über Acariden.
—, Der Wal Swedenborg's.
—, Die Beziehungen der Sinnesorgane amphibischer Dekapoden.
—, Die Maskirung der Dekapoden.
—, Hafsvertebrater från Tromsö amt.
—, Krustaceer hos arktiska Tunikater.

Aurivillius, Osteologie u. äussere Erscheinung d. Wals Sowerby's.
—, Ueber einige obersilurische Cirripeden aus Gotland.
—, Ueber Symbiose bei Gaslropengehäuser.
—, Öfversigt af de af Vega-expeditionens insaml. arktiska hafsmollusker.
Aurivillius, Chr., Coleoptera o. Lepidoptera från Kongofloden.
—, Die mit Oxypisthen verwandten afrikan. Gattungen d. Calandriden.
—, Grönlands insektsfauna.
—, Insekter på Kamerunberget.
—, Lepidoptera i nordl. Asien.
—, Nordens fjärilar.
—, Revisio monographica Microceridarum et Protomantinarum.
—, Svenska fåglarna.
—, Våra solitära getingars lefnadssätt.
Backman, Anteckningar om foglarne i Salmis härad.
Baldamus, Fågelsagor.
Bather, The Crinoidea of Gotland.
Bergendal, Beiträge zur Fauna Grönlands.
—, Ehrenbergs Euchlanis Lynceus wiedergefunden?
—, Einige Bemerkungen über Cryptocelides Lovenii mihi.
—, Gastroschiza tricacantha.
—, Jemförande studier o. undersökningar öfver benväfnadens struktur.
—, Männliche Copulationsorgane.
—, Neue Beobachtungen über abnorme Formen.
—, Nordische Turbellarien u. Nemertinen.
—, Polypostia similis.
—, Studien über Turbellarien.
—, Zoolog. Reise nach nord-Grönland.
—, Ueber abnormen Formen der ersten abdominalen Anhänge bei einigen Krebsweibchen.
—, Ueber eine dritte vordere Extremität eines braunen Frosches.
Bergroth, Om Finlands Ptychopteridæ o. Dixidæ.
—, Synopsis of the genus Neuroctenus Fieb.
Boas, Lärobok i djurrikets naturalhistoria.
Bohlin, Myxochæte.
Boldt, Desmidieer från Grönland.
—, Desmidieernas utbredn. i Norden.
—, Könsfördelningen hos lönnen.
Bonsdorff, Ornitologiska iakttagelser.
Borge, Bidrag till Sibiriens Chlorophyllophycé-flora.
—, Chlorophyllophyceer från norska Finnmarken.
—, Süsswasser-Chlorophyceen.
Borgström, Ueber Echinorhynchus turbinella.
Bovallius, Amphipoda Synopidea
—, Arctic and antarctic Hyperids.
—, Contributions to a monograph of the Amphipoda Hyperiidea.
—, Mimonectes.
—, New or imperfectly known Isopoda.
—, Notes on the family Asselidæ.
—, Remarks on the genus Cystesoma.
—, Systematical list of the Amphipoda Hyperiidea.
—, The Oxycephalids.
Brander, Parkans sockens foglar.
Brehm, De kallblodiga ryggradsdjurens lif.
—, De ryggradslösa djurens lif.
—, Djurens lif.
Brenner, Bidrag till känned. af Finlands Hieraciumformer.
—, Carduus crisponutans Koch.
—, Finska vikens övegetation.

Brenner, Floristisk handbok.
—, Förekomsten af Festuca duriuscula L. i Finland.
-, Nyländska Piloselloidea.
, Om de i Finland förekommande formerna af Juncus articulatus,
, Om några Taraxacumformer.
—, Variationsförmågan hos Primula officinalis.
Brotherus, Contributions à la flore bryologique du Brésil.
—-, Enumeratio muscorum Caucasi.
, Some new species of Australian Mosses.
o. *Sælan*, Musci Lapponiæ Kolaensis.
Bruzelius, Om Anser indicus i Skåne.
Callmé, De nybildade Hjelmaröarnes vegetation.
Carlson, Sveriges fåglar.
Carlsson, Untersuchungen über Gliedmassen-Reste bei Schlangen.
, Über die weichen die Theile d. überzähligen Strahlen an Hand u. Fuss.
, Zur Anatomie des Hyperoodon diodon.
Cederström, Ephippierna hos småkräftarten Daphnia pulex.
Conwentz, Über fossile Hölzer Schwedens.
Dahlstedt, Anteckn:r om Skandinaviens Hieraciumflora.
, Bidrag till s. ö. Sveriges Hieracium-flora.
, De Hieraciis scandinavicis in Horto Bergiano.
Dames, Ueber Vogelreste aus dem Saltholmskalk.
Dusén, K. F., Om Sphagnaceernas utbredn. i Skandinavien.
Dusén, P., Ombärgstraktens flora s. geologi.
Ehnberg, Lepidopterologiska iakttagelser.
Ekbohrn, Ornitolog. iakttagelser vid Sandhamn.
Eljstrand, Botan. utflygter i Jemtland.
, Hieracia alpina.
Elfving, Bemerkungen zu Wortmanns Hypothese der pflanzlichen Krümmungen.
- , De vigtigaste kulturväxterna.
, Einwirkung des Lichtes auf die Pilze.
, Einwirkung von Äther u. Chloroform auf die Pflanzen.
, Krümmungserscheinungen d. Pflanzen.
, Några anmärk.r till Desmidieernas systematik.
- , Physiolog. Fernwirkung einiger Körper.
, Über Saccharomyces glutinis (Fresen) Cohn.
, Zur Kenntniss d. pflanzl. Irritabilität.
Eliasson, Om sekundära anatomiska förändringar.
E. vald, Ornitologiska anteckningar.
Eriksson, Lycopodinébladens anatomi.
Faust, Coleopteren-Fauna Südwest-Sibiriens.
Fiskar, Skandinaviens, målade af *Wright*.
Floderus, Bidrag till kännedom om Salixfloran.
Forssell, Anatomie d. Glosslichenen.
, Inledn. till botaniken.
- , Kortfattad lärobok i botanik.
, Lärobok i botanik.
Fries, R., Hymenomycetum regionis Gothoburgensis.
Fries, T. M., Lärobok i systematisk botanik.
, Människans inflytande på vårt lands vegetation.
, Naturalhistorien i Sverige intill medlet af 1600-talet.
Fristedt, Bohusländska spongier.
- , Herbariekatalog för ungdom.
, Om Spongiæ vid Sveriges vestra kust.
, Sponges from the Atlantic and Arctic Oceans.
Förteckning öfver Salmonider i Riksmuseum.
Genetz, Finlands allmännaste matsvampar.
Geyler, Ueber fossile Pflanzen von Labuan.

Goës, A synopsis of the arctic and scandinavian recent marine Foraminifera.
—, Om dimorfismen hos Rhizopoda reticulata.
Grevillius, Anatom. studier öfver de florala axlarna hos diklina fanerogamer.
—, Om fruktbladstörökning hos Aesculus hippocastanum.
- , Om vegetationens utveckling på de nybildade Hjelmaröarne.
—-, Vegetationen i Jemtlands län.
Grill, Entomologisk latinsk-svensk ordbok.
Grönvall, Anteckn:r rör. några europ. Orthotricha.
—, De nordiska arterna af Orthotrichum o. Ulota.
, Nya bidrag till kännedom om nord. arter af Orthotrichum.
Guldberg, Darvinismen.
Haij, Barbitistes glabricauda Charp.
—-, Den morpholog. byggn. af Ilium.
- , Foglarnas bäcken.
—-, Om Acridiodeernas yttre morphologi.
, Skandinaviens Orthopterer.
Hammargren, Nya skildringar ur våra sångfåglars lif.
, Om våra svenska sångfåglar.
Hammarström, Bidrag till känned. af Sibiriens insektfauna.
Hansson, Limnadia lenticularis.
, Zoologiska anteckn:r från Bohuslän.
Hartman, Handbok i Skandinaviens flora.
Haupt, Die Anatomie d. Stämme.
Hedlund, Einige Muriceiden im zoolog. Museum der Univ. Upsala.
, Kritische Bemerkungen über Lecanora, Lecidea u. Micarea.
Hedström, Hasselns utbredning.
Heincke, Untersuchungen über die Stichlinge.
Hellbom, Bornholms laffora.
, Lafvegetationen på öarne vid Sveriges vestkust.
Hellström, Anatomien hos gräsens underjordiska utlöpare.
Henning, Vegetationsförhållande i Jemtland.
, Växtfysiognomiska anteckn:r från Härjedalen.
, Växtfysiognomiska studier.
Herbarium Musei fennici.
Hisinger, Puccinia Malvacearum Mont.
, Recherches sur les tubercules du Ruppia rostellata.
Hjelt, Conspectus floræ fennicæ.
—-, Växternas utbredning.
Hollmerus, Ornitologiska iakttagelser.
Holm, Gotlands graptoliter.
—, Om thoraxledernas antal.
Holmgren, Bidrag till känned. om de skandinav. foglarnes osteologi.
—-, Ichneumonologia suecica.
—, Om körtelinnervationer hos lepidopterlarver.
, Skandinaviens däggdjur.
Holst, Om ett fynd af uroxe.
Hult, Bildatlas öfver växtriket.
- —, Die alpinen Pflanzenformationen d. nördl. Finlands.
—-, Mossfloran i trakterna mellan Aavasaksa o. Pallastunturit.
Hällstén, Crânes provenant des environs de Tobol.
Härner, Kulturbeskrifning öfver Chrysanthemum indicum.
Högrell, Bergjums fanerogamer i blomningsföljd.
- , Botanikens historia.
Johansson, Studier öfver svampslägtet Taphrina.
—, Om gräsens kväfvefria reservnäringsämnen.

Juel, Anatomie der Apoblema.
—, Anatomie der Marcgraviaceen.
—, De floribus veronicarum.
—, Om byggnaden af kärlsträngsväfnad hos Veronica longifolia.
Jungner, Om anatomien hos Dioscoreæ.
Jägerskiöld, Ueber den Bau des Ogmogaster plicatus.
Jönsson, Beitr. zur Kenntniss des Dickenzuwaches der Rhodophycéen.
—, Ljusets betydelse för fröns groning.
Karlson, Transfusionsväfnaden hos Conifererna.
Karsten, Finlands basidsvampar.
—, Finlands mögelsvampar.
—, Icones selectae hymenomycetum Fenniae.
—, Sphæropsideæ hucusque in Fennia observatæ.
—, Symbolæ ad mycologiam fennicam.
Kellgren, Agronomiskt-botaniska studier i norra Dalarne.
—, Bot.- o. geolog. beskr. af de s. k. Ryornn.
Kihlman, Hepaticae från Inari lappmark.
—, Neue Beiträge zur Flechten-Flora der Halb-Insel Kola
—, Om Carex helvola Bl.
—, Om en ny Taraxacum.
—, Period. Erscheinungen d. Pflanzenlebens in Finnland.
—, Pflanzenbiologische Studien aus Lappland.
—, Potamogeton vaginatus Turcz.
— o. *Palmén*, Expedition nach der Halbinsel Kola.
Kindberg, Lärobok i zoologi.
—, Om Canadaområdets mossflora.
Kjellman, Handb. i Skandinaviens hafsalgflora.
—, Om Beringshafvets algflora.
—, Om en ny organisationstyp inom Laminaria.
—, Om fucoidéslägtet Myclophycus.
—, Om Kommandirskiöarnas fanerogamflora.
—, Om Nordens vårväxter.
—, Studier öfver Acrosiphonia.
—, Undersökning af till Adenocystis hänförda alger.
— o. *Petersen*, Om Japans Laminariaceer.
Klercker, Pflanzenphysiolog. Mitteilungen.
—, Studien über die Gerbstoffvakuolen.
—, Ueber die Bewegungserscheinungen bei ährenständigen Veronica-Blüten.
Klinckowström, Recherches morphol. sur les artères du cerveau d. vertébrès.
Kolthoff, Lagopus Bonasioides.
—, Tetrao Bonasiotetrix i Sverige.
— o. *Jägerskiöld*, Nordens fåglar.
Krok o. *Almquist*, Svensk flora.
Kulturbeskrifning öfver Chrysanthemum Indicum.
Lagerheim, Ueber Desmidiaceen aus Bengalen.
Lampa, Ollonborrarna.
Leche, Några drag ur människans utvecklingshistoria.
—, Tiden då träd och buskar kring Åbo utslagit blad.
—, Ueber die Säugethiergattung Galeopithecus.
Lemström, Nervanders galvanometer.
Leutemann, Djurriket.
Levander, Beiträge zur Kenntniss einiger Ciliaten.
—, Biolog. Beobachtungen.
—, Materilien zur Kenntniss d. Wasserfauna.
—, Mikrofaunistiska anteckningar.
—, Peridinium catenatum n. sp.
Levin, Hjertbladets anatomi hos monokotyledonerna.
—, Ueber spanische Süsswasseralgen.
Lidforss, Studier öfver elaiosferer i örtbladens mesofyll o. epidermis.
—, Ueber d. Wirkungssphäre der Glycose- und Gerbstoff-Reagentien.
—, Växternas skyddsmedel.

Lilja, Menniskan.
Lilljeborg, Fauna. Sveriges o. Norges fiskar.
Lindberg, Nordens mossflora.
— o. *Arnell*, Musci Asiæ borealis.
Lindén, A., Ur djurens lif.
Lindén, J., Växtligheten i Karelen.
Lindfors, Sulkava sockens foglar.
Lindman, Bromeliaceæ herbarii Regnelliani.
—, Bromeliaceen-Gattungen Karratas.
—, De skand. fjellväxternas blomning o. befruktning.
—, De specibus nonnullis generis Silenes.
—, Om postflorationen.
Lindström, Ueber die Gattung Prischiturben.
Lindvall, Glacialperioden. — Supplement.
Linnæa, Några anvisn:r för kärlväxters insamling, konservering o. förvaring.
List of the fossil faunas of Sweden.
Lovén, H., Om algernas andning.
—, Om utvecklingen af de sekundära kärlknippena hos Dracena o. Yucca.
Lovén, S., Echinologica.
—, On a recent form of the Echinoconidæ.
—, On the species of Echinoidea descr. by Linnæus.
Lundgren, Anmärkn:r om permfossil från Spetsbergen.
—, Om Sveriges kritfauna.
—, On a Inoceramus from Queensland.
Lundström, Pflanzenbiolog. Studien.
Lyttkens, A., Om svenska ogräs.
Lyttkens, J. A., Lären om djuren.
Löfman, Kroppens byggn hos de vanliga husdjuren.
Lönnberg, Anatom. Studien über skandinav. Cestoden.
—, Bemerkung über einige Cestoden.
—, Helminthologische Beobachtungen von der Westküste Norwegens.
—, Ichtyologische Notizen.
—, Om i Sverige förekommande Cestoder.
—, Sveriges Cephalopoder.
—, Ueber eine eigenthüml. Tetrarhynchidenlarve.
Mc Lachlan, Report on the Neuroptera.
Malme, Das Gehirn der Knochenfische.
Meddelanden of Societas pro fauna et flora fennica.
Mitteilungen des Ornitologischen Komitees der schwed. Akad. der Wissenschaften.
Munthe, Pteropoder i Upsala univ.s zoolog. museum.
Murbeck, Beitr. zur Kenntniss der Flora von Süd-Bosnien.
—, Neue Hybriden.
—, Studien über Gentianen.
—, Tvenne Asplenier.
Möller, Kort beskr. öfver Skandinaviens skalbaggar.
Nathorst, Krit. anmärkn:r om den grönländska vegetationens hist. — Fortsatta anmärkn:r.
—, Nouvelles observations sur des traces d'animaux.
—, Om de fruktformer af Trapa natans, som funnits i Sverige.
—, Om floran i Skånes kolförande bildn:r.
—, Om lemningar af Dryas octopetala L.
—, Ueber die Reste eines Brotfruchtbaums.
—, Von dem Vorkommen fossiler Glazialpflanzen.
Neuman, Bidrag till Medelpads flora.
—, Kort lärobok i botanik.
—, Några kritiska el. sällsynta växter, hufvudsakl. fr. Medelpad.
—, Om Rubus corylifolius Arrh. o. R pruinosus Arrh.
Nilsson, Studien über die Xyrideen.
—, Studier öfver stammen ss. assimilerande organ.
—, Ueber d. Afrikanische Arten d. Gattung Xyris.

10-års katalog 1886—1895.

Nordqvist, Bidrag till känned. om crustacéfaunan.
—, Bottniska vikens evertebratfauna.
—, Die Calaniden Finlands.
—, Die inneren männlichen Geschlechtsorgane d. Cypriden.
—, Ladoga sjös crustacéfauna.
—, Östersjöns evertebratfauna.
Nordstedt, De Algis et Characeis.
—, Fresh-water algæ in New Zeeland.
Normalförteckning öfver svenska växtnamn.
Norrlin, Bidrag till Hieraciumfloran.
—, Hieraciumfloran i Skandinav. halföns mellersta delar.
—, Pilosellae borealis praecipue florae fennicae novae.
Notiser, Botaniska.
Nyman, Conspectus floræ europeæ.
Nyström, Den japanska fisksamlingen.
—, Om en monströs form af Cottus Scorpius.
Ohlin, Bidrag till känned. om Malakostrak-faunan i Baffin-Bay.
, Some remarks on the Bottlenose-Whale.
Olbers, Om fruktväggens byggnad hos Borragineerna.
, Om fruktväggens byggnad hos labiaterna.
Olsson, Bidrag till Skandinaviens Helminthfauna.
Palmén, Sibiriska ishafskustens fogelfauna.
. Åtgärder för utredande af foglarnes årliga flyttningar.
Petersohn, De inhemska ormbunkarnes bladbyggnad.
Point-förteckning öfver Skandinaviens växter.
Poppius, Finlands Dendrometridae.
—, Finlands mätarefjärilar.
—, Finlands Phytometridae.
Porat, Myriopoder från Vest- o Syd-Afrika.
Qvennerstedt, Om Felis Catus i Skåne.
Retzius, Biologische Untersuchungen.
Reuter, E., Berättelse öfver undersökn:r angående ängsmasken.
, Bombyx lanestris L.
—, Förteckning öfver Macrolepidoptera funna i Finland.
—, Nykomlingar för Ålands o Åbo Macrolepidopterfauna.
Reuter, O. M., Blitophaga opaca Linné.
—, Collembola in caldariis viventia.
—, Corrodentia fennica.
, De lägre djurens själslif.
, De skandinaviskt-finska Acanthia-arterna.
, En ny Ceratocombus från Finland.
, Hemiptera Heteroptera.
, Kenntniss d. geogr. Verbreitung d. Graseule in Finnland.
—, Macrolepidopterfaunan.
—, Monographia Ceretocombidarum orbis terrestris.
, Monographia generis Holotrichius Burm.
, Monographia generis Reduvius Fabr., Lam.
—, Neuroptera fennica.
, Nordiska sugfisken.
—, Nya rön om myrornas omtvistade medlidande o. hjälpsamhet.
—, Patogena bakterier.
—, Poduridur från Sibirien.
- -, Revisio synonymica Heteropterorum.
—, Species palæarcticae generis Acanthia Fabr., Latr.
—, Ströftåg i djurverlden.
—, Thysanoptera i finska orangerier.
Rosberg, Bidrag till känned. om fiskarnas geogr. utbredning i ryska Karelen.
Sælan, Hvilka äro de närmaste samsläktingarne till Aspidium thelypteris.

Sælan, Om en för vår flora ny fröväxt.
—, Om en hittills obeskrifven hybrid af Pyrola minor L.
Sahlberg, Catalogus præcursorius Hymenopterorum an thophilarum.
—, Catalogus Trichopterorum Fenniæ præcursorius.
—, Cecidomyia Strobi Winnertz.
-, Coleoptera o. Hemiptera å Beringsunds amerik. kust.
—, Coleoptera o. Hemiptera på Beringön.
—, En ny art af hemipterslägtet Aradus.
, En ny finsk art. af slägtet Scymnus.
, Enumeratio Coleopterorum Brachelytrorum Fenniæ.
, Lynchia fumipennis n. sp.
—, Nya bidrag till känned. om solitära biarters arkitektur.
, Nya finska Staphiliuider.
—, Om hannen till Sirex Fantoma Fabr.
—, Tschuktschhalföns insektfauna.
Sahlertz, Bilder från djurlifvet.
—, En resa till djurrikets gräns.
Sandman, Fågelfaunan på Karlö.
Sanio, Die Harpidien der nördl. Finnlands.
, Über die Scorpidien des nördl. Finnlands.
Santesson, Ueber d. Kraft u. d. Festigkeit d. hohlen Muskeln d. Frosches.
Schenk, Fossile Hölzer aus Ostasien und Ægypten.
—, Jurassische Hölzer von Green Harbour auf Spitzbergen.
Scheutz, Plantæ vasculares Jeniseenses.
Schött, Beiträge zur Kenntniss d. Insektenfauna von Kamerun.
, Zur Kenntniss kalifornischer Collembola.
, Zur Systematik und Verbreitung palæarctischer Collembola.
Segerstedt, M., Om Hydroidfaunan vid Sveriges vestkust.
Segerstedt, P., Buskartade stammars skyddsväfnader.
Smirnoff, Handbok i finsk pomologi.
Smitt, Förteckning öfver de i Riksmuseum befintliga Salmonider.
, Om sillracernas betydelse.
Starbäck, Anteckn:r öfver några skandinaviska Pyrenomyceter.
, Ascomyceter.
, Om Sveriges ascomycetflora.
—, Studier i E Fries' svamphcrbarium.
Steffen, Färgernas betydelse i djur- o. växtvärlden.
Stenbeck, Über die Theorie d. Prof. D:r Blix von Segeln oder Kreisen der Vögel.
Strömfelt, Om algvegetationen på Islands kuster.
Stuxberg, Djurriket.
—, Djurskisser.
, Faunan på o. omkring Novaja Semlja.
, Människoaporna.
, Några fynd af kortnäbbad gås.
-, Sveriges o. Norges fiskar.
, Sveriges ormar.
Sundevall, Svenska foglarna.
Sundman, Finlands fiskar.
—, Finska fogelägg.
Sundström, Atlas till naturriket.
—, Naturläran i bilder.
Sundvik, Om parningsprocesserna i djurorganismen.
Svanlund, Blekings fanerogamer o. ormbunkar.
Svederus, Tunikater från Sibiriens ishaf.
Svensson, Flora öfver Sveriges kulturväxter.
Söderström, Ueber den anatom. Bau von Desmarestia Aculeata.

Tedin, Om primära barken hos vedartade dikotyler.
Théel, Om Sveriges zoolog. hafsstation Kristineberg.
—, On the development of Echinocyamus Pusillus.
Thompson, The Hydroida of the Vega-expedition.
Thomson, Opuscula entomologica.
Thorell, On an apparently new Arachnid.
—, Spindlar från Nikobarerna.
— o. *Lindström*, On a silurian scorpion.
Tidskrift, Entomologisk.
Tolf, Granlemningar i svenska torfmossar.
—, Öfversigt af Smålands mossflora.
Torin, Grundlinier till zoologiens studium.
Trybom, Trollsländor.
Tullberg, Djurriket.
—, Ueber einige Muriden aus Kamerun.
Turner, Algæ aquæ dulcis Indiæ orientalis.
Unonius, Lärobok i botanik.
—, Lärob. i zoologien.
Wahlstedt, Berättelse om en botanisk resa till Öland o. Gotland.
Wainio, De subgenere Cladinae.
—, Étude sur la classification des lichens du Brésil.
—, Monographia Cladoniarum universalis.
—, Notes sur la flore de Laponie finlandaise.
—, Notulae de synonymia lichenum.
—, Revisio lichenum Hoffmannianorum.
—, Revisio lichenum in herbario Linnaei asservatorum.
Wallén, Ornitologiska iakttagelser.
Wallengren, Skandinaviens Neuroptera.
Wallengren, Studier öfver ciliata infusorier.
Warming, Om nogle arctiske væxters biologi.
Westerlund, A., Hymenopteroloogisia havainnoita.
Westerlund, C. A., Fundamenta malacologica.
— , Land- o. sötvattenmolusker.
Westerlund, C. G., Ronnebytraktens fauna o. flora.
Westling, Anatom. Untersuchungen über Echidna.
Widegren o. *Holmgren*, Handbok i zoologi.
Wille, Bidrag till algernas physiolog. anatomi.
—, Fucaceernas Blærer.
Willkomm, Bildatlas öfver växtriket.
Wiman, Öfver ett specielt slag af hvirfvelrörelse i vätskor.
Vinge, Ormbunkarnes bladbyggnad.
Wirén, Beitr. zur Anatomie u. Histologie der limnivoren Anneliden.
—, Hæmatocleptes Terebellidis.
—, Om cirkulations- o. digestions-organen hos annelider.
—, Om en hos eremitkräftor lefvande annelid.
—, Studien über die Solenogastres.
Wittrock, De felicibus observationes biologicæ.
—, De horto botanico Bergiano.
—, Några bidrag till Bergianska stiftelsens hist.
—, Om Binuclearia.
—, Om den högre epifytvegetationen i Sverige.
— o. *Juel*, Catalogus plantarum in Horto botanico Bergiano.
—, —, Linaria Reverchonii nov. species.
Örtenblad, Om den högnordiska tallformen.

XXVII. Medicin.

a) Allmän anatomi, kirurgi o. farmaci.

Abelin, Om vården af barn.
Adamson, Läkarnes kokbok.
Ahlström, Om Glaucoma simplex.
—, Om ögat o. dess vård.
Alanus, Växtföda som läkemedel.
Allbutt, Hustruns handbok.
Almquist, Allmän hälsovårdslära.
—, Die Ausbreitungsweise der Cholera.
—, Om koleran.
Andreæ, Tänderna o. deras vård.
Arbeten från Stockholms helsovårdsnämndslaboratorium.
Arkiv, Nordiskt medicinskt.
Asp, C., Studier öfver »reumatismen» vid rödsot.
Asp, G., Cerebratnerverna hos menniskan.
—, Studier öfver Plexus sacralis.
Asplund, Helsa och sjukdom.
Auvard, Den nyfödda.
Baas, Kvinnosjukdomarna.
Badkappa, I.
Baltzer, Handbok i människokroppens anatomi.
Barthelson, »En svensk läkares vittnesbörd» om fru Tenows föredrag.
Baumgarten, Kneipp och hans läkemetod.
Berg, Lärobok i hälsolära.
—, Vattenläkaren.
Berger, Det är ohelsosamt.
—, Nervsvaghet.
—, Om blodbrist.
—, Om sjukdomars betydelse för äktenskapet.
Bergh, Färgsinnet, jämte färgblindhet.
—, Handledning vid undersökning af ögonens funktioner.
—, Svenska stilskalor.
Berglind, Kefir.
—, Om ryggradssnedheter.
Bergman, F. A. G., I begrafnings- o. likbränningsfrågan.
—, I hvilken riktning bör vårt medicinalväsende omorganiseras?
Bergman, J., Farmaceutisk-kemisk analys.
Bergstedt, Medicinalväsendet i Finland.
Bergstrand, Tuberkulosen o. dess bekämpande.
Bergström, Massage för hufvudets, öronens, näsans och halsens sjukdomar.
Berlin, Om snöblindhet.
Berättelse om allm. helsotillståndet i Stockholm.
Betänkande till finska läkaresällskapet ang. prostitutionsfrågan.
Betänkande till instruktion för provinsialläkare.
Bibliotek för helsovård.
Bibliotek, Vegetariskt.
Björling, Studier öfver dröppeln hos mankönet.

67. ALLMÄN MEDICIN, ANATOMI, KIRURGI, FARMACI.

Björnström, Hypnotismen.
Bons, Magsjukdomarna o deras dietet. behandling.
Bok, Kvinnans.
Boldt, Till frågan om ögonfärgernas ärftlighet.
Bolin, Om tyfoidfebern i Sverige.
Bolle, Sårläkekonsten.
Bonsdorff, Tuberkulosa höftledsinflammationen.
Borelius, Antiseptikens utveckling o. tillämpning.
Bramsen. Sättet att förekomma sjösjukan.
——, Våra barns tänder under uppväxtåren.
Bresgen, Om heshet.
Brunn o. bad, Söderköpings
Bruunberg, Hypnotismen bedömd af fackmän.
Brücke, Menniskokroppens skönhet o. fel.
——, Våra barns lif o. hälsa.
Buck, En studie öfver människan.
Carlsson, Några anteckn:r om skarlakansfebern på Katarina sjukhus.
Carsténs, Finlands badorter.
Clopatt, Action des solutions équnimoléculaires.
——, Étude sur l'action des purgatifs.
——, Études sur l'hystérie infantile.
——, Experimentala undersökn:r rör. laxantiersverkning.
—— o. *Hällstén*, Missbildungen von menschlischen u. thierischen Föten.
Collan, Kännedom af förändringarne i lefvern vid syfilis.
Cozzolino, Om örats vård.
Curman, Badlära o. dietetik.
——, Om bad o. badning.
Cygnaeus, Studier öfver Typhusbacillen.
Dahlgren, Om den kirurgiska behandlingen af otitis media.
Debay, Äktenskapets hygien.
Dieterich, Elektro-homöopatien.
Diskussion om ferieläsningen ur hygienisk synpunkt.
Diskussion om prostitutionsfrågan.
Dock, En sund själ i en sund kropp.
Dornblüth, Själsarbetets hygien.
Dovertie, C. A., De smittosamma sjukdomarna och deras bekämpande.
Dovertie, L. G., Sköfde vattenkuranstalt.
Duffey, Hvad hvarje qvinna bör veta.
Dumrath, Födoämnena och näringsförloppet.
Dunér, Handbok för sjukvårdare.
——, Lärob. i helso- o. sjukvård.
Ebenhöch, Menniskan eller huru det ser ut i vår kropp.
Ebstein, Konsten att förlänga lifvet.
——, Sockersjukans behandling.
Edgren o. *Jolin*, Läkemedlens användning och dosering.
Edholm, Helso- o. förbandslära.
—— o *Ekeroth*, Handbok för sjukvårdssoldater.
Eira.
Ekehorn, Studier öfver rektalkarcinomet.
Ekeroth, P. M. i fältsjukvårdstjänst.
Ekholm, Studier öfver kolonbakterien.
Elfstrand, Studier öfver alkaloidernas lokation.
Englund, Om nervfeber o. tarmtyfus.
——, Om sjuksköterskors anställande på landsbygden.
——, Om sjukvården på landet.
——, Om smittosamma sjukdomar.
Engström, Bidrag till uterusmyomets etiologi.
——, Förlossningens inverkan på fostrets respiration.
Eskelin, Studier öfver tarminvagination.
Esmarch, Katekes vid första hjelpen i olycksfall.
Extempore-taxa.
Fagerlund, Finlands leprosorier.

Fagerlund, Om drunkningsvätskas inträngande i tarmarne.
——, Om fosforförgiftningar i Finland.
—— o. *Tigerstedt*, Medicinens studium vid Åbo universitet.
Fechner, Kronisk förstoppning.
Festskrift tillegnad d:r Warfvinge.
Flinck, Om den anatom. byggnaden hos de vegetat organen för upplagsnäring.
Flygskrifter, Helsovårdsföreningens i Finland.
Flygskrifter, Helsovännens.
Forel, Hypnotismen.
Forselles, Die durch eitrige Mittelohrentzündung verursachte Lateralsinus Thrombose.
Forslund, Difteri och dess botemedel.
Forssenius, Om hafskuren.
——, Om renlighets nödvändighet.
Forsström, Grunddragen af menniskokroppens byggnad.
Frank, Nyaste husapotek.
Fylgia.
Föreläsningar om späda barns vård.
Förhandlingar, Göteborgs läkaresällskaps.
Förhandlingar, Upsala läkareförenings.
Förhandlingar vid Finska läkaresällskapets möten.
Förhandlingar vid allm. läkaremötet i Helsingborg.
Förhandlingar vid allm. Svenska läkaremötet.
Förhandlingar vid 4:e allm. läkaremötet.
Förhandlingar vid 5:e allm. läkaremötet.
Förhandlingar vid 6:e allm. läkaremötet.
Förhandlingar vid hälsovårdföreningens sammankomster.
Försigtighetsmått i äktenskapet.
Förslag till reglemente för sjukvården i fält.
Försök, Praktiska, med Kochs botemedel mot lungsot.
Georgii, Sundhet o. renlighet.
Goldkuhl, Helso- o. sjukvårdslära.
——, Om det sanitära tillståndet inom Sveriges folkskollärarekår.
Graham, Massage.
Grotenfelt, Das Webersche Gesetz und die psych. Relativität.
Groth o. *Lindblom*, Lärobok för barnmorskor.
Gullstrand, Objective Differentialdiagnostik von Augenmuskellähmungen.
Gustafsson, Om massage.
Göransson, Beskrifning öfver olycksfall, som blifvit af svenska samariter behandlade.
——, Hälsovårdslära för folket.
——, Hälsovårds- o. sjukvårdslära.
——, Militär helsovårdslära.
——, Om solstygn.
——, Qvinnan nyttig i röda korsets tjenst.
——, Samaritkurs.
Hagelstam, Histologiska förändringar i ryggmärgen.
——, Huru skola vi bekämpa koleran?
Hallongren, Vägledn. vid begagn. af skepps- o. husapotek.
Hammar, Bidrag till ledgångarnes histologi.
——, Einige Plattenmodelle zur Beleuchtung d. früheren embryonalen Leberentwickelung.
Hammarberg, Studier öfver idiotikens klinik o. patologi.
Hammarsten, Lärobok i farmaceutisk kemi.
——, Lärobok i fysiologisk kemi.
——, Zur Kenntniss der Lebergalle des Menschen.
Handbok i helsovård för hemmet.
Handböcker, Medicinska.
Handledning i hälso- o. sjukvård ombord å kofferdifartyg.
Handlingar, Finska läkaresällskapets.
Handlingar, Svenska läkaresällskapets.

Hartelius, Lärob. i histologi o. fysiologi.
—, Lärobok i menniskokroppens anatomi.
Hedenius, De sjukliga svulsternas allm. patologi.
—, Om upptäckten af blodomloppet.
Hegar, Den sexuella driften.
—, Den sexuella frågan.
Heikel, R., Uttalande i prostitutionsfrågan.
Heikel, V., Hygianten.
Heinricius, Lärobok för barnmorskor.
—, Lärobok i den instrumentala förlossningskonsten.
—, Obstetrisk operationslära.
—, Untersuchungen über Cirkulations- u. Respirationsverhältnisse d. Mutter u. Frucht.
—, Vägledning för barnmorskor.
Hellén, Farmaceutisk kompositionsbok.
Helsa och sjukdom.
Helsoregler för skolungdom.
Helsovård o. fysisk uppfostran för barn.
Helsovårdslära för äktenskapet.
Helsovårdslära, Illustrerad.
Helsovännen.
Henriksson, Handledning vid insaml. af medicinalväxter.
Henschen, Klin. u. anatom Beiträge zur Pathologie d. Gehirns.
—, Koleran.
—, Om lungsot o. tuberkulos.
—, Om synbanans anatomi.
—, On arcenical paralysis.
Hildebrand, Kliniska studier öfver bukorganens lägeförändringar.
Hjelmman, Om hjärnsyfilis.
—, Studier öfver amyloidnjurens etiologi.
Hjelp i nöden.
Hjelt, De medicinskt vetenskapl. institutens uppkomst o. förh. till läkekonstens utveckling.
—, Medicinska förhållanden i Åbo.
—, Svenska o. finska medicinalverkets historia.
—, Svenska statens inköp af hemliga läkemedel.
Hofsten, Cholera infantum på allm. barnhuset.
Holmgren, Om de officinela o. de nyare läkemedlens docering.
Holsti, Ett fall af akromegali.
—, Om ålderns inverkan på dödligheten i tuberkulösa sjukdomar.
Homén, En säregen familjesjukdom under form af progressiv dementia.
—, Om Hemiatrophia facialis samt Nervi trigemini ursprung.
Hougberg, Bidrag till känned. om den progressiva paralysins etiologi.
— o. *Hällstén*, Matériaux pour servir à la connaissance des crânes des peuples Finnois.
Howitz, Kort sundhetslära för qvinnor.
Hühnerfauth, Om reumatism o. gikt.
Huru o. när vin skall drickas.
Husmedicin, Elektrohomöopatisk.
Huss, Om hypnotismen.
Hvarför skrika våra barn?
Hygiea.
Hygiea, Festband.
Hygien för det fysiska äktenskapet.
Hällstén, Direkt retning af tvärstrimmig muskel.
—, Ett kompressorium för mikroskopiskt ändamål.
—, Handledn. vid histolog. öfningar.
—, Om förnimmelserna och deras betydelse.
—, Reflexapparaternas i ryggmärgen permeabilitet.
—, Till kännedomen om musklers kontraktionskraft.
—, Till kännedomen om sensibla nerver.

Hällstén o. *Thuneberg*, Matériaux pour servir à la connaissance des crânes des peuples germaniques.
Influensan, dess art, förebyggande o. behandling.
Institutet, Karolinska med.-kirurgiska.
Johansson, J., Barnens helsovän.
Johansson, J. E., Studier öfver inflytandet på blodtrycket.
Jolin, Nyare läkemedel.
Jordemodern.
Josephson, Om den manuela behandlingen af gynäkologiska lidanden.
—, Ureter-genitalfistlar hos qvinnan.
Justus, De vises sten eller framtidens läkekonst.
—, Helsolif.
—, Koleran.
—, Läkekonstens hemlighet.
—, Naturmedicin eller apoteksmedicin.
—, Vattenläkekonsten.
—, Vetenskapen o. lifvet.
—, Våra födoämnen.
Keibel, Rök gerna!
Kejsar Fredrik III:s sjukdom.
Key-Åberg, Om endarteritis chronica deformans.
Kingsford, Den rätta dieten.
Kjellberg, Om nicotinförgiftning.
Kleen, Handbok i massage.
—, Karlsbad.
Klugel, Obstetriska kalender.
Kneipp, Barnavård.
—, Min vattenkur.
—, Mitt testamente till friska och sjuka.
—, Så skolen I lefva!
Knös, Hvad bör kunna göras för att tillgodose de hygieniska fordringarna i våra boningsrum?
Koch, Botemedel mot lungsot.
—, Nya botemedel mot lungsot.
Koleran, dess uppträdande o. orsaker.
Kolster, Experimentella studier öfver förändr. inom hjertmuskulaturen.
Krafft-Ebing, En studie på hypnotismens område.
Krogius, Recherches bactériologiques sur l'infection urinaire.
Kuhne, Är jag frisk eller sjuk.
Kühner, Sömnen.
Kulneff, Neurastheni.
—, Om autointoxicationer.
Kyrklund, Studien über Fettresorption in Dünndarme.
Laboratorier, Från nordiska vivisektorers.
Lahmann, Felaktig blodsammansättning genom olämplig föda.
Lamberg, De på Serafimerlasarettet vårdade sjuka.
Lee, Bränvin o. salt.
Lefnadskonst.
Lennander, Förhållandet mellan croup o. difteri.
—, Myomoperationen.
—, Om tracheotomi för croup.
Lennmalm, Om lokalisationen i hjernbarken.
—, Skarlakansfeberns uppträdande i Sverige.
Levertin, Rådgifvare för badgäster.
—, Svenska brunnar o. bad.
—, Varbergs hafskuranstalt.
Lexikon öfver författn:r m. m. rör. kolera.
Lieblein, Den gammelægyptiske medicin.
Lifselixiret.
Liljeström, Studier öfver Tysklands apoteksförhållanden.
Liljequist, Den homeopatiska läkemetoden.
—, Om ögondiagnosen.
—, Supplement till ögondiagnosen.

Lindberger, Om förgiftningarne i Sverige 1873—92.
Lindén, Människokroppens byggnad, förrättningar och vård.
Lindfors, Om blödningen under senare delen af hafvandeskapet.
—, Om Tuberculosis Peritonici.
Lindgren, Förteckning öfver de allmännaste svenska läkemedelsnamn.
Lindman, Extemporetaxa.
Lindström, Menniskokroppens synovial-senskidor o. bursor.
Linroth, Berätt. om helsotillståndet i Stockholm.
—, Influensen i epidemiologiskt hänseende.
—, Inverkar uppsjö menligt på Stockholms sundhet?
—, Om animal vaccination.
Lojander, Droguer ur djur- o. växtriket.
—, Repetitorium i botanisk farmakognosi.
Lundström, Om urinämnets sönderdelning genom mikrober.
Läkaremötet, Första allm. svenska.
Läkekonsten, Den nya.
Lärobok i sjukvårdstjenst för menige.
Lärobok i sjukvårdstjenst för trängens sjukvårdsbevärning.
Löfström, Zur Kenntniss der Digestibilität d. Getreidearten.
Löwegren, Om ögonsjukdomarne.
Mackenzie, Fredrik d. ädles dödsbringande sjukdom.
—, Röstens vård o. utbildning.
—, Rostorganens vård o. utbildning.
Malmsten, Studier öfver aorta-aneurysmens etiologi.
Mantegazza, Hygieniska småskrifter.
—, Konsten att bli gammal.
—, Konsten att icke blifva sjuk.
—, Kärlekens fysiologi.
—, Vårt nervösa århundrade.
Marstrands hafskuranstalt
Martin, N., Ledning vid sjukvård.
Martin, R., Kortf. tandläkemedelslära.
—, Om artificiela tänder.
—, Vägledning vid receptskrifning.
Mathieu, Neurastenien.
Meddelanden för helso- o. sjukvård.
Medel mot smittosamma sjukdomar.
Medicinaltaxa för apotek.
Medin, Späda barns uppfödande med komjölk.
—, Sättet att använda komjölk vid späda barns artificiella uppfödning.
Meinert, Naturmedicin.
o. *Melander*, Ungdomsvännen.
Melander, Helsolära.
Messner, Huru skyddar man sig för infektionssjukdomar.
Michaelis, Rådgifvare för hjertlidande.
Mitchellska kuren mot allmän svaghet.
Modin, Huskurer o. signerier fr. Ångermanland.
Morin, Öfverdrifven fetma o. magerhet.
Müller, Om inter- o. intracellulära körtelgångar.
Möller, Studier öfver ryggmärgssyfilis.
Mörner, Om läkemedlen.
Naturläkningsmetoden, Den magnetiska.
Naumann, Om struma.
—, Ueber den Kropf.
Nerander, F, Bidrag till känned. om de s. k. negationsideerna.
—, Studier öfver förändringarna i ammonshornen.
Niemeyer, Om hämorrojder och förstoppning.
—, Om lungsot.
Nilsson, E., Om orsakerna till o botemedlen mot den stora barnadödligheten.

Nilsson, L., Bidrag till den croupösa pneumoniens statistik o. etiologi.
Norberg, Om rörelsekuren.
Nordlund, Om menniskans upprätta stående kroppsställning.
—, Studier öfver främre bukväggens fascior o. aponevroser.
Nordqvist, Beitrag zur Kenntniss d. männl. Geschlechts organe der cypriden.
Norvid, Mackenzie o. hans belackare.
Nussbaum, Läkemedel för nerverna.
Nyström, Om de konstitutionella hudåkommornas natur o. behandling.
—, Om sinnessjukdomar och hospitalsvård.
Palm, Huru förhindra könsdriftens onaturliga tillfredsställande.
Palmberg, Allmän helsovårdslära.
—, Om vigten af allm. helsovårdens ordnande i Finland.
—, Verlden sedd från hygienisk synpunkt.
Perman, Operativa behandlingen af höftledsankylos.
Peterson, Om engelska sjukan hos barn.
Petrén, Bidrag till kännedomen om ryggmärgsförändringar vid perniciös anemi.
Pettenkofer, Om koleran.
Pfannenstill, Koleran.
—, Nervrasteni o. hyperaciditè.
Pharmaca composita.
Pharmacopoea Fennica.
Pharmacopoea Svecica.
Pio, Hälsolära för ungdom.
Pipping, Studier öfver Pneumococcus.
—, Till kännedomen om ventrikelns funktioner i den späda åldern.
—, Tracheotomier vid croup hos barn.
Pippingsköld, De l'asepsie des accouchements.
Pontoppidan, Hudens o. hårets vård.
Protestantism, Om våra dagars medicinska.
Prüll, Gastein.
Pütiälä, Beiträge zur Actiologie.
Quensel, Studier öfver den kroniska gastritens histologi.
Rapport från Serafimerlasarettet.
Rées, Latinsk-svensk ordlista till farmakopeens 7 uppl.
Regnard, Andliga farsoter.
Retzius, Biologische Untersuchungen.
—, Den medicinska undervisningen i andra länder.
—, Human remains from the cliffdwellings of the Mesa Verde.
—, Om några reformer i vår medicinska undervisning.
Ribbing, Den sexuela hygienen.
—, Med hvem får man gifta sig enligt hälsolärans lagar?
—, Om läkare o. läkarekonst i Shaksperes England.
—, Terapeutisk recepthandbok.
Ribot, Minnets sjukdomar.
—, Personlighetens sjukdomar.
—, Viljans sjukdomar.
Richert, Kolerans x. y. z.
Rochas d' Aiglun, Hypnosens djupare stadier.
Rosch, Orsaken till kroniska sjukdomar.
Rosendahl, Farmakolog. undersökningar beträffande Aconitum septentrionale.
—, Lärobok i farmakognosi.
Rossander, Kejsar Fredrik III:s sjukdomshistoria.
—, Årsrapport.
Ruhemann, Hysteri.
Rörelsekuren, Om.

67. ALLMÄN MEDICIN, ANATOMI, KIRURGI, FARMACI.

Saltzman, Det nya kirurgiska sjukhuset i Helsingfors.
Sanatorium, Ulricehamns.
Schauman, Zur Kenntniss der sogennanten Bothriocephalus-Anämi.
Schmidt, Menniskohufvudets anatomi.
— , Människokroppen o. dess organ.
Schmidt-Storjohann, Inesis Sporen.
Schnetzler, De hemliga läkemedlen o. charlatanerna.
Scholz, Om vården af sinnessjuke.
Schuldheis, Om vården och det rättsliga skyddet af sinnessjuka.
Schulman, Kenntniss d. vergl. Anatomie d Ohrmuskulatur.
Schultén, Om kräfta i blindtarmen.
— , Vägledn. för upptagandet af sjukhistorier på kirurgins område.
Schweninger, Huru skall man magra?
Selander, Luftundersökningar vid Vaxholms fästning.
— , Ueber d. Bacterien d. Schweinepest.
Seligson, Barnets kön beroende på föräldrarnas godtycke.
Selldén, Om difterins behandling.
— , Om nikotinismen.
Selling, Gällande helsovårdsförfattningars betydelse.
— , Populär helsovårdslära.
— , Vår föda.
Sievers, Om frossan i Finland.
— , Om incision och drainage vid pyopericardium.
— , Om meningitis cerebro-spinalis.
— , Om struma i Finland.
Silfverskiöld, De vanligaste sjukdomarne hos späda barn.
, Vår skolungdoms hälsovård.
Sjukvård o. helsovård.
Sjöberg, Reseberättelse.
Skrifter i socialhygieniska frågor.
Smirnoff, Développement de la methode de Scarenzio.
— , Kort framställning af syfilisterapin.
Sommarlif vid bad- och brunnsorter.
Sondén, Arbeten från Stockholms helsovårdsnämnds laboratorium.
, Stockholms afloppsvatten.
Spohr, Om behandling at sår enligt naturläkekonstens grunder.
Steele, Populär fysiologi.
Stockham, Tokologi.
Sucksdorff, Bakteriehalten hos vattnet från Vanda å.
— , Helsans vård.
Sundberg, Mikroorganismerna.
— , Möjligheten af mikrobers inträngande genom tarmslemhinnans yta.
Svahn, Stundar en omhvälfning inom läkarekonstens område?
Svedberg, Farmacopé.
Tait, Vivisektionens oduglighet.
Taxa å recepturen förekommande icke officiella läkemedel.
Tenow, En svensk läkares vittnesbörd.
— , Om läkare o läkareansvar.
— , Om det vetenskapliga menniskoplågeriet.
— , Vetenskapliga experiment på menniskor.
Tidskrift, Farmaceutisk.
Tidskrift, Finsk farmaceutisk.
Tidskrift för hälsovård utg. af *Sucksdorff*.
Tidskrift för tandläkare.
Tidskrift i militär hälsovård.
Tidskrift, Odontologisk.
Tidskrift, Skandinavisk, för tandläkare.
Tigerstedt, Blodets fördelning i kroppen.

Tigerstedt, Blodomloppets fysiologi.
, Fysiologiska principer f. kroppens näring.
— , Föreläsningar i hälsolära.
— , Hjärnan ss. organ för tanken.
, Inledning till helsoläran.
— , Om spritdryckers inverkan.
— , Undersökn. om hjärnans fysiologi.
— o. *Santesson*, Die Filtration in ihrer Bedeutung für d. Transsudationsprocesse im Thierkörper.
— o. *Strömberg*, Der Venensinus d. Froschherzens.
Torstenson, Huru skydda oss mot lungsot?
— , Om lungsotens orsaker.
Trempenau, Den allmännyttiga receptboken.
Tält, Botemedel mot förslemning i magen.
Törngren, En ny metod för utförande af vaginal hysteropexi.
— , Om hafvandeskapet.
, Studier öfver primära nedredelslägen.
Uhr, Handledning vid insaml. af medicinalväxter.
Uhrström, Hemläkaren.
Ulricehamns kuranstalt.
Underrättelser om koleran.
Wagner, Vanan att andas genom munnen.
Wahlberg, Den första hjälpen vid olyckshändelser.
, Från tyska härens sanitetsväsende.
, Handbok för läkare vid besigtn. af värnpliktige.
Wahlfors, Om skefning.
, Stockningspapillens patogenetiska vilkor.
Wallis, Bakteriologi.
, Dödlighetens aftagande i Sverige.
— , Dödlighetens minskning i Sverige.
, Fysiologi och hälsovårdslära.
— , Hälsovårdslära.
— , Influensan i bakteriolog. o. patolog. hänseende.
Warfvinge, Influensan i kliniskt hänseende.
Warholm, Kasuistiska bidrag.
— , Om behandlingen af inklämdt brandigt bråck.
Wawrinsky, Hygieniska notiser.
— , Konsten att lefva länge.
, Olägenheterna af kloakvattens utsläppande i vattendrag.
— , Praktiska hälsoregler för hemmet.
Weber, H., Om lungsot.
Weber, R., Hypokondri.
Weinmann, Hvaraf kommer nervsvaghet?
Welin, Hvad nytt i praktiken?
— , Munnens vård.
Wennerström, Om förlossningsmekanismen
Werner, Lungsot.
— , Sömnlöshet o. sömnmedel.
Wessler, Några nyare antineuralgica.
— , Tandläkareväsendet i Sverige.
— , Våra antiseptica.
Westerberg, Prostitutionens reglementering.
Westermark, Om exstirpation af Tuba Fallopii.
Vetlesen, Sömn o. sömnlöshet.
Wetterdal, Om bakteriehalten i vattendragen invid Stockholm.
Wetterstrand, Den hypnotiska suggestionen.
, Hypnotismens användande i den prakt. medicinen.
Wide, Ortopedisk bandagebehandling.
Widerström, Den kvinliga klädedräkten ur hälsans synpunkt.
Widmark, Om förgiftningssvagsynthet.
, Om ögonsjukdomar förorsakade af bakterier.
Wiel, För magsjuka!
Wikner, Den lille hälsovännen.
Winkler, Amor o. Hymen.
Wistrand, Handbok i husmedicinen.

Wistrand, Handbok i rättsmedicinen.
Wolff, De nervösa magsjukdomarnes patologi.
—, Från polikliniken för magsjukdomar i Göteborg.
—, Kliniska bidrag till tarmkanalens patologi.
Woolstone, Hårläkaren.
Wretlind, Huru få god och billig mat?
—, Huru förhindra farsoters spridning?
—, Huru skola vi kläda oss?
—, Hvad skola vi dricka?
—, Hvaraf kommer dålig mage?
—, Influensan.
—, Koleran.
—, Kvinnans släktlif.
—, Läkarebok för alla!
—, Mannens släktlif.
—, Om bleksot.
—, Tobaksbrukets faror.
—, Ungdomens farligaste fiende.
Wächter, Kvinnans sjelfhjelp vid underlifslidanden
Vägvisare, Medicinska.
Ylledrägten.
Zander, Medevi helsobrunnar o. bad.
Åkerlund, Studier öfver tarmuttömningar.
Åkerman, Om operationer på gallblåsan o. gallväggarne.
—, Om sectio mediana för mankönets urinblåsestenar.
Årsberättelse af stadsläkaren i Helsingfors.
Årsrapport från Serafimerlasarettet.
Äyräpää, Die ortopedische Behandlung d. Sattelnase.
Öfversättning af norske medicinaldirektörens cirkulär rör. åtgärder mot koleran.
Öhrwall, Om Tenerife ss. klimatisk kurort.
Öhrwall, Studier o. undersökningar öfver smaksinnet.
Ölbruket o. dess skadliga följder.

b) Veterinärvetenskap.

Ableitner, Den tillförlitliga djurläkaren.
Bendz, Lärob. i husdjurens anatomi.
Bergstrand, Kliniskt vademecum.
—, Tjänstehandbok.
Cederberg, Kalfningsfeber.
Gratschoff, Studier öfver hjärtverksamheten o. blodcirkulationen hos dufembryet.
Halkier, Om mul- o. klöfsjukan på Harlösa.
Handlingar rör. en å Harlösa utbruten kreaturssjukdom.
Heurgren, Om rabies hos våra husdjur.
—, Utkast till Sveriges veterinärhistoria.
Lindqvist, Beskrifning öfver svinpesten.
—, Hjelpreda vid första behandl. af husdjurens allmännaste sjukdomar.
Möller, Hästhofvens sjukdomar.
Samuelsson, Hästboken.
Savela, Om tuberkulos hos nötboskap.
Seyffert, Nötkreaturet, dess byggnad och inre organ.
Tidskrift för veterinärmedicin.
Wennerholm, Föredrag för hyrkuskar o. åkare.
—, Handbok i allmän veterinärkirurgi.
—, Handbok i allmän veterinäroperationslära.
—, Husdjurens yttre sjukdomar.
— o. Svensson, Handbok i husdjurens sjukdomar.
Veterinär-farmakopé för Finland.
Wettervik, Smittosamma sjukdomar bland nötkreatur och svin.

XXVIII. Magi.

Assessor Kranichs bref från andra verlden.
Bok, Drömmarnes.
Drömboken, Den ofelbara.
Drömtydaren.
Edelweiss, Spiritismen.
Efteråt? Tidskrift för spiritism.
Ello, Hexeri.
Emanuel, Genom dolda verldar.
—, Hvad vill spiritismen?
Ewald, Drömlifvet.
Fenomenen, Om de spiritistiska
Hartmann, E., Spiritismen.
Hartmann, F, Magi, hvit o. svart.
Kingsford, Ur drömlifvet.
Manetho, Det outgrundligas verld.
Meddelanden från den osynliga verlden.
Methusalem.
Nizida, Astralljuset
Oxon, Från en högre verld.
Preyer, Tankeläsningen afslöjad.
Punktérboken.
Punktérkonsten.
Rubenson, Nutidens andeverld.
Sibyllæ prophetia.
Sinnett, Mesmerismen.
Stead, Sanna andehistorier.
Taskspelaren o. tusenkonstnären.
Trolleriboken.
Witt-Talmage, Om spiritismen.